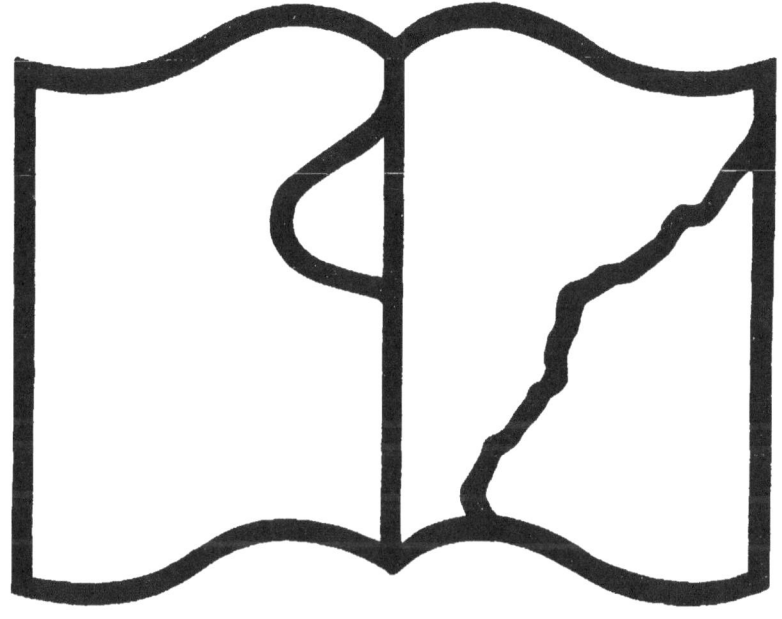

Texte détérioré — reliure défectueuse

NF Z 43-120-11

F. 996.
A.

C
26

F 1907

LES ŒUVRES
DE MAISTRE CHARLES LOYSEAU, AVOCAT EN PARLEMENT.

CONTENANT

LES CINQ LIVRES DU DROIT DES OFFICES,

Les Traitez des Seigneuries.
Des Ordres & simples Dignitez.
Du Déguerpissement & Délaissement par Hypotheque.
De la Garentie des Rentes.
Des Abus des Justices de Village.

LES
ŒUVRES
DE MAISTRE
CHARLES LOYSEAU,
AVOCAT EN PARLEMENT.

CONTENANT LES CINQ LIVRES DU DROIT des Offices, les Traitez des Seigneuries, des Ordres & simples Dignitez, du Déguerpissement & Délaissement par Hypotheque, de la Garantie des Rentes, & des Abus des Justices de Village.

DERNIERE EDITION
plus exacte que les precedentes.

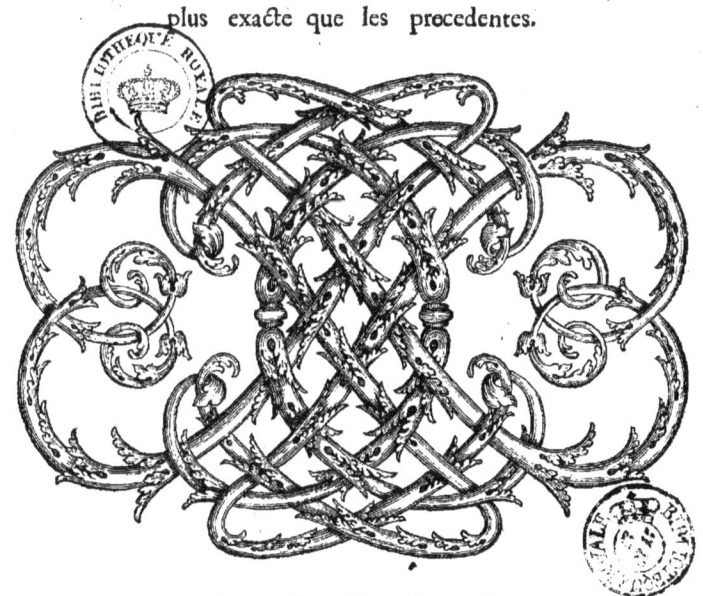

A LYON,
Par la Compagnie des Libraires.

M. DCCI.
AVEC PERMISSION.

CLAUDE DE LA ROCHE, rüe Merciere, à l'Occaſion.

LEONARD PLAIGNARD, rüe Merciere, au grand Hercule.

JACQUES LIONS, rüe Merciere, au bon Paſteur.

ANTOINE BOUDET, rüe Merciere.

LAURENT BACHELU, rüe Neuve, à ſaint Joſeph.

AVERTISSEMENT DU LIBRAIRE AU LECTEUR.

Es œuvres de Maiſtre Charles LOISEAU, ſont ſi rares, & ſi recherchées, qu'en les faiſant réim‑ primer, on eſt bien aſſûré de faire au Public un pré‑ ſent auſſi agréable que néceſſaire.

Au commencement du ſiécle paſſé, M. LOISEAU fut un des plus habiles Avocats du Parlement de Paris, aprés avoir brillé dans les honneurs de la Judicature : * & la France, qui l'a vû paſſer par ces differens emplois, l'a égale‑ ment admiré, & comme Arbitre des differens du Public, en qualité de Juge ; & comme Défenſeur des intereſts des particuliers, en qualité d'Avocat.

<small>* Il a eſté Lieutenant Particu‑ lier à Sens, enſuite Bailli de Château‑ dun, & en‑ fin Avocat conſultant à Paris.</small>

Il a ſurpaſſé la plûpart de nos Juriſconſultes dans la ſcience du Droit Romain ; & aucun d'eux ne l'a ſurpaſſé dans la con‑ noiſſance de cette partie de la Juriſprudence Françoiſe qui regarde le Droit Public.

Le Traité *de la Garantie des Rentes*, eſt ſon premier Ouvrage, quoi qu'il ait le dernier rang dans ce Recueil ; ſon Traité *des Offices* eſt metodique, & plein de recherches curieuſes ; Mais le Traité du *Déguerpiſſement* eſt ſon Chef‑d'œuvre, à cauſe de la ſavante & judicieuſe alliance qu'il y fait du Droit Romain avec le Droit François.

Les autres Traités qu'il a faits, ne cedent en rien à ceux‑ci, ſoit

ã iij

Avertissement.

pour l'utilité, soit pour l'agrément. En un mot, les Ouvrages de ce savant Jurisconsulte sont estimés de tous ceux qui les connoissent : aussi portent-ils avec eux un caractere de solidité, de justesse, & d'érudition, qu'on ne trouve ailleurs que rarement.

On a fait plusieurs Editions de ses œuvres, tant en un corps que séparément ; & toutes ont été tres-favorablement reçûës. Cette derniere Edition a été faite avec tout le soin & toute l'exactitude possibles : Elle a tous les avantages des Editions précédentes, sans en avoir les defauts ; & si quelque chose peut rendre recommandable un livre qui fait tout seul son Eloge, c'est l'ornement qu'il tire d'une impression aussi belle & aussi correcte que l'est celle que l'on donne presentement au Public.

C. B.

ORDRE DES CINQ LIVRES
DES OFFICES

Livre I. *Des Offices en general.*
Livre II. *Des Offices hereditaires.*
Livre III. *Des Offices venaux.*
Livre IV. *Des Offices non venaux.*
Livre V. *Des Offices des Seigneurs.*

TABLE DES CHAPITRES

Chapitres du I. Livre, traitant des Offices en general.

Avant-propos.	page 1
Ch. I. Des noms, definitions & divisions de l'Office.	2
II. De l'acquiſion des Offices.	9
III. De la proviſion des Offices.	14
IV. De la reception & inſtallation des Offices.	21
V. De l'exercice des Offices.	27
VI. Du pouvoir des Officiers.	33
VII. De l'honneur des Offices.	42
VIII. Du profit des Offices.	48
IX. Des Privileges des Offices.	55
X. Des vacations irregulieres des Offices.	61
XI. De la reſignation des Offices.	66
XII. De la vacation par mort.	72
XIII. De la forfaiture.	77
XIV. De la recherche des Officiers.	85

Chapitres du II. Livre, traitant des Offices hereditaires.

Ch. I. De la proprieté & heredité des Offices.	95
II. Des Offices Feodaux.	98
III. Des Offices domaniaux.	104
IV. Des Seaux.	108
V. Des Greffiers, Tabellions, & leurs Clercs.	114
VI. Des Gardes-Regiſtres, Receveurs des Conſignations, Bancs, & pratiques des Procureurs.	110
VII. Du droit des Offices domaniaux.	124
VIII. Des Offices hereditaires par privilege.	131
IX. Des Receveurs & Controolleurs des decimes.	137
X. Des hereditez imparfaites, notamment de l'Edit de Paulet.	142

Chapitres du III. Livre, traitant des Offices venaux.

Ch. I. De la venalité des Offices.	151
II. Quels ſont les Offices venaux, & de leur vente & garantie.	159
III. De la reſignation des Offices venaux, taxe d'icelle, & droit de confirmation.	165
IV. Si les Offices ſont meubles ou immeubles.	169
V. De l'hypotheque des Offices venaux.	174
VI. De l'Arreſt & ſaiſie des Offices venaux.	181
VII. Du decret des Offices venaux.	186

Table

VII.	De la distribution du prix de l'Office decreté.	190
IX.	Du droit de la femme en l'Office venal du mary.	199
X.	De la succession des Offices venaux.	207

Chapitres du IV. Livre, traitant des Offices non venaux.

Ch. I.	Division des Offices non venaux.	214
II.	Des Offices de la Couronne.	216
III.	Des Offices de la Maison du Roy.	226
IV.	Des Charges militaires.	235
V.	Des Commissions.	242
VI.	Du droit & commerce des Estats non vendus.	249
VII.	De la vente des Offices de Judicature.	255
VIII.	Du droict des Offices de Judicature, purement Royaux.	262
IX.	Des Offices du domaine alienté	271

Chapitres du V. Livre, traitant des Offices des Seigneurs.

Ch. I.	Quels Officiers les Seigneurs peuvent avoir.	277
II.	De la reception, & provision des Officiers des Seigneurs.	284
III.	De la resignation des Offices des Seigneurs.	292
IV.	Si les Officiers des Seigneurs sont destituables.	301
V.	Pratique de la destitution des Officiers des Seigneurs.	309
VI.	Des Offices Ecclesiastiques.	316
VII.	Des Offices des Villes.	321

Chapitres du Livre des Seigneuries.

	Avant-propos.	page 1
Ch. I.	Des Seigneuries en general.	ibid.
II.	Des Seigneuries Souveraines.	7
III.	Des droits des Seigneuries Souveraines.	13
IV.	Des Seigneuries suzeraines ou subalternes en general.	19
V.	Des grandes Seigneuries, à sçavoir, Pairies, Duchez, Marquisats, Comtez & Principautez.	24
VI.	Des droits des grandes Seigneuries.	29
VII.	Des mediocres Seigneuries; à sçavoir, Vicomtez, Vidamez, Baronnies & Chastellenies.	34
VIII.	Des droits des Seigneuries mediocres.	39
IX.	Du droit de police.	46
X.	Des petites Seigneuries ou simples Justices.	52
XI.	Des droits honorifiques des simples Justices, notamment des honneurs de l'Eglise.	59
XII.	Des droits profitables des simples Seigneuries.	65
XIII.	Des differends d'entre les Justices Royales & Seigneuriales, touchant la prevention & cas de ressort.	75
XIV.	Des differends touchant les cas Royaux.	80
XV.	Des Seigneuries & Justices Ecclesiastiques.	87
XVI.	Des Justices appartenantes aux Villes.	95

Chapitres du Livre des Ordres & simples Dignitez.

	Avant-propos.	page 1
Ch. I.	De l'Ordre en general.	2
II.	Des Ordres des Romains.	7
III.	De l'Ordre du Clergé.	15
IV.	De l'Ordre de la noblesse en general.	21
V.	Des simples Gentils-hommes.	26
VI.	De la haute Noblesse.	32
VII.	Des Princes.	39
VIII.	Des Ordres du Tiers Estat.	48
IX.	De la privation solemnelle de l'Ordre.	59
X.	Des simples dignitez de Rome.	64
XI.	Des simples dignitez de France.	70

des Chapitres.

Chapitres du Traité du Déguerpissement & Délaissement par hypotheque.

PREMIER LIVRE.

De la distinction des charges & rentes, esquelles a lieu le Déguerpissement & Délaissement par hypotheque.

Ch. I. De plusieurs especes de delaissement. page 4
II. Etymologie, signification, usage & definition du déguerpissement, ensemble du delaissement par hypotheque. 5
III. De la nature des charges foncieres, & comment elles different des debtes personnelles, servitudes & simples hypotheques. 7
IV. Enumeration de toutes les charges foncieres des Romains. 9
V. Enumeration des rentes foncieres, tant seigneuriales, qu'autres reconnuës en France. 12
VI. Des rentes constituées à prix d'argent. 15
VII. Des rentes constituées par don & legs, ou autrement. 16
VIII. Des rentes constituées par forme de simple assignat, & de sa nature. 18
IX. Des rentes à prix d'argent constituées par forme d'assignat. 22
X. Des charges foncieres casuelles & extraordinaires. 25
XI. Des charges universelles. 27

SECOND LIVRE.

De l'action personnelle qui a lieu pour les charges foncieres.

Ch. I. De l'origine & nature de l'action, qui a lieu pour les charges foncieres. 28
II. Quelles personnes sont tenuës de cette action, & notamment si les simples locataires en sont tenus. 31
III. Que le proprietaire pendant la saisie de l'heritage est tenu de cette action, comme aussi l'heritier par benefice d'inventaire; & que mesme cet heritier est tenu personnellement sur ses propres biens des debtes du defunct, contre l'usage commun. 34
IV. Si le mary est tenu de cette action pour les rentes des heritages de sa femme, & comment en France il joüit de ses biens, & est tenu de ses debtes. 37
V. Que l'heritage & non la personne, est absolument redevable des rentes foncieres. 40
VI. Que hors la Coustume de Paris, l'action personnelle ne doit avoir lieu és rentes constituées à prix d'argent, mesme par forme d'assignat. 41
VII. Des effets de cette action, & notamment de la veuë & monstrée de l'heritage. 44
VIII. Du recours que peut avoir celuy qui est convenu de cette action. 47
IX. De l'action hypothequaire, qui a lieu pour les arrerages precedens la detention. 50
X. De l'action pure personnelle dont est tenu le detempteur pour les arrerages de son temps. 52
XI. Si l'action personnelle écrite *in rem*, est solidaire ou divisible. 53

TROISIE'ME LIVRE.

De l'action hypothequaire qui a lieu és rentes constituées.

Ch. I. De toutes les especes de gages & hypotheques reconnuës tant au droict Romain qu'au nostre. 55
II. Des actions qui ont lieu de droict, & en France pour les hypotheques, & notamment de l'action personnelle hypothequaire, & de la simple declaration d'hypotheque, ou action d'interruption. 59
III. De la pure action hypothequaire reconnuë au droict, & si elle a lieu és charges foncieres. 61
IV. De la conclusion de l'action hypothequaire. 63
V. Du titre nouvel, & de toutes les especes. 64
VI. De la vente des gages & hypotheques au droict Romain. 66
VII. De la vente des gages & hypotheques en France. 69

VIII. De

VIII.	De la discussion.	72
IX.	Comment les rentes soit foncieres, soit constituées, se payent sur le decret.	76

QUATRIE'ME LIVRE.

Des cas ausquels le Déguerpissement a lieu.

Ch. I.	Quels delaissemens peuvent avoir lieu aux dettes personnelles, & de la cession de biens, & renonciation à l'heredité & déguerpissement des successeurs universels.	78
II.	De la renonciation à la communauté.	81
III.	Quel delaissement a lieu aux dettes hypothequaires, & des gageures, tant des Romains que des François.	82
IV.	Quand & comment le delaissement par hypotheque peut avoir lieu aux rentes constituées.	85
V.	Du deguerpissement qui a lieu aux charges foncieres.	88
VI.	Si le tuteur, le beneficier, le mary, le saisi, & l'heritier par benefice d'inventaire peuvent déguerpir.	91
VII.	Si le deperissement de l'heritage exempte le preneur de la continuation de la rente fonciere.	93
VIII.	Si la revente de l'heritage exempte le preneur de continuer la rente.	96
IX.	Si en point de droit le déguerpissement décharge le preneur de la continuation de la rente fonciere.	98
X.	Si selon le droit François le preneur est recevable à déguerpir l'heritage chargé de rente fonciere.	101
XI.	Si la promesse de payer la rente, l'obligation de tous les biens, & autres clauses excluent le déguerpissement.	102
XII.	Des clauses de mettre amendement, & d'entretenir l'heritage en bon estat.	105
XIII.	De la clause de fournir & faire valoir.	107

CINQUIE'ME LIVRE.

De la forme & solemnitez requises au Déguerpissement & delaissement par hypotheque.

Ch. I.	De la forme du vray déguerpissement	108
II.	Si l'heritage peut estre déguerpy pour partie.	102
III.	Si avant que déguerpir il faut amortir les hypotheques, servitudes & charges foncieres.	114
IV.	Du rétablissement des démolitions de l'heritage, & que les detempteurs en sont tenus avant que déguerpir.	116
V.	Des demolitions avenuës par le fait ou faute du detempteur, s'il les faut reparer avant que déguerpir.	119
VI.	Des demolitions fortuites, & s'il faut rétablir les maisons abbatuës pendant la guerre, avant que déguerpir.	121
VII.	Explication de l'Arrest du Conseil d'Estat, pour les maisons abbatuës pendant la guerre és faux-bourgs de Paris.	125
VIII.	Des demolitions naturelles, & des especes de reparation, reconnuës au droict & en France.	127
IX.	Du payement, consignation ou offre reelle des arrerages lors du déguerpissement.	129
X.	Du déguerpissement du tiers detempteur de bonne foy avant contestation, & l'explication de l'art. 102. de la Coustume de Paris.	133
XI.	Du déguerpissement du tiers detempteur aprés contestation, & l'explication des 103 & 104 art. de la Coustume de Paris.	136
XII.	S'il échet remise ou diminution des arrerages des rentes foncieres échuës pendant la guerre.	139
XIII.	De la forme & condition du deguerpissement universel.	141
XIV.	De la forme & conditions requises au delaissement par hypotheque.	143
XV.	Quels arrerages de la rente constituée est tenu de payer celuy qui renonce à l'heritage hypothequé.	145

des Chapitres.

SIXIEME LIVRE.
Des effets du déguerpissement & delaissement par hypotheque.

Ch. I.	De l'alienation qui resulte du deguerpissement.	147
II.	De l'adjection ou surchage & accroissement des terres déguerpies.	150
III.	Si les servitudes, hypotheques & charges foncieres posterieures sont resolués par le deguerpissement.	153
IV.	Si les servitudes, hypotheques & charges foncieres, que celuy qui déguerpit, avoit sur l'heritage auparavant son acquisition, renaissent aprés le déguerpissement.	155
V.	Quels lods & ventes, & profits Seigneuriaux sont deubs aprés le déguerpissement.	157
VI.	Si celuy qui déguerpit peut retirer ses ameliorations.	160
VII.	Des effets du delaissement par hypotheque.	164
VIII.	De la restitution ou distraction des ameliorations aprés le delaissement par hypotheque.	166
IX.	Des effets du déguerpissement universel.	169
X.	Des effets des resolutions de contracts qui approchent du déguerpissement, & notamment de la resolution des échanges par vertu de la clause de *fournir & faire valoir*.	171
XI.	Des terres desertes & delaissées en friche, ensemble des maisons vuides & vagues, & des criées d'icelles en vertu du privilege des Bourgeois de Paris.	174

Chapitres du Traité de la Garantie des rentes.

	Avant-propos.	1
Ch. I.	De la Garantie notamment de celle du droict.	2
II.	De la Garantie de fait.	4
III.	De la Garantie de droit & de fait, des debtes ou rentes venduës.	6
IV.	De la clause de Fournir & faire valoir, & si elle requiert discussion.	8
V.	Si fournir & faire valoir charge le cedant de la suffisance d'aprés le transport.	10
VI.	Refutation des raisons de l'opinion contraire contenuës au Livret de fournir & faire valoir.	13
VII.	De l'effet de la clause de fournir & faire valoir, & si elle induit resolution du Contract.	16
VIII.	De la promesse de payer soy-mesme, si elle induit discussion, & son effet.	17
IX.	Pratique de la Discussion en la Garantie des rentes.	20
X.	De la Garantie des rentes sur le Roy.	22
XI.	Si le cessionnaire a recours contre le cedant aprés le decret ou prescription des hypotheques.	24
XII.	Si la clause de payer soy-mesme a execution parée.	26

Discours de l'Abus des Justices de Village.	page 1
Epistre d'Adrian Turnebus sur le sujet de l'Abus des Justices de Village.	14
Suitte du discours de l'Abus des Justices de Village traittant de la manutention des Justices Seigneuriales legitimement introduites.	16

EXTRAIT DU PRIVILEGE DU ROY.

PAr Privilege du Roy donné à Versailles le 14. Octobre 1677. Il est permis à EDME COUTEROT Marchand Libraire à Paris de reimprimer *Les Oeuvres de Maistre Charles Loyseau Avocat en Parlement*, en telle marge, caractere & grandeur, & autant de fois que bon lui semblera pendant vingt années, à commencer du jour qu'elles seront achevées d'imprimer pour la premiere fois en vertu d'iceluy ; avec deffences à tous autres Libraires & Imprimeurs du Royaume de les faire imprimer sous quelque pretexte que ce soit, ny d'en vendre & debiter de contrefaites à peine de confiscation des exemplaires, trois mille livres d'amende, & de tous dépens, dommages, & interests, ainsi qu'il est plus amplement porté par iceluy, & aux charges y contenuës. Signé Par le Roy en son Conseil, DESVIEUX, & scellé.

Registré sur le Livre de la Communauté des Libraires & Imprimeurs de Paris le 20. Octobre 1677. Signé COUTEROT *Syndic.*

Achevé d'imprimer pour la premiere fois en vertu dudit Privilege le 30. Avril 1678.

CONSENTEMENT.

VEu le Privilege accordé par sa Majesté à Edmé Couterot, d'imprimer les œuvres de Maistre Charles Loyseau, pendant vingt années échuës le 30. Avril 1698.
Je consens qu'il soit permis au sieur Boudet Marchand Libraire de cette Ville d'imprimer les dittes œuvres avec deffences à toutes personnes de l'y troubler, fait à Lyon ce 25. Septembre 1700.

AUBERT.

PERMISSION.

PErmis d'imprimer, à Lyon le 28. Septembre 1700.

DUGA.

Ledit Boudet a fait part de ses permissions à Claude de la Roche, Leonard Plaignard, Jacques Lions, & Laurent Bachelu, suivant l'accord entre eux.

DU DROIT
DES OFFICES
LIVRE PREMIER.
DES OFFICES EN GENERAL.

AVANT-PROPOS.

1. Difficulté de cét œuvre.
2. Venalité des Offices contre raison.
3. De la venalité des Offices procede leur droit.
4. Incertitude du droit des Offices.
5. Le droit des Offices est un sujet mal-aisé à comprendre.
6. Description des Offices.
7. Offices avidement recherchez.
8. Par trois chemins.
9. Effets de l'or à l'égard des Offices.
10. Les Offices constituent maintenant une tierce espece de biens.
11. Qu'il est necessaire d'y établir un droit.
12. Que cela est faisable, & comment.
13. Projet de cét œuvre.
14. Ordre & style familier d'iceluy & pourquoy.

1. Difficulté de cét œuvre.

LA varieté infinie des affaires humaines produit tant de diverses rencontres au Droit, qu'étant mal-aisé de les assembler & comprendre toutes sous une proposition generale, qui soit entierement veritable, le jurisconsulte a pû resoudre sans hazard, que toutes definitions, c'est à dire, resolutions generales, sont hazardeuses en droit. Que si elles sont hazardeuses és matieres du droit bien étably, à plus forte raison le doivent-elles être en celles, qui ont été introduites en l'usage par une corruption de mœurs, contre droit & raison. Car on dit en Dialectique, que d'une fausse proposition, on ne peut tirer de conclusion assurée, & qu'une absurdité en engendre toûjours d'autres.

2. Venalité des Offices est contre raison.

Or je n'estime pas qu'il y ait rien en nôtre usage plus contraire à la raison, que le commerce & la venalité des Offices, qui prefere l'argent à la vertu en la chose du monde, où la vertu est plus à rechercher, & l'argent plus à rejetter. Car, si l'Officier merite sa charge, ce n'est pas raison qu'il l'achete : s'il ne la merite pas, il y a encore moins de raison de la luy vendre. Quelle apparence y a-t-il, que le particulier baille de l'argent pour choisir de bons serviteurs, & que le Public en prenne pour admettre au hazard de mauvais Officiers?

3. De la venalité des Offices procede leur droit.

Supposé donc, que de cette injuste venalité des Offices procede leur droit & condition, entant que c'est la vente qui les fait nôtres, & les met au rang de nos autres biens.

(*Nam quod emat possit dicere jure tuum.*)

4. Incertitude du droit des Offices.

Il s'ensuit que de vouloir regler par raison le droit des Offices, c'est chercher de la raison où il n'y en a point, & établir un droit à ce qui est établi contre le droit. Encore n'y peut-on être aidé ni des exemples des anciennes Republiques, pource qu'en aucune d'icelles, cette venalité publique des Offices n'a été admise : ni de l'autorité des anciens Livres, qui n'en ont parlé que pour la rejetter & condamner : ni même des anciens Arrests & prejugez des Cours souveraines de France,

Du droits des Offices.

pource que c'est de nouveau, que cette venalité s'y est établie ; & comme elle s'augmente tous les jours, aussi ses regles & consequences s'amplifient. De sorte qu'il est vrai de dire, que le plus souvent en cette matiere, il n'est pas question de rapporter ce qui est observé ; mais de deviner ce qui se doit être, & même d'arrester ce qui change tous les jours, Que si lors qu'il fut question de faire une coiffe à la Lune, il ne se trouva point d'ouvrier, qui voulut entreprendre de la tailler, dit Plutarque, pource que la Lune change journellement de forme : ce n'est pas une grande entreprise, de vouloir accommoder un droit au commerce des Offices, qui dépend-oit de la frenesie du peuple, n'est gueres moins sujet à changement que la Lune?

5. Le droit des Offices est un sujet mal-aisé à comprendre.

Ce n'est pas même un sujet solide & essentiel, qui ait une nature certaine pour definir, & des parties pour diviser : Mais c'est une idée, un accident & simple qualité, enfin une fumée d'honneur, dont je puis dire à l'imitation de Seneque : *Video istic diplomata, vacua honorum simulachra, umbram quandam ambitione laborantis, quæ decipiat animos inanium opinione gaudentes : humana cupiditatis extra naturam quæsita nomina : in quibus nihil est, quod subijci oculis, quod teneri manu possit, inanis denique umbra somnia.*

7. Offices avidement recherchez.

Et toutefois, on s'est tellement laissé emporter à ce vent, & à cette vanité, qu'il n'y a rien dont on fasse plus d'état que des Estats, ausquels chacun refere sa condition, son honneur, sa vie, & son être. C'est pourquoy ils ont été avidement recherchez en tous Estats & Republiques, Premierement, par la voye de la vertu, dont certainement l'honneur est la seule recompense sortable : puis par la faveur, qui est encore un chemin passable : & finalement par l'argent, qui est le détour le plus éloigné, & toutefois seul suivi en ce siecle. Car c'est vouloir voler, comme a dit Euripide, avec des ailes d'or, faisant d'une matiere la plus pesante, ce qui doit être la plus legere.

8. Par trois chemins.

9. Effets de l'or à l'égard des Offices.

Mais depuis que l'on a trouvé entrée parmy les Offices, il y a tellement exercé sa domination, que pour regner seul, il a bouché les deux autres chemins de la vertu, & de la faveur, puis il s'y est mêlé si avant, que

A

c'est chose prodigieuse, & du taux qu'il leur a donné, & de la multitude qu'il en a produit. Tant y a que ce prix immense,& cette multitude infinie d'Offices, sont cause aujourd'huy, que nous en constituons une tierce espece de biés,moyenne entre les meubles & les immeubles , & une troisiéme sorte d'acquests,outre les heritages & les rentes qui étant extravagante, & irreguliere, produit journellement au commerce tant de differens étrangers & extraordinaires,qu'il est bien necessaire de tâcher desormais à y établir un droit & reglement certain,sans laisser les parties en incertitude, & les Juges à discretion,en une matiere si importante & si frequente:afin que la raison uniforme y prevale plutost,que la fantaisie particuliere d'un chacun.

Bien que cela soit difficile , si est-ce qu'il n'y a rien où l'esprit de l'homme ne penetre, & comme la coiffe de la Lune se pourroit imaginer,en la taillant de telle sorte qu'elle se peut tesserer par plis ou cueüillures , à mesure que la Lune croistroit ou decroistroit , pource qu'il faut que tout l'habit s'accommode au corps:aussi le droit des Offices doit être adapté & accommodé aux mœurs & à l'usage journalier du peuple(dont il dépéd ainsi que fait presque toute marchandise) sans user de prejugez de ce qui s'observoit par le passé,auparavant que la venalité fust au periode , où elle est à present. Ce que nous apprend cét ancien Docteur de l'Eglise S. Chrysostome en l'Homelie & sur l'Epistre aux Ephesiens,disant,qu'à mesure qu'on a pris coûtume de vendre les Offices,ce taux & commerce a trouvé son train & entresuite , ὅσον τινὰ, καὶ ἀκολουθίαν ἔλαχον ἡ ἀξία qui est un point, dont j'avertis de bonne heure le Lecteur , pource que c'est la clef de cét œuvre.

C'est donc mon propre de traiter des Offices,non pas en Philosophe moral, pour parler du devoir des Officiers : ny en Politique, pour traiter comment ils doivent être établis & distribuez pour l'utilité de l'Estat: ny en historien ou humaniste,pour discourir de l'érection de chaque Office, & compter les nôtres à ceux de l'antiquité : ny même en commentateur d'Ordonnances , ou compilateur d'Arrests , pour rapporter la fonction de chaque Office,& les reglemens d'entre les Officiers. Au moins ne parleray-je de tout cela,sinon incidemment , & autant qu'il sera besoin pour mieux expliquer mon vray projet,qui est de traiter du droit des Offices purement en Jurisconsulte. Mesmement, comme il est établi generalement (de la Loy) & non sur les particuliers individus,aussi j'expliqueray le droit & condition des Offices en general , sans discourir du droit de chacun Office en particulier.

Et combien que je sois le premier à traiter cette matiere,si est-ce que j'espere y garder un ordre si net, & un style si familier,qu'on pensera que ce labeur soit fait sans labeur , & que chacun en pourroit faire autant comme Plutarque *in Marcello*, dit de la Geometrie d'Archimede. Aimant mieux (contre la coutume des Auteurs) dérober à mon Ouvrage une partie de son lustre, à ce qu'il soit de meilleur usage , que non pas le farder & parer d'une obscurité affectée , qui le rende moins utile au public : ainsi que ce Prince des Philosophes,qui desirant plutost être admiré , qu'entendu,& être honoré du peuple , que profiter au peuple,se vanta d'avoir publié son œuvre, comme s'il ne l'eût point publié. Mais de ma part , je suivray toûjours l'opinion de ce grand Empereur Auguste, rapportée par Suetone, au 86. chapitre de sa vie , que comme la langue nous est donnée, pour énoncer les conceptions de nôtre esprit, ainsi c'est la perfection de les énoncer plus clairement.

10. Les Offices constituent maintenant une tierce espece de biens.
11. Qu'il est necessaire d'y establir un droit.
12. Que cela est faisable & comment.
13. Projet de cet œuvre.
14. Ordre & style familier d'iceluy, & pourquoy.

Des Noms, definitions, & divisions de l'Office.

CHAPITRE PREMIER.

1. *Qu'és langues anciennes, il n'y a aucun terme univoque pour signifier l'Office.*
2. *Terme Hebreu.*
3. *Magistrats sont protecteurs du peuple.*
4. Ἀρχὴ *que signifie.*
5. *Les Grecs n'ont point de mot propre, pour signifier l'Office.*
6. *Aristote mal repris par Bodin.*
7. *Les Latins n'ont point de mot propre pour signifier l'Office.*
8. *Magister, Magistratus.*
9. *Munera publica.*
10. *Minus tria significat.*
11. *Offices,pourquoy appellez Honores & Dignitates.*
12. *Officium unde, & quid ?*
13. *Opinion de l'Autheur, sur l'etymologie d'Officium.*
14. *Vraye signification d'Office.*
15. *Officium morale.*
16. *Officium divinum.*
17. *Officium publicum.*
18. *Loix qui en ont usé en cette signification.*
19. *Conciliation de deux loix.*
20. *Officium pro apparitoribus Magistratuum.*
21. *Office en François signifiant,les serviteurs domestiques.*
22. *Cause de cette derniere signification.*
23. *Difference inter Officiû,Beneficium & Ministerium.*
24. *Officium enfin accommodé à signifier les Charges publiques.*
25. *Principalement en France, c'est le propre terme.*
26. *Estats à deux derivations.*
27. *Estats d'un procez.*
28. *Dresser un estat.*
29. *Estat tourne du Latin Status.*
30. *Les trois Estats de France.*
31. *Conseil d'Estat, &c.*
32. *Offices, pourquoy appellez Estats.*
33. *De Militiis.*
34. *Offices appellez Milices par les doctes modernes.*
35. *Livre de Magistratib.Fr. Conani, non imprimé.*
36. *Militia propriè quid ?*
37. *Les menus Offices de la Maison du Roy ne sont proprement Offices, mais Milices.*
38. *Comment sont conferez.*
39. *Militiæ quare dictæ.*
40. *Militia domesticorum.*
41. *Pourquoy les domestiques de l'Empereur ne se qualifioient pas Officiers.*
42. *Comment les domestiques des Gouverneurs furent mis entre les Milices.*
43. *Avocats mis entre les Milices.*
44. *Divisio generalis Militiæ in armatam & civilem.*
45. *Divisio Militiæ civilis.*
46. *Palatina Militia.*
47. *Togata Militia, seu Forensis.*
48. *Litterata Militia.*
49. *Militia sacra, seu cœlestis.*
50. *La Milice civile avoit les mêmes reglemens & privileges , que la Milice armée.*
51. *Peculium quasi castrense.*
52. *Conclusion du discours des Milices.*
53. *De tessera & tesseræ legato.*
54. *Explication de la loy Sed & si §. 1. D. De judiciis.*
55. *Tessera militaris.*
56. *Tesseræ missiles.*
57. *Tesseræ annonaria.*
58. *Annonæ Militares, Palatinæ & civiles.*
59. *Annonæ civiles, civicæ, vel populares, quid ?*
60. *Leges frumentariæ.*
61. *Panes civiles.*
Pourquoy appellées annonæ.
63. *Frumentum Constantinopolitanum.*
64. *Parapeteumata Martiana.*

Livre Premier. 3

65. Perissochoregia.
66. Tesseræ Theodosianæ.
67. Difference des tesseres missiles & annonaires.
68. Quand se distribuent les tesseres annonaires.
69. Ces tesseres étoient en commerce.
70. Autre sorte de pains.
71. Panes gradiles.
72. Explication de la Loy 5. De an. civicis C. Th.
73. Panes ædificiorum.
74. Explication de plusieurs Loix du même titre.
75. Suidas bien repris par Cujas.
76. De Tribu & legato Tribus.
77. Explication de la Loy Patronus 35. de leg. 3.
78. Tribus Romanæ tempore Romuli.
79. Tribus Romanæ tempore Servij Regis.
80. Tribus Romanæ tempore Reipublicæ.
81. Le droit de Tribu étoit seulement acheté par les affranchis.
82. Quand il fut necessaire aux affranchis d'acheter le droit de Tribu, & pourquoy.
83. La Tribu, importoit d'être Citoyen Romain : & comment.
84. Droit de Tribu étoit impetré, ou acheté des Empereurs.
85. Le droit de Citoyen Romain acheté des Empereurs.
86. Restitutio natalium.
87. Affranchis incapables des Magistrats.
88. Jus aureorum annulorum.
89. De la definition de l'Office.
90. Dispute entre Sigonius & Grucchius.
91. Definition de Govean.
92. Celle d'Aristote.
93. Celle de Cujas.
94. Celle de Bodin.
95. Celle de Charondas.
96. Celle de Callistrate; qui est la bonne.
97. Explication de la Loy 14. D. muner. & honor.
98. Qu'il faut renverser la definition de Callistrate.
99. Que cette definition est parfaite.
100. Definition de Dignité.
101. Difference entre la dignité & la condition.
102. Des qualitez dont on peut accompagner son nom.
103. Les Romains n'accompagnoient leur nom d'aucun titre en l'Estat populaire.
104. Les Grecs & les Romains ne connoissoient autres dignitez que les Ordres & Offices.
105. Invocation des Seigneuries.
106. Difference de trois sortes de Dignitez, à sçavoir, l'Ordre, l'Office & la Seigneurie.
107. Difference particuliere de nôtre definition.
108. Cur tutela dicatur munus publicum.
109. Explication de la Loy Pupillus. §. Munus. de verb. signif.
110. Division de l'Office en sa plus generale signification.
111. Comment il est parlé en cet œuvre des benefices & des commissions.
112. Pourquoy l'Autheur a fait un Livre des Ordres & un des Seigneuries.
113. Division de l'Office en sa propre signification.
114. Qu'il la faut faire selon le commerce.
115. Division de Callistrate.
116. Troisiéme espece des Offices hereditaires.
117. Difference de ces trois especes.
118. Division politique des Offices.
119. Les trois fleurs de lys de France.
120. Le Roy seul a ces trois fonctions ensemble.
121. Le Connestable a celle des Armes.
122. Le Chancelier celle de la Justice.
123. Le Surintendant celle des Finances.
124. A qui s'addressent les mandemens du Roy.
125. Cette separation n'estoit à Rome, ny en France, aux deux premieres races.
126. Inconveniens qui en sont advenus.
127. Remede que les Rois modernes y ont apporté.
128. Separation de la charge de Maire du Palais.
129. Separation de la charge des anciens Ducs & Comtes

---

1. Qu'és langues anciennes il n'y a aucun terme univoque, pour signifier l'Office.

VEu qu'il n'est pas à presumer, qu'au commencement du monde les hommes ayant long-temps subsisté, sans quelque forme de gouvernement, ny societé politique, & par consequent sans Officiers, sans lesquels aucune cité ou police ne se peut imaginer, comme dit Ciceron au 3. des Loix, & Aristote au 9. des Polit. chap. 8. c'est chose bien estrange, qu'en nulle des langues anciennes, il ne se trouve point de terme particulier & univoque pour signifier l'Office & l'Officier, au moins qui côtienne indefinimét toutes sortes d'Offices.

2. Terme Hebreu.

En l'Hebraïque il y a les mots de שר & שוטר, qui signifient tout ensemble les Princes & les Magistrats, c'est à dire les principaux Officiers : mais je ne sçache point qu'il y ait de mot propre, pour signifier les menus Officiers, ny du mot general qui comprenne tous les Offices. Et est fort notable ce mot de שוטר qui est derivé du verbe שטר signifiant protegere, & partant שוטר en sa signification primitive signifie un protecteur, puis en consequence le Magistrat, pour montrer que le Magistrat doit être protecteur du peuple, ainsi que dans Xenophon les Magistrats sont appellez Μεγαλοφυλακες : & comme en France les Magistrats des Provinces sont nommez Baillifs, terme qui en vieil François signifie Gardiens & Protecteurs.

3. Magistrats sont protecteurs du peuple.

Quant à la langue Grecque, elle a le mot Ἀρχή, qui répond directement à ces deux Hebreux, & signifie tout ensemble, le commencement, la principauté, le commandement & la magistrature : mais il ne signifie pas toute sorte d'Offices, sinon fort improprement, & à faute d'autre. D'où vient qu'Aristote au Livre 3. des Polit. chapitre 1. dit, qu'il n'y a point de mot propre pour comprendre & signifier tous les Offices, & sur ce là il s'excuse que desormais, quand il parlera des Offices, il ne disputera point du mot, mais de la chose.

4. Ἀρχή que signifie.

5. Les Grecs n'ont point de mot propre pour signifier l'Office.

C'est pourquoy au chap. dernier du 6. liv. il est contraint de comprendre sous le terme de Ἀρχή les Notaires, Sergens, Trompettes & autres tels ministres des Magistrats, même les executeurs de haute Justice,

6. Aristote mal repris par Bodin.

dont il est mal repris par Bodin, liv. 3. chap. 3 de sa Repub. qui n'avoit pas remarqué son excuse. Mais le plus souvent les Grecs, pour comprendre tous les Offices, sont contraints d'user de ces mots éloignez Δύναμις & Τιμή, que par une Metonymie ils accommodent aux Offices.

Pareillement les Latins n'ont point de nom propre & particulier pour signifier tous les Officiers : car le terme de Magistrat ne signifie que leur plus noble espece, sçavoir est de ceux qui ont l'autorité de commander, & ne comprend pas ny les Officiers ministres, ny les moyens, qui ne sont ny Magistrats ny Ministres, comme sont ceux de finance. Neanmoins son etymologie est fort notable. Car comme ainsi soit, que *Magister* signifie celuy *qui magis potest, & cui præcipua cura incumbit*. dit la Loy 57. De verb. sign. Magistratus, en est derivé, & est comme un diminutif du maistre. *Magister equitum dicitur* (dit Varro lib. 4.) *quod summa potestas ejus in Equites; & Magister populi, Dictator. Reliqui, quod minores quàm hi magistri Magistratus, ut ab albo albatur.* Vray est que par un terme fort general, les Romains ont appellé les Offices *munera publica*, mais c'est plûtost une periphrase qu'un mot propre, quoy que ce soit il est fort equivoque. *Munus enim in jure tria significat, scilicet donum cum causa, deinde onus, postremo Officium publicû,* dit la Loy *Munus D. de verb. signif.* Et ont les Romains ainsi appellé les Offices, pour ce que c'estoit la remuneration & recôpense de ceux qui avoient bien merité du public. *Apud majores nostros*, dit Tacite, *virtuti id præmium fuerat.*

Ils les ont aussi appellez, comme les Grecs, *Honores & Dignitates, ab effectu*, pour ce que les Offices accroissent les hommes en honneur, & dignité, & pour particulierement que leurs Magistrats étant presque tous sans gages, & sans autres emolumens licites, n'avoient autre recompense que le seul honneur, qui à la verité est plus pur & plus parfait, quand il n'est point meslé avec le profit. Aussi est-ce l'une des vingt regles, que prescrit le mesme Prince des Philosophes, pour la

7. Les Latins n'ont point de mot propre pour signifier l'Office.

8. Magister Magistratus.

9. Munera publica.
10. Munus tris signifi- cat.

11. Offices pourquoy appellez Honores & Dignitates.

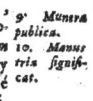

A ij

manutention des Republiques, au chap. 8. du 5. Liv. des Politiques, de faire que les magistrats n'ayent que le pur honneur, sans aucun lucre ny emolument de leurs Offices.

Finalement par un mot plus propre & plus significatif, ils les ont appelez Offices, mot qui de sa premiere origine signifie ce que chacun a à faire. *Officium*, dit Donat sur Terence, *dicitur quasi efficium, ab efficiendo, quod cuique persona efficere congruit*, qui est dit aussi par saint Ambr. libr. 1. Offic. *Officium dicitur, quasi efficium, propter sermonis decorem mutata una litera*. Mais plûtost (s'il est permis de faire) icy le Grammairien) il me semble, sauf le meilleur avis de ces deux grands personnages, que sa derivation vient de *ob*, id est, *circa, vel propter*, & *facio* de sorte que *Officium* signifie un employ continuel ou ordinaire a un certain ouvrage. Et ce que le verbe *Officio* a mesme derivation, & neanmoins la signification toute contraire, est dautant qu'en sa composition, cette mesme preposition, *ob* signifie *contra*, & par ainsi la diverse acception de cette preposition, produit deux significations contraires en une mesme composition, comme il advient souvent en la preposition inseparable, *re*, qui tantost signifie privation, & tantost iteration de l'acte, de sorte que plusieurs mots composez d'icelle ont deux significations toutes contraires.

L'office donc signifie proprement, & est mot pour mot, ce qu'en François nous nommons l'affaire, qui est ce que chacun a à faire en sa vacation ou condition, que les Grecs appellent τὸ ἔργον ἰδιαίον, ὑπουργίαν: les Philosophes l'ont pris pour le devoir d'un chacun τὸ καθῆκον, & ainsi l'entendent Ciceron & saint Ambroise quand ils ont ecrit des Offices. Et dautant que la principale affaire de l'homme, c'est de servir Dieu par les prieres ordinaires & journalieres, que chacun est tenu de faire à Dieu, s'appellent l'Office divin *θεῖον ἔργον*: dautant aussi que les Offices sont ceux qui ont plus d'affaire & d'employ, on appelle leur charge *Officium publicum*, ou Office simplement: terme neantmoins qui ne se trouve gueres usité dans les anciens autheurs classiques, fors les Jurisconsultes, qui ont été contraints de s'en servir à faute d'autre & comme d'un terme particulier de leur art, & encore assez rarement en cette signification, comme en le Loy 5. D. ad Senat. Trebell. *Non multum Officio occupatur Legatus*: en la Loy 1. D. *de adult. aliqua provincia gerit*, & cette loy *Munus. De verb sign.* dit que *Munus aliquando significat Officium publicum*.

Finalement en la Loy *si quis Officium* 38. D. *de ritu nuptiarum. Si quis Officium in aliqua Provincia administrat*. Encore Cujas lib. 4. *Obser. cap. 21* suivant la traduction de Cyrille interprete Grec, entend en cette Loy *Officium pro ministerio*, & ainsi il la concilie avec la Loy 1. *Cod. Si Rector prov.* qui est encore une autre signification du nom d'Office, laquelle a eu cours sous les derniers Empereurs, du temps desquels *Officium* & *Officialis* signifioient seulement les Appariteurs ou Ministres des Magistrats, & non les autres Officiers, comme en la rubrique. *De concussionibus Officiorum sive Apparitorum lib. 12. Cod.* & Tertullien, au Livre de *anima*, *Gravior*, inquit, *injuria est in Præsidem: cum Officia pulsantur*, plus caditis qui jubet. Mesme par tout dans la Notice de l'Empire Romain, le train de chaque Magistrat de province est appellé *Officium*, comme encore aujourd'huy nous appellons particulierement les Officiers, les serviteurs domestiques des Princes, & appellons Offices leurs cuisines, & autres lieux de service, d'où est dit Clerc d'Office, qui est le Controlleur des Officiers domestiques, ainsi qu'au droit le Maistre des Officiers de l'Empereur est appellé *Magister Officiorum, tit. de Off. Magistri Offic.* qui est à nous le grand Maistre de France, lequel a la Surintendance sur les Officiers de la maison du Roy. Cette derniere signification procede de ce que souvent & en Latin & en François, l'Office est dit pour l'assistance & aide dû à quelqu'un, que les Grecs appellent *ὑπηρεσίαν*, temoin la distinction assignée par Seneque, lib. 3. *de Benef. c. 18. inter Beneficium, Officium, & Ministerium, Beneficium* (inquit) *alieni est, qui potuit sine reprehensione cessare: Officium ejus, quem necessitudo suscitat & ferre opem jubet: Ministerium servi, quem conditio sua eo loco posuit, ut nihil eorum, qua præstat, imputet superiori*.

Mais à la fin, l'occupation & employ qu'ont eu les Officiers, fait accommoder ce terme indistinctement à tous Offices, de sorte qu'en la derniere Jurisprudence de l'Empire Romain, Harmenopole interprete disertement *Officium ἐνέργειαν τινά*.

Sur tout, nous autres François, qui faisons plus d'estat des Estats en autre Nation quelquonque, leur avons approprié ce terme en nôtre langue, en sorte qu'il n'a presque point d'autre signification: toutefois nous en avons encore un autre de nôtre cru, sçavoir est celui d'Estat; mais il est fort equivoque, & a plusieurs significations.

Car quelquefois nous en usons, comme étant le nom verbal: du verbe *être*, pour signifier l'estre, c'est à dire la condition & qualité precedente de quelque chose. Ainsi quand nous disons l'estat d'un procez, ce n'est pas ce que les Latins appellent *statum cause*, sçavoir est le point, & la principale question du procez; mais c'est l'estre auquel il est present, & le point où il est demeuré: de même nous disons que quelque chose est en bon état, c'est à dire en bon être, & disons aussi dresser un état, c'est à dire *σύνοψιν* un memoire abregé, qui represente à veuë d'œil l'estat & l'estre d'une affaire. D'où vient que nous disons faire état de quelque chose, & être couché sur l'Estat d'un Prince, même l'estat de la maison d'un Gouverneur de Province est justement ce que la Notice de l'Empire Romain appelle *Officium Rectori Provinciæ*, bien que par diverses rencontres.

Mais quelquefois aussi le mot d'*estat* est tourné & écorché du mot Latin *Status*, qui vient non pas de *sum* mais de *sto*, & signifie une qualité permanente & condition arrestée de quelque chose: comme en nos Coûtumes le premier titre est ordinairement *de l'estat & qualité des personnes*; & de là sont dits les trois Estats de France: c'est à dire les trois Ordres & qualitez diverses du peuple François, & nous appellons le Royaume même Estat: & *inde* le conseil d'Estat, les Secretaires d'Estat, mots que le curieux Pasquier remarque avoir été apportez d'Espagne, par la philoxenie ordinaire aux François, lors qu'ils traiterent avec les Espagnols la paix de l'an cinquante-neuf.

Finalement de là est venu, que nous appellons les Offices, Estats, pource que leur vraye nature est d'estre une qualité permanente & inherente à la personne. Et toutefois il faut remarquer, que parmi ceux qui veulent parler plus curieusement & correctement, le mot d'Estat s'etend plus loin en sa propriété, que celuy d'Office. Car l'Estat comprend, & l'office formé, & la commission, & le grade militaire, & principalement l'ordre: mais en nos Ordonnances, où la pureté & proprieté des termes est gardée plus exactement, le terme d'Office n'est guere attribué qu'aux vrays Offices: & quand il est question de parler des commissions des Ordres, ou des gardes militaires, qui ne sont pas vrays Offices, ils y sont communement appellez Estats, & non pas Offices.

Il y a encore un autre nom Latin d'Office, qui est fort notable, & que j'ay laissé le dernier, afin de le expliquer plus à loisir: sçavoir le nom de Milice, pource qu'en l'empire Romain, les Milices étans les premieres tombées en commerce, c'est sous leur nom que s'ont énoncées si peu de decisions qu'il y a dans les Livres, touchant le droit & condition des Offices: aussi que la plûpart de nos messieurs ne sont si scrupuleux, & ne voulans user en Latin du nom d'Office l'estimant rude & barbare en cette signification, appellent ordinairement les Offices, *Militias*, même le docte Conan qui avoit composé un Livre Latin des Offices, comme il dit au 3. Livre de ses Commentaires, chap. 15. (Livre qui n'ait été imprimé comme je croy) ne les nomme gueres autrement que Milices; combien que ces Milices ne

Noms defins & divif des Offic. Chap. I.

fussent qu'une certaine espece d'Offices, qui encore étoit impropre & irreguliere, dont je n'expliqueray icy que le nom, reservant en un autre endroit plus commode, à expliquer leur nature.

Les trois derniers Livres du Code, la Notice de l'Empire, & les Commentaires *Reip. Rom.* de Lazius, nous apprennent asseurément, que les Milices étoient proprement les places des compagnies, ou bandes de serviteurs domestiques, ou Officiers servans en la maison des Empereurs: Ausquelles Milices se raportent entierement les places des menus Officiers de la maison du Roy, comme des Gardes du corps, de la venerie, fauconnerie, écurie, sommelerie, panneterie, cuisine, fruiterie, & autres semblables, qui ne sont pas proprement Offices formez, n'estans establis par Edit, & n'estans conferez par le Roy, & les pourveus d'iceux n'estans tenus de se faire recevoir solemnellement en Justice, qui sont en passant les marques des vrays Offices Royaux.

Mais ces places sont conferées par chacun chef d'Office, & ne s'en baille autre provision, sinon un simple brevet de retenuë, encore la plus part n'en ont point: mais se contentent d'être couchez sur l'Etat du Roy, & d'en avoir un certificat de leur Tresorier, tout ainsi qu'il s'observoit aux Milices Romaines, comme il se justifie par la Nov. 15. & comme il sera dit plus amplement en son lieu.

Or étoient-elles ainsi appellées, pour titre d'honneur, d'autant que les Romains étans du tout addonnez à la guerre, n'estimoient rien de plus honorable que la qualité de soldat, & partant étoient curieux d'appeler du nom de Milices, les fonctions mêmes de la paix

Tamen et si bella quiescant
Non periit virtus: licet exercere togata
Munera Militia, licet & sine sanguinis haustu
Mitia legitimo sub Iudice bella movere.

La premiere extension du nom de Milice, fut pour les Officiers domestiques de l'Empereur, à la verité la fonction approche plus prés des Militaires, que nulle autre fonction de paix? *Alieni enim non sunt à labore castrorum, qui signa nostra comitantur, & quos interntos eruditis studiis itinerum prolixitas, & expeditionum difficultas exercet,* dit l'Empereur Constantin en la Loy unique, *De Castrens. Palatin. pecul.*

Aussi n'étoit-il pas raisonnable, qu'ils s'appellassent Officiers, attendu ce qui vient d'être dit, que sous les Empereurs ce nom d'Officier n'étoit attribué, qu'aux appariteurs & ministres des Magistrats, dont la condition a toûjours été repudiée vile & abjecte, si bien qu'il n'y avoit anciennement que les esclaves affranchis qui se missent aux charges, comme il sera dit au livre des Ordres. Au contraire, ils se qualifient du nom des gensdarmes, avec lesquels ils se trouvoient ordinairement, voyant l'honneur & le credit qu'ils avoient sous les Empereurs, jusques à les créer & deposer eux-mêmes.

Enfin ce nom de Milice fut tellement étendu, qu'il fut communiqué aux Ministres & appariteurs des Gouverneurs de Province, qui representans l'Empereur, appellerent aussi leurs domestiques du même nom que les siens, comme il appert de la Loy antepenultiéme, *De Cohortalibus lib. 12 Cod. Propriè autem Cohortales vocabantur l. 4. eod tit. Cohors autem, manipularis seu infima Militia genus erat.*

Bref, ce même nom de Milice fut attribué aux fonctions pures, civiles, & jusques aux Avocats.

Hoc quoque Militia genus est, civilibus armis
Compositum.

Militant namque Advocati, dit la Loy, qui *gloriosa voci consili munimine laborantium spem, vitam, & posteros defendunt.*

Ainsi donc il y eut deux sortes de Milices, *Armata* scilicet & civilis seu urbana Militia. Rursus civilis Militia triplex fuit, *Palatina* nempe, qui comprenoit les Officiers de la maison de l'Empereur, que nous avons retenuë seules en France, & des Gouverneurs des Provinces. *Togata,* seu forensis, qui étoient les Jurisconsultes & les Avocats: & *Literata,* qui étoient les Secretaires & Officiers de la plume *qui militabant in quatuor scriniis scilicet memoria, epistolarum, libellorum, & dispositionum: de quibus in tit. de prox. sacr. scriniorum, & iis qui in scriniis militant.*

Bref, à la fin, ceux mêmes qui devoient être plus esloignez de la condition des gensdarmes, à sçavoir les gens d'Eglise, ont voulu avoir part à ce titre de Milice. D'où est venu une autre sorte de Milice, appellée *Militia sacra, seu coelestis,* & ainsi voyons-nous que les anciens Autheurs de l'Eglise acommodent souvent le nom de Milice aux Ecclesiastiques: & nous mêmes en France, qualifions les Prêtres du titre de Messire, ainsi que les Chevaliers, les reconnoissans pour Chevaliers de Dieu.

Or comme les gensdarmes étoient distribuez par bandes & compagnies, aussi étoient toutes les milices civiles: & notamment les palatines avoient tous les mêmes grades & membres, que celles des vrays gensdarmes, comme il sera dit au Livre des Ordres. Même la plupart des privileges & immunitez des gensdarmes étoient attribuez aux Milices civiles: *Vnde peculium quasi castrense,* étoit le gain que le fils de famille faisoit en ces Milices.

— *Quasita labore,*
Militia, placuit non esse in corpore censu?
Omne tenet cujus regimen pater.

De sorte qu'ordinairement en nôtre droit, *Militia* ne signifie pas la guerre, mais une place ès bandes ou compagnies, *sive Palatina, sive Forensis, sive Literata Militia,* comme quand il est parlé de *Militiis, quae vendi, & ad haeredes transmitti possunt, de hypothecis Militiarum, de earum imputatione in legitimam, de legato Militia.*

Mais le terme de Milice nous engage à en expliquer deux autres, qui se trouvent encore dans le droit, & qui ont une grande conformité avec la Milice, à sçavoir *tessera & tribus,* attendu mêmement que *legatum Militia & tessera,* semblent être confondus ensemble *in l. Mortuo bove 49. §. 1. De leg. 2.* comme si *legatum tribus,* semble n'être autre chose que *legatum tessera in l. Pavonus, de leg.* Expliquons prémierement *Tesseram seu legatum tesserae,* dont nous avons trois loix, qui parlent, sçavoir en cette loy 49. puis la loy Titia 87. *De leg. 2. & encore la loy Sed & si susceperit. 52. §. 1. D. de judiciis.*

Tessera donc en guerre signifie le mot du guet, & hors la guerre signifie le mereau ou symbole, au moyen duquel on recevoit du bled, ou autres vivres du public comme Budée nous apprend sur cette loy *Sed si susceperit,* ainsi qu'en aucunes Eglises collegiales on baille des mereaux aux Chanoines, qui assistent au divin service, en vertu desquels ils reçoivent par après, ou leur pain de chapitre, ou d'autres commoditez, il y en avoit trois sortes à Rome, à sçavoir *tessera missiles:* qui étoient les mereaux, qu'aprés quelque bonheur, ou quand les Empereurs vouloient user de largesse, ils faisoient jetter parmy le peuple, soit au theatre, ou en un autre lieu public, qui sont descrits clairement par Dion *in Tito* σφαιρία μικρόκυλινδα ἄνωθεν ἐς διατρίαν ἐρρίπτει σύμβολα τινὰ τῷ μὲν ἐδώδιμου τινος, τῷ δὲ ἐσθῆτος, τῷ δὲ ἀργυροῦ σκεύους, ἀτρεκεστάτῳ μᾶιοδι σκήνους δαπάνας αὐτοῖς ταῦτα μὲν τοῖς λαβοῦσι προς τοὺς διδόντας παραμυθίαν &c. & ne sont point ceux dont il faut entendre nostre *legatum tesserae.*

Les autres étoient *Tessera annonaria,* en vertu desquelles, ceux qui les avoient, recevoient tous les mois un ordinaire de bled, ou autres vivres du public, *quae annona dicebantur,* dont il y en avoit de trois sortes: *nimirum annona Militares, quae militibus; Palatina, quae Officialibus Palatinis; & Civiles, quae civibus Romanis erogabantur,* qui sont clairement distinguées en la Loy, 7 *ad annonas civiles. C Th.* où il est dit, *quae quum sit qualiter propriae annonae Ordo teneat; miles Militaris, Palatinus, Palatinas popularis, populares annonas. Annona militares,* étoient comme le pain de munition des soldats, *Annona Palatina,* étoient comme le droit de bouche à Cour, qu'avoient aussi anciennement en France tous les menus Officiers de la maison du Roy.

6 Noms, de ffin. & divif. des Offic. Chap. I.

59 Annona civilis, civica, vel populares quid? 60. Leges frumentariæ.

Annona denique civiles sive civica sive populares, étoient un droit attribué au menu peuple de Rome, sur la fin de l'Estat populaire, que chaque chef de famille recevoit tous les mois certaine quantité de fourmét des greniers publics. Ce qui fut établi en usage par le moyen des largesses que les Grands de Rome faisoient faire au menu peuple pour entrer en sa bonne grace, luy faisant délivrer du bled premierement à bas prix, puis gratuitement tout à fait, en vertu des Loix appellées *frumentariæ, nimirum Sempronia, Livia, Terentia, & Cassia, & Clodia*, qui sont expliquées par Lipse, *cap.8. lib.1. Electorū*, & par Rosinus, *Antiquit. Rom. lib.8. cap. 12*. Ce qui fut continué sous les Empereurs, témoin ce que dit Suétone *in Augusto cap. 40. Censum vicatim egit, ac ne plebs frumentationis causâ frequentius à negotiis avocaretur, ter in annum quaternûm mensium tesseras dare destinavit: sed desideranti consuetudinem veterem concessit rursus, ut sui cujusque mensis acciperet.* Et ailleurs il dit, *impetum cepit frumentationes publicas in perpetuum abolendi, quod earum fiduciâ cultura agrorum cessaret.* Neanmoins elles demeurerent jusques au temps de Justinien, témoin le titre *De annonis civilibus*, répondant à celuy, *De annonis civicis & pane gradili*, au Code Théodosien. Et furent appellées *Panes civiles*, depuis que la Coûtume fut venuë de distribuer au peuple le bled en pain cuit.

61. Panes civiles.

62. Pourquoy appellées Annonæ.

Elles furent aussi appellées *annona*, depuis qu'on eut pris coûtume de distribuer au peuple, non seulement du bled, ou du pain; mais aussi de l'huile, & de la chair de porc, comme il se voit dans *Vopiscus in Aureliano Statueræ* (dit-il) *& vinum gratuitum populo dare quem ad modum panis, oleum, & porcina gratuita præbeantur, sed à suo Præfecto prætorio prohibiti est, dicens, si & vinum Pop. Romano damus superesset & Pullos & anseres demus.*

63. Frumentum Constantinopolitanum.

Et lors que Constantin transfera le siege de l'Empire à Constantinople (qui fut pour cela appellée l'autre Rome) il y fit donner pareillement du bled puis du pain gratuit au peuple, *tit de frumen. urbi Constantin*. Même ce fourment donné par Constantin au peuple de Constantinople, fut augmenté par an de six vingt muids par l'Empereur Martian, qui pour cette cause voulut, que les mereaux d'iceluy eussent cette inscription, *Paropersenmata Mariana l.2. C. de annonis civil.* selon la correction de Cujas. Finalement, ce même droit fut donné au peuple d'Alexandrie, qui premierement fut appellé *Perissochoregia*, puis étant augmenté par l'Empereur Théodose, fut par luy appellé *Tesseræ Theodesiana l.2. C. de frum. Alexand.* où il ordonne que ces Tesseres ou mereaux soient inscrits de son nom.

64. Paropersenmata Martiana.
65. Perissochoregia.
66. Tessera Theodesiana.

67. Difference des Tesseres missiles & annonaires.

Desquels passages il se connoist, que pour éviter confusion en la distribution de ce bled, ou de ce pain, on bailloit au peuple des mereaux qui enfin furent inscrits de nom des Empereurs qui l'avoient, ou ordonnée, ou augmentée, au lieu que les Tesseres missiles étoient inscrites de la quantité du bled, ou autres commoditez qu'on devoit recevoir en vertu d'icelles, comme il appert du passage de Dion sus allegué.

68. Quands & par qui se bailloient ces tesseres.

Or ces mereaux ou Tesseres Annonaires étoient baillées par le *Præfectus annonæ*, dit la Nov. 88. chap. 1. & il y a apparence, que lors de leur premiere introduction, on ne bailloit qu'aux pauvres gens, pour syder à les nourrir. Ce qui se faisoit à chaque tenuë ou denombrement du peuple, appellé anciennement *census*, & du depuis *descriptio*. Mais dautant que ces reveuës se faisoient fort rarement sous les Empereurs (au lieu qu'à l'état populaire elles se faisoient *singulis lustris*, c'est à dire tous les cinq ans (ceux qui avoient ces mereaux, les laissoient à leurs heritiers, où bien en disposoient, soit par testament, on entrevifs, ainsi que bon leur sembloit, côme il est dit en la Loy 1. *De annonis civil. C. Just.* & en la Loy 10 *eod tit. C. Th.* Et de fait, nous voyons en la Loy derniere §. dernier. *C. de inst. dot.* qu'on les bailloit en dot; & la Nov. 7 *in pr.* nous apprend, que les Eglises en avoient, comme aussi les Loix cy-dessus rapportées qui traitét de *lega. Tessera*. nous montrant qu'elles pouvoient être leguées.

69. Ces tesseres étoient en cômerce.

70. Autre sorte de pains.

Ainsi donc ces Tesseres Annonaires, ou pains civils, étans tombez en commerce ordinaire, les riches ne tarderent gueres à les acquerir: & partant, les pauvres, pour qui on les avoit introduits, en demeurerét frustrez: qui fut cause qu'on leur distribua dans Rome d'autre pain, non pas gratuitement tout à fait, ainsi que j'estime, mais à bon marché: & ce pain s'appelloit *panis gradilis, quôd é gradibus qui in unaquaque regione urbis erant ad pistrina* (*ut constat ex descriptione antiquæ urbis*) *præbetur*, comme l'explique Cujas sur la Loy 2. *C. De condi-tis in horreis pub. hinc Prudentius adversus Symmachum.*

71. Panes gradiles.

Et quem panis alit gradibus dispensus ab alti.

72. Explication de la loy De annonis civilibus. C. Th.
73. Panes ædificiorum.
74. Explication de divers Loix de Annonis. C. Th.

Enfin l'empereur Valantinien fit distribuer gratuitement, & voulut que les Tesseres ou mereaux de ce pain fussent differents des autres, sçavoir est que le nom de celuy à qui chaque meteau appartenoit, y fust gravé, avec le poids du pain, qu'il devoit avoir en vertu d'iceluy, comme il est contenu en la Loy 5. *eod. tit. C. Th.* il y eut encore à Constantinople une autre sorte de pains civils, appellez *panes ædificiorum de quibus in l.1. 5. 11. 12 & 13 eod. Cod & tit. provenus in mô avis de ceque* Constantin le Grand, ayant donné des pains civils aux habitans de Constantinople, à l'instar de ceux de Rome, voulut que les Officiers domestiques de son Palais y eussent part, pourveu qu'ils eussent maison dans la Ville, ou qu'ils promissent d'en bastir, comme il se voit en ces Loix 11. & 12. de sorte que côme ces domestiques avoient deux qualitez, sçavoir est de Palatins & de Citoyens de Constantinople, aussi étoient-ils capables d'avoir deux sortes de pains, n'pe *Palatinos panes, & civiles*.

74. Suidas bien repris par Cujas

Ce qui a fait que Suidas est en erreur quand sur le mot Παλατῖνοι, il dit que les pains Palatins furent attribuez au peuple par Constantin, & qu'ils furent ainsi appellez, pource qu'ils étoient fournis & distribuez dans le Palais, confondant par ce moyen *Palatinos panes cum civilibus*: bien que la verité soit toute apparente, que les pains Palatins étoient baillez aux Palatins, & les civils aux Citoyens, ainsi qu'ils sont expressément distinguez en cette Loy 7. du Code Theodosien: dont aussi Suidas a été fort bien repris par Cujas sur la Loy 1. *C. De frum. urbis Constantinopoli.*

76. De Tribu & legato tribus.

Reste de parler du droit de tribu, qui étoit d'être admis & enrôlé en l'une des trente-cinq tribus ou bandes des Citoyens Romains: dont venoient plusieurs avantages, comme d'avoir voix aux assemblées d'être capables des Honneurs & Magistrats, capables des tesser es ou pains civils, d'avoir part aux dons des Empereurs appellez *congiaria*, comme il est dit en cette Loy *Patronus 31. ff. De leg. 3.* qui est le seul passage de ce droit: à l'explication du quel le docte Covarruvias a employé le premier Chapitre de son quatr. Liv *Variar. se-*
solut qui sera cause que j'en parleray plus succinctement, joint que c'est chose plus éloignée de nos Offices. Or il est notoire suivant la premiere division, qui fut faite des habitans de Rome par Romulus, fut en trois nations, qu'il appella *Tribus, à ternario numero*, une des Albanois, l'autre des Sabins, & la troisième de toutes sortes d'autres nations qui à l'occasion de l'Azyle s'étoient refugiées dans Rome. Et depuis, afin que cette distinction des nations ne causast des seditions, le peuple fut distribué par le Roy Servius selon les cantons ou regions de Rome, & du territoire circonvoisin, où chacun habitoit: au lieu de trois, il fit trois fois trois tribus, tant de la ville, que des champs. Finalement, en l'Estat populaire, les Censeurs distribuerent le peuple non plus selon les habitatiō, mais à leur fantaysie, selon les rôles ou denombremens qu'ils en firent, & y eut enfin jusques à 35. tribus, comme je diray plus particulierement *au 2. chapitre du livre des Ordres*, & encore au penultième *chap. où* je specifieray les droits que la tribu emportoit.

77. Explication de la Loy. Patronus De leg. 3.
78. Tribus Romana tempore Romuli.
79. Tribus Romana tempore Servii Regis.
80. Tribus Romana tempore Reipublica.

Or le droit de Tribu ne pouvoit être acheté qu'aux affranchis, aussi cette loy *Patronus*, parle-elle notament d'un affranchy. Car tous autres domiciliez de Rome l'avoient sans l'acheter. Encore est-ce une tres-grande difficulté, si les affranchis ne l'avoient point, pour ce qu'il est certain qu'en l'Estat populaire, les affranchis l'avoient, & qu'après Justinien, ils l'eurent aussi difficulté si grande, que le docte Couvatruvias ne la peut resoudre.

85 Le droit de Tribu étoit possible ment acheté par les affranchis.

Noms defin. & divis. des Offic. Ch I.

82. Quand il fut necessaire aux affranchis d'acheter le droit de Tribu, & pourquoy ?

Mais en voicy à mon avis la solution, à sçavoir qu'Auguste voyant la ville de Rome trop remplie d'affranchis, *magni existimans à colluvione servilis sanguinis incorruptum servare populum, manumittendi modum terminavit, servosque multis difficultatibus à servitute justa remo vit, ac numero & conditione ac differentia eorum qui manum iterarent, curiosè cavisset*, dit Suetone, ch. 40. entendant la loy *Ælia Sentia*, qui retrancha tellement la parfaite liberté des affranchis, que peu d'entr'eux devenoient vrais citoyens Romains, comme il se void dans Ulpain, tit. 1. & 3. Pareillement sous Tibere fut faite la loy *Iunia Narbona*, qui reduisit la pluspart des affranchis à la condition des Latins, desquelles loix il est parlé aux *Instit. de libertinis*. De sorte que ce n'étoit pas de merveille que les affranchis, qui n'avoient pas la parfaite liberté, impetrassent ce droict de Tribu de l'Empereur *vel prec. vel pretio*, afin d'être parfaicts citoyens Romains. Car c'étoit un des trois anciens

83. Le droit de Tribu impetroit d'être Citoyen Romain, & comment.

moyens d'être fait citoyen que *censeri in tribus*: ce qui ne se pouvoit plus faire, que par les Empereurs, qui s'étoient attribué à perpetuité *Censoriam potestatem*, *sicuti Imperatoriam & Tribunitiam*. Même auparavant eux, lors que quelqu'un étoit fait Citoyen en particulier, il n'avoit pas droict de Tribu, jusques à ce que le Censeur l'eût enrollé, comme il se voit en l'oraison de Ciceron pro Cornel. Balbo, & notamment les affranchis des citoyens Romains n'entroient pas *ipso facto* en la Tribu de leurs maîtres, mais n'avoient droit de Tribu, jusques à ce qu'ils eussent été enrollez par les Censeurs (& depuis par les Empereurs, lors qu'ils eurent tiré à eux l'Office des Censeurs) *in aliquam ex urbanis tribubus, nam rusticarum erant incapaces*. Ainsi void-on

84. Droit de Tribu étoit impetré ou acheté des Empereurs.

que Pline en ses epîtres, demande à l'Empereur Trajan, *jus Quiritium*, pour les affranchis d'Antonia Maximilla, en un autre endroit pour L. Sattius Abascantus, & pour P. Censius Philosophorus aussi affranchis, pource qu'ils étoient *liberti Latina conditionis*. Ailleurs il demande le droict de la Cité Romaine pour Harpocrates.

85. Le droit de Citoyen Romain acheté des Empereurs.

puis pour Chrysippus, d'autant qu'ils étoient *peregrina conditionis, utpote manumissi à peregrinis*. Car il faut noter, que les affranchis *Latinæ conditionis*, ne demandoient pas la Cité, pource qu'ils étoient déja Citoyens honoraires, comme je dirai en mon penultième chap. du livre des Ordres, mais demandoient *jur Quiritium*, c'est à dire, d'être parfaits Citoyens : mais ceux qui étoient *peregrina conditionis*, demandoient la Cité *vel tribum* pour être fait Citoyens, & ne faut pas douter qu'on n'achetât la Cité, veus que dans les Actes des Apôtres, chapitre 22. Le Tribun Felix dit à S. Paul, qu'elle luy avoit coûté beaucoup d'argent.

86. Restitutio natalium.

Mais à succession de temps on ne parla plus d'acheter ny Tribu, ny Cité aux affranchis. Car on inventa des concessions plus pleines, & de plus grande efficace, à sçavoir *restitutionem natalium*, par laquelle, outre la Cité, ils obtenoient l'ingenuité, & consequemment le droit de Citoyens parfaits, & de participer aux Magistrats : ce qu'autrement les affranchis n'avoient point, témoin le fait de Flavius Scriba, qui étoit seulement fils d'un affranchy, & neanmoins, pour ce qu'il avoit été fait Edile Curule, la Noblesse de Rome quitte par dépit ses anneaux d'or.

87. Affranchis incapables des Magistrats.

88. *Jus aureorum annulorum*.

L'autre concession que les Empereurs firent aux affranchis, fut de leur donner le droit de porter des anneaux d'or, en consequence duquel ils ne devenoient pas seulement Citoyens Romains, mais aussi Chevaliers : ce qui sera expliqué en ce chap. 2. du livre des Ordres.

89. De la définition de l'Office.
90. Dispute entre Sigonius & Gruchius.
91. Definition de Govean.

Voila donc tous les noms de l'Office expliquez, & quant à sa définition, ce n'est pas sans cause, que le Docteur Govean, lib. 2. *De Iurisd*. dit, qu'elle luy a toûjours semblé difficile, aussi fut-ce l'un des principaux points de cette memorable dispute, qui fut du tems de nos peres entre ces deux grands personnages, Sigonius & Gruchius. Et de fait, le même Govean, qui avoit preveu cette difficulté, s'y est porté fort lâchement, ayant voulu définir l'Officier, *Celuy auquel le Prince a donné quelque charge*.

Aussi diray-je hardiment après Bodin, que même le Prince des Philosophes n'en a pas rencontré la vraye definition, quand au 15. ch. du 4. liv. des Polit. il définit les Officiers, ὅσοις ἀποδέδοται λειτουργίαι, καὶ κρίσεις, καὶ ἐπιτάξαι En quoy s'abusant sur la disette du mot, il n'a compris que les Magistrats, & nō les menus Officiers.

92. Celle d'Aristote.

Et combien que Caj. *ad tit. De orig jur*. se soit avancé d'en donner trois definitions pour une, disant que *Magistratus est publica persona: qua jurisdictioni præest: vel qua pro tribunali cognoscit: vel cui publica judicium, jurisve dictio data est*: si en se s'arrêtant trop à sa profession, il n'a compris simplement que la fonction de Juge, & non celle de tout Magistrat, moins encore celle de tout Officier.

93. Celle de Cujas.

Finalement, quant à Bodin qui a censuré toutes les autres, il faut confesser, que sa définition est la plus soutenable, quand il dit, que *l'Officier est la personne publique, qui a charge ordinaire limitée par Edit*: & neanmoins il y a encore beaucoup de défauts, quand ce ne seroit qu'il y a plusieurs Officiers, qui ne sont fondez en Edit: comme aussi il s'en trouve en celle de Charondas, qui au ch. 23. de son livre des Pandectes définit l'Officier : *La personne publique establie par le Roy, avec puissance ordinaire, pour gouverner la partie du Royaume, qui luy est donnée en charge*, dont je ne m'amuseray à cotter les defectuositez.

94. Celle de Bodin.

95. Celle de Charondas.

Mais je diray, qu'il me semble qu'il ne s'en faloit point tant debattre par nos modernes Jurisconsultes, ni aller chercher si loin cette définition, attendu qu'elle est nettement & diserrement contenuë en nôtre droit, sçavoir est en la Loy 14. *De mun. & Honor*. où le Jurisconsulte Callistrate dit, *que honor est administratio Reipublicæ cum Dignitatis gradu*: qui est à mon avis la meilleure définition de l'Office, qui jamais ait été donnée à l'Officier, attendu qu'elle comprend en trois mots toute sa nature, qui consiste en trois points, à sçavoir en la fonction & administration ; à cause de laquelle il est appellé *Office*: en la puissance & autorité publique à cause de laquelle il est appellé *ἀρχή ou potestas*: & finalement au titre d'honneur, à cause duquel il est appellé τιμή *Honor & Dignitas*.

96. Celle de Callistrate, qui est la bonne.

97. Explication de la loy 14. D. *de munner. & Honnor*.

Toutefois, comme les Jurisconsultes ne s'astreignent pas aux regles & formalitez de Dialectique, pource qu'en cette définition le genre & la difference sont præposterez & reservez, on peut la rendre du tout parfaite, sans rien changer de ces mots, mais seulement en les renversant, & disant que *l'Office est Dignité avec fonction publique*.

98. Qu'il faut conver ser la definition de Calpræpostrate liseè.

Il n'y a rien de plus court, ny de plus parfait aussi, soit en la matiere, puis qu'elle comprend toute la nature de l'Office, comme il vient d'être dit, soit en la forme, puis qu'elle contient tout évidemment son genre, & sa difference.

99. Que cette définition est parfaite.

Son genre est la Dignité, dont il faut dire un mot en passant. J'appelle *Dignité toute qualité honorable, dont on se peut titrer, & accompagner son nom*: je dis qualité honorable, à la difference de la condition qui est opposée & contrepointée à la Dignité : car la condition (que le droit appelle aussi *statum personarum, & fortunam*) est toute qualité qui conditionne & restraint la pure liberté de l'homme, comme d'être affranchi, d'être curial, d'être adscriptice, d'être fils de famille, d'être en tutelle: au contraire, la Dignité est une qualité, qui rehausse la personne par dessus la liberté, & qui la rend encore plus digne, c'est à dire de plus grande valeur & estime.

100. Definition de Dignité.
101. Difference entre la Dignité & la condition.

Je dis, *qualité dont on se peut titrer*, à la distinction des qualitez, qui peuvent être attribuées aux hommes, à cause de leurs merites communs à plusieurs personnes, comme d'être beau, bon, riche, sçavant, &c. dont pourtant ils n'ont accoûtumé de se titrer ny qualifier, comme n'étant ces qualitez si particulieres en eux, que sont les *Dignitez*.

102. Des qualitez dont on peut accompagner son nom.

Et fort notable à ce propos, que les Romains en leur état populaire étoient si peu curieux de titres d'honneur, qu'ils n'accompagnoient point leur nom d'aucunes Dignitez, non pas même du titre de leurs

103. Les Romains n'accompagnoient leur

Offices, sinon lors qu'il étoit necessaire, pour autoriser les actes qu'ils faisoient en qualité d'Officiers, même on void que Ciceron, haraguant devant Cesar victorieux, & qui avoit déja envahi la Dictature perpetuelle, combien qu'il eût besoin de le flatter, pour implorer sa clemence, ne l'appelle neanmoins que par son nom *C Cæsar*. Ce fut seulement sous les Empereurs, que la flaterie étant venuë en regne, & l'ambition augmentée, chacun commença de se qualifier du titre de ses Dignitez.

Quoy que ce soit, ni les Romains, ni les Grecs, ni autres quelconques anciens peuples, n'ont jamais connu d'autres Dignitez, que les Ordres, & les Offices. C'ont été les anciens François, quoy que ce soit les peuples Septentrionaux, qui s'établissans aux païs d'autruy, ont inventé les fiefs, & par consequent, la troisiéme espece de Dignité, qui est la Seigneurie.

Tant y a que nous avons maintenant trois sortes de Dignitez, dont nous accompagnons nôtre nom, l'Ordre, l'Office, & la Seigneurie. Car les titres adjectifs, ou, pour mieux dire, les epithetes d'honneur attribuez aux personnes à cause de leurs Dignitez, *non sunt Dignitates, sed attributa Dignitatum*. L'Ordre est du tout inherent à la personne, tout ainsi presque, comme un accident inseparable perit avec la personne, & ne passe point d'une personne en une autre. L'Office est bien inherent à la personne, mais (ainsi que l'accident separable) demeure *idem numero* aprés la mort de la personne, & pendant sa vie se peut resigner & transmettre à un autre : & la Seigneurie ne subsiste pas proprement en la personne, mais en un heritage, & est attribuée à la personne, non à cause d'elle, mais de l'heritage : c'est pourquoy quand ces trois Dignitez se rencontrent en une même personne, l'Ordre est nommé immediatement aprés le nom, l'Office aprés, & la Seigneurie la derniere.

Mais la difference particuliere contenuë en nôtre definition d'entre l'Office & l'Ordre & la Seigneurie, est *la fonction publique*. Aussi cette fonction publique est la vraye proprieté de l'Office, qui luy appartient, *omni, semper, & soli*. *Omni*, pource que tout l'Office, quelque petit qu'il soit, a quelque fonction publique : *semper*, pource qu'il l'a toujours, *si non actu, saltem potentia*. *Soli denique*, pour autant que ny l'Ordre n'a fonction publique (au moins qui appartienne à chacune personne particuliere, car il y a certains Ordres, qui ont quelque puissance publique en corps) ny la Seigneurie ne l'a aussi en elle-même, mais seulement la peut commettre, encore est-ce par abus & entreprise, comme il se prouvera en son lieu.

Pourquoy donc (dira quelqu'un) la tutelle est elle qualifiée *munus publicum*, en droit ? Je réponds, que c'est étant que *munus* non *Officium, sed onus* significat, & en cette signification, la tutelle est bien une charge publique, pource que chacun du peuple n'en est tenu, si elle luy est deferée, & s'il n'a excuse legitime : mais pourtant la fonction de la tutelle n'est pas publique, ni ne rend pas le tuteur personne publique, *Munus enim publicum* en cette signification, *est Officium privati hominis* dit la loy *Pupillus* 239. §. *Munus. De verb. sig.*

Aussi la tutelle n'est pas une dignité ni un honneur, *non honor est, sed onus*. Qui est la distinction de *munus Honor*, donnée par le même Callistrate, qui ayant defini l'honneur, *administrationem Reipub. cum Dignitatis gradu*, definit au même lieu *munus administrationem Reipub. sine Dignitatis titulo*. Dont s'ensuit que si les tuteurs, les gardiens de biens, & autres semblables administrateurs avoient la dignité & puissance publique ils seroient vrais Officiers, comme il pourra être qu'en France (où on reduit à present toute charge en Office, pour en tirer argent) ils seront erigez quelque jour en titre d'Office.

Or est à remarquer, qu'en nôtre definition, l'Office est pris en sa plus ample signification, comprenant toute charge honorable, & fonction publique, dont il y en a de trois especes principalement, sçavoir est le vray Office formé, la Commission, & le Benefice : desquelles trois especes Ciceron fait mention en la 4. Verrine, divisant les charges publiques *in Magistratus, Curationes & Sacerdotia*. Le vrai Office est celui qui est ordinaire, la commission est la charge extraordinaire, & le Benefice est la fonction Ecclesiastique. C'est pourquoy à la difference de ces deux especes, le vrai Office peut être defini, *Dignité avec fonction ordinaire en l'Estat* : le mot *ordinaire*, le distinguant d'avec la commission, & le mot *en l'Estat* (c'est à dire en la police civile) d'avec le Benefice.

Il sera aussi remarqué une fois pour toutes, que c'est en cette derniere signification, que desormais en tout cét œuvre) j'usurperay le terme d'Office : comme aussi c'est de ce vray Office, que j'entens traitter principalement, comme étant mon vrai sujet ; & non pas des Benefices, qui sont de ces especes, le vray Office peut être defini, ecclesiastiques, qui sont souvent differentes des regles des Offices civils, ni de la commission, qui n'a presque ni loy ni regle, mais dépend quasi du tout de la volonté de celui qui la decerne : toutefois j'expliqueray en son lieu, ce qu'elle a de droit certain. Et quant au Benefice, je parleray seulement de ce droit, entant qu'il sera besoin de le conferer avec celui de l'Office, pour plus grand éclaircissement. Pareillement, pour la grande conformité qu'ont l'Ordre & la Seigneurie avec l'Office, & pource que l'explication de leur droit sert grandement à la plus parfaite intelligence de celui de l'Office, & sur tout, à cause des belles & rares questions qui s'y rencontrent, j'en ay fait deux livres separez, que j'ay ajoûtez aprés ceux des Offices : quoi faisant, j'auray traité les trois especes de dignité.

Quant à la division des vrais Offices, il s'en peut assigner plusieurs, dont chaque profession en peut choisir selon son institut. Le Philosophe moral les divisera, selon que plus ou moins ont de pouvoir : le Politique, selon les diverses formes de Republique, ou selon la diversité de leurs charges & fonctions : l'Historien & humaniste, selon le tems de leur erection.

Mais moy ayant à traiter en Jurisconsulte, du droit des Offices, qui procede entierement de leurs commerce & venalité, il faut donc que je les divise & distingue selon que plus ou moins ils tombent en commerce. Et combien que nos Jurisconsultes n'ayent reconnu sinon les Offices venaux & non venaux : témoin nôtre même Callistrate, qui divise l'Office *in eum qui cum sumptu, & eum qui sine erogatione contingit. d. l. Honor* 14. *De mun. & honor*. Si est-ce que les dernieres Constitutions des Empereurs en ont inventé une troisiéme espece, à la valeur anomale & irreguliere, des Offices hereditaires, notamment la loy derniere. *de pignor*. traittant *de Militiis quæ vendi, & ad hæredes transmitti possunt*.

Comme donc ainsi soit que le commerce git aux côtrats & aux successions, il s'ensuit que les Officiers hereditaires sont entierement en commerce : ceux qui sont simplement venaux, n'y sont qu'à demy, sçavoir au commerce des contrats, & non des successions : & les non venaux n'y sont point du tout, au moins en commerce du tout non explique en son lieu : voila la vraye division de l'Office à l'égard de leur droit, suivant laquelle aussi j'ai divisé les livres de cét œuvre.

Mais d'autant que les Offices sont du droit public & politique ; pour bien discerner quels d'iceux sont hereditaires, venaux & non venaux, & pour decider plusieurs difficultez qui écheent en chacune espece, il est besoin souvent d'avoir recours à la division politique des Offices de France, par laquelle ils sont divisez en Office de gouvernement, de Justice, & de finance. Division qui comprend tous nos Offices & commissions sans exception, referant les Offices de la maison du Roy à son gouvernement.

Ces trois fonctions, ou puissances diverses, sont les trois fleurons de la Couronne, ou les trois fleurs de lys des Armoiries de France : où les armes, & la Justice, comme les deux principales, sont posées d'égale hauteur : aussi sont-elles representées par le sceptre & la main de Justice, que nôtre Roy tient en chaque main, quand il est en son habit Royal : & quant aux finances, comme

Des noms, defin. & div. des Off. Ch. I.

110. Le Roy seul a ces trois fonctions ensemble.

121. Le Connestable à celle des armes.

122. Le Chancelier à celle de la Iustice.

123. Le Surintendant celle des finances.

124. A qui s'addresse nt les mandements du Roy.

comme n'estant si nobles que les deux autres, & pour autant neanmoins que ce sont les nerfs de l'Estat, elles sont representées par la troisiéme fleur de lys, qui est au bas des deux autres.

Nostre Roy comme il a toute puissance, aussi a-il seul en son Royaume toutes ces trois fonctions jointes en sa personne, & ce en toute souveraineté. Mais tous Officiers n'ont que l'une d'icelles separément : & il y a trois principaux Officiers, qui aprés sa Majesté ont la Surintendance de chacune d'icelles, tous les Officiers de laquelle leur doivent obeïr : excepté seulement, que les Compagnies souveraines ne dependent que du Roy immediatement, Asçavoir le Connestable a la sur-Intendance de la guerre, & sous luy sont tous les Officiers militaires, soit des armées, soit des païs & places : le Chancelier de la Iustice, & aprés luy sont les Parlemens, & sous luy generalement tous les Iuges qui y ressortissent mediatement, ou immediatement, & les ministres de Iustice Bref; le Sur-Intendant des Finances a la premiere & universelle Charge des Finances : & aprés luy, ou sous luy, sont les Chambres des Comptes, Cours des Aydes, Tresoriers de France, Officiers des Elections & Greniers à Sel, & tous autres Officiers de Finance, Vray est à l'occasion de ce que ce Surintendant n'est pas en titre d'Office formé, comme estoit autrefois le grand Tresorier de France, le Conseil des finances participe à son authorité, qui (comme celle de tous Commissaires) ne depend que de la teneur de sa commission.

D'où il advient que lors qu'il se presente quelque commandement du Roy à executer par les provinces de ce Royaume, si c'est pour la guerre, il est addressé aux Gouverneurs ; si pour la Iustice, aux Baillifs & Seneschaux, si pour les finances, aux Tresoriers de France : puis aux Esleus ou Greneriers, chacun endroit soy.

Beau trait d'Estat à la verité, & que je gens dire estre la principale cause de la manutention & du repos de ce Royaume, Traict, que ny les Romains, ny nos anciens François ne s'estoient avisez de pratiquer : car leurs principaux Officiers avoient en leur détroit la charge & des armes, & de la Iustice, & des finances tout ensemble, comme il sera prouvé en son lieu, dont aux uns & aux autres il est survenu plusieurs mutations ayans les *Præfecti Prætorio*, mesme la Surintandance qu'ils avoient des simples Gouverneurs des Provinces de l'Empire Romain, plusieurs fois troublé, & mesme envahy l'Empire, & en France les Maires du Palais, par le moyen de la Surintandance qu'ils avoient de ces trois fonctions, ayans par deux fois usurpé le Royaume : & les Ducs & les Comtes) qui estoient les Gouverneurs des provinces) ayans par ce mesme moyen usurpé la proprieté de leurs detroits, avec puissance souveraine.

Mais en la derniere race de nos Roys, on a bien pourveu à cet inconvenient, par la separation perpetuelle de ces trois fonctions : ayant premierement dés long-tems la Charge de Maitre du Palais esté demembrée & partie en trois, à sçavoir, que la Surintandance des armes a esté baillée au Connestable, celle de la Iustice au Chancelier, & celle des Finances au grand Tresorier de France, qui est à present nommé Surintendant des finances. Comme aussi la Charge des anciens Ducs & Comtes, a esté (quoy que long-tems depuis) partagée tout en mesme façon, ayant esté mis és Provinces, des Gouverneurs, pour les armes, des Magistrats de longue robbe pour la Iustice, & des Receveurs, & plusieurs autres Officiers pour les finances : dont les fonctions sont si nettement distinguées par ensemble, qu'il est mal aisé qu'entre ceux qui se veulent gouverner par raison, il arrive beaucoup de differends.

125. Cette separation n'estoit à Rome, ny en France, és deux premieres races.

126. Inconveniens qui en sont advenus.

127. Remede de que les Roys Modernes y ont aporté.

128. Separation de la Charge du Maitre du Palais.

128. Separation de la Charge des anciens Comtes.

CHAPITRE II.

De l'Aquisition des Offices.

1. L'Ordre du surplus de ce Livre.
2. Trois moyens d'acquerir les Offices.
3. La vertu.
4. La faveur.
5. L'argent.
6. Quatre moyens d'aquerir des benefices.
7. Declinaison des benefices.
8. Quatre degrez de droit sur les Offices.
9. Le droit à l'Office.
10. Le droit en l'Office.
11. L'Ordre & charactere d'Officier.
12. La possession de l'Office.
13. Distinction du droit à l'Office, & en l'Office.
14. Droit à la chose.
15. S'acquiert en vertu de la vente.
16. Raison de la loy Quoties. C. De rei vend.
17. Clause, dessaisissant, &c.
18. Tradition actuelle ne se peut faire de parole.
19. Composition n'engendre que droit à l'Office.
20. Vente d'Office pourquoy appellée composition.
21. La resignation n'engendre que droit à l'Office.
22. Pourquoy?
23. La retenuë n'engendre que droit à l'Office.
24. Que c'est que Retenuë & Reserve.
25. Toute Retenuë est revocable.
26. Canonicatus sub expectatione præbendæ est une reserve revocable.
27. Reserves, où, & quand tolerées.
28. Reserves du Roy & des patrons laïcs.
29. Retenuës, pourquoy rares.
30. One lieu seulement aux Milices.
31. Pourquoy és Milices les pures provisions s'appellent à present Retenuës.
32. Officiales supernumerarij & statuti.
33. Coadjutoreries & survivances.
34. Pure provision engendre droit en l'Office.
35. Droit en la chose, qu'est ce?
    Du droit des Offices.

36. Droit en l'Office, qu'est-ce?
37. Titre de l'Office, qu'est-ce?
38. L'Officier seul se peut qualifier seigneur de l'Office, & non le collateur.
39. Quel droit à le collateur és Offices.
40. Si le resignataire a droit du resignant ou, du collateur.
41. De l'ordre & caractere d'Officier.
42. Effets de la provision & reception.
43. Pourquoy és Offices il n'est besoin de reception.
44. Ordre Ecclesiastique.
45. La consecration est necessaire aux Evesques.
46. Effet de la reception des Officiers.
47. Installation des Officiers.
48. Effets du droit à l'Office.
49. Effets de la composition d'un Office.
50. Effets de la Retenuë.
51. Effet de la survivance.
52. Effet de la provision de l'Office.
53. Entre deux pourveus le premier est preferable.
54. Soit d'un même, ou de divers collateurs.
55. Soit aux pures provisions, soit aux Reserves.
56. Difference entre les pures provisions, & les Retenuës ou Reserves.
57. Clausula anteferri.
58. Clausula gratificationis.
59. Ius quæsitum est irrevocabile, & quærendum revocabile.
60. Cinq Effets de la provision de l'Office.
61. Effets de la reception.
62. Le rang des Officiers se prend du jour de la reception.
63. Effets de l'installation.
64. Que l'Officier peut former complainte pour les droits de son Office.
65. Refutation des raisons de du Molin.
66. Office n'est servitude mais proprieté.
67. Difference entre l'usufruit & l'Office.
68. Pourquoy l'Officier doit exercer en personne.

B

69. *Que la complainte a lieu aussi bien aux Offices, qu'aux Benefices.*
70. *L'Officier a plus de droit en l'Office, que le Beneficier au benefice.*
71. *L'Officier ne peut former complainte contre son collateur.*
72. *Procez des Offices se traitent devant Messieurs les Maistres des Requestes de l'Hostel.*
73. *N'ont gueres d'autre jurisdiction.*
74. *Et le Parlement de Paris seul par appel.*
75. *Cela n'a lieu qu'és procez concernans le titre des Offices.*
76. *Encore leur sont-ils ostez par le Conseil d'Estat, & le Parlement.*

1. Ordre du surplus de ce livre.

C'Est assez faire le Grammairien en l'étymologie de l'Office, le Dialecticien en sa definition, & le Politique en sa division : il faut desormais, suivant ma profession, faire le Jurisconsulte au reste de cét œuvre, duquel, puisque les preparatifs sont achevez, il est tems d'en commencer l'ouvrage : ce qui sera par le discours de l'acquisition des Offices suivant l'ordre que la loy nous prescrit, disant, que *totum jus, vel in conservando, vel in amittendo consistit. l. D. De legib.*

2. Trois moyens d'acquerir les Offices.

Pour donc parler en premier lieu des moyens de cette acquisition, c'est chose notoire, que l'unique moyen loüable de parvenir aux Offices, est la vertu : tant pource qu'elle est necessaire en ceux qu'on esleve aux Charges publiques, que pource que l'honneur est la vraye, je dis la seule recompense digne de la vertu. Ce que les Romains donnerent bien à entendre, quand ils edifierent les temples d'Honneur & de Vertu l'un contre l'autre, de telle

3. La Vertu.

structure, qu'on ne pouvoit entrer en celuy d'Honneur, que par celuy de Vertu : & encore les situerent au bout de la ruë des Muses, où estoit leur fontaine sacrée. *Bene ac sapienter,* (dit Symmaque, *Epist.* 14. *lib.* 1.) *majores nostri Ædes Honoris atque Virtutis junctim locarunt, commenti esse præmia honoris, ubi sunt merita virtutum : sed enim præterea Camænarum religio ac sacri fontis advertitur, quia iter ad capescendos Magistratus sape litteris promovetur.*

4. La faveur.

Voila la premiere entrée des Offices : mais il n'a gueres tardé, qu'il n'y en ait eu une autre, à sçavoir celle de la faveur, quand ceux qui ont eu droit de choisir les Officiers ont plutost donné leur suffrage à leurs amis, qu'aux plus gens de bien.

5. L'argent.

Et finalement, comme l'or entre par tout : ces suffrages ont esté achetez par argent, qui a esté une troisiéme entrée aux Offices, laquelle à present est bien la plus commune, même que la tantost bouché tout a fait les deux autres.

6. Quatre moyens d'acquerir les benefices.

Ces mêmes entrées se trouvent aussi aux benefices, qui en ont encore une quatriesme, à sçavoir celle de succession, depuis qu'on a admis les resignations sans contredit : de sorte qu'à present

Quatuor Ecclesias portis intratur in omnes,
Cæsaris, & Giesi, Sanguinis atque Dei,
Prima patet magnis, & nummis altera, charis
Tertia, sed paucis quarta patere solet.

7. Declinaison des benefices.

Ce qui revient à la rencontre Grammaticale, qui fut faite du tems de nos Peres. Qu'anciennement il n'y avoit qu'un cas, pour appeller & attirer les benefices, qui estoit le vocatif, c'est à dire la vraye vocation ; mais que les Ecclesiastiques à present ont si bien appris à decliner, qu'ils les sont regis & possedez maintenant par tous les autres cas : par le nominatif, qui est la nomination & faveur des Grands : par le genitif qui sont les parentez, par le datif, qui est la simonie, par l'accusatif, qui sont les devolutz : & finalement par l'ablatif, qui est la force & spoliation.

8. Quatre degrez du droit sur les Offices.

Or je n'ay pas entrepris de traiter comment il faut acquerir les Offices : mais il est question en ce chapitre de distinguer specifiquement quatre divers degrez de droit, qu'on peut acquerir successivement en iceux ; sçavoir est, le droit à l'Office, le droit en l'Office, l'ordre & caractere d'Officier, & la possession actuelle de l'Office. Le droit à l'Office ne consiste qu'en une simple

9. Le droit à l'Office.
10. Le droit en l'Office.
11. L'Ordre & caractere d'Officier.

esperance, ou action personnelle, pour y parvenir, & s'acquiert par la composition, la resignation, & la retenuë. Le droit en l'Office, est la Seigneurie de l'Office qui en termes de pratique s'appelle le *titre*, & s'acquiert par la provision. L'ordre & caractere d'Officier est l'application de l'Office à la personne du pourveu, qui se fait par la reception. Finalement la possession, c'est l'exercice actuel de l'Office, qui s'obtient par l'installation.

Voila bien de la besogne taillée en bref, mais il la faut appliquer & expliquer à loisir. Et premierement, il est besoin de discerner le droict à l'Office d'avec le droict en l'Office, ainsi que les Docteurs distinguent le droict à la chose, d'avec le droit en la chose, qui sont termes de l'escole, tirez de la loy 29. *D. de damno infecto*, qu'il ne faut pas entendre, comme a fait le bon homme Bouteillier au commencement de sa Somme Rurale, mais plûtost comme les Canonistes sur le chap. pen. *De præbendis in* 6. & les Legistes sur la rubrique *Soluto matrimonio.*

12. La possession de l'Office.
13. Distinction au droit à l'Office, & en l'Office.

Donc droict à la chose, est un droict hors la chose même, mais qui produit une juste esperance, pour obtenir le droict en la chose, & parvenir à la seigneurie d'icelle : comme par exemple le droict qui est acquis à l'acheteur auparavant la tradition & delivrance de la chose : estant certain, que jusques apres cette tradition, il n'a pas encore droict en la chose, & n'est pas seigneur d'icelle, *quia traditionibus non nudis pactis dominia rerum transferuntur,* par la loy 20. *C. de pactis* Mais en vertu du contract de vente, l'acheteur n'acquiert, qu'une action personnelle, pour contraindre son vendeur à luy en faire delivrance.

14. Droit à la chose.
15. S'acquert en vertu de la vente.

De là vient qu'entre deux acheteurs d'une même chose, celuy auquel elle est delivrée le premier, bien qu'il en soit le dernier acheteur, est preferable à l'autre, suivant la loy *Quoties C. De rei vend.* Et combien que cela procede d'une subtilité de l'ancien droit Romain, qui requeroit certaines façons & ceremonies pour la translation de la seigneurie, neantmoins on l'a observé exactement jusques icy en France : encore même que pour vouloir remedier à cette subtilité, nos Notaires mettent en leurs contracts la clause, *Que le vendeur s'est dessaisi de la chose, & en a saisi l'acheteur* : laquelle clause nous tenons n'operer une permission à l'acheteur de s'emparer & mettre en possession de la chose, de sa propre authorité, sans attendre que la delivrance luy en soit faite par le vendeur, suivant la loy *Prædia.* 48. *D. De acquir. poss.* Et de verité la possession ne peut estre acquise de simple parole sans apprehension de fait & occupation corporelle, *l.* 3. §. 1. & 6. *eod. tit.* ny par consequent sans cela ne peut-estre faite la tradition, que le vieil glossaire definit, *χειρι εις χειρα μετατασις,* que nous disons baillée de main en main.

16. Raison de la loy *Quoties C. de rei vend.*
17. Clause dessaisissant &c.
18. Tradition actuelle ne se peut faire de parole.

D'où s'ensuit à plus forte raison, puisque les Offices ne sont pas en la pleine disposition des vendeurs, (comme sont les biens patrimoniaux) que la vente d'iceux ne produit pas droict en l'Office, mais seulement droict à l'Office. C'est pourquoy, entre les moyens d'aquerir ce simple droict à l'Office, j'ay mis tout le premier la composition. Car ainsi la vente de l'Office est appellée particulierement en Justice, tout pource que la Justice ne veut avoüer & autoriser tout ouvertement la pure vente des Offices : soit pource que le premier usage d'icelle estoit une maniere de gratification ou composition à petit prix, & non pas une vente exacte & au plus offrant, comme celle d'à present, ainsi que je prouveray au 3. Livre.

19. Composition engendre que droit à l'Office.
20. Vente d'Office pourquoy appelée composition.

Mêmement celuy, qui apres avoir composé de l'Office, & payé le prix d'icelui, a tiré de son vendeur une procuration irrevocable pour le resigner en sa faveur, même un acte exprés de resignation, n'a point encore de droit en l'Office, jusques à ce que la resignation soit admise par le collateur, & la provision expediée à son profit : de sorte que jusques alors l'Of-

21. La resignation n'engendre que droit à l'Office.

De l'acquisition des Offices. Ch. II.

fice est encore *in bonis* du resignant, & par consequent peut être saisi pour ses debtes, comme a decidé la Coustume de Paris, *art.* 95. & peut par luy-mème être resigné à un autre, s'il previent par effet son premier resignataire.

22. Pourquoy?

Donc la raison est, que la resignation n'est pas une tradition de l'Office, qui en puisse transferer la proprieté: attendu que les Offices ne sont pas en la libre disposition des pourveus avec le pouvoir directement & immediatement transporter à autruy, mais faut qu'ils passent auparavant par les mains du collateur, duquel leur disposition dépend principalement: estant la premiere regle du droit Canon, que le Benefice ne peut être obtenu sans institution Canonique: regle qui a lieu ès Offices par indentité de raison.

23. La retenuë n'engendre que droit à l'Office.

Mais à l'opposite ce n'est pas assez d'en avoir la provision, sans resignation: pource qu'auparavant que le collateur en puisse disposer à pur & à plein, il faut qu'ils soient vacans: autrement tant qu'ils sont remplis, son droit n'est point ouvert: aussi qu'ils n'est raisonnable de mettre un nouveau titulaire en l'Office qui est legitimement rempli de la personne d'un autre. C'est pourquoy, la retenuë (ainsi s'appelle la provision que donne le collateur de l'Office non encore vacquant, qui ès benefices est appellée *Reserve*) n'attribuë pas droit en l'Office, non plus que la resignation du pourveu, mais seulement droit à l'Office.

24. ce que c'est que retenuë & reserve.

25. Toute reserve est revocable.

Mème la retenuë n'oblige pas absolument le mème collateur qui l'a donnée, d'en bailler sa provision, lors que la vacation est survenuë. Car il y a bien de la difference entre promettre & tenir: & est vray de dire, que la retenuë n'est pas une collation de l'Office, mais une simple promesse de le conferer, lors qu'il sera vacant: ce n'est pas une donation, mais une pollication, qui de droit n'est pas obligatoire regulierement. Comme il se voit qu'ès benefices la Reserve n'oblige le collateur, que par honneur seulement, *cap. relatum. & cap. Ex tenore. extr. De concess. præb.* attendu mèmement que c'est une chose estroitement prohibée de tout droit (dit le chap. 1. *eod. tit.*) que de donner l'Office ou Benefice d'un homme vivant: mème le droit Canon nous apprend, que celuy qui a obtenu provision d'une Chanoinie, *sub expectatione præbendæ primo vacaturæ*: bien qu'il ait été receu & installé comme Chanoine, & que longue espace de temps il aie eu stal au chœur, voix en chapitre, & ait receu les distributions manuelles, ainsi que les Chanoines præbendez, si est-ce qu'il n'a point encore de droit *in præbenda, sed tantum habet jus ad præbendam*: de sorte que s'il advient une revocation generale des reserves & graces expectatives, son droit y est compris: c'est la decision du dernier ch. *De concessione præbendæ in 6.* & du chap. penult. *De præbendis ibidem.*

26. Canonicatus sub expectatione præbendæ est une reserve revocable.

27. Reserves, où, & quand prohibées.

Or ces Reserves auparavant le Concile de Trente, (qui les a prohibées en sa sess. 22. chap. 19. *decreto de reform.*) étoient fort communes ès pays, qu'on appelle d'obeïssance: aussi voit-on, qu'il n'en est fait mention au droit Canon: au moins aux Decretales, & principalemēt aux Sextes & Clementines. Car le vieil Decret n'en parle point, si ce n'est pour les prohiber, comme estans à la verité apparemment côtraires aux bonnes mœurs, & prohibées par le Concile de Latran auquel neantmoins on avoit mis à propos donné cette limitation d'en excepter le Pape, *cap. 2. De præbendis in 6.* C'est pourquoy elles n'ont jamais été tolerées par l'Eglise Gallicane, qui y a si bien resisté en tout temps, que c'est une de ses libertez & franchises, de ne les point admettre ni souffrir. Il est vray que par l'importunité des Courtisans, le Roy, & les laïcs à son exemple, octroyent quelquefois des Reserves ès benefices de leur nomination: ce qu'encore ne font-ils gueres sans le consentement du pourveu, pource qu'autrement, c'est luy assigner un heritier étranger pendant sa vie, & donner sujet de chercher sa mort, mème ce quasi l'ensevelir tout en vie.

28. Reserves du Roy & des patrons laïcs.

29. Reserves pourquoy faites.

Mais il y a encore une autre raison, qui empeche maintenāt les Retenuës aux Offices, à sçavoir que les Offices ses vendans presque tous, on ne peut par consequent refuser d'en admettre la resignation, ainsi que je prouveray au 3. Livre. C'est pourquoy, la Retenuë n'y serviroit gueres, pource qu'outre qu'elle n'est pas obligatoire, il arrive ordinairement, que le pourveu le resigne avant que de mourir: ce qu'il feroit plus soigneusement, s'il sçavoit qu'on en eust impetré la Retenuë. Joint aussi que les Ordonnances de France defendent sous grosses peines l'impetration des Offices, auparavant leur vacation, mèmement la declarant nulle.

30. Ont lieu seulement aux Milices.

De sorte que la Retenuë se pratique seulement aux simples Milices ou places de domestiques des Rois ou Princes privilegiez, esquelles la venalité n'est encore si communément établie, qu'ès Offices formez & qui partant ne sont pas ordinairement resignables. Joint que la Retenuë du premier Office vacant en une grande compagnie, n'est comprise en ces Ordonnances, pource qu'il n'y a pas tant d'inconveniens à beaucoup prés, qu'ès Offices uniques: Aussi qu'il y a toûjours plus d'attēte, qu'entre quinze ou vingt Officiers, l'un meure bientost, que quand il n'y en a qu'un seul, dont on attend la mort. C'est pourquoy les Rois & les chefs d'Office donnent souvent des retenuës expectatives ès milices, mème ils qualifient les impetrans d'icelles, comme Officiers supernumeraires, & les couchent sur l'Etat, sans expression neantmoins d'aucuns gages: mèmement ces retenuës des Milices, en attendant leurs vacatiōs, ont été de tout temps si frequētes, que pource qu'anciennement on ne parvenoit point aux milices par autre voye, de là est venu, que toutes provisions de ces places de domestiques du Roy sont appellées Retenuës, encore qu'elles soient faites après la vacance, & que se soient de vrayes provisions, comme il sera dit au quatrieme Livre. Ce qui se pratiquoit aussi sous les Empereurs Romains, comme il se voit en la loy 7. *de prox. sacror. scrin. lib.* 12 *Cod.* où ceux qui ont ces Retenuës sont appellez *supernumerarii*, & *opponuntur statutis*, desquels Suetone attribuë l'invention à l'Empereur Claudius, *cap. 25. Instituit* dit-il *imaginariæ Militiæ genus, quod vocatur supra numerum, quod absentes titulo sunt fungerentur.*

31. Pourquoy ès Milices, les pures provisions s'appellent à present retenuës.

32. Officieles supernumerarii & statuti.

Voila pour les Retenuës & Reserves, qui se font sans le consentement du pourveu: mais il y en a encore d'autres qui se font de son consentement, mème à sa requisitiō: qui ès benefices s'appellent Coadjutoreries & ès Offices se nomment Survivances: dont il y a plusieurs especes, que je remets à expliquer ailleurs, n'étant raisonable d'expliquer les provisions irregulieres & extraordinaires avant les regulieres & ordinaires: & en les expliquant, je monstreray que nulle d'icelle n'attribuë droit en l'Office, en sorte qu'elle soit irrevocable, & que l'Office reside proprement en la personne du pourveu & vaque par sa mort, si le titulaire de l'Office ne lui a remis absolumēt son droit.

33. Coadjutoreries & survivances.

Mais ce qui attribuë droit en l'Office, ou benefice, c'est la provision pure & simple du collateur d'iceux, en vertu de laquelle l'impetrant en devient Seigneur, entant que Seigneurie peut eschoir ès Offices & benefices: ce que *Faber* a remarqué au §. *Inter. Instit. de rer. divers.* Car combien qu'ès autres choses, avoir droit en icelles soit moins, que d'en être parfaitement Seigneur, & signifie seulement avoir quelque droit réel sur icelles, comme est celuy de l'usufruitier, du superficiaire, & du creancier hypothequaire, ainsi qu'il se collige de cette loy 19. *D. de damno infecto.* Neantmoins ès Offices, daurāt de la parfaite Seigneurie n'y peut eschoir, mais seulement une Seigneurie imparfaite & à vie, approchant aucunement du droit de l'usufruitier, ou mème de l'usager, selon du Molin, avoir droit en iceux, est en avoir cette Seigneurie imparfaite, qui mème à parler proprement n'est pas qualifiée du nom de Seigneurie, mais en pratique est appellée *titre*, & celuy qui l'a, est appellé *titulaire de l'Office ou benefice.* Car bien que proprement le titre d'iceux, soit la provision en soit, neantmoins par une metonimie on appelle titre *ab effectu*, cette Seigneurie

34. Pure provision engendre droit en l'Office.

35. droit en le chose, qu'est-ce

36. Droit en l'Office, qu'est-ce

37. Titre de l'Office, qu'est-ce

impropre de l'Office ou benefice, causée par la provision, d'où s'ensuit, que c'est la provision qui produit entierement.

38. L'Officier seul se peut qualifier Seigneur de l'Office, & non le collateur.

Quoy que ce soit, nul autre que le pourveu de l'Office & benefice ne s'en peut qualifier Seigneur, mesmement cette qualité ne peut estre enoncée du collateur d'iceux, qui n'en peut pas percevoir les fruits & revenus, mesme ne peut pas les conferer à soy-mesme, de sorte qu'il n'est aucunement capable du titre & Seigneurie d'iceux: Car il y a bien à dire d'estre Seigneur de la terre, dont depend l'Office, ou bien du benefice, dont depend la collation; & d'estre Seigneur particulierement de l'Office ou benefice conferable.

39. Quel droit a le collateur és Offices.

Mais le collateur des Offices ou benefices, n'a autre pouvoir sur iceux, que de les conferer quand ils sont vacans. Car quand ils sont remplis, ils ne sont point en sa disposition, non plus que les Fiefs couverts ne sont exploitables par le Seigneur feodal. Et au rebours comme le Seigneur feodal peut exploiter le Fief ouvert, & auquel il n'y a point d'homme, ainsi le collateur peut conferer l'Office vacant, & duquel nul n'est pourveu. Encore cette collation n'est-elle pas toûjours libre, mais l'est seulement, quand l'Office est vacant tout à fait, comme par la mort, ou forfaicture, ou resignation absoluë de l'ancien pourveu, mais elle est contrainte, quand c'est par une resignation faite à la charge de conferer l'Office au resignataire exprimé par icelle.

40. Si le resignataire a droit du resignant, ou du collateur.

Auquel cas, combien que les Canonistes disent, que *Resignatarius non habet jus in beneficio à resignante, sed à collatore*, neantmoins c'est la verité, que le resignataire a droict & cause de tous deux: pource que cessant la resignation, le collateur ne l'eust pû conferer, dautant qu'il n'eust été vacant: & s'il eust vacqué par mort ou forfaicture, le collateur eust été libre de le conferer à un autre. Mesme je prouveray cy apres en son lieu, que la resignation *in favorem*, (qui est celle dont nous entendons toûjours parler en matiere d'Offices, qui ne sont gueres resignez autrement) n'est pas seulement une cause *sine qua*, & comme un levement de l'obstacle qui empeschoit ou retardoit le droict du collateur, mais que c'est une vraye cause *per quam*, & efficiente de la provision: de sorte qu'il y a une vraye translation du droit du resignant au resignataire *medio* de la provision du collateur, dont resulte plusieurs conclusions de grande importance. Mais la vraye intelligence de ce brocard du droit Canon, que le resignataire tient son droit du collateur, & non du resignant, est qu'il ne s'entend que du droit *in beneficio*, & non pas de celuy *ad beneficium*: & signifie que la resignation ne produit point de droit en l'Office, mais c'est la collation qui le produit, & lequel droit en l'Office couvre & absorbe le simple droict à l'Office, comme l'effet abolit l'esperance: laquelle ne seroit rien de soy, si l'effet ne survenoit par apres.

41. De l'Ordre & charactere d'Officier.

Or dautant que les Offices importent puissance publique, ce n'est pas assez d'en avoir la Seigneurie privée, mais il faut apres une approbatiō publique, avoir la concession & applicatiō de cette puissance publique qui ne peut pas estre faite par un Seigneur particulier, lequel ne l'ayant pas luy mesme, ne la peut transferer à autruy. Or pour le regard du Roy, bien que par sa provision il la pût bien conceder s'il vouloit, neantmoins luy mesme s'en exclud par la teneur de ses lettres de provision, par lesquelles il renvoye le pourveu aux Juges superieurs pour éprouver sa capacité, laquelle à la verité il arrive rarement que Majesté puisse connoistre, notamment en un Royaume de si grande étenduë que celuy de France, dont qu'à bon droit cét ordre y est establi, qu'apres la provision, il faut encore passer par la reception solénelle; qui est celle qui (apres l'épreuve de la capacité du pourveu) luy transfere la puissance publique, l'Ordre & le charactere d'Officier.

42. Effet de la provision & reception.

Cóme donc la provision met l'Office entre les mains du pourveu, aussi la reception le joint & applique directement à sa personne, celle-là le fait Seigneur de l'Office, & celle-cy le fait Officier: celle-là luy en attribuë le droit & la disposition, celle-ci l'effet & l'exercice: celle-là le titre & Seigneurie, celle-cy la qualité & le rang.

43. Pourquoy és Offices il n'est besoin de reception.

Neantmoins cette reception solemnelle n'est point pratiquée regulierement aux benefices, dautant que l'aprobation publique des Ecclesiastiques se fait par la collation des Ordres, lors de laquelle on fait inquisitiō de leur capacité: & par l'imposition des mains qu'on leur donne, on les declare capables distinctement, & on leur donne la mission indefinie pour les fonctions Ecclesiastiques, & obtenir les benefices affectez à leur Ordre. Laquelle mission generale & indefinie, s'appelle *ordination*, dautant que ceux qui l'ont euë, font un certain Ordre & rang de personnes, auxquelles les charges Ecclesiastiques sōt destinées. De sorte que dés lors qu'un benefice est conferé à ceux qui ont cét Ordre, ils en obtiennent non seulement le titre & Seigneurie, mais aussi la fonction & puissance publique qui en depend.

44. Ordre Ecclesiastique.

Il n'y a que les Eveques, qui ayans un Ordre particulier par dessus celuy de Prestrise (Ordre qui n'est point conferé absolumēt & indefiniment, ainsi que les autres Ordres Ecclesiastiques, mais seulement à ceux qui sont canoniquemēt pourveus de quelque Evesché) ont besoin par apres d'une receptiō solemnelle, qu'on appellē *consecration*. Ce qui étoit anciennement observé tout de mesme en toutes autres charges & fonctions Ecclesiastiques, que nous appellons maintenant benefices, à sçavoir qu'apres qu'on avoit été élu, ou autrement pourveu d'icelles, il falloit y être admis & receu par une consecration & imposition des mains de l'Evêque, & par icelle recevoir l'Ordre requis à la charge & fonction qu'on avoit obtenuë: n'estant alors l'Ordre separé d'avec l'Office Ecclesiastique, quoyque ce soit, n'estant conferé qu'à celuy qui avoit l'Office, ainsi qu'il se pratique encore à present en l'Office seculier, comme je prouveray amplement au Livre *Des Ordres*.

45. La consecration est necessaire aux Evesques.

Or cette reception des Officiers ne leur attribuë pas la possession actuelle de leurs Offices, laquelle n'a rien de commun, ny avec la Seigneurie, ny avec la qualité d'officier, mais seulement leur donne permission d'apprehender cette possession. Mais quoy que ce soit, il faut une apprehension corporelle, pour acquerir la vraye possession des Offices, aussi bien que de toute autre chose, d.l.3.§.1 & 6. D. *de acquir. poss.* laquelle apprehension ou occupation corporelle se fait és Offices, comme és autres droits incorporels, par l'usage & exercice d'iceux, dit la loy derniere, D. *De servir*. D'où s'ensuit que le commencement de l'exercice des Offices, est la prise de possession d'iceux, qui s'appelle proprement *installation*, pource qu'és Offices de Judicature & quelques autres, on met & installe solemnelmēt l'Officier en son siege & place de l'auditoire, ainsi qu'il sera dit au 4. chap. mais és Offices de la gendarmerie & finance, l'Officier receu n'a besoin de cette installation solemnelle, mais peut de son authorité privée commēcer l'exercice de son Office sans aucune solemnité.

46. Effet de la reception des Officiers.

47. Installation des Officiers.

Voila les quatre divers droits qu'on peut acquerir aux Offices. Mais pour concevoir plus particulierement les divers effets de chacun d'iceux, il les faut repasser encore une fois l'un apres l'autre. En premier lieu, le simple droict à l'Office ne peut pas produire d'action, ny réelle ny possessoire, pour disputer & pretendre. Car l'action réelle n'appartient qu'à celuy qui a droit réel en la chose: & la possessoire, qu'à celuy qui est possesseur d'icelle. Mais il produit tout au plus une action personnelle, à sçavoir la composition ou vente, engendre une action contre le vendeur, à ce qu'il ait à en fournir la resignation valable: & la resignation, une action contre le collateur, à ce qu'il ait à l'admettre, & à bailler lettres de provision suivant icelle, au cas que l'Office soit resignable. Encore peut-il échoir plusieurs occurences qui abolissent ce droit

48. Effets du droit à l'Office.

49. Effets de la composition d'un Office.

De l'acquisition des Offices, ch. II.

50 Effets de la retenuë.

à la chose, comme si le vendeur vient à deceder, ou forfaire son Office, ou même à le resigner à quelque autre qui en ait obtenu la provision, si un creancier vient à la traverse saisir l'Office: bref, comme on dit, il y a bien de la difference entre tenir & querir.

Et quant à la retenuë, elle ne produit point d'action, ne liant nullement le collateur, qu'il ne puisse changer de volonté, & conferer l'Office à un autre, quand il vient à vaquer, comme il a esté dit naguères. Et combien qu'autre chose soit en la survivance ou lors de la vacation, l'impetrant estant sans nouvelles lettres en la jouïssance de l'Office, si est-ce que les survivances sont toûjours en branle d'estre revoquées par Edit general: même auparavant la vacation elles peuvent estre revoquées particulierement, si elles ont esté données gratuitement, pource qu'elles sont contraires au droict commun, & partant odieuses. C'est pourquoy en matiere d'Offices, il ne se faut asseurer de rien, jusques à ce qu'on les tienne, c'est à dire qu'on en soit asseuré par une bonne provision valable, & sans condition: car auparavant tout ce qu'il y a d'asseuré, c'est qu'il n'y a rien d'asseuré.

51. Effets de la survivance.

52. Effet de la provision de l'Office.

Mais celuy qui a obtenu droit en l'Office par une provision pure & valable, ne le peut desormais perdre sans son fait: de sorte qu'à son prejudice il ne peut plus estre conferé à un autre: attendu qu'il n'estant plus vacant, mais remply de sa personne, il n'est plus en la disposition du collateur, jusques à ce qu'il survienne une autre vacation: estant le droict à luy deferé par la precedente, consommé & esteint par la premiere provision, qu'il en a concedé.

53. Entre deux pourveus le premier est preferable.

De fait, c'est un point tout notoire en pratique, qu'entre deux pourveus d'un même Office, le premier pourveu est preferable au premier receu : & és benefices, le premier pourveu est aussi preferable à celuy qui a couru le mieux pour prendre la possession, n'ayant la possession rien de commun avec le titre ou Seigneurie, suivant la regle de la loy *Naturaliter §. 1. D. De acq. possess.* Aussi n'y a-telle aucun poids, sinon en l'équilibre de deux provisions d'un même temps, dont on ne peut reconnoistre la priorité, auquel cas à la verité la possession premiere preponderé & emporte la balance, *cap. Si à sede. De prae. in 6.* ce que Rebuffe a expliqué amplement, au traitté *de pacif. possess.* num. 298. & seq.

54. Suit d'un même, ou de divers collateurs.

Mais quand la priorité de la provision apparoist, il n'y a exception quelconque, soit aux Offices, ou aux benefices, que la premiere ne prevale, soit que celles du benefice soient precedées d'un même, ou de divers collateurs. Car à l'égard des divers collateurs, celuy qui a baillé la provision a preveu & preoccupé la collation: & en celles du même collateur, il est vray de dire que la premiere, il a consommé son droict, & remply le benefice. Et même cette regle, que le premier pourveu est preferable au premier receu, a lieu non seulement és pures provisions des Offices ou benefices vacans, mais aussi aux Retenuës ou Reserves des non vacans, *cap. Capitulum sanctae Crucis. text. De rescriptis. & cap. Eum cui. De praeb. in 6.*

55. Soit aux pures provisions, soit aux Reserves.

56. Difference entre les pures provisions & les Retenuës ou reserves.

Toutes fois il y a difference en ce poinct entre les pures provisions, & les Reserves ou Retenuës, que le pourveu de l'Office ou benefice reservé, ne peut par aucun moyen prendre le droict, qui luy est acquis en iceluy, par une pure provision, estant une des regles de la Chancellerie Romaine, *De non tollendo jus quaesitum:* de sorte que quand le Pape, ou le Roy l'auroit revoquée par exprés, *etiam cum clausula motus proprii, & ex certa scientia*, telle revocation n'auroit lieu par puissance reglée, comme Rebuffe dit sur cette regle. Mais la Reserve ou Retenuë peut estre revoquée, soit par revocation expresse, soit par la nature du droict en autre en l'Office ou benefice reservé, comme quand lors de la vacation un autre est pourveu par le Pape, ou par le Roy, au prejudice de celuy qui en avoit la reserve ou retenuë, pource que le Pape & le roy ne se peuvent lier les mains *in jure quaerendo, sed tantum in quaesito*: ou bien quand auparavant la vacation, quelqu'un obtient une autre Reserve ou Retenuë: avec clause de preference à toutes autres, *cap. penul. De praeb. in 6. & cap. Authoritate. De. concess. praeb. ibi. ce* qui s'appelle aux benefices, la clause *Anteferri*: qui est differente de la clause appellée *gratificationis*: celle-cy ayant lieu és pures provisions de même date, & celle-là és Reserves de diverse date, comme la même Rebuffe nous apprend en sa pratique beneficiaire. Et quant à la revocation des survivances, qui est une question difficile, j'en parleray à plein fonds en son lieu : de sorte que le droict en l'Office ou benefice qui est autrement appellé *jus quaesitum*, ne peut estre osté, mais seulement le droict à l'Office ou benefice, qu'on appelle *jus quaerendum*.

57 Clausula Anteferri
58. Clausula gratificationis

59. Ius quaesitum est irrevocabile, quaerendum revocabile.

Notons donc, que la seigneurie, qui resulte de la provision valable de l'Office, a cinq effets notables, premierement, de remplir l'Office de droict, en sorte qu'il n'est plus vacant. Secondement, qu'elle est irrevocable, si ce n'est és Offices sujets à destitution. Tiercement, de vendiquer & debattre l'Office par action reelle contre tout deténteur ou autre y pretendant droict. En quatrième lieu, d'en pouvoir disposer, & le resigner, si l'Office est resignable, comme presque tous le sont à present. Finalement d'en percevoir les gages *jure dominii*, comme je prouveray au chap. 8. que les gages des Offices achetez, notamment de ceux de finance, doivent courir du jour de la provision, ce qui n'est pas de autres droicts de l'Office, qui ne courent que du jour de l'exercice commencé.

60. Cinq effets de la provision de l'Office.

Et quant aux effets de la reception, c'est en un mot de produire la puissance publique, l'honneur (qui comprend le titre & le rang) & finalement les privileges dependans de l'Office, ce que la provision seule ne peut pas apporter, & aussi n'est besoin d'installatió pour cet effet, mais dés lors que le pourveu est fait Officier par la reception, le pouvoir, l'honneur, & les privileges de l'Office luy appartiennent. D'où s'ensuit, que dés lors il peut faire procez verbaux, qui sont preuve, & sont écritures publiques, bien qu'il ne soit encore installé en son Office, même que l'installation luy soit empeschée: qu'il peut aussi se qualifier du titre de son Office, & des épithetes d'honneur, qui y sont attribuez. Pareillement qu'il acquiert son rang, & les immunitez qui appartienent à son Office.

61. Effets de la reception.

C'est pourquoy, combien qu'à l'égard de la Seigneurie de l'Office, on la mesure non au temps de la reception, mais de la provision, ainsi qu'il vient d'estre dit: neantmoins quand il est question du rang de deux Officiers, on a égard en France au jour de la reception, combien que le droict Romain le defere du jour de la provision: dont je diray la raison au chap. *De l'honneur des Offices*, où je discoureray amplement sur ce sujet.

62. Le rang des Officiers se prend du jour de la reception.

Finalement les effets de l'installation sont, d'attribuer les profits provenans de l'exercice, de produire la possession publique de l'Office, & par consequent pouvoir le prescrire par le temps de l'Ordonnance; bref de former complainte, pour raison d'iceluy.

63. Effet de l'installation.

Car combien que du Molin sur l'art. 1. de la Coust. gl. 5. nombr. 59 presuppose pour chose notoire, que la complainte n'a lieu en matiere d'Offices, neantmoins Rebuffe, & aprés luy M. Choppin, rapportet un Arrest des grands jours de Moulins en l'an 1540. plaidans Seguier, & Marillac, par lequel la complainte y a esté admise.

64. Que l'Officier peut former complainte pour les droicts de son Office.

Aussi la raison que rend du Molin de sa presupposition, est, impertinente à mon advis, que l'Officier n'est ny proprietaire, ny possesseur de la Justice, mais seulement simple administrateur: & quant à son Office, qu'il n'en est pas seulement usufruitier, mais simple usager, n'en pouvant user en propre personne. Car de vray quand il est question nuëment des droicts de la Justice, l'Officier n'en peut par former complainte. Mais quand il s'agit directement du droict de l'Office, qui est nostre question, je dy qu'il n'y a non plus de repugnance à admettre qu'il en puisse plaider possessoirement, qu'à con-

65. Refutatió des raisons de du Molin.

Des Offices en general, Liv. I.

66. Office n'est servitude, mais proprieté.
seder qu'il peut être possesseur de l'Office. Aussi est-ce la verité, qu'il n'en est pas simple usager *jure servitutis*, mais proprietaire & possesseur, selon la nature & condition de l'Office, comme Bodin prouve fort bien au 5. chap. du 3. Liv. de sa Republique.

67. Difference entre l'usufruit & l'Office.
Car c'est toute une autre categorie de l'usufruit & usage, qui sont servitudes odieuses, distraites & separées de la propriété, & desquelles le droict est fragile au possible, & l'extinction favorable, à cause de la liberté, & pour parvenir à la réunion d'une parfaite seigneurie, & de l'Office, qui n'est point une servitude separée de la proprieté, ny un droict extraordinaire, mais du tout necessaire, & aussi ne se peut éteindre, ny consolider en la personne du collateur: mais quand il vaque, il demeure neanmoins toûjours en son estre, attendant qu'il soit remply d'une autre personne: & lors ce n'est point un autre Office, mais le premier, qui n'a fait que changer de maistre. Et ce que l'Officier ne peut faire les fonctions de son Office, qu'en propre personne, n'est pas qu'il n'en soit de l'usager (car comme j'ay prouvé cy-devant, il n'y a personne qui s'en puisse dire seigneur, ny posseder que luy, non pas le collateur même, qui n'y a autre droict, sinon de le conferer, quand il est vacant) mais cela provient de la nature particuliere des Offices, sçavoir est à cause que les fonctions d'iceux sont publiques, pour lesquelles executer la personne des Officiers est choisie, approuvée & preposée particulierement par les Magistrats publics superieurs.

68. Pourquoy l'Officier doit l'exercer en personne.

69. Que la complainte a lieu aussi bien aux Offices, qu'aux Benefices.
Et puis qu'ainsi est, qu'on ne fait nulle difficulté en matiere de Benefices, d'en permettre la complainte au pourveu, même en la permet tellement, que tous les procez d'iceux sont intentez en France possessoirement, de sorte que par ce moyen ils sont attirez en la Justice laye: pourquoy en fera-t'on plus de difficulté aux Offices; attendu qu'il ne se peut en cecy assigner aucune raison de repugnance aux Offices, plus qu'aux Benefices, ne se pouvant dire, que le beneficier ait plus de droict en son Benefice, que l'Officier en son Office: au contraire, on peut bien dire que le Beneficier en a moins, & quant à la seigneurie, attendu qu'il ne peut vendre son benefice: & quant à la possession, pource que la Possession n'écheut pas tant és choses sacrées & dediées à Dieu, comme aux Profanes, *l. Qui universos. §. 1. D. de acquir. poss.*

60. L'Officier a plus de droit en l'Office, que le Beneficier en Benefice.

71. L'Officier ne peut former complainte contre son collateur.
Il est bien vray qu'un Officier ne peut pas intenter complainte contre le Roy, ou autre collateur de son Office, qui est comme le seigneur direct d'iceluy, au nom duquel l'Officier le possede & exerce, & partant il ne peut pas retorquer sa possession contre luy, non plus qu'en matiere d'heritages on n'approuve pas la complainte d'un vassal, d'un censier, d'un emphyteote contre son seigneur direct: mais pour le respect qu'ils luy doivent, & aussi qu'ils sont tenus eux-mêmes de conserver sa possession, il faut qu'ils agissent contre luy par une autre voye, que par complainte.

Or les Juges de la complainte, & de tous autres procez intentez, pour raison du titre & droict pretendu en tous Offices Royaux, sont Messieurs les Maistres des Requestes de l'Hostel du Roy, en leur siege ordinaire du Palais à Paris, dautant qu'ils sont comme les Assesseurs & Conseillers de M. le Chancelier, qui est celuy seul, qui expedie les provisions d'Offices, en vertu desquelles on en obtient le titre & le droit. Aussi est-ce presque l'unique attribution de leur Justice. Car quant aux renvois qui leur sont faits du Conseil Privé, ils ne les ont que *delegato non ordinario jure*, & quant aux causes des Officiers domestiques du Roy, qui estoient aussi anciennement de leur naturelle jurisdiction, le Prevost de l'Hostel & sur tous Messieurs des Requestes du palais, ausquels elles sont attribuées concurremment, les attirent presque toutes. Mais la connoissance des Offices leur est attribuée privativement à tous Juges, par les anciennes Ordonnances renouvellées en l'an 1539. & en l'an 1583. & par appel au Parlement de Paris, privativement à toutes autres Cours souveraines, pource que c'estoit anciennement le Conseil Privé du Roy, où se vuidoient les causes de ses Officiers.

72. Procez des Offices se traittent devant Messieurs les Maistres des Requestes de l'Hostel.

73. N'ont gueres d'autre Jurisdiction.

74. Et le Parlement de Paris seul par appel.

Toutefois cette attribution de connoistre des causes concernantes les Offices, ne comprend que celles qui concernent directement & precisément le titre & droit pretendu ès Offices, & non celles où il est question de l'exercice, rang, ou autres droits dependans d'iceux: moins encore la faut-il estendre aux reglemens d'entre les Officiers, comme il a esté jugé par infinis Arrests. Comme pareillement il faut remarquer que les procez survenans touchant le compromis ou composition des Offices, doivent estre traittez en la Justice ordinaire, ainsi qu'il fut jugé par Arrest du 21. Fevrier 1584. raporté par Guenois sur les Ordonnances: &c. dautant qu'il n'est pas question en iceux du titre ou droit acquis ès Offices, comme il vient d'estre prouvé.

75. Cela n'a lieu ès procez concernans le titre des Offices.

Mêmement c'est la verité, que la plûpart des procez concernans directement le titre des Offices, se vuident, ou au Conseil privé, par le moyen des oppositions qui se forment au sceau à l'expedition des provisions: ou aux Cours souveraines, à cause de celles qui reforment incidemment à la reception des Officiers: même le Conseil d'Estat en connoist bien souvent aprés la reception, comme si les Estats estoient une matiere d'Estat.

76. Encore leur sont-ils ostez par le Conseil d'Estat, & le Parlement.

CHAPITRE III.
DE la Provision des Offices.

1. La provision est la porte de l'Office.
2. Difference entre les Provisions des Offices & Benefices.
3. Benefices estoient autrefois tous conferez par élection du Clergé & du Peuple.
4. Election des Benefices ostée au peuple.
5. Et laissée au Clergé.
6. A l'exemple des Sacerdoces Romains.
7. Changée en collation ès Benefices uniques.
8. Puis en ceux de compagnie.
9. Est demeurée la derniere ès Prelatures.
10. La collation des Prelatures entreprise par les Papes.
11. Le Concordat a partagé les Provisions des Benefices.
12. Nomination des Prelatures attribuée au Roy, & pourquoy?
13. Nomination des Graduez.
14. Indult du Parlement.
15. Sept sortes de provisions des Benefices.
16. Difference de l'Election & Postulation.
17. Representation.
18. Nomination de deux sortes.
19. Confirmation, Institution, Collation.
20. Plusieurs collateurs d'un même Benefice.
21. Le Souverain est le seul collateur legitime des offices.
22. Pourquoy?
23. Limitation ès Estats populaires.
24. Les Empereurs Romains conferoient les Offices par l'avis de leur Conseil.
25. Notamment du Præfectus Pratorio.
26. Les grands Officiers de l'Empire Romain commettoient les petits.
27. Les Milices estoient conferées par le chef d'Office.
28. Les Empereurs voulurent qu'on en prist confirmation d'eux.
29. probatorix.
30. Le même s'observoit du commencement en France ainsi qu'à Rome.
31. Les grands Officiers estoient pourveus par le Roi, par l'avis de son Conseil.
32. Les grands Officiers pourvoyoient les petits.
33. D'où vient que les Seigneurs conferent les Offices de leurs Justices.
34. Les Baillifs commettoient leurs Lieutenans & Sergens.

De la provision des Offices, Chap. III.

35. Prevotez Royales, comment conferées.
36. Election ordonnée aux Offices.
37. Avoit lieu dés le commencement aux Offices de Finance.
38. Meilleure que la collation.
39. Les Anglois sous Charles VII. changerent l'élection en collation.
40. Expedient moyen de la nomination, trouvé aprés leur expulsion.
41. Raison de la Nomination.
42. La venalité des Offices a aboli la nomination.
43. Tout Office à present est en la collation du Roy.
44. Exception és Militres de la Cour.
45. Autre des Offices des Seigneurs.
46. Provisions du Roy sont de deux sortes.
47. En l'Estat populaire de Rome les Officiers n'avoient point de lettres.
48. Mais avoient certaines enseignes, ou habits.
49. Honorum insignia.
50. Cingulum militare.
51. Designatio ἀποδειξεως, quid?
52. Codicilli Officiorum.
53. Diplomata unde dicta.
54. Lettres patentes, ou closes: du seau, ou de cachet.
55. Epistolæ.
56. Lettres d'Offices, comment faites.
57. Ce qu'elles contiennent.
58. Clause, Estans deuëment informez, &c.
59. Clause, S'il vous appert.
60. Clause, Tant que justice doive.
61. A Rome les Officiers n'estoient sujets à information, ny examen.
62. Ny sous les Empereurs.
63. Pourquoy?
64. Docteurs furent les premiers assujettis à l'examen.
65. Probatoriæ quid, adversus Brissonium.
66. Comment les Senateurs estoient examinez.
67. Enqueste de la capacité des Officiers ordonnée par Severe.
68. En Grece, cette enqueste avoit lieu.
69. Se faisoit par le Logiste.
70. Les Prêtres des Romains examinez.
71. Ordonnance notable d'Alexius Comnenus.
72. Facere Magistratus ad beneficium, vel ad judicium.
73. Pourquoy en France il a fallu enquerir de la capacité des Officiers.
74. Ce qui n'estoit anciennement.
75. N'est encore aux benefices.
76. Fors en quelques collations du Pape.
77. Pourquoy?
78. De la clause, Tant qu'il nous plaira.
79. De la durée des Offices.
80. Contrarieté entre Platon & Aristote.
81. Jugement sur icelle, & s'il est expedient que les Offices soient perpetuels.
82. Comment sous les Empereurs, les Offices devinrent perpetuels.
83. Successorem dare est abrogare Magistratum.
84. En France les Offices estoient anciennement recevables.
85. Offices de la Couronne, autrefois revocables.
86. Destitution appellée décharge.
87. Officiers du Parlement revocables.
88. Parlement, ce que c'estoit autrefois.
89. Officiers du Parlement revocables depuis qu'il a esté érigé en Cour ordinaire.
90. Lettres pour l'ouverture du Parlement.
91. Ducs & Comtes, autrefois Officiers revocables.
92. Menus Officiers revocables.
93. Baillifs destituoient autrefois leurs Lieutenans.
94. Pudeur en la destitution d'Officiers.
95. Bons Princes n'ont gueres destitué d'Officiers.
96. Ordonnanse de Philippes le Bel pour la perpetuité des Offices.
97. Destitution d'Officiers, faite par Charles cinquieme.
98. Et par Louïs XI. cause de la guerre, bien public.
99. Ordonnance de Louïs XI. prohibitive de la destitution.
100. Jurée par Charles VIII.
101. Origine des commissions.
102. Offices, lors qu'ils estoient revocables, estoient vrais Offices.
103. Effet de la clause, Tant qu'il nous plaira.
104. Elle fait que l'Office n'est concedé qu'à titre de precaire.
105. Office n'est revocable de sa propre nature.
106. Offices, pourquoy autrefois baillez en garde.
107. Provision en garde, ou en Office, sont opposites.
108. Provisions en garde, & la clause, Tant qu'il nous plaira, abolie.
109. Pourquoy on la laisse encore és lettres.
110. On garde mieux en France les vaines Coûtumes que les bonnes Loix.

1 La provision est la porte de l'Office.

PVisque nos fondemés sont achevez, & encore nos materiaux preparez pour travailler à la surface de l'édifice, il le faut maintenant commencer, & ce par la porte, qui est la provision des Offices, n'y ayant point d'autre entrée à iceux. Car c'est toute la premiere regle du droit Canon, que *Beneficium Ecclesiasticum non potest sine institutione canonica obtineri, cap. 1. De reg. jur. in 6.* regle qui par l'identité de raison a lieu aux Offices.

2. Difference entre les provisions des Offices & Benefices.

Et neantmoins, il y a bien de la difference entre la provision des Benefices & celle des Offices; pource que celle des Benefices dépendant de la Jurisdiction Ecclesiastique, ou puissance des clefs, peut appartenir à plusieurs collateurs, ausquels cette puissance des clefs est communiquée, mais la provision des Offices civils, dépendant de la puissance souveraine, ne devroit en bonne Jurisprudence appartenir qu'au Prince souverain: mais quoy que ce soit, estant un acte de Seigneurie & proprieté, elle ne peut appartenir qu'à un seul au moins pour le tout.

Pour approfondir cette difference, déchifrons en peu de mots la suite & le progrés des provisions des Benefices, puis des Offices. Premierement, nous trouvons que jadis en l'Eglise les Benefices estoient distribués per *electionem cleri & populi, can. plebs. cum seq 63. dist. can. Ordinationes. 1. q. 1.* c'est à dire de tout le peuple Chrétien en general; car la douceur de la primitive Eglise élisoit luy même son Pasteur: & aprés cette élection le Superieur bailloit l'Ordre, & conferoit la charge Ecclesiastique tout ensemble à celuy qui avoit été élu: c'est à dire, que l'Evêque ordonnoit & consacroit le Prêtre, ou Curé; au titre de la charge, à laquelle il avoit été élu, & le faisoit Prêtre d'un tel lieu: & l'Archevêque avec ses suffragans, l'Evêque, & ainsi consequemment. Car de ce temps l'ordre & la charge Ecclesiastique (que nous appellons maintenant Benefice) n'estoient qu'un, comme il sera expliqué particulierement au Livre *Des Ordres*.

4. Election des benefices ostée au peuple.

Mais peu aprés, & de degré en degré on ôta au peuple ces élections, à cause de la confusion & désordre qu'il y apportoit: aussi qu'on mit en avant qu'il n'étoit pas convenable que les laïcs disposassent des Ecclesiastiques. Premierement donc on leur ôta la voix & suffrage électif, leur laissant toutefois avant l'élection, la demande & nomination de celui qu'ils desiroient être élu, que les Canonistes nommerent *desiderium*, la presence lors de l'élection, & aprés icelle le consentement & approbation: côme il se voit en cette distinction 63. & au can. *Si ego 8. quæst. 1.* & au can. *Si quis 1. quæst. 5.*

5. Est laissée au Clergé.

Encore à la fin, tout cela fut entierement ôté au peuple, & fut l'élection laissée toute libre au Clergé: & mesme au Clergé particulier de l'Eglise, dont étoit le Benefice vacant, c. 2. ext. *De elect.* à l'exemple de ce que dit Ciceron, 2. *orat. contra Rullum, Sacerdotia, præter Pontificatum maximum, à populo non data fuisse, sed tantum à Collegiis cooptari solitos, qui Sacerdotes fierent.* Et parce qu'il n'y avoit aucun Clergé aux Cures, & autres Benefices uniques, les Evêques entreprirent de les conferer seuls, comme Superieurs: & ainsi l'élection fut

6. Al'exemple des Sacerdoces Romains.

7. Changée en collation és benefices uniques.

3. Benefices estoient autrefois tous conferés par élection du Clergé, & du peuple.

changée à cét égard en collation. Desorte que l'élection, ne se faisant plus que par les Prestres de la même Eglise, elle ne pût par conséquent demeurer qu'aux Eglises, où il y avoit plusieurs Prestres en société, *cap. 1 .de election.* comme és Metropolitaines, Cathedrales, Conventuelles & Collegiales. Encore en ces Eglises, le Prélat ou premier chef d'icelles, ne tarda gueres à entreprendre d'en conferer tous les Benefices, d'autres partagerent ce droit de collation avec le corps du Chapitre: mais aux premieres Dignitez de ces Eglises, n'y ayant lors de leur vacance aucun Superieur sur le lieu, qui en pust usurper la collation, l'élection y est demeurée toute la derniere, & demeure encore à present en quelques unes.

Neantmoins à succession de temps les Papes, qui avoient déja par droit de souveraineté, & comme Ordinaires des Ordinaires, gagné la prévention és Benefices collatifs sur les Ordinaires, qui les conferoient par droit de superiorité, la voulurent aussi avoir és électifs, soustenans qu'ils avoient *de jure supra jus omnem potestatem in beneficiis*, même enfin ils donnerent des reserves sur iceux, ainsi que sur les autres, prenans les élections avant la vacance, de peur d'estre prevenus par aprés, & ainsi peu à peu ils abolirent presque tout à fait les élections des Prélatures, qui furent remises du temps de nos peres par le Concile de Constance, & par la Pragmatique Sanction.

A cause de laquelle, les Papes estans faschez contre les François, survint le Concordat, qui fit en effet un vray partage du droit de provision des Benefices de France, par lequel la provision des Prélatures fut attribuée au Consistoire de Rome, avec le droit d'annate, pour l'entretien des Cardinaux; & la nomination d'icelles au Roy, qui déja y pretendoit droit au moyen de la concession faite à Charlemagne par le Pape Adrian, de l'investiture & confirmation des Evêques, *Can Adrianus 1.63.dist.* Et afin que les Universités de France, qui avoient lors plus de pouvoir qu'à present, & qui avoient moyenné la Pragmatique Sanction, n'empeschassent cet accord, on leur laissa la nomination des autres Benefices, pendant les six mois de l'année, au profit des graduéz simples ou nommez: & finalement on donna l'indult au Parlement de Paris, afin de verifier & maintenir le Concordat.

Ainsi sont venus de temps en temps en l'Eglise tant de diverses & bigearres sortes de provisions de Benefices, qu'on trouve dans le droit Canon; sçavoir est, l'Election, la Postulation, la Presentation, la Nomination de deux sortes, la Confirmation, l'Institution, & la Collation: qu'il faut ainsi distinguer en un mot, que l'Election & Postulation se font par plusieurs ensemble, & ont besoin d'estre confirmées: mais l'Election se doit faire de personne digne & capable, & lors on ne peut refuser de la confirmer; & au rebours la Postulation se fait de personne incapable, bienque digne, & n'est admise que de grace: La presentation se fait de droit commun par le patron: La Nomination est de deux sortes, car ou elle est d'une seule personne, & lors elle est distinguée de la Presentation en cequ'elle dépend, non du droit commun, mais de quelque privilege particulier, comme la nomination du Roy aux Prelatures, celle des Graduez, & l'Indult du Parlement: ou elle est de plusieurs personnes nommées ensemble, demeurant le choix d'icelle au collateur, comme la Nomination des Offices de judicature, renouvellée par la Nomination des Offices de judicature, renouvellée par les Ordonnances d'Orleans, & de Blois. Finalement la Confirmation, est la provision donnée sur l'Election, ou Postulation: L'institution, celle qui suit la presentation: Bref, la Collation est celle qui est donnée sur la Nomination, ou qui est du tout libre.

Mais outre ces sept ou huit diverses sortes de provisions des Benefices, il se void presque toûjours qu'és Benefices collatifs, il y a plusieurs collateurs legitimes d'un même Benefice, comme l'ordinaire & ses Vicaires, le Pape & ses Legats: & encore le Superieur intermediat, d'entre l'Ordinaire & le Pape, par la negligence

de l'Ordinaire, peut conferer *jure devoluto*, suivant le decret du Concile de Latran, rapporté au chap. 1 *De concess. præb.*

Voila pour les Benefices: & quant aux Offices, j'ay dit, & il est vray qu'ils ne peuvent proprement avoir qu'un seul Collateur, qui est le Prince souverain, *à quo exeunt omnes Dignitates, ut à Sole radii*, dit Cassiodore, *lib. 6. Var.ep. 23.* & comme dit Balde, *ab eo tanquam à fonte promanant omnes Dignitatum rivuli.*

———— *Solus*, dit Claudian,
Iura Magistratusque facit, fanctúmque Senatum

Et cela est decidé au Livre des Fiefs, tit. *Quæ sunt Regalia*, & en la loy .1 *D. ad l.Iul. De ambitu*: aussi Bodin au premier Livre de sa Republique, chapitre dernier, met la provision des Offices entre les principales marques de souveraineté: Que si, dit-il, quelques principaux Officiers ont pouvoir d'instituer ceux qui sont sous eux, cela se fait en vertu de leur Office, comme estans en cette qualité Procureurs du Prince souverain, avec pouvoir de substituer. Il faut que toute puissance publique dépende du Monarque & Souverain, auquel la toute puissance reside: & disent les Interpretes de droit, qu'il y est autant de puissance, pour créer les Magistrats, que pour faire des loix, *cum lex sit Magistratus mutus, & Magistratus lex animata*, νόμος ἔμψυχος.

Cela toutesfois ne peut pas être observé exactement és Estats populaires, n'estant possible, que le peuple s'assemble aussi souvent qu'il est besoin, pour conferer tous les petits Offices: & partant, il faut par necessité qu'en ces Estats les grands Officiers pourvoyent les petits: comme il se faisoit à Rome, pendant l'Estat populaire, & fut continué sous les Empereurs, qui toûjours faisoient contenance de vouloir retenir quelque forme de Republique populaire.

Même pour le regard des grands Offices, qui étoient conferé par l'Election du peuple, aprés que les Empereurs luy eurent ôté ce pouvoir, ils les conferoient par l'avis des principaux de leur Cour, afin d'y retenir toûjours quelque forme d'Election, d'où vient qu'ils appeloient *suffrages* les avis & recommandations des Courtisans, mot qui sera amplement expliqué au 3.livre: & notamment ils conferoient ces Offices par l'avis du *Præfectus Prætorio*, comme il se void en la Nov. 8. & principalement en la loy 1. *C ad l.Iulian. de repet.* où il est dit que, *Rectores Provinciarum amplitudinis ejus testimonio solent promoveri.*

Et ces principaux Officiers, tant des Provinces que de la Cour de l'Empereur, conferoient les menus Offices dependans de leur charge: comme appert par la Nov. 35. & plusieurs loix des trois derniers livres du Code, Mêmement pour ce que les Gouverneurs des Provinces, étoient plus gens de guerre, que de Justice, ils cômettoient des Juges, pour rendre la Justice, en leur nom, & sous leur auctorité: Juges, qui n'étoient pas Magistrats, mais personnes privées & simples Commissaires, comme ceux que le Pape, ou les Primats deputent aujourd'huy, pour juger sur les lieux, les causes Ecclesiastiques, qui leur sont devoluës par appel.

Et pour le regard des menus Offices de domestiques, soit de l'Empereur, soit des Gouverneurs des Provinces Romaines, même des Ministres de Justice (qui étoient tous appellé *Milices*) ils furent reduits en bandes & compagnies appellées *Schola*, ainsi que les bandes de la gendarmerie, & estoient conferé par le chef de chacune compagnie, qui du commencement y pourvoioit *pleno jure*, comme il est dit en cette Nov. 35. Mais enfin, les Empereurs voulurent de la pluspart des Milices de leurs domestiques, on prist lettres de confirmation d'eux, qui, aux trois derniers livres du Code, sont appellées *Probatoria*, & aux Nov. *Δοκιμασία*, ce qu'ils s'adonnerent sous de grandes peines, même d'exil & de mort, tant cela fut malaisé à établir du commencemét, ainsi qu'il se void en la loy, *Probatoria C.de divers Offic.* & sur tout en la loy derniere de ce même titre, où sont specifiées les Milices sujetes à prendre confirmatiô de l'Empereur

De la provision des Offic. Ch. III.

Empereur, & c'est ici, que les lettres de confirmation doivent être enregistrées au greffe du Juge, pardevant lequel l'Officier prête le serment.

Voila ce qui s'observoit au droit Romain, touchant la provision des Offices: tout, cela s'est observé tout de même en France, pour ce que lors de l'establissemēt de nôtre Monarchie, nos Roys ayant trouvé la Gaule toute accoustumée aux loix & façons Romaines, n'y ont presque rien chāgé, ny au Gouvernemēt, ny en la Iustice.

Car quant aux grands Officiers, comme ceux de la Couronne, & les chefs d'Office & Intendans de chacune charge, ensemble les Gouverneurs des Provinces, (qui anciennement étoient les Ducs & les Comtes, aussi bien qu'à Rome, cōme il sera prouvé en son lieu) ceux-là seuls étoient pourveus par le Roy, par l'avis de son Conseil, & notamment du Maire du Palais, qui étoit proprement le *Præfectus Prætorio* des Romains, tant selon la signification du nom, que le pouvoir de l'Office: & de fait par les Ordonnances de Charles V. de l'an 1355. de Charles VI. de l'an 1388. il est porté que les Baillifs & Seneschaux, ensemble les Officiers du Parlement, & Chambre des Comptes, & encore les simples Officiers de finance, seroit esleus par deliberation du Conseil du Roy,

Et quant aux menus Offices, qui étoient sous la chargetant des grands Officiers de la Cour du Roy, que des Ducs & Com.es, lors qu'ils y pourvoyoient: ce que les chefs d'Office eux seuls qui y pourvoyent: ce que les chefs d'Office de la maison du Roi retiennent encore aujourd'huy: & iusques au regne de François I. le Chancelier avoit droit de pourvoir par prevention à tous les Offices sans gages, & à ceux dont les gages n'excedoient vingt-cinq livres, cōme Bodin nous apprend au dernier chap. dn 1. livre de sa Republique. Même les Ducs & les Comtes (tout ainsi que les Proconsuls Romains) commettoient des Iuges, pour iuger le procez de leur Province, sous leur nom & auctorité, la Magistrature & Iurisdiction residant & demeurant toûjours par devers eux. Et depuis qu'ils ont converty leurs Offices en Seigneuries, ils ont toûjours par une continuation de possession gardé cette prerogative de conferer seuls & de plein droit, les Offices de Iustice, c'est à dire à eux appartenantes en Domaine & Seigneurie, comme leur autre patrimoine, & comme l'heritage de leurs peres.

Et és villes & provinces qui ont été reünie par aprés à la Couronne, & où les Baillifs & Seneschaux ont esté mis, pour succeder à mesme charge, que faisoient auparavant les Comtes & les Ducs en qualité de simples Officiers, ils ont aussi eu au commencement cette mesme prerogative de conferer les Offices dependans de leurs charges, mesme de les instituer & destituer à leur plaisir & volonté: iusques là qu'ils avoient ce mesme pouvoir à l'égard de leurs Lieutenans, comme il se voit és anciennes Ordonnances, qui sont dans le vieil style du Parlement, tit. *Des Baillifs & Seneschaux.*

Et quant aux Prevôtez Royales, & Iustices, primitives, tantost elles étoient baillées, à ferme par les Baillifs & Seneschaux au profit du Roy, & tantost en garde: comme Monsieur Pasquier a tres-bien discouru au 4. livre de ses Recherches, ce qui sera expliqué cy-aprés.

Finalement sous le Roy Charles VI. fut fait un tres-beau reglement touchant la distribution des Offices, tant de la Iustice, que des Finances, en l'an 1440. par lequel il fut ordonné, que les Officiers de Parlement, & autres de la Iustice, seroient esleus par le Parlement mesme, en presence du Chancelier: & ceux des Comtes & autres des Finances, seroient esleus par la Chambre des Comptes, appellez en icelle quelques Seigneurs du Conseil du Roy: & par cette Ordonnance fut defendu expressément de vendre Offices par resignation, soit de Iustice soit des Finances, ce qui sera remarqué en passant. Et il faut croire que cette voye d'élection étoit de tout temps pratiquée en France és Offices mediocres, notamment en ceux de Finance, dont les Eleus retiennent encore, le nom, & les Generaux, soit de la Iustice, soit des Aydes, étoient les

Du droit des Officiers.

Eleus ou Deputez generaux pour toute la Province.

Aussi y a-t-il plus de raison en l'election, qu'en la collation, *Melius quippe omnibus, quam singulis creditur: singuli enim decipere & decipi possunt; nemo omnes, neminem omnes fefellerunt,* dit Pline au panegyrique de Trajan: & comme dit Cassiodore, *Dignus est Principali iudicio, qui à multis meruit approbari: uni enim acceptum fuisse interdum gratiæ est, multis placuisse iudicium.*

Ces élections des Offices furent observées iusques à l'usurpation des Anglois, qui pendant qu'ils occupoient la plus grande partie de France introduisirent la libre collation du Prince en tous Offices, afin de mettre aux charges leurs partisans & confidens, ce qu'ils n'eussent peu faire, si l'Election eust eu lieu: qui fut cause, qu'aprés leur expulsion, les Rois voulans continuer la libre collation, & les Officiers desirans r'avoir l'Election, on inventa une façon moyenne entre les deux, qui fut la Nomination, à sçavoir que le Parlement, ou Chambre des Comptes nommeroient au Roi trois personnages capables de l'Office vacant, dont le Roy gratifieroit celui des trois qui luy plairoit: ainsi que Tacite 4. *Annal.* dit, que quand il vaquoit une place de *Flamen Dialis*, le colege nommoit au peuple trois Prestres capables d'icelle, dont le peuple en acceptoit un.

Or la raison dont on se servit pour faire changer au Roy la libre collation en nomination, rapportée aux Etats de Tours, tenus sous Charles VIII. merite bien d'estre notée. *Que le Roy étant chargé envers Dieu de répondre de la suffisance & capacité de ceux qu'il met aux Offices ne s'en peut mieux décharger, que sur ses principaux Officiers.*

Et de fait cette nomination a duré presque iusques à ce que la venalité des Offices fut introduite, sauf que bien souvent quand les Rois avoient grande volonté de gratifier quelqu'un d'un Office, ils n'attendoient pas qu'il y fut nommé. Et encore aprés l'establissemēt des parties casuelles, quand aux Etats d'Orleās & de Blois on a voulu oster la venalité des Offices de judicature, on y a remis les nominations: ce qui n'a presque point duré, pour ce que c'est une maxime en la nature, que depuis que l'Or a trouvé place quelque part, on ne l'en peut plus chasser.

Donc dés lors qu'en France on s'est resolu de faire un fonds des Finances par la vente des Offices, la regle est venuë que quelque Office grand ou petit que ce fust, ne pourroit être conferé par autre que par le Roy: iusques là, que ceux mesmes qui ont acquis le domaine alienē, avec clause expresse de pourvoir aux Offices, n'en ont pas pourtant la collation libre, mais seulement la nominatiō. Bref à present nul ne se peut dire Officier du Roy, qui n'ait lettres de provision de sa Majesté,

En quoy il n'y a que deux exceptions, qui encore sont asséz absurdes: l'une que les chefs d'Office en la maison du Roy ont gardé leur prerogative de conferer les Milices de leur charge, qui à la verité ne sont pas proprement & tout à fait Offices formez: mais bien cōme des places de compagnies & bandes militaires.

L'autre que les Seigneurs ayans Iustice patrimoniale ont gardé leur possession d'y establir des Officiers pour l'exercer, *qui à conceffa Iurisdictione, omnia videntur concessa fine quibus Iurisdictio exerceri non potest,* l. D. *De iurisdict.* ce que du Moulin a noté sur l. ar. 1. de la Coust. gl. 5. nombr. 57. & qui sera examiné cy-aprés: mais encore ceux là ne sont point Officiers du Roy, mais seulement des Seigneurs.

Il resulte de ce que dessus, que les provisions du Roy sont de deux sortes, aussi bien que celles des Empereurs Romains: les unes émanées de son mouvement & libre volonté, qui sont lettres de Collation: les autres sont lettres de Confirmation données sur la nomination, ou de ceux qui possedent le domaine alienē, ou de quelques principaux Officiers, qui ont la nomination des Offices dependans de leur charge. Car la nomination des Offices de judicature n'a pû être bien r'establie, depuis que ces Offices sont entrez aux parties casuelles, quelques Ordonnances qu'on ait fait pour le vouloir remettre.

Or touchāt les lettres d'Offices, il faut observer qu'il

C

Marginal notes:

30. Le même s'observoit au commencement en France, qu'à Rome.

31. Les grands Officiers étoient pourveus par le Roy, par l'avis de son Conseil.

32. Les grands Officiers pourvoyoient les petits.

33. D'où vient que les Seigneurs conferent les Offices de leurs Iustices.

34. Les Baillifs commettoient leurs Lieutenans & Sergens.

35. Prevôtez Royales comment conferée.

36. Election ordonnée.

37. Avoir lieu dés le commencemēt aux Offices de Finance.

38. Meilleure que la collation.

39. Les Anglois sous Charls VII. changerent l'élection en collation.

40. Expedient moyen de la nomination trouvé aprés leur expulsion.

41. Raison de la nomination.

42. La venalité des Offices a aboly la nomination.

43. Tour Office est à present en la collation du Roy.

44. Exceptiō des Milices de la Cour.

45. Autre des Offices des Seigneurs.

46. Provisions du Roi sont de deux sortes ou Collation ou Confirmatiō.

47. En l'Etat populaire de Rome les Officiers n'avoient point de lettres.

48. Mais

n'en falloit point du tout en l'Etat populaire des Romains lors que les Magistrats étoient conferez pour un an seulement par l'élection publique de tout le peuple: mais pour témoigner leur qualité ils avoient certaines enseignes & remarques d'habits, qui les rendoient remarquables, & dignes de respect : dont les principales sont rapportées en ces vers de Prudentius,

Fasce, secures, sella, prætextæ, toga.
Lictor, tribunal, irrecenta insignia:

& ce passage de Seneque, *Quid habet per se Corona pretiosum? quid prætexta, quid fasces, quid tribunal, & currus? Nihil horum honos est sed Honoris insigne.* Mais principalement ils avoient la ceinture militaire, qui étoit une marque commune à presque tous les notables Officiers, d'où vient qu'en plusieurs passages des bons livres *cingulum* est pris pour l'Office & Dignité. ζώνη δὲ ἡ ἀρχή, dit Suidas: & Lambride dit, qu'Alexandre Severe *in animo habuit omnibus Officiis proprium genus vestium dare, & omnibus Dignitatibus, ut à vestitu discernerentur. App. lib. 1.* appele *ejusmodi insignia Dignitatû* σύμβολα τῆς ἀρχῆς; & Dion. l. 38. περὶ ἱμάτια τῆς ἀρχῆς καὶ κοσμήματα πολυτελέστατα. Ce que nous pratiquons encore és Offices electifs des villes, qui au lieu des lettres de provision, ont des habits particuliers.

C'est la cause pourquoi l'élection des Magistrats Romains étoit appellée *designatio: ἀποδειξις* mot qui ne signifie pas une électiõ informe & sujete à confirmation, ainsi que celle des Benefices, comme on le prend communement aujourd'hui: mais une élection parfaite & qui attribuë droit entier à l'Officier: témoin la loy *Barbaribus Philippus, D.De Offic Prætoris:* aussi est il certain, que les élections des Magistrats de Rome, n'étoient sujetes à confirmation, comme sont celles des Benefices qui requierent un titre de superieur.

Mais sous les Empereurs Romains, aprés qu'ils eurent ôté les Elections au peuple, les Magistrats furent contraints pour preuve de leur provision, de prendre lettres d'eux: & ces lettres sont appellées en droit *Codicilli Imperiales: int. l. C. ut omnes Iudices & c. l. 12. C. De Dignit. & §. Filius fam. Instit. Quib. modis patria potestas solut. l. 1. De Præf. prætor. C. Theod. l. 1. Ad l. Iul. reper. eod. Cod. Sueton. in Claudio, Supposito, an etiam palam immutatis datorum Officiorum codicillis, Sidon. Apoll. epist. ult lib. 1. ad Gallias administrandas fasciibus prius, quàm codicillis ausus accingi.*

Elles sont aussi appellées *Diplomata,* mot qui est amplement interpreté par Budée en la loy *Militis. Ad l. Cornel. de falsis, & par Cotta in Memor. Servius veut que diplomata,* est toute écriture envoyée à quelqu'un. Il vient du verbe διπλόω, & signifie à mon avis une lettre pliée d'un double pli seulement, que nous appelons *reply,* & non de plusieurs plis, comme sont ces lettres missives. C'est donc proprement que qu'en France nous appellons lettres patentes qui n'ont qu'un repli au dessous de l'ecriture, à la difference des lettres closes, qui ayant plusieurs plis ne se voyent point. Si elles ne sont decloses, *qua propriè vocantur Epistola. Sueton, In diplomatibus & Epistolis signandis initio Sphinge usus est, mox imagine Alexandri Magni.* Nous appellons aussi les unes lettres de sceau, & les autres lettres de cachet, Ainsi voyons-nous, que les lettres de provision d'Offices sont repliées: & si elles sont seellées sous double queuë, & non pas sous simple queuë, comme les commissions ou autres lettres de moindre importance: & outre, elles sont toûjours seellées du sceau de la grande Chancellerie de France, & non de celui des petites Chancelleries du Parlement.

Quant au formulaire de ces lettres, je ne m'amuseray pas à traiter de celui que les Empereurs Romains y observoient, qui se peut recueillir du 6. & 7. livre de Cassiodore où se voyent les formulaires de provision de la plûpart des Offices des Gots, qui gardoient les formes de l'Empire Romain: formulaires qui contenoient à peu prés les charges & aussi les dépendances de chacun Office; c'est pourquoy ils étoient particuliers, Mais en France les titres de provision de tous les Offices sont presque uniformes, & par icelles le Roy declare, qu'étant suffisamment informé des capacitez de l'impetrant,

il lui donne & octroye l'Office vacant par telle sorte de vacation, pour en jouïr en tous droits à icelui appartenans, tant qu'il lui plaira: partant mande à ceux auxquels la reception en appartient, qu'ils ayent à l'y recevoir, & l'en faire jouïr. Voila la substance des lettres de provision des Offices, où il y a principalement deux clauses à remarquer : qui ne servent plus de rien à present, sinon de nous rendre témoignage de l'ancienne observance.

La premiere est que par ces lettres le Roy mande point, qu'on informe de la capacité du pourveu de l'Office, mais declare qu'il en est suffisamment informé: ce qui nous apprend qu'anciennement en France, on n'avoit point accoûtumé d'informer de la vie & mœurs des Officiers, ny de les examiner. Car il est certain qu'és lettres du Prince, il y a deux clauses ordinaires, qui servent pour attribuer aux Iuges, ausquels elles sont adressées, la connoissance, l'une du fait, c'est à dire de l'obreption & subreption, l'autre du droit, c'est à dire de la civilité, ou incivilité d'icelles. Celle qui attribuë connoissance du fait, c'est la clause, *S'il vous appert, &c.* & celle qui attribuë la connoissance du droit, ce sont ces mots, *Tant que suffire doive:* & ces clauses sont toujours inserées és lettres de Iustice: mais non pas d'ordinaire és lettres de commandement. Mais qu'elles n'y sont pas, le magistrat executeur d'icelles ne doit entrer en connoissance ny du fait, ny du droit, mais n'en a que la simple execution, comme Bodin a fort bien discouru au 3. liv. de sa Repub. chap. 4. aprés Seissel en sa monarchie Françoise.

Aussi ne trouverons-nous point qu'à Rome les Magistrats fussent sujets à l'information de vie & mœurs, ny à examen. Car en premier lieu en l'état populaire, où ils étoient mis par élection, c'eust été chose superfluë, étant à presumer, qu'ils avoient été éleus pour leur merite & capacité, & que par telle élection, ils étoient publiquement & en dernier ressort jugez capables par tout le peuple.

Et aprés que les Empereurs eurent aboly les élections, ils defendirent étroitement de douter, & s'enquerir de la capacité des Officiers, qui avoient été par eux choisis & pourveus *Disputari de Principali judicio non debet; sacrilegij enim instar est, dubitare an is dignus sit, quem elegerit Imperator,* dit la loy 3. *C. De crim. sacril.* & la loi *Sacrilegij C. De divers rescript,* dit, que *Sacrilegij instar est super quibuscunque administrationibus vel dignitatibus divinis obviare beneficiis.* Ce que dit Cassiodore lib. 9. Var. epist. 22. *De illo nefas est ambigi, qui meruit eligi judicio Principali:* dont la raison est renduë epist. 43. lib. 1. *Nam cum Principis sit de cunctis optimos quærere, videtur semper meritos recipere: en un autre êdroit il dit, Principalis judicij culmen excelsum est, ideoque qui ab eo provehitur, præcipuus & plenus meritis æstimatur. Nam si æquabilis credendus est, quem justus elegerit, omnium profectò capax potest esse meritorum, qui judicem cunctarum meruit habere virtutum. Regnantis quippe sententia judicium de solis actibus sumit, nec blandiri dignatur animus dominij potestate munitus.*

Mêmement ceux d'entre les Docteurs & Professeurs des sciences, qui avoient obtenu lettres de provision de l'Empereur, n'étoient point du commencement examinez sur leur capacité: *sed quia cunctis civitatibus adesse non possum* (dit l'Empereur en la loy 7. *Pe profess & In dic.*) *ne repente, vel temerè prosiliant ad id munus, judicio Ordinis probati, decretum Curialium mereantur.*

C'est pourquoy je ne puis adherer à l'opinion de ce grand personnage feu M. Brisson, qui en son livre *De verb. signif.* dit que *Probatoria, significant attestationem illam, qua, qui in Officium aut Ordinem aliquem adscisciuntur, idonei ac probati renuncientur:* attendu même que toutes les loix qui parlent *de Probatoriis,* denotent qu'elles se bailloient par l'Empereur, aussi sont-elles tantost appellées *sacra,* tantost *divina,* & tantost *Imperiales.* Or l'Empereur n'eust pas fait lui même telles attestations, mais les eust commises aux Iuges des lieux: & d'ailleurs il ne se trouvera point dans le droit, ny ailleurs, que ny devant ny aprés la provision des Officiers, ils se fist attestation de leur vie & mœurs.

De la provision des Offices, Ch. III.

66. Comment les Senateurs étoient examinez.

Car ce passage vulgaire *admittendos in Senatum examinare cogit sollicitus honor Senatus*, à cause duquel Bodin estime, que sous les Gots les Senateurs étoient examinez avant qu'être receus, ne signifie pas cela : mais seulement veut dire, que le Prince choisissoit soigneusement ceux, qu'il faisoit Senateurs, comme il se voit par ce qui est dit devant & après en l'Epître 41. du 1. livre de Cassiodore, dont il est pris. Il est vray qu'après que le nouveau Senateur avoit obtenu lettres du Prince, il falloit qu'il le presentât, & se fît recevoir au Senat, mais cette reception se faisoit sans connoissance de cause : *Iudicium nostrum vester comitatur assensus*, disoit Theodoric au Senat dans le même autheur, *epistol.4.lib.1.*

67. Enqueste de la capacité des Officiers ordonnée par Severe.

La seule remarque que j'ay trouvée en l'enqueste de la capacité des Officiers, qui se faisoit du mouvement du Prince, avant qu'il baillast ses lettres de provision, est de ce bon Empereur Alexandre Severe dans Lampride : *Vbi aliquos voluisset vel Rectores provinciarum dare, vel Prapositos facere, vel Procuratores, id est, Rationales ordinare, nomina eorum publicè proponebat, hortans populum, ut si quis quid haberet criminis, probaret manifestis rebus : si non probasset, subiret pœnam capitis. Dicebatque graue esse cum sic Christiani & Iudæi facerent in prædicandis sacerdotibus qui ordinandi sunt non fieri in prouinciarum. Rectoribus, quibus & fortuna hominum committerentur, & capita.* Aussi avoit-il un soin particulier de mettre les gens de bien aux charges publiques, disant le même autheur, que *Præsides & Proconsules numquam fecit ad beneficium, sed ad iudicium suum vel Senatus.*

68. En Grece cette enqueste avoit lieu.

Il est vray que pour la Grece, Libanius en l'argument de l'oraison de Demosthene *contra Androti*, nous apprend que quand à Athenes il étoit question de recevoir un Magistrat, il falloit au prealable informer de sa vie passée : même qu'étant trouvé capable par cette premiere information, on en faisoit encore une seconde après l'an expiré de son Magistrat : & si lors il se trouvoit, qu'il s'y fût bien gouverné, il demeuroit du nombre des Areopages, & pour faire cette inquisition de vie & mœurs, le Logiste (qui étoit comme le Censeur à Rome) faisoit proclamer par tout à cry public, *τίς βούλεται κατηγορεῖν*; comme cela se voit aussi en l'oraison d'Eschines contre Demosthenes & Ctesiphon.

69. Se faisoit par le Logiste.
70. Les Prêtres des Romains examinez par le grand Prêtre.

Il est vray qu'en l'antiquité Romaine, les Augures & autres Prêtres du Paganisme, qui n'étoient pas élûs par le peuple, ny pourvûs par l'Empereur, mais choisis par leur college, étoient examinez par le Souverain Pontife, comme nous témoigne Dionys. Halic. liv. 2. Sigon. liv. 1. *de antiquo iure ciuium Rom. cap.* 19. & Onufre, *tit. de Pontific.* Et de fait par Iustinien en sa Nov. 6. l'information de vie & mœurs est enjointe en la reception des Prêtres & des Diacres.

71. Ordonnance notable d'Alexius Comnenus.

Mais sous les derniers Empereurs de Constantinople, après que le trafic & venalité des Offices fut introduit plus communément entre les particulieres, je trouve une notable constitution d'*Alexius Comnenus in libro iuris Orient*. qui fait distinction entre les Officiers qui avoient été immediatement choisis par l'Empereur, la capacité desquelles il ne veut point être recherchée, & ceux qui étoient pourveus à l'aveu & par l'entremise des Courtisans, ausquels l'Empereur avoit permis de tirer recompense de l'Office, (qui est possible ce que Lampride au passage cy-dessus allegué, appelle *Magistratus ad beneficium, non ad iudicium:* & ce qui est dit en cette loy *Sacrilegis , Diuinis obuiare beneficiis*) & quant à cette derniere sorte d'Officiers, cét Empereur defend de les recevoir, s'ils ne sont trouvez être d'âge & capacité suffisante. Et pource que les uns & les autres avoient lettres du Prince en même forme, il ordonna que desormais seroit mis le mot *ζητηθῇτω*, pour signe qu'il les falloit recevoir & installer sans connoissance de cause.

72. Facere Magistratus ad beneficium, vel ad iudicium.

73. Pour quoy en France il a fallu enquerir de la capacité des Officiers.

Aussi en France par même raison, depuis que la venalité des Offices y a été introduite non seulement entre les particuliers, mais aussi à l'égard du fisque, (étant ainsi que l'Office n'est plus conferé par choix du Prince, mais adjugé au plus offrant & dernier encherisseur, qui peut

74. Ce qui n'étoit anciennement.

ordinairement être incapable) il a été tres necessaire d'observer qu'il seroit informé de sa capacité : ce qui ne se faisoit pas lors que les Offices étoient conferez pour le merite, & non pour l'argent. De fait, la plus ancienne Ordonnance, que j'aye veuë touchant l'information de vie & mœurs, est de l'an 1546. qui est après l'érection des parties casuelles : encore en l'année suivante 1547. fut faite une declaration, que ceux qui auparavant cette premiere Ordonnance avoient été receus à la molle mode, sans information ny examen, & qui avoient bien exercé leurs Offices, continueroient leur exercice, sans y être sujets.

75. N'est encore aux benefices.

Et encore aujourd'huy, pource que les Benefices ne tombent point en commerce, on n'y fait pas regulierement ces informations, principalement quand la collation s'en fait par le collateur ordinaire, qui énonce en sa provision, *se famâ & fide dignis testibus informatum de vita ac morum honestate & literarum scientia impetratoris.* Mais quand les provisions viennent du Pape, qui à cause de son éloignement, ne connoit pas ceux de ce pays: aussi qu'en Cour de Rome les Benefices sont ordinairement conferez, non par choix, mais au premier qui les demande, le Pape mande quelques fois, qu'il soit informé de la capacité de l'impetrant, principalement és provisions, qu'on appelle *in forma Dignum, & in forma Pauperum.*

76. Fors en quelques collations du Pape.

77. De la clause Tant qu'il nous plaira.

L'autre remarque notable du formulaire des provisions d'Offices, c'est la clause, *Tant qu'il nous plaira*, qui n'est pas principalement adjoustée, quoy qu'en dise Bodin, pour marque de la puissance absoluë du Roy: car il y a pour cet effect en ces mêmes lettres, comme en toutes les patentes de sa Majesté, la clause, *Car tel est nostre plaisir*. Mais c'est une modification apposée en la concession de l'Office, qui le rendoit anciennement revocable à la volonté du Roy.

78. De la durée des Offices.
79. Contrarieté entre Platon & Aristote.

Ce qui nous ouvre le sujet de dire un mot icy de la durée des Offices, en laquelle consiste l'effect de la provision dont nous traitons. En quoy a été l'une des plus importantes contrarietez d'entre Platon & Aristote: celuy-là voulant qu'ils fussent perpetuels, c'est à dire à vie & celuy-cy, qu'ils fussent annuels, ou à certain temps.

80. Jugement sur icelle, & s'il est expedient que les Offices soient perpetuels.

Dont je ne m'amuseray à déduire les raisons d'Estat, que repete si doctement au 4. Livre de sa Repub. chapitre 4. Je diray seulement en gros, qu'és Estats populaires il y a plus d'apparence, que les Offices soient à certain temps, *ne diuina potestate vnus insolescat, & ex plurimum proveniunt gaudia reciperant*, dit Cassiodore, mais és Monarchies où le Prince ne craint point que les Officiers le choquent, & où il n'est aucunement necessaire de rendre tant de gens participans de la puissance publique, comme aux Republiques populaires, où chacun a part à l'Estat, il est plus à propos qu'ils soient perpetuels, afin que par une longue experience l'Officier fasse mieux sa charge, & aussi qu'il y soit doresnavant plus authorisé.

81. Comment les Empereurs Romains ont fait les Offices de venir perpetuels.

Et de fait (afin de ne dire icy, que ce qui est de l'histoire) en l'Estat populaire de Rome, il est notoire que les Offices estoient annuels : mais sous les Empereurs ils devinrent presque tous à vie : non qu'il se trouve aucune loy ny constitution de ce changement, mais cela se fit insensiblement, en consequence de ce que les Empereurs ne donnoient point de successeurs aux Officiers, qui partant continuoient toûjours leur charge, comme la loy enjoint de faire, jusques à l'avenement du successeur, & qu'un autre eut pris leur place, *l. Meminisse. D. de offic. Proconss.*

82. Successorem dare vel mittere, signifioit abrogare Magistratum.

C'est pourquoy Budée sur la loy 2. *Ad l. Iul. Majest.* dit fort bien, que *successorem dare vel mittere* signifioit à Rome *Magistratum abrogare*: ce que Langle prouve par plus de douze passages, *lib. 13. Orij. semestris, cap. 1.* Entre lesquels est notable sur tous celuy-cy de Lampride *in Alexandro Severo. Si cui unquam successorem dedit, semper illud addidit, Gratias tibi agis Resp. eumque ita muneratus est, ut privatus posset beneficè viuere.* D'où s'ensuit que les Offices de l'Empire Romain, bien qu'annuels de leur propre nature, estoient n eant-

83. En France les Offices étoient anciennement revocables.

C ij

Des Offices en général, Liv. I.

moins ordinairement protegez à plus long-temps, par la connivence des Empereurs. Et par ainsi comme lors de l'establissement de ce Royaume, les conquerans François ne voulurent rien changer de ce qu'ils y trouverent estably sous la domination des Romains, nos Officiers ont été du commencement non temporels ny à vie, mais revocables à la volonté du Prince, ainsi qu'en l'Empire Romain étoient les Charges des Gouverneurs des Provinces: qui est un expedient metoyen, que l'usage a trouvé fortuitement entre les opinions de Platon & d'Aristote.

En premier lieu, quant aux grands Offices de France, combien que ceux qui les tenoient, tâchassent de tous moyens à s'y maintenir, soit en se qualifiant Officiers de la Couronne, & non simplement du Roy, comme s'ils eussent été membres du Royaume, soit en faisant la foy & hommage d'iceux au Roy, comme si c'eussent été des Fiefs à vie, afin qu'ils ne fussent non plus revocables, que Jean du Tillet, traitant de ces Offices par chapitres separez, rapporte plusieurs exemples de destitutions de chacun d'iceux, qu'il appelle toûjours *décharges*, pour montrer qu'elles se faisoient sous honnestes termes, ainsi qu'il vient d'estre dit de celles, que faisoit Alexandre Severe, & comme si elles se fussent faites pour décharger & soulager l'Officier destitué.

A l'égard du Parlement, lors qu'il étoit ambulatoire, il est certain que par une autre raison les Officiers d'icelui étoient revocables, à sçavoir qu'ils n'étoient que Commissaires, & non Officiers ordinaires. Car c'estoit une assemblée de certains personnages du Conseil du Roy, qu'il choisissoit & deputoit une fois ou deux l'an (ainsi que Dion rapporte qu'Auguste faisoit des Senateurs Romains) pour juger en son nom, comme ses Assesseurs, certaines grandes causes touchant les droits de sa Couronne, & les procez des Pairs de France: d'où s'ensuit, que ce n'estoit pas une justice ordinaire, au moins que les Juges du Parlement n'estoient pas vrais Officiers : Ainsi qu'encore aujourd'huy le Conseil Privé du Roy n'a point de jurisdiction ordinaire, & les Conseillers d'icelui ne sont que Commissaires : aussi n'ordonnent-ils rien en leur nom, mais font toûjours parler le Roy en tout ce qu'ils ordonnent, comme pareillement fait encore le Parlement ensuite de ce qu'il faisoit lors qu'il étoit le Conseil du Roy, avant qu'estre reduit en Cour ordinaire, dit Bodin en ce 4. chap. du Livre 4.

Et depuis qu'il fut fait sedentaire, & érigé par Philippe le Bel en Cour ordinaire, encore Budée, & autres grands personnages ont tenu, que jusques à l'Ordonnance de Loüis XI. qui a introduit la perpetuité des Offices, il n'estoit qu'annuel, au moins que par chacun an les Officiers d'icelui étoient muables & revocables au plaisir du Roy. Ce qui se connoist par les lettres patentes, que le Roy leur envoye encore à present tous les ans, pour l'ouverture du Parlement, & aussi par la reiteration du serment, qui s'y fait chacun an le lendemain S. Martin, bien que les vrais Officiers ne soient tenus de jurer qu'à l'entrée de leurs Offices, comme il sera dit au chap. suivant. Et de fait Bodin rapporte, que le Roy Henry second étant venu un jour au Parlement, fâché de la difficulté qu'on lui faisoit de verifier quelques Edits, dit, que son Parlement n'avoit point de puissance, s'il ne luy en voyoit ses lettres patentes, pour en faire l'ouverture chacun an, comme il en estonna quelques-uns.

Quant aux Magistrats des provinces qui étoient premierement les Ducs & les Comtes, puis les Baillifs & Senéchaux, il est certain qu'ils étoient pareillement revocables, témoin Paul Emile, disant au Livre premier, que *Duces ab initio, Comitesque à Regibus præficiebantur gentibus civitatibus: q.æ cùm videretur dimittebantur: deinde inveteravit consuetudo, ut nisi sceleris convicti, abire imperio non cogerentur: idque postremò ut quisq; eo munere donabatur, jurejurando Regum cavebatur,* clause contraire à celle de *Tant qu'il nous plaira*, par le moyen de la quelle les Ducs & les Comtes se sont enfin rendus hereditaires. Et pour le regard des Baillifs & Senéchaux, les anciennes Ordonnances nous apprennent bien qu'ils étoient revocables, & à temps puis qu'ils étoient tenus de s'arrester cinquante jours en la Province, aprés que leur charge étoit finie, pour respondre aux plaintes qu'on voudroit faire contr'eux.

Finalement, il est assez notoire, que les Ministres de Justice, & autres menus Officiers, comme ils étoient instituez, aussi pouvoient être destituez à volonté par leur chef d'Offices, ainsi qu'encore aujourd'huy on pretend que les menus Officiers de la maison du Roy peuvent être destituez à volonté par leur chef : même nous voyons dans les Ordonnances de Charles VII. Charles VIII. & jusques à Loüis XII. que les Baillifs & Senéchaux pouvoient non seulement instituer, mais aussi destituer leurs Lieutenans : ce qui a eu lieu même aprés que les Officiers Royaux non été faits perpetuels par Loüis onziéme, & ce par une raison particuliere, à sçavoir qu'un simple Officier ne peut faire sous soy un autre Officier irrevocable : mais seulement il peut faire un Commissaire delegué, ou substitué, & partant revocable. Mais durant que les Baillifs & Senéchaux abusoient de cette faculté, qui leur étoit laissée de pouvoir destituer les Lieutenans par eux commis, elle leur fut ôtée par l'Ordonnance de Loüis douziéme, de l'an mil quatre cens nonante-neuf, article 47. sauf à eux en cas de malversation d'en avertir le Roy, ou le Parlement.

Voila comme tous les Officiers de France étoient revocables, & neanmoins c'est la verité, qu'il y avoit toûjours quelque pudeur & remords à restituer les Officiers, tout ainsi que l'on voit, que les Maistres honorables ont quelque honte à donner congé sans sujet à un simple serviteur domestique, qui leur a fait bon service. Et le Roy Robert, en la personne duquel a été establie la troisiéme Race de nos Rois, mieux reglée sans comparaison, & de plus longue durée aussi, que les deux precedentes, est fort loüé dans l'histoire de ce qu'il n'a jamais destitué un seul Officier, en est la loüange, que donne Capitolin à l'Empereur Antonin, que *successorem viventi bono Iudici nulli dedit*, & que même il ne voulut destituer aucun des Officiers, pourveus par Adrian son predecesseur.

Le premier Roy qui rendit en France les Officiers perpetuels, & non destituables, fut Philippe le Bel, qui en l'an 1302. aprés une recherche & reformation generale, destitua ceux qui avoient malversé, & confirma les autres en leurs Offices, ordonnant qu'ils ne pourroient étre destituez. Mais à mon avis, ce fut plûtost un privilege qu'il donna aux bons Officiers de son temps, en recompense de leur integrité, qu'une regle generale & perpetuelle pour l'avenir.

De fait, deux des plus accorts de ses successeurs ont heurté lourdement cette pierre d'achoppement, & tous deux ont veu leur Estat en hazard, pour avoir trop hardiment destitué leurs Officiers. L'un est Charles V. dit le Sage, qui pendant la captivité du Roy Jean son pere, desappointa (par l'avis neanmoins des trois Estats) plusieurs des principaux Officiers du Royaume, dont il accreut fort le party du Roy de Navarre son ennemy, qui fut cause qu'incontinent aprés il les restablit tous : & pour ce faire alla exprés au Parlement, où il prononça luy même un Arrest, par lequel il déclara cette privation avoir été faite contre raison & justice, & comme telle, la cassa & annulla.

L'autre fut Loüis XI. lequel à son avenement changea la plûpart des principaux Officiers du Royaume, qui fut l'une des principales causes de cette memorable guerre civile, nommée *Bien-public*: ce qu'ayant bien reconnu, il ordonna en l'an 1467. que desormais les Officiers de France ne pourroient être destituez sans forfaiture jugée. Même connoissant par experience la grande utilité de cette sienne Ordonnance, & craignant qu'aprés son decez elle ne fût non plus observée que celle de Philippe le Bel, il s'avisa quinze ans aprés qu'elle fut faite, & étant au lict de la mort, de la faire jurer par Charles VIII. son fils & successeur, luy remontrant (dit l'histoire) que l'observation d'icelle seroit

De la provision des Offices. Ch. III.

une des grandes asseurances de son Estat: & non content de la luy avoir fait jurer, il envoya tout à l'instant au Parlement l'acte de ce serment pour y être publié & enregistré.

Et par ainsi Charles VIII. ne pouvant honnestement rompre tout à fait cette Ordonnance, y fit une grande limitation. Car par son Edict de l'an 1493. il voulut que les Offices de finance fussent tous confetez non plus en titre d'Office, mais par commission, afin qu'ils peussent être revoquez comme auparavant: qui a été le commencement de faire en France distinction autre qu'à Rome, des Offices en titre avec les commissions comme il sera expliqué au Livre 4. chapitre 5.

102. Offices lors qu'ils estoient revocables estoient vrais Offices.

Car à la verité, les Charges ordinaires de France (aussi bien que celles de Rome) auparavant cét Edict, estoient vrais Offices, combien qu'ils fussent revocables, non pas de leur nature, mais en vertu de cette clause, *Tant qu'il nous plaira*, inserée d'ordinaire és provisions d'iceux par volonté des Roys, qui au moyen de leur puissance souveraine les pouvoient conceder à telle condition qu'il leur plaisoit: & par consequent, s'estant ainsi par exprés reservé, en la concession d'iceux, la faculté de les pouvoir revoquer à leur plaisir, cette reservation imposoit aux Offices une loix & condition particuliere, d'être à toûjours revocables, bien qu'ils ne le fussent de leur propre nature, suivant la loix *Sancimus. C. de reb. alienis non alienandis.*

103. Effet de la clause, Tant qu'il nous plaira.

104. Elle fait que l'Office n'est concedé qu'à titre de precaire.

Méme cette clause faisoit que la concession de l'Office, n'étoit pas une pure donation, important alienation d'iceluy; mais que c'étoit proprement une constitution de precaire, duquel la definition convenoit entierement à l'Office concedé sous cette clause: *Precarium est, quod precibus petenti conceditur utendum tandiu quandiu is qui concessit patitur: & distat à donatione, quia qui donat sic dat, ne recipiat: at qui precario concedit, sic dat, quasi recepturus, cùm sibi libuerit. l. 1. D De precario.* Et de fait, l'Office ainsi concedé, se regloit en tout & par tout comme le precaire, n'étant transmissible à l'heritier de celuy auquel la concession avoit été faite & aussi ne finissant pas par la mort du concedant, comme dit du precaire la loy *cum precario. in si eod. tit.*

105. Office n'est revocable de sa propre nature.

Or au surplus, la propre nature de l'Office concedé en titre, c'est à dire donné purement & simplement en qualité d'Office, & non pas, ny en qualité de simple commission, ny à titre de precaire, au moyen de cette clause, *Tant qu'il nous plaira*, c'est d'être irrevocable pendant la durée qu'il doit avoir selon les loix de l'Estat à sçavoir Pour durer pendant son temps prefix és Estats où les Offices sont temporels, selon l'opinion, d'Aristote: & pour durer irrevocablement jusques à la mort de l'Officier, és Estats où ils sont perpetuels, & à vie, suivant l'opinion de Platon, au moins s'il n'intervient cause legitime pour en priver l'Officier, laquelle privation n'est pas destitution, mais forfaiture, comme je prouveray amplement au dernier Livre.

106. Office pourquoy autrefois baillez en garde.

C'est pourquoy auparavant l'invention de la clause, *Tant qu'il nous plaira*, on bailloit seulement en garde, & non pas à titre d'Office, les Estats, qu'on ne vouloit pas conferer irrevocablement: témoin les trois, diverses façons qui se trouvent dans les anciennes Ordonnances, de conferer les Provostez, tantost à ferme, c'est à dire à certaine ferme & redevance annuelle: tantost en garde, c'est à dire, par commission revocable: tantost en titre d'Office, c'est à dire, à vie & irrevocablement: de sorte que les provisions d'un Office estoient diverses especes opposées l'une à l'autre, comme discourt fort bien M. Pasquier, au 4 Livre de ses Recherches, c. 14. Ce que je prouveray plus amplement au Livre suivant.

107. Provisions d'Offices de, ou en titre sont opposites.

Mais l'Ordonnance de Loüis XI. a remis les Offices en leur propre nature, d'être irrevocables, comme les Benefices, & a aboly toute la façon de bailler en garde, qui déja avoient été delaissées par l'invention de cette clause ordinaire *Tant qu'il nous plaira*, de laquelle aussi elle a retranché l'effet: & neanmoins comme l'ancien stile de Chancelerie, ne change gueres en ce qui concerne les explications ordinaires, comme sont les lettres de provision des Offices, qui se dressent par les simples Cleres, on n'a pas laissé d'y inserer comme auparavant la clause, *Tant qu'il nous plaira*: aussi-bien que cette autre clause, *Que le Roy est suffisamment informé de la capacité de l'Officier*, bien que l'Office soit à present conferé non par choix, comme anciennement, mais au plus offrant. De sorte que l'une & l'autre de ces deux clauses est maintenant superfluë: Car nonobstant la premiere, on ne laisse d'informer des mœurs & capacité du pourveu, & nonobstant la seconde, il ne peut être destitué sans avoir forfait. Tout ainsi que le Parlement obtient encore par chacun an des Lettres Patentes du Roy, pour son ouverture, & les Officiers d'iceluy reiterent tous les ans leur serment, combien qu'estant y a long-temps vrais Officiers, & reduits en Cour ordinaire, ils n'ayent plus besoin, ny de cette commission annuelle, ny de cette reiteration de serment. Et voila comme en France nous sommes plus curieux de retenir les vaines coûtumes & formalitez inutiles de l'antiquité, que de garder les bonnes loix.

108. Provisions en garde, & la clause Tant qu'il nous plaira, abolies en effet.

109. Pourquoy en la laisse encor és lettres.

110. On garde mieux en France les vieilles coûtumes, que les bonnes loix.

Chapitre IV.
De la Reception & installation des Offices.

1. La reception est plus necessaire que la provision.
2. La reception consiste en deux points.
3. De la confirmation & consecration des Evesques, Prestres & Beneficiers.
4. Reception de l'Empereur appartient au Pape.
5. Confirmation, comment separée du consecration.
6. Approbation des Benefices en la primitive Eglise.
7. Scrutinium, & explicatio Rub. De scrutinio in ord. fac.
8. Inquisition d'Office.
9. Inquisition d'Espagne, pourquoy dite.
10. Inquisition des Officiers se fait des mœurs, âge & capacité.
11. A deux fins.
12. Probité necessaire aux Magistrats.
13. Accusé de crime est incapable d'Office.
14. Interpretation de la loy Reus delatus. D. De mun. & Hon.
15. Pourquoy n'est observée en France.
16. Infame par renommée est incapable d'Office.
17. Infamie de fait empesche la reception.
18. Ατιμος.
19. Vile personne par race ou exercice est incapable de la Magistrature.
20. Information de mœurs, comment se fait.
21. De l'âge des Officiers.
22. Loix Annales des Romains.
23. Age des Magistrats Romains.
24. Age des Officiers de Judicature en France.
25. Age des Juges Romains. Suetonius correctus.
26. dispense de l'âge.
27. Indoles.
28. Dignitas oris.
29. Comment il appert de l'âge.
30. Suffisance des Officiers.
31. Examen des Officiers de Justice.
32. Pourquoy les Advocats ne sont examinez.
33. Et les Beneficiers.
34. Et les Sergens.
35. Sergens n'estoient autrefois aucunement lettrez.
36. Exploicts & procez verbal, pourquoy dits.
37. Juges sont examinez sur le droit & la pratique.
38. Magistrats Romains n'estoient tenus sçavoir le droit.
39. Pourquoy?
40. Ils ne jugeoient par eux mêmes.
41. Juges sont examinez en France sur le droit Romain, & pourquoy.

42. Iuges de courte robbe examinez seulement sur la pratique & Ordonnances.
43. Examen ne se reitere, mais bien l'information.
44. Cas ausquels l'examen se reitere.
45. Es Offices dont l'examen est divers, il se reitere.
46. Quand le dernier Officier requiert examen plus rigoureux, il se reitere.
47. Trois examens des Iuges aux Parlements.
48. Aprés dix ans l'examen ne se reitere.
49. Advocats & docteurs aprés dix ans ne sont examinez
50. Examiné au Parlement, n'est plus examiné ailleurs.
51. Suffisance des comptables.
52. Caution des Comptables, par qui receuë.
53. Quand le Procureur du Roy est tenu de son insolvabilité.
54. Que les Iuges n'en sont tenus.
55. Response aux raisons contraires
56. Les Esleus en sont tenus.
57. Et autres Iuges des Finances.
58. S'il faut discuter avant que contraindre la caution.
59. Discussion pour le fidejusseur avoit lieu au fisque avant
la Nov. 4.
60. Diligence & discussion sont deux.
61. Ce qui s'en garde à present.
62. Discution au profit du tiers acquereur avoit lieu contre
e fisque, avant la Nov. 4.
63. Division & discussion n'ont lieu aux cautions & certificateurs judiciaires, & pourquoy.
64. Adstimatores fidejussorum & sub-vades.
65. Les cautions des Officiers ne sont tenuës des amendes,
ny interests.
66. Ne sont tenuës des commissions particulieres

67. Prestation de serment
68. Se fait regulierement en Cour souveraine.
69. Exception.
70. Autres.
71. Solemnité du serment.
72. Les simples gendarmes juroient.
73. Officiers de Rome juroient.
74. Empereurs entrans en Office juroient.
75. Anciens Officiers prenoient le serment des nouveaux.
76. Iuges Romains juroient en chacune cause, & pourquoy.
77. Explication de la loy Rem non novam. C. De judiciis.
78. Non les Procureurs ou Magistrats avant Iustinien
79. Contre Iustinien.
80. L'Empereur Leon abolit le serment.
81. En France les Iuges ne jurent qu'à leur reception.
82. Pourquoy on reitere chacun an le serment aux Parlemens.
83. Où se faisoit ce serment.
84. Quel il estoit.
85. Iusjurandum corporale.
86. Explication du Proverbe Amicus usque ad aras.
87. Conceptum jusjurandum.
88. De celui des Iuges de France.
89. Serment de n'avoir acheté l'Office aboli, & pourquoy.
90. Interpretation du serment d'apresent.
91. Interpretation de l'authentique; Hodie, De judiciis
92. De l'installation de l'Officier.
93. Quand l'Officier se peut installer soy-méme.
94. Officier non installé peut faire procez verbal.
95. Ordinairement faut estre installé par autruy.

1. La reception est plus necessaire que la provision.

PUisque nôtre Officier est pourveu, il faut parler de la reception: qui est encore plus necessaire, que la provision, pource qu'on peut bien être Officier sans provision; mais non sans reception, & que c'est la reception qui fait l'Officier, c'est à dire qui attribuë au pourveu l'Ordre & le caractere d'Officier, au lieu que la provision n'attribuë que le titre ou Seigneurie imparfaite de l'Office. Donc la reception consiste en deux points, qu'il faut distinguer; sçavoir, en l'inquisition de la capacité du pourveu de l'Office, qui est comme la confirmation de sa provision & en la prestation de serment, qui est comme l'execution d'icelle

2. La reception consiste en deux points.

Quant au premier point, ou premiere partie de la reception, il faut prendre garde qu'anciennement en l'Eglise, lors que l'Ordre estoit uni au benefice (ainsi qu'il sera discouru au Livre des Ordres) cette approbation du Superieur, qu'à present nous appellons Confirmation, n'estoit pas un acte separé de l'Ordination ou Consecration; mais faisoit partie d'icelle, & neantmoins precedoit l'imposition des mains: tout ainsi qu'és Offices l'Arrest ou Sentence par laquelle un Officier aprés son information & examen est jugé capable, est une des parties de la reception, procede de la prestation du serment, qui en est l'autre partie: Car ce qu'est la reception en un Officier, cela estoit anciennement l'ordination en un Beneficier, ainsi qu'encore à present és Beneficiers, ausquels l'Ordre est demeuré aucunement joint, comme aux Evêchez la Consecration de l'Evêque est sa vraye reception: ce qui est un peu mal-aisé à entendre, si on ne joint icy le discours inseré au Livre Des Ordres, touchant l'union de l'Ordre à l'Office Ecclesiastique en la primitive Eglise.

3. De la Confirmation & Consecration des Evêques, Prêtres & Beneficiers.

Donc lors que cette approbation ou confirmation du Beneficier estoit une des parties de son ordination ou Consecration, elle estoit faite par celui même qui faisoit l'ordination ou Consecration comme il dit au Chapitre Venerabilem ext. de elect. où le Pape soûtient que c'est à luy de faire l'inquisition de la vie & mœurs de l'Empereur élu, puisque c'est à luy de le recevoir & consacrer. Est enim, dit-il, regulariter & generaliter observatum, ut ad eum examinatio persona pertineat, ad quem impositio manus spectat: ce qui se tire encore du Can. Qui Episcopus, 23. distinct. & tota distinct. 64.

4. Reception de l'Empereur appartient au pape.

Mais depuis que le Benefice a été separé de l'Ordre,

on a commencé de distinguer la confirmation d'avec la Consecration, & de dire que Spiritualis conjugii fœdus inter Episopum & ecclesiam in Electione initiatur, in Confirmatione sit ratum, & in Consecratione intelligitur consummatum, cap. ult. de translat. Episc. Et ainsi les Papes ont entrepris la confirmation des élections, & ont laissé la simple Consecration aux Archevêques avec les Evêques de leur Province, encore la commettent-ils ordinairement à tels Archevêques ou Evêques que bon leur semble, ce qui soit dit en passant: Car c'est un point qui merite un plus long discours.

5. Confirmation separé de la consecration.

Or ce beau passage de Lampride rapporté au Chapitre precedent, nous apprend la forme pratiquée en l'Eglise primitive pour cette approbation: à sçavoir qu'on mettoit des afiches aux portes des Eglises, & on y faisoit des publications, telles à peu prés, que les bans du mariage chanel: Contenant ce qui se publioit à Athenes, lors qu'un Officier sortoit d'une Charge, pour entrer en une autre, τις βούλεται κατηγοςῖν; Sçavoir est, que si quelqu'un sçavoit quelque legitime empêchement, à cause duquel celui qui estoit élu au benefice ny deust être admis, il eust à le reveler, en mettant un billet dans le tronc de l'Eglise. Et partant, cette enqueste secrete de la vie du Beneficier s'appelloit scrutinium, & inde titulus, De scrutinio in ordine faciendo, j'ay entendu par tous les Interpretes: Car scrutinium signifie une recherche secrete & exacte, τῶν ἑψευνᾶν, lequel mot on a accommodé aux élections, appelent electionem per formam scrutinii, celle qui se fait par billets ou suffrages secretes, combien qu'anciennement scrutinium non in electione, sed in ordine fieret, comme ce titre nous témoigne Mais cette ancienne forme de Scrutin, ayant été changée en une information de vie & mœurs, on l'a appellée desormais inquisitionem, ut in cap. 3 & passim in tit. De elect. Et en pratique, nous l'appellons Inquisition d'Office, non pour ce qu'elle est toûjours necessaire en la reception des Officiers; mais pource qu'elle se fait de l'Office & mouvement du Iuge, quoy que ce soit à la Requête du Procureur d'Office, qui est le Procureur du Roy, sans partie ny accusateur: & semble que l'Inquisition d'Espagne ait été imitée de cette ancienne forme de scrutin, se faisant souvent par bulletins secrets.

6. Approbation des Beneficiers en la primitive Eglise

7. Scrutinium, & explication Rub. De scrut. in ord. fac.

8. Inquisition d'Office.

9. Inquisition d'Espagne, pourquoy dite.

Comme donc trois choses sont requises en un bon Magistrat, la probité, l'experience, la doctrine, aussi cette

10. Inquisition des Officiers.

De la Recep. des Offices. Ch. IV.

fait des mœurs, âge & capacité.

11. A deux fins.

12. Probité necessaire aux Magistrats.

13. Deferé de crime est in apable d'Office.
14. Interpretation de la loy Reus de iatus. D. de mun. & hon.

15. Pourquoy n'est observé en France.

16. Diffamé par renommée est incapable d'Office.
17. Infamie de fait empesche la reception.

18. Anime.

19. Vile personne par son exercice, est incapable de Magistrature.

inquisition se fait touchant trois points, les mœurs, l'âge & la suffisance du pourveu. Les bonnes mœurs sont verifiées par l'informatiō, l'âge par le registre Baptistaire, avec l'attestatiō des plus proches parens; & la suffisance par l'examen aux Officiers de Justice, & aux Comptables par caution. Et faut noter que toutes ces trois choses sont requises à deux diverses fins: L'une afin que le Magistrat fasse bien sa Charge: L'autre, afin qu'il ne soit méprisé du peuple, pource que le mépris du Magistrat est la ruine de l'Estat.

En premier lieu donc, la probité de mœurs est la qualité la plus necessaire au Magistrat, qui étant la regle des autres, ne peut pas les redresser, si luy-même est tortu & oblique. *Necessarium est Reipub.* dit Cassiodore, *ut cui justitia committitur, malis moribus non gravetur, alioqui inefficax est ab homine exigere, quod agnoscitur non habere: è contra verò considerer quaeritur, quod inesse sentitur:* & comme dit le Can. *Miramur 61. distinct. Integritas praesidentium salus est subditorum.* Aussi que l'honneur, qui signifie l'Office, étant la vraye recompense de la vertu, ne doit être attribuée aux méchans.

C'est pourquoy tout homme accusé de crime en Justice, bien que peut-être il n'en soit pas coupable (*non enim utique qui accusatur reus est*) toutesfois est incapable d'Office, jusques à ce qu'il ait été justifié. *l. Reus de latris, De Muner. & Hon.* Combien que cette loy porte, qu'après l'an l'accusé en Justice peut être Officier, il faut prendre garde, que c'est à cause que par l'ancien droit les procez criminels devoient être terminez dans l'an & jour passé, l'accusé étoit tenu pour absous purement & simplement, & même l'accusateur étoit tenu pour calomniateur, comme il est dit au titre, *Vt intra annum criminalis quaestio terminetur. C. Theod.* Ce que Justinien remit à deux ans, en la loy unique. *C. ut intra certum tempus crimin. quaest. terminetur.* Mais ces loix n'étans observées en France, où le vray accusateur est le Procureur du Roy, contre lequel il n'y a point de peremption d'instance, principalement aux procez criminels, il s'ensuit que l'accusatiō demeurant après l'an, l'empeschement qu'elle produit contre l'accusé, à ce qu'il ne puisse être receu à aucun Office, dure aussi jusques à tant que par effet il soit justifié, ou que les vingt ans, qui és crimes sont requis à la prescription, soient écoulez.

Même quiconque par renommée commune est notoirement taxé & diffamé d'aucun crime, combien qu'il n'en ait été accusé en Justice, ne doit être receu en Office d'importance, qu'il n'en soit purgé: dautant que l'Officier, ainsi que l'honnête femme, doit ne seulement être exempt de mal: mais aussi de mauvais soupçon. Bref, il faut tenir pour maxime, que toute personne infame, soit d'infamie de droit (en quoy n'y a nulle difficulté) soit de simple infamie de fait (qui consiste en a renommée, ou simple opinion commune du peuple, ou du moins des gens de bien) ne doit être admis aux Magistrats. C'est ce que dit en la loy *2. C. De dignit. Neque famosis, aut notatis, aut quos scelus, aut vita turpitudo inquinat, aut quos infamia ab honestorum coetu segregat, Dignitatis porta patebunt.*

Pour cette cause κάτιμος en Grec signifie tant celuy qui est infame, que celuy qui est incapable du Magistrat: & Demosthene contre Ariston nous apprend qu'à Athenes κάτιμοι, étoient non seulement chassez des honneurs; mais aussi des Assemblées publiques. Et à la vérité il n'y a rien si formellemēt contraire à l'Honneur & dignité, que l'infamie, *qua licet statum non minuat, tamen dignitatem minuit,* dit le §. 1. *Instit. de cap. diminut.* C'est pourquoy l'honneur & reputation de l'homme, appellée *existimation,* est definie en droit, *illa sa dignit ati status. l. Cognitionum D. De var. & extraord. cognit.*

Mais sur tout cette integrité de reputatiō est requise, afin que le Magistrat ait creance parmi le peuple, & soit par consequent respecté & obey. C'est pourquoy ceux qui sont reputez vils & abjets, soit à cause de leur extraction, ou de leur vie passée ne doivent être aisément admis aux grands Offices, comme la loy 6. *cod.* *tit. De Dignit.* Jusques-là, qu'Athenée Livre 13. rapporte, que celuy qui avoit soupé une fois dans une taverne, ne pouvoit jamais être Areopagite à Athenes.

Donc en France, pour être assuré des bonnes mœurs de ceux qui sōt pourveus des Offices, on en fait information à la Requeste du Procureur du Roy, & ce sur le lieu où ils ont residé les cinq dernieres années, en laquelle information ne doivent être oüys que temoins dignes de foy, & hors de soupçon, non parens ny alliez du pourveu, qui soient nommez & produits par le Procureur du Roy, auquel, sur peine de privation de son Office, est defendu d'en recevoir aucuns de la part du pourveu, porte l'Ordonnance de Blois art. 109. qui en ce dernier point n'est gueres observée.

Quant à l'âge, il sera dit au livre *Des Seigneuries,* Chapitre premier, qu'en Hebreu, en Grec, en Latin, & encore en François le vieillard & l'Officier ont un même nom; qui est bien pour monstrer, qu'un âge meur est requis aux Officiers. *Ætas quippe fervorem & audaciam aufert, & consilium adfert, quotidie senescentibus vitiis maturescente aetate,* dit Tite-Live, Livre troisieme, & comme dit Ciceron. 3. *De divinat. Adfert vetustas omnibus in rebus, longinquâ observatione, incredibilem scientiam* C'est pourquoy à Rome furent faites les loix Annales, qui regloient l'âge des Magistrats, desquelles parlant Ovide, en ses Fastes, dit

Jura dabat populo senior: finitâque certis
Legibus est aetas unde petatur Honos.

C'est ce que dit Pacatus *in laudat. Theod In capessendis Magistratibus aetas spectata est petitorum, ne quisquam annos Comitialis lege praescriptos, festinatis Honoribus occuparit.* Laquelle loy Tite-Live, lib 10. Decad. 4. dit avoir été faite à l'instance d'un Tribun du peuple, *indéque cognomen familiae ipsius inditum, ut qui ex ea essent, Annales appellarentur.*

Il ne dit point quel étoit l'âge prescrit par cette loy; mais on le tire du dire de Polibe Livre 6. qu'on ne pouvoit obtenir dans Rome aucun Magistrat, avant qu'avoir été sept ans en guerre. Or il est certain d'ailleurs, qu'on ne pouvoit être soldat, qu'après dix-sept ans, & partant il s'ensuit, que pour avoir le moindre Magistrat de Rome, il falloit vingt-quatre ans au moins: ainsi en discourent *M. Gruchius, lib. 1. De Comitiis Rom. & P. Faber. ad l. 2 De Reg. jur.*

En France, l'âge est prescrit particulierement par les Ordonnances presque à chacun Office; mais quoy que ce soit, le moindre Office de Judicature, même de Notaire, qui n'est de Juge cartulaire, ne peut être tenu qu'à vingt-cinq ans, qui étoit l'âge des Juges du droit Romain, auparavant Auguste, lequel le remit à vingt ans, comme nous apprend *ce judicieux Avocat du Roi,* M. le Bret, cap. 13. *Ordinis peruntiqui,* où il corrige bien à propos ce passage de Suetone, *in Augusto, Judices à vicesimo anno allegi, id est, quinquennis maturitis quem solebant,* au lieu qu'on lit communement à *tricesimo anno:* erreur qui dans les livres est frequent, en matiere de nombres.

Neamoins, comme ainsi soit, que l'âge n'est requis au Magistrat, que pour les deux raisons susdites, à sçavoir pour l'experience & pour la prestance & authorité qu'il apporte avec soy: quand il appert, la capacité d'un jeune homme être telle, qu'elle supplée à l'experience, & que d'ailleurs la prestance du corps, ou la noblesse de son extraction est suffisante pour luy concilier l'authorité, alors la dispense de l'âge est facilement donnée, *Spectata siquidem virtus Annalibus legibus subjecta non est: jamque Honoris impulsis adultam cingere dignus est caesariem, quique meritorum laude aetatis praejudicia superavit,* dit Cassiodore, Ciceron en la 5. *Philipp.* concluant *ab excellenti eximiaque virtute progressum annorum expectari non oportere, ne antequam Reipub. prodesse possit, extinguatur.* Et Vopiscus in *Proco* dit, *in eo non expectari aetatem, qui virtutibus fulget, & moribus pollet:* Et Pline en ses Epitres dit *ab optima Indole frustra exigi annorum numerum,* appellant *Indolem* ce qui est defini *in gloss. Philox.*

20. Information de mœurs comme se fait.

21. De l'âge des Officiers.

22. Loix Annales des Romains.

23. Age des Magistrats Romains.

24. Age des Officiers de Judicature de France.
25. Age des Juges Romains. Suetonius correctus.

26. Dispense de l'âge.

27. Indoles.

Des Offices en general, Liv. I.

18. Dignitas orbis.

[Greek text], qui est proprement ce que dit le Iurisconsulte in l. penult. De Decur. selon la correction de Cujas, *Nisi dignitas, certa spes Honoris, id faceret, ut Princeps indulgere posset*; où il faut noter que ce mot, *Dignitas*, signifie prestance du corps, τῶν σωματοφυλάκων, τῶν ἀξιωμάτων, τῶν ἀξίωμα τῆς ψυχῆς, & comme dit Pline *in Panegyr. ad Trajanum*, *Iam proceritas corporis, honor capitis, & dignitas oris, nonne nomen Principis longè latèque ostendat?*

19. Comment il appert de l'âge.

Cessant cette dispense, il faut avoir l'âge prescrit par les Ordonnances à chacun Office, que je ne m'amuseray à rapporter : pource que je n'ay entrepris d'expliquer le droit particulier de chaque Office : & de cét âge il faut faire preuve par le registre Baptistaire, & conjointement par la disposition des plus proches parens du pourveu, qui à cette fin sont nommez par le Procureur du Roy, & ouïs d'Office par le Iuge, dit le 109. art. de l'Ordonnance de Blois.

30. Suffisance des Officiers.

Quant à la suffisance des Officiers, elle est de deux sortes, à sçavoir la science, aux Iuges, & la solvabilité aux Financiers Comptables.

31. Examen des Officiers de Iustice.

Les Iuges, & même les Ministres de Iustice, ausquels est requis quelque capacité, comme les Greffiers & les Notaires, comme même ceux d'Et'eux, qui ne sont pas vrays Officiers, comme les Procureurs, doivent faire preuve de leur science par examen public, auparavant la prestation de serment. Ce qui n'a toutefois lieu aux Avocats, à cause qu'ayans pris leur degré en Université fameuse, on presume que dèslors ils ont été suffisamment examinez & trouvé capables : & c'est aussi pourquoy on n'examine point les Beneficiers, pource qu'on presuppose, qu'ils l'ont été, lors qu'on les a promeus aux Saints Ordres. Et quant aux Sergens, pour la vilité de leurs Offices, & pour la difficulté qu'il y avoit anciennement d'en trouver, on ne les a point rendus sujets à l'examen; même le temps passé il n'étoit pas seulement requis qu'ils sceussent lire ny écrire, non plus qu'à present les Prevosts des Archers des Marêchaux; mais ils faisoient verbalement devant le Iuge le rapport & relation de leurs exploits, qui a appellez pour cette cause, & non pas actes : parce qu'ils consistent, en fait, non en écriture : c'est à dire, procedures verbales, & non par écrit. Mais aujourd'huy par Ordonnance de Charles VIII. de l'an 1485. il faut qu'ils sçachent lire & écrire, même c'est une solemnité prescrite à leur reception, par Ordonnance de l'an 1563. qu'ils doivent écrire leur sein manuel & paraphe dans le registre du Greffier, pour y avoir recours.

32. Pourquoy les Avocats ne sont examinez.

33. Et les Beneficiers.

34. Et les Sergens n'étoient lettrez.

36. Exploit & procez verbal pour quoy dit.

37. Iuges sont examinez sur le droit & la pratique.

Pour le regard des Iuges, ceux qui doivent être legistes, comme entr'autres tous ceux de la Iustice ordinaire sans exception, doivent être examinez, tant sur le droit que sur la pratique: *Debent quippe esse periti legum & morum: nec enim ex usu esse, ut aliqui Iudicium nomen gerant, qui & legum sint ineruditi & in rebus gerendi nullum iuris scientiam requiri solet*, dit la Nov. 8. *Quid enim turpius quàm legitimarum & civilium controversiarum suscipere eum, qui sit legum & Iuris Civilis ignarus?* dit Ciceron au Liv De Oratore.

35. Magistrats Romains n'étoient tenus sçavoir le droit.

Neanmoins les Magistrats Romains, aussi bien que les anciens de France, qui maintenant sont les Seigneurs, étans pris, addonnez aux armes qu'aux lettres, n'étoient ny examinez sur leur science, ny même tenus d'avoir la science du Droit: C'est ce que dit Ciceron *pro Planco* auquel on reprochoit pour le rebuter du Magistrat, qu'il n'étoit ny éloquent, ny versé au Droit, *virtus, probitas, integritas in candidato, non lingua volubilitas, non Iuris scientia requiri solet. Vt nos in mancipiis parandis, quamvis frugi hominem, si pro fabra aut textore emimus, ferre molestè solemus, si eas artes nescierit: sin autem emimus ut villicum, nihil in eo nisi frugalitatem, laborem & vigilantiam curamus Sic populus Rom. deligit Magistratus, quasi Reipub. villicos, in quibus si qua præterea sit art. facile patitur; si minus, virtute eorum, & innocentia contentus est*. Ce qu'il traite pareillement en l'Oraison *pro Murena*. Même les Preteurs de Rome étoient d'ordinaire si ignorans, qu'ils n'eussent sceu

36. Pourquoy.

prononcer leurs Sentences, *tria verba pronunciare nequibant, nisi præeuntibus Assessoribus*, dit Seneque.

Aussi les Proconsuls & Presidens des Provinces Romaines, ne jugeoient pas ordinairement les procez eux mêmes; mais les faisoient juger par leurs Assesseurs, ou autres Iuges par eux donnez, qui avoient pour cét effet salaire du public, & c'estoient ceux là, & non les Magistrats, qui *tenebantur præstare scientiam νόμων καὶ πραγμάτων*, comme il est bien exprimé au commencement de cette Nov. 8. & se prouve encore clairement par la loix *i. D. Quid quisque juris, &c.* C'est dequoy se plaint dans Lampride l'Empereur Alexandre Severus qui fut celui qui de son temps à regret gages aux Assesseurs *Assessoribus salaria instituit, quamvis sæpe dixerit, Proconsules ac Præsides esse promovendos, qui per se Rempub. regere possent, non per Assessores: addens militares habere suas administrationes; habere & litteratos, & ideo unumquemque hoc agere debere, quod nosceret* : Qui est la raison pourquoi en France nous avons tres bien separé la Iudicature du Gouvernement, ce que les Romains n'ont jamais fait.

40. Ils ne jugeoient pas eux mêmes.

Quand je dis, que les Iuges de France doivent être examinez sur le droit, j'entens le droit Romain, encore qu'il ne nous lie en France, ne nous en servans comme de la loi; mais comme de raison, ainsi que les Romains se servoient, au fait de la marine, de la loy Rhodienne. Et pour ce aussi, que ce droit Romain est observé quasi par tout le monde pour son excellence, nous l'appellons quelquefois le *Droit commun*, & entretenons des Universitez & Ecoles publiques en plusieurs de nos Villes, pour l'enseigner, & enfin nous examinons sur icelui nos Officiers de longue robbe, dautant aussi que le François n'a encore été reduit en art.

41. Iuges sont examinez sur le droit Romain, & pourquoy:

Quant aux Iuges non lettrez & de courte robbe, comme sont presque tous ceux des Iustices extraordinaires; à sçavoir les Maîtres des Eaux & Forests, Eleus & Greneriers, ils sont seulement examinez sur les Ordonnances, & sur la pratique & ordre judiciaire (qui est un examen commun à tous Iuges) & non sur le droit Romain, dont ils ne sont tenus d'avoir la science.

42. Iuges de courte ne sont examinez sur la pratique, & ordonnances.

Et faut noter, que combien que l'information de vie & mœurs doive estre reïterée tout autant de fois, qu'on change d'Office, si est-ce que l'examen n'est point reïteré, pource que les mœurs de l'homme sont plus sujetes à se changer, que la science à s'oublier.

43. Examen ne se reïtere mais bien l'information.

Toutefois, quand un Officier se veut faire recevoir à un Office nouveau, auquel est requis un examen divers ou plus rigoureux qu'au premier, il faut qu'il soit derechef examiné, ainsi qu'il est porté par Ordonnance de l'an 1548. Comme celui qui après examen a été Commissaire ou Enquesteur, si après il veut estre receu Conseiller au Presidial, il faut qu'il soit derechef examiné, pource que le premier examen n'estoit que sur la pratique, & l'autre est aussi sur la loy. De même un Eleu, qui n'est Conseiller qu'il ait été examiné sur la loy en la Cour des Aydes, s'y étant presenté en longue robe, si par après il prend un Etat de la Iustice ordinaire, il doit estre derechef examiné, pource que ce sont diverses sciences & de qui concerne l'Election, & la Iustice ordinaire. Pareillement un Maître des Comptes de longue robe, & examiné sur la loi, venant à estre Conseiller du Parlement, ou Iuge de Province, doit être examiné de nouveau, pource que ce sont examens differents. mais un Conseiller d'un Presidial transferé en un autre, ou un Conseiller d'un Parlement, entrant en un autre Parlement, ou du grand Conseil venant au Parlement, n'est plus sujet à examen.

44. Cas ausquels l'examen se reïtere.

45. En Offices dont l'examen est divers, il se reïtere.

Voilà pour l'examen de diverse sorte, & divers sujets: Quant à celuy de même sorte, mais plus rigoureux, si un Conseiller d'un Presidial devient Lieutenant de Province : ou un Lieutenant de province devient Conseiller de Cour Souveraine, il le faut interroger derechef : car il faut noter, qu'il y a trois sortes d'examen des Iuges de Parlement : Le moindre, pour les moindres Iuges, comme Prevosts, Conseillers des Presidiaux, Advocats & Procureurs du Roy, qui est renvoyé

45. Quand le dernier Office requiert examen plus rigoureux, il se reïtere.

De la Recep. des Off. Ch. IV.

47. Trois examens des Juges au Parlement.

voyé en l'une des Chambres des Enquestes: Le mediocre pour les Lieutenans de Province, qui se fait en la grande Chambre, où aussi se fait leur reception en pleine Audience: combien que celle des autres moindres Officiers, se fasse à huis clos: & finalement le grand examen pour les Officiers du Corps du Parlement, comme Maîtres des Requestes, & Conseillers d'iceluy, qui se fait toutes les Chambres assemblées.

48. Aprés dix ans l'examen ne se reitere.

Et faut encore noter cette exception, touchant ces trois degrez d'examen, que celui, qui par l'espace de dix ans, à exercer Office sujet au moindre, n'est plus sujet au mediocre, & ainsi du mediocre au grand: par exemple, celui qui a esté dix ans Conseiller en un Presidial, n'est plus sujet à examen, devenant Lieutenant de Province, ny celui qui a esté dix ans Lieutenant de Province, devenant Conseiller de Cour Souveraine. Pareillement les Avocats de Cour Souveraine, qui ont tenu dix ans le Barreau, ou les Docteurs, qui ont regenté long tés aux Universitez, sont reçus ordinairement sans examen, en qui se fait neanmoins par grace & dispense de la Cour, & non à mon avis par droit commun. Finalement c'est encore une autre regle, que quiconque a passé par l'examen du Parlement, quel qu'il soit, n'est plus sujet à examen en aucune Cour inferieure; pource qu'il a esté jugé capable par Arrest, & que le moindre examen de la Cour est plus, que le plus grád des Sieges inferieurs.

49. Avocats & Docteurs aprés dix ans ne sont examinez.

50. Examiné au Parlement n'est plus reexaminé ailleurs.

51. Suffisance des Comptables.

52. Caution des Comptables, par qui reçue.

Pour le regard des Comptables, c'est que pour l'assurance de leur maniement, ils sont tenus bailler caution & certificateur de certaine somme prescrite par les Edits pour chacun Office: ce qui s'observoit aussi à Rome, comme il se voit par la rubrique, *De periculo eorum, qui pro Magistratibus intervenerunt*, & par la rubrique, *De periculo nominatorum. lib. 11. Cod.*

53. Quand le Procureur du Roy est tenu de son insolvabilité.

Lesquels caution & certificateur sont reçus en France par le Juge, auxquels la reception de l'Officier est adressée; comme cela faisant partie d'icelle, & ce avec le Procureur du Roy en son Siege, auquel apartient de les debattre, s'ils sont insolvables: autrement & s'il se trouve qu'ils le fussent lors de leur reception, c'est sans doute, qu'il en est tenu; mais non pas de l'insufficence survenant par aprés, par la raison de ce titre. *De peric.nom.*

54. Que les Juges n'en sont tenus.

Mais pource que ce titre & celui *de Magistr.conven.* parlent des Juges, aussi qu'en nos anciennes Ordonnances, il se trouve que les Baillifs & Senechaux étoient tenus du dommage qui survenoit aux finances du Roy, c'est une grande question, si le Juge qui a reçu la caution & certificateur de l'Officier Comptable du consentement du Procureur du Roy, est tenu d'en répondre, aussi bien que luy: Ce que je n'estime pas: pource que le Juge n'est responsable en France, & ne peut estre pris à partie (hors malversations & ignorance) sinon quand il ordonne sans requisition de partie; mais y ayant partie, c'est à elle à soustenir le jugement qu'elle a requis, principalement quand les parties, ayant affaire devant luy, sont d'acord, *nulla sunt ipsius partes*: Et ce seroit une affectation dont il pourroit estre recherché, s'il refusoit de recevoir la caution que le Procureur du Roy accepteroit: en quoy il se montreroit plustost partie, que Juge, si l'insufficance n'estoit toute notoire: & de fait, si lors il y avoit appel de sa Sentence, autre que luy ne pourroit estre intimé.

55. Réponse aux raisons contraires.

Et ne se faut arrester aux loix Romaines: car les Iuges Romains n'etoient pas assistez d'un Procureur d'Office, comme en France: & ce que nos anciennes Ordonnances declarent les Baillifs & Senechaux responsables des deniers du Roy, est du tems qu'ils étoient eux-mêmes les Receveurs; comme il sera prouvé en son lieu: Tout ainsi qu'en l'Empire Romain les Proconsuls & Presidens des Provinces avoient la Surintendance des finances de leur Province. *Nov.8. cap.8.*

56. Les Elûs en sont tenus.

Toutesfois par l'Ordonnance du Roy François de l'an 1543. les Elûs sont declarez responsables des deniers Royaux, aprés discussion du Comptable, ses cautions & certificateurs; mais peut-estre que lors de cette Ordonnance il n'y avoit point de Procureurs du Roy és Elections, comme encore les Tresoriers de France n'en ont point. Et de fait par l'Ordonnance d'Orleans, art. 133. l'Office de Procureur du Roy aux Elections fut supprimé, & fut dit qu'és affaires, où le Roy auroit notable interest, les Elûs seroient tenus le mander le Procureur du Roy en la Justice ordinaire. En tout cas j'estime, que cette Ordonnance est particuliere pour les Juges de Finance, qui sont établis pour la conservation des deniers du Roy, & ne doit estre aux Officiers de la Justice ordinaire, qui sont seulement établis pour rendre la Justice, & non pas pour avoir soin des finances: toutesfois cela n'est pas sans difficulté à cause de l'art.20.de l'Ord.de l'an 1566.appellée l'Ordonnance du Domaine, qui charge indistinctement ceux qui recevront les cautions des Fermiers & des Comptables.

57. Et autres Juges des finances.

58. S'il faut discuter la caution ou certificateur.

C'est encore une autre question, si le Roy se peut addresser directement à la caution, sans discuter l'Officier: attendu que même auparavant la Nov. 4. de Justinien, qui a introduit la discussion, c'étoit un cas special en droit, que le fidejusseur du Magistrat ne pouvoit estre convenu, qu'aprés le Magistrat discuté. *l.3.§.ult.D.De admin. rerum ad civ.pert.* Aussi que nous avons Ord.expresse du Roy Louis XII.en l'année 1543. que *les pleges & cautions des Comptables ne sont contraignables qu'apres diligences faites sur les personnes & meubles exploitables d'iceux Comptables; & pareillement qu'on ne doit contraindre les certificateurs, si non aprés semblables diligences faites contre les cautions: encore (dit cette Ord.) que par l'acte du plegement, n'en fust rien exprimé.*

59. Discussion pour le fidejusseur avoit lieu au fisque avant la Nov. 4.

60. Diligence & discussion ne sont deux.

61. Ce qui s'en garde à present.

Enquoy il faut remarquer, que la diligence requise par cette Ordonnance sur les personnes & meubles exploitables, est bien differente de la discussion ordonnée par la Nov. de Justinien, qui doit estre faite *usque ad saccum & pueram* disent les Docteurs Mais sans observer à present ny discussion ny diligence, le fisque prend cet avantage, de s'addresser directement & par corps à la caution, même au simple certificateur. Et encore la Chambre des Comptes decerne ses contraintes contre les heritiers & cautions, même contre les tiers acquereurs de leurs heritages, sans garder aucun ordre de droit, discussion, ny diligence: ce qui engendre infinis procez entre les Sujets du Roy: combien qu'à Rome auparavant cette Nov. qui a aussi introduit la discussion de l'obligé personnellement au profit du tiers acquereur, le fisque la pratiquoit dejà; *Moschis.D.De iure fisci,& l.1.de conven. fisci debitoribus l. 10. Cod.* Bien qu'elle n'eût encore lieu entre particuliers, & nous tout au rebours, nous tenons si fiscaux, que nous la gardons contre les particuliers, & non contre le fisque.

62. Discussion au profit du tiers aquereur contre le fisc, que avant la Nov.

63. Division & discussion n'ont lieu aux cautions & certificateurs judiciaires, & pourquoy.

Neanmoins il faut remarquer, que par l'usage notoire de France, les privileges de division ou discussion n'ont lieu aux cautions & certificateurs judiciaires, pource que *in judicio omnia præsumuntur solemniter acta*: & comme aussi soit qu'és contracts les cautions & certificateurs se rendent maintenant par un style ordinaire coobligez solidairement, & renonçant par exprés à ces privileges, on tient qu'aux jugemens où les expeditions se font en un mot, il n'est point besoin de renonciation expresse: mais que *ea quæ sunt moris & consuetudinis in esse censetur*. Usage que je ne puis approuver, pource que la naïve signification de caution, n'emporte qu'une obligation subsidiaire, & celle du certificateur n'est qu'une asseurance de la suffisance de la caution, étant nos certificateurs, ceux que le droit appelle *adsirmatores fidejussorum*, & les douze Tables *subvades*: dont fait mention A. Gelle, Livre 16. Chapitre 10.

64. Adsirmatores fidejussorum & Subvades.

65. Cautions des Officiers ne sont tenues des amendes, ny des interests.

Finalement est notoire, que les certificateurs des Officiers ne sont tenus des amendes, qu'ils peuvent encourir pour leur malversation: *Fidejussores Magistratuum non debent conveniri in pœnam vel multam, quam non spoponderunt*, dit la loy 6.D. *De fidejus*. & la loy unique *C. de his qui pro Magistr. interv.* Même ils ne sont pas tenus des interests dûs par les comptables, comme il est expressement decidé en cette même loy 68. §. 1. A quoy est conforme la loy. *Quæro. D. Locati & l. Centum Capua. D. Quod certo loco.*

Du droits des Offices.

D

Des Offices en general, Liv. I.

66. Ne sont tenus des commissions particulieres.

Pareillement faut tenir, que ces cautions & certificateurs des Comptables, ne sont obligez qu'envers le Roy & ses creanciers assignez sur l'Officier; mais ne sont pas responsables des deniers des Communautez, mis és mains de l'Officier par commission particuliere, bien que cette commission luy ait été addressée à cause de la qualité d'Officier:Pource qu'ils ne sont chargez que du maniment de l'Office, & non des commissions, qui n'en sont partie: dont cét Oracle de la Cour des Aydes Monsieur le Biet en ses Plaidoyez en rapporte un Arrest d'icelle. Et a été aussi jugé par plusieurs Arrests, qu'un particulier assigné, n'est recevable à rechercher la caution du Comptable, qui a employé la quittance d'iceluy en son compte sous contre-promesse, qui sans doute induit novation.

67. Prestation de sermens.

Nostre Officier donc estant trouvé capable, & en mœurs & en âge, & en science, ou en biens, c'est raison qu'il soit receu, c'est à dire, qu'il soit déclaré publiquement Officier du Roy, par son Superieur, aprés lecture faire de ses lettres; & qu'ayant prêté le serment accoustumé, il soit envoyé en l'exercice de son Office.

68. Se fait regulierement en Cour Souveraine.

Cette ceremonie publique de reception, doit regulierement être fait en la Cour Souveraine, d'où dépend & où ressortit l'Officier, comme des Juges ordinaires aux Parlemens, des Esleus & Greneriers en la Cour des Aydes, & des Officiers Comptables en la Chambre des Comptes. Je dis notamment en Cour Souveraine, encore que l'Officier n'y ressortisse pas immediatement Car la reception d'un Iuge Royal est un acte de Iustice Souveraine, qui n'apartient qu'au Roy, ou à ses Cours Souveraines qui le representent, jugent sous son nom:Et de fait par plusieurs Edicts, il est ordonné, que les Prevosts & leurs Lieutenans, même les simples Conseillers des Prevostez, seront receus au Parlement, & non ailleurs. Et quant aux Conseillers des Presidiaux, ils en ont été exceptez, & leur a été permis de se faire recevoir en leur Presidial même, à cause du contraste, que le Parlement leur fit, lors de leur erection.

69. Exception.

Il faut aussi excepter les Officiers des Eaux & Forests, qui sont receus au Siege du grand Maistre & General reformateur:Et les Prevosts des Mareschaux, au Siege de la Connestablie & Marechaussée: Et ceux de l'Admirauté au Siege de Monsieur l'Admiral, tous ces Sieges estans à la Table de Marbre du Palais à Paris, pource que tous ces Offices dépendent de leur Chef, qui avoit creü coustume d'en avoir la nomination, & en a gardé jusques-icy la reception, laquelle se fait en sa Iustice ordinaire.

70. Autres.

Aussi c'est une regle, que les Officiers non Comptables de la Gendarmerie, font le serment devant Monsieur le Connestable, ou en son absence devant l'ancien Mareschal de France, étant en Cour. Les Officiers des Chancelleries devant Monsieur le Chancelier, ainsi que les menus Officiers de la Maison du Roy devant leur Chef d'Office:Et pareillement les Officiers Ministres de Iustice, comme Greffiers, Notaires, Sergens & autres semblables, doivent pour même raison être receus par le premier Iuge du Siege.

71. Solemnité du serment.

Ce serment, que prestent les Officiers à leur reception, *est verè Sacramentum, id est Religiosa observatio, qua arcanis quibusdam ceremoniis peragitur*, dit Erasme: *Sacramentum enim dicitur à Sacro*, inquit *Varro*. Aussi est-ce en ce serment que gist la principale ceremonie de la reception:Et c'est ce serment qui attribuë & accomplit à l'Officier, l'Ordre, le grade, & s'il faut ainsi parler, le caractere de son Office, & qui luy defere la puissance publique.

72. Les simples Gendarmes juroient.

Aussi à Rome, non seulement les Officiers, mais mêmes les simples Gendarmes qui n'avoient aucune puissance publique, *non prius militare audebant, quam sacramento militiæ addicti fuissent, & postquam sacramento soluti erant, in hostem amplius pugnare non poterant*, dit Vegece: Témoin la lettre que Caton écrivit à son fils, qu'il se gardât bien de combattre, & s'il n'eut renouvellé le serment militaire, dont il avoit été liberé, ainsi que rapporte Ciceron au 1. des Offices.

Mais pour les Magistrats, il y en a un notable exemple dans Tite-Live, Livre 31 *C. Valerius Flaccus, quem Præfectum creaverant, ania flamen Dialis erat, jurare in leges non poterat. Magistratum autem plus quinque dies, nisi qui jurasset in leges, non licebat genere. Datus est, qui juraret pro fratre, L. Valerius Prator, plebesque scivit, ut perinde esset, ac si ipse jurasset.* Ce qui ne se feroit pas ainsi parmi nous, où le serment d'Office ne peut être fait par Procureur, ny même être commis au Iuge du lieu; & où aussi les Prêtres ne font difficulté de jurer *judicio, veritate & justitia. cap. Et si Christus ext. de jurejur.*

73. Officiers de Rome juroient.

Autre exemple du serment d'Office, est dans le Panegyrique de Pline, où il recite: que Trajan l'Empereur, étant éleu Consul, ne dédaigna point de se presenter tout debout devant l'ancien Consul, assis en son Siege curule, & de faire le serment, *illo fus jurandum præsente, & solemnia verba præeunte*. Ce que Dion initio lib. 53. recite au pareil d'Auguste en son sixiéme Consulat:Autant en dit de cette ceremonie Ciceron, *pro Murana*: D'où l'on remarque, que c'estoit la coûtume des Magistrats Romains, que les anciens recevoient le serment des nouveaux:Et cela se faisoit le plus souvent au temple du Capitole aprés les Sacrifices. Autrement le Magistrat perdoit son Estat, si dans le cinquieme jour de son exercice il n'en faisoit le serment, dit Tite-Live sur la fin du 31. Livre.

74. Empereurs entrés juroient.

75. Anciens Officiers prenoient le serment des nouveaux.

Même Iustinien ordonna en la loy 14. *De judiciis*, que les Iuges prestassent le serment en chacune cause, en quoy il dit, *se 'rem non novam, neque insolitam facere. Cui enim*, inquit, *non est cognitum, antiquos Iudice non aliter Iudicialem calculum accepisse, nisi prius juramentum præstitissent?* Mais c'estoit dautant que les Iuges n'estoient pas Officiers; mais en la Republique populaire, c'estoient des particuliers qui estoient choisis au sort pour juger chacun procez, ausquels on bailloit des Tablettes, pour déclarer secretement leur avis, qui est-ce que Iustinien appelle *Iudicialem calculum*:Et aussi tost qu'ils estoient choisis par sort, d'entre les Iuges deputez pour l'année & avant que prendre ces Tablettes, ils faisoient le serment, comme declare fort bien Asconius *in Verrem Sortitione facta*, dit-il, *jurabant in leges, ut obstricti Religione judicarent: Iurabant autem omnes præter ipsum Prætorem.* Pource que le Preteur étoit Magistrat, qui avoit fait le serment à l'entrée de son exercice. C'est ce que dit Ciceron 2. *in Verrem, cum Iudex sit Metellus, tabelam judiciariam juratus accipiet: cum Prator fuerit, non jurabit, quia non est mori.*

76. Iuges Romains juroient en chacune cause, & pourquoy.

77. Explication de la loy Rem non novam, C. De judiciis.

Neanmoins Iustinien ordonne par cette loy, que tous les Iuges, soit Pedaneés, soit Magistrats, fassent le serment en chacune cause; encore qu'il n'y ait pas grande apparence qu'un Officier, étant fait une fois personne publique par un serment solemnel, soit par aprés tenu de reiterer son serment chaque fois qu'il fait sa charge. Mais il faut remarquer que Iustinien *nimius fuit in ejusmodi juramentis*, ayant voulu que même les Avocats jurassent en chacune cause, avant contester, & que les parties jurassent en plusieurs endroits des causes. Au contraire, l'Empereur Leon en Nov. 97. fit conscience de faire jurer, même les Magistrats, au commencement de leur Office, disant que *lex, quæ in Magistratuum initio jusjurandum præcipit, divino jussu, qui jusjurandum prorsus evitandum præscribit, aliquo modo contradicere videtur.*

78. Non les Prêteurs, ou Magistrats, avant Iustinien.

79. Contre Iustinien.

80. L'Empereur Leon abolit ce serment.

Quoy que ce soit, il est certain qu'en France, ny les Iuges, ny les Advocats ne sont astraints de jurer en chacune cause; mais seulement en la reception de leurs Offices. Ce qui se trouve en cét ancien Livre de pratique du sieur de Ioinville, que par l'Ordonnance de saint Loüis *Les Iuges font serment au commencement de leur Maistrise; mais non en chacune cause*. Où il faut noter en passant ce beau mot de *Maistrise*, qui en vieil & pur François signifie Magistrature, comme on voit dans Froissart, que Messieurs de la Cour sont appellez *Maistres de Parlement*.

81. En France les Iuges ne jurent qu'à leur reception.

Et ce qu'aux Parlemens tant les Iuges que les Advocats reiterent le serment tous les ans, provient de la

82. Pourquoy on reitere cha

De la Recep. & install. des Offic. Ch. IV.

un sans le serment aux Parlemens.

fauſſe opinion, qu'on avoit anciennement que la puiſſance du Parlement ne fut qu'annuelle, ou même Semeſtre, de Parlement en Parlement, comme il a été dit au Chapitre precedent.

83. Où ſe faiſoit ce ſerment.

Quant à la forme de ce ſerment, il faut en premier lieu, qu'il ſoit fait publiquement *in loco majorum*, & en pleine Audience : comme étant l'acte de plus grande ceremonie qui ſe puiſſe faire, que de conferer la puiſſance publique.

84. Quel il eſtoit.
85. Iuſiurandum corporale.

D'ailleurs, il faut que ce ſoit non un ſimple ſerment verbal, ne conſiſtant qu'en la ſeule prononciation des paroles; mais que ce ſoit *jus jurandum corporaliter præſtitum* : *De quo in leg. 3. Cod si minor ſe majorem diceret & leg. 1 Si adverſ. vendit.* Que Balſamo appelle τικὴ ὅρκου : Et qui ſe fait en levant la main devant le Iuge : Mêmement Iustin vouloit qu'il ſe fît *Tactis Sacroſanctis Evangeliis*. Comme auparavent l'Edict dernier fait en faveur de ceux de la Religion Pretenduë Reformée, il falloit que les Officiers fiſſent proteſtation de Foy, étans à genoux devant le premier Preſident, & la main deſſus le Tableau, où étoit l'image du Crucifix & l'Evangile. Ceremonie fort ancienne entre les Payens qui *jurabant aram tenentes, unde Proverbium*,

86. Explication du proverbe Amicus uſque ad aras.

Amicus uſque ad aras, id eſt *uſque ad jus jurandum*: même tenuë ſi ſuperſtitieuſement entre les Chrétiens, que le menu peuple penſoit que les autres ſermens ne fuſſent obligatoires, comme il ſe voit aux paſſages de S. Chriſoſtome & de S. Ierome, raportez par Gratian 22.q.1.& de vray, comme dit Simmaque *lib. 10. Epiſt. 54. licet omnia Deo alena ſint, plurimum tamen valet ad metum delinquendi, præſentia Religionis urgeri.*

87. Conceptum juſiurandum

Il faut auſſi que ce ſoit ἐωντικόν ὄρκον, *conceptum & ſolemne jus jurandum* ayant ſon formulaire précis & certain, lequel formulaire eſt preſcrit en la loy *Sancimus. C. Ad leg. Iul. repet.* & plus amplement en la Nov. 8. à la fin: & eſt fort bien expliqué par le docte Preſident *Faber* en ſon Commentaire, *ad l.2. De orig. jur.* où il explique auſſi βουλευτικὸν καὶ πλατικὸν ὅρκον des Atheniens, & ce qu'ils contenoient.

88. Celuy des Iuges de France.

Celuy des Iuges de France eſt preſcrit par l'Ordonnance de Charles VIII. art 1. & 62. & eſt compoſé mot à mot ſur cette loy *Sancimus* En ſon temps il contenoit n'agueres deux chefs; l'un que le Iuge juroit n'avoir rien baillé, ny promis directement ou indirectement pour parvenir à l'Office : Et bien qu'il y ait prés de cent ans, que la venalité des Offices de Iudicature eſt tolerée, neanmoins cet article de ſerment a duré juſques en l'année 1597. lors de l'Aſſemblée de Roüen, où il fut reſolu (à bon droit) qu'il ne ſeroit plus exigé, voyant que cette venalité avoit pris tel pied, qu'il n'y avoit plus d'eſperance à l'abolir. Auſſi à la verité c'étoit une honte que les Iuges de France étraſſent en leurs Offices par un parjure ſolemnel, & qu'en l'acte de leur receptio6, ils commiſſent une fauſſeté publique.

89. Serment de n'avoir acheté l'Office aboly, & pourquoy.

L'autre chef, qui reſte ſeul à preſent, eſt *de garder les Ordonnances* (qui eſt-ce qu'on diſoit à Rome, *jurare in leges.*) Et au ſurplus faire bonne & briéve Iuſtice : Car és cas non decidez par les Ordonnances & autre droit François, tout Iuge peut juger *uti aquius, melius videtur*, qui eſt l'autre article du Formulaire du ſerment des Iuges en cette Nov.8. rapporté en l'Authent. *Sed hodie, De Iudic.* & que faiſoient auſſi les Iuges d'Athenes, comme prouve *Petrus Faber*, au lieu preallegué.

90. Interpretation du ſerment d'article.

Vray eſt qu'en cette Authent. *Sed hodie*; le ſerment des Iuges Pedanées eſt reſtraint aux loix, pource que n'eſtans pas Magiſtrats, ils n'avoient pas l'Office noble, & le pouvoir de moderer ou ſupléer la loy par equité, mais eſtoient aſtraints totalement à la formalité des loix; ce qui merite un diſcours à part.

Ce ſerment étant prêté, voila l'Officier receu, & deſormais fait perſonne publique ayant toute la puiſſance qui dépend de ſon Office : Mais pourtant il n'eſt encore en poſſeſſion actuelle d'iceluy : Car la reception luy donne ſeulement la poſſeſſion de droit, & la permiſſion d'apprehender de fait, qui eſt le vraye & parfaite poſſeſſió, puis qu'il eſt envoyé en l'exercice de ſa charge : Neantmoins en France, la voye de fait eſt tellement reprouvée, que le plus ſouvent il n'eſt pas loiſible à l'Officier receu d'entrer de ſa propre authorité en actuelle poſſeſſion de ſon Office; mais qu'il ſoit inſtallé par autruy en la ſeance & place d'iceluy.

Ce qui a lieu ſeulement aux Offices, pour l'exercice deſquels y a Siege ou Bureau public : Et lors encore faut-il diſtinguer ſi l'Officier eſt le premier du Siege, auquel cas il ſe peut inſtaller & prendre ſa place de luy-même, ſans qu'il ſoit ſujet d'en demander permiſſion à ſes inferieurs. Si ce n'eſt qu'il y ait debat ou empeſchement : Car alors il ne doit uſer de violence, ny ſe faire droit à ſoy même; mais avoir recours au Superieur, à ce qu'il commette quelqu'un pour l'inſtaller : Attendu même que ſon Arreſt de reception eſt ſeulement executoire, nonobſtant l'oppoſition ou appellation de ceux qui l'ont partie, & non des oüys en iceluy; mais non des tiers oppoſans, ſi preciſément la Cour ne l'ordonne, étant avertie de leur oppoſition : Et en tout cas il faut toûjours un Commiſſaire pour executer l'Arreſt.

Il eſt vray que l'Officier ayant déja par ſa reception le caractere de puiſſance publique, peut luy-même faire procez verbal du refus ou empeſchement qu'on luy fait, qui aura force d'acte public : Mais il ne peut pas rien ordonner, pource qu'il n'eſt pas encore Iuge parfait.

Mais ſi au Siege ou Bureau il y a quelqu'un au deſſus de luy, il doit y venir par Requeſte, afin d'eſtre par luy inſtallé en ſon Siege, & admis en la poſſeſſion & exercice de ſon Office : Et en cas de refus ou delay, ſe pourvoir comme au cas precedant.

Iuſques à laquelle inſtallation, du moins juſques à ce que le nouvel Officier ſe ſoit preſenté au lieu de ſon exercice, ſon reſignant, bien qu'il n'ait plus aucun droit de proprieté ou poſſeſſion en l'Office, peut neantmoins continuer l'exercice d'iceluy, en vertu du caractere d'Officier qui luy demeure. Ce qui ſe fait pour l'intereſt public, afin que les Charges publiques ne ſoient delaiſſées, dit la loy *Meminiſſe, D. de Offic. Proconſ.* decidant que l'ancien Proconſul doit continuer ſa Charge, *uſque ad adventum ſucceſſoris, cum ſit unus Proconſulatus, & utilitas Provincia exigat eſſe aliquem per quem negotia ſua Provinciales explicent.* Puis donc que cette loy dit, *Uſque ad adventum ſucceſſoris*, il faut prendre garde, que ſi le reſignataire ſe fait recevoir en la Ville de ſon exercice, le reſignant doit ceſſer d'exercer dés lors de la preſentation des Lettres. Mais s'il ſe fait recevoir ailleurs, le reſignant peut exercer juſques à ce que le reſignataire étant receu, apparoiſſe ſur les lieux pour être inſtallé; & il ſe pratique ainſi.

91. Interpretation de l'Authentique, que Sed hodie, de judiciis.

92. De l'inſtallation de l'Officier.

93. Quand l'Officier ſe peut inſtaller ſoy-même.

94. Officier non inſtallé peut faire procez verbal.

95. Ordinairement faut être inſtallé par autruy.

96. Juſques à quand le reſignant peut exercer.

94. Interpretation de la loy Meminiſſe, De Off. Proconſ.

CHAPITRE V.
De l'exercice des Offices.

1. De la conſervation des Offices.
2. Inſtruction morale aux Officiers.
3. Inſtruction aux Iuges.
4. L'exercice des Officiers doit être fait en perſonne.
5. Diſtinction de la reſidence avec l'exercice perſonnel.
6. L'un & l'autre eſt enjoint aux Officiers.
7. Il n'y a que la reſidence requiſe aux Beneficies.
8. Et non l'exercice perſonnel.
9. Pourquoy il eſt requis aux Offices.
10. Pourquoy il n'eſt requis aux Beneficies.
11. Occaſion des Vicaires Fermiers des Beneficies.
12. Occaſion de la non reſidence des Beneficiers.
13. Menace de Dieu aux Paſteurs non reſidens.
14. Si ces Vicaires Fermiers ſont prohibez par le droit Canon.
1 Explication du titre Ne prælati vices ſuas, &c.

16. *Explication du 3. Chapitre eodem tit.*
17. *Toutes fonctions Ecclesiastiques sont exercées par Vicaires.*
18. *Que c'est un grand abus.*
19. *Il y a trois sortes de fonctions en l'Eglise, & comment chacune peut estre deleguée.*
20. *Trois Vicaires d'un Evesque.*
21. *Offices requeroient residence à Rome.*
22. *Mais non pas l'exercice personnel.*
23. *Optiones.*
24. *Legati Ducum & Proconsulum.*
25. *Lesproconsuls avoient trois divers Lieutenans.*
26. *Qu æstor.*
27. Ἐχμεραίοισιν
28. *Vicarius.*
29. *Legati Proconsulum à Senatu legebantur.*
30. *Quæstores à quibus legebantur.*
31. *Adjutores Quæstori.*
32. Τοπουρητυὶ, *Locum tenentes.*
33. *A Rome toute fonction d'Office pouvoit estre commise.*
34. *La simple Iurisdiction pouvoit estre deleguée en deux façons.*
35. *Difference inter eum cui mandata erat Iurisdictio, & judicem datum.*
36. *Pouvoir du mandataire de jurisdiction.*
37. *pouvoir du simple Iuge delegué.*
38. *Où ressortissoit l'appel de l'un & de l'autre.*
39. *Explication des loy 1.& 3. D. Quis, à quo appel.*
40. *Où ressortissoit l'appel de Legat du Proconsul.*
41. *Explication de la loy 3. Quis à quo appel.*
42. *Idem.*
43. *Le mixtum imperiū pouvoit être delegué, & commēt.*
44. *An mandatarius jurisdictionis habeat merum Imperium.*
45. *Mixti Imperii duæ erant partes.*
46. *Quidnam ex mixto Imperio transiret ad mandatarium jurisdictionis.*
47. *An actus legitimi possint delegari.*
48. *Merum Imperium delegari non poterat, & quare.*
49. *Toutes ces delegations estoient abusives.*
50. *D'où elles procedent.*
51. *Comment furent retranchées.*
52. *Deffenduës par le droit du Code.*
53. *Origine des Iuges pedanés.*
54. *Erigez en Offices.*
55. *Tout cela a esté imité en France.*
56. *Les Ducs & Comtes commettoient des Lieutenans.*
57. *Pareillement les Baillifs & Senéchaux.*
58. *Neantmoins sont tenus resider.*
59. *Seul cas auquel on peut deleguer en Iustice.*
60. *Des Substituts des Procureurs du Roy.*
61. *Des Substituts & Substituez.*
62. *Procureurs Generaux des Baillages.*
63. *Financiers peuvent avoir des Commis.*
94. *Si ces Commis peuvent decerner des contraintes.*
65. *Offices hereditaires peuvēt estre exercez par Fermiers.*

1. De la confirmation des Offices.

CE n'est pas une moindre vertu de conserver que d'aquerir, dit le Poëte, dautant que l'un git en art, &l'autre en hazard. Ce qui ne se verifie possible mieux en chose quelconque, qu'en l'Office, dont la rencontre provient ordinairement, ou de fortune, ou des biens de fortune: Mais de bien exercer un Office, & s'y bien maintenir, cela dépend totalement de nostre capacité & industrie, & c'est aussi en quoi git la vertu & l'honeur. Donc ayant traité jusques icy de l'aquisition de l'Office, il faut traiter ensuite de la conservation d'iceluy, & notamment de l'exercice, entant qu'il concerne nostre projet: Car de traiter du devoir de l'Officier, ce seroit entreprendre sur le Theologien, ou Philosophe moral. Et il me suffit à cét egard d'habiter chez moy, & prenant garde à moy, tâcher à reconnoistre ce qui me manque, sans entreprendre d'instruire, ou reprendre autruy.

2. Instructiō morale aux Officiers.

Je diray seulement en general, que tout Officier doit tâcher se rendre meilleur que ceux sur lesquels il est preposé, comme la raison veut que ce qui commande soit plus excellent que ce qui obeit: Et en la nature, les corps superieurs sont de degré en degré plus excellens que les inferieurs. D'ailleurs, plus l'Officier est elevé en dignité, plus il est tenu de craindre Dieu, qui luy a plus fait de grace, & auquel il a plus de compte à rendre: plus obligé aussi à servir fidellement son Prince, qui l'a de plus prés approché de lui, & lui a fait plus de part de sa puissance: Bref, plus tenu d'affectionner le peuple qui lui est comis & confié, & duquel aussi il reçoit plus d'honneur. Il faut donc que tout Magistrat s'imagine qu'il n'est pas establi sur le peuple pour le devorer, comme les fables disent, que l'Espervier fit aux grenoüilles, & la ronce aux arbrisseaux; mais au contraire, pour le garder de foule & oppression. De sorte, que le profit qu'on luy permet de tirer du peuple, n'est pas un droit, ou tribut que le peuple luy donne; mais una obvention fortuite qui luy advient en recompense de sa peine: Obvention, qui provenāt du mal-heur d'autruy ne peut estre desirée, & encore moins procurée par un bon magistrat. *Neque enim alienum jurgium reputare debet suam prædam,* comme dit la loy 3. *Ad.l.Iul.repet.*

3. Instruction aux Iuges.

Car c'est principalement aux Iuges, que mon propos s'addresse: Ausquels à la verité Dieu a communiqué la plus haute fonctiō, dont ils ne doivent abuser par avarice: Mais considerer qu'il ne viēt écu dans leurs bourses, qu'il n'ē coûte dix d'ailleurs aux parties: Lesquelles souvēt ont plus de sujet d'en mandier que de pouvoir d'en donner: Et qu'en outre un procez dont ils seront cause, peut causer la ruine entiere d'une famille: Quoy qu'il en soit, il n'y a procez devant eux qui ne fache beaucoup, & travaille grandement l'une & l'autre des parties. Que s'il est vray, que l'une des grandes afflictions de ce monde sont les procez, il s'ensuit que l'une des grandes charitez, c'est d'empecher les procez, ou du moins les vuider prōptemēt. Au rebours si les plus grands pechez sont ceux qui sont les plus cōtraires à la charité, ainsi que disent les Theologiens, il faut croire que c'est un des plus grands pechez, que d'inventer, multiplier & allonger les procez, principalement à l'égard des Iuges qui sōt establis pour les vuider & terminer: Car cettainement il n'y a point de plus grande injustice (dit Ciceron aux Offices) que celle qui vient dela part d'où doit venir la Iustice.

4. L'exercice des Officiers doit être faict en personnē.

Mais ce qui regarde mon dessein touchant l'exercice de l'Officier, est de dire, qu'il doit estre fait en propre personne, non pour la raison de du molin, que n'etant que simple usager, il ne peut user de son Office que par luy-mème, ce qui a été refuté au Chapitre precedent: Mais c'est qu'dautāt que la puissance publique, qui est requise pour la fonction de l'Office, étant gravée & burinée en sa personne, ne peut pas être transmise à une autre, & encore cette fonction étant publique, ne peut être faite par un particulier, non pas même par celuy qui auroit serment à Iustice pareil que l'Officier, pource que le pouvoir de chacun Officier est limité au fait de sa Charge, hors laquelle il n'est plus qu'homme privé, sans puissance publique, fût-ce un Roy hors Royaume.

5. Distinction de la residence avec l'exercice personnel.

Cette fonction personnelle de l'Officier, aussi-bien que du Beneficier, requiert deux choses, la presence & l'assistnace, autrement appellées; *la residence & l'exercice personnel:* La presence ou residence est la demeure ou habitation continuelle de l'Officier au lieu de son Office: L'assistance ou exercice personnel, est, qu'il en fasse l'exercice actuel entierement par soy-même, & non aucunement par commis ou delegué, ce que les Beneficiers appellent *desservir.* Et bien que communément on confonde la residence avec l'exercice, ils sont pourtant fort differents: Car le commandement de la residence est affirmatif, & celuy de l'exercice est plûtost negatif, dautant qu'il emporte, que l'Officier ne peut commettre l'exercice de sa Charge en tout, ny partie.

6. L'on & l'autre est enjoint aux Officiers.

Or la residence & l'exercice sont enjoints conjointement aux Officiers de France par les anciennes Ordon-

De l'exercice des Offices, Ch. IV.

nances, rapportées par Guenois au titre *Des Baillifs & Seneschaux*, qui specifient toutes sortes d'Officiers, soit de gouvernement ou de finance, aussi-bien que ceux de Justice; mais l'un & l'autre est clairement exprimé en l'Ordonnance de l'an 1360. *Ordonnons que tous nos Officiers ayant à faire Résidence actuelle, & Exercer en personne leurs Offices, à peine de perdition d'iceux, que declarons vacas & impetrables.* Comme pareillement l'un & l'autre semble commandé aux Beneficiers, par le Concile de Latran, rapporté au 3. Chapitre, *De cler. non resid.* dont voicy les mots *Ecclesia committi debet tali persona, qua Residere in loco, & curam ejus per seipsum valeat Exercere.*

<small>7. Il n'y a que la résidence requise aux Beneficiers.</small>

Neantmoins c'est la verité, qu'il n'y a que la residence absolument requise aux beneficies. Laquelle aussi est requise en tous de droit commun, quelques simples, ou petits qu'ils soient, s'il n'y a excuse legitime. Toutesfois les Casuistes tiennent qu'à present l'usage ou coûtume inveterée excuse de resider aux Beneficies simples. Mais quant à l'exercice personnel, je n'estime pas qu'il soit si precisément requis aux Beneficiers, comme aux Offices de France: mais il se pratique notoirement, que tous Beneficies peuvent être desservis par Vicaires, ou Commis, fors seulement ceux de compagnie, comme des Chanoines, c'est une regle perpetuelle qu'on ne peut commettre ny substituer, dautant que les uns suppléent au defaut & absence des autres.

<small>8. Et non l'exercice personnel.
9. Pourquoy il est requis aux Offices.</small>

La raison de cette difference notable d'entre les Offices & Beneficies, est fort difficile, mais tres-belle: Qu'és Offices la Seigneurie d'iceux, qui s'acquiert par la provision, & l'ordre ou Caractere d'Officier, qui s'obtient par la reception, n'ont jamais été separez, mais sont toûjours demeurez unis en la personne de l'Officier après la reception, n'étant jamais le caractere d'Officier conferé, qu'à celuy qui a un Office, même ne luy est conferé que pour son Office, de sorte qu'il se perd aussi avec un Office.

Mais aux Charges Ecclesiastiques on a separé l'Ordre, c'est à dire l'aptitude, approbation & mission publique, pour les exercer; d'avec le Beneficie; c'est à dire le droit & aptitude d'en percevoir le revenu: dautant qu'on a conferé cette mission publique aux personnes qui n'ont point de beneficies, entendant par icelle les rendre capables, & devoir à eux, & d'exercer ceux d'autruy: de sorte que ces personnes constituent un certain ordre de gens à qui les beneficiers sont affectez, soit pour les avoir soit pour les exercer au lieu de ceux qui les ont: comme je deduiray plus amplement au livre *Des Ordres.* Ainsi donc l'exercice ayant été fait separable du titre, le labeur du loyer, l'Office ou beneficie: bref le spirituel du temporel, la plûpart des Beneficiers ont été bien aises, en retenant le titre & revenu de leur beneficie, de se décharger de l'exercice & labeur sur de pauvres gens, qui ayat l'Ordre, ont par consequent l'aptitude de desservir leurs beneficies: ausquels pour cet effet, tantost ils donnent gages, tantost ils leur baillent à ferme le temporel d'iceux, à la charge de desservir au spirituel.

<small>10. Pourquoy il n'est requis aux Beneficiers.
11. Occasion des Vicaires fermiers des Beneficies.</small>

Separation qui certes est fort prejudiciable à la discipline Ecclesiastique. Car si elle n'eût point été faite, & si les Beneficiers n'eussent non plus été receus à faire leur exercice par Commis, que les Officiers, il n'eût point fallu tant de Decrets & Canons, pour les astraindre à la residence Decrets qui au surplus sont tellement inutiles, qu'il n'y a pas aujourd'huy le quart des Beneficies, même de ceux qui ont charge d'ames, s'ils sont de valeur pour être baillez à ferme, qui ne soient desservis par quelque pauvre Vicaire mercenaire, qui met à mes à l'enchere, & fait parti du tribut des pechez: & par après Dieu sçait comment?

<small>12. Occasion de la non residence des Beneficiers.</small>

Hic alienus oves custos bis mulget in hora.
Et succus pecori, & lac subducitur agnis.

Mais laissant les authoritez profanes, écoutons ce que dit Dieu par la bouche de son Prop. Ezechiel, chap. 34. aux Ecclesiastiques, qui ne resident sur leur troupeau, *Væ pastoribus, qui pascunt semetipsos, & non gregem. Lac comedebatis & lanis operiebamini, & quod pingue erat occidebatis. Quod infirmum fuit non consolidastis, & quod*

<small>13. Menace de Dieu aux Pasteurs non residens.</small>

ægrotum non sanastis, quod confractum est non alligastis, & quod abjectum est non reduxistis & quod perie at non quæsistis. Et dispersæ sunt oves meæ, eo quod non esset pastor, & factæ sunt in devorationem omnium bestiarum agri & non erat qui requireret, non erat, inquam, qui requireret. Propterea pastores audite verbum Domini. Vivo ego, dicit Dominus Deus, quia pro eo quod facti sunt greges mei in rapinam, & oves meæ in devorationem, eo quod non esset pastores. Ecce ego ipse super pastores inquiram gregem meum de manu eorum: & cessare faciam, ut ultra non pascant gregem meum, nec pascant amplius semetipsos, &c.

Combien que cét usage des Vicaires fermiers des Cures & autres Beneficies soit si frequent, neantmoins la glose & la plûpart des Canonistes tiennent, qu'il est defendu par le titre, *Ne clerici vel monachi vices suas, vel Ecclesias sub annuo censu concedant* notamment par le troisieme chapitre d'iceluy, qui est un Canon du Concile de Tours. *Quoniam*, dit le texte, *enormis consuetudo contra sanctorum patrum instituta in quibusdam locis invaluit ut sub annuo censu sacerdotes ad regimen Ecclesiarum statuantur, ne id fiat modis omnibus prohibemus, quia dum sacerdotium sub hujusmodi mercede venale proponitur, ad æterna retributionis præmium consideratio non habetur: ut par les Institutions des Saints Peres, est entendu le Canon *Præcipimus,* 21. quæst. 2. *Præcipimus ne conducti sis Presbyteris Ecclesia committatur, sed unaquæque Ecclesia, cui facultas suppetit proprium habeat sacerdotem.* De sorte que de ces deux textes, avec les autres de ce titre, les Canonistes colligent que la charge de desservir au spirituel ne peut être baillé à ferme ou rente.

<small>14. Si ces Vicaires fermiers sont prohibés par le droit Canon.</small>

Neantmoins c'est la verité qu'il ne les faut pas ainsi entendre, mais ils signifient, que le Prelat, collateur du beneficie, ne le peut pas conferer à titre de ferme, cens ou rente annuelle, au lieu de le conferer purement, & à titre de Beneficie, qui estoit un usage, lequel s'estoit introduit en France aux Beneficies, à l'exemple des Offices de la Justice qui n'estoient gueres conferez autrement en un certain tems, comme je diray au commencement du 3. livre. Ce qui convient directement aux termes de cette rubrique, qui ne parle que des Prelats, c'est à dire des collateurs des beneficies, & non pas des autres beneficiers; & leur defend de bailler à cens annuel *vices suas,* c'est à dire leurs Vicariats & charges d'Officiaux & Doyens ruraux, desquels nommement parle ces deux premiers chapitres. Puis ajoûte la rubrique, *vel Ecclesias,* sans repeter *suas,* c'est à dire les Eglises & beneficies, étans en leur collation. De fait, au 1. chapitre il est dit, que celuy qui a ainsi été pourveu d'un Office de Doyen rural doit perdre son Office, & que l'Evesque doit être privé desormais du droit de le conferer, ce de tiers est enfermé en celuy *De Simonia,* & celuy *De Magistris, & ne quid exigatur pro licentia docendi,* qui traite encore d'une sorte de Simonie.

<small>15. Explication du titre, *Ne Prælati vices suas,* &c.</small>

Autrement ce troisieme chapitre, dont nous venons de rapporter les termes, seroit formellement contraire au chapitre suivant, qui permet expressément au beneficier, *Ecclesiam suam sub annuo censu concedere.* Et n'y vaut la solution de la glose, que l'un parle du spirituel, & l'autre du temporel: car tous deux usent du mot *Ecclesia,* qui ne signifie jamais le seul temporel, mais bien le spirituel seul, ou le spirituel & temporel joints ensemble. Et quant au can. *Præcipimus,* quand il dit, que chaque Eglise doit avoir un propre Prêtre, il entend un Curé en titre, qui ne soit pas fermier & rentier, c'est à dire pourveu à la charge d'en payer une ferme ou rente annuelle au collateur, mais ne parle pas d'un Vicaire fermier, qui pris à ferme du Curé le revenu de la Cure. Ce que j'ay expliqué icy plus au long, pource que nous en avons affaire en un autre endroit.

<small>16. Explication du 3. chap. eod. tit.</small>

De sorte que l'usage des Vicaires & Commis, s'est tellement étendu que l'Eglise qu'aujourd'huy non seulement les beneficies, mais aussi les purs Offices Ecclesiastiques, & presque toutes les fonctions personnelles des gens d'Eglise, sont exercées par des Vicaires. Qu'ainsi ne soit, la juridiction contentieuse, où l'industrie de la personne est particulierement requise, est-elle pas ordi-

<small>17. Toute fonctions Ecclesiastiques sont exercées par Vicaires.</small>

Des Offices en general, Liv. I.

nairement deleguée à des Commissaires *in partibus*, choisis (qui pis est) presque toûjours par l'une des parties; qui est certes un grand abus. Et pour la jurisdiction volontaire, notamment la collation des Benefices, il est notoire que chacun Prelat y commet autant de grands Vicaires qu'il luy plaist: par l'extremité desquels, ceux qui vivent à la mode d'à present, maquignonent sourdement les Benefices de leur collation en liberté de conscience.

Enfin sur ces Vicaires, les Ecclesiastiques se deschargent s'ils veulent, de tout l'exercice de leurs charges: comme s'ils n'avoient les Benefices sinon pour en prendre le revenu temporel, & que la charge du spirituel ne les concernât point. Combien que Dieu ne les ait pas élus à une si digne & haute condition, pour s'enrichir du revenu du Crucifix sans rien faire, mais a choisi specialement leur industrie, pour travailler eux-mêmes à sa vigne, c'est à dire au regime des ames, qui est l'art des arts, Et le revenu que pour cét effet il leur a attribué, n'est pas un patrimoine qui leur soit acquis sans rien faire, mais c'est la solde de leur milice, ce sont les gages de leur Office, & les salaires du service personel qu'ils sont tenus rendre: estant certain que *Beneficium datur propter Officium*, & nostre Dieu ayant dit, *ut seminaverit homo, ita & metet: & qui non laborat, non manducabit.*

Pour donc representer plus particulierement ce qui se pratique à ce regard entre les Ecclesiastiques, faut distinguer trois sortes de fonctions en l'Eglise: l'une concerne la puissance, ou clef de l'Ordre; l'autre la puissance ou clef de Jurisdiction, & l'autre est la simple fonction sans clef ny puissance particuliere, comme de prescher, enseigner, prier Dieu, &c. La simple fonction, & celle de jurisdiction, peuvent estre indifferemment deleguées à toute personne, pourveu qu'elle soit Ecclesiastique (car les purs laïcs ne sont capables des fonctions de l'Eglise) en quoy n'y a nulle exception, sinon sur la charge que le Pape commet les causes devoluës devant luy qu'aux Beneficiers estans en Dignité, Personat ou Canonicat de l'Eglise Cathedrale, suivant le chap. *Statutum De rescript. in 6.* Et quant à la puissance de l'Ordre, encore peut-elle estre commise, mais seulement à ceux qui ont l'Ordre requis à icelle; pour exemple un Evesque, même son grand Vicaire, peut bien commettre un autre Evesque, pour tenir les Ordres en son Evesché. Ainsi il me souvient d'avoir veu en ma jeunesse dans la ville de Sens trois divers Vicaires de l'Archevesque: sçavoir un Suffragant, pour ce qui étoit de l'Ordre Episcopal: un Official, pour la jurisdiction contentieuse: & un Grand Vicaire, pour la volontaire.

Voila ce qui s'observe aux benefices: & pour revenir aux Offices, il est bien certain que ceux des Romains requeroient residence, aussi bien que les nostres, témoin ce que rapporte A. Gelle liv. 3. cap. 2. *Tribuno plebis nullum diem Roma abesse licuisse*, & Tite Live, liv. 5. *Flaminii Diali noctem unam manere extra urbem fas non fuisse*: & Tacite 3. *Annal. Annuam absentiam, & proinde provinciarum administrationem, Dialibus non concedi.*

Mais les Officiers de l'Estat Romain n'estoient pas tenus ainsi que les nostres, faire par eux-mêmes l'entier exercice de leur charge, en sorte qu'ils ne le pussent commettre en tout ou particulier: au contraire c'est une regle du droit Romain, que les Officiers peuvent commettre tout ce qui depend de leurs Offices, dit la loy 1. *De offi. ejus cui man. est jurisd.* Si cela est raisonnable ou non, je l'examineray ailleurs; tant y a que presque tout les Officiers Romains, horsmis ceux de compagnie, avoient des Commis ou Lieutenans, qu'ils choisissoient eux-mêmes.

Pour commencer par les moindres, ceux qui avoient les menuës charges ou membres des bandes militaires commettoient des Substituts ou Aydes, qu'on nommoit *Optiones ab optando, quod antecedentibus ægritudine impeditos, bi tanquam adoptati eorum, atque vicarij solerent universa curare*, dit Vegece liv. 2. chap. 7. & Varron liv. 3. *Quos primò Decuriones administros sibi adoptabant, Optiones vocari cæptum, quos nunc per ambitionem Tribuni faciunt*. Et Festus dit, que *Optio in re militari appellatus est, quem Centurio aut Decurio adoptabat olim sibi administrum, quia,* (dit-il peu après) *cooptare quem vellent ipsis hoc tempore permissum erat.*

Et quant aux grandes charges militaires, c'est chose notoire, que les chefs d'armée *sufficiebant sibi Legatos quorum, fiduciariâ opera uterentur in regendo exercitu, si quando ipsos abesse contingeret*, dit Cesar lib. 2. *De bello civili*. Et pour le regard des Gouverneurs des Provinces, comme ils avoient la charge des armes, de la Justice, & des finances de leur Province: aussi avoient-ils ordinairement des Lieutenans distincts pour chacune de ces trois fonctions. A sçavoir pour le fait des armes, ils avoient *Legatum*, qui ne se mesloit point de la Justice, *nisi ei expresse mandata fuisset jurisdictio à Proconsule, l. Legatis & l. Solent. §. Sicut, De ff. Proconf. & Leg.* mais en la Justice, ils prenoient pour Lieutenant, *Assessorem*: bref pour les finances il avoit *Quæstorem*, étant ainsi appelé du commencement le Tresorier de chaque Province: puis quand il n'y eut plus qu'un Questeur ou Tresorier general en tout l'Empire, ils avoient *Adjutores Quæstoris*, Quelquefois aussi ils avoient un Lieutenant general, pour toutes ces fonctions, qui sous les derniers Empereurs s'appelloit ἐπίτροπος, & (comme dit Cujas,) quelquefois mais rarement, *Vicarius*. Car d'ordinaire les Vicaires estoient ceux, que l'Empereur mettoit és Provinces, où il n'y avoit point de Gouverneur, & en étoient Gouverneurs en chef: estant ainsi nommez, non pour être Vicaires du Gouverneur mais de l'Empereur, comme il se collige du titre *De Officio Vicarij* au Code, & des authoritez que rapporte M. Brisson en son livre *De verb. signif.*

Il est bien vray, que les Legats des Proconsuls étoient choisis par le Senat, comme prouve fort bien le docte President *Faber* sur la loy 70. *De reg. jur. Indéque nomen habebant, quod publicè legerentur, ut mitterentur,* dit Varron liv. 5. Mais les Assesseurs étoient choisis par les Gouverneurs des Provinces, comme il se collige de la loy 49. *D. De judic*. Et quant aux Questeurs ils étoient aussi choisis par le Senat en l'estat populaire, comme il se void en la divination contre Verres, Mais sous les Empereurs, il est à croire que c'estoit le Surintendant des finances de l'Empire appellé *Quæstor*, qui les envoyoit comme ses Commis par les Provinces, ideoque *Adjutores Quæstoris dicebantur*: ainsi que du temps de nos peres, les Tresoriers generaux des guerres envoyoient leurs Commis par les Provinces, pour les garnisons d'icelles, auparavant l'erection des Tresoriers provinciaux en titre d'Office.

Pareillement les Gouverneurs des Provinces, comme aussi plusieurs des principaux Officiers de l'Empire, notamment *Comites largitionum, Comites rerum privatarum, & Tribuni militum*, avoient cette coûtume d'envoyer par les villes des Commis appellez τοποτηρητὰς que Julian l'interprete des Novelles, tourne, *Locum tenentes*: d'où sans doute nous avons tiré le terme de Lieutenant. Mais Justinien en sa Nov. 134. *quæ est* περὶ Τοποτηρητῶν, les supprima: voulant, que les Defenseurs des citez choisis par les habitans des villes, fissent la charge des Gouverneurs des Provinces en leur absence.

Bref à Rome toute fonction d'Office pouvoit estre commise & deleguée. Car la loy dit en propres termes, que *quacunque jure Magistratus competunt, mandari possunt*. Mesmement les fonctions de la Justice, bien qu'elles soient de plus grande consequence, & sujetes à plus de formalitez, que les autres Charges, pouvoient neantmoins presque toutes estre deleguées, même aux personnes privées. Ces fonctions sont le *merum imperium*, le *mixtum imperium*, & la simple Jurisdiction.

Quant la à simple Jurisdiction, il n'y a point de doute, qu'elle ne peut estre deleguée, temoin le titre *De officio ejus cui man. est jurisd*. Même il faut noter, que celuy auquel elle estoit commise entierement & generalement, pouvoit encore subdeleguer & commettre en particulier le procez à juger, pource que le principal effet de la simple jurisdiction, consistoit *in judicii dandi licentia*, dit la loy 3. *D. in si De jurisdictione*.

D'où il resulte, qu'il y avoit grande difference *inter eum cui mandata erat jurisdictio*, qui estoit le Commis

De l'exercice des Offices. Ch. V.

eum cui mandata erat jurisdictio, & judicem datum.

general du Magistrat, *& judicem datum*, qui n'étoit qu'un delegué particulier, méme bien souvent qu'un subdelegué du Commis general. Aussi les Canonistes l'appellent *Delegué special*, & l'autre *Delegué general*: lesquels mots neantmoins ne comprennent pas l'emphase & energie du droit civil, qui merite bien d'être éclaircie à loisir, à cause de sa grande difficulté.

36. Pouvoir du mandataire de jurisdiction.

Car celui auquel la jurisdiction étoit commise, avoit l'autorité toute entiere en la Justice, prononçoit luiméme ses sentences, & pour le maintien de la jurisdiction, avoit la legere punition. *l. ult. De offic. ejus cui mand. est jurisd.* Bref il étoit tout ainsi qu'est à present un Official en la Justice Ecclesiastique, qui exerce la Justice entiere de l'Evêque, & qu'étoient les Lieutenans des Bailliss & Sénéchaux, lors qu'ils étoient commis & choisis par eux, comme il sera tantost dit.

37. Pouvoir du simple Juge de lègué.

Mais le simple Juge delegué, n'avoit pas la jurisdiction, ny l'auctorité de faire droit, mais seulement de juger c'est à dire de discerner le vray du faux, le juste de l'injuste, aussi est-il appellé en Grec, *διαιτητὴ & non pas δικαϛὴς*, & sa sentence n'avoit pas de soy l'auctorité publique, mais n'étoit que comme un avis, jusques à ce que le Magistrat l'eût approuvée, soit en la prononçant luy-méme *pro tribunali*, soit en decernant sa commission pour l'executer. Aussi étoit-il conceuë sous ces mots, *videri, arbitrari, si quid mei judicii est* ou autres semblables, & bien certain, que lui-méme n'avoit pas le pouvoir de la faire executer.

38. Où ressortissoit l'appel de l'un & de l'autre.

C'est pourquoy l'appel interjetté du Delegué general, c'est à dire du mandataire de l'entiere jurisdiction, étoit relevé devàt le Superieur du Magistrat qui l'avoit commis, pource que le mandataire étoit son Lieutenant en la Justice, & n'étoit qu'une méme Justice & méme auditoire de l'un & de l'autre: Et il est à croire que les sentences des mandataires étoient intitulées du nom des Magistrats, ainsi qu'en celles des Baillages de France, leurs Bailliss sont intitulez. Mais l'appel du simple Juge delegué se relevoit devant celui qui l'avoit commis *l. 1. & ult. D. Quis à quo appel.* pource que ce n'étoit pas proprement un appel, mais comme disent Pollux & Moscopulus, *ἔφεσις ἢ μάλλον καὶ ἡ μετάϐασις ἀπὸ τοῦ διαιτητοῦ εἰς τὸν δικαστὴν.* Qui est à peu près la decision du chap. *Super. §. Porro. ext. De offic. Iud. deleg.* & la distinction que font les Canonistes *inter Officialem, seu vicarium, & delegatum, in cap. 2. De consuet. in 6.* rapportée par Rebusse en sa pratique beneficiaire *tit. de vicariis Episcoporum, num. 6.*

39. Explication des loix 1. & 2. D. Qui à quo appell.

40. Où ressortissoit l'appel du Legat du Proconsul.

Que ditons-nous donc de l'appel interjeté du Legat du Proconsul, auquel la jurisdiction avoit été conferée, veu que la Loi dit que son appel doit être relevé devant le Proconsul, *l. 3. D. eod. tit. Quis à quo appell.* & la Loi *Legatus. D. De off. Procons. & leg.* dit que *proprium nihil habet, antequam ei mandata sit jurisdictio*, dont Cujas *lib. 7. Observ. cap. 21.* infere que par aprés *habet aliquid proprium*: méme il dit tout ouvertement, qu'il avoit quelque justice à part.

41. Explication de la loy 3. D. Qui à quo appell.

Mais le President *Faber ad l. Nemo potest. De reg. juris.* refute bien cette opinion, côme est la verité, puisque la Loi dit que *Legatus simul habeat, & mandatam & propriam jurisdictionem*: &quant à la Loi *3. Quis à quo appell.* qui dit qu'on peut relever de lui au Proconsul, il faut restraindre à son cas particulier, que de l'amende imposée par le Legat, on en peut appeller devant le Proconsul, pource que la condamnation de cette amende, ne pouvoit pas avoir été faite en vertu de la commission ordinaire & generale de la jurisdiction, *quia is cui mandata est jurisdictio, non habet multa dicenda facultatem, l. 2. infi. D. De judic,* mais en vertu d'une delegation extraordinaire & particuliere: comme il arrivoit souvent que le Proconsul renvoyoit à son Legat la connoissance, ou du moins la punition de certains crimes, *l. Solent. D. De offic. Procons.* de sorte qu'en telles commissions particulieres, il falloit relever en delegant, selon la distinction de cette loi *2. Quis à quo appell.*

42. Idem.

Aussi cette loi 3. ne dit pas par forme de regle generale, que *à Legato appellari debeat Proconsul*, mais seulement que *appellari potest, nimirum in eo casu speciali,* lequel sert d'exception à la regle côtenuë en la loi immediatement precedente. Et quant à la loi *Legatus,* (outre que l'argument *à contrario* n'est pas tousjours certain en droit) quand elle dit, que *ante mandatam jurisdictionem Legatus nihil proprium habet,* elle signifie, qu'alors il ne peut rien faire à part soi, n'étant à la verité établi, que pour assister son Proconsul.

43. Le mixtum imperium pouvoit estre delegué, & comment.

Voila pour la jurisdiction: & quant au *mixtum imperium* Papinian, qui avoit dit trop legerement *Legatum Proconsulis non habere animadversionè mandata jurisdictione,* en fut repris par Paulus en la loi *1. De offic. ejus cui mand. est jurisd.* Paulus notat, *& imperium quod jurisdictioni cohæret, mandata jurisdictione transferri est,* c'est à dire que le comandement inherent à la jurisdiction, & necessaire pour l'exercice d'icelle, étoit transferé à celui *cui mandata erat jurisdictio, ut in l. ult. eod. tit. & l. 2. D. De jurisd.* Mais pourtant celui-là n'avoit pas le *mixtum imperium* tout entier. Car la loi dit qu'il ne pouvoit pas affranchir les esclaves. *l. 2. De off. Procons.* recevoit les adoptions *l. 2. eod. tit.* assembler le Conseil, *l. 2. De Office. ejus cui mand. est jurisd.* qui sont neantmoins tous actes du *mixtum imperium.*

44. An mandatariù jurisdictionis habeat merum imperium.

C'est pourquoi il faut remarquer, que le *mixtum imperium,* étant mitoyen entre le pur commandement & la jurisdiction, avoit deux parties, l'une participante méme coherente toute à fait à la jurisdiction, & necessaire à la manutention d'icelle, comme la legere punition *d. l. 1. & l. ult. eod. tit.* L'autre plus separée de la jurisdiction, & au rebours plus approchante du pur commandement, qui gisoit au decret de justice, restitutions en entier, adoptions, manumissions, emancipations, missions en possession, & autres tels actes de ceremonie, esquels reluit & paroist l'autorité du Magistrat, qui partant sont dits *esse magis imperii, quam jurisdictionis, in l. Ea qua D. Ad municip. & in l. 4. De jurisd.* Bref, qui consistoit *in alibus legitimis, maximè iis qua alibi fieri non poterant, quà pro tribunali.*

45. Mixti imperii dua erant partes.

Donc cette seconde partie du *mixtum imperium* n'étoit pas transferée à celui auquel la jurisdictiô étoit commise, pource que les actes legitimes, qui consistent en l'execution de la loi, ne ressentent point tant la jurisdictiô, que le commandement: & d'ailleurs, le mandataire de jurisdiction n'ayant droit de monter au tribunal, & tenir le siege du Magistrat, ne pouvoit par consequent expedier ce qui ne pouvoit être fait ailleurs; comme le méme *Faber* a bien traité au lieu preallegué Et en ce dernier point, il n'y avoit nulle exception: mais saur aux actes legitimes, aucuns d'iceux pouvoient être deleguez, pourveu que ce fût par commission expresse & particuliere, *ut in l. 1. D. De damno infecto. & in l. penult. fi. de Offic. ejus cui mand. est jurisd.* Ce qui n'est pas toutesfois sans grâde difficulté, à cause de la regle de droit. *Nemo alieno nomine lege agere potest.* A laquelle toutesfois on peut répondre que le delegué special *suo nomine agebat, non delegantis* comme le general, qui étoit la cause, pourquoi l'appel interjetté du delegué special, se relevoit devant le delegant.

46. Quidnam ex mixto imperio transferet ad mandatarium jurisdictionis.

47. Actus legitimi possunt delegari.

Mais cette méme loi *1. De Offic. ejus cui mand. est jurisd* nous apprend, que le *merum imperium* (lequel consiste en la puissance du glaive, & toute autre grande punition, que nous appellons en France acte de haute Iustice, *& inde* l'executeur de haute justice) ne pouvoit être aucunement commis ny delegué au Magistrat, pource qu'il ne lui appartenoit pas du propre de son Office, mais seulement lui étoit deferé par concession speciale & particuliere, en laquelle partant il étoit plûtost commissionnaire, qu'Officier, comme prouve fort bien le méme President *Faber* au lieu cy-dessus allegué, & sera dit au chap. suivant. De sorte que le commissaire particulier ne peut subdeleguer, *l. A judice C. De judiciis.*

48. Merum imperium delegari non poterat, quare.

Voila le droit de Digestes, touchant les delegations & commissions des Officiers: enquoi neantmoins à bien entendre, il ne laissoit pas d'y avoir de l'abus, ce me semble, entant qu'on permettoit, que les Officiers transfeassent aux personnes privées leur charge personnel

48. Toutes ces delegations étoiêt abusives.

le, pour laquelle leur industrie avoit été specialement choisie, & la puissance publique, qui ne leur étoit particulierement deferée, & qui en bonne jurisprudence en peut être transmise par autre, que par le Prince souverain, auquel elle reside parfaitement. Mais il faut considerer, que cette pratique commença en l'Etat populaire, lors qu'il falloit de necessité que les Megistrats étans en petit nombre, substituassent des personnes pour exercer sous eux les petites fonctions dependantes de leur charge, ne pouvant le peuple se trouver en assemblée generale, si souvent qu'il eust été besoin, pour elire tant de petits Officiers necessaires en l'Etat, comme je diray ailleurs plus amplement. De sorte que non seulement ils permettoient aux Officiers de commettre ce qui étoit de leur charge, mais ils donnoient pouvoir aux grands Officiers d'en faire de petits: & ainsi ils tenoient que la fonction & puissance étoit propre à l'Officier, combien que le contraire soit veritable en bonne jurisprudence, comme je prouveray au commencement du 2. Livre.

De fait, sous les Empereurs l'usage des commissions fut retranché peu à peu, d'où vient que nous ne voions point dans le Code de titre *De offic. ejus cui mandata est jurisdictio*: même nous n'y trouvons point le mot *mādare jurisdictionē*. Car le titre *De officio ejus qui vice Præsidis administrat*, parle de celui, qui au lieu du President étoit envoyé pour gouverner la Province, soit par le Prince, ou par le *Præfectus prætorio* comme les deux loix de ce titre le disent expressément, autrement elles seroient repugnantes aux maximes du droit: ce que Cujas a bien remarqué, quoy que Robert l'en ait repris.

Et semble qu'il s'ensuit bien, que la commission de l'entiere jurisdiction soit prohibée par le droit du Code, au moins pour être deferée à autres, qu'aux Legats ou Lieutenans en titre d'Office, puisque même il defend aux Magistrats de commettre particulierement les procez à juger, excepté les petits, ou en cas de fort grande occupation *l. 2. & ult. C. De pedan. judic.* Encore l'Empereur Zenon, & après luy Justinien en sa Nov. 6. voulurent-ils, que hors les causes legeres, les magistrats donnassent d'eux mêmes, & l'appointement de contestation, & la sentence definitive de tous procez leur permettant seulement de commettre à leurs Conseillers & Assesseurs aux autres appointemens de moindre consequence. Mêmement il est à croire, que cette loy de Zenon, dont est fait mention és Nov. 60. & 62. que Contius dit être une Constitution Grecque, qui ne se trouve point & qui devroit être dans le Code, après la loy derniere, *De pedaneis judicib.* abrogeoit par exprés cét ancien droit des Digestes, de commettre l'entiere jurisdiction, principalement aux personnes privées, dont aussi n'a été laissé aucun vestige dans tout le Code.

Quoy que ce soit, en consequence de ce que les Empereurs deffendirent la delegation des causes d'importance, il ne demeura plus aux Juges deleguez, que la connoissance des causes legeres, & partant ne pouvans plus être dits mandataires de jurisdiction, ils furent appellez juges Pedanées: nom, qui auparavant étoit commun à tous ceux qui n'étoient point Magistrats, & par consequent n'avoient point de Tribunal, ou Pretoire qui étoit l'une des marques & enseignes du Magistrat: mais rendoient la justice *de palmo, seu pede, atque in subselliis*, d'où ils étoient appellez χαμαιδικασαι, *id est, humi judicantes*.

Mêmemēt cét Empereur Zenon établit des juges Pedanées en chacun siege de Province, côme dit la Nov. 81. chap. 1. Et Justinien en cette même Nov. à son imitatiō, erigea sept Juges Pedanées dans Constantinople en titre d'Office, à *l'instar* des Defenseurs des Citez, qu'il y avoit ès autres Villes: & au lieu qu'ils n'avoient accoutumé de connoître que jusqu'à cinquante sols (c'est à dire écus) il leur attribua connoissance jusqu'à trois cens. Mais il faut bien remarquer, qu'ils ne connoissoient que par renvoi du Magistrat, de sorte qu'ils n'étoient, que comme des deleguez particuliers, & non pas mandataires de jurisdiction: aussi leur appel ressor-

tissoit au Magistrat, qui leur avoit renvoyé la cause, selon la regle des deleguez particuliers, comme il est dit en cette Nove. 81. chap. 4.

Voilà ce qu'ont pratiqué les Romains de temps en temps touchant les delegations faites par les Officiers. Qui a été imité de fort prés par l'ancien usage de France, lors que les Ducs & les Comtes étoient les Gouverneurs des Provinces, ayans tout ainsi que les Presidens & Proconsuls Romains l'administration de la Justice, combien qu'ils fussent plus gens d'épée, que de lettres & partant il falloit, qu'ils commissent, ainsi qu'ils font, l'exercice de la Justice aux gens de lettres, qui le faisoient sous leur nom & auctorité: de sorte que ces Gouverneurs retenans la seule proprieté du commandemēt & jurisdiction, comme inherent inseparablement à leur Charge, & ayans enfin delaissé tout l'exercice de la Justice à leurs Lieutenans selon le droit des Digestes, & par après ayans trouvé moyen de rendre leur charge hereditaire, & de la convertir en Seigneurie, leur Justice est enfin devenuë patrimoniale tout à fait, ainsi qu'elle est de present, comme il sera traité plus particulierement au Livre *Des Seigneuries*: & c'est l'inconvenient qui est survenu en France d'avoir toleré d'exercer la Justice par commission.

Et à mesure que les Villes des Ducs & des Comtes ont été reünies à la Couronne, les Baillifs & Senéchaux, qui ont été mis en leur place, étans pareillement gens d'épée & non lettrés, ont eu ce même pouvoir, de commettre les Lieutenans de longue robbe, pour exercer la Iustice sous eux, comme il se voit ès Ordonnances de Charles VII. Charles VIII. & Loüis XII. rapportées par Guenois. Ce qui étoit toleré, tant pource que l'exercice de la Iustice étoit une des principales dependances de leurs Charges, que pource qu'on estimoit être à propos, pour la paix de la Province, que les Lieutenans fussent agreables à leurs Baillifs: aussi à l'imitatiō de ce qu'à Rome les Legats des Proconsuls n'avoient point de jurisdiction, & les Proconsuls ne la leur concedoient. De fait, les Baillifs & Senéchaux ont gardé le pouvoir de commettre & instituer leurs Lieutenans jusques au regne du Roy François premier auteur de l'introduction de la venalité des Offices, & même ils ont eu le pouvoir de les destituer, jusques au regne du Roy Loüis XII. qui le leur osta par son Edict de l'an 1496. article 47

Mais combien que les Baillifs peussent commettre des Lieutenans, ils ne pouvoient ils leur laisser l'exercice entier de leurs Charges, mais les Ordonnances leur enjoignent tres-expréssement, & de resider en leurs Offices, & d'en faire l'exercice en propre personne. Et pour y avoir contrevenu, & avoir laissé à leurs Lieutenans l'exercice entier de la Iustice on la leur a ôté enfin totalement par l'Ordonnance d'Orleans: & neantmoins la mêm Ordonnance ne laisse de leur enjoindre encore de resider en leur Province, à peine de privation de leur Office; tant la residence est requise aux Officiers.

Il ne reste donc plus qu'un seul cas, auquel les Iuges de France puissent commettre des deleguez, non pas generaux, mais particuliers: à sçavoir quand ès procez pendans devant eux, il échet à faire quelque expedition hors leur ressort, alors pour le soulagement des parties, non seulement on a trouvé bon, mais aussi on leur a enjoint, de la commettre au Iuge des lieux, & non à autres, comme à des Advocats, ou à des Iuges d'autre territoire. Car nous observons à present en France, qu'autre que le Prince ne peut commettre la puissance publique à celuy qui ne l'a point. mêmement encore un Iuge ne peut pas commettre le jugement d'un procez, mais quelque acte de l'instruction seulement, si ce n'est une Cour souveraine, qui fait parler le Roy en ses Arrests, & use de son authorité en fait de Iustice: encore les Cour souveraines ne commettent-elles gueres que la seule instruction des procez, se reservans d'ordinaire la definitive: que si quelquefois leur commission s'étend jusqu'à sentence definitive inclusivement, c'est plûtost un renvoi en un autre siege, pour le soupçon de l'ordinaire qu'une commission.

Il est

De l'exercice des Offices, Ch. V.

60. Des subſtituts des Procureurs du Roy.

Il eſt vray, que les Procureurs du Roy avoient gardé le pouvoir de commettre des Subſtituts, juſques à noſtre temps, que leurs Subſtituts ont eſté erigez en tiltre d'Office, comme à preſent on reduit tout en Offices, au lieu qu'anciennement les Procureurs du Roy és Bailliages n'eſtoient eux-meſmes que Subſtituts de Monſieur le Procureur general du Roy, qui ſeul les commettoit : d'où vient qu'encore aujourd'huy dans le Parlement ils ne ſont point appellez autrement, de ſorte qu'à preſent, quand on parle des Procureurs du Roy des Bailliages, on les appelle Subſtituts de Monſieur le Procureur general ; & quant à leurs Subſtituts, on les appelle Subſtituez. Mais hors le Parlement on appelle à bon droit les premiers Procureurs du Roy, puis qu'ils ſont pourveus par ſa Majeſté ſous ce tiltre d'Office formé, mêmement il ſe trouve dans les Ordonnances, que juſqu'au temps du Roy François I. les Procureurs des principaux Bailliages & Seneſchauſſées s'intituloient Procureurs generaux d'iceux Bailliages & de fait ils commettoient des Subſtituts és ſieges particuliers : ce qui leur fut oſté par Edit de l'an 1522. par lequel en tous ces ſieges particuliers il fut mis des Procureurs du Roy en titre d'Office, ainſi que par aprés on a erigé aux Prevoſtez, & juſques aux Electiós, Greniers à ſel, Eaux & Foreſts, & Prevoſtez des Mareſchaux. Outre leſquels on a encore depuis peu mis par tout des Subſtituts en titre d'Office, de ſorte qu'à preſent les Procureurs du Roy ne peuvent ſubſtituer, non plus que les autres Officiers de Juſtice.

61. ſubſtituts, & ſubſtituez.

62. Procureurs generaux des Bailliages.

63. Finan

Mais pour le regard des menus Officiers de finãce, notamment des Officiers comptables, dont la fonction n'eſt ſi importante, ne s'agiſſant en icelle, que de la ſeureté des deniers du Roy, à laquelle on pourvoit aſſez par le plege & certificateur, qu'ils baillent lors de leur reception, de ſorte que le public ny le particulier n'ont intereſt, qu'ils exercent en perſonne, il leur eſt permis par l'Ordonnance de l'an 1550. d'avoir un commis pour faire leur recepte, pourveu qu'il ne ſoit banquier ny changeur ; & neantmoins ils demeurent tenus de rendre leur compte en perſonne.

ciers peuvét avoir des Commis.

Encore à bien entendre, les Commis des Officiers comptables ne peuvent pas delivrer contraintes valables & executoires ſous leur ſein, qui n'eſt qu'une écriture privée, puis qu'ils n'ont point de ſerment à Juſtice ny le caractere d'Officier. Toutefois la faveur & la haſte des deniers Royaux, fait qu'on ne s'arreſte gueres à cette formalité en fait de finance, quand l'empriſonné en vertu de la contrainte d'un ſimple Commis, ſe trouve liquidement redevable, meſme j'ay veu declarer valable l'empriſonnement d'un Receveur particulier faict par un homme privé, qui n'eſtoit point Sergent, en vertu de contrainte du Receveur general ; combien que cela ſoit defendu par article exprés des Etats de Tours.

64. Si ces Commis peuvent decerner des contraintes.

Pareillement les Offices hereditaires, ſoit feodaux, ſoit domaniaux, peuvent eſtre exercez preſque tous par Commis, ou Fermiers, non en tant qu'Offices, mais en tant que ſeigneuries ou domaine aliené, comme il ſera amplement deduit au livre ſuivant.

65 Offices hereditaires peuvent être exercer par fermiers

CHAPITRE VI.
Du Pouvoir des Officiers.

1. Trois droits proviennent des Offices.
2. Executeur de haute Iuſtice.
3. L'un de ces trois droits prédomine en chaque eſpece d'Offices.
4. La puiſſance des Officiers vient de Dieu originairement.
5. Les Officiers ont des inſpirations ſecretes.
6. Et au Prince immediatement.
7. Pourquoi les Officiers ont eſté inſtituez.
8. Suite des puiſſances de ce monde.
9. Entreprendre de ſoi la puiſſance publique, eſt eſpece de leze-Majeſté.
10. La puiſſance publique eſt la plus grande prerogative des Officiers.
11. Son premier effet, qu'au moyen d'icelle les grands obeyſſent aux petits.
12. Son ſecond effet, que les Officiers inviolables.
13. Rebellion.
14. Les Magiſtrats ſont inviolables en tout tems.
15. Les ſimples Officiers, lors de leur exercice ſeulement
16. Effet 3. de la puiſſance publique, que les actes des Officiers ſont autentiques.
17. Actes des Officiers ſont pleine preuve.
18. Cela n'eſtoit à Rome.
19. Du commandement des Magiſtrats Magiſtratus unde, & quis.
21. Excellence du commandement des Magiſtrats.
22. Subjection à qui ſe refere.
23. Grands & petits Magiſtrats Romains.
24. Privilege notable de leurs grands Magiſtrats.
25. Magiſtrat, que ſignifie à nous.
26. Poteſtas pro Magiſtratu.
27. differentia inter poteſtatem & Imperium.
28. Deux ſortes de commandement au droit Romain.
29. Mixtum imperium, quid.
30. Metum imperium, quid.
31. Comment appartenoit aux Magiſtrats Romains
32. Explication de la loy 1. De Offic. ejus cui mand eſt juriſd.
33. Droit de glaive, à qui appartenoit.
34. S'il appartenoit aux Magiſtrats de la ville de Rome.
35. Impunité des Citoyens Romains.
36. Judices quæſtionis
Du Droits des offices.

37. Prætores urbani.
38. Effectus mixti imperii.
39. Poteſtas Tribunerum plebis.
40. En quoi conſiſtoit proprement le commandement du Magiſtrat Romain.
41. Legis actio, quid.
42. Tria verba ſolemnia, Do, Dico, & Addico
43. Actus legitimi.
44. Pouvoir du ſimple Iuge non Magiſtrat.
45. Les Cadis d'Orient.
46. Les Iuges d'Egliſe.
47. Pouvoir de juger ne fait pas le Magiſtrat.
48. Iuges extraordinaires de France ne ſont pas Magiſtrats.
49. Mais ſeulement les Iuges ordinaires.
50. Le droit de glaive ne fait le Magiſtrat.
51. Pourquoi les Iuges extraordinaires executent leurs ſentences.
52. Les Sergens des Iuſtices extraordinaires ne peuvent faire venté des biens.
53. Les executions des ſentences des Iuges extraordinaires, doivent eſtre traittées en la Iuſtice ordinaire.
54. Les Iuges extraordinaires ne doivent faire de decrets.
55. Les Baillifs & Seneſchaux ſont Magiſtrats.
56. Et leurs Lieutenans : comme auſſi les Prevoſts & leurs Lieutenans
57. Pourquoi le Prevoſt & ſon Lieutenant precedent les Conſeillers des Preſidiaux
58. Conſeillers des Preſidiaux ne ſont Magiſtrats.
59. Ne peuvent rien ordonner ſeuls.
60. Ny les Conſeillers du Parlement.
61. Qui toutesfois ſont Magiſtrats.
62. Pourquoi l'ancien Conſeiller du Preſidial expedie en l'abſence des Lieutenans.
63. Ancien Conſeiller n'eſt capable des Commiſſions adreſſées au Bailiff, ou ſon Lieutenant.
64. Advocats & Procureurs du Roy és Bailliages & Prevôtez ſont Magiſtrats.
65. Iuges des Seigneurs ſont Magiſtrats.
66. Et les Seigneurs auſſi.
67. Commandement de la force.
68. Eſt revera imperium meum.

69. *Commandement des Chefs de guerre.*
70. *Comment se pratique en France.*
71. *Empereurs d'où sont dits, & pourquoy faisoient mourir les hommes à discretion.*
72. *Comment s'observe à present.*
73. *Officiers de la Couronne sont Magistrats, & ceux du Conseil d'Estat.*
74. *Comme aussi les Echevins des villes.*
75. *Effets de ce commandement des Magistrats.*
76. *Où s'execute le pouvoir Officiers de finance.*
77. *Où s'étend celuy de Gouvernement.*
78. *Gouverneurs gardent les limites des Bailliages.*
79. *Gouverneur ordonne hors son gouvernement.*
80. *Explication de la loy 3. De off. præf.*
81. *Les mandemens des Gouverneurs ne s'executent hors leur Province, ny après leur mort.*
82. *Ceux des Iuges doivent estre faits en leur territoire.*
83. *Territoire comprend tout le ressort.*
84. *Les mandemens des Iuges competens s'executent hors leur territoire.*
85. *Par permission du Iuge du territoire.*
86. *Permission qui ne doit estre refusée.*
87. *S'il faut permission aux mandemens Royaux.*
88. *Explication de l'Ordonn. touchant les placets, visa & pareatis.*
89. *Faut toujours permission pour distraire.*
90. *Autrement on est condamné en l'amende.*
91. *Permission mal deniée, est comme donnée.*
92. *Cas esquels on plaide hors sa demeure.*
93. *Commission rogatoire.*
94. *Sentence de Iuge incompetent est nulle.*
95. *Conciliation de plusieurs loix.*
96. *Si les contracts faits hors le territoire des Notaires, sont nuls.*
97. *Quid de ceux faits hors leur branche.*
98. *Qu'ils ne sont pas nuls.*
99. *Pourquoy.*
100. *Resolution de la question.*
101. *Quid aux Notaires des Seigneurs.*
102. *Idem és limites contentieux.*
103. *Les contracts passez hors le territoire ne sont plus à l'égard des contractans, ny de leurs heritiers.*
104. *Contracts ont force partout, & pourquoy.*
105. *Mais non par tout execution parée.*
106. *Explication de l'article 60 de l'Ordonnance de 1539. & de l'article 165. de la coûtume de Paris.*
107. *Le Iuge peut permettre executer le côtrait autêtique.*
108. *Ce qu'il peut refuser aux contracts, mais non aux sentences.*
109. *des contracts passez hors le Royaume.*

1. Trois
droits pro-
viennent
des Offices.

Ainsi donc nôtre Officier exerçant dignement la charge en recueille & moissonne trois sortes de fruits, sçavoir est le pouvoir, l'honneur & le profit : le pouvoir provient de sa qualité publique, l'honneur de la vertu qui doit être en lui, & le profit de la peine qu'il prend au fait de sa charge. Car je ne compte point separément les privileges & autres menus droits des Offices, pource qu'ils se rapportent tous, ou au pouvoir, ou à l'honneur, ou au profit. Aussi qu'il y a plusieurs Offices qui n'ont aucuns privileges, mais je puis dire qu'il n'y en a point qui en son espece & selon sa portée n'ait quelque pouvoir, quelque honneur, & quelque profit; j'excepte seulement, pour ce qui est de l'honneur, celui de l'Executeur de haute Iustice: mais cêt Office étant contre nature, quoique tres necessaire, ce n'est pas merveille qu'il soit irregulier : Et neantmoins Aristote au livre 6. Des Polit. chap. second, au nombre des Magistrats, il dit même que pour sa necessité il doit être tenu pour un des principaux Offices.

2. Executeur
de haute
Iustice.

3. L'un de
ces trois
droits y pré-
domine en
chaque es-
pece d'Of-
fices.

Faut toutefois prendre garde qu'en chacun Office l'un de ces trois droits prevaut & predomine, les uns ayant pour partage le pouvoir & commandement, les autres l'honneur, & les autres le profit. Qui est cause de constituer trois sortes ou degrez d'Offices, les distinguant par les droits qui y predominent. A sçavoir les Magistrats qui ont le commandement, qui est le plus haut pouvoir : les Officiers mediocres qui ne sont ny Magistrats, ny Ministres, comme sont entre autres presque tous les Officiers de finance, esquels l'honneur prevaut : & les Officiers ministres, qui sont principalement fondez sur le gain.

4. La puis-
sance des
Officiers
vient de
Dieu origi-
nairement.

Quant à la puissance publique des Officiers, elle vient originairement de Dieu, & confere finalement à luy, comme à sa premiere source, & à son dernier ressort: *Omnis potestas à Deo est,* dit l'Apôtre, *& qui potestati resistit, Dei ordinationi resistit. Non haberes,* dit nôtre Dieu à Pilate, *potestatem adversum me ullam, nisi tibi datum esset desuper.* Lui même nous l'apprend encore en l'11. chap. des Nombres où Moyse lui ayant dit, *Non possum solus sustinere omnem hunc populum,* il luy répond, *Congrega mihi septuaginta viros, qui senes populi sint, ac Magistri & auferam de spiritu tuo, tradamque illis, ut sustentem tecum onus populi, & non tu solus graveris.*

5. Les Officiers ont des inspirations secrettes.

C'est pourquoy les Magistrats, & principalement ceux du peuple fidelle, ont quelquefois des inspirations secretes au fait de leurs charges, provenantes de la grace divine, & non de leur merite particulier, comme ces septante Conseillers choisis par Moyse, ausquels Dieu fit part de l'esprit de Moyse, & partant ils devinrent Prophetes, dit le texte: comme aussi Saül qui prophetisa, *& mutatus est in alium virum,* dit l'Ecriture, si tôt qu'il fut sacré Roy : bref, comme le grand Prêtre Caïphe, lequel ayant dit, *Expedit unum hominem mori pro populo, hoc à semetipso non dixit* dit l'Evangile, *sed quia erat Pontifex anni illius, prophetavit.*

Mais immediatement la puissance des Officiers vient du Prince souverain, auquel Dieu, lors qu'il l'a établi, a remis & confié la puissance temporelle de son Royaume, & ainsi faut il l'entendre ce qu'il a dit, que son Royaume n'étoit pas de ce monde, & que c'étoient les Princes des hommes qui le dominoient. Mais le Prince ne pouvant seul & par luy même exercer, en tous les endroits de son Etat, toute cette puissance sur les hommes, que Dieu lui a delaissée, est contraint d'en departir l'usage & exercice à certaines personnes qu'il choisit pour cêt effet. Ainsi qu'au 18. chap. de l'Exod. Iethro beau pere de Moyse, voyant qu'il ne pouvoit suffire à rendre la Iustice depuis le matin jusqu'au soir, lui dit, *solus hoc onus, non potes sustinere: provide autem de omni plebe viros sapientes ac timentes Deum, & constitue ex eis Tribunos, Centuriones Quinquagenarios & Decanos, qui judicent populum, omni tempore. Quidquid autem majus fuerit referent ad te, leviusque sit tibi, partito in eos onere. Si hoc feceris, imperium Domini & præcepta ejus poteris sustentare.* Es s'il est permis de mêler les autoritez profanes avec les sacrées, Denis d'Halicarnasse en son 4. livre, rapporte tout de même, que le Roy Servius Tullius, voyant qu'il ne pouvoit fournir à juger tous les procez des Romains, retint seulement à luy tout à fait la connoissance du crime de léze-Majesté, établit des Iuges pour vuider tous les autres procez sous son authorité: ce que faisant, dit-il, il retrancha volontairement une partie de sa puissance.

6. Et du Prince immediatement.

7. Pourquoy les officiers ont ête instituez.

Comme donc la puissance souveraine du Prince est un rayon & un éclat de la toute-puissance de Dieu, aussi la puissance des Officiers est un éclat & une influence de la puissance absoluë du Prince :

Regum timendorum in proprios greges
Res in ipsos Imperium est Iovis
Cuncta supercilio moventis

8. Suite des puissances de ce monde.

D'où il s'ensuit que quiconque, sans l'envoy ou mandement du Prince, ou de ceux ausquels la puissance souveraine reside, entreprend de faire acte de Magistrat, & d'exercer en façon que ce soit la puissance publique, il entreprend sur la souveraineté, & partant est coupable de léze-Majesté, *Qui privatus pro Magistratu, potestate-ve se gessit, lege Iulia Majestatis tenetur,* dit la loy 3. D. Ad l. Iul. Majest. Aussi fut-ce l'une des trois premieres loix qui furent faites à Rome, après que les Roys en furent chassez, à l'instance du Consul Valerius Publicola (dit Plutarque en sa vie) que quiconque entreprendroit d'e-

9. Entreprendre de soi la puissance publique est espece de léze-Majesté.

Du pouvoir Des Officiers, Ch. VI.

10. La puissance publique est la plus grande prerogative des Officiers.

d'exercer Office sans concession du Peuple, seroit puny de mort.

J'ay donc mis à bon droit, la puissance publique des Officiers pour leur premiere prerogative. Car outre qu'elle leur est propre, & ne leur peut appartenir qu'à eux (au lieu que l'honneur & le gain sont communiquez d'autres personnes) qu'y a-t-il de plus haut & plus important, que de representer la personne du Monarque, parler de par luy : bref, de participer à cette puissance publique, qui est derivée originairement de Dieu?

11. Son premier effet, qu'au moyen d'icelle les grands obeïssent aux petits.

Aussi voyons-nous qu'un petit Sergent, porteur du mandement de son Juge, fera les commandemens & defenses à un grand Seigneur, enlevera les biens, les vendra, le metra luy-même prisonnier, si le cas y escheit: & faut (au qu'à tout cela il obeïsse, ou s'il pretend qu'on luy fasse tort, qu'il se pourvoye par les voyes de Iustice, implorant l'aide du Magistrat superieur, sans resister par voye de fait. Encore qui observeroit l'Ordonnance de Moulins, article 31. come elle a lieu és Estats bien policez, si tôt que le Sergent auroit touché de sa verge celui qu'il voudroit emprisonner, il seroit tenu de suivre volontairement sur peine de rebellion, Il y a de cela un notable exemple au premier de l'Iliade : où Achilles nonobstant l'extrême déplaisir qu'il avoit de ce qu'on luy ostoit son amie Briseïs, ne se rebelle point pourtant contre les Sergens qui étoient venus pour l'emmener : au contraire, les salüa courtoisement, disant qu'il n'avoit sujet de se plaindre d'eux, mais d'Agamemnon,

Χαίρετε κήρυκες, Διὸς ἄγγελοι ἠδὲ καὶ ἀνδρῶν,
Ἄσσον ἴτ', οὔτιμοι ὔμμες ἐπαίτιοι ἀλλ' Ἀγαμέμνων.

& commanda à Patroclus de leur livrer paisiblement Briseïs, sans leur dire mot qui leur peust déplaire.

Plutarque, au traité *De la superstition*, raporte un autre exemple de Tiribasus Lieutenant general du Roy de Perse qui étant environné par des gens qui s'efforçoient de le prendre prisonnier, mit la main au cimeterre, & se defendit vaillamment: mais si tôt qu'ils luy eurent dit qu'ils étoient Sergens, & crié qu'il se rendît de par le Roy, il laissa tomber son cimeterre, & bailla ses mains à lier. Le même Autheur en la vie d'Agesilaus dit, qu'étant Capitaine de toute la Grece, & ayant entrepris de faire un sacrifice en Aulide, où il étoit avec son armée, & les Sergens de la ville envoyez seulement pour luy en faire defense, ayant par voye de fait renversé la victime déja immolée de son sacrifice, il se contenta de se retirer pour en faire plainte, sans opposer la force à la force. Et voila le premier effet de la puissance publique, que tout Officier au fait de sa charge a puissance legitime sur tous les sujets de son Prince, de quelque qualité qu'ils soient.

12. Son second effet, que les Officiers sont inviolables.

Le second est, que la personne de tout Officier, quelque petit qu'il soit, exerçant sa charge est sacrée & inviolable, pource qu'en cét acte il represente la personne du Prince, lequel est garant de l'outrage fait en l'acte de son service; & partant c'est une branche du crime de leze-Majesté d'attenter à la personne d'un Officier, quel qu'il soit, étant en l'acte de son Office: *l. Quisquis in verbo cujuslibet qui nobis militat D. Ad l. Iul. Majest.*

13. Rebellion.

C'est pourquoy nous appelons *Rebellion*, ce qui se fait pour empescher les executios de Iustice: mot qui emporte & signifie non seulement une desobeïssance, mais encore le se rendre ennemy du Prince, & come luy faire la guerre, *Extravag. Qui sint rebelles in lib. Feud.* Ce que Iulius Clarus a bien expliqué, *lib. 5. tit. De crim. lasa Majest. vers. Quero etiam.*

14. Les Magistrats sont inviolables en tout tems.

Encore en ce point ici faut-il distinguer les Magistrats & principaux Officiers d'avec les autres. Car les Magistrats étans en la sauve-garde spéciale du Prince souverain, duquel ils sont la plus haute fonction, sont sacrez & inviolables en tout tems & en tous lieux, *lege Horatia, De sacrosanctis Magistratibus*: sauf s'ils étoient en habits déguisez & inconnus, comme l'Edile Hostilius, qui fut mal mené, faisant effort à la porte d'une Courtisane, & le Tribun du peuple, qui pour avoir en habit déguisé voulu forcer une fille, fut puny comme un estranger par le Triumvir capital, ainsi que recite Valere, Livre 8.

15. Les simples Officiers lors de leur exercice seulement.

Mais les simples Officiers non Magistrats, qui n'ont le commandement, n'étans pas sacrez (c'est à dire, mis en sauve garde publique, comme sont les Magistrats) bien que tousjours ils soient en honneur, neanmoins n'ont pas continuellement ce second effet de puissance publique, que ce soit rebellion de les outrager, mais ne l'ont seulement qu'en l'acte de leur exercice, auquel precisément ils representent le Prince: & hors ce tems ils sont ce point icy reputez comme personnes privées, si ce n'est qu'il leur fut fait injure directement à cause & sur le sujet de leur exercice: car alors, rapportant l'effet à sa cause, il est vray de dire, qu'ils sont outragez en tant qu'Officiers, & partant c'est le Prince qui est outragé en leurs personnes. Remettant le surplus de cette matiere, comme plus propre à la Politique qu'au Iurisconsulte, à ce qu'en a tres bien écrit Bodin au 5. chapitre du livre de sa Republique, où il traite entre autres ces questions fameuses, s'il est permis de se tevancher contre un Magistrat, qui excede son pouvoir, & si le Magistrat peut luy-même faire le procez de celuy qui l'a outragé.

16. Effet 3. de la puissance publique, que les actes des Officiers sont authentiques.

Le troisiéme effet de la puissance publique est, que tout Officier est creu au rapport qu'il fait par écrit de ce qui dépend precisémét & directement de sa charge, principalement lors qu'il n'y va nullemét de son interest particulier: pource qu'ayant serment à Iustice, & étant approuvé par une reception solénelle, il est bien raisonnable qu'on se fie en lui de la charge qui lui est commise.

17. Actes des Officiers font pleine preuve.

De là vient, que les écrits des Officiers, chacun au fait de sa charge, sont publics, aussi bien que leurs personnes: c'est à dire qu'étans en bonne forme, ils sont munis & assistez de la foi publique, & Par consequent font pleine foy entre toutes personnes, comme les procez verbaux des Juges, les actes des Greffiers, Notaires, Sergens, & même les aquits des Officiers de finance, & autres semblables. Mesmement en France, tous ces actes ne sont sujets à reconnoissance ny à verification, mais *faciunt per se probationem probatam*, comme parlent nos Praticiens, ce qui n'étoit à Rome, témoin la Novelle 72. qui prescrit la forme de verifier les contrats des Notaires: mais à nous ils font preuve sans verification, même il n'y a autre moyen de les combattre, que par la maintenüe & accusation de faux, au hazard d'une grande punition, si la fausseté n'est bien prouvée: mais aussi si elle est prouvée il y va de la vie de l'Officier, qui contre son serment, & au prejudice de la foy publique à luy commise, a commis fausseté en acte public, comme il est porté par l'Ordonnance du Roy François, de l'an 1531.

18. Cela n'étoit à Rome.

Voila en quoy consiste principalemet la puissance publique, appartenant indistinctement à tout Officier: mais il y en a une autre bien particuliere, qui n'appartient qu'aux Magistrats seuls, à sçavoir le commandement, appellé en droit *Imperiu*, à cause duquel ils ont le nom de Magistrat. *Magistratus*, dit Festus, *à magistrando dicti sunt, qui per Imperia potentiores sunt.* Aristote au quatriéme livre des Politiques chapitre quinziéme, dit que le Magistrat est celui qui a puissance de deliberer, jurer & commander, & principalement, dit-il, de commander, qui est la marque parfaite du Magistrat; & ajoute que ceux qui n'ont cette puissance, sont plutôt simples Curatüurs ou Presets, que vrays Magistrats.

19. Du commandement des Magistrats

20. Magistratus, an, de, & qui.

21. Excellence du commandement des Magistrats

Or ce commandemét rend les Magistrats participans de la haute puissance du Prince, attendu qu'en Grec ἀρχή, & en Latin *Imperium*, & en François le commandement, se refere & adapte tantôt au Monarque & Prince souverain, qui a le commandement universel & en proprieté, & tantôt aux Magistrats, qui ont le commandement, chacun au fait de leur charge, par exercice seulemét. Et comme le commandement & l'obeïssance ou sujetion, sont mots relatifs: aussi ceux sur lesquels le Magistrat a le commandement ordinaire, peuvent être dits ses sujets: témoin le dire de l'Apostre, *Subditi estote Regi tanquam pracellenti, & Ducibus, id est Magistratibus, tanquam ab eo missis*, & de là vient que les Seigneurs, qui ont toute justice, à cause de laquelle ils sont reputez comme Magistrats proprietaires, appellent ceux-là leurs sujets, qui sont de leur Justice.

22. Sujetion à qui se refere.

E ij

Des Offices en general, Liv. I.

23. Grands & petits Magistrats Romains.

Il est vray que les Romains n'ayans point de terme particulier pour distinguer les Officiers ayans commandement d'avec ceux qui n'en avoient point, appelloient les uns & les autres *Magistrats*, & étoient contrains de faire deux sortes ou degrez de Magistrats; à sçavoir les grands & les petis, definissans les grands Magistrats ceux *qui cum Imperio & potestate ornat. l. 32. D. De injur. l. 2. D. de in jus voc. l. 12. § Item hi De iurisd. l 26. § hac clausula D. Ex quib. cauf. major. & l. 18. D. De minor.* Esquelles loix est dit, que les Magistrats ne pouvoient être mis en procez pendant le tems de leur Magistrature, qui étoient en consequence de cette loy *Horatia, De sacrosanctis Magistratibus*, qui defendoit à peine de la vie de les attacquer en aucune maniere.

24. Privilege notable de leurs grands Magistrats. 25. Magistrats que signifieja nous

Mais nous, qui avons le terme general d'Officier nous appellons particulierement Magistrats, ceux qui ont le commandement, qui est la propre & specialle puissance du Magistrat: *Potestatis verbo Imperium in Magistratu significatur*, dit la loy *Potestatis De verb. signif.* Et les Magistrats mêmes pour cette cause sont souvent appelez *Potestates*. *Non patiar mercatores Potestatum*, dans Lapide.

26. Potestas pro Magistratu.

—— *An Fidenatium Gabiorumve esse Potestas?* dans Juvenal. *Iurisdictionem de fideicommissis Potestatibus delegavit* dans Suetone, *In Claudio, id est Rectoribus provinciarum.*

27. Differentia inter potestatem & imperium.

C'est chose assurée que bien souvent nos loix font difference *inter Potestatem & Imperium, ut in l. 26. §. Ait Prator. D. Ex quibus cauf. major. l. 1. D. Ad l. Iul. Majest. & l. 7. Ad l. Iul. de vi pub.* & lors *Potestas* signifie particulierement *merum imperium, sive jus gladii, l. 5. De Iurisd.* Et *imperium* signifie le commandement ordinaire appellé *mixtum Imperium*.

28. Deux sortes de commandement au droit Romain.

Car comme dit cette loy 3. les Romains reconnoissoient deux sortes differentes de commandement, sçavoir *merum & mixtum Imperium*: ce qui merite bien d'être expliqué un peu à loisir icy, outre ce qui en a été dit au chap. 10 du livre *Des Seigneuries*. Car c'est, à mon avis, le plus difficile endroit de tout le droit Romain, sans exception, jusqu'à là que Cujas (le veritable interprete d'iceluy) est contraint de confesser que la vraye signification de ces mots *merum, mixtumque Imperium, & Iurisdictio*, s'est perduë avec l'Estat de Rome.

29. Mixtum Imperium quid.

Commençons par l'explication du commandement mixte, attendu que c'estoit le commandement & la puissance ordinaire de tous les vrays Magistrats: & étoit appellé mixte, pource que non seulement il étoit meslé & confus; mais encore inherent inseparablement à jurisdiction *quia jurisdictio sine modica coercitione nulla est*, dit la loy derniere *De officio ejus cui mandat. est jurisd.* C'est pourquoi les Jurisconsultes disent ordinairement, que *Iurisdictio adhaeret, cohaeret & inhaeret imperio*: & Dionysius interprete Grec, appelle la jurisdiction ἀπὸ ἀκολουθίαν τῶν ἀρχῶν, la suitte du commandement: desorte que les deux ensemble font le commandement mixte, ainsi appellé, pource qu'il est composé deux meslez ensemble: les effets duquel commandement seront tantost specifiez.

30. Merum Imperium quid.

Quant au *merum imperium*, que nous pouvons tourner le pur commandement, c'est celuy qui estoit exempt des formes & abstrictions de la jurisdiction comme étant un degré de puissance plus haut, dont le principal effet estoit, de pouvoir condamner souverainement & sans appeler hommes à mort: & pour cette cause il est appellé *jus gladii*, en la cette loy 3. *jurisdict.* Ce qui n'appartenoit pas au Magistrat Romain par puissance ordinaire, ny entant que Magistrat, comme un droit & pouvoir dependant de son Office, à cause des loix qu'ils appelloient *Sacrées*, qui ostoient cette puissance aux Magistrats Romains: mais ce pouvoir leur estoit attribué par concession speciale, ou de certaine loy (*id est imperio nominatim à populo dato*, comme l'explique Festus) ou par mandement du Senat, en la Republique populaire: ou par octroy particulier du prince en l'Empire: & ainsi faut entendre cette loy 1. *De Off. ejus cui mand. est jurisd.* Ce qui a été assez bien expliqué par Cujas liv. 21. des *Observations*, chap. 30. & sera plus à plein

31. Comment appartenoit aux Magistrats Romains. 32. Explication de la loy 1. De Office. ejus cui mand. est jurisd.

traitté au commencement de mon second livre.

Il faut remarquer, que (comme observe bien particulierement Dion livre cinquante-trois) sous Auguste, lors du partage qui fut fait des Provinces de l'Empire entre l'Empereur & le peuple, dont parle aussi Suetone *in Octavie cap. 47*. les Proconsuls qui étoient les Gouverneurs envoyez par le Senat és Provinces du peuple, n'avoient pas le droit de glaive ordinairement, pource que le Senat qui les pourvoyoit ne le pouvoit pas octroyer, aussi qu'il n'en étoit besoin, d'autant que c'étoient Provinces paisibles, & pays d'obeïssance: mais les Presidens des Provinces, qui étoient envoyez par les Empereurs és provinces moins paisibles, qu'ils avoient retenuës particulierement à eux, avoient d'ordinaire le droit de glaive, par concessió neanmoins de l'Empereur, Qui fut cause qu'à succession de tems, lors que les Empereurs eurent tiré à eux les Provinces Proconsulaires, ils y envoyerent eux-même les proconsuls: & partant ayans confondu les unes avec les autres, ils baillerent communément & indifferemment le droit de glaive aux Gouverneurs des unes & des autres Provinces: c'est pourquoy ces Charges furent appellées *Potestates*, côme il vient d'être dit, & quelquefois *Honores juris gladii*: ce qui est bien prouvé par le docte president *Faber* sur la loy 70. *De reg. jur.*

33. Droit de glaive à qui appartenoit.

Voilà pour les magistrats des Provinces: & quât à ceux de Rome, ils avoient encore plus rarement le droit de glaive. Car en la Republique, nul ne l'avoit sur les Citoyens, non pas même les Consuls, dit la loy 2. §. *Exactis De orig. jur.* même qu'il n'y avoit un seul magistrat, qui eust puissance de côdamner un citoyen au fouet, depuis la loy *Portia*, par laquelle le peuple Romain osta non seulement cette puissance aux magistrats, mais aussi s'en dépoüilla soy-même, permettât aux condamnez à mort pour quelque crime que ce fust de vuider le pays, côme il se voit dans Tite Livre 10. *Sic pro Rab. pert. reo. & Salust. in Catil*. & qui plus est, aucun magistrat ne pouvoit faire le procez criminel au moindre citoyen, s'il estoit questió de crime public. Car si le crime estoit capital, le menu peuple le jugeoit, & s'il estoit capital, il n'y avoit que le peuple en assemblée generale qui en eust la connoissance & jurisdiction, suivant les loix sacrées: & encore que cela ne fust toûjours gardé à la rigueur, si est-ce que Ciceron, pour y avoir contrevenu, fut banny, & perdit son bien.

34. S'il y avoit à Rome autre Magistrat ayant droit de glaive. 35. Puissance des magistrats Romains limitée.

Dupuis ayât été trouvé malaisé d'assembler tout le peuple, pour juger tous les procez criminels, furêt faites les loix judiciaires, suivant lesquelles on élisoit certain nombre de citoyens, d'entre lesquels on en tiroit au sort quelques-uns pour chacun procez criminel qui desormais s'appelloient *Iudices quaestionis*; lesquels ayant donné leur sentence, le Preteur, qui étoit le Magistrat ordinaire, la prononçoit solennellemêt, étant en son tribunal & siege de Justice, revestu de pourpre, puis la faisoit executer. Finalement furent faits plusieurs Preteurs sous Sylla, Jule Cesar, & Auguste successivement, comme il est dit en la loy. 2. §. *Capta De orig. jur.*

36. Iudices Quaestionis. 37. Praetores aerarii.

Quant aux effets du *mixtum imperium*, c'est à dire du commandement meslé de jurisdiction, qui étoit le commandement ordinaire de tous les Magistrats, il faut remarquer, qu'aucuns d'iceux avoient *prehensionem tantum*, d'autres avoient aussi *vocationem*; esquels deux choses consistoit le commandement mixte ordinaire des vrays Magistrats. Car quand dans A Gelle, livre treizieme chapitre 12. Varron dit *quidam Magistratus neque vocationem habent, neque prehensionem, ut Quaestores*, il ne prend pas le terme de *Magistrat* en sa particuliere signification, pour signifier seulement les Officiers ayans commandement; mais en generale, pour signifier tous Officiers notables, & qui ne sont point ministres d'autruy: n'ayans les Latins autre terme pour les exprimer, comme il a été dit au premier chapitre.

38. Effectus mixti Imperii.

Les Magistrats qui avoient *prehensionem tantum*, c'est à dire, droit d'emprisonner sans jurisdiction, étoient les Tribuns du peuple, & à nous ce sont les Gouverneurs des Provinces, les Procureurs du Roy, & à Venise les Avogadours, comme dit Bodin. C'est pourquoy Plutar-

Du pouvoir des Offices Ch. VI.

que en ses Quest. Rom. dit, que les Tribuns du peuple n'estoient pas parfaits Magistrats, pource, dit-il, qu'ils ne rendoient pas la Iustice *ex sella curuli* : encore qu'à la verité ils eussent quelque maniere de iurisdiction, attendu que le mesme Autheur dit *in M. Catone*, que *ius dicebant in Basilica Portia, & id quidem in subselliis* : comme aussi le témoigne Ascon. *in divinat*. Cicer. où il dit, que *subsellia sunt Tribunorum, Triumvirorum, Quaestorum, & eiusmodi minora iudicia exercentium, qui non in sellis curulibus, sed in subselliis considebant*.

39. En quoy consistoit proprement le commandement du Magistrat Romain.
40. Legis actio quid.

Car presque tous les Magistrats eurét enfin iurisdictió coherente à leur commandement, *id est, habuerunt prehensionem & vocationem*, non que la iurisdictió fust proprement la marque du Magistrat, *sed cohaerebat, inerátque imperio*, comme il vient d'estre dit. Car le vray commandement, auquel reluisoit & consistoit la marque du Magistrat, estoit *habere legis actionem*, c'est à dire avoir le mesme Office & pouvoir que la loy, quoy que ce soit avoir l'execution de la loy. *Haec vis est Magistratus* (dit Ciceron 3. *de legib*.) *ut praesit, praescribátque recta & coniuncta cum legibus: ut enim Magistratibus leges, ita populis Magistratus, veréque dici potest, Magistratum legem esse loquentem, legem autem mutum Magistratum*. Comme donc *Legis virtus est iubere, vetare, permittere, punire, leg. Legis D. De legib*. Aussi le commandement du Magistrat appellé *Legis actio*, consistoit à commander ou bailler commission pour adjourner, *iubere vocari*, pour emprisonner *iubere prehendi*: pour iuger, *iubere iudicare*: finalement pour executer & les actes de iurisdiction volontaire, & les sentences des Iuges par luy deleguez en la contentieuse, en prononçant ces trois mots solemnels *Do, Dico, & Addico*, qu'Ovide referoit directement à l'action de la loy.

41. Tria verba solennia, Do, Dico, & Addico.
42. Actus legitimi.

Ille ne fastus erit, per quem tria verba silentur,
Fastus erit, per quem lege licebit agi.

Bref, ce commandement gisoit encore aux restitutions en entier, aux decrets de Iustice, missions en possession, adoptions, emancipations, & autres actes de ceremonie : qui pour cette cause sont appellez en droit *Actus legitimi*, & qui ne pouvoient estre expediez que par le Magistrat, & la pluspart encore *in loco maiorum, id est, pro tribunali, seu in Praetorio*, (qui appartenoit au seul Magistrat) & non *de plano*.

43. Pouvoir du simple Iuge non Magistrat.

Et quant au pouvoir du simple Iuge, ou Iuge Pedanée, c'est à dire, du Iuge privé, & non Magistrat, il estoit bien moindre. Car il ne pouvoit, ny prononcer ces trois mots *do, dico, & addico*, ny faire aucun commandement de sa propre authorité, ny faire aucuns de ces actes legitimes, n'ayant point de Pretoire ou tribunal, ny point mesme de Iurisdiction, mais simple notion, ou pouvoir de iuger sous le nom & authorité du Magistrat, bref (comme dit la loy derniere, *C. ubi & apud quos restit. in integr. postul.*) *propriam Iurisdictionem non habebat, sed tantum iudicandi facultatem*. Aussi rendoit-il sa Sentence par forme d'avis seulement, comme il a esté dit au Chapitre precedent, & ce fait *functus erat Officio*, sa Charge estoit finie, n'estant à luy de prononcer solemnellement, ny d'executer ses Sentences, *l. A. Divo Pio. in pr. De re iudic*.

44. Les Cadis d'Orient.

Comme sont encore en tout l'Orient les Cadis, qui iugent les procez: mais n'ont aucune puissance de contraindre, mais presentent leurs iugemens à executer aux Soubachis, qui ont le commandement & la force en la main. Et presque comme les Iuges Ecclesiastiques, qui envoyent leurs Sentences aux Magistrats Seculiers pour executer, d'où par consequent la Iustice est appellée *Audientia*, & non pas *Iurisdictio*, & c'est ce que nous croyons dire en France, quand nous disons, que *Ecclesia non habet territorium*, c'est à dire, plein territoire qui includ le commandement *Iusque terrendi*. Car d'ailleurs le territoire ou enclave des Iustices Ecclesiastiques est distinct aussi bien que des Seculiers. Mais il faudroit dire que *Ecclesia non habet imperium*, que l'Eglise n'a point de commandement, c'est à sçavoir sur les personnes & choses Seculieres : ce qui sera expliqué au Chapitre penultiéme du Livre *Des Seigneuries*.

45. Les Iuges d'Eglise.
46. Pouvoir

D'où il resulte (ce qui est fort remarquable) que le pouvoir de iuger n'includ pas le commandement, & par consequent la Magistrature : laquelle appartient seulement à ceux qui sont Iuges ordinaires, ayans le plein, entier & universel territoire, & non pas à ceux qui exercent quelque Iustice extraordinaire, & limitée à certain genre de causes. *Nã Praefectus annonae & vigilũ non sunt Magistratus, sed extra ordinem utilitatis causa constituti*, dit Caius en la loy 2. §. *Et haec omnia* 33. *De orig. iur*.

de iuger ne fait pas le Magistrat.

Donc les Esleus de France. Officiers des Gabelles, des Eaux & Forests, Prevosts des Mareschaux, Iuges Consuls, & tous autres Iuges extraordinaires, ne sont pas Magistrats, bien qu'ils ayent prehension, vocation, puissance de iuger, Greffiers, Sergens & autres Ministres, & mesme le droit de glaive, (au moins ainsi que nous le pratiquons en France) c'est à dire, le pouvoir de condamner à mort.

47. Iuges extraordinaires de France ne sont tous Magistrats.

Car nous tenons en France, qu'outre les Officiers des Cours Souveraines extraordinaires, il n'y a d'ailleurs que ceux de la Iustice ordinaire, qui soient vrays Magistrats, ayans seuls puissance ordinaire, Iurisdictió entiere, & vray détroit & territoire, qui est à nous la marque de la Iurisdiction & Magistrature. Et quant aux Officiers des Iustices extraordinaires, ils ont plutost une simple notion, ou puissance de iuger, qu'une vraye Iurisdiction. Les Esleus sont Iuges des Aydes & Tailles ; les Grenetiers Iuges du Sel, les Maistres des Eaux & Forests, des Rivieres, & des Arbres; les Prevosts des Mareschaux, des vagabons; le Iuge Consuls du fait de Marchandise: mais les Iuges ordinaires sont Iuges des lieux & du territoire, *ubi tanquam Magistratus ius terrendi habent*, & ont Iustice reguliere ment & universellement sur toutes les personnes & les choses qui sont dans iceluy : de laquelle Iustice ces autres Iustices extraordinaires & extravagantes sont desmembrées, *& extra ordinem utilitatis causa constituta*.

48. Mais seulement les Iuges ordinaires.

Et ce que les Iuges extraordinaires ont droit de glaive, ne les fait pas Magistrats. Car Cujas en l'observatió cy-dessus alleguée, & le docte President Faber sur la loy *Nemo potest. De reg. iur*. prouvent bien, que le droit de glaive peut estre attribué à ceux qui ne sont Magistrats: comme aussi que ce qu'ils ont prehension, vocation, & des Ministres, ne conclud pas qu'ils soient vrais Magistrats, pource qu'autres que Magistrats les ont eu quelquesfois : comme par exemple *Legati Proconsulis*, ainsi que le même Faber a prouvé.

49. Le droit de glaive ne fait pas les Magistrats.

Pareillement ne se faut ébahir s'ils executent quelquesfois leurs Sentences: Car la voye ordinaire du droit Romain d'executer les Sentences par mission en possession *ex primo vel secundo decreto* (laquelle ne pouvoit estre ordonnée, que par le Preteur, qui estoit le Magistrat ordinaire ; & partant s'appelle *gage Pretorien*) n'a point de lieu en France, au moins en ce Parlement, mais seulement la voye extraordinaire par execution & vente de biens, qui s'appelloit *pignus iudiciale*, qui estoit mise à fin par un simple executeur, ou Commissaire: & toutesfois ce Commissaire devoit estre deputé par le Magistrat, & non autre, comme Cujas a bien prouvé sur le titre du Code, *Si in causam iudicati pignus captum sit*.

50. Pourquoy les Iuges extraordinaires executent leurs Sentences.

C'est pourquoy on voit encore, que les Sergens de la Iustice ordinaire peuvent executer les Sentences des Iuges extraordinaires: mesme il n'y a, & n'y doit avoir que les Sergens de l'ordinaire, qui puissent faire vente de biens à l'encan, & par subhastation : pource que c'est comme un acte legitime, & dependant de l'action de la loy, laquelle n'appartient qu'à la Iustice ordinaire. Et est vray en bonne Escole, que les oppositions formées aux executions de biens, faites en vertu des Sentences des Iuges extraordinaires, devroient estre traitées en la Iustice ordinaire ; pource que les Iuges, qui ont pouvoir limité, ayant rendu leur Sentence definitive, ont accompli leur pouvoir, & ce qui survient par aprés, est de l'ordinaire, sauf seulement s'il estoit question de l'interpretation de leur Sentence: pource que lors c'est à la mesme notion, & que d'ailleurs c'est toûjours à celuy à s'interpreter, qui a parlé obscurément, dit la loy *Eius est. De reg. iur*.

51. Les Sergens des Iustices extraordinaires ne peuvent faire vente des biens.
52. Les executions des Sentences des Iuges extraordinaires doivent estre traitées en la Iustice ordinaire.

Des Offices en general, Liv. I.

53. Les Iuges extraordinaires ne doiuent faire de decrets.

Sur tous quant aux decrets, baux & ventes judiciaires des heritages, c'est sans doute, qu'ils ne peuuent estre faits, que pardeuant le Iuge ordinaire, qui seul peut prononcer, *Do, Dico, Addico*, & faire les actes legitimes, & est seul le Iuge des lieux & territoire, & par consequent des heritages y enclauez. Et outre que cela est clair en point de droit, comme il resulte de tout ce qui vient d'estre dit, il s'en ensuiuroit autrement deux absurditez fort aparentes: l'une, que par le moyen des oppositions & autres incidents qui suruiennent aux decrets, les Iuges extraordinaires, non lettrez pour la plus part, auroient la connoissance d'infinies matieres les plus difficiles de la Iustice ordinaire, estant mesme un chef d'œuure de Iustice, de faire bien un decret & une Sentence d'Ordre: l'autre, que les creanciers, & autres ayans interest aux decrets, ne se desfians pas qu'on vendist les biens de leur debiteur en ces Iustices borgnes, seroient bien souuent surpris, & priuez de leurs droits.

54. Les Baillifs & Senéchaux sont Magistrats.

Puis donc que les Magistrats sont les Iuges ordinaires, je ne fais point de doute que les Baillifs & Senéchaux ne soient Magistrats, bien que par l'Ordonnance d'Orleans ils n'ayent plus de voix en la Iustice: attendu qu'anciennement eux-mesmes estoient les Iuges, & qu'encore à present les Iuges titulaires & honoraires: d'autant que les Sentences & commissions s'expedient sous leur nom: aussi que c'est à eux d'assister & tenir main forte à la Iustice, qui est une des parties du commandement.

55. Et leurs Lieutenans, comme aussi les Preuosts & leurs Lieutenans.
56. Pourquoy le Preuost & son Lieutenant, precedent les Conseillers Presidiaux.
57. Conseillers Presidiaux ne sont Magistrats.
58. N. peuuent rien ordonner seuls.

Et quant à leurs Lieutenans Ciuils ou Criminel, Generaux, ou particuliers (à present qu'ils sont en titre d'Office, & ne sont plus commis par les Baillifs & Senéchaux) ensemble les Preuosts de la Iustice ordinaire, & leurs Lieutenans, ce sont les plus vrays Magistrats, qui ont l'usage & exercice du commandement: combien que Faber sur cette loy 70. *De reg. jur.* prouue bien que *Legati Proconsulum non erant Magistratus*, mais ce n'est en regard en France, ainsi que diray ailleurs. C'est pourquoy ce n'est pas sans cause que par plusieurs Arrests de la Cour, les Preuosts & leurs Lieutenans sont jugez auoir la preseance sur les Conseillers des Presidiaux.

Car j'estime à bien entendre que ceux là ne sont pas Magistrats par effet, encore que lors de leur erection cette qualité leur ait esté baillée pour un titre d'honneur, & pour mieux vendre leurs Offices, tout ainsi qu'on a attribué aux Eleus & autres menus Officiers de finance, la qualité de Conseiller du Roy, bien qu'ils n'entrent point en son Conseil: comme pareillement les Conseillers des Presidiaux, ne font aucun acte de Magistrat, n'étans mesmes Iuges separément & à part, mais seulement en troupe & compagnie, comme simples Conseillers & Assesseurs du Magistrat; & comme parle l'Égl. 7. des Basil. l. 1. Chapitre 1. συμπονες τῶν ἀρχόντων. Et partant c'est à la verité, qu'ils ne peuuent rien ordonner seuls & hors leur Auditoire & Chambre de Conseil: non pas mesme répondre une requeste, ny faire aucun autre acte de Iustice, s'ils n'y sont commis par les Magistrats, ou par toute la Compagnie.

60. Ny les Conseillers du Parlement.

Ce qu'aussi Messieurs les Conseillers de la Cour n'entreprennent pas seulement: pource qu'ils ne sont Iuges non plus, qu'en corps & compagnie, d'autant que le Senat n'estoit anciennement qu'un Ordre, & non pas une troupe d'Officiers; & par consequent les Ordres n'ont point de puissance en particulier; mais en corps seulement, comme il sera prouué au dernier Liure.

61. Qui toutefois sont Magistrats.

Et toutes fois la majesté des Parlemens, & ce qu'ils jugent au nom du Roy, comme ses plus anciens & originaires Conseillers, fait qu'on ne leur peut pas reuoquer en doute la qualité de Magistrats.

62. Pourquoy l'ancien Conseiller Presidial expedie en l'absence des Lieutenans.

Et ce que le plus ancien Conseiller d'un Presidial peut faire seul les expeditions extraordinaires en l'absence des Lieutenans, est non du propre droit de son Office, mais pour la necessité publique, afin que la Iustice ne demeure, tout ainsi que l'ancien Auocat d'un Siege où il n'y a point de Conseillers, encore qu'il soit personne priuée, peut neanmoins en ce mesme cas tenir l'Audiance, & faire tous autres actes de Iustice qui ne peuuent estre differez. Et en ce cas il faut que les uns & les autres, pour authoriser leurs actes, prennent qualité de Iuges en cette partie, pour l'absence des Lieutenans: & j'ay veu tenir unanimement au Palais, que les commissions du Roy & de la Cour addressantes au premier Iuge Royal ne peuuent estre executées par les Conseillers des Presidiaux, s'ils ne sont denommez en l'addresse.

63. Ancien Conseiller n'est capable des commissions addressées au son Lieutenant.
64. Auocats & Procureurs du Roy des Bailliages & Preuostez sont Magistrats.

Et quant aux Auocats & Procureurs du Roy és Bailliages & Preuostez, il y a beaucoup d'apparence de les tenir pour Magistrats, pource qu'ils sont comme Controlleurs de la Iustice, & qu'en certain cas ils peuuent enjoindre aux Sergens d'emprisonner, & partant *prehensionem habere videntur*: & ainsi le tient Bodin au lieu cy-dessus allegué, qui pourtant est un peu suspect en ce point icy, pource qu'il estoit Procureur du Roy à Laon.

65. Iuges des Sieurs sont Magistrats.

Pareillement à l'égard des Iuges des Seigneurs, qui ont toute Iustice legitimement constituée, & qui ont un ample territoire, principalement des Iuges des villes closes, je tiens qu'ils sont Magistrats; & le verifieray amplement au cinquiéme Liure dedié particulierement pour eux.

66. Et les Seigneurs aussi.

Et quant aux Seigneurs de ces Iustices, il semble à la rigueur qu'ils ne sont pas Magistrats, tant pource que la Magistrature est sous la categorie du non-Seigneurie, que pource que c'est l'exercice du commandement, qui fait le Magistrat. Toutesfois ayant égard à leur origine, qui estoit de tres vrays Magistrats auant qu'ils eussent changé leur Office en Seigneurie, depuis laquelle mutation ils ont retenu la proprieté du commandement, qui semble plus auantageuse de l'exercice, aussi pource qu'elle emporte une superiorité sur ceux là mesmes, qui ont cet exercice, & attendu la regle de droit, *Eum qui judicare jubet, Magistratum esse oportere. l. Eum qui De Iurisd.* il faut conclure à mon auis, que s'ils ne sont vrays Magistrats, pour n'auoir l'exercice du commandement, au moins sont-ils Magistrats impropres pour en auoir la proprieté; pource que s'il n'est exercé par eux, au moins il est exercé pour eux, & par personnes ordonnées par eux. Aussi Bodin au 5. Chap. du 3. Liure, les met au nombre des Magistrats.

67. Commandement de la force.

Voila pour les Magistrats Ciuils, qui ont commandement en la Iustice, & qui sans doute sont les plus vrays Magistrats: mais comme il y a deux sortes de commandement, l'un de la Iustice, l'autre de la force: & comme dit Ciceron aux Offices, que *duo sunt genera imperandi, alterum per rationem, alterum per vim*: aussi y a-t-il deux sortes de Magistrats, à sçauoir ceux qui ont le commandement de la Iustice, & ceux qui ont le commandement de la force, qui sont les Chefs de la Gendarmerie, & les Gouuerneurs des Prouinces, villes & places: lequel commandement de la force, qu'on peut appeller autrement *Iustice militaire*, est beaucoup plus libre & auantageux, que celui de la Iustice Ciuile & ordinaire n'estant astraint à aucunes opposition ny appellations, & partant on peut bien dire, que c'est le vray *merum Imperium* du droit, qui est separé de la Iurisdiction, sinon qu'il ne s'étend pas si auant, que de pouuoir faire mourir les hommes, ny même les condamner en aucune amende, ou peine corporelle. Bref, si on tourne le *merum Imperium* des Romains, pour signifier le haut & principal commandement, que nous appellons *haute Iustice*, c'est ce qu'il reside en tous les Magistrats de Iustice, sauf qu'aucuns d'iceux sont liez par l'appel. Si on l'entend pour le commandement separé de la Iurisdiction & formes de Iustice, il reside proprement aux Magistrats militaires, & Officiers de Gouuernement.

68. Est vera merum Imperium.

Ce qui a lieu en toutes Republiques, dit Bodin, pource que sans commandement militaire, la guerre ne peut estre conduite: *Demus*, dit Ciceron aux Philippiques, *Imperium Cæsari, sine quo res militaris geri non potest*: & il est certain qu'à Rome les mesmes Magistrats, qui hors la guerre n'auoient pas droit de glaive, l'auoient tous indistinctement en guerre; mesmement pouuoient faire mourir les Soldats par jugement militaire, sans forme de procez, comme dit Polybe Liure 6. *De milit. & donest. Rom. discept.* Tite-Liue Liure 2. & 4. & Ciceron en la

69. Commandement des chefs de guerre.

Du pouvoir des Officiers Ch. VI.   39

troisiéme Philippique. Ce qui est pratiqué en France encore à present à l'egard du Chef de l'Armée, & du Colonel General de l'Infanterie, & Cavalerie legere seulement: & étoit pratiqué n'y a pas long tems jusques aux simples Capitaines de Gens de pied, qui se licencioient, en vertu de ce commandement militaire, de tüer les Soldats à discretion: ce qui leur fut deffendu par Edit du Roy Henry II, publié à la poursuite du sieur d'Andelot, lors Colonnel de l'Infanterie.

70. Comme ou de pratique en France.

C'estoit à cause de ce commandement ou Empire militaire, qui de verité est le plus avantageux qui puisse être, que les Chefs des Armées furent premierement à Rome appellez *Empereurs* puis ceux qui s'empareret de la Souveraineté, prirent ce titre qui emportoit, qu'ils pouvoient user par tout de ce libre & pur commandement, tel que les Chefs d'Armée l'ont en fait de guerre, que est d'avoir puissance sur la vie & la mort des hommes, sans être tenus de garder aucune forme de Iustice, ny deferer à aucune appellation ou opposition. C'est pourquoy il se voit que les premiers Empereurs, encore qu'ils ne fussent pas absolument Souverains, mais simples Princes, comme il sera dit au Livre *Des Seigneuries*, neantmoins faisoient mourir à tout moment les plus honnestes gens à discretion, & sans forme de Iustice, à cause de ce droit d'Empire, qui leur estoit concedé, ou plûtost qu'ils avoient usurpé sur les citoyens même, & en pleine paix. De sorte que cela estoit tout accoustumé, témoin le trait de Caligula rapporté par Suetone, Chapitre 32. *Lautiore convivio effusus subditi in cachinnos, Consulibus, qui juxta cubabant, quidnam rideret blandè quærentibus. Nimirum, inquit, cogita, uno meo nutu jugulari utrumque vestrum statim posse*, & au Chapitre suivant, *Quoties uxoris vel amicæ collum exosculareur, addebat. Tam bona cervix simul ac jussero demetur.* Et faut confesser, que cét Empire étoit proprement & veritablement le *merum Imperium*: Car il estoit separé de la Iurisdiction, & exempt des formalitez de Iustice, d'appellation ou opposition: & si s'estendoit jusques à la mort. Bref, c'estoit la puissance de la vie & de la mort: mais il devoit n'avoir lieu qu'en guerre.

71. Empereurs d'où sont dits, & pourquoy faisoient mourir les hommes à discretion.

Car combien qu'és Monarchies Seigneuriales cét absolu & parfait Empire ait lieu sur tous les Sujets, tant en Paix qu'en guerre, dautant qu'ils sont traittez comme esclaves, sur lesquels le Monarque a puissance de vie & de mort: si est-ce qu'és Monarchies Royales, où les Sujets sont traitez comme enfans, il ne doit avoir lieu même en la personne du Monarque, qu'en guerre, & contre les gens de guerre, pour la necessité de la discipline militaire, qui requiert plus grande severité & promptitude: mais hors la guerre le haut commandement ne s'exerce que par la voye de Iustice, & par les Officiers d'icelle. Et quant au pur commandement, qui s'exerce par les Officiers du Gouvernement, sans observer les formes de Iustice, il ne s'étend pas à la haute Iustice & droit de glaive, & griefve coërcion; mais à la legere coërcion & punition seulement. Voila comment se pratique en France le *merum & mixtum Imperium* des Romains.

72. Comment cela s'observe à present.

Finalement les Officiers de la Couronne, qui tiennent les plus nobles Charges du Royaume, & tous ceux du Conseil d'Estat, qui par leurs bons avis entretiennent & au maintiennement du repos de la France, & ordonnent de ce qui doit être fait par les autres Magistrats, doivent à mon opinion être mis au rang des Magistrats.

73. Officiers de la Couronne sont Magistrats, & ceux du Conseil d'Estat.

Même j'estime que les Officiers principaux des corps de Ville, comme Maires, Echevins, Capitouls, Consuls, doivent aussi être tenus pour Magistrats pendant le tems de leurs Charges, attendu que le droit ils sont appellez *Magistratus municipales*: aussi que plusieurs d'entr'eux ont le premier degré de Iurisdiction des Villes, & l'avoient presque tous anciennement, comme il sera dit au cinquiéme Livre: & en tout cas pource qu'ils sont Officiers de Gouvernement, ainsi qu'il sera prouvé au même lieu.

74. Comme aussi les Echevins des villes.

Voila donc en somme les trois sortes de Magistrats reconnuës par Aristote, c'est à sçavoir les Officiers de Conseil, de Gouvernement, & de Iustice quant au 15. Cha-

75. Effet de commandement des Magistrats.

pitre du 4. Livre des Polit. il a desiny ἀρχοντας τοὺς ἐνδιδόντας βουλὰς δε, καὶ ἐπιτάττειν, καὶ κρίνειν, & ces trois sortes d'Officiers ont droit de commander au peuple, & le peuple est tenu leur rendre obeïssance, sans laquelle, ny une famille privée ne peut être en repos, ny une Ville en tranquillité, ny un Estat en paix: de sorte qu'à bon droit les Anciens ont feint que la Deësse Peitarchie étoit épouse de Iupiter Sauveur, & mere de Felicité.

Reste de traiter en quel lieu s'étend & s'execute le pouvoir des Officiers, & principalement de ceux qui ont commandemet, soit en la force, ou en la Iustice. Car au regard des Officiers de finance, qui n'ont point de commandement, bien que leur Charge soit particulierement établie en certaine Ville ou Province, si est-ce que pour le peu d'importance qu'il y a, ils la peuvent faire par tout, suivant la decision notable de la loy *Quaro. D. De solutionib.*

76. Où s'exécute le pouvoir des Officiers de finance.

Donc quant aux Officiers des Armes ou Gouvernement, il est certain, que tant ceux de la Couronne, du Conseil d'Estat, que les Officiers ordinaires de la Gédarmerie peuvent avoir pouvoir par toute la France: n'y ayant que les Gouverneurs & Capitaines des places qui ayent pouvoir limité aux lieux de leur établissement, tel qu'il plaist au Roy le borner par leurs lettres. Que s'il ne s'y trouve expressement designé, ny par celles des precedes Gouverneurs, il le faut *in dubio* regler par les limites des Baillages de leur Province, qui sont toûjours certains, sans s'arrester à ceux des Dioceses Ecclesiastiques, ny des Elections: dautant que la Charge des Gouverneurs ete démembrée de l'Office des Baillifs & Senechaux, qui avoient succedé aux Ducs & Comtes lesquels ont été tous les premiers Gouverneurs en France.

77. Où s'etend celuy de Gouvernement.

Et est à remarquer, que combien qu'au fait de la Iustice le magistrat ne puisse rien ordonner, ny faire aucun exploit, étant hors de son détroit: si est-ce qu'au Gouvernement, où les formalitez judiciaires ne sont requises, un Gouverneur étant hors sa Province, peut neantmoins commander & ordonner ce qui dépend de sa charge. A l'exemple du Proconsul Romain, *qui ubique extra urbem Proconsularia insignia gerebat, & ubique exercebat Iurisdictionem voluntariam, sed non contentiosam l. 1. & 2. D. De Offic. Proconf.* Ce que ne pouvoit pas le President de province, *qui Imperium tantum, habebat, dum in Provincia sua erat: & si excesserat, tanquam privatus habebatur*, dit la loy *3. D. De Offic. Præsid.* Dont la raison est que le Proconsul étoit Chef d'Office, au lieu que le President de Province n'estoit que le Lieutenant de l'Empereur, comme de fait il est souvent qualifié *Legatus Cæsaris*, & *Legatus pro Prætore*, comme parle Dion, & comme l'a remarqué Cujas, Livre 16. Des Observations, Chapitre 37. & c'est aussi pourquoy le Proconsul avoit ordinairement un Lieutenant; mais le President de Province n'en avoit point, témoin leurs titres du Digeste *De Officio Proconsulis & Legati, & de Officio Præsidis.*

78. Gouverneurs gardent les limites des Baillages.
79. Gouverneur exerce hors son Gouvernement.
80. Explication de la loy 3. de Off. Præs.

Aussi au rebours, mais les mandemens des Gouverneurs ne s'étendent pas si loin que ceux des Iuges, ne peuvent être executez, ny hors leur Province, ny aprés leur Charge finie: au lieu que ceux des Iuges (qui sont assistez des formes de Iustice, & partant font un droit immuable) s'executent & hors leur détroit, & aprés qu'ils ne sont plus Iuges.

81. Les mandemens des Gouverneurs ne s'executent hors leur Province, ny aprés leur mort.

Et pour parler particulierement de la puissance des Iuges, elle est sans doute, pour l'exercice, bornée à leur territoire, hors lequel ils ne peuvent faire aucun acte public, & comme dit cette loy *3. Cum excesserint provinciam privati loco sunt*: c'est ce que dit la loy derniere, *D. De Iurisdict. Extra territorium jus dicenti impunè non paretur.* En quoi le territoire ne doit pas être entendu seulement pour le droit de la Iustice ordinaire & primitive; mais il comprend tout l'enclave du ressort, par tout lequel leur puissance publique leur demeure: & partant ils y peuvet faire tous actes publiques, soit de Iurisdictió volontaire, ou de contentieuse: & de fait, on voit notoirement que les Sieges & Auditoires des Baillifs & Senechaux sont situez dans le territoire particulier de la Iustice primitive des Prevosts & Iuges ordinaires.

82. Ceux des Iuges doivent être faits en leur territoire.
83. Territoire comprend tout le ressort.

Des Offices en general, Liv. I.

Il est bien veritable, qu'au territoire de ressort, ils ne doivent entreprendre que les cas de ressort, & non ceux de la Justice primitive: mais tant y a, que tous actes, qu'ils y font, bien ou mal, en qualité de Juges, & soit qu'ils soient competens ou non, pour actes publiques, ne peuvent être combatus que par appel, ou opposition.

Mais tous les actes & mandemens des Juges qu'ils ont faits dans leur territoire, peuvent être executez, non seulement en iceluy ; mais aussi (supposé qu'ils fussent fondez de pouvoir lors qu'ils les ont donnés) ils peuvent être executez par tout le monde, pource que la Justice est du droit des gens: en obtenant neanmoins permission des Juges du lieu, où on veut les faire executer, dequoy le Juge qui a donné la Sentence, le prie & requiert en ayde de Justice, offrant faire le semblable en pareille occurrence; qui est ce que nous appellons *Commission rogatoire*, dont il est parlé au grand Coustumier, Livre 2. Chapitre 2. & les Docteurs Estrangers l'appellent *literas mutui compassus*.

Principalement cette permission ne peut être justement refusée és terres de la même Souveraineté, pourveu que le Juge qui a donné la Sentence, fust lors Competent, ou même qu'estant incompetent, la juridiction eust été volontairement prorogée par les parties, ce que tous les Interpretes font d'acord: pouvoir être fait *in simili foro*, *non dissimili*, *nt de Ecclesiastico Iudice ad secularem, et è contra*: pource que la fin de non proceder ne concerne que l'interest particulier de la partie, ou bien celuy du Seigneur de Justice, & non l'interest public: & partant est convertie *quoad omnes*, après la Sentence definitive contradictoirement donnée.

Encore plusieurs sont-ils d'advis, qu'il ne faut point demander de permission, pour executer les mandemens des Juges Royaux hors leur détroit, pource que le Scel Royal, dont ils sont munis est executoire par tout, sans demander placet, visa, ny pareatis suivant les Ordonnances : lesquelles toutesfois j'estime devoir être entenduës seulement des commissions des Chancelleries, esquelles le Roy parle & commande, & partant ne faut point demander permission d'y obeïr, ensemble des Contras. à cause du consentement & prorogation volontaire de Jurisdiction faite en iceux : & encore des Sentences des Juges Superieurs, & de ressort, pour lesquelles executer il n'est pas raisonnable de demander congé à leurs inferieurs: mais non pas des Sentences des Juges Royaux, qui distraÿent la jurisdiction de leurs voisins, sur lesquels ils n'ont aucun pouvoir ny authorité, attendu que c'est le Juge; & non le Scel Royal qui fait le mandement, dont le Scel est seulement la marque & preuve publique.

Principalement j'estime, puisque la loy dit, que *licet Magistratui tueri Iurisdictionem suam modica coërcitione*, que le Juge du lieu, pour maintenir sa jurisdiction, peut faire arrester le Sergent, qui distrait ses Sujets, & le condamner en l'amende: même la faire payer nonobstant l'appel, & sans prejudice d'iceluy, comme étant une matiere de correction & de police dont l'effet seroit vain, si l'execution n'en étoit prompte.

Mais aussi si c'est un cas particulier, qui soit asseurément disposé pour être traité en autre Justice & auquel neanmoins le Juge du lieu refuse sa permission, je tiens que le Sergent Royal (ayant d'ailleurs pouvoir d'exploiter sur le lieu) se peut hazarder d'executer sa commission; & s'il en est inquieté, ce sera lors au Juge Superieur des deux à connoistre si le Sergent a mal exploité, ou le Juge du lieu mal dénié sa permission, en quoy luy même peut être pris à partie, s'il a fait arrester le Sergent, ou iceluy condamné en l'amende mal à propos.

Car il y a plusieurs cas, esquels la Jurisdiction d'un Juge s'étend contre ceux, qui ne sont demeurans en son detroit, comme matieres criminelles, qui doivent être jugées en la Justice où le crime a été commis, par l'Ordonnance de Roussillon, suivant la loy 1. *C. Vbi de crimine agi oporteat*: aussi és matieres réelles, possessoires & mixtes, il est en l'option du demandeur de plaider devant le Juge de l'heritage, ou de la personne, *l. 1. C. ubi in rem actio*. Pareillement en garantie, c'est une regle de pratique, que le garant suit le garanty: comme aussi tous incidens se traite au lieu où est pendant le procez principal.

Et tout cela est tellement vray, qu'en tous ces cas le Juge d'un Seigneur a Jurisdiction sur les Sujets & justiciables immediatement de la Justice Royale: mais toujours il faut obtenir permission du Juge, chez lequel on fait l'adjournement, par le moyen d'une commission rogatoire; & cette permission étant par luy octroyée, (comme il ne la doit refuser en ces cas, sur peine d'en faire sa cause) le Sergent de la Justice, dont la commission est emanée, peut faire l'adjournement au détroit d'autruy: auquel d'ailleurs il n'auroit aucun pouvoir ; pource que c'est le mandement de son Juge, qu'il execute par la permission du Juge du lieu.

Hors ces cas, & quelque peu d'autres, & cessant d'ailleurs la prorogation de Jurisdiction par une contestation volontaire, la Sentence renduë par coustumance contre celuy qui est notoirement d'autre territoire, est de soy nulle, *nec quempiam litigatorum Sententia a non suo Judice lata constringit*, dit la loy derniere, *C. Si a non compet. jud*. pource que la Jurisdiction contentieuse ne requiert pas seulement la puissance publique de la part du Juge; mais aussi la competence & la subjection de la partie defenderesse, *ex cujus persona forum metimur*.

Et ce qui est dit en la loy 2. *D. Si quis in jus vocat, non feris*, & en la loy 5. *D. De judic. que vocatus ad Praetorem venire debet, ad hoc ipsum ut sciatur, an sua sit Jurisdictio*, qu'on dit en pratique, que bien ou mal adjourné, il faut comparoir, s'entend seulement du Preteur & Juge ordinaire du territoire, & de celuy qui est adjourné devant son Juge naturel: mais qui a quelque privilege, ou raison particuliere de decliner sa Jurisdiction, de fait cette loy 2. parle notamment *de competenti Iudice*: & cette loy 5. dit par exprés, qu'il faut que *vocati in jus venientes privilegia sua allegaturi*; mais celuy qui est adjourné notoirement hors son vray & naturel territoire, est proprement au cas de la loy *Extra territorium De Jurisd*. & de la loy derniere *Cod. Si à non compet. jud*. & est bien recevable d'appeller de la commission d'adjournement, & de tout ce qui s'en est ensuivi, comme de Juge incompetent.

Voila pour la jurisdiction contentieuse: & quant à la volontaire dont les Notaires ont le plus frequent exercice, sous le nom toutesfois & authorité des Juges, qui sont toujours intitulez és grosses des Contracts, c'est chose bien certaine qu'ils ne doivent pas instrumenter hors le territoire de leurs Juges; & s'ils le font, ils peuvent être punis: mais la question est, si les Contracts qu'ils ont passés hors leur territoire, sont nuls. Et certainement à l'égard des Notaires des Seigneurs; qui ont passé des Contracts en la Justice primitive du Roy, ou d'un autre Seigneur, ou ne ressortit devant eux, il y a grande apparence que ces Contracts soient nuls à la rigueur: tout ainsi que ceux qu'un Notaire étranger comme de l'Empereur, du Duc de Lorraine, ou de Savoye, auroit passé en France.

Mais le plus grand doute est és Notaires Royaux, qui ont instrumenté hors la branche & Paroisse dont ils sont establis; attendu les Ordonnances du Roy François I. & Henry II. qui par exprés, *Qu'il ne leur est loisible d'entreprendre sur les limites des uns des autres, à peine de nullité, & de tous dépens, dommages & interests des parties, & encore de rendre le quadruple de l'émolument*.

Neanmoins

Du Pouvoir des Officiers, Ch. VI.

98. Qu'ils ne sont pas nuls.

Neanmoins cela seroit bien rigoureux, qu'un contract d'importance comme de mariage, de constitution de rente, ou même un Testament, fust declaré nul, sous pretexte que des Gentils-hommes, des Marchands, des Estrangers, qui ne sçavent pas la separation des Iustices, s'en sont fiez au Notaire, qui le plus souvent n'a pas moyen de les desinteresser. Seroit-ce pas establir le fondement de la Iustice qui gist en la foy des Contracts, sur une pointille, une formalité & subtilité de chicanerie, plûtost que sur l'équité & bonne foy toute apparente?

99. Pourquoy.

Attendu même qu'il semble que les Contracts, étans munis du Seel Royal sont assez validez & authorisez pour avoir force en tous les païs du Roy: aussi que, comme disent Hostiense & Panorme sur le Chapitre *Sicut erat. Ne oler. vel mon.* la Charge du Notaire ne dépend pas tant de la Iurisdiction, qui est limitée à certain détroit, que de la puissance & authorité publique, qui s'étend de soy par tout l'Estat, suivant la loy *Quaro De solut.* Et ce qu'elle participe de la Iurisdiction, n'est que de la volonté, que la loy permet facilement d'exercer hors le territoire, *ut in l. 2. D. De Offic. Procons.* Que si la Iurisdiction contentieuse peut être prorogée, pourquoy la volontaire, & notamment celle du Notaire: qui ne fait que rediger par escrit la volonté des parties, ne sera t'elle de leur consentement, pour la validité des conventions dont elles sont d'accord?

100. Resolution de la question.

C'est pourquoy j'estime avec le judicieux Bacquet au 35. Chapitre de son 3. Livre, & Pontanus sur le 17. art. de la Coustume de Blois, que nonobstant ces Ordonnances, les termes desquels doivent être pris pour comminatoires seulement, & non pas executoires, les Contracts des Notaires Royaux, passez hors leur détroit, sont bons & valables par tout, & entre toutes personnes; mais qu'eux pour la contravention à l'Ordonnance, doivent être condamnez en de bonnes amendes.

101. Quid eux Notaires & Sergens.

Et encore à l'égard des Notaires des Seigneurs passans Contracts hors leur pouvoir, je tiens, que si c'est en même Iustice, bien qu'en branche de Notariat separée, même, si c'est dans le ressort de leurs Iuges, c'est à dire, dans la Iustice primitive d'un Seigneur Iusticier ayant Notariat, & ressortissant par appel devant le Iuge du Notaire, tels Contracts sont valables pource que la puissance du Iuge intitulé au Contract, & par consequent celle de son Notaire, s'étend par tout son ressort, & ce qu'il vient d'être dit: & son Seel, dont le Contract est muny, y est executoire, sans demander permission, ainsi que celuy du Roy est executoire par tout le Royaume, vray est, qu'il faut toûjours punir le Notaire qui a entrepris sur la branche de son voisin, ou sur le Notariat du Seigneur inferieur.

102. Idem és limites contentieux.

Pareillement j'estime que les Contracts passez par le Notaire d'un Seigneur, és limites contentieux de sa Iustice, doivent *in dubio* être tenus pour valables, soit en vertu de la possession, soit à cause de l'erreur commun, qui fait la loy en telles matieres.

103. Les Contracts passez hors le territoire ne sont nuls à l'égard des Contractans ny leurs heritiers.

Mêmement hors ces cas particuliers, j'estime indistinctement que le Contract, même le testament (auquel la forme prescrite par la Coustume doit être plus rigoureusement observée) passée par le Notaire d'un Seigneur, au lieu où il ne pretend aucune Iurisdiction, doit être tenu pour valable, & ne peut être debatu par aucun des Contractans, ny leurs heritiers, à cause de leur consentement & prorogatiõ volontaire, suivant la loy 1. *Commun. utri. jud.* mais que seulement il peut être argué de nullité par personnes tierces, cóme des creanciers ou acquereurs subsequens. Et certes à leur égard, il y a grande apparence, que tel Contract ne vaut, que comme écriture privée, qui partant n'a effet, ny de pleine preuve, ny d'hypoteque, ny d'execution parée; qui sont les trois effets des Contracts publics. Autre chose est des Contracts receus par des pretendus Notaires, ou Substituts, exerçans publiquement, & qui neanmoins n'ont fait serment en Iustice, & partãt n'ont la puissance publique. Car l'erreur commun rend valables les Contracts entre toutes personnes, suivant la loy *Barbarius Philippus. D. De Offic. Praes.* comme il fut jugé au rapport de Du droit des Offices.

M. Loüet, le 14. Octobre 1595.

Cela soit dit pour les Contracts receus par le Notaire hors leur territoire: quant à ceux qu'ils ont receu dans icelui, c'est chose bien certaine, qu'ils ont force par tout le monde, c'est à dire, même hors la Souveraineté où ils ont été passez, encore que l'obligé fut étranger: car en matiere de Contracts, ny la subjection, ny la competence n'est requise, tant à cause du consentemét, qui sert de prorogation de la Iurisdiction volontaire, que pource qu'ils sont du droit des gens, ainsi que le commerce, autrement ce seroit une grande incommodité, que celuy qui seroit hors de son païs, ne peut contracter.

104. Contracts ont force par tour, & pourquoy.

Ce qui est sans difficulté à l'égard de la preuve & de l'hypoteque aussi: mais il y a de la difficulté à l'égard de l'execution parée: difficulté qui mêmement a lieu à l'égard des Contracts passez sous Seaux authentiques, c'est à dire, par les Notaires des Seigneurs: attendu l'Ordonnance de l'an 1539. art. 66. & la Coustume de Paris, art. 165. qui n'attribuent l'execution parée à ces Contracts, sinon dans le droit de leur Seau, & contre ceux qui étoient demeurans dans icelui, lors que le Contract a été passé: dont la raison est, que le Seel du Seigneur, qui produit l'execution parée, n'est pas connu & notoire hors son territoire, comme celuy du Roy, & neanmoins ne peut être revoqué en doute par celuy qui, par le Contract même, s'est confessé demeurant sous icelui Seel.

105. Mais n'ont par tout execution parée. 106. Explication de l'article 66. de l'Ordon. 1539. & de l'art. 165. de la Coustume de Paris.

D'où j'infere, que le Iuge de l'obligé reconnoissant le Seau pour authentique, & pour veritable, peut donner permission de mettre à l'instant le Contract à execution. Ce qu'il peut faire sans ouïr l'obligé, pource que déja le Contract étant public, fait pleine foy contre luy, & ne luy reste que l'execution parée, qui est deniée seulement aux Seaux authentiques, pour empecher les abus qui en pourroient survenir, s'il étoit permis de les mettre à execution hors le territoire du Seau: mais étant toleree & approuvez par le Iuge de l'obligé, il n'y a nul doute qu'ils ne soient executoires: autrement quelle apparence y auroit-il, après une bonne transaction bien liquide d'être contraint de recomencer un nouveau procez, *& partam executionem ad initium alterius petitionis redigere;* comme dit la loy 4. *D. De minor.* Ce qui s'observe aujourd'huy communément par les Iuges, qui ont en recommandation de faire briefve Iustice: en quoy je trouve encore moins de difficulté que de donner semblables permissions d'executer les Sentences des Iuges Subalternes hors leur détroit, veu que la prorogation de la Iurisdiction volontaire est plus admissible, que de la contentieuse, & que les Contracts requierent moins competence, que les Sentences.

107. Le Iuge peut permettre executer le Contract authentique.

Il est vray, qu'il y a quelque difference en cét article entre les Contracts & les Sentences, pource que les Sentences sont de leur propre nature executoires selon le droit Romain, & les Contracts ne le sont que par vertu du Seau, ne l'étant pas de droit commun, comme il appert clairement de cette loy 40. *De minor.* C'est pourquoy le Iuge du condamné ne peut justement refuser l'execution de la Sentence d'un autre Iuge: mais il ne baillera pas s'il ne veut, la permission d'executer le Contract passé sous Seau authentique, sans ouïr l'obligé, attendu l'Ordonnance de 1539. D'où resulte aussi la difference des Contracts passez sous Seel ou Royal, ou authentique: à sçavoir que ceux-là sont executoires, par tout de leur propre vertu, & sans Permission: & ceux cy ne le sont hors leur détroit que par permission, qui peut être refusée sans injustice.

108. Ce qu'il peut refuser aux Contracts, mais non aux Sentences.

Et quant aux Contracts passez hors le Royaume, pource que le Seau, dont ils sont munis, n'est nullement authentique quant à nous, c'est à dire authorisé de nôtre Prince, combien qu'à cause du droit des gens, ils fassent preuve, & portent hipoteque, s'ils contiennent la clause hypotecaire, & non autrement, la commune opinion est, que sans ouïr l'obligé, son Iuge ne doit donner permission de les mettre à execution, dont M. Choppin au 1. Livre sur la Coustume d'Anjou, rapporte un Arrest du 13 Aoust 1534.

109. Des Contracts passez hors le Royaume.

F

CHAPITRE VII.
De l'honneur des l'Offices.

1. Soli Deo honor, *interpreté*.
2. Les Magistrats sont distributeurs de l'honneur mondain.
3. Honor quid propriè.
4. Ὅσῳ ἀξαδὶν ᾖ τιμῇ.
5. Offices doivent estre conferez aux gens vertueux.
6. Venalité diminuë l'honneur des Offices.
7. Honneur externe deu au Magistrat, bien que vicieux.
8. Office & honneur synonimes.
9. Honneur externe.
10. 3. principales ceremonies de l'honneur externe.
11. Du salut deub aux Officiers.
12. L'honneur que Tibere rendoit aux Magistrats.
13. Histoire de Fabius Maximus, & de son fils.
14. Reglement de la puissance publique, avec la domestique.
15. L'honneur appartient toûjours aux Officiers ; mais le pouvoir non.
16. Les Officiers estans en l'acte de leur exercice, doivent estre encore plus respectez.
17. Quand le Magistrat peut punir l'injure à luy faite.
18. Salut est deu aux Magistrats.
19. N'en doivent paroistre curieux.
20. Magistrat doit maintenir l'honneur de sa Charge par de bonnes actions.
21. Ne doit endurer le mépris.
22. Du rang & Seance des Officiers.
23. Les Officiers ont action pour leur rang.
24. Pourquoy.
25. Ce rang est presque impossible à specifier.
26. Principalement en France.
27. Officiers de méme qualité ont rang ensemble selon leur antiquité
28. Ce qui a lieu en toutes sortes de Dignitez.
29. Saint Jacques le Majeur, pourquoy dit.
30. Officier Alternatif premier receu precede l'ancien.
31. Qualité de premier President, dépend de la gratification du Roy.
32. Sauf du premier President des Monnoyes.
33. A Rome le premier pourveu precedoit : en France, c'est le premier receu.
34. Raison de difference.
35. Le rang n'a lieu que du jour de l'installation.
36. Receu à survivance ne gagne son rang.
37. Mais bien le receu, à la charge de n'opiner ny rapporter.
38. De la prerogative, ou rang d'opiner des Officiers.
39. Prærogativa quid? Ordine consulere. Servare disciplinam Curiæ.
40. Prærogativa Tribus, & quel estoit l'ordre des suffrages aux Assemblées de Rome.
41. Quel au Senat.
42. Primæ Sententiæ Senator.
43. Ancien ordre d'opiner au Senat Romain étoit selon l'âge
44. Puis selon les Dignitez

45. Finalement à la discretion de celuy qui presidoit.
46. Remis selon l'ordre des dignitez.
47. Que cet ordre est dangereux.
48. Pourquoy les Areopagites opinoient en secret.
49. Les grands contraignent l'opinion des petits.
50. Ordre d'opiner en la Sorbonne.
51. Ordre d'opiner és consultations des Advocats.
52. Pourquoy les Romains gardoient la prerogative.
53. Ordre d'opiner és Cours Souveraines de France.
54. Du titre d'honneur des Officiers.
55. Epithetes ou titre d'honneur des Offices.
56. Titre de Chevalier à qui est deferé.
57. Titre de Conseiller du Roy.
58. Presidiaux appellez Conseillers Magistrats.
59. Titre de Conseiller du Roy enfin devenu vil.
60. Bonne renommée vaut mieux que ceinture dorée, pourquoy dit
61. Titre de Noble homme à qui appartient.
62. Qu'emporte le titre de Noble-homme.
63. Noblesse des Parisiens.
64. Officiers honorables peuvent faire leurs femmes Damoiselles.
65. Anciennement en faloit obtenir permission de la Reyne.
66. Ces honneurs n'appartiennent aux Officiers aprés resignation.
67. Aliud Romæ. Noms derivatifs de l'Office exercé.
68. Raison de difference.
69. Autre raison.
70. Titres d'honneur provenus des Offices ne se perdent par resignation.
71. On ne dédame point.
72. Privilege de Veteran remissivè.
73. Rang perdu ne se recouvre jamais.
74. Explication de la loy 2. D. De Decur.
75. Privilege de Veteran ne conserve le rang pour un Office nouveau.
76. Réponse à la loy Quod dicitur §. 1. D. De militest.
77. Changement d'Office sans intermission d'exercice conserve le rang.
78. Mais s'il y a quelque discontinuation, le rang est perdu.
79. Raison.
80. Rang ne se perd par l'adoption d'un plus grand Office.
81. Cas particulier auquel le dernier receu precede.
82. Ancienne superiorité considerable en matiere de simple honneur.
83. Autres exemples.
84. Soldat doit honneur à celuy qui a été son Capitaine.
85. Rang des Presidens des Enquestes.
86. Ceux qui ont exercé Offices en retiennent l'honneur aprés resignation.
87. Mais c'est un honneur gratuit & de bien-seance.

---

1. *Soli Deo honor, interpreté.*

IL n'y a rien de plus digne, ny de plus excellent que l'honneur : car c'est la dignité & l'excellence même. Aussi Dieu, pour marque de sa grandeur & reconnoissance de l'être qu'il nous a donné, & des biens qu'il nous fait journellement, ne veut autre recompense de nous que l'honneur. Honneur qui en sa perfection luy appartient proprement seul & pour le tout: *Soli Deo honor & gloria*: & dont il est si jaloux, qu'il ne veut pas qu'il soit communiqué à ses creatures, sinon entant qu'il le permet. Mais reservant à soy le degré suprême d'honneur, qui est l'adoration, il a communiqué & comme baillé en depost aux Monarques, qui sont ses Lieutenans en terre, toute espece d'honneur mondain, dont il les a rendu distributeurs, ainsi qu'il est escrit au 6. Chapitre d'Ester:

2. *Les Monarques sont distributeurs de l'honneur mondain.*

pour en faire part à qui ils verront bon être, & principalement aux Magistrats & Officiers, qui les representent: & ce avec cette clause & avec ces menaces, que qui méprise les Magistrats, méprise Dieu mène, duquel tout honneur procede, comme il est dit au 8. Chapitre du 1. Livre des Roys.

Or l'honneur est la reverence, que nous portons à autruy pour sa vertu, comme le definit Aristote au 4. des Ethiques Car la vertu ne peut recevoir autre recompense bastante & proportionée à son merite, que l'honneur : pource qu'étant divine, c'est à dire, essentielle en Dieu : & és hommes par sa communication, il faut aussi que sa recompense pour être égale, soit divine comme est l'honneur. Ὅσῳ γὰρ ἀγαθὸν ᾖ τιμῇ dit

3. *Honor quid propriè.*

4. *Ὅσῳ ἀξαδὶν ᾖ τιμῇ.*

De l'honneur des Offices, Ch. VII.

Platon 5. *De leg.* mots que Ciceron adapte aux Magistrats *lib.* 1. *epist. Ad Attic. epist.* 1

5. Offices doivent estre conferez aux gens vertueux.

D'où resulte, que les Monarques que Dieu a établis pour distributeurs de l'honneur, doivent conferer les dignitez & Offices à gens vertueux : autrement ils commettent trois sortes d'injustice, par un même fait: l'une de frustrer les gens de bien de la recompense à eux düe: la seconde, d'attribuer aux autres, ce qu'ils ne meritent pas, Et la troisiéme & principale, que frustrant la Republique de la conduite des gens de bien, ils la commettent à d'autres, des fautes desquels partant ils sont responsables devant Dieu, *quia mala electio in culpa est.* Et reciproquement aussi ceux qui sont elevez és honneurs & dignitez, doivent s'y guider & conduire continuellement par la vertu, afin de conserver, même d'augmenter, par leur propre merite, l'honneur dependant de leur Magistrat, & non pas le prostituer & trahir par leurs mauvaises actions, comme parle l'Empereur en la loy *Curiales. De Decurio. lib.* 10. *Cod.*

6. Venalité diminuë l'honneur des Offices.

Et veritablement il ne peut être autrement, que la mauvaise vie des Officiers, & aussi le choix qui s'en fait aujourd'huy par argent, ne ravale & diminuë beaucoup parmy le peuple l'honneur qui leur est dû. Car d'une part il est malaisé d'attribuer au vice l'honneur qui appartient à la vertu: & d'ailleurs ceux, qui n'ayans aucun merite en eux, croyent acheter l'honneur par argent; font comme celuy qui dans Euripide veut voler avec des ailes d'or, qui l'abaissent au lieu de l'élever *Hac res ipsa, qua tot Magistratus & Judices facit, pecunia, ex quo in honore esse cœpit, verus honor cecidit, mercatoresque & venales invicem facti quarimus, non quale sit quidquid d, sed quanti.* dit Seneque *Epist.* 115.

7. Honneur externe dû au Magistrat, bien que vicieux, ou issu de bas lieu.

Toutefois il faut distinguer l'honneur interieur d'avec l'exterieur: l'interieur est celuy qui est proprement dû à la vertu: l'exterieur est celuy qui tout au moins est deû au Magistrat, non à cause de son merite particulier, mais à cause de sa qualité, pource qu'il est nostre Superieur. Partant il luy faut obeïr, & luy donner du moins de cét honneur exterieur, tant que sa qualité luy demeure. Car il est dit, *obedite Præpositis vestris etiam discolis,* Et quand nous faisons honneur à un Magistrat, ou à un Prelat Ecclesiastique vicieux, ou issu de bas lieu, disons en nous mêmes *non illi sed Magistratui, sed Religioni:* nous souvenans du trait d'Amasis Roy des Egyptiens, qui se voyant au commencement méprisé de ses Sujets, pour être issu de bas lieu, fit faire d'un urinal la statuë d'un Dieu, laquelle voyant honorée reveremment, il dit à son peuple dequoy elle avoit été faite, & Par cét exemple luy persuada de l'honorer, nonobstant sa basse origine, dit Herodote Livre 2.

8. Office & Honneur synonimes.
9. Honneur exterieur.

Cer enfin l'honneur est tellement attaché à l'Office, que l'Office même est appellé en Latin & en François, Honneur & Dignité, en Grec τιμὴ καὶ ἀξίωμα, & Varron donnant l'etymologie de *Honos,* le derive *ab honeste honore.* Mais quant à l'honneur interieur, il procede de la vertu, comme l'ombre du Soleil, & partant suit la personne vertueuse, comme l'ombre suit le corps. Et certes c'est une belle chose quãd le Magistrat peut par ses bonnes actions acquerir l'honneur interieur depen dant de la vertu, avec l'exterieur qui est dû à sa Charge.

10. Trois principales ceremonies de l'honneur exterieur.

Or comme il y a plusieurs degrez d'Offices & autres dignitez, ausquelles l'honneur est communiqué, aussi y a-t-il plusieurs sortes de ceremonies de cét honneur exterieur, qu'il seroit impossible de particulariser. Je parleray seulement de trois, qui sont les principales, à sçavoir du salut, du rang, & du titre d'honneur.

11. Du salut deû aux Officiers.

J'appelle le salut toute reverence, inclination & autre telle soûmission, qu'on fait aux Officiers, à la rencontre, que les Latins appellent *assurgere, & cedere de via:* Car les Romains marchans tête nuë selon leur mode, ne pouvoient pas ôter leur chapeau aux Magistrats. Or ce salut & inclination selon la mode des pays, est deû par chacun particulier à tous Magistrats, & autres Officiers d'eminente dignité, témoin ce que dit Plutarque en la vie des Gracches, qu'un nommé Veturius, ou selon d'autres Vectius, fut tué sur le champ, par le commandement du Tribun du peuple, pour ne s'estre pas levé, lors qu'il passoit.

Et Dion en la vie de l'Empereur Tibere dit, qu'il ne manquoit jamais à se lever devant les Magistrats, & les aller recevoir, & quand ils sortoient de les conduire jusques à sa porte: & quand il se faisoit porter par la ville dans son siege Curule, il ne permettoit point qu'aucun Magistrat, ny même aucun Senateur, ny Chevalier le suivît.

12. L'honneur que Tibere rendoit aux Magistrats.

Pareillement Valere le grand nous apprend, que Fabius Maximus étant fort vieil & caduc, ne voulut jamais s'arrester entre son fils étant Consul, & son Massier, lors qu'il aboucha les Ambassadeurs des Samnites, encore qu'il l'en priast instamment, de peur qu'il ne fut étouffé de la presse: & qu'une autre fois son fils l'ayant rencontré, commanda à son Massier de le faire descendre de son cheval, ce qu'autrement le Massier n'eust osé faire, à quoy le pere obeït, loüant grandement son fils, d'avoir bien sçeu maintenir, à l'endroit de son pere, l'honneur deû à son Magistrat.

13. Histoire de Fabius Maximus. & son fils

Ce qui nous apprend en passant, que la puissance domestique doit ceder, ou pour mieux dire surseoir & ployer sous la publique, suivant la loy *Quod attinet. Ad Trebell.* Enquoy toutefois il y a cette distinction, qu'és lieux & Assemblées publiques, la puissance publique doit prevaloir: mais és compagnies privées & particulieres, la puissance domestique & le rang deû selon nature à la parenté superieure doit avoir lieu, pource que les liens naturels sont plus forts que les civils hors les lieux où la puissance civile doit éclater: qui est le discours de Favorinus dans A. Gelle Livre 11. *In publicis locis atque muneribus & actionibus, patrum jura cum filiorum, in Magistratu sunt, potestate collata, interquiescere paululum & connivere: sed cum extra Rempub in domestica re & vita sedeatur, ambuletur, in convivio familiari discumbatur tum inter filium Magistratum & patrem privatum publicos cessare, & genuinos exoriri.*

14. Reglement de la puissance publique avec la domestique.

Car au surplus il y a cette differance entre le pouvoir & l'honneur des Officiers, que le pouvoir requerant une action & exercice, ne leur appartiét pas continuellement actuel, sed tantum potestate: mais l'honneur qui ne requiert point d'action, leur est toûjours actuellement deû, même hors les actes de leur exercice, comme en tout tems ils sont vrays Officiers. Ce que j'entens seulement des vrays Officiers: Car les simples Commissaires, n'ont rang ny honneur, que tandis qu'ils sont en l'acte de leur commission, ce que je prouveray en son lieu.

15. L'honneur appartient aux Officiers, mais le pouvoir non.

Mais à l'egard des vrays Officiers, quand ils sont en l'acte de leur exercice lors leur honneur étant joint à leur pouvoir actuel, doivent être encore plus respectez, & y a plus de danger de les offenser, ou de faire quelque insolence devant eux. Car alors ce n'est pas seulement le Magistrat qui est offensé, mais le public, & le Prince même, qu'il represente plus particulierement en l'acte de son service, d'où vient, que dans le Senat des Areopagites il étoit deffendu de rire, dit Eschine contre Timarque, & à Rome un citoyen fut noté d'ignominie par les Censeurs, pour avoir bâillé trop haut dans l'Auditoire du Preteur.

16. Les Officiers étans en l'acte de leur exercice doivent être encore plus respectez.

C'est pourquoy on voit, que les Juges peuvent eux-mêmes chastier moderément, comme par prison & par amende non infamante, ceux qui parlent à eux trop temerairement, ou font quelque insolence devant eux *l.* 15 §. *unde quærit. De injuriis. l.* 1. *Si quis jus dicenti non obtemp.* comme n'estans pas en ce cas reputez vanger leur propre injure, mais celle qui est faite au public en leur personne. Mais si l'ofense faite au Magistrat meritoit punition corporelle, ou peine infamante, alors, pource que l'affection particuliere du Juge, qui se pretend ofensé est considerable en matiere de telle importance, il est bien raisonnable, qu'il se deporte d'estre Juge & partie, & qu'il reçoive la Iustice d'un autre: qui est la resolution que donne Bodin de cette fameuse questiõ, *Si le Magistrat peut vanger l'injure publique faite en sa personne.*

17. Quand le Magistrat pût punir l'injure à luy faite.

Or pour revenir au salut, je tiens qu'il n'est pas deû à la rigueur à tous Officiers, mais seulement aux Magi-

18. Salut est deû aux Magistrats.

Des Offices en general, Liv. I.

19. N'en doivent paroistre curieux.

strats: même ne leur est dû hors l'acte de leur Office, que par ceux qui sont sujets à leur commandement, & non par autres : Car ceux-là ſdevans obeissance à leur Magistrat, à plus forte raison lui doivent-ils le salut en tout tems & en tous lieux. Encore à mon avis les Magistrats, n'en doivent-ils pas paroistre si curieux, & si chatouilleux, que de se piquer legerement contre ceux, qui par mégarde ne les ont pas saluez. Car tel honneur doit plûtost venir d'affection que de force; & il en est du commun, que l'honneur, comme le Crocodile, fuit ordinairement ceux qui le fuyent, & fuit ceux qui le suivent.

20. Magistrat doit maintenir l'honneur de sa Charge par de bonnes actions.

Gloria vitantem sequitur, vitatque sequentem.
Il faut donc que le Magistrat maintiene l'honneur de sa Charge, principalement par la vertu, qui est la vraye source d'honneur; puis par honorable gravité, par soigneuse accortise en ses paroles, ses actions, ses habits, & toutes autres choses semblables: bref, que *auctoritatem Dignitatis sua ingenio suo augeat*, dit la loy *Observandum De Offic. Præsid.* Autrement s'il se rend méprisable, & que *non sibi honorem adjiciat, sed in dignitate sua vim & jus Magistratus demat,* comme parle Tite-Live du Magistrat indigne de sa Charge, il se doit prendre à luy même, s'il est méprisé.

21. ne doit endurer le mépris.

Mais faisant son devoir, si par malice, imprudence, ou calomnie, quelque mutin ou glorieux refuse de luy rendre l'honneur qui luy est deû, il ne le doit point dissimuler, quand ce ne seroit que pour l'exemple & consequence, autrement luy-même offenseroit le public, & trahiroit sa propre Charge par nonchalance ou lâcheté. Que si le Sage *Proverb.5.* recommande au particulier de ne ceder son honneur à autruy, que doit faire le Magistrat, qui a l'honneur public en depost, & qui represente son Prince? Aussi voyons-nous que saint Paul en la 1. aux Corinth. Chapitre 9. apres s'estre tant humilié, que de se dire serviteur d'un chacun, se met tout incontinent en une extrême colere, contre ceux qui luy vouloient denier le titre & qualité d'Apostre, jusques à dire, *Multò mihi præstat emori, quàm gloriam meam ullus exhauriat.*

22. Du rang & seance des Officiers.

Voilà pour le salut, & quant au rang & seance des Officiers, elle est encore de plus grâde importance que le salut. Car bien que le Magistrat puisse sur le champ reprimander ceux qui ne le saluent pas, si est-ce qu'on ne trouveroit étrange, que hors de là, il leur en fist action. Mais pour son rang & seance, il n'y a point de doute que tout Officier ne soit fondé à en intenter action, comme estant un droit dépendant de son Office: témoin la loy 1. *Vt dignit, ordo servetur, lib.12. Cod.* où l'Empereur dit que ceux qui troublent les Officiers en leur rang, sont coupables de sacrilege, pource qu'ils volent l'honneur qui est divin; & en la loy 1. *eod. tit. Cod. Theod.* est rendue la raison pourquoy les Officiers peuvent debatre leur rang en Justice contentieuse, *Nihil est tam injuriosum, quàm usurpationis ambitio. Perit enim omnis prærogativa, si absque respectu, vel qualitate provectionis emerita, custodiendi honoris locus præsumitur potius, quam tenetur; ut aut potioribus eripiatur, id quod est debitum, aut inferioribus prosit, quod est indebitum.* Mème qu'il y a des loix qui ordonnent de grosses amendes contre ceux qui troublent les Officiers en leur rang, comme la loy unique *De Comit. vac. eod. Cod. Theod.*

24. Pourquoy.

Mais la vraye & decisive raison est que le rang est comme une partie de l'Office, au moins un des principaux droits & appartenances d'iceluy: témoin les lettres de provision des Offices, où cette clause n'est jamais oubliée, *aux honneurs, prerogatives & preeminences audit Office appartenans.*

25. Ce rang est presque impossible à specifier.

Pour donc parler du rang des Officiers, quant à ceux de Rome, Valentinian premier avoit fait une ample Constitution, pour regler le rang de toutes les Dignitez Romaines, dont est fait mention en la loy 2. *Vt dignit. ordo servetur: sub. Theod.* qui est de Valentinian second son fils, par laquelle il declare criminels de sacrilege, ceux qui voudroient entreprendre autre rang, que celui porté par la Constitution de son pere. Mais par la faute des Compilateurs des deux Codes, elle n'est pas parvenuë entiere jusques à nous, & ne nous en est demeuré,

que des lambeaux & fragmens, qui sont notez par Cujas sur la loy I. du même titre *Cod. Iustin.* Que si nous l'avions entiere, il est à croire qu'elle nous apprendroit le rang des Offices, au moins des simples Dignitez de l'Empire Romain, qui maintenant est tres-malaisé à deviner.

26. Principalement en France.

Pareillement en France, il est quasi impossible de s'en démeler, attendu le nombre innombrable des divers Offices que nous avons, dont encore le rang est embarassé parmy les deux autres especes de Dignitez, qui sont les Ordres & Seigneuries, qui pareillement ont rang étably. Aussi voyons nous que Chassanée y a employé un gros volume in folio, intitulé *Catalogus gloriæ mundi*: encore a-t-il laissé, comme je croy, plus à dire qu'il n'en a dit: & du Tillet en ce beau Recueil, qu'il a fait du rang des Grands de France, agite beaucoup plus de questions, qu'il n'en resout. C'est pourquoy (joint que d'ailleurs j'ay resolu de ne traiter que des Offices en general, & non point particulierement des droits & reglemens de chacune espece) je me deporteray de specifier en particulier le rang des Officiers.

27. Officiers de même qualité ont rang ensemble selon leur antiquité.

J'expliqueray seulement les difficultez qui peuvent naistre entre Officiers de même qualité, ou Dignitez de même sorte: entre lesquels la regle a été certaine en toute l'âge, qu'ils doivent avoir rang ensemble, non selon l'âge, mais selon l'antiquité de promotion en leur Office ou Dignité: pource que leur rang n'est pas deferé à cause de l'âge, mais de la Dignité. Ce qui est dit clairement en la loy 1. *De propos. sacri Cubic. lib. 10. Cod. Is ordo servetur, quem ordo provectionis ostenderit : cum manifestè decretum sit, eum esse potiorem, qui præcesserit, & illum subsequi, quem recentius probaverit examen :* & en la loy 1 *De Consulib. lib. 12. Quis enim in uno eodemque genere Dignitatis prior esse debeat, nisi qui prior meruerit Dignitatem : cum posterior, etiam si ejusdem Honoris prætendat auspicia, cedere tamen ejus temporis Magistratui debeat quo ipse non fuerit.* Si igitur (dit la loy 2. *C. de Præf. Prat.*) *sedes prior antè provectis, locus conspectior, decernendi loquendique facultas antiquior, cui est splendor adepti Magistratus vetustior,* &c est general & aux Officiers par la loy 1. *De Præf. Prætor* & aux milices *d. l. 1. De propos. sacri Cubic.* & és Ordres *d. l. 1. De albo scrib.* & és simples dignitez & titres d'honneur, restans aprés l'Office exercé *d. l. De Consul.* & finalement és Benefices, comme dit la gl. au Canon *Placuit. 16. distinct.* Et est notable & à propos ce qu'a remarqué *Matthæus de Afflictis* au 1. Livre de ses decisions; que saint Jacques le Majeur estoit beaucoup plus jeune que celuy qu'on appelle le Mineur; mais que les Docteurs de l'Eglise l'ont appelé Majeur, pource qu'il parvint le premier à l'Apostolat.

28. Ce qui a lieu en toutes sortes de Dignitez.

29. S. Jacques le Majeur pour quoy dit.

Cette prerogative d'antiquité se pratique tellement en France, qu'il a été jugé par plusieurs Arrests, dont M. Chenu en rapporte un de la Cour des Aydes du 8. Mars 1595. que l'Officier Alternatif premier receu precederoit le pourveu de l'ancien Office, bien que les Lettres de provision portassent expressément, qu'il demeureroit l'ancien; ce qui est fondé sur la decisió de la loi *Si quis in Archiatr. De profess. & med. lib. 10. Cod.* où il est dit, que le nouveau successeur du premier Medecin sera neanmoins le dernier des medecins. Loy qui se pratique encore plus à propos entre les Presidens des Cours Souveraines, où la qualité de premier President ne se transfere à leur resignant, si ce n'est par la particuliere gratification du Roy, cessant laquelle le resignataire du premier President demeure seulement dernier President: encore même que la qualité de premier ne soit pas deferée à l'ancienne en vertu de son antiquité; mais à celui d'entre tous, auquel il plaist au Roy la donner. Toutesfois j'ay oüy dire que la qualité de premier President de la Cour des Monnoyes, a été jugée transmissible par resignation, & ce par une raison particuliere, que cette qualité a été particulierement attribuée & incorporée, moyennant finance, à l'Office qui la possede.

30. Officier Alternatif premier receu precede l'ancien.

31. Qualité de premier President depend de la gratification du Roy.

32. Sauf du premier President des Monnoyes.

Mais il faut prendre garde, que combien que cette loy premiere *De Præf. Prat.* refere expressément l'antiquité, & par consequent le rang de l'Officier, *ad tempus pro-*

33. A Rome le premier pourveu precedoit.

De l'honneur des Offices, Ch. VII. 45

34. En France, c'est le premier receu.
34. difference.

motionis & adeptionis codicillorum, neanmoins en France on le mesure par le temps de la reception: dont la raison de difference est, qu'à Rome il ne falloit point de reception, comme il a été prouvé au quatriéme Chapitre : & partant si-tôt que l'Officier avoit ses Lettres il jouïssoit de son Office: mais en France il faut que par aprés il passe par une reception solennelle, qui est celle qui lui baille l'approbation publique, & l'ordre & caractére d'Officier. Encore si c'est un Office sujet à installation publique, je tiens que le rang de l'Officier ne se compte que du tems de cette installation : comme il semble que ce mot même *d'installation* l'emporte, signifiant la seance honorable de l'Officier, ἐνθρόνισμός *unde Canonicus dicitur habere stallum in choro, id est sedem honorabilem*. De sorte que si le dernier receu s'étoit fait installer le premier (ce qui toutesfois ne doit être, & pourroit justement être empeché par celui qui a fait le serment auparavant luy) & qu'il n'y eût point d'apel de cette installation, j'estimerois que le premier installé devroit preceder le premier receu: Car en matiere de rang, la possession prévaut, *qua plurimum facti habet*: & n'est pas raisonnable d'ôter le rang, qui une fois a été donné au premier installé, & luy faire faire un pas d'écrevisse.

35. Le rang n'a lieu que du jour de l'installation.

Ce que j'entens de la reception ou installation pure & simple, quoy que ce soit qui attribuë puissance à l'Officier de continuer sa Seance en la Compagnie, non pas de celle qui n'est qu'à condition de survivance: pource qu'en ce cas l'Office demeure remply de la personne du resignant, qui en tient la Seance, & en retient la vraie & actuelle possession; laquelle seance & possession le resignataire ne peut avoir tant que son resignant la lui ait delaissée, ou par sa volonté, ou par son deceds. Aussi telle reception n'est avancée que pour mettre l'Office en plus grande asseurance: & n'est pas raisonnable que celuy qui est Officier que par esperance & en herbe, comme on parle vulgairement, & qui ne fait point la fonction de l'Office, precede le vray Officier, *qui in actu positus peragit administrationem*, comme parle la loy derniere *C. Vt Dignit. ordo serv.* & la loy derniere, *De Honor. codicill. C. Vt Th.* ce qui se garde notoirement au Parlement, & fut jugé contre M. Larcher Conseiller des Aydes, par Arrest du 9. Juillet 1551 rapporté par M. Choppin. Livre 1. *De Sacra. polit. Cap. 8.*

36. Receu à survivance ne gagne pas son rang.

37. Mais bien le seceu à la charge de n'opiner ny rapporter.

Mais si un Officier étoit receu à la charge de n'avoir point voix deliberative, ou de ne point rapporter de procez jusques à certain temps, il ne laisse à mon avis de gagner son rang du jour de son installation: Car c'est assez qu'il soit admis à seoir continuellement parmy les Officiers; attendu même qu'il jouït des gages, & encore des droits casuels de l'Office, comme il est decidé en la loy *Spurii §. Minores. D. De Decu. Minores 25 annis Decuriones facti sportulas Decurionum accipiunt, licet suffragium inter cæteros ferre non possint*: ce qui ne s'entend pas de ce que nous appellons *épices* ; car il est certain que ceux qui n'ont point de voix aux procez, & qui ne rapportent point, ne participent point aux épices: mais s'entend du droit d'entrée que les nouveaux Decurions étoient tenus payer aux plus anciens, côme il sera expliqué en un autre lieu.

38. De la prerogative ou rang d'opiner des Officiers.

Il y a encore un autre rang des Officiers, qui ne concerne pas l'ordre de marcher ou seoir, mais d'opiner, que les Romains appelloient d'un mot propre *prerogative*, comme dit Budée sur la loy 1. *Ad l. Iul. de ambitu*. Car côme ainsi soit qu'en leurs Assemblées nul ne disoit son avis qu'il ne lui fût demandé par celuy qui presidoit, qui étoit l'une des trois Loix du Senat, rapportée par Ciceron Livre troisiéme *De legib.* ce que Tite Live Livre 2. appelle *ordine consulere*, & Seneque *in ludo de morte Claudii*, *servare disciplinam curiæ*: il est aisé à entendre, que *prærogativa erat prius rogari Sementiam*: & pource que c'étoit un droit de grand honneur & d'authorité, de-là est venu, qu'on a usurpé ce mot, pour signifier toute prééminence honorable: *ut in l. Observare. §. Ingressum. D. De off. Proconsul. l. 1. D. De veter. I. ult. §. Patrimoniorum. D. De mun. & honor.*

39. Prærogativa quid. Ordine consulere disciplinam curiæ.
40. Prærogativa Tribus, & quel.

Or cette prerogative prise en sa propre signification, és Assemblées du peuple appartenoit à la Tribu appelée *Veturia*, *qua ideo Prærogativa tribus dicebatur*: & entre les diverses classes de chacune Tribu, la prerogative appartenoit à la premiere, dont pourtant le suffrage étoit plus recherché, bien que l'Ordre des Centuries se jettast au sort, dit Budée au lieu cy dessus allegué. Et au Senat cette prerogative appartenoit à ceux qui étoient designez Consuls, & aprés eux, ou bien s'il n'y en avoit point, au Prince du Senat, dit A. Gelle Livre quatriéme, Chapitre dixiéme, lequel pour cette cause Vopiscus *in Aurel.* appelle *prima Sententia Senatorum. Et Cic.* en la 7. *Verr.* & Plutarque *in Scipione* disent que ce droit *prima Sententia dicenda* étoit donné à ceux qui avoient mieux merité de la Repub. comme au contraire Suetone *in Claudio* dit, qu'avant qu'être Empereur *sæpe ignominiæ causa post omnes est interrogatus.*

41. Quel au Senat.
42. Prima Sententia Senator.

Toutesfois il a fait remarquer que le plus ancien Ordre d'opiner au Senat de Rome, étoit selon l'âge, comme remarque *Dionys. Halic. Lib. 6. & 11.* Ce que les Atheniens observoient, & les Lacedemoniens aussi, comme témoigne Eschines contre Ctesiphon, & pareillemét les Syracusains, dit Ciceron en la 6. *Verrine*: & cela aussi s'est toujours observé au college des Augures de Rome, dit le même Ciceron *De senect.* & quand Juvenal en la 6. Satire décrit le Senat des femmes.

43. Ancien ordre d'opiner au Senat Romain étoit selon l'âge.

Est, dit-il, *in concilio matrona, admotaque lanis*
Emerita quæ cessat acu. Sententia prima.
Hujus erit, post hanc ætate atque arte minores.
Censebunt, & c.

Par aprés au Senat de Rome on demanda l'avis selon les dignitez & degrez de chacun Senateur, comme témoigne A. Gelle Livre 14. Chapitre 7. où le raporte un passage de Varron, partant *singulos gradatim consuli debere*, *incipique à Consulari gradu*; mais de son tems, dit-il, la mode étoit veuë *ut qui haberet Senatum, rogaret quem vellet, dummodo is ex gradu Consulari esset*: ce qui dura jusques au tems de Jule Cesar, qui se licencia en son Consulat, de demander extraordinairement, & hors le rang, l'avis à quatre seulement, dont Crassus étoit du commencement le premier, puis Pompée, quand il l'eut pris pour gendre, dit Suetone en sa vie, chap. 14. Mais Auguste s'avantagea encore plus *Sententias de majore negotio non ordine, neque more, sed prout libuisset, prærogabat, ut perinde animum quisque intenderet, ac si censendum magis quàm assentiendum esset.*

44. Puis, selon les Dignitez.
45. Finalement à la discretion de celui qui presidoit.

Caligula fut celui qui ôta cette licence & gratification, en dédain de M. Sillanus son beau-pere, lequel par honneur on faisoit toujours opiner le premier, & ordonna qu'on observeroit entre les Consulaires l'antiquité du Consulat, combien que jusques alors la Coûtume fust demeurée, que celui qui presidoit, pouvoit demander l'avis aux Consulaires en tel ordre qu'il vouloit, dit Dion en sa vie: laquelle Ordonnance fut renouvellée par Theodose & Arcade, comme il se voit en l'Epistre 21. de Simmaque *lib. 10.* Aquoi est conforme la loy 1. cy dessus alleguée *Cod. de Præf. Præt.* & la *Nov. 61.* qui est *De ordine Senatorum*, & use du mot de *prerogative*, & la loy 2. *D. De albo scrib.*

46. Remise selon l'ordre des Dignitez.

Toutesfois cét ordre a été à bon droit trouvé dangereux par plusieurs grands Personnages: comme dit *Dionys. Halicar. lib. 6.* pource, dit-il, que les anciens contraignoient les suffrages des jeunes, qui n'osoient leur contredire librement, comme étant un honte à eux, qu'ils voulussent paroitre plus avisez que leurs anciens: ce qui fut l'occasion pourquoi aux assemblées du peuple les hommes privez, qui avoient à haranguer, ou proposer quelque chose, étoient ouïs auparavant les Magistrats, afin qu'ils pussent parler en toute liberté, dit Dion Cassius, livre 36. comme aussi ce fut une des causes pourquoi les Areopagites voulurent que leurs opinions fussent baillées en secret: de peur aussi que les jeunes, au lieu de dire leur avis par eux-mêmes, se contentassent de suivre celui des anciens. Pour cette même cause T. Atrius, ayant appellé Cesar à juger avec quelques autres le procez criminel qu'il faisoit à son fils (car à Rome le pere de famille étoit Juge de ses

47. Que cét ordre est dangereux.

48. Pourquoi les Areopagites opinoient en secret.

Des Offices en general, Livre I.

49. Les grands contraignent l'opinion des petits.

enfans (pria) que chacun opinast par écrit, *ne ea omnium sententia fieret, quæ Cæsaris fuisset,* dit Seneque, 1. *De clem.* chap. 15. Comme Tacite rapporte de Tibere, qui au procez de Metellus se mit à vouloir dire son avis tout haut, *ut necessitas aliis sequendæ sententiæ sua esset ; nec dubium,* dit-il, *si prior censuisset quin cæteros pertractaturus fuerit.* Mais Pison luy dit franchement, *Quo loco censebis, Cæsar ? si primus habeo quod sequar: si post omnes, vereor ne imprudens dissentiam.*

50. Ordre d'opiner en la Sorbonne de Paris.

C'est pourquoy le Theologien de Lira, sur le vingt-troisiéme chapitre de l'Exode, dit qu'en l'Ecole de Theologie de Paris, lors qu'il faut consulter de quelque doute, les jeunes disent leurs avis les premiers, de peur, dit-il, que s'ils le disoient aprés les anciens, ou ils n'osassent leur contredire, on n'eussent plus rien à dire aprés eux : qui est ce qui se garde és consultations des Avocats, & en la pluspart des compagnies de Justice.

51. Ordre d'opiner és consultatiōs des Avocats.

52. Pourquoy les Romains gardoient la prerogative.

& semble pour les raisons susdites, que cet Ordre soit meilleur que l'autre, dont il ne faut reprendre les Romains, pource que leur Senat étant composé ordinairement de plus de mille personnes, & n'étant possible que chacun dist son avis separément, c'étoit bien raison, que les principaux parlassent les premiers, & qu'on laissast les jeunes pour la fin, qui d'ordinaire, au lieu de dire particulierement leurs avis, étoient contraints, pour abreger matiere, *pedibus ire in sententiam priorum, discessione facta,* & partant ils étoient appellez *Pedarii Senatores* ; ce qui sera expliqué plus au long au dernier livre.

53. Ordre d'opiner és Cours souveraines de France.

Mais nos Cours souveraines de France, pour apporter encore plus de religion à la Justice, & faire que les premieres voix, qui ont certes un grand poids de prerogative & prejugé, ne puissent être briguées, lors qu'elles seront incertaines, ont voulu qu'on opine au hazard, selon que chacun, soit vieil ou jeune se trouve assis pesle mesle ; prés ou loin du Rapporteur du procez: & ainsi les anciens se démettent volontairement de leur prerogative, afin que la Justice soit plus religieusement renduë.

54. Du titre d'honneur des Officiers

Reste pour la troisieme & derniere espece d'honneur, le titre, qui est la qualité honorable, dont les Officiers se peuvent qualifier, & accompagner leur nom. Car, en premier lieu, c'est à present la mode par tout le monde que les Officiers, mêmes hors les actes de leur Office, en prennent ordinairement le titre, comme étant une qualité inherente & permanente à leurs personnes, ce que les anciens Grecs & Romains ne faisoient pas : mêmement nous vivons ainsi, qu'aujourd'huy les Officiers prendroient à injure & dédain, celuy qui leur écrit, oublioit à mettre ce titre en la subscription de sa lettre.

55. Epithetes ou titres d'honneur des Officiers.

56. titre de Chevalier,à qui est deferé.

Mais outre le propre titre de l'Office, nous avons encore d'autres titres, ou plutost epithetes d'honneur, qui sont attribuez particulierement aux principaux Offices. Premierement, le tiltre de Chevalier appartient à tous Officiers constituez en eminente Dignité, comme les Officiers de la Couronne, les chefs d'Office de la maison du Roy, les Conseillers du Conseil d'Estat, les chefs des Cours souveraines, les Gouverneurs & Lieutenans du Roy és Provinces, qui tous ont ce tiltre d'honneur, de se pouvoir qualifier Chevaliers, bien qu'ils n'ayent receu aucun ordre de Chevalerie (ainsi qu'en l'Empire Grec ceux qui tenoient semblables Offices se qualifioient *Comites*) ce qu'autrement ne peuvent pas avec droit & raison les Seigneurs & Gentils-hommes, soit à cause de leur extraction (pource que nul ne naist Chevalier, non pas même les enfans des Roys, disent du Tillet & Choppin sur l'article 63. de la Coûtume d'Anjou) soit à cause de leurs Seigneuries, pource qu'ils s'annoblissent pas seulement, porte l'Ordonnance d'Orleans, article 258. Dont j'excepte toutefois les fiefs Royaux, & les hautes Seigneuries qui emportent le tiltre de Chevalier, comme il sera dit au livre *Des Seigneuries.*

57. Tiltre de Conseiller du Roy.

Il y a par aprés le titre de Conseiller du Roy, titre autrefois honorable, lors que les moindres qui le portoient, étoient les Baillifs & Senéchaux, & qui valoit autant qu'à present celui de Conseiller d'Etat : pource que du commencement c'étoient gens du Conseil du Roy, qui étoient envoyez pour gouverner les Provinces, &y rendre la Justice. Depuis il fut communiqué aux Lieutenans Generaux des Baillifs, lors qu'ils furent erigez en titre d'Office, & qu'ils succederent au fait de la Justice, à la fonction entiere des Baillifs & Senéchaux. Et encore en l'an 1551. lors de l'erection des Presidiaux, on ne leur voulu pas communiquer ce titre, mais on aima mieux leur en forger exprés un autre, & emprunter pour eux des Romains, la qualité de Magistrat, bien qu'en effet ils ne soient pas vrays Magistrats, comme il a été prouvé au chapitre precedent. Mais cela se fit, ou afin qu'il y eust une distinction d'honneur entre eux, & leurs Chefs, qui sont les Lieutenans du Siege: ou plutost afin de les distinguer d'avec les anciens Avocats, qui auparavant servoient d'Assesseurs & Conseillers aux Magistrats, & étoient pour cette cause anciennement en France appellez *Conseillers* (comme il sera prouvé au livre *Des Ordres,* où tous ces titres d'honneur seront expliquez plus au long) de sorte que les Conseillers des Presidiaux furent appellez *Conseillers Magistrats:* c'est à dire, Conseillers en titre d'Office.

58. Presidiaux appellez Conseillers Magistrats.

59. Tiltre de Conseillers du Roy enfin devenu vil.

Mais depuis que ce titre de Conseiller du Roy a été communiqué pour de l'argent, & comme par impost (s'il faut ainsi parler) aux Esluz, & à d'autres petits Financiers, dont on a voulu parer les Offices de ce titre, afin de les mieux vendre, il en est arrivé côme des anneaux d'or, qui étoient autrefois l'enseigne de la Noblesse Romaine, laquelle les jetta & quitta par dépit d'un commun consentement, lors que Flavius affranchi d'Appius Claudius, fut fait Edile Curule, & partant fut rendu capable d'en porter : & tout ainsi que les honnestes Dames de France quitterent la ceinture d'or, anciennement, lors qu'elles virent des femmes impudiques affecter d'en porter, contre la deffense du Roy saint Louys: d'où est venu le Proverbe, que *Bonne renommée vaut mieux que ceinture dorée.* Ainsi ce titre du Conseiller du Roy, a été enfin tellement méprisé, que les Conseillers Presidiaux l'ont refusé lors qu'on le leur a voulu attribuer pour de l'argent.

60. Bonne renommée vaut mieux que ceinture dorée, pourquoy dit.

61. Tiltre de Noble homme à qui appartient

Finalement, ainsi que sous les Empereurs Romains, les principaux Officiers eurent certains, epithetes d'honneur, comme *Illustres, Spectabiles, Clarissimi, Perfectissimi, Egregij:* aussi en France tous Officiers du Roy, & même Officiers de Justice, bien que non Royaux, bref tous Officiers, hormis les Ministres de Justice, ont pretendre ce titre & epithete de se qualifier Nobles hommes, pourveu toutesfois qu'ils vivent noblement, c'est à dire, sans faire métier ny marchandise. Car par les Ordonnances de France, notamment celles des Etats d'Orleans & de Blois, la marchandise est interdite aux Gentils-hommes & Officiers, principalement à ceux de Justice. Ausquels à la verité, à cause du degré de science qu'ils doivent avoir, cette qualité de Noble-homme appartient mieux qu'aux autres.

62. Qu'importe le tiltre de Noble homme.

63. Noblesse des Parisiens.

Or ce titre de Noble-homme en France n'emporte pas une vraye Noblesse: comme celui de Gentil-homme ou d'Escuyer, mais une Noblesse honoraire, impropre & imparfaite, que par mépris on appelle Noblesse de ville, qui à la verité est plûtost bourgeoisie. Et de cette Noblesse se doit entendre le privilege des Parisiens, contenu en la Charte de Louys XI. de l'an 1465. qu'ils peuvent avoir armoiries, sont exempts de l'Arriere ban, & de l'impost des francs-fiefs, même des tailles ; c'est pourquoi il y a garde bourgeoise fructuaire à Paris, & non és autres villes. Non que je vueille dire, que ceux qui se peuvent qualifier Nobles hommes ayent tous les privileges contenus en cette Charte, & encore moins ceux, qui par les Ordonnances sont attribuez à la Noblesse, qui ne doivent être entendus que de la vraye Noblesse, *quia verba statutorum debent intelligi in vera & propria significatione l. Non aliter. De leg.*

64. Officier honorable peuvent faire leurs femmes Damoiselles

Mais j'estime que ces Officiers vivans noblement, peuvent donner à leurs femmes l'habit de Damoiselles: nonobstant l'Ordonnance de l'an 1576. qui defend aux non nobles de porter, ny faire porter à leurs femmes les

De l'honneur des Offices, Ch. VII.

selles.
65. Ancien-
nement en
falloit obte-
nir permif-
fion de la
Reyne.

habits des Nobles Car c'est une coustume qui s'en va deformais prescrite, & qui au moins est suffisante pour expliquer l'equivoque du nom de Noble, contenu en cette Ordonnance, *cum optima sit legum interpres consuetudo*, il est vray qu'anciennement les bourgeoises qui vouloient prendre l'habit de Damoiselles, en prenoient lettre de permission de la Reyne : ce qui ne se pratique plus.

66. Ces hô-
neurs n'ap-
partiennent
aux Offi-
ciers après
resignation.

Finalement, faut observer qu'en France ces trois points d'honneur, le Salut, le Rang & le Titre, n'appartiennent, & ne sont deus aux Officiers, sinon pendant qu'ils sont Officiers, & non pas après qu'ils ont resigné, ou autrement perdu leurs Offices : combien que le contraire s'observât à Rome, où les Officiers retenoient, après le tems de leur exercice, un certain rang honorable, & pareillement un titre d'honneur, qui estoit tiré du nom de leur Office faisant d'iceluy un derivatif, & comme un nom preterit, comme *Consularis Praetorius*, *Quaestorius*, *Censorius*, *AEdilitius*, & autres semblables; ou bien le composant avec la preposition, *ex*, comme *Exconsul*, *Ex magister*, *Exquaestor*, qu'on disoit premierement *Ex Consule*, *ex Magistro*, *Quaestore*.

67. *Aliud Roma*,
Noms deri-
vatifs de
l'Office
exercé.
68. Raison
de difference.

En quoy il y a double raison de difference : l'une, qu'à Rome les Offices estans seulement annuels, c'est été trop peu de tems pour jouïr de l'honneur d'iceux, mais en France, où ils sont perpetuels & à vie, si l'Officier les resigne, ou les perd par forfaiture, ce n'est pas raison, qu'après les avoir alienez de sa propre volonté, ou par sa faute, il en retienne encore le rang, ny le titre, non plus que les autres droits.

69. Autre
raison.

L'autre & principale raison est, qu'à Rome, & principalement sous les Empereurs, les Offices imprimoient en la personne des Officiers un certain grade, ou Ordre honoraire, qu'ils appelloient particulierement *Dignité*, pource qu'il ne consistoit qu'au seul honneur, ainsi qu'il sera plus particulierement expliqué au dernier livre : or l'Ordre a cela de particulier, qu'il est inseparable de la personne : combien que l'Office en soit separé, comme il a été dit cy-devant.

70. Titres
d'honneur
provenus
des Offices,
ne se perdet
par resigna-
tion.

Et departi parmy nous, les tiltres dependans des Offices, qui emportent un ordre, quoy qu'honnoraire simplement, ont cela de particulier, qu'ils ne se perdent point après l'Office resigné ou perdu : comme celuy de Chevalier, qui emporte la haute Noblesse, & celuy de Noble homme, qui emporte la simple Noblesse honnoraire : pource qu'il le seroit chose aucunement absurde, que celuy qui a été Chevalier, devint derechef Escuier : & que celuy qui a eu droit de se qualifier Noble, devient tout à fait roturier. Ce qui se pratique encore plus apparemment à l'endroit des femmes des Officiers : Car celles qui ont été une fois appellées Dames, ne dédaignent plus, comme on dit, & celles qui ont été une fois Damoiselles, ne deviennent pas derechef bourgeoises : ce sera toutefois examiné ailleurs.

71. On ne
dédame
point.

72. Privile-
ge de Vete-
rans remissi-
vé.

Mais hors cette exception, les Officiers ne retiennent plus l'honneur & rang de l'Office après qu'ils l'ont resigné, si ce n'est que l'ayant exercé l'espace de vingt ans, ils ayent obtenu du Roy ce privilege de jouïr du rang & autres droits honorifiques, & même des privileges dependans d'iceluy : ce que nous appellons, le privilege de Veteran : dont il sera traitté amplement cy-après au chapitre *Des privileges des Officiers*.

73. Rang
perdu ne se
recouvre ja-
mais.

Revenant donc à nostre propos, on observe si étroitement en France, que l'Officier perd son rang, après la resignation de son Office, qu'encore que par après il prenne un autre Office tout semblable en la même compagnie, même qu'il reprenne le sien propre, auquel neanmoins son resignataire ait été receu, il ne rentre plus en son premier rang & ordre, mais il marche deformais le dernier : dont il y a deux Arrests dans du Luc, & y en a un chapitre exprès dans Langlé lib. 7. *Otiosemestris*, cap. 8.

74. Expli-
cation de la
loy 1. D. De
Decur.

Ce qui semble toutefois contraire à la decision d'Ulpian en la loy 1. *De Decur.* où il est dit, que *Decurio ob delictum Ordine motus ad tempus si post tempus locum suum plenum invenerit, expectare debet donec locus vacet, Restitutus tamen eundem Ordinem retines, quem primum habuit*. Mais il faut considerer, que *motio ad tempus* n'est pas une privation, mais étoit à peu près ce qu'en France nous appellons *suspension*. Car cette même loy dit, que *Decurio motus ad tempus, manet tamen Decurio*, & ce qu'elle dit, *expectare debet donec locus vacet*, n'est pas qu'il ne gardât toûjours son Ordre, en ce qui étoit de l'honneur, pendant la motion ou suspension, bien qu'il devint supernumeraire à sa place d'ordinaire. Ce qui n'est pas de même en l'Office, dont la suspension ne fait point perdre la place de l'Officier, mais tient seulement l'exercice en suspens : & au contraire la resignation de l'Office oste irrevocablement à l'ancien Office toutes les prerogatives d'honneur, aussi bien que les privileges & autres droits qu'il avoit estant Officier à cause de son Office.

Ce qui s'observe si à la rigueur, que j'ay veu depuis les derniers troubles, qu'un Conseiller du Parlement, qui après la resignation de son Office, jouïssoit encore de sa seance honnoraire sans contredit, par le moyen du privilege de Veteran, qu'il avoit obtenu du Roy, & de la Cour, s'estant depuis fait pourvoir d'un autre Office de Conseiller de la Cour, en esperance de garder toûjours son rang ancien en grande Chambre, fut en fin contraint de quitter ce dernier Office, sans oser s'y faire recevoir, ayant reconnu qu'il n'eust plus été que le dernier de tous les Conseillers des Enquestes : d'où resulte, que même la continuation de seance faite en vertu du privilege de Veteran, ne peut conserver l'ancien rang à celuy qui reprend un autre Office.

75.

76. R-
si à la
*Quod d-
tus §. 1
De milit-
test.*

Ce qui semble contraire à la decision de la loy *Quod dicitur §.1.D.De milit.testam.* où le Jurisconsulte interpretant cette proposition, *que testamentum jure militari factum valet similes intra annum missionis deceeserit*, demande, si dans l'an de la mission le gendarme ayant été admis à une nouvelle milice, & decedant après l'avoir fait, testament qu'il aura fait pendant la premiere milice est valable, il répond, *licet posterior illa militia alia sit à priore, tamen humanius est, valere testamentum, quasi conjuncto munere utriusque militiae*: mais il faut considerer que l'Ordre, comme est la milice armée, au moins au droit Romain, ne se perd pas si aisément que l'Office, mais est plus inherent à la personne. & d'ailleurs, que le privilege du gandarme n'appartient pas à celuy-cy, ny à celuy-là seulement, mais à tous gensdarmes, & n'est icy question d'un rang, auquel autre que le public ait interest, au lieu qu'au rang des Officiers les posterieurs y ont interest.

77. C-
gement
d'Office-
fans inter-
mission
reserve le
secine le-

Et toutefois la maxime, qui vient d'estre proposée, reçoit une exception notable, à sçavoir que s'il y avoit continuation sans intermission, non seulement de la seance honnoraire, mais aussi de l'exercice parfait, alors la mutation d'Office ne feroit pas perdre le rang à l'Officier, qui seroit toûjours demeuré vray Officier, *conjuncto revera munere utriusque militiae*. Et ainsi se pratique journellement, qu'un Conseiller d'Eglise, prenant un Office de Conseiller laïc, retient son rang ancien, pourveu qu'il soit si avisé, que de presenter les lettres de nouvel Office auparavant, ou du moins quand & quand son resignataire ; comme quand un Conseiller laïc & un d'Eglise permutent leurs Offices ensemble, si tous en même temps ils presentent tous deux leurs nouvelles lettres de provision, j'estime, que ces deux doivent garder leur ancien rang, pour ce qu'il ne se peut quoter d'intervalle de temps, auquel l'un ou l'autre ait été homme privé & non Officier, & par continuation d'exercice, ils ont conservé ce rang ancien. Que si un des deux avoit une fois été démis & depossedé de sa qualité *per adventum successoris*, même par la simple presentation des lettres de son resignataire (dés l'instant de laquelle tout Officier perd tout à fait son grade, rang & qualité d'Officier (je dy, que par après, il rentre au nouvel Office en qualité d'homme privé, & de nouveau venu, & partant ne doit garder son rang ancien, qu'il a discontinué & perdu, qui est ce

78. Mais s'il
y a à quelque
discontinua-
tion le rang
est perdu.

qu'on dit parmy le vulgaire *Demeurer l'Ourche*; & ainsi rapporte Langlé au lieu cy-dessus allegué, avoir été jugé au Parlement de Bretagne: ce qui convient à la decision de la loy *Si manent D. De precario. Si manens adhuc precario, eu in ulterius tempus rogasti, prorogatur precarium: Si vero præterita die rogas propriis est ne soluta jam causa precarij non redintegretur, sed nova constituatur.*

Toutefois il a été jugé par Arrest de Bourdeaux, de l'an 1560. rapporté par Papon, & par Chenu, qu'un Conseiller de Parlement, qui avoit été auparavant Conseiller d'un Presidial, ayant depuis repris un autre Office de Conseiller au même Presidial, y retiendroit son premier rang: pource que l'amplitude de la dignité de Conseiller de la Cour comprend en soy l'honneur de tous les Officiers inferieurs: *majorque Dignitas nulli debet circa prioris Dignitatis privilegia præjudicium facere,l. Major De Dignit. lib 12.Cod.*

Pareillement a été jugé au Parlement de Paris, qu'un Conseiller d'un Presidial, après avoir exercé dix ans, prenant un Office d'Avocat du Roy au même Siege, precederoit l'autre Avocat deja receu, retiendroit toutefois de son Collegue en l'Office de Conseiller, comme le même Chenu a rapporté.

Car sans doute l'ancienne superiorité du passé est toûjours considerable, principalement en ce qui ne va qu'à l'honneur & au rang: ainsi la loy dit, que *post mortem uxoris idem honor socero habendus est.l.17.Soluto matrim.* d'où vient la grande question en droit, si le beaupere après la mort de sa fille, retient encore le privilege de n'estre tenu du payement de la dot promise, sinon en tant qu'il en a le moïen qui est disputée en cette loy, penult. *De jure dot.* & en la loy 21. *De re judic.*

De même, le Droit decide que les serf ne doivent être apliquez à la torture, ny contre leurs maîtres, ny contre ceux qui l'ont été, *in memoriam pristini dominii, l. Unus. D. De quæst.l. Servos 2. eod.* Et ailleurs il est dit, que les heritiers du mary ne peuvent intenter contre la femme l'action fameuse *expilata hæreditatis, ob* honorem saluti matrimonii l. Adversus.C. De crim. expil. hared. Et finalement la loy 1. D. De Decur. dit que celoy qui a été Decurion, ne doit être mis à la question, in memoriam prioris Dignitatis.

Ainsi le soldat doit toûjours porter honneur & respect à celui qui a été son Capitaine, témoin ce que raconte Appian, livre quatriéme, du Soldat Romain, qui ne voulut découvrir Regius proserit, l'ayant reconnu en habit de charbonnier, mais lui dit, que même en cet habit, il le reconnoissoit pour son Capitaine : témoin aussi la reponse que fit Vitellius après avoir été vaincu, & qu'il se fut démis des enseignes de l'Empire, au Capitaine qui se moquoit de lui, que tel qu'il étoit lors, il avoit été peu auparavant son Empereur, dit Tacite lib. 19. Annal.

C'est pourquoy pour revenir à nôtre matiere, les Conseillers de la grand Chambre du Parlement, bien que plus anciens, cedent toûjours aux Presidens des Enquêtes, qui les ont precedez, combien que les autres ne leur veüillent ceder, & ainsi du Luc & Langlé au lieu prealleguê rapportent avoir été jugé.

Cette même raison fait que, qu'il n'est point question de superiorité, neamoins entre personnes d'honneur & de respect, on a toûjours accoûtumé de deferer & rendre honneur à ceux qui ont été Officiers notables, lesquels même on qualifie ordinairement du titre de l'Office qu'ils n'ont plus, & eux mêmes prennent qualité de cy devant Officiers : Ainsi L. Flaminius ayant été mis hors du Senat par les Censeurs, s'étant venus asseoir parmi le populaire au theatre, fut contraint par le peuple de Rome, se mettre au rang des Senateurs, dit Valere, lib. 4. cap. 5. Mais tout cela n'est que par honneur, & non par droit & devoir, ainsi qu'à l'égard de ceux qui sont encore Officier : Comme au livre *Des Seigneuries*, chap. 11. en traittant les honneurs de l'Eglise, je distingueray à qui ils appartiennent par droit & devoir, d'avec ceux ausquels on les defere par honneur & bien seance.

Marginalia:
79. La raison.
80. Rang ne se perd par l'adoption d'un plus grand Office.
81. Cas particulier, auquel le dernier receu precede.
82. Ancienne superiorité est considerable au simple honneur.
83. Autres exemples.
84. Soldat doit honneur à celuy qui a été son Capitaine.
85. Rang des Presidés des Enquestes.
86. Ceux qui ont exercé Offices notables sont toûsiours honorez.
87. Mais c'est un honneur gratuit, & de bien-seance.

CHAPITRE VIII.
Du Profit des Officiers.

1. Salaria unde.
2. Salaria quid.
3. Annonæ pro stipendiis.
4. Adærare annonas.
5. Deux sortes d'émolumens és Officies.
6. Salaire, que signifie à present.
7. En l'Empire Romain les Officiers n'avoient que des gages.
8. Des profits des Gouverneurs.
9. Xenia cur permissa.
10. Xenia prohibita.
11. Ameublement donné aux Gouverneurs des Provinces.
12. Les Assesseurs avoient gages, mais ne prenoient rien des parties.
13. Invention des épices.
14. La charge des Iuges étoit autrefois onereuse.
15. Avocats autrefois ne prenoient rien des parties.
16. Pourquoy.
17. Quelle étoit lors la recompense des Avocats.
18. Anciens Avocats, Comtes.
19. Avocats redmis en milices.
20. Avoient gages.
21. De honorariis Advocatorum.
22. Les Greffiers, Notaires, & Sergens, n'avoient aucuns salaires, mais avoient gages, & bouche à Cour.
23. De sportulis Apparitorum.
24. Les Iuges de France ne prenoient anciennement rien des parties.
25. Aussi n'y avoit-il condamnation de dépens.
26. Salaires des Ministres de Iustice.
27. Autrefois les menus profits ne concouroient point avec les gages.
28. Officiers devroient être pourveus de gages suffisans à leur entretien.
29. Origine des épices des Iuges.
30. Πρυτάνεια.
31. Διαγκαιον, Sportula.
32. Epices, ce que c'étoit anciennement.
33. Comment converties en or.
34. Salaires des expeditions extraordinaires.
35. Epices sont attribuées pour la vision du procez, & extrait d'icelui, & non pour le jugement d'icelui.
36. Appartient taxe aux Iuges des vacations extraordinaires.
37. Origine des Commissaires du Chastelet de Paris.
38. Origine des Enquesteurs des Bailliages.
39. Erigez en Offices, suprimez, & retablis.
40. Commissaires nouveaux des Bailliages & Prevôtez.
41. Iniquité de cette invention.
42. Qu'il est raisonnable de recevoir les Iuges à les rembourser.
43. Qu'il est licite aux Iuges prendre taxes des vacations extraordinaires.
44. Que Messieurs du Parlement en prennent.
45. Comment il est entendre les Arrests qui defendent de prendre taxes des assignations extraordinaires.
46. Du reglement des salaires des Iuges.
47. Qu'il y faut suivre la proportion Geometrique, plûtost que l'Arithmetique.
48. Que ce reglement doit être laissé à la religion des Iuges.
49. De l'exaction de ces salaires.
50. Honneur qu'y garde le Parlement.
51. Executoires pour épices, ou autres taxes des Iuges re-

Du profit des Offices, Chapitre. VIII.

reprouvées.
52. *Reponse à une pretenduë Ordonnance du Code Henry.*
53. *Ordonnances suposées par M. Brisson au Code Henry, comment se discernent.*
54. *Offices de Gouvernement & de finance n'ont aucun salaire licite sur le peuple.*
55. *De quand commencent à courir les profits des Offices.*
56. *Ancienne pratique que les gages ne courent qu'après leur reception.*
57. *Intermediates de gages se rétablissent par lettres.*
58. *Pratique moderne qu'ils courent du jour des provisions.*
59. *Si les gages sont attribuez aux Officiers à cause de leur finance.*
60. *Autres raisons pourquoy les gages doivent courir de la provision.*
61. *Gages sont les fruits naturels des Offices, & les salaires sont les industriaux.*
62. *Salaires sont inseparables de l'exercice.*
63. *Salaires des Offices de finance courent du jour de la composition de l'Office.*
64. *Et l'exercice passe à l'achetteur.*
65. *Ampliation.*
66. *Es Offices qui n'entrent aux parties casuelles, les gages ne courent que du jour de l'installation.*
67. *De quand courent les gages en resignation onereuse ou gratuite.*
68. *De quand les fruits du benefice appartiennent au nouveau beneficier.*
69. *Annate des Archidiacres.*
70. *Difference des Offices & Benefices.*
71. *De quand les gages cessent de courir.*
72. *Interpretation de plusieurs loix.*
73. *Gages cessent de courir dés le jour du decez.*
74. *Comment se partage l'année entre le successeur au benefice, & les heritiers du defunt.*
75. *De quand on commence l'année en ce partage.*
76. *Difference entre le Beneficier & le mary.*

IL faut que chacun vive de son Etat, *Sua cuique ars pro viatico est*, & Dieu a ordonné que chacun gagne sa vie de son labeur & exercice. C'est pourquoy les profits & emolumens des Offices sont appellez generalement par les Latins *Salaria à sale*, qui est l'une des choses la plus necessaire à la nourriture de l'homme: *Honoribus*, dit Pline liv. 31. chap. 7. *militisque sal interponitur*, *Salariis inde dictis*, & les Interpretes Grecs & Suidas pareillement tournent *Salaria ὀψώνια*, & les definissent, τὸ ὀψώνιον ἐν ἅλατι, ainsi que Scevola *in l. ult De in rem. verso. definit salarium, quod alicui tuendi sui exhibendique gratia, erogatur*: & ainsi est-il pris *in l. 8. §. Si in singulos D. De transact. & in l. ult. De oblig. & act. & in l. 19. §. ult. De annuis legat.*

Pour la méme raison les profits annuels des Officiers sont appellez communement dans les trois derniers livres du Code, *Annonæ*: pource que du commencement ils étoient fournis en vivres, ou telles autres commoditez ; qui leur étoient baillées en especes, comme il se voit en l'Epistre de l'Empereur Valerien, raportée par Vopiscus *in Probo*, où sont specifiées les commoditez qu'on fournissoit à un Capitaine, *& hujusmodi annona Palatina vocabantur: de quibus supra cap. 1.* Mais enfin elles furent converties en argent par Honorius & Theodosius en la loy *Annona 15. De erogat. milit annu. lib. 12 Cod.* que cette loy appelle *adærare*.

Or il y a deux sortes de profits & emolumens des Offices, à sçavoir les gages, & les profits de l'exercice, dont ceux-là sont pris ordinairement sur le public, & ceux-cy sur les particuliers: ceux-la sont toûjours certains & liquides, & ceux-cy sont communement casuels & incertains: mais quoy qu'il en soit, leur vraye distinction est que les gages peuvent être separez de l'exercice ; & les autres profits en sont inseparables.

Les uns & les autres sont compris sous le nom de *salaires*: il est vray qu'en France ayant détourné ce terme hors de sa vraye signification, qui signifie toute recompense du labeur, nous appellons plus communement *salaires*, les profits de l'exercice, & au contraire les Romains appelloient plus ordinairement les gages, *salaires*: *ut cit. De prab. salario*; & en tous les anciens Auteurs, ce mot signifie presque toûjours les gages des Officiers: dont la raison est qu'à Rome les Officiers n'avoient anciennement point d'autres profits que leurs gages, ne prenant rien sur les particuliers, témoin la Nov. 53. qui porte par exprés, que, *Omnis Militia nullum aliud quæstum, quam ex Imperatoris munificentiâ, habet*: ce qu'il faut prouver particulierement.

Pour le regard en premier lieu des Gouverneurs des Provinces, Iustinien en sa Nov. 17. chap. 1. dit que *Pauras Deo & legi servare manus debent, & nullum commigere lucrum: sed contenti esse solis à fisco ministrabis*. De fait voicy la formulaire du serment qu'ils prestoient à l'entrée de leurs Offices, dont le formulaire est entier à la fin de la Nov. 8. & est aussi inseré en peu de mots dans la loy derniere *C. Ad l. Iul. repetund. Sicut sine suffragio Des Officis.*

percepi cingulum, sic etiam purè me exhibebo circa subiectos, contentus iis, quæ mihi statuta sunt de fisco, annonis. Aussi ne trouvons-nous point qu'il ait jamais été permis aux Magistrats Romains, quelque desordre qu'il y ait eu sur la fin de l'empire, de prendre aucunes épices, ou autres tels emolumens sur les particuliers.

Il est veritable qu'il y a quelque loix dans les Digestes qui permettent aux Gouverneurs des Provinces, de prendre ces petits presens appellez *Xenia*, à cause que ces Gouverneurs étoient étrangers : c'est à dire n'étoient, ny natifs, ny domiciliez en la Province. Encore ces presens sont-ils limitez à choses propres à manger, ou boire dans trois jours, *l. Plebiscito &. l. Solet. §. Non verò D. De off. Præsid.* Même à la fin ils furent du tout deffendus par une belle loy de Constantin, *sit Ne damna provincialibus infig. Cod. Theod.* que Tribonian (qui luy-méme en prenoit, comme l'histoire nous apprend) n'a pas voulu mettre dans le Code de Iustinien, *Si eorum, qui in diversis agunt Officiis Principatus, Xenia aut munuscula, qua canonica ex more fecerunt, extorserit, vel etiam sponte oblata non refutaverit; sublatis omnibus facultatibus, ultimo subjugetur exilio*: encore qu'il y ait grande apparence, que cette loy doive être entendue des Ministres de Iustice, & non des Magistrats, Quoy qu'il en soit à l'égard des Magistrats, il y en a un beau passage au quatrième livre des Epistres de Pline, *Epist. ad Vrsum*, où il dit qu'il ne peut defendre la cause de Iulius Bassus : accusé de ce que, comme il dit, *ut homo simplex & incautus quædam à provincialibus, ut amicus, acceperat.*

Aussi les Magistrats avoient-ils, outre leurs gages courans, un bon ameublement, lors qu'ils alloient en leurs Provinces, ainsi qu'ont nos Ambassadeurs, comme dit Lampride in Severo: *Iudices cum promoveret (exemplo veterum, ut & Cicero docet) & argento & necessariis instruebat, ita ut Præsides provinciarum acciperent argenti, pondo vicena, phialas senas, mulos binos, equos binos, vestes forenses, binas, domesticas singulas, balneares singulas, aureos centenos, coquos singulos; & si uxores non haberent, singulas concubinas, quod sine his esse non possent; reddituri, deposita administratione mulos, mulos, equos, muliones & coquos; cetera sibi habituri, si bene egissent; in quadruplum reddituri, si malè.*

Même les Assesseurs & Conseillers des Magistrats avoient des gages du public, ordonnez & taxez par leur Magistrat *cui assidebant*, comme il se voit en la loy *Diem functo. D. De Offic. Assess.* Aussi est-ce particulierement d'eux, que Pescenninus Niger dans Spartian dit, *opportere Iudices, nec dare nec accipere, & ideo,* adjouste-il, *salaria illis de publico constitui.* Et jusques aux petits Iuges des villes, appellez *Defensores civitatum, cæterique Iudices pedanei*, ils avoient ordinairement gages : comme il est dit en la Nov. 8. chap. 7. & ceux qui n'avoient point de gages, *extra omne commodum erant*, dit la Nov. 15. chap. 6. Occasion pourquoy en cét endroit Iustinien permet aux Defenseurs des citez, de prendre au lieu de gages, quatre écus pour chacune sentence définitive : comme pareillement en la Nov. 82. chap. 19. il assigne aux Juges pedanées 4. écus pour chacun procés à prendre sur les parties outre 2. deux marcs d'or de gages, a prendre sur le public : qui est la premiere ouverture faite à Rome, de faire acheter la Iustice au peuple, & d'attribuer des menus profits aux Iuges ; encore n'estoit ce pas à l'égard des Magistrats & Officiers publics, mais seulement des avocats, ou autres personnes privées, ausquelles on commettoit le Jugement des causes.

14 La charge de Iuge estoit autresfois tres onereuse.

C'est pourquoy la charge de juger estoit de ce temps suye d'un chacun, comme il est dit en la preface de cette Nouvelle 15. & la loy dit que *judicandi necessitas inter munera, id est, onera personalia habetur, l. seguerum.* §. *judicandi, D. De mun. & honor* même Ciceron en l'oraison *de Pretore urb.* dit que *Iudicare onus est grave & incommodum,* De fait il y falloit mettre les hommes par contrainte, comme prouve amplement Budée sur ce §. *judicandi.*

15. Avocats ne prenoient autresfois rien des parties.

Mêmement les Avocats ne prenoient rien des parties : *vetitum quippe erat lege Cincia mineralis, ne quis, ob causam orandam, pecuniam donumve acciperet, inquit* Tacit. lib. 11. & Pline liv. 5. de ses Epitres, *ait Nigrinum Tribunum plebis recitasse in Senatu libellum disertum & gravem, quo questus est vanire Advocationes: in eamque rem multa legum capita retulisse & senatusconsultorum.* luy-mème en un autre epistre du mème livre, rapporte ces termes d'un ancien Arrest du Senat, *Omnes qui quid negotii haberent, jurare oporteret priusquam agerent, nihil se ob Advocationem cuiquam dedisse, cavisse, promisisse.*

16. Pourquoy.

* Aussi estoit-ce communement les Senateurs & autres gens notables, qui faisoient charge d'Advocats, comme il se remarque, de ce que dit Cato dans Tite-Live 4. *Quis legem Cinciam excitavit, nisi quia per advocationes vectigalis jam & tributaria plebi Senatui esse coeperat?* & encore mieux de ce discours Ciceron au 3. des Offices, *Summo semper in honore suo Iuris civilis cognitio atque interpretatio, quamquidem, ante hanc confusionem temporum, in possessione sua Principes retinuerunt.* Or, c'eust esté une chose sordide à des personnes de cette qualité d'avoir la langue venale, & comme dit à ce propos Quintilien livre douziéme chap. 7. *vendere talem operam, & elevare tanti beneficii authoritatem : cum pleraque, hoc ipso videri possint vilia, quod pretium habent, nec quisquam, qui sufficientia sibi possidebit, hunc quaestum sine crimine sordium fecerit.*

17. Quelle estoit lors la recompense des Avocats.

Mais la recompense de leur labeur estoit d'acquerir nombre d'amis & cliens étroitement obligez à eux, à l'aide desquels ils estoient élevez aux grands Estats : comme Plutarque recite de Marc Caton, qui estant homme nouveau gagna la bonne grace du peuple, par le moyen de ce que dés sa jeunesse il alloit journellement par les bourgades, plaider les causes gratuitement. Aussi est-ce en consequence de ce travail gratuit, que les Avocats sont tant honorez és anciens livres, qu'e mème dans nostre droit il est dit, qu'après avoir plaidé vingt ans ils deviennent Comtes du premier rang, *Consequuntur Clarissimatus Dignitatem, l. 1. C. De Advoc. divers. judiciorum,* parce que lors à la verité ils avoient l'honneur pour partage, & non le gain.

18. Anciens Advocats Comtes.

19 Avocats reduits en Milices.

20. Avoient gages.

Mais sous les Empereurs, lors que les grandes Charges ne furent plus en la disposition du peuple, on reduisit les Avocats en forme de Milices par bandes ou compagnies *l. Militant, C. eodem titulo,* ainsi que je deduiray amplement au livre *Des Ordres*, & on trouve quelques passages, desquels on peut inferer qu'ils avoient gages du public, ainsi que les autres milices: tant les Romains estoient soigneux de faire exercer la Iustice gratuitement. En voicy un qui semble bien formel de Lampride *in Severo: Etiam in provinciis oratoribus forensibus multum deque plerisque etiam annonas dedit, quos gratuitis agere;* J'en ay bien encore remarqué un autre plus celebre dans le livre *Iuris Orientalis, inter sanctiones Pontificias in Luca, Diaconus quidam à*

felicis memoriæ Patriarcha Domino Luca, commemoratis canonibus, Advocatum agere Prohibitus coram Imperatorio tribunali, presente Patriarcha dixit canones illos in hodiernis Advocatis non habere locum : sed in illius temporis Advocatis, qui in civilibus judicis stationes habebant, Imperiales frumentarias tesseras accipiebant sub Primiceriis erant, atque à mundanis Magistratibus confirmabantur: Et peut après, Quod autem Advocati Officium aliquando mundanum fuerit, & ordinarii Advocati Imperatorias pensiones, ceperint atque sub Primiceriis fuerint, ex multis constat Lege postremam caput tit. 1. l. 8. Basil* & qua in Præfecti libro de Advocatis digesta sunt. Tradunt enim Advocatos collegium esse, atque à cujuscumque temporis Perfecto confirmari. Hæc cum dixisset Diaconus, applausumque ipsi esset etiam à Patriarcha, patrocinari permissum illi est, ut antea.* Passage qui demeure, icy en termes Latins, comme plusieurs autres passages des Autheurs Grecs, faute d'avoir eu dans la ville de Chasteaudun (où cet œuvre a esté premierement imprimé en l'an 1609. lors que j'y demeurois) quantité suffisante de caracteres Grecs: ce qui me servira d'excuse une fois pour toutes.

Mais enfin on permit aux Advocats de prendre salaires moderez des parties, que Quintilien liv. 12. chapitre dernier appelle par dédain *Stips Advocationum* : mais le propre terme est de les appeller *honoraria Advocatorum.* §. 1. *In honorariis, D. De extraord. cognit. l. 38. D. Locati. l. 3. C. de postul. l. 2. C. De legation. lib. 10. l. 13. C. de judic.* dont voici la raison, *Inter Advocatum & clientem licet pecunia intervenerit, non tamen dicitur esse locatio & conductio: sed in his opera, beneficii loco præberi, & cum aliquid datur, ad remunerandum dari, & inde Honorarium appellari,* dit *Vincentius Belvacensis Speculi histor. l. 7. cap. 145.* Lesquels honoraires ou salaires des Advocats, aucuns disent avoir esté premierement permis par l'Empereur Claudius, autres par Neron. Tant il y a, que de long-temps un droit estably, comme dit S. Augustin, *quod licet Advocato vendere justum patrocinium, & Iurisconsulto justum consilium, quamvis non liceat Iudici vendere justum judicium.*

21. De honorariis advocatorum.

Même encore les ministres des Magistrats, comme Grefiers, Notaires, Sergents, & autres semblables ne prenoient au commencement rien des parties, témoin ce même formulaire du serment des Gouverneurs de Province, qui porte ces mots *Tales Studebo assumere circa me omnes, ut non ego solum purus sim, sed etiam qui circa me sunt.* Et se collige encore mieux de la loy cy-dessus alleguée *Ne damna Provinciæ, infr. C. T.* où il leur est deffendu à peine de la vie, de prendre aucuns presens des parties, bien qu'ils leur fussent offerts. Aussi estoient-ils reduits en Milices, & avoient ainsi que les soldats & comme on encore à nous les Archers des Prevosts, *stipendia seu annonas publicas,* même ils estoient de la famille, & du train ordinaire du Magistrat, & y a apparence qu'ils avoient bouche à Cour chez lui, comme il se voit par la Notice de l'Empire Romain, & de plusieurs passages des trois derniers livres du Code.

22. Les Grefiers, Notaires, Sergents n'avoient aucuns salaires, mais avoient gages & bouche à Cour.

Mais à succession de temps ils s'avantagerent par bien seance & par forme de presens, de prendre de ceux qui avoient affaire à eux, certains petits salaires, qu'ils appelloient *Sportulas. Sportula enim propriè sunt Executorum seu Apparitorum, non Iudicum tit. De sportulis & Executor. litium Cod.* Tout ainsi que nous disons donner le vin, quand on baille une piece d'argent à des méssagers, à des clercs, ou autres menus gens pour aller boire, pource que sportules (qui de leur origine signifient un gouster ou souper leger) se bailloient en argent aux Ministres des Magistrats, au lieu qu'on avoit accoustumé de les faire boire par courtoisie, comme Budée le remarque amplement sur la loy *Si mulier. De donat. vir & uxorem.* & Aciat. lib 2. *Dispun*, chap. 17. & *Cujacius ad d. tit. De sportulis.* Et finalement Justinien autorisa ces sportules *Sicaptione, & Consuetudinum, Nov. 8. cap. 8. Tolerabilia enim sunt, qua longa consuetudo comprobat,* dit la Loy penultiéme. *De pollic.*

23. Ce *Sportulis apparitorum.*

Tout cela fut du commencement observé en France

24. Les Iu

Du profit des Offices Ch. VIII.

presque tout de même qu'à Rome. Car par les anciennes Ordonnances, notamment par celle de l'an 1302. rapportée au vieil style du Parlement, il est dit *Præfati Officiarii nostri nihil penitus exigant à subjectis nostris*, & le serment des Juges contenu en toutes ces anciennes Ordon. rapportées en ce même livre, est tiré mot à mot de celuy de la Nov. 8. de Justin. Car voicy ses termes *Qu'ils ne prendront argent ny presens des parties, sinon en menuë victuaille*, pource que les Baillifs & Senéchaux estoient pareillement étrangers, étant défendu par ces anciennes Ordonnances, ainsi que par les loix Romaines d'y en mettre qui fussent natifs de la Province.

25. Aussi n'y avoit con damnation de dépens.
C'est pourquoy la Justice étant renduë gratuitement aux parties, on n'adjugeoit point de dépens à celuy qui gagnoit sa cause, & c'estoit une ancienne coustume ou stile des Justices de France, qu'il n'y avoit point de condamnation de dépens. Ce qui fut premierement changé és Justices Ecclesiastiques au Concile de Tours tenu en l'an 1258. dont le canon est rapporté *in cap. Calumniam ext. de pænis.* Puis le Roy Charles le Bel cassa cette ancienne coustume à l'égard des Justices laïques en 1324. Encore son Ordonnance n'ayant été pratiquée, il fallut qu'elle fust renouvellée par Philippe de Valois, puis par Charles V. pour le païs de Touraine, desquelles mêmes Ordonnances Ioan. Gal. fait mention en sa question 275.

26. Salaires des ministres de Iustice.
Et quant aux Ministres de Justice, pource à la verité qu'ils n'estoient pas vray Officiers pourveus par le Roy, mais commis par les Juges, que partant ils n'avoient ny gages du Roy ny bouche à Cour, comme à Rome; ce n'est pas de merveille qu'il leur fût permis de prendre salaire moderé des parties, pour s'entretenir en servant le public.

27. Autrefois les menus profits ne co-couroient avec les gages.
28. Officiers devoient avoir gages suffisans à leur entretien.
Quoy qu'il en soit c'est chose remarquable, que ny à Rome, ny en France anciennement, les gages & les menus salaites n'ont gueres été attribuez tous ensemble à même Officier, témoin ce qui est écrit aux Estats de Tours, que *multiplication d'Offices est augmentation de gages: & s'ils n'ont gages, ils ont des pratiques extraordinaires à la foule du peuple.* Et veritablement comme la solde est baillée au soldat, afin qu'il ne vive sur le bon homme, de même les gages sont attribuez à l'Officier, afin qu'il ne prenne rien du peuple: d'ailleurs, puis que le Prince doit rendre la Justice, il s'ensuit qu'il la doit fournir, & faire rendre gratuitement, & non pas faire acheter au peuple ce qui luy est deu. Mais ce discours seroit bon en la Republique de Platon: car en toutes celles qui sont de present au monde, la coustume contraire a de long-temps prevalu par dessus la raison.

29. Origine des épices des Iuges.
Or voicy ce que j'ay appris touchant l'origine des épices des Juges. Homere, *Iliad.* 6. en cette belle description du jugement, figurée au bouclier d'Achilles, rapporte qu'il y avoit deux talens d'or, posez au milieu des Juges, pour bailler à celuy qui opineroit le mieux.

Κεῖτο δ' ἄρ' ἐν μέσσοισι δύο χρυσοῖο τάλαντα,
Τῷ δόμεν ὃς μετὰ τοῖσι δίκην ἰθύντατα εἴποι.

Talens, qu'il ne faut pas imaginer de telle valeur qu'ils ont été depuis. Car Budée au 4. *De asse*, parlant *de talento Homerico*, prouve qu'il étoit de petite valeur, par un autre beau passage du 24. de l'Iliade, où deux talens d'or sont moins estimez qu'un chauderon d'airain.

30. Πρυτανεία.
Mais Plutarque en la vie de Pericle, dit, que ce fut luy, qui le premier attribua des salaires aux Juges d'Athenes appellez Πρυτανεία, pource qu'ils se prenoient sur les deniers que les plaideurs à l'entrée du procez consignoient au lieu public appellé *prytaneum*: qui étoit le dixième denier de ce dont étoit question au procez, selon la commune opinion. Πρυτανεία δὲ, ἀκατάβαλλον δικαστῶν τῶν χωρίων dit l'interprete d'Aristophane; & en un autre endroit il dit, Πρυτανεία τὰ ἐπὶ Παμυσίοις Στρατιωτικὰ ὡς δ᾽ ἀργύριον ἦν, ὃ περὶ κατενόσων οἱ δικαζόμενοι ἀμφότεροι, & sur ces deniers ainsi consignez étoit pris, & le salaire des Sergens & celuy du Juge, dit Budée en son Coment. lequel salaire du Juge est appellé particulierement τὸ δικαστικόν.

Nov. 6. cap. 9. où le salaire des Juges Pedanées est taxé à 4. écus, sçavoir deux au commencement, & deux à la fin du procez, és causes excedentes cent écus, & és moindres il leur est defendu d'en prendre aucun: mais pour cela au lieu de salaire il leur est attribué deux marcs d'or de gages (avec la Nov. 15. chap. 6. qui est l'unique passage du droit qui attribuë des émolumens aux Juges, à prendre sur les parties.

31. Epices ce qui c'estoit anciennement.
Aussi en France du commencement, les Juges ne prenoient aucuns salaires des parties, au moins par forme de taxe & contre leur volonté; car les épices étoient lors un présent volontaire, que celui qui avoit gagné sa cause, faisoit par courtoisie à son Juge ou Rapporteur, de quelques dragées, confitures ou autres épiceries, comme le docte Ragueau a fort bien prouvé, rapportant trois anciens extraits du Greffe de la Cour, par lesquels il se voit, comme les épices ont été changées en or. Le 11. May 1369. le sire de Tournon par licence de la Cour bailla vingt francs d'or pour les épices de son procez jugé, & les eurent les deux Rapporteurs. Et le quatrième Iuillet 1371. un Conseiller de la Cour Raporteur d'un procez eut, après le jugement, de chacune des parties, dix francs. Et le dix-septiéme May 1403. au Conseil fut ordonné, que les épices données aux visiteurs des procez par permission de la Cour, ne viendroient en taxe de dépens.

33. Comment converties en or.
Ainsi à succession de temps ces épices ou épiceries furent converties en or, & ce qui se bailloit par courtoisie & liberalité, fut tourné en taxe & en necessité, & ce insensiblement, car on ne peut dire quand ce fut, n'ayant été approuvé par aucune Ordonnance qu'il ne fût long-temps auparavant établi en l'usage: & si ce ne fut pas en même temps par toute la France. Car le Docte Conseiller de Bretagne Langlé en son 7. livre *Otii Semestris* chapitre 1. nous apprend que cela ne commença en Bretagne, que depuis l'an 1539. mais un ancien Praticien anonime, qui a écrit du temps de Charles VI. nous en a laissé une belle prophetie, *On pense*, dit il *mieux faire, de laisser prendre argent aux Iuges, pour les épices: mais ce n'est mie trop bien fait, la Iustice n'en sera que plus chere*, c'est à dire qu'elle n'en sera pas meilleure.

34. Salaires des expeditions extraordinaires.
Car c'est chose certaine que par tout où l'argent trouve entrée, quelque petite que ce soit, il s'en rend enfin le maître, & en chasse, ou éloigne l'honneur & la vertu, desquels il est ennemi. Aussi cette invention d'épices d'or ayant été établie, les Juges ont voulu au semblable avoir taxe de autres expeditions, qu'ils font aux procez hors les heures, ausquelles ils doivent (disent-ils, assistance & service en leurs Offices, qui sont les heures d'audience & de conseil, pour lesquelles ils confessent bien ne devoir prendre aucun salaire.

35. Espices sont attribuées pour la vision du procez, & extrait d'iceluy, & non pour le jugement d'iceluy.
Et de fait les épices, à bien entendre, ne sont attribuées pour le salaire des Juges, qui vaquent aux heures de Conseil au jugement des procez par écrit; mais seulement pour payer le Rapporteur, du labeur qu'il a pris à voir & extraire le procez en sa maison: aussi aux anciennes Ordonnances sont-elles attribuées au Rapporteur seul, comme il se garde encore en la grand' Chambre du Parlement, & la taxe s'en fait sur la veuë de l'extrait du procez: & d'ailleurs ceux qui ne rapportent point, comme les Presidens, ne participent point aux épices: & ce qu'ordinairement la moitié, ou le total des épices se distribuë entre les Juges, est par une societé volontaire qu'ils contractent, s'associans volontairement ensemble à leur labeur: & de fait, quand la Cour fait reglement entre les Juges, elle n'attribuë pas plus grande part des épices aux Lieutenans generaux, mais plus grand nombre de procez. D'où il resulte en passant un point qui est fort à remarquer, qu'il ne faut pas proportionner les épices au nombre des Juges, qui assistent au jugement des procez.

36. Apparetient taxe aux Iuges des vacations extraordinaires.
Mais hors les heures ordinaires de l'audience & de Conseil, les Iuges prétendent n'être tenus, en vertu de leurs gages, de vaquer gratuitement aux expeditions de Justice, qu'ils appellent *extraordinaires*. Ce qui n'est

Des Offices en general, Liv. I.

pas sans quelque raison, à present que la vie est si chere, & les gages des Officiers de Iustice si petits, qu'il n'est pas possible, qu'ils s'en puissent entretenir à beaucoup prés selon leur qualité : attendu cela que leurs Offices leur sont vendus si cher, & encore eu égard au labeur & assiduité, qu'ils sont tenus d'y rendre

——Atqui
Cum labor in damno est, crescit mortalis egestas.

Et de fait auparavant que ces salaires fussent approuvez, les Iuges ordinaires, & notamment ceux de Paris (qui étans de plus prés éclairez du Parlement, n'osoient se hazarder d'en prendre) ne vouloient ordinairement prendre la peine de faire eux-mêmes les expeditions extraordinaires, mais les commettoient à des Praticiens de leurs sieges, ausquels n'estant point Officiers, mais simples Commissaires, ils ne faisoient point de difficulté de faire taxe : & de là est venuë l'origine des Commissaires du Chastelet de Paris, qui étoient dés le regne de Charles VI. comme il paroist par le grand Coustumier qui fut fait en ce temps-là, lequel au 2. ch. du 1. liv. contient ces mots : *Il y a audit Chastelet seize Examinateurs, lesquels sont établis pour faire tous examens, enquestes, informations, inventaires partages, quand commis il y sont par ledit Prevost, ses Lieutenans ou Auditeurs, & doivent tout rediger par écrit.* Ce qui montre qu'ils ne faisoient rien sans y être commis par les Iuges, qui par consequent pouvoient retenir si faire eux mêmes ces expeditions, comme dépendantes naturellement de leurs Charges.

Et aux autres Sieges, où il n'y a telle affluence d'affaires comme à Paris, les Iuges commettoient seulement les Enquestes & informations, qui sont à la verité les expeditions plus ennuyeuses de la Iustice. C'est pourquoy les Commissaires Examinateurs du Chastelet de Paris ont eu de tous temps plus d'attribution, que ceux des autres Sieges, qui ont été appellez seulement Enquesteurs & examinateurs pource qu'ils n'avoient autre charge que de faire les enquestes & informations ; & furent premierement érigez en titre d'Office par Philippe le Bel, ou comme aucuns tiennent, par Philippe le Gros, en l'an 1328. pource dit l'Edict *que nos Iuges commettoient leurs enquestes à leurs Clercs ou leurs assins, dont plusieurs dommages s'ensuivoient.* Mais nous trouvons que le même Roy, connoissant ces Offices être superflus, & même dangereux, supprima tost aprés les Enquesteurs des Bailliages, sans toucher aux Commissaires du Chastelet de Paris : & neanmoins les Estats de Tours au chap. *Des Officiers de la Iustice*, font mention des Enquesteurs & Examinateurs : mais il est à croire, qu'ils n'estoient lors que simples Commissaires ordonnez par les Iuges, comme il se faisoit auparavant cét Edict de l'an 1328. Puis en l'an 1514. le Roy François premier les renouvela.

Finalement, le Roy à present regnant, outre ces Enquesteurs, a érigé encore des Commissaires en tous les Bailliages & Prevostez, *à l'instar* de ceux du Chastelet da Paris, qui outre les Enquestes, font les taxes de dépens, auditions de comptes, interrogatoires tant civils, que criminels des adjournez à comparoir en personne, ordre des decrets : bref presque toutes les expeditions de la Iustice, privativement aux Iuges : combien que l'ancienne institution des Commissaires du Chastelet ne fast que pour faire ces expeditions, quand ils y étoient commis par les Iuges : & de fait, il s'y pratique encore, que les Lieutenans (je ne dis pas les simples Conseillers du Chastelet, car les menuës expeditions n'appartiennent aux Conseillers des Presidiaux, qui ne sont qu'Assesseurs pour assister les Lieutenans en l'Audience & au Conseil) peuvent retenir telles expeditions par devers eux: & aux autres y commettre tels d'iceux Commissaires qu'il leur plaist.

D'où il s'ensuit que c'est une chose bien rude, pour ne point dire absurde, d'avoir tout à fait privé les Iuges de la plus utile partie de leurs Offices, & leur laissant le faix de toutes les expeditions gratuites, comme sont celles de l'Audience, & du Conseil, leur avoir osté toutes celles dont ils pouvoient tirer quelque honnete moyen de s'entretenir, & maintenir leur dignité, qui est sujette d'étre méprisée, si elle est accompagnée de pauvreté : quoy faisant, on leur donne occasion de chercher autre invention de vivre aux dépens du peuple, dont ils ne manquerent jamais, quelque ordre qu'on pense y mettre; ayant le baston de la Iustice en la main. Et fut tout, on associe à leurs Charges de simples Praticiens ignorans, qui gastent les procez, au lieu de les instruire: Car quand même ils seroient aussi capables que les Iuges, si est-ce qu'n'estans instruits du fait du procez, comme les Iuges, qui en conduisent toute l'instruction en l'audience, il est impossible qu'ils ne cornent bien souvent à gauche.

Aussi Messieurs du Conseil d'Estat, reconnoissant bien que ces nouveaux Offices n'ont été mis en usage, que pour secourir les urgentes affaires du Roy, maintenant que le party en est remply, commencent à bon droit à recevoir les Iuges à rembourser ceux qui les ont levez à trop bon marché: & en ce faisant permettent aux Iuges de reprendre ces taxes qui leur appartient.

Donc, pour revenir à mon propos, laissant cette invention inutile de Commissaires Officiers, je dis que comme nous vivons à present, il est permis aux Iuges de prendre taxe moderée de tout ce qu'ils font hors l'audience & le conseil, & ce qui ne s'y pourroit commodement faire, principalement s'y a grande vacation & labeur, *modicum enim non curat Prætor*.

Ainsi voit-on, que Messieurs les Conseillers de la Cour de Parlement, & Messieurs les Presidens prennent salaires des vacations qu'ils font aux procez de Commissaires hors les heures, qu'ils doivent assistance à l'ordinaire. Aussi sont de même mesdits sieurs les Conseillers, pour les taxes dépens, auditions de comptes, interrogatoires, & autres semblables assignations extraordinaires.

Quand donc les Arrests de la Cour font defense aux Iuges de prendre taxe des assignations extraordinaires, cela ne se doit entendre, à mon avis, que de celles qui pourroient & devroient être expediées en l'audience, & où il n'y a point de vacation, soit par vision de pieces, calcul, interrogatoire, ou autre labeur semblable. Car plusieurs Iuges, abusans extraordinairement de ces assignations extraordinaires, remettent mal à propos à l'extraordinaire ce qu'ils pourroient & devroient expedier en l'audience, afin d'en avoir salaire, qui est ce que ces Arrests defendent fort justement ; & j'ay ouy dire qu'il y en a aux petites Iustices de Normandie, qui n'expedient même point de cause à l'audience, qu'ils n'en prennent salaire : ce qu'ils appellent *payer le Iuge*, de tournant à leur profit la formule Romaine, *judicatum solvi, vel judicatum facere*.

Voila dequoy le Iuges peuvent prendre salaire licitement : & quant à la taxe ou reglement de ce salaire, quelques-uns l'ont voulu regler par la proportion Arithmetique, selon la valeur de ce dont est question en chacun procez : autres par proportion Geometrique, selon le labeur & vacation de l'Officier ; la premiere façon est plus facile, mais l'autre est plus juste, attendu que le salaire est deu au Iuge à cause de son labeur, non à l'égard de la chose contentieuse, comme si elle luy devoit un certain tribut, à tant par écu.

C'est donc ainsi qu'il le faut pratiquer, referant l'effet à sa cause : & de fait Messieurs du Parlement aux procez de commissaites se taxent à tant par heure, soit qu'il soit question de peu, ou de beaucoup ; & aux commissions foraines, ils se taxent à tant par jour : vray est qu'és épices & autres menuë affaires, dont le temps n'est liquide, ils usent quelquesfois de proportion harmonique, qui est meslée des deux autres balançant le labeur du Rapporteur, avec la valeur du procez.

Puis donc que la proportion Geometrique est la plus raisonnable, & en tout cas que l'harmonique est encore moins liquide, c'est la verité qu'il est impossible de convenablement mettre une taxe certaine à toutes les expeditions de Iustice ; & n'y a ordinairement que le Iuge

---

37. Origine des Commissaires du Chastelet de Paris.

38. Origine des Enquesteurs des Bailliages.

39. Erigez en Offices supprimez & restablis.

40. Commissaires nouveaux des Bailliages & Prevostez.

41. Iniquité de cette invention.

42. Qu'il est raisonnable de recevoir les Iuges à les rembourser.

43. Qu'il est licite eux Iuges prendre taxe des vacations extraordinaires.

44. Que Messieurs du Parlement en prennent.

45. Comment faut entendre les Arrests qui défendent de prendre taxe des assignations extraordinaires.

46. Du reglement de salaire des Iuges.

47. Qu'il y faut suivre la proportion Geometrique plutost que l'Arithmetique.

48. Que ce reglement doit être laissé à l'honneur des Iuges.

Du profit des Offices, Chap. VIII.

même, qui puisse être arbitre de son labeur, aussi ne faut-il trouver étrange, en chose de si petite consequence, de s'en rapporter à son honneur & religion : veu qu'il faut d'ordinaire passer par la volonté de l'artisan qui a fait la besogne sans marchander, que si de l'un ou de l'autre on trouve la taxe trop haute, on s'en peut plaindre au Superieur : mais aux Cours souveraines, c'est le President qui n'a point de part aux épices, qui en fait la taxe.

49. De l'exaction de ces salaires.

Quant à la façon de percevoir les salaires des Iuges, les Parlemens y ont toûjours fait garder cette modestie, de ne permettre qu'ils fussent exigez par executoires, ou autres contraintes rigoureuses : mais il faut que les Iuges s'en fassent payer gracieusement & encore par les mains du Greffier, sans qu'eux-mêmes tendent la main aux parties, comme des mercenaires : & les Ordonnances astraignent les Iuges d'écrire de leur main leurs taxes sur chacun acte, tant afin que leurs superieurs voyent s'il y a excez, qu'afin qu'elles soient liquides pour la taxe des dépens.

50. Honneur qu'y garde le Parlement.

Mais outre tout cela, le Parlement de Paris y garde cette gravité & honneur particulier pour soy, de ne point differer la prononciation de ses Arrests, même d'ordinaire de ne point retenir les sacs, faute de payement des épices : ce que toutefois il ne fait pas observer à la rigueur aux Iuges de son ressort ; mais tolere & dissimule, qu'ils se mettent point au Greffe leurs dictons, ou autres expeditions meritant salaires, & qu'ils ne rendent point les sacs, jusques à tant que les épices soient payées.

51. Executoires pour épices, ou autres taxes des Iuges reprouvez.

Mais quoy qu'il en soit, il n'a jamais approuvé les executoires faits directement au profit des Iuges, quoy que délivrez sous le nom & à la Requeste des Receveurs des épices, qui n'est qu'un nom emprunté : mais bien les executoires que la partie, qui a avancé les épices entieres, obtient de l'autre, qui est à payer pour s'en rembourser en tout, ou partie. Aussi peu approuve-t-elle les executoires qui se baillent pour salaires extraordinaires, comme des auditions de comptes, taxes de commissions foraines, & autres semblables, combien qu'elles soient encore plus tolerables que les épices, qui ont leur origine d'un present volontaire, au lieu que ces taxes sont deuës à cause d'un labeur & frais, quelquefois déboursez par le Iuge en commission lointaine. Mais quoy qu'il en soit, on passe cela par la maxime, que *nou'ea honestè accipiuntur, quæ inhonestè petuntur*, & celle de Ciceron, que *iniquissimum est justitiæ mercedem petere*. De sorte qu'on dit qu'il faut faire consigner les vacations avant les faire, ou aprés les avoir faites, user seulement de retention des pieces, dont on est saisi, sans faire, ny demander ny execution pour tels arrerages de pratique.

52. Réponse à une pretenduë Ordonnance du Code Henry.
53. Ordon. supposées par M. Brisson au Code Henry comme se discernent.

Et bien que dans le Code Henry, Livre 5. titre dernier, il se trouve une Ordonnance que les épices doivent être payées, nonobstant l'appel, sauf au condamné de se plaindre de l'excez pardevant le Iuge Superieur, si est-ce qu'il faut remarquer que ce n'est pas une vraye Ordonnance ; mais une addition de M. Brisson, qui esperoit faire confirmer & homologuer son Code par lettres du Roy & verification du Parlement, ce qui n'a été fait : & sous cette esperance il s'est avantagé d'y mettre plusieurs additions à la façon de Tribonien, qui se discernent par l'intitulation de l'article, où il met toûjours ces mots, quand il y a quelque decision nouvelle *Henry III. 1585.* qui étoit l'année en laquelle il esperoit obtenir cette homologation.

54. Officiers de Gouvernement & de finance, n'ont aucun salaire licite sur le peuple.

Voilà ce que je puis dire du Reglement des menus profits des Iuges : car quant à leurs Ministres, c'est à eux à les regler, & ce qu'ils doivent faire le plus soigneusement & severement qu'il leur est possible ; pour obvier à la vexation du peuple. Et quant aux Officiers de Gouvernement & de Finance, ils n'ont aucun salaire licite sur le peuple, fors ce qui leur est distinctement & exprés attribué par le Roy : de sorte que tout ce qu'ils prennent d'ailleurs est pure concussion.

55. De quâd

Mais c'est une grande question de sçavoir si les profits des Officiers leur appartiennent dés-lors de leur provision, ou lors de leur reception seulement : en quoy pour le regard des menus profits, & même des taxations, quoy qu'ordinaires & payées par le fisque, il n'y a gueres de difficulté, pource que c'est une maxime infaillible, qu'ils suivent toûjours l'exercice, c'est à dire, qu'ils appartiennent toûjours à celuy qui a fait la besogne, laquelle ne pouvant être faite par le pourveu de l'Office avant sa reception, il s'ensuit qu'il ne peut aussi avoir le profit qui revient, si ce n'est en un cas qui sera dit incontinent.

commencent à courir les profits des Offices.

Mais quant aux gages, on tenoit anciennement en toutes sortes d'Offices, qu'ils ne couroient que du jour de la reception, ou de l'exercice actuellement commencé. Car on disoit que *Beneficium datur propter Officium*, & que les Gages étoient attribuez à l'Officier, ainsi qu'aux serviteurs domestiques, en consideration du service : & de fait, en consequence de cette ancienne Iurisprudence, & sans prendre garde à la mutation qui provient aujourd'huy au droit des Offices, à l'occasion de leur venalité, Messieurs de la Chambre des Comptes, trop Religieux observateurs de l'antiquité, ne passent point encore purement & simplement les Intermediats de Gages d'Officiers d'entre la provision & reception, si la difficulté en est faite au Bureau ; mais ordinairement sursoyent la partie ; de sorte qu'ils contraignent l'Officier de recourir aux Lettres de rétablissement, qui est une peine & des frais, qu'on luy donne sans raison à mon avis, si ce n'est qu'il y eust une trop longue demeure, & un intervalle notable, entre la provision & la reception.

56. Ancienne pratique que les gages ne couroient qu'aprés la reception.
57. Intermediats de gages se rétablissent par lettres.

Et de vray cela étoit raisonnable, lors que les Offices étoient donnez, auxquels partant les Gages n'étoient attribuez que pour le service ; mais depuis qu'ils ont été vendus, Messieurs du Conseil du Roy ont tres-justement excepté de cette ancienne observance les Offices de Finance qu'on appelle, c'est à dire en cette matiere tous ceux dont le Roy prend Finance, encore qu'ils dépendent de la Iustice : & ont tenu qu'à l'égard d'iceux, les gages étoient attribuez à raison de la finance entrée aux coffres du Roy. Raison que de nostre temps ils ont bien sceu tourner au profit de sa Majesté, fondant sur icelle l'Edit moderne, de la reduction des gages de ces Offices, à la proportion du huitiéme denier de leur finance.

58. Pratique moderne, qu'ils courent du jour des provisions.

Et toutefois, à bien prendre, il me semble que c'est un mauvais fondement, de dire que les gages soient attribuez aux Officiers à cause de la finance : étant certain que les gages ont été donnez à tous Officiers, auparavant qu'il fust mention de les vendre : comme aussi seroit ce une chose ridicule de prendre de l'argent d'un Officier pour luy bailler des gages, qui seroit tout ainsi que si on luy constituoit une rente viagere pour le prix de son argent. Car il se prenoit de ce biais, ce seroit plûtost fait de ne point donner de gages aux Officiers, & aussi ne point prendre de leur argent : non plus que les particuliers n'en demandent point à ceux qu'ils reçoivent à leur service, quelque grand profit qu'ils puissent faire : mais bien en consideration de ce profit, ils ne leur donnent point de gages ; ou si ce profit est si grand, qu'il y ait presse à les servir sans gages, cela leur donne le moyen de choisir les plus capables d'entre tous ceux qui se presentent pour les servir, & en effet ils en sont d'autant mieux servis : enfin c'est la verité que les gages des Officiers, aussi bien que des serviteurs domestiques, leur sont donnez pour les entretenir en faisant service ; c'est pourquoy, és Estats, où les profits sont plus grands, les gages sont volontiers moindres : comme en cour de Iustice.

59. Si les gages sont attribuez aux Officiers, à cause de leur finance.

Neanmoins cette resolution est toûjours pleine de Iustice & d'équité, qu'indistinctement les gages des Officiers ont été achetez leurs Offices doivent courir dés le jour de leur Provision, sans attendre leur reception, & ce pour deux autres raisons ; L'une qu'il n'est pas raisonnable que le Roy, ayant l'argent de l'Officier, retienne le revenu de l'Office, & garde, comme on dit, l'argent

60. Autres raisons pourquoy les gages doivent courir dés la provision.

54 Des Offices en general, Liv. I.

& le drap: L'autre, que tout Office notable qui entre aux parties Casuelles, & partant est mis en commerce public doit avoir un certain revenu, qui suive l'acheteur, attendu que ce n'est pas l'exercice qu'on achete, mais le revenu: & en effet ce qui nous porte à bailler de l'argent au Roy, n'est pas tant le zele de luy faire service, & au public, que l'intention d'y profiter Or ce revenu certain ne peut être autre que les gages de l'Office, desquelles partant il est raisonnable que l'Officier jouïsse *jure dominij*, dès lors que par la provision il est fait Seigneur de l'Office, & sans attendre qu'il l'exerçrice.

61. Gages font les fruits naturels des Offices, & les salaires sont les industriaux.

Car és Offices qui tombent en commerce, nous estimons les gages pour fruits, qui viennent sans main mettre, qui par raison naturelle appartiennent au Seigneur à cause de sa seule Seigneurie, tout ainsi que les fruits naturels des heritages: car quant aux industriaux, qui sont en matiere d'Offices, les menus profits de l'exercice, à la verité ils ne peuvent appartenir qu'à celuy qui exerce actuellement, quand même il seroit question d'un Officier receu, & exerçant de longue main, qui pour quelque empechement, quoyque favorable,

62. Salaires sont inseparables de l'exercice.

auroit cessé son exercice, comme il s'est pratiqué aprés les derniers troubles, où il a été trouvé ridicule la demande d'aucuns Lieutenans Generaux des Villes de la Ligue, qui vouloient que leurs Lieutenans Particuliers, ou les Commissionnaires de leurs Offices, leur fissent raison des émolumens d'iceux, pendant le temps qu'ils avoient été contrains s'en retirer, afin de demeurer au service du Roy, pource que ces salaires font la recompense du labeur, & partant sont du tout inseparables de l'exercice, aussi voit-on qu'ils se reçoivent m annuellement à mesure qu'on travaille, ainsi que les menuës distributiós des Chanoines, à mesure qu'ils assistent au service divin, étant pour cette cause appellées *mannalia Beneficia, cap. unico, De cler. non resid. in 6.* Et d'ailleurs, étant promptement consommez en l'entretien de celuy qui les gagne, il n'y auroit aucune apparence de les luy faire rendre.

63. Salaires des Offices de finance courent du jour de la composition de l'Office.
64. Et l'exercice passe à l'acheteur.

Mais je dy, que si l'exercice de l'Office étoit tel qu'il peut être fait par l'Officier avant sa reception, les profits ordinaires luy en appartiendroient *jure dominij*, dès lors qu'il auroit contracté pour l'Office, deduit les salaires raisonnables de celuy qui auroit exercé en son lieu. Comme par exemple, les droits & taxations des Offices comptables, qui peuvent être exercez par Commis, & consequemment par le pourveu avant sa reception, comme en sa main, & comme Commis de son resignant, par devers lequel à la verité le nom d'Officier, & le vray exercice de l'Office demeure jusques à l'avenement de son successeur, Ce que le resignant ne peut empescher, pour dire qu'il veut faire luy-même l'exercice actuel, attendu que par la vente & resignation qu'il a faite, il a constitué dès-lors le resignataire Procureur *in rem suam*, & comme Commis necessaire jusques à sa reception: & consequemment ne luy peut refuser ses blancs, ny ses contraintes, pourveu toutefois qu'outre son recepissé, il luy baille bonne caution, s'il en est requis, de l'indemniser de l'exercice, qu'il fera en qualité de son Commis.

65. Ampliation.

Tout ce que dessus a lieu non seulement à l'égard de ceux qui ont acheté leurs Offices immediatement du Roy, mais aussi de ceux qui les ont achetez des particuliers: & non seulement à l'égard des Offices venaux, mais aussi de ceux de Judicature, & de tous autres qui ont accoutumé d'être venaux, & qui entrent aux parties Casuelles; Mais pour le regard des Offices, que le Roy ne vend point du tout, j'estime qu'il faut tenir l'ancienne resolution, que les gages ne courent que du jour de l'exercice: car c'est de ces Offices seulement, dont on peut dire, que *beneficium datur propter Officium*: aussi les deux autres raisons contraires n'y ont lieu: & partant je tiens, que les gages courus depuis la vacation de l'Office, jusques à la reception de l'Officier, pourveu gratuitement, appartiennent au Roy, & lui reviennent bons és comptes des Tresoriers, qui sont

66. Es Offices qui n'é trent aux parties Casuelles, les gages ne courent que du jour de l'installatió.

chargez de les payer.

Ce que j'entend seulement aux provisions par mort, ou for faiture, ou d'Office de nouvelle erection; mais és provisions par resignatió, où les gages ne peuvent revenir bons au Roy, pour ce que le resignât exerce l'Office, & en remplit la place jusques à la receptió du resignataire, il faut à mon avis (cessât les contentions particulieres du compromis, qui d'ordinaire en disposent) suivre presque la même consideration, distinguant l'Office vendu d'avec celuy qui est liberalement resigné: & dire que les gages de l'Office vendu appartiennent au resignataire dès lors de sa provision *jure dominij*, encore bien qu'il n'ait promis payer le prix qu'après sa reception; pource que le terme de payer accordé parfait la translation de Seigneurie, plutost qu'il ne l'empeche *Vendita. Instit. De rer. divis.* Mais en resignation gratuite, les gages n'appartiennent au resignataire, que du jour qu'il deposseda son resignant par la presentation de ses lettres; pource qu'és Offices non vendus, les gages suivent l'exercice, selon l'ancienne Coûtume, comme il vient d'être dit.

67. De quel courent les gages en resignation onereuse ou gratuite.

Mais à l'égard des Benefices, le pourveu par mort prend le revenu d'iceux, non seulement du jour de la provision, mais és le jour du deceds de son predecesseur; *fructus enim servari debent futuro successori*, parce qu'il n'y a aucun qui cependant ait droit de les recueillir, si ce n'est en certains lieux, où les Archidiactes ont usurpé ce droit, de prendre les fruits des Cures pendant leur vacance. Et quant au pourveu par resignatió, Rebuffe en sa pratique Beneficiaire, sur la regle *De publi. resig. glo. 13. num. 5.* tient que les fruits luy appartiennent dès le jour de sa provision, & non pas seulement au jour de la prise de possession, comme aux Offices: tout pource que le resignataire s'est démis de tout son droit, même de la possession par sa resignation, supposé qu'elle vienne à sortir son effet, comme dit la glose sur le Chapitre *Inter ab verb assignari ext De preb,* que pource qu'en matiere de Benefices, où la reception solemnelle n'est usitée, le resignataire est fait Seigneur du Benefice, & même Beneficier par la provision Or c'est un des effets de Seigneurie, de gagner les fruits: ce que toutefois n'a pas lieu aux Offices par une raison particuliere à sçavoir que pour le bien public il est ordonné, que l'ancien Officier doit demeurer en son exercice jusques à l'avenement de son successeur, comme il a été dit d'ailleurs.

68. De quád les fruits du Benefice appartiennent au nouveau Beneficier.
69. Annate des Archidiactes.

70. Differé ce des Offices & Benefices.

Reste d'expliquer quand les gages cessent de courir en la vacatió par mort: Ce qui n'est du tout sans difficulté pource que plusieurs loix Romaines nous apprennent que l'Officier mourant au commencement de l'année, transfere à ses heritiers les gages entiers d'icelle, *l. 15. Cod. de Advocat. diver. judic. l. 11. de p ox. sacr. scrin. l. 3. De agent. in reb. l. 1. de primit lib. 12. Cod* Encore en la loy derniere *De domest & protect*. il est dit, que les heritiers doivent avoir, non seulement l'année commencée, mais aussi l'année d'après le decez, reciproquement en la loi *Diem D. De Assess.* il est dit, que le Président de Province étant decedé pendant le temps de sa Charge, son Assesseur doit avoir ses gages de tout le temps: Mais il faut prendre garde que ce qui est dit en toutes ces loix, n'étoit pas un droit commun & general pour tous les Offices; mais une police & Reglement particulier, ou plutost un privilege attribué, seulement à certaines Milices & Offices de Compagnie. Et dit la loi *5. De agent. in reb.* que la Milice du decedé demeuroit vacante le reste de l'année, De sorte que le fisque n'en payoit pas doubles gages. Or pour montrer que ce n'étoit pas un droit commun: Pline au 4. Livre de ses Epitres recite, que les heritiers du Greffier d'un Questeur, demandans au fisque les gages du reste de l'année, en laquelle étoit decedé, perdirent leur cause. Aussi en France, on pratique notoirement que l'Officier ne gagne ses gages que jusques au jour de son decez: & ce de jour à jour, & à proportion du temps écheu du quartier commencé, comme étant les gages des fruits civils qui s'aquierent & ameublissent chacun

71. De quád les gages cessent de courir.
72. Interpretation de plusieurs loix.

73. Gages cessent de courir du le jour du decez.

Du profit des Offices Chap. VIII. 55

74. Côment se partage l'année, entre le successeur au Benefice, & les heritiers du defunct.

jour, ainsi que je prouveray ailleurs.

Mais à l'égard du revenu des Benefices, qui consiste ordinairement en fruits, lesquels ne naissent qu'une fois l'an, ç'a esté autresfois une grande difficulté, comment il se falloit partager entre le successeur au Benefice, & les heritiers du predecesseur. Aucuns comparans le Beneficier au pur usufruitier, qui acquiert & fait siens les fruits, à mesure qu'ils sont recueillis pendant sa vie, encore bien que l'heritage soit baillé à ferme, & que le fermage n'en soit escheu l. Defuncta. D. De usufr. D'autres la comparant au mary, qui fait les fruits siens de l'heritage dotal, à proportion de l'année, soit qu'ils soient perceus ou non, lors que le mariage est dissolu, l. Divortio, D. sol. matrim. ce qui est le plus vray : pource que le Beneficier n'est pas un usufruit gratuit, mais onereux, comme celuy du mary estant vray de dire, que le Beneficier & le mary ne gagnent pas les fruits rations juris, sed oneris.

75. De quand on commence l'année en ce partage.

Mais il reste encore une plus grande difficulté, de quand l'année se doit prendre, si du temps de la collecte des fruits, comme on jugeoit anciennement : ou bien du temps de la prise de possession du Beneficier decedé, comme le droit decide au mary en cette mesme loy Divortio, & se tenoit au Palais, lors que j'y entray : ou finalement à commencer au mois de Janvier, qui est certes la plus liquide & facile computation, laquelle aussi est à present suivie, par les Arrests modernes, comme Monsieur Robert nous apprend, Livre 3. Chapitre 4. où il passe tres-amplement & pertinemment de cette matiere, comme de toutes autres. J'ajousteray seulement à ce qu'il a dit, qu'il y a une raison de difference en ce dernier point icy, entre le mary & le Beneficier, pource que le mary prend l'heritage dotal, tel qu'il le trouve lors du mariage ; mais le Beneficier peut demander aux heritiers de son predecesseur, partage des fruits, de l'année, selon ce qui vient d'être dit : c'est pourquoy il est raisonnable qu'à l'égard du mary, l'année commence au temps du mariage, & qu'à l'égard du Beneficier, le commencement ordinaire de l'année soit gardé.

76. Difference entre le Beneficier & le mary.

CHAPITRE IX
Des privileges des Offices.

1. Distinction des libertez & des privileges.
2. Libertez de l'Eglise Gallicane, & non privileges.
3. Effet de cette difference.
4. Droits des Offices sont plustost privileges que libertez.
5. De l'annoblissement provenant des Offices.
6. Cause productive de la Noblesse.
7. Cause materielle & formelle de la Noblesse.
8. Quelle vertu produit la Noblesse.
9. Vertu militaire.
10. Justice est la plus parfaite vertu.
11. Approbation publique de la vertu.
12. C'est en la collation des grands Offices.
13. N'y avoit point d'autre Noblesse à Rome que celle des Offices.
14. Noblesse impropre, provenant de la valeur militaire.
15. Remarque de cette Noblesse impropre.
16. Les grands Offices de France annoblissent tout à fait.
17. Chevaliers de Loix.
18. Quels Officiers sont Chevaliers.
19. Offices qui annoblissent de Noblesse personnelle.
20. Secretaires du Roy sont Nobles.
21. Et les Conseillers du Parlement.
22. Le Roy est le Chef du Parlement.
23. Arrests pour la Noblesse des Conseillers de la Cour.
24. Officiers des autres Cours Souveraines, sont Nobles.
25. Preuve.
26. Autre preuve.
27. Si la Noblesse des Conseillers passe à leurs enfans.
28. Noblesse differente de celle des Romains.
29. Noblesse de race.
30. Noblesse de Dignité.
31. La Noblesse de Dignité ne passe aux enfans.
32. Exception, quand le pere & l'ayeul ont eu la Noblesse de Dignité.
33. Patricij.
34. Raison.
35. Que la Noblesse de Dignité demeure apres la resignation de l'Office.
36. Contre.
37. Resolution.
38. Réponse à l'Arrest des Tailles de Dauphiné.

39. Réponse à l'Arrest de la Roche-Thomas.
40. Si la Succession de l'annobly par dignité se partage noblement.
41. Latini liberti.
42. Noblesse empruntée n'induit partage noble.
43. Conclusion de ce discours.
44. Des Offices simplement privilegiez.
45. Interpretation de la clause des Commissions des Tailles, exempts & non exempts privilegiez, & non privilegiez.
46. De mesme.
47. Difference entre les Nobles & les privilegiez.
48. Privileges des domestiques du Roy.
49. Droit de giste & chevauchée.
50. Autres privileges des domestiques du Roy.
51. Exemption des Charges personnelles.
52. Trois sortes de Committimus.
53. Privileges des Secretaires du Roy.
54. Menu droits de Messieurs des Comptes.
55. Privileges se perdent avec l'Office.
56. Exemption des Charges viles demeure apres la resignation de l'Office.
57. Explication de la loy Eam legem. De executat. mun. lib. 10. Cod.
58. Collecte des Tailles estoit Charge honorable à Rome, en France elle est sordide.
59. Du privilege de Veteran.
60. Opinion de Cujas touchant le privilege de Veteran.
61. Privilege de Veteran attribué aux Milices de la robe.
62. Comment s'observent en France.
63. Et faut obtenir lettres du Roy.
64. Les Secretaires du Roy seuls l'ont sans lettres.
65. Certificats de Veteran en l'Empire Romain.
66. Testimoniales, instrumenta, Epistolae.
67. Si les vefves des Officiers jouyssent de leurs privileges.
68. La Noblesse passe indistinctement en la vefve.
69. Mais non les privileges, si le mary n'est mort Officier.
70. Si la vefve de celuy qui a sauvé son Office par la Paulette, demeure privilegiée.
71. Resolution que non, és Offices sujets à suppression.
72. Idem és Offices non sujets à suppression.

1. Distinction des libertez & des privileges.

OUtre le pouvoir, l'honneur & le profit des Offices, il y a encore les privileges, sous lesquels je comprens les libertez : combien qu'és autres matieres on distingue les privileges, qui sont passe-droits, consistant en l'obtention d'une grace ou dispense contre le droit commun, d'avec les libertez qui sont franchises procedantes d'une continuelle retention de liberté naturelle. C'est pourquoy on a justement repris de nostre tems

Ferrant, qui a escrit De privilegiis regni Francorum, & le Deputé general du Tiers Estat és Estats commencez à Blois en l'an 1588, appellerent les immunitez de l'Eglise Gallicane Privileges, au lieu qu'il les devoient appeller Libertez. Car elles ne proviennent pas d'aucune dispense, concession particuliere contre le droit commun, mais de la conservation perpetuelle de nostre franchise originaire & naturelle, en ce que nous n'a-

2. Libertez de l'Eglise Gallicane & non privileges.

Des Offices en general, Liv. I.

3. Effet de cette difference.

vous laissé le souverain Chef de l'Eglise universelle entrer en possession de certains avantages sur nous, que les autres Etats de la Chrestienté ont presque tous toleré.

Difference au surplus qui n'est point verbale, mais réelle, & fort importante à l'effet. Car les privileges sont odieux de leur nature, étans contraires au droit commun : & à l'opposite les franchises sont favorables, étans fondées en la liberté naturelle continuellement maintenuë : c'est pourquoy les privileges sont sujets à être confirmez de Roy en Roy, comme je prouveray ailleurs : ce qui ne peut être des libertez, qui ne viennent point du Roy, mais de la nature.

4. Droits des Offices sont plutost privileges que libertez.

D'où il s'ensuit qu'és droits des Offices, qui tous procedent & dépendent de la disposition du Prince, il ne peut y avoir proprement de libertez : aussi sont ils toûjours appellez privileges dans nos Livres. Et toutefois il falloit expliquer cette distinction, pource que le formulaire des provisions d'Office fait mention expresse *de leurs privileges, franchises, & libertez*, joint que nous en aurons besoin incontinent.

5. De l'anoblissement provenant des Offices.

Or le plus grand & important privilege qu'ayent les Officiers, c'est qu'aucuns sont annoblis par leurs Offices, non d'une simple noblesse honoraire, que j'ay cy-devant appellée Noblesse de ville, consistant seulement à se pouvoir qualifier *Nobles hommes* : mais d'une vraye Noblesse qui leur attribuë par effet toutes les franchises & immunitez des Gentilshommes de race, ce qui merite bien d'être expliqué à loisir, pource qu'aucuns ne veulent douter.

6. Cause productive de la Noblesse.

Recherchons-le à la source, c'est à dire, à la cause productive de la Noblesse, que chacun est d'accord être la vertu. Car c'est un commun dire, que *Noblesse vient de vertu* : de sorte que la vertu des ancestres fait la Noblesse personnelle : bref, la vertu est la cause de la Noblesse, & la Noblesse est l'effet de la vertu. Mais comme c'est un effet public, aussi faut-il que sa cause soit approuvée d'un temoignage public, pource aussi qu'autrement, chacun penseroit être vertueux, & issu de parens vertueux, penseroit être Noble, qui seroit une grande confusion : au contraire celuy auquel on donneroit la Noblesse, penseroit qu'on luy feroit injure, & qu'on dénieroit quand & quand, que luy & ses ancestres fussent gens de bien & de vertu.

7. Cause materielle & formelle de la Noblesse.

Bref, que la Noblesse n'est autre chose qu'une vertu approuvée publiquement, qui est en propres termes ce que dit Ciceron *in epist. ad Hirtium, Nobilitas nihil aliud est, quam cognita virtus* : La vertu est la cause matericlle & l'approbation publique la cause formelle de la Noblesse, qui luy donne l'être & l'accomplissement.

8. Quelle vertu produit la Noblesse.
9. Vertu militaire.

Expliquons encore plus particulierement l'une & l'autre de ces causes. Premierement quant à la formelle, lors qu'on dit que *Noblesse vient de Vertu*, on n'entend pas toute sorte de vertu. Car toute vertu n'est pas propre pour produire Noblesse : mais on entend comunement la valeur militaire que les Grecs ont originairement appellée ἀρετή, ἀπὸ τοῦ Ἄρεος, καὶ ἀνδρεία, ἀπὸ τοῦ ἀνδρὸς : & les Latins, *Virtutem à viro, seu viribus* : aussi en François par le mot de *Vertu* simplement énoncé, nous entendons la vigueur & la force, & l'appellons proprement valeur & vaillance, comme si en icelle consistoit le prix & l'estime de l'homme. Et à la verité c'est la vertu la plus convenable à l'homme, & la plus necessaire à la société des hommes, laquelle se maintient *sub tutela ac praesidio bellica virtutis*, dit Ciceron *pro Murena*.

10. Justice est la plus parfaite vertu.

Si ce n'est que la force, ou vertu militaire est necessaire en guerre, aussi la Justice l'est-elle en paix : même en paix & en guerre. En paix pour empescher la guerre, & en guerre pour ramener la paix : même elle est tellement necessaire en guerre, que la force sans Justice n'est pas vertu, mais violence, dit Ciceron au premier des Offices : & au 2. des Tusculs. & encore nostre Justinien en sa Novelle 68. où il appelle Justice τῶ ᾠδίω τῶν ἀρετῶν, ainsi qu'Aristote en 5. des Ethiques l'appelle *τελεία ἀρετή*, & au commencement du 8. Chapitre

du 3. Livre des Polit. il prouve que la Jurisprudence tient le premier lieu, sur toutes les Sciences : dont j'infere que la Noblesse peut aussi bien proceder de la Justice, comme de la force ou valeur militaire.

11. Approbation publique de la vertu.

Et quant à l'autre cause de Noblesse, qui est l'approbation publique de cette vertu, je dis qu'elle ne peut être faite, que par ceux ausquels est la disposition du public, c'est à dire, la Souveraineté qui, comme j'ay dit cy-devant, sont les seuls dispensateurs ordonnez de Dieu, de l'honneur solide & permanent, comme est la Noblesse : aussi que cette approbation ne seroit pas publique, & n'auroit pas authorité envers tous si elle n'estoit faire par celuy qui commande à tous.

12. Gist en la collation des grands Offices.

Or la plus signalée approbation que le Prince Souverain puisse faire de la vertu, est par la collation des Offices d'éminente Dignité, qui n'ont accoutumé d'être conferez qu'à gens d'éminente vertu & de signalé merite. C'est pourquoy le choix qu'il fait de ceux à qui il les confere, est un signalé temoignage de leur vertu & merite. Car comme dit Cassiodore *Non est maius meritum, quam gratiam invenisse regnantium. Nam quibus fas est de cunctis optimum quaerere, videntur semper optimos elegisse* : & comme dit Justin en sa Nouvelle 8. *quis non putet magno honore compleri eum, qui Principis decreto judicatur ad cingulum venire?*

13. N'y avoit point d'autre Noblesse à Rome, que celle des Offices.

Aussi est-ce à verité qu'il n'y avoit point de Noblesse à Rome, que celle qui provenoit des grands Offices, qui étoient appellez *Magistratus Curules & Magistratus Pop. Rom.* ainsi que je prouveray amplement au Livre Des Ordres. Chapitre *De la Noblesse*, qu'il faut joindre à celuy-cy. Comme aussi les descendans de ceux qui avoient eu les principaux Offices és autres Villes étoient appellez par les Romains *Domicellos*, c'est à dire Nobles en leur païs, ainsi que je montreray au même Chapitre.

14. Noblesse improprement de la valeur militaire.

Il est bien vray que les Romains faisoient aussi beaucoup d'état de ceux qui étoient descendus de parens signalez en valeur militaire, & les estimoient aucunemét Nobles, dont il y a un beau temoignage dans Plutarque au commencement de la vie de M. Caton : qui lors qu'on l'appelloit homme nouveau (c'est à dire Plutarque *non noble de race, mais nouvellement annobly*) repartoit, *qu'il étoit vrayement nouveau*, quant à la Noblesse provenant des Offices de la Repub. mais quant à celle, qui provenoit des faits d'armes de ses predecesseurs, il maintenoit être Noble de race : Aussi Plutarque dit-il, que les ancestres de Caton avoient été vaillans guerriers, qui avoient obtenu plusieurs dons militaires & prix d'honneur : ce qui semble une autre sorte d'approbation publique de la vertu suffisante pour créer la Noblesse : mais pource que cette approbation n'est pas faite par ceux qui tiennent la Souveraineté, & qui sont les vrays distributeurs de l'honneur, elle ne pouvoit pas former à Rome la vraye Noblesse ; mais seulement produisoit une Noblesse impropre. Et comme les vrays Nobles de Rome avoient les images & statuës pour marque de leur Noblesse aussi ceux-cy avoient leurs écus & boucliers lesquels mêmes ils mettoient aux Temples & autres lieux publics, ainsi que Pline apprend au 3. Chapitre de 35. Livre : mais enfin la vraye & propre Noblesse n'appartenoit qu'à ceux qui avoient eu les grands Offices, & à leurs descendans.

15. Remarque de cette Noblesse impropre.

De même en France, il est notoire que les Offices d'éminente Dignité attribuent par pourveu, non seulement la simple Noblesse ; mais aussi la qualité de Chevalier, qui est un titre emportant haute Noblesse. Ce qui mêmement a eu lieu de tout temps à l'égard des principaux Offices de Justice, témoin les Chevaliers de loix, dont il est souvent fait mention dans Froissart, notamment au premier Livre Chapitre 177. où il parle de trois Chevaliers *dont les deux*, dit-il, *étoient d'armes, & le tiers des loix : les deux Chevaliers d'armes étoient Monsieur Robert de Clermont gentil & Noble grandement : l'autre le Seigneur de Conflans. Le Chevalier des loix étoit Monsieur Simon de Boissy. Qui étoit* (dit Guillaume de Nangy son contemporain *Conseiller au grand Conseil, c'est à dire, pour parler comme à present*

16. Les grands Officiers annoblissent tout à fait.

17. Chevaliers de loix.

Con-

Des privileges des Offices, Ch. IX.

Conseiller au Conseil Privé de Roy (*& premier President au Parlement*. Et ces Chevaliers de loix sont appellez poëtiquement Chevaliers de lecture, dans le Roman de la Roze.

Qui voudra pour la foy deffendre,
Quelque Chevalerie emprendre
Ou soit d'armes, ou de lecture.

18. Quels Officiers sont Chevaliers.
Ie conclus donc que les Officiers de la Couronne, les Chefs d'Office de la Maison du Roy, tous ceux du Conseil Privé, & par consequent les Presidens des Cours Souveraines qui en sont, les Gouverneurs & Lieutenans de Roy és Provinces ; Bref, tous ceux qui à cause de leurs Offices se peuvent qualifier Chevaliers, sont Nobles d'une parfaite Noblesse, eux & leurs enfans, ainsi que nous apprend ce docte & judicieux Avocat General du Roy, Monsieur le Bret au 7. de ses anciens Plaidoyez. Ne plus ne moins que ceux à qui le Roy confere l'Ordre de Chevalerie, qui est, comme dit du Tillet, *un moyen d'obtenir Noblesse, sans avoir roture*: & veritablement ce seroit une chose absurde que le pere fust Chevalier, & du rang de la haute Noblesse, & les enfans roturiers.

19. Offices qui annoblissent de Noblesse personnelle.
Mais il y a encore d'autres moindres Offices, qui n'attribuent pas la qualité de Chevaliers aux pourveus, & toutefois les annoblissent, mais non pas d'une parfaite Noblesse, qui passe à la posterité : mais pource que la Noblesse qui en provient n'est qu'une Dignité procedante de l'Office, qui d'ailleurs n'est assez forte, pour passer en l'heritier, & pour effacer la roture de pere, elle n'est non plus transmissible aux enfans, que l'Office même. Ainsi qu'en l'Empire Romain les enfans de ceux qui d'entre les Senateurs, qui avoient obtenu le titre & dignité *d'illustre*, estoient Senateurs nays, & avoient voix au Senat, si tost qu'ils estoient pourveus en âge suffisant, ce qu'avoient pas les enfans des simples Senateurs, comme il est dit en la loy derniere *D. De Senat*. qui sera expliquée au Livre Des Ordres.

20. Secretaires du Roy sont Nobles.
Tels sont en France les Secretaires du Roy, Maison & Couronne de France, qui par Edits des années 1484. & 1549. sont expressement declarez Nobles & capables de jouyr, portant ces Edits, *de toutes qualitez, prerogatives preeminences de la Noblesse, comme s'ils estoient Nobles de quatre generations, jusques à être dignes de recevoir l'Ordre de Chevalerie*. Aussi se vantent-ils d'estre compagnons du Roy, qu'ils disent estre le premier Secretaire de la Couronne : & de fait quand ils partagent les bourses des emolumens du Seau, ils laissent toujours la premiere au Roy.

21. Et les Conseillers de Parlement.
A plus forte raison les Conseillers de Parlement sont tenus notoirement pour Nobles en vertu de leurs Offices, bien qu'il n'y en ait aucun Edit que je sçache, d'autant qu'ils sont au lieu des Senateurs Romains, *quorum decus dicitur Nobilitas*, dit Symmaque en une de ses Epistres : & l'Etat desquels estoit particulierement signifié par le terme de *Dignité*, qui s'entend ainsi en la rub. *De Dignitatib*. au Code, laquelle correspond à celle du Digeste *De Senatorib*. comme Cujas a remarqué : de fait leur commun & moindre epithete estoit d'estre appellez *Clarissimi*: qui est autant que *Nobilissimi*, comme aprouve Tiraqueau au 2. Chap. *de Nobilit*. Aussi sont-ils dits *pars corporis Principis*, in l. *Quisquis C. Ad l. Iul. Majest*. & en la loy *Ius Senatorum, De Dignit*. l'Empereur se compte de leur nombre.

22. Le Roy est le Chef du Parlement.
Comme aussi en France le Roy est le vray Chef du parlement : c'est pourquoy on laisse toûjours en la grande Chambre la premiere place vuide, comme étant la place du Roy, appellée le lit de Iustice, où sa Majesté se sied, quand il luy plaist: & lors même qu'elle en est absente, les Arrests du parlement ne laissent pas même d'être expediez sous son nom, comme n'étans les Officiers du Parlement, que ses Conseillers & Assesseurs, qui en nostre France purement Monarchique, ne pourroient pas exercer la Iustice Souveraine autrement que sous le nom de sa Majesté, dont elle est inseparable, pouvoir qu'avoient pas les Senateurs Romains, comme je diray au Livre des Ordres.

Du droit des Offices.

23. Arrest pour la Noblesse des Conseillers de la Cour.
C'est pourquoy à bon droit cés Assesseurs collateraux de nostre Prince, qui exercent pour luy, & en son nom, sa plus noble & plus haute fonction, sont à bon droit tenus pour Nobles, & ont été jugez tels par plusieurs Arrest : dont M. Tiraqueau nous en rapporte deux de son temps, l'un de l'an 1540. donne entre les enfans de l'Avocat General le Maistre, l'autre de l'an 1546. entre les enfans du Conseiller de la Motte ; que Bacquet nous apprend avoir été donné au rapport dudit sieur Tiraqueau, & qui fut cause de luy faire composer son Livre *De Nobilitate*. Finalement cela fut vuidé par un Arrest solennel de la veille de Pentecoste 1575. touchant la succession du Conseiller Ménager, prononcé par ce grand personnage feu Monsieur le president Seguier, tige heureux de cette illustre Maison des Seguiers, lequel prouva tres-doctement la Noblesse des Conseillers du parlement par infinies raisons & authoritez, tant sacrées que profanes.

24. Officiers des autres Cours Souveraines sont Nobles.
Or cette Noblesse des Officiers du Parlement de Paris n'étant pas fondée seulement sur ce que c'étoit jadis le Senat ou Conseil d'Etat de la France, mais plutost sur ce que comme Assesseurs du Roy, ils exercent avec luy sa Iustice Souveraine, il faut tenir que les Cours Souveraines de France doivent jouir de même prerogative, comme le grand Conseil, les autres Parlemens, les Chambres des Comptes, & Cours des Aydes, és Arrests desquels le Roy est intitulé, ainsi qu'en ceux du Parlement de Paris. Dont Guy Pape rapporte un Arrest pour ceux du Parlement de Dauphiné en la decision 376. mais il y en a maintenant une preuve bien signalée par cét Arrest notable du Conseil d'Etat de l'an 1602. contenant le Reglement des Tailles du Dauphiné, que l'historiographe Matthieu a trouvé digne d'inserer en son Livre.

25. Nobles.
Car les deux & troisieme articles d'iceluy portant notamment que les Presidens & Conseillers du Parlement de Grenoble, & les Presidens, Maistres & Auditeurs de la Chambre des Comptes de Dauphiné demeureront exempts des Tailles, & afin qu'on ne pense point que ce soit un simple privilege d'exemption, tels qu'ont plusieurs autres Officiers, & qui sera expliqué incontinent, ce même article second adjouste, que ces Offices peuvent, *selon les loix & mœurs du Royaume, donner commencement de Noblesse*; mais il faut considerer qu'en cet Arrest, il n'étoit question, que de regler les Tailles, & non pas de parler des autres prerogatives de la Noblesse, de toutes lesquelles je ne doute point que les Conseillers des Cours Souveraines ne doivent jouyr pendant leur vie, tout ainsi que les Nobles de race. Car les Ordres ont cela de particulier, qu'ils ne peuvent être à demy, ny pour un temps; & n'y reçoivent ny augmentation ny diminution, non plus que la substance de Dialectique.

26. Autre preuve.
Mêmement nous trouvons quelque temoignage parmi les Romains que ceux, au lieu desquels sont en France les Maistres des Requestes, Maistres des Comptes, & Secretaires du Roy, étoient reputez Nobles, témoin ce qui fut objecté à *Torquatus Sindus*, Dans Tacite l. 15. Annal. *Eum Nobiles habere, quos à libellis, rationibus & epistolis appellari, nomina summa cura & medicamenti*.

27. Si la Noblesse de Conseillers passe à leurs enfans.
Même ç'a été autrefois un grand doute, si la Noblesse des Officiers n'étoit pas indifferemment transferée à leurs enfans, comme est dans la difficulté celle qui provint de l'annoblissement concedé par le Roy. Ce que Lucas de Penna *in l. Muliores. col. 2. vers. Sexto ex Nobilitate C. De Dignit*. dit devoir à plus forte raison avoir lieu en la Noblesse, qui provient des Offices & Dignitez. Toutefois la glose sur la loy premiere du même titre dit, que la Noblesse provenant des Dignitez *non extenditur ultra pronepotes*, alleguant à propos la loy *Divo. D. De. quæstio*. qui dit *Eminentissimorum, necnon etiam perfectissimorum virorum usque ad pronepotes, liberos, plebeiorum pœnis non subjici*; ce que tous les Interpretes du droit Romain ont suivy, fors *Ioa. Platea*, qui restraint cette decision aux eminentes Dignitez, & dit que les moindres n'étendent la Noblesse qu'aux enfans du premier degré seulement, suivant la loy *Sed*

Des Offices en general, Liv. I.

28. Noſtre nobleſſe differente de celle des Romains.
29. Nobleſſe de race.

milites. D. De excuſ. qui pourtant ne parle que du privilege d'être gendarmes, & non pas de la Nobleſſe.

Mais comme je diray plus amplement au Livre Des Ordres, nous avons en France une pratique de la Nobleſſe, differente de celle des Romains, témoin le dire de Ciceron au lieu preallegué, que *Nobilitas, quæ ex imaginibus procedit, Populi Rom. eſt univerſa*. En un mot nôtre Nobleſſe vient, ou de race, ou de Dignité. Celle de race conſiſte à être iſſu d'une race exempte de condition roturiere, & partant elle eſt interieure, principale & directe, que les Grecs appellent Εὐγένιαν, & qu'Ariſtote definit ἀρετὴ τῷ γένει, au 8. Chapitre du 3. Livre des Polit. dont s'enſuit qu'il n'y a difficulté aucune, qu'elle ne continuë éternellement en la race, tant qu'on n'y deroge point : même plus elle eſt ancienne, plus elle eſt renforcée, ainſi que prouve la gl. de la Prag. Sanction, ſur §. *Inſuper de collat.*

30. Nobleſſe de dignité

Au contraire la Nobleſſe provenant des Offices eſt accidentelle (dit la gloſe ſur la loy 1. *C. De Dignit.*) exterieure, acceſſoire & indirecte, n'étant pas attribuée interieurement, & principalement à la perſonne à cauſe d'elle même, mais luy étant transferée exterieurement & acceſſoirement, *nempe medio* de l'Office, dont elle dépend nuëment : ainſi preſque comme la Nobleſſe deferée à la femme à cauſe de celle de ſon mary, des rayons duquel elle eſt illuſtrée, dit la loy.

31. La Nobleſſe de dignité ne paſſe aux enfans.

Or comme les rayons du Soleil ſont plus forts, que ceux de la Lune, qui emprunte ſa lumiere de luy : auſſi la Nobleſſe, ſoit de la femme mariée à un homme à Noble, ou de l'homme pourvu d'Office annobliſſant, n'eſt pas ſi vigoureuſe, que celle de race, qui appartient à la perſonne de ſon chef, & eſt infuſe (s'il faut ainſi dire) dans ſon propre ſang. C'eſt pourquoy nous pratiquons en ces Nobleſſes empruntées tout à l'oppoſite qu'en celle de race, à ſçavoir qu'elles ne ſont point tranſmiſes aux enfans: *neque enim poteſt eſſe perpetuū, quod perſonis contemplatione Dignitatis induſtrum eſt*, dit la loy 13. *De excuſ mun. lib. 10. Cod.* Quiete la réponſe que fit le Roy Antigonus au fils d'un Capitaine demandant d'être continué aux honneurs de ſon pere, que ces honneurs étoient la recompenſe de l'Andragathie, & non de la Pattagathie.

32. Exemption quand le pere & l'ayeul ont eu la Nobleſſe de dignité.

Neanmoins ainſi qu'en la Nobleſſe de race nous pratiquons, que quand le pere & l'ayeul ont vécu noblement, la Nobleſſe eſt comme preſcrite & acquiſe à leur poſterité : ainſi qu'il eſt contenu au Reglement des Tailles de l'année 1600. Auſſi à plus forte raiſon en la Nobleſſe de Dignité, c'eſt à dire provenant des Offices, nous obſervons, que le pere & l'ayeul ayans été pourveus d'Offices annobliſſans leur poſterité, devient Noble deſormais ; ce qu'aucuns veulent tirer de la loy 1. *C. De Dignit. Si avum Conſularem, & patrem Pratorium habuiſti, claritatem generis retineis.* A quoy ſe peut accommoder ce paſſage de Pline ſecond en une Epiſtre qu'il écrit à ſon beau-pere, *lib. 9. Epiſt. Non ardentius in nepotes, quam ego liberos cupio, quibus videor à meo tuoque latere pronum ad Honores iter, & audita latius nomina, & non ſubitas imagines relicturus.* Et de vray la ſuite & continuation de Nobleſſe en deux races, merite de l'aſſurer à la poſterité, & ainſi s'obſerve preſque en tous les païs de l'Europe. *An fando unquam audiviſtis* (diſoit P. Decius. Mus dans Tite-livre *l. 10.*) *patri-*

33. Patricij
34. Raiſon.

cios primo eſſe factos, non de cælo demiſſos, ſed qui patrem nullum ciere poſſent ; id eſt nihil aliud quam ingenuos. Conſulem jam patrem ciere poſſum, aviumque poterit filius meus. Auſſi ces mots *gens & genus nomina ſunt multitudinis,* quæ *pluſ uno deſiderant, ſed duorum numero ſunt contenta l. 1 2. D. De reſtib.* Et tout ainſi que les Alchimiſtes diſent, que l'or ſe change trois fois avant qu'acquerir ſa qualité, auſſi la 3. mutation & generation purifie le ſang & la race, & en efface tout veſtige de roture.

35. Si la nobleſſe de dignité demeure après la reſignation de l'Office.

Mais c'eſt une grande queſtion ſi la Nobleſſe de Dignité demeure à l'Officier après la reſignation de ſon Office, queſtion qui eſt traittée par Guy Pape en la deciſion 77. où il reſout pour l'affirmative ſuivant la deciſion de la loy *Eam legem D. De excuſ. lib. 10. Cod.* qui ſem-

ble toute formelle. *Illi in quos munera noſtra reduntāt, beneficiis eorum, non ſolùm quandiu militave rint ſed etiam quandiu vixerint perfruentur*; & rapporte qu'il fut ainſi jugé de ſon temps au Parlement de Dauphiné : comme auſſi en l'an 1595. le même fut ordonné au Parlement de Paris, entre les heritiers que feu M. de la Roche-Thomas Conſeiller en iceluy, qui furent jugez à partager noblement la ſucceſſion, combien qu'il euſt reſigné ſon Office pluſieurs années avāt ſon decez.

36. Contre.

Neanmoins tout cela ſemble avoir été renverſé depuis. Car quant à l'Arreſt de Grenoble, il eſt détruit apparemment par ce Reglement moderne des Tailles de Dauphiné, qui en l'article ſecond ne conſerve aux Officiers de ce Parlement l'exemption des Tailles après reſignation de leurs Offices, ſinon qu'ils les ayent exercez par l'eſpace de vingt ans, de ſorte qu'ils ſemblent n'avoir deſormais cette exemption, que par le droit de Veteran, qui ſera expliqué incontinent. Et quant à l'Arreſt de la Roche-Thomas, il a été retracté en l'an 1607. par un autre Arreſt notable, donné ſur propoſition d'erreur, jugée par 40. ou 50. Juges, tant de la grande Chambre, que de la 5. où le premier Arreſt avoit été donné.

37. Reſolution.

Et toutefois j'eſtime, ſauf meilleur avis, qu'il eſt plus equitable de revenir à l'affirmative : pource que la Nobleſſe n'eſt pas comme un ſimple privilege inherent, & attaché inſeparablement à l'Office, mais c'eſt un vray Ordre & qualité abſoluë, qui bien qu'elle procede &, ſoit cauſée par l'Office, toutefois elle s'attache directement à la perſonne de l'Officier, qui a été trouvé digne de tenir un Office annobliſſant, auquel par conſequent il porte & imprime deſormais l'Ordre & condition de Nobleſſe : qui eſt un caractere ineffaçable & inſeparable, ainſi qu'il ſera prouvé au Livre Des Ordres, que les Ordres ſont Dignitez permanentes à la vie des hommes qui en ſont honorez, s'ils ne ſont perdus par forfaiture. Eſtant d'ailleurs vray de dire que la Nobleſſe, comme tout autre Ordre, eſt une qualité abſoluë qui ne peut être à temps, ny ſous condition, non plus que les actes legitimes du droit.

38. Réponſe à l'Arreſt des Tailles de Dauphiné.

Conſideration qui bien qu'elle ſoit pertinente, eſt neanmoins fort abſtruſe, éloignée de la penſée de ceux qui ne ſe ſont pas donné le loiſir de mediter profondement ſur cette matiere, dont comme je crois, on ne s'aviſa lors du Reglement des Tailles de Dauphiné, auquel ſur la grande difficulté de cette queſtion qu'on ne vouluſt decider à la rigueur, ſoit en continuant induſtrinctement, après la reſignation, la Nobleſſe à tous Officiers, ſoit les en deboutant tous indiſtinctement, on s'aviſa de prendre une voye mitoyenne, à ſçavoir que ceux qui auroient exercé vingt ans, demeureroient Nobles, & les autres non : combien qu'en bonne Juriſprudence, ce n'eſt pas la longueur de l'exercice qui aſſure la Nobleſſe à l'Officier (pource même que le privilege de Veteran n'eſt point deferé en France ſans lettres particulieres, ainſi qu'il ſera tantôſt dit) mais c'eſt le merite de celuy qui a été une fois trouvé capable de ſeoir ſur fleurs de lys, & qui de fait a eu l'honneur d'exercer au nom du Roy, & avec luy, ou ſous luy ſa Juſtice Souveraine, comme ſon Aſſeſſeur : ce qui honore & éleve tellement ſa perſonne, que deſormais il n'eſt raiſonnable qu'il rentre au rang du menu peuple, & ſoit aſſujetti aux ſubſides & Charges des roturiers; & de fait, ſeroit-ce pas une honte d'impoſer aux Tailles un Conſeiller de la Cour, après qu'il auroit reſigné ſon Office ?

39. Réponſe à l'Arreſt de la Roche-Thomas.

Et quant à l'Arreſt moderne de la Roche-Thomas, il y a grande apparence qu'il a été donné ſur le particulier de la Couſtume du Maine, attendu qu'au premier procez, il y avoit un Arreſt interlocutoire, qu'il ſeroit informé par turbes de l'uſage du 271. article d'icelle, leſquelles turbes avoient apporté qu'on avoit toûjours partagé roturierement telles ſucceſſions : même que les ſucceſſiōs des annoblis étoient partagées roturierement pour la premiere fois, comme nous témoigne en ſes Arreſts M Loüet, qui fut un des Juges de ce dernier Arreſt. Et neanmoins le premier Arreſt definitif de l'an 1595. contrariāt à ces turbes, avoit ordonné que la ſucceſſion du

Des privileges Offices, Chap. IX.   59

sieur de la Roche-Tomas seroit partagée noblement, *cum hoc elogio*, suivant la Coûtume. Ce qui auroit donné sujet à mon opinion, de faire dire par ce dernier, qu'il y auroit eu erreur en l'autre.

40. Si la succession de l'annobly par dignité, se partage noblement.

En tout cas, j'estime que cét Arrest decide une autre belle question, si, supposé que la Noblesse d'un Conseiller de Cour Souveraine, luy demeure jusques à la mort, sa succession doit estre partagée noblement, notamment en la Coûtume du Maine, & autres semblables. Car encore que les annoblis par Offices joüissent pendant leur vie, de tous les effets de la Noblesse, si est-ce pourtant une grande difficulté, si aprés leur decez leurs biens doivent se ressentir de leur qualité: dautant qu'il est à presumer, que les Coûtumes qui ont dit, que l'Estat de des Nobles se partage noblement, & celle des roturiers roturierement, ont entendu parler de l'ordinaire, propre & parfaite Noblesse, qui affecté le sang & la famille, & par consequent les biens: & non de cette noblesse imptopte, irreguliere, & imparfaite, provenant des Offices, qui est restrainte & limitée à la personne, & ne s'etend ny aux enfans, ny aux biens, principalement aprés la mort de la personne, qui emporte toutes les qualitez qui residoient en elle. Ne plus ne moins qu'à Rome, *liberti latinæ*

41. Latini liberti.

conditionis, qui Latinam, id est, imperfectam libertatem consecuti erant, ut liberi quidem vitam peragebant, attamen ultimo vita spiritu simul animam ac libertatem amittebant, & ideo bona ipsorum, manumissores jure quodammodo peculii consequebantur, dit Iustin. §. ultim. *De successor. libert.* C'est pourquoy luy-mesme en la loy unique. l *De Latina libertate tollenda* dit qu'à l'instant de leur mort, & la liberté & la servitude se rencontrent ensemble en leur personne: ce qui doit à plus forte raison être accommodé à la succession des annoblis par Offices, qui ne transferent pas la Noblesse à leurs enfans, comme *Latini liberti* transferoient la liberté aux leurs.

42. Noblesse empruntée n'induit partage noble.

De fait, nous avons comparé la Noblesse procedant de l'Office à celle qui vient à la femme à cause de son mary: or les Coûtumes d'Anjou & du Maine decident que la succession de la femme roturiere mariée à un Noble, se partage roturierement, encore que ces mêmes Coûtumes portent expressement que cette femme est noblesse: qui montre bien qu'on ne doit partager noblement, sinon les successions de ceux à qui la juste & parfaite noblesse appartient, & non pas la Noblesse accessoire & accidentelle, qui n'ont que l'usage pendant leur vie, & non le plein droit à toujours de la Noblesse, comme Plaute a dit de la liberté Latine, qu'il appelle *liberté usuraire*.

43. Conclusion de ce discours.

Donc pour conclusion de ce discours, je dy que la Noblesse provenant des Offices, demeure toûjours aux Officiers pendant leur vie aprés mêmement qu'ils ont resigné leurs Offices. Mais que hors ceux qui ont le titre de Chevalier, elle ne continuë pas sur les biens aprés la mort de l'Officier receu depuis peu de temps, en sorte qu'ils doivent être partagez noblement, comme ceux des Gentils-hommes de race: notamment és Coûtumes qui n'ont admis cette diverse maniere de partager, qu'en la Noblesse de race.

Voilà pour ce qui concerne les Offices annoblissans. Mais il y en d'autres qui n'annoblissent pas tout à fait les pourveus, mais seulement les rendent privilegiez, c'est à dire, leur apportent presque toutes les immunitez & exemptions qu'ont les Nobles, notamment celle des Tailles: ce que M. le Bret en son 7. plaidoyé appelle *demy-noblesse*. Car comme dit Tertullien *in Apologetico*, *Vi agri tributo onusti viliores sunt, sic hominum capita stipendio censa viliora sunt.*

44. Des Officiers simplement privilegiez.

45. Interpretation de la clause des commissions des tailles, exempts & non exempts, privilegiez & non privilegiez.

C'est pourquoy la clause vulgaire des commissions des Tailles fait mention des exempts & non exempts, & des privilegiez & non privilegiez. Car les exempts sont les Ecclesiastiques & les Nobles, qui de leur propre condition sont francs & exempts de Tailles: & à l'egard desquels ne point payer la Taille n'est pas un privilege ou passe droit, mais une franchise & liberté: & neantmoins on ne les appelle pas libres ny francs, à cause de l'equivoque de ces noms, mais exempts. Et les privilegiez sont ceux qui sans condition roturiere, & par consequent tenus de droit commun au payement de la Taille, en sont toutefois dechargez par quelque privilege special.

Et dautant qu'il y a certaines exemptions, & aussi certains privileges, que le Roy ne veut pas être entretenus, il enjoint par ses commissions d'imposer aux tailles generalement tous ses sujets, & mêmement les exempts & privilegiez, ainsi que les non exempts & non privilegiez, excepté seulement (portent-elles par aprés) les Ecclesiastiques & les Nobles vivans noblement, & non autres; voilà pour les exempts: & quant aux privilegiez, ces commissions specifiet ceux que sa Majesté entend être exclus des tailles, à sçavoir les domestiques des Rois & Reines, & autres Princes qui ont droit d'avoir Officiers privilegiez, ceux Officiers couchez sur l'Estat de leur maison, & servans actuellement: pource qu'il y a plusieurs autres gens qui se pretendent privilegiez, que le Roy ne veut être exempts du payement des tailles.

46. De mesme.

Il faut hardiment remarquer en cette matiere une difference fort importante entre les nobles & les simples privilegiez, que les nobles, soit de race ou de concession moderne, ou à cause de leurs Offices, ne doivent joüir de l'exemption des tailles, sinon pendant qu'ils vivent noblement, ainsi qu'il est expres contenu en ces commissions, & non pas quand ils font marchandise, ou exercent arts mecaniques. Mais les simples privilegiez pourveus d'Offices, ausquels le trafic de marchandise n'est d'ailleurs interdit (comme par exemple, les menus Officiers de la maison du Roy, ausquels l'exemption est donnée, non tant pour honneur, que pour supplément de gages, & pour aider à leur entretien) peuvent sans perdre leur privilege, faire trafic de marchandise, & exercer en leurs maisons, & hors la Cour tous arts & mestiers, comme mondit sieur le Bret en son 21. plaidoyé, nous rapporte avoir été jugé par plusieurs Arrests de la Cour des Aydes.

47. Difference entre les Nobles & les privilegiez.

48. Privileges des domestiques du Roy.

Or entre les Officiers privilegiez, les vrays domestiques & commensaux du Roy sont ceux qui ont plus de privileges, comme certes il est bien raisonnable: veu qu'ils approchent de plus prés celuy qui donne les privileges: *Immunitate digni sunt, quos lateris nostri comitatus illustrat*, dit l'Empereur en la loy 1. *De Præpos. laborum lib. 10. Cod.* Aussi ne sont-ils pas exempts des Tailles, francs Fiefs, & tous autres subsides, dont les Gentils-hommes sont exempts: mais ils ont outre cela des privileges que les Nobles n'ont pas, comme entre autres l'exemption du ban & arriere-ban. Enfin ils sont exempts de tous emprunts, dons gratuits, fortifications des villes & places, avitaillemens, & munitions, & generalement de toutes levées de deniers quelconques. Pareillement ils sont exempts du guet & garde des portes, de logis de Cour ou gendarmerie, & de fournir chevaux d'artillerie, que les anciennes Ordonnances appellent *Droit de giste & de chevauchée*, & que la loy nomme *recipiendi hospitis necessitatem, & angariarum præstationem. l. Ab his. D. De jure immunitatis.*

49. Droit de giste & chevauchée.

Ils sont aussi exempts de tous peages travers, coûtumes, entrées de ville, & tous autres nouveaux subsides, si expressément en l'Edit d'établissement d'iceux, il n'est derogé à leurs privileges, bien qu'il portât la clause *Exempts & non exempts, privilegiez & non privilegiez*, comme il est porté precisement en l'Ordonnance de Henry II. de l'an 1548.

50. Autres privileges des commensaux du Roy.

Voilà pour les immunitez des Charges, que les Romains appelloient *patrimoniales, quæ nimirum sumptibus patrimonii, & damno accipientis expediuntur*. Mais il y a plusieurs Officiers qui sont aussi exempts des Charges personnelles, *quæ animi providentia, & corporis laboris intentione, sine aliquo gerenti detrimento administrantur*: dit la loy *Munerum V. De muner. & honor.* comme des tutelles & curatelles de toutes sortes, des commissions & gardes de biens, administrations d'hospitaux, Eschevinages ou Consulats des villes, gageries & Syndicats des Paroisses, assiette & collecte des Tailles, & autres telles Charges.

51. Exemptions des Charges personnelles.

Pareillement plusieurs Officiers *habent privilegium fori, qu'aucuns appellent jus revocandi domum*, & que

H ij

Des Offices en general, Liv. I.

52. Trois sortes de committimus.

nous appellons: vulgairement le *privilege de Committimus*, dont il y en a de trois sortes. Car aucuns n'ont que le simple *committimus* de la petite Chancellerie, pour addresser leurs causes aux Requestes du Palais, contre ceux seulement qui sont demeurans dans le mesme Parlement. Autres ont droit de *committimus* du grand Seau pour attirer aux Requestes du Palais de Paris les residans aux autres Parlemens, comme ont entr'autres les Chevaliers du saint Esprit. Finalement, aucuns ont *committimus* pour addresser leurs procez, ou aux Requestes de l'Hostel, ou en celles du Palais, à leur choix & option: lequel troisiéme *committimus* n'est pas seulement pour les actions personnelles, possessoires & mixtes contre les deux autres; mais encore pour les hypothequaires, ainsi qu'il est contenu en cette Ordonnance de l'an 1548.

53. Privileges des Secretaires du Roy.

Ie laisse à part les droits de bouche à Cour, & de livrée, pour en discourir plus à loisir au quatriéme livre, où ie traiteray exprés des domestiques du Roy: comme aussi ie passeray briefvement le privilege particulier qu'ont les Secretaires du Roy, de ne rien payer de l'émolument des Greffes, ny des Seaux de France, & encore un autre beau droit qu'ils ont de ne rien payer des droits Seigneuriaux deubs au Roy pour les heritages qui leur adviennent, soit par acquisition ou succession. Duquel privilege ils jouïssent, mesme contre les Seigneurs qui tiennent le domaine de la Couronne, soit par appanage, dot, douaire, ou engagement, comme estant un privilege immemorial, realisé, & à la Charge de l'entretien duquel les appanages & tous autres engagemens du domaine sont reputez faits: mesme par plusieurs Arrests il a esté jugé que celuy qui par retrait lignager retire l'heritage acquis par un Secretaire, luy en doit payer entierement les droits Seigneuriaux, bien que le Secretaire n'en ait rien payé au Roy, à cause de son privilege.

54. Menus droits de Messieurs des Comptes.

De mesme les Officiers des Chambres des Comptes ont plusieurs menus droits, dit Bodin, comme droit de busche, de robbe de Pasques, & de Toussaints, droit de roses, de harencs, d'escurie, de verre, de Sel blanc: outre le papier, parchemin, les plumes, les jettons, les bourses, la bougie, la cire rouge, & jusques aux tranche-plumes, poinçons, racloirs & lassets.

55. Privileges se perdent avec l'Office.

Or il n'en va pas ainsi de ces privileges, comme la Noblesse des Officiers, qui estant une fois imprimée en leur personne, leur donne un Ordre permanent pendant leur vie. Mais les privileges ne s'attachant point directement à la personne des Officiers, mais demeurent toûjours attachez aux Offices, & ne sont communiquez aux Officiers, sinon en tant, & pourtant qu'ils demeurent jouïssans des Offices: de sorte qu'aprés les avoir resignez, ou autrement perdus, ils en perdent quand & quand les privileges, qui passent à leurs successeurs avec les Offices, en quoy toutefois il y a deux exceptions.

56. Exemption des Charges viles demeure aprés la resignation de l'Office.
57. Explication de la loy Eam legem. De excusat. mun. lib. 10. Cod.

L'une, comme il a esté dit au Chapitre 7. que les Officiers honorables retiennent aprés leur resignation le titre de Nobles hommes, & quelque reste honoraire de leur premiere Dignité: aussi gardent-ils ce privilege de n'estre sujets aux Charges viles & abjectes, que les Romains appelloient *sordida munera*, suivant la decision de la loy 12. *De excus. mun. lib. 10. Cod.* qui est la vray intelligence de la loy *Eam legem*, au mesme titre, & cy-dessus rapportée, laquelle, bien qu'elle fasse mention *De extraordinariis sordidis muneribus*, ne peut neanmoins estre entendue *nisi de sordidis*, comme Cujas a bien remarqué, ayant esté faite pour l'interpretation de la loy 18. *cod. tit. C. Theod.* aprés laquelle elle y est ainsi inserée: & en cette loy 18. l'exemption des Charges extraordinaires est ostée à tous Officiers. Pareillement y sont specifiées les Charges sordides, entre lesquelles celle de la collecte des Tailles, ou tributs, n'y est point, qui aussi n'estoit pas Charge sordide à Rome, estant deferée aux Decurions, qui estoient les principaux des Villes. *leg. 1. §. Exigendi. D. Ad municip. l. 7. Cod. de sacro-san. Eccl.* mais en France elle est reputée Charge sordide, comme aussi celle de Commissaire, ou Gardien de biens saisis, & partant suivant cette loy, elles ne peuvent estre deferées à ceux qui ont esté en Office honorable.

La seconde exception est, que les Officiers, qui par l'espace de vingt ans ont exercé leur Office, obtiennent par fois du Roy droit de jouïr, aprés leur resignation, & pendant le reste de leur vie, de tous les privileges de leur Office, ce qui s'appelle vulgairement le *droit de Veteran*: à l'exemple des vieux soldats, qui estans licenciez honorablement aprés vingt années de service, avoient droit de βατιράνος, dit Suidas, ἦν γὰρ ῥωμαῖοι ὁ ἀπολυθεὶς τῆς στρατείας ἐπὶ νίκαις δ' ἦσαν δ᾽ εἰώθασιν. Car Tibere reduisit le temps legitime de la milice, à vingt ans, dit Tacite, Livre 1.

58. Collecte des Tailles estoit Charge honorable à Rome, en France elle est sordide.
59. Du privilege de Veteran.

Il est vray que Cujas sur la loy 8. *D. De excus.* fait difference entre ceux qui *post vicennium causarum missionem ob senium indulgentia Principis impetraverunt*, & ceux qui *post impleta legitima stipendia* (nempe ab anno aetatis decimo septimo ad quadragesimum sextum ex instituto Servii Tullii, & lege Gracchorum) & *sic post viginti novem stipendia*) prorsus honestam missionem obtinuerant, qui proprie inquit, *Emeriti dicebantur. Illi enim immunitatem tantum consequebantur, id est vacationem à muneribus personalibus: hi autem omnia privilegia veteranorum adipiscebantur. l. 2. & 3. De his qui non impletis stipend. sacram. soluti sunt. lib. 10. Cod.*

60. Opinion de Cujas, touchant le privilege de Veteran.

Comme donc les places des Offices de Compagnie furent appellées Milices, *sive in Palatina, sive in forensi, sive in literata Militia,* aussi les privileges & immunitez des soldats Veterans furent enfin attribuées presque à toutes especes de Milices, aprés y avoir esté vingt ans de service, comme il se voit en plusieurs endroits du douziéme Livre du Code, notamment au titre *De Professoribus, qui in urbe Constantinop. docentes ex lege meruerunt Comitivam.* & au titre *Quibus muneribus excusantur, qui post impletam Militiam aut Advocationem, per Provincias suis commodis, vacantes commorantur. lib. 10. Cod.* où le privilege de Veteran est mesme attribué aux Anciens Avocats.

61. Privilege de Veteran, attribué aux Milices de la robe.

A cét exemple on pratique ordinairement en France aux Compagnies de luges, que ceux qui ont exercé vingt ans entiers un Office, aprés l'avoir resigné, retiennent leur Seance & rang ancien en icelles, mesmement ont voix deliberative, & tous autres honneurs, sinon qu'ils ne peuvent presider, ny en l'Audience, ny au Conseil, bien qu'ils s'y rencontrent les plus anciens: pour ce que la Presidence & voix conclusive ne peut estre simplement honoraire. Et cela s'appelle vulgairement parmi nous le *droit de Veteran*, qu'il faut impetrer de la Compagnie, en prenant congé d'icelle.

62. Cettement s'observe en France.

Mais ceux qui en veulent estre plus asseurez, obtiennent Lettres du Roy à cette fin, par lesquelles sa Majesté ordonne, qu'aprés leur resignation ils continueront la jouïssance des honneurs, franchises & privileges de leur Office: Lettres qui s'obtiennent aisement pour les simples honneurs & Seances: *cum hoc ad implendum postulantium desiderium, & ad nullius laesionem respicere videatur*, dit la loy 5. *C. De Propos. sacri cubic.* Mais pour l'exemption des Tailles, ou autres privileges, qui peuvent tendre, ou à la diminution des droits du Roy, ou à la surcharge du peuple, elles sont fort mal-aisées à faire passer. Car mesme il les faut faire verifier aux Cours Souveraines, pource qu'elles contiennent une dispense du droit commun.

63. En faut obtenir lettres du Roy.

Combien que du Tillet rapporte une Ordonnance du 3. Decembre 1408. contenant que les Officiers de la maison du Roy, ayans servy vingt ans auront desormais, non seulement leurs privileges; mais aussi leurs gages sans servir. Mais il y a long-temps que cette Ordonnance n'est plus en usage: & n'y a plus que les Secretaires du Roy qui ont par Edit le privilege de Veteran, aprés vingt-ans de service, sans qu'il leur en faille obtenir lettres particulieres, pour aprés leur resignation jouïr des honneurs, & privileges de leurs Offices: mais non pas des gages, ou autres emolumens, ésquels le privilege de Veteran pour ample qu'il soit, n'est jamais estendu.

64. Les Secretaires du Roy seuls l'ont sans lettres.

Ces lettres de Veteran semblent avoir esté necessaires à Rome, & s'appelloient *Testimoniales*, que Cujas definit *missionis honoraria epistolas*, ad l. ultim. *De*

65. Certificats de Veteran en l'Empire Romain.

Des privileges des Offices, Chap. IX. 61

66. Testimo-niales. In-strumenta. Epistolæ.

profess. & med. lib. 10. Cod. Et y en a un titre exprés au Cod Theodosian, *De testimoniali exhibenda, &c.Vegetius lib. 2. Contubernalibus completis stipendiis per testimoniales de more dimissi.* Elles sont appellées *Instrumenta* en la loy *Si solemnibus. Cod. de fide instrumentorum: & Epistolæ in l. 1. C. De Veteranis. l. Laudabile. l. Restituenda. C. de Advoc. divers. Iud.* Toutesfois il y a plus d'apparence de dire, que c'étoient simples certificats que les soldats obtenoiët de leur Capitaine, côme ils avoient fait leur temps: car il est certain que le privilege de Veteran étoit indifferemment & de droit comun attribué à tous soldats qui avoient servi vingt-ans, sans qu'il leur fût besoin d'en obtenir lettres particulieres du Prince. Mais en France ces lettres particulieres sont necessaires, ainsi qu'il est contenu au Reglemët des Tailles de l'an 1600.

67. Si les veuves des Officiers jouïssent de leurs privileges. 68. La noblesse passe indistinctement en la veuve.

Voilà comment les Officiers jouïssent de leurs privileges jusques à leur decez: mais pour expliquer, si par aprés leurs veuves en doivent jouïr, il faut reprendre la distinction des Officiers Nobles, d'avec les simples privilegiez. Car la veuve d'un Oficier annobli par son Office, demeure indistinctement Noble: pour ce qu'ayant été faite même chair avec son mari, elle retient aprés la mort d'icelui la noblesse qu'il lui avoit communiquée, jusques à ce qu'elle ait suivi la condition d'un autre mari, suivant la decision expresse de la loix *Cum ee. Cod. De nuptiis. Femina de Senator. l. ultim. De incolis. l. 10. Cod. & l. Mulieres. De Dignit lib. 12.*

69. Mais non les privileges d'un mari n'ayant Office.

Mais en la veuve d'un simple privilegié, il faut distinguer. Car si son mari est mort Officier, c'est à dire, sans avoir resigné son Office, on observe favorablement qu'elle retient ses privileges, comme si le mari n'étoit pas mort tout entier, tant que sa moitié reste en vie.& de fait, les Edits contenans les privileges attribuez aux Officiers, portent d'ordinaire par exprés que leurs veuves en joüiront aprés leur decez: sans laquelle expression, on tient que le privilege de l'Officier doit être restraint à sa seule personne, pour ce qui, les privileges ne reçoivent point d'extention. Mais encore que les privileges soient par exprés concedez aux veuves des Officiers, si est-ce que le mari avoit resigné son Office avant que mourir, puisque luy même par cette resignation avoit perdu ses privileges, n'en pouvoit plus jouïr, à plus forte raison ne les a-t-il peu delaisser en son decez à sa veuve, qui n'en peut jouïr qu'à sô occasiô, ce qui est fort notable, & de grande importance, combiê que souvent on n'y prenne pas garde à la rigueur.

70. Si la veuve de

Partant c'est une belle & nouvelle question, provenant de l'Edit moderne de la dispense des quarante jours, si la veuve d'un Officier privilegié, qui n'a point de son vivêt quitté son Office, bien qu'iceluy ait été aprés sa mort conservé par le moïen de cét Edit, doit joüir de l'exêption des Tailles & autres privileges d'icelui. Car il est bien certain qu'il n'est pas necessaire pour la continuation des privileges en la veuve, que l'Office du mari ait vaqué par sa mort, pource que cela n'a porte aucune correspondance ou consequence à la continuation des privileges: mais la cause formelle & raison ponctuelle, qui induit cette continuatiô, est que le mari soit demeuré privilegié jusqu'au dernier soûpir de sa vie, & soit mort en cette qualité d'Officier privilegié, afin qu'elle puisse être immediatement continuée en la veuve, sans aucune interruption. Que si on peut imaginer un moment, auquel le mari n'ait plus été privilegié, il est aisé à entendre, qu'ayant perdu luy même son privilege, il ne peut plus être continué en sa veuve.

celui qui a sauvé son Office par la faule de l'Edit demeure privilegié.

71. Resolution que non aux Offices sujets à supression.

C'est pourquoi à l'égard des Officiers sujets à suppression, qui par cét Edit sont astraints de resigner avant que mourir, il n'y a gueres de difficulté à mon avis, que leurs veuves ne perdent l'exemption. Car encore qu'on ne fasse pas expedier & admettre la resignation pendant la vie de l'Officier; mais qu'on se contente qu'il ait passé procuration pour resigner, laquelle aprés son decez on remplit du nom de celui auquel la veuve & heritiers vendent lors son Office, si est ce qu'en cette matiere on tient telle procuration pour une resignation, autrement, selon les termes de cét Edit, l'Office vaqueroit par mort, s'il n'étoit point resigné lors d'icelle.

2. Idem ès Offices non sujets à supression.

Mais la difficulté demeure à l'égard des Officiers non sujets à suppression, si peu qu'il y en a, qui ne sont point tenus de resigner pêdant leur vie, pource que l'Edit permet par exprés à leurs veuves & heritiers de disposer de leur Office aprés leur decez. Neânmoins j'estime que tel le dispositiô est extravagante & irreguliere, *ut minus laedat jus commune,* doit être reserée & tirée arriere au temps precedent le decez; même doit être reputée, comme faite par le defût, par une fiction de droit: pource qu'autrement il n'y auroit point d'apparence que l'Office fût resigné par ceux qui n'en sont pas pourveus. De fait, les lettres de provision du resignataire portêt toûjours que l'Office a vaqué par la resignation du defunt. Et quand cette consideration cesseroit, toûjours est-il vray de dire, que l'Office ayant été vendu, ou autrement alïené par la veuve; il n'est pas raisonnable qu'elle en ait le prix, & qu'elle en retienne encore les privileges, qui seroit avoir le drap & l'argent, & au contraire, le public seroit surcharge de deux ou plusieurs privilegiez au lieu d'un.

CHAPITRE X.
Des vacations irregulieres des Offices.

1. Perte des Offices fort frequente.
2. Pourquoy appelée vacation.
3. Comment elle arrive.
4. Plusieurs sortes d'usufruit.
5. Six moyens de l'extinction de l'usufruit.
6. Six sortes de vacations, ès Offices.
7. Les trois irregulieres sont comprises sous les trois ordinaires.
8. De la prescription des Offices.
9. Ordonnance de la prescription des Offices.
10. Deux choses requises en cette prescription.
11. A present il n'en faut plus qu'une.
12. Que c'est trop de cinq ans.
13. Qu'elle court pendant l'hostilité.
14. Qu'elle se compte du jour de la possession.
15. L'Office se perd par faute d'exercer.
16. Qu'elle commence du jour de la reception.
17. Doit être continué, sans interruption.
18. Si la possession du predecesseur peut être cumulée.
19. Raisons de la negative.
20. Le pourveu par mort ne cumule.
21. Mais bien le pourveu par resignation.
22. Es benefices le pourveu par permutation, cumule.
23. Le litige est personnel, & non réel.
24. De la supression des Offices.
25. Supression est odieuse.
26. Même avec remboursement.
27. Quand est tolerable.
28. Remboursement quand peut être ordonné par la Cour.
29. Quand le Roy seul le peut ordonner.
30. Quand est favorable.
31. Comment doit être fait.
32. Supression, vacation advenant, est favorable.
33. Ne s'entend de la resignation.
34. Ces supressions sont souvent ordonnées, mais peut exécutées.
35. Bon ménage du Roy d'à present.
36. Si la supression tombe sur le dernier erigé, ou sur le dernier receu.
37. Qu'elle tombe sur le dernier receu.
38. Bien que possesseur de l'Office ancien.
39. De l'incompatibilité.
40. Offices ne vaquent pas parfaitemêt par incompatibilité.
41. Pourquoy en incompatibilité on condamne à opter.
42. L'Office non opté peut être resigné.

62 Des Offices en general, Liv. I.

43. Qu'importe la formule d'opter.
44. Quels sont les Offices incompatibles.
45. Benefices incompatibles.
46. Rarement y a incompatibilité és Offices de finance.
47. Deux Offices de Iudicature incompatibles.
48. Offices du Roy incompatibles avec ceux des Seigneurs
49. Deux Offices de la Couronne de la maison du Roy & de la gendarmerie, incompatibles.
50. De la destitution remissive.
51. Si l'Office vaque par la mort du collateur.
52. Lettres de Confirmation des Officiers. (les Offices.
53. Commissions vaquent par la mort du collateur, & non

54. Inconvenient si les Offices vaquoient par la mort du Roy.
55. Ancien Arrest de Paris.
56. Arrest de Tholose.
57. Contre l'arrest de Tholose.
58. Le Roy ne meurt point en France.
59. Offices ne vaquent par la mort du Prince, même és Etats electifs.
60. Lors même que les Offices étoient revocables, ils ne vaquoient par la mort du Roy.
61. Pourquoy on prenoit autrefois lettres de confirmation.
62. Pourquoy on les prend à present.

1. Perte des Offices fort frequente.

APrés avoir traité de l'aquisition, puis de la conservation & droits des Offices, reste de traiter de la perte d'iceux, qui est plus frequente & échet en beaucoup plus de façons és Offices, qu'en toutes autres sortes de biens, de sorte que le dire d'Horace s'y verifie bien mieux.

Quis putet esse suum, punsto quod mobilis hora
Nunc prece, nunc pretio, nunc vi, nunc sorte suprema
Permutat Dominos, & transit in altera iura?

2. Pourquoi appellee vacation.

Cette perte des Offices n'est pas appellée *alienation*, comme és autres biens qui passent de main en autre par la seule disposition du proprietaire: ny *extinction*, comme celle du vray usufruit, qui s'éteint & anantit tout à fait: mais elle est nommée *vacation*, pource qu'elle rend seulement l'Office vacant & sans maistre, ou titulaire, jusques à ce que le collateur d'icelui ait mis & pourveu un autre au lieu de celui qui l'avoit perdu.

3. Commét elle arrive.

Or pour sçavoir comment arrive la vacation des Offices, il faut prendre garde qu'il y a des choses qui nous appartiennent en pleine proprieté, ὅτι κτησις: les autres seulement par usufruit, τὸ χρῆσις. De celles-cy il y en a plusieurs especes rapportées Cujas sur le troisieme tiltre du premier livre des fiefs, à sçavoir en l'ancien droit Romain le vray usufruit, & quasi usufruit des meubles perissables, l'usage, l'habitation, le bail à longues années ou à vie; au droit introduit depuis le Romain, le fief, le cens, & le precaire Ecclesiastique. A quoy faut adjouter deux autres especes en nôtre droit d'à present, à sçavoir l'Office & Benefice, que les Romains, ny autres anciens peuples n'ont point connues, pource qu'ils ne faisoient état des Offices ny des Sacerdoces, sinon pour l'honneur & l'emploi, & ne les mettoient pas, comme nous, en commerce, & entre les especes des biens profitables.

5. Six moyés d'extinction de l'usufruit.

Comme donc le vray usufruit se perd par six moyens, *scilicet morte, cessione, capitis minutione, non utendo, consolidatione, & rei interitu. l. Corruptionem C. De usufr & § Finitur. cod. tit. apud Iustin.* Aussi l'Office vaque par tous les mêmes moyens, ne plus ne moins: sçavoir est par la mort, par la resignation, par le defaut d'exercer ou forfaiture, par l'incompatibilité, & par la supression. Car jamais les Offices n'ont vaqué par la mort du collateur, & ne vaquent plus par la destitution, au moins les vrais Offices Royaux, depuis l'ordonnance du Roy Louys XI. comme il sera dit incontinent.

6. Six sortes de vacation és Offices.

7. Les trois irregulieres sont comprises sous les trois ordinaires.

Et ce que cette Ordonnance n'y admet que trois sortes de vacations: sçavoir par mort, resignation, & par forfaiture, est à cause qu'il n'y a que ces trois vacations vrayes & propres les autres, qui sont le faut d'exercer, l'incompatibilité, & la suppression, sont anomales & irregulieres: & d'ailleurs elles sont facilement comprises sous les trois premieres: à sçavoir la supression sous la mort, la mort & extinction de l'Office: le defaut d'exercer ou prescription sous la resignation, *quia cedere & alienare videtur, qui patitur usu capi*: & l'incompatibilité sous la forfaiture, ainsi qu'és Benefices elle est comprise sous le devolut.

8. De la prescription des Offices.

Pour donc expedier en ce chapitre ces trois especes de vacation irregulieres (pource que chacune des trois autres merite bien son chapitre) commençons par la prescription, ou defaut d'exercer, lequel revient & correspond au moyen introduit par le droit Romain de perdre l'usufruit *non utendo*, qui en l'ancien droit se perdoit par l'espace d'un an aux meubles, & de deux ans aux immeubles jusqu'à ce que Iustinian l'eust remis au rang des prescriptions ordinaires de dix ans entre presens, & vingt ans entre absens. *l. Sicut usum fructum. C. De servitutib.*

Mais les Offices se prescrivét en France par le temps de cinq ans, suivant l'Ordonnance de Charles VII. de l'an 1446. dont je rapporteray les mots, pource qu'elle est unique en son espece. *Ordonnons que ceux, qui auront jouy paisiblement de leurs Offices par l'espace de cinq ans sans interruption, & sans qu'à cause d'iceux on leur ait fait question, ou demande, durant ledit temps, demeureront en leurs dits Offices sans qu'on leur puisse dóner empéchement, par vertu de dons par nous faits à autres, qui ne s'en seroient aydez durant les dits cinq ans: Voulons, que ceux qui par leur faute, negligence ou autrement, ne se seroient aydez des dits dons dans ledit temps, ou sur ce n'auroient encommercé procez, demeurent entierement forclos & deboutez de leurs dons, & des droits qu'ils pourroient avoir es dits Offices.* Ordonnance qui se rapporte presque entierement au decret *De pacificis possessoribus.*

9. Ordonnance de la prescription des Offices.

Et ne se faut pas étonner, si elle requiert concurremment, & la jouissance de la part du prescrivant, & la cessation de partie adverse, de s'aider du son droit. Car au temps qu'elle fut faite, les Offices n'estoient pas encore perpetuels, mais étoient destituables à volonté: de sorte que la longue jouissance ne pouvoit pas empescher, que le Roy ne destituât les Officiers, & ne donnât leurs Offices à d'autres, toutefois il falloit, que le don fust plus recent, que de cinq ans. Mais ap'retent, que les Offices sont perpetuels & non revocables, la seule jouissance de l'Officier pendant cinq ans suffit, sans que la cessation de partie adverse soit requise concurremment: encore voit-on rarement arriver cette prescription: pource qu'il n'échet pas souvent, que celui qui pretend droit en l'Office, en laisse si long temps jouyr celui auquel il n'appartient pas.

10. Deux choses requises en cette prescription.

11. A present il n'en faut plus qu'une.

Que si és Benefices il ne faut que trois ans de possession paisible, à plus forte raison s'it ce assez de cinq ans aux Offices, dont la possession & exercice est beaucoup plus notoire, & publíc, & est plus requis qu'il soit fait en propre personne, que des Benefices: aussi cette Ordonnance fut faite pendant les troubles des Anglois, de sorte qu'attendu le decret *De pacificis possessoribus* excepte discretemét le temps d'hostilité, ce n'est de merveille, qu'elle requist lors un temps plus long: mais aussi il est à croire, que le temps d'hostilité n'en doit être defalqué, si l'hostilité n'étoit telle, qu'elle empéchast les autres prescriptions entre toutes, comme il se pratique de celle de nos derniers troubles de France, & non des precedens, sinon entre ceux de divers partis.

12. Que c'est trop de cinq ans.

13. Qu'elle court pendant l'hostilité.

Et faut remarquer que ces cinq ans, non plus que les trois ans és Benefices, ne se comptent pas du jour de la provisió de l'Officier ou Beneficier: mais du jour de leur possession: pource que cette Ordonnance, & aussi le decret *De pacificis possessorib.* requierent expressément la jouissance continuelle & sans interruption: côme aussi c'est la regle du droit commun, que *fine possessione non currit prescriptio.* C'est pourquoy je dy, que quand un Officier auroit été dix ans sans exercer son Office, si cependant un autre ne l'a possedé par cinq ans continuels, il ne le perd point: ut ainsi que le Benefice ne se perd jamais *ipso jure* faute de residence: il est vray, que le Su-

14. Qu'elle se compte du jour de la possession.

Des vacations irregulieres des Offices, Chap. X.

15. L'Office ne se perd faute d'exercer.

per'cur peut enjoindre à l'Officier d'exercer, & au Beneficier de resider, à peine de privation: & faute d'obeir, peut declarer enfin l'Office & le Benefice vacant: mais en ce cas c'est forfaiture en l'Office, & devolut au Benefice & non pas prescription.

16. Qu'elle commence du jour de la reception.

C'est encore une question, si cette prescription commence dés le jour de la reception, ou seulement du jour de l'installation és Offices, où l'installation est requise, & és autres du jour que l'Officier est actuellement entré en exercice: attendu ce qui a été cy-devant au chapitre 4. que la possession actuelle de l'Office ne s'acquiert que par l'installation. Neanmoins s'estime qu'elle doit commencer dés le jour de la reception, qui donne à l'Officier la grade & le caractere, & qui l'investit & l'envoye en l'exercice de l'office, bref qui luy en donne la possession civile, bien que non encore la reelle & actuelle: & ma raison est, que la seule possession civile, sans la corporelle, suffit pour la prescription, & pour tous autres effets civils, l. Possessio. D. de acquir. poss. & toutesfois faut prendre garde, que si entre la reception & installation, la partie adverse avoit exercé actuellement l'Office, il ne faudroit plus compter la prescription, que du temps que l'Officier auroit repris l'exercice actuel, pource que par l'Ordonnance les cinq ans doivent être continuels, & sans interruption.

17. Doit estre continue & sans interruption.

Voicy une autre plus grande difficulté, si la possession du predecesseur en l'Office peut être jointe avec celle du moderne Officier, pour accomplir les cinq ans, comme on voit qu'il se pratique és prescriptions ordinaires de droit. l. Pomponius. §. Cum quis. D. de acquir. poss. l. Id tempus. D. de usura. Neanmoins plusieurs tiennent regulierement, qu'en matiere de Benefices cette cumulation n'a lieu, comme a tenu la glose de la Pragmatique Sanction, sur le decret De pacif. poss. ad verbum, Possedit. & Rebuffe au même traité, nomb. 166. & Gomés ad reg. De triennali possess. quæst. 16. pource que le titre & la possession, & finalement tout le droit du predecesseur, étant inherent à sa personne, s'est éteint par sa mort même, ainsi qu'ils disent, par resignation: ne prenant le successeur au benefice son droit de la part du predecesseur, mais du collateur.

18. Si la possession du predecesseur peut être cumulée.

Laquelle raison semble avoir pareille force és Offices, qui non plus que les Benefices, ne passent pas directement & immediatement d'une personne en l'autre, mais reviennent au collateur par la mort, resignation, & toute autre vacation, & par luy sont transmis au nouvel Officier: partant il semble qu'ils soient premierement reünis & consolidez à la proprieté: puis quand le collateur les confere à un autre, il semble que c'est comme un nouveau usufruit, qu'il crée en une nouvelle personne, comme il est decidé en l'espece bien entenduë de la loy 4. D. De novation.

19. Raison d' la negative.

Ce qui a lieu sans difficulté en la vacation par mort ou forfaiture, qui consomme entierement le droit, qui residoit & étoit attaché à la personne de l'ancien Officier, jusques-là, dit Rebuffe, nomb. 168. après la glos. in cap. Licèt. 12. qu. 7. que si par miracle le beneficier, ou Officier ressuscitoit, il ne rentreroit pas en son benefice, ou Office.

20. Le pourvû par mort ne cumule.

Mais en la resignation in favorem de l'Office, j'estime que le resignataire, qui est subrogé au lieu & droit du resignant, avec la clause, Non autrement, & c. comme il sera dit au chapitre suivant, peut accumuler la possession de son resignant avec la sienne: n'étant pas cette resignation une vraye & pure consolidation, puisque l'Office ne peut resider en la personne du collateur: même on peut dire, que ce n'est pas une absolue vacation, notament quand le collateur est forcé de necessité de conferer, precisément l'Office au resignataire, comme il est vray de dire, qu'aux Offices venaux, & même aux non-venaux qui ont été vendus par le collateur, il ne peut refuser d'admetre la resignation faite à personne capable, ainsi qu'il sera prouvé en son lieu: de sorte que la resignation d'iceux n'est pas une demission ou un quittement pur & simple, qui abolisse & aneantisse le droit du resignant, mais c'est seulement une ceremonie necessaire pour l'e-

21. Mais bien le pourveu par resignation.

xecution de la vente de l'Office, afin que le collateur n'investisse l'acheteur, luy baillant les lettres de provision, sans lesquelles on ne peut tenir Offices. Ce qui n'est pas de même en la resignation in favorem des Benefices, qui n'est jamais necessaire, mais depend toujours de la grace & gratification du Pape, comme il sera dit cy-après.

Mêmement pource qu'il y a un cas, auquel la resignation in favorem des Benefices est aujourd'huy permise de droit commun, & peut être admise par le collateur ordinaire, à sçavoir: au cas de permutation: en ce cas particulier Rebuffe au même traité, nombre 158. prouve par plusieurs raisons, que tel resignataire peut accumuler la possession de son resignant avec la sienne, même il semble, qu'il tienne cela semblable en toute resignation.

22. Es benefices le pourveu par permutation, cumulation.

Finalement à l'égard de cette prescription, faut observer, que l'Officier ou Beneficier est reputé possesseur paisible à l'égard de celuy, qui l'ataque de nouveau, & respectu illius liberas ædes habere dicitur, bien qu'il ait toujours été en procez pour son Office ou Benefice contre autres y pretendans droit: comme Rebuffe justifie fort bien au même traité nombre 167. contre l'opinion de Gomes, quæst. 22.

23. Le litige personnel & son réel.

La seconde espece de vacation irreguliere, c'est la suppression, laquelle dependant de la volonté du Souverain, il ne s'en peut donner de regles: mais si on y veut apporter de la raison, elle ne doit pas être faite sans grande cause: attendu que c'est enfraindre l'Ordonnance qui a fait les Offices perpetuels: mais sur tout c'est intervertir la foy publique, quand les Offices qu'on veut suprimer, ont été vendus par le Prince. Car lors c'est ôter à un homme son bien d'autorité & de force, même son bien & sa qualité tout ensemble.

24. De la suppression. 25. Suppression est odieuse.

Aussi les Cours souveraines ne verifient pas aisément les Edits de suppression, sinon à la charge de remboursement actuel & prealable. En quoy faisant encore y reste il double iniquité, l'une d'ôter à un homme ce qu'il a acheté sans reserve de faculté de rachat: l'autre, & la plus importante, qu'un second acheteur, qui se fiant à la foy publique, aura acheté l'Office à plus haut prix, que la finance entrée aux cofres du Roy, perdra cét outre plus. Ce qui sera plus au long examiné au troisième livre.

26. Même avec remboursement.

Et neanmoins quand la supression vient assurément au soulagement du peuple, ou au bien de l'estat, comme il ne peut gueres être autrement, privata illa iniquitas publicæ utilitate rependitur: & dit-on lors que c'est assez de ne rien perdre avec le Roy: autrement la suppression est vrayement une oppression & pure injustice.

27. Quand est tolerable.

Sur tout quand l'ancien Officier, qui se voyant privé des meilleurs droits de son Office par une nouvelle erection, se soumet à rembourser les nouveaux pourveus afin de faire suprimer l'Office supernumeraire: il est ordinairement receu, même par la seule authorité des Cours souveraines, sans attendre declaration du Roy moyennant qu'il se presente avant la reception du nouvel Officier. Car alors c'est notoirement un bon ménage pour le Roy, qui retient l'argent de l'Office, & neanmoins demeure quitte des gages, & si c'est une décharge au peuple, qui plus il y a d'Officiers, est toujours plus foulé. Toutefois faut prendre garde, qu'on n'ose gueres permettre ce remboursement, auparavant que les Offices erigez de nouveau soient tous levez aux parties casuelles, pource que par après en seroit difficulté de le lever ceux qui resteroient, & ainsi le Roy ou le partisan seroit interessé.

28. Remboursement quand peut être ordonné par la Cour.

Mais après que l'Officier nouveau est receu, aucuns tiennent, qu'il n'y a plus que le Roy, qui le puisse priver de son Office par remboursement. Car c'est un point, non plus de Iustice, mais de puissance souveraine, c'est pourquoy lors il faut obtenir à cette fin declaration de sa Majesté en forme d'Edits, sans laquelle je n'ay gueres veu la Cour de Parlement contraindre l'Officier receu à prendre son remboursement, bien que Messieurs du Conseil d'Estat l'ordonnent assez souvent.

29. Quand le Roy seul le peut ordonner.

Et quant au Roy, il n'a gueres accoustumé de refuser cette remission après le party remply, pource qu'elle rend évidemment, à son profit, & au soulagement de son peuple: Encore quelque fois permet-il le rembours

30. Quand est favorable.

Des Offices en general, Liv. I.

ment à condition de jouïr par l'ancien Officier, dés gages ou des droits du nouvel Office, ou partie d'iceux: qui sont des conditions ou modifications, que les Cours souveraines ne peuvent pas admettre, quand elles autorisent le remboursement, pource que ce n'est à elles de disposer des Finances du Roy : chose à quoy partant il faut bien prendre garde.

31. Comment doit être fait.

Quand je dis remboursement actuel & prealable, c'est à dire argent comptant, qui soit payé auparavant, que l'Officier suprimé se desiste de son exercice. Car de luy constituer rente de sa finance, c'est *solvere aliud pro alio*, encore à un creancier fait par force : & de le payer en assignations, ou differer son remboursement, après qu'il sera depossedé de son Office, c'est luy retenir cependant son bien par force, sur une mauvaise assurance: consideré que le Prince souverain *non est idoneus debitor, quantum ad potestatem conveniendi*.

32. Supression vacation advenant.

Mais il y a une autre voye de supression, non seulement exempte de toute iniquité, mais encore pleine de merite, à sçavoir quand on ordonne la supression des Offices inutiles vacation advenant. Ce qui s'entend de la vacation par mort, ou forfaiture, & non par resignation, comme il est expressément decidé en la loy 13. *De prox. sacro. scrin. lib. 12. C.* n'estant raisonnable d'oster à un homme la faculté de resigner l'office, qu'il a acheté, comme il sera prouvé au 3 livre, joint que la resignation se faisant avec la clause *Non autrement, &c.* ou il faut qu'elle sorte son plein effet, ou bien qu'elle demeure sans effet, & partant que l'office demeure au resignant. Mais és vacations de mort, & forfaiture jugée, la supression ne fait tort à personne, mais tombe seulement sur la taxe des parties casuelles, aussi en recompense le peuple en est soulagé, & le fisque deschargé des gages.

33. Ne s'entend de la resignation.

Il fut ainsi ordonné aux Estats d'Orleans & de Blois: & toutesfois & quantes qu'on a voulu aporter un bon Ordre & reformation aux affaires du Royaume, on a toûjours resolu la supression des Offices inutils, ce qui est aisé à resoudre, quand ils ne vaquent pas, mais est mal executé par après, quand ils viennent à vaquer: car mal aisément refusent on l'argent, qu'on porte aux parties casuelles: aussi est-ce l'ordinaire de la France, que nos reformations ne sont point de tenüe, si elles ne sont promptement executées, tandis que nôtre humeur est és portée à bien faire.

34. Ces supressions sont souvent ordonnées mais peu executées

J'ay veu neanmoins nostre Roy à present regnant y commencer par un tres-bon ménage, lors qu'il vaquoit des Offices non necessaires, qui étoit de ne les suprimer pas tout à fait par Edit, mais de n'y point pourvoir, les reservant, comme il est à presumer, au temps qu'ils auront plus de besoin d'argent : & cependant il en épargne les gages, & si le peuple en reçoit du soulagement: puis c'est un fonds toûjours prest au besoin, étant chose bien certaine, qu'on ne manquera jamais en France d'acheteurs d'Offices en quelque temps que ce soit : & lors il ne sera besoin d'Edit pour les faire revivre, dautant qu'ils n'ont point été suprimez par Edit.

35 Bon ménage du Roi d'à present.

Or c'est une difficulté, quand entre plusieurs Officiers de même compagnie & de même tiltre, le Roy en suprime l'un promptement, si cette supression doit tomber sur le dernier érigé, ou sur le dernier receu possedant un Office d'ancienne érection: & cette fois il semble en point de Iustice & d'équité, que le dernier érigé doit être suprimé, pource que la supression étant vray semblablement fondée sur le trop grand nombre, doit tomber sur l'Office supernumeraire, & qui a creu le nombre: au contraire il semble que le pourveu de l'ancien Office, ne doit porter le dommage d'une nouvelle érection, principalement s'il est pourveu par resignation, ayant hardiment sous la foy publique acheté plus cher le droit de celuy, qui dés auparavant la nouvelle érection possedoit un Office necessaire, quoy que ce soit exempt de supression: autrement l'observance contraire seroit tort à cét ancien Officier, pource que son Office seroit de pire vente, devenant sujet à supression après qu'il l'auroit resigné, luy qui d'ailleurs est déja trop interessé, de ce qu'on luy a baillé un compagnon.

36. Si la supression tō be sur le dernier érigé ou sur le dernier receu.

Toutesfois, nonobstant toutes ces raisons, on observe communement, que le dernier receu bien que de plus ancienne érection, est le premier suprimé: ce qui se fait à mon advis par trait d'Estat, afin que les nouveaux Offices (dont autrement la supression seroit toûjours fort à craindre) soient mieux vendus sous cette assurance, qu'ils entrent en même droit que les vieils: & comme dit Martial,

37. Qu'elle tombe sur le dernier receu.

Ne me, quod tibi sum novus, recuses.
Omnes hoc veteres tui fecere.
Hoc tantùm inspice, qui novus paratur.
An possit fieri vetus sodalis.

Possible aussi que cela se fait pource qu'és anciens érigez, qui ont été continuez par une longue suite de resignations, il y a ordinairement moins de finance, qu'aux nouveaux, qui ont été erigez depuis la cherté des Offices: & encore on appuye cét usage & observance sur un pretexte de Iustice, disant qu'en matiere d'Offices la possession prévaut, & l'antiquité de la reception doit être considerée, soit pour la seance, soit pour la supression; & que partant il faut que le hazard tombe sur celuy, qui se trouve à la queüe, & le dernier en rang, que,

Occupet extremum scabies. ─────

Ce qui est tellement pratiqué, qu'il a lieu non seulement aux Offices de même titre: mais aussi en ceux qui semblent avoir qualitez differentes: comme és Offices où il y a des alternatifs & des triennaux, la supression tombe, non sur l'alternatif, ou le triennal, mais sur le dernier receu, bien qu'il tienne l'ancien Office, comme il a été dit-cy dessus de la preseance : toutesfois en ce point icy, il faut à mon advis prendre garde de prés aux termes de l'Edit, qui ordonne la supression.

38. Bien que possedi l'Office ancien.

La troisième espece de vacation impropre, c'est aussi l'incompatibilité, que j'appelle vacatio impropre, pource que l'incompatibilité n'induit pas vacation absoluë & prompte és Offices, comme és Benefices, esquels par le decret du 2 Concile de Latran, *per adoptionem secundi beneficii incompatibilis, vacat ipso jure primum; & qui illud retinere consentit, altero etiam privandus est cap. De multa. ext. De Præb.* De sorte que desiors, qui a la possession est prise du second Benefice, incompatible, le premier est vacant & impetrable, sans qu'il soit besoin d'aucun jugement ny declaration : mêmement les six mois ordonnez par ce même Concile, dans lesquels l'Ordinaire doit conferer les Benefices vacans, courent & se comptent du jour de la prise de possession du benefice incompatible, & iceux expirez, la collation de l'autre est devoluë au superieur immediat de degré, en degré, ainsi qu'il est contenu en ce même chapitre *De multa.*

39. De l'incompatibilité.

Mais en matiére d'Offices, combien qu'és Estats de Tours, sous Charles VIII. on eust demandé au Roy, que par l'imperatration du dernier Office, le premier fust vacant, si est-ce que cela ne fut accordé, mais le Roy se reserva d'y donner ordre, de sorte que cette rigueur, qui est aux Benefices, n'a jamais été observée aux Offices : & encore que les Ordonnances defendent la pluralité des Offices, neanmoins à la verité, que ny le premier, ni le second ne vaquent *ipso jure* par incompatibilité: mais lors que la Iustice en a la connoissance, elle enjoint à l'Officier d'opter & choisir l'un des deux, dans certain temps, à peine d'estre privé de tous deux, qui est ce qui estoit observé aux Benefices, auparavant le Concile de Latran, *cap. Referente, & cap. Præterea. De præb.* comme la glose a remarqué sur ce chapitre *De multa ad verb. contenderit.* de la quelle glose est pris le terme *d'opter*, dont on use en pratique en matiere d'Offices.

40. Offices ne vaquent pas par suitement par incompatibilité.

Il est vray, que suivant cét ancien droit, après que le Beneficier avoit opté l'un de ses Benefices, l'autre étoit desiors vacant & impetrable, sans qu'il peust resigner: ce qui avoit aussi anciennement lieu aux Offices, au temps qu'ils n'estoient point vendus, & que partant la resignation n'en étoit admise que de grace, comme est encore celle des Benefices: & de là vient qu'on retient encore l'ancienne forme de prononcer, que l'Officier optera, & non pas qu'il resignera l'un de ses Offices: combien qu'à present qu'ils se vendent presque tous, & que partant

41. Pourquoy en incompatibilité ou condamné à opter.

De la resignation des Offices, Chap. X.

41. L'Office non opté peut estre resigné.

partant la resignation n'en peut être justement refusée, le mot d'*opter* signifie & includ qu'optant celui qu'on veut retenir, on peut resigner l'autre, ou plutost qu'on opte & choisit lequel des deux on resignera, & ainsi se pratique, suivant la decision formelle de la loy cinquiéme. *Qui militare possint*, libro duodecimo C. où il est dit, que celui qui est pourveu de deux milices *siue armatis, siue ciuilibus, debet alteram eligere, & alteram deponere: si tamen Militia qua decedendum est, inter eas habeatur, quas licet distrahere, clementia Imperatoris concedit eam in alium conferre, & pretium consequi*: & sur cette belle loy est fondé nôtre usage, que l'Office ne se perd point promptement par incompatibilité.

43. Quel est le terme d'opter.

Aussi à bien entendre le temps qu'on done pour opter, est pour trouver un acheteur de l'Office, qu'on se le soudra de resigner. Mememêt bien qu'il soit dit par la sentence qu'à faute d'opter dans ce temps, les deux Offices sont declarez vacans & impetrables, si est-ce que ce n'est encore qu'une commination, *& nondum est canon lata sententia, sed ferenda*: & partant faut encore obtenir un jugement, par lequel, à faute d'avoir opté dans le temps prefix, la vacation soit definitivement jugée: si ce n'est que la premiere sentêce portât ces mots, *des à present comme deslors, & deslors comme des à present*: ou bien ces mots, *en vertu de ces presentes, sans autre jugement ou declaration*, ou autres semblables, qui emportent execution prompte de la peine imposée. Encore en ce, cas est facile admitteretur purgatio mora, si l'Officier resigne auparavant qu'aucun ait été pourveu de l'Office.

44. Quels sont les Offices incompatibles.

Or pour sçavoir quels sont les Offices incompatibles, il faut noter que bien que par l'ancienne Ordonnance de Philippe IV. de l'an 1302. il soit porté qu'on ne peut tenir qu'un seul Office, ce qui a été renouvellé es Estats d'Orleans, art. 41. & conforme à la disposition de droit, in d. l. 5. *Qui militare possunt. l. 10. & 13. Cod. de prox. sacr. scrin. & l. Nemo. Cod. De Assessoribus*. où la raison est réduë, *Neque enim facile credendum est duabus necessariis rebus unum sufficere, nam cum uni asseueris, alteri abstrahi necesse est: sicque nulli eorum in totum iudicio reperiri, & dum ad utrumque festinat, neutrum bene peragere*: Et le même avoit lieu és Benefices par les anciens Canons, *can. Sanctorum 70. distinct. can. Episc. 80. distinct. can. In apibus. 7. quaest. 1. can. 13. quaest. 1. cau. Sicut. 1. 1. quaest. 1.*

45. Benefices incompatibles.

Toutefois on s'est relaché avec le temps de cette rigueur : & en matiere de Benefices, on a distingué les simples (qu'on a permis doubler, pourveu qu'ils ne soient sujets à residence) d'avec les Cures, ou autres ayans jurisdiction, ou charge d'ames, dont on a seulement defendu la pluralité, & encore des simples requerant residence, où s'exerce personnel, comme des Chanoinies.

46. Ratement y a incompatibilité ès Offices de France.

Et en matiere d'Offices, où la residence & l'exercice personnel est encore requis avec plus de rigueur qu'aux benefices, on regarde si les deux Offices peuvent être exercez par même personne, sans incommodité du public, ce qui est laissé d'ordinaire à l'arbitrage des Cours souveraines. De sorte, que és Offices de finance, qui peuvent être exercez par commis, il arrive rarement, qu'il y ait incompatibilité, si ce ne sont Offices, ayans, à voir l'un à l'autre, comme le Recéveur & son Controlleur, le Recéveur general & son particulier, & ainsi des autres.

47. Deux Offices de judicature incompatibles.

Mais és Offices de judicature, qui ne peuvent être exercez par commis, & esquels l'autorité est baillée par Ordonnance expresse de l'an 1517. article 8. il est porté qu'on n'en peut tenir deux, fust-ce en même ville, & bien que l'un soit de la Justice ordinaire, & l'autre de l'extraordinaire: même il est porté que les Offices de l'Election sont incompatibles ceux du Grenier à sel.

48. Offices du Roy incompatibles avec ceux des Seigneurs.
49. Deux Offices de la Couronne ou de la maison.

Par autre raison, l'Ordonnâce de Blois, art. 269. defend aux Officiers du Roi veut que ses Offices Seigneurs, pource que le Roy veut que ses Officiers soient du tout à lui, & par autre raison encore, il est defendu de tenir deux Offices de la Couronne, de la maison du Roy, ou deux Charges de la gendarmerie, par la même Ordonnance de Blois, art. 167. pource que ces charges metables & importantes, servans de récompêse pour les grands Seigneurs

Du droit des Offices.

& les plus vaillans homes, il est bien necessaire qu'elles soient dispersées, & il n'est pas raisonnable que parmi tant d'hommes qu'il y a en ce Royaume, digne, de recompense, il en ait peu qui soient recompensez.

Voilà les trois vacations irregulieres des Offices expliquées, mais supposons-nous en supposent encore deux autres; à sçavoir la destitution, & la mort du collateur, dont il est besoin de dire ici un mot en passant, au moins de la derniere.

50. De la destitution remissue.

Quant à la destitution, qui est autre que la forfaiture, pource qu'elle se fait sans cause, & la forfaiture avec cause, il est certain qu'elle n'a point de lieu en France, au moins aux Offices Royaux, ayant été abolie disertement par cette signalée Ordonnance de Louis XI comme j'ay traité assez amplement cy-devant au troisiéme livre. De sorte, que la difficulté ne demeure plus qu'à l'égard des Offices des Seigneurs, & partant je la reserve au dernier livre qui leur est dedié, où j'en feray deux chapitres exprès.

51. Si l'Office vaque par la mort du collateur.

Mais pour parler icy de la vacation qu'on pretêd proceder de la mort du collateur, il en a qui s'imaginent que la puissance publique des Officiers dépend tellemêt de celle du Seigneur auquel la proprieté de cette puissance reside, que la mort d'icelui abolit leur droit, comme la puissance du procureur expire notoirement par la mort de celui qui l'a constitué, & ainsi, que la cessation de la cause fait cesser l'effet. Aussi fut-ce l'occasion principale, pourquoi les Gantois, après la mort de Charles Duc de Bourgogne, & Comte de Flandres, firent mourir les trente-six hommes de leur loy, à cause qu'ils avoient condané, & fait executer un homme à mort, avant qu'avoir obtenu confirmation de leurs Offices, ainsi qu'il se lit en l'histoire de Flandres. Et c'est aussi pourquoi en France les Officiers sont tenus de prédre lettres de côfirmation de leurs Offices à l'avenement de chaque nouveau Roi, pour laquelle mêmement ils lui payent quelque finance.

52. lettres de confirmation des Officiers.

53. Commissions vaquent par la mort du collateur, & non les Offices.

Il n'est pas neanmoins veritable, que les Offices vaquent par la mort du collateur, non plus que les Benefices, mais seulement les commissions, (qui seules ressemblent aux mandemens & procurations) expirent par la mort du constituant: pource qu'elles n'ont autre fondemêt ny substâce que sur sa volonté qui ne peut durer apres la mort. Mais les Offices ont leur fondemêt & substance perpetuelle sur l'Edit qui les a erigez, ou la coûtume inveterée d'y avoir toûjours de semblables Offices, laquelle coûtume a force de loi, jusques à ce qu'elle soit abolie par loy expresse du Prince souverain. Donc cêt Edit ou coûtume realise les Offices, & rend les Officiers comme membres de l'Estat, ou seigneurie subalterne, dont ils dépendent, par devers laquelle, & non par devers la personne du Seigneur, reside proprement & directement la vraye proprieté des Offices.

54. Inconvenient, si les Offices vaquoint par la mort du collateur.

Autrement, quel desordre seroit ce, si après la mort d'un Seigneur, tous les Offices de sa Justice cessoint tout à coup, & demeuroient éteints, tant que succession demeureroit vacante? Et sur tout seroit-ce pas une confusion intolerable, & une vraye anarchie, si à l'instant du decez du Roy il n'y avoit plus d'Officiers en tout le Royaume, & que cette anarchie demeurât, tant qu'il y eust un successeur établi pour pourvoir à tous les Offices : ce qui est aucunefois bien long, & principalement aux Monarchies électives, où, pendant l'interegne tout est en trouble & en guerre, par les brigues & factions de ceux qui y pretendent: pendant lequel temps il est plus necessaire que jamais, que les Officiers demeurent en leur pouvoir, pour empecher les inconveniens qui peuvent lors arriver.

55. Ancien Arrest de Paris.
56. Arrest de Tholose.

Aussi Bodin nous rapporte un ancien Arrest de l'an mil trois-cent quatre-vingt un, par lequel le Parlement de Paris ordonna, que les Officiers d'icelui continueroient leur charge, en attendant qu'ils eussent obtenu confirmation du nouveau Roy. Il est vrai qu'il en cite un autre du Parlement de Tholose, qui apres la mort du Roy Charle VII. ordôna qu'il ne seroit point tenu d'audience, ny donné d'Arrest, jusques à ce qu'on eust reçû lettre

I

du nouueau Roy. Que si neantmoins il suruenoit quelque affaire pressée & necessaire, la Cour y procederoit par lettres de commissions extraordinaires, qui seroient intitulées, *Les gens tenans le Parlement Royal de Tholose* & scellées du seel de la Cour, sans faire mention du Roy.

57. Contre l'Arrest de Tholose.

Enquoy il me semble qu'ils failloient en tout & par tout. Premierement, c'estoit vne faute toute apparente de cesser la Iustice, lors qu'il estoit plus besoin de la tenir. Secondement, c'estoit vn grand abus de faire leurs expeditions en autre qualité, que d'Officiers du Roy. Aussi estoit-ce contre la premiere maxime de nostre droit François, que *Le mort saisit le vif*, qui fait qu'au mesme instant que le Roy defunt a la bouche close, son successeur est Roy parfait, par vne continuation immediate, & du droit & de la possession de l'vn à l'autre, sans qu'on y puisse imaginer aucun interualle d'interregne : tout ainsi que la loy Romaine a reconnu la continuatiô du droit & seigneurie *in suis hæredibus, l. in suis. D. De lib. & posth.* le dis Roy parfait, sans attendre son Sacre, comme Bodin a bien prouué au premier liure, chap. 8. & le Parlement le declara par Arrest notable de l'an 1598. bien que du Tillet remarque qu'anciennement on tenoit le contraire. C'est pourquoy nous disons vulgairement, que *Le Roy ne meurt point*, c'est à dire, que la Royauté est tousiours remplie, & non iamais vacante.

58. Le Roy ne meurt point en France.

Mais encore és Estats electifs, qui admettent l'interregne, comme par exemple, quand l'Empire vaqua six mois depuis la mort d'Aurelian iusques à l'élection de Tacite son successeur, il n'y a point de doute, que pendant cét interregne tous les Officiers ne demeurét vrais Officiers, & ne doiuent continuer leurs Charges, autrement tout seroit à l'abandon : aussi cét Arrest de Tholose ne parle pas des Offices ordinaires, mais de ceux

59. Offices ne vaquent par la mort du Prince, mesme és Estats electifs.

du Parlement seulement, qu'on a autre fois tenu n'estre que par commission, comme i'ay dit au septiéme chapitre. Or c'est vn point qu'on ne peut nier, que les commissions, ainsi que les procurations expirent par la mort du cohæedant, comme il sera traité amplement au quatriéme liure.

Soit donc tenu pour certain, que mesme au temps que les Offices de France estoient reuocables en vertu de la clause *Tant qu'il nous plaira*, apposée en leurs prouisions, c'est à dire, auparauant l'ordonnance de Louïs XI, la puissance des Officiers ordinaires de ce Royaume n'a iamais cessé, ny mesme eté suspenduë par la mort du Roy : & ce que de tout temps les Officiers ont esté soigneux d'obtenir confirmation du nouueau Roy, n'estoit pas qu'ils ne peussent continuer leur Charge, auparauant, mais c'estoit pour s'asseurer dauantage de n'estre point destituez, pource que c'estoit la coustume des Rois de disposer des Offices lors de leur aduenemêt à la Couronne, afin de recompenser leurs particuliers seruiteurs, & de s'establir dauantage, en mettant aux Charges des gens à leur deuotion : de sorte que c'estoit lors à qui viendroit le premier vers le nouueau Roy, pour auoir confirmation de son Office, afin d'euiter ce hazard de destitution.

60. Lors mesme, les Offices estoient reuocables, ils ne vaquoient par la mort du Roy.

61. Pourquoy on prenoit autre fois lettres de confirmation.

Et de fait à present, combien que notoirement les Officiers continuent leur charge auant qu'auoir confirmation, & qu'on ne les puisse destituer, tant à cause de l'Ordonnance de Louïs XI. qu'à cause de la validité establie du depuis, si est-ce qu'on ne laisse pas de les contraindre encore de prendre lettres de confirmation de leurs Offices, bien qu'elles ne leur seruent de rien, mais c'est vn impost que le nouueau Roy leue sur ses Officiers, duquel ie traiteray amplement au 3. liure.

62. Pourquoy on le prend à present.

CHAPITRE XI.

De la resignation des Offices

1. Termes signifians resignation.
2. Signare q vid?
3. Resignare, *decacheter*.
4. Aperire & resignare testamentum duo sunt
5. Resignare, *restituere*.
6. Designare & resignare ad Officia pertinent.
7. Resignare instrumenta.
8. Forme de resignation.
9. Eiuratio, abiuratio.
10. De mesme.
11. Les charges de l'Église estoient suyes autrefois.
12. Ne pouuoient estre quittées sans excuse iurée.
13. *Resignatio iurata quid à contra communem.*
14. *Resignatio voluntaria.*
15. *Resignation qu'emporte propremêt.*
16. Conciliation de plusieurs loix.
17. Le resignant nommoit autrefois vn successeur.
18. Si S. Clement a esté le 2. ou le 4. Pape.
19. Nomination du successeur reprouuée.
20. Resignation en faueur d'autruy reprouuée aux Benefices.
21. Partant ne peut estre admise que par le Pape.
22. Les Ordinaires la deuoient plustost admettre.
23. Resignation inconnuë aux Romains.
24. Iule Cesar la pratiqua le premier.
25. Introduite aux Milices.
26. Resignation de faueur, plus raisonnable és Offices qu'és Benefices.
27. Resignation absoluë, n'est plus pratiquée és Offices.
28. Demission.
29. Resignation simple, ce que c'est és Offices.
30. Resignation simple, ce que c'est és Benefices.
31. Cautele pour ces resignations.
32. Clause des resignations *in fauorem*, és benefices.
33. Celles des Offices.
34. Deuans qui doiuent estre faites.
35. Cas auquel n'est besoin de nouuelle resignation.
36. Autre cas.
37. Pourquoi la resignation se fait par procuration, & non de viue voix.
38. Resignation de viue voix.
39. Procuration à resigner, dit estre speciale & particuliere.
40. Et pardeuant Notaires.
41. Suffit d'vn Notaire Seigneurial.
42. Doit estre attachée sous contre-seel à la prouision.
43. Par qui peuuent estre alleguées les nullitez de la procuration.
44. Si la procuration à resigner peut estre en blanc.
45. Si elle peut estre sans minute.
46. Pourquoi on ne fait minute des obligations ny des procurations.
47. Resolution que les procurations à resigner Offices peuuent estre sans minutes.
48. Et non celles des Benefices.
49. Le nom du Procureur peut estre laissé en blanc.
50. Le nom du resignataire au moins aux Offices.
51. Et encore le nom de l'Office, mais non du Benefice.
52. Procurations surannées ne valent plus rien.
53. De mesme.
54. Pourquoi.
55. Sont bonnes, si le resignataire & le collateur les passent.
56. Les irreuocables sont bonnes apres le sur-an.
57. Sont bonnes quand la volonté du resignant dure.
58. De la reuocation des resignations.
59. Resignation d'Office faite en vertu de contract est irreuocable.
60. Resignation gratuite est reuocable.
61. Ne se peut asseurer en la procuration s'il n'y a compromis ou quitance.
62. Porteur de procuration peut prouuer son achat &

De la resignation des Offices, Chapitre XI.

payement par témoins.
63. *A qui faut signifier la revocation.*
64. *Ce qui peut advenir de ne signifier la revocation au Procureur ad resignandum.*
65. *Si la revocation peut estre faite sous sein privé.*
66. *Vaut mieux qu'elle soit par devant Notaires.*
67. *Resignation à survivance remissive*

1. Termes signifians resignatio.	POssible n'y-a-t-il aucun terme de pratique, dont l'étymologie soit plus difficile, que celuy de *Resigner*, qui a été mis en usage par les Canonistes: lesquels encore anciennement usoient du mot *renunciare*, témoin le titre *De renunciationibus*. Tant y a que nous n'en avons point d'autre en nostre pratique Françoise: & combien que ceux qui affectent de bien parler Latin, n'en osent user, sous pretexte qu'ils ne le trouvent point aux anciens livres, & aiment mieux dire *cedere, abdicare se, aut ejurare* si est-ce la verité, que *resigner* est plus elegant, & plus propre, comme ce discours sera foy.
2. Signare quid.	*Signare* ne signifie pas en Latin ce que nous appellons signer, mais signifie sceller & cacheter: mais nous autres François ayans substitué le sein manuel au seel ou cachet, dont on usoit anciennement: nous y avons par même moyen adapté & détorqué le terme de *signer*, ainsi qu'il sera dit au livre suivant, en traitant des seaux.
3. Resignare decacheter.	Donc *resignare*, qui est le contraire de *signare* (quia particula, *re, ut plurimum privativa est*) signifie quelquefois décacheter, *sicut resignare litteras, resignare testamentum, id est, signa frangere : ut in lege Cornelia De falsis, cujus verba extant apud Paulum lib. 5. sent. tit. 25.*
4. *Aperire & resignare testamentum, duo sunt.*	*Et in l. Si quis aliud §. Qui vivi. D. De pœnis, Qui vivi testamentum aperuerit, recitaverit, resignaverit*, où il se voit que *aparire & resignare testamentum, duo sunt: nimirum aperire ibi significat signa frangere*, Συνφραγιζειν, comme il est tourné en la co-Eclogue des Basiliques, tit. 41. Mais le plus souvent (*resignare*) signifie ouvrir, pource que la mode des Romains étoit de fermer leurs coffres, non seulement avec des clefs comme nous, mais aussi avec des seaux ou cachets, ainsi que je prouveray au même endroit.
5. Resignare, restituere.	Finalement, il signifie quelquefois rendre & restituer ce qui étoit seellé: ainsi Horace, *epist. 7.l.7.* dit *cuncta resigno, id est, restituo*, comme tous les Interpretes le tourment: mais directement le même Autheur use de ce terme pour la resignation des Offices, *Ode 29. libro 3.*

Fortuna savo lata negotio
Transmutat incertos honores,
Nunc mihi, nunc aliis benigna,
Laudo manentem, si celeres quatit
Pennas, resigno quæ dedit, & mea
Virtute me involvo, probámque
Pauperiem sine dote quæro.

6. *Designare & resignare ad Officia pertinent.*	Et tout ainsi que *designare* signifie élire & pourvoir un Officier, & non pas le nommer simplement comme on pense, *ut in l. Barbarius D. De Off. Prætoris. Prætoram petiit, & Prætor designatus est, id est, factus,& apud Salust. Catilina Consul uum petebat, sperans si designatus esset, & c.* aussi *resignare*, qui est son contraire, signifie quitter l'Office.
7. *Resignare instrumenta.*	Même les anciens Canonistes ont usé de ce terme pour signifier la restitution des pieces & provision d'un Benefice, au chapitre *Cum pridem. ex. De palliis. Instrumenta, quæ habebat, in manibus nostris resignavit.* Ce qui nous apprend qu'en resignant un Office ou Benefice, l'ancienne forme étoit de rendre au collateur les lettres de
8. Forme de la resignation.	provision d'iceluy, comme il se colige encore du chapitre.*Sanè ext. De renunciat.* ne se pouvant la demission ou tradition des choses incorporelles faite autrement qu'en rebaillant le contract ou tiltre d'icelles, comme les Docteurs ont traité sur la loy 1.*Cod. de Donatio.* C'est pourquoy fort à propos le mot de *resigner* est plus particulierement adapté au quittement des Offices & Benefices, *quasi resignare sit signatum diploma restituere* : étant les autres termes, dont usent les curieux, *renunciatio, cessio dimissio*, communs à l'abandonnement & déguerpissement de toutes autres choses.
9. *Ejuratio, abjuratio*, ἐξωμοσια ἐξομνυωυσιν	Et quant à celuy de *ejuratio seu abjuratio* que les Grecs appellent ἐξόμνυσθαι καὶ ἐξομνυωυσιν, ils sont à la verité particulieres pour les Offices & Benefices : mais signi-

fient proprement le refus, ou l'excuse proposée avec serment par celuy qui ne veut pas accepter l'Office ou autre charge publique à luy deferée. Ἐξωμοσια, dit Budée, ὅτι μαρτυρίαν ἀρνησις μεθ' ὅρκον. Le Commentateur d'Aristophane *in Vespis*, ἐξωμοσια ἀρνησις συν ὅρκω, ἢ ἀδυνάτως ὄντος, ἢ ἢ μειρου ὄντος κατὰ τοὺς Μετροις. Iulius pollux, livre 8. ἐξωμοσια ἦν τε ἢ ὀμοσαντες ἀρνεῖ, ἢ ἐπ' ἄλλαις θοκοσιν ὑπωρεύειν ἀρρωστιν, ἢ ἀδυνατων φασκων, ἐξομνυουσι αὐτος, ἢ δι' ἔτερον.

	Toutesfois, dautant que les excuses, pour refuser les Charges publiques, peuvent survenir quelquefois aprés qu'elles sont commencées, ἐξωμοσια, & *ejuratio* signifioient non seulement le refus d'icelles accepter, mais aussi le quittement & décharge aprés l'acceptation : mais quoy qu'il en soit, ils ne signifioient pas un quittement du tout volontaire, & sans excuse, mais seulement celuy qui se faisoit par le moyen d'excuse, & encore d'excuse jurée. Car anciennement les Charges publiques, & notamment celles de la primitive Eglise étoient plus oneureuse que profitables, témoin le dire de l'Apostre *qui Episcopatum desiderat, bonum opus desiderat* : lequel interpretant saint Augustin, dit que *Episcopus nomen est operis, non honoris* : & sur tout, on n'y metoit pas ceux qui les briguoient, mais ceux qui les fuyoient & s'en excusoient, & étoient mis par force, *can. In scripturis 8. quæst.1.* témoin de bon Siricius, qui étant élu Evêque, s'attacha l'oreille, afin d'avoir excuse, comme mutilé & essoreillé : dont est demeuré jusqu'à nostre temps, qu'en la ceremonie de la consecration des Eveques, on leur demande *Vis Espicopari?* & ils répondent *nolo* : bien que le temps ne soit plus de s'en faire tirer l'oreille.	10. De même. 11. Les charges de l'Eglise étoient fuyes autresfois.
	Pareillement, & à plus forte raison, aprés l'acceptatió des Benefices, on n'estoit pas receu à les quitter sans excuse legitime, jurée, ou dont autrement il apparust. Car on tenoit qu'il y avoit un mariage spirituel contracté contre le Prestre & son Eglise : laquelle partant il ne pouvoit repudier sans grande cause, *can. Sicut.16 2. 7. quæst. 1. cap Admonuit. ext. de renunciat. & cap. Nisi cum pridem.* au même titre, où sont rapportées les excuses legitimes de ceux qui veulent quitter leur Benefice.	12. Ne pouvoient être quittées sans excuse jurée.
	De-là est venu, qu'au droit Canon on trouve deux especes de resignation, l'une jurée, l'autre non jurée, *capite 1.eod.tit.* mais les Canonistes ont mal entendu la resignation jurée, disent que c'est, or quand le resignant juroit de plus redemander son Benefice, qui seroit un serment superflu, étant une de leurs maximes, que *resignantibus jura sua, non datur regressus ad ea.* Mais sans doute la resignation ou renonciation jurée est celle, qui se fait avec cause excuse jurée ; & la renonciation non jurée, celle qui se fait de la seule volonté du resignant, & sans une autre cause legitime.	13. Resignatio jurata quid contra communem.
	Car à succession de temps la richesse étant augmentée, & la vertu diminuée en l'Eglise, les Charges Ecclesiastiques, qui auparavant étoient fuyes, commencerent d'estre recherchées : & lors on ne fit plus tant de difficulté d'en permettre les quitemens volontaires & sans excuse jurée, pource qu'on n'en manquoit point de trouver qui les acceptast, mais toujours pourtant falloit-il demander permission & congé de resigner le Benefice une fois accepté, à cause de ce mariage spirituel, *cap. 1. d. cap. Nisi cum pridem, cap. Quidam, cap. ult. hoc ipso tit.*	14 Resignatio voluntaria.
	Quand je parle des resignations de l'ancienne Eglise, je n'entens pas que le resignataire choisist luy même celuy qui auroit le Benefice, par le moyen de la resignation, mais j'étens qu'on quittoit & abandonnoit purement & simplement le Benefice, & le laissoit-on vacant, à la libre disposition du collateur : aussi renoncer & resigner, ceder & quitter un Benefice, n'est pas le transferer à un autre, mais le quitter tout à fait : & il est vray, que celuy	15. Resignation qui emporte promptement.

I ij

Des Offices en general, Liv. I.

16. Conciliation de plusieurs loix.

qui a quitté son droit, n'y a desormais plus rien : ainsi voit-on en droit, qu'en matiere d'usufruit, celui qui le cede, le perd absolument ; même par le moyen de cette cession, l'usufruit se consolide à la proprieté, *l. Si ususfructus. D. De jure dot. & §. Finitur. Inst. De usufr.* bien qu'autre chose soit, quand l'usufruit est donné, vendu, ou cedé à autre tiltre : car lors l'usufruit demeure toûjours attaché à la personne de celui qui l'a ainsi cedé, & aussi finit-il par sa mort, & n'y a que la commodité de percevoir des fruits, qui soit transferée à l'acquereur de l'usufruit, *l. Si ususfructus. D. De usufr. §. 1. Instit. De usu & habitat.*

17. Le resignant nommoit autresfois un successeur.

Il est bien vray, que comme c'étoit une coûtume à Rome, aux Officiers sortans de Charge, nommassent ou presentassent au peuple ceux qu'ils estimoient capables de succeder à leur Charge, aussi en la sainteté de la primitive Eglise, lors qu'un Evêque se voioit prés de sa fin, ayant fait assembler devant lui le Clergé & le peuple, il leur nommoit celui, qu'il estimoit le plus digne d'être son successeur, lequel le plus souvent étoit élen. Ainsi saint Pierre nomma saint Clement pour son successeur, *can. Vnde ipse. 8. quæstio, prima.* Et toutesfois

18. Si S. Clement a été le 2 ou le 4. Pape.

la glos. du Canon precedent, dit, que saint Clement ayant eu scrupule d'avoir été fait Pape de telle façon, resigna & quitta la Papauté, & que Linus & Cletus furent faits Papes successivement en son lieu, après le deceds desquels saint Clement fut derechef élu & fait Pape: & ainsi tache-t-elle de concilier cette grande dispute de l'histoire Ecclesiastique, sçavoir si saint Clement a été le second, ou le quatriéme Pape.

19. Nomination du successeur reprouvée.

Tant y a que cette façon de nommer ainsi son successeur, fut incontinent reprouvée par le Concile d'Antioche *can. Episcopo. cum seq. ead. quæst.* dont S. Hierosme sur l'epistre, *ad Titum* fait un beau discours *Moyses,* dit-il, *amicus Dei, cui facie ad faciem loquebatur Deus, potuerat posteris propriam relinquere Dignitatem: sed tamen de alia tribu eligitur Iosue, ut sciremus Principatum non sanguini deferendum esse, sed vita.*

20. Resignation en faveur d'autrui reprouvée aux benefices.

Ainsi donc il fut defendu fort justement, de deferer les Benefices, soit pour cause de parenté, soit pour quelque autre consideration charnelle, *can. Ordinationes 1. qu. 1.* & fut enjoint aux Beneficiers, lors qu'ils voudroient quitter, d'en aisser la disposition aux électeurs, & partant n'étoient reçûës aucunes resignations en faveur d'autrui : qui est le droit commun encore à present gardé en l'Eglise, pource qu'on tient, qu'elles ressentent toûjours, & emportent un soupçon de Simonie: & les permettre indistinctement, c'est ouvrir la porte, & au trafic, & à la succession des Benefices: comme a fort bien traité du Molin sur la regle *De infirm. resign. numero 78. & sequentib.* Et defait c'est chose notable, que ny dans le vieil Decret, ny même dans les Decretales, il n'est fait aucune mention de resignation *in favorem*: jusques-là même, que la permutation des Benefices, qui en est la plus favorable espece, est expressément defenduë *capite Majoribus. De præb. & capite Quæsitum. De rerum permutatione.*

21. Partant ne peut estre admise que par le Pape.

C'est pourquoi elles ne peuvent être admises, que par le Pape, qui comme dit les Canonistes *De jure supra jus omnem habet potestatem in beneficiis,* lequel en les admettant, dispense des prohibitions Canoniques, & purge cette presomption de Simonie : pouvoir, qui est reputé si important, que même les Legats *à latere* ne l'ont pas, si il ne leur est donné exprés entre leurs facultez. Et toutesfois la verité est, que le Pape n'en refuse point: mais ces resignations s'expedient en forme commune, comme nos lettres ordinaires de la petite Chancellerie: de sorte que cette ancienne prohibition ne sert plus, que pour lier les mains aux Ordinaires, d'admettre les resignations *in favorem,* bien qu'il seroit bien plus à propos, qu'eux étans sur les lieux peuvent mieux sçavoir le motif d'icelles, que le Pape, eussent seuls le pouvoir de les admettre, avec deuë cognoissance de cause, pour obvier au trafic & marchandise des Benefices, qui s'en va tantost autant en usage, que celui des Offices. Et voila comme les resignations en faveur d'autru

22. Les Ordinaires les devroient plustost admettre.

ont été reçuës en l'Eglise: ce qu'il a été besoin de traiter plus au long, pource que c'est du droit Canon, & non du droit Romain, que nous avons appris les resignations des Offices.

23. Resignation incognue aux Romains.

Car les Romains, dont les Magistrats ne duroient qu'un an, & étoient électifs, ne sçavoient ce que c'étoit de resignation, témoin la loy penult. *De Offic. Præsidis. Legatus Cæsaris, id est Præses vel rector Provinciæ, abdicando se non amittit imperium,* il est bien vray, qu'en la Republique populaire, lors qu'il y avoit quelque guerre d'importance, à laquelle les Consuls ne se trouvoient propres, on en mettoit quelquefois d'autres en leur place de leur consentement, & non autrement, dit Dion livre quarante-huit, qui fut enfin la cause de creer des Proconsuls, qui étoient comme les Aydes ou Lieutenans des Consuls. Et le même Dion livre quarante-trois, dit que Iule Cesar fut le premier, qui de sa propre autorité resigna le Consulat au milieu de son armée à Q. Fabius, & C. Trebonius, & Fabius étant mort le dernier jour de l'an, il mit en sa place C. Caninius, qui partât ne fut Consul que six heures, d'où vint la rencontre de Ciceron, qu'il avoit été si vigilant, qu'il n'avoit point dormi pendant son Consulat. En quoy, dit Dion, Cesar viola doublement les loix du païs, entreprenant, & de se demettre du Magistrat de sa propre volonté, & encore d'y mettre d'autres en sa place, sans l'élection du peuple. Toutefois depuis que sous les Empereurs cette espece d'Offices perpetuels & à vie, qui furent appellez Milices, eust été introduite, l'usage vint incontinent de les resigner: ce qui fut appellé *subrogare, ut in l. 15. Cod. De prox. sacr. scrin. & in l. 13. cod. tit.* (où la forme de cette subrogation est prescrite) *quemadmodum dicitur abrogari Officium, quando auferitur: & prorogari, quando ultra tempus consuetum relinquitur.*

24. Iule Cesar la pratiqua le premier.

25. Introduite aux Milices.

De même parmi nous, où les Offices sont perpetuels & collatifs, il y a pareille raison d'y recevoir les resignations qu'és Benefices, & écore plus, pource qu'il ne peut échoir de simonie, ny de pactionillicite, en ceux qui sont venaux: & quant aux non-venaux la gratification envers un parent, ou un amy n'en peut être trouvée mauvaise, comme és Benefices, où toute propension & affection charnelle est reprovée par les anciens Canons: de sorte que l'argument de la resignation des Benefices à celle des Offices, est d'ordinaire impertinent: ce qui est fort à observer.

26. Resignation en faveur plus raisonnable és Offices qu'és Benefices.

Aussi en matiere d'Offices, on ne sçait quasi ce que c'est de les resigner purement & absolument: laquelle espece de resignation est communément appellée en pratique *Demission:* mais nous appellons particulierement *resignation,* celle qui se fait en faveur d'autrui, pource que nous n'en cognoisons presque plus d'autre sorte que le resignant & resignataire, sont relatifs, ainsi que le donateur & le donataire, le cedant & le cessionnaire: & bien qu'és Benefices on contreparte la resignation simple à celle qui est faite en faveur d'autrui, neanmoins en matiere d'Offices la resignation simple est opposée à celle qui est faite à condition de survivance: de sorte que quand nos Ordonnances parlent de la resignation simple des Offices, elles s'entendent toûjours de celle qui est faite en faveur d'autrui, mais qui est faite purement, & sans condition de survivance, & non pas de la pure demission ou quittement & abandonnement absolu des Offices, comme il se void au 46. art. de l'Ordonnance de Blois, laquelle demission n'a presque plus lieu qu'és Ordres, qui ne peuvent être resignez en faveur d'autrui : comme je diray au livre *Des Ordres.*

27. Resignation absoluë n'est plus pratiquée és Offices.

28. Demission.

29. Resignation simple, ce que c'est és Offices.

Mais és benefices, à cause que les collateurs ordinaires n'en peuvent admettre la resignation *in favorem,* on a été contraint de retenir le terme de la resignation pure & simple, pour signifier la demission, qui se fait par devers l'Ordinaire : combien qu'en effet, il ne s'en fasse guere qu'aprés une assurance secrette de faire tomber le Benefice à son ami. C'est pourquoy, de peur d'y être trompé, on fait volontiers cette resignation ou demission en personne, & p ar le même acte & les mêmes lettres de collation, faites au profit de celui à qui on veut faire

30. Resignation simple, ce que c'est és Benefices.

31. Cautele pour ces resignations.

De la resignation des Offices, Chap. XI.

tomber le Benefice, afin qu'il n'y échée point de hazard, bien qu'aucuns doutent que cette façon de faire soit licite, disant : qu'une resignation ainsi faite, sent sa resignation *in favorem*, & que cela se fait en fraude du droit commun, qui la defend : c'est pourquoy, quand on n'est pas asseuré tout à fait de l'Ordinaire, & qu'on n'est point autrement pressé, on ayme-mieux courir jusques à Rome, pour une plus parfaite seureté.

32. Clauses des resignations in favorem és Benefices.

Car il n'y a point de hazard aux procurations qui se passent pour resigner devant le Pape en faveur d'autruy, parce qu'on y met la clause, *Non alias, nec aliter* & encore ces autres clauses *dummodo ipse N. acceptare voluerit, & non alias, non intendens resignationem sortiri effectum, donec dictus N. dicti Beneficii possessionem ceperit actualem, suum animum de illa acceptanda declarando*, cessant lesquelles clauses, aucuns tiennent, que si le resignataire se trouvoit incapable, ou qu'il ne vouluſt accepter la resignation, le Benefice ne laisseroit d'estre vacant : comme parle du Molin sur la regle *de verisimili notitia. num.* 77.

33. Celles des Offices.

Mais on n'apporte pas tant de scrupule aux Offices, dont la resignation en faveur d'autruy n'est point de soy contre les bonnes mœurs, ny le droit commun. Car en premier lieu, tout collateur ordinaire la peut admettre, & outre il suffit d'y mettre la clause, *En faveur d'un tel, & non autrement*; pour montrer que ce n'est une pure demission ou quittement de l'Office : & n'est-il pas besoin d'y adjouter ces autres clauses, que la la chicane de la Cour d'Eglise a inventée sans lesquelles on tient & garde inviolablement, que s'il avenoit que le resignataire, ou n'acceptat, ou ne fust capable de l'Office le resignant demeure en son premier droit : pource que son intention n'ayant esté autre, que de transferer l'Office à son resignataire, si elle ne peut sortir son plein effet, la resignation demeure du tout nulle, & comme non faite, par la raison de la loy derniere *C. De pactis inter empt, & vendit*. de sorte que le resignant retient son Office, & le rang d'icelui, sans qu'il lui soit besoin de nouvelle provision, ny reception. Mesme si la resignation estoit faite sous cause de permutation à un autre Office, dont le resignant fust par après évincé, il rentreroit en son premier Office, sans nouvelle provision ny reception : mesme il garderoit son rang ancien, bien que le resignataire y eust esté receu, comme il se pratique és Benefices, depuis l'Arrest de Bochetel du 13. Janvier mil cinq cens cinquante sept, rapportées par Monsieur Louët en ses Arrests lettre B.

34. Devant qui doit estre faite.

Au surplus, quant à la forme de la resignation de l'Office, il faut remarquer qu'elle ne peut pas estre faite, ny devant une personne privée, ny mesme devant un Juge ou un Notaire, mais directement és mains du collateur. Car comme le deguerpissement droit faite en plein jugement, qui est le lieu où on ad juge les biens de Iustice. Aussi la resignation de l'Office & Benefice, doit estre faite à celui qui a droit d'y pourvoir, *cap. Quod in dubiis* & *cap. Admonet, ult. eod, tit. l. ult. C. De Defensorib. civit*. autrement la resignation ne serviroit de rien, & demeuroit tousiours l'Office au resignant, *d. l. Legatus. D. De Offic. Præsid*.

35. Cas auquel n'est besoin de nouvelle resignation.

En quoy il n'y a que deux exceptions, l'une, quand le resignataire de l'Office n'a esté receu en vertu de provisions qui lui ont esté expediées sur la resignation d'icelui : car alors la moindre declaration que fasse l'un ou l'autre, soit en jugement, ou pardevant Notaires qu'ils n'entendent accepter la resignation, est suffisante, pour aneantir tout ce qui s'est fait, sans qu'il soit besoin de nouvelle provision du collateur, pource que la resignation n'a pas sorti effet, & que le resignant n'ayant pas esté depossedé, mais son droit a esté conservé en vertu de la clause *Non autrement*, sans qu'il luy soit besoin de nouvelle provision, ainsi qu'il vient d'estre dit : comme pareillement, le pourveu par mort ayant fait cette declaration, le collateur peut derechef conferer. *cap. in præsentia, & cap. Veniens, eod. tit.*

36. Autre cas.

L'autre exception est, que, quand l'Office ou Benefice est litigieux, l'une des parties peut ceder son droit à l'autre, soit en Justice ou devant un Notaire, sans qu'il soit pareillement besoin de nouvelle provision sur cette cession, posé que le cessionnaire soit déja deuëment pourveu : pource que telle cession du droit litigieux, est plutost une renonciation au procez : qu'une resignation de l'Office ou benefice, comme resoud du Molin, sur la regle *de infirm. resign. num.* 159.

Encore faut-il remarquer, que la resignation ne se fait gueres de vive voix par le resignant, comparoissant à cette fin devant le collateur, qui ordinairement n'est pas personne, qui puisse delivrer un acte public & authentique : ce qui est necessaire pour la validité du titre de Benefice & Office, ainsi qu'il s'observe en toutes procedures judiciaires : combien qu'anciennement le contraire s'observat au droit Canon, où la resignation se pouvoit faire de vive voix, & par après la preuve en estoit receuë par temoins. *cap. Super hoc, & cap. In præsentia, ead. tit.* Toutefois il y a apparence, que la resignation faite de vive voix devant le collateur, tesmoignée par lettres de provision faites tout à l'instant, est bonne & valable, pourveu que ces lettres soient signées du resignant & non autrement, pource que les parties doivent signer en tous actes publics de Iurisdiction volontaire : & est bien sans doute que les lettres de provision d'un collateur legitime soit d'Office, ou benefice, font actes publics, pource qu'en cela le collateur est muny de puissance publique, ainsi qu'un Officier au fait de sa Charge : c'est pourquoy elles font pleine preuve & prompte, & ne les peut-on combattre, que par maintenuë de faux : toute fois ceux qui soutiennent que la resignation contenuë dans les lettres de provision est douteuse, disent que les provisions du collateur, sont seulement publiques, & font pleine foy en ce qui depend de sa puissance, qui est l'acte de collation seulement, & non à l'egard de l'acte de la resignation, qui doit estre receu par un Notaire, ou autre tel Officier fondé, pourtant à ce, de puissance publique.

C'est donc le plus seur de faire la resignation par acte separé pardevant Notaire : aussi est-ce l'ordinaire, qu'elle se fait par procuration speciale, je dis speciale, pour ce qu'estant une alienation, elle requiert mandement special, & mesme il faut mandement particulier de resigner Offices és mains de tel collateur, &c. Car l'Ordonnace de l'an 1550. appellée vulgairement *Les petites dates*, article 10. defend, en matiere de Benefices, les procurations generales, pour resigner tous Benefices, & combien qu'il n'y ait pas du tout tant de raison és Offices, si est-ce qu'on n'a point accoûtumé de s'y servir de procurations generales.

Aussi combien que de droit le Procureur puisse estre constitué par simples missives & écritures privées, *leg. 1. & l. Si procuratorem. D. De procuratoribus*, si est-ce, que pour l'importance des resignations, on n'y recevroit pas une écriture privée *quæ non facit probationem probatam, sed probandam*: & partant on ne peut asseurer pleinement & parfaitement le collateur de la verité de la resignation : joint le hazard des faussetez antidates.

Mais encore que la resignation de l'Office doive estre faite és mains du Roy, si est-ce qu'elle suffit d'en avoir une procuration passée par un Notaire Seigneurial, pource que son écriture est publique & autentique, autant que celle des Notaires Royaux, quant à la preuve : n'y a difference entre les Contracts passez sous Seel Royal, ou autentique, sinon quant à l'execution parée.

Cette procuration a accoûtumé d'estre attachée sous le contre-Seel aux lettres de provision : quoy qu'il en soit il doit apparoir d'icelle au collateur, auparavant qu'il confere l'Office on Benefice, comme pour les Benefices il est decidé en cette Ordonnance *Des petites dates*, article 12. Ce qui n'est toutefois si rigoureusement observé és Benefices, desquels tout commerce est interdit, & où par consequent il peut-échoir beaucoup plus de fraudes.

C'est pourquoi il y a plus de difference notable entre la resignation des Offices, & celle des Benefices, qui servira de limitation à tout ce qui vient d'estre dit, ou si ta

37. Pourquoy la resignation ne fait par procuration, & non de vive voix.

38. Resignation de vive voix.

39. Procuration à resigner doit estre speciale & particuliere.

40. Et pardevant Notaires.

41. Suffit d'un Notaire Seigneurial.

42. Doit estre attachée sous le contre-Seel à la provision.

43. Par qui peuvent estre alliguées les

I iij

Des Offices en general, Liv. I.

nullitez de la procuration.

dit cy-aprés touchât les nullitez de la procuratiō: qu'és Offices ces nullitez ne peuvent être alleguées, ny par le collateur qui a admis la resignation, ny par celuy qui du depuis auroit été pourveu de l'Office, comme vacant puis aprés par la mort du resignāt: pourveu qu'il aparoisse par quelque moyen que ce soit la volonté du resignant, soit devant la resignation admise, soit même aprés par une simple ratification, *qua retrotrahitur, & mandato comparatur.* Ce qui est general en droit, quand autre que celuy qui ratifie n'y a interest. Or icy l'interest du collateur n'est considerable, puisque lui-même, ayant volontairement conferé l'Office, a consommé son droit, & se doit imputer de n'avoir pas regardé à les prés, si la resignation étoit bien faite: ce qui n'est pas aux Beneficies, où il y a plusieurs collateurs d'un même Benefice, soit concurremment, soit successivement. Pareillement n'est considerable l'interest du pourveu par mort, pource qu'il n'a pas plus de droit que son collateur, & ne serviroit de rien, quand il seroit pourveu auparavant la ratification du resignant, pource qu'il ne peut fonder la vacation de l'Office, que sur sa mort.

44. Si la procuration à resigner peut être en blanc.

C'est encore une grande question, si la procuration pour resigner peut être delivrée en blanc, soit pour le nom du Procureur, soit pour celui du resignataire, soit encore pour le nom de l'Office: mais auparavant que la resoudre, il en faut traitter une autre, dont elle depend qui est de sçavoir, si cette procuration peut être expediée, sans que le Notaire en retienne minute; attendu que par l'Ordonnance *Des petites dates* art. 4. il est dit, qu'il doit être fait registre, non seulement des procurations pour resigner les Beneficies; mais aussi du temps qu'elles auroiēt été delivrées, combien de fois, & à quelles personnes: & d'ailleurs il est certain, que nos Ordonnances chargent indistinctement les Notaires, de faire minutes de tous contracts: toutefois ils se sont licenciez de delivrer aux parties les minutes des obligations à une fois payer, & aussi des procurations, sans en rien retenir pardevers eux, comme il est notoire.

45. Si elle peut être sans minute.

Ce qui se fait quant aux obligations, afin que le debiteur s'étant acquité; ne demeure plus écrit dans les papiers du Notaire: & quant aux procurations, pource c'est chose usitée d'y laisser le nom du Procureur, pour la commodité des parties, qui souvent passent procurations pour affaire à expedier au loin, sans sçavoir qui en sera le Procureur, de sorte que si on en retenoit minute, & qu'en aprés la procuration fut remplie d'autre nom, que de celui qui auroit occupé, & qui auroit remply la grosse de son nom, ce seroit une espece de fausseté: c'est pourquoy les Notaires bien avisez ne font jamais minute de procuration en blanc.

46. Pourquoy on ne fait minute des obligations ny des procurations.

47. Resolution que les procurations à resigner Offices, peuvent être faites sans minute.

Même encore que les procurations pour resigner les Offices soient ordinairemēt de plus grande consequence, que les communes *ad lites*, *aut ad negotia*, neanmoins c'est chose accoûtumée, qu'elles ne s'expedient gueres autrement parmi nous, que sans minute & en blanc, pour le nom du Procureur, comme même l'a remarqué Boërius *in decis. Bourdeg. quæst.* 174. bien que Chassanée sur le titre *Des droits appartenāt à gens mar. art.* 5. *gl. sans procuration*, & Rebuffe en sa pratique Beneficiaire, tiennent indistinctement que les procuratiōs en blanc ne sont valables,

48. Et non celles des Beneficies.

Toutefois pour le regard des Beneficies, j'estime leur opinion veritable, à cause de l'ordonnance *Des petites dates*, qui requiert l'enregistrement de telles procurations: d'où s'ensuit qu'elles ne peuvent être expediées en blanc, pource que comme il vient d'être dit, se seroit une fausseté de les remplir, ou aprés leur datte, ou sur les lieux en l'absence du Notaires: mais en celles des Offices, on n'y observe point cette rigueur.

49. Le nom du Procureur peut être laissé en blanc.

Même on y observe ordinairement, que non seulement elles se delivrent en blanc, quant au nom du Procureur; mais aussi qu'on ne se soucie pas lors de l'expedition, qui se fait en vertu d'icelles, de remplir le nom de celui qui a occupé & pris qualité de Procureur, ce qui est neantmoins fait à faire, pour obvier à plusieurs inconveniens. Et sur tout en matiere d'Offices, on se con-

tente d'attacher sous le contre-Seel la procuration non remplie, avec la provision faite sur icelle: comme aussi n'est-il point besoin de la remplir, pource qu'en la provision on ne fait mention d'aucun Procureur, qui ait resigné, mais on tient la procuration à resigner, pour acte de resignation.

50. Et non du resignataire.

Mais quant au nom du resignataire, il y a bien plus d'apparence de ne le laisser en blanc en la procuration, tant pource qu'il semble que la resignation *in favorem* comme tout contract, doit être faite avec partie certaine, & aussi pource que si le resignant vouloit revoquer sa procuration, n'y ayant ny Procureur, ny resignataire certain, ilne pourroit à qui signifier sa revocation. Et neanmoins puisque les Offices tombent en commerce soit licite absolument, soit au moins toleré, je dis qu'on peut licitemēt laisser en blanc le nom du resignataire, pource qu'il avient souvent, que l'acheteur de l'Office ne l'achete pas pour lui-même, mais pour le revendre, ou pour en faire pourvoir quelqu'un, qu'il ne veut, ou ne peut encore nommer au resignant, ou qu'il ne sçait pas, s'il le voudra accepter, & quant à la revocation de la resignation, il arrive rarement, qu'elle puisse être faite en matiere d'Offices, ainsi qu'il sera dit incontinent: & au cas qu'elle pourroit être faite, on la peut signifier au collateur (suivant la Clementine premiere, *De renunciat.*) qui est toûjours certain en matiere d'Offices, & quand même on ne sçauroit à qui la signifier, le resignant se doit imputer de l'avoir faite de telle sorte.

51. Et encore la nom de l'Office, mais ō on du Benefice.

Finalement quant au nom de l'Office qu'on resigner, il n'est gueres laissé en blanc aux procurations: & il est certain qu'aux Beneficies cela rendroit la procuration nulle, attendu que l'Ordonnance, *Des petites dattes* defend les procurations generales, & par consequent les indefinies: dont à la verité il naist un grand soupçon de confidence, & peut survenir infinis abus: mais cela n'ayant lieu aux Offices, il n'y a aucun interest public, qui puisse empêcher la validité de telles procurations, n'y ayant que le resignant, qui y puisse avoir interest, lequel ne peut venir contre son propre fait, & se doit prendre à lui-même, d'avoir ainsi dressé sa procuration, s'il lui en arrive inconvenient, comme si on la remplit d'un Office pour un autre.

52. Procurations sur années ne valent plus rien.

Mais il échet une autre nullité aux procurations à resigner, soit Offices, ou Beneficies, qui est étroitement gardée en nôtre usage, sçavoir est quand elles sont sur années. Car nous tenons qu'elles ne sont valables aprés l'an: comme pour les Beneficies il est dit en cette même Ordonnance *Des petites dattes*, article 10. & pource qu'aprés cette Ordonnance on doutoit, si comme declarative du droit commun, elle devoit avoir lieu pour le passé, il en fut fait une declaratiō l'an 1551. le 19. Avril, conformement à l'opiniō de du Molin, & même és nonominations, que fait le Roy aux Prelatures, il faut par les Ordonnances, que les bulles en soient expediées dans les six mois aprés la datte du placet ou brevet du Roy.

53. De même.

Et quant aux Offices, cela se garde inviolablement en la grāde Chancellerie, qu'on n'expedie point de provisions d'Office sur une procuration sur-année. Ce qui n'est pas à l'occasion du Seau, car les contracts ne se sur-annent point, mais seulement les commissions: & d'ailleurs le Seau n'est pas necessaire aux procurations, comme il sera dit au Livre suivant, en traittant des Seaux, où la matiere du Seau sera expliquée.

54. Pourquoy.

Mais c'est pource que *aliquando voluntas præsumitur mutata ex longinquitate temporis*, disent les Docteurs sur la loy *Peregr. D. De acquir. possess.* en matiere de resignation d'Office du benefice, qui n'est point presumée se faire sans grand sujet, dit le Chapitre *Super hac, &c* til la volonté semble repugnante à l'intention de l'homme, *cap. Quia verisimile. De præsumpt.* combien que regulierement és autres matieres la volonté soit presumée durer jusques à la mort, comme tient du Molin.

55. Sont bō nes nsle resi.

Toutefois en ce sur-an des procurations à resigner les Offices, il y a trois exceptions notables: l'une que si le

De la resignation des Offices, Chap. XI.

gnataire & collateur de l'Office a baillé, sa provision sur une procuration sur-année, elle ne laisse d'estre bonne à son égard, pourveu que le resignant ne s'en plaigne point, pource que l'ayant pû rejetter & refuser, il se doit imputer de l'avoir admise volontairement, laquelle admission volontaire couvre à son égard la nullité de la resignation, autrement le resignataire seroit trompé pource que si on luy eust refusé son expedition, à l'occasion de ce sur-an, il luy eust esté facile de tirer une procuration recente pendant la vie de son resignant. Ce qui est indubitable aux Offices, à l'égard desquels il n'y aura aucune Ordonnance ou droit commun, qui impose nullité aux procurations sur-années, comme aux Benefices.

L'autre exception est, que si la procuration estoit de la nature de celles, qui ne sont revocables, à sçavoir qu'elle fut faite en vertu d'un contract ou convention precedente, le resignant ne s'en peut plaindre de sa part, si une fois elle est admise par le collateur : car ne pouvant estre revoquée par une expresse revocation, moins le peut-elle estre par une paisible & presumée : mesme si le collateur refusoit d'admettre cette procuration, le resignant pourroit estre contraint en ce cas d'en passer une autre, comme cela estant de la suite & execution necessaire de la convention precedente.

La troisiéme est, que s'il apparoissoit & se prouvoit, que le resignant eust perseveré en sa premiere volonté, lors la provision expediée au resignataire, ou mesme que par aprés il l'eust approuvée, alors ni lui, ni autre ne s'ê pourroit plaindre, pource que cessant la raison, la regle cesse : or est-il que la presomption de la mutation de volonté, resultant du sur-an, est renversée par la preuve du contraire : ce qui mesme a lieu aux Benefices, dit du Molin, sur le 10. art de cette Ordonnance gl. 1. nomb. 5. & gl. 2. nomb. 7.

Voila pour la procuration à resigner : & quant à la revocation d'icelle, faut considerer, que combien qu'en matiere de Benefices telles procurations puissent toûjours estre revoquées, jusques à ce qu'elles soient admises par le collateur, *Clem. unica de renunciat.* si est-ce qu'il échet rarement, en matiere d'Offices, qu'on les puisse revoquer. La raison de la difference est, que tout commerce, mesme toute paction precedente la resignation est prohibée en matiere de benefices : mais en Offices dont le commerce est, ou licite tout à fait, ou du moins toleré, il n'arrive gueres qu'on resigne, sinon en vertu d'une convention precedente : auquel cas la resignation est irrevocable, tout ainsi que le contract, en execution duquel elle est faite : & c'est la raison pourquoy en permutation de benefices, quand elle est au point de ne pouvoir plus estre revoquée, comme quand elle est accomplie d'un costé, la procuration à resigner est pareillement irrevocable, comme dit fort bien Rebuff. *tract. de pacif. possess. num.* 145.

Mais si la procuration pour resigner l'Office est passée sans contract, ny marché, precedent, l'estant fondée sur la seule volonté & gratification du resignant envers le resignataire, alors elle est revocable, tout ainsi qu'és benefices. Car encore que la procuration passée en consequence d'une donation parfaite, soit desormais irrevocable, comme l'a decidé en la loy *Illam* 33. *De donation.* & que la donation soit reputée parfaite aprés que le titre de la chose donnée a esté mis és mains du donataire, *l. 1. eod. tit.* si est-ce cela n'a lieu és choses qui ne peuvent transferer pleinement par une personne à l'autre, comme les Offices & benefices, qui doivent de necessité passer par les mains du collateur : de sorte que quand mesme le resignant bailleroit au resignataire les lettres de son Office avec sa procuration pour resigner, cela ne l'empescheroit pas de la pouvoir revoquer, jusques à ce qu'elle ait esté admise, car la procuration n'est rien, tant qu'elle soit effectuée.

D'où il resulte qu'il ne faut pas temerairement payer le prix de l'Office, sans retirer quittance, ou faire un compromis par écrit, sous pretexte qu'on est nanty de la procuration à resigner, qui regulierement est revocable ; & ce principalement és Offices de Iudicature, &

autres non-venaux, ou bien entre personnes conjointes, où la donation sera aussi-tost presumée que la vente. J'estime neamoins que cela estant arrivé, le resignataire se trouvant saisi de la procuration, seroit recevable, nonobstant l'Ordonnance de Moulins, à verifier par témoins avoir acheté & payé l'Office, pource que la procuration est un commencement de preuve par écrit, qui partant se peut parfaire par témoins, comme on tient en pratique.

Donc és cas, où la procuration pour resigner un Office peut estre revoquée, il en faut, auparavant la resignation admise, faire signifier la revocation au procureur nommé en icelle procuration, ou au collateur de l'Office, comme dit cette Clementine *De renunciat.* laquelle ne parle point du resignataire, pource que la resignation des benefices est de sa propre nature doit estre pure & simple, & non en faveur d'autruy, comme il a esté dit au commencement de ce Chapitre. Toutefois, il n'y a nulle doute, que la revocation signifiée au resignataire és benefices, n'empesche la validité de la provision subsequente, estant resignataire la vraye partie, qui a le principal interest en l'affaire, & ainsi le tient Rebuffe sur le Concordat, *ad tit. sublat. Clem. Literis.*

Il est vray que la revocation ayant seulement esté signifiée au resignataire, & non au Procureur expressément nommé en la procuration, ny au collateur, si le Procureur ignorant de cette revocation, payoit de bonne foy le quart denier de la resignation, auroit recours contre le resignant qui l'auroit mis en besogne. Car c'est une regle infaillible, que le revoquant doit rembourser au Procureur, & mesme au resignataire tous les frais, qu'ils ont faits, jusques à la signification deuëment faite de la revocation, ou qu'elle soit parvenuë à leur connoissance, *cum Beneficiis iurari non oporteat, non decipi.* Ce qui va bien plus loin aux Offices qu'aux benefices, où il n'y a peut-estre que de voyages & frais de l'expedition : mais és Offices, le quart denier estant une fois payé aux parties Casuelles, il est bien mal-aisé à retirer.

C'est pourquoy il faut considerer comment cette revocation doit estre faite & signifiée : & combien que Rebuffe au mesme endroit du Concordat, tienne qu'elle ne peut estre faite sans écriture, pourveu qu'il y ait des témoins je passeray avec luy, que telle revocation est bonne de foy (bien entendu qu'il y ait sujet d'en douter) pource qu'il faut autant de solemnité à rompre un acte, qu'à le faire, *l. Nihil tam naturale, De reg. iur.*) & la raison est, que l'intervention du Notaire n'estoit necessaire en la procuration pour la validité & substance d'icelle, *l. 1. D. De procur.* mais pour la preuve seulement.

De mesme aussi sans l'intervention du Notaire, la revocation subsiste dés l'instant de la mutation de volonté, *l. Si vero. §. Si mandavero, D. Mandati.* Mais pour la preuve, c'est sans doute, que s'il n'appert par écrit de la revocation, ensemble qu'elle soit parvenuë à la notice du Procureur, ou du resignataire, la provision tiendra, suivant cette Clementine, pource que la preuve testimoniale n'y est pas recevable, par l'Edit de Moulins, mesme, ne suffiroit la confession du Procureur, au prejudice du resignataire, mais bien la sienne seroit suffisante, pource que luy seul y a interest.

Finalement faut remarquer qu'il y a deux sortes de resignation d'Offices, l'une pure & simple, l'autre à condition de survivance, qui est presque le contraire de ce qui s'appelle *Regrés*, en matiere de benefices. Car proprement les *Regrés* emporte que le resignant laisse proprement le benefice au resignataire, à condition d'y rentrer, si le resignataire vient à deceder devant luy : & au rebours en la survivance, l'exercice & le profit de l'Office demeure au resignant, & aprés son decez seulement, il est affecté & reservé au resignataire : mais pource que ce Chapitre est déja assez long, je remets à traiter la matiere de survivance au Chapitre suivant, ensemble la clause des 40. jours qu'on a coustume d'inserer aux provisions expediées sur les resignations.

CHAPITRE XII.
De la vacation par mort.

1. La mort est la plus certaine vacation.
2. La regle des 20. jours, & des malades resignans és Benefices.
3. La clause des 40. jours és Offices.
4. Si elle a lieu aux Offices de Iudicature.
5. Remede nouveau à la fraude.
6. Les 40. jours courens du jour du quart denier.
7. Que ce terme est trop long.
8. Difference entre les 20. jours des Benefices, & les 40. des Offices.
9. Si les 40. jours doivent être francs.
10. Les 20. jours doivent être francs.
11. Mais non les 40. jours des Offices.
12. En tout cas faut compter de moment à moment.
13. Autre difference entre les 20. & les 40. jours.
14. Les 40. jours n'ont lieu, s'il n'est dit par la provision.
15. Dispense des 40. jours.
16. Moyen subtil, par lequel les Officiers sauvoient leurs Offices en la Ligne.
17. Moyen de sauver l'Office, quant le resignataire meurt aprés les quarante jours.
18. Si aprés les 40. jours l'Office vaque par la mort du resignataire, qui a fait acte d'acceptation.
19. Cela est aux Benefices.
20. Mais non és Offices.
21. Raison de difference.
22. Autre.
23. L'Office ne vaque par la mort du resignataire avant sa reception.
24. N'y du pourveu par mort.
25. Raisons.
26. Que cette resolution est la plus equitable.
27. Si la regle De public. resig. a lieu és Offices.
28. Arrest de Bourdeaux.
29. Quelle n'y doit avoir lieu.
30. Sinon aprés l'an.
31. Resignataire receu, perd l'Office par cessation d'exercice.
32. Cas esquels l'Office ne vaque point par mort.
33. Sergens tuez, faisans leur Office, ne le perdent point.
34. Lettres aux Officiers, pour conserver leurs Offices pendant la peste.
35. Officiers tuez en guerre pour leur Prince ne devroient perdre leur Office.
36. Secretaires du Roy dispensez des 40. jours, aprés avoir exercé 20. ans.
37. Quatre sortes de survivance.
38. De la simple survivance.
39. Son effet.
40. De la survivance receuë.
41. Si elle produit droit en l'Office.
42. Si en icelle l'Office vaque par la mort du resignataire.
43. De l'effet de la survivance.
44. Quelle n'en a pas plus que la simple survivance.
45. La condition de survivance est sous-entenduë en la reception.
46. Retenuë d'Office.
47. Difference entre la Survivance & la Retenuë.
48. Aprés le decez du resignataire receu en survivance, comment le resignant peut derechef disposer de son Office.
49. Survivance jouyssante.
50. Coadjutoreries de Benefices.
51. Exemples modernes des Coadjutoreries.
52. Elles reviennent en pratique és Abbayes de Religieuses.
53. Effet de cette survivance.
54. De la demission faite au survivant.
55. En resignation favorable, la démission n'est entenduë que de l'exercice, & non du titre.
56. Arrest notable.
57. Raison.
58. A l'égard de l'étranger la démission s'entend de tout droit.
59. Du Regrés.
60. De l'Ingrés.
61. De l'Accés.
62. De la survivance en blanc.
63. Edits de survivance.
64. Survivance resultant de la Paulette.

1. La mort est la plus certaine vacation. IL n'y a point de plus ordinaire & plus certain moyen, comme de l'extinction de l'usufruit, aussi de la vacation de l'Office, que la mort : moyen qu'on étend tellement, & és Offices, & és benefices, qu'encore que lors d'icelle ils se trouvent avoir été resignez, neanmoins ils ne laissent pas de vaquer par la mort du resignant, si la resignation n'est faite quarantejours auparavant és Offices, & vingt jours és Benefices.

2. La regle de 20. jours és Benefices. Donc pour le regard des benefices, il y a constitution expresse, à sçavoir la regle De infirmis resignantibus, autrement appellée De viginti diebus. Combien qu'à la verité la regle de infirmis resignantibus soit autre, que celle de viginti diebus qui étoit l'ancienne regle, & qui ne requeroit point que le resignant fust malade : & qui est encore observée és 40. jours de l'indult des Cardinaux: mais cette ancienne regle a été corrigée & changée en cela par le Pape Innocent VIII. ou platost par Boniface VIII. qui l'a restrainte aux cas de maladie. C'est pourquoy à present elle est appellée proprement la regle des malades resignans, & non la regle des vingt jours: comme depuis la premiere Edition de ce Livre, j'ay appris des doctes Notes, non encore imprimées, de feu Monsieur Loüet, sur le Commentaire de du Molin, aux regles de Chancelerie, & encore mieux des Arrests du même Loüet in littera B. Mais és Offices, il n'y en a point d'Edits, ny d'Ordonnance pour ce sujet, mais seulement l'observance des 40. jours depend de la condition qui (suivant le stile de la grande Chancellerie de France) est par exprés apposée és provisions des Offices

3. La clause faites sur resignations, Pourveu que le resignant vive quarante jours aprés la date des presentes. De sorte que le Roy n'admet la resignation, que sous cette condition: comme de verité, sans icelle les Offices devindroient presque hereditaires étant bien aisé de signer une procuration pour resigner quand on est prest & asseuré de mourir : ce qui sera traité amplement au 5. Livre, en traittant de la resignation des Offices des Seigneurs.

des 40. jours és Offices.

Neanmoins on a autrefois douté si les quarante jours avoient lieu aux Offices de Iudicature, attendu qu'ils sembloient avoir été introduits pour les Offices venaux principalement, esquels le Roy a particulier interest, qu'ils tombent en ses parties Casuelles. Et de fait, à l'égard de ceux de Iudicature, c'est la verité qu'autre fois le Parlement n'y observoit pas à la rigueur, les quarante jours, notamment és resignations favorables, comme de pere à fils, ou gendre, de frere à frere, d'oncle à neveu : de sorte que plusieurs fois les resignataires ont gagné leur cause contre les pourveus par mort, & contre ceux qui poursuivoient la suppression des Offices, come vacans par mort, dont Monsieur Chenu rapporte plusieurs Arrests en son Recueil.

4. Si elle a lieu aux Offices de Iudicature.

Mais l'Edit de Roüen en 1597. a retranché ce doute, portant en l'art. 10. que *les Cours Souveraines garderont exactement en tous Estats & Offices la clause des 40. jours étant portée par les lettres de provision, & à faute de ce faire, la reception est declarée nulle, & les Offices vacans & impetrables, nonobstant tous Arrests au contraire*. Encore y a-t-on du depuis apporté un remede bien plus certain: car à present on ne scelle plus de lettres de provision des Offices, qui sont à la libre collation du Roy, sinon aprés

5. Remede nouveau à la fraude.

De la vacation par mort, Ch. XII.

aprés les 40. jours expirez; & f. ut qu'alors il apparoisse à Monsieur le Chancelier, que le resignant soit encore en vie.

6. Quarante jours conferé du jour du payé & du quart denier. Or ces 40. jours sont comptez du jour de la provision, comme en France és Benefices (car à Rome ils se comptent du jour du consentement) mais aussi la provision se date toûjours és Offices du jour de la quittance du quart denier: d'où s'ensuit, à bien entendre, que ces 40. jours commencent seulement à courir à l'instant de ce quart denier payé.

7. Que ce terme est trop long. Ce qui est cettes bien rude és Offices de Gascogne, & autres Provinces eslognées de la Cour, esquelles il faut un long temps pour en apporter la procuration, puis la faire mettre en taxe, puis en poursuivre la moderation, s'il y échet : attendu même qu'aucunefois le Conseil des finances est long-temps sans s'assembler : principalement s'il vient à traverser quelque coureur de l'Office, qui en recule l'expeditió, taschât de le faire vaquer par mort, à la ruine d'une pauvre vefve & orphelins, deja assez affligez de perdre leur pere, sans perdre son bien quand & quand.

8. Difference entre les 20. ours des Benefices & les 40. des Offices. Aussi y a-t-il quelque apparence, que ce qu'aux Benefices, on requiert vingt jours, est à cause de la distance des lieux pour recourir au Pape: à l'égard duquel seul, on tient que la regle *De infirmis* a lieu ; comme pareillement il est bien certain qu'à present elle n'a lieu és benefices, sinon quand le resignant estoit malade lors de la resignation admise, c'est pourquoy elle est intitulée *De infirmis resignantibus*: & neamoins és Offices Royaux les quarante jours ont lieu aux sains, comme aux malades, pource que la clause s'y met indifferemment, qui est en passant une difference bien notable.

9. Si les 40. jours doivét estre francs. Et neanmoins il y a encore des gens si fiscaux & si rigoureux, qu'ils requierent que les 40. jours soient francs, sans compter ny le jours de provision, ny celuy du deceds, sous pretexte que Gomes & du Molin, sur la regle *De infirmis resign* tiennent que les vingt jours des benefices doivent estre francs : ce qui est vray, à cause de la teneur expresse de cette regle, qui est conceuë en ces mots, *Si resignans postea intra viginti dies decesserit, a die consensus computandos*: car ces mots *postea*, & *a die consensus* emportent que le jour du consentement, ny celuy de la resignation n'y doit estre compté : & d'ailleurs il est vray de dire, que celuy qui meurt à la derniere heure du vingtieme jour, decede dans les vingt jours, qui est la raison decisive de l'opinion de Gomes & de du Molin.

11. Mais non les 40. jours des Offices. Mais la clause des 40. jours és Offices, est conceuë tout autrement, *Pourveu que le resignant vive 40 jours aprés la date des presentes*. Or est-il que celuy qui decede le 40. jour peut être dit avoir vécu 40. jours, combien que non pas entiers : tout ainsi qu'au legs fait sous cette condition, *pourveu que le legataire vive l'âge de vingt ans*, s'il decede le jour de la 20. année, la condition est purifiée, & le legs est tellement acquis, qu'il le transfere à ses heritiers, *l. 74. D. Ap S. C. Trebell*. attendu même la maxime de droit, que *in favorabilibus dies cœptus habetur pro completo*, *l. 1. D. de manu. test. l. Qua atate D. Que testam. fac. posf. & l. Anniculus. 133. De verb. signif.*

12. En tout cas faut côpter de moment à moment. Qui plus est en matiere d'Off. c'est une regle particuliere, *que annui cœptus habeantur pro completo, ex consil. t. D. Adriani. l. ad Rempub D. De muner. & honor.* Et en tout cas, quand le fisque voudroit traitter à toute rigueur les pauvres vefves & orphelins affligez, il ne luy sçauroit pis faire que de compter ces 40. jours de moment à moment, comme regulierement le temps doit estre computé, *l. 5. §. minorem. D. De minor*. Et en ce cas il faudroit considerer à quelle heure le paiement du quart denier auroit été fait, & à quelle heure le resignataire seroit decedé : autrement ce seroit demander 41. jour, pour 40. jours.

13. Autre difference entre les 20. & les 40. jours. Il y a encore une autre difference notable entre les 20. jours des benefices, & les 40. des Offices, à sçavoir que les vingt jours ont lieu en toutes provisions du Pape expediées sur resignation, encore qu'elles n'en fassent point de mention : mais les 40. jours des Offices n'étans pas fondez en aucune Ordonnance, & ne procedans qu'en vertu de la clause apposée aux provisions, il s'ensuit que si elle y est obmise, & les 40. jours n'y ont point de lieu. Et de fait, cét Edit moderne de Roüen, qui seul en a parlé, porte en propres termes, que *la clause des 40. jours sera gardée*, *étant portée par les lettres de provision*, d'où s'ensuit à l'opposite, que n'y étant portée, il n'est enjoint de la garder.

Que si le collateur de l'Office en peut dispenser taisiblement, obmettant la clause en la provision, à plus forte raison en peut-il dispenser par exprés : & ce non seulement en admettant la resignation, aussi dispense des 40. jours, comme de tout temps il s'est pratiqué, lors qu'un malade resignoit, de faire taxer cette dispense par my le quart denier de la resignation, & la faire precisément coucher dans les Lettres de provision : mais aussi il peut donner à part cette dispense ou privilege à son Officier, à sçavoir la clause des 40. jours, quand il voudra resigner : ce qui ne se peut faire aux Benefices, le droit commun y étant contraire, & que ne tombans en commerce, il seroit de mauvais exemple de les rendre comme hereditaires par telle dispense : raison qui n'a lieu és Offices, où telle dispense n'est point contre les bonnes mœurs, & ne tourne qu'à l'interest du seul collateur, auquel partant il peut bien renoncer.

16. Moyen subtil, par lequel les Officiers sauvoient leurs Offices en la Ligue. Même on a veu, pendant ces troubles, qu'au parti de la Ligue on permettoit à celui qui se qualifioit General de l'Etat & Couronne de France, de dispenser des 40. jours, même aprés la mort des Officiers : admettant leurs resignations en vertus des procurations à resigner, qu'ils avoient passées avant que mourir, combien qu'on ne luy permist pas de conferer par mort les mêmes Offices, au cas qu'ils fussent sujets à suppression par Edits verifiez auparavant les troubles : pource qu'on disoit, qu'il y falloit nouvelle erection, ce qui ne luy étoit permis faire ; & par cette favorable invention, on sauvoit presque tous les Offices, pource qu'on trouvoit toûjours quelque pretexte pour soustenir qu'ils devoient être supprimez.

17. Moyens de sauver l'Office quâd le resignataire meurt les 40. jours. Mais aprés les 40. jours, le resignataire est fait Seigneur incommutable de l'Office, lequel partât devroit, ce me semble, vaquer desormais par sa mort, suivant la regle de droit, que *res perit periculo Domini*. Et toutefois on y a écore trouvé une échappatoire, aussi bien qu'aux Benefices, à sçavoir, que comme la donation ne vaut rien, si elle n'est acceptée par le donataire, aussi la resignation des Offices & Benefices ne subsiste qu'aprés l'acceptation, comme du Molin prouve bien sur la regle *De public. resig.* nomb. 245. où il cite l'Arrest donné au profit de M. Iean Bouchetel, Chanoine de Bourges, lequel aprés la mort de son resignataire qui n'avoit pris possession, ny autrement accepté sa resignation, fut non seulement maintenu en sa Chanoinie, mais aussi en son ancienne Seance lequel Arrest est aussi rapporté par Monsieur Chopin, *lib 1. De sacra.polit. cap. 8.*

18. Si aprés les 40. jours l'Office vaque par la mort du resignataire, qui a fait acte d'acceptation. Donc si le seul defaut d'acceptation empesche que l'Office & Benefice vaque par la mort du resignataire aprés les 40. jours, il s'ensuivra qu'il vaquera par sa mort, si on peut faire liquidement apparoir qu'il ait fait quelque acte d'acceptation, ou approbation de la resignation, comme si le resignataire du Benefice avoit en propre personne requis l'insinuation de ses provisions, que celuy de l'Office eust passé par contract, ou compromis de la composition, ou que luy-même eust payé le quart denier, ou presenté Requeste afin d'être receu, qui sont tous actes suffisante, pour induire qu'il accepté la resignation & provision à luy faite

30. Cela est aux Benefices. Car on peut voir que dessors que le resignataire a accepté la provision à luy faite sur la resignation, le resignant ne soit dépouillé de tout le droit, qu'il avoit en l'Office, ou Benefice, qui partant ne peut plus vaquer par sa mort aprés les 40. jours, si ce n'est quand aux Benefices, au cas de la regle *De publicandis resignationibus* : même il est tout certain que les Benefices aprés

Du droit des Offices. K

les vingt jours, & la resignation acceptée, vaquent de formais par la mort du resignataire.

29. Mais non és Offices.
Mais autres choses és Offices : Car il y a grande apparence que jusqu'à ce que l'Office soit appliqué, s'il faut ainsi dire, attaché & incorporé à la personne du resignataire, par sa reception en iceluy, il ne peut vaquer par sa mort : s'il decede auparavant sa reception, le droit qu'il avoit, ou à l'Office ou en l'Office est transferé à ses heritiers, qui en peuvent disposer, même sans payer nouvelle finance, principalement és Offices qui entrent aux Parties Casuelles.

21. Raison de difference.
Car il y a double difference entre les Offices & les Benefices : L'une qu'és Benefices il ne faut point de reception, & si tôt qu'on est pourveu, on devient Beneficier, & est le Benefice & le caractere ou qualité de Benefice, appliqué à la personne par la simple provision : mais és Offices, on en devient titulaire, & en acquiert on le droit par la provision : mais on ne devient pourtant Officier, & n'acquiert on pas la puissance publique ; Bref, on n'attache l'Office à la personne que par la reception. L'autre, que les Benefices

22. Autre.
ne tombent pas en commerce, comme les Offices, même le simple interét d'affection y est illicite. De sorte que le resignataire étant mort, il n'y auroit pas apparence que ses heritiers eussent la disposition du Benefice : attendu même que la resignation des Benefices *semper est ex gratiâ* : & celle des Offices vendus est *ex debito, & ex necessitate, comme il est prouvé au 3. Livre.*

23. L'Office ne vaque par la mort du resignataire, avant sa reception.
Et de fait, en pratique, il se voit és Benefices, que si le pourveu en veut disposer auparavant qu'en avoir pris possession, il faut que ce soit par la voye de resignation : mais és Offices, c'est chose toute notoire, que quand un pourveu rapporte & represente ses lettres toutes entieres, & sans acte de reception endossé, notamment quand elles sont de fraische datte, on ne luy demande point de quart denier pour pourvoir un autre en son lieu, ny même de procuration *ad resignandum* : mais on appelle cela changer de provisions, & de fait, on rompt les premieres, & on scelle les autres de même teneur, & où il n'y a rien de changé que le nom du pourveu.

24. Ny du pouvoir par mort.
Même je n'ay jamais veu faire de difficulté que celui qui a levé un Office aux Parties Casuelles, étant decedé avant que s'y faire recevoir, ses heritiers ne puissent revendre l'Office à un autre, qui même en sera pourveu sans payer le quart denier. Il est bien vrai, qu'il y a une raison particuliere en cela qui a acheté tout fraischement l'Office du Roi, lequel auroit, comme on dit, l'argent & le drap, si avant que l'acheteur eût été reçû, il luy revenoit par sa mort, & il y a apparence qu'en tout cas ses heritiers pourroient intenter la

25. Raison.
condition *causa data, causâ non secutâ*, pour r'avoir leur argent, à lieu de quoy on leur permet de revendre l'Office. Mais si le Roi avoit donné gratuitement l'Office à un homme qui decederoit avant qu'y être reçû, il ne seroit pas raisonnable que ses heritiers le vendissent par aprés : pource que quand luy-même vivroit encore, il ne le pourroit resigner ny vendre, que par grace du Roi : comme il sera dit au 3. Livre.

26. Que cette resolution n'est la plus equitable.
Mais bien qu'il y ait plus de difficulté en la resignation admise, où le Roi n'a que la taxe d'icelle, neanmoins, puisque aujourd'hui les Offices sont *Omnia in bonis*, je m'en resoudrai par cette proposition, que sous un bon Prince la cause du resignant doit être reputée mauvaise à l'égard des pauvres heritier de celuy qui a acheté son Office, & qui n'en a point jouy principalement si le resignataire n'a point été en demeure, & negligent de s'y faire recevoir.

27. Si la regle *De publicandis resignation.* a lieu és Offices.
Comment donc arbitrerons nous le tems de cette negligence, c'est à dire, dans quel tems dirons-nous, que le resignataire non reçû perd l'Office par sa mort ? Car en matiere de Benefice il y a six mois, dans lesquels si le resignataire ne publie ses provisions, le Benefice vaque desormais par la mort du resignant, suivant la regle *De publicandis resign.* mais c'est la verité, que cette regle n'étant faite que pour les Benefices, elle ne s'observe pas és Offices Seculiers, même en la Cour de Rome.

Toutefois le President Bohier, en sa Decision 150. rapporte, que cette question ayant été agitée de lotems au Parlement de Bordeaux, touchant l'Office du Procureur du Roi à Xainctonge, bien que le resignataire fut en plus forts termes, ayant été reçû & installé ; neanmoins pource qu'il avoit laissé son resignant en l'exercice actuel de l'Office, aprés le deceds de celui il en fut evincé par le pouveu par mort : ce que toutefois il dit avoir été jugé contre son opinion : mais il ne rapporte par l'intervalle qu'il y avoit entre la resignation & le deceds du resignant.

28. Arrét de Bordeaux.

29. Qu'elle n'y doit avoir lieu.
Pour moi j'estime qu'il n'y a nulle ressemblance entre la resignation des Offices, & principalement de ceux qui entrent aux Parties Casuelles, qui est non seulement favorable, mais même ne peut être justement refusée, & celle des Benefices qui ne dépend que de grace, & est toûjours odieuse, comme prouve bien du Molin sur cette regle *De public. resignatio.* C'est pourquoi il n'est pas raisonnable d'apporter tant de rigueur à celle des Offices, que celle des Benefices ; même de limiter un tems si bref ; pour publier la resignation des Offices, que des Benefices. Joint que les resignatios des Offices, ne sont pas d'ordinaire admises gratuitement, quoy qu'il en soit, elles ne sont pas reçûes indifferemment par forme d'expedition commune, comme sont en Cour de Rome celles des Benefices : c'est pourquoy il ne faut point s'etaindre les petites dates & provisions renouvellées de tems en tems, pour affiner les Offices, ny les autres fraudes, qu'on pratique és Benefices.

30. S'inep après l'an.
Toutefois j'estime que si le resignataire gardoit ses lettres un an entier sans se presenter pour être reçû, n'ayant aucune excuse valable, elles deviendroient nulles par la regle du sur-an, qui notoirement és resignations en toutes lettres de Chancellerie, comme il sera dit au Livre suivant ; & partant si le resignant decedoit par aprés, l'Office seroit en danger de vaquer par sa mort, si on y prenoit garde.

31. Resignataire reçû par quel tems perd l'Office par cessation d'exercice.
Que si le resignataire s'est fait dûement recevoir : qu'il ait laissé par aprés son resignant jouir & exercer publiquement l'Office jusques à sa mort, qui est le cas de l'Arrét de Bordeaux, j'estime qu'il ne peut perdre son droit, sinon par une cessation de 5. ans, suivant l'Ordonnance de Charles VII. attendu que le Roi n'a point d'interét, puis qu'il y a homme par la mort duquel l'Office peut vaquer : aussi que le resignataire s'est été reçû publiquement, sa provision est publiée & enregistrée, & ne peut être caché en fraude : toutefois les matieres d'Etat sont si chatoüillenses, que je ne voudrois pas conseiller à mon amy d'éprouver ce hazard.

32. Cas esquels l'Office ne vaque point par mort.
C'est assez discouru comment l'Office vaque par mort, disons maintenant comment il ne vaque point : & premierement il est certain que les Offices hereditaires exempts non seulement de vaquer par mort, mais aussi presque de toute autre vacation, ainsi qu'il sera dit au Livre suivant.

33. Sergens tuez l'uant leur Office, ne le perdent point.
Item l'Ordonnance de François II, de l'an 1559. veut que les Offices des Huissiers, Sergens & Archers tuez en l'exercice de leurs Charges, soient conservez à leurs venves & heritiers ; ce qui devroit être general en tous Offices, n'étant raisonnable que le Roy heritie du bien de celuy, qui a perdu la vie pour son service, & que ses enfans, outre la perte de leur pere, perdent encore son Office : veu qu'au contraire, en bonne Justice, le Roy devroit les indemniser entierement de sa mort.

34. Lettres aux Officiers pour conserver leurs Offices pendant la peste.
Ainsi il me souvient d'avoir veu à Paris, és années des pestes, que le Roi envoyoit ses Lettres Patentes, par lesquelles il declaroit, que les Officiers des Compagnies Souveraines & du Châtelet, qui y decedoient de peste, pendant la mortalité, ne perdoient point leurs Offices, & ce afin de les inciter à ne point quitter la ville, & l'exercice de leurs Charges.

35. Officiers tuez en guerre, ne perdent pour leur Prince ne devroient perdre leur Office.
Le même, & à plus forte raison, devroit avoir lieu pour les Officiers morts en guerre, pour la defense de leur Prince, ou de leur Patrie, suivant la decision expresse du titre, *De filiis Officialium*, qui in bello morien-

De la vacation par mort, Chap. XII.

tur, lib. 12 Cod. Hi enim, qui pro Repub. ceciderunt, in perpetuum per gloriam vivere intelliguntur, dit Iustin. au §. *Filii Instit. De excus. tut.* E *iusmodi quippe mortuorum vitam in memoria vivorum positam esse, inquit Tullii, Philip. 7*. & Aristote en ses Politiques rapporte une loy de Hippodamus, que les enfans de ceux qui étoient morts pour la Partie, seroient entretenus du Tresor public, qui est aussi la disposition, que fait Pericles dans Thucydide Livre 2.

[36. Secretaires du Roy seuls dispensez des 40. jours, s'ils avoir exercé 20. ans.] Davantage il y a quelques Officiers, qui ont ce droit & privilege dependant de leurs Offices, que les ayant exercez 20. ans continuels, ils les peuvent resigner sans payer aucune finance, & sans être sujets à la clause des 40. jours, notamment les Secretaires du Roy, au moins ceux du nombre des six-vingts, ont ce privilege par l'Ordonnance de Charles IX. de l'an 1572. & je sçay bien que tous les autres en jouyssent sans contredit. C'est pourquoy on dit communément, qu'ils ont leur survivance acquise : ce qui toutefois n'est pas vray, & ne se peut colliger des termes de cét Edit, mais resulte seulement d'iceluy, qu'ils sont dispensez de la clause des 40. jours, de sorte qu'il faut qu'ils resignent avant que mourir, autrement leur Office seroit vacant : mais il est aisé d'y donner ordre, n'étants sujets aux 40. jours.

[37. Quatre sortes de survivance.] Or il y a grande difference de la dispense des 40. jours, & la survivance, comme je diray incontinent, après avoir expliqué les especes de survivances, qui sont quatre, desquelles, pour plus facile distinction, je donneray un nom à part : à sçavoir la simple survivance, la survivance receuë, la survivance jouyssante, & la survivance en blanc.

[38. De la simple survivance.] J'appelle la simple survivance, quand on resigne l'Office à certaine personne, non pas purement, & pour en jouyr promptement, mais seulement au cas qu'il survive le resignant, qui est la naïfve & primitive invention des survivances, dont tous les autres sont derivé : & cette survivance est proprement une donation de l'Office à cause de mort, qui ne peut avoir son effet qu'après la mort ou demission volontaire du resignant : demission, qu'il peut faire desormais quand il voudra, & de sa propre volonté, & sans recourir plus au Prince, qui a deja admis la resignation. Mais jusques à cette demission, on jusques à la mort du resignant, le resignataire n'a par droit en l'Office, mais seulement droit à l'Office, c'est à dire, une simple esperance : qui est faite caduque par son predeceds : de la même façon, que **[39. Son effet.]** le legs conditionnel par la mort du legataire arrivée auparavant la condition écheuë. *l. unica, §. Et cum triplici, C. De caduc. tollen.* de sorte qu'après le deceds du resignataire à survivance, le resignant rentre en sa pleine liberté de disposer de son Office : mais pendant la vie d'iceluy, il n'en peut plus disposer en faveur d'un autre, bref, que cette survivance emporte que l'Office **[40. De la survivance receuë.]** ne vaque, ny par la mort du resignant, pource que c'est la condition, & l'effet, qui est commun à toutes les survivances, ny du resignataire, pource qu'il n'a encore point de droit en l'Office.

Mais pource que de tout temps ces simples survivances, comme portans domages aux Parties Casuelles, ont été sujettes à être revoquées par le Roy : principalement elles avoient été concedées gratuitement, ainsi qu'il s'est fait par Edit de l'an 1541 & 1559. comme aussi c'est l'ordinaire des Papes de revoquer à leur avenement les graces, & reserves de leur predecesseur : ceux qui se veulent rendre plus asseurez de leurs survivances, & principalement les Officiers de Iustice (dont lors de ces Edits les Offices n'étoient encore vendus si communément, ny par consequent les survivances d'iceux) font dés leur vivant recevoir & installer leurs resignataires à survivance, afin qu'ayant par ce moyen le titre, ordre & caractere d'Officiers, ils ne puissent plus être privez de leur droit *quia turpius ejici-ur, quam non admittitur hospes*, & qu'avenant la mort du resignant, ou sa demission (qu'il peut faire en un instant, & de sa volonté privée, si tost qu'il est bruit de la revocation des survivances) il leur fallust plus d'autre ceremonie, pour avoir entierement l'Office, que d'en apprehender l'exercice librement, & de leur propre autorité, attendu leur propre installation precedante, qui est la seconde espece de survivance, que je nomme survivance receuë, & de fait és Etats de Blois art. 111. les survivances furent toutes revoquées, excepté celles, dont auroit été payé finance, & *survivances déja receuës* (porte l'article) *encore qu'on en eust payé finance*.

[41. Si elle produit droit en l'Office.] Et certes il semble d'abord, que cette survivance receuë, produise droit en l'Office : car ce seroit une chose absurde, qu'un homme fust receu & installé en un Office, auquel il n'eust point de droit : Et même il semble, que tout le droit de l'Office appartiene à ce resignataire, & que le resignant n'en retienne plus que le simple exercice, non pas même l'usufruit, mais le simple usage non transmissible à autruy. Toutefois si cela étoit, il s'ensuivroit qu'après la mort du resignataire à survivance, receu & installé en l'Office, le droit qu'il y avoit, viendroit à vaquer, & seroit acquis au collateur : de sorte qu'il ne reviendroit pas au resignant, lequel par consequent ne pourroit pas une autre fois disposer de son Office. Car les ce droit procedant de la simple survivance, qui n'est qu'un simple droit à l'Office, s'evanouïst & soit fait caduque par le predeceds du resignataire, ainsi que le droit, ou pour mieux dire l'esperance **[42. Si en icelle l'Office vaque par la mort du resignataire.]** & attente du legataire decedé *pendente conditione*, ou du substitué qui predecede l'institué : neámoins le droit acquis en l'Office par survivance receuë, semble être au moins une simple proprieté, qui est transmissible après sa mort, à celuy qui y doit succeder, à sçavoir au collateur, & non à l'usufruitier, on usager de l'Office : tout ainsi que la simple proprieté des choses corporelles ne se rejoint pas à l'usufruit après la mort du proprietaire, mais est transferée à son heritier.

[43. De l'effet de cette survivance.] Toutefois c'est la verité, & ainsi se pratique sans controverse, qu'après la mort du resignataire à condition de survivance receuë, la libre disposition de l'Office revient au resignant, tout ainsi qu'en la simple survivance. Aussi n'est-il pas vray, que la survivance receuë produise un droit en l'Office, comme il se colligé du Chapitre dernier *De conces§ pra. in 6.* où il est dit, que bien que la revocation des graces expectatives ne comprenne que celles, en vertu desquelles l'impetrant n'avoit encore acquis droit en la chose, mais seulement droit à la chose, ce neámoins elle comprend & exclud les Chanoines *sub expectatione prabenda* bien que reçus & jouyssans de la Seance au Chœur, & de la voix au Chapitre, & encore des distributions journalieres.

[44. Qu'elle n'en a point plus que la simple survivance.] Et de vray, il n'y a pas un mot en la provision de l'une, que de l'autre de ces deux survivances : de sorte que le resignant n'est non plus exclus de son droit par l'une, que par l'autre : & ce qu'on permet la reception, n'est jamais qu'aux resignations favorables, comme de pere à fils, ou gendre, ou d'oncle à neveu, par une grace & faveur particuliere qui pourtant ne peut faire prejudice au resignant, lequel n'est oüy en cette reception, & contre lequel en tout cas sa liberalité ne doit être retorquée, outre sa disposition.

[45. La condition de survivance est sous-entendue en sa reception.] D'ailleurs, il est aisé à entendre que la même condition de survivance, qui est en la provision, est sous-entenduë en la reception, pource que la reception est l'execution de la provision : autrement ce seroit une absurdité, qu'un homme fust receu purement en l'Office, auquel il n'a droit, que sous condition : mais ce que la condition n'y est pas repetée expressément, c'est à cause qu'un acte legitime, comme la reception d'un Officier, ne peut être fait, sous condition expresse : joint aussi, que pendant cette condition, l'Officier receu à survivance est Officier honoraire, qui se peut qualifier du titre de l'Office, & a rang & seance après ceux qui sont en exercice, ainsi qu'il sera dit au Livre *Des Ordres*, **[46. Retenu d'Office.]** qu'entre les Officiers honoraires de l'Empire Romain, il y en avoit qui étoient appellez *supernumerarii de quibus agitur in 7. De proxim. sacr. serin.* qui étoient receus és Milices, sous esperance d'avoir la premiere place ordinaire vacante, ce qui s'appelle à nous retenüe és

47. Différence entre la Survivance & la Retenuë.

Offices, & Reserve aux Benefices: il est vray qu'il y a cette diff. rence entre la Retenuë & la Survivance, que le Retenuë se donne sans consentement des Officiers, en attendant que l'un d'eux viennent à mourir: & la Survivance se donne du consentement d'un Officier, qui resigne son Office à condition, que son resignataire n'en aura l'exercice qu'apres sa mort, ainsi que j'ay dit cy-devant-au 2. Chapitre.

48. Aprés le deceds du resignataire reçeu en survivance, comment le resignant peut derechef disposer de son Office.

Donc pour revenir à nôtre propos, il faut conclure, qu'aprés le deceds de celui qui avoit été receu en survivance, l'Officier peut derechef disposer librement de son Office, ce qui s'entend par resignation pure & simple, ou plus à condition de survivance, pource que la dispense & le privilege de survivance est éteint par la mort du resignataire.

J'estime par même raison, que lors que l'Officier veut derechef resigner son Office, il faut qu'il paye nouvelle finance. Car la premiere, qui avoit été payée pour la dispense & grace de survivance, est consommée par la mort du resignataire à survivance: toutefois on peut dire que la premiere expedition, pour laquelle il avoit été payé finance, contenoit deux points, sçavoir l'admission de la resignation, & la dispense de survivance, & supposé que la survivance de la condition soit éteinte, si est-ce qu'il semble, que la faculté de resigner demeure, & que la premiere resignation n'ayant sorti effet, la finance payée pour icelle doit servir à une autre resignation, comme quand le pourveu par mort, ou le resignataire pur & simple n'a point été receu en l'Office, on ne demande point de quart denier, pour changer ses lettres au profit d'un autre.

49. Survivance joüissante.

La troisiéme sorte, ou degré de survivance est quand par les lettres il est expressement permis au resignant & resignataire d'exercer l'Office concurrement, ou en l'absence l'un de l'autre, que j'appelle partant survivance joüissante: ce qui se peut faire és Offices, sous lesquels il n'y a point de Lieutenant, ou collegue, qui ait droit d'exercer, en cas d'absence, ou autre empechement du resignant, lequel Lieutenant, ou collegue pourroit empescher cette concurrence, comme estant à son prejudice. Cette espece de survivance se pratiquoit anciennement aux Evêchez lors qu'on donnoit des Coadjutoreries de Benefices.

50. Coadjutoreries de Benefices.

Coadjuteurs aux Evêques, de leur consentement, pour les soulager en leur vieillesse, ou longue maladie, comme il est dit au Canon *Non autem* 7. quæst. 1. *Qui ita est consecratus, ut non succederet cathedra, sed accederet. Nam incolumi Valerio Hipponensis Ecclesia Episcopus, Coepiscopus Augustinus est* autant presque en est dit au Canon *Quamvis. can. Petit. & can. Quia frater. ead. quæst* en tous lesquels, & notamment au can. *Sicut vir. ead. quæst* il est porté expressément, que tels Coadjuteurs ne peuvent estre baillez sinon à la postulation des Evêques.

51. Exemples modernes de Coadjutoreries.

Le même a été pratiqué du temps de nos peres en l'Abbaye de Cluni, lors qu'elle appartenoit à Monsieur le Cardinal de Lorraine, qui en fit donner la Coadjutorerie à celui qui en est maintenant Abbé. Et nous l'avons veu pratiquer de nôtre temps en l'Evêché de Paris, auquel feu Monsieur de saint Germain, depuis Abbé de Challis, fut Coadjuteur de Monsieur le Cardinal de Gondi, lors Evesque de Paris, de son consentement & sous ce titre fut sacré Evesque, & joüissoit de quelque portion du revenu temporel de l'Evesché, & souvent y faisoit l'Office d'Evesque, Ce qui dura peu d'années, pource qu'ayant eu l'Abbaye de Challis, il retroceda volontairement son droit audit sieur Cardinal, qui lontemps aprés resigna ledit Evesché à môsieur son neveu, qui le tient à present.

52. Elles reviennent en pratique és Abbayes de Religieuses.

Aussi voyons-nous, que cette pratique recommence aux Abbayes de Religieuses, y en ayant eu de n'agueres deux de ma connoissance, qui ont obtenu du Saint Siege, & du Roy, d'avoir une Coadjutrice, y partant est receuë Abbesse en survivance, & cependant commande en l'Abbaye, tant au spirituel, qu'au temporel, aprés la mere Abbesse, comme Vicaire generale: & ne faut point douter, puisque cette ouverture est faite, que desormais plusieurs n'y desirent passer.

comme étant un fort facile moyen, pour asseurer les Benefices, soit à ses parens, soit aux plus gens de bien.

53. Efet de cette survivance.

Donc en cette espece de survivance l'Office est comme rempli de deux personnes, esquelles reside solidairement, & le droit & l'exercice d'icelui: de sorte qu'il ne peut vaquer par la mort, forfaiture, ou demission de l'un ni de l'autre; mais seulement du dernier survivant.

54. De la demission faite au survivant.

Il y a encore une autre espece impropre de survivance joüissante, à sçavoir quand le resignant à condition de survivance, quelle que ce soit, delaisse par aprés, par une demission volontaire, l'exercice entier de l'Office à son resignataire: ce qui se fait ordinairement sans en passer aucun acte nouveau, en s'abstenant par le resignant de l'exercice, & le laissant entier au resignataire. Quoy faisant il semble que le depart de la condition de survivance, apposée en sa resignation, qui par consequent devient pure & simple: de sorte que desormais l'Office semble appartenir absolument & incommutablement au resignataire: dont s'ensuivroit qu'il vaqueroit par sa mort, sans revenir au resignant.

55. En resignation favorable, la demission n'est entenduë que du l'exercice, & non du tiers de la valeur de l'Office.

Toutefois on peut dire (notamment au cas de la survivance reçeuë, & de la vraye survivance joüissante) que le resignant n'a quitté ny remis taisiblemét que l'exercice, mais qu'il ne s'est pas demis du droit, titre, & propriété, qu'il avoit en l'Office, lequel il ne peut perdre que par demission expresse, & dont il apparoîtra. Aussi Chorondas rapporte avoir été jugé par Arrest du 7. Juillet 1579. donné en l'Audience entre Maître Alexandre Cruyer & Maître Edme le Sain, que l'Office d'Avocat du Roi à Chaumont en Bassigni, resigné à condition de survivance par le beau pere à son gendre, auquel il en auroit depuis quitté l'exercice, s'etant même fait Prêtre, ne vaquoit point par deceds du gendre, mais retournoit au pere, qui neanmoins seroit tenu le resigner dans quatre mois, & ainsi en auroit été evincé le pourveu par mort.

56. Arrest notable.

57. Raison.

Et de fait tous les Edits de survivance, qui seront cy aprés rapportez, portant que l'Officier qui a financé pour la survivance ayant, resigné absolument son Office à son fils ou gendre, rentre en icelui aprés leur mort, qui est pourtant un privilege special à mon avis, attribué à telles resignations, afin d'attirer les Marchands, pource qu'on financoit pour icelles, au cas que nous traitons, j'estime que s'il apparoissoit d'un acte de resignation ou demission pure & simple du droit du resignant, (ce qui n'arrive gueres, & quand il y en auroit un, on le peut suprimer & charger aprés sa mort) l'Office vaqueroit par la mort du resignataire. Mais au cas de la survivance expediée en faveur d'un étranger, auquel par aprés on auroit delaissé l'exercice de l'Office, je dis que sans faire apparoir de demission expresse, il est assez à presumer par le seul quittement de l'exercice, que le resignant s'est departi de la condition de survivance, & qu'il a entendu faire le resignataire Seigneur parfait & incommutable de l'Office, moyennant bon payement, qu'il en a receu de lui. Et partant (joint que telles resignations ne sont favorables, comme sont celles de pere à fils ou gendre, ou d'oncle à neveu) j'estimerois qu'aprés le quittement de l'exercice, l'Office devroit vaquer par la mort du resignataire.

58. À l'égard de l'étranger la demission s'entend du tout droit.

59. Du Regrés

Si ce n'est que les letres de provision portassent clause de Regrés, qui est une survivance renversée au profit du resignant, à sçavoir qu'aprés la mort du resignataire, le resignant rentreroit en son premier droit: ce qui est fort rare és Offices: mais és benefices il a été autrefois pratiqué tout communément en Cour de Rome, jusques-là, qu'il n'est trois especes de Regrés. A sçavoir le vray Regrés, que nous venons de dire: l'Ingrés qui est, quand celui qui resigne n'avoit encore pris possession du Benefice, & neanmoins le Pape lui permet, avenant le predeceds de son resignataire, d'entrer au Benefice, & d'en prendre possession, en vertu de ses premieres provisions: & finalement l'Accés, qui est, quand le Pape ayant intention de conferer le Benefice à un enfant, qui n'a encore l'âge de la ta-

60. De l'Ingrés.

61. De l'Accés.

De la vacation par mort, Chap. XII.

nir, le confere cependant à son precepteur ou parent avec cette clause, que si toft que l'enfant aura atteint l'âge, il pourra entrer au benefice, & joüyra desormais d'iceluy: mais on tient que ces Regrés de Benefices ne font receus en France *quia sapiunt reservationem*, & c'est un proverbe de pratique beneficiaire, *Qu'il faut laisser les Regrés aux gens mariez*. Quoy qu'il en soit, c'est la verité que les Reserves se font sans le consentement des pourveus, & à leur dommage : & au contraire, les Regrés se font de leur consentement, & à leur profit.

Toutes ces trois sortes de survivance se font au profit de certaine personne dénommée particulierement, en la resignation, & aux lettres de provision: mais la quatriéme est generale & indefinie, que pour cette cause nous avons nommée survivance en blanc, pource qu'elle est expediée en blanc, ou donnée par Edit en termes generaux, sans que le resignant soit tenu la concevoir sous le nom, & au profit de certaine personne, même elle resigné en sa propre personne, sans qu'il soit tenu resigner aucunement son Office pendant sa vie, ny mémement passer procuration en blanc, pour le resigner, mais emporte une faculté à ses heritiers, de disposer de l'Office aprés la mort de l'Officier. Et sans doute cette survivace est beaucoup plus avatageuse que les trois autres, même est presque une hereditaire de l'Of. à l'égard de sa premiere mutatiō: quoi qu'il en soit, c'est une assurance parfaite d'iceluy, en sorte qu'il ne peut plus vaquer par la mort du pourveu, mais au cas qu'il decede sans parler, ses heritiers en disposent, & le resignant

92. De la survivance blanc.

aprés sa mort, comme il eust pu faire luy-même de son vivant.

Telles ont été les survivances contenuës par les Edits années 1598. & 1577. & 1586. qu'on appelle les Edits des survivances, qui attribuoient cette survivance en finançant le tiers denier de la valeur de l'Office, même avec la clause de Regrés, és resignations faites à fils ou gendre: & encore avec la clause d'Ingrés, ou Accés : à sçavoir que si l'Officier qui avoit financé delaissoit un fils mineur, il succederoit neanmoins à l'Office, & y seroit reçu étant en âge, & cependant l'Office seroit exercé par commission.

63. Edit de survivance.

Telle est aussi la survivance attribuée par Edit moderne des quatre deniers pour livre, appellé vulgairement *l'Edit de Paulet*, au moins à l'egard des Offices non sujets à supression: Et à l'égard des autres, bien que ce ne soit qu'une dispense des quarante jours, pource qu'il faut avoir resigné avant que mourir: neanmoins, attendu qu'on pratique notoirement, qu'il suffit avoir passé procuration en blanc pour resigner, chose qui est facile à faire, & que les Officiers n'obmettent point, c'est en effet une survivance en blanc, qui se renouvelle tous les ans: comme je diray au dernier chapitre du livre suivant, où j'expliqueray cét Edit tout au long: & de fait plusieurs appellent l'Edit de survivance annuelle: Edit qu'il faut avoüer été mieux inventé sans comparaison, que tous les precedens, comme il sera dit cy-aprés.

64. Survivance resultant de la Paulette.

CHAPITRE XIII.

De la Forfaiture.

1. Forfaiture quid ?
2. Forfaire, que signifie.
3. Forfait, delikt, amende.
4. La commise, quand a lieu.
5. Devolut est de trois sortes.
6. Quel Devolut rapporte à la forfaiture.
7. Forfaiture ne doit être obtenuë du Roy avant qu'être jugée.
8. Devolut peut être obtenu avant l'incapacité jugée.
9. Charges rigoureuses des devolutaires.
10. Devoluts plus frequents que les forfaitures.
11. Et de plus grande étenduë.
12. Incapacité autre que delikt.
13. Il y a plus d'incapacitez aux Benefices qu'aux Offices.
14. Deux sortes de privation.
15. Resignation est suspenduë pendant le procez d'incapacité.
16. De quand le criminel perd la faculté de resigner.
17. Effet de la resignation faite par criminel.
18. Son effet aprés l'absolution.
19. Quid Si le resignataire a été reçeu.
20. Si le resignant decede pendant le procez criminel, sa resignation est bonne.
21. On ne doit refuser provision sur la resignation d'un criminel.
22. Modification qu'on peut apporter en telles provisions.
23. Cautele pour l'acusé, du quel on refuse la resignation.
24. Resignation de l'accusé admise, est valable.
25. Pourveu qu'elle soit admise sciemment.
26. Quels cas induisent forfaiture.
27. De la privation expresse de l'Office.
28. Si prononce en deux façons.
29. Iuge non Royal ne peut declarer o'Offi e Royal vacant.
30. Declaré incapable d'Office, peut resigner.
31. Pourquoy autrefois le contraire étoit pratiqué.
32. Il y a deux parties aux Offices, la seigneurie & l'e-

exercice.
33. Cautele pour sauver l'Office au condamné.
34. De même.
34. Ainsi se pratique par les cours souveraines.
35. Retentum pour resigner l'Office.
37. De la privation venant en consequence de condamnation.
38. Infame est incapable d'Office.
39. Exemple notable.
40. Effets de l'infamie.
41. Deux sortes d'infamie, à sçavoir de droit & de fait.
42. Ignominia quid ?
43. Infamie de droit.
44. Infamie de fait.
45. L'infamie de fait empesche l'entrée des Offices.
46. Mais ne prive l'Officier reçeu.
47. Interpretation de la loy 9. Cod. De Dignit.
48. Comment la vraye infamie est encourüe.
49. Comment au droit Romain.
50. Comment en France.
51. Infamie encouruë par la nature de l'action.
52. Tout convaincu de crime est infame.
53. Cautele pour sauver l'infamie au condamné pour crime.
54. De l'infamie contractée ex genere pœnæ.
55. Bannissement rend infame.
56. Explication de la loy 4. C. Ex quib. cauf. infam. orig.
57. Amende honorable inconnuë aux Romains, dénote infamie.
58. D'où est dite.
59. Difference entre l'amende, & la satisfaction honorable.
60. L'amende pecuniaire ne rend pas infame.
61. S'il n'y a declaration de conviction de crime.
62. Pourquoy les Iuges n'osent prononcer sans note d'infa-

Des Offices en general, Liv. I.

mie.
63. La Cour peut dispenser de l'infamie meritée.
64. Si la privation de l'Office rend infame.
65. Resolution pour l'affirmative.
66. Reponse aux raisons contraires.
67. Condamnez par les Censeurs n'estoient pas vrayement infames.
68. Censeurs n'avoient pas jurisdiction, mais simple censure, ou correction des mœurs.
69. Privez d'Offices n'en pouvoient plus tenir d'autres.
70. Si la suspension ou interdiction rend infame.
71. Ouy selon le droit Romain.
72. Fors en un cas.
73. Si cette infamie demeuroit apres le temps de l'interdiction.
74. resolution du droit ancien.
75. Resolution des Constitutions.
76. Conciliation de plusieurs loix.
77. De même.
78. Difference entre l'exilé & le privé d'office à temps.
79. Nulle suspension n'est infamante en France.
80. Non pas même pendant qu'elle dure.
81. Nostre suspension ne garde que l'exercice.
82. Celle des Romains estoit une privation temporelle.
83. Gages courans pendant la suspension doivent être reservez à l'Officier.
84. Fors en deux cas.
85. Officier suspendu, doit choisir un Commissaire pour exercer son Office.
86. Ce qui doit avoir encore plustost lieu en l'interdiction ordonnée pendant le procez criminel.
87. Des sentences de contumace de Rome.
88. Correction de la Reb. De requir. reis.
89. Absent n'estoit jamais condamné à mort.
90. Sentence de contumace n'estoit retractée à Rome.
91. Des sentences de contumace de France.
92. Confiscation jugée par contumace n'a lieu qu'après cinq ans.
93. N'y la forfaiture.
94. Cependant l'Office est exercée par commission.
95. Commissaire pendant les cinq ans est receu avec même solennité qu'un titulaire.
96. Faut neanmoins qu'après les cinq ans ils obtiennent provision.
97. Bien souvent pendant les cinq ans l'Office est conferé en titre.
98. Pendant les cinq ans le condamné ne peut resigner.

1. Forfaiture, quid.

REste la derniere sorte de vacation des Offices, à sçavoir la forfaiture, qui est la privation de l'Office, ordonnée par sentence du Iuge pour quelque faute de l'Officier, & est la forfaiture és Offices, ce qui s'appelle *Devolut* aux Benefices, *Commise* aux fiefs & aux emphyteoses, & *Confiscation* aux autres biens.

Forfaire que signifie.

Car Forfaire signifie mettre hors de soy, & partant ce terme est extremement convenable à l'Office, qui est inherent à la personne: & pour même raison il est quelquefois adapté au doüaire personnel & viager, que la femme est dite forfaire par adultere, en la Coustume de Clermont, article 160. Quelquefois aussi est adapté à la commise du fief, qui est une espece d'usufruit, comme en la Coustume de Sens article 285. Quelquefois à la confiscation, comme en la Coustume de Mons, chapitre 12 & 22 & en l'ancienne Cronique de Flandres, chapitre 16.16.40.81. Et dautant qu'on n'est point privé de l'Office ny du doüaire, ny des autres biens sans delict ou faute, le delict même par une metonymie est communément appellé *Forfait*, comme en la Coustume de Bretagne, article 446. dans *Yvo Carnotensis epist.* 197.

3. Forfait, delict, imé-de.

& au chapitre *Ex parte* 27. *extinct. de privileg.* Quelquefois même l'amende pecuniaire du delict est appellée *Forisfactum, ut in capite, Ad audientiam. ext. De præscript.*

4. La commise, quand a lieu.

Il est vray que la commise n'est pas toûjours encouruë pour delict, mais à lieu en l'emphyteose, pour cessation de payement du canon emphyteotique par deux ou trois années consecutives: ce qui n'est pas observé en France par droit commun, & sans stipulation expresse, comme au droit Romain: encore bien qu'il y en ait stipulation expresse au bail emphyteotique, elle n'est pourtant pas pratiquée à la rigueur. Mais au fief, la Commise a lieu pour felonie & desaveu seulement. Et quant à la confiscation, elle n'est pas si facilement demandée, que la forfaiture, n'ayant lieu que *in maxima capitis diminutione*, bien que la forfaiture ait lieu *ob solam infamiam* comme il sera dit incontinent.

5. Devolut est de trois sortes.

Bref, le devolut des Benefices est bien plus commun que la forfaiture des Offices, Car en premier lieu il y a trois sortes devolut: L'une regarde la collation du Benefice, qui pour la negligence du collateur ordinaire est devolué au superieur immediat de degré en degré, suivant le Concile de Latran, raporté au chapitre 2. *De concession. præb.* L'autre, concerne le droit & titre du Benefice, qui n'appartenant legitimement à aucuns des collitigans, est par le Pape conferé à un autre par le rescrit appellé *Si neutri*, La troisiéme regarde la personne du pourveu, qui étant incapable

ou indigne du Benefice, il est pour cette raison conferé à un autre

6. Qu'l devolut se rapporte à la forfaiture.

Or ce n'est ny la premiere, ny la seconde sorte de devolut, qui correspond à la forfaiture, mais seulement la troisieme, qu'on appelle devolut par incapacité. Lequel est encore & plus frequent, & de plus grand effet, que n'est la forfaiture.

7. Forfaiture ne doit être obtenuë du Roy avant qu'estre jugée.

Car en premier lieu, on, garde exactement en matiere d'Offices les Ordonnances de l'an 1547. article 85. & d'Orleans, article 87. qui defendent d'en obtenir provision, même un simple brevet du Roy fondé sur forfaiture, avant qu'elle soit definitivement Iugée autrement non seulement l'obtention est nulle, mais encore y a du danger qu'elle apporte une intrusion, qu'on appelle, c'est à dire une inhabilité à obtenir desormais le même Office: c'est pourquoy si en cachette quelqu'un a eu don d'un Office par incapacité du pourveu, il se garde bien de le declarer, & d'accuser luy même l'Officier, mais luy fait faire son procez sous le nom quelque partie interessée, ou du Procureur du Roy seulement, auquel encore il suppose une partie civile ou denonciateur autre que luy.

8. Devolut peut être obtenu avant l'incapacité jugée.

Mais aux Benefices, le dévolutaire n'est tenu d'attendre la sentence de privation, mais si-tost qu'il a découvert quelque incapacité du pourveu, suffisant pour faire vaquer le Benefice, il en obtient publiquement la provision du Pape, prend possession en vertu d'icelle, pour la forme seulement, & pour avoir sujet de plaider possessoirement: puis il met hardiment le Beneficier en procez, & se porte partie contre luy, soit criminellement par voye d'accusation, si la matiere y est disposée, soit civilement par voye de complainte: à la charge neanmoins de garder les conditions prescrites aux devolutaires par les Ordonnances, qui sont d'exprimer en leur provision la cause particuliere du devolut, de nommer le lieu de leur naissance & demeure, d'elire domicile au lieu où ils intentent procez, de bailler caution du jugé, de contester en cause dans trois mois, & mettre le procez en état de juger dans trois ans; & cependant ne s'immiscer aucunement en la jouyssance actuelle du temporel, ou spirituel du Benefice avant la recreance, ou maintenuë jugée à leur profit, avec celuy qui en jouit: lequel auparavant ne peut être depossedé par sequestre, ni autrement: qui sont les remedes que nos loix de France ont trouvé pour empescher le desordre des devoluts.

9. Charges rigoureuses des devolutaires.

Nonobstant lesquels ils sont beaucoup plus frequens que les forfaitures des Offices, pource que celuy qui sçait le secret de l'incapacité obtient le benefice, comme premier occupant, & n'en est jamais refusé à Rome:

10. Devoluts plus frequens que les forfaitures.

De la forfaiture, Chap. XIII.

mais és Offices, quand la forfaiture est jugée, la vacation devient notoire à un chacun; puis l'Office n'est pas donné à celui qui le demande le premier, mais ordinairement est vendu au plus offrant.

Pareillement le devolut par incapacité est de plus grande étenduë, que la forfaiture: pource que le devolut comprend toute sorte d'inhabilité, & incompatibilité & privation pour delict, jugé ou non jugé, & si la forfaiture ne comprend que la privation pour delict jugé, d'autant que l'inhabilité & incompatibilité n'induisent pas vacation prompte & absoluë de l'Office, mais seulement une contrainte de resigner.

Il est veritable, que quand l'inhabile ou incapable (ce que j'entends de l'incapacité survenante après la reception, laquelle couvre toute incapacité precedente) ne veut de son bon gré resigner son Office: comme par exemple, celui qui est devenu sourd, muet, perclus, aveugle, ou qui s'est fait Prêtre, on lui prescrit un tems dans lequel on le condamne à resigner, & à faute de ce faire, on declare l'Office vacant & imp.rtable, qui est le seul cas où il peut échoir vacation par incapacité, ce qui échet fort rarement és Offices, & bien moins qu'aux Benefices. Car outre qu'il y a beaucoup de sortes d'incapacité survenante après la provision aux Benefices, qui n'ont lieu aux Offices, comme le mariage, l'irregularité, la non promotion: encore faut-il prendre garde que l'incapacité, comme aussi l'incompatibilité fait vaquer *ipso jure* le Benefice, & le rend impetrable sans aucune sentence ny declaration du Juge, ce qui n'est pas en l'Office.

Egalement encore à l'égard de la privation à cause du delict: car il a été traité cy devant de l'incompatibilité des Offices, elle est de deux sortes és Benefices. Car il y a des crimes qui font vaquer le Benefice *ipso jure*, dès l'instant qu'ils sont commis, de sorte que de lors la pourveu le peut resigner: comme l'heresie, *cap. Ad abolendam. §. 1. De hæret*. L. *Christian. cap. Quia diligentia. De electione*. Le crime de leze-Majesté, *cap. Cum secundum. De hæret. in 6*. La simonie, & confidence, *cap. Cum detestabile, De simonia*, comme traite Rebuffe en la Prat. benef. Aucuns ajoûtent encore l'assassinat, c'est-à dire l'homicide pourpensé. Mais regulierement aux autres crimes le Benefice ne vaque point *ipso jure*, sans condamnation: ce qui est perpetuel aux Offices, qui jamais ne vaquent *ipso jure*, pour quelque grand crime que ce soit.

Mais ce qui devroit, à mon avis, être commun aux Offices & Benefices, c'est que la validité de la resignation faite après l'accusation intentée, soit suspendue jusques à la sentence definitive, devient nulle, si la condamnation ensuivit important forfaiture, ou devolut. Je dy notamment avec du Molin, après l'accusation intentée, *id est, à quo die quis delatus est inter reos, nedum depuis le decret. Encore aucuns disent, à die commissi criminis*, suivant la decision de la loy *Post contractum. D. De donat. l. Si aliquis, D. De donat, causa mort. l. In fraudem. in princ. D. De jure fisci. l. Sed si maritus D. Qui, & à quib*. & même l'opinion de du Molin est, qu'il faut regarder le tems que le resignant a eu douter probable de l'accusation, suivant la loi *Quæstū eod. tit. Q. i & à quib*. où il est dit, contre la liberté même, *ex tempore, quo quis propter facinorum suorum cogitationem, si ne pœna certus esse cœperat, multo prius conscientia delictorum quam accusatione, jus danda libertatis amisisse*. Il est vrai qu'à l'égard des Benefices la relaxation de la discipline Ecclesiastique a changé ce point en pratique contre l'opinion de du Molin, & possible contre la droite raison, que la resignation de l'accusé de crime qui n'induit vacation *ipso jure*, est tenuë pour valable, suivant la gl. de la Prag. Sanct. *tit. de collat. §. Item insuper in verbo, disponere, ubi Probus not.* 12. *Boer. decis. Reb. tract. de pacif. poss. num.* 162. & ainsi se pratique indistinctement. Bien qu'il faudroit, ce semble, distinguer la resignation simple d'avec celle *in favorem*. Car quant à la simple, c'est bien sans doute que l'accusé peut quitter absolument son Benefice, *juxta gl. cap. i. in verb. finita. Ut lit. pend. in 6. cap*. il ne peut être en fraude du collateur, puisqu'il peut conferer le Benefice, à qui lui plaît. Et encore quant à la resignation *in* *favorem*, il y a bien apparance que le Pape de certaine science peut admettre celle de l'accusé, tout ainsi qu'il peut conferer le Benefice comme vacant par devolut, *nec videtur fraudulentus qui scivit*. Mais si l'amission de la resignation est obtenuë sans avoir donné à entendre l'accusation du resignant, comment peut-on nier qu'il n'y ait de la subreption & de la fraude?

Quoi qu'il en soit, aux Offices je tiens avec du Molin, que pendant le procez criminel la resignation devroit demeurer en suspens: car s'il y a eu provision expediée sur icelle, elle est de soy valable: non simplement, mais bien resolutivement, presque tout de même qu'elle est suspenduë pendant les 20. jours és Benefices, & les 40. jours és Offices, comme prouve fort bien du Molin, sur la regle *De infirmis resign. num.* 369. *& seq*. duquel voici la resolution: *In Officiis civilibus accusatus de crimine, quod Officij privationem inducit, & præsertim de delicto admisso in Officio, non admittitur ad resignandum in favorem. Quod si jam admissa sit resignatio, & collatio facta à Rege, procuratores Regij ut adversus adoptionem & incivilitatem intercedent, & receptionem impediunt, donec cognitum sit de crimine; & si resignans damnetur, vocabit Officium perprivationem; non resignationem, non obstante collatione Regia tanquam subreptitia*.

Au contraire donc, si le resignant est envoyé absous, ou pour le moins si son procez étant parfait, il est élargy, à la charge de se representer toutes fois & quantes, qu'il en sera definitive en France en matiere criminelle, la resignation devient bonne & assurée, & peut le resignataire se faire recevoir & installer, tant qu'il n'y a point d'appel de cette sentence: ne même étant installé, l'appel qui en seroit interjetté par après, ne le pourroit empêcher d'exercer même selon mon avis, quand après en l'instance d'appel seroit le resignant convaincu de crime, induisant privation de l'Office, le resignataire ne pourroit plus perdre pour la faute d'autrui l'Office dont il auroit deuëment reçu le caractere par la reception, la possession par l'installation, & dont il auroit fait exercice public & paisible. Car la loi *Chirographis. §. 1. D. De administr. tit*. qu'on pourroit alleguer au contraire, parle de celui qui avoit acheté du condamné pendant l'instance de l'appel, *cui quidem fundus oblatus est appellatione injusta pronunciata*. Mais le resignant avoit été absous & si je pose que le resignataire se soit fait recevoir & installer, tandis que cette sentence absolutoire tient, & auparavant qu'il y en eût appel. Même je tiens indistinctement, que tout resignataire pourveu, reçu & installé sans opposition, ny empêchement, ne peut plus être troublé pour la faute de son predecesseur, non plus que pour les debtes & hypotheques d'icelui, comme il sera traité au cinquiéme livre.

Or de ce qui vient d'être dit, que la resignation de l'accusé n'est pas nulle, mais seulement est en suspens pendant le procez, j'infere que si le resignant vient à deceder auparavant la condamnation, comme il decede *in integri statu*, aussi sa resignation devient bonne, tout ainsi qu'elle seroit après son absolution: *crimen enim morte extinguitur*: & d'ailleurs, n'étant pas licite de faire procez à un mort, hors le crime de leze-Majesté, & de l'homicide de soi-même, on presume que le deffunt étoit plûtôt innocent, que coupable.

D'où il s'ensuit que pendant le procez, on ne devroit refuser d'admettre la resignation d'un Office venal, *non enim utique qui accusatur, nocens est*, & puisque l'innocence est plûtôt presumée, pourquoi ôte-t-on à l'Officier la faculté de resigner pendant son accusation? qui est exposer cependant son Office au hazard de vaquer par mort notamment en France, où les procez de recherche d'Officiers ont ordinairement si longs pour la quantité de faits d'accusation qu'on y entre-lasse, qu'on n'en voit gueres la fin; & quel recours auront les heritiers de l'Officier, s'il vient à mourir cependant, & que son Office par consequent soit perdu: recours, dis-je, contre un Procureur du Roi, ou contre un homme de paille qu'on aura interposé, pour se rendre denonciateur, ou partie civile.

Que si on doute de prejudicier au fisque, en admettant

Des Offices en general, Liv. I.

peut apporter en telles provisions.

simplement la resignation de l'officier accusé, peut-on pas y mettre la clause resolutoire, qu'elle ne sorte effet, qu'apres l'abolution ou renvoy du resignant, ainsi qu'on met la clause des quarante jours, pour même raison és malades, afin qu'au moins l'Office ne coure plus risque par la mort naturelle : en tout cas, peut-on pas disertement exprimer, que le resignataire ne pourra être receu, sinon aprés que le resignant sera purgé & justifié. Et ce qu'on pratique le contraire au Conseil des finances, est en consequence de ce qu'anciennement, lors qu'on ce vendoit pas les offices, la resignation n'en étoit aussi admise que de grace. *Sed alia atas alios mores postulat*, puis qu'à present la resignation ne peut être refusée sans injustice és Offices achetez, comme il sera prouvé au second chapitre du troisième livre, pourquoy peut-on la differer & prolonger, pour faire vaquer l'Office par mort ?

23. Cautele pour l'accusé, duquel on refuse la resignation.

Partant, je tiens qu'en bonne justice, si l'accusé, aprés avoir presenté la requeste au Roy, à ce que sa resignation fust admise, ou ayant voulu faire mettre icelle en taxe, & en ayant été quarante jours aprés, son Office doit être conservé à ses heritiers, dautant qu'il n'a tenu à luy, qu'il ne le resignast, mais seulement au Roy, qui ne doit profiter du refus qu'il a fait d'admettre la resignation.

24. Resignation de l'accusé admise, est valable.

Pareillement, je tiens que le Roy, ou autre collateur, ayant sciemment admis la resignation de l'Office, pendant l'accusation du resignant, & sans aucune condition, il n'y a rien qui puisse empecher la validité de la provision, qui en ce cas ne peut être accusée de subreption : comme il vient d'estre dit des provisions du Pape.

25. Pourven qu'elle soit admise sciemment.

Quoy qu'il en soit, en telles provisions, il faut qu'il apparoisse liquidement de la science du collateur, autrement elles sont subreptices, encore à plus forte raison que celle du Pape : pource que la resignation des Benefices n'est jamais necessaire à admettre, comme ordinairement est celle des Offices. C'est pourquoi, quand il n'apert point de la science du collateur de l'Office, la reception du resignataire doit être differée jusques à ce que le resignant se soit purgé, comme il a été jugé par Arrest du 16. may 1602. sur l'apel interjetté par M. le Procureur general de la reception de nommé Bohier, faire au siege d'Angers, en l'Office de Senéschal de Beaufort à luy resigné par M. Louys Crovin, accusé de mal versation.

26. Quels cas induisent forfaiture.

Pour donc sçavoir qu'elles malversations induisent la forfaiture, faut remarquer qu'il y a de deux sortes de privation de l'Office : l'une expresse, quand par la sentence l'Officier est nommément privé de son Office : l'autre taisible, qui vient en consequence d'une peine infamante, contenuë en la sentence.

27. De la privation expresse de l'Office.

Parlons en premier lieu de la privation expresse, qui est une espece particuliere de peine, usitée parmy nous, ainsi qu'au droit Romain, *l. Cognitionum. §. 1. D. De variis & extraord cognit.* & au droit Canon, *can. Nullus 2. 11. qu. 1. & cap. 2. De pœnit. & remiss.*

28. Se prononce en deux façons.

Et faut noter qu'il y a deux formes de prononcer cette privation : l'une de declarer l'Office vacant & impetrable ou l'Officier privé de son Office, qui est tout un : l'autre, de le declarer incapable de tenir Office, bien qu'on ne prononce guere un 1. sans le dernier, aussi s'ensuit ilque celuy qui est privé de son Office pour delit est desormais incapable d'en tenir d'autres, come il sera dit incotinent.

29. Juge non Royal, ne peut declarer l'Office Royal vacant.

Mais il faut prendre garde qu'il n'y a que le Juge Royal, qui par mots exprés puisse declarer l'Office Roial, vacant & impenetrable : pource que le Juge non Royal ne peut directement prononcer touchant l'Office Royal, sur lequel il n'a point de jurisdiction : neanmoins j'estime que pour éviter absurdité, il peut bien, quand le cas y écheit, declarer indefiniment, & en termes generaux, l'accusé privé de tous Offices.

30. Declaré incapable, leur figuré.

Voilà quant à la premiere forme de prononcer, qui induit une prompte & parfaite vacation pour forfaiture des Offices du condamné : mais autre chose est de la seconde forme, quand le condamné est seulement declaré incapable de tenir Offices. Car bien que le temps passé, lors que les Offices n'estoient point vendus, & que par consequent la resignation en pouvoit étre refusée, toute incapacité,

inhabilité & incompatibilité faisoit absolument vaquer les Offices, posé que le collateur voulust user de rigueur, & ne point admettre la resignation : si est-ce qu'à preset les Offices qui ont été vendus, & dont partat la resignation ne peut étre refusée, à vaquer plus directement & absolument, ny par incompatibilité, ny par inhabilité, mais peuvent étre resignés. Et partant je dy par même raison, que quand le Juge n'a pas voulu expressément priver l'Officier de son Office par sa sentence de condanation, mais seulement l'a declaré incapable de tenir, cette incapacité n'induit pas une prompte & parfaite privation, mais seulement une contrainte de le resigner : ce que d'abord plusieurs trouverot étrange, ne prenat pas garde à la mutation de droit, qui provient à cause de la vente des Offices.

31. Pourquoi autrefois le contraire étoit pratiqué.

Car maintenant ainsi que nous en usons, il y a de deux parties aux Offices venaux, soit licitement, ou par simple tolerace, qui peuvent étre considerées separément, à sçavoir la seigneurie d'iceux, *quatenus sunt in bonis & in commercio*, qui s'acquiert par la composition, ou pour parler naivement par l'achat qui s'en fait, & la provision obtenuë en consequence : & l'exercice ou qualité d'Officier, concernat la puissance publique, qui s'obtiét par la reception, & qui attache cette seigneurie de l'Office, à la persône de l'Oficier. D'où il s'ensuit, que suposé qu'un homme soit privé, ou jugé incapable de la puissance publique, & qualité d'Officier (pource qu'il importe au public que l'Office ne soit exercé par celuy qui a été trouvé en faute, ou qui est infame) il n'est pas pourtant privé de la seigneurie, & de ce qui est patrimonial en l'Office, en sorte qu'il le perde tout à fait, & ne luy soit permis, comme il l'a acheté, aussi le de le revendre, & par ce moyen de mettre en son lieu personne digne & capable. ainsi qu'on voit notoirement, que peut faire celuy qui est devenu aveugle, sourd, ou muet, ou qui par tout autre accident est rendu incapable d'exercer l'Office : pouvoir qu'il n'avoit pas, contre le gré du collateur, lors que les Offices ne se vendoiét point. Côme donc il est évident que cela s'est chagé en ceux-cy, pourquoy trouvera-t-on étrange en celuy-là : attendu mème qu'il arrive ordinairement que le delit de l'Officier n'est pas si grief, qu'il merite telle punition, que de perdre un Office de dix mil écus, & neanmoins il est tel, qu'il n'est pas raisonable que l'Officier demeure plus en l'Office, auquel il a mal-versé.

32. Il y a deux parties aux Offices, la seigneurie & l'exercice.

Il est vray que c'est le plus sur pour oster cette difficulté, que le Juge, qui n'entend pas faire perdre l'Office au condamné, en le declarant incapable d'iceluy, luy permetre, même enjoigne de le resigner dans certain téps. Ce que j'estime, sauf meilleur avis, que tout Juge Royal peut faire : Car outre qu'il n'y a point en cela de trait de souveraineté, comme le Juge peut absoudre l'Officier, ou luy bailler telle condamnation par laquelle son Office ne vaquera point : aussi ne declarent pas precisément son Office vacant, il luy peut enjoindre de le resigner.

33. Cautele pour sauver l'Office au condamné.

Mais le Juge non royal n'a autre pouvoir en ce cas, sinô de declarer le condamné incapable de tous Offices, & ne peut pas ordôner, qu'il resignera l'Of. Royal, C'est pourquoi, cōme la peine doit être proportionée au delit, au tremet si elle excede, c'est injustice & cruauté, si le Juge quel qu'il soit, reconoist qu'il est expediet pour le public que l'accusé n'exerce plus l'Office, auquel il a malversé, & que d'ailleurs sa malversation ne merite qu'une legere amende, & non pas la perte d'un Of. de grand prix, qui seroit la totale ruine du condamné, & l'infamie qu'il en court, faut-il qu'il soit lié à une de ces 2. extremitez, ou de laisser le delinquat en son Ofnc. au prejudice public, ou de faire perdre un Of. de 30000. liv. à celuy qui n'est con damnable qu'en 50. l. d'amede ? est-il pas plus raisonable, même necessaire selon justice, de prendre la voye moyenne, qui est de l'oster de l'Office, afin qu'il y fasse plus de mal, & neamoins luy en laisser la disposion, afin qu'il ne soit point ruiné, ny puny outre son demerite.

34. De méne.

Aussi voit-on toûjours à preset que les Cours souveraines (où d'ordinaire aboutissét les procés des recherches d'Officiers) quelques malversatiós dont ils les trouvent capables, les condamnent seulement en amendes pecuniaires, selon la qualité des delits; & outre, leur enjoignent de resigner leurs Offices : & est fort rare qu'ô voye

35. Ainsi se pratique par les Cours souveraines.

De la forfaiture, Chap. XIII.

voye declarer par Arrest les Offices vacans, pour simples malversations, qui ne meritent peine corporelle : la Cour ne trouvant raisonnable de ruiner les Officiers & leurs enfans, & encore bien souvent leurs creanciers, pour enrichir le fisque.

36. Retenuum pour resigner l'Office.

Même le plus souvent, quand elle les veut exempter d'infamie, elle ordonne *tacito senatusconsulto*, & par un *retenuum* secret, qu'ils se deferont de leurs Offices quelquefois promptement & sans rentrer en exercice, quelquefois aprés qu'ils auront encore exercé certain temps, afin d'épargner leur honneur ; selon qu'elle juge, que le condamné merite d'être plus humainement traité : en quoy se remarque le pouvoir particulier qu'ont les Cours souveraines, par dessus les autres Juges, qui ne peuvent faire de telles modifications.

37. De la privation venant en consequence de condamnation infamante.

Voila pour la privation expresse, & quant à la taisible, qui provient en consequence d'autre peine imposée à l'Officier, tirant aprés soy la perte de l'Office, il faut revenir, ce me semble, à la distinction, qui vient d'être faite en la privation expresse : à sçavoir que la seigneurie & disposition de l'Office qui est en commerce, ne se perd, qu'ainsi que celle des autres biens, ou pour mieux dire, qu'ainsi que le vray usufruit, qui se perd seulement *maxima & media capitis diminutione, l. Corruptionem. §. 2. C. de usufr.* Aussi par cette forfaiture l'Office n'est pas acquis à celuy auquel la confiscation des autres biens de l'Officier appartient : mais la libre disposition en revient au collateur, ainsi que l'usufruit éteint, *per capitis minutionem*, revient au proprietaire. Mais la qualité d'Officier, & ce qui en dépend, & qui s'acquiert par la reception (pour à laquelle parvenir il faut être reconnu pour homme de bien & d'honneur (cette qualité, dis-je, d'Officier, qui attachoit & incorporoit l'Office à la personne, & tout ce qui en dépend, se perd par la simple infamie, bien que *infamia non sit capitis minuitio, ne minima quidem, sed tantum fama*, suivant le parag. *Quoties: Instit. de cap. diminutione.*

38. Infame est incapable d'Office.

Car l'Office, étant defini Dignité & titre d'honneur, ne peut demeurer à ceux qui n'ont plus l'honneur : j'appelle l'honneur, ce que nos loix nomment *integram famam*, & en un mot *existimationem*, *Existimatio* (dit Callistrate en la loy *Cognitionum. De extraord. cognit.*) *est Dignitatis illaesa status, legibus aut moribus comprobatus, qui ex delicto nostro, aut consuetudine, aut minuitur. Minuitur autem, quoties manente libertate circaſtatû Dignit. pœnâ plectimur, sicut siam relegatur quis, vel cum Ordine movetur, vel cum prohibetur publicis Honoribus fungi* Et la loy unique *C. De infamia.* dit que *infames Honoribus, qui integra dignitatis hominibus deferri solent, uti non possunt : infamia quippe quaesitum admit Honorem* ât la loy *infamia cod. tit.* C'est pourquoy la loy 1. *D. Ad. l. Jul. de vi priv.* dit, que le condamné *omni Honore quasi infamis carebit.* Aussi lisons-nous dans Valere livre 2. ch. 2. que Livius Salinator étant Censeur, nota d'ignominie, même *inter ærarios ret. lit.* toutes les Tribus du peuple Romain parce qu'aprés l'avoir condamné par jugement public, elles l'avoient fait consul, puis Censeur, exceptant seulement la Tribu Me ia, qui ne l'avoit ny condamné ny fait Magistrat : car comme dit Ciceron *pro Cluentio, Turpi judicio damnatus in perpetuum omni Honore & Dignitate privatur.*

39. Exemple notable.

40. Effets de l'infamie.

Et non seulement l'infamie prive des Offices, mais aussi de juger, d'être Asseſseur, d'être soldat, d'être témoin, même de postuler en Justice, comme il se voit au tit. *De his qui not. infam.* C'est pourquoy on met aucunefois l'infamie entre les peines capitales, *l. Licet capitalis. De verb. significi.* Mais quoy qu'il en soit, ces considerations ne portant point à la perte entiere de l'Office, mais seulement à la perte de la qualité d'Officier.

41. Deux sortes d'infamie.

Encore faut-il entendre tout cela de la vraye infamie : car les Interpretes du Droit en remarquent de
Du Droit des Offices

deux sortes : l'une qu'ils appellent *infamiam juris*, qui est la vraye infamie encouruë par le droict : l'autre *infamiam facti*, qui est l'opinion des hommes, & *proprie dicitur probrum aut dedecus* Bodin livre troisiéme, chap. 3. dit qu'elle s'appelle proprement *ignominie*, & ainsi est pris ce terme *in. l. 1. D De liber. causa.* Et dit que *Censoria nota ignominiam tantum irrogabat, non infamiam*, suivant le passage de Ciceron rapporté par Nonius, *Censoris judicium nihil ferè damnato adfert, præter ruborem : itaque ut omnis ea judicatio versatur tantum in nomine, animadversio illa ignominia dicta est* ; neanmoins comme *nomen & fama* signifient également la renommée, aussi Cujas, Sigonius & Brisson, confondent l'infamie avec l'ignominie : & de fait il se voit, que l'ignominie signifie la vraye infamie en la loy 1. *D. De Decurio, l. 24. §. ult. D De adulter. l. 36. D. De oblig. & act. l. 7. D. De recep. arb.*

42. Ignominia, quid

J'appelle donc la vraye infamie, ou l'infamie de droict, celle qui est encouruë par la loy, comme par l'Edit du Preteur *in l. D. De his qui not. infam.* Au lieu que l'infamie de fait resulte seulement du fait, *quod apud bonos & graves opiniones infamiam onerat*, comme par la loy *Ea qua pater .C. Ex quid. causſ. infam. irrog.* Et en la loy 2. *D. De alim. a lib par. præst.* il est dit que le pere, ou le patron condamnez *actione in factum* (qui a lieu contre eux au lieu des actions fameuses) *licet Edicto non sint infames, re tamen ipsa & opinione hominum non effugiunt infamia notam*: dont les Interpretes ont tiré les termes d'infamie de fait & de droict. Et bien que Balde *in cap. 1. An testes removeri possint in usib. Feud.* se travaille fort à subdiviser cette infamie de fait, & qu'il en constituë deux degrez, si est-ce que consistant en l'opinion des hommes, il ne s'en peut donner de regle certaine, mais par necessité il la faut laisser à l'arbitrage du Juge.

43. Infamie de droict.
44. Infamie de fait

45. L'infamie de fait, empêche l'entrée des Offices.

Cette distinction de l'infamie presupposée, il faut tenir que toute infamie, & même celle de fait, qui est notable & notoire, empêche l'entrée & reception des Officiers *l. 2. & 6. D. de Dignit. lib. 12. Cod.* comme il a été prouvé cy-devant au chap. 1. Mais comme on dit que *multa facta tenent, quæ facienda prohibentur*, & que *Turpius ejicitur quàm non admittitur hospes* : aussi faut tenir, que la simple infamie de fait, ne prive pas l'Officier de son Office, comme il se collige de la loy 1 & 4. *C. Ex quib. causſ. infam. irrog.* autrement ce seroit chose absurde, que pour l'opinion des hommes, un Officier reçu & exerçant fût chassé de son Office. Et ce que la loy 6. *C. De Dignit.* dit ces mots *Et siquis meruerit, repellatur*, parlant des infames tant de fait que de droit, doit être entendu de l'infamie, qui avoit subrepticement obtenu lettres de provision d'une dignité, en l'exercice de laquelle il n'étoit encore entré.

46. Mais non prive l'Officier receu.

47. Mais ne prive l'Officier receu.
47. Interpretation de la loy 6. C. De Dignit

Reste de sçavoir, quand la vraye infamie de droit est encouruë : parce que ce n'est pas en France, comme au droict Romain, où elle étoit encouruë par trois moyens, *nimirum ipso facto per sententiam, & ex genere pœnæ*, dit la gl. sur la loy 1. ad verb. *Qui eum. D. De his qui not. infam.*

48. Comment la vraye infamie est encouruë

L'infamie étoit encouruë *ipso facto*, és cas publics & notoires, comme les putains & fauteurs publics, par l'adultere surprise sur le fait, par celuy qui épousoit publiquement deux femmes, & autres semblables. Elle étoit encouruë *per sententiam*, c'est à dire par la nature de l'action aux condamnez d'action fameuse, ou de crime public. Finalement elle venoit en consequence de certaine peine, és procez extraordinaires, & partant c'étoit à Rome le moyen d'infamie le moins frequent.

49. Comment au droit Romain.

Or en France nul n'est infame *ipso facto*, mais c'est une regle generale, que tout ce qui avoit lieu *ipso jure*, vel *ipso facto* au droict Romain, requiert à nous sentence declarative.

50. Coment en France.

L'infamie aussi encouruë par la nature & suite de l'action ne nous est pas si commune qu'aux Romains

L

Des Offices en general, Liv. I.

51. Infamie encouruë par la nature de l'action.

parce qu'en premier lieu, nous n'avons point d'actions fameuses, mais nous tenons pour maxime, que l'infamie n'est point encouruë par un procez pur civil. Que si en France, comme à Rome, les condamnez és actions de tutelle, depost, mandat, societé, dol, ou fraude, & autres semblables actions fameuses du droit, estoient infames, à peine se trouveroit-il assez d'hommes d'entiere renommée, pour tenir tant de sortes d'Offices, qu'il y a à present. Et quant aux crimes publics, encore que nous instituïons tous les procez criminels extraordinairement, comme on fait à Rome aux crimes extraordinaires, de sorte que l'infamie n'y devroit avoir lieu, *nisi ex genere pœnæ* comme à Rome, si est-ce que nous pratiquons, que quiconque par sentence, dont n'y a point d'appel, est expressément declaré atteint & convaincu de crime quel qu'il soit, & bien qu'il ne soit de ceux des Romains appelloient publics, comme par exemple celuy qui est declaré convaincu de larcin, ou de parjure, il encourt infamie par telle sentence, encore que celle icy ne soit condamné, qu'en amende pecuniaire : c'est pourquoy les Juges qui veulent sauver l'infamie au condamné, ne le declarent pas convaincu de crime, mais prononcent, que pour les cas mentionnez au procez, il est condamné en telle amende.

52. Tout convaincu de crime est infame.

53. Cautele pour sauver l'infamie au condamné pour crime.

54. De l'infamie contractée *ex genere pœnæ*.

Mais comme en France tous nos procez criminels sont extraordinaires, aussi tout au rebours qu'à Rome, la plus frequente infamie se contracte *ex genere pœnæ*. Car il y a plusieurs peines, qui par une consequence necessaire causent l'infamie, comme toutes les peines corporelles, & encore toutes celles qui sont executées par l'Executeur de haute Justice, au lieu que c'est une grande question au droit Romain, *an ictus sustim irroget infamiam* : en laquelle il se trouve plusieurs loix, qui semblent contraires, que je ne m'amuseray pour le present à concilier, les reservant ailleurs.

55. Bannissement rend infame.

56. Correction de la loy 4. C. *ex quib. causs. infam. irrog.*

Pareillement le bannissement rend infame en France, aussi bien qu'au droict Romain, *l. Capitalium. § 1. D. De pœnis* : fors au cas limité en la loy 4. *C Ex quib. causs. infam. irrog.* (où le lecteur remarquera en passant qu'il faut lire *relegandum*, au lieu de *relegatum*, & *damnandum* au lieu de *damnatum*) si ce n'est que pour quelque particuliere consideration, il fût seulement ordonné, qu'un homme s'absentât pour certain temps d'une ville, comme il se fait souvent pendant & aprés les troubles ou guerres civiles.

57. Amende honnorable, inconnuë aux Romains, rend infame.

58. D'où est dicte.

Mais il y a une peine particuliere en France, qui n'est point connuë du droict Romain (quoy qu'en dise le docte Langlé, qui en a exactement recherché l'origine *lib. 10. Otij semestris. cap. 1*) qui est l'amende honorable, laquelle sans doute apporte infamie & perte de l'honneur, bien qu'elle soit ainsi appellée, plutost en consideration de celuy auquel l'amende honorable est faite, pour reparation de son honneur offensé, que de celuy qui la fait : ainsi que son opposite, qui est l'amende profitable, ne peut estre dite qu'au respect de celuy qui la reçoit.

59. Difference entre l'amende & la satisfaction honorable.

Toutefois parce qu'il y a plusieurs especes & degrez de satisfaction honorable, comme les declarations ordonnées estre faites en la maison du Juge, en presence de certain nombre de personnes, ou en la chambre du Conseil, ou pleine Audiance, aucunes debout, autres à genoux, autres mêmes nuds en chemise avec la torche en main, & aucunefois la corde au col, & encore avec la conduite de l'Executeur de haute-justice. Quant à moy je suis de l'opinion de Coquille sur le 15. art. de la Coûtume de Nevers, qui n'estime vrayes amendes honorables & infamantes, sinon celles qui se font avec des circonstances & marque ignominieuses : & quant aux autres ce ne sont, à mon opinion, que declarations ou satisfactions d'honneur, ordonnées pour reparer l'honneur du complaignant, mais non pour oster celuy de l'accusé, si ce n'est que la sentence, contienne le mot d'*amende honnorable*. Car je croy

que l'infamie resulte de ce terme. Bref à mon advis la vraye amende honnorable est celle qui se fait envers Justice, & de celle là, & non d'autre, doit estre entenduë l'Ordonnance de mil cinq cens quarante-deux qui dispose que l'appel de l'amende honnorable doit estre relevé directement à la Cour

60. L'amende pecuniaire ne rend infame.

Quant à l'amende pecuniaire, bien que nos plus sçavans practiciens croyent qu'elle est toûjours infamante, quand elle est imposée en procez criminel, témoin le chapitre *Cum. te. ext. De sent. & re judic.* où celuy qui avoit été sur une action d'injures, condamné en dix sols d'amende, pour avoir dit, que son cheval valoit mieux que les chevaux de son voisin, demande au Pape ses lettres pour estre remis en son honneur, si est-ce que je tiens asseurément le contraire, par le texte exprés de la loy 1. *C. de modo mulct. Mulcta damnum famæ non irrogat.* aussi est-ce la difference *inter mulctam & pœnam* assignée en la loy *Aliud fraus 131. §. 1. De verb. signif.* que *mulcta tantum est pecunia, pœna capitis aut existimationis*, il est vray, que comme il vient d'estre dit, le convaincu de crime, bien qu'il ne soit condamné qu'en amende pecuniaire, ne laisse d'estre infame : mais c'est la conviction jugée, & non la condamnation de l'amende qui le rend infame, *non mulcta, sub causa*, dit la loy *Ictus sustim D. De pœnis* Autrement quelle apparence y auroit-il, que pour une injure verbale proferée par une promptitude, un homme soit rendu infame pour toute sa vie, sous pretexte qu'il aura été condamné en vingt ou trente sols d'amende vers le fisque, & en consequence de cela, que s'il a une Office de dix mil escus, il le perdre absolument, & sans remede ?

61. S'il n'y a declaration de conviction de crime.

62. Pourquoy les infames n'osent prononcer sans note d'infamie.

Neanmoins c'est la verité, que les Cours souveraines, jalouses sur le bon droit de leur auctorité, trouvent mauvais, que les Juges inferieurs ajoustent aux condamnations d'amende, cette queuë, *sans note d'infamie :* se voulans reserver cette forme de prononcer comme dispensative : aussi qu'à vray dire, si la condamnation d'amende ne procede point de conviction infamante, cette clause est superfluë, même tout plus qu'elle ne sert, *quia indulgentia illa ; quos liberat, notat.* Si au contraire elle procede d'une conviction de crime, prononcée discretement par la sentence, ce n'est pas aux Juges inferieurs à remettre l'infamie déja encouruë, comme dit la loy 63. *D. De furtis. Non potest præses Provinciæ efficere, ut furti damnatum non sequatur infamia*, & comme dit la loy *Divus D. De injur. Atrocis injuriæ damnatus, in ordine Decurionum esse non potest : nec prodesse tibi debet indulgentia Præsidis, qui de te aliud pronunciavit* Dont la raison est renduë de la loy *Ordine D. Ad municip. Cum facti quidem quæstio in potestate sit judicantis, juris autem auctoritas non sit*, & en la loy *Si qua pœna. De verb. sign.* que *pœna à lege statuta non est in potestate judicantis* : n'appartenant qu'au Roy de remettre l'infamie jugée, & à ses Cours souveraines de dispenser de celle qui est meritée : encore faut-il que ce soit par le même Arrest de condamnation, bien que les Docteurs ayent tenu le contraire, sur la loy 3. *C. Ex quib. cauf. inf. irrog.* & sur la loy *Quid ergo §. penult. D. cod tit* sous pretexte que judicantis, il leur permettent au Juge d'augmenter le peine ordonnée par la loy, pour espargner l'infamie : ce que toutefois on ne peut pas pratiquer en France, où les peines ne sont pas certaines & determinées par les Ordonnances ou Coustumes, mais arbitraires, c'est à dire laissées à l'arbitrage des Juges

63. La Cour seule peut dispenser de l'infamie meritée.

64. Si la privation de l'Office rend infame.

Finalement on peut douter, si comme l'infamie induit la privation de l'Office aussi au contraire la privation de l'Office induit l'infamie, en sorte que celuy, qui en aura été privé par delict, ne soit plus capable d'en tenir d'autre, s'il n'est rehabilité par le Prince. Car la loy *Aut facta D. De pœnis* a pour oster celuy de l'accusé, si ce n'est que la sentence contienne le mot d'*amende honorable*. Car je croy

De la forfaiture, Chap. XIII.

ne met point ceux qui ont été privés de leurs Offices; & bien qu'il y mette *milites ignominia causa missos*, si est-ce qu'auparavant cét Edict ils n'estoient pas infames comme prouve Bodin livre 3. chapitre 5. mais enfin pour apporter plus de severité à la discipline militaire, on les declara tellement infames, que même il leur fut defendu de resider à Rome, ny en Cour *l. 2. §. Ignominiæ D. eod. tit* Ce qui n'avoit pas lieu aux autres Ordres, non pas même *in Senatoriis Ordine motis*, *l. Senatorem D. De Senator.* Et il est bien certain que ceux *qui à Censoribus Ordine movebantur*, n'estoient pas infames de vraye infamie, au moins qui fust permanente : comme Bodin prouve bien au même lieu.

65. Resolution pour l'affirmative.
Nonobstant toutes ces raisons, il faut tenir, à mon avis, que la privation expresse de l'Office rend veritablement infame, comme il est nettement decidé en la loy *Cognitionum*. §. *Minuitur D. De var. & extraord. cognit.* & en la loy *2. De Senat.* C'est pourquoy le §. *Quibus instit. De. cap. minut.* dit *que moti à Senatus Dignitate, non capite minuuntur. Atqui existimatio est dignitatis illæsæ status*, dit cette loy *Cognitionum*.

66. Response aux raisons contraires.
Et ne se faut pas étonner, si la privation d'Office est mise aprés la peine d'infamie en la loy *Aut facta* : parce que ce sont peines égales, & qui se comprennent l'une & l'autre, attendu que quiconque est infame, est privé de son Office, & quiconque est privé de son Office est infame : de sorte qu'il n'importe pas laquelle soit mise la premiere en rang. Et pareillement ne faut trouver étrange, si ceux, qui sont privez de leur Office, ne sont denommez en l'Edict du Preteur, parce que cét Edit ne comprend pas tous les infames, notamment ceux qui deviennent infames *ex genere pœnæ*. Et finalement ce que ceux qui *Ordine moti fuerant à Censoribus* n'estoient pas parfaitement infames, c'est à dire d'une infamie permanente, est à cause que la note des Censeurs n'avoit pas pareille force, que les sentences des Juges : n'ayans pas les Censeurs une vraye jurisdiction, pour juger les crimes, mais une simple correction sommaire, pour amender les mœurs, comme prouve Bodin au même endroit, notamment par ce beau passage de Ciceron *pro Cluentio*.

67. Condamnez par les Censeurs n'estoient pas vrayement infames.
Nunquam animadversionibus Consociis hæc civitas, in rebus judicatis, usa est : & aprés avoir rapporté l'exemple de L. Metellus, qui fut chassé du Senat, & par aprés luy même fait Censeur, il adjouste ces mots, qui decident nostre question *Quid si illud judicium putaretur, & cæteri turpi judicio damnari in perpetuum omni Honore ac Dignitate priventur, sic hominibus ignominia notatis, neque ad Honorem, neque ad Curiam reditus esset. Timoris enim causam, non vitæ pœnam in illa potestate esse voluerunt. Quare qui vobis in mentem venit, hæc appellare judicia quæ à populo Rom. rescindi, à juratis Iudicibus repudiari, à Magistratibus negligi, ab iis, qui eandem potestatem adepti sunt, solent commutari.*

68. Censeurs n'avoient pas jurisdiction, mais simple censure, ou correction des mœurs.

69. Privez d'Office n'en peuvent plus tenir d'autres.
Puis donc que ceux qui ont été privez de leurs Offices deviennent infames, il s'ensuit qu'ils ne peuvent plus tenir d'autres Offices, encore que precisément par la sentence ils ne soient declarez incapables de tous Offices, si ce n'est que le Iuge ait limité cette incapacité aux plus grands Offices, & reservé par exprés au condamné la faculté d'en tenir de moindres, ce qui se fait rarement ; & neanmoins en la loy *7. §. Item post. D. De interd. & religi.* cette puissance est donnée au Iuge, mais il faut suivant cette loy, que la reservation soit expresse, autrement celuy qui est privé de son Office, devient incapable à jamais d'en tenir d'autre. En quoy je ne distingue point, si le condamné a été privé tout à fait de son Office, ou si seulement il luy a été enjoint de s'en defaire, parce que toujours il est déclaré incapable de la puissance publique & qualité
Du Droit des Offices

d'Officier : & ce qu'on luy permet d'en tirer commodité, n'épargne pas son honneur, mais son bien seulement, comme il est decidé en cas semblable in *l. Ordine. D Ad municip*, bien que cette resolution ne soit pas sans difficulté.

Voila pour la privation absoluë & perpetuelle de l'Office : & quant à la simple suspension ou interdiction faite pour certain temps seulement, c'est sans doute qu'elle étoit infamante au droit Romain, comme il se collige de la loy *Ad tempus D. De Decur.* & autres loix cy-aprés alleguées : & afin qu'il ne semble pas, que l'infamie ait seulement lieu à l'égard de ceux, qui par mots exprés avoient été privez à temps de leurs Offices, *aut qui Ordine moti fuerant* ; la loy *Imperator. D. De postulando*, dit que celuy, qui a été interdit de postuler pendant certain temps, est infame : autant en dit la loy *4. C. Ex quib. caus. infam. irrog.* de celuy qui a été jugé de s'abstenir de l'exercice de sa charge. En quoy le droit ne pose qu'une seule exception, quand le Iuge a ordonné plus grande peine à l'accusé, que celle de la loy, alors ny la suspension de l'Office, ny la relegation temporelle, n'aporte infamie, non pas même pour le temps, que la suspension ou relegation dure : *quoniam sententiæ severitas de infamia transegisse videtur d. l. 4. Ex quib. caus. l. Quid ergo. §. penult. D. De hic qui not. infam. l. Ad tempus. D. De Decur. l. Ordine Ad Municip. l. Servorum. §. ult. D. De pœnis.*

70. Si la suspension ou interdiction tend infame.

71. Obysse son le droit Romain.
72. Fors en un cas.

73. Si cette infamie demeure aprés les tèps d'interdiction.
Mais c'est une des plus difficiles questions de tout le droit, si regulierement, & hors cette exception, les releguez ou privez à temps de leurs Offices demeurent infames aprés, le temps de leur relegation ou privation : & sur cette question il y a dix ou douze loix, qui semblent formellement contraires : même il y en a deux d'un même autheur & d'un même livre, qui est Papinian, *lib. 2. quæst* dont l'une est affirmative, & l'autre negative, sçavoir la loy *8. De postul.* & la loy *5. De Decur.*

74. Resolution du droit ancien.
Pour resoudre cette difficulté, & concilier ces loix, je diray avec Cujas sur la loy unique *De his qui in exilium dati vel Ordine moti sunt lib. 9. Cod.* qu'il faut distinguer le droit ancien des Iurisconsultes, d'avec celuy des Constitutions des Empereurs. Par le droit ancien on distinguoit si la condamnation étoit émanée d'une action fameuse ; ou crime public, & alors, attendu que par l'Edit du Preteur le condamné étoit absolument infame *per sententiam*, & non pas *ex genere pœnæ*, l'infamie duroit toujours : mais si le bannissement, ou privation temporelle étoient imposées pour un delict non public, ou sur une action non fameuse, le condamné n'estoit pas infame *per sententiam, sed tantum ex genere pœnæ*, comme il a été dit cy-dessus : de sorte que l'infamie ne duroit qu'autant que la peine. C'est la distinction de la loy *4. §. Ad tempus. D. De re milit.* & de la loy *Falsi §. 1. Corn. De falsis* & de la loy *5. De Decur.*

75. Resolution des Constitutions.
Mais du depuis les Empereurs ordonnerent sans distinction, que l'infamie ne dureroit qu'autant que la peine : ce qui fut premierement ordonné par Adrian en la relegation temporelle, qui, par Antoninus Pius en l'interdiction de postuler, *Imperator D. depostul.* Finalement par *Severus & Antoninus* en la privation temporelle de l'Ordre ou Office, *l. 2 Ex quib. claus. infam. irrog.* Toutes lesquelles Constitutions ne furent toutefois exactement observées, comme contraires à la raison de droit : c'est pourquoy Antonius Caracala les renouvella, pour les interdicts de postuler, & les privez à temps de leur Ordre eu Office. *l. De his qui in exilium dati, vel ordine moti sunt lib. 10. Cod. & l. 1. D. De Decur.* mais non pour ceux, qui avoient été exilez, ou releguez à temps pour crime infamant, lesquels, selon le droit ancien, & nonobstant l'Edict d'Adrian, sont demeurez infames à jamais, *l. 9. C. Ex quib.caus. infam.*

76. Conciliation de plusieurs loix.

L ij

Des Offices en general, Liv. I.

irrog. & de l. 3. D. De Decur.

77. De même. Mais les exilez à temps pour cause non infamante, & encore les privez à temps de leur Ordre ou Office indistinctement, bien qu'aprés le temps ils ne fussent plus infames à cause de la Constitution de Caracala, si est-ce qu'auparavant qu'être capables de nouveaux honneurs, ils doivent attendre derechef autant de temps, que leur exil, ou interdiction avoit duré, *l. 2. C. De his qui in exil. & c. & d. l. Ordine. Ad Municip.*

78. Difference entre l'exilé & le privé d'Office à temps. Il y avoit encore une autre difference entre l'exilé à temps, & le privé à temps de son Ordre : à sçavoir, qu'aprés le temps de l'exil encouru pour cause non infamante, l'exilé ne reprenoit pas son Ordre ou Office, mais seulement étoit capable d'y rentrer lors qu'il y avoit place vacante : mais le privé à temps recouvroit & reprenoit son Office ou Ordre de son propre droit sans nouvelle élection ni provision, même qu'il gardoit son ancien rang, supposé que pendant son interdiction aucun n'eust été mis en sa place *l. 2. D. De Decur.*

79. Nulle suspension n'est infamante en France. Voila ce que gardoient les Romains touchant la privation à temps des Offices : mais nous ne le gardons pas ainsi en France, où j'estime que la suspension n'est de soi aucunement infamante, ny à perpetuité ny même pour le temps qu'elle dure : de sorte que pendant ce temps l'Officier peut être reçu à un autre Office. Car nous ne rendons si infame si legerement qu'à Rome. Et qui plus est, j'estime que quand la suspension porteroit conviction d'un crime infamant, neanmoins puisque le suspendu à temps est taisiblement reconnu capable de son Office aprés ce temps (ce qui ne pourroit être, s'il demeuroit infame) que son infamie ne peut durer au plus, que pendant sa suspension, par la raison de cette loy 4. *Ex quib. cauſ. & c.* même c'est un grand doute en nôtre droit François, si l'infamie a lieu en ce cas pendant le temps de la suspension, parce qu'on peut dire, que nous n'admettons point d'infamie temporelle, & que comme la pudicité de la femme, aussi l'honneur de l'homme étant une fois perdu, ne se recouvre plus, sinon par le benefice du Prince, qui est distributeur de l'honneur.

80. Non pas même pendant qu'elle dure.

81. Nôtre suspension ne regarde que l'exercice. Je passe encore plus outre, & je dis qu'en France, où nôtre pratique s'est plus accommodée au droit canon qu'au civil, la suspension de l'Officier (dont même le terme est emprunté des Canonistes) ne regarde ne l'exercice, &non pas la seigneurie, le titre, ni le rang de l'Office : de sorte que pendant icelle, l'Officier peut resigner son Office comme seigneur, s'en peut engager comme titulaire, & doit marcher au rang & grade d'icelui, tout ainsi qu'au droit Canon, le suspendu de son Benefice, même celui qui est suspendu des saints Ordres, retient non seulement son ordre, mais encore il retient en effet l'exercice & execution d'icelui : bien que si on en use contre la defense, il encourt irregularité *can. Qui celebrat. De cleric.excomm. vel depoſ miniſtr.* ce qui sera amplement expliqué au livre *Des Ordres.*

82. Celle des Romains étoit une privation temporelle. Aussi avons-nous diverse forme de prononcer la suspension que les Romains, *qui Ordine vel Officio movebam ad tempus* ainsi qu'il est énoncé en toutes les loix cy dessus rapportées, & partant leur suspension étoit vrayement une privation temporelle, mais en France nous prononçons que le condamné est suspendu, on interdit, ou qu'il s'abstiendra de l'exercice de la charge : de sorte qu'en effet nous ne touchons qu'à l'exercice. Et ce qu'aucunesfois on prononce qu'il est suspendu de son Office, est par un racourcissement de langage, au lieu de dire suspendu de l'exercice de son Office, & partant cela ne doit être entendu que de l'exercice, & non du titre, ou de la seigneurie de l'Office, qui cependant n'est ny ne peut être occupé par une autre, si ce n'est par commission és Offices uniques & necessaires, ce qui est tout notoire en nôtre usage, bien qu'au droit Romain le contraire se pratiquât, comme il se voit en la loi *2. D.De Decur.*

83. Gages écheus pendant la sûspension, doivent être reservez à l'Officier. C'est pourquoi par cette même raison je tiens que les gages écheus pendant la suspension de l'Office, doivent être reservez à l'Officier, pour lui être payez aprés icelle expirée : tout ainsi que, le revenu du Benefice est reservé au Beneficier suspendu, à cause que l'un & l'autre appartiennent au pourveu par droit de Seigneurie qui leur demeure entiere, quoique non libre, ce qui a été prouvé ci-devant au chapitre 8. En quoi il y a seulement deux exceptions : l'une, quand, par la Sentence de suspension les gages sont adjugez au fisque, comme le Juge le peut ordonner, pour plus grande peine du condamné, ce qui neanmoins y doit être exprimé à mon advis : l'autre, quand l'Office est tel, qu'il faut qu'il soit exercé par quelqu'un, & partant, qu'on y met un Commissaire pour l'exercer pendant la suspension. Car il y a quelque apparence que ce Commissaire du commissionaire doit jouir des gages comme des autres droits de l'Office, ce qui n'est pourtant sans difficulté : pour laquelle éviter je conseille à l'Officier suspendu de faire obtenir cette commission par un ami, avec lequel il composé des profits : chose que j'estime ne lui devoir être refusée, y presentant un homme capable, puis que l'Office demeure toûjours son bien.

84. Fors en deux cas.

85. Officier suspendu doit choisir un Commissaire, pour exercer sa ſ. ice.

86. Ce qui doit avoir encore plus lieu si la fuspension est ordonnée pendant l'interdiction ou pendant le procez criminel. Que si cela a lieu en l'interdiction ou suspension ordonnée pour peine par sentence definitive, à plus forte raison doit-il être observé sans aucun doute en celle qui est ordonnée pendant le procez criminel : pource qu'étant encore incertain, si l'accusé est coupable ce qu'on l'interdit cependant, ne peut être vrayement une peine, mais c'est plustost une précaution, qu'on veut apporter au public, ou une bien bonne, que celui qui est sur les termes d'être jugé pour crime d'abus cependant de sa charge, & ne juge les autres : & de cette interdiction il sera amplement discouru au chapitre suivant.

87. Des sentences de contumace de Rom.

88. Correction de la RubD. De reſ- ſentibus damnandis, où Halbander dit fort bien, quirrets. Or tout ce qui a été dit ci dessus, doit être entendu des Sentences contradictoires & non de celles données par contumace. Car au lieu qu'au droit Romain on ne faisoit point regulierement le procez aux absens, dit la loi *1. D. De requir. reis; vel absentibus damnandis*, où Halbander dit fort bien, qu'il faut lire *nec*, au lieu de *vel*, mais seulement on saisissoit leurs biens, qui leur étoient rendus, pour veu qu'ils comparussent dans l'an, & se justifiassent par aprés : sinon ils étoient aprés l'an acquis irrevocablement au fisque, demeurant neanmoins par aprés aux accusez la faculté de se purger en quelque temps que ce fust, sans toutesfois qu'en ce cas ils puissent ravoir leur bien, *l. Mandatis eod. tit.D. & l. 1. Cod. cod.*

89. Absent n'estoit jamais condamné à mort. Que si quelquefois, ou par loi speciale, ou par commission expresse du peuple, ou du Prince, on faisoit le procez à l'absent, comme au crime de *lez.* Majesté, encore n'étoit il jamais condamné à la mort, mais au l'exil, ou à l'interdiction de feu & eau, ou declaré proscrit & ennemi du Païs, auquel cas chacun le pouvoir tuer impunément, & c'estoit un crime capital de le retirer, ou communiquer avec lui : mais quoi qu'il en soit, telle Sentence de contumace avoit autant de force, que si elle eust été contradictoire, & n'estoit jamais retractée, comme le docte Airaut a bien prouvé en son 4. livre de l'ordre judiciaire.

90 Sentence de contumace n'est jamais retractée à Rome.

91 Des sentences de contumace de France. Tout au contraire en France, on fait indistinctement le procez à tous les absens, même en haine de la contumace on les condamne plus hardiment à mort, & declare-t-on leurs biens confisquez : mais aussi telles Sentences sont plustost comminatoires, qu'executoires; Car en premier lieu, quant à la peine corporelle, on ne les met jamais à execution, mais soit que le condamné se represente volontairement, ou qu'il soit apprehendé, on recommence sans procez tout de nouveau : & s'il decede sans se presen-

De la forfaiture, Chap. XIII.

ter, il est bien vray que le crime n'est pas esteint tout à fait par sa mort, aprés la Sentence difinitive donnée par contumence, comme il seroit s'il decedoit pendant le procez, mais ses heritiers sont toûjours receus à purger sa memoire.

92. Confiscation jugée par contumace n'a lieu qu'aprés cinq ans.

Et quant à la confiscation, elle n'est acquise irrevocablement au fisque, qu'aprés cinq ans ; encore à compter du jour de la condamnation, & non pas de la saisie & annotation de biens, comme l'an du droict Romain. De sorte que le condamné par contumace se representant, ou mourant dans les cinq ans, si par aprés il est purgé & trouvé innocent, ses biens luy sont rendus, ou à ses heritiers, comme le tout est contenu en l'Edict du Moulins, art. 28. Encore le Roy se reserve-il le pouvoir de dispenser de cette rigueur aprés les cinq ans ; mais au contraire il se prive du pouvoir de donner les confiscations des contumax auparavant ces cinq ans expirez.

93. Ny la forfaiture.

D'où il s'ensuit que la forfaiture provenant d'une Sentence de contumace, n'est pas encore certaine ny asseurée, puis que le condamné se representant & purgeant dans les cinq ans, rentre sans doute en son Office, tout ainsi qu'en ses autres biens : même selon cette Ordonnance le Roy ne peut valablement auparavant les cinq ans, ny conferer l'Office, ny donner la confiscation du condamné par contumace.

94. Cependant l'Office est exercé par commission.

Et toutefois, pourse que les Offices ne peuvent pas commodement être regis par Commissaires, comme les autres biens, & d'ailleurs, qu'ordinairement il importe au public qu'ils soient exercez actuellement, & non pas delaissez vacans, on observe en ce cas de conferer par commission les Offices, laquelle commission est volontiers convertie en titre aprés les cinq ans expirez, soit en vertu d'un brevet de don de l'Office (que le Commissionnaire doit obtenir secretement de peur d'intrusion, à cause de l'Ordonnance qui deffend de demander les Offices auparavant l'actuelle vacation) soit au cas qu'il ait financé pour acheter la commission, Car en ce cas il est reputé avoir acheté & pris à ses requises tout le droit que le Roy avoit en l'Office estant, certain qu'on n'acheteroit pas une simple commission.

De fait, en vertu de telle commission, il se fait recevoir avec toutes les mêmes solennitez qui sont requises en un vray titulaire, & aussi étant receu de telle sorte, il peut dire tant que sa commission dure qu'il est comme vray Officier, & même il joüit du rang, honneur & autres préeminences qu'auroit le vray titulaire de l'Office : ce qui n'est pas de même des Commissionaires, qui sont mis pendant l'accusation, la ou suspension, parce que leur commission n'a point d'aptitude à être convertie en titre.

Il est vray neantmoins, qu'aprés les cinq ans, ce Commissionaire de forfaiture jugée par contumace doit être soigneux de prendre provision en titre d'Office, en vertu de laquelle il doit seulement prester nouveau serment sans reiteration d'information, ny d'examen, supposé qu'il y ait desja passé, lors qu'il a été receu en sa commission, ainsi qu'il a deu.

95. Commission se fait avec les cinq ans est receu en même solennité qu'un titulaire.

96. Faut neantmoins qu'aprés les 5. ans il obtienne provision.

Même comme on ne garde pas toûjours à la rigueur la prohibition de donner les confiscations avant les cinq ans, aussi bien souvent on confere l'Office du condamné par contumace en titre : & combien que cela soit abusif, si c'est ce que le condamné ny autres pour luy, non pas même ses creanciers, ne sont recevables d'y former empeschement, parce que toute Audience luy doit être déniée, jusques à ce qu'il se soit rendu en estat, & cependant est réputé pour bien condamné, & son Office pour vacant. C'est pourquoy telles provisions sont le plus souvent tolerées, & les impetrants receus en vertu d'icelles, sauf aprés la representation du contumax & qu'il sera purgé, de les resoudre : quoy que se soit il est bien certain que le condamné par contumace ne peut resigner cependant, puis qu'il a été prouvé cy dessus, que cela n'est permis, même au simpl accusé de crime, important privation de l'Office

97. Bien souvent pendant les 5. ans, l'Office est conferé en titre.

97. pendant les 5. ans condamné, ne peut resigner.

CHAPITRE XIV.
De la Recherche des Offices.

1. Continuation.
2. Fautes des Officiers plus severement punies.
3. Trois crimes ausquels les Officiers sont sujets.
4. Concussion.
5. Faussetté.
6. Peculat.
7. Pourquoy les financiers sont plustot recherchez que les autres Officiers.
8. Pourquoy autresfois tous Officiers estoient recherchez.
9. Inconvenient de rechercher les Iuges.
10. Des Commissaires des recherches.
11. Ne doivent être choisis par le partisan.
12. Ny aller par païs avec luy.
13. Doivent être faits par les Iuges ordinaires.
14. Plainte faite aux Estats de Tours contre ces commissaires.
15. Bonne rencontre, touchant ces Commissaires.
16. Comment faut choisir ces Commissaires.
17. Chambres Royale & de Iustice.
18. Des recherches particulieres des Officiers.
19. Que l'Officier accusé ne doit être interdit par le decret.
20. Deshonneurs provenans de l'interdiction.
21. Dommage qui en provient.
22. Pourquoy autresfois on pratiquoit cette interdiction.
23. Autre inconvenient qui en provient.
24. Autre encore.
25. Au criminel, qui perd en chef, paye tous les dépens.
26. Contre.
27. On ne fait pas assez de satisfaction à l'Officier innocent.
28. Neuf rigueurs qu'on tient en France aux accusez.
29. Pourquoy les procez criminels contre Officiers sont si frequents.
30. Ne doivent être legerement admis contre les Iuges.
31. Iuges ne doivent être garands de leurs Sentences.
32. Arrests des Cours souveraines sont souvent retractez.
33. Belles questions de nostre pratique.
34. Litem suam facere, quid ?
35. Quand on avoit recours contre la partie, on ne s'adressoit au Iuge.
36. Deux cas esquels le Iuge faisoit la cause sienne.
37. La malversation.
38. L'imprudence.
39. Les Iuges deleguez seuls tenus de l'imprudence, & non les Magistrats.
40. Bailliff jugeoient autresfois en dernier ressort.
41. Mais non les Ducs & les Comtes.
42. Devant qui ressortissoit l'appel d'iceux.
43. Abus des Commissaires ad partes.
44. Missi, seu Missi Dominici.
45. Cur Dominici.
46. Cur Missi.
47. Iugeoient sans appel.
48. Missi, supprimez sous la seconde race de nos Rois.
49. Dernier resort empieté par les grands Seigneurs.
50. Baillifs & Sénéchaux au lieu des Missi Dominici.
51. Missi devenus Maistres des Requestes.
52. Leur charge apresent.
53. Pourquoy president aux Bailliages.
54. Assises des Baillifs & Senéchaux.
55. Garderent le dernier ressort.
56. Mais on pouvoit faire plainte d'eux.
57. La plainte estoit erigée contre le Iuge, non contre la partie.
58. Querela, quid ?
56. Exemples au droit Romain de ces plaintes.

86 Des Offices en general, Liv. I.

60. *Supplicatio pro querela.*
61. *Plainte remede subsidiaire à l'appel.*
62. *Difference de l'appel, & la plainte.*
63. *Supplicatio contra Sententias Præfecti Præt.*
64. *Revision.*
65. *Requeste civile de France.*
66. *Pourquoy ainsi appellée.*
67. *Blasphemia, blaspheme de faux Iugement.*
68. *Plaintes estoient aussi appellées Requestes.*
69. *Referendarii.*
70. *Procedures de ces plaintes.*
71. *Beau Reglement nouveau du Conseil d'Estat.*
72. *Pourquoy on adjourne le Iuge & intime la partie.*
73. *Aliud en la vraye appellation.*
74. *Pourquoy on dit Griefs hors le procez.*
75. *Ces plaintes enfin confonduës avec les appellations.*
76. *Vestiges qui en sont demeurez.*
77. *Pourquoy on releve par lettres du Superieur, fors en Cour d'Eglise.*
78. *Pourquoy on adjourne le Iuge, & intime la partie.*
79. *Fors au pays de droict escrit.*
80. *Intimé est dit à Tolose, l'appellé.*
81. *Pourquoy on met l'appellation, & ce au neant.*
82. *La Cour seule peut prononcer ainsi.*
83. *Pourquoy les Baillifs doivent comparution au Parlement*
84. *Tout cela n'est plus que formalité.*
85. *De mesme.*
86. *Pourquoy les Iuges estoient autrefois condamnez à l'amende.*
87. *Pourquoy on prononce l'apellation, & ce sans amende.*
88. *Intimé quelquefois condamné en l'amende.*
89. *Que cela de stinique.*
90. *Pourquoy le Seigneur est condamné en l'amende pour le mal-jugé de son Iuge.*
91. *Raison commune.*
92. *Fausse.*
93. *Magistrats des Provinces jugeoient sans appel.*
94. *Invention de l'appel.*
95. *Cautele pour empescher l'appel.*
96. *Relatio, consultatio, & rescriptum.*
97. *Appellations empeschées par les Iuges.*
98. *Establies en droit commun par Constantin.*
99. *Amende contre les Iuges, ne recevans l'appellation.*
100. *Appellations empeschées en France par les Ducs & Comtes.*
101. *Causes des exemptions par appel.*
102. *Remede pour maintenir les appellations.*
103. *Pourquoy le Iuge est condamné en l'amende.*
104. *Pourquoy cette amende est payée par le Seigneur, & non par le Iuge.*
105. *Qu'elle seroit absurde, si c'estoit pour avoir mal-jugé.*
106. *Qu'il n'échet amende pour mal-juger sans malversation.*
107. *Absurdité manifeste de cette vieille pratique.*
108. *Qu'elle s'est corrigée d'elle-mesme.*
109. *Le Iuge adjourné en cas d'appel ne compare plus.*
110. *La Sentence est declarée nulle, quand elle est injuste simplement.*
111. *Erreur de l'Ordonnance de Roussillon.*
112. *Que les Presidiaux ne doivent condamner les Seigneurs à l'amende.*
113. *Inconvenient qui en advient.*
114. *Que cette vieille routine doit à present estre delaissée*

1. Continuation.

LA forfaiture expliquée au precedent Chapitre, nous ouvre le chemin pour traiter icy des recherches ou accusations qui se font contre les Officiers : ce que j'ay reservé à ce dernier Chapitre, ainsi que les compilateurs du Corps de droict Civil & Canon, ont rejetté à la fin d'iceluy les matieres criminelles.

2. Fautes des Officiers plus severement punies.

Or les actions des personnes publiques, soit vertueuses, ou vicieuses, ne peuvent qu'elles ne soient fort importantes au public. C'est pourquoy, comme il a esté dit cy devant, qu'en bien-faisant, ils doivent estre honorez pardessus les personnes privées : aussi vivant mal, ils doivent estre plus severement punis, parce qu'ils violent les loix, dont ils sont gardiens, & la foy publique, qui leur est commise : & d'ailleurs, che *magis exemplo, quàm peccato nocent*, comme dit Ciceron.

3. Trois crimes ausquels les Officiers sont sujets.

Il y a trois crimes, ausquels les Officiers sont plus sujets de tomber, la concussion, le peculat & la faussté : & combien que tous Officiers puissent tomber en chacun d'iceux, si est-ce que la concussion est plus ordinaire aux Magistrats, soit de gouvernement, ou de justice, le peculat aux Financiers, & la faussté aux Ministres de Iustice.

4. Concussions.

La concussion est toute exaction, ou autre tort, qui se fait par le moyen de l'authorité & puissance publique, l. 1. D. De concussione, l. 4. C. Ad l. Iuliam repetund. dont la recherche se faisoit au droict Romain *per judicium privatum*, contre les particuliers, qui avoient usé de concussion : mais à l'égard des Officiers, c'estoit un crime public, appellé, *crimen repetundarum, l. 2. D. De concuss. & toto tit. Ad l. Iul. repet.*

5. Faussté.

Pareillement, la faussté est beaucoup plus punissable en un Officier, duquel les actes sont publics, & font pleine preuve en toutes personnes, que non pas en un homme privé : mesme qu'on doute si la supposition d'une écriture privée est une faussté. Quoy qu'il en soit, la faussté n'est point capitale contre une personne privée, mais elle l'est à l'égard des Officiers : comme il est dit des Notaires & Greffiers, par l'Ordonnance de l'an 1551. & des Financiers, au fait de leurs Charges, par l'Ordonnance de l'an 1552.

6. Peculat.

Bref, quant au peculat, qui est le larcin ou interversion des deniers publics, combien qu'il ne fust capitale regulierement par la loy *Iulia*, si est-il à l'égard des Officiers par la loy peculat. C. De crim. pecul. & en France, par l'Ordonnance de l'an 1545. il porte confiscation de corps & de biens contre toutes personnes : mais encore les financiers, il y a cela de particulier en cette Ordonnance, que s'il s'absentent du Royaume, ou se cachent avant qu'avoir satisfait le Roy, ils doivent estre punis de mort comme criminels de peculat.

7. Pourquoy les financiers sont plustost recherchez que les autres Officiers.

Or d'autant qu'il n'y a ordinairement que le Roy qui ait interest à la recherche du peculat, au lieu qu'en la concussion, ou faussté, il y a presque tousjours une partie in terestée, c'est pourquoy les recherches generales des financiers sont plus ordinaires, & aussi plus necessaires, que celles des Magistrats, ou de leurs Ministres. Et ce que sous le Roy saint Louys, & sous Philippes le Bel on a usé de Syndicats, pour rechercher indifferemment toute sorte d'Officiers, est, que de ce temps-là les finances n'étoient separées de la Iustice, comme il a esté prouvé cy-devant : joint que le Parlement n'estoit encore étably en Cour ordinaire, quoy qu'il en soit il n'estoit encore en possession paisible, d'avoir égard sur tous les autres Iuges du Royaume, qui aussi n'étoient pas lors si souples & si obeyssans qu'ils sont à present, mais ayans les armes, la Iustice, & les finances à manier tout-ensemble, ils s'en faisoient bien plus accroire, que nos robes longues de maintenant, comme l'histoire fait foy.

8. Pourquoy tous Offici. rs étoient autrefois recherchez.

9. Inconvenient de rechercher les Iuges

Et à la verité, ce seroit une chose qui affoibliroit par trop l'authorité de la Iustice, & le respect particulier, qui luy est deu par le peuple, & qui est un des principaux fondemens de l'Estat, si on voyoit que par une recherche generale, tous ceux qui jugent les autres, fussent eux mesmes en posture de criminels, & que leur honneur fust exposé à la mercy d'un partisan, qui seul en tout cas profiteroit des injustices & exactions pretenduës faites au pauvre peuple, à qui n'en seroit faite aucune raison, comme il s'est veu à la recherche des usures. Inconvenient qui n'est pas en la rechercher du peculat contre les fi-

De la recherche des Offices, Ch. XIV

nanciers, d'autant que le Roy seul y ayant interest, il en peut bien faire party : combien qu'à la verité c'est toûjours chose honteuse d'acheter des procez, & encore des procez d'une recherche generale d'Officiers.

Mais ce qui est plus étrange est, c'est qu'on y met par fois des Commissaires au choix & à la devotion du partisan, qui souvent sont eux-mêmes associez au party : ce qui estant, qui est l'Officier, pour homme de bien qu'il soit, qui n'ait occasion de trembler parmy la malice & la subtilité des hommes d'apresent, voyant sa partie estre son Juge, & son honneur, même quelquefois sa vie, estre exposée à la mercy de celuy qui a interest à sa condamnation.

Quand le partisan n'auroit autre avantage que de choisir des Juges à sa poste n'est-ce pas assez pour faire courir fortune à l'innocent, veu qu'il y a aujourd'huy tant d'ames de Cour, qui étant d'ailleurs sans employ, ne cherchent qu'à se loüer pour gagner leurs dépens ; dont même il y en a, qui tout exprés se rendent plus rigoureux, ou qui autrement se sçavent accommoder au gré de celuy qui les employe aux dépens des biens, de l'honneur, & quelquefois de la vie de ceux à qui on en veut : afin qu'estans reconnus publiquement pour gens de service (ainsi les qualifie-t-on) ils soient achallandez & recherchez, pour servir souvent de telles commissions.

Mais outre cela, le partisan a encore un autre avantage, à sçavoir que lors qu'il faut aller par pais, c'est luy qui porte la bourse, qui paye, qui traite, qui defraye Messieurs les Commissaires, & par ce moyen il est pair & compagnon parmy eux, & étant toûjours avec eux, il apprend leur secret, reconnoist leur inclination, bref, enfin il les pousse comme il veut : qui sont à la verité de grandes tentations à des Juges, pour se laisser couler parmy la corruption de ce siecle : où il ne s'en void gueres de si entiers & si fermes, que *valeant perrumpere iniquitates*, comme dit le Sage. O ces façons de faire des Commissaires sont naïvement bien décrites en la Novelle de Valantinian *De indulgentiis reliquorum*, que je prie le Lecteur de voir sur ce propos.

N'y a-t-il pas en France assez d'Officiers ordinaires gens de bien, sans avoir recours à ces Commissaires extraordinaires ? veu que l'experience nous apprend assez, que le dire de Ciceron est veritable, que toutes puissances extraordinaires sont pernicieuses, & de dangereuse consequence. Ce qui devroit principalement estre consideré, quand il est question de l'honneur, ou de la vie des personnes publiques. Car lors quelle apparence y a-t-il d'attribuer cette puissance à simples Commissaires, & à des Juges bottez, entre lesquels j'ose dire qu'il y en a qui ne se persuadent pas estre établis pour juger les méchans ; mais pour taxer & rançonner indifferemment tous ceux qui ont à passer par leurs mains, coupables, ou non.

Cette plainte n'est pas de moy, elle fut solemnellement faite par les trois Estats de France, en l'assemblée d'iceux tenuë à Tours, sous le Roy Charles VIII. où ayant égard à icelle, telles commissions extraordinaires furent étroitement defenduës. En voicy les mots, *Item & au temps passé, quand un homme estoit accusé, supposé que ce fust à tort, il estoit pendu. Car il estoit mis entre les mains d'aucuns Commissaires, qui & trouvez à poste, & tres-souvent ceux qui avoient don des forfaitures & amendes, estoient à avoir les procez, & les conduire, comme Commissaires & Juges : & s'ils n'estoient Commissaires, si avoient-ils lettres pour estre presens avec les Juges à faire le procez. Si donc aux Estats, qu'on ne doit jamais souffrir tels Commissaires extraordinaires, mais, si aucuns sont accusez de quelque crime, informations en soient faites par les Juges ordinaires, & soient gardées les formes de droit : & ainsi fust-il arresté.*

Il me souvient à ce propos d'une bonne rencontre faite par un Moine, sans y penser, que rapporte Monsieur Pasquier en ses recherches de la France. Le Roy François étant au Couvent des Celestins de Marcoussy parlant de Messire Pierre de Montagu fondateur d'iceux, qui avoit été grand Maistre & Sur Intendant des Finances de France sous Charles VI. & avoit été condamné & executé à mort, puis quelque temps aprés trouvé innocent, & enterré honnorablement en l'Eglise de ce lieu : Il falloit bien, dit le Roy, que les Juges qui l'avoient condamné, eussent mal-jugé : un Moine Celestin reprenant brusquement le Roy, dit Que ce n'étoient pas des Juges qui l'avoient condamné, mais des Commissaires, voulant dire que les Commissaires n'étoient pas vrayement des Juges, & que cette condamnation n'étoit qu'un faux pretexte de Justice.

Il est vray, qu'il y a quelquefois des occurrences, où il est bien à propos d'user de Commissaires, notamment en ces recherches generales d'Officiers, comme Bodin traite fort bien au 2. Chapitre du 3. Livre. Mais alors c'est le devoir d'un bon Prince de les choisir luy-même, ou faire choisir par ses principaux Officiers, ausquels il a creance entiere, & ce, auparavant que le party de la recherche soit fait & adjugé : & encore les prendre dans les Cours Souveraines, quoy que ce soit du nombre des Magistrats ordinaires, même tirer & choisir d'entr'eux non pas les plus violents & severes, mais les plus gens de bien (car ceux-là ne peuvent manquer de capacité) comme il a été fait en ces dernieres érections des Chambres Royales, & de Justice, composées des Officiers des quatres Compagnies Souveraines, qui aussi ont rendus si bonne & equitable Justice, que ny les particuliers, n'ont eu occasion de s'en plaindre, ny le public de s'en mécontenter.

Et pour parler maintenant des recherches particulieres, c'est à dire, des procez criminels qui se font contre les Officiers en particulier, il me semble, sauf correction, qu'és procedures d'iceux, nous leur faisons beaucoup d'injustice. Premierement en ce que nous suspendons trop legerement de l'exercice de leurs charges, & ce ordinairement deslors du premier decret d'adjournement personnel : puis, tant que leur procez dure, nous les tenons en interdiction, & les faisons mâcher à vuide, même nous les dépoüillons, autant qu'il nous est possible de leur honneur, & de leur pouvoir, avant que sçavoir s'ils sont coupables : ce qui est, ce me semble, contre la decision de la loy §. *Libertus* §. *In quæstionibus*, *Ad Municip.* où Papinian dit que *Magistratus capitali criminis accusati pristinam Dignitatem interim retinent.*

Est-ce pas préjuger leur condamnation, avant qu'avoir oüy leur deffense ? est-ce pas les condamner par provision pendant le procez ? Bien qu'il faille plustost presumer l'innocence, & que pendant l'accusation, le prevenu doive demeurer *integri status*. Et neanmoins, fussent-ils les plus innocens du monde, cette soudaine interdiction leur apporte une tres-mauvaise reputation parmy le peuple, porté à presumer plustost le mal que le bien : reputation qui ne se repare jamais tout à fait, parce que la playe de la calomnie étant guerie par l'absolution, la marque & la cicatrice en demeure neanmoins, disoit un Ancien, c'est à dire la memoire, & le mauvais soupçon resultant de cette suspension publique.

Voila pour l'interest d'honneur : quant au dommage, qui advient à l'Officier, d'estre privé pendant le procez de l'émolument de son Office, qui est ordinairement le plus beau de son revenu, il ne void gueres, que par aprés on luy en fasse raison, bien qu'il soit trouvé entierement innocent. Car le plus souvent il n'y a autre partie, qu'un Procureur du Roy, qui est une partie sans partie, & un adversaire invulnerable & comme la Quintaine, & laquelle celuy qui heurte au corps est en danger d'en avoir dans le

10. Des Commissaires des recherches.

11. Ne doivent être choisis par le partisan.

12. Ny aller par Pays avec luy.

13. Doivent être choisis par les Juges ordinaires.

14. Plaintes faites aux Estats de Tours, contre ces Commissaires.

15. Bonne rencontre touchant ces Commissaires.

16. Comment faut choisir ces Commissaires.

17. Chambre Royale & de Justice.

18. Des Recherches particulieres des Officiers.

19. Que l'Officier accusé ne doit être interdit pas le decret.

20. Des honneur provenant de l'interdiction.

21. Dommage qui en provient.

Des Offices en general, Liv. I.

dos, s'il n'esquive vistement. Que si on leur met en teste un denonciateur, ou partie civile, ce sera quelque homme de paille aposté, qui ne sera, ny de qualité, pour reparer le deshonneur, ny de moyens, pour satisfaire au dommage, qu'un Officier innocent aura receu par une calomnieuse accusation.

22. Pourquoy autrefois ou prariquoit cette interdiction.

Je sçay que de tout temps on a pratiqué l'interdiction des Officiers pendant leur accusation, notamment des malversations pretenduës commises en leurs charges : mais je dy, que cette pratique pouvoit être tolerable, lors que les Offices étoient donnez gratuitement, parce qu'alors on ne mettoit en consideration l'interest pecuniaire de l'Officier : & quant à l'interest d'honneur, on le couvroit de cette bien seance publique, de ne voir juger les autres par celuy, qui étoit en terme d'être en terme jjugé même. Mais à present, que les Offices non seulement se vendent, mais que sur le revenu d'iceux est bien souvent fondé l'entretien d'une famille honnorable, est-ce pas grâde conscience de priver un homme qu'on ne sçait encore s'il a failly, de la jouyssance de son bié, lors qu'il en a le plus de besoin, pour se defendre.

23. Autre inconvenient qui en provient.

Quàm nosmet nobis legem sancimus iniquam.

Il en survient encore une autre grande absurdité, c'est que le delateur du pauvre Officier, le voyant bouclé par cette interdiction, ne manquera pas de l'embarasser parmy quantité de chefs d'accusation, dont la plupart seront controuvez à plaisir, sera, ouyr infinis témoins contre luy, soit, qu'ils le chargent, ou non, pour enfler le procez, lequel par aprés il laissera là, sans en faire pourfuite. Et si on pourfuit ce delateur pour poursuivre, ce ne seront que fuites, que delais, que defauts, qu'appellations, que recusations, que faits nouveaux, nouveaux incidens, & telles autres longueurs de chicane : de sorte qu'enfin l'Officier sera contraint de faire instruire son procez luy-même ; payer ceux qui ont travaillé contre luy, & se faire foüetter, comme on dit, à ses dépens, pour tâcher à sortir d'accusation, & rentrer en son Office. Encore le plus souvent les fuites de sa partie seront telles, qu'il trouvera plustost la fin de son argent, même de sa vie, que de son procez, & mourant ainsi, voila son Office perdu.

24. Autre encore.

S'il a les reins assez forts, & la vie assez longue, pour en voir la fin, encore au jugement definitif d'iceluy, on luy fait une autre injustice. Car si de vingt chefs d'accusation proposez contre luy, il y en a seulement un ou deux, des plus legers, verifiez : comme il est quasi impossible, que parmy cinquante ou soixante affaires, qui se traitent chaque jour devant un Juge, il ne luy arrive en plusieurs années de commettre un peché veniel, ou par la surprise de la partie : ou par l'embuche d'un ennemy, ou par la faute d'un Clerc du Greffe, ou par inadvertance, ou par ignorance, ou quelquefois par une passion soudaine, voila le pauvre Officier, pour cette seule peccadille, condamné en tous les dépens du procez, s'il y a partie civile.

25. Au criminel qui est en un chef, payes les dépens.

Car on pretend, qu'au criminel on ne fait pas comme au Civil, où on distingue les chefs de demande, & on prononce separement sur chacun, tant pour le principal, que pour les dépens. Mais au criminel on dit, *que qui in uno peccaverit, factus est omnium reus.* Qu'on ait accusé un Juge de concussion, de peculat, de fausseté, que de tout cela il se trouve innocent : mais qu'il ait failly en quelque Ordonnance mal observée, qu'il ait pris cinq sols pour quelque expedition, qui devoit être gratuite, & laquelle faute il ait luy même confessée, & qui partant n'ait rien cousté à verifier; on luy sera neantmoins payer les dépens de tout le procez, & ainsi on luy fait payer la calomnie de son accusateur, qui sçachant cette pratique, quand il est assuré d'avoir preuve de quelque peccadille, ne manque point de mettre enfin contre le Juge, tous les crimes qu'il peut imaginer ; & puis le peuple, qui void son Juge & payer les dépens de tout le procez, infere

& conclud, qu'il a été trouvé coupable de tous ces grands crimes, dont il étoit accusé

Aussi ay je ouy dire, que de nouveau le Parlement en jugeant le procez d'un Conseiller d'iceluy, a distingué les chefs de son accusation, & a prononcé separement sur chacun d'iceux ; & pource que de trois chefs, il n'y en avoit que deux prouvez, ne l'a condamné qu'au tiers des dépens, les deux autres tiers compensez.

26. Contre.

Que si de fortune il ne se trouve rien du tout à redire en luy de l'Officier accusé, encore rarement sera-il absous. Car il y en a qui disent, qu'on n'absout point en France : mais où on mettra les parties hors de Cour sans dépens, ou on permettra au Procureur du Roy d'informer plus amplement : ou si on veut tant favoriser son innocence, que de l'envoyer absous, c'est chose rare, & de luy n'ay jamais veuë, de condamner son faux accusateur en semblable suplice, comme la loy le veut. On le condamnera en cent escus de reparations : plus ou moins, selon la qualité : si on vient jusques à une amende honorable, c'est grande merveille : Et pour les dépens du procez, on luy permettra de faire cession de biens. Ainsi, quand l'Officier seroit aussi juste qu'Aristide, & aussi sage que Caton, lequel fut accusé soixante fois ; la victoire qu'il obtient, est une victoire de Cadmus, dont il demeure ruiné : & quant à son calomniateur, aprés avoir fait cession (car ce sont ordinairement gens de cession, qu'on met en teste aux Officiers le voila sans soucy, comme n'ayant plus que perdre.

27. On ne fait pas assez de satisfaction à l'Officier innocent.

——— Damnatus inani
Iudicio (quid enim salvis infamia nummis ?)
Exul. ab octavâ Marcus bibit, & fruitur Diis
Iratis : at tu victrix Provincia ploras.

Considerons, je vous prie, en combien de poincts nostre procedure criminelle est plus rude aux accusez, que celle des Romains. Premierement, pour un coup de poinct, nous usons de la même procedure secrette, dont les Romains usoient au crime de leze Majesté, comme le docte Juge criminel Airaut a bien prouvé en sa pratique. Secondement nous mettons plusieurs accusations ensemble, ce qui n'avoit lieu au droict Romain, *l. 4. & ibi Dot. D. De pub. jud.* En troisiéme lieu nous permettrons à l'accusateur d'avoir du conseil, & non à l'accusé, qui avoit à Rome, comme les Oraisons de Ciceron nous témoignent. En quatriéme lieu, nous ne permettrons regulierement, qu'à l'accusateur de faire preuve de son accusation, & non à l'accusé de son innocence, comme il luy étoit permis à Rome, ainsi que les mêmes Oraisons nous apprennent. En cinquiéme lieu à Rome, il y avoit toûjours un accusateur apparent, *l. Quamvis C. De adult. l. ult. D. De priv. del. & .* au lieu qu'en France l'accusé n'a d'ordinaire, qu'un Procureur du Roy en teste, qui aprés l'absolution s'excuse bien souvent sur la necessité de sa Charge, ou nomme en tous cas quelque homme de neant pour denonciateur. Pour sixiéme difference, il faut quotter la rigueur de l'Ordonnance de 1539. que les témoins des faits justificatifs & de reproche, soient nommez promptement par l'accusé, dont l'Autheur s'en trouvera luy même embouclé. En septiéme lieu au droict Romain le procez criminel ne pouvoit durer qu'un an, *tit. ut intra annum criminalis quæstio terminetur. C. Theod.* que Justinian étendit à deux ans, lesquels expirez, l'accusé étoit envoyé absous sans autre connoissance de cause, & l'accusateur puny comme colomniateur *tit. intra qua tempora crimin. quæst. termin. Cod. Justi.* & en France les procez criminels durent plus que les hommes. En huitiéme lieu selon le droict on prononçoit toûjours l'absolution : quand l'accusation n'étoit confirmée de preuves concluantes ; icy on absout rarement, mais permetant au Procureur du Roy d'informer plus amplement, on laisse l'accusé trainer eternellement l'en Prison. Finalement en droit le calomniateur n'éc hapoit jamais le talion : & en France és accusations capitales, il en

28. Neuf rigueurs qu'on tient en France aux accusez.

est

De la recherche des Offices Chap. XIV.

est pour le plus, quitte pour une amende honorable.

19. Pourquoi procez criminels contre les Officiers sont si frequens.

Voila assez de rigueurs, que nous tenons aux accusez, sans encore y adjouster celle-cy contre les pauvres Officiers, de les dépossedér honteusement de leurs Offices, si tost qu'on vient à les accuser à tort, ou à droict? Certes je ne m'estonne pas, si parmy toutes ces rigueurs les recherches des Officiers sont aujourd'huy si frequetes & si plausibles, que sur icelles on a fait en ce temps un nouveau fonds des Finances: chose neantmoins prejudiciable au public, d'autant que cela diminuë extrémement le respect, que le peuple doit aux Magistrats, d'où naist par une suite necessaire le mépris des loix, & enfin la desobeïssance vers le Prince, qui est le Souverain Magistrat.

30. Ne doivent estre legerement admis côtre les Juges.

Ce qui soit dit touchant les recherches criminelles, qui sur tout ne doivent estre legerement admises contre les Juges, veu qu'à Rome tous Magistrats, qui avoient pouvoir d'emprisonner, ne pouvoient estre appellez en jugement, mesme en cause civile, pendant que leur Charge duroit, *l. 1. D. De in jus vocando*. Parlons maintenant des recherches & poursuites civiles, qui peuvent estre faites contre eux. Car ce ne seroit jamais fait de traiter, quand les Officiers de finance sont tenus en leur nom à payer leurs assignez, quand les Notaires sont tenus garantir la validité de leurs contracts, & declarer les hypotheques qu'ils sçavent, ny quand les Sergens, fautes d'avoir fait à temps leurs diligences, doivent estre declarez debiteurs.

31. Juges ne doivent estre garands de leurs Sentences.

Nous parlerons donc seulement des Juges qui ont mal jugé, afin de découvrir plusieurs beaux secrets de nostre pratique. Or est bien certain, que les Juges ne sont pas garands regulierement de leurs jugemens, & que *ut consilij, ita & judicij non fraudulenti nulla obligatio est*. Car parmy la varieté des affaires humaines, parmy le nombre infiny des loix, Ordonnances, & coustumes, parmy la diversité des opinions des hommes, parmy la malice des parties, parmy la negligence, d'aucuns Advocats, parmy la surprise des Procureurs, parmy l'ignorance des Greffiers, quelle apparence y auroit-il, qu'un Juge deust garantir tous les jugemens qu'il rend de saine conscience, & avec droite intention? & qui seroit celuy qui voudroit estre juge, pour estre au hazard d'avoir autant de procez en son nom, comme il donneroit de Sentences, dont il n'en faudroit possible qu'en toute sa vie pour le ruiner; seroit ce pas avoir toûjours en jugeant l'épée de Damocles penduë sur sa teste? Veu qu'on voit mesmement ès Cours Souveraines, qui sont presumées *habere omnia jura in scrinio pectoris*, & où il y a ordinairement plus de vingt juges à concerter la decision d'un procez, que neantmoins quand on obtient Requeste civile contre leurs Arrests, ceux mesmes qui les ont donnez les cassent & corrigent bien souvent. Et voit-on pas aussi infinies Sentences des Requestes du Palais dont y a appel, infirmées, combien que ceux qui les donnent soient du Corps de la Cour, & de mesme qualité en tout & par tout, que ceux qui donnent les Arrests.

32. Arrests des Cours souveraines sont souvent retractez.

33. Belle question de nostre pratique.

D'où vient donc, qu'en France les Juges Royaux sont adjournez en cas d'appel pour soustenir le bien jugé? d'où vient aussi que les Seigneurs sont condamnez en amende, pour le mal jugé de leurs Juges? comme il est porté par l'Ordonnance moderne de Roussillon, qui est une des plus belles, que nous ayons. D'où vient encore, que quelque fois au Parlement l'intimé est condamné en l'amende, pour le mal jugé du Juge Royal; & que pour cette cause, quand la Cour infirme une Sentence, elle prononce qu'elle la met au neant sans amende? Certes ce sont des plus difficiles secrets de l'antiquité de nostre droict François, non jamais recherchez par aucun, bu meritent bien d'estre éclaircis icy tout à loisir pour la fin de ce Livre.

Il y a certains cas au Droict Romain, esquels le
Du Droit des Offices.

Juge fait la cause sienne c'est à dire (comme l'explique Cujas aux Paratitles) que celuy, qui est chargé par sa Sentence, peut tourner teste contre luy, & quittant sa partie adverse, se prendre directement à son Juge, & le poursuivre *extraordinaria cognitione*, prenant contre luy les mêmes conclusions, qu'il avoit pris auparavant contre son adversaire, *l. ult. De extraord. cognit. & Si Iudex litem suam fecisse dicatur*.

34. Litem suam facere quid?

Ce qui ne pouvoit estre, sinon lors qu'il n'y avoit point de voye d'appel, ou bien quand le Juge avoit fait un grief irreparable par la voye d'appel. Car tât que la cause estoit entiere, & que le grief estoit reparable, par appel, la partie n'avoit point d'occasion de quitter la voye ordinaire de poursuivre son adversaire, pour s'attaquer à son Juge, par une action extraordinaire, *quia quoties ordinarium judicium competit, non datur extraordinarium, l. in causa D. De minor*. Il est vray que si en cause d'appel il se trouvoit que le Juge eust notoirement failly, il pouvoit estre puny selon l'arbitrage du Superieur; mais pourtant il ne faisoit pas la cause sienne, c'est à dire, qu'il ne transferoit pas sur soy l'évenement du procez.

35. Quand on avoit recours contre, la partie ne s'adressoit au Juge.

Or il y avoit deux especes de fautes, à cause desquelles le Juge pouvoit faire la cause sienne, sçavoir est la malversation, & l'imprudence. La malversation estoit, quand il avoit esté corrompu par argent, faveur, ou quelque autre semblable moyen, ou bien qu'autrement il estoit en dol qui sont les cas du titre *De pœna judicis qui male judicavit id est, maligne seu qui male versatus est in judicio*, ainsi qu'il se collige des loix qui sont dans ce titre: car le Juge n'est pas punissable pour avoir mal-jugé s'il a jugé selon sa conscience, sans malversation, ou imprudence, tout ainsi qu'autre chose de mentir, & de dire un mensonge, comme dit Favorinus *ab A. Gelle*.

36. Deux cas esquels le Juge faisoit la cause sienne.

L'imprudence de l'ignorance manifeste du droict, qui est le contraire de la prudence, ou Jurisprudence. C'est pourquoy au cas de cette imprudence, il avoit au droict Romain distinction des Juges. Car les Magistrats, qui estoient ordinairement plus gens d'épée, que de lettres, n'estoient point tenus de l'imprudence, & n'y avoit que les Juges Pedanées, c'est à dire, les Assesseurs des Magistrats, ou Juges par eux deleguez, qui en fussent tenus, comme il est expressément decidé en la loy *2. De Quod quisque juris, &c.* où les interpretes Grecs se rendent la raison, comme raporte Cujas *lib. 13. observ. cap. ult.* Πολλάκις γὰρ οἱ ἄρχοντες, ὅτε οἱ ἐν δικαστηρίοις πρασ-γμανοι, οἱ ἰσασιν ἀκριβῶς τοὺς νόμους, ψεκτέοι εἰσιν ἐχί διὰ τὸ κακῶς εἰδέναι τοὺς νόμους, ἀλλὰ διὰ τὴν ἀξίαν, καὶ τῶν περὶ τὴν βασιλέα ἢ πιστιν, ἢ εὐβυριαν. Mais les Juges Pedanées profitebantur se peritos, & ideo præstare debebant scientiam legum & morum, id est, τύπας, comme parle la Novelle 81. *in princip*. que Cujas au lieu susallegué interprete, *continuatam & tritam experientiam tritura*, *usufque forensis*, qui est ce qui nous appellons pratique.

37. La malversation.
38. L'imprudence.
39. Les Juges deleguez sont seuls tenus de l'imprudence & non les Magistrats.

Cette distinction sert grandement à découvrir ces secrets de nostre ancien droict: car Paule Emile, Budée, & aprés eux du Haillan, nous apprennent que nos Baillifs & Sénéchaux jugeoient anciennement en dernier ressort: ce qui est aisé à colliger de ce qu'auparavant que le Parlement eust esté estably sedentaire par Philippe le Bel, il ne s'assembloit qu'une ou deux fois l'an, & tenoit fort peu de jours. Et lors il ne connoissoit pas proprement des causes d'appel, mais seulement des grandes causes en premiere instance, comme des Duchez & Comtez, des crimes des Pairs de France, & encore des causes du Domaine de la Couronne, qui est sa Iurisdiction primitive & originaire, qu'il retient encore en premiere instance, & je n'ay jamais veu d'Arrests de ce temps-là donnez sur des appellations des Baillifs & Sénéchaux,

40. Baillifs jugeoient en dernier ressort.

il est bien vray, qu'en France il y avoit ancien-

M

Des Offices en general, Liv. I.

41. Mais non les Ducs & les Comtes.
42. Devant qui ressortissoit l'appel d'eux.

nement appel des Ducs & Comtes, aussi bien qu'au Droict Romain il y avoit appel des Proconsuls, & pareillement des Ducs Romains, lequel appel ressortissoit pardevant l'Empereur, ou son *Præfectus prætorio l. 32. §. 1. C. de appellat.* Comme aussi en France l'appel des Ducs & Comtes de Province ressortissoit devant le Roy, ou devant le Maire du Palais, qui estoit appellé le Duc des Ducs, ou le grand Duc de France. Mais eux à succession de temps, ne pouvant prendre la peine, ny avoir le loisir de vuider tant d'appellations, les faisoient vuider par des Commissaires qu'ils envoyoient pour cét effet de temps en temps par les Provinces, afin que la Justice Souveraine fust renduë sur le lieu, au soulagement du peuple, ainsi qu'on void encore aujourd'huy que le Pape & les Primats Ecclesiastiques deleguent des Commissaires sur les lieux, pour juger les appellations interjettées devant eux.

43. Abus des Commissaires ad partes.

En quoy toutesfois ils commettent une absurdité que nos Roys ne commettoient pas. Car les Commissaires Ecclesiastiques sont deleguez particulierement pour chacune cause, & sont choisis & nommez ordinairement par la partie, qui pourfuit la commission : mais ces anciens Commissaires de France estoient choisis par le Roy mesme, qui les envoyoit par les Provinces pour decider generalement toutes les appellations interjettées des Ducs, ou Comtes, ou autres Juges residens en icelles.

44. Missi (ou Missi Dominici.
45. Cur D. minici.
46. Cur. Missi.

Ces Commissaires estoient appellez *Missi*, ou *Missi Dominici*, parce que l'invention en fut trouvée au commencement de la seconde lignée de nos Roys, qui estans aussi Empereurs de Rome, se faisoient appeller *Dominos* (ainsi que les precedens Empereurs Romains depuis Domitian) ne se voulans en France qualifier simplement, & les François ne voulant qu'ils se qualifiassent Empereurs à l'égard de la France, qu'on ne vouloit pas permettre de joindre à l'Empire. Et parce que ces Commissaires estoient envoyez par les Provinces, ils estoient appellez *Missi*, que le moderne Pasquier tourne *Envoyez*, au lieu que les anciens Historiens François écouchans le Latin, les appellent *Messagers*, Aymon le Moine les nomme *Legatos*, & en quelque endroit, *fideles ac creditarios à latere*. Tant y a que ces Commissaires representans le Roy au fait de leur charge, comme les Nonces & Ambassadeurs, jugeoient *vice Regia* les causes devoluës par appel à sa Majesté : & par consequent on estoit persuadé, qu'il n'y a point d'appel des Commissaires deleguez par le Pape. Aussi les *Missi Dominici* estoient pris du nombre de ceux qui assistoient au Parlement, ou Conseil Privé du Roy, comme aujourd'huy y entrent les Maistres des Requestes, qui ont succedé à quelques parties de leur fonction. Et cette ancienne façon de France, d'envoyer ainsi des Juges par les Provinces, pour juger les causes d'appel, & principalement les procez criminels, est encore gardé aujourd'huy par les Anglois, plus soigneux que nous mesmes de retenir les formes anciennes, qu'ils ont apprises de nous, lors que les François, les ayant conquis, y ont esté plus civilisez.

47. Jugeoient sans appel.

48. Missi supprimez en la 3. race de nos Roys.

Voila comment on en usoit en la seconde Race de nos Roys : mais en la troisiéme lors que les Ducs & les Comtes eurent changé leur Office en Seigneurie, & que les principaux d'entr'eux se furent faits demy Souverains, comme j'ay traité particulierement au Livre *Des Seigneuries*, ils ne voulurent plus souffrir que ces *Missi Dominici* residassent ny rendissent la Justice dans leurs Pays : au contraire ils firent faire aux Roys plusieurs Ordonnances, de ne plus envoyer d'Officiers ny de Commissaires dans leurs terres, pour y rendre la Justice, qui sont rapportées en la Conference des Ordonnances tit. *Des Baillifs & Seneschaux*. Et ainsi s'estans affranchis de ces Commissaires, ils usurperent peu à peu le ressort & la Souveraineté de la Justice : mesme enfin les plus puissans & les plus éloignez du Roy l'usurperent tout à fait, comme les

49. Dernier ressort empesché par les grands Seigneurs.
50. Baillifs & Seneschaux au lieu des Missi Dominici.

Ducs de Guyène, Normãdie, Bretagne & Bourgogne.

Mais les moindres & plus proches de la Cour en furent empeschez par le moyen de ce qu'à mesure que les Roys trouvoient sujet de reünir à la Couronne quelque Ville proche d'eux, ils attribuoient au Juge ordinaire d'icelle, appellé Bailly ou Seneschal, la Jurisdiction des cas Royaux, & causes d'appel du territoire des Comtes, ou autres Seigneurs voisins, ainsi que l'avoient auparavant ces *Missi Dominici*, qui n'allans plus l'exercer par les Provinces demeurerent pour assister au Parlement & au Conseil Privé du Roy non plus en qualité d'Envoyez, mais de referendaires ou Maistres des Requestes, ainsi qu'ils sont à present, c'est à dire, ayans la charge de rapporter & representer au Roy les Requestes & plaintes survenantes des Provinces, où aussi ils estoient autresfois tenus de faire leurs chevauchées & reveuës pour la conservation des Droicts du Roy seulement, & pour empescher que le peuple ne fust vexé par les Seigneurs, & recevoir les Requestes & plaintes d'iceluy : c'est pourquoy encore aujourd'huy passans par les Provinces ils ont droict de tenir le Siege des Baillifs & Senéchaux Royaux, comme ayans ressort en leur lieu.

51. Missi devenus Maistres des Requestes.
52. Leur Charge d'à present.
53. Pourquoy president aux Bailliages.

Donc ces Baillifs Royaux succederent à la Charge des *Missi Dominici* : c'est pourquoy ils gagnerent ce poinct peu à peu, d'aller tenir leurs assises dans les terres des petits Seigneurs estans en leur ressort : esquelles assises ils vuidoient les plaintes faites contre leurs Officiers, & pareillement les causes d'appel : & ainsi ils garderent le mesme pouvoir, qu'avoient anciennement les *Missi Dominici*, de juger en dernier ressort : & de vray, il y avoit bien moins de hazard de le leur permettre, qu'aux Ducs & aux Comtes, qui le pretendoient, & en jouyrent la plus-part, aprés la suppression des *Missi Dominici* : joint qu'en la simplicité ancienne des François, on n'avoit encore connu que deux degrez de Jurisdiction, & ne sçavoit-on ce que c'estoit d'appeller deux fois.

54. Assises des Baillifs & Senéchaux.
55. Garderent le dernier ressort.
56. Mais on pouvoit tirer le plaint re d'eux.

Mais on inventa une autre bride pour les retenir en leur devoir, qui fut celle mesme, que pratiquoient les Romains à l'égard des Juges, desquels il n'y avoit point d'appel, à sçavoir, que s'ils denioient Justice, ou rendoient quelque faux jugement, on en faisoit sa plainte au Roy. Car (comme dit la Novelle de Theod. tit. *Contra Sententias Præfectorum Prætorio injustas supplicandum*) *quid litigantibus relinquitur, si post Sententiam, quam nefas est appellatione suspendi, nec nostri serenitatis imploretur auxilium?*

57. La plainte étoit dirigée contre le Juge, non contre la partie.

Or cette plainte ne pouvoit estre dirigée contre la partie, qui n'avoit pas tort de maintenir & faire executer ce que le Juge avoit ordonné en dernier ressort, & contre le Juge mesme, qu'on pretendoit avoir malversé en son jugement : *idque non per viam ordinariam appellationis, sed per viam extraordinariam querelæ*. Aussi le mot *Querela*, est adapté dans le droict à toute chose, dont il n'y avoit point d'action ordinaire, & de quoy neantmoins on a occasion d'implorer extraordinairement l'Office du Juge, comme quand le fils se plaint du Testament du Pere, *per querelam inofficiosi Testamenti* : quand la femme se plaint du mary *l. 7. C. De nuptiis.* Le serviteur du Maistre, *l. 1. §. 1. De iis qui sunt sui*, *vel alien. jur. l. 1. §. Quod autem. D. de off. Præf. urbi* L'affranchy du patron, *l. 1. D. de obseq. pater præst. l. 1. §. 7. de jur. patron.*

58. Quærela, quid.

Mais particulierement nous trouvons au Droict Romain plusieurs exemples des plaintes qui se faisoient contre les Juges, hors la voye d'appel. Comme en la loy derniere, §. *Illud C. de tempor. & repar. appel.* où l'Empereur dit que celuy qui n'a fait juger son appel dans l'an, en est déchu, *Cum apertissima fuerit facultas nostram adire Majestatem, & tarditatem Indicis in querelam deducere* Il en est aussi fait mention, en *l. ult. §. penult. in fi. C. De fide instrum. Si jam plenissimum finem lis accepit, neque per appellationem suspensa est, neque per solitam retractatio-*

59. Exemples au droict Romain de ces plaintes.

De la recherche des Offices Chap. XIV.

nem adhuc vivere speratur, tunc satis durum est hujusmodi querela indulgeri, ne in infinitum causa retractentur, & sopita jam negotia per hujusmodi viam iterum aperiuntur. Il y a encore la loy 2. *De his qui per metum judicis non appellaverunt* C. Th. qui en parle bien expressément. *Provocatione minime subsecuta, præsidium postulare fas erit, Judicium metu territos se esse firmantibus. Tunc enim aut per me cognoscam, aut excellentia tua imperium notionem. Cùm verò consularium, vel præsidum, aliorumve Sententiæ in quærimoniam deducentur, prioris legis statuta sequenda sunt, quæ certo terrore proposito auxilium poscentibus detulit.* Or la loy precedente dit, que ceux qui font temerairement ces plaintes, doivét être releguez avec confiscation de tous leurs biens.

60. *Supplicatio pro querela.*

Cette plainte étoit aussi appellée, *Supplicatio, de qua leg.* 9. *De appellat. eod.* C. Theod. *Supplicare causâ appellationis pendente, non liceat, nisi fortè ei cui opinionis exemplum negatum est, vel instructionis universæ suppressa à transmissi. Quo facto crimen Iudici sacrilegij imminebit. Aliter supplicanti dimidia partis impœnenda est multa. Eo etiam, qui terminatam rescripto vel consultatione quæstionem supplicatione refricare tentaverit (quoniam majus crimen committit) in omnem rei æstimationem protinus condemnando.* Il y en a encore un bel exemple au Chapitre, *Ex litteris. ext De in integrum restit.*

61. *Plainte, mode subsidiaire à l'appel.*

D'où s'ensuit, que cette plainte ou Requeste étoit un remede subsidiaire à l'appellation, comme le docte Godefroy a noté sur la loy. *Si quis adversus* C. *De precibus Imperat. offer.* Remede qui avoit lieu, lors qu'il y avoit quelque juste sujet de se pourvoir contre la Sentence, & que neanmoins la voye d'appel étoit fermée : soit à cause de la qualité du Iuge, *à quo appellare non licebat, ut de Præfecto Prætorio dicitur in leg. unica,* C. *De Senten. Præfect. Prætor.* soit que le temps d'appeller fust passé, *ut in dd. ll. prima,* & 2. *De his, qui per metum Iudic. non appell.* C. Th. & leg unica, *De secundo lapsu. eod. Cod.* soit à cause de la qualité de la partie, *ut de servo dicitur in leg. Servi.* D. *De appell. junct. leg. Universis.* D: *De precib. Imperat.* soit finalement qu'il ne fust pas encore temps d'appeller, *ut pote ante definitivam Sententiam, ut in d. leg. ult. De appell.* C. *Iust & in d. leg.* 6. *eod. tit.* C. Th. même en la loy *Si prætor.* D. *De Iud* appelle *querelam* l'empechement formé par le condamné à l'execution de la Sentence de contumace pardevant l'executeur d'icelle, parce qu'il est au lieu d'appel, & en un cas auquel l'appel ne seroit pas receu à cause de la contumace.

62. *Difference de l'appel & la plainte.*

Or il y avoit cette difference principale entre l'appel à la plainte ou Requeste, que l'appel étoit dirigé contre la partie, & ne concernoit point l'honneur ny l'interest du Iuge, *Appellatio ad Iudicis injuriam non pertinet* 3. l. 10. C. *De appellat.* Mais la plainte étoit directement dirigé contre le Iuge, & ne touchoit la partie, sinon indirectement, parce que la chose Iugée étoit tenuë pour verité, & étoit rarement retractée, & ne le pouvoit être, sinon pour cause de nullité, & non pour simple grief, ou cause de mal Iugé, comme il est dit en la loy, *Sententiam rescindi non posse,* Bref, en l'appel on se plaignoit de l'iniquité de la Sentence, & en la plainte on arguoit la faute du Iuge : à cause de laquelle aussi le Iuge étoit puny, 'ou condamné en quelque amende, comme il se voit en cette loy sixiéme, *De appellat.* C. Th. & ne cette loy unique *De secundo lapsu eod. Cod.*

63. *Supplicatio contra Sententiam Præfecti Præt.*

En quoy toutesfois il faut excepter la requeste, qu'on presentoit contre les jugemens du *Præfectus Prætorio,* qui n'étoit jamais prise à partie, διὰ τὸ ὑπερέχον τῆς ἀρχῆς, dit *Theodorus Hermapolites.* Aussi cette Requeste n'est jamais appellée au droit *Querela, sed tantùm Supplicatio,* & par icelle on parvenoit, non pas à transferer l'evenement de la cause sur luy, *sed ad retractationem Sententiæ,* quæ passim *vocatur solita retractatio* : ce qui nous montre aussi

qu'elle étoit admise indifferemment, tout ainsi que l'appel à l'égard des autres Iuges, comme il se collige de cette loy unique, *De Sentent. Præf. præt.* aussi étoit-elle à mon avis fondée sur un simple grief, sans qu'il fust besoin d'arguer ce premier Magistrat de malversation, ou de nullité, ainsi que cette même loy nous apprend en ces mots, *si contra jus se lasos affirment :* Et de fait, le mot *retractio,* & encore plus le Grec ἀναθεώρησις ἐπ' ἀνατρεψίαν denotant, que le procez étoit rejugé sur les mêmes pieces, & mêmes moyens, comme en la revision, dont on usoit naguere en France, auparavant qu'elle eust été abolie par les Ordonnances modernes. Et de fait anciennement il y avoit appel à *Præfectis Prætorio,* tout ainsi que des autres Magistrats, dit la loy unique D. *De off. Præfect. Præt.* & comme il falloit appeller des autres dans les dix jours, aussi Justinian ordonna en la Novelle dix-neuviéme, que dans les dix jours il falloit protester de se pourvoir contre la Sentence du *Præfectus præt.* & Cujas nous apprend sur la Novelle octante-deuxiéme, que ce n'étoit pas luy qui jugeoit la Requeste presentée contre sa Sentence, comme aussi cette loy unique *De Sentent. Præf. præt.* dit, qu'elle se presentoit directement à l'Empereur : Bref, cette Requeste n'étoit autre chose qu'un appel, fors seulement quant au nom.

64. *Revisió*

D'où s'ensuit, qu'elle ne ressembloit pas du tout à nos Requestes Civiles, qu'on obtient contre les Arrests des Cours Souveraines, qui ne sont pas receuës indifferemment, ne sont pas fondées sur simples griefs, mais sur certains moyens nouveaux & particuliers : sont jugées par ceux mêmes qui ont donné l'Arrest : aussi on ne se plaint point en icelles de la faute des Iuges, mais seulement de la nullité ou precipitation de l'Arrest, qu'encore on palle civilement & accortement de la surprise de la partie, ou qu'on fonde sur autres moyens externes. C'est pourquoy on l'appelle *Requeste Civile,* à la difference des simples Requestes ou plaintes, qu'on faisoit autrement contre les Sentences des Baillifs & Senéchaux, lors qu'ils jugeoient sans appel : qui étoient plustost accusations que procedures civiles.

65. *Requeste civile de France.*

66. *Pourquoy ainsi appellée.*

Ces plaintes sont appellées dans les capitulaires de Charlemagne *Blasphemia,* que M. Pithou en son petit, mais docte glossaire d'iceux, tourne *Blasme de faux jugement.* Et nous en avons une exemple moderne és Ordonnances de Moulins, art. 42. & de Roussillon, art. 6. qui défend de recevoir les appellations des Sentences des Prevosts des Marechaux (qui sont à present les seuls Iuges particuliers, qui jugent en dernier ressort) mais permettent de faire la plainte d'icelles au Roy.

67. *Blasphemia Blasme de faux jugement.*

Il y a grande apparence que ces plaintes s'appelloient communément Requestes, ainsi qu'au droit *Querela & supplicatio* sont ordinairement confondus, parce que ces plaintes se faisoient par Requeste presentée au Prince, comme Monsieur Brisson a bien prouvé au premier & troisiéme Livre des Formules. Aussi Martial appelle les Requestes presentées au Prince *Querulos libellos Epigram. ult. lib.* 8. Et ces Requestes rapportées, ainsi qu'en France, par ceux que les Romains appelloient *Magistros libellorum, sont Referendarios,* & que nous appellons Maistres des Requestes, dont la Charge est bien décrite dans Cassiodor. Livre 6. *Van. in formula Referendariorum,* où il est dit que *dolores alienos asserunt, & conquerentium vota satiant :* & par aprés, que *per eos Iudices corriguntur.* C'est pourquoy en France les Maistres des Requestes ont été ajoûtez au Corps du Parlement, lors que la connoissance de ces Requestes ou plaintes luy a été attribuée, ainsi qu'il sera dit tout incontinent.

68. *Plaintes étoient aussi appellées requestes.*

69. *Referendarij.*

Or voicy quelle en étoit anciennement la procedure. Si la Requeste étoit trouvée admissible par le Maistre des Requestes, le Roy decernoit à la partie ses lettres de commission, qui commençoient par

70. *Procedure de ces plaintes.*

Du Droict des Offices. M ij

Des Offices en general, Liv. I.

ces mots *Nous avons receu l'humble Requeste de, &c.* qui est l'ancien formulaire des commissions de Chancelerie, ainsi qu'il est dit en ce Chapitre *Ex literis. De restit. integ. Supplicationem mulieris admisimus, & eam ad Audientiam restituimus.* Comme encore j'ay appris depuis peu de jours que Monseigneur le Chancelier d'apresent, a fait depuis peu ce beau reglement au Conseil d'Estat (pour eviter qu'on y introduisist indifferemment toutes causes) qu'on ne delivre plus de commissions pour intenter procez en iceluy, sinon sur Requestes admises en plein Conseil, sur le rapport d'un des Maistres des Requestes, lesquels encore ont ce pouvoir particulier de rejetter d'eux mesmes celles qu'ils trouvent inadmissibles.

Donc pour revenir aux commissions qu'on obtenoit anciennement sur les plaintes faites des Baillifs ou Senéchaux, lors qu'il n'y avoit point d'appel d'eux, le Roy mandoit par icelles qu'on adjournast devant luy le Iuge, & qu'on intimast seulement , & fist sçavoir à la partie cette poursuite, afin d'y entendre, si elle voyoit que la matiere la touchast. Ce qui se faisoit, d'autant qu'il pouvoit advenir qu'en l'instance de cette plainte, la Sentence seroit declarée nulle, par quelqu'une des regles du titre. *Quando provocare non est necesse*: en quoy la partie avoit interest, au lieu qu'en l'appellation, la forme estoit toute autre: Car c'estoit le Iuge mesme, dont estoit appel, qui la recevoit & admettoit, & qui bailloit les lettres dimissoires pour renvoyer les parties pardevant le Superieur, qui sont appellées *Apostres* en la loy *Eos §. ult. C. De appellat*. Ce qui se garde encore és Cours d'Eglise, tout en la mesme forme qu'au droit Romain.

Mais en l'instance de plainte, les écritures qu'on fournissoit n'estoient pas de simples moyens d'appel déduits au procez principal, mais c'estoient des torts & griefs hors le procez, c'est à dire, des articles de plainte contre le Iuge qui ne pouvoient estre au procez, & qui ne resultoient point des raisons contenuës & disputées en iceluy : parce que la Sentence estant donnée en dernier ressort, ne pouvoit estre retractée par les moyens d'appel, resultans du procez, tout ainsi qu'en la Requeste Civile on ne doit toucher les moyens du mal jugé, mais seulement les poincts sur lesquels on l'a fondé : au lieu qu'au vray appel, où il s'agist de sçavoir s'il a esté bien, ou mal jugé, il faut reprendre par necessité les moyens du procez.

Toutefois, d'autant que cette plainte & l'appellation ont grande ressemblance, joinct l'equivoque du mot *appeller*, qui tantost signifie adjourner en jugement, & tantost interjetter appel d'une Sentence : à succession de temps nous avons confondu l'un avec l'autre, pour ce mesmement qu'ayant trouvé cette ouverture de former une plainte contre le Iuge, duquel on ne pouvoit appeller, ces plaintes enfin ont esté aussi ordinaires que les appellations interjettées des autres Iuges : notamment depuis que le Parlement (auquel communement elles estoient renvoyées) eust esté fait sedentaire, & reduit en Cour ordinaire, lequel, pour accroistre son pouvoir, confondit accortement les plaintes avec les appellations, afin d'oster le dernier ressort aux Baillifs & Senéchaux : mesme enfin convertit peu à peu, & de degré en degré cette forme extraordinaire de plainte, en la forme ordinaire des appellations, qui de vray est plus juste & plus conforme au droict.

Neanmoins, comme les Practiciens ne changent point leur stile & formules accoustumées, ainsi que j'ay déja dit au 3. Chapitre, nous avons retenu jusques à present plusieurs vestiges & marques de ces anciennes plaintes. Car en premier lieu, nous relevons aujourd'huy toutes nos appellations par lettres du Superieur, ou par Requeste à luy presentée, bien qu'au droict, & Civil & Canon, ce soit au Iuge de qui on a appellé à les recevoir & addresser ses Apostres, ou lettres admissoires au Superieur, ou bien declarer qu'il n'entend déferer à l'appel, auquel cas seulement il est permis de se pourvoir vers les Superieurs, ce qui se pratique encore aux Cours d'Eglise : mais aux Iustices Seculieres, il n'y a si petit Iuge de ressort qui n'ait entrepris de bailler des lettres de relief, mesme des lettres d'anticipation : ce qui ne pouvoit estre fait anciennement que par la Chancelerie.

D'ailleurs, par ces lettres de relief nous faisons encore à present au Païs Coustumier adjourner le Iuge en cas d'appel, ainsi que s'il estoit la vraye partie, & nous nous contentons de faire intimer la partie par maniere d'acquit, & comme pour la forme, & à telle fin que de raison, c'est à dire, lui denoncer qu'il compare s'il veut. Ce que ceux du païs de Droit écrit ayans trouvé tout contraire à leurs loix & à la raison, ont renversé à bon droict, & font tout au contraire de nous, appeller la partie, & intimer le Iuge.

Et toutefois, *ut à majori parte sit denominatio*, nous appellons indistinctement au Parlement de Paris, (où il y a beaucoup plus de païs Coustumier, que de Droict écrit) l'intimé, la partie adverse de l'appellant, soit que l'appel vienne du païs du Droict écrit, ou du Coustumier. Mais au Parlement de Tholose, qui est tout de Droict écrit, on dit l'appellant & l'appellé: & indistinctement aussi nous appellons torts & griefs hors le procez, les écritures qu'on fournit en cause d'appel, comme si c'estoient encore des articles de plainte, qu'on baillast contre le Iuge, & non des simples moyens d'appel pris du mesme procez.

De là vient aussi, que les Cours Souveraines en l'Arrest definitif qu'elles rendent sur les appellations, mettent ordinairement l'appellation, ou la Sentence au neant, qui estoit la vraye forme de prononcer sur les plaintes, de declarer les Sentences absolument nulles : c'est pourquoy mesme quand se Parlement le met au neant, il ne les veut pas seulement appeller Sentences, mais ce dont estoit appel : parce que supposé que ce fussent Sentences, elles n'eussent pû autrefois estre retractées, estant données en dernier ressort , *l. ult. C. Sententiam rescindi non posse*: tout ainsi qu'és Requestes Civiles on remet les parties en tel estat qu'elles estoient auparavant l'Arrest dont on se plaint : mais on ne dit pas qu'il ait esté mal jugé, qui est la forme de prononcer és pures appellations. C'est la cause pourquoy il n'y a que la Cour qui puisse mettre les Sentences au neant, parce qu'elle represente le Roy, auquel seul ces plaintes pouvoient estre addressées : & quant aux autres Iuges, il faut qu'ils prononcent directement sur l'appel, *an bene, vel malè*, disent nos Ordonnances, conformement au texte de la loy *Eos. C. De appellat. Cum super omni causâ interpositam provocationem, vel injustam tantion liceat pronunciare, vel justam*.

C'est peut-estre aussi pourquoy selon les anciennes Ordonnances les Baillifs & Senéchaux, & à present leurs Lieutenans doivent se presenter en personne au Parlement tous les ans, lors qu'on commence le roolle des causes de leur Bailliage, afin que s'il y avoit contre eux quelque plainte d'importance, ils s'en defendissent par leur bouche : ce qu'à present l'on ne pratique pas à la rigueur.

Comme aussi enfin toutes ces marques retenuës des procedures qui se faisoient sur ces anciennes plaintes, ne servent plus aujourd'huy que pour la forme. Car encore qu'on adjourne le Iuge, & que seulement on intime la partie; si est-ce que si le Iuge ne compare, on ne peut prendre de defaut contre luy ; & au contraire, si l'intimé ne compare, c'est contre luy qu'on prend defaut, & par vertu d'iceluy au moins de deux defauts il perd sa cause : bien que hors la matiere d'appel le defaut donné contre un simple intimé, n'emporte aucun profit, parce que l'in-

---

71. Beau reglement nouveau du Conseil d'Estat.

72. Pourquoy on adjourne le Iuge, & intime la partie.

73. Aliud la vraye appellation.

74. Pourquoy on dit Griefs hors le procez.

75. Ces plaintes enfin confonduës avec les appellations.

76. Vestiges qui en sont demeurez.

77. Pourquoy on releve par lettres du Superieur, fors en Cour d'Eglise.

78. Pourquoy on adjourne le Iuge, & intime la partie.

79. Fors au païs de droit écrit.

80. Intimé est dit à Tholose l'appellé.

81. Pourquoy on met l'appellation & ce dont est appel, au neant.

82. La Cour seule peut prononcer ainsi.

83. Pourquoy les Baillifs doivent comparution au Parlement.

84. Tout cela n'est plus que formalité inutile.

De la recherche des Offices, Ch. XIV.

85. De mesme.

timation n'est qu'une signification ou interpellation de comparoir si on veut.

Aussi, bien que les écritures qu'on fournit en cause d'appel soient intitulées *Griefs hors le procez*, si est-ce qu'ordinairement ce sont de simples moyens d'appel pris de la cause mesme, & non de la faute ou malversation du Juge, ou autres moyens externes. Et finalement, encore que la Sentence ne soit nulle de soy, pour avoir esté venale, ou donnée contre les formes de Justice, mais seulement elle soit trouvée inique & injuste au fonds, si est-ce que la Cour ne laisse de la mettre au neant, mesme de luy dénier le nom de Sentence.

86. Pourquoy les Juges estoient autrefois comdamnez à l'amende.

Et d'autant que jamais un jugement n'est declaré nul, qu'il n'y ait de la faute du Juge, c'est pourquoy anciennement les Baillifs & Senéchaux estoient condamnez en l'amende, quand leurs sentences estoient mises au neant, pour cause de vraye nullité. Et pour cét effet, ils estoient adjournez eux mesmes, afin de recevoir correction de leur faute. Mais depuis qu'on s'est seulement attaché à la partie, ainsi qu'au vray appel on doit faire, on ne les a plus comdamnez à l'amende, sinon qu'il se trouvast quelque particuliere malversation incidente : auquel cas on ne se contente pas de les faire adjourner en l'ancienne forme, mais on les prend à partie en leur propre & privé nom.

87. Pourquoy on prononce l'appellation & ce au neant, sans amende.

Et neantmoins, depuis qu'on a eu pris coustume d'examiner leurs Sentences en cause d'appel, non plus avec eux, mais seulement avec les parties intimées, les fiscaux, qui n'ont voulu laisser perdre le fonds, qui revenoit aux finances du Roy par le moyen des amendes, qui de tout temps estoient infligées aux Juges, qui avoient commis nullité en leurs Sentences, firent en sorte que ces amandes furent transferées contre les parties qui les soustenoient. De sorte, que c'est encore aujourd'huy le formulaire de la Cour, de ne mettre jamais une Sentence au neant, qu'elle n'adjouste, sans amende : parce que si cela n'estoit adjousté, on pretendroit que cette forme de prononcer importeroit amende, ainsi que quand on prononce mal, & sans grief appellé, ou non recevable appellant, ou décheu de l'appel. Aussi ay-je ouy dire à mes anciens, qu'ils ont quelquesfois veu condamner les intimez en l'amende, lors que la Sentence qu'ils soustenoient contenoit une manifeste injustice, & que la Cour prononçoit mal & nullement jugé.

88. Intimez par fois sont amenez à l'amende.

89. Que cela est inique.

Neantmoins, qui prendra garde à la raison, reconnoistra aisément que c'est le Juge qui doit estre condamné en l'amende, pour avoir rendu une Sentence, ou nulle, ou apparemment injuste, & non pas la partie pour l'avoir soustenuë, veu qu'il y a moins de temerité en un intimé, qui est muny d'une Sentence contradictoire, *pro qua præsumitur*, qu'en un demandeur ou defendeur en premiere instance, qui toutesfois n'est jamais condamné à l'amende en France, où on ne pratique point le titre *De pœna temere litigantium*. Aussi se trouve-t'il bien en droict, comme il a esté dit cy dessus, que le Juge qui a failly en son Jugement, est condamné en amende arbitraire, mais il ne s'y trouve point qu'un intimé puisse estre condamné à l'amende.

90. Pourquoy le Seigneur est condamné à l'amende pour le mal jugé de son Juge.

De fait en France, quand la Sentence dont est appel, est émanée des Juges des Seigneurs, dont les appellations ressortissent à la Cour, ce n'est pas l'intimé qui est condamné en l'amende, mais le Seigneur, quand il est dit mal jugé : & ce suivant l'Ordonnance de Roussillon cy dessus remarquée, qui est une autre antiquité de nostre droict, qu'il faut encore découvrir.

91. Raison commune.

Car bien qu'il semble d'abord (& je l'ay ainsi creu autrefois) que cela procede de ce qu'au droict Romain les seuls Juges Pedanées, & non les Magistrats, *præstare debebant scientiam morum & legum ; & ideò tenebantur de imprudentia*, comme il vient d'estre dit : ce n'est pas pourtant encore la vraye raison, mais

il la faut rechercher de plus loin : Car outre que les Juges des Seigneurs, tels qu'ils sont aujourd'huy, ne ressemblent pas aux Juges Pedanées des Romains, mais sont les vrays Magistrats, comme il a esté touché cy-devant, & sera prouvé en son lieu, ce n'est pas les Juges, mais les Seigneurs, qui payent en France l'amende du mal-jugé : de sorte qu'à bien entendre, c'est tout au contraire du droict Romain, où les Magistrats, qui commettoient les Juges, ne payoient pas l'amende, mais les Juges par eux commis, ainsi qu'il est dit en cette loy 2. *D. Quod quisque juris*.

92. Fausse.

Pour donc en trouver la raison il la faut chercher dés sa source, & déchifrer en peu de mots l'origine & le progrez des appellations interjettées au droict Romain des Gouverneurs de Province, qui en l'Estat populaire jugeoient sans appel, comme les Verrines de Ciceron nous apprennent, & il est aisé de colliger de ce que nous ne trouvons point qu'il y eust de Juges pour connoistre de leurs appellations : mesme à peine sçavoit-on en ce temps là ce que c'estoit d'appeller : Et ce que nous lisons aux Actes des Apôtres, que saint Paul appella, n'estoit pas une appellation, mais une demande de renvoy, comme le passage fait foy. Mais sous les Empereurs, l'invention ayant esté trouvée de reclamer leur authorité par cette voye d'appel, & bien souvent les Gouverneurs des Provinces, pour le grand respect qu'ils leur portoient, differans apres cet appel, à executer leur Sentence, jusqu'à ce qu'ils en eussent leur permission : les Empereurs voyans que cette façon de faire augmentoit & asseuroit fort leur authorité és Provinces éloignées, tournerent enfin cela en necessité, & ordonnerent par leurs Constitutions que les Gouverneurs des Provinces, deslors que l'appel seroit interjetté, au cas qu'ils ne voulussent recevoir tout à fait, c'est à dire, renvoyer la discussion du procez à l'Empereur, au moins qu'ils differassent l'execution de leur Sentence, jusqu'à ce que l'Empereur eust deliberé, si l'appel seroit receu, ou non, *l. Sciendum, D. De appell. recip.* & *l. unica de nihil, novari appellat. interposita.*

93. Magistras des Provinces jugeoient à Rome sans appel.

94. Invention de l'appel.

D'autre costé, les Gouverneurs pour obvier à telles appellations, avant que juger les affaires d'importance, en écrivoient à l'Emgereur, ce qui s'appelloit *Relatio seu Consultatio* : puis ayans receu sa responce appellée *Rescriptum*, jugeoient suivant icelle, & lors il n'y avoit plus lieu d'appel, comme Constantin ordonna par une loy que nous n'avons point, & qui est recitée en la loy *Ne causa. De appell. C. Th.* Car auparavant luy, on pouvoit neantmoins appeller, *l. 1. §. 1. D. eod. tit.* & *l. 2. C. eod.* ce qui merite un discours à part. Tant y a, que de ces récrits des Empereurs sont faites quasi toutes les loix du Code, comme pareillement les Decretales sont faites de semblables Récrites des Papes.

95. Cautele pour empescher l'appel.

96. Relatio, consultatio, rescriptum.

Mais Constantin le Grand, ayant transferé son siege à Constantinople, craignant qu'à ce changement les Gouverneurs des provinces éloignées voulussent usurper la souveraineté, & voyant que desia pour empecher les appellations ils se bandoient contre les appellans, jusqu'à les mettre prisonniers, ou les faire garder par leurs soldats, ou leur boucher le passage pour aller à l'Empereur, comme il se voit en la loy *Minime. C. eod. tit* & en la loy *Imperator. D. eod.* & encore en la loy *Non retté C. Th.* ordonna par la loy *A. proconsulibus. eod. tit* que generalement toutes appellations des sentences definitives seroient receuës par les Gouverneurs, sans plus attendre si l'Empereur les voudroit faire recevoir, ou non : & qu'incontinent apres l'appel interjetté, on envoyeroit le procez pardevers luy : qu'à faute de ce faire l'appellant pourroit plaider tout de nouveau devant le *Præfectus Prætorio* ; que s'il avoit mauvaise cause, il seroit noté d'infamie ; si bonne, il en seroit fait rapport à l'Empereur pour punir le Juge. Et par-

97. Appellation empeschée par les Juges.

98. Establi en droict commun par Constantin.

M iij

Des Offices en general, Liv. I.

99. Am'nde contre les Iuges ne rec vits à appel.

ce que cette loy de Constantin ne specifioit la punition du Iuge, ses enfans & Successeurs Constant & Constantius la liquiderent à trente marques d'or d'amende, par la loy *Quoniam Iudices C. eod.* Ce qui fut confirmé par Valentinian, qui toutefois modera cette amende à vingt marcs d'or, *l. Quicunque Iudicium. eod. tit. C. Th.* où il se void plusieurs autres loix sur ce mesme sujet.

100. Appellations empeschées en France par les Ducs & Comtes.

De mesme en France les Ducs & les Comtes, qui furent les premiers Gouverneurs des Provinces, tâchans d'empieter entierement la souveraineté, comme il vient d'estre dit, empeschoient tant qu'ils pouvoient qu'on appellast d'eux, & ne manquoient jamais à faire executer leurs Sentences, nonobstant l'appel; mesme faisoient des outrages aux appellans: de sorte qu'il les falut mettre desormais en la protection du Roy, & les declarer exempts de leur Iustice: d'où sont venues les exemptions par appel, qui encore non lieu en quelques Coustumes: & faute d'y avoir donné ordre en Italie & Allemagne, les Potentats s'y sont acquis enfin la souveraineté de ressort, en ne permettant point qu'on relevast les appellations en la Chambre Imperiale.

101. Cause des exemptions par appel.

102. Remede pour maiorizer les appellations.

Mais pour empescher cela en France, sans attendre que les Ducs & les Comtes receussent l'appel, & que volontairement ils baillassent leurs lettres dimissoires, on se pourvoyoit incontinent par devers le Roy, & on obtenoit sa commission, pour faire adjourner devant luy le Duc ou le Comte, auquel par les mesmes lettres il estoit fait defense d'attenter au prejudice de l'appel, à peine de tant de marcs d'argent, clause qu'on insere encore aux reliefs d'appel.

103. Pourquoy le Iuge estoit condamné en l'amende.

Et parce qu'ordinairement on ne laissoit d'executer les Sentences, nonobstant les lettres, si par aprés il se trouvoit avoir esté mal-jugé, le Iuge estoit condamné à l'amende, suivant les loix de Constantin, & de ses enfans, non pas comme on pense, pour avoir mal jugé (car il n'y a Iuge auquel il ne puisse arriver de mal juger quelquefois, sans qu'il y ait de sa faute) mais pour l'appel, mais pour avoir executé au prejudice d'iceluy une Sentence injuste: qui est ce que nous enseigne fort bien la loy *Cum de appellationib. eod. tit. C. Th. Legibus promulgatis de appellationibus recipiendis, propositâ pœnâ est his, qui visi ab injusta sententia provocantes audire noluerunt.* Car si la Sentence se trouvoit juste, tant s'en faut que le juge deust estre condamné pour l'avoir fait executer, qu'au contraire l'appellant meritoit d'estre puny, pour s'en estre plaint à tort, comme porte notamment la loy de Constantin.

104. Pourquoy cette amende est payée par le Seigneur & non par le Iuge.

C'est pourquoy cette amende n'est pas en France payée directement par les Iuges des Ducs & des Comtes, mais par eux mesmes, attendu que ce sont ceux qui sous leur nom & par leur autorité font executer par dessus l'appel les Sentences de leurs Iuges, taschans anciennement par ce moyen d'empieter la souveraineté du ressort qui estoit presque tout ce qui manquoit aux anciens Ducs &Comtes, qu'ils ne fussentparfaitementsouverains.

105. Qu'elle seroit absurde si c'estoit pour avoir mal-jugé.

Autrement si l'amende estoit ordonnée seulement à cause du mal jugé, ce seroit chose du tout absurde, que le Iuge en fust excusé, & que le Seigneur la payast: *Sic enim alius peccaret, & alius plecteretur.* Attendu mesme que cette loy 2. *Quod quisque juris,* sur laquelle on fonde la raison, pourquoy les Iuges Royaux ne payent point cette amende, decide expressément, que le Magistrat n'est point tenu de l'imprudence du Iuge par luy commis, & qui renverse directement la raison rapportée en l'Ordonnance de Roussillon. Et d'ailleurs il a esté bien prouvé cy dessus, qu'il n'y a point d'apparence de condamner le Iuge en l'amende pour avoir mal jugé, s'il n'a point malversé. Que s'il écheoit amende pour avoir mal-jugé, c'est bien sans doute, que les Baillifs & Senéchaux Royaux, au moins leurs Lieutenans de longue robbe, ausquels est requis plus de suffisance, qu'aux Iuges des Seigneurs,

106. Qu'il n'eschet amende spour mal-juger fans malversation.

y devroient pluftost être condamnez qu'eux: en tout cas, pluftost que les Seigneurs mesmes, ausquels on ne peut imputer autre faute, que d'avoir pourveu de leurs Offices des Iuges, ausquels il a échappé de mal-juger. Et quand ces Iuges seroient du tout ignorans, c'est chose certaine qu'eux, qui ne sont pas de qualité pour connoistre leur capacité, n'ont pas tant de tort de les avoir pourveus, que les Iuges Royaux, qui entreprennent de les condamner à l'amende, de les avoir receus.

Et pour montrer davantage l'absurdité de cette routine, posons qu'un Seigneur, a perdu sa cause devant son Iuge, (comme il arrive souvent) & soit appellant: s'il est dit mal jugé, faudra-il que le Seigneur qui optient en cause d'appel paye l'amende pour son Iuge, qui l'avoit condamné luy mesme.

107. Absurdité manifeste de cette vieille pratique.

Voila donc les absurditez de nostre vieille pratique découvertes dés leur source, qui sont à la verité éloignées de raison: qu'elles se sont presque toutes corrigées d'elles-mêmes, & il n'y a nulle apparence de vouloir soûtenir le peu qu'il en reste à corriger.

108. Qu'elle s'est corrigée d'elle mesme.

Qu'ainsi ne soit, voit-on pas que les anciennes plaintes, qu'on intentoit contre les Iuges, sont à present du tout hors d'usage? & à bon droit, parce que les Baillifs & Senéchaux ne jugeans plus en dernier ressort, mais la voye ordinaire d'appel étant ouverte contre leurs jugemens, qu'elle apparence y auroit-il de recourir à cette voye extraordinaire de plainte, qui n'a été inventée, qu'à faute d'avoir celle d'appel? D'où il s'ensuit que le Iuge n'a plus aucun interest en cause d'appel, & partant il n'est plus de besoin de l'y adjourner, si ce n'est que, pour avoir ordonné sans requisition de partie, ou pour avoir excedé son pouvoir, s'il soit expressément pris à partie en son propre nom: & de fait, encore qu'il soit porté par relief d'appel de l'adjourner (ce que les plus habiles Procureurs ne mettent plus (les Sergens ne l'adjournent pas: ou s'il est adjourné, il ne compare pas, & jamais pour tant on ne le met en defaut.

109. Le Iuge adjourné en cas d'appel ne compare plus.

Et ce qu'à present la Cour met la Sentence au neant, sans prononcer directement le mal jugé, n'est pas qu'elle l'entende declarer nulle tout à fait pour les nullitez de droict contenuës au titre *Quando appellare non est necesse,* Mais c'est ordinairement, parce qu'elle est injuste: mais cette forme de prononcer a été retenuë, pour eviter un scrupule, qui ne devroit non plus avoir lieu, à sçavoir que les vieux routiers de pratique, s'imaginent mal à propos, que depuis qu'on prononce mal-jugé, l'amende est aquise, ainsi que quand on dit, mal appellé: bien que le sens commun nous dicte notoirement, qu'il n'y a point d'apparence de condamner un intimé à l'amende, & encore moins le Seigneur dont ce n'est pas la faute.

110. La sentence est declarée nulle quand elle est injuste simplement.

C'est pourquoy, bien que les mauvaises pratiques soient mal-aisées à oublier, je ne me puis assez étonner, que ce grand Chancelier de l'Hospital, qui dressa l'Ordonnance de Roussillon, d'ailleurs si nette & si exacte, ne s'est apperceu de cette injustice si apparente, se laissant emporter par l'usage ancien, sans prendre garde aux changemens depuis survenus. Et de fait cet article est si notoirement injuste, qu'il s'est corigé tout seul en nostre usage, n'ayant pour mon regard jamais veu condamner par la Cour un Seigneur en l'amende, pour le mal-jugé de son Iuge.

111. Contre l'Ordonnance de Roussillon.

Il est vray, qu'aucuns Iuges Presidiaux, ou ignorans l'origine de cette vieille pratique, ou se voulant montrer plus fiscaux que de raison, ou finalement pour tascher à traverser les Iustices inférieures, condamnent à la rigueur les Seigneurs ressortissans devant eux, en l'amende du mal jugé: en quoy je puis dire hardiment qu'ils font plus qu'il ne leur est commandé. Car l'Ordonnance de Roussillon ne parle que des Iuges des Seigneurs ressortissans à la Cour, côme aussi par le discours cy-dessus il appert assez, que cette

112. Que les Presidiaux ne doivēt condāner les Seigneurs à l'amende.

De la recherche des Offices Chap. XIV.

113. Inconvenient qui en adviendroit.

amende n'est deuë qu'au Parlement, auquel il ne faut pas que les Presidiaux se comparent.

Aussi en arriveroit-il un inconvenient manifeste: parce que comme les Presidiaux sont astraints de juger precisément sur les appellations *an bené, vel malé*, sans qu'ils puissent mettre les Sentences au neant, il s'ensuivroit que toutefois & quantes qu'on corrigeroit la Sentence d'un Iuge subalterne, il faudroit par necessité que le Seigneur en payast l'amende, sans qu'elle luy peust estre sauvée ny épargnée, & par consequent il arriveroit, qu'autant de causes dont y auroit appel d'un Iuge, son Seigneur seroit en hazard

de payer autant d'amendes, ce qui est si éloigné d'apparence, que rien plus.

Concluons donc que cette vieille pratique de condamner les Seigneurs à l'amende pour le mal-jugé de leurs Iuges, ne doit plus avoir lieu, parce que les deux raisons, sur lesquelles elle estoit fondée anciennement, cessent à present, à sçavoir que les Seigneurs ne font plus executer les Sentences de leurs Iuges nonobstant l'appel, sinon aux cas permis par les Ordonnances, & qu'ils ne taschent plus à empieter; & n'est plus à craindre qu'ils empietent la souveraineté de ressort, comme au temps passé.

114. Que cette vieille routine doit à present estre delaissée.

DU DROIT DES OFFICES,

LIVRE SECOND.

DES OFFICES HEREDITAIRES.

CHAPITRE PREMIER
De la proprieté & heredité des Offices.

1. Gageure notable entre Lothaire & Azon.
2. Iugement de l'Empereur Henry IV. sur icelle.
3. Repris & soustenu.
4. Pourquoy est mis au commencement de ce Livre.
5. Difficulté de cette gageure.
6. Qu'elle comprend quatre Questions.
7. 1. Question.
8. 2. Question.
9. 3. Question.
10. 4. Question.
11. Qu'en ces quatre Questions nous gardons le contraire des Romains.
12. Si le droit du glaive est des dépendances de la Magistrature.
13. Vray poinct de la gageure.
14. Que le droit de glaive n'appartenoit aux Magistrats Romains.
15. Preuve.
16. Ce qui a trompé Bodin.
17. En France les Magistrats n'ont droit de glaive.
18. Si le commandement appartient au Magistrat en proprieté, ou par exercice.
19. A Rome appartenoit en proprieté.
20. En France par exercice seulement.
21. Partant ne peut estre delegué comme à Rome.
22. Pourquoy le seel & la voix du commandement sont reservez aux Seigneurs.

23. La jurisdiction n'est propre au Iuge.
24. Inconvenient advenu pour avoir en France suivi la decision Romaine.
25. Raison de difference.
26. Autre.
27. Reduction de ces deux raisons.
28. Si l'Office est propre à l'Officier.
29. A Rome non.
30. En France si.
31. Contre du Moulin.
32. Officier peut former complainte pour les droicts de son Office.
33. Si l'Office peut estre patrimonial.
34. Non au Droict Romain.
35. En France si.
36. Office est alienable en France par l'Officier.
37. Aucuns encore sont hereditaires.
38. Aucuns patrimoniaux tout à fait.
39. Comment cela s'est fait.
40. La vraye proprieté des Offices appartient à la seigneurie.
41. Et ce inseparablement.
42. Trois sortes d'Offices hereditaires.
43. Invention des Offices feodaux.
44. Invention des Offices domaniaux.
45. Invention des Offices hereditaires par privilege.
46. Sujet de ce Livre.

1. Gageure notable entre Lothaire & Azon.

Il y eut autrefois une memorable dispute entre ces deux celebres Docteurs de Droict, Lothaire & Azon, sçavoir si le commandement estoit propre aux Magistrats, Azon soustenant que si, & Lothaire que non. Surquoy ayans gagé un cheval, l'Empereur Henry IV. qu'ils avoient choisi pour juge de leur gageure, donna gain de cause à Lothaire, & luy adjugea le cheval. Et toutefois Azon ne se tint pas vaincu tout à fait mais fit tellement éclater ses moyens de requeste civile contre l'Arrest de l'Empereur, qu'ils furent approuvez par tous les Docteurs de son siecle, qui en firent un commun dire, que *Lotharius equum habuerat, sed Azo æquum.*

2. Iugement de l'Empereur Henry IV. sur icelle.

Mais en temps de nos peres de grand personage Alciat, nouvelle lumiere du Droict Romain, obscurci des tenebres de l'antiquité, & de la nuict d'ignorance des siecles intermediats, a reveillé l'opinion de Lothaire, & a soustenu par raisons fort pertinentes l'Arrest de l'Empereur, au 6. chap. de son second livre des Paradoxes. Enquoy il a esté suivi par le profond du Molin sur l'article 1. de la Coust. glos. 5. nombre 58.

3. Repris & soustenu.

De sorte que la question demeure encore comme en balance. Question que les anciens Docteurs ont pensé estre non seulement à l'égard du commandement (qui est la plus noble espece de la puissance publique) mais aussi à l'égard de toute autre puissance publique des Officiers. Et partant elle est bien propre pour servir de frontispice à ce livre, tant parce que c'est l'entrée de son projet, & le principe de sa matiere: qu'aussi pour sa grande difficulté & perplexité. Car bien qu'il n'y ait presque pas un des Docteurs de Droict, soit anciens, ou modernes, qui ne l'ait traittée, je puis neanmoins dire, que nul ne l'a encore suffisamment expliquée & éclaircie.

4. Pourquoy est mis au commencement de ce Livre.

5. Difficulté de cette gageure.

Mon advis est, que sa plus grande difficulté procede de l'équivoque de ses termes. Car quand on demande si la puissance publique est propre à l'Officier, chacun des deux termes de cette question peut estre entendu en deux façons: parce que tantost on prend la puissance publique en sa vraye signification, tantost on la prend pour l'Office mesme, ainsi qu'on prend la Milice pour l'Office, & la place, & non pour la fonction de l'Officier ou soldat. Pareille-

6. Qu'elle comprend 4. questions.

Des Offices hereditaires, Liv. II.

ment le mot de *propre* se prend en deux façons, χρῆσις nimirum, ἢ κτῆσις, id est usu, vel mancipio, à sçavoir, ou pour ce qui est propre par usage, ou pour ce qui est patrimonial : de sorte qu'en multipliant ces deux termes par chacune de leurs deux significations, il se retrouve quatre questions notables & importantes, comprises & envelopées sous la these proposée.

7. Question 1.
La premiere, si la puissance publique, notamment le *merum imperium*, est propre aux Magistrats par usage & exercice, en sorte qu'il soit des droicts & dependances de leur Office, ou bien s'ils ne l'ont point en consequence de leur Office, mais seulement en vertu d'une concession expresse & particuliere du Prince.

8 Question 2.
La seconde, si la puissance publique des Officiers leur appartient en vraye proprieté, ou bien s'ils en ont seulement l'usage, l'exercice & l'administration.

9 Question 3.
La troisiéme, si les Offices mesmes sont propres aux Officiers, en sorte qu'ils en puissent estre dits Seigneurs pendant leur vie, & que les Offices puissent estre dits leur appartenir : ou bien s'ils en sont seulement possesseurs precaires.

10. Question 4.
La quatriéme, s'il peut y avoir des Offices, qui soient non seulement propres aux Officiers pendant leur vie, mais aussi hereditaires, & mesme patrimoniaux tout à fait. Questions qu'il faut expliquer separément, parce que comme la confusion d'icelle a rendu cette matiere extrémement difficile, aussi la separation la rendra aucunement facile. Et c'est chose fort étrange, qu'en chacune de ces quatre questions nous pratiquons en France tout le contraire de ce qu'en observoient les Romains.

11. Qu'en ces quatre questions nous gardons le contraire des Romains.

Pour le regard de la premiere, qui est de sçavoir si la puissance publique des Magistrats leur peut appartenir du propre droict de leur Office, ou par commission & concession speciale seulement : cette question ne peut écheoir qu'à l'égard du pur commandement, ou droict de glaive. Aussi n'estoit il question que d'icelui en la gageure de Lothaire & Azon. Car il est aisé à entendre, qu'il faut bien, que toute autre puissance publique soit des droicts & dependances des Offices, puisque l'Office est definy *Dignité ayant puissance publique*. Mais la dispute d'entre Lothaire & Azon estoit, si le *merum imperium*, seu jus gladii (qui consiste à pouvoir condamner les hommes à mort, comme il a esté dit au 1. liv.) estoit des appartenances ordinaires de l'Office des Magistats Romains, ou bien si ce droict leur estoit seulement conferé par commission particuliere. Ce qui à la verité dépend plûtost de l'histoire & de l'usage positif des Romains, que du poinct de droict & de raison.

12. Si le droict de glaive est des dependances de la Magistrature.

13. Vray poinct de la gageure.

14. Que le droict de glaive ne dependoit des Magistrats.

Or c'est chose aujourd'huy bien averée par les Autheurs modernes (qui ont mieux entendu sans comparaison l'histoire & la suite de la Jurisprudence Romaine, que les anciens Docteurs de delà les mots) qu'en l'Estat populaire des Romains, les Magistrats, & notamment les Gouverneurs des Provinces n'avoient le droict de glaive, que par concession speciale du peuple, comme Bodin a bien prouvé au 5. chap. du 3. livre de sa Req. mais bien qu'il dise, qu'ils l'avoient sous les Empereurs du propre droict de leur Office, il ne le prouve pas toutefois, encore qu'il y employe un long discours. Aussi le contraire est veritable, & est bien verifié par Cujas liv. 21. des Observ. chap. 30. & encore mieux par le President Faber sur la loy 7. *De reg. jur.*

15. Preuve.

Sans aller plus loin, cela se prouve apertement par la loy 1. *De Officio ejus cui mandata est jurisdictio*, où Papinian, (ayant posé pour maxime, que tout ce qui appartient au Magistrat du droict de son Office, peut estre par luy delegué, mais non pas ce qui luy appartient par concession speciale,) infere de cette maxime, que partant les Magistrats ne peuvent deleguer le pur commandement. Et en la loy Solent. D. De Officio Proconsulis, il est dit, que le Proconsul peut bien deleguer l'intrusion, mais non pas le jugement des procez criminels, parce, dit cette loy, que *nemo potest gladii potestatem sibi datam ad alium transferre*. D'où il s'ensuit que l'Empereur Héry avoit bien jugé.

Mais ce qui a induit en erreur les anciens Docteurs, & mesme Bodin en ce qu'il a dit, que sous les Empereurs les Gouverneurs des provinces avoient droict de glaive du propre droict de leurs Offices, est que veritablement les derniers Empereurs bailloient le droict de glaive indifferemment & ordinairement à tous les Gouverneurs, sans faire distinction des Provinces Presidiales d'avec les Proconsulaires, comme il me semble que j'ay dit au premier livre ; & toutefois c'estoit par attribution & concession particuliere, qu'ils le leur bailloient, à sçavoir en vertu de cette clause *cum jure gladii*, qui estoit toûjours inserée en leurs provisions, sans laquelle ils n'eussent pas eu le droict de glaive, ainsi que le President Faber a bien prouvé.

16. Ce qui a trompé Bodin.

Cette erreur donc des anciens Interpretes du Droict Romain a esté cause, qu'en France nous avons tenu de tout temps, que nos Magistrats avoient le pur commandement & le droict de glaive du propre droict de leurs Offices : mesme que non seulement les Magistrats Royaux l'avoient, mais encore les simples Juges des Seigneurs hauts justiciers, au moins interpretant le pur commandement, ainsi que le definit Ulpian en la loy 2. *De jurisd.* pour estre le pouvoir de condamner les hommes à mort.

17. En France les Magistrats ont droict de glaive.

Quant à la seconde question, sçavoir si le commandement qu'à le Magistrat du droict de son Office, luy appartient en vraye proprieté, ou bien s'il n'en a que le simple usage & exercice, c'est chose notoire, qu'en plusieurs loix le commandement & la jurisdiction sont dits estre propres au Magistrat, comme en cette loy 1. §. dernier & en la loy ; *De Offic. ejus cui mand. est jurisd.* c'est pourquoy au droict Romain les Magistrats pouvoient committre leur jurisdiction, & deleguer ce qui concernoit le commandement mixte ce qu'ils n'eussent pû faire, s'ils n'en eussent eu que le simple usage & exercice, parce qu'un usager ne peut transferer son usage à un autre en tout, ny partie, notamment un Officier ne peut deleguer que ce qui luy est propre, dit cette loy 1.

18. Si le commandement appartient au Magistrat en proprieté, ou par exercice.

19. A Rome appartenoit en proprieté.

Mais en France, bien qu'au temps passé on se soit laissé emporter à l'observance des Romains : si est-ce qu'à present nous tenons avec justes raisons, que la pleine proprieté du commandement est inseparable du Prince souverain, qui n'en transfere que le simple exercice à ses Magistrats, ainsi que le Soleil ne transfere la proprieté & l'essence de la lumiere aux choses, sur lesquelles il darde ses rayons

20. En France, par exercice seulement.

C'est pourquoy nous pratiquons notoirement, que l'Officier ne peut transferer ny son commandement ou jurisdiction, ny mesme regulierement toute autre puissance publique à un autre, s'il n'est proprietaire de son Office c'est à dire si son Office n'est hereditaire. C'est pourquoy aussi il faut que les Sentences des Juges soient scellées du sçel du Roy, ou du Seigneur auquel appartient la Iustice en proprieté, & non de celuy du Iuge ; parce qu'au sçel consiste l'autorité, & l'aveu du commandement, que nous appellons l'execution parée : mesme le Sergent executeur du sçel ne fait pas commandement de par le Iuge, mais de par le Roy, ou de par le Seigneur de la Iustice : & quand le Iuge fait faire des proclamations, ou affiches publiques, c'est toûjours de par le Roy, ou de par le Seigneur de la Iustice, & non de par luy mesme, parce qu'il n'a que l'exercice du commandement, & que c'est le Roy, ou le Seigneur Iusticier, qui en a la proprieté.

21. Partant ne peut estre delegué comme à Rome.

22. Pourquoy le sçel & la voye du commandement sont reservez aux Seigneurs.

Pareillement quand à la jurisdiction, elle n'est point propre au Iuge comme à Rome, mais il n'en a que l'administration : & au lieu qu'au droict Romain il est dit, que la jurisdiction est & appartient au Preteur, nous disons en France que le Iuge est Officier & administrateur de la Iustice, *ut putà*, Bailly ou Lieutenant

23. La jurisdiction n'est propre au Iuge icy comme à Rome.

De l.heredité des Offices Chap. I.

tenant pour le Roy de tel Bailliage; qui est la raison pour laquelle les Officiers d'une Iustice ne peuvent former complainte de leur chef, pour les droicts d'icelle, mais il n'y a que le Procureur du Roy, ou le Seigneur qui le puissent faire : les Officiers n'estans ny possesseurs, ny proprietaires de leur Iustice, mais simples administrateurs.

24. Inconvenient advenu en France, pour avoir suivi la decision Romaine.

Et pour avoir anciennement tenu le contraire, & avoir suivi la fausse pratique du droict Romain, les Seigneurs de France, qui de leur origine n'estoient que simples Officiers, ont vsurpé la proprieté de leurs Charges, & ont converti leurs Offices en Seigneuries, comme il sera dit incontinent. Car en effect il n'y a autre difference entre les Seigneuries & les Offices, sinon que les Seigneuries ont la proprieté, & les Offices la simple fonction ou exercice de la puissance publique.

25. raison de difference des Romains & de nous.

Il est vray que les Romains en leur estat populaire, auquel fut établi l'usage & maxime, que le commandement & puissance publique étoit propre aux Magistrats, avoient deux raisons particulieres de l'obferver ainsi, que nous n'avons pas en nostre Estat Monarchique : L'une, que chacun des citoyens ayant part à l'Etat ou souveraineté, étoit par consequent capable de participer à la proprieté de la puissance publique. L'autre que les Magistrats étant annuels, & même ne pouvans être créez tous les ans qu'en assemblée generale du peuple avec beaucoup de brigue & de ceremonie, il ne pouvoit pas y avoir beaucoup de vrais Magistrats : autrement le peuple eût été occupé toute l'année pour les élire : & partant il étoit necessaire, que si peu de principaux Magistrats qu'il y avoit, peussent commettre les moindres Officiers, & deleguer ce qui dependoit de leur charge, quand ils n'y pouvoient vaquer eux mêmes.

26. Autre.

27. Reduction de ces deux raisons.

C'est pourquoy en France, où il y a un grand nombre d'Officiers, qui sont, non pas annuels, mais à vie, & non pas éleus par le peuple, mais pourveus du Roy, nous ne gardons pas la maxime de cette loy, 1. que toute puissance dependante, d'un Office, puisse être deleguée par l'Officier, mais nous tenons qu'il n'y a que le Roy & les Seigneurs justiciers (encore à leur égard, n'est-ce que par vsurpation & abusivement) qui puisse conferer la puissance publique, & principalement celle qui concerne la Iustice, où les formes doivent être observées plus precisément : & que ceux ausquels ils ont conferé cette puissance publique en qualité d'Officiers, n'en peuvent pas disposer comme de chose à eux propre, pour la commettre à d'autres, fors en cas de necessité : & lors même ne la peuvent-ils commettre generalement, mais particulierement certains actes specifiez par leur commission, & encore non à personnes privées, mais à personnes qui déja ayent puissance publique, ou du moins qui ayent serment à Iustice, comme j'ay traitté particulierement au 5. chap. du 1. livre.

28. Si l'Office est propre à l'Officier.

Quand à la troisiéme question, qui est de sçavoir, si l'Office est propre à l'Officier en sorte qu'il puisse être dit Seigneur de l'Office, & que l'Office puisse être dit le sien, je dy en un mot, que l'explication d'icelle dépend de ce, qui a été dit au livre precedent, qu'à Rome les vrais Offices étoient annuels en l'Estat populaire, & sous les Empereurs ils étoient revocables à volonté : de sorte que les Officiers ne se tenoient que precairement : & partant ils n'en pouvoient être dits Seigneurs, & les Offices ne pouvoient être dits leur appartenir. Mais en France, bien qu'il y ait apparence qu'à suite du droict Romain ils ayent été revocables jusques à l'Ord. de Louys XI. qui les a faits perpetuels & irrevocables, il est vray de dire aujourd'huy qu'ils sont propres aux Officiers. Et n'est pas vray ce que dit du Molin, au lieu cy dessus allegué, que l'Officier n'est qu'vsager & administrateur de son Office, & que partant il ne peut former complainte pour raison d'iceluy. Car ce qui le trompe, est qu'il confond la proprieté de l'Officier avec la proprieté

29. A Rome non.

30. En France si.

31. Contre du Molin.

de la Iustice. Or il est bien vray, que l'Officier n'est pas proprietaire, mais est seulement vsager & administrateur de la Iustice : toutefois il est proprietaire & Seigneur de son Office, déslors qu'il luy est conferé, tout ainsi que le droict nous dit, que l'vsufruictier est Seigneur de son vsufruict, *l. Qui vsum fructum. D. Si vsufr. pet.* encore est il vray, que l'Office a plus de substance à part soy, que l'vsufruict. Aussi la consequence que du Molin tire de sa proposition, que l'Officier ne peut former complainte pour son Office, n'a pas été receüe en pratique. Car il est bien veritable, qu'il ne peut former complainte pour les droicts de la Iustice, dont il n'est qu'vsager : mais notoirement on reçoit des Officiers à former complainte, & pour leur Office en soy, & même pour les droicts, qui dependent directement d'iceluy, pourveu que cette complainte ne soit contre le Roy, ou le Seigneur de la Iustice, comme j'ay dit au même lieu.

32. Officier peut former complainte pour les droicts de son Office.

Finalement (pour venir à la 4. question, s'il peut être des Offices hereditaires (quand je viens de dire que l'Office est propre à l'Officier, j'entends qu'il luy est propre, non comme un patrimoine, mais en qualité d'Office, & selon sa nature particuliere, & droit d'être inherent à la personne même, & de luy appartenir, en sorte qu'il ne luy puisse être osté : bref de luy être propre τῇ χρήσει seulement, mais non pas τῇ κτήσει, c'est à dire, d'être hereditaire, ou patrimonial tout à fait, à sçavoir d'être alienable à un tiers, par la puissance particuliere de l'Officier, & encore moins d'être transmissible à ses heritiers aprés sa mort. Ce qui étoit vray au droict Romain sans exception aucune, fors que sous les Empereurs il y eût certaines menuës places de leurs domestiques, ou de ceux des Gouverneurs de Provinces, appellez *Milites*, qui n'étoient pas vrays Offices, lesquelles, par privilege & concession particuliere des Empereurs, furent non seulement venales, mais aussi hereditaires sous certaines conditions, comme il sera dit cy-aprés au chapitre 8.

33. Si l'Office est patrimoniale.

34. Non au droict Romain.

Mais en France il n'y a que les Offices non vendus, & non mis en commerce par les collateurs, qui soient propres, τῇ χρήσει seulement. Car au demeurant, tous Offices vendus par le collateur, deviennent aucunement propres τῇ κτήσει, parce que toute vente induit alienation, & attribuë à l'acheteur la proprieté de la chose venduë, & que c'est un droict des gens, & une loy du commerce, de pouvoir revendre ce qu'on a acheté : comme donc en France nous avons été les inventeurs de vendre les Offices (au moins de pure vente, ainsi qu'il sera dit en son lieu) aussi avons-nous pratiqué les premiers, que ceux qui les avoient achetez les pourroient revendre : non en telle sorte que de leur propre autorité ils les puissent transferer aux acheteurs, mais seulement les resigner en leur faveur, c'est à dire les remettre au collateur à telle condition, qu'il est tenu de les conferer à eux, & non à autre, & qu'il ne peut refuser d'admettre cette resignatió.

35. En France si.

36. Office est alienable en France par l'Officier.

Encore avons-nous passé deux ou trois degrez plus outre. Car en premier lieu nous avons fait aucuns de nos Offices, non seulement resignables & transmissibles aprés la mort : de sorte, que sur iceux le Roy n'a plus autre droict, que de bailler lettre de provision au resignataire, ou à l'heritier, moyennant certaine finance. Même de longue main nous avons fait plusieurs Offices pattimoniaux tout à fait, c'est à dire transmissibles, & entre vifs, par succession de personne en autre, sans l'authorité ny les lettres du Roy : sur aucuns desquels le Roy n'a plus d'autre droict, sinon qu'il les peut avoir & racheter pour le même prix qu'il les a autrefois vendus ; & sur les autres il n'a pas cette faculté de rachap, mais seulement on luy en fait le foy & hommage côme de vrais fiefs, tant y a que cette faculté de rachat & cette feodalité, conservent au Roy la Seigneurie directe d'iceux, & en empesche l'expropriation parfaite.

37. Aucun encore sont hereditaires.

32. Autres patrimoniaux tout à fait.

Expliquons en peut de mots commét tout cela s'est

39. Comment cela s'est fait.

pû faire. Car c'est la verité qu'en bonne Iurisprudence, tant s'en faut que la proprieté de l'Office appartienne à l'Officier, que même elle n'appartient pas au Prince & Monarque souverain, mais il n'en a que la collation, lors qu'il vient à vaquer ; ainsi qu'un Evesque n'est pas proprietaire des Benefices qui sont en sa collation ; mais la vraye proprieté des Offices & Benefices est publique, & de droict public ; &

40. La vraye proprieté des Offices appartient à la Seigneurie.

partant ne peut appartenir à aucun & n'est nullement en commerce, même on peut dire que celle des Offices n'appartient pas à l'Estat, en sorte que les Estats du Royaume la puissent aliener par expropriation parfaite, ainsi que le domaine de la Couronne pourroit être alienée absolument, sans inconvenient ny absurdité, si ce n'étoit la prohibition de la loy : mais la proprieté des Offices ne peut à part soy être absolument alienée, & irrevocablement separée de l'Estat sans absurdité, & sans demembrer l'Estat même,

41. Et ce inseparablement.

qui consiste principalement en la proprieté de la puissance publique, ainsi qu'il sera dit au liv. Des Seign. C'est le discours que fait Balde in proœm. Feud. & in proœm. C. & sur le ch. Licet causam. ext De probat. il dit que le Prince qui aliene tout à fait quelque partie de la Iurisdictiô, homicida est suæ dignitatis.

42. Trois sortes d'Offices hereditaires.

N'anmoins en France, on a trouvé trois inventions pour attribuer aux particuliers la proprieté des Offices : l'une, par infeodation des Iustices : l'autre par l'alienation à faculté de rachat d'aucuns Offices domaniaux, c'est à dire, desquels l'exercice avoit accoustumé d'anciennete, tant devant, que depuis l'erection des parties Casuelles, d'être baillé à ferme au profit de la Couronne, comme les autres droicts domaniaux d'icelle : & la troisième, par la pure volonté du Roy, qui sans y apporter ces ceremonies, a voulu attribuer ce privilege à certains Offices, qu'ils ne vaqueroient point par mort, mais seroient hereditaires, de même à peu prés qu'étoient la pluspart des Milices Romaines.

43. Invention des Offices feodaux.

Quant à la premiere invention, elle est provenuë de ce que les Ducs & Comtes (qui n'étoient anciennement que simples Officiers, mais avoient conjointement l'exercice, & des armes, & de la Iustice, & des finances és Provinces, & és Villes (comme aussi leurs inferieurs à leur exemple ont trouvé moyen d'annexer & rendre accessoires leurs Offices, à leurs fiefs, c'est à dire, aux droicts Seigneuriaux, qui du commencement étoient dependans de leurs Offices, tout ainsi que les Seigneuries & revenus temporels sont encore aujourd'huy dependans des Benefices, & ainsi ont rendu leurs Offices hereditaires, même patrimoniaux tout à fait, comme sont les fiefs : & ce par les degrez & les moyens qui seront traitez au chapitre suivant : en quoy ils ont soustenu qu'il n'y avoit point d'incompatibilité, ny d'absurdité, & que ce n'étoit point un demembrement parfait, ny une pure expropriation, n'étant la proprieté d'iceux separée tout à fait de la Couronne, à cause de la reservation, tant de la foy & hommage, que du ressort & Souveraineté. Et voila la premiere invention & plus ancienne espece des Offices hereditaires, à sçavoir de ceux qui sont annexez aux fiefs, & qui partant ont été faits patrimoniaux, tout ainsi que les fiefs : invention, qui ayant été trouvée en France, a été suivie presque par tous nos voisins, & encore plus avantageusement par les Allemans & Italiens.

Mais depuis peu cette premiere source d'Offices hereditaires, ayant été retranchée en ce Royaume par l'Ordonnance de l'an 1566. qu'on appelle vulgairement l'Ordonnance du domaine, qui défend de plus infeoder, soit les heritages, soit les autres droicts du Domaine, cette même Ordonnance a donné ouverture à l'autre espece d'Offices hereditaires. Car ayant ouvert une autre voye, pour aliener le Domaine, à sçavoir de le vendre à faculté de rachat, pour la nécessité des guerres, & déja par cette nouvelle invention, presque tout le Domaine de France ayant été alienée en moins de 30. ans, on commença en l'an 1580. seulement à mettre la main à certains Offices domaniaux, c'est à dire, desquels de tout temps le revenu étoit reputé faire partie du Domaine & revenu ordinaire de la Couronne, & desquels l'exercice étoit baillé à ferme, & le fermage receu par les Receveurs du Domaine, & non par les Tresoriers des Parties Casuelles ; (qui ont accoustumé de recevoir la finance provenante des purs Offices) ny par autres Receveurs des deniers extraordinaires. Ces Offices sont les Greffes, Notariats, Seaux, & quelque peu d'autres, qu'on a vendus hereditairement à faculté de rachat, tout ainsi que le Domaine solide de la Couronne.

44. Invention des Offices douaniers.

45. Invention des Offices hereditaires par privilege.

Finalement, trois ans après, en l'année 1583. on s'avisa de faire hereditaires certains Offices, qui jamais n'avoient été domaniaux, ny baillez à ferme, mais avoient toujours été conferez à titre d'Office formé, à sçavoir la plus part des Offices des forests, comme ceux de Gruyers, Verdiers, Forestiers, Chastellains, Segrayers & Gardes-marteau ensemble tous les sergens d'icelles forests, les droicts desquels Offices ne furent point pour cet effect unis & incorporez à la Couronne, ainsi que les Greffes, Notariats & Seaux y avoient été reünis, lors qu'ils furent faits Offices hereditaires, ny aussi ne furent point revendus au plus offrans à faculté perpetuelle de rachat, ainsi que les Offices domaniaux : mais n'y eut autre ceremonie en l'attribution qui leur fut faite de l'heredité, sinon que le Roy ordonna par son Edict que les pourveus de ces Offices luy payeroient certaine finance, pour jouïr du Benefice d'icelle : d'où il s'ensuit que cette heredité n'est qu'un Benefice & privilege, qui leur fut concedé. Invention, qui a neantmoins pensé passer si avant, que de comprendre tous les Offices de finance : & de fait, trois autres années après, à sçavoir en l'an 1586. le feu Roy en fit l'Edict, qu'il fit luy-même publier au Parlement : & toutesfois il ne fut point exécuté comme je diray cy-après au huictième chapitre, dedié pour l'explication de ces Offices.

46. Sujet de ce livre.

Voila donc trois especes d'Offices hereditaires, à sçavoir les Offices feodaux, les Offices domaniaux, & les Offices hereditaires par privilege, lesquelles, & principalement les deux derniers, il faut expliquer en ce livre : car quant à la premiere espece, elle a presque entierement perdu & le nom & la nature d'Office, a degeneré en une autre espece de Dignité, que nous appellons *Seigneurie*, l'explication de laquelle merite bien un livre à part. Toutefois, parce qu'il est encore resté quelques-uns de ces Offices feodaux qui n'ont degeneré tout à fait en seigneuries, mais sont demeurées Offices & Fiefs tout ensemble, il en faut parler premierement

---

CHAPITRE II

Des Offices Feodaux.

1. *Ressemblance de l'Office & du Fief.*
2. *Leur difference.*
3. *Autrefois les Offices & Fiefs étoient joints ensemble.*
4. *Fors és simples fiefs.*
5. *Fiefs comment devenus hereditaires*
6. *patrimoniaux.*
7. *Marque de ce qu'ils étoient autrefois à vie.*
8. *Fiefs de Dignité étoient à vie.*
9. *Depuis faits hereditaires.*
10. *Comment.*
11. *Changez en Seigneuries.*

Des Offices Feodaux, Chap. II

12. Et Seigneuries hereditaires.
13. Pourquoy les Seigneuries Ecclesiastiques ne sont hereditaires.
14. Distinction de l'Office, Fief & Seigneurie.
15. Seigneurs ne sont pas Officiers.
16. Pourquoy les Grecs & les Romains n'avoient des Seigneuries.
17. Seigneuries ne sont Offices feodaux.
18. Deux sortes d'Offices feodaux.
19. Distinctions d'icelles.
20. Des Offices seigneuriaux.
21. Le Roy est Officier de Dieu.
22. Et feudataire de Dieu.
23. Pourquoy sacré.
24. N'est Roy parfait auparavant, à l'égard de Dieu.
25. Roy de France a l'Ordre, l'Office & Seigneurie tout ensemble.
26. Roys sont Officiers à l'égard du Peuple.
27. Anciennement estoient purs Officiers.
28. Conformité de l'Office & Seigneurie.
29. Roys ont encore beaucoup des marques d'Officiers.
30. Royaumes ne sont hereditaires regulierement.
31. Comment se sont faits hereditaires.
32. Ceste heredité est au profit du Peuple.
33. N'est une pure heredité mais une succession graduelle.
34. Ce qui est particulierement en France.
35. Le Roy n'est tenu des dettes de son predecesseur.
36. Monarchies hereditaires n'écheent au testament.
37. Ne se peuvent partager.
38. Ne doivent tomber en quenoüille.
39. Monarchies ne sont transmissibles par contracts.
40. En tout.
41. N'y en partie.
42. Raison de toutes ces decisions.
43. Des Pairs de France.
44. De leur exercice personnel.
45. Pourquoy precedent les autres Officiers & Seigneurs.
46. Pourquoy indivisibles.
47. Et incommunicables aux femmes.
48. Des simples Offices feodaux.
49. Sergenteries fieffées.
50. Sergens Chastelains.
51. Mairies de village.
52. Prouostez hereditaires.
53. Leurs menus droicts.
54. Coustumes pourquoy signifient menus droicts.
55. Deux sortes de ces simples Offices feodaux.
56. Fiefs boursiers.
57. De Camera, aut de Cavena.
58. Fiefs de revenuë.
59. Offices de la Couronne faits feodaux.
60. Pourquoy.
61. Office separé en fief & Office.
62. Offices de la Couronne, pourquoy n'ont pû estre faits hereditaires.
63. Arrests prohibitifs de faire les Offices hereditaires.
64. Baillifs & Seneschaux punis pour ce sujet.

Du Droit des Offices.

1. Ressemblance de l'Office & du fief.

IL y a eu autre fois une grande affinité, mesme une conformité presque entiere entre le fief & l'Office. Car outre que l'un & l'autre consiste en une fonction personnelle, & subsiste formellement en la foy, le fief aussi bien que l'Office finissoit anciennement par la mort du vassal, mesmement l'un comme l'autre estoit de sa premiere institution revocable à la volonté du Seigneur. *Antiquissimo tempore poterat Dominus auferre rem in feudum datam, deinde observatum est, ut ad vitam Fidelis produceretur,* dit le 1. titre des Fiefs.

2. leur difference.

Bref, l'Office & le fief n'avoient lors autre difference, sinon que la fonction de l'Office est publique, & celle du fief est privée, à sçavoir d'assister son Seigneur en guerre: en signe dequoy le serment de l'Office se fait publiquement, & l'hommage du fief se rend en particulier: aussi la recompense de l'Officier consiste ordinairement en gages perceptibles du public, & celle de feudataire en heritages, dont il jouit par ses mains.

3. Autre fois les Offices & fiefs é-toient joints ensemble.

Mais ces differences ne regardent point le droict & le commerce, & encore cette derniere n'est pas perpetuelle, témoins les fiefs *de camera, vel de cavena,* qui consistent en une pension perceptible des mains du Seigneur. Mesme deslors du premier établissement des fiefs, qui sans doute est de l'invention de nos anciens François, lors qu'ils conquirent la Gaule, c'est la verité que les Offices & les fiefs se rencontrerent en mesmes personnes. Car quand le peuple victorieux partagea & distribua les terres de la conqueste, il les attribua à titre & condition de fief à ces Capitaines, que pour recompense de leur merite, que pour tenir desormais lieu de gages à leur Office: attendu que ces Capitaines étoient lors leurs uniques Magistrats, qui avoient ensemble le commandement des armes & de la Justice, ce que j'ay prouvé cy devant, n'avoir été separé en ancienne Republique quelconque. Et voila comment le fi. & l'Office furent deslors joints ensemble, & concedez à mesme personne, mais ce fut de telle sorte que le fief estoit accessoire à l'Office.

4. Tors és simples acts.

Cela toutesfois n'eut pas lieu en tous les fiefs, mais seulement aux principaux. Car les contrées ou les territoires tous entiers furent baillés en fief à ces Capitaines, tant pour eux, que pour en faire part à leurs soldats; ausquels partant les Capitaines baillerent

certaines terres à mesme titre de fief, c'est à dire, à la charge de les assister toûjours en guerre & ces fiefs-là étoient simples non joints à aucun Office, & neantmoins finissoient du commencement tout ainsi que les autres, par la mort du vassal. Mais comme toutes choses tendent & s'établissent enfin à la proprieté, à succession de temps on vient à considerer que c'estoit une cruauté d'oster le fief aux enfans d'un pauvre soldat bien marié, qui ne leur avoit laissé aucun autre bien, & partant on s'accoutuma à le rebailler par pitié à l'un desdits enfans, tel qu'il plairoit au Seigneur d'en gratifier: puis ce fut un droit commun, que les enfans masles succederoient tous ensemble au fief du Pere, mais les filles, ny les masles collateraux n'y succedoient point, & tel est le droit des Lombards aux livres des fiefs: qu'enfin ils admirent toutefois la succession collaterale au profit des mâles *in feudo antiquo,* pourveu qu'ils fussent descendus du premier Vassal, auquel il auroit été concedé.

5. Fiefs comment devenus hereditaires.

Mais en France, nous avons à la fin admis indistinctement les successions collaterales des fiefs, mesme au profit des filles, en defaut toutefois des masles en pareil degré: Mesme nous avons permis le commerce & libre alienation des fiefs, qui étoit étroitement prohibée par les Lombards: de sorte, que nous avons fait nos fiefs non seulement hereditaires, mais aussi patrimoniaux tout à fait, c'est à dire, semblables aux autres heritages de nostre patrimoine: sauf qu'il nous est resté quelques marques de l'ancienne rigueur, à sçavoir qu'à toutes mutations de fief, il est dit ouvert, & sans homme, c'est à dire, vacant au respect du Seigneur, lequel se peut remettre dans iceluy, & en joüir, comme reüny à son domaine, jusques à ce qu'il se presente un successeur qui le vienne couvrir & relever, & se declarer homme & vassal du Seigneur; & quand il tombe en succession collaterale, ou en alienation quelle qu'elle soit, il le faut rachetter du Seigneur par certains droicts qu'on luy paye.

6. Et patrimoniaux.

7. Marques de ce qu'ils étoient autrefois à vie.

Or cette succession n'avoit lieu du commencement qu'aux simples fiefs, mais fiefs de dignité qui étoient concedez aux Capitaines, au lieu de gages, finissoient toûjours par leur mort, & ne tomboient nullement en la succession. *In feudo commissus, vel Monarchia, vel aliorum Dignitatum, successio non est secundum rationalem usum,* disent les

8. Fiefs de Dignité étoient à vie.

Des Offices hereditaires, Liv. II

livres des fiefs : & non sans cause, car estans accessoires aux Offices, il falloit bien qu'ils exprimassent avec les Offices. Mais comme c'est le vœu commun des peres, de transferer à leurs enfans & leurs Dignitez, & leurs biens, ces Capitaines voyans que desja les simples fiefs estoient devenus hereditaires, rechercherent & trouverent voye, qu'ils à cause de leur authorité, le moyen de faire pratiquer le mesme aux leurs, encore qu'il n'y eust tant de sujet.

Ce moyen fut, qu'au lieu qu'originairement leurs fiefs estoient accessoires à leurs Offices, ils rendirent desormais au contraire leurs Offices accessoires à leurs fiefs, les inserant & comprenant dans leurs adveus, comme droict & dépendances anciennes & ordinaires de leur fief : de sorte que, comme c'est une regle, que l'accessoire suit son principal, leurs Offices suivirent enfin la nature des fiefs, & furent faits hereditaires, comme les fiefs dont ils dépendoient. Ce qui leur fut d'autant plus aisé à faire, que desja ils s'estoient licentiez de n'exercer plus leurs Offices en propre personne, mais de mettre des Commis ou Lieutenans pour en faire l'exercice, comme il est permis par le droict Romain, & par ce moyen ils perdirent peu à peu la qualité d'Officiers, qui consiste en l'exercice personel de la puissance publique, & usurperent la qualité de Seigneurs, c'est à dire la proprieté de leurs Offices, laquelle à bon droict ils annexerent à leurs fiefs, parce que tout fief importe proprieté.

Comme donc le propre de la seigneurie est d'estre inherente directement & immediatement au fief, ou terre feodale, & non pas à la personne qui en joüit, à la qualité de Seigneur est seulement communiquée à cause de la joüissance du fief (comme je prouveray au quatriéme chapitre du livre Des Seigneuries) ces principaux vassaux du Royaume tenans les fiefs de Dignité, ayans ainsi changé leur ancien Office de Capitaine, qui residoit en leur personne, en seigneurie residente en leurs fiefs, ont par consequent gagné aussi ce poinct, de faire leur seigneurie hereditaire, comme estoient les simples fiefs.

Le mesme n'a pû estre fait és seigneuries temporelles, appartenantes aux Benefices, ou Offices Ecclesiastiques. Car bien que la puissance temporelle, attribuée aux Beneficiers, ait pareillement esté annexée à leurs fiefs, qui par ce moyen sont devenues seigneuries, ainsi que celles des Officiers seculiers : si est-ce que les Seigneuries temporelles des Ecclesiastiques n'ont pû estre unies paisiblement à la fonction Ecclesiastique, à cause de la distinction des deux puissances, & du tout, la fonction spirituelle n'a pas esté renduë accessoire à la temporelle, mais au contraire la temporelle, comme moins digne, a demeuré sujette à l'Ecclesiastique. Et ainsi les Offices & charges Ecclesiastiques n'ont pû estre renduës hereditaires : deffendant aussi la sainte Escriture de posseder par heredité le sanctuaire de Dieu : joint que les Ecclesiastiques vivans en celibat, n'ont point de famille, ausquels ils puissent transferer les seigneuries temporelles de leurs Benefices : mais quoy qu'il en soit, ces seigneuries temporelles sont demeurées perpetuellement unies à leurs benefices, sans qu'elles reviennent jamais tout à fait en la puissance du Seigneur, dont elles relevent en fief : mais demeurent toûjours amorties & possedées par main morte, ainsi que nous parlons en pratique.

Remarquons donc hardiment la distinction notable & evidente de ces trois termes, à sçavoir que l'Office consiste au simple exercice de la puissance publique, le fief en la pleine proprieté & joüissance de quelque chose qu'on tient d'autruy, à cette charge de l'assister en guerre, & la seigneurie consiste en la simple proprieté de la puissance publique, qui est inherente en un fief, comme j'ay prouvé en ce 4. chap. Des Seigneuries, qu'il faut necessairement joindre avec ce discours, pour le bien comprendre.

D'où il s'ensuit que ces principaux vassaux du Royaume, ayans laissé aux Officiers par eux instituez l'exercice de la puissance publique, & ayans joints à leurs fiefs la simple proprieté d'icelle par eux usurpée, d'Officiers qu'ils estoient anciennement sont devenus Seigneurs, & ont tellement perdu la qualité d'Officiers, qu'ils ne la peuvent plus avoir, & ne seroient point admis aujourd'huy à faire eux-mesmes l'exercice de la charge, dont la simple proprieté leur appartient : de sorte qu'ils ont esté metamorphosez en cette troisiéme espece de Dignité, quotée au premier livre, qui s'appelle Seigneurie, & que j'ay dit n'avoir esté conneuë par les Grecs, ny par les Romains : parce que c'est la verité, qu'elle est provenuë de l'usage des fiefs, dont nos anciens Francs, ou François ont esté les premiers inventeurs. C'est pourquoy je n'en diray rien davantage, en ce lieu, ayans dedié un livre entier, pour l'expliquer à plein fonds.

Car les Seigneuries ne sont pas proprement à present du nombre des Offices feodaux, dont j'entens traitter en ce chapitre : bien qu'elles en fussent originairement, mais maintenant elles constituent une troisiéme espece de Dignité, differente specifiquement des Ordres & des Offices, & ne retiennent plus rien de leur ancienne qualité d'Offices, sinon quelques droicts honorifiques, avec l'indivisibilité, laquelle écore n'a presque plus lieu qu'aux grandes Seigneuries.

Mais il nous reste encore deux sortes d'Offices feodaux, c'est à dire d'Offices annexez aux fiefs, ou bien d'Offices & fiefs tout ensemble, ausquels, parmy la feodalité est encore demeuré l'exercice personel de la fonction publique : à sçavoir en premier lieu ceux qui sont Offices & Seigneuries tout ensemble, qu'on peut nommer Offices Seigneuriaux : & en second lieu ceux qui sont Offices & simples fiefs ensemble, qu'il faut appeller simples Offices feodaux. Car la Seigneurie comprend en soy le fief, mais elle est plus qu'un simple fief, parce que c'est un fief, auquel est ajointé la proprieté de la puissance publique : que si non seulement cette proprieté de puissance publique est ajointé au fief, mais encore l'exercice d'icelle, alors c'est un Office Seigneurial : auquel partant il y a trois choses unies ensemble, à sçavoir le fief, l'Office, & la Seigneurie : au lieu que les simples Offices feodaux n'ont que les deux premieres qualitez, à sçavoir d'Office & de fief : mais non celle de Seigneur, parce qu'ils n'ont la proprieté de la puissance publique.

De cette premiere sorte d'Offices Seigneuriaux, nous en avons deux pour le moins, à sçavoir le Roy, & les Pairs de France. Le Roy est parfaitement Officier, ayant le parfait exercice de toute puissance publique : & est aussi parfaitement Seigneur, ayant en perfection la proprieté de toute puissance publique, Mais je dy qu'il est Officier & feudataire tout ensemble, à l'égard de Dieu, & à l'égard du peuple. Premierement il est Officier de Dieu, entant qu'il est son Lieutenant, qui le represente en tout ce qui est de la puissance temporelle.

Regum timendorum in proprios greges,
Reges in ipsos imperium est Iovis,
Cuncta supercilio moventis.

Et c'est à la verité, que comme la puissance des Officiers, n'est qu'un rayon & éclat de la puissance du Prince, aussi celle du Prince n'est qu'un rayon & éclat de la toute-puissance de Dieu. C'est pourquoy saint Paul dit, que les Roys sont ministres, c'est à dire Officiers de Dieu : & le payen Marc Aurele a dit fort chrestiennement, que les Magistrats sont Juges des particuliers, les Princes des Magistrats, & Dieu des Princes : & un de nos anciens Escrivains François M. Alain Chartier, dit en son Curial, que les Royaumes ne sont pas mesme Offices, mais sont simples Commissions, revocables au plaisir de Dieu qui les transfere de nation en nation : aussi est-ce luy

Des Offices Feodaux, Chap. II.

feul, auquel ces fupremes Officiers font comptables & refponfables de leurs actions.

22. Et fondataire de Dieu.
Pareillement ils font vaffaux & fendataires de Dieu, c'eft pourquoy ils font intitulez Rois par la grace de Dieu, & font dits tenir de Dieu & de l'épée, qui eft la raifon pour laquelle faint Clement au livre des Conftit. Apoftoliques appelle le Roy le feal, & homme de Dieu τὸν πιςὸν, ἢ ἄνθρωπον τῶ Θεῶ.

23. Pourquoy facré.
C'eft auffi pourquoy les Roys font facrez & couronnez par les Prelats Ecclefiaftiques, qui font les Vicaires de Dieu en fa puiffance fpirituelle, ainfi que les vaffaux font inveftis de leur fief par les Seigneurs, ou leurs Officiers : comme le vaffal n'eft pas maiftre de fon fief, au moins à l'égard de fon Seigneur, qu'après l'invefture, auparavant laquelle le fief eft dit ouvert & vacant, & ce que le vaffal en jouit, n'eft que par fouffrance & negligence du Seigneur feodal, ainfi qu'il eft dit au premier livre des fiefs, que *hæres non fuccedit ullo modo nifi per inveftituram acquifierit* : auffi plufieurs tiennent, que les heritiers du Royaume ne font pas parfaitement Roys,

24. N'eft Roy parfait auparavant à l'égard de Dieu.
à ce qu'ils foient facrez, ou couronnez, & que c'eft la caufe pourquoy le fils pofthume du Roy Louys Hutin nommé Jean, qui ne vécut que huict jours, n'eft point mis au nombre des Roys de France, parce qu'il ne fut point facré : comme l'Evefque mourant avant qu'eftre facré ne feroit point mis au catalogue des Evefques. Même on peut dire, que le Roy de France & les autres Roys, qui ont accouftumé d'eftre facrez, ont tout enfemble les trois efpeces de Dignitez, l'Ordre, l'Office, & la Seigneurie : comme

25. Roy de France a l'Ordre l'Office & Seigneurie tout enfemble.
certes il eft bien à propos qu'en cette fouveraine & parfaite dignité, toutes fortes de dignitez fe rencontrent.

26. Roys font Officiers à l'égard du peuple.
Voila ce que font les Roys à l'égard de Dieu : & femblablement à l'égard du peuple, il eft vray que les Roys font & Officiers & Seigneurs : je dis fouverains Officiers, defquels dependent les Officiers, & fouverains Seigneurs, defquelles dependent tous les Seigneurs de leur Royaume. Il eft bien vray que

27. Anciennement eftoient purs Officiers.
du commencement ils n'eftoient que fimples Princes, c'eft à dire fimples Officiers, n'ayans que l'exercice, & non pas la proprieté de la fouveraineté, mais le peuple, qui les élifoit & propofoit fur foy, demeuroit en fa liberté naturelle toute entiere, fans fe foumettre ny rendre fujet au Prince par droit de Seigneurie, comme j'ay prouvé au 2. chapitre du livre Des Seigneuries.

28. Conformité de l'Office & Seigneurie.
Mais comme la mutation de l'Office en Seigneurie eft facile (l'un étant fi conforme à l'autre, que ny les Grecs, ny les Romains n'ont point eu de terme particulier pour diftinguer leur puiffance, mais ont confufement appellé l'une & l'autre ἀρχὴν, *imperium*) l'Office fouverain eft encore plus aifé à convertir en Seigneurie fouveraine, n'y ayant aucun qui l'en empefche. Auffi il y a déja long-temps que tous les Roys de la terre, qui par conceffion volontaire des peuples, qui par ufurpation ancienne (la quelle fait loy en matiere de fouverainetez, qui n'en peuvent recevoir d'ailleurs) ont prefcrit la proprieté de la puiffance fouveraine, & l'ont jointe avec l'exercice d'icelle.

28. Roys ont encore beaucoup de marques d'Officiers.
Neanmoins il eft vray que les Roys ont encore plus de marque & proprietez d'Officiers que de Seigneurs. Premierement il eft evident, qu'ils font le principal exercice de leur puiffance par eux mêmes, & en propre perfonne : & Bodin prouve qu'en poinct de confcience & en poinct d'Eftat ils le doivent faire, tant qu'il leur eft poffible : bien que le contraire ait lieu à l'égard des Seigneurs fubalternes, qui s'eftans contentez de l'honneur & du revenu de leurs Seigneuries ont tout à fait quitté l'exercice de la puiffance publique à leurs Offices.

Secondement les Royaumes ne font pas tous, à fait patrimoniaux, comme font les fiefs [...] neuries, foit à l'égard des fucceffions, ou des contracts. Car quant aux fucceffions, il y a plufieurs Monarchies électives, & à vie, ainfi que les purs

30. Royaumes ne font regulierement hereditaires.
Offices, & l'eftoient toutes de leur origine, dit Ariftote. Mais les Monarques au moyen de leur puiffance abfoluë ont prefque par tout fceu perpetuer leur Eftat à leur pofterité, faifant du commencement couronner leurs enfans, & les establiffans de main en main pendant leur vie, tout ainfi que ceux, qui veulent affeurer un Office, y font dés leur vivant faire recevoir leur fils à furvivance : de forte qu'en fin, cette continuation des Royaumes du pere és enfans, eft paffée en couftume & ufage ordinaire qui fait loy en telles matieres. C'eft ce que dit Ciceron au 1. des Offices,

31. Comment fe font faits hereditaires.
Reges juftitia reddenda caufa primùm conftituti, deinceps pofteris per manus regna tradiderunt. Et eft aifé à entendre, que tous les Offices & benefices deviendroient hereditaires par ce moyen s'il n'y avoit point de fuperieur, qui pour fon intereft y mift empefchement.

Et toutefois ce qu'en plufieurs Monarchies on a admis cette fucceffion, n'a pas été pour les rendre

32. Cette heredité eft au profit du peuple.
purement hereditaires & patrimoniales, comme les fiefs, ny en effect pour le profit & advantage des Monarques, mais feulement, une pour le repos du peuple, & pour éviter les malheurs & defordres, qui aviennent ordinairement, quand il n'y a point de fucceffeur certain au Royaume, on a trouvé à propos de s'affeurer, & le fournir à perpetuité de fucceffeurs à l'Eftat, en forte qu'il ne peut être fans chef. Ce qui ne s'eft pû faire autrement, qu'en deftinant, par une loy Royale & fondamentale, les plus proches de lignée Royale à regner fucceffivement comme appellez par la loy de l'Eftat, laquelle

33. N'eft une pure heredité, mais une fucceffion graduelle.
induit une maniere de fubftitution graduelle en la famille des Princes du Sang, ne plus ne moins que nos loix difent des fideicommis laiffez aux familles *in l. Cum ita §. ult. De leg. 2. l. Pater filium D. Ad l. Falcidiam l. filius familias §. Cum Pater. De leg. 2. l. Peto. §. fratre. & l. Unum ex familia. De leg. 2.* ou pluftoft comme les fiefs deftinez & affectez à certaines familles, qui doivent être reftituez perpetuellement à ceux du nom & armes, fans charge de debtes, *ut in tit. An agnat. poff. retrah feud. repud. ha. lib. 2 feudorum*.

34. Ce qui eft particulierement en France.
Et ainfi en ufons-nous en France, où il eft vray de dire que la Couronne n'eft pas purement hereditaire, ny par teftament, ny même *ab inteftat*, mais eft deferée par la loy du Royaume au premier Prince du fang, *jure fanguinis, & citra jus & nomen hæredis*. & c'eft ainfi, fans doute, qu'il faut entendre ce beau difcours, auquel fe font rencontrez Cedrenus, & Theophanes en fa Creonique Ἔδει εἶναι τοὺς ϕυλάττοντας τὸν Κύριον αὐτοῦ, καὶ τοῦ Βασιλέως υἱόν fans que pourtant il foit tenu pour heritier, ny chargé des debtes du Roy fon predeceffeur, non realifées au Royaume, de même qu'un fucceffeur à l'Office ou

35. Le Roy n'eft tenu des debtes de fon predeceffeur.
Benefice n'eft point tenu des debtes de fon predeceffeur, qui ne font contractées au profit perpetuel du Benefice : ce que nos Roys payent ordinairement les debtes perfonnels de leurs predeceffeurs, eft par honneur, devotion, & charité fans y être tenus, comme on voit que le Poëte Corippus louë grandement l'Empereur Juftin le jeune, de ce qu'il avoit payé les debtes de fon predeceffeur, difant que *Prifcorum hoc uno vicit novit omnia facto*, ou poffible c'eft en confideration, de ce que nos Roys ont herité d'ailleurs au patrimoine de leurs predeceffeurs non reüny & incorporé à la Couronne.

36. Monarchies hereditaires n'échéent en teftament.
Et bien qu'il y ait des Monarchies, qu'on ne peut denier être purement hereditaires, & qui paffent du deffunt à fon heritier *ab inteftat* en qualité de vray heritier, fi eft-ce qu'encore en icelles, on fait grande difficulté, fi elles peuvent être leguées par teftament [...] à l'exclufion du plus proche parent habile à fucceder *ab inteftat* : bref fi l'inftitution d'heritier y a

N iij

lieu, on mefme la fubftitution : parce qu'on dit que les Monarchies viennent immediatement de Dieu, qui femble avoir deftiné les plus proches parens pour heritiers legitimes d'icelles, ainfi que c'eftoit la loy ancienne des Fiefs, que *nulla ordinatio defuncti in feudo valeret*: joint auffi qu'on dit, que le peuple, qui s'eft foumis d'obeïr à une race, n'eft tenu pourtant d'obeïr à une autre.

37. Ne fe peuvent partager. Davantage les Monarchies ne fe peuvent entierement partager, ainfi que les Offices : & de vray une Couronne ne feroit plus Couronne, fi elle eftoit departie : auffi que les Roys n'ont pas tant efté ordonnez pour leur avantage, que pour le befoin du peuple, qui a notable intereft, que le Royaume demeure en fon integrité & perfection.

38. ne doivent tomber en quenoüille. Finalement les Monarchies, felon leur vray droict & propre nature, ne doivent appartenir aux femmes, encore moins que les Offices, *à quibus fœmina remota funt*, attendu le proverbe Grec, difant que
Γυναικὶ ἀρχὴν ἐπιτρέπειν ἡ φύσις.
& Platon *in Menone*, que Ἀνδρὸς ἀρετὴ πόλιν ἐπιτροπεῖν, γυναικὸς δ' οἰκίαν. Auffi Bodin au penultiéme chap. du dernier livre, prouve que c'eft le droict commun des Monarchies de ne tomber en quenoüille : & ce qui s'obferve autrement en quelques-uns, eft par ufurpation.

39. Monarchies ne font tranfmiffibles par contracts. Voila pour la fucceffion, & quant aux contracts, la Royauté ou fouveraineté eft encore moins alienable, & plus inherente à la perfonne que le fimple Office. Car bien que l'Office foit refignable en certains cas, la Souveraineté n'en eft jamais : étant tres-certain que quelque Monarque que ce foit ne peut, fans confentement des Eftats de fon pays, valablement, & pour toufiours ceder fon Eftat à famille étrangere. Car c'eft une obligation reciproque, comme au fujet d'obeïr à fon Prince, auffi au Prince de maintenir fon fujet : & comme le fujet ne peut diftraire de l'obeïffance de fon Prince, auffi un Prince ne peut aliener fes fujets. Ce que j'entens pour les transferer à un autre : car és Eftats électifs le prince peut bien remettre fon Eftat à fes fujets mefme, pour choifir un autre Prince à leur volonté, comme il eft dit du Pape au Chapitre premier *De renoncia. in 6*. qu'il peut bien refigner fimplement la Papauté, mais non pas en faveur d'autruy, ce qui n'a lieu és Seigneuries fubalternes, qui font alienables fans contredit, en payant les droicts au Seigneur, dont elles relevent.

40. En tout.

41. Ny en partie. Pareillement il eft certain, qu'un Roy ne peut aliener les droicts de la Couronne, ny démembrer fon Royaume : ny mefme l'obliger, foit pour debte, ou par alliance, fans le confentement libre & folemnel des Eftats, ou Parlement de fon Royaume : au moins que telle alienation, démembrement, obligation, ou alliance, tienne, & ait effet aprés fa mort, non plus que le Reglement ou accord, que fait un Officier des droicts de fon Office, ou l'alienation que fait un Beneficier du revenu de fon Benefice:bien que tout cela puiffe eftre fait par un Seigneur fubalterne.

42. Raifon de toutes ces decifions. La raifon de toutes ces particularitez eft, que comme les Offices ne doivent pas eftre conferez aux hommes à caufe d'eux, mais au contraire les hommes doivent eftre donnez aux Offices à caufe du public, auffi la verité eft, que les principautez Souveraines n'ont pas efté établies en faveur des Princes, mais en confideration du peuple, qui a befoin d'un Chef, pour eftre gouverné & maintenu, qui eft ce que dit Ciceron au 1. des Offices, *ut tutela priætorum, fit cura Reipublicæ, adminiftratum eorum, qui commiffi funt non eorum quibus commiffa eft, inftituta fuit*. Ce qui ne peut pas eftre dit des autres Seigneuries, qui font tout à fait patrimoniales aux Seigneurs, Bref pour toutes ces raifons il appert, que les Monarchies font plus Offices, que Seigneuries.

43. Des Pairs de France. Au regard des Pairs de France, ils font pareillement Officiers & Seigneurs enfemble, & quant au titre & quant à la nature de leur dignité. Quant au titre, il eft notoire, qu'outre celuy de Pair, qui eft un titre d'Office, ils ont auffi le titre de Duc, ou de Comte, qui font titres de Seigneuries, n'y ayant aucune Pairie, qui ne foit Duché ou Comté : quant à la nature auffi, d'autant qu'ils en doivent hommage au Roy comme Seigneurs, & ferment au Parlement comme Officiers, & au moins s'ils veulent faire l'exercice de leur Pairie, lequel exercice il faut qu'ils faffent en propre perfonne, comme d'un Office, & ne peuvent commettre, comme la puiffance des Seigneuries, Mais la raifon eft que l'Office & la fonction des Pairs eft diftincte & feparée de leur Seigneurie, & au titre, & en la nature : ce qui n'eft és Seigneuries Souveraines, ou l'une & l'autre eft meflée & unie enfemble.

44. De leur exercice perfonnel. Cette fonction ou exercice perfonel des Pairs, confifte principalement en deux actes:L'un, que c'eft eux qui inveftiffent le Roy de fon Eftat, & luy baillent les ornemens Royaux lors de la folemnité de fon Sacre & Couronnement. L'autre, que c'eft à eux de juger, avec fa Majefté, les differends des vaffaux du Royaume, felon les anciennes loix des fiefs, qui avoient eftably une Juftice particuliere pour le fait d'iceux, diftincte de la Juftice ordinaire, & cette Juftice pour raifon des fiefs de la Couronne s'appelloit la Cour des Pairs : Juftice extravagante, qui à bon droict a été rejointe à la Juftice ordinaire, lors que le Parlement a été fedentaire : de forte que c'eft le Parlement qui aujourd'huy s'appelle la Cour des Pairs : donc partant les Pairs de France font les plus anciens Confeillers. Mais pour être tels, il faut qu'ils y faffent le ferment, fans lequel nul ne peut être Officier.

45. Pourquoy pre-cedent les autres Officiers & Seigneurs. Et fans doute c'eft à caufe de cela (&non à caufe de l'opinion du vulgaire, qu'ils font au lieu des Patrices de Conftantinople) que les Pairs de France precedent tous les autres Officiers, & auffi tous les Seigneurs de France, tant feulement les Princes, pour le refpect du Sang Royal, & de la Parenté du Roy, & auffi qu'ils font capables de regner fur eux mêmes, ou d'engendrer des Princes, qui regneront fur leur pofterité : encore ont-ils autrefois marché devant eux, lors que les Pairs étoient Princes, & qu'ils avoient ufurpé la Souveraineté, comme il fera dit au Livre *Des Seigneuries*.

46. Pourquoy indi-vifibles. Cette même qualité d'Office eft caufe que les Pairies font indivifibles, encore plus que les autres grandes Seigneuries, & qu'elles tombent moins qu'icelles aux femmes, ainfi qu'on le pratique, à prefent que l'Ordre eft mieux gardé aux affaires de France, qu'il n'eftoit anciennement, lors que l'ufurpation y maintenoit le defordre, & que la force y entretenoit la confufion.Mais hors ces particularitez, les Pairies font reglées en tout, & par tout comme les autres grandes Seigneuries.C'eft pourquoy je referve de traiter de leurs droicts au Livre *Des Seigneuries*, enfemble de ceux des Seigneuries Souveraines,parce qu'ils concernent plus la Seigneurie, que l'Office.

47. Et incommunicables aux femmes.

48. Des fimples Offices feodaux. Quant aux fimples Offices feodaux, qui ne font point Seigneuries, n'ayant aucune Juftice annexée, je n'en connoy point d'autres à prefent en France,que les Seigneuries fieffées, dont en Normandie il y en a plus que des Sergenteries fimples:& je trouve dans le grand Coutumier, qu'il y en doit avoir quatre au Chaftelet de Paris, qu'on appeloit anciennement, dit il, *Sergenteries foraines*; parce à mon advis, que leur Principale charge étoit de faire les faifies des Fiefs, qui font volontiers fituez hors la ville : & de fait les Sergens fieffez pretendent que c'eft à eux, & non aux autres Sergens de faire ces faifies. Quoy qu'il en foit,les commiffions du prevoft de Paris contiennent ordinairement cette additielle, *Au premier noftre Sergent à cheval, fieffé ,ou à verge*.

49. Sergenterie fieffée.

50. Sergens à cheval. Il y a auffi en Poitou ,& en quelques autres Provinces de France des Sergens hereditaires, qui font

De Offices Feodaux, Chap. II.

appellez *Chaſtallains* ou *Sergens Chaſtallains* : qui tiennent pareillement leurs Offices en fief, & qui, à mon advis, étoient autrefois les Gardes & Concierges des Chaſteaux, d'où vient qu'en aucuns lieux, ils ſont auſſi Sergens des foreſts, & en d'autres ils ſont Receveurs des amendes, & d'autres menus droicts de la Juſtice du Seigneur. De ſorte qu'ils ſe rapportent aux fiefs *Guardia vel Caſtaldia*, dont traittent les Feudiſtes.

51. Mairies de villages. Je ne ſçay ſi je doy mettre en ce rang, ou au rang des pures Seigneuries, les Maires de villages : d'autant qu'en pluſieurs pays, & notamment en Beauſſe (où il y en a grand nombre) ils ſont tenus, à certains jours, de porter la verge, & ſervir de bedeaux, & appariteurs aux proceſſions des Egliſes, dont ordinairement ils relevent, & non pas des Seigneurs temporels.

52. Prevoſtez hereditaires. Toutefois il y a d'autres pays, où ces Maires de village ont baſſe Juſtice, ainſi que les Maires des villes l'ont en quelques villes : c'eſt pourquoy en quelques lieux ils ſont appellez *Prevoſts hereditaires*, & ont ordinairement pluſieurs menus droicts en leur village, comme de mener les mariées au montier, & à cauſe de ce, ils ont droict de mets, qui eſt un plat du feſtin des nopces, ils ont auſſi droict d'avoir la premiere pinte de Vin, qui ſe debite au village, un jambon de chaque porc qui s'y tuë, & pluſieurs autres telles menuës Couſtumes, ainſi appellées, parce qu'on a tourné la Couſtume en droict, & la courtoiſie en obligation : comme dit Bouteiller, *que accoutumance eſt desheritance* : Coutumes que partant les gens de bien, qui ont ces Mairies, ont à bon droict deſaccouſtumées, & laiſſé abolir.

53. Leurs menus droicts.

54. Couſtume pourquoy ſignifie menus droicts.

55. Deux ſortes de ces ſimples Offices feodaux. Or ces Mairies ſont quelquefois inherentes à certaines terres, ainſi que les Seigneuries quelquefois ſubſiſtent par foy, & n'ont aucun domaine, ainſi que ſont communément les Sergenteries fieffées : auquel cas la Couſtume de Normandie decide, qu'il n'en eſt deu aucun relief, comme étans pluſtoſt Offices, que fiefs. *Dignitez*, dit-elle en l'article 157. *ſans fonds, ny glebe, doivent hommage, & non relief.* Toutefois la Couſtume de Chartres article 17. dit qu'il en eſt deub relief indiſtinctement, bien qu'ils ne ſoient que fiefs Bourſiers (comme elle les appelle, & pareillement la Couſtume de Valentienois, article 4.) c'eſt à dire fiefs ſans domaine, & conſiſtans ſeulement en menus émolumens, qui entrent en la bourſe.

56. Fiefs Bourſiers.

57. Fiefs de camera, aut de Cavena. C'eſt pourquoy il ſemble, que ces fiefs Bourſiers, ou Offices fieffez ſans domaine, reſſemblent aux fiefs de *Camera*, *aut de Cavena*, dont il eſt parlé au commencement du 2. Livre Des fiefs, qui étoit une rente, ou penſion en bled ou en vin, que les Seigneurs bailloient à leurs eſtafiers, pour les ſervir & aſſiſter journellement, qui ſont fiefs impropres, dit Cujas : *quia proprie feudum in rebus ſolis conſiſtit*. Fauchet nous apprend, qu'on les appelloit autrefois en France, *Fiefs de revenuë*, & du Tillet en raporte un bel exemple, que Geoffroy de Limoges fit hommage au Roy Philippe de Valois de deux cens livres de rente, à vie, à prendre ſur le Treſor du Roy, à la charge de ſervir deux vingt hommes d'armes. Car nos anciens François étoient ſi amoureux des fiefs par eux inventez, qu'ils infeodoient, non ſeulement les heritages, mais auſſi les Offices; & encore les rentes & penſions.

58. Fiefs de revenuë.

59. Offices de la Couronne faits feodaux. Même anciennement, preſque tous les grands Offices de France furent faits feodaux; notamment les Offices de la Couronne, qui tous, ſans exception, ont eu des Juſtices dependantes de leur Office, & même y ont annexé à ſucceſſion de temps pluſieurs Rentes & droicts annuels, même pluſieurs heritages, que du Tillet cote particulierement en ſon Recueil: ce que je traitteray plus amplement au 4. Livre, Chapitre 4. qui eſt dedié pour en traitter. Ainſi du Tillet dit que le Conneſtable fait hommage au Roy de l'épée Royale, comme la tenant en fief, uny avec ſon Office, & que tous les autres Officiers de la Couronne ont été receus à hommage de leurs Offices, *aucuns*, dit-il *par erreur*, *autres comme leurs Offices étans reputez fiefs à vie*, à cauſe des Juſtices dependantes d'iceux.

60. Pourquoy. Mais c'eſtoit en effet que ces grands Officiers tâchoient à rendre leurs Offices hereditaires en les changeant en fiefs, tout ainſi qu'avoient fait les Ducs & Comtes, parce que ſelon la regle des fiefs, le Seigneur eſt obligé de conſerver ſon vaſſal en ſon fief, à cauſe du mutuel devoir, & foy reciproque, qu'ils ont l'un à l'autre, de ſe defendre & maintenir. Et de fait l'Office de grand Bouteiller a été par ce moyen continué ſi long-temps en la maiſon de Senlis, qu'on diſoit vulgairement *le Bouteiller de Senlis*, & que ceux de cette maiſon prennent encore aujourd'huy ce titre, dit du Tillet : comme pareillement l'Office de grand Chambrier a été en fin tout à fait changé en un fief hereditaire, poſſedé ſucceſſivement par tous les Ducs de Bourbon, de ſorte qu'on a été contraint de mettre un autre Officier en ſa place, qu'on appelle grand Chambellan, comme je diray au même endroit.

61. Office feodal ſeparé en fief & Office. Mêmement Fauchet au premier Livre de ſes Origines, Chapitre 10. rapporte une merveilleuſe ſorte d'infeodation d'Office, à ſçavoir que Foulques Comte d'Anjou, depuis Roy de Jeruſalem, eut querelle avec le Roy Louys le Jeune, parce qu'il l'avoit dépouillé de la Mairie & Senechauſſée de France (qui eſt à preſent l'Office de grand Maiſtre de France) & en avoit pourveu le Seigneur de Garlande. De ſorte que le Roy ayant affaire du ſecours de Foulques, en une guerre qui luy ſurvint contre les Anglois, il fut contraint d'entrer en cét appointement avec luy, que le Seigneur de Garlande tiendroit en fief l'Office de Senéchal de France du Comte Foulques, comme Seigneur feodal & hereditaire de la Mairie & Senechauſſée de France, annexée par ce moyen au Comté d'Anjou, ce qui eſt cauſe que les Roys d'Angleterre, auparavant qu'ils priſſent le titre de Roy de France, ſe qualifioient, à cauſe du Duché d'Anjou, qu'ils pretendoient leur appartenir, Senéchaux hereditaires de France.

62. Offices de la Couronne, pourquoy n'ont pû être faits hereditaires. Mais il a été impoſſible aux Officiers de la Couronne de rendre tout à fait leurs Offices hereditaires patrimoniaux, comme avoient fait les Ducs & les Comtes, parce que leurs charges s'étendans generalement par toute la France, & n'ayant point de pays à eux, où ils ſe puſſent cantonner, établir, & prendre pieds comme les autres, il a été facile de les ranger à la raiſon: ce que le Parlement a fait toutefois & quantes qu'on s'en eſt adreſſé à luy, dont du Tillet recite pluſieurs Arreſts. Entre leſquels eſt notable celuy du 22. Janvier 1361. où il eſt dit, que *les Offices des Maréchaux de France appartiennent à la Couronne*, *comme Domaine d'icelle*, *& l'exercice auſdits Maréchaux pendant leur vie*! Et un autre de l'an 1174. par lequel Guy de Mirepoix fut debouté du titre de Marechal de la Foy par luy pretendu hereditairement, à cauſe qu'un de ſes predeceſſeurs avoit été Maréchal en l'armée de Simon de Montfort contre les Albigeois : & fut dit que *les Offices de France n'eſtoient hereditaires*, *ſi expreſſément n'eſtoit ordonné* : Ainſi les enfans de Meſſire Guillaume Creſpin, pretendans, à cauſe de leur mere, la Conneſtablie hereditaire de Normandie, en furent deboutez par Arreſt de l'an 1275. Quoy qu'il en ſoit, les grands Officiers de France par le moyen de cette infeodation ont gagné ce poinct de rendre leurs Offices fiefs à vie, & partant de n'eſtre point deſtituez, comme de temps-là pouvoient étre tous les ſimples Officiers.

63. Arreſt prohibitifs de faire les Offices hereditaires.

64. Baillifs & Senéchaux puniſs pour ce ſujet. Pareillement, les Baillifs & Senéchaux ont tâché de faire ainſi que les Officiers de la Couronne que leurs Offices fuſſent feodaux; mais ils s'en ſont mal trouvés. Car on a consideré à bon droit, qui ayās succedé en tout & par tout à l'ancien Office des Ducs & des Comtes, & ayans autresfois eu, comme eux, la charge, & des armes, & de la Iustice, & des finances de leur Province, il leur eust esté aussi facile qu'à eux d'empieter la proprieté & Seigneurie d'icelle. Partant, on y a mis bon ordre : car on a peu à peu tellement démembré leurs Offices, qu'il ne leur en est presque demeuré que le titre : la charge des armes ayant été baillée à des Gouverneurs: celle de la Iustice ayant été laissée entierement aux Lieutenans Generaux, qui ont été pourveus par le Roy, au lieu qu'anciennement les Baillifs & Senéchaux les commettoient : & celle des finances ayant été atribuée aux Receveurs du Domaine, ainsi que j'ay dit ailleurs.

CHAPITRE III.

Des Offices Domaniaux en general.

1. Offices domaniaux sōt Offices & domaine tout ensēble.
2. Ces deux natures sont separables.
3. Enumeration des Offices domaniaux.
4. Origine de ces Offices.
5. Clergies, Ecritures.
6. Vendre Offices, comment s'entend és anciennes Ordonnances.
7. Greffes, notariats & Seaux autresfois baillez à ferme.
8. puis conferez en vray Office à vie.
9. Greffes faits Offices hereditaires.
10. Raison de cete heredité.
11. Notaires faits hereditaires.
12. Seaux convertis en Offices.
13. Puis faits hereditaires.
14. Receptes des consignations.
15. Ancien exemple de Greffe hereditaire.
16. Greffe des Seigneurs, comment conferez.
17. Qu'ils ne doivent étre alienez tout à fait.
18. Seigneurie ne doit étre démembrée.
19. Autre Raison.
20. Autre encore.
21. Alienations des Greffes, c̄oment doivent être limitées.
22. La faculté de rachat y doit étre sous-entenduë.
23. Même en la donnation du Greffe.
24. Estimation doit étre prise selon le temps du don, & non du rachat.
25. Discours notables des alienations à faculté de rachat.
26. Si ce sont simples engagemens.
27. Que ce sont ventes.
28. Pourquoy quelques Ordonnances les appellent engagemens.
29. Difference entre l'engagement & la vente à faculté de rachap.
30. Origine des engagemens
31. Fiducia.
32. Emancipatio.
33. Iudicium fiduciæ.
34. Fiducies abolies.
35. Antichrese.
36. Mort gage, Vif-gage.
37. Belle regle des Romains aux engagemens.
38. Vente à faculté de rachat.
39. Pactum de retrovedendo.
40. Trois effets differents de l'engagement, & de la vente à faculté de rachat.
41. Comment se discerne l'engagement d'avec la vente à faculté de rachat.
42. Que la vente des Offices domaniaux n'est point engagement.
43. Pourquoy par fois elle est appellée engagement.
44. Il y a des ventes du Domaine qui ne sont qu'engagement.
45. La distinction des ventes du Domaine & des engagemens d'iceluy.
46. Alienation du Domaine par Bienfait.
47. Division generale des alienations du Domaine.
48. Trois sortes d'appanages.
49. Trois sortes de concessions à faculté de rachat.

1. Offices domaniaux sont Offices & domaine tout ensēble.

COmme les Offices feodaux ont deux natures, à sçavoir d'Office & de fief; aussi les domaniaux ont tout ensemble la nature d'Office & de domaine alienè, parce que la fonction personnelle, en laquelle ils consistent formellement, leur conserve le nom & l'étre d'Office, & d'ailleurs ils consistent materiellement en certains droicts du Roy, qui sont alienez aux particuliers à faculté perpetuelle de rachat, sous ce specieux titre d'Office, tant desiré en ce siecle : c'est pourquoy je les appelle *Offices Domaniaux*, (ainsi qu'un Edict moderne fait en l'an 1596 pour la revente des Offices de Receveurs des Decimes (à cause qu'ils sont Offices en la forme, & domaine en la matiere : Offices à l'égard de leur fonction publique, Domaine à l'égard de leur revenu & proprieté.

2. Ces deux natures sont separables.

Même il faut prendre garde, que ces deux natures sont encore plus separables que les deux des Offices feodaux. Car combien que ny le Roy, ny les Pairs de France, ne puissent separer actuellement leur Office de leur Seigneurie, en commettant l'exercice entier d'iceluy, si est-ce que notoirement l'exercice entier des Offices domaniaux peut-étre distrait & separé de la proprieté d'iceux, soit par bail à ferme, ou autrement : & en ce cas, le fermier de l'Office Domanial est le vray Officier, auquel desormais reside la fonction publique, & qui pour cét effet doit être receu, & faire le serment en justice : & l'acquereur en est simplement le Seigneur ou proprietaire, tout ainsi que d'un autre domaine alienè: ce qu'il faut perpetuellement remarquer en cette matiere, parce que de la distinction de ces deux natures dépend la decision presque de toutes les difficultez qui se rencontrent en ces Offices.

Or comme l'invention d'iceux est fort nouvelle, ayant été commencée de nostre temps, & en l'année 1580. seulement, aussi n'y en a-t-il pas encore beaucoup. Car je n'en sçay point d'autres que les Greffes, & les charges qui en ont été autresfois démembrées comme les Notariats, es places de Clercs, les Seaux, les Receptes des Consignations, & encore quelques nouveaux Seaux, ou marques qu'on a forgées à l'instar de ceux de la Iustice, pour marquer-& controler certaines Marchandises.

3. Enumeration des Offices domaniaux.

Pour rechercher dés la source l'invention de ces Offices, il faut entendre qu'anciennement, lors que la Iustice s'exerçoit gratuitement en France, & qu'au lieu d'être à profit au Roy, elle luy étoit à dépense, les Iuges se servoient de leurs Clercs domestiques pour Greffiers, & pour Notaires, qui n'estoit qu'une même Charge, appellée *Clergie*, dans les anciennes Ordonnances, comme je prouveray au Chapitre suivant ; où il sera dit que le Roy Philippe le Bel leur osta cette puissance, & voulut commettre luy-même aux Clergies ou notariats. Et quinze ans après, Philippe le Long declara par son Ordonnance, que les *Ecritures* (qui sont les mêmes Offices de Greffiers & Notaires appellez en droict *Scribatus*) & Seaux étoient de son domaine, & partant qu'ils seroient doresnavant vendus par enchere à bonnes gens & convenables.

4. Origine de ces Offices.

5. Clergies, Ecritures.

6. Vendre Offices, comment s'etend és anciennes Ordonnances.

Où il faut remarquer (ensemble en toutes les anciennes Ordonnances, qui parlent de la vente des Offices) que cette vente ne signifie pas une adjudication à une fois payer, telle qu'on la pratique à present, mais il la faut interpreter *secundum subjectam materiam*

Des Offices Feodaux, Ch. II.

materiam, pour signifier un simple bail à ferme au plus off rant & dernier encherisseur, ainsi que des autres fermes du Domaine, lequel ne se vendoit point alors, l'invention de le vendre à faculté de rachat pour la necessité des guerres, n'ayant été authorisée que par l'Ordonnance du Domaine de l'an 1566. Ce que je prouveray au 1. Chap. du Livre suivant.

Donc depuis cette Ordonnance, qui est de l'an 1319. les Greffes, Notariats & Seaux ont presque toujours été baillez à ferme, comme droicts domaniaux, & non pas conferez à titre d'Office. Ce qui a tellement eu lieu, que la ferme des Greffes, Notariats, Seaux, amendes, & autres menus emolumens de la Justice, attira enfin à soy l'Office de Juge és Prevostez, Chastellenies, & petits Bailliages Royaux: de sorte, que le tout fut long-temps baillé à ferme ensemblement, comme il sera dit au mesme lieu: jusques à ce que le Roy Charles VIII. par son Ordonnance de l'an 1493. separa l'Office de Juge d'avec le Greffe, & autres émolumens de la Iustice, ordonnant que desormais il seroit conferé à titre d'Office, & que le Greffe & émolumens de la Iustice seroient baillez à ferme, ainsi qu'auparavant, afin que le Roy en peust tirer du revenu: car il n'en tiroit point encore lors des Offices.

Partant, cette façon de bailler les Greffes à ferme continua jusques en l'an 1521. que l'invention de vendre les Offices ayant été trouvée, le Roy François pour tirer de l'argent dela vente d'iceux, ordonna qu'il y seroit pourveu à titre d'Office: Edit qui du commencement fut trouvé si étrange, qu'il ne fut point executé, comme nous font foy plusieurs Ordonnances subsequentes, qui presupposent que les Greffes étoient toujours baillez à ferme. C'est pourquoy le Roy Henry II. le renouvella en l'an 1554. Mais le Roy Charles IX. le cassa en l'an 1564. remettant les Greffes à ferme: puis le rétablit en l'an 1567. Et finalement, en l'an 1580. le feu Roy réunit les Greffes à son Domaine, & par le même Edict ordonna, qu'ils seroient vendus à faculté de rachat, tout ainsi que l'autre Domaine de la Couronne, en qualité neanmoins d'Offices hereditaires.

Et à la verité, il semble que cette invention n'est pas du tout sans raison, parce que par le moyen de l'hereditté de ces Offices, il y a plus d'asseurance de la foy publique, & du bien d'un chacun en particulier, dont les Greffes & les Notaires sont comme gardiens & depositaires: & sur tout, parce que par leur continuation en une même famille, les minutes sont plus seurement gardées, plus aisées à trouver, & moins sujettes à être ou égarées ou diverties. Ce que Cassiodore Livre 12. *Var. epist*, 21 nous apprend avoir été consideré dés son temps. *Scriba*, dit-il, *ad paterna transit officia, ut incorruptè sit veritas custodita. Nam sicut diligens genitor servat, quod otiosus successor inveniat: sic arbiter artium Princeps nullum patitur propria utilitate fraudari, imò tanta rei jugum præcipimus esse custodem.*

Quant aux Notariats & Tabellionez, ce n'a été que sous le Roy d'aprés ent & en l'an 1597. qu'ils ont été faits hereditaires: pourquoy faire les Offices de Tabellions, Notaires & Garde-notes, qui avoient coûtume d'être Offices differens (en aucuns lieux, comme il sera dit au Chapitre 5.) furent par le même Edit joints ensemble, & ce fait ont été vendus au plus offrant à faculté de rachat, ainsi que les Greffes.

Mais les Seaux des Iustices Royales, qui depuis l'Edict de Philippes le long avoient été continuellement baillez à ferme, tout ainsi que les amendes & autres émolumens d'icelles Iustices, furent dés l'an 1568. convertis en un Office de Garde de Seaux, à l'*instar* de l'ancien Officier du Chastelet de Paris, appellé le Séelleur, dont le grand Coustumier fait mention, puis enfin furent derechef réunis au Domaine ainsi que les Greffes, en la même année 1580. & vendus tout de même à heredité & faculté de rachat. Depuis lequel temps il a été institué plusieurs autres semblables Offices hereditaires & domaniaux de Séelleurs ou Marqueurs, ainsi qu'il sera dit cy-aprés en ce 5. Chapitre.

Et en l'an 1595. les Receveurs des Consignations (qui avoient été démembrez des Greffes, & erigez en titre de purs Offices en l'an 1578) furent aussi rejoints au Domaine, puis revendus à faculté de rachat, Voila tous les Offices domaniaux, horsmis ceux des Decimes, qui sont d'autres sortes que les autres parce qu'ils regardent un certain ménage d'entre le Roy & le Clergé, mais quant aux autres ne sont jusques à present que les anciennes dependances des Greffes.

Or Monsieur Choppin sur la Coustume de Paris nous rapporte une exemple fort notable, comme de long temps il y a eu des Greffes hereditaires, à sçavoir un Arrest de l'an 1254. dont voici les mots: *Cum Rex Henricus Angliæ dedisset cuidam & suis hæredibus, quod esset Scriptor suæ præpositurâ Cademi, & jam illud donum de hærede transisset ex successione, fuit orta quæstio ad petitionem cujusdam mulieris, dictum Officium petentis tanquam hæres propinquior. Dubitabatur, cùm non esset officium muliebre, utrum ipsa mulier, esset admittenda. Iudicatum fuit, quòd cum charta Regis Henrici donum factum testificaretur cuidam & suis hæredibus, propter hoc, quòd erat mulier, non debeat repelli, & quòd Officium illud facere poterat per interpositam personam.*

Toutesfois il faut remarquer que ce n'estoit pas un Greffe Royal. Car le Roy d'Angleterre l'avoit donné comme Duc de Normandie, & Seigneur de la ville de Caën: & de verité il a toujours été loisible aux Seigneurs de conferer, ainsi qu'il leur a pleu, les Greffes, Notariats & Seaux des Justices, qui leur sont patrimoniales, soit en Office, ou à ferme. Ce qu'ils ne pourroient pas faire des Offices de Judicature, qui ne peuvent être conferez qu'à titre d'Office, & à personne capable, à cause de l'interest public. Aussi a-t-on veu de tout temps, que la pluspart des Seigneurs, au moins les meilleurs ménagers, ont retenu les Greffes, Notariats & Seaux parmi leur Domaine, & les ont baillez à ferme pluftost que de les conferer à titre d'Office.

Mais de les donner hereditairement, & à toujours, comme au fait de cet ancien Arrest, ce n'est pas seulement un mauvais ménage, mais c'est encore une absurdité & incompatibilité toute certaine, pour plusieurs raisons, qui meritent bien d'être approfondies à loisir: parce que ce discours concerne directement la forme & etablissement des Offices domaniaux.

Premierement, si ces Offices étoient vendus à perpetuité, & sans faculté de rachat, ce seroit une expropriation parfaite, & un demembrement formel des dépendances du fief & de la Seigneurie, qui est étroitement prohibé par nos Coustumes. Car la Seigneurie, dont dépend la collation des Offices, est des dependances du fief, comme j'ay prouvé au quatriéme Chapitre du Livre *Des Seigneuries*. Que si les Coustumes défendent le démembrement du fief, ou domaine feodal, qui est un corps heterogenée & parfable naturellement, à plus forte raison doit il être prohibé en la Seigneurie, qui est un droict incorporel, homogené & impartable.

D'ailleurs il faut considerer que les Offices ne concernent que le simple exercice de la fonction publique, & en consequence d'iceluy, de recevoir les émolumens qui en proviennent & dépendent. Or il faut par necessité, que cét exercice depende de quelque Seigneurie: & combien qu'une terre puisse être naturellement sans Seigneur, l'Office neanmoins ne peut subsister, sans qu'il depende de quelque Seigneurie, & l'Officier ne peut être sans correlatif, qui est le Seigneur, non plus que le Maistre sans le valet, ny le pere sans l'enfant.

Davantage il a été dit au premier Chapitre de ce Livre, que la propriété des Offices n'appartient pas

Du Droict des Offices.

Des Offices hereditaires, Liv. II.

tellement aux Seigneurs, qu'ils la puissent aliener par expropriation entiere, mais qu'ils en sont seulement collateurs pour en disposer selon leur nature lors qu'ils sont vacans, mais que la pleine & parfaite proprieté d'iceux reside inseparablement par devers l'Estat, ou bien la Seigneurie subalterne, comme une partie integrale & inseparable du corps d'icelle: laquelle en estant distraite, la Seigneurie n'est plus entiere, non plus que l'homme n'est plus parfait, mais est mutilé, quand il a le bras coupé tout à fait: même qu'alors la seigneurie perd sa qualité, comme la couronne n'est plus couronne, quand son cercle n'est plus entier, qui est à peu près le discours de Balde sur le Chapitre *Licet causam col. 3. De probat* Reciproquemét, l'Office ainsi aliené à pur & à plein, n'est plus un Office, parce qu'il est tout à fait hors de la seigneurie, mais c'est un lambeau, ou morceau de seigneurie, ne pouvant la Seigneurie être imaginée, sinon d'une Justice toute parfaite, & non d'une Greffe seul, & separé absolument & à toujours du corps de la Seigneurie, & ne se peut imaginer, que le surplus de la Justice ou Seigneurie appartienne à un, & le Greffe à un autre parfaitement & sans aucune esperance de reversion, ou aucun droit de directe.

21. Alienations des Greffes comme ne doivent être limitées.

C'est pourquoi, à la rigueur, telles alienations & expropriations devroient être jugées nulles: toutefois parce qu'en les faisant, on ne s'advise pas de ces raisons, qui à la verité sont abstruses & eloignées de la pensée, bien que vrayes, mêmes necessaires à garder, il est plus équitable d'y apporter quelque modification & interpretation convenable, *ne potius valeat alias, quam pereat, imo ut valeat, quatenus valere potest*, & d'accorder à l'intention des parties, avec le droit, & accommoder ce qu'ils ont fait, à ce qui se peut faire. Donc puisque cét ancien Arrest n'a point declaré nulle la concession à perpetuité d'un Greffe, mais taciturnement approuvée, j'estime qu'il ne la faut pas reprouver tout à fait: mais quand un Seigneur a vendu, ou même a donné à perpetuité le Greffe de sa Justice, la faculté perpetuelle de rachat doit être sous-entenduë en telle concession, afin que ce soit une inclination absoluë, & une expropriation parfaite. Tout ainsi que cette

22. La faculté de rachat y doit être sous entenduë.

même faculté est toujours sous-entenduë aux Rentes constituées, qui autrement ne seroient valables: & de même façon qu'és alienations que fait de ses Greffes le Roi, qui les fait avec le sage conseil de ses Officiers, cette faculté y est toujours exprimée, comme necessaire.

23. Même en la donation du Greffe.

De sorte, que je dis, qu'un Seigneur est recevable en quelque temps que ce soit, à racheter le Greffe de sa Justice, pour le même prix qu'il l'a vendu, bien qu'en la vente, il n'ait retenu ce droit de le pouvoir racheter, parce qu'il est de l'essence du Contrat, même il est necessaire à la validité d'icelui. Que si le Greffe a été non pas vendu, mais donné à perpetuité, je dis pareillement qu'il peut être racheté & retiré en tout temps, pour sa juste valeur, parce qu'il n'a pû être aliené tout à fait.

24. Estimation doit être prise selon le temps du don & non du rachat.

Valeur qui encore doit, à mon advis, être estimée, non pas eu égard au temps qu'on le veut retirer, mais au temps qu'il a été donné, en tant qu'il en peut aparoir, ainsi que le Greffe vendu se rachete au même prix de la vente, & non à celui du temps du rachat: parce aussi, que des lors de la donation, la faculté de rachat a été sous-entenduë, comme necessaire pour la validité d'icelle & partant c'est à l'égard de ce temps-là, que son prix doit être taxé: même on doit s'imaginer que ç'a été plustost le prix de l'Office, qui a été donné absolument, ou bien l'usufruit de l'Office jusques au rachat, que l'Office en soi purement & absolument, puisque en cette façon il est inalienable: toutefois il faut confesser, que ce point est fort douteux.

Puis donc que les Offices domaniaux ne peuvent être autrement alienez, qu'à faculté de rachat, soit expresse, ou pour le moins taisible, il est lors necessaire de parler de l'effet, energie & importance de telles alienations, & si jusques au rachat elles importent quelque proprieté ou Seigneurie de la chose ainsi alienée, ou bien si en elles importent une simple constitution d'usufruit, qui ne fait pas partie de la proprieté *leg. Recté D. De verb. signif.* Même un simple engagement qui ne transfere point la proprieté de la chose engagée au creancier, mais ne sert que d'asseurance de l'argent prêté *leg. Cum sortit. §. ult. D. De pignor. action.*

15. Discours notable des temps & façons à faculté de rachat.

Ce qui semble devoir principalement avoir lieu en ces Offices, qui sont du Domaine de la Couronne, lequel de sa nature est sacré & inalienable: & partant il semble que l'aquereur d'un Office domanial n'en est pas Seigneur, mais de son argent seulement pour l'asseurance duquel il détient l'Office engagé, jusques à la restitution d'icelui, jouïssant cependant des fruits & émoluvens de l'Office, au lieu de l'interest de ses deniers, par une maniere d'Antichrese. Et de fait nous voyons, que la plûspart des Ordonnances qualifient les alienations, même du domaine solide, du nom d'engagement simplement, leur déniant le titre de vente à faculté de rachat.

16. Si de si temps en engagemens.

A quoi on peut répondre, qu'encore que le Domaine soit regulierement inalienable, si est-ce que c'est une des exceptions, qu'il peut être alienable à faculté de rachat, pour la necessité du Royaume, comme il est dit en l'Ordonnance de l'an 1566. appellée vulgairement *Ordonnance du Domaine*, qui use notamment du terme *d'alienation*, & non pas de celui *d'engagement*: comme aussi tous les Edits faits pour la vente des Offices domaniaux, portant expressément le mot de *vente* ou *alienation*. Et ce qu'il y a des Ordonnances qui usent du mot *d'engagemens*, au lieu de vente à faculté de rachat, est par tolerance & pour distinguer ces ventes d'avecques les alienations du domaine faites par appanage, dots, ou doüaires: & d'autrefois encore pour marquer que certaines alienations, bien que conceuës en termes de vente à faculté de rachat, neanmoins pour n'estre du tout au cas de l'Ordonnance du Domaine, ce sont tenuës que pour des simples engagemens, ce qui sera expliqué incontinent.

17. Que sont les ventes.

18. Pourquoy les plus des ventes sont appellées engagemens.

Or il y a bien de la difference entre la vente à faculté de rachat, & le simple engagement, autrement appellé *Contract pignoratif*: qui est un point de tres-grande importance en nostre usage, & qui n'est pas bien éclairci ny dans le droit Romain, ny en nostre droit François: & partant il merite bien d'être aprofondi en ce lieu.

19. Difference entre engagement & vente à faculté de rachat.

Pour en faire recherche dés sa premiere origine, il faut observer que l'invention des hipotheques a été fort tardive à Rome, ayant seulement été introduite par les Preteurs, mais en la primitive Jurisprudence on usoit seulement de gages mobiliers, qui pouvoient être baillez de main en autre, & pour cette cause étoient appellez *pignora à pigno* disent nos Jurisconsultes, parce qu'on ne se pouvoit imaginer, qu'on peust acquerir droit en aucune chose sans tradition.

20. Origine des engagemens.

C'est pourquoi afin de pouvoir engager les immeubles, aussi bien que les meubles, on inventa une maniere du Contract appellé *fiducia* qui étoit une vente simulée, par lequel celui qui avoit affaire d'argent, vendoit & livroit, avec l'ancienne ceremonie de la mancipation, son heritage à celui qui lui en restoit, à cette condition, neanmoins, qu'il seroit tenu le lui rendre & relivrer avec la même ceremonie, lors qu'il lui auroit rendu ses deniers: *fiducia contrahitur* (dit Buëce sur les Topiques de Ciceron) *cum res alicui mancipatur ea lege, ut cum mancipanti remancipet, essque remancipatio fiduciaria, cum restituendi fides interponitur*. Même quand les peres vouloient mettre leurs enfans hors leur puissance, ils n'en sçavoient autre moyen, sinon de les vendre *titulo fiducia*, à quelqu'un de leurs amis, qui à l'instant leur donnoit la li-

31. *Fiducia.*

32. Emancipatie.

De Offices Domaniaux, Ch. III.

berté, ce qui s'appelloit *emancipation*. Et ces ventes fiduciaires étoient si communes aux Romains, que parmy le peu d'actions qu'ils avoient d'ancienneté, il y en avoit une toute exprés pour icelle, appellée *Indicium fiducia cujus formula erat, inter bonos bene agere, & sine fraudatione*, dit Ciceron au 3. des Offices, *Quod quidem judicium magnæ existimationis, imò etiam famosum fuisse ait, in Orat. pro Rosc. Cum & pro Cæcinna.*

33. Judicium fiduciæ.

Mais aprés que les engagemens, & même les simples hipotheques conventionnelles des immeubles, furent authorisées, n'eut plus besoin de ces feintes, & formalitez d'emancipations & remancipations, esquelles il y avoit toûjours hazard de la mauvaise foy de l'acheteur fiduciaire, & partant quand il vouloit être nanty de l'heritage de son creancier, pour plus grande asseurance de la debte, on vsoit seulement d'un simple engagement, *nec amplius res mutua pecunia gratia mancipabatur, vel in jure cedebatur, sed tantum pignori tradebatur : Sicque manente apud debitorem dominio, nuda ejus possessio transferebatur,* dit Isidore Livre 5. *Des Ethymol.* Chapitre 11. Car c'est la difference *inter pignus & fiduciam* que *fiducia dominium transfert, pignus manente apud debitorem proprietate, solam possessionem transfert ad creditorem, leg. Cum & sortis §. vlt. D. De pignor. act.* Et de fait le terme de *fiducia* ne se trouve point en tout le corps du Droict Civil, au moins *pro pignore*, combien qu'il soit fort commun és anciens Livres.

36. Fiduciæ abolies.

Neantmoins en consequence de ce que le fiduciaire avoit accoûtumé de prédre à son profit les fruicts de l'heritage, on continua au moins au droict Romai u, cette tolerance aux engagemens, que le creancier en prendroit les fruicts en recompense de l'interest de son denier, si ainsi étoit accordé entre les parties : paction qui convertissoit le simple engagement en la nature d'un autre Contract, appellé *Antichresis l. Si ea pactione, & l. Si ea lege. C. de vsur.* Lequel Contract qu'on appelloit en France anciennement *Mort gage*, à la difference du simple engagement, qui ne portoit gain de fruicts, qu'on appelloit *Vif-gage* comme j'ay prouvé au premier Livre *Du déguerpissement* Chapitre 7. Combien que regulierement l'Artichrese, ou mortgage est reprouvé en France, dit du Molin en son Traité des Vsures, question 35. fois en peu de Coûtumes. Où on appelle tels marchez *Contracts pignoratifs*, ou *gracieux*, parce qu'ils sont conceus en forme de vente à faculté de rachat, qu'on appelle, *grace*, comme si c'estoit de grace seulement, qu'on promit au debiteur de retirer son heritage par luy actuellement vendu.

35. Antichrese.
36. Morgage. Vifgage.
37. Il de regle, les Romains aux engagemés.

Toutefois les Romains apporterent un sage reglement aux engagemens, à sçavoir, que jamais par quelque laps de temps que ce fust, le creacier ne pourroit acquerir la Seigneurie, de l'heritage engagé *l. vlt. C. De pactis pigno.* loy qui sans doute pour son équité doit être observée en toutes les especes d'engagemens, sçavoir aux simples, aux fiduciaires, qu'aux ventes simulées à faculté de rachat, & aux Antichreses. Car l'engagement est en effet si contraire à la vente, que jamais il ne peut être converti en icelle. Mais si le Contract n'a point commencé, par un engagement, pour l'asseurance d'un prest, mais par une vraye vente & non simulée, on n'a jamais trouvé mauvais d'y inserer la paction, qu'en tendant le vendeur à l'acheteur ses deniers, il sera tenu luy rendre l'heritage, ce que nous appellons *retraict conventionnel*, & nos Docteurs l'appellent *pactum de retrovendendo*, qui est approuvé par la loy *2. C. De pactis inter empt. & vendit* aussi ne contient-il rien contre les bonnes mœurs, mais il est à la vantage du vendeur, qui *in traditione rei suæ potuit quodvis pactum apponere leg. Sancimus. C. De reb. ali. non alien. pact.* qui au surplus ne change point la nature duContract.

38. Vente à faculté de rachat.
39. Pactum de retrovendendo.
40. Trois effets differents de l'engagement & de la vente à faculté de rachat.

Il y a donc bien de la différáce entre la vraye véte sous faculté de rachat & les engagemens ou côtracts pignoratifs. Car bien qu'ils soient ordinairemét conceus en mêmes termes, si ont-ils en l'effet trois differences fort notables: l'une qu'en la vente à faculté de rachat l'acheteur devient Seigneur de la chose jusques au rachat, ce qui n'est en l'engagement: parce que la tradition faite pour cause de vente transfere la Seigneurie, mais celle qui est faite pour cause d'engagement ne transfere que la simple detention de la chose. L'autre qu'en la vente, en consequence de cette Seigneurie transferée, l'acheteur gagne les fruicts de l'heritage *jure dominii*, & en engagement, il les doit rendre, si ce n'est és Coustumes, où l'Antichrese est tolerée, encore en ces Coustumes ne les gagne-t'il pas distinctement, & à l'infini, mais jusques à la concurrence de l'interest licite, suivant la loy *sint legitimæ vsuræ*. Et la troisiéme & principale difference est qu'en la vente, aprés le temps du rachat expiré, l'acheteur devient Seigneur incommutable de l'heritage suivant cette loy *2. C. De pactis inter empt. & vendit.* Ce qui ne peut être en l'engagement, à cause de cette loy derniere *De pact. pignorum*.

Mais d'autant que les vsuriers ne manquent jamais à faire concevoir leurs engagemens en même forme, & en mêmes termes, que les ventes à faculté de rachat, pour les discerner, nous ne prenons pas garde à leur forme, ny à leurs termes, mais à l'intention vray-semblable des Contractans, laquelle nous colligeons & conjecturons des trois circonstances, que les Canonistes nous ont apprises au Chapitre *Ad nostram. De empt. &* au Chapitre *Illo vos. De pignor.* à sçavoir, la vilité du prix, la reconduction, la coûtume d'vsurer : lesquels se rencontrans toutes trois en un Contract, ou moins deux d'icelles, selon la plus saine opinion, le Contract est jugé pignoratif, & simple engagement, bien qu'il soit conceu en termes precis de vente à faculté de rachat.

41. Comment se discerne l'engagement d'avec la vente à faculté de rachat.

Or étant notoire, que nulle de ces trois circonstances ne peut avoir lieu és adjudications publiques, soit du Domaine solide du Roy, soit des Offices Domaniaux, lesquelles d'ailleurs ne se font pas en intention de prest, mis de vente, il n'y a nulle difficulté, qu'elles ne doivent être tenuës pour vrayes ventes à faculté de rachat, & non pas pour simples engagemens, ou Contracts pignoratifs. Et toutefois, d'autant que le principal avantage, qu'ont les ventes à faculté de rachat par dessus les engagemens, qu'aprés le temps d'icelle faculté expiré l'acheteur en devient Seigneur incommutable, ne peut avoir lieu au Domaine du Roy, à cause de sa nature & condition particuliere, de ne pouvoir être parfaitement aliené. Il y a quelques Ordonnances, qui qualifient les alienations du Domaine du nom d'engagemens pour les distinguer des alienations, qui se font pour appanages, dots, ou douäires, qui a la verité sont beaucoup plus favorables. Mais cela n'épesche pas que les deux autres conditions particulieres des ventes à faculté de rachat, n'ayent lieu en ces alienations du Domaine, ou Offices Domaniaux, à sçavoir que jusques au rachat l'acquereur est Seigneur, du moins vtile, du domaine alieñé; & qu'il en fait les fruicts siens, par droict de Seigneurie.

42. Que ventes des Offices domaniaux n'est point engagement.
43. Pourquoy parfois elle est appellée engagement.

Mais encore c'est la verité qu'en matiere des alienations du Domaine solide faites aux particuliers, bien qu'elles soient faites en même forme, & sous mêmes clauses, il y en a neanmoins qui sont vrayes ventes à faculté de rachat, & d'autres qui ne sont que simples engagemens. Car celles qui sont faites avec les conditions portées par l'Ordonnance du Domaine, sçavoir est publiquement, sans fraude, au plus offrant & dernier encherisseur, & à deniers comptans, pour la necessité des guerres, sont vrayes ventes à faculté de rachat. Mais celles qui sont faites par Contract privé, pour le payement des dettes du Roy precedentes le Contract, ne sont que simples engagemens Tout ainsi qu'aux particuliers, quand le marché commence par la vendition sans fraude, ny déguisemét, c'est vente à faculté de rachat; mais quand

44. Il y a des ventes du domaine, qui ne sont qu'é-gagement.
45. La distinction des ventes du domaine & des engagemens.

46. Alienation du domaine par bien fait.

il commence par le prest, c'est engagement simple, bien que le Contract soit conçu en forme de vente. Même il y a encore une tierce espece d'alienation du Domaine, qui est encore moins forte que le simple engagement, à sçavoir l'alienation pour cause de bienfait, quand en recompense de services, ou autre telle cause, le Roy accorde la joüissance de quelque portion de son Domaine par forme de prest simulé, & sans bourse deslier.

47. Divisiō generale des alienations du domaine.

Donc pour faire un denombrement general des façons, que nous avons d'aliener le Domaine, bien que l'Ordonnance du Domaine n'en mette que deux, çavoir l'appanage, & la faculté de rachat, si est ce qu'il faut prendre garde, que chacune de ces deux especes peut être subdivisée en trois. Car l'appanage comprend le vray appanage des fils de France, l'assignation des deniers dotaux des filles, & le doüaire des Reynes vefves, &chacune de ces trois sortes a ses regles particulieres, comme il sera dit au dernier Chapitre du 4. Livre. Pareillement la vente à faculté de rachat comprend la vraye vente, l'engagement & le bien fait : qui pareillement ont chacune leur droit à part, aussi sont-elles toutes trois distinguées expressement par trois articles divers, consecutifs en l'Ordonnāce de Blois, qui sont les articles 332.333.334. que le Lecteur curieux pourra voir.

48. Trois sortes d'appanages.

49. Trois sortes de condition à faculté de rachat.

CHAPITRE IV

Des Seaux.

1. Vsage des Seaux.
2. Annulus signatorius, vel sigillatitius.
3. Signum.
4. Deux usages de l'anneau, ou cachet.
5. Vsage pour l'approbation des écritures.
6. Seaux des testamens.
7. Seaux des Contracts.
8. De même.
9. 2. Vsage des Seaux pour cacheter les coffres.
10. Nuls Seaux publics à Rome.
11. Edict des Empereurs étoient sous-scrits & non sellez
12. Sacrum encautum ancre particuliere de l'Empereur.
13. Edicts sous-crits par le Questeur.
14. Sean d'Auguste.
15. En France on seelloit & on ne signoit point autrefois.
16. Seing proprement signifie le Seau.
17 Pourquoy on usoit autrefois de Seau au lieu du Seing manuel.
18. Pourquoy on en use aux Sentences & Contracts.
19. Preuve.
20. Seaux appartenoient autrefois aux Iuges.
21. Seaux n'étoient toujours semblables.
22. Seaux joincts au Domaine.
23. Deux sortes de Seaux Royaux.
24. Trois sortes de Chancelleries.
25. Le grand Seau de France.
26. Le Seau des Chancelleries des Parlemens.
27. Seau des Chancelleries presidiales.
28. Les petits Seaux de Iustice.
29. Par qui gardez.
30. A quoy servent.
31. Si le Sean est necessaire aux Sentēces & Contracts
32. Que non.
33. Mais seulement aux lettres de Chancellerie & pourquoy.
34. Si le Seau est necessaire pour la preuve.
35. Que non.
36. Exception notable.
37. Pourquoy le Sean Royal est executoire par tout.
38. Sean necessaire pour l'execution parée, & pourquoy.
39. Principale raison.
40. Avis touchant les Seaux de Iustice.
41. Si le Seau supplée le seing.
42. Non, sers aux anciens tires.
43. Seau doit être entier.
44. Du sur-an.
45. Avoit lieu és mandemens du Preteur.
46. Et és Récrits des Empereurs, du commencement.
47. A qnoy sert le sur-an.
48. Si les Sentences y sont sujettes.
49. Et les Contracts.
50. Du seellé.
51. Garnison en la maison du mort.
52. Abus de faire inventaire indistinctement.
53. Reglement touchant les seellez & inventaires.
54. Inconvenient faute du seellé.
55. Inconvenient du serment in litem, joint la commune renommée.
56. Que ce Reglement n'est encore suffisant.
57. Autre inconvenient faute du seellé.
58. Explication de l'art. 317. de la Coustume de Paris.
59. Differentia sui hæredis & extranei.
60. En France omnes sunt sui hæredes
61. Avis touchant les seellez.
62. De même.
63. Seaux erigez en Office.
64. Seélleur du Chastelet de Paris.
65. Plusieurs Officiers au Chastelet de Paris, qui n'étoient ailleurs.
66. Rang des Gardes de Seaux.
67. L'Ita est de Paris.
68. Avis d'en faire de même ailleurs.
69. Gardes des Seaux faits hereditaires.
70. Chaufe-cires.
71. Seaux possedez comme simple domaine aliené.
72. Que cela n'est raisonnable.
73. Seaux ou marques des Marchandises.
74. Abus qu'il y a.
75. Regratiers du Sel.
76. S'ils sont domaniaux, ou hereditaires par privilege.

1. Vsage des Seaux.

Quæ fuit illa priscorum vita, quæ integritas, in qua nihil signabatur ? dit Pline, Livre 33. Chapitre 1. où il s'étonne, que de son temps, en la pluspart du monde, on n'usoit point de Seaux. Non signat, dit il, Oriens, neque Ægyptus, literis contensolis Mais à Rome (ainsi qu'à present en Allemagne, & principalement en Suisse) chacun avoit son cachet, qui étoit appellé annulus signatorius, ut in l. 74. De verb. signif. & in l. 25. §. 10. D. De auro & arg. leg. & par Vopiscus in Aureliano, annulus sigillatitius. Et quant à la marque que cét anneau imprimoit, elle étoit indifferemment nommée signum, signaculum & sigillum, ut in l. 1. §. si pecunis, D. Deposti. Quelquefois aussi l'anneau ou cachet étoit appellé signum, ut in l. 20. §. ult. D. De testam. milit. comme à nous le Seau signifie tam signans, quam signatum ; c'est à dire, tant le caractere dont on seélle, que la marque qu'il imprime.

2. Annulus signatorius vel sigillatieius.

3. Signum.

Or les Romains se servoient de leur anneau, ou Seau en deux façons, à sçavoir pour approbation de leurs écritures, & pour cacheter & fermer tout ce qu'ils vouloient tenir secret, ou clos. Quant au premier usage, il est notoire que pour la validité des testamens, il faloit qu'ils fussent, non seulement souscrits, mais aussi seellez par tous les témoins. Vray est que poterant alieno annullo signare, imo omnes unico, dit Justinian aux Institutes : mais quoy qu'il en soit, il y falloit autant de Seaux, bien que conformes, que de témoins.

4. Deux usages de l'anneau ou cachet.

5. L'usage pour l'approbation des écritures.

Et bien qu'és Contracts le Seau des partie, ny des témoins ne fust du commencement necessaire l. 1Cùm tabernam. §. 1. D. De pignorib. toutefois pour plus grande solemnité, pour plus facile preuve, il y étoit souvent apposé, l. 6. C. De fideiuss. & l. 11. C

6. Seaux des testamens.

7. Seaux des Contracts.

Des Seaux Chap. IV.

De administ. tit principalement aux contracts de mariage,*l. ult. D. De donat. inter. vir & uxor*: Inde Iuvenalis.

Signata tabula dictum, feliciter.

Toutefois sous Neron fut faite une Ordonnāce au Senat, qui est rapportée par Paulus *lib 6. Sent. tit. 25. Amplissimus ordo decrevit, eas tabulas, quæ publici vel privati contractus scripturam continent, adhibitis testibus ita signari, ut in summa marginis ad mediam partem perforata triplici lino constringantur, atque impositum supra linum, cera signa imprimantur, ut exteriores scripturæ fidem interiori serviant. Aliter tabula prolata nihil momenti haberent* Qui est ce que dit Suetone *in Nerone*, *Adversus falsarios tunc primùm repertum, ne tabulæ valerent nisi pertusæ, ac ter lino per foramina trajecto obsignatæ.* Toutefois j'estime que ce grand scrupule ne fut pas longtemps observé.

8. De mesme.

Seneque s'en moquant à la mode des Stoïques, *vtinam*, dit il, *ne pacta conventa impressis signis custodirentur, sed fides potius illa servaret, & æquum colens animus, Sed necessa ia opiribus prætulerunt ; & cogere fidem, quàm expectare malunt. O turpem humano generi, fraudis ac nequitiæ publica confessionem ! Annulis nostris plusquam animis creditur. In quid testes adhibentur ? in quid imprimunt signa? nempe ne ille neget se accepisse quod acceperit. At his ipsis statim non aliter pecunia committentur. Nonne hominestius erat a quibusdam fidem falli, quàm ab omnibus timeri ?*

9. 2. Vsage des Seaux pour cacheter les cosfres.

Le second usage de Seaux entre les Romains étoit qu'ils s'en servoient à fermer & cacheter leurs coffres, cabinets, & gardes-manger, outre les serrures, *ut in l. Cum pater, 77. §. Pater pluribus. 21. de leg. 1. Pater filiæ majori natu claves, & annulum custodiæ causa tradidit, & res, quæ sub sua cura habuit, ad signare, jussit.* Pline au lieu allegué, *Nunc*, dit il, *cibi quoque & potus annulo vindicantur à rapina.* Et claves quoque ipsas signave non est satis: gravatis somno, aut morientibus annulli detrahuntur, majorque vitæ ratio circa hæc instrumenta esse cœpit. Ce que Lipsius confirme par plusieurs belles authoritez sur le 2. Livre de Annales de Tacite, où même il rapporte la figure *clavis annulæ*, c'est à dire, qui servoit de clef & Seau tout ensemble.

10. Nuls Seaux public à Rome.

Tout cela ne concernoit que le Seau privez, qu'il me semble devoir être proprement appellez *Cachets*, laissant le nom de *Seau* aux publics. Mais je ne trouve, que les Romains eussent des Seaux publics comme nous. Car nos Livres ne font point mention, ny les Contracts, ny les Sentences fussent seellées des Seaux des Juges, ou autre Seau Public, même nous ne trouvons aucun Edict que par cette raison.

11. Edicts des Empereurs souscrits & non seellez.

Récrits des Empereurs fussent seellez, mais seulement qu'ils étoient souscrits de la main de l'Empereur, comme il est dit en la loy *3. De divers. rescript.* Et il faut remarquer que cette souscription étoit écrite d'une encre particuliere, appellée *Sacrum Encautum*: composée du sang du Merex, ou Purpura, dont autre que l'Empereur ne pouvoit user, sans encourir le crime de leze Majesté, & la confiscation de corps & de biens, comme dit la loy penult. *eodit*, duquel *Encautum* traite Cel. Rhodigin. Livre 7. Chapitre 51. Et finalemēt Justin. ordōna par sa Novelle 114. que tout les Recrits seroient souscrits, ou contresignez par son Questeur, auquel correspond en France le Chancelier, laquelle souscription se concevoit en ces mots *Quæstor legit. eodit.* ensemble de celle de l'Empereur, il se voit des exemples *in Constitue. unica Justini Imperat. De filiis liber. & pragmatica sanctione Tiberii, & De confirmat. constitu. Justin.Imper.* rapportées au Couts de Godefroy.

12. Sacrum Encautum encre particuliere de l'Empereur.

13. Edicts souscrits par le Questeur.

14. Seau d'Auguste.

Bien trouvons nous dans Pline Livre 37. Chapitre prmier, qu'Auguste avoit un Seau, ou cachet, *Initio*, dit-il, *Sphinge signavit. Duas in matris annulis indiscreta similitudinis invenerat. Altera per bella civilia, absente eo, amici signavere epistolas & Edicta, quæ ratio temporum nomine ejus reddi postulabat, non infaceto lepore acipientium, afferre enigmata eam Spingem. Quinetiam Mæcenatis rana propter collationem pecuniarum in magno terrore erat. Augustus postea ad evitanda convitia Sphingis Alexandri magni imagine signavit.* Mais il semble que ce seellement d'Edicts fait pour la necessité des guerres civiles, ne doit être tiré en consequence. Et nonobstant ce passage, je tiens que les Empereurs ne cachetoient en tout cas que leurs missives & lettres closes, & non leurs Edicts, ou Lettres patentes, & qu'il faut ainsi entendre ce même Chapitre, que *Principes signabant Augusti imagine*, & tous les autres cachets qui y sont rapportez.

15. En France on ne signoit point autrefois.

En France, c'étoit anciennement tout le contraire de ce que dit Pline d'Orient & d'Egypte. Car au lieu de sous-scrire ou signer, comme à present, on se contentoit de seeller toutes sortes de lettres : & de fait nous voyons encore infinies Chartres, même des Contracts, Sentences, & encore des Récrits des Rois, qui sont seulement seellez & non signez, & ne laisse t'on pas de les tenir pour autentiques. Cela se peut colliger de deux passages de saint Bernard és Epistres 339. & 339. où il s'excuse de ne les avoir cachetés, pour n'avoir lors son cachet en main : mais dit que son style témoignera assez, qu'elles sont de luy. Car si la signature eust été lors en usage, cette excuse n'eust rien valu. Et le mot même de seing ou *signature* signifie originairement en nos Livres le Seau, & non pas le seing que nous appellons manuel, à la difference du Seau, comme il vient d'être dit : lequel seing manuel nous avons substitué de depuis au lieu du Seau, & l'appellons maintenant seing, & le Seau privé, cachet. *Signare quippe est signum rei ponere. Cuicumque rei ponis signum, signo ponis, ne confusa cum aliis, à te non possi cognosci. Signare ergo est imponere aliquid, quod non confundatur cum cæteris*, dit saint Augustin, *tract. 25. in Ioannem.*

16. Seing proprement signifie le Seau.

La raison pourquoy on se servoit de Seau, au lieu de signature, est, que chacun est capable d'appliquer un cachet, au lieu qu'anciennement peu de gens sçavoient écrire. Car Cesar au sixième *De bello Gallico*, remarque, que les anciens Gaulois n'étoient gueres curieux d'écrire : & il est certain que l'écriture a été autrefois tellement negligée en France qu'il n'y avoit presque que les gēs d'Eglise, qui seussent lire & écrire, & de là est venu qu'on a appellé *Clercs* ceux qui sçavoient écrire, ou qui faisoient profession de l'écriture.

17. Pourquoy on usoit autrefois du Seau & non du seing manuel.

De là est aussi venu qu'és Sentences, & aux Contracts, qui aussi biens que les Sentences ont de tout temps été faits sous l'adveu du Juge, les Juges y ont apposé leur Seau, au lieu de leur signature pour les authoriser, & pour môtrer qu'il y avoient passé, non que les Juges ne sceussent écrire, mais parce que parmy le peu de gens qu'il y avoit en France qui sceussent lire & écrire, leur Seau étoit beaucoup plus reconnoissable que n'eust été leur seing : aussi que s'il eust fallu qu'eux-mêmes signé toutes les expeditions, tant du Greffe, que leurs Notaires, ils eussent été trop occupez, au lieu que le Seau peut être apposé par un Clerc, ou autre personne à qui les Juges ont confiance & qui reconnoisse le seing, tant du Grefier, que des Notaires, Qui est la cause pourquoy aujourd'huy és actes où la signature est requise, les Gouverneurs des Provinces, & autres grands Seigneurs apprennent à leurs Clercs, qu'ils appellent Secretaires, à contrefaire leur seing, afin de se décharger seur eux de la peine de signer : mais aussi ils leur font contre-signer leurs expedition, pour eviter aux suppositions.

18. Pourquoy on est usé aux Sentences & contracts.

19. preuve

De l'apposition du Seau des Juges, au lieu du sein nous en avons un exemple notable en l'Ordonnan-

Des Offices hereditaires, Liv. II.

ce de Philippe le Long de l'an 1319. portât ces mots, *Nos Baillifs & Senéchaux feront inventaire des forfaitures, appellez avec eux deux preud'hommes, lesquels y mettront leurs Seaux avec les Seaux desdits Baillifs, & feront leurs noms écrits dans lesdits inventaires*: où il n'est parlé, ny de seing manuel, ny de paraphe au dessous de l'inventaire. C'est pourquoy par l'Ordonnance de Philippe le Bel de l'an 1303. & de Charles VI. de l'an 1388. il est défendu aux Iuges *sub pæna privationis Officiorum, ne pro sigillis suis aliquid accipiant*.

20. Seaux appartenoient autrefois aux Iug s.

D'où il s'ensuit que les Seaux de Iustice appartenoient originairement aux juges: aussi est-ce la seule marque dont ils advouënt & authorisent leurs Sentences, & les contracts conceus sous leurs nom: c'est pourquoy encore aujourd'huy, en defaut du Seau, ils les signent avec cette adjection, *pro sigillo*: ce qui leur a esté defendu, depuis que le Roy a tiré les Seaux à son Domaine.

21. Seaux n'étoient toûjours semblables.

Il s'ensuit aussi qu'anciennement les Seaux de Iustice n'étoient pas toûjours semblables. Car le Iuge changeoit son Seau quand il vouloit: quoy qu'il en soit aux mutations de Iuge, le Seau étoit changé. Mais le même Philippe le Long, ayant adjoint à son Domaine les Seaux des Iustices Royales, aussi bien que les écritures, c'est à dire les Greffes & Notariats, pour estre les uns & les autres baillez à ferme à son profit, les Seaux sont devenus, non seulement publics tout à fait, mais aussi Royaux & Domaniaux: même ont tous été faits semblables en tous lieux, & en tous temps, à sçavoir gravez aux armes de France, bien qu'auparavant on ne seellast des armes de France, sinon les expeditions esquelles le Roy parloit, à sçavoir celles de Chancellerie, & les Arrests des Cours Souveraines.

22. Seaux joincts au domaine, & gravez des armes de France.

23. Deux fortes de Seaux Royaux.

Il y a donc à present deux sortes de Seaux Royaux, à sçavoir ceux de Chancellerie, & ceux de Iustice qu'on appelle les *petits Seaux*. Quant aux Chancelleries, il y en a de trois sortes: sçavoir est la grande, étant lez le Roy, les petites Chancelleries, instituées pour chacun Parlement, & les Chancelleries Presidiales instituées de nouveau, pour chacun Siege Presidial.

24. Trois sortes de Chancellerie.

25. Le grand Seau de France.

Le grand Seau de France à l'image du Roy empreinte, est toûjours gardé par Monsieur le Chancelier, ou le Garde des Seaux de France, & en iceluy seul sont expediées toutes lettres de commandement, ou de finance, & encore celles de Iustice concernantes les affaires pendantes au Conseil d'Estat, ou au grand Conseil, & si peuvent y être expediées toutes lettres concernantes les Parlemens, & ce Seau est executoire tout le Royaume.

26. Le Seau des petites Chancelleries des Parlemens.

Le Seau des petites Chancelleries a, non l'image du Roy, mais seulement ses armes empreintes, est gardé par l'un des Maistres des Requestes tour à tour: & sert pour toutes expeditions de Iustice, qui écheent en tout le ressort de son Parlement, & n'est point executoire ailleurs.

27. Le Seau des chancelleries Presidiales.

Bref, le Seau des Chancelleries Presidiales, a pareillement les armes du Roy empreintes, mais en beaucoup moindre forme, que celuy des petites Châcelleries: il étoit anciennement gardé par un Garde des Seaux institué pour cét effet avec icelles Chancelleries, & qui étoit aussi Conseiller du Siege, lequel a depuis été supprimé, & cette garde attribuée tour à tour aux Iuges Presidiaux, qui toutefois la negligent, & la laissent ordinairement à celuy qui en reçoit les emolumens. Il sert pour expedier seulement les reliefs d'appel, & anticipations és Sieges Presidiaux, & les Sentences Presidiales, c'est à dire, données aux deux chefs de l'Edict, ensemble les executoires émanez des Iuges Presidiaux: mais ne peut servir és Sentences, ny autres expeditions ordinaires des Bailliages n'étans au cas de l'Edict Presidial: & est executoire par tout le Parlement, où ressortit le Sieg e Presidial.

Quant aux petits Seaux de Iustice, ils ont pareillement les armes du Roy empreintes, mais en forme encore plus petite, que ceux des Chancelleries Presidiales, & telle à peu prés que les contre-Seels des Chancelleries, ils n'avoient même seulement qu'une fleur de lys: & de fait, celuy du Chastelet de Paris n'en a encore qu'une. Ils sont gardez par un Officier appelé *Garde des Seaux*, qui fut erigé en l'an 1568. en titre d'Office, & à present est hereditaire, & joüit proprietairement de l'émolument d'iceux, ainsi que celuy des Chancelleries est employé à l'entretien des Officiers d'icelles. Ils servent à seeller les Contracts, Sentences, & tous autres mandemens expediez sous le nom des Iuges, & sont executoires, sçavoir est, à l'égard des Contracts par tout le Royaume, en vertu de l'Ordonnance de 1539. & pour le regard des Sentences ils sont executoires de soy dans le ressort du Iuge seulement, & hors d'iceluy, par permission du Iuge des lieux.

28. Les petits Seaux de Iustice.

29. Par qui gardez.

30. A quoy servent.

Or dautant que c'est particulierement de ces Seaux de Iustice, desquels nous avons icy à traiter, il ne sera point hors de propos de parler plus specialement de leur usage & effet. On demande en premier lieu, si le Seau est une partie formelle & necessaire à la substance & perfection des Sentences, ou des contracts: ainsi qu'il étoit au droict Romain és testamens, & comme il l'est notoirement en France és lettres des Chancelleries, ainsi que prouve Math. De Afflictis. *decis*. 258 Neanmoins il faut tenir que le Seau n'est pas necessaire absolument à la perfection des Sentences ou contracts, d'autant que la Sentence est parfaite desslors qu'elle est prononcée, & le contract desslors qu'il est signé des parties, & du Notaire: même l'escriture n'est pas absolument necessaire à l'estre Sentences & contracts, mais elle n'est requise que pour la preuve seulement, sors és cas où la preuve literale est precisémét requise, *vulg. l. contrahitur. D. de pignor*. Mais és testamens du droict Romain, les Seaux des témoins étoient requis, comme une solemnité essentielle: & quant aux lettres de Chancellerie, leur forme est toute contraire à celle des Sentences & contracts, Car les lettres de Chancelerie sont composées & signées sans connoissance de cause, ne sont examinées qu'au seau, *ubi* (inquit *Glossarium vetus*) *Cancellarii Officium est rescripta injusta cancellere, & justa signare*. Au contraire, toutes Sentences & contracts sont expediés avec connoissance de cause, mais sont seellez sans aucun examen, ny connoissance de cause: sinon que celuy qui seelle, doit connoistre qu'ils soient vrayement signez du Greffier, ou du Notaire, encore doute on s'il est tenu à cela.

31. Si le Seau est necessaire aux Contracts.

32. Que non.

33. Mais seulement des lettres de Chancellerie, & pourquoy.

Secondement, c'est une grande question, si le Seau est necessaire pour la preuve en une Sentence, ou cõtract produit en grosse. Guy Pape, en sa quest. 481. dit qu'ouy, & qu'ainsi se pratique en Dauphiné au contraire Chassanée tout à la fin de sa Coustume, dit que non, & qu'il n'en faut nullement douter.

34. Si le Seau necessaire pour la preuve.

Pour moy, je tiendrois pour Guy Pape, si le Seau estoit gardé par le Iuge, comme il devroit être, & il l'estoit peut être en Dauphiné du temps de Guy Pape, en sorte que le Iuge memoratif de ses Sentences, & ayant creance certaine à ses Notaires apposast son seau pour adveu & reconnoissance publique des actes où il est intitulé: mais aujourd'huy qu'il est gardé par des ignorans, & quelquefois par des femmes qui n'y apportent autre ceremonie, sinon de seeller indifferemment tout ce qui leur est presenté, je ne m'estonne point qu'on reçoive tout notoirement en Iustice les preuves des Sentences & contracts non seellez: bien que par Edict expres de l'an 1571. renouvellé en l'an 1595. par l'Edict du doublement des Seaux, il soit defendu aux parties de faire aucunes poursuites, en vertu de Sentences ou contracts non seellez, & aux Iuges d'y avoir égard, lors qu'ils seront ainsi produits par devant eux. Edicts que je ne voy point observer

35. Que non.

Des Seaux, Chap. IV.

36. Exception notable.

Toutesfois il faut observer, que bien qu'en Iustice, où on peut examiner à loisir la verité d'un instrument, les Sentences & contracts fassent preuve sans estre seellez : cette preuve neantmoins n'est pas publique & notoire, que chacun soit tenu de connoistre & avoüer. Car un particulier ne peut pas reconnoistre ordinairement le seing du Notaire, ou du Greffier, aulieu que le Seau, où se voyent les armes de France, est public & notoire à chacun. C'est pourquoy j'excuserois celuy qui n'auroit pas voulu bailler son argent à celuy qui luy auroit fait signifier un transport non seellé : & c'est aussi à mon advis, pourquoy l'Edict de 1568. que les procurations soient seellées, encore qu'il ne requiere le seau és contracts & Sentences, sinon pour l'execution, ce qui provient aussi de la mesme raison, à sçavoir, que les obligez ou condamnez n'estans pas tenus de croire aux contracts ou Sentences non seellées ne sont aussi tenus de souffrir l'execution de vertu d'icelles : & de fait, les contracts seellez du seau Royal sont executoires par tout le Royaume, parce que le Seau du Roy, dont ils sont munis, est public & notoire, au lieu que ceux qui sont seulement seellez du Seau autentique, c'est à dire, d'autre que du Roy, approuvé neantmoins publiquement, ne sont executoires que dans le destroit de la Iustice du Seigneur, où ce Sean est notoire, & a authorité publique.

37. Pourquoy le Seau Royal est executoire par tout.

38. Seau necessaire aux Procurations és contracts & Sentences, pourquoy.

Il est vray qu'il y a encore deux autres raisons, pourquoy les Sentences & contracts ne sont point executoires sans seau : l'une, qu'anciennement les Sergens ne sçavoient lire ni escrire, non plus qu'aujourd'huy les Archers des Prevosts, & faisoient leur rapport & procez verbal de vive voix devant le Iuge, comme il a esté dit au premier livre, & partant il leur estoit plus aisé, & plus certain de connoistre le Seau du Roy, que les signatures des Greffiers, ou des Notaires.

39. Principale raison.

Mais la principale raison est, qu'un Sergent ne doit pas entreprendre d'entrer en la maison de prendre le bien d'autruy, s'il n'a le mandement de son Iuge, ou l'aveu du Prince souverain, qui est le Seau, lequel estant apposé aux Sentences, les rend executoires, & les contracts pareillement, bien qu'ils ne le fussent pas au droict Romain, *l. Minor. 40. D. De minor.* Ce que j'ay amplement traité à la fin du petit livre, *de la garantie des rentes.*

40. Advis touchant les Seaux de Iustice.

Voila donc le vray & particulier effet du Seau, de rendre l'instrument notoire & executoire : & partant il seroit fort utile en la milice de ce siecle, de renouveller l'article 8. de l'Edict de l'an 1568. portant qu'il sera fait des Seaux neufs, ausquels à l'entour des Armes du Roy, seront écrits les noms des sieges & villes pour lesquels ils seront fait : & faire le mesme és Seaux des Seigneurs, le tout à la diligence des Iuges des lieux. Car il ne se peut dire combien il se fait de fourbes & surprises journellemēt par le moyen de la representation de beaux parchemins écrits à plaisir, qui paroissent bien signez & seellez à ceux qui n'en connoissent pas, ny les seings, ny les Seaux, & partant, qu'on suppose pour de bonnes procurations, contracts, ou Sentences, parce qu'un instrument public, étant en bonne forme, *facit probationem probatam*, & ne peut estre denié, ou contredit valablement, sans entrer au hazard d'une inscription en faux. Mais l'écriture étant gravée dans le Seau, rendoit un tesmoignage certain & reconnoissable à un chacun, & de la verité de la piece : étant fait expresses defenses, à peine de la vie, aux orfeves ou graveurs, de faire tels Seaux sans authorité publique, ainsi que les coins à faire monnoye : & par mesme moyen aux Gardes d'iceux Seaux de seeller aucuns contracts ou sentences, qu'ils ne reconnoissent bien icelles être signées des Notaires, ou Greffiers, & être d'ailleurs en forme probante & autentique, dont ils seront responsables.

Car c'est encore une autre question, de sçavoir si le Sean peut suplér le seing de Notaire ou Greffier, c'est à dire, si l'instrument seellé & non signé est valable, & fait preuve : question qui est amplement traitée par Gui Pape *Decis. 175.* & par Covarruvias *Practic. quæst. c. 22.* qui resoudent que non, parce que le seing est entierement de la substance de l'instrument : en quoi neantmoins il faut apporter une exception, à l'égard des instrumens fort anciens, & faits du tēps que la signature n'estoit pas usitée, mais étoit supléée par le Seau, ainsi qu'il vient d'être dit.

41. Si le Seau supplée le seing.

42. Non, fors aux anciens titres.

Or le seau pour être public & notoire, doit par consequent être entier, & reconnoissable visiblement, comme il se collige du chap. *Inter dilectos, ext. De fi. in strum.* où les Canonistes l'ont traité, & dit fort bien Pape *quæst 481.* que *sigillum, in quo litera non apparent, non meretur dici sigillum*, & come dit Chassanée à la fin de sa Coust. *ut sigillatum sit authent. cum debent apparere characteres & orbita.*

43. Seau doit être entier.

Aucuns pensent, que de là soit venuë la pratique de sur-an, presumant qu'après l'an, le Seau doit être corrompu. Ce qui pas pourtant : car le sur-an ne se compte pas du jour de l'apposition du seau, mais du jour que la piece est datée. Mais la verité est, que le sur-an a commencé d'être pratiqué aux Récrits de Chancellerie, qui en France ont le mesme pouvoir qu'avoit à Rome le Preteur, à sçavoir de supléer, corriger & moderer la rigueur des loix, chose qui est plus à propos se fait en ce Royaume, sous le nom du Roi aux Chancelleries. Or il est notoire que comme la Charge du Preteur Romain étoit annale, aussi ses mandemens n'avaient force que pour un an, dit Iustinian aux Instit. *tua. De perpetuis & temporal. actiis. Qui plus edicto Prætoris tribuunt, legem annuam esse dicunt*, dit Cicéron, *in Verrem*, mêmement après que les Edits des Preteurs concernant le droit public, eurent été faits perpetuels, les mandemens qu'ils decernoient *in causis privatorum* demeurerent annaux, comme dit fort bien Monsieur Brisson, *lib. 5. De verb. signif.*

44. Du sur-an.

45. Avoir mandemēs du Preteur.

Même nous trouvons, que les Récrits des Empereurs Romains ont été annaux, non qu'il y en eust aucune loi, mais par une pratique de Chancellerie seulement, dont il y a un signalé tesmoignage au 10. livre des Epitres de Pline, où ayant écrit ainsi à Trajan, *Diplomata, quorum dies præteritus est, an omnino observari, & quandiu velis, rogo scribas*: Trajan luy répond *Diplomata quorum præteritus est dies, in usu esse non debent. Ideo inter prima infungo mihi, ut per omnes provincias ante mittam nova diplomata, quam desiderari possint.* Ce qui toutefois fut depuis corrigé, pour les lettres de Iustice seulement par l'Empereur Fl. Claudius, en la loi 2. *C. De diverf. rescript. Falsò asseveratur auctoritatem rescriptorum, devoluto spacio anni obtinere firmitatem suam non oportere: cunea qua ad jus rescrivuntur, perennia esse debeant.* Le même est dit en la loi derniere, *cod. tit Cod. Theod.*

46. Récrits des Empereurs du commencemēt annuels.

Soit donc que nous ayons appris des Romains la pratique de sur-an, soit des Canonistes, sur le chapitre *Plerunque ext. de rescriptis* tant y a, que nous nous sommes laissez aisément emporter à la suivre és Récrits de Chancellerie : non pour aucune utilité publique, mais pour le profit des Officiers de Chancellerie : & afin qu'on n'en doutast point, eux mémes mettoient anciennement cette clause à toutes leurs lettres, *Les presentes après l'an non valables.* Ce que les Iuges ont favorablement étenduë à leurs Seaux pendant qu'ils en avoient la garde, & en prenoient l'emolument : de là vient, qu'après l'an on prend permission du Iuge pour executer la Sentence, nonobstant le sur-an. Et n'y a que les commissions de prise de corps, qu'on dit ne se sur-anner point *in odium scilicet criminum, & contumacia*, comme traitte Rebuffe en la preface des ordonnaces, nombre. 44.

47. A quoy sert le sur an

48. Si les sentences y sont sujettes

Des Offices hereditaires, Liv. II.

49. Et les contracts.
Encore y a t'il des Juges qui veulent faire observer le fur-an és contracts, afin qu'on leur apporte des cinq sols pour bailler leur permission de les executer, nonobstant iceluy, chose du tout inutile, soit aux contracts, soit aux Sentences, soit aux lettres de Chancellerie, & qui n'est qu'à la foule du peuple : mais qui és contracts particulierement est du tout injuste, & sans pretexte, parce que les contracts ne contiennent point de commission pour l'execution d'iceux, comme les lettres de Chancellerie, & les mandemens de Justice : mais sont mis à execution en vertu de l'Ordonnance generale de France, qui leur donne execution parée.

50. Du Seellé.
Nous avons encore un autre usage des Seaux de Justice, moins observé, mais plus necessaire, que nous appelons Seellé. Qui est, qu'aprés le decez de quelqu'un, le Juge du lieu va en sa maison seeller ses meubles & papiers, pour la conservation de ses heritiers mineurs, ou absens, ou aussi de ses creanciers, ce qui vient de l'antiquité du droict Romain, où on void que les Juges permettoient quelquefois de seeller la maison de quelqu'un, ou absent, ou decedé, comme il y en a une remarque en la loy Penult. *De Ex quibus cauf. pig.* en la loy *Si injuria D. De injuriis*, au tiltre du Code. *Ut nemini liceat sine Judicis authoritate, signa imprimere rebus quas alius tenet*, in l. ult. *De authort. & peric. tut Cod Theod. & Nov. Justin 60. & 64.*

51. Garnison en la maison du mort.
En France, anciennement aprés la mort d'un homme, on observoit en plusieurs lieux de mettre garnison de Sergens (qu'on appelloit *mangeurs*) en la maison, jusques à ce qu'il y eust heritiers apparens : en d'autres lieux, le Juge ne partoit point de la maison, qu'il n'eust fait inventaire : & en d'autres, il se contentoit de seeller, & enfermer les principaux meubles, & établir un gardien au seellé : & certainement c'étoit un desordre de mettre garnison en la maison d'un homme soit de son vivant soit apres son decez à faute d'heritier apparent. Car ce n'est pas conserver son bien, mais le manger : aussi a-t-il été defendu par plusieurs Arrests raportez par *Joa. Galli.*

52. Abus de faire inventaire indistinctement.
C'est aussi un abus, d'aller faire inventaire indistinctement des biens d'un defunt malgré ses heritiers presens, & sans requisition de partie : bref sans autre sujet, que pour gagner de l'argent, car c'est épier la charogne comme le vautour. Qui est l'une des plaintes que fait le docte Turnebus en cette excellente Epistre, que j'ay rapportée tout au long, au bout de mon petit livre de l'abus des Justices de village.

Ast obeat si quis, Harpya protinus illa,
Creditor id nullus poscat licet, atque cohæres,
Advolitant, boniqúe obsignat, & plurima inuncant,
Ad prædam adcurrunt una, inventaria scribunt
Omnibus invitis hæredibus, optima furtim
Avertunt, comedúntque palam quáplurima, si quid
Restat, & illa cohors id mancipat, atque sequestro
Tradit, & hæredi non antè emancipat id, quàm
Omnibus est aurata manus præ'onibus, ut sè
Emptorem, est illos hæredes dicere possis.

53. Reglement, touchant les Seellez & inventaires.
A quoy l'Edict de Blois a pourveu en l'art. 164. ordonnant *qu'aucun heritier ne soit tenu admettre garnison, ny appeller le Juge, ny son Greffier, pour faire inventaire, si non en cas de pretenduë confiscation, ou au-baite, ou que quelqu'un le requisist à ses dépens, perils & fortunes : sauf neanmoins* (adjouste l'Ordonnance,) *de proceder par voye de seellé, pour la conservation des biens des mineurs, ou absens,* Il faut donc tenir qu'en cas d'absence, ou minorité d'aucun des presomptifs heritiers, le Juge peut proceder par voye de seellé, sur les meubles d'un defunt : mais non pas promptement faire inventaire d'iceux, s'il n'en est requis par quelqu'un à ses dépens, perils & fortunes : & ainsi se pratique-t-il à Paris, & aux villes bien reglées.

54. Inconveniens, faute du Seellé.
Toutefois, d'autant que cette Ordonnance est simplement permissive, & qu'elle ne charge pas expressément les Juges, ou les Procureurs d'Office, il y a plusieurs villes, où le seellé ne se pratique point du tout. D'où il advient que les mineurs & les absens sont le plus souvent frustrez de leur bien, n'y ayant que ceux qui se trouvent presens, qui sont les plus habiles à succeder, & font la part aux plus jeunes, & aux absens. Ce qu'on ne peut empecher, que par le moyen du seellé. Jusques là qu'il y a beaucoup de tuteurs, même des peres qui ne veulent pas faire inventaire aux mineurs, s'asseurant qu'à la reddition de leur compte, ils en seront quittes pour un serment *in litem* : jointe la commune renommée, laquelle commune renommée est toûjours au dommage des mineurs, parce qu'aprés un long temps les voisins n'ayant compté avec le defunt, ny regardé en ses coffres, & craignans de jurer en Justice ce dont ils ne sont pas bien asseurez, estiment toûjours à moins le bien d'un defunct, qu'il ne valoit vray semblablement. Encore plusieurs Juges en taxant cette commune renommée par la déposition des témoins, ce qui vient à la moindre somme, & non à la plus haute, s'y a la mediocre : disans que tous les témoins s'accordent à la moindre somme, *quia in majori summa minor inest*, & que in obscuris, *quod minimum est sequimur* : bien qu'il y auroit plus d'équité de suivre la plus haute estimation en tous cas *qui repertorium non fecit* : & en tout cas il faut suivre la plus commune, & au pis aller la mediocre.

55. Inconvenient du serment in litem, jointe la commune renommée.

56. Que ce reglement n'est encore suffisant.
Ce n'est donc pas assez de laisser à l'arbitrage & à la pure volonté du Juge, de faire seeller, lors qu'il y a des mineurs, ou des absens ; mais le Procureur d'Office, qui est leur protecteur, en devroit être chargé expressément. Et si je passe encore plus outre, & je dis qu'une heredité vacante & non acceptée, devroit demeurer en la garde de Justice, jusques à ce qu'il y ait heritier certain & apparent, même quand les heritiers presomptifs seroient presens & majeurs.

57. Autres inconveniens, faute du seellé.
Car outre qu'on ne sçait, s'ils seront heritiers, ou si en renonçant ils feront place à des absens ou mineurs, il en arrive bien souvent de tres grands inconveniens. Car de les laisser seuls, & sans controlleur, manier les meubles, & principalement les tiltres d'une maison, auparavant qu'on sçache s'ils en voudront être heritiers, est-ce pas leur donner congé, & leur faire voye pour emporter & détourner tout ce qu'ils voudront, afin de se porter par aprés heritiers par benefice d'inventaire, à la charge de ne faire paroître que ce qu'ils n'auront pû cacher ? ou bien aprés qu'ils auront tout pris, de dire qu'ils n'en veulent plus, & renoncer tout à fait à la succession, & sous main par aprés faire créer un curateur aux biens vaquans à leur devotion, pour consommer tout ce qui restera ?

58. Explicatio de l'article 317. de la Coutume de Paris.
Attendu même que, comme nous vivons à present, les presomptifs heritiers ne craignent gueres d'expilet la succession, parce que rarement les Cours souveraines les declarent pour ce sujet heritiers simples, soit qu'ils ayent fait leur main avant, ou aprés la renonciation : & au lieu de pratiquer cette tant necessaire decision de l'article 317. de la coustume de Paris, que l'Autheur du grand Coust. liv. 2 chap. 40. dit avoir été pratiquée dés son temps, elle juge sans distinction suivant la loy *Si quis extraneus. De acquir. hæred.* loin qu'elle parle de *extraneo hærede*, non autem de *suo* au contraire in *suo hærede* in la loy *Si servum*. §. *si quis suus*. au même titre dit, que *si quis suus se dicit retinere hereditatem nolle, aliquid autem ex ea amoverit, abstinendi beneficium non habebit.*

59. Difference entre tia sui hæredis & extranei.
La raison de cette difference est bien pertinente, que *extraneus hæres non est quoúsque adierit hæreditatem, suus autem ipso jure est hæres, imò mero jure hæres est necessarius, sed habet à Prætore beneficium abstinendi, quoquidem privatur si quovis modo res hæreditarias attingat. Requiritur ergo in extraneo vera aditio, in suo sufficit quævis immixtio, & idcirco extraneus dicitur hæres fieri, acquirere hæreditatem, quasi nondum suam : suus verò dicitur hæres existere & apparere, at-*
que

Des Seaux Chap. I V.

que immisceré se haereditati, quasi jam sua.

Or en France *omnes sunt sui haeredes*, y ayant non seulement une continuation de seigneurie, comme au droit Romain, mais encore une continuation de possession & saisine du defunt à l'heritier par la coûtume generale, *le mort saisit le vif.* Et de fait, nous pratiquons indistinctement, en consequence de cette regle (même à l'égard des heritiers collateraux) qu'il n'est pas besoin d'adition pour transferer l'heredité à eux échûë à leurs heritiers, contre la maxime du droit Romain, que *haereditas ab extraneo non adita non transmittitur*. Mais outre, que la raison de droit est de ce côté, l'équité, mais la necessité, y est encore davantage, pour obvier aux inconveniens qui en arrivent si communement, qu'aujourd'huy, après la mort d'un homme, c'est grand hazard si ses creanciers sont payez.

Mais encore un autre bon remede seroit, de commander à tous nos Juges, de proceder indistinctement par voie de simple seellé, sans inventaire, sur les biens de tous les decedés, fors des pauvres, qui seroient à certain taux de la taille, incontinent après qu'ils seroient advertis de leurs décés, ce que seroit tenus procurer leurs heritiers presomptifs, ou à leur défaut le plus proche parent, étant sur le lieu, dans 24. heures après l'enterrement du defunt, & ce sous certaines peines, quoy que ce soit avant que de toucher aucunement les biens de la succession. Et au cas qu'ils se trouvassent en avoir détourné malicieusement quelque chose auparavant, ou après, qu'ils fussent declarés heritiers purs & simples, & outre condamnés au quadruple vers le fisque, par forme d'amende. Car on ne sçauroit trop brider aujourd'huy les tromperies des hommes. Et après le seellé ainsi fait, desfors que les presomptifs heritiers, étans tous majeurs & presens, declaroient qu'ils acceptent la succession purement & simplement, ils auroient main levée du seellé, sans aucuns frais ni depens. Que si aucuns estoient mineurs, pourveus toutefois de curateur, absens, ou voulans deliberer, ou se porter heritiers par beneficed'inventaire, en ce cas le Juge seroit tenu commettre un Notaire convenu par les parties, ou avec le Procureur de l'Office, au levant le seellé, proceder tout à l'instant & sans demeure à la confection de l'inventaire.

Voila donc l'usage des petits Seaux, ou des Seceaux de Justice, lesquels dés l'an 1319. le Roy Philippe le Long annexa à son Domaine, aussi bien que les Greffes, & ordonna estre baillées à ferme avec les autres émolumens de la Justice, comme par un Domaine dependant de la propriété des Justices Royales: ce qui a été observé jusques en l'an 1567. que feu Roy, voyant son peuple curieux de nouveaux Offices, mit les Greffes en Offices, & en l'année suivante, il érigea en toutes les Justices des Gardes des Seaux en titre d'Office ausquels il laissa premierement la moitié, puis le total de l'émolument d'iceux pour leur appointement. Ce qui fut fait à l'exemple du Seelleur du Chastelet de Paris, Office fort ancien & unique, comme je crois en tout le Royaume duquel l'origine est venuë de ce que le bon Roi saint Louis, aiant reconnu le peu de Justice qui se rendoit dans sa capitale ville de Paris par les Prevosts fermiers, ausquels la Justice estoit baillée à ferme, ordonna que desormais la Prevosté de Paris ne seroit plus baillée à ferme ainsi qu'étoient lots, & ont été long-tems depuis toutes les prevôtez de France, comme je diray plus amplement au commencement du livre suivant.

Or la Prevôté entiere comprenoit non seulement la charge du Juge, mais aussi le Greffe, les Notaires, & le Secau, même la Recepte du Domaine, ainsi qu'encore à present les Vicomptes de Normandie ont toutes ces fonctions annexées à leur Office: c'est pourquoi desfors ce bon Roi mit non seulement un Prevost dans Paris, mais aussi des Greffiers, des Notaires, un Seelleur, & un Raceveur comptable du Domaine, tous en titre d'Offices, & non pas fermiers & admodiateurs, comme ceux des autres Justices: & de fait au livre intitulé le grand Coûtumier de France, qui fut fait du tems de Charles VI. entre les Officiers du Chastelet de Paris, sont nombrez les Greffiers, les Notaires, & le Seelleur, qui est, dit ce livre *personne publique & moult notable*: bien qu'és autres Justices Royales les Greffiers & Notaires n'ayent été pourveus en Offices plus de cent ans après.

C'est pourquoi les Gardes des Seaux, instituez à l'exemple du Seelleur de Paris, furent par Edit de l'an 1571. trois ans après leur premiere erection, incorporez entre les Officiers des Sieges où ils étoient établis: même leur fut attribué Seance immediatement après les Juges, & partant devant les Advocats & Procureurs du Roy, qui neanmoins ne leur ont jamais voulu ceder. Qui a été cause qu'en plusieurs lieux ces Gardes des Seaux ont entrepris de faire intituler les contrats de leur nom, au lieu de celui des Juges, chose pourtant absurde, parce que cela ne leur est attribué par leurs Edits, & aussi que le Seelleur de Paris, à l'instar duquel ils ont été erigez, ne l'a jamais pretendu.

Mais le Seelleur de Paris a encore une autre charge, que je ne vois point étre attribuée aux Gardes des Seaux des autres villes: à sçavoir que quand l'un des Notaires, a passé le contrat, est mort ou absent, il doit mettre son *ita est* au lieu du seing d'icelui, c'est à dire, qu'après qu'il lui est apparu de la minute, (& non autrement) il certifie au bas du côtrat, qu'il est veritable, ce qu'il doit signer de son seing, ou du moins de son paraphe manuel, puis seeller icelui contrat: & pour cela par l'Ordonnance de Louys XII. de l'an 1510. il luy est attribué quatre deniers parisis: ce qui seroit utile d'observer aux Gardes des Seaux, & encore tant aux Sentences qu'aux contrats, pour obvier au desordre qu'il y a, & au hazard, quand une sentence ou contrat sont signez d'autre que de celuy qui les a receus.

Finalement, comme les Seaux ont toûjours suivi les Greffes, l'Office de garde des Seaux a été fait hereditaire en l'an 1580. par même Edit que celui de Greffier. En quoi certes il y a encore plus d'apparence qu'au Greffe, parce que l'émolument du seau semble être un droit domanial, comme un autre impost que le Roy prend sur les procez, l'exercice duquel ne gist en aucune adresse, ou industrie mais plûtôt travail de la main: & ce qu'on lui a donné le nom d'Office, n'a été que pour le mieux vendre: & de fait il y a eu de tout tems aux Chancelleries certains Offices hereditaires, comme les Chaufecires, qui consistent pareillement en la seule manufacture, estans ceux qui opposent le seau aux lettres, Offices que Bodin dit avoir été faits hereditaires par privilege à eux concedé par le Roy saint Louys, & se voit par l'Edit de creation des Gardes des Seaux, que dés avant l'institution d'icelui aucuns Seaux de Justices Royales, avoient esté alienez à faculté de rachat, sans titre d'Office toutefois, & parmi les alienations de notre domaine.

Même à present la plûpart des proprietaires des Seaux Royaux les possedent, non pas comme Offices, mais comme simple domaine aliené, n'en ayans aucune provision, ni aucune reception en Justice pour les garder & exercer: & on y admet des personnes non lettrées, même des femmes à les exercer, qui ont un caractère imprimé, avec lequel ils marquent le jour de l'apposition de leur Seau: bien que cela ne soit point requis. Toutefois il me semble, puis que les Seaux sont aujourd'hui reduits en Offices hereditaires, & non pas alienés comme simple domaine que nul ne devroit être admis à les exercer, qui n'eust été reçû en Justice après information de vie & moeurs, & qu'il n'eust sceust écrire, afin d'être capable de reconnoître le seing des Notaires & Greffes

Du droit des Offices.

fiets qui par le Seau est temoigné veritable à ceux qui ne le connoissent pas: & par même raison il me semble que les femmes ne devroient être reçûës d'en faire l'exercice; non plus que de tous autres Offices, même des hereditaires, ainsi que je dirai cy après.

Or parmi les nouvelles levées de ce tems à l'exemple des Seaux de Justice, on a inventé des Seaux ou marques publiques de plusieurs marchandises, lesquels y sont apposez pour temoignage public que la marchandise a esté visitée par experts, & trouvée loyale: lesquels Seaux ou marques on a erigez pareillement en Offices hereditaires: comme les Jaugeurs & Marqueurs de vins, les Marqueurs d'ouvrages de soye, les controlleurs des cuirs, les Controlleurs des draps, & autres semblables, qui en effet ont esté erigez pour lever un impost sur les marchandises, sous ce pretexte specieux de les faire controller & visiter: & de fait il est notoire que ceux qui ont ces Offices sont ordinairement gens incapables de faire la visitation & controlle des marchandises, qui aussi ne regardent pas qu'elle est, pourveu qu'ils soient payez de leur droit ; & s'ils l'examinent, c'est afin d'exiger plus grand droit: qu'il ne leur est attribué pour l'apposition de leurs Seaux. Ce qui est neanmoins cause de tromper le peuple, qui voyant en une marchandise la marque d'approbation publique, & ne fait aucune difficulté de l'acheter pour bonne.

Bref comme en ce Royaume de consequence les inventions d'argent sont toûjours estenduës pied à pied, on a fait hereditaires ces petits Offices de Revendeurs de sel à petites mesures, qu'on appelle Regratiers, qui n'étoient pas il y a trente ans, seulement Offices, mais simples permissions qui se donnoient par les Officiers des Gabelles: mais le tems est venu qu'on fait argent de tout. Car ils furent erigez en titre d'Office formé l'an 1579. & en l'an 1588. faits hereditaires: mais d'autant que cet Edit fut l'un de ceux qui furent revoquez après les barricades de Paris, par l'Edict de Chartres fait en la mesme année, le Roy d'apresent l'a renouvellé en l'an 1594. Et bien que selon la teneur de ces deux Edits il semblât que ces petits Officiers fussent plûtost hereditaires par privilege que domaniaux, neanmoins par le moyen d'une Declaration de l'an 1606, on les a remboursez & revendus comme Offices Domaniaux: c'est pourquoy j'estime qu'il les faut plûtost mettre en ce rang, qu'en celui des Offices hereditaires, par privilege, bien que cela ne soit pas sans difficulté. Car és choses qui dependent de l'arbitrage des Grands, il est mal-aisé d'y deviner un droict ou regle certaine.

Margin notes:
73. Seaux, ou marques des marchandises.
74. Abus qu'il y a
75. Regratiers du sel.
75. S'ils sont domaniaux ou hereditaires par privilege.

CHAPITRE V.

Des Greffiers, Tabellions & leurs Clercs.

1. Noms des Greffiers & Tabellions.
2. Que ce n'étoit autrefois qu'une charge.
3. Tabularius.
4. Tabularium.
5. Notarius.
6. Quid proprié.
7. Notæ.
8. Σημα.
9. Ars Noti scribendi.
10. Ταχυγραφος, ολιγογραφος, σημειογραφος, καλλιγραφος.
11. Librarius.
12. Signatures de Rome.
13. Scribes Romains étoient serfs.
14. Pourquoy les Notaires stipulent pour les parties.
15. Greffiers Romains étoient serfs.
16. Depuis mis par election.
17. La justice étoit entierement gratuite à Rome.
18. Greffiers choisis par election en cohorte.
19. Explication de la loy, Nullus C. de assessor.
20. Officium, cohors, apparitio.
21. Exceptores.
22. Regerendarii.
23. Cancellarii unde dicti.
24. Cancelli, barreaux.
25. Authorité des Chancelleries des Magistrats.
26. Leur charge.
27. Comment pourveus.
28. Actuarius, sive ab actis.
29. Gesta, υπομνηματα.
30. Belle antiquité.
31. Insinuation des contrats.
32. Devoit être faite en pleine Audience.
33. Ecritures forenses & publiques.
34. Insinuation des donations.
35. Authorité des Tabellions.
36. Pratique Romaine des Notaires.
37. Scheda.
38. Greffe des contrats.
39. Parties signoient les contrats à Rome.
40. C'est à dire qu'ils se sousçrivoient.
41. Explication & correction de la loy In donationibus. C. de Donat.
42. Et de la Nov. 44.
43. Tabellions ni témoins ne signoient point la minute.
44. Mais la grosse.
45. Contrats n'étoient enregistrez.
46. Breves, brevia, brevicula, brevets.
47. Pratique de France des Greffiers & Notaires.
48. Les Juges se servoient de leurs Clercs pour Greffiers.
49. Et pour Notaires.
50. Imitation des insinuations Romaines.
51. Pourquoy les Notaires mettent que les parties sont comparuës comme en jugement.
52. Pourquoy à nous les contrats ont execution parée & font pleine preuve.
53. Greffiers appellez Notaires és vieilles Ordonnances.
54. Et Clercs.
55. Greffiers & Huissiers seuls en Parlement.
56. Seuls vrays Officiers autrefois.
57. Clergies ou Clergées.
58. Clerc signifie trois choses.
59. Greffes & Notariats joints au domaine.
60. Es Vicomtez le Greffe & Notariat appartiennent au Juge.
61. Comment en ont été separez.
62. Greffes baillez à ferme.
63. Clercs des Greffes & Notariats.
64. Devenus maitres.
65. Notaires erigez en Offices.
66. Distinction des Notaires.
67. Clercs du Greffe erigez en Office.
68. Reünis aux Greffes.
69. Conference de la pratique Romaine des Notaires avec la nôtre.
70. Nos contrats se font deux fois.
71. De l'Et cætera des Notaires.
72. Anciennement nos contrats s'écrivoient trois fois.
73. Et les Sentences.
74. Inconveniens provenus du defaut de registre.
75. Advis pour y obvier.
76. Comment doivent estre faits les Registres des Notaires.
77. Explication de la loy contractus C. de fide instrum.
78. Paraphe du Registre.
79. Commoditez de cet avis.
80. Réponse aux objections.
81. Autre.
82. Protocolum quid.
83. Explication de la Novelle 44.
84. Avis tiré de cette Novelle.

Des Greffiers. & Tabellions, Ch. V.

Noms des Greffiers & Tabellions.

ARISTOTE liv. 8. des Polit. chap. 8. faisant le dénombrement des Officiers necessaires à une cité, y met celui qui reçoit les sentences & les contracts, qu'il dit estre en aucuns lieux appellé Μνήμονας, καὶ Ἱερομνήμονας, en autres Προκάκλυ, ᾗ τοῖς τῶν ἄλλοις ἀνόμασι. Quoy qu'il en soit il n'en fait qu'un Office, il est vrai qu'il dit qu'en quelques Republiques ce sont Offices separez, qui toutefois n'ont qu'un mesme pouvoir & autorité.

2. Que c'estoit autresfois qu'une charge.

C'est pourquoy aussi je ne fay qu'un Chapitre des Greffiers & des Tabellions: & à la verité leurs charges sont si connexes & si semblables, qu'ordinairement és loix Romaines *Scriba & Tabularii* sont conjoints ensemble, comme en la Rubrique, *De Tabulariis Scribis & Logographis lib. 10. Cod.* mesme bien que l'usage ait apporté, que *Scriba* signifie le Greffier, & *Tabularius* le Tabellion: si est-ce que proprement le nom de Scribe comprend tous les Praticiens, comme il sera dit au livre des Ordres, & principalement les Tabellions aussi bien que les Greffiers: témoin la 21. Epistre de Cassiodore *lib. 12. variar.* écrite au Scribe de Ravennes, où rapportant ce qui estoit de sa Charge, il se voit qu'il estoit Greffier & Tabellion tout ensemble : comme au reciproque *Tabularius* est pris quelquefois pour le Greffier, dont l'une des charges est de garder les actes publics, appellez *Tabula*, & le Greffe où ils sont gardez, est appellé *Tabularium*, ainsi qu'il sera dit cy-après: aussi le *vetus Glossarium*, dit que *Tabularius sive Tabellio dicitur Scriba publicus.*

5. Tabularium.

Pareillement le terme de *Notaire*, est commun à tous ceux qui écrivoient sous autruy, soit les sentences, ou les contracts, témoin Lampride *in Alex. Severo*, *Notarium, qui falsum causâ brevem in consilio Imperatoris retulisset, incisis digitorum nervis, ita ut nunquam posset scribere, deportavit.* Et proprement ce mot signifie ceux qui recevoient & plumetoient soit les sentences ou les contrats; autrement appellez *Exceptores*: mesme tous ceux qui sçavoient l'art & l'industrie d'écrire par nottes & abbreviations. *Notas qui dicidderunt propriè Notarij appellantur,* dit S. Augustin liv. 2. de doctrina Christ. *Nota autem non erant littera, sed signa litterarum,* dit la loy, *Sed cum patrono §. ult. D. de bonor. posses.* C'estoient comme dit Plutarque *in Catone,* σημεῖα ἃ μικροῖς καὶ βραχέσι τύποις, πολλῶν γραμμάτων δυναμιν εἶχοτα. dit de Justinian *In constit. Graeca digestorum* dit avoir esté de son temps appellées Σιγλας, d'où Cujas veut venir nôtre mot de *Sifres*, ou *Chifres*: bien que lui-mesme livre 12. des Observat. chap. dernier, mette difference entre les nottes & les sigles, qu'il dit estre *singulares litteras*.

6. Quid proprie.

7. Nota.

8. Σίγλας.

9. Arts des Notaires.

Quoi qu'il en soit, il est certain qu'à Rome on apprenoit aux jeunes gens, & principalement aux serfs de bon esprit, cét art d'écrire en notes (qui n'est pas venu jusqu'à nous) afin de servir de Clercs. *Inde Ausonius.*

Puer notarum praepetum,
Solers minister, advola.

Prudentius *de Cassino martyre.*

Verba notis brevibus comprendere multa peritus,
Raptimque punctis dicta praepetibus sequi,
Fictis notarum verba signis imbuens.

Manilius *lib. 4. Astronom.*

——— *Scriptor erit foelix, cui littera verbum est,*
Quippe notis linguam superat cursumque loquentis,
Excipiens longas, nota per compendia, voces.

Martialis in distichis *de Notario.*

Currant verba licet, manus est velocior illis,
Nondum lingua suum, dextra peregit opus.

Paulus in l. *Lucius de testam. milit. L. Titius miles testamentum scribendum notis dictavit, & antequam literis scriberetur vita functus est.* Seneca epist. 91. *Multa disertè in foro dixit, quae Notarius persequi non potuit.* Suetone dit que l'Empereur Titus sçavoit bien cét art, & que *notis scribebat velocissimè. Notarius igitur est* ταχύγραφος, *ᾧ* βραδυγράφος, *qui opponitur* ὀλίγραφος. *Nov. 115. cap. 1.* qui est celui *Du droit des Offices.*

luy qui mettoit au net & étendoit en grosse le contract ou sentence: *Alius à librario, qui* καλλιγράφος *dicitur, & estoit celui qui gaignoit sa vie à écrire des livres,* auparavant l'invention de l'Imprimerie, métier qui estoit ordinaire aux Moines. Gruterus en son livre curieux des inscriptions, a rapporté un long alphabet des Notes de Tiro & de Seneque. Et l'usage des notes modernes se voit encore en la Chancellerie de Rome, où il y a les signatures en papier, pleines d'abreviations, & de &c. & les Bulles étenduës en grosse sur le parchemin.

10. Tactographos.
11. Librarius.

Or les Scribes du droit Romain, soit Greffiers ou Notaires, étoient du commencement des esclaves publics, c'est à dire appartenans à la communauté de chacune cité ou Republique, étoient employée à faire ces expeditions, afin qu'elles ne coustassent rien au peuple. Ce qui estoit si ordinaire, qu'en la loi derniere *C. de servis Reipub.* il est mis en question, si l'esclave d'une cité ou d'une Republique ayant esté affranchi, & par après continué l'exercice du Notariat d'icelle, avoit derogé à sa liberté.

12. Signature de Rome.
13. Scribes Romains estoient serfs.

Et delà est venu qu'encore aujourd'hui nos Notaires se mettent dans leurs contracts stipulans & acceptans pour les parties, ce qu'ils n'eussent pû faire, si de leur origine ils n'eussent esté serfs publics, étant dit par la regle du droict Romain que, *Alteri stipulari nemo potest,* de laquelle regle estoit excepté le serf *qui, ut acquireret, ita etiam stipulari poterat Domino, & servus communis cuique Dominorum: & similiter servus publicus, id est Reipublicae seu civitatis, cuique civi, ut patet ex l. 1. D. rem papillo salvam fore l. 1. §. 15. D. De magist. convent. & l. 18. D. De adopt.*

14. Pourquoy les Notaires stipulent pour les parties.

Ces serfs, ou esclaves publics faisoient non seulement la charge des Notaires, mais aussi celle des Greffiers, tesmoin ce que dit Spartian *in Gordianis,* parlant d'un *retentum,* ou Arrest secret du Senat, appellé *Senatus consultum tacitum. Non Scriba,* dit-il, *non servi publici, non hospites excepere.* C'est ici la remarque que fait Emilius Probus en la vie d'Eumenes, disant que *Scriba nomen apud Graecos honorificentius fuit, quam apud Romanos- Nam apud hot. ditilli, ficut sunt, mercenarii existimantur: at apud illos nemo ad id officium admittitur, nisi fide & industriâ exquisitis.*

15. Greffiers Romains étoient serfs.

Enfin Arcadius & Honorius défendirent de mettre des esclaves aux charges de Greffiers & Notaires *l. 3. C. De tabel. &c.* De sorte que doresnavant on élisoit és villes les Greffiers & les Notaires, tout ainsi que les Juges d'icelles appellez *Defensores civitatum.* Occasion pourquoy ces Charges sont mises *inter munera municipalia, in l. ult. §. is quoque & §. Mastigophori. D. De mun. & honor,* tout ainsi qu'à nous on élit les Eschevins des villes & les Consuls des marchands, desquelles aussi du commencement le Greffier estoit mis par election.

16. Depuis mis par election.

Belle police certes des Romains: car par ce moyen, & les Juges & les Greffiers & les Notaires faisoient gratuitement leurs charges, comme charges ordinaires, que chaque honneste bourgeois exerçoit tour à tour: lesquelles pour cette occasion on estimoit si onereuses, que plusieurs, pour les éviter, quittoient les villes & s'en alloient à la guerre, ou bien se faisoient Officiers domestiques de l'Empereur: ce qu'il fallut enfin defendre par Ordonnance expresse, qui est en la loy 1. *C. de Tabul. Scrib. & Logogr.*

17. La justice estoit entierement gratuite à Rome.

Tels étoient les Greffiers des Defenseurs des citez & des Juges pedanées, appellez en la Nov. 82. Ταχύγραφοι, qui est tourné *Exceptores*: Mais quant aux Presidens & autres Gouverneurs des Provinces, ils se servoient de leurs Clercs domestiques pour Greffiers, ou bien en choisissoient à volonté jusques à ce que cela leur fut defendu par Honorius & Theodosius, en la loy *Nullus indicium C. De Assess.* où ces Greffiers sont appellez *Cancellarii,* & il est dit que desormais ils feront pris par election solemnelle de l'Office, c'est à dire du corps,

18. Greffiers choisis par ex corpore.

Des Offices hereditaires Liv. II.

19. Explication de la loi *Nullus C. de Assessor*.

& compagnie des Officiers ministres ordonnez à la suite du Gouverneur à la charge que ce corps & compagnie répondroit civilement des fautes de celuy qu'il auroit éleu pour Greffier : & c'est ainsi à mon opinion qu'il faut entendre cette loi, bien qu'on luy ait donné d'autres interpretations. Et enfin à cet exemple Justinian ordonna par ses Nov. 15 & 81. que les Greffiers des Defenseurs des citez & des Iuges pedanées seroient également aussi pris & éleus de ce même corps & compagnie des ministres du Gouverneur de Province.

20. *Officium cohors apparitio*.

Car il a été dit au commencement du premier livre, que chaque Gouverneur de Province avoit une troupe ou compagnie ample de Ministres & appariteurs, qui estoit appellée *Officium*, autrement *cohors & apparitio* : comme il se voit clairement au livre de la Notice de l'Empire, où l'Office & compagnie des ministres de chacun Magistrat est specifiée par le menu, & d'ordinaire y sont denommez quatre Officiers entr'autres, dont nous avons icy affaire, à sçavoir *Exceptores, Regerendarii, Cancellarii, & Ab actis*, sive *Actuarii*.

21. *Exceptores*.

Exceptores étoient ceux, *qui acta judiciorum scribebant*, c'est à dire, qui minutoient & recevoient sous le Iuge ses expeditions judiciaires : desquelles formulaire est rapporté en la loy penult. *D. De auctor. tut*. Ils étoient aussi appellez Notaires, *quia notis scribebant acta Praesidum*, l. *inter eos* §. 1. *D. ex quibus causis majores*. Il est vray que le nom étoit commun aussi à ceux, qui recevoient les contrats sous les Tabellions.

22. *Regerendarii*.

Regerendarii étoient ceux qui écrivoient & mettoient au net les expeditions dans des registres, comme il se voit en la Nov. 15. *in prin. Regerere enim iterum gerere est, & inde regestum, iterum gestum seu scriptum* comme prouve Budée en la loy *Herennius. D. de Decur*. Et *Vopiscus in probo* dit, qu'il a recueilli son histoire *è registris Scribarum*.

23. *Cancellarii, unde dicti*.

Cancellarii (dont est fait mention en plusieurs endroits du Code, & notamment au titre *De Assessorib. Domesticis, & Cancellariis Iudicum*) étoient ceux qui mettoient en forme, tous les actes & toutes les Sentences, qui les souscrivoient & les delivroient aux parties. Ainsi appellez, non pas *à cancellando*, qui signifie barrer l'ecriture, pour signe qu'elle ne sert plus de rien : mais *à cancellis*, ἀπὸ τῶν κιγκλίδων, inquit Agathias lib. 1. *quia nimirum cancellos agebant*, comme parle Cassiodore, lib. 12. *id est cancellis praeerant*. Ce qu'il nous apprend encore bien mieux en l'Epître premiere du 11. livre où Theodoric écrivant à son Chancellier, il lui dit, *Respice quo numine nuncuperis. Latere non potest, quod intra cancellos egeris. Tenes quippe lucidas fores, clausra patentia, fenestratas januas, & quamvis studiose claudas necesse est ut te cunctis aperias. Nam si foris steteris, meis emendatis natutibus : si intus ingrediaris, observatum non potes declarare conspectus. Vide, quò te antiquitas volueris collocari, undique conspiceris qui in illa claritate versaris. Cancellis autem sive κιγκλίδων* étoit le barreau du Iuge, ainsi appellez encore en toutes les trois langues, parce que c'étoit un lieu clos de treillis, ou barres à claire voye, ainsi que sont aussi en France les auditoires des petites Justices & ce en lieu tous les scribes devoient faire leur besogne, afin de ne rien faire en cachete.

24. *Cancelli Barreaux*.

25. Autorité des Chancelliers des Magistrats.

Et bien que le Chancelier fût du commencement le dernier en rang de tous les Scribes, ainsi qu'il est mis le dernier dans sa notice, & en la rubrique *De Assessorib. Domest. Et Cancell. Iud.* neantmoins étant celuy seul duquel les parties avoient affaire, & non pas de l'exceptier ni du Regerendaire, il devient enfin le plus autorité, comme il est dit au commencement de cette même Epître de Cassiodore, *Quamvis statutis gradibus omnis militia peragatur, tuus honor cognoscitur solenni ordine non teneri, qui suis primasibus meruit anteponi. Tibi enim reddunt obsequia, qui*

te prodire noscuntur, & reflexa conditione justitia, illis reverendus aspiceris, quos subsequi posse monstraris. Aussi dit-il que l'honneur du Iuge dependoit aucunement de luy d'autant que c'étoit luy qui gardoit, qui signoit, & qui delivroit aux parties ses expeditions. *Jussa nostra sine studio venalitatis expedias, ut nostram possis commendare justitiam. Actus enim tui, Iudicis opinio est: & sicut penetrale domus de foribus potest congruenter intelligi, sic mens Praesulis de te probatur agnosci, &c.* ce qui se void encore mieux en la 1. Epist. du liv. 12. où il est dit de plus, *fasces tibi Iudicum parent, & dum jussa Praetorianae sedis portare credevis, ipsam quodammodo potestatem reverendus assumis*: Epistre qui nous apprend, que lors c'étoit le *Praefectus Praetorio* qui choisissoit les Chancelliers des Gouverneurs des Provinces, lesquels il leur bailloit pour Controlleurs de leurs actions. Ce qui fut cause qu'à la fin cet Office vint en grande autorité, & signifia celui qui faisoit toutes les expeditions des grands Magistrats, ce qui sera plus amplement traité au 4. livre en traitant du Chancelier de France.

26. Leur charge.

27. Comment pourveus.

Finalement en l'Empire Romain les Gouverneurs des Provinces avoient un Officier particulier appellé *ab Actis seu Actuariis*, pour recevoir les actes de jurisdiction volontaire, comme les émancipations, adoptions, manumissions, & notamment les contrats & testamens, qu'on vouloit insinuer & publier : de tous lesquels actes, ensemble de ce qui se passoit de memorable en la Province, il se faisoit pareillement un registre, autre que celui des actes de jurisdiction contentieuse: & c'est de ces registres, dont a entendu parler *Vopiscus in Aureliano* quand il dit avoir recueilli son histoire *è regestis Scribarum*.

28. *Ab actis, sive Actuarii*.

De fait ces actes volontaires sont particulierement appellez *gesta & monimenta*, en Grec ὑπομνήματα, & *Actuarius ὑπομνηματογράφος*. Et il faut remarquer, pour une tres-belle antiquité du droit Romain, que presque tous les contrats & testamens étoient insinuez volontairement dans ces actes, comme il se collige de la loy *Testamenta* 8. C. *de testam.* & Panciroli l'a fort bien traitté sur la Notice. Ce qui se faisoit d'autant que les Contrats passez par les Tabellions ne faisoient pas à Rome, comme à nous, pleine foy avant qu'être verifiez par temoins, ou comparaison d'écritures ; non faciebant probationem probatam, sed tantum probationem probandam, comme il paroît evidemment de la Nov. 73. qui prescrit la façon de verifier les contrats des Tabellions: de sorte que pour s'exempter de la peine & de la difficulté de cette verification, on les insinuoit & publioit *apud acta*, ce qui se faisoit à Rome & à Constantinople *apud magistrum census*, & ès Provinces pardevant le Magistrat de la Province, ou bien pardevant les Magistrats municipaux, qui en sin, pour la commodité du peuple, *actorum conficiendorum potestatem habuerunt l. ult. C. de Mag. municip.* & il falloit que cette publication se fît en plein jugement, & en la presence du Iuge, comme dit la glosse sur la loi derniere *C. de re judicata*, comme il se collige de la loi 2. *De custodia rerum*, où cela est appellé *publicum testimonium*, & de la loi 2. §. *Similique modo C. de Latina libert. toll.* en ces mots *actis intervenientibus, & quasi sub figura judicii*, où il est dit *quasi* parce que vera figura judicii, ne pouvoit être qu'aux actes contradictoires, où se rencontrent trois personnes, à sçavoir le Iuge, le demandeur & le défendeur. Quoy qu'il en soit, ces actes avoient force publique à toûjours, à cause de l'autorité publique de la Iustice. *Gesta, quae translata sunt in publica monumenta, habent firmitatem perpetuam l. ult. C. de re judic.* Aussi étoient ils desormais appellez proprement *scriptura publica* ; & auparavant les contrats des Tabellions étoient seulement nommez *scriptura forenses*, ἀγοραῖοι, comme qui diroit des écritures du marché ; bien que quelquefois les écritures des Tabellions soient appellés pu-

29. Gesta ὑπομνήματα.

30. Belle antiquité.

31. Insinuation des contrats.

32. Devoit être fait en pleine audience.

33. Scriptura forenses & publicae.

Des Greffiers & Tabellions Chap. V. 117

bliques, à la difference des écritures privées, comme tout cela se collige des Nov. 49. & de la 73. & du commentaire de Cujas sur icelles.

34. Insinuation des donations.

Même il falloit particulierement, que les donations excedâtes cinq cens écus fussent ainsi publiées & insinuées, parce que les donations sont plus malaisées à croire, que les contracts negotiatifs ou onereux, qui n'étoient insinuez qu'à volonté, & *ad abundantiorem cautelam*: & cela s'appelloit publication, insinuation, & intimation, comme prouve le même Pancirole par plusieurs autoritez. Le formulaire de laquelle nous est rapporté tout au long par Cujas sur le 4. livre *Sent. Paul. tit. 6.* pris d'un ancien livre manuscrit *Marculphi* intitulé *De formulis publicarum privatarúmque actionum*. Et nous pouvons dire en un mot, que l'*Actuarius* des Romains étoit nôtre Greffier des insinuations.

35. Autorité des Tabellions.

Neanmoins c'est la verité, qu'à Rome, aussi bien que parmi nous, les Tabellions n'avoient pas peu de pouvoir; étant en effet & Juges & Greffiers tout ensemble, mêmes Juges sans appel, *quorum indisputabile testimonium, quod cognitores reverenter excipiunt, litigantes, quamvis improbi, coacti tamen obediunt, & cùm fas sit sententiam appellatione suspendi, illis non licet obviari. Apud præsides de illorum curâ litigatur, imò illi potius judicant, & causarum vincula dissolvunt,* dit Cassidore en la formule des Notaires.

36. Pratique Romaine des Notaires.

C'est pourquoi il ne sera point desagreable, de traiter de la pratique Romaine des Notaires, qui est décrite notamment en cette belle nouvelle 44. de Justinian, dont je puis dire, qu'il n'y a aucun mot, qui ne soit fort notable. Elle nous apprend en premier lieu, que les Romains avoient cette coûtume, que leurs contracts étoient premierement écrits en notes par les Notaires, ou Clercs des Tabellions, & lors ils s'appelloient σχέδαι, ὑποτὶ σχιζιν, vel à *37. Scheda.* scindendo, dit Cujas, & en cette forme ils n'étoient point encore obligatoires, ni parfaits, jusques à ce *37. Grosse des contracts.* que par aprés ils eussent été écrites en lettres, & mis au net, *quousque in purum seu in mundum redacti fuissent, sic* χωλιον *καθαριον*, dit cette nouvelle ce qui se faisoit par les Tabellions, & cela s'appelloit *completio contractus*, πλεωσις κὶ τίλεωσις τῶ συμζωλαιω: c'est pourquoi en la loi *Contractus C. de si. instrum.* il est dit que *pœnitentiæ locus est, donec contractus sic in mundum retractus, & subscriptione partium confirmatus*: ce que Justinian interprete en ses instituts, *De emp. & vend. §. 1. completionem accipere: & esse absolutam.*

39. Parties signoient les contracts à Rome.

Ce qui nous témoigne que les parties souscrivoient les contracts, comme cela paroît aussi par la loi 9. §. ult. D. Quid. ma. pig. l. 10. D. De rem verso l. 2. C. De nuptiis l. 8. D. De rescind. vendit. l. 13. C. De administ. tut. Mais quand je dis qu'ils souscrivoient, c'est à dire, qu'ils écrivoient au bas du contract, qu'ils l'avoient pour agreable, & accordoient le contenu en icelui. Car ils n'usoient pas de seings manuels de leur nom, avec paraphes toûjours semblables, ainsi que nous, mais ce qu'ils appelloient *signum* signifioit leur sceau, ou cachet, dont ils usoient communément, outre la soubscription, comme il a été dit au chapitre precedent.

40. C'est à dire, qu'ils les soussignoient.

Subscriptiones autem non sunt nomina suppositiones, sed qui subscribebant, adnotabant, qua subscriberent dit Gregorius, sur la Nov. 126. chap. 3. ce qui se justifie par la Nov. 73. chap. 8. ou celui qui ne peut écrire du tout, ou celui qui ne peut écrire que peu de lettres, sont égalez ensemble, & il est dit qu'il faut qu'un des témoins instrumentaires souscrive pour eux. Car si les contractans ne sçavoient écrire, un ami étoit receu à soubscrire pour *41. Explication de la loi In donationib. C. De donat.* eux, ou bien le Tabellion, comme il est dit en la loi *In donationibus. C. De donat. si ipse donator, ut alius voluntate ejus* (car ainsi faut-il lire, & non pas *voluntatem*) *secundùm solitam observationem, subscripserit*. Et ainsi Cujas explique fort bien la Nov.

44. qui parle d'une femme qui ne sçavoit pas écrire, *41. Et de la Nov. 44.* & neanmoins porte que le contract avoit été par elle souscrit, c'est à dire par le Tabellion pour elle.

Car d'ordinaire, & pour la forme necessaire du contract, le Tabellion n'y souscrivoit pas, mais seulement falloit qu'il écrivît tout au long, comme il *43. Tabellion ny témoins ne signoient point en la minute.* appert, *ex d. l. In donationibus. ex d. l. Contractus. & ex dd. Novellis* 44. *& 73.* Et pour le regard des témoins, il n'étoit point necessaire qu'ils souscrivissent, comme le dit expressément cette loi *In denationibus*: aussi ces Nov. requieroient seulement qu'ils soient inserés aux contracts comme presens. En quoy il n'y a qu'une exception, à sçavoir au cas de la Nov. 51.

Mais ce que les parties signoient, & les témoins *44. Mais de la grosse.* aussi quelquefois (c'est à dire, qu'ils scelloient de leurs sceaux privez, comme il a été dit au chapitre precedent) n'étoit pas la note, ou minute de Notaire, mais la grosse, *completionem*. Car suivant la loi *45. Contracts n'étoient enregistrez.* *Contractus*, il n'eût rien servi de signer la minute. Et il faut aussi remarquer que cette grosse étoit baillée incontinent par le Tabellion à la partie, sans que le Tabellion fust tenu de l'enregistrer auparavant, ni même de garder la note par aprés, qui n'étoit qu'un broüillard inutile, ainsi qu'il se collige de tous ces passages, & encore des deux dernieres loix, *De si. instrum. Cod.*

Quant à ce qui s'appelle dans le droict, *breves*, *46. Breves brevia, Brevicula, Brevets.* *brevia, brevicula*, ce ne sont pas les notes & minutes des obligations, que nous appellons *Brevets, sed erant adversaria & privata adnotationes breviter scripta*, comme il se collige de la loi 5. *De conven. fisci debit lib. 10. Cod.* où Cujas l'a tres-bien expliqué.

Voilà quelle étoit la pratique du droict Romain *47. Pratique de France touchant les Greffiers & Notaires.* touchant les greffiers & Notaires, qui sert grandement à l'explication de la nôtre. Car il faut observer qu'anciennement, lors que la Justice n'étoit pas si questueuse, ni les procez si frequens parmi nous, nos Juges se servoient de leurs Clercs pour Grefiers, *48. Les Juges se servoient de leurs Clercs pour Greffiers.* & pour Notaires: jusques à ce que cela leur fut défendu par l'Ordonnance de Philippe le Bel de l'an 1303. Même il se voit au ch. *Quoniam contra ext. de probat*, qu'aux Cours d'Eglise, où il y avoit lors beaucoup plus de procez qu'aux Justices layes, bien souvent il n'y avoit point de Scribe, ou Greffier en Office, tant on faisoit peu d'estime de cét Etat: & de fait, ce chap. permet au Juge d'en nommer & commettre tel que bon lui semblera en chacune cause.

Et tout ainsi que les Clercs des Juges expedioient *49. Et pour sous Notaire.* sous eux, & en leur presence les actes de jurisdiction contentieuse, aussi ils expedioient seuls, & en l'absence du Juge (sous son nom toutefois) les actes de jurisdiction volontaire, qui sont les contracts: parce que quand les parties sont d'accord, le Juge n'y a que *50. Imitation des insinuations Romaines.* le ministere. Ce qui est preuve de ce que nous avons voulu imiter la coûtume que prirent enfin les Romains, de faire publier *apud acta* leurs contracts déja faits. Mais nous imaginans que c'étoit peine superfluë de les faire hors jugement, puis les publier en jugement, mais les avons voulu faire tout du premier coup pardevant le Juge. Et bien qu'il y a apparence que les Romains les publiassent en la presence du Juge, neanmoins parce que les interpretes ont jugé qu'il suffisoit faire ces publications *apud acta, sive apud officium*, hors la presence du Juge, comme prouve le Pancirole au lieu cy-dessus allegué, nous avons pris coûtume d'expedier nos contracts hors de la presence du Juge: mais *51. Pourquoi les Notaires mettent que les parties sont comparuës comme en jugement.* quoy qu'il en soit, c'est toûjours le Juge qui parle en iceux, & y est intitulé ainsi qu'aux Sentences: & en plusieurs Provinces le stile des contracts porte, que *les parties sont comparuës devant le Notaire comme en droict*, ou bien *comme en jugement*, & en quelques lieux *comme en droict jugement*: & encore à quelques lieux il porte, *qu'elles sont jugées & condamnées de leur consentement, à entretenir tout ce qui est contenu au contract*: qui est aussi la cause pour-

P iij

Des Offices hereditaires, Liv. II.

51. Pourquoi à nous les cont acts ont execution parée, & font pleine preuve.

quoy les contracts en France ont execution parée, ainsi que les Sentences: ce qu'ils n'avoient au droict, comme j'ai traité dans mon petit liv. *De la garantie des ventes* chapitre dernier. Car ils sont écritures, non pas forenses, comme ceux des Romains, mais du tout publiques.

53. Greffiers appellez Notaires és vieilles Ordonnances.

Aussi j'ai remarqué soigneusement qu'en toutes les anciennes ordonnances, jusques à celles de Louys XII. les Greffiers sont appellez communément *Notaires*, aussi bien que les Tabellions, & qu'en icelles la fonction & charge des Greffiers & Tabellions est confonduë, comme n'étant qu'une même charge. Cela se voit en l'ordonance de Philippe le Bel, de l'an 1303. de Philippe IX. de l'an 1399. & de Charles VIII. de l'an 1490. où les Greffiers des Jurisdictions non souveraines sont appellez tantost Notaires, & tantost Clercs, mais jamais Greffiers. Et en l'Edit de

53. Et Clerc.

Charles VIII. de l'an 1485. *touchant le reglement de la justice du Chastelet de Paris*, rapporté au grand coustumier, les Greffiers du Chastelet sont seulement appellez *Clercs*.

Car il n'y a que les Greffiers & les Huissiers du Parlement, & autres Cours souveraines, qui puissent être appellez de ces noms, comme il est contenu en un Arrest notable du Parlement, de l'an 1405. rapporté par M. Pasquier, livre 2. ch. 4. *De ses recherches*. De même qu'encore aujourd'huy les Procureurs du Roi des Justices Royales, ne sont appellez dans le Parlemét, que Substituts de Monsieur le Procureur general. Donc les Greffiers des Baillifs, Senéchaux, ou Prevosts Royaux n'étoient anciennement appellez que Notaires, ou Clercs, comme s'ils n'eussent été que les Substituts du Greffier en chef du Parlement, ou plûtôt parce qu'ils n'étoient que

55. Greffiers & Huissiers seuls en Parlement.

56. Seuls vrays Officiers autrefois.

Clercs des Juges. Et de fait, il n'y avoit en France que les Greffiers & Huissiers du Parlement, qui fussent vrais Officiers, ayant été erigez dès lors que le Parlement fut fait sedentaire, & établi dans Paris. Mais quant aux Clercs & Sergens des Baillifs & Senéchaux, ils étoient commis par les Juges, & étoient ordinairemét du nombre de leurs domestiques & serviteurs, à sçavoir, leurs Greffiers étoient ceux que nous appellons encor Clercs, *Amanuenses*: & les Sergens sont ainsi appellez *quasi servientes*, comme le même Pasquier prouve au 17. ch. du livre 6.

Ainsi les Greffes sont appellez *Clergies*, ou *Clergez*, en l'Ordonnance de Charles V. de l'an 1357. &

57. Clergies, ou Clergez.

de Charles VI. de l'an 1388. & en celle de Charles VIII. de l'an 1485. où il est dit que les Clercs ne postuleront és auditoires, tandis qu'ils exerceront le Clergé qui est ce que nous gardons encore; qu'un Procureur, tandis qu'il exerce le Greffe, ne peut exercer sa charge de Procureur. En quoi s'est mépris le docte & exact compilateur des Ordonnances M. Guenois, estimant que les Clercs fussent espece de Juge, à cause de l'équivoque du mot *Clerc*, qui signifie entre

58. Clerc signifie trois choses.

nous trois choses, à sçavoir l'Ecclesiastique, ou l'homme de lettres, & finalement celui qui écrit sous autruy.

Or bientôt après l'Ordonance de Philippe le Bel, de l'an 1303. qui ôta la puissance aux Juges de se servir

59. Greffes & Notariats joints au domaine.

de leurs Clercs pour Notaires & Greffiers, Philippe le Long son successeur, par Ordonnance de l'an 1319. declara par exprés *Que les Seaux & Ecritures étoient de son propre Domaine* (ce sont les termes de cette Ordonnance) *partant qu'ils seroient d'oresnavant vendus par encheres à bonnes gens & convenables*: Où ce mot d'écritures (*Scribatus* en Latin, *ut in l. 3. C. De appellat.*) comprend les Greffes & Tabellionnages. Et c'est la plus ancienne Ordonnance que j'ay veuë, faisant mention de la vente publique des Offices : mais encore ce n'étoit que des Offices dommaniaux, & ce n'étoit que bailler à ferme, & non pas aliener à une fois payer, comme il sera prouvé au commencement du livre suivant, où je montrerai comme on bailloit à ferme les Prevôtez, sous lesquelles les Greffes &

Notariats d'icelles étoient compris.

Car c'est la verité, qu'anciennement les charges de Greffiers & Notaires étoient du tout dépendantes de celles des Juges, comme cela se pratique encor és Vicomtez de Normandie, qui joüissent des Greffes & Tabellionnez de leur Justice, & même la recepte du Domaine est annexée à leurs Offices. Et le premier

60. Es Vicomtez de Greffe & Notariat appartiennent au Juge.

qui les separa en ce Parlement, ce fut Charles VIII. par son Ordonnance de l'an 1493. qui voyant ses predecesseurs avoir fort varié en la façon de conferer ces Prevôtez, les uns les baillans à ferme, les autres en garde, & les autres en Office, y apporta une tres pertinente distinction, qui fut de separer les charges des Juges d'avec celles des Notaires & Greffiers, & de conferer celles des Juges en titre d'Office, & celle des Notaires & Greffiers à ferme, attribuant aux Prevôts des gages à prendre sur la ferme des Greffes,

61. Coment en ont esté separez.

comme à la verité il seroit fort à propos que les Juges eussent des bons gages, suffisans pour les entretenir selon leur qualité, à prendre sur le revenu des Greffes & autres émolumens de la Justice, & qu'ils ne tendissent point la main aux parties.

Cette façon de bailler les Greffes à ferme a continué jusques en l'an 1521. que le Roi François I. ordonna

62. Greffes baillez à ferme.

par Edit fait à Argilly, que les Greffes ne seroient plus baillez à ferme, mais qu'il y seroit pourveu en titre d'Office, tout ainsi qu'aux Estats non domaniaux: ce qu'il renouvella par autre Edit de l'an 1554. Et le Roi Charles IX. les ayant derechef reünis à son Domaine, pour être baillez à ferme, les remit incontinent après en titre d'Office, par Edit de l'an 1567.

Donc les Greffiers & les Notaires ayans ainsi été erigez en titre d'Office, & de Clercs des Juges, qu'ils

63. Clercs des Greffes & Notaires.

étoient anciennement, étans devenus maistres, aucuns d'eux dédaignerent enfin d'exercer leurs Offices en propre personne, & voulurent eux-mêmes avoir des Clercs sous eux, sur lesquels ils se reposoient de l'exercice de leurs charges en tout, ou parties. Clercs qui au commencement étoient leurs domestiques, tout ainsi que les Greffiers & Notaires étoient auparavant domestiques des Juges. Partant le nom de Clerc, qui avoit autrefois été attribué à plusieurs nobles Officiers, comme aux Secretaires du Roy, aux Auditeurs de la Chambre des Comtes, & aux Controlleurs de la maison du Roi, fut desormais rejetté par eux, & comme vil, délaissé aux ministres & serviteurs, qu'on appelle en Latin *à manu servos*, seu *Amanuenses*.

Finalement, & comme il arrive en toutes conditions, que ceux qui font la besogne s'accroissent &

64. Devenus maistres.

s'augmentent toûjours même supplantent enfin leurs maistres qui sont negligens, les Clercs qui avoient vécu sous leurs maistres comme domestiques, voyans que leurs charges meritoient bien d'être continuées, après qu'ils étoient mariez & separez de demeure d'avec leurs maistres, se faisoient par eux commettre & substituer, pour exercer entierement leurs Offices, tant en presence qu'absence, & à cette fin se faisoient recevoir en Justice, comme leurs Commis : ce qui étoit pratiqué par les Tabellions de l'Empire Romain, comme la Nov. 44. fait foi, permettant aux Tabellions d'avoir un substitut, & non plus, qui auroit serment à Justice, ordonnant neanmoins, que si ils venoient à se reposer de leurs charges sur eux, leurs

65. Notaires erigez en Office.

substituts deviendroient maistres. Ce que le Roy François I. executa tout à fait, comme il arrive d'ordinaire, que le fisque fait son profit de ce que le particulier neglige. Car il erigea en l'an 1542. ces Clercs des Tabellions, en titre d'Office, & en fit un Office separé d'avec celui de Maistre: voulant qu'en chacun siege Royal, où il y avoit un Tabellion, il y eût un certain nombre de Notaires au lieu des Clercs, ou Substituts qu'il y souloit mettre. Pareillement, qu'és lieux où il y avoit plusieurs Notaires, il y eust par dessus eux un Tabellion.

Et furent par cet Edit les Tabellions reglez avec

Des Greffiers & Tabellions Ch. V.

66. Distinction des Notaires & Tabellions.

les Notaires, en sorte que les Notaires recevroient les minutes des contrats : *Essentque revera Exceptores & Notarii*, & les Tabellions en auroient la grosse, *in mundum & chariam puram contractus redigerent*, qui est à revenir à la definition du Tabellion, que donne Suidas, ὁ τὰ ϖόλεως ϖράξεων συμβόλαια, ὁ ϗ᷽ τοῖς πολλοῖς Νομικοῖς λεγόμενος, ἅπαντα ἐπιτελεῖ τὰ τοῦ ταχλιῶνος γράμματα ἴδια, ἱ᾽ καςον αὐτῷ οἰκείοις ὑπογράφων βήμασιν.

67. Clercs du Greffe erigez en Office.

Tout de même les Clercs du Greffe furent faits Officiers separez des Greffiers, par Edit de l'an 1577. & leur fut attribué la moitié d'autant d'émolument qu'aux Greffiers, & ce au lieu de vin de Clerc dont parle l'Ordonnance de l'an 1493. & que les Clercs du Greffe s'étoient licentiez de prendre contre l'Ordonnance d'Orleans, qui en l'art. 77. leur defend, à peine de concussion, de rien prendre des parties, bien qu'il leur fût liberalement offert.

68. Reünis aux Greffes.

Mais lors que les Greffes furent faits hereditaires, les Clercs & furent reünis, comme il y a pareil les Offices de Notaires ont été reünis à ceux de Tabellion, par l'Edit de l'heredité d'iceux, ainsi qu'il a été dit au ch. 3. qu'un Officier domanial & purement hereditaire peut mettre des commis pour faire l'exercice de son Office : ce qui n'est permis à l'Officier pur & simple.

69. Conference de la ancienne Romaine des Notaires avec la nôtre.

Mais il ne sera point hors de propos, ni sans profit aussi, de conferer (pour la fin de ce chapitre) la pratique Romaine des Notaires, avec la nôtre, tant afin que fassions profit de ce qui vient d'être dit de la Romaine, que parce qu'à faute de prendre garde de prés à leur diversité, on se trompe ordinairement sur la decision de la loi *Contractus C. de fide instrum.* & autres semblables resolutions du droit Romain en cette matiere, qu'on pense adapter à nôtre usage, sans prendre garde qu'il est fort different de celui des Romains.

70. Nos contrats se font deux fois.

Car il est bien vrai que nos contrats s'écrivent deux fois, ainsi que ceux de Rome : mais au lieu que les notes Romaines n'étoient que brouillards inutils, les minutes de nos Notaires sont les vrais Contrats, soit quant à la perfection, parce qu'étant arrêtées on n'y peut plus rien adjouter, soit quant à la preuve, parce que si on doute de la verité de la grosse, on a recours à la minute : aussi est ce aux minutes & non aux grosses, que les parties doivent signer.

71. Et cetera des Notaires.

Et quant à ce que nous appellons l'*Et cetera* des Notaires, bien qu'il approche des notes Romaines, c'est toutefois autre chose : Car les minuttes Romaines étoient toutes écrites en notes & abbreviations l'*Et cetera* des Notaires ne comprend que ce qui est du style ordinaire des Contrats, *quæ assidua sunt in contractibus, quæque, etsi expressa non sint, inesse videntur, leg. Quod si nolit. §. Quia assidua. D. De Ædilit. Edicto* : mais il ne se peut étendre à une clause particuliere & extraordinaire, comme il a été jugé par plusieurs Arrests.

72. Anciennement nos contrats s'écrivoient trois fois.

Il est vrai qu'auparavant l'Ordonnance d'Orleans les Tabellions écrivoient ordinairement par trois fois les Contrats, sçavoir est en plumetif ou minute, qui se raportoit presque aux notes Romaines, puis ils les mettoient au net dans leurs registres reliez, qui devoient être écrites tout d'une suite, que l'Ordonnance de l'an 1555. dit *tout d'un dactyle* ; ce qui devroit signifier tout d'une main, mais nous l'entendons tout d'une suite, selon le tems & l'ordre que les Contrats ont été passés, & sans laisser aucun papier blanc entre deux. Finalement, ils les écrivoient en grosse comme à present, pour les delivrer aux parties. Ainsi que font encore les Greffiers bien soigneux à l'égard des expeditions de l'Audience, és Sieges où les causes s'appellent par billets ou placets. Car ils ont leur plumetif écrit sur le billet de l'audience, puis ils l'entendent & récrivent au net en un registre & finalement ils le délivrent en grosse aux parties. Mais depuis l'Ordonnance d'Orleans, qui a voulu que les parties signent en la minute, nos Notaires ont négligé de plus faire de registres : sinon qu'il y en a

73. Et les Minutes.

quelques uns plus soigneux, qui au bout de l'an ramassent les feuilles de leurs minutes, & les relient ensemble ; c'est pourquoi on ne trouve pas étrange quand il y a quelque interposition, ou quelque blanc en la fin des feuilles, ou cahiers

74. Inconveniens provenans du defaut de registre.

D'où il arrive un inconvenient, qui n'étoit pas si commun auparavant, à sçavoir que les mauvais Notaires font tant d'antidates qu'ils veulent, principalement quand les parties en sont d'acord, comme pour un hôme obéré, & encore aux autres fins de frustrant ses creanciers, veut sauver son bien sous le nom d'un ami, ils lui passeront tant d'obligations, même de constitutions de rente qu'il voudra : & nous n'avons jusques à present aucun remede pour empêcher cette espece de fausseté. En voici encore un autre, c'est que bien souvent les Notaires changent la feuille du milieu d'un contrat, & la refont à leur volonté, sans toucher à la derniere feuille, où sont les seings des parties, dont j'ai veu arriver des grands inconveniens.

75. Avis pour y obvier.

Pour donc obvier à ces deux méchancetés, à sçavoir de l'antidate, & du changement de la feuille du milieu, & encore aux autres fortes de fausseté qui s'inventent tous les jours parmi la malice de ce siecle, il seroit tres necessaire de renouveller les Ordonnances qui enjoignent aux Notaires de faire des registres continus desquels tant s'en faut qu'ils soient dispensez par l'Ordonnance d'Orleans, qu'au contraire, l'article de cette Ordonnance immediatement precedent celui qui introduit les signatures des parties, reitere cette injonction de faire registres.

76. Comment doivent être faits les registres des Notaires.

Or quand je dis qu'ils doivent faire des registres, je n'entens pas qu'ils copientdans les registres les minuttes, qui auront été signées des parties, comme ils faisoient du tems de cette Ordonnance, mais que d'abord ils écrivent leurs minutes dans leurs registres, quoi qu'il en soit, s'ils font des notes, brouillards ou plumetifs, afin il s'en faisoit au droit, que ces brouillards ne soient point reputés les vraies minutes, mais suivant la loi *Contractus*, ils ne soient encore tels, jusques à ce qu'en la presence des parties ils aient été mis au net dans leurs registres, & signez par aprés de ceux qui les doivent signer. Comme aussi je n'entens pas qu'ils reçoivent leurs minutes en feuilles éparses comme celles de la Sybille Virgilienne, & que par aprés ils les ramassent & fassent relier ensemble. Mais j'entens qu'ils les minutes dans les Registres qui soient reliez auparavant, afin que ces registres soient écrits tout d'une suitte, sans aucun blanc, suivant l'Ordonnance de l'an 1555.

77. Explication de la loy *Contractus C. de fide instrum.*

Et encore pour plus grande asseurance de la foi publique des contrats, en laquelle consistent tous nos biens & facultez, & qui ne peut être assez asserée parmi la subtilité & malice de ce siecle, je desirerois que tous les registres des Notaires fussent nombrez & paraphez en blanc, à la tête de chacun feuillet, par le Juge du lieu : dont seroit fait acte au dernier feuillet, contenant combien il y auroit de cahiers, & combien de feuillets au registre. Ce qui a déja été enjoint aux Greffiers des insinuations par l'Edit de leur érection, qui est de l'an 1552. art. 4. Et s'il faudroit il que tous les cahiers fussent égaux en nombre de feuillets, même on pourroit seeller des deux côtez la nerveure de la relicure du registre, avec le Sceau de la Justice pour éviter que le registre fût refait & relié de nouveau, afin de changer quelque feuillet.

78. Paraphe du registre.

Or il est sans doute, que tout cela ne seroit point à beaucoup prés de si grand coust & difficulté, comme il apporteroit de seureté & de repos au public d'autant qu'il empêcheroit toutes sortes de faussetez, & si aideroit à la conservation des notes & minutes, qui bien souvent se perdent, ou par negligence ; ou par malice, & principalement aux villages, où les Gentils-hommes s'en saisissent par force. Ce qu'ils n'oseroient faire lors, ou bien il faudroit bon-gré malgré,

79. Cómodité de cet avis.

que tout à l'instant le Notaire en fit sa plainte, d'autant qu'il seroit puni comme faussaire, s'il se trouvoit quelque feuillet de manque en son registre, & qu'il ne s'en fût plaint en tems & lieu.

80. Response aux objections.
Que si on objecte qu'il y a plusieurs contrats qui se commencent, & ne s'achevent pas, & d'autres aussi, ausquels on s'advise de rechanger quelques clauses, avant qu'ils soient arrêtés, & de fait, qu'il y aura bien peu d'inconvenient de rayer ce qui se fera pas bien fait, & en mettre la cause en la marge, aussi bien est-il quelquefois expedient qu'on voye à qui il aura tenu que le Contract ne soit achevé, que si un Notaire craint qu'il y ait trop de ratures, qu'il fasse plûtôt un plumetif & brouillart, avant, qu'écrire en son registre, auquel cas le Contrat écrit à deux fois, sera toûjours mieux dressé & mieux deliberé entre les parties : & de fait, l'Ordonnance de l'an 1539. article 126. presuppose que les Notaires doivent avoir un plumetif, outre leur registre.

81. Autre.
Si d'ailleurs on objecte qu'il y a des Notaires tellement employez, qu'ils ont besoin de travailler à deux Contrats en même tems, notamment aux jours de marché, qu'il y a affluence d'affaires (chose pourtant dangereuse de s'en fier à leurs Clercs, & qui est défenduë par cette Novelle 44.) je dy qu'un Notaire de ville pourra bien avoir deux registres, & non plus, en même tems, si son Juge voit que bon

soit, dont il sera mention l'acte du paraphement ou controlle de chacun d'iceux : & je rapporteray à ce propos ce qui est dit en cette même Novelle, que *Melius est pauca agere cautè, quam multis intereffe periculose.*

Cette même Novelle nous apprend encore un beau secret, qui avoit été ignoré jusques à ce que le docte Cujas l'ait découvert, à sçavoir, qu'elle defend de couper & ôter le protocole des Chartes, que nous pensons vulgairement être la minute & premiere écriture du Contrat : & de fait, les Ordonnances des années 1512. & encore celle d'Orleans, article 83. l'usurpent en cette signification : bien qu'à la verité ce soit la marque du papier ou parchemin, où étoit inscrite l'année qu'il avoit été fait, laquelle marque Justinian défend de couper, comme on pouvoit aisément faire, d'autant qu'elle étoit au haut du papier, & non pas au milieu comme celle de nôtre papier. Parce, dit-il, que par le moyen de ce protocole, ou marque du papier, plusieurs faussetés ont été découvertes, ce qui s'est aussi veu quelquefois en France. Partant pour se servir à propos de cette antiquité, il seroit expedient, ce semble, d'ordonner que tout papier seroit marqué, & que la marque contiendroit l'année qu'il auroit été fait : chose qui ne coûteroit rien, & empêcheroit plusieurs faussetés, tant aux Contrats qu'aux écritures.

82. Protocolum quid.

83. Explication de la Nov. 44.

84. Avis tiré de cette Nov.

CHAPITRE VI.

Des Gardes Registres, Receveurs des Consignations, Bancs & Pratique des Procureurs.

1. La garde des pieces & des Consignations demembrée des Greffes.
2. Tabularium.
3. Ἀρχεῖον, Archive.
4. Maison publique des Juges ordinaires.
5. Maison des Gouverneurs de Provinces.
6. Palais des villes delaissez aux Juges.
7. Garde-Livre de la Chambre des Comptes.
8. Expeditions ne doivent bouger du Greffe.
9. Sunt juris publici.
10. C'est chose mal aisée de les chager de place & de main.
11. Garde-note reüni à l'Office du Notaire.
12. Les minutes des Notaires Royaux suivent l'Office.
13. Non celles des Notaires subalternes.
14. Inconveniens provenans de la vente des minutes des Notaires.
15. Autres.
16. Faut produire la commission du Commis à la signature des minutes.
17. Minutes des Greffiers & Notaires non Royaux, doivent être mises au Greffe.
18. Et non celles des Notaires Royaux.
19. Les Procureurs d'Office y devroient tenir la main.
20. Moyen d'inventorier les papiers d'un Greffe.
21. Minutes des Notaires ne doivent être en commerce.
22. Les Consignations étoient mises en lieu public.
23. Consignation, pourquoy dite.
24. Consignataire doit rendre les mêmes corps.
25. Consignations se faisoient anciennement au Greffe.
26. Consigner en Cour, ou en Justice.
27. Consignation ne doit être faite entre les mains du Juge.
28. Le Seigneur répond de la consignation faite en son Greffe.
29. Consignation est de l'Office du Greffier, & non une commission extraordinaire.
30. Partant le Greffe affecté par preference aux consignations.
31. Et non l'Office de Commissaire ou Huissier.
32. N'y à hypoteque sur les biens du Greffier que du jour de la consignation.
33. Ny sur les biens des Sergens.
34. Explication des deux Ordonnances.
35. Comment les Greffiers sont tenus des consignations.
36. Coment les Receveurs des consignations en sont tenus.
37. Coment tous les Officiers sont tenus des consignations.
38. Des biens pris pas execution.
39. Devroient être apportez au Greffe.
40. Injustice des gardies de biens que les Sergés establisset.
41. Edit proposé de les eriger en Offices.
42. Que cet Edit seroit au soulagement du peuple.
43. Faudroit qu'ils fussent hereditaires.
44. Des bancs des Procureurs.
45. Stations.
46. Bancs du Palais de Constantinople.
47. Des loges du Palais de Paris.
48. Des bancs du Palais.
49. Bailly du Pallais les confere.
50. Vaquent ainsi que les purs Offices.

1. La garde des pieces & des Consignations demembrée des Greffes.
LA vraye & ancienne charge des Greffiers, au moins de ceux de France, n'est pas seulement de recevoir les actes & expeditions, mais aussi de garder les papiers & dépôts de Justice. C'est pourquoy le Greffier du Parlement est intitulé d'anciennetè, *Greffier & Garde-Registre*, comme Monsieur Choppin nous apprend sur la Coûtume de Paris Livre 2. tit. 6. & n'y a pas encore long tems, que n'y ayant point de Receveurs des Consignations au Parlement, c'étoit le Greffier qui gardoit les deniers consignez. Car pour parler premierement des papiers des Juges (sous lesquels j'y comprens leurs actes, & ceux de leurs predecesseurs, les sacs & pieces des parties produites au Greffe, mêmement les minutes des Notai-

res decedez) il faut remarquer que le Greffe est en France, ce que les Romains appelloient *Tabularium*, qui étoit le lieu où les actes publics étoient conservez, comme a prouvé Lipsius sur le 5. des Annales de Tacite, & c'est ce que sous les Empereurs Grecs on appella ἀρχεῖον, que nos docteurs tournent *archivum*, & partant le vulgaire appelle *archive publie*, pensant qu'il soit derivé *ab arcâ*, combien qu'il vienne de ἀρχή. Car ἀρχεῖον est proprement la maison de l'Office, ou Magistrature, definie par Suidas, ὅτι καὶ ἡμῶν τὸ ἀρχεῖον ἐκκαλοῦμεν καὶ χωρὶς οὐκ ἀνεκαλοῦμεν ἀπελᾶ par Justinian Novelle quinziéme, ἡμοίως οἴκημαι.

Au commencement de laquelle Novelle il rapporte les inconveniens qui arrivoient, faute d'avoir en chacune

3. ἀρχεῖον, Archive.

4. Maison publique des Juges ordinaires.

DesGardes-Reg. & Recev. desCon Ch. VI.

cune ville des lieux publics pour reserrer les monumens publics, & des gens destinez pour les garder: ce qui merite bien d'être rapporté icy, parce que les mêmes incōveniens ont maintenāt lieu parmy nous, faute de bien garder nos Ordonnances *Cùm nullum fit ἀρχεῖον*, dit-il, *in quo acta reponātur, deperit quod confistit, & nequaquam invenies pluvium annorum monumenta: sed ubi his egent, apud haeredes Scribarū, vel alios successores ea quaerunt: & saepe, quae inveniuntur, nulla fide sunt digna, multa verò pereunt vel in tantum cadunt, ut in similitudine actorum non sint.* C'est pourquoy au Chapitre 8. il ordonne, *ut in singulis civitatibus sit domus publica, in qua monumenta recondantur, & utque eligatur, qui horum habeat custodiam, quatenus incorrupta maneant, & velociter inveniantur à requirentibus: hocque sit* dit-il, *apud Defensores civitatum*, ἀρχεῖον.

5. Maison des Gouverneurs des Provinces.

Mais quant aux Recteurs & Gouverneurs des Provinces, ils étoient logez, & avoient leur, ἀρχεῖον *vel in Praetoriis, vel in Palatiis*, comme il se voit en la loy derniere *C. de Officio Rectoris Provinciae*, où il leur est defendu de loger ailleurs, & en outre il est dit que si en une même ville, il y a un Pretoire, & un Palais, ils doivent loger dans le Palais, & quant au Pretoire, ils le doivent faire servir de magazain aux vivres.

6. Palais des villes delaissez aux Iuges.

De même en France il se voit, que nos Rois amateurs extremement de la Iustice, luy ont quitté presqu'en toutes les villes leurs Palais & Maisons royales, où maintenant la Iustice est exercée, & s'est établi ordinairement le Greffe d'icelle, auquel les monumens publics, & les pieces des particuliers produites en Iustice, sont conservées par la diligence & garde du même Greffier, qui reçoit les expeditions de Iustice. Combien qu'il y a apparence, qu'au Droict Romain du commencement, & lors qu'on se servoit des esclaves pour Greffiers, le gardien de l'ἀρχεῖον, fut autre, que le Scribe ou Greffier, parce qu'en la loy derniere §. *Si quoque; D. De mun. & honoribus*, l'Archiota est distingué à *Scriba & à Tabulario*. Ainsi le Garde-Livre de la Chambre des Comptes, qui a charge des papiers d'icelle est à present different du Greffier: ce qu'est, d'autant qu'anciennement il n'y avoit point de Greffier en icelle, mais les Auditeurs des Comptes s'en servoient, qui pour cette cause étoient apellez Clercs des cōptes, terme qu'au chapitre precedēt nous avons prouvé signifier un Greffier.

7. Garde Livre de la Chābre des Comptes.

8. Expeditions ne doivēt bouger du Greffe.

C'est pourquoy il y a plusieurs Ordonnances qui disposent que les registres & minutes des expeditions judiciaires, ne doivent point sortir du Greffe, soit és Iustices Royales, soit és Seigneuriales, & qu'avenant mutation de Greffiers, soit lors que les Greffes étoient baillez à ferme, soit depuis qu'ils sont en Office, tous les registres & minutes anciennes doivent être baillées au Greffier moderne: même l'Ordonnance d'Orleans art. 84. veut qu'après le deceds d'un Notaire, ses minutes soient apportées au Greffe, comme au lieu public, destiné pour la garde des actes publics, où chacun les peut aisément recouvrer: & qu'elles soiēt délivrées par le Greffier moyennant salaire competant, dont la moitié demeurera au Greffier, & l'autre aux heritiers du decedé. Et de vray les minutes, soit des Notaires, soit des Greffiers, n'appartiennent point proprement à ceux qui les ont receuës, ny à leurs heritiers, mais appartiennent au public, puisque ce sont actes publics. *Armarium Scribae*, dit Cassiodore, *fortuna cunctorum est*.

9. Sont iuris publici.

10. C'est chose mal aisée de les charger de place, & de main.

Toutefois en la malice de ce siecle on trouve souvent malaisé & même dangereux d'observer ces Ordonnances. Car s'il falloit que les minutes des Notaires, & principalement celles des Greffiers, qui sont en plus grand nombre, & de diverses sortes, changeassēt autāt de fois de main, que les Greffiers changent de personnes, ce seroit un moyen ouvert pour en supprimer, chāger ou intervertir tant qu'on voudroit: parce que l'ancien Greffier soûtiendroit toûjours avoir baillé toutes ses minutes au nouveau, &

Du Droit des Offices.

le nouveau que la suppression ou alteration de la minute dont on se plaindroit, n'auroit été faite de son temps: n'étant pas possible de se charger par inventaire exact des minutes d'un Greffe, & à cause du nombre, & à cause des diverses formes d'icelles.

Or cette difficulté cesse à present pour le regard des Notaires royaux, parce qu'en l'an 1575. le Roy érigea un Garde-note en chacun Siege royal, pour avoir la garde des minutes de tous les Notaires decedez, ou ayans resigné leur Office: lesquels Gardes-notes ne dureret gueres, mais furent quatre ans après reünis aux Offices de Notaires; & en l'an 1597. lors que les Offices de Notaires ont été faits hereditaires & domaniaux, les Offices de Tabellions, Notaires & Gardes notes, ont été derechef unis & incorporez ensemble, de sorte que la garde des minutes fait aujourd'huy partie de l'Office des Notaires, Neanmoins dautant que ces Offices sont alienez hereditairement, on tolere aux particuliers de faire entr'eux telles pactions que bon leur semble, touchant les minutes du Notaire qui vend son Office: d'où je colige qu'à faute de paction contraire, il s'ensuit de cette reünion, que les minutes suivent l'Office de Notaire, en quelque mains qu'il passe.

11. Gard note reüni à l'Office de Notaire.

12. Les minutes des Notaires non royaux doivēt suivre l'Office.

Mais aux Notaires subalternes, & en toutes sortes de Greffiers, le contraire s'observe communément: à sçavoir que les minutes anciennes ne sont point baillée au nouvel Officier, mais demeurent à l'ancien, ou à sa veuve & heritiers, tout ainsi que la pratique des Procureurs: & de fait on appelle ces minutes, la pratique des Notaires, ou des Greffiers: parce que c'est le profit des grosses, ces minutes apportent une chalandise & habitude, pour être plus employé à l'avenir.

13. Non celles des Notaires subalternes.

Neanmoins cette comparaison de la pratique des Procureurs à celle des Notaires ou Greffiers, n'est pas bonne; dautant que la pratique des Procureurs n'est point publique, mais ne consiste qu'en pieces appartenant aux particuliers. Et toutefois sous pretexte d'icelle, on a mis tout à fait en commerce privé les minutes publiques des Notaires & de Greffiers: d'où il arrive de grands inconveniens. Comme par exemple voicy ce que j'ay veu arriver: Après le decez d'un Notaire, homme de bien & de bien, qui de luy tous ses enfans mineurs, leur tuteur pensant bien faire sa charge fit vendre à l'encā les minutes ou defunt, qui étoient d'assez grande valeur, & qui furent achetées par un Praticien affamé, qu'on pretend avoir été apoté par un Gentil homme, lequel peu auparavāt le decedz du Notaire constitué par devāt luy 500 liv. de rente à un Bourgeois, à qui par après il dénie cette rente, bien que le Bourgeois ait la grosse de la constitution, mais la minute ne se trouve point, dont y a procez entre le Bourgois le Gentilhomme, l'acheteur de minutes, & le tuteur de ces mineurs.

14. Inconveniens provenans de la vēte des minutes des Notaires.

Mais voicy d'autres inconveniens ordinaires & necessaires, qui regardēt le public, à sçavoir qu'un particulier gardant les minutes d'un Notaire, ou d'un Greffier decedé, outre que ceux qui ont affaire de quelque piece, ne sçavent bien souvent où la chercher, & l'ayant trouvée n'ont acune cōtrainte contre luy, pour la faire délivrer s'il ne veut, de sorte qu'il la vend si cher qu'il luy plaît: posé encore que le marché en soit fait, si n'est-il pas personne capable pour la delivrer en forme authētique. Et bien que le Iuge l'ait commis à ce faire, si est ce qu'outre l'injustice qu'il y a d'authoriser un particulier, & à garder les minutes publiques, & à délivrer les grosses authentiques, c'est d'ailleurs une grande incommodité aux parties, que tout autant de fois qu'il levēt une grosse, il faille non seulement lever une acte ou copie de la commission de celuy qui la leur a delivrée, sans produire lequel acte de commission, les bons praticiens sont d'accord que la grosse de ce commissionaire ne fait point de foy, n'étant assez qu'il mette après sa signature, qu'il est commis par Iustice par acte de tel

15. Autres.

16. Faut produire la cōmission du Cōmis à la des minutes

Q

122 Des Offices hereditaires, Liv. II.

17. Minutes des Greffes & Notai-s non royaux doivent être mises au Greffe.

jour, dont il ne peut être creu luy même : quand bien il auroit transcrit tout au long sa cõmission. Car c'est l'une des differences d'un Officier & d'un Commissaire, qu'un Officier est creu de sa qualité, & non pas un Commissaire : ce qui est fort à observer pour la matiere des contredits : & faute d'y prendre garde : il se perd souvent de bons procés.

Je conclud donc qu'il est non seulement juste, mais aussi tres-vtile, & au public, & même aux heritiers des Notaires & Greffiers, d'observer, l'Ordonnance d'Orleans, & autres anciennes Ordonnances, qui veulent que les minutes tant des Greffiers, que des Notaires decedez, soient mises és mains du moderne Greffier étant en exercice, tant afin que les parties sçachent où les trouver, & qu'on ne les puisse refuser, pour les vendre plus cher, qu'aussi afin que celuy même qui le garde, soit capable de les delivrer en forme authentique, & sur tout, afin qu'elles soient plus seurement gardées.

18. Et non celles des Notaires royaux.

Ce que je n'entens pas à l'égard des Notaires royaux, mais à leur égard de successeur en l'Office doit avoir toutes les minutes de son predecesseur, comme étant l'Office de Garde-note uny à celuy des Notaires, & ce nonobstãt toutes pactions contraires, qui à mon avis ne peuvent être faites valablement par les particuliers, au prejudice du public. Et certes il devroit être enjoint aux Procureurs du Roy, ou d'Office, d'y tenir la main, en chacune Iustice, à peine d'en répondre en leurs propres & privez noms.

16. Les Procureurs d'Offices y devroient tenir la main.

Car s'ils n'y mettent la main, jamais ces Ordonnances ne seront observées: principalement à l'égard des minutes du Greffe, qui sont de moindre profit, & plus difficiles à inventorier que celles des Notaires: & que partant le nouveau Greffier ne se souciera pas de retirer, tant à cause du hazard qu'il y a de s'encharger, que parce aussi que ny les heritiers du decedé ne les voudroient bailler par inventaire, ny le nouveau Greffier les recevoir autrement. Or il est presque impossible de faire cet inventaire, notamment à l'égard des minutes des Greffiers, qui sont souvent sont en si grand nombre & de tant de sortes, qu'elles ne valent pas le coust, ny la peine de les inventorier.

20. Moyens d'inventorier les papiers d'un Greffe.

En cette perplexité j'estimerois que le Iuge appellé pour faire cet inventaire pourroit, tirer les papiers de plus grande consequence, & de plus commun usage, & les bailler par inventaire au nouveau Greffier, & quant aux autres, les enfermer dans un coffre, qu'il feroit apporter au Greffe, & dont la clef demeureroit aux heritiers de l'ancien, qui neantmoins seroient tenus la bailler à un homme resident en la mesme ville, auquel on peust avoir recours facilement, quand il seroit besoin d'y fouiller. Et me semble que cet inventaire doit être fait aux frais communs du nouveau Greffier, & des heritiers de l'ancien, comme fait à leur profit commun, attendu que l'Ordonnance veut que les emolumens des grosses soient entr'eux partagez par moitié.

21. Minute de Notaires ne doivent être en commerce.

De ce que dessus il s'ensuit, que c'est chose du tout abusive de faire saisir, ou vendre à l'encan, ou autrement mettre en commerce les minutes des Notaires, ou des Greffiers : à cause que ce que nous appellons leur pratique, ne doit desormais consister qu'en cette moitié des emolumens des grosses, qui aprés leur Office fini, sont delivrées sur leurs minutes : la quelle pratique ainsi entenduë tombe veritablement en commerce licite, & doit être reglée par les mêmes maximes que celle des Procureurs, à sçavoir pu'elle est reputée mobiliaire tout à fait tombe en communauté, & est sujette à rapport, comme M. Choppin sur la coûde Paris tit. 1. rapporte avoir été jugé.

22. Les Consignations étoient mises en public.

Voila pour ce qui est de la garde des actes & papiers publics: & pour ce qui cõcerne la garde des deniers, ou autres biens deposés en Iustice, il sera observé, que les Atheniens étoient si soigneux des depôts judiciaires, qu'ils les metoient en leur Tresor, ou Palais public, appellé Πρυτανεῖον, pour cette cause appel-

loient les choses ainsi déposées, Πρυτανεῖα, comme Budeé nous apprend en ses cõmentaires. Et les Romains y apportoient tant de religion, que de les deposer dans leurs Temples sacrez, *leg. Acceptam. C. usuris. & l.7.§.2. D. De minor.* Ce que Titaqueau prouve par plusieurs autres passages, au traité *du Retraict conventionel, §. 4. nombr. 12.* où il prouve aussi qu'ils mettoient pareillement leurs finances, ou Tresor public appellé *ærarium*, dans le Temple de Saturne, comme en la garde de Dieu. C'est pourquoy Ciceron 1. *De leg. Sacrilegium esse dicit, non solum qui sacrum abstulit, sed etiam qui sacro commendatum* : & Varron Livre 2. *De ling. Lat.* appelle le depôt judiciaire *Sacramentum*.

23. Consignation pour quoy dite.

Donc ny les Grecs, ny les Romains ne choisissent pas les personnes, mais les lieux où ils mettoient leurs de posts publics. Aussi ne bailloient-ils pas le compte les deniers qu'ils y deposoient, mais ils les consignoient, c'est à dire, séelloient & cachoient dans des sacs: car l'obsignation que nous disons *Consignations* estoit prealable à la deposition *leg. Si creditrici, & d. leg. Acceptam. C. de usuris l. 11. C. De compensat. l. 59. §. 1. D. Mandati l.7. D. de usu. l. 1. C. Qui potio. in pign. l. vlt. D. De lege commiss.* de sorte que celuy qui retiroit par aprés les deniers deposez, ne les retiroit pas par compte, mais falloit qu'on luy representast les sacs ayans les Seaux & cachets entiers, l. 1. §. Si pecunia D. Depositi. Et bien qu'en France nous n'ayons pas retenu cette façon de faire, si en avons-nous gardé le mot, appellans le depôt judiciaire, *Consignation*; encore que plus ordinairement nous baillions nos deniers deposez par compte, qu'en sacs cachetez. Nëamoins nous observons ainsi qu'à Rome, encore à plus forte raison, qu'au depôt privé, que le depositaire ou consignataire doit toujours rendre le même corps, & les mêmes deniers : c'est pourquoy, la perte fortuite, ny la diminution interne survenant en iceux, n'est à son dommage, comme aussi l'accroissement n'est à son profit, bien que le contraire ait lieu *in muto, urb. non idem, sed tantundem reddi debet,* ainsi qu'il s'est pratiqué au dernier Edict du rehaussement des monnoyes.

24. Consignataire doit rendre le même.

Or en France on laissoit anciennement le choix du lieu de la consignation ou deposition publique aux parties pretendantes droict aux deniers consignez, pourveu qu'elles s'en accordassent. Mais d'autant qu'il arrive souvent qu'elles ne s'en peuvent accorder on a été contraint d'establir un lieu certain & necessaire, pour en cas de debat des parties, faire les consignations: & ce lieu n'a jamais été autre (auparavant l'érection des Receveurs des Consignations) que le Greffe du Iuge pardevant lequel se fait la Consignation: comme il est contenu en plusieurs Ordonnances, notamment en celle des criées article 27. qui est ce que nos coûtumes disent *consigner en Cour, ou en main de Cour, ou en Iustice,* que la loy 8. *de accusat.* dit *apud acta deponere:* & la loy 7. *in fine, D. Qui satisd. cog. dat apud Officium.* Car le Greffe est à nostre égard ce que le Droict appelle ἀρχεῖον, c'est à dire, la maison d'Office, ou Magistrature, δημόσιον οἴκημα, la maisõ publique, où doivent être gardés, non seulement les papiers, mais tous autres biens de Iustice, tant que faire se peut.

25. Consignations se faisoient anciennement au Greffe.

26. Consigner en Cour, ou en Iustice.

Donc és lieux où il n'y a point de Receveur des Consignations, comme en toutes les Terres des Seigneurs, les Consignations doivent être faite au Greffe comme en la maison publique, & non point entre les mains du Iuge, ainsi qu'il se fait encore en quelques Iustices subalternes, suivant la glose de la loy Senatusconsulto. §. vlt. in verb. *deponatur D. De Offic. Præsid.* Chose à la verité honteuse au Iuge, & dangereuse aux parties étant toûjours les Iuges de convention mal aisés, & bien souvent insolvables, au moins quant à ces Iuges de vilage, qui sont ordinairement de pauvres Praticiens assamez.

27. Consignation ne doit être faire entre les mains du Iuge.

28. Le Seigneur ré-

Mais il n'y a point de peril de mettre les Consignations au Greffe d'une Iustice Seigneuriale, moins en-

Des Gardes-Reg. & Recev des consig Ch. VI.

core que d'une Royale. Car je tiens, qu'après discussion du Greffier, le Seigneur est tenu de la Consignation, ainsi qu'il sera dit au Chapitre suivant, que le proprietaire est tenu du fait du Commis: au moins la Terre & Seigneurie en est elle tenuë par preference, comme d'une Charge de la Iustice, parce que le Seigneur doit garantir toute asseurance en sa Iustice, & qu'aucun n'y soit trompé, *ne inde fiat injuria, unde jus promanare debet.*

Pareillement je dy que c'est une vraye dependance de l'Office de Greffier, de garder les Consignations, quand il n'y a point de Receveur particulier, & non pas une commission extraordinaire, & hors de sa Charge. Car c'est la verité que l'Office de Greffier a deux parties, l'une d'expedier les actes de Iustice, dont j'ay traité au precedent Chapitre, l'autre dont je traite icy, de garder, non seulement les actes publics, mais aussi tout ce qui a accoustumé d'estre gardé au Greffe, comme en la maison publique. Qui est ce que dit Cassiodore, *Scriba Officium securitas solis esse cunctorum, quoniam jus omnium ejus solicitudine custoditur.* Et puis aprés, *Armarium ipsius fortuna cunctorum est : & merito refugium omnium dicitur, ubi universorum securitas invenitur.*

D'où j'infere que l'Office du Greffe est affecté aux Consignations, par preference à toutes autres debtes & hypotheques Et de fait en la Preface de l'Edict de l'an 1580. par lequel les Greffes furent faits hereditaires, il est porté que c'est afin que les Consignations & autres choses, que les Greffiers ont en garde, soient plus asseurées par le moyen de cette heredité.

Encore que j'ay oüy dire le contraire avoir esté jugé à l'égard des Offices de Commissaires du Chastelet de Paris, & des Huissiers du Parlement, parce qu'à la verité les Consignations, ou depoſts judiciaires ne dependent pas naturellement & necessairement de leurs charges, comme de celles des Greffiers, mais à leur égard ce sont plutost commissions particulieres & extraordinaires.

Neanmoins, parce qu'un Greffier n'est pas un Officier comptable, dont la principale charge soit de garder le bien d'autruy, & qui à sa reception *solennem indemnitatem publicè repromittere, vel tacitè vel expressè,* je n'estime pas qu'il y ait hypoteque tacite sur les autres biens du jour de sa reception, pour les consignations, comme de ce jour les biens des Officiers comptables, & leurs cautions sont hypotequez à tout le maniement que fera desormais le comptable en son office, fut ce trente ans aprés, ainsi que les biens d'un tuteur, ou curateur sont tacitement obligez, du jour de son élection, à tout le maniement qu'il fait par aprés en consequence d'icelle : mais j'estime que le Greffier contracte hypotheque en ses autres biens du jour de chaque consignation seulement.

Mesme, encore que par l'Ordonnance, les Sergens, lors de leur reception, soient tenus bailler caution, pour l'asseurance des parties qui ont affaire à eux, si est-ce qu'on ne tient pas en pratique, que ceux qui ont baillé leurs obligations aux Sergens, ayent hypotheque sur leurs biens du jour de leur reception, mais seulement du jour qu'ils sont declarez debiteurs : il est vray que leur caution en est obligée du jour de l'appellement, jusques à la concurrence de la somme portée par iceluy.

Et pour revenir aux Greffiers, c'est ainsi à mon advis qu'il faut entendre l'Ordonnance de l'an 1548. article 34. & celle de l'an 1535. Chapitre 18. art. 6. qui portent que les Greffiers seront seulement tenus des Consignations, comme simples depositaires de la garde des biens consignez & deposez, c'est à dire, à mon advis, non pas comme Officiers comptables, & partant qu'il n'y a hypotheque sur leurs biens, sinon du jour de chacune consignation, & non du jour de la reception en leurs Offices. Mais non pas qu'ils n'en soient tenus pas corps & sans esperance de cession, ce qui est general & indubitable en tous depositaires

Du Droit des Offices.

de Iustice, & que plusieurs estiment de voir estre pratiqué aux simples depositaires, parce que l'interversion du depost est un larcin. Que si la contrainte par corps n'avoit lieu contre les Greffiers, il seroit bien mal-aisé d'avoir raison d'eux, & seroit bailler la brebis à garder au loup, Bien que l'asseurance doive estre parfaite, & l'exaction toute prompte, en ce qui est deposé au temple de Iustice.

Mais quant aux Receveurs des Consignations en titre d'Office, & semblablement leurs cautions, je ne fay point de doute qu'ils ne contractent hypotheque dés le jour de leur reception, pour toutes les consignations qu'ils recevront par aprés en quelque temps que ce soit, ainsi que les tuteurs & tous Officiers comptables, pour le reliqua de leurs comptes : parce que c'est leur principale Charge aux uns & autres, de manier le bien d'autruy par authorité publique, d'où il s'ensuit qu'il faut bien prendre garde, en contracte avec telles gens, qui ne sont jamais exempts de debtes privilegiées, quoy que ce soit ayant hypotheque du jour de leur reception, dont on ne peut sçavoir la quantité mais qui peuvent naistre journellement, tant que leur Charge dure.

Presque tous Consignataires & Depositaires de biens de Iustice sont tenus par corps, & sans cession: les Receveurs des Consignations contractent hypotheque dés le jour de leur reception sur tous leurs biens : les Greffiers ne la contractent que du jour de chacune Consignation sur leurs autres biens : mais leur Office est affecté par privilege à toutes Consignations : ce qui n'est pas és Offices d'Huissiers des Cours Souveraines, ou des Commissaires du Chastelet, non plus qu'en celuy des Iuges, qui auroient receu les Consignations.

Or quand je dy que les biens deposez en Iustice doivent estre mis au Greffe, j'entens seulement de ceux qui sont deposez en Iustice par l'Ordonnance du Iuge, & non pas des gages de Iustice, que les Sergens prennent par execution: attendu qu'il n'y a que le Iuge, qui puisse commander à son Greffier, & le charger des deposts de Iustice.

Neanmoins c'est la verité qu'il seroit expedient que les biens pris par execution, fussent apportez au Greffe, ainsi que les autres deposts de Iustice, plûtost que d'en establir gardiens & depositaires de pauvres Laboureurs ou artisans : qui est sans doute une mauvaise pratique que nous avons en France, de contraindre les menus gens, & les plus innocens, à garder les biens des plus puissans & des plus méchans : & qu'il faille que les plus occupez à gagner leur vie soient employez à garder les biens des banqueroutiers : Bref, que ceux qui apprehendent le plus, & entendent le moins les affaires & les procez, soient contraints à plaider pour les affaires d'autruy, & contre les plus grands plaideurs. Ce qui est cause de décourager, débaucher, mesme souvent de ruiner les meilleurs ménagers du menu peuple, dont les plus accorts s'exemptent en corrompant les Sergens, & leur baillant force argent afin de les renvoyer chez leurs voisins, de sorte qu'un Sergent porteur d'une commission ruineuse, banquetera l'un aprés l'autre tous les bons Laboureurs d'un païs, & tous les bons Marchands & Artisans d'une ville.

Aussi y a t'il long temps, qu'on dit qu'il y a Edict arresté pour eriger en titre d'Office des Commissaires & Gardiens de biens; qui sera à mon advis un bon Edict, pourveu que le fisque n'y prenne rien, ou peu : autrement ce seroit chose & dangereuse & honteuse, qu'il profitât de la misere des plus miserables, & qu'il prist part au bien de ceux qui n'en ayant pas assez pour s'acquiter, sont au-delà du pain, comme on dit communément.

Mais cela cessant, cet Edict épargneroit la ruine des meilleurs ménagers du menu peuple, & les concussions ordinaires des Sergens. Et d'ailleurs, quand un seul homme auroit toutes les commissions d'un pays,

Q ij

il luy seroit de moindre coust d'expedier les uns parmy les autres: joint que la qualité d'Officier du Roy, & l'habitude ordinaire qu'il auroit au fait de sa Charge, la rendroient facile. Toutefois il me semble qu'il seroit expedient que ces Offices fussent hereditaires, ainsi que les Greffes & les Receptes des Consignations, tant afin que l'Office, outre les cautions, serviſt de senteré envers les parties, que parce qu'il seroit necessaire que celuy qui seroit cette Charge eust un grand logis, pour retirer les biens saisis : logis qui seroit comme la maison de Justice, & partant comme ce logis seroit hereditaire, aussi seroit il à propos que l'Office le fust.

43. Faudroit qu'ils fussent hereditaires.

Or ce qui vient d'estre touché en passant de la pratique des Procureurs, nous met en train de parler des bancs qu'ils ont dans le Palais de Paris, qui semblent se rapporter directement à ceux du Palais de Cōstantinople, dont est parlé en la Novelle 44. où ils sont apellez βαθμοὶ, en Latin *stationes*, desquels stations M. Brisson a fait un Chapitre en ses Antiquitez de droict Civil. Il me semble avoir leu en quelque endroit, & je pense que c'est dans Curopalates, qu'elles furent enfin baillées aux particuliers, à droict de superficie, qui est presque cōme on baille à Paris les bācs des Eglises.

44. Des bancs des Procureurs.

45. Stationes.

De ces bancs, ou loges du Palais de Constantinople, il est encore fait mention en la Novelle 82, Chapitre 13. où il est dit que les Juges Pedanées demeureront assis & arrestez depuis le matin jusqu'au soir dans le Palais, ou dans la gallerie du Palais, és loges où ils ont accoustumez de juger : & Agathias, Livre 3. dit qu'il s'arrestoit depuis le matin jusqu'au soir en la gallerie du Palais, pour expedier les affaires des particuliers.

46. Bancs du Palais de Constantinople.

Or dans le Palais de Paris, il y a des loges ou boutiques, à aussi des bancs, dont le droit est different : les loges ou boutiques sont occupées par les Merciers, ou autres Marchands, ausquels elles sont louées à longues années, & vendues à faculté de rachat, au profit du Roy, & il est parlé d'icelles au 148. article de la Coustume de Paris, & sont proprement ce que les Romains appellent *superficies*, de quib. in tit. De superficiebus, qu'ils appelloient aussi *jus embatenticum*, de quo in l. 3. §. Si jus. D. De rebus eorum, &c. au moins selon la plus probable opinion. Car Alciat, lib. Pareg. cap. 36. luy donne une autre interpretation.

47. Des loges du Palais de Paris.

Mais quant aux bancs, ils sont occupez par les Procureurs du Parlement, & deux d'iceux par les Notaires du Chastelet; & leur sont conferez en la mesme sorte que les Offices, par le Bailly du Palais, qu'anciennement on appelloit le Concierge d'iceluy; de sorte que le premier Juge du Baillage estoit appellé Bailly, & maintenant on l'appelle Lieutenant General du Baillage du Palais. Et pour monstrer que le Bailly du Palais confere ces bancs en forme d'Office, c'est qu'il y a Ordonnance de l'an 1564. donnée à Roussillon, le 9. Aoust, par laquelle *il est astraint d'admettre, aprés la requisition qui luy sera faite, les resignations des places & bancs du Palais faites par personnes saines & non malades, & en expedier lettres sans adjection de la clause de quarante joursde laquelle neanmoins il pourra charger ceux qui auront procuratiō des resignās malader* En verifiant laquelle ordonnance, le Parlement y adjousta cette modification, *A la charge qu'il les expedie sous l'autorité du Roy, & nō de sa propre persōne.*

48. Bancs du Palais.

49. Bailly du Palais les confere.

D'où il s'ensuit, que ces bancs vaquent par mort, & par resignation, comme Offices non hereditaires : & par cōsequent, il y a grande apparence qu'ils vaquent aussi par forfaiture, ainsi que cette Novelle 44. decide que les stations des Tabellions se perdoient par la faute du Tabellion, qui en estoit Seigneur : mais elle dit, que si le Tabellion qui avoit delinqué, n'estoit pas Seigneur de la station, le Seigneur d'icelle ne la perdra point par la faute d'iceluy. D'où il s'ensuit pareillement, que le banc du Procureur tombe seulement en forfaiture par la faute de celuy auquel il a esté conferé, & non de celuy qui l'occupe par sa permission, ou qui le tient de luy à loyer. Et quant au surplus du droit de ces bancs, il y faut garder les resolutions, non pas des Offices hereditaires, mais des simples Offices venaux.

50. Vaquent ainsi que les purs Offices.

CHAPITRE VII.

Du Droit des Offices Domaniaux.

1. *Distinction des deux qualitez de ces Offices.*
2. *Peuvent estre exercez par un fermier.*
3. *Acquereur du Greffe n'est Greffier, s'il n'y est receu.*
4. *Greffe possedé par femmes & par mineurs.*
5. *Fermier du Greffe, quand se peut qualifier Greffier.*
6. *L'exercice des Offices domaniaux est separable de la proprieté.*
7. *Greffes des Cours Souveraines ne sont exercez par Commis ou Fermier.*
8. *Excellence de ces Greffiers.*
9. *Clef & secret de cette matiere.*
10. *Lettres de provision non necessaires en ces Offices.*
11. *Officiers qui n'ont point de lettres.*
12. *Reception est necessaire à celuy qui les exerce.*
13. *Si le proprietaire du Greffe est tenu de la faute de son fermier.*
14. *Qu'il n'en est tenu.*
15. *Explication d'une Ordonnance.*
16. *Resolution.*
17. *Mais l'Office en est tenu.*
18. *Qu'il n'échet aucune vacation en ces Offices.*
19. *N'en faut rien payer pour la resignation.*
20. *Ne se perdent par forfaiture.*
21. *Si la confiscation en peut appartenir à un Seigneur.*
22. *Que non.*
23. *Si elle peut apartenir au Seigneur du domaine aliené.*
24. *Ne vaquent par les trois vacations irregulieres.*
25. *Ny par la suppression.*
26. *Se perdent seulement par le remboursement.*
27. *Ne sont revendus qu'en deux cas.*
28. *En vertu d'Edict.*
29. *Ou par tiercement.*
30. *Forme de cette revente.*
31. *Comment se paye l'enchere.*
32. *Cela n'a lieu aux Greffes des Seigneurs.*
33. *Pourveu que le Seigneur ait la libre administration de son bien.*
34. *Antrement faut faire la revente au rabais des droicts, ou gages.*
35. *Ces Offices sont meubles ou immeubles.*
36. *Si l'hypotheque y a lieu.*
37. *Semble que non.*
38. *Distinction d'aucuns.*
39. *Resolution que si.*
40. *Preuve.*
41. *Réponse aux raisons contraires.*
42. *De mesme.*
43. *Autre preuve.*
44. *Provision du resignataire n'empesche la suite d'hypotheque.*
45. *Conclusion.*
46. *Cautele pour acheter seurement ces Offices.*
47. *De mesme.*
48. *Du decret de ces Offices.*
49. *De la distribution des deniers.*
50. *Si l'hypotheque demeure quand la revente est faite à l'ancien acquereur.*
51. *Que si.*
52. *Cautele pour acheter seurement un Office domanial.*
53. *Quid, en matiere de succession.*
54. *Quid, en la communauté.*
55. *De la communauté à l'égard de ces Offices.*

Du Droit des Offices Domaniaux, Ch. VII.

56. De même.
57. De celuy qui est aquis pendant la communauté.
58. Si ces Offices entrent en douaire.
59. Si estant rachetez, douaire a lieu sur le prix.
60. Resolution.
61. Si le Retraict lignager y a lieu.
62. Nonés Coûtumes qui ne l'admettet qu'aux heritages.
63. Mais bien és Coûtumes qui l'admettent és immeubles.
64. De la succession & rapport de ces Offices.

1. Distinctiō des qualitez de ces Offices.

Souvenons nous de ce qui a été dit au Chapitre troisiéme, & qui certes est la clef de cette matiere, que les Office domaniaux ont deux qualitez, sçavoir est d'estre Offices, & d'estre domaine alienè, mesme ce sont deux parties tellemēt dissemblables, que non seulement elles peuvent être distinguées par l'intellect, mais aussi être separées réellement l'une de l'autre, & resider en diverses personnes sans inconvenient.

2. Peuvent être exercez par un fermier.

Car il est certain que le proprietaire d'un Greffier en peut laisser l'exercice entier, soit à un fermier, ou autre qu'il y commettra gratuitement: auquel en ce cas, l'Office, comme Office, residera entierement: aussi faut-il pour cet effet qu'il soit receu, & fasse solemnellement le serment en Justice, aprés information de vie & mœurs, ainsi que tout Officier doit faire: laquelle reception est ce qui fait l'Officier, & non pas la provision de l'Office. Bref, ce fermier a, & doit avoir toutes les qualitez d'un vray Officier. Et de fait, du temps que les Greffes du Roy etoient baillez à ferme au profit de sa Majesté, il n'y avoit autre Greffier que le fermier du Greffe, & on ne doutoit point qu'il ne fust vrai Officier: ce qui a encore lieu és Greffes des Seigneurs, qui ordinairement les baillent à ferme.

3. Aquereur de Greffe n'est Greffier s'il n'y est receu.

Et quant à l'acquereur du Greffe qui l'a baillé à ferme, on ne peut dire qu'il soit Officier, s'il ne s'est fait recevoir en Justice. Quoy qu'il en soit, ayant laissé à son fermier l'exercice entier du Greffe, ce n'est pas luy qui est le vray Greffier, mais il est seulement le Seigneur du Greffe, tout ainsi qu'auparavant estoit le Roy, au droict duquel cet acquereur est subrogé, & tout ainsi que l'acquereur d'un domaine solide.

4. Greffe possedé par femes, & par mineurs.

C'est pourquoy il se pratique notoirement, qu'une femme, un mineur, même plusieurs femmes, ou plusieurs mineurs ensemble sont capables d'acquerir & posseder un Greffe, ainsi qu'un heritage. Ce qui ne seroit pas, si en l'Office domanial, la qualité d'Office étoit inseparable de celle de domaine. Estant certain, que ny une femme, ny un mineur, ny plusieurs personnes ensemble ne peuvent pas posseder un vray Office. Aussi voyons-nous maintenant qu'il y a des Seigneurs, & bien autres personnes de qualité, qui possedent des Greffes, lesquels pour rien ne voudroient être qualifiez Greffiers, ny faire l'Office de Greffier.

5. Premier du Greffe, qu'il se peut qualifier Greffier.

Il est vray que bien souvent ces deux qualitez de Greffier, & de Seigneur du Greffe sont en une même personne: côme quand l'acquereur d'un Greffe, s'étant fait recevoir à iceluy, en fait luy même l'exercice. Que si par aprés il luy vient en fantaisie de bailler son Greffe à ferme, le fermier, bien que receu en Justice (ce qui est toûjours necessaire) & partant vray Officier, ne se doit pas qualifier Greffier simplement & sans queuë, parce que être tel est en celuy qui est proprietaire du Greffe, lequel, bien qu'il n'en fasse pour lors l'exercice, en a neanmoins les honneurs, quand il y a été receu comme Officier, & s'appelle en ce cas, *Greffier Chef*: & quant au fermier, il se doit qualifier Commis au Greffe, ou Greffier Commis, ou exerçant le Greffe: mais quand le proprietaire n'a pas la qualité d'Officier, j'estime que le fermier se peut qualifier Greffier simplement, d'autant qu'un autre que luy n'a cette qualité.

6. L'exercice des Offices domaniaux est separable de la proprieté.

Voila donc la premiere particularité des Offic. domaniaux, qui est celle dont dépendent toutes les autres, qu'au lieu que les simples Offices soit tellement inherens aux personnes des Officiers, que regulierement l'exercice d'iceux n'en peut être conis en tout, ny en partie, comme il a été amplement traité au 5. Chapitre du 1. Livre: tout au contraire és Offices domaniaux, l'exercice est separable de la proprieté, comme il est precisément contenu en cet ancien Arrest, touchant le Greffe de la Prevosté de Caën, de l'an 1254. raporté tout au long cy-devant au Chapitre 3. qui à la fin contient ces mots. *Iudicatum fuit, quod mulier non debeat repelli, & quod Officium facere poterit per interpositam personam.*

7. Greffes des Cours Souveraines ne sont exercez par Commis ou Fermier.

Il n'y a que les Greffes des Cours Souveraines exceptez, desquels l'exercice ne peut être separé de l'Office, & esquels il faut que le proprietaire se fasse recevoir luy même, & qu'il y exerce sa Charge en propre personne. A quoy les Cours Souveraines ont toûjours tenu bon, ne voulant être servies par des Commis: & de fait, ce n'est pas chose nouvelle d'y apporter plus de ceremonies qu'aux autres. Car pendant que tout le temps que les autres Greffes de France ont été baillez à ferme, ceux du Parlement ont toûjours été en Office, comme prouve Choppin sur la Coûtume de Paris, Livre 2. Chapitre 6. nombr. 11. & sans doute, que si l'Edict de l'heredité des Greffes eust été verifiée au Parlement hors la presence du Roy, le Parlemēt en eût excepté les Greffes des Cours Souveraines, ou du moins y eust exprimé cette modification, qu'ils ne pourroient être possedez que par persone capable, qui seroit tenuë les exercer soy-même, à cause de l'excellence de leur Charge, ayant l'hôneur d'estre du Corps de la Cour, & en cette qualité de porter la robe rouge, & d'avoir indult: ce qui

8. Excellence de ces Greffes.

ne peut être communiqué à des Fermiers & Commis mercenaires: & aussi pour l'importance de leur Charge, *cui tricennia concessa est saculorum, ut acta Senatus sua reddant integritate polianda*, dit Cassiodore, Livre 5. Epître 21. parlant du Greffier du Senat. Même à Rome, le Greffier du Senat étoit Senateur, comme prouve Lipse sur le 5. des Annales de Tacite; aux passages duquel il s'en peut ajoûter un autre de Ciceron, *pro Sylla*, qu'ils seroient tenus de le exercer soy-même. C'est pourquoy par Arrest donné au Conseil Privé, le 23. Octobre 1582. au profit de Jean de Nolet, Greffier du Parlement de Tolose, les Greffes des Cours Souveraines furent jugez exempts de la revente: mais depuis, à l'instance du partisan, ils y furent declarés sujets, ainsi que les autres, par Arrest du 4. Juillet 1581. rapporté par Choppin au même endroit.

9. Clef & secret de cette matiere.

Donc pour comprendre sommairement la nature des Offices domaniaux, il n'y a qu'à bien distinguer ces deux qualitez, & discerner en iceux ce qui concerne particulierement l'exercice, d'avec ce qui touche leur domaine & proprieté: & tenir perpetuellement cette regle, que ce qui concerne l'exercice de l'Office domanial, plustost que la Seigneurie d'iceluy, doit suivre la regle des Offices: & au contraire, ce qui concerne le commerce, ou la Seigneurie plustost que l'exercice, doit être reglé comme l'autre domaine alienè. Regle qui est tellement certaine, que qui la sçaura bien mettre en pratique, s'expediera par le moyen d'icelle, de toutes les difficultés qui se peuvēt rencontrer en ces Offices: mais d'autāt qu'il est quelquefois mal-aisé en pratique, de discerner ces questions qui s'offrent dépendent de l'exercice, ou de la Seigneurie, il ne sera point inutile de parcourir les principales questions qui peuvēt écheoir en ces Offic.

10. Lettre de provision non necessaires en cet Office.

Premierement, pour ce qui est des lettres de provision, puis qu'ainsi est qu'elles concernent proprement la Seigneurie de l'Office, comme il a été prouvé au 3. Chapitre du premier Livre, je dy qu'elles ne sont point necessaires en un Office domanial, ny à l'égard de l'acquereur d'iceluy, tout ainsi qu'il ne faut point de provision, pour joüir d'un autre domaine alienè, mais le titre de son acquisition luy sufit; ny pareillement à l'égard du Fermier, ou Commis, parce qu'il n'a aucune Seigneurie en l'Office. Aussi ne se baille-t'il d'ordinaire aucunes lettres de provision, ny aux Officiers à bref temps, comme aux Eschevins des villes: ny à ceux qui sont destituables, comme à ceux qui tiennent les places de domestiques du Prince, tous lesquels ne sont pas vrayement Seigneurs de leurs Offices. Donc le Fermier de l'Office domanial en joüyr en vertu de son bail, le second acquereur en vertu du titre du premier, & de l'achat qu'il en a fait de luy. Et ce qu'on observe, que le premier acquereur en prend lettres de provisiō du Roy, est plus confirmation de son adjudication (ainsi que bien souvent les acquereurs du domaine solide prennent lettres du Roy, confirmatives de la vente à eux faite par les Commissaires) que pour provision d'Office, ou pu'elles soient du tout nessaires.

11. Offices qui n'ont point de lettres.

Mais quant à la reception, qui concerne directement l'exercice, & non la Seigneurie de l'Office, elle est toûjours necessaire à celuy qui veut exercer l'Office domanial, soit qu'il en soit proprietaire, ou simple Commissaire: parce que sans icelle on ne peut pas à voir la qualité d'Officier, ny la puissance publique: au contraire, elle n'est point necessaire au proprietaire qui ne veut pas exercer en personne son Office.

12. Reception est nessaire, à celuy qui les exerce.

Pour ce qui est de l'exercice de l'Office domanial, il s'y rencontre une difficulté notable: car comme ainsi soit qu'il peut être fait par un Commis ou fermier, ou demāde si le proprietaire est tenu de la faute d'icelui, du moins civilement. D'un costé le Droict Romain nous apprend, que *Dominus tenetur de culpa institoris, Procuratoris & domesticorum*, & particulierement pour ce qui regarde directement les Offices, il n'y a nul doute qu'un Greffier ne soit tenu civilement de la faute de son Clerc; & encore non seulement du Clerc qui n'a point de serment à Justice, mais même du commis ayant serment à Justice: comme il est dit expressement en l'Ordonnance de Loüys XII de l'an 1498, art 69. & 70. On voit aussi que les Seigneurs sont condamnez à l'amende pour le mal-jugé de leurs Juges, même qu'anciennement ils estoient entierement tenus de leur faute, sans qu'ils les pussent desavouer.

13. Si le proprietaire du Greffe est tenu de la faute de son Fermier.

J'estime neanmoins qu'il y a bien de la difference entre un facteur un Procureur, un domestique, un Clerc, qui sont toutes personnes privées dont la faute doit être reparée par celuy qui les met en besogne, & un Officier, qui est reçû & preferé en Justice pour être admis s'il est capable, & refusé s'il est incapable, & qui étant reçû solemnellement c'est à dire, jugé capable, son exercice, sa publie, ne doit être garanti par autre que par luy-même. A quoy ne nuit pas l'Ordonnāce de Loüy XII qui étant faite auparavant que les Greffes fussent hereditaires, parle des Clercs ou Commis, qui sont sous les Greffiers, afin que pendant leurs juste absence, maladie, ou autre legitime empeschement, ils ex editions de la Justice ne demeurāt, lesquels partant ne sont pas l'exercice entier des Greffes & ne sont pas Officier, ny Greffiers, mais simples Commis. Aussi n'est-il point besoin qu'ils soient receus solemnellement, en Justice, après information de vie & mœurs; mais seulement cette Ordonnance dit qu'ils auront serment à Justice, qui n'est qu'un simple serment, qui les obligera en conscience à bien faire, mais non pas pour leur donner l'ordre & caractere d'Officier, qui n'est attribué que par une reception solemnelle; & quant à ce que les Seigneurs payent l'amende du mal jugé de leurs Juges, c'est un ancien abus qui a été refuté au dernier Chapitre du premier Livre, & le sera encore au dernier Livre.

14. Qu'il n'en est tenu

15. Explication d'une Ordonnance.

Je conclus donc, que le proprietaire d'un Greffe n'est point tenu personnellement de la faute de son fermier, auquel il en laisse l'entier exercice, & qui pour cet effet a été receu solemnellement en Justice, après information de vie & mœurs; mais le proprietaire est tenu civilement de la faute du Clerc, ou simple Commis, qui exerce avec luy, sous luy, sans avoir été reçû solemnellement, bien qu'il ait fait serment

16. Resolution.

en Justice sans information precedente: en quoi toutefois il y a une exceptiō, à sçavoir aux Offices comptables, comme Receveurs des Consignations, ou des Decimes, s'il n'y avoit autre qui eust baillé caution que le proprietaire, il s'ensuivroit qu'en consequence de l'indemnité promise au public, il seroit toûjours tenu de la restitution des deniers de sa Charge receus par son Commis.

Mais il faut tenir indistinctement, qu'en tous Offices domaniaux, & autres, l'Office doit repondre des dommages & interets des particuliers, procedans de la faute ou malversation du Commis, ou fermier. Car quand ce fermier ne pusse hypothequer l'Office, ce neanmoins, puis qu'il a fait, faute par le moyen de l'Office, il faut que l'Office en réponde: qui est la même raison pour laquelle on juge communement les Offices tenus de ces dommages & interets, par privilege & preference aux autres creanciers. Aussi il se void par l'Edict de l'heredité des Greffes, que le principal sujet d'icelui a été, afin que par le moyen de cette heredité, le peuple sust asseuré de ce qui dependoit de l'Office.

17. Mais l'Office en est tenu.

Quāt à la vacance des Offices domaniaux, il est aisé à entendre, qu'il n'y en peut eschoir aucune, parce qu'être vacant, c'est n'avoir point de Maistre, ce qui ne peut être qu'à l'égard des simples Offices; mais ceux cy consistent en un droict domanial, qui n'est jamais sans Maistre. Premierement, ils ne vaquent point par la mort de l'acquereur; mais passent à ses heritiers, parce que telle est la condition de l'alienation. Pareillemēt, les Offices domaniaux ne vaquent point par resignation, comme les simples Offices qu'il faut quitter & remettre au collateur; pour par son moyen le faire passer en la puissance du resignataire, parce que le proprietaire d'un Office domanial peut directement, & de son propre droict, le transferer à un autre par toute sorte de Cōtract, sans qu'il soit besoin de le faire passer par les mains du collateur, ny que sa grace ou permission soit necessaire, non plus que pour la vente d'un bien patrimonial.

18. Qu'il n'échet aucune vacation en ces Offices.

D'où il s'ensuit qu'il ne faut point payer de finance au Roy pour telle alienation: car ce qu'on en paye pour la resignation d'un simple Office est pour la dispence ou permission de resigner, c'est à dire, de transferer l'usufruit de l'Office à un autres; aussi parce que telle est la loy imposée aux purs Offices Royaux du temps de nos peres, laquelle loy n'a été imposée aux Offices domaniaux. Même il n'est deub au Roy, ny rachat, ny lods & ventes pour la revente d'un Office domanial, parce que, alienation que le Roy en a faite, à faculté de rachat, est une espece de Contract, & qui n'importe ny rachats, ny ventes, comme font le fief & le cens de leur propre nature: que si le Roy eust voulu avoir tels droicts aux mutations de ces Offices Domaniaux, il les devoit aliener à cette charge expresse, ce qu'il n'a pas fait.

19. N'en faut rien payer pour la resignation.

Pareillement, ils ne vaquent point par forfaiture, mais se perdent seulement par confiscation, comme les biens patrimoniaux. Il est bien vray que le proprietaire, & le fermier peuvent pour le delict être privez & declarez incapables de l'exercice d'iceux, mais non pas de la proprieté: de sorte que pourtant l'Office ne vaque pas pour forfaiture: si ce n'est que par la Sentence, pour la grieveté du delict commis en l'Office, le proprietaire fust expressement privé de son Office: comme au cas de la Novelle 4, il est dit, que si le Tabellion *est etiam Dominus stationis, omnis jure privatur*. Or pour induire cette privation, j'estime que ce ne seroit pas assez que la Sentence declarāst le proprietaire d'un Greffe, ou Tabellionné, incapable de tenir & posseder Offices Royaux, parce que cela ne se devroit être referé qu'à l'exercice, & non à la proprieté du domaine alié.

20. Ne se perdent par forfaiture.

Supposé donc que les Offices domaniaux ne sont sujets à forfaiture, mais à confiscation seulement, c'est

21. Si la confiscation en

Du Droict des Offices Domaniaux, Ch. VII. 127

peut appartenir à un Seigneur.

une grande question, lors que le proprietaire d'un Office domanial, situé dans le territoire d'un haut Iusticier, comme par exemple, le Greffier d'une eslection establie dans la ville d'un Seigneur, tombe en confiscation de tous ses biens, & la confiscation de ce Greffe doit appartenir à ce Seigneur, ou bien au Roy: Car d'une part, aucuns tiennent que même en plus forts termes la confiscation des fiefs mouvans du Roy, situez dans le territoire des Seigneurs hauts Iusticiers (ce qui peut arriver, parce que fief & Iustice n'ont rien de commun) leur appartient, & non au Roy, d'autant que la confiscation soit la Iustice ordinaire du territoire, comme il a esté dit au douziéme Chapitre du Livre *De Seigneuries*.

22. Que non

Toutefois, le contraire est veritable par cette même raison, que la confiscation suit la Iustice, c'est à dire, appartient au Seigneur qui a la Iustice & Seigneurie publique sur la chose confisquée: or est-il qu'un Seigneur subalterne n'a jamais la Iustice, ou Seigneurie publique sur un Office Royal, ny sur un droict du domaine du Roy, lequel étant inalienable, & aussi n'étant alienné qu'à faculté de rachat, demeure toûjours Royal, & partant sujet à la seule Iustice du Roi, & par consequent, confiscable vers luy seulement.

23. Si elle peut appartenir au Seigneur du domaine alien é.

Neantmoins la difficulté demeure quand un Duché ou Comté du domaine est alienée à faculté de rachat avec la Iustice Royale d'iceluy: attendu qu'en telles alienations on ne separe point à present les cas Royaux d'avec ceux de l'ordinaire, mais la Iustice demeurant Royale, & s'exerçant, ou sous le nom du Roy seul, ou sous le nom du Roy & de l'acquereur conjointement selon les diversitez des alienations: tant y a que toutes les côfiscations mêmes encouruës pour les cas Royaux, appartiennent indistinctement à l'acquereur du domaine, fors seulement au cas de leze Majesté au premier & second chef, pour une raison particuliere, à sçavoir que cette confiscation est comme une espece de felonnie, qui à cet effet d'operer une reünion des biens confisquez au Domaine de la Couronne : mais hors ce cas j'estime, sauf meilleur avis, que le Greffier étant condamné à mort, son Greffe appartient à l'acquereur de la Iustice domaniale, & ne revient pas au Roy, attendu que la confiscation, és autres cas que de leze Majesté n'opere pas une reünion de la Seigneurie vtile à la directe, mais est un fruict & un emolument de la Iustice, comme il a été dit au penultieme Chapitre du premier Livre.

24. Ne vaquent par les trois vacations irregulieres.

Pareillement les Offices domaniaux ne vaquent point par les trois vacations irregulieres, comme en premier lieu par defaut d'exercer, d'autant que ces Offices étans propres pour être exercez par Commis, si le proprietaire est en demeure de les exercer, ou s'il y presenter un Commis, le Iuge ordinaire y en peut mettre. Aussi n'estime-je pas que la prescription des cinq ans, suivant l'Ordonnance de l'an 1446. ait lieu en ces Offices, mais parce que la prescription regarde directement la Seigneurie, je tiens asseurement qu'ils ne se prescrivent sinon par même temps que les heritages. Quant à l'incompatibilité, elle ne regarde que l'exercice, & non pas la Seigneurie de l'Office domanial, laquelle partant ne peut être perduë, puisque cet exercice peut être separé de la Seigneurie.

25. Ny par la suppression.

Et finalemét quât à la suppressiô, elle ne peut écheoir aux Offices domaniaux, dont le Roy a alienié la proprieté, da sorte que ce seroit faire perdre le bié d'autruy, que de les supprimer, sans les avoir prealablemét rachetez. Même, bien qu'és autres Offices on tolere, en memoire de ce qu'ils ne se vendoient point anciennement, que le Roy sous certains pretextes du bien public, en diminué la fonction, ou en augmente le nombre: si est-ce que cela ne se fait point és Offices domaniaux: parce qu'outre qu'on le trouve déja trop rude aux simples Offices, depuis qu'on a pris coûtume de les vendre au plus offrant: il y a encore deux raisons particulieres aux Offices domaniaux, l'une que le Roy les peut racheter quand bon luy semble, ce qui luy est un chemin ouvert, quand il y veut faire quelque mutation: l'autre, que par la vente d'iceux le Roy s'en est expropriéjusques au rachat, & partant jusques alors, il n'en retient aucune seigneurie privée, pour en disposer au préjudice de l'acheteur, qu'il y a fait proprietaire, & qu'il a subrogé en son lieu & droict. Il s'en suit donc, que hors le cas de confiscation, l'Office domanial ne se perd que par le remboursement actuel, ainsi que la rente constituée. Encore n'est ce pas tout à fait de même : car la rente constituée est du tout éteinte & amortie par le rachat, au lieu que l'Office demeurant en son entier, ne fait que changer de maître. Car le remboursement ne se fait gueres, & malaisément sera-t'il jamais fait, pour les reünir actuellement au Domaine du Roy, mais il se fait pour les revendre plus cher.

Toutefois il faut remarquer, que parce qu'il est bien seant que les contracts du Roy soient constans, & de durée, aussi qu'il seroit incômode au public que ces Offices changeassent de jour en jour, ils ne sont pas revendus legerement, & sur une petite anchere, Mais en effect ils ne sont revendus qu'en deux cas ou par une revente generale, qui se fait en vertu d'Edict, quand le Roy y attribué quelque nouveau droict, & lors en consequence de cette accession, il les faut tous revendre.

Ou bien ils sont revendus en particuliers, & sans nouvel Edict, mais en consequence de l'ancien reglement du Domaine alienié, qui est, que quand il se trouve tiercement, c'est à dire une enchere du tiers du prix, mise sur quelque Office, ou sur quelque peinë du Domaine alienié, alors cette anchere étant faite au Greffe des Tresoriers de France, & signifiée au proprietaire, avec assignation pour voir sur icelle proceder à la revente, même ayant été affichée pendant quinze jours, tant aux principaux endroits de ville, où se fait le principal exercice de l'Office, qu'à la porte du bureau des Tresoriers de France, contenant en outre icelle affiche, le jour qu'il sera procedé à la revente & adjudication: à ce jour il doit être procedé à huis ouvert, à une nouvelle adjudication de l'Office tiercé, au plus offrant & dernier encherisseur, si aucû se trouve qui le veuille encore encherir par dessus le tiercement: & cette adjudication est faite à la charge de rembourser l'ancié proprietaire du prix de son adjudication, frais & loyaux coults, & du sol pour livre de la sur enchere pour les frais de la reveste: & le surplus d'icelle, venant au profit du Roi, se payent maintenant les deux tiers en argent comptant, & l'autre tiers en rentes sur l'hostel de ville de Paris: desquelles tant le principal que les arrerages à proportion, sont pris en payement comme argent comptant, demeurant à ce moyen la rente amortie au profit du Roy.

Voila le ménage qui se fait en la revente du Domaine du Roy. Mais si un Seigneur a vendu hereditairement à faculté de rachat, le Greffe, ou Tabellionné de sa Iustice (ce qui est licite, mais nom de l'alienier tout à fait sans cette faculté, cóme j'ay prouvé au 3. ch.) il peut sans toutes ces ceremonies, rembourser l'acheteur quand bon luy semble, soit de ses propres deniers, ou de ceux d'un autre particulier, auquel il revendra l'Office, ou à plus haut, ou à même prix même à moindre, s'il veut. Mêmement, sans que le Seigneur en fasse le rachat en son nom, il en peut ceder la faculté à un autre, sous pareille faculté de rachat, & ce tiers acquereur rachetera l'Office sous son nom, en vertu de la cession & transport : car le retraict conventionnel est cessible, aussi bien que feodal, & n'y a que lignager qui ne l'est point.

Lequel transport peut être fait indistinctement par celuy qui a la libre administration de son bien, côme par celuy qui est majeur par lettres d'âge, & encore par le mary, est comme Seigneur des propres de sa femme, quant à sa libre administration, bien même qu'il soit mineur, pourveu qu'il ne les engage point d'avantage, Mais le tuteur d'un mineur ne seroit pas,

34. Autrement faut faire la revente au rabais des droicts ou gages.

à mon avis, recevable à vouloir à sa fantaisie & sans sujet, changer un Officier hereditaire, le faisant rembourser par un autre, encore qu'il y voulust mettre enchere, parce que cette enchere engage plus avant le patrimoine du mineur ; & faudroit plustost que cette enchere fust faite à la charge de faire quelque petite ferme annuelle au mineur sur l'Office, ou diminuer partie des gages à sa décharge, demurant toujours l'engagement au même prix, ainsi qu'il sera dit au chap. 9. en traitant des Offices des decimes. Car alors, pour l'évidente utilité du mineur, l'enchere seroit infailliblement recevable. Mais hors ce cas, j'estime qu'un tuteur *non potest temerè & sine causa mutare creditorem & versuram inutilem facere*, principalement en matiere d'Offices, où le public a interest qu'il n'y ait si souvent des mutations, en tous cas, cela ne se peut faire sans l'avis des parens.

35. Si ces Offices sont meubles, ou immeubles.

Ce discours nous engage à parler du commerce des Offices domaniaux, ayant déja expliqué tout ce qui concerne leur exercice. La premiere question, dont on tient que toutes les autres dépendent, est de sçavoir, s'ils sont meubles, ou immeubles. En quoy il n'y a gueres de difficulté, d'autant que ces Offices, outre l'heredité qu'ils ont, consistent encore en un domaine perpetuel, duquel il a esté parlé au 3. chapitre que les acquereurs à faculté de rachat sont vrayement proprietaires & seigneurs utils, jusques au rachat. Toutefois parce que ce n'est pas une parfaite & incommutable seigneurie, aussi que ce domaine n'est pas solide, on ne peut dire que ces Offices soient parfaitement immeubles, mais seulement qu'ils sont reputez tels. Et partant il peut arriver des rencontres au commerce, où il s'y trouvera des difficultez, pour lesquelles resoudre il faut repasser les poincts de nostre usage, esquels les meubles sont differens des immeubles.

36. Si l'hypotheque a lieu.

Premierement on peut douter, si la suite d'hypotheque a lieu és Offices domaniaux, ainsi qu'aux immeubles, car c'est la verité, qu'aux Milices hereditaires des Romains elle n'avoit point de lieu, comme il paroist par la Nov. 53. chap. 5. & comme il sera prouvé au chapitre suivant. Et depuis peu il a esté jugé par Arrest du 11. Mars 1606. touchant l'Office de Gruyer hereditaire de forest de Rets, que l'hypotheque n'avoit suite sur iceluy contre le tiers resignataire pourveu & receu non plus que sur un Office à vie.

37. Semble que non.

Aussi qui se voudra rapporter de cette question à la Coustume de Paris, qui est l'abregé du droict François, elle decide expressément en l'art. 95. que l'Office venal, bien qu'il soit reputé immeuble, n'a point pourtant de suite par hypotheque, sinon qu'il soit saisi sur le debiteur, auparavant resignation admise, & provision expediée au profit d'un tiers : & elle adjouste encore, qu'en ce cas les deniers procedans du decret d'iceluy, seront distribuez par déconfiture. Article qui a esté trouvé si juste, qu'il a esté inseré mot à mot és Coustumes depuis reformées, comme celles de Normandie, Orleans, & Calais.

38. Distinction d'aucuns.

Partant suivant aucuns distinguent, si le tiers acquereur, sur lesquels on a saisi l'Office domanial, le possede sans provision particuliere du Roy, ou en vertu, de son contract d'achat, & des lettres de son vendeur comme nous avons dit estre licite, & que lors il suit, contre luy par hypotheque : mais non, si ce tiers acquereur eust obtenu provision du Roy, sur la resignation de son vendeur : comme ne jouissant pas en ce cas de l'Office, en vertu du droict cedé de son autheur mais en vertu de provision du Roy qui est ce qu'on dit és Beneficiers, que le resignataire *habet jus à collatore, non à resignante*.

39. Resolution que si.

Bien que ces raisons soient plausibles, si est ce que je tiens pour certain, avec ce docte personnage feu Monsieur Chopin, sur la coustume de Paris livre 1. tit. 1. & livre 3. tit. 3. que l'Office domanial, jusques à l'actuel remboursement du Roy, a suite par hypotheque, soit contre le tiers acquereur, bien qu'il ait provision, soit pour l'ordre d'hypotheque, sur les deniers

du decret d'iceluy : attendu la regle generale cy-devant passée, que les Offices domaniaux, en ce qui concerne leur seigneurie, & par consequent leur commerce, doivent estre reglez, comme les heritages, au moins tout ainsi que le domaine solide alieneé : or est-il qu'on n'en doute point, que ce domaine ne reçoive hypoteque, & droict de suite : lequel ne peut estre purgé ou éteint, que par le remboursement actuel fait par le Roy.

40. Preuve.

Aussi que, comme il sera plus particulierement expliqué au livre suivant, en traitant de l'hypotheque des Offices venaux : la raison ponctuelle, pour laquelle ces simples Offices venaux n'ont point de suite par hypotheques est d'autant qu'ils sont tellement attachez à la personne du pourveu, qu'ils ne peuvent estre transferez aucunement en une autre, ny quant à l'exercice & possession, ny quant à la proprieté, sinon par la disposition du Roy. Ce qui n'a pas lieu aux Offices domaniaux, dont l'exercice, & la seigneurie peut estre librement transferée à un tiers, sans permission du Roy, & du propre droict de l'acquereur d'iceux. Comme donc ils peuvent estre transferez au tiers par vente, donation, permutation, & tous autres contracts, aussi luy peuvent ils estre hypothequez ; & peut ce tiers acquerir sur iceux un droict de suite par hypotheque, lequel ayant une fois acquis, il ne le peut plus perdre sans son fait.

41. Responses aux raisons contraires.

A quoy ne nuisent pas, les raisons de l'opinion contraire. Car en premier lieu, c'est chose toute certaine, que les Milices hereditaires des Romains ne se rapportant pas à nos Offices domaniaux & que l'argument des uns aux autres n'est pas concluant : parce que ces Milices n'estoient pas un domaine alieneé, qui fust separable de l'Office, ou exercice, mais elles estoient seulement hereditaires par privilege, comme je prouveray au chapitre suivant. Or c'est une maxime, que le privilege ne charge point la nature de la chose, sinon en ce qui dépend directement d'iceluy : mais les Offices domaniaux ont une nature & une substance materielle, toute differente des autres Offices. Ce qui sert de réponse à l'Arrest touchant l'Office de Gruyer de Reiz, qui n'est pas un Office domanial, mais un Office hereditaire par privilege, ainsi qu'il sera dit au chap. suivant.

42. De mesme.

Comme aussi l'argument tiré des Coustumes, qui portent que les Offices venaux n'ont suite par hypotheque, ne conclud rien à l'égard des Offices domaniaux, attendu qu'ils constituent une autre espece d'Offices, esquels la raison est toute differente, notamment en ce poinct icy de la suite d'hypotheque. Et il ne se faut point fortifier de l'auctorité de la Coust. de Paris, car elle fut arrestée en l'an 1579. & verifiée au mois de Fevrier 1580. & le premier Edict qui a introduit les Offices domaniaux, est du mois d'Aoust en la mesme année : de sorte qu'il n'y a pas d'apparence de penser, que cette Coustume ait donné loy, par esprit prophetique, à ce qui n'estoit point encore.

43. Autre preuve.

Aussi la Coustume de Bretagne, qui fut reformée quatre ans aprés, és art. 212. & 425. compare ces Offices (qu'elle appelle *Offices venaux, acquis à condition de rachat perpetuel* aux rentes constituées sur le Domaine du Roy, qu'on ne doute point qu'elles n'ayent suite par hypoteque. Et bien que ces articles ne parlent pas particulierement de l'hypotheque, mais seulement declarent ces Offices immeubles en succession & en communauté : si est ce que le Parlement de Bretagne les a étendus par identité de raison en la suite d'hypotheque, ainsi qu'il a jugé par Arrest de l'an 1600. ou 1601. en l'Office de Greffier d'iceluy Parlement, au profit de la vefve Répichon de Paris.

44. Provision du tiers garantie en la suite d'hypotheque.

Pareillement, n'est valable à mon advis la derniere raison, que par le moyen de la resignation l'Officier domanial a retenu tout son droid és mains du Roy, de sorte que son resignant ne tient rien de luy, mais du Roy seulement : attendu ce qui a esté dit cy dessus, que ny la resignation, ny la provision du Roy n'est necessaire

Du Droict des Offices Domaniaux, Ch. VII. 129

necessaire aux Offices domaniaux, comme elle est aux simples Offices, qui ne consistent qu'en un usufruit attaché à la personne du pourveu, & lequel ne peut passer en un autre, sans la provision du Roy sur sa resignation. Que si par une cautele superflue & surabondante, apres la vente de l'Office domanial, on vient à en prendre provision du Roy, cela ne change en rien la nature de l'Office, & principalement ne peut prejudicier au droict d'hypotheque acquis auparavant sur iceluy par un tiers creancier. Attendu mesmement qu'on ne peut dire, ny que le vendeur en le resignant ait remis tout son droict en la main du Roy, comme se departant de son adjudication, ny que l'achepteur de l'Office domanial le possede en vertu des lettres de provision, mais en vertu de la vente & adjudication que le Roy en fait faire, ainsi que d'un domaine solide: le droict & finance de laquelle adjudication passe par necessité du vendeur à l'achepteur; autrement il ne possederoit pas son Office comme domaine alienè, mais comme un simple Office à vie.

45. Conclusion.

Concluons donc, que l'hypotheque des Offices domaniaux passe au tiers detempteur, bien qu'il ait lettres de provision du Roy, & qu'enfin elle dure jusques au rachat & remboursement actuel du prix d'iceux. A quoy doivent bien prendre garde ceux qui les achetent des particuliers, s'en trouvant (aussi bien que des heritages) plus de fois acheteurs, que de fois vendeurs.

46. Cautele pour achepter seurement les Offices.

Mais comme ceux qui achetent des rentes déja constituées, pour purger les hypotheques d'icelles, les font racheter de leurs deniers par le debiteur, ou du consentement d'iceluy se font subroger par le premier creancier à ces droicts & hypotheques, afin d'avoir l'hypotheque de la premiere rente, sans neantmoins qu'elle soit sujete aux hypotheques du creancier d'icelle (pratique, qui est fort commune à present, que le taux des rentes constituées, qui estoit au denier douze, est au denier seize:) de mesme ceux qui achetent un Office hereditaire, qu'ils craignent estre hypothequé, font mieux de le faire readjuger publiquement par les Thresoriers de France, apres les affiches & autres solemnitez accoustumées, & ce du consentement de l'ancien proprietaire, qui acceptera son remboursement. Car par apres le nouveau adjudicataire peut dire qu'il tient l'Office immediatement du Roy, & non pas du precedent adjudicataire, qui a esté actuellement remboursé, & consequemment, que les hypotheques qu'il avoit créees sur l'Office, sont amorties & resoluës, suivant la regle de la loy. *Lex vectigali. D. De pignor.*

47. De mesme.

Toutefois bien que cette privation soit indubitable és ventes à faculté de rachat des particuliers, qui aussi bien que leurs rentes, se rachetent quand ils veulent, sans qu'il y ait aucune ceremonie necessaire pour ce faire, il est telle fort douteuse és Offices domaniaux, & en tout autre Domaine du Roy, où il y a un ordre estably, & une regle certaine, pour le remboursement & revente qui ne se fait qu'en deux cas, d'Edict general, ou de tiercement, comme il vient d'estre dit. De sorte que hors ces deux cas, il est aisé à entendre que la revente est collusoire & frauduleuse faite pour intervertir les hypotheques. Partant pour les purger bien asseurément, & sans difficulté, c'est le meilleur de faire passer l'Office domanial par decret, ainsi que les autres immeubles.

48. Du decret de ces Offices.

Auquel decret il faut observer les mesmes solemnitez, qu'és Offices à vie qui seront expliquées plus à propos au livre suivant. Et n'y a jamais eu, que je sçache, qu'une seule diversité, à sçavoir qu'auparavant ce decret, il ne fust necessaire de discuter les autres biens, comme on a tenu autrefois és Offices à vie, qui sont du tout inherens & attachez aux personnes. Mais si l'Office domanial estoit saisi sur un tiers detempteur pour les debtes de son vendeur, j'estime qu'il peut demander discussion de ses biens, mesme hors le pays de discussion, comme en la Coust. de Paris. Car telle coûtume estant exorbitante, & contraire au droict commun & à l'equité (ainsi que j'ay monstré au troisiéme livre *Du deguerp. chap. 8.*) doit estre restrainte à ses termes: or est il qu'elle ne parle que des detempteurs des heritages chargez de rente, & partant ne doit pas estre estenduë aux Offices, qui ne peuvent estre baillez à rente perpetuelle comme les heritages: aussi que ces Offices sont droicts incorporels, & non pas choses solides, qui est un poinct fort notable. Il est vray que le Commissaire estably à la saisie d'un Office domanial (qui tousjours est necessaire) en doit indubitablement faire faire bail judiciaire pendant les criées, ainsi que d'un heritage, dont l'adjudicataire fera l'exercice entier, puisque ces Offices sont de telle nature, qu'un fermier les peut exercer.

49. De la distribution des deniers.

Aussi apres l'adjudication par decret des Offices domaniaux, il est aisé à entendre, qu'il n'est point besoin de poursuivre le saisi de les resigner, ny que l'adjudicataire prenne provision du Roy, encore moins que l'acquereur par contract volontaire. Et pareillement les deniers procedans de cette adjudication, ne sont pas distribuez par deconfiture, comme ceux d'un Office à vie, mais selon l'ordre des hypotheques, comme ceux des vrays immeubles, qui est le second effet de la suite d'hypotheque que nous venons de trouver avoir lieu en ces Offices.

50. Si l'hypotheque demeure quand la revente est faite à un tiers acquereur.

Mais c'est une question de grande importance, quand l'Office domanial chargé d'hypotheques est revendu par le Roy sans fraude, soit par Edict general, ou par tiercement pour un tiers acquereur, & est derechef adjugé au mesme, qui l'avoit auparavant acquis du premier adjudicataire, si par cette nouvelle revente, les hypotheques, qui avoient suivy l'Office, lors qu'il avoit esté par luy premierement acquis, sont aujourd'huy purgées & esteintes. Car d'un costé on peut dire, que cette revente de la premiere adjudication est reduite à neant *ex antiquâ & praexistente causâ*, comme parle du Molin, & par consequent que les hypotheques sont amorties: aussi que telle revente est un nouveau contract, par la loy, *Pactâ eo §. Paulus notes. D. De contrah. empt. Si unus ab integris manentibus de augendo vel minuendo pretio rursus convenit, recessum à priori contractu, & nova emptio intercessisse videtur: le mesme est dit, in l. 2. D. De rescind. vendit. Si quam rem à te emi, eandem rursus à te pluris, minorisve emero, distrahimus à priore venditionem.* Et pour le regard du remboursement du prix de la premiere vente, il est confus en la personne de l'adjudicataire, auquel il eust esté rendu, si la revente eust esté faite à autre que luy, & partant il est reputé s'estre remboursé luy mesme.

51. Que si

D'autre part on peut dire, que cette revente faite à l'ancien proprietaire, doit estre reputée seulement pour un supplément & accroissement du prix de la premiere adjudication, *ceteris manentibus integris*, comme il s'observe au supplément du prix payé en vertu de la loy 2. *C. De rescind. vendit.* Et que les cas des loix cy dessus alleguées est, quand la nouvelle vente se fait *omnibus integris manentibus*, dit la loy, c'est à dire auparavant que la premiere fust executée *per traditionem rei & pretii solutionem*, suivant la maxime du titre, *Quando liceat ab emptione discedere*. Ce qui n'est pas és reventes du domaine, lesquelles aussi ne se font que pour le profit du Roy, non pas pour intervertir le droit, & abolir les hypotheques des particuliers.

52. Cautele pour achepter seurement un Office domanial.

Mais quand ce seroit une nouvelle vente, il est certain que la premiere, & consequemment l'hypotheque d'icelle, ne seroit resoluë que par un actuel remboursement, & non par un remboursement feint & imaginaire. C'est pourquoy celuy qui voudra amortir bien seurement & sans hazard de procez, les hypotheques de son Office domanial, le doit faire adjuger à un tiers, & recevoir de luy son remboursement: puis par contract separé, achepter l'Office de luy.

Quoy qu'il en soit il n'y a nulle difficulté en ce mê-

Des Offices hereditaires Liv. II.

53. Quid, en matiere de successon.

me cas en matiere de succession, que si l'Office domanial estant du propre de Titius, luy est en une revente generale, ou sur un tiercement detaché; adjugé à plus haut prix, il luy demeurera tousiours propre jusques à la concurrence de l'ancien prix, & ne sera acquest qu'à proportion de l'augmentation, ou supplément, quand mesme il auroit passé par d'autres mains entre deux. Ainsi que nous tenons, que l'heritage propre vendu, & par aprés racheté par le mesme vendeur, en quelque façon que ce soit, est toûjours reputé propre, & non pas acquest, si ce n'est jusques à la concurrence de l'outre plus du prix: *neque enim videtur alienasse, qui repetitur possidere* l. *Sicut* §. *Supervacuum D. Quib. mod. pignus vel hypoth. solv.*

54. Quid, en la communauté.

Ce qui doit avoir lieu à plus forte raison en la communauté d'entre mary & femme. Car en succession un homme peut vendre son propre, & convertir les deniers en acquests, sans que l'heritier des acquests, en fasse remplacement à celuy des propres: ce qui ne se peut faire en communauté, parce que ce seroit advantage prohibé entre mary & femme. Mesme qui plus est, si un Office hereditaire, ou une rente constituée, ou un domaine aliené propre, sont rachetez au proprietaire, il ne peut pas faire, que les heritages qu'il a achetez des deniers de ces rachats, soient remplacez en son propre, pour estre defertz à son heritier des propres, à l'exclusion de celuy des acquests, parce que les rentes constituées, & le domaine aliené ne sont immeubles, ny par consequent propres, si non jusques au rachat, En quoy il n'y a qu'une exception, quand ils appartenoient à des mineurs: car lors les deniers de ces rachats, bien qu'ils n'ayent esté remployez en autres immeubles, sont toutefois reputez immeubles, & à eux propres, par l'art. 49. de la Coust. de Paris, & par l'Ord. de 1441. faite sur le rachat des rentes assignées sur les maisons de Paris.

55. De la communauté à l'egard de ces Offices.

Mais quant à la communauté d'entre mary & femme, il est certain premierement que l'Office domanial appartenoit à l'un d'eux auparavant mariage, n'y entre nullement: & que s'il est racheté pendant le mariage, les deniers doivent estre repris par preciput sur la communauté, en laquelle ils sont entrez, & ce en quelque Coustume ou pays que ce soit, comme il s'observe generalement en toutes ventes forcées, & mesme s'observoit ainsi pendant l'ancienne Coutume de Paris, comme Carondas rapporte avoir esté jugé par Arrest du 21. Juillet 1565. bien que lors on dit, que le mary ne se pouvoit lever assez matin, pour vendre l'heritage de sa femme.

56. De mesme.

Mais si volontairement le mary ou la femme vendent à un autre l'Office domanial, propre à l'un d'eux, sans stipulation de remploy, & sans qu'il soit remployé actuellement pendant la communauté, il y faut garder les mesmes maximes, qu'on tient à l'égard des autres immeubles, selon la diversité des Coustumes, qui enfin, à mon advis, aboutiront toutes à garder la decision de celle de Paris, pour son equité toute apparente.

57. De celuy qui est acquis pendant la communauté.

Et quant à l'Office domanial acquis pendant la communauté, il n'y a nulle doute, que la femme n'y ait part, comme à un autre conquest, j'entens au corps & à la propriété de l'Office, & non pas seulement au prix d'iceluy, comme il sera dit de l'Office à vie, qui est inherent à la personne du mary. D'où il s'ensuit qu'en l'Office domanial l'heritier immobilier de la femme aura esté moitié d'Office, & non pas l'heritier mobilier: ce qui est decidé par la Coust. reformée de Bretagne, art. 212. & 425. qui veulent que le domaine du Roy vendu à faculté de rachat, & mesme les Offices domaniaux, soient partagez comme immeubles, tant en communauté que succession, encore que peu aprés la dissolution du mariage, ou l'écheance de la succession, le domaine ou Office domanial soit raché par le Roy. Ce qui est bien raisonnable, & fort notable, attendu que par Arrest donné entre les enfans du President Bailly, rapporté par Bacquet au

douziéme chapitre *Des droicts de Iustice*, il fut jugé que l'aîné rapporteroit les deniers du rachat de la seigneurie de la Ferté Aleps, qui, aprés le decez du pere, avoit esté retirée par le Roy comme estant de son Domaine, pour estre partagez également, sous pretexte, qu'en faisant le partage, les puisnez avoient protesté à cette fin: que si cette pratique avoit lieu, il faudroit que les heritiers immobiliaires rendissent les deniers des rentes constituées à l'heritier des meubles aprés qu'elles auroient esté raquittées, qui seroit une Iurisprudence toute nouvelle.

58. Si ces Offices entrent en doüaire.

Quant au doüaire coustumier, c'est un grand doute, s'il a lieu en l'Office domanial, veu que les Coustumes, pour la plus part, n'y assujetissent que les heritages, & non pas distinctement tous les immeubles, & encore moins les choses reputées immeubles: mesme on a autrefois douté, s'il avoit lieu au domaine solide aliené à faculté de rachat. Toutefois, puis qu'on tient à present communément qu'il y a lieu és rentes constituées, comme Bacquet a écrit au chapitre 15. *Des droicts de Iustice*, lesquelles sont moins immeubles, & plus subjectes à un prompt racquit, que les Offices domaniaux, & puis qu'il a esté jugé par l'Arrest rapporté par M. Robert, livre second chap. 2. qu'il a lieu és simples engagements, & pignoratifs d'Anjou & du Maine, qui n'attribuënt aucune seigneurie au creancier, j'estime à plus forte raison, qu'il doit avoir lieu és Offices domaniaux.

59. Si estant lors hereditaires desja l'heritage fut le prix.

La question est plus difficile, de sçavoir si les rentes constituées, ou les Offices hereditaires, qui estoient sujets au doüaire, ayant esté rachetez pendant le mariage, le doüaire y doit desormais avoir lieu, veu qu'ils ne sont reputez immeubles que jusques au rachat: & de fait. Bacquet au lieu cy dessus allegué, dit que par ce rachat, le droit, ou pour mieux dire, l'esperance de doüaire futur, qui estoit sur iceux, est éteinte, & devient caduque, si le mary n'en a remployé actuellement les deniers en autres immeubles pour luy demeurer propres: car sans doute, l'heritage remployé en leur lieu, *in vicem permutati dominii succedit*. Neanmoins, j'estime, puis que la Coustume fait le remploy au lieu de l'homme, ordonnant que le prix du propre aliené sera repris par preciput sur la communauté aprés dissolution, que ce prix est sujet au doüaire, & que la femme doit joüir par forme de doüaire, & moitié de l'Office domanial, en baillant caution. Car le doüaire estant acquis à la femme, des l'instant de son mariage, sur l'Office domanial, elle ne le peut plus perdre sans son fait: n'estant le doüaire reglé par la quantité des immeubles que le mary lors de son decés, mais de ceux qu'il avoit lors de son mariage, & qui de puis luy peuvent écheus en ligne directe.

60. Resolution.

Comme donc un heritage sujet à doüaire, ayant esté aliené pendant le mariage, sa femme, lors que le doüaire a lieu, peut demander de joüir de moitié des deniers d'iceluy par forme de doüaire: ce qui a esté jugé mesmement, quand elle a consenty la vente de l'heritage, mesme expressément renoncé au doüaire, qu'elle avoit sur iceluy, sans stipulation de remplacement: côme Charondas a bien prouvé sur la Coutume. Aussi, & à plus forte raison, la rente constituée, le domaine aliené, ou l'Office domanial ayant esté racheté malgré elle, pendant le mariage, elle doit avoir doüaire sur les deniers du rachat, qui, en ce cas si favorable, succedent sans doute au lieu de la chose, comme en cas semblable est decidé en la loy *Vxor marito D. De donat. inter vir. & uxor. & lege Ita constat, cum lege seq. D. De jure dot.* Ce qui est encore plus à l'avantage du mary, que si ces deniers estant reputez meubles, on les laissoit en communauté, en sorte que la femme y eust part.

61. Si le retrait lignager y a lieu.

Quât au Retraict lignager, parce que les Offices domaniaux ne sont pas propremët, & tout à fait immeubles, on tient communément qu'il n'y a pas lieu, non plus qu'és rêtes constituées, ny en toutes autres cho-

Des Offices hereditaires par privil Ch. VIII.

ses, qui ne sont pas vrays immeubles, comme és actions immobiliaires, és servitudes, és couppes achetées de haut bois, en l'usufruict, & autres semblables: dont pour le regard des Offices hereditaires, M. Choppin rapporte un Arrest notable sur la Coustume d'Anjou, Tome 2. au titre *De laudimiis*, & sur la Coustume de Paris, Livre 2. titre 6.

61. Non és coustumes, qui ne l'admettent qu'aux heritages.

Toutefois, parce que les resolutions generales sont dangereuses en droict, je voudrois faire distinction des Coustumes, & dire qu'en celles où le Retraict lignager n'est admis que sur les heritages (comme és Coustumes de Paris, d'Anjou, & plusieurs autres, & comme au Deuteronome, & és Constitutions des Empereurs *Romanus Senior* en Orient, & Federic I. en Occident, περί τῶν πατρικῶν, & comme enfin c'est le droit commun) que l'Office domanial ne doit choir en Retraict. Car selon la commune acception, le mot d'heritage signifie & comprend seulement l'immeuble corporel & solide, comme prouve Coquille sur la Coustume de Nevers, titre *Des Douaires* : Il est vray que la rente fonciere est comparée à l'heritage en matiere de Retraict, parce qu'ordinairement la Seigneurie directe de l'heritage consiste en icelle.

Mais és Coustumes particulieres, qui portent par mots exptés, que le Retraict lignager a lieu en toutes choses reputées immeubles, comme celle de Poitou, & quelque peu d'autres, j'estime qu'il doit par consequent avoir lieu és Offices domaniaux. Et ne faut pas trouver étrange qu'au douaire, l'Office hereditaire soit compris sous le nom d'heritage, & non au Retraict lignager : parce que le douaire est favorable, & le Retraict odieux. Toutefois à l'égard du domaine solide, vêdu à faculté de rachat, j'estime qu'indistinctement en toutes Coustumes, le Retraict lignager y doit avoir lieu, parce que c'est un vray heritage & immeuble corporel, & ainsi est il decidé par l'article, 148. de la Coust. de Paris.

63. Mais bien és Coustumes qui l'admettent és immeubles.

Finalement, quant à la succession, il vient d'estre dit, que ces Offices sont toûjours partagez comme immeubles : & quant au rapport, il ne faut douter qu'ils n'y soient sujets, ou à moins prendre. En quoy il n'y a aucune difficulté pour le regard de leur estimation, parce qu'elle est certaine, tout ainsi que celle des rentes constituées, sçavoir le prix de l'alienation : de sorte que c'est une grande commodité au fils, de n'estre tenu de rapporter que ce prix, parce qu'il advient ordinairement que les Offices domaniaux pourroient estre vendus davantage.

64. De la succession & rapport de ces Offices.

CHAPITRE VIII.
Des Offices hereditaires par Privilege.

1. Invention des Offices domaniaux.
2. Estoit tolerable.
3. Invention des Offices hereditaires par privilege.
4. Tous Offices de finances faits hereditaires par Edict.
5. Histoire notable.
6. Revocation de cet Edict.
7. Offices en branfle d'estre reduits en Commissions.
8. Offices à present presque tous hereditaires.
9. Inconveniens à craindre de la Paulette.
10. Offices hereditaires contre raison.
11. Sont mal asseurez.
12. Cela n'est és Offices domaniaux.
13. Cautele pour estre assuré des Offices domaniaux.
14. Qu'on ne doit contraindre les Officiers d'acheter l'heredité.
15. Trois inconveniens des Offices hereditaires.
16. Evitez accortement de la Paulette.
17. Deux sortes d'heredité d'Offices.
18. Des droicts hereditaires des Officiers de Gabelles.
19. Des Chauffe-cires anciens de Chancellerie.
20. Chauffe-cires nouveaux és Chancelleries des Parlemens.
21. La Charge des anciens.
22. Comment faits hereditaires.
23. Sōt hereditaires par privileges, & nō pas domaniaux.
24. Des heredités parfaites.
25. Difference de ces Offices avec les domaniaux.
26. Autre difference.
27. Difference specifique.
28. Ces Offices ressemblent aux milices hereditaires des Romains.
29. Leur nature mal aisée à expliquer.
30. Grands personnages l'ont ignorée.
31. Milices quid remissivè.
32. En quoy consistoit l'heredité des Milices.
33. Droict d'entrée payé pour les Milices.
34. Argent qui se payoit aux heritiers du decedé.
35. Parties Casuelles, d'où dites.
36. An sint aliquæ Militiæ ex casu.
37. Noms des deniers qui se payoient pour les Milices.
38. Comment estoient taxez.
39. Leur prix estoit certain.
40. Gens affectez pour y succeder.
41. Casus Militiæ, comment appartenant aux heritiers.
42. De legato Militiæ.
43. Comment ces Milices estoient hereditaires.
44. En quoy differentes de nos Offices hereditaires.
45. En quoy semblables.
46. Lettres de provision necessaires en ces Offices.
47. Faut payer la finance de la resignation.
48. Preuve.
49. L'exercice doit estre fait en personne.
50. Comment ces Offices sont hereditaires.
51. Ne peuvent appartenir qu'à personne capable.
52. Ces Offices vaquent par toute sorte de vacation, fors par mort.
53. Vacation imparfaite, Feudum finitum, & Feudum apertum.
54. Vaquent par forfaiture.
55. Vaquent par les vacations irregulieres.
56. Sont reputez immeubles.
57. Non toutesfois, tant que les rentes constituées.
58. N'ont suite par hypotheque après resignatiō admise.
59. Mais le prix du decret d'iceux se distribuë par decret d'iceux se distribuë par deconfiture.
60. Raison de cette diversité.
61. Du decret d'iceux.
62. Comment entrent en communauté & en douaire.
63. Comment en succession.
64. Comment en rapport.

1. Invention des Offices domaniaux.

QUELLE varieté & incertitude il y a aux affaires de ce monde! O *quantum est in rebus inane*! On ne sçavoit encore en France, il y a trente ans, ce que c'estoit des Offices hereditaires, fors les feodaux, qui de longue-main ont degeneré presque tous en Seigneuries, ayans suivy tout à fait la nature des fiefs. Ce ne fut qu'en l'an 1580. lors de la grande peste, que cette peste d'Estat apparut, ayant lors les Greffes esté faits hereditaires: & possible qu'un Moderne a aucunement bien rencontré, quand il a écrit que sur ces Greffes s'estoit la ruine de l'Estat, au moins pouvoit il dire la ruine des Estats & Offices.

Si est-ce que l'heredité des Greffes estoit aucunement tolerable, parce qu'il y a presque trois cens ans qu'ils avoient esté compris parmy les droicts domaniaux, & baillez à ferme, comme les autres droicts & revenus ordinaires de la Couronne: & partant il n'y avoit gueres plus d'inconvenient de les aliener à faculté de rachat, que le domaine solide dont il est. Mais comme par petites mutations on vient à de grandes absurditez, trois ans après on inventa une autre sorte d'Offices hereditaires, à sçavoir ceux qui sont

2. Estoit tolerable.

Des Offices hereditaires, Liv. II.

3. Invent'on des Offices hereditair s par privilege.

point domaniaux ; mais sont seulement hereditaires par privilege. Car sous couleur que les forests du Roy sont du Domaine de la Couronne, le feu Roy Henry III. bon Prince certes autant qu'il en fut jamais, mais trop facile & trop indulgent aux partisans, se laissa persuader à donner le privilege d'heredité, moyennant un petit supplément de finance, à la plusart des Officiers des forests, sçavoir est aux Gruyers, Verdiers, Forestiers, Chastelains, Segrayers, Gardes-Marteaux, Maistres, Sergens des eaux & forests, bien que ces Offices n'ayent jamais esté domaniaux, & que par l'Edict de cette heredité, ils ne soient point vnis ny incorporez au Domaine. De sorte, que de tous les Offices des forests, il ne reste que ceux des Maistres, & leurs Lieutenans & Procureurs du Roy, qui ne soient hereditaires.

4. Tous Offices de finance faits hereditaires par Edict.

Cette breche estant faite, de faire les Offices hereditaires, par un simple Edict, & sans que de leur nature ils fussent domaniaux, trois ans aprés arriva le grand desordre. Car en l'année 1586. le mesme Roy fit un Edit, par lequel il voulut rendre tous les Offices de finance hereditaires. Edict qui n'y verifia luy mesme au Parlement, lequel avoit plusieurs fois refusé. Mais

5. Histoire notable.

l'ayant aprés envoyé publier en la Chambre des Comptes par un Prince du Sang, & ce Prince n'ayant pas voulu permettre à Messieurs de la Chambre, d'opiner touchant cette verification, disant avoir charge expresse de sa Majesté de la faire sans connoissance de cause, ils luy dirent franchement, que puis qu'on ne vouloit recevoir leurs opinions, il n'estoit point besoin de leur presence : & partant se retirerent, à raison

6. Revocation de cet Edict.

dequoy ils furent interdits de leurs Offices. Mais peu aprés, ayans fait connoistre à ce bon Prince la dangereuse consequence de cet Edict, non seulement il leva cette interdiction, mais aussi il revoqua l'Edict, le changeant en un Edict de survivances, tel que son predecesseur avoit fait és années 1568. & 1574. Encore ne fust ce que pour la forme seulement, & afin de ne sembler vaincu : car la survivance n'eut non plus

7. Offices en hostel d'office reduits en commission.

de lieu que l'heredité.

Tout au contraire, deux ans aprés, pendant les derniers Estats commencez à Blois, en 1588. le mesme Roy pensa tomber en l'autre extremité, ayant mis en deliberation de changer tous les Offices en Commissions, ou du moins les faire annuels, ainsi qu'estoient les principaux Magistrats de Rome. Dont les Officiers de France furent en telle alarme, qu'ils firent un Deputé pour donner à entendre leurs raisons au Roy & aux Estats, qui fut Antoine de la Val, Capitaine du chasteau de Moulins, lequel depuis peu d'années a fait imprimer en son livre Des desseins, les harangues qu'il fit sur ce sujet.

8. Offices quasi heredditaires.

Nous voila maintenant sur le poinct de tomber encore en la premiere extremité, & de voir tous les Offices quasi hereditaires, par le moyen de l'Edict de la dispense des quarante jours, appellée vulgairement la *Paulette*, ou la *Palotte*. Edict, qui, comme j'ay remarqué au premier livre, n'est pas si mauvais de soy, pourveu qu'il demeure en ses premiers termes. Mais comme on ne peut ficher un gros clou en un ais bien mince & bien sec, sans qu'il le fende bien avant, aussi ne peut-on faire en France aucune ouverture d'argent, qu'elle ne s'éclate incontinent en un grand desordre. Et bien que du commencement la nouvelle

9. Inconveniens à craindre de la Paulette.

invention soit plausible, & paroisse aucunement vtile, si est-ce qu'en Royaume de consequence, *ex bonis initiis mala exempla*, d'un bon principe nous en tirons de mauvaises consequences, comme un estomac devoyé tourne les douceurs en aigreur, & les bonnes viandes en corruption. C'est pourquoy toutes nouveautez & nouveaux avis y sont extremement suspects.

10. Offices hereditaires contre raison.

Or je puis dire, qu'il n'a jamais esté donné d'avis plus déraisonnable, & plus pernicieux, que de rendre les Offices de France hereditaires tout à fait. Car si on dit entre particuliers, que c'est un mauvais mé-

nage de vendre son bien, parce qu'on ne vend qu'une fois, à plus forte raison, en matiere d'Estat est-ce un tres-mauvais ménage au Prince, qui n'est qu'usufruictier des droicts de sa Couronne, d'aliener les Offices, parce que c'est priver tout à fait, & soy, & ses Successeurs de la distribution des Charges publiques, qui est le plus beau fleuron de sa Couronne, & la plus noble & la plus importante partie de sa puissance : & c'est priver les Roys de leur puissance mesme, & vouloir oster de l'Estat ce qui en est inseparable, & sans quoy l'Estat ne peut estre, comme j'ay prouvé au premier chapitre de ce livre.

11. Sont mal asseurez.

C'est pourquoy je dy, qu'il n'y a point d'asseurance pour les particuliers acquereurs en ces Offices hereditaires par privilege : parce que, comme en bonne Jurisprudence tous privileges sont revoquez par la mort du Prince, qui les a concedez, ainsi que je prouve au dernier chapitre du livre *Des Seigneuries*, aussi il me semble que ces Officiers pourront justement estre privez de leur heredité par les Roys successeurs, mesme sans leur rendre la finance qu'ils ont payée pour icelle, au cas qu'elle ne soit tournée au profit de l'Estat. Et ce pour deux raisons : La premiere, parce qu'il est certain qu'un Roy ne peut, non plus qu'un Officier, ou Beneficier, faire prejudice aux droicts de ses successeurs : La seconde, que c'est chose absurde & incompatible, que l'Estat soit dépouillé & privé tout à fait de la collation des Offices, comme il seroit à l'égard de ces Offices hereditaires par privilege, si ce privilege duroit toujours.

12. Cela n'est és Offices domaniaux.

Le mesme n'est pas és Offices domaniaux, posé qu'ils soient vendus pour la necessité des guerres, comme il est permis de vendre le Domaine par l'Ordonnance de l'an 1566. Auquel cas, les deux raisons contraires cessent, tant parce que ce n'est point une alienation incommutable, ny expropriation parfaite, à cause de la faculté de rachat : & parce que la vente s'en est faite selon les loix du Royaume, pour employer au profit & aux necessitez de l'Estat : & partant, elle lie les Roys successeurs, ne plus ne moins que les alienations qu'un Beneficier fait saincte nnellement du fonds Ecclesiastique, pour employer, non en ses affaires particulieres, mais aux debtes ou affaires necessaires de l'Eglise, ou du Benefice, lient les successeurs, & sont valables à perpetuité. Quoy

13. Caute le pour estre alleuré des Offices domaniaux.

qu'il en soit, c'est le plus seur aux acquereurs des Greffes, & autres Offices domaniaux, & de tout autre domaine, de prendre garde que leurs deniers soient véritablement employez aux necessitez de l'Estat.

14. Qu'on ne doit contraindre les Officiers d'achater l'heredité.

D'où s'ensuit, qu'il n'y a guerres d'apparence de contraindre les pauvres Officiers à financer pour obtenir ce privilege d'heredité, puis qu'il n'est pas si vtile à l'Estat, ny asseuré pour eux : aussi n'a-on encore jamais veu, que les Edicts d'attribution de cette heredité, ayent esté verifiez par le Parlement, ains si peu qu'il y en a, ou ils ont esté verifiez par le Roy mesme seant en icelui, comme l'Edict de l'heredité des Offices des forests, ou bien ils n'y ont esté verifiez du tout, mais la levée de cette finance a esté faite sur les Officiers, en vertu d'Arrests du Conseil Privé, comme celle de l'attribution de l'heredité des sept deniers, faits en l'an 1603, aux Officiers des Gabelles, dont je parleray incontinent.

15. Trois inconveniens des Offices hereditaires.

Voila donc trois incoveniens notables qui se trouvent en cette attribution perpetuelle d'heredité. L'un, qu'on la fait acheter par force aux Officiers, bien que tous contracts doivent estre volontaires, notamment, c'est contre la nature du privilege de le faire acheter à celuy qui n'en veut point. L'autre, qu'il n'y a point d'asseurance en tel achat aprés la mort du Roy. Et en troisième lieu, que si cette heredité demeuroit, ce seroit une parfaite expropriatiõ d'un droict de la Couronne, des plus importans & des plus inseparables, & un prejudice perpetuel aux Roys successeurs.

16. Évitez adroitement.

Lesquels trois inconveniens ont esté accortement & adroitement évitez par l'inventeur de l'Edict mo-

Des Offices hereditaires par privil Ch. VIII. 133

derne des quatre deniers pour livre, en ce que premierement le payement d'iceux est laissé à la volonté & faculté des Officiers. Secondement, comme le droit est payé d'an en an, aussi le privilege ne dure qu'un an, & on ne doit pas craindre, qu'il y arrive mutation en si peu de temps. Troisiémement, il ne fait point de prejudice aux Roys successeurs, parce que comme il est en la faculté des Officiers, de ne point demander ce privilege par chacun an, aussi il est en celle du Roy, de ne le point donner.

De ce discours il appert, qu'il y a deux sortes d'Offices hereditaires par privilege, à sçavoir ceux qui le sont tout à fait, comme les Offices desforests: & autres qui ne le sont que conditionnellement, ou en certains cas: comme les Offices de ceux qui en l'année ont payé les quatre deniers pour livre, qu'on appelle maintenant le *droict annuel*, & de ceux qui en ont la survivance, soit qu'ils l'ayent acheté ou acquise par le service de vingt ans, comme les Secretaires du Roy.

Quant aux premiers, qui sont ceux ausquels ce chapitre est dedié, il n'y en a encore gueres d'autres, que les Officiers des forests cy dessus specifiez. Il est bien vray que par Edict du mois de Janvier 1603. verifié au mois de Fevrier ensuivant à la Cour des Aydes, un certain droict de sept deniers pour minot de sel, attribué aux Officiers des Gabelles, par Edicts des années 1594. & 1595. a esté fait hereditaire, à la charge de suppléer par lesdits Officiers la finance pour iceluy, à raison du denier douze dudit droict, à prendre pied sur les ventes qui se font aux Gabelles : de payer lequel supplément lesdits Officiers s'excuserent, sur ce que ledit Edict n'avoit point esté verifié au Parlement, comme il estoit necessaire pour rendre ce droict domanial, neanmoins enfin ils ont esté contraints à le payer en vertu d'Arrests du Conseil de l'an 1604. de sorte qu'à present ils jouïssent hereditairement de ce droict, qui encore qu'il soit annexé à leur Office, ne vaque point toutefois par leur mort ; mais, comme porte l'Edict de cette heredité, il se conserve apres icelle à leur veufve & heritiers, jusques à ce qu'ils en ayent esté remboursez par le successeur de l'Office: ce qui me fait estimer qu'il n'est pas vrayement separé de l'Office, & partant il est plustost hereditaire par privilege, que domanial : attendu mesme qu'il est attribué pour garder les registres des ventes, descentes & droicts levez és gabelles, que lesdits Officier est chargé de faire, lesquels registres doivent estre baillez au successeur de l'Office ainsi que porte l'Edit.

Mais il ne faut pas oublier de parler icy des Chaufecires de Chancellerie, qui me semblent devoir plustost estre mis au rãg des Offices hereditaires par privilege, que des domaniaux. Car il y a quatre Chaufecires hereditaires en la grande Chancellerie, servans par quartier, qui servent aussi à la Chancellerie du Parlement de Paris, ils avoient esté lcurs Commis en toutes les Chancelleries des autres Parlemens : mais en l'an 1605. ces Commis furent erigez en titre d'Office hereditaire, à *l'instar* des anciens Chaufecires, par Edict que je n'ay point veu & que j'ay ouy dire n'avoir point encore esté verifié ausdits Parlemens : neantmoins on n'a pas laissé d'y mettre des Chaufe-cires, qui à present jouïssent paisiblement.

Mais les quatre autre Chaufe-cires sont Officiers tres-anciens, la charge desquels est d'apposer le sçau aux lettres, & partant ils doivent estre continuellement à la suite de M. le Chancelier, & lors qu'il avoit logis en la maison du Roy, ils y avoient aussi leur demeure pres iceluy, mesme le plat attribué à M. le Chancelier, est pour les Maistres des Requestes, l'Audiencier, Controlleur, & Chaufe-cires de la Chancellerie : de sorte qu'ils sont vrayement Commensaux du Roy, aussi jouïssent-ils des privileges de Commensaux. On dit qu'ils ont esté faits hereditaires par le moyé de ce qu'ayans vaqué par forfaitures lors du syndicat, ou recherche generale, qui fut faire des Officiers de Frãce sous le Roy saint Loüy, il les donna hereditairement en recompense à une sienne Nourrice, qui en fit pourvoir quatre enfans qu'elle avoit, & du depuis par succession, ou vendition, ont esté perpetuez successivement jusques à ceux qui les tiennent aujourd'huy.

Or ces Officiers n'estans point subjets à remboursement, ou rachat, comme les domaniaux ; mais estans seulement hereditaires par privilege, sont tenus à chacune mutation prendre provision du Roy: & toutefois ils ont ce privilege ou possession paisible de ne payer aucun droict de resignation, ny mesme aucun marc d'or, pour en obtenir les provisions à quelque mutation que ce soit mesmement lors qu'ils sont receus par M. le Chancelier, ils n'ont point accoustumé de donner du satin, par forme de droict d'entrée, comme les autres Officiers de Chancellerie. Mais cela est encore un second privilege qu'ils ont, qui pourtant ne les rend pas domaniaux ; aussi ne peuvent-ils, comme je croy, bailler leur Office à ferme, ou en commettre l'entier exercice ; n'estant raisonnable que chose de telle importance, comme est le Sceau de France, principalement le grand Seau, passe par mains de Commis mercenaires : & ce qu'on permettoit anciennement, qu'ils deleguassent des Commis és Chancelleries des Parlemens, c'estoit par necessité toute apparente, attendu qu'ils ne pouvoient pas estre en mesme temps, à la suite du Roy, & de ses Parlemens. C'est pourquoy j'estime qu'à l'égard de ces Offices il faut garder les regles qui seront cy apres traittées en ce chapitre, & non celles du chapitre precedent.

Car il faut prédre garde que le droit des Offices hereditaires par privilege est quasi du tout contraire à celuy des Offices domaniaux, comme il sera prouvé tout incontinent ; bien qu'ils semblent d'abord leur, ressembler de telle façon, que communement le vulgaire les confond. C'est pourquoy il est fort necessaire de le sçavoir discerner l'un d'avec les autres, pourquoy faire, il y a deux marques fort notables : l'une, qui regarde la matiere, l'autre la forme. Celle qui regarde la matiere est, que les Offices domaniaux ont un droict domanial, separé d'avec l'Office, comme il a esté amplement prouvé au chapitre precedent quoy que ce soit un droict qui pourroit estre baillé à ferme par le Roy, s'il ne les vouloit point vendre à faculté de rachat. Car il est vray qu'il y a de nouveaux Offices domaniaux dont les droicts & émolumens n'ont jamais esté encore reputez pour domaniaux : mais quoy qu'il en soit, ils ressemblent aux droicts domaniaux, & ont esté inventez à *l'instar* d'iceux, comme les Greffes des Justices extraordinaires, les marques des cuirs, les jaugeage, & autres semblables : mais les Offices hereditaires par privilege, sont Offices, où l'exercice prévaut, & qui ne consistent point en droict domanial, qui jamais ait accoustumé d'estre baillé à ferme au profit du Roy, ny en aucun droict nouveau, qui ressemble aux anciens droicts domaniaux.

L'autre marque, qui concerne la forme, est que les Offices domaniaux sont adjugez à faculté de rachat, au plus offrant & dernier encherisseur, & possedez en vertu de ladjudication comme un domaine : c'est pourquoy en la Coustume reformée de Bretagne art. 212. & 415. ils sont nommez *Offices venaux*, *acquis à condition de rachat perpetuel*. Mais aucontraire les Offices hereditaires par privilege, ont esté premieremẽt coferez par le Roy cõme purs Offices à vie, puis le privilege de l'heredité leur a esté attribué moyennant finance, & sont toûjours possedez en vertu de lettres de provisions des Roys, qu'il faut obtenir à chaque mutation d'iceux, ainsi qu'és Offices à vie.

Mais voicy la difference specifique des uns & des autres, qui resulte de ces deux marques, de laquelle depend toute la diversité de leur droict, à sçavoir que les Offices domaniaux ont les deux natures d'Office & de domaine tout ensemble, & notamment la nature de domaine y prévaut, & est consideré en tout ce qui concerne leur commerce, qui partant est reglé en tout & par tout, comme le droict & cómerce du domaine solide alienè, lequel est presque reglé comme les heritages. Mais les Offices hereditaires par privilege n'ont autre nature que leur ancienne & premiere nature d'Office, & par consequent, hors le privilege d'heredité, ne qui en dépend, ils sont d'ailleurs reglez tout ainsi que les Offices à vie, n'estant de la nature du privilege, de changer la nature de la chose, mais seulement les qualitez, & encore en cela seulement, qui dépend du privilege, non plus que de l'exception de changer la regle és cas non exceptez.

27. Ces Offices ressemblent aux Milices hereditaires des Romains.

D'où il s'ensuit que ces Offices hereditaires par privilege, peuvent être comparez directement aux Milices du droict Romain, aucunes desquelles étoient hereditaires par privilege semblablement, & non pas par nature, & de droict commun, comme il est dit en la loy 11. C. De prox. sacr. scrin. en la loy derniere C De pignorib. & en la Nov. 53. ch. 8. C'est pourquoy il ne sera point hors de propos de parler du droict & œconomie observée par les Romains en ces Milices: ce que j'ay reservé à bon droict en ce lieu, d'autant qu'il sert grandement, pour éclaircir la matiere de ces Offices, & que je puis bien dire être une des plus obscures recherches du droict Romain.

28. Leur nature militaire à expliquer.

Car sous pretexte que la nature & condition de ces Milices étoit notoire pendant qu'elles étoient en usage, comme a dit Justin. en sa Nov. 53. elle n'a été ny expliquée aucunement, ny même raportée dans les livres des autheurs de ce temps-là, qui ont été les derniers écrivains du droict Romain. De sorte qu'à present elle nous est aussi cachée, comme possible d'icy à mil ans il sera mal aisé de parler avec certitude de la nature & usage des Offices, qui sont maintenant en la Cour, si jusques à lors personne n'en met par écrit.

29. Grands pesonnages l'ont ignoré.

De fait *Antonius Augustinus*, l'un des plus doctes personnages de nôtre siecle, & sur tout des mieux versés en l'antiquité, Romaine, est côtraint, en l'épître qu'il a écrit sur ce sujet à *Lælius Taurellus*, d'avoüer & reconnoître qu'il n'y entend rien. Et *Lælius Taurellus*, qui à sa persuasion en a fait un petit traité, confesse tout au commencement d'iceluy, que c'est une matiere tellement pleine d'obscurité & d'incertitude, qu'il y faut plustost deviner que resoudre: ainsi j'ose dire, qu'en tout son traité il n'y a presque rien de remarquable, ny même veritable en façon quelconque.

30. Milices picement interpret. quid remissive.

Or déja au commencement du l. livre j'ay assez amplement interpreté le nom de *Milice*, même j'ay montré, que les Milices Romaines étoient proprement les places des Officiers domestiques ou de l'Empereur, ou des Gouverneurs des Provinces: de sorte qu'il n'est question icy, que d'expliquer le droict & condition de celles qui étoient hereditaires, autant qu'on en peut recueillir d'une antiquité si éloignée, afin de les comparer aux Offices hereditaires d'apresent.

31. En quoy consistoit l'heredité des Milices.

Nous trouvons donc dans le droict, que les derniers Empereurs avoient doné ce privilege à la plûpart des compagnies ou bádes de leurs Officiers domestiques, que leurs Offices ou places appellées *Milices*, ne se perdoient point tout à fait par leur mort, mais que si l'un de leurs heritiers s'en trouvoit capable, il y étoit receu: ou bien si aucun d'iceux n'y étoit propre, ils en tiroient recompense de celuy qui étoit admis à la Milice. Je dy qu'elles ne se perdoient point tout à fait par la mort, côme les autres Milices, aussi ne se conservoient-elles pas tout à fait, comme nos Offices hereditaires. Car si l'heritier y succedoit, il falloit qu'il fournît quelques deniers d'entrée, qui étoient baillez, non pas au fisque, mais ordinairement à la communauté de la même Bande ou Compagnie: que si un étranger y étoit admis, il falloit qu'outre cette finance, qu'il eust deuë à la compagnie, il payast encore quelque argent aux heritiers.

Cette premiere somme, qui se payoit ordinairemét à la compagnie, est appellée droict, *onus aut introitus Militiæ, in l. penult. & ult, De de leg.* 3. que Cujas sur la loy 7. *De prox. sacr. scrin.* a corrigé trop hardiment, ce me semble, disant qu'il faut lire *honorarium*. Car en cette loy qui liroit *honorarium*, c'est à dire le droict ou émolument hōoraire de la Milice, sa decision seroit noiroirement fausse, côme la lecture en sera foy. Et je ne parleray davantage icy de ce droict d'entrée, parce que je reserve d'en traiter en un autre lieu; je diray seulement, que selon les divers Statuts, ou Coustumes des compagnies, il étoit tantôt baillé à tout ceux de la compagnie, tantost aux chefs & principaux d'icelles, & tantost au premier & second des retenus ou supernumeraires, qui avoient la reserve des places vacantes, que la loy appelle *Proximum supernumerarium*, & *Mello proximum*: comme il se collige de la Nov. 35. de la loy 5 & derniere, C. De prox. sacr scrin. de la loy 6. C. De advocat. divi. Iudic. & de la loy 5. C. qui milit. post.

32. Droit d'entrée payé par les heritiers Milices.

Quant à l'argent, qui se payoit aux heritiers du decedé, il étoit proprement appellé *casus Militiæ, Nov.* 53. & 97. & l. Omni modo, De inof. testam. & en l. 11. C. De prox. sacr. scrin. & en la loy derniere C. De pignor. D'où possiblé nous avons tiré le nom des Parties casuelles, qui est la finance provenant des Offices venaux, car à Rome toutes les Milices venales étoient aussi hereditaires, comme il sera tantost dit.

33. Argent qui se payoit aux heritiers du decedé.

Ce qui vuide une grande difficulté que formét nō. modernes, de sçavoir *quænam sine Militia ex Casus*. Car pour n'avoir sçu entendre ce que c'estoit, *Casus Militia*, & notament, pour n'avoir pû interpreter ces mots de cette Nov. 53. chap. 5. qui de vray sont assez embarrassez & difficiles, τας ἐκ τοῦ Καςοῦ καλουμένας στρατείας, *Id est hac (nimirum hæc pecunia) quæ proveniunt scilicet ex eo, quod vocatur Casus Militiæ*: lequel *Casus Militia* est appellé aux mots precedens du passage *nomen antiquum omnino, & deficiens*, ils ont voulu lire τας ἐκ τοῦ Καςοῦ καλουμένας στρατείας & partant ils se sont imaginez qu'il y avoit quelque Milices appellées *Militia ex casu*. Qui est le principal sujet du doute d'*Antonius Augustinus*, & par consequent du livre de *Lælius Taurellus*, qui étant tous deux tombez en cette erreur, n'ont pû toutefois trouver *quanã essent illa Militia ex casu*. Comme aussi c'est la verité qu'il n'y en a aucunes, ainsi que Cujas a tres-bien dit sur la loy 3. §. *Si quid minori. D. De minorib.*

34. Parties casuelles d'où dites.

35. Aucun aliqua Militia ex casu.

Or ces deux sortes de deniers sont consusémentappellés *suffraginum*, parce qu'ils étoient baillez pour obtenir le suffrage, soit de la compagnie, soit des heritiers tantost *solatium*, parce qu'ils leur étoient attribuez pour la consolation des uns & des autres, de la fascherie de la mort du deffunt : tantost *schola placitum*, parce qu'ils étoient ordinairement reglez *pro tenore communis Militantium placitis*, dit la loy : il est vray que bien souvent l'Empereur les regloit de sors qu'il attribuoit aux Milices le privilege de venalité & heredité : comme dit cette même loy, *vel divina sanctionis tale præstantis beneficium*: & les exemples s'en voyent en la loy 7. *De prox. sacr. scrin.* & en la Nov. 35. *De Adjutor. Quest.*

36. Noms de ces deniers, où se payoient sou. les Milices.

Or il est certain, que l'un & l'autre sçavoir est le droit d'entrée, & le *Casus Militia*, étoient taxez à même somme, comme il est expressément decidé en la loy 11. *De prox. sacr. scrin.* la joignant avec la loy 7. du même tit. & se void aussi en cette même Nov. 35. D'où on peut colliger, que chacune étoit communément taxée à la moitié de la valeur de l'Office, quoy que ce soit de la somme, à laquelle il étoit estimé, puisque celuy qui y succedoit, payoit autant aux heritiers du deffunt pour le *Casus Militia*, qu'à la compagnie pour le droict d'entrée.

37. Comment étoient taxez.

Car quoy qu'il en soit, les Milices qui avoient ce privilege d'estre venales & hereditaires, n'estoient pas en la libre disposition ny du pourveu, ny de ses heritiers après sa mort, pour les vendre à tel prix qu'ils vouloient, mais ils ne les pouvoiēt vendre que

38. Leur prix étoit certain.

Des Offices hereditaires par privil. Ch. VIII.

certaine somme taxée & definie (comme je viens de dire) soit par le Statut de la compagnie, ou par l'Edict de l'Empereur, comme il est dit expressément en cette Nov. 35. D'autant donc que les Milices valoient ordinairement mieux que cette taxe, il y avoit presque en toutes les Milices certains postulans, ou retenus, ausquels les Milices vacantes estoient affectées, appellez *Supernumerarii*, comme il se void au tit. *De prox. sacr. scrin.* & il en sera parlé au livre *Des Ordres*.

39. Cens affectez pour y succeder.

Il y avoit encore un reglement fort notable en ce droict, qui estoit conservé aux heritiers, appellé *Casus Militiæ*, à sçavoir qu'il estoit en premier lieu affecté aux creanciers, qui avoient presté l'argent, dont la Milice avoit esté achetée, pourveu qu'ils fussent, ou banquiers, ou bien que lors du prest ils eussent stipulé hypotheque speciale sur la Milice. Puis en defaut de tels creanciers, la vefve & les enfans du defunt le prenoient conjointement, sans toutesfois que pour ce ils fissent acte d'heritiers, & mesme ils l'avoient, bien qu'ils renonçassent à la succession. Et finalement il estoit baillé aux autres heritiers, en acceptant la succession, non autrement. Comme il est decidé en cette loy 11. C. *De prox. sacr. scrin.* Ce qui sera plus particulierement expliqué au livre suivant.

40. Casus Militiæ, comment appartenoit aux heritiers.

Comme donc ces Milices estoient transferées aux heritiers, aussi pouvoient-elles estre leguées. C'est pourquoy il y a tant de loix, qui parlent *de legato Militiæ, nempe l. 22. & 49. §. 1 De leg. 2. l. 11. §. Si servo. De leg. 3. l. Libertis. §. Ab hæredibus. D. De aliment. & cibar. leg. 5. §. Si quid minori. D. De minor.* & sur tout notable loy penult. §. penult. & ult. *De leg. 3.* où il est dit, que *Militia simpliciter legata, onera & introitus Militiæ ab hærede præstari debent*: ce qui sera aussi interpreté au livre suivant.

41. De legatis Militiæ.

Voila ce qui se peut dire des Milices hereditaires des Romains, qui par un privilege attribué à quelques-uns passoient à l'heritier, en qualité de simples Offices, & encore moyennant la finance qu'il finançoit la moitié du prix d'icelles, & pourveu que l'heritier fût capable de les tenir. Autrement l'heritier n'avoit que l'autre moitié du prix d'icelles, laquelle mesme la vefve & les enfans obtenoient *citra jus & nomen hæredis: non hæreditatis, sed privilegii nomine*, dit cette loy 11. *De prox. sacr. scrin.* & comme parle la Nov. 53. οὐχ ὡς πατρῷον κλῆρον ἀλλ᾽ ὡς βασιλικῶν φιλοτιμίαν. Ce qui se peut accommoder à aucuns de nos Offices hereditaires, parce qu'ils sont tels, non par bien fait du Prince, mais moyennant la finance, que les pourveus en ont payée, les ayant achetées à plus haut prix, à cause de cette condition. De sorte que le privilege ayant esté acquis des deniers du defunt, appartenant à sa succession, & consequemment est affecté à ses creanciers.

42. Comment ces Milices estoient hereditaires.

43. En quoy differentes nos Offices hereditaires.

Hors ce poinct, nos Offices hereditaires par privilege ne sont presque en tout un mesme droict, que les Milices hereditaires des Romains, qui pareillement n'estoient hereditaires que par privilege, & non pas de droict commun: & partant leur droict est quasi du tout contraire à celuy des Offices domaniaux. Ce qu'il faut expliquer de poinct en poinct.

44. En quoy semblables.

Premierement quant aux lettres de provision, bien qu'il ait esté dit au chapitre precedent, qu'elles ne sont point necessaires aux Offices domaniaux, lesquels sont possedez en vertu de l'adjudication, en est faite faculté de rachat, si est-ce qu'elles sont toûjours necessaires aux Offices hereditaires, parce qu'on n'en peut avoir d'autre titre, n'y en ayant point d'adjudication.

45. Lettres de provision necessaires en ces Offices.

D'où s'ensuit un poinct, qui est de grande importance, à sçavoir qu'en toutes mutations, ou subrogations d'iceux, il en faut payer la finance au Roy, vulgairement appellée *quart denier*, bien qu'elle n'ait point de lieu és Offices domaniaux, esquels aussi les lettres du Roy ne sont necessaires; pour l'admission

46. Faut payer le droict de resignation.

de la resignation, comme elles sont és Offices hereditaires par privilege. Car le privilege d'heredité n'exempte pas de prendre lettres du Roy, approbatives de la resignation, mais seulement sert à ce que l'Office ne soit tout à fait perdu par la mort. De fait, bien que les fiefs soient non seulement hereditaires, mais aussi patrimoniaux tout à fait, si est-ce qu'on ne les peut vendre, sans qu'il soit deu profit au Seigneur direct, mesme pour la vente des heritages consuels il luy est deu des lods & ventes, en memoire de ce droict ancien, qu'ils ne pouvoient estre vendus sans sa permission. Bref il n'y a point de difficulté, qu'il ne soit deu du quart denier, pour la resignation des Offices hereditaires par privilege, veu que c'a esté proprement, pour les Milices hereditaires que le droict d'entrée a esté inventé, au lieu duquel semble estre le quart denier de France: aussi que tout privilege est sujet à estre restraint tant que faire se peut. Il n'y a donc qu'un cas auquel les Offices hereditaires par privilege soient exempts du quart denier, à sçavoir quand par l'Edict de leur heredité ils en ont esté expressément affranchis: auquel cas c'est un second privilege, outre celuy d'heredité.

47. Preuve.

Quant à l'exercice de ces Offices, j'estime qu'il ne peut pas estre fait par commis ou fermier, comme és Offices domaniaux, parce qu'ils n'ont pas, comme iceux, deux natures distinctes, & actuellement separables, à sçavoir d'Office & de domaine alienable, mais ceux-cy sont simples Offices, qui bien que par privilege ils soient hereditaires à l'heritier, ne laissent neanmoins d'estre selon la nature commune des Offices, inherens à la personne du pourveu, comme il est dit notamment des Milices hereditaires in *l. 3. §. Quod si minor D. De minoribus*

48. L'exercice doit estre fait en personne.

Et mesme en matiere d'heredité & succession, encore qu'on les appelle hereditaires, ces Offices passent pas directement de la personne du defunt à celle de l'heritier, par une continuation de seigneurie, ainsi que les autres biens, & comme aussi font les Offices domaniaux, mais il se faut souvenir que pourtant s'ils sont hereditaires, ils sont neanmoins toûjours Offices simples, & non pas domaine, de sorte que leur heredité consiste seulement en ce qu'ils ne sont pas perdus tout à fait par la mort du pourveu, comme les non hereditaires, mais est conservée à ses heritiers la faculté d'en disposer, ainsi que le pourveu peut faire de son vivant des Offices non hereditaires, laquelle faculté n'est pas d'en disposer de plein droict c'est à dire de sa propre autorité à une tierce personne, mais seulement de les resigner, & remettre en la disposition du Roy, pour en pourvoir celuy en faveur duquel on en a disposé: qui est la raison pourquoy je viens de dire, qu'il luy faut payer finance, pour admettre cette resignation, & pour bailler ses lettres de provision au resignataire.

49. Comment ces Offices sont hereditaires.

Que si l'heritier est capable de les tenir luy mesme, encore faut-il que l'Office soit appliqué à sa personne par la provision du Roy, sans laquelle il n'y seroit pas receu, non plus qu'en un pur Office, *quod sine canonica institutione possideri nequit*. Puis donc qu'ils sont inherens à la personne, comme les autres Offices, il faut que le pourveu d'iceux s'y fasse recevoir luy-mesme, & qu'il les exerce en propre personne, & non par fermier ou Commis. D'où il s'ensuit, qu'ils ne peuvent appartenir qu'à personne capable de les exercer, & non moins qu'aux femmes, ny aux hommes incapables: & aussi qu'ils ne peuvent estre divisez ny appartenir à plusieurs, non plus que les purs Offices: bien que le contraire de tout cela ait lieu és Offices domaniaux, dont la pure Seigneurie peut appartenir aux femmes, & demeure en commun à plusieurs heritiers, ou plusieurs associez.

50. Ne peut appartenir qu'à personne capable.

Pour le regard des vacations, bien qu'il n'en eschée aucune és Offices domaniaux, si est-ce que toutes celles qui ont lieu aux purs Offices, ont aussi lieu en ceux cy, fors la vacation par mort, qui encore se resout en

51. Ces Offices vaquent par toute sorte de vacation.

136   **Des Offices hereditaires, Liv. II.**

fors par mort.

celle de refignation, parce qu'après la mort du pourveu, il faut que l'Office foit remis & refigné au Roy, pour en pourvoir, foit l'heritier, foit celuy en faveur duquel il en a difpofé. Qui n'eft, à la verité, qu'une demie & imparfaite vacation. Car comme en matiere de fiefs, il y a difference *inter feudum apertum*, & *feudum finitum*, de mefme és Offices on peut dire, que par la refignation ils font ouverts, & y a faute d'homme, de forte qu'ils reviennent bien en la difpofition du collateur, mais cette difpofition n'eft pas libre, mais forcée : au lieu que par la mort ils font finis tout à faict, & reviennent en la libre difpofition du collateur, ainfi que les fiefs finis, & dont la reverfion eft écheuë, retournent parfaitement en celle du Seigneur.

51. Vacation imparfaite, feudum finitum, & feudum apertum.

Auffi à mon avis ces Offices hereditaires vaquent de cette vacation parfaite au cas de la forfaiture, & reviennent à la libre difpofition du collateur, parce que le privilege d'heredité n'empefche que la pure vacation n'y ait lieu, au cas de forfaiture, qui eft une efpece toute differente : & eft une regle que *unum genus vacationis aliud non comprehendit. cap. Sufceptum. De refcript. in 6.* Joint que les loix qui parlent de la forfaiture des milices, *ceu de Militibus cingulo fpoliandis*, ne diftinguent point les Milices hereditaires d'avec les autres.

53. Vaquent par forfaiture.

Quant aux vacations irregulieres, fans doute elles ont lieu en ces Offices, tout ainfi qu'aux autres, à fçavoir l'incompatibilité, la prefcription des cinq ans, & la fuppreffion : car il n'y a point de raifon particuliere, qui en exempte, comme il y a és Offices domaniaux. Mefme il n'y a point de difficulté que le Roy ne puiffe diminuer leurs droicts, leur donner des compagnons, ou les faire financer pour nouvelles attributions, tout ainfi qu'il fe fait és autres Offices, encore que tout cela ne fe faffe és domaniaux. Mais au contraire, ils ne vaquent point de leur propre nature par rembourfement, ainfi que les Offices domaniaux. Il eft vray, que comme és autres Offices, les pourveus de ceux-cy peuvent bien eftre rembourfez afin de les fupprimer pour un bien public, ainfi qu'il a efté dit au premier Livre.

54. Vaquent par les vacations irregulieres.

55. Sont reputez immeubles.

Venons maintenant à leur commerce, & premierement quant à la queftion prejudiciable, s'ils font meubles ou immeubles, je la remets au Chapitre du livre fuivant, où je la traiteray amplement, & generalement pour tous les Offices, come eftant fon vray endroict : mais je diray icy particulierement, pour ce qui concerne ces Offices hereditaires par privilege, qu'il y a grande apparece de les reputer immeubles, & les comparer aux *panes feu annona civiles* des Romains, expliquez au premier Chapitre du Livre precedent, que le droict *inter immobilia computari, Novella 6.* tout ainfi que nos rentes conftituées font à prefent reputées immeubles, prefque en toutes les couftumes, à caufe qu'elles font tranfmiffibles à l'heritier, bien qu'elles foient incorporelles, ainfi que font ces Offices.

56. Non toutefois tant que les rentes conftituées.

Si faut-il confeffer, que ces Offices ne font pas tant immeubles que les rentes conftituées, parce qu'ils font inherens à la perfonne, & que leur heredité n'eft pas fi parfaite, dautant qu'ils ne paffent pas directement du defunt à l'heritier, ny mefme fi bien eftablie comme celle des rentes conftituées, attendu ce qui vient d'eftre dit, que le Roy fucceffeur n'eft tenu de l'entretenir. Pareillement il eft certain qu'ils ne font fi immeubles que les Offices domaniaux, qui confiftent en un domaine perpetuel, Puis donc qu'il fe trouve des rencontres aux Offices domaniaux, où on doute s'ils doivent eftre reglez comme les vrays immeubles, ou comme les meubles, à plus forte raifon s'en trouvera-t'il en ces Offices.

57. N'ont fuite par hipotheq que apres refignation admife.

En premier lieu, pour le regard de la fuite d'hypotheque, il y a bien de la difficulté : mais dautant que cette queftion eft ample & difficile, & partant qu'elle merite d'eftre traittée à part, je la referve au livre fuivant, où je l'expliqueray en deux divers chapitres, me contentant d'en mettre icy tout fimplement la refolution : qui eft, que ces Offices n'ont pas le premier effet de la fuite d'hypotheque, qui eft de paffer au refignataire pourveu, comme il a efté jugé par l'Arreft moderne de la Grurie de Rets, rapporté au chapitre precedent : mais bien qu'ils ont le fecond effet d'icelle, qui eft, qu'eftans vendus par decret fur l'obligé, fon creancier premier en hypotheque eft preferable fur leur prix, qui n'eft pas diftribué par déconfiture, comme celuy des Offices venaux.

58. Mais le prix du decret d'iceux fe diftribuë par décoct.

La raifon de cette difference eft, qu'au premier cas l'hypotheque eft purgée & amortie par la refignation faite és mains du Roy, & par la provifion que fa Majefté en donne au refignataire, qui deformais n'eft pas dit avoir droict *à refignante, fed à collatore*, comme on dit és Benefices. Auffi que ce feroit une abfurdité, mefme un prejudice au public, que ces Offices demeuraffent éternellement chargez d'hypotheque, en forte qu'un refignataire ne s'en peuft affeurer que par un decret. Lefquelles raifons ceffent au fecond cas, de forte qu'en iceluy, il n'y a rien qui empefche que la fuite d'hypotheque n'y ait lieu, tout ainfi qu'és rentes conftituées.

59. Raifon decrete & verifiée.

Pour le regard de la faifie & du decret, j'eftime en un mot qu'il faut tenir toutes les mefmes regles & decifions, qui ont lieu és fimples Offices venaux, & qui feront deduites au livre fuivant, faufque, comme je viens de dire, la diftribution des deniers du decret ne fe fait pas par déconfiture, mais felon l'ordre des hypotheques, comme és rentes conftituées.

60. Du decret d'iceux.

Pareillement à l'égard de la communauté d'entre mary & femme, il y faut garder les mefmes maximes qu'aux Offices venaux. Comme auffi à l'égard du doüaire, je n'eftime point qu'il doive avoir regulierement lieu en ces Offices pour les raifons contenuës à la fin du neuvième chapitre du livre fuivant, ny pareillement le Retraict lignager, mefme és couftumes qui l'admettent és chofes reputées immeubles, parce qu'en ces Offices l'acheteur *habet jus à Rege potius quàm à refignante*, ainfi qu'il vient d'eftre dit.

61. Gloses en communauté & en douaire.

Mais quant à la fucceffion, la queftion me femble plus douteufe que toutes les autres, dautant que la raifon decifive, pour laquelle je refoudray au livre fuivant que les purs Offices font partageables comme meubles, milite en ceux-cy, à fçavoir que ce n'eft pas l'Office en foy qui tombe en fucceffion, ou en partage, mais feulement la faculté de le vendre & en tirer deniers. Neantmoins parce qu'en l'équilibre de cette difficulté à l'égard des purs Offices, le droict d'heredité qui eft de plus en ceux cy, me femble fuffifant pour faire pancher la balance du cofté de l'immeuble, auffi que la proprieté des Offices s'établit parmy nous peu à peu, j'eftime qu'en attendant que la Cour ait decidé cette difficulté, il eft plus affeuré de les tenir pour immeubles en matiere de fucceffion, ainfi que les rentes conftituées, & je donne cela à noftre ufage, encore qu'à y prendre garde de prés, ce foit contre la raifon.

62. Comment en fucceffion.

Finalement à l'égard du rapport d'entre coheritiers, fi le fils pourveu d'un de ces Offices par la refignatio de fon pere, veut rapporter l'eftimation il ne la faut pas faire, à mon avis, fur la finance payée pour l'Office, comme j'ay dit des Offices domaniaux au chapitre precedent : parce que ces Offices ne font pas fujets à un rachat perpetuel come les domaniaux, qui auffi ont leur prix certain, comme les rentes conftituées, mais ces Offices, ainfi que les vrays Offices à vie, appartiennent *opinio jure* aux pourveus, qui les revendent communément beaucoup plus que la finance d'iceux : & partant ce feroit un grand advantage à l'enfant refignataire de n'en rapporter que la finance. Toutefois bien que l'eftimation de l'Office à vie doive eftre faite à l'égard du temps qu'il valoit lors qu'il a efté refigné par le pere, & non à ce qu'il vaut lors du partage & rapport, parce que defors de la refignation, le peril & le profit de l'Office cafuel concerne le refignataire, neantmoins il faut tenir le contraire aux Of-

63. Comment en rapport.

Des Recev. & Contr. des Decimes, Ch. IX.

fices hereditaires par privilege, qui ne sont point casuels ni perissables par mort, & par consequent en ce regard doivent suivre la regle des autres biens, & c'est la decision de l'article 305. de la coûtume de Paris. En laquelle estimation, c'est sans doute qu'il faut apprecier la simple procuration de l'Office; & non pas l'Office tout expedié: parce que quand on le rapporteroit en espece, il n'y auroit que la procuration qui tournast à profit commun. Si toutefois le pere avoit fourni l'Office au fils tout expedié, il faudroit encore qu'il rapportast le droit de resignation, & les frais de l'expedition payez par le pere.

CHAPITRE IX.

Des Receveurs & Controlleurs des Decimes.

1. Comment le Clergé doit contribuer aux necessitez de l'Estat.
2. Origine des Decimes.
3. Decime Saladine.
4. Decimes des Papes.
5. Abolies.
6. Decimes du Roy.
7. Quand faites ordinaires.
8. Que ce fut sous Charles IX.
9. Origine des rentes sur le Clergé.
10. Renouvellement de la levée des Decimes.
11. Indictions de l'Empire.
12. Election des Empereurs renouvellée tous les dix ans.
13. Erection d'un Receveur des deniers extraordinaires & casuels.
14. Origine des Receveurs des Decimes.
15. Receveurs des deniers extraordinaires remboursez par le Clergé.
16. Retablis en qualité de Receveurs des Decimes.
17. Attribuez à la nomination du Clergé.
18. Pourveus par commission irrevocable, sinon après remboursement.
19. De mesme.
20. Erection des Receveurs Alternatifs, & des Controlleurs des Decimes.
21. Remboursez la plus-part.
22. Erection des Receveurs Generaux Provinciaux des Decimes.
23. Esteints après dix ans, sans remboursement.
24. Greffes, après la jouissance de seize ans, rendus au Roy.
25. Receveurs Provinciaux revêdus au sieur de Castille.
26. Du Receveur General du Clergé.
27. N'est qu'une commission revocable.
28. Du droit des Estats des Decimes.
29. Qu'ils sont tous de mesme nature.
30. Que le Roy a touché les deniers de tous.
31. S'ils sont Offices Royaux.
32. Des Tresoriers des Princes.
33. Ne sont Officiers.
34. Que les Receveurs des Decimes ne sont vrais Officiers.
35. Resolution que si.
36. Ont tous droits d'Officiers du Roy.
37. Difference d'entr'eux, & les Tresoriers des Princes.
38. Autre difference.
39. S'ils sont Offices domaniaux.
40. Peuvent estre revendus par le Clergé.
41. Comment cette revente peut estre faite.
42. Sont Officiers du Roy, à l'égard de l'exercice: & du Clergé, à l'égard de la proprieté.
43. Ne doivent être revendus, sinon au rabais des gages ou droicts.
44. Cette revente seroit utile.
45. Avis d'un fond de deniers, pour l'entretien des Ministres convertis.
46. Utilité de cet avis.
47. Que ce menage seroit meilleur que l'extinction de ces Offices après certaines années.
48. Questions sur ces Offices.
49. S'il faut en prendre lettres du Roy.
50. Resolution que non.
51. S'ils peuvent estre exercez par Commis general.
52. Resolution que si.
53. Ne vaquent par aucune vacation.
54. S'ils sont sujets au douaire.
55. Du droit des Receveurs Provinciaux, pendant les dix ans d'extinction.

Comment le Clergé doit contribuer aux necessitez de l'Estat.

COMME on voit chacun des membres du corps humain contribuër ses facultez à la nourriture d'iceluy, aussi est-il raisonnable que tous les membres de l'Estat contribuënt à ses necessitez, ce qui est de leur puissance. Neanmoins, encore que la Noblesse de France employe sa propre vie pour la défense du Royaume, & le Tiers Estat ses biens, les Ecclesiastiques ont toûjours maintenu que c'estoit assez, qu'ils y contribuassent leurs prieres vers Dieu, mais quant à leurs biens, ils se sont fait accroire qu'ils étoient hors de l'Estat, & exempts de la puissance temporelle. De sorte qu'ils n'en ont voulu faire aucune contribution, fors en un seul cas, à sçavoir lors qu'il a été question de quelque guerre sainte.

Origine des Decimes.

La premiere contribution pour eux faite, au moins dont nostre histoire fasse mention, fut à la guerre que Charles Martel entreprit pour la défense du Pape, contre les Lombards, pour laquelle ils fournirent la dixiéme partie de leur revenu, appellée en Latin *decima*. Ils fournirent encore une autre Decime sous Philippe Auguste, au premier voyage de la Terre Sainte, qui fut appellée *Decime Saladine*, parce qu'elle fut promptement levée sur le bruit arrivé, que Saladin avoit pris Hierusalem. Pareillement, en ce grand Concile de Latran, tenu sous Innocent III. il fut ordonné que pour semblables voyages de la Terre Sainte, il seroit pris une Decime sur les Ecclesiastiques. Et depuis ce temps, à mesure qu'il s'est presenté quelque guerre, où les Ecclesiastiques ont eu tant soit peu

Decime Saladine.

Du droit des Offices.

d'interest, on a cessé de lever sur eux des Decimes, tant pour la défense des Papes notamment lors qu'ils residoient en Avignon, (ce leur estoit quasi un revenu ordinaire) tantost pour le Roi par permission du Pape: de sorte que, comme dit le vieil Annaliste, le Pape & le Roi pratiquoient l'un envers l'autre cet ancien dire, *Donne m'en, je t'en donneray*.

Decimes des Papes.

Pour le regard des Decimes que les Papes avoient pris coûtume de lever, elles furent retranchées par le Concile de Constance, fors en cas de consentement universel des Prelats, & de fait, il n'en a point été levé en France, mais quant à celle des Rois, elles leur ont été si souvent concedées par les Papes, ou accordées par les Ecclesiastiques, qu'à la fin, en ce Royaume de consequence, elles ont été reduites en subside ordinaire, tout ainsi que les Tailles du Tiers-Estat, qui pareillement n'étoient du commencement imposées, sinon pendant la guerre, & du consentement du Peuple.

Abolies.

Decimes du Roy.

On tient communement que ce fut sous le Roi François I. que les Decimes furent converties en subside ordinaire: ce qui n'est pas vray semblable, attendu l'Edit du Roi Henry II. son successeur, de l'an 1557. contenant l'erection d'un Receveur des deniers extraordinaires & casuels, *pour entr'autres deniers, recevoir* (porte que Edit) *les dons gratuits & charitatifs, équipollens à Decimes, quand ils nous sont & seront accordez par les Prelats Diocesains de nostre*

Quand faites ordinaires.

S

Des Offices hereditaires, Liv. II.

Royaume : noms qui furent premierement attribuez à cette subvention du Clergé, par le Récrit du Pape Boniface VIII. lors qu'il permit au Roi Philippe le Bel, de faire une levée sur les Ecclesiastiques pour la defense du Royaume, comme il se voit au vieil style du Parlement. *tract. De jur. Reg. Franc.* où elle n'est pas appellée *Decime*, parce qu'il n'y avoit que les levées faites pour les guerres Saintes, qui fussent proprement appellées ainsi.

8. Que ce fut sous Charles IX.

Mais je tiens pour certain que ce fut seulement du temps du Roi Charles IX. pendant la continuation des guerres de la Religion, qu'on fut contraint d'avoir recours annuellement à cette subvention : laquelle partant on redonna le nom de *Decime*, comme étant faite pour une guerre Sainte, toutefois d'autant qu'au fort de la guerre elle étoit mal-aisée à lever, aussi que la Decime n'étoit pas suffisante aux grands frais, & promptes necessitez de cette guerre (à laquelle neanmoins les Ecclesiastiques avoient le principal interest, parce que c'étoit principalement à leurs personnes à qui on en vouloit, & leur revenu qu'on vouloit usurper) on s'avisa d'emprunter pour eux à rente grandes sommes de deniers, sous le nom & credit des Prevôts des Marchands, & Eschevins de Paris, ausquels le Roi transporta par engagement ses Aydes & Gabelles à proportion, dont les Ecclesiastiques luy baillerent indemnité, & luy promirent de racquiter ces rentes après la paix. Et de fait en l'an 1568. eux-mêmes se chargerent directement de ces rentes, & les assignerent & realiserent sur leurs Domaines & revenus solidairement, moyennant laquelle assignation les Prevôts des Marchands & Eschevins de Paris rendirent au Roi les Aides & Gabelles dont ils joüissoient par engagement ou assignat. En outre, les Ecclesiastiques promirent d'acquiter & amortir entierement lesdites rentes dans dix ans, afin que le Roi & l'Hostel de Ville de Paris en fussent entierement déchargez.

10. Renouvellement de la levée des Decimes.

Ce que n'ayant fait depuis ce tems, il a fallu continuer par chacun an à faire levée de Decimes sur le Clergé, pour payer les arrerages de ces rentes. Car encore qu'il maintienne à present, que dans ces dix ans il fut levé des deniers à suffire pour racquiter entierement le sort principal d'icelles, outre les arrerages, & que partant il pretende en être quitte, neanmoins, si la levée a été faite, il faut que les deniers ayent été divertis & baillez aux defuncts Rois, à mesure qu'ils en ont eu besoin. C'est pourquoi en l'an 1580. les Ecclesiastiques consentirent que la levée de treize cens mil livres par an, fut continuée pendant six ans seulement: en l'an 1586. ils la renouvellerent pendant dix ans, & en l'an 1596. pendant autres dix ans: & finalement en l'an 1606. ils l'ont encore renouvellée pour dix ans, toujours sous de belles protestations de n'être tenus de ces rentes, & que ce qu'ils les payent, c'est seulement de grace, & pour contenter le Roi.

11. Indictions de l'Empire.

De sorte, que c'est en effet, comme les indictions de l'Empire, qui n'étoient faites que pour quinze ans, mais se renouvelloient toûjours de quinze en quinze ans, qui fut cause qu'enfin l'indiction signifia le tems de quinze ans. Ou bien comme les premiers Empereurs Romains se faisoient élire tous les dix ans par le Senat, avec beaucoup de magnificence, à cause qu'Auguste ayant proposé au Senat de quitter l'Empire, & redonner l'entiere liberté au peuple, fut prié d'attendre encore dix ans, & après ces dix ans fut derechef prié d'en attendre dix autres : mais tout cela n'étoit pas de la forme.

12. Election des Empereurs renouvellées tous les dix ans.

Les Empereurs, ni possible Auguste même, n'avoient pas dessein de quitter l'Empire, on l'eust pris au mot : comme pareillement ce n'est pas l'intention des Rois de quitter cette indiction ou subside des Ecclesiastiques après dix ans.

13. Election des Receveurs des Decimes.

C'est pourquoy il a été besoin de Receveurs pour en faire la levée. Et déja, comme nous venons de dire, sous le Roi Henry II. & en l'an 1557. fut erigé un Receveur des deniers extraordinaires & casuels en chacun Diocese, auquel on fit semblant de bailler la charge de recevoir l'octroi des cinquante mil hommes de pied, & les emprunts generaux & particuliers, mais sa principale charge étoit de recevoir les dons gratuits & de charité des Ecclesiastiques, equipollens à Decimes : aussi luy attribua-t'on au lieu de gages, douze deniers sur iceux, & trois deniers seulement sur l'autre maniement de sa charge; & de fait, en la justion faite trois mois après, pour la verification de cet Edit, ces Offices sont qualifiez par exprés *Receveurs des Decimes & deniers casuels*, qui est cause que les compilateurs des Ord. rapportent tous à cet Edit l'origine des Receveurs des Decimes.

14. Office des Receveurs des Decimes.

Aussi les Ecclesiastiques, prevoyans que l'erection de cet Office seroit un sujet, ou un prejugé de continuer la levée de leur subvention, le rembourserent bien-tost après, & par l'Edit qu'ils obtinrent pour la suppression d'iceluy, firent ordonner, que doresnavant, quand il écherroit à lever des subventions sur le Clergé, ce seroit le Clergé même, qui commettroit les Receveurs : comme à la verité c'étoit l'ancienne maniere de France, lorsque les Tailles du Tiers-Estat n'étoient encore ordinaires, que quand on les accordoit pour la necessité du Royaume, le peuple même élisoit & députoit toutes sortes d'Officiers necessaires pour en faire la levée.

15. Receveurs des deniers extraordinaires.

Neanmoins, en l'an 1572. le Roi Charles ne laissa pas d'en eriger d'autres en titre d'Office, qu'il appella tout ouvertement *Receveurs des Decimes & subventions du Clergé*, & même l'Edit en fut verifié au Parlement; nonobstant l'opposition des Ecclesiastiques, lesquels toutefois firent tant envers le Roi, que la finance d'iceux tourna en acquit d'une somme de huit cens mil livres, qu'il leur demandoit lors, pour le voyage du Roi de Pologne son frere, & en ce faisant, obtinrent Edict en Juin 1573. par lequel au lieu que par le precedent Edit, ces Receveurs étoient en la pleine provision du Roi, & comptables à la Chambre des Comptes, ils demeurerent en la nomination du Clergé, & comptables à iceluy, ou à son Commis General; mais quoy qu'il en soit, ce n'étoient encore que purs Offices à vie, ainsi qu'étoient lors sans exception, tous les Offices de France, n'ayant encore été trouvé de l'invention des Offices hereditaires.

17. Attribuez à la nomination du Clergé.

Mais par autre Declaration du 29 Aoust ensuivant, sur ce que les Ecclesiastiques remonstrerent ne pouvoir promptement trouver deniers de ces Offices, pour fournir lesdits huit cens mil livres, à cause que l'Edit precedent portoit clause de suppression d'iceux, toutes fois & quantes, moyennant remboursement, le Roi leur permit *de prendre deniers par forme de prest, de gens suffisans & capables, pour les faire pourvoir desdits Offices en titre, si faire se pouvoit, sinon par commission, eux & leurs successeurs, qui les pourroient tenir & exercer aux gages, charges & conditions qui leur seroient prescrites & limitées par ledit Clergé, jusques à l'entier remboursement des deniers qui lui auroient pour cet effet été prestez.*

18. Pourvus par commission.

Donc en vertu de cette Declaration, tous ces Receveurs ont été pourveus, non pas en titre d'Office, mais par commission seulement, ou plûtost par Contract, que chacun d'eux a fait séparément avec le Clergé de son Diocese, par lequel sont specifiées les conventions accordées reciproquement, soit pour l'assurance des deniers prestez, soit pour les gages & droits, stipulez tant pour l'interest d'iceux, que pour la peine de faire la recepte.

19. De même.

Et en l'an 1588. le feu Roi ayant obtenu du Pape permission d'aliener pour cinquante mil écus de rente des biens Ecclesiastiques, & au lieu de ladite alienation, le Clergé ayant composé à la somme de quinze cens mil livres, il erigea pour cet effet, *Un Receveur des Decimes Alternatif, & deux Controlleurs en chacun Diocese, en titre d'Offices hereditaires*, à

20. Erection des Receveurs Alternatifs & des Controlleurs.

Des Recev. & Cont. des Decimes, Ch. IX. 139

faculté de rachat perpetuel, & à la charge que les pourveus d'iceux les pourroient ceder, & transporter à autres, comme leur propre & vray heritage, sans pour ce payer au Roi aucune finance, ny demander aucune permission de sadite Majesté. Toutefois, par le Contract fait entre le Roi & le Clergé, en l'an 1596. ayant été permis au Clergé de rembourser tous les Receveurs & Controlleurs en six ans, & à trois payemens égaux, en leur payant cependant la rente, à raison de sept pour cent, ces Receveurs Alternatifs, & deux Controlleurs (qui certes étoient du tout inutiles) ont été remboursez, au moins en la plûpart des Dioceses : mais à l'égard de l'ancien Receveur, le remboursement n'a pas été effectué, parce qu'il en falloit toûjours un, & principalement à cause d'une clause, que ce même Contract portoit, que le Clergé seroit responsable de l'insuffisance des Commis, qui seroient mis en sa place, ainsi qu'il étoit auparavant l'erection de ces Offices. Et neanmoins cette permission de les rembourser comme les autres, a servi en plusieurs Dioceses, pour diminuer ses gages ou droicts, crainte du remboursement.

Voila pour les Receveurs de chacun Diocese, qui ont été appellez *Receveurs particuliers*, après l'erection des Receveurs Generaux Provinciaux, qui fut faite & verifiée dès l'an 1581. mais non executée, au moyen de l'empêchement du Clergé : & à été remise en l'an 1594. par le feu Roi Henry IV. qui les crea en qualité d'Officiers hereditaires, au lieu des Commis que le receveur General étoit tenu mettre en chacune des Generalitez qui étoient seulement dix-sept en nombre, lorsque cette erection fut faite : laquelle erection de ces dix-sept Receveurs Generaux Provinciaux en titre d'Office hereditaire, a été fort disputée & debattuë par le Clergé. Lequel, enfin au dernier renouvellement de la levée des Decimes, fait en l'an 1606. ayant obtenu du Roi permission de les rembourser, a fait ce ménage avec eux, que par Contract passé pardevant Lusson & le Noir, Notaires de Paris, le trentiéme Mars 1606. ils ont consenty l'extinction & suppression de leurs Offices, sans aucun remboursement, moyennant qu'on les laisseroit joüir d'iceux pendant dix ans seulement, tant ils avoient été vendus à bon marché, ou bien tant le prix des Offices, & la folie de François 1. a augmenté depuis l'an 1594. Et à cet exemple ce subtile donneur d'avis M. Charles Paulet, depuis peu, & au mois de Mars 1608. a fait party avec le Roi pour lui rendre & restituer franchement & quittement, de ses Greffes, ou autres domaines, jusqu'à la somme de quatre millions de livres, dont il s'est tenu rembourser les acquereurs, en luy delaissant seulement la joüissance d'iceux pendant seize ans, qui est certes un tres-bon ménage au Roi.

Mais ce ménage n'a gueres duré à l'égard des Ecclesiastiques : car dés l'année derniere 1608. pour fournir promptement au Roi trois cens mille livres, ils ont revendu au sieur de Castille, leur Receveur General, ces dix-sept Offices de Receveurs Generaux Provinciaux, pour en faire pourvoir qui bon lui semblera à perpetuité, en qualité d'Offices hereditaires, après l'expiration des dix ans, pendant lesquels les pourveus d'apresent en doivent joüir, & sous autres clauses contenuës au Contract passé entre les Syndics du Clergé, & icelui sieur de Castille pardevant iceux Lusson, & le Noir, le trentiéme Juillet 1608.

Ce qui nous oblige de parler de ce Receveur General des Decimes, j'entens le Generalissime, tel qu'est à present le sieur de Castille, & étoit auparavant lui & son pere, le sieur Marcel. Or celui-là ne fut jamais érigé en titre d'Office, mais seulement le Clergé le commet par Contract, & pour temps prefix & limit, qui est toûjours le même temps du renouvellement de la levée des Decimes, & encore à la charge de pouvoir être revoqué pendant ce temps,
Du droit des Offices.

par la libre volonté du Clergé, comme il se voit par le Contract fait entre le Clergé, & ledit sieur de Castille, en l'an 1596. inseré au recueil des remontrances & Ordonnances du Clergé, d'où il s'ensuit que cette charge n'est point un Office, mais une simple commission deferée par un corps privé, laquelle toutefois étant authorisée par le Roi, & étant à profit de sa Majesté, includ une authorité publique, pour decerner contraintes, faire procez verbaux, & tous autres, aussi necessaires à l'exercice d'icelle, tout ainsi que pourroit faire un Receveur en titre d'Office : mais enfin cette commission n'ayant jamais été vendüe par le Roi, ou par le Clergé, mais étant revocable à la volonté, n'est nullement venale.

Quant aux Offices des Receveurs Generaux Provinciaux, il faut confesser qu'ils sont de la même nature que ceux des Receveurs particuliers. Car ce que les anciens Receveurs particuliers ne furent pourveus que par commission, fut à cause que de ce tems l'invention des Offices hereditaires n'avoit encore été introduite, de sorte qu'on ne pouvoit s'imaginer qu'ils peussent être hereditaires, s'ils étoient pourveus en titre d'Office : & partant, pour en asseurer l'heredité, il fallut prendre ce circuit, de permettre au Clergé de les pourvoir par commission, laquelle ne pourroit être revoquée, sinon en rendant les deniers pretez pour icelle obtenir : mais depuis que les Offices hereditaires ont été inventez, quand on a créé les Receveurs particuliers Alternatifs, & les Controlleurs, on n'a plus dit qu'ils seroient pourveus par commission du Clergé ; mais qu'ils seroient pourveus par le Roi, comme d'Offices hereditaires : ainsi que pareillement il est contenu en l'erection des Receveurs Generaux Provinciaux.

Cela ne sert de rien de dire, que les Receveurs particuliers, tant Anciens qu'Alternatifs, ensemble les Controlleurs, ont été vendus par le Clergé, ou son partisan, à tel prix qu'il a voulu, & que les Provinciaux ont été vendus directement par le Roi. Car c'est la verité que le Roi a aussi bien touché les deniers provenus de l'erection des Offices des Receveurs, tant anciens qu'Alternatifs, & des Controlleurs, que de ceux des Receveurs Provinciaux. Ceux des anciens Receveurs ayant été employez à payer les huit cens mille livres promis par le Clergé pour le voyage du Roi de Pologne, & ceux des Receveurs Alternatifs, & des deux Controlleurs ayans servy pour payer les cinq cens mil écus promis au Roi par le Clergé, pour & au lieu de l'alienation permise par le Pape, de cinquante mil écus de rente du bien d'icelui. Et de fait, cette derniere revente, faite en l'année 1608. des Offices des Receveurs Provinciaux, a été faite par le Clergé même, & non par le Roi, qui toutefois en a eu les deniers, comme il vient d'être dit.

Supposé donc que tous ces Estats du Clergé sont de même nature, on peut douter en premier lieu, s'ils sont vrais Offices Royaux. Car en les rapportant à leur origine, il semble que c'est un emprunt de deniers, fait par le Clergé à gros interêts, pour payer ce qu'il avoit promis au Roi, au lieu de mettre la main à l'heritage. Interêts, qui neanmoins sont tolerables, parce que ce qui excede le legitime interêt est attribué en consequence de la peine que prennent ces Receveurs au recouvrement des deniers.

Tout ainsi qu'on pratique aujourd'huy és maisons des Princes & grands Seigneurs, de prendre des Argentiers (qu'on appelle improprement *Tresoriers*, parce que ce titre n'appartient qu'à ceux du Roi) qui d'entrée prêtent & avancent aux Seigneurs une bonne somme de deniers, pour laquelle on leur paye double interêt par forme de gages, lequel partant ils reçoivent licitement, suivant un bon Contract qu'ils en passent, côtenant les conditions de leur charge, entr'autres de ne pouvoir être revoquez d'icelle, sans être prealablement remboursez de leurs avances.

S ij

140 Des Offices hereditaires, Liv. II.

33. Ne sont Officiers.
Et neanmoins on ne les peut qualifier Officiers; mais il est vrai qu'ils sont leurs charges en vertu d'un Contract mêlé *ex antichresi & locatione operarum*: ce qu'on peut dire semblablement des Receveurs des Decimes, au moins des anciens Receveurs particuliers ausquels l'Office est seulement engagé par forme d'antichrese, c'est à dire, à la charge d'en prendre les fruits à leur profit, tant pour leur peine, que pour l'interêt des deniers par eux prêtez au Clergé: que si cette opinion estoit vraye, il faudroit tenir ces Offices pour meubles, ainsi que sans difficulté est l'argent avancé aux Princes par leurs Tresoriers.

34. Que les Receveurs des Decimes ne sont vrais Officiers.
Mais pour montrer plus particulierement, qu'ils ne sont pas vrais Officiers, cela semble determiné expressément par les articles arrestez en l'assemblée du Clergé és années 1595. & 1596. inserez en ce même Recueil, dont voicy les mots: *Les Receveurs particuliers des Dioceses ne sont proprement pourveus desdites Receptes en titre d'Office formé, mais par commissions, pour par eux, leurs hoirs & successeurs (qui les pourront tenir) être exercé aux gages & conditions prescrites & limitées par ledit Clergé.*

35. Resolution que si.
Toutesfois j'estime, même je tiens pour assuré que tous les Estats des Decimes sont vrais Offices. Car déja pour les Receveurs particuliers Alternatifs & les Controlleurs, ensemble pour les Receveurs Provinciaux, il n'y a nulle difficulté, attendu qu'ils sont erigez & pourveus par le Roi en titre d'Office hereditaire: & quant aux anciens Receveurs particuliers, ils ont esté erigez du Roy en titre d'Office: mais on y a pourveu par commission, parce qu'on n'avoit pas encore trouvé l'invention de pouvoir en titre hereditairement d'un Office formé: mais ce circuit a esté delaissé, si tost que les Offices hereditaires ont esté mis en usage. Or il est certain, que tout Estat erigé par le Roi en titre d'Office, est Office: mesme c'est la definition que Bodin donne à l'Office d'être une charge publique limitée par Edit, au lieu qu'il definit la commission, une charge limitée par simples lettres.

36. Omnes droits d'Officiers du Roy.
C'est pourquoy je conclud, que les Officiers des Decimes sont non seulement vrais Officiers: mais encore vrais Officiers de sa Majesté, qui en cette qualité ont puissance publique, ont rang & seance selon la dignité de leur office, & si ont, ou peuvent avoir des titres d'honneur, & des privileges, ainsi que les autres Officiers Royaux: témoin l'Edit d'erection des Receveurs provinciaux, qui porte expressément: *Qu'ils joüiront de tels & semblables honneurs, privileges, prerogatives, prééminences, franchises & libertez, dont jouïssent les Receveurs Generaux des Finances.*

37. Difference d'entre eux, & les Officiers des Princes.
Et ne faut point comparer ces Offices aux Tresoriers des Princes, qui ne sont pas Officiers erigez par Edict, comme ceux des Decimes, mesme qui n'ont charge ni puissance publique, mais cette comparaison convient seulement à la commission du Receveur General, qui encore est bien plus que les Tresoriers des Princes, attendu que le Roi lui a deferé pour l'exercice de la charge la puissance publique, que ceux-là n'ont aucunement.

38. Autre difference.
Il y a encore une autre difference entre ces Officiers des Decimes, & les Tresoriers des Princes: à sçavoir que ceux-cy n'alienent pas tout à fait les deniers qu'ils prestent & avancent aux Princes; mais quand ils decedent, ou se veulent retirer du service, ils les peuvent repeter & exiger: mais les Officiers des Decimes ont fait un prest à jamais rendre, si le Clergé ne veut, & ont alienè leurs deniers, tout ainsi que s'ils les avoient baillez à rente. C'est pourquoy comme nous jugeons les rentes immeubles, à cause de l'alienation du principal, c'est mon avis, que ces Offices doivent estre reputez immeubles, attendu mesme qu'on juge ordinairement les simples Contracts pignoratifs d'Anjou, & du Maine, comme il a été dit cy devant, combien qu'en iceux les deniers ne soient pas tout à fait alienez.

39. S'ils sont Offices domaniaux.
Mais c'est une grande & importante question, si ces Offices doivent être mis au rang, ou des domaniaux, ou des hereditaires par privilege, attendu que les regles des uns & des autres sont presque toujours contraires, ainsi qu'il se voit par la conference des deux chapitres precedens: c'est pourquoy j'ay reservé ceux-cy à part, pour mieux expliquer leur nature, qui en un mot est, à mon avis, metoyenne, & participante de ces deux especes. Car encore que d'abord ils semblent ne pouvoir estre du nombre de domaniaux, parce qu'ils n'ont pas les deux marques d'iceux, rapporté es au precedent chapitre: à sçavoir qu'ils ne consistent pas en un droit domanial, qui puisse être baillé à ferme, & qu'ils ne sont pas adjugez publiquement au plus offrant, ainsi que le domaine du Roy: neanmoins c'est la verité, que cette seconde marque leur convient aucunement, attendu qu'ils ont esté vendus au plus offrant à faculté de rachat; ce qu'ils n'ont esté licitez publiquement, est à cause qu'ils ne font point part du Domaine du Roi, auquel seul cette forme est necessaire: mais tant y a qu'ils ont esté vendus aux meilleures conditions que le Clergé en a pû tirer, & notamment à faculté de rachat, & non pas conferez en Office formé, qu'on ne peut racheter: aussi que l'heredité ne leur a point été attribuée depuis leur creation, & aprés leur nature formée ainsi qu'aux Offices hereditaires par privilege, mais ils ont esté erigez en cette nature d'estre hereditaires: d'ailleurs il est certain qu'ils peuvent estre revendus, quand il plaira au Roi & aux Ecclesiastiques à mesme faculté de rachat, ainsi que les Offices domaniaux: de fait y a eu Edit à cette fin, verifié au Parlement dés l'an 1596. lequel neanmoins n'a point esté executé au moyen d'un Arrest de defenses du 6. Mars 1598. donné à la poursuite des Deputez du Clergé, qui empécherent cette revente, comme étant une nouvelle alienation des biens d'Eglise: mais pour le regard des proprietaires de ces Offices, ils ne l'eussent sceu empécher de leur chef, attendu qu'ils les ont achetez sous faculté expresse de rachat. Et est fort notable, que par cet Arrest de l'an 1598. ces Offices sont qualifiez domaniaux & hereditaires.

41. Comment ces Offices revente peut être faite.
Ce qui nous oblige de declarer en premier lieu, si & comment ces Offices peuvent être revendus, ce qu'il faut resoudre à mon opinion, par les mesmes regles qui ont esté discourues au chapitre 7 à l'égard des Greffes des Seigneurs, à sçavoir qu'ils peuvent estre & retirez & revendus sans tiercement & sans Edit, parce que ces deux voyes ne sont prescrites, que pour les Offices du domaine du Roi. Et il est inutile de dire que ces Offices icy sont Royaux, puisque les pourveus d'iceux sont, & se peuvent qualifier Officiers du Roi ayant été erigez en vertu d'Edicts, & la plûpart d'iceux ayant lettres de provision de sa Majesté, estans receus par les Tresoriers de France. Car cela est vray en ce qui concerne l'exercice, qui és Offices hereditaires est distinct & separable de la proprieté: mais en ce qui concerne la proprieté & Seigneurie directe d'iceux, il est certain qu'ils appartiennent vrayement, non au Roi, mais au Clergé, qui les met & ôte, vend & rachete quand il lui plait, sans l'entremise du Roi. Et ce que le Roi a pris les deniers provenus de la vente des Receveurs Provinciaux en l'an 1594. a esté par entreprise qui neanmoins estoit necessaire, à cause de la guerre étrangere qui lors commençoit: & de fait le Clergé avoit déja empéché ce coup en l'an 1581. s'opposa encore à cet Edit de l'an 1654. & enfin a tant fait, qu'il a supprimé ces Offices, puis les a revendus luy-mesme pour sa necessité.

43. Ne doivent être revendus sinon au rabais des gages, ou droicts.
Mais d'autant que l'Eglise est comparée au mineur, comme en ce 7. chapitre il a esté dit, que le Greffe d'une Justice appartenant au mineur, ne peut pas être revendu par son Tuteur, ni pour le mesme prix (au moins sans avis de parens) ni à plus haut prix, sans decret de Justice, d'autant que la vente, ou engage-

ment à plus haut prix est une nouvelle alienation du bien du mineur : aussi est-ce la verité, que ces Offices ne peuvent pas estre revendus à autres, soit pour le mesme prix, sans occasion, *& per inutilem versuram*, & encore moins à plus haut prix, sans observer toutes les solemnitez requises aux alienations Ecclesiastiques. Au contraire comme il a été dit, que le Tuteur peut revendre le Greffe au rabais des gages, ou des droits, sans hausser le prix, parce qu'en telle revente l'utilité du mineur est tout evident : aussi je ne fay nul doute, que les Ecclesiastiques ne puissent revendre ces Offices au rabais des droits & des gages, sans augmenter le prix de la vente, parce que le profit de l'Eglise y est tout apparent.

Et je diray en passant, qu'aujourd'huy, que les Offices sont encheris notoirement du double de ce qu'ils valoient au temps de la vente de ceux cy, joint que du depuis on a appris d'en tirer la quinte essence tout autrement, qu'on ne s'avisoit lors de leur premiere érection, les Ecclesiastiques pourroient faire un bon ménage de les revendre au rabais des gages, ou des droits d'iceux, avec charge de rembourser l'ancien adjudicataire de son prix. En quoy faisant, je m'asseure que tel de ces Offices seroit mis au rabais de moitié des gages, ou droit d'apresent.

Que si on vouloit continuer à lever ces gages & ces droits entiers, puis qu'on y est déja tout accoutumé, sans changer les taxes anciennes, le fonds & deniers bons qui reviendroient annuellement au Clergé, par le moyen de ces reventes au rabais suffiroit aisément pour appointer un ou deux Ministres convertis en chacun Diocese, & en attendant qu'il s'en convertist, pourroit être employé à quelques autres œuvres pies.

Que si on sçavoit publiquement, qu'il y eust un fonds si asseuré pour l'appointement perpetuel des Ministres convertis, je ne doute point qu'il ne s'en convertist plusieurs à present que nos controverses de Religion sont si nettement éclaircies, que les doctes n'ont plus rien qui les retienne, sinon la necessité de leur famille, ou autres considerations du monde. De sorte que ce petit fonds tout trouvé, sans surcharge, seroit possible plus d'effet pour la conversion des devoyez, que n'ont fait les guerres du tems passé.

Ce qui seroit un surplus encore un meilleur ménage, que celui de l'extinction aprés quelques années, qui a été pratiqué aux receveurs Provinciaux, attendu qu'on ne se peut passer d'un Receveur particulier, & s'il étoit éteint & supprimé, il faudroit toûjours que les Ecclesiastiques en commissent un autre de l'insolvabilité duquel ils seroient tenus, ainsi qu'ils étoient auparavant qu'il fust érigé en Office, comme porte notamment le Contract de l'an 1596. Mais étant à present Officier du Roi, reçeu & cautionné en Justice, pardevant les Tresoriers de France, les Ecclesiastiques sont déchargez à bon droit de son insuffisance par l'Edit de l'an 1573.

Or puisque nous avons dit que ces Offices ne sont tout à fait, ny dominiaux, ny hereditaires par privilege, mais qu'ils ont leur natures distincte, & participe neanmoins des uns & des autres, il faut repasser toutes les questions qui ont été traitées aux uns & autres ès deux chapitres precedens.

Premierement il ne faut point douter de la question, s'ils peuvent être exercez sans lettres de provision du Roi, attendu qu'il est notoire que les anciens receveurs particuliers n'en avoient point, mais joüissoient de leurs Offices en vertu du Contract par eux fait avec le Clergé, contenant leur commission : & leurs heritiers, ou ayans cause, en joüissoient en vertu de leur reception, laquelle, & non pas la provision, est necessaire à toutes sortes d'Officiers : que si quelques-uns d'entre eux ont pris lettres du Roi, c'ont été plûtost lettres de confirmation du Contrat par eux fait avec le Clergé, que vrayes lettres de provision d'Office. Et bien que les Provinciaux ayent pris provision du Roi, & que l'Edict de leur erection porte, *Qu'il ne sera pourveu ausdits Offices, sinon à la nomination des acheteurs d'iceux, leurs hoirs, ou ayans cause*. Neanmoins j'estime que les provisions du Roi n'y ont esté necessaires, non plus qu'aux Offices des Receveurs particuliers, aussi l'Edict ne porte pas qu'ils en prendront, mais que le Roi n'en delivrera qu'à la nomination de leurs ayans cause, & encore il adjoûte ces mots qui sont notables, *sans que pour lesdites provisions ils soient tenus financer aucune chose, mais seulement renouveller leurs cautions, & se faire recevoir ainsi que les precedens pourveus*. Et l'Edit d'erection des Receveurs particuliers Alternatifs, & de deux Controlleurs, porte, *Que les pourveus desdits Offices les pourront alienir, ceder & transporter à autres, comme leur propre & vrai heritage, sans pour ce payer au Roi aucune finance, ny demander aucune permission de sadite Majesté*: mots qui déchargent infailliblement de prendre lettre de provisions. Il est vray qu'ils en ont pris la plûpart, afin d'avoir plus d'occasions de se qualifier Officiers du Roi, bien que ce soit proprement la reception, & non la provision, qui fasse l'Officier.

Mais la difficulté est plus grande, s'ils peuvent estre exercez entierement par Commis, & si par consequent les femmes & les mineurs les peuvent posseder ainsi qu'il a été dit des Offices domaniaux, ce qui n'est és Offices hereditaires par privilege. Car la declaration de l'an 1573. porte, que les Offices des anciens Receveurs particuliers, ne pourroient être baillez qu'à gens suffisans & capables de les exercer, & les Edits de l'an 1588. des Receveurs Alternatifs, & des deux Controlleurs, ensemble celui de l'an 1594. des Receveurs Provinciaux, portent qu'il y sera pourveu de gens suffisans & capables. Neanmoins c'est chose toute notoire, qu'on permet aux veuves & au mineurs de les posseder, & d'en retenir la proprieté, les faisant exercer par un fermier, ou Commis General, tout ainsi que les Offices Dominiaux.

En quoy il semble que le Roi, ny le public n'est point interessé, puisque ces Offices ne vaquent, ny par mort, ny par forfaiture, & que le Roy ne prend rien de la resignation d'iceux, ou autre mutation quelconque. Et quant aux Ecclesiastiques il ne leur importe qui en fait l'exercice, mais seulement ils ont interest, que celui qui en fait l'exercice soit homme de bien, ce qui apparoît par sa reception, & qu'il soit solvable, ce qui dépend de sa caution : que si le Commis n'a point baillé de caution, le proprietaire qui l'a presenté, en est toûjours responsable : comme il a été dit au 7. chapitre, & en tout cas l'Office y est toûjours affecté par preference, ainsi que contient par exprés tous les Edits cy-dessus cottez. C'est pourquoy quand ils portent qu'il y sera pourveu de personne capable & suffisante, ils entendent parler de celui qui pretend en porter le titre, & en faire l'exercice, & non de celui qui en veut avoir la simple proprieté. Comme de fait, quand le proprietaire n'en veut faire l'exercice, il n'a que faire d'en prendre lettres de provision, puisque cela n'est point necessaire.

Ce poinct ici, presupposé pour veritable, sert à la decision de la plûpart des autres difficultez qui peuvent échoir en ces Offices. Car il est aisé à entendre que ces Offices ne vaquent par aucune sorte de vacation reguliere ou irreguliere, non plus que les Offices domaniaux : & aussi de ce qu'ils ont une proprieté separable de l'exercice, il s'en suit qu'ils sont susceptibles d'ypotheque & de la suite d'icelle, qui n'est purgée par la provision obtenuë du Roi par le tiers aquereur; parce que cette provision n'est pas le fondement de son droict, mais la vente à lui faite, même elle n'est point necessaire, mais elle est seulement obtenuë par cautele superabondante, comme il a été dit à l'égard des Offices domaniaux en ce chapitre septiéme, les resolutions duquel je dis en un mot, qu'il fait pratiquer en ces Offices à l'égard du decret, distribution des deniers d'icelui, communauté, retraict lignager, & succession, & non celles des Offices hereditaires par privilege, contenuës au chapitre precedent.

Et quant au doüaire, j'estimerois qu'il devroit avoir lieu en ces Offices, ainsi qu'aux rentes constituées, ne s'en pouvant, à mon avis, assigner aucune pertinente raison de diversité. Car de dire que les rentes subsistent en hypotheques d'heritages, outre qu'il y en peut avoir qui n'en ont point, comme celles qui sont deuës par un Marchand qui a tout son bien en Marchandise, il est aisé à entendre que les gages & droits de ces Offices se prennent sur les heritages des Ecclesiastiques, il est vray même, que ces Offices sont plus durables, & sont souvent rachetez, que les rentes constituées. Et toutefois il faut tenir le contraire regulierement, à cause de la decision formelle d'un Arrest notable du Parlement, donné le dernier Janvier 1607. plaidans Cornoüaille & Loysel, par lequel l'Office du défunt Receveur des Decimes de Senlis fut declaré exempt du Doüaire, en consequence que la coutume de Senlis n'attribuë doüaire que sur les heritages: duquel Arrest je parleray plus amplement au troisième Livre.

Au surplus, j'estime que toutes ces resolutions doivent encore avoir lieu, és Offices des Receveurs Provinciaux à present qu'ils sont sujets à demeurer éteints sans remboursement, en l'année 1605. Car cela ne change point leur nature & qualité, puisque cependant les proprietaires d'iceux en jouïssent tout en la même sorte qu'ils faisoient auparavant qu'ils eussent consenti cette extinction. Toutefois cela apporte un changement notable de leur droit, à l'égard de la communauté d'entre mary & femme. Car dautant que ces Offices se consomment d'eux-mêmes dans les dix ans, & que le profit annuel, par le moyen duquel ils sont enfin consommez, & qui tient lieu du remboursement, a esté opté par le chef de famille, au lieu d'icelui, entre en la communauté, il est raisonnable qu'après dissolution d'icelle, le prix du remboursement d'iceux Offices (au cas qu'ils fussent propres à l'un ou l'autre des conjoints) soit repris par preciput & hors part: même si la dissolution échet dans les dix ans, que pour chacune de ces dix années, qui sera entrée en la communauté, la dixiéme partie de ce remboursement soit reprise: ce qu'il faut pratiquer tout de même en ces Greffes, desquels, en consequence du party de Paulet, les acquereurs, ont (pour eviter d'en être par luy remboursé) consenty la reversion au profit du Roi, après la jouïssance de seize ans, sans aucun remboursement.

54. S'ils sont sujets au doüaire.

55. Du droit des rece-

veurs Provinciaux pendant les dix ans d'extinction.

CHAPITRE X.

Des hereditez imparfaites, notamment de l'Edict de Paulet.

1. Presse quil y a à la Paulette.
2. Consideration pieuse sur l'Edict de Paulet.
3. Projet de ce Chapitre.
4. Heredité des Offices desirée.
5. Survivance pourquoy dite.
6. Survivances particulieres.
7. Survivances des Secretaires.
8. Facilité de la finance des Offices.
9. Survivances generales.
10. Autres Edicts de survivances.
11. Plus tolerable que l'heredité.
12. Inconveniens de survivances.
13. Revocations d'icelles.
14. Invention de Paulet.
15. Edict de Paulet.
16. Pourquoy ainsi appellée.
17. La Paulette.
18. Inconveniens des survivances évitez en cet Edict.
19. Survivances ne comprennoient les Offices de judicature.
20. Sont compris en cet Edict.
21. Inconvenient d'icelui.
22. Remede palliatif.
23. Difficulté resultante des termes d'icelui.
24. Effet de la dispense des 40. jours.
25. Effet de la survivance generale.
26. Procuration à resigner n'est pas resignation.
27. S'il falloit resigner pour la Paulette on perdroit le huitiéme denier.
28. Quels Offices sujets à suppression.
29. Moyen par lequel on sauvoit les Offices en la Ligue.
30. Pourquoy cet Edict a été autrement pratiqué qu'il n'est conceu.
31. Plusieurs Offices sauvez sans payer le droit Annuel.
32. La distinction portée par cet Edit n'étoit raisonnable.
33. Interpretation benigne de ces Edit.
34. Remede pour lever l'ambiguité d'icelui.
35. Le partisan desireroit qu'on ne payast point le droit Annuel.
36. Qu'il n'est besoin de procuration pour payer la Paulette.
37. Vain pretexte du partisan.
38. Inconveniens de requerir cette procuration.
39. Que payement peut être fait par un tiers.
40. Si le creancier retire les deniers payez pour la Paulette.
41. Que non.
42. Que si.
43. Resolution.
44. Si la femme reprend sur la communauté les deniers payez annuellement par le mary pour l'Office à lui propre.
45. Que non.
46. Raison.
47. Autre.
48. Resolution.
49. Comment se compte l'an de la Paulette.
50. Qu'il le faut compter du premier Ianvier au dernier Decembre.
51. Si les Privileges de cet Edit sont réels, ou personels.
52. Qu'il faut qu'ils ayent leur effet, s'il y échet dans l'an.
53. Le privilege du huitieme denier n'est transferable au resignataire.
54. Si le privilege de conserver l'Office dans l'an est transferable au resignataire.
55. Qu'il est transferable, quand il n'est point consommé.
56. Que le partisan n'y est grevé.
57. Faveur de l'heritier en cette question.
58. Si la resignation doit être presentée dans les six mois après le decés.
59. Procuration à resigner que sert à la Paulette.
60. Si après l'an la procuration l'Office est perdu.
61. Arrêt du tiers en ascendant.
62. Office ne se perd dans l'an après le decés.
63. Mais seulement par cinq ans.
64. Tiers en ascendant que signifie, pourquoy ainsi apellé.
65. Si après les six mois il faut payer le 8. ou le 4. denier.
66. Resolution.
67. Exception.
68. Des fraudes qui se font sur ce Edit.
69. De la substraction de la quitance du partisan.
70. Si l'acheteur de la procuration soustraite est fait Seigneur de l'Office.
71. S'il l'a acheté des heritiers avant leur renonciation.
72. Si depuis.
73. Preuve.
74. Si l'acheteur peut être poursuivy pour le prix de l'Office.
75. Que non.
76. Que si.
77. Preuve.

De l'Edict de Paulet, Ch. X. 143

78. *Réponse aux raisons contraires.*
79. *Resolution pour l'affirmative.*
80. *Quid, si la resignation est faite à personne conjointe.*
81. *De la resignation de pere à fils faite en fraude des creanciers.*
82. *Autre question en ce même poinct.*
83. *Resolution.*
84. *De l'action revocatoire.*
85. *De la quitance supprimée par l'heritier s'entendant avec le partisan.*

1. Presse qu'il y a à la Paulette.

AV commencement du mois de Janvier dernier 1608. pendant les gelées, je m'advisay, étant à Paris d'aller un soir chez le partisan du droit Annuel des Offices, pour conferer avec lui des questions de ce chapitre. Il étoit lors trop empêché. J'avois mal choisi le temps. Je trouvay-là dedans une grande troupe d'Officiers se pressans & poussans, à qui le premier lui bailleroit son argent: aucuns d'eux étoient encore bottez venans de dehors, qui ne s'étoient donné loisir de se débotter. Je remarquay qu'à mesure qu'ils étoient expediez, ils s'en alloient tout droit chez un Notaire assez proche, passer leur procuration pour resigner, & me sembloit qu'ils feignoient de marcher sur la glace, crainte de faire un faux pas, tant ils avoient peur de mourir en chemin. Puis quand la nuict fut close, le partisan ayant fermé son registre, j'entendis un grand murmure de ceux qui restoient à dépêcher, faisans instances qu'on receust leur argent, ne sçachans, disoient-ils, s'ils ne mourroient point cette même nuit.

2. Consideration pieuse sur l'Edit de Paulet.

Contemplant ces façons de faire, il me vint une pointe en l'esprit, de dire en moy-même: Bon-Dieu que ne sommes nous aussi soigneux de sauver nôtre ame que nôtre Office! *Nonne anima pretiosior est quam esca, & corpus plus quam vestimentum?* L'un & l'autre court risque par nôtre mort, mais avec un interêt bien dissemblable. Car après la mort, nous n'avons plus besoin d'Office, & au contraire, c'est lors qu'il nous est necessaire que nôtre ame soit sauvée pour l'éternité. Et toutefois si pour la sauver il nous falloit payer annuellement en l'honneur de Dieu, le soixantiéme denier des biens qu'il nous a donnez, il y auroit bien à dire, qu'y fussions aussi prompts, que font les Officiers à payer le droit Annuel, vu que nous reculons tant que nous pouvons à nous reconcilier vers sa divine Majesté par une veritable penitence, encore qu'il ne nous en coûte rien. Est ce pas faire comme ceux qui se hazardans d'aller par eau, font porter par terre leur procez? Certes il me souvient de ce trait d'un écrivain moderne, bien hardy, mais fort veritable, que les Chrétiens sont plus qu'hommes en ce qui est de la foy: mais que leur foy presupposée, ils sont moins qu'hommes, en ce qui est des mœurs.

3. Projet de ce chapitre.

Le Lecteur pieux m'excusera de cette petite digression, dont Dieu veille que luy & moy puissions faire nôtre profit, il faut venir au projet de ce Chapitre, qui est, que comme au surplus de ce livre j'ay traitté des hereditez parfaites des Offices, aussi ic'y de traiter icy des hereditez imparfaites, c'est à dire, de certains cas & conditions, esquelles les Offices qui ne sont hereditaires de soy, passent neanmoins à l'heritier.

4. Heredité des Offices desirée.

Or c'est le commun vœu des peres de laisser leurs enfans heritiers de leur dignité, encore plus que de leur patrimoine, dit Ulysse dans Homere livre 6. de l'Odyssée & generalement c'est le desir de tout homme d'assurer à ses heritiers ce qu'il a acheté, & que partant il presume être sien. Occasion pourquoi, depuis que la venalité a eté établie aux Offices, on a toûjours tendu à l'heredité d'iceux, du moins chacun a tâché de les assurer & conserver après sa mort: Premierement par l'invention des Sutvivances, ainsi appellées, parce qu'elles sont comme survivre l'Office après la mort de l'Officier. Les diverses sortes desquelles j'ay déja icy expliquées au douziéme Chapitre du livre precedent.

5. Survivances particulieres.

Car dés long-tems nos Rois ont concedé, qui par faveur, qui par argent, des survivances de plusieurs sortes, à aucuns de leurs Officiers en particulier, ainsi que j'ay dit en ce même endroit. Même ils en ont concedé à certaine espece d'Officiers, sçavoir est aux Secretaires & Secretaires de leurs maisons, après vingt ans de service, parceque ce sont Offices qui approchent aucunement des Greffes & Notariats, ausquels il a esté prouvé cy-devant, que l'heredité est plus tolerable. Comme aussi ils ont donné le même privilege de survivance à tous Sergens & Archers, tuez en l'exercice de leur Charge, par Edit de l'an mil cinq cens cinquante-neuf.

7. Survivance des Secretaires.

Quoi qu'il en soit, les premiers de ces survivances n'étoient que particulieres pour les Officiers qui les obtenoient, & les secondes ne sont attribuées qu'à certaine espece d'Offices. Mais depuis que nos Roys ont trouvé goût à la douceur & facilité de la finance provenant des Offices, qui est apportée jusques dans leurs coffres sans la demander, enfin ç'a été leur recours plus ordinaire en leurs necessitez.

8. Facilité de la finance des Offices.

Donc s'estans renouvellez les troubles de la Religion, le feu Roy Charles IX. en l'année 1568. permit par deux divers Edicts, à ceux qui promptement lui payeroient le tiers de la valeur de leurs Offices, de les resigner quand bon leur sembleroit, & même voulut que leurs heritiers en disposassent après leur mort. Il ajoûta encore, que si les Officiers avoient quitté la jouïssance de leur Office à leur fils, ou gendre qui les predecedast, ils rentreroient en iceux: avec iterative faculté de les resigner, sans plus payer aucune finance: & que s'ils delaissoient un enfant mineur, il seroit pourveu de leur Office, lequel seroit exercé par commis pendant sa minorité.

9. Survivances generales.

Edict qui fut renouvellé en l'an 1574. les mêmes troubles étans recommencez. Et après la mort du Roi Charles, ces troubles continuans, le Roi Henry le renouvela encore en l'an 1576. presque sous mêmes clauses. Et encore en l'an 1586. sur le même sujet des troubles, il voulut faire tous les Offices hereditaires, dont étant détourné par les remontrances de Messieurs des Comptes, comme j'ai dit au chapitre 8. de ce livre, il changea son Edit d'heredité, en un autre renouvellement de survivances.

10. Autres Edicts de Survivances.

De verité ces survivances étoient beaucoup plus tolerables, que l'heredité absoluë des Offices: tant parce qu'elles n'étoient que volontaires, au lieu que les Officiers ont été contraints d'acheter l'heredité: ce qui est, & contre le droit des gens, & contre la nature des privileges: parce aussi que cette heredité étoit attribuée à perpetuité, faisoit un prejudice perpetuel à la Couronne, au lieu que les survivances n'ont trait qu'à la premiere vacation de chacun Office.

11. Plus tolerable que l'heredité.

Mais pourtant elles ont toûjours un prejudice fait aux Rois successeurs: joint qu'il y avoit deux autres inconveniens en ces Survivances, l'une, à cause du regret permis aux Officiers par icelles, en cas du predeced de fils ou du gendre, ce qui est contre la regle des resignations: l'autre, que l'Office conservé au fils mineur étoit exercé par commission, ce qui est contre la nature des Offices. Bref, il y avoit en icelles un autre inconvenient notable, à sçavoir que les acheteurs de ces Survivances ne pouvoient être bien assurez d'icelles, d'autant que le Roi successeur n'est tenu en bonne jurisprudence de les entretenir, non plus que le successeur au Benefice, les alienations faites par son predecesseur.

12. Inconveniens des Survivances.

C'est pourquoi aussi elles ont été revoquées & reprouvées par plusieurs Edits, à sçavoir de l'an 1541. de l'an 1559. de l'an 1577. & finalement par les Etats de Blois 1579. art. 111. Esquels Edits neanmoins les Rois par une consideration d'équité ont excepté les Survivances achetées. Encore le Roi d'apresent les

13. Revocation d'icelles.

a-t'il revoquées comme les autres par son Edit de l'an 1598. convertissant la finance d'icelles, en augmentation de gages au denier dix.

14. Invention de Paulet. Mais nonobstant toutes ces revocations des Survivances, on n'a pas laissé de tendre toûjours à la conservation des Offices aprés la mort des pourveus. Pourquoy faire on a trouvé une invention fort commode en apparence, d'autant qu'elle paroît utile tout ensemble, & au Roi, & aux Officiers : Par laquelle les Officiers, soit de Finance, ou de Justice, payans au Roi à chacun commencement d'année, la soixantiéme partie du prix ou taxes de leurs Offices, obtiennent la Survivance d'iceluy pendant l'année, & outre obtiennent moderation de moitié de la Finance de leur resignation.

15. Edict de Paulet. Cette invention fut premierement authorisée par Arrêt du Privé Conseil du 7. Decembre 1604. sur lequel le 12. du même mois fut faite une declaration du Roi en forme d'Edit : qui fut seulement publiée en la grande Chancellerie, & non aux Parlemens, soit parce que les Officiers n'y avoient interêt en leur particulier, soit parce que la disposition des Offices dépend simplement du Roi, suivant la volonté duquel les provisions d'iceux sont expediées en la grande Chancellerie.

16. Pourquoy ainsi appelé. Cet Edit est vulgairement appellé l'Edit de Paulet, ab inventore, parce que l'action Paulian fut nommée du nom du Preteur qui l'inventa ou plûtôt comme on donnoit aux loix de Rome le nom de celui qui les avoit proposées, ou parce que M. Charles Paulet Secretaire de la Chambre du Roi en a donné l'avis, au moins en a presenté les memoires. Aussi qu'il a été le premier fermier & partisan de la finance prevenant d'icelui, les quittances de laquelle étans par consequent signées de lui, étoient & sont encore appellées vulgairement Paulettes.

17. La Paulette. Aucuns le nomment l'Edit des femmes, parce qu'il redonde principalement à leur utilité, entant qu'aprés la mort des maris les Offices leur sont conservez.

18. Inconveniens des Survivances évitez en cet Edit. Par cet Edit, (dont il n'est besoin de rapporter icy la teneur, parce que chacun le sçait assez) les trois ou quatre inconveniens des anciennes Survivances cy-dessus quotez sont évitez adroitement. A sçavoir la clause de regrés, la permission d'exercer les Offices par commis, le prejudice redondant aux Rois successeurs, & le defaut d'asseurance aux acheteurs des Survivances.

19. Survivances ne comprenoient les Offices de judicature. Outre cela, cet Edit est plus ample que ceux des Survivance qui ne comprenoient que les Offices de finance, qui sont ceux qui en iceux sont dits être reputez venaux : parce que de ce temps là les Rois ne vouloient qualifier aucuns Offices simplement venaux, tenans que la venalité étoit une qualité repugnante aux Offices. Mais quoy qu'il en soit, il est certain qu'en ces Edits des survivances, les Offices de judicature n'étoient nullement compris : ne voulans lors les Rois leur attribuer la venalité publique, parce qu'ils ne les vendoient encore que par forme de prêt, comme il sera dit en son lieu. Il est vray qu'au dernier Edit de ces Survivances qui fut celui de 1586. le feu Roi se reserva de pourvoir particulierement aux Officiers de judicature, en se retirant vers lui, qui étoit en effet leur accorder pareillement la survivance en cachette.

20. Sont comdris en cet Edit. Mais du depuis que le masque a été levé tout à fait, & la vente des Offices de judicature, n'a plus été déguisée du nom de prêt, ainsi qu'auparavant, comme aussi le serment ancien que faisoient les Officiers de judicature, de n'avoir acheté leur Office, a été aboly. C'est pourquoi en ce dernier Edit, les Offices de judicature ont été expressément compris : même il est dit en son avant propos, que c'est principalement pour les Conseillers de la grande Chambre du Parlement, & autres anciens Officiers de judicature que l'Edit est fait.

Tout l'inconvenient, à mon avis, qu'on peut imaginer en cet Edit, est que par le moyen d'iceluy, le Roi demeure frustré du choix & élection des Officiers, lequel neanmoins importe fort à son authorité, & que la puissance des Officiers, notamment de ceux de Justice, croîtra possible par trop, quand ils se verront asseurez de perpetuer leurs Offices en leurs familles : & outre que le prix des Offices, qui déja est trop haut, augmentera encore : ce qui redondera à la foule du peuple, lequel porte toûjours la perte de ces fols marchez, attendu que l'Officier se ressouvenant que son Office lui tient lieu d'un grand denier, & d'ailleurs, qu'étant asseuré d'iceluy, il luy est commun heritage, sera plus porté à le faire valoir, & en augmenter les profits aux dépens du pauvre peuple. Inconveniens qui regardent principalement les Offices de judicature, & sur tout les plus grands. Mais il y a moyen d'y remedier par un expedient tres-aisé, tres-juste, & tres utile, que je proposeray au 4. livre. **21. Inconveniens di celuy.**

Et en attendant, je dy que ces inconveniens peuvent être moderez & diminuez, en ne comprenant point en l'Edit les Offices de plus grande importance, comme j'ay ouy dire que les Offices de Presidens, & gens du Roi des parlemens, en ont toûjours été exceptez, & qu'és dernieres années on en a excepté ceux des Lieutenans Generaux des Bailliages & Senechaussées. **22. Remede palliatif.**

Il y a encore une difficulté aux termes & contexte d'iceluy, qui m'est un peu suspecte : à sçavoir la distinction qu'il contient des Offices subjets à suppression (à l'égard desquels il ne concede que la dispense des quarante jours voulant que le pourveu se resigne de son vivant) avec les non sujets à suppression, desquels il permet la libre disposition aux heritiers, aprés la mort de l'Officier. Et de fait il n'est pas intitulé Edit de survivance, comme les precedens, mais seulement Edit contenant dispense de quarante jours. **23. Difficulté resultant des termes d'iceluy.**

Or chacun sçait ce que c'est de la dispense de quarante jours qu'on avoit accoûtumé, auparavant cet Edit, d'acheter pour ceux qui étans pressez de maladie mortelle resignoient leur Office, & d'autant qu'ils craignoient de ne vivre pas les quarante jours, requis pour la validité de leur resignatió, ils en achetoient la dispense, afin que si la resignant pendant iceux, l'Office ne vaquast point par mort, de sorte qu'en consequence de l'achat de cette dispense on expedioit les provisions du resignataire, sans faire mention de la clause des quarante jours. Mais quoy qu'il en soit, si le resignant revenoit à convalescence, & qu'il voulust retenir son Office, on ne lui rendoit pas l'argent qu'il avoit payé pour cette dispense. Car c'étoit comme une composition faite avec le Roi, du hazard qui lui pouvoit échoir si la mort de l'Officier fust survenuë. **24. Effet de la dispense des quarante jours.**

Mais comme j'ai dit au premier livre, la survivance, notamment la generale & en blanc, contient une parfaite asseurance de l'Office, en sorte qu'il ne peut plus être perdu par la mort du pourveu, d'où il s'ensuit qu'elle apporte un avantage sans comparaison plus grand, que la simple dispense des quarante jours. **25. Effet de la survivance generale.**

Et il est inutile de dire, que celui qui paye le droit annuel de la Paulette, passe incontinent sa procuration en blanc pour resigner. Car cette procuration gardée en la pochette n'est pas une resignation, mais seulement un preparatif, ou plûtôt un instrument pour pouvoir resigner, tout ainsi que la procuration pour vendre ou donner, n'est ny vente ny donation. Mais l'actuelle resignation est, quand le Procureur resigne, & remet l'Office au collateur, pour en pourvoir celui qu'il lui nomme. Tout ainsi qu'és Benefices, on ne tient pas un Beneficier fait resigné, pour avoir trouvé aprés sa mort dans son coffre une procuration ad resignandum. **26. Procuration à retenuë n'est pas resignation.**

Que si d'autre côté on tenoit cette rigueur à l'Officier malade, de le contraindre à faire une resignation actuelle & parfaite, c'est à dire, qu'il lui fallut faire pourvoir le resignataire pendant sa vie, il est bien certain que le huitiéme denier de la resignation seroit acquis **27. S'il falloit resigner pour la Paulette, conferoit le huitiéme denier.**

De l'Edict de Paulet, Chap. X.

acquis incommutablement au partisan, & qu'il ne seroit point tenu de le rendre par apres, bien que le resignant vint à convalescence, & partant que la resignation ne vint à effect, non plus qu'en même cas, auparavant le party de Paulet, le Roy ne rendoit point la finance à celuy qui avoit payé la dispense des quarante jours.

Or si tout cela avoit lieu, il importeroit infiniment de sçavoir, comment en cet Edict, il faudroit entendre les Offices subjets à suppression. Car si d'ailleurs on vouloit pratiquer la rigueur des anciennes Ordonnances, notamment de celle de blois, art. 211. qui supprime tous les Offices erigez depuis le regne du Roy Henry II. & qui és autres articles suivans reduit les Offices de compagnie à certain nombre par suppression, c'est à verité qu'il se trouveroit bien peu d'Offices qu'on ne peut dire être supprimables.

Aussi fut ce le moyen que tindrent les Officiers pendant les derniers troubles au party de la Ligue, pour conserver leurs Offices apres leur mort, Car nul n'ayant pouvoir en ce party, de deroger aux Ordonnances, on excluoit en vertu d'icelles les pourveus par mort des Offices supprimables, de sorte que celuy qui alors s'estoit attribué l'authorité de conferer les Offices, estoit contraint de les rebailler aux heritiers du decedé, quoy que ce soit, à celuy qui se trouvoit porteur de la procuration ad resignandum, sur laquelle on expedioit les provisions de la même date d'icelle, sans la clause des quarante jours.

Et certainement je ne doute point, que lors qu'on dressa l'Edict de Paulet, l'intention du Conseil ne fust telle que la teneur d'iceluy exprime precisément, à sçavoir, qu'il ne serviroit que de dispense des quarante jours és Offices supprimables, comme de fait il est intitulé ainsi. Mais l'usage l'a détourné tout autrement: dont la raison est, que le partisan n'ayant pas (comme je presume) la disposition des Offices supprimables vacans par mort, a toûjours mieux aimé prendre, apres le decez de l'Officier, le huictième denier de la resignation, que n'en avoir rien, Et en ce faisant, afin qu'on ne pretendist point que l'Office eust vaqué par mort, il date sa quittance d'auparavant son deceds, selon la date de laquelle c'est chose accoustumé de tout temps en la Chancellerie de dater les lettres de provision: ce que les Officiers de la Chancellerie, qui eux même tiroient un pareil interest pour la plupart) ont laissé couler doucement, comme en matiere favorable.

Jusques là que par ce même moyen il est arrivé depuis cet Edict, que quelques Officiers, notamment des Cours souveraines, qui n'avoient pas payé le droict annuel, estants morts sans resigner, on a neanmoins conservé partie de leur Office, parce que si le partisan n'eust accordé avec leurs heritiers, & n'eust admis la resignation en vertu de la procuration du defunct, l'Office eust appartenu au Roy, même on eust empeché la reception du pourveu par mort, en soûtenant que l'Office estoit supprimable: & voila comment ce favorable visage s'est absolument etabli contre la teneur de l'Edict, de sorte qu'à present il n'en faut plus faire de doute.

Et de vray puisque tous les Officiers sans distinctio payent un même droict on finace annuelle, à sçavoir quatre deniers pour livre, afin de joüir du benefice de l'Edict, il est bien raisonnable qu'ils ayent tous un même benefice. Car il n'y auroit point d'apparence de leur faire autant payer pour la simple dispense des quarante jours, que pour la vraye survivance & parfaite asseurance de l'Office. Puis donc que la raison & l'usage constant (qui est le plus certain interprete d'une loy obscure) concourent en ce sujet, je conclud qu'il faut entendre cet Edict, en ce qui parle des Offices subjets à suppression, des seuls Offices qu'il prendroit envie au Roy de supprimer actuellement & à toûjours: de sorte qu'encore que le patrisant soit par malice, ou parce qu'il se seroit accordé avec le Roy, n'a

Du Droit des Offices.

voulust recevoir le huictième denier de la resignation, ny en antidater la quittance d'auparavant le decez, je tiens neanmoins pour certain qu'aujourd'hui l'Office supprimable par anciennes Ordonnances, ne laisseroit d'estre conservé malgré lui, sinon en tout cas, que le Roy le voulust supprimer actuellement. N'estant pas raisonnable que le partisan reputast en même temps l'Office pour supprimable, afin d'en frustrer la famille affligée de celuy qui se seroit fié en l'usage commun, & qu'au rebours on le tint pour non supprimable, mettant en iceluy un pourveu par mort. Or si l'Office demeuroit actuellement supprimé, le partisan perdroit la finance de la resignation: & pattant luy même a notable interest, que tous Offices soient reputez non supprimables, afin qu'ils entrent tous en son party, & qu'il en ait le droict annuel & les profits de la vacation.

C'est pourquoy, afin de lever le scrupule de cette ambiguité, qui possible retient quelques Officiers d'entrer en la Paulette, se resouvenans que les Roys ont les mains bien longues, même pour assurer de plus en plus le droict du partisan en ces Offices, il seroit expedient qu'il obtint une declaration du Roy, par laquelle cette distinction fust ostée expressément & tous Offices fussent, égalez si mieux ne plaisoit au Roy de specifier les Offices qu'il n'y voudroit comprendre: ou bien qu'en particularisant clairement ceux ausquels il ne voudroit attribuer que la dispense des quarante jours, non la survivance, il n'en prist si haute taxe que des autres, attendu que le privilege n'y seroit pas égal à beaucoup prés.

Or comme le Roy a souffert jusques icy cette benigne interpretation au profit de ces Officiers, au contraire le partisan & fermier de la Paulette nous a voulu introduire une facheuse contre eux, Car sous pretextes, que depuis cette invention les Offices sont fort encheris, il tâche à present par tous moyens à détourner les Officiers de payer le droict annuel, esperant plus de profit au hazard de la vacatiô par mort, Qui seroit en effet les vouloir exclure de la fin, pour laquelle l'Edict est dressé, & les priver du privilege, sur lequel son bail est fondé, & en consequence duquel les Officiers sont d'ailleurs sur chargez par lui d'une finance de resignation beaucoup plus grande qu'ils n'estoient de la part du Roy, auparavant l'Edict.

Premierement, pour les travailler, il les a voulu astraindre à venir en persône apporter annuellemét leur taxe, bien que l'Edict n'en porte rien: & à present encore il leur tient cette rigueur, de le contraindre à passer procuration speciale pour faire ce payement bien qu'on n'ait jamais ouy parler qu'il faille une procuration pour payer, comme pour recevoir, ou pour s'obliger. Or est il que les Officiers, payans comptant leur taxe annuelle, il ne leur reste rien, en quoy ils soient tenus s'obliger: même je tiens que le privilege leur étant acquis par l'Edict en payant, ils peuvent être librez & acquitez de ce payement par un tiers, qui payera pour eux, fust-ce sans leur charge, même à leur insceu, parce que c'est un pur profit qu'on leur fait.

En quoy n'est pas considerable, à mon avis, le pretexte du partisan, qu'il pourroit arriver qu'on payeroit la taxe pour un Officier decedé. Car pour sauver l'Office il faut voir sa procuration *ad resignandum,* de date posterieure au payemét du droict annuel. De dire aussi qu'és Office de compagnie il peut y avoir deux Officiers d'un même nom, c'est chose trop rare pour y fonder une regle generale: *Ex his enim, quæ forte uno aliquo casu accidere possunt, jura non constituuntur,* dit la loy *Ex his. cnm. sed. D. De legibus.* Joint que le partisan ayant la liste de tous les Officiers, ainsi qu'un Seigneur censier a dans son papier terrier le nom de tous ses redevables, il luy est aisé de prendre garde s'il s'en trouve de telle sorte, de les distinguer par les quitances tant y a que tous les autres Officiers ne doivent être gehennez à cette oc

Des Offices hereditaires, Liv. II.

38. Inconveniens de requerir cette procuration.

cafion, outre la teneur de l'edict.

Car les inconveniens qui en redondent fur eux, sont bien autrement considerables parce qu'il arrive souvent qu'au temps destiné pour le payemét de leur taxe annuelle, ils sont, ou malades, ou absens en voyages loingtains, & cependent leurs femmes, leurs Peres, ou autres proches parens peuvent payer pour eux. Mais sur tout il arrive souvent, que les Officiers sont gens, ou mal-aisez, ou avares, qui s'imaginant qu'eux morts tout sera mort pour eux, aiment mieux hazarder leur Office sous l'incertitude de la mort, que de debourser un argent tout certain, & partant il n'est pas possible de les faire resoudre à payer le droict annuel, & de leur faire passer une procuration pour cet effet. Que si cette procuration n'estoit point requise, il arriveroit souvent qu'on leurs creanciers, ou bien leurs presomptifs heritiers ne feroient pas difficulté de hazarder le payement du droict annuel, pour sauver un Office de valeur.

39. Que ce payement peut être fait par un tiers.

Que si on ne les y reçoit, c'est oster aux Officiers une des plus grandes commoditez de l'Edict, à sçavoir qu'à l'occasió d'iceluy on leur preste aisémét, on les cautionne hardiment, ils trouvent plus haut mariage, à cause que les Offices, sont plus que hereditaires, & non perissables. Et qui doute que cette asseurance ne soit la vraye cause d'avoir fait hausser de prix les Offices, pour le moins du tiers, depuis l'Edict ? aussi voit-on que ceux qui prestent maintenant de l'argent aux Officiers, les sont obligez à payer le droict annuel, même stipulent qu'ils le pourront avancer eux mêmes pour l'Officier: toutes lesquelles precautions n'auroient plus de lieu, si les Officiers estoient astraints de faire le payement en personne, ou en vertu de procuration speciale.

40. Si le creancier à retire les deniers payez pour la Paulette.

Supposé donc, que ce payement du droict annuel puisse être fait par un tiers, comme j'ay ouy dire qu'il y en a eu Arrest, on recensum du Parlement de Paris, en Janvier 1608. au moins à l'égard des Officiers d'iceluy, comme aussi c'est le droit commun de France que les creanciers, pour l'asseurance de leur debte, peuvent user des droicts, & exercer les actions de leurs debiteurs : c'est une belle question, si l'Officier endebté, n'ayant point voulu payer le droict annuel, son creancier qui l'aura payé pour luy contre son gré, le pourra repeter de luy, notamment à l'égard des années qu'il n'aura rien servy.

41. Que non.

Il semble d'abord, qu'il n'y a guere de raison de vouloir accroistre les debtes de l'Officier de cet argent perdu, qui a été exposé sans son mandement, de sorte qu'il ne peut ètre repeté *actione mandati, sed neque etiam actione negotiorum gestorum*, qui n'a lieu que quand le negoce a été geré utilement; aussi qu'il n'a esté exposé par le creancier, que pour son propre interest, & non pas pour faire les affaires de l'Officier, qui estant insolvable, n'avoit, que sa vie en ce monde, comme on dit : & partant il luy étoit plus utile de ne point payer le droict annuel, qu'en s'endeptant davantage conserver son Office, non pas à ses heritiers, mais à ses creanciers: si au contraire il étoit solvable en ses autres biens, outre son Office, pourquoy sera-on si consentement le veut-on obliger à ce que le Roy a remis à sa volonté; & luy faire acheter par force un privilege à luy inutile, à l'appetit de la vaine crainte d'un creancier?

42. Que si.

Nonobstant ces raisons, l'équité semble fort apparente au contraire. Car puisque chacü reconnoît notoirement la Paulette être si utile, qu'en deux ans elle a fait augmenter du tiers le prix des Offices: pourquoy sera on si indulgent à la malice d'un hôme perdu, qui n'a aucun soucy du payement de ses debtes, ny de l'acquit de sa conscience, que de luy laisser negliger ce bon ménage ? Je sçay que ce seroit chose rude de le forcer à le payer luy-même, qui possible n'en a pas le moyen: mais pourquoy un creancier favorable, comme par exemple un fidejusseur gratuit, qui void que si l'Office est perdu, il sera ruiné pour la debte de l'Officier, ne sommera-t-il pas, ou bien de le décharger de sa fidejussion, ou bien de conserver son asseurance, qui est l'Office, par le payement de la Paulette: ou en tout cas s'il ne la veut payer, de consentir qu'il la paye pour luy ; ce qu'ayant fait pour un bon ménage, seroit-il raisonnable pour avoir cautionné son amy, il perdit son argent ?

43. Resolution.

Certainement cette question, outre qu'elle est toute nouvelle, est d'ailleurs si épineuse & si difficile, que je ne m'y puis resoudre tout à fait. Je diray bien qu'un creancier de rente constituée n'y seroit pas fondé, parce que le payement de la Paulette seroit une sur-charge au debiteur de la rente, ce qui ne peut être, ny pareillement un creancier à terme ou condition non échuë, parce qu'on ne peut, à mon opinion, conclure contre l'Officier, sinon alternativement, ou qu'il paye la debte, ou qu'il asseure l'Office: ou est-il qu'auparavant l'écheance, on ne peut demander le payement. Mais ceux qui ont fait à l'Officier un prest, ou fidejussion gratuite & tous autres creanciers favorables, sont fondez, à payer la Paulette après sommation, & l'ayant payée, à repeter ce payement contre l'Officier, bien qu'il n'ait rien servy, n'estant l'Officier mort dans l'an: Sur tout je ne fais point de doute que l'Office ayant été conservé par tel payement, celuy qui l'a fait, ne doive indistinctement être preferé sur le prix d'iceluy, non seulement sur l'année en laquelle l'Officier est decedé, mais aussi pour les precedentes, *quia salvam fecit pignoris caussam*.

44. Si la femme prend sur la communauté les deniers payés annuellement pou l'Office propre au mary.

Mais c'est une belle question de sçavoir, si quand le mari a payé par plusieurs années les quatre deniers pour livre, afin de sauver l'Office, qui luy étoit propre, la femme, ou ses heritiers, peuvent après dissolution demander remboursement de moitié de cette impense, ainsi que sans doute ils peuvent de celle qui a été faite pour ameliorer les heritages propres du mary. Ce qui semble d'abord, principalement quand par le moyen de payement, l'Office a été conservé, parce que ce payement tend non seulement à la melioration de l'Office, entant que le payement de deux années consecutives du droit annuel modere de moitié la taxe de la resignatió: mais aussi à la conservation entiere d'iceluy, entant que sans ce payement l'Office eust été perdu par la mort du mary : joint qu'il est notoire, côme je viens de dire, que cet Edict a fait augmenter de beaucoup le prix des Office.

45. Que non.

Neanmoins l'equité est trop-forte au contraire. Car puisque la communauté recevoit tous les émoluments de l'Office, même la diminution interne d'iceluy, qui échet journellement en tout usufruict, même la consommation entiere, si le decez du mary fust advenu sans faire ce payement, quelle apparence y a-il que la communauté ne contribuë à le conserver? Au contraire, seroit-il raisonnable que le mari, en conservât son Office à l'égard du Roy par un bon ménage, en perde une portion à l'égard de sa femme? Si qu'ayant payé les quatre deniers pour livre par vingt années, il approprie à la communauté le tiers de son Office, laquelle d'ailleurs pendant ces vingt-ans en aura retiré deux fois autant que l'Office vaut.

46. Raison.

Mais la principale consideration est, que ce payement annuel des quatre deniers pour livre, se peut prendre & imputer sur le revenu de l'Office, qui par après reste encore plus grand que de tout autre bien. Et de fait, il est notoire que chacun reserve & destine une partie de ses gages, ou de ses épices , bref une portion de plus clair revenu de son Office, pour porter au partisan, faisant comme on dit, de la terre le fossé: encore y en a-t-il de si grands ménagers, qu'ils se licencient d'augmenter pour cet effet les émoluments journaliers de leurs Offices, & reprendre par le menu sur le peuple ce qu'ils payent en gros au partisâ.

47. Autre.

Et il est indubitable, que si ce n'estoit que ce payement est volontaire, le Roy le prendroit directement sur les gages des Officiers, qui en ce faisât seroiêt dis

De l'Edict de Paulet, Chap. X.

minuez & retranchez à la proportion du droict annuel. Ce qui arrivera sans difficulté, si jamais on rend ce subside necessaire. Car en ce cas, quelle raison y auroit-il, que l'Officier prist d'une main ses gages du Roy, & que de l'autre main il luy payast une rente annuelle, à cause du même Office : seroit-il pas plus court & aisé de compenser ou deduire l'un de l'autre?

48. Resolution.

Je me mettray donc du costé de l'équité, & je concluray, qu'il n'est pas raisonnable qu'après qu'un mary a hazardé son bien, employé son industrie & son labeur, a mis encore tous les profits de son Office en la communauté, il faille qu'après dissolution d'icelle, la femme ou ses heritiers, non contens d'avoir la moitié de ses labeurs, luy demandent encore la restitution de ce peu d'argent.

Quod vix vi, de demenso suo,
Suum defraudans genium, comparsit miser,
pour eviter la ruine de sa famille, & sauver son Office, lequel, s'il ne se fust asseuré sur la commodité de cet Edict, il faut presumer, que comme bon pere de famille, il eust vendu de bonne heure, afin de ne faire le Roy son heritier, & il eust possible gardé les deniers, ou bien les eust employez en heritages, ou le revenu eust apporté beaucoup moins de profit à la communauté. Car enfin il faut icy imaginer une communauté riche & accreuë par le labeur & industrie de l'Officier, parce que si elle estoit onereuse, la femme, ou ses heritiers y renonceroient.

49. Comment se compte l'année de la paulette.

On demande encore si l'Officier ayant payé le droict Annuel le 15. Fevrier, vient à deceder au mois de Janvier de l'année suivante, auparavant qu'avoir reiteré le payement, son Office vaquera par sa mort au profit du partisan. Car les heritiers soustiennent, que le payement du droict Annuel doit servir d'asseurance une année entiere, à compter du jour du payement fait: au contraire le partisan maintient qu'il ne s'entend que durant l'année, en laquelle il a esté payé, à compter l'année à la mode ordinaire, & la façon civile, c'est à dire, du premier Janvier au dernier Decembre: de sorte que l'Officier qui a payé le 15 Fevrier, n'assure son Office que pour dix mois & demy. Et de vray, il semble que les termes de l'Edict sont en ce poinct pour le partisan. Car après avoir parlé de l'année en laquelle l'Edict fust fait, & de l'année suivante, il porte, que ceux qui auront payé les quatre deniers pour livre, dans les mois de Janvier & Fevrier d'icelles années, seront dispensez en icelles des quarante jours: dont il semble s'ensuivre, qu'il entend parler de l'année civile, & selon la computation ordinaire. En quoy les Officiers ne sont gueres grevez. Car pouvans payer le droict dés le premier jour de Janvier, ils se doivent prendre à eux mêmes de ne l'avoir payé devers: joint que si en l'année suivante ils se sentent maladifs tant soit peu au mois de Janvier, il leur est aisé d'envoyer en toute diligence payer le droict, de sorte qu'il n'y a que ceux qui meurent subitement, qui puissent perdre leur Office par leur negligence pendant ce peu de temps.

50. Qu'il le faut copter du 1. Janvier.

51. Si les privileges de cet Edict sont reels, ou personnels.

Or presupposé que le payement du droict Annuel acquiert à l'Officier deux privileges distincts, l'un d'empescher que son Office vaque par mort: l'autre de moderer le droict & finance de la resignation au huitième denier au lieu du quart, on demande si ces deux privileges sont reels, ou personnels, c'est à dire, s'ils sont acquis & adjoints à l'Office, en sorte qu'ils suivent l'Office, après qu'il est passé en main tierce, ou s'ils sont seulement acquis à la personne de l'Officier, en sorte qu'ils ne passent point à son resignataire. Qui en voudra croire le partisan il dira, qu'ils sont personnels, attendu que les termes de l'Edict sont dirigez à la personne. Et toutesfois c'est la verité que l'Edict les dirige tant à la personne, qu'à l'Office. Car il dit qu'en l'année du payement l'Office ne sera point acquis au partisan, mais conservé à la vefve & heritiers. Et de fait on ne peut pas dire qu'ils soient purement personnels, puisque notoirement, après la mort de la personne, ses heritiers en peuvent user, & semble plutost qu'ils soient réels, parce que ce droict étant acquis à l'Office, qu'il ne peut être perdu en l'année, & qu'il est resignable moyennant le huitième denier, il en est de plus grand prix, tout ainsi qu'un fief abonné vaut mieux, que s'il ne l'estoit pas.

Mais la raison precise, par laquelle, à mon avis, il faut decider, si ces deux privileges sont transmissibles au resignataire, c'est qu'outre qu'ils ne sont attribuez, que pendant l'année, l'intention de l'Edict n'est pas d'attribuer chacun privilege qu'une seule fois, ainsi que les Edicts des survivances ne s'entendoient qu'à la premiere vacation : de sorte que dés lors que chacun des deux privileges a operé, & eu son effet, il est consommé & ne peut plus être reiteré: mais aussi jusques à ce qu'il ait eu son effet, on ne peut dire qu'il soit consommé : mais il est raisonnable, qu'il serve & opere au moins une fois, si l'occasion en écheit dans l'année; autrement le payement, par lequel il est acquis, seroit frustratoire.

52. Qu'il faut que les deux privileges ayent leur effet.

C'est pourquoy à l'égard du privilege du huitième denier, il est aisé à entendre, qu'il ne peut être transferé au resignataire, parce qu'il a été effectué & consommé lors de la resignation à luy faite, la finance de laquelle n'a été payée qu'à raison du huitième denier, au moyen du payement du droict Annuel fait pendant deux années consecutives.

53. Le privilege du 8. denier n'est transferable au resignataire.

Mais quant au principal privilege, qui est de conserver l'Office après la mort du pourveu, encore que le partisan pretende indistinctement, qu'il n'est jamais transferé au resignataire, neanmoins j'estime qu'il en faut passer par la distinction, que je viens de rapporter, à sçavoir que si ce privilege a été déja effectué, comme si le resignant est decedé, ou auparavant, ou dans les quarante jours après l'actuelle resignation, ce privilege ne peut servir une autre fois au resignataire, non pas qu'il ne soit propre à luy être transferé, mais d'autant qu'il est consommé & éteint, pour avoir eu son effet auparavant.

54. Si le privilege de conserver l'Office dans l'an est transferable au resignataire.

Que si au contraire ce privilege n'a point été effectué, d'autant que le resignant a survécu les quarante jours après la resignation, si que l'Office ait été transferé au resignataire par droict commun, & non en vertu du privilege. J'estime que comme l'abonnage du fief, aussi ce privilege étant encore entier & non consommé, est transferé au resignataire, qui a acheté l'Office avec tous ses droicts, franchises & privileges, à plus forte raison, que l'acheteur d'un heritage se peut prevaloir de la possession de son auteur. Je dy donc que celuy qui a été pourveu au mois de Mars par resignation de celuy qui en a payé le droict, & a vécu quarante jours après sa resignation, ce resignataire, dis-je, venant à ceder en la même année, son Office doit être conservé à ses heritiers par le moyen du payement du droict annuel fait par son resignant. En quoy le partisan n'est nullement foulé, parce que son party est basty sur le compte qu'il a fait d'avoir chacun an, ou le soixantième denier de chacun Office, ou bien le hazard de la vacation par mort. Or icy il a eu non seulement le soixantième denier, mais encore le huitième, & s'il aura encore le quatrième denier: n'est-il pas donc raisonnable, qu'outre cela, il ait la même année l'Office tout entier, comme vacant par mort. Et bien que les Coûtumes decident, que le seigneur de fief ne doit avoir deux rachats en une année, permettons neanmoins au partisan d'avoir le huitième denier de la premiere resignation, & le quart denier de la seconde, mais qu'il se contente de les avoir, & d'avoir encore eu le droict annuel en la même année.

55. Qu'il est transferable quand il n'est point consommé.

56. Que le partisan n'y est grevé.

Mais la pretention du partisan n'est point encore tant odieuse que celle des heritiers du resignataire est favorable, attendu que n'ayant été pourveu qu'au mois de Mars, il ne luy a été permis de payer le droict annuel au reste de l'année, pour acquerir de

57. Faveur de l'heritier en cette question.

Du Droit des Offices.

T ij

son chef le benefice de l'Edict : par lequel neanmoins le Roy declare indefiniment , qu'il entend donner le moyen à ses Officiers de sauver leurs Offices aprés leur mort : & toutefois , si l'intention du partisan estoit suivie , ceux là en seroient exclus & privez à l'endroit desquels il y a le plus de faveur & d'équité qu'il ait lieu , à sçavoir ceux , qui en la mesme année ont acheté leurs Offices , lesquels autrement perdroient tout incontinent , sans en avoir retiré presque aucun fruit , au lieu que le partisan retirera toûjours du mesme Office trois divers droicts en une année. C'est pourquoy j'estime qu'en ce cas Messieurs du Conseil & des Cours souveraines jugeront plûtost pour les pauvres enfans du nouveau Officier , assez affligez d'ailleurs de la mort de leur pere , que pour le partisan déja plus que satisfait pour le mesme Office , auquel on attribuer encore un gain inesperé & exorbitant , qui causeroit la ruine d'une famille honorable , autrement on leur pourroit dire avec le Poëte,

Quàm vosmet vobis legem sancitis iniquam !

58. Si la resignation doit estre presentée dans les six mois aprés le deceds.

Voicy une autre subtilité de partisan , qui a esté incontinent rejettée. C'est qu'il voulut soustenir du commencement , que suivant la regle de Chancellerie Romaine *De public. resign.* la procuration pour resigner l'Office devoit estre effectuée & presentée dans six mois aprés estre passée , du moins dans six mois aprés le deceds de l'Officier , qui a payé le droict annuel, autrement que l'Office vaquoit par mort, nonobstant l'Edict. Enquoy soustenant l'Edict , il n'y avoit nulle apparence. Car outre que cette regle n'a lieu és Offices temporels , n'ayant mesme pas lieu en ceux de la Cour du Pape,comme il a esté dit au 12. chapitre du livre precedent, supposé mesme que la procuration *ad resignandum* , qu'on fait faire en payant le droict annuel , fust tenuë pour une resignation au fait de cet Edict , comme on l'observe à present , il est aisé à entendre que ce n'est point une nullité en icelle , d'estre encore plus ancienne que six mois, pourveu qu'elle ne soit surannée. Mesme je tiens suivant la vraye intelligence de cet Edict , & en le prenant pour un Edict de survivance annuelle , que la procuration n'y sert de rien , & n'est nullement necessaire , mais qu'elle ne se passe que par une precaution surabondante , à sçavoir pour , en cas qu'il pleût au Roy supprimer actuellement l'Office , obtenir promptement en consequence d'icelle la quittance du huitiéme denier, antidatée d'auparavant le deceds de l'Officier , laquelle par ce moyen vaudroit tout au moins dispense des quarante jours, De sorte qu'à l'égard de partisan (en cessant ce cas que le Roy voulust supprimer l'Office) il est certain que tout Officier , qui a payé les quatre deniers pour livre ne peut plus perdre son Office par mort. Et au surplus , quand le Roy entendroit supprimer l'Office , la seule procuration non assistée de la quittance du huitiéme denier , de date precedente le deceds , ne serviroit de rien , mesme s'il apparoistroit que cette quittance eust esté faite aprés le deceds , l'Office à la rigueur vaqueroit par mort , & seroit supprimable nonobstant icelle.

59 Procuration à resigner que fert à la sacriete.

Cette consideration vuide une autre difficulté, qui semble bien plus grande , à sçavoir touchant la procuration surannée. Car il est sans doute , que les procurations surannées sont nulles en nostre pratique, comme il a esté dit au ch. 11. du premier livre , & il y en a Ordonnance expresse pour les procurations à resigner les Benefices. Mais puisque la procuration n'est point necessaire pour conserver l'Office aprés la mort de l'Officier , hors au seul cas de suppression , qui ne s'est point encore pratiqué , ce seroit sans raison , à mon avis , de faire force sur la nullité de la procuration.

60. Si aprés l'an de la procuration l'Office est perdu.

Donc le premier dessein du partisan , de pretendre la vacation entiere de l'Office, duquel les heritiers de l'Officier n'auroient disposé dans six mois aprés sa mort , ayant esté incontinent reprouvé & rebuté , il s'est avisé d'une autre consideration beaucoup plus pertinente. A sçavoir que tandis qu'on laisse l'Office

61. Arrest du tiers en ascendant.

vacant, il n'a point d'homme vivant & montant pour iceluy , c'est à dire de titulaire , qui paye son droict annuel, ou bien par la mort duquel l'Office puisse vaquer à son profit. Surquoy ayant presenté sa requeste au Conseil d'Estat, il a fait donner un arrest assez equitable du 27. Octobre 1607. par lequel est or donné . que les vefves & heritiers des Officiers , qui auront payé le droict annuel, seront tenus faire pour voir aux Offices des decedez dans six mois aprés que lesdits Offices auront vaqué , autrement , ledit temps passé, payeront le droict de la resignation, sur le pied du tiers en ascendant , suivant les evaluations faites audit Conseil , ce sont les termes de l'arrest.

D'où il s'ensuit , que quand les heritiers de l'Officier manqueroient plus d'un an aprés son deceds à disposer de l'Office il ne seroit pas pourtant perdu tout à fait pour eux , ny acquis au partisan , attendu que la faculté à eux donnée par l'Edit estant indefinie,& non limitée à aucun temps , est comme perpetuelle , *quia indefinita aquipollet universali* : & par cet Arrest la peine de leur demeure & cessation est limitée au payement de la resignation , sur le pied du tiers en ascendant, Je doute neanmoins , qu'ils pourroient perdre tout à fait l'Office par la cessation de cinq ans, suivant l'Edict de l'an 1446 puisque c'est le droict ancien des Offices , dont le droict de Paulet ne les affranchis pas. En tout cas pendant le temps que l'Office demeurera vacant , les gages d'iceluy doivent demeurer au Roy, suivant l'ancienne pratique de la Chambre des Comptes , ainsi que j'ay dit ailleurs.

62. Office ne se perd dans un an aprés le deceds.

Mais il faut expliquer les termes de cet Arrest, que la resignation sera payée sur le pied du tiers en ascendant, qui sont termes de l'art, & de la caballe des parties casuelles,dont m'estant informé, j'ay entendu que lors de la translation du bail ou party de Paulet à Saulnier, par le moyen de ce qu'il augmenta fort la ferme des parties casuelles , il demanda qu'à l'égard des Officiers qui ne payeroient le droict annuel, & par consequent ne se pourroient prevaloir , ny de l'Edit ny des evaluations des Offices , faites en execution d'iceluy, il luy fust permis prendre le quart denier , pour leur resignation sur le pied de la composition par eux faite de leur Office avec leur resignataire : & neanmoins Messieurs du Conseil prevoyans que ce prix n'estant liquide,il en naistroit des procez,ne luy voulurent pas accorder cette demande, mais seulement luy permirent de prendre liquidement le quart denier sur le tiers de plus que lesdites evaluations , qui veritablement sont beaucoup moindres que le prix des Offices courant à present, lequel s'est du moins augmenté du tiers à l'occasion de l'Edict de Paulet. Lequel tiers ils appellent *le tiers en ascendant*, pour mieux exprimer,que ce n'estoit pas seulement le tiers de l'evaluation qu'on leur permettoit augmenter , mais le tiers de plus qu'icelle , c'est à dire adjouster encore la moitié de ce que montoit ladite evaluation : comme par exemple , l'evaluation d'un Office est de deux mil livres,ce tiers ascendant est de mil livres, de sorte qu'il en faut payer 750. livres pour le quart denier de la resignation si on n'a point payé le droict annuel.

63. Mais seulement par 5. ans.

64. Tiers en ascendant que signifie

Or bien que Saulnier eust aussi demandé par la Requeste , sur laquelle est intervenu l'Arrest de 1607. qu'en cas de cessation ou demeure faite par les heritiers du défunt Officier de pourvoir à son Office , la quittance du droict annuel par luy payé , ne serviroit que pour conserver l'Office , & non pour jouïr du benefice du huitiéme denier : neanmoins le Conseil n'a point prononcé sur ce chef,mais a dit par son Arrest indefiniment,que le droit de la resignation seroit payé sur le pied de tiers en ascendant : de sorte que la question demeure,si ce droit de resignation sera payé à raison de huitiéme denier,ou bien du quart denier seulement,

65.Pourquoy ainsi appellée.

Enquoy il faut sans doute avoir recours au droit establi auparavant par le premier Edict , à sçavoir , que

66. Si aprés les six mois il faut payer le 8. ou 4. denier.

67. Resolution.

De l'Edict de Paulet, Chap. X.

si la provision s'expedie dans l'année que le droit annuel a été payé, bien que ce soit six mois après le deceds de l'Officier, comme il peut arriver, il n'est deu que le huictième denier: mais si elle s'expedie après l'année, il en faut payer le quart denier. Toutefois si le partisan avoit receu des heritiers sciemment ce droict annuel, il ne seroit plus recevable, à mon avis, ny à demander par après quart denier, ny même à pretendre que le huictième denier deust être payé sur le pied du tiers en ascendant: parce que cessant la cause de cette augmentation, qui est pour l'indemniser, quand il n'y a point d'homme qui paye le droict annuel, à disposition d'iceluy doit aussi cesser.

Ce discours non contraint de parler des fraudes, qui se font aujourd'huy tout communement en consequence de cet Edict, au prejudice des creanciers des Officiers après leur deceds, qui neanmoins s'y asseurent tellement, qu'à l'occasion d'iceluy, reputant à present les Offices comme hereditaires, le credit des Officiers est fort augmenté. Et toutefois comme dit l'Italien, *Trovata la legge, si trova l'inganno*. Car sous pretexte de ce qu'au moyen de la procuration du defunct Officier, on peut aisément antidater la quittance du huictième denier, que ou datte d'icelle on expedie les provisions du resignataire, il peut arriver qu'après son deceds sa vefve, ou ses heritiers presomptifs trouvans sa procuration dans ses coffres, la vendent promptement & en cachette, & bien qu'ils ayent receu le prix, ils ne laissent de mettre la clef sur la fosse, comme on dit, & declarent qu'ils renoncent & à la communauté, & à la succession. Et quant à l'acheteur, il obtient en même temps les provisions du jour de la quittance du huictième denier, qu'il fait antidater d'auparavant le deceds, & par ce moyen voila, ce semble les creanciers frustrez de l'Office, sur lequel ils avoient tant d'asseurance.

Voyons premierement si cet acheteur de procuration est fait seigneur incommutable de l'Office, en vertu des provisions qu'il en a obtenu: puis s'il peut au moins être poursuivi par les creanciers pour le payement du prix d'iceluy. Quant à la premiere question, il est bien certain, que ses lettres se trouvans dattées auparavant le deceds du defunt Officier, la presomption est forte pour luy, que c'est le defunt même, qui l'a saisi de sa procuration, s'il n'appert du contraire: même quand il apparoistroit qu'il auroit été pourveu peu de temps après son deceds, cette presomption auroit encore lieu, parce que la bonne foy est plustost presumée que le larcin ou substraction. Mais supposé que ou par sa confession, ou par bons témoignages (que je tiens bien recevables en cette matiere de fraude à l'égard des tiers creanciers, nonobstant l'Ord. de Moulins, même qu'on peut remettre en ce cas la querimonie) il apparoisse que cette procuration ait été baillée, & la vente faite par la vefve & heritiers après le deceds de l'Officier, il faut à mon avis distinguer si elle est faite avant, ou après la renonciation à la communauté & succession. Si avant, je tiens sans doute, que ce nouveau pourveu ne peut être evincé de l'Office; parce qu'il l'a acheté en effet *à vero Domino*: étant vray, que la vefve a fait acte de commune, & les habiles à succeder, d'heritiers purs & simples, comme il sera prouvé tout incontinent.

Que si au contraire il a fait son marché après que l'heritier presomptif a renoncé à la succession, & la vefve à la communauté, il est bien certain que cette vefve & heritiers sont tenus representer la procuration entiere, & non affectuée, & à faute de ce faire, sont tenus en tous dépens, dommages & interests, & par corps: mais en outre je dy, que celuy qui a acheté la procuration *à non domino*, est tout ainsi que celuy qui l'a euë d'un larron, lequel l'auroit derobée, & partant qu'elle peut être vendiquée sur luy, & qu'il peut être poursuivy pour la rendre en son entier, quoy que ce soit pour retroceder & resigner derechef l'Office au profit des creanciers, & par corps, sauf son recours contre son vendeur. Et ne sert rien de dire qu'il ignoroit cette renonciation, & qu'il a contracté de bonne foy avec ceux qu'il estimoit être les vrais heritiers *quia qui cum alio contrahit, scire debet conditionem ejus cum quo contrahit*, dit la regle de droict: joint que c'est une autre regle perpetuelle, que celuy qui n'est point Seigneur de la chose, n'en peut transferer la seigneurie à autruy. Et ne faut point dire, que l'Office n'a point de suite par hypotheque après la provision expediée au profit d'un tiers: car ce n'est pas icy une suite d'hypotheque, mais une vendication & suite de proprieté, & il est indubitable, qu'un meuble pourroit être vendiqué de même façon par le creancier, sur celuy qui l'auroit acheté *à non Domino*.

Or la raison de difference de ces deux cas depend de la loy *Si servum §. ult D. De acquir. vel omitt. hæred. Quid autè amoveret* dit cette loy *de inde se abstinet nihil agit: qui autem antè se abstinuit deinde tunc amovit, videamus an hæres sit. Magisque est ut putem ipsæ Sabini sententiam admittendam*, scilicet *ut si potius actione creditoribus teneatur*. De sorte qu'au premier cas l'heritier presomptif ayant fait acte d'heritier, a pû disposer valablement de l'Office, qui estoit en l'heredité, lequel après la resignation admise au profit d'un tiers, n'a plus de suite par hypotheque, pour les debtes du resignant: & en l'autre cas ayant renoncé, & n'ayant plus rien à l'heredité, ny par consequent à l'Office, il ne l'a pû aliener valablement & par effet, non plus qu'un étranger, ou un larron & expilateur.

L'autre question est encore plus difficile, quand le defunt se voyant pressé de maladie, a mis sa procuration és mains d'un amy, comme on a accoustumé de faire, ou quand il n'apparoist point, qu'autre que luy l'ait baillé au pourveu, auquel j'ay dit, qu'on presume que luy-même l'ait baillée de son vivant. Mais la question est, supposé qu'il n'apparoisse point aussi de la composition de l'Office, ny du payement du prix d'iceluy, ny aussi que l'Office ait été donné, sçavoir si on presumera que le resignataire ait payé le prix, puis qu'il se trouve pourveu du vivant du defunt, ou bien s'il pourra être poursuivy pour le payer. Question qui ne peut tomber és Benefices, qui en sorte quelconque ne peuvent être vendus: même qui n'est pas si difficile, à l'égard des Offices non venaux, qu'en ceux qui sont absolument venaux.

Mais encore à l'égard des Offices venaux, il semble, que par la tradition de la procuration *ad resignandum* non faite sans stipuler aucun prix, l'Office soit presumé avoir été donné, qu'il en soit, que le payement du prix d'iceluy est presumé, ainsi que le payement de la debte est presumé par la restitution de la scedule *l. 2. in fi. D. De pactis*, & comme la loy *Qui chirographum. D. legatis 3.* decide que qui vend ou qui legue une cedule, est reputé disposer de la debte. Et sur tout la loy *1 C. De donat.* dit que la donation assistée de la tradition de l'instrument d'achat, æquipolle à la tradition actuelle de la chose. Aussi qu'en matiere d'Offices, le resignataire se contente ordinairement, qu'en baillant son argent, on luy baille de main en main, ou la procuration, ou les provisions, selon le marché qu'il a fait.

D'autre costé on peut dire, que la tradition de la procuration ne peut induire & conclure autre chose, sinon la vente, & encore la delivrance d'Office, en tant qu'il est presumé, ainsi que le payement du prix d'iceluy: mais non pas le payement. Qu'il n'est point de debat on point que, celuy auquel la procuration a été delivrée, s'étant par après fait pourvoir en vertu d'icelle, ne soit Seigneur incommutable de l'Office: mais toutes ces loix ne decident pas que cette tradition fasse preuve, ou même presomption du payement du prix, qui est nostre question. Ce n'en faut que la delivrance actuelle de la marchandise, presupposé & faise presumer le payement du prix, principalement és matieres subjetes à fraude, qu'au contraire c'est

Des Offices hereditaires, Liv. I

cette delivrance qui oblige celuy qui l'a receuë, à payer le prix.

78. Preuve. Et n'y a en ce regard, ce semble, rien de particulier en l'Office venal, qui n'est pas comme les Benefices, esquels la tradition de la procuration fait pleine preuve de la resignation d'iceux, ce qui peut avoir lieu pareillement aux Offices non venaux : mais aux Offices venaux il y a le payement qu'il faut faire par aprés. De sorte qu'il en faut avoir quittance, ou preuve de donation. Aussi est-il vray qu'en commun usage, on en fait un contract ou compromis, ou pour le moins on baille quittance de l'argent qu'on reçoit, & qui oublie à prendre cette assurance, qui est ordinaire en toutes affaires, se doit imputer à luy-mesme s'il est inquieté par aprés.

79. Reponse aux six fons contraires. A quoy ne sont contraires les loix, qui decident que qui rend, ou qui vend la scedule, est reputé disposer de la debte. Car elles contiennent par exprés leur raison, qu'en commun langage la scedule signifie la debte mesme, ce qui n'est pas de la procuration de l'Office : joint qu'elles ne disent pas, au cas de la vente d'une scedule faite à un tiers auquel elle a esté livrée, que ce tiers soit presumé quitte du prix de la vente, mais seulement disent, qu'estant renduë au debiteur d'icelle, il est presumé quitte du contenu en la scedule. Et quant à la loy 1. C. De donat. qui est la plus forte objection, elle presuppose, qu'il y ait eu auparavant une donation actuellement faite, & dautant que lors de cette loy, & avant le temps de Justinian, la donation simple, & sans tradition, ne produisoit point d'action, non plus que la simple paction, cette loy resout seulement, que la tradition de l'instrument d'achat, estoit suffisante pour parfaire la donation precedemment faite, à ce qu'elle produisist action, & ainsi l'a fort bien interpretée le Jurisconsulte Hotman lib 12 Illust. quaest. cap. 1. Enfin tout tant qu'il y a de Docteurs, qui ont écrit sur cette loy, sont d'accord que la tradition de l'instrument ne fait pas presumer la donation ; si ce n'est entre personnes conjointes, ou qu'il y ait d'autres presomptions.

80. resolution pour l'Affirmative. C'est pourquoy je conclus, sauf meilleur avis, que si c'est un étranger auquel la procuration ait esté livrée, il faut que la verifie le payement du prix de l'Office par quittance valable du defunt, ou autrement deuëment. Quittance qui est suffisante de soy, bien qu'elle soit sous seing privé, sauf les preuves contraires de dol & fraude. Car même si elle étoit faite le jour de son deceds, & que neanmoins cette grosse somme de deniers ne se trouvast en sa succession, il y auroit encore plus d'apparence (n'y ayant autres conjectures contre le resignataire) de croire, que les presomptifs heritiers auroient mis la main sur icelle, que de dire, qu'elles n'auroient pas été actuellement payées par celuy qui en a bonne quittance. Nonobstant laquelle toutefois je ne fay nul doute, qu'il ne soit tenu se purger par serment de la fraude, & mêmement subir l'interrogatoire sur tous les faits pertinés qu'on proposera contre luy : même j'estime, qu'on peut obtenir querimonie, sur le fait de fraude : bien que possible on ne fust recevable, à la preuver simplement par témoins contra scriptum, parce qu'en ce cas, la querimonie, n'est que comme un examen de conscience, ainsi que Bacquet discourt au livre Des droits de justice chap. 7. voir même on pourroit articuler des faits de fraude si probables, qu'on devroit être receu à les verifier, nonobstant l'Ord. de Moulins, & qu'on n'a gueres accoustumé d'admettre hors le cas de fraude, la preuve vocale contre la literale.

81. Quid, si la resignation est faite à personne conjointe. Que si la resignation estoit faite à personne conjointe, comme du pere au fils, à la verité il n'y faut point de quittance du prix, mais elle sera toûjours presumée faite à l'intention de donner l'Office. Mais il y a une autre difficulté c'est qu'aucuns estiment que cette donation est sujette à l'action revocatoire, comme étant faite en fraude des creanciers par un homme insolvable, & qui ne laisse point d'heritiers. Quand même le fils ne seroit point participant à la fraude : parce que c'est une regle de l'action revocatoire, qu'au cas de donation, il suffit de verifier qu'il y a eu fraude, sans qu'il faille encore prouver que le donataire en ait été participant, comme il est necessaire en titre onereux : qui est la distinction de la loy *Quod autem* 6. §. *Simili modo*. D. *Quae insert. cred. & l. 5. Cod. eod.*

82. De la resignation de pere à fils, faite en fraude des creanciers. Ce qui pourroit principalement avoir lieu, quand le pere avoit payé les quatre deniers pour livre, de sorte que son Office étoit assuré, & n'avoit point de haste d'en faire pouvoir son fils, sinon pour frauder ses creanciers. Toutefois parceque cette action revocatoire n'est gueres pratiquée en France, j'estime que si c'estoit pour pourvoir son fils non marié, auquel il n'eust encore rien baillé, en ce cas elle ne devroit être pratiquée contre luy, notamment en matiere d'Offices, où telles resignations sont favorables par le vœu de la nature, & sur lesquels, étant perissables, on ne presume pas que les creanciers ayant fondé leur assurance, comme sur d'autres biens. Mais quoy qu'il en soit, si l'Office avoit été donné de cette sorte à un gendre, pour mariage de sa femme, ou en payement des deniers promis lors d'iceluy, c'est sans doute, que la revocatoire n'y auroit lieu, parce que c'est un titre onereux, & à l'égard du gendre entierement, & à l'égard de la fille aucunement, *& secundum quid; quia pater tenetur dotare filiam.*

83. Autre question en ce même point. Comme aussi à l'égard du fils, c'est un grand doute, si le pere n'ayant point payé les quatre deniers pour livre, & se voyant pressé de maladie resigne à son fils, & par aprés survit les quarante jours, ou bien achete la dispense d'iceux, si tel Office est sujet à la revocatoire. D'autant que l'action revocatoire n'a lieu que quand on aliene son bien, & non pas quand on manque à acquerir, ainsi que cette loy *Quod autem, in princ.* Or il est bien certain que le pere n'estoient pas tenu de conserver son Office pour ses creanciers, & pour cet effet hazarder le quart denier, ou argent payé pour la dispense des quarante jours. Aussi que l'Edict de la revocatoire est de revoquer ce qui a été fait en fraude : *atqui* la resignation n'est point faite en fraude d'eux, mais pour sauver l'Office, qui autrement eust été perdu : & encore si la resignation étoit revoquée, il s'ensuivroit que l'Office demeureroit vacant par mort.

84. Resolution. C'est pourquoy j'estime que l'action revocatoire n'auroit lieu en matiere d'Offices, mais quand elle auroit lieu, toûjours la faudroit-il intenter dans l'an d'aprés la resignation, parce que l'action est annale : ce qui doit principalement être gardé en matiere d'Offices, dont les pourveus ne doivent être long-temps tenus en suspens. Encore croy-je que ce seroit le plus seur de prevenir la reception & installation du resignataire, dautant qu'un Officier receu & installé est bien fort, principalement en une matiere douteuse & extraordinaire, comme est à la verité en France cette action revocatoire.

85. De l'action revocatoire.

86. De la quittance supprimée par l'heritier. Quoy donc, si aprés la mort du pourveu, qui avoit payé les quatre deniers pour livre, l'heritier s'entendant avec le partisan, suprime & la quittance & la procuration à resigner, & se fait pourvoir par mort, ou celuy auquel il a vendu l'Office ? Je dy, qu'apparoissant de ce payement par compulsoire des registres du partisan ou Controleur, les creanciers évinceront ce pourveu par mort, bien qu'ils n'ayent point de preuve, qu'il y ait eu procuration passée par le defunt, dont on n'a accoustumé faire minute, tant parce que cette procuration n'est point necessaire, comme il vient d'estre prouvé, que parce qu'il est assez à presumer, à cause du commun usage ; que le defunt en avoit passé une : qui a été perduë, ou supprimée, tout ainsi que la quittance du droict annuel à laquelle on a accoustumé de l'attacher.

Fin du deuxiéme Livre.

151

DU DROIT DES OFFICES,
LIVRE TROISIEME.

DES OFFICES VENAUX.

CHAPITRE I.
De la Venalité des Offices.

1. Discours de la chairté des Offices.
2. Valeur des Offices du temps de Commines.
3. Valeur d'à present.
4. Hausse subite des maisons de Rome.
5. Mauves traictement qu'on fait aux Officiers.
6. Rareté d'argent à present parmy le plat païs.
7. Oisiveté des Officiers.
8. Abondance des Offices.
9. Ambition de nostre âge.
10. Archomanie.
11. Commodité de la finance, provenant des Offices.
12. Venalité des Offices n'estoit en aucune Republique ancienne.
13. Bien de les conferer aux plus riches.
14. Principalement les Ordres.
15. De la distribution des Offices à Rome.
16. Ambitus unde, leges 10. de ambitu.
17. Condamnations memorables, selon les Loix de ambitu.
18. Pourquoy les brigueurs d'Offices estoient desceints, & sans saye.
19. Beau discours de Plutarque, sur la venalité des Offices.
20. Brigues des Offices par argent en l'Estat populaire des Romains.
21. Interpretes, sequestres, divisores.
22. Cela a eté l'une des causes de changer l'Estat.
23. Exemple memorable de largition pour Offices.
24. Partage des élections entre Iule Cesar, & le peuple.
25. Candidatu Cæsaris.
26. Liberté des élections redonnée au peuple par Auguste.
27. Elections ostées tout à fait par Tibere.
28. Suffrages venaux des Courtisans, sous les Empereurs.
29. Inconvenient de cette venalité.
30. Condamnation de Turinus.
31. Suffragium quid, & unde.
32. Suffrages defendus.
33. Nulle action pour les repeter étant payez.
34. Remise par Theodose.
35. Certi condictio pro suffragio.
36. Offices des Iuges & Gouverneurs, exceptez des suffrages.
37. Serment des Officiers de judicature.
38. Suffrages defendus derechef en tous Offices.
39. Suffrages pris par les Empereurs mêmes.
40. Suffragium duplex, privatum & Dominicum.
41. De Dominico suffragio.
42. Prohibitions dernieres des suffrages.
43. Non gardées.
44. La Dignité même d'Empereur a été vendüe.
45. Des pollicitations faites pour obtenir les Offices populaires des villes.
46. Faux fondement tiré de là, pour la venalité des Offices.
47. Origine des pollicitations.
47. Des Ædiles Curules de Rome.
49. Ieux exhibez au peuple par les Magistrats.
50. Droit d'entrée des Officiers de villes.
51. Aurum oblatitium Senatorum, aurum global follis.
52. Droit d'entrée des Consuls de Rome.
53. Droit d'entrée qui se payoit aux collegues.
54. Sportulæ.
55. De même.
56. Droict d'entrée aux Sacerdoces de Rome.
57. Et en ceux du christianisme, tant és benefices, qu'és Ordres Eclesiastiques.
58. Offices ne furent jamais venaux tout à fait à Rome.
59. L'argent qui s'en payoit n'aprochoit de leur valeur.
60. N'estoient anciennemeut venaux en France.
61. Comment s'y est introduite la venalité.
62. Explication de l'Ordonnance de l'an 1493.
63. Prohibition de vendre les Offices de finance.
64. Officiers de finance juroient anciennement n'avoir acheté leurs Offices.
65. Que les Offices de finance n'estoient venaux anciennement.
66. Auditeur des Comptes destitué, pour avoir acheté son Office.
67. Prevostez anciennement baillées à ferme.
68. Avec leurs droicts & émolumens.
69. Fermiers des amendes, pourquoy appellez Prevosts.
70. Comment cet abus fut introduit.
71. Prevosté de Paris venale anciennement.
72. Venalité d'icelle prohibée par le Roy Loüys cinquieme.
73. Autres preuves des prevostez baillées à ferme.
74. Autre encore.
75. Petits Baillages baillez à ferme.
76. Vendre en ces anciennes Ordonnances signifie bailler à ferme.
77. Canonisation de saint Loüis refusée pour ce sujet.
78. Offices de la Iustice Ecclesiastique baillez à ferme en France.
79. Benefices conferez à titre de ferme.
80. Bailler des Prevostes en garde, que signifie.
81. Retranchement de tous ces abus.
82. La Prevoté de Paris est encore conferée en garde, & pourquoy.
83. Vicomtes de Normandie joüissent encore des émolumens de leur Iustice.

Des Offices hereditaires, Liv. III.

84. *Vente des Offices particuliers.*
85. *Passage de Commines.*
86. *Vente publique des Offices par le Roy, quand introduite.*
87. *Que ce fut par le Roy Loüys XII.*
88. *Excuse du Loüys XII.*
89. *Offices de finance ne sont de telle importance que les autres.*
90. *Offices de judicature vendus par l'entremise des Courtisans.*
91. *Establissement des parties Casuelles.*
92. *Offices de finance, pourquoy dits.*
93. *Venalité introduite aux Offices de judicature, sous couleur de prest.*
94. *Serment de n'avoir acheté ces Offices, entretenu jusques à nostre temps, & pourquoy.*
95. *Prix excessif des Offices de judicature.*
96. *Ce serment aboly.*
97. *Erection de nouveaux Offices & attributions nouvelles pour tirer argent.*
98. *Moyen de devenir riche à present.*
99. *Combien valoient les parties Casuelles sous le feu Roy.*
100. *Gages des Officiers d'apresent, montent quasi autant que le revenu du Royaume, sous Louïs XII.*
101. *Commoditez qui en reviennent à l'Estat.*
102. *Invention de la multitude d'Officiers.*
103. *Trafic des Offices avantageux au Roy.*
104. *Que leur prix est trop excessif.*
105. *Principalement des Offices de judicature.*

1. *Discours de la cherté des Offices.*

AVRE Anunc verè sunt secula, plurimus auro
Venit Honos,
disoit le Poëte, au temps qu'on donnoit encore les Offices, se plaignant qu'on les briguoit par argent. Qu'eust-il dit en ce temps, que non seulement on les vend tous particuliers, & au profit du fisque : mais mesme on les survend excessivement, & qu'ils n'ont point de prix ?

2. *Valeur des Offices au temps de Commines.*

Certainement si Philippes de Commines vivoit à present, il corrigeroit l'endroit de son histoire, où il cotte pour grande merveille, que de son temps en la ville de Paris, tel Office sans gages, s'estoit vendu jusques à huit cens escus, & , tel où il avoit gages, cinque fois plus que les gages. Et l'Autheur de l'Anti-Machiavel composé en temps de feu Roy Henry III. ayant voulu encherir par-dessus Commines, rapporte par admiration, que les Offices de Conseiller du Parlement, constoient en ce temps-jusques à neuf mil livres, & ceux de Presidens jusques à vingt mil. Que diroient-ils maintenant de voir les Offices de Conseillers montez jusques à soixante mil livres, & ceux de Presidens qu'autre fois plus?

3. *Valeur d'apresent.*

Certes nous avons veu de nostre temps presque un pareil saut tout à coup aux Offices, qu'il y eut à Rome aux maisons, du temps de Lucullus, qui acheta deux cens cinquante mil escus la maison de Marius, laquelle peu d'années auparavant n'avoit esté venduë que sept mil cinq cens escus, dit Plutarque, *in Mario*. Tant la superfluité dit-il, & la somptuosité, s'alterent multipliant en peu de temps à Rome.

4. *Hausse ...*

Si n'est ce pas le bon traitement, qu'on fait aux Officiers, qui est cause d'encherir ainsi les Offices: car jamais on ne taxa plus haut la finance des resignations, jamais on ne tient plus de rigueur à ceux qui meurent, jamais on ne rechercha tant la vie de ceux qui exercent, & jamais l'exercice n'en fut plus incommode. Tantost on arreste leurs gages, tantost on les supprime, afin de les restablir pour de l'argent, tantost on démembre leur charge, tantost sous pretexte de quelque attribution imaginaire, on leur demande de l'argent. Bref il n'y a point au monde de marchandise plus chere, & si on n'en est jamais assuré tout à fait.

5. *Rareté d'argent ...*

Ce n'est pas aussi l'abondance d'argent, qui nous le fait ainsi profusement employer en l'achat des Offices, comme ne sçachans qu'en faire. Car ny sous Philippes de Valois, lors qu'il amassoit l'or de France, pour faire son cerf, ny sous le Roy Jean, qu'on fait accroire avoir forgé de la monnoye de cuir apres sa prison, ny sous Charles VII. apres les ravages des Anglois, il n'y avoit peut estre telle rareté disette d'argent, qu'il y a maintenant, je ne dy pas à Paris, & quelques unes des bonnes villes, mais au plat païs, & aux petites villes.

7. *Oisiveté des Officiers.*

Pareillement, ce n'est pas le grand employ & exercice qui fait davantage desirer les Offices. Car leurs Charges sont tellement démembrées & divisées, que l'Office n'est plus Office *à faciendo*, mais c'est une honneste oisiveté, & comme disoit un Ancien, ωςκόσμημα τῆς ῥᾳθυμίας, un ornement externe, ou pour mieux dire, une honneste couverture de paresse.

8. *Abondance des Offices.*

Finalement, ce n'est pas la rareté des Offices qui les fait desirer. Car bien que Seissel en sa Monarchie de France, livre premier, chapitre 15. dise , Qu'il y avoit de son temps plus d'Offices en France, qu'en tout le reste de la Chrestienté ; si est-il vray que pour cent qu'il y avoit du temps de Seissel, il y en a mil à present ; & que depuis cinquante ans on en a érigé plus de cinquante-mil . & tantost dans les villes chaque honneste homme a son Office, comme chaque Moine dans les Cloistres.

9. *Ambition de nostre âge.*

Reste donc de conclure, que c'est la seule ambition, qui a pris plus de pied en nostre nation, qu'en nulle autre, & plus écore en nostre âge qu'auparavant. C'est un cachoëtes , & une mauvaise disposition d'humeurs, ou plûtost de mœurs qui nous tient : c'est comme une espece de manie qui nous agite. Car le mot *d'ambition* est desormais trop doux , bien qu'inventé exprés par les Romains, pour signifier le desir immoderé des Offices, il en faut forger un autre pour nous, & l'appeler *Archomanie*, fureur d'Offices. Est-il pas vray, que nous nous opiniastrons desesperément contre nostre pauvreté, contre la cherté, le mauvais traitement, le hazard, & le peu d'employ qu'il y a maintenant és Offices; que toutes ces incommoditez ne servent qu'à irriter nostre appetit, qu'à chatoüiller nostre ambition, qu'à éveiller nostre folie? Le coust nous en augmente le goust: plus on taxe haut les resignations , plus nous sommes aspres à y prodiguer nostre argent: plus on tient de rigueur à ceux qui meurent , plus il y a de presse à faire le Roy son heritier : plus on recherche les Officiers , plus on recherche les Offices : plus il y a de hazard , plus hardiment on s'y hazarde : plus l'argent est rare, plus on y en met à perdition: moins il y a d'employ, plus on les prefere aux autres exercices: Bref, plus il y a d'Offices, plus il y a de presse à en chercher.

10. *Archimanie.*

11. *Commodité de la finance provenant des Offices.*

C'est pourquoy ayant été , du temps de nos peres, découvert une fois ce beau secret de finance, de lever par lesmoyen des Offices une taille immense, & neanmoins insensible, même volontaire & desirée, sur l'ambition & folie des aisez du Royaume, on s'en sert tous les jours au besoin , & sans besoin. C'est une mane , qui ne manque jamais : c'est un fonds sans fonds , c'est une source que puisant journellement on ne peut épuiser. On a beau eriger des Offices sur le bruit d'une erection nouvelle , ils sont tenus avant que l'Edict en soit minuté. Que le Roy en fasse tant qu'il voudra, il trouvera toûjours à les debiter : car cemme dit le Sage , *Le nombre des fols est infiny* , & c'est maintenant un commun dire parmy nous , *Qu'il y a toûjours plus de fols que d'Estats*. S'il y a jamais un Roy en France qui ait dessein de s'approprier tous les biens de ses sujets , comme fit ce Roy d'Egypte en la fin de son année , il ne faut que créer force Offi : chacun à l'envi portera sa bourse au Roy : qui n'aura argent , vendra sa terre , qui n'aura assez de terre , se vendra soy-mêsme , si on luy permet , & consentira d'estre esclave,

De la Venalité des Offices, Chap. II.

esclave, pour devenir Officier. Est ce pas là une vraye folie, & une pure Archomanie ?

Puis donc que ce commerce des Offices est venu à un si merveilleux progrez, c'est bien raison de rechercher tout à loisir son commencement. Or je n'estime pas qu'en aucun ancien Estat ou Seigneurie la vente publique des Offices ait été licitement pratiquée. Car quant à celles de Grece, dont Aristote en son 2. livre des Polit. fait un demembrement, rapportant leurs principales loix & usages, notamment touchant la distribution des Offices, il n'en rapporte pas une seule, où il fust permis de vendre les Offices, soit à l'égard du public, soit entre particuliers : seulement il dit au neufième Chapitre, qu'en la Republique de Carthage, les principaux Offices étoient conferez aux plus riches Citoyens. Ce que toutefois il reprouve totalement, disant que c'est rendre les Offices comme venaux, & que c'est preferer la richesse à la vertu, & partant induire le peuple à l'avarice & gain deshonnête, & ouvrir la porte aux largesses populaires pernicieuses à l'Estat.

C'est la même plainte que fait Seneque de la Republique Romaine, *Postquam censa legi cœptus, pessum ire vi & pretia*, & Ovide quand il a dit,

In pretio honor nunc est, dat sensus Honores.

Car il est bien vray, qu'à Rome, non pas les Offices, mais les Ordres étoient deferez aux personnes de moyens : *Senatores, Equitesque census accendere faciebat, ne splendor Ordinum angustia rei familiaris vilesceret*, dit le même Seneque en ses Declamations : mais pourtant ny en l'Estat populaire, ny sous les Empereurs on n'a jamais tout à fait vendu publiquement & licitement, ny les Ordres, ny les Offices.

Au contraire, pour le regard de l'Estat populaire, il est certain que les Magistrats étoient deferez par l'élection du peuple, & pour empêcher que le peuple y fust corrompu par brigues & largesses, il fut fait l'une aprés l'autre jusques à dix loix *De ambitu*, ainsi appellé *s ab ambiendo, id est, circum eundo populo* : à sçavoir les loix nommées *Protelia, Æmilia, Maria, Fabia, Calphurnia, Tullia, Aufidia, Licinia, Pompeia & Julia*, qui sont rapportées par Rozinus, *lib. 8. Antiq. Roman. cap. 19.* & par Alexandre *ab Alexandro lib. 3. Genial. dier. cap. 17.*

En vertu desquelles Pline livre 35. chapitre 12. dit que Q. Copouius fut condamné, *quòd vini amphoram dona dedisset ei, cui suffragii latio erat* : Et que Marius pensa être condamné, parce que le serviteur d'un sien amy fut trouvé parmy le peuple, lors qu'il donnoit ses suffrages, dont il s'excusa, disant, qu'il l'avoit envoyé querir de l'eau pour boire.

Et Plutarque en ses Problemes, dit que ceux qui briguoient les Offices, devoient être déceints, & sans sayes, lors qu'ils assistoient aux Comices & Assemblées, afin qu'ils ne pussent cacher sur eux de l'argent pour acheter les suffrages du menu peuple. Il est toutefois d'autre opinion *In Coriolano*, disant, que cette coutume avoit été introduite long-temps auparavant qu'on eust commencé d'acheter les suffrages du menu peuple.

Et ensuite, il fait un discours tres beau sur ce sujet, ç'a été bien tard, dit il, *que le vendre & l'acheter sont entrevenus en l'élection des Magistrats, & que les vœux & suffrages des élisans se sont achetez à prix d'argent*. Mais aussi depuis que cette corruption a une fois commencé és élections des Offices, elle est passée de main en main jusques aux Sentences des Juges, & jusques aux jeux de guerre : tant qu'à la fin elle a esté cause de réduire l'Estat populaire en Monarchie, en asservant & assujettissant les armes mêmes à l'argent. Pourtant ne semble-t'il pas, que celuy ne parla point sans raison, qui dit, que qui premier fit des banquets & largitions au menu peuple, fut celuy qui luy ôta son authorité, & qui ruina la chose publique. Mais ce mal-là se coula peu à peu, & glissa secrettement sans être apperceu. Car on ne sçait pas qui fut le premier qui acheta & corrompit les voix du peuple par argent.

Tant y a que nonobstant toutes ces loix *De ambitu*, on ne peut tant faire à Rome, qu'on empêchât les brigueurs d'Offices de distribuer de l'argent à la populace pour gagner ses suffrages, ce qui même quelquefois se faisoit tout publiquement : & à cette effet, on se servoit de trois sortes de gens, les uns appellez *Interpretes*, qui en faisoient l'aboutement & paction avec le peuple : les autres *Sequestres*, par devers lesquels l'argent promis étoit consigné : & les derniers *Divisoires*, qui le partissoient & distribuoient. Qui est ce que *Petronius Arbiter* mis inter signa pereuntis Reipub.

——————— *emptique Quirites.*
Ad prædam strepitumque lucri suffragia vertunt :
Venalis populus, venalis Curia patrum.
Est favor in pretio.

Et encore mieux Lucain, livre premier sur le même propos.

Hinc rapti fasces pretio, sectorque favoris
Ipse sui populus, letalisque ambitus urbi,
Annua venali referens certamina campo.

De ces largitions s'en voit une memorable exemple dans Suetone, *In Iulio, E duobus* dit il, *ejus competitoribus in Consulatu Lucceio & Bibulo, Lucceium Cæsar sibi junxit pactus ut is, quoniam inferior gratiâ esset, pecuniaque polleret nummos de suo, communi nomine, pronuntiaret : quâ re cognitâ, Optimates, quos metus cœperat, nihil non ausuri eum in summo Magistratu, concordi & consentienti collega, auctores Bibulo fuerunt, tantundem pollicendi, ac plerique pecunias contulerunt : ne Catone quidem abnuente eam largitionem è Repub. fieri. Igitur cum Bibulo Consul creatus est.*

Il avoit dit auparavant, que Cesar s'étoit endebté extrémement, pour briguer le Pontificat, ayant été déja refusé de la Preture. Ainsi donc ayant appris par luy-même, quel profit revenoit au peuple de ces données & largesses, étant dictateur perpetuel, il partagea avec le peuple les Comices, dit le même Autheur, c'est à dire, les élections des Magistrats, & voulut, *que de numero Candidatorum, pro parte dimidia, quos populus vellet eligeret, pro altera parte, quos ipse dedisset. Et edebat libellos circum Tribus missos scripturà hac brevi : Cæsar Dictator illi Tribui S. Commendo vobis, illum, & illum ut Beneficio vestro suam Dignitatem teneant* : & parce qu'on ne pouvoit refuser ceux qui étoient porteurs de ces billets, de la vient le proverbe, *Petis tanquam Candidatus Cæsaris.*

Auguste son successeur ayant redonné au peuple la liberté entiere des élections, fit la derniere des dix loix *De ambitu*, qui est la loy *Iulia*, dont il est traité au titre du Digeste, & du Code Theodosien *Ad leg. Iuliam de Ambitu*. Mais pour ne rien faire perdre à ceux de sa Tribu ou Paroisse, il leur distribuoit tous les ans du sien une bonne somme de deniers le jour des Comices, c'est à dire, auquel on élisoit les Magistrats, afin qu'ils ne demandassent point d'argent à ceux qui seroient élus.

Et finalement Tibere prenant sujet de ce qu'on ne pouvoit empêcher ces largesses, qui échauffoient tellement le peuple, qu'il arrivoit souvent des seditions aux Comices, ôta entierement au peuple les Comices & élections, retenant à luy seul le pouvoir de conferer les Magistrats : qui est la raison pourquoy le Jurisconsulte Modestin en la loy premiere de ce tit. *De ambitu*, dit, *que hodie lex Iulia cessat in urbe, quia ad curam Principis Magistratuum creatio pertinet, non ad Populi favorem.*

Mais ce peuple accoutumé de si long-temps à briguer les Offices par argent ne laissa, sous les Empereurs, à continuer ses brigues envers ceux, qui avoient faveur & creance vers eux, ce qui tourna

V

en tel desordre, qu'à la fin les courtisans & favoris des Empereurs, vendoient tout ouvertement leurs suffrages & recommandation. Ainsi l'Eunuque Eutrope est appellé par Claudian.

— — *Caupo famosus Honorum.*

C'est dequoy se plaint Seneque, representant naïvement, ce qui arrive de la vente des Offices, *Provincias spoliari, & numerarium tribunal, audita utrinque licitatione, alteri addici; mirum non est quia qua emeris, Honoris jus est* C'est aussi ce que dit Alexandre Severe dans Lampride. *Necesse est ut qui emit vendat: at ego non patiar mercatores Potestatum, quos si patiar, punire non possum.* Eт aussi ce enim punire eum, qui emit & vendit. Aussi fust-ce une des causes de la memorable condamnation qu'il fit de Turinus, *qui ab omnibus acceperat, qui Provincias, aut præposituras acceperat*: & partant à bon droit *fumo periit, qui fumum vendiderat*: & le même Lampride *in commodo*, dit, *Provincia omnes venduntur, omnia Cleander* (qui étoit le grand mignon de Commodus) *pecunia vendiabat*. Il y a encore un beau passage dans Dion *in Vespas.* de Cenis sa concubine, *qua Magistratus procurationesque Provinciarum, & Officia militum ac Sacerdotia ipsa quoque responsa Principi vendebat, quod ex voluntate Vespasiani fieri suspicio erat.*

Or l'argent qui se bailloit ainsi aux favoris des Empereurs, pour parvenir aux Offices, s'appelloit *Suffragium*, à l'imitation des donnés & largesses qui se faisoient au peuple pour obtenir son suffrage. *Suffragium*, disent les interpretes des Nov. *erat pecunia, quæ suffragatoribus aulicis dabatur, aut promittebatur, Honoris adipiscendi causa.* Se qu'étant tourné en desordre, fut enfin defendu par l'Empereur Constantin, sous grosse amende, in *l. Ad Honoris de mun. & Honorif. C. Th. & leg. unica de perfect. Dignit. C. Iustin.* Mais Julien l'Apostat son successeur étant importuné par les Egyptiens, gens plaideurs, qui ne cessoient d'accuser les principaux Officiers, pour avoir pris des suffrages, ordonna qu'il n'y auroit plus d'action, pour repeter ce qui avoit été baillé, témoin Ammian Marcellin Livre 22. & sa loy est au Code Theod. *lege 1. Si cert. pet. De suffragiis.*

Par aprés Theodose en la loy unique C. *De suffragio*, donna action, pour exiger ces suffrages, tout ainsi que les pollicitations faites au public, dont j'en parlé incontinent: action qui fut appellée, *certi conditio pro suffragio*, c'est pourquoy le titre, qui en traite, au Cod. Theod. est intitulé *Si certum petatur de suffragiis*, & est different de celuy, *Si certum petatur de Chirographis*: & au Code de Justinian, aprés le titre *Si certum petatur*, suit immediatement le titre *De suffragio*. Même Zozime dit qu'il erigea exprés de nouveaux Offices pour les vendre, dont il fut en mauvaise reputation, ce que je n'ay peu trouver ailleurs: aussi est-il vray que Zosime se pique souvent contre Theodose à cause du Christianisme.

Neanmoins le même Theodose excepta par aprés des suffrages, les Offices des Gouverneurs des Provinces par la loy derniere C. *Ad legem Iuliam repetund.* où il est dit: *ad ejusmodi Honoris insignia, non ambitione, vel pretio, sed probata vitæ testimonio accedendum esse: &* partant est fait defense sur peine du quadruple, tant contre le donneur, que le preneur, de rien bailler, ny prendre, pour parvenir à ces Offices: & à cette fin il est ordonné, que les Gouverneurs des Provinces (qui en étoient aussi les Juges) juretont, *neque se dedisse quicquam, neque daturos postmodum honoris, sive per se, sive per interpositam personam, in fraudem legis sacramenti que, aut venditionis donationisque titulo, aut alio velamento cujuscunque contractus*, qui est mot pour mot, le formulaire du serment, que faisoient il n'y a pas long-temps nos Juges, lors qu'ils étoient receus en leurs Offices, dont Theodose est grandement loüé par Claudian, en ces vers:

Cumque suo demens expellitur Ambitus auro,
Non dominantur opes, non corrumpentia sensus
Dona valent, emitur sola virtute Potestas.

Cette loy de Theodose fut étenduë par Honorius son successeur en tous Offices, esquels il defendit generalement les suffrages, à peine de deportation & confiscation de tous biens, *in leg 1. De ambitu. C. Theod.* dont le même Claudian le loüe en ces mots:

Trudis Avaritiam, cujus sævissima nutrix
Ambitio, qua vestibulis foribusque potentum
Excubat, & pretio commercia poscit Honorum.

Toutefois comme les mauvaises mœurs s'opiniâtrent comme les bonnes loix, toutes ces belles & saintes Constitutions n'ont pû empecher la corruption des suffrages ausquels les Empereurs ne pouvans mettre ordre, se resolurent enfin, cedans à la necessité, d'y prendre part eux mêmes. A quoy donna ouverture, ou bien ce qui vient d'être dit, que Jule Cesar voulant avoir part au profit que le peuple tiroit des suffrages, partagea avec luy les Comices, & élections de Magistrats: ou bien le trait de l'Empereur Vespasian, qui ayant été prié par un de ses favoris, de conferer un Office à quelqu'un, qu'il disoit être son frere, fit venir à luy le poursuivant, & ayant receu de luy l'argent, qu'il avoit promis au suffragateur, le pourveu de l'Office, & de fait Suetone dit qu'il ne faisoit point difficulté de prendre de l'argent de ceux qui briguoient les Offices.

Ainsi donc il y eut en l'Empire Romain deux sortes de suffrages, *privatum scilicet suffragium, quod suffragatoribus aulicis dabatur: & Dominicum suffragium, quod Imperialibus rationibus inferebatur*, comme parle la Novelle 161. qui ajoûte, que *ejusmodi Dominica suffragia magnum reddebant pecuniarum cumulum*: & en la Novelle 8. Il est dit, qu'en ostant ces suffrages, *quæstus immodicus imminuitur Imperio:* & voila comment, sous la couverture de ces suffrages, les Princes ont commencé de prendre argent des Offices: mais quoy qu'il en soit, ses suffrages n'étoient que des presens, qui ne montoient pas à beaucoup prés à la juste valeur des Offices, de sorte que ce n'étoit pas les vendre tout à fait, mais partie donner, & partie vendre.

Finalement pour oster l'un & l'autre de ces suffrages, & en effet pour ôter toute venalité des Offices de Judicature, furent faites ces deux Novelles de Justinian, à sçavoir la 8. intitulée, *Vt Iudices sine quoque suffragio fiant, id est, sive privato, sive Dominico:* & en la novelle 161. intitulée *De Præsidibus Provinciarum.* Mais ces prohibitions n'ont esté non plus de tenuë, que les autres; témoin les Edits de l'Empereur Zoa, & celuy d'Alexius Commenus, rapporté au Livre du Droit Oriental. Car depuis que l'or a une fois trouvé entrée quelque part, il est impossible de l'en chasser.

Mais où est-ce qu'il ne trouve entrée? veu même que la Souveraine Dignité de l'Empereur fut achetée plusieurs fois par le moyen de l'argent, qui fut donné aux Soldats, qui s'étoient acquis l'authorité d'élire les Empereurs: dont entr'autres l'exemple est memorable de l'Empereur Justin, qui ayant receu une grande somme d'argent de l'Eunuque Amantius, Affranchy de l'Empereur Anastase son predecesseur, afin d'acheter les suffrages des Soldats pour Theocritian, les achete adroitement pour luy-même, & par cette ruse fut fait Empereur. En quoy a été accomplie la prediction de Jugurtha dans Saluste, que tout à Rome étoit venal, & que Rome même se vendroit, s'il s'en trouvoit des acheteurs.

Quant aux Offices qui étoient demeurez en l'élection du peuple, comme les Offices populaires des autres villes que Rome, les loix *De ambitu* demeu-

De la venalité des Offices, Chap. I.

ob enir les Offices populaires des villes.
rerent en leur vigueur à l'égard d'iceux, dit cette loy premiere, *Ad leg. Iuliam ambitus*. Toutefois on y trouva une exception, à sçavoir qu'on permettoit, que ceux qui desiroient être élûs à ces Offices, fissent promesse de faire quelque œuvre public, ou representer quelques jeux ou spectacles au peuple, ou bien employer quelque somme d'argent aux affaires de la ville, lesquelles promesses, appellées en droit *pollicitations*, étoient approuvées & tenuës pour obligatoires, comme il se voit en tout le titre *De pollicitationibus*, & il y en a un bel exemple en la loy *Publius*. *D. de condit. & demonstr.* & partant on restraignit

46. Faux fondement de la venalité des Offices.
les loix *De ambitu*, aux seules largesses faites au profit des particuliers. Et sur cette consideration, on a fait accroire à nos Rois en ces derniers temps, qu'il n'étoit defendu qu'aux particuliers, & non au fisque, de prendre argent des Offices, comme Pasquier a coté en ses recherches.

47. Origine des pollicitations.
Tacite Livre premier des Annales, nous apprend que cette bréche fut faite à Rome par Cneus Dolabella, qui fit ordonner par le peuple, que les nouveaux Questeurs ou Tresoriers Generaux seroient tenus faire representer à leurs dépens un spectacle de gladiateurs, dont il fut blâmé par les gens de bien, *quia*, dit-il, *quod virtutis præmium antea fuerat, id postea veluti venundatum est.*

48. Des Ædiles Curules de Rome.
Toutefois auparavant on pratiquoit que les Ædiles Curules (dont l'Office étoit l'échelon pour monter aux plus grands honneurs de Rome, dit Ciceron Livre 2. *De legib.*) étoient tenus faire des jeux publics à leurs dépens : même qu'ils furent erigez à cette fin, en une année, que les Ædiles Plebeiens, qui auparavant avoient charge d'en faire aux dépens du public, n'en voulurent faire, comme raconte Tite-Live sur la fin de son 6. Livre. De fait Ciceron

47. Jeux exhibez au peuple par les Magistrats.
au même lieu, dit que les Ædil. Curul. devoient sur tout éviter le soupçon d'avarice, en faisant ces jeux : & que plusieurs ayant évité cette Charge, pour épargner la dépense d'iceux, avoient par aprés été rebutez honteusement des autres Charges, alleguant l'exemple de Murena, qui n'ayant point été Ædile fit des jeux en la Preture, afin de n'être rebuté du Consulat. Ce qu'il traite encore en l'Oraison pour le même *Murena*, qui pour cette cause avoit été accusé *ambitus*, où il conclud, *nec plebi Romanæ eripiendi fructus isti sunt ludorum, gladiatorum, conviviorum, nec Candidatis ista benignitas adimenda est, quæ liberalitatem magis significat, quàm largitionem.* C'est pourquoy Plutarque *in Bruto* dit, que ces spectacles étoient l'honnête recompense des Magistrats donnez.

50. Droit d'entrée des Officiers des villes.
Quoy qu'il en soit, aux autres villes de l'Empire Romain, on pratiqua tout communément, que ceux qui entroient aux principaux Offices, faisoient quelque present au public. Notamment c'étoit un ordinaire, que les Decurions, Buleutes, ou Senateurs des villes, mettoient à leur avenement certaine somme d'argent dans les coffres de la ville, comme il appert de la 115. Epître de Pline Liv. 10. où il mande à Trajan, *ut dispiciat, an in omnibus civitatibus certum aliquid omnes, qui Buleutæ leguntur, debeant pro introitu dare*: & Trajan répond *In ejusmodi honorario Decurionatus sequendam cujusque civitatis legem*: & en un autre Epître il fait mention de l'argent, que les Buleutes de Claudiopolis bailloient pour droit d'entrée.

51. Aurum oblatitium Senatorum aurum globale, follis.
Même à la fin les Senateurs de Rome, lors qu'ils étoient élûs, payoient certaine quantité d'or, appellé *aurum oblatitium*, dont il est parlé au commencement du 6. Livre du Code Theodose, qui n'a point de titre, *leg. omnes & leg. Dudum*. Different *ab auro globali, seu folle*, qui étoit un autre tribut, que payoient annuellement les Senateurs, à proportion de leur revenu, dont il est fait mention en la loy derniere *De Pratorib. lib. 12. Cod. Iustin.* laquelle loy abolit toutes ces contributions des Senateurs.

52. Droit d'entrée des Consuls de Rome.
Pareillement l'Empereur Valentinien voulut, que les Consuls de Rome payassent à leur entrée cent marcs d'or, pour l'entretien des aqueducs de Rome, au lieu de l'argent qu'ils avoient accoutumé de jetter & épandre parmy le peuple, lors de leur élection, par forme de largesse, *l. 1. De Consulibus, & non spargendis ab eis pecuniis. eod. lib. Cod. Iust.* Ce que Zeno étendit même aux simples Consuls honoraires, en la loy 2. du même titre. Et il y a apparence que ces droits d'entrée, que payoient tant les Senateurs que les Consuls, furent cause de les abolir enfin, quand aprés qu'on leur eut ôté toute authorité, il s'activa que la dépense d'iceux excedoit la commodité qu'on en retiroit.

53. Droit d'entrée qui se payoit aux collegues.
Il y avoit encore un autre droit d'entrée, que le nouvel Officier payoit à ses collegues, ou compagnons d'Office, appellé *sportula*, parce que c'étoit au lieu du festin, qu'on avoit accoutumé de faire à l'entrée de l'Office. *Qui Magistratum ineunt* (dit Pline *lib. 10. Epist.*) *solent totam Bulen vocare, vel binos denarios singulis dare*: Il en est parlé en la loy, *Si mulier D. de donat. inter vir. & uxor. Si mulier acceptam à marito pecuniam in sportulis pro cognato suo, Ordini erogaverit.* En la loy 6. §. 1. D. De Decurion. Minores XXV. annis Decuriones facti sportulæ Decurionum accipiunt, sed interim suffragium inter cæteros non fuerunt. Mais tout apertement en la Novelle 162. il est dit que les Senateurs Romains payoient

54 Sportulæ
ces sportules à l'entrée de leurs Charges.

55. De même.
De ces sportules ou droits d'entrée, il faut entendre la loy *Nuper. eod. tit. De donat. inter vir. & uxor. Si uxor vivo laticlavij pretendi causâ donet, vel ut Equestris ordini sit.* & la loy *Quod adipiscenda, eod. tit. Quod adipiscenda Dignitatis gratia ab uxore marito collatum est, &c.* & la loy derniere *D. De petit. hæred.* où il est parlé de *sumptu, quem pater in honorem filij, cum Senator esset, fecit.* Lequel droit d'entrée étoit ordinaire és Milices Romaines, même & alloit bien plus avant. Car il montoit communément jusques à la moitié de la valeur de la Milice, comme il a été dit au Livre precedent, & ce d'autant que les Milices étoient plus venales, que toute autre sorte d'Offices.

56. Droit d'entrée aux Sacerdoces de Rome.
Ce même droit se payoit aussi *in Sacerdotiis*, qui à Rome étoient ordinairement conferez par l'élection du college, même quelque fois il y montoit bienhaut, témoin Suetone *in Claudio, cap. 9. Sestertium, octogies pro introitu novi Sacerdotij Claudius coactus impendere, ad eas rei familiaris angustias decidit, ut cum obligatam ærario fidem liberare non posset, in vacuum lege prædiatoria venalis pependerit sub edicto Præfectorum.* Et les Novelles de Justinian nous témoignent que ce droit se payoit pour l'entrée des Benefices, depuis le Christianisme, & qu'à l'égard des Evêques il s'appelloit εισποιαχικόν, Nov. 123. cap. 23. où il est reglé: & és autres Benefices il s'appelloit ἐμφατιχικόν, Novelle 36. Et l'Ordonnance de l'Empereur *Isacius Comnenus*, rapportée *in lib. Iuris Orient.* nous montre qu'il se payoit à l'Evêque un droit d'entrée, pour la promotion aux Ordres Ecclesiastiques, que cette Ordonnance appelle κανονικὸν καὶ τῶν παρ χειροτονίαν διδομένων τιμημάτων.

57. Et en ceux du Christianisme, tant és Benefices qu'és Ordres Ecclesiastiques.

Recüeillons donc de ce discours que les Offices n'étoient point tout à fait venaux à Rome, ny pendant la Republique populaire, ny sous les Empereurs au moins licitement, ny à l'égard du public, & moins encore entre particuliers : aussi n'étoient

58. Offices ne furent jamais venaux tout à fait à Rome.
ils perpetuels, ou à vie, comme à nous, mais étoient annuels presque tous, sinon que les Officiers continuez à plus long-temps, qui est un autre discours, qui seroit icy superflu. Il est vray, qu'és Offices electifs, les pollicitations au profit du public, étoient admises, & és collatifs les suffrages, & és Offices

59. L'argent qui s'en pachoit pas de leur valeur.
de Compagnie, & même aux Sacerdoces & aux Ordres Ecclesiastiques, le droit d'entrée, mais tout cela n'étoit que des presens, que faisoient par hon-

V ij

Des Offices Venaux, Liv. III.

neur ceux qui entroient aux Charges, pour se concilier la bien-veillance du peuple ou de l'Empereur, ou de leurs compagnons d'Office : que partant Trajan au lieu pre-allegué, appellé *honoraria*, & n'approchoient pas de la vente absoluë des Offices, que nous pratiquons en France.

60. Offices n'étoient anciennement venaux en France.

Voila pour les Romains, & quand à nous, il est bien certain, que lors qu'on a erigé les Offices, on les eût ordonnez sans gages, si les profits licites d'iceux eussent été bastans pour recompenser l'Officier, de son exercice. Ce qui eût été plus à propos, que de prendre argent de lui, & lui bailler par aprés des gages : qui est en effet constituer une rente pour de l'argent, & non pas appointer un Officier : même il est aisé à entendre, qu'il n'y a pas long-temps que nous pratiquons cette vente publique des Officiers, dautant que les Offices ont toûjours été destituables, ainsi que sont à present les simples commissions, & n'ont été faits perpetuels, que par l'Ordonnance de Loüis XI. de l'an 1467. de sorte qu'il n'y a guéres d'apparence, qu'auparavant ce temps-là on les eût voulu acheter : veu que s'ils eussent été achetez du public, ce n'eût été raison de les ôter par aprés.

61. Comment s'y est introduit la venalité.

Et bien que la perpetuité des Offices introduite par cette Ordonnance, ait été desormais la premiere cause de leur venalité, si est-ce que cette venalité ne fut pas authorisée de long-temps aprés, au moins à l'égard du fisque, même és Offices de finance. Car ce que dit Philippe de Comminnes, qu'és le temps de Loüis XI. le Parlement dissimuloit déja le commerce des Offices de finance, étoit non pas à l'égard du public, mais entre particuliers. Et bien que plusieurs croyent, que l'Ordonnance de Charles VIII. son successeur, de l'an 1493. par laquelle il défend seulement de vendre les Offices de Judicature, approuve tacitement la vente de ceux de Finance, neantmoins c'est bien le contraire : car c'est dautant que par cette même Ordonnance, il est porté que les Offices de finance ne seront baillés que par commission, & partant il ne faloit point défendre de les vendre, étant revocables au plaisir du Roi.

62. Explication de l'Ordre de l'an 1493.

63. Prohibition de vendre les Offices de finance.

De fait par cette belle Ordonnance du Roi Charles VII. qui contient un reglement general de tous les Offices, il est porté, que non seulement les Offices de la Justice ordinaire, mais aussi ceux des Elections & Greniers à Sel, même les Receptes seroient conferées par élection, & avec défense tres expresse de vendre aucun Office, soit de Judicature, ou de finance, conformément aux Ordonnances du Roi S. Loüis & de Charles V.

64. Officiers de finance anciennement ne faisoient au Parlement, pour les Offices de Judicature, de n'les avoir achetez, & qui justement a été aboly en l'an 1597. se faisoit anciennement tout tel, que les Offices de finance, parce que lors étans gratuitement conferez par le Roi, il n'étoit pas raisonnable, d'en trafiquer entre particuliers.

Occasion pourquoi Charondas sur les Ordonnances, a fort bien remarqué & prouvé, que le serment que depuis on faisoit au Parlement, pour les Offices de Judicature, de ne les avoir achetez, & qui justement a été aboly en l'an 1597. se faisoit anciennement tout tel, que les Offices de finance, parce que lors étans gratuitement conferez par le Roi, il n'étoit pas raisonnable, d'en trafiquer entre particuliers.

65. Que les Offices de finance n'étoient venaux anciennement.

Mais M. Pasquier au 4. Livre de ses Recherches Chapitre 15. nous fait part de deux anciens Arrêts de la Chambre des Comptes, par lesquels il se connoît, que la venalité n'étoit anciennement admise és Offices de finance, l'un de l'an 1404. sur ce que deux Tresoriers de France, nommez Aiguetonville & la Cloche, qui avoient été supprimez l'année precedente, ayans été rétablis moyennant la somme de cinq mil livres, qu'ils avoient fournie pour la necessité urgente de la guerre, furent neantmoins refusez à la Chambre, qui deputa deux Maistres des Comptes, pour faire remontrance, que cette ouverture de financer deniers pour Offices, étoit de pernicieuse consequence, & que pour une petite somme, on corromproit l'ordre general de la France. L'autre Arrêt est de l'an 1372. par lequel Messire

Jean Blanchet, Prêtre & Auditeur des Comptes, fut destitué de son Office, auquel il avoit été receu, & qu'il avoit exercé six ans auparavant, sur ce que la Chambre fut advertie, que pour la resignation d'icelui, il s'étoit obligé vers Messire Amaury de Condé son resignant, lui payer six queuës de Vin, & soixante livres tous les ans, laquelle obligation fut par le même Arrêt declarée nulle.

66. Auditeur dest compter destitué de avoit acheté son Office.

Il est bien vray, que d'anciennetté il s'étoit glissé un abus en France, que les Prevôtez, Vicomtez, Chastelenies & Viguieries, qui sont les Justices ordinaires & primitives des villes, ainsi diversement nommées selon la diversité des Provinces, étoient baillées à ferme presque par tout, sous pretexte d'affermer les droits domaniaux d'icelles, comme les défauts & amendes, les confiscations, les Greffes, les Tabellionnez, les Seaux : & on bailloit quant & quant à ferme l'Office de Prevôt, Vicomte, Chastelain ou Viguier, qu'on ne s'étoit point encore alors avisé de separer d'avec les émolumens de la Justice : comme encore en Normandie les Vicomtes, qui sont les premiers Juges des villes, ont les Greffes & autres émolumens, de la Justice conjointes à leurs Offices. C'est pourquoi en plusieurs Provinces de ce Royaume les fermiers des amendes, peages & autres menus droits des Justices, sont encore appellez *Prevosts*.

67. Prevôtez anciennement baillées à ferme.

68. Avec leurs droits & émolumens.

69. Fermier des amendes pourquoy appellez Prevôts.

Cet abus fut introduit par l'avarice des Ducs & Comtes, qui ayans rendu leurs Offices patrimoniaux, & les ayans convertis en Seigneuries, non seulement se déchargerent d'exercer eux-mêmes la Justice, mais aussi convertirent cet exercice, & les émolumens d'icelui en fermes patrimoniales. De sorte que cela se trouvant tout accoutumé & établi, lors de la réunion des anciens Duchez & Comtez à la Couronne, nos Rois se laisserent emporter eux-mêmes à continuer cette mauvaise Coûtume. Et ainsi nous trouvons qu'elle avoit lieu auparavant le regne de S. Loüis, même en la ville capitale du Royaume, étant dés lors (comme parle Nicole Gilles) la Prevôté de Paris reputée venale, ce que le bon Roi corrigea. Voici ce qu'en dit Gaguin, *Per id tempus Præpositura Parisiensis venalis habebatur: unde fiebat, ut sæpes premerentur, opulenti omnia licenter agerent, sontes nullis pœnis afficerentur. Hanc venalitatem Rex prohibuit, constituto annuo stipendio ei qui Præfectus esset. Atque ita Stephanum Boilæum Præpositum instituit, qui id Officium adeptus, intra paucos dies statum civitatis longe tranquilliorem reddidit.* Ce que la Chronique de S. Denis éclaircit encore mieux, disant, *Que la Prevôté de Paris étoit si mal administrée (parce qu'elle étoit baillée à ferme à des Marchands) que chacun citoyen se retiroit sur les territoires des hauts Justiciers Ecclesiastiques, & demeuroit la terre du Roi comme deserte : jusques à ce que ce bon Roi reprit la Justice, & la bailla en garde à un nommé Boileau*, &c.

70. Comment cet abus s'est introduit.

71. Prevôté de Paris venale anciennement.

72. Venalité d'icelle prohibée par le Roi S. Loüis.

En voicy un autre exemple tiré du grand Coutumier fait du temps de Charles VI. tit. *Des Baillifs & Senéchaux*, où il rapporte leur Charge & fonction, en ces mots, *Ils bailleront à ferme les Prevôtez à personnes sages, non nobles & bien renommez, qui sçachent bien faire & garder Justice, nonobstant qu'aucune personne, qui seroit moins suffisante, ou noble, en voudroit plus donner : & celui qui les acheteta n'y pourra nul l'y accompagner occultement, ne en apperte, mais il y sera tout seul.*

73. Autre preuve que Prevôtez baillées à ferme.

Autre témoignage dans le vieil Praticien Masuel au tit. *De Judicibus*, *Item ipsi Præpositi firmarii, ad quos spectat justitia commodum, non deberent exercere ipsi, nec Iurisdictio imo, ut no. Bart. l. De lure. Ad municip. qua quidem justitia meritò dicitur venalis & perniciosa.*

74. Autre raison.

Il y a encore un autre témoignage plus notable d'une vieille Ord. du même Roi saint Loüis rapportée par *Benedicti* sur le ch. *Raynutius*, en ces

75. Petits baillages baillées à ferme.

De la venalité des Offices, Chap. I.

mots, *Si quis Balliviam aut Officium aliud publicum, cum emolumentis justitia emerit, ne possit alii vendere aut subarrhare.* D'où il pourroit sembler d'accord que les Bailliages & Offices des Juges de Province, se vendissent lors & baillassent à ferme. Ce qui n'est toutefois veritable, mais s'il faut entendre cette Ordre des petits Bailliages subalternes & ressortissans au grand Bailliage & Senéchaussée de la Province, tout ainsi que les Prevôtez, ce qui sera expliqué au livre *Des Seigneuries* : & il faut remarquer qu'en tous ces passages le mot de *vendre* signifie bailler à ferme, *quia venditio & locatio iisdem juris regulis consistunt*. Ce qui apparoît clairement du beau discours, qu'en fait M. Pasquier au lieu cy dessus allegué.

Mais il n'y a point de plus notable & signalé témoignage de cette vente, ou plûtost location publique d'Offices, que ce qui est écrit dans la Chronique de Flandres, ch. 33. que *le Roi Philippe le Bel poursuivant la canonisation du Roi S. Loüis, en fut refusé par le Pape Boniface VIII. parce qu'il fut trouvé, qu'il avoit mis ses Bailliages & Prevôtez à ferme, dont plusieurs étoient desheritez.*

Ce même abus se glissa aux Offices de la Justice Ecclesiastique, comme il se voit au ch. 2. *ext. Ne Prælati vices suas, &c.* qui est tiré du Concile de Tours. *Quoniam in quibusdam partibus Decani quidam, vel Archipresbyteri, ad agendar vices Episcoporum, seu Archidiaconorum, & terminandas causas Ecclesiasticas sub annuo pretio statuuntur, id ulterius fieri prohibemus.* Et au chap. 1. du même titre, *In quibusdam partibus sub pretio statuuntur, qui Decani vocantur, & pro certa quantitate pecuniæ Episcopalem Iurisdictionem exercent : statuimus, ut qui de cætero hoc præsumpserit, Officio suo privetur, & Episcopus conferendi hoc Officium potestatem amittat.* Ce qui fut enfin pratiqué de même aux Benefices, comme il se voit au chapitre suivant du même titre, que j'ay amplement interpreté cy-devant, au cinquiéme chapitre du premier livre.

Pour revenir à nos Prevôtez, la varieté qui se trouve dans les anciennes Ord. touchant la distribution d'icelles, est étrange : les unes voulans qu'elles soient baillées à ferme, autres seulement en garde, comme je l'ay même remarqué par Pasquier au même lieu, & je diray en passant, que ce que nous disons maintenant *conferer par permission*, ces Ord. l'appellent *bailler en garde*, n'appellans jamais les Prevôtez, Offices : parce que c'étoient plûtost Seigneuries qu'Offices, attendu qu'elles avoient le domaine & les emolumens de la Justice annexez, ainsi que les Seig. mais pourtant n'étoient-elles non plus appellées *Seigneuries*, parce qu'elles n'étoient pas données en fief, ny en propriété, mais en garde ou dépost revocable seulement.

Enfin le Roi Charles VIII. par son Ord. de l'an 1493. retrancha le mal par la racine, separant tout à propos les droits & profits domaniaux de la Justice d'avec l'Office de Juge : & ordonnans que ces droits dépendans des Prevôtez fussent baillez à ferme separément, & quant à la charge de Juge, qu'il y fût pourveu en titre d'Office de personnage capable, par élection des Praticiens du Siege, auquel seroient attribuez gages suffisans, qui seroient pris sur cette ferme, de sorte que les Prevôtez ne furent plus conferez en garde, mais en Office : & ceux ausquels elles furent conferées s'appellerent *Prevôts*, & non plus *Gardes de Prevôté* comme ils faisoient lors que le domaine faisoit partie d'icelle, & que le Roi en étoit le vrai Seigneur, ainsi que d'un Comté, Chastellenie, ou autre Seigneurie.

Toutefois ce titre de *Garde* est demeuré au Prevôt de Paris, qui ne s'intitule que *Garde de la Prevôté de Paris*, soit à cause que le reglement de la Prevôté de Paris avoit été fait separément par l'Ord. du Roi S. Loüis, soit aussi à cause que cette Prevôté est autre que les autres, attendu qu'elle ressortit directement à la Cour : soit à cause de l'éminence de la ville capitale du Royaume, où le Roi est jaloux qu'aucun homme ne prenne un titre approchant de Seigneurie, mais veut être reputé luy même le vray Prevôt de Paris : & de fait, pendant la vacance de cet Office, c'est Monsieur le Procureur General du Roi, qui comme Prevôt de Paris, au lieu du Roi, est intitulé en tous les actes & Contracts de cette Jurisdiction, & ainsi se pratique notoirement.

Mais pour revenir à nôtre propos, d'autant que cette notable Ordonnance de Charles VIII. qui separa le Domaine des Justices d'avec les Offices des Prevôts ou Chastelains, ne fait point expresse mention des Vicomtes (bien qu'entre les Prevôts & Vicomtes, il n'y ait que le nom different) elle ne fut receuë ny pratiquée en Normandie, où les Premiers Juges s'appellent *Vicomtes* : de sorte qu'encore aujourd'huy les Vicomtes de Normandie ont les Greffes, & autres emolumens de la Justice annexez à leurs Offices.

Tant y a, que voilà l'unique exemple qui se peut trouver en l'antiquité de nôtre France, de la vente publique des Offices. Car au reste les particuliers ne se sont émancipé de les vendre en cachette, ou bien d'en retirer du profit, aussi bien qu'à Rome, contre la prohibition des loix, comme nous témoigne ce beau passage de Philippe de Commines cy dessus remarqué, qui merite bien d'être rapporté au long, parce qu'il nous apprend en outre, que ce n'est pas d'aujourd'huy que les Parisiens sont ambitieux, & particulierement convoiteux d'Offices, *Plusieurs de Paris*, dit il, *étoient adherens aux Bourguignons, esperans que par leur moyen ils pourroient parvenir à quelques Offices ou Estats, qui sont plus desirez en cette ville-là, qu'en nul autre du monde. Car ceux qui les ont, les font valoir ce qu'ils veulent, & non pas ce qu'ils doivent : & y a Offices sans gages, qui se vendent bien huit cens écus, & d'autres où il y a gages bien petits, qui se vendent bien plus que les gages ne valent en quinze ans.*

Nicole Gilles & Gaguin disent, que ce fut le Roi Loüis XII. qui pour s'acquiter des grandes debtes faites par Charles VIII. son predecesseur, pour le recouvrement du Duché de Milan, & ne voulant surcharger son peuple de Tailles ou emprunts, prit de l'argent des Offices, *dont il retira grandes pecunes*, dit Nicole Gilles.

Ce qu'il fit à l'imitation des Venitiens, qui ayant dépensé plus de cinq millions de ducats à la guerre, qu'ils avoient contre luy, s'aviserent, pour remplir leur Tresor tout épuisé de vendre les Offices de leur Republique, dont l'histoire dit, qu'ils retirerent cent millions. De sorte que le Roy Loüis XII. les voyant si promptement relevez par cette invention, ne se peut empêcher de s'en aider, au prix que la necessité urgente l'y contraignoit ; mais il n'en fit pas un revenu ordinaire, ainsi qu'à present, & il n'en usa qu'à l'égard des Offices de finance, & non de ceux de Judicature, comme nos Annalistes reconnoissent.

Ce que je dy pour excuser la memoire de ce bon Roi pere du peuple, que nous reclamons encore aujourd'huy, lorsque nous desirons la décharge des subsides, & la reformation des Offices, demandans que tout soit reduit au temps du Roi Loüis XII. Et certes si le mal n'eust point passé plus avant, il étoit bien tolerable, même peut être juste, eu égard à la necessité de ses affaires. Car ce bon Prince, pour épargner le pauvre peuple, jugea, qu'il n'y avoit point de moyen plus aisé de subvenir à son besoin, que d'imposer, ou pour mieux dire, de laisser couler une Taille insensible & imperceptible, ou purement volontaire sur l'ambition des plus riches, voyant même que les principaux de la Cour tiroient

marginalia:
76. Vendre en ces anciennes Ordonnances signifie baillée à ferme.
77. Canonisation de S. Loüys refusée pour ce sujet.
78. Offices de la Justice Ecclesiastique baillé à ferme en France.
79. Benefices conferez à titre de ferme.
70. Bailler d'autrevôtez en garde, que signifie.
81. Retranchement de tous ces abus.
82. La Prevôté de Paris est encore conferée en garde, & pourquoy.
83. Vicomtes de Normandie jouissent encore des emolumens de leur Justice.
74. Ventes des Offices encore particulieres.
85. Passage de Commines.
86. Vente publique des Offices par le Roi quand introduite.
87. Qui ce fut par le Roi Loüis XII.
88. Excuse de Loüis XII.

V iij

fous main de grandes commoditez des Offices, lors qu'il les conferoit par leur recommandation. Auſſi que les Charges de finance ne font pas d'importance au public, où l'induſtrie & le preud'homme ſoit ſi particulierement neceſſaire, qu'aux Offices de Judicature, & aux Charges de guerre : même que du temps de ce bon Roy, ce n'étoient que commiſſions revocables, parce que depuis l'Ordonnance de Loüis XI. on n'y pourvoyoit point en titre d'Office, tout ainſi qu'à Rome les Officiers de finance étoient appellez *procuratores*, *vel rationales*. Il eſt vray que Suetone, dit que l'Empereur Claudius *iis extra ordinem honores conceſſit*, *ne metu offenſionum ſegnius Officium peragerent* : en un mot, ce qu'on les a fait Officiers, & qu'on les a fait participer à la puiſſance publique, n'a été que pour les autoriſer, afin de faire leur Charge plus facilement. *[89. Offices de finance n'ſont de telle importance que les autres.]*

Il eſt vray que de ſon temps en conſequence de ce que les Offices de finance étans vendus au profit du Roi, ſes Courtiſans, qui en tiroient plus de lucre, ayant tourné leurs ſuffrages venaux aux ſeuls Offices de Judicature, il donnoit par leur importunité permiſſion à pluſieurs Officiers de Juſtice, de tirer commodité de leurs Offices en les reſignant. Dont s'étans repenty depuis, il revoqua toutes ſes diſpenſes & permiſſions par Ordonnance de l'an 1508. & fit deffenſes au Chancelier d'en plus ſeeller à l'avenir, & aux Parlemens d'y avoir égard, même declara par cette Ordonnance qu'il n'entendoit plus déroger aux Ordonnances des Rois ſes predeceſſeurs, prohibitives de vendre les Offices. *[90. Offices de Judicature vendus par l'entremiſe des Courtiſans.]*

Mais comme en France une ouverture, pour tirer de l'argent, étant une fois commencée, s'accroît toûjours en temps en temps, parmy l'extrême devotion & obeïſſance de ce peuple, & ſous le ſpecieux & ordinaire pretexte de la neceſſité publique, le Roi François ſucceſſeur de Loüis XII. pratiqua tout ouvertement & ſans reſtriction, la venalité publique des Offices, qu'il établit comme un nouveau revenu ordinaire, au lieu de ſon domaine, qui étoit déja alienè : érigeant le Bureau des Parties Caſuelles, en l'an 1522. pour ſervir de Boutique à cette nouvelle Marchandiſe, Bureau qui n'étoit au commencement, que pour les Offices de finance, ainſi appellez, comme je croy, à cette occaſion. Car les Offices de finance ne ſont pas ſeulement ceux qui concernent les finances du Roi, mais tous ceux qui ſont conferez moyennant finance, c'eſt à dire, au plus offrant : car *finer* eſt un vieil mot François, qui ſignifie payer le dernier denier. *[91. Établiſſement des Parties Caſuelles.]* *[92. Offices de finance pourquoy dits.]*

Enfin toutefois, ſous luy, ou ſes ſucceſſeurs, la venalité s'eſt gliſſée même à l'égard des Offices de judicature, qui ont été mis en taxe aux Parties caſuelles, non pas du commencement par forme de vente, comme ceux de finance, mais par forme de prêt ſeulement ; mais c'étoit un prêt à jamais rendre, & plûtôt une vente déguiſée de ce nom : auſſi à la fin & de nôtre temps ſeulement, on a confondu és Parties caſuelles de la vente des Offices de finance avec ceux de judicature. *[93. Venalité introduite aux Offices de Judicature, ſous couleur de prêt.]*

Toutefois, le Parlement, qui ne pouvoit approuver la venalité des Offices de judicature, laquelle neanmoins il ne pouvoit prohiber, en eſperance d'y voir quelque jour une reformation, & afin que parmy cette tolerance forcée, la memoire de la raiſon & du devoir ne ſe perdît, faiſoit toûjours prêter aux Officiers, lors de leur reception, le ſerment preſcrit par les anciennes Ordonnances, & tiré mot à mot de cette loy derniere, *C. Ad leg. Jul. repetund.* de n'avoir acheté leur Office directement, ou indirectement : en quoy on entendoit taiſiblement excepter le prêt entré aux coffres du Roi, & ſans fraude, que neanmoins la Cour, de peur de l'authoriſer, ne vouloit être exprimé. Et ainſi on a tenu fort long-temps en juſtice contentieuſe, que ces Offices n'étoient nullement venaux. *[94. Serment de n'avoir acheté ſes Offices en tretenu juſqu'à nôtre temps, & pourquoi.]*

Mais depuis qu'on a perdu l'eſperance, que le Roi renonçaſt jamais à un ſi grand revenu, on a conclud à bon droit, que *quod emeris, vendere gentium jus erat* : & partant on s'eſt tellement licentié de vendre & trafiquer ces Offices entre particuliers, que non ſeulement on n'y entre plus autrement, mais même le prix y eſt devenu ſi exceſſif, que nulle ſorte d'heritage ne ſeroit à beaucoup prés acheté ſi cher, pour n'en joüir qu'à vie. Ainſi on voit aujourd'huy ceux qui ont conſommé toute leur jeuneſſe, & partie de leur bien à apprendre les lettres, étans en âge de prendre party, hazarder encore le ſurplus de leurs moyens, même avec les leurs ceux de leurs amis, pour acheter exceſſivement un Office de Judicature. Et en ce faiſant, ſe mettre au hazard, non ſeulement de faire le Roi leur heritier, en desheritant leurs enfans, mais auſſi de ruiner leurs amis par une mort inopinée. Encore falloit-il autrefois qu'ils entraſſent en leurs Offices, par un parjure ſolemnellement fait en l'acte de Juſtice le plus celebre de leur vie. Mais le Parlement, ayant reconnu qu'il ne falloit plus en ce ſiecle eſperer de reformation à ce regard, a juſtement aboly ce ſerment en l'an 1597. peu aprés l'aſſemblée tenuë à Roüen, pour la reformation de la Juſtice. *[95. Prix exceſſif des Offices de Judicature.]* *[96. Ce ſerment aboly.]*

Voila donc comme de temps en temps, & de degré en degré ce trafic d'Offices eſt venu à l'infini, & en la confuſion que nous voyons à preſent, même qu'on ne s'eſt pas contenté de vendre exceſſivement les Offices ordinaires & neceſſaires, mais encore on en a érigé infinis, extraordinaires & ſuperflus, tout exprés pour les vendre : & pour ce faire on a cherché des inventions juſques au centre de la terre ; ſi bien que de nôtre temps le plus court moyen de devenir bien-toſt riche, c'eſt de donner des avis pour eriger de nouveaux Offices. Même quand on n'a pû trouver d'invention & de pretexte pour en créer, on a inventé de nouveaux droits, pour attribuer aux Offices déja creés, & ce toûjours à la foule du peuple : ou, ſi on n'a pû mieux faire, on leur a augmenté leurs gages à la ſurcharge de l'Etat, le tout moyennant de l'argent : & eſt fort à remarquer ſur ce même propos, ce qu'un Moderne a remarqué du temps du feu Roi, l'état de la Recepte des Parties caſuelles és dix dernieres années de ſon regne, s'eſt monté à plus de ſoixante & dix millions. *[97. Erection de nouveaux Offices, & attributions nouvelles pour tirer argent.]* *[98. Moyen de devenir riche à preſent.]*

Auſſi peut on dire, qu'à preſent les ſeuls gages des Officiers montent plus que tous les deniers, qui ſe levoient ſur le peuple du temps du Roi Louis XII. lors qu'il commença à vendre les Offices, ſans mettre en compte l'oppreſſion qui en revient au peuple, tant par les moyens des droits & attributions, que les Officiers levent ſur luy, que pour les émolumens caſuels, qu'ils tirent journellement de luy en l'exercice de leurs Charges. Voila comment le mauvais conſeil des derniers Rois a trouvé moyen, non ſeulement d'expoſer le peuple à la mercy des Officiers, mais encore d'engager inſenſiblement, & comme aliener preſque tout le fonds legitime des finances du Roi, contre les loix de l'Eſtat. *[99. Combien les Parties caſuelles ſous le feu Roy.]* *[100. Gages des Officiers d'apreſent montent autant que les revenus du Royaume ſous Louis XII.]*

Je ſçay bien que ce qui ſe tire d'un côté revient de l'autre, & que la multitude d'Offices ſert d'employ & occupation, & augmente le rang, & quant & quand le courage à beaucoup de jeuneſſe de bonne maiſon, qui autrement demeureroit inutile, & je ſçay encore, qu'il revient un grand avantage indirect à l'Eſtat par la multitude d'Officiers, leſquels ayans le plus clair de leur bien en la foy & mercy du Roi, ſont plus obligez de le ſuivre & aſſiſter en temps de troubles, comme en ces dernieres guerres civiles le feu Roi éprouva bien ce ſecours, Trait d'Eſtat qu'Auguſte ſceut bien pratiquer, pour s'établir en la nouveauté de l'Empire Romain, qui *[101. Cómoditez qui en reviennent à l'Eſtat.]*

comme dit Suetone, *ut plures partem administranda Reipub. caperent. nova excogitavit Officia.* Mais enfin trop eſt trop, comme l'on dit. Car aujourd'huy la moitié des habitans des Villes ſont Officiers, de ſorte que la Marchandiſe eſt abandonnée, & le labeur laiſſé aux païſans, qui ſont comme eſclaves des Officiers, auſſi n'y a t'il plus d'autre trafic entre nous, que de nous brouïller & travailler les uns les autres par le moyen de nos Offices : parce qu'enfin il faut que chacun vive de ſon état.

Bref, aujourd'huy l'établiſſement des Parties Caſuelles eſt comme un trafic d'argent, que le Roi fait avec ſes Sujets, fort avantageux toutefois, s'il n'induiſoit point une alienation au prejudice de ſes ſucceſſeurs, ou comme des rentes à vie, qu'il impoſe & conſtituë ſur ſes finances, moyennant les deniers qu'on lui baille ſous titre d'un Office. Et par ce trafic il vend cherement l'authorité publique, le rang & l'honneur qui provient des Offices. Car bien que du Molin en ſon Traité *Des uſures*, queſt. 72. diſe, que la rente viagere ne doit être achetée qu'au denier dix, tout au plus : ſi eſt-ce qu'il eſt bien certain que, hormis peu de nouveaux Offices faits à la hâte, dont encore on trouve bien moyen par aprés de tirer le juſte ſupplement par nouvelles attributions, les Officiers de finance, n'ont pas des gages au denier douze de l'argent, qu'on en payeroit maintenant aux Parties Caſuelles, s'ils étoient vacans. Et quant aux Offices de Judicature, qui devroient à tout le moins être donnez à meilleur marché, parce qu'il y eſt requis plus d'induſtrie & d'aſſiduité de labeur, il ne ſe trouvera pas qu'ils ayent gages au trentiéme denier, & aucuns ne les ont pas au ſoixantiéme, même au centiéme de leur prix d'apreſent. C'eſt une grande honte aux gens de Lettres, d'avoir tellement laiſſé enfler le vent d'ambition dans leurs longues robbes, que ſans mettre leur ſcience en comptes, ils ſe ſont eux-mêmes donné la loi d'acheter les Offices au triple des Financiers. Mais pluſieurs des uns & des autres font ce qu'ils peuvent, pour retirer bien-tôt par le menu, ſoit ſur le Roi, ſoit ſur le peuple, l'argent qu'ils ont débourſé pour leurs Offices, & y en a qui ſe hâtent tant qu'ils ſe mettent en danger de ſe rompre le col.

CHAPITRE II.

Quels ſont les Offices Venaux, & de la vente & garantie d'iceux.

1. Diſtinction des Offices venaux avec les hereditaires.
2. Offices hereditaires par privilege ſuivent ordinairement la nature des Offices venaux.
3. Diſtinction des Offices venaux d'avec les non-venaux, malaiſée.
4. Comment ſont entendus les Offices venaux.
5. De même.
6. Tous Offices regulierement ſont non-venaux.
7. Quels ſont les Offices venaux.
8. A ſçavoir ceux des Finances du Roi, & les Miniſtres de Juſtice non hereditaires.
9. A l'égard du Roi les Offices de Judicature ſont de ce nombre.
10. Parce qu'apreſent ils ſe vendent par luy, tout ainſi que ceux de finance.
11. Vente du Roi n'eſt ſemblable à celle de Rome.
12. Mais c'eſt une pure vente au plus offrant.
13. Semblable à un decret.
14. La reception eſt au lieu de caution.
15. Acheteur d'Office n'en peut être deſtitué.
16. Le Roi eſt ſon garant.
17. Partant ne doit être rembourſé.
18. Le Roi eſt encore plus tenu de ſes Contracts que les particuliers.
19. Le reſignataire de l'acheteur du Roi, ne doit être rembourſé.
20. Il y a encore plus d'inconvenient à rembourſer le reſignataire que l'acheteur.
21. Si ce n'eſt pour ſupprimer l'Office dommageable.
22. Demembrement, ou autre ſurcharge d'Offices achetez.
23. Comment ſe doit faire.
24. Office donné ne peut être revoqué, en rendant l'eſtimation.
25. Succeſſeur du donateur ne peut deſtituer.
26. Pourquoy.
27. De la garantie des Offices entre particuliers.
28. Leſion d'outre moitié n'a lieu és Offices.
29. Si les Offices ſont ſujets à garantie.
30. Ce qu'opere la vente d'un Office.
31. Cas éſquels y a garantie és Offices.
32. Comment s'entend le commun dire, qu'és Offices n'y a point de garantie.
33. Garantie a encore plus de lieu és Offices, qu'és autres choſes.
34. Point particulier de la garantie des Offices, à ſçavoir que l'Office ſubſiſte.
35. Exception en l'Office vendu à toutes riſques.
36. Effet de cette clauſe és debtes ou hereditez venduës.
37. Intelligences de la loy Cùm hæreditas. D. De hæred. vel. act. vend.
38. Son effet és Offices vendus.
39. Raiſon de diverſité.
40. Effet de la clauſe Sans garantie.
41. Cas auquel la clauſe Sans garantie, n'exclud pas la reſtitution des deniers.
42. Autre cas.
43. De la commiſſion venduë pour Office.
44. Reſolution.
45. Ampliation.
46. Exception.
47. Sub-exception.
48. Garantie a lieu, ſi le vendeur meurt dans les 40. jours.
49. Pourquoy.
50. S'il n'y a paction contraire.
51. N'y échet aucuns dommages & interêts.
52. Des autres points de garantie.
53. Regle de cette garantie.
54. De la garantie de l'Office ſupprimé.
55. Cette garantie ne peut produire dômages & interêts.
56. Preuve par exemples.
57. Que même la reſtitution du prix n'eſt deuë après l'Office ſupprimé.
58. Ce qui s'en garde à preſent.
59. Iniquité de cet uſage.

D ISTINGUONS premierement les Offices venaux, dont il faut traiter en ce livre, d'avec les hereditaires, dont nous avons traité au Livre precedent, puis d'avec les non venaux, dont nous traiterons au ſuivant. Premierement, pour les diſtinguer nettement d'avec les Offices hereditaires, il ſe faut ſouvenir, qu'au Livre precedent nous n'avons expliqué le droit d'autres Offices hereditaires, ſinon de ceux qui ſont domaniaux, c'eſt à dire, du Domaine du Roi alienés, ſous titre d'Office. Mais nous n'avons comme point expliqué le droit des Offices hereditaires par privilege, ſinon pour montrer qu'il eſt tout contraire à celui des Offices domaniaux : parce que ceux-cy ſont hereditaires par nature, & ceux-là par privilege contre leur nature, non autrement que ceux qui ont privilege d'avoir leur ſurvivance acquiſe, ou par certain laps de temps, ou moyennant finance une fois payée, ou par le payement du droit annuel, suivant le nouvel Edit, ont ce même privilege de ne vaquer par mort, mais être perpetuellement transferez aux heritiers dépourveus.

2. Offices hereditaires par privilege suivent ordinairement la nature des Offices venaux.

Tant y a, que ces Offices hereditaires par privilege sont bien de la plus irreguliere, & j'ose dire injuste sorte, qui puisse être jamais inventée. Car comme nous avons dit, puisque le privilege ne change la nature de la chose, sinon ce qui en dépend d'icelui, ainsi que l'exception ne change la regle qu'en ce qui est excepté, il s'ensuit qu'à bien entendre, nonobstant ce privilege d'heredité, ces Offices demeurent en leur vraye & ancienne nature & espece d'Offices venaux. Aussi que ce n'est pas l'Office en soy, qui par le moyen de ce privilege est conservé aux heritiers du pourveu, c'est à dire, ny la Seigneurie d'iceluy, qui consiste au titre & provision, ny la possession pareillement qui consiste en la qualité d'Officier, & en l'exercice actuel de l'Office: mais rien n'est transferé à l'heritier, que la faculté de le vendre, ou bien de le prendre luy-même pour le prix qu'il en tireroit d'un autre. Mais il faut toûjours qu'il en obtienne provision du Roi, & par aprés, qu'il s'y fasse recevoir, s'il en est capable, de sorte que par cette heredité il ne luy est transferé aucun droit en l'Office, mais un simple droit à l'Office.

3. Distinction des Offices venaux d'avec les non venaux malaisée.

Voila donc nos Offices vers ainsi distinguez d'avec les hereditaires: mais puisque la venalité des Offices est contre raison, il ne faut pas trouver étrange, s'il est difficile de distinguer par raison les Offices venaux d'avec les non venaux. Car être venal ou vendible, c'est avoir une aptitude & disposition à être vendu, soit que cette aptitude soit licite, soit qu'elle soit abusive. Or si nous voulons presupposer une aptitude du tout licite en la vente des Offices, & appeller venaux ceux là seulement qui peuvent être vendus licitement, il semble qu'il ne doit point y avoir d'Offices venaux, selon les bonnes mœurs, & la droite raison, comme il vient d'être prouvé. Si au contraire nous y presupposons & entendons une aptitude abusive, appellans Offices venaux tous ceux qui se vendent en effet, il faudra dire que tous les Offices sont venaux. Car l'or a penetré maintenant par tout, & n'y a maintenant Office, quelque grand, quelque petit, quelque mal-asseuré qu'il soit, qui ne se vende. Donc ayant égard à ce qui se doit faire, nuls Officiers ne sont venaux, & ayant égard à ce qui se fait, tous Offices sont venaux.

4. Comment sont entendus les Offices venaux.

Mais ce n'est en l'une, ny en l'autre de ces deux façons, qu'il faut entendre les Offices être venaux, ou non venaux. Car d'une part, nous ne considerons pas simplement ce qui se doit faire, selon l'honnesteté publique, qui en cette matiere a de long-temps cedé à l'utilité, mais nous laissons cette parfaite rectitude aux Philosophes. Comme aussi n'authorisons-nous pas ce qui se fait du tout illicitement, & bien qu'il soit toleré & dissimulé, si est ce que nous n'en établissons pas nôtre droit, qui ne peut consister és choses purement illicites. Mais comme c'est le devoir du Legislateur de biaiser & ployer quelquefois la droiture rigoureuse des loix, en les accommodant à l'usage & aux mœurs presentes, entant que l'équité le requiert, & que la Justice le peut souffrir, nous appellons Offices venaux, ceux-là desquels la vente ne repugne pas formellement à la Justice, & droite raison, bien qu'il fût plus honorable de ne les point vendre, sçavoir ceux que nous appellons Offices de finance: Car comme dit Ciceron aux Offices, les Philosophes reglent les actions humaines seulement par la droite raison & intelligence, & les Jurisconsultes les menent par la main s'accommodans, ainsi que la regle Lesbienne, au biais, de nôtre infirmité, & ayant égard à ce que nous n'avons pas à vivre *cum perfectis, plerumque sapientibus, sed cum iis, quibuscum bene agitur, si sint in eis aliqua simulacra virtutis.*

D'autre côté aussi, puis qu'en termes de droit, le mot de *venal* doit signifier une aptitude licite à la venalité, & non totalement abusive, encore ne faut-il pas tomber en l'autre extremité vicieuse, de laisser cette venalité à l'abandon, sans regle ny mesure, mais tenant une voye moyenne, il faut resoudre, que les Offices non venaux sont ceux, desquels la vente n'est permise par aucune Ordonnance publique, bien que le Roi par la dispense, qu'il se donne à soy-même, les vende publiquement, & les particuliers en cachette & par dissimulation & tolerance. D'où il s'ensuit au contraire, que les Offices venaux sont ceux qui par approbation publique de la loy, c'est à dire de nos Ordonnances, peuvent être vendus, non seulement à l'égard du public (car le public ne peut faire de regle, ny être tiré à exemple, pour le particulier, parce que souvent il se dispense de la loy) mais aussi pour les particuliers, sans qu'il y ait aucune Ordonnance, qui y repugne.

5. De même.

Donc comme les anciennes Ordonnances de France, notamment celle de Charles VII. rapportée au precedent Chapitre, defendoient generalement selon la droite raison de vendre aucuns Offices, il s'ensuit, il est vray en bonne école, que tous Offices regulierement sont non-venaux; & partant cette regle presupposée, il faut pouvoir dire qu'un Office soit venal, qu'il y ait quelque Ordonnance plus moderne, qui fonde l'exception, & qui déroge à ces anciennes Ordonnances, du moins tacitement. Car pourtant si le Roi, pour la necessité de ses affaires, s'est licencié & dispensé de vendre certains Offices, ce n'est pas à dire que les particuliers les puissent vendre du tout licitement, ainsi que par les loix Romaines, les pollicitations faites au public, pour parvenir aux honneurs & Dignitez, étoient approuvées & non celles qui étoient faites aux particuliers, Et de fait nous voyons, que les Ordonnances qui ont été faites depuis l'érection des parties casuelles, & l'introduction de la vente publique des Offices, ont continué les defenses de vendre les Offices de Judicature, bien que notoirement, lors d'icelles ils entraffent aux parties casuelles. Mais elles n'ont plus fait de défenses de vendre les Offices concernans les finances du Roi, mais prohibant la venalité és autres, elles l'ont permise en ceux-cy.

6. Tous Offices reguliérement sont non re-naux.

Ce sont donc les Offices concernans les finances du Roi, qui sont proprement & tout à fait venaux, & à l'égard du Roi, & entre particuliers, non seulement par tolerance, mais par une pure licence & liberté. Et ce que les Ordonnances de France ne les appellent pas venaux absolument, mais simplement *reputez venaux*, c'est à cause que cette Epithete leur a été premierement attribué, lors qu'on commença de les vendre, & partant qu'on avoit honte de les appeller venaux tout à fait: tant y a qu'il n'y en a point de plus parfaitement venaux, que ceux de finance, comme le mot même l'emporte. Ce qui est tellement vray, qu'à present en cette matiere les Offices de finance ne signifient pas seulement ceux qui se vendent publiquement & licitement tout à fait: de sorte que sous iceux sont compris ceux des Ministres de Justice, comme Greffiers & Notaires non hereditaires, Sergens & autres semblables.

7. Quels sont les Offices venaux.

Et partant c'est pour l'explication d'iceux que ce Livre est dedié: où il échet à traiter premierement de la vente qu'en fait le Roi, puis de celle des particuliers. Et il faut toutefois remarquer, que comme à l'égard du Roi les Offices de Judicature sont publiquement & licitement venaux, aussi bien qu'iceux qui concernent les finances, sa Majesté se dispensant de les vendre, pour la necessité de ses affaires: aussi eu ce que je diray de la vente du Roi, je comprens aussi bien les Offices de Judicature, que ceux de finance: Bref, quand je traite de la vente du Roi, j'entens parler de tous les Offices, qui entrent aux parties casuelles, où est le Bureau & la Boutique de cette Marchandise.

8. A sçavoir ceux des finances du Roi & Ministres de Justice non hereditaires.

9. A l'égard du Roy les Offices de judicature sont de ce nombre.

Car

De la garantie des Offices Chap. II. 161

10. Parce qu'a prefenté il fe vendent par luy, tout ainfi que ceux de finance.

Car bien que du commencement les Offices de Judicature ne fuffent pas vendus abfolument par le Roy, mais que feulement il en tiraft argent par forme de preft, comme les abus ne naiffent pas tout à coup, mais de degré en degré, fi eft ce qu'enfin on a tout à fait franchy le faut, & voyant que ce preft ne fe rendoit point, on a quitté cette vaine couverture de la pudeur publique, & fans plus de honte on a ufé en tout & par tout de mefme forme & de mefmes termes en la vente des Offices de Judicature, qu'en ceux de finance : & de fait les modernes Reglemens des parties cafuelles, ne font plus aucune diftinction des uns & des autres.

11. Vente du Roy n'eft femblable à celle de Rome.

Or il faut prendre garde, que la vente des Offices faite par le Roy n'eft pas une gratification, comme celle des Empereurs Romains, lors qu'ils tiroient de l'argent des Offices fous le nom de fuffrages, Car ces fuffrages ne revenoient pas à beaucoup près, à la jufte valeur des Offices, qui auffi n'eftoient pas conferez au plus offrant comme à nous. Mais c'eftoit une mediocre fomme de deniers, qu'ils prenoient de l'Officier, pour le gratifier de l'Office, & le preferer à d'autres competiteurs : choififans neantmoins le plus capable, ou le plus agreable, & non pas celuy qui leur offroit le plus d'argent. Ce qui devroit au moins eftre pratiqué en France aux Offices de judicature, comme il fera traité en fon lieu.

12. Mais c'eft une pure vente au plus offrant.

Mais c'eft une vraye & pure vente que celle qui fe fait en France des Offices aux Parties Cafuelles : mefme c'eft une vente judiciaire & publique, & une adjudication au plus offrant & dernier encheriffeur. Car ce qu'on taxe au Confeil du Roy avant que de les adjuger, n'eft pas pour les adjuger au prix de la taxe, mais c'eft pour les faire enchérir davantage, ainfi qu'au droict Romain *in hafta fifcali*, il falloit qu'il y euft une taxe & prifée precedente. *l.*

13. Semblable à un decret.

Si quis debitorum C. De refcind. vend. l.1. C. De fide & jure hafta fifc. & l.2. C. Si propter publicas penfit. venditio fuerit celebrata. Et comme en nos decrets on affiche une premiere enchere de quinze jours, avant que proceder à l'adjudication : auffi on taxe les Offices au Confeil des finances du Roy, & cette taxe eft inferée au Roole ou Regiftres des Parties cafuelles, qui eft au Bureau d'icelles : lieu public, pour eftre communiqué à quiconque le veut voir, & cette taxe y doit demeurer quinze jours entiers, & par après l'Office eft adjugé par Meffieurs du Confeil des finances, au plus offrant & plus haut encheriffeur, & non pas au plus capable de ceux qui le pourfuivent : *& fic virtus poft nummos*, bref l'Office eft livré à l'argent, & non pas à la vertu.

14. La reception au lieu de caution.

Il eft vrai, que comme és adjudications judiciaires, quand le prix ne fe doit payer comptant, parce que le dernier encheriffeur pourroit eftre infolvable, il faut qu'il juftifie & affeure fa fuffifance par le moyen d'une caution, auffi parce que le dernier encheriffeur de l'Office pourroit eftre incapable, il faut qu'il juftifie fa capacité par l'information de fa vie & mœurs, pour ce qui appartient à la probité par l'exhibition de fon regiftre de fon baptefme, pour ce qui touche l'âge : par examen, pour ce qui regarde la fcience : & finalement par une caution, pour ce qui concerne la folvabilité des Officiers comptables.

15. Acheteur d'Office n'en peut eftre deftitué.

Puis donc, que c'eft une vraye vente, que celle des Offices, qui fe fait aux Parties cafuelles du Roy, il s'enfuit qu'elle doit produire tous les effects ordinaires du contract de vente. D'où il refulte en premier lieu, que tout Officier qui a acheté fon Office, n'en peut eftre deftitué pendant fa vie,

Nam quod emas poffit dicere jure tuum.

dit Martial, & eut grace Jule Cefar, lorfque le Dictateur Sylla le menaçoit d'ufer contre luy de fa puiffance, de repartir, que c'eftoit veritablement fa puiffance & fon Magiftrat, puis qu'il l'avoit acheté.

16. Le Roy eft fon garant.

Auffi eft-ce une regle infaillible, que toute vente, de fa nature, eft fujete à garantie, *l. non dubitatur. C. De evictio.* & quand mefme elle eft faite
Du Droict des Offices.

fous cette claufe expreffe, de n'eftre fujete à garantie, elle ne laiffe d'eftre fujete à la reftitution du prix, *l. Emptorem. D. De act. empt.* d'où il s'enfuit à plus forte raifon, que celuy qui a vendu l'Office, ny fon heritier ou fucceffeur, ne peut pas luy mefme en evincer & deftituer l'acheteur, par la regle. *Quem de evictione tenet actio, eundem vendicantem repellit exceptio, vulg. l. Venditorem. D. De evictio. & l. Cùm à matre. C. de rei vend.*

17. Partant ne doit eftre rembourfé.

C'eft pourquoy je dy, qu'en bonne Jurifprudence, l'Office vendu ne doit eftre ofté par le Prince à l'acheteur, bien mefme qu'il luy vouluft rendre le prix qu'il en auroit debourfé, comme nos donneurs d'avis ont voulu depuis peu perfuader au Roy, fous pretexte que les Offices augmentent à prefent chacun jour de prix par noftre folie. Car c'eft un contract de bonne foy, s'il y en a aucun, que celuy de vente, qui ayant efté une fois parfait, ne peut plus eftre revoqué ny refolu, finon d'un mutuel confentement : & comme l'Officier ne feroit pas recevable, après que l'Office feroit diminué de prix, de le vouloir rendre au Roy, pour r'avoir fon argent : auffi eftant haufté de prix, le Roy n'eft pas fondé à le redemander en rendant l'argent à l'Officier : ce qui doit eftre obfervé à plus forte raifon par le Roy, lequel doit avoir plus de retenuë & de conftance en fes contracts, que les particuliers, puis qu'il eft l'autheur de la Juftice, & que la foy publique, qui refide en luy, eft engagée par iceux. Et pareillement il y a plus de raifon de maintenir la vente d'un Office, que toute autre vente ; parce que l'Office eftant attaché à la perfonne, & en iceluy confiftant fa vacation, fa condition, mefme fon eftat, & comme fon eftre, il ne luy peut eftre ofté fans incommodité particuliere.

18. Le Roy eft encore plus tenu de fes contracts que les particuliers.

Ce que je tiens non feulement à l'égard du premier acheteur, qui a eu fon Office immediatement du Roy, mais auffi à l'égard de tous fes refignataires, qui font en fon lieu & place mediatement ou immediatement, Car ce qu'on dit en matiere de benefices, que *refignatarius non habet jus à refignante, fed à collatore*, s'entend des refignations pures & fimples, plûtoft que de celles *in favorem*, principalement ne doit eftre entendu de celles, que le collateur eft forcé & tenu d'admettre, ce qui ne peut jamais échoir és Beneficés, *in quibus omnis refignatio eft ex gratia.* Mais aux Offices vendus, *quia qua emeris vendere gentium jus eft*, le collateur ne peut refufer en admettre la refignation, comme il fera prouvé au chapitre fuivant. D'où il s'enfuit à plus forte raifon, que le refignataire eftant une fois admis à l'Office n'en peut par-après eftre privé & fruftré. Auffi eft il certain, qu'il eft vray fucceffeur de fon refignant, & que tout le mefme droit que le refignant avoit en l'Office, luy eft transferé entierement par l'application que luy en a faite le collateur : ce que femble on pratiquer és Beneficés en plufieurs occurrences, comme à l'égard des penfions créés par le refignant, & des baux par luy faits. Auffi ne doute on point, qu'il ne faille rembourfer le refignataire de la finance debourfée par fon refignant : puis donc qu'on ne peut nier, qu'il ait le droit de fon refignant, on ne le peut non plus chaffer de l'Office que fon refignant.

19. Le refignataire de l'acheteur du Roi ne doit eftre rembourfé.

Mefme je dy, qu'il y a ordinairement plus d'inconvenient de rembourfer celuy là, que celuy-cy. Car quand on rembourfe celuy, qui a levé fon Office aux Parties cafuelles, luy rendant tout l'argent qu'il a payé à l'entrée, mais feulement il manque à gagner. Mais il arrive ordinairement que celuy, qui a acheté fon Office d'un particulier, n'a pas quittance de finance fournie au Roy, la moitié d'autant que fon Office luy coufte, à caufe de la foudaine hauffe, qui eft furvenuë aux Offices depuis peu : de forte que fi on ne luy rembourfe que cette finance, il eft en danger d'eftre ruiné.

20. Il y a encore plus d'inconvenient à rembourfer le refignataire que l'acheteur.

Tout cela a lieu regulierement felon le droit com-

X

Des Offices Venaux, Liv. III.

21. Si ce n'est pour supprimer l'Office dommageable.

mun, mais quand le bien public combat au contraire, il est toujours preferable à l'interest particulier. C'est pourquoy quand le Roy veut supprimer quelques Offices inutiles, & qui sont à la foule du peuple, en remboursant le prix d'iceux, cette destitution a toujours esté reputée juste & favorable. Ce qui ne seroit pas, si on ostoit à quelqu'un son Office, pour le bailler à un autre.

22. Demembrement ou autre surcharge d'Offices achetez.

Neanmoins c'est la verité, que le Roy, qui est souverain par tout mais principalement qui a toute puissance sur les Offices, lesquels sont comme un demembrement inalienable de sa puissance souveraine (à plus forte raison que les Canonistes disent du Pape, que *de jure supra jus omnem potestatem habet in Beneficiis*) peut estre contraint quelquefois par les urgentes necessitez de son Estat, de demembrer les anciēs Offices, pour en eriger de nouveaux, ou bien de leur attribuer de nouveaux droits moyennant finance, qui est à present le plus prompt & asseuré secours d'argent, que le Roy puisse trouver en ses affaires pressantes, comme on éprouva en l'an 1597. lors du siege d'Amiens. Mais alors il me semble, puisque cela se fait par une raison d'Estat, contre le droit commun, qu'il faut rendre francs & quittes les Officiers tant qu'il est possible.

23. Comment se doit faire.

C'est pourquoy je dy, que si on démembre leurs Charges par des erections nouvelles, on leur doit augmenter leurs gages, ou droits à la juste valeur annuelle de ce qui leur decher par le moyen de ces erections: & encore qu'on leur doive laisser le choix de recevoir leur remboursement, s'ils ne se veulent contenter de cette recompense. Pareillement si on leur demande de l'argent pour quelque attribution nouvelle, on leur doit laisser le choix, ou d'en payer la taxe, ou de quitter leur Office, & en recevoir le remboursement par les mains de celuy qui entrera en leur place. Lequel choix exclud toute injustice (pourveu que la recompense, ou l'attribution soit égale à la finance qu'on leur demande) & si cela ne prejudicie point au Roy en ce temps, que les Offices sont fort haussez de prix: que s'ils estoient abaissez, il ne seroit pas raisonnable, que l'Officier, qui perd déja sur le prix & la valeur de son Office, fust encore surchargé d'acheter par contrainte de nouvelles attributions.

24. Office donné ne peut estre revoqué en rendant l'estimation.

Je passe plus outre, & je dy, puisque c'est un ordinaire en France, & comme un droict commun, que les Offices, soit de judicature, soit de finance, se vendent par le Roy regulierement, que si quelquefois le Roy donne tout à fait quelque Office, non seulement il ne peut oster, par l'Ordonnance de Loüis XI. mais mesme il ne pourroit pas destituer le donataire, en luy rendant la juste valeur d'iceluy. Car comme un particulier seroit mal-fondé, ayant donné quelque chose, de la redemander par-après pour son estimation, encore moins le doit faire le Prince, *cujus beneficium decet esse mansurum*: principalement encore à l'égard de l'Office, qui étant attaché à la personne, n'en peut pas estre si tost separé de la personne, & aussi qu'il peut arriver qu'un Officier, pour exercer l'Office à luy donné par le Prince, aura quitté & perdu son ancien exercice & vacation ordinaire, comme si un bon Avocat avoit quitté le Palais pour aller exercer un Office de Judicature, & partant il seroit trompé & lesé, si par-après on luy ostoit l'Office, *Atqui beneficiis juvari non decet, non decipi*.

25. Successeur du donateur ne peut destituer.

Je colligé aussi de ce que dessus, que le successeur du Prince, qui a pourveu l'Officier, ne le peut pas destituer: ce qui doit avoir lieu en tous Offices, soit vendus, ou donnez, & soit venaux ou non-venaux: attendu que par l'Ordonnance de Loüis XI. tous Offices ont esté faits perpetuels, c'est à dire, non temporels ny revocables, mais à vie. Car le mot perpetuel est quelquefois opposé à ce qui est temporel, comme au titre *De perpetuis & temporalib. actione*, & quelquefois à ce qui est revocable, comme quand on dit qu'aucuns contracts *perpetuam causam habent, ut emptio, donatio: quædam non perpetuam, id est revocabilem, ut mandatum, depositum, pignus commodatum, precarium*: & bien souvent perpetuel signifie ce qui dure toute la vie de l'homme, comme il est dit en droit du mariage, & du dot.

D'où dépend la raison precise, pourquoy tout Office Royal ne peut estre revoqué par le successeur du Roy, qui l'a conferé, à sçavoir que la collation de l'Office est un fruict & une obvention casuelle, comme disent les Canonistes, que *Beneficiorum collatio est in fructu*: de sorte que quand la vacance, qui donne ouverture à ce droit & à ce fruit de collation, est écheuë pendant la vie d'un collateur, il luy est ameubly, & acquis à tousiours, pour en disposer irrevocablement & incommutablement, puisque la nature des Offices de France, comme des Benefices, est d'estre à vie & irrevocables: & faut que le successeur attende une autre vacance, pour avoir une autre fois ce mesme droict.

26. Pourquoy.

Voila pour ce qui regarde la vente du Roy: & quant à celles des particuliers, & garantie d'icelle, je n'en parleray icy qu'au regard des Offices purement venaux, & non de ceux de Judicature, & autres non venaux, encor qu'ils se vendent en effet: de la garantie desquels je traitteray particulierement au livre suivant.

27. De la garantie des ventes particulieres.

Premierement on demande si en vente d'Offices purement venaux, la recision, pour lesion d'outre moitié de juste prix, a lieu. Et certes, il semble que non; tant parce que le juste prix des Offices est incertain, sujet à changement continuel, comme consistant du tout en l'opinion & affection, mesme en la folie des hommes, ainsi que le prix des pierres precieuses: aussi que le droict du resignataire & acheteur ne dépend pas du tout du marché, qu'il a fait avec son resignant, mais dépend principalement du collateur. Joint qu'il n'est pas à propos, pour le bien public, que les Offices changent si facilement de maistre, que les autres biens: c'est pourquoy aussi la restitution en entier *ex capite doli, metus, vis & minoris ætatis*, sont moins favorables, & plus difficiles à obtenir és Offices, qu'és autres ventes.

28. Lesion d'outre moitié n'a lieu és Offices.

Neanmoins depuis la premiere impression de ce livre, il s'est donné un Arrest en la grand Chambre le 21. Aoust 1610. entre le curateur de Loüis Anceau, & M. Mathurin Sauvageau, par lequel on preteud le contraire avoir esté jugé en consequence d'un autre Arrest du 23. Fevrier 1596. touchant l'Office d'Avocat du Roy à Clermont, rapporté par Carondas en ses observations du droict François. Mais aprés avoir veu ces Arrests, j'estime qu'ils sont plûtost fondez sur le dol, ou sur la minorité de ceux à qui les Offices appartenoient, que sur lesion d'outre moitié: de sorte que je persiste, nonobstant iceux, en ma premiere opinion.

29. Si les Officiers sont sujets à garantie.

Mesme bien que toute vente de sa propre nature soit sujete à garantie, si est-ce qu'on dit communément en pratique, qu'en vente d'Office il n'y a point de garantie, c'est pourquoy, afin d'éviter les procez naissans à cause de l'incertitude de cette matiere, les sages acheteurs d'Offices venaux en passent un ample contract ou compromis, par lequel ils s'asseurent de toutes les doutes & difficultez, qu'ils peuvent prevoir: & ne peuvent neanmoins si bien prendre leurs mesures, qu'il n'en arrive bien souvent des procez. Partant il faut tascher à donner des regles & maximes à cette garantie, par lesquelles on puisse parvenir à la resolution de toutes les difficultez, qui y peuvent écheoir.

30. Ce qu'appere la vente d'un Office.

Or il vient d'estre dit, qu'aux Offices venaux il y a transfusion & transmission du droict du resignant à la personne du resignataire, par l'application que luy en fait le collateur. Et quand ainsi seroit, que le droict du resignataire viendroit seulement de la collation, & non de la resignation, ainsi qu'aux Benefices, si est-ce que, comme parle du

De la garantie des Offices, Chap. II.

Molin, sur la regle *De publicandis resignat.* num. 36. le collateur ne confere jamais plus de droit au resignataire, que le resignant en avoit. C'est pourquoy je dis qu'après la vente de l'Office, il faut que la tradition, qui s'en fait par le moyen de la resignation, soit telle, que sur icelle le resignataire acheteur puisse obtenir une provision valable, & suffisante pour acquerir la Seigneurie, ou titre de l'Office à luy vendu, sans qu'il en puisse être évincé à cause du defaut d'icelle, autrement la vente ne sortiroit à effet, & il y auroit lieu de garantie, quoy qu'il en soit, à l'action *ex empto ad tradendum*.

31. Cas esquels il y a garantie és Offices.
Soit donc que l'Office soit supprimé, ou autrement éteint, ou qu'il ne soit point un vray Office resignable, soit qu'il n'appartienne pas au resignant vendeur d'iceluy, soit qu'auparavant la provision admise il soit saisi pour ses dettes, je dy qu'en tous ces cas il échet garantie. Et on voit même aux Benefices qu'au seul cas, auquel ils peuvent être transferez licitement à titre onereux, qui est la permutation, la garantie & échet en ces mêmes occurrences.

32. Cōment s'entend la commune disposition des Offices n'y a point de garantie.
Consequemment ce qu'on dit, qu'en Offices il n'y a point de garantie, est d'autant que l'acheteur ou resignataire d'un Office n'est sujet à en être evincé par hypotheque ou autrement, comme d'un heritage : ou bien il peut être, que ce vieil quolibet de pratique est venu en usage du temps que les Officiers étoient destituables, & signifioit que le destitué n'avoit recours contre celuy qui luy avoit vendu l'Office : comme encore aujourd'huy, pour ce qui concerne le fait du Roy, comme s'il supprime un Office, ou s'il donne des compagnons, ou diminue les droits, il n'y a point de garantie, mais hors cela, tant s'en faut que la garantie n'ait point de lieu és Offices vendus, qu'au contraire elle y a plus de lieu, qu'és ventes des choses temporelles. Car bien qu'en icelles il n'y ait que deux points ou causes de garantie, à sçavoir que la chose appartienne au vendeur, & qu'elle soit franche d'hypotheques : si est-ce qu'és choses incorporelles il y a encore un autre point de garantie, qui est le plus important & difficile, à sçavoir que la chose incorporelle, qui ne se voit point, soit & subsiste. Voila donc trois points de garantie en l'Office. Qu'il soit & subsiste, qu'il appartienne au vendeur, & qu'il ne soit point saisi pour ses dettes. Et ces trois points ont lieu, encore même qu'il n'y ait aucune stipulation de garantie, *l. Non dubitatur. C. De eviction.* comme il arrive souvent, en matiere d'Offices, que sans en passer aucun contrat, ou compromis, le resignant baille sa procuration au resignataire, en recevant le prix de la vente de son Office.

36. Poinct principal de la garantie des Offices, à sçavoir que l'Office subsiste.
Quant au premier point, concernant la subsistance de l'Office, qui est le point particulier de la garantie des choses incorporelles, lequel ne peut échoir és corporelles, dont la tradition se fait visiblement, il est fondé sur la loy qui dit, *que primo necesse est in rerum natura esse rem, qua venierit*, l. 1. D. De hæred. vel act. vend. De sorte que si lors de la vente, l'Office n'étoit point en être, soit qu'il n'eût point été erigé du tout, ou qu'il n'eût point été valablement, soit qu'il eût été supprimé auparavant, ou autrement éteint, il est indubitable, qu'il y a lieu de garantie.

35. Exception lors du fait avenu toutes risques.
Toutefois si le vendeur avoit seulement vendu, & promis resigner le même droit qu'il avoit en telle Office, alors on pourroit dire, que *non res, sed spes emptæ esset, ipsam enim incertum rei venire potest, ut in jactu retis*, dit la loy, *Nam hoc modo. D. eod. tit.* Ce qui se fait souvent quand après la suppression l'Officier supprimé vend à l'esperance de son rétablissement. Le même peut être dit, si expressément l'Office a été vendu tel qu'il est, ou que l'acheteur l'ait pris à ses risques, perils & fortunes, ou bien sans garantie.

36. Effet de ces hauts, evidentes heredites vendues.
Car bien qu'en une debte venduë sous ces termes, il faille que la debte subsiste, & qu'elle ait été legitimement creée, & qu'elle soit encore deuë n'ayant telles clauses autre effet, sinon de décharger le vendeur de garantir la solvabilité de la debte, *l. si. Du droit des Offices.*

nomen, D. eod. tit. De hæred. & act. vend. & qu'en vente d'heredité, ces clauses déchargent seulement du second point de garantie, à sçavoir si l'heredité n'appartient pas au vendeur ; mais il faut neanmoins que l'heredité soit & subsiste, qui est la vraye intelligence de la loy *Cùm hæred.* & de la loy *Quod si sit D. eod.* Neanmoins il faut considerer qu'en vente de dettes il échet une garantie de fait, concernant la bonté interne, c'est à dire la solvabilité de la debte, laquelle garantie ne peut échoir és Offices, où il n'importe pas pour la garantie, qu'ils soient bons ou mauvais, utils ou inutils, asseurez ou mal asseurez : mais c'est à celuy qui les achete d'y prendre garde. Et en vente d'heredité, la plus grande difficulté tombe toûjours sur ce poinct, que l'heredité soit : & d'ailleurs il n'importe pour la garantie, si elle est profitable ou onereuse, *quia hæreditas sine re esse potest.*

37. Intelligence de la loy Cùm hæreditas. D. D. hæred. vel act. vend.

38. Son effet és Offices vendus.

Mais l'Office est une marchandise du tout incertaine & hazardeuse de sa nature, tant parce qu'elle dépend de la volonté du Prince souverain, auquel on ne peut donner loy, que parce qu'elle n'a aucune vraye subsistance : & partant il ne faut trouver étrange, que celuy qui la vend se décharge des hazards d'icelle, & celuy qui l'achete en veut acquerir le droit, & se soûmette volontairement à les porter : & ce par le moyen de l'expression precise des clauses susdites, qui seules sont en usage, pour stipuler une parfaite décharge de toute garantie, & ausquelles on ne peut donner autre interpretation cômode & approchante du sens commun, & de l'intention vray-semblable des parties, sinon qu'elles exemptent le vendeur de la restitution du prix, aussi bien que les dommages & interêts. Chose qui n'est non plus incompatible, ny à reprouver, que *emptio aleæ, vel jactus retis,* que la loy approuve, & même donne action en vertu d'icelle, l. 8. in fine. *D. De contr. emp. l. 11. D. de act. erop.* Consequemment il semble que celuy qui prend sur soy tous les hazards de l'Office, il se doit porter selon la proprieté des termes de sa convention, & se doit imputer de s'être soûmis à porter le risque d'une marchandise si hazardeuse, c'est pourquoi passant plus outre, j'estime qu'encore qu'és autres ventes la clause *sans garantie,* n'exclue pas la restitution du prix, elle la doit exclure és ventes d'Offices, à l'exemple de celle du jet de la rets, suivant cette loy 1 1. *in fi. De actio. empti.* Et c'est ainsi, à mon avis, qu'on peut encore entendre & pratiquer aujourd'huy ce dire commun, *Qu'en matiere d'Offices il n'y a point de garantie.*

39. Raison de diversité.

40. Effet de la clause Sans garantie.

Toutefois il y a deux modifications ou limitations notables à toutes ces decisions : L'une, que s'il n'y avoit point d'esperance probable en l'Office acheté sous ces clauses, il faudroit à mon jugement rendre les deniers, parce qu'en toute vente, *si non res saltem spes subesse debet,* qui est loco mercis, qui est une partie essentielle à la vente ; autrement ce seroit une circonvention, plûtôt qu'une vendition.

41. Cas auquel la clause Sans garantie n'exclud pas la restitution des deniers.

L'autre, que s'il y avoit en un marché quelque dol, ou même quelque reticence fraudulence, il ne devroit avoir lieu. Comme si celuy qui a découvert que son Office alloit être supprimé, l'avoit vendu à toutes risques à celuy qui ne s'en défioit pas. Car tel dol doit être éloigné des contrats de bonne foy : & c'est tout ainsi que le fait de Claudius Centimalus, recité par Ciceron au 3. des Offices, qui vendit sa maison, si-tôt qu'il luy eut été dénoncé par les Augures, qu'il eût à la démolir, pour autant qu'elle nuisoit à leur perspective.

42. Autre cas.

C'est encore une autre grande question, s'il y a lieu de garantie, quand on a vendu pour Office ce qui n'étoit qu'une commission, en quoy il y a bien du mécompte, parce que le vray Office est perpetuel & transmissible par resignation : & au contraire la commission est revocable, & ne peut être resignée, comme il sera dit en son lieu. Neanmoins on peut dire, qu'és contrats de bonne foy, il faut prendre les mots, non pas selon leur propre signification, qui bien souvent n'est connuë que des doctes, mais selon l'usage &

43. De la commission venduë pour Office.

X ij

commune intelligence du peuple.

Quem penes est & vis, & lex, & norma loquendi, comme les Docteurs traitent sur le proœme des Decretales, & principalement il les faut prendre selon la vraysemblable intelligence des parties contractantes. Or il est notoire, qu'en commun langage nous appellons *Offices* la plûpart des commissions, comme les Capitaineries des places, & plusieurs autres, & encore les Offices revocables, & qui ne sont pas toûjours resignables, comme les Milices ou places des domestiques du Roi, & les Offices des Seigneurs.

44. Resolution. C'est pourquoy en cette question, j'estime qu'il faut distinguer si la resignation a été admise, & si en vertu d'icelle l'acheteur a joüy ou peut joüir de la charge à luy venduë, & lors sous pretexte que par aprés il aura été destitué ou empeché de la resigner à un autre, il ne seroit pas raisonnable qu'il redemandât son argent, attendu que l'acheteur a connu presomptivement, ou bien a pû ou dû connoître la nature, même pour mieux dire, le vice visible de ce qu'il achetoit, & aussi que le peril survenant aprés la vente du tout parfaite ne regarde plus le vendeur.

45. Ampliation. Mais si l'acheteur n'a pû faire admettre la resignation, & partant que la procuration de son vendeur soit demeurée inutile entre ses mains, c'est sans doute, qu'il luy faut rendre son argent, comme la vente n'ayant sorty effet, & la tradition entiere n'ayant pû être faite. Même quand bien sur cette resignation le collateur auroit pris sujet de donner à un tiers la commission, voyant que le premier commissionaire ne la vouloit plus exercer, cela n'y seroit rien, parce que cette commission étant revocable de sa nature, le vendeur ne peut trouver étrange, que le collateur use de son droit, ainsi qu'il en pouvoit user, cessant la resignation. Que si elle n'étoit revocable (comme il y a des charges non resignables, qui toutefois ne sont pas revocables) il peut défendre de son chef, & soûtenir que la resignation *in favorem* n'a point induit de vacation, pour en pourvoir un tiers, comme il sera dit au chapitre suivant.

46. Exception. Tout cela a lieu, quand vray-semblablement la nature de la charge venduë étoit connuë à l'acheteur, ou le devoit être, parce qu'alors le contractant doit être certain de la condition de la chose dont il contracte, aussi bien que de la personne avec qui il traite. Mais si c'étoit un secret inconnu communement, & que par juste erreur de l'acheteur ou reticence frauduleuse du vendeur, une commission eût été achetée pour un Office, j'estime qu'il y a lieu de garantie en tout tems, même avant l'eviction survenuë, parce qu'en tout tems elle est imminente, aussi que la faculté de la revente est ôtée à l'acheteur.

47. Sub-exception. Si toutefois hors le cas de dol, ou reticence frauduleuse, l'acheteur avoit pris la commission à ses perils & fortunes, il n'y a point de doute, qu'il n'a aucun recours contre son vendeur, même pour la restitution de ses deniers, comme il vient d'être dit, hors toutefois en un cas, si le vendeur demeuroit par aprés en joüissance de la commission, ainsi qu'auparavant la vente, n'ayant le collateur voulu admettre sa resignation. Car alors il ne seroit pas raisonnable que le vendeur eût l'argent & le drap, comme on dit, ainsi qu'en cas semblable decide la loy *Emptorem. D. de actio. empt.* Mais encore en ce même cas il me semble qu'il ne seroit pas raisonnable, qu'un marché profitable qu'auroit fait le vendeur, avec exemption expresse de garantie, fût resolu entierement par le fait d'autruy: quoy qu'il en soit, si le hazard que l'acheteur auroit promis porter, & sans la faute du vendeur. Et qu'au contraire le hazard, que l'acheteur devroit supporter, étant survenu, il n'en receût aucun dommage, mais le fit porter au vendeur contre la contravention de leur marché.

48. Garantie a lieu, si le vendeur meurt dans Or non seulement il faut que l'Office subsiste lors de la vente, mais encore il est besoin qu'il subsiste par tel temps, que la resignation puisse avoir lieu: de sorte que si cependant il étoit supprimé, il y auroit lieu de garantie, & ce, soit qu'il eût été vendu avec charge de fournir la provision, enquoy n'y a difficulté, soit qu'il fust que la simple procuration soit venduë, ce qui s'entend toûjours d'une procuration valable & suffisante pour parvenir à la provision: tellement que si dans le temps convenable, à l'arbitrage des preud'hommes, pour obtenir les lettres, l'Office venoit à être supprimé, j'estime que le peril d'iceluy tombe encore sur le vendeur: de même qu'on ne doute point, que si dans ce tems il venoit à vaquer par la mort du vendeur, la vente n'en fût resoluë. **les quarante jours.**

49. Pourquoy. Car bien que és autres ventes *perfecta emptione, ut commodum, ita & periculum ad emptorem pertinet. l. Necessario. D. De peric. & comm. rei vend.* tunc autem perfecta emptio intelligatur. *cum primum de re & pretio convenit, Inst. de emp. & vend. in princ.* Si est ce que cela n'a lieu qu'és ventes pures, & non conditionnelles. Car és conditionnelles il y a une autre regle, à sçavoir que *si pendente conditione res pereat, perimitur emptio, eadem l. Necessario.* Or la vente d'un Office contient une condition, sinon expresse, au moins tacite, & resultant de la nature de la chose, que le resignant vive le temps necessaire, parce que toute vente d'Office, & même la tradition de simple procuration sans compromis, implique selon le sens commun, qu'elle soit en puissance d'être effectuée, étant certain qu'on n'entend pas acheter un morceau de parchemin.

50. S'il n'y a paction contraire. Si ce n'est toutefois que par expresse paction on eût pris la procuration à toutes risques, comme il arrive souvent que ceux qui sont plus hazardeux, ou qui esperent de la faveur en Cour, achetent en cette sorte à meilleur marché la procuration d'un homme prêt de mourir, ou d'un Office prêt à supprimer, ou déja supprimé, en esperance d'un rétablissement. Ce qui est proprement acheter l'esperance & non pas l'Office, en quoy partant il n'y a point de garantie, *l. Si in venditione. D. De peric. & comm. rei vend.*

51. N'y a aucuns dommages & interets. Mais hors cette clause, si le resignant meurt, ou si l'Office est supprimé, avant que le resignataire soit en demeure d'obtenir ses provisions, il faut rendre le prix: & ce toutefois sans aucuns dommages & interêts, tant parce que c'est une perte fortuite, survenant sans la faute du resignant, parce que ce n'est pas une action de garantie, mais une resolution de la vente, qui n'a pû être effectuée. Que si l'acheteur est en demeure d'obtenir sa provision, c'est sans difficulté que le peril survenant par aprés en l'Office tombe sur luy, par la maxime de la loy *Quod te D. De reb. cred.*

52. Des autres points de garantie. Tout ce qui vient d'être dit ne regarde que le premier de trois points de garantie cy-dessus rapportez qui regarde la subsistence de l'Office: & quant au second point, qui est, que l'Office appartienne au vendeur, quelques-uns sont d'opinion, que cette garantie ne peut durer que jusques à la reception de l'acheteur en l'Office: parce qu'on n'a pas accoûtumé de troubler un Officier receu, installé & joüissant publiquement de son Office. Toutefois, puis que l'Ordonnance de Charles VII. de l'an 1546. (qui a été expliquée au 10. chapitre du 1. livre) requiert la joüissance paisible de cinq ans continuels, & sans interruption: tout ainsi qu'és Benefices, il faut trois ans de possession pacifique, pour exclure tous autres pretendans, il s'ensuit que la garantie des Offices doit continuer autant de temps, & jusques à ce que l'acheteur se puisse apparemment & asseurément defendre de son chef, qui est la seule raison, qui peut exclure ce point de garantie: dont je ne parleray point davantage en cet endroit: parce qu'au surplus il n'y a rien de particulier en iceluy pour les Offices. Et je poserai seulement en ce lieu une regle generale, touchant ces deux derniers points de garantie des Offices, que toutefois & quantes que l'acheteur de l'Office peut être troublé & inquieté en iceluy, pour ce qui concerne le fait de son resignant, il y échet garantie.

53. Regle de cette garantie.

54. De la garantie de Mais à l'opposite, il s'est troublé à l'occasion de l'Office même, comme parce qu'il est supernumerai-

De la Venalité des Offices, Chap. II.

l'Office supprimé.

re à la foule du peuple, mal verifié, & de peu de finance, il y a grande apparence de conclure generalemēt, qu'il n'y échet point de garantie, parce que c'est à l'acheteur de prendre garde à la qualité de l'Office qu'il achete : & aussi il est à presumer, qu'il en a eu meilleur marché à cette occasion, & partant qu'il a taisiblement pris sur soy le hazard de la perte d'iceluy, comme du profit & accroissement extraordinaire, qui y pouvoit survenir : étant tout Office une marchandise de soy hazardeuse, & de laquelle on ne peut être pleinement asseuré : qui est la cause pourquoy on dit, qu'il n'y a point de garantie. Joint que la suppression procede non du defaut de l'Office, mais du fait du Prince souverain, qui est compté entre les cas fortuits, & partant ne tombe point en garantie, suivant la decision notable de la loy *Lucius D. De evictio.*

55. Cette garantie ne peut produire dōmages & interêts.

* Ce qui est sans difficulté, à l'égard de la pure garantie, qui concerne les dommages & interêts de l'acheteur évincé, pour lesquels il n'y a sans doute aucun recours en ce cas contre le vendeur : mais le Droit nous apprend que quand la garantie cesse, la restitution des deniers ne laisse pas d'avoir lieu, *Neque enim bona fidei contractum hanc pati conventionem, ut emptorem amittat, & pretium venditor retineat*, dit la loy *Emptorem D. De action. empti.* C'est pourquoy quand ou se veut liberer de la restitution du prix, on stipule au contract une décharge non seulement de la garantie, mais aussi de la restitution des deniers.

56. Preuve par exemple.

Par exemple, quand aprés les troubles on a cassé les decrets faits pendant iceux, & quand on a permis aux Ecclesiastiques, par un privilege particulier, de rentrer aux biens par eux alienez, si les premiers acquereurs les avoient revendus à plus haut prix à d'autres, encore que ceux-cy ne fussent remboursez que du prix de la premiere acquisition, on n'a jamais douté qu'ils ne recuperassent contre leurs vendeurs l'outre-plus qu'ils leur avoient payé.

Mais on peut répondre qu'en ces recisions, comme aussi au cas de la loy *Emptorem*, il est question de vente d'heritage, où la pleine garantie a lieu, ce qui n'est pas aux Offices. Même en vente d'heritage évincé par fait de Prince cette loy *Lucius*, exclud non seulement la garantie, mais aussi la restitution de deniers : & encore elle l'exclud non seulement par voye d'exception, mais même elle donne action côtre celui qui a été ainsi évincé pour lui demander ce qu'il doit de reste du prix de l'heritage, dont il ne jouït plus, ce qui est fort notable. Et partant je conclus, qu'en point de droit, celuy qui est évincé de l'Office par suppression, moyennant remboursement, ne peut redemander à son resignant ce qu'il lui a payé de plus, que la finance dont il est remboursé, même que s'il devoit encore quelque reste du prix de l'Office, il faut qu'aprés la suppression il le paye tout du long.

57. Que même la restitution du prix n'est deuë aprés l'Offices supprimé.

58. Ce qui s'en garde à present.

Bien veritablement l'équité est fort grande au contraire, parce qu'ainsi faisant, le resignant retient en pur gain l'argent du resignataire, & le resignataire le perd en pure perte : de sorte qu'il seroit, ce semble, plus raisonnable que telles suppressions, qui se font contre le droit commun, pour le profit du fisque, fussent accommodées de telle sorte, que les particuliers y fussent le moins lezez que faire se pourroit, qui auroit lieu en donnant l'action à l'Officier supprimé contre son vendeur, du surplus par luy receu. Car en ce faisant, il arriveroit que l'un ny l'autre n'y perdroit & n'y gagneroit rien, entant qu'on ôteroit au vendeur le gain qu'il auroit fait par la revente de l'Office, & aussi on exempteroit le supprimé de perte, je dis même de ruine, lui donnant son recours contre son vendeur ; ce qui toutefois n'a encore jamais été pratiqué, & ne le seroit, si en l'Edit de suppression il n'étoit par exprés ordonné.

59. Iniquité de cet usage.

CHAPITRE III.

De la Resignation des Offices Venaux, Taxe d'icelle, & Droit de Confirmation.

1. *Resignatiō & provision sont necessaires aprés la vente.*
2. *Fausse raison.*
3. *Vraye raison.*
4. *Comment l'usufruit peut être vendu.*
5. *Interpretation de plusieurs loix.*
6. *Comment l'Office est transferé au resignataire.*
7. *Subrogatio.*
8. *Resignation plus raisonnable que la cession d'usufruit.*
9. *Et que celle du benefice.*
10. *Resignation d'Office vendu, ne peut être refusée par le collateur.*
11. *Preuve.*
12. *Que le Roi l'a toûjours permise.*
13. *Offices donnez ne sont resignables.*
14. *Pourquoy le Roy prend argent des resignations.*
15. *Ordonnances introductives de cette taxe.*
16. *Les Seigneurs n'en doivent prendre.*
17. *Cette taxe est à present juste.*
18. *En tous heritages il est dû quelqu'argēt és mutations.*
19. *Même és Benefices.*
20. *Que cette taxe ne doit monter au quart denier.*
21. *Edit qui parle du quart denier.*
22. *Edits faisans mention du tiers denier.*
23. *Anciennes taxes des resignations.*
24. *Comment s'entend le quart denier de la resignation.*
25. *Les droits qui se payent pour les heritages n'approchent pas du quart denier.*
26. *Rachats des fiefs sont plus raisonnables que cette finance.*
27. *Et les lods & ventes.*
28. *Lots & ventes d'oû dits.*
29. *Vray pied de la taxe des resignations.*
30. *Trois cas où elle n'a lieu.*
31. *Pourquoy n'est deu nouvelle finance pour la seconde resignation.*
32. *Ampliation.*
33. *Pratique d'icelle.*
34. *Restriction.*
35. *De la confidence des Officiers.*
36. *Second cas, auquel il n'est rien dû pour la resignatiō.*
37. *Troisiéme cas.*
38. *Du droit de confirmation du nouveau Roy.*
39. *Confirmation n'est point necessaire.*
40. *Pourquoy se paye.*
41. *Divers Arrêts touchant cette confirmation.*
42. *Inventions des Commissions.*
43. *Titre d'Office formé, pourquoy dit.*
44. *Confirmations pratiquées par Loüis XII.*
45. *Et par Henry II.*
46. *Madame de Valentinois, maraine de l'Autheur.*
47. *Confirmations authorisées par les Estats d'Orleans.*
48. *Sont à present justes.*

1. Resignatiō & provision sont necessaires aprés la vente.

LA vente d'un Office ne sert de rien, sans la resignation, ny la resignation, sans l'admission d'icelle, qui est la provision. Car l'Office, non plus que le Benefice, ne peut pas par un commerce de tout libre, être transferé directement & immediatement de personne à autre, par vente ou autre transport, accompagné de tradition, ou acte équipolent, ainsi que les autres biens soit corporels, ou incorporels, mais faut qu'il passe par les mains du collateur, sans la provision duquel nul Office ny benefice ne peut être possedé.

Dont la raison est claire, à l'égard des Benefices, à sçavoir qu'ils ne tombent point en commerce, mais à l'égard des Offices, & principalement des venaux, elle est un peu obscure. Car ce n'est pas comme il pourroit sembler d'abord, parce que la puissance publique, qui est en l'Office, ne peut être deferée par un particulier : attendu que c'est la reception, & non pas la provisiō, qui attribuë à l'Officier la puissance

2. Fausse raison.

Des Offices Venaux Liv. III.

publique, ainsi qu'il a été dit au premier livre : & de fait, nous voyons que les Offices hereditaires peuvent être transferez d'une personne à autre, sans lettres de provision.

3. Vraye raison.

Donc la vraye raison est à cause que l'Office est une espece d'usufruit, comme il a été prouvé au premier livre, encore plus inherent à la personne, que le vray usufruit, & dont la proprieté reside au Prince, ou autre collateur, où du moins à son Estat ou Seigneurie. Par consequent, comme le vray usufruit ne peut être transferé d'une personne à autre, sans la permission du proprietaire, en sorte que desormais il soit mesuré à la vie du cessionnaire, aussi l'Office ne peut changer de main, sans la provision du collateur.

4. Comment l'usufruit peut être vendu.

Car ç'a été une grande difficulté en droit, si l'usufruit pouvoit en tout être cedé, étant decidé expressément, que *usufructus cedi non potest, nisi domino proprietatis ; & si alij cedatur, nihil ad eum transit, sed usufructus ad dominum proprietatis revertitur*, dit la loy *Si usufruct. D. De ju. dot.* Toutefois pour la necessité du commerce on trouva invention d'en disposer en telle sorte, que l'usufruit demeureroit & resideroit toûjours en la personne de l'usufruitier, & finiroit par sa mort, mais que le profit d'iceluy seroit transferé au cessionnaire, qui en joüiroit au lieu & au nom de son cedant, parce que si on changeoit de personne, ce seroit un autre usufruit. La même loy ajoûte ; *Quidam ergo remedij loco rectè putaverunt introducendum, ut si vendatur vel locetur usufructus, ipsum quidem jus pemes eundem fructuarium remaneat, perceptio verò fructuum ad emptorem pertineat. Nam & qui locat, utitur & qui vendit utitur*, dit la loy 12. §. 2. D. De usufr.

5. Interpretation de plusieurs loix.

Or cette invention n'a pû être accommodée à l'Office, d'autant que l'Office ne consiste pas seulement en la perception des fruits, sçavoir est des gages & droits qui en dependent, mais en une fonction personnelle, en consequence de laquelle ces gages & droits lui sont attribuez : & cette fonction personnelle étant publique, ne peut être exercée par autre que celuy qui est approuvé du public. C'est pourquoy la joüissance de l'Office, qui est inseparable de l'exercice d'iceluy ne peut être venduë ny transferée à un autre, si on ne le fait Officier : ce qui ne le peut faire, non plus qu'en l'usufruit, sans la disposition du proprietaire : pour à quoy parvenir, il n'y a point d'autre moyen, sinon que l'Officier remette l'Office en la disposition du collateur, à la charge qu'il le rebaillera à celuy auquel on le desire trasferer. Ce que nous appellons resignation en l'Office & Benefice, & au droit civil est appelé *Subrogation, l. 13. & l. ult. De prox. sacr. lib. 12. Cod.* desquelles loix les decisions sont notables.

6. Comment l'Office est transferé au resignataire.

7. Subrogation.

8. Resignation plus raisonnable que la cession d'usufruit.

C'est toutefois la verité que la resignation de l'Office ou Benefice est beaucoup plus raisonnable que la cession de l'usufruit : parce que la cession de l'usufruit opere de sa nature une consolidation d'iceluy à la proprieté, & partant la fin, abolition & aneantissement de l'usufruit. Mais la resignation n'aneantit pas l'Office & ne le consolide pas au proprietaire ou collateur, qui n'est capable de le tenir luy-même, mais lui impose une necessité de le conferer à un autre pour l'occuper, & remplit le lieu de celuy qui l'a cedé.

9. Et que celle du benefice.

Pareillement, la resignation de l'Office en faveur d'autruy est beaucoup plus favorable que celle du Benefice, laquelle n'est guere exempte du soupçon de simonie. C'est pourquoy elle ne peut être admise par les collateurs ordinaires, mais par le Pape seul, parce que luy seul peut dispenser de la simonie, ou pour mieux dire en purger le soupçon par l'admission de la resignation. Et bien qu'en icelle le Pape ait les mains liées de ne pouvoir conferer le Benefice à autre qu'au resignataire ; si est-ce que par puissance reglée il peut refuser d'admettre la resignation, laissant le Benefice au resignant, comme dit Rebuffe en la pratique beneficiaire. *tit. de resign. condition.* qui est ce que disent les Canonistes, *omnis resignatio est ex gratia.*

10. Resignation d'Office

Mais le Roi & tout autre collateur, ayant vendu un Office, ne peut par puissance ordinaire en refuser

par aprés la resignation faite à temps opportun, & en personne capable. Ce qui a lieu non seulement aux Offices absolument venaux, mais aussi aux Offices de judicature & autres qui ne sont reputez venaux, qu'à l'égard du Prince : lequel toutefois les ayant vendus, les a luy même mis en commerce, sinon public & il cite entre particuliers, au moins tolerable, & dont il ne les peut reprendre ny empêcher sans trop de rigueur. *quia qua emeris, vendere gentium jus est* dit Seneque : & comme disoit Alexandre Severe, *Necesse est, ut qui emit vendat. Erubesco enim hominem punire, qui emit & vendit :* & un Poëte moderne a dit,

Emerat ille prius, vendere jure potest.

ce vend pour ce que soussé par le collation.

11. Preuve.

Mais quand il seroit inutile de le revendre, si est-ce qu'on ne pourroit frustrer l'achetteur d'en gratifier, ou ses enfans, ou ses parens, ou ses amis, lors qu'il ne les voudroit plus exercer puis qu'ils sont siens, par le moyen de son argent. Consideré qu'est aujourd'huy sinon un droit, au moins un erreur établi parmi nous de revendre ces Offices entre particuliers ; celui qui les achete du Roi, s'attend de les revendre selon l'usage ordinaire, & ne se defie pas qu'on l'en empêche par une rigueur extraordinaire, que s'il s'en fut defié, il est à croire qu'il ne les eût pas achetez si cher du Roi. Ce qui sera plus amplement prouvé au 5. livre, en traitant de la resignation des Off. des Seigneurs.

12. Que le Roi l'a toûjours permise.

Aussi cette faculté de resigner a été toûjours permise, depuis que la venalité des Offices a été introduite, même étoit autrefois pratiquée de telle sorte, que la resignation étoit admise gratuitement, & sans payer aucune finance, bien qu'il n'y eût aucune Ordonnance qui y obligeât le Roi, mais cette seule raison du droit des gens, & de la loy naturelle du commerce, que tout achetteur peut revendre ce qu'il a acheté.

13. Office donnez non resignables.

Ce n'est pas que je veüille dire, que tout Office en titre de sa propre nature soit resignable, en sorte que la resignation n'en puisse être refusée. Car les Offices qui ne se vendent point par le Roi, & ceux des Seigneurs qu'ils n'ont point vendus, n'ont pas ce privilege non plus que les Benefices, tant parce que le collateur ayant liberalement élû l'industrie, ou bien choisi la personne de l'Officier, n'est tenu d'en admettre une autre en son lieu, parce qu'ayant gratuitement conferé l'Office, il ne l'a point mis au commerce. Ce qui est decidé par l'art 110. de l'Ord. de Blois. *Ceux*, dit-elle, *qui ont été, ou seront cy aprés pourvûs gratuitement d'Office, ne seront reçûs à resigner, sauf à les gratifier, selon que leurs merites le requeront.* Et en l'art. 272. il est dit, que les Offices des douze Gouvernements, ou Lieutenans generaux du Roi és Provinces de France, ne seront point resignables, parce qu'ils n'entrent point aux parties casuelles du Roi.

14. Pourquoy le Roi prend argent des resignations.

Mais on demandera pourquoy le Roi prend de l'argent pour admettre la resignation des Offices venaux, veu qu'il ne la peut justement refuser : A cela je répons, qu'il n'en devroit point prendre, & aussi n'en prenoit-il point anciennement : sur la nouvelle introduction de la venalité des Offices, ce point, que le Roi fût tenu d'admettre les resignations, n'étant vuidé par aucune ordonnance (bien qu'en effet il ne les refusât, non plus que le Pape celles des Benefices) & comme en matiere d'Edits fiscaux, c'est assez d'avoir un pretexte, notamment lors que le Roi est pressé de necessité, le Roi Charles IX. au fort des guerres civiles de la Religion, imposa ce nouveau subside sur les Offices, par Edit de 1567. portât que *tous Officiers tant des finances, qu'autres, dont les Offices avoient été vendables (c'est le mot de l'Edit) seroient reçûs à resigner iceux à personnes capables, en payant aux parties casuelles la finance à quoi leurs resignations seroient taxées.* Et parce que cet Edit, qui ne parloit que des Offices vendables, ne sembloit assez formel pour les Offices de Judicature, il y eut un autre Edit fait par exprés pour iceux en 1569. qui permit de les resigner, comme ceux des finances, en payât la taxe. De sorte que comme les guerres d'Italie ont été cause de la vente des Offices, les guerres civiles ont causé la vente des resignations,

15. Ord. introduction de ces taxes.

De la resign des Offices venaux. Ch. III.   167

16. Les Seigneurs n'en doivent prendre.

Mais pour montrer que c'étoit un subside nouveau, que le Roy se vouloit reserver à luy seul, il declare par ce méme Edit de 1567. introductif d'iceluy, que cette taxe est imposée pour employer aux guerres de la Religion, & partant que les Princes possedans le domaine de la Couronne, ne la pourront prendre sur les Offices, dont ils ont la nomination.

17. Cette taxe est à present juste.

Toutefois à present que cette loy est établie, & que cette condition est imposée publiquement aux Offices Royaux, elle est desormais juste, & on ne s'en peut plaindre : mais faut que ceux qui les achetent, fassent leur compte avant que de s'y engager, qu'ils ne les pourront resigner, s'ils n'en achetent la permission.

18. En tous heritages, il est deu quelque argent és mutations.

Aussi voit on qu'en tous heritages, lors qu'ils changent de main, il faut payer quelque droit ou profit au Seigneur direct, comme aux feodaux le rachat, ou quint denier, aux censuels ou autres heritages roturiers, les lods & ventes, qu'on apelle en Normandie *les treiziémes*, & n'y a presque de tous les immeubles, que les seules rentes constituées, qui en soient exemptes, encore en certaines Coûtumes on les a voulu assujetir, comme és pays de nantissement, & quelques autres. Mesme y a plusieurs Benefices, pour lesquels il faut payer des Annates, ou des Deports.

19. Mesme és benefices.

Ce que je trouve avoir eu lieu par le droit ancien, tât aux fiefs qu'aux baux Ecclesiastiques apellez *Precaris* : en tous lesquels on payoit un certain droit d'entrée, apellé Ἀναμφιβίες καὶ Ἰναρωσις *in Leonis const.* 13. aux Emphyteoses ordinaires il se payoit un droit apellé φιλοδοτικον, *l. 3. C. de jur. Emphyt.* Et méme és Benefices Εκθρονιασικοιν, pour les Evêchez, *Nov. 123. c.3.* & pour les autres benefices, Ἐμφανιστικὸν *Nov. 56.* méme encore dans les Ordres Ecclesiastiques l'Evêque prenoit un droit, au moins en l'Eglise Grecque, comme il a été dit au premier chapitre de ce livre.

20. Que cette taxe ne doit monter au quart denier.

Or bien que les fiscaux apellent la taxe des resignatiós *quart denier*, je ne croy pas qu'il y ait aucune Ordonnance generale qui l'ait arrêté à cette cotte. Comme aussi il seroit malaisé de prendre ce pied és ventes des Offices, qui entre particuliers se font par cópromis secrets & sous seins privez ordinairement, au moins s'ils sont reconus au bas pardevât Notaires, il ne s'en fait jamais de minute : & quád elles se feroient par côtracts publics, il seroit aisé de n'y mettre toute la sôme, parce que le retrait n'y a lieu, ni les garanties n'y durent, sinon jusques à la reception, de sorte que pour si peu de temps une contre promesse suffiroit.

21. Edit qui parle du quart denier.

Ce qu'on voit par l'Edit d'érectió des seaux du Roy en titre d'Offices, il est dit qu'ils seront resignables en payant le quart denier de la premiere taxe, qui est le seul Edit que j'aye jamais leu faisant mention du quart denier : mais cet Edit est particulier pour ces seuls Offices : & ne faut pas s'étonner que cette loy leur soit imposée dèlors de leur érection : condition au surplus, qui est autre que ce qui s'observe és autres Offices, car en ceux ci la finâce de la resignatió étoit liquidée à toûjours par cet Edit au quart denier de leur premiere taxe, qui est toûjours moindre que la juste valeur, au lieu qu'és autres Offices elle est incertaine, & faut qu'elle soit taxée au Conseil des finances, qui souvêt la modere jusques à deux & trois fois.

22. Edits faisans mention du tiers denier.

Il est vray aussi que le méme Roy Charles en 1568. fit un autre Edit, qui ordonna que tous les pourveus d'Offices venaux seroient tenus acheter la survivance ou resignation premiere de leurs Offices en payât le tiers denier de la valeur d'iceux : lequel Edit fut renouvelé par le feu Roy Henry III. en 1586. au lieu de l'Edit d'heredité des mémes Offices : mais outre qu'il y a bien de la difference entre la survivâce en blanc, & la resignation faite à certaine personne sans côdition de survivance, il faut considerer que ces Edits étoient des subsides & levées de deniers, que les Rois vouloient faire en leur necessité sur leurs Officiers.

23. Ancienne taxe des resignations.

Aussi est ce la verité, qu'avant ce temps-cy, jamais le Conseil des finâces n'a taxé les resignatiós au quart denier de la juste valeur des ofices, non pas méme au

douziéme denier. Et encore à presêt en ce regne, que les taxes des Parties casuelles sont doublées du prix des anciennes, si ce n'est qu'avant l'Edit de Paulet, és ofices de finance on taxoit volontiers la resignation d'un office à une année des gages, ou deux tout au plus, à l'égard de ceux qui n'avoient aucun suport au Conseil. Et aux offices de Judicature, dont les gages sont petits, on ne taxa jamais la resignatió plus haut, que le dix ou douziéme denier du prix de lieu. Mais il y a danger que cet Edit de Paulet n'établisse ci-aprés le quart denier en droit cômun, qui seroit une grande playe aux offices, si l'Edit n'avoit plus de lieu.

24. Comment s'entend le quart denier.

Mais j'estime que s'il faut appeller avec le vulgaire cette taxe *quart denier*, on doit entendre que c'est le quart de quart : ou bien s'il faut dire que nôtre Roy fait, comme Zonare remarque de ce Roy de Perse, qui ayant commandé quelque levée sur ses Provinces, aprés avoir eu avis de ses Gouverneurs qu'elle estoit bien tolerable, la diminuë neanmoins encore de moitié sur l'execution de son Edit.

25. Les droits qui se payent pour les heritages n'aprochent pas du quart denier.

Aussi les droits d'entrée cy-dessus remarquez de l'ancien droit, n'aprochoient pas du quart denier, méme n'excedoient pas l'année du revenu. Premierement la loy 3. *De jur. Emphyt.* taxe les entrées des Emphyteoses à la cinquantiéme partie du prix. Et quant au droit qui se prenoit pour les renouvellemens des Emphyteoses, ou precaires de l'Eglise, la Constitution treiziéme de l'Empereur Leon porte, qu'il ne pouvoit exceder le double du canon Emphyteutique. Et au regard du droit d'entrée des Benefices, il est taxé à beaucoup moins que leur revenu annuel, comme sont encore aujourd'huy les Annates du Pape. Et en toutes les Coûtumes, les reliefs des fiefs deus pour succeßió collaterale (car pour la directe il n'en est point deu) & en la plusparta des Coûtumes les rachats deus pour la vente sôt arrestez à l'année du revenu au plus, dont les Seigneurs ont accoûtumé de quitter le tiers par courtoisie. Et à l'égard du quint denier qui est deu en peu de Coûtumes pour la vente des fiefs, il a toûjours été reputé odieux & trop rigoureux, & n'y a si rude Seigneur qui n'en remette du moins le tiers : & si on le retrâche tant qu'on peut aux reformations des Coûtumes qui se font à present, comme deja en celles de Paris & d'Orleans on a retrâché le requint.

26. Rach. des fiefs sont plus raisonnables, que cette financie, &c.

Neanmoins c'est la verité, qu'il n'y a pas à beaucoup prés tant de raison, de prendre haute taxe aux mutations d'offices vendus, que des fiefs, qui de leur originene ont esté donnez gratuitement, & de leur premiere nature n'étoient non plus vendus, que les Benefices, côme il se void aux titres *De prohib. feudi alienat. per Federic. & per Lotharium.* Et de fait ce sont contracts separez que *venditio, & datio in feudum.* De sorte que les ayât faits patrimoniaux en Frâce, contre leur nature & conceßion originaire, pour la commodité du commerce, & par consequent ayant privé à jamais le Seigneur de la reversion d'iceux qui luy appartenoit, il a fallu indemniser d'ailleurs de ses rachats qu'on luy attribuë és mémes mutations du vassal, esquelles la reversion entiere luy advenoit anciennement.

27. Et les lods & ventes, &c.

Et quant aux lods & ventes des heritages censuels, qui sont taxez au douziéme denier, qu'on dit en Normandie le treiziéme, en comprenant l'ascendant, c'est un droit reservé & stipulé par exprés aux baux à cês des heritages, qui se font communément *ad libellam* disent les Latins, c'est à dire à fort petite redevance, dont les Seigneurs censuels se recompensent par cette retention de lods & ventes, ou pour mieux dire

28. Lods & ventes d'où dits.

Lods és ventes ou *Lod és ventes*, c'est à dire, le lod, part & portion que le Seigneur a accoûtumé de prendre sur le prix des ventes, qui à mon opinion est la vraye etymologie de ce terme du tout François, sans l'aller rechercher, comme ont fait nos modernes, chez les Romains ausquels ce droit & ce contract de bail à cens étoit inconnu.

29. Vray pied de cette taxe.

Revenant à la finance des resignations, je conclus qu'elle est trop haute au quart denier, puis qu'és heritages, dont la parfaite proprieté est trasferée, le droit de mutation, qui n'y échet pas si souvent, ne passe jamais l'année du revenu. C'est pourquoy il me semble qu'il suffiroit la taxer à une année de gages côme les Annates & Deports des Benefices, & les reliefs des fiefs. Car encore que les Offices ayent quelques profits, si est-ce que ces profits estans casuels, ils ne doivent venir en consideration, attendu la regle que j'ay posée au 1. livre, que jamais les salaires ne peuvent estre distraits de l'exercice. Que si on trouve qu'en ce faisant l'Officier ait trop bon marché, qu'on côsidere que cette taxe est injuste de soy & contre la loy du commerce. Et pour les Offices qui n'ont aucuns gages, comme des Sergens & autres tels menus Offices, on pourroit à tous leur donner un tau certain, comme de 30. ou 40. livres : car il est aisé à entêdre que ce ne sont pas Offices de grande valeur. Mais cela ne se fera jamais, au contraire cette taxe s'en va tantost establie au quart denier, au moyen de l'Edit de Paulet.

30. Trois cas où n'a lieu.

Or outre cela il faut remarquer qu'il y a trois cas ausquels la resignation des Offices est admise sans payer aucune finance. Le premier est quand le nouveau pourveu de l'Office s'avise de le resigner à un autre, avant y avoir esté receu, soit qu'il n'ait pû, soit qu'il n'ait voulu s'y faire recevoir. Car comme on dit aux Benefices, que si le resignataire n'accepte la provisiô, la resignation est nulle & n'induit aucune vacation : aussi en matiere d'Offices (où la reception est necessaire avant que se pouvoir dire Officier) si le resignataire ne se fait recevoir, le quart denier par luy payé pour la resignation pourroit estre repeté *quasi causâ non secutâ* : mais parce qu'il faut tousjours que celuy qui entre en sa place en paye autant, on ne le repete point, mais il sert pour le posterieur resignataire, qui par consequent n'en paye point d'autre. Ou plûtost on peut dire que la permission de resigner, acquise moyennant le quart denier, est indefinie & sans expression de certaine personne : comme aussi elle est indefiniment taxée par le Conseil sans nommer le resignataire : de sorte qu'on achete la permission de resigner l'Office à qui on voudra, & non pas de resigner specialement à tel, & partant si la premiere resignation ne vient point à effet, cette permission n'est pas consommée, mais peut servir à celle qui se fera par aprés avec effect. Pourveu toutesfois qu'elle soit faite dans six mois aprés la premiere.

31. Pourquoy n'est deu nouvel finance pour la seconde resignation.

32. Amplication.

Ce qui s'observe par une grande equité, soit que le premier resignât vive encore, auquel cas il n'y a nulle dificulté, parce qu'on n'y peut imaginer aucune vacation ni fraude, il ne faut que supprimer & rompre les provisions du premier resignataire, soit que le premier resignant soit decedé, auquel cas il semble à la rigueur qu'il faille avoir une seconde resignation du premier resignataire en la personne duquel l'Office a esté conservé, qui autrement eût vaqué par la mort de son resignant, mais passe au premier resignataire, qui peut transmettre son droit à un autre avant qu'estre receu, ce qui ne s'apelle pas resignation, mais simplement demission. Et de verité ce usage est fort équitable, que comme en la pluspart des Coûtumes le Seigneur n'a qu'un rachat de deux mutations avenuës en une méme année, aussi le Roy n'a qu'une finance des deux resignations, dont il n'y a qu'une qui ait eu effet de faire un Officier. Ce qui est encore plus raisonnable en l'Office qu'au fief : parce que l'achetur du fief en est fait Seigneur dés lors qu'il luy est vendu, ou du moins dés lors qu'il en veut prendre possession aprés son contract passé, mais le pourveu de l'Office n'est point Officier jusques à ce qu'il ait esté receu.

33. Pratique d'icelle.

Cela se pratique communément quand un pauvre Officier étant affligé de maladie, resigne son Office à son ami, pour en cas de mort le conserver à sa veuve & enfans, qui par aprés l'ayant vendu à loisir en font

pourvoir l'acheteur, en vertu de la méme finance payée lors de la resignation admise du decedé. Au contraire en cas de convalescence il reprend son office, méme rentre en son premier droit & en son premier rang, sans qu'il luy soit besoin de nouvelle provision ny reception, comme il a esté dit au 8. chap. du 1. livre, mais aussi s'il vient à resigner une autrefois aprés avoir repris l'exercice, il faut qu'il paye nouvelle finance, au moins s'il resigne long-temps aprés, qui estoit un cas d'amy, avant le party de Paulet : mais à present il seroit mal-aisé, à mon avis, de s'en sauver.

34. Restriction.

Que si le resignataire confident d'un pauvre Officier pressé de maladie mortelle, usoit de perfidie, & se faisoit recevoir actuellement en l'Office, il n'y a nulle dificulté qu'aparoissant de la confidence, le resignant ou ses heritiers ne se puissent justement opposer à sa reception, & le faire condamner par corps à raporter ses provisions, & à fournir sa procuration en blanc, pour resigner derechef luy-mesme, si besoin estoit. Mesme s'il s'estoit trop hasté de se faire recevoir, & qu'à cette cause il fallût un second quart-denier, il seroit tenu de le payer & tous autres dépens, dommages & interests encoutus à l'occasiô de sa perfidie. Côme il fut jugé par l'Arrest, pour Michel Secretaire du Roy. Et a encore esté jugé cette année en l'audiance, En quoy il n'y a nulle dificulté, car puis que mesme aux Benefices où la confidence est étroitement prohibée, cela se juge ainsi, au moins au Privé & grand Conseil, témoin l'Arrest du Curé des Innocens, il doit à plus forte raison avoir lieu aux Offices, où la confidence n'est aucunement illicite.

35. De la confidence des Offices.

Le second cas auquel on ne paye rien pour la resignation, est que quâd le resignant leve & achete aux Parties casuelles un Office incompatible avec celuy qu'il avoit auparavant. Car alors il ne doit rien de la resignation de ce premier Office, qu'il est contraint de resigner à cause de l'achat du second, au moins ne doit il qu'à proportion de ce que le premier Office est de plus grand prix que le nouveau : autrement le Roi auroit, comme on dit d'un sac deux moutures. Pour donc s'exempter de payer cette finance, la pratique est de presenter requeste au Conseil, afin d'obtenir permission de resigner l'ancien office sans payer finance. Mesme le temps passé l'Officier ayant obtenu cette permission, avoit un an pour chercher marchand. Toutefois si sans demander cette permission il laissoit passer cette fraiche memoire de l'Office acheté du Roy, taschant à retenir tous les deux ensemble, il seroit desormais malaisé d'obtenir icelle.

36. Second cas auquel il n'est rien deu pour la resignation.

Le troisiéme cas est en la permutation d'Offices à peu prés egaux, qui est si favorable és Benefices, qu'elle peut estre admise par l'Ordinaire, bien qu'il ne puisse admettre aucune autre resignation *in favorem*, Clement 1. *junct. gloss. De rer. permutation*. Et comme en échange d'heritage on ne paye point de lods & ventes aussi en permutation d'Offices egaux, le Roy n'a pas accoustumé de prendre aucune finance.

37. Troisiéme cas.

Il y a encore une autre sorte de finance, que le Roy ptend sur les Offices à sçavoir celle de la confirmation qui se leve à chaque mutation du Roi, pour obtenir du nouveau Roi nouvelles provisions des Ofices : comme si celles du predecesseur ne servoient plus de rien aprés sa mort. Ce qui est encore plus éloigné de la raison que la finance de la resignation, étant certain, comme il a esté prouvé au chapitre precedent, qu'aprés la mort du Roy, il n'est non plus besoin aux Officiers de lettres de confirmation, qu'aux Beneficiers aprés la mort du collateur, dautant que ce qui leur a une fois esté concedé pour leur vie, ne leur peut plus estre osté. Aussi qu'entre les trois genres de vacation specifiés par l'Ordonnance de Louis XI. celuy de la mutation de Roy n'y est point : au contraire cette Ordonnance est faite principalement pour l'exclure, comme il a esté traité au dixiéme chapitre du premier livre,

38 Du droit de confirmation du nouveau Roy.

39. Confirmation n'est necessaire.

Toute-

De la resignation des Off. Venaux, Ch. III.

40. Pourquoi le paye.

Toutesfois pource qu'auparavant cette Ordonnance, les Officiers, étans lors destituables, avoient accoûtumé, pour s'asseurer de leurs Offices, d'en demander la confirmation au nouveau Roy, afin que les tenans desormais de luy, il n'eût pas tant d'occasion de les revoquer: comme aussi les Rois ne destituoient gueres les Officiers pourvûs par eux-mêmes. Tout ainsi qu'apresent les *Seigneurs* (ausquels on permet jusques icy regulierement de destituer leurs Officiers) n'ont accoûtumé de destituer ceux qu'ils ont pourvûs eux-mêmes: enquoy à la verité il y a beaucoup plus de pudeur & de legereté: & partant c'est une coûtume, qu'après la mort d'un Seigneur, ses Officiers, de peur d'être destituez par son successeur, se retirent incontinent devers luy, pour être confirmez & maintenus en leurs Offices. Et parce qu'en France le fisque ne démord & ne quitte jamais un droit qu'il a eu autrefois, & d'ailleurs qu'il ne faut qu'un leger pretexte, pour maintenir toûjours ce qui a une fois apporté du profit, depuis que les Offices ont été vendus, on a estimé que comme on tiroit argent de la provision d'iceux, aussi on en pourroit demander de la confirmation: bien qu'elle ne servît plus de rien après l'Ordonnance de Louys XI.

41. Divers Arrêts touchant cette confirmatio.

Et de fait après son decés, le Parlement de Paris ordonna que les Officiers continueroient leurs Charges, comme ils faisoient auparavant, attendant la réponse du nouveau Roi, qui fut une queuë, qu'il adjoûta à son Arrêt par honneur & soûmission, & possible encore pource qu'il doutoit si le Roi Charles VIII. voudroit entretenir l'Ordonnance de son pere. Autrement en Ordonna le Parlement de Toloze après la mort du Roi Charles VIII. à sçavoir qu'on ne donneroit audiance ny Arrêt, jusqu'à ce qu'on eût lettre du nouveau Roi: neanmoins que s'il survenoit quelque affaire pressée, il y seroit procedé par lettres & commissions intitulées *Les Gens tenans le Parlement Royal de Tolose*, comme recite Bodin lin. 3. chap. 2. Et se lit en l'histoire de Flandres, qu'après la mort de Charles Duc de Bourgogne & Comte de Flandres, les Gantois firent mourir les trente six hommes de leur loy; pour principalement qu'ils avoient condamné un homme à mort, avant qu'avoir obtenu confirmation de leurs Offices.

42. Invention des Commissions.

Mais pource que le Roi Charles VIII. ne pouvant honnêtement déroger tout à plat à l'Ordon. de son pere, laquelle même son pere, peu auparavant son decés, lui avoit fait jurer d'entretenir, & en avoir envoyé l'acte au Parlement pour être publié & enregistré, il trouva ce moyen oblique d'y contrevenir, qui fut d'inventer les Commissions, ne conferant point les Charges de finance à titre d'Office, mais par commission seulement. Et cette façon d'y pourvoir dura jusqu'à l'introduction de la venalité des Offices, hors de laquelle on qualifia ces provisions, titres d'Office formé: y ajoûtant ce mot, *formé*, pour les distinguer de celles d'auparavant, qui étoient à titre de commission: d'autant que le mot d'Office en sa plus ample signification comprend la commission, principalement l'exercice d'un Office ordinaire fait par un commissionnaire, ainsi qu'il sera dit en son lieu. Encore pour le regard des Offices comptables de la maison du Roi, ils ne furent pourveus en titre d'Office formé, que sous le Roi Henry II. comme il se

43. Titre d'Office formé pourquoi dit.

voit par l'Ordonnance de l'an 1554. C'est pourquoy jusques alors, la confirmation étoit necessaire à l'égard de ces Offices: mais aux autres qui étoient conferez à titre d'Office, & par consequent perpetuels, elle n'étoit point necessaire.

44. Confirmation pratique par Louis XII.

Toutesfois le Roy Louis XII. ne laissa, aussi-tôt qu'il fut parvenu à la Couronne, d'envoyer selon la forme ancienne, ses lettres de confirmation aux Officiers de son Parlement, contenant qu'il leur redonnoit & confirmoit leurs Offices, comme vacans par la mort du defunt Roi son predecesseur, à la reception desquelles fut protesté, par M. Nicolas Chevalier lors Procureur General, que cette clause ne leur pourroit nuire ny prejudicier, comme il se trouve aux Registres de la Cour du 28. Juin 1498.

45. Et par Henry II.

Je ne sçay comment cela passa au regne du Roi François son successeur, mais quant au Roi Henry II. il est certain qu'il contraignit tous les Officiers, tant de Judicature, que de Finance, de prendre lettres de confirmation de leurs Offices, moyennant finance, sauf qu'on bailla aux Cours Souveraines leur confirmation gratuitement, & en corps, par une seule lettre pour tous, afin qu'elles n'empêchassent point les autres Offices de payer. Et fut cette finance donnée à feuë Madame la Duchesse de Valentinois (de qui j'ay eu l'honneur d'avoir été tenu sur les saints fonds de Baptesme) & il me semble avoir oüy dire à feu mon pere, que Dieu absolve, qui peu après & jusques à sa mort son Advocat au Parlement, que cette finance fut exigée avec beaucoup de murmure.

46. Madame de Valentinois ma marraine.

C'est pourquoi le Roi Charles IX. en fit vuider la question aux Estats d'Orleans, où il fut arrêté qu'aux nouveaux avenements des Rois, tous Officiers seroient tenus prendre lettres de confirmation de leurs Offices, ainsi que les privilegiez, de leurs privileges: bien qu'il y ait beaucoup de difference entre les Offices, & les privileges, pource que les privileges ont cela de particulier, qu'étans purement volontaires, & d'ailleurs contraires au droit commun, & partant odieux, ils ne lient jamais le Prince successeur, comme il sera dit à la fin du Livre *Des Seigneuries*: mais la collation des Offices est necessaire, afin que les Charges ne demeurent vacantes au prejudice du public: & c'est un fruit appartenant au collateur, du temps duquel ils viennent à vacquer, qui les peut conferer en la forme & au titre qu'ils ont accoûtumé de l'être, & partant en France il les peut conferer à la vie de l'Officier, puisque telle est la nature des Offices de France.

47. Confirmations autorisées par les Estats d'Orleans.

Quoy qu'il en soit, puisqu'il a plû au Roi imposer cette loy & conditions à ses Offices, d'être sujets à être confirmez moyennant finance à chaque mutation de Roi, je dy que c'est à present comme un droit appartenant au Roi, & comme un impost ordinaire, que chaque Roi peut lever une fois en sa vie sur ses Officiers: qui a été inventé assez à propos pour faire un fonds de finance tout prêt au Roi lors de son avancement à la couronne. Droit, qui d'ailleurs n'est point injuste desormais, pource que sans se souvenir si son origine est bien fondée, il est certain que le Roi a pû justement imposer cette loy publique, & cette Charge à ses Offices, à condition de laquelle il les a par après conferez, & les Officiers les ont achetez de sa Majesté.

48. Sont à present justes.

CHAPITRE IV.

Si les Offices sont meubles, ou immeubles.

1. En France il n'y qu'a deux sortes de bien.
2. Tierce espece au droit.
3. Generale division des biens.
4. Les droits incorporels sont compris sous les meubles, ou les immeubles.
5. Raisons pour montrer que les Offices sont immeubles. Du droit des Offices.
6. Excellence des Offices.
7. Toutes choses perissables par mort ne sont pas meubles.
8. De même.
9. Offices semblables aux rentes constituées.
10. Autre raison prise du Livre des fiefs.
11. Raison prise de la Coûtume de Paris, article 95.

12. Raisons pour montrer que les Offices sont meubles.
13. Droits incorporels reputez meubles en droit.
14. Description des Offices par Seneque.
15. Offices ne sont qu'accidens.
16. Definition des meubles par Bouteiller.
17. Réponse aux raisons contraires.
18. Familia pro patrimonio, & pro multitudine servorum.
19. Pecunia pro universo patrimonio.
20. Quædam mobilia non consumuntur usu.
21. Réponse à l'argument, tiré de l'excellence des Offices.
22. Difference de l'Office & de l'usufruit.
23. Difference des Offices & des rentes constituées.
24. Difference des Offices à vie, & des fiefs.
25. Réponse de l'argument tiré de la complainte.
26. Interpretation de l'article 95. de la Coûtume de Paris.
27. Qu'il ne decide pas indefiniment que les Offices soient immeubles.
28. Qu'ils ne sont immeubles en aucune façon.
29. Pourquoy ensuite par hypotheque aprés la saisie.
30. Pourquoy se vendent par decret.
31. Pourquoy les deniers du decret d'iceux tombent en déconfiture.
32. Pourquoy la Coûtume dit, que les rentes ne sont immeubles que jusqu'au rachat.
33. Resolution que les Offices sont tantôt meubles, & tantôt immeubles.
34. Comment cela se fait.
35. Qu'il n'y a point de repugnance.
36. Mixta species facilè sub duabus simplicibus continetur.
37. Exemples.
38. Comment les actions sont tantôt meubles, & tantôt immeubles.
39. Et les hereditez.
40. Vne même chose est tantôt reputée meuble, & tantôt immeuble.
41. Cateux de Picardie, quid.
42. Ce sont les bleds pendans par les racines.
43. Ruta cæsa.
44. Chastels de Beausse.
45. Sont meubles-immeubles.
46. Comment.
47. Cela a lieu semblablement aux Offices.
48. Resolution finale que les Offices hereditaires sont reputez immeubles.
49. Les non venaux ne sont reputez meubles ny immeubles, & les venaux tantôt meubles, tantôt immeubles.
50. Que partant sur cette question il ne faut vuider les autres du commerce des Offices.

1. En France n'y a que deux sortes de biens.

LA premiere & principale, & comme chacun estime, la fondementale question du commerce des Offices, est de sçavoir, s'ils sont meubles, ou immeubles, : de sorte que pour vuider toutes les autres questions qui escheent aux Offices, on a ordinairement recours à icelle. Car c'est à bon droit que la Coûtume de Paris reconnoît seulement deux especes de biens, à sçavoir les meubles & les immeubles, pource que nôtre Droit François fait une perpetuelle distinction des unes avec les autres, qui n'étoit pas au Droit Romain, comme aux hypotheques, saisies, criées, retrait lignager, douäires, communauté, donations, testamens, successions, & autres matieres. De sorte, que par necessité il faut rapporter & accommoder à l'une de ces deux especes les choses, qui proprement ne sont meubles, ny immeubles. Autrement, nos Coûtumes qui ne disposent que des meubles & immeubles, & neanmoins entendent disposer de tous biens, seroient défectueuses à l'égard de cette tierce espece.

2. Tierce espece au droit.

J'entens par cette tierce espece les droits incorporels, dont à la verité le Droit Romain semble faire une tierce espece, outre les meubles & les immeubles, en la loy *A Divo Pio.§. primo D. De re jud.* en la loi unique §. *Pactio. C. De rei uxor. act. & in leg. ult. in fi. D. De præscr. longi temp.* comme de fait ce qui est incorporel & invisible ne peut être meuble ny immeuble, qui sont qualitez ces choses corporelles.

3. Generale division des biens.

Donc pour le comprendre, & pour faire une division parfaite des biens, il faut prendre un degré plus haut, & diviser les choses, ou en biens corporels & incorporels, ainsi qu'a fait Justinian aux Institutes, & côme les Interpretes Grecs ont divisé εἰσία εἰς φανερὰν καὶ ἀφανῆ : & par aprés subdiviser les choses corporelles en meubles & immeubles. De fait ces deux divisions se trouvent en la loy. *Pecunia D. De verb. signif.* quand elle dit : que *Pecunia appellatione continentur res omnes, tam soli quàm mobiles, & tam jura quàm corpora.*

4. Les droits incorporels sont compris sous les meubles ou les immeubles.

Et toutefois, puis que nos Coûtumes ne reconnoissent autre sorte de biens que les meubles & les immeubles : il faut que les Droits incorporels, comme sont les actions & les Offices, prenent party, & elisent domicile, ou chez les meubles, ou chez les immeubles : qui est ce que la Coûtume de Paris tâche de faire en son troisiéme titre, adjoûté à la derniere reformation : au dernier article duquel est traité des Offices. Autrement si les droits incorporels faisoient bande à part, il leur faudroit aussi assigner un droit à part.

Or il semble d'abord, qu'il faille ranger les Offices du côté des immeubles, au moins qui en voudra croire les ménagers de ce tems. Car ils font trois sortes d'immeubles, les heritages, les Offices, & les rentes : mettant les heritages au premier rang, comme l'immeuble le plus solide & asseuré, duquel il faut faire le corps du patrimoine : les Offices aprés, qui outre le plus grand profit donnent rang, authorité & emploi au pere de famille, & si servent à maintenir les autres biens, & laissent les rentes pour les deniers, qui servent seulement pour le profit & accroissement du revenu. Et pour soûtenir cette division, ils disent, que tout ce qui apporte fruit & profit licite, sans se consumer, doit être reputé immeuble : au contraire, que le meuble est ce qui se consomme par l'usage, *quod non in usu, sed in abusu consistit.*

4. Raisons pour montrer que les offices sont immeubles.

Aussi puisque nos loix disent, que *mobilium vilis est, & abjecta possessio*, quelle apparence y avoit-il d'y comprendre les Estats, qui est la plus noble espece du bien qui honore la personne, & d'en former son état & qualité ? C'est pourquoi ils s'appellent Estats en François, & en latin *Magistratus*, comme qui diroit *Magistrises*: & en Grec ἀρχαὶ, comme qui diroit *Principautez* : mot qui encore signifie tout ensemble le commandement & le commencement, pource que les Magistrats sont ceux qui commandent aux autres, & qui tiennent les premiers rangs de la Cité. Ce qui denote aussi que le Magistrat represente le Prince souverain au fait de sa charge, étant le commandement du Magistrat, comme un rayon, un éclat & une influence de la puissance Souveraine : même il a été prouvé au Livre precedent, que le Monarque Souverain étoit plus Officier que Seigneur, témoin cet ancien Ecrivain François, Maitre Alain Chartier, qui entre ses mots dorez qualifie les Rois Officier de Dieu. Chose donc si noble que l'Office, doit-elle être mise au rang des meubles, que la loy estime vils & abjets.

6. Excellence des Offices.

Et bien que les Offices se perdent quelquefois par la mort, ils ne sont pas plûtot meubles pour cela. Car ce n'est point une remarque univoque & proprieté infaillible des meubles, de se perdre par la mort : veu qu'au droit l'usufruit est compté entre les immeubles, & neanmoins l'Office est moins perissable que l'usufruit, tant pource qu'il peut être conservé aprés la mort, s'il s'est resigné à temps, que pource qu'en tout cas, la mort n'y apporte pas une extinction & aneantissement, comme en l'usufruit,

7. Toutes choses perissables par mort ne sont pas meubles.

Si les Off. sont meubl. ou immeub. Ch. IV. 171

mais simplement une vacation & un changement de Maistre.

8. De même. Quoy qu'il en soit, il faut ce semble, juger la qualité de l'Office, selon le temps qu'il nous demeure *in bonis*, & non pas selon celui auquel nous ne l'avons plus. C'est la vicissitude de ce monde, que non seulement les Estats, mais aussi tout autre bien est sujet à changer.

Nunc prece, nunc pretio, nunc vi, nunc forte suprema
Permutat dominos, & transit in altera jura,
Hæresque hæredem velut unda supernatat undam.

9. Offices rachetables aux rentes constituées. D'ailleurs, puisque nous tenons aujourd'huy les rentes constituées pour immeubles, au moins jusques à ce qu'elles soient rachetées, pourquoy n'en dirons-nous autant des Estats, jusques à ce qu'ils soient resignez, ou perdus par la mort? veu que l'un & l'autre est un droit incorporel & fructueux, & mesme que la rente est du tout éteinte & amortie par le rachat, & non l'Office par la mort, ne faisant que changer de Maistre.

10. Autre raison prise du Livre des fiefs. Mais pour montrer plus precisement, que les Offices doivent estre reputez immeubles, il y en a un beau texte au premier titre du second Livre des Fiefs, où il est dit, que le fief ne peut consister qu'en immeubles, ou choses reputées immeubles, comme sont les fiefs *de camera, aut de cavena*, dit le texte. Or est-il que ces fiefs sont especes d'Offices, à sçavoir Offices Feudaux, ainsi qu'il a été dit au Livre precedent. Et de fait, encore que ny par le Droit Romain, ny par nos coûtumes, la complainte n'ait lieu pour chose mobiliaire, si est-ce que notoirement elle a lieu pour les Offices, comme il a été prouvé au premier Livre.

11. Raison prise de la Coûtume de Paris, art. 95. Sur tout, il semble qu'il ne faut plus hesiter en cette question, puis que la Coûtume reformée de Paris, vray abregé du droit François, dit notamment en l'article 9. que l'Office venale est reputée immeuble. Article qui a été trouvé si raisonnable, qu'on l'a inseré mot à mot presque en toutes les Coûtumes qui ont esté reformées depuis, comme celles de Normandie, Orleans, Calais & autres.

12. Raisons pour montrer que les Offices sont meubles. Voila certes de fortes raisons, mais celles de l'autre coté ne sont pas moins fortes. En premier lieu, on dit, que sans difficulté les droits incorporels symbolisent davantage aux meubles, qu'aux immeubles. Car qu'y a-t-il de moins solide, que ce qui est incorporel? qui, s'il n'est mobile tout à fait, au moins est à muable, & principalement un Office, qui est plus sujet à changement & à perte que les meubles même.

13. Droits incorporels reputez meubles en droit. Aussi voit-on que le droit, en deux passages fort notables, a conjoint & comparé les droits incorporels avec les meubles, à sçavoir en la loy premiere, §. *Cum autem. Cod. De rei uxor. act.* & en la loy seconde, §. *Moventes autem. Quando & quib. quarta part, lib. 10. C.* Que si quelquefois il a comparé quelques droits incorporels aux immeubles, comme en la loy unique, *C. De usu cap. transform.* ç'a été à l'égard des servitudes seulement qui sont inherentes insaparablement aux heritages: encore les Interpretes Grecs ont-ils reputé les servitudes pour meubles, & tenu qu'elles se prescrivoient par trois ans comme les meubles: & de fait en la loy seconde *Cod. De servitutibus*, ils lisent *exemplo mobilium*, au lieu que nous lisons vulgairement *immobilium*, comme Cujas l'a remarqué.

14. Description des Offices par Seneque. Aussi est-il certain que les droits incorporels ont encore moins d'estre & de subsistance, que les simples meubles. Voicy comme le décrit Seneque, au passage que nous avons cy devant accommodé aux Offices, *Video diplomata* (qu'on peut entendre pour les provisions des Offices) *& cautiones & syngraphas: vacua habendi simulachra, umbram quandam avaritiæ laborantis, quæ decipiat animum inanium opinione gaudentem. Quid enim ista sunt nisi humanæ cupiditatis extra naturam quæsita nomina, voluntaria mala ex consuetudine nostra pendentia, in quibus nihil est quod subjicit oculis, quod teneri manu possit, inanis denique avaritiæ somnia?*

Or entre les choses incorporelles, il n'y en a point qui ait moins de subsistance que l'Office: car ce n'est pas seulement une substance, ny rien de positif, ny chose qui puisse estre consideré à part soi: mais c'est un simple accident, à sçavoir une qualité inherente à la personne qui nous suit & accompagne, même qui meurt & se perd avec nous. Dirons-nous donc qu'il soit immeuble, puis qu'il n'est rien de plus mobile? dirons-nous qu'il est solide, puis qu'il n'est rien de plus mutable & perissable? Le droit fait une perpetuelle difference de ce qui est personel, & de ce qui est réel. L'Office est personel, & non réel: partant il n'est point immeuble, puis qu'il n'est ny réel, ny corporel, même qu'il ne peut pas être proprement compris sous le nom des choses, ny sous la cathegorie de substance, étant fous celle d'accident. **15. Offices ne sont qu'accidents.**

Et puis qu'ainsi est, que la proprieté des meubles est de suivre la personne: & de fait Bouteiller voulant definir le meuble, dit, que *ce n'est autre chose que ce qui peut ensuivre le corps*: au contraire l'immeuble, dit-il, *est ce qui a son assiette & situation ferme & solide à part & qui ne peut ensuivre le corps*: Il se semble bien qu'il n'y a rien qui doive plûtot être jugé meuble, que l'Office qui suit incessamment la personne: & qui aussi soit plus éloigné de l'immeuble, puis qu'il n'a aucune assiette à part, & hors la personne: raison qui semble decisive de nôtre question. **16. Definition des meubles par Bouteiller.**

Aussi les raisons de l'opinion contraire sont assez aisées à resoudre. En premier lieu, cette division des immeubles en heritages, Offices & rentes, bien qu'elle convienne fort à l'œconomie de nôtre siecle, si est-ce qu'elle ne quadre nullement à la Jurisprudence. Car si tout ce qui est fructueux devoit être mis au rang des meubles, il y faudroit mettre les navires, & sur tout les esclaves & les bestiaux, dont autrefois on a fait, & fait-on encore en quelque pais la plus commune espece de biens: de fait l'heredité & le patrimoine d'un homme est pour cette cause appellé en droit, famille, *ut in tit. Familia hercissunda*, &, en la loy des 12. Tables, *Proximus agnatus familiam habeto*. Or famille signifie d'ordinaire une multitude d'esclaves, *ut in tit. Si familia furtum secisse dicatur, & leg. Provinciarum. De verb. signif. & leg. Si familia, D. De Iurisd*, & pareillement *pecunia* signifie tout le patrimoine d'un homme, *leg. Pecunia. D. De verb. sign. dicta nimirum à pecudibus*, pource qu'aux premiers temps c'étoit la plus commune richesse: d'où vient aussi que nous l'appelons en François *Chevance*. **17. Réponse aux raisons contraires. 18. Familia pro patrimonio & pro multitudine servorum. 19. Pecunia pro universo patrimonio.**

Et quand le droit a parlé *de usufr. earum rerum quæ usu consumuntur, quæque in abusu, non in usu consistunt*, Il n'a pas entendu parler de tous les meubles, d'autant qu'il y en a *quæ usu non consumuntur, & in quibus proinde verus usufr. consistit*. comme de troupeaux de bestail, & autres qui pourtant ne sont immeubles. Au contraire, si tout ce qui est perissable doit être jugé meuble, il n'y a rien qui le soit plus que l'Office. **20. Quædam mobilia non consumuntur usu.**

Pareillement, il ne faut point dire que la dignité de l'Office le doit faire juger immeuble: car qui a t'il de plus digne que l'homme même, qui neanmoins est meuble, quand il tombe en commerce: aussi les plus dignes Offices, & notamment ceux qui portent qualité de Magistrats & de ἀρχῆς, ne tombent point en commerce. D'ailleurs, le prix ne fait pas les immeubles: car les pierreries de valeur inestimable ne laissent pas d'être meubles: aussi le prix des choses, & principalement des Offices & des pierreries, ne consiste point en la nature, mais depend de nôtre affection: & d'ailleurs on sçait que le plus & le moins ne font point de difference en droit. **21. Réponse à l'argument tiré de l'excellence des Offices.**

Aussi ne faut-il point comparer l'Office à l'usufruit d'un heritage. Car l'usufruit fait de la chose, & partant est reputé de pareille nature: mais **22. Difference de l'Office & de l'usufruit.**

Y ij

Des Offices Venaux, Liv. III.

23. Difference des Offices & des rentes constituées.

l'Office ne se rapporte, & ne fait partie de rien, qui soit immeuble.

Et quant à la comparaison des Offices avec les rentes constituées, tant s'en faut qu'elle verifie que les Offices sont immeubles, qu'aucontraire elle découvre clairement qu'il les faut plûtost mettre au rang des meubles. Car une rente constituée pour être reputée immeuble, doit avoir deux qualitez que n'ont point les Offices: l'une, qu'elle soit perpetuelle & transmissible à l'heritier. Car si elle n'est que viagere elle est reputée mobiliaire, comme Boureiller a fort bien remarqué, & aprés luy du Molin, en son Traité des Usures, quest. 37. nombre 273. L'autre qu'elle ait hypotheque sur les immeubles. Car si elle est constituée par simple cedule, qui ne porte hypotheque, elle est tenuë pour meuble, comme a prouvé Mr. Chopin sur la Coûtume d'Anjou.

24. Difference des Offices à vie, & des fiefs.

Finalement, le passage rapporté du Livre des Fiefs parlant des Fiefs *de camera & de caverna*, ne prouve pas que les Offices sont immeubles: car posé que ces fiefs étoient especes d'Offices, toutesfois le mot de *fiefs* emporte aujourd'huy qu'ils soient hereditaires, & partant, comme il vient d'être dit des rentes, il n'y a point de repugnance qu'ils soient reputez immeubles.

25. Réponse à l'argument tiré de la Complainte.

Comme aussi il ne faut trouver étrange que la complainte ait lieu pour les Offices. Car en France principalement, où nous l'avons fort étenduë, elle a lieu aux droits incorporels, comme aux successions, bien qu'il n'y ait aucun immeuble aux Benefices, encore que ne tombent en commerce, ains ne soient ny meubles ny immeubles, de sorte qu'en effet il n'y a que les purs & vrais meubles, qui soient exempts de la complainte, encore a t elle lieu en une université de meubles.

26. Interpretation de l'art. 35. de la Coûtume de Paris.

Donc tout l'appuy de l'opinion contraire reste en l'article 35. de la Coûtume reformée de Paris, sur la decision duquel je demeure d'accord qu'il se faut arrêter, mais il faut prendre garde à ses termes, au moins à sa ponctuation. *Office venal, porte-il, est reputé immeuble, & a suitte par hypotheque, quand il est saisi, &c.* Observons qu'aprés ce mot *immeuble*, & encore aprés le mot *hypotheque*, il ne faut pas mettre un (.) ny un (:) mais une simple (,) *que nunquam cludit orationem*. D'où il resulte qu'il ne faut pas entendre que l'Office venal soit indefiniment reputé immeuble & susceptible d'hypotheque, mais seulement *quand il est saisi*. Mots qui partant doivent être referez à toute la clause, c'est à dire, non seulement aux paroles immediates de la suite par hypotheque; mais aussi aux precedentes d'être reputé immeuble, attendu mesme que la conjonction (*&*) *copulat similia*.

27. Qu'il ne decide pas indefiniment que les Offices soient immeubles.

Or ce ne seroit chose semblable, ny même qui s'accordast que l'Office fust immeuble indefiniment, & qu'il ne receust hypotheque, sinon quand il est saisi, tout ainsi que les meubles. Et de fait, ce qui suit aprés en cet article, montre bien, que même aprés la saisie, l'Office n'est pas toûjours regi comme un immeuble, puisque les deniers procedans du decret d'icelui tombent en déconfiture, ainsi que s'ils étoient procedez de la vente d'un meuble. Or il est que par l'article 179. la déconfiture n'a lieu que sur les meubles. De sorte que si on vouloit entendre le commencement de cét article, absolument & indefiniment, il contrarieroit manifestement à sa fin. Donc pour éviter cette contrarieté, il est necessaire d'entendre que l'Office n'est dit immeuble, que quand il est saisi, & consequemment qu'il est tantôst meuble, & tantôst immeuble, & non pas immeuble par tout, qui est, à mon advis, la vraye resolution de cette question.

28. Qu'il ne sont immeubles en aucune façon.

Mais je passeray encore plus outre, afin de rabatre l'opinion du vulgaire, qui tient communément les Offices pour immeubles indistinctement, à cause de la fausse ponctuation, & mauvaise intelligence de

cet article: & je diray que l'Office ne doit être reputé immeuble, encore qu'il ait suite par hypotheque, quand il est saisi avant resignation, ou qu'il se vende par decret comme un immeuble, qui sont les deux seuls effets de son immobilité (si j'ose ainsi parler) rapportez en cét article. Car quand à la suite par hypotheque, il est certain que tout meuble a pareillement suite par hypotheque, quand il est saisi, avant qu'être transporté hors la possession du debiteur, suivant l'article 170. de la Coûtume de Paris. Il est vray aussi, que le droit de suite, a plus d'efficace és simples meubles, qu'en l'Office, comme il sera prouvé cy aprés au Chapitre suivant.

29. Pourquoy ont suite par hypotheque aprés la saisie.

Pareillement, c'est que l'Office ne se vend point par simples subhastations, comme les meubles, mais par criées solemnelles, comme les immeubles, n'infere pas un conséquence, qu'au surplus il le faille reputer immeuble. Car cela se fait par une police particuliere fort raisonnable: à sçavoir que la qualité d'un homme ne soit sujette à un si prompt changement, que s'en pouvoit être privé tout à coup par une simple subhastation, & d'ailleurs le public seroit fort incommodé par des mutations si subites: c'est pourquoy même on ne permettroit pas, il y a fort peu de temps, le decret d'un Office, sinon aprés discussion des autres biens, comme il sera dit dans son lieu. Outre cela, quelle apparence y auroit-il, qu'un simple Sergent, non seulement dépossedast un notable Officier du Roy, mais encore qu'il pût disposer de son Office par une prompte subhastation. Mais quand on ne consideroit en ceey que le prix & la valeur des Offices, ce seroit une raison suffisante pour y requerir les solemnitez d'un decret, comme a fait la loy aux pierreries, & autres meubles precieux du mineur, *leg. Lex quæ tutores. C. De admin. tut.* & de fait on a veu de nôtre temps disputer au Parlement, si un diamant de grand prix pouvoit être vendu autrement que par decret.

30. Pourquoy se vendent par decret.

Et ne fait point dire, que ce que les deniers procedans du decret de l'Office, tombent en déconfiture, est d'autant que l'Office n'est immeuble, qu'en tant qu'il nous demeure, ainsi que nôtre Coûtume dit des rentes en l'article precedent. Car il est certain que l'argent procedant de la vente de tout immeuble n'est pas immeuble. D'ailleurs, on voit qu'il s'observe un droit tout contraire au prix d'un Office, que d'une rente decretée. Car le prix de la rente decretée se distribue notoirement selon l'ordre des hypotheques, quoy que la Coûtume dise, que les rentes ne sont immeubles, sinon jusqu'au rachat: & au contraire cét article dit, que le prix de l'Office vendu par decret est distribué par déconfiture, ainsi que le prix d'un meuble vendu par subhastation: & partant cette comparaison n'est nullement bonne.

31. Pourquoy les deniers du decret d'icelui tombent en déconfiture.

Pourquoy est donc (dira quelqu'un) que la Coûtume de Paris, dit que les rentes ne sont immeubles, sinon jusques au jour du rachat? Car il semble d'abord que ce soit une enonciation frivole, pource qu'on sçait bien que les rentes rachetées ne subsistent plus du tout, & que l'argent du rachat d'icelles n'est pas immeuble de soy, non plus que le prix d'un heritage vendu: mais il faut prendre garde que ces mots contenus en l'article 94. d'icelle *jusques à ce qu'elles soient rachetées*, ont été mis seulement pour lier & joindre l'exception & limitation, qui est en ce même article, parlant du prix du rachat des rentes des mineurs, qui est toûjours reputé immeuble, par la raison de la loi *Quid ergo. §. si ergo D. De contr. act. tut.*

32. Pourquoy la coutume dit que les rentes ne font immeubles que jusqu'au rachat.

Pour conclure mon discours, si ce n'étoit l'authorité de la Coûtume de Paris, je resoudrois hardiment, que les Offices venaux doivent plûtôt être reputez meubles qu'immeubles, comme à la verité la droite raison nous jette de ce côté-là plûtôt que de l'autre. Mais d'autant que cette authorité est irrefragable, je concluray suivant icelle, qu'il faut tenir tantôst meubles, tantôst immeubles sçavoir est, meu-

33. Resolution que les Offices sont tantôst meubles, & tantôst immeubles.

Si les Off. sont meubl. ou immeubl. Ch IV. 173

bles, à cause que leur nature approche plus de meubles, & immeubles, eu égard à leur valeur & importance. C'est pourquoy il ne se faut pas étonner, s'il se trouve des raisons probables pour les comparer aux immeubles, & d'autres au contraire, pour les faire reputer meubles.

34. Comment cela se fait.

Car comme il a déja été dit, ils ne sont proprement ny l'un ny l'autre : même ne sont capables de garder & retenir toûjours, quoy qu'improprement, ny la qualité de meubles, ny celle d'immeubles ; mais tantôt emprunter l'une, & tantôst l'autre, selon les diverses occasions & occurrences. Car quand il y échet quelque rencontre, où il faut principalement considerer leur valeur & importance, on les repute immeubles, comme au decret, & selon aucuns en succession ; mais quand cette consideration cesse, on revient volontiers à s'accommoder à leur plus grande aptitude, & les tenir pour meubles, comme en l'hypotheque, & en la distribution des deniers du decret d'iceux.

35. Qu'il n'y a point de repugnance.

En quoy il n'y a nulle repugnance. Car comme il est permis à ceux qui n'ont point de propre domicile, de courir çà & là par occasion és maisons empruntées : aussi n'est-il pas inconvenient qu'une chose incorporelle, n'ayant point de propre place en la division des meubles & immeubles, qui ne convient proprement qu'aux choses corporelles, s'accommode tantôst avec les meubles, & tantôst avec les immeubles, selon les diverses occurrences. Car encore que la coûtume de Paris dise, que tous biens sont meubles ou immeubles, & qu'il n'y a point de tierce espece : il suffit que les choses incorporelles ne soient point neutres, mais elles peuvent bien être mixtes, eu d'un genre douteux, comme parlent les Grammairiens.

36. Mixtæ species facilè sub duabus simplicibus continentur.

Et comme en la nature il se voit plusieurs choses mêlées & métoyennes qui participent des deux especes opposites : Aussi en l'Art il n'est point inconvenient, qu'entre deux especes simples, dont est seulement composée la division, il y ait quelque espece mixte, qui neanmoins ne constitué point une tierce espece, mais soit comprise sous les deux autres : étant un axiome de Physique, de Dialectique, & de Jurisprudence aussi, que *mixta species facilè continetur sub duabus simplicibus*.

37. Exemples.

Par exemple à l'égard de la Jurisprudence, les actions sont divisées en personnelles & réelles : & neanmoins il y en a de mixtes, autrement appellées personnelles, écrites *in rem*, qui en certains points sont réelles, & en certains autres sont personnelles. De même la loy dit, que les stipulations *sunt aut ad dandum, aut ad faciendum* ; & neanmoins il est certain qu'il y en a de mixtes, qui participent des unes & des autres, comme l'aber a bien traité sur les Institutes. Ainsi donc quand la Coûtume a dit que tous biens sont meubles, ou immeubles, cela n'exclud pas qu'il n'y en ait, qui sont partie meubles, & partie immeubles, & neanmoins ne sont pas une tierce espece : ce qui se verifie presque en tous les droits incorporels.

38. Coment les actions sont tantôst meubles, & tantôst immeubles.

Premierement quant aux actions, la distinction est vulgaire, si elles tendent à un immeuble, on les repute immobiliaires, si à un meuble, mobiliaires ; & par ainsi on les juge selon leur sujet, c'est à dire, selon la chose qu'elles poursuivent par la regle, *qui actionem habet, rem ipsam habere videtur*. Le même se dit des debtes, appellée en droit *nomina*, qui aussi prennent leur qualité selon celle de la chose deuë, *quia nomina nominis appellatione res debita significatur : & cùm nomen legatur, id quod debetur intelligendum est*, disent nos loix.

39. Et les hereditez.

Autant s'en dit d'une heredité : car bien que proprement *hæreditas nihil aliud sit quam jus, & sine re esse possit* : si est-ce qu'elle est reputée partie mobiliaire, & partie immobiliaire selon les biens qui y sont. *Iurisconsultorum hæsunt ineptiæ*, disoit Seneque, *qui hæreditatem negant usu capi posse, sed ea quæ in hæreditate sunt : tanquam aliud sit hæreditas, quam ea quæ sunt in hæreditate*. Tant y a qu'il n'est point inconvenient, qu'un droit incorporel soit reputé partie meuble, & partie immeuble.

40. Vne même chose est tantôst reputée meuble, & tantôst immeubles.

Mais qui plus est, voicy comme une même chose corporelle est tantôst reputée entierement mobiliaire, & tantôst du tout immobiliaire : à sçavoir ce qui est appellé *Cateux*, és Coûtumes de Picardie, & és Livres des anciens Praticiens, terme, qui étant assez à propos de ce discours, il ne sera point desagreable de l'expliquer en passant. Voicy ce qu'en dit Bouteiller, Aucuns sages mettent difference entre *meubles & cateux*. Si sçachez, que *cateux* sont meubles immeubles. Si comme vrais meubles sont, qui transporter se peuvent, & ensuivir le corps : immeubles sont choses, qui ne peuvent ensuivir le corps, ny être transportées : Cateux donc comprend les deux, à sçavoir meubles & immeubles, & tout ce qui n'est point heritage.

41. Cateux de Picardie, quid ?

Or *Cateux* sont, entr'autres, les bleds & fruits pendans par les racines, que les Latins appellent *Segetes*, & les Jurisconsultes *fructus pendentes*, nos Coûtumes *Déblées, emblures, & ableds*, selon le divers langage des Provinces. Les Coûtumes de Reauquesne, d'Artois & autres, disent, que Bleds verds jusques à la my-May sont reputez heritages, depuis sont reputez Cateux, & le pied coupé, meubles. Et en ce cas icy nous observons par une tradition, ou coûtume non écrite, que jusques à la saint Barnabé, ou en aucuns endroits jusques à la saint Jean, les *Desblées* sont appellées *herbe*, & ne peuvent être saisies separément du fonds, comme n'ayans encore aucune subsistance, & par après sont appellées *fruits*, & peuvent être saisies separement. Il est vray, que les *Cateux* comprennent aussi (comme disent ces Coûtumes) plusieurs besognes rustiques, qui peuvent être transportées commodement hors de l'heritage, comme les huis, les fenêtres, les granges, & établis toutes de bois, & autres choses semblables, qu'il semble être à peu près ce que les Romains appelloient *Ruta cæsa*, & disent ces Coûtumes,

42. Ce sont les fruits pendans par les racines.

43. Ruta cæsa.

que les *Cateux* sont partagez comme meubles.

Du Molin, en l'apostil de la Coûtume d'Artois dit, que *Cateux sunt mobilia caduca*, rencontrant plus à propos à la signification, qu'à l'étymologie. Justine de ma part, que les *Cateux* de Picardie, sont à peu prés ce qu'au païs de Beaulie nous appellons *Chastels*. Car c'est chose notoire, que le dialecte Picard change volontiers Ch, en simple t. Les coûtumes de Chartres & Dreux disent, que l'heritier du mary, ou femme decedez, doit avoir les fruits pendans par les racines sur les propres, en attendant reconnence des Chastels & loyaux coustumens. Autant en disent-elles du retrayant, qu'il doit rendre les Chastels & loyaux coustumens, c'est à dire, les impenses des labeurs & semences : d'où vient que nous disons *enchasteler un heritage*, pour dire, qu'on le met en labeur.

44. Chastels de Beaulie.

Or ce n'est pas sans grande raison, que les *Cateux*, c'est à dire, les fruits pendans par les racines, sont appellez *meubles immeubles*. Car si on les considere comme tenans & attachez au fonds, & selon le temps qu'on les saisit, ils sont immeubles : au contraire si on les considere comme fruits, ou selon leur future nature, ils sont meubles. Cer si la destination de l'homme peut faire reputer immeuble, ce qui est naturellement meuble, à plus forte raison la destination de la nature peut faire reputer meuble, ce qui le doit devenir infailliblement.

45. Sont meubles immeubles.

De fait en pratique il est certain que si on saisit l'heritage chargé de fruits, sans faire mention des fruits, ou bien si on saisit conjointement le fonds avec les fruits pendans par les racines, les fruits sont en ces deux cas reputez comme accessoires du fonds, & partant ont suite par hypotheque, comme immeubles : mais si on saisit simplement les fruits pendans par les racines sans le fonds, alors, pource que les fruits sont pris & considerez, comme s'ils étoient déja separez

46. Coment.

Y iij

du fonds, par l'abstraction civile & intellectuelle qu'en fait la saisie, ils sont reputez meubles : de sorte que les deniers qui en proviennent, doivent être baillez au premier saisissant, bien que dernier en hypotheque, voila comment une même chose, selon diverse consideration, est tantôt consideré comme meuble, & tantôt comme immeuble.

47. Cela a lieu semblablement aux Offices.

Que si cela a lieu és choses corporelles, qui peuvent être proprement meubles ou immeubles, à plus forte raison peut-il avoir lieu és droits incorporels, qui proprement ne peuvent être ny l'un ny l'autre, & sur tout és Offices qui entre tous les droits incorporels sont les moins propres à recevoir ces qualitez. Car les debtes, actions, successions, & rentes representent, supposent, ou se joignent toûjours à quelque meuble ou immeuble : dont à cette cause ils empruntent la qualité, mais l'Office non. D'ailleurs ces autres droits incorporels sont au moins du nombre des choses, & sont sous la categorie de substance : mais l'Estat n'est rien de positif, n'étant qu'un accident ou qualité inherente à la personne, qui se perd avec la personne : c'est pourquoy il ne faut pas trouver étrange, s'il ne s'arrête pas toûjours à une même qualité de meuble ou d'immeuble.

48. Resolution que les Offices hereditaires sont reputez immeubles.

Pour donc conclure, tout à fait ce discours, je tiens que quand aux Offices hereditaires par nature, comme font les feodaux & domaniaux, ils doivent être reputez immeubles en tout & par tout, ainsi que le fief ou le domaine alienés, dont ils ont & le nom & la nature. Et pareillement en l'équilibre de difficulté, qui est sur cette question si les Offices sont meubles ou immeubles, j'estime qu'il faut encore donner cela à l'opinion vulgaire, de reputer immeubles les Offices hereditaires par privilege, ainsi qu'à present les rentes constituées à perpetuité sont presque par tout tenues pour immeubles. Mais quant aux purs Offices à vie, je dy en premier lieu, que ceux qui ne sont nullement venaux & qui ne tombent point du tout en commerce, ne sont meubles ny immeubles non plus que les Benefices : pource qu'il n'y a que le commerce qui nous fasse distinguer les meubles d'avec les immeubles. Et finalement les Offices venaux, & encore les non venaux, entant qu'ils tombent en commerce, sont tantôt reputez meubles, & tantôt immeubles, selon diverses considerations ou occurrences.

49. Les non venaux ne sont meubles ny immeubles, & les venaux tantôt meubles, tantôt immeubles.

D'où il resulte que pour éviter les difficultez qui écheent en tels Offices, il ne faut pas aller rechercher (ainsi qu'on fait communément) s'ils sont meubles, ou immeubles. Car sur un fondement si incertain on ne peut pas bâtir des conclusions asseurées, aussi que ce seroit resoudre *ignotum per ignotius, obscurum per obscurius* : mais il faut chercher d'autres fondemens & des moyens plus certains & plus faciles, comme nous tâcherons de faire au reste de ce Livre. C'est pourquoy il a été necessaire de s'étendre davantage sur cette question, tant afin de rabatre l'opinion du vulgaire, que pource que cette conclusion est le principal fondement de tout ce Livre.

50. Que partant sur cette question il ne faut vuider les autres du commerce des Offices.

CHAPITRE V.

De l'hypotheque des Offices Venaux.

1. Difficulté de cette question.
2. Qu'elle ne dépend de la precedente.
3. L'hypotheque ne peut avoir lieu és choses incorporelles.
4. Comment elle a été accommodée aux servitudes.
5. Puis aux debtes.
6. Les Offices en sont encore moins capables.
7. Qu'elle n'avoit lieu aux vrais Offices de Rome.
8. Mais avoit lieu seulement aux Milices venales.
9. Encore n'estoit-ce une vraye hypotheque.
10. Mais un privilege ou action personnelle.
11. Comment ce privilege avoit lieu aux Banquiers.
12. Explication de la loy derniere Cod. de pignor.
13. Explication du 2. Chapitre de la Nov. 136.
14. Usage des Banquiers à Rome.
15. Avoient leur droit à part.
16. Que les Offices de France ont plus d'aptitude à l'hypotheque que ceux de Rome.
17. Que leur hypotheque est impropre & debile.
18. Trois effets notables de l'hypotheque.
19. Le premier effet est inusité en France & pourquoy.
20. Suite d'hypotheque, quid ?
21. Avoit lieu à Rome és meubles, aussi bien qu'és immeubles.
22. En France non.
23. Trois raisons de nôtre usage.
24. Premiere raison.
25. Seconde raison.
26. Troisiéme raison.
27. En Normandie le premier en hypotheque est preferable sur les meubles.
28. Difference de la suite d'hypotheque & celle de saisie ou execution.
29. Ce que c'est que l'une & l'autre.
30. Sont differentes en leur cause productive & sujet.
31. Sont fondées sur divers principes de droit.
32. Fondement de la suite de saisie.
33. Interpretation du 179. article de la Coûtume de Paris.
34. Preuve de ce discours.
35. De même.
36. Quand avoit lieu en droit la suite de saisie.
37. Pourquoy en France elle n'a lieu és meubles.
38. Ce que c'est que déconfiture.
39. Quelle suite a lieu en l'Office.
40. Les deux effets de la suite d'hypotheque n'y ont lieu.
41. Interpretation exacte de l'article 95. de la Coûtume de Paris.
42. Pourquoy il dit suite par hypotheque.
43. Resolution.
44. Effet de la suite de l'Office contre l'acheteur.
45. Pourquoy il a lieu aprés sa provision.
46. Elle n'a lieu és Offices hereditaires par privilege.
47. La simple procuration pour resigner n'exclud cette suite.
48. Saisie faite entre la provision & reception ne vaut rien.
49. Encore que la provision ait été ignorée.
50. Et que le resignataire n'ait encore payé le prix de l'Office.
51. Limitation.
52. Arrêts touchant l'opposition formée avant le payement du prix.
53. Que ce n'est à cause de l'hypotheque.
54. Pourquoi la Coûtume dit Resignation admise, & provision expediée.
55. Resolution de ce discours.
56. Si l'hypotheque continuë aprés la resignation faite au fils.
57. Qu'elle ne continuë pas.
58. Le fils resignataire n'est même tenu de la debte privilegiée sur l'Office.
59. Où à laquelle l'Office étoit expressément hypothequé.
60. Comment les pensions des Benefices subsistent aprés la resignation.
61. Exception en l'Office, dont le fils a été immediatement pourveu.
62. Idem si le pere en a été pourveu, mais non receu.
63. De la suite d'hypotheque entre les creanciers.
64. Quelques-uns tiennent que le premier saisissant est le premier payé sur l'Office.

De l'hypotheque des Off venaux, Ch. V. 175

65. D'autres que c'est le premier en hypotheque.
66. Resolution qu'il y a lieu de contributiō au sol la livre.
67. Opinion moderne.
68. Qu'elle n'est veritable.
69. Premiere raison.
70. Autre raison.
71. Troisième raison.
72. Occasion de l'erreur.
73. Toutesfois & quantes qu'il n'y a vraye hypotheque, il faut venir à la contribution.
74. N'y a vraye hypotheque és Offices.
75. Belle comparaison.

1. Difficulté de cette question.

MAxima fuit olim dubitatio, dit Justinian en la Nov. 53. Chapitre 5, *an oporteat Militias sub hypotheca deduci vinculis, an verò his liberas esse*. Mais j'ose dire, qu'entre nous ce doute est encore aujourd'huy plus grand, qu'il ne fut jamais entre les Romains: car bien qu'il semble expressément decidé par ce 95. article de la Coûtume de Paris que j'ay commencé d'expliquer au Chapitre precedent, si est-ce que cét article est si obscur & embarassé, qu'au lieu d'oster la difficulté, il l'a augmentée.

2. Qu'elle ne dépend de la precedente.

Or il n'y a personne, qui ne croye d'abord, que cette question dépende de la precedente, pource que cét article 95. les conjoint ensemble: & toutesfois puis que la question precedente, *Si les Offices sont meubles, ou immeubles*, est si incertaine & si irresoluë, il n'y a apparence de se servir d'un principe si douteux, & d'un fondement si mal asseuré, pour resoudre celle d'apresent, *s'ils reçoivent hypotheque ou non*. Il faut donc examiner à part, & la traiter à loisir, la recherchant de plus loin, comme étant à la verité une des plus profondes & difficiles questions de tout le droit François, à laquelle partant je prie le Lecteur d'être attentif, & suspendre son jugement, jusques à ce qu'il ait veu entierement, & consideré diligemment ce Chapitre, qui m'a plus donné de peine, qu'aucun autre de cét œuvre.

Il est vray & naturellement, ny le gage, ny l'hypotheque ne peuvent avoir lieu qu'aux choses corporelles, qui seules peuvent être prises & apprehendées actuellement.

3. L'hypotheque ne peut avoir lieu és choses incorporelles.

Tangere enim aut tangi, nisi corpus, nulla potest res. Atqui pignus à pugno dicitur, & l'hypotheque suppose un sujet solide, auquel elle puisse subsister: d'ailleurs l'effet du gage est, que le creancier soit nanty de la chose dés lors de la convention, & de l'hypotheque, quand il la demandera, au moins selon le Droit Romain: & de l'un & de l'autre qu'il puisse retenir la chose, jusques au parfait payement de la debte, si cependant il ne la veut vendre *jure creditoris*: comme j'ay traité plus particulierement au 5. Livre *Du déguerpissement*.

4. Comment cela a été accommodé aux servitudes.

C'est pourquoy ny le gage, ny l'hypotheque n'avoient lieu du commencement aux droits incorporels, *qua nec tangi possunt, nec verè possideri*. Neanmoins comme à succession de temps on y imagina une maniere de possession fantastique, aussi on y introduisit un engagement imaginaire, pour augmenter la commodité & facilité du commerce, dit la loy 11. *in fin. cum leg. seq. D. de pignorib*. Encore cette loy ne parle-t-elle que des servitudes, qui sont inherentes aux choses corporelles: mais la difficulté fut plus grande à permettre l'engagement ou hypotheque des debtes & actions, qui n'ont aucune coherence aux choses corporelles: & toutesfois pour la même necessité du commerce (où elles sont encore plus frequentes que les servitudes) *eò decursum est, ut etiam nomina debitorum pignori dari possent*, dit la loy *Postquam eò decursum C. De hared. vel act. vend*. ce qui pourtant ne peut être un gage vray & réel, mais fantastique & imaginaire.

5. Puis aux debtes.

6. Les Offices en sont encore moins capables.

Mais aux Offices, il y a encore deux autres degrez particuliers de repugnance pardessus tout cela: l'un, que quoy qu'ils soient venaux, ils ne sont pas toutesfois en commerce entierement libres, mais la disposition & titre d'iceux dépend principalement du collateur: or la loy nous dit, que les choses qui ne sont point en commerce libre, ne peuvent être hypothequées *leg. §. 12. D. de pignor*. l'autre que les Offices sont attachez par authorité publique à la personne du pourveu, de laquelle ils ne peuvent être separez, quant à la simple detention, qui est neanmoins l'effet du gage & de l'hypotheque. De sorte qu'il ne se peut imaginer chose au monde plus repugnante à l'hypotheque, que les Offices.

7. Qu'elle n'avoit lieu aux vrays Offices de Rome.

Aussi est-ce un point bien certain, que selon le Droit Romain les vrais Offices n'étoient anciennement susceptibles d'hypotheque: pource même que la resignation en faveur d'autruy n'y eut jamais de lieu, ny par consequent la vente de particulier à particulier, comme il a été dit cy devant. Mais d'autant qu'il y avoit certaines Milices, qui pouvoient être vendües, & même transferées à l'heritier, expliquées en quelque façon au Livre precedent, en ces Milices seulement on trouva moyen d'assoir une maniere d'hypotheque impropre, & qui même n'étoit pas qualifiée du nom d'hypotheque, mais d'autres noms àpresent inconnus, dit Justin. en cette Nov. 53. Encore ne pouvoit-elle avoir lieu qu'en celles des Milices, qui dépendoient entierement de l'Emp. qu'en celles-là même n'avoit lieu que par la concession & attribution speciale. *Scimus*, dit il, *quia antiquis temporibus in Militiis non erat hypotheca, sed quadam nomina omnino antiqua & deficientia in talibus efferebantur. Paulatim verò Imperatores interpellantium creditorum miserati hac prabebant, cum utique tota Militia publica existebat*. Qui est le seul passage du droit avec la loy derniere *C. de pignor*. & le Chapitre 1. de la Novelle 136. qui ne parle de l'hypotheque des Milices: lesquels trois passages il faudra expliquer dans la suite de ce discours.

8. Mais avoit lieu seulement aux milices venales.

9. Encore n'étoit-ce une vraye hypotheque.

Mais encore la plus notable restriction de cet hypotheque irreguliere des Milices est, que par tous ces passages, elle n'est attribuée qu'aux seuls creanciers privilegiez, à sçavoir ceux qui avoient prété leur argent pour l'achat de la Milice: il s'ensuit donc que c'étoit plûtot un privilege qu'une hypotheque.

10. Mais un privilege ou action personnelle.

Il est bien vray que Justinian voulut que le *Cafus militia*, c'est à dire le droit ou portion de la Milice, qui étoit conservé aprés la mort du pourveu, & demeuroit en la succession, (comme il a été amplement traité au chap. 8. du Livre precedent) ne peut être pris & recueilli par les heritiers collateraux, sans faire acte d'heritiers, & partant sans s'obliger à payer indistinctement tous les creanciers du défunt: mais pourtant cela n'étoit pas un hypotheque, mais une action personnelle descendant de l'heritier.

11. Comment ce privilege avoit lieu aux Banquiers.

Et quant au privilege, dont nous venons de parler, qui en ces passages est improprement appellé hypotheque, bien qu'il n'eût lieu de droit commun, que quand l'argent avoit êté prêté directement au pourveu de la Milice, si est-ce que Justinian en cette loi derniere *De pignor*. voulant asseurer la foi publique des Banquiers, ordonna que quand ils avoient acheté une Milice à leurs enfans ou proches parens, elle fut presumée avoir été achetée de l'argent des particuliers, qui avoient leur bien en la banque d'iceux, bien qu'ils ne pussent verifier precisément que la Milice avoit été achetée de leurs deniers, & partant voulut qu'ils eussent hypotheque sur icelle. Que si la Milice avoit été achetée par le Banquier à quelque étranger, il faloit, pour avoir hypotheque sur icelle, que le creancier du Banquier prouvât nommément que l'achat en eût été fait de ses deniers. Voila en peu de mots la decision de cette loi derniere *De pignor*, qui certes est fort broüillée & embarassée.

12. Explication de la loi derniere Cod. de pign.

13. Explication du 1. Ch. de la Nov. 136.

Et reciproquement en ce chap. 1. de la Nov. 136. il donna le même privilege aux Banquiers, qu'ayant prêté leur argent à ceux qui avoient acheté une Milice pour eux, ou pour leurs enfans, cette Milice fut presumée avoir été achetée de l'argent des Banquiers, si on ne verifioit au contraire, qu'elle eût été donnée par l'Empereur, ou acquise par autre moyen.

La raison de ces Constitutions de Justinian étoit tres-juste, mais elle nous est tres-obscure, à cause que nous n'avons pas l'usage des Banquiers tel & si ordinaire, qu'avoient les Romains, comme encore les Italiens s'en servent à present plus que nous. Mais anciennement à Rome, pource que la valeur de la monnoye étoit mal-aisée à connoître au commun peuple, ainsi que le prouve Cujas *lib. 10. Observ. cap. 14.* & que d'ailleurs elle étoit si massive & si lourde, qu'il la faloit peser plûtôt que compter (témoin les mots *pendere, impendere, expendere, rependere*, dont nous avons emprunté les nôtres *d'impense & dépense*) & pour cette cause étant importune à manier & transporter, on se servoit communément & presque toûjours, du ministere des Banquiers ou Changeurs, *quorum Officium ideo publicam causam habere dicitur, in leg. Argentarius. §. primo, D. De edendo.* Car non seulement ils gardoient & ménageoient l'argent des particuliers, mais en consequence de cela, ils faisoient ordinairement toutes leurs affaires, vendoient & achetoient, recevoient & payoient pour eux : Bref, en tout ce qui se faisoit hors la maison, c'étoient les Procureurs, Agens & Facteurs continuels des riches : c'est pourquoy la Banque est appellée ωεςμπτεια dans les Basiliques.

Partant afin de maintenir parmi eux la foy publique dit la loy *Si ventri. §. In bonis. D. De reb. auctor. Iud. possid,* il y avoit, & pour eux, & contre eux plusieurs regles particuliers, ainsi qu'on voit aujourd'huy à l'égard des financiers, & des Marchands, comme de cautionner par la simple parole, d'avoir hypotheque sans convention, d'avoir interêt sans stipulation, & aussi d'avoir hypotheque sur les Milices : & tout cela *propter necessarium usum eorum ex utilitate publica receptum fuit,* dit la loy *Quorum privilegium. D. Depositi :* ou comme dit cette *Nov. 136. propter communem utilitatem, quam in contractibus exhibent, cum multis periculis se immiscent, ut ingruentibus aliorum necessitatibus medeantur.*

Voila quel étoit au Droit Romain l'hypotheque des Milices venales seulement : Car les non-venales ne la recevoient aucunement, comme aussi tous les vrais Offices sans exception ne la reçoivent point : mais à la verité les Offices venaux de France sont plus propres à la recevoir que ceux des Romains : pource qu'étans vendus par le Roi, & par consequent pouvans être revendus par les particuliers, on peut dire qu'ils sont en commerce presque libre ; ou est-ce une regle de droit, que tout ce qui peut être vendu, peut à plus forte raison être hypotheque, *l. 9. §. 1. D. De pignor. & l. unica. C. Rem. alien. ger.*

Ils reçoivent donc hypotheque, mais impropre & debile, comme celle des meubles, dont nos Coûtumes ne disent pas, qu'ils n'ont point d'hypotheque, mais qu'ils n'ont point de suite par hypotheque : aussi voyons-nous, que tous nos Contracts contiennent l'hypotheque de tous biens meubles & immeubles presens & à venir : mais je dy que cette hypotheque est impropre, pource que la loy nous apprend, que *propriè hypotheca consistit in rebus soli, pignus in mobilibus.* Je dy aussi qu'elle est debile, pource qu'elle n'a point de suite, qui est presque tout l'avantage de l'hypotheque, comprennant ses deux principaux effets.

Car à bien entendre, l'hypotheque a trois effets, qui sont distinguez selon les trois diverses personnes contre lesquelles on se peut prevaloir d'icelles. L'un à l'encontre de l'obligé, pour luy ôter la detention de la chose hypothequée, puis la vendre, s'il est besoin : l'autre à l'encontre de son creancier posterieur, pour être preferé à luy sur icelle : & le troisième contre le tiers acquereur d'icelle, pour lui en demander le delaissement par hypotheque.

Le premier effet étoit fort usité à Rome, notamment auparavant l'invention du *pignus Iudiciale,* comme j'ay traité au 3. Livre *Du déguerpissement.* Mais en France il est entierement inutile, étant absorbé & couvert sous une autre voye plus courte que nous avons trouvé, pour nous faire payer par nôtre debiteur, à sçavoir *l'execution parée :* car nous n'avons que faire de plaider contre lui, comme faisoient les Romains, à ce qu'il nous nantisse de la chose hypothequée, mais en vertu de nôtre obligation : qui à son execution prompte & parée, tout ainsi qu'une Sentence, nous la prenons fort bien sans demander c'est à dire, que nous faisons saisir d'abord par un Sergent, non seulement ce qui nous est expressément hypothequée, mais tous les biens indistinctement de nôtre debiteur, nous faisons même arrêter toutes ses debtes, comme j'ay amplement traité à la fin du petit Livre *De la garantie des rentes.*

Il ne nous reste donc apparemment que les deux autres effets de l'hypotheque, qui regardent, ou le creancier posterieur, ou le tiers acquereur : l'un & l'autre desquels nous appellons proprement *suite d'hypotheque :* soit que ce soit sa suite & consequence, soit à l'exemple des Romains, qui l'appellent *jus persequendi pignoris, in leg. Paulus, §. 1. D. Quibus mod. pignor. vel hyp. solv.* pource que nous poursuivons l'hypotheque contre celui qui n'est pas nôtre debiteur, quittant la personne debitrice, pour suivre la chose hypothequée : comme en la vendition, on dit qu'on suit la chose, quand on la demande à un tiers detempteur non obligé personnellement à la rendre : & nos anciennes Coûtumes nomment *serfs de suite,* ceux que le droit appelle *adscriptos glebæ,* que le Seigneur pouvoit suivre & rechercher en quelque lieu qu'ils allaissent, pour les faire revenir demeurer en sa terre. Et de vrai, on ne peut pas dire proprement qu'on suive quelque chose, sinon quand elle est sortie hors de sa place.

Or il y a grande apparence (car chacun n'en est pas d'accord) que cette double suite d'hypotheque eût lieu au Droit Romain, tant aux meubles qu'aux immeubles, pource que Justinian en la *§. Item Serviana. Instit. De actio.* nous dit que *inter pignus & hypothecâ, quantum ad actionem hypothecariam, nihil interest :* & les loix qui parlent de cette suite, soit contre l'acquereur, ou creancier posterieur, ne distinguent point les meubles d'avec les immeubles : mais la loy *Debitorem Cod. de pign.* dit indistinctement, que le debiteur en alienant en quelque façon que ce soit, la chose hypothequée, ne peut prejudicier à son creancier : & la loi *12. §. ult. D. qui potior est in pig.* dit notamment, que *qui prior convenit de pignore aut hypotheca, potior est, licet posteriori res sit tradita.*

Mais en France, c'est une vieille regle du droit coûtumier, & comme un proverbe de pratique, que *Meuble n'a point de suite par hypotheque,* termes qui excluent ces deux effets de la suite d'hypotheque, & important, que l'acquereur du meuble hypothequé n'en peut être inquieté, & aussi que la suite & ordre d'hypotheque n'a lieu aux meubles entre plusieurs creanciers, ausquels ils sont hypothequez.

Dont la raison n'est pas celle qu'on allegue vulgairement, que *mobilium vilis est possessio,* pource que le plus ou le moins ne font point de difference au droit, mais il y en a trois autres pertinentes. L'une, que les meubles n'ont pas une subsistence permanente & stable comme les immeubles, & partant ne sont si propres à recevoir en soi, par la simple convention, & sans qu'ils soient actuellement occupez, le caractere d'hypotheque, & à conserver ses effets. Car autrefois proprement & originairement l'hypotheque n'avoit lieu aux meubles, mais seulement le gage, appellé *pignus à pugno.*

L'autre, que les meubles peuvent facilement & sans incommodité être mis és mains du creancier, les lui baillant en gage : auquel cas on ne doute point qu'ils n'ayent

De l'hypotheque des Off. Venaux, Ch. III.

n'ayent suite, comme il a été jugé touchant la tapisserie de M. de Luc en l'année 1587. en l'Audience : de sorte que quand il n'y a que la simple convention, sans nantissement, on peut imputer au creancier de n'avoir pas pris son assurance, comme il pouvoit : ce qui n'est pas aux immeubles, dont il est mal-aisé & incommode de transferer la detention au creancier, & partant à bon droit on a observé que la simple convention étoit suffisante pour y imprimer un droit réel, qui eust suite : encore y a-t-il plusieurs de nos Coustumes, qui ne pouvans admettre qu'on acquist droit en la chose sans tradition, ont requis pour cét effet, mêmement aux immeubles, quelque forme de tradition imaginaire, qu'elles appellent nantissement, verp, saisine, ou mission en possession.

La troisiéme raison est, que les meubles avoient suite par hypotheque en vertu de la simple convention de l'hypotheque generale, qui resulte de tous Contracts & Sentences, le commerce seroit grandement incommodé, même aboly presque tout à fait, pource qu'on ne pourroit pas disposer d'une épingle, d'un grain de bled, sans que l'acheteur en pust estre évincé par tous les creanciers du vendeur : & pource que cette derniere raison, qui certes, est la plus plausible, ne porte qu'à la suite de l'hypotheque, concernant l'acheteur, & non à celle qui concerne le creancier posterieur, cela est causé, qu'en Normandie, & en quelques autres Provinces de France, on admet le second effet de suite, à sçavoir que les creanciers ont preference sur les meubles, selon l'ordre de leur hypotheque, comme porte l'art. 596. de la Coustume de Normandie.

Donc pour exclure bien expressément l'une & l'autre de ces deux effets, quelques Coustumes ont exprimé davantage cette regle, que nous expliquons, comme entre autres la Coustume de Melun, disant que *Meuble n'a point de suite en execution par hypotheque* : & celle de Sens, de Chaumont, de Bar ont dit, *Qu'il n'a suite en execution, ny par hypotheque*, distinguant éalement la suite en execution, c'est à dire, celle qui provient de l'execution, ou gage de Justice, d'avec celle qui provient simplement de l'hypotheque, comme veritablement elles sont fort dissemblables : qui est ce qu'il nous faut approfondir, pource que de cette distinction dépend l'explication de nostre art. 95. & l'interlligence de nostre question.

La suite par hypotheque est, quand un creancier suit son hypotheque, ou contre l'acquereur, ou contre le creancier posterieur : la suite en execution est, quand le creancier non hypothequaire, bien que l'hypotheque luy manque, ne laisse de suivre la chose saisie sur son debiteur, soit contre celuy qui l'achetée par aprés, ou contre celuy qui l'a saisie : voila leurs deux premieres differences, qui concernent la diversité de leur cause, & quand & quand de leur sujet : pource que l'une est censée par l'hypotheque, l'autre par la saisie : & l'une a lieu quand il y a hypotheque, l'autre quand l'hypotheque defaut, soit qu'il n'y en ait point de contractée, comme sur l'immeuble à l'égard du creancier chirographaire, soit que la chose ne soit susceptible de suite d'hypotheque, comme un meuble ou un Office.

Aussi ces deux sortes de suites viennent-elles de diverses sources, principes & fondemens. Car la suite d'hypotheque, quand elle est dirigée contre le tiers acquereur, vient de la regle de droit, que *Res transit cum onere hypotheca, quia debitor alienando rem hypotheca suppositam non potest nocere creditori. leg Debitorem Cod. De pign.* & quand elle est dirigée contre le creancier posterieur, elle est fondée sur la regle, *Qui prior est tempore, potior est jure.*

Mais la suite que produit la saisie contre l'acquereur, procede de ce qu'il n'a pû acquerir du proprietaire la chose saisie, dont il étoit depossedé. Et la suite que la saisie produit à l'égard des creanciers, provient de ce que *pignus Pretorium in rem est, & conservat omnes*, c'est à dire, que la saisie profite à tous, & conserve le droit de chacun des creanciers. De sorte qu'en ce point icy l'effet de la suite de saisie est quasi contraire à celuy de la suite d'hypotheque. Car la suite d'hypotheque fait que les premiers en hypotheque sont preferez, & celle de saisie fait, que ny le premier en hypotheque, ny même le premier saisissant n'est point preferé, mais que tous les creanciers sont payez également & par contribution. Et c'est ainsi en passant, qu'il faut entendre le 179. article de nos Coustume de Paris, qu'on trouve si contraire à l'usage, *Qu'en déconfiture il n'y a preference ou prerogative, pour quelque cause que ce soit*, qui n'exclud pas les privileges personnels, mais seulement la preference des hypotheques, & la prerogative des premiers saisissans.

Tout cecy se prouve clairement par la loy, *Quod autem*, §. *Sciendum. D. Qua in fraudem credit. Qui post bona possessa*(c'est à dire, aprés la saisie, à parler en termes de nostre pratique) *debitum suum recipit, in portionem vocandus est ex æquanda, sque cæteris creditoribus*. Voila en peu de mots les deux effets de la suite de saisie énoncez, sçavoir à l'encontre de l'acquereur, c'est à dire, le creancier qui a eu l'argent du debiteur commun, en ce qu'il faut qu'il raporte ce qu'il a touché depuis la saisie, & entre de les creanciers, en ce qu'ils sont également ensemble : dont la raison est adjoustée immediatement, *Neque enim debuit præripere cæteris post bona possessa iam par conditio omnium creditorum facta esset.*

Voicy une autre belle loy qui distingue manifestement la suite d'hypoteque d'avec celle de saisie à l'égard des creanciers. *Creditores, qui pignori res acceperunt, potiores re chirographario haberi non ambigitur.* Voila la suite d'hypotheques & voicy par aprés celle de saisie, *Quod si numini res sint obligata, æquali portione pro rata debiti omnibus creditoribus succurritur*, c'est la loy *Pro debito. C. De bon. author. jud. possid.*

Or il faut remarquer, que cette derniere suite de saisie n'avoit lieu au droit Romain en toute sorte de saisie, ou gage de Justice, mais seulement au gage Pretorien, & non pas au gage Judiciel. *Pignus enim Prætorium in rem est, & omnibus creditoribus prodest* dit la loy *Vnus. D. De reb. auth. jud. possid. Pignus verò Judiciale est in personam, sicut actio judicati, & ideo ei soli prodest, secundum quem judicatum est, l. Si jure. D. Qui potior in pign.* C'est pourquoy en France cette suite n'a lieu en execution de meubles, qui est comparée au gage Judiciel des Romains, pource qu'elle se fait sommairement & promptement par un Sergent executeur de la Sentence du Magistrat, mais elle a lieu au decret, qui se fait par le Magistrat même, avec les proclamations & affiches solemnelles & partant se rapporte au gage Pretorien : encore n'y a-t-elle lieu (non plus qu'au droit Romain) qu'entre les chirographaires seulement, qui sont payez par contribution, Car les hypothequaires marchent devant, chacun en son reng, à cause de la suite d'hypotheque, le tout suivant cette loy *Pro debito.*

Il est vray, que cette suite de saisie ou gage de Justice, & cette contribution égale qu'elle produit, à lieu en un cas sur les meubles, à sçavoir au cas de déconfiture, quand le creancier est déconfit, c'est à dire, ruiné & insolvable, & qu'on fait un pretend suite discussion generale de son bien, que nos anciens Praticiens ont appelé *déconfiture*, qui étoit le vray gage Pretorien des Romains, lequel comprenoit tous les biens d'un homme, & qui aussi n'avoit lieu qu'aux banqueroutiers, comme j'ay dit assez amplement au troisiéme livre *Du déguerpissement*, chap. 1. & 5. C'est pourquoy le grand Coustumier, livre 2. chap. 17. distingue egalement le cas de déconfiture d'avec le cas de simple execution : cettuy-cy se rapportant au gage Judiciel, & celuy-la au gage Pretorien.

Tout cela présupposé, voyons si la suite d'hypotheque a lieu en l'Office, ou bien la suite de saisie seulement. Qui en doute, dira-on, puisque la Coustume dit, qu'il est reputé immeuble, & à suite par hypotheque? peut on rien dire de plus exprés ? Et neantmoins le contraire est veritable. Car elle adjoute *Quand il est saisi*, d'où il s'ensuit que ce n'est pas l'hypoteque, qui luy cause la suitte, mais la saisie, puisque sans icelle il n'a suite, & au contraire, il a suitte sans l'hypotheque, comme il appert de la fin de l'article, où il est dit, que les creanciers sont tous payez par contribution, sans distinguer les chirographaires d'avec les hypothequaires, non plus qu'en la deconfiture des meubles.

Aussi ce qui suit en ce même article, decide particulierement & individuellement, que les deux effets de la suitte d'hipotheque n'ont lieu en Office. Premierement, quant à la suite de l'acqueur, qu'elle n'a lieu en l'Office, sinon en consequence de la saisie faite auparavant la resignation admise. Et quant à la suite d'entre les creanciers, il decide que l'ordre de l'hypotheque n'est suivy en la distribution du prix de l'Office decrete, mais que ce prix est distribué à tous les creanciers, à proportion de leur debte. D'où il resulte au contraire, que les deux effets de la suite de saisie sont énoncez directement en ce même article, à sçavoir celuy contre l'acqueur, en ce qu'après la saisie, l'Office a suite pour l'évincer: & celuy d'entre les creanciers, pource que le prix de l'Office est distribué également entr'eux: j'entens par égalité & proportion Geometrique, ainsi qu'au droit, & non pas Aritmetique.

Quand donc cét article dit au commencement, que l'Office est reputé immeuble, c'est pour dire qu'il doit être vendu par decret, & non pas par simple subhastation, & aussi que le prix n'en doit estre baillé au premier saisissant, comme d'un meuble. Et quand il est dit, *qu'il a suite par hypotheque quand il est saisi*, c'est à dire, qu'il a suite en saisie seulement: comme quand la coustume de Melun a dit que *menbie n'a suite par l'hypotheque en execution*. Car en cét endroit, *hypotheque* signifie gage, comme *pignus & hypotheca* sont ordinairement confondus au droit Romain, de sorte que la loy 5. *De pign.* dit que *sono tantum nominis differunt*: & pource qu'en nostre pratique Françoise, le terme de suite par hypotheque est fort usité, & non pas celuy de *suite par saisie* (que j'ay été contraint moy-même de forger pour plus facile intelligence) c'est pourquoy nostre article n'a pû exprimer autrement la suite de saisie, qu'en disant que l'Office n'a suite par hypotheque quand il est saisi.

Concluons donc, que l'Office ne reçoit point de vraye suite d'hypotheque, mais seulement la suite de saisie: les deux effets de laquelle il faut encore repasser separément, & les expliquer à loisir. Premierement, quant à celuy qui a lieu contre l'acheteur, il est énoncé fort clairement en nostre article *Office venal a suite par hypotheque, quand il est saisi auparavant la resignation admise, & provision expediée au profit d'un tiers*. D'où il s'ensuit que la saisie faite par après ne fait pas de rien, pource que même en un immeuble la saisie ne seroit valable, après qu'il est transferé par effet à un tiers, contre lequel on se peut seulement pourvoir par action hypothequaire, *ut aut cedat, aut solvat*. Mais qui plus est, en l'Office cette action hypothequaire n'a lieu en ce cas, pource que la Coustume dit, qu'il n'a point de suite par hypotheque, sinon quand il a été saisi auparavant la provision du tiers: en quoy il y a une raison particuliere, qui n'est pas aux meubles, ny aux immeubles, à sçavoir que le resignataire ne tient pas proprement son droit du resignant, qui a creé l'hypotheque, mais du collateur, auquel par la resignation le resignant l'avoit remis & quitté. C'est pourquoy depuis peu cela a esté estendu aux Offices hereditaires par privilege, par ce notable Arrest donné, après en avoir demandé advis aux Chambres l'onziéme Mars 1600. au profit du Gruyer de la forest de Rets, comme il a été dit au livre precedent, chapitre 7. où toutefois a été prouvé que la decision d'iceluy ne doit être étendue aux Offices domaniaux, lequel, en ce qui concerne leur commerce, sont considerez non comme Office,

mais comme domaine alieñé: de sorte qu'ils ont suite par hypotheque en tout temps, jusques à ce qu'ils ayant été rachetez par le Roy.

Or il faut prendre garre que nostre article limite notamment le temps qu'on peut valablement saisir l'Office au datte de la provision du resignataire: de sorte que le datte de la procuration pour resigner l'Office, n'est pas suffisant pour exclure la saisie, comme auparavant la reformation de la Coustume, il fut jugé par l'Office de l'Huissier Potier, resigné à Belot, par Arrest du 3. Avril 1579.

Au contraire, la saisie ne serviroit plus de rien, étant faite après la provision, bien que faite auparavant la reception, comme il fut jugé à Paris pendant les troubles pour l'Office de la Chapelle Marteau Maistre des Comptes. Car la Coustume arreste precisément le point de cette saisie à la resignation admise, & provision expediée, & non sans cause: pource que le droit de l'Office dépendant plus du collateur, que du resignant, est transferé absolument, & *optimo jure*, par la provision qu'en baille le Roy: attendu que la grace du Prince porte avec soy son execution: & quant à la possession de l'Office, elle dépend de la Justice qui reçoit par après le resignataire, & non pas de la tradition du resignant qui a remis tout son droit és mains du Roy par la resignation: & ce qu'après icelle il jouit encore de l'Office *usque ad adventum successoris*, n'est que precairement, & par une police introduite pour l'utilité publique, afin que la charge publique ne demeure sans être exercée. C'est pourquoy l'Office étant resigné à deux ce n'est pas le premier receu qui l'emporte, mais le premier pourveu: bien qu'és autres choses, dont la seigneurie se transferre par la tradition, le premier en possession soit preferable au premier acquereur, *l. Quoties. C. De rei vendicat*.

Il est inutile de dire que la provision s'expediant sans qu'aucun en sçache rien, ne doit prejudicier aux creanciers qui l'ignorent: car il n'est pas ainsi d'un Office perissable, comme d'une chose solide, qui reçoit une vraye & parfaite hypotheque: de sorte que si un creancier n'a autre asseurance de sa debte, que sur l'Office de son debiteur, il faut qu'il le fasse saisir de bonne heure, pour obvier qu'il soit resigné à son desceu: tout ainsi que celuy qui a hypotheque sur une rente constituée, doit être diligent d'en faire arrest, & faire faire defense au debiteur d'icelle de la racheter, sans qu'il en soit adverty.

C'est pourquoy j'estime qu'il ne faut point distinguer, si lors qu'un creancier forme opposition à la reception du pourveu, pour la conservation de son hypotheque, il avoit deja payé le prix de l'Office au resignant, ou non. Car, à bien entendre, le defaut de ce payement ne proroge point l'hypotheque du creancier: mais il y a sujet seulement de se pourvoir contre luy par voye d'arrest de ce qu'il doit à son resignant: il est bien veritable, que comme le resignant pourroit enpecher sa reception, jusques à ce qu'il eust payé le prix de l'Office, aussi pourroit son creancier, lequel peut exercer les actions de son debiteur: mais ce n'est pas que l'hypotheque de l'Office continué après la provision.

Dequoy M. Choppin sur la Coustume de Paris, nous rapporte deux Arrests notables, l'un donné en la quatriéme Chambre des Enquestes, au rapport de Monsieur Lescalopier, le 2. Septembre 1600. pour raison de l'Office de Lieutenant du prevost de l'Isle de France, par lequel l'opposition du creancier du resignant, empeschant la reception du resignataire, fust receuë, & ordonné que tant le creancier opposant, que tous autres creanciers, seroient payez sur le prix, restans dû de l'Office par contribution au sol le livré. L'autre est un Arrest d'apointé au Conseil, du 30. Dec. 1601. est donné en la Grand'Chambre, plaidans les deux excellens Avocats, Dolé & Duret pour raison de l'Office de Payeur des gages de Messieurs des Comptes sur

De l'hypotheque des Off. venaux. Ch VI. 179

53. Que ce n'est a cause de l'hypotheque.

l'appel du Prevost de Paris, qui avoit receu l'opposition du creancier du resignant, sur le prix de l'Office non encore payé par le resignataire : chose à la verité raisonnable en ce cas, mais ce n'est pas que l'Office porte encore hypotheque: & je ne fay nul doute, que si le resignataire avoit de bonne foi payé le prix de l'Office, lors qu'on lui auroit baillé ses lettres de provision deuëment expediées, il n'en fût tellement quitte, qu'il n'en pourroit estre inquieté desormais, lors de sa reception, attendu les raisons cy-dessus, & l'expresse decision de nostre article.

54. Pourquoy la Coustume dit Resignation admise, & provision expediée.

Auquel il faut depuis remarquer, qu'il conjoint ces deux termes *resignation admise, & provision expediée*: ce qui semble superflu, étant certain qu'il n'y a point, selon nostre usage, d'autre admission de la resignation, que l'expedition de la provision, qui est toujours dattée du jour de la quittance du quart denier, ainsi qu'és Benefices, la Bulle se datte du jour de la signature, qui est l'Ordonnance ou concession apposée au bas de la supplique, ou requeste presentée au Pape à fin d'impetration du Benefice. Toutefois on peut dire que la Coûtume a joint ces deux termes pour signifier, que si afin d'eluder une saisie faite en temps valable, on avoit fait datter la provision, auparavant la vraye admission de la resignation, (comme par surprise, ou autrement, il pourroit arriver) il se faudroit regler selon la vraye datte de la resignation admise, qui peut estre verifiée par le registre des Parties Casuelles, la representation de la procuration pour resigner, & autres moyens, que sçavent mieux ceux qui suivent la grande Chancellerie.

55. Resolution de ce discours.

Tant y a qu'il faut conclure, que celui qui n'a point fait saisir l'Estat auparavant la provision expediée, ne peut plus prendre, ny hypotheque, ny suite sur iceluy, mais seulement se peut pourvoir par voye d'arrest és mains du resignataire des deniers, qu'il peut encore devoir au resignant pour la composition d'iceluy : duquel Arrest il sera traité au Chapitre huitiéme, & en consequence de cét Arrest, empescher sa reception, jusques à ce qu'il ait payé, ou consigné entierement le prix.

56. Si l'hypotheque continue à pres la resignation faite au fils.

Toutefois, ce que nostre article dit notamment, *provision expediée au profit d'un tiers*, ne semble point inutilement adjoûté. C'est pourquoy on peut douter, si aprés la resignation admise du pere au fils, l'Office peut encore estre saisi pour la debte du pere, attendu que le fils n'est pas tenu pour tiers, mais pour mesme personne que son pere, *filius est cara paris anela*, disent nos Docteurs sur la loy *In suis. D. De liber. & posth. hared. instit.* Ce qui semble estre decidé expressément à l'égard des Milices, par cette loy derniere, *C. De pignorib.* où il est dit, que la Milice peut estre venduë sur le fils pour l'argent presté au pere, & encore que ce soit un cas special à l'égard de l'argent presté pour l'achat de la Milice, il se faut souvenir que par le Droit Romain il n'y avoit que ce cas auquel il y eust hypotheque sur les Milices; de sorte qu'il y a apparence de dire que la premiere loy, qui a attribué hypotheque sur les Milices, a decidé cette difficulté. Joint que les resignations, comme toutes autres donations de pere à fils, se font volontiers pour frauder les creanciers, quand le pere est oberé. *Si quidem clandestinis ac domesticis fraudibus inter tam conjunctas personas facilè quidvis pro opportunitate negotii consingi potest. leg. Data Cod. De donationibus.*

57. Qu'elle ne continue pas.

Neantmoins, j'estime que n'y ayant point de resignation plus favorable que celle de pere à fils, qui est l'effet de la loüable esperáce qu'ont les peres de laisser leurs enfans successeurs de leur Dignité, cette espece de resignation ne doit estre moins favorablement receuë que les autres, ny renduë inutile, mesme souvent onereuse par cette suite d'hypotheque. Aussi le mot de *tiers*, n'est pas adjoûté en nostre article, pour exclure le fils, mais pour signifier celui qui n'est obligé au creancier saisissant: ainsi qu'on dit le tiers detempteur, à l'exclusion de l'obligé personnellement: & quant au fils, s'il estoit heritier de son pere, ce ne seroit pas un tiers, autrement c'est vrayement un tiers. Car ce que par fiction de droit, il est reputé par fois mesme personne que son pere, est seulement és cas qui sont en sa faveur, mais non pour le rendre tenu des debtes de son pere avant qu'il en soit heritier. Joint que les termes des Coustumes doivent estre pris en leur propre signification, & non pas selon les fictions du Droit Romain, qu'il ne faut étendre hors leur cas particulier.

58. Le fils resignataire n'est mesme tenu de la debte privilegiée sur l'Office.

Mesme j'enfere de ces raisons, que le fils resignataire n'est tenu de la debte privilegiée sur l'Office, comme du prest fait pour l'achat d'iceluy, & pour le marier luy mesme, comme on void journellement que les peres pourvoyent leurs enfans d'estats, & les marient aux dépens de leurs creanciers & de leur propre conscience. Car la loy derniere *De pigno.* n'a lieu qu'à l'égard des Banquiers, & ne s'étend és autres conditions de personnes, comme ces termes le témoignent.

59. Ou à laquelle l'Office estoit expressément hypothequé.

Pareillement, quand le pere auroit specialement hypothequé son Office au prest des deniers duquel il l'auroit acheté, si est-ce que je tiens que cette hypotheque speciale, & ce droit de preference est purgé par la resignation qui remet l'Office en la disposition du Roy, lequel par aprés en a pourveu le fils *optimo jure*, & sans charges d'aucunes debtes. De sorte que *resoluto jure dantis, resolvitur jus accipientis, leg. Lex vestigali. D. De pignor.* En ce qu'és Benefices la pension demeure quelquefois aprés la resignation, est quand elle est realisée sur iceux par le Pape, qui par cette realisation la fait estre comme une charge réelle, & rente fonciere sur le Benefice ; pendant la vie du pensionnaire. Mais l'hypotheque ou droit de preference dont nous parlons, n'est point realisé sur l'Office par le Roy, duquel le resignataire a le droit, plutost que du resignant : n'estant la resignation, qu'un consentement de l'Officier, sans lequel le collateur ne luy pourroit oster son Office, pour le donner à un autre.

60. Comment les pensions des Benefices subsistent aprés la resignation.

Mais si le pere avoit fait l'achat & composition de l'Office venal, pour en faire immediatement pourvoir so fils, je ne fais en ce cas nul doute, encore que le fils n'ait parlé au compromis, que neanmoins l'Office ne demeure obligé au payement du prix de la composition, non seulement si par icelle le resignataire a retenu hypotheque sur l'Office, *quia in venditione rei suæ potest quodvis pactum apponi pactio*, qui fans doute le fils, pource que sans icelle il n'eust eu l'Office; mais méme cessant la stipulation d'hypotheque, je tiens que le resignataire a un privilege sur l'Office, par le moyen duquel il le peut suivre, bien que son resignataire ne luy soit expressément obligé, comme il sera traité amplement cy-aprés au chapitre huitiéme, cas qui est different du precedent, auquel l'Office a passé par une nouvelle resignation, que le pere, qui avoit esté receu en iceluy, a depuis faite à son fils: l'admission de laquelle faite par le Roy abolit tout droit d'hypotheque & de privilege.

61. Exception en l'Office dont le fils a esté immediatement pourveu.

Que dirons-nous donc si le pere en a été pourveu, mais n'y ayant point esté receu l'a incontinent laissé à son fils? Quant à moy j'estime plus equitable en ce cas de tenir que l'hypotheque & privilege demeure, d'autant que l'Office n'a point esté appliqué & attaché à la personne du pere par la reception, & sur tout pource qu'il n'a point été besoin qu'il passat par une nouvelle resignation, qui pût éteindre l'hypotheque, mais en ce cas il ne faloit, comme on dit en Chancellerie, que changer les lettres de provision, & mettre le nom du fils au lieu de celuy du pere. Toutefois en ce mesme cas, si c'estoit un étranger qui fist apparoir que de bonne foy il eust acheté & bien payé l'Office, je resoudrois le contraire, pource qu'en matiere d'Offices on n'a pas accoûtumé d'y prendre autre seureté, sinon d'en tirer de bonnes lettres de provision en baillant son argent.

62. Idem, a esté pourveu mais non receu.

Du Droit des Offices.   Z ij

Des Offices Venaux, Liv. III.

63. De la suite d'hypotheque entre les creanciers.

Reste à expliquer le second effet de la suite de saisie sur l'Office, qui concerne les creanciers, lequel aussi bien que le precedent, est enoncé fort clairement en nostre art.95. en ces mots, *Et toutefois les deniers provenans de l'adjudication de l'Office,sont sujets à contribution,comme meubles,entre les creanciers opposans, qui viennent pour ce regard à déconfiture au sol le livre.* Ce qui a esté suivy aux Coûtumes depuis reformées, comme celles d'Orleans & de Calais: mais nō en celle de Normandie, pource qu'en icelle les meubles ont suite par hypotheque à l'égard des creanciers, & par consequét les Offices : de sorte qu'on a égard à la suite & ordre des hypotheques, dit l'ar.396. de cette Coûtume.

64. Aucuns tiennent que le premier saisissant est le premier payé sur l'Office.

Et toutefois, pource que la raison de cette decision de la Coûtume de Paris est si obscure & si difficile, on ne laisse pas d'en douter, & d'en plaider encore tous les jours. Mesme j'ay ouy dire qu'il s'en est donné des Arrests fort differents. Car en premier lieu, ceux qui tiennent les Offices pour meubles, ont soustenu que le premier saisissant devoit être le premier payé sur leur prix, & ainsi disent-ils avoir esté jugé par Arrest donné au profit de M. Benigne Bernard, à present Greffier en la Cour des Aydes, auquel, comme premier saisissant, fut adjugé le prix de l'Office de Boisfrouvet Receveur general de Lyonnois : mais j'estime que ce prix ne provenoit pas du decret de l'Office, mais d'une vente volontaire, apres laquelle il fut arresté : auquel cas c'est sans doute, que mesme le prix d'un immeuble seroit baillé au premier arrestant, & non au premier en hypotheque. Mesme aprés le decret de l'immeuble, le prix d'iceluy est baillé au premier arrestant, aprés que tous ceux qui ont formé opposition au decret, ont été payez : de sorte qu'on ne considere le merite de l'hypotheque, finō à l'égard de ceux qui l'ont conservée par le moyen de l'opposition formée au decret: mais à l'égard des autres, elle est purgée & éteinte par le decret, comme il a été jugé par Arrest du 12. Janvier 1596. pour le sieur de Chemerauté rapporté par Carondas sur le 178. article de la Coûtume.

65. Autres que c'est le premier en hypotheque.

Ceux, au contraire, qui reputent en tout & par tout les Offices pour immeubles, disent, que leur prix doit être distribué selon l'ordre des hypotheques, & en rapportent un Arrest donné au profit des Poncets de Paris, touchant les deniers d'un Office de Controlleur des bastimens du Roy. Arrest que j'estime avoir esté donné, non au cas d'une simple hypotheque, mais plutost d'un privilege, comme il sera prouvé cy aprés au Chap. 8. que les creanciers privilegiez sont preferez sur le prix des Offices.

66. Resolution qu'il y a lieu de contribution au sol la livre.

Mais comme les Offices ne sont proprement ny meubles, ny immeubles, aussi c'est la verité que leur prix ne doit être distribué, ny comme celuy des meubles, ny comme celuy des immeubles, mais comme l'Office à sa qualité à part, aussi pour cette distribution il a sa façon particuliere, à sçavoir que son prix doit être distribué par contribution au sol le livre entre tous les creanciers de l'Officier, comme il fut jugé par Arrest solemnel de la veille de Pentecoste 1557. prononcé par M. le President le Maistre : sur lequel Arrest a esté dressé nôtre art. 95. qui a esté transcrit mot à mot aux Coûtumes depuis reformées: & lequel partant doit, à mon advis, être observé par tout.

67. Opinion moderne.

Toutefois comme il n'y a encore rien de certain en cette matiere des Offices, bien que la decision de cét article soit si claire, neantmoins on n'a pas laissé de la debattre depuis peu au Palais, disant qu'elle fut faite en consequence de ce que lors de la reformation de la Coûtume de Paris, on observoit que les Offices ne pouvoient être decretez, sinon aprés discussion des autres biens, de sorte qu'on estoit toujours au cas de la déconfiture, qui égale les creanciers les uns aux autres. Et partant qu'à present, que cette observance est changée, on doit distribuer le prix de l'Office decreté selon l'ordre des hypotheques, à la charge neantmoins que ceux qui en toucheront les deniers bailleront caution de les rapporter, pour être mis en contribution en cas d'insolvabilité du debiteur, aprés discussion de ses autres biens, suivant l'art. 180. de la mesme Coûtume de Paris, qui toutefois ne parle que des meubles.

68. Qu'elle n'est veritable.

Bien que cette imagination semble plausible d'abord, mesme que possible elle sera suivie, maintenant que les Offices tendét plus que jamais à l'hereditè & proprieté : neantmoins j'ose dire asseurément qu'elle n'est ny vraye, ny en tout cas suffisante pour établir une pratique directement contraire à la decision claire & expresse de nôtre Coûtume. Car en premier lieu au cas mesme de la déconfiture, bien que la Coûtume desire que le debiteur soit insolvable, & en meubles & en immeubles, si est-ce que par l'art. 179. la contribution ou distribution au sol la livre n'a lieu, qu'à l'égard du prix de ses meubles, & non en celuy de ses immeubles, qui toujours est distribué selon l'ordre des hypotheques, suivant cette loy *Pro debito.* De sorte que si la Coûtume eût tenu l'Office pour être immeuble & susceptible de vraye suite d'hypotheque, ainsi que les immeubles, elle n'eust pas decidé que son prix fût venu en contribution, au cas mesme de la déconfiture & insolvabilité approuvé du debiteur.

69. Premiere raison.

70. Autre raison.

D'ailleurs c'est chose notoire, que dilors de la reformation de cette Coûtume on pratiquoit, que les creanciers privilegiez pouvoient faire decreter l'Office d'un homme solvable, avant la discussion de ses autres biens, auquel cas il n'y a apparence de dire qu'il ne falût pas suivre (à l'égard des autres creanciers opposans, au prix d'iceluy) la decision de cét article, qui est generale & indefinie.

71. Troisiéme raison.

Finalement c'est veritablement *contrarium in objecto,* de distribuer le prix de l'Office decreté selon l'ordre des hypotheques, à caution de le rapporter en cas d'insolvabilité. Car c'est le juger immeuble, en tant qu'on y garde l'ordre des hypotheques, & le juger meuble en tant qu'on le remet en contribution en cas d'insolvabilité, n'y ayant que le prix des meubles, qui y entre. Outre, que dit au Chapitre precedent, qu'en diverses occurrences, l'Office étoit tantost reputé immeuble & tantost meuble pour diverses considerations : mais ce seroit une absurdité monstrueuse, mesme une impossibilité de droit, qu'en un mesme cas & une mesme occurrence, l'Office fust tenu tout ensemble pour meuble & pour immeuble.

72. Occasion du paralogisme.

Mais ce paralogisme moderne vient de s'être mépris en la raison de decider de nôtre article, qui n'est pas fondé sur l'observance ancienne de ne decreter les Offices, si non aprés discussion des autres biens: mais sur ce que l'Office n'est susceptible de vraye suite d'hypotheque : & seulement de la suite de saisie : c'est pourquoy étant decreté, son prix doit être distribué par contribution, suivant cette belle loy *Pro debito,* qui veut , que cessant la suite d'hypotheque , *æquali portione pro rata debiti quantitate omnibus creditoribus succurratur.*

73. Que toutefois & quantes qu'il n'y a vraye hypotheque il faut venir à la contribution.

Qui est une regle generale & un droit commun, tant de Rome, que de France, qui n'a aucune fraude, sinon en la simple execution des purs meubles, où nous avons admis la preference du premier occupant, suivant la loy *Inter. D. De re jud,* Ce qui encore n'est pratiqué au païs de droit écrit, & mesme cesse au païs coustumier au cas de déconfiture. Mais au decret des immeubles, on pratique notoirement par tout la distribution égale entre les chirographaires, soit que le debiteur soit solvable, ou non : mesme elle se pratiquoit du temps de nos peres entre les creanciers fondez en Sentences & Arrests, auparavant l'Ordonnance de Moulins, qui leur a donné hypotheque, comme il se voit dans M. le Maistre au 32. chapitre *Des criées :* de sorte que c'estoit lors presque la plus ordinaire façon de distribuer le prix du decret.

74. N'y a vraye hypotheque és Offices.

Et ne faut point dire, que les creanciers de l'Officier ont stipulé hypotheque sur tous ses biens, & partant qu'ils ne sont au cas de cette décision. Car il a été

De l'arrest & saisie des Off. venaux. Ch. VI.

prouvé, que cette hypotheque n'a point de vraye suite hypothequaire: & de fait si elle l'avoit, il ne faudroit point bailler caution de rapporter les deniers en cas d'insuffisance. Et partant puis que c'est la suite d'hypotheque, qui cause la preference, il s'ensuit que quand elle cesse ou defaut, soit que la chose n'en soit susceptible, ou que l'hypotheque ne soit stipulée, la preference doit aussi cesser.

15. Belle comparaison.

Comme donc il a été dit au chapitre precedent & que cela sera encore dit au suivant, qu'en la saisie ou arrest des fruits non encore nez, ou des loüages & arrerages de rente nou écheus, il les faut par-après distribuer également aux saisissans & opposans: pource que lors de la saisie n'estans encore en nature, l'hypotheque ne s'y pouvoit attacher, pour attribuer preference à l'ancien creancier, & pareillement l'occupation actuelle n'y pouvoit avoir lieu, pour donner prerogative au premier saisissant : tout de mesme en l'Office, je dy qu'estant une chose incorporelle, qui n'a point de subsistence réelle, mais une simple qualité residente en la personne, & perissable avec elle, ny le caractere de l'hypotheque n'y peut estre imprimé, ny l'occupation actuelle n'y peut écheoir : & ainsi cessant & l'hypotheque & la preoccupation, il s'ensuit que leur prix ne peut estre autrement distribué, que par contribution égale : que je puis dire estre la plus equitable distribution, mesme le propre effet de la Justice : laquelle *Hierax in lib. de Iustitia* a definie ἔστι τὸ ἰσότατον ἀπονεμητικόν : & Iustin. Nov. 1163. τὸ ἴσον ἰκάστῳ νέμουσαι.

CHAPITRE VI.
De l'arrest & saisie des Offices Venaux.

1. Pignus Prætorium.
2. Pignus Iudiciale.
3. Trois sortes de saisies en France.
4. L'execution és meubles.
5. La saisie réelle és immeubles.
6. Et l'arrest és choses incorporelles.
7. Qui partant a lieu és Offices.
8. Comment il se fait.
9. Forme de l'exploit d'iceluy.
10. Effet d'iceluy.
11. Ce qu'il faut faire après l'arrest.
12. Saisie réelle de l'Office.
13. Simple arrest d'Office est mal asseuré.
14. Que c'est un grand inconvenient.
15. Remede à iceluy.
16. Quant au preiudice de l'arrest la resignation est admise, si l'Office a encore suite par hypotheque.
17. Equivoque du mot de saisie.
18. Pour le creancier.
19. Pour le resigna aire.
20. Si le simple arrest d'une rente constituée peut produire droit de suite.
21. Resolution de la question.
22. De mesme.
23. Office ayant gages doit estre saisi de saisie réelle.
24. Mais non celuy qui n'a aucuns gages.
25. Limitation.
26. Si le simple arrestant de l'Office gagé peut s'opposer à la reception du resignataire.
27. Non si le resignataire ignoroit l'arrest.
28. S'il faut signifier la saisie réelle à M. le Chancelier.
29. Que si.
30. Effet de la saisie réelle.
31. Si cet effet dure après la reception & installation du resignataire.
32. Semble que non.
33. Resolution que si.
34. Preuve.
35. Autre preuve.
36. Autre encore.
37. Réponse aux raisons contraires.
38. De mesme.
39. De mesme.
40. De mesme.
41. Conclusion.
42. Semble que cette suite ne doit durer que trois ans.
43. Pratique de la poursuite de cette saisie.
44. Si cette saisie sert aux autres creanciers.
45. Que si.
46. Resolution que non.
47. Réponse aux raisons contraires.
48. Mais elle sert aux opposans à icelle, avant la resignation.

1. Pignus Prætorium.

LEs Romains avoit deux moyens d'executer les jugemens sur les biens des condamnez (car leurs contracts n'estoient point executoires) l'un estoit ordinaire, *per missionem in possessionem omnium bonorum condemnati, ex primo & secundo decreto, idque vocabitur pignus Prætorium* : l'autre estoit extraordinaire, & qui neantmoins fut enfin le plus commun, comme aussi il estoit le plus aisé *per captionem pignorum, eorumque venditionem mandato Iudicis*, ce que les Interpretes appellent *pignus Iudiciale*. Et en ce gage de Iustice, ils ne faisoient point de distinction des meubles d'avec les immeubles, ny encore d'avec les debtes du condamné, quant à la forme & solemnité de les saisir & vendre, mais seulement quant à l'ordre de les vendre: pource qu'ils vendoient premierement les meubles, puis les immeubles, & finalement les debtes & actions, *l. A Divo Pio. D. De execut. rei judic.*

3. Trois sortes de saisies en France.

En France nous ne sçavons quasi plus ce que c'est de la missio en possessio, ou gage Pretorien, au moins en ce Parlement : car il se pratique encore au Parlement de Tholose, & icy nous usons seulement du gage de Justice, tant pour l'execution de nos Sentences, que mesme de nos contracts, qui ont parmy nous execution parée. Mais nous avons distingué la forme d'en user en chacune de ces trois especes de biens, & nous avons par ce moyen fait trois diverses sortes de gages de Justice. A sçavoir l'execution és meubles,

2. Pignus Iudiciale.

ainsi appellée, pource qu'elle se fait promptement & soudainement, par une prompte vente & subhastation des meubles : aussi que deslors de l'exploit elle doit déposseder entierement l'executé : la saisie réelle és immeubles, qui se paracheve plus à loisir par les solemnitez d'un decret, & ne dépossede pas tout à fait l'executé deslors de l'exploit, mais luy oste seulement la saisine & possession civile de son immeuble, par l'établissement d'un Commissaire, & la naturelle par le bail à ferme. Finalement l'arrest és choses incorporelles, qui ne pouvans estre actuellement saisies & apprehendées, sont seulement arrestées verbalement és mains de celuy vers lequel elles resident, ou qui en est debiteur: jusques à ce que l'arrestant ayant exercé contre luy la mesme action, qui appartenoit à celuy pour le dû duquel est fait l'arrest, en obtienne Sentence à son profit : & lors il peut user, ou d'execution, ou de saisie.

5. La saisie réelle és immeubles.

6. Et l'arrest és choses incorporelles.

D'où il resulte, que proprement, ny l'execution, ny la saisie ne peuvent avoir lieu és Offices puis que veritablement ils ne sont ny meubles, ny immeubles. Mais estás incorporels, le simple arrest y peut échoir. Aussi est-ce la forme ordinaire dont on use, que de faire arrest de l'Office és mains de Monsieur le Chancelier, qui a un Commis exprés à sa suite, ayant charge de recevoir les exploits de ces arrests, & les enregistrer : & telle est proprement la solemnité essen-

7. Qui partant a lieu és Offices.

8. Comment il se fait.

Z iij

tielle & necessaire des arrests des Offices. Quelquefois aussi, par vne precaution surabondante, on les signifie encore au Tresorier des parties casuelles, & on les fait enregistrer en son registre, ce qui est le plus seur : mesme aucuns, crainte de faillir, les font signifier outre cela au Procureur du Roy de la Justice, où le resignataire doit être receu.

9. Forme de l'exploit d'iceluy.
Par la teneur de l'exploit on leur signifie & insinuë, qu'à faute, de payement de telle somme, &c. on saisit & arreste tel Office en la main du Roy nostre Sire, & de Monseigneur le Chancelier de France, lequel on supplie tres-humblement n'expedier aucunes lettres de provision, sur la resignation dudit Office : on supplie aussi le Tresorier des parties casuelles, de ne mettre la resignation d'iceluy en ses roolles, & le Procureur du Roy de ne consentir à la reception d'aucun resignataire, jusques à ce que l'arrestant ait été oüy, ou son arrest, & empeschement levé, aux fins dequoy il élit domicile par l'exploit.

10. Effet d'iceluy.
Et par le moyen de cet arrest, lors que l'Officier on son resignataire veulent faire mettre la resignation au roolle des parties casuelles, le Tresorier d'icelles, s'il s'en souvient, y forme difficulté. En tout cas lors qu'on presente au sceau les provisions du resignataire, on regarde sur le registre des arrests faits sur les Offices : & trouvant que l'Office est arresté, on diffère l'expedition jusques à ce que l'arrest soit levé. Mais quoy qu'il en soit, si alors la taxe de la resignation est payée, l'Office ne se perd plus par la mort du resignant, au moins dedans l'an : pource qu'à l'égard du Roy la resignation est reputée admise par la reception de cette taxe : aussi la provision est-elle toujours dattée du jour de la quittance d'icelle.

11. Ce qu'il faut faire après l'arrest.
Or comme tous arrests n'ont autre effet, que d'arrester les debtes & autres droits incorporels, c'est à dire empescher que le debiteur, pour le dû duquel l'arrest est fait, ne les reçoive & en dispose, mais non de faire, qu'elles soient converties au payement d'iceluy dû : mais pour en venir là, il faut avoir Sentence sur l'arrest, par laquelle il soit declaré bon & valable, partant soit ordonné, que celuy és mains duquel il est fait, payera à l'arrestant ce qu'il doit ; ou si c'est quelque autre chose, qu'elle sera venduë en la maniere accoutumée, & les deniers convertis au payement du dû de l'arrestant. Aussi cet arrest de l'Office n'a autre effet sinon d'empescher que l'Officier le vende & se resigne : mais pour le faire vendre au profit du creancier, il faut passer plus outre.

12. Saisie réelle de l'Office.
C'est pourquoy, & aussi que l'Office ne reside pas en une tierce personne, comme les debtes & actions, mais reside en celle mesme du debiteur ; on a trouvé, outre cet arrest, une autre voye pour acheminer le payement de la debte, qui est de faire une saisie réelle sur l'Office, afin de le faire vendre. Je dy une saisie réelle, comme d'un immeuble, pour après le decreter & non pas une execution, pour le vendre à l'encan & subhastation, comme un simple meuble : & ce à cause de la valeur & consequence publique des Offices : saisie qui sera expliquée au chapitre suivant.

13. Simple arrest d'Office est mal-aisé dire.
Revenant donc au simple arrest de l'Office, il y a bien moins d'asseurance en iceluy, qu'aux arrests des debtes & actions. Car si après l'arrest des debtes, celuy és mains duquel il est fait, paye au creancier arresté, ou autre qui que ce soit, sans ordonnance de Justice, & au prejudice de l'arrest, il faut qu'il paye deux fois, pour avoir contrevenu à la défense de Justice, qui l'a rendu comme gardien & depositaire de la debte, afin de la payer, à qui il seroit par elle ordonné. Mais és Offices, si au prejudice de l'arrest le Tresorier des parties casuelles baille sa quittance de la taxe de la resignation, ou mesme M. le Chancelier par surprise, ou par la negligence de son Commis, scelle les provisions du resignataire, comme il peut arriver, il est notoire, qu'on ne leur en fera pas payer les dommages & interêts : n'étant ce Magistrat des Magistrats chargé de cette subjection, parmy les affaires d'Estat qu'il a en la tête.

Neantmoins c'est un grand inconvenient, quand cela arrive. Car il faut, ou que le creancier, qui volontiers n'a plus d'autre recourse que sur l'Office, & qui a fait tout ce qu'il a pû pour s'en asseurer, ou que l'achetteur de l'Office qui possible en aura payé le prix de bonne foy, lors qu'on luy a fourny les lettres de provision, ainsi qu'on a accoutumé de faire, perdent la valeur de l'Office : c'est alors qu'il y a bien à disputer entr'eux, sur qui doit tomber cette perte si notable. Et certainement en bonne école, c'est le Commis de M. le Chancelier, qui en devroit être responsable, ce qui toutefois ne s'est encore jamais pratiqué, d'autant que ce n'est pas l'ordinaire de s'addresser à un Commis, mais plûtot à l'Officier qui le commet, sauf son recours contre luy : aussi que le Commis se peut toujours excuser, que les lettres de provision ont été scellées par surprise, & sans son sceu : n'y ayant rien de son fait en cette expedition, qui l'en puisse rendre responsable selon l'ordre de Justice.

14. Que c'est un grand inconvenient.

A quoy il me semble qu'il seroit bien necessaire de pourvoir, notamment à present, que les Offices étans quasi hereditaires, le creancier s'y assure plus que jamais : ce qui est bien aisé à faire. Car afin que ce ne soit point, à l'égard de ce Commis, un simple peché d'obmission, & qu'il n'y puisse être surpris, il seroit expedient, qu'il baillât certificat aux resignataires, qu'il n'y auroit point d'arrest sur leur Office, & que sans ce certificat les resignations ne peussent être valablement expediées, non plus que sans la quittance du quart denier. Et par consequent il n'y auroit plus de doute, qu'il ne demeurât responsable de la verité de son certificat, pour lequel aussi, ensemble pour l'enregistrement de chacun arrest, le Roy luy pourroit attribuer quelque petite taxe, comme d'un écu au plus, qui sur le prix d'un Office, ne seroit à la foule du creancier, qui voudroit faire l'arrest, ny du resignataire, qui en voudroit retirer le certificat. En quoy il n'y auroit pas plus de peine, qu'à visiter, comme on fait à present, le registre des Offices au sceau tout promptement avant que sceller les lettres.

15. Remede à iceluy.

Qui seroit pourtant une grande augmentation à la charge de ce Commis, qui aussi est de soy une Charge tres-notable, & de tres-grande importance, attendu qu'elle correspond à celle du *Primicerius Notariorum* de l'ancien Empire, *qui erat inter Spectabiles*, & que Socrates & Marcellin appellent *primum Notarium*, comme qui diroit le premier Secretaire. Lequel avoit la garde *majoris laterculi*, c'est à dire du registre des Offices, ainsi appellé à cause de sa forme, d'autant que les Mathematiciens appellent la figure quadrangulaire *laterculum*, & en Grec πλινθιον, mot qui signifie une tuille ou brique.

Commis de M. le Chancelier tenant registre des arrests.

Primicerius Notariorum.
Laterculum majus.

Mais comme nous vivons à present, lors qu'il arrive, qu'au prejudice de l'arrest solemnellement fait és mains de Monsieur le Chancelier, la provision est neantmoins expediée au resignataire, disputons sur qui la perte doit tomber. Cela semble d'abord decidé par l'art. 95. de la Coûtume de Paris, disant que l'Office a suite par hypotheque, quand il est saisi auparavant, & mais non admise. Mais ce qui fait la difficulté, est qu'il suit, & non pas arresté. Or le mot de saisie est équivoque, étant tantôt special, & signifiant particulierement la saisie réelle des immeubles, tantôt étant general, & comprenant les trois especes de gage de Justice cy dessus rapportées. Et de fait quand le Sergent fait une execution sur des meubles, il dit, qu'il les saisit & prend par execution, & quand il arreste une debte ou un Office, il dit qu'il le saisit & arreste.

16. Quand au prejudice de l'arrest resignat on est admis, l'Office a en-cor son hypotheque.

De sorte que le creancier, qui n'a fait qu'un simple arrest de l'Office, peut dire qu'il satisfait à la Coûtume, & que c'est la seule façon, la plus propre & specifique, en laquelle l'Office peut être saisi : aussi que toute espece de gage de Justice a effet de saisir la main de Justice & de déposseder le debiteur, en sorte qu'il

17. Equivoque du mot de saisie.

18. Pour le creancier.

De l'arreſt & ſaiſie des Off. venaux, Ch. VI. 183

ne peut plus valablement diſpoſer de la choſe ſaiſie au prejudice du ſaiſiſſant, à cauſe duquel effet, l'arreſt ſemble particulierement eſtre ainſi dénommé, dautant qu'il arreſte le pouvoir & la diſpoſition de l'Officier, en ſorte qu'il ne peut plus reſigner ſon Office, au prejudice de l'arreſtant.

19. Pour le reſignataire.

D'autre part, pour le reſignataire on peut dire, que les termes des Couſtumes doivent eſtre entendus en leur propre & ſpecifique ſignification, que la ſaiſie eſt une eſpece de gage de Juſtice, differente de l'execution & de l'arreſt, & puis qu'és Offices il peut échoir arreſt & ſaiſie, & que la Couſtume a preciſément requis la ſaiſie pour attribuer ſuite par hypotheque, que *unius inclusio est alterius exclusio*. Principalement que les termes ſuivans en ce meſme article, qui parlent de la diſtribution du prix de l'Office decreté, monſtrent bien qu'il faut entendre de la vraye ſaiſie, faite pour parvenir à un decret, & non du ſimple arreſt, qui de ſoy n'y peut tendre. Auſſi qu'il eſt notoire, que la ſaiſie réelle eſt beaucoup plus forte, que le ſimple arreſt, comme il ſe voit aux rentes & en tous autres droits incorporels, qui neantmoins participans de la nature des immeubles, peuvent non ſeulement eſtre arreſtez, comme droits incorporels, mais auſſi ſaiſis réellement comme reputez immeubles.

20. Si le ſimple arreſt d'une reſte conſtituée peut produire droit de ſuite.

De fait c'eſt une grande queſtion, ſi le ſimple arreſt des choſes incorporelles, où la ſaiſie réelle peut échoir, comme és rentes conſtituées, peut produire droit de ſuite: & il me ſouvient de l'avoir veu traiter au Palais, ſur le fait que voicy. Vn creancier ayant fait proceder par droit d'arreſt ſur une rente conſtituée, avec defenſes de l'amortir & raquitter, ſans qu'il en fuſt adverty, le Seigneur de cette rente la vend par après à un tiers, és mains duquel elle eſt rachetée. L'arreſtant ſe réveille après le rachapt, & pource que celuy qui l'avoit fait au prejudice de l'arreſt n'eſtoit plus ſolvable, il tourne teſte contre ce tiers acheteur, & ſoûtient que la rente n'a pû eſtre raquittée ny amortie à ſon prejudice, attendu ſon arreſt, au moyen duquel il ſoûtient qu'il peut ſuivre le prix du raquit. L'acheteur au contraire, ſoutenoit qu'il avoit acquis la rente de bonne foy, qu'il en avoit par après touché le raquit, comme à luy appartenant, ne ſçachant rien de l'arreſt, que *nulla est conditio ab eo, qui ſuum recepit*. Au ſurplus, que le ſimple arreſt perſonnel & verbal n'empeſchoit pas le ſeigneur de la rente de diſpoſer d'icelle valablement, & que pour ce faire il faloit une ſaiſie réelle, qui le dépoſſedaſt tout à fait, & miſt la rente en la poſſeſſion d'un Commiſſaire, que ſi cela euſt eſté, il ne l'euſt achetée: partant que l'arreſtant ſeroit luy-meſme cauſe de ſa tromperie, ſi tant eſtoit qu'il fuſt contraint de rendre les deniers par luy touchez. Que le ſimple arreſt perſonnel, qu'il ne pouvoit deviner, n'avoit point d'autre effet, que de lier la perſonne de celuy és mains duquel avoient eſté faites les defenſes de Juſtice: mais que n'eſtant point réel, il ne pouvoit effectuer la choſe, & la rendre litigieuſe & inalienable: & il me ſemble qu'il fut ainſi jugé.

21. Reſolution de la queſtion.

C'eſt pourquoy, afin de reſoudre nettement cette queſtion, ſi le ſimple arreſt peut produire droit de ſuite, j'eſtime qu'il faut diſtinguer les choſes qu'on ne peut autrement ſaiſir, & mettre és mains de Juſtice, que par un ſimple arreſt, & celles eſquelles l'arreſt & la ſaiſie peuvent avoir lieu concurremment. En celles où il n'y a voye que d'arreſt, comme és pures debtes mobiliaires, je tiens que l'arreſt a ſuite, & pour empeſcher qu'au prejudice d'iceluy un tiers ceſſionnaire les reçoive, & pour rendre preferable le premier arreſtant à tous autres creanciers, qui ſont les deux effets de la ſuite: dont la raiſon eſt, que l'arreſtant ayant ſuffiſamment veillé, & fait tout ce qu'il a pû pour s'aſſurer, ne peut eſtre accusé d'aucun defaut. Mais és choſes où l'arreſt & la ſaiſie peuvent avoir lieu concurremmét, comme és rentes conſtituées, je tiens que le droit de ſuite ne peut avoir lieu, que par la ſaiſie réelle, qui eſt la plus exacte diligence, & celle par laquelle le debiteur eſt plus effectuellement dépoſſedé.

D'où il s'enſuit, qu'en matiere d'Offices, où comme és rentes conſtituées l'arreſt & la ſaiſie ont lieu enſemble, il faut que le creancier, qui ſe veut aſſeurer de ſon dû ſur l'Office, qui eſt encore moins ſuſceptible d'hypotheque, & par conſequent de ſuite, que n'eſt la rente, faſſe tout ce qui eſt en luy, pour realiſer ſa ſaiſie, afin qu'elle imprime un droit de ſuite en l'Office, & qu'elle ne demeure és termes d'un ſimple arreſt perſonnel.

22. De meſme.

Et conſequemment je dy, que l'Office conſiſté en gages, l'arreſt d'iceluy fait és mains, ſoit de Monſieur le Chancellier, ou du Threſorier de l'Eſpargne, n'eſt pas ſuffiſant pour produire un droit de ſuite, au prejudice de celuy qui ayant par après de bonne foy acheté & payé l'Office, en a eſté pourveu par le Roy ſans conteſtation. Mais qu'en ce cas pour empeſcher tout à fait que l'Officier debiteur puiſſe vendre ſon Office, il l'en faut dépoſſeder par une ſaiſie réelle, avec eſtabliſſement de Commiſſaire, pour recevoir les gages d'iceluy, comme la Couſtume de Paris requiert en l'article 553.

23. Office ayant gages, doit eſtre ſaiſi de ſaiſie réelle.

Mais au contraire, s'il n'y a aucuns gages en l'Office, alors, comme il ſera dit au chapitre ſuivant, il n'eſt pas beſoin d'y établir Commiſſaire, pour en realiſer la ſaiſie, & dépoſſeder davantage l'Officier, & partant je dy qu'en ce cas la ſaiſie ou arreſt fait és mains de Monſieur le Chancellier, ſignifié au debiteur, avec élection de domicile, peut eſtre pris pour une ſaiſie réelle, attendu que ſur iceluy on peut enter valablement un decret. Car cet exploit qui peut eſtre pris pour une ſaiſie réelle, & pour un ſimple arreſt, doit eſtre interpreté en la part qu'il peut ſervir davantage à celuy qui l'a fait. Et neantmoins, ſi après iceluy le creancier ceſſoit par un long-tems à commencer les criées de l'Office, on pourroit par un argument *à contſequentibus*, & que une preſomption de l'evenement à la cauſe, & du temps preſent au paſſé, interpreter l'exploit pour un ſimple arreſt, & non pour une ſaiſie réelle, & partant luy dénier la ſuite par hypotheque. Comme à preſent, en conſequence de l'article 172. de la Couſtume de Paris, on oſte & dénie le droit de preference & de ſuite au premier executant, qui deux mois après les oppoſitions jugées & ceſſées, n'a fait vendre les meubles pris par execution à ſa requeſte. Et partant c'eſt le plus ſeur pour mieux realiſer la ſaiſie de l'Office ſans gage, d'en commencer les criées, car encore qu'on les diſcontinuaſt par après, meſme qu'on les laiſſaſt ſuranner, & perimer, la ſaiſie demeure toujours en ſa force, en qualité de ſaiſie réelle.

24. Mais non celuy qui n'a aucun gages.

25. L'imitation.

Quoy donc, ſi n'y ayant qu'un ſimple arreſt ſur l'Office ayant gages, & nonobſtant iceluy le reſignataire ayant été pourveu, l'arreſtant peut-il en conſequence de ſon arreſt s'oppoſer à la reception d'iceluy? j'eſtime, quant à moy, ſauf meilleur avis, que cette oppoſition n'eſt valable, ſi ce n'eſt que le reſignataire ait bien ſceu l'arreſt, & partant ſoit en dol & mauvaiſe foy, d'avoir acheté ſciemment un Office ſaiſi & dont le pourveu n'avoit la libre diſpoſition. Ce qui doit étre obſervé à plus forte raiſon en celuy qui a moyenné, que l'arreſt fuſt caché à Monſieur le Chancellier, lors qu'il a ſeellé ſes lettres de proviſion. Car celuy-là, en quelque temps que ce ſoit, & meſme après ſon inſtallation, peut eſtre pourſuivy à cauſe de ſon dol.

26. Le ſimple arreſtant de l'Office engagé, peut s'oppoſer à la reception du reſignataire.

Mais à l'égard du reſignataire, qui ignoroit abſolument l'arreſt de l'Office, il faut diſtinguer s'il n'a pas encore payé ſes deniers à ſon reſignant, auquel cas le creancier d'iceluy les peut faire arreſter, & ſi nouvel arreſt le pourſuivre, ſoit par voye d'oppoſition ou d'arreſt (ainſi que pourroit le reſignant) au payement d'iceux, comme il a eſté dit au chapitre precedent. Mais s'il les a payez de bonne foy (comme il eſt à preſumer ſelon la maniere ordinaire, qu'en baillant les proviſions on baille l'argent) eſt-il raiſonnable qu'il les perde, luy qui a eu juſte occaſion de croire que l'Office n'eſtoit point arreſté, puis qu'on n'a fait aucune

27. Non ſi le reſignataire ignoroit l'arreſt.

184 Des Offices Venanx, Liv. III.

difficulté de luy en expedier les provisions ; & qu'il les paye encore une fois au creancier, qui a esté negligent d'user de la voye qui luy estoit ouverte, à sçavoir de la saisie réelle de l'Office, avec establissement de Commissaire; laquelle l'acheteur eust vray-semblablement pû sçavoir du Payeur des gages, auquel elle a accoustumé d'estre signifié.

28. S'il faut signifier la saisie réelle à M. le Chancelier.

Puis donc que ce sont deux façons differentes de saisir l'Office, que le simple arrest & la saisie réelle, il semble d'abord qu'il n'est point necessaire de signifier la saisie réelle faite avec establissement de Commissaire ou Commis de Monsieur le Chancelier, pource que c'est la forme du simple arrest. Toutefois, il faut tenir le contraire : car comme pour realiser la saisie des immeubles corporels, il faut que le Sergent se transporte sur iceux, lors qu'il les saisit, aussi pour realiser la saisie des immeubles incorporels, comme des rentes constituées, il faut lors qu'on les saisit, se transporter à la personne ou domicile du debiteur d'icelles, & luy en signifier la saisie, & en delivrer exploit, afin qu'au prejudice d'icelle il ne raquitte la rente, ou ne la paye à d'autres, afin aussi qu'après le decret il soit tenu de continuer la rente d'adjudicataire, d'icelle: sans laquelle signification, c'est sans doute qu'il la pourroit raquitter entre les mains du saisi, mesme si après l'adjudication, le debiteur pretendu de la rente saisie vouloit la denier, il rendroit l'adjudication illusoire.

29. Q e si.

De mesme en matiere d'Offices, dont la vraye propriété reside pardevers le Roy, il en faut signifier la saisie à M. le Chancelier, qui represente le Roy, autrement la saisie n'est pas realisée par prise & apprehension suffisante de la chose saisie, du moins telle saisie ne produira pas droit de suite pour empescher que le resignataire en demeure vray seigneur, ayant obtenu ses provisions de M. le Chancelier qui n'avoit garde, ignorant la saisie, de refuser à les sceller.

30. L'Effet de la saisie reele.

Supposé donc, que la saisie d'Office ait esté bien & deuëment faite, il n'y a plus de doute, qu'elle ne produise droit de suite sur l'Office, par le moyen duquel le resignataire d'iceluy sera tenu, ou de satisfaire aux causes d'iceluy, c'est à dire, de payer la debte du saisissant, ou de souffrir que l'Office soit vendu par decret sur caste saisie.

31. Si cet effet dure après la reception & installation du resignataire.

Mais c'est une autre grande question, jusques à quand dure ce droit de suite en l'Office. Car il semble, depuis que non seulement le Roy a donné la provision au resignataire, mais aussi que la Justice l'a receu, & fait Officier ; & en outre, qu'il a esté installé sur les lieux en l'exercice de l'Office, sans contredit ny opposition, que l'Office luy appartient *optimo jure*, & qu'il n'y peut plus estre troublé ny inquieté, après toutes ces solennitez, non plus qu'un adjudicataire par decret ne peut plus estre poursuivy pour les hypotheques precedentes. Car le Roy & la Justice ne trompent personne; & on dit communément, qu'aux Offices comme aux decrets, c'est le Roy qui en est le garentie: c'est à dire, qu'il n'y écheoit ny trouble ny garentie entre particuliers: principalement après qu'un Officier a esté installé sans opposition ny empeschement quelconque, & qu'il exerce paisiblement son Office, pour apparence y a-t-il de l'en vouloir priver & déposseder pour la debte d'autruy, deuë à un creancier negligent, & luy oster le caractère d'Officier du Roy, s'il ne paye celuy auquel il ne doit rien ?

32. Semble que non.

Autrement si cela avoit lieu, quel moyen y auroit-il d'acheter seurement un Office? Car toute l'asseurance qu'en peut prendre l'acheteur, est que tout ce qui est demeure consigné & sequestré en main tierce, jusques après les quarante jours: & entre les plus exactes jusques après la reception, ou mesme jusques à l'installation paisible sur les lieux. Mais cela estant fait, si lors l'Officier nouveau n'est asseuré, il ne le sera ce semble jamais: ne s'estant jusques alors presenté personne pour le troubler, quel sujet auroit-il de retenir l'argent à son resignant, si ce n'est que par malice il voulust garder,

comme on dit, l'argent & le drap ?

Neantmoins l'opinion contraire est la plus veritable. Car puisque la Coustume dit indefiniment & indistinctement, que l'Office saisi ayant la resignation a suite par hypotheque, il s'ensuit qu'après la reception & installation le resignataire en peut estre poursuivy ; autrement ce ne seroit qu'une matiere d'opposition, s'il faloit precisément le former avant la reception & installation : & ce ne seroit pas suivre l'Office, mais seulement l'arrester, & empescher la reception du resignataire : au moins ne seroit-ce pas une vraye suite d'hypotheque, si elle ne duroit & perseveroit après à la seigneurie & possession de l'Office vrayement acquise au tiers. Car l'effet de cette suite est, que *res transit ad tertium possessorem cum onere hypothecæ*, quand la loy *Alienatio. D. De contrah. empt.*

33. Resolution qu'il...

Aussi seroit-ce un pauvre recours, si après la saisie réelle, l'Office n'avoit suite par hypotheque que jusques à la reception. Car le resignant, sçachant que son Office seroit saisi, seroit toujours recevoir à petit bruit son resignataire dans peu de temps, sans que mal-aisément personne en pût rien découvrir: & partant cette suite d'hypotheque seroit de bien peu de durée, & tandis que le pauvre creancier penseroit dormir en repos, ayant fait tout ce qui est requis pour s'asseurer de l'Office, on l'en frustreroit & priveroit, bien facilement.

34. Preuve.

D'ailleurs, puisque la Coustume dit, qu'en ce cas special & particulier, l'Office est reputé immeuble quand il est saisi, il faut qu'il ait sa suite entiere & parfaite, comme un immeuble : au moins faut-il qu'il ait autant de suite qu'un simple meuble. Or un meuble saisi réellement a suite, mesme après la tradition & tranflation de possession faite à un tiers : étant certain que le creancier ne le peut vendre au prejudice de la saisie, *l. Quod autem, §. sciendum. D. Quæ in fraud. credit.*

35. Autre preuve.

Aussi n'y a reception, ny mesme l'installation du resignataire ne peut pas annuller & rendre sans effet la saisie réelle de l'Office : non plus que la livraison du meuble à un tiers acheteur, faite après l'execution réelle d'iceluy, n'empesche pas que le gardien ne soit poursuivy pour le representer, afin d'estre subhasté. Et bien que la reception de l'Officier se fasse en Justice, si est-ce que les maximes de droit, que *Res inter alios acta aliis non præjudicat*, que *alteri per alterum iniqua conditio inferri non debet* : & que *nemo sine suo facto potest amittere jus sibi quæsitum*, ont aussi bien ès actes judiciaires, qu'aux contracts.

36. Autre raison.

Et quant à la provision du Roy, elle se baille sans connoissance de cause, & n'est jamais refusée à celuy qui paye le quart denier : & aussi ne produit-elle pas une garentie contre le Roy, si le resignant n'avoit rien en l'Office, ou si l'Office estoit saisi & hypotheque. Car c'estoit au resignataire de s'enquerir de la condition de celuy avec lequel il contractoit, & de l'asseurance de l'Office qu'il achetoit : & il y a bien difference entre un decret, qui se fait avec tant de longueurs & de publications, toutes faites à cette fin de purger les hypotheques, & la reception d'un Officier, qui se peut pratiquer sourdement & promptement, & en tout cas n'est pas faite à ce dessein. Et n'est pas chose nouvelle qu'un Officier deuëment receu, ou un Beneficier, qui est en bonne possession, soient par après évincez de l'Office ou Benefice.

37. Replique...

De vouloir d'ailleurs imputer quelque negligence au creancier, il n'y a nulle apparence: attendu qu'il a réellement saisi l'Office, avec establissement de Commissaire, qui est tout ce qui se peut desirer, pour acquerir le droit de suite. Et le plus souvent seroit impossible à un homme éloigné de la Cour, ou du lieu où l'Officier sera receu, de former empeschement, ny à sa provision, ny à sa reception.

38. De mê...

Au contraire, c'est le resignataire auquel on peut imputer negligence, n'avoir pas fait recherche dans le registre des arrests des Offices, pour sçavoir si celuy qu'il achetoit, étoit saisi ou arresté: & ce auparavant

39. De mesme.

De l'arrest & saisie des Off. venaux, Ch. VI.

ravant que de contracter, ou du moins de bailler son argent: car c'est à celuy qui débourse ses deniers, de rechercher son asseurance.

Et on peut pourtant dire, qu'il n'y ait point de seureté en l'achat des Offices. Car voila un moyen aisé, & presque infaillible, pour s'en asseurer, même qu'il n'y en a point de tel en l'achat d'un heritage, qu'il faut par necessité acheter au hazard, sans qu'il y ait aucun moyen de sçavoir au vray s'il est hypothequé ou non, si ce n'est par un decret, qui est au long, & aujourd'huy si plein de formalitez, que quand on vient à en appeller aprés l'adjudication, il s'en trouve plus de mauvais que de bons: & il y a presque autant de personnes trompées pour s'asseurer aux decrets, sans les avoir bien examinez, que pour se fier aux ventes volontaires: de sorte que la plus grande asseurance qu'il y ait en l'achat des heritages, c'est de contracter avec un homme qui soit notoirement homme de bien & solvable.

41. Conclusion. Concluons donc, que la saisie réelle de l'Office faite avant la resignation admise, attribuë suite sur iceluy, même aprés la reception & installation du resignataire, qui pourtant ne dure pas dix ans, & vingt ans, comme les autres hypotheques: mais c'est sans doute, qu'elle ne peut durer cinq ans, à compter du jour de la reception de l'Officier, attendu que comme la prescription des Benefices est reglée à trois ans par le decret *De pacificis possessoribus*: aussi celle des Offices est reglée à cinq ans, par l'Ordonnance de Charles VII. qui a lieu non seulement pour la propriété d'iceux, mais à plus forte raison pour les hypotheques, qui certes conviennent mal aux Offices.

42. Semble que cette suite ne doit durer que dix ans. C'est pourquoy on peut tenter & mettre en avant que cette suite ne doit durer plus de trois ans, à commencer du jour de la saisie, au moins de la derniere procedure faite sur icelle, & ce en vertu de l'Ordonnance de Roussillon. Car encore que cette Ordonnance ne parle que de la peremption d'instance, & qu'on dise au Palais que *saisie ne perit point*, cela se doit entendre à mon advis, qu'elle ne perit point, à l'effet que la prescription puisse continuer son cours, pource qu'il est certain, que celuy sur lequel on pouvoit valablement saisir, pour être obligé ou condamné, ne peut prescrire. Mais hors cela, est-il pas raisonnable qu'une saisie, qui est odieuse, finisse en moindre temps qu'une action favorable: principalement quand en vertu de la saisie, le saisi n'a pas été actuellement depossedé, mais seulement par fiction comme en un Office. Et déja és saisies feodales la Coustume de Paris y a pourveu, decidant qu'elles n'ont effet que pour trois ans: & celle de Normandie a dit qu'elles ne sont qu'annales, & on commence à pratiquer que le Commissaire estably en toute autre saisie, si dans les trois ans le saisissant n'a fait diligence pour parvenir au decret, peut demander une décharge: & qui plus est la même Coustume de Paris, art. 172. veut qu'en execution de meubles, l'executant en faise la vente dans deux mois, aprés les oppositions cessées: dont on collige qu'aprés ce temps le gardien est déchargé *ipso jure*, & de sa commission. Il y a donc apparence de tenir que cette suitte ne dure que trois ans, encore seroit-il raisonnable qu'il y eust une Ordonnance pour la restraindre à un, comme l'action de retrait, de complainte, & autres actions odieuses. Car c'est assez pour reveiller un creancier endormi, quand il void par un an tout entier, un tiers exerçant l'Office qu'il a saisi.

43. Pratique de la poursuite de cette saisie contre le resignataire. Finalement pour la pratique, il faut observer, que pour se bien prevaloir de cette suitte, il ne faut pas intenter contre le resignataire l'action hypothequaire *aut cedat, aut solvat*, mais en reprenant les erres de la saisie, faut continuer le decret de l'Office, faisant neanmoins appeller le possesseur nouveau, pour voir interposer le decret, qui est un chemin plus court, que de commencer par action, en laquelle on ne peut obtenir autre chose, qu'une permission de le faire decreter. Et on ne peut pas trouver étrange, qu'on continuë le decret sur le nouveau resignataire, pource que son resignant étant depossedé par la saisie, ne luy a pû valablement vendre l'Office au prejudice d'icelle, & bien que le resignataire puisse dire, que *non habet jus à resignante, sed à Rege*, si est-ce que *non potest habere pinguius jus, quàm resignans habebat*, comme dit du Moulin sur la regle *De publica, resignant.*

44. Si cette saisie sert aux autres creanciers. Puis donc qu'on peut au prejudice du resignataire reveiller la saisie faite avant sa resignation, & sur icelle enter & continuer le decret, ce n'est pas une petite difficulté, si les creanciers du resignant, qui auparavant la resignation n'avoient fait aucune diligence de saisir, ou s'opposer, seront conservez en leurs hypotheques par telle saisie? en sorte qu'ils se puissent opposer aprés la resignation lors que le decret est recommencé: en un mot, si l'Officier a suite, tant au regard du saisissant, que des autres creanciers de l'ancien Officier.

45. Que si. Car il semble d'abord, que la Coustume disant indistinctement qu'il a suite par hypotheque, cela se doit entendre sans distinction, du saisissant & des autres creanciers aussi, attendu même que *Pignus Pretorium in rem est, & omnibus creditoribus prodest, l. Cùm unus. D. De bon. auct. jud poss*. & se pratique journellement qu'aprés qu'on a saisi & satisfait le saisissant, les autres creanciers se font subroger aux criées, encore même qu'ils n'y ayent formé opposition: pourveu toutefois qu'ils se presentent avant une pleine main levée.

47. Resolution que non. Neanmoins j'estime qu'il ne faut pas étendre cette suite des Offices si exorbitante; mais qu'il la faut restraindre au seul saisissant, & à ceux qui se sont opposez auparavant la resignation admise. Mais aprés que le temps de saisie est passé, le temps de s'opposer l'est pareillement: & c'est icy qu'il faut pratiquer la regle, *vigilantibus jus subvenit*. Car la suite d'hypotheque, que la Coustume attribuë aprés la saisie, n'est qu'une suite ou continuation de l'hypotheque du saisissant, lequel si le resignataire veut satisfaire, il amortit sans doute cette suite d'hypotheque, comme il semble bien decidé en la Nov. 112. chap. 1. Joint qu'un resignataire seroit trompé: car ayant reconnu, ou par les procedures du decret, ou par le registre de M. le Chancelier, qui sont les saisies & opposans, il se charge volontiers de les payer sur le prix de l'Office, esperant que par aprés son Office sera libre.

47. Response aux raisons contraires. Et ce qu'on dit que *Pignus Pretorium omnibus creditoribus prodest*, est bien vray au droit Romain, où le gage Pretorien estoit possedé sous le nom general de tous les creanciers d'un homme *qui omnes simul mittebantur in possessionem bonorû omnium debitoris laitantis*, & par aprés on en faisoit la vente, puis la distribution des deniers par deconfiture, qui étoit infamante comme une banqueroute: mais nos saisies de France ne sont pas de cette sorte, & se raportent mieux au gage de Justice, qui n'estoit pas *in rem, sed in personam*, & ne servoit qu'au creancier executant, au moins nostre simple saisie. Car à la verité, les criées & decret se rapportant aucunement au gage Pretorien, pource que tous les creanciers y sont appellez pour assister à l'adjudication, ainsi qu'à la vente du gage Pretorien.

48. Mais elle sera aux opposans à icelle, avant la resignation. Mais quisqu'en France l'opposition formée à la saisie, a pareille force que la saisie même en ce qui concerne la conservation du droit de l'opposant, comme aussi elle se fait au lieu de saisie, d'autant que saisie sur saisie ne vaut, mais s'il y a une seconde saisie, il la faut convertir en opposition, il faut tenir que quand il n'est plus temps de faire de saisie, on peut plus aussi former d'opposition, autrement il s'ensuivroit que l'opposition seroit plus forte que la saisie. C'est pourquoy je conclus, que les oppositions formées aprés la resignation admise, ne servent plus de rien.

Du Droit des Offices.   A a

Des Offices Venaux Liv. III

CHAPITRE VII.
Du decret des Offices Venaux.

1. Office saisi n'est vendu que par decret.
2. Formalitez des autres decrets impossible en l'Office se suplée par d'autres qui sont rapotées en ce chapitre.
3. Saisie des Offices se fait à deux fins.
4. A qui doit être signifiée la saisie des Offices.
5. Pour realiser la saisie, faut établir Commissaire.
6. A Rome n'y avoit point de Commissaires ny de gardiens de biens.
7. Curator, sive Magister bonorum, quis.
8. Faut établir Commissaire en France aux choses saisies.
9. Comment le saisi est actuellement depossedé aux immeubles incorporels saisis.
10. Comment és Offices.
11. Le Commissaire ne peut empêcher l'Officier saisi en son exercice.
12. Mais les Tresoriers de France peuvent commettre à son exercice, si le Roy y a interest.
13. Ce que peut faire le Commissaire de l'Office saisi.
14. En l'Office où il n'y a que droits sans gages, il n'est pas besoin de Commissaire.
15. Pourquoy.
16. Principalement ne faut point de Commissaire és Offices où n'y a gages ny droits.
17. Bail à ferme est necessaire au decret des immeubles corporels.
18. Mais non és incorporels.
19. Mais au lieu de bail, le Commissaire doit faire signifier son établissement au Payeur des gages.
20. Anciennement faloit discuter les autres biens avant que saisir les Officiers.
21. Le seul creancier privilegié faisoit vendre les Milices à Rome.
22. Pratique ancienne de cette discution.
23. De même.
24. Pourquoy cette discution a été abolie.
25. A present le premier qu'on saisit c'est l'Office.
26. Où doivent être faites les criées des Offices.
27. Deux situations imaginées en l'Office.
28. Faut faire les criées de l'Office en deux Parroisses.
29. Limitation.
30. Ampliation.
31. Autre limitation.
32. Pannonceaux necessaires aux Offices.
33. Si en vente volontaire, c'est à l'acheteur, ou au vendeur à payer le quart denier.
34. Qu'en adjudication par decret c'est à l'adjudicataire.
35. De même.
36. Par l'adjudication, le saisi doit estre condamné par corps à fournir sa procuration à l'adjudicataire.
37. Mesme y peut estre condamné par sentence de 40 jours.
38. Preuve.
39. Cette condamnation est executoire, nonobstant appel.
40. Adjudicataire tenu consigner, nonobstant l'appel du saisi.
41. Mais la distribution doit estre differée, bien que le creanciers offissent aution.
42. Adjudicataire n'est tenu consigner qu'après la procuration à luy fournie.
43. Inconvenient qui en arriveroit autrement.
44. Si après l'adjudication le saisi meurt sans resigner l'Office est vacant.
45. Provision devroit estre expediée sur l'adjudication.
46. En tout cas l'Office ne devroit vacquer par mort, après le quart denier payé.
47. Adjudicataire doit consigner pendant les 40 jours.
48. Mais la distribution doit estre differée.
49. Si l'adjudicataire est en demeure de se faire pourvoir, il perd ses deniers consignez.
50. Idem en la vente volontaire.
51. Le temps de cette demeure dépend de l'arbitrage du Juge.

1. Office saisi n'est vendu que par decret.

PUisque nostre Coustume repute l'Office vena immeuble quand il est saisi, il s'ensuit qu'il ne doit être vendu par une prompte subhastation comme un meuble, mais par les solemnitez du decret comme un meuble. Dont la raison a été cy-devant attribuée à la consequence publique des Offices, & à la dificulté qu'il y a de separer de la personne la qualité, qui luy est inherente, & le caractere d'Officier, qui luy est imprimé.

2. Formalitez des autres decrets impossibles en l'Office se suplent pour d'autres qui sont expliquées en ce chapitre.

Il faut donc au decret des Offices observer les formalitez requises aux autres decrets tant que faire se peut, & qu'elles s'y peuvent accommoder. Mais tout ainsi que l'Office est une espece d'immeuble anomale & impropre, aussi la façon de le decreter est irreguliere en quelques rencontres, Car lors que les solemnitez des decrets ordinaires n'y peuvent estre accommodées, il les faut suppléer par d'autres particulieres: & on peut dire que c'est un chef-d'œuvre de pratique, que faire bien le decret d'un Office. Ce font donc ces solemnitez extraordinaires, qu'il faut expliquer en ce chapitre, sans qu'il soit besoin de parler de celles qui sont communes aux autres decrets.

3. Saisie des Offices se fait à deux fins.

Le fondement de tous decrets est la saisie, par laquelle la chose qu'on veut decreter est ostée de la possession du saisi, & mise en main de Justice, pour être par après venduë publiquement par auctorité d'icelle. Toutefois cette saisie se fait à deux fins és immeubles incorporels, qui de leur nature sont amortissables, comme sont les rentes constituées & les Offices: l'une, afin qu'ils ne puissent être amortis & éteints au dommage du saisissant; l'autre, afin qu'ils puissent être vendus à son profit. Ainsi au chapitre precedent nous avons traité de la saisie de l'Office, en tant que faire pour empecher qu'il soit vendu & resigné par l'Officier : mais il en faut parler, en tant que faite pour le faire vendre par Justice.

4. A qui doit être signifiée la saisie des Offices.

Comme c'est toujours la même saisie, qui peut tendre à ces deux diverses fins, aussi les solemnitez n'y sont-elles non point differentes: à sçavoir, comme il a été dit, au lieu qu'és immeubles solides on se transporte sur iceux, pour en faire une saisie réelle, aussi és immeubles incorporels, on fait cette saisie entre les mains de celuy auquel ils resident le plus, comme celle des rentes constituées en parlant au debiteur d'icelle : & celle des Offices entre les mains du Roy, qui en est le collateur, la personne duquel est representée à cet regard par M. le Chancelier qui expedie les lettres de provision d'iceux.

5. Pour realiser la saisie faut establir Commissaire.

Or en France en toute sorte de saisie, mesme en toute espece de gage de Justice, ce n'est pas assez de saisir : mais il faut establir Commissaire. Car à bien entendre, ce qui realise n'est pas la voix du Sergent, ny l'écriture de son exploit, mais c'est l'effet qui en resulte, à sçavoir la prise & apprehension actuelle de la chose, quand on l'oste au saisi, & qu'on l'en depossede au mieux que faire se peut. Or il n'en peut estre actuellement depossedé, si on ne baille la possession & détention d'icelle à un autre, comme en sequestre, qui desormais le possede par l'auctorité du Roy & de la Justice : & voila proprement ce que c'est que saisir réellement, qui est la cause pourquoy, l'Ordonnance des criées requiert notamment l'établissement de Commissaire pour realiser la saisie.

6. A Rome n'y avoit point de

Qui est pourtant une pratique particuliere à nous autres François. Car bien que les Romains eussent point de

Du decret des Offices venaux, Ch. VII

Commissaires, ny de gardiens de biens.

des sequestres judiciaires, és mains desquels la chose litigieuse estoit sequestrée par ordonnance expresse du Juge, donnée contradictoirement, desquels est fait mention *In l. Licet. D. Depositi.* si n'avoient-ils point de Commissaires, ou gardiens de biens comme nous, establis par les Sergens executeurs des Sentences & obligations. Car à Rome *in pignore judiciali executor ipse retinebat pignora, quo usque illa venderet*: laquelle vente se faisoit promptement, mesme à l'égard des immeubles (ainsi qu'à nous és meubles, au moins en plusieurs Coustumes, comme il se voit en la loy *A Divo Pio. D. De re judic. In pignore autem Prætorio creditores ipsi mittebantur in possessionem, sive ex primo sive ex secundo decreto*, & celuy qui est nommé au droit *Curator* ou *Magister bonorum*, n'estoit pas le Commissaire ou gardien, mais c'estoit un homme, dont on empruntoit le nom, sous lequel, comme d'un curateur aux biens vacans, *debitoris absentis ceu latitantis bona vendebantur*, afin de luy sauver l'infamie qu'il eût encouruë, si cette vente eust esté faite sous son nom, comme j'ay traité au 3. livre *Du deguerpissement*.

7. Curator sive Magister bonorum qui.

8. Faut établir Commissaire en France aux choses incorporelles reputées immeubles.

Mais en France, aux meubles saisis on établit un gardien, aux immeubles un Commissaire: & quant aux choses incorporelles, c'est la difficulté comme on y peut observer cette solemnité, pource que n'estans visibles ny maniables, on ne les peut bailler réellement à gardien ny Commissaire. Neantmoins encore en échappe-on: quant à celles qui sont reputées meubles, comme les deres & actions mobiliaires: car on se contente d'en faire arrest és mains du debiteur, lequel est le moyen en demeure gardien: mais quant à celles qui sont reputées immeubles, si on les veut decreter, il faut un Commissaire, puis que c'est une solemnité essentielle du decret, que la saisie soit realisée, & le saisi depossedé par l'établissement d'un Commissaire, qui la possede desormais sous le nom & auctorité de sa Justice.

9. Comment le saisi est actuellement depossedé aux immeubles incorporels saisis.

Car ce Commissaire étably aux immeubles incorporels ne les peut pas toujours posseder réellement & visiblement, attendu qu'ils n'ont point de possession réelle & visible, mais seulement une possession intellectuelle & imaginaire, qu'on appelle *quasi possessionem*? comme pour le regard des rentes constituées, cette quasi possession consiste en la perception des arrerages. Mais quant aux Offices, qui sont inherens à la personne du pourveu, il y a encore plus de difficulté de l'en depossedet, & d'en faire jouir un Commissaire étably à leur saisie: Car leur jouissance consiste en deux points, qu'il faut hardiment distinguer, à sçavoir d'en faire l'exercice, & d'en recevoir le revenu. Quant à l'exercice, attendu qu'il est entierement public, & d'ailleurs qu'il est attaché à la personne de l'Officier, qui a le caractere public, il est notoire qu'il ne peut estre transferé au Commissaire, lequel n'a pas les qualitez, & sur tout l'approbation publique requise pour faire cét exercice: aussi qu'il ne seroit pas raisonnable qu'un Sergent pût commettre à iceluy. Joint que le public seroit interessé, s'il faloit changer d'Officiers tout autant de fois, que les saisies & main-levées des Offices pourroient estre reïterées.

10. Comment és Offices.

11. Le Commissaire ne peut empescher l'Officier saisi en son exercice.

Il est vray, qu'au contraire si pour le manifeste interest du public, il estoit requis d'empescher l'Officier d'exercer sa charge, comme un Receveur qui seroit notoirement insolvable, en ce cas, non par le Sergent qui saisit son Office, mais les Tresoriers de France ont accoustumé de commettre à l'exercice d'iceluy. Car enfin ce seroit chose absurde, qu'un simple Sergent pût deleguer la puissance publique.

12. Mais les Tresoriers de France peuvent commettre à son exercice, & le Roy y a interest.

13. Ce que peut faire le Commissaire de l'Office saisi.

Donc tout ce que peut faire le Commissaire étably par le Sergent à l'Office saisi, est de recevoir les émolumens d'iceluy: c'est à sçavoir en premier lieu les gages, en quoy il n'y a nulle difficulté: & outre, de recevoir les droits & taxations qui ont accoustumé d'estre payées par un Receveur, comme il sera dit au livre suivant, que ces droits peuvent être saisis & arrestez, & aussi que l'art. 353. de la Coustume de Paris dit, que le Commissaire étably à l'Office ayant gages, en doit recevoir, non pas les gages simplement, mais les fruits. Mais pour le regard des profits manuels, que l'Officier reçoit par ses mains à mesure qu'il exerce: il est certain que le Commissaire ne les peut recevoir, attendu qu'il a été dit au 1. livre, qu'ils sont inseparables de l'exercice, duquel le Commissaire n'est par capable: ce qui sera aussi prouvé au mesme endroit.

Est-il donc vray qu'en tout Office, où il y a des droits, qu'un Commissaire peut recevoir, il faille y établir un Commissaire pour la validité de la saisie? veu qu'autrement si l'Officier reçoit toujours ses droits, il semble qu'il ne soit pas valablement depossedé. A la verité c'est une grande question, & je tiendrois de ma part pour cette opinion, si ce n'estoit cét article 353. de la Coustume de Paris, duquel les termes sont à peser, *Es Offices où y a gages sera étably Commissaire pour recevoir les fruits*: d'où il s'ensuit qu'il n'est necessaire d'établir Commissaire qu'és Offices où il y a gages bien que ce Commissaire soit étably non seulement pour recevoir les gages, mais aussi les fruits de l'Office ayant gages; dont la raison peut bien estre, que c'est chose inconnuë au vulgaire, si les droits des Officiers sont sujets à estre saisis & receus par Commissaire, & encore plus de discerner les grands droits qu'un Commissaire doit recevoir, d'avec les menus émolumens, qui ne peuvent estre ostez à l'Officier: de sorte que sur ce defaut il seroit injuste de declarer un decret d'Office nul. Quoy qu'il en soit, il est certain qu'és Offices où il n'y a ny gages ny droits, qui puissent estre receus par un Commissaire il n'est pas besoin d'y en établir, pource que cét établissement seroit du tout frustratoire: & de fait la Coustume ne le requiert qu'és Offices où y a gages: or est-il, *que qui de uno dicit, de altero negat*, *vulg. l. cum Prator. D. De judic.* Aussi est-ce assez d'observer aux decrets toutes les formalitez requises par les Ordonnances & les Coustumes, qui sont déja en assez grand nombre & possible trop, sans nous assujetir encore par fantaisie à d'autres, qui ne sont prescrites par icelles.

14. En l'Office, où il n'y a que droits sans gages, il n'est pas besoin de Commissaire.

15. Pourquoy.

16. Principalement ne faut point de Commissaire ès Offices où n'y a gages ny droits.

Or il ne suffit pas de saisir & établir Commissaire: car tout cela n'est encore que du papier sans effet. Mais pour la validité du decret, il faut qu'il y ait bail à ferme, fait en Justice, des choses saisies, pource que c'est par ce bail que le saisi est actuellement & mesme publiquement deposedé: & de fait faute d'iceluy, on casse tous les jours des decrets, & ce pour deux raisons. L'une, qu'un Commissaire ne peut rendre liquidement son compte des fruits de l'heritage saisi, s'il n'en fait un bail à ferme public; l'autre, & la principale, que les creanciers, qui voyent leur debiteur demeurer toujours en sa maison, & continuer la jouïssance de ses heritages, n'ont sujet de croire qu'on les decrete, & n'y a rien qui les puisse mieux advertir du decret, que de voir qu'un autre en jouïsse.

17. Bail à ferme est necessaire des immeubles corporels, tels,

Cela est vray és immeubles corporels, mais ès incorporels, comme les rentes & les Offices, ce bail sans doute n'est point necessaire: d'autant qu'à leur égard ces deux raisons cessent. Premierement: les fruits des rentes & des Offices, au moins ceux dont le Commissaire est comptable, sont liquides: & secondement és choses incorporelles, il n'y a point de possession visible, au moins qui puisse estre ostée au saisi: car celle des rentes est intellectuelle, & celle des Offices, qui est l'exercice d'iceux, ne peut estre ostée au saisi? c'est pourquoy le bail à ferme y seroit frustratoire, & je m'étonne comment aucuns Juges le font, veu que c'est contre le sens commun.

18. Mais non és incorporels.

Mais puis qu'il vient d'estre dit, que les solemnitez ordinaires des criées, qui ne peuvent avoir lieu és choses

19. Mais au lieu de Bail le Commissaire

Du droit des Offices. A a ij

Des Offices Venaux Liv. III

aire doit faire signifier son établissement au payeur des gages.

incorporelles doivent estre supleées par d'autres qui y soient correspondantes : il semble que du moins au lieu du bail à ferme, le Commissaire devroit faire signifier son établissement au Payer des gages. Ce qui ne serviroit pas seulement pour son asseurance, afin d'empescher que l'Officier touchât les gages, mais aussi cela serviroit pour plus grande notorieté du decret, entant que celuy qui achete un Office, va ordinairement s'enquerir au Payeur des gages d'iceluy, s'ils ne sont point saisis ou arrestez. Toutefois pource que ces raisons ne portent pas à la nullité du decret, & sur tout que cette solemnité n'est requise par aucune Coustume ny Ordonnance, & qu'elle concerneroit plutost la diligence du Commissaire que du saisissant, j'estime que le defaut de cette signification ne doit point rendre un decret nul.

20. Anciennement faloit discuter les autres biens, avât que saisir les Offices.

Pour donc venir au decret des Offices, on observoit en France, n'y a pas encore long-temps de ne se point decreter jusques après discution des autres biens, & ce par une apparence d'equité resultante de ce que la saisie, & encore plus la vente forcée d'un Office, qui depend plus du Roy que du pourveu, estant de soy exorbitant & étrange, il sembloit raisonnable de n'y venir qu'à toute extremité, & de se prendre aux biens exterieurs, auparavant que s'attaquer à la qualité inherente à la personne & avant que le degrader, & luy oster son état & comme son estre.

21. Le seul creancier privilegié pouvoit vendre les Milices à Rome.

Aussi ne trouvons-nous point en droit, qu'il fût permis aux creanciers de faire vendre, je ne dis pas les Offices, mais les Milices venales, sinon *quando debitum aliunde recuperari non poterat*. dit la Nov. 136. encore cette permission n'estoit-elle donnée qu'au creancier privilegié, qui avoit presté son argent pour l'achat de la milice, comme il se collige de cette Nov. & de la loy derniere *Cod. de pignor.*

22. Pratique ancienne de cette discution.

Et toutefois en France, où nous avons été plus libres à permettre & la vente volontaire & le decret des Offices, cette discution des autres biens n'a jamais été requise à l'égard du creancier privilegié, poursuivant le prix de l'Office par luy vendu & resigné, ou ayant presté son argent pour l'acheter. Mais à l'égard des autres creanciers on observoit, possible en consequence de la loy *A Divo Pio, §. In venditionib. D. De re judic.* qui dit, qu'il faut vendre premierement les meubles, puis les immeubles, & enfin les droits incorporels, ce qu'on pratique encore à l'égard des immeubles des mineurs.

23. De mesme.

Non que jamais cette discution ait été une solemnité necessaire au decret des Offices, comme elle est en celuy des immeubles du mineur : n'estant pas enjointe expressement par aucune Ordonnance ainsi que l'autre : & partant l'omission d'icelle n'apportoit pas nullité inevitable au decret, posé qu'elle n'eût été demandée pendant le cours d'iceluy, ainsi que la mesme exception de discution n'empesche pas la condamnation en l'action hypothequaire, posé qu'elle ne soit point proposée par le tiers detempteur. Mais seulement elle étoit pratiquée par une equité, de sorte qu'estant proposée & requise par l'Officier saisi, elle arrestoit le decret, ainsi que la discution introduite par la Nov. 4. arreste la condamnation hypothequaire quand elle est proposée par le tiers detempteur. Je dy, qu'elle arresteroit le decret & non pas la saisie réelle, qui sert à une autre fin, à sçavoir pour empescher que l'Officier resigne : ny encore l'establissement de Commissaire, qui sert à empescher qu'il ne reçoive & consomme ses gages & droits.

24. Pourquoi cette discution a été abolie.

Mais la malice des hommes a fait paroistre de nôtre temps une equité toute contraire, & beaucoup plus considerable. Car quand on retardoit le decret des Offices, après la discution des autres biens meubles, il arrivoit qu'un Officier endebté, pour retenir son Office, auquel consistoit & son honneur & sa fortune, bandoit toute son industrie à retarder & allonger cette discution ; & comme les procez des fuyards sont immortels, il la faisoit durer plus que sa vie, &

cependant l'Officier venant à deceder, l'Office estoit perdu, & les debtes des creanciers par consequent. Inconvenient, qui est arrivé si souvent depuis que les Offices venaux ont été en plus grand nombre, en plus grande valeur & en commerce plus ordinaire, qu'on a été contraint de corriger l'ancienne pratique, & reduire à ce regard le decret des Offices au droit contraire des autres biens : pource que le peril qui arrivoit d'un costé étoit plus grand, que le commodité qui revenoit de l'autre : joint que l'equité, qui concerne l'interest du creancier, est plus considerable que celle qui regarde la commodité du debiteur : étant la fin de la Justice, de rendre à chacun ce qui luy appartient.

25. A present le premier qu'on saisit, c'est l'Office.

Donc aujourd'huy, tant s'en faut qu'on retarde le decret des Offices jusques après celuy des heritages, qu'au contraire un rude creancier s'attaque directement à l'Office de son debiteur, afin de le piquer & faire venir à raison par cette importunité & honte de voir son Office, au quel son rang & comme son honneur consiste, être saisi & crié publiquement: mais il n'y a remede, eat en païant quite, & comme dit Ciceron aux Offices, c'est la manutention d'un estat, que l'accomplissement de la foy des contracts, & payement prompt des debtes.

26. Où doivent être faites les criées des Offices.

Commençons donc les criées des Offices, à l'égard desquelles ç'a été autrefois une grande difficulté, en quelle Eglise elles doivent être faites, où les affiches icelles devoient être mises : attendu que les Offices étans incorporels, ils n'ont point d'assiette ny de situation. Mais la Coustume de Paris (qui seule a traité cette matiere comme il est à presumer que ç'a été à Paris, où on s'est premierement hazardé à decreter les Offices (nous en a donné la resolution és art. 350. 351. & 352. decidant en somme, que regulierement il les faut faire en deux endroits crainte d'y faillir. Car comme l'Office a deux qualitez l'une d'estre reputé réel & immobilier, notamment à l'égard des criées, ainsi qu'il a été dit cy-devant : l'autre, d'estre de sa propre nature personnel & inherant à la personne de l'Officier : ainsi cette Coustume a voulu, en tant qu'il est reputé réel, que les criées d'iceluy fussent faites & les affiches de celles mises à la porte de la Parroisse du siege dont il depend, & où il fait son principal exercice, auquel lieu refere son assiette & situation intellectuelle : & entant qu'il est personnel, elle a ordonné que criées seroient encore reiterées à la Parroisse de l'Officier.

27. Deux situations imaginées en l'Office.

Bien donc que és autres decrets il ne soit pas besoin de faire les criées qu'en une Parroisse, qui est celle où l'heritage est situé, neantmoins en celuy des Offices, à cause de leur double respect, il les faut faire en deux Parroisses : à sçavoir en celle du siege dont depend l'Office, & en celle du saisi. Toutefois il faut remarquer que si le saisi est demeurant en la mesme ville où est le siege, d'où depend son Office, bien qu'en diverse Parroisse, il suffit de faire les criées en la Parroisse du siege, & il n'est pas besoin de les faire en celle de l'Officier.

28. Faut faire l'Office en deux paroisses.

29. Limitation.

Et dautant que les Officiers comptables n'ont autre Siege dont ils dependent, que la Chambre des Comptes, c'est en la Parroisse d'icelle qu'il en faut faire les criées, dit cette Coustume en l'art. 350. Et quant aux Offices qui ne dependent d'aucun Siege, comme par exemple les Offices non comptables de la gendarmerie, & de la maison du Roy, dont elle ne parle point, j'estime, qu'il suffit d'en faire les criées en la Parroisse du saisi, pource qu'ils n'en ont point d'autre où on puisse referer leur situation.

30. Ampliation.

31. Autre limitation.

Mais il faut prendre garde, que cette même Coustume requiert expressement és articles 350. & 351. que pour plus grande notorieté du decret des Offices, aussi bien que des rentes, outre les affiches, qui sont ordinaires en tous decrets, il soit mis des pannonceaux tant contre la porte des Eglises, où s'en font les criés, que contre la maison du saisi

32. Pannonceaux necessaires aux Offices.

Du decret des Off. Venaux, Ch. VII. 189

combien que l'Ordonnance des criées ne requiere les panonceaux qu'és maisons saisies seulement, & non aux heritages : desquels panonceaux, j'ay traité amplement au 1. chap. du 3. liv. Du deguerpissement.

33. Si en vente volontaire c'est à l'acheteur, & non au vendeur à payer le quart denier.

Quant à l'adjudication par decret de l'Office, c'est tout le contraire qu'en la vente volontaire : car si la vente volontaire d'un Office est faite sans dire si c'est les lettres au poing, ou la simple procuration, elle importe qu'on fournisse lettres de l'Office expediées : pource que la procuration à resigner n'est pas un Office, & que la loy a determiné que *legata Militia onera & introitus Militia ab harede præstanda sunt, l. pen. §. ult. De leg.* 3, ce qui doit avoir lieu à plus forte raison au titre onereux de vente. Joint que l'argent que le Roy prend pour la resignation, est pour permettre au resignant de vendre, ou autrement disposer de son Office.

34. Quand adjudication par decret, c'est à l'adjudiciaire.

Mais tout au contraire, l'adjudication par decret de l'Office doit estre entenduë de la simple procuration seulement, & à la charge de payer par l'adjudicataire la finance deuë au Roy, pour la resignation d'iceluy, ainsi que l'Ordonnance veut que les heritages soient adjugez à la charge des droits seigneuriaux : ce qui ne signifie pas seulement la continuation des droits, dont l'heritage est chargé vers le Seigneur direct, mais signifie, que l'adjudicataire sera seul tenu payer les profits deus au Seigneur à cause du decret, mesme és Coustumes, où ils sont payables en tout ou partie par le vendeur, si la vente n'est faite sans deniers : laquelle clause il n'est besoin inserer en la vente par decret, parce que l'Ordonnance la supplée : mesme quand l'adjudication seroit faite sans exprimer la charge des droits Seigneuriaux, l'adjudicataire en est toujours chargé en vertu de l'Ordonnance, qui supplée la disposition du Juge.

35. De mesme.

Ainsi en l'adjudication par decret d'un Office, encore que par exprés l'adjudicataire ne soit chargé de payer la finance de la resignation, comme on ne s'en advise pas toujours, si est ce qu'il faut tenir, que cette charge y est sous entenduë, pource qu'on ne peut vendre par decret ny transferer à l'adjudicataire, que la procuration simple de l'Officier, estant certain, que celuy de qui on vend l'Office par force, ne se hastera pas de poursuivre l'expedition des provisions & moins encore de payer la finance de la resignation : ainsi quand nous lisons dans les Novelles, que les Milices estoient venduës ou transferées aux heritiers, cela s'entendoit à la charge d'en payer le droit d'entrée, comme il a esté dit au 8. chap. du 2. livre.

36. Par l'adjudication le saisi doit estre condamné par corps à passer la procuration pour l'adjudicataire.

D'où il resulte une autre particularité de cette adjudication, c'est que par icelle l'Officier saisi doit estre condamné par corps à passer & fournir à l'adjudicataire, incontinent & sans delay, sa procuration pour resigner l'Office en sa faveur : sans laquelle procuration l'adjudication seroit inutile, n'estant jamais, sans icelle, la provision expediée : Que si on avoit oublié de l'exprimer en l'adjudication, il en doit estre expedié une Sentence separément sur la simple requeste de l'adjudicataire, ou des creanciers y ayans interest : sans qu'il soit besoin d'ouïr le saisi : dautant que comme une suite & consequence necessaire de l'adjudication de l'Office, en laquelle il a esté suffisamment ouy, ou attendu, pendant les longueurs du decret.

37. Mesme y peut estre condamné par la sentence de 40. jours.

Mesme pour dépescher matiere, attendu qu'il y a du peril en la demeure, il me semble, que dés lors de la premiere Sentence des quarante jours, qu'on appelle autrement le *congé d'adjuger* par laquelle on discute les oppositions, afin d'annuller, distraire ou pont charges foncieres, on ordonne qu'il sera passé outre à l'interposition du decret au quarantiéme jour, il seroit fort à propos de condamner le saisi, qui n'a pû proposer aucuns moyens de nullité contre le decret, à passer cette procuration, où le nom de l'adjudicataire soit laissé en blanc, comme on fait maintenant és procurations, qu'on passe aprés avoir payé la Paulette, & icelle

mettre és mains du Commissaire, si aucun y a, sinon du Greffier, pour estre délivrée à celuy qui sera adjudicataire de l'Office.

38. Pierre.

Bien que cela n'ait esté encore pratiqué, si est-ce qu'il n'y a aucun inconvenient? Car puis qu'il est ordonné, que l'Office sera vendu par decret, le saisi a luy mesme interest que l'affaire soit hastée, afin d'estre plutost quitte. Et toujours le temps ordinaire des quarante jours, & les delays d'aprés, demeurent pour luy donner loisir de payer ses creanciers, & obtenir mainlevée : quoy faisant il retirera sa procuration entiere & non effectuée.

39. Cette condamnation est executoire nonobstant appel.

Et il faut observer, que la Sentence par laquelle le saisi est condamné de passer procuration pour resigner, peut estre executée nonobstant l'appel en baillant caution : tant à cause que les decrets participent de la nature des contracts, que sur tout à cause qu'il y a plus de peril à deferer à l'appel, qu'à executer la Sentence sous bonne caution : autrement un Officier, qui ne manque jamais d'appeller, afin de garder toujours son Office, seroit plutost prévenu de mort, que contraint de resigner.

40. Adjudicataire tenu consigner l'appel du saisi.

Comme pareillement j'estime, que pendant cet appel, l'adjudicature (posé que la procuration luy ait esté fournie, & non autrement) peut estre contraint par corps à consigner le prix de son adjudication : autrement il seroit Officier sans payer. Mais sa consignation estant faite, je tiens pour certain, qu'il peut faire arrester par aprés & en empescher la distribution jusques aprés la decision de l'appel : mesme quand les creanciers luy offriroient caution des deniers qu'ils recevroient par la distribution : tant pource qu'il auroit à faire à trop de personnes, pour retirer ses deniers en cas d'eviction, lesquels il ne seroit raisonnable qu'il retirast par parcelle : que sur tout pource que *tutius est incumbere in rem, quàm in personâ.* A quoy ne nuit la loy *Post perfectam.C.De evictio.* qui decide, que l'eviction imminente n'empesche point le payement du prix de la vente, pourveu qu'on baille caution de l'eviction, pource que le payement ordonné par cette loy a été déja fait par l'adjudicataire, lors qu'il a fait sa consignation, laquelle desormais doit demeurer, pour l'asseurance parfaite de tous ceux qui y ont interest.

41. Mais la distribution doit être differée, puisque les creanciers offissent caution.

De ce que dessus il resulte une autre particularité de ce decret, à sçavoir que l'adjudicataire de l'Office n'est pas tenu de consigner le prix incontinent aprés son adjudication, pource qu'elle n'est pas suffisante pour luy attribuer la seigneurie de l'Office, comme d'un heritage, ou d'une rente, mais faut qu'il en obtienne provision du Roy, ce qui ne peut estre qu'aprés qu'on luy aura fourny la procuration du saisi, laquelle le plus souvent est si longue & si difficile à obtenir, que cependant l'Office se perd par sa mort, & partant l'adjudication demeure inutile.

42. Adjudicataire n'est tenu consigner qu'aprés la procuration à luy fournie.

Car comme on ne decrete point un Office, que le pourveu ne soit insolvable, il arrive ordinairement, que luy se voyant du tout ruiné s'absente & se rend fugitif, & mesme encore qu'il soit mis prisonnier, pource qu'il arrive fort souvent qu'il y a sur luy d'autres contraintes par corps (comme rarement un banqueroutier s'exempte de la prison) il ne se soucie pas de passer cette procuration, tant afin de garder toujours le titre & qualité de son Office, que pource qu'il marchande avec ses creanciers, ou sa liberté, ou quelque terme, ou quelque remise de ses debtes, ou mesme une piece d'argent pour sa derniere main, afin de bailler cette procuration.

43. Inconvenient qui en arriveroit autrement.

Et pendant ces longueurs, il arrive souvent que le pauvre homme fatigué de prison & de fascherie, meurt & emporte l'Estat, qui revient au Roy *optimo jure,* encore qu'il soit adjugé par decret, pource que le decret n'est transporté par la Seigneurie, & que le droit du pourveu étant éteint par sa mort, l'hypotheque de ses creanciers, & le droit de l'adjudicataire est par consequent resolu & reduit à neant, suivant la loy

44. Si aprés l'adjudication le saisi meurt sans resigner, l'Office est vacant.

Lex vectigali. D. De pignor. Et ainsi il arrive que les creanciers ayans beaucoup travaillé à discuter les autres biens de l'Officier, puis à faire passer par decret son Office, & par aprés encore à le faire prendre prisonnier pour le contraindre à resigner, son frustrez de toutes leurs peines, & de leurs frais par sa mort.

C'est pourquoy il me semble qu'il seroit tres-juste d'expedier en vertu de l'adjudication les lettres de provision de l'adjudicataire, s'il plaisoit au Roy, & à Messieurs de son Conseil, à present que les Offices sont si chers, de laisser arriere l'interest par trop éloigné du fisque, pour faire justice aux pauvres creanciers, qui certes ne devroient être frustrez de leur dû par la malice de leur debiteur: la quelle ne devroit proshiter au fisque à leur dommage: attendu que *factum Iudicis est factum partis*, & que l'adjudication du Juge vaut autant que la vente, ou resignation de la partie. Ainsi qu'on void qu'és saisies des autres droits incorporels, comme des debtes ou des rentes, on n'attend pas que le saisi en baille quittance, mais le debiteur en demeure déchargé par la sentence du Juge, en les payant à l'adjudicataire. En tout cas, je stimerois que si le Tresorier des parties casuelles, ou le partisan avoient receu la taxe de la resignation, l'Office ne devroit vaquer par la mort de l'Officier, advenuë dans les six mois, sans passer la procuration.

46. En tout cas, l'Office ne devroit vaquer par la mort aprés le quart denier payé. Mais pource que cela est douteux, & qu'il ne s'est encore point pratiqué; & d'ailleurs qu'on ne pourvoit point l'adjudicataire sans procuration de son resignant, qui meurt souvent sans la vouloir bailler, il n'est nullement raisonnable qu'il consigne le prix de l'Office, jusques à ce que cette procuration luy ait été fournie. Encore peut-on douter, si aprés icelle fournie il est tenu consigner, avant qu'il soit tout-à-fait asseuré d'Office par le laps des quarante jours, qui ne courent que du jour de la provision, pendant lesquels l'Office court risque par la mort du resignant. Neanmoins, j'estime qu'il est à propos, qu'il consigne les deniers deslors qu'on luy fournit la procuration, attendu que c'est en effet la procuration, & non l'Office qui luy est adjugé, & qu'il ne tient plus qu'à luy, qu'il ne s'en fasse pourvoir, autrement luy même differeroit sa provision, pour dilayer la consignation.

Je dy donc qu'il doit consigner: mais il faut que son argent demeure consigné, sans que la distribution actuelle s'en fasse jusques à ce qu'il soit du tout asseuré de l'Office, par le cours des quarante jours. Il est vray que si l'adjudicataire estoit en demeure de faire expedier ses lettres, sous pretexte de vouloir faire moderer à loisir la taxe de la resignation, les creanciers poutroient aprés intervalle competant, demander que les deniers fussent distribuez. Même si pendant cette demeure induë, l'Office venoit à être perdu par la mort du resignant, les creanciers pourroient empecher que l'adjudicataire retirast ses deniers, suivant la regle de la loy *Quod re. D. Si. certum petatur*. Comme cela même se pratique d'ordinaire en ceux qui ont acheté de gré à gré la simple procuration d'un Office, pendant la maladie de l'Officier, qui est un marché bien casuel.

C'est pourquoy au cas de vente volontaire on limite ordinairement un temps, dans lequel le resignataire se doit faire pourvoir à ses perils & fortunes, afin d'oster la difficulté de sçavoir s'il y a eu de la demeure ou non, sur les excuses que le resignataire peut prédre de l'absence de M. le Chancelier, ou de ce qu'il n'aura point seelé, ou que le Conseil des finances n'aura point tenu. Cessant lesquelles considerations particulieres, soit en composition volontaire, soit en adjudication par decret d'un Office, le temps de cette demeure depend de l'arbitrage du Juge, comme regulierement toute demeure: dont partant ne s'en peut bailler de regle certaine, *l. Mora. D. De usuris*.

45. Provision devroit être expediée sur la resignation.

47. Adjudicataire doit consigner pendant les quarante jours.
48. Mais la distribution doit être differée.
49. Si l'adjudicataire est en demeure de se faire pourvoir, il perd ses deniers consignez.
50. Idem en la vente volontaire.
¶ Le temps de cette demeure depend de l'arbitrage du Juge.

CHAPITRE VIII.
De la distribution du prix de l'Office decrié.

1. Si les creanciers privilegiez sont raisonnables à la contribution.
2. Interpretation de la loy Planè. D. De tributoria actione.
3. En l'action distributoire, les creanciers hypothequaires marchent selon leur ordre.
4. Que les privilegiez sont preferables sur le prix de l'Office.
5. Interpretatio de l'article 179. de la Coustume de Paris.
6. Privilegiez preferables en la desconfiture.
7. Actio tributoria quid?
8. Pourquoy tous privileges cessoient en l'action tributoire.
9. Que nostre desconfiture n'est pas l'action tributoire.
10. Ce que c'est que la desconfiture.
11. Difference du cas de desconfiture avec le cas de simple execution.
12. Particuliere interpretation de l'art. 179.
13. Femme deboutées de preference en la desconfiture, & Pourquoy.
14. Pourquoy le creancier hypothequaire vient en contribution sur l'Office, plutost que le privilegié.
15. Vendeur est privilegié sur la chose.
16. Exception.
17. Pareillement, celuy qui a presté pour l'achat, ou pour la conservation de la chose.
18. Comment se gagne ce privilege.
19. De l'ordre des creanciers en general.
20. Hypoteque & privilege quid.
21. Que c'est qu'hypotheque privilegiée.
22. A lien au dos par le droit Romain.
23. Et és frais funeraux.
24. Et l'argent presté pour achat & conservation.
25. Bref quand l'hypotheque & privilege concourent.
26. Le fisque ne l'a pas.
27. Nisi post quaesitis.
28. Quatre rangs de creanciers.
29. Celuy qui a presté pour l'achat, s'il a stipulé hypoteque a privilege reél.
30. Explication de la loy Licet C. de pig.
31. Faut qu'il ait hypotheque stipulée.
32. Explication de la loy Interdum. Cod. Qu potio in pigno.
33. Pourquoy celuy qui a presté pour la conservation, a privilege reél sans stipulation d'hypotheque.
34. Celuy qui a presté pour l'achat n'a pas hypoteque tacite.
35. Explication du chapitre 3. de la Nov. 97.
36. Que ces questions ne peuvent gueres échoir en France.
37. Principalement ne peuvent échoir és Offices.
38. Comment celuy qui preste pour acheter l'Office acquiert privilege.
39. Qu'il faut stipuler que l'argent sera employé en l'achat.
40. Preuve.
41. Quid si l'argent n'y a été employé.
42. Resolution qu'en ce cas il n'y a privilege.
43. Explication de la loy Lucius. D. De exer. act.
44. A qui c'est de prouver l'employ.
45. Réponse à la loy derniere, C. de pig.
46. Si le vendeur de l'Office est privilegié.
47. Qu'ony.
48. Le fisque est sur l'Office.
49. Ce privilege est communiqué à ses assigniez.
50. Que c'est un autre privilege que celuy des deniers Royaux.
51. Privileges generaux cessent en la desconfiture.
52. Sinon au pupille & dot.
53. Réponse à l'Arrest de Cadier.

De la distrib du prix de l'Off. decr. Ch. VII.

53. *Reponse à l'Arrest de Cadier.*
54. *Le plege de l'Officier est privilegié.*
55. *Le creancier pour le fait de l'Office est privilegié.*
59. *Limitation.*
57. *Comment celuy qui a payé le creancier privilegié, entre en son privilege.*
58. *Premier opinion.*
59. *Seconde.*
60. *Troisiéme.*
61. *Importance de cette question.*
62. *Distinction quand le Preteur a baillé son argent à l'ancien creancier, il n'est subrogé en son droit sans cession d'actions.*
63. *Ou subrogation du Iuge.*
64. *Reponse à la loy 2. C. de his qui in prior. cred. loc. succ.*
65. *Exception in jure offerendi.*
66. *Cette exception ny le jus offerendi n'ont lieu en France.*
67. *Le payement par un tiers, amortit la debte.*
68. *Si ce tiers n'estoit fidejusseur ou detempteur d'hypotheque.*
69. *Auxquels la cessiō des droits peut être fait après coup.*
70. *Ce qui n'a lieu en l'étranger.*
71. *Le creancier n'est tenu ceder ses droits à un tiers.*
72. *Les droits cedez passent avec leur hypotheque.*
73. *Si la subrogation faite par le debiteur transfere l'ancienne hypotheque.*
74. *Preuve que si, par de belles loix.*
75. *Preuve par authoritez des Interpretes.*
76. *Preuve par raisons.*
77. *Si le creancier est tenu de ceder ses droits à un tiers à la requisition de son debiteur.*
78. *Inconveniens de l'opinion contraire.*
79. *Qu'il n'y a aucun inconvenient en la nostre.*
80. *Comment l'action passe sans cession du creancier.*
81. *Les posterieurs creanciers n'y ont interest.*
82. *Que le dernier creancier ayant traité avec tous deux, la rente à luy cedée n'est sujete aux hypotheques du premier creancier.*
83. *Que l'ancienne hypotheque ne s'acquiert sans stipulation d'hypotheque.*
84. *Mais il n'en est pas besoin pour acquerir l'ancien privilege personnel.*
85. *Mais il fait paction avec le debiteur.*
86. *Ordre des creanciers, sur le prix de l'Office.*
87. *Explication de la loy Privilegia. D. de privil. credit.*
88. *Privileges ne gardent le rang de leur temps.*
89. *Mais de leur cause.*
90. *Sur l'Office, le fisque est le premier privilegié.*
91. *Privilege d'Office n'est purgé par le decret.*
91. *Après le fisque marchent les creanciers privilegiez ratione administrationis.*
93. *Et marchent ensemble communement.*
94. *Comme par après ceux qui ont presté pour l'achat ou conservation d'Office, ensemble le vendeur.*

1. Si les creanciers privilegiez sont ils receus à la cōtribution du prix de l'Office

IL a été dit au chap. 5. que suivant la decision expresse de l'article. 5. de la Coustume de Paris, le prix de l'Office decreté vient en contribution, & se distribue au sol la livre entre les creanciers de l'Officier. Mais c'est une grande question, si les creanciers privilegiez, comme ceux qui ont presté pour l'achat de l'Office, ou celuy-mesme qui l'a vendu, ne doivent point être exceptez de cette regle, & recevoir par preference leur dû tout entier. Car d'abord il semble que la Coustume, qui parle indistinctement, doit être generalement entenduë, n'estant pas à nous de distinguer ce qu'elle ne distingue point.

2. Interpretation de la loy Planè D. De tributaria actione.

Joint que la mesme Coustume en l'art. 179. dit qu'au cas de deconfiture, chacun creancier vient à contribution, & qu'il n'y a point de preference ou prerogative pour quelque cause que ce soit. Ce qui se confirme à la loy *Procuratoris.* §. *Planè D. De tribun. actio.* où il est dit qu'en actione tributoria, etiam merces empta ex pecunia unius creditoris veniunt tributum. Et ne faut point deviner, dit la glose, *in l. Quod quis. D. De privil. credit.* que pecunia non erat ad hoc credita expressè, ut ex ea merces emeretur. Car le §. suivant dit, que mesme le vendeur n'est pas preferé sur la chose si fidem habuerit de pretio. C'est pourquoy il faut necessairement confesser, qu'en droict in actione tributoria privilegia creditorum cessant.

3. En l'actiō tributoire les creanciers hypotequaire marchent en leur ordre.

Et neanmoins c'est chose certaine, qu'en cette mesme action les creanciers hypothequaires étoient preferez, *d. l. Procuratoris. §. Quid tamen. & d. §. Planè.* Comme aussi en tout le droit *hypotheca privilegio personali potior est,* dit la loy *Eos. C. Qui potiores in pign.* Donc puis que le creancier hypothequaire vient à contribution sur le prix de l'Office, pourquoy le creancier privilegié y sera-t-il preferé?

4. Que les privilegiez sont preferables sur le prix de l'Office.

J'estime toutefois, que comme il n'y a regle si generale, qui n'ait quelque exception, le resignataire de l'Office & celuy qui a presté argent pour l'acheter, doivent estre preferez sur le prix. Car bien qu'en droit la femme soit tellement privilegiée pour son dot, qu'elle devance tous les autres creanciers hypothequaires & privilegiez, & notamment ceux qui ont presté *in emptionem rei.* Nov. 97. chap. 3. neanmoins cela est particulier en la Milice, que sur le prix d'icelle la femme est devancée par celuy qui a presté pour l'achat d'icelle, lequel est reputé plus privilegié que celuy qui a presté pour l'achat de toute autre chose, pource qu'où il y a moins d'asseurance, il y a plus de charité: aussi que celuy qui donne moyen à un homme de s'avancer en un Estat, l'oblige davantage que celuy qui preste pour acheter un heritage: & sur tout cette preference ne peut être deniée, attendu que par le droit Romain autre creancier ne pouvoit avoir hypotheque sur la Milice, que celuy qui l'avoit vendu, ou qui avoit presté pour l'achat d'icelle, comme il a été prouvé cy-devant.

5. Interpretation de l'art. 79. de la Coustume de Paris.

Et quant à ce que nostre Coustume dit en l'art. 179. qu'au cas de deconfiture il n'y a aucune preference ou prerogative, pour quelque cause que ce soit. Outre, que la vente de l'Office n'est pas la deconfiture, c'est à dire, la subhastation generale des biens d'un homme, comme je vay monstrer tout incontinent, j'ose bien dire que cette decision, comme elle a été trop legerement & inconsiderement ajoutée à nostre Coustume à sa derniere reformation, aussi n'est-elle nullement observée.

6. Privilegiez pref rables en la deconfiture.

Car il est tout notoire que la loüange de la maison, les frais funeraux, les impenses de la maladie, les gages des serviteurs, sont preferez en la deconfiture. Mesme j'ay jugé par Arrest solennel de Pasques 1588. touchant des cuirs vendus à un marchand d'Espernon, que le vendeur seroit preferé sur iceux pour son prix, dont il avoit donné terme: nonobstant la decision du §. *Sed si dedi* en cette loy Procuratoris, est toute formelle au contraire.

7. Actio tributoris.

Mais en effet, qui y prendra garde de prés, trouvera que c'estoit un droit particulier, qu'en cette action tributoire, introduite par le Preteur contre le droit commun, les privileges cessoient, pource que le Preteur par son Edit appelloit également à contribution tous ceux qui avoient trafiqué avec l'esclave non pas sur son peculé, comme l'on dit: mesme il n'appelloit pas à cette contribution tous les creanciers de l'esclave, mais seulement ceux qui avoient trafiqué avec luy: ausquels le Preteur, pour la faveur du commerce & trafic, donnoit ce privilege d'estre preferez à tous autres creanciers, sur le cabal & marchandise du serf: & quant aux autres creanciers, ils étoient payez en la forme ordinaire sur le reste de son peculé. De sorte, qu'il ne se faut pas s'étonner si tous ces trafiqueurs venoient en semble par contribution: attendu qu'ils avoient tous un mesme privilege; ny pareillement si en cette con-

8. Pourquoy tous privileges cessoient en l'action tributoire.

tribution tous privileges cessoient, pource qu'on n'admet privilege sur privilege. Mesme qu'en cette action le maistre mesme de l'esclave n'estoit point preferé, qui pourtant devoit estre le plus privilegié, ayant presté son argent à son serf pour trafiquer, comme de fait il estoit preferé en l'action *De peculio* & partant il n'estoit pas raisonnable, qu'au mesme cas un estranger fust plutost preferé que luy. Mais hors le cas particulier de l'action tributoire, il est notoire qu'au droit, le creancier qui avoit vendu la chose, ou presté pour l'achapt d'icelle, estoit privilegié.

9. que nostre deconfiture n'est pas l'action tributoire.

Or nostre déconfiture n'est nullement cette action tributoire, qui avoit lieu seulement en la marchandise se trouvée parmy le pecule du serf, auquel le maistre avoit permis de trafiquer publiquement, & se trompent fort ceux qui l'y pensent accommoder, sous pretexte que la distribution & partage s'en faisoit au sol la livre, comme il se fait en la déconfiture: mais ce n'estoit pas en ce seul cas qu'on faisoit au droit Romain la distribution au sol la livre, cela s'y faisoit presque toujours ou du moins bien plus communément qu'à nous. Car en toutes ventes judiciaires, aprés les creanciers hypothequaires & privilegiez payez, les autres venoient à contribution tous ensemble sans que jamais les premiers saisissans fussent preferez sur les meubles, comme ils ne sont pas encore aux Provinces qui se regissent par le Droit écrit.

10. Ce que c'est que la déconfiture.

Donc nostre déconfiture est proprement & directement cette action & distraction generale des biens d'un homme insolvable, & qui est ruiné & déconfit, de laquelle il est traité au titre *De bonis authoritate Iudicum possidendis & vænundandis.* Comme l'explique fort bien Bouteiller en ces mots, *Contribution que ruralement on appelle Cas de déconfiture, est quand le vaillant de la personne ne suffit pour satisfaire à tous ses creanciers.* Or en cette déconfiture (si estoit vrayement le *pignus Prætorium* du droit, c'est à sçavoir quand les creanciers estoient mis en possession des biens de leur debiteur banqueroutier) il est tout certain que les creanciers privilegiez estoient preferez aux chirographaires, c'est pourquoy tant au Digeste qu'au Code, aprés le titre suit immediatement celuy *De privilegiis creditorum,* mesme aux Pandectes Florentines le titre *De bonis author. jud.possid.* & celuy *De privil. credit.* ne sont point distinguez, & ne sont qu'un mesme titre, estans les deux rubriques adjointées ensemble. Aussi toute la matiere *De privilegiis creditorum* seroit inutile, mesme n'y auroit point de creanciers privilegiez, s'ils n'estoient preferez lors de la contribution. Car il est certain que leurs privileges ne les rendent pas preferables aux hypothequaires, mais seulement aux chirographaires, qui toujours viennent par contribution, sauf que les privilegiez leur sont preferez.

11. Difference du cas de deconfiture, avec le cas de simple execution.

En quoy l'Autheur du grand Coustumier, livre 2. chap. 17. accommode fort bien nostre droit avec le Romain: disant que le cas de déconfiture est, quand il n'y a d'autres biens que ceux qui sont saisis, en distinguant le cas de déconfiture, qui est la subhastation generale des biens d'un homme, d'avec le cas de simple execution, *quand autres biens,* dit-il, *restent à celuy qui est executé:* ce qui revient en effet à la difference du *pignus prætorium,* qui comprenoit tous les biens d'un homme, & se faisoit au nom de tous les creanciers, & du *Pignus Iudiciale,* qui ne comprenoit, qu'autant de biens qu'il en faloit pour un particulier creancier. Et dit bien ce mesme Autheur, qu'en ce cas de déconfiture le premier saisissant n'a aucun advantage, ny prerogative, fors pour les frais d'execution: mais il excepte notamment les debtes privilegiées: qui est precisément ce que nous pratiquons encore aujourd'huy.

12. Particuliere interpretation de l'art.179.

Et c'est, à mon advis, ce vouloir dire de l'ancienne Coustume, art. 179. contenant *qu'en ce cas de déconfiture il n'y a point de preference ny prerogative,* c'est à dire, de preoccupation ou avantage, soit pour le premier en hypoteque ou pour le premier saisissant, comme il y a regulierement en cas de simple execution: ce que nos Reformateurs avoient du commencement bien interpreté, adjoustant ces mots à ce mesme article *encore qu'aucun des creanciers eust fait premier saisir,* qui estoit la vraye interpretation: mais quelques-uns d'entr'eux estimans que la decision de ce §. *Planè,* qui ne concerne que le cas particulier de l'action tributoire, fut un droit commun, ont mal à propos entre-lassé ces mots à cét article, *pour quelque cause que ce soit,* voulant exclure tous privileges de la déconfiture. Ce qui s'est trouvé si contraire à l'équité, que l'usage ne l'a point suivy.

13. Femmes deboutées de preference en la deconfiture, & pourquoy.

Je sçay bien, que par plusieurs Arrests les femmes ont esté déboutées de la preference par eux requise en la déconfiture: mais ce n'est pas que pourtant les privileges n'ayent lieu en icelle, mais à cause qu'en France on ne garde pas le privilege, que Justinian, trop amateur d'icelles a attribué à leur dot. Bref, il ne faut plus hesiter en cette question : car il a esté jugé par Arrest solemnel de la prononciation de Pasques 1588. que nonobstant cét article le vendeur estoit preferé sur la chose en la déconfiture, ce qui doit avoir lieu à plus forte raison au decret de l'Office.

14. Pourquoy le creancier hypothequaire vient en contribution au decret de l'Office plutost que le privilegié.

Et ne faut pas argumenter, que comme le creancier hypothequaire vient en contribution au decret de l'Office, aussi le privilegié y doit venir. Car ce que l'hypothequaire n'a point de preference, est à cause qu'il n'hypotheque ne s'assiet pas, ou du moins n'imprime pas un caractere & un droict réel, que nous appellons *droit de suite* sur l'Office, non plus que sur un meuble, comme il a esté prouvé cy-devant : c'est pourquoy au païs de Droit écrit, où les meubles ont suite par hypotheque, sont preferez en la déconfiture, & icy mesme, suivant l'article 181. de nostre Coustume, il y a preference en l'engagement actuel, qui est la seule hyptotheque, dont les meubles sont capables tout à fait.

Expliquons donc maintenant quels sont les creanciers privilegiez sur l'Office. Premierement, il n'y a nul doute que celuy qui l'a vendu ne soit preferé pour son prix : car ce privilege est reconnu au droit Romain, particulierement en la Milice, Nov. 53. 97. & 136. Et il est notoire que generalement en France, comme au droit, le vendeur est privilegié sur la chose acheté de luy, suivant la loy *Quod quis. D. De red. author. jud. possid.* & l'art. 177. de la Coustume de Paris étendu aux autres Coustumes par cét Arrest solemnel de Pasques 1588. Ce qu'il faut entendre, tant que la chose mobiliaire est trouvée en la seigneurie de l'acheteur : car s'il l'avoit revenduë à un tiers, il n'y auroit plus de privilege pour le prix de la premiere vente, comme il fut jugé le 10. Mars 1587. en l'audience contre le tapissier Dargouges : ce qui doit avoir lieu en l'Office à plus forte raison, pource que par la provision derniere du Roy toute hypotheque & preference est amortie, bien que par la precedente, obtenuë par celuy qui est debiteur, elle ne le fust pas, pource que celle-là est faite sur la vente & resignation du creancier, & consequemment est presumée faite sous les charges d'iceluy.

15. Vendeur est privilegié sur la chose.

16. Excepté.

Pareillement, celuy qui a presté son argent paur l'achat de l'Office, est privilegié, suivant la decision expresse de la loy derniere, *C. de pign.* comme aussi cela est general en droit, *l. Qui in navem. D. De privil. credit,* Comme semblablement celuy qui a presté pour la conservation ou augmentation de l'Office, comme pour financer au Roy, afin d'obtenir quelque nouvelle attribution. Mais en ces deux privileges, il y a bien de la difficulté. Car quelques-uns estiment, qu'il suffit qu'on puisse montrer que l'argent ait esté actuellement employé à l'achat ou conservation de l'Office : autres requierent en outre, que le prest soit fait exprés pour ce sujet, suivant cette loy *Qui navem,* & la loy *Qui navis. D. de privil. credit* & l'Auth. *Quod obtines. C. de pign.* Autres requierent outre tout cela qu'il y ait stipulation d'hipotheque, du moins generale,

17. Presté pour l'achat ou pour la conservation de la chose.

18. Comment se gaigne ce privilege.

De la distrib. du prix de l'Off. decr. Ch. VIII.

generale, suivant la loy *Quamvis.* 17. *de pign.* Bref, il y en a qui veulent notamment qu'il y ait stipulation d'hypotheque speciale sur la chose suivant la loy *Licet. C. qui pot in pign.* & toutes ces quatre opinions ne manquent ny de raisons ny d'authoritez.

19. De l'ordre des creanciers en general.

Sans m'amuser à les rapporter particulierement: je diray que pour bien comprendre toute la matiere de l'ordre des creanciers, & l'une des plus confuses de tout le droit, il faut distinguer quatre sortes de prerogatives, que peuvent avoir les creanciers selon le droit Romain & le nostre, à sçavoir l'hypotheque expresse, l'hypotheque tacite, le privilege personnel, l'hypotheque privilegiée.

20. Hypotheque & privilege.

Chacun sçait ce que c'est que l'hypotheque expresse, qui resulte de la convention, & la tacite, qui provient de la loy, qui en certains cas a attribué l'hypotheque sans convention de l'homme . On sçait aussi ce que c'est que le privilege personnel, ainsi appellé en l'Authentique *Quo jure* C. *de pignor.* pource qu'il n'affecte point la chose, & partant il cede au droit réel d'hypotheque, *l. Eos. C. eod.* & il est traité de ce privilege au titre *De privil. credit.*

21. De l'ordre des creanciers en general.

Mais toute la difficulté de cette matiere est de sçavoir, ce que c'est qu'hypotheque privilegiée, de laquelle il est parlé en termes exprés en la Nov. 97. chapitre 3. *Novimus*, dit Justinian, *antiquioribus creditoribus præponi aliquas hypotecas juniores existentes ex privilegiis à legibus datis*, dont en suite sont raportez les exemples. Or je dis que l'hypotheque privilegiée, qu'on peut aussi appeller privilege réel, ou hypothequaire, est une certaine prerogative attribuée par le droit à l'hypotheque tacite ou expresse, qui la rend preferable non seulement aux debtes chirographaires, & aux privileges personnels, mais aussi aux autres hypotheques quoy qu'anterieures, & pource que dans le droit elle est tantost confonduë avec les simples privileges personnels, tantost avec les simples hypotheques, luy ayant aussi esté donné d'autre nom, que d'estre quelquefois appellée *privilege*, & quelquefois *hypotheque*: afin de la distinguer de la simple hypotheque, & du privilege personnel, je luy ay trouvé le nom *d'hypotheque privilegiée*, que j'ay pris dans la Novel. 97. nom qui luy est fort propre, pource qu'elle comprend en soy le privilege & l'hypotheque tout ensemble: & je puis dire qu'à faute de l'avoir distinguée des simples hypotheques & simples privileges, on trouve plusieurs antinomies en cette matiere, qui ne peuvent estre conciliées que par le moyen de cette distinction.

22. A lieu en la dot plus le droit Romain.

Cette hypotheque Privilegiée a lieu avant toutes autres en la dot, selon le droit Romain. Car bien que la dot n'eust anciennement que l'hypotheque tacite avec le privilege personnel, *de quo in tit. De privilegio dotis*: toutefois Justinian luy attribua l'hypotheque privilegiée par la loy *Assiduis. C. Qui pot. in pign.* & depuis encore par la Novell. 97. chap. 3. il luy attribua preference par dessus toutes hypotheques privilegiées, exceptant seulement ceux qui avoient presté pour l'achat de la Milice, lesquelles prerogatives de la dot nous ne gardons pas en France.

23. Et és frais funeraux.

Elle a lieu aussi és frais funeraux, *l. Et si quis. §. 1. & l. penult. D. De religiosis & sumpt. fun.* esquels sont compris , ou concourent les frais de la derniere maladie, comme salaires de Medecins , Apotiquaires & Barbiers. Pareillement elle a lieu en l'argent presté pour l'achat ou conservation de la chose *l. Interdum*, & *l. seq. C. In quibus causs. pignus*. Bref elle a lieu toutefois & quantes que le privilege personnel se rencontre en une certaine chose, specialement avec l'hypotheque, & ce à cause du double droit & lieu, & comme en la loy *Licet. C. Qui potio. in pign.*

25. Bref quand l'hypotheque & privilege concourt.
26. Le fisque ne l'a pas.

Et remarquez que je ne mets point le fisque entre ceux qui ont hypotheque privilegiée , ou privilege réel : car il a bien son privilege personnel sur tous les biens generalement, & non pas sur une certaine chose, comme il est requis pour avoir hypotheque,

nisi in post quæsitis, à l'égard desquels seulement on peut dire qu'il y a hypotheque privilegiée *l.* 18. *D. post quæ. De iure fisci*: ce que Cujas a assez bien expliqué *lib.* 10 *Observ. cap.* 22. contre Fournier *lib.* 2. *Select. cap.* 4.

27. Nisi in post quæsitis.

Voila donc quatre rangs de creanciers , à sçavoir ceux qui ont hypotheque privilegiée , qui doivent estre mis les premiers en ordre. Ceux qui ont simple hypotheque , soit expresse , soit tacite , qui marchent ensemble au second rang. En troisiéme lieu ceux qui ont le simple privilege personnel : finalement les simples chirographaires. Il est vray qu'és choses où l'hypotheque n'a point de suite , comme és meubles , & és Offices ; les deux premiers rangs n'y peuvent avoir lieu : & partant n'y reste que les deux derniers , à sçavoir des creanciers privilegiez , & des non privilegez.

28. Quatre rangs de creanciers.

Cela presupposé, la matiere de l'ordre des creanciers est assez aisée à comprendre nettement. Car en premier lieu il est facile à entendre, que celuy qui a presté son argent pour l'achat de quelque immeuble , sur lequel il a stipulé hypotheque, a sur iceluy le privilege réel , ou hypotheque privilegiée , pource que le privilege *in certa re*, & l'hypotheque expresse s'y rencontrent, & partant il est preferable aux simples hypothequaires , quoy qu'anterieurs, & aux simples privilegiez : soit que l'hypotheque par luy stipulée soit generale, ou speciale. Car l'une a regulierement autant d'effet que l'autre : & d'ailleurs la Nov. 136. chap. 3. requiert seulement, que *in contractu fias aliqua mentio hypothecæ.* A quoy n'est contraire la loy *Licet*, qui semble requerir l'hypotheque speciale, pource qu'en cette loy le mot *specialiter* signifie *expressé*, & est mis pour exclure la tacite hypotheque , que le droit a veu attribuer à celuy des deniers duquel la chose a esté augmentée ou conservée, mais non à celuy des deniers duquel elle a esté achetée , & és droits aux banquiers par privilege special, comme il est dit en cette Nov. 135. chap. 3. Interpretation que quiconque prendra la peine d'étudier exactement cette matiere, trouvera vraye : & faute d'icelle, on se trompe journellement en la decision de cette loy *Licet* ; qui a fait beaucoup de Procez faute de les bien entendre.

29. Celuy qui a presté pour l'achat s'il a stipulé hypotheque a privilege réel.

30. Explication de la loy *Licet. De pignor.*

Encore donc que le prest soit fait nommement pour l'achat de la chose , si est-ce que cela n'engendre pas le privilege hypothequaire , s'il n'y a stipulation expresse d'hypotheque , mais seulement le privilege personnel ; ce qui est clairement decidé en la loy 1. *C. de pignor*. & en cette loy *Licet*, & en cette Nov. 136. chap. 1. Et ce que la loy *Interdum. cum l. seq. C. Qui potior. in pign.* attribuë cette hypotheque privilegiée à celuy des deniers duquel la chose a esté augmentée ou conservée, encore qu'il n'ait stipulé aucune hypotheque expresse, il faut remarquer que c'est un cas particulier, auquel l'hypotheque tacite, & par consequent le privilege réel a lieu en faveur de celuy , *qui salvam fecit pignoris causam, & proindè negotium commune creditorsum utiliter gessit* comme Cujas dispute fort bien contre Robert *in Mercatore* 4. *Not*. Mais il ne se trouvera pas que l'hypotheque tacite & sans stipulation , soit attribuée à celuy des deniers duquel la chose a esté achetée. Au contraire , la loy 17. *C. de pign.* dit qu'il n'a aucun droit réel sur icelle , & la loy *Idem que. D. Qui pot. in pin.* dit qu'il n'y a que la pupille qui ait hypotheque tacite en la chose achetée de son argent : & mesme en l'action tributoire, celuy qui a presté pour l'achat de la chose n'est pas preferé aux simples chirographaires, mais vient en contribution avec eux, bien qu'en cette action les simples hypothequaires soient preferez, *d. l. Procuratoris. §. Plant. De tribus. act.*

31. Faut en ce cas qu'il y ait hypotheque stipulée.

32. Explication de la loy *Interdum. C. Qui potior in pign.*

Et d'ailleurs , bien que celuy qui a presté pour l'achat de la chose, semble égal à celuy qui l'a augmentée ou conservée par ses deniers au chap. 3. de cette

33. Pourquoy celuy qui a presté pour la conservation a un privilege réel sans stipulation d'hypotheque.

34. Celuy qui a presté pour l'achat, n'a

Du droit des Offices   Bb

Nov. 97. qui est le passage le plus formel qui soit dans le droit touchant l'hypotheque privilegiée : même qu'il semble, que d'iceluy on puisse inferer, que celuy qui a presté pour l'achat, ait hypotheque tacite ; neantmoins cela n'est pas : car le texte de ce chap. presuppose notamment & par exprés, qu'il y ait hypotheque acquise d'ailleurs, en tant qu'il commence par ces mots, *Novimus aliquando juniores hypoth ecas antiquioribus praeponi.*

Je me suis davantage arresté sur ce discours, à cause de la diversité des loix, & du conflit merveilleux des opinions des Docteurs en cette question, qui toutefois peut échoir rarement parmy nous, dautant que nos contracts portent hypotheque de leur nature, comme j'ay dit ailleurs : attendu que sous pretexte d'icelle plusieurs trouvent que pour avoir le privilege réel il faut stipulation de speciale hypotheque : & partant, ou la declaration que le prest est fait pour cause privilegiée, est pardevant Notaires, & lors elle porte sans doute hypotheque, même hypotheque privilegiée, à cause de la rencontre du privilege *in certa re* avec l'hypotheque : ou bien elle est faite sous sein privé, & lors elle est fort douteuse & suspecte, même pour acquerir le privilege personnel, ne faisant foy au prejudice d'un tiers. Mais sur tout en matiere d'Offices, cette question est du tout inutile. Car puis qu'ils n'ont point de suite par hypotheque, ils ne peuvent avoir d'hypotheque privilegiée : & le privilege personnel, tout ainsi qu'aux meubles, y vaut autant que le réel.

Mais toute la difficulté qui peut échoir en ce même cas, regarde le privilege, & non l'hypotheque, & est de sçavoir, si pour avoir privilege sur l'Office, il suffit de pouvoir monstrer que les deniers du prest ont esté actuellement employez en l'achat de l'Office, sans qu'il soit declaré dans l'obligation, que le prest a esté fait pour ce sujet : ou bien si cette declaration ou stipulation d'employ est necessaire. Le docte Faber sur la loy *Licet*, a tenu formellement qu'elle n'estoit point necessaire, & a esté suivi de plusieurs autres : toutefois le contraire est decidé en termes exprés par cette Nov. 97. chap.4. *Si expressim scriptum sit in instrumento, creditum fuisse aurum occasione Militia, & in hoc fiat pactum, ut, casu proveniente, sit solus ad hoc crediditi* : comme aussi le même est decidé par l'Auth, *Quod obtinet. C, De pignor.* qui est prise de la Nov.53. Même la Nov.97. passe bien plus outre, requerant que cette declaration se fasse en l'acte même du prest, & encore que ce soit par instrument authentique. *Non enim*, dit-elle, *facile credendum hoc testibus, sed negotio per scripto gesto, & testium habente subscriptiones, & ipso opere procedente: sicque per omnem hujusmodi viam res procedat, ut suspicionem non habeat* ? ce qui est fort remarquable.

Aussi ne seroit-il pas raisonnable, que le creancier qui avoit presté son argent purement & sans cette precaution, acquist par-aprés un privilege par le fait du debiteur, au moyen de ce qu'il avoit employé les deniers du prest en l'achat de l'Office, qui possible n'avoient esté prestez à cette intention, ou consideration : que si l'intention avoit esté telle, il la faloit exprimer, *quia propositum in mente retentum nihil operatur.*

Mais posons qu'il apparoisse suffisamment que le prest a esté fait pour l'achat de l'Office, si toutefois il se trouve qu'il n'y ait esté employé, le creancier aura-t-il privilege s'il semble qu'ouy, & que la tromperie du debiteur ne luy doit nuire, veu qu'il n'eust pas presté son argent, s'il n'eust esté asseuré d'avoir le privilege, & de fait la loy dit, que si j'ay presté de l'argent au proposé au navire, pour le refaire, encore même que l'argent n'y ait esté employé, je ne laisse pas d'avoir action contre le Seigneur du navire, pourvu qu'en prestant mon argent, j'aye stipulé qu'il seroit employé à la refection d'iceluy, & que la verité fust qu'il avoit besoin d'estre refait, *l. Lucium. D. De exerci. act.*

Neantmonis le contraire est veritable, que s'il appert, l'argent du prest n'avoit esté employé en l'Office en tout ou partie, le privilege cesse à proportion, comme il est decidé en la loy derniere, *C. de pignor.* en ces mots, *Dum tamen non probetur alias ex suo patrimonio dedisse pecunias* : & ainsi est le resout le Docteur Zazius *Ad l. 25. D. De cess. bon. num. 7.* Aussi la loy *Lucius*, ne parle pas du privilege dont nous traitons, mais *de exercitoria actione, quae datur in dominum navis ex facto praepositi*,& cela ne regarde point l'interest des tierces personnes, mais seulement celuy du maistre du navire, & la raison de cette particularité de l'action exercitoire est renduë au §. *Unde*, de la loy 1. *eod. tit.* où la même question est traitée, que *dominus sibi imputare debet, qui talem praeposuit.*

Même on passe bien plus outre aujourd'huy. Car on ne se contente pas que le prest soit fait *in causam emptionis*, mais on requiert que le contract d'achat contienne precisement que le payement est fait de l'argent prêté : & cela s'observe ainsi suivant les Arrests rapportez par M. Loüet, *lit. H. num. 12.* bien que le droit ne le requiert pas.

Mais tout cecy semble être renversé par la loy derniere, *C.de pignor.* & par la Nov. 136. chap. 2 qui disposent formellement, que si les banquiers ont emprunté argent des particuliers, ou des banquiers, sans aucune expression de cause, & qu'incontinent aprés le prest fait, le debiteur ait acheté un Office ou Milice pour luy, son fils, ou proche parent, l'Office est presumé avoir esté acheté de l'argent prêté, & il y a privilege sur iceluy, sans qu'il soit besoin d'aucune declaration. Toutefois cette objection est facile à resoudre, se souvenans de ce qui a esté dit au chap.5. de ce livre, où ces deux textes ont esté expliquez ; que c'est un droit special à l'égard des banquiers : & de fait il est expressément en cette même Nov. chap. 4. qu'entre autres personnes que les banquiers cette presomption n'a lieu.

Voila pour celuy qui a presté pour l'achat de l'Office, parlons maintenant de celuy qui l'a vendu, lequel pareillement doit estre privilegié, comme Carondas dit avoir esté jugé par Arrest du 8. Mars 1585. Car encore que le droit ne donne point d'hypotheque au vendeur pour le prix de sa chose *post traditionem & fidem habitam de pretio*, comme il est du collige de la loy *Quidam fundum. D: De in rem verso* : mais seulement avant la tradition luy donne la retention *quasi jure pignoris*, dit la loy *Iulianus*, §. *Offerri. D. De act. empti.* Et ainsi faut-il entendre la loy *Hereditatis, D. De hered. vel act. vend.*

Neantmoins c'est chose certaine, que le vendeur a un privilege personnel sur la chose pour le prix d'icelle, *Quodquis. D. De privileg. cred.* Et ne faut point opposer le. §. *Plane*, qui decide le contraire, attendu ce qui vient d'estre dit, que c'est un cas particulier *in tributoria actione.* Sur tout en France ce privilege est fort avantageusement gardé par le moyen de l'art. 177. de la Coustume de Paris, qui prefere même au premier saisissant. D'où il s'ensuit qu'il n'est besoin que cette preference soit expressement stipulée par le vendeur, ainsi qu'il est requis en celuy qui a presté pour l'achat de la chose, puis que la loy ny la Coustume ne le requierent point : aussi qu'apparoissant de la vente, & n'apparoissant point du payement du prix, l'intention du vendeur est assez fondée.

Pareillement il n'y a point de doute, que le fisque soit privilegié sur l'Office du comptable, pour les deniers de son administration, dont l'Office est le special gage & asseurance. Même ce privilege a suite contre le tiers detenteur de l'Office, pourveu par resignation du debiteur, lequel resignataire ne doit être reçeu, qu'il n'ait fait apparoir que son resignant est quitte de toute chose, qui est une exception tres-notable à nostre art. 95. lequel n'a lieu contre le fisque, à qui on ne peut imputer de negli-

De la distrib. du prix de l'Off. decr. Ch. VIII.

gence, comme aux particuliers. Joint que la prouision du Roy qui est comme le Seigneur direct de tous les Offices, s'entend tousjours sauf son droit ; ainsi que la reception en foy ou ensaisinement fait par le Seigneur direct d'vn heritage, qui partant ne prejudicie point aux hypoteques qu'il auoit sur iceluy

49. Ce priuilege est communiqué à ses assignez.

Lequel priuilege du fisque est communiqué à ses assignez, tant pource qu'ils succedent à son droit, que pource que s'ils ne sont payez par l'Officier, le fisque leur demeure debiteur. Mais faut remarquer qu'il n'a lieu que pour les deniers de la charge, & non pas pour les amendes que l'Officier encourt pour quelque cause que ce soit. *In sortis enim quantitate fisci conditio potior est, sed in eo quod pœna nomine adjectum est, propria forma seruanda est,* dit la loy vnique *Pœnis fiscal. credit. anter. lib. 10. Cod.* qui est la maxime de la loy *In summa. D. De jure fisci.* C'est pourquoy justement du Molin, en quelque endroit de ses œuures, plaint que les Iuges deleguez de la Tour quarrée du Palais, lors de la recherche des financiers faite sous le Roy François I. auoient declaré les amendes auoir hypoteque du jour que le financier auoit commencé l'exercice de sa charge en vertu de la loy 2. *Cod. In quib. causa. pig.* & la loy 3. *C. De priuileg. fisci.* Comme aussi le priuilege qu'a le fisque sur l'Office n'a lieu pour les Commissions particulieres, que l'Officier pourroit avoir gerées, outre ce qui depend de son Office, encore même que ces Commissions ne luy eussent été deferées, s'il n'eust été Officier, comme il a été dit au l. liv. chap. 4. que de telles Commissions les cautions de l'Officier ne sont tenues.

50. Que l'on n'a aucun priuilege que celuy des deniers Royaux.

Or quand je parle du priuilege special, qu'a le fisque sur l'Office comptable, je n'entens pas parler de ce priuilege general qu'il a sur tous les biens de ses debiteurs, que nous appellons en France *le priuilege des deniers Royaux.* Car j'estime, qu'en consequence de l'art. 179. de nostre Coustume, tous priuileges generaux cessent en la déconfiture, hormis celuy des frais funeraux, & ce qui en dépend, comme gages de seruiteurs, parties d'Apothiquaires,&c. qui sont preferez *intuitu pietatis*, par dessus toutes autres debtes. Comme notoirement en la déconfiture le pupille n'est pas preferé pour le *reliqua* de son compte, ny la femme pour la restitution de son dot ; ce qui a esté jugé par plusieurs Arrests.

52. Sinon au pupille & dot.

Et toutefois si on prouuoit clairement que l'Office eust été acheté des deniers pupillaires ou dotaux, j'estime que le pupille & la femme deuroient être preferez sur iceluy, attendu qu'en ces cas speciaux la loy donne priuilege à celuy, de l'argent duquel la chose a été acheptée, comme à l'egard du pupille il est decidé en l. *Idemque. D. Qui pot in pign.* & l. 3. *D. De rebus eor.* & à l'egard du dot *in l. Vxor marito. D. De donat. inter vir. & vxor.* & ne leur faut point de declaration expresse, pource qu'il vient d'estre dit des autres, pource que le pupille & la femme mariée ne la pouuant stipuler, la loy y supplée pour eux. Ainsi a été jugé par arrest du 12. Juin 1603. pour la femme de Maistre Jean Cadier Notaire, qu'elle seroit preferée sur l'Office de son mary, bien qu'il en fût pourveu auparauant son mariage, pource que par le contract d'iceluy, il auroit promis employer les deniers dotaux au payement des debtes qu'il auroit contractées pour l'achat de son Office, comme il m'a été rapporté.

53. Response à l'arrest de Cadier.

54. Le plege de l'Officier est priuilegié.

J'estime pareillement que celuy qui a cautionné l'Officier lors de sa reception, est priuilegié sur l'Office, tant comme ayant le priuilege du Roy, que même de son propre chef, comme creancier de l'Office plutost que de l'Officier entant que sans son intercession, l'officier n'y eust été receu, & partant que l'Office est son special gage, comme on voit en droit *in tributoria actione*, que les creanciers qui ont trafiqué auec le serf, ou fils de famille, sont preferez aux autres, entant que le cabal ou marchandise du serf sont distraites du peculé d'iceluy, & sur icelles ces marchands sont payez par preference aux autres, & par contribution entr'eux : même si le serf ou fils de famille faisoient deux sortes de marchandises, chacun vient sur l'espece de marchandise, pour laquelle il a eu affaire auec luy, pource dit la loy, que *merci magis quam seruo credidit, d. l. Planè, §. Si plures.*

55. Le creancier pour le fait de l'Office est priuilegié.

Cette même raison nous apprend, que tout creancier, pour le fait & dépendance propre de la charge de l'Officier, doit être preferable sur l'Office : comme le consignataire sur celuy de Receueur des Consignations, celuy qui a baillé son obligation à vn Sergent pour en faire les contraintes sur le prix de son Office. Car ceux cy ont suiuy la foy publique, & ont contracté auec l'Officier, non entant que priué ; mais entant qu'Officier, *& ex necessitate Officii.* Comme aussi ce priuilege se peut soustenir à l'exemple du curateur, à tout autre qui a semblablement charge, & biens duquel le pupille, ou qui est en curatelle, n'a pas seulement hypotheque tacite, mais aussi priuilege personnel, *l. Dotisusque, cum seq. ll. D. De priuileg. credit.* Et de ce Charondas sur la Coustume rapporte vn Arrest du mois de Juin 1581. touchant vn Office de Sergens. Neantmoins je ne voudrois pas étendre si auant ce priuilege, que je le bailler à tous ceux qui auroient été interessez par vn Officier en faisant sa charge, mais seulement à ceux, qui pour la necessité de l'Office ont été contraints de bailler leur bien à l'Officier, & qui ont suiuy la foy publique, comme il est dit du Banquier en la loy *Si ventri, §. In bonis Mensularii. D. De priuileg. credit.*

56. Limitation.

57. Comment celuy qui a payé le creancier entre en son priuilegé.

Voilà à mon auis, tous ceux qui ont priuilege sur l'Office. Mais c'est encore vne grande question, qui merite bien d'estre expliquée en ce lieu, comment celuy qui a payé vn creancier priuilegié peut jouïr de son priuilege ; Aucuns disent, qu'il faut qu'il luy soit expressement cedée par le priuilegié, *l. Cum alter. C. De fideiuss.* pource que sans cette cession, non seulement le priuilege ; mais même l'action est éteinte *solutione à quocumque facta, l. Solvendo. D. De negotgest.* aussi que le priuilege & l'action estant personnels, & inherans à la personne du creancier, ils n'en peuuent être separez sans son fait. Même qu'il ne seroit tenu les ceder à autruy s'il ne vouloit, *l. Nulla. C. De fur. & voilà la premiere opinion.

58. Premiere opinion.

59. Seconde.

Autres tiennent, que cette cession, ou pour mieux dire subrogation, se peut presumer du debiteur, au desceu, & sans qu'il soit besoin du fait ou du consentement du creancier, soit en matiere de priuilege personnel, *ut in l. 1. C. de cess. bon.* soit en matiere d'hypotheque, *ut in l. & 3. C. De his qui in priorum credit. locum succed.* Mais quoy qu'il en soit, qu'il faut vne subrogation du debiteur, ou pour le moins vne declaration expresse, que le prest soit fait pour acquiter la debte priuilegiée, comme ces loix le requierent ; c'est la seconde opinion.

60. Troisiéme.

Finalement la troisiéme opinion est, qu'il suffit qu'on puisse verifier que *pecunia perueneris ad priuilegiarium creditorem, etiam per manus debitoris, modo eo casu, id fiat post modicum interuallum,* comme il semble decidé en la loy *Si ventri, §. penult. D. De priuileg. credit & in t. 2. C. De his qui in prio. cred. locum succed.*

61. Importance de cette question.

Que si cette matiere est difficile, à cause de la rencontre des loix & opinions contraires, elle est encore sans comparaison plus importante, en tant qu'elle comprend par identité de raison celle de la subrogation des hypotheques, qui échoit tous les jours en vsage, touchant l'acquisition des rentes constituées, même dauantage à present qu'auparauant, à cause de l'Edict de la reduction des rentes au denier seize, qui fait qu'on ayme mieux achepter les rentes déja constituées au denier douze, que d'en constituer de nouuelles au denier seize. Aussi que ceux qui doivent des rentes au denier douze, sont bien aises d'emprunter de l'argent au denier seize, pour racquitter icelles, ce qu'ils ne trouuent ordinairement à faire, sinon en

Du droit des Offices.

Des Offices Venaux. Liv. III.

subrogeant leurs nouveaux creanciers aux hypotheques des anciens.

62. Distinction quãd le preseur a baillé son argent à l'ancien creancier, il n'est subrogé à son droit sans cession.

Pour donc bien éclaircir cette matiere si obscure & si importante, j'estime qu'il faut distinguer, si celuy qui veut acquerir le privilege, ou l'ancienne hypotheque, a baillé directement son argent à l'ancien creancier, ou bien s'il l'a baillé au debiteur, par les mains duquel il soit parvenu à iceluy. Au premier cas il est certain que celuy qui a payé le creancier d'autruy, n'a traité qu'avec luy, n'est point subrogé en son droit sans expresse cession d'actions; car jamais une action ne passe sans cession: que si le creancier est tel, qu'on ne puisse commodement tirer de luy cette cession d'actions, comme le fisc, il faut que le Juge

63. Ou subrogation du Juge.

subroge le payeur en son droit, que *privilegium ei à Iudice transcribatur*, *l.3. & vlt. C. De privilegio fisci*: ce qui équipole à la cession, *quia factum Iudicis est factum partis*. A quoy n'est contraire la loy *Si ventri*, pource qu'elle ne présupose notamment que le payeur soit creancier posterieur du debiteur, & partant qu'il ait traité avec luy, & non pas simplement avec l'autre creancier. Et quant à la loy 2. elle parle d'un creancier hypothequaire posterieur, comme ces mots (*pignora tua*) le denotent, ou bien, comme on l'interprete communement, ce mot (*iure*) signifie que *privilegium fisci et à Iudice transcriptum est*. En quoy il n'y a qu'une exception, à sçavoir le creancier hypothequaire posterieur, payant la debte anterieure, même l'offrant réelement, est dés l'instant subrogé par la loy au droit d'icelle, sans qu'il soit besoin de cession expresse d'actions, pource qu'il est reputé avoir fait ce payement pour asseurer la debte posterieure, & pour devenir premier & principal creancier, *l. 1. C. Qui potiores in pign. l. vlt. de his qui in prior. locum succed.* ce qui été étendu à tout legitime posesseur de la chose hypothequée, *l. penult. eod. tit.* Mais encore j'estime, que cette exception n'est point receuë parmy nous, pource qu'elle dépend du droit d'offrir, que nous ne pratiquons point en France, comme M. le Maistre a remarqué en ses criées. Donc la raison est, que ce droit d'offrir avoit lieu à Rome, à l'occasion de ce qu'il n'y avoit que le premier creancier, appellé *potior creditor*, qui pût, soit demander la detention de l'hypotheque, soit la faire vendre: ainsi que le docte l'Eschassier a bien prouvé en son petit livre *Des hypotheques*, qu'il fit il y a quatre ou cinq ans debiter dans le Palais. Donc au droit les posteriers creanciers ne pouvant vendre l'hypotheque, mais n'y ayant que le premier & principal creancier qui le peut faire, afin qu'ils ne demeurassent sans se pouvoir faire payer, pouvoient offrir à ce creancier de luy payer comptant sa debte quoy faisant, desors de leur offre réelle, la loy les subrogeoit en ses droits. Ce que le docte *Antonius Faber cap. 4. lib. 1. De erroribus pragmat*. soûtient devoir encore être observé. Toutefois nous ne l'observons pas en France, mais nous permettons à tous creanciers indifferemment de faire decreter l'hypotheque; c'est pourquoy ils n'ont pas besoin d'offrir le payement au premier creancier, & partant l'ayant fait, ils n'entrent point en ses droits s'ils n'en ont cession.

64. Reponse à la loy 2. C Debit qui in prio. cred. loc. succed.

65. Exception inire offerendi.

66. Cette exception, ni le ius offerendi, n'ont lieu en France.

67. Le payement fait par un tiers amortit la debte.

68. Si ce tiers n'étoit fidejusseur, ou debiteur d'hypotheque.

Bref, qu'en France, à mon avis, en nul cas le simple payement, sans expresse cession d'actions, n'acquiert les prerogatives de l'ancienne debte. Au contraire le payement non assisté d'une prompte cession d'actiós, tant s'en faut qu'il transfere la debte, ou l'hypotheque d'icelle, qu'au contraire il l'éteint & amortit tout à fait, *d. l. Solvendo. De neg gest.* Si ce n'est en un seul cas, à sçavoir ce payement non fait par celuy qui étoit tenu & pouvoit être poursuivi pour le faire, comme un co-obligé, un fidejusseur, & un tiers detenteur de la chose hypotequée. Car tous ceux-là ne sont pas presumez faire le payement au nom du debiteur, & pour le liberer, & amortir par consequent la debte, mais en leur nom, & pour se liberer euxmêmes d'icelle, & la conserver, *l. 28. D. Mandati*.

Mais pourtant elle ne leur est pas transferée sans cession expresse, dit cette même loy, il est vray qu'ils ont cet avantage pardessus les autres, que cette cession leur peut être faite aprés coup *ex intervallo*, *l. Si res obligata. D. legat. l. Stichum. §. Mandato. D. De solut. l. Si minoris. D. De administ. tut. l. Dominus Sticho. D. De pecul. leg.* Ce qu'encore Ant. Faber au liv. 11. de ses Conjectures du droit, ne veut advoüer, mais soûtient fermement le contraire: mais quoy qu'il en soit chacun est d'accord, que cette cession de droits faite aprés coup à l'étranger, ne sert plus de rien, attendu que la debte étant une fois esteinte par le payement volontaire d'un tiers, ne peut plus revivre, qui est la decision de la loy *Modestinus D. De solut*. ce que j'ay expliqué amplement au 2. liv. *Du deguerp, chap. 8.*

69. Ausquels la cession des droits peut estre faite apres coup.

70. Ce qui n'a lieu en l'étranger.

Comme aussi chacun est d'accord, qu'y ayant eu cession de droits faite lors du payement à qui que ce soit, celuy à qui elle est faite, a toutes les prerogatives de l'ancienne debte. Neantmoins en cette cession il se rencontre ordinairement deux difficultez fort notables. La premiere, que le creancier n'est tenu faire icelle à l'étranger, s'il ne veut: car bien qu'il ne puisse refuser de recevoir sa debte pour liberer le debiteur, il n'est tenu de la vendre à un autre, *l. Nulla C. De solut.* La seconde qu'en tout cas la debte cedée passe *cum sua causa*, de sorte que si c'est une rente constituée, qui a suite par hypotheque, elle demeure hypothequée aux debtes du cedant, ce qui est de grande importance: lesquels deux inconveniens sont évités en traitant simplement avec le debiteur, qui est l'autre membre de nostre division, qu'il faut maintenant expliquer.

71. Le creancier n'est tenu ceder ses droits à un tiers.

72. Les droits cedez passent avec leur hypotheque.

Car il s'est trouvé de ce temps des formalistes, qui ont voulu faire croire, que le debiteur ne pouvoit subroger son amy ou celuy qui fera sa condition meilleure à la place de ses creanciers anciens, privilegiez, ne pouvans comprendre, que l'action pût passer d'une personne en autre, sans transport de celuy auquel elle reside & appartient: bien que cela soit decidé formellement par les loix, tenu de tous les Interpretes, extrémement utile en commerce, & receu tout communement en la pratique ancienne.

73. Si la subrogation se fait par le debiteur transfere l'anci une hypotheque.

Pour les loix, se peut-il rien trouver plus clair & exprés que la loy *Si prior. §. A Titio, D. Qui potior. in pignor, A Titio mutuatus, pactus est cum illo, ut predium tuum pignori esset: deinde mutuatus à Maevio pactus es, ut Titio deseret teneri, si teneatur Tertius denique aliquis ut mutuum pecuniam tibi dans Titio solveres, à paciscitur tecum, ut idem praedium ei pignori sit, & ejus locum subeat. Num is medius tertio potior est?* Voilà directement nostre question, voicy la réponse du Iurisconsulte, *Tertius hic secundo praeferendus est*. En la loy 1. *C. De his qui in prior. credit. locum succedunt. Non omnimodo dit l'Empereur, succedunt in locum hypothecarij creditoris hi, quorum pecunia ad creditorem transit. Hoc enim tantum observetur, cum is qui pecuniam dat sub hoc pacto credat, ut idem pignus ei obligetur, & in locum ejus succedat*: autant en decide la loy 3. au même tit. En la loy *Si pupillorum §. ult. D. De reb. eorum*, il est dit que cette subrogation d'hypotheque se peut même faire par le tuteur du debiteur, & qu'elle est tellement valable, que le droit de l'ancien creancier est transferé à celuy auquel elle est faite, *Valere obligationem*, *ita ut prioris credito: is ad sequentem transeat*.

74. Preuve qu'il y a, par de belles loix.

Aussi ny la glose, ny aucun des Interpretes, ny principalement l'ancien Iurisconsulte de nostre France 10. *Faber*, sur ce titre. *De his qui in priorum cred. locum succed.* ne font aucune difficulté en cette question. Ie rapporteray ce que le Prince de nos Docteurs Charles du Molin au Traité des usures, nomb. 176. pource qu'il confirme nostre decision par de tres-belles raisons, *Non requiritur, dit-il, istam cessionem fieri cum priore creditore vel eo sciente: sed sufficit fieri cum solo debitore vel eum repraesentante. Sicque iste secundus creditor nullam causam habet à primo, sed solum causam habet à debitore: & tamen succedit in ius primi, saltem in ius*

75. Preuve par autoritez des Interpreres.

De la distrib. du prix de l'off. decr. Ch. VIII. 197

simile & æquè potens, etiam in præjudicium intermediorum creditorum, quibus tamen non dicitur damnum inferri, sed creditore non afferri, quia duntaxat novissimus iste loco primi subrogatur, cœdem alioquin statu remanente. ideo hoc toleratur licet non interveniat factum primi. Et meritò est jure introductum & moribus confirmatum, quia creditoribus damnum non infert, debitoribus autem prodest, quò facilius viam inveniant dimittendi acerbiorem creditorem, vel commodius mutuandi.

76. Preuve par raison.
Ce qui est non seulement utile, mais quelquefois necessaire en ce temps, que le taux des rentes constituées est remis au denier seize, & que les rentes déja constituées à leur premier taux du denier douze, afin de ne violer la foy publique des contracts. De sorte que les Gentilshommes & autres gens oberez & qui doivent plusieurs rentes seroient privez du fruit de cet Edict, s'il ne leur estoit permis *utilem versuram facere*, c'est à dire emprunter de l'argent au denier seize, pour en racquiter leurs rentes au denier douze : pourquoy faire, il est besoin qu'il leur soit permis à eux-mesmes, de pouvoir subroger ces nouveaux rentiers en l'hypotheque des anciens, dont les rentes seront amorties de leurs deniers : & ce sans prendre cession d'eux, pource qu'ils ne la bailleront pas de leur volonté, estans assez marris qu'on leur racquitte une rente du denier douze bien asseurée, & que d'ailleurs ils ne peuvent estre contraints à vendre leur debte : & sur tout qu'il y a apparence, qu'au cas de cette cession la rente demeurera toûjours hypothequée à leurs debtes : ce qu'estant, il vaudroit mieux bien souvent n'entrer point en leur place, que d'estre tenu de leurs debtes & hypotheques.

77. Si le creancier est tenu de ceder ses droits à un second acquereur de son debiteur.
Il est vray qu'on tâche à oster le premier inconvenient en contraignant aujourd'huy les creanciers de ceder leurs droits sans garantie ny restitution de deniers pour quelque cause que ce soit, même de leurs faits & promesses : dont j'ay ouy dire qu'il a esté donné depuis peu quelques Arrests : & quant au second inconvenient, on dit, que bien que la même rente, mais seulement l'hypotheque, d'icelle ayant esté conservée pour l'asseurance plus grande de la nouvelle rente, le creancier d'icelle n'est tenu des hypotheques, qui estoient sur l'autre.

78. Inconveniens de la disposition contraire.
Mais ce sont emplastres, sauf correction, qui couvrent le mal sans le guerir. Car quant au premier, est-il pas plus aisé de donner, selon le droit, permission au debiteur de subroger au droit de son ancien creancier celuy des deniers duquel il amortit la debte, que de contraindre le creancier de la ceder & vendre contre la regle du droit : même si c'est chose qu'il ne puisse refuser, pourquoy la loy ne le fera-t'elle pas bien sans luy ? Et quant au second, sçait-on pas que l'hypotheque l'est aussi ? & quand il n'y auroit que l'hypotheque pourroit-on pas dire qu'estant mobiliaire, en tant qu'elle suit la nature de son action, elle seroit toûjours obligée aux debtes du cedant ?

79. Qu'il n'y a aucun mot en la nôtre.
Pour faire cesser toutes ces difficultez, suivons l'expresse decision du droit, l'interpretation ordinaire de tous les siecles & de tous les Docteurs, l'utilité evidente du commerce, & disons, que le debiteur peut de luy-même subroger au lieu & place de son ancien creancier, celuy de l'argent duquel il le paye, en quoy qu'en vueillent dire nos Praticiens modernes, qui ne peuvent comprendre, qu'une action puisse passer d'une personne en autre sans cession du creancier, auquel elle appartient, & en la personne duquel elle reside, ce qui est vray : mais il faut considerer, que cette action du second creancier n'est pas tout à fait la même qu'avoit le premier, mais une autre toute pareille, que le droit subroge au lieu de l'autre, comme cette belle gl. de la loy 1. *De his qui in pri. cred. locum succedunt*, Faber & du Molin le disent expressément.

80. Comment l'action passe sans cession du creancier.
Aussi toutes les loix qui en parlent, ne disent pas, que *secundus creditor succedat in actionibus primi*, mais disent nommément *in locum primi, id est ordinem hypotheca*:

c'est pourquoy il ne faut point craindre en ce cas d'estre poursuivy pour les hypoteques, dont la premiere action estoit chargée. Dequoy je puis encore assigner une autre raison, outre celle cy-dessus, à sçavoir qu'on peut dire aux creanciers intermediats qui seuls ont interest d'empescher cette subrogation du dernier creancier en l'ordre du premier, que le dernier creancier n'eût baillé son argent, & partant la debte premiere n'eût esté acquitée, sinon à cette condition expresse, qu'il entreroit au lieu d'icelle : de sorte que n'estant qu'un même acte, que le payement de la debte anterieure & cette subrogation, il faut qu'ils l'approuvent, ou qu'ils la reprouvent tout entier, & ainsi en une façon & en l'autre ils auront toûjours un premier creancier devant eux.

81. Les posterieurs creanciers n'y ont interest.

82. Que le creancier ayant traité avec tous deux, la rente à luy cedée n'est sujette aux hypotheques du premier creancier.
Je dis donc, que si ce moderne creancier a traité tant avec le debiteur, qu'avec le premier creancier, comme font ceux qui veulent éviter toute difficulté, prenant leur asseurance des deux costez, sçavoir est qu'il ait pris subrogation du debiteur, & cession du creancier, encore même que la rente luy demeure au denier douze, ainsi qu'elle estoit premierement constituée, sibien qu'il semble que ce soit en effet la même rente, n'estant pas aujourd'huy permis de constituer de nouvelles à ce taux : neantmoins cette rente n'est point chargée des hypotheques du cedant ; pource que ce nouveau creancier se peut contenter de la subrogation du debiteur, qui fait que c'est une nouvelle rente subrogée au lieu de la premiere, & ne s'aider point de la cession de l'ancien creancier, qui conserveroit l'identité de l'ancienne rente : mais qu'il auroit pris cette cession par forme de cautele sur-abondante, qui ne peut nuire. Et ne serviroit rien de dire, qu'on ne peut constituer aujourd'huy de nouvelles rentes au denier douze ; pource que cette-cy est abrogée par la loy en tout & partout au droit, & à la place de l'ancienne, & partant n'est point illicite, comme il est decidé en cas semblable en ce §. dernier de la loy *Si pupillorum* D. *De reb. eor.* que bien qu'il soit defendu au tuteur d'hypothequer l'heritage du pupille, neantmoins il le peut obliger, pour amortir une ancienne debte, pourveu, dit le texte, que cette obligation ne soit à plus haut interest.

83. Que l'ancienne hypotheque ne s'acquiert sans stipulation d'hypotheque.
Qu'on tienne donc pour constant, qu'on peut acquerir l'hypotheque & le privilege de l'ancienne debte, en traitant avec le debiteur, sans qu'il soit besoin de cession du creancier. Dont enfin, pour la facilité de la convention des rentes du denier douze, ou denier seize, il y eut une Declaration du Roy faite en l'an 1609. incontinent aprés cet endroit-cy de mon livre imprimé la premiere fois. Declaration qu'il ne faut prendre pour un droit nouveau, non plus à son cas particulier : mais plûtot pour une explication du droit ancien, dont on faisoit lors si grande doute, que s'en estant presenté un procez au Parlement, la Cour commanda aux parties de s'accorder, & laisser le procez indecis. Mais il faut observer, qu'il y a plus de façon à acquerir l'hypotheque, que le privilege personnel : car pour acquerir l'hypotheque, il faut stipuler hypotheque de nouveau en la chose, pource que l'hypotheque ne s'acquiert jamais sans convention expresse, fors és cas particuliers où le droit donne la tacite : or cette subrogation qu'on prend du debiteur, donne seulement l'ordre & le lieu, ou rang de la premiere debte : mais non pas la même action ou hypotheque, comme il vient d'estre dit. C'est ce que nous apprend la loy *Aristo* D. *Qua res pignori oblig. poss. Etiamsi conveneris ut antecedens dimitteretur, non aliter in jus pignoris succedis nisi conveneris, ut eadem tibi esset obligata: neque enim in locum primi succedere potest, qui nihil ipse convenit de pignore.* C'est aussi la raison exprimée en la loy 1. C. *De his qui in prior. cred. locum succ. Indicatum enim est*, dit le texte, *te pignora non accepisse*.

84. Mais il n'en est pas besoin pour acquerir
Mais pour acquerir le privilege personnel, il n'est pas besoin de stipuler hypotheque sur la chose, d'autant que ce privilege se joint à l'action personnelle,

Bb iij

qu'acquiert le nouveau creancier en prêtant son argent au debiteur : c'eſt pourquoy les loix, qui ne requierent, ſinon que l'argent parvienne à l'ancien creancier, pour ſubroger le ſecond en ſon droit, parlent par exprés des actions perſonnelles, *ut l. 2. D. De ceſſione bonorum & d. l. ſi ventri* : mais la loy *Ariſto.* & cette loy premiere, parlent notamment des creanciers hypotequaires, ce qui eſt fort à remarquer, pour la conciliation de ces loix.

Toutefois c'eſt encore une grande queſtion, de ſçavoir s'il ſuffit que l'argent ſoit parvenu incontinent au creancier privilegié par les mains du debiteur, comme Cujas ſemble tenir en ſa dix-huitiéme Obſervation du 18. livre, & la gl. pareillement ſur cette loy *Si ventri*, dont le texte ſemble le decider notamment : ou bien s'il faut qu'il y ait paction expreſſe faite avec le debiteur ; ce qui eſt plus veritable à mon avis, & eſt decidé par cette loy 2. *De ceſſ. bon. In perſonalibus actionibus, qui poſtea quidem contraxerunt, verum ita ut eorum pecunia ad priores perveniat, in locum eorum ſuccedunt* : ce requiert auſſi la loy 1. *De his qui in prior. cred. Sub hoc pacto ut in locum prioris ſuccedat*, & autant en ſuppoſe le §. *A Titio* cy-deſſus rapporté. En quoy il y a même raiſon, qu'en celuy qui prête pour l'achat de la choſe, même plus forte. Car ſi déja on trouve étrange & éloigné que le privilege, qui reſidoit au premier creancier, puiſſe être acquis ſans ſa ceſſion, au moins faut-il qu'il ſoit ſtipulé du debiteur. Concluons donc que celui qui a preſté ſon argent à l'Officier, pour payer une debte privilegiée, eſt ſubrogé au privilege, pourveu qu'il l'ait ainſi ſtipulé de l'Officier, ſans qu'il ſoit beſoin qu'il ait ceſſion de droit, ni conſentement aucun du creancier privilegié.

Reſte d'expliquer l'ordre que doivent tenir enſemble les creanciers privilegiez ſur le prix de l'Office decreté. Ce qui dépend de la loy *Privilegia. D. De privil. credit. Privilegia non ex tempore aſtimantur, ſed ex cauſa, & ſi ejuſdem tituli fuerint, concurrunt*. Il faut remarquer que cette loy ne parle que des privileges perſonnels, qui ſont auſſi les vrais & propres privileges, & non pas des privileges réels ou hypotheques privilegiées, qui ne concourent gueres enſemble étans de divers tems. Auſſi en matieres d'Office, n'y-a-t'il point de privileges réels, non plus que d'hypotheques.

Cette Loy donc dit, que les privileges ne prennent leur rang du tems : la raiſon eſt, qu'és actions perſonnelles, auſquelles ils ſont attribuez, on n'a point d'égard au tems du contract, ainſi qu'aux hypotheques *quia licet uniquique adjiciendo ſibi novos creditores, veterum creditorum conditionem reddere deteriorem. l. 1. §. D. De ſeparat*. Mais les privileges prennent leur rang de leur cauſe & titres, de ſorte que les plus favorables, & s'il faut ainſi dire, les plus privilegiez entrent en ordre les premiers. Car ce qui ſe dit, qu'un privilegié n'uſe point de ſon privilege contre un autre privilegié, s'entend des privileges égaux : mais entre inégaux le plus fort l'emporte. Si donc deux privilegiez ont un privilege égal, ou même titre, c'eſt à dire un même privilege, comme deux, qui ont preſté pour l'achat de l'Office, ils concourent enſemble, bien qu'un ait fait ſon preſt plûtoſt que l'autre : & la raiſon de cette concurrence, eſt que ne pouvant uſer de leur privilege *contra æquè privilegiatos, res reducitur ad jus commune* : qui eſt de concourir & venir à contribution l'un avec l'autre en debtes perſonnelles. Mais és hypothequaires c'eſt un droit perpetuel, que *qui prior eſt tempore, potior eſt jure* : pource que l'hypotheque, dés l'inſtant qu'elle eſt contractée, affecte

tellement la choſe, qu'elle retient toujours par aprés cette impreſſion : c'eſt pourquoy aux privileges réels, il n'y a point de concurrence, comme de deux qui ont prêté pour l'achat d'une maiſon ſous divers contracts portans hypotheque, le premier en hypotheque, doit être mis en ordre devant l'autre.

Il faut donc voir quels privileges ſont les plus forts. Or entre les privilegiez l'Office, le fiſque eſt toujours premier : non pas en conſequence du privilege ordinaire du fiſque, ou des deniers Royaux : mais pource que l'Office venant du Roy, c'eſt ſon ſpecial gage & aſſeurance, pour le maniment de ſes deniers. C'eſt pourquoy le *debet* ou reliqua des comptes de l'Officier comptable doit être pris devant toute autre debte, encore que privilegiée ſur le prix de l'Office decreté : auſſi bien ſi le fiſque n'étoit payé, l'acheteur de l'Office ne pourroit être receu. Même on tient pour cette raiſon, que cette debte du fiſque n'eſt point purgée par le decret de l'Office, bien qu'il ne s'y ſoit oppoſé. Le fiſque a même encore cette autre prerogative, que *perſecutione extraordinaria repetere poteſt, quòd minus privilegiato creditori ſolutum eſt, l. 5. C. De privil. fiſci*. Partant puis que le Roy a les mains ſi longues, l'adjudicataire de l'Office bien conſeillé tiendra la main, à ce que le fiſque ſoit payé avant tout autre, afin qu'il ne trouve point de difficulté en ſa reception, faute que ſon predeceſſeur ſoit quitte de toute choſe : qui toutefois ne doit être retardée, quand tout le prix de l'Office a été diſtribué au Roy, attendu le vieil proverbe, Que où il n'y a rien, le Roy perd ſon droit, ce qui ſoit remarqué en paſſant.

Et aprés le *debet* du Roy acquitté, il me ſemble, ſauf meilleur avis (car ce point eſt fort douteux) que les creanciers, qui ont privilege ſur l'Office *ratione adminiſtrationis*, doivent entrer en rang. Car bien que d'abord ils ſemblent devoir être mis aprés ceux qui ont prêté pour l'achat de l'Office, pource que leur privilege n'eſt pas ſi favorable ny ſi bien reconnu en droit : joint que ceux qui ont prêté pour l'achat de l'Office, ſe ſont aſſeurez de ce ſpecial gage, qu'il ne ſeroit raiſonnable de leur divertir en tout ou partie, pour ce qui ſeroit ſurvenu par aprés : toutefois la raiſon eſt forte au contraire, que l'Office eſt l'aſſeurance du public, pour ceux qui ſont neceſſitez de ſuivre la foy publique de l'Officier ; de ſorte que j'eſtime qu'ils doivent ſuivre le fiſque immediatement, même concourir avec luy comme le fiſque & le public étant également privilegiez, & on ne doit pas dire, que les autres ne doivent être fruſtrez de leur ſpecial gage à l'occaſion du mauvais ménage de l'Officier, puis qu'il peut même perdre l'Office tout entier par forfaiture.

Que s'il y en a pluſieurs de cette eſpece, comme pluſieurs conſignataires oppoſans ſur le prix d'un Office de Receveur des Conſignations, j'eſtime qu'ils doivent concourir enſemble, ainſi que les autres privilegiez de même titre, ſans avoir égard au tems que chacune conſignation a été faite, par la raiſon de cette même loy *Privilegia. De privil. credit*.

Comme pareillement tous ceux qui ont prêté pour l'achat ou conſervation de l'Office, doivent venir à contribution enſemble, *quia ejuſdem tituli ſunt*, même le vendeur de l'Office doit concourir pour le reſte de ſon prix avec le creancier de l'achat ou conſervation, comme étant tous ces deux privileges égaux, ſans regarder, ny à la premiere hypotheque, pource que la ſuite d'hypotheque n'eſt aux Offices.

De la communauté des Offices, Ch. IX.

CHAPITRE IX.

Du droit de la femme en l'Office venal du mary.

1. *Raison de douter si l'Office entre en communauté & en douaire.*
2. *Raison de decider qu'il n'y entre point.*
3. *Raison de la difficulté de ces deux questions.*
4. *Pourquoy l'Autheur n'allegue gueres d'Arrests.*
5. *Premiere consideration.*
6. *De l'Office acquis avant le mariage.*
7. *Arrests qu'il n'entre point en la communauté.*
8. *Taxes payées pour l'Office n'y attribuent point de part à la femme.*
9. *Mais se reprennent sur la communauté.*
10. *De mesme.*
11. *Limitation notable.*
12. *Autre limitation quand l'Office a esté perdu par la mort du mary.*
13. *Autre encore es taxes qui n'ont rien servy.*
14. *Question notable si les deniers de l'Office propre sont sujets à remploy.*
15. *Raisons de la negative.*
16. *De mesme.*
17. *Autre encore.*
18. *Autre encore.*
19. *Autre encore.*
20. *Arrest.*
21. *Raisons de l'affirmative.*
22. *Equité du remploy introduit par la Coustume de Paris.*
23. *De mesme.*
24. *De mesme encore.*
25. *De mesme encore.*
26. *Remploy receu maintenant par tout.*
27. *Raisons particulieres pour le remploy des Offices.*
28. *De mesme.*
29. *Autre encore.*
30. *Réponse aux raisons contraires.*
31. *Resolution pour le remploy des Offices.*
32. *Arrests.*
33. *De l'Office acheté des deniers de la communauté.*
34. *Opinion de Benedicti & Chassanée.*
35. *Opinion de Covarruvias & Garsias.*
36. *Pourquoy l'Office n'entre en communauté.*
37. *Qu'il faut neantmoins indemniser la femme.*
38. *Moyen de pourvoir à son indemnité.*
39. *Que ce moyen n'est propre en l'Office.*
40. *Qu'il la faut indemniser par estimation.*
41. *Que cette estimation est mal aisée à regler.*
42. *Comment il la faut regler.*
43. *De l'Office laissé en confidence.*
44. *De l'Office commun à deux.*
45. *Resolution comment l'Office entre en communauté.*
46. *Que la perte de l'Office tombe sur la communauté.*
47. *Avantage qu'y a le mary.*
48. *Remede qu'on y a inventé pour les femmes.*
49. *Difference entre l'Office commun à deux, & celuy acheté des deniers de la communauté.*
50. *L'Office revient au mary seul dés le decedz de la femme.*
51. *Mais en doit le my denier à ses heritiers.*
52. *Ce my denier s'entend de la simple procuration.*
53. *Entre deux associez faut estimer l'Office tout expedié.*
54. *Mais le titulaire ne peut estre contraint à la licitation.*
55. *Et si l'Office est trop estimé, il le peut remettre en commun.*
56. *Si l'estimation du my-denier doit estre faite selon le temps du decez, ou du partage.*
57. *Semble que ce soit selon le temps du partage.*
58. *Resolution au contraire.*
59. *Deslors du decez de la femme, l'Office est entierement aux risques du mary.*
60. *Moyen de s'en descharger.*
61. *De l'Office acquis par échange aux propres du mary.*
62. *Du bail en payement des propres du mary pour le prix de l'Office.*
63. *De l'Office payé des deniers provenus de la vente des propres du mary.*
64. *Resolution.*
65. *De l'Office acquis à mesme les propres de la femme.*
66. *De l'Office donné au mary pendant le mariage.*
67. *De mesme.*
68. *De l'Office, partie donné, & partie vendu.*
69. *De l'Office donné pendant le mariage puis vendu.*
70. *Si les Offices propres sont sujets au douaire.*
71. *Que si.*
72. *Que non.*
73. *Que mesme les deniers de l'Office vendu pendant le mariage, n'entrent en douaire.*
74. *Arrest pour l'affirmative.*
75. *Arrest pour la negative.*
76. *Conciliation vulgaire de ces deux Arrests.*
77. *Que l'arrest de Hemery n'exclud pas la suite d'hypotheque és Estats des decimes.*
78. *Response à l'Arrest de Coquebert.*
79. *Autre raison pour monstrer que douaire n'a lieu és Offices.*
80. *Ampliation és Offices hereditaires par privilege.*
81. *Limitation à l'égard des Offices domaniaux.*
82. *Que toutes ces decisions doivent estre observées aux Offices non venaux, comme aux venaux.*

1. *Raison de douter si l'Office entre en communauté, ou en douaire.*

C'Est icy peut-estre un des plus scabreux & difficiles endroits de cette matiere, sçavoir, si l'Office entre en la communauté du mariage & au douaire : encore que d'abord ces questions semblent aisées. Car puisque les meubles & conquests immeubles y entrent, il est facile à entendre, que si l'Office est tenu pour meuble, il y doit entrer indistinctement, si pour immeuble, encore y doit-il entrer ; estant acquis pendant le mariage. Et s'il est acquis auparavant, au moins doit-il, ce semble, entrer au douaire coustumier, qui a lieu sur tous les immeubles possedez par le mary, lors de la benediction nuptiale.

2. *Raison de decider qu'il n'y entre point.*

Mais il a esté dit cy-dessus, que l'Office n'est proprement ny meuble ny immeuble : non seulement à cause qu'il est incorporel (car les debtes & les rentes bien qu'incorporelles, ne laissent d'entrer en communauté & en douaire) mais pource que sa condition est d'estre non une vraye substance, qui puisse par effet subsister à part soy, mais plustost un accident & qualité inherente à la personne : comme le Juris-

consulte a reconnu en la loy 5. §. *Si quid minori*, D. *De minorib*. Puis donc qu'il est uny & conjoint à la personne de l'Officier, il ne peut estre communiqué à autre, & principalement à la femme, qui par la loy en est incapable, l. *Foemina*. D. *De regulis juris*.

Comme donc l'accident, qui n'a point de vraye & positive nature, ne peut estre parfaitement apprehendé, aussi la condition de l'Office ne peut pas estre reglée parfaitement par les principes & ratiocinations du droit, & principalement en cette rencontre de la communauté d'entre mary & femme, qui n'est traitée dans le droit Romain, & partant doit estre moderée par les considerations de l'equité naturelle, laquelle doit servir de guide en l'obscurité de la raison, *& quando juris auctoritate deficimur*: sur tout doit estre resolu par l'usage receu parmy nous, qui est le vray interprete du droit ambigu : dont la preuve se fait principalement par les Arrests de la Cour. Qui sera cause, que bien qu'és autres points je n'aye pas esté si curieux de rechercher & rapporter des Arrests,

3. *Raison de la difficulté de ces deux questions.*

4. *Pourquoy l'Au-theur n'al-*

Des Offices Venaux. Liv. III.

legue guerres d'arrests.
ayant deſſein de fonder mon diſcours en raiſon, & non pas en exemples, ou auctoritez ; auſſi que les Arreſts decident plus ſouvent les hypotheſes, que les theſes : neantmoins en cette difficulté ſi douteuſe, je ſuis contraint d'avoir recours aux oracles, *quaſi in nodo vindice digno.*

5. Premiere conſideration.
Donc pour la reſoudre nettement, je dis, qu'en premier lieu il faut garder ſoigneuſement en ce point icy, encore plus qu'en tout autre, les conventions appoſées aux contracts de mariage, qui doivent principalement regler cette communauté d'entre mary & femme, & notamment celle des Offices. Et certes puis qu'il s'y trouve de ſi grandes difficultez, il eſt fort à propos de les retrancher & éviter par les contracts de mariage, deſquels toutes les pactions ſont gardées inviolablement, tant pour leur faveur, que pource que ce ſont marchez qu'on ne peut plus diſſoudre.

6. De l'Office acquis avant le mariage.
Mais poſé qu'il n'en ſoit rien accordé par le contract de mariage, il faut diſtinguer ſi l'Office a été acquis auparavant la communauté, ou pendant icelle. Si auparavant, quelle equité y auroit-il, qu'il entrât en la communauté, & qu'aprés diſſolution, les heritiers d'une femme vouluſſent oſter au mary la moitié de ſon Eſtat ? bref qu'un homme, pour s'être marié, perdît la moitié de l'Office qu'il avoit auparavant ? Car qu'a-t-il de plus propre à un homme, que ſon Office ? qui a-t-il de moins communiquable à la femme ? Donc à bon droit il a été jugé par infinis Arreſts, que les Offices, dont le mary eſtoit pourvû avant le mariage, n'entrent en communauté.

7. Arreſts qu'il n'entre point en la communauté.
Ainſi par Arreſt du mois de Decembre 1598. donné au profit de M. Garnier Secretaire du Roy, contre M. Tonnelier & conſors, il fut jugé, que le pere avoit pû reſigner ſon Office de Secretaire du Roy (qu'il avoit avant ſon ſecond mariage) à ſon fils du premier lit, ſans que ſa ſeconde femme, ou ſes heritiers y puſſent demander part. En voicy un autre particulier & fort notable : un nommé Hardy eſtant pourvû de l'Office d'Huiſſier Audiancier au Chaſtelet de Paris, ſe marie, pendant ſon mariage il en achete la ſurvivance, qui fut payée de deniers de la communauté. Aprés la mort de Hardy, ſa veuve veut avoir la moitié de l'Office. Il n'eſtoit point queſtion de dépoüiller le mary de ſon Office, choſe qui a été toûjours trouvée odieuſe, & d'ailleurs l'Office avoit été fait hereditaire, moyennant les deniers de la communauté, & ſans cela il eût été perdu par la mort de Hardy. En outre il avoit changé de nature, ce ſembloit, attendu que d'Office à vie eſtoit devenu hereditaire, & conſequemment immeuble, ainſi il ſembloit être un vray conqueſt, tout ainſi que ſi le mary avoit acheté, des deniers de la communauté, la proprieté d'un heritage, dont l'uſufruit luy appartenoit. Neantmoins par Arreſt du mois de Juin 1598. donné en la troiſiéme Chambre des Enqueſtes au rapport de ce tres-pieux & tres-docte Conſeiller M. le Cogneux (qui m'a incité à compoſer ce livre) cet Office fut adjugé entierement aux heritiers du mary, à la charge toutefois, qu'ils rendroient à la femme la moitié des deniers financez pour la ſurvivance d'iceluy. Autant en avoit été jugé auparavant au Parlement ſeant à Tours le 23. Decembre 1592. touchant un Office de Notaire acheté auparavant le mariage, & conſervé par le moyen d'une ſurvivance, achetée pendant iceluy, par Arreſt donné entre la veuve le Clerc, & les enfans d'un nommé Giraut.

8. Taxes payées pour l'Office n'y attribuent point de part à la femme.
Deſquels Arreſts il reſulte un point fort notable, que les taxes payées au Roy des deniers de la communauté, même pour l'heredité de l'Office, n'attribuent point de droit à la femme ſur le corps d'iceluy, ainſi qu'une rente deuë ſur les propres du mary racquittée des deniers de la communauté, eſt reputée conqueſt. Mais ſeulement la femme, acceptant la communauté aprés diſſolution a ſon action contre les heritiers du mary, pour repeter moitié d'icelle,

tout ainſi que pour un edifice, ou autre impenſe faite ſur le propre heritage d'iceluy.

9. Muiſ ſe prennent tui la communauté.
En quoy il ſemble, qu'il ne faut point diſtinguer les impenſes utiles, neceſſaires, ou voluptueuſes, comme fait le droit au tit *De impenſis in res dotales factis,* & comme en Pratique nous diſtinguons ordinairement les impenſes d'avec les ameliorations, ſuivant la loy *In fundo. D. De rei vendic.* Car bien que ces diſtinctions ayent lieu aux impenſes faites par le mary ſur le propre de la femme, il ne ſeroit pas raiſonnable de les pratiquer en celles qu'il fait luy même ſur ſon propre : pource qu'encore qu'il puiſſe donner & perdre le bien de la communauté, dont il eſt le maiſtre, toutefois au prejudice de ſa femme il ne le peut donner à ſes propres parens, ny hazarder ſur ſon propre heritage.

10. De meſme.
Il ſemble donc à la rigueur, que toutes les taxes qu'il paye des deniers de la communauté pour l'Office acquis auparavant le mariage, & de tous les frais qu'il fait pour les procez ſurvenans à l'occaſion d'iceluy, il en faut rendre moitié à la femme aprés diſſolution, ſoit que les taxes ayent augmenté par effet l'Office, ſoit que non, & ſoit que les procez ayent été gagnez, ou non : ſoit auſſi que l'Office ait été ſauvé, ou perdu par ſa mort. Toutefois comme en cette matiere le droit fait difference des impenſes faites pour l'utilité perpetuelle du fonds dotal, & de celles qui ſont faites pour la reception annuelle de l'Office : auſſi ſans doute il faut diſtinguer les frais faits, ou deniers payez au Roy pour l'augmentation & conſervation de l'Office, & ceux faits en conſequence de la joüiſſance & exercice d'iceluy. Car il eſt certain que ceux-cy ne ſont aucunement reſtituables à la femme, mais doivent être compoſez avec les fruits, *l. 3. & ult. D. De impenſ. in re dot. fact.* comme par exemple les taxes faites ſur les financiers, pour les exempter de recherche.

11. Limitation fort notable.

12. Autre limitation quand l'Office a eſté perdu par la mort du mary.
Mais en celles qui concernent la conſervation, ou augmentation perpetuelle de l'Office, il y a beaucoup de difficulté. Car à la rigueur il doit eſtre fait raiſon à la femme aprés diſſolution, comme de toutes taxes qui augmentent la finance de l'Office, quand même d'ailleurs elles ne ſerviroient plus de rien, comme la finance payée pour une ſurvivance depuis ſupprimée, ou qui autrement n'a ſorty effet, & autres ſemblables. En quoy toutefois il me ſemble qu'il ſeroit fort equitable d'y apporter une moderation, que ſi l'Office avoit aprés tout à fait par la mort du mary, il ne ſeroit raiſonnable qu'aprés une perte notable, faite afin d'accroiſtre la communauté il falut encore apporter en icelle ce qui auroit eſté payé par force au Roy, pour augmenter, ou conſerver l'Office, qui enfin auroit été perdu tout à fait : mais il ſemble qu'il doit ſuffire à la femme d'avoir profité, non ſeulement de l'induſtrie & travail continuel de ſon mary, mais encore du grand revenu de l'Office à luy propre, parmy lequel revenu le corps & le capital de l'Office ſe minoit, uſoit & conſommoit journellement, ainſi que le ſort principal d'une rente viagere ſe conſomme & diminuë tous les jours : de ſorte qu'enfin il eſt vray de dire, que tout l'Office du mary eſt entré & fondu en la communauté.

13. Autre encore éſ taxes qui n'ont rien ſervi.
Je paſſe encore plus outre, je voudrois tenir en cette matiere, où le mary hazarde le plus beau de ſon bien, que tous les frais par luy faits pour la conſervation, ou augmentation de l'Office, qui n'ont de rien ſervy, & dont l'Office n'a eſté augmenté par effet, doivent eſtre preſumez avoir eſté payez du revenu d'iceluy (comme j'ay dit au livre precedent touchant le droit annuel qui ſe paye en vertu de l'Edit moderne) & partant qu'ils ne ſont reſtituables par le mary aprés diſſolution, afin que la femme ne gagne ſur l'Office, lors que le mary perd : mais afin que comme les profits, auſſi les pertes precedentes d'iceluy tombent ſur la communauté. C'eſt pourquoy j'eſtime que les frais des procez qu'a eu le mary pour ſon Office,

De la communauté des Offices, Ch IX.

Office, au moins ceux qui concernoient non le titre & proprieté, mais les droits & reglemens d'iceluy, ne doivent estre rendus par le mary, ou ses heritiers aprés dissolution, comme il ne reprend pas par preciput les depens qui luy sont adjugez en tels procez.

14. Question notable, si les deniers de l'Office propre sont sujets à remploy.

Voicy une autre difficulté plus grande : comme il vient d'estre dit, que l'Office en soy n'entre point en la communauté, s'il arrive que le mary vende pendant icelle l'Office, dont il estoit pourveu auparavant, les deniers seront-ils sujets à estre employez, ou repris par preciput aprés la dissolution ? Certainement il y a de tres-grandes raisons pour la negative. Car en premier lieu, la raison pourquoy l'Office en soy n'entre pas en la communauté, soit à cause qu'il est inherent à la personne du mary, ou pource qu'il est reputé immeuble, cesse notoirement quand il est vendu & converty en deniers, qui ne peuvent estre inherens à sa personne, ny immeubles: aussi que la Coustume ne repute l'Office immeuble que jusques à la resignation, & dit que les deniers de la vente d'iceluy (méme de celle qui est faite par decret) sont distribuez par déconfiture comme meubles.

15. Raisons de la negative.

16. De méme.

Mais quand bien l'Office seroit reputé immeuble, méme aprés avoir esté vendu, si est-ce qu'auparavant l'an 1580. que la Coustume de Paris fut reformée, on ne sçavoit que c'estoit de remploy par toute la France : mais on disoit lors, que le mari ne se pouvoit lever assez matin pour vendre l'heritage de sa femme, ou du moins on pratiquoit à plus forte raison, que vendant volontairement le sien il n'en pouvoit pretendre de remploy. Mais en consequence de ce que par cette méme Coustume tous avantages estoient prohibez entre mary & femme, les Reformateurs d'icelle introduisirent fort justement le remploy, non pas en l'alienation de tous propres, & de toutes choses reputées immeubles, ainsi qu'elle fait de la complainte, mais des heritages & rentes propres seulement. Et déja c'est une grande question, si cette Coustume particuliere est suffisante pour introduire le remploy és autres Provinces contre l'ancien usage, & le droit general de France. Et c'est encore la plus commune opinion du Palais, que le remploy n'a lieu qu'en trois cas, à sçavoir de coustume particuliere, contract de mariage, & protestation d'iceluy lors de la vente.

Et quand bien la Coustume de Paris devroit en ce regard estre observée par tout, si est-ce qu'introduisant expressément le remploy qu'à l'égard des heritages & rentes, il n'y a gueres d'apparence de l'étendre aux Offices, d'autant qu'outre que les Coustumes, estans de droit étroit, ne reçoivent point d'interpretation extensive, dit Bart. sur la loy *omnes, De justit' a & jure,* il y a encore icy deux raisons particulieres, qui empeschent cette extension.

17. Autre encore.

18. Autre encore.

L'une que la Coustume de Paris est contraire au droit commun : soit de la France, attendu qu'auparavant icelle le remploy n'étoit pratiqué : soit de Rome, étant chose notoire, que le droit Romain ne reconnoist point en tout la communauté de biens, mary & femme. Contraire aussi à la raison naturelle pource que naturellement le prix ne retient pas les qualitez de la chose vendué : comme il est notoire que quand un homme a vendu ses propres, & employé le prix d'iceux en acquests, l'heritier des propres en demeure frustré.

19. Autre encore.

L'autre, que les Offices sont moins propres, & partant moins sujets à remploy que les heritages, ou rentes, d'autant qu'ils ne passent pas à l'heritier. D'ailleurs, s'il est ainsi que le remploy ait été introduit pour empecher les avantages d'entre mary & femme, cette consideration est moins forte aux Offices qu'aux heritages, ou rentes. Car c'est une exception que le droit donne à la prohibition des donations d'entre mary & femme, que celles-là sont permises, *Du droit des Offices,*

par lesquelles le donataire n'est point appauvry, *l. 5. §. Cum igitur. & l. 25. D. De donat. int. vir & ux.* Or est-il que l'heritier du mary n'est point appauvry pour laisser en la communauté le prix de l'Office vendu, pource que si le mary ne l'eust vendu, il eust été perdu par sa mort: & possible est-il ainsi qu'il ne l'a vendu que pour faire profit à sa femme, autrement il l'eust laissé perdre.

Et de fait Carondas livre 7. des Réponses, chap. 173. en rapporte un Arrest touchant un Office d'Auditeur des Comptes, donné entre Jean le Febvre curateur de Genevefve Beaux-amis & M. Jean Dudté, le 7. Decembre 1577. & tient qu'il doit être ainsi observé, nonobstant l'article de la Coustume reformée.

20. Arrests.

Ces raisons sont à la verité fort-pressantes, & neantmoins comme nos mœurs panchent apertement à augmenter le commerce & la proprieté des Offices, l'opinion contraire a prevalu, & enfin s'est établie de nôtre temps, dont aussi les raisons me semblent encore plus pertinentes.

21. Raisons de l'affirmative.

Car à bien entendre la communauté d'entre mary & femme, qui n'a lieu en endroit du monde que je sçache, fors en un petit canton de la France, faisant partie du païs coûtumier, ne devroit comprendre, (outre son premier fonds, qui sont les meubles qu'y apportent les conjoints lors de leur mariage (que leur collaboration (ainsi que parlent les Capitulaires de Charlemagne qui est l'ancien droit François) c'est dire ce qu'ils acquierent par leur labeur & industrie : quoy qu'il en soit elle ne comprend de plus que ce qu'ils acquierent à titre lucratif, & non pas ce qui leur advient pour cause onereuse, c'est à dire de la vente, ou diminution de ce qui étoit propre & particulier à chacun d'eux. Car c'est en ce cas pûtot un changement d'une chose en une autre, qu'une acquisition nouvelle (ainsi méme-tost perte que gain, & diminution qu'augmentation de bien.

22. Equité du remploy introduit par la Coûtume de Paris.

Quelle apparence y a-til qu'un mary, sous pretexte que pour aprocher du bien prés de luy, ou pour méme, autre bon sujet, quelquefois méme pour payer les debtes de sa communauté, aura vendu son propre heritage, il en transfere la moitié de son propre à sa femme, & par ainsi que la moitié de l'ancien propre du mary soit transferée en une famille étrangere, & que le mary méme en soit frustré, si sa femme decede la premiere, ou ses enfans s'il precede ? Quelle apparence au contraire, qu'un mary ayant, ou par amour ou par autre moyen induit sa femme à vendre ses propres, s'approprie par ce moyen la moitié d'iceux.

23. De méme.

Certainement cela est contre toute équité naturelle, méme contre le sens commun, & je m'étonne comment nos Ancestres (qui ont été d'ailleurs tellement curieux de conservet les propres aux familles, qu'il semble que ce soit la principale fin du droit François, & sa perpetuelle difference d'avec le Romain) se sont endormis, & s'endorment encore aujourd'huy si long-temps en cet erreur provenu, à mon avis, de ce que les gens de Justice ont voulu retenir le pouvoir d'attirer en leur communauté le bien de leurs femmes.

24. De méme encore.

Voila pour le point d'équité: & pour le point de droit, est-il pas certain que les donnations entres-vifs sont prohibées entre mary & femme, & par le droit Romain, & par toutes les Coûtumes de France; Or qui doute que ce soit en effet une donation, que d'attribuer la moitié de ses propres l'un à l'autre par le moyen de la vente d'iceux. Et de fait, Bacquet nous apprend que dés son temps on étendoit la Coûtume de Paris introductive du remploi, à toutes les Coûtumes qui prohibent les avantages indirects entre mary & femme.

25. De méme encore.

C'est pourquoy, comme les mauvaises pratiques se corrigent peu à peu avec le temps, maintenant qu'on vient à considerer que par le droit commun, &

26. Remploy reçeu maintenant par tout.

de Rome & de France, tous avantages directs & indirects entre mari & femme sont prohibez, afin que l'un ne soit enrichy du dommage de l'autre, les plus judicieux obseruent à bon droit le remploy par toute la France, comme un droit commun, & esperent qu'enfin cet usage s'établira, à cause de son equité toute apparente.

27. Raisons particulieres pour le remploy des Offices. Or puisque toute ces raisons, sur lesquelles le remploy est fondé, ont autant de poids és Offices alienez qu'és heritages, ou rentes, il s'ensuit que le remploy y doit pareillement avoir lieu, attendu mesme qu'il y a encore des raisons particulieres pour les Offices. Car auparauant la reformation de la Coustume de Paris on jugeoit le remploy à l'égard des alienations necessaires, comme des rentes racquittées, dont Catondas sur la Coustume, rapporte un Arrest du 21. Juilliet 1565. donné au profit de la veuve Dupré : or est-il que l'alienation de l'Office est comme necessaire, pource qu'il faut, ou que le mary le vende, ou qu'il le perde par sa mort, ce qui n'est aux heritages ou aux rentes.

28. De mesme. D'ailleurs il faut qu'il y ait égalité entre les conjoints, que Dieu par le mariage vnit comme en un corps : & notamment cette égalité doit estre en leur societé, afin qu'elle ne soit pas leonine, mais conjugale. C'est pourquoy les femmes ne pouuans repporter en icelle le prix des Offices, dont elles ne sont capables, il n'est pas raisonnable que les maris y apportent le prix des leurs.

29. Autre encore. Or est ce pas assez d'égalité & d'auantage pour les femmes, que les maris contribuent tous seuls à la communauté leur industrie, & leur labeur continuel en l'exercice de leur Office, & sur tout qu'ils portent seuls la perte entiere d'iceux, & neantmoins que les femmes participent également aux honneurs, aux profits d'iceux, & même aux privileges dont elles jouïssent encore apres la mort des maris : & ce sans y rien hazarder de leur bien, & sans y contribuer ny industrie, ny labeur ? Outre tout cela seroit-il raisonnable, que le mary ne voulant perdre par sa mort l'Office, pour l'achat duquel il auroit vendu les plus beaux de ses propres, la femme non contente d'en auoir eu auparauant la moitié des honneurs, des profits, & des droits & privileges, vueille encore, apres la vente d'iceluy, en auoir la moitié du prix & sort principal ? de sorte que le mary soit reduit en ces deux extremitez, ou de perdre son Office entier par sa mort, ou d'en perdre la moitié par la vente.

30. Réponses aux raisons contraires. Puis donc qu'il y a beaucoup plus de raison & d'equité au remploy des Offices, qu'en celuy des heritages ou rentes, il n'y a point d'apparence de dire que l'article de la Coustume de Paris, qui introduit le remploy aux heritages & aux rentes, ne doit point estre estendu aux Offices : joint que nous ne fondons pas tout à fait le remploy des Offices sur cet article; mais sur celuy qui prohibe tous auantages indirects entre mary & femme, entre lesquels seroit infailliblement celuy-cy qui proviendroit de la vente de l'Office, si le prix d'icelle demeuroit en la communauté, sans estre remployé au profit du mary. N'estant d'ailleurs vray ce qu'on allegue au contraire, que le mary

31. Resolution pour le remploy des Offices. ne soit appauury pour laisser en la communauté le prix de son Office; & quant à l'Arrest de l'an 1577. il est du temps que le remploy n'estoit pas encore en pratique. Concluons donc que le prix de l'Office qu'auoit le mary auant son mariage, & qui a été vendu constant iceluy, doit estre remployé à son profit, ou bien apres dissolution estre repris par preciput sur la communauté, comme il a esté jugé par l'Arrest de Coqueret de l'an 1598. qui sera rapporté plus au long à la fin de ce chapitre.

32. Arrests. Mais sur tout cette difficulté a esté resoluë depuis peu par Arrest tres-solemnel donné en la premiere Chambre des Enquestes, par conuocation de deux Conseillers des autres Chambres, & prononcé en robbes rouges à la Nostre-Dame de Septembre 1607. par ce Nestor François

M. le premier President de Harlay, entre la veuve de feu M. Louïs de la Grenge, Tresorier de France à Orleans, & le curateur subrogé de sa fille.

33. De l'Office acheté des deniers de la communauté. Parlons maintenant de l'Office acheté des deniers de la communauté, sçavoir si & comment il entre en icelle. Qui s'en voudra rapporter au bon homme Benedicti, qui a touché cette question sur le chapitre Raynutius. in verbo. Et uxorem. decis. 5. num. 787. & à Chassanée qui l'a traitée sur le titre 4. de sa Coustume, art 2. ils nous disent tous deux absolument que la femme n'y a rien; même que si le mary achetoit des deniers de la communauté une Pairie de France, elle n'entreroit aucunement en la communauté, mais appartiendroit entierement au mary & aux siens.

34. Opinion de Benedicti & Chassanée. Mais deux braues Espagnols releuent fort bien l'opinion contraire, à sçavoir Covarrubias liv. 3. Variar. resolut. cap. 16 & Ioan. Garsias tract. De expens. & melior. cap. 4 qui disent que la femme a la moitié non en l'Office, mais en l'estimation d'iceluy.

35. Opinion de Covarrubias & Garsias. Or dautant que cette matiere est scabreuse, & re vera de apicibus juris Gallici, il faut examiner à loisir ces deux opinions. En premier lieu, il est bien certain que l'Office en soy n'entre pas en la communauté, tant pource qu'il est inherent à la personne du titulaire, que pource que la femme en est incapable, finalement pource qu'il est indivisible, & ne peut estre à deux. Il est inutile de dire que tout ce que le mary acquiert des deniers de la communauté, dont il dispose comme il luy plaist, il l'acquiert comme mary, c'est à dire tant pour luy que pour sa femme, à plus forte raison qu'au droit c'est une specialité que nos empta ex pecunia dotali, dotalis efficitur. l. Res qu. D. De jure dotium. Car la communauté n'est pas capable de tenir & avoir à soy l'Office, & bien qu'en droit tout ce que le fils de famille acquiert appartienne au pere, si est ce qu'acquerant une Milice, elle appartient à luy seul, non patri acquiritur, sed ipsi habet, quia persona ejus cohæret dit ce beau §. Si quid minori. l. 3. De minor.

36. Pourquoy l'Office n'entre en communauté. Quoy donc la femme perdra-elle sans son fait, & par la ruse du mary, la part qu'elle auoit aux deniers, dont l'Office a esté acheté ? Cela seroit contre toute equité : même contre le sens commun, quoy qu'en disent ces bonnes gens, Benedicti & Chassanée, qui estoient du temps, auquel on laissoit encore toute licence au mary de vendre le bien de sa femme, pour augmenter sa communauté, & de bastir sur son propre sans restitution des impenses, comme Chassanée le dit au même lieu : sur tout ils estoient du temps que le commerce des Estats n'estoit point encore étably : mais aujourd'huy tout cela n'a plus de lieu, & on tient auec juste raison, qu'en quelque sorte que ce soit, le mary ne peut divertir à son profit particulier, ou des siens, le bien de la communauté, pour en frustrer sa femme : & cette generale consideration d'equité naturelle, que nemo cum aliena jactura locupletior fieri debet, est principalement gardée entre mary & femme : de sorte qu'on a fait une regle particuliere de nostre droit, que mary & femme ne se peuuent avantager l'un l'autre directement, ny indirectement.

37. Qu'il s'age neantmoins la demeurer la femme.

38. Moyen de pouruoir à son indemnité. Tout ainsi donc que quand le mary a employé l'argent de la bourse commune à bastir sur son propre heritage, on pouruoit à la recompense de la femme, en luy donnant action apres dissolution de la communauté, pour repeter la moitié de cet argent : aussi mero jure, il faudroit que la moitié des deniers de la communauté, employez en l'achat de l'Office, qui est particulier & inherent à la personne du mary, fussent par luy rendus à la femme, ou aux siens apres dissolution.

39. Que ce moyen n'est propre en l'Office. Mais la qualité de l'Office y apporte une consideration particuliere. Car il y a grande difference entre le bastiment fait sur l'heritage du mary, qui est perpetuel, qui aussi n'apporte à la communauté que le fruit ordinaire des heritages, le plus sou-

De la communauté des Offices, Ch. IX.

vent rien, & l'Office qui n'est qu'à vie, & est journellement periſſable, & qui d'ailleurs rapporte en la communauté un grand revenu, lequel auſſi s'y fond, mine, & conſomme de jour en jour. De ſorte qu'il ne ſeroit nullement raiſonnable, que l'Office ayant eſté perdu par la mort inopinée du mary, ſes heritiers demeuraſſent neantmoins debiteurs de ce my-denier envers la femme. C'eſt pourquoy on a eſté contraint d'entrer en cét expedient, que comme le revenu annuel de l'Office, auſſi ſa perte reſidaſſent en la communauté, ſuivant cette regle d'équité naturelle, que qui reçoit le profit doit porter la perte.

40. Qu'il la faut indemniſer par l'eſtimation.

Donc on eſt enfin venu à ce point, que comme le droit decide la perſonne incapable de la Milice doit avoir l'eſtimation d'icelle, *l. 11. & 16. De leg. 3.* auſſi la femme, meſme la communauté du mary & femme, eſtant incapable de la pure & parfaite ſeigneurie de l'Office, on a attribué à cette communauté l'eſtimation d'iceluy, qui toujours dans le droit ſupplée, & repreſente la choſe és occurrences d'équité où il eſt beſoin.

41. Que cette eſtimation eſt arbitrée à regler.

Toutefois ce n'eſt pas encore aſſez dit. Car le droit ne connoiſt que deux ſortes d'eſtimation, l'une *quæ facit emptionem* : l'autre qui ſe fait ſeulement pour liquider, & aſſeurer un prix certain à la choſe. Que ſi l'Office entroit en la communauté ſelon ces ſortes d'eſtimation, on retomberoit toujours au premier inconvenient : car il s'enſuivroit que le mary ſeroit ſeulement & preciſément tenu lors de la diſſolution, de rapporter la moitié du prix que l'Office auroit couſté, qui ſeroit toujours la plus certaine eſtimation qu'on en pourroit faire : de ſorte que s'il eſtoit augmenté de prix, il ſuffiroit qu'après la mort de ſa femme le mary rendiſt la moitié de ce qu'il auroit couſté : & auſſi au contraire, s'il eſtoit diminué de prix, meſme qu'il eût été perdu tout à fait par la mort du mary, il faudroit toujours que ſes heritiers rendiſſent ce my-denier. Ce qui n'eſt nullement raiſonnable, car puiſque les profits de l'Office entrent entierement en la communauté, pourquoy faut-il qu'il ſoit aux riſques du mary ſeul, outre que luy ſeul y contribué ſon induſtrie & ſon labeur, que ſi au contraire il eſt aux riſques & perils de la communauté, il eſt neceſſaire, que l'accroiſſement d'iceluy revienne à la communauté.

42. Comment la Loi regle.

Cela eſt aſſez aiſé à entendre. Car le ſens commun nous le dicte, & la pratique en eſt toute notoire. Mais il eſt bien mal-aiſé de dire comment cela ſe peut accommoder à la raiſon du droit, & quelle eſt en effet cette eſtimation veritable & incertaine : meſme cette eſtimation non eſtimée ny eſtimable de l'Office, qui entre en la communauté, & toutefois il la faut trouver, pource que c'eſt le fondement de tout ce diſcours. Or bien que le mary ſoit tout enſemble l'Officier & le titulaire de l'Office, ſi eſt-ce qu'en effet, quoy que ce ſoit quant au profit & au peril, augmentation & diminution, l'Office appartient à la communauté : tout ainſi que quand un homme ayant acheté un Office le met ſous le nom de ſon amy, qu'il fait pourvoir d'iceluy, celuy-cy à la verité n'eſt pas effectivement ſeigneur de l'Office, mais en eſt ſimple titulaire *& fiduciarius poſſeſſor*, que nous diſons en matiere de beneſices *confidenciaire*. Ou l'encore pour approcher plus prés de noſtre cas, quand deux achetent un Office en commun, celuy qui en eſt pourveu, en eſt ſeul titulaire, & ſeul Officier, mais il n'eſt ſeigneur de l'Office que pour moitié. Ainſi peut-on dire du mary, qu'il eſt l'Officier & le titulaire de l'Office mais que l'Office appartient en effet à la communauté : il eſt vray que comme il eſt maiſtre de tous les biens de la communauté : & qu'il en peut diſpoſer à ſon plaiſir ſans fraude, il a encore plus de droit en l'Office, que n'a le confidenciaire ou l'aſſocié titulaire en l'Office commun.

43. De l'Office laiſſé en confidence.

44. De l'Office commun à deux.

45. Reſolution commenſment l'Office.

D'où il reſulte, que ce n'eſt pas encore proprement la ſimple eſtimation de l'Office, qui entre en *Du droit des Offices.*

la communauté, comme auſſi ce n'eſt pas vrayement & réellement l'Office même, entant qu'il eſt conſideré avec l'aptitude à l'exercice ; & eſt definy *Dignité avec fonction publique* ; mais c'eſt un droit imaginaire, & un certain *ens rationis* tiré de l'exercice, que les Canoniſtes appellent *jus in re*, droit en l'Office, & nous l'appellons vulgairement la *ſeigneurie* ou *proprieté de l'Office*, telle à peu prés que l'acheteur de l'Office l'a avant que d'en être pourveu, ou qu'y être receu : droit que nous avons dit au livre precedent pouvoir être ſeparé réellement és Offices domaniaux d'avec l'Office en ſoy, c'eſt à dire d'avec l'exercice publiée, mais qu'és autres Offices, il n'en peut être ſeparé & disjoint que par l'intellect. Quoy qu'il en ſoit tous les effets de la ſeigneurie utile & profitable, que qu'elle peut échoir aux Offices, dépendent de ce droit. Car qui a ce droit, acquiert les fruits de l'Office, les augmentations intrinſeques & extrinſeques d'iceluy viennent à ſon profit, comme auſſi les diminutions ſoit de partie, ſoit du total de l'Office, tombent à ſon dommage : bref il eſt tout ainſi que le parfait ſeigneur de l'Office, ſinon que n'eſtant pas Officier il n'en a pas le titre & l'honneur, ny la fonction & le pouvoir : & voilà comment l'Office entre en la communauté ; ce qui eſtoit bien neceſſaire d'eſtre approfondi & particulariſé pource qu'il s'en peut tirer pluſieurs belles conſequences, qui ſe rapportent du tout à noſtre pratique des Offices : laquelle il eſt bien neceſſaire d'accommoder aux raiſons de droit, afin d'éviter les paralogiſmes & les erreurs, qui y ſont ordinaires encore à preſent, dautant que juſques ici on l'a maniée plus par routine, que par raiſon.

46. Que la perte de cét Office tombe ſur la communauté.

Il s'enſuit donc que ſi l'Office vient à être perdu, ſoit par ſuppreſſion, ou même par la mort du mary cette perte tombe ſur la communauté : encore que la loy ait décidé, que ſi *ſocius communem pecuniam ſuo nomine fœneraverit, ipſa ejus pericula cedit. Si unus. §. 1. D. Pro ſocio.* Car la raiſon eſt bien differente, attendu que le mary ne riſque pas les deniers de la ſocieté au profit de luy ſeul, quand il les convertit en un Office, mais il apporte journellement les profits d'iceluy à la communauté, encore qu'il ait ſeul la fatigue de l'exercice, & que ſeul il y contribuë ſon induſtrie. Sa femme même participe au rang & honneur de l'Office, meſme encore après la mort du mary elle jouit du rang & des privileges d'iceluy : ſeroit-il donc raiſonnable que le mary en portaſt ſeul la perte ?

47. Avantage qu'y a le mary.

Tout l'avantage qu'y a le mary par deſſus elle, en recompenſe de ce qu'il contribuë ſeul ſon labeur & ſon induſtrie à l'Office, c'eſt que ne pouvant être perdu que par ſa mort, il ne peut pendant ſa vie être incommodé de cette perte, comme la femme peut être par ſa mort du mary. Et c'eſt pourquoy on appelle l'Edit moderne du droit annuel, l'Edit des femmes Avantage, que le titulaire a tout pareil en l'Office commun : mais encore les femmes ſçavet bien s'exempter de la perte de l'Office, & la rejetter ſur le mary. Car elles s'aſſeurent ordinairement par leurs contracts de mariage, de reprendre ce qu'elles ont rapporté en cas de renonciation à la communauté principalement ſi elles ſurvivent le mary. Clauſe que les Pariſiens (*certè nimium uxorii*) n'oublient gueres à preſent d'inſerer aux contracts de mariage, pour faire tomber entierement la perte des Offices, & autres ſemblables pertes fortuites ſur le pauvre mary, & c'eſt vrayement contracter une ſocieté leonine, pource que la femme prend part au profit de la communauté s'il y en a ; & s'il y a de la perte, elle n'y participe point.

48. Remede qu'y trouvent les femmes.

49. Difference entre l'Office commun à deux & celuy de la communauté.

Toute la difference qu'il y a entre l'Office appartenant à la communauté du mary & femme, & celuy qui appartient à deux qui l'ont acheté en commun, n'eſt autre que la difference ordinaire & generale d'entre la ſocieté particuliere *in certa re*, & le communauté & ſocieté univerſelle des meubles & conqueſts d'entre mary & femme. Car la ſocieté particu-

C c ij

liere demeure jufques à ce que la chofe commune foit partagée, ce que chacun peut demander quand il luy plaift. Mais la communauté d'entre mary & femme, finit par la mort de l'un ou de l'autre, & par la feparation des biens jugée, & executée.

C'eft pourquoy, bien que la focieté particuliere de l'Office appartient à deux, le titulaire n'en eft point fait feigneur entier par le deceds de l'autre, qui laiffe à fes heritiers tout le mefme droit à l'Office qu'il avoit: neantmoins tout au contraire, je dis qu'en la communauté univerfelle du mary & de la femme, *quæ morte finitur*, l'Office aprés la mort de la femme, demeure deformais entierement au mary, felon fon propre droit, duquel l'effet & energie eftoit feule ment empefché par l'inconvenient cy-deffus rapporté, à fçavoir que le revenu del'Office entre en la communauté. Ce qui ceffe aprés la mort de la femme, eftant notoire, que lors le mary prend pour luy feul ce qu'il gagne de fon Office.

50. L'Office revient au mary feul dés le deceds de la femme.

C'eft pourquoy je conclus qu'il n'eft point tenu de rendre ou reprefenter aux heritiers de fa femme l'Office mefme pour eftre mis en partage avec les autres biens de la communauté, encore mefme que l'heritier de la femme fuft capable de tenir, en la perfonne duquel en tout cas il ne pourroit paffer fans refignation du mary & provifion du Roy. Mefme je dis, que comme és autres chofes qui ne fe partagent point, l'heritier n'eft pas fondé d'en demander au mary la licitation, mais qu'il luy peut feulement demander le my-denier de fa valeur, au dire des gens à ce connoiffans.

51. Mais en doit le my-denier à fes heritiers.

Il eft bien vray, que fi le mary, ne vouloit garder l'Office, foit qu'on le luy appreciât trop haut prix, ou qu'il n'eût moyen de payer le my-denier, il peut offrir par forme de déguerpiffement, de le refigner pour eftre vendu en commun. Mais cela eft en fa faculté, comme tout déguerpiffement, & non en obligation. Car mefme à bien entendre, le mary n'eft point tenu alternativement à payer le my-denier, ou à quitter l'Office, pour ce que l'Office eft attaché à fa perfonne, & n'eft debiteur en effet que du my-denier: mais comme quiconque eft pourfuivi pour raifon de quelque chofe, fe peut décharger en le déguerpiffant, auffi on luy permet de quitter l'Office, s'il n'en veut payer le my-denier. C'eft pourquoy j'eftime que cette faculté & option luy doit eftre permife, non feulement auparavant une apreciation faite, mais auffi par aprés, s'il la trouve trop haute, pource qu'eftant chofe de foy un peu rude de faire payer au mary le my-denier de l'Office, ou le luy faire quitter, il luy faut donner tout loifir de fe refoudre, & faire fon choix; & fe fouvenir que la communauté a efté accruë par fon travail, & ne le pas traiter en étrange, *non ita amarè, nec tanquam inter infeftos, fed tanquam inter fumma neceffitudine conjunctos, & folam inopiam metuentes*, comme dit la loy.

52. Ce my-denier s'entend de la fimple procuration.

Par mefme raifon je dis, que l'eftimation fe doit faire de la feule procuration, non pas de l'Office tout expedié: pource que fi le mary optoit de le refigner à profit commun, toujours faudroit-il que le refignataire payaft la finance de la refignation; & il n'eft pas raifonnable que l'heritier de la femme vende fa part plus cherement au mary, qu'à un étranger, attendu que ce qu'il a efté mis fous le nom du mary, eftoit que la femme n'en eftoit pas capable.

53. Entre deux affociez à un Office faut eftimer l'Office tout expedié

C'eft pourquoy fi cette mefme queftion fe rencontroit entre autres affociez en un Office, comme il arrive fouvent és Offices de finance, qu'ils appartiennent à deux, j'eftimerois tout au contraire, que l'un d'eux veut diffoudre l'affociation (comme il eft certain, que chacun le peut faire en quelque temps que ce foit, nul n'eftant contraint de perfeverer en communauté) l'Office doit eftre eftimé comme tout expedié, & non pas en égard à la fimple procuration, dautant que c'a efté une grace & paffe-droit, que l'un des affociez a fait à l'autre de mettre l'Office fous fon nom, dont partant il avoit tout feul l'honneur & les privileges, au lieu que l'autre court rifque par la mort de fon compagnon.

Encore y avoit-il depuis peu un grand different entre deux affociez en l'un des principaux Offices des finances de ce Royaume, fi le pourveu pouvoit eftre contraint à mettre l'Office en licitation. Ce que je n'eftime pas, pource que l'Office en foy ne peut eftre à deux, ny quant à la qualité d'Officier, ny quant à la parfaite feigneurie de l'Office qui gift en la provifion, mais l'Office appartenant au pourveu feul, on s'y peut affocier avec luy à telle condition, que le prix de l'achat fera payé en commun, & auffi les emolumens, & par confequent l'augmentation & diminution d'iceluy, bref la feigneurie imparfaite de l'Office tirée du titre & de l'exercice: & en un mot, ce que j'ay appelé *droit en l'Office*, demeurera commun entr'eux. C'eft pourquoy quand cette communauté fe diffout, il faut eftimer l'Office à jufte prix qu'il vaut alors tout expedié: & neantmoins il y a grande apparence, que le pourveu peut raporter l'Office mefme, pour eftre vendu à profit commun; pource que par l'affociation il n'eft pas obligé de le garder toujours: mais en tout cas, j'eftime que deflors qu'il eft convenu pour rompre l'affociation, il doit opter de raporter en commun, ou l'Office, ou l'eftimation d'iceluy, fans attendre qu'elle foit faite, pource que cette faculté de raporter l'Office, ne luy eft laiffée que par equité, & parce auffi que s'il en veut ufer, il n'eft befoin de faire aucune eftimation.

54. Maiſle titulaire ne peut eftre contraint à la licitation.

55. Et fi l'Office eft trop eftimé il le peut remettre communement.

Pour donc revenir à l'eftimation de l'Office, qui fe fait aprés diffolution de la communauté d'entre mary & femme c'eft une grande queftion, fi elle doit eftre faite felon ce que l'Office valoit lors de la diffolution, ou felon ce qu'il fe trouve valoir lors du partage de la communauté: ce qui peut eftre de grande importance. Car il peut arriver, que *medio tempore* l'Office augmentera ou diminuera beaucoup de valeur, meme ou'il fera démembré, ou mefme fupprimé tout à fait, veu s'il fe rencontre quelquefois que le mary decedera avant le partage, & perdra l'Office.

56. Si l'eftimation de my-denier doit eftre faite felon le temps du deceds, ou du partage.

Enquoy il femble d'abord, que comme *in judiciis univerfalibus fructus omnefque acceffiones hæreditatem augent, quia hæreditas nomen juris eft, & recipit ipfo jure augmentum & diminutionem*, même *in judiciis particularibus*, il eft certain que *augmentum & periculum rei communis omnes dominos refpicit*: auffi le meme foit en l'Office, puis qu'il fait part de la communauté: principalement fi le mary n'a point efté conftitué en demeure de la partager, ou de refigner l'Office. Ce qui femble decidé par le §. dernier de la loy *Titia textores. De legatis. 1. Si alteri Stichum hæres dediderit, quem duobus dare damnatus erat, & antequam interpellaretur ab altero, Stichus mortuus eft, hæres non tenetur, quia nihil per eum factum intelligitur*.

57. Semble ce foit du partage.

Neantmoins j'eftime le contraire plus veritable. Car il eft bien vray que tant que la communauté a duré, comme les profits de l'Office y entroient auffi faifoit la perte, & generalement toutes les augmentations ou diminutions: mais cela fe faifoit par la force de la communauté, qui faifoit que le mary & la femme n'avoient qu'une meme bourfe, de forte que fi toft que cette communauté eft diffoluë & cette bourfe divifée, deflors l'Office demeure tout à fait au mary, qui n'eft plus debiteur que du my-denier envers l'heritier de la femme, fauf la faculté qu'il a de rendre l'Office, la chofe eftant entiere; & par confequent je dis, que de ce jour-là tous les profits luy en appartiennent, fans qu'il foit tenu de les rapporter, & en tenir compte comme des fruits de chofe commune, d'où il s'enfuit auffi que des ce même temps l'Office eft entierement à fes perils, comme tient Choppin *De mor. parif. lib. 2. tit. 1. nu. 34*. fi ce n'eft qu'il y eût des enfans mineurs, qui à faute d'inventaire, optaffent continuation de la

58. Refolution au contraire.

59. Dés lors du decez de la femme, l'Office eft entierement aux rifques du mary.

De la communauté des Offices, Chap. IX.

60. Moyen de s'en décharger.
communauté, pour avoir part à l'accroissement survenu en l'Office.

C'est pourquoy, si le mary se veut décharger des risques de l'Office, il doit incontinent après le decés de sa femme, faire signifier à ses heritiers, qu'il entend & est prest de resigner l'Office à profit commun, les sommer & interpeller qu'ils ayent de leur costé à chercher acheteur. Apres laquelle signification, l'Office est hors de risque pour luy quant à la moytié de la femme. Mais aussi ayant à icelle consommé son droit d'opter, il ne peut plus varier, & dire, qu'il veut garder l'Office & payer le my-denier de son estimation: autrement cette signification auroit esté trompeuse & frauduleuse: je croy bien qu'il devroit toujours estre preferé un étranger pour le même prix que l'heritier luy auroit laissé sa moitié.

61. De l'Office acquis par échange aux propres du mary.
Voila pour le regard de l'Office acheté des deniers de la communauté, que dirons-nous, si pendant la communauté, le mari l'a acquis par échange contre ses propres? j'estime qu'en ce cas, à cause de la subrogation necessaire qui resulte de l'échange, l'Office est entierement propre au mary, & en doit estre dit, comme de celui qui l'avoit avant le mariage, même quand le compromis ne porteroit le terme d'échange, mais contiendroit que pour la composition de l'Office arrestée à certaine somme, le mary auroit baillé au resignant ses propres. Car cela estant arresté partie marché, c'est toujours en effet un échange: mais si aprés coup, le mary pour demeurer quitte **62. Et du bail en payement des propres du mary pour le prix de l'Office.** du prix qu'il devoit de l'Office par luy acheté pendant le mariage, baille ses propres en payement, j'estime que l'Office appartient à la communauté, & que la communauté doit rendre & remplacer les propres au mary, comme baillez en payement de sa debte: distinction qui est de grande importance; car delà s'ensuit qu'au premier cas l'Office estant perdu par la mort du mary, la perte d'iceluy tombe sur luy seul, & non sur la communauté, qui n'est neantmoins chargée du remploi des propres contr'eschangez à l'Office: & au second cas, il faut garder tout le contraire.

63. De l'Office payé des deniers provenus de la vente des propres du mary.
A plus forte raison, si le mary avoit vendu ses propres pour acheter l'Office, comme il arrive ordinairement, j'estime que bien que la vente des propres fût faite en même temps que l'achat de l'Office, & qu'il pût estre verifié que les deniers d'icelle auroient esté employez en l'Office, même que vente fût faite expressément pour payer l'Office par les mains de l'acheteur: neantmoins il n'y a point de subrogation de l'Office au propre, pource que la subrogation n'a lieu qu'au pur échange par une fiction de droit, qui n'admet point d'interpretation extensive, ni de surcharge d'autre fiction, ce n'est que le mary en achetant l'Office, ou vendant son propre fist declaration expresse aux fins de remploy, de l'un à l'autre, qui ne seroit pas une subrogation d'échange, mais un remploy stipulé & effectué.

64. Resolution.
Cessant laquelle declaration, je dy que l'Office payé du prix des propres du mary, entre en la communauté, & par consequent est à la risque d'icelle: comme de vray il est bien raisonnable, puisque la communauté en perçoit le revenu. D'où s'ensuit que l'Office estant perdu par la mort du mary, ses heritiers ne laissent neantmoins de reprendre sur la communauté le prix des propres alienez.

65. De l'Office acquis à même les propres de la femme.
Quid si è contrario, l'Office est acquis du prix nouveau de la vente des propres de la femme? En ce cas il ne faut point distinguer, si c'est par échange ou par vente; mais il faut tenir indistinctement, que l'Office est requis à la communauté & non à la femme, qui en est incapable, & que par consequent la communauté doit le remploy du propre de la femme. Que si la communauté n'est suffisante pour faire ce remploy, aprés que l'Office a esté perdu par la mort du mary, comme il arrive ordinairement, j'estime, puis que nostre Coustume qui a introduit tel employ, en rend la seule communauté debitrice, que quand n'y a rien en icelle, le Roy même y perdroit son droit, *estque inánis actio*.

66. De l'Office donné au mary pendant le mariage.
Mais que dirons-nous de l'Office qui pendant le mariage a été donné au mary? Certes c'est une belle question: car d'un costé on peut dire qu'il n'est point de plus bel acquest que le don, & nostre Coustume decide que ce qui est donné aux mariez, entre en leur communauté, encore même qu'il soit donné par un parent collateral de l'un d'eux: bien que la loy Romaine presumoit en ce cas le don n'estre fait qu'en faveur du patent, *l. Titio centum, §. Titio genero. D. De condit. & demonst.* En quoy il n'y a d'exceptées que les donations en ligne directe pource qu'elles tournent toujours en avancement d'hoirie, & celles qui sont faites à cette condition par exprés, qu'elles seront propres au donataire, pource que le donateur *potest rei sua legem dicere*.

67. De même.
Neantmoins j'estime, sauf meilleur avis (car il faut confesser que la question est fort problematique) que n'apparoissant point que l'Office ait été donné en contemplation de la femme, ny que son credit, ou celuy de ses parens, ait été cause du don, *in dubio* l'Office doit appartenir au mary seul, par la decision de cette loy *Denique. §. si quid minori. D. De minor.* où il est dit que la milice donnée au fils de famille luy est acquise, & non à son pere, auquel appartiennent toutes autres choses acquises par le fils de famille: pource, dit le Jurisconsulte, *que persona ejus cohæret*. Et d'ailleurs puis que la femme est incapable de l'Office, il semble superflu d'exprimer au don d'iceluy, suivant la Coustume de Paris, qu'il sera propre au mary.

68. De l'Office donné par cité vendu.
Ce qui doit principalement estre tenu au don du Roy: car quelques-uns tiennent generalement, que les dons du Roy ne sont point communicables, aux femmes, dont M. Choppin *lib. 5. De Domanio, cap. 12.* rapporte un ancien Arrest fort notable de l'an 1298. contre une veuve qui demandoit part en deux cens livres de rente, que le Roy avoit donnez à son mary: dont elle fut deboutée *attenta conditione donorum Regis*, porte l'Arrest, & au *l. 2. tit. 1. De morib. pais.* il cite encore un autre ancien Arrest de l'an 1267. & la loy des Visigots liv. 5. tit. 2. chap. 3. & une loy des Lombards, tit. 60. *De fratribus qui in casa communi remanserunt*, & encore une Ordonnance de Portugal, qui parle directement de l'Office, *Lusitan. leg. lib. 4. tit. 77.* ce qui se rapporte à la decision de la loy *Cum multa. C. de bonis quæ liberis*. & à la decision des deux loix du tit. *Si petit onis socius sine hærede desierit. C. Theod.* ce qui n'est pas toutefois sans difficulté, veu ce qu'a écrit au contraire Bacquet au liv. *Des droits de Justice*, chap. 21. nomb. 16.

69. L'Office donné & puis vendu.
Toutefois si l'Office avoit esté partie donné & partie vendu, comme quand le Roy par brevet exprés auroit moderé la finance d'un Office à une petite somme en faveur de l'impetrant, & pour ses bons services, ou bien s'il luy avoit remis precisément une portion de la juste finance de l'Office, il me semble qu'il faudroit estimer *in dubio* l'Office comme vendu, & par consequent qu'il devroit en ce cas entrer entierement en la communauté, *quia venditio, licet viliori pretio facta donationis causa, donatio tamen non est, si modo non sit facta uno nummo. Nam tunc imaginaria esthac venditio potius donatio est quam venditio. l. ult. D. Pro donat. ubi Cujac. & Faber. ad l. 16. D. reg jur.* D'où il s'ensuit qu'il est tres-malaisé d'en donner une resolution generale, attendu que cela dépend des particularitez du fait.

Quoy donc si l'Office donné tout à fait au mary constant le mariage, est vendu pendant iceluy, faudra-il qu'il soit employé à son profit? Certes je demeure court en cette difficulté si problematique, & confesse que je ne sçay de quel costé m'y resoudre. Neantmoins à present que la pratique du remploy est établie aux

Cc iij

Offices par Arrest solennel, j'estime qu'il aura lieu en ce cas, comme encore à plus forte raison en l'Office donné ou resigné gratuitement par le pere ou l'ayeul du mary, qui doit être reputé comme un vray propre, attendu la decision de l'art. 246. de la Coustume de Paris. Ce que mesme ou pourroit bien entendre favorablement à toute donation de l'Office faite par un des parens du mary : bien qu'au contraire l'Office donné au mary par les parens de la femme, ne puisse estre propre à icelle : mais necessairement à cause que la femme n'en est capable, il appartient au mary quant à la parfaite seigneurie, mais le droit en icelui ou la seigneurie imparfaite appartient à la communauté, ainsi qu'il vient d'estre dit de l'Office acheté des deniers d'icelle.

70. Si les Offices sont sujets au douaire.
Voila comment les Offices entrent en communauté : reste de voir s'ils entrent en douaire, c'est à sçavoir si l'Office qu'avoit le mary lors de son mariage, ou qui lui a été gratuitement resigné par son pere pendant icelui, est sujet au douaire coustumier, au cas qu'il soit conservé apres la mort du mary, soit en vertu de nouvel Edict, ou pour avoir été vendu pandent sa vie, ou pour avoir été resigné 40. jours auparavant son deceds, question qui me semble encore plus difficile, que celle de la communauté, & qui sera encore plus frequente par cy-aprés, si ce nouvel Edict continuë.

71. Que si.
Qui voudra rechercher l'origine du douaire, trouvera que les Offices y sont compris, puis qu'on ne peut nier, qu'ils ne soient *in bonis* du mary. Car la Philippine, c'est à dire l'Ordonnance du Roy Philippe Auguste de l'an 1214. introductive du douaire, porte notamment, que *la femme est douée de ce que l'homme a au jour qu'il l'epouse*, comme le rapporte Beaumanoir. Et de fait le grand Coustumier liv. 2. chap. 3. dit que la femme est douée de moitié des biens du mary, fors les meubles : & l'ancien formulaire du ceremonial de l'Eglise, porte que le mary doit dire à la femme lors de ses épousailles, *De mes biens je te doüe*. Or ce que les meubles sont exceptez a esté, à cause que la femme y a moitié en proprieté par le droit de communauté, d'où il resulte, ce semble, que tous les biens du mary, qui n'entrent en communauté, doivent entrer en douaire, & partant qu'il ne faut point distinguer si l'Office, ou les deniers provenus d'icelui, sont meubles, ou immeubles, pource que si on les prenoit comme meubles, la femme y auroit moitié par droit de communauté ; si comme immeubles, elle y doit avoir moitié par droit de douaire. Et ainsi semble, l'avoir resolu M. Choppin sur la Coustume d'Anjou tit. *De connubiali societ.* num. 10.

72. Que non.
D'autre costé on dit que sans disputer, si l'Office est meuble ou immeuble, la mesme raison, qui l'exclud de la communauté, l'exclud aussi du douaire, à sçavoir que de sa nature il n'est communicable à la femme, mais est inherent à la personne du mary, suivant ce §, *Quid si minor*. qui decide que la Milice donnée au fils n'est point acquise au pere ; ce qu'il faut entendre non seulement quant à la proprieté, mais aussi quant à l'usufruit, bien que le droit dispose generalement, que tout ce qu'acquiert le fils, soit meuble ou immeuble, appartient au pere. Mesme il y a une raison particuliere à l'égard du douaire, qui n'est pas en la communauté, à sçavoir qu'un Office ne peut recevoir de servitude, mais il faut, comme les Benefices, que *sine diminutione conseratur*: principalement il ne peut pas estre chargé d'un usufruit, parce que ce seroit usufruit d'usufruit, ce que le Droit defend.

73. Que mesme les deniers de l'Office vendu n'entrent en douaire.
Et de dire que ce n'est pas aussi sur le corps de l'Office, que la femme pretend avoir douaire, mais sur les deniers procedez de la vente d'icelui, la replique est aisée que toutes les mesmes raisons qui excluent ces deniers de la communauté, ont pareillement lieu à l'égard du douaire, & si en voicy encore

de particuliers, à sçavoir que ces deniers estans meubles, ils ne doivent entrer en douaire, & quand on voudroit dire, qu'ils sont reputez immeubles comme ressentans la nature de l'Office qu'ils representent, la reponse est que, s'ils sont reputez de mesme nature que l'Office, ils les faut donc reputer personnels & incommunicables à la femme comme l'Office : soit donc qu'on les considere selon leur propre nature, soit selon celle de l'Office, ils ne peuvent entrer en douaire : attendu mesme que la communauté s'etend plus avant sur les meubles, que le douaire sur les immeubles : car les meubles venans au mary aprés le mariage, soit par succession collaterale ou autrement en quelque façon que ce soit, entrent en communauté, mais il n'y a point d'autres immeubles, qui entrent en douaire, que ceux qui aprés le mariage viennent de succession directe. D'où je conclus que quand l'Office pendant le mariage auroit esté échangé à un immeuble, il n'entreroit pas pourtant en douaire, soit qu'on le considerât comme nouvellement écheu au mary, pource que le douaire n'a lieu en tels immeubles : soit qu'on le considerât comme subrogé à l'Office, pource que la qualité de l'Office repugne au douaire, estant un bien personnel, particulier au mary, & incommunicable à la femme.

74. Arrest pour l'affirmative.
Outre ces raisons, il y a encore des Arrests, pour l'une & l'autre partie de cette question. En voicy un pour l'affirmative. Oudart Coquebert, épousant Marie Chevalier, estoit pourveu de l'Office de Controlleur general de la grande Chancellerie, lequel Office ayant esté vendu pendant le mariage, ses heritiers veulent aprés son deceds reprendre par precipût sur la communauté le prix d'icelui. Ce que la femme empesche. A Reims les heritiers perdent leur cause. Dont ayant appellé au Parlement, & subordinément la veuve ayant demandé douaire sur ces deniers, au cas que la Cour les jugeât sujets à remploy, la Cour par son Arrest du 27. Juin 1598. ordonna qu'ils seroient repris, mais que la veufve jouïroit sa vie durant de la moitié d'iceux.

75. Arrest pour la negative.
En voicy un autre pour la negative. Aprés la mort de M. Pierre Cheron, qui avoit vendu à M. Pierre Hemert l'Estat de Receveur des dicimes à Senlis, sa veufve vendique sur luy par droit de douaire, la moitié d'icelui. Hemert soûtient qu'il n'est point sujet à douaire, principalement à l'égard de luy qui en jouït il y a prés de vingt ans: M. Servin pour le Roy, dit que selon les termes de la Coustume de Senlis le douaire ne s'étend point sur l'Office. Et finalement par Arrest du dernier Janvier 1607. les parties sont mises hors de Cour & de procez.

76. Conciliation vulgaire de ces Arrests.
J'ay cherché dans le Palais la conciliation de ces deux Arrests, & je n'y en ay pû apprendre d'autre, sinon que le premier est donné en la Coustume de Troyes, qui étend le douaire coustumier sur tous les immeubles : & le second en celle de Senlis, qui ne l'attribuë que sur les heritages, ce qui ne me satisfait pas. Car déja si on prend l'Office pour immeuble, celuy de Coutrolleur de la grande Chancellerie devoit estre reglé selon la Coustume de Paris, qui est le siege du Royaume, & le domicile du Roy, & de la Cour, & non pas selon celle Troyes. Et sur tout la difference de ces deux termes *d'immeubles* ou *d'heritages*, ne peut à mon avis produire si grande diversité de droit, veu que notamment en cette mesme matiere de douaire, ils sont apertement confondus l'un avec l'autre en la Coustume de Paris, Car ayant dit en l'article 248. que *Douaire coustumier est la moitié des heritages du mary*, elle dit en l'art. 253. *la moitié des immeubles*. Aussi est-il observé notoirement, que les rentes constituées sont sujetes au douaire, mesme aux Coustumes qui usent du mot *d'heritages*, comme resout Coquille sur la Coustume de Nevers.

77. Consideration fut décider Arrest.
Ce n'est pas aussi à mon opinion, que la Cour ait entendu dénier la suite d'hypotheque, ou vendition du douaire contre le tiers acquereur en cet Estat de

De la communauté des Offices, Ch. IX. 207

Receveur des decimes qui est hereditaire, & même patrimonial ainsi que j'estime. Car la raison ponctuelle pourquoy és Offices à vie il n'y a point de suite d'hypotheque après resignation admise, est, que par la resignation, le droit de l'ancien pourveu, qui a l'hypotheque ou le doüaire est éteint & aboly, & l'Office devient vacant & revient au Roy selon sa propre nature, *uti optimus maximus*, c'est à dire exempt d'hypotheque & de servitude, & comme tel, est par luy conferé *optimo jure* au resignataire : mais l'Estat de Receveur des decimes ne vaque point, ne revient point au Roy par resignation, mesme il n'appartient point du tout au Roy, mais au Clergé, & n'est qu'une simple commission du Clergé, dont on jouit en vertu du contract fait avec luy, sans qu'il soit besoin, ny au premier acquereur, ny à ceux ausquels par aprés ces Estats sont revendus, de lettres du Roy, & s'ils en obtiennent par cautele surabondante, ce ne sont point lettres de provision, mais plutost lettres de confirmation du contract fait avec le Clergé, comme il a esté dit au neufviesme chapitre du 2. livre.

en marge : 28. Réponse à l'arrest de Coquebert.

Bref cét Arrest n'est point fondé sur la longue jouïssance de Hemert, attendu qu'un doüaire ne se prescrit point pendant la vie du mary. Partant je ne m'y puis autrement resoudre, sinon de dire qu'il declare cét Estat non sujet au doüaire, à cause que c'est un Office viril & incommunicable à la femme. Et quant à l'Arrest de Coquebert, tout ce que j'en puis dire, est que lors qu'il fut donné, la question n'avoit point encore esté decidée, s'il y avoit lieu de remploy és deniers de l'Office propre au mary, vendu pendant le mariage, & que sur l'incertitude cette question la Cour voulut modifier, comme on dit, c'est à dire moderer les choses, en deboutant la femme de la proprieté du my-denier, & le luy adjugeant par usufruit : mais à present que par Arrest solemnel la question de la communauté est vuidée absolument, j'estime qu'il est plus raisonnable de tenir que les Offices, ny les deniers provenus d'iceux, n'entrent aucunement en doüaire. Attendu mesme qu'il n'y a gueres d'apparence d'amplifier de nouveau le doüaire coustumier d'une augmentation si notable, que des Offices suivez par la Paulette ou autrement, veu que le doüaire est un pur lucre que la femme prend

en marge : 29. Autre raison pour monstrer que le doüaire n'a lieu és Offices.

sans cause & sans recompense mutuelle sur le bien du mary; au lieu que la donation *propter nuptias* du droit ancien, & l'ὑπόβολον du nouveau droit, qu'on pratique encore en France és pays par le Droit écrit, sont égaux & reciproques. Enquoy les Coustumes n'ont jamais pensé de comprendre les Offices ; qui est un bien qui apporte assez d'autre commodité à la femme, & de foule au mary, & à ses heritiers, entant que la femme participe à l'honneur & profit entier d'iceux, & n'en porte aucunement la perte : de sorte que non sans cause de tout temps, & même auparavant qu'on songeât de les comprendre au doüaire, les femmes ont esté curieuses d'épouser des maris qui eussent des Offices.

Même j'estime que les Offices hereditaires par privilege ne doivent estre assujetis au doüaire, pource qu'ils ne sont non plus communicables aux femmes, que les Offices à vie : & ce qu'ils sont conservez aprés la mort du mary, n'est pas que les Offices même entrent en succession, mais seulement la faculté d'en disposer, ou bien d'en faire pourvoir par le Roy l'un des heritiers qui en sera capable : mais en effet par la mort du pourveu, l'Office hereditaire par privilege revient au Roy, & vaque de vacation imparfaite, telle que celle de resignation ; de sorte qu'en effet ce n'est que le prix d'iceluy qui est conservé aux heritiers, le quel prix est mobiliaire, & partant incapable de doüaire : bien qu'autre chose soit és Offices domaniaux, qui entrent eux-mêmes en succession, sans qu'ils vaquent aucunement par mort, ny qu'il soit besoin d'en obtenir par les heritiers nouvelle provision du Roy. Toutefois comme toutes choses s'établissent de plus en plus au commerce parfait, & à la patrimonialité, s'il faut ainsi parler, il pourra arriver qu'on comprendra à la fin au doüaire tous les Offices hereditaires.

en marge : 80. Ampliation és Offices hereditaires par privilege.

en marge : 81. Limitation és Offices domaniaux.

Mais tout au contraire, il est aisé à entendre que les Offices non venaux de toutes sortes, n'entrent ny en communauté ny en doüaire, encore moins que les venaux, soit en leur espece, soit aprés qu'ils ont été vendus. Et pour ce qui est de sçavoir si les Offices, soit venaux, ou non venaux, entrent au don mutuel de mary & de femme, il sera traité au chapitre suivant.

en marge : 82. Que toutes ces decisions ont lieu aux Offices non venaux.

CHAPITRE X.

De la succession des Offices venaux.

1. Comment l'Office peut entrer en succession.
2. Sergens & Archers tuez en servant, ne perdent point leurs Offices.
3. Offices quelquefois redonnez à la veuve & aux enfans.
4. Secretaires du Roy gagnent leur survivance par vingt ans de service.
5. Edicts de survivances.
6. Edict moderne de survivance annuelle.
7. Offices hereditaires par privilege.
8. Outre ces privileges il y a encore d'autres cas, ausquels l'Office ne vaque point par mort.
9. Confidence des Offices.
10. Offices sous le nom d'autruy.
11. Offices communs à deux personnes.
12. Office appartenant par moitié à la femme.
13. Si en succession l'Office est meuble, ou immeuble.
14. Offices approchent plus du meuble que de l'immeuble.
15. Resolution que l'Office appartient à l'heritier mobiliaire. Preuve.
16. Pourquoy il n'entre en la communauté.
17. De même.
18. Pourquoy l'Office tombe en succession mobiliaire, plutost qu'en communauté.
19. Ampliation notable.
20. Examen de plusieurs questions.
21. De l'Office conservé à la veuve & aux enfans.
22. Comment doit être partagé entr'eux.
23. Leur appartient sans charge de debtes.
24. Raisons au contraire.
25. Réponse à icelles.
26. Decision formelle du droit.
27. Si le privilege demeure sur l'Office conservé à la veuve & aux enfans.
28. Que non, au don particulier du Roy. (mobiliaire.
29. Office conservé par survivance appartient à l'heritier
30. On n'y peut succeder sans faire acte d'heritier. (sicier.
31. Limitation en resignatiō effectuée pendāt la vie de l'Officier.
32. Ampliation en tout Office delaissé en succession.
33. Et és survivances des Secretaires du Roy.
34. Ce qui a lieu és Offices conservez par le payement du droit annuel.
35. Et és Offices hereditaires par privilege.
36. Difference entre les Milices & Offices hereditaires par privilege.
37. Si les Offices hereditaires par privilege appartiennent à l'heritier mobiliaire, ou immobiliaire.
38. Que c'est à l'heritier mobiliaire.
39. Office conservé par confidence, appartient à l'heritier mobiliaire.
40. Et ne peut être accepté sans faire acte d'heritier.

41. My-denier de l'Office appartient à l'heritier mobiliaire de la femme.
42. Et par consequent au pere heritier de ses enfans.
43. Ampliation.
44. Si l'Office entre en la donnation mutuelle.
45. Qu'il n'y entre que par estimation.
46. Du rapport des Offices venaux.
47. Office ne se rapporte que par estimation.
48. Si l'estimation de l'Office rapportable se doit faire selon le temps de la resignation, ou de la succession ouverte, ou du partage.
49. Difference entre les collations au droit, & nos rapports.
50. Surquoy est fondée la collation du droit.
51. Surquoy sont fondez nos raports.
52. Pourquoy au droit la milice estoit conservable selon la valeur du decedé.
53. Si les fruits de Milices estoient conservables.
54. Interpretation du §Imputari, in l. Omnimodo Cod. De inof. testam.
55. Interpretation de la 103 Illud. Cod. De Collat.
56. Resolution, que l'estimation de l'Office rapportable doit estre faite au temps du don.
57. Ampliation.
58. En l'Office acheté pour le fils, faut rendre le prix non la juste valeur.
59. Office donné au pere en tout, ou en partie, rapportable à sa juste valeur.
60. Office apprecié à vil prix par contract de mariage est rapportable à sa juste valeur.

1. Comment l'Office peut entrer en succession.

Supposé que les Offices venaux constituent une espece differente d'avec les hereditaires, le titre de ce chapitre semblera ridicule & se contrarier. Car comment un Office non hereditaire peut-il entrer en succession ? Mais la reponse prompte, que bien qu'il n'y entre ny regulierement, ny proprement, si est-ce qu'il y a plusieurs cas particulieres, ausquels l'Office ne se perd pas par la mort du pourveu, mais est conservé à ses heritiers, au moins quant à la faculté d'en disposer, ou d'en obtenir provision par l'un d'eux : & partant cette faculté tombe en succession, & on en peut coter plus de dix, ou douze cas.

2. Sergens & Archers tuez en servant ne perdent point leurs Offices.
3. Offices quelque fois redonnez à la vœuve, & aux enfans

Premierement par Ordonnance du Roy François II. de l'an 1559 les Offices des Huissiers, Sergens & Archers tuez en exerçant leurs charges, sont conservez à leurs veuves & enfans conformement aux loix Romaines titre De filijs Officialium, qui in bello moriantur, lib. 12. Cod. Ce qu'il me souvient avoir esté pratiqué au Parlement seant à Paris, pendant les derniers troubles de la Ligue, à l'égard de tous les Officiers morts en guerre, dont M. Choppin a fait un ample discours sur la Coustume de Paris livre 1. tit. 11. nombre 35. Ce qu'aussi j'ay veu qu'on obtenoit quelquefois en particulier du Roy, ou par merite, ou pur faveur, lors qu'il tenoit à la main ses parties casuelles, qu'après la mort d'un Officier le Roy par un brevet remettoit tout à fait l'Office à sa veuve & à ses enfans.

4. Secretaires du Roy gagnent leur survivance par vingt ans de service.

Pareillement il y a quelques Officiers qui ont ce privilege, qu'après avoir servy & exercé certaines années, leur survivance est acquise, & peuvent librement resigner leurs Offices sans payer finance, & sans estre sujets à la regle des quarante jours, comme les Secretaires du Roy, notamment ceux de l'ancien nombre des six vingts, ont ce droit par Edit de l'an 1572. après vingt ans de service, en consequence duquel Edit, tous les autres colleges des Secretaires en jouïssent aujourd'huy sans controverse.

5. Edits des survivances.

Privilege qui fut attribué generalement à tous Officiers de finance, payant le tiers denier de la valeur de leurs Offices, par les Edits de l'an 1568. 1576. & 1586. qu'on appelle vulgairement les Edits de survivance, qui ont esté specifiez plus amplement au premier livre. Comme aussi j'ay veu sous le regne du feu Roy, qu'on obtenoit fort communement des permissions particulieres de resigner les Offices, notamment ceux de judicature, à personnes conjointes, à condition de survivance, dont les especes ont esté aussi rapportées en ce premier livre.

6. Edit moderne de survivance annuelle.

A l'exemple desquelles survivances a esté fait l'Edit moderne de la dispense des quarante jours, moyennant le payement annuel des quatre deniers pour livre du prix de l'Office, qui n'est autre chose qu'une espece de survivance, mieux comprise toutefois, qu'en ces Edits precedens, esquels la survivance s'achetoit à un seul payement, & aussi pour toujours ; au lieu qu'en celuy-cy elle s'achete pour moindre prix, & pour un an seulement. Tant y a que cét Edit s'est trouvé si commode & si avantageux pour les Officiers, qu'il a déja fait encherir les Offices de plus du tiers, bien qu'ils fussent déja trop chers, & qu'il y a peu d'Officiers qui ne hazardent ce droit annuel, afin de mettre leur Office hors de hazard. Que si ce marché dure, tous les Offices deviendront quasi hereditaires.

7. Offices hereditaires par privilege.

Finalement il y a des Offices, qui ont ce privilege d'estre hereditaires tout à fait, & à perpetuité par Edits exprés, comme plusieurs menus Offices des eaux & forests, & quelques autres, ainsi que j'ay dit au livre precedent

8. Outre ces privileges il y en a d'autres cas, esquels l'Office est vaque point par mort.
9. Confidence des Offices.

Voila en un mot quatre diverses sortes de privileges qui conservent l'Office après la mort du pourveu, & le font tomber en succession : mais cessant tous ces privileges, il arrive certaines occurrences, selon le droit commun, esquelles l'Office qui n'est qu'à vie, ne chet neantmoins en succession.

Comme il arrive souvent, qu'un Officier pressé de maladie, & ne trouvant promptement à qui vendre son Office au prix qu'il desireroit, de confidence il en fait pourvoir par sa resignation, moyennant une contre-promesse qu'il retire de luy remettre, ou à ses heritiers, toutefois & quantes qu'il en sera requis. Ce qui est fort favorable en matiere d'Offices, puisque même és Benefices, où les confidences sont étroitement prohibées ; cette paction a esté quelquefois maintenuë en haine de la desloyauté & trahison du confidentiaire perfide.)

10. Office sous le nom d'autruy.

Pareillement il arrive quelquefois entre les principaux financiers, que pour plusieurs considerations, qu'entendent mieux ceux qui sont de leur cabale, ils font pourvoir leurs parens, leurs Commis, ou autres confidus, à certains Offices qui leur appartiennent, des quels ils prennent leur asseurance, ce qui sera dorenavant plus frequent que jamais, à cause de la Paulette. Comme par exemple, il échet souvent que deux personnes s'associent pour acheter en commun un Office de valeur à certaines conditions, dont ils s'accordent ensemble. Bref toutes & quantefois que l'Office appartient au tout, ou en partie à celuy qui n'en est pas pourveu, il est aisé à entendre que ne se perdant point par sa mort, il est transferé à ses heritiers, qu'en droit l'usufruit vendu par l'usufruitier à une tierce personne, ne se perd pas par la mort de l'acheteur, mais par celle du vendeur, auquel le droit d'iceluy reside toujours, & partant en ce cas il tombe en succession.

11. Office commun à deux personnes.

12. Office appartenant pour moitié à la femme.

Presque le même se peut dire de la femme mariée, qui a moitié en la seigneurie de l'Office pendant la communauté, comme il a esté amplement traité au chapitre precedent : & il est aisé à entendre que ce droit ne se perd point par son deceds, mais est transferé à ses heritiers, même d'heritier en heritier. Il n'est donc point hors de propos de parler de la succession des Offices, puisque voila tant de cas esquels elle peut échoir. Enquoy il se rencontre plusieurs questions difficiles.

13. Si en succession l'Office est meuble ou immeuble.

La premiere & principale, si en matiere de succession ils doivent estre jugez meubles, ou immeubles comme és Coustumes, où il y a un heritier mobiliaire distinct d'avec les heritiers immobiliaires, à sçavoir

en

De la succession des Off. venaux, Ch. X.

en Anjou, Poitou, Turaine & au Maine, l'Office appartiendra-il à l'heritier mobiliaire, ou aux immobiliaires ? question qui ne peut pas échoir és Coustumes de deça, où les immeubles & les acquests vont toujours ensemble ; & partant si on doute que l'Office soit meuble, au moins on ne peut nier qu'il ne soit acquest, par consequent il ne va jamais à l'heritier des propres.

14. Offices approchent plus du meuble que de l'immeuble.

Or il ne faut point douter que cette question ne dépende de la generale, qui a été si amplement traitée au quatriéme chapitre de ce livre, si en general les Offices sont meubles, ou immeubles où enfin nous avons monstré que les Offices, & principalement les non hereditaires, dont nous traitons icy, encore que proprement ils ne soient ny l'un ny l'autre, approchent neantmoins plus des meubles : & que ce que nostre Coustume les repute immeubles, c'est seulement quand ils sont saisis : d'où il semble resulter que hors le cas de saisie, il les faut plustost estimer meubles qu'immeubles

15. Resolution que l'Office appartient à l'heritier mobiliaire.

C'est pourquoy cette espece neutre, ou hermaphrodite, estant jugée *ab eo quod prævalet*, j'estime, sans prejudice de meilleur advis, que regulierement en matiere de succession, l'Office doit-estre adjugé à l'heritier mobiliaire. Encore que je sçache bien que la disposition & propension qu'ont aujourd'huy les Offices à l'heredité & proprieté, fera possible établir en l'usage tout le contraire : mais j'en dis mon advis selon la droite raison, sans considerer la mutation future de nos mœurs.

Suite.

Or outre cette consideration generale, que les Offices doivent plustost estre reputez meubles qu'immeubles, il y a encore une raison particuliere au fait de la succession, & qui est fort considerable, à sçavoir que ce n'est pas proprement l'Office en soy qui tombe en succession, mais la commodité d'iceluy (comme le droit parle en matiere d'usufruit) c'est à dire la faculté d'en disposer, de sorte que cette commodité qui chet en succession, a une disposition presque necessaire à vendre l'Office, attendu qu'il ne peut estre possedé par tous les heritiers ensemble, ny estre divisé entre eux. Que s'il le faut attribuer à un seul, ce doit estre plutost à l'aisné de la maison, qui en ces Coustumes, dont nous parlons, est l'unique heritier mobiliaire, & qui aussi semble estre appellé par nature, & par droit de primogeniture à succeder au titre, & à la dignité de son pere, ainsi qu'aux armes pleines, & autres droits honorifiques de la maison. Et de fait, il se voit qu'en la loy derniere C. *De filiis Official. qui in bello mor.* l'Empereur attribuë la Milice du pere au fils aisné à l'exclusion des autres enfans.

16. Pourquoy il n'entre en la communauté.

Il est inutile de dire que l'Office, dont le mary estoit pourveu avant le mariage, n'entre point en la communauté, à cause qu'il est reputé immeuble, & partant qu'il y a mesme raison de le tenir pour immeuble en succession. Car comme il a esté dit au chapitre precedent, ce que l'Office en soy n'entre en la communauté, n'est pas pource qu'il soit reputé immeuble, mais c'est proprement pource qu'il est inherent à la personne du mary, & non communicable à la femme : c'est pourquoy l'Office dont le mary estoit pourveu avant son mariage n'entre point en la communauté. Et la raison pourquoy ce même Office estant vendu pendant le mariage, son prix n'entre point en la communauté, est à cause que nous devions pratiquer à present generalement, que la communauté ne s'accroist que des travaux communs, ou du moins des purs conquests du mary & de la femme, & non pas par le moyen de la vente de ce qui est particulier à l'un, ou à l'autre, dont le prix est toujours sujet à remploy.

17. De mesme.

Mesme il a esté dit au chapitre precedent, que l'Office acheté pendant le mariage des deniers de la communauté, devroit appartenir *mero jure* au mary seul, par la raison de la loy 3. §. *Quod si minor. D. De Du droit des Offices.*

minor, lequel par consequent deviendroit debiteur envers sa femme de la moitié des deniers pris dans la bourse commune pour l'acheter : mais d'autant qu'il n'est pas raisonnable que la communauté perçoive les profits d'iceluy, & n'en porte pas le risque, on pratique à bon droit, que la communauté a une maniere de seigneurie imparfaite de cet Office, qui gist à en avoir le profit & la perte. Encore cette seigneurie impropre & imparfaite, ne demeure t-elle à la communauté, que tant que la communauté subsiste ? & tant que le mary a porté les profits de l'Office. Mais si-tost que la communauté est dissoluë, & que le mary commence à retenir par devers soy les émoluments de l'Office, alors suivant cette premiere raison, il en devient seigneur entier & parfait, & par consequent devient debiteur envers sa femme, ou ses heritiers du my-denier de l'Office.

Or cette inherence à la personne cesse en matiere de succession, d'autant que par la mort l'Office est separé de la personne : joint que comme je viens de dire (& qui est une forte raison) c'est plutost la faculté de vendre l'Office, qui chet en succession, que l'Office même, lequel ne peut passer directement du defunt à l'heritier, ainsi que les autres biens : & qui ne peut appartenir, ny aux femmes, ny à plusieurs heritiers ensemble ; puis donc que c'est une faculté de recouvrer deniers, elle doit plutost être jugée mobiliaire qu'immobiliaire, attendu que les actions, & autres droits incorporels suivent volontiers la qualité des choses à quoy ils tendent, & sont reputez, ou meubles, ou immeubles *ab effectu*.

18. Pourquoy l'Office tombe en succession mobiliaire, plutost qu'en communauté.

Je passe plus outre, & je dis qu'il n'y a nulle incompatibilité qu'un même Office entre tout en même temps en succession mobiliaire, & n'entre point en communauté : comme si un Officier d'Anjou venoit à mourir, ayant payé le droit annuel, je dis que son fils aisné auroit son Office entier comme meuble, & que s'en faisant pourvoir, ce même Office n'entreroit point en la communauté de luy & de sa femme, à cause de cette inherence à la personne : autre chose seroit s'il se vendoit sans en avoir été pourveu. Car lors les deniers entreroient en la communauté, encore même, je croy qu'il en eût stipulé le remploy, ce qui ne luy peut faire de ce qui ne luy a jamais été propre : toutefois encore cette derniere decision n'est pas sans difficulté.

19. Ampliation notable.

Mais pource que toutes resolutions generales sont dangereuses en droit, pour resoudre plus certainement cette grande question, si en succession l'Office doit estre jugé mobiliaire, ou immobiliaire, ensemble pour en examiner tout d'un fil une autre, qui n'est pas moins importante & difficile, à sçavoir en quel cas les enfans peuvent succeder à l'Office de leur pere sans faire acte d'heritiers : Repassons l'un aprés l'autre tous les cas cy-dessus specifiez, esquels l'Office peut choir en succession.

20. Friedman de sans quae stions.

Pour le regard du premier qui est, quand pour la recompense de la mort de l'Officier, ou de son merite particulier, soit par Edit general, soit par concession speciale du Prince, son Office est conservé à sa veuve & à ses enfans, j'estime qu'en l'un & en l'autre cas, il ne leur est point deferé par droit de communauté, ou de succession, mais par la seule concession de la loy, ou liberalité particuliere du Prince, qui a voulu recompenser la mort, ou le merite de son Officier, à l'endroit de sa veuve & de ses enfans, non entant qu'heritiers, mais entant qu'enfans d'un pere qui est mort pour le public, ou qui autrement avoit bien merité de son prince.

21. De l'Office conservé à la veuve & aux enfans.

D'où je tire deux raisons : La premiere, que puis qu'ainsi est que l'Office provient de la concession de la loy, ou du Prince, sans laquelle de droit commun il estoit perdu par la mort du defunt, les termes de cette concession, soit generale par Edit, soit particuliere par brevet du Roy, doivent estre exactement suivis, de sorte que puisque l'Edit de l'an 1559, touchant les

22. Communauté doit estre partagé entr'eux.

Sergens & Archers tuez en acte de service, attribué par exprés l'Office à la veuve & aux enfans, la veuve y doit avoir moitié, encore que d'ailleurs l'Office ne fût de la communauté *ut pote in solatium & subsidium viri amissi* : & les enfans l'autre moitié, qui doit estre entr'eux partagée également, *ut pote inter conjunctos re & verbis*, sans consideration des Coustumes qui attribuent la succession mobiliaire à l'ainé. De même en concession particuliere, si le Roy remet l'Office à la veuve seule, elle l'aura tout entier, si au fils ainé seul, il l'aura aussi entierement & sans rapport.

La seconde conclusion est, qu'en disposant de cét Office, ny la veuve ne fait acte de commune, ny les enfans acte d'heritiers, & par consequent ne se chargent des debtes du defunt : même supposé que la veuve n'est tenuë des debtes, que jusques à la concurrence de sa Part en la communauté, ou que les enfans soient heritiers par benefice d'inventaire, le prix de l'Office n'y doit estre compté, mais ils en jouïssent *jure sanguinis, & citra jus & nomen hæredis* ainsi que le droit disposé *de lucris nuptialibus matris*, & comme nous pratiquons és reparations adjugées sur celuy qui auroit tué le pere. Et de cela M. Choppin sur la Coustume de Paris nous rapporte deux Arrests, l'un du 11. Avril 1593. l'autre du 29. Janvier 1574.

Il y en a toutefois qui soustiennent le contraire, au cas de l'Edit de l'an 1559. que l'Office doit demeurer affecté aux creanciers d'autant, disent-ils, que cét Edit est fondé sur la fiction du droit, que ceux qui sont morts pour le public, sont encore tenus pour vivans, §. *Filii instit. De excusat tut. l. Bello amissi D. eod. l. ult. D. D. vacat. munerum.* Quoy qu'il en soit, qu'estant fondé sur les merites du pere, qui est encore presumé vivre, il n'est pas raisonnable de donner plus de privilege aux enfans qu'en auroit le pere même, si veritablement il estoit encore vivant, sur lequel l'Office pourroit estre saisi & decreté pour ses debtes. Raison qui a meu un des plus grands personnages de ce temps à resoudre pour les creanciers en deux endroits de ses œuvres.

Neantmoins je persiste en ma conclusion. Car il est certain que cét Edit n'est pas fait pour avantager les creanciers, & empescher que par la mort de leur debiteur ils ne perdent, selon le droit commun, le pouvoir qu'ils avoient de saisir l'Office, mais pour pourvoir aux pauvres enfans orphelins, & les recompenser aucunement de la perte de leur pere, tué en servant le Roy, ou le public, la vie duquel leur serviroit plus (comme il est à presumer) que l'Office ne leur peut profiter, & fait afin qu'ils ne perdent le corps & les biens tout ensemble. Aussi est à remarquer, que cét Edit ne reserve pas l'Office aux heritiers collateraux mais seulement à la veuve & aux enfans : puis donc que s'il n'y avoit point de veuve ny d'enfans, mais seulement des parens collateraux, l'Office seroit perdu tout à fait, & pour eux & pour les creanciers, il n'est pas raison que la veuve & les enfans, en faveur desquels seuls il est conservé, en soient frustrez par des creanciers.

Et de fait cela se trouve decidé en plus forts termes en la Nov. 53. chap. 5. où il est dit generalement de toutes les Milices, qu'avoient ce privilege d'estre hereditaires, qu'en icelles la veuve & les enfans du deffunt pourveu, excluent ses creanciers ; & succedent à la Milice, non comme à un bien paternel, mais comme à un bienfait de l'Empereur, & partant qu'ils la peuvent prendre sans estre heritiers du pere, *ut hæreditatem paternam, capientibus & non capientibus varietè solatium præbeatur*, dit le texte, & par aprés il dit que la Milice leur est conservée *non ut paterna substantia, sed ut Imperialis munificentia*.

Mais c'est une grande question, si du moins la même chose se doit observer à l'esgard du creancier privilegié, qui a resigné l'Office, ou qui a presté son argent pour l'achapt d'iceluy, il peut faisir en ce cas sur la veuve & les enfans, veu que cette même Nov. le decide ainsi, & que la Nov. 97.

prefere ce mesine creancier à la veuve qui demande son dot. Et de fait par Arrest du 12. Juillet 1581 plaidans le Bel & Duval, il fut declaré preferable sur l'Office sauvé au moyen de cét Edit, ainsi que rapporte M. Choppin sur la Coustume d'Anjou tit. *De connubiali societate*.

Ce que je ne voudrois pourtant pas estendre au don particulier que le Roy auroit fait à la veuve & aux enfans. Car au cas de l'Edict on peut dire qu'il y a empesché que l'Office vaquât par la mort, & partant que le privilege de la debte est demeuré en iceluy. Mais au cas de la concession particuliere faite aprés la mort, il est vray que l'Office avoit vaqué & estoit revenu au Roy *optimo jure* par la mort de l'Officier : & partant le privilege du creancier estoit éteint absolument, lequel par consequent ne peut renaistre au moyen de la liberalité du Roy, qui n'est pas faite en sa faveur.

Quant aux cas des survivances, il est certain que les plus avantageuses transferent seulement aux heritiers du pourveu le droit de disposer de son Office aprés sa mort : de sorte que ce droit leur vient en qualité d'heritiers comme se trouvant en la succession & entre les biens du defunt. D'où il s'ensuit qu'il doit être deferé & partagé selon sa nature. En quoy il faut pratiquer ce que je viens de dire, que ce n'est pas l'Office en soy, qui est en la succession, lequel ne se pourroit partager & communiquer aux mineurs, aux femelles, & même aux masles majeurs, qui ne seroient capables de l'exercer, mais c'est le droit de le vendre & d'en tirer de l'argent, & partant il s'ensuit qu'il le faut partager, comme on fait l'argent qui en peut provenir, ou qui en est provenu.

D'où aussi il s'ensuit qu'on n'y peut succeder sans être heritier des autres biens, & par consequent tenu des debtes : ce qui est indubitable és survivances generales deferées en vertu des Edits de 1568. 1576. & 1586. & moyennant finance : car l'achat d'icelles fait entrer en la succession, la commodité qui en revient. Aussi que ce sont survivances deferées en blanc, & qui pendant la vie de l'Officier, ne requierent qu'il affecte son Office à aucun.

Mais voici une belle limitation, c'est que si en consequence, soit de telle survivance generale, ou d'une particuliere, l'Officier resignoit son Office à son fils, ou autre heritier presomptif, il est aisé à entendre, qu'aprés sa mort le fils le pourroit garder sans faire acte d'heritier, attendu qu'un étranger pourroit tout de même avoir cette resignation, de sorte que le fils peut dire, qu'il ne tient pas tant son Office de son pere, que du Roy, & ce qu'il le tient de son pere, c'est par un don entre-vifs, & non à droit successif. Ce que j'entens pourveu qu'il apparoît que cette resignation eût été actuellement faite & executée du vivant du pere, non en blanc ou autrement en fraude des creanciers : sauf aux creanciers à lui demander en cas de fraude, le prix de l'Office, ou qu'il le remist en la succession à leur profit par le moyen de l'action revocatoire, comme il a été dit au chapitre dernier du livre precedent.

Mais aprés la mort du pourveu qui n'a point resigné, ses enfans ne pourroient pas, ny accepter eux-mêmes l'Office pour l'un d'eux, ny le resigner, ou pour mieux dire y nommer un étranger, sans faire acte d'heritier, pource que c'est une faculté, qui par ces Edits est deferée aux heritiers par droit, non de sang, mais de succession, comme estant un droit, qui ayant été acquis des deniers du defunt, fait partie de son heredité.

Ce qui est plus douteux és survivances des Secretaires du Roy, qui sont acquises *labore & merito*, sçavoir est par une continuation de services, qu'en celles qui sont acquises par argent ; toutefois puisque leur effet & leur droit n'est point limité à la seule faveur des enfans, par les Edits qui les ont attribuées, je dis que ce droit estant une fois acquis, & mis entre les biens du pourveu, les creanciers ausquels ces biens sont affectez, n'en peuvent être frustrez.

Mais c'est sans doute, que ce qui vient d'estre dit des

De la succession des Off. venaux, Ch X. 211

fices conservez par le payement du droit annuel.

des survivances doit être gardé és Offices, dont le pourveu a payé le droit annuel, puis que l'effet du dernier Edit n'est autre que de ceux des survivances. Et tant aux unes qu'aux autres, faut se ressouvenir de ce qui a été dit en ce dernier chapitre du livre precedent, que si l'heritier dispose de l'Office après avoir renoncé à la succession, il ne fait point acte d'heritier, mais plûtost d'expilateur, & partant sa disposition est de nulle valeur : au contraire, s'il en dispose avant qu'avoir renoncé, sa disposition tient, mais aussi il fait irrevocablement acte d'heritier, suivant la loy *Si servum*. §. *ult D. De acquir. vel omitt. hared.*

36. Et des Offices hereditaires par privilege.

Quant aux Offices hereditaires par privilege, puis qu'il a été dit cy-devant qu'ils ressembloient aux Milices hereditaires des Romains, il semble que suivant la decision expresse de la Nov. 53. chap. 5. les enfans y succedent sans faire acte d'heritier, & sans se charger des debtes, fors de celles qui ont privilege sur l'Office. Neanmoins le contraire est veritable, & faut tenir que les Offices hereditaires par privilege, sont affectez aux creanciers de l'Officier après son deceds, ainsi qu'auparavant, & comme les autres biens par luy delaissez, si non jusques à ce que les heritiers en ayant disposé en faveur d'un tiers, qui en soit pourveu par le Prince. Mais ils s'en peuvent disposer sans faire acte d'heritiers, bien que ce soient les enfans du defunt, nonobstant les decisions de cette Novelle. Car il y avoit deux particularitez aux Milices Romaines, fort considerables en ce point icy, qui ne se retrouvent pas en nos Offices hereditaires par privilege.

36. Differences entre les Milices & Offices hereditaires par privilege.

L'une, que le privilege d'heredité étoit attribué gratuitement par les Empereurs aux Milices Romaines, non pas moyennant finance, comme aux Offices de France. L'autre, que cette attribution fut faite exprès limitée & conditionnée lors qu'elle fut faite, pour deferer la milice à la vefve & enfans, sans être heritiers, comme il est exprimé en cette Novelle. Ce qui n'est pas contenu de même és Edits, qui ont attribué le privilege d'heredité aux Offices de France : aussi ne peut-on pas dire, que le privilege de leur heredité procede de la pure liberalité du Prince, & non de la substance du pere, comme dit cette Novelle, mais au contraire l'heredité des Offices de France, étant acheté des deniers du pourveu, entre par consequent en son patrimoine & heredité.

37. Si les Offices hereditaires, par privilege appartiennent à l'heritier mobiliaire ou immobiliaire.

Mais la difficulté est bien plus grande, si ces Offices doivent appartenir à l'heritier mobiliaire ou bien à l'immobiliaire. Car qui ne dira d'abord qu'ils sont immeubles ? puis qu'ils chéent en succession comme les rentes : même ils semblent être plus immeubles, que les Offices domaniaux, qui toutefois & quantes peuvent être retirez & rachetez par le Roy, ce qui n'est des hereditaires par privilege, que de droit commun le Roy ne peut retirer : mais faut qu'à perpetuité ils passent aux hoirs & ayant cause. Et veritablement il semble d'abord, que cette opinion soit la plus probable, & s'il se pourra faire, qu'à faute de prendre garde à la droite raison de decider cette question, on établira enfin ce droit general aux Offices hereditaires.

38. Que c'est à l'heritier mobiliaire.

Mais qui y prendra garde de prés, trouvera qu'en bonne Jurisprudence le contraire doit être tenu, attendu que ce n'est pas l'Office en soy, qui passe du defunt à ses heritiers, mais simplement la faculté d'en disposer, & d'en tirer argent : de sorte qu'en effet, c'est le prix de l'Office, & non l'Office même, qui passe aux heritiers : ce qui n'est pas de même aux Offices domaniaux, qui sans provision du Roy passent de plein droit à l'heritier, même au tiers acquereur, comme il a été dit au 7. chap. du liv. precedent. Tout ainsi que des rentes constituées, lesquelles toutefois le profond du Molin n'a jamais voulu avoüer être immeubles, bien que de son temps on les confondît ordinairement avec les foncieres, en consequence de l'assignat, ainsi que j'ay remarqué

Du droit des Offices.

au 1. livre. *Du déguerpissement*. Chapitre 8.

A plus forte raison donc en tous autres cas, esquels l'Office non hereditaire peut choir en succession, il doit appartenir à l'heritier des meubles, comme quand il a été dit avant, que celuy qui en a le titre, ou quand il est conservé après la mort de l'Officier sous le nom de son amy, auquel il avoit résigné confidemment : auquel dernier cas nôtre raison decisive est bien apparente, que l'Office n'est plus *in bonis* du defunt, mais seulement la faculté de le vendre.

39. Office conservé, par confidence appartient à l'heritier mobiliaire.

C'est pourquoy de même cas, comme aux precedens ; je tiens aussi pour certain, que les enfans ou autres presomptifs heritiers du defunt, ne peuvent avoir droit à l'Office, ou prix d'iceluy, qu'en qualité d'heritiers. Car ils n'y peuvent avoir droit par la retrocession du confidentiaire, qui luy-même en effet n'y avoit rien. Et posé que cette confidence fût un fideicommis en leur faveur, si est-ce que toûjours les creanciers sont preferables au fideicommissaire. Et quand même il apparoîtroit par écrit, que le fideicommis fût fait par un don entre-vifs, si est-ce qu'étant fait par un homme insolvable & prest à mourir, il seroit sujet à l'action revocatoire, principalement étant fait à un heritier presomptif. Je n'estime pas toutefois en ce cas icy, comme aux autres, qu'on doive tenir cette rigueur à l'heritier presomptif, que pour avoir participé au prix de l'Office, avant que de renoncer à la succession, il ait fait acte d'heritier, pource que prendre un don ou fideicommis n'est pas si apprehender aussi que par la resignation effectuée du vivant du defunt l'Office étoit distrait de sa succession, mais il quitte pour rendre le prix de l'Office aux creanciers.

40. Et ne peut être accepté sans faire acte d'heritier.

Sur tout il n'y a mille difficulté à mon avis, à l'égard des heritiers de la femme, qui par droit de communauté prennent moitié en l'estimation de l'Office acheté par le mary des deniers d'icelle. Car comme il a été dit au chapitre precedent, ce n'est proprement l'Office qui entre en la communauté, & principalement qui y demeure après la mort de la femme, pource qu'il est personnel, indivisible & incommunicable à la femme, & encore plus à ses heritiers, mais c'est le my-denier du prix de l'Office, duquel seul il est question de la restitution de moitié de l'Office, j'ay dit que le mary est debiteur ; c'est pourquoy il a été dit, que les heritiers de la femme ne le peuvent pas faire liciter entr'eux & le mary, comme il se fait en choses communes qui ne se peuvent partager. Or on ne peut aller à l'encontre, que ce my-denier soit un pur meuble : & ne sert rien dire qu'il est en la faculté du mary de quitter l'Office pour être vendu en commun. Car ce quittement, comme tout autre déguerpissement, se fait seulement en faculté, non en obligation : & d'ailleurs se faisant aux fins d'une vente prompte, il se resout toûjours en deniers.

41. My-denier de l'Office appartient à l'heritier mobiliaire de la femme.

D'où il s'ensuit qu'il y a encore moins de difficulté en la question que j'ay veu agiter entre les grands personnages de nôtre Palais : Quand l'enfant, comme heritier de la femme, trouve en la succession ce my-denier de l'Office, acheté des deniers de la communauté de ses pere & mere, & duquel son pere est encore pourveu, vient après à deceder, laissant son pere heritier de ses meubles & acquests, & ses parens maternels heritiers de ses propres, sçavoir si cette moitié d'Office, ou pour mieux parler, le my-denier de cet Office, doit appartenir aux heritiers maternels, ou être confus en la personne du pere, qui étoit non pas possesseur d'un Office immeuble appartenant pour moitié à son fils, mais debiteur d'une estimation mobiliaire. En quoy outre cette raison qui est toute apparente, l'équité naturelle combat pour le pere, ne le point dépoüiller, après la perte de son enfant, de l'Office, qu'il a acquis par son labeur. Aussi en cette question s'agit, non seulement de sçavoir, si un Office est immeuble impropre comme és precedentes : mais si c'est un vray propre de

42. Et par consequent au pere, heritier de ses enfans.

Dd ij

Des Offices venaux, Liv. III.

l'enfant affecté à l'estoc & souche, ainsi qu'un heritage & patrimoine ancien.

43. Ampliation.

Resolution que je tiens si assurée, que j'estime qu'elle doit être étenduë, même en l'Office acquis pendant la communauté par échange, ou des deniers provenus de la vente des propres maternels, attendu ce qui a été dit du chap. precedent que l'Office seroit pourtant propre à la mere, ny n'étoit point à ses risques tout à fait, mais à celles de la communauté tout ainsi que s'il avoit été acquis des deniers d'icelle, & que reciproquement l'estimation des propres contr'échangez étoit reputée être entrée en la communauté, laquelle partant, après dissolution, la femme ou ses fiens, devoient reprendre par precipu sur la communauté, & non pas vendiquer l'entiere propriété de l'Office.

De cette même consideration, que ce n'est pas l'Office en soy qui entre en la communauté, dépend la decision d'une autre belle difficulté, sçavoir si l'Office commun entre en la donation mutuelle, & encore s'il y entre en telle sorte, qu'après dissolution étant perdu par la mort du mary donataire mutuel des meubles & conquests par usufruit seulement, suivant la plûpart des Coûtumes, ses heritiers soient exempts, ou non, d'en rendre le my-denier, tout ainsi que quand il est perdu constant la communauté.

44. Si l'Office entre en la donation mutuelle.

45. Qu'il n'y entre que par estimation.

Car soit que l'Office soit meuble ou immeuble, si est-ce qu'étant acquis des deniers de la communauté, il semble, qu'il doit entrer en la donation mutuelle, qui comprend tout ce qui est de la communauté, & qu'il y doit entrer en sa propre nature, & qualité. Toutefois la verité est, que l'Office en soy ne peut entrer en la donation mutuelle, non plus qu'en la communauté, même encore moins qu'en la communauté, pource qu'il a été dit au chapitre precedent, que dés l'instant du decez de la femme, le my-denier de l'Office est acquis & assuré à son heritier, lequel my denier partant, & non pas la moitié de l'Office, entre en la donation mutuelle. Mais voicy une raison particuliere qui est fort considerable. C'est que quand l'Office même en soy entreroit en la communauté, si est ce que comme l'usufruit des choses perissables, aussi en celuy de l'Office, il faut restituer, non les choses mêmes, après l'usufruit finy; mais l'estimation d'icelles: de sorte qu'il n'y a doute quelconque, qu'il ne faille rendre de my-denier de l'Office, suivant l'estimation qui en doit être faite lors de l'inventaire, & partant sauf l'augmentation ou diminution, même la perte entiere d'iceluy, demeure desormais au mary.

46. Du rapport des Offices venaux.

Reste de parler de la collation & rapport des Offices venaux. Et premierement il n'y a nul doute, qu'ils ne soient sujets à rapport, ainsi que les autres biens, comme il est décidé par exprés en la loy *Omnimodo*, §. *Imputari. C. De inef. test.* & en la loy *Illud.* §. 1. C. *D. Collat.* & és Coûtumes de Laon, tit. P. art. 96. & de Reims tit. 10. art. 324.

47. Office ne se rapporte que par estimation.

Toutefois il y a bien de la diversité entre le rapport de l'Office, & celuy des autres biens. Car en premier lieu, il est bien certain que l'Office ne doit être précisément rapporté en espece, comme il est dit des autres biens, en l'art. 305. de la Coûtume de Paris, à cause qu'il est attaché à la personne, & qu'il ne se peut diviser, mais le rapport de l'Office se fait par estimation seulement: comme par exemple un Auditeur des Comptes, qui pour mieux marier son fils luy a donné & resigné son Office, il est notoire qu'aprés sa mort le fils n'est pas tenu de se depoüiller de l'Office, pour le mettre en partage, & aussi ne seroit-il pas recevable à le rapporter en espece, encore même qu'il ôte de rapporter les avantages à luy faits par son pere, & non pas de moins prendre : mais il faut à l'égard de l'Office, qu'il en raporte l'estimation.

48. Si l'estimation de l'Office.

Mais c'est une grande question, si cette estimation de l'Office sujet à rapport, doit être faite eu égard au temps ou de la donation & resignation d'iceluy, ou bien au temps du partage de la succession paternelle comme dit cet article de la Coûtume de Paris, & le tient particulierement en l'Office, Alexandre sur cette loy *Illud* & lo. *Garsias tract. De expens.* & mel. c. 4. n. 14. ou finalement eu égard au temps du decez du pere, comme il semble décidé, tant en ce §. *Imputari*, qu'en cette loy *Illud*. où tous les Docteurs, sans exception, le tiennent ainsi : même ces deux loix semblent charger expressément le fils, de rapporter tous les profits & émolumens qu'il a perçûs de la Milice à luy donné par le pere. *Imputari in legitimam & illa voluntus, quæ occasione Militiæ ex pecuniis mortui filio quæsita, posse lucrari eum manifestum est*, dit le §. *Imputari*, & la loy *Illud*. dit, *Conferenda esse ea, quæ occasione Militiæ ex defunctis pecuniis acquisita, filius lucratur.*

49. Différence entre les collations du droit & nos rapports.

Certainement on peut bien dire, que cette rencontre est de celles, dont le Jurisconsulte a dit que *sub tutoris auctoritate perniciosè erratur*. Quand on rencontre une decision formelle du droit Romain, on pense avoir cause gagnée, sans prendre garde qu'il y a certaines matieres de nôtre droit François, dont les principes sont du tout differens de ceux du droit Romain : comme qu'entr'autres la matiere des rapports. Car il y a grande difference entre les collations ou rapports du droit Romain, & les rapports du nôtre. La collation du droit fut introduite pour égaler les enfans retenus en la famille, qui acqueroient au pere tout ce qu'ils gagnoient, avec les émancipez, qui avoient leur bien à eux : de sorte que quand ils venoient à succeder ensemble ; c'eust été une grande inégalité, que les émancipez, bien que moins favorables, eussent part au labeur des fils de famille, & non au contraire. C'est pourquoy on pratiqua fort équitablement en l'ancien droit, que les émancipez, au cas qu'ils voulussent venir à la succession, apportassent en la masse d'icelle tout le bien qu'ils avoient, soit qu'il leur eût été donné par le pere, ou qu'ils l'eussent acquis d'ailleurs. Excepté seulement le pecule castrense & quasi castrense, qui demeuroit particulier aux uns & aux autres, & la raison de ce rapport, ou plûtost apport des émancipez, est renduë par la loy *D. De collat. ut sua bona conjerant : si appetunt aliena.*

50. Sur quoy est fondée la collation du droit.

51. Sur quoy sont fondez nos rapports.

Mais en France, où il n'y a point de deux sortes d'enfans, le rapport ne se fait que de ce qui a été donné par le pere, & est fondé sur une autre regle & principe, à sçavoir, qu'un pere ne peut avantager l'un de ses enfans plus que l'autre : regle qui n'avoit pas lieu au droit Romain témoin la loy. 1. C. *Si corrumper*, & les autres loix qui admettent les prélegats, & dons faits par le pere aux enfans. C'est pourquoy le pere pouvoit prohiber le rapport au droit Romain, l. 9. C. *De collat.* & *Nov.* 18. §. *Illud quoque*, ce qui ne se pratique point parmy nous ; même c'est la commune opinion, qu'au droit le rapport ne devoit être fait des choses données purement & simplement à l'enfant, suivant la loy *Filii C. Fam. hercif.* si c'est vray que le contraire s'observoit en la dot, ou donation, *propter nuptias*, pource que tels avantages se faisoient comme par obligation naturelle, c'est pourquoy ils se rapportoient indistinctement, au moins aux successions *ab intestat*, si le rapport n'en étoit expressément prohibé.

52. Pourquoy au droit & à la Milice étoit considerable & se rapportoit en valeur de leur décès.

Puis donc qu'au droit Romain il faloit que l'émancipé rapportât tout ce qu'il avoit lors du decez du pere, auparavant Justinian, & aprés luy, tout ce qui luy étoit venu de la part du pere, il ne faut pas trouver étrange, qu'il rapportât la Milice, au prix qu'elle valoit lors du decez avec les emolumens, qu'il avoit perçûs d'icelle. Car il est certain, que non seulement les accroissemens, mais aussi les fruits se rapportoient au droit Romain, *l. filiiu in §. D. De collat. dot.* bien qu'à nous ils ne se rapportent point à cause de cette diversité de droit.

De la communauté des Offices, Ch. IX.

Toutefois il y a une autre plus grande difficulté en ce point. C'est que le biens castrenses ou quasi castrenses ne se rapportoient point : or est-il que les profits de la Milice étoient quasi castrenses, pourquoy donc ces loix disent-elles, qu'il les faut rapporter ? Mais qui y prendra garde de prés, trouvera qu'elles ne disent pas, qu'il faille rapporter, ny imputer en la legitime les fruits de la Milice, bien que chacun jusques ici les ait ainsi entendus.

Voicy les termes du §. *Imputari*. *Imputari volumus filiis ea, quæ occasione Militia ex pecuniis mortui quasi-tos, posse lucrari eos manifestum est*, il ne dit pas *potuisse* au preterit, mais *posse* au present. C'est à dire, que le fils doit imputer en la legitime le prix qu'il peut gagner & retirer de la Milice, *nimirum causam Militiæ de quo dicté libri superioris cap.* 8. Ce que les mots qui suivent en cette loy montrent evidemment, interpretant la forme de ce rapport, *eo quod talis sit Militia, ut vendatur, & ut mortuo militante certa pecunia ad ejus haredes perveniat : Ita tamen ut ille gradus Militiæ inspiciatur, quem in morte testatoris Militans obtinet, ut tanta ei pecunia in legitimam portionem imputetur, quantam dari constitutum est, si in eo gradu mortuus esset is, qui Militiam ex bonis testatoris adoptus est*. Mots qui seroient superflus, si on entendoit cette Loi selon la commune interpretation. Le même est dit en la Loi *Illud C. De collat. Quod in his quæ occasione Militiæ uni haredum ex defuncti pecuniis acquisita, lucratur is, qui Militiam meruit, locum habebit, ut lucrum, quod temere mortis defuncti ad eum pervenire poterat, ab intestato conseratur*, Où il n'est pas dit *Lucratus est & lucrum pervenire potuerat* pour le preterit, mais *lucratur* par le present. D'où il s'ensuit qu'il faut entendre ces loix *de casu Militiæ*, lequel y est exprimé par une periphrase ou circumlocution, pource que le terme de *casus militia* est impropre, inusité, & malaisé à entendre. Et de-fait faute d'avoir sçû par les Interpretes ce que c'étoit, ces deux loix ont esté jusques ici mal entenduës. Bref que le sens d'icelles est de signifier, qu'il faut rapporter autant pour la Milice venale & hereditaire, comme l'on pourroit avoir d'argent en la vendant, ou bien qu'on en retireroit après la mort du pourvû d'icelle, & non pas autant qu'elle a coûté.

Mais en France, où le rapport se fait seulement de ce qui est donné par le pere, & non des fruits, lesquels jamais ne se rapportent, si ce n'est qu'ils en soient perçûs depuis la succession ouverte, il faut sans doute rapporter l'estimation de l'Office, eu égard au temps, non de la succession écheûe, mais du don de l'Office. Et ce pour deux raisons : l'une que l'Office qui est perissable par mort, est en peril, & par consequent au peril du fils, dés-lors qu'il en est pourvû : comme donc s'il diminuoit du prix par aprés, même s'il se perdoit tout-à-fait, ce seroit au dommage du fils : aussi s'il augmente de prix, il est bien raisonnable que ce soit à son profit. L'autre raison est, qu'il se pratique notoirement en matiere des choses qui se consomment par l'usage, comme des meubles perissables, qu'il en faut rapporter l'estimation au temps du don, ce qui doit avoir lieu à plus forte raison aux Offices, qui se consomment & usent tous les jours, ainsi que la vie du pourvû.

Et cela doit être pratiqué non seulement en l'Office que le pere a resigné gratuitement à son fils, mais aussi (même encore plûtost) en celuy, qui n'ayant jamais appartenu au pere, a été acheté de ses deniers, pour en faire pourvoir son fils. Auquel cas il est vray que ce n'est pas l'estimation de l'Office, qui doit être apportée, & remise en la succession du pere, puis qu'il n'y a jamais été ; mais les deniers qui en sont sortis, & qui ont été donnez au fils.

Je dy donc, qu'au cas de l'Office, que le pere a acheté pour son fils, il faut rapporter les deniers de l'achat, & non pas la juste valeur que valoit l'Office au temps d'iceluy. Car à bien entendre, l'Office n'a point de juste valeur, mais son prix consiste en la fantaisie, & qu'il se vend & s'achete, est presumé son juste prix : & quand on y en voudroit imaginer un autre, si par hazard on en a eu bon marché, ce bon hazard doit être pour le fils, qui s'est trouvé capable de tenir l'Office que s'il a trop coûté, puis qu'il l'a accepté, il en a approuvé l'achapt : & qui croira que le pere ait en cela trahy son fils, & fait bon marché de sa bourse, puis que la loy presume que la pieté paternelle prend bon conseil pour son enfant ?

Toutefois si pour gratifier le pere, l'Office ayant été partie vendu, partie donné, soit à luy ou à son fils, comme c'étoit l'ancienne façon de pourvoir les Officiers par gratification, c'est à dire pour une finance bien modique, & beaucoup moindre que la juste valeur de l'Office ; j'estime, puis que le rapport est introduit, pour garder l'égalité entre les enfans, *l. 1. D De collat. bon.* & que le merite, ou industrie du pere, qui a moyenné cette gratification, doit profiter également à tous les enfans, qu'il seroit équitable en ce cas de rapporter le juste prix de l'Office. Ce qui est sans difficulté, quand l'Office venal a été tout-à-fait donné au pere ; c'est à dire quand en sa faveur son fils en a été gratuitement pourvû, ainsi que Garsias a prouvé en ce chap. 4. nombr. 14. & Io Faber, le tient sur cette loy *Sed si plures* §. *In arrogato. D. De vulg. & pupil. substit.*

Comme à plus forte raison il n'y a point de difficulté, que si le pere a apprecié à trop bas prix à son fils ou gendre, l'Office qu'il leur a luy-même resigné, encore que cette appreciation soit faite par contract de mariage, & sous cette clause, qu'autrement le mariage n'eût pas été fait, neanmoins l'Office doit être rapporté selon sa juste estimation, pource que c'est apparemment un avantage indirect qui est prohibé par nos Coûtumes : & ainsi le resout M. Chopin sur la Coûtume d'Anjou *tit. De collar. honor.* contre l'opinion du vulgaire, qui pense que ce soit le seul moyen que peut avoir un pere de gratifier son fils, principalement à l'égard de l'Office de Judicature qu'il luy resigne. Neanmoins c'est la verité qu'entre gens paisibles en tous ces Cas on n'a pas accoûtumé d'entrer en cette recherche, si l'estimation de l'Office n'est notoirement trop basse, eu égard toûjours au temps de la resignation, & ne faut pas dedire pour peu de chose le pere commun, duquel la loy a dit, que *pietas paterna consilium pro liberis capit*.

FIN DV TROISIE'ME LIVRE.

DU DROIT DES OFFICES,
LIVRE QUATRIEME.
DES OFFICES NON-VENAUX.

CHAPITRE PREMIER.
Division des Offices non-venaux.

1. Semble qu'il n'y a gueres d'Offices non-venaux.
2. Sujet de ce Livre.
3. Plusieurs sortes d'Offices non-venaux.
4. Reduction d'iceux à trois especes.
5. Quels sont ceux de chacune espece.
6. Ne se faut arrester en cette matiere aux anciens Arrests.
7. Recherche particuliere des Offices non-venaux.
8. Offices de Iudicature sont du premier rang.
9. Ne reste en iceux autre particularité, sort qu'ils ne se vendent point par decret.
10. Offices de la Gendarmerie ayant soin des finances, devenus venaux.
11. Sous quelle espece doivent estre mis les Offices de guerre.
12. Division generale des Milices, ou Offices militaires.
13. Subdivision.
14. Seconde subdivision.
15. Difference de ces deux especes de Milices.
16. Assignation particuliere de toutes les Milices à l'une des especes des Offices non-venaux.
17. Inconvenient de vendre les Gouvernemens.

1. Semble qu'il n'y a gueres d'Offices non-venaux.

Il n'y a rien de si saint, que l'or ne viole : rien de si haut où il ne s'éleve : rien de si bien fermé où il ne penetre. Et comment donc parmy l'Archumanie de nostre France, présupposons-nous encore des Offices qui soient exempts de la puissance ? Non, non, il n'y a sorte d'Office, ou Estat qui ne se vende aujourd'huy, & comme disoit de Rome Jugurta dans Saluste, l'Estat mesme seroit venal, s'il s'en trouvoit un acheteur : ainsi qu'il a esté dit au Livre precedent, que l'Empire Romain a souvent été vendu. Et certes Diogenes n'estoit pas plus empesché à chercher un homme en une grande assemblée avec sa lanterne, que je me trouve embarrassé parmy le grand nombre de nos Offices, de trouver un Office qui soit tout à fait non venal, & il faut que j'avoüe ce chapitre dedié pour faire l'enumeration des Offices non-venaux, bien que le plus court de toute l'œuvre m'a esté le plus difficile.

2. Sujet de ce Livre.

Si n'ay-je pas à traiter en Dialecticien des Offices non-venaux, entant qu'ils sont tels, & selon leur propre nature, ny encore en Philosophe moral selon ce qu'il doit estre. Car de cette façon comment pourroit-on parler de leur droit & commerce ? mais j'en traite en Jurisconsulte selon ce qui est en effet, & entant que ces Offices contre leur propre nature, sont assujetis sous la tyrannie de l'or, & que la venalité s'y est glissée : bref je traite icy des Offices non-venaux, entant qu'ils se vendent en quelque façon.

3. Plusieurs sortes d'Offices non-venaux.

Je dy notamment en quelque façon : car bien qu'il ne puisse y avoir qu'une sorte d'Offices venaux, ainsi que je les ay definis au Livre precedent, estre ceux qui sont tels absolument & entierement, de sorte que de ceux-là il n'en peut avoir de plus venaux les uns que les autres, si est-ce qu'au contraire, puisque j'ay mis au rang des Offices non-venaux tous ceux desquels la venalité n'est pas licite tout-à-fait, il s'ensuit qu'il y en a de plusieurs sortes & degrez, selon les diverses façons que la venalité y a pris pied, soit à l'égard du Prince, ou des particuliers, & encore selon qu'elle y est plus, ou moins usitée & tolerée.

4. Reductiō d'iceux en trois especes.

On les peut toutefois reduire à trois especes, à sçavoir de ceux qui sont tout à fait non-venaux : c'est à dire tant à l'égard du Prince que des particuliers : des non-venaux à l'égard du Prince seulement, qui sont tous ceux qui n'entrent point aux parties casuelles du Roy, & dont neanmoins on tolere la vente entre particuliers, & des non venaux à l'égard des particuliers seulement, à sçavoir ceux qui se vendent par le Roy publiquement, & desquels neanmoins entre particuliers, la vente publique & par decret n'a été encore authorisée tout à fait en Justice.

Mais avant que d'entrer en l'explication du droit, & de la nature particuliere de chacune de ces trois especes, il est besoin de specifier leurs individus, mesme de referer tous les Offices à leur propre espece, & expliquer quels sont ceux qui sont entierement non-venaux, quels ceux qui sont non-venaux à l'egard du Roy seulement, quels à l'égard des particuliers seulement. Car il ne serviroit rien de sçavoir la nature & le droit de chacune espece, si on ne sçavoit qui sont les Offices qui en dépendent. Et certes c'est en quoy consiste la plus grande difficulté de cette matiere : pource que tels Offices ne se vendoient pas au temps passé, qui se vendent aujourd'huy, & tels ne se vendent pas encore maintenant bien communement, qui se vendront possible tout à fait à l'avenir.

5. Quels sont ceux de chacune espece.

C'est pourquoy en cette matiere qui dépend principalement de l'usage, comme fait presque tout commerce, & partant est sujete à changer de temps en temps, il ne se faut pas attacher avec scrupule, ny à l'ancienne observance, ny aux Arrests, ny même aux Ordonnances du temps passé, pource qu'ayant été faites lors que les Offices, dont elles parlent, ne se vendoient point, aujourd'huy qu'ils se vendent, la cause de la loy cessant, l'effet aussi en doit cesser : & c'est proprement en cecy qu'on peut dire avec le Comique.

Mores jam perduxerunt leges in potestatem suam.

6. Ne se faut arresté en cette matiere aux anciens Arrests.

Qui est un point, dont j'ay averty le lecteur tout au commencement de cet Ouvrage, que comme S. Jean Chrysostome dit notamment des Offices, depuis qu'on a en pris coûtume de les vendre, cette marchandise a pris son train, & ses consequences. Dequoy il se faut principalement souvenir en ce Livre, afin de ployer & accommoder à ce droit des Offices non-venaux, comme la regle Lesbienne, puisque nous avons permis qu'à leur égard principalement nos mœurs ayant maitrisé les loix. Et il est vray qu'à faute d'avoir jusques icy tenu cette regle, il se trouve aujourd'huy en nostre pratique plusieurs absurditez, & injustices toutes apparentes à l'égard de ces Offices.

Division des Offices non venaux, Chap. I. 215

Recherche particuliere des Offices non-venaux.

Or pour rapporter particulierement les Offices non-venaux à chacune des trois especes proposées, il faut premierement discerner en general les Offices non-venaux d'avec les venaux: & pour cét effet, puis que les Offices en soy, & leur venalité dépendent originairement du silence politique, qui est l'une des trois parties de la Philosophie morale, il est besoin d'avoir recours à cette belle division politique des Offices en general rapportée au 1. chapitre de ce traité en ceux de Guerre, de Justice, & de Finance, que nous avons dit avoir esté inventée & pratiquée fort à propos par les François, avant aucune autre Nation; & puis qu'il a esté dit au livre precedent, qu'il n'y a point d'autres, qui soient absolument, & proprement venaux, que ceux de finance, & les menus Offices de Justice concernans le ministere d'icelle, il s'ensuit que tous les Officiers de guerre, & de judicature demeurent du nombre des non-venaux.

8. Offices de Judicature sont du premier rang.

Même quant à ceux de Judicature, il est aisé à entendre qu'ils sont de la troisiéme espece, à sçavoir du rang de ceux qui sont non-venaux, à l'égard des Particuliers seulement, attendu que le Roy les vend tout publiquement, & qu'ils entrent notoirement en ses Parties casuelles: y entrent, non plus par forme de prest, comme au temps passé, lots qu'on avoit honte de les vendre ouvertement, mais par une pure vente, tout ainsi que ceux de finance, & encore sans gratification (au moins regulierement) mais au plus offrant & dernier encherisseur: mais ce que les particuliers les vendent, n'est pas par une venalité du tout licite, pource que les Ordonnances la defendent, mais par souffrance simplement: souffrance toutefois, qui est tellement établie, qu'elle est tournée en droit commun, & que justement on pourroit trouver mauvais, si le Roy ayant vendu ces Offices, vouloit empescher les acheteurs d'en disposer à leur profit envers personne capable. Neantmoins il nous est demeuré cette seule remarque de l'ancienne prohibition de leur venalité, qu'on n'y permet point encore la vente publique, & par decret, ainsi que des Offices purement venaux: de sorte qu'on repute icy aujourd'huy, comme un privilege des Offices de Judicature, que les pourveus les vendent quand ils veulent, mais on ne les leur peut faire vendre par force.

9. Ne reste en icens autre particularité fors qu'ils ne se vendent par decret.

10. Offices de la gendarmerie avant soin des finances, doivent nous venaux.

Partant toute la difficulté reste és Offices de guerre, entre lesquels je n'entens pas comprendre les Commissaires & Controlleurs des guerres, & toutes sortes de Tresoriers, Receveurs ou payeurs des gens de guerre, dautant que ces Offices consistans plus au ménagement des deniers du Roy, qu'au commandement, ou faction militaire, sont, en ce qui concerne leur commerce, reputez plutost Offices de finance que de guerre, pource que par tout où l'or se mesle, il en devient le maistre. Et toutefois hors ce qui est de leur commerce, j'estime qu'ils doivent plutost estre mis au rang des Offices de guerre: & de fait ils sont qualifiez Offices de la gendarmerie, & en cette qualité ont les honneurs, & privileges de la gendarmerie, même avoient esté jusques à la recherche derniere, exempts des recherches, & des taxes des Officiers de finance, ce qui estoit tres-raisonnable, au moins à l'égard des Commissaires, & des Controlleurs.

11. Sous quelle espece doivent estre mis les Offices de guerre.

Donc pour le regard des purs & vrais Estats de la gendarmerie, il est bien certain qu'ils ne peuvent estre de cette troisiéme espece des Offices non-venaux, attendu que le Roy ne les vend pas, comme il fait les Offices de Judicature: ils sont donc, ou de la premiere espece de ceux qui sont absolument non-venaux, & qui ne se vendent point du tout; ou en tout cas de la seconde, qui est de ceux dont la vente est seulement usitée entre particuliers. Car, comme dit Plutarque *in Coriolano. Depuis que le vendre & l'acheter sont entrevenus en l'élection des Magistrats de justice, cette corruption a passé jusques aux gens de guerre, tant qu'à la fin elle a assujetty les armes mêmes à l'argent.* Mais la grande difficulté est, de discerner quels d'iceux sont de la premiere, & quels de la seconde espece, pour laquelle expliquer, il faut en peu de mots faire une division exacte de tous les Estats militaires. Aussi bien est-il necessaire d'expliquer en ce livre le droit & la nature de chacune sorte d'iceux.

12. Division generale des Milices, ou Offices militaires.

Je dy donc qu'il y a deux sortes d'Offices de guerre, *Palatina nimirum Militia & Armata*. Ceux de la milice armée sont en un mot les charges de la gendarmerie, aussi les appellons-nous communément & proprement *Estats de la gendarmerie*: & quant à ceux de la Milice Palatine, que j'appelle Offices de la Cour, c'est à dire de la suite du Roy, ce sont les charges concernantes la personne, ou Maison du Roy qui est le souverain Chef de la guerre, lesquelles le droit Romain a mis notamment entre les Offices militaires. *Alieni quippe non sunt à labore castrorum, qui signa nostra comitantur, quos itinerum prolixitas, & expeditionum difficultas exercet* dit Constantin *l. unica, De cast. Palatin. pecul.*

13. Subdivision.

L'un & l'autre de ces deux genres d'Offices militaires est divisé en deux especes, sçavoir en Capitaineries, & menuës Milices. Les Chefs, ou Capitaines commandent, & les Milices obeïssent. Les chefs de la Milice Palatine, ou Offices de Cour, sont les Officiers de la Couronne, & les chefs d'Office de la Milice armée du Roy: les Milices sont les places des menus Officiers servans de la Maison du Roy.

14. Seconde.

Les Capitaines de la Milice armée, sont ceux, ou des places, qui plus communément sont applicz *Gouverneurs*: ou des compagnies de gens de guerre, qui ont retenu le nom commun de *Capitaines*. Les Milices sont les charges des membres, ou Officiers inferieurs des compagnies & bandes de gens de guerre, soit de cheval, soit de pied, & encore selon aucuns, les places des simples soldats enrollez en chacune d'icelles.

15. Difference des especes de Milice.

Il est vray, qu'il y a cette difference entre les charges de ces deux Milices, que celles de la Milice Palatine estans referées à la personne du Roy, qui demeure toûjours, sont ordinairement vrais Offices non muables ny revocables, & sont toûjours plus stables, & asseurées, que celle de la Milice armée, lesquelles estant referées à la guerre, qui n'a toûjours cours sont par consequent plus sujetes à estre cassées & abolies: & partant se sont plutost commissions, ou charges extraordinaires, que vrais & ordinaires Offices: comme il sera prouvé en son lieu. Ce qui nous mettra au chemin de traiter particulierement des commissions, qui sont comprises sous le nom d'Office, quand il est usurpé en sa plus generale signification, pour signifier toute charge publique.

16. Assignation particuliere de toutes les Milices, l'une des especes d'Office non venaux.

Donc pour venir à bout de mon entreprise, qui est de referer toutes ces charges militaires à l'une des trois especes d'Offices non-venaux, je dy que celles de la Milice Palatine doivent sans difficulté mises sous la troisiéme espece, qui est des Offices non-venaux à l'égard du Roy seulement, pource qu'encore que le Roy ne les vende, si est-ce que comme nous vivons, les particulieres en trafiquent ordinairement entr'eux. Mais quant aux charges de la Milice armée, il y a plus d'apparence de les rapporter à la premiere espece, qui est des Offices qui ne se vendent, ny par le Roy, ny par les particuliers. Toutefois les Gouverneurs des places commencent déja à faire un ordinaire de vendre leurs Estats, & y a danger, si on n'y donne ordre, qu'ils s'accoûtument tant à les vendre, qu'ils vendent enfin leurs places quand & quand: même qu'ils s'achetent leurs Charges, à dessein d'en revendre les places; ce que j'approfondiray cy-aprés au chapitre qui leur est dedié

17. Inconvenient de vendre les Gouvernemens.

CHAPITRE II.

Des Offices de la Couronne.

1. Pourquoy les Offices de la Couronne ne sont venaux.
2. Pourquoy les principaux Officiers se sont qualifiez Officiers de la Couronne.
3. Premiere raison.
4. Seconde raison.
5. Troisième raison.
6. Quatrième raison.
7. Du Maire du Palais, & 1. de son nom.
8. De son pouvoir.
9. Les Maires du Palais ont deux fois usurpé l'Estat.
10. Pourquoy ont esté supprimez.
11. Leur Charge distribuée entre les quatre principaux Officiers.
12. A l'exemple du Præfectus Prætorio qui fut party en quatre.
13. Les quatre Officiers successeurs du Maire du Palais sont les premiers & les plus vrais Officiers de la Couronne.
14. Du Connestable.
15. Comes stabuli est nostre Connetable, contre Cujas
16. Connestablies d'où dites.
17. Premiere prerogative du Connestable.
18. Seconde prerogative.
19. Son pouvoir ne s'étend qu'aux armées, & non aux places fortes.
20. Iean I. Comte de Dunois.
21. Du Chancelier de France.
22. Est chef des Officiers.
23. De son nom.
24. Chancelier estoit autrefois le premier Secretaire.
25. Appellé Referendaire.
26. De son pouvoir.
27. Ses trois prerogatives.
28. La premiere d'avoir les sceaux de France.
29. Donne perfection aux Edicts du Roy.
30. Puissance qu'il a au sceau.
31. 2. Prerogative, de presider au Conseil d'Estat.
32. 3. Prerogative, d'estre Chef de la Justice.
33. Intendans des Princes, anciennement nommez Chanceliers.
34. Chancelier de l'Université de Paris.
35. Chancelier du S. Siege.
36. Supprimé, s'il n'y a plus qu'un Vice-Chancelier.
37. Grand Tresorier de France.
38. Divisé en quatre.
39. Erection des Receveurs generaux des finances.
40. Changeur du Tresor.
41. Controlleur du Tresor.
42. Tresorier de l'Espargne.
43. Tresoriers de France, distribuez par les Provinces.
44. Pourquoy dits Tresoriers generaux.
45. Generalitez d'où dites.
46. Tresoriers Generaux multipliez en Bureaux, ou Compagnies.
47. Pretendent seance en la Chambre des Comptes.
48. Pretendent marcher devant les Lieutenans generaux de la Iustice.
49. Intendans des finances.
50. Surintendans des finances.
51. Controlleur general des finances.
52. Du grand Maistre de France.
53. Magister Officiorum.
54. Autres Officiers de la Couronne.
55. Des Maréchaux de France.
56. Comment devenus Officiers de la Couronne.
57. De l'Amiral de France.
58. De ceux de Guyenne & de Bretagne, & du General des Galeres de Provence.
59. Du grand Maistre des Albalestiers.
60. Du grand Colonel de France.
61. Du grand Maistre de l'Artillerie de France.
62. Du grand Chambrier de France.
63. Receu presque toujours par la Maison de Bourbon.
64. Grand Chambelan.
65. Grand Chambrier supprimé.
66. Office de grand Chambellan par qui possedé.
67. Du grand Veneur.
68. Grand Fauconnier demembré du grand Veneur.
69. Et le grand Maistre des Eaux & Forests.
70. Plusieurs grands Maistres des Eaux & Forests.
71. Les Seigneurs de Fleury Marchaumont.
72. Du grand Escuyer.
73. Du grand Panetier, grand Eschanson, & grand Queux.
74. Du grand Aumonier.
75. M. le Cardinal du Perron grand Aumonier.
76. Du grand Prevost.
77. Des Secretaires d'Estat.
78. Des simples Secretaires du Roy, Maison, & Couronne de France.
79. Leurs preéminences en l'ancien Empire.
80. Ne sont Officiers de la Couronne, mais seulement de la Maison du Roy.
81. Denombrement sommaire des Offices de la Couronne.
82. Il n'y a plus que de deux sortes.
83. De leur provision.
84. De leur reception.
85. De leur pouvoir.
86. Ils disposent des menus Offices de leur Charge.
87. Ils ont chacun leur Iustice.
88. Iustice du Connestable.
89. Iustice de l'Amiral.
90. Iustice du Chancelier.
91. Celle du Maistre des Eaux & Forests.
92. Celle du grand Tresorier.
93. Iustices des Officiers de la Couronne estens en la Maison du Roy.
94. Celle du grand Maistre.
95. Celle du grand Bouteiller, grand Panetier, & Maistre Queux.
96. Celle du grand Chambrier.
97. Celle du grand Veneur.
98. Celle du grand Prevost.
99. Ont tasché de changer leurs Offices en Seigneuries.
100. Rencontre du grand Chambrier & Chambelan.
101. Office du grand Chambellan par qui possedé.
102. Pourquoy faisoit hommage de leurs Offices.
103. Que les Offices de la Couronne ne sont pas Seigneuries.
104. N'y a aucun premier Officier en leurs justices.
105. Peuvent presider en leurs justise:.
106. Le Parlement pretend leur reception, & pourquoy.
107. Quand ils ne peuvent presider en leurs justises.
108. De l'honneur des Offices de la Couronne.
109. De leur titre.
110. Des Herauts, grand Voyer, grand Arpenteur, & grand Balancier de France.
111. Des autres qualitez d'honneur des Offices de la Couronne.
112. De leur rang.
113. De leurs profits.
114. De leurs privileges.
115. De leur vacation par mort.
116. Par resignation.
117. Par forfaiture.
118. Par mutation de regne.

Des Offices de la Couronne, Chap. II.

1. Pourquoy les Offices de la Couronne ne sont venaux.

DE tous les Offices non-venaux, mesme de tous les Offices de France sans exception, les premiers & principaux sont pour certain les Offices de la Couronne, qui pour l'excellence de leur dignité, sont à bon droit demeurez au dessus de tout prix d'argent, & affectez, ou à la generosité des Princes, & principaux Seigneurs, ou à l'éminente vertu des plus signalez personnages du Royaume : étans la generosité & la vertu les deux seules choses, dit Euripide dans Stobée, qui ne peuvent être acquises par argent. Et certes ne seroit avilir ces augustes dignitez, de les mettre à l'encan : & les bailler, non aux plus nobles, ny aux plus vertueux, mais aux plus pecuniaux, ou du moins aux plus hardis encherisseurs. Mesme puisque se sont membres de l'Etat, ce seroit vendre l'Etat par pieces & morceaux, que de les vendre.

2. Pourquoy les principaux Officiers sont qualifiez Officiers de la Couronne.

Or assez d'Autheurs ont écrit de ces Offices, mais tous, ce me semble, assez confusément, & sans y apporter d'ordre, ce que je tâcherai de faire. Et je dirai en premier lieu, que tous les Chefs & premiers Officiers des fonctions principales de l'Etat, soit de la guerre, soit de la Justice, soit des finances, ou finalement de la Maison du Roy, pour avoir un titre particulier pardessus tous les autres Officiers de sa Majesté, se sont qualifiez Officiers de la Couronne, dont on peut assigner quatre raisons.

3. Premiere raison.

La premiere qu'ils ont emprunté ce magnifique titre de semblables Officiers de l'Empire d'Allemagne, qui se qualifient tous Officiers du Saint Empire, & non pas de l'Empereur. Bien que la raison ne soit semblable en France, pource que la Souveraineté de France reside au Roy, au lieu que celle de l'Empire reside en l'Empire mesme, ou à l'assemblée des Etats d'icelui, comme Bodin prouve fort bien en sa Repub. aussi cette raison ne m'agrée pas : car il y a beaucoup plus d'apparence que l'Etat de la Maison de l'Empereur d'Allemagne ait été dressé sur celui de France, que non pas celui de France sur celui d'Allemagne, attendu que l'Empire a été transferé de France en Allemagne, qui est pourquoi tous ces grands Officiers y ont retenu le mesme nom de ceux de France.

4. Seconde.

L'autre raison est, que les Officiers de la Couronne prirent cette denomination du temps que les autres Officiers du Roy étoient destituables à volonté, & ceux de la Maison du Roy étoient au moins muables à toute mutation de Roy. Et la prirent afin qu'ils fussent tenus, non pour simples Officiers du Roy, mais pour membres & instrumens de la Couronne, qui est immuable & immortelle, ils ne fussent sujets à aucune destitution ny mutation : ce qui fut aussi la cause pourquoi ils tâcherent à convertir leurs Offices en fiefs, faisant hommage d'iceux au Roy, afin de les rendre perpetuels comme les fiefs. A quoy pourtant ils n'ont rien gagné aiant été souvent destituez d'iceux, comme du Tillet nous en donne plusieurs exemples au traité qu'il en a fait.

5. Troisiéme.

La troisiéme raison est, d'autant que la Charge des Officiers de la Couronne n'est pas bornée & limitée en aucuns endroits ou Provinces, ainsi que celle des Ducs & Comtes & des autres Officiers, mais s'étend generalement par tout le Royaume, qui est aussi pourquoi chacun d'eux adjoute au titre de son Office le mot de France, comme Connétable de France, Chancelier de France, grand Maître de France, & ainsi des autres, qui est l'une des marques de ces Offices de la Couronne.

6. Quatriéme raison.

La quatriéme raison est la plus obscure, mais possible la plus veritable, qu'en France anciennement, aussi bien qu'en l'ancien Empire, tous les menus Etats dépendoient entierement de leur Chef & quant à la disposition & provision, & aussi quant au commandement : de sorte qu'il n'y avoit que certains grands Offices ou Chefs d'Office, ausquels toutes les Charges fussent deferées, comme il se voit en la Notice de l'Empire. Et partant, on appelloit Office chaque sorte de charge ou fonction particuliere de l'Estat, comprenant sous ce nom le chef d'Office avec les menus Officiers étans sous sa disposition, comme parle la Notice : & cela ne faisant ensemble qu'un corps, ce corps étoit appellé Office. En cette façon de parler, les Offices dont nous traitons sont vrayement Offices de la Couronne, mesme ce sont membres, portions, ou pour le moins, instrumens de l'Etat.

7. Du Maire du Palais.

Quoy qu'il en soit, il est certain que le premier de tous les Officiers de la Couronne étoit anciennement le Maire du Palais, c'étoit mesme le chef des chefs d'Office, & le superieur general de tous les Officiers de France sans exception. Il correspondoit au *Præfectus Prætorio* de l'ancien Empire : comme aussi le nom de l'un se rapporte directement à celuy de l'autre. Car Maire signifie *Majeur*, ou *Superieur*, & le Palais signifie la maison du Roy. Mais il faut dire que nôtre Maître du Palais avoit encore plus de puissance, que le *Præfectus Prætorio* de l'Empire, pource que le nôtre avoit la surintendance & de la guerre, & de la Justice, & des finances, & mesme encore de la Maison du Roy : bref que comme dit Aimon le Moine, lib. 4. cap. 35. *Palatium cum regno gubernabat.*

8. De son pouvoir.

Car il commandoit à tous les Officiers de la Maison du Roy, & si avoit commandement sur les Ducs & Comtes, qui étoient les Gouverneurs des Provinces & des villes, & en icelles avoient toute la charge de la guerre, & de la Justice & des finances, comme il a été prouvé au premier livre. C'est pourquoi les Maires du Palais, à cause de ce commandement qu'ils avoient sur les Ducs & Comtes, se qualifierent Ducs des Ducs, ou Ducs de France, ainsi que l'Histoire nous témoigne.

Comme donc en la guerre, en la Justice & aux finances consiste tout l'Etat, en comprenant les Charges de la Maison du Roy sous celles de la guerre, n'est pas de merveille, que comme les *Præfecti Prætorio* des Empereurs Romains usurperent plusieurs fois l'Empire, aussi toutes les deux fois, que le Royaume a changé de Race, ç'a été que les Maires du Palais s'en sont appropriez à l'aide des Ducs & des Comtes, ausquels par même moyen ils permirent d'usurper la Seigneurie de leur détroit.

9. Les Maisces du Palais, ont d'eux fois usurpé l'Estat.

10. Pourquoy ont esté supprimez.

Mais les Rois de la troisiéme Race, entr'autres bons fondemens, qu'ils établirent pour affermir la Couronne en leur famille (qui dure encore en plus grande puissance & asseurance que jamais, & durera, s'il plait à Dieu, en la nombreuse posterité de nôtre Hercule Gaulois) s'adviserent bien à propos de supprimer cet Office si dangereux : de laquelle suppression quatre autres Offices de la Couronne furent grandement accrus, entre lesquels les quatre fonctions d'icelui furent divisées. A sçavoir le Connétable qui n'étoit de son origine que le grand Ecuyer du Roy, *Regalium Præpositus equorum*, dit Rhegino, eut la surintendance de la guerre : le Chancelier qui n'étoit que le premier Secretaire du Roy, *Primicerius Notariorum*, eut la superiorité de toute la Justice : le Grand Thresorier de France, eut la surintendance des finances; & finalement le grand Maître de France, anciennement appellé *Comte du Palais*, (c'est à dire Juge, à mon advis, comme j'ay prouvé au 4. & dernier chap. du liv. Des Seigneuries) eut le gouvernement de la Maison du Roy.

11. Leur charge distribuée entre les quatre principaux Officiers.

Belle invention certes de diviser & partir entre plusieurs la puissance, qui estoit dangereuse en un seul. Ce qui fut fait à l'imitation de Constantin le Grand; qui redoutant, par l'exemple de ses Predecesseurs, le trop grand pouvoir du *Præfectus Prætorio*, divisa pareillement son Office en quatre parties, mais ce fut par multiplication, faisant quatre *Præfecti Prætorio*, l'un des Gaules, l'autre d'Afrique, l'autre

12. A l'exemple du præfectus Prætorio qui fut parti en quatre.

218 Des Offices non-venaux, Liv. IV.

d'Orient, & l'autre d'Illyrie, qui est la Grece. Mais nos Roys ont encore fait plus prudemment & plus seurement. Car ils ont supprimé tout à fait le titre de l'Office des Maires du Palais, & ont party sa Charge, non par Provinces & contrées, mais en quatre fonctions ou Offices separés.

23. Les quatre Officiers successeurs du Maire du Palais sont les premiers & les plus vrays Officiers de la Couronne. 24. Du Connestable.

Tant y a que ces quatre grands Officiers estans enrichis des despoüilles du Maire du Palais, qui le qualifioit Duc de France, adjousterent desormais au titre de leur Office, le mot de France à son imitation, & y a apparence que c'ont esté les premiers, & sont encore les plus vrays Officiers de la Couronne, ayans la surintendance des quatre diverses fonctions de l'Estat.

Le premier de ces quatre est le Connestable, que j'ay dit après ce qu'asseuré antiquaire de France du Tillet, avoit esté jadis celuy que nous appellons aujourd'huy grand Escuyer, comme mesme tesmoigne son nom Latin *Comes stabuli*, assez frequent és anciens livres, dont Carondas au 1. de ses Pandectes, chap. penultiesme rapporte plusieurs beaux passages, mais en voicy deux sa response, l'un d'Aimon liv. 3. chap. 7. *Landegisilus Regalium præpositus equorum, quem vulgo Comestabulum vocant*, l'autre de Rheginus lib. 2. *Annal. Burchardum Comitem stabuli sui (quem corrupti Connestabulum appellamus) cum classe misit in Corsicam.*

25. Comes stabuli est nôtre Connestable, contre Cujas.

Ce que j'ay bien voulu confirmer en passant, pource que la plus part des modernes, & notamment Cujas, est d'opinion contraire sur la loy unique *C. De Comitib. & Tribunis Scholarum*, sous pretexte d'un passage de la Notice Grecque des Offices de Constantinople, qui ne le conclud pas & de ce que depuis l'establissement du Connestable, les compagnies de gens de guerre ont esté appellées Connestablies. Car j'estime que ces Connestablies ont plûtost pris le nom du Connestable, qui les ordonnoit & dressoit, que le Connestable d'icelles. Mais quant aux autres Offices de la Couronne, je ne m'amuseray pas à rechercher leur etymologie, d'autant que plusieurs modernes en ont escrit.

26. Connestablies d'où dites.

Or le Connestable a deux grandes prerogatives exprimées dans les lettres de provision d'Artus de Bretagne, selon le rapport de du Tillet : l'une qu'il est gardien de l'epée du Roy, que sa Majesté luy livre toute nuë en le recevant, & pour laquelle à l'instant il luy fait la foy & hommage, comme on dit de l'Empereur Trajan, qui bailla son épée nuë à *Suta Licinius* son *Præfectus Prætorio*, luy disant qu'il en usât pour luy s'il gouvernoit bien l'Empire: si mal, contre luy. C'est pourquoy la marque & enseigne de cette dignité, c'est l'épée Royale nuë, comme celle du grand Escuyer, qui a succedé à la premiere charge du Connestable, est la mesme épée dans le fourreau.

27. Premiere prerogative du Connestable.

L'autre prerogative est que dans les armées il a commandement sur toutes personnes, mesme sur les Princes du Sang, comme il est contenu en ses lettres, & dans un ancien extrait de la Chambre des Comptes raporté par du Tillet, & il y en a encore un tesmoignage fort notable dans Froissart, qui raporte que Charles V. voulant pourvoir Bertrand du Guesclin de cet Office, il s'en excusa, disant, Qu'il étoit de pauvre Noblesse, pour ce n'oseroit bonnement commander aux Princes du Sang, & s'il le vouloit entreprendre, seroit chargé d'envies. A quoy le Roy respondit, Qu'il n'avoit frere, nepveu, ny cousin, n'autre son sujet, qui ne luy obeïst, & que celuy qui ne le feroit, s'appercevroit de son courroux.

28. Seconde prerogative.

29. Son pouvoir ne s'étend qu'aux armées & non aux places.

Mais quoy qu'il en soit, son commandement n'est principalement qu'en la campagne, c'est à dire és armées, & non sur les places, ny mesme sur les Gouverneurs de Province, mesme quand le Roy fait un Lieutenant general par tout son Royaume, comme nous en avons veu de nostre temps (qui n'est pas un Office, mais une simple commission revocable) le pouvoir d'iceluy ne s'étend qu'aux armées, & en tout cas, sur les villes, mais non sur les places fortes. Il est vray, que les Gouverneurs & Capitaines luy déferent par honneur, aussi bien qu'au Connestable.

Et je n'ay point leu, qu'il y ait jamais eu en France, depuis la suppression des Maires du Palais, qu'un seul Lieutenant general pour le Roy en toutes ses armées & places fortes, à sçavoir Jean Comte de Dunois, tige heureux de l'illustre Maison de Longueville, lequel aprés avoir esté le principal instrument de la delivrance de ce Royaume des mains des Anglois, fut à bon droit honoré de ce haut pouvoir, qui du depuis n'a pas mesme esté attribué aux fils ou freres des Roys, comme à la verité ce seroit chose perilleuse de donner la puissance souveraine, tant és armées, que places fortes, à une mesme personne.

20. Jean I. Comte de Dunois.

Or comme le Connestable est le Chef des armes, aussi le Chancelier de France a toûjours esté le Chef de la Justice depuis la suppression des Maires du Palais, mesme le Chef de tous les Officiers de paix, & comme le Magistrat des Magistrats *genuorque omnium Dignitatum*, ainsi que Cassiodore epist. 3. liv. 6. appelle le Questeur, duquel en France le Chancelier tient la place sans difficulté, comme dit Cujas sur la loy derniere, *C. De per. bon. sublat.* pource que c'est luy qui baille le titre, c'est à dire les lettres de provision à tous les Officiers, lesquels il peut refuser, ou differer comme il lui plaist, aussi est-il Juge des differends intervenus sur les Offices, lesquels sont terminez en sa propre Justice, à sçavoir celle des Maistres des Requestes de l'Hostel qui sont ses Assesseurs, comme j'ay dit ailleurs. C'est pourquoy j'aurois tort de parler legerement de premier Officier, mesme ce Chef des Officiers de France, bien qu'il soit mal-aisé d'en rien dire de nouveau, aprés tant de grands personnages qui en ont escrit.

21. Est chef des Officiers.

Le vieil Glossaire dit, que *Cancellarius est, qui habet Officiorum scripta, responsaque Principis, atque mandata inspicere, & de eo quod fuit. male scripta cancellare, & bene scripta signare*. Neantmoins il n'y a gueres d'apparence, que le Chancelier ait pris son nom de ce qu'il defait plûtost que de ce qu'il fait. Partant l'etymologie d'Agathias livre premier, & de Cassiodore livre 11. epist. 6. qui le derivent à *cancellis* est plus vray-semblable, comme j'ay dit au 5. chapitre du 2. livre, qu'il faut joindre avec ce discours, où j'ay prouvé, qu'à Rome & en France anciennement le Greffier en chef, qui gardoit & authentiquoit les actes des Juges & Gouverneurs des Provinces, étoit appellé Chancelier, à cause que son Bureau étoit fermé de treillis ou barreaux à claire veuë, appellez *cancelli*, afin qu'il ne s'y passât rien, qui ne fust veu de chacun.

23. De son nom.

Comme donc ceux qui gardoient & delivroient les expeditions des Magistrats des Provinces, étoient nommez Chanceliers de la Province, aussi celui qui gardoit & delivroit celles du Roy, étoit appellé Chancelier de France, qui autrefois étoit le premier Secretaire du Roy, dont M. Pithou sur les Capitulaires de Charlemagne nous rapporte un beau tesmoignage d'une epître de *Hincmarus* Archevesque de Reims, *Summus Cancellarius, à secretis suum appellabatur, eratque illi subjecti prudentes ac fideles viri qui præcepta Regis, absque immoderata cupiditate scriberent, & secreta illius fideliter custodirent*. Il fut aussi aux premiers temps appellé Referendaire, *ideo* (dit Aimon le Moine livre 4. chap.) *quod ad eum universa publica referuntur conscriptione, ipseque eas annulo Regis, sive sigillo firmaret*. Et Gregoire de Tours liv. 10. chap. 10. deduisant l'accusation de Gilles Evêque de Reims, auquel on imputoit d'avoir falsifié quelques lettres Royaux, *negat Rex se largitum fuisse, requisitusque Otho, qui tunc Referendarius erat, negat se subscripsisse: consulta enim erat manus in hujus præceptionis scripto*.

24. Chancelier autrefois étoit le premier Secretaire.

25. Appellé Referendaire.

Voilà quât aux noms, & quant à la fonction & pouvoir du Chancelier, outre l'authorité qu'il a sur les Officiers, il a encore les trois plus grandes prerogatives,

26. De son pouvoir.

Des Offices de la Couronne, Chap. II. 219

27. Trois prerogatives de Chancelier.

qui puissent estre, à sçavoir l'expedition des Edits, & tous autres mandemens du Roy, la presidence au conseil d'Estat, & la surintendance de la Justice, lesquelles trois prerogatives sont elegamment ramassées par Symmaque en l'epître 17. du 1. livre *Quæstor es, legum conditor, Regalis consilij particeps, Justitiæ arbiter.*

28. La 1. d'avoir les seaux de France.

Pour le regard de la premiere, c'est celle qui depend du seau, en consequence de laquelle il dresse, ou du moins il donne la forme publique aux Edits, & toutes autres lettres patentes du Roy, lors qu'il y a apposé le seau de France, ainsi que Justinian ordonna *ut Divinæ jussiones subscriptionem habeant gloriosissimi Quæstoris*, porte le tit. de la Nov. 114. & se

29. Donne perfection aux Edits du Roy.

fait il se void plusieurs Novelles soubscrites de ces mots, *Quæstor legi*, bref le Chancelier est le correcteur & le controlleur des loix, & du mandement du Prince.

Hic est, qui Regum leges cancellat iniquas,
Et mandata pij principis æqua facit.
Si quid ob est populo, vel legibus est inimicum,
Quicquid obest, per eum desinit esse nocens :

dit un ancien Poëte. Tant les Rois sont zelateurs de la Justice, *ut sibi patiantur contradici pro æquitate servanda, cui maxime oportet obediri*, dit Cassiodore, *in formula Quæstura.*

30. Puissance qu'il a au seau.

Mesme il a plusieurs expeditions d'importance, que le Chancelier peut faire de son authorité, sous le nom du Roy, sans neantmoins luy en parler. C'est pourquoy Cassiodore au mesme lieu appelle le Quæsteur, la bouche, la voix, la parole & l'image du Prince.

31. Prerogative de president au Conseil d'Estat.

Quant à la seconde prerogative, il est notoire, que c'est le Chancelier qui preside au Conseil du Roy, & qui d'ordinaire y tient le premier rang, comme representant sa Majesté en son absence. Mesme en sa presence, & des Princes du Sang, c'est luy qui en prononce les Arrests & resultats, & qui a soin de les faire dresser, & les recevoir. Prerogative, qui luy demeure toujours, encore que les seaux luy soient ostez, comme estant la vraye charge & fonction, en consequence de laquelle il est encore premier President nay du grand Conseil : de sorte que nul des Presidens d'iceluy n'a titre de premier President, pource qu'anciennement c'estoit le Conseil d'Estat, & en fut separé par Charles VIII. afin de le décharger des procez, qui à la verité n'y conviennent gueres bien : & de là vient aussi que les Maistres des Requestes, qui sont les Assesseurs du Chancelier, sont Presidens nays, & honoraires du grand Conseil, & à chacun Office de President du grand Conseil y a un Office de M. des Requestes annexé.

Chancelier premier President du grand Conseil.

32. Prerogative, d'estre chef de Justice.

Finalement à l'égard de la troisième prerogative du Chancelier, comme Valentinian en la Nov. *De homicidio casu facto*, Cassiodore & Symmaque appellent le Quæsteur, gardien & conservateur de la Justice, de mesme c'est chose asseurée qu'en France, ainsi que le Connestable a succedé au Maire du Palais en ce qui concerne les armes : aussi le Chancelier luy a succedé en la surintendance de la Justice. C'est pourquoy il a droit de presider au Parlement quand il y va, soit pour la verification des Edits, ou pour l'élection des Officiers d'iceluy, lors qu'icelle luy estoit laissée : & quand le Roy y tient son lit de Justice, c'est luy qui prononce les Arrests sous le nom de sa Majesté.

Mais encore le Chancelier a cela de plus que le Connestable & Surintendant des finances, à sçavoir que le Connestable n'a pouvoir, qu'en ce qui concerne la guerre, ny le Surintendant qu'en ce qui concerne les finances, au lieu que le Chancelier a à voir, & sur les affaires de la guerre, & sur celles de finance, en ce qu'il faut qu'elles passent par le Conseil ou par le seau, ou par la Justice, de sorte qu'il est vray, qu'il est comme le Controlleur & Correcteur de toutes les affaires de France.

Du droit des Offices.

C'est pourquoy nous appellons vulgairement *Chanceliers* des Princes & des communautez notables, ceux qui ont l'intendance de leurs affaires. Et un moderne a tres-bien remarqué, qu'és anciens Romains ce mot est souvent usurpé en cette signification. Comme le Chancelier de l'Université de Paris, qui étoit anciennement un Office de telle importance, que Boniface VIII. lors des grandes affaires qu'il avoit en France, le tira à soy, afin d'avoir l'authorité particuliere de l'Université, principalement envers les Docteurs de Theologie, ausquels c'est le Chancelier qui donne les degrez, benediction & commissions de prescher par tout le monde. Mais apres la mort de Boniface, l'Université ayant voulu avoir cet Office, Benoist II. son successeur le luy rendit, & pour éviter semblable usurpation en ceux de sainte Genevieve, au livre du Recteur, où il y a encore une autre Bulle de Gregoire XI.

33. Intendans des Princes, anciennement nommez Chancelier.

34. Chancelier de l'Université de Paris.

Pareillement il y a eu, autrefois un Chancelier du saint Siege de Rome : estant parlé de la Chancellerie Romaine en plusieurs endroits du Droit Canon, & l'Epitaphe du Pape Gelase I I. composé par *Petrus Pictaviensis*, porte, qu'avant qu'estre Pape.

Archilevita fuit, & Cancellarius urbis :

Aussi il se trouve qu'Alexandre I I. lors qu'il fut éleu Pape, *erat sedis Romanæ Cancellarius*. Mais le Docteur Tabarelli sur la Clementine *Romana*, D. *elect.* dit que ce fut ce mesme remueur de ménage Boniface VIII. qui osta le Chancelier de Rome, & prenant la Chancellerie à soy, y établit seulement un Vice-Chancelier, *quia*, dit-il, *Cancellarius certabat de pari cum Papa* : & de fait ce n'est qu'au Sexte qu'il est fait mention du Vice-Chancelier, comme remarque la glose de la Pragmatique Sanction, §. *Romana. in verbo, Vice-Cancellarius*, & Gomes sur les regles de Chancellerie, bien qu'Onuphre au livre des Pontifes dise, que ce fut du temps d'Honorius III. qu'il n'y eût plus de Chancelier à Rome, mais seulement un Vice-Chancelier.

35. Chancelier du S. Siege.

36. Supprimé & n'y a plus qu'un Vice-Chancelier.

Quant aux finances, il y avoit autrefois pareillement un Officier de la Couronne pour en estre le Chef, qui s'appelloit le grand Thresorier de France, dont il est fait mention dans Gregoire de Tours liv. 1. chap. Et il n'y en avoit qu'anciennement un, dit Monsieur Pasquier, jusques au regne de Philippe de Valois, qui en erigea un second, & Charles le Quint un troisième, puis Charles VI. un quatrième, & demeura ce nombre de quatre jusques au regne de Henry II. qui en erigea seize tout d'un coup, au lieu des quatre anciens.

37. Grand Thresorier de France.

38. Divisé en quatre, puis en seize.

Ce qui fait à l'imitation de ce que le Roy François son pere avoit érigé seize Receveurs distribuez en seize Provinces, que neantmoins il avoit appellez *Receveurs generaux des finances*, pource qu'ils recevoient generalement & confusément tous les deniers du Roy en leurs Provinces, tant ordinaires qu'extraordinaires, au lieu qu'il n'y avoit anciennement en France qu'un Receveur general du Domaine, non plus qu'un Thresorier de France, lequel Receveur general du Domaine on appelloit Changeur du Thresor, dont le Controlleur est encore demeuré jusques à nôtre temps, qui n'est plus qu'un simple Officier de la Chambre des Comptes, toujours neantmoins appellé *Controlleur du Thresor* : & maintenant est employé à verifier les *debentur*, au lieu qu'il estoit anciennement ce qu'est à present le Controlleur general des finances, sinon qu'il n'avoit point à voir sur les deniers extraordinaires, & pour les recevoir il y avoit un Receveur general des Aydes, & un Controlleur. Laquelle difference de deniers ordinaires & extraordinaires, ce mesme Roy François voulut confondre exprés, afin d'ôter la memoire au peuple de

39. Erection des Receveurs generaux des finances.

40. Changeur du Thresor.

41. Controlleur du Thresor.

42. Thresoriers de l'Espargne,

Ee ij

ce que les Aydes & deniers extraordinaires provenoient de son octroy & consentement libre. Par dessus tous lesquels Receveurs generaux des finances (car ainsi furent-ils qualifiez) ce mesme Roy erigea, soit en Office ou commission, le Thresorier de l'Espargne, pour recueillir & amasser tout ce qui se voit épargné par toutes Provinces, après les charges acquitées, & necessitez du Royaume fournies. Fonction qui correspond presque à celles du *Comes sacrorum largitionum* de l'ancien Empire, qui certes plus à propos avoit pris son nom de la liberalité, que le nostre de l'Espargne.

43. Thresoriers de France distribuez par les Provinces.

Dont à cet exemple, le Roy Henry II. erigea en chacune des seize Provinces un Thresorier general, pour estre l'ordinaire de chaque Receveur general: lesquels appellant pareillement *Thresoriers generaux*, tant pource qu'ils succedoient à ces quatre anciens Thresoriers; la charge desquels estoit general & s'étendoit par toute la France: que pource principalement, qu'en eux fut reünie la charge des Generaux sur le fait des Aydes, qui estoient des hommes notables esleus par le peuple pour avoir l'intendance & la direction generale des deniers des Aydes: ainsi que les Esleus l'avoient particulierement en leur departement, comme M. Pasquier a clairement remarqué en ses Recherches: laquelle reünion de ces deux diverses Charges de Thresoriers & de Generaux, fut aussi faite à mesme dessein de confondre les deniers extraordinaires avec les ordinaires.

44. Pourquoi dits Thresoriers Generaux.

45. Generalitez d'où dites.

Tant y a que pour cette cause les Provinces ont esté duës particulieres des Thresoriers Generaux ont esté appellées *Generalitez*, qui maintenant sont vingt en nombre. En chacune desquelles y a un bureau, c'est à dire une compagnie complette de dix ou douze Thresoriers de France, & Generaux des finances (ainsi sont-ils appellez à cause du mélange des deux charges de Thresoriers & de Generaux) bien qu'ils ne soient en effet ny Officiers de France (j'entens de la Couronne) ny Generaux par tout le Royaume. Mais ces beaux titres leur ont esté laissez pour ne vendre leurs Offices. Neantmoins en consequence d'iceux & qu'ils ont succedé à ces quatre anciens, ils pretendent tous avoir seance apres les Presidens, & voix deliberative en la Chambre des Comptes & Cour des Aydes. Ce que toutefois on a voulu, par la verification de leurs Edits, restraindre aux seuls pourveus des quatre anciens, qui à la verité estoient Presidens nays de la Chambre des Comptes: & de fait en cette qualité, tous les Thresoriers d'apresent jouïssent des privileges d'icelle Chambre, & sont reputez commensaux du Roy.

46. Thresoriers Generaux, multipliez en bureaux & compagnies.

47. Pretendent séance en la Chambre des Comptes.

48. Pretendent marcher devant les Lieutenans Generaux de la Justice.

Comme aussi, sous pretexte que l'ancien grand Thresorier de France avoit commandement sur les Baillifs & Senechaux du temps qu'ils recevoient le Domaine de leur Province, on a donné rang à ces nouveaux venus par dessus les Lieutenans generaux de la Justice. En quoy à mon avis il n'y a nulle apparence de preferer de simples financiers aux premiers Magistrats de la Province: veu qu'il est certain, qu'en l'Empire Romain les Proconsuls & autres Magistrats des Provinces commandoient à leurs Thresoriers, comme il se voit dans Ciceron. 1. *Actio. in Verrem*, où il dit *Prætorem Quæstori suo parentis loco esse oportere, & hanc eorum conjunctionem liberorum necessitudini proximam esse*.

49. Intendant des finances.

Ainsi donc les Thresoriers de France estans maintenant dispersez, & leur charge divisée par les Provinces; il a falu par necessité, qu'il eut un bureau souverain & general des finances, où se dressast l'état entier d'icelles, & s'en fist le département à chacun de ces bureaux particuliers des Provinces; bref où tout se rapportast enfin: c'est pourquoy du temps de nos peres, les Rois ont institué les Intendans des finances: & pource qu'en toutes compagnies il faut un Chef, ils ont mis au dessus d'eux un Surintendant des finances, qui correspond aucunement à l'ancien

50. Surintendant des finances.
51. Controlleur general des finances.

grand Thresorier de France: & encore dautant que les finances sont chatouïlleuses, ils luy ont baillé un Controlleur general: mais toutes ces Charges ne sont déferées que par commission, pource que les Thresoriers de France en occupent le vray & ancien titre, & aussi qu'il est bien à propos que les charges des finances soient toûjours revocables à la volonté du Roy, & partant tous ces Estats de Surintendant, Controlleur des finances, & Thresorier de l'Epargne, ne peuvent plus estre Offices de la Couronne.

Finalement quant à la Maison du Roy, comme de tout temps és maisons des Princes, le Maître d'Hôtel a la surintendance sur tous les domestiques, aussi en celle du Roy, celuy qui anciennement s'appelloit le souverain Maistre d'Hostel du Roy (ainsi que du Tillet nous apprend) & qui maintenant se qualifie *Grand Maistre de France*, pour marque qu'il est Officier de la Couronne, en a toûjours eu la surintendance: correspondant à celuy qui en l'ancien Empire estoit appellé *Magister Officiorum*, comme qui diroit le chef des Officiers de la Maison du Prince. Et de fait il y a apparence qu'il estoit du commencement seul Chef de la Maison du Roy, & qu'il avoit autrefois la surintendance sur tous les Officiers d'icelle indifferemment, qu'il n'y avoit en luy que un Estat, & qu'un Tresorier: & de fait aucuns de ses grands Officiers, qui depuis se sont faits Officiers de la Couronne, sont encore à present couchez sur l'Estat general de la Maison, qui est le vray Estat des Offices qui sont sous le grand Maistre, encore qu'aucuns depuis ayent gagné ce point, d'avoir leur état à part. Aussi tous les menus Officiers estans sous eux, sont encore justiciables du Prevost de l'Hostel, qui estoit anciennement le Juge establi par le grand Maistre, pour faire sa premiere charge de *Comes Palatii*, qui signifie le Juge de la maison du Roy, tout ainsi qu'au droit tous les domestiques de l'Empereur estoient indistinctement justiciables du *Magister Officiorum, ad quem omnis Palatii disciplina pertinebat*, dit Cassiodore en sa formule.

52. Du grand Maistre de France.

53. *Magister Officiorum*.

Et voila sans doute les quatre plus vrais Officiers de la Couronne, mais dautant que ce titre a esté trouvé magnifique, & avantageux par dessus tous les autres, cela a esté cause que plusieurs des grands Officiers, tant de la guerre, que de la Cour, & Maison du Roy, y ont voulu avoir part: mesme il y en a eu aucuns d'erigez encore de nostre temps.

54. Autres Offices de la Couronne.

Premierement quant à ceux de guerre, tout ainsi que le Connestable, de grand Escuyer qu'il estoit, Surintendant au fait de la guerre: aussi les Mareschaux sur estoient les principaux Escuyers, ou grands Officiers de l'Ecurie du Roy (car comme dit du Tillet, Maréchal en Alleman signifie *Officier de Chevaux*, ce qu'il prouve par une notable Ordonnance du Roy Clotaire le Grand) & n'estoient que deux en nombre, jusques au regne du Roy François I. qu'ils furent faits conducteurs des armées étans neantmoins toûjours comme auparavant sous le Connestable: & leur vraye charge étant de loger, & ranger l'armée, suivant son commandement, & aussi y commander en son absence, sous l'autorité, & bon plaisir du Roy: de sorte qu'ils faisoient du commencement ce que font aujourd'huy ceux que nous appellons *Mareschaux de Camp*, qu'eux-mêmes ont depuis establi, ausquels avec leur nom, ils ont baillé la plus vile partie de leur charge, en témoin dequoy les Mareschaux de France ont encore pour enseigne de leur dignité, la hache avec laquelle ils marquoient autrefois les logis de l'armée, & de là vient que tous ceux qui font marquer les logis, s'appelle encore aujourd'huy *Maréchaux*.

55. Des Mareschaux de France.

Mareschal pourquoy signifie un marqueur de logis.

Mais dautant que fort souvent les Rois soupçonnans le trop grand pouvoir des Connestables, de crainte qu'ils ne fissent comme les Maires du Palais, laissoient cet Office vaquant, & comme supprimé, les Mareschaux de France ont cependant pris la premiere

56. Comment devenus Officiers de la Couronne.

Des Offices de la Couronne, Ch. IV.

authorité de la guerre, & ainsi se sont faits Officiers de la Couronne, ne faisans ensemble qu'un corps, & un college, comme membres joints & unis, dit l'Ord. de 1547. Qualité qu'ils n'ont point quittée, depuis lors qu'il y a eu derechef des Connestables ou Ducs d'eux. De sorte qu'ils sont irreguliers, dautant que les marques & proprietez principales des Officiers de la Couronne, sont de ne reconnoistre autre que le Roy, & d'estre les premiers chefs de l'Office, ou bande d'Officiers estans sous leur charge. Mais à cela on respond, qu'ils sont les collateraux & les coadjuteurs du Connestable, & que la Connestablie & Maréchaussée de France, n'a fait ensemble qu'un corps & un Office, auquel appartient la surintendance de la guerre, & le commandement sur les Officiers de la gendarmerie. Et cette union se reconnoist manifestement en leur justice, qui est nommée *la justice de la Connestablie, & Maréchaussée de France*, & les Sentences qui y sont renduës, sont intitulées de ces mots, *Les Connestable & Mareschaux de France, &c.*

17. De l'Admiral de France.

Or pource que la conduite de la guerre est autre sur mer que sur terre, depuis que ce Royaume fut estendu jusques à la mer du costé de Normandie & Picardie, il falut avoir un chef des armées navales qui est l'Admiral de France: lequel commande sur mer, non-seulement en guerre, mais aussi en paix, pour maintenir le commerce, tenir les ports en seureté en toute l'estenduë du Royaume, & conserver la coste maritime en asseurance, sous l'obeïssance du Roy, pour raison dequoy il a de tres-beaux droits specifiez par les Ordonnances, & avoit anciennement pour enseigne de son Office la lanterne, ou phanal, comme il se void en l'Ordonnance de Charles VI. de l'an 1400. & à present il a les ancres.

58. De ceux de Guyenne & Bretagne, & du General des Galeres et de Provence.

Mais lors que la Guyenne, la Provence, & finalement la Bretagne ont esté reunies à la Couronne, on y a trouvé des Admiraux en titre d'Office, qu'on a laissez: c'est pourquoy cette charge est à present divisée en quatre, y ayant un Admiral separé en Guyenne, un autre en Bretagne, & un General des Galeres en Provence, ayant mesme puissance que les Admiraux: de sorte qu'il n'est demeuré à l'ancien Admiral, que son ancienne coste de Normandie & Picardie, avec le titre d'Admiral de France indefiniment, & sans queuë, & par consequent la qualité d'Officier de la Couronne.

59. Du grād Maistre des Arbalestriers.

Il y avoit aussi anciennement le grand Maistre des Arbalestriers de France, qui estoit pareillement Officier de la Couronne, & ce dés le temps du Roy saint Louïs, & a duré long-temps du depuis, comme prouve du Tillet au chapitre du *Connestable*: & commandoit à tous les gens de pied, entre lesquels les Arbalestriers estoient en plus grande estime.

40. Du grand Colonel de France.

Au lieu duquel Office de Maistre des Arbalestriers a esté mis le Colonel de l'Infanterie Françoise, que le feu Roy Henry III. en l'an 1584. erigea en Office de la Couronne, en faveur de Monsieur le Duc d'Espernon, & ordonna qu'il seroit intitulé le grand Colonel de France, comme de fait la Notice nous apprend, qu'entre les Offices illustres de l'ancien Empire d'Occident, il y avoit un *Magister peditum*.

61. Du grād Maistre de l'artillerie de France.

Toutefois aucuns estiment, que dés auparavant, le grand Maistre de l'artillerie de France remplissoit la place de cet ancien Office de grand Maistre des Arbalestriers, pource qu'il commandoit aux Cranequiniers, qui estoient ceux qui avoient la charge des machines de guerre, qu'on nommoit anciennement *Cranequins*: aussi que les Arbalestriers avoient la garde & conduite de ces machines, tout ainsi qu'aujourd'huy les Suisses ont ordinairement la garde de l'artillerie: tant y a qu'il n'y a nul doute, que l'Office de grand Maistre de l'artillerie de France ne soit aujourd'huy Office de la Couronne bien qu'en l'ancien Empire, les fabriques des engins de guerre fussent sous la charge & disposition du *Magister Officiorum*, qui est à nous le grand Maistre de France, & c'est possible la cause pourquoy les Officiers de l'artillerie sont reputez pour commençaux du Roy.

62. Du grād Chambrier de France.

Quant aux grands Offices de la Maison du Roy, qui sont devenus Offices de la Couronne, il y a eu premierement celuy qui avoit la charge de la Chambre du Roy, qu'Aimon le Moine appelle *Camerarium Regis, seu camera Regis Præfectum*, & qui estoit nommé Comte de la Chambre du Roy, lequel s'est cy-après nommé Officier de la Couronne, & partant s'est nommé grand Chambrier de France: aussi Philon Juif dit, que c'estoit la premiere Dignité, pour avoir l'oreille de l'Empereur: & de fait la loy 1. *De Præpositis sacri cubiculi* lib. 12. Cod. l'égale au *Præfectus Prætorio*, & la Notice de l'un & l'autre Empire le met tout le premier *Inter Illustres Palatinos*: mesme parmy nous en l'Estat de la Maison du Roy, le grand Chambellan qui tient aujourd'huy sa place, est encore couché auparavant le grand Maistre: ce qu'il faut presumer avoir esté ainsi establi, du temps qu'il y avoit un Maistre du Palais, & que le grand Maistre n'estoit que Comte du Palais, & n'avoit encore la Surintendance sur les Officiers de la Maison du Roy.

63. Tenu presque tousjours par la maison de Bourbon.

Office au reste si noble, (j'entens celuy de grand Chambrier) qu'il a presque toûjours esté tenu par des Princes du Sang, notamment par les Ducs de Bourbon, qui l'ont continuellement possedé depuis le premier jusques au dernier, comme prouve du Tillet: et partant l'avoient rendu hereditaire ou du moins feodal, y ayant joint plusieurs cens, rentes & autres beaux droits domaniaux. C'est pourquoy ne se tenans assidus à l'exercice d'iceluy, le premier Chambellan a pris leur place à la fin, & s'est fait Officier de la Couronne & intitulé grand Chambellan de France, comme il sera cy-apres traité plus amplement.

64. Grand Chambellan. 65. Grand Chambrier supprimé. 66. Office de grand Chambrier possedé. 67. Du grād Veneur. 68. Grand Fauconnier demembré du grand Veneur. 69. Et le grand Maistre des Eaux & Forests.

Il y a aussi le grand Veneur de France, qui est, à mon avis, celuy qui anciennement estoit appellé *le grand Forestier*, & n'en faut point chercher de semblable en la Notice de l'Empire, pource que les Empereurs n'estoient point adonnez à la chasse, comme sont nos Rois: de sorte qu'en France c'estoit anciennement, & seroit encore à present un tres-bel Office, si on ne l'eust point demembré. Mais outre la fauconnerie, qui en a esté separée par le moyen de l'Office de grand Fauconnier, le principal demembrement fait de fort long-temps, a esté par l'Office de grand Maistre des Eaux & Forests de France, lesquelles ordinairement dépendoient de la Charge de grād Veneur. Demembrement qui fut fait sous Charles VI. lequel destitua de l'Office de grand Veneur le sieur de Gamaches, pource qu'il l'avoit souvent fait faillir à la chasse, & en pourvut le sieur d'Oguechin: pour raison dequoy y ayant eu procès entr'eux, ils s'appointerent par la volonté du Roy, en sorte que Oguechin demeura grand Veneur, & Gamaches retint l'intendance des Eaux & Forests, sous ce titre de grand Maistre. C'est pourquoy estant decedé incontinent apres, & cette qualité ayant esté relevée par le Comte de Tancarville, & de ce y ayant eu procés au Parlement, le Procureur general soustint que ce n'estoit pas Office, & qu'il n'en faloit point. Neantmoins il ne laissa pas de demeurer, & a continué jusques en l'an 1575. qu'il fut supprimé: & toutefois la Surintendance des Eaux & Forests n'a point esté renduë au grand Veneur, mais ce qu'on la supprima, fut pour mettre en son lieu six grands Maistres des Eaux & Forests, qui furent departis par les Provinces du Royaume: desquels la suppression fut ordonnée par les Estats de Blois: mais au lieu de l'executer, on leur bailla bien-tost apres des alternatifs. Et finalement en l'assemblée de Roüen, en l'an 1597. leur suppression a esté derechef resoluë, moyennant remboursement, & fut arresté, qu'il n'y auroit plus qu'un grand Maistre des Eaux & Forests: dont, quelque temps après fut verifié un Edit au profit de ce sage Conseiller d'Estat le Seigneur de Fleury Marchaumont, qui tenoit le mesme Office en l'an 1575. lors qu'il fut sup-

70. Plusieurs grāds Maistres des Eaux & Forests.

71. Le Seigneur de Fleury Marchaumont.

Des Offices non-venaux, Liv. IV.

primé & multiplié, Edit qui n'a point encore été executé (au moins qu'en fort peu d'Offices) & on attendant, ledit Seigneur de Fleury demeure Surintendant des Eaux & Forests de France par commission.

74. Du grād Escuyer.
Pareillement le grand Escuyer de France, qui a succedé à la Charge ancienne de Connestable, ou Comte d'estable, a voulu comme luy estre Officier de la Couronne. Et de fait du Tillet l'y compte : mais de peur qu'on en fist doute doresnavant, le sieur de Bellegarde, qui l'est à present, en a obtenu declaration expresse du Roy. Aussi doit-ce estre un Office bien proche de sa Majesté, attendu que de tout temps en France les Escuyers ont esté ceux qui assistoient continuellement les Chevaliers & Seigneurs, & qui portoient leurs armes, comme il sera dit au livre *Des Ordres*. C'est pourquoy aussi és entrées du Roy : c'est le grand Escuyer qui marche devant le Roy, portant l'épée Royale dans son fourreau & baudrier, revestu d'une casaque de velours violet semée de fleurs de lys d'or, & son cheval caparassonné de mesme.

75. Du grād Panetier, grand Eschanson, & grand Queux.
Comme aussi le temps passé le grand Panetier, le grand Eschanson, ou Bouteiller, & le grand Queux de France, c'est à dire le Surintendant des cuisines du Roy, étoient tous trois tenus pour Offices de la Couronne : & de fait ils sont qualifiez tels par du Tillet, notamment le grand Eschanson estoit de grande authorité, assistant au jugement des Pairs de France, & souscrivant, avec aucuns des autres grands Officiers, les Chartres du Roy de plus grande importance : comme aussi la Genese, le livre d'Esdras, & Herodote livré 3. nous témoignent que les Eschansons avoient grand credit prés les Rois d'Egypte, & de Perse : & pareillement en l'Empire d'Allemagne, l'Office de grand Eschanson est joint au premier Electorat affecté au Roy de Boheme. Neantmoins pource que la Charge de ces trois Offices de grand Panetier, grand Eschanson, & grand Queux dépendent naturellement de l'Office de grand Maistre de France, il y a apparence que les grands Maistres les ont fait supprimer, du moins quant au titre, & aussi quant à la qualité d'Offices de la Couronne, dont toutefois je n'en trouve rien dans les livres : mais j'ay vû l'Estat de la Maison du Roy d'apresent, auquel ces trois Offices ne sont point, mais s'y trouvent seulement employez le premier Panetier, le premier Eschanson, & le premier Trenchant.

74. Du grād Aumônier.
Au contraire il y a grande apparence de mettre au rang des Officiers de la Couronne le grand Aumônier de France : encore que du Tillet ne l'y mette pas, & que toutes les Ordonnances & l'Estat de la Maison du Roi le qualifient seulement grand Aumônier du Roy. Toutefois il est nommé tout le premier audit Estat, & du Haillan dit que c'est le premier Office de chez le Roy: & d'ailleurs il a toutes les marques & proprietez des Offices de la Couronne, qui seront tantost rapportées. Autrement il ne seroit pas tenu par un Cardinal, qui est Prince de l'Eglise, comme il est à present par ce ferme arc-boutant de la foi, Monseigneur le Cardinal du Perron, si ce n'estoit un Office de la Couronne. Et estant notoire que les Princes n'acceptent point d'autres Offices. Neantmoins il me semble qu'il seroit bien à propos, pour éviter le doute, d'en obtenir declaration du Roy, comme a fait depuis peu le grand Escuyer. Quoy qu'il en soit, il est bien certain, que c'est un Office de tres-grande authorité prés du Roy, qui conferoit anciennement la plupart des Benefices étans en la nomination, ou presentation de sa Majesté, & a encore de present la provision, & aussi la reformation des hôpiraux & maladeries.

75. Le Cardinal du Perron grād Aumônier.

76. Du grand Prevost.
Finalement le Prevost de l'Hôtel du Roy étoit anciennement sous le grand Maistre de France, & selon l'opinion plus commune des modernes, c'étoit celuy qui autrefois étoit appellé *le Roy des ribauds*, dont le pouvoir est amplement décrit par Bouteiller : opinion qui neantmoins est fausse : car Carondas rapporte l'authorité d'un vieil manuscrit, qui témoigne que le Roy des ribauds étoit un Commissaire, ou Sergent commis par le Prevost de l'Hôtel, pour faire les visitations écheantes en sa Justice, & luy en faire son rapport, tout ainsi que le Roy des merciers étoit celuy qui visitoit les poids, mesures, & balances des merciers & autres marchands. Mais il y a bien plus d'apparence de tenir que le Prevost de l'Hostel fust le Juge de la Maison du Roy, établi d'anciennement par le grand Maistre de France, lors qu'il changea sa premiere qualité de Comte du Palais, c'est à dire de Juge de la Maison du Roy, & que par la suppression du Maire du Palais, il obtint la Surintendance de la Maison du Roy, sous le titre de grand Maistre de France. Et se trouve dans deux Ordonnances de Charles IX. qu'il le qualifie son grand Prevost, & de son Hostel. Ce qui m'a fait croire depuis qu'il eust esté fait Officier de la Couronne, ainsi qu'il m'avoit esté rapporté.

77. Des Secretaires d'Estat.
Quant aux Secretaires des commandemens, on ne les tient pas pour Officiers de la Couronne, pource qu'encore que leur employ, & leur pouvoir soit plus grand que de certains Officiers de la Couronne, neantmoins, comme toutes les Charges du Conseil d'Estat ne sont que commissions, & comme les Secretaires des finances n'ont esté depuis quelques temps que par commission, aussi sont ces Secretaires, au moins hors ce qui est l'Office ordinaire de Secretaire du Roy Maison & Couronne de France, dont il est necessaire qu'ils soient pourvûs en titre, pour estre capables d'avoir commission de Secretaire d'Estat : & certes il ne seroit pas raisonnable que les Secretaires d'Estat fussent Officiers perpetuels, & necessaires (ainsi qu'ils seroient, s'ils étoient Officiers de la Couronne) & que le Roy fust forcé de s'en servir és plus secretes & importantes affaires de son Estat, attendu qu'un particulier ne voudroit pas perdre cette liberté de changer son clerc quand il luy plaist. Mesme non tient, que la commission de Secretaire d'Estat n'apporteroit de soy nul rang, si par mesme moyen ils n'étoient Conseiller d'Estat, ce qui n'estoit pas anciennement. Toutefois j'ay sçû que ceux d'apresent en ont depuis peu obtenu du Roy provision en Office.

78. Des simples Secretaires du Roy, maison & couronne de France.
Quoy qu'il en soit, l'Office de simples Secretaires du Roy est orné de plus d'honneurs, immunitez, privileges & droits, qu'aucun autre de France, prix pour prix, & en cette consideration, les premiers Secretaires furent instituez pour servir immediatement la personne du Roy, ainsi que font aujourd'hui les Secretaires d'Estat, ainsi que du cabinet du Roy, appellé anciennement *le secré* dit M. Pasquier en ses recherches, du mot latin *Secretum*, ou *Secretarium*. Bien que les Secretaires pussent estre ainsi appellez, pource que le secret du Prince leur est confié. *Honor hic*, dit Cassiodore, *lib. 1. Epist. 4. datur egregiis, quando ad Imperiale secretum tales constat eligi, in quibus reprehensionis vitium non potest inveniri, &c.* Et in posse Notariorum. Ornat. dit-il, *subjectos Principis secretum, dum nullis aestimantur necessaria posse committi, nisi qui fuerunt fide magna solidati, Publicum est omne quod agit Princeps, sed multa non sunt ante scienda quàm fuerint, Deo auxiliante, perfecta : tantoque plus debent oculi, quantò amplius desiderantur agnosci. Regis consilium solos decet scire gravissimos. Imitari debent armaria, quæ continent monumenta chartarum, ut quando ab ipsis aliqua instructio quæritur, tunc loquantur : totum autem dissimulare debent, quasi nesciant scientes.*

79. Secretaire du cabinet.

Simples Secretaires.

Et depuis mesme que les Secretaires du Roy ont esté simples Officiers de Chancellerie, il n'étoit pas raisonnable que la cire leur fust refusée, & qu'eux qui dressent, pour les autres, les lettres d'exemptions & privileges, s'oubliassent d'en prendre leur part, comme certainement ils l'ont prise à bonne mesure, ainsi qu'il a esté montré au 9. chapitre du 1. livre. De fait afin de comprendre sous le titre & qualité de

80. Ne sont Officiers de la couronne, mais seulement de la maison du Roy.

Des Offices de la Couronne, Ch. II.

leur Office, tous les privileges des Offices de France, ils se sont intitulez *Conseillers, Notaires & Secretaires du Roy Maison & Couronne de France*, joignant ensemble, peut-d'y faillir, ces trois qualitez, d'Officiers du Roy, de sa Maison, & de la Couronne. Neantmoins il est bien certain, qu'ils ne sont pas Officiers de la Couronne, au moins de ces grands Officiers chefs d'Offices dont nous parlons icy, n'en ayant pas les marques cy-apres rapportées: mais c'est sans doute qu'ils sont du nombre des Officiers de la Maison du Roy, & en cette qualité ils se sont fait attribuer particulierement dix livres de gages pour leur droit de manteau, & ne faut point douter, qu'ils ne joüissent de tous les autres droits & privileges des domestiques & commençaux, mesme il n'y en a encore de particuliers que les autres commençaux n'ont pas: & partant je remets à traiter de leurs Offices au chapitre suivant, qui est dedié pour ces Offices de la Maison du Roy.

81. Denombrement sommaire des Offices de la Couronne.

Voila tous les Officiers de la Couronne, tant ceux qui ont esté par le passé, que ceux d'apresent : à sçavoir quant à ceux du temps passé, le Maire du Palais, le grand Tresorier, grand Maistre des Arbalestriers, grand Chambrier, grand Maistre des Eaux & Forests, grand Panetier, grand Eschanson, & grand Queux de France; & quant à ceux d'apresent, outre le Connestable, le Chancelier, le grand Maistre de France, qui sont les trois principaux, plus anciens, & plus vrais Officiers de la Couronne, il y a encore pour la guerre les Mareschaux de France, le Colonel de l'Infanterie, le grand Maistre de l'Artillerie : & pour la Maison du Roy, le grand Aumônier, grand Chambellan, & grand Veneur.

82. Il n'y en a plus que de deux sortes.

De sorte qu'à bien entendre, il n'y en a plus que de deux sortes : les uns de la guerre, & les autres de la Maison du Roy, en mettant le Chancelier entre ceux de la Maison, comme de fait il est vray domestique, & ordinairement il avoit logis chez le Roy, & a encore son plat de la cuisine du Roy, ou du moins une somme de deniers pour iceluy.

83. De leur provision.

Et pour parler maintenant de leur Office, c'est sans doute qu'ils sont vrais Officiers, pourveus en tiltre d'Office perpetuel, ce que ne sont regulierement les Officiers de la guerre, & les menus Officiers de la Maison du Roy : mesme ils ont autrefois pretendu estre Officiers feodaux & hereditaires, dont toutefois ils ont esté deboutez par plusieurs Arrests du Parlement, & neantmoins ont gardé ce privilege particulier de n'estre tenus prendre lettres de Confirmation aux mutations de Rois, & voila quant à leur provision.

84. De leur reception.

Quant à leur reception & installation, ils ne sont tenus, ny à aucune information de vie & mœurs, ny autre ceremonie, sinon de faire le serment entre les mains du Roy: & ne doivent à aucun autre, attendu qu'ils sont Chefs souverains, chacun en ce qui est de leur Office, & ne dépendent d'autre que du Roy. Il est bien vray que pendant les guerres civiles de France, ceux qui se vouloient asseurer plus pleinement de ces Offices, en faisoient le serment au Parlement, & encore maintenant aucuns d'iceux y font enregistrer leurs lettres pour plus grande approbation & notorieté publique de leur qualité. Mais ce n'est point par obligation, comme à la verité ils ne dépendent en rien du Parlement, mesme il n'y a aucune connexité ny correspondance de leurs Charges au Parlement, si ce n'est à l'occasion de leurs Justices, dont il sera parlé tout incontinent. Et je puis dire que selon la droite raison il n'y a qu'eux seuls qui doivent le serment au Roy seul: tout ainsi qu'il n'y a qu'eux seuls des Officiers de France, qui soient chefs purement souverains au fait de leur charge sous l'authorité du Roy: encore que quelques-uns des grands Officiers de la Maison, comme entr'autres les Capitaines des Gardes du corps, & des cent Gentils-hommes, ayent usurpé cette mesme prerogative de ne faire serment à autre qu'au Roy, & aussi de ne recognoistre autre que le Roy, bien qu'ils fussent anciennement sous le Connestable, comme Bouteiller nous apprend, & les Ordonnances anciennes, qui luy attribuent jurisdiction sur eux.

85. De leur pouvoir.

Pour le regard des droits des Officiers de la Couronne, premierement quant au pouvoir, ils ont ce droit particulier par dessus les autres Officiers de France, de disposer des menus Offices qui sont sous eux: comme le Connestable & les Mareschaux avoient anciennement la pleine disposition des Offices de la gendarmerie, à sçavoir Commissaires, Controlleurs, & mesme des Payeurs des compagnies, auparavant que le Roy les eust vendus: & encore chaque Mareschal pretend droit d'instituer un Commissaire des guerres : & sur tout ils disposent des commissions particulieres, qui sont adressées aux Officiers de la gendarmerie, pour leur employ, mesme il y a plusieurs autres Officiers de la guerre dont ils disposent pleinement. Comme pareillement le Chancelier disposoit anciennement de tous les Offices de la Chancellerie, auparavant que le Roy en eust à prix argent, & il se trouve en l'arrest de M. Estienne Porchier, de l'an 1414. qu'il conferoit encore le premier Office de Secretaire vacant aprés son institution : mesme la reception luy en est demeurée, pour laquelle il peut prendre quelques menus droits.

86. Ils disposent des menus Offices de leur charge.

L'Admiral dispose des menus Offices de l'Admirauté. Le grand Maistre de l'Artillerie, de ceux de l'Artillerie. Le grand Maistre de France, de la plûpart des menus Offices de la Maison du Roy, & mesme de ceux qui sont des sept Offices, qu'on appelle, dont je parleray au chapitre suivant. Le grand Escuyer des menus Offices de l'Escurie. Le grand Veneur, & le Fauconnier, des Offices de la venerie, & fauconnerie, mesme le grand Maistre des Eaux & Forests a disposé autrefois des Offices des Maistres particuliers, comme du Tillet nous fait foy. Et tous ceux-là dressent les Estats des menus Offices de leur charge; en vertu desquels les menus Officiers joüissent de leurs gages; il est vray que le Roy arreste par apres pour la forme & pour la conservation de son authorité; encore y en a-t-il (comme le grand Maistre de l'Artillerie) qui ont gagné ce point, qu'ils arrestent eux-mesmes les Estats de leur Charge.

87. Ils ont une Justice à eux.

Ils ont encore un autre article de pouvoir, qui est d'avoir presque chacun une Justice particulierement à eux ; à sçavoir les Connestable & Mareschaux de France, outre ce qu'ils ont chacun leur Prevost prés leurs personnes, qui est tenu les suivre & assister continuellement en guerre, & encore tous ensemble leur Justice ordinaire à la Table de marbre du Palais de Paris, qui est la Table de la grand'sale du Roy, où tous les anciens Officiers de la Couronne tiennent leur Justice dés le temps que le Palais estoit le domicile ordinaire du Roy. L'Admiral de France y a aussi sa Justice, & en a encore une à Roüen pour la Province de Normandie : celui de Guyenne à Bordeaux : celui de Bretagne à Rennes : le General des galeres de Provence, à Marseille. Aussi quand l'Office de Colonel de l'Infanterie a esté fait Office de la Couronne, on luy a baillé un Prevost des bandes, qui est Juge non-seulement criminel, mais aussi de police entre les soldats de pied, estans en corps d'armée : comme aussi le grand Maistre de l'Artillerie a sa Justice pour tout ce qui depend de sa charge.

88. Justice de l'Admiral.

90. Justice du Chancelier.

Quant au Chancelier, outre qu'il est le Chef de toutes les Justices, & qu'il preside en toutes les Cours souveraines, quand il luy plaist s'y trouver : & encore qu'il est le premier President nay du grand Conseil, comme il vient d'estre declaré; encore a-t-il sa Justice particuliere, à sçavoir celle des Maistres des Requestes de l'Hôtel, qui sont ses Assesseurs, establis comme les autres dans le Palais de Paris, dont la propre jurisdiction est de juger les differends concernans le tiltre des Offices, matiere qui depend du grand Sceau de France, & par consequent, de l'authorité du Chancelier;

Comme aussi le grand Maistre des Eaux & Forests, pour & au lieu du grand Veneur, duquel il a entrepris la Charge, a sa Justice tres-ample, en la mesme Table de marbre, qui connoit des appellations de tous les Maistres particuliers des Provinces : Et le grand Tresorier de France, lors qu'il estoit l'un des Officiers de la Couronne, estoit chef de la Justice du Tresor, establi pareillement dans le Palais de Paris. Mesme les grands Officiers de la Maison du Roy qui sont à present, ou ont esté le temps passé reconnus pour Officiers de la Couronne, lors qu'ils ont voulu se mettre en ce rang, ont tous entrepris quelque maniere de Justice, non-seulement sur les menus Officiers, estans sous eux, mais encore sur les metiers servans à leur charge. Jusques à entreprendre à leur avenement de leurs Offices, de lever cinq sols sur chacun maistre d'iceux metiers: ce qui leur a esté deffendu par plusieurs Arrests du Parlement, rapportez par du Tillet.

Le grand Maistre de France avoit anciennement toute Justice dans la Maison du Roy, à l'exclusion de tous autres Juges quelconques: doù vient, qu'encore aujourd'huy on n'y oseroit faire aucun exploit sans sa permission, ou du Maistre d'Hostel du Roy estant en exercice, & qui partant le represente. Et il y a grande apparence que le Prevost de l'Hôtel fut son Juge, comme il vient d'estre dit. C'est pourquoy aussi il connoist des causes de tous ceux de la Maison du Roy, mesme de ceux qui sont à la suite de la Cour: qui est une ample Justice, qui ressortissoit autrefois au Parlement, comme prouve du Tillet, ainsi que les autres Justices des Officiers de la Couronne: mais à present le grand Conseil en possede le ressort au regard du civil. Car en criminel, le Prevost de l'Hostel juge sans appel, à plus forte raison que les simples Prevosts des Maréchaux.

Le grand Bouteiller avoit Justice sur les Hosteliers & Taverniers. Le grand Panetier sur les Boulangers & tallemeliers (ainsi s'appelloient anciennement les Paticiers) dont il se trouve plusieurs Arrests & reglemens entre luy & le Prevost de Paris. Le grand Queux sur les cuisiniers, chaircutiers, rotisseurs, & pour cet effet, tout ceux-là avoient leur Prevost, ou garde de leur Prevosté, comme nous apprend du Tillet. Le grand Chambrier ou Chambellan avoit Justice sur les merciers, frippiers, cordonniers, pelletiers, & plusieurs autres. Et pource qu'on pretendoit que cet Office fust hereditaire, ou pour le moins feodal, il avoit son Maire, pour exercer sa Justice, & sous lui estoit le Roy des Merciers, pour faire les visitations & recherches.

Le grand Escuyer avoit Justice sur les Maréchaux ferrans, Seillers, Esperonniers. Le grand Veneur, outre la Justice des Eaux & Forests qui luy devroit appartenir, à a Justice sur le fait des Chasses, qui est exercée par les Capitaines des chasses, qu'il pourvoit & envoye és principales forests. Le grand Aumônier sur les Hôpitaux & Maladeries.

Donc les Officiers de la Couronne en consequence de ces Justices dépendantes ou annexées à leurs Offices, ont fait tout ce qu'ils ont pû pour changer leurs Offices en fiefs & seigneuries, afin de les rendre hereditaires, ainsi que les Ducs & Comtes avoient fait. Et on n'a pû empêcher que l'Office de grand Chambrier, étant tombé és mains des Ducs de Bourbon, Princes du sang, n'ait été converti tout à fait en fief hereditaire, de sorte qu'il a été possedé successivement par tous les Ducs de Bourbon, depuis le premier jusques au dernier, qui fut Charles de Bourbon, dont les biens furent confisquez. Et au moyen de cette confiscation, le Roy François premier le donna à Monsieur Charles de France Duc d'Orleans, son fils puîné : après la mort duquel il le supprima tout à fait, & reünit les droits & dépendances d'iceluy au Domaine de la Couronne.

Et delà peut estre venüe la rencontre de ces deux Offices de grand Chambrier & grand Chambellan, qui ne devoient être qu'un même Office : mais à cause que d'une part il étoit pretendu par succession comme fief, d'autre-part il estoit conferé par mort comme Office, on trouva moyen de diviser l'Office entre deux contendans, si bien que ce qui pouvoit être feodal en iceluy, comme la Justice & ses droits annuels, fut laissé à celui qui le pretendoit par droit de succession, avec l'ancien nom de Chambrier, & le pourvû par mort eut ce qui étoit de l'exercice & fonction de l'Office : avec les profits manuels, sous le titre de grand Chambellan de France : ou bien on peut dire avec du Tillet, que l'Office de Chambrier étant tenu successivement par les Princes du Sang, le Roy ne se voulant servir d'eux en l'exercice d'iceluy, qui est de grande sujection, à sçavoir de coucher continuellement en la Chambre du Roy, le premier Chambellan, qui estoit sous le grand Chambrier, (ainsi qu'en l'ancien Empire, *Primicerius* ou *Decurio cubiculorum* estoit *sub Præfecto sacri cubiculi*,) le supplanta enfin de son exercice, des émolumens manuels d'iceluy, & se fit Officier de la Couronne. Ce qui n'est pas arrivé de la même sorte aux autres Officiers de la Couronne, qui sont en la Maison du Roy, bien qu'ils ayent tous un premier Officier de leur charge, ainsi que les grands Officiers de l'ancien Empire, *habebant Primicerium Officij* : comme par exemple le grand Maistre a sous luy un premier Maitre d'Hôtel, le grand Aumônier, un premier Aumônier, le grand Escuyer, un premier Escuyer: & neanmoins tous ces premiers Officiers ne sont point faits Officiers de la Couronne, pource que leur Chef est demeuré Officier, & n'a point converty son Office en fief, ainsi que fit le grand Chambrier.

Tant y a que du temps que les grands Offices étoient continuez de pere en fils, les Comtes de Tancarville possederent successivement l'Office de grâd Chambellan de France, & le pretendirent pareillement hereditaire en leur maison, même Jean Bastard d'Orleans, ayant épousé Marie de Harcourt heritiere de ce Comté, eut en consequence cet Office, duquel neanmoins son fils ne pût joüir paisiblement, à cause des broüilleries, qu'il eut avec le Roy Loüis XI. Mais si-tôt que ses descendans furent rentrez en grace sous Loüis XII. duquel ils étoient parens naturels, il leur fut remis, & en ont joüi jusques au deces du petit Duc François : & après sa mort le Duc de Guise, son tuteur, en fut pourvû, les descendans duquel le possedent encore à present.

Car du temps que les Offices de France étoient destituables, les Officiers de la Couronne faisoient tout ce qu'ils pouvoient pour éviter cette destitution, & n'y trouverent point de meilleur expedient, que de faire la foy & hommage au Roy, de leurs Offices, comme j'ay prouvé au 1. chapitre du 2. livre : ce qu'on ne trouve point s'être fait du depuis que les Offices ont été faits perpetuels par Loüis XI. aussi n'a plus été besoin d'en faire la foy.

Or il me semble, qu'il n'y a gueres d'apparence de dire avec du Tillet, qu'ils fissent l'hommage seulement des Justices dépendantes de leurs Offices, comme seigneuriales & patrimoniales, attendu que ces Justices n'en dépendent pas par droit de seigneurie, c'est à dire en sorte qu'ils en ayent la propriété, & non l'exercice: mais c'est la verité, que l'exercice de ces Justices étoit autrefois une des vrayes & propres fonctions de leurs Offices, & étoient tenus les exercer en leur propre personne, ou du moins, elles étoient à leur nom encore exercées en leur nom ; comme celle des Baillifs & Senéchaux, ce qui n'est pas de celles des Seigneurs, qui ne sont pas intitulez aux Sentences de leurs Juges. Et ce que les Officiers de la Couronne mettent des Lieutenans en leurs Justices, c'est pour les soulager, & non pas pour les décharger tout à fait d'exercer leur justice : mais ils sont toûjours intitulez aux Sentences, comme

Chefs

Des Offices de la Couronne, Chap. II.

Chefs & premiers Officiers de leur justice.

Ainsi voit-on qu'és Sieges de la Connestablie, Admirauté, Eaux & Forests, du Tresor, de l'Artillerie, Venerie, qui sont à peu prés toutes les Justices qui sont restées aux anciens Officiers de la Couronne, il n'y a point de premiers Officiers de judicature, qui les exercent, mais sont toutes exercées sous le nom de l'Officier de la Couronne, sous le nom duquel sont conceuës toutes les Sentences qui y sont renduës par ses Lieutenans: mesme l'Officier de la Couronne a plus de puissance en son siege que non pas les Baillifs & Seneschaux aux leurs, ny le Seigneur en sa justice. Car le Seigneur ne peut exercer lui-mesme sa Justice, & les Baillifs & Seneschaux n'ont voix deliberative en leurs Sieges, qui leur a esté ostée par l'Ordonnance d'Orleans, mais à mon advis, les Officiers de la Couronne peuvent presider, & avoir voix deliberative, conclusive & prononciative aux leur, n'y ayant Ordonnance aucune qui les en prive: joint que l'exercice de la Justice ordinaire est plus difficile, que des Justices extraordinaires dependantes des charges des Officiers de la Couronne, qu'il est à presumer estre encore mieux entendu par eux-mesmes que par leurs Lieutenans.

Et c'est la principale raison, pour laquelle le Parlement prétend, que tous les Officiers de la Couronne, comme estans Juges de son ressort, doivent estre receus en icelui, en la mesme solemnité que les Baillifs & Seneschaux, & les y a par fois condamnez, dit du Tillet: il adjouste, que cela a esté cause, qu'aucuns d'iceux ont mieux aimé quitter leurs Justices, que de se soumettre à cette reception. Mais la dispute est bien aisée à accorder à mon advis. Car si les Officiers de la Couronne veulent eux-mesmes exercer leurs Justices, ils ne se peuvent pas exempter de prester serment au Parlement, comme Juges de son ressort: ne pouvant aucun faire Office de Juge, qu'il n'ait fait serment en Justice: mais s'ils ne veulent en faire l'exercice, ils ne doivent serment à autre qu'au Roy, duquel seul depend la vraye charge, de laquelle ils font l'exercice. D'où aussi se tire la decision de l'autre difficulté, qui est de sçavoir quand les Officiers de la Couronne peuvent presider, & avoir la voix prononciative en leurs Justices, comme avoient les Baillifs & Seneschaux en la leur, auparavant qu'il leur eust esté interdit par l'Ordonnance d'Orleans: à sçavoir que s'ils ont fait le serment de Juges au Parlement, ils le peuvent, n'y ayant aucune Ordonnance qui les en prive, supposé qu'ils y soient habilitez par ce serment, & n'y ayant d'ailleurs que l'exercice de la Justice ordinaire, comme plus difficile, qui soit reservé aux Officiers de longue-robe: au lieu que celuy des Justices extraordinaires est permis en France indistinctement aux gens de courte-robe.

Quant à l'honneur de ces Offices, il consiste, ainsi qu'aux autres Offices, au titre & au rang. Pour le regard du titre, ils se qualifient tous sans exception *Officiers de France*, mot qu'ils adjoustent au propre nom de leur Office, qui est tout autant que s'ils disoient *de la Couronne*. Mais le titre de Secretaires & Conseillers d'Estat, que prennent les Secretaires des commandemens & Conseillers du Conseil Privé n'a pas mesme emphase, mais seulement signifie qu'ils sont employez aux affaires d'Estat, à la difference des autres Secretaires & Conseillers du Roy, qui sont employez aux expeditions ordinaires de la Justice & autres semblables. Et quant aux Herauts qui s'intitulent mal à propos Herauts de France, au lieu qu'ils doivent seulement estre appellez Herauts d'armes, & pareillement le grand Voyeur de France, & le grand Arpenteur de France & le grand Visiteur ou grand Balancier de France, (anciennement appellé le Roy des merciers) ils ne sont pas neantmoins Officiers de la Couronne, pource que ce sont Officiers imaginaires, mis en usage par les anciens Officiers de la Couronne, lors qu'ils vouloient convertir leurs Offices en fiefs: ou du moins ce sont Officiers qui dependent d'autruy, comme les Herauts du grand Escuyer: & quant aux autres, ce sont simples ministres de Justice, qui mesme à bien entendre, sont sujets aux Juges ordinaires de police, dans le territoire desquels ils sont leurs visitations, dont ils ne peuvent faire qu'un simple rapport, & non pas juger ny ordonner: il est vray que de nostre temps un des premiers Seigneurs de France a fort rehaussé & amplifié le pouvoir d'un de ces Offices, en quoy il a verifié le proverbe François, que *Tant vaut l'homme, tant vaut sa terre*, ou plustost l'opposite du Latin, que *Magistratus virum facit*.

Ils ont en outre la qualité de Chevalier annexée à leur charge: & partant sont du nombre des Seigneurs, & de la haute Noblesse de France, témoin du Tillet, qui au livre *Des grands de France* a mis un chapitre pour eux, & quand il n'y a nul doute qu'ils n'annoblissent le roturier, auquel ils sont conferez (ce qui est fort rare, & toutefois cela s'est veu) & qu'ils ne rehaussent la noblesse du simple Gentil-homme, le mettant desormais au rang des Seigneurs: mesme il est notoire que les Princes ne desdaignent d'accepter ces Offices qui sont les seuls qu'ils peuvent tenir avec les Estats de Gouverneurs de Province.

Pour le rang, il est certain qu'ils precedent tous les autres Officiers, quels qu'ils soient, & comme dit du Tillet, ils marchent au rang des Comtes, & ont la dignité de Comte unie à leurs Offices: mesme à reprendre la vraye origine & denomination des Côtes, ce sont les vrais & premiers Comtes: *sunt enim Comites Regis*, les vrais compagnons du Roy, les premiers & principaux de sa Cour, & de sa suite, nourris presque continuellement prés de sa personne.

Quant aux profits de ces Offices, je ne sçay pas quels ils sont, outre les gages & appointemens que le Roy leur donne, aussi n'est-il besoin les exprimer icy, où je n'ay pas entrepris de traiter du droit des Offices en particulier: il est vray qu'anciennement le Connestable avoit une journée de tous les gens de guerre, comme Fauchet nous apprend en ses Origines: & je ne sçay pas s'il jouit à present de ce droit ou autre semblable, mais il est bien vray que le grand Colonel prend six deniers pour livre de tous les deniers employez au payement des regimens de gens de pied, & son Secretaire prend une paye de soldat en chaque compagnie, pour chacune montre. Mais hors ceux-là, j'estime que le plus beau droit qu'ayent à present les Officiers de la Couronne, c'est la disposition des menus Offices de leur Charge depuis qu'ils se sont licentiez de les vendre, dequoy je parleray au chapitre suivant.

Et pour le regard des privileges des Officiers de la Couronne, j'estime, qu'outre qu'ils sont annoblis de parfaite Noblesse, ils sont Conseillers naiz du Conseil d'Estat: & sans doute sont tous les premiers des domestiques & commençaux du Roy, partant ils en ont tous les privileges, à plus forte raison que les menus Officiers qui sont sous leur charge, lesquels jouissent tous des privileges des commençaux, fors seulement que les Officiers de la gendarmerie ne jouissent que de l'exemption des tailles & du privilege de *Committimus*, mais non des autres privileges des vrais commençaux, desquels privileges il sera traité au chapitre suivant.

Finalement quant à la vacation de ces Offices, il y faut observer presque toutes les mesmes regles, qu'aux autres. Car quoy qu'on ait fait anciennement pour les vouloir rendre hereditaires, neantmoins c'est la verité qu'ils vaquoient toûjours, & vaquent encore à present par mort. Il est vray qu'à cause du credit & authorité qu'ont chez le Roi ces grands Seigneurs qui en sont pourvûs, sa Majesté ne refuse gueres apres leurs decedz, d'en gratifier leurs enfans, si aucun d'eux

Du droit des Offices.   Ff

en est capable, mesme un de leurs proches parens: c'est pourquoy ils ne changent gueres de maisons.

Quant à la resignation, ils ne sont point resignables, s'il ne plaist au Roy, puisque sa Majesté ne les vend point, mais c'est la verité, que la resignation, que font les Seigneurs de telle qualité, n'est gueres refusée, ce qui est cause que ces Offices se vendent & trafiquent communément entr'eux. Finalement quant à la forfaiture, ils n'y sont pas moins sujets que les autres, mais on ne voit gueres declarer tels Offices vacans, ny faire le procés à Seigneurs de telle étoffe.

Bref il est bien certain, que ces Offices vaquent encore moins que les autres à mutation des Rois, étant principalement pour iceux, que fut faite l'Ordonnance de Louis XI. mesme ils ont gardé cette immunité pardessus tous autres, de n'estre point tenus de prendre lettres de Confirmation des nouveaux Rois, à cause de leur qualité particuliere d'Officiers de la Couronne, qui ne meurt ny ne change point.

116. Par resignation.

117. Par forfaiture.

118. Par mutation de regne.

CHAPITRE III.

Des Offices de la Maison du Roy.

1. Pourquoy sont dits Officiers de la Maison.
2. Palatini.
3. Divisez en Chefs & Milices.
4. Les Tresoriers des Offices de la Maison, & les Maistres des Requestes n'appartiennent point à ce chapitre.
5. Des Chefs ou grands Officiers de la Maison du Roy.
6. Appellez autrefois Comtes.
7. Comtes des Palatins.
8. Comes cum adjuncto Officij.
9. Estoient anciennement tous sous quelqu'un des Officiers de la Couronne.
10. Denombrement des grands Officiers, & sous qui ils sont.
11. De leurs droits.
12. Grands Etats chez le Roy, étans seulement par commission.
13. Conseillers & Secretaires d'Etat.
14. Intendans, Surintendant & Controlleur general des finances.
15. Pourquoy les Conseillers & Secretaires d'Etat ne sont que par commission.
16. Et ceux du Conseil des finances.
17. Des menus Offices.
18. Sont vrayes Milices.
19. De ceux affectez aux Gentils-hommes.
20. Explication de l'art. 270. de l'Ord. de Blois.
21. Des Archers des gardes.
22. C'étoit autrefois la récompense des bons soldats.
23. Domestici Protectores, seu Domestici, qui ?
24. Sergens d'armes, pourquoy dits.
25. Des cent Gentils-hommes, ou Massiers d'armes.
26. Protectores qui ?
27. Des Gentils-hommes de la Chambre.
28. Des Gentils-hommes servans.
29. Castrensiani.
30. Des Gentils-hommes de la venerie & fauconnerie.
31. Des Escuyers d'écurie.
32. Προκυρσορες.
33. Autrefois appellez Maréchaux.
34. De la grande Escurie du Roy.
35. De la petite Escurie du Roy.
36. Escuyers servans.
37. Des Maréchaux des logis du Roy.
38. Pourquoy ainsi nommez.
39. Des Secretaires du Roy.
40. De Notariis antiqui Imperii.
41. Cur dicti Tribuni.
42. Cur Candidati.
43. Tres eorum ordines, scilicet Prætorianorum, Tribunorum, & Domesticorum.
44. Primicerius Notariorum.
45. Secretaires pourquoy dits.
46. Trois sortes de Secretaires du Roy.
47. Secretaires du cabinet.
48. Des Secretaires du Roy Maison & Couronne de France.
49. L'ancien College de 60. puis de 120.
50. Autres creations de Secretaires.
51. Corps separé des 54. Secretaires.
52. Secretaires des finances nouveaux.
53. Pourquoy ont plus de privileges qu'aucuns autres Officiers.
54. Denombrement de leurs privileges particuliers.
55. Sont vrais Officiers, & de leur droit.
56. Des menus Officiers.
57. Les sept Offices de chez le Roy.
58. Pourquoy divisez en chefs, aides & sommiers.
59. Fiscalini.
60. Tous Ordres ont entrée en la Maison du Roy.
61. Ecclesiastiques.
62. Nobles de trois degrez.
63. Ceux de Justice.
64. Ceux de la plume & des finances.
65. Menus gens & purs roturiers.
66. Du droit des menus Offices en general.
67. De leur provision.
68. De la provision de ceux de l'Empire.
69. Probatoriæ.
70. Lettres de Retenuë des menus Offices.
71. Les menus Offices de chez le Roy se vendent à present par les Chefs.
72. Contre cette vente.
73. Inconveniens d'icelle.
74. Mal-aisé d'y trouver remede.
75. Remede unique.
76. Preuve d'iceluy.
77. De la reception des menus Offices.
78. De l'honneur qui en dépend.
79. Des profus.
80. Preferez aux échoites.
81. Des droits de bouche à cour, & robe délivrée.
82. Recommandation de ces droits.
83. Anciens domestiques curieux de retenir quelque marque de ces droits.
84. Des privileges des domestiques.
85. En vertu dequoy ils en jouïssent.
86. Comment les Officiers des Princes en jouïssent.
87. Comment conservez aux veuves.
88. Cautele pour les conserver aux veuves.
89. Leurs gages ne peuvent estre saisis.
90. De la vacation de ces Offices.
91. Devroient estre conservez aux enfans capables.
92. De leur resignation.
93. De la resignation des Milices Romaines.
94. Rigueur qu'on tient aux menus Officiers.
95. S'il vaquent par destitution.
96. Ce qui s'en garde.
97. Qu'ils ne sont destituables par leurs Chefs.
98. Explication de l'Edit de l'an 1554.
99. Preuve.
100. Comment sont destituables.
101. Ferme de leur destitution.
102. Modification qu'il y faudroit apporter.
103. Comment vaque à faute d'exercer.
104. Comment ils vaquent de cette sorte par le droit Romain.
105. Comment vaquent par incompatibilité.
106. Comment par suppression ou retranchement.
107. Privileges sont conservez aux retranchez.
108. Ne vaquent à mutation de Roy.

Des Offices de la Maison du Roy. Ch. III.

1. Pourquoy sont dits Officiers de la Maison.

CE sont icy sans doute les plus vrais Officiers du Roy, qui l'assistent & servent luy-même journellement: au lieu que les autres servent l'Estat & le public, & non pas directement la personne du Roy. Car le nom d'Office referé à certaine personne, signifie proprement *τῆς Signoriæ* le ministere qu'on luy rend, & ainsi s'entend au tit. *De filiis Officialium, &c.* & par tout és trois derniers livres du Code. Mais pource qu'en France nous appellons Officiers du Roi (à la difference des Officiers des Seigneurs) tous ceux qui ont Offices publics conferez par le Roy; nous avons été contraints, pour discerner les Officiers domestiques de sa Majesté d'avec ses autres Officiers, de les nommer Officiers de la Maison du Roy, ainsi que les domestiques de l'Empereur dans le droit appellez *Palatini, ut in tit. De Palatinis sacrarum largit. & tit. De castrensi Palatinorum peculio*, & plusieurs autres endroits: mais *domestici*, estoient particulieremét ceux de sa garde, comme il sera tantost dit.

2. Palatini.

3. Divisez en Chefs, & Milices.

Or en l'Empire, & à nous comme en la Milice armée, aussi en la Palatine il y a toûjours eu deux sortes d'Estats, à sçavoir les Chefs, qui commandent, & les Milices, & bandes d'Officiers qui obeïssent. Car je ne parleray point icy des divers Tresoriers qu'il y a en la Maison du Roy, dautant que l'argent qu'ils manient, les tirez de son côté quant au commerce, & mis en la categorie des Offices venaux: de sorte que comme tels ils entrent aux parties casuelles, ce que ne font les domestiques, dont j'enteus parler en ce chapitre, & neantmoins ces Tresoriers, en consequence de leur origine, ne laissent de joüir de tous les privileges des Officiers domestiques: ainsi que pareillement les Maistres des Requestes, à la convenance qu'ils ont avec les Offices de Judicature, sont entrez aux parties casuelles, bien qu'ils soient encore vrais domestiques du Roy.

4. Les Tresoriers de la maison, & les Maistres des Requestes n'appartiennent point à ce chapitre.

Quant aux Chefs de la Maison du Roy, je n'entens pas comprendre entre iceux les premiers Chefs de chacun Office, ou charge: car ceux-là sont maintenant Officiers de la Couronne, dont il a été traité au chapitre precedent. Mais d'autant que ces premiers Chefs, qui volontiers sont Princes, n'ont voulu s'assujettir à faire continuellement en personne l'exercice de leurs Charges, il y a falu mettre d'autres Chefs sous eux, qui s'y tenans assidus commandassent aux menus Officiers, ainsi qu'en l'ancien Empire, il y avoit presque sous chacun grand Officier un *primicerius Officii*. Et ces Chefs subsidiaires étans sous le premier Chef, avoient la dignité de *Spectabiles*, au lieu que les premiers avoient la dignité d'*Illustres*, qui étoit la plus haute dignité: comme semblablement en France les premiers Chefs se qualifient Officiers de la Couronne, & les autres sont seulement qualifiez grands Officiers, ou chefs d'Office de la Maison du Roy.

5. Des Chefs, ou grands Officiers de la Maison du Roy.

6. Appellez autrefois Comtes.

Mais les uns & les autres estoient anciennement en l'Empire, & en ce Royaume, appellez *Comités*, Comtes: comme qui diroit compagnons du Prince, ou plûtost Courtisans, à la Cour du Prince estans appellée en Latin *Comitatus, ut in l. 43. D. De testam. mil. l. 13. §. ignominiosa. D. De re milit. & l. D. his qui per. met. &c.* Et pource qu'il y avoit d'autres Comtes, à sçavoir ceux des villes & Provinces, qui furent ainsi appellez, pource qu'ils estoient choisis d'entre ces principaux Courtisans, à la distinction d'iceux, on appela ceux qui estoient employez aux principales charges de la Cour, *Comites Palatinos*: & à nous Comtes Palatins, & enfin Palatins, ou Palatins simplement, comme nous voyons dans les anciens Romans: dont encore il nous demeure une remarque dans les bons livres, qui font souvent mention des Comtes Palatins de Champagne: titre, qui toutefois ne leur fut pas donné en France, mais en la Cour de l'Empereur d'Allemagne, auquel Thibaut second de ce nom Comte de Champagne se donna, pour l'inimitié

7. Comtes Palatins.

Du droit des Offices.

qu'il conceut contre le Roy de France Henry I.

Or de ce qu'on appelloit ainsi les chefs d'Office de la Maison de l'Empereur *Comites*, il arriva, que pour specifier leur qualité, on adjouta à ce titre le nom de leur charge, comme *Comes palatii, Comes stabuli, Comes sacrarum largitionum*: & de même en France on a dit autrefois; comme du Tillet nous apprend, le Comte du Palais, le Comte d'Estable, pour signifier les Courtisans, qui avoient charge du Palais, & de l'Ecurie du Roy: de sorte que *Comes* signifia enfin un chef d'Office, ou principal Officier de Compagnie, *ut in tit. De Comitibus & Tribunis schol. lib. 12. C.* & de fait de *Comes Palatii* est appellé dans le droit, & dans Cassiodore *Magister palatii*: & par nous anciennement le grand Maistre de la Maison du Roy, & à present le grand Maistre de France, & pareillement le *Comes stabuli* est souvent appellé *Præfectus stabuli*, qui est nôtre Connestable.

8. Comes cum adjunctio Officii.

Quoy qu'il en soit, les grands Officiers de la Maison du Roy, dont nous parlons en ce chapitre, étoient tous anciennement sous quelqu'un des Officiers de la Couronne, bien qu'à present plusieurs se soient exemptez d'obeïr à autre qu'au Roy. Car sous le grand Aumônier il y avoit le premier Aumônier, le Maistre de l'Oratoire, & le Confesseur ordinaire du Roy.

9. Estoient anciennement tous sous quelqu'un des Officiers de la Couronne.

Sous le Connestable étoient anciennement les Maréchaux de France, qui enfin, pendant qu'il n'y a point eu de Connestable, se sont faits eux mêmes Officiers de la Couronne, les Capitaines des Gardes du corps: & des cent Gentils-hommes de la Maison du Roy, comme Bouteiller, & du Tillet nous apprennent: mais à present les Connestable & Maréchaux de France, n'ont plus de Charge en la Maison du Roi, & partant n'ont plus d'autres Officiers sous eux, outre les Maréchaux de camp, les Commissaires, Controlleurs & Payeurs de la gendarmerie, que les Prevosts de la Connestablie, & des Maréchaux, & autres Prevosts provinciaux, n'y encore ne sont pas Officiers domestiques, ny grands Officiers: mais seulement sont exempts de tailles, pource que les tailles se payoient anciennement pour la gendarmerie, du corps de laquelle ils sont reputez.

10. Denombrement desdits grand. Officiers, & sous qui ils sont.

Sous le Chancelier sont les Maistres des Requestes, & les grands Audienciers & Controlleurs de l'Audiance de France, servans en la grande Chancellerie, & neantmoins, dautant qu'ils sont entrez aux parties casuelles, on leur debat le rang de grands Officiers de la Cour.

Sous l'Admiral n'y a aucuns grands Officiers domestiques, ce n'est son Lieutenant, dautant que la charge n'est proprement de la Maison du Roy, bien que les menus Offices, tant de l'Admirauté, que des Galeres, joüissent des privileges des commençans.

Mais c'est sous le grand Maistre de France, qu'il y a le plus d'Officiers, tant grands que petits: aussi estoit-il appellé en l'ancien Empire *Magister Officiorum*. Les grands Officiers sont le premier Maistre d'Hostel, le premier Panetier, premier Eschanson, premier Trenchant, le Maistre d'Hostel ordinaire, quand il plaist au Roy d'y en mettre, & selon aucuns les Maistres d'Hostel servans par quartier, ausquels toutefois quelques-uns debatent aujourd'hui le rang de grands Officiers à cause de leur grand nombre. Pareillement le grand Maréchal des logis étoit anciennement sous le grand Maistre, mais à present il luy defere seulement, & fait serment és mains du Roy.

Sous le grand Chambellan il y a le premier Gentilhomme de la Chambre, (qui maintenant sont deux) le Maistre de la Garde-robe, le Maistre des ceremonies, le Capitaine de la porte, le Conducteur des Ambassadeurs, & le Chambellan ordinaire. Il est veritable que ceux-là ont gagné ce point de ne plus obeïr qu'au Roy, entre les mains duquel ils sont serment; & deferent seulement par honneur au grand Chambellan. Aucuns mettent encore sous le grand Chambel-

Ff ij

fan le premier Medecin, & le Maiſtre de la Librairie, mais pource que ce ſont gens de longue robe, d'autres leur dénient le grade des grands Officiers.

Sous le grand Eſcuyer eſt le premier Eſcuyer, & l'Eſcuyer ordinaire, quand il y en a.

Sous le grand Veneur, devroit être le grand Fauconnier, & le Maiſtre des Eaux & Foreſts, comme j'ay dit au chapitre precedent, Sont les quatre Lieutenans de Venerie.

Et quant au grand Colonel, grand Maiſtre de l'artillerie, ils ont été nouvellement erigez en Offices de la Couronne, C'eſt pourquoy je ne ſçay point qu'ils ayent des grands Officiers ſous eux.

11. De leurs droits. Voila à peu prés tous les grands Officiers de la Maiſon du Roy, dont les pourveus tiennent rang de Seigneurs, & ſont de la haute Nobleſſe; même anciennement, comme je viens de dire, ils étoient tous qualifiez Comtes, terme qui ſelon ſon origine leur appartient plus proprement qu'aux Seigneurs des Comtez, & à preſent prennent titre de Chevaliers. Or ceux-là ſont vrais Officiers pourveus par lettres du Roy, ſcellées du grand Seau de France, & recens à ſerment par ſa Majeſté même, ou par l'Officier de la Couronne, ſous lequel ils ſont, & par conſequent font perpetuels, & non deſtituables : & toutefois ſont du nombre des Officiers non-venaux, pource qu'ils n'entrent aux parties caſuelles, mais, comme j'ay dit des Offices de la Couronne, ils ſont reſervez pour la recompenſe des perſonnages de grande Maiſon, ou de grand merite.

12. Grands Eſtats chez le Roi eſtans ſeulement par commiſſion. Mais il y a d'autres grands Eſtats en la Maiſon du Roy, qui ne ſont en titre d'Office, mais plûtôt ſont ſimples Commiſſions revocables au bon plaiſir de ſa Majeſté, à ſçavoir generalement tous ceux du Conſeil Privé du Roy, que nous appelons vulgairement *le Conſeil d'Eſtat*, & les Conſeillers d'Eſtat, correſpondans à ceux qui au Code ſont appellez *Comites Conſiſtoriani*, les quatre Secretaires des commandemens, qui ſemblent correſpondre aux quatre *Magiſtri Scriniorum* de l'ancien Empire; il eſt vray que leur Charge étoit autrement ſeparée entr'eux, qu'elle n'eſt entre les quatre Secretaires des commandemens.

13. Conſeillers & Secretaires d'Eſtat.

14. Intendans, Surintendant, & controlleur general des finances. Pareillement, ceux du Conſeil des finances, qui fait une des trois chambres du Conſeil Privé, ſont de cette categorie, comme les Intendans, & notamment le Surintendant & Controlleur general des finances, même il n'y a gueres que les Secretaires des finances n'eſtoient que par commiſſion: mais en l'an 1605. ils furent erigez en titre d'Office. Car tous ceux-là n'ont que de ſimples brevets duRoi pour la marque de leurs Charges, ou tout au plus des lettres de commiſſion, encore quelques-uns n'en ont-ils point, mais leur Charge ſubſiſte en la ſimple volonté du Roy.

15. Pourquoy les Conſeillers & Secretaires d'Eſtat ne ſont que par commiſſion. Dont la raiſon eſt, à mon advis, que les anciens Conſeillers d'Eſtat en titre d'Office, ſont Meſſieurs du Parlement, comme même il y a quelque apparence que les quatre Notaires & Secretaires du Parlement fuſſent autrefois les Secretaires d'Eſtat:mais le Roi ayant de long-temps occupé les uns & les autres à l'exercice de la Juſtice ſouveraine de ſonRoiaume, il n'a point de depuis voulu avoir en ſon Conſeil aucuns Conſeillers ny Secretaires en titre d'Office, mais s'eſt toujours reſervé cette liberté de les choiſir tels que bon lui ſembleroit : choſe à la verité bien raiſonnable, que le Prince ſouverain ſoit libre de prendre conſeil & commettre ſon ſecret à ceux auſquels il aura plus de creance.

16. Et ceux du Conſeil des finances. Et quant au Surintendant,& Intendans des finances,c'eſt ſans doute qu'ils ſont au lieu du grand Treſorier de France, qui fut multiplié en deux, puis en quatre. Enfin eſtans diſtribuez par les Provinces: & même y eſtans erigez en bureaux, comme il a été dit au chapitre precedent, il a falu par neceſſité, qu'il y eût un Conſeil par deſſus eux à la ſuite du Roy, où tout ſe rapportât à la fin;tant y a que la ſouveraineté des finances étant chatouilleuſe, les Rois n'y ont pas voulu commettre des Officiers perpetuels, mais de ſimples Commiſſaires revocables.

17. Deſme nus Offices. Voila tous les grands Eſtats de la Maiſon du Roi expliquez, & partant reſte de parler des petits, ou menus Offices, que j'appelle ainſi à comparaiſon des grands Officiers qui ſont leurs chefs, auſquels ils obeiſſent, & non pas pource qu'ils ſoient petits en ſoy : car au contraire on dit vulgairement *qu'il n'y a point de petits Offices chez le Roy*.On peut bien appeller Milices, ou places & Offices de compagnie.

18. Sont vrayes Milices. Car de chacune ſorte il y en a pluſieurs, au lieu que les grands Officiers ſont quaſi tous uniques en leur eſpece. Auſſi ſont-ce vrais Offices : & les petits, dont je parleray deſormais, ne ſont pas vrais Offices fondez en lettres de proviſion:mais ſimples Milices,ou places de compagnie,qui n'ont que de ſimples retenuës,& ne joüiſſent de leurs gages qu'en vertu de l'Etat,auquel ils ſont couchez:côme il ſera tantôt dit.

19. De ceux aff. ê.re aux Gentils-hommes. Or il y en a de deux ſortes,les uns affectez auxGentils-hommes, & les autres laiſſez aux roturiersſceux qui ſont affectez aux Gentils-hommes, ſont les places de Gentils-hommes de la chambre,du temps qu'il y en avoit,des deux compagnies de centGentils-hommes,& des Eſcuyers d'Eſcurie, comme il eſt expreſſément contenu en l'article 259.de l'Ordonnance de Blois. A quoy faut adjouter les Gentils-hommes de la venerie,que j'eſtime avoir été obmis par oubliance en cette Ordonnance. Et quant aux Pages il n'y ſont point dénommez,pource qu'ils ne prennent gages, mais la livrée ſeulement. Mais dautant que la parfaite nobleſſe(comme doit étre celle qui a l'honneur d'étre continuellement prés de ſon Roy) doit étre en ſes deux parties,à ſçavoir d'étre en la perſonne, & en la race, il n'eſt pas ſeulement requis que tous ces Officiers ſoient extraits de noble race,mais encore qu'ils ſoiẽt genereux de leurs perſonnes.C'eſt pourquoy l'article ſuivant de cette même Ordonnance veut qu'avant qu'étre admis en ces places, ils ayent ſervy par trois ans és compagnies d'ordonnance,ou bien qu'ils ayent été Capitaines en chef de gens de pied.

20. Explication. 260. artic. de Blois.

21. Des Archers des gardes. Il eſt bien veritable qu'il y a encore une autre ſorte de places chez le Roy, où il n'eſt requis, que l'une ou l'autre de ces deux parties de nobleſſe , à ſçavoir celles d'Archers des gardes, qui par l'article ſuivant de cette Ordonnance ne doivent être conferez qu'aux Gentils-hommes de race, ou à ceux qui ont été Capitaines,ou ſoldats ſignalez. Et veritablement, ſi cela étoit bien obſervé , ce ſeroit une honorable & magnifique recompenſe aux braves ſoldats , d'avoir la garde de leur Prince,& quand à quand une grande aſſeurance pour la perſonne du Roi d'étre gardée que par des ſoldats ſignalez. Ce qui étoit bien obſervé en l'ancien Empire , comme nous témoigne la loy 3. *De domeſt. & proteſt. Cod.Theod*.en ces mots *variis itineribus ad Protectorum domeſticorum ſcholam venire perſpicimus*,& S.Hieroſme en l'une de ſes epiſtres dit, *votum militum fuiſſe, ut tandem Protectores fierent*.

22. C'eſtoit autrefois la recompenſe des bons ſoldats.

23. Domeſtici ſive, & Proteſtores domeſtici, qui &. 24. Sergẽs d'armes pourquoy dits. Car il eſt certain que ceux que les Romains appelloient*Protectores domeſticos*,ou bien *Domeſticos* ſimplement,étoient nos Archers des gardes, qui bien qu'ils ſoient, & domeſtiques,& ſoldats tout enſemble,ſont toutefois plus domeſtiques que ſoldats:pource qu'ils ſont continuellement prés la perſonne,& en la Maiſon du Roy, tant en guerre qu'en paix , & partant eſtoient anciennement appellez *Seigneurs d'armes*, *quaſi ſervientes armati*, mais la vilité des Sergens de Juſtice leur a fait changer ce nom en celui d'Archers, lors que l'arc étoit l'arme plus honorable.

25. Des cent Gentils-hommes ou Maſſiers d'armes. Et quant aux cent Gentils-hommes, qui étoient anciennement appellez *Maſſiers d'armes*, & de fait portent encore la maſſe d'armes, ou bec de corbin lors qu'ils marchent devant le Roi en ceremonie:ils ſont au contraire plus gens de guerre que domeſtiques,encore qu'ils ſoient pareillement l'un & l'autre:

Des Offices de la Maison du Roy. Ch. III. 229

car ils ne servent pas d'ordinaire chez le Roy : mais seulement quand ils sont mandez, sçavoir est en paix aux grandes ceremonies, & en guerre aux grands effets. Et partant ils se rapportent proprement à ceux qui en l'ancien Empire estoient appellez simplement *Protectores*, qui estoient autres que les *Domestici*, ou *Domestici protectores* & estoient plus gens de guerre que domestiques, comme il est dit en la loy 3. *De Protect. & Domest. Cod. Justin.* où Cujas l'a fort bien expliqué. Car c'est une grande dispute entre les Autheurs, qui en ont traité, comme a bien remarqué le Pancirole sur la Notice.

Puisque j'ay tant parlé des Gardes du Roy, il faut ensuite dire un mot des autres Gentils-hommes, qui sont en l'Etat de la Maison. Dont les plus honorables, & aussi les premiers nommez en l'Ordonnance de Blois, sont les Gentils-hommes de la Chambre, qui en l'ancien Empire étoient appellez *Decuriones Cubiculariorum*, & commandent aux menus Officiers de la Chambre. Ils furent instituez par le Roy François I. dit du Tillet, afin d'avoir en sa Chambre des Gentils-hommes, reconnoissant que les Gentils-hommes dédaignoient les Etats de valets de Chambre, possible à cause du nom de valet, qui anciennement étoit honorable, & significatif de noblesse, mais maintenant est estimé fort vil, comme je diray au livre *Des Ordres*. Il est vray qu'auparavant il y avoit des Chambellans, dont fait mention l'Ordonnance de Charles VII. art. 9. en ces mots *Chambellans couchant lez nous*. Mais, comme dit du Tillet, ils étoient en fort petit nombre, au lieu que les Gentils-hommes de la Chambre se trouverent incontinent en grand nombre, notamment sous le feu Roy Henry III. qui pour les honorer davantage, voulut qu'ils portassent la clef d'or pour marque de leur dignité ; mais à present je ne trouve en l'Etat de la Maison du Roy, ny Chambellans, ny Gentils-hommes de la Chambre, fors qu'il y avoit depuis peu un Chambellan ordinaire, qui a été supprimé par la mort du Vicomte de Mirepoix. Ce qui me fait croire que les Gentils-hommes de la Chambre ne sont plus payez de leurs gages, & ne sont plus qu'Officiers honoraires.

Quant aux Gentils hommes servans, ce sont ceux qui en l'Empire s'appelloient *Castrensiani*, dont les Interpretes ne peuvent rendre raison : mais on peut dire qu'ils furent ainsi appellez *à similitudine Castrorum* : comme il se collige de ce passage de Tertullien *De corona militis*, *Est quadam militia familiarum Regia, ex qua & Castrenses appellantur.* Car de la mesme sorte que l'Empereur avoit pris le nom de Chef d'armée, qui seul anciennement étoit appellé *Imperator* : aussi ceux qui le servoient prirent le nom de *Castrensiani*. On les pourroit appeller *Officiers de la table du Roy*, étans ceux qui le servent à table, les uns de Panetiers, autres d'Eschansons, & autres finalement de Trenchans, ou Escuyers trenchans.

Au regard des Gentils-hommes de la venerie, ce sont ceux qui assistent le Roy à la chasse, differens des veneurs qui sont roturiers, & sont ceux qui ont soin de dresser la chasse. Il y a aussi des Gentils-hommes à la fauconnerie qui ont charge de chaque vol, ou vou, comme ils parlent, & ne faut point en chercher de semblable en l'ancien Empire. Car les Empereurs n'estoient pas si communément adonnez à la chasse comme sont nos Rois.

Finalement les Escuyers d'Ecurie sont ceux qui au droit sont appelez *Stratores* (& *inde apud Curopalatem Πρωτοστράτωρ*, c'est le premier Escuyer, ce qui me semble plus vray semblable que le dernier ἀπὸ τῶ ϛρῶνυ, quoy qu'en dit *Curopalates*) & furent en France premierement appellez *Maréchaux*, terme Allemand, qui signifie Officiers de chevaux, comme il se voit en l'Ordonnance de Clotaire le grand, rapportée par du Tillet au chap. du Connétable : (d'où vient que nous appellons encore Maréchaux, ceux qui medecinent & ferrent les chevaux.) Mais depuis que le Connéta-

ble, qui étoit leur Chef, eut en la surintendance de la guerre, les Maréchaux le suivirent en cette prerogative, de sorte que les Officiers, qui furent mis en la place qu'ils avoient quittée, furent appellez *Ecuyers*, & encore Ecuyers d'Ecurie à la distinction des autres Ecuyers, qui sont chez le Roy ; terme qui sera amplement expliqué au livre *Des Ordres*.

Or comme les Ecuyers ont deux Charges bien differentes, l'une de monter, & assister à cheval leur Maistre, l'autre d'avoir soin des chevaux : aussi il y a en France la grande, & la petite Ecurie. En la grande sont seulement les grands chevaux du Roy, & on pretend qu'il n'y en a en icelle qu'un, qui soit vrayement Ecuyer, & aussi qui soit couché en l'Estat de la Maison du Roy : mais les autres de la grande Ecurie, qui se disent Ecuyers, & la Charge desquels est de dresser les grands chevaux du Roy, sont appellez *Cavalcadours*, ou dresseurs de chevaux, par les Ecuyers servans à la petite Ecurie : en laquelle sont les haquenées, courtaux, & autres moindres chevaux du Roy. Toutefois la charge des Ecuyers de la petite Ecurie, dont le titre est d'être appellez *Ecuyers servans*, est plus honorable. Car ce sont ceux qui montent le Roy à cheval, & assistent continuellement par aprés : aussi sont-ils couchez en l'Estat de sa Maison, & les autres sont simplement couchez en l'Estat du Tresorier de l'Ecurie.

Il y a encore les Maréchaux des logis du Roy, qui, bien qu'ils ne soient specifiez en l'Ordonnance de Blois, entre les Offices affectez aux nobles, neanmoins en l'Etat de la Maison du Roy, sont appellez *Sieurs*, qui est signe qu'ils doivent être nobles. Car les roturiers y sont nommez par leur nom, & surnom seulement, & les Officiers de lettres, ou de plume, sont intitulez Maistres. Or ces Maréchaux des logis sont ainsi appellez, pource qu'anciennement c'étoient les Maréchaux, c'est à dire les Ecuyers, qui avoient la charge de distribuer les logis à la suite du Roy, comme Carondas a montré en ses Antiquitez de France, & comme il a été dit au chapitre precedent, que c'étoient les Maréchaux de France qui faisoient les logis de l'armée. En l'ancien Empire ils étoient appellez *Mensores* & *Metatores*.

Mais il y a encore une autre compagnie d'Offices de la Maison du Roi, qui ne sont pas à la verité affectez aux Nobles, mais qui rendent Nobles ceux qui en sont pourveus, & même leur posterité en certains cas. A sçavoir l'Office de Secretaire du Roy, que l'Empereur en la loy *Primicerio & Notariis* lib. 12. C. appelle *praeclaram nobilemque Militiam Spectabilium Tribunorum Notariorum* : où il se void que evant *Spectabiles*, qui étoit le second degré de Dignité, immediatement aprés celle de l'Illustre, laquelle étoit toute la plus haute.

Ils sont en cette loy appellez *Tribuni*, qui signifie Capitaines, aussi avoient-ils droit de porter l'épée, *cingulum habebant* : témoin ce que rapporte Suidas d'un nommé *Auxentius* Notaire de l'Empereur Licinius, lequel luy commanda de couper avec son épée un beau sep de vigne remply de force grappes, & l'offrir à l'idole de Bacchus, & qu'ayant refusé de faire, pource qu'il estoit Chrestien, il fut chassé de la Cour, & degradé pour cet effet des armes, *cingulo exutus est*.

Ils étoient appellez *Candidati*, témoin Cassiodore, liv. 4. Epist. 3. *pater meus*, dit-il, *Candidati Tribuni, & Notarii gessit laudabiliter Dignitatem : Hinc & Corripi versus.*

Cunque palatinis stant candida turba Tribuni.

Et estoient ainsi nommez, soit pource que c'étoient gens nourris en Cour, aupres de la personne de l'Empereur, qui estoient destinez aux grandes Charges & Offices, soit aussi pource qu'ils portoient une robe blanche, pour enseigne de leur dignité, *Tertullianus lib. de Idololatria. Qui familiaritate Regum utebantur, purpurati Regum vocabantur, sicut apud nos à toga candida Candidati.*

Or il y avoit trois sortes, ou degrez de Notaires en l'ancien Empire, qui sont apertement distinguez en la loy 2. & 3. *De Primicerio & Notariis Cod. Theod.* dont les premiers estoient intitulez *Tribuni prætoriani & Notarii*, & ceux-là avoient la Dignité de Comtes : les seconds simplement *Tribuni & Notarii*, & ceux-là avoient la Dignité de Vicaires: qui sera expliquée au penultiéme chap. du livre *Des Ordres* ; & finalement les troisiémes estoient nommez *Notarii familiares, sive domestici* qui avoient l'Ordre , ou Dignité de Consularité: laquelle sera aussi expliquée au mesme endroit. Et le Doyen, ou plus ancien de tous ces Notaires, appellé *primicerius Notariorum*, avoit la Dignité Proconsulaire, & apres deux ans d'exercice devenoit Illustre, *& consequebatur Magisterian Dignitatem vacantem* par preference à tous autres, encore que plus anciens Maistres, l. 2.3. & 4. *cod. tit. Cod. Theod*. ce qui sera encore expliqué au mesme lieu.

En France il y a pareillement trois sortes de Notaires & Secretaires du Roy, ainsi appellez à l'exemple de *Vopiscus*, qui nomme ceux de l'Empire *Notarios secretorum* : & la loy 9. *Cod. Qui milit. poss.* nomme *A secretis*, comme aussi Procope liv. 2. de la guerre Persique dit que, Τοὺς τῶν ἀπορρήτων γραμματέας *A secretis* καλοῦσι. Et ces trois sortes de nos Secretaires se rapportent assez bien à ceux de l'ancien Empire.

Les premiers sont les Secretaires d'Estat, ou des commandemens dont je viens de parler, qui comme les Pretoriens de l'Empire, sont du rang des Comtes & grands Officiers. Les seconds sont les Notaires, & Secretaires du Roy, Maison & Couronne de France, qui sont nobles : & desquels il faut parler maintenant : & les troisiémes sont les Secretaires de la Chambre du Roy, qui sont simplement privilegiez, qu'il faut laisser au rang des autres Milices, ou Offices de compagnie de la Maison du Roy. Il est bien vray qu'il y a encore à present quelques Secretaires du cabinet, qui se rapportent aux *Chartularii cubiculari*, dont est parlé és Nov. 8. 14. 16. & 17. *qui emittebant symbola sive commonitoria*.

Pour donc parler de ceux du second rang, qui sont les Notaires & Secretaires du Roy, Maison & Couronne de France, ils n'estoient anciennement que soixante en nombre, pour faire toutes les lettres patentes des Chancelleries, ainsi qu'il se trouve dans un ancien Arrest de Guillaume Regnier de l'an 1409. Et avoient gages de six sols parisis par jour, & encore deux livres par an pour leur droit de mateau, & outre partissoient entr'eux par bourses les émolumens des Chancelleries par chacun mois. Mais comme les affaires se multiplierent, ne pouvans fournir à l'expedition de toutes les lettres, ils obtinrent permission du Roy de démembrer, & separer leurs Offices en deux, & en bailler la moitié à un de leur fils, ou gendre, auquel ils bailleroient leurs gages, retenans à eux leurs bourses : & ainsi il y en eut six vingts, tant peres qu'enfans (ainsi qu'ils s'entr'appellent encore) moitié boursiers, & moitié gagez: dont les boursiers se subdiviserent encore en trois classes égales, de grands, moyens, & petits boursiers, selon l'antiquité de leur matricule & reception, comme il est porté par l'Edit de Louis XI. de l'an 1481. & tous ceux là noublient queles à adjoûter en leurs titres, qu'ils sont du nombre ancien des six-vingts, pour se distinguer des autres depuis erigez.

Car en l'an 1554. le Roi Henri II. en adjoûta quatre-vingts, gagez de trois cens livres par an, sans toucher aux bourses. Edit que j'estime n'avoir esté effectué : Mais le Roy Charles IX. en l'an 1570. en erigea encore quarante à pareils gages. Et à iceux le feu Roy Henry III. en l'an 1583. apres avoir augmenté les émolumens des seaux, en adjoûta encore quatorze, qu'il incorpora avec ces quarante, de sorte qu'il en fit un corps à part de cinquante-quatre, & leur attribua d'autres bourses à prendre sur cette augmentation du seau, & cent cinquante livres de gages, compris les dix livres pour droit de manteau ; qui est environ pareils gages qu'avoient les premiers soixante. Et depuis les derniers troubles, le Roy d'a-present en erigea plusieurs aux gages de trois cés livres, & sans bourses: premierement vingt deux, puis vingt-trois, puis neuf : & en l'an 1605. il en erigea encore vingt-six, à mil livres de gages, pour ceux qui avoient commission de signer en finance, qui seuls peuvent signer les lettres d'Offices. Finalement en l'année derniere 1608. il en a encore erigé vingt par gages de trois cent livres par an, en consequence de la reunion de son ancien domaine à la Couronne de France, le Doyen desquels est Maistre Jean de Panchevre, sieur de la Lambordiere, mon allié & parfait amy, qui de long-temps est Secretaire d'Estat de la Maison de Navarre, homme de grande probité & capacité, auquel je dois ce témoignage, qu'il m'a fort aidé en ce livre.

Or tous ces Secretaires du Roy, Maison & Couronne de France, ont plus de privileges qu'aucuns autres Officiers de ce Roiaume, auquel nous avons pratiqué à bon escient de le dire de l'Empereur Zenon en la loy 2. *De primicerio & Notariis, præclaram nobilemque Militiam Spectabilium Tribunorum Notariorum, qui gloriosis obsequiis nonnihil Reipublicæ commoditatis adferunt & decoris, diversis beneficiorum titulis muniendam credimus & augendam.* Et certainement ce ne seroit pas raison, qu'eux qui dressent les privileges pour les autres, oubliassent d'en demander pour eux mesmes.

Voicy à peu prés les privileges particuliers, qu'ils ont de plus que les autres commençaux du Roy. Premierement, ils ont droit de College, Communauté & Confrerie, notamment les six vingts anciens, dont le Roy mesme est le Chef, prenant la premiere bourse ordinaire, porte l'Edit de l'an 1554. Et se tient leur Confrairie en la chappelle du Cloistre des Celestins de Paris, qui pour cette cause se disent en leurs titres premiers Secretaires du Roy, comme il est contenu en cet ancien Arrest de l'an 1409. Confrairie, qui est habilitée à recevoir legs, & posseder biens immeubles, que le Roy a amortis jusques à trois cens livres de revenu annuel : & au surplus, est entretenuë du demy marc d'or, que chaque nouveau Secretaire est tenu payer pour droit d'entrée. Dont eux-mesmes oyent les comptes en leur College, ou Maison commune, qu'il leur est permis d'avoir : & ont pouvoir de faire statuts pour le bien & conservatió de leur dit College & Confrairie, où toute fois ils ne peuvent rien conclure, qu'ils ne soient assemblez au nombre de vingt & un. Ils sont exempts de l'arriere-ban, logis de Cour & de gens de guerre, & des francs fiefs, ainsi que de tous subsides & peages quelconques.

Pareillement, ils ne sont tenus payer aucun émolument de tous les Greffes & seaux Royaux de France. Comme aussi de payer aucun droit Seigneuriaux au Roy, quels qu'ils soient, soit de leur chef, ou à cause de leurs femmes, duquel privilege j'ay parlé au 9. chapitre du 1. livre.

Item, ils sont nobles de parfaite noblesse, comme s'ils l'estoient de quatre generations, mesme sont capables de l'ordre de Chevalerie, porte l'Edit de l'an 1549. & encore leurs enfans masles & femelles sont nobles, & si le pere est mort Secretaire, ou avoit resigné à fils, ou gendre.

Davantage, apres avoir servy vingt-ans, ils sont exempt de la clause de 40. jours en resignant. Mesme ceux qui ont servy trente ans gagnent la moitié de leurs bourses ordinaires sans servir, & outre leurs gages, celles de collations entieres.

Desquels privileges ils jouïssent encore apres avoir resigné à fils, ou gendre, & pareillement les veuves de ceux qui sont morts Secretaires, ou qui ont resigné à fils, ou gendre. Privileges, qui au surplus sont perpetuels & irrevocables, sans qu'il soit besoin d'en obtenir confirmation aux mutations des Roys, porte l'Edit de Charles VIII. da l'an 1484.

Des Offices de la Couronne, Ch. III.   231

55. Sont vrais Offi-ciers de leur droit.

Or ces Offices ne sont pas simples Milices, comme les menus Offices de la Maison du Roy, dont on jouït en vertu de l'Estat du Tresorier, ou du moins d'une simple retenuë, comme il sera dit incontinent. Mais ceux-cy sont Offices formez en titre, dont on obtient lettres de provision du grand seau, ainsi que des grands Offices de la Maison du Roy, & de tous les autres vrais Offices de France. Il est vray, que non plus que lesdits grands Offices, ils n'entrent point aux parties casuelles, fors que depuis la venalité introduite aux Offices, la finance de leur premiere creation y est entrée. Mais quand ils vaquent par mort les uns & les autres, il ne s'en fait point de taxe aux Parties casuelles, mais le Roy les donne à ses favoris: & quand on les resigne, il ne prend rien pour l'admission de la resignation, laquelle toutefois ne se refuse point. C'est pourquoy ils se vendent tout communément entre particuliers. Neantmoins je les mets au rang des Offices, non venaux, à plus forte raison que ceux de Judicature qui entrent aujourd'huy aux Parties casuelles: pource qu'à mon advis, il seroit encore raisonnable, & permis de les vendre par decret contre le gré du pourveu dont il y a plusieurs Arrests.

Aussi aux mutations de Roys, les Secretaires du Roy ne payent point de droit de confirmation, non plus que les Officiers de la Couronne & grands Officiers de la Maison. Enfin ils ne payent rien pour leur provision, que le marc d'or, dont nuls des Officiers, quels qu'ils soient, ne sont exempts.

56. Des menus Officiers.

Reste de parler des menus Offices laissez aux roturiers, dont il seroit ennuyeux & importun de rapporter icy le denombrement tout entier. Je remarqueray seulement ceux qui apprestent le manger du Roy & de ses domestiques, qu'on nomme les sept Offices (non pas à cause de leur charge, mais à cause des cuisines, où ils s'exercent, qu'on appelle vulgairement Offices chez le Roy, & chez les Princes) à sçavoir ceux de la paneterie, échansonnerie, & cuisine de bouche: & de la paneterie, échansonnerie & cuisine du commun, & de la fruiterie, & encore ceux de la fourrierie, ausquels sept Offices, ou bandes de menus Officiers, il y a toujours trois rangs d'Officiers, à sçavoir les Chefs puis les Aydes, & finalement les Sommiers: il est vray qu'és deux cuisines, les chefs sont appellez *Escuyers de cuisine*, & les Aydes des *Maistres Queuex*. Ce qui nous monstre, que c'estoient anciennement trois diverses conditions de personnes; & quant à moy, j'estime que les Chefs estoient Gentils-hommes (comme les Escuiers de cuisine nous témoignent) qui avoient la surintendance sur les autres, pour plus grande asseurance de la personne du Roy: puis il y avoit des roturiers libres, qui estoient les aides: & finalement des esclaves, du temps que l'esclavage avoit lieu, qui estoient les Sommiers de besogne: & ces esclaves du Roy estoient anciennement appellez *Fiscalins*, comme le President Fauchet a bien prouvé en ses Origines: mais depuis que l'esclavage a esté Aboly, & d'ailleurs, que les Gentils-hommes ont méprisé ces places, il n'est plus demeuré qu'une sorte de gens és Offices, à sçavoir les roturiers: de sorte qu'à present on nomme par degré à ces trois divers rangs, ce qui estoit perpetuel en toutes les Milices Palatines de l'Empire, aussi bien qu'és grades de la Milice armée.

57. Les sept Offices de chez le Roy.

58. Pourquoy divisez en chefs, aydes, & sommiers.

59. Fiscalins.

Il s'ensuit de ce que dessus, que toutes sortes d'Ordres & conditions de personnes ont place en la Maison du Roy, qui partant est comme l'abbregé de tout le Royaume. Premierement, les Ecclesiastiques, y ont les quatre grands Offices cy-dessus rapportez, dont le premier, qui est celuy de grand Aumônier de France, étant à mon advis, Office de la Couronne, peut être tenu par un Cardinal, comme il l'est à present. Et outre, il y a une grande troupe d'Aumôniers, de Chapelains & de Clercs.

60. Tous Ordres ont entrée en la Maison du Roy.

61. Ecclesiastiques.

62. Nobles

Pareillement les trois degrez de Noblesse, y ont

des trois degrez.

leur place, à sçavoir les Princes aux Offices de la Couronne, les Chevaliers ou Seigneurs és grands Offices, & les simples Gentils-hommes és Offices de compagnie à eux reservez, dont quelques-uns ont la fonction de paix, d'autres de guerre. Mesme pour les soldats, il y a tous ceux des gardes, les Archers du grand Prevost, ceux du Capitaine de la Porte: & encore on peut mettre en ce rang tous les Prevosts des Maréchaux, & leurs Lieutenans & Archers, qui neantmoins ne jouïssent pas de tous les privileges des domestiques, mais leurs Offices sont reglez au surplus tout ainsi que les Milices de la Maison du Roy.

63. Ceux de justice.

Ceux de la Justice y ont aussi part, comme les Maistres des Requêtes, Conseillers du grand Conseil, Lieutenans de longue-robe du Prevôt de l'Hotel, & selon aucuns, les Lieutenans de la Connétablie, Admirauté, & Eaux & Forests: & il y a encore d'autres Officiers de lettres, comme les Gardes de la Librairie, & les Lecteurs du Roy.

64. Ceux de la plume & des finances.

Ceux de la plume y ont pareillement leur place, à sçavoir les Greffiers du Conseil, les Secretaires du Roy, tant de la Chancellerie, que de la Chambre & du Cabinet, & les autres Officiers de la Chancellerie. Bref, ceux des finances y ont aussi leur place, pource qu'il y a plusieurs sortes de Tresoriers.

65. Menus gens, & purs roturiers.

Finalement, pour le regard des purs roturiers, il y a toutes ces bandes & compagnies de menus Officiers, soit des sept Offices, soit de la chambre, de l'escurie, venerie, fauconnerie, artillerie, mesme ceux de la Musique, comme encore ceux des Monnoyes pretendent en estre. Et si il y a un artisan, du moins de tous les principaux métiers, qui se pretend estre Officier du Roy, mesme de tel metier, il y en a jusques à cinq ou six couchez sur l'Estat.

66. Du droit des menus Offices en general.

Puis donc qu'il y a tant d'Officiers de la Maison du Roy, il est bien necessaire d'expliquer icy leur droit, & notamment de ces menus Offices de compagnie, qui ne sont pas vrais Offices, comme sont ceux des Chefs, dont le droit sera traité au sixième chapitre; ny commissions revocables, comme les charges du Conseil d'Estat & des Finances, desquelles le droit sera expliqué au 5. chapitre.

Mais les menus Offices, les droits desquels j'expliqueray ici, sont vrayes Milices Palatines, telles qu'étoient celles des Romains de leur premiere nature & auparavant qu'on leur eût attribué le privilege de venalité & heredité, que n'ont pas les nostres.

67. De leur provision.

Premierement, pour le regard de leur provision, c'est chose notoire que le Roy permet à leurs Chefs de les choisir tels qu'il leur plaist, afin qu'ils s'y puissent mieux fier, & aussi qu'ils soient responsables de leur faute, s'il en survenoit, qu'ils eussent pû prevoir. Aussi est-il certain, que du commencement en l'ancien Empire, les Chefs d'Office donnoient tous les menus Offices étans sous leur charge, comme il se colligé de la Nov. 35. & de plusieurs loix des trois derniers livres du Code; & c'est possible pourquoi le *Magister Officiorum* est qualifié par Cassiodore *gloriosus donator Aulici consistorij*, *quasi alter Lucifer*.

68. De la provision de ceux de l'Empire.

Mais enfin les Empereurs voulurent que la plûpart de ces Milices, ensemble de celles qui étoient sous les Gouverneurs de Provinces, fussent par eux conferés sur la suggestion (ainsi appellent-ils la nomination) de leurs chefs, & qu'ils en obtinssent lettres d'iceux, que l'appellent *Probatoria*, comme il se void en la loy 6. penultième & dernière, *De divers. Offic. lib. 12. Cod. & l. 3. De Agentibus in rebus, eod. lib.* Lesquelles loix, & notamment la loy dernière *De diversis Offi iis*, disent qu'elles étoient annotées *manu divina*, c'est à dire, par l'Empereur même, & souscrites par leur chef d'Office, en signe de la nomination. Mais ces lettres n'étoient pas expediées *à Quastore, ant Primicerio Notariorum, neque prodibant à laterculo majore, ut codicilli Magistratuum, sed à laterculo minore, id est, ex scriniis Memoria, Epistolarum, vel Libellorum,* où la minute en demeuroit: puis étoient

69. Probatoria.

232 Des Offices non-venaux, Liv. IV.

encore enregistrées au Registre ou Eftat de l'Office duquel elles eftoient. En vertu duquel Eftat ou enregiftrement ces menus Officiers jouïssoient des privileges de leur Milice, & non autrement, dit cette loy. 3. *De Agentib. in reb.*

70. Lettres de retenuë des menus Offices.

Ce qui eft observé presque tout de la même sorte chez le Roy. Car ce sont les Chefs d'Office, qui ayans choisi à leur volonté les menus Officiers, les sont pourvoir par le Roy, non pas par lettres de provision du grand sceau, mais par simples lettres de retenuë, scellées en placard du cachet du Roy, qui s'expedient par l'un des quatre Secretaires des commandemens, sur la simple relation du Chef d'Office, sors à l'égard des Officiers de bouche, dont les retenuës ne s'expedient point sans le commandement du Roy, pource que le grand Maistre n'en veut pas être responsable. Et par apres ils sont tous couchez sur l'Eftat du Roy, & en vertu de ce ils jouïssent de leurs gages, droits & privileges. Même j'ay ouy dire que ceux de l'artillerie, & quelques-uns de l'escurie, venerie, fauconnerie, ont de simples retenuës de leur Chef, & jouïssent de leurs gages & privileges, en consequence de ce qu'ils se trouvent couchez sur l'Eftat du Tresorier de la charge.

71. Les menus Offices de chez le Roy sont vendus à present par les Chefs.

Or comme j'ay dit au premier chapitre du livre precedent, que les Courtisans de l'Empire prenoient ordinairement de l'argent pour leurs suffrages, & pour nommer aux Offices, aussi les nostres de France se sont accoutumez depuis long-temps de vendre à beaux deniers comptans leur nomination de ces menus Offices, même que le profit qu'ils en tirent eft aujourd'hui estimé un des plus beaux droits de leurs Eftats.

72. Contre cette vente.

Chose honteuse, qu'il faille bailler de l'argent pour servir son Prince, & qu'au lieu que les particuliers choisissent pour leur argent les meilleurs & plus capables serviteurs, le Prince soit contraint bien souvent d'accepter les pires & plus incapables, pour l'avarice de ses premiers Officiers. Chose d'ailleurs fort importante, pource qu'au lieu que s'ils étoient pourveus gratuitement, ils se tiendroient beaucoup plus obligez à servir leur Prince de courage & d'affection, en reconnoissance de ce qu'il les auroit choisis à son service par sa bien-veillance, ou bien pour leur merite, non pour leur argent, aujourd'hui ils ne servent que par acquit, & comme par corvée, estimans que leurs gages sont le profit & interest legitime de l'argent, qu'ils ont payé pour leurs Offices.

73. Inconveniens d'icelle.

Mais sur tout, c'est chose dangereuse, pource que l'entrée prés la personne du Roy étant ouverte à l'argent, ennemy perpetuel de la vertu, & instrument ordinaire de trahison, eft-il pas à craindre que les ennemis de sa Majesté y jettent, à force de doublon, tant de personnes qu'ils voudront à leur devotion, pour faire un coup à tout perdre? Chose à quoy on ne peut penser, qu'avec terreur & horreur: Car comme dit une loy du Code, *Quid uspiam sanctum, quid intemeratum, si auri sacra fames intra penetralia veneranda proferpat?*

> *Aurum per medios ire satellites,*
> *Et perrumpere amat saxa, potentius*
> *Ictu fulmineo. Diffugit urbium*
> *Portas vir Macedo, & subruit æmulos*
> *Reges muneribus.*

Ce sont les dards d'argent ἀγύναια λέξαν, dont le Roy Philippe se sçavoit bien servir côtre ses voisins. Non, non, il n'y a possible abus en France plus necessaire à reformer que celuy-là. La personne, même la vie du Roy eft continuellement en la possession, & en la puissance de ses Officiers domestiques: s'ils sont méchans & traîtres, il eft entierement impossible d'exempter nôtre Alexandre d'un mauvais complot: *Colligunt se in plures, unum consilium ad perdendum Imperatorem capiunt, sic bonus, tautus, optimus venditur Imperator*, disoit Aurelian dans Vopiscus.

74. Mal-ai-

Mais puisque l'or a trouvé une entrée si ordinaire

en la Maison du Roy, même qu'il y eft installé & établi de si long-temps, il sera bien mal-aisé desormais de l'en chasser; Et je croy que cela eft du tout impossible, au moins tant que la disposition des Offices demeurera aux Chefs. Car qui les en controllera ou corrigera? veu qu'encore que par plusieurs Ordonnances il soit defendu, même sur peine de la vie, aux Prevosts des Marechaux, qui n'ont pas à beaucoup prés tant d'authorité, de vendre les places d'Archers de leur compagnie, neantmoins il eft notoire, qu'il n'y en a pas un qui s'en abftienne.

sé de trouver remede.

Il n'y a point d'autre remede, sinon que le Roy reprenne l'entiere disposition de ces menus Offices, qui en bonne Jurisprudence ne peut appartenir à autre qu'à sa Majesté, laquelle autrement seroit de pire condition, que les moindres peres de famille de son Royaume, qui ont la liberté de choisir eux-mêmes leurs domestiques, & tiendroient pour une maniere d'esclavage, si on les forçoit d'en accepter par le choix d'autruy: joint ce qui sera prouvé au livre *Des Seigneuries*, que la provision des Offices eft un des droits inseparables de la souveraineté. Et ne faut point dire, que le Roy pourroit être surpris au choix de tant de menus Officiers. Car leur reception demeurant aux Chefs, comme de coûtume se seroit à eux à s'informer exactement de leur fidelité & capacité, avant de les admettre mais, quoy qu'il en soit, le choix & la gratification devroit demeurer au Roy, afin que ses domestiques luy ayans l'obligation entiere de leur fortune, & non à autre, fussent plus engagez d'affectionner son service.

75. Remede unique.

Et ce n'eft pas chose nouvelle, que le Roy reprenne la libre provision de ses Offices, qu'il a autrefois laissée par sousfrance à ses principaux Officiers. Car depuis la venalité introduite aux Offices, on a osté aux Baillifs & Senéchaux la disposition des Offices de Sergens, & au Chancelier celle des Offices sans gages ou n'ayans que vingt-cinq livres de gages, & au dessous, que Bodin au dernier chapitre de son premier livre, nous apprend, qu'il avoient au grand Aumosnier la collation des Benefices, eftans au patronage de sa Majesté, qu'il avoit du temps de nos peres. Même le Roy Henry II. par Edit de l'an 1554. ofta à l'Admiral la provision des Officiers de l'Admirauté au Siege de la Table de marbre.

76. Preuve d'icelay.

Voila pour la provision de ces menus Officiers: & quant à leur reception, elle se fait par le chef d'Office, lequel, comme on void à present, les ayant luy même choisis, n'a plus que faire d'informer de leur vie & mœurs, ny d'apporter en icelle aucune autre ceremonie, sinon que de prendre garde si leur argent eft bon, & au surplus recevoir d'eux la simple prestation de serment, qui eft toujours necessaire, pour attribuer la puissance publique. Mais si c'étoit le Roy qui les conferât pleinement, & sans leur nomination, ils seroient plus exactes à s'informer de leur fidelité & capacité, n'eftans engagez, comme ils sont à present par la vente qu'ils en font.

77. De la reception de menus Officiers.

Et pour parler maintenant des droits de ces Milices: Premierement, quant à l'honneur qui en dépend, il se faut souvenir de ce commun dire, *Qu'il n'y a point de petit Office chez le Roy*, on ne peut être proche du Soleil, qu'on ne soit éclairé de ses rayons, ny manquer d'honneur prés de celuy de qui tout honneur procede; bref, être sans dignité avec celuy qui eft le distributeur de toutes les Dignitez. C'eft pourquoy, dit du Tillet, *Nos Roys reconnoissans que la retribution d'honneur eft plus à personnes de cœur, que celle de richesse, voulurent par Edit, que leurs domestiques fussent honorez par tous les pays de leur obeyssance: les Empereurs Charlemagne & Louys le Debonnaire l'ordamment,* (ainsi qu'il appert par les chapitres de l'*Abbé Ansigise*) c'eft le chapitre 24. du 2. livre *Des Capitul.* dont voicy les mots, *Volumus ut nobis famulantes talantibus apud omnes habeant honorem, sicut à genitore nostro, & à nobis sæpe admonitum eft.* Ce qui renouvela (ajoute du Tillet)

78. De l'honneur qui en dépend.

Des Offices de la Maison du Roy, Ch. III.

Tillet) Charles le Chauve, le 25. Juin, l'an 864. en la diete tenuë à Piste (c'est à dire à Poissy) mandant à tous ses Comtes, que s'ils vouloient être entretenus de luy en honneur, ils honorassent ses Officiers domestiques, comme il étoit accoutumé du temps de ses predecesseurs.

79. Des profits.

Quant aux profits, le même du Tillet remarque, que les gages de ces Offices étoient anciennement fort petits, pource que la Noblesse de France, qui les tenoit presque tous, étant jalouse des roturiers, approchast de la personne du Roy, étoit assez contente d'avoir l'honneur de servir son Prince. Ce qu'il ne faisoit pas pour l'argent, comme les mercenaires, mais par affection : de sorte que les gages que ces Officiers recevoient, n'étoient que pour leur menu entretien, pendant leur quartier, pour l'emporter par après chez eux. Mais aussi, lors qu'il se presentoit quelque bon Office, quelque belle Charge, quelque Benefice, ou autre écheoite, qui fust propre aux domestiques, pour eux, ou leurs enfans, ils étoient preferez à tous autres competiteurs. Dont le même du Tillet nous rapporte une belle remarque, à sçavoir une missive du Roy Louis XI. au Parlement, qui se trouve encore aux registres d'iceluy, contenant mandement d'adjuger les Offices aux premiers impetrans, sinon que l'un des deux contendans fût domestique, auquel cas il en veut être adverty pour declarer sa volonté.

81. Des droits de bouche à Cour, & robe de livrée.

J'ay dit, que leurs gages n'étoient que pour leur menu entretien, car ils avoient chez le Roy leur vivre & leur vêtement, ce qui s'appelloit bouche à Cour, & robe de livrée, desquels droits Budé fait mention Nequicquam. De Offic. Præf. C'est pourquoy on appelle encore les domestiques du Roy, *Commensaux*. Ce qui étoit ordinaire en l'Empire Romain, non seulement aux milices Palatines, mais aussi aux milices armées, dont il se voit un bel exemple dans Vopiscus in Probo, en l'épitre d'Aurelian, par laquelle il regla la livrée & le plat de Probus, lors qu'il le prit à son service. Même du commencement les gages, & des Officiers Palatins, & des Soldats, n'étoient qu'en vivres, ut patet ex tit. De erogat. milit. anno. lib. 12. Cod. c'est pourquoy ils étoient appellez annona. De quibus suprà, lib. 1. cap. 1. jusques à ce qu'Honorius, & Theodosius les eussent reduits à argent, l. Annona, eod. tit.

82. Recommandation de ces droits.

Étoit-ce pas une chose bien honorable, en France, de voir cette grande trouppe d'Officiers domestiques du Roy, être nourrie dans son Palais, & principalement de les voir tous revêtus de ses couleurs, soit qu'ils fussent tous habillez de même façon, soit que chaque sorte d'Office eût son habit dissemblable, afin d'être mieux reconnus ? comme voulut faire Alexandre Severe, qui *statuerat omnibus Officiis proprium genus vestis dare, ut à vestitu discernerentur*, dit Lampride. Chose que nos voisins sçavent bien entretenir. Mais du Tillet nous apprend que l'avarice de Louis XI. ôta à la plûpart de ses domestiques ces droits de bouche à Cour, & robe de livrée. Neanmoins, pource qu'on les repute toûjours pour les plus certaines marques de domesticité & commensalité, plusieurs d'entre'eux en ont retenu quelque vestige ou marque, comme il vient d'être dit des Secretaires du Roy, qu'ils ont à part dix livres de gages pour leur droit de manteau. Les Maîtres des Requêtes disent, que le plat de Monsieur le Chancelier, est tant pour luy que pour eux, & sur tout les Officiers de la Chambre des Comptes, qui se pretendent aussi des Commensaux, ont leur droit de robe de Pâques & de Toussaints, & leur Beuvette fort bien entretenuë aux dépens du Roy, avec plusieurs autres menus droits.

84. Des privileges des domestiques.

Finalement, les domestiques du Roy ont de tres-grands privileges, comme certes il y a bien apparence que residans prés de la source des privileges, elle rejallit sur eux. *Immunitate quippe digni sunt quos lateris nostri Comitatus illustrat*, dit la loy 1. *De Præpos. lab. Du droit des Offices.*

Privileges qui pour la plûpart ont été rapportez au 9. chapitre du 1. livre. Comme les trois sortes de *Communitimus*, l'exemption de toutes charges réelles & personnelles, ensemble de toutes sortes de subsides, bien qu'ordonnez par exprès sur exempts & non exempts, privilegiez & non privilegiez, si nommement les domestiques du Roy n'y sont specifiez, comme il est contenu és Ordonnances des années 1548. 1572. 1578. 1580. 1581. & 1606.

85. Comment ils jouïssent de ces privileges.

Desquels privileges ils joüiront, non en vertu de leurs Retenuës (car les supernumeraires en ont de toutes semblables à ceux qui sont couchez sur l'Etat) mais en vertu de l'Estat, & du certificat de leur service actuel : même les Ordonn. d'Orleans, & de Blois requierent qu'ils soient couchez sur l'Estat à plus de vingt écus de gages, & qu'ils en soient payez actuellement, qu'il en apparoisse par le certificat de leur Tresorier.

Ce qui est aussi enjoint à l'égard des Officiers des Reynes, Enfans de France, & autres Princes qui ont droit d'avoir Officiers privilegiez. Toutesfois cette derniere rigueur qu'il leur faille faire apparoir, qu'ils soient payez de leurs gages, n'est point observée à present : d'autant que ces Princes font verifier l'état de leur maison par chacun an la Cour des Aydes : de sorte que les Officiers qui y sont employez, sont jugez exempts par Arrest, pourveu seulement qu'il apparoisse de leur service actuel ; ce qui est toûjours necessaire, & observé à present avec plus de rigueur que jamais, au moyen d'un Arrest donné pour cet effet au Conseil Privé, en l'an 1608.

86. Et les Officiers des Princes privilegiez.

87. Comment les privileges se conservent aux veuves.

Privileges qui mesme aprés leur mort sont conservez à leurs veuves, tant qu'elles demeurent en viduité : même bien plus communement qu'aux autres Officiers. Car comme il a été dit en 9. chap. és autres Offices, qui passent par les parties casuelles, il se connoist toûjours quand l'Officier a resigné avant que mourir, pource que son successeur se trouve pourveu par resignation : mais és Offices de chez le Roy, cela ne se connoist point si on veut : pource que le successeur en joüit en vertu de l'Estat du Roy: où il se trouveroit couché ne cotte point, s'il est mort pourveu par mort, ou par resignation : & s'il faut qu'il exhibe sa lettre de Retenuë, il ne s'en expedie gueres par resignation, pource que les Chefs d'Office ne veulent point avoüer, que ces Offices soient resignables, & ne leur importe pas qu'elles soient conceuës par mort. Quoy qu'il soit je conseille à une veuve, qui desire conserver son privilege, de faire expedier la retenuë du resignataire de son mary, comme si l'Office étoit vacant par mort, & non par resignation.

88. Castelé pour les conserver aux veuves.

Mais les Officiers domestiques ont encore ce privilege, que leurs gages ne peuvent être saisis ny arrestez pour aucunes de leurs debtes, si ce n'est par permission du Roi, ou bien pour achat d'armes, ou chevaux, ou vivres à eux fournis à la suite de la Cour, comme il est contenu és Edits des années 1551. & 1577. & 1586. En consequence desquels, Carondas nous rapporte un Arrest donné en l'Audience le 3. Avril 1556. par lequel l'arrêt des gages d'un Maître des Requêtes fut declaré nul, & tortionaire, sauf au creancier à se pourvoir sur ses autres biens.

89. Leurs gages ne peuvent être saisis.

90. De la vacation de ces Offices.

Pour le regard de la vacation de ces Offices, bien qu'en premier lieu celle par mort soit generale en tous Offices à vie, mesme en toutes charges personnelles, si est-ce qu'il n'i en a aucunes, qui ayent plus d'aptitude à être transferées aux enfans, que ces Offices icy, qui en l'ancien Empire étoient presque tous hereditaires. Et de vray, il seroit fort à propos que l'enfant d'un Officier domestique, qu'il auroit instruit soigneusement au service du Roi, & laissé capable de sa charge, fût preferé aux étrangers : chose qui seroit facile à obtenir, si ces places ne se vendoient point. Et ce faisant, outre qu'on recompenseroit sans cout les longs services du pere, cette regle étant établie, les Officiers seroient plus soigneux à conserver leur Office par un service fidel, pour leurs enfans, qui

91. Des voiont être conservez aux enfans capables.

Des Offices non-venaux, Liv. IV.

estans de pere en fils extraits d'anciens serviteurs, & dediez dés leur naissance au service de leur Prince, & ayans, avec le laict de leur nourrice, succé l'affection de servir sa Majesté ; puis y estans élevez, & appris concurremment par leurs peres, y seroient sans doute plus propres, & en fidelité, & en capacité, que tous les étrangers qu'on pourroit choisir.

92. De leur resignation.

Mais au contraire, il faut avoüer que la resignation à personnes étranges y est bien moins favorable, qu'en tous autres Offices, puis que la vente y est plus dangereuse. Toutefois tant qu'on permettra aux Chefs de les vendre, il n'y a pas plus de danger que les particuliers les vendent aussi à personnes capables : mesme la vente des collateurs i. end celle des particuliers par une consequence du commerce : attendu la regle du droit des gens, qu'on peut vendre ce qu'on a acheté : mesme qu'en l'ancien Empire on permettoit bien aux particuliers de les vendre, mais on ne trouve point que cela fut permis aux Chefs.

93. De la resignation des Milices Romaines.

C'est pourquoy à cause de l'interest public qu'il y a, que ces places soient conferées par choix, plûtost que par enchere d'argent, les Milices venales de l'Empire avoient un certain taux, que le pourveu en pouvoit retirer, quand il s'en vouloit défaire, mesme en quelques-unes des principales, ce n'estoit pas à luy, mais au Chef d'Office, de choisir celuy qui entreroit en sa place par sa resignation, témoin, entr'autres passages, la Nov. 35. *De Adjutoribus Quæstoris*, qui fut un expedient fort commode, que Justinian inventa. Car auparavant c'estoit le resignant qui choisissoit luy-mesme son successeur, comme il se void en la loy 13. & 15. C. *De prox. sacr. scrin.* Mais aussi cette resignation n'étoit pas indifferemment admise, mais seulement pour juste cause, comme quand l'Officier parvenoit par son merite à plus haute charge, ou que par vieillesse, maladie, ou autre inconvenient de nature, il ne pouvoit plus servir.

94. Rigueur qu'on tient aux menus Officiers.

Expediés qui sont bien raisonnables : mais on ne sçauroit rien de les vouloir pratiquer en France, tandis qu'on permettra aux Chefs de vendre les Milices Palatines. Car par ce dernier, on leur osteroit le moyen, mesme le hazard d'en trafiquer, & le premier leur donneroit sujet de les revendre, & regratter aprés la vente du pourveu, & d'en faire vente sur vente. Ce qu'ils sçavent déja bien faire à present. Car quand un pauvre Officier, qui a acheté son Office, le desire quitter, ou pour parvenir à plus grande charge, ou pour quelque autre juste sujet, sous pretexte que c'est à eux d'admettre & recevoir son resignataire, il a beau leur presenter le plus hôme de bien, & le plus capable du monde, ils ne le recevront pas, s'il ne leur paye encore une fois l'Office, pource qu'il n'y a point de superieur sur eux, ny de Justice, qui y puisse mettre ordre. Mais qui en voudroit passer par la raison, il faudroit en ce point icy pratiquer toutes les mêmes regles, qu'és Offices des Seigneurs, au moins des Seigneurs Ecclesiastiques, qui seront traitées au livre suivant.

95. S'ils vaquent par destitution.
96. Ce qui s'en garde.

Quant à la forfaiture, il faut expliquer auparavant si ces Offices vaquent par destitution, pource que s'ils estoient destituables à volonté, il ne seroit gueres besoin d'en faire juger la forfaiture. Or qui s'en voudra rapporter aux Chefs, ils se font accroire que ces menus Officiers sont destituables par eux à leur simple volonté, ce qu'ils appellent *casser*, ou *chasser*, & non pas destituer, comme si c'estoient simples soldats, ou serviteurs privez, & non pas Officiers publics, instituez solemnellement par lettres du Roy, & reception des Chefs : & disent qu'il ne faut qu'un trait de plume pour les rayer sur l'Estat. Comme de fait ils se sont attribué cette authorité de les chasser, & despointer (mesme souvent les plus fideles) sans autre cause ny sujet, sinon pour vendre leurs places à d'autres : bien qu'entre les particuliers, il n'y a si mauvais maistre, qui ne fasse conscience de chasser son serviteur, quand il le sert bien, pour en mettre un autre en sa place. C'est bien loin de faire, comme

il s'est fait en l'ancienne Maison de Bourbon, & encore par le Roy Louys XII. & par la Reyne Anne sa femme, qui ont fondé des hospitaux pour leurs pauvres Officiers, lesquels par vieillesse, maladie, ou autre accident ne pouvoient plus servir. Et de tout temps c'a été la coustume des Roys, quand en ces cas ils donnoient congé à leurs Officiers, de les renvoyer en leurs maisons à my-gages, & à condition de jouir de leurs privileges, mesme du Tillet rapporte une Ordonnance du Roy Charles VII. de l'an 1408. que les Officiers domestiques ayans servy vingt ans auroient desormais leurs gages sans servir.

97. Qu'ils sont destituables par les Chefs.

Aussi dit-on que ce fut principalement pour eux, que Louys XI. fit son Ordonnance de la perpetuité des Offices : quoy qu'il en soit, du Tillet nous témoigne que ce fut pour eux, qu'estant au lit de la mort, il fit jurer son fils Charles VIII. qu'il ne destitueroit point ses Officiers, notamment ses domestiques, Bref le Roy Henry II. fit pour eux un Edit exprés à cette fin ; en l'an 1554. dont voicy les mots : *Dautant que sans avoir égard à l'Ordonnance dudit Roy Louys XI. on a voulu pretendre, que les Officiers comptables, & domestiques de nostre maison devoient estre destituez, ostez & mis à mutation de regne, & à volonté, comme aucuns d'iceux Offices n'estans estimez que commissions, ou pour autres raisons, à cette cause, afin de rendre lesdits Estats de la mesme condition, & seureté, que sont les autres Offices de nostre Royaume, tant de Judicature, qu'autres, ordonnons que lesdits Estats de nostre maison, & dépendans du fait d'icelle, seront tenus censez, & reputez de la nature & qualité des autres de nostredit Royaume, & non destituables, sinon és cas de ladite Ordonnance.* Edit sur lequel les Chefs veulent subtiliser, disans qu'il est pour eux, qui seuls sont vrais Officiers, ayans lettres de provision du grand seau, Neanmoins il y a apparence, que comme il est general, aussi doit-il être entendu generalement pour tous les domestiques du Roy grands & petits, aussi qu'il semble user exprés du mot *d'Estats*, pour comprendre tant les vrais Offices, que les simples Milices ; & ce qu'en iceluy les comptables y sont specifiez plûtost que les autres, est à cause qu'il y avoit plus de sujet de douter d'eux : dautant que quand ces Offices comptables n'étoient vendus, ils n'étoient conferez que par commission, & non en titre d'Office, comme j'ay dit ailleurs.

98. Explication de l'Edit de l'an 1554.

99. Pecore.

C'est pourquoy je conclus hardiment, que les menus Officiers domestiques ne sont point destituables par la pure volonté de leurs Chefs : qui seroit à la verité une authorité trop grande, attendu que la plûpart d'entr'eux ils ne les peuvent instituer & pourvoir d'eux-mémes, & qu'ils n'en ont que la nomination, mais la provision appartient au Roy, méme cette authorité pourroit être suspecte & dangereuse, si l'Etat & la fortune de ces menus Officiers dépendoit absolument de leur chef. Et de fait, encore que les Prevôts des Maréchaux, qui sont reglez à l'instar des domestiques, instituent seuls & pleinement leurs Archers, si est-ce qu'ils ne les peuvent destituer, ou casser, sans connoissance de cause. Et s'ils ont été destituez injustement, ils en peuvent appeller pardevant les Connêtable & Maréchaux de France, en leur Siege de la Table de marbre, comme il est porté par l'Ordonnance du Roy Jean, de l'an 1355. du Roy Charles IX. de l'an 1573. & du feu Roi Henri III. de l'an 1586. mème ces Ordonnances portent que les simples soldats ne peuvent être cassez par leurs Capitaines, ny par les Commissaires & Controleurs des guerres sans cause valable. Et qui doute que s'il y avoir quelque Superieur ordinaire sur les Chefs d'Office de la Maison du Roy, qu'il ne reçut pareillement l'appel de la destitution, qu'ils s'efforcent trop souvent de faire des Officiers domestiques ? Notamment à present que notoirement ils vendent leurs places, partant ont interest eux-mémes à la destitution.

100. Com.

Je ne veux pas pourtant dire absolument, que ces

Des Offices de la Maison du Roy, Ch.III.

ment sont destituables.

menus Officiers ne soient pas destituables par le Roi, sinon apres forfaiture jugée par les formalitez de la Justice contentieuse, suivant l'Ordonnance de Louys XI. Car ce ne sont que simples Milices, & non pas Offices formez, ny même vrais Offices, & il n'y à Estats en France où la venalité soit plus dangereuse, & moins tolerable qu'en ceux-cy; pource aussi que ces domestiques sont tenus, & receus avec moins de ceremonie que les vrais Officiers, par consequent peuvent estre destituez plus facilement, & sur tout pource que le peril de les tolerer, apres un juste soupçon, est beaucoup plus dangereux, consideré que c'est eux qui possedent, & ont en garde la vie du Prince, & partant ils doivent être, non seulement exempts de faute, ainsi que les autres Officiers, mais aussi de soupçon, comme les sages-femmes.

C'est pourquoy j'estime que sans qu'il soit necessaire d'averer contr'eux aucuns delits par les longueurs, & ceremonies de la Justice, s'il y a sur eux quelque soupçon apparent, & quelque grand indice de malignité, & perfidie, ils peuvent être rayez sur l'Estat du Roy, par son commandement exprés, sans toutefois que par puissance reglée il soit besoin de leur en rendre raison, non plus que fit cet ancien, qui repudiant sa belle femme, n'en voulut enseigner autrement la cause, sinon de monstrer son soulier neuf, & bien fait, qui neantmoins le blessoit.

161. Forme de leur destitution.

Voicy donc l'ancienne façon, dont on use encore à present, à sçavoir que si le menu Officier domestique a fait quelque faute, son Chef l'interdit de l'exercice de sa Charge, faisant même servir un autre pour luy, & cette interdiction échet en son quartier, & par apres c'est à luy à se faire rétablir par le Roy. Forme qui étoit tres-pertinente lors que ces Offices ne se vendoient point. Mais à present j'estimerois qu'il seroit raisonnable, au cas que l'Officier interdit ne pût être retably; & qu'il pût faire apparoir d'avoir acheté son Office, qu'on luy permît de le resigner à personne capable, & exempte de soupçon; pource que son delit n'estant approuvé par l'ordre de Justice, & par consequent la forfaiture n'estant vraiement ouverte, le Chef ne doit tirer profit de la precaution qu'on prend pour le salut du Prince, & pour laquelle on passe par dessus le droit commun de l'Ordonnance de Louys XI. C'est pourquoy il est fort utile à ces menus Officiers, de retirer quittance ou autre preuve par écrit de l'argent qu'ils auront baillé au Chef: mais en cas qu'ils n'en ayent, ne leur reste autre preuve que de s'en rapporter à son serment, lequel j'estime qu'il ne peut refuser.

102. Modification qu'il y faudroit apporter.

103. Comment va quant à faute d'exercice.

Finalement quant aux trois vacations irregulieres, elles ont encore plus de lieu en ces Offices, qu'aux autres. Premierement, celle qui provient du defaut d'exercice ne requiert pas, à mon advis, la cessation de cinq ans entiers, ni sur tout que pendant iceux un competiteur en ait fait continuellement l'exercice, suivant l'Ordonnance de Charles VII. Car si sans congé, ou juste excuse, l'Officier domestique ne se rend à son quartier, il est étonné que venant au quartier d'aprés, il trouve sa place prise. Licence que les Chefs se sont donnée sous pretexte de l'opinion qu'ils ont de pouvoir user de destitution à volonté. Ce qui toutefois meriteroit bien être reglé, pource que telle fois l'Officier aura eu un empêchement legitime, que le chef n'aura voulu excuser: attendu même que le service du Roy ne demeure pas pour l'absence d'un Officier, y ayant toujours quelqu'un de

ses compagnons, qui ne demande pas mieux, que de servir pour les gages de l'absent, même pour le seul quartier de service.

Or le reglement qui s'en trouve dans le droit, étoit que les Officiers domestiques ne perdoient point leur place, pour l'absence d'une, deux, trois, même quatre années consecutives, mais seulement perdoient leur rang estans retrogradez, c'est à dire mis derriere certain nombre de ceux qu'ils devançoient auparavant, mais ils ne perdoient absolument leur Office, que par l'absence de cinq ans, l. 3. C. De P. ostff. & Domest. l. 2. & 3. C. D. comeatu, & l. 2. C. De Primicor. & Secundocer. ce qui sera expliqué au livre Des Ordres.

104. Comment ils vaquoient de cette sorte par le droit Romain.

Quant à l'incompatibilité elle est pareillement fort ordinaire en ces Offices, attendu que par l'art. 113. des Estats d'Orleans, il est dit, *qu'aucun ne peut tenir deux Offices, & charges en la Maison du Roy*, & par le 108. de ceux de Blois, il est porté que *quiconque sera pourveu d'Office, ou couché en l'Estat d'icelle, ne pourra estre en l'Estat, ou Office d'aucun autre Prince & Seigneur, quel qu'il soit, autrement sera l'Estat & Office tenu du Roy, reputé vacant*. Chose certes bien raisonnable, que le Roy ait ses Officiers tout à luy, & qu'ils ne servent à aucun autre.

105. Comment vaquent par incompatibilité.

Bref pour le regard de la suppression en ces places de la Maison du Roy, elle est proprement appellée *retranchement*, & és places de soldats s'appelle *cassation*, & és commissions, *revocation*, & est differente de la destitution, qui ne regarde que la personne de l'Officier, au lieu que cette-cy abolit l'Office. Or ce retranchement est plus facile à faire en ces Offices que la destitution, és Offices formez, qui estans erigez par Edits verifiez ne peuvent être supprimez qu'en vertu d'Edits: au lieu que le Roy peut retrancher ses Officiers domestiques par sa simple volonté, comme il se fait souvent, quand il en trouve le nombre trop grand sur l'Estat, en quoy il ne faut qu'un trait de plume. Toutefois quand pour une reformation, & avec connoissance de cause, on retranche les domestiques, on leur reserve ordinairement de jouïr pendant leur vie, & encore leurs veuves aprés leurs decez, des privileges d'iceux: ce qui se fait aussi tout communement dans les Maisons des Princes sont rompuës par leur mort, ou autre semblable mutation, dont neantmoins il faut qu'il y ait declaration verifiée, pource que les privileges n'appartenans qu'à ceux qui font service actuel, il s'ensuit que ceux qui ne servent plus, ne s'en peuvent plus prevaloir.

106. Comment par suppression ou retranchement.

107. Privileges sont reservez aux retranchez.

Quand je parle de la rupture des Maisons, je n'entens que celles des Princes privilegiez, qui se fait avec certaine ceremonie, lors qu'à la fin des obseques du Prince decedé, le Maistre d'hostel publiquement son baston: mais la Maison du Roy ne se rompt point, non plus que le Roy ne meurt point en France, mais comme le Royaume, aussi les Officiers de la Maison du Roi sont transferez au successeur dés l'instant de la mort du predecesseur, pource qu'estans Officiers publics, comme j'ay dit cy-devant, ils ne sont pas attribuez à la personne, mais à la qualité du Roy. Ce qui est decidé par l'Edit de Henry II. cy-dessus rapporté, contenant expressement que les Offices de sa Maison ne vaquent point à mutation de regne. Et de vray, si un nouveau Roy vouloit faire maison neuve, il seroit bien mal-aisé d'y retenir en tout & par tout les anciennes regles, & les loüables ceremonies de la Maison de France.

108. Mutation à mutation de Roy.

CHAPITRE IV.
Des Charges Militaires.

1. Leur division.
2. C'estoient à Rome des grades militaires.
3. La Milice estoit vray Ordre à Rome. Du droit des Offi.
4. Estoient affectez aux bons soldats.
5. Degradation.
6. Offices militaires de Rome.

226 Des Offices non-venaux, Liv. IV.

7. *Leurs grades militaires.*
8. *Tribunus.*
9. *Primicerius.*
10. *Senator.*
11. *Ducenarius.*
12. *Biarchus.*
13. *Circitor.*
14. *Eques.*
15. *Tyro.*
16. *Estats militaires de France.*
17. *Grades militaires de France.*
18. *De leur droit.*
19. *Inconvenient de les vendre.*
20. *Des Estats des places.*
21. *Baillifs & Senéchaux autrefois simples Commissaires.*
22. *Capitaines mis en leur place.*
23. *Capitaines estoient anciennement ceux des villes, & Gouverneurs ceux des Provinces.*
24. *Baillifs pourquoy se qualifient Capitaines, & Gouverneurs.*
25. *Aucuns Gouverneurs simplement.*
26. *Origine des Gouverneurs d'apresent.*
27. *Pourquoy y en a au cœur de la France.*
28. *Leur revocation.*
29. *Leur multiplication.*
30. *Trois degrez d'iceux.*
31. *Outre les Lieutenans de chacun degré.*
32. *Pourquoy y en a tant à present.*
33. *Inconvenient.*
34. *Si ces Capitaines sont Officiers.*
35. *Si les Gouverneurs sont irrevocables.*
36. *Ce qu'en dit du Haillan.*
37. *Ce qu'en dit du Tillet.*
38. *Qu'ils sont revocables.*
39. *Merum Imperium, n'appartient par droit d'Office.*
40. *Pourquoy commis aux Gouverneurs.*
41. *Les deux marques essentielles des commissions se retrouvent és Gouvernemens.*
42. *Gouvernemens ne sont erigez par Edits.*
43. *Terme d'Estat, que signifie dans les Ordonn.*
44. *Gouvernemens n'ont aucuns vrais gages.*
45. *La fonction des Gouverneurs est extraordinaire.*
46. *Et leur procedure pareillement.*
47. *Puissance de la vie & de la mort à qui, & sur qui appartient.*
48. *Moyen de se pourvoir contre icelle.*

49. *Charges militaires demembrées d'autres Offices.*
50. *Pourquoy.*
51. *Charges eclipsées des Offices ne sont que commissions.*
52. *Pourquoy n'ont accoustumé d'être revoquez.*
53. *Que l'Ordonnance de Louys XI. doit être estendue aux Gouvernemens.*
54. *Preuve.*
55. *Interpretation du dire du Haillan.*
56. *Vraye cause de l'invention des Gouverneurs.*
57. *Gouverneurs ordinaires.*
58. *Inconvenient qui en arrive au peuple.*
59. *Inconvenient qui en vient au Roy.*
60. *Et à l'Estat.*
61. *Que c'est le plus grand peril de la France.*
62. *Exemples fort notables.*
63. *Adresse des Rois de la troisiéme Race.*
64. *Premiers Gouverneurs pourquoy nommez Baillifs & Senéchaux.*
65. *Estoient destituables.*
66. *Tâcherent de se faire hereditaires.*
67. *On leur osta le maniement des finances.*
68. *Et celuy des armes.*
69. *Et celuy de la Justice.*
70. *Faudroit user de semblable prevoyance à l'égard des Gouverneurs.*
71. *Hazard échappé.*
72. *Seroit bon d'y pourvoir à present.*
73. *Du remede remissive.*
74. *Livre De la maladie de la France.*
75. *Remede que le Roy à present y a apporté.*
76. *Autre remede.*
77. *Que ces remedes ne sont suffisans.*
78. *Remede plus certain.*
79. *De la charge & pouvoir des Gouverneurs.*
80. *Gouverneurs ne se doivent mesler de la Justice, ny des finances.*
81. *Entreprise anciennes des Gouverneurs.*
82. *Pouvoir particulier du Gouverneur de Dauphiné.*
83. *Gouverneurs n'ont plus que la charge des armes.*
84. *Comment leur charge s'étend contre les citoyens.*
85. *Moyen de se pourvoir contr'eux quand ils l'excedent.*
86. *Merum & mixtum imperium.*
87. *Gouverneurs ne sont astraints aux formes de justice.*
88. *N'ont toutesfois puissance de vie & de mort.*
89. *Le Roy mesme n'en use qu'en guerre.*
90. *Quels Officiers & Capitaines en peuvent user en guerre.*

1. Leur division.

Quand aux Charges militaires, il a esté dit cy-devant, qu'il y en avoit de deux sortes, sçavoir, celles des compagnies, & celles des places. Celles-là s'appellent plus communément *Capitaineries*, & celles-cy, *Gouvernemens*. Expedions premierement celles des compagnies, comme les plus anciennes, & plus necessaires.

2. C'estoient à Rome des grades militaires.

En l'Empire Romain ce n'estoit proprement ni Offices, ni Commissions, au moins pour la plupart, mais c'estoient plûtot Ordres, ou encore mieux dire, grades de l'Ordre militaire, esquels les soldats montoient de degré en degré. Car à Rome c'estoit

3. La Milice estoit vray Ordre à Rome.

un vrai & pur Ordre, que celui des gens de guerre, ainsi qu'à nous celui des gens d'Eglise. Je dis Ordre permanent, & obligatoire à la vie de l'homme. Au lieu qu'en France ce n'est qu'une vacation, & condition volontaire, à laquelle nul n'est obligé, sinon que s'estant volontairement enrollé, il ne doit partir sans congé de son Capitaine, qui n'est gueres refusé hors le temps de l'expedition. Mais à Rome comme les soldats estans choisis, faloit qu'ils s'enrollassent, & entrassent en l'Ordre militaire (voulussent, ou non) aussi par apres il faloit qu'ils y demeurassent toute leur vie; méme faloit qu'ils continuassent la faction, jusques à ce qu'ils eussent fait leur temps, *quousque legitima stipendia implevissent* qui estoient de vingt années, suivant la reduction de Tibere, dans Tacite liv. 1. & apres ils étoient Veterans, & lors bien qu'ils fussent exempts de la faction,

ils demeuroient neantmoins en l'Ordre militaire, & jouïssoient des privileges d'icelui.

4. Estoient affectées aux bons soldats.

Donc les Charges militaires des Romains étoient la plûpart des grades affectez aux soldats signalez, qui avoient fait quelque acte genereux: par le moyen duquel un soldat ayant obtenu le plus bas grade parvenoit aux autres graduellement, à mesure qu'il vacquoient, comme nous apprend Vegece livre 2. chap.

21. *In Legionibus decem cohortes ita ordinatæ, ut omnium unum corpus, una videatur esse conjunctio. Nam quasi in orbem quendam per diversas cohortes milites promoventur : Ita ut ex prima cohorte ad gradum quempiam promotus vadat ad decimam cohortem, & rursus ab ea, crescentibus stipendiis, cum majore gradu pro alias recurrat ad primam.* Ce qui estoit aussi observé aux Milices Palatines, qui étoient reglées comme les vrayes Milices, ainsi que le dit Vegece au mesme lieu, & a été touché au chapitre precedent. Et au contraire quand un soldat, qui étoit en grade, avoit delinqué, on le dégradoit, c'est à dire on le rabaissoit d'un degré, comme il sera prouvé plus amplement au livre Des Ordres : ce que les Canonistes n'ont pas entendu. Belle police certes: car par ce moyen les derniers, & plus bas grades ne pouvoient être acquis, que par de bons soldats; & les premiers ne pouvoient être tenus que par des vieux, & sages gendarmes & d'ailleurs l'esperance de ces grades les obligeoit tous à continuer volontairement la Milice, & s'y affectionner.

1. Degradation.

Des Charges Militaires, Ch. IV. 273

6. Offices militaires de Rome.

Il est vrai, que les principales Charges Militaires, & encore certaines autres, estoient plustost Offices que grades, n'estans deferées par degrez : mais conferées à discretion par l'Empereur, ou les Chefs dont ils dependoient : comme les Charges *Imperatoris seu Ducis exercitus, Præfecti Legionum, castrorum, fabrorum majoris Tribuni, Aquiliferi Optionis, Signiferi, seu Draconarii, Tesserarii, Metatoris, Mensoris, Tubicinum, Cornicinum Buccinatorum,* & autres qui sont rapportées, & expliquées par le mesme Auteur chap. 7. 9. 10. 11. & 12. & tous ceux-là, comme il est dit au ch. 7. estoient exempts de la faction, bien que ceux qui estoient en grade y fussent sujets.

7. Leurs grades militaires.

Quant aux grades militaires, ils sont rapportez la pluspart en la loy 1. *C. de Offic. Præf. Præt. Africæ*, & encore mieux dans S. Hierôme contre Jovinian. *Finge*, dit-il, *aliquem Tribunitia potestatis suo vitio regradatum, per singula militiæ Officia ad Tyronis vocabulum devolutum, nunquid ex Tribuno statim fiet Tyro ? non, sed ante Primicerius deinde Senator, Ducenarius, Biarchus, Circitor, Eques de in Tyro.*

8. Tribuni.

Le Tribun estoit le Capitaine de chaque cohorte ou compagnie, & y en avoit communement deux, l'un *Tribunus major seu Augustalis* qui estoit Officier : l'autre *minor seu Ordinarius*, qui estoit simplement en grade militaire. *Major Tribunus* (dit Vegece, *d.c.* 7.) *Imperatoris judicio promovetur, minor provenit ex labore.*

9. Primicerius.

Primicerius, dit Suidas, ἐστιν ὁ πρῶτος τῆς τάξεως, le premier degré de la legion. *A Vegetio vocatur Centurio Primipili, qui non solum Aquilæ præerat, verumetiam quatuor centurias, idest, quadringentos milites in prima acie gubernabat.*

10. Senator.

Senator estoit aussi un grade militaire, & signifie le Conseiller de la Compagnie, soit en la Milice Palatine, ou en la vraye Milice, ainsi est-il pris en la loy 3. *C. de Offic. Mag. Offic.* & in l. 1. *C. de privil. schol.* où il est parlé de degrader le Senateur : & se trompent ceux qui entendent ces loix d'un Senateur de Rome, ou d'autre ville.

11. Ducenarius.

Ducenarius, qui olim *primus Hastatus dicebatur, erat is qui duas centurias, idest, ducentos homines ducebat in secunda acie*, & *Centenarius qui centum, & Decanus qui decem, qui quidem postea caput contubernii vocatus est*, dit Vegece au mesme livre chapitre 8.

12. Biarchus.

Biarchus dont aussi est fait mention en la loy 2. *De Of. præf. præt. Afr.* & en la loy 1. *C. De Of. Mag. Offic.* estoit celuy qui avoit charge des vivres, comme le mot le démontre.

13. Circitor.

Comme aussi *Circitor* estoit celuy qui avoit charge des rondes, *Idoneos milites Tribuni & probatissimos eligunt, qui circumeant vigilias, & renuncient si qua emerserit culpa, quos Circuitores appellabant : nunc militia factus est gradus, & Circitores vocantur,* dit le mesme Auteur, livre 3. chap. 8. voilà comme d'Office il est devenu grade militaire.

14. Eques.

Eques en matiere de Milice est le soldat de cheval, comme *pedes* celuy de pied : au lieu qu'en la ville c'estoit le second Ordre des Citoyens Romains. Ainsi qu'en France nous faisons difference à present de *Chevalier*, qui est un titre de Dignité en l'Ordre de Noblesse, & de *Cavallier*, qui signifie le soldat de cheval.

15. Tyro.

Finalement *Tyrones sunt qui nondum in numeros relati sed tamen ut milites publicis expensis iter faciunt, & sub campi ductore exercentur. l. 42. D. De testam. milit.* Et voilà à peu prés les grades de la Milice Romaine.

16. Estats militaires de France.

Pareillement en nôtre Milice de France, nous avons & des Estats & des grades militaires. Des Estats, comme ceux du Lieutenant general de l'armée, Maréchaux de camp, Colonels des regimens, Capitaines des Compagnies, soit de cheval ou de pied, Maréchaux des logis, ou fourriers, trompettes, fifres, tambours, & autres, qui sont conferez par le Roy, ou le Chef duquel ils dépendent.

17. Grades militaires de France.

Des grades militaires, comme les Lieutenans des compagnies, Guidons, Enseignes, Caporaux, Sergens, &c. qui devroient être deferez de degré en degré aux soldats de merite. Toutefois la discipline militaire n'estant pas exactement observée parmy nous, les Capitaines en disposent presque toujours maintenant à leur discretion.

18. De leurs droits.

Voila pour les Estats de compagnies, du droit desquels il n'est pas besoin de parler, pource qu'ils ne tombent nullement en commerce, au moins n'y devroient-ils nullement tomber : aussi ne sont-ils pas ordinairement de durée, non plus que les compagnies dont ils sont, qui sont sujetes d'être cassées. Et quant à celles qui sont ordinaires & entretenues en paix & en guerre, on commence déja bien fort d'en vendre les charges, non pas le Roy, mais les particuliers par la tolerance, qui est certes un grand dereglement & la discipline militaire : pource qu'en ce faisant ce ne sont pas les plus vaillans, ny les plus fideles, qui parviennent ; mais les plus pecunieux, qui ayant acheté leurs charges, se licentient davantage à les faire valoir aux dépens des soldats, & successivement à la foule du peuple.

19. Inconvenient de les vendre.

20. Des Estats des places.

Quant aux Estats de la gendarmerie, concernans les places, les Romains, ny les anciens François n'en avoient aucuns, au moins qui fussent purs Estats de gendarmerie. Mais les uns comme les autres laissoient l'entier gouvernement des Provinces, des villes & des places aux Magistrats ordinaires, qui à Rome étoient premierement les Proconsuls, ou Presidens des Provinces, puis eurent divers noms en diverses Provinces, & en aucunes, comme en Gaule, s'étoient appellez *Ducs & Comtes*, & avoient en leur Province l'administration des armes, de la justice & des finances.

21. Baillifs & Seneschaux autrefois sont les plus Commissaires.

Et apres en France les Ducs & les Comtes eurent usurpé la propriété & seigneurie de leur territoire, les Rois mirent en leurs places les Baillifs & Seneschaux, qui avoient la même pouvoir és armes, en la Justice, & aux finances : mais n'étoient pas de leur premiere institution vrays Officiers, au moins perpetuels & non destituables, mais simples Commissaires revocables, envoyez pour un temps dans les Provinces du Royaume, ainsi que les Ambassadeurs sont envoyez aux Provinces étrangeres : aussi furent-ils appellez tout premierement *Missi Dominici*, ou *Missi Regii*, & depuis furent appellez *Baillifs* c'est à dire, Gardes ou Gardiens, du nom *Seneschaux* c'est à dire en bas Alleman, & du Haillan, domestiques, ou gens de la Cour, & suite du Roy : & de fait par les anciennes Ordonnances inserées dans le vieux stile du Parlement, nul ne pouvoit être Baillif ou Seneschal de la Province, dont il étoit natif ; les Baillifs ne pouvoient se marier, ny acquerir heritage en leur Province, & si étoient tenus y demeurer cinquante jours apres l'arrivée de leur successeur, afin de répondre aux plaintes qui pourroient être faites contr'eux, le tout conformément aux loix Romaines.

22. Capitaines non en leur place.

Mais pource qu'à succession de temps les Baillifs & Seneschaux s'occuperent tellement à l'exercice de la Justice, que la plûpart d'entr'eux negligerent celuy des armes, il arrivoit souvent qu'és villes frontieres, lors qu'on avoit guerre contre l'étranger, ils ne se trouvoient pas assez capables pour maintenir leurs places, & partant l'interest notable du Royaume requeroit de jetter en icelles des Seigneurs ou Gentils-hommes experts aux armes, pour y commander pendant l'hostilité, qui furent appellez *Capitaines*, c'est à dire, gens de commandement en guerre : estant chose notoire, que nous appellons ainsi vulgairement ceux qui ont telle industrie aux armes, qu'ils sont capables de commander aux autres. Car du commencement, comme dit Haillan, les Gouverneurs des villes ne s'appelloient que Capitaines, & non pas Gouverneurs, mais ce nom estoit laissé à ceux qui commandoient aux Grandes Provinces entieres : mais ceux des villes ne guieres tardé d'usurper ce nom, & de s'intituler Capitaines & Gouverneurs : à la difference desquels, ceux des Provinces se sont intitulez Gouverneurs & Lieutenans generaux du Roy.

23. Commissaires ne sont non plus en leur place.

Même les Baillifs & Seneschaux, reconnoissans que ces nouveaux estats de Capitaines & Gouverneurs

G g iij

238 Des Offices non-venaux, Liv. IV.

quoy se qualifient Capitaines & Gouverneurs.

estoient démembrez de leurs Offices, & que c'estoit eux-mesmes qui estoient les vrais & naturels Gouverneurs de leur Province, pour tacher à éviter qu'on n'y en mist d'autres qu'eux, se sont qualifiez, & se qualifient encore à present Baillifs, Capitaines & Gouverneurs: mesme aucuns, comme ceux de Peronne, Boulogne, Mondidier, Roye, Narbonne & Bayonne, ont quitté tout à fait le nom de Baillif, & se sont intitulez Gouverneurs. Ce qui neantmoins n'a pas empesché qu'il n'y ait enfin eu par tout des Gouverneurs, outre les Baillifs.

25. Anciens Gouverneurs simplement.

26. Origine des Gouverneurs d'apresent.

Voici ce que dit du Tillet de leur origine, Il ne souloit y avoir Gouverneurs ou Lieutenans du Roy, qu'és Provinces limitrophes, pour veiller sur les ennemis voisins, & garder la frontiere en bon estat & deffense. Es celles qui n'estoient limitrophes, les Officiers ordinaires suffisoient. Et pource que par faveur en aucunes avoient esté mis des Gouverneurs, le Roy François premier les revoqua, le 6. May 1545. ne laissant que le seul Gouverneur de Paris, plus pour l'honneur de sa ville capitale, que par necessité.

27. Pourquoy il y a au cœur de la France.

Et peu apres, Depuis ont esté instituez autres Gouverneurs és Provinces non limitrophes, & est apparu par la division de Religion, ou pretexte d'icelle, que cela estoit necessaire, puis qu'en temps de division toutes Provinces sont limitrophes, la guerre intestine estant la plus dangereuse & dommageable, comme chacun sent & voit. Quand Dieu sera appaisé à la France, & que la paix & union y sera retournée, la revocation en sera necessaire.

28. Leur revocation.

Aussi fut-elle ordonnée peu apres le livre de du Tillet, à savoir és Etats de Blois 1571. qui ne laisserent pour tous Gouverneurs en France que les douze anciens Lieutenans de Province: où il est notable en passant, que les lettres des Gouverneurs des villes sont appellez commissions, & non pas provisions. Et cette revocation avoit déja esté ordonnée par le Roy François I. en l'an 1545. incontinent apres la paix faite avec Charles le quint. Mais il eust bien été besoin d'en faire autant apres ces derniers troubles de la Ligue, qui ont encore augmenté le nombre de Gouverneurs, de sorte qu'à present il n'y a quasi petite ville, mesme de celle des Seigneurs, où il n'y ait un Gouverneur particulier, dependant du Gouverneur de la Province, pourveu neantmoins par le Roy.

29. Leur multiplication.

30 Trois degrez d'iceux.

Mesme les Gouverneurs des villes établissent de leur propre authorité les Capitaines aux Chasteaux & places fortes de leur territoire, qui dependent d'eux: de sorte qu'il y a tant autant de degrez de Gouvernemés, que de Justices. Et pour les distinguer, on leur a donné des noms divers, appellans ceux des Provinces *Lieutenans de Roy*, ceux des villes *Gouverneurs* particulierement, & ceux des Chasteaux *Capitaines*. Mesme en plusieurs Provinces le Roy a établi des Lieutenans sous Gouverneurs d'icelles, mesme plusieurs en une mesme Province, qui ont leur charge divisée par les Baillages, ou autres cantons & limites. Et pareillement és villes où il y a citadelles ou chasteaux, il a mis des Capitaines particuliers en iceux, autres que ceux des villes, & qui ne dependent point d'eux, mesme il a encore baillé des Lieutenans à la plûpart de ces Capitaines. Car le Roy reconnoist que plus il y en aura, moins ils s'accorderont ensemble, mais s'envieront & controlleront l'un l'autre. C'est pourquoy il ne refuse, point à sa Noblesse cette recompense d'honneur, qui en la plûpart des lieux ne luy couste rien: n'ayans tous ces Gouverneurs aucuns gages, ny mesme aucuns appointements, fors ceux des frontieres qui ayans des gens de guerre sous eux, ont leur paye de Capitaines de compagnie, & quelques autres ont des pensions extraordinaires. Mais quand la guerre arrive, Dieu sçait comment tous ces gens-la font le métier, aux dépens du pauvre peuple, qu'ils traitent à discretion, ayans la force en main, & estans exempt des oppositions & appellations de la Justice ordinaire, mesme se pretendans exemps des recherches d'icelle.

31. Outre les Lieutenans de chacun degré.

32. Pourquoy y en a tant à present.

33. Inconvenient.

Voila tous les Etats de la Milice armée, ou gendarmerie, tant des compagnies, que des places: examinons maintenant leur nature, & voyons si ce sont vrais Offices formez, & partant irrevocables suivant l'Ordon. de Louis XI. Premierement à l'égard de ceux des compagnies, il est tout notoire, qu'ils sont revocables, & sujets à estre cassez & licentiez, soit ce soient grades militaires acquis par degré merité: bien qu'il sera pourveu au dernier livre, que la degradation, ou revocation des Ordres & grades d'iceux est beaucoup plus difficile, que n'est la privation ou destitution des vrais Offices.

34. Si les Capitaineries sont Offices.

Mais on doute fort en nostre usage, si les Etats des places, qui sont les Gouvernemens des Provinces, villes & chasteaux, sont revocables à la volonté du Roy, ou non. Pource que les Rois n'ont pas accoustumé de les revoquer, & que le pouvoir qu'ont les Gouverneurs, semble leur avoir acquis cet establissement & asseurance qu'il seroit & mal-aisé & dangereux de les oster & destituer: & de fait on voit qu'ils sont ordinairement admis à resigner leurs charges, même qu'apres leur mort on trouve moyen de les continuer en leurs familles, comme si elles leur estoient propres.

35. Si les Gouvernemens sont irrevocables.

Il semble que du Haillan soit de cette opinion, si faut ces mots au 4. livre *Des affaires de France*. Aucuns disant que le premier Gouvernement donné en titre d'Estat & perpetuel, fut celuy de Languedoc, que Charles V. donna à Louys Duc d'Anjou, son frere, apres la rebellion de Montpellier, & qu'auparavant les Rois envoyoient Gouverneurs aux Provinces pour un an ou deux, plus ou moins selon les affaires. Bien que ce qu'il dit de Charles V. ne puisse estre veritable, dautant que nuls Offices de France ne firent perpetuels, jusques à Louys XI. de sorte qu'il faut necessairement entendre son *perpetuel*, pour estre opposé à *temporel*, & non pas pour signifier un Etat irrevocable.

36. Qu'en dit le Haillan.

Mais du Tillet tient expressément l'opinion contraire au chap. *Des Gouverneurs*, en ces mots, *Lesdits Gouverneurs & Lieutenans generaux du Roi sont qu'en commission, & non en titre d'Offices*. Quand le Roi François I. en l'an 1545. revoqua les pouvoirs des Gouverneurs, & autres principaux Etats de son Royaume, le Parlement n'en fit difficulté ne remonstrance, qu'à l'égard des Offices de la Couronne: sçachant que les Gouverneurs & Lieutenans generaux des Provinces sont revocables à volonté.

37. Ce qu'en dit le Tillet.

Et de vray, qui y prendra garde de prés, trouvera qu'il n'y a rien de si certain selon droit & raison. Car premierement il a esté prouvé au 1. livre, & au commencement du second, que la voye de la force, & la charge des armes (qui est proprement à entendre, ce que les Romains appelloient *merum imperium, semotum scilicet ab omni jurisdictione*) ne peut appartenir à aucun par droit d'Office, mais seulement par commission & delegation speciale, comme il se colige de la loy 1. D. De Officio ejus qui mand. est jurisd. & le l'ay traité au 1. ch. du 2. liv. La raison est, que tous Magistrats & Officiers doivent garder l'ordre & les formes de Justice, dont il n'y a que le Roi seul, qui soit exempt, & par consequent la voye de force appartient à luy seul, étant certes un acte de Seigneur, & non d'Officier, & encore de Seigneur souverain, duquel seul la guerre & les armes dependent, lequel est le seul & vray Seigneur des personnes residentes en la Souveraineté: Il y devroit proprement avoir que lui qui put user à l'endroit de ses sujets de cette voye de force, extraordinaire & contraire à celle de Justice. Neantmoins pource qu'il ne peut pas estre par tout, & que partant il est necessaire qu'autres que luy en usent en temps de guerre, où on ne peut attendre les longueurs, ny observer les formes de Justice, on tolere qu'il commette ce pouvoir extraordinaire à quelque personne signalée, à la charge toutefois de n'en user qu'en cas de necessité evidente, & encore d'en user alors au nom du Roy, (ce qui est general en tout Commissaire) & non au sien propre, ainsi

38. Qu'ils sont revocables.

39. Personnes executans par droit d'Office.

40. Pourquoy commis aux Gouverneurs.

Des Charges Militaires, Ch. IV. 239

que fait un Officier en ce qui dépend de sa charge.

Aussi les deux marques essentielles & différences spécifiques, qui distinguent la Commission d'avec le vrai Office (à sçavoir que la Commission n'est érigée par Edit, & que c'est une fonction extraordinaire, comme il sera amplement examiné au chap. suivant) se trouvent concurremment en ces charges de Gouvernemens.

Quant à la première, de n'être érigée par Edit, qui est celle que Bodin reconnoît toute seule, pour différence spécifique d'entre l'Office & la Commission, il est certain qu'il n'y eut jamais Edit portant erection des Gouverneurs, & quant aux Ordonnances qui font mention d'eux, elles sont faites, ou pour les supprimer & revoquer tout à fait, ou pour les reformer & retrancher leurs usurpations, & non pas pour les établir & ériger en titre d'Office formé, comme parlent nos Ordonnances. Et faut remarquer, que toutes celles qui parlent des Gouvernemens, ne les qualifient jamais du nom d'*Office*, mais de celuy d'*Estat*, qu'il a été dit au commencement de cet œuvre, être un terme general, signifiant proprement de soy, toute charge publique, & comprenant la Commission aussi bien que l'Office, même le simple Ordre: comme aussi *Estat* n'est autre chose que qualité. Mais nous avons dit, que dans les Ordonnances où la propriété des mots doit être gardée soigneusement, ce mot est ordinairement accommodé aux Charges, qui ne sont point vrais Offices.

De fait les Gouverneurs n'ont tous aucuns gages, au moins qui soient vrais gages, & qui fussent payez par les receveurs ordinaires du Roy, & comme charge ordinaire de leur recepte, mais ceux d'entr'eux, qui ont quelque appointement, l'ont, ou en forme de paye ou solde, comme Capitaines de gens de guerre, ou par forme de pension, comme Commissaires, & en son payez par les Tresoriers des guerres, ou de l'Espargne en vertu des Estats qui se renouvellent, & peuvent être changez par chacun an. Aussi n'entrent-ils point aux Parties casuelles, & ne sont point resignables, non plus que les Commissions, comme il est porté expressément par le 272. article de l'Ordonnance de Blois.

Quant à la seconde marque, il est certain, que la fonction des Gouverneurs, & de tous autres Officiers militaires est toujours extraordinaire & hors la police civile, puisque la guerre même est non-seulement extraordinaire, mais encore contre nature. Aussi la procedure des Officiers militaires, qu'on appelle la puissance ou la discipline militaire, *est reverâ extra ordinem*, comme parlent les Jurisconsultes, & il est, *extra legitimum & consuetum morem & ordinem judiciorum*, que nous disons en France, *sans forme ne figure de procés*: on y plaide sans écrire, on condamne sans parler: on execute sans condamner: on confirme sans appel. C'est ce qu'entendent Polybe, T. Live, & autres anciens Autheurs, quand ils disent qu'en fait de guerre le Consul Romain, & tout autre Chef d'armée avoit toute puissance de la vie & mort sur les soldats, c'est à dire, le pouvoir faire executer à mort, de luy-même & par son simple commandement, sans garder aucun ordre de Justice.

Ce qui a encore lieu en France à l'égard des soldats sur lesquels, & non sur les habitans s'étend proprement cette puissance militaire. Il est vray, qu'encore les sages Chefs d'armées & Gouverneurs de Province renvoyent les delinquans aux Prevôts des Maréchaux, pour leur faire le procés par les formes ordinaires: mais s'ils veulent, ils les peuvent faire executer à mort sur un simple brevet signé d'eux, & ainsi va la Justice militaire. Mesme que du temps de nos peres les simples Capitaines pretendoient avoir puissance de tuer impunément leurs soldats: ce qui leur fallut deffendre par Edit exprés, qui fut fait à la poursuite de sieur d'Andelot Colonel de l'Infanterie Françoise.

De sorte qu'à present les simples Capitaines, comme aussi les Gouverneurs des villes & places, n'ont plus que la legere correction, avec la contrainte prompte par la force militaire, pour executer ce qui dépend de leur charge. Sans que ni les uns, ny les autres soient tenus de déferer appellation ny opposition, qui sont formalitez de la Justice ordinaire, mais seulement quand ils excedent leur pouvoir ou leur devoir, on se peut pourvoir contr'eux par plainte par-devers leurs Superieurs, ou en tout cas par-devers le Roy, ou son Conseil d'Estat : comme j'ay dit au dernier chapitre du premier livre qu'on faisoit anciennement contre les Baillifs & Senéchaux, lors que le Gouvernement faisoit partie de leurs Offices.

Les charges militaires sont encore extraordinaires d'un autre façon, c'est que toutes celles qu'on veut pretendre être Offices, ont été demembrées & éclipsées des anciens Offices. Comme la charge de Lieutenant general des armées du Roi une commission demembrée de l'Office de Connestable: celle des Maréchaux de camp des Offices de Maréchaux de France: celle des Gouverneurs des Offices de Baillifs & Senéchaux, ne puis ne moins que celle de Garde des Seaux, est demembrée de l'Office de Chancelier de France; côme à la verité c'est chose bien raisonnable, & presque necessaire, qu'és Charges de si grande importance le Prince souverain, s'étant lié les mains de ne pouvoir destituer les Officiers pourvûs en titre d'Office, puisse au moins, en leur laissant leur titre, leur rang, & les droits de leur Office, commettre l'exercice de leurs charges à personnes qu'il estimera plus capables pour certaines considerations, qui dépendent du mouvement, & opinion particuliere, comme du Tillet dit fort bien en ce même chap. *Des Gouverneurs de Province*.

Or il est certain, que celuy auquel est commise en tout, ou partie, la charge d'un vray Officier, soit sous le même titre de son Office, l'en pourvoyant par commission, comme il arrive quelquefois, soit sous un autre titre, qui n'est toutefois érigé par Edit en Office separé, est simple Commissaire, & non pas Officier : l'Office demeurant à l'Officier, auquel il appartient, & la fonction estant exercée par le Commissaire, auquel elle est commise.

Je ne sçaurois imaginer que deux objections, qu'on me puisse faire, pour soûtenir que les Gouverneurs soient Officiers. L'une, qu'ils n'ont accoûtumé d'être revoquez par les Rois. Mais (outre qu'il se trouvera qu'en tous les regnes on en a revoqué quelqu'un qui est assez, pour continuer la possession de ce qui est en pure faculté) si les Rois n'en ont usé, ou pour leur bonté, comme on dit du Roy Robert, qu'il ne destitua jamais un seul Officier, quoy qu'ils fussent destituables indifferemment, ou pour la preud'hommie de ceux qui ont eu ces charges, ou pour crainte d'une revolte, ou autre mauvais accident, comme cela pourroit être à craindre pendant les guerres civiles, ce n'est pas à dire qu'ils ayent perdu leur droit, & que leurs sujets leur puissent prescrire contr'eux, & non plus qu'on ne peut dire que les Ambassadeurs ordinaires ne soient revocables pendant leurs temps; bien que depuis long-temps on n'en puisse cotter aucun qui ait été revoqué: estant une maxime infaillible de droit & d'équité, que ce qui consiste en pure faculté, n'est prescriptible.

L'autre objection resulte de l'Ordonnance de Louis XI. qui a introduit la perpetuité des Offices indefiniement, & sans reserver ny excepter ceux de guerre plûtôt que ceux de judicature, ou de finance. Mais la réponse est, que le texte de cette Ordonnance ne parle que des Offices, & non pas de toutes charges publiques; & de fait, il est bien certain, qu'en vertu de cette Ordonnance, un Ambassadeur, un Conseiller d'Estat, & même un Capitaine de gens de pied ne se peut pas pretendre être Officier perpetuel & irrevocable.

Mais sur tout, il faut observer que lors de cette Ordonnance les Gouverneurs, soit des Provinces, ou des villes n'estoient encore en usage, du moins en qualité de charges ordinaires & accoûtumées. Et de fait, du Tillet remarque, que le Duc d'Orleans fut fait par le Roy Louys XII. premier Gouverneur de Paris, & de l'Isle de France, en l'an 1484. Que si du temps de Louys XI. il y avoit quelques Gouverneurs, comme il est certain, que lors des remuëmens des Provinces on y en envoyoit pour les pacifier, ou tenir en seureté, c'étoit par commissions particulieres, qui n'avoient force sinon tant que le trouble duroit, & estant cessé, ils s'en retournoient en leurs maisons, & n'estoient plus rien de sorte qu'on n'avoit nulle occasion de les tenir pour Officiers ordinaires, & compris en l'Ordonnance : & ainsi faut entendre le dire de du Haillan, cy-dessus rapporté, que le premier Gouverneur perpetuel fut le Duc d'Anjou en Languedoc, sous Charles V. pource que les precedens Gouverneurs n'étoient envoyez és Provinces, que pour donner ordre à certaine affaire, mais luy qui étoit frere du Roy fut envoyé en Languedoc, pour y être continuellement Gouverneur: mais pourtant ce n'est pas à dire, qu'il ne fust revocable, ainsi qu'estoient lors tous les Officiers de France.

Même la verité est, que ç'a été cette Ordonnance de Louys XI. qui a donné cause à l'introduction des Gouverneurs, pource que par icelles les Offices des Baillifs & Senéchaux, ayans été faits perpetuels & irrevocables, ainsi que les autres, quand il est arrivé pendant une guerre, que le Baillif ou Senéchal, auquel à cause de son Office, la charge des armes appartenoit, n'y étoit pas propre, ou bien qu'on avoit quelque défiance de luy, le Roy estoit contraint de commettre un Capitaine, pour la defense & conservation de sa ville, qui étoit appellé *Gouverneur*.

Et comme nous sommes portez en France à l'ambition & à l'augmentation du nombre des Estats, & charges publiques, que chacun brigue avec passion il est arrivé à succession de temps, que par une coûtume ordinaire on a mis és Provinces des Gouverneurs generaux au dessus de ceux des villes frontieres qui sont intitulez *Lieutenans Generaux du Roy*. Et finalement pendant les guerres civiles, soit de la religion, soit les dernieres de la Ligue, toutes villes estans comme frontieres en leur party, il s'est instalé dans les villes étans au cœur du Royaume des Gouverneurs particuliers, quelques-uns reconnoissans celuy de la Province pour superieur, d'autres non : n'y ayant encore de regle arrestée en ces charges, qui se sont établies tumultuairement en temps de troubles. Même il s'est vû en ces derniers, plus qu'auparavant, que les Gouverneurs des villes se sont ingerez de mettre sous eux de leur propre authorité des Capitaines dans les places de leur territoire, ce qu'ils appellent des établissemens, & par le moyen d'iceux ils font les Rois & Princes absolus dans leurs Gouvernemens, même font plus que les Rois, pource qu'ils n'ont pas moyen de maintenir leur train, & d'assouvir leur ambition sans l'extrême foule du peuple, & d'ailleurs n'ont droit de commander par la douceur & la voye de Justice, comme les Rois : & de fait tant que la guerre dure, nul n'oseroit, non-seulement les contredire apertement, mais même faire semblant de trouver mauvais leurs façons d'agir, qu'il ne soit incontinent accablé.

Et qui pis est, ayant goûté la douceur & la commodité de ce commandement presque absolu, Dieu sçait, s'il leur est possible de se soûmettre tout à fait à leur Prince. Ce que tant s'en faut qu'ils fassent pendant leur vie, qu'apres leur mort leurs enfans prennent à injure, si le Gouvernement est conferé à un autre, ne se reputans pas Gouverneurs, mais Seigneurs, même aspireroient volontiers à se faire Seigneurs absolus. Et de fait ils se liguent & associent les uns avec les autres, pour se maintenir, disent-ils, mais c'est contre leur Prince de même que peuvent faire des Seigneurs souverains, en faisans des alliances, pour se conserver contre des Princes étrangers.

Qu'on prenne garde à tous les hazards, qui menacent la France, il n'y en a point de plus grand que celuy-cy : la France est si bien fournie, & de belle Noblesse, & de bons soldats, qu'elle n'a point sujet de craindre l'ennemy étranger, qu'elle sera unie en soy-même, elle ne peut perir que par ses propres forces. Mais y arrivant une guerre civile sous un Prince mineur, ou autrement foible, le desordre & les entreprises tyranniques des Gouverneurs sont suffisantes pour la ruiner, du moins pour la cantonner, comme déja par le même moyen l'Italie, puis l'Allemagne a été cantonnée, & reduite en petits Etats, tels qu'on les voit à present : & sans aller plus loin, déja par deux fois la France a été divisée par les Ducs & les Comtes predecesseurs en charge de nos Gouverneurs d'aujourd'huy, qui du commencement, n'estans que simples Officiers destituables, neantmoins par le moyen du gouvernement qu'ils avoient des Provinces & des villes se sont faits Seigneurs, même Seigneurs presque entierement souverains de leurs Gouvernemens : & ont été cause de toutes les deux mutations de race de nos Rois, lesquels par ce moyen dépoüillez de leur Domaine, & de la propriété quasi entiere de leur Royaume, estoient presque tout ainsi qu'à present l'Empereur parmi les Potentats d'Allemagne : même pource qu'ils n'avoient pas tant de domaine à eux, ny d'autres commoditez qu'à l'Empereur, ils estoient contraints d'entretenir continuellemét quelque guerre afin de continuer leur autorité.

Mais les Rois de la troisiéme lignée ont par grande adresse trouvé moyen par mariages, reversions à faute de mâles, guerres & confiscations, de retirer peu à peu ce qui leur avoit été ôté tout d'un coup : & nous nous pouvons bien souvenir encore, ce que ces dernieres pieces ont coûté à ravoir : & si nous n'avons pû si bien faire, que le païs de Flandre, & le Comté de Bourgogne ne nous soient échapez tout à fait, & encore le Duché de Bar est demeuré aux mêmes termes qu'estoient alors tous les autres.

Donc à mesure que ces pieces ont été retirées, nos Rois craignant de retomber au même inconvenient, au lieu qu'auparavant en conferat les Comtez & Duchez en Offices ils promettoient & juroient, dit Paul Emile, de ne les point revoquer, il firent desormais tout le contraire, & baillerent ces mêmes charges à certains titres importans & significans leur simple commission, & pource que le mot de *commission* n'étoit point encore en usage, ils appellerent ces nouveaux Officiers *Baillifs*, c'est à dire gardiens, ou *Senéchaux*, c'est à dire Officiers domestiques : termes qui emportent, qu'ils étoient revocables, comme est notoirement un gardien, & un serviteur domestique.

Et ces termes avoient déja été inventez par les Ducs & Comtes, lesquels apres leur usurpation, nommerent ainsi des Officiers, qu'ils commettoient sous eux, en leurs Seigneuries, afin que par le propre nom de leurs Offices, ils connussent, qu'ils étoient revocables à volonté : comme aussi étoient lors tous les Officiers de France indistinctement, même les Officiers de la Couronne, comme j'ay prouvé en leur chapitre.

Mais quand par le moyen de l'Ordonnance de Louys XI. ces Offices devinrent perpetuels comme les autres, les Baillifs & Senéchaux, aussi bien que les autres grands Officiers, non contens de ne pouvoir plus être revoquez (comme l'ambition augmente toujours, principalement quand elle est assistée de la force) tâcherent encore de se rendre hereditaires : dont le Parlement les a empêchez, comme il a été prouvé au deuxiéme livre : du second livre : & même aujourd'huy en toute l'Escosse les Senéchaux se sont faits hereditaires : dont le Roy d'Angleterre & d'Ecosse à present regnant, se plaint en ce petit livre du present Royal, imprimé depuis quelques années.

Pource donc qu'on craignit en France que les Baillifs & Senéchaux fissent comme les Ducs & les Comtes, attendu qu'ils avoient la charge des armes, de la Justice, & des finances conjointement ainsi qu'eux, on y

55. Interpretation du dire de du Haillan.

56. Vraye cause de l'invention des Gouverneurs.

57. Gouverneurs ordinaires.

58. Inconvenient qui en arrive au peuple.

59. Inconvenient qui en vient au Roy. 60. Et à l'Estat.

61. Que

c'est le plus grand peril de la France.

62. Exemples fort notables.

63. Adresse des Rois de la troisiéme Race.

64. Premiers Gouverneurs nommez Baillifs & Senéchaux.

65. Estoient destituables.

66. Tâcherent de se faire hereditaires.

67. On leur osta le maniement des finances.

Des Charges Militaires, Ch. VI. 241

on y apporta un prompt & asseuré remede, qui fut de démembrer & diviser leurs charges, & premierement on leur osta les finances qu'ils manioient lors (comme il se void au grand Coûtumier) & pour raison de quoy ils faisoient le serment, & estoient comptables à la Chambre des Comptes, ainsi que M. Pasquier a remarqué, mettant sur les lieux des Receveurs du Domaine. Puis on leur osta le principal maniement des armes par l'établissement des Gouverneurs, si qu'à regard il n'est resté aux Baillifs que la conduite de l'arriere-ban, qu'on leur a laissé pour marque de leur ancien pouvoir. Finalement on leur a ôté le maniement de la Justice, leur donnant en premier lieu des Lieutenans de longue robe, en titre d'Office Royal, au lieu qu'eux-mêmes en commettoient, qu'ils destituoient à leur fantaisie, même enfin on leur a ôté toute l'entreprise de la Justice, de sorte qu'il ne leur en reste que la simple seance à l'audience sans mot dire comme statuës, & que les sentences & contracts sont intitulez de leurs noms.

Voila comme ils ont été punis de s'être voulu faire hereditaires. En quoy il faut remarquer une grande prevoyance de nos ancestres, & un sage trait d'Estat, d'avoir si à propos divisé les grandes charges, afin qu'on n'en abusât au hazard du public. Et il s'ensuit bien de ce discours, que les Gouverneurs qui leur ont succedé à la charge des armes, au moins ceux des villes, sont revocables: comme de fait ils ont déja par deux fois été tous revoquez depuis l'Ordonnance de Louys XI. à sçavoir par le Roy François I. puis par le feu Roy aux Etats de Blois, où même il est dit en l'article 272. que ceux des Provinces ne seront admis à resigner, non plus que ceux des villes.

Et puis dire qu'à faute d'avoir entretenu cette revocation, la seule puissance des Gouverneurs (parmy l'ambition de ce siecle, l'impunité, & les moyens nouveaux d'établissement qu'ils ont déja ménagez) est suffisante pour nous faire retomber aux mêmes hazards du passé. Comme on a veu pendant l'anarchie de ces derniers troubles, la France presque en train d'être cantonnée en autant d'Etats souverains, qu'il y avoit de Gouverneurs, si pour nôtre eternel malheur la Ligue eût été victorieuse. Mais Dieu qui a toujours fait paroistre une particuliere bien-veillance à ce Royaume tres-Chrestien, dissipa ces pernicieux desseins par la vaillance extrême, puis par la clemence insigne de nôtre tres-victorieux Roy Henry IV. qui en chassant tant de petits tyrás de son Roiaume, a encore plus fait pour nous que pour luy.

Remercions-le donc, qu'à ce grand ébranlement de tout l'Etat il s'est trouvé tout à propos un Atlas pour le soûtenir : & considerons au surplus que les Chefs de cette qualité sont si rare, que si la race vient à finir, il ne se faut pas attendre d'en trouver une autrefois de tels au besoin. C'est pourquoy ayant échappé si belle, nous avons bien occasion pendant cette profonde paix, que Dieu semble nous prolonger exprés, pour l'établissement de la posterité de ce Roy, qu'il favorise en tant de manieres, le supplier de pourvoir, & remedier à ce mal, qu'il peut mieux faire qu'aucun de ses predecesseurs, n'y ayant jamais un Roy en France plus absolu que lui: autrement ce mal ne manquera point de recommencer à la premiere guerre civile, dont la diversité de Religion nous est un sujet continuel, outre les autres qui peuvent naistre inopinément : & Dieu vueille que ce ne soit point pendant la minorité de ses enfans.

Surquoy je me suis contenté de rapporter succinctement les raisons de l'histoire, & du droit, sans m'étendre sur les raisons d'Etat, ny sur l'ouverture des remedes, pource qu'il est malaisé de traiter plus pertinemment ces deux points, qu'ils l'ont été par l'excellent petit discours *De la maladie de la France*, que cette belle ame publique M. l'Echassier mon Côfrere & amy, donna au Roy, & au public, il y a quatre ans, ou environ: discours qui ne merite pas seulement *Du droit des Offices.*

d'être veu du peuple : mais d'être exactement consideré de sa Majesté, & de son Conseil. Et qu'il plût à Dieu que pour toute recompense du labeur de nôstre œuvre, luy & moy eussions ce contentement, & ce merite d'être cause qu'on remediât à ce mal. Car nous nous pourrions vanter d'avoir preveu & empeché la ruine de nôtre patrie, qui autrement est inevitable quelque jour de cette part.

Il est vray que déja sa Majesté y a apporté deux commencemens de remede : l'un, qu'au lieu que les Lieutenans generaux des Provinces avoient entrepris de choisir & établir eux mêmes les Gouverneurs des villes, c'est elle aujourd'huy qui les commet tous comme certes', il est tres-raisonnable & tres-important, que la force publique ne soit deferée que par le Prince souverain, duquel seul elle doit dépendre. Ce qui au reste a esté fort aisé à faire, pource que les Gouverneurs des villes, afin d'être plus autorisez, ont été bien aises de prendre lettres du Roy.

L'autre, que sa Majesté a donné & institué adroitement des Lieutenans à sa devotion, presque à tous ces Gouverneurs, soit des Provinces ou des villes, qui partant comme leurs Controlleurs, & d'ordinaire plutost que leurs contretenans que leurs Lieutenans, les retenant en devoir par une brave emulation au service du Prince. Au lieu qu'anciennement, ou il n'y avoit point de Lieutenans, ou s'il y en avoit, ils estoient choisis & commis par les Gouverneurs mesme : comme du Tillet nous en donne des exemples, ainsi qu'auparavant le Roy François I. c'étoit les Baillifs & Senéchaux qui instituoient leurs Lieutenans.

Mais à vray dire ces remedes ne sont que palliatifs & non pas curatifs. Car laissant les Gouverneurs toute leur vie dans les Provinces, & les villes : même continuant, comme on fait leurs Etats de pere en fils aux grandes Maisons, les Lieutenans des Provinces peuvent aisément, pendant un si long-temps, pratiquer des habitudes, alliances & obligations étroites avec les Gouverneurs des villes, & les Gouverneurs des villes reciproquement avec les Capitaines des places & forteresses, pour s'en prevaloir en temps de troubles à l'encontre du legitime heritier de la Couronne, s'il se trouve mineur, autrement foible, & incommodé.

Partant il semble que le vray remede seroit d'ôter & revoquer absolument pendant la paix tous ceux des villes, qui aussi bien n'ont alors nul exercice, comme fit ce sage Roy François I. en l'an 1545. incontinent apres la paix faite avec l'Empereur, & le feu Roy aux Etats de Blois apres les troubles de la Religion cessez. Et quant à ceux des Provinces, qui sont à la verité Etats plus ordinaires, au moins quant aux douze anciens, mentionnez en ces deux Edits de 1545. & des Etats de Blois, il seroit expedient de les changer, & remuër quelquefois de Province en autre, comme enseigne ce petit livre *De la maladie de la France*, afin qu'ils apprissent qu'ils ne sont pas en titre d'Office, mais par commission seulement.

Puis donc qu'il est question de parler des Gouverneurs aujourd'hui en France, il est bien à propos de parler de leur charge & de leur pouvoir, qui certes est bien malaisé à regler, pource qu'il s'exerce principalement en fait de guerre, où il est difficile de donner un ordre certain, & où en tout cas le bruit des armes empêche qu'on entende la raison. Toutefois si faut-il borner la force, de peur qu'elle ne s'avantage par dessus la raison ; comme c'est son ordinaire: même il faut à son égard faire pratiquer, tant qu'on pourra, ce dire ancien, que *in maxima potentia minima licentia est*.

Pour cét effet il se faut ressouvenir de ce que j'ay dit plusieurs fois, qu'en France les trois fonctions, des armes, de la Justice, & des finances, sont entierement separées, & que chacune d'icelle a ses Officiers à part, qui ne doivent s'entremettre en sorte que ce soit des deux autres. D'où il s'ensuit que les Gou-

H h

68. Et celuy des armes.
69. Et celuy de la justice.
70. Faux droit use de semblable prevoyance à l'égard des Gouverneurs.
71. Hazard échappé.
72. Seroit bon d'y prevoir à present.
73. Du remede remissif.
74. Livret de la maladie de la France.
75. Remede que le Roy d'à present y a apporté.
76. Autre remede.
77. Que ces remedes ne sont suffisans.
78. Remede de plus effectuel.
79. De la charge & pouvoir des Gouverneurs.
80. Gouverneurs ne se doivent mesler de la justice, ny des finances.

verneurs estans les vrais & particuliers Officiers des armes ils ne se doivent mesler en façon quelconque, ny de Justice, ny des finances: sinon de leur prester main forte, pour le service du Prince, & repos de l'Estat. Mais pource que la force, qu'ils ont en main, les enhardit bien souvent à faire le contraire, les Parlemēs, lors qu'ils reçoivent les Gouverneurs de Province, ou qu'ils verifier leurs pouvoirs, les font jurer qu'ils n'entreprendront sur la Justice. Il y a aussi plusieurs Ordōnances, qui leur en font defeñse, à sçavoir celle de Louys XII. de l'an 1498, art. 7. celle de Moulins art. 22. & celle de Blois art. 274. & les mesmes Ordonn. leur défendét aussi de toucher aux finances du Roy, ni de faire levée de deniers sur le peuple, à peine de cōfiscation de corps, & de biés, dit celle de Moulins art. 23.

81. Entreprises anciennes des Gouverneurs.

Car notamment les Lieutenans de Province establis aux pays d'Etats (qu'on appelle) & entr'autres ceux de Dauphiné, & de Provence, ont pretendu estre, comme sont les Vice-Rois, envoyez és Royaumes, où Etats non reünis à la Couronne, qui ordinairement ont l'exercice de plusieurs droits Royaux & de souveraineté, comme font le Vice-roy de Naples, ainsi que du Tillet nous apprend, à sçavoir de donner graces, foires & marchez, annoblissemens, legitimations, & autres semblables droits. Mais il dit en suite que le Roy François I. reduisit les Gouverneurs de Dauphiné & de Provence au pouvoir des autres Gouverneurs du Royaume, ausquels par l'Ordonnance de Louis XII. art. 70. reiterée par celle de Moulins art. 22. tout cela est expressement interdit.

82. Pouvoir particulier des Gouverneurs de Dauphiné.

Toutefois le feu Roy permit au Duc de Montpensier en l'an 1576. par les lettres de provision du Gouvernement de Dauphiné, de pourvoir aux Offices, dont le Parlement de Grenoble, par sa verification, excepta ceux des deux Compagnies souveraines, & ceux de nouvelle creation pour la premiere fois, & Guy Pape en sa decision 234. nous apprend que cela estoit accoustumé de tout tēps. Mais quatre ans apres il eût lettres patentes du mesme Roy, par lesquelles il declara que les successeurs dudit Duc de Montpensier ne jouïroient point de ces prerogatives de conferer les Offices, donner graces, & se faire intituler aux Arrests.

83. Les Gouvernemens n'ont plus que la charge des armes.

Bref, qu'il ne reste plus aux Lieutenant de Province, & aux Gouverneurs des villes, ou Capitaines des places à plus forte raison, que ce qui concerne les armes, & la defense des lieux ausquels ils sont preposez. Or autant que la voye des armes, ou de la force ne doit avoir lieu, sinon lors que celle de la Justice manque, comme dit Ciceron, au livre premier *Des Offices*, apres Aristote au 1. des Polit. il s'ensuit que leur charge est proprement ordonnée, & doit estre principalement dirigée contre l'ennemy étranger, duquel on ne peut pas avoir raison par Justice, & non pas contre le citoyen, qui est subject à la Justice de l'Estat. Ou bien s'il elle est dirigée contre le citoyen faut ou qu'il soit rebelle, ou ait quitté l'obeïssance de son Prince, ou du moins qu'il soit seditieux: encore contre les seditieux la force des armes ne doit estre employée, sinon tant que la Justice n'en peut venir à bout, & ce n'est en ce cas que tenir main-forte à la Justice.

84. Comment leur charge s'étend contre les citoyens.
85. Moyen de se pourvoir contre eux, quand ils excedent.

Que si par fois elle est employée à l'endroit du sujet obeïssant, c'est indirectement, & non à cause de luy, mais en consideration de l'ennemy, & sur le sujet de la guerre: mesme seulement autant que l'urgente necessité d'icelle le requiert. Encore lors principalement y faut-il apporter un ordre, tant que faire se peut: comme par exemple, si on leve des munitions, faut qu'il ait des gens solvables deputez pour en faire la levée, & qu'ils baillent quittance de ce qu'ils recevront, pour égaler la taxe sur le peuple apres la guerre cessée. Que si le Gouverneur en use autrement il abuse de sa puissance, & on en peut faire plainte à ses superieurs, mesme recherche en Justice, à laquelle appartient de punir toute sorte d'excez, qui se font dans le Royaume.

N'estant, cōme dit du Tillet, les Gouverneurs exēpts de la Justice, non plus que les Officiers de Justice ne sont exempts de leur puissance, chacun endroit soy, & en sa saison: autrement, & si la force n'estoit controllée par la Justice, se seroit volerie & brigandage plus malaisé à éviter, que celuy des forests, & de la mer.

Au surplus pour ce qui est de la forme de proceder en leurs charges: le pouvoir des Gouverneurs est proprement ce que les Romains appelloient *merum imperium, id est semotum ab omni jurisdictione*. comme Duaren l'interprete fort bien, c'est à dire, exempt de toute formalité de Justice, au lieu que celuy des Juges est appellé *mixtum imperium*, pource qu'il est meslé de jurisdiction, & doit estre conduit selon l'ordre, & les formes de Justice. Et ce n'est pas merveille, que les Gouverneurs des Provinces Romaines eussent d'ordinaire l'un & l'autre commandement, pource qu'ils étoient Gouverneurs & Juges tout ensemble.

86. Merum & mixtum imperium.

D'où je conclus que le Gouverneur, en ce qui dépend de sa charge, n'est tenu d'observer aucune formalité de Justice, comme de verbaliser, & rediger par écrit sa procedure, & son Ordonnance; mais sa fait executer par son commandement verbal, sans deferer à aucune opposition ou appellation: qui n'ont lieu à l'encontre de ses mandemens, pource que l'opposition, & appellation sont actes & procedures judiciaires, & seroit les avoüer pour Juges, que d'appeller d'eux. Que s'ils excedent en leur pouvoir, il en faut faire sa plainte au Superieur, ou apres la guerre les poursuivre par Justice.

87. Gouverneurs ne sont astraints aux formes de justice.

Or bien que j'appelle *merum imperium*, le pouvoir de nos Gouverneurs, je n'entens pas neantmoins qu'il s'étend jusques à la mort, comme nos Jurisconsultes ont defini celuy des Gouverneurs Romains, qui estoient Juges quand & quand: encore n'avoient-ils pas ce pouvoir du propre droit de leur Office, mais seulement par concession particuliere de l'Empereur, comme j'ay traitté au premier chapitre du second livre: où j'ay dit en outre, qu'il n'estoit concedé qu'à ceux qui estoient establis aux Provinces belliqueuses, & sujetes à rebellion.

88. N'ont toutesfois puissance de vie & de mort.

Mais en France les Rois mesmes n'entreprennent pas d'user de ce commandement, qui est en effet ce que nous appellons la puissance de vie & de mort, ainsi que les Empereurs Romains en usoient en consequence de ce qu'ils s'estoient attribué, & le nom, & la puissance en tout temps, & en tous lieux, des Generaux d'armée, appellez à Rome *Imperatores*. Mais seulement nos Roys usent de cette puissance de vie & de mort contre les gens de guerre, & ne la permettent qu'au Connestable, Mareschaux de France, Generaux d'armées, & Colonel general de l'Infanterie, & encore pour en user seulement lors de l'expedition militaire suivant l'Edit du Roy Henry. II fait à la poursuite du sieur d'Andelot, par lequel cette puissance fut interdite à tous autres Capitaines & Officiers, comme j'ay observé au 9. Chapitre du 1. livre: de sorte que les Gouverneurs des places n'ont autre pouvoir sur les personnes des subjets du Roy, sinon de s'en asseurer, & par apres faire faire leurs procez par leurs Juges naturels.

89. Le Roy mesme n'en use qu'en guerre.

90. Quels Officiers, & Capitaines en peuvent user en guerre.

CHAPITRE V.
Des Commissions.

1. *Differend notable à Athenes sur la difference de l'Office & de la commission.*
2. *Autre depuis peu entre Sigon & la Grouche.*
3. *Difficulté de les distinguer.*

Des Commissions, Chap. V.

4. Que Bodin s'y est trompé.
5. Qu'il y a des Officiers sans Edit, comme des Nobles sans lettres.
6. Differentia inter Curationes & Magistratus extraordinarios.
7. Autre difference.
8. Difference entre les Offices & commissions de Rome.
9. Deux marques qui distinguent les commissions d'avec les Offices.
10. Deux sortes d'Offices en France.
11. Deux sortes de commissions, sçavoir est les propres.
12. Et les impropres.
13. Effet different de l'Office & la commission.
14. Qu'il n'avoit lieu autrefois.
15. Pourquoy les Offices ont eté conferez par commission.
16. Invention des commissions.
17. Quels Offices conferez par commission, & quels en titre.
18. Commission des Offices de finance desaccoustumées.
19. Offices de la Maison du Roy comment conferez.
20. Charges militaires comment conferées.
21. Commissions érigées en Offices.
22. Commissions des Requestes du Palais.
23. Presidens du grand Conseil & des Enquestes du Parlement.
24. Debat de la preseance entre les Presidens des Enquestes & Conseillers de la grand' Chambre.
25. Commissaires des guerres.
26. Ceux commis par les Mareschaux de France.
27. Commissions particulieres des Commissaires des guerres.
28. Commissaires du Chastelet.
29. Du droit des Commissions.
30. Les lettres n'y sont necessaires.
31. Fors en justice contentieuse.
32. La reception n'y est requise.
33. Ny le serment.
34. Fors és Commissionaires.
35. Pourquoy les Gouverneurs se font recevoir aux Parlemens.
36. De mesme.
37. Commissaires doivent faire publier leurs lettres.
38. Pouvoir du Commissaire de Rome.
39. Pouvoir de celuy de France.
40. Difference du pouvoir du Commissaire, & celuy de l'Officier.
41. Pouvoir du Commissaire n'est extensible.
42. De mesme.
43. Actes d'un Commissaire ne sont pas publics.
44. Honneurs des Commissaires.
45. Commissions ne donnent rang.
46. Limitation en l'acte de leur exercice.
47. Comment s'entend que Delegatus major est ordinario.
48. Commissionaire fait titulaire, garde son premier rang.
49. L'autre limitation és Commissions, qui ont commandement.
50. Rang des Presidens des Enquestes.
51. Commissaires permanents ont titre d'honneur.
52. Profits des Commissaires.
53. Gages.
54. Menus Profits.
55. Expiration des Commissions.
56. Commissions ne sont resignables.
57. Quand la Commission ne finit par la mort du Commissaire.
58. Commission addressée au Bailly, ou son Lieutenant, ne peut estre executée par un Conseiller, ou Advocat du siege.
59. Commission finie par revocation.
60. Revocation n'a effet qu'aprés estre sçeuë.
61. Clause des revocations.
62. S'il les faut signifier.
63. Si la Commission finit par la mort du constituant.
64. Semble que non pas toujours.
65. Solution, & conciliation de deux loix.
66. Autre, & meilleure.
67. Quels mandemens du Roy s'executent aprés son deceds.
68. De mesme.
69. Commissions de Justice ne s'addressent qu'aux Officiers.
70. Des Commissions executives, & attributives de jurisdiction.

1. Different notable à Athenes, sur la difference de l'Office, & de la commission.

CE n'est pas d'aujourd'huy, qu'on se debat touchant la distinction d'entre l'Office & la Commission: c'estoit le principal poinct de ce memorable procez d'entre Eschine & Demosthenes, dont les plaidoyez se voyent encore aujourd'huy: sur ce que Ctesiphon, ayant fait requeste au peuple d'Athenes, à ce que Demosthene fust couronné en plein theatre pour les merites envers la Republique, & notamment pour avoir fait fortifier la ville d'Athenes, Eschine l'empescha, disant qu'il faloit au prealable qu'il rendît compte, ainsi que tout Magistrat estoit tenu faire par la loy, avant qu'estre recompensé. Sur ce Demosthene entre en cause pour son interest, & répond, que la loy ne parloit que des Magistrats & Officiers, mais que la charge des fortifications qu'il avoit euë, n'estoit point un Office, mais simplement une commission ἀν ἀρχὴν ἰσοί, ἀλλὰ ἐπιμέλειαν τινα ἢ διακονίαν.

2. Autre depuis peu entre Sigon & la Grouche.

Et cette mesme dispute a esté renouvellée du temps de nos peres entre Sigon & la Grouche, signalée contention, qu'ils eurent, l'un contre l'autre, où ils se sont tous deux tellement embarassez par plusieurs repliques, que pour leur trop grande alteration, ils ont plûtôt égaré que trouvé la verité.

3. Difficulté de les distinguer.

Si est-il vray, que les Romains avoient des Commissions, à la difference des Offices, témoin Ciceron en sa 4. Verrine, où il énonce distinctement les trois especes de charges publiques *Magistratus, Curationes, & Sacerdotia*: & lui-mesme, au 3. *Des loix* distingue les Magistrats ordinaires d'avec les extraordinaires. Mais il faut confesser la distinction d'entre les Curatiós, ou Magistrats extraordinaires de Rome, & les vrais Offices, ou Magistrats ordinaires, est extremement difficile, comme les écrits de ces deux grands personnages font foy. Ainsi que de mesme parmy nous la distinction d'entre l'Office & la commission, est infinie-

ment mal-aisée, côme il se peut colliger du discours, qu'en fait Bodin, au second & troisieme chapitre du troisiéme livre de sa Republique, où ayant cotté pour leur difference specifique, que l'Office est erigé par Edit, & non la commission, il n'a pas compris entre les Officiers, que les derniers erigez, & en a exclud les anciens, dont on n'a pas memoire de l'érection, qui neantmoins sont les plus vrais Officiers, comme entr'autres les anciens Officiers de la Couronne, & les premiers Officiers de la Justice, qui ne peuvent monstrer l'Edit de leur erection, mesme qu'il y a grande apparence avoir eté erigez sans Edit, comme les Baillifs & Senéchaux, qui ont esté creez par les Ducs & les Comtes, lors qu'ils tenoient les villes, & leurs Lieutenans qui ont eté instituez par eux-mesme, lors qu'ils avoient droit de le commettre : de sorte que cette fantaisie de Bodin de vouloir remarquer & distinguer les vrais Officiers par l'Edit d'erection, est tout ainsi que si on vouloit remarquer les vrais Gentilshommes par les lettres d'anoblissement, & soûtenir, que ceux qui ne peuvent faire apparoir de leur anoblissement, ou celuy de leurs ancêtres, ne seroient pas nobles: bien que la verité soit, que ceux qui sont nobles de tout temps & anciennneté sont les plus vrais Gentils-hommes.

Or pour distinguer les Offices des Romains d'avec les commissions, qu'ils appelloient tantôt *Curations*, tantôt Magistrats extraordinaires, il faut remarquer premierement, qu'il y avoit quelque difference entre les simples Curations & les Magistrats extraordinaires, qui possible etoit toute la même, que celle d'entre les Officiers Magistrats, ou non Magistrats, distinguant toûjours les Magistrats par le commandement: de sorte que les Curations etoient les moindres commissions, qui n'attribuoient point de com-

4. Que Bodin s'y est trompé.

5. Il y a des Officiers sans Edit, comme des Nobles sans lettres.

6. Differentia inter Curationes & Magistratus extraordinarios.

mandement, & les Magistrats extraordinaires étoient les grandes commissions, qui emportoient commandement, comme celles du Dictateur, du Magistrat de la cavalerie, des trois hommes pour établir la Republique, des deux hommes pour juger le crime de perduellion, des Questeurs, des patricides, du Prevôt des vivres, du Prevôt du Guet, & autres semblables, desquels deux derniers la loy 2. *De orig. jur.* §. *Et hæc omnia*, dit, que *non erant Magistratus (ordinarij & veri scilicet) sed extra ordinem utilitatis causa constituti.* Ou bien on peut dire que les Curations étoient les charges extraordinaires *ratione temporis*, c'est à dire, qui ne subsistoient pas toûjours, & en tout temps, comme le Dictateur & le Maistre de la cavalerie : & les Magistrats extraordinaires, qui bien qu'ils fussent en tout tems, étoient neanmoins extraordinaires quant à la fonction, comme les Prevôts des vivres & du Guet. Car ce même §. *Et hæc omnia*, nous apprend que le Prevôt de la ville n'étoit anciennement que par commission, lors qu'on n'en mettoit pas tous les ans ; mais que la coutume étant venue d'en mettre par chacun an, il avoit été mis au nombre des Magistrats. Voilà donc les deux marques & differences d'entre l'Office & la commission : que l'Office est en tout tems, & qu'il est employé à une charge ordinaire : Au contraire la commission ne dure pas toûjours, & est communémét dirigée à une fonction extraordinaire.

D'où s'ensuit que les vrais Officiers & Magistrats ordinaires de Rome étoient ceux qui tout ensemble étoient permanens en tout temps, & avoient une charge & fonction ordinaire : les Curations ou Magistrats extraordinaires étoient ceux, ou qui n'étoient pas permanens, ou desquels la fonction estoit extraordinaire. Lesquelles deux marques ou differences peuvent estre comprises sous ce mot *ordinaire & extraordinaire*, qu'on peut entendre, *vel ratione temporis, vel ratione subjecti*. C'est pourquoy au commencement du premier livre j'ay défini l'Office, *fonction ordinaire*, & la commission, *fonction extraordinaire*.

Car ces deux marques ont lieu presque autant en Frâce qu'à Rome & principalement la premiere, que les charges qui n'ont pas une perpetuelle subsistance sont commissions, & non pas Offices : mais quant à l'autre, de tenir pour commission toutes les fonctions extraordinaires *ratione subjecti*, elle n'a pas toûjours lieu à present, pource que depuis la venalité introduite aux Offices, la pluspart des commissions ont été erigées en titre d'Office formé, afin de les rendre perpetuelles, & par consequent le pouvoir vendre.

D'où il s'ensuit, qu'il y a deux sortes de vrais Offices en France, à sçavoir ceux dont la fonction est ordinaire, & de tout temps accoustumée, comme les Offices de la Couronne, & les Offices des Justices ordinaires : & ceux dont la fonction est extraordinaire, & qui neantmoins ont esté erigez par Edit en titre d'Office formé, comme ceux des Elections, Greniers à sel, & autres justices extraordinaires, ensemble la pluspart des Tresoriers & Receveurs.

Tout au contraire, il y a deux sortes de Commissions, contreposées à ces deux sortes d'Offices, à sçavoir celles dont la fonction est, ou non permanente de tout temps, comme les Ambassades & Capitaineries, ou extraordinaire au sujet, comme les Gouvernemens : & j'appelle les unes & les autres Estats ou Offices extraordinaires, de sorte que cette premiere espece se subdivise en deux, à sçavoir celles qui sont extraordinaires *ratione temporis, vel ratione subjecti*. Et enfin, il y a les pures & vrayes commissions, à sçavoir les charges d'Officiers conferées par commission, soit sous autre nom que celuy de l'Office qu'elles suppléent & representent, comme sont celles du Garde des Seaux, Surintendant, Intendans des finances, Conseillers et Secretaires d'Estat : soit sous le mesme nom de l'Office, comme toutefois & quantes que les Offices sont conferez, non en

titre, mais simplement par commission : de sorte qu'ainsi que des charges extraordinaires on en fait des Offices en les erigeant en titre d'Office, aussi des charges ordinaires on en fait des commissions, en les conferant par commission.

Et pour parler desormais plus clairement & plus distinctement de ces deux sortes de commissions, j'appelleray ceux qui exercent les charges extraordinaires, *Commissaires*, & ceux qui exercent les Offices ordinaires par commission, *Commissionaires*.

Voila quant à la marque qui distingue les Commissaires d'avec les Officiers : mais leur distinction est bien plus évidente à present en ce qui est de leur effet : à sçavoir que toutes sortes d'Offices sont perpetuels : & au contraire, toutes sortes de commissions sont revocables : laquelle difference n'avoit lieu en l'Estat Romain, où le Magistrat extraordinaire n'étoit pendant son temps non plus revocable que l'ordinaire, comme j'ay dit ailleurs. Et au contraire auparavant que les vrais Offices eussent été faits irrevocables par l'Ordonnance du Roy Louïs XI. les Officiers & Commissaires étoient revocables les uns comme les autres, étans tous conferez sous la clause, *Tant qu'il nous plaira* : de sorte que leur provision étoit par apres restrainte & limitée au temps qu'il plaisroit au Roy les laisser en leurs charges, & partant il n'importoit lors, ny au Roy, ny aux Officiers, qu'ils fussent pourveus, ou par commission, ou en titre d'Office ; Mais l'effet de la clause, *Tant qu'il nous plaira*, ayant été aboly à l'égard des Officiers, qui ont été faits irrevocables par cette Ordonnance, il a depuis importé beaucoup, & à eux d'être plutôt Officiers que Commissaires, afin de n'être revoquez : au Roy tout au contraire, de les pourvoir plutôt par commission, qu'en titre d'Office, afin de les pouvoir revoquer.

C'est pourquoy le Roy Charles VIII. fils & successeur de Louïs XI. n'osant abroger tout à fait, ny enfraindre apertement l'Ordonnance de son pere, laquelle même il luy avoit fait jurer solemnellement peu auparavant son deceds, inventa ce moyen oblique pour la limiter selon son intention, de conferer certains Offices par commission seulement, & non en titre, afin qu'ils fussent revocables : ainsi que les Papes pour bailler les Benefices à ceux qui n'étoient capables de les tenir en titre, selon le droit Canon, se sont advisez de leur conferer en commande. De sorte que des trois sortes d'Offices qu'il y a eu ce Roïaume, à sçavoir de guerre, de justice, & de finance, il confera seulement ceux de justice à titre d'Office irrevocable, pource que cette vacation requiert une experience particuliere : mais quant à ceux de guerre, dont la perpetuité est dangereuse à l'Etat, & ceux de finance, où la longue experience n'est necessaire, il les confera seulement par commission revocable, hormis les seuls Offices de la Couronne, qui pour leur dignité ont été toûjours conferez en titre.

Il est vray, que cette façon de conferer les Offices par simple commission, ne dura gueres en ceux de finance, pource que Louïs XII. successeur de Charles VIII. ayant commencé de les vendre, il falut qu'il les conferât en titre, ce qui a depuis été continué. Et quant aux Offices de guerre, pour le regard de ceux de la Milice Palatine, c'est à dire des Offices de la Maison du Roy, ils ont été conferez par commission, ou du moins, tenus pour revocables, jusques au tems de Henry II. qui en l'an 1554. fit une Ordonnance, pour les rendre irrevocables ; encore qu'à bien prendre, ils fussent vrais Offices de leur propre nature, étant leur fonction & permanente & ordinaire.

Mais pour le regard de ceux de la Milice armée, que nous appellons *charges militaires*, il est vray, que ce n'ont jamais été de vrais Offices, mais de simples commissions, à sçavoir les Capitaineries, d'autant qu'elles ne sont pas toûjours permanentes, ainsi que la guerre n'est pas toûjours continuelle : & les Gou-

Des Commiſsions. Chap. V.

vernemens, pource que leur fonction eſt extraordinaire, auſſi que l'importance de ces charges, auſquelles la voye de force eſt commiſe, requiert bien qu'elles ſoient revocables à la volonté du ſouverain.

21. Commiſſions érigées en Offices.

Or comme la perpetuité introduite aux Offices, fut cauſe de reduire pluſieurs Offices en commiſſions, afin qu'ils fuſſent revocables: auſſi au rebours, la venalité, qui y fut introduite par apres, fit eriger en Offices pluſieurs commiſſions, afin de les rendre perpetuelles, & de les pouvoir vendre: aucunes mêmes deſquelles ont retenu leur ancien titre de commiſſions, bien que ce ſoient à preſent vrais Offices. Notamment ceux qui ſont affectées à certains Offices:

22. Commiſſaires des Requeſtes du Palais.

par exemple, les Eſtats de Commiſſaires aux Requeſtes du Palais, ſont ainſi qualifiez, pource que de leur origine c'eſtoient ſimples commiſſions déferées par la Cour de Parlement aux anciens Conſeillers d'icelle, pour inſtruire & juger en premiere inſtance les cauſes des privilegiez, neantmoins du depuis elles ont été erigées en titre d'Office formé. Auſſi entrent-elles aux parties caſuelles, ne ſont point revocables par deſtitution, ny muables par la mort du Roy; mais au contraire, ayant été conferées moyennant finance, ſont reſignables. Bref elles ſont, en tout & par tout reglées tout ainſi que les autres Offices de judicature.

23. Preſident du grand Conſeil, & des Enqueſtes du Parlement.

Pareillement, & pour les mêmes raiſons, je croy que les Eſtats de Preſident du grand Conſeil, & des Enqueſtes du Parlement, ſont vrais Offices, bien que vulgairement on les qualiſe & eſtime commiſſions, & qu'ils ſoient affectez, ceux-là aux Maiſtres des Requeſtes, & ceux-cy aux Conſeillers Clercs du Parlement; pource que tous les Maiſtres des Requeſtes ſe diſent Preſident nais du grand Conſeil, & qu'anciennement les Charges de Preſidens des Enqueſtes eſtoient commiſes par la Cour de Parlement aux Conſeillers Clercs de la grand' Chambre: comme celles des Commiſſaires aux Requeſtes, aux Conſeillers

24. Debat de la préſeance entre les Preſidens, & Conſeillers de la grand' Chambre.

laïcs d'icelle. Or eſt-il qu'autrefois les Conſeillers de la grand' Chambre étoient tous appellez *Preſidens*, & ceux des Enqueſtes *Reſidens*, comme du Tillet & Miraumont nous témoignent. Conſideration, ſur laquelle le debat de préſeance, d'entre les Conſeillers de la grand' Chambre, & les Preſidens des Enqueſtes eſt plûtôt fondé, & celuy d'entre les Preſidens du grand Conſeil, & les plus anciens Maiſtres de Requeſtes, que ſur ce que leurs Eſtats ne ſoient que commiſſions. Car s'il n'y avoit point d'autre raiſon, il ne faudroit pas regler ſur ce qui étoit au temps paſſé, mais ſur ce qui eſt au temps d'à-preſent.

Il y a encore beaucoup d'autres Officiers, qui ſont appellez *Commiſſaires*: ſous pretexte qu'anciennement leurs charges eſtoient déferées par commiſſion.

25. Commiſſaires des guerres.

Comme les Commiſſaires des guerres, qui anciennement eſtoient des anciens Capitaines, auſquels cette charge eſtoit commiſe par le Roy, ou par les Marechaux de France, comme encore à preſent chacun

26. Ceux commis par les Marechaux de France.

Maréchal de France retient ce droit, qu'à l'entrée de ſon Office, il peut commettre un Commiſſaire des Guerres, Lequel neantmoins n'eſt pas Officier, mais ſimple Commiſſaire, n'ayant pouvoir de reſigner, mais revocable, & par la mort, ou autre mutation, & à la volonté du Maréchal de France qui l'a commis. Ce qui n'eſt pas de ceux qui ſont pourveus par le Roy: d'autant que par Edit expres ils ont été erigez

27. Commiſſions particulieres des Commiſſaires des guerres.

en titre d'Office. Toutefois d'autant qu'il y a beaucoup plus de Commiſſaires, que de compagnies de gens de cheval, ou de gens de pied entretenus, il y a des commiſſions particulieres, ou plûtoſt emplois qui ſont attribuez par le Roy, ou par le Conneſtable, ou autres premiers Officiers de la Gendarmerie de France, à certains Commiſſaires des guerres, pour faire faire les monſtres de chacune compagnie ou regiment, leſquelles commiſſions ſont revocables à la volonté, & non reſignables.

28. Com-

De même il n'y a point de difficulté, que les Com-

miſſaires du Chaſtelet de Paris, & ceux qui depuis peu ont eſté erigez à leur exemple en toutes les Juſtices Royales, ne ſoient vrais Officiers: mais d'autant que du commencement c'étoient de ſimples Praticiens commis par les Juges, pour les ſoulager des menues expeditions les plus ennuieuſes, comme j'ay dit au 5 chapitre du premier livre, ils ont toûjours retenu leur nom originaire de Commiſſaires.

miſſaires du Châtelet.

Pour donc expliquer la nature & le droit des Commiſſions, entant ſeulement qu'il eſt different de celui des Offices, il faut prendre garde en premier lieu, que pour l'être & ſubſiſtence d'icelles, il n'eſt pas toûjours & abſolumẽt requis d'en avoir lettres du Roy, non plus qu'il n'eſt pas neceſſaire du tout, mais ſeulement utile & commode, pour être mandataire ou procureur, d'avoir ſa procuration par écrit, n'eſtant en tels cas l'écriture requiſe pour ſolemnité eſſentielle, mais pour preuve ſeulement, *vulg. l. Contrahitur. D. De pignor.* Si donc il peut apparoir d'ailleurs de la Commiſſion, comme par notorieté publique, cela ſuffit quelquefois: & ainſi j'ay dit cy-devant que les Conſeillers d'Etat n'ont quelquefois autre approbation de leur qualité que la parole publique du Roy.

29. Du droit des commiſſions.
30. Les lettres n'y ſont neceſſaires.

Ce qui eſt vray hors juſtice contentieuſe: mais en icelle (où il eſt requis pour un ordre & formalité neceſſaire, que tous actes ſoient par écrit, afin que la preuve en ſoit prompte (il faut auſſi que la commiſſion expediée en bonne forme, meſme faut qu'elle contienne par le menu tout le pouvoir, qui eſt attribué au Commiſſaire. C'eſt pourquoy d'ordinaire les lettres de commiſſion ſont plus amples & plus longues, que celles de proviſion d'Office, qui ne ſervent qu'à expliquer l'Office à la perſonne de l'impetrant, eſtant ſa charge ſpecifiée par l'Edit de ſon érection. Mais d'autant que la commiſſion n'eſt ordinairement fondée en Edit, il faut que les lettres d'icelle declarent particulierement & expreſſément tout ce qui eſt commis au Commiſſaire.

31. Fors en juſtice conteutieuſe.

Pareillement le Commiſſaire ne ſe fait point recevoir publiquement & ſolemnellemẽt apres informations de vies & mœurs, examen de ſa ſcience, ny les autres ſolemnitez requiſes au vray Officier: étant aſſez approuvé, puiſque le Roy l'a choiſi particulierement, pour lui adreſſer ſa commiſſion. Auſſi ces ſolemnitez n'avoient-elles lieu, ni à Rome, ni en France, lors que les Officiers étoient nommément choiſis par le Roi: mais depuis qu'ils ont été reſignez par les particuliers, & ſur tout depuis qu'ils ont été vendus aux plus hauts encheriſſeurs, il a été neceſſaire d'approuver par apres en juſtice la capacité des impétrans.

32. La reception n'y eſt requiſe.

Même le ſerment n'eſt pas abſolument neceſſaire en la commiſſion, comme en l'Office, pource que le Commiſſaire n'eſt pas proprement perſonne publique, mais eſt plûtôt comme un procureur, qui ne fait rien qu'au nom de ſon maiſtre, ainſi qu'il ſera dit tout incontinent. Que ſi quelquefois le Roy prend le ſerment d'un Commiſſaire, ou le fait prendre par quelqu'un de ſes Officiers, c'eſt par une ſolemnité ſurabondante, & afin de l'obliger plus étroitement à bien faire. Ce que j'entends ſeulement des Commiſſaires, & non pas des Commiſſionnaires, qui ſont pourveus d'Offices par Commiſſion: car j'eſtime que ceux-là ſont tenus aux mêmes ſolemnitez de reception, que les vrais Officiers, toutefois en doute s'ils ſont tenus à l'examen, il n'y a point de doute, qu'ils ne ſoient tenus au ſerment.

33. Nylé ſerment.
34. Fors les Commiſſionnaires.

Et ce que les Gouverneurs de Province ſe ſont maintenant recevoir au Parlement, n'eſt pas que cela ſoit neceſſaire pour leur acquerir la qualité de Gouverneurs, ou Lieutenans de Roy, de laquelle du Tillet dit, qu'en tout cas ils ne doivent ſerment qu'au Roy. Et dit en outre, qu'en l'an 1484. quand le Duc d'Orleans, qui fut le premier Gouverneur de Paris, & Iſle de France, preſenta ſes lettres au Parlement, pour y être publiées & enregiſtrées, pource qu'en cette nouveauté de charge, le Parlement ne les voulut

35. Pourquoy les Gouverneurs ſe font recevoir aux Parlemens

verifier, qu'au prealable il n'eût promis & juré de ne rien entreprendre contre l'authorité d'iceluy, & contre la justice ordinaire, *il feist*, dit du Tillet, *ce serment par procureur*. Ce qui monstre bien que ce n'étoit pas comme un serment d'Officier, ou même de Commissaire, qui ne se peut faire qu'en personne, mais une promesse & asseurance particuliere, que le Parlement exigeoit de luy.

56. De même. Il est vray, que du depuis aucuns des Gouverneurs ont desiré faire serment solennel en cette auguste assemblée, tant pource qu'ils pretendent y avoir seance aux hautes chaires, que pour s'établir à perpetuité en leurs charges, comme s'ils étoient vrais Officiers: & d'autre côté le Parlement n'a refusé de recevoir leur serment, quand ils s'y sont presentez d'eux-mêmes, afin de les soûmettre toujours à soy, mais il ne se trouvera point, qu'il les ait poursuivis pour y venir, ny qu'avant ce serment il ait fait difficulté de les reconnoître pour Gouverneurs, hors la seance de Parlement.

57. Commissaires doivent faire publier leurs lettres. Mais voici une autre solemnité qu'un Commissaire doit faire, pour & au lieu de reception, c'est qu'il doit faire publier ses lettres de Commission, au lieu où il pretend l'exercer, principalement si elle tend à faire quelque acte public, & notamment quelque execution odieuse, qui est ce qu'on dit en propos communs, *publier son Committimus*. Car nul n'est tenu obeïr ny reconnoître quelque Commissaire que ce soit, tant qu'il peut pretendre juste cause d'ignorance de son pouvoir, même la Justice ordinaire du lieu le peut empêcher, & informer contre celuy qui entreprend faire actes publics, sans avoir fait apparoir de son pouvoir, suivant la regle de droit *Non est singulis. D. De reg. jur.* Il me souvient d'avoir veu sur ce sujet faire publiquement des affronts à des Officiers de grande qualité, voulans exercer des commissions particulieres, sans avoir insinué leurs lettres au Juge du lieu: bien qu'il fût de qualité beaucoup moindre qu'eux. Qui est aussi une des raisons pourquoy les Gouverneurs des Provinces font ordinairement verifier leurs lettres aux Parlemens, tant afin que leur pouvoir soit plus authentique, estant approuvé par la Cour, qu'afin aussi que la publication faite en iceux serve de notification public, & les releve de les faire publier aux Justices inferieures.

58. Pouvoir du Commissaire de Rome. Quant au pouvoir du Commissaire, il est bien distingué au droit Romain, d'avec celuy d'Officiers: en ce que celuy de l'Officier lui est propre, *l. 1. §. ult. l. 3. D. De Offic. ejus man. est jurisd.* & celuy du Commissaire n'est que commis, ou presté, *Qui mandatam jurisdictionem suscepit, proprium nihil habet: sed ejus, qui mandavit, jurisdictione utitur*, dit la même loy premiere du même titre. *Et si ipse Prator sit, non tamen pro suo imperio agit, sed ejus cujus mandatio jus dicit, l. Est. eod. tit.*

59. Pouvoir de celuy de France. Mais en France, où nous tenons que la proprieté de la puissance public demeure toujours au Roy, & que l'Officier n'en a autre chose que l'exercice, cette difference n'a point de lieu: & n'y a en aucune en ce regard, sinon que l'Officier fait cet exercice pour soy, & en son nom, comme proprietaire de son Office: & le Commissaire le fait pour & au nom de son deleguant, ainsi que le Procureur agit au nom de son maître: car en fin, ce qu'est le Procureur en fait privé, cela est le Commissaire en fait public. Encore cette difference d'entre l'Officier & le Commissaire ne paroist-elle pas visiblement: car l'un & l'autre inserent ordinairement leur qualité de même sorte és actes qu'ils expedient.

40. Difference du pouvoir du Commissaire, & de celuy de l'Officier. Toutefois voicy une autre difference, concernant leur pouvoir, c'est que celui du Commissaire est borné & limité par sa commission, de laquelle il doit suivre exactement les termes, ainsi qu'un Procureur ceux de sa procuration, sans en outrepasser aucunement, & sans user d'interpretation extensive, pource que toute commission est specifique, extraordinaire & odieuse. Au lieu qu'un Officier, dont au contraire la charge est generale, ordinaire & favorable, peut étendre davantage son pouvoir, selon les considerations d'équité & de justice; d'autant qu'il n'est pas possible que toutes les occurrences particulieres ayent été imaginées & exprimées par la loy, ou Edit d'erection de son Office, *l. Non possunt. D. De legibus.*

41. Pouvoir du Commissaire n'est extensible. Mesme attendu que la puissance publique est plus mal-aisée à transmettre que la privée, puisque la procuration generale *cum libera* ne comprend pas les cas qui requierent special mandement, à plus forte raison la commission, encore qu'elle soit universelle, même qu'elle contienne la clause *A la volonté*, ou *à la discretion*, &c. ou autres termes semblables, ne s'étend pas, dit Bodin, aux cas qui requierent expression speciale, mais ne comprend que les dependances necessaires des articles exprimez, pource qu'un Commissaire n'a point davantage de puissance, que ce qui luy en est specifiquement & expressément concedé.

42. De même. Et encore qu'en affaires particulieres, un Procureur ne puisse être desavoüé, quand il a mieux fait ce qui étoit porté par sa procuration, il en est de même en affaires publiques, notamment où il va de l'Etat, la commission ne doit être excedée, même pour mieux faire: autrement, encore que tout ait bien succedé, on peut neantmoins être repris, afin que telle entreprise ne tire une autrefois à mauvaise consequence. Comme l'histoire est vulgaire de Manlius Torquatus, & de Papirius Cursor, qui punirent, celuy-là son fils, & celuy-cy son Lieutenant, pour avoir donné bataille sans permission expresse, bien qu'ils l'eussent gagnée. Et du temps de nos peres, le Comte d'Aiguemont fut repris d'avoir hazardé la bataille contre le Maréchal de Termes, encore qu'il en eust remporté la victoire. Mais un Chef d'armée en titre d'Office, comme le Consul à Rome, & en France le Connestable, ou un Maréchal de France, peuvent sans charge speciale donner bataille, & assieger places, s'il n'y a defense expresse du Souverain. Toutefois ils ne peuvent pas rendre les places, ny donner liberté au Chef des ennemis, le tenant prisonnier, sauf l'extreme necessité, ou sans permission expresse du Souverain, pource qu'il n'appartient qu'au maître de donner & aliener: comme Bodin traitte plus amplement.

43. Actes d'un commissaire ne sont pas publics. Et afin de parler des petites choses apres les grandes, il y a encore une autre notable difference en pratique, entre la puissance d'un Commissaire, & celle d'un Officier, c'est que les actes & expeditions d'un Commissaire ne sont pas du tout publics, au moins ne sont pas d'eux-même entiere preuve, que nous appellons *probationem probatam*, ainsi que ceux d'un Juge, ou autre Officier, s'il n'appert quand & quand de la Commission: ou bien si ce n'est de ces grands & notables Commissaires, dont la charge est autant, ou plus notoire & publique, que celle des Officiers, comme d'un Ambassadeur, ou d'un Gouverneur: qui est un point fort à remarquer en la matiere des contredits, & qui a été traité par du Moulin, sur la Coustume de Paris.

44. Honneur des commissaires. 45. Commissions ne donnent rang. 46. Limitation en l'acte de leur exercice. Quant à l'honneur qui resulte des Commissions, on tient cômunément, qu'elles n'attribuent point de rang asseuré aux Commissaires, dont la raison est évidente, à sçavoir qu'elles-mêmes ne leur sont pas asseurées, comme sont les Offices aux Officiers, & n'est pas possible, que l'effet soit plus puissant que sa cause. Toutefois cette regle reçoit deux exceptions ou limitations. La premiere, qui à la verité est plutost une simple modification qu'une vraye exception, qu'ils ont rang, pendant qu'ils font les actes de leur commission: je dy même qu'ils sont alors plus à respecter que les vrais Officiers, pource qu'ils representent plus particulierement la personne du Prince, au nom duquel ils exercent, au lieu que les Officiers exercent en leur propre nom. D'où vient la maxime

Des Commissions, Chap. V.

du droit Canon, que *omnis delegatus major est ordinarius in causa delegata. cap. Sane. De Offic. de leg. & cap. Pastoralis. §. Praeterea. De officio ordinarij.*

47. Comment s'entend que Delegatus major est ordinario.

Ce qu'il faut toutefois entendre sainement, sçavoir quand la cause, qui est commise au Delegué, est interdite à l'ordinaire, comme cela est regulierement. Mais si un simple Commissaire, ou Commissionnaire se trouvoit avec un Officier de semblable titre, à juger concurremment des procez, il n'y a point de doute, que le Commissaire ne doit ceder à l'Officier. Comme par exemple on a veu pendant ces derniers troubles des Conseillers par Commission és Compagnies des Juges, qui toujours cedoient aux Conseillers titulaires, bien que receus posterieurement, au Parquet du Parlement de Paris, où il s'est veu un Conseiller de la grand'Chambre commis à l'Office de Procureur General, & deux simples Advocats commis aux Offices d'Advocats Generaux, le Procureur general precedoit tous les deux Advocats, bien que le rang ordinaire soit qu'il marche entre les deux.

48. Commissionnaire fait titulaire, garde son premier rang.

Neanmoins de Luc rapporte un Arrest par lequel un Conseiller de la Cour, receu premierement par Commission, pendant la longue absence du titulaire, puis aiant eu l'Office en titre, auroit eu rang du jour de sa premiere reception, en qualité de simple Commissionnaire. Mais la raison est à mon advis, qu'il avoit esté receu avec les mesmes solemnitez qu'un vray Officier, puis, sans discontinuation de service, avoit obtenu le titre du mesme Office, qui estoit par consequent comme une ratification aiant un effet retroactif, ou plutost encore comme une continuation & confirmation de son premier titre: attendu même que la conversion de la commission en titre est fort favorable, ainsi que de la commande en titre, & n'y a gueres de difference d'un Commissionnaire, & d'un Officier pendant que sa charge dure, ce qui n'est pas de mesme d'un simple Commissaire.

49. Autre limitation és commissions, qui ont commandement.

L'autre, & plus vraye exception à nostre regle est, que les Commissions, esquelles y a commandement, ont rang estably és lieux, & sur les personnes esquelles leur commandement s'estend, & ce non seulement pendant les actes de l'exercice, mais tant que la commission dure. Ce qui provient de la force & authorité du commandement, qui a cette aptitude d'estre toujours exercé, & que ceux sur lesquels il s'estend sont comme sujets à iceluy. Ainsi voit on que les Gouverneurs des Provinces, & des villes, bien qu'ils ne soient que simples Commissaires, y tiennent neanmoins le premier rang, mesme precedent notoirement les Juges, d'autant que le commandement des armes est plus noble que celuy de la Justice. C'est pourquoy aucuns estiment que les Conseillers, & Secretaires d'Estat doivent avoir rang, pource qu'ils sont aucunement Magistrats, comme j'ay prouvé au 7. chapitre du 1. livre.

50. Rang des Presidens des Enquestes.

C'est pourquoy aussi on n'a jamais fait de doute qu'un President des Enquestes ne precedât tous les Conseillers de sa Chambre, bien que plus anciens Conseillers que luy. Mesme ces Conseillers venans à estre de la grand'Chambre, ne laissent pas de ceder à celui qui les a presidez dans les Enquestes *in memoriam veteris potestatis.* Comme dit fort bien le docte Langlé *lib. 7. Otij semestris, cap. 9.*

51. Commissaires permanens ont titre d'honneur.

Voila pour le rang, & quant au titre de Dignité, qui est une partie de l'honneur des Officiers, ainsi qu'il a esté dit au 1. liv. encore qu'à bien entendre, la raison y soit toute pareille qu'au rang neantmoins, pource que le titre ne prejudicie directement à personne, comme fait le rang, les Commissaires, & notamment ceux dont les charges sont permanentes, & non transitoires, ont usurpé des titres de Dignité semblables à ceux des Officiers. Comme nous voyons que les Ambassadeurs, Conseillers d'Estat, & les Gouverneurs des villes, & des Provinces se qualifient Chevaliers, & font pour cette cause apeller leur femme Madame. Mesme pource que ces titres de Dignité ne se quittent jamais, ils les retiennent après leur commission expirée.

52. Profits des Commissaires.

Quant aux profits des Commissaires, ils n'ont ordinairement point de gages, au moins qui soient vrais gages, si ce n'est ceux qui sont pourveus d'un Office par commission, qui faisans l'exercice de l'Office en doivent sans doute avoir tous les gages & les droits.

53. Gages.

Aussi les gages sont proprement attribuez aux Officiers ordinaires par l'Edit de leur erection. Mais aucuns des Commissaires ont des pensions, ou appointemens annuels, & il y en a plusieurs qui ont des taxes, ou autres émolumens du public, pource que toute peine merite salaire. Et pour le regard des émolumens, qui se prennent sur le peuple, les Commissaires establis és charges dépendantes de la Justice, en prennent plus hardiment que les Officiers, pource que les Officiers sont tenus, en consequence de leurs gages, de faire gratuitement ce qui est de l'exercice ordinaire de leurs Offices; mais eux qui sont extraordinaires ne sont pas tenus de travailler, s'ils ne sont payez. C'est pourquoy on dit communément; taxe de Commissaire, pour signifier la plus haute: viande de Commissaire, pour donner un bon traitement: & marcher, ou travailler en Commissaire, quand on va à petites journées, & qu'on travaille à petites vacations.

55. Expiration des Commissions.

Reste de parler de la fin, & expirations de la commission, qui ne peut estre appellée vacation, comme celle de l'Office, qui à bon droit est dit vacant, pource qu'étant érigé par Edit, pour estre & subsister perpetuellement, la place neantmoins, ou son titre devient vuide, & non remply, par la mort de l'Officier, jusques à ce qu'il soit occupé & remply par un successeur. Mais par la mort du Commissaire, la commission n'est pas proprement vacante, mais est éteinte tout à fait, pource que comme elle n'estoit érigée que pour luy, aussi ne subsistoit-elle qu'en luy. Et si par après elle est renouvellée en la personne d'un autre, ce n'est pas le même, mais plutost une nouvelle commission, bien que pour un même fait.

56. Commissions ne sont resignables.

C'est pourquoy, à bien entendre une commission ne peut être resignée, non plus qu'un Ordre: pource que l'un & l'autre n'ont point d'autre subsistance qu'en la personne de ceux qui les tiennent. On y peut bien user de démission, qui est quand on s'en démet purement & simplement, afin que le Prince ait plus d'occasion de la renouveller en la personne du poursuivant. Mais quoy qu'il en soit, le Prince n'est pas tenu, ny d'accepter toujours cette démission, & décharger le Commissaire (pource qu'ayant accepté la commission, il faut qu'il l'acheve, s'il n'y a excuse legitime) ny sur tout de la conferer à celuy, à l'intention duquel la démission est faite. D'autant que si le Prince la peut revoquer à son plaisir avant la démission, à plus forte raison la peut-il redonner à un autre, quand le Commissaire s'en démet volontairement. Bref en matiere de Commission & d'Ordre, il ne faut point parler de resignation *in favorem*, ou autrement conditionnée.

57. Quand la commission ne finit pas par la mort du Commissaire.

Je ne m'amuseray point à dire, que la Commission finit par l'achevement du negoce commis, par l'expiration du temps prefix à icelle, & par la mort du Commissaire. Car tout cela s'entend sans se dire: bien qu'il y a un cas, auquel la Commission ne finit pas par la mort du Commissaire, à sçavoir quand une Commission particuliere pour quelque acte de Justice, est attribuée à un Juge en qualité de Juge, si celui auquel elle est addressée n'est plus Juge, lors qu'il la faut executer, son successeur en l'Office ne laissera pas de l'executer, pource qu'on presume en ce cas, que la commission est attribuée plutost à l'Oface qu'à la personne. Ce qui est vray indistinctement, si la seule qualité de l'Officier est inserée en la Commission; comme en celles que décernent les Juges: mais si outre la qualité, le nom de l'Officier y est exprimé, comme quelquefois Commissions du Prince, expediées

248 Des Offices non-venaux, Liv. IV.

58. Commission addressée au Bailly, ou son Lieutenant, ne peut être executée par un Conseiller, ou Advocat du siege.

en la Grand'Chancellerie, cela seroit un peu douteux. Quoy qu'il en soit, en bonne Jurisprudence la Commission attribuée au Bailly, ou Lieutenant ne peut pas être executée par un Conseiller du Siege en leur absence, & encore moins par un Advocat és Sieges où il n'y a point de Conseillers: bien qu'en ce qui est de l'ordinaire, le plus ancien Conseiller, ou Advocat represente le Juge, mais és Commissions, il en faut exactement suivre les termes, & ne s'y admet point d'interpretation extensive, mais *tantum valent, quantum sonant*.

59. Commission finit par revocation.

Pareillement la commission finit par la revocation, tout ainsi que la procuration, pource que l'une & l'autre ne subsistent, que par la seule volonté du constituant, qui est retractée par une contraire volonté expressément declarée. En quoy consiste la plus importante difference qui soit entre la commission & l'Office, lequel n'est pas revocable de même sorte, pource qu'il subsiste par l'Edit d'erection d'iceluy, qui est perpetuel de sa nature, & qui ne peut être revoqué que par un contraire Edit, & suppression.

60. Revocation n'a effet qu'après este sceuë.

Mais touchant cette revocation des Commissions, c'est une grande dispute non encore bien resoluë entre nos Docteurs, si elle a effet dèslors qu'elle est émanée du Prince, comme il semble decidé au chap. *Dudum*, & au chap.penult. *De præbendis, in 6.* ou bien lors seulement que le Commissaire en est adverty, suivant la loy *Si forte. D. De offic. Præsid.* Et quant à moy, j'estime que la commission, aussi-bien que la procuration, devroit cesser dèslors qu'elle est revoquée, mais que par l'équité, qui est la plus forte en ce cas elle est tolerée, & les actes du Commissaire sont tenus pour valables, tant qu'il ait sceu, ou peu sçavoir la revocation. Autrement il faudroit, ou que la partie, qui auroit contracté de bonne foy avec le Procureur, fût trompée, ou que le Procureur ayant geré de bonne foy fût trompé luy-même, s'il pouvoit être desavoué au moyen d'une revocation secrete, & ainsi est-il du Commissaire.

61. Clause des revocations.

Quoy qu'il en soit, en France, pour oster cette difficulté on met ordinairement és lettres revocatoires des Commissions cette clause, *Du jour de la signification des presentes*, & si par fois elle se trouve obmise, Bodin dit qu'elle est sous-entenduë, comme estant une clause ordinaire, par la raison de la loy *Quod si notis. §. Quia assidua De Ædilit. edicto.*

62. S'il la faut signifier.

Ce qui nous apporte une autre difficulté non moindre que la precedente, si, quand cette clause est exprimée, il est besoin de signification expresse de la revocation, posé que le Commissaire la sçache bien: veu que la clause dit, que la revocation n'a lieu que du jour de la signification, de sorte qu'il semble que la signification soit prescrite pour la solemnité requise à la revocation: qui est le cas auquel les Docteurs tiennent, qu'il la faut faire *etiam scienti*. Toutefois j'estime que si la science du Commissaire revoqué, estoit ou confessée, clairement prouvée, il auroit en tort de travailler par aprés: & je ne croy point que cette clause soit adjoutée aux lettres de revocation, pour faire que la revocation, soit formellement requise, mais pour oster tout scrupule de ceux qui ont tenu pour le Commissaire revoqué à les mains liées, avant qu'il en sçache rien. Mais pourtant je n'oserois dire que les actes ainsi faits soient absolument nuls, principalement à l'égard de ceux qui ignoroient cette revocation secrete.

63. Si la Commission finit par la mort du constituant.

Finalement la commission expire par la mort du constituant, si ce n'est pour ce qui estoit commencé, & ne peut bonnement être delaissé *cap. Licet. & cap. Relatum. De offic. de leg* autant en decide le droit civil en la loy *Et quia. D. De jurisd*. Dont la raison est apparente, que la volonté du constituant, par laquelle seule subsiste la Commission, finit par la mort, & que le Commissaire ne peut plus representer celuy qui n'est plus au monde, & ainsi le tient du Molin en son apostil, sur Decius *ad reg. Mandatum. De reg. jur. in 6.*

Mais d'autre côté on dit que le Prince ne meurt point, quant à sa qualité de laquelle il semble que la commission provienne plutôt, que de sa personne. Aussi qu'aprés la mort du Prince legitime, tout ce qu'il a fait demeure en sa force & vertu. Et de fait la loy nous apprend en plus forts termes que la Commission baillée par le President de Province à son Assesseur, de juger les causes, ne finit point, quand la charge du Proconsul expire. *Judices à Præside dati, solent etiam in tempus successorum durare, & cogi pronuntiare, easque sententias servari Scævola respondit*, dit la loy *Venditor. in fi. D. De Judiciis*. Et suivant cette decision, lors que les Lieutenans des Baillifs & Senéchaux, & pareillement les Greffiers, Notaires & Sergens étoient par eux commis, leurs charges ne finissoient point par la mort, ou resignation des Baillifs, mais continuoient jusques à ce que leur successeur les eût revoquez, d'autant comme dit le bon Accurse que le successeur ne les revoquant point, estoit reputé les confirmer paisiblement. Mais moy je dy que c'estoit pour le bien public, & pour éviter le desordre, qui fut arrivé pour la cessation de la justice.

64. Semble que non pas toujours.

65. Conciliation de deux loix.

Voila donc ce semble une contrarieté manifeste entre ces deux loix *Et quia. De jurisd, & Venditor. De judiciis*. Toutefois j'estime qu'il est assez aisé de les concilier en disant que la loy *Et quia*, & le droit Canon parlent des Juges deleguez ou Commissaires *in partibus*, ainsi que les Canonistes les appellent, qui ne sont deleguez qu'à une seule cause, & ressemblent plus aux Procureurs, qu'aux Officiers. Et la loy *Venditor*. doit être entenduë des deleguez *ad universitatem causarum*, comme étoient les mandataires de jurisdiction, qui ressemblent plus aux Officiers: & de fait le droit Canon decide que la commission de l'Inquisiteur de la Foy n'expire point par la mort du Pape *cap. Ne aliqui. De hæreticis, in 6.* Ou bien il y a plus d'apparence de dire que regulierement toute commission, comme toute procuratio, finit par la mort du constituant: mais qu'en la commission, qui est pour fait public, il est quelquefois necessaire pour le bien public, qu'elle continuë jusques à sa mort, comme c'est un cas special en droit, que le facteur d'un marchand demeure aprés sa mort, s'il n'est expressément revoqué par l'heritier: *idque propter utilitatem promiscui usus*, dit la loy 17. §. 2. *D. De instit. actio.* & la loy suivante dit *periculi causa*: & de fait cette loy *Venditor*, dit *solent*, & non pas *debent*, & partant parle de l'usage, & non pas du droit.

66. Autre, & meilleur.

67. Quels mandemens du Roy s'executent aprés son decez.

Mais pour davantage approfondir ce point selon nostre usage, même pour sçavoir quels mandemens du Roi s'executent aprés sa mort, il faut distinguer les lettres de Justice d'avec celles de commandement, & tenir que les lettres de Justice, soit que ce soient expeditions ordinaires faites sans connoissance de cause, ou même que ce soient expeditions faites avec connoissance de cause, s'executent indifferemment aprés la mort du Roy: d'autant que ce qui a été une fois jugé juste, doit toujours être estimé tel: mais les lettres de commandement, qui procedent de sa propre volonté, ne s'executent pas aprés sa mort, par laquelle toute volonté finit: si ce n'est les Edits, qui demeurent perpetuels, au moyen de la verification d'iceux faite en Justice, autrement ils ne le seroient pas. Comme aussi il y a certains autres mandemens, qui ont trait à perpetuité, pource qu'ils sont decernez avec connoissance de cause. Or ces mandemens sont scellez de cire verte en lacs de soye verte & rouge, & commencent par ces mots, *A tous presens & à venir, &c.* mais les autres lettres, & même les commissions, ne commencent pas ainsi, & sont scellées en cire jaune sous queuë de parchemin.

68. De même.

Mais j'estime pour l'utilité publique, qui est preferable à la formalité, que les commissions universelles, ordinaires & necessaires doivent demeurer & subsister aprés la mort du Prince, jusques à ce qu'elles soient revoquées par le successeur. En telle façon toutefois que leur

Des Commissions. Chap. V.

leur exercice doit demeurer suspendu, fors pour les affaires du tout necessaires, & qu'il seroit prejudiciable d'obmettre, ainsi que je viens de dire, que la charge de facteur demeure aprés la mort du marchand *periculi causâ*, Comme par exemple, il est notoire que les Gouverneurs des Villes & des Provinces demeurent aprés la mort du Roy, pour tenir les païs en repos, & les Places en asseurance. Comme aussi les Conseillers d'Etat demeurét en leur qualité. Mais ni les Gouverneurs ne doivent rien innover, ni les Conseillers d'Etat s'assembler, jusques à ce qu'ils soient commandez par le nouveau Roy, ou celuy qui le represente, duquel la moindre lettre, ou commandement verbal qu'ils ayent, vaut une tacite confirmation, ou continuation de leurs Charges.

J'ajoûteray pour la fin ce mot touchant les comissions particulieres, que celles qui sont pour le fait de Justice, ne sont gueres adressées à autres qu'aux Officiers des lieux, comme les delegations du Pape *in partibus* ne s'addressent qu'à ceux qui sont en dignité Ecclesiastique, *cap. Statutum. De Rescr. in 6.*

Et ces commissions sont, ou excitatives, ou attributives de jurisdiction. Les excitatives ne sont pas proprement commissions, mais sont plûtot expeditions ordinaires, c'est pourquoy elles sont expediées sans connoissance de cause és petites Chancelleries, & faut par necessité qu'elles soient addressées aux Juges ordinaires, à qui naturellement appartient la connoissance du negoce, autrement elles deviendroient attributives de Jurisdiction. Mais les attributives de jurisdiction ne peuvent être expediées sans connoissance de cause, pource qu'elles dérogent & contreviennent au droit commun qui regle les Justices: ou bien il faut qu'elles soient émanées de l'expresse volonté, & commandement du Roy, lequel au moyen de sa puissance universelle peut interdire les Juges, évoquer les causes, & les commettre à qui il luy plaist. Mais il faut que les Lettres soient expediées en la grande Chancellerie, & signées par le Secretaire des Commandemens hors-mis celles qui sont expediées en vertu d'un Edit, ou d'un Arrest de Cour souveraine.

69. Comissions de Justice ne s'adressent qu'aux Officiers.
70. Des Commissions excitatives, & attributives de jurisdiction.

CHAPITRE VI.

Du Droit & commerce des Etats non vendus.

1. Les Commissions & Offices revocables sont moins propres au commerce que les autres.
2. Puis les Offices non vendus par le collateur.
3. Les plus propres au commerce sont les Offices vendus par le collateur.
4. Trois degrez d'Offices non-venaux.
5. Sujet de ce chapitre.
6. On ne peut specifier les Offices revocables ou non resignables, qui entrent en commerce.
7. Le droit de ces Offices dépend absolument du commerce.
8. Collation de cette division avec celle qui a été rapportée au 1. chapitre.
9. Pourquoy ce chapitre est intitulé ainsi.
10. La vente du collateur est celle qui établit la condition en ces Offices.
11. Le collateur ne peut être garent des Etats non vendus.
12. De leur garantie entre particuliers.
13. Si quand le collateur ne veut admettre la resignation, le vendeur doit dommages & interests.
14. Que oüi.
15. Si l'acheteur de la procuration peut repeter le prix, quand le collateur ne veut admettre la resignation.
16. Resolution que oüi.
17. Modification.
18. Clause pour la décharge de cette garantie.
19. Autre modification notable.
20. Si la peine excedante les dommages, & interests, est deuë.
21. Si ces Offices entrent en communauté.
22. S'ils sont sujets à remploy.
23. Resolution que oüi.
24. Comment ceux dont le mari est pourveu constant le mariage, entrent en communauté.
25. Du rapport de ces Offices.
26. Explication du §. Imputari. en la loy Omnimodo. C. De inof. testam.
27. Dignitez non-venales ne sont sujettes à rapport.
28. Raisons des anciens Docteurs, pour montrer que les Offices non-venaux ne sont rapportables.
29. Arrest de Favier.
30. Resolution que ces Offices sont rapportables.
31. Difference entre l'imputation à la legitime, & le rapport.
32. Explication du §. Sed an id quodsi. l. 1. De collat. bon.
33. Réponse aux opinions des anciens Docteurs.
34. Opinion contraire.
35. Réponse aux raisons des anciens Docteurs.
36. Réponse notable à l'Arrest de Favier.
37. Arrest contraire.
38. Que ces Offices étans perdus ne se doivent imputer à la legitime, mais bien au rapport.
39. Comment ils se doivent imputer à la legitime.
40. Ceux qui ne se vendent point du tout, ne sont sujets à rapport.
41. Quels sont ceux dont la vente est illicite.
42. Quels ceux dont la vente est impossible.
43. Tout cela dépend de l'usage accoûtumé.
44. Pourquoy.
45. Exemple.
46. Autres exemples.
47. Etats qui ne se vendent quelquefois: mais non par usage ordinaire.
48. Ceux-là ne tombent en rapport.
49. Si du moins leur prix tombe en rapport.
50. Oüi, s'ils ont été achetez par l'enfant des deniers du pere.
51. Trois cas notables.
52. Quid si l'achat a été fait par le pere pour son fils.
53. Au moins en faut-il rapporter les fruits.
54. Idem au Benefice acheté par le pere pour son fils.
55. Les frais de l'obtention du Benefice sont rapportables contre Balde.
56. Deniers deboursez, pour une simple Dignité non profitable, ne sont rapportables.
57. Quid des frais du Doctorat.
58. Explication de quelques articles des Coûtumes.

1. Les commissions, & Offices revocables sont moins propres au commerce.

LEs commissions dont nous venons de parler, & les Offices revocables (comme on tient regulierement être tous ceux des Seigneurs desquels nous traiterons au livre suivát) ont bien moins d'aptitude au commerce & venalité, que tous les autres Offices, pource que non seulement le collateur n'est tenu d'en

Du droit des Offices.

admettre la resignation: mais aussi quand il l'aura admise, le resignataire en peut être chassé à toute heure, & partant un homme est bien mal avisé d'employer son argent en une marchádise si mal asseurée.

Pareillement les vrais Offices Royaux, bien que de leur nature ils soient irrevocables, si ce que

2. Puis les Offices non

250 Des Offices non-venaux, Liv. IV.

vendus par le collateur.

quand ils n'ont point esté vendus par le Roy, ils n'entrent pas si avant au commerce que ceux qui ont esté vendus, pource que la resignation d'iceux dépend nuëment de la volonté du Roy, qui n'est pas tenu de l'admettre, s'il ne luy plaist, & s'il l'admet une fois, il n'est pas tenu de l'admettre une autre.

3. Les plus propres au commerce sont les Offices vendus par le collateur.

Mais quant aux Offices vendus, soit par le Roy, ou autre collateur, bien qu'à cause de quelque prohibition ancienne de les vendre, ils soient mis au nombre des Offices non-venaux, comme par exemple les Offices de judicature, ils sont neanmoins plus avant en commerce que tous ceux que je viens de dire, pource que non seulement ils sont revocables, mais aussi leur resignation ne peut estre refusée, estant une regle de commerce, & un droit des gens, comme dit Seneque, de pouvoir revendre ce qu'on a acheté.

4. Trois degrez d'Offices non-venaux.

Voila donc trois sortes d'Offices non-venaux, à sçavoir ceux qui sont revocables à volonté, comme les commissions: ceux desquels la resignation peut estre refusée, comme les Offices non vendus: & ceux desquels elle est necessaire, comme ceux qui ont esté vendus par le collateur. Les premiers ont deux empeschemens au commerce, sçavoir est qu'ils peuvent estre revoquez, & encore leur resignation refusée, les seconds n'ont que le second empeschement, & les derniers n'en ont aucun, fors l'ancienne prohibition de vendre les Offices de judicature, qui seulement empesche aujourd'hui qu'ils ne soient vendus publiquement, & par decret. Mais au surplus leur commerce se conduit par toutes les mesmes regles, que celles des Offices purement venaux. C'est pourquoy il n'est point besoin d'en traitter icy: mais il n'y faut qu'appliquer, & observer ce qui a esté dit au livre precedent des Offices venaux, & ce qu'il y a de particulier sera expliqué aux deux chapitres suivans.

5. Sujet de ce chapitre.

Comme aussi il n'est point question de traitter icy des deux autres especes d'Estat, à sçavoir de ceux qui sont revocables, ou non resignables, lesquels ne peuvent, ou n'ont accoûtumé d'estre vendus, soit entant que le collateur n'a pas accoûtumé d'en admettre la resignation, ou bien quand il a accoûtumé de les revoquer. Car alors ces Offices n'estans point en commerce, on ne peut traitter de leur commerce. Mais quand au contraire le collateur a accoûtumé d'admettre facilement la resignation des Offices non resignables, & qu'il n'a pas accoûtumé de revoquer les revocables, cela donne sujet de s'accoûtumer à les acheter entre particuliers, & ainsi ils entrent en quelque forme de commerce, non pas commerce asseuré, mais qui dépend toûjours, & de la volonté du collateur, & de la fantaisie des acheteurs.

6. On ne peut dire quels sont les Offices revocables, ou non resignables, qui entrent en commerce.

D'où s'ensuit qu'il ne se peut donner de regle certaine, pour discerner quels sont les Offices soit revocables, soit non resignables qui entrent en commerce, pource que ce qui dépend de l'humeur des collateurs, & d'autre costé de l'opinion du peuple, ne peut estre stable & asseuré. Car tel collateur admettra les resignations, & ne revoquera point ses Officiers, tel autre fera tout le côtraire és Offices du tout semblables; mesme un collateur fera tantost l'un, & tantost l'autre en divers temps, & en mesme temps, selon les divers mouvemens de son esprit. Et partant on n'en peut traitter sinon par conditionnellement, & par presupposition, supposé qu'il apparoisse que ces Offices ayent accoûtumé d'estre vendus: tout ainsi à peu prés, que les Jurisconsultes ne peuvent donner certaine regle en la question, si on peut leguer une chose, quand on doute si elle est en commerce. Car en cela il se faut accommoder à l'usage de ceux qui varie selon les temps & les lieux, mesme selon la fantaisie des personnes, qui prédomine toûjours au commerce.

7. Le droit de ces Offices dépend totalement du commerce.

Donc ordinairement en cette matiere, la question est plus de fait que de droit. De fait, dis-je, pour sçavoir si l'Office, dont on se debat, est en commerce. Mais quand le fait est vuidé, encore faut-il revenir à la question de Droit, qui ne laisse pas souvent d'estre fort difficile. Consequemment c'est le sujet de ce chapitre, d'expliquer les regles du commerce de ces Offices, en quoy faut pratiquer la comparaison rapportée au commencement de cét œuvre, que c'est comme si on vouloit faire une coiffe à la Lune, qu'il faut tailler de telle façon, qu'elle se puisse estendre ou apetisser par replis, à mesure que la Lune croist, ainsi faut-il en ces Offices changer de resolution à mesure que le commerce y augmente ou diminué, pource que comme l'habit se doit accommoder au corps, aussi faut-il que, nostre discours s'accommode à l'usage & au commerce.

Je diray encore ce mot avant qu'entrer en matiere, que la division des Offices non-venaux, que je viens de rapporter, en revocables, non resignables & resignables, se rapporte presque du tout à celle que j'ay posée au commencement de ce livre, en ceux qui ne sont vendus, ni par le Roy, ni par les particuliers, ceux qui sont vendus par les particuliers, & non par le Roy, & ceux qui sont vendus & par le Roy, & par les particuliers, mais non pas par une vente absoluëment licite. Car les Offices revocables se rapportent à ceux qui ne sont vendus de part ni d'autre: les non resignables sont ceux qui n'ont esté vendus par le Roy, ni autre collateur, entant qu'ils se vendent par fois entre particuliers, & finalement les resignables sont ceux de judicature, qui se vendent de part & d'autre contre les anciennes prohibitions. Ce qu'il y a de difference entre ces deux divisions, est que celle de ce chapitre est prise de la cause, qui empesche le commerce des Offices, & l'autre est tirée de l'effet, qui par consequent est la plus certaine, mais il se faut servir icy de celle qui est prise de la cause, pour en avoir une plus certaine science: pource que toute science se comprend par la cause, qui est anterieure, & non par l'effet, qui est posterieure.

8 Collation de cette division avec celle qui a esté rapportée au ch. 1.

Or, comme j'ay déja dit, il n'est pas icy question de traitter, ni de la premiere, ni de la derniere de ces trois especes d'Offices non venaux, mais seulement de la seconde, à sçavoir de ceux dont la resignation peut estre refusée, qui sont tous les Offices non vendus par le collateur, fussent ils venaux de leur propre nature, pource que le collateur aiant choisi l'industrie du pourvû, auquel il a conferé gratuitement son Office, n'est tenu d'en accepter un autre en sa place, s'il ne luy plaist. Au contraire, ayant vendu un Office, quel qu'il soit, fust-ce mesme un Office revocable, ou une simple commission, il n'en peut refuser la resignation, pource que lui-mesme l'a mis en commerce en le vendant, & que qui a acheté, peut revendre. C'est pourquoy j'ay intitulé ce chapitre Du Droit des Estats non vendus, ce que j'entens par le collateur. Car pouvant mettre ces Offices en commerce, ou les en oter, la vente d'un Office non-venal le rend comme venal, & le met en commerce, & partant le rend sujet aux regles des Offices venaux, expliquées au livre precedent. Au contraire, la donation qu'il a faite d'un Office venal l'exempte du commerce, & empesche que le donataire le puisse vendre, ou autrement en disposer en faveur d'autruy, pource qu'il ne l'a pas acheté: d'où il s'ensuit que ce chapitre icy comprend les Offices venaux, aussi-bien que les non-venaux: il est vray que maintenant cela est bien rare, que le Roy, ou autre collateur donne les Offices venaux: Quand mesme le Roy les donne, il n'a pas accoûtumé d'en empescher par aprés le commerce & la disposition libre, bien qu'il le puisse faire, comme il a esté prouvé au chapitre troisième du livre precedent.

9. Pourquoy ce chapitre est intitulé ainsi. 10 La vente du collateur est celle qui tient la condition de ces Offices.

Premierement, donc pour parler de la garentie des Offices non vendus par le collateur, il est aisé à entendre, que quant à luy, il ne peut estre tenu d'aucune garentie d'iceux, puisqu'il ne les a pas conferez par vente ny autre titre onereux, qui puisse produire action de garentie. Mais en la garentie d'entre particuliers, s'y rencontre beaucoup de difficultez.

11. Le collateur ne peut estre garant des Estats non vendus. 12. De leur garantie entre les particuliers.

il

Du droit des Etats non-vendus, Ch. VI. 251

13. Si quand le collateur ne veut admettre la resignation, le vendeur doit dommages & interests.

En premier lieu, on demande si celuy qui a vendu l'Office, & promis en fournir les lettres deuement expediées, n'ayant satisfait à sa promesse, au moyen de ce que le collateur n'a voulu admettre la resignation, est tenu aux dommages & interests vers l'acheteur. Et certes il semble qu'il en doive estre excusé, pource qu'il ne tient à luy, mais à un tiers, le fait duquel ne peut estre precisément garanti, & encore un tiers, auquel on ne peut resister, qui est le cas de la loy, *Si fundus D. Locati*. Aussi que l'acheteur à lieu, que selon la condition de l'Office, la resignation en pouvoit estre refusée. Joint que c'est une clause ordinaire és compromis de tels Offices de les referer *sous le bon plaisir du collateur*. *Atqui quæ sunt moris & consuetudinis inesse videntur in bonæ fidei judiciis, l. Quod si nolit. §. Quia assidua. D. De Ædil. Edicto.*

14. Qu'oüi.

Neanmoins je n'estime pas ces raisons assez fortes, pour nous départir de la premiere regle de contract de vente, que le vendeur, à faute de faire la livraison, est tenu aux dommages & interests. Car il n'a dû vendre ce qu'il ne pouvoit livrer, ni promettre ce qu'il ne pouvoit accomplir; & bien que le fait d'un tiers ne puisse estre precisément garenti, si est-ce qu'il se resout en dommages & interests. Et quant à la loy *Si fundus*, elle parle de l'empeschement survenu aprés la vente, non de celuy qui dépend de la propre nature de la chose vendue; laquelle estant sceuë & preveuë par l'acheteur, est la cause pourquoy il a fait obliger expressément son vendeur à luy fournir ses lettres. Promesse qui estant pure & simple, on n'y peut presupposer ou deviner de condition tacite, qui suspende son effet, attendu que telles clauses, qui tendent à la resolution d'un contract, ne peuvent estre sous-entenduës in iceluy. Toutefois ce poinct n'est pas sans difficulté.

15. Si l'acheteur de la procuration peut repeter le prix quand le collateur ne veut admettre la resignation.

Si donc au contraire, la simple procuration *ad resignandum* avoit esté venduë, & que le collateur refusât de l'admettre, il est bien certain que le vendeur ne doit point de dommage & interests: mais c'est la question, si l'acheteur demeure quitte du prix, & s'il peut repeter ce qu'il avoit payé d'iceluy, attendu que le vendeur a fait de sa part tout ce dont il étoit tenu; neanmoins c'est sans doute que oüi: pource que la vente d'une procuration includ cette condition paisible, qu'elle puisse estre effectuée. Car ce n'est pas un morceau de parchemin, mais un Office qu'on a entendu vendre & acheter. Comme donc quand le vendeur de la procuration meurt dans les quarante jours, és Offices qui sont sujets à la clause d'iceux, la vente est resoluë sans dommages & interests de part & d'autre: aussi doit-elle estre, quand le collateur ne veut admettre la resignation, qu'il peut justement refuser. Joint qu'il n'est pas raisonnable, que *empter re careat, & pretium venditor retineat*, dit la loy *Emptorem D. De Æd. empti*.

16. Resolution qu'oüi.

Mesme quand cette derniere raison cesseroit, comme quand, au moyen de la resignation, le collateur fâché & dépité de ce que le vendeur veut quitter son service, auroit donné l'Office revocable à un tiers, comme il arrive souvent, j'estime qu'il faut neanmoins que le vendeur rende le prix, pource que cela provient du vice de l'Office, lequel le collateur eût aussi-bien pû revoquer, quand il n'eût point esté resigné.

17. Modification.

Ce que j'entens, quand il n'y a aucunement de la faute, ni de la demeure de l'acheteur de la procuration. Car il est tenu de faire diligence exacte, pour faire admettre la resignation, & si elle peut estre admise à quelque prix que ce soit. C'est pourquoy, afin d'oster toute difficulté qu'on lui pourroit opposer sur la restitution de son prix, il est bon qu'il tire une declaration du collateur, (si c'est un autre que le Roi) contenant qu'il ne veut admettre la resignation pour quelque finãce que ce soit.

18. Clause pour le décharger de cette garantie.

Je concluds donc, que la vente de l'Office sous la condition d'en fournir les lettres, induit parfaitement l'action *ex empto ad tradendum*, qui comprend & la restitution du prix, & les dommages & interests, que nous disons en pratique la garentie & la restitution de deniers. Mais la vente de la simple procuration produit seulement la restitution du prix, qui ne peut estre excluse sans expression speciale, comme dit cette loy: *Emptorem*. Et partant, pour s'exempter de la restitution du prix, il faut stipuler bien expressément, qu'au cas que le collateur ne vueille admettre la resignation, le vendeur ne sera tenu rendre le prix, ou pour le moins stipuler, que l'acheteur prendra la procuration à ses perils & fortunes, sans restitution de deniers: encore en ce cas s'il y a la moindre soupçon de dol, le vendeur en sera tenu. Mesme si l'Office demeurait au vendeur, il n'estoit pas raisonnable qu'il exigeât de lui une si grande somme, qui notoirement excedoit ses dommages & interests. Neanmoins les plus fameux Avocats du Parlement furent d'avis, ainsi que j'ay oüi dire, qu'une paction si expresse, n'estant point illicite, devoit estre entretenuë, n'estant chose nouvelle qu'on stipule une peine certaine, qui excede les dommages & interests; veu que c'est le conseil que donne l'Empereur au §. dernier. *Instit. De verb. obligat*, qu'attendu que la preuve, & liquidation des dommages & interests est ordinairement difficile, on stipule au lieu d'iceux une somme certaine, par forme de peine: chose encore plus ordinaire en la composition des Offices, qu'en tous autres contracts. Joint que l'Officier peut avoir grand dommage en ce que par ce vain effort, son Office est flétri & decrié, & sur tout, qu'on a fait connoitre au Seigneur dont il dépend, que le resignant vouloit quitter son service. Et finalement puisque s'il y avoit pareille peine stipulée par l'acheteur, en cas que le vendeur ne luy fournît les lettres dans certain temps, on ne feroit point de difficulté qu'elle ne fût valable, pourquoy en fera-t'on plus de difficulté en celle qui a été stipulée par le vendeur?

19. Autre modification notable.

20. Si l'a peine excedente les dommages & interests, est deuë.

Quand est de sçavoir, si les Offices non vendus entrent en la communauté de mariage, il est aisé à entendre que puisqu'ils entrent moins en commerce que les autres, ils sont encore moins propres à entrer en cette communauté. Toutefois, puis qu'icy nous parlons de ces Offices, entant que contre leur propre condition ils se vendent quelquefois, la question est, si ceux que le mary avoit lors de son mariage, ayans été vendus par iceluy, les deniers entrent en la communauté. En quoy il semble d'abord qu'il y ait une consideration particuliere, à sçavoir que la permission que le collateur a donnée au mary de les vendre, est comme une acquisition faite pendant le mariage. Joint que l'une des raisons cy-devant alleguées en la même question, à l'égard des Offices venaux, à sçavoir qu'ils avoient été achetez par le mary de ses propres, cesse és Offices non vendus: Finalement, que c'est déja assez allonger la pratique du remploy, mise en usage depuis trente ans seulement, de l'introduire aux Offices venaux, & encore aux non venaux, qui sont resignables, sans la vouloir encore étendre en ceux qui sont non resignables & non revocables.

21. Si ces Offices entrent en communauté.

22. S'ils sont sujets à remploy.

Neanmoins, je trouve encore ces raisons trop foibles pour nous divertir de la regle des Offices venaux, traittée amplement au neuviéme chapitre du livre pre-

23. Resolution, qu'oüi.

Droit des Off. es. Ii ij

cedent, attendu que si nous nous voulons ressouvenir de toutes les raisons qui y sont rapportées, nous trouverons qu'elles conviennent aussi bien aux Offices non vendus, qu'aux venaux. Comme de dire, que ce qui arrive aux conjoints par la diminution de leur bien particulier, n'entre point en leur communauté : qu'ils ne se peuvent avantager l'un l'autre : que les ventes necessaires, comme les rachats des rentes, & aussi les ventes des Offices, ont de tout temps esté sujettes à remploy : que les femmes n'ont point de leur costé d'Office à apporter à la communauté : bref, que c'est assez que tant que le mary a gardé l'Office, la femme ait participé aux profits, aux honneurs & aux privileges d'iceluy, encore qu'il ne luy appartint pas, & qu'elle n'en portast la perte, sans qu'elle participe encore au prix d'iceluy, aprés qu'il est vendu.

Donc quant à l'Office non vendu par le collateur, dont le mary a esté pourveu pendant le mariage, il est bien certain, que comme il a esté dit de l'Office venal, si le mary en a esté pourveu gratuitement, il n'entre point en la communauté. Ainsi fut jugé en l'an 1596. touchant un Office de Prevost des Mareschaux, plaidans Gailant & Bignon. Jugé aussi par mesme raison, pour l'Office de M. Garraue, Conseiller en la Cour, le 4. Decembre 1609. en la Chambre de l'Edit, qu'encore qu'il eust esté creé en vertu de l'Edit du droit annuel : neanmoins pource qu'il avoit esté donné par le Roy, il n'entreroit en communauté. Jugé pareillement que l'Office d'Huissier du Conseil Privé non venal, pendant le premier mariage du pourveu, rendu venal pendant le second, seroit partagé également entre les enfans des deux licts, sans que les uns, ni les autres y peussent rien pretendre du chef de leurs meres, par Arrest du 17. Decembre 1610. Mais si pendant le mariage tel Office estoit vendu, il y a grande apparence que les deniers entreroient en la communauté, comme estant en ce cas un pur meuble par luy acquis de nouvel, encore cas est-il fort douteux. Que si à l'opposite le mary avoit acheté des deniers de la communauté, d'un particulier un Office non vendu par le collateur, je ne ferois point de doute, que l'estimation d'iceluy n'en appartint à la communauté, n'estant pas permis de divertir à son profit particulier les deniers d'icelle. De sorte qu'aprés la mort de sa femme, il devroit rendre à ses heritiers la moitié de cette estimation. Car bien que tels Offices ne soient resignables, mesme qu'aucuns soient revocables, si est-ce qu'on peut bien apprecier un droit d'usage, ou d'habitation qui pareillement n'est que viager, & qui ne peut estre cedé à autruy : & il n'est pas à presumer que le mary eust acheté un tel Office, s'il n'eust rien valu, & s'il n'eust pû écheoir en estimation. Il est bien vray, qu'à cause de cette qualité de ne pouvoir estre resigné, il doit estre estimé beaucoup moins, & avec cela, s'il est revocable, il est encore de moindre valeur : quoy qu'il en soit, puisque sa valeur se consomme tous les jours, à mesure que le mary vieillit, il n'est pas raisonnable de le contraindre à rapporter la moitié du prix qu'il a cousté.

D'où il resulte, qu'en ce qui concerne la communauté d'entre mary & femme, il n'y a pas grande difference entre ces Offices & les venaux. Mais quant au rapport d'entre les enfans, au lieu qu'il n'y a point de doute, que les venaux n'y sont sujets, il semble au contraire, que ceux cy n'y sont point sujets. Ce qui semble apertement decidé par la mesme loy, qui ordonne le rapport des Milices, sçavoir en la loy *Omnimodo. §. Imputari. C. De ineff. testam.* qui decide, que le rapport n'a lieu qu'és Milices venales, & qu'il n'a lieu en icelles, sinon que pour autant qu'elles se peuvent vendre. Car il a esté cy-devant dit que les Milices venales n'estoient pas en commerce tellement libre, qu'on les pût vendre à tel prix, qu'on eust bien voulu acheter, mais que leur prix estoit taxé, soit par le decret ou reglement de chacune compagnie, ou par l'Edit de l'Empereur, qui leur avoit attribué le benefice de venalité, comme il se colige de la loy derniere, *C. de pignor. & de la Nov. 35.* & outre que ce prix se payoit, moitié au vendeur, & moitié à la compagnie, dont estoit la Milice vendue : & partant que ce que le pourveu en pouvoit retirer en la vendant, n'estoit que la moitié du taux attribué à la Milice qui n'estoit pas sa juste valeur. Et neanmoins ce *§. Imputari.* dit notamment, que la Milice venale se devoit rapporter, non au prix qu'elle avoit cousté, mais au prix qu'on en pouvoit retirer en la vendant.

Mais quant aux dignitez non venales la loy 1. *§. Sed an id quod. D. collat. bon.* dit expressément, qu'elles ne sont point rapportables, mesme que si le pere, qui a promis une somme de deniers, pour faire obtenir à son fils quelque dignité, vient à deceder avant que de l'avoir payée, le fils, pour laquelle elle a esté promise, n'est point tenu davantage de cette dette, que ses coheritiers. Et en la loy *Si filia. §. Neratius. D. famil. hercisc.* Ulpian reprend Neratius, d'avoir dit que le fils ne pouvoit repeter de ses coheritiers leur part du payement fait par luy, de ce que son pere avoit promis pour la Dignité de luy fils, & decide qu'il le peut repeter, autant en est dit en la loy, *Et qui originem. §. ult. D. De muner. & honor.*

Aussi Bartole, Balde, Alexandre, Paul de Chastre, & tous les anciens Docteurs disent bien que les Offices venaux sont sujets à rapport, mais non pas les non venaux, dont ils alleguent trois raisons. L'une, que les Dignitez non-venales sont inseparables de la personne, & qu'elles regardent plus la personne que le patrimoine, ainsi qu'il est decidé en la loy, *Cùm emancipati. §. Emancipatus. D. De collat. bon.* que l'action d'injures appartenans à l'émancipé, n'est conferable, *quia respicit magis personam, quàm patrimonium*, bien que le contraire soit de l'action de fur. La seconde, que ce qui n'est pas estimable à deniers, ne se doit rapporter, *arg. l. Plané. 2. §. ult. De leg. 3. & l. Titius. C. de operis libert.* La troisième, que le rapport estant une espece de permutation, suivant la loy *Filium. C. famil. hercisc.* il s'ensuit que ce qui n'est point venal, comme il ne se doit point changer, ne se doit point aussi rapporter. Et afin que je ne m'amuse pas aux Docteurs étrangers, nostre *Benedicti* est de mesme opinion, sur le chapitre *Raynutius. ad verbum Duas habens. num. 62.*

Finalement pour plus certaine autorité de nostre Droit François, nous avons l'Arrest prononcé en robes rouges, au profit de Monsieur Favier, Conseiller de la Cour, le 7. Septembre 1582. par lequel il fut declaré exempt de rapporter son Office que son pere luy avoit resigné, D'où j'infere que si le rapport n'a lieu aux Offices de judicature, qui approchent bien plus de la venalité, que ceux dont nous parlons, il ne doit point à plus forte raison avoir lieu en ceux cy.

Bien que ces raisons semblent fort pressantes, je ne les trouve pas toutesfois assez fortes, pour renverser l'équité naturelle, & le sens commun, qui nous dicte l'égalité entre les enfans, & nos Coûtumes, qui nous défendent d'en avantager directement ou indirectement l'un plus que l'autre, ne pouvant estre nié, que celuy auquel le pere aura resigné, un Office de la Couronne, ou un beau Gouvernement, qui possible vaut mieux que tout le reste de son bien, ne soit avantagé par dessus les autres. Et de fait les Coûtumes qui se sont avisées de parler du rapport des Offices, comme celle de Laon, tit. 9. art. 95. de Chalons, tit. 13. art. 101. de Rheims, art. 321. de Berry, tit. 19. art. 42. & de Sedan, art. 188. portent indistinctement, qu'il faut rapporter tous les frais faits par le pere, pour faire obtenir quelque Office à son fils : mesme ceux qui sont faits pour le faire recevoir Docteur en quelque Faculté.

Aussi il y a de bonnes réponses à toutes les allegations contraires. Car premierement, quant au §. *Imputari*, il faut remarquer qu'il y a tres-grande difference entre l'imputation à la legitime dont il parle, & le rapport, bien que tous les anciens Docteurs, & mesme

Du droit des Etats non vendus, Ch. VI.

nos Jurisconsultes François les confondent, & égalent mal à propos. L'imputation à la legitime est quand un homme desherite sans cause son enfant, contre la pieté naturelle, & partant en ce cas, la faveur est directement pour l'enfant desherité sans sujet, auquel du moins la legitime est deuë, *qua est debitum naturæ subsidium*, dont il doit être remply actuellement en corps hereditaires, qui soient en libre commerce, *l. Scimus. §. Repletionem. C. De inoff. testam.* Au contraire, le rapport est, quand contre l'égalité & équité naturelle un pere avantage l'un de ses enfans plus que les autres, & par consequent alors la faveur est du côté des autres enfans, qui demandent le rapport & l'égalité. C'est pourquoy la loy *Illud. C. De collat.* dit expressément, que tout ce qui est imputé en la legitime, doit être rapporté ; mais au rebours, que tout ce qui doit être rapporté, ne doit pas être imputé en la legitime : mais qu'au contraire, il n'y a rien sujet à être imputé en la legitime, que ce qui est pareillement exprimé par les loix. Ce que le docte Cujas a bien relevé en la *Consult. 24.* où il dit que le rapport a lieu en tous les avantages, sauf ce qui est expressément excepté ; mais qu'au contraire, l'imputation en la legitime n'a lieu qu'és cas où la loy l'a specialement commandé. D'où il s'ensuit que le §. *Imputari*. ne peut servir à l'égard du rapport, puisque la loy dit que la consequence ne vaut rien, de l'imputation en la legitime au rapport. Et de fait, bien qu'il dise, qu'il n'y a que les Milices venales qui soient sujettes à être imputées en la legitime, neanmoins cette loy *Illud*. dit indefiniment, que les Milices sont sujettes à rapport, sans limiter sa decision aux Milices venales.

32. Explication du §. Sed an id quod in l. 1. De collat. bon.

Et quand au §. *Sed an id quod.* de la loy *1. D. De coll. bon.* & autres textes semblables, ils ne parlent pas des Milices, ou Offices consistans en profit, ou revenu ; mais des dignitez qui consistent en simple honneur, sans profit, même qui ont plus de charge que d'honneur, comme les charges des Villes, qui en Droit sont appellées *Honores & Dignitates, tit. de Muner. & Honoribus*; & au Code, *Dignitas*. est prise pour signifier particulierement le grade de Senateur Romain, *tit. de Dignit. lib. 10. Cod.* qui pareillement consistoit en simple honneur sans profit, & quelquefois le terme de *Dignité* est usurpé pour signifier toutes les charges honorables, qui n'aportent aucun profit, comme j'ay dit autre part. Qu'ainsi ne soit, ce §. *Sed an id quod*, parle de la promesse faite par le pere pour la dignité de son fils, qui est proprement la pollicitation qui se faisoit dont il est traité au titre *De pollicit.*& j'en ay parlé au premier chapitre du livre precedent. Et le §. *Neratius*. parle *de munere constituendi certaminis*, comme aussi le §. dernier de la loy, *Et qui originem*. parle par exprés des charges patrimoniales des Villes, & non des Offices, *de muneribus loquitur, non de Honoribus*.

33. Réponse aux opinions des anciens Docteurs.

Quant à l'opinion des Docteurs de Droit, c'est chose notable, que quand ils expliquent cette proposition, que la Milice non-venale n'est point sujette à rapport, ils ne proposent point d'autre exemple, sinon d'un Evêché, ou Prebende Ecclesiastique, d'où il s'ensuit qu'ils entendent parler des Milices qui ne peuvent aucunement entrer en commerce, non pas même par licence du Prince, le droit public y repugnant, comme les Benefices ; & qui par consequent ne peuvent en aucune maniere cheoir en estimation pecuniaire. Et tout au contraire, quand ils viennent à parler des Milices venales, qui sont sujettes à rapport, ils baillent pour exemple, non pas celles que les loix permettent expressément de vendre, mais celles qui ont accoûtumé d'être venduës *secundum consuetudinem cujusque civitatis*. Aussi Jason en cette loy *Illud*, tranche expressément, que les Milices, qui se peuvent vendre par le congé du Prince, chéent en rapport. Et autant en dit *Franciscus à Ripa ad l. In quartam : D. Ad l. Falcid. num. 163.* & sur tout le docte *Covarruvias. lib. 3. Variarum resolut. cap. 19.* prouve bien que l'opinion des

34. Opinion contraire.

anciens Docteurs doit être ainsi entenduë ; & qu'en cette matiere du raport *paria sunt Militiam liberè vendi posse, & facili licentia Principis vendi solere*.

Et de fait les trois raisons que les anciens Docteurs apportent pour confirmation de leur dire, conviennent directement à cette explication. Car en premier lieu, quand ils disent que les Milices ne se doivent point raporter, pour être inseparables de la personne, il s'ensuit qu'ils entendent parler de celles qui ne sont nullement resignables & transmissibles de personne en autre, comme les Ordres, les Offices electifs, & autres semblables : & s'ensuit bien *a contrario*, qu'entant que les Milices sont separables de la personne par resignation licite, elles se doivent raporter : pareillement quand ils disent que c'est pource qu'elles ne peuvent être estimables à deniers, comme les Benefices & les charges des Villes, qui raportent plus de peine que de profit, il s'ensuit que celles qui sont estimables à deniers, se doivent raporter : finalement quand ils disent que ce qui ne se peut permuter, ne se doit point raporter, il est aisé d'en tirer une consequence contraire, que ce qui se peut permuter, se peut raporter.

35. Réponse aux raisons des anciens Docteurs.

Quant à l'Arrest de M. Favier, qui est ordinairement allegué en cette matiere, comme fort special, & (si j'ose dire) irregulier, il y a une rencontre particuliere en luy, à laquelle ceux qui l'alleguent ne prennent pas garde. A sçavoir qu'au même temps d'iceluy, le feu Roy Henry III. par une bonne inspiration, avoit fait un Edit, par lequel ayant declaré qu'il confereroit desormais gratuitement les Offices de judicature, il avoit defendu sous de tres-grandes peines de les vendre, ou autrement de les recevoir en commerce entre particuliers. Même avoit enjoint par cét Edit à son Procureur General, qu'avant de consentir la reception des Officiers, il fist interroger tant le resignant, que le resignataire, sur la cause de la resignation, & quy en informast, s'il besoin étoit : de sorte que par cét Edit, la vente des Offices étoit tout autant prohibée, que celle des Benefices. Et il est notable qu'il fut verifié au Parlement le 23. Juillet 1582. & peu de jours aprés fut resolu l'Arrest de Monsieur Favier, dont neanmoins la prononciation fut differée jusqu'au tems accoûtumé de prononcer les Arrests en robes rouges, à sçavoir au 7. Septembre ensuivant, afin de faire paroître comme le Parlement vouloit faire observer exactement cét Edit ; qui neanmoins ne dura gueres, pource que le Roy recommença tost aprés à prendre de l'argent des Offices de judicature. Aussi cét Arrest, auquel il avoit donné cause, n'a pas été depuis suivy és concurrences semblables ; mais il s'en est donné plusieurs contraires ; & à bon droit, pource que le rapport doit suivre le commerce des Offices. Dont j'en rapporteray seulement un, donné entre les enfans de feu M. Antoine Matharel, Procureur general de la Reine Mere ; qui pressé de maladie, resigna son Office à son fils aîné, étant lors âgé seulement de dix-neuf ans : aussi le fils mourant, il resigna incontinent cét Office à un tiers ; aprés toutefois y avoir été receu à la Cour : & fut le prix de la composition d'iceluy, montant à dix mil livres, receu par la veuve du defunt, tant en son nom, que comme tutrice de ses enfans, & ce partie comptant, partie en un contract de constitution de rente : laquelle le fils aîné soûtient qu'il appartenoit à lui seul, ensemble l'argent que la mere commune avoit receu : les puisnez au contraire soûtenoient que la resignation du pere avoit été plûtost un fideicommis, ou confidence de l'Office, pour le conserver à la famille, qu'une donation d'iceluy : en tout cas qu'il devoit être raporté. Enfin par Arrest donné en l'Audience, le 12. de Fevrier 1607. les parties furent mises hors de Cour, & partant l'aîné debouté de sa pretention.

36. Réponse notable à l'Arrest de Favier.

37. Arrest contraire.

Ii iij

Des Offices non-venaux, Liv. IV.

38. Que ces Offices qui se perdent ne se doivent imputer à la legitime, mais bien au rapport.

De ce discours plusieurs belles conclusions peuvent être tirées touchant le raport des Offices. Premierement, que suivant la decision de la loy *Illud*, il faut distinguer le raport des Offices d'avec l'imputation de la legitime : non-seulement pource que la faveur est pour le raport, & au contraire est contre l'imputation de la legitime ; mais pource que le raport, & la legitime sont fondez sur deux diverses considerations, à sçavoir le raport sur ce que, l'un des enfans ne peut être avantagé plus que les autres, de sorte qu'il suffit pour le raport, qu'il ait été autrefois avantagé des biens du pere, encore que cét avantage ne luy soit demeuré ; mais ait été depuis perdu par cas fortuit. Car en ayant été fait le seigneur dés lors du don, la perte fortuite doit tomber sur luy : Et la legitime, sur ce que la loi veut que le fils soit rempli en corps hereditaire, lors de l'ouverture de la succession du pere, de certaine partie d'icelle, §. *Repletionem*. D'où il s'ensuit que si l'Office, quoyque venal, resigné par le pere à son fils a été suprimé, ou autrement perdu par cas fortuit, même par sa mort, il ne doit point être imputé en sa legitime, qui doit être actuellement fournie en corps hereditaire, lors de l'ouverture de la succession paternelle : bien qu'il soit notoire qu'au même cas l'Office seroit raportable, pource qu'il est vray de dire, que le fils en a été avantagé aux dépens du pere, qui presomptivement l'eût vendu, s'il ne l'eût resigné à son fils.

39. Comment ils se doivent imputer à la legitime.

Pareillement de cette même consideration, il s'ensuit que l'Office ne se doit imputer en la legitime, qu'encant qu'il peut être vendu, pource qu'autrement le fils ne seroit pas remply de corps hereditaires, qui fussent en commerce libre, & en vray patrimoine, qui est une conclusion fort à remarquer, resultant directement de ce §. *Imputari*. Mais au contraire, il est certain que l'Office doit être raporté pour le prix qu'il valoit, lorsqu'il a été donné, ou resigné par le pere, comme j'ay bien prouvé au dernier chapitre du livre precedent.

40. Ceux qui ne se vendent point du tout, ne se ne sujets à raport.

Puis donc que c'est une regle certaine, que tout ce dont le fils a été avantagé par le pere au préjudice de ses coheritiers, est sujet à raport, je dis qu'en matiere d'Etats non-venaux, ceux-là ne sont point sujets à raport, qui ne se vendent point du tout. Mais ceux qui bien qu'ils soient absolument venaux, neanmoins ont accoûtumé d'être vendus, tombent en raport. Qui est à peu prés la distinction que fait le Droit *in legato rei aliena*. Que si la chose leguée n'est nullement en commerce, le legs n'en vaut rien; mais si elle est en quelque façon en commerce, quoyque difficile, il faut l'acheter au legataire, ou luy en payer l'estimation. *Constat res alienas legari posse, utique si parari possint, licet difficilis earum paratio sit. Si vero Salustianos hortos, qui sunt Augusti, vel fundum Albanum, qui principalibus usibus servit, legaverit quis, legatum nullum est,* dit le §. *Constat, l. Apud Julianum. De legatis 1*.

41. Quels sont ceux dont la vente est illicite.

Or les Etats qui ne se vendent point, sont de deux sortes, à sçavoir ceux dont la vente est ou illicite, ou impossible. J'apelle la vente illicite celle qui est prohibée par le droit public constamment observé, comme est celle des Benefices, & comme étoit celle des Offices de judicature, lorsque les Edits prohibitifs de les vendre, étoient exactement gardez. Et ceux-cy partant ne tomboient point lors en raport, comme il fut jugé par l'Arrêt de Favier : Arrêt tres-juste pour son temps. Car ces Offices, dont la vente est du tout, illicite, sont tellement hors de commerce, que même ils ne peuvent cheoir en estimation pecuniaire, qui feroit une espece de vente, *quia aestimatio facit emptionem*.

42. Quels sont ceux dont la vente est impossible.

J'apelle la vente impossible, quand les Etats ne se resignent point, soit de leur propre nature, comme les Ordres, & les Offices électifs, soit à cause de la volonté du collateur qui n'en veut pas admettre la resignation, ou du moins, qui n'a pas accoûtumé de l'admettre, ni par faveur, ni par argent, comme les Capitaineries des gens de guerre, les pensions que les Avocats ont des Seigneurs, & les places d'Officiers de leurs Maisons : Et bien que ces Etats, ou qualitez puissent cheoir en estimation pecuniaire, pource qu'il n'y a point d'Edit qui défende de les vendre, si est-ce que la vente n'en étant point accoûtumée, ils ne tombent point en raport.

43. Tout ce la dépend de l'usage accoutumé.

Il s'ensuit donc en effet que cette distinction dépend du tout de la coûtume, & de l'usage public & ordinaire. Car quant à ceux dont la vente est illicite, si la loy qui la rend telle, vient à n'être plus observée publiquement, comme il se voit à present és Offices de judicature, ils deviennent en commerce ordinaire & accoûtumé, & partant sont sujets à raport : autant en est-il de ceux dont la vente, ou resignation étoit autrefois tenuë pour impossible, si aujourd'huy on a pris coûtume de l'admettre, comme il se fait à present és Offices de la Couronne, és Gouvernemens, & és places d'Officiers domestiques du Roy : ainsi je dy que ces Etats sont à present en commerce ordinaire & accoûtumé, & consequemment sujets à raport.

44. Pourquoy.

Et ce n'est pas de merveille, si cela se mesure, & se juge par l'usage & coûtume. Car au commerce qui est du droit des gens, l'usage commun a telle puissance, que même il surmonte la loy particuliere du païs, comme il se voit aux taux de la monnoye, & au cours de la marchandise. Ce qui est encore plus faisable aux Etats, dont le commerce ne git presque qu'en la fantaisie du peuple, non plus que le prix des pierreries. Tant y a, puisque c'est cette coûtume publique de vendre quelques-uns des Offices non-venaux, qui rend ceux-là sujets à raport, il s'ensuit que comme il est impossible de donner loy certaine à l'usage populaire, & à la volonté des hommes, aussi il est impossible de specifier ceux de ces Offices qui sont sujets à raport, ou non.

45. Exemple.

Car on a veu qu'on ne parloit point de vendre les grands Offices de Judicature, à sçavoir ceux des Presidens, & du Parquet des Cours souveraines : du depuis on les a veu vendre communément entre particuliers. Et si maintenant le Roi faisoit resolution de n'en plus admettre les resignations, comme il pourroit bien faire, dautant qu'ils ne se sont à jamais vendus, ils feroient desormais hors de commerce, & partant sujets à raport.

46. Autre exemple.

Pareillement on a vû que les Offices de Conseillers de la Ville de Paris ne se vendoient point; mais étoient donnez aux anciens, & aux plus dignes bourgeois; de nôtre tems la vente s'y est mise, & est venuë en commerce ordinaire. De même il s'est veu qu'on ne parloit point de vendre les Gouvernemens, soit des Provinces, ou des Villes, ou des places : mais depuis que les Rois modernes se sont rendus faciles à admettre les resignations d'iceux, la vente s'y est établie, quoyque fort pernicieuse au Royaume. Comme pareillement il s'est vû un temps que les places des Archers des gardes, & autres menus Officiers de la Maison du Roy ne se vendoient point; mais depuis que les Chefs d'Office ont pris coûtume d'en tirer de l'argent, ils se sont aussi accoûtumez d'en admettre la resignation, ou demission en faveur d'autruy, & ainsi sont-ils venus en commerce ordinaire.

47. Etats qui se vendent quelquefois, mais non par usage ordinaire.

Même il n'y a tantôt Etat ni qualité quelconque, où la venalité ne se soit glissée, A-t-on pas veu de nôtre tems vendre des Capitaineries de gens de guerre : a-t-on pas vû trafiquer les pensions des Avocats? vendre la démission des Procureurs, és Sieges où ils ne sont encore érigez en Office formé? même jusqu'à vendre les places des Clercs de Conseillers à Paris? vendre aussi les places d'Officiers domestiques des grands Seigneurs? Où est-ce que l'or n'a point penetré? Mais toutesfois tout cela n'a point eu lieu jusqu'icy par un usage ordinaire & public, qui soit encore tourné en coûtume, & qui partant fasse loy au commerce. *Nam ad ea potius debet aptari jus, quae frequenter & facilè quàm quae perrarò eveniunt*, dit la loy, *Nam ad ea. D.*

Du droit des Etats non vendus, Ch. VI. 255

De legibus. Si toutefois cela passoit en coûtume ordinaire, ces qualitez deviendroient sujettes à rapport.

48. Ceux-là ne tombent en rapport.
Mais jusqu'à présent, sous pretexte qu'un pere aura trouvé moyen de faire tomber à son fils, ou la Capitainerie de gens de guerre, ou les pensions d'Avocat, ou sa place de Docteur Regent, ou de le faire recevoir Procureur par sa demission, il ne s'ensuit pas, à mon avis, que cela soit sujet à rapport, pource que cette demission favorable & gratuite de pere à fils, peut bien plûtost estre admise, que non pas la vente qu'on voudroit faire à un étranger: de sorte qu'il est à présumer, que si le fils n'eût esté receu en la place du pere, cette place eût été perduë par sa mort. Aussi qu'il arrive quelquefois, que ce qu'il y est admis, est pour son merite & faveur particuliere.

49. Si du moins leut prix tombe en rapport.
Tout cela est vray, quand l'Estat en soy passe de la personne du pere en celle du fils, de sorte que si le raport y avoit lieu, ce seroit l'Estat mesme, au moins son estimation eu égard au temps du don, qui devroit estre rapportée, le tout selon les mesmes regles, qui ont esté posées à l'égard des Offices venaux au dernier chapitre du livre precedent; mais il y a bien de la difficulté quand on demande, non pas le raport de l'Estat mais des deniers débourfez actuellement par le pere, pour obtenir à son fils un Estat, ou Milice non sujette à rapport, dont luy-mesme n'a jamais esté pourveu. En quoy il me semble qu'il y a deux cas à distinguer, l'un, quand le pere a baillé l'argent au fils, si bien que par les mains du fils il ait esté employé en cét achapt, auquel cas j'estime qu'il n'y a nulle difficulté, que cét argent ne soit toûjours sujet à rapport, puisqu'il est vray que c'est de l'argent, & non pas un Office que le pere a donné au fils, & que c'est le fils, & non pas le pere qui l'a acheté en son nom, & payé.

50. Oüi s'ils ont été achetez par l'enfant des deniers du pere.

51. Trois cas notables.
Soit que cét argent, par le conseil & entremise du pere, ait esté mis en l'achat d'une commission, qui trois jours après ait esté revoquée: car c'est le fils qui a fait le mauvais achapt pour soy, & le pere qui n'a fait qu'y donner conseil pour son fils, auquel comme le profit, aussi la perte doit demeurer. Soit aussi que cét argent ait esté mis en l'achat simoniaque d'un Benefice: Car bien que le pere qui a conseillé la simonie, & le fils qui l'a commise: soient tous deux simoniaques: si est-ce que les enfans qui demandent le rapport de cét argent, n'en doivent porter la perte: aussi que le fils ne seroit point oüi: si pour se laver du rapport il alleguoit sa turpitude & son crime. Soit finalement qu'il ait employé l'argent en un Office, ou qualité qui ne rapporte aucun profit, mais consiste en simple honneur, pource que c'est toûjours sa faute d'avoir ainsi mal employé son argent, ce qui n'a pas laissé de diminuer la masse des biens paternels.

52. Quid si l'achat a été fait par le pere pour son fils.
Mais si c'est le pere qui a fait l'achat, & payé luy-mesme les deniers, il y a plus de difficulté en chacune de ces trois rencontres, pource que c'est luy qui a fait la faute, & non pas le fils: c'est pourquoy, si la commission ainsi achetée pour le fils a esté revoquée sans sa faute pendant sa vie, ou une Capitainerie de compagnie, qui ait esté cassée, il n'est pas raisonnable que le fils rapporte le prix qu'il en a receu du pere au avant deboursé. Mais aussi il n'y a point d'apparence, qu'il ne rapporte pas ce qu'il a gagné en l'Estat, avant qu'il l'eut perdu. Je dy donc qu'il doit rapporter les profits honnestes & licites qu'il a pû tirer, toute dépense & charge defalquée, qui est-ce que dit la loy *Illud, quantum ex militia lucrari potuit*: pource que deux choses

53. Au moins en faut-il rapporter les fruits.

sont requises, pour faire que le rapport ait lieu. L'une que le fils ait été avantagé: l'autre, que ce soit des biens du pere.

Et puisque ces deux choses se trouvent au cas du Benefice acheté par le pere à son fils, posé qu'il apparoisse clairement & promptement de cét achat, qui autrement n'est ni presumé ni permis de verifier par témoins, j'estime qu'en cette matiere de rapport, qui gist en une pure équité, il ne faut point avoir d'égard à ces rigoureuses subtilitez, de dire que *in turpi causa potior est conditio possidentis*, & que les enfans ne doivent estre receus à alleguer la turpitude de leur pere. Toutefois cette question est bien problematique: car il n'y a point de regle asseurée és cas illicites.

54. Item le benefice acheté par le pere pour son fils.

Quoyqu'il en soit il n'y a, ce me semble nulle apparence au dire de Balde sur ce §. *Imputavi*, & de Bartole sur le §. *Nec castrense*, de cette loy 1. D. *de collat. bon.* que si le pere a fait des frais, pour l'obtention du Benefice de son fils, ils ne sont point sujets à rapport, sous pretexte de dire que les Benefices ne sont pas venaux, & ainsi n'est pas sujet à rapport. Car ce n'est pas le Benefice qui se rapporte, mais l'argent déboursé licitement pour l'obtention d'iceluy, qui ne peut estre de peculejmais au contraire c'est le profit, & le revenu que le Beneficier en tire, qui est reputé peculé.

55. Les frais pour l'obtention du benefice sont rapportables contre Balde.

Toutefois, qui est nôtre troisième cas, si le pere avoit déboursé par ses mains des deniers, pour faire obtenir à son fils quelque Dignité, ou grade, qui consiste en simple honneur sans profit, ou du moins sans profit licite, qui excedat notoirement les charges, & la peine d'iceluy, tels deniers ne seroient sujets à rapport: qui est le propre cas de ce §. *Sed an ad quod.* Comme les deniers déboursez pour la dignité d'Echevin, ou autre telle charge de Ville, ou pour quelque degré de facultez liberales. Et ce pour deux raisons. L'une, que le fils n'est point avantagé par telles qualitez, en chose qui soit estimable en argent, & partant ne peut estre chargé d'en rapporter argent, par la raison de la loy *Plane* 1. §. *vlt. De legatis* 1. L'autre que l'honneur qui provient de ces dignitez, redonde au pere, & à toute sa famille.

56. Deniers déboursez pour une simple Dignité non profitable ne se rapportent.

Encore les Coûtumes de Laon, Chalons, Reims & Sedan, és articles cy-dessus cottez, limitent-elles cette décision au degré de Docteur, voulans que les frais faits pour iceluy soient rapportez, soit pource que ces Coûtumes ont mal à propos confondu les simples Docteurs avec les Docteurs Regens, dont l'Office, ou Maistrise est notoirement profitable, & partant rapportable, quant aux frais faits pour y parvenir, soit à cause qu'on faisoit autrefois de grands frais pour prendre le bonnet Doctoral, lesquels ne sont plus necessaires. Neanmoins hors ces Coûtumes, j'estimerois, que les frais de la Maîtrise ou Doctorat ne soient non plus sujets à rapport que ceux de la Licence. Comme aussi ces Coûtumes décident que les frais de la Maîtrise de métier sont sujets à rapport, pource que tels métiers sont lucratifs; bien que les frais de l'apprentissage de métier ne soient sujets à rapport, principalement pour le fils, qui n'avoit aucuns biens, non plus que ceux d'école, ni ceux d'institution aux armes, comme décident ces mesmes Coûtumes, pource qu'ils concernent l'instruction, qui par droit de nature est deuë par le pere aux enfans, aussi-bien que l'éducation.

57. Quid des frais du Doctorat.

58. Explication de quelques Coûtumes.

CHAPITRE VII.

De la vente des Offices de Judicature.

1. Pourquoy ces Offices ont été laissez les derniers.
2. Si la vente est licite.
3. Raison de la negative.
4. Que cette vente induit Simonie.
5. Que non.
6. Spirituel, est un mot équivoque.
7. Preuve que cette vente est licite.
8. La loy politique lie & délie en conscience.

9. *Resolution pour l'affirmative.*
10. *Réponse aux raisons contraires.*
11. *Il est plus permis aux particuliers de les vendre qu'au Roy.*
12. *Réponse de l'argument des pollicitations du droit.*
13. *Cas auquel il ne seroit permis de les vendre.*
14. *Loix politiques ne lient que quand elles sont observées publiquement.*
15. *Conclusion de ce discours.*
16. *Inconvenient de l'opinion contraire.*
17. *Bel exemple de vente licite d'Office.*
18. *S'il est permis au Prince de vendre les Offices de judicature.*
19. *Qu'il seroit plus seur de ne les vendre point.*
20. *Qu'il les peut vendre licitement.*
21. *Belle resolution de S. Thomas sur cette question.*
22. *Inconveniens provenans de la vente de ces Offices.*
23. *Excellent passage sur ce sujet.*
24. *Suffrages de Rome n'estoient pas si dangereux que nostre vente.*
25. *Deux inconveniens notables de nostre vente.*
26. *De l'injustice provenant à cause d'icelle.*
27. *Rois chargez en conscience de cette injustice.*
28. *Exemples notables.*
29. *Que l'information de vie & mœurs ne remedie pas assez à cét inconvenient.*
30. *Second inconvenient concernant la cherté de la justice.*
31. *Pourquoy les Etats sont plus chers à present que jamais.*
32. *Pourquoy les Offices n'ont de prix arresté.*
33. *On fait valoir les Offices de judicature tant qu'on veut.*
34. *Grande tentation aux gens de bien.*
35. *Vers neufs d'un ancien Poëte.*
36. *Avis de remede à cette vente.*

37. *Trois parties du mal.*
38. *Trois degrez de remede.*
39. *Premier remede que les Offices de judicature ne peussent estre vendus outre la taxe de la Paulette.*
40. *Que pour ce prix le Roy en eust la disposition en toutes vacations.*
41. *Preuve de cét avis.*
42. *De même.*
43. *Modification.*
44. *Le Roy doit avoir le choix des Iuges.*
45. *Commoditez de cét avis.*
46. *Faudroit publier la vacation sur les lieux.*
47. *Autres commoditez de cét avis.*
48. *Tous inconveniens cesseroient.*
49. *Second remede de défendre aux Iuges de rien prendre des parties.*
50. *Moyen de les appointer de gages suffisans.*
51. *Autre moyen.*
52. *Autre encore.*
53. *Profit qui en reviendroit au peuple.*
54. *Honneur qui en reviendroit aux Iuges.*
55. *Qu'il est impossible de regler le salaire des Iuges.*
56. *Autoritez notables.*
57. *Discours notable de Justinian.*
58. *Troisième remede d'abolir du tout la venalité des Offices de judicature.*
59. *Deux sortes d'âges d'or.*
60. *Les Princes plus endettez n'ont jamais vendu les Offices.*
61. *Ménage admirable d'Alexandre Severe.*
62. *Commodité qui en reviendroit au Roy.*
63. *Exhortation au Roy, à la Reyne, & à M. le Chancelier.*
64. *Ordonnance notable du Roy S. Louïs.*
65. *Conclusion, que tous maux cesseroient avec la venalité des Magistrats.*

1. Pourquoy ces Offices ont esté laissez les derniers.

2. Si la vente en est licite.

3. Raison de la negative.

4. Que cette vente induit simonie.

J'AY laissé les Offices de judicature tous les derniers des Offices non-venaux, pource que ce sont les plus venaux de tous, & pource que ceux des Seigneurs ausquels le livre suivant est dedié, s'y rapportent presque tous, je les expliqueray à part, d'autant que leur droit se rapporte plus à celui des Offices venaux qu'à celui des non venaux. Or je les appelle Offices de judicature, c'est-à-dire Office de Iuges, ou Magistrats de Justice, & non pas Offices de Justice: pource qu'il y a plusieurs Offices de Justice, qui sont du nombre des Offices venaux, sçavoir tous les Ministres de Justice, comme Greffiers, Notaires, Sergens, & autres semblables, desquels il n'est point question en ce chapitre : mais seulement des Magistrats.

A l'égard desquels c'est une grande question parmi les Theologiens Scholastiques, & parmi les Docteurs Canonistes, s'il est licite en point de conscience de les vendre & acheter entre particuliers. Les plus scrupuleux tiennent que c'est simonie, pource que ce qui est appelé *Ambitus* au Droit civil, est appelé *Simonia* au Droit canon, témoin cette belle loy *Si quemquam* Cod. *de Episcopis & cler.* Et ce qu'il n'y a point de loy formelle en la sainte Ecriture, qui défende la vente de ces Offices, ils disent, pour le regard du vieil testament, que c'est à cause que cette venalité de son temps n'étoit aucunement introduite parmi le peuple des Juifs, non plus qu'en aucune autre anciéne Republique: & quant au nouveau Testament, que c'est à cause qu'il ne contient pas regles de la Police temporelle, mais seulement de la spirituelle. Mais il faut, disent-ils, s'arrêter à la raison formelle, que *omnis potestas à Deo est*, dit l'Apôtre, *praecipuéque judicium Dei est*, dit le premier chap. du Deuter. En cette belle remontrance que Josaphat fait aux Iuges 2.Par.c.9. il leur dit que *non hominis judicium exercent, sed Domini*, & le Psalme 84. dit que *Justitia de caelo prospexit: cujus*, dit toute la premiere de nos loix, *merito nos Sacerdotes vocamur* : de sorte qu'ils concluent que cette puissance de juger les hommes, venant de Dieu, &

étant divine, ne peut être venduë sans simonie.

Toutefois l'opinion contraire est la plus commune, & aussi la plus vraye, à mon avis, dont la raison ponctuelle est , que la simonie ne consiste qu'és choses sacrées & spirituelles : or ce mot Spirituel, est ambigu, signifiant tantôt ce qui provient du S.Esprit, & ainsi est opposé au temporel, & tantôt ce qui dépend de l'esprit humain, & ainsi est opposé aux choses corporelles: & sans doute c'est cette ambiguité, qui cause la difficulté de nôtre question. Car entendant par le spirituel tout ce qui n'est point corporel, tous Offices sont spirituels. Mais entendant tout ce qui n'est point temporel, mais qui dépend du S.Esprit, il y a des Offices temporels, à sçavoir ceux de l'Etat, & des Offices spirituels, sçavoir ceux de l'Eglise, esquels consiste vrayement la simonie, & non és choses temporelles, bien qu'incorporelles: pource que la simonie est un péché contre le S.Esprit, & non en celles qui consistent en l'esprit humain.

Car encore que la Justice & l'autorité de juger les hommes procede originairement de Dieu, comme fait toute vertu, tout honneur & toute-puissance: si est-ce que Dieu a deposé, & commis la Justice temporelle entre les mains des Rois qui sont ses Lieutenans en terre : ausquels même il a laissé tout ce qui est de ce monde, que nous appellons temporel ; s'étant seulement reservé, & à ses Ministres Ecclesiastiques , le spirituel, qui est-ce qu'on dit vulgairement, que *Divisum imperium cum Iove Caesar habet*: & ce qui est dit en l'Ecriture, qu'il faut rendre à Cesar ce qui est à Cesar, & à Dieu ce qui est à Dieu.

D'où il resulte que les Monarques peuvent établir tel droit, police, & commerce qu'il leur plaît és choses temporelles: *hoc jus Regis est*, dit l'Ecriture : & ce droit, soit juste ou injuste, lie & délie, charge & décharge la conscience du peuple, qui est tenu de droit divin & humain d'obéïr entierement à cét égard, à son Roi. Car bien que le Prince qui établit des loix injustes, en ce qui est directement de sa police temporelle, en soit

5. Que tel est mon avis.

6. Spirituel, est mot équivoque.

7. Preuve que cette vente est licite.

8. La loy politique lie & délie en conscience.

De la vente des Off. de Iudicature. Ch. VII.

en soit responsable devant Dieu, pource qu'il abuse de sa charge, si est-ce que le peuple est tenu de les observer, & à plus forte raison les observant, ne fait rien d'illicite, pourvû qu'elles ne contreviennent directement aux commandemens de Dieu, ou aux loix de nature qui sont immuables.

9 Resolutio pour l'affirmative.

Puis donc qu'il n'y a point de défense formelle en l'Ecriture, de vendre les Offices de Justice ; mais que ces Offices dépendent du temporel, dont l'entiere disposition appartient aux Princes temporels, il s'ensuit qu'il n'y a que la loy Politique & temporelle du Prince, qui y puisse apporter de la conscience. C'est pourquoy si les loix *De ambitu*, avoient lieu en France, il y seroit sans doute illicite en conscience d'acheter les Offices. mais tant s'en faut que ces loix nous lient, que mesme elles ne lierent pas les Romains, aprés que leur Republique fut reduite en Monarchie, dit la loy 1. *D. Ad l. Iul. ambitus.*

10. Réponse aux raisons contraires.

Et quant aux Ordonnances de France, qui défendent par exprés la vente des Offices de judicature, elles ne nous obligent plus en conscience, pource que le Roy y déroge luy-mesme publiquement & continuellement : & ce non seulement à son égard, mais encore il permet & tolere qu'elles ne soient point observées par les particuliers, au veu & sceu d'un chacun. Et d'ailleurs, il est aisé à entendre, que le Roy, auquel il apartient de mettre ses Off. en commerce, & les oster quand il luy plaist, en les vendant luy-mesme, dispense taisiblement les particuliers des Ordonn. prohibitives de cette vente.

11. Il est plus permis aux particuliers de les vendre qu'au Roy.

A quoy ne faut point dire, qu'il est plus permis au Prince de vendre les Offices, qu'aux particuliers : à cause que les pollicitations estoient permises au droit Romain, en faveur des Communautez seulement, & non des particuliers. Car c'est sans doute, que depuis que le Prince vend un Office de pure & absoluë vente, l'ayant une fois exposé au commerce, il ne peut plus, avec justice, empescher que l'acheteur le revende, étant une loy generale du commerce, & une maxime du droit des gés, que *Necesse est ut qui emit, vendat, come dit La-pride, & qua emeris vendere gentium jus est,* dit Seneque.

12. Réponse à l'argument des pollicitations du droit.

Et ne faut pas s'étonner, si les pollicitations faites aux Off. estoient seulement obligatoires & permises à l'égard des communautez des Villes, pource que ces Offices estans électifs, & à bref temps, ne pouvoient être resignez à autrui : ni par consequent vendus entre particuliers, non plus qu'à nous les Charges d'Echevins des Villes. Mais quant aux autres Off. ces qui estoient conferez par les Empereurs, dont la véte à l'égard de Prince n'en fût établie en l'Empire Romain, comme elle est en ce Royaume, trouvons nous pas qu'il y ea eu autrefois action entre particuliers, pour les suffrages, comme il a été traitté au commencement du livre precedent ? Et toutefois il y a beaucoup moins de raison de vendre les suffrages, c'est-à-dire sa voix, ou sa faveur, pour faire obtenir du Prince quelque Office, qu'il donne gratuitement, que de revendre au particulier l'Office, qu'on a acheté du Prince.

13. Cas auquel ne seroit permis de les vendre.

Il est bien vray que le Prince pourroit imposer telle loy à ses Offices, en les vendant, qu'il ne seroit loisible aux particuliers de les revendre, qui seroit en effet vendre un pur usufruit & encore un usufruit sujet à residence & exercice, ou plûtost un simple usage attaché à la personne. Mais il n'y eut jamais de telle loy en France, & si elle estoit, & que les Offices ne fussent point resignables, c'est sans doute qu'on ne les acheteroit pas si cher. Car aujourd'uy, voyant que le Roy par un droit commun & certain n'en refuse point les resignations, l'assurance que chacun s'imprime de pouvoir revendre son Office, selon l'occurrence de ses affaires, fait qu'il expose plus d'argent. Et quand il auroit été fait autrefois quelque Ordonnance telle, si est-ce qu'étant aujourd'huy notoirement hors d'usage, elle ne lieroit pas le peuple en point de conscience, attendu la maxime vulgaire des Teologiens Schol. que *lex temporalis non obliget, nisi quatenus est in viridi observantia.*

14 Loix non politiques ne lient que quand elles sont observez publiquement.

15. Conclu.

Concluons donc hardiment, que les particuliers peu-

vent licitement acheter des Offices de judicature, soit du Roy, soit de l'un à l'autre. En quoy il ne peut y avoir, à mon avis aucun scrupule, sinon le serment public & solennel, qu'ils faisoient il n'y a pas long-temps, lors de leur reception, & qui a été justement aboly en l'an 1597. comme j'ay dit ailleurs.

Conclusion de ce discours.

Et de vray, puisqu'on n'entre plus aux honneurs par la Vertu; mais par la porte dorée, ce seroit une dangereuse opinion, si tous les gens de bien, faisant conscience d'acheter des Offices de judicature, les abandonnoient à ceux qui n'auroient point de conscience. Vû qu'au contraire, quand il seroit expressément défendu par les loix Politiques de les acheter, si est-ce qu'en matiere de ce qui n'est directement contraire aux loix divines, cela pourroit estre permis aux gens de bien, pour exclure les méchans : ainsi que le Senat Romain encouragea Marcus Bibulus, de distribuer au peuple grande somme de deniers, que les plus gens de bien luy presterent, afin d'empescher que Luceius intime amy de Jule Cesar, fust fait Consul avec luy, *ne Catone quidem ipso annuente, cum largitionem è Republ. fieri, inquit Sueton. in Iulio.*

16. Inconvenient de l'opinion contraire.

17 Bel exemple de vente licite d'Offices.

Voila pour les particuliers : *sed quia quae supra nos, nihil ad nos,* je ne m'informe point, si les Rois peuvent en seureté de conscience vendre les Offices de judicature, comme une chose temporelle que Dieu ait laissée à leur discretion : en tout cas, si la coutume qu'ils en ont trouvé établie par leurs predecesseurs, ou la nécessité de leurs affaires leur peut servir d'excuse devant Dieu, ensemble les autres considerations Politiques, qui les peuvent induire à cette vente.

18 S'il est permis au Prince de vendre les Offices de judicature.

Je puis bien dire, que puisque, où il va du peril de l'ame ; c'est le meilleur d'y aller un doute probable de choisir la plus seure voye, & notamment que ce seroit une grande perfection à eux, qui sont établis de Dieu pour rendre la Justice, de se décharger de ce devoir sur les plus gens de bien, plûtost que sur les plus hardis acheteurs ? sur tout, il semble qu'il peut y avoir du scrupule, si par le moyen du taux excessif qu'ils mettent aux Offices, il arrive, ou que la Justice soit mal renduë, ou mesme qu'elle soit trop cher venduë : qui est un point, dont tous les Theologiens sont d'accord. Mais aussi c'est une resolution toute asseurée, que cessant ces inconveniens, puisque les Offices sont du nombre des choses temporelles que Dieu a laissées en la puissance des Rois, ils y peuvent à l'égard du peuple qui leur est subjet, mettre telle police & tel taux qu'il leur plaist, sans commettre injustice, & sans que le peuple ait occasion de s'en offenser, pourveu que d'ailleurs ils ne violent les loix du commerce.

19. Qu'il seroit plus seur qu'il ne les vendis point.

20. Qu'il les peut vendre licitement.

Je me rapporte de tout cela à la réponse, que fit l'Angelique Docteur saint Thomas d'Aquin à la Duchesse de Brabant, lui ayant demandé en conseil de conscience, si elle pouvoit vendre ses Offices de judicature : *Cum Baillivis & Officialibus vestris nihil commiseris, nisi temporalis Officii potestatem, non video, quare non liceat vobis vendere Officia : dum tamen talibus vendatis, de quibus praesumi possit quod sint utiles ad hujusmodi Officia exercenda : & non tanto pretio vendatur Officium, quod recuperare non possint sine gravamine subditorum, Attamen talis venditio expedieni omnino non videtur, cum frequenter contingat, quod magis idonei sint pauperes, qui Officium tale emere non possint. Quin etiam si aliqui divites tales sint, tamen quia boni sunt, Officia non ambiunt, nec ad lucra inhiant. Et sic, quia Officia emunt ut plurimùm hi qui pejores sunt, & subditos opprimendo divites fiant (juxta illud Iob. Abundant tabernacula praedonum) magis expedient videtur ut bonos & idoneos ad Officia vestra liberaliter eligatis.*

21. Belle resolution de S. Thomas sur cette question.

Et veritablement, pour en parler politiquement & moralement, c'est bien sans doute, (l'experience nous l'apprend) que c'est un grand desordre, & un grand malheur à un Etat, quand les Offices de judicature s'y vendent. Et d'autant que cette corde est bien haute pour moy, je me contenteray de rapporter ce qu'en dit elegamment, & fort à propos de nostre usage, ce sage

22. Inconveniens grands de la vente de ces Offices.

Du Droit des Offices. K k

Des Offices non-venaux, Liv. IV.

23. Excellent passage sur ce sujet.

Empereur Justinian en la Nov. 8. *Manifestum est, quod qui aurum dat, & ita administrationem emit, non dat hoc solum, quantum occasione adinventum est suffragiorum; sed aliud extrinsecus addit amplius, occasione commodi, administrationem aut dantibus, aut spondentibus; & sic uno principio illicito dato, plurimas necesse est manus circumire eum, qui donationem facit: & hoc non de suo forte prebere, sed mutuatum, & ut mutuare possit, damnificatum: & computare apud se, quia convenit eum tantum ex Provincia percipere, quantum liberet quidem ei debita, sortem scilicet & usuras, atque etiam damna pro ipso mutuo; computabit autem preterea expensas largiores sibi jam, ut Judici, & iis qui circa se sunt, convenientes: & quendam etiam sibimet recondet quastum in tempore sequenti, in quo forte non administrabit. Quapropter ejus quod ab eo datum est, triplum, magis (si oportet verius dici) decuplum erit, quod à subjectis nostris exigitur. Et ex hoc etiam fiscus imminuitur: nam qua oportebat in fiscum inferri, quando qui administrationem habet punis utitur manibus, ea ad propriam utilitatem redigens, & inopem faciens nobis collatorem, inopiam ipsius, qua per ipsum agitur, nobis reputat. Et quanta impie talia sunt, & horum furtorum merito relata occasionem? Administrationes namque habentes Provinciales, ad bene acceptationem respicientes, multos quidem reorum dimittunt, vendentes eis delictum: plurimos autem innocentium condemnant, ut noxii prastent: & hoc non solum in pecuniariis causis agitur, sed & in criminalibus, ubi de anima est periculum: fugaque fiunt ex Provinciis, & consulunt huc omnes ingemiscentes, sacerdotes, & Curiales, & Officiales, & possessores, & populi, & agricola, Judicium furta merito, & injustinias accusantes: & hoc non fiunt sola; sed etiam civitatum seditiones, & publica turba plerumque pecunia causa sunt atque sedantur: & omnino una quadam est hac omnium occasio malorum, & accipere suffragium à Judicibus, totius nequitia est principium, & terminus. Est quoque sacrorum eloquiorum mirabile & verum, quod avaritia omnium sit mater malorum, maxime quando non privatorum, sed Judicum inharet animabus. Quis enim sine periculo non furetur, quis non ratiocinabitur sua reatu, ad Administratorem respiciens? Illum namque videns omnia aut vendentem, & prasumens vaia quicquid egerit illicitum, hoc pecuniis dando redimet; hinc homicidia, & adulteria, & invasiones, & vinetra, & raptus virginum, & commerciorum confusio, & contemptum legum & Judicum: omnibus hac venalia proposita esse putantibus tanquam aliquod vilium mancipiorum. Sed neque sufficimus considerare & exponere, quanta ex furto Provincialium Judicum fiunt pessima: nullo eos prasentemie cum fiducia redarguere, cum illi repente, se emisse cingula pronuntient.*

24. Suffrages de Rome n'étoient pas si dangereux que nôtre vente.

Et neantmoins les suffrages de Rome, dont il parle, n'estoient pas si dangereux à beaucoup prés, que la vente publique des Offices, que nous pratiquons à present. Car ces suffrages n'approchoient pas de la juste valeur des Offices; mais seulement les Empereurs prenoient une somme mediocre de deniers, pour gratifier un Officier, & le preferer aux autres competiteurs: choisissans neantmoins le plus capable, ou du moins celuy qu'ils aimoient le mieux, & non pas celuy qui leur offroit le plus. C'est pourquoy il ne faloit plus d'autre examen, ni information de vie & de mœurs par aprés: mais c'estoit un sacrilege, dit la loy, de douter de la capacité de celuy que le Prince avoit choisi, comme j'ay dit au troisiéme chapitre du present livre.

25. Deux inconveniens notables de nôtre vente.

Mais parmy nous, on expedie bien souvent les Offices en blanc: ou du moins (si ce ne sont Offices briguez par gens qui aient grãd credit) on ne s'enquiert jamais de la capacité, ni mesme du nom de celuy qui à encheri l'Office; mais comme és adjudications judiciaires on l'adjuge indifferemment au plus offrant & dernier enencherisseur: remettant, aprés son expedition, aux Juges qui le recevront, d'examiner sa capacité. D'où il naist deux grands inconveniens, l'un, que n'y ayant plus de choix des personnes, & les Offices estans adjugez pour l'argent, & non pour la vertu, il y entre souvent des gens de mauvaise vie: l'autre que ces gens ayans cherement acheté leur Office en gros, il faut qu'ils le revendent cherement en détail: l'une donc est cause que la Justice est souvent injustement renduë: l'autre, qu'elle est toujours trop cher venduë.

26. De l'injustice, provenant à cause d'icelle.

Examinons separément l'un & l'autre inconvenient. Quant au premier, Ciceron a bien dit que *male se res habet, cùm ad id quod virtute effici debet, tenuatur pecunia*: & le plus grand secret d'un Etat, est de mettre des gens de bien aux charges publiques, dit Platon, livre premier de sa Republique, pource, dit-il, que tel est l'ouvrier, tel est son ouvrage: ce qui a lieu principalement au Juge, la fonction duquel consiste, non en ce qui se void, mais en ce qui est caché dans sa conscience, laquelle estant tortuë, mal-aisément peut-elle redresser celle du peuple. Or il est bien certain, que ce n'est pas le moyen d'avoir de bons Magistrats, que de preferer l'argent à la vertu, conferant les Offices aux hardis encherisseurs: en quoy le méchant est plus avantagé que l'homme de bien, pource que sa façon d'agir luy donne moïen d'en tirer plus de revenu & cõmoditè: au contraire l'homme de bien mesure la valeur de l'Off. selon son revenu licite: & d'ailleurs il se fâche d'acheter ce qu'il sçait être deu à sa vertu: voilà pour quoy il se trouve plus de mauvais Off. que de bons.

27. Roy chargé en conscience de cette injustice.

Mais il y a encore un point de conscience, qui est fort à considerer en cette occurrence, à sçavoir que le Roy est responsable devant Dieu des torts que ses Officiers font au peuple principalement au fait de la Justice, dont il est debiteur, & pourquoy principalement il est établi. Donc si le maistre est tenu du fait de son procureur, le financier de son commis, & le marchand de son facteur à plus forte raison le Prince souverain est tenu du fait de ses Officiers, comme dit Seissel au second livre de sa Monarchie Françoise, chap. 16. & fut remontré aux Etats de Tours. Ce qui bien reconnoissant ce grand Roy Philippe Auguste, estant proche de sa mort, il laissit les executeurs de son testament de cinquãte mil livres pour reparer les torts, que ses Officiers, sans son sceu, pourroiẽt avoir faits à ses sujets. Et cét autre bon Roi Philippes de Valois ordonna par son testament, que ses executeurs envoyeroiẽt par les Provinces informer des plaintes & torts faits par ses Officiers, & les amander.

28. Exemples notables.

Ouï, mais, dira-t-on, aprés la provision d'un Officier, on informe de ses mœurs, avant que le recevoir. Je répons, que cette information, ainsi qu'elle se fait parmy nous, est presque inutile, pource qu'estant faite sur le témoignage de ses meilleurs amis, produits par luimesme, elle n'a garde de découvrir son vice. Et qui est celuy qui, à jamais été renvoyé faute d'avoir été trouvé homme de bien? s'il n'a eu quelque ennemy capital qui ait fait joindre à grands frais quelque vieille information criminelle faite contre celuy qui poursuit sa reception: encore tient-on cela pour affecté & odieux, & comme une envie ou vengeance. En tout cas il y a bien de la difference entre le choix des Officiers, qui se fait és Republiques bien policées, & l'information qui se fait en France, de la vie des pourvûs aprés coup. Car le choix se refere à une vertu éclatante & reconnuë, & nostre information requiert que nous soyons exempts du vice, qui est enfin une negative, qui ne se peut nullement verifier.

29. Que l'information de vie & mœurs est remede à ce inconvenient.

30. Second inconvenient, concernant la cherté de la justice.

L'autre inconvenient est encore plus manifeste, qu'au prix que l'Officier achete son Office, quelque homme de bien qu'il soit, il ne se peut tenir qu'à ce méme prix il n'en revende par aprés l'exercice au peuple, *Necesse est, ut qui emit vendat*, & c. & comme dit Aristote au second des Polit. chap. 9. il est necessaire que ceux qui ont acheté les Offices, s'accoûtument d'en ménager exactement le gain, afin d'en retirer leur argent par le menu. Aussi void-on que depuis l'introduction de la venalité des Offices, les Juges se sont autorisez de prendre de grands salaires des parties? ce qui n'estoit anciennement, ainsi

De la vente des Off. de Iudicature. Ch. VII.

que j'ay montré au huitiéme chapitre du premier livre. Et à mesure qu'on a encheri les Offices de temps en temps, les Iuges ont aussi augmenté leurs taxes: comme c'est une regle infaillible du comerce des choses fructueuses, que leur prix & leur revenu ont une necessaire correspondance l'une à l'autre; de sorte que si l'un augmente, il faut que l'autre augmente aussi.

31. Pourquoy les Estats sont plus chers à present que jamais.

Qu'ainsi ne soit, qui est la cause pourquoi depuis ces derniers troubles, les Offices sont tant augmentez de prix, sinon que la licence de la guerre ayant augmenté la corruption parmy les Officiers, les a licentiez d'accroistre leurs profits par des inventions toutes nouvelles, & des taxes excessives? Pourquoy

32. Pourquoy les Offices n'ont point de prix arresté.

dit-on aussi que les Offices n'ont point de prix certain comme ont les heritages, les rentes & toutes autres choses fructueuses? sinon pource que leur revenu dependant, je ne dy pas de l'industrie, mais de la volonté, ou pour mieux dire encore de la malice du pourveu, ils valent de revenu ce qu'on les fait valoir. C'est pourquoi quand Philippe de Comines a remarqué dans son Histoire, que les Offices estoient plus chers en la ville de Paris qu'en aucune autre du monde, il a incontinent ajoûté pource qu'en icelle on les fait valoir, non ce qu'on doit, mais ce qu'on veut.

33. On fait valoir les Offices de judicature, tant qu'on veut.

Et de vray, cette regle de commerce, que le prix & le revenu ont une correspondance necessaire, a lieu, principalement aux Offices de Magistrats, qui sont Iuges eux-mêmes de leur salaire, c'est pourquoy ils seroient bien niais, s'ils n'y demeuroient pour le prix de leur argent, veu qu'outre qu'ils ont acheté cher leurs Offices, ils y mettent encore leur temps & leur labeur, *atqui*

Cùm labor in damno est, crescit mortalis egestas.

34. Grande tentation aux gens de bien.

En quoy l'homme de bien, voyant l'exemple tout ordinaire de ses voisins, considere que la preud'hommie ne doit être dommageable à sa famille, ce qui feroit, s'il ne faisoit côme les autres, puisqu'il faut qu'il achete son Office au prix des autres. Et partant, il s'accomode enfin à leur train & se resout que c'est assez de juger justement, & de rendre bonne & briéve justice; mais au reste, il s'accoûtume à serrer le poignet, ainsi que les autres. *Hic error*, dit S. Gregoire en ses Epîtres, *in subditis propagatur cum augmento. Nam eo ipso quòd quis ad honorem majori pecunia promovetur, in ipsa jam provectus sui radice vinatus, paratior est alijs cariùs venundare quod cariùs emit.* C'est l'excuse ordinaire des Iuges, quand on leur reprend de prendre trop grands salaires, qu'ils ont acheté les Offices, qu'il faut qu'ils se sauvent, & qu'ils vivent. *Nemo potest*, dit cette Nov. 8. *eos cum fiducia redargueré, cùm illi repetita se emisse pronunciēt.*

35. Vers naïfs d'un ancien Poëte.

Je finiray ce point par la plainte d'un ancien Poëte François.

Mais qui croiroit qu'on achetât Office
De grands deniers, & grand' somme d'argent,
Et puis aprés qu'on fist bonne justice,
Sans nul tromper, & en prendre des gens?
Qu'on donnast tout? on seroit hors de sens:
Le temps n'est mie, on ne donne plus rien,
Mais on vend tout, gens & entendemens,
Trestous les jours ils se vendent tres-bien.

Est-ce pas exprimer la naïvement la sentence d'Aristote, livre second des Politiques, chapitre neuviéme, où il reprouve la vente des Magistrats, & dit que c'est chose absurde, qu'un Magistrat, ayant fait grande dépense pour avoir son Office, refuse aucune occasion d'y gagner.

36. Avis de remede à cette vente.
37. Trois parties du mal.

Voilà la consequence du mal reconnuë, cherchons-y maintenant le remede. Or puisque le mal est venu par degrez, il faut aussi que la guerison s'en fasse par degrez. Le commencement du mal vient d'avoir pris de l'argent des Iuges par forme de prest, ce que je compare aux suffrages que les Empereurs Romains prenoient des Magistrats: *Suffragium capere à Iudicibus, totius nequitia principium est*, dit cette Nov. 8. Le progrés est d'avoir permis, en consequence de ce prest, que

Du droit des Offices.

les Iuges prissent taxe & salaires extraordinaires des parties: car anciennement ils se contentoient de leurs gages, & à succession de temps on leur permit de prédre épices des procés jugez, non par forme de taxe, mais côme un present volontaire, ainsi qu'il a esté dit au huitiéme chapitre du premier livre. Mais depuis qu'on a pris de l'argent d'eux, on leur a permis aussi d'en prendre des parties. Estant chose remarquable, que toutes les loix qui leur défendent d'en prendre, défendent aussi d'en prendre d'eux pour leur promotion, afin de pratiquer ce dite notable de *Pescenninius Niger: oportere Iudicem nec dare, nec accipere.* Bref la fin du mal est d'avoir finalement converty ce prest en pure vente au present au plus offrant, & encore en une vente si excessive, qu'il est necessaire que le Iuge devienne ou larron ou pauvre.

Tout de mesme, j'ay imaginé en mon petit esprit trois degrez de remede, pour guerir particulierement ces trois degrez de mal, qui en effet est trop inveteré, pour estre guery tout d'un coup. Je tireray le premier remede de la taxe, qui depuis peu a esté faite de tous les Offices, pour l'execution de l'Edit de Paulet, & bien que cette taxe soit possible trop haute à l'égard d'un bon temps & bon reglement, comme ayant esté faite en une saison, en laquelle les Offices sont venus à une monstrueuse cherté, neanmoins, puisque d'un corps maladeilui en faut prédre l'aide, non qu'on veut, mais qu'on peut, je desirerois que cette taxe, ou plûtost une plus basse, s'il plaisoit au Roy, demeurast arrestée pour toûjours, non seulement pour la liquidation du droit annuel, & de la taxe de la resignation, ainsi qu'à present, mais aussi pour servir de taux & de prix perpetuel à chacun Office de judicature, qui jamais ne pourroit être contrepassé, ni par le fisque, ni par les particuliers: comme j'ai montré au 8. ch. du 2. livre, qu'à Rome le prix des milices venales estoit certain, tant pour ce qui s'en payoit au fisque, où à la compagnie, qu'au resignataire, ou à ses heritiers.

38. Trois degrez de remede.
39. Premier remede, que les Offices de judicature ne puissent être vendus outre leur taxe de la Paulette.

Et afin que ce prix des Offices de judicature ne fut outrepassé par les particuliers, & aussi afin que nul n'entrat aux Offices de judicature, qui ne fust particulierement eleu & choisi par le Roy, ou Monsieur le Chancelier, il faudroit que le Iuge, qui voudroit desormais resigner son Office, le remit librement és mains du Roy, pour en être pourveu par sa Majesté, qui bon lui sembleroit, à la charge le nouveau pourveu rembourseroit tout comptant le resignant le prix de cette taxe, excepté le huitième denier, que le Roy auroit pour son droit de resignation: sauf que si l'Officier avoit payé de finance entrée aux coffres de sa Majesté, & qu'il survecût les quarante jours aprés sa demission, ou resignation, il seroit raisonnable de le, rembourser entierement.

40. Oster pour tenir le Roy en eust la disposition en toutes vacations.

Ce faisant, on ne luy feroit point de tort: car retirant son argent, il appartient bien que ce soit le Roy, qui choisisse les Officiers: & ce qu'on a pratiqué jusqu'icy en France la resignation à certaine personne, qui par une corruption de mœurs s'est de long-tems introduite aux Beneficés, il est bien certain qu'il est contre la droite raison. Car la vraye & la propre resignation, c'est la démission pure & simple comme il a esté prouvé au premier livre, mais la resignation *in favorem semper est ex gratia*, comme disent les Canonistes.

41. Prevû de cet avis.

Toute la taxe tomberoit sur ceux qui ont acheté leurs Offices plus haut que cette taxe, & que la finance entrée aux coffres du Roy. Mais on ne peut empescher que le Roy mette un taux à ses Offices pour le bien public; & on ne fait point de tort aux Officiers, quand lorsqu'ils ne veulet, on ne peuvent plus jouïr de leurs Offices, le Roi les fait rebourser ou du prix qu'il a reçu, ou du taux qu'il y a mis: Et come ceux qui ont acheté leurs Offices à bon marché, pendant ces guerres, ont eu à leur profit l'accroissement du prix qui y est survenu du depuis, aussi s'il y survient de la diminution cy-aprés, principalemét si c'est pour y établir une

42. De mesme.

bonne reformation, les Officiers la doiuẽt porter patiemment, & se ressouuenir qu'ils ont mis leur argent en vne marchãdise hazardeuse. D'ailleurs souuenons nous que principalement en matiere de reformation, il ne peut être autrement, qu'vne nouuelle loi n'ait quelque chose d'injuste contre le particulier, *quod publicæ utilitate rependitur*. Ici l'injustice, s'il y en a, ou plûtôt l'incommodité est fort petite, & touche fort peu de particuliers: au contraire, l'équité & la cõmodité y est fort grande, & redonde sur tout le peuple.

43. Modification.

Ce n'est pas à dire que quand vn ancien Juge auroit par vn long tems bien serui le Roi & le public, & que se voulant retirer, il desireroit faire entrer en sa place son fils, son gendre, ou autre proche parent, auquel n'y eût soupçon de plus haute vente, le Roi le gratifiât plûtôt qu'vn autre également capable.

44. Le Roy doit auoir le choix des Juges.

Mais tant y a qu'il est raisonnable que ce soit le Roi qui choisisse ses Officiers, afin de mettre aux Charges les plus gens de bien, & plus propres à son seruice, & que ce choix il les obligeât: non pas qu'on lui lie les mains, comme on a fait jusques ici, le necessitant d'admettre au hazard celui que le resignataire lui presentera, qui est lui ôter le plus grand effet de sa puissance, laquelle consiste principalement au choix de ceux, ausquels il faut qu'il en fasse part.

45. Commoditez de cét auis.

D'ailleurs cét expedient sera cause que le pere n'étant pas asseuré, comme il est à présent par la Paulette, de continuer son Office en sa famille, sera plus retenu en son exercice, crainte des recherches, & que d'ailleurs le fils, sçachant qu'il n'aura pas l'Office de son pere, s'il n'a du merite en sa personne, aura plus de soin de s'en rendre capable. Ainsi les deux inconueniens qu'on remarquera en cét Edit de Paulet, côtrez cy deuant au dernier chapitre du liure, cesseront, à sçauoir que le Roy soit priué du choix de ses Officiers, & que les Officiers asseurez d'vne continuation de puissance en leur famille, soient plus insolens, & plus hardis à mal faire. Incõueniens qui ne sont d'importance qu'aux Offices de judicature, & non aux financiers, qui sont sujets aux comptes & aux recherches: ni aux ministres de Justice qui sont sujets à la correction de leurs Juges: joint que les charges de ces & des autres ne sont de telle importance au repos du peuple, que celles des Juges.

46. Faudroit publier la vacation sur les lieux.

Or pour faire que telle resignation, ou démission fût notoire, & afin qu'il se presentât plus de personnes, sur lesquelles le Roi pût faire son choix, il seroit expediét qu'elles fût publiée sur les lieux à la diligence du resignant. Ce que fait, le taux des Offices étant arrêté à vn prix non excessif, il n'y auroit pas faute de gens de bien qui s'y presenteroient, & en cette rencontre, ce seroit vn honneur & vne gloire à celui qui seroit preferé, comme étant trouué le plus capable, & outre ce seroit vne obligation grande qu'il auroit de bien seruir son Prince. Ainsi donc il y auroit esperance d'auoir de bons Magistrats, au moins ne tiendroit-il qu'à les bien choisir. Et comme on remarque, pour vne des principales causes, pourquoy les Romains ont subjugué tout le monde, que c'étoit dautant que leurs soldats *erant lecti milites, non fortuiti*, aussi la Justice est à esperer que la Justice de France, étant renduë par gens choisis, deuiendroit la meilleure du monde.

47. Autres commoditez de cet auis.

D'ailleurs cela maintiendroit l'antorité du Roi, d'obliger ainsi ses Offic. par le choix qu'il feroit de leurs personnes, pareillemẽt cela augmenteroit fort le credit de Mr. le Chancelier, & de Mrs du Conseil d'Etat, & autres notables personages de la Cour, ausquels le Roi auroit creãce, pour le conseiller à faire ce choix. Attendu que desormais ce ne seroit plus vne vraye vente, mais vne preference & vne gratification, telle que celle du temps des Romains par le moïen des suffrages: mesme encore plus auantageuse, pource que les suffrages n'étans limitez pourroient aller jusques à la juste valeur des Offices, & d'ailleurs cela feroit que les Juges voudroient quitter leurs Offices, ils en retireroiẽt leur argent, qui partãt ne feroit que vn prêt fait au Roi, non

pas même vn prêt gratuit, mais plûtôt vne antichrese & encore vne antichrese fort auantageuse, pource qu'on ne leur pourroit ôter l'Office, & neanmoins ils le pourroient rendre, & en retirer leur argẽt, toutesfois & quantes qu'ils le voudroient. Et partant les Offices de judicature étant engagez à conditions si raisonnables, il seroit dautant plus juste & plus aisé de regler les salaires des Juges, & empêcher les concussions.

Ainsi on éuiteroit non seulement les inconueniens resultans de l'Edit moderne, mais aussi les deux que nous venons de couter, qui resultent de nos mœurs d'apresent, à sçauoir que les méchans peuuent aussi tôt entrer aux Offices que les bons, puisque sãs choix on les adjuge au plus haut encherisseur, & que le moïen du prix excessif d'iceux les plus gens de bien, qui y entrent, sont quasi contraints d'y mal verser.

48. Tous les conueniens cesseroient.

Voila le premier degré de remede, qui guerit aussi le premier degré de nôtre mal, & si Dieu nous le donnoit, ce seroit assez fait pour vn coup: Car comme le mal est venu par degrez, aussi à plus forte raison le faut-il guerir par degrez, puisqu'ainsi est que les maladies sont plus longues à s'en aller, qu'à venir. Toutesfois à succession de tems le Roi pourroit augmenter les gages des Juges jusques à l'équitable proportion du decret qu'ils auroient fourni pour leurs Offices; ensemble de ce qui seroit raisonnable, tant pour recompenser leur labeur continuel, que pour maintenir honnêtement leur rang & dignité parmi le peuple. Et aïant fait cela, il leur défendroit tout à fait ces salaires qu'ils prennent du peuple, qui certes sont indignes de leur qualité, & conuenables seulement aux artisans & mercenaires, même ces Espices non douces, mais trop fortes & corrosiues. Et en cette façon la Justice seroit renduë gratuitement au peuple, comme certainement elle lui est deuë.

49. Second remede de décendre aux Juges de tõ prendre des parties.

Le fonds de cette augmentation de gages se pourroit trouuer, sur l'emolument des Greffes, & fermes des amendes, si elles étoient dégagées, & rachetées par le Roy. Aussi est-il raisonnable que les profits de la Justice soient destinez pour les charges d'icelle: & de fait, c'est chose aisée à verifier, qu'anciennement les profits des Juges n'étoient autres, que de prendre les emolumens des Greffes & Notariats, comme font encore les Vicomtes de Normandie, ceux des Greffes: je n'entens pas toutesfois qu'attribuer directement aux Juges les reuenus des Greffes, & des amendes, de peur qu'ils augmentassent mal à propos: mais j'entens que sur iceux ou leur assignât certains gages liquides, moindres que le reuenu ordinaire d'iceux Greffes, & fermes des amendes, le surplus reuenant bon au Roy.

50. Moyen de les approprier aux gages des Juges.

Que si on ne vouloit employer à cela le reuenu des Greffes, comme le Roi ne veut rien perdre, on pourroit bien, pour fournir cette augmentation de gages, prendre la leuée qui se fait sur le peuple, pour le payement des Preuôts des Maréchaux, & leur compagnie: aussi-bien se portent-ils desormais pour la plupart si mal en leurs Charges, qu'ils font plus de mal que de bien au peuple. Et lors il faudroit que les Baillifs & Senéchaux (qui aussi-bien n'ont plus autre affaire que de tenir main-forte à la Justice) fissent la recherche des voleurs: & que pour cét effet il leur fût permis de prendre au besoin les cheuaux des particuliers, pour en vne prompte occasion monter leurs Sergens; même aux occurrences plus signalées ils se feroient assister de la Noblesse du païs: & pour les inuiter à ce faire, le Roy leur pourroit donner quelque part aux amendes, & aux confiscations, en quoy il n'y auroit pas grand inconuenient, puisqu'ils n'ont point de voix aux procès.

51. Autre moyen.

Que si tout cela n'étoit pertinent, pourroit-on pas assigner ces nouueaux gages, sur les consignations des procès, ou les amendes des temeraires plaideurs, qui ont eu lieu en la plûpart des anciennes Republiques, & sont encore demandées en aucunes modernes: pour l'appointement des Juges, afin de faire, comme on dit, de la terre le fossé. Ce que depuis peu vn donneur

52. Autre encore.

De la vente des Off. de Iudicature. Ch. VII.

d'avis a voulu renouveller à sa mode: & mal à propos certes, ainsi qu'il l'entend, pource que ce seroit encherir toûjours la Justice, que le Roy doit gratuitement à son peuple, mais bien à propos, si ces amendes étoient renouvelées, non pour en faire un nouveau subside, mais pour la reformation de la Justice, en abolissant les espices & salaires des Juges, afin que deformais ils ne tendissent honteusement la main aux parties.

Finalement où toutes autres ouvertures manqueroient, quand il en faudroit venir à cette extremité, que l'augmentation des gages fut levée par forme de taille, encore le peuple y gagneroit-il beaucoup, pourveu qu'il fût bien deschargé d'acheter desormais la Justice qui luy coûte beaucoup plus que ne feroit cette augmentation. Mais la plus grande utilité qui luy en reviendroit, seroit que les Juges n'ayans plus leur vie assignée sur les procés, qu'au contraire leur seroient desormais à peine & corvée, au lieu de les prolonger & multiplier, comme la plusart font maintenant, ils les retrancheroient tant qu'ils pourroient, soit en les vuidant sur le champ, soit en tançant aigrement les temeraires plaideurs: de sorte qu'en peu de temps le peuple ne sçauroit plus plaider, comme j'ay oui dire qu'il se voit à Mets, & à Calais, où il n'y a qu'un Juge ordinaire qui est gagé du païs: & qui ne prend aucunes espices, taxes, ni presens des parties.

En ce cas, la charge des Juges seroit du tout honorable, quand elle ne seroit plus souillée de ce gain mercenaire, & qu'ils ne seroient plus assujettis à tendre la main à l'argent, mais seroient tout à fait entretenus du public, comme ceux qui à Athenes estoient nourris *in Prytanæo*, ce qui estoit la plus honorable recompense qu'on pût attribuer aux personnes de merite. Tout l'inconvenient qu'on pourroit imaginer contre cét avis, seroit que les Juges estans seulement apointez en gages ne se rendroient pas soigneux & assidus à expedier les parties, mais il seroit aisé de trouver de bons moyens pour les y contraindre, moyens que je n'ay pas le loisir de traitter en ce lieu.

Mais à present parmi la corruption de nos mœurs, c'est presque chose impossible de regler & moderer les salaires des Juges, pource qu'en estans eux-mêmes Juges, ils trouvent toûjours quelque pretexte de reprendre d'un côté ce qu'on leur ôte d'un autre: puis il faudroit faire un procés sur la taxe de chacune expedition & qu'aprés qu'un Juge auroit jugé en un autre jugeât de son salaire. De sorte que sans les appointer sur le plus, ou sur le moins, il faudroit pour bien faire ôter ces taxes, & salaires tout à fait, & aprés leur avoir assigné gages suffisans, leur défendre entierement de rien prendre des parties, conformément aux anciennes Ordonnances de France, & sur peine de privation de leurs Offices, ou autres plus grandes peines.

C'est ce qu'Aristote tient au 8. ch. du 5. liv. des Polit. où entre les vingt regles qu'il pose pour la conservation des Republiques, il dit que toute la principale, & celle qui merite d'estre gardée plus soigneusement, est de faire en sorte que les Magistrats ne soient aucunement lucratifs, ni profitables, dont il allegue de tres-belles raisons.

Et Justinien l'exprime encore mieux en cette Nov. 8. où il dit, qu'aprés avoir bien rêvé, jusques à passer plusieurs nuits sans dormir, & aprés avoir par toute sorte de curiosité, & subtile recherche raisonné en luy mesme (ce sont les termes dont use le bon Empereur) pour trouver les moyens de faire vivre son peuple en repos, exempt de procés, d'injustices, & de toute autre incommodité, fors les tributs ordinaires: Enfin, dit-il. *Cogitatio nobis facta est, hoc eventurum, si Præsides gentium, quicumque civiles administrationes habent, puris curemus uti manibus, & ab omni abstinere acceptione, iis solis contenti quæ à fisco dantur.*

Que si pour le troisiéme remede, la prosperité des affaires de France permettoit au Roi de choisir gratuitement tout à fait les Magistrats, sur lesquels il se décharçât de l'administration de la Justice qu'il doit à son peuple, alors le mal seroit guery tout à fait, & nous rentrerions en l'âge d'or d'Ovide, non pas celuy de *Tristibus.*

Quo plurimus auro,
Venit Honos: ——
Mais celuy de la Metamorphose.
Quo supplex turba timebat
Judicis ora sui.

Aussi bien l'argent qui revient au Roy des Offices de judicature, n'est pas grande recueil à ses finances, au prix des inconveniens qui en arrivent à son peuple, & si possible à sa conscience, à present même qu'on a trouvé tant d'autres inventions nouvelles, pour accroître le revenu du Royaume, aucunes desquelles, bien que sans comparaison plus tolerables, & moins importantes, le Roy par sa bonté a promis d'abolir, lorsque ses affaires luy en donneroient le moyen.

Qu'ainsi ne soit, jamais l'Empire Romain ne fut laitté plus pauvre, ni plus endetté que par ce monstre Heliogabale, & neanmoins son successeur Alexandre Severe, l'un des plus sages & vertueux Princes qui fut jamais, ne voulut point souffrir la vente des Offices de judicature; mais à son avenement, il dit tout haut en plein Senat, *Non patiar mercatores Potestatum: quæ si patiar punire non possum.* Erubesco enim cum hominem punire, qui emit & vendit. Et parmi cela ce bon Empereur rabbaissa les impôts de telle sorte, que celuy qui payoit trente à un sols, n'en paya plus qu'un sol, Neanmoins, en quatorze ans qu'il regna, il acquitta les dettes immenses d'Heliogabale, soutint les efforts des Parthes, & des peuples du Septentrion, & finalement laissa l'Empire riche en deniers, & sur tout florissant en armes & en loix.

En tout cas, il faut considerer que la taxe & la diminution que le Prince recevroit en ses finances, par la collation gratuite des Offices de judicature, seroit assez remplacée & recompensée par les commoditez, & utilitez qui luy reviendroient d'ailleurs, ainsi que represente luy-même Justinien en cette Nov. 8. *Considerans, quia licet inde quasi ex non modicis minutam imperio, attamen subjectis justitiæ incrementum magnum percipientibus, si indemnes à judiciis serventur, & filios ex parentum decreps abhabit, utens subjectis unequietibus & hoc uno invocando, ut Judices sufficiant agia non deerit, immanem veram erit libertas:* Puis il ajoûte que toutes ces considerations luy ont esté representées par cette vertueuse Imperatrice sa femme, & par *Ioannes* son Chancelier, & qu'à leur persuasion il a faite cette Novelle, par laquelle il defend étroitement de bailler aucuns deniers soit pour luy, ou aux particuliers, pour parvenir aux Offices de judicature.

Plaise à Dieu qu'à cet exemple, la Reine à present regnante, qui surpasse cette Imperatrice en pieté, & en toute autre vertu, & Monseigneur le Chancelier qui ne cede en rien à celuy de Justinian, puissent un jour persuader le semblable à nostre grand Roy, non moins amateur du peuple que cét Empereur: Ce que faisant, il acquerroit le nom de pere du peuple, & plus juste titre que le Roy Louis XII. qui introduisit la vente publique des Offices, non toutefois de judicature. Et la Reyne, & leur posterité seroit benie journellement du pauvre peuple: & quand à M. le Chancelier, son autorité seroit grandement accreuë, il à sa relation les gens de bien estoient admis gratuitement aux Offices.

Lors pour empescher que les favoris du Roy ne dissent sous main leur faveur & suffrages, pour l'introduction de ces Offices, faudroit renouveller & observer severement l'Ordonnance du Roy S. Louis, conforme à la loy *De ambitu* au Code Theodosian, portant infamie à ceux qui auroient par moyens sinistres interposé la faveur de quelque Grand, pour obtenir Office de judicature, Ordonnance que Bodin au chap. 4. du 5. liv. de sa Republ. dit estre observée en Angleterre, & en Espagne à toute rigueur: chose honteuse à nos

262 Des Offices non-venaux, Liv. IV.

65. Conclusion que tous maux cesseroient avec la venalité des magistrats.

tre nation, que les étrangers observent mieux nos loix que nous-mêmes.

Ainsi faisant, *omnia mala pariter cum horrore pecuniæ desinent, si Magistratus amplius venales non sint.* Qui

est l'avis que donnoit Saluste à Cesar, lors de son avenement à la Dictature perpetuelle, *in oratione De Republica ordinanda.*

CHAPITRE VIII.
Du Droit des Offices de Judicature, purement Royaux.

1 Qu'il se faut accommoder à l'usage d'apresent.
2 De quels Offices il est traité en ce chapitre.
3 Les Commissaires examinateurs ne sont Officiers de judicature.
4 Ni ceux des Elections, & Greniers à sel.
5 Ni ceux des eaux & forests.
6 Mais bien ceux de la Table de Marbre.
7 Et Messieurs des Aydes.
8 Ni les Officiers de longue-robe des Justices extraordinaires.
9 Mais bien ceux des Mareschaussées.
10 Et ceux de Baillifs & Senechaux.
11 Et des Avocats & Procureurs du Roy des Justices ordinaires.
12 Pourquoy les Offices de judicature ne sont laissez entre les venaux.
13 Ne different des venaux sinon au decret.
14 Sont du tout venaux à l'égard du Roy.
15 Sont sujets à garantie entre particuliers.
16 Sont sujets à rapport à la communauté.
17 Intelligence de l'Arrest de la Proustiere.
18 Sont sujets à rapport en succession.
19 Ne sont en rien differens des Offices venaux, si non qu'ils ne peuvent estre decretez.
20 Ne peuvent estre saisis réellement.
21 Si la resignation de l'Office de judicature est sujete à l'action revocatoire.
22 Que l'Office de judicature est in facultatibus.
23 Que l'action revocatoire n'y a lieu.
24 Si l'Office de judicature peut être arresté.
25 Qu'oüi.
26 Mais seulement pour datte executoire.
27 Difference en ce poinct entre ces Offices, & les venaux.
28 Cet Arrest conserve le creancier jusqu'à la reception du resignataire.
29 Raison pourquoy.
30 Mais non après la reception.
31 Si le creancier privilegié peut faire decreter ces Offices.
32 Raisons de la negative.
33 Raisons de l'affirmative.
34 Réponses aux raisons de la negative.
35 Resolution que le privilegié peut contraindre l'Officier de fournir sa procuration.
36 Engagement de ces Offices en baillant la procuration.
37 Cautele pour celuy auquel la procuration est baillée.
38 Ordonnance des quatre mois a lieu contre les Magistrats.
39 Officier ne peut retenir son Office en faisant cession.
40 Cession incompatible avec le Magistrat.
41 Cession simulée pour éviter les Offices des Villes.
42 Office de judicature doit estre abandonné en la cession de bien.
43 Preuve.
44 Cautele pour l'Office endetté.
45 Si le resignataire est tenu indiquer la consignation de

ses deniers.
46 Que non.
47 Quid du debiteur.
48 Comment se distribuë le prix consigné.
49 Resolution.
50 Si le privilegié est preferable sur iceluy.
51 Que non.
52 Idem és Offices venaux.
53 Aliud s'il y a eu saisie avant la resignation.
54 Sur ce prix consigné ne sont payées que les dettes executoires.
55 De l'Arrest du revenu des Offices.
56 Trois sortes de fruits de prebendes.
57 Trois sortes de revenu aux Offices.
58 Espices & autres émolumens des Offices ne peuvent estre saisis.
59 Modification.
60 Taxations & gros droits des Financiers peuvent être saisis.
61 Si les gages des Officiers peuvent être arrestez.
62 Explication de la loy 4. C. de exec. rei judic.
63 De mesme.
64 Explication de la Nov. 88.
65 De la denonciation du Droit Romain sur laquelle nous avons inventé nos Arrests.
66 De pignoris captione in causam judicati.
67 Conciliation des loix Commodis. D. De re judic. & Spem præmiorum. C. Quæ res pign.oblig.poss.
68 Resolution que les gages des Officiers peuvent estre arrestez.
69 Premiere exception és Milices.
70 Ampliation de cette exception en tous commensaux du Roy.
71 Sub exception.
72 Seconde exception és simples pensions.
73 Pourquoy.
74 Forme & pratique de l'arrest des gages.
75 Comment les gages se distribuent entre plusieurs arrestans.
76 Quid des gages à écheoir.
77 Resolution qu'ils sont distribuez par deconfiture.
78 Pourquoy.
79 Comment se separent les écheus d'avec les non-écheus.
80 Resolution qu'ils écheent & s'amenuissent par chacun jour.
81 De l'arrest, ou saisie du revenu des Benefices.
82 Resolution qu'il peut estre saisi, mais non engagé.
83 Deducto tamen, ne Beneficiarius egeat.
84 Anciennement on ne pouvoit saisir les fruits coupez des Beneficiers.
84 Mais les meubles prophanes des Ecclesiastiques dependent de la justice laique.
85 Quels revenus des Beneficiers ne peuvent être saisis.
87 Comment se font ces saisies.
88 Comment ces revenus sont distribuez entre plusieurs creanciers.

1. Qu'il se aut accommoder à l'usage d'apresent.

Audamus veteres, sed nostris utimur annis.

Qui pourroit ramener l'usage du bon temps, de ne point vêdre les Offices de judicature, ce seroit une belle chose, comme il vient d'être dit. Mais puisque cela est plus à desirer qu'à esperer, même qu'il y a plus d'aparence de craindre l'accroissement, que d'esperer le retranchement de la venalité d'iceux, nous sommes contraints de nous accommoder aux mœurs & usage d'apresent, desquels par consequent il faut

parler en ce Chapitre.

Or comme il y a deux sortes d'Officiers de la Justice, à sçavoir les Juges, ou Magistrats qui ont le commandement en icelle, & les ministres de justice qui leur obeïssent, je n'entens point parler icy des Ministres, à sçavoir des Greffiers, Notaires, & Sergens, qui à cause de la vilité de leurs charges sont à bon droit mis au rang des Offices venaux. Parmi lesquels je mets aussi les Enquesteurs, qui ne sont que partie

2. De quels Offices est traité en ce chapitre.

Du droit des Off. de Iudicature. Ch. VIII. 263

3. Enquesteurs, & les Commissaires ne sont Offices de judicature.

dit l'instruction des procés hors jugement, mais ne les jugent pas: aussi n'est-il requis qu'ils soient graduez, comme sont tous les Juges Royaux. A plus forte raison encore je n'y comprens point, les Commissaires du Chastelet de Paris, soit ceux qui de nostre temps ont à leur exemple esté érigez és autres Villes; pource que la charge qu'ils ont de visiter les tavernes, les bordels, & autres lieux publics, & d'adjourner, ou emprisonner les delinquans, les fait encore plus participer à l'Office de Sergent, que les Enquesteurs. Aussi les Sergens se font-ils, pour titre d'honneur, communément appeller Commissaires, comme de fait je trouve qu'ils sont qualifiez de ce titre en l'Ordonnance de Charles V. de l'an 1535.

4. Ni ceux des Elections & Greniers à sel.

Encore tous les Offices des Juges ne sont-ils pas à mettre au nombre des Offices non-venaux: car ceux des Justices ordonnées pour les finances du Roy, comme des Elections & Greniers à sel, sont plûtost reputez Officiers de finance, que de Justice: Et de fait, ils sont compris aux recherches & taxes des financiers. Et bien que ceux de la Chambre des Comptes n'yayent encore esté compris, à cause de leur souveraineté, si ne sont-ils pas du nombre des Offices de judicature, dont nous traitons. Car ainsi que j'ay dit ailleurs, côme c'est le propre de l'or de se faire maistre par tout où il trouve entrée, aussi pour peu qu'un Officier de guerre, ou du de judicature participe de finance, il devient enfin tout à fait Officier de finance. Mesme bien que les Juges des eaux & forests connoissent du domaine & revenu ordinaire & patrimonial de la Couronne, & à cette occasion ressortissent au Parlement, si est-ce qu'ils sont encore tenus pour Officiers de finance, & partant venaux absolument.

5. Ni ceux des eaux & forests.

Je ne sçay pas toutefois si ceux de la Table de marbre de Paris, & des autres Parlemens doivent estre mis en ce rang: pource que sont Justices superieures & de ressort, où ressortissent les Justices primitives des Maistres particuliers, & mesme souveraines en certains cas. Et pour le regard de Messieurs des Cours des Aydes, on a teu constamment jusques icy, pour l'honneur deu à ces Compagnies entierement souveraines, composées de gens lettrez, & qui aussi portent titre de Cour, que leurs Offices ne sont non plus venaux que ceux du Parlement & grand Conseil. Et de ce y a plusieurs Arrests, mesme il y a Declaration expresse du 19. May 1574. dont voicy les mots, N'entendons que les Offices de nostre Cour des Aydes soient censez, ni reputez venaux; mais tels que les Offices de nos Cours de Parlement.

6. Mais bien ceux de la Table de marbre.
7. & Messieurs des Aydes.

8. Offices de longue robe des Justices extraordinaires, sont venaux.

Car au reste, quand je dis que les Offices de Justice concernans les finances, sont venaux, j'entens comprendre tant ceux de longue que de courte robe: attendu que nostre distinction n'est pas fondée sur la robe, mais sur la fonction. Et bien que la Justice & la science, qui ne sont venales, deussent exempter les Offices de venalité: neanmoins depuis que la finance est balancée contre la justice, & l'or contre la science, il emporte toûjours le contrepoids: Aussi à la verité, il n'est pas requis beaucoup de science à ces Offices des Justices financieres: Car bien qu'ils soient érigez en longue robe, neanmoins il y a des declarations qui permettent d'y recevoir des simples Praticiens non graduez, ni lettrez.

9. Mais non ceux des Mareschaussées.

Au contraire, les Prevosts des Mareschaux & leurs Lieutenans, bien qu'ils ne soient de longue robe, & pareillement leurs Assesseurs & Procureurs du Roy ne sont point Officiers de finance, ni venaux: & de fait, ces Offices de Prevosts & Lieutenans n'ont point encore esté mis aux parties casuelles. Toutefois au cours que la venalité prend en ce regne, il est à croire qu'ils y seront bien-tost mis. Car deja le Roy en avoit donné la nomination à feu Madame la Duchesse de Bar sa sœur, afin d'en retirer finance. Et il y a grande apparence, que la venalité y ayant esté établie par elle, continuera aprés son decés: car en matiere d'argent, le desordre croît plûtost qu'il ne diminuë.

10. Ni ceux des Baillifs & Seneschaux.

Pareillement, les Offices des Baillifs & Seneschaux, encore qu'ils ne soient pas vrayement Jugés, n'ayans voix en la Justice, & qu'ils soient aussi de courte robe, ne sont pas du nombre des venaux; mais c'est à cause que leur fonction participe de la guerre & de la Justice, & nullement des finances. Or il a esté dit cy-devant, que tous Offices de guerre, qui ne participent point des finances, sont encore moins venaux que ceux de Justice. Et des Avocats & Procureurs du Roy és Justices ordinaires, il n'y a nulle aparence de les mettre entre les Offices venaux, attendu qu'ils sont comme les Censeurs & Controolleurs de la Justice, *in quibus residet vigor publicæ disciplinæ*: & pour cette raison je les ay mis cy-devant au nombre des Magistrats, *quoi licet vocationem non habeant, habent tamen prehensionem*: & il est bien certain qu'il y a plus de danger de vendre ces Offices, que ceux des Juges: aussi sont ils les derniers de ceux de Justice qui ont esté vendus; mais on n'a vû du temps de nos peres, que c'estoit la recompense des plus anciens, ou des plus sçavans Avocats, ainsi qu'au droit Romain, *Advocati fisci* étoient pris au nombre des Avocats simples, *l. 2. C. De Advocat. din. Jud.*

11. Et des Avocats & Procureurs du Roy des Justices ordinaires.

Concluons donc, que les Offices dont nous entendons parler en ce chapitre, sont ceux des Magistrats des Cours souveraines, & Justices Royales qui y ressortissent, comme les Parlemens, grand Conseil, Cours des Aydes, Sieges Presidiaux, Bailliages, ou Seneschaussées, Prevostez, Vicomtez, ou Chastellenies Royales. Et pource que j'ay dit cy-devant, que les venaux étoient seulement ceux qui avoient une aptitude totalement licite à la venalité, je laisse ces Offices en leur rang ancien d'Offices non-venaux, ayant plus d'égard à nos bonnes Ordonnances, qu'à nos mauvaises mœurs; à ce qui se devroit faire, qu'à ce qui se fait. Car qui prendroit pied à ce qui se fait, il n'y auroit plus gueres d'Offices non-venaux, & notamment ceux-cy seroient du nombre des venaux, pource qu'il n'y a plus que le seul poinct du decret, en ce qu'ils leur soient dissemblables: encore commence-t-on à les assujettir quelquefois obliquement à une vente forcée, & il est à croire, s'il n'y survient bien-tost une bonne reformation, qu'ils deviendront entierement venaux.

12. Pourquoy les Offices de judicature sont laissez entre les non-venaux, sinon au decret.

13. Sont du tout venaux du Roy.

Dés-ja le sont-ils tout à fait, à l'égard du Roy. Car ils sont conferez à prix d'argent, comme les Offices de finance. Argent qui ne se baille plus par forme de prest, comme du temps de nos peres; mais de pure vente, & encore de vente publique au plus offrant & dernier encherisseur; aussi en la reception, on ne jure plus ne les avoir achetez: & par consequent, la resignation n'en peut estre justement refusée, non plus que des Offices de finance, & pour icelle, il faut tout de mesme payer la finance à quoy elle est taxée: par consequent ne doivent-ils estre declarez vacans par forfaiture sans grande cause; mais doit être permis au condamné d'en disposer, puisque de Droit commun le pouvoir le peut faire.

14. Ne different que les non venaux au decret.

15. Sont sujets à garantie entre particuliers.

Pareillement, entre particuliers la vente volontaire d'un Office de judicature se peut faire à present aussi publiquement, comme d'un Office de finance, & est obligé aux mesmes loix de garantie. Bien que le temps passé, quand on avoit juré lors de sa reception, de n'avoir acheté directement ou indirectement l'Office de judicature, on n'osoit pas tout ouvertement agir en garantie, & estant troublé, & demander la restitution du prix, pource que c'eust esté se declarer parjure: & partant on disoit, que *in turpi causa potior erat conditio possidentis*. Pour à quoy obvier, le vendeur vouloit avoir ses deniers comptans, & falloit que l'acheteur s'asseurast, avant que de les bailler, de sa garantie: & par aprés on disoit, qu'en Office il n'y avoit point de garantie: ce qui s'entendoit proprement des Offices de judicature. Mais à present que les Ordonnances de la vente de ces Offices sont negligées & aneanties, & que ce serment est aboli, il ne faut plus craindre

264 Des Offices non-venaux, Liv. IV.

ces objections. Et de vray, vaut-il pas mieux confesser, & découvrir ingenuëment le mal qu'on ne peut empêcher, que l'accroitre de nouveaux accidens en le cachant ? Neanmoins depuis la premiere impression de ce livre, & au mois de Mars 1611. le Parlement a fait encore voir un reste de son ancienne rigueur, ayant mis les parties hors de Cour, sur la demande de la peine d'un compromis de la composition d'un Office de judicature.

Mais hors ce cas, je dis en un mot, qu'en la communauté de mariage au rapport de succession les mêmes regles & decisions, qui ont esté posez au livre precedent, pour les Offices venaux, doivent avoir lieu en ceux de judicature. Ainsi je tiens pour certain, que le my-denier de l'Office de judicature, acheté par le mary des deniers de la communauté, est sujet à rapport aprés la dissolution aux heritiers de la femme, & ce nonobstant l'Arrest du 15. Fevrier 1605. donné au profit de Monsieur de la Proustiere, Maistre des Requestes, qui à mon avis n'a pas vuidé la question, quoy qu'on en croye vulgairement. Car outre que sa partie adverse ne verifia point que son Office eust esté acheté des deniers de la communauté (ce qui d'ailleurs n'étoit à presumer, pource qu'étant dés long-temps auparavant Doyen des Maistres des Requestes, il est bien certain que tels Offices, lorsqu'il en fut pourveu, ne se vendoient pas communément ainsi qu'à present) le vray poinct de cet Arrest à mon opinion, est qu'il n'estoit pas question en iceluy de juger, si le mary devoit rapporter le my-denier de son Office; mais s'il devoit estre contraint à le resigner au profit commun de luy, & de l'heritier de la femme. Car ayant esté sommé de ce faire, il fit appeller celle qui luy avoit fait la sommation, à ce qu'elle fust deboutée de l'effet d'icelle, comme impertinente & honteuse. Ce que la Cour jugea, ne voulant permettre *sexagenarium de ponte dejici*. Et partant elle debouta sa partie adverse, qui n'étoit qu'une legataire ou creanciere de sa defunte femme, de l'effet de sa sommation; mais ne la priva du droit qu'elle, ou les heritiers de la femme, eussent pû pretendre au my-denier de l'Office: car les jugemens doivent être étroitement limitez à leurs termes.

Pareillement je ne fais point de doute, qu'à present l'Office de judicature resigné par le pere à son fils, encore mesme qu'il ne luy eust rien couté, ne soit sujet à rapport en la succession, pource que le pere le pouvoit resigner à un étranger, pour de l'argent, qui eût augmenté la succession. Et ne se faut arrester à l'Arrest solemnel de M. Favier Conseiller en la Cour, du 7 Decembre 1582. attendu la particularité notable que j'ay rapportée cy-devant au sixiéme chapitre de ce livre, à sçavoir que peu de jours auparavant iceluy, avoit esté verifié en la Cour un Edit prohibitif sous grandes peines, de vendre, ou autrement admettre au commerce les Offices de judicature.

Bref, je puis dire qu'il n'y a plus à present aucune difference quelconque entre les droits des Offices purement venaux, & celuy des Offices de judicature, que en la saisie & decret. Car au lieu que les Offices venaux peuvent être librement saisis & decretez, ceux de judicature ne le peuvent être: dautant que la venalité en est seulement tolerée & dissimulée en Justice, quand elle se fait par la libre volonté du pourveu; mais on n'en est pas encore venu à ce point de le contraindre d'en souffrir une saisie, ou vente publique & judiciaire: en laquelle la Justice mesme seroit autrice de contrevenir tout ouvertement aux Ordonnances qui prohibent cette venalité. Voilà donc le seul privilege, ou pour mieux dire, la liberté, franchise, & exemption qu'ont les Offices de judicature par dessus les purement venaux. Car, en effet, ils sont venaux de la mesme sorte que les Benefices sont resignables, à sçavoir, par la pure & libre volonté du pourveu, mais non par contrainte & necessité?

Puis donc que les Offices de judicature ne peuvent

être vendus contre le gré & volonté du pourveu; il s'ensuit qu'ils ne peuvent être saisis de saisie réelle, ni mis en criées, attendu que la saisie réelle, & les criées ne se font que pour parvenir au decret: mesme il s'ensuit qu'ils ne reçoivent point d'hypotheque, pource que c'est l'effet de l'hypotheque, à l'égard du debiteur, de pouvoir saisir & vendre malgré luy la chose hypothequée. Aussi que, comme il a esté dit en parlant de l'hypotheque des Offices venaux, l'hypotheque ne peut subsister qu'és choses qui sont en libre commerce.

Neanmoins, on peut demander si l'Officier de judicature étant notoirement insolvable, & ayant gratuitement resigné son Office à son fils, ou gendre, afin d'en frustrer ses creanciers, qui déja tenoient ses gages saisis ou arrestez, ces creanciers ne se peuvent pas valablement opposer à la reception du resignataire, en consequence de l'action Pauliane, ou Calvisiane, revocatoires des alienations frauduleuses: veu que ces actions ne requierent point l'hypotheque (car quand il y a hypotheque, on n'a point besoin de ces actions, pource que l'hypotheque demeure aprés l'alienation) mais requierent seulement que le debiteur ait diminué son bien en fraude, & au prejudice de ses creanciers.

Et bien que les Offices de judicature ne soient pas en libre commerce, si est-ce que pouvant être vendus de gré à gré, quand ils ont esté achetez du Roy, on ne peut nier qu'ils ne soient *in bonis & facultatibus*. *Bona enim dicuntur naturaliter, quæ beant, id est, prosunt: & civiliter, quæ in facultatibus sunt: & non solum ea comprehendunt quæ sunt dominii, sed etiam facultatibus, leg. Bonorum 49. & ibi Alciatus. De verb. signif. Rerum enim, quæ in bonis nostris esse dicuntur, quædam sunt in dominio, quædam in facultatibus, ut quæ bona fide possidentur.*

Toutefois c'est la verité, que telle opposition ne seroit valable, soit que le proche parent eust acheté l'Office, soit qu'il luy eût esté gratuitement resigné, pource que la resignation ne depend pas tant du resignant, que du Roy, lequel pour le different ou interest des particuliers, n'est pas tenu de revoquer sa provision; de sorte que les creanciers n'ont, à mon avis, autre moyen que de se pourvoir en matiere d'Offices de judicature resignez, sinon en faisant arrester le prix de la composition, s'ils le peuvent découvrir, avant qu'il ait esté payé actuellement au resignant.

Mais la question est bien plus grande, si au moins, pour prevenir cet inconvenient, les creanciers peuvent avant la resignation, faire arrester l'Office és mains de Monseigneur le Chancelier, ainsi & en la forme qu'il a esté dit des Offices venaux. Et quant à moy, j'estime, puisque l'Office de judicature *est in bonis & facultatibus* du pourveu, bien qu'il ne reçoive hypotheque, & qu'il ne puisse être saisi ni decreté, qu'il peut neanmoins être arresté d'un simple arrest personnel, qui n'a autre effet, sinon d'empecher qu'au prejudice & en fraude du creancier arrestant, il soit vendu & resigné par le debiteur.

Car pourtant s'il ne reçoit point d'hypotheque, ce n'est pas à dire qu'il ne soit susceptible du gage de Justice, étant certain que ce qui n'a point d'hypotheque, peut bien être arresté: comme par exemple, lorsqu'il n'y avoit aucune hypotheque stipulée, on pouvoit neanmoins au Droit Romain, & aussi en France avant l'Ordonnance de Moulins, qui a attribué hypotheque aux jugemens, en vertu d'iceux executer les meubles, saisir les immeubles, & arrester les dettes & actions du condamné: pourtant aussi si l'Office de judicature ne peut être saisi de la saisie réelle, à l'occasion de ce qu'il ne peut être decreté, il ne s'ensuit pas qu'il ne puisse être arresté de simple arrest personnel, qui ne tend pas au decret, mais seulement à empêcher que la chose arrestée ne soit divertie & consommée au prejudice de l'arrestant. Et ne faut point argumenter des Benefices aux Offices. Car les Benefices sont entierement hors de commerce, & d'estimation pecuniaire: c'est pourquoy

Du droit des Off. de Iudicature. Chap. VIII.

quoy le titre & le corps du Benefice (s'il faut ainsi parler) ne peut estre arresté pour dette : mais les Offices de judicature sont en commerce volontaire, *est in bonis & facultatibus* de l'Officier, & sont notoirement capables d'estimation pecuniaire.

26. Mais seulement pour dette executoire.

Il est toutefois besoin de discerner les dettes pour lesquelles les Offices de judicature peuvent estre arrestées ; & faut que ce soient dettes exigibles & executoires, non pas simples dettes hypotequaires, ou conditionnelles, ou non liquides : bref toutes autres qui ne soient executoires. Comme, par exemple, l'Office de judicature ne pourroit pas estre valablement arresté. pour le principal d'une rente constituée, dont il ne seroit deu aucuns arrerages : ni pour une dette à terme, ou à condition non encore écheuë, bien que pour ces mesmes dettes, une rente constituée, qu'on craindroit estre racquittée, pourroit estre valablement arrestée par le creancier, avec permission du Iuge, pour la conservation de son hypoteque, qui autrement seroit éteinte tout à fait par le raquit & amortissement de la rente.

27 Difference en ce point entre les rentes & les Offices non-venaux.

La raison de diversité est, que l'Office non-venal ne reçoit point d'hypoteque, pour la conservation de laquelle on ait sujet de le faire arrester. De sorte que le creancier d'une rente constituée, ayant fait arrest sur un Office de judicature, tant pour les arrerages, que pour la conservation de son principal, on peut empescher la main-levée de cet arrest, & la vente de l'Office, après avoir receu ses arrerages pour lesquels seuls il avoit execution parée.

Et les venaux.

Ce qui n'est pas de mesme és Offices venaux, qui reçoivent hypoteque, tout ainsi que les meubles, tant qu'ils sont en la possession du debiteur. Et qui neanmoins étans reputez immeubles après la saisie, ne peuvent estre vendus au prejudice du creancier hypotequaire, qui les a fait saisir ou arrester pour la conservation de cette hypoteque, bien que son deu ne soit encore exigible. Qui est un signalé effet de l'hypoteque des Offices venaux, & une difference fort notable entre l'arrest d'iceux & des non-venaux.

28 Cet Arrest conservé le creancier, jusques à la reception du resignataire.

En voicy encore un autre plus important. Bien que j'aye dit au livre precedent, qu'au prejudice du simple arrest fait de l'Office venal, Monseigneur le Chancelier par surprise scelle les provisions du resignataire d'iceluy, le resignataire qui a baillé son argent lorsqu'on luy a fourni les lettres expediées, ne peut estre troublé ni empesché en sa reception par l'arrestant ; neanmoins en matiere d'Offices de judicature, il pourroit bien estre qu'en ce mesme cas, l'arrestant se pourroit valablement opposer à la reception du resignataire. Car la raison pourquoy j'ay tenu le contraire aux Offices venaux, est d'autant que pouvans estre saisis de saisie réelle, qui a pu estre continué par l'acheteur, & qui enfin est requise par la coûtume bien entendue, pour attribuer droit de suite, après la provision admise : on peut dire que le creancier ayant été negligent de faire ce qui luy est prescrit par la Coûtume, & qu'il pouvoit seulement faire, est alors moins favorable que le resignataire qui a baillé son argent de bonne foy, après avoir bien sceu que l'Office n'étoit point saisi de saisie reelle.

29 Raison pourquoy.

Mais au contraire, puisqu'aux Offices de judicature la saisie réelle n'a point de lieu ; mais n'y a autre voye de se pourvoir que par le simple arrest, il s'ensuit que le creancier qui a fait tout ce qui étoit en luy, ne doit estre trompé sous la foy publique, attendu qu'on ne le peut accuser de negligence, & pour le regard du resignataire, on peut dire qu'il a deu sçavoir la qualité de celuy auquel il a si promptement baillé son argent ; & sur tout, qu'il a deu, pour se bien asseurer, avant que délier sa bourse, verifier sur les registres de Monseigneur le Chancelier, si l'Office n'étoit point arresté, ou en tout cas differer de bailler son argent (comme la pluspart font aux Offices de iudicature) jusques après sa reception.

30 Mais

Car après la reception, le resignataire ayant par icel-luy acquis le caractere d'Officier du Roy, & été envoyé juridiquement en la possession de son Office, il n'est plus temps de s'opposer desormais contre luy ; qui est & vray seigneur, & parfait possesseur de l'Office, quand mesme on se presenteroit lors de l'installation solennelle qui se fait sur les lieux. Car en tout evenement telle opposition ne pourroit servir qu'à celuy qui se voudroit pretendre seigneur ou titulaire de l'Office ; mais non à celuy qui pretendroit une hypoteque, ou autre semblable interest sur iceluy. Mesme ne serviroit rien d'appeller de la reception, posé qu'elle ne fût faite en Cour souveraine, pourveu que d'ailleurs elle fût valablement faite, pource que cela étant, elle ne pourroit non plus estre cassée sur l'appel de celuy qui ne se seroit opposé à temps, & un decret bien fait ne peut estre cassé sur l'appel du creancier qui ne s'est opposé auparavant l'adjudication.

non après la reception.

Voilà pour les creanciers communs ; mais c'est une autre grande question, de sçavoir si le privilegié qui a presté son argent pour l'achat de l'Office de judicature, ou pour payer quelque attribution nouvelle faite à iceluy, qui mesme y a stipulé hypoteque expresse pour ce sujet, ne peut pas saisir de saisie réelle, & faire vendre par decret l'Office de judicature. D'un costé, on peut dire que l'hypoteque, ni par consequent le droit de preference réelle, ne peuvent avoir lieu en ces Offices, attendu que droit de l'un & de l'autre seront restraints & limitez aux Milices venales & hereditaires tant seulement, comme il est precisement exprimé, en la loy derniere, *Cod. De pignorib.* en la Nov. 53. chapitre 3. & en la 97. chapitre 5. & en la 136. chapitre 3. qui sont les seuls passages du droit, qui parlent de l'hypoteque & droit de preference sur les Milices. Davantage, quelle raison y auroit-il de vendre publiquement, & par decret les Offices de judicature ? Chose qui n'a encore jamais esté veuë ; & parmi nostre propension à la venalité des Offices, il est bien à craindre que si on commençoit une fois ce ménage sous quelque pretexte que ce fût, l'ouverture n'en seroit jamais refermée en ce Royaume.

31 Si le creancier privilegié peut faire decreter cet Offices.

32 Raison de la negative.

D'autre costé aussi on dira, que puisqu'on permet à l'Officier de judicature d'acheter son Office, il n'y a gueres d'apparence que le creancier qui a presté son bien pour cet effet, voye Monsieur l'Officier (qui ne seroit rien sans luy) paisible en l'exercice de cet Office, se moquer de luy en faisant bonne chere à ses depens, mesme que le creancier ait cette patience forcée, de voir l'Officier vieil & maladif, qui pourtant ne voudra resigner ; mais laisser perdre l'Office : & ainsi, encore qu'il n'ait autre moyen de se faire payer, que de l'Office acheté de ses deniers, il la voye perir de jour en jour, sans y pouvoir mettre remede. Neanmoins Iustinian a tant privilegié ce creancier, qu'encore qu'en la Nov. 97. il prefere la femme pour son dot à celuy qui a presté pour l'achat de toute autre chose ; toutefois il prefere au dot le prest fait pour l'achat de la Milice, *Quia*, dit-il, *mulces militant aliorum pecuniis, oportet eos, qui in eam crediderunt causam, omnibus præponi*, dont incontinent après il ajoûte la raison, *quia congruum est contrahentes propriis non fraudari*, s'il vouloit dire que cela est de particulier en la Milice ; qu'à l'occasion de ce que c'est la coûtume que celuy qui l'a payée de ses deniers, en fasse neanmoins pourvoir un tiers, la Milice est presumée & reputée appartenir à celuy qui a presté l'argent pour l'acheter. Et la loy derniere, C. *De pignorib.* permet à celuy qui a presté l'argent pour l'acheter, & dont la Milice a esté achetée, de s'addresser non seulement à celuy auquel le prest a esté fait ; mais aussi au pourveu & détempteur de la Milice, encore qu'il ne soit obligé au prest.

33 Raisons de l'affirmative.

34 Faveur grande du creancier qui a presté pour l'achat de l'Office.

Et ne faut pas trouver étrange, que toutes ces decisions du Droit soient limitées aux Milices venales. Car les non venales n'étans nullement vendues, c'eust été chose absurde de parler du prest fait pour l'achat d'icelles. Et partant si les Offices de judicature ne sont point susceptibles d'hypoteque, il ne s'ensuit pas qu'ils

35 Réponse aux raisons de la negative.

Des Offices non-venaux, Liv. IV.

ne puissent admettre le privilege, ou preference personnelle, qui de sa propre nature a lieu sans hypoteque, & és cas où il n'y a point d'hypoteque, comme il a esté dit au huitiéme chapitre du livre precedent.

35. Resolution que le privilegié peut contraindre l'Officier de fournir sa procuration.

Reste seulement l'inconvenient qu'on allegue, de faire une ouverture à la vente publique & judiciaire des Offices de judicature : & de verité, il est considerable, & seroit de dangereuse consequence : aussi nul ne s'est-il encore osé presenter pour franchir ce pas. Mais il me semble qu'il y a un expedient pour conserver le droit du creancier, sans en venir à cette vente judiciaire. A sçavoir que comme de nostre temps on a practiqué l'invention en certains cas favorables, de contraindre par corps le Beneficier à resigner au profit de celuy qui a droit au Benefice : aussi à plus forte raison, (puisque le commerce des Offices de judicature est moins prohibé que celuy des Benefices) peut-on contraindre l'Officier de mettre és mains du creancier privilegié sa procuration en blanc, pour resigner l'Office, laquelle neantmoins ne pourra estre effectuée, sinon aprés un certain temps arbitré par le Juge, pendant lequel le resignant pourra s'aloisir trouver un acheteur à prix raisonnable, qu'il indiquera à son creancier, & lequel temps passé, le creancier pourra vendre l'Office de main-forte, & en sa conscience (ainsi qu'au Droit Romain il pouvoit vendre le gage) pourveu toutefois que ce ne soit au dessous de la taxe faite depuis peu par l'Edit de Paule.

36. Engagement de ces Offices en baillant la procuration.

Ainsi ay-je veu practiquer cette mesme invention de bailler de la procuration en blanc pour resigner l'Office, quand on le veut engager par nantissement ou gage conventionnel : moyen qui sans difficulté est licite, tout ainsi qu'il est permis de nantir son creancier d'une obligation qu'on a sur un tiers : Et si telle procuration pour resigner ne peut plus par aprés estre revoquée, principalement quand elle est baillée en vertu de la convention apposée en un contrat. Car apparoissant par ce contrat, que cette procuration a esté baillée pour cause onereuse, il faut que le contrat soit entr'eux : n'estant les procurations pour resigner revocables, sinon quand elles sont passées gratuitement *donandi causa* & sans obligation precedente, comme il a esté dit au premier livre.

37. Cautelle pour celuy auquel la procuration est baillée.

Il ne faut pas toutefois que celuy qui est nanti de cette procuration, s'endorme : car tandis qu'il garde la clef de l'Office, l'Officier en garde la serrure. Et est sans doute, que nonobstant qu'un tiers soit nanty de l'obligation engagée ; neantmoins celuy au nom duquel elle est faite, en peut recevoir les deniers : & mesme avant la signification du transport ou engagement, il peut transporter la debte à un autre. *lib. 3. C. de oblig. & act.* Aussi si le creancier nanti de la procuration pour resigner l'Office, ne forme encore arrest és mains de M. le Chancelier, l'Officier peut toûjours resigner à un autre, & le faire valablement pourvoir.

38. Ordonnance des quatre mois, a lieu contre les Magistrats.

Hors ce seul cas, il n'est pas possible au creancier de faire vendre l'Office de judicature de son debiteur, mais tout ce qu'il peut faire, pour le forcer à vuider de luy-mesme, c'est de le faire emprisonner pour la debte, aprés les quatre mois, suivant l'Ordonnance de Moulins, qui estant mediocris est animi : integras verò servare facultates eum qui se debere fatetur, hujus animi, aut cujus impudentia est, dit Ciceron.

39. Officier ne peut retenir son Of-

Raison qui peut servir à decider une autre belle question, si l'Officier de judicature emprisonné pour ses dettes, & voulant faire cession, peut retenir son Of-

fice, comme estant attaché à sa personne, & comme n'estant point sujet à estre vendu par decret. Et quant à moy, j'estime qu'il ne le peut retenir, mais qu'il le doit abandonner comme les autres biens, & ce pour deux autres raisons.

fice en faisant cession.

L'une, bien que la cession ne porte infamie de droit, mais seulement ignominie de fait, qui n'est pas bastante pour priver le Juge de l'Office, auquel il est déja receu, comme il a esté dit au penultiéme chapitre du premier livre. Si est-ce que telle ignominie de fait procedant, non pas de l'opinion populaire, comme elle en provient ordinairement, mais d'un acte public & notoire, diminué par trop l'autorité d'un Juge. Car quelle honte seroit-ce de voir au trône de justice un Magistrat, portant, ou qui à la rigueur devroit porter un bonnet vert, Et quelle esperance y a-t-il, que celuy-là puisse bien faire payer les dettes d'autruy, qui n'a pû, ou n'a voulu payer les siennes ? Quand mesme il n'y auroit autre consideration que la pauvreté, elle n'est pas tolerable à un Magistrat, tant pource qu'elle le rend ridicule, que pource qu'elle le peut contraindre à mal-faire.

40. Cession incompatible avec le Magistrat.

Cogit dira necessitas.
Quidquid & facere & pati.

C'est pourquoy elle est appellée necessité, que nos proverbes François disent n'avoir point de loy, & qu'on ne peut faire vertu. Joint que celuy qui auroit fait cession, ayant moyen de payer ses creanciers, comme un Juge qui les peut payer du prix de son Office, ne seroit pas cessionnaire simplement, mais vray banqueroutier, *nec videretur bonis cessisse, sed foro*.

Et pour montrer plus precisément, que celuy qui a fait cession, n'est capable des Offices, trouvons-nous pas au Droit, que ceux qui se vouloient exempter des Offices des Villes, faisoient expressement une cession simulée jusques à ce que cela fut prohibé par la loy 5. C. *Qui bonis cedere possint. Propter honorem municipalem, invidiosam cessionem minimè admitti convenit*.

41. Cession simulée, pour éviter les Offices des Villes.

L'autre raison est encore plus forte. Puisqu'ainsi est, comme nous venons de prouver, que l'Office de judicature, bien qu'il ne soit en commerce libre, & partant ne puisse estre vendu par force, est neanmoins *bonis & facultatibus* de l'Officier, il s'ensuit qu'il doit abandonner aux creanciers, comme tous ses autres biens, noms, raisons & actions, & jusques à la ceinture, quand volontairement luy-mesme se presente à la cession afin de délibererde prison. Et encore que les chevaux, & autres instrumens de labourage ne puissent estre pris par execution, ni subhastez, neanmoins quand un laboureur fait cession, il faut qu'il les abandonne avec ses autres biens. Aussi ay-je veu condamner par Arrest un Prevost des Mareschaux à mettre és mains de sa partie adverse, qui avoit obtenu contre luy condamnation d'une amende par arrest de contumace, la procuration en blanc pour resigner son Office, pour & au lieu de l'amende. Et de fait, puisque la cession est le dernier refuge des miserables, & la table d'aprés le naufrage, il faut qu'il ne reste rien au cessionnaire de quoy ses creanciers ne puissent estre payez. Et depuis peu par Arrêt prononcé en l'Audience, le 1. Septembre 1610. un Sergent estant reçu à faire cession, ce fut notamment à la charge de fournir la procuration pour resigner son Office.

42. Office de judicature doit estre abandonné en la cession de biens.

Autrement un cessionnaire seroit heureux en sa misere, s'il luy estoit permis retenir un bel Office de judicature, des émolumens duquel il feroit grande chere en dépit de ses creanciers, qui possible meurent de faim, faute d'avoir leur bien.

43. Preuve

Quid enim salvis infamia numis ?
Exul ab octava Marius bibit, & fruitur Diis
Iratis. At tu victrix provincia ploras.

Que si cela avoit lieu, je conseillerois à ceux qui sont endettez outre la valeur de leur bien, d'acheter pour faire leur derniere main, quelque Office bien lucratif, moyennant lequel ils feroient une asseurée retraitte,

Du droit des Off. de Iudicature. Ch. VIII. 267

44. Cautele pour l'Officier endetté.

malgré leurs creanciers ? mais trop honnorable pour des banqueroutiers.

Donc l'Officier bien avisé, voyant que les affaires se portent mal, resignera de bonne heure son Office, avant qu'il soit arresté, ou que luy mesme soit emprisonné pour ses dettes, & alors ses creanciers ainsi prevenus, n'ont d'autre moyen de se pourvoir sur l'Office, sinon d'arrester le prix d'icelui és mains, ou du resignataire, ou de celuy chez qui il aura esté consigné, comme c'est l'ordinaire de le consigner en main tierce, pendant les quarante jours, & quelquefois jusques à la reception du resignataire. A laquelle il a esté jugé par plusieurs Arrests, que les creanciers du resignant ne gagnent rien de s'opposer.

45. Si le resignataire est tenu indiquer la consignation de ses deniers.

Mais durant que l'Officier endetté fait volontiers faire cette consignation le plus secrettement qu'il peut, afin que ses creanciers ne la puissent faire arrester, on demande si le resignataire adjourné sur l'arrest pour affirmer quels deniers il doit à son resignant, & ayant dit qu'il ne doit plus rien, pource qu'il a consigné en main tierce le prix de la composition de son Office, peut estre condamné à nommer celuy, és mains duquel il a fait cette consignation, à peine d'estre reputé debiteur; mesme s'il resignant peut estre contraint luy-mesme par prison à declarer cette consignation à son creancier. J'ay veu arriver cette difficulté après la vente d'un Office de Conseiller de la Cour, dont la cause estant preste à plaider, les parties s'en accorderent, pour la difficulté qu'ils y trouverent de part & d'autre;

46. Que non.

47. Quid du debiteur.

Quant au resignataire, qui n'est en rien tenu au creancier, il a esté jugé qu'il ne peut estre contraint à declarer la consignation s'il ne veut, & ce par Arrest du 19. May 1600. donnée en l'Audience: aussi a-t-il interest de ne le pas faire, afin que si pour quelque difficulté survenuë en son marché, il falloit qu'il retirât ses deniers, il n'eust point en teste les arrestans qui l'en empeschassent, ou retardassent. Mais quant au debiteur, j'estime qu'il peut estre contraint par prison de le deceler & declarer; autrement, & ne le voulant faire, il est en dol. Mesme s'il demeure d'accord, ou qu'il apparoisse qu'il y ait une consignation de ces deniers, il ne peut faire cession qu'il ne les abandonne, & partant qu'il ne declare où ils sont. Car combien qu'un debiteur ne puisse estre contraint de venir jurer en justice, s'il a de l'argent caché, si est-ce qu'en aparoissant qu'il en ait, on le peut contraindre par prison à le declarer, estant la premiere regle de justice, de faire rendre à chacun ce qui luy appartient.

48. Comment se distribuë le prix consigné.

Mais si les creanciers découvrent la consignation, & qu'il s'en rencontre plusieurs à faire arrester le prix consigné, c'est la difficulté comment il doit estre distribué: si par déconfiture, comme la Coûtume de Paris dit du prix de l'Office venal decreté? ou bien si le premier arrestant doit estre preferé, comme regulierement.

49. Resolution.

En quoy il faut à mon avis distinguer, si le debiteur est solvable, ou insolvable, ce prix doit estre baillé au premier arrestant: car ce n'est pas comme le prix d'un Office decreté, qui succede à la chose venduë judiciairement au profit de tous les creanciers: mais icy en la vente volontaire, *pretium non succedit loco rei in judiciis particularibus*, l. Qui vas. §. ult. D. *De furtis, cum simil*. & ne faut plus regarder *unde originem pecunia habuit*? mais il faut considerer l'argent en sa propre nature, & qualité de pur meuble: sur lequel partant le premier saisissant doit estre preferé suivant l'article 178. de la Coûtume de Paris. Que si le debiteur est insolvable, cét argent doit estre distribué par déconfiture, non pas en consequence de l'article 95. de ladite Coûtume: mais du 179. & suivant les modifications portées par iceluy.

50. Si le privilegié est preferable sur iceluy.

Mais on demande, si le creacier privilegié, qui a presté pour l'achat de l'Office, est preferé en cette déconfiture, ainsi qu'il a esté dit au 8. chap. du 3. livre qu'il l'est sur le prix de l'Office venal decreté. Car bien que cet art. 179. dit qu' *En cas de deconfiture il n'y a point*

Du Droit des Offices,

de preference, ou de prerogative pour quelque cause que ce soit : neantmoins il est notoire qu'on ne l'observe pas à la lettre: mais qu'il y a plusieurs privilegiez qui vont en la déconfiture, notamment celuy qui a presté pour l'achat de la chose. Ce qui doit encore plutost avoir lieu és Offices, qu'és simples meubles, pour les raisons que j'ay raportées au lieu cy-dessus allegué.

51. Que non.

Neantmoins la verité est au contraire, que celuy qui a presté pour l'achat de l'Office, n'est point preferé sur le prix procedé de la vente volontaire d'iceluy: d'autant que le privilege de celuy qui a vendu la chose, & de celuy qui a presté pour l'achat d'icelle, ne s'étend que sur la chose mesme, c'est à dire, quand on la saisit avant qu'elle soit hors de possession, ou du moins hors de la seignettrie du debiteur, comme le dit assez expressement ce mesme art. 179. mais il ne passe point, ni contre le tiers acquereur du meuble, pource que meuble n'a point de suite par hipoteque, ni sur le prix de la vente de la chose hypotequée, ou sur laquelle y a privilege: pource qu'en vente volontaire le prix ne prend point les qualitez de la chose, quand il vient d'estre dit : Et ainsi le resout le judicieux Bacquet, livre *Des Droits de Iustice*, ch. 21. nomb. 184.

52. Idem, és Offices venaux.

Ce qui partant a lieu tout de mesme en l'Office venal, dont l'acheteur & resignataire auroit été pourvû avant aucune saisie faite d'icelui. Car ni le privilege, ni l'hypoteque des Offices ne passe contre le resignataire duëment pourvû d'iceux; mais l'un & l'autre est amorti déslors de la nouvelle provision expediée, mesme cette hypoteque, ou privilege qui s'attache point au prix. Mais si avant la provision de l'acheteur, le creancier soit hypotequaire, ou privilegié, avoit fait saisir l'Office venal, alors je dis que comme l'hypoteque passe à l'encontre de cet acheteur, aussi & à plus forte raison, le creancier saisissant se pourroit-il pourvoir sur les deniers de la vente, & demander preference sur iceux, soit contre le premier arrêtant, soit mesme au cas de déconfiture, non pas à le bien entendre, comme y estant fondé de son chef; mais comme exerçant l'action recursoire de l'acheteur, lequel estant par luy poursuivy hypotequairement, auroit un retour preferable à tous sur ses propres deniers. C'est pourquoy le plus seur seroit en ce cas, de faire intervenir cet acheteur, qui demanderoit que ceux qui voudroient toucher ses deniers, luy fissent bailler main-levée de la saisie de l'Office.

53. Idem, s'il y a eû saisie avant la resignation.

Finalement il faut observer que hors le cas de la déconfiture, les creanciers concurrents en arrest sur le prix de l'Office vendu volontairement par leur debiteur commun, soit venal, ou de judicature, & que je viens de dire devoir estre colloquez en ordre du jour de leurs arrests, ou oppositions (car opposition vaut saisie, & saisie ne vaut qu'opposition) ne doivent estre colloquez seulement que pour les dettes exigibles & executoires, & non pour autres dettes : comme pour le principal des rentes, ou pour les dettes sous condition, ou à terme non écheu, lors de leur arrest ou opposition, ou deües par cedules, ou consistantes en simple action. Bien que le contraire soit observe en l'ordre des decrets, & sur tout au cas de déconfiture: ce que je ne m'amuseray pas à particulariser & aprofondir davantage, pource qu'en cela, il n'y a rien de particulier à l'égard des Offices.

54. Saisie prix consigné ne soit payés que les dettes executoires.

Or sous pretexte qu'on ne peut saisir l'Office de judicature, on a accoutumé de faire arrêter les gages, & autres emolumens d'iceluy : duquel arrêt, comme plus commun en ces Offices qu'en tous autres, j'ay remis à traiter icy, encore que ce soit une matiere commune à toutes sortes d'Offices. On demande en premier lieu, quels émolumens des Offices, & notamment de ceux de judicature, il est permis de faire arrêter pour s'en resoudre nettement, il les faut distinguer ainsi qu'on distingue communément les fruits des Benefices, & principalement des Prebendes Canoniales, à sçavoir en gros fruits, qu'on appelle vulgairement le gros, qui est gagné par les absens, en vertu du

55. De l'arrest du revenu des Offices.

56. Trois sortes de fruits des prebendes.

L l ij

seul titre de la Chanoinie: les fruits communs qui sont acquis aux residens sur le lieu: & les distributions manuelles qui se gagnent seulemét par ceux qui assistent au service divin, par poinct journal, quotidien & honoraire, comme on parle en pratique.

Aussi aux Offices, il y a les gages qui se gagnent ordinairement en vertu de la simple provision, par ceux qui ne resident ni exercent: il y a les principaux émolumens & grosses taxations, qui ne sont pas payées manuellement à mesure que l'exercice se fait: mais en gros à certains termes par les mains des Receveurs, comme les épices des Cours souveraines & Presidiales, receuës par le Receveur, & les taxations des financiers, & si il y a les menus & manuels profits de l'exercice, qui ne se gagnent qu'à mesure qu'on exerce.

Quant à ces menus profits, il est indubitable qu'on ne les peut saisir ni arrester, pource qu'ils se payent à l'Officier de main en main, aussi qu'ils sont inseparables de l'exercice, & de fait en la loy *Titio qui Roma D. Ad municip.* on voit que celuy qui par surprise & supposition de nom, avoit attrapé la commission d'un autre, en doit neanmoins avoir l'émolument. Mais quant aux autres émolumens de valeur qui sont payez en gros par un Receveur, il y a plus de difficulté, & la question n'en est pas encore bien resoluë: toutefois j'estime que la saisie n'en doit estre permise: car puisqu'en effet ils sont partie des profits de l'exercice, & servent à recompenser le labeur de l'Officier, & sont destinez pour son entretien, il n'y a pas apparence de l'en priver, & le faire mascher à vuide pendant qu'il fait service actuellement: qui seroit proprement ce qui est defendu en la loy de Moyse, *alligare os bovi trituranti*, ainsi que Saint Paul l'explique élegamment aux Corinthiens, chapitre 9. *Scriptum est*, dit-il, *in lege Moysi : Non alligabis os bovi trituranti. Nunquid de bobus cura est Deo? an non propter nos hoc dicit? Qui enim arat, debet in spe arare? & qui triturat spei suæ particeps est debere*. Et peu après, *Nescitis quoniam qui in sacrario operantur, quæ de sacrario sunt, edunt, & qui altari serviunt, de altari vivunt.*

C'est pourquoy à l'égard des épices des Juges, j'estime qu'elles ne peuvent être arrestées. Toutefois si un creancier trouvoit entre les mains d'un Receveur des épices, une notable somme de deniers deuë à l'Officier son debiteur, pour l'exercice du passé, il y auroit grand doute que l'ayant fait arrester, il en obtint delivrance: tout ainsi qu'il est permis de saisir & de transiger des alimens du passé, non de ceux à venir, *l. De alimentis. C. De transact.* Car comme les alimens du passé ne sont plus alimens, pource que la personne n'en a esté alimentée, ayant vécu sans les avoir, aussi ses profits sont-ils separez du labeur? puisque l'Officier fait son labeur sans les demander. D'où il resulte que c'est le plus seur, qu'un Officier endetté s'accommode avec son Receveur, en telle sorte qu'il luy paye plûtost par avance, que de demeurer en reste.

Mais quant aux droits & taxations de valeur des financiers, comme par exemple, les droits que prennent les Officiers des Gabelles sur le sel vendu, & les taxations des Eslûs? j'estime que comme elles sont separées de l'exercice, & que ces droits ont esté la pluspart attribuez separément moyennant finance, aussi peuvent-ils être saisis és mains du Receveur qui les paye, attendu qu'il est notoire que le Roy mesme les arreste quelquefois: entre lesquels droits des financiers, & les épices des Juges, il y a une notable difference, & pource que les épices sont notoirement plus connexes à l'exercice, que ces droits, qu'aussi il y a plus de labeur & d'industrie aux Offices de judicature, qu'en ceux de finance.

Quant aux gages, on en a fait autrefois beaucoup de difficulté. Car du temps que les Officiers gagez ne prenoient aucuns salaires des parties, & que les Offices ne se vendoient point on tenoit à bon droit que les gages estoient vrais salaires, c'est à dire alimens & entretenemens: n'estant raisonnable d'en autoriser la saisie, de peur qu'à l'occasion d'icelle le service du public demeurât, pour n'avoir l'Officier autre moyen de s'entretenir en son exercice: tout ainsi qu'on pratique encore à present, qu'on ne peut saisir la solde, ou paye du soldat. Qui est la raison qu'en rend Theodore, Interprete Grec, sur la loy 4. *C. De execut. rei judic.* à sçavoir que le service du public est preferable à la commodité d'un, ou de deux creanciers, εἰ εἰμοῦ() τὰ μοιν πάντα τὰ μέλιτα ἱεμ συμπλέγητα πεχεμένει, τὰ συμφέροντα ὑπο τι τῆς ἀνοί.

C'est pourquoi cette loy 4. dit : *Stipendia tua retineri, proptereà quod condemnatus es , non patietur Præses Provinciæ, cum rem judicatam possit aliis rationibus exequi* : où il faut prendre garde que ce mot *eum*, est pris *causaliter pro quia* , & non pas *conditionaliter*, *pro si*. aut *quando* , comme quelques-uns pensent : de sorte que la proposition de cette loy est generale, & non pas limitée à ce cas seulement, quand la Sentence ne peut estre executée, que par la prise des gages. Autrement cette loy seroit inutile, & ne contiendroit rien de particulier à l'égard de la solde des gedarmes, pource que generalement en droit , *ordo executionis rei judicata est , ut prius mobilia , deinde immobilia, postremò nomina condemnati caperentur* , *l. A Divo Pio, De re judic.*

Mais aussi le mesme Theodore a fort bien remarqué, que comme cette loy est addressée à un gendarme, aussi est-elle faite specialement pour les gendarmes , *Militiæ scilicet armatæ , non ci vilis* , dit-il , en exposant l'espece d'icelle ἰδιὰ καταδικαδτοῦ μάτειπα ἐν υπλῆς ; & partant, dit Cujas, elle ne doit estre étenduë , comme on fait communément , aux Officiers ou Beneficiers : car encore *Militia* signifie quelquefois certains Offices, il est-ce que *Miles* n'est opposé à la subscription de cette loy) ne signifie gueres un Officier, comme aussi je n'ay jamais leu és anciens livres, que *stipendium* signifiât les gages des Officiers , qui sont toûjours appellez *salaria*, *annona*, ou *annonaria commoda*, *ab anno scilicet* , comme dit Suidas ; & ce qu'à present nous usons du mot *stipendium* en cette mesme signification, est pource que nous avons detorqué le mot de *salaire*, pour signifier la recompense de labeur, & que le mot *annona* ne nous signifie que les vivres, & non pas les gages.

La Nov. 88. ch. 2. n'est pas non plus bien adaptée, étant bien entenduë, qui défend l'arrest (qu'elle appelle interdiction, & que Cujas tourne dénonciation) en trois cas du depôt des prains civils, & des loyers de maison. Car cette dénonciation se faisoit en droit chose non liquide, ou du moins non executoire, dautant que les contrats n'y avoient point execution parée, *l. Minor, xxv. annis D. De minor.* & neanmoins par toute dette on pouvoit user de cette dénonciation , *l. penult. C. Depositi, & l. ult. D. De lege commissi*. laquelle lioit celuy auquel elle étoit faite, & l'empêchoit de payer jusques à ce qu'on luy eût baillé caution de l'acquitter de l'évenement de l'arrest, *l. penultima, Depositi*. Ce qui étant de soy injuste, fut à bon droit retranché par cette Novelle en trois cas favorables du depôt, des prains civils (qui de vrai se raportent aux gages des Officiers, & ont été interpretez au 2. chap. du 1. livre) & des loyers de maison. Mais quand cét arrest se faisoit par autorité de justice, pour chose executoire, il ne s'appelloit pas denonciation ni interdiction ; mais *pignoris capio in causam judicati* , *ut in l. Etiam. Cod. De execut. rei jud. & d. l. A Divo Pio. De re jud.* Qui étoient bien differens l'un de l'autre. Car *pignoris capio* se faisoit en vertu de Sentence executoire, par le ministere d'une personne publique, *sed executorem* : au lieu que cette simple dononciation se faisoit sans arrest d'aucune piece executoire, & par le creancier mesme. C'est pourquoy cette dénonciation ou interdiction n'est point pratiquée en France, où il n'est permis des faire arrest qu'en vertu de Sentence, ou contrat executoire , & par un Sergent : & tel arrest , qui est

---

57. Trois sortes de revenu aux Offices.

58. Epices & autres émolumens des Offices ne peuvent être saisis.

59. Modification.

60. Taxations & gros droits des financiers peuvent être saisis.

61. Si les gages des Officiers peuvent être arrêtez.

62. Explication de la loy 4. C. de exec. rei jud.

63. De même.

64. Explication de la Nov. 58.

65. De la dénonciation du droit Romain, sur laquelle non avons inventé nos arrêts.

66. De pignoris capione in causam judicatum.

Du droit des Off. de Iudicature. Ch. VIII. 269

vrayement la *pignoris capio* du droit, ne fut jamais en droit défendu és gages des Officiers, ni même és pains civils, c'est à dire, au pain qui étoit distribué journellement au menu peuple de certaines Villes, dont j'ay parlé au commencement du 1. livre.

67 Conciliation des loix. Commodis. De re judic. & l. Spem præmiorum. C. Quæ res pignori obl. poss.

Car la loy *Commodis præmiorum. D. De re jud.* dit expressément que *etiam commoda præmiorum, quæ propter coronas sacras victoribus Athletis præstantur, in causam judicati capi possunt*; bien que la loy *Spem præmiorum. C. Quæ res pignori oblig. possint*, dit au contraire, *Spem eorum præmiorum non posse pignori obligari*: à quoy il y a deux conciliations, toutes deux tirées des propres termes de ces deux loix. L'une, qui est la communé, que ces recompenses des Athletes (de quibus Suet. *in Nerone* & *Plin. in Epist.*) possunt cadere in pignus judiciale, *ut d. l. Commodis*: sed non in conventionale *ut ad d. l. Spem*, qui porte expressément 'ces mots, *privata pastione*: secus ergo si Judicis auctoritate. L'autre de mon invention, que la loy *Commodis*, permet d'arrester les recompenses déja acquises & deües, & la loy *Spem* défend d'obliger *Spem eorum quæ possit reda sunt*.

68 Resolution que les gages des Officiers peuvent être arrestez.

Aussi en ces derniers temps on n'a pas plus fait de doute en France, que les gages des Officiers ne peuvent être arrestez, soit de ceux de finance, veu que l'Office mesme peut être saisi, & vendu par decret, soit de ceux de judicature, pource qu'aprésent ils ont d'autres émolumens, qui apportent à peu prés autant de profit à l'Officier pour son entretien, qu'il a d'employ en son Office: aussi qu'és Offices qui entrent aux parties casuelles, nous tenons les gages pour fruits naturels d'iceux, ne provenans point de l'industrio ou labeur de l'Officier; mais de la finance qu'il a payée pour l'achat de son Office.

69 Premiere exception és Milices.

Cette regle toutefois souffre deux exceptions notables, fondées és decisions des loix qui viennent d'être alleguées. Premierement les gages de ces menus Offices, qu'on appelle *Milices*, & qui se payent manuellement, ainsi que la montre des gendarmes, ne peuvent être non plus arrestez que la montre, ou payé des vrais soldats, suivant cette loy *Stipendia*, comme ceux des Prevosts des Mareschaux, leurs Lieutenans, Greffiers & Archers, qui ne peuvent être arrestez, sinon pour dépense de bouche, armes, ou chevaux, ainsi qu'il se juge tous les jours.

70 Ampliation de cette exception en toute commencelant du Roy.

Et cette exception a esté tellement étendue, que par les Ordonnances de l'an 1555. de l'an 1561. & de l'an 1567. il a porté que les Tresoriers payeront des gages de tous Officiers domestiques du Roy, estans service ordinaire, ne doivent differer leur payement pour aucune saisie ni arrest, mesme qu'ils ne sont tenus d'en paroir devant aucuns Juges, pour raison d'iceux arrests. Et que tels arrests & saisies sont défendues à peine de nullité, & mesme du quadruple. D'où il s'ensuit que nous pratiquons cette loy *Stipendia*, non seulement *in militia armata*, mais aussi *in militia (ut ita loquar)* il y a grande apparence de la pratiquer encore aux gages de tous les Offices de gouvernement, qui sont plutost commissions, ou grades militaires, que vrais Offices, & dont les gages sont plutost appointemens, ou pensions, que vrais gages. Si ce n'est, dit l'Ordonnance, pour achat de chevaux, ou harnois de guerre, ou pour vivres baillez à ces Officiers domestiques, pour nourriture en garnison, ou bien du consentement de l'Officier, en rapportant procuration de luy, ou quittance valable, laquelle sub-exception renverse l'interpretation commune de cette loy *Spem* cy-dessus alleguée. Car tout au contraire de ce que tiennent les Interpretes, elle permet l'obligation volontaire de ces gages, & en défend l'arrest par autorité de justice; & veritablement, quelle apparence y auroit-il que contre la volonté de l'Officier, ils peussent être arrestez, & ne peussent être obligez de son consentement?

72. Sub-exception.

72. Seconde exception és simples pensions.

L'autre exception est, que les pensions, ou recompenses personnelles attribuées à tous Officiers pour leur merite particulier, & qui ne sont unies ni incorporées à leurs Offices, ainsi que sont les purs gages, ne peuvent pareillement être saisies, ni arrestées, pource les dettes du pensionnaire, si ce n'est que le creancier arrestant, ait obtenu du Roy permission expresse de ce faire, comme il est contenu en cette mesme Ordonnance de l'an 1567. ce qui semble conforme à la decision de cette loy *Spem præmiorum. Cod. Quæ res pignori obligari possint.* Car elle parle des recompenses des Athletes, & non des gages des Officiers.

73 Pour quoy.

La raison est, que par tels arrests l'intention du Roy seroit frustrée, qui est que celuy qu'il luy plaist recompenser, ou sur lequel il veut étendre sa liberalité, joy donnant ce qui ne luy est point deu en vertu de son Office, jouïsse luy-mesme pleinement, & en toute asseurance de son bienfait: *Decet namque Principis beneficium esse mansurum*, dit la regle du droit Canon, & comme le dit encore mieux la loy civile, *Ut Imperialis fortuna omnes supereminet alias, ita oportet Principales liberalitates cuiuem habere præcipuum, l. Cum nota. C. De bonis quæ lib.* qui par cette raison decide que les liberalitez du Prince doivent demeurer entieres à celuy auquel il les a faites, sans que s'il est fils de famille, son pere y ait l'usufruit.

74 Forme & pratique de l'arrest des gages.

Supposé donc que regulierement hors ces deux exceptions, les gages des Officiers puissent être arrestez, il faut observer, pour la forme de cét arrest, qu'il suffit de faire par l'exploit d'iceluy de simples défenses au Receveur qui les doit, de les payer à l'Officier sans qu'il faille donner assignation à ce Receveur, pour voir donner la delivrance des deniers, comme on fait en tous autres arrests. Car cela est défendu par l'Ordonnance, sur peine de luy payer les dépens, dommages & interests de la folle assignation. Comme aussi il suffit, après cét arrest, d'obtenir jugement sur iceluy avec l'Officier, duquel les gages ont esté arrestez; en vertu duquel jugement le payeur d'iceux est tenu faire delivrance à l'arrestant, de ce qu'il doit à l'Officier, sans qu'il faille obtenir un autre jugement contre luy. Que si lorsque ce Receveur veut rendre compte, les arrests faits entre ses mains ne sont vuidez, il faut qu'il mette les deniers arrestez au Greffe de la Justice, où l'instance de ces arrests est pendante, sur le simple receptissé du Greffier, lequel rapportant avec l'exploit d'arrest, ces deniers sont allouez pareillement & simplement en la dépense des arrests faits, sur la quittance de l'Officier, ce qui doit être pratiqué tout de mesme en tous arrests faits és mains des Officiers du Roy, comptables, comme il est amplement contenu en l'Ordonnance de l'an 1548. art. 16, & de l'an 1566.

75 Comment les gages eschus differebuent entre plusieurs arrestans.

Que s'il y a rencontre de plusieurs arrestans sur les gages d'un Officier (qui est une grande & difficile question) il faut à mon avis distinguer les gages eschus d'avec ceux à écheoir. Car les écheus estás reputez meubles, doivent sans doute être baillez aux arrestans, ou opposans l'un après l'autre, selon la datte de leurs arrests, ou oppositions: je d'y arrests, ou oppositions pource qu'après le premier arrest, ou saisie, les subsequentes sont converties en oppositions, d'autant que saisie sur saisie ne vaut: & reciproquemēt les oppositions faites après la premiere saisie, valent saisie, comme on dit en pratique, c'est à dire, attribuent autant de droit à l'opposant, que feroit une saisie, si lors elle est licite.

76 Quid des gages à écheoir.

Mais quant aux gages à écheoir, c'est la grande difficulté. Car il semle d'abord qu'ils doivent être reputez immeubles, comme les fruits pendans par les racines, D'autre costé, il peut sembler qu'ils soient meubles, *saltem ipso intellectu*, puisque tous ceux qui les pretendent, les ont arrestez separément d'avec le fonds, auquel partant ils ne peuvent être accessoires: veu mesme que le simple arrest n'a jamais lieu aux immeubles; mais aux seules dettes mobiliers. En troisiéme lieu, il y a encore plus grande apparence de dire, qu'ils ne sont ni l'un ni l'autre, pource qu'ils ne sont encore en nature: *aqui non entis nulla sunt qualitates* & partant que l'arrest n'en vaut rien, comme de chose qui

L l iij

n'est point en être ; mais consiste en une simple esperance, qui ne se peut non plus saisir, apprehender, ou arrêter que le vent ; & ce à plus forte raison, qu'on tient de nulle valeur la saisie des fruits d'une terre, faite avant la saison, que les bleds ont accoûtumé d'être en épy, pource qu'on dit alors, que c'est herbe, & non pas fruit.

Et adhuc tua messis in herba est.

77. Resolution, qu'ils sont distribuez par déconfiture.
Neanmoins nulle de ces trois opinions n'est suivie communément en pratique, notamment au Châtelet de Paris, où sont à mon opinion les meilleurs Praticiens de France ; & où telles questions écheent plus souvent. Mais on en suit une quatriéme, & ce à l'égard des arrêts, tant les gages d'Officiers, que des arrerages des rentes, & encore des fermages ou loyers non échûs des heritages, qui est de distribuer par déconfiture au sol la livre entre tous les arrêtans : comme il se pratiquoit tout communément à Paris pendant les derniers troubles, lorsque les decrets étoient défendus.

78. Pourquoy.
La raison est que d'une part ils ne sont ni meubles, où la préoccupation du premier arrêtant doive prévaloir, ni immeubles susceptibles d'hypoteque, n'étans encore en nature lors des arrêts, & que d'ailleurs neanmoins, la défense de payer faite à celui qui en sera débiteur, est une asseurance plus grande & plus precise, que n'est pas la saisie d'un fruit d'heritage, qui n'est point encore né : en laquelle asseurance seule subsistant toute la force de l'arrêt, & non en l'apprehension ou occupation actuelle de la chose, qui n'a point encore d'être, elle doit également profiter à tous les creanciers, qui se trouvent avoir fait leurs diligences de la procurer par arrêt, ou oppositions, auparavant l'écheance des gages, sans attribuer, ni profit au plus diligent, ni dommage au dernier arrêtant : pource que tous deux ont fait leur arrêt, avant qu'il y eût rien en nature qui pût être actuellement préoccupé. Raison qui, bien qu'elle soit un peu obscure d'abord, se trouvera toutefois fort pertinente à qui la voudra peser à loisir.

79. Comment se separent d'avec les non écheus.
Voici encore une autre grande difficulté, sçavoir si les gages doivent être reputez échûs & ameublis pour portion de tems, jusqu'au jour de l'arrêt precisément, comme écheant par chacun jour, ou s'ils doivent être reputez écheoir seulement à la fin de chacun quartier. Et sans m'amuser à l'approfondir par un amas de raisons, je dis avec du Molin, sur l'article premier de la Coûtume, gl. 1. qu'il faut présupposer la difference qu'il y a entre une dette deuë, & une dette écheuë: ce qui se dit en droit *aliud est cedere diem, aliud venire. Cedit nimirum dies, quando incipit deberi; venit, quando debitum peti potest. l. Cedere diem. De verb. signif.* Or tous les Docteurs sont d'accord que *in fructibus civilibus, maxime redituum, & locationis domorum, quotidie dies cedit, licet veniat tantum suis terminis.* Pareillement ils sont d'accord que *quod operatur in naturalibus fructibus separatio à solo, hoc operatur in civilibus diei cessio; & au contraire que quando non requiritur in naturalibus fructibus plena perceptio, sed sufficit separatio à solo, tunc non requiritur in civilibus venire diem, sed sufficit cedere.*

80. Resolution qu'ils écheent & s'ameublissent chacun jour.
Puis donc que la Coûtume de Paris, article 92. resout que les fruits naturels sont ameublis déslors qu'ils sont coupez, supposé qu'ils soient encore sur le champ, & non transportez, il s'ensuit que les gages des Officiers sont ameublis, écheus & acquis, comme toutes autres dettes successives par chacun jour, bien qu'ils ne soient encore deus tout-à-fait, & ne puissent être demandez qu'à la fin du terme : tellement qu'en bonne école, il faut que l'arrêtant les ait pour portion de tems jusqu'au jour de son arrêt : & encore que bien souvent on n'y prenne pas garde de si prés, si c'est que le point de droit tombe-là : & de fait on ne doute point que l'Officier mourant au milieu de son quartier, ne gagne & ne transfere à ses heritiers la portion de tems.

81. De l'Ar-
Encore faut-il dire ici un mot pour la fin de ce chapitre, de l'arrêt du revenu des Benefices : car ç'a été anciennement une grande dispute, s'il pouvoit être arrêté, dont les raisons de part & d'autre sont raportées par Benedicti, sur le chapitre *Raynutius in vera. Et uxorem. Decis.* 2. *num.* 41. neanmoins elle semble être vuidée precisément par le chapitre *Pervenit. ext. De fidejussor.* où le Pape mande qu'on adjuge au creancier les fruits du Benefice du debiteur, jusqu'à la concurrence du dû bien que ce ne soit pas par voye d'arrêt, pource que la Justice Ecclesiastique n'en use point ; mais c'est une voye équipollente. De sorte que la commune resolution des Docteurs est de comparer le revenu des Benefices aux pensions & recompenses annuelles des Athletes, dont il a été parlé cy-dessus, qui, selon l'interpretation ordinaire, peuvent bien être saisies *pignore judiciali* d. l. *Commodis,* mais non pas engagées par gage conventionnel, *d. l. Spem.*

Et partant on n'y pratique pas la loy *Stipendia. C. De exec. rei jud,* que nous venons de dire, n'avoir lieu sinon *in militibus armata Militia.* Mais au lieu de cela, on y pratique une autre moderation : c'est que comme en droit il y a plusieurs personnes, qui sont seulement tenuës *in quantum facere possunt, deducto ne egeant.* §. *Item si de dote.* 37. & §. *seq.* Instit. *De actio.* En France on met les Ecclesiastiques en ce nombre, principalement à l'égard du revenu de leurs Benefices, sur lequel on leur baille main-levée d'une certaine pension suffisante pour leur entretien, supposé que d'ailleurs ils n'ayent autre moyen apparent, que ce qui est saisi : *ne videlicet mendicare cogantur in opprobrium cleri,* comme Benedicti au lieu cy-dessus allegué de avoir été jugé par Arrêt de Tholose, de l'an 1498.

82. Resolution, qu'il peut être saisi, mais non engagé.

83. Deduit tamen, ne Beneficiarius egeat.

Neanmoins il faut sçavoir, qu'anciennement on ne pouvoit saisir que les fruits des Benefices pendans par les racines, & les rentes & fermages à écheoir, & non les fruits coupez & ameublis, ni les rentes échûës. Car les Ecclesiastiques gardoient adroitement ce prétendu privilege de ne reconnoître la Justice laïque pour leurs meubles, qu'ils disoient suivre inseparablement leurs personnes : ce qui étoit encore gardé du tems que du Molin commenta la Coûtume, qui fut en l'an 1538. Car bien qu'il soit souvent trop contraire aux Ecclesiastiques, si confesse-t-il sur l'article premier, gl. 1. nombre 36. qu'ils ont ce privilege special, d'être exempts de la Justice seculiere, quant à leurs meubles ; mais non quant à leurs immeubles & fruits pendans sur le temporel de leurs Benefices, qui sont reputez immeubles. Mais depuis que l'Ordonnance de 1539. a restraint prudemment la Justice Ecclesiastique aux matieres des Sacremens entre toutes personnes & aux actions pures personnelles contre les Ecclesiastiques, les Juges laïcs se sont émancipez de connoître des executions faites sur les meubles & fruits écheus des Beneficiers, comme l'execution étant une matiere plus réelle, que personnelle.

84. Anciennement on ne pouvoit saisir les fruits coupez des benefices.

Aussi à bien entendre, les meubles prophanes des Ecclesiastiques dependent de la Justice laïque : car ce qu'on dit que les meubles suivent la personne, s'entend seulement quant à la situation, pource que les meubles n'ayans de soy point de situation certaine, empruntent celle du domicile de leur maître. Mais ils ne suivent pas sa personne, quant à la qualité d'être sacrez, ou prophanes : puisque de soy ils ont leur qualité particuliere d'être l'un ou l'autre, selon laquelle *forum sortiri debent,* sçavoir est les meubles sacrez à la Justice d'Eglise, & les prophanes à la Justice laïque. De fait, les Ordonnances d'Orleans & de Blois n'exceptent des executions, qui se font sur les Ecclesiastiques, sinon leurs meubles destinez au service divin, & ceux qui sont destinez à leur usage necessaire, & notamment leurs livres : ceux-là, pource qu'ils sont de la jurisdiction Ecclesiastique; & ceux-cy, pource que toutes contraintes, qui en Cour laïque sont decernées sur biens des gens d'Eglise, s'entendent toûjours *deducto ne egeant.*

85. Que les meubles prophanes des Ecclesiastiques dependent de la Justice.

Donc à present, soit en vertu de contract executoi-

86. Que les

Du droit des Off. de Iudicature. Ch. VIII. 271

revenus des Beneficiers peuvent être saisis.

re, ou de permission du Iuge laïc, on peut saisir tous les fruits & revenus des Benefices, écheus & à échoir, fors toutefois les menuës distributions, oblations, ou autres menus salaires, qui se payent manuellement, qu'on appelle vulgairement *le dedans de l'Eglise*, ou *le baise-main*. En quoy je comprens les petites rentes deuës pour obits & services certains. Mesme j'estime qu'on ne devroit permettre de saisir les dixmes, soit grosses ou menuës (principalement celles qui sont abonnées & converties en rentes liquides) tant pource que *decimæ sunt tribura egentium animarum*, & partant ce seroit ôter la devotion au peuple de les voir prendre par un creancier étranger, que pource que la saisie réelle en est mal-aisée, & l'arrêt presque impossible à faire. Toutefois aujourd'hui pour les decimes du Roy, on trouve moyen de tout saisir, soit dixme, soit baise-main des pauvres Curez, & on fait tout bailler à ferme au plus offrant, à la charge de desservir le Benefice, & ce par un mauvais exemple, que les gens d'Eglise ont eux-mêmes introduit, faisans d'ordinaire de tels baux entre eux : que si le Curé veut desservir le Benefice, nonobstant ce bail judiciaire, on ne l'en peut empêcher; car on ne le peut déposseder du spirituel contre sa volonté: & lors il faut que l'un dise la Messe, & l'autre prenne les offrandes, ce qui est plein de scandale,

C'est pourquoy cela n'est tolerable que pour le Roy.

Mais tout autre revenu des Benefices peut être saisi en deux façons, ou par simple arrêt ès mains du fermier, ou autre redevable au Beneficier: ou par la saisie réelle de l'heritage & bien temporel, avec établissement de Commissaire. En quoy faut remarquer que la saisie réelle absorbe & fait cesser le simple arrêt, bien que premier fait, encore qu'en cette matiere la saisie réelle ne puisse tendre à un decret.

87. Comment se font ces saisies.

Que s'il y a rencontre de plusieurs qui ayent procedé par simple arrêt, la distribution s'en fait ainsi qu'il vient d'être dit des gages d'Officiers; mais s'il y a saisie réelle, on pratique communément que les fermages du bail judiciaire seront distribuez selon l'ordre des hypotheques, comme il se fait en toutes saisies d'immeubles, & neanmoins il y auroit grande apparence de la faire par déconfiture, attendu que le temporel des Benefices n'est en façon quelconque susceptible d'hypotheque. D'où il s'ensuit qu'un même revenu peut être consideré en trois façons, ou comme meuble, à sçavoir le revenu échû; ou comme immeuble, sçavoir est les fruits perceus après la saisie réelle du fonds, ou finalement comme neutre, c'est-à-dire, ni meuble, ni immeuble, à sçavoir le revenu échû après un simple arrêt.

88 Comme ces revenus sont distribuez entre plusieurs creanciers.

CHAPITRE IX.

Des Offices du Domaine aliené.

1. Les Offices sont en la nomination des Seigneuries, & provision du Roy.
2. Et partant sont Offices Royaux.
3. Comment leur nomination & provision ont été separées.
4. La provision du Roy s'en baille gratuitement.
5. Marc d'or des Offices.
6. Difference entre cette nomination & celle des patrons.
7. Provision du Roy n'a lieu au domaine aliené à perpetuité.
8. Comme en celuy qui est baillé en échange.
9. Nomination n'a lieu qu'ès Offices de justice ordinaire.
10. Pourquoy.
11. Seigneurs ne peuvent empêcher que le Roy établisse des Justices extraordinaires en leurs terres.
12. Dont la pleine provision appartient au Roy.
13. Exception és gabelles & forêts possedées de temps immemorial.
14. Autre en concession expresse.
15. Exemples.
16. Limitation de ces concessions des Offices extraordinaires.
17. Autre.
18. Appanage est plus favorable que l'engagement.
19. Invention des appanages.
20. Deux limitations tacites aux appanages.
21. Appanagé est vray Seigneur.
22. Droit des douairieres de France.
23. Droit ancien des dots des filles de France.
24. Le domaine baillé aux filles, n'est à present qu'un engagement.
25. Droit de la vente du domaine à faculté de rachat.
26. Pourquoy est appellé engagement.
27. Appanage transfere les droits honorifiques, mais l'engagement non.
28. Quatre prerogatives de l'appanage par dessus l'engagement.
29. Appanagé porte le titre de la Seigneurie, & joüit des droits d'icelle.
30. Mais non l'acheteur à faculté de rachat.
31. Appanagé exerce les actes feodaux.
32. Et non l'acheteur à faculté de rachat.
33. Justice engagée s'exerce au nom du Roy seul.
34. Et les Officiers sont en la libre provision du Roy, sinon, &c.
35. Justice des appanages autrefois exercée sous le nom de l'appanagé.
36. Sauf pour les cas Royaux.
37. Juges des cas Royaux.
38. Comment cela s'est changé.
39. A present les Justices d'appanage sont exercées au nom du Roy, & de l'appanagé conjointement.
40. Officiers ordinaires du domaine aliené demeurent Royaux, & pourquoy.
41. Et sont reglez en tout, comme les purs Off. Royaux.
42. Sont perpetuels, & non destituables.
43. Sont resignables, comme les purs Royaux.
44. Si c'est au Roy, ou aux Seigneurs d'en admettre la resignation.
45. Explication d'une Ordonnance.
46. Resolution que c'est à present aux appanagez.
47. Quid és engagements.
48. Il semble que ce devroit être au Roy seul.
49. Si les Seigneurs du domaine aliené peuvent prendre finance des resignations.
50. Explication d'une autre Ordonnance.
51. Resolution que c'est aux Seigneurs d'admettre les resignations, & qu'ils peuvent prendre finance.
52. Comment elle doit être taxée.
53. Tyrannie d'aucuns Seigneurs en cette taxe.
54. Reprouvée.
55. Remede.
56. Du taux de cette finance.
57. Qu'il ne doit monter au quart denier.
58. Comment se doit gouverner l'Officier pressé de resigner l'Office domanial.
59. De mesme.
60. De mesme, & meilleur.
61. Si les quarante jours ont lieu en Offices.
62. Réponse à l'arrêt du Lieutenant de Vierzon.
63. La Cour a souvent adjugé aux quarante jours.
64. Nomination pure & simple n'est sujette aux quarante jours.
65. Le Roy n'en peut dispenser au préjudice des Seigneurs.

1. Ces Offices sont en la nomination des Seigneuries.

JUSQU'ICY il n'a été parlé que des Offices absolument Royaux, c'est-à-dire, qui sont en libre collation du Roi. Or il y en a plusieurs qui sont en la nomination des Seigneurs, lesquels ne laissent pourtant

gneurs ; & provision du Roy.

272 Des Offices non-venaux, Liv. IV.

d'eſtre Offices Royaux, à ſçavoir les Offices des terres & Seigneuries du domaine de la Couronne, ou baillées en appanage aux enfans de France, ou venduës aux particuliers à faculté de rachat ; pourceque ces terres eſtans alienables de parfaite alienation, leur vraïe proprieté demeure à la Couronne au moyen de la reverſion qui a lieu neceſſairement : & ce par la raiſon de la loy prmeiere *D. Si ager vectig. vel emphyt. pet.* d'où il s'enſuit que les Officiers d'icelles doivent demeurer Officiers du Roy : attendu principalement que leur Juſtice s'exerce toûjours au nom du Roy.

2. Et partant ſont Offices Royaux.

Et toutefois, pource que ceux auſquels ces terres ſont tranſportées, doivent avoir les fruits d'icelles, & que la collation des Offices eſt fruit, à plus forte raiſon que celle des Beneficès, il a eſté trouvé raiſonnable de leur conſerver ce droit de choiſir & nommer les Officiers, qui neantmoins eſtans en effet vrais Officiers Royaux, ne peuvent eſtre pourveus par autre que par le Roy, pource que ce ſeroit choſe abſurde, qu'un Seigneur particulier peuſt faire un Officier Royal.

3. Comment leur nomination & proviſion ont eſté ſeparées.

C'eſt pourquoy il a fallu ſuivre en ces Offices le meſme expedient qui ſe garde és Beneficès fondez par les perſonnes laïques, leſquels d'un coſté eſtans incapables de conferer pleinement des Beneficès Eccleſiaſtiques, & d'autre coſté n'eſtant raiſonnable de les priver du droit de patronage, qu'ils ont retenu en fondant le Benefice, on a trouvé cét expedient mitoyen de leur laiſſer le ſimple choix du Beneficier, qu'on appelle preſentation, ou nomination : & quant à la proviſion ou inſtitution, elle eſt demeurée au collateur Eccleſiaſtique. De meſme auſſi les Seigneurs du domaine alienè nomment & preſentent au Roy les Officiers, leſquels eſtans capables, le Roy eſt tenu leur bailler gratuitement ſes lettres de proviſion.

4. La proviſion du Roy s'en baillè gratuitement.

Je dis gratuitement, pource que ce n'eſt pas le Roy qui reçoit les deniers de la vente ou compoſition de l'Office du domaine alienè, mais le Seigneur, auquel tous les fruits du domaine appartiennent, tant que l'alienation dure. Et neantmoins le droit de marcd'or s'en paye au Roy, tout ainſi que les Offices qui ſont en ſa libre collation ; pource que c'eſt un droit nouvellement impoſé ſur tous les Offices Royaux, lors de l'inſtitution de Chevaliers du S. Eſprit, qui ſe paye pour l'obtention des lettres de proviſion, & en effet pour avoir le titre d'Officier du Roy.

5. Marc d'or des Offices.

Il n'y a donc nulle difference entre cette nomination des Offices, & la preſentation des patrons aux Beneficès : ſinon que la preſentation du patron doit eſtre faite dans quatre mois par le patron laïc, & ſix mois par le patron Eccleſiaſtique, autrement, & ce temps-là paſſé, le patron perd irrevocablement ſon droit de nomination pour cette fois, & le collateur ordinaire doit conferer le Benefice librement & de plein droit. Mais en la nomination des Offices du domaine alienè il n'y a point de temps prefix, par laps duquel le Seigneur perde ſon droit : pource qu'és Offices de la Juſtice, il y a toûjours des perſonnes qui peuvent exercer en défaut ou abſence des titulaires, ce qui n'eſt pas aux Beneficès ; qui eſt la cauſe pourquoy le devolut *ex negligentia collatoris*, n'a pas eſté introduit aux Offices, comme aux Beneficès.

6. Difference entre cette nomination, & celle des patrons.

7. Proviſion du Roy n'a lieu au domaine alienè à perpetuité.

Or il faut prendre garde que la proviſion du Roy n'a lieu qu'és Offices des terres reverſibles à la Couronne ; d'autant que c'eſt la reverſion qui luy conſerve la proprieté d'icelles. Mais elle n'a lieu és terres qui ont eſté venduës à perpetuité, & ſans reverſion aucune, comme celles qui ont eſté alienées à titre de fief, qui eſtoit la forme d'alienation, qui ſe pratiquoit communément & licitement, avant qu'elle euſt eſté prohibée par l'Ordonnance de l'an 1566. appellée vulgairement l'Ordonnance du domaine. Même cette alienation à perpetuité pourroit encore avoir lieu à preſent és échanges des terres domaniales, contre d'autres terres, droits ou pretentions des Seigneurs de France. Car tels échanges eſtans deuëment verifiez & homologuez au Parlement les acquereurs deviennent vrais Seigneurs perpetuels

8. Commet cette alienation en celuy qui eſt baillé en échange.

& incommutables du domaine à eux baillé en contréchange, qui deſormais perd le nom & la nature de domaine, pourveu qu'il n'y ait point de reverſion ſtipulée : & partant les Officiers d'iceluy ne peuvent plus eſtre Officiers Royaux, poſé que la Juſtice ſoit compriſe en l'alienation : mais au contraire c'eſt la terre baillée au Roy en contréchange, qui devient domaniale, & les Officiers de laquelle deviennent Officiers Royaux.

Toutefois il faut obſerver, que comme il n'y a que les Offices de la Juſtice ordinaire, qui puiſſent eſtre abſolument conferez par les Seigneurs en leurs terres, côme je diray au chap. ſuivant, auſſi il n'y a que ceux-là, dont ils ayent la nomination és terres du domaine alienè, & non des Offices des Elections, Greniers à ſel, Eaux & Foreſts, & bref de tous autres Offices extraordinaires, c'eſt-à-dire, ne concernans la Juſtice ordinaire. Et ce pour deux raiſons : l'une, que ces Juſtices & Offices extraordinaires ont été inventez & érigez long-tems depuis que les Ducs & les Comtes ont uſurpé la proprieté de leurs Seigneuries, & qu'elles leurs ont été infeodées : l'autre, & la principale, qu'ils concernent tout-à-fait les droits Royaux, & les finances du Roi, lequel ne doit être reduit à demander juſtice à ſes vaſſaux, & prendre par leur choix des Officiers, pour le maniement de ſon bien.

9. Nomination n'a lieu qu'és Offices de la Juſtice ordinaire.

10. Pourquoy.

Et d'ailleurs, le Roy ayant toûjours la Seigneurie directe de leurs terres, entant que les unes relevent de luy en fief, & les autres ſont de ſon domaine, & ſont reverſibles à la Couronne, & outre ayant la Seigneurie univerſelle & ſouveraine par tout ſon Royaume, ces Seigneurs n'ont aucune raiſon d'empêcher que dans leurs villes & territoires le Roy mette pour luy des Officiers, afin de ménager & recevoir ſes finances : leſquels auſſi ayans leur juriſdiction limitée à cela, ne doivent rien entreprendre ſur la juriſdiction ordinaire, qui ſuit les autres droits du Seigneur.

11. Seigneurs ne peuvent empêcher que le Roy n'établiſſe des juſtices extraordinaires en leurs terres.

Ce que deſſus, que la proviſion ou nomination des Offices extraordinaires ne peut appartenir aux Seigneurs, eſt contenu expreſſément au 331. art. de l'Ordonnance de Blois en ces mots, *Es alienations & delaiſſemens des terres de noſtre domaine, à quelque titre que ce ſoit, ne pourra être faite aucune ceſſion des droits de nomination ou proviſion des Offices extraordinaires deſdites terres, comme étans droits Royaux inſeparables de noſtre Couronne.* Et long-temps auparavant, le Roy Charles VII. donnant au Comte du Maine la nomination pour une fois de l'Office de Grenetier de Marſilargues en Languedoc, déclara par ſes lettres patentes du 3. Novembre 1458. que les Princes du Sang, ni autres Seigneurs quelconques, n'auroient pour l'avenir la nomination de tels Offices, comme raporte du Tillet.

12. Dont la pleine proviſion appartient au Roy.

Toutefois cette regle reçoit deux exceptions : l'une, pour les grands Seigneurs qui joüiſſent du droit de Gabelles en leurs terres, & ceux qui ayans des forêts à eux, ont obtenu du Roy, ou ſont fondez en poſſeſſion immemoriale d'y avoir Juſtice particuliere, où ils peuvent par conſequent établir des Officiers, pour le ménagement de leurs droits, tout ainſi qu'en leur Juſtice ordinaire.

13. Exceptió és gabelles & forêts, poſſedées de temps immemorial.

L'autre exception eſt pour les Seigneurs, qui auparavant cette Ordonnance de Blois, avoient acquis à juſte titre onereux, & principalement par échange, les terres domaniales, avec pouvoir exprés de nommer aux Offices tant ordinaires, qu'extraordinaires, dont partant ils ne doivent être privez, attendu même que cette Ordonnance ſe reſtraint par exprés aux alienations de l'avenir, ſans toucher à celles du paſſé. Et quant à la Declaration de Charles VII. du Tillet en la raportant dit qu'il la faut entendre, quand il n'y a conceſſion. De fait, en l'an 1566. le Roy Charles IX. comprit en l'apanage de Monſieur le Duc d'Anjou, ſon frere, la nomination des Offices des Elections & Gabelles, reſervant ſeulement à luy les Offices des Prevôts des Maréchaux & Archers, pource qu'ils ne ſont

14. Autre la conceſſion expreſſe.

15. Exemp.

Des Off. du Domaine aliené, Chap. IX.

sont aucunement venaux, & n'ont jamais entré aux parties casuelles. De mesme nous voyons notoirement que Madame de Nemours en son Duché de Chartres, qui est domanial, Madame de Guise en sa Seigneurie de saint Florentin, qui est patrimoniale, nomment aux Offices extraordinaires, & plusieurs autres Seigneurs jouïssent de ce mesme droit, comme leur ayant esté concedé par exprés.

16 Limitation de ces concessions des Offices extraordinaires.

Neantmoins encore en cas de concession expresse, on retranche ce droit tant qu'il est possible, comme odieux & exorbitant; à de sorte que la pleine provision des Offices extraordinaires étant nommément alienée, on la restraint neantmoins à la simple nomination, pource que ce seroit chose absurde & incompatible, que les Officiers, qui ménagent ou manient les finances du Roy, fussent autres que Royaux, comme ils seroient, s'ils étoient pourveus tout-à-fait par les Seigneurs.

17 Autre.

Davantage, on restraint cette nomination des Offices extraordinaires, à ceux qui étoient creez & érigez lors de la concession: pource que les termes d'un contrat doivent être referez au temps d'icelui, *l. Rutilia Polla. D. De contr. empt.* Mesme on tient communément, que quand l'érection nouvelle diminueroit notablement le prix des anciens Offices extraordinaires, le Roy ne seroit tenu à aucun dédommagement, pource qu'il ne peut être empesché d'ériger dans la terre d'un Seigneur tant d'Officiers qu'il voudra, pour la conservation de ses droits. Toutefois cette opinion n'est pas sans difficulté, pour laquelle lever, le seigneur qui fait tels marchez avec le Roy, doit stipuler expresse concession de la nomination des Offices extraordinaires, tant érigez qu'à ériger.

Voilà ce qui est general en toute alienation de domaine; mais comme il y en a de deux sortes, à sçavoir l'appanage, & la vente à faculté de rachat, assez clairement distinguées en l'Ordonnance du domaine, il est besoin de discerner l'une d'avec l'autre. Car l'appanage est bien plus favorable que la vente à faculté de rachat, attendu qu'il transfere la propriété du domaine à l'enfant de France par droit successif, & comme étant son partage en la succession de son pere: & de fait ces deux premieres lignées de nos Rois, ce partage étoit en pleine propriété sans reversion aucune, & encore en la premiere sans retention d'aucune Seigneurie, ni directe, ni universelle, au profit de l'aîné: de sorte que chacun des partageans en jouïssoit à titre de Royaume, dont il arrivoit d'étranges tragedies.

18 Appanage est plus favorable que l'engagement.

19 Invention des appanages.

C'est pourquoi on observa fort à propos en la troisiéme lignée, par une loy fondamentale, que le Royaume ne seroit plus partagé ni demembré (qui est à present un droit commun en toutes grandes Seigneuries, comme il a été prouvé au 2. liv.) mais que les enfans puisnez de France auroient pour leur appanage & entretien de leur posterité masculine, quelque Duché, ou Comté, tel qu'il plairoit au Roy leur donner, à condition de le relever en fief de la Couronne: pource que ce seroit un démembrement, s'il étoit baillé en Souveraineté, & outre, à la charge de reversion en défaut d'hoirs masles: pource que par l'ancienne loy du Royaume, les filles & leurs décendans sont incapables de succeder à la terre Salique: de sorte que des anciens appanages on ne laissoit pas de pratiquer cette reversion, encore que lors de la concession d'iceux on ne se fust avisé de le stipuler, comme fondée en droit commun, & telle étant la nature de l'appanage: mesme la propre signification de son nom, qui n'emporte qu'une provision d'alimens pour le puisné, & ses décendans, ainsi que du Tillet, & Choppin ont bien prouvé. Cette reversion neantmoins n'étant que comme une substitution perpetuelle au profit de la Couronne, l'Appanagé est cependant presque autant proprietaire de son appanage, comme en la vraye substitution l'heritier institué est seigneur de l'heritage substitué, jusqu'à ce que la substitution soit échuë.

20 Des limitations tacites des appanages.

21 Appanagé est vray seigneur.

22 Droit des

Or sous l'appanage je comprend les terres assignées *Du Droit des Offices.*

aux Reines veuves pour leur douaire, & aux filles de France pour leur dot. Dautant que bien que le douaire des Reines veuves, ne soit qu'un simple usufruit, neantmoins pour le respect des Reines, on leur attribué en icelui les mesmes prerogatives qu'ont les Appanagez.

douairieres de France.

Et quant aux terres baillées en mariage aux filles de France, auparavant l'Ordonnance du Domaine elles n'étoient pas estimées revertibles, sinon en défaut d'hoirs masles & femelles, comme du Tillet prouve bien, pource que la premiere concession étant faite à une fille, montroit assez que les femelles en étoient capables, & toutefois la revertion ne laissoit d'y être sous-entenduë, à cause de la nature du Domaine, qui ne peut être aliené d'alienation du tout irrevocable: qui fut neantmoins une de nos plus grandes querelles contre les Anglois, pour le Comté du Vexin, donné en mariage à Madame Marguerite de France, fille du Roy Louïs le Jeune, mariée à Henry III. Roy d'Angleterre, qui mourut sans enfans.

23 Droits des anciens dots des filles de France.

Mais aujourd'huy cette difficulté ne peut plus arriver, pource que les terres du Domaine ne sont plus baillées purement & simplement en mariage aux filles de France; mais seulement en payement des deniers dotaux, à elles liquidement promis, & comme un engagement, ou vente à faculté de rachat: & neantmoins pour le merite du Sang Royal, cela est comparé en tout & par tout au vray appanage, mesme sont souvent dans ces livres appellez de ce nom.

24 Le domaine baillé aux filles à present qu'un engagement.

Finalement quant à l'engagement fait aux particuliers, qui est l'autre espece principale du domaine alienébien que ce soit plutost une vente à faculté de rachat, qu'un simple engagement, neantmoins ou antichrese, ainsi qu'il a été prouvé au 5. chapitre du 2. livre, comme le montre bien l'Ordonn. de Blois, separant és articles 333. & 344. la vente du domaine à faculté de rachat d'avec le simple engagement: toutefois pource que la principale difference qui se trouve és heritages des particuliers, entre l'engagement, & la vente à faculté de rachat peut être prescrite & limitée à certain temps, ce qui ne peut être en la restitution de l'engagement, auquel la clause commissoire, ni la prescription ne peuvent avoir lieu, pour transferer en quelque temps que ce soit, au creancier la seigneurie incommutable de la chose engagée: & que cette difference peut avoir lieu au domaine du Roy, qui de sa nature ne peut endurer l'alienation incommutable & propriation parfaite: cela est cause que vulgairement nous appellons la vente du domaine à faculté de rachat du nom d'*engagement*: & aussi que nous tenons qu'elle ne transfere pas une pure proprieté à l'achepteur; mais seulement une maniere d'usufruit, qui finit par le rachat, tout ainsi que le vray usufruit par la mort. Car le terme d'*usufruit impropre* s'étend bien loin, comme il a été dit au 10. chap. du 2. livre.

25 Droit de la vente du domaine à faculté de rachat.

26 Pourquoy appellée engagement.

C'est pourquoy, comme seulement ce qui consiste en fruit & commodité, appartient à l'usufructier, & non ce qui consiste en l'honneur, separé du profit, ainsi que dit fort bien du Molin sur l'art. 1. de la Coûtume gl. 1. nombre 14. il faut remarquer que l'appanage importante la proprieté de l'heritage, quoyque sujet à reversion, transfere les droits honorifiques, aussi bien que les profitables; mais l'engagement ne produisant qu'une espece d'usufruit, ne transfere que les droits utiles, & non les honorables, entant qu'ils peuvent être separez des profits.

27 Appanage transfere les droits honorifiques, mais l'engagement non.

De cette consideration dependent & procedent quatre notables differences entre les appanages & les engagemens. La premiere & plus importante est, que l'appanagé, comme vray Seigneur & proprietaire, peut titrer & qualifier Pair, Duc, ou Comte de la Pairie, Duché, ou Comté à luy baillée en appanage, & en consequence peut jouïr de tous les droits, & prerogatives d'honneur qui appartiennent aux Pairs, Ducs & Comtes, specifiees au livre *des Seigneuries*; mais non l'acquereur par engagement, qui ne se peut qualifier Duc ni Comte, ni mesme Seigneur haut justicier (car c'est le

28 Quatre prerogatives de l'appanagé par dessus l'engagement.

29 Appanagé porte le titre de la

Mm

274 Des Offices non-venaux, Liv. IV.

Seigneurie, & iouït des d. ou d'icelle.

Roy qui demeure le vray proprietaire & Seigneur du domaine engagé) & non pas mesme Duc, ou Comte par engagement ; mais seulement il se peut qualifier Seigneur par engagement de Domaine, de tel Duché, Comté, ou autre Seigneurie, & par consequent il ne peut jouïr d'aucune prerogative honoraire des Ducs, ou Comtes, mesme il ne peut pas jouïr tout-à-fait de celles de simples Seigneurs hauts justiciers, témoin le bel Arrest du 5. Juillet 1554. rapporté par Bacquet au 3. livre chap. 20. par lequel la Cour trouva mauvais que l'acquereur par engagement d'une haute Justice eust fait mettre ses litres & ceintures funebres à la Paroisse d'icelle : Et voilà la premiere difference qui concerne l'honneur.

30 Mais non l'acheteur à faculté de rachat.

La seconde difference concerne le pouvoir, & que les appannagez peuvent eux-mesmes recevoir les hommages des vassaux relevans de leur appannage, les faire saisir en leur nom seul, leur donner souffrance & mainlevée, mesme recevoir leurs aveux : bref faire comme vrais Seigneurs, tout exercice des droits feodeaux, tant utiles qu'honoraires, sauf neantmoins que par la mesme Ordonnance du Domaine ils sont chargez d'envoyer chacun an, en la Chambre des Coptes les doubles des receptions de foy, & aveus par eux receus; qui n'est pas ordonné pour retrancher leur pouvoir ; mais pour conserver les droits du Roy. Mais ce que mesme Ordonnance il est porté qu'és ventes à faculté de rachat, la reception des hommages, & par consequent tout l'exercice des droits feodaux, demeure au Roy & à ses Officiers, tout ainsi qu'és Seigneuries patrimoniales, ils appartiennent au proprietaire, & non à l'usufruitier: comme resont du Molin sur l'art. 1. de la Coutume, gl. 1. & a esté decidé par nostre Coûtume reformée art. 2. Ce que je ne m'amuseray pas à approfondir davantage; pource qu'il ne concerne pas nôtre matiere.

31 Appannagé exerce les actes feodaux.

22 Et non l'acheteur à faculté de rachat.

Mais les deux autres differences qui restent, y appartiennent directement, lesquelles je mesleray ensemble, pource qu'elles dependent l'une de l'autre, à sçavoir qu'és engagemens, ou terres vendües à faculté de rachat, la Justice s'exerce au nom du Roy seul, & ainsi s'observe notoirement par tout, & j'ay veu donner un Arrest portant defenses d'en user autrement: & aussi en ces mesmes terres les Offices de la Justice demeurent en la libre collation du Roy, & n'y ont regulierement les acquereurs aucun droit de nomination, sinon qu'elle leur ait esté nommément vendüe, & encore en ce cas n'ont-ils que la nomination des Offices precisément specifiez en l'évaluation qu'on a coûtume de faire lors de ces engagemens: pource qu'on matiere odieuse, il n'y a au marché que ce qu'on y met ; & le Roy ne laisse pas d'y créer de nouveaux Offices, bien que prejudiciables aux contenus en cette évaluation, sans qu'il soit tenu de dedommager les acquereurs, ainsi qu'il s'est veu és Lieutenans, Assesseurs, & és Commissaires Examinateurs de nouveau creez en toutes les Justices Royales: mesme si entre les Offices compris en l'évaluation, il y en avoit de sujets à suppression par Ordonnances precedentes, l'acquereur n'en peut empescher la suppression, comme il a été jugé au Conseil Privé, en l'an 1599. touchant l'Office de Lieutenant particulier de Dreux. Car cette nomination est tellement odieuse à leur égard, que même elle a esté abolie par l'Ordonnance de Blois, art. 333. article qui toutefois n'est pas observé à la rigueur.

33 Justice engagée s'exerce au nom du Roy seul.

34 Et les Offices sont en la libre provision du Roy, sinon, &c.

35 Justice des appannages estoit autrefois exercée sous le nom de l'appannagé.

Mais és terres d'appannage, dos, ou douaire, la Justice ordinaire estoit anciennement exercée entierement sous le nom des Appannagez, ou des Reynes, ainsi qu'és terres des Seigneurs vassaux de la Couronne. Il est vray que lors de la succession des appannages, le Roy pour exercer à part la Justice des cas Royaux, retenoit volontiers quelque petit endroit, soit dans la capitale Ville de l'appannage, comme à Tours, & Ville de Chasteau-neuf ; lors de l'appannage baillé par le Roy Charles V. à Monseigneur Louis son fils: soit en quelque bourgade d'icelui, comme Lorrys & Montargis és appannages d'Orleans: & de là ont esté dites les Coûtumes de Lorris & de Montargis, pource que la paction de la Coûtume, étant un cas Royal, ne pouvoit estre faite à Orleans, lorsqu'il étoit possedé par appannage.

36 Sauf pour les cas Royaux.

Et le Juge Royal qui avoit la connoissance des cas Royaux, s'appelloit quelquefois Bailly, notamment és lieux où le Juge ordinaire de l'Appannage s'appelloit Senéchal, comme à Tours : quelquefois Juges des exempts, à sçavoir és Coûtumes, qui admettent l'exemption par appel, comme en Anjou. De sorte qu'y ayant souvent deux diverses Justices en une mesme Ville, l'une Royale, l'autre ordinaire, Dieu sçait combien de brouilleries, de factions, & de divisions, mesmes des seditions cela y apportoit parmy le pauvre peuple, qui étoit comme une gauffre entre deux fers.

37 Juges des cas Royaux.

Neantmoins cét usage a duré jusqu'au Roy Charles IX. qui concedant les appannages à Messieurs ses freres en l'an 1566. avoit ordonné selon l'ancienne Coûtume, que les jurisdictions de cas Royaux & de l'ordinaire, seroient separées & distinguées, ainsi qu'elles avoient esté aux appannages precedens ; mais sur les remontrances faites tant par le peuple d'Angers, que par les Officiers Royaux, qui avoient acheté leurs Offices, attendu mesme l'union des Juges presidiaux avec ceux du Bailliage, le Roy fit une Declaration fort salutaire à la France, en l'an 1568. par laquelle du consentement de Monsieur son frere, il ordonna que la justice du Bailliage & siege Presidial d'Angers demeureroit entiere, comme elle estoit lors de la concession de l'appannage, & qu'elle seroit exercée en son nom, & de Monsieur son frere conjointement, & que vacation avenant, les Officiers de l'ordinaire seroient nommez par sondit frere, & par luy pourveus. Expedient certes tres-beau, auquel l'un & l'autre gagnoit, pource que l'appannagé avoit l'émolument des cas Royaux, dont les Juges par luy nommez connoissent, & la Justice demeuroit toujours Royale, le Roy retenoit davantage son autorité en l'appannage, où cette marque bien signalée demeuroit pour le distinguer d'avec une Seigneurie patrimoniale. C'est pourquoy je ne doute point que le mesme ne soit observé à l'avenir aux appannages qui seront concedez cy-apres, au moins a-t-il toujours esté observé és douaires des Reines.

38 Comment cela est changé.

39 A present les justices d'appannages c'est au nom du Roy, & de l'Appannagé conjointement.

Pour donc parler du droit, & de la nature des Offices ordinaires des Appannagez, & des engagemens, qui est le vray sujet de ce Chapitre, puisque la nomination appartient aux Seigneurs, comme c'est l'ordinaire à present, nonobstant l'Ordonnance de Blois, je dis derechef, que comme toutes les terres, soient baillées en appannage, ou engagées, demeurent domaniales, aussi ces Offices demeurent Royaux; puisqu'ils sont possedez en vertu des provisions du Roy, & aussi qu'ils sont exercez au nom du Roy: n'estant à considerer, que le Seigneur y nomme qui bon luy semble, pource que par aprés il faut venir au Roy, pour prendre titre de luy, au moyen duquel, c'est sans doute qu'on devient Officier: mesme les Lieutenans és Bailliages du Domaine aliené (dont il y en a maintenant autant que d'autres) ont droit de se qualifier Conseillers du Roy, ainsi que ceux qui sont pleinement pourveus par sa Majesté.

40 Officiers ordinaires des domaines alienez demeurent Royaux, & pourquoy.

Aussi ont-ils toutes les prerogatives des Officiers Royaux, comme la seance sur les fleurs de lys au Parlement, & le pouvoir de cas Royaux, ce que n'ont pas les Officiers des Seigneurs. Et se peut dire que generalement & sans exception aucune, ces Offices ont un mesme droit, & se gouvernent par les mesmes regles & maximes, que les Offices absolument Royaux, fors seulement en ce qui depend de la disposition d'iceux.

41 Et sont reglez selon le droit de purs Offices Royaux.

Encore n'est regard faut-il ne tenir point restituables, comme ont esté tenus jusqu'icy, regulierement, & selon leur ancienne nature, les Offices des Seigneurs ; mais ceux-cy sont compris en l'Ordonnance de Louis XI. qui a rendu perpetuels tous les

42 Sont perpetuels, & non destituables.

Des Off. du Domaine aliené, Chap. IX. 275

Offices Royaux; ce qui est notoirement pratiqué: aussi n'y auroit-il aucune apparence, qu'un Seigneur puist abolir & aneantir la provision du Roy.

43 Sont resignables comme les purs Royaux.

Pareillement je tiens que la resignation de ces Offices ne peut estre refusée: tout ainsi que le Roy ne la refuse point és Offices, dont il a la provision: de sorte que cét ordre & police ayant esté estably par sa Majesté au commerce de ses Offices, depuis l'introduction des parties casuelles, il est bien raisonnable de le garder par les detempteurs de son Domaine, qui usent de mesme commerce & venalité, n'y ayant apparence qu'ils ayent en cela plus de privilege que le Roy: joint les autres raisons, qui seront cy apres deduites en traittant de la resignation des Offices des Seigneurs. Dont j'excepte toutefois ceux qui ont esté pourveus gratuitement de ces Offices, qui ne les peuvent resigner, sans le consentement du seigneur du domaine aliené, comme il est ordonné aux Offices Royaux, par l'article 116. de l'Ordonnance de Blois. duquel il se tire aussi un bon argument à sens contraire, que ceux qui ont acheté leurs Offices, ne doivent estre empeschez de les resigner.

44 Si c'est au Roy, ou aux Seigneurs d'en admettre la resignation.

Mais on reprend la question plus loin. Car on demande si c'est aux Seigneurs du domaine aliené, à admettre cette resignation; ou bien si le Roy peut admettre de plein droit, *spreto patrono*, & sans qu'il soit besoin en ce cas, de la nomination du Seigneur. Et bien que cela semble decidé par une Ord. du Roy Charles IX. de l'an 1569. contenant ces mots, *Permettons à nos Officiers de judicature, de pouvoir resigner leurs Offices en nos mains, & non d'autres, sans que les Princes, & autres jouissans de nostre domaine, puissent admettre les resignations, sur peine de nullité de ce qui sera par eux fait*. Neantmoins il faut considerer que cette Ordonnance fut faite avant que la venalité des Offices de judicature fust encore bien établie. Car de ce temps-là, le Roy seul en tiroit finance par forme de prest, pour le secours des guerres, lors ayans cours; mais on ne permettoit pas aux Seigneurs du Domaine aliené, ni à autres d'en faire de mesme; & de fait les Offices de judicature ne furent compris en tous les Edits qui furent faits en ce mesme temps pour les resignations & survivances. De sorte que cette Ordonnance ayant declaré necessaire l'admission de la resignation des Offices de judicature, en consequence de ce simple prest qui s'en faisoit au Roy, neantmoins cette admission estant gratuite, le Roy ne faisoit pas grand tort aux Seigneurs, de l'admettre directement: tout ainsi que du Molin resout sur la regle, *De infir resignant*. que la permutation du Benefice estant en patronage Ecclesiastique, peut estre admise directement *spreto patrono*, non seulement par le Pape; mais aussi par le Collateur ordinaire, ce qui toutefois n'a pas esté autorisé par l'usage.

45 Explication d'une Ordonnance.

46 Resolution que c'est à present des Appanages.

C'est pourquoy l'usage estant changé touchant la venalité publique des Offices de judicature, cette Ordonnance par consequent s'est trouvée rude, & n'a plus esté pratiquée: pource mesme que quand le Seigneur n'auroit droit de prendre finance, pour admettre la resignation, si est-ce qu'on luy feroit tort de mettre un Officier en sa terre, qui n'eust point de nomination, ni autre marque d'approbation de luy. Aussi est-ce la verité que cette Ordonnance fut faite en temps de troubles, afin que le Roy pust tirer quelque argent de l'admission de ces resignations, desquelles les Seigneurs n'avoient plus accoutumé de rien prendre. Aussi n'a-t-elle jamais esté observée aux terres d'appanage, dot ou douaire; mais on y a toujours observé de prendre nomination des Princes en la resignation, aussi bien qu'en toute vacation.

47 Quid és engagemens.

Mais aux ventes à faculté de rachat, il y a plus de difficulté, pource qu'en effet cette admission de resignation ne doit point être reputée pour un droit fructueux; mais simplement honnoraire: attendu qu'à la bien entendre, elle doit être & necessaire, & gratuite aussi selon son ancienne nature, comme je prouveray plus amplement au livre suivant. C'est pourquoy il semble

Du Droit des Offices.

qu'elle n'appartient qu'au Roy, à l'exclusion des acquereurs de son domaine, qui n'ont pas les droits honorifiques, comme il vient d'être dit. Et il est inutile de dire que la resignation estant une espece de vacation, ils doivent avoir la nomination au cas d'icelle, ainsi qu'és autres vacations. Car il est certain qu'en matieres odieuses, comme par exemple aux suppressions, ordonnées vacation avenant, la resignation n'est pas comprise sous le nom indefini de *vacation*, qui en telles matieres ne s'entend que de la vacation parfaite, par laquelle la disposition de l'Office revient librement & pleinement au Collateur, comme en la vacation par mort, forfaiture, ou resignation absoluë, & non faite en faveur d'autrui, qui ne se fait gueres aux Offices, & non pas de la vacation imparfaite, à laquelle le Collateur accommode seulement son autorité, sans avoir la disposition de l'Office, comme est celle de la resignation *in favorem*, en laquelle les Canonistes disent, que *collator habet manu ligatas*.

48. Semblé que ce devroit être au Roy seul.

De cette consideration dépend, à mon avis, la decision d'une autre question encore plus importante: supposé qu'il faille en cas de resignation prendre nomination des Seigneurs jouissans du domaine aliené, comme pour plus grande seureté ils le font demander ordinairement, sçavoir si ces Seigneurs la peuvent refuser, si on ne leur paye quelque finance, tout ainsi que fait à present le Roy indistinctement en tous les Offices, qui sont en sa pleine provision. Attendu que la mesme Ordonnance qui introduit la finance des resignations, qui est du mesme Roy Charles IX. en l'an 1567. porte ces mots, *Ne pourront les Princes & autres personnes, qui jouissent de nôtre domaine, avec permission de nommer aux Offices ordinaires, ou extraordinaires, prendre aucune chose aux resignations, ni se prevaloir des deniers qui en proviendront*.

49. Si les Seigneurs du domaine aliené peuvent prendre finances des resignations.

Toutefois cette Ordonnance à succession de temps, & à mesure que la venalité des Offices de judicature s'est établie tout-à-fait, s'est trouvée aussi rude que l'autre, comme estant pareillement faite pendant les guerres & necessitez du Roi, ainsi qu'il est même porté par icelle: Et en effet n'estant pas faite (comme il pourroit sembler) pour descharger les resignataires de ces Offices, de payer finance pour la resignation, ainsi que faisoient déslors les Officiers Royaux; mais pour attribuer cette finance au Roy, afin d'être employée en ses guerres, & en priver les Seigneurs, du domaine aliené: Et partant ainsi que l'autre elle n'a gueres esté observée aux appanages, dots & doüaires. Et même à l'égard des ventes à faculté de rachat, la bonté du Roi, & le credit des grands Seigneurs jouissans du domaine aliené, a emporté presque toûjours ces deux points, & de bailler leur nomination à la resignation des Offices de leurs terres, ainsi que le Roi fait és Offices de sa libre collation: de sorte qu'à present c'est comme un droit certain & établi.

50 Explication d'une autre Ordonnance.

51. Resolutió, que c'est aux Seigneurs d'admettre les resignations, & qu'ils en peuvent prendre finance.

C'est pourquoi à leur égard, il y a bien de la difficulté en la taxe de cette finance. Car à l'égard du Roi, elle est faite par Messieurs du Conseil des finances, qui sont personnages de grande qualité & merite, qui en doivent ordonner & juger en leur conscience, non pour la nomination au profit du Roy, ainsi qu'un serviteur fait le profit de son maître, mais comme étans à ce regard établis Juges entre le Roi & ses Officiers, attendu que le Roi ne peut être Juge que par ses propres Juges.

52. Côment elle doit être taxée.

Mais les Princes & Seigneurs qui tiennent le domaine engagé, en veulent ordonner à leur volonté, & s'imaginans qu'il leur est loisible d'en tirer le plus qu'ils pourront, ils tiennent bien souvent telle cruauté à un pauvre Officier, lorsqu'ils le voyent pressé de resigner, soit par maladie, vieillesse, pauvreté, ou pour parvenir à plus grande charge, ou pour être attiré par ses affaires, en un autre païs, qu'ils luy font presque acheter encore une fois son Office: principalement quand ils reconnoissent qu'il est accablé de vieillesse, ou maladie, ils luy tiennent la rigueur tout exprés, afin qu'il

53. Tyrãnie d'aucuns Seigneurs en cette taxe.

M m ij

pendant qu'il s'amuſe à marchander la reſignation, l'Office vienne à vacquer tout à fait par ſa mort.

Ce qui n'eſt nullement raiſonnable. Car nul ne doit être Iuge en ſa propre cauſe, & faut qu'il y ait raiſon & ordre par tout. Neanmoins il n'y en a encore aucun établi en cét affaire, bien qu'elle ſoit fort importante à preſent que les Offices ſont venus à ſi haut prix, & en un commerce ſi ordinaire, qu'ils conſtituent une nouvelle eſpece de biens.

Il ſeroit donc bien à propos de mettre un taux certain, qui pourroit, aux reſignations, tant de ces Offices, que de ceux qui ſont en la libre collation du Roy à ce que comme dit Ariſtote, ne laiſſaſſent à l'arbitrage variable des hommes, ce qui peut être nettement terminé par la loy: & principalement en ces Offices du domaine alienē, afin que les pauvres Officiers ne dépendent plus de la tyrānie d'aucuns Seigneurs affamez, qui comme les corbeaux abbayent la charogne.

Or ce taux ne peut commodément pris ſur le pied de la valeur des Offices, dautant qu'elle eſt du tout incertaine, & qu'il faut qu'il ſoit certain, ſi faire ſe peut, afin que l'Officier étant preſſé de reſigner, puiſſe faire offres liquides, par le moyen deſquelles il puiſſe promptement aſſeurer ſon Office en cas de debat. Et quand la valeur ſeroit certaine, c'eſt encore une grande difficulté, quelle partie d'icelles devroit être payée pour admettre la reſignation. Car encore que vulgairement on tienne que c'eſt le quart denier, ſi eſt-ce qu'il n'y a point d'Ordonnance qui l'ait ainſi déterminé, comme j'ay dit au 3. chap. du livre precedent, où j'ay mis au long mon avis touchant la liquidation de ce taux. Et ne ſert rien de dire que par l'Edit moderne du droit annuel ce droit ſemble arreſté au quart denier. Car c'eſt en conſideration de la grace, que le Roy fait à ceux qui payent le droit annuel, qu'il charge de plus grande rigueur ceux qui mépriſent ſon benefice. Mais puiſque cet Edit ne concerne les Seigneurs jouïſſans du domaine alienē, & qu'ils ne font pas la meſme grace aux Officiers par eux nommez, que le Roy fait aux ſiens il n'eſt pas raiſonnable que leurs Officiers portent la meſme ſurcharge.

Or dautant que cela dépend du Roy, d'en faire un bon reglement, quand il luy plaira; je dis cependant, que ſi l'Officier qui eſt haſté de reſigner, trouve ſon Seigneur inexorable, il luy doit preſenter ſa requeſte par écrit, à ce qu'il luy plaiſe admettre ſa reſignation, moyennant l'offre qu'il luy fera d'une certaine ſomme de deniers, ſinon telle taxe qui ſera arbitrée par gens à ce connoiſſans, ainſi qu'il ſe fait ès reliefs des fiefs: l'invention de laquelle requeſte nous eſt donnée en la loy 13. De prex. ſacrorum ſcriniorum, cy-devant interpretée au chapitre 3. de ce livre.

Que ſi le Seigneur ne vouloit pas répondre promptement à cette requeſte, il le faudroit faire ſommer par un Notaire, ou Sergent. Ce qu'étant fait, ou meſme une ſimple ſommation, ſans requeſte prealable, qui ne ſert que pour civilité & honneſteté, j'eſtime que l'Office ne peut vacquer par mort, pourveu que le reſignant vive quarante jours aprés cette ſommation, & qu'il pourſuive en Iuſtice le Seigneur à ce qu'il ſoit condamné à admettre ſa reſignation.

Ou bien pour avoir pluſtôt fait, aprés cette ſommation faut preſenter requeſte au Roy, & à ſon Conſeil, à ce qu'il luy plaiſe taxer la finance de la reſignation, & la taxe étant faite & offerte au Seigneur, demander finalement que la reſignation ſoit admiſe directement par ſa Majeſté, ſans nomination du Seigneur, attendu ſon refus de la bailler: & en ce faiſant, qu'il ſoit expedié lettres de proviſion au reſignataire, à la charge neanmoins de conſigner la taxe dans huitaine és mains du Receveur des Conſignations. Et en ce cas, je tiens pour certain, que les 40. jours doivent côrnencer à courir du jour de la premiere ſommation, pource qu'il n'eſt pas raiſonnable que la demeure du Seigneur luy ſoit profitable, & nuiſible à l'Officier qui s'eſt mis en ſon devoir de luy faire offres pertinentes.

Car meſme on tient communément au Palais, que les quarante jours n'ont point de lieu aux Offices du Domaine alienē, principalement en ceux de judicature, deſorte que dés-lors que la nomination d'iceux eſt donnée par le Seigneur, ils ne peuvent plus vacquer par mort: ce que pourtant je ne tiens pas pour veritable, tant à cauſe de la regle generale que je viens de poſer, que ces Offices doivent être reglez en tout & par tout, comme ceux qui ſont en la libre diſpoſition du Roy, que principalement à cauſe que ſi les quarante jours n'avoient lieu en iceux; mais qu'un homme étant en l'agonie de la mort, les pût valablement reſigner, ils ſeroient quaſi hereditaires, & ainſi les Seigneurs ſeroient preſque entierement fruſtrez d'en tirer aucun profit, joint que cela ſeroit contre la raiſon de Droit, en la loy *Filia mea emancipata. D. Soluto matrim.* & de nos Coûtumes, qui reprouvent les donations faites par perſonnes malades de la maladie dont elles decedent par aprés, comme je diray plus amplement au livre ſuivant, en traittant de la reſignation des Offices des Seigneurs.

Et bien que le 24. Ianvier 1611. il y ait eu Arreſt donné en l'Audience, au profit de M. Paul Hagart, reſignataire de Maiſtre Claude le Begue, ſon ayeul, par lequel il a été ordonné qu'il ſeroit receu en l'Office de Lieutenant general de Vierzon, appartenant par engagement à Monſieur le Prince de Ioinville, nonobſtant l'oppoſition du pourveu par mort, bien que le reſignant n'eût vécu que 31. jour aprés la reſignation admiſe, & nomination de Monſieur de Ioinville, expediée ſur icelle, ſi eſt-ce que cêt Arreſt, tres-juſte certes & tres-équitable, ne porte pas à la theſe, & ne s'en peut tirer une conſequence & maxime generale, qu'és Offices du Domaine alienē les quarate jours n'ont point de lieu; étant fondé ſur certaines conſiderations & rencontres de l'hypoteſe particuliere, du tout concluantes, à ſçavoir que le reſignataire êtoit petit fils du reſignant, qui avoit honorablement exercé l'Office par l'eſpace de cinquante ans, & ſur tout, qui avoit paſſé ſa procuration pour reſigner étant en pleine ſanté, & preſenté icelle plus de trois mois auparavāt ſon décés, au Conſeil de mondit ſieur le Prince de Ioinville, qui à deſſein en avoit differé l'expedition, afin d'attendre la mort du reſignant, lors âgé de plus de quatre-vingts ans.

Or en telles rencontres, principalement ès reſignations favorables, comme de pere à fils, & encore d'Office de judicature, c'eſt de tout temps, que le Parlement meſme contre le Roy, n'a point eu d'égard aux quarante jours: qui à la verité ne ſont introduits par aucune Ordonnance, ni Arreſt ou Reglement general; mais ſeulement ont eſté mis en uſage par le ſtyle de la Chancellerie: c'eſt pourquoy la Cour a ſouvent uſé de cette autorité de paſſer pardeſſus, quand il y a eu grandes circonſtances d'équité.

D'où s'infere, que ſi le Seigneur du domaine alienē, en admettant la reſignation, délivre ſa nomination pure & ſimple au reſignataire, ſans y mettre la clauſe des quarante jours, l'Office ne vacque plus par mort, encore que le reſignant ne vive pas tant; comme au 12. chapitre du premier livre il a été dit du Roy, qui a délivré ſa proviſion ſans cette clauſe: & quand meſme en l'Office du Domaine alienē, la proviſion du Roy expediée ſur la nomination du Seigneur non conditionnée à cette clauſe, porteroit cette meſme condition de ſurvivre les quarante jours, ſuivant le ſtyle commun: neanmoins on tient qu'en ce cas telle condition n'a aucun effet, pource que le Roy n'a point d'intereſt en la vacation par mort de l'Office: & ainſi fut jugé en l'Audience du Parlement, le 10. Avril 1579. pour le Lieutenant de ſaint Lon, comme rapportent Charondas, Guenois, & Chenu.

A l'oppoſite le roy n'a pas accouſtumé de donner diſpenſe des quarante jours ès Offices du Domaine alienē, comme auſſi il ſemble qu'il ne ſeroit pas de Iuſtice qu'il le fiſt au prejudice des Seigneurs. Car ce ſeroit les fruſtrer de leur droit par une voye publique.

Quels Off. les Seigneurs peuvent avoir. Ch. I.

D'où il resulte à plus forte raison, que l'Edit moderne de la Paulette, contenant la dispense generale des quarante jours, en payant annuellement le soixantiéme denier du prix de l'Office, ne peut avoir lieu contre le gré & volonté des Seigneurs, és Offices du Domaine aliené, qui aussi sont par exprés exceptez en icelui, attendu que le Roi ayant alié la disposition des Offices, il n'y a nulle apparence qu'il pût prendre une rente annuelle sur iceux, pour les rendre hereditaires au dommage des Seigneurs.

DU DROIT DES OFFICES.
LIVRE CINQUIE'ME.

CHAPITRE PREMIER.
Quels Offices les Seigneurs peuvent avoir.

1. Il n'y doit avoir autres Officiers que du Roy.
2. Comment le contraire s'est fait en France.
3. Quand, & comment les Ducs & Comtes se sont faits proprietaires.
4. Par le moyen de l'infeodation.
5. Ne sont faits proprietaires de la charge des armes.
6. Autrement ce seroit cantonner le Royaume.
7. Hommage n'empêche pas la souveraineté.
8. Ducs & Comtes ont esté presque souverains.
9. Comment en ont esté punis.
10. Ducs & Comtes d'apresent.
11. N'ont aucunement la puissance des armes.
12. Quel pouvoir ont leurs Capitaines.
13. Sont plûtôt Concierges, que Capitaines.
14. Domestiques des Seigneurs, comment doivent être qualifiez.
15. Seigneurs entreprenoient d'avoir de grands Officiers.
16. A qui appartient d'avoir de grands Officiers.
17. Domestiques d'autres que du Roy, ne sont Officiers publics.
18. Seigneurs ne peuvent avoir Officiers de finance.
19. Finance, que signifie.
20. Faut appeller Argentiers ceux qui manient le revenu des grands Seigneurs.
21. Ne sont Officiers publics.
22. Chambre des Comptes, & Justices des Forêts des Princes.
23. Seigneurs n'ont Officiers publics, que ceux de justice.
24. Qu'encore cela est abusif.
25. De mesme.
26. De mesme encore.
27. D'où est venu l'abus.
28. Inconveniens qui en viennent.
29. Remede.
30. Magistrats devroient être nommez par les Seigneurs, & pourvûs par le Roy.
31. Pourquoy nommez par les Seigneurs.
32. Pourquoy pourvûs par le Roy.
33. Exemple formel.
34. Que les Seigneurs y gagneroient.
35. Et n'y perdroient rien.
36. Du droit des Offices des Seigneurs, tels qu'ils sont à present.
37. De l'honneur d'iceux.
38. De leur pouvoir.
39. Qu'ils sont vrais Magistrats.
40. Pourquoy cela est trouvé étrange.
41. Qu'ils ne sont pas commis, mais Officiers par soy.
42. Comment anciennement.
43. Le Seigneur ne seroit pas admis à present à exercer luy-même sa Justice.
44. Pourquoy les Seigneurs plaident en leur Justice, sous le nom de leur Procureur.
45. Seigneurs ne doivent assister à leur plaids.
46. Pairs de France sont seuls demeurez Officiers.
47. Les Seigneurs ne laissent pas d'avoir des honneurs dans leur détroit.
48. Juges des Seigneurs sont vrais Officiers.
49. Et non pas commissionnaires.
50. Ministres de Justice peuvent être pourvûs par commission.
51. Quels Officiers le Roy peut mettre dans les terres des Seigneurs.
52. N'y doit mettre de Gouverneurs qu'és frontieres, ou en temps de troubles.
53. Il y peut mettre tant d'Officiers de finance qu'il luy plaist.
54. Il n'y peut mettre d'Officiers de la Justice ordinaire.
55. Il n'y peut mettre de Juges d'exempts ou cas Royaux.
56. Mais les cas Royaux doivent estre jugez au Siege Royal superieur.
57. Il n'y peut mettre de Notaires, ni de Tabellions Royaux.
58. Preuves.
59. Sergent Royaux quand peuvent demeurer és terres des Seigneurs.
60. Mais ne doivent executer les mandemens des Justices subalternes.
61. Nonobstant qu'ils ayent ampliation.
62. Neammoins leurs exploits ne sont pas nuls.
63. Mais sont amendables par le Juge subalterne, en cas de distraction de ressort.

1. Il n'y doit avoir autres Officiers que du Roy.

PUisque la puissance publique des Officiers est un éclat, un rayon, ou une influence de la puissance souveraine & universelle du Monarque, auquel seul par consequent il appartient d'en faire part, & de la conferer & attribuer à ceux qu'il choisit & établit pour ses Officiers ; il s'ensuit bien, que selon la raison il ne devroit y avoir autres Officiers que les siens ; & que si les Seigneurs particuliers en ont quelquesuns, c'est par privilege, abus, ou autrement contre le droit commun.

2. Comment le contraire s'est fait en France.

Expliquons donc comment cela est arrivé en ce Royaume, où il est certain qu'il a pris son commencement : & de ce Royaume, comme du plus noble & du plus ancien de tous ceux de la Chrétienté, il s'est répandu aux autres. A cette fin, il faut revenir à la distinction des trois sortes d'Officiers, qui sont en un Etat, à sçavoir des armes, de la Justice, & des finances : dont anciennement en ce Royaume, comme en tous les anciens Etats, les charges & fonctions étoient jointes & confuses ensemble, és personnes des principaux Officiers, notamment des Ducs & des Comtes, qui, tout ainsi que les Recteurs ou Gouverneurs des Provinces Romaines, avoient la charge des armes, de la Justice, & des finances : au lieu qu'à present ces trois fonctions sont separées, y ayant par tout des Gouverneurs à part, des Juges à part, & des Officiers de finance à part.

3. Quand &

Donc ces anciens Ducs & Comtes, jouïssans de ces

278 Des Offices des Seigneurs, Liv. V.

comment les Ducs & Comtes se sont faits proprietaires.

trois fonctions ensemble, tâcherent non seulement de les rendre toutes trois propres à leurs Offices, en consequence de l'absurdité du Droit Romain, qui declare les charges des Offices propres aux Officiers ; mais aussi de rendre leurs charges propres à eux, & à leur famille à perpetuité. Ce qu'ils trouverent en fin moyé d'accomplir, lors des deux mutations de race de nos Rois, esquelles, comme le Maire du Palais, qui estoit le Duc des Ducs, & le premier Officier de France, de simple Oficier qu'il estoit, se fit Seigneur & proprietaire du Royaume, aussi eux qui estoient sous luy, se firent à son exemple, proprietaires de leurs Offices, mesme Seigneurs de leur détroit, Province & canton.

4. Par le moyen de l'infeodation.

Principalement à l'égard des charges de finance, & de la Justice, desquelles ils s'asseurerēt la proprieté par un moyen, dont aux anciennes Republiques on n'avoit jamais ouï parler, à sçavoir par l'infeodation. Car pour le regard des finances, au lieu qu'ils estoient Receveurs comptables du Domaine de leur détroit (qui lors estoit le seul revenu ordinaire du Roy) ils s'en firent Receveurs sans rendre compte, & pour eux-mesmes, se l'étant fait donner par le nouveau Roy en fief: & quant à la Justice, voulans pareillement s'approprier d'icelle, avec les profits & emolumens qui en proviennent, il se la firent aussi conceder en fief, le tout sous le titre de leur Office, qui fut partant changé & commué en Seigneurie, y ayant cette difference entre la Seigneurie & l'Office, que le Seigneur a la proprieté de sa charge, & l'Officier n'en a que l'exercice.

5. Ne se font faits proprietaires de la charge des armes.

Mais quant à la charge des armes, bien que ce fût la plus noble partie de leur ancien Office. si est-ce qu'elle ne leur fut jamais concedée en fief, ni reduite en Seigneurie, comme les deux autres. Aussi la proprieté d'icelle n'est pas separable de la souveraineté, ni trāsferable aux particuliers. Au contraire elle a toujours esté reservée, du moins taisiblement par la clause ordinaire des investitures feodales, *sauf nostre droit en autres choses, & l'autruy en toutes* : clause qui par la nature des fiefs, & à cause du style commun des investitures, est toûjours sous-entenduë, encore qu'elle ne soit exprimée, comme tiennent les Feudistes, & comme le prouve du Molin sur l'art. 44 de la Coûtume de Paris.

6 Autrement ce seroit cātonner le Royaume.

Autrement c'eust esté demembrer le Royaume, & le cantonner tout à fait, comme il est arrivé en Italie & en Allemagne, où par le moyen de ce qu'on a permis aux Ducs & aux Comtes d'usurper la proprieté du commandement des armes, ils ont enfin usurpé la Souveraineté, & se sont fait chacun un Etat à part. Et de vray, quand la force des armes demeure aux Ducs & aux Comtes, outre la proprieté de la Justice & du Domaine, il ne reste plus rien au Roy dans leurs Provinces qui les retienne, & conserve au corps & en l'unité de la Monarchie.

7. Hōmage n'empesche la souveraineté.

Car l'hommage de fief, qui n'est qu'un baise-main, est de peu d'efficace pour maintenir la Souveraineté, veu qu'il y a beaucoup de Princes & Seigneurs qui se disent Souverains : mesme quelques-uns qui portent titre de Roy, lesquels neanmoins doivent hommage à d'autres plus grands Seigneurs, comme j'ay prouvé au 1. chap. du livre *Des Seigneuries*. Et quant au ressort de la Justice, il est bien aisé à intervenir, quand la force des armes ne demeure pas au Souverain, comme par exemple, il est maintenant du tout aneanti en Italie, & presque aboli entierement en Allemagne à cette occasion :

8 Ducs & Comtes ont esté presque souverains.

Et en France, par le moyen de ce qu'on laissa continuer aux anciens Ducs & Comtes l'exercice de la charge des armes en leur détroit, depuis qu'ils eurent esté faits Seigneurs de la Justice, peu s'en a fallu, qu'ils n'ayent pareillement usurpé la souveraineté, ainsi que ceux d'Italie & d'Allemagne : & de fait, il a esté prouvé au second livre, qu'ils ont joui longtemps de tous les droits Royaux, mesmes jusques à porter Couronne comme Rois, lesquelles ils ont encore retenuës en leurs armoiries. A quoy ils se maintenoient les uns les

autres, & se prestoient épaule : desorte qu'estans installez en cette usurpation, non seulement ils continuoient l'exercice de la charge des armes, comme simples Officiers, mais s'attribuoient les actes de souveraineté au fait d'icelle, comme de faire levée de soldats de leur propre autorité, de les faire vivre sur le peuple, mesme de faire la guerre sans congé du Roy : & si en ce temps-là les Rois eussent voulu entreprendre ce qui estoit de la proprieté du commandement des armes en leur détroit, comme de commettre d'autres Gouverceurs au lieu d'eux, c'est chose bien certaine qu'ils ne l'eussent pas souffert.

Bref, il fust arrivé sans doute le mesme en France qu'en Italie & Allemagneſſ en la troisiéme race de nos Rois, il n'y en eût eu plusieurs, qui regnans longtemps en paix, & venans de longue succession, ont en fin trouvé moyen d'abolir toutes ces usurpations : mesme de reünir à leur Couronne, par divers & subtils moyens, presque tous ces grands Duchez & Comtez aciens : au lieu desquels ils en ont du depuis creé d'autres bien moindres, en puissance & en étenduë : s'é-tans bien gardez de leur donner, ou laisser empieter tant de pouvoir à beaucoup prés, comme ces anciens en avoient entrepris : mais ont reduit ces nouveaux au poinct de la raison, Et sur tout, pour empescher qu'à succession de temps ne fissent comme les premiers, ils ne leur ont rien ni concedé, ni laissé entreprendre en la charge des armes, qui aussi ne doit appartenir qu'au Roy seul en proprieté (estant inseparable de la Couronne, comme le premier fleuron d'icelle, qui étant au haut du chapeau Royal, s'étend sur tous les autres) & l'exercice d'icelle aux Officiers ordonnez par le Roy, chacun separément au fait de son Office, sous le nom & autorité de sa Majesté, ainsi que faisoient les anciens Ducs & Comtes, auparavant leur usurpation.

9 Comment ils en ont esté punis.

10. Ducs & Comtes d'à present.

Mais qui plus est, ils n'ont pas permis que ces nouveaux Ducs & Comtes eussent l'exercice des armes en leurs Duchez & Comtez, en qualité de simples Officiers, pour éviter qu'à succession de temps, ils n'en entreprissent la proprieté, comme avoient fait les anciens, en confondant la qualité d'Officiers avec celle des Seigneurs. D'où s'ensuit la premiere & principale limitation de leur puissance, qui est que puisqu'ils n'ont eux-mesmes aucun pouvoir public au fait des armes, à plus forte raison ils ne peuvent établir aucuns Officiers de cette sorte.

11. N'ont aucunement la puissance des armes.

Et bien qu'ils entreprennent ordinairement de mettre des Capitaines dans leurs Villes & dās leurs Châteaux, qu'ils appelloient anciennement *Chastelains*, si est-ce que ce sont plûtost Conciergues que Capitaines, ainsi que les vieux Romans nous font foy : & il est certain qu'ils ne sont pas vrais Officiers, qui ayent une puissance publique, comme d'envoyer des soldats en garnison, lever des munitions, démolir des édifices nuisibles, juger les prises de guerre, & faire autres actes de Gouverneurs, ou vrais Capitaines : mais seulement peuvent défendre la maison du Seigneur en juste guerre, & contre toute violence injuste, comme un particulier feroit la sienne, ou bien un serviteur domestique celle de son maistre : & peut pour cette juste défense user des moyens licites, selon l'occurrence de la necessité, avec plus de retenuë toutefois, & moins de licence beaucoup, que les vrais Gouverneurs, qui ont puissance publique, & le commandement legitime des armes, par la mission & concession du Prince souverain. Ainsi le faut-il tenir tant par droite raison, que pour la tranquillité du Royaume, & manutention de la souveraineté du Roy. Et il est bien certain qu'en la Cour, & au Parlement, ces Conciergues des Seigneurs, quoy qu'ils se qualifient Capitaines, ou Gouverneurs, ne sont ni nommez ni tenus pour tels.

12. Quai pouvoir ont leurs Capitaines.

13. Sont plûtost Cōciergues que Capitaines.

Le mesme a lieu à l'égard des Officiers domestiques, ou pour mieux dire, serviteurs de la maison des Seigneurs. Car bien qu'ils se fassent appeller par le vulgaire, *Maistres d'Hostel, Controolleurs, Secretaires, &c.* bref qu'ils se titrent de tous les noms des Officiers de

14. Domestiques des Seigneurs, comment être qualifiez.

Quels Off.les Seign. peuvent avoir. Chap. I. 279

la Maison du Roy, si est-ce que j'ay veu souvent en l'Audience du Parlement, reprendre par Messieurs les Gens du Roy, les Avocats qui les qualifioient de ces titres, disans qu'il n'appartenoit qu'aux Officiers domestiques de sa Majesté, & que ceux des Princes devoient estre appellez *Dépensiers*, & non pas Maîtres d'Hostel, *Clercs de cuisine* & non pas Controolleurs, *Clercs d'étude*, & non pas Secretaires : que si par les anciennes Ordonnances, il est défendu aux Ministres des Baillifs & Senéchaux, de se qualifier, ni Greffiers, ni Huissiers(estans ces titres reservez à ceux du Parlement) mais seulement Clercs & Sergens : à plus forte raison le Roy doit avoir cette prerogative, que ses domestiques ayent leurs noms differens de ceux des Princes & Seigneurs de sa Cour : les domestiques du Roy estans presque en aussi grand rang, que les Seigneurs de la Cour.

15. Seigneurs entreprenoient avoir de grands Officiers.

Qui plus est, anciennement & lorsque l'usurpation estoit en vigueur, les grands Seigneurs de France entreprenoient d'avoir de grands Officiers, portans les titres des Officiers de la Couronne, comme des Connestables, Chanceliers, Maréchaux, & autres semblables: dont il se trouve plusieurs remarques dans nos histoires, jusques là, que le Duc de Bourgogne avoit son Archi-chancelier, dit Paul Emile, ne se contentant pas du titre de Chancelier. Même les Abbez des plus notables Abbayes, voulurent avoir de tels Officiers à leur suite, qui étant laïcs & Gentils-hommes, trouverent moyen de rendre hereditaires leurs prétendus Off. & les convertirent en beaux fiefs, dont ils frustrerent Messieurs les Abbez, ainsi que les Officiers de la Couronne voulurent faire au même temps : de sorte que ces titres & qualitez de grands Officiers des Abbayes sont demeurées jusques à maintenant à plusieurs Seigneuries: comme entr'autres l'Abbaye de S. Denis en France a des vassaux, qui portent tous les titres des grands Offices.

16 A qui appartient avoir de grands Officiers.

Mais en ces derniers temps, depuis que nos Rois ont mieux sçû ménager & maintenir leur Souveraineté, on n'a plus reconnu pour Officiers publics, outre les siens, que les Officiers domestiques des Reines, des Enfans de France au premier degré, & du premier Prince du Sang : encore selon aucuns, n'est-il pas permis d'avoir de grands Officiers, comme un Chancelier, des Secretaires des commandemens, des Maîtres des Requêtes, & autres semblables, qu'aux Reines veuves, & au premier Prince du Sang, quand il est fils de Roi seulement;

17. Domestiques d'autres que du Roy ne sont Officiers publics.

Même on peut dire que les Officiers domestiques des Reines, Enfans du Roy, du premier Prince du Sang, ne sont pas vrais Officiers qui ayent rang d'honneur établi, ni puissance publique, ne subsistans que par privilege, & non de droit commun. Aussi sont-ils destituables à la volonté de leurs Maîtres, tout ainsi que les serviteurs domestiques des particuliers: & leur Office (si ainsi le faut appeller) est éteint par la mort de leur maître, comme la charge des Commissaires, & Procureurs, sauf que les privileges leur demeurent.

18. Seigneurs ne peuvent avoir Officiers de finance.

Voilà comme les Seigneurs ne peuvent avoir d'Officiers des armes, ni domestiques, qui en matiere d'Officiers du Roi, sont comptez avec ceux des armes: & quant à ceux de finance, il est aisé à comprendre qu'ils sont encore moins capables d'en avoir. Car le terme de *finance* comprend seulement les deniers Royaux, & encore promptement & specialement, il ne signifie que ceux de l'Epargne du Roy, qui sont retranchez de toutes les natures de deniers Royaux, pour servir aux necessitez casuelles, & inopinées du Royaume, ne plus ne moins que le mot *ærarium* s'entendoit à Rome particulierement des deniers publics mis en tresor & reserve.

19. Finances, que signifie. 20. Faut appeller argentiers ceux qui manient le revenu des grands Seigneurs.

Aussi les financiers sont ceux qui ont la charge des deniers du Roi; mais le public n'aiant aucun interêt au maniment & ménagement des deniers, & revenu des Seigneurs particuliers, il est aisé à coprendre que ceux qui les manient, n'ont point de charge publique. Et ce qu'ils se qualifient *Tresoriers*, ainsi que ceux du Roy, est à faux titre, ainsi qu'il vient d'être dit des domestiques, & les faut seulement appeller Argentiers, *quem-admodum Romæ argentarii dicebantur, qui pecunias singulorum administrabant*. Et quand à ceux qu'ils appellent Receveurs de leurs terres, soit comptables, soit fermiers, c'est un nom qui ne porte point de Dignité: c'est pourquoy ils en peuvent bien user sans envie.

Quoy qu'il en soit, ces Argentiers generaux de leurs maisons, & ces Receveurs particuliers de leurs terres, quelque nom qu'ils prennent, ne sont point Officiers publics qui ayent puissance, rang, ou fonction publique : dautant que ce qui avoit coûtume d'estre le Domaine de la Couronne, ayant esté usurpé tout à fait par les Seigneurs, a perdu son nom ancien de Domaine, & est devenu patrimoine, c'est à dire heritage propre aux particuliers.

21. Ne sont Officiers publics.

Il est certain qu'il y a quelques Princes qui ont droit d'avoir une Chambre des Comptes, & Justice des Eaux & Forests à part, par concession speciale des Rois, qui quoy que cela soit assez rare, où ils ont partant de vrais Officiers, ayans puissance publique, & desquels les actes & procès verbaux sont publics, & se faut pourvoir contre iceux par voye d'appel, pardevant les Juges de ressort. Ce qui montre que ceux-là ne sont pas conferez comme Officiers de finance, mais plûtost comme Officiers de Justice : & de fait les expeditions qu'ils font, sont faites par les Officiers de la Justice ordinaire ; quand les Seigneurs n'ont point de Chambre des Comptes, ni de Justice d'Eaux & Forests.

22. Chambre des Comptes, & Justice des Forests des Princes.

Il faut conclure de là, que les Seigneurs ne peuvent avoir autres vrais Officiers que de la Justice: encore en bonne Jurisprudence, n'en devroient ils avoir non plus de cette sorte, que les autres, pour ce que ce qui se passe en la Justice, devant être fait par l'ordre & les solemnitez requises, il est certes du tout necessaire que ceux qui entreprennent de juger des biens, de l'honneur, & de la vie d'un peuple, soient approuvez & autorizez deuëment pour cet effet ; laquelle autorisation & accusation ne leur peut estre donnée par le Seigneur qui ne l'a pas luy-mesme: il est bien vray que les Officiers de la Justice superieure les recevans, les peuvent rendre capables de faire cet exercice: mais ils ne leur peuvent donner le titre d'Office, qui est necessaire pour parvenir à cette capacité. Et c'est chose certaine en bonne école, qu'il n'y a que le Souverain qui puisse en un Etat donner & conferer le titre, droit & autorité de disposer de la vie & des biens de son peuple, faut ce par voye de justice: car luy-mesme n'en dispose pas autrement, fors en cas de necessité. Aussi au 3. chap. du livre *Des Seigneuries*, j'ay mis les droits de Souveraineté celuy d'établir des Magistrats, qui est la decision du tit. des Fiefs, *Quæ sint Regalia*. Et de fait on reçoit communément la jurisdiction une premiere introduite du public. Quoy qu'il en soit, il est certain que l'établissement des Officiers de Justice ne dépend point de la seigneurie privée: mais de la publique, & du droit public, qui consiste *in sacris, & Magistratibus*, dit la loy 1. *D. De justitia & jure*: & doit resider au Prince seul, *omne imperium, omnisque potestas translata est*, dit la loy 2. *D. De origine juris*.

23. Seigneurs n'ont Officiers publics que ceux de justice.

C'est donc luy seul qui ayant toute puissance, & tout commandement en proprieté, & n'en pouvant neanmoins faire luy-mesme l'exercice par toute l'étendué de son Etat, est contraint le remettre & conférer aux Magistrats pour son absence & défaut seulement : de sorte qu'en consequence de cette proprieté du commandement, qui luy demeure perpetuellement, l'execution s'en fait toûjours en son nom, & non sous celuy des Officiers, ausquels mesme il interdit, quand il luy plaist, la connoissance de certaines causes, les évoquant & reservant à sa personne.

25. De même.

Et-ce donc pas une grande absurdité en France, d'avoir laissé usurper aux Seigneurs la proprieté de ce sacré commandement, auquel consiste principalement la Majesté du Roy? en sorte que leurs Sergens fassent les commandemens & executions de Justice, de par Monsieur, & de par Madame : invoquant leur nom ; & se servant d'iceluy, comme si Monsieur & Madame

26. De même encore.

étoient Rois, & non pas sujets du Roy, ainsi que ceux ausquels ils parlent, & qu'un petit Gentil-homme de Beausse appelle les Residens en sa Justice ; ses sujets, de sorte que s'il y a trois degrez de Justice subalterne en un endroit, le peuple d'iceluy sera dit sujet de trois Seigneurs, auparavant que du Roy.

17. D'où en est venu l'abus.

Tout cela vient de l'abus que nous avons toleré en France, d'avoir communiqué & laissé entreprendre la proprieté du commandement & puissance publique aux Seigneurs particuliers: de sorte que par ce moyen il nous a fallu forger deux especes de Seigneurie publique: l'une souveraine & universelle, l'autre subalterne & particuliere ; ce qui n'avoit jamais été imaginé par aucuns des Philosophes, ni pratiqué en aucun ancien Etat ou Republique. Et cependant, comme ordinairement d'un mauvais principe il provient beaucoup de mauvaises consequences, Dieu sçait combien d'absurditez, & d'embarassemens sont survenus par le passé, & arrivent encore journellement, pour discerner ce qui appartient à la souveraine, ou à la subalterne Seigneurie : lesquelles deux Seigneuries ne peuvent être jamais bien accordées & reglées l'une avec l'autre, pource que chacun s'efforce continuellement à empieter & anticiper sur l'autre ; les Seigneurs subalternes, ce qui est de la Seigneurie souveraine quand ils sont les plus forts: & quand ils sont foibles, le Seigneur souverain & ses Officiers ne manquent pas à entreprendre ce qui dépend legitimement des droits de la Seigneurie subalterne.

18. Inconveniens qui en viennent.

19. Remede.

Or il y a selon mon avis, un beau moyen d'appaiser .... cette guerre, & de couper la racine à toutes ces entreprises de part & d'autre, & enfin remettre les choses au point de la raison. Car il faut considerer en premier lieu, qu'il y a deux sortes d'Officiers en la Justice : les uns qu'on appelle *Magistrats*, pource qu'ils ont le commandement, à sçavoir les Juges & Procureurs d'Office, les autres qu'on appelle *Ministres de Justice*, pource qu'ils rendent ministere aux Magistrats, à sçavoir les Greffiers, Notaires & Sergens. Pour le regard de ceux-ci, il n'y a pas grande absurdité ni inconvenient, qu'ils soient pourvûs de plein droit par les Seigneurs : vu que de tout temps, & à Rome, & en France les simples Magistrats les ont pû commettre : aussi qu'ils n'ont aucun commandement; mais seul pouvoir limité, on à ce que le Juge leur commande, ou à ce dont les parties s'accordent devant eux.

30. Magistrats ne ... être ... pa les Seigneurs, & pourvus par le Roy.

Mais les Magistrats qui ont le vrai commandement en la Justice, & la jurisdiction contentieuse & involontaire, participent sans doute de la Majesté du Prince : c'est pourquoi on ne peut nier qu'il n'y ait une grande absurdité de permettre qu'ils soient établis par des Seigneurs particuliers. D'autre côté aussi, ce seroit chose dure, de priver les Seigneurs de les pouvoir choisir. Mais on peut mediocrer les choses en telle sorte, que d'une part l'autorité du prince souverain ne soit diminuée, & d'autre part le Seigneur soit conservé : & que par ainsi il n'y ait point d'inconvenient de part ni d'autre, qui seroit en separant la provision des Offices en deux, comme à la verité elle a deux parties separables sans absurdité ni inconvenient, à sçavoir le choix & designation que se fait des Officiers, & la provision qu'on leur baille des Offices.

31. Pourquoi nommez par les Seigneurs.

Quant au choix des Officiers, c'est sans doute un fruit & obvention civile de la Seigneurie, que le Seigneur qui est proprietaire de la justice, ne doit estre frustré, soit que l'Office soit venal, & qu'on en puisse licitement tirer argent, soit que ce fruit consiste en la seule gratification, & obligation naturelle qu'on acquiert sur celuy lequel on pourvoit gratuitement de l'Office. Car cette gratification ne laisse pas d'estre estimée un fruit, à plus forte raison que les Canonistes disent que la collation des Benefices est un fruit : bien qu'ils soient encore moins venaux, que quelque Office temporel que ce soit. Joint que les Juges & Procureurs de Seigneurie, estans les principaux instrumens des terres Seigneuriales, il est bien necessaire qu'ils soient choisis par les Seigneurs, & qu'ils leur soient agreables & obligez.

Mais quand à l'autre partie, qui est la provision de l'Office, laquelle attribué à l'Officier le droit de commander en la Justice, & enfin de juger les hommes, sans doute que cette mystique énergie, & signalée puissance ne peut estre attribuée en bonne Jurisprudence, ne peut estre attribuée que par le Roy, de la Majesté duquel procede la puissance des Magistrats : car comment les Seigneurs la pourroient-ils conferer, veu qu'ils ne l'ont pas eux-mesme?

32. Pourquoy pourvûs par le Roy.

Je dis donc qu'il faudroit en cecy suivre l'expedient que l'Eglise & les saints Canons nous ont appris à l'égard des patrons laïques. Car d'une part ayant jugé qu'il estoit bien raisonnable, que celuy qui fondoit une Eglise ou une Chappelle pût retenir à perpetuité le droit de la conferer, & d'autre costé connoissant que c'estoit une chose absurde & incompatible, que les laïques donnassent & conferassent absolument les Benefices Ecclesiastiques : tout ainsi qu'en nôtre fait, c'est chose absurde que les Seigneurs particuliers conferent la puissance publique, ils ont divisé la collation en deux, separant le choix du Beneficier d'avec la provision du Benefice : & ont attribué ce choix au patron, l'appellant *presentation* ou *nomination* : quant à la provision, ils l'ont appellée *institution*, & l'ont laissée au Superieur Ecclesiastique, comme seul capable d'icelle.

33. Exemple bien formel.

Tout de mesme, je dis qu'il faudroit laisser aux Seigneurs le choix de leurs Officiers, soit qu'on le veuille appeller *nomination*, ou *provision*, & reserver au Roy seul l'institution, ou confirmation des Magistrats des Justices Seigneuriales : afin que par icelle ils soient habilitez, & rendus capables de pouvoir juger des biens, de l'honneur, & de la vie de son peuple. Ce qu'estant, non seulement toutes les absurditez, & inconveniens cy-dessus rapportez, cesseroient : mais encore il en reviendroit plusieurs utilitez particuliers aux Seigneurs qui les recompenseroient largement de ce qu'on leur oteroit de nouveau : à sçavoir que leurs Juges estans par cette confirmation du Roy faits Officiers de sa Majesté, seroient capables de connoitre de tous cas Royaux, & de toutes commissions du Roy, & de ses Parlemens, qui seroit un grand accroissement à leurs Justices, & assoupiroit plusieurs entreprises, & beaucoup de differens qu'on voit arriver journellement entre les Justices Royales, & les Seigneuriales: Et outre, les Seigneurs seroient déchargez d'estre adjournez & pris à partie sur les appellations, & condamnez à l'amende pour le mal jugé de leurs Juges, comme on fait encore en quelques lieux. Aussi seroient-ils exemptez des frais des procés criminels, esquels leur Procureur d'Office est seule partie, ainsi que le Roy és Justices Royales : ce que le Roy leur concederoit en recompense de cette confirmation des Offices, qu'ils luy laisseroient, ensemble il se lieroit les mains de ne pouvoir ériger aucuns nouveaux Offices en leurs terres, suivant les anciennes Ordonnances.

34. Que les Seigneurs y gagneroient.

Et d'ailleurs ils ne se pourroient pas justement plaindre que leur autorité fût diminuée, pource que le Roy ne pourroit non plus refuser ses lettres gratuites de confirmation aux nommez par eux, qu'aujourd'huy les Juges ne peuvent refuser de les recevoir, posé qu'ils soient capables. Et si cela estoit, les Seigneurs particuliers seroient égalez aux Enfans de France en leurs appanages, & aux Reines veuves en leurs douaires, qui bien qu'anciennement ils eussent la libre & parfaite collation des Officiers d'iceux, ainsi qu'ont aujourd'hui les Seigneurs? neanmoins de nôtre tems ils ont mieux aimé se restraindre à la seule nomination, afin d'avoir l'accroissement des cas Royaux en leurs Justices.

35. En n'y perdroient rien.

Mais en attendant que Dieu inspire à nôtre Roi d'y apporter cette reforme, ou autre convenable, pour augmenter de plus en plus son autorité, & reprimer l'intolerance & malice de plusieurs Gentils-hommes, qui abusent de ces petites Justices de village, comme j'ay traité

36. Du droit des Offices des Seigneurs tels qu'ils sont à present.

Quels Off. les Seign. peuvent avoir. Ch. I.

traité au petit livre que j'ay fait sur ce sujet, puisque nous n'avons pas à former ici la Republique de Platon; mais à parler du droit de la nôtre, ainsi que nous y vivons à present, je dis qu'en la sorte que les Justices Seigneuriales sont établies, il n'y a nul doute que les Juges, & autres Officiers d'icelles ne soient vrais Officiers, puisque la définition de l'Office leur convient & precisément. D'où il s'ensuit que tous les droits des vrais Officiers leurs appartiennent.

37. De l'honneur d'iceux.

Premierement quant à l'honneur, à cause de la reverence dûe à la Justice, je dis qu'ils le doivent avoir, & le peuvent debattre en Justice contre tous leurs justiciables, même contre tous ceux qui se rencontrent dans leur détroit, hormis ceux de la haute Noblesse, ou leurs Superieurs. Quoy qu'il en soit, il a été jugé plusieurs fois par la Cour, que les Officiers Royaux des Elections, & autres étans dans les Villes des Seigneurs, doivent ceder aux Officiers subalternes de la Justice ordinaire, pource que ce sont les Juges que Dieu (duquel procede originairement toute-puissance, & toute Justice) a proposé & établi sur eux, & à qui il a donné puissance de juger de leurs biens, de leur honneur, & de leur vie, si le cas y écheit.

38. De leur pouvoir.

Et partant on ne peut nier qu'ils n'ayent le commandement, même celui qui est plus juste, mieux ordonné, & plus selon Dieu que celui des armes & de la force, & qui encore ne s'étend pas seulement sur ceux de leur territoire; mais souvent il s'étend sur les justiciables des autres Seigneurs & même du Roy: comme en matiere criminelle, en matiere réelle, en fait de garantie, & tout incident dépendant inseparablement des procés pendans pardevant eux, comme il a été dit au premier livre. Commandement qui sans doute est une puissance, ou fonction ordinaire en l'Etat, puisqu'ils sont fondez en territoire, & enclave certain de détroit, lequel n'est propre ni ordinaire à autre qu'à eux. Dans lequel ils ont Justice generalement & indistinctement, & sur les personnes qui y resident, & sur les biens qui y sont situez: aussi sont-ils communément appellez dans les Ordonnances, Juges des lieux, ou Juges ordinaires des lieux.

39. Qu'ils sont vrais Magistrats.

Et ces termes de commandement, de territoire, & détroit étans dits à *torrendo & distringendo*, emportent qu'ils sont vrais Magistrats, attendu ce qui a été prouvé au 6. chap. du 1. livre, que c'est le commandement qui fait le Magistrat, comme Bodin avoué au 3. chap. de la Republique, & que la loy *Pupillus. §. territorium. De verb. signif.* dit que le territoire est le droit du Magistrat. Ce que j'entens des Juges des Villes closes seulement, *qui habent justum tribunal & perfectum territorium*, & dont la jurisdiction est exempte de tout soupçon d'avoir été usurpée. Car les Juges de village, qui de bas justiciers qu'ils étoient, ont usurpé la haute justice, & la possedent abusivement, ne doivent pas, à mon jugement, avoir honneur de ce haut titre de Magistrat, qu'ils n'ont jamais possedé, ni consequemment prescrit, & c'est assez en tout cas de leur laisser ce qu'ils ont usurpé, & de dire à leur égard, que *tantum præscriptum, quantum possessum*.

40. Pourquoi cela est trouvé étrange.

Mais quant aux Juges des Villes Seigneuriales, il ne se faut point étonner, si d'abord on trouve étrange de les apeller Magistrats, pource que cela vient de cette grande absurdité d'avoir laissé empieter aux Seigneurs la proprieté de la justice, & d'avoir permis à ceux qui sont personnes privées, d'établir des Officiers & personnes publiques, auxquels ils attribuent l'exercice de la justice, & le commandement d'icelle. Et neanmoins puisqu'ils l'ont, & le possedét de longue main en telle asseurance, que le Roi même par ses Ordonnances reconnoît que cela leur est patrimonial, & puisque leurs Officiers ont notoirement le droit de glaive, & peuvent condamner, & faire executer les hommes à mort, qui est la plus haute partie du commandement, que les Romains ont appellée *merum imperium*, & nos anciens François *haute-Justice*, il ne faut point aller philosopher sur ce qui devroit être; mais il se faut resoudre

Du Droit des Offices.

sur ce qui est, attendant qu'il soit reformé en mieux: & partant tenir qu'ils sont veritables Magistrats.

Car la qualité de Magistrat, non plus que l'Office, ne reside pas veritablemét és personnes des Seigneurs, mais en celles des Juges. Tout ainsi qu'és Offices Royaux la simple collation reside au Roy; mais l'Office en soy appartient aux Officiers avec tous les droits & qualitez qui en dépendent. Et ne faut pas penser, que les Juges des Seigneurs ne soient que leurs Commis, & qu'eux soient les Officiers en chef, ainsi qu'à present, que les Greffes & Notariats sont hereditaires, ceux qui les tiennent à ferme, ne sont que commis des proprietaires, lesquels sont les vrais Greffiers & Notaires en chef. Car il y a bien de la difference entre le titre de ferme, & le titre d'Office, comme il sera dit au chapitre suivant: Et il est notoire que les Juges des Seigneurs sont vrais titulaires de leurs Offices, & qu'autre qu'eux n'en peut porter le titre: aussi sont-ils pourveus tout en la même forme que les Officiers du Roy, n'y ayant aucune difference en la teneur de leurs provisions, fors le nom du collateur.

41. Qu'ils ne sont pas commis, mais Officiers par soy.

Il est bien vray qu'en la premiere antiquité, les Ducs & les Comtes étoient les vrais Juges, ainsi qu'étoient-ils lors que simples Officiers du Roy; mais ayans converti leur Office en Seigneurie, qui est une espece de Dignité distincte specifiquement de l'Office, comme ils ont pris à eux ce qui appartenoit au Roy, à sçavoir la proprieté de la Justice: aussi ont-ils laissé à leurs Juges ce qui étoit de leur ancien Office, à sçavoir, l'exercice de la Justice.

42. Comme anciennement.

Duquel exercice ils se sont par consequent rendus eux-mêmes incapables, n'étant pas compatible que le Seigneur, bien que d'ailleurs capable, exerce luy-même sa Justice, & entreprenne de juger de simple cause d'icelle, comme il s'observe notoirement à present: dont la principale raison est, que le caractere & marque d'Officier, qui gist en la reception & prestation du serment, ne luy est, ni peut être conferée: attendu que sa justice est principalement fondée pour la connoissance & poursuite de ses droits, dont il ne seroit raisonnable qu'il fust luy-même Juge: veu que le Roy même (qui est le souverain Officier & Seigneur tout ensemble) ne voudroit entreprendre de juger les causes, où ils a interest, mais se soumet à recevoir Justice de ses propres sujets, & Officiers, comme député en ce regard, de Dieu, qui seul est par-dessus les Rois.

43. Le Seigneur ne seroit à present à exercer luy-même sa justice.

Même on ne trouve pas bon qu'un Seigneur soit nommé en son Siege, comme partie en ses causes, mais il faut que son Procureur fiscal soit en qualité, comme si c'étoit la seigneurie qui plaidât, & non le Seigneur, afin d'ôter toute marque d'impression. Et pour cette même raison, j'ay veu trouver mauvais par la Cour de Parlement, que les Seigneurs assistassent ordinairement aux plaids de leurs Justices. Et à bon droit: Car c'est la verité que la plusparts des Seigneurs de village s'en sont accroire, tantost entreprenans de juger eux-mêmes à leur fantaisie, mesme selon leur passion, les autres commandans à baguette à leurs Juges de juger ainsi qu'ils veulent, dont ils ne les oseroient dédire.

44. Pourquoy les Seigneurs plaident à leur justice non de leur Procureur. Si les Seigneurs ne doivent assister à leurs plaids.

Il n'y a que les Pairs de France, qui étant demeurez Officiers hereditaires, & Seigneurs tout ensemble, ayent pouvoir d'exercer par eux-mêmes ce qui dépend de leur Office de Pairs, posé qu'ils soient de sexe & âge capable; mais non pas encore la Justice de leur Pairie: Et si il faut, pour être capables de faire l'Office de Pair, qu'ils ayent fait comme Officiers le serment au Parlement, qui est la Cour des Pairs: Mais tous les Seigneurs quels qu'ils soient (fors les Souverains, qui tenans leur charge immediatement de Dieu, sont Officiers & Seigneurs tout ensemble) ne peuvent s'entremettre de l'exercice de leurs Justices de tout, ou partie, tant qu'il y ait des Juges, ou moins le plus simple Praticien de leur village, ayant toutefois serment à Justice, y doit plûtost tenir le Siege, que le Seigneur.

45. Pairs de France sont seuls demeurez Officiers.

Je sçay bien que le temps passé le desordre & l'é-

282 Des Offices des Seigneurs, Liv. V.

surpation étans continuez en ces Justices, les Seigneurs s'ingeroient de les exercer eux-mesmes, ainsi qu'ils faisoient du temps qu'ils étoient simples Officiers: mesme les femmes entreprenoient de juger les causes, comme il y en a un signalé témoignage au chapitre *Dilecti ext. De arbitris*, où le Pape approuve le compromis fait entre l'Abbé & les Religieux de Cisteaux, qui avoient choisi pour arbitre la Reine de France, *Quia*, dit le texte, *in partibus Gallicanis fœmina præcellentes ordinariam in subditos suos jurisdictionem exercere noscuntur*: mais maintenant cela est reglé comme il doit; car les Seigneurs, bien que capables, ne se meslent d'exercer leurs Justices.

47 Les Seigneurs ne laissent pas d'avoir des honneurs dans leur détroit.

Neanmoins, pource que la Seigneurie est une espece de Dignité & titre qui fait que les Seigneurs sont proprietaires de leurs Justices, & d'ailleurs que les proprietaires ont les droits honorifiques dépendans de leur proprieté, les Seigneurs hauts Justiciers ont les honneurs de l'Eglise en leurs Paroisses, & rang en leur Seigneurie par dessus tous autres qui y resident: étant raisonnable que chacun soit maistre en sa maison. Mais cet honneur du Seigneur est different de celuy de son Juge, auquel il est deu à cause de son exercice, entant que l'honneur est inseparable de l'exercice des actes de vertu; suivant l'étymologie de Varo, qui derive l'honneur *ab honesto onere*.

48 Juges des Seigneurs sont vrais Officiers.

Puis donc que les Juges des Seigneurs sont Officiers, même Magistrats, il s'ensuit qu'ils ne sont pas simples Commissionnaires. Car si cela étoit, leur charge & leur pouvoir finiroit à la mort du Seigneur, comme il a esté dit des Commissionnaires au livre precedent: joint que ce sont des charges ordinaires & necessaires, dont le vray titre ne peut resider qu'és Juges, & non és Seigneurs, comme il vient d'être prouvé. Et partant, si on pratique encore à present, qu'ils soient regulierement destituables, il ne s'ensuit pas qu'ils ne soient vrais Officiers: pource que ce n'est pas la propre nature de l'Office, qu'il soit à vie, ou à temps certain, mais un vray Office peut être revocable. Autrement il s'ensuivroit qu'auparavant l'Ordonnance de Louïs XI. il n'y eut point eu de vrais Offices en France, puisqu'ils étoient tous revocables.

49 Et non pas commissionnaires.

Aussi n'est ce que depuis cette Ordonnance, & pour y faire fraude, que nos Rois ont inventé la forme de pourvoir de certains Offices par commission seulement, afin qu'ils fussent revocables, n'étans conferez en titre d'Office: ainsi que les Papes se sont asfez de bailler les principaux Benefices en commande, afin de les pouvoir donner à ceux, qui selon les saints Canons en seroient incapables. Mais quoy qu'il en soit, ces formes obliques & extraordinaires de pourvoir aux Benefices en commande, ou aux Offices ordinaires par commission, estans dispensatoires & contraires au droit commun, ne sont permises qu'au Pape, & au Roy, qui à cause de leur Souveraineté, s'en dispensent eux-mêmes.

50 Ministres de justice peuvent être pourveus par commission.

Ce qui soit dit pour le regard des Juges, & principaux Officiers des Justices Seigneuriales, esquels reside le commandement; mais aux simples ministres de ces Justices, comme Notaires, Greffiers & Sergens, leurs Offices sont de si petite importance, qu'on ne prend pas garde, s'ils les conferent, ou en titre d'Office, ou par commission, ou à ferme. Car étans mecaniques ils sont en commerce du tout licite, mesme sont patrimoniaux aux Seigneurs, comme il sera dit au chapitre suivant; Et neanmoins, en quelque façon qu'ils soient conferez, leur charge est toûjours publique, pource qu'elle concerne le public, & que tout exercice de la Justice, quel qu'il soit, ne peut être autre que muni de l'autorité publique. C'est pourquoy l'acte du moindre Notaire, Greffier, ou Sergent de village est aussi public, en ce qui est de leur pouvoir, que celuy des Officiers du Roy étans en semblable charge.

51 Quels Officiers le Roy peut mettre des Officiers dans les terres des

Reste à traiter en ce chapitre, quand, & comment le Roy peut mettre des Officiers dans les terres des Seigneurs. Car bien que les Seigneurs de France, ayant usurpé la proprieté de leur détroit, pour s'y établir plus asseurément, ayent fait faire plusieurs Ordonnances à nos Rois, par lesquelles ils ont promis de ne mettre aucuns Officiers dans les terres d'iceux; neanmoins il ne faut point douter, qu'ils n'y en puissent mettre au besoin, puisque toûjours, outre la Seigneurie directe, il demeure encore au Roy la Seigneurie souveraine & universelle en icelles, entant qu'elles sont du Royaume.

Roy peut mettre dans les terres des Seigneurs.

Premierement quant aux Offices des armes, comme ceux des Gouverneurs, il est aisé de juger que le Roy en peut mettre aux Villes des Seigneurs, puisqu'il a été prouvé cy-dessus, qu'eux-mêmes n'ont pas le pouvoir n'y en mettre, & que la puissance des armes ne leur appartient pas, mais que la proprieté d'icelle est inseparable de l'Estat, & de la personne du Prince souverain, & que quant à l'exercice, il n'y a luy qui le puisse commettre. Toutefois, dautant que cette puissance des armes ne doit être commise qu'en cas de besoin, & où la Justice ne peut avoir lieu, comme j'ay dit ailleurs, c'est bié la verité que le Roy ne doit point mettre de Gouverneurs aux Villes (principalement en celles des Seigneurs, qui ne luy appartiennent que par superiorité) sinon qu'elles soient frontieres, ou bien en temps de troubles: ou pour quelque probable sujet de craindre la revolte, ou les seditions. Car hors ces cas, les Gouverneurs étans inutiles, & nullement employez, ne s'amusent qu'à chercher quelque occasion, ou d'empescher & troubler la Justice, ou autrement affliger le peuple, afin de faire toûjours éclatter leur autorité: bien que leur charge soit de tenir main-forte à la Justice, & empescher l'oppression du peuple; neanmoins c'est la verité que cela dépendant purement de la volonté du Roy, il ne s'y peut établir de regle.

52 N'y doivent mettre de Gouverneurs qu'és frontieres, ou en temps de troubles.

Mais quant aux Officiers de finance, il n'y a nul doute, que le Roy par puissance reglée, & selon raison, n'en puisse mettre dans les Villes des Seigneurs, en tout temps, & en tel nombre qu'il luy plaira, & qu'il jugera être besoin pour le maniement de ses deniers; même peut-il pour cet effet il ne puisse établir dans les Villes des Seigneurs, des Bureaux de finances, & des Justices extraordinaires toutes entieres, comme Elections, Greniers à sel, Receptes generales & particulieres. Car ce sont cas Royaux, qui sont reservez en toutes infeodations des Seigneuries; Et d'ailleurs les Villes des Seigneurs n'en sont que meilleures, & plus honorées, pourveu toutefois que ces Justices extraordinaires n'empiétent point sur l'ordinaire, qui est patrimonial au Seigneur; & que ces Juges des clochers, ou des greniers se souviennent, qu'ils sont eux-mêmes justiciables, en leurs biens, leur honneur, & leur vie, des Juges ordinaires, pardessus lesquels partant ils ne se doivent élever, sous pretexte de cette qualité; qu'ils ont d'Officiers du Roy. Car toute Justice vient du Roy, & retourne au Roy; mais specialement la Justice ordinaire est ordonnée de Dieu, & tient du Roy en Seigneurie directe.

53 Il y peut mettre tant d'Officiers de finance qu'il luy plaist.

Finalement, quant aux Officiers de la Justice ordinaire; il est bien certain, que depuis que le Roy a concedé toute Justice aux Seigneurs, il ne peut plus mettre d'Officiers dans leur détroit & territoire. Et ne faut point dire, qu'il ne leur a concedé la Justice, sinon concurremment, & non pas privativement. Car quand on a donné quelque chose purement & simplement, on n'y a plus rien; & d'ailleurs, il ne peut y avoir qu'une Justice ordinaire, nô plus qu'un Seigneur primitif d'un même territoire, autrement la Justice ne seroit pas ordinaire, ni ne seroit pas toute Justice; mais ne seroit que demie Justice; comme en quelques Coûtumes la basse Justice est appellée *semi-droit*.

54 Il n'y peut mettre d'Officiers de la Justice ordinaire.

Et bien qu'anciennemét en quelques lieux il y ait eu des Juges d'exempts, & en d'autres des Juges des cas Royaux dans le territoire des Princes: Si est-ce qu'y prenant bien garde, on trouvera que ce n'a esté qu'aux terres d'appanage, par le moyen de la reserve expresse,

55 Il n'y peut mettre de Juges d'exempts ou cas Royaux.

Quels Off. les Seign. peuvent avoir. Ch. I. 283

qui en a été faite par le Roy, lors de la concession des appanages: laquelle reserve n'a été faite aux Seigneuries, ou fiefs purs patrimoniaux, dont les possesseurs sont Seigneurs parfaits & incommutables, sans aucune charge de reversion, & dont les justices sont patrimoniales, & non pas domaniales, comme celle des appanages.

Il est bien vray qu'en toutes Seigneuries la reserve des cas Royaux est toûjours sous-entenduë : dautant qu'il y auroit absurdité que les Juges des Seigneurs en peussent connoître. Mais pour raison d'iceux, il a toûjours été observé, à l'égard des Seigneuries patrimoniales, qu'ils sont renvoyez pardevant les plus proches Juges Royaux, sans que le Roy ait jamais mis pour ce sujet des Juges dans le territoire des Seigneurs : ce qui ne pourroit être sans leur faire tort, & contrevenir aux Ordonnances cy-dessus mentionnées, qui furent faites exprés pour exclure les *Missi dominici*, qui en la seconde lignée avoient cette charge, ainsi que j'ay dit ailleurs. Joint que cela préjudicieroit au public, par le moyen des divisions & partialitez, qui sont infaillibles & inévitables és Villes où il y a deux Justices primitives. Pour éviter lesquelles divisions és villes d'appanage, on a été contraint aux modernes appanages, de laisser la Justice Royale, comme il vient d'être dit.

Par même raison il s'ensuit que le Roy par puissance reglée ne peut pas mettre des Notaires ou Tabellions dans les terres des Seigneurs hauts-Justiciers, ayans droit de Tabellionné, ou Notariat, en France dépend sans doute de la Justice ordinaire ; de sorte que comme la jurisdiction contentieuse reside par devers le Juge, aussi la volontaire reside pardevers le Notaire, laquelle neanmoins il exerce sous le nom & autorité du Juge, & comme son ministre, l'intitulant & faisant parler en tous ses contracts.

Aussi le Roy Philippe le Bel, ayant défendu par son Ordonnance de l'an 1302. à ses Baillifs & Senéchaux, de plus commettre de Notaires, & se reservant à luy seul cette puissance, s'interprete par aprés luy-même en ces mots, *Nolumus autem quod Baronibus, & aliis subditis nostris, qui de antiqua consuetudine in terris suis possunt Notarios facere, propter hoc prajudicium generetur*. Et François I. érigeant l'an 1542. un Notaire en chaque Paroisse, reserve & excepte notamment les droits des Seigneurs, Barons, Châtelains, & autres, &c. Et la declaration ou renouvellement de cet Edit fait par le Roy Henry III. en l'an 1584. en ces mots, *Qu'il n'y aura aucun Notaire Royal établi és terres des Seigneurs, &c*. Pareillement la verification de l'Edit d'érection des Gardes des Seaux Royaux, faite en l'an 1568. porte que cette érection ne pourra préjudicier aux Seigneurs, qui ont droit de Seaux authentiques en leurs terres : dont aussi il y a plusieurs Arrêts raportez par Bacquet, qui traite amplement de cette matiere au 25. chapitre de son livre *Des Droits de Justice*.

D'où il s'ensuit par identité de raison, que le Roy ne peut mettre de Receveurs des consignations, de Commissaires, de Certificateurs des criées, d'Arpenteurs, de Balâciers dans les terres des Seigneurs, pour ce que tous ces Officiers concernent la Justice ordinaire, & sont des membres des anciens Offices d'icelle : comme pareillement, s'il se créés des Offices de Commissaires, & gardiens de biens saisis, ainsi que j'ay ouï dire qu'on en est sur les termes, le Roy n'en pourra mettre dans les terres des Seigneurs.

Pour le regard des Sergens Royaux ; il y a une raison particuliere de les retenir dans les terres des hauts-Justiciers, à sçavoir qu'il est souvent besoin d'y executer les mandemens des Juges Royaux, comme aux cas de ressort, & aux cas Royaux. Et neanmoins l'Ordonnance susdite de Philippe le Bel, dispose qu'il n'y

pourront demeurer, s'ils n'y sont nais, ou mariez : & encore en ces deux cas elle porte, qu'ils n'y pourront faire aucun exercice de leur Office, sans le gré & consentement des Seigneurs : & si le cas de ressort d'icelle y écheoit, ou autre appartenant au Roy, iceux Sergens Royaux y demeurans, ne s'en pourroient entremettre ; mais sera mis à execution par autre Sergent, ce qui est tres-notable, pource qu'en cette matiere toutes les modernes Ordonnances se referent à celle-là. Neanmoins depuis que le nombre des Sergens Royaux a été augmenté, on ne leur a pas tenu cette rigueur ; mais on leur a permis de resider dans les terres des Seigneurs, à la charge de ne distraire leur Justice, & de n'exploiter qu'en cas Royal, ou de ressort. Que s'ils font autrement, je ne doute point qu'aprés plusieurs contraventions, on ne les puisse chasser en vertu de cette Ordonnance.

Quoy qu'il en soit, c'est un poinct tout resolu, que les Sergens Royaux ne se doivent entremettre d'executer, ni les Sentences, ni les obligations passées sous les seaux des Justices Seigneuriales, comme il a esté jugé par plusieurs Arrests : dont aucuns sont raportez par le mesme Bacquet chap. 26. En quoy outre l'injustice qu'il y auroit de priver un Seigneur, & ses Sergens, de cette pattie de leur charge, il y a encore cette incompatibilité manifeste, qu'un Sergent executant de par le Roy les mandemens d'un Juge subalterne feroit le Roy ministre de son vassal.

Et bien que depuis l'Edit d'ampliation du pouvoir des Sergens Royaux, qui leur permet d'exploiter par tout le Royaume, aucuns se soient voulu ingerer de renouveller cette vieille dispute terminée par t'ât d'Arrests, où mesme on ne mettoit pas en question, s'ils pouvoient executer les mandemens des Juges subalternes ; mais s'ils pouvoient resider dans leur territoire : il est ce que journellement ils en sont deboutez, tant par les Arrests de la Cour, que du Conseil Privé. Estant certain que ce n'a pas esté l'intention du Roy, de rendre ses Sergens ministres de ces subalternes, mais des siens seulement : Mesme que cet Edit d'ampliation ne sert que pour amplifier leur pouvoir, quant au lieu, mais non pour leur attribuer un nouveau pouvoir ès matieres, qui auparavant ne leur appartenoient pas. Et de fait, il a esté ordonné par plusieurs Arrests, qu'en consequence de cette ampliation, les Sergens des tailles, & du Grenier à sel, n'avoient pas pouvoir d'executer les mandemens de la Justice ordinaire Royale, bien que le Roy entre ses Officiers puisse faire tel reglement qu'il luy plaist : mais non pas prejudicier aux droits de ses vassaux.

Toutefois, pour le respect de sa Majesté Royale, il faut tenir à mon avis, que l'exploit d'un Sergent Royal, executant le mandement d'un Juge non Royal, n'est pas de soy nul, comme seroit celuy d'un Sergent subalterne, qui executeroit le mandement d'un Juge Royal : mais le Sergent Royal doit estre condamné en une bonne amende envers le Seigneur, ou ses Sergens : ce qui mesme ne peut estre fait par le Juge du Seigneur, mais par le Juge Royal seulement : attendu la mesme Ordonnance de Philippe le Bel, qui met entre les cas Royaux les delits des Officiers du Roy, au fait de leurs Offices : sinon qu'il y eût distraction de ressort, auquel cas j'estime par une raison particuliere, que le Juge subalterne *Potest jurisdictionem suam modica coërcitione tueri*, comme dit la loy premiere Et encore faut remarquer, que si le Sergent Royal, executant les mandemens du Juge subalterne (entre lesquels je comprens les obligations passées sous les Seaux) fait quelque delit ou malversation, il en doit estre puni par le Juge, duquel luy-mesme s'est rendu ministre, lorsqu'il a entrepris de mettre ses mandemens à execution.

Du Droit des Offices.

CHAPITRE II.

De la provision & reception des Officiers des Seigneurs.

1 Quel droit il faut avoir en la Seigneurie, pour en conferer les Offices.
2 Deux parties de la collation des Offices.
3 A qui appartient la nomination.
4 A qui appartient l'institution.
5 Institution ou provision ne peut être transferée par le Seigneur.
6 Pourquoy la provision des Benefices peut être deleguée.
7 Collation des Ordres peut être deleguée seulement à un Evêque.
8 La puissance d'Ordre s'étend par tout.
9 Celle de Jurisdiction est limitée à son territoire.
10 Nomination d'Officiers, comment peut appartenir au fermier.
11 Interpretation du chapitre Ex literis ext. De jur. patron.
12 Laissés d'Angleterre.
13 Ferme que signifie.
14 Quel droit appartient au Fermier sur les Offices & Benefices.
15 Acheteur à faculté de rachat confere pleinement les Offices.
16 Fors és Terres de Domaine.
17 Appanagé à la nomination des Offices.
18 Usufruitier n'a que la simple nomination.
19 Et non pas l'institution.
20 Comment se pourvoit le nommé par l'usufruitier contre le proprietaire.
21 Pourquoy se pratique autrement és Benefices.
22 Réponse aux objections.
23 Limitation de nostre regle.
24 Quel droit a le Beneficier en la provision des Offices.
25 Et le mary.
26 Discours de la puissance maritale.
27 Quelle elle est en France.
28 Quelle redonde sur les biens.
29 Maris prennent le titre & rang des Seigneurs de leurs femmes.
30 Pourquoy est dû relief pour mariage de la femme.
31 Mary a plus de droit és biens de sa femme, qu'au Droit Romain.
32 Erreur des Canonistes.
33 Vraye resolution de la question.
34 Mari peut conferer pleinement les Offices, sans en parler à sa femme.
35 Femme mariée ne les peut conferer seule.
36 Quid si elle s'est reservé la disposition de ses propres.
37 Res receptitia.
38 Pecule, vieil mot François.
39 Quid en la femme separée de biens.
40 Elle confere les Offices.
41 Si le tuteur les peut conferer.
42 Ou le pupille.
43 Il semble que le tuteur les peut conferer.
44 Resolution, qu'il les confere en qualité de tuteur.
45 Partant n'en peut gratifier ses propres domestiques.
46 Doit vendre les Offices venaux.
47 Et laisser en domaine les domaniaux.
48 Le gardien dispose des Offices à sa volonté.
49 A quel âge le mineur peut conferer les Offices.
50 Impubere ne peut conferer Offices.
51 Quid des adultes.
52 Distinction notable de Bartole.
53 Qu'elle doit estre tenüe contre du Molin.
54 Resolution.
55 Si le simple possesseur peut conferer les Offices.
56 Resolution que si.
57 Preuve.
58 Même le possesseur de mauvaise foy.
59 Fors que quand un autre possesseur s'oppose.
60 Si les pourvûs par le possesseur non incommutable peuvent être privez aprés son droit fini.
61 Si le Seigneur pour partie peut pourvoir les Officiers.
62 Comment on fait raison au co-seigneur.
63 L'heritier beneficiaires peut conferer les Offices.
64 Quid de celuy dont la Seigneurie est saisie.
65 Resolution que le saisi peut conferer les Offices.
66 De la forme des provisions d'Offices des Seigneurs.
67 Trois sortes de provisions d'Offices.
68 Deux sortes de provisions gratuites.
69 De la provision pure gratuite.
70 De la remuneratoire.
71 De l'onereuse.
72 La distinction qui s'en fait en la destitution des Officiers.
73 Du formulaire des provisions.
74 Clause, Car tel est nôtre plaisir.
75 Peuvent mettre la clause, Tant qu'il nous plaira.
76 De la reception des Officiers des Seigneurs.
77 Tous Officiers des Seigneurs doivent être receus en Justice.
78 Explication du 55. art. de l'Ordonnance d'Orleans.
79 Necessité de la reception.
80 Faute de ne se faire recevoir en Justice.
81 Où se doit faire la reception des Juges des Seigneurs.
82 Où doivent être receus les Avocats & Procureurs Fiscaux.
83 Si les Juges des Seigneurs doivent être graduez.
84 Resolution, que si.
85 Réponse aux raisons contraires.
86 De même.
87 De même encore.
88 Officiers des Seigneurs doivent exercer en personne.
89 Avis touchant les Juges des Seigneurs.
90 Utilité d'iceluy.

1 Quel droit il faut avoir en la Seigneurie pour en conferer les Offices.

DIscourons maintenant, quel droit il faut avoir en une Seigneurie, pour conferer les Offices qui en dépendent. Question, qui est pleine de diverses rencontres assez difficiles: ce qui me fait avertir le Lecteur d'y être attentif, & sur tout de se souvenir de ce qui vient d'être dit au chapitre precedent, qui est la clef de ce chapitre, qu'en la provision des Offices il y a deux choses qui peuvent être separées, ou réellement, ou du moins par l'intellect, à sçavoir le choix ou designation de l'Officier, & la collation qu'on luy fait de l'Office: dont lorsqu'elles sont actuellement separées, l'une s'apelle presentation ou nomination, & l'autre se nomme institution ou confirmation.

2. Deux parties de la collation des Offices.

Pour le regard du choix des Officiers, qui consiste non en puissance, mais en fruit & commodité, il est sans doute separable de la personne du Seigneur, &

3. A qui appartient la Nomination.

comme tous autres fruits, est transmissible à quelque titre que ce soit, à qui on veut, comme à un Procureur, un Cessionnaire, un Receveur comptable, un Fermier de la Seigneurie, pourvû que ce soit par concession expresse: même il passe, & est transferé tacitement, & de droit commun à celuy auquel tous les fruits de la Seigneurie appartiennent, bien qu'il ne soit proprietaire d'icelle; comme à l'usufruitier, au mari, au Beneficier, au gardien, au tuteur, & au simple possesseur de la Seigneurie: & partant, à l'égard de ce choix des Officiers, il n'échet pas beaucoup de difficultez.

Mais quant à l'institution, & toute autre provision des Officiers, elle consiste plus en puissance & autorité, qu'en fruit & profit: partant il semble, que cette puissance mystique & energique, retranchée de la Seigneurie souveraine, dont elle devroit seulement dépendre,

4. A qui appartient l'institution.

De la Provif. & Recep. des Off. Chap. II.   285

doit demeurer attachée à la personne du Seigneur, ainsi que regulierement tout ce qui dépend de la puissance publique, doit resider inseparablement en la personne de celuy auquel elle appartient. C'est pourquoy en cette partie, il se rencontre plusieurs grandes difficultez, és qualitez des personnes que je viens de rapporter, lesquelles il faut tâcher d'éclaircir l'une apres l'autre.

Premierement il est certain, que le Seigneur justicier ne peut transferer à un Procureur, ni general, ni special, ni à un cessionnaire, ni à un receveur comptable, ni à un fermier de sa Seigneurie, bref à aucune autre tierce personne la faculté & autorité de pourvoir le moindre des Officiers de sa Justice. A plus forte raison que le Seigneur feodal ne peut pas transporter à telles personnes la puissance d'investir & recevoir en foy les vassaux, bien que ces actes ne soient pas à beaucoup prés de telle énergie, que de conferer l'honneur & la puissance publique.

Et bien qu'en l'état Ecclesiastique les Benefices puissent être conferez par des Vicaires, si est-ce qu'il a esté montré au 1. livre ch. 5. que cela estoit abusif: & partant, ne doit être tiré à consequence. Aussi ces Vicariats inventez en l'Eglise de peur que les Collateurs ordinaires estans absens, ne soient prevenus par le Pape, n'ont encore esté mis en usage en la jurisdiction seculiere, où cette prevention n'a lieu. Joint que les Benefices sont conferez à ceux qui ont déja acquis l'ordre & la capacité requise en iceux, & partant il n'y a pas tant de danger par qui ceux-la soient desormais choisis & pourveus; ce qui n'est pas aux Offices.

De fait, quand il est question de conferer les Ordres Ecclesiastiques, cela ne se peut faire par un simple Vicaire; mais il faut que ce soit l'Evesque du lieu qui les confere, ou du moins, il ne peut commettre cette puissance à un autre qu'à un Evesque. Et ce que neanmoins un Seigneur haut Justicier ne peut pas commettre un autre Seigneur, ayant pareille justice que luy, pour conferer les Offices de sa Justice, comme un Evesque peut deleguer un autre Evesque pour en son lieu donner les Ordres à ceux de son Diocese, est, que ce qui est de l'Ordre (qui en l'Eglise est appelé la puissance des clefs) n'est point limité à certain territoire, attendu que Dieu donnant cette puissance à ses Apostres, leur dit: *Ite, predicate Evangelium omni creaturæ, &c. Et quodcumque ligaveritis super terram, erit ligatum in cælo, &c.* De sorte que quiconque est Prestre ou Evesque en un lieu, est Prestre par tout. Comme aussi au temporel, celuy qui est Chevalier, est Chevalier par tout, celuy qui est Docteur, l'est par tout.

Mais la puissance qui dépend du Benefice, ou de l'Office, ou de la Seigneurie, est bornée de certaines limites, tellement que celuy qui est Curé d'une Paroisse, ne l'est pas d'une autre, qui est Juge d'une Ville, ne l'est pas d'une autre; qui est Seigneur d'une Seigneurie, ne peut pas exercer sa puissance en une autre. Et ce qu'il y a en cela de difference entre la puissance dépendante du Benefice, ou de l'Office, & la puissance du Benefice, que les Canonistes & Casuistes appellent *Iurisdiction* (prenant ce mot en sa plus ample signification pour la distinguer de la puissance de l'Ordre, ou des Clefs) peut être commise & deleguée à personne, qui a l'Ordre necessaire; mais la puissance de l'Office ou Seigneurie ne le peut être; mais demeure attachée inseparablement à la personne de l'Officier, ou du Seigneur temporel.

Je dis donc, que la puissance de conferer les Offices ne peut pas être transferée à un fermier: bien que le simple choix & nomination des Officiers luy puisse être delaissée par concession expresse: Car autrement elle ne luy appartient pas de droit commun, posé mesme qu'il soit porté par bail qu'il jouira de tous fruits & émolumens quelconques, sans rien reserver ni retenir comme tiennent tous les Canonistes sur le chapitre dernier, *ext. Ne Prælati vices suas, & cæt.* Et Pontanus le traitte assez bien sur le 5. article de la Coûtume de Blois. Car bien que le choix des Officiers

soit separable de la provision, si n'est il pas separé *ipso iure*, ni autrement que par paction expresse & speciale.

A quoy n'est contraire le chapitre *Ex literis ext. De jure patron.* où il est dit, que le droit de patronage appartient au fermier, si le Maistre ne l'a expressement reservé par le bail. Car la glose, & presque tous les Docteurs sont d'accord, qu'il s'entend du fermier à longues années. Ce qui n'est pas deviner, comme a dit Argentré, sur le 404. article de sa Coûtume; pource qu'en ce chapitre il est question d'un fait arrivé en Angleterre, où presque tous les biens d'Eglise sont baillez à longues années, qu'ils appellent *Laissés*, ainsi que nous disons *baillées*, comme il se voit en cét ancien livre de leurs loix appellé *Litleton tenures*, écrit en vieil François Normand, & le detempteur de ces terres s'appelle *Fermier*, comme j'ay appris de ceux du païs.

Et certainement le mot de *ferme* convient mieux au bail à longues années, qui est notoirement plus ferme, que celuy à brief temps. De fait és Coûtumes d'Attois, article 14. 23. & 136. de Hainaut, chapitre 68. 77. 78. 80. 85. de Mons, chapitre 4. 7. 12. 10 21. de Cambray, titre premier, articles 18. 23. 34. de Valenciennes, articles 82. 91. à 82. les mainfermes, ou terres de mainferme, sont les terres baillées à rente: Et Bouteiller dit que la terre de mainferme est appellée *terre remeuse*, ou *quotiere*: bien que j'estime que la terre de mainferme est celle, dont la redevance est certaine, & la quotiere est celle, dont la redevance est muable, comme le champart, dixme, ou terrage, ainsi appellée *à quota fructuum*, & és païs de deçà, où nous appellons *fermes* les baux à brief temps, nous sommes contraints, pour distinguer ces fermes d'avec les rentes, de les appeller *fermes muables*, qui est un *ὀξύμωρον*, & *contrarium in objecto*.

Enfin, pour revenir à nostre propos, il s'ensuit de ce chap. *Ex literis*, qu'un fermier à vie, ou à longues années appartient le droit de patronage, si le Seigneur direct ne l'a expressement reservé par le bail. Et quant à moy je passe plus outre & je dis que non seulement la simple presentation des Offices & Benefices, telle que l'a le Patron és Benefices, mais mesme la pleine provision des Offices luy appartient en son propre nom, sans qu'il soit besoin d'adresser au Seigneur direct: pource que ce fermier est Seigneur utile, & vray possesseur en son nom, que nous appellons proprietaire de la terre, tout ainsi que le vassal, ou le censier. Et bien que sa Seigneurie utile ne soit pas la plus noble, c'est pourtant la plus veritable seigneurie, & le Seigneur direct est plûtost dit Seigneur de sa rente, que de la terre qu'il doit. Ce qui se reconnoist és Royaumes, & és hautes Seigneuries tenuës en fief, que le Seigneur direct & feodal d'icelles n'en porte pas le tiltre, & aussi n'en confere pas les Offices, comme du Molin traitte fort bien sur l'art. 1. de la Coûtume de Paris, g1. 6.

Pareillement je dis que l'acheteur d'une Seigneurie à faculté de rachat du Roy, peut nominer complettement, & en son nom les Offices dependans d'icelle, pource qu'il en est vray Seigneur jusqu'au rachat, ainsi que j'ay prouvé au 7. ch. du 2. livre. Ce que j'entens de la vraye vente à faculté de rachat, suivant la loy 2. *C. De pactis inter. empt. & vendit.* & non pas de la vente simulée, ou simple engagement, antichrese, ou contract gracieux & pignoratif, qui ne peut jamais produire d'alienation parfaite, *ex l. ult. C. de pactis pignorum.* Car l'acquereur par engagement n'a pas l'institution des Officiers, pource qu'il n'est pas Seigneur: il n'en a pas aussi la nomination, pource que ce fruit ne se doit pas imputer sur la dette, ni proportionné à icelle. Qui est la decision expresse du chap. *Cum Bertholdus, Ext. De jure patron.*

Autre chose est aux alienations à faculté de rachat des terres de la Couronne; car bien que leur droit soit plus ample que des simples engagemens, si est-ce que la nature particuliere de ces terres, qui est d'être inalienables d'alienation parfaite, leur produit une partie culiere confideration, que l'acquereur d'icelles, n'en peut être vray Seigneur : principalement en ce qui eſt des droits honorifiques, qui toûjours demeurent à la Couronne, comme entre autres l'inſtitution des Officiers ne peut appartenir à autre qu'au Roy, à cauſe que la Juſtice demeure Royale. Mais quant à la nomination, elle peut bien être transferée aux acquereurs, toutefois ne leur appartient (non plus qu'aux fermiers) ſi elle ne leur eſt par exprés concedée, comme j'ay dit au dernier chapitre du livre precedent : n'y ayant en cela autre difference entre le fermier & l'acquereur du domaine, ſinon que le fermier nomme les Officiers *quaſi procurator domini in rem ſuam*, & l'acquereur du domaine les nomme de ſon propre droit.

17 Appanagé à la nomination des Offices.

Quant à ceux qui tiennent les terres domaniales appanage, dot, ou doüaire, leur droit eſt encore plus ample. Car ils ſont vrais Seigneurs utils, & ont les droits honorifiques, & par conſequent la nomination des Officiers de la Juſtice ordinaire, meſme ſans conceſſion expreſſe. Et anciennement, lorſque les Juſtices étoient exercées en leur nom ſimplement, ils en avoient l'entiere & parfaite collation, tout ainſi que les Seigneurs patrimoniaux. Mais à cauſe que depuis on a trouvé plus commode de faire que la Juſtice demeure Royale, on a laiſſé au Roy l'inſtitution, par une conſequence neceſſaire, qu'il n'y a que le Roy qui puiſſe faire un Officier Royal.

18 Uſufruitier n'a que la ſimple nomination.

Tous ceux-là ſont proprietaires, ou du moins Seigneurs utils : mais quant au ſimple uſufruitier, c'eſt la verité qu'il n'a aucune part en la proprieté & Seigneurie de la terre : mais il n'a qu'un ſimple droit de ſervitude ſur icelle *Recté dicimus totum fundum noſtrum eſſe, cujus uſufructus non eſt pars dominii, ſed ſervitus. leg. Recté. De verb. ſignif.* Et toutefois, pource que l'uſufruitier a droit d'avoir tous les fruits, obventions & commoditez de la terre Seigneuriale, & qu'en ce qui dépend de ſon uſufruit, il eſt reputé comme Seigneur, dit la loy *Liber homo*, 118. *De verb. oblig.* il faut de neceſſité revenir à noſtre diſtinction, & ſeparant la nomination d'avec l'inſtitution des Officiers, dire que la nomination appartient à l'uſufruitier comme fruit, pource qu'enfin toute commodité, qui eſt propre à renaiſtre, & proceder par pluſieurs fois de la choſe, ſoit ſelon la nature, ſoit ſelon les effets civils, ſans que la choſe en ſoit diminuée, eſt reputée fruit, *leg. Divertio. §. Si vir. D. Sol. matrim.*

19 Et non pas l'inſtitution.

Mais l'inſtitution des Officiers, c'eſt-à-dire le pouvoir de leur donner le titre d'Office à ſçavoir les lettres de proviſion, demeure inſeparablement au proprietaire, à plus forte raiſon qu'en la Seigneurie feodale, l'exercice des actes feodaux, comme d'inveſtir & recevoir en foy les vaſſaux, leur donner ſouffrance, les ſaiſir feodalement, leur donner main-levée du fief, appartient au proprietaire, & non à l'uſufruitier : bien que les rachats, & meſme les fruits de pure perte, provenans de telles ſaiſies, appartiennent à l'uſufruitier.

20 Comment ſe pouvoit le nommé par l'uſufruitier, contre le proprietaire.

En quoy il n'y a pas beaucoup d'incommodité. Car ſi le Seigneur proprietaire fait refus de bailler ſes lettres de proviſion à celuy qui luy eſt nommé & preſenté par l'uſufruitier, il peut demander au Juge à qui la reception appartient, d'être reçeu & inſtallé en l'Office ſur la nomination de l'uſufruitier, & acte du refus du proprietaire. Tout ainſi que quand en dépit de l'uſufruitier, le proprietaire refuſe de faire la ſaiſie feodale, l'uſufruitier la peut faire luy-même, faiſant toutefois mention du proprietaire en l'exploit d'icelle, qui eſt l'expedient que noſtre Coûtume reformée de Paris a trouvé en l'article 2. à peu prés ſelon l'opinion de du Molin ſur l'article 1. gloſ. 1. Bien qu'Argentré ſur l'art. 76. de celle de Bretagne, diſpute fort probablement que l'uſufruitier peut de luy-même, & en ſon nom faire tous actes feodaux, eſquels il a intereſt, & qui ne portent point de prejudice au proprietaire.

21 Pourquoy ſe

Et encore qu'aux Benefices, quand la preſentation & inſtitution en appartient à diverſes perſonnes, on

n'en pourroit pas prendre poſſeſſion en vertu de la ſimple preſentation, & du refus de l'inſtituteur, ou Collateur ; mais au cas de refus, faut encore avoir recours ſucceſſivement de Superieur en Superieur, juſqu'au Pape, pource que la ſimple preſentation eſt un acte informe & imparfait, & n'eſt pas un titre Canonique, pour poſſeder un Benefice : toutefois aux Offices, pource qu'il n'y a qu'un Collateur, qui n'a point de Superieur en ce regard, auquel la collation puiſſe être devoluë, pour le refus de l'Ordinaire, & qui puiſſe ſuppléer ſa negligence, ou reparer ſon injuſte refus, il n'y a autre remede en ce cas, que d'avoir recours à la Juſtice Superieure, & ſe faire par icelle adjuger l'Office auquel on a eſté nommé par l'uſufruitier, faiſant ordonner qu'on y ſera reçeu en vertu de cette nomination. Car telle Sentence vaut bien autant que des lettres d'inſtitution, ou proviſion du proprietaire, *quia factum Judicis, eſt factum partis.*

pratique autrement ès Benefices.

Concluons donc que l'uſufruitier n'a que la ſimple nomination, ou preſentation des Officiers. A quoy ne nuit que tous les Canoniſtes ſont d'accord, que le droit de patronage luy appartient tout entier, pource qu'il ne conſiſte qu'en la ſimple preſentation, qui n'eſt pas un acte de puiſſance, comme eſt l'inſtitution, mais qui eſt déja diminué & ſeparé de la libre collation, & partant ne peut plus être de rechef ſeparé & diviſé, pour obſerver que l'uſufruitier nommaſt au proprietaire, & le proprietaire au Collateur, qui ſeroit un circuit inutile, reprouvé par le Droit, & inconnu en l'uſage, & ſeroit comme une ſervitude de ſervitude, & un uſufruit d'uſufruit. C'eſt pourquoy il faut tenir tout de même, que quand il ne dépend de la Seigneurie ſinon la ſimple nomination des Offices, ou Benefices, la doüairiere, le gardié, & tout autre uſufruitier en doit joüir pleinement & abſolument. Et lors il eſt reputé faire cette nomination comme Procureur *in rem ſuam* du proprietaire, *l. 1. §. ult. D. De novi operis nuntiat.* qualité qui eſt ſous-entenduë en tous les actes qu'il fait, dépendant de ſon uſufruit, comme auſſi en ceux du fermier au fait de ſa ferme, ainſi que dit du Molin, & encore mieux Argentré au lieu cy-deſſus allegué.

22 Réponſe aux objections.

23 Limitation de noſtre regle.

Quant au Beneficier, encore qu'il ne ſoit Seigneur que pendant ſa vie, du Benefice dont dépend la Seigneurie, ſi ſa femme a aucun droit de patronage, c'eſt à luy, ou à elle à preſenter, dont les diverſes opinions, enſemble les fondemens d'icelles ſont recueillis par *Rochus de Curte* ſur la fin du traité *De jure patronatus, in verb. ipſe vel is*, num. 60. & par Tiraqueau en ſon dernier Livre, *De leg. connub.* Mais tous ces Docteurs n'ont parlé ſelon les Maximes du Droit Romain, auquel les Canoniſtes ſe ſont rangez en cette matiere qui dépend de la puiſſance qu'a le mary ſur les biens de ſa femme, non laquelle noſtre uſage ne ſe rapporte nullement aux loix Romaines. Ce qui merite bien d'être approfondy à loiſir, pource que de là dépendent pluſieurs beaux poincts de pratique.

24 Quel droit a le Beneficier en la proviſion des Offices.

Pour le regard du mary c'eſt une grande diſpute entre les Canoniſtes, ſi ſa femme ayant droit de patronage, c'eſt à luy, ou à elle à preſenter, dont les diverſes

25 Et le mary.

Car il faut prendre garde que nos mariages de France reſſemblent du tout à ceux de l'ancien Droit Romain, qui ſe faiſoient *per coëmptionem*, *in quibus non ſolum uxor fiebat, ſed etiam mater familias, id eſt tranſibat in familiam*, atque adeò *in manum poteſta-*

26 Diſcours de la puiſſance maritale.

De la Provis.& Recep.des Off. Chap. II. 287

fœmque viri : & en ces mariages cela estoit particulier, que *omnia quæ habebat uxor, viri fiebant dotis nomine*, dit Ciceron aux Topiques : bien qu'aux autres mariages qui se celebroient és formes ordinaires, la femme ne sortoit point hors de la puissance de son pere, & n'entroit point en celle du mary,& ne luy apportoit en dot que ce qui estoit exprimé par le contrat de mariage, demeurant à elle l'entiére Seigneurie de ses autres biens,qui estoient appellez παραφερνα.

27. Quelle elle est en France.

Aussi en France les femmes sortent par mariage de la famille, du nom, & de la puissance de leur pere, entrant que la puissance paternelle y a lieu,& entrent en la famille,au nom,& principalement en la puissance du mary, comme j'ay amplement traitté au 4. Chapitre du 2. livre *Du Deguerpissement*. Puissance qui mesme estoit du temps des anciens Gaulois, ainsi que Cesar rapporte Livre 6. *De bello Gallico*. Toutefois elle n'est pas maintenant de la vie & de la mort, comme Cesar dit avoir esté celles des Gaulois,pource que le Christianisme(sur lequel nous fondons aujourd'huy cette puissance, entant que Dieu a dit à la femme *Subdita eris viro, virque dominabitur*)ayant justement aboly la servitude des esclaves, à plus forte raison a-t-il osté celle des femmes:de sorte qu'en effet la puissance maritale demeure telle à peu prés que la paternelle,& ainsi que la mere de famille de Rome estoit en semblable puissance du pere de famille que le fils de famille. C'est pourquoy la femme mariée ne peut faire Contrats, ni tester en jugement.

28. Qu'elle redonde sur les biens.

Car en consequence de cette puissance qu'ont les maris sur la personne de leurs femmes, ils ont aussi puissance sur leurs biens,dont mesme constant le mariage, ils sont, & se peuvent qualifier Seigneurs, soit qu'ils leur ayent esté baillez en dot, ou non : de sorte que tous actes de pouvoir, & d'honneur dépendans d'iceux, encor qu'ils ne soient communicables qu'à vrais Seigneurs, appartiennent neantmoins aux maris és propres de leurs femmes. Comme on a veu Monsieur de Nevers tenir rang de Pair de France, à cause des Pairies de Nivernois & Rhetelois appartenantes à Madame sa femme ? & bien que la Pairie soit la Seigneurie qui approche plus prés de la nature du propre Office, estant Office & Seigneurie ensemble ; & partant semble qu'en ce qu'elle est Office, elle n'est communicable de personne à autre,neantmoins il gagna par Arrest la preseance, comme plus ancien Pair, sur Monsieur d'Aumale, qui estoit Pair de son chef, & non à cause de sa femme.

29. Maris prennent le tiltre & rang des Seigneuries de leurs femmes.

Et c'est la cause pourquoy selon nos Coûtumes il est dû relief au Seigneur feodal, pour le mariage de sa vassalle, pource que iceluy le fief servant passe en la personne du mary, qui doit entrer en foy luy-mesme, pour le fief propre à sa femme ? & partant c'est raison qu'il paye son investiture.Ce n'est donc pas le mary marié qui est vassalle,& en qui reside la Seigneurie du fief:mais le mary,tant que le mariage dure. Aussi est-ce à luy d'exercer tous les actes d'honneur, & de pouvoir, qui dépendent, soit au fief, ou en la Justice, de la Seigneurie de sa femme.Ce qui n'est pas si formellement & si rigoureusement observé és biens roturiers; pource que les fiefs de leur origine ne pouvans appartenir qu'aux hommes,non plus que les Justices, on les refere encor aujourd'hui aux hommes tant qu'il faire se peut : qui est la cause, en passant, pourquoi en succession collaterale les mâles excluent les femelles.

30. Pourquoy dû relief pour mariage de la femme.

31. Mary à plus de droit és biens de sa femme qu'au droit Romain.

D'où il s'ensuit qu'en France le mary a beaucoup plus de droit aux Seigneuries de sa femme qu'il n'avoit pas au Droit Romain en la dot,dont il estoit seulement dit Seigneur par fiction,demeurant toûjours la vraye Seigneurie d'icelle à la femme, comme dit la loy *In rebus Cod. De jure dot. & leg. Quamvis, D. eod.* Mais sur tout au Droit Romain les droits honorifiques de la dot, qui estoient inseparables de la vraye Seigneurie, ne passoient point au mary,pource que ni la personne de la femme, ni ses biens par consequent n'entroient en la puissance ni en la famille du mary. Mais le mary n'en

estoit que comme usufruitier, *cap. Per vestras. Ex. De don. inter vir. & uxor.* & encore les Canonistes luy donnent moins de puissance qu'au simple usufruitier. Car encore que la presentation des Offices & Beneficies appartiennent au simple usufruitier, à l'exclusion du proprietaire,comme la femme ne sont que dit, étant d'accord sur le Chapitre *Ex literis. ext. De jure patron.* si est-ce que sous pretexte qu'ils voyent que dans le Droit civil le mari & la femme sont concurremment qualifiez Seigneurs de la dot, ils resolvent presque tous que le mari & la femme peuvent presenter valablement au Benefice,dont la presentation dépend du propre de la femme.Et sur la rencontre des deux presentez l'un par le mari, & l'autre par la femme(car la femme ne sont qu'un,étant d'accord;mais étant en discorde,ils sont deux) c'est là où ces Interpretes ne se peuvent accorder, lequel doit emporter le Benefice.Toutefois la plûpart veulent au presenté par la femme, pource que le Droit Romain luy laisse la vraye Seigneurie de la dot.

32. Erreur des Canonistes.

Laissant toutes ces opinions erronées & fondées sur le Droit Romain, duquel nôtre usage est du tout different en ceci,je conclus, suivant l'opinion du mesme *Rochus de Curte*,& de du Moulin sur l'article 37.de la Coûtume glossé 10.que le mari seul, & non la femme, peut presenter au Benefice, en vertu du droit de patronage,dépendant du propre de la femme:ce qui auroit lieu,quand même il n'auroit en propre autre droit qu'un usufruit : car la simple presentation étant un fruit, comme il vient d'être prouvé, doit appartenir à l'usufruitier, & non au proprietaire;mais je passe bien plus outre, & je dis qu'en France, où le mari a en sa puissance & la femme, & ses biens, il peut conferer pleinement, c'est à dire,nommer & instituer tout ensemble aux Offices dépendans des Seigneuries de sa femme, en ayant l'institution à cause de la puissance maritale, & la nomination à cause de son usufruit. Et si je dis qu'il peut faire de lui-même cette libre provision,sans en demander l'avis à la femme,s'il ne veut pource que, & le pouvoir, & le fruit d'icelle reside tout à fait en lui seul. Neanmoins je suis bien de l'opinion de du Moulin, qu'il doit en telles provisions se qualifier Seigneur à cause de telle sa femme, ou specifier en autres termes la cause de son pouvoir,afin de ne divertir les droits dépendans des Seigneuries de sa femme, tout ainsi que tout Administrateur doit exprimer sa qualité en tous actes d'importance, non à la faute de ce faire, les provisions soient nulles;mais seulement elles sont sujettes à être reformées.

33. Vraye resolution de la question.

34. Mary peut conferer pleinement les Offices,sans en parler à la femme.

D'où il resulte que la provision de la femme seule, & sans être assistée, ou du moins autorisée du mary,est du tout nulle, tant pource que ce droit reside au mari, & non en elle, que pour autant qu'en France une femme mariée ne peut faire de soy,& sans l'autorité de son mari, aucuns actes publics, ni de commerce, soit és Contrats, ou en jugement. Mais si le mari veut faire l'honneur à la femme de la joindre avec lui en telles provisions, ou si encore il veut qu'elles soient faites par elle seule,& qu'il l'autorise de ce faire, il n'y a nulle difficulté qu'elles ne soient valables : pource qu'en effet la femme est toûjours dame & maitresse de ses propres, & partant capable d'en conferer les Offices:pourvû que le mari le lui permette,& lui remette son droit & interêt.Tout ainsi qu'en la feodalité, bien que ce soit au mari à entrer seul en foy vers le Seigneur du fief,& à recevoir seul les hommages des vassaux du fief de sa femme,si est-ce qu'en ces actes il peut sans doute associer sa femme, même les laisser faire à elle seule : pourvû toutefois que ceux avec lesquels ils se font, & qui y ont interêt, s'en veulent contenter.

35. Femme mariée ne les peut conferer seule.

Quoi donc si la femme par son Contrat de mariage se reserve la libre disposition de ses propres, sans que les fruits d'iceux entrent en communauté:ou bien si elle a stipulé qu'il n'y auroit point du tout de communauté,ou finalement si pendant le mariage elle est separa-

36. Quid si elle s'est reservé la disposition des propres.

rée de biens d'avec son mari, en tous ces cas son mari peut-il encore pourvoir aux Offices dependans de ses propres, en vertu de la puissance maritale, qui neanmoins lui demeure: Certes c'est une grande difficulté & qui n'est pas de petite consequence.

37. Res receptitia.

Car quant au premier point, de la femme qui s'est reservé l'entiere disposition de ses propres, c'est lors proprement ce qu'en l'ancien droit, quand les mariages *per coemptionem* avoient lieu, on appelloit *Res receptitias, quas nimirum ex bonis suis uxor retinebat, neque ad virum transmittebat, sicuti in venditionibus, que excipiuntur, nec vaneunt.* dit A. Gelle livre 17. chapitre 6. ce que j'ai expliqué au chap. 4. du 1. liv. *Du deguerpissement*, Attendu même que le Jurisconsulte Paulus nous temoigne en la loy *Dotis. de jur. dot.* que cela étoit ordinaire aux Gaulois, disant qu'ils l'appelloient *Peculo* : ajoûtant que le mari n'a aucun droit de proprieté, ou d'usufruit en ce pecule : d'où il s'ensuit qu'il ne peut conferer les Offices qui en dependent.

38. Peculo vieil mot François.

39. Quid en la femme separée de biens.

Le même doit être dit, sauf meilleur avis, lorsqu'il y a separation de biens entre mari & femme, soit par leur Contrat de mariage, ou depuis: pource que l'effet de cette separation est, que desormais *uxor res suas sibi habet*, qui étoit le formulaire du divorce Romain. Et bien que ces separations de biens n'ôtent pas la puissance qu'a le mari sur la personne de la femme, selon la loi de Dieu, & l'usage ancien des François, mais ne regardent directement que les biens : neanmoins par une consequence necessaire, qui resulte d'icelles, la puissance qui s'étend sur la personne, est bien diminuée indirectement en ce qui concerne le commerce des biens, entant que la femme acquerant par ses separations la libre administration de ses biens, il faut qu'en tout ce qui concerne cette administration, elle soit exempte de la puissance du mari, comme usant de ses droits pour ce regard : tout ainsi qu'un mineur étant marié, ou ayant obtenu beneficed'âge, sort de la puissance de son Tuteur, non pas tout-à-fait ; mais seulement pour ce qui concerne l'administration de son bien, en laquelle son Tuteur n'a plus que voir, ni controller. Mais ni l'un ni l'autre n'est pas tout-à-fait mis hors de cette puissance, pour ce qui concerne l'alienation de ces immeubles. Et de fait par les Arrêts raportez par Monsieur Louët *In tit. R. cap. 45.* il se voit que la femme separée, & celle qui par son Contrat de mariage s'est reservé la libre disposition de ses propres, demeure vraye vassale, & ne doit, ni son mari aussi, aucun rachat au Seigneur de fief, à elle échû par succession directe.

40. Elle confere les Offices.

Or la provision des Offices est un acte de simple administration, & non pas d'alienation, dautant que par icelle le fonds de la Seigneurie n'est en rien diminué : & partant il s'ensuit que la femme separée & le mineur marié, ou ayant beneficed'âge, peuvent d'eux-mêmes, & sans l'autorité du mari, ni du Tuteur, conferer pleinement les Offices dépendans de leurs Seigneuries.

41. Si le tuteur peut conferer les Offices.

Ce discours nous conduit à parler du Tuteur, s'il peut pourvoir, ou nommer aux Offices dependans des Seigneuries de son mineur: vû qu'il n'est aucunement Seigneur d'icelles, pour y avoir l'exercice des droits d'honneur, & de puissance, que nous avons dit être inseparables de la personne du Seigneur. Car ce qu'il est quelquefois au droit reputé pour Seigneur, n'est qu'en ce qui dépend notoirement du fait de sa charge & administration, comme le dit la loy *Qui fundum §. Si tutor. D. Pro emptore.* Aussi les Canonistes tiennent tous, que c'est au pupille majeur de sept ans à pourvoir & presenter aux Benefices, comme prouve amplement le même *de Curte, in verb. Competens, numer.* 14. *& Benedicti ad cap. Raynutius, in verb. Adjecta impuberi. nur.* 61.

42. Ou le pupille.

43. Il semble que le tuteur peut conferer.

Mais d'autre part on peut dire que la puissance d'un Seigneur est reglée de même à peu prés en la Justice comme au fief. Or est-il certain que le Tuteur peut recevoir les hommages, & investir les vassaux. Jo. Faber sur la loy *Sancimus. Cod. De administr. tut.* nous temoigne cela avoir été de tout temps pratiqué. Pourquoi donc ne conferera-t'il les Offices plûtôt qu'un mineur, qui ne peut être en jugement, ni Contrats asseurez, ni autres actes d'importance beaucoup moindre que la provision des Offices ? Autrement quelle apparence y auroit-il, que celui qui est en la puissance d'autrui, conferât la puissance publique ?

44. Resolution qu'il les confere en qualité de tuteur.

Toutes ces raisons sont vrayes de part & d'autre, & pour les accorder ensemble, & resoudre clairement ce point, il faut confesser que la puissance & le droit de conferer les Offices, n'appartient point au tuteur pour lui & à son profit, comme il appartient à l'usufruitier, au Beneficier, ou au mari: n'ayant le tuteur aucun droit de proprieté, ou d'usufruit en son nom és heritages de son mineur; mais tout ce qu'il y fait, n'est qu'au nom, & comme representant la personne de son mineur, & pour l'utilité d'icelui : Et bien que le pouvoir de conferer les Offices ne soit regulierement communicable, ni transmissible à aucune tierce personne, si est-ce que pour la necessité seulement (comme quand la provision ne peut être differée, & que neanmoins le pupille est en tel âge, qu'il ne le peut faire luy-même) il passe en la personne du tuteur, comme celui seul qui peut representer le mineur, & supléer en sa personne.

45. Partant n'en peut gratifier ses propres domestiques.

Encore en ce cas j'estime que si un tuteur vouloit mal à propos, pour gratifier ses domestiques, & les preferer à d'autres plus capables, & mieux meritez du mineur, ses parens y pourroient mettre empêchement la chose étant entiere, & faire ordonner que le Benefice, ou Office non venal seroit conferé par le tuteur, à celui qui seroit choisi par eux à la pluralité des voix : pource que le choix & gratification doit redonder à l'utilité du mineur, qui doit être arbitrée par ses parens és choses de consequence ; non pourtant que cette solemnité de prendre l'avis des parens soit regulierement necessaire, pour la validité des provisions, que donne le tuteur : pource que c'est une acte d'administration, qu'il peut valablement faire seul, & sans avis des parens, & decret de Justice.

46. Doit rendre les Offices.

Mais quoi qu'il en soit il faut que le tuteur, quand on l'en laisse faire seul, s'y conduise entierement selon l'utilité de son mineur. De sorte qu'à l'égard des Offices qui peuvent être licitement vendus, & qui ont accoutumé de l'être, il ne les peut pas conferer gratuitement, pource que ce seroit exercer liberalité du bien d'autrui ; mais il faut qu'il les vende à prix raisonnable, non que sa provision à moindre prix ne tienne ; mais il est en hazard d'en faire la maille bonne. Que s'il les a conferez de tout gratuitement, il est hors de ce hazard, pource que le pupille, étant fait majeur peut destituer les pourvûs, ce qu'il ne peut pas à l'égard de ceux que son tuteur a pourvûs moyennant finance, quoy que moindre que la juste valeur des Offices, comme je dirai cy-aprés au Chapitre 5. Et quant aux Offices qui avoient accoutumé par la disposition du pere de famille d'être tenus en domaine, & baillez à ferme, comme les Greffes & Notariats, il ne les peut conferer à titre d'Office : ce qui doit être tenu en l'usufruitier, au Beneficier, au mari, à l'acquereur à faculté de rachat, & tous autres qui ne sont pas Seigneurs incommutables, pource qu'ils ne doivent changer l'ancien usage, non plus que la face de l'heritage, autrement ils frauderoient les vrais Seigneurs & leurs successeur.

47. Et laisse en domaine les domaniaux.

48. Le gardien dispose des Offices à sa volonté.

Autre chose est (fors en ce dernier point, qui est sans exception) en un Gardien, soit és Coûtumes, où il fait les fruits siens, soit même en celles où il est comptable. Car quand il fait les fruits siens, il est comme le vrai usufruitier, auquel le choix des Officiers appartient de droit, & sa propre utilité, comme un fruit, & la provision au nom du pupille, sans qu'il puisse être contraint d'en demander avis aux parens, pource qu'elle est contrainte à l'égard du pupille. Et quand il est comptable, neanmoins la qualité de pere, mere,

De la Provis. & Recep. des Off. des Sei. Ch. II. 289

mere, ayeul, ou ayeule (car la garde n'appartient à autres) luy peut bien donner cet avantage pardessus un tuteur étranger, ou collateral, qu'il n'est pas tenu prendre l'avis des parens plus éloignez, *quia pietas paterna consilium pro liberis capit*, dit la loy.

49 A quel age le mineur peut conferer Offices.

Mais puisque le tuteur ou gardien, quel qu'il soit, peut seulement conferer les Offices & Benefices, quãd le pupille n'est pas en âge competent, pour les pouvoir conferer luy-même, voyons à quel âge il les peut conferer. Premierement, il est certain que les enfans, c'est-à-dire, ceux qui sont au dessous de l'âge de sept ans, ne le peuvent, *quia nullum eorum animi judicium est*, dit le Jurisconsulte. Et ce que les Canonistes disent, que sitost qu'ils sont au dessus de sept ans, comme ils sont capables de tenir les Benefices à simple Tonsure, aussi sont ils capables de conferer ceux qui dépendent d'iceux, *transeat* en matiere de Benefices. Car enfin c'est une absurdité & une mauvaise pratique, de permettre qu'un mineur de quatorze ans puisse tenir des Benefices, & qui en ayent d'autres en leur collation. Mais posé que cette absurdité soit passée en usage, il ne faut pas trouver étrange que cette autre icy en naisse, qu'un mineur puisse conferer les Benefices, pource qu'étant avoüé capable de tenir le principal Benefice, il le faut tenir pour capable de tout ce qui dépend de la fonction d'iceluy; aussi qu'autre que luy n'y peut pourvoir *jure ordinario*, dautant que la charge du tuteur ne s'étend nullement sur le spirituel.

50 Impubert ne peut conferer Offices.

Mais puisque ces rencontres cessent en la presentation qui appartient à un mineur, comme patron Laique, & à cause d'une Seigneurie temporelle, & principalement encore en la provision des Offices qui en dépendent, j'estime que le mineur & sous-âgé de quatorze ans, comme parle l'ancien Bouteiller, ne les peut conferer: attendu qu'il n'y est habilité par aucun moyen; & qu'il y a autre qui le peut faire plus à propos, à sçavoir son tuteur, de la charge duquel dépendent toutes les affaires temporelles du mineur, qui ne peuvent être expediées par luy-même.

51 Quid des adultes.

Voilà pour les impuberes & mineurs de douze & quatorze ans, qui est l'âge, auquel selon la diversité de sexe, finit la puissance des tuteurs par le Droit Romain; mais quant aux puberes & adultes, la difficulté n'y est pas moins grande, & la même est controversée à l'égard des Rois (s'il est licite de comparer les petits Seigneurs aux Grands, & les Sujets aux Souverains) quand on demande à quel âge ils peuvent en leur nom administrer leur Royaume, & faire cesser le pouvoir des Regens, au nom desquels s'en fait l'administration, pendant la minorité des Rois. Question fameuse, qui est traittée par du Molin, sur le 29. article de la Coûtume, & par Benedicti au lieu cy-dessus allegué, nombre 41. dont je ne m'hazarderay pas de parler aprés ces grands personnages.

52 Distinction notable de Bartole.

Mais au particulier de la nôtre, je me range en un mot à la resolution de Bartole sur la loy *Quidam consulebant. D. De re judic.* qui distingue fort bien, à mon jugement, pour ce qui est des Seigneuries non souveraines, les actes de Jurisdiction, c'est-à-dire, de pur pouvoir & energie, d'avec ceux d'administration: & dit, que ceux d'administration demeurent au curateur jusques à vingt-cinq ans, ainsi que ils peuvent; mais ceux de Jurisdiction, ou pouvoir particulier appartenant au mineur, deslors qu'il a atteint l'âge de puberté; pource que comme le curateur n'a pas charge de la personne du mineur pubere, aussi n'a-t-il les fonctions qui resident en sa personne.

53 Quelle doit être tenüe contre du Molin.

Et bien que du Molin s'imagine qu'il y a de l'absurdité en cette opinion, en ce qu'elle requiert moindre âge pour les actes solemnels, & de puissance publique, que pour la simple administration & perception des fruits: si est-ce qu'il faut aussi considerer d'autre côté que l'administration est la propre charge du tuteur; mais la Jurisdiction, ou puissance sur le mineur, n'est communicable qu'accidentellement, à faute d'autre, & en cas de necessité: de sorte qu'il ne faut pas trouver étrange,

que si tost que le vray Seigneur a atteint l'âge, auquel il y a quelque vray-semblance qu'il la puisse exercer par luy-même, il ne faut plus permettre que la qualité subsiste hors de son sujet, ni la puissance hors de la personne à qui elle est inherente; mais il faut que le pubere l'exerce luy mesme en son nom, & toutefois par avis de conseil.

54 Resolution de la question.

Ce que nos Coûtumes ont suivy apparemment. Car bien qu'en France la charge & administration des tuteurs dure jusqu'à vingt-cinq ans, pource que nous ne faisons point de difference entre les tuteurs & curateurs; si est-ce qu'en matiere de fiefs, c'est-à-dire, des actes qui concernent l'exercice de la Seigneurie feodale *active, vel passive*, nos Coûtumes reputent les Seigneurs majeurs, qui à quatorze ans, qui à dix-huit, qui à vingt, quant au masles: & quant aux filles à douze, ou à quatorze ans, qui est l'âge, auquel on a probablement arbitré, qu'il y auroit en eux un jugement suffisant: ce que par indentité de raison, j'estime devoir être suivy, en ce qui depend de la Justice. Et partant je conclus, qu'en tel âge que le mineur est reputé capable par la Coûtume du païs pour porter hommage de son fief, en cet âge il peut conferer les Offices, & que desormais son tuteur ne les doit plus conferer. Encore dis-je davantage, que si auprés de cet âge il vient à vacquer des Offices, dont la provision puisse être commodément reservée au temps que le Seigneur aura atteint cet âge, le tuteur la luy doit reserver, dautant qu'il n'en a pas le pouvoir, sinon en cas de necessité.

55 Si le simple possesseur peut conferer les Offices.

Quant au simple possesseur de la Seigneurie, c'est encore une question pleine de grandes difficultez. Et, sans m'amuser au discours; j'estime en un mot, que tout possesseur actuel & public, soit de bonne ou de mauvaise foy d'une Seigneurie peut valablement conferer les Offices d'icelle; pource que les deux poincts requis en la provision des Offices se rencontrent en luy, à sçavoir, le droit de choisir & nommer les Officiers, & la puissance de les pourvoir. Le choix, entant que la perception des fruits dépend plus du possesseur, que du proprietaire: le pouvoir dautant que pour faire les actes dependans d'un Office, Seigneurie, ou puissance publique, il suffit d'être reconnu publiquemens pour celuy qui en a la qualité, sans qu'il en faille avoir la preuve prompte, & en main.

56 Resolution que si

Comme donc le possesseur d'une Seigneurie feodale peut valablement saisir le fief mouvant d'icelle, & en gagner les fruits, sans qu'on luy puisse referer la question de la proprieté, ainsi que dit du Molin, sur l'article premier de la Coûtume, glose premiere, question 10. aussi le possesseur d'une Justice, en peut valablement conferer les Offices vacans, sans qu'on luy puisse objecter qu'il n'est pas proprietaire d'icelle: pource qu'en un mot, la collation des Offices est un acte de possession, & non pas de proprieté, *cap. Consultationibus, & cap. Ex litteris, ext. De jure patron. & cap. Querelam. De elect. & comme dit Bartole, Consil. 68. incip. Vacante quadam Ecclesia. Quantum ad effectum præsentandi, non refert, an quis sit patronus, sed tantum an sit in possessione patronatus.*

57 Preuves

Même tous les Canonistes tiennent sur les Chapitres cy-dessus alleguez, qu'en concurrence de deux presentez; l'un, par le possesseur du patronage; l'autre par le vray proprietaire, le representé par le possesseur, bien que non receu, peut déposseder & chasser le pourveu par le proprietaire, encore qu'il ait été receu.

58 Mesme le possess. de mauvaise foy.

Pareillement, je dis qu'on ne peut objecter au pourveu par le possesseur public, afin d'empescher la reception, que celuy qui l'a pourveu, est possesseur de mauvaise foy, supposé qu'il n'y ait point d'autre possesseur que luy, capable de pourvoir à l'Office, quand même il y auroit un juste procés petitoire intenté contre le possesseur. Car tel procés ne luy peut empescher l'exercice de sa possession. Et encore, s'il y avoit un autre, qui se maintint pareillement possesseur de la Seigneurie, il faut qu'il s'oppose avant la reception de

Du Droit des Offices. O o

290 Des Offices des Seigneurs, Liv. V.

59 Quid quand un autre possesseur s'oppose.

l'Officier, pourveu par le possesseur public. Autrement si l'Officier est receu, il faut qu'il demeure en son Office, du moins jusqu'à ce que le procés de la Seigneurie soit vuidé.

Mais si ce possesseur pretendu, ou bien le pourveu par luy, se presentoit avant la reception, c'est en ce cas le grand debat entre les Docteurs, dont il y a six diverses opinions, recueillies par le mesme *Rochus de Curte, ad verb. Competentes. num.* 48. *& seq.* Et il me semble que c'est le plus seur, de differer la reception de l'un & de l'autre, si ce n'est que le Juge reconnoisse que le procés principal des deux possesseurs contendans de la Seigneurie, soit pour prendre long trait, & que cependant il soit necessaire que l'Office soit remply. Auquel cas il receura, par commission seulement, le pourveu par le possesseur plus actuel, sans prejudice du procés, & en attendant la decision d'iceluy.

60 Si les pourveus par le possesseur non incommutable, peuvent estre privez apres son droit finy.

Et quant est de sçavoir, si le collateur étant évincé, celuy qui a esté declaré vray Seigneur, peut chasser les Beneficiers nommez par iceluy, ou les Officiers pourveus pour cause onereuse, ou remuneratoire, & receus sans debat ni empeschement: comme aussi de proprietaire aprés l'usufruit finy, le Seigneur aprés le rachat executé, ou le bail à vies expiré, le successeur au Benefice, le substitué aprés la substitution écheuë, la femme aprés la dissolution du mariage, le majeur aprés la tutelle finie, je reserve tout cela plus commodement au chapitre de la destitution des Officiers.

61 Si le Seigneur pour partie peut pourvoir les Officiers.

C'est encore une grande question, quand ceux qui ne sont Seigneurs de la Justice qu'en partie, ont pourveu un Officier, sans prendre la voix de leur coseigneur, si telle provision doit subsister: pour resolution de laquelle je dis en un mot, sans m'embarrasser dans les difficiles questions, de la division & partage des Justices, que quelque petite part qu'ait le coseigneur en la Justice, il s'en peut justement plaindre pour son interest, pource que comme dit le Droit Canon, en semblable matiere, *plus nocet contemptus unius, quàm consensus multorum.*

62 Comment on fait raison au coseigneur.

Or son interest est double; l'un, d'avoir sa voix au choix de l'Officier; l'autre, d'être compris aux lettres de provision: & partant, il faut qu'il luy soit fait raison de l'un & de l'autre. Ce qui peut bien souvent être fait, sans revoquer le pourveu, principalement quand le méprisé a moins de part en la provision: comme en ordonnant, que son nom sera ajoûté aux lettres de provision, ce qui est toûjours necessaire, pour conserver son droit & sa possession: & au surplus, qu'il aura une autrefois son voix pour conferer un autre Office, ou le même quand il vaquera: bref, en le mettant apparemment hors d'interest par quelque expedient. Car en telles pointilles, on est contraint de s'accommoder à l'équité, & de gauchir à la rigueur; n'étant pas possible que chacun ait son compte ric à ric. Ce qui doit avoir lieu, principalement si cette matiere se commence seulement aprés la reception de l'Officier pourveu par la plus grande partie des co-seigneurs. Car il est bien plus mal-aisé de chasser un Officier receu, que d'empescher sa reception, & en ce cas, la plus grande partie emporte la plus petite, pour maintenir l'Officier déja receu; mais toûjours il faut des-interesser celuy qui n'a point esté appellé pour le choisir.

63 L'heritier beneficiaire peut conferer les Offices.

Quant à l'heritier par benefice d'inventaire, il n'y a nulle difficulté, qu'il ne puisse pleinement conferer les Offices: *verus enim heres & herus est rerum hereditariarum*;& il n'y a autre que luy qui les puisse conferer: mesme il en peut disposer à le titre qu'il voudra, ainsi qu'il sera dit plus amplement cy-aprés au chapitre cinquième.

64 Quid de celuy dont la Seigneurie est saisie.

Mais si la Seigneurie, dont l'Office dépend, est saisie sur luy, ou sur tout autre proprietaire, & regie par Commissaire, la difficulté est plus grande, si pendant cette saisie, le proprietaire, ou bien le Commissaire, ou quelqu'autre peut conferer les Offices qui en dépendent: Car nous disons en France, que le saisi est dépossedé, & la loy nous dit que le sequestre, ou Commissaire étably par Justice, est le vray possesseur, *leg. Licet.D. Deposit.* Or est-il que, comme il vient d'être dit, la collation des Offices est un acte de possession, plûtost que de Seigneurie.

65 Resolution que le saisi peut les conferer Offices.

Neantmoins la verité est, que le saisi demeure, non seulement Seigneur; mais aussi possesseur de la chose saisie; au moins quant à la possession civile, sauf qu'il ne l'a pas libre, & que partant il ne peut aliener. C'est pourquoy nous disons, que Justice ne dépossede personne, & le Droit nous apprend, que le proprietaire saisi peut prescrire, & qu'il est excusé de satisfaction, comme possesseur d'immeuble, *leg. Qui pignoris. D. De acquir. possess. & leg. Sciendum. §. Creditor. D. Qui satisf. cogantur.* Aussi voyons-nous notoirement que c'est luy qui fait tous exercices actifs & passifs des droits feodaux: c'est-à-dire, qui reçoit les vassaux en foy, & fait aussi la foy au Seigneur de fief. D'où il s'ensuit par identité de raison, qu'il doit exercer les actes de Justice, entant qu'ils appartiennent au Seigneur, & conferer les Offices, & joüir des droits honorifiques de la Seigneurie: aussi est-il certain qu'autre que luy ne peut conferer les Offices; car le Commissaire n'a pas cette puissance, non plus que de porter la foy, sinon pour son refus en cas de necessité. Et quant au fermier, ou adjudicataire du bail pendant les criées, il a esté dit cy-dessus, que nul fermier ne peut instituer les Officiers, ni mesme les choisir & nommer, & en disposer, si ce n'est que par exprés cela soit compris en son bail: ce qui ne se fait point és baux judiciaires.

66 De la forme des provisions des Seigneurs.

Voilà donc ceux qui peuvent valablement pourvoir aux Offices; & quant à la forme de la provision, c'est chose de grande importance, de sçavoir bien distinguer la cause d'icelle, qu'en pratique nous appellons *le titre*, comme en Droit, *titulus causam acquisitionis significat*. Or il faut remarquer qu'il y a trois divers titres, causes ou especes de provision des Offices des Seigneurs. A sçavoir la provision pure & simple, autrement appellée provision à titre gratuit, c'est-à-dire, pour cause gratuite, celle à titre remuneratoire, & celle à titre onereux.

67 Trois sortes de provisions d'Offices.

Car encore qu'en Droit, pour separer les donations d'avec les autres titres & moyens d'acquisition, on ne met que deux especes de titres, à sçavoir le titre, ou cause lucrative, & l'onereuse, dont la cause lucrative contient toutes donations, tant entre vifs que testamentaires, & le titre, ou cause onereuse contient toutes les autres sortes d'acquisition; Toutefois, dautant qu'il y a deux sortes de donation; l'une du tout gratuite, qui provient de la pure liberalité du donateur; l'autre remuneratoire, qui est causée par quelque merite du donataire: & d'autant aussi qu'on a trouvé en matiere d'Offices (où la donation doit être plus ordinaire) que la cause onereuse a certaines rencontres, esquelles il faut distinguer les donations gratuites d'avec les remuneratoires, qui sont metoyennes entre la cause lucrative & l'onereuse, cela est cause qu'en subdivisant la donation ou provision gratuite, en la pure gratuite, & la remuneratoire, on a enfin trouvé trois especes de titres, ou causes de provisions d'Offices.

68 Deux sortes de provisions gratuites.

69 De la pure gratuite.

Dont la provision pure gratuite, a la pure dénomination; *eum qui propter nullam aliam causam facit, quàm ut liberalitatem exerceat, hac propriè donatio dicitur,* dit la loy premiere *D. De donat.* Et comme cette donation s'appelle *donation simple*, aussi la provision pure gratuite s'appelle *provision simple*. Et de fait, quand en icelle il n'y a point de clause aposée, elle est presumée pure gratuite. Et bien que la provision de l'Office porte selon le style accoûtumé, qu'elle est faite en consideration de la preud'hommie, experience, & autre suffisance du pourveu, elle ne laisse d'être pure & simple. Car il faut toûjours qu'il y ait quelque occasion qui excite la volonté du Seigneur à conferer l'Office; mais quand cette cause ne regarde que la capacité de l'Officier, & non le profit du Seigneur, on la recompense

De la provis. & recep. des Off. des Seig. Ch. II.

merité par l'Officier, elle n'excede point les termes de la pure liberalité, & de la simple donation & provision pure gratuite, comme prouve bien Tiraqueau sur la loy *Si unquam. Cod. De revoc. donat. in verb. Donatione largitus. num.* 124.

70 De la remuneratoire.

Quant à la donation ou provision remuneratoire, elle excede notoirement les termes de la pure donation ou provision simple, & purement gratuite. *Extra causam donationum sunt talium Officiorum mercedes, ut puta, si tibi adsuero, si satis pro te dedero, si aliquâ in re operâ meâ, vel gratiâ usus fueris,* dit la loy *Hoc jure. §. 1. D. De donat.* & la loy *Attilius Regulus*, au mesme titre dit, que *non est mera donatio, sed Officium quoddam mercede remuneratum :* & mesme la loy *Sed & si §. Consuluit. D. De petit. hered.* dit que c'est *velut quoddam genus permutationis.*

71 De l'onereuse.

Finalement la provision à titre onereux, est quand l'Office est vendu, ou permuté, ou baillé en payement pour chose deuë, & dont on eust eu action : & partant cette maniere de provision, bien qu'aujourd'huy la plus commune, est neantmoins la plus éloignée, & de la raison, & de l'ancienne façon de conferer les Offices, ausquels en memoire de cette venerable antiquité, la vente est si odieuse qu'on a honte de l'exprimer par les lettres, & au lieu d'icelle on dit, qu'on donne & confere l'Office à titre onereux : & que mesme en commun langage nous ne disons pas vendre & acheter, quand nous parlons des Offices de Iudicature, ou autres non-venaux ; mais non disons composer, *nimirum lenitate verbi tristitiam rei mitigante.*

72 La distinction qui s'en fait.

Ces trois diverses causes de provision sont à distinguer, principalement és questions de la destitution des Offices, de la resignation necessaire, & de la garentie. Car en la pure gratuité, toute la question de la destitution à lieu, que la resignation n'y est toleree que de grace, & qu'il n'y échet point de garentie. Au contraire, en l'onereuse, la destitution cesse, la resignation est necessaire, & la garentie a lieu. Mais en la remuneratoire, qui est metoyenne entre les deux, la destitution n'a lieu ; mais à mon avis, la resignation n'y est pas necessaire, & si la garentie n'y échet point, non plus que le pourveu n'avoit action pour les services, dont l'Office luy tenoit lieu de recompense. Ce qui sera plus amplement traitté cy après sur chacune question.

73 Du formulaire des provisions.

Quant au surplus de la teneur des provisions des Offices Seigneuriaux, il n'y a rien different à celles des Royaux ; mais elles contiennent toutes les mesmes clauses, qui ont esté expliquées au second Chapitre du premier livre. Sinon que quand l'addresse de la provision, & la reception de l'Officier Seigneurial doit être faite par autres que les Officiers du Seigneur, il n'y faut pas mettre la clause *Si mandons, &c.* mais il faut mettre. *Si prions & requerons, &c.* c'est-à-dire, user de commission rogatoire, & non de mandement. Moins encore y doit elle estre mise la clause, *Car tel est nostre plaisir,* qui n'appartient qu'au Roy, & ne convient pas même à un Regent du Royaume : comme nous avons veu pendant les derniers troubles, que celuy qui se qualifioit Lieutenant General de l'Estat & Couronne de France, mettoit en ses lettres, au lieu de cette clause, *Car ainsi a esté trouvé juste & raisonnable.* Mesme l'Auteur de la Francogallie nous apprend, que la clause *Car tel est nostre plaisir,* vient de ce qu'anciennement lors que toutes les expeditions se faisoient en Latin on mettoit *Quia tale est nostrum Placitum.* Or Placitum signifie en Latin, *non libidinem, meramque Principis voluntatem, sed decretum ratione vel consilio subnixum, quod Græcè* ἀρέσκειν *dicitur.*

74 Clause Car tel est nostre plaisir.

75 Peuvent mettre la clause Tant qu'il nous plaira.

Mais les Seigneurs peuvent bien mettre en leurs provisions la clause, *Tant qu'il nous plaira,* pource qu'elle n'empiete point sur la Majesté Royale. Toutefois le plus souvent elle est superfluë, comme elle l'est toujours és provisions du Roi, qui ne sont pas revocables. Ce qui sera expliqué cy-après au Chapitre 5.

76 De la reception des

Finalement, quant à la reception des Officiers des Seigneurs, si elle est necessaire aux Officiers du Roy,

Du Droit des Offices.

qui ont leur pouvoir de celuy de qui tout pouvoir provient, à plus forte raison l'est-elle en ceux qui sont pourveus par gens, qui n'ayans l'exercice d'aucune puissance publique, ne la peuvent par consequent bailler & attribuer d'eux-mesmes à leurs Officiers. Ausquels ils n'attribuent par leurs provisions, que le titre & Seigneurie de l'Office, qui leur apporte une aptitude à obtenir cette puissance publique, leur étant icelle appliquée par les Magistrats qui en ont pouvoir, & qui leur baillent la mission, l'ordre & le caractere d'Officiers publics.

77 Tous Officiers des Seign. doivent estre receus en Justice.

Ce qui est decidé par l'Ordonnance d'Orleans, article 55. qui toutefois ne parle que des Officiers des Justices Seigneuriales, ressortissantes és Royales, & non de celles qui ressortissent en d'autres Justices des Seigneurs. Mais c'est pour deux raisons ; l'une, que le Roy n'approuve point le ressort & second degré des Justices Seigneuriales, pour les raisons amplement deduites au livre *Des Seigneuries,* chapitre 8. L'autre, que cét article ne parle que de ce qui est de la charge des Iuges Royaux. Or est-il que ce n'est pas à eux à recevoir les Officiers qui ne ressortissent pas directement devant eux ; mais aux Juges du ressort immediat. Aussi est-il sans doute, qu'il y a pareille raison és uns qu'és autres, de tenir qu'ils sont sujets à passer par la reception : veu qu'il n'y a si petit Officier en France, qui puisse exercer la puissance publique, sans avoir esté receu solemnellement en Iustice ; mesme que c'est sa reception, & non pas sa provision, qui le fait Officier, comme il a été dit au premier livre, chap. 4.

78 Explication du 55. art. de l'Ordonnance d'Orleans.

Que si les Romains ont esté si soigneux, mêsme si religieux observateurs du serment, qu'ils le faisoient reiterer aux Iuges en toutes causes : & que méme au fait des armes, où les formalitez de Iustice ne sont requises, & notamment le sont à l'égard de ceux qui n'ont aucun commandement, si est ce qu'ils ne permettoient pas qu'un simple soldat fust receu dans le corps de leur armée, ni même hors l'armée par occasion il peust combattre l'ennemy, s'il n'avoit fait le serment de gendarme, ou si depuis l'avoit fait, il avoit été cassé (ce qu'ils appelloient pour cette cause, *solvere sacramento,* adeò que dans les Auteurs Latins *sacramentum,* est pris *pro imperio*) combien à plus forte raison est-il requis, que les Iuges, *qui sunt veri Antistites & Sacerdotes Iustitiæ,* soient ordonnez & receus solemnellement, avant qu'ils ayent ce haut pouvoir du juger des biens, de l'honneur, & de la vie de tout un peuple ?

79 Necessité de la reception.

En quoy plusieurs Iuges de Seigneurs faillent lourdement, se contentans la pluspart de leurs lettres de provision, autres de prester le serment devant les Seigneurs, qu'il est aisé à entendre ne leur pouvoir conferer la puissance publique, puisqu'eux mêmes n'en ont pas l'exercice. Et neantmoins, ils ne laissent pas de condamner hardiment les hommes, n'apprehendans pas ce que dit la loy 3. *D. Ad l. Iul. Majest. Qui privatus pro imperio potestateve se gessit, Majestatis tenetur.* Car à la rigueur, tous les actes qu'ils font auparavant qu'avoir été deuëment receus, sont nuls, mesme ils sont faux, suivant la decision expresse de la loy *Eos D. de falsis :* bien que par une équité on les tolere pour le repos du peuple ; à cause de l'erreur commune, & de la bonne foy des parties. D'où s'ensuit qu'ils devroient être plus soigneux de se faire recevoir, avant que s'ingerer à faire l'Office de Iuges ; quand ce ne seroit que pource qu'ils peuvent être plus facilement destituez, auparavant qu'ils ayent le caractere public, étant plus tolerable de refuser l'entrée à un Officier, que de le chasser après qu'il est receu ; aussi qu'il y a plus d'apparence, que le Seigneur puisse déposseder l'Officier, qui ne tient rien sinon de lui-mesme, que non pas celui lequel la Iustice Superieure a mis en possession de son Office, & auquel elle a attribué la puissance publique.

80 Faute de ne se faire recevoir en Iustice.

Or c'est sans doute, que cette reception, tant à l'égard du Bailly, que du Lieutenant, doit être faite par devant

81 Où se doit faire la

292 Des Offices des Seigneurs, Liv. V.

reception des Iuges des Seigneurs.

vant le Superieur immediat, qui connoît de ses appellations, comme il se voit par cét article 55. de l'Ordonnance d'Orleans: car les Baillifs des Seigneurs, qui sont ordinairement de longue-robe, ne peuvent recevoir leur Lieutenant, bien qu'anciennement cela se fist lorsqu'il étoit commis par eux; mais à present qu'il est vray Officier en titre, il n'est plus leur Commis, ni leur Substitut; mais Collegue & compagnon d'Office, égal en puissance intrinseque, & en ce qui est de la qualité de Iuge : & partant entre eux a lieu la regle, que *Par in parem non habet imperium*. Bien que la puissance externe du Lieutenant soit subordonnée à celle du Bailly, n'ayant le Lieutenant plein pouvoir en la Iustice, qu'en l'absence du Bailly, duquel alors il tient lieu; mais en sa presence il n'est que comme Assesseur & Conseiller.

82 Où doivent être receus les Avocats & Procureurs Fiscaux.

Pareillement les Avocats & Procureurs fiscaux, n'estans point Ministres du Bailly, mais plûtost ses Controlleurs: ne doivent pas être par luy receus, mais par leur Superieur commun. Mais les Officiers Ministres, comme les Greffiers, Notaires, Sergens, & autres semblables, doivent être receus par le Bailly, ou son Lieutenant en son absence. Et ce publiquement, & en pleine audience, où toute reception d'Officiers doit être faite, comme étant un acte de solemnité, que de conferer la puissance publique.

83 Si les Iuges des Seigneurs doivent être graduez.

Pour le surplus de la forme de cette reception, elle est du tout semblable à celle des Officiers Royaux, & n'y a qu'une seule difficulté, qui est de sçavoir si les Iuges des Seigneurs doivent être graduez, & partant examinez sur la loy. Je sçay qu'il n'y a point d'Ordonnance qui le requiere bien expressément, & qu'aussi il ne se pratique pas, & si il le falloit pratiquer, comment trouveroit-on assez d'hommes de lettres, pour tenir le nombre infini de petites Iustices, qu'il y a en France, & qui se voulussent assujettir à les exercer ?

84 Resolution que si.

Neantmoins j'estime qu'il est bien raisonnable qu'ils soient versez en la Iurisprudence, & examinez sur icelle: attendu qu'il est certain que le Iuge de la moindre haute Iustice de France, a autant de pouvoir sur les biens, l'honneur & la vie des hommes, que le plus grand Iuge Royal subalterne, j'entens *intensivè, non extensivè*: car le plus & le moins ne sont difference en Droit: Même pour l'étendué, il y a telle Iustice de Seigneur, qui a plus de territoire que n'ont six Sieges Royaux ensemble. Et quant à la difficulté, j'ay dit au petit Livre des Iustices de village, & il est vray, qu'ordinairement il est plus malaisé en ces petites Iustices des champs, de déchifrer le patois des paisans, que de prononcer en un Bailliage Royal, par l'avis des Conseillers, sur les plaidoiers des Avocats bien preparez.

85 Réponse aux raisons contraires.

On peut dire, qu'il n'y a point d'Ordonnance formelle qui requiere que les Iuges des Seigneurs soient lettrez : Car aussi n'y en a-t-il aucune pour les Iuges Royaux: & il est certain qu'ils ne l'étoient pas anciennement, lorsque la science n'étoit si commune en France. Toutefois puisque l'article 55. cy-dessus allegué de l'Ordonnance d'Orleans, compare & conjoint les Iuges des hauts Iusticiers aux Iuges Royaux subalternes, ressortissâs devât les Baillifs & Seneschaux de la Province, & veut qu'ils soient examinez les uns comme les autres ; cette Ordonnance nous montre bien que ceux des hauts Iusticiers doivent aussi être lettrez & examinez sur la loy, ainsi que sont notoirement les Iuges Royaux subalternes.

86 De mê-me.

De dire aussi qu'on ne le pratique pas, ce n'est pas un fort argumêt : Car même on ne pratique pas de les recevoir; mais on les laisse exercer, même condamner les hommes à mort, sans faire serment à Iustice : & ceux qui ne le pratiquent pas, ne sont pas capables de faire loy ; mais sont eux-mêmes reprehensibles de ce qu'ils manquent à la pratiquer. Si on me disoit que la Cour de Parlement ne le pratique pas, ou qu'elle eut contradictoirement approuvé les receptions de gens non lettrez, il faudroit acquiescer; mais au contraire j'ay ouï dire qu'il y a des Arrêts, par lesquels elle a ordôné, que tous Iuges de haute Iustice seroiêt graduez.

87 De mê-me encois.

De dire finalemêt qu'il ne se trouveroit pas assez de graduez pour exercer toutes les Iustices qu'il y a en Frâce, je répons que ce seroit tât mieux, si à faute d'en trouver, les Seigneurs étoiêt contraints de quitter ces menuës Iustices de village, qui ne valent pas la peine d'être exercées par un habile Iuge : veu les abus qu'il y a en icelles, qui sont tels, qu'il seroit plus aisé, de les abbatre tout-à-fait par quelque bon expedient, comme celui-cy, que de les reformer & cortiger.

88 Officiers des Seign. doivent exercer en personne.

Je dis de plus, que l'Officier du Seigneur étant receu, doit exercer son Office en personne, & resider dâs sa Iustice, étant une regle generale à tous Officiers, ainsi qu'il a été prouvé au premier livre. Car quel privilege ont ceux des Seigneurs de s'en exempter plûtost que les Officiers du Roy ? veu même que si un Iuge Royal s'absente de sa Ville, il se trouvera toûjours en icelle quelque Avocat qui suppléera sa charge : mais aux villages si le Iuge est absent, il faut que la Iustice demeure, où qu'on l'aille chercher bien loin; bien qu'elle soit duë sur le lieu, instituée & concedée à cette fin, pour la commodité du peuple.

89 Avis touchant les Iuges des Seign.

Mais pource qu'à faute d'Ordonnance expresse, on ne peut contraindre à cela les Officiers des Seigneurs, au grand préjudice du pauvre peuple, qui souffre assez d'autres incommoditez de ces Iustices de village, il seroit, sauf correction, fort à propos qu'à cette premiere reformation que nôtre bon Roy a intention, comme on dit, de faire dans peu de temps, de la Iustice de son Royaume, ces deux points fussent éclaircis, à sçavoir que nul ne seroit receu Iuge des hautes Iustices, que ne fut gradué, & n'eut été examiné sur la loy : & que par après, il seroit tenu resider actuellement au lieu même où s'exerce la Iustice, à peine de perdition de son Office, & au Seigneur de perdition de sa Iustice. même que le Iuge Superieur ne seroit tenu faire aucun renvoy ès Iustices inferieures, sinon que le Iuge y fut actuellement & continuellement resident.

90 Utilité d'icelay.

Quand cette Ordonnance ne porteroit autre fruit, que d'être cause que plusieurs Iustices de village seroient delaissées, à faute de trouver gens capables qui y voulussent resider, & à faute que le Seigneur ne voulût leur donner gages suffisans pour c'et effet, ce ne seroit pas peu de commodité qu'elle apporteroit au pauvre peuple.

CHAPITRE III.
De la resignation des Officiers des Seigneurs.

1 Pourquoy les Offices conferez gratuitement ne sont resignables.
2 Fausse raison.
3 Comparaison de l'Office avec l'usufruit.
4 Trois differences entre l'Office & l'usufruit.
5 Seconde difference.
6 Troisiéme difference.
7 Incommodité de l'Office non resignable.
8 Tous Offices ne sont pas resignables.

9 Office conferé gratuitement n'est resignable & pourquoy.
10 De même.
11 Office vendu est resignable, & pourquoy.
12 Preuve.
13 Réponse aux objections.
14 Autre preuve.
15 Autre encore.
16 Quid en l'Office partie donné, partie vendu.

De la resignation des Off. des Seign. Chap. III. 293

17 An venditio viliori pretio facta, pro donatione habeatur.
18 An contractus sit judicandus ab eo quod prævalet.
19 Resolution de la question.
20 Modification.
21 Gratification & composition pourquoy dits en matiere d'Offices.
22 Que ce n'est pas assez de rendre l'argent à l'Officier pour refuser sa resignation.
23 Remede pour le Seigneur qui veut admettre les resignations.
24 Le resignataire de l'acheteur de l'Office peut resigner.
25 Le resignataire de l'Office donné, qui a payé quart denier, ne peut resigner.
26 Mais n'est destituable.
27 Si la preuve de la vente se peut faire par témoins.
28 Oui és Offices venaux.
29 Non és non-venaux.
30 Quid és autres provisions onereuses.
31 Si la charge n'est estimable à deniers, l'Office est resignable.
32 Office donné au mari n'est resignable.
33 Quid si la cause onereuse est inégale.
34 Office conferé à titre remuneratoire, n'est point sujet à garantie, ni resignation.
35 Si les Offices vendus par le Seigneur commutable, sont resignables.
36 Offices venaux vendus par le Seigneur commutable, sont resignables.
37 Exception que ces Offices ne peuvent pas estre conferez hereditairement.
38 Autre exception que les Offices qui avoient accoustumé d'estre tenus en domaine, ne peuvent par estre en titre.
39 Offices non-venaux vendus par le Seigneur non commutable, ne sont resignables.
40 Exceptions.
41 Quid en la provision remuneratoire du Seigneur commutable.
42 S'il est deub finance au Seigneur pour la resignation de l'Office resignable.
43 Raisons de l'affirmative.
44 Autre.
45 Resolution pour la negative.
46 D'où vient la finance des resignations.
47 Pourquoy aux mutations des heritages feodaux, ou censuels, est deub profit au Seigneur.
48 Pourquoy particulierement aux fiefs.
49 Pourquoy en l'heritage censuel.
50 Difference d'entre l'emphyteose perpetuelle, & le bail à cens.
51 Lots & ventes d'où dits.
52 Que tous ces Contrats estoient autrefois gratuits.
53 Resolution que le Seigneur ne doit prendre finance de la resignation de l'Office vendu.
54 Pourquoy le Roy en prend.
55 Edit qui a établi cette finance, en excled les Seigneurs.
56 Autre preuve.
57 Pourquoy les Seigneurs en prennent ordinairement.
58 Coûtume des Seigneurs courtois.
59 Coûtume des rudes Seigneurs.
60 Que c'est exaction de prendre cette finance par les Seigneurs.
61 Réponses au contraire.
62 De même.
63 Que jamais cette finance n'a été taxée.
64 Conclusion qu'il n'en faut point payer.
65 Comment se faut pourvoir contre le Seigneur, qui refuse d'admettre la resignation de l'Office vendu.
66 Exemple.
67 Raisons pour montrer que le Juge peut adjuger l'Office après le refus injuste du Seigneur.
68 Que cet expedient est le meilleur.
69 Aprés la sommation, l'Office ne court plus de risque.
70 Si les 40. jours ont lieu és Offices des Seigneurs.
71 Raisons de la negative.
72 Autres.
73 Que c'est l'opinion commune du Palais.
74 Raisons de l'affirmative.
75 Equité des quarante jours.
76 Tout ce qui ne peut estre fait par testament, ne peut estre fait lorsqu'on est prest de mourir.
77 Exemple.
78 Autre.
79 Autre du Droit François.
80 Raison de cette decision.
81 Autre exemple du Droit François.
82 Autre encore.
83 Autres raisons pour les 40. jours.
84 Ce qu'il y a d'odieux és 40. jours.
85 Pourquoy le Parlement les a quelquefois improuvez.
86 Resolution que la regle des 40. jours n'a lieu és Offices des Seigneurs.
87 Mais y devroit avoir lieu la regle des vingt jours, ainsi qu'aux Benefices.
88 Que Messieurs du Parlement en peuvent ordonner selon les diverses rencontres.
89 Notamment és resignations de pere à fils.
90 Conclusions touchant les quarante jours.

Pourquoy les Offices conferez gratuite-ment ne sont resignables.

C'Est chose bien certaine en l'usage, que le Seigneur ne peut être contraint d'admettre la resignation d'un Officier pourveu gratuitement: mais la raison en est assez obscure, & difficile: pource que le titre d'Office est maintenant en France une espece de Contract, dont l'effet & importance n'a jamais esté exactement discernée, & connuë, chose pourtant necessaire, pour sçavoir si en aucuns cas les Seigneurs sont tenus d'admettre la resignation de leurs Officiers, s'ils les peuvent destituer, & s'ils sont tenus de les garantir.

Fausse raison.

Il semble d'abord que cela dépende de ce qui a esté dit cy-devant, que l'Office est une espece d'usufruit: dont il s'ensuivroit que la resignation des Offices ne seroit jamais necessaire à admettre. Et neanmoins le Roy, qui doit avoir plus de droit en ses Offices, que n'ont les simples Seigneurs aux leurs, nous donne témoignage du contraire, ne refusant jamais d'admettre la resignation de ses Officiers.

Comparaison de l'Office avec l'usufruit.

Or c'est bien la verité que l'Office est une espece d'usufruit, prenant le terme d'usufruit en sa plus ample signification, qui comprend tout ce que nous possedons à vie, ou à temps, & non en pleine propriété perpetuelle, & incommutable, en un mot ἐν χρήσει, ἀλλ᾽ οὐ κτήσει. Ainsi l'emphyteose, le fief, le cens, sont dits especes d'usufruit par Cujas, sur le 3. tit. du 1. Liv. des Fiefs: & neanmoins il est notoire qu'ils sont transmissibles à autruy, non seulement par Contrat, mais aussi par succession. Ce qui n'est toutefois de même en l'Office, qui neanmoins emporte un droit beaucoup plus fort & avantageux que le vray & propre usufruit: lequel est si debile & si fresle, qu'il s'éteint & amortit par la simple mutation survenante, ou en la chose, ou en la personne, leg. Repeti. §. Rei mutatione. D. Quemadmod. usufr. amit. leg. Corruptionem. Cod. De usufr. Et étant une fois éteint, ne peut plus revivre, quand même la cause de l'extinction seroit revoquée, leg. Si tibi fundi. D. eod. tit. Quemad. usufr. amit. bien que cela ne soit pas aux autres servitudes, leg. Cum filius. §. Dominus. De legatis. 2.

Trois differences entre l'Office & l'usufruit.

Aussi a-t'il trois differences notables entre le vray usufruit & l'Office. Premierement le vray usufruit nihil ponit in re, mais c'est simplement un droit intellectuel, & une notion de l'esprit, qui separe le droit de joüir de l'heritage pendant la vie, d'avec la proprieté, ou Seigneurie d'iceluy, sans que l'heritage en soy souffre aucune division; ains il demeure tout entier au proprietaire, leg. Recte dicimus. D. De verb. signif. où il est dit, que usufructus non est pars rei,

Des Offices des Seigneurs, Liv. V.

sed jus servitutis. Atqui servitutes neque sunt in bonis nostris, neque extra bona. lib. 1. De De usufr. leg. Mais l'Office, bien que chose incorporelle & invisible, a neanmoins sa subsistance réelle & actuelle, qui consiste sensiblement en pouvoir, honneur & profit : je dis subsistance du tout separée de la Seigneurie, dont il dépend, même tellement separée, qu'elle n'y peut être conjointe.

5 Seconde difference.
Item, le vray usufruit, même toute autre espece d'usufruit, fors l'Office, est sujet à être éteint & amorty, & lors il demeure consolidé parfaitement à la proprieté. Mais l'Office ne peut jamais être éteint & amorti, ni jamais être réüni & consolidé à la Seigneurie. Principalement si c'est un Office non supernumeraire, mais necessaire, comme sont tous ceux des Seigneurs. Mais faut, avenant la mort d'un Officier, qu'un autre soit mis en sa place : qui est, ce qu'on dit communément, que l'Office ne meurt point ? c'est à dire, qu'il ne se perd, & ne s'aneantit point, mais ne fait que changer de maître.

6 Troisiéme difference.
Il y a encore une troisiéme difference entre le vrai usufruit & l'Office, qui est fort considerable au sujet dont nous traitons. C'est que l'usufruitier peut bailler à loüage, peut vendre son usufruit, bien que lors il ne transfere que la simple faculté de percevoir les fruits, demeurant toûjours le droit d'usufruit attaché à la personne de l'usufruitier, par la mort duquel il finit, & non par celle du cessionaire. Mais l'Office, qui consiste en une fonction personnelle, dont l'exercice ne peut être separé de la personne du pourvû, ne peut être ensorte que ce soit, transferé à autrui, que par le moien d'une parfaite resignation, après laquelle il est entierement transferé au resignataire, & le resignant n'y a plus rien. De sorte, que qui ôteroit à l'Officier le pouvoir de resigner son Office, il le tiendroit attaché & cloüé à son Office, comme un forçat à son navire; & partant le rendroit serf, ou du moins à crispitice; au lieu qu'il a commandement sur les libres. Et bien que l'Officier ait plus de droit en son Office (dont nul autre que lui ne se peut dire proprietaire, ni Seigneur) que l'usufruitier en son usufruit, si est-ce qu'il n'auroit nul moyen de s'en accommoder.

7 Inconvenient de l'Office non resignable.
Aussi d'autre côté, de dire que tout Office soit resignable malgré le collateur, ce seroit rendre les Offices quasi patrimoniaux, & sur tout ce seroit frustrer bien souvent la droite intention d'un Seigneur honorable, qui auroit pris peine de choisir & rechercher un homme de merite, ou du moins un homme propre à son humeur, auquel il auroit conferé gratuitement l'Office de Juge, ou de Procureur fiscal de sa terre, afin que la Justice fût par icelui dignement administrée, & lui fidelement servi. Seroit-ce pas lui faire tort de le contraindre d'en admettre en son lieu un autre moins capable, ou moins agreable, auquel le premier aura vendu l'Office qui lui aura été donné ?

8 Tout Office ne sont pas resignables.

9 Office conferé gratuitement n'est resignable, & pourquoy.
Il faut donc y aporter un temperament d'équité & de mediocrité, & distinguer soigneusement les trois titres, ou causes de provision specifiée au chapitre precedent, à sçavoir gratuite, onereuse, & remuneratoire. En premier lieu, quant à la gratuité, il faut resoudre pour certain, que le pourveu gratuitement ne doit être receu à resigner, s'il ne plaît au Seigneur, d'autant que comme sa provision, aussi la resignation dépend totalement de la volonté & pure liberalité d'icelui : laquelle ne peut estre retorquée contre luy-mesme, ensorte qu'il soit tenu admettre en la place de celuy dont il a choisi l'industrie, ou autre qui pourroit dire ne tenir plus l'Office de luy. Aussi que c'est la moindre faveur & privilege que merite la bôté & liberalité d'un Seigneur, qui a mieux aimé choisir gratuitement un homme de merite, que prendre un mercenaire pour l'argent, & en effet donner un habile homme à l'Office, que de vendre l'Office à un mal habile.

10 De même.
Que si le pourveu gratuitement s'ennuye d'exercer l'Office, ou que son merite l'appelle à une plus haute charge, ou ses affaires l'attirent en un autre païs, il ne perdra toûjours rien, en quittant l'Office, de la sorte qu'il luy a été baillé. *Gratis accepistis, gratis date.* Enfin c'est la regle que le Roy même a mis en ses Offices, par l'article 110. de l'Ordonnance de Blois, contenant ces mots, *Ceux qui ont été, ou seront cy-après pourveus gratuitement d'Offices, ne seront receus à les resigner: sauf à les gratifier selon que leurs merites requerront.* Et comme cette Ordonnance ne distingue point les Offices venaux d'avec les non-venaux, aussi je tiens qu'en ce point icy il n'en faut jà faire de distinction, pource aussi qu'il y a pareille raison aux uns qu'aux autres : même que la liberalité du Seigneur, qui gratuitement concedé l'Office venal, merite encore plus grande faveur.

11 Office vendu est resignable, & pourquoy.
Mais au contraire si le Seigneur a vendu l'Office, puisque le contrat de vente induit une parfaite alienation, je dis qu'il s'en est exproprié tout à fait, & qu'il a fait à l'acheteur vray Seigneur de l'Office.

Nam quod emas, possis dicere jure tuum.

Et l'ayant exposé lui-même en commerce, il l'a obligé aux loix du commerce, & partant vendu venal pour toûjours, & transmissible de main en autre, pource que le droit de gens, & la loy du commerce est telle, qu'on puisse revendre ce qu'on a acheté. *Quod emeris, vendere gentium jus est,* dit Seneque. *Et necesse est ut qui emit, vendat,* dit l'Empereur Severe dans Lampride, *Quis animadversionem metuat, cum id quod emit, vendiderit?* dit Ciceron 4. *in Verrem.* Et comme dit un Poëte moderne,

Emerat ille prius, vendere jure potest.

Témoin encore la repartie de Cesar à Sylla, qui le menaçoit d'user contre luy de sa puissance, *Rectè,* inquit, *tuum putas esse Magistratum, quem pecuniâ tuâ comparasti.*

12 Preuve.
Autremêt il y auroit une lesion & prejudice insigne au pauvre Officier, si la necessité de ses affaires l'attirant à une autre demeure, ou son merite l'appellant à une plus belle charge, il étoit contraint de demeurer attaché à son Office, comme le singe à son billot, ou du moins réduit à l'une de ces extremitez, ou de perdre d'ailleurs sa bône fortune, ou bien perdre absolument l'argent qu'il auroit déboursé de bonne foy pour l'Office, qui souvent sera la meilleure partie de son bien. Au contraire recevant l'acheteur de l'Office à resigner, il n'y aura aucune injustice, contre le Seigneur, qui l'ayant vendu, ne sera frustré de son intention, quand l'Office changera de main, pource que toûjours son argent luy demeure,

13 Réponse aux objections.
Toute la rare qu'un Seigneur exact y pourroit pretendre, seroit si un Officier vieil, ou maladif, resignoit à un homme jeune & dispos : mais outre que souvent aussi-tôt meurt jeune, que vieil, & tel pense être bien sain, qui couve la mort en son sein, il est aisé à entendre que cet interêt fondé sur la mort d'autruy, est l'attente du vautour à la charogne, & cela n'est pas seant à un homme d'honneur, ni considerable en bonne justice : que si le Seigneur veut être si bon ménager, & si regardant de prés, il s'en avise de bonne heure, & qu'il vende l'Office à cette charge & condition expresse, qu'il ne pourra être resigné. Mais tout revint à un: car on ne l'achetera pas si cher à cette condition ; quand on considerera que ce n'est pas acheter un Office, mais plûtot se vendre soy-même, ou du moins se lier toute sa vie à l'Office. Tant y a que l'Office étant vendu purement & simplement, il n'est point à presumer que ce soit l'intention, ni du Seigneur d'acheter un Officier en prenant son argent, ni de l'Officier en le baillant, de vendre sa liberté; mais plûtôt que c'est son esperance, que si l'Office luy coute autre chose, lorsqu'il s'en voudra défaire, il en pourra retirer son argent.

14 Autre preuve.
Que si le Roy souffre volontairement cette regle en ses Offices selon le Droit commun, qu'ayant été achetez on les puisse revendre: & si lui, qui est Souverain, a bien voulu borner sa puissance à ne pouvoir refuser la

De la resignation des Offi. des Seign. Chap. III.

resignation de l'Office vendu, quelle effronterie seroit-ce à de simples Seigneurs ses sujets, de se vouloir exempter de cette loy de commerce: vû que non seulement ils ont moins de pouvoir & privilege que le Roy, mais encore moins de droit en leurs Offices, que sa Majesté és siens?

15. Autre encore.

D'ailleurs si aux Benefices, qui sont non seulement exempts du commerce, mais ausquels même la gratification de parenté, & toute autre affection charnelle est réprouvée, même qui par les anciens Canons ne pouvoient être quittez & remis simplement és pieds du collateur, non que la femme ne peût être quittée par le mary: neanmoins aujourd'huy la permutation n'en peût être refusée par l'Ordinaire, & la resignation *in favorem*, n'en est jamais refusée par le Pape, de sorte qu'elle est maintenant tournée en Droit commun: pourquoy ne permettra-t-on a un pauvre Officier de resigner l'Office qui luy a coûté le plus clair de son bien, & qu'il luy est aussi loisible de revendre, comme on le luy a pû vendre licitement?

16. Quid en l'Office partie donné, partie vendu.

Cela est assez clair, ce me semble, en ces deux cas simples, c'est à sçavoir en la provision gratuite, & en la pure vente, mais aux cas mêlez, il y peut échoir plus de difficulté: comme en premier lieu, si l'Office à été partie vendu, & partie donné: ce qui arrive souvent és Offices? & cela s'appelle proprement *gratification*, Comme quand apres la mort d'un Officier, on gratifie sa veuve de l'Office pour la moitié moins, qu'on en tireroit d'un étranger. En quoy la loy nous dit, *cùm mixtum est negotium cum donatione obligationem non contrahi eo casu quo donatio est. l. Aristot. D. De donat.* Ce qui est vray au poinct de la garantie, dont parle cette loy: pource que la garantie peut estre divisée & admise pour telle part qu'il y a vente, rejettée pour telle part que c'est donation, où la garantie n'échet: mais en ce qui est de la resignation, on ne peut faire cette separation: c'est un acte indivisible, qu'on ne peut admettre ni rejetter pour partie.

17. An vendito valori pretio facta pro donatione habeatur.

Il faut donc, ce me semble, revenir à cette fameuse question de Droict, *an pretio facta venditio pro donatione habeatur*, qui est traittée par Tiraqueau, *ad l. Si unquam in verb. donatione largitus in princ.* où il apporte plusieurs loix pour prouver que telle vente doit estre reputée donation. Mais ces loix parlent la plus-part, ou de ceux qui ne pouvant donner, déguisent leur donation du nom de vente: ou quand pour quelque occasion que ce soit le terme de *vente* est exprimé en fraude: autrement il faut demeurer aux termes du contrat. Si ce n'est que la vente fût faite imaginairement *uno nummo & dicis causa*, qui est un secret de l'ancien Droit Romain, où bien souvent il falloit user d'une vente simulée pour faire une parfaite & valable alienation (ce qui sert en passant à la conciliation de plusieurs loix, qui semblent contraires en cette matiere) mais cela ne se rencontre point aux Offices.

18. An contractus sit Iudicandus ab eo quod prævalet.

Quoy donc, userons-nous de l'expedient qui est souvent suivy par nos Coûtumes és cas indivisibles, pris de la loy, *Quaritur. D. De statu hominum*, *que à majori parte denominatur totum*. De sorte que si la donation de l'Office excedoit la vente, il fallust dire que la donation d'iceluy pourroit estre refusée, & au contraire, qu'elle devroit estre admise necessairement. Mais il y a toûjours de l'inconvenient pour l'un ou pour l'autre, joint que l'incertitude du prix des Offices, qui ne peut pas estre bonnement reglé par exprés, n'ayant les Offices aucun prix certain, nous jetteroit d'une difficulté en une autre.

19 Resolution de la question.

Voici donc un autre expedient de mon invention, qui est de suivre en ce contrat mêlé de donation & de vete, une voye moyenne entre le refus de la resignation, qui a lieu en la donation, & l'admission necessaire d'icelle, qui a lieu en la vente: à sçavoir que si le Seigneur ne veut admettre la resignation, au moins qu'il rende à l'Officier l'argent qu'il a receu de luy. En quoy faisant, le Seigneur ne sera point lezé pource qu'il a le choix, & s'il opte de rendre ce qu'il a receu de l'Office il en retirera plus de commodité que ce qu'il rendra, en le vendant par apres de pure vente: ni l'Officier aussi n'y sera point interessé, pource qu'il a le choix de son côté, ou de garder son Office, ou d'en retirer son argent, sans rien perdre: ce qui luy doit suffire, n'étant pas raisonnable, que malgré le Seigneur, il tire profit de sa liberalité & gratification, en l'étendant outre ces termes.

20 Modification.

Toutefois j'estime que cet expedient doit seulement être suivy, quand le compromis ou quittance de l'Office porte expressément, qu'il a été partie vendu, & partie donné, ou bien que le Seigneur a quitté liberalement à l'Officier partie du juste prix d'iceluy, ou autres termes semblables, qui montrent évidemment que le contrat est mêlé de vente & de donation: Mais quãd il y a vente, ou du moins, qu'il y a expression de prix, qui n'est point du tout éloigné du prix commun, je dis qu'il ne faut point aller philosopher sur l'intention du Seigneur, qui ne doit rien operer, étant retenuë en son entendement: même bien que le compromis, ou la quittance n'use point du mot de *vente*, mais de celuy de *composition* ou *gratification*; si est-ce qu'il faut considerer que ces termes, en matiere d'Offices, signifient aujourd'huy une pure vente: nous étans de meurez, de ce qu'anciennement on eût eu honte de vendre absolument les Offices. Et du depuis, ce commerce se glissant par degrez, on commença premierement d'en tirer quelque present honneste, puis on se licentia d'en tirer sans stipulation ni contrat, quelque somme d'argent, mais comme un droit d'entrée, qui étoit veritablement gratification plûtost que vente de l'Office, qui enfin étoit baillé liberalement: puis encore on s'avantagea d'en stipuler un prix moderé, & beaucoup moindre que la juste valeur, c'est ce qu's'appelloit *composition*, pource qu'elle se faisoit *aliquo dato & retento*: dont les termes de *gratification* & de *composition* nous sont demeurez, bien qu'à present les Offices soient conferez ordinairement sans aucune gratification, & sans aucune composition amiable: mais par une vraye vente au plus offrant & dernier encherisseur. De sorte, qu'il faut en cela plûtost avoir égard à la volonté du fait, qu'à la proprieté des paroles.

21 Gratification & composition, pourquoy dits.

J'estime donc, qu'il faut garder pour droit commun és Offices, ce qui se garde en toutes autres vêtes, qu'apres icelles il n'est pas permis au vendeur de rendre l'argent à l'acheteur, lorsqu'il veut revendre ce qu'il a acheté, pource que l'accroissement du prix, & toute autre augmentation survenante aprés la vente, tombe au profit de l'acheteur, ainsi que toute diminution de la chose, & même le peril entier d'icelle, & notamment de l'Office, qui est plus perissable que toute autre chose, tombe à son dommage. Autrement, qui n'en feroit une regle generale, veu que les Offices n'ont point de prix certain: Et il y surviedroit autãt de procés qu'il y auroit de resignations a faire: pource que le Seigneur, afin d'avoir sujet de refuser, ou du moins retarder la resignation, diroit toûjours, que la côposition qu'il y auroit faite, seroit à vil prix, & que c'étoit une gratification, & non une vente; & pendant ce different, l'Officier seroit souvent prevenu de mort.

22 Que ce n'est pas assez de rendre l'argent à l'Officier, pour refuser la resignation.

Que si le Seigneur se veut conserver cette liberté de n'estre tenu d'admettre autres personnes à ses Offices, que celles qu'il choisira pour luy, il peut pourvoir, *quia quilibet in traditione rei suæ potest quodvis pactum apponere, l. Sancimus, C. De reb. alienis non alienandis*, condition qui selon le Droit est ordinaire és baux emphyteutiques, *l. 3. C. de jure emphyt.* bien qu'elle n'y soit si à propos qu'és concessions d'Offices; toutefois, la nature des Offices n'étant de soy telle quand cette condition n'est exprimée en la composition d'iceux, il faut revenir à cette regle du Droit commun, & maxime du commerce, qu'il est permis de revendre ce qu'on a acheté.

23 Remede pour le Seigneur qui ne veut admettre les testes resignations.

Maxime qui nous apprend que la puissance de revendre l'Office acheté, n'appartient pas seulement à l'acheteur, mais aussi à tous les resignataires mediats,

24 Le resignataire de l'acheteur

de l'Office peut refiguer.

ou immediats venus de luy: pour ce que le Seigneur, duquel l'Office dépend, l'ayant mis en commerce, luy a attribué cette condition d'être desormais venal: laquelle il retient en quelques mains qu'il passe, jusques à ce qu'il soit revenu en la pleine puissance du Seigneur, qui lors luy peut donner derechef telle condition qu'il luy plaira. Si bien que quand il se trouveroit, que celuy duquel il refuse la resignation, l'eût eu en don de son resignataire, qui l'avoit acheté du Seigneur, ce n'est pas l'interet du Seigneur, si du depuis il a esté donné, ou vendu, ne pouvant la liberalité d'autruy luy être profitable, & être retorquée contre celuy auquel elle a esté faite; mais c'est la verité que ce donataire étant subrogé au droit de l'acheteur son resignant, a tout autant de puissance que luy, de resigner derechef l'Office à un autre.

25 Le resignataire de l'Office donné, qui a payé quart denier, ne peut resigner.

Comme au contraire, si la resignation d'un Officier gratuitement pourveu, faite à celuy auquel il auroit vendu l'Office, avoit esté admise par le Seigneur, moyennant finance moderée, telle que les Seigneurs ont accoûtumé de prendre és resignations qu'ils sont tenus d'admettre; je n'estime pas que ce resignataire doive être receu à resigner à un autre, s'il ne plaît au Seigneur: pource que cette finance n'a pas esté par luy payée au Seigneur, pour l'achat du corps de l'Office; mais seulement pour faire admettre la resignation, par laquelle admission l'Office est passé au resignataire en même droit & condition qu'il appartenoit au resignable, il ne l'est non plus par aprés. C'est pourquoy il faut que celuy qui entre par resignatió en un Office de Seigneur, prenne bien garde comment son resignant en étoit pourveu, & qu'il se munisse hardiment des pieces dont il puisse justifier qu'il étoit pourveu à titre onereux, ou remuneratoire. Neanmoins, en ce même cas je ne fais nul doute, que celuy qui a financé pour sa resignation, ne soit exempt de destitution, pource qu'il est vray, qu'il n'a pas esté pourveu gratuitement à fait. Aussi que ce seroit une tromperie de l'avoir admis pour de l'argent, & le chasser par aprés sans sujet.

26 Mais n'est destituable.

27 Si la preuve de la vente se peut faire par témoins.

Quoy donc? si par écrit il n'apparoit point, que l'Office a esté vendu, est-on recevable d'en faire preuve par témoins? Et bien qu'au chapitre suivant, où se traittera de la destitution odieuse, j'aye en ce même cas resolu de tenir l'affirmative: si est-ce que quand il est question de necessiter la resignation contre le droit commun, il y a plus de difficulté. Et je voudrois en ce cas distinguer les Offices venaux d'avec les non-venaux. Es venaux tenir, que leur aptitude naturelle à la venalité, & la coûtume ordinaire des Seigneurs, les faisant presumer avoir esté vendus, cette presomption, bien qu'à la verité trop foible pour induire *onus probandi in adversarium*, comme c'est l'effet ordinaire des fortes presomptions, doit pour le moins operer, que celuy qui en est assisté, ne soit tenu à le fortifier par preuve testimoniale, nonobstant l'Ordonnance de Moulins. Veu même que plusieurs estiment indistinctement és Offices Royaux, que la resignation y est necessaire regulierement, & de droit commun, sans aller rechercher s'ils ont esté vendus, ou conferez gratuitement.

28 Oui és Offices venaux.

Mais aux Offices non-venaux, desquels encore que la vente soit tolerée & dissimulée, si est-elle illicite, & contre la nature d'iceux, & partant ne doit être presumée, j'estime qu'il y a plus d'apparence de tenir, que l'Ordonnance de Moulins y doit être observée à la rigueur, afin qu'on n'ait pas plus de pouvoir de verifier par témoins les contrats illicites, que les licites. Car encore que l'on puisse dire qu'on ne redige pas toûjours par écrit telle ventes, neanmoins puisque c'est la verité, qu'on en fait à present ordinairement des compromis, même que l'on ne fait plus difficulté de les produire en Justice, celuy qui n'a pris sa seureté comme il devoit, s'en doit prendre à lui-même: seureté, qui au surplus étoit bien necessaire, pour acquerir ce droit special & particulier, de pouvoir resigner l'Office contre le gré du Seigneur.

29 Non és venaux.

30 Quid és

Voila quand il y a bourse déliée. Ce qui nous ouvre le chemin, pour rechercher ce qui doit être fait en toute autre provision onereuse. Or tout ainsi qu'au fait de la garantie, tous autres contrats onereux sont reglez à l'exemple de la vendition, je dis que si la charge à laquelle l'Office a été concedé, est à peu prés égale à la valeur de l'Office, c'est comme une vente, & par conséquent, la resignation n'en peut être refusée: le même est quand cette charge ne peut être estimée à deniers, comme quand l'Office a été baillé par le Seigneur en mariage à une fille, ou donné à la charge d'épouser une fille. Car il fait partie de sa dot, *atqui dos, quoad virum, est tituloso onerosus*.

Autre chose seroit, à mon avis, si par contrat de mariage il avoit esté donné au mary, ou du moins en faveur de son mariage, & afin qu'il trouvât meilleur party. Car cette cause ne regardant que l'interet du mari, n'est point reputée onereuse: au contraire, la liberalité ou courtoisie du Seigneur est d'autant plus grande, que non seulement il a donné l'Office, mais aussi a donné sujet à son Officier d'être mieux marié: & quant à la femme, elle n'a aucune action contre le Seigneur, pour lui faire admettre la resignation de son mary, pource que ce n'est pas à elle, mais à son mary, que l'Office a été donné: toutefois elle pourroit, à mon avis, justement empêcher la destitution de son mary, pource que l'ayant épousé à l'occasion de l'Office donné en contemplation de son mariage, elle seroit trompée, si par aprés l'Office lui étoit osté sans sujet.

Mais si la cause onereuse ne revient pas à beaucoup prés à la valeur de l'Office, c'est tout ainsi que quand l'Office a été partie vendu, & partie donné, & comme dit la loy *Aristo, mixtum est negotium cum donatione*: Et partant en ce cas j'estime qu'il faut suivre l'expedient cy-dessus rapporté, de rembourser l'Officier de l'estimation de la charge, qu'il a accomplie pour parvenir à l'Office, si on ne veut admettre la resignation.

Finalement, quant à la cause remuneratoire, j'estime en un mot, qu'elle ne produit point d'obligation contre le Seigneur, ni de garantir l'état, ni d'admettre la resignation d'icelui, pource que les bons offices, sur lesquels elle est fondée, ne produisans point d'obligation, ni d'action civile contre lui, avant la provision de l'État, est assez, que pour l'acquit de la simple obligation naturelle & honoraire qu'ils produisoient, l'État ait été une fois donné; lequel l'Officier peut garder tant qu'il voudra, sans qu'il en puisse être destitué, côme il sera dit au chap. 5. Mais s'il le veut quitter de sa propre volonté, il n'est pas raisonnable que son merite particulier soit transmis à un autre, & que le Seigneur, qui par courtoisie a avoüé cette obligatió d'honneur, bien qu'il n'y peut être contraint, soit interessé outre son intentió, d'admettre en la place d'un ancien serviteur, une persône étrãge qui ne lui sera pas agreable, & par ainsi qu'on ôte au Seigneur le choix de ses Officiers. En quoi même le Public a interêt, que ce choix, qui n'est de petite importance, soit conservé à un Seigneur pour le pourvoir gratuitement, afin que les Seigneurs soiêt d'autãt plus excitez à conferer leurs Offices plûtôt pour le merite, que pour l'argent.

Tout ce que dessus a lieu à l'égard des Seigneurs parfaits & incommutables qui peuvêt pourvoir leurs Officiers de telle façon qu'il leur plaît. Mais celui qui n'est pas Seigneur incommutable, comme l'usufruitier, le beneficier, l'acquereur à faculté de rachat, le gardien, ou tuteur tous autres semblables ne peuvêt pas pourvoir leurs Offic. de telle façon, qu'ils prejudicient à leur successeur, & à celui qui vient avoir droit aprés eux en la Seigneurie. Auquel rang je ne compte pas la mary; mais je le compte au rang des Seigneurs incommutables, pour le regard de ce point icy: pource qu'il est administrateur du bien de sa femme, en la même sorte qu'un Seigneur incommutable.

Mais à l'égard de tous les autres Seigneurs imparfaits & commutables, il faut distinguer les Offices venaux d'avec les non-venaux. Et quãc aux venaux, je ne fais point de difficulté qu'ils ne les puissêt vendre, attendu qu'ils

autres provisions onereuses.

31 Si la charge estimable à deniers, l'Office est resignable.

32 Office donné au mary n'est resignable.

33 Quid si la cause onereuse est inégale.

34 Office conferé à titre remuneratoire n'est sujet à garantie, ni à resignation.

35 Si les Offices vendus par un Seigneur commutable ne sont resignables.

36 Offices venaux vendus par le Seigneur commutable, sont resignables.

qu'ils sont en fruit, avec leur aptitude naturelle à la venalité. De sorte que le successeur en la Seigneurie ne se peut plaindre, s'ils ont disposé d'iceux, ainsi que la loy le permet, & neanmoins leur disposition étant entierement valable, ils ne peuvent, à mon avis, ni destituer, ni refuser la resignation des Officiers de cette espece, & ainsi pourveus, nonobstant la regle , que *resoluto jure dantis, resoluitur jus accepturis*, l. *Lex vectigali. D. De pignor.* dautant que quand ils ont vaqué, c'étoit un fruit & obvention, qui étant écheu & perceuë de leur temps, leur demeure acquis incommutablement : étant un des moyens ordinaires, *acqui rendi dominii*, que la perception des fruits. §. *Si quis à non domino. Instit. De rer. div.* Ainsi qu'on void qu'après la mort d'un Beneficier, ceux qu'il a pourveus des Benefices qui étoient en sa collation, les retiennent, comme leur ayans été acquis incommutablement par leur provision, bien que faite par celuy qui n'étoit pas Seigneur incommutable.

[37 Exception que ces Offices ne peuvent pas être conferez hereditairement.]

Il est vray qu'il faut observer que ces Seigneurs imparfaits & commutables, ne peuvent pas changer l'espece & la qualité des Offices dépendans de leurs Seigneurs, non plus que changer la face de la terre au prejudice de leurs successeurs, comme faire d'un Office venal de Seigneur un Office hereditaire, par exemple, un Beneficier ne pourroit pas vendre hereditairement le Greffe de sa Justice; mais nonobstant cette paction d'hereditité, si après son decés le Greffier vient à deceder, le Greffe vacque par mort, comme un par Off. venal. Pareillement si le Greffe avoit accoûtumé d'être tenu en domaine, & baillé à ferme, le Beneficier ne le peut pas conferer à titre d'Office, au prejudice de son successeur; mais après le decés de celuy qui l'a ainsi conferé, son successeur le reünira, s'il veut à son domaine, pour le bailler à ferme, ainsi qu'il étoit accoûtumé auparavant, comme il a été jugé pour le Greffe de la Justice de saint Denys en France, par Arrest du Mardy 29. Novembre 1605. és plaidoiries de relevée.

[38 Autre exception que les Offices qui avoient accoûtumé d'être tenus en domaine, ne peuvent pas être conferez en titre.]

Mais pour le regard des Offices non-venaux, comme de Juges, & encore principalement de Procureurs de Seigneurie, je tiens pour certain, que le Beneficier & tout autre Seigneur imparfait & commutable, ne les peut vendre, Car ce qu'on tolere & dissimule en Justice, que le Seigneur incommutable les vende, est dautant qu'aucun autre n'y a interest: & quant à luy, ou ses heritiers, ils ne peuvent venir côtre son fait. Mais si quelqu'un vient à y avoir interest legitime, il peut soûtenir cette vente est nulle, comme faite contre la prohibition expresse des Ordonnâces, & contre la vraye nature de l'Office. D'où il s'ensuit que le pourveu par un Beneficier, d'un Office de judicature à titre onereux, peut estre non seulemêt empêché de resigner; mais aussi destitué par le successeur au Benefice, tât que nous pratiquerons en Frâce la destitution des Officiers des Seigneurs, sauf à cet Officier de recouvrer ses dommages & interests contre celuy qui a eu son argent, ou ses heritiers, duquel recours il sera parlé en un autre lieu.

[39 Offices non-venaux vendus par le Seigneur commutable, ne sont resiliables.]

Si ce n'est que le prix de l'Office ait été actuellement & utilement employé au profit du Benefice, ou de la Seigneurie. Ce qui est bien rare, & mal-aisé à prouver: Encore en matiere de Benefices, faudroit-il, à mon avis, qu'il y eût une homologation du superieur, comme en une alienation Ecclesiastique. Autant en faut-il dire d'un tuteur, ou d'un gardien; il est vray, qu'à leur égard l'exception est encore plus recevable, si le prix est tourné au profit du mineur, comme si le tuteur luy en a fait recepte en son compte, En quoy il y a encore une autre exception, si le mineur a herité de son tuteur. Car en ce cas la regle, *quem de evictione tenet actio, eundem agentem repellit exceptio*, milite apparemment contre luy.

[40 Exceptions.]

Voilà pour la provision onereuse, faite par le Seigneur imparfait: quant à la remuneratoire, il y a encore moins de difficulté à l'égard des Offices venaux qu'en l'onereuse; mais quant aux non-venaux, la difficulté est grande, si étant faite par un Seigneur imparfait, elle lie les mains à son successeur de pouvoir destituer l'Officier ainsi pourveu. Et neanmoins la plus commune opinion est, que non, si ce n'est que les services, sur lesquels est fondée la cause remuneratoire, soient faits à la Seigneurie : toutefois la haine de la destitution donne de l'incertitude à cette opinion.

[41 Quid en la provision remuneratoire du Seigneur commutable.]

Voicy maintenant une grande & importante question: Si aux cas ésquels le Seigneur est tenu d'admettre la resignation, au moins il luy est deu quelque finance, pour l'admission d'icelle. Ce qui me semble si clair d'abord, que même on pourra trouver ridicule de le mettre en doute.

[42 S'il est deu finance au Seigneur pour la resignation de l'Office resignable.]

Attendu premierement que c'est chose ordinaire, & au Droit Romain, & en France, que pour l'alienation presque de toutes sortes d'heritages, il est deu quelque profit au Seigneur, dont ils dépendent: Es fiefs le relief ou rachat, appellé *mi'enaulae*, és cens les lods & ventes, és emphyteoses Ecclesiastiques le droit appellé *αειώκιον. Constit. Leon.* 13. en celles des particulieres *iκθυμιον. leg.* 3. *Cod. de Emphyt.* és Eveschez *totes classica Novelle* 113. és autres Benefices *iκτελιακιος Nov.* 56. que nous appellons les annates & deports : même aux Milices Romaines, on trouve qu'il s'en payoit un droit d'entrée, appellé *onus & introitus Militia*; comme tout cela a été amplement traité cy-devant.

[43 Raisons de l'affirmative.]

Et quelle difficulté en pouvons-nous faire aux Offices des Seigneurs, puisque cela est si publiquement établi en ceux du Roy, & que c'est le Roy qui donne loy au commerce des Offices, encore plutôt que de toutes autres choses, & à l'imitation duquel partant ses Sujets se doivent composer? D'ailleurs, puisque c'est déja une resolution assez rude & exorbitante de charger les Seigneurs d'admettre contre leur gré la resignation des Offices, quelle apparence a-t-il de leur ôter au moins le petit émolument, qui semble leur être attribué en recompense de cette rigueur? Attendu même qu'ils en sont en paisible possession, & que c'est un usage si notoire, qu'on voir maintenant que les Princes, qui ont plusieurs Offices en leur collation, font état d'avoir des parties casuelles, ainsi que le Roy.

[44 Autres.]

Nonobstant toutes ces raisons, je tiens pour asseuré, que quiconque sans opinion préjugée voudra considerer attentivement ce qui est purement de la raison en ce poinct cy, il resoudra asseurément qu'és cas où le Seigneur est tenu d'admettre la resignation de l'Office, il ne luy en est deub aucun profit.

[45 Resolution pour la negative.]

Commençons par le fondement & origine de ce pretendu droit de quart denier, & que ceux qui tiennent l'opinion contraire, me montrent sur quoy il est fondé, & à cause dequoy il est deub. Certainement il ne peut venir que d'une paction expresse, ou de la nature du negoce, *nimirum vel ex provisione hominis, vel ex provisione legis*. Quant à la paction expresse, il n'y a point de difficulté, que si le Seigneur en conferant l'Office, avoit stipulé & reservé ce droit, il ne lui fust legitimement deub. Mais cessant cela, il est bien certain que la nature du Contrat de vente en soy, & hors ce qui est de l'Office, n'est point que la chose ne puisse être revenduë par celuy qui l'a achetée, en payant quelque profit à celuy de qui elle dépend. Voyons donc si cela provient de la nature particuliere de l'Office même, qu'il ne puisse être resigné sans payer le quart denier, comme le fief, sans quint denier, ou rachat; & l'heritage censuel sans lods & ventes.

[46 D'où vient la finance des resignations.]

Mais il y a bien de la difference: dautant que le fief & l'heritage censuel ont de leur origine été concedez gratuitement; & de fait leur titre emporte que la concession en soit gratuite, & non pas faite par vente, qui est une espece de Contrat, distincte specifiquement du bail en fief, ou à cens; au moins en ce cas c'est un Contrat mêlé, comme l'échange, & la vente concourent ensemble. C'est pourquoy le fief est appellé *Beneficium*, jusques-là que tous les anciens Docteurs sôt d'accord, qu'apparoissant que le fief ait été constitué par vente, il n'est point sujet à cômise pour felonnie, comme du Molin rapporte sur le 30. art. de la Coûtume, nomb. 99.

[47 Pourquoy aux mutations des heritages feodaux, ou censuels, est deu profit au seigneur.]

Du Droit des Offices.

298 Des Offices des Seigneurs, Liv. V.

48 Pourquoi particulierement au fief.

Or le fief de sa premiere nature étoit inalienable, même n'étoit transmissible à l'heritier, non plus que l'Office, comme ayant été donné à celui que le Seigneur choisissoit exprés pour l'assister en guerre. Mais a succession de temps, au moyen que les Seigneurs le continuoient courtoisement aux heritiers du vassal, même que quelquefois ils consentoient que le vassal en fît son profit, & le transportât à un autre, moyennant certaine finance qu'il en payoit au Seigneur, cette coûtume toute volontaire de courtoisie a été enfin tirée en necessité, & ainsi les fiefs sont devenus patrimoniaux, c'est à dire, transmissibles aux hoirs, & ayans cause, comme nôtre aute patrimoine : mais aussi on a conservé aux Seigneurs ce droit, & commodité, qu'ils avoient accoûtumé de prendre en telles mutations, pour admettre & investir le nouveau vassal, afin qu'estans foulez d'un côté, ils fussent relevez & recompensez d'un autre.

49 Pourquoi en l'heritage censuel.

Le même s'est aussi pratiqué aux heritages censuels, qui de leur origine étoient volontiers, ou des places à bâtir dans les Villes & villages, ou és champs des heritages deserts, que le Seigneur, qui en avoit plus qu'il n'en pouvoit labourer, & faire valoir, concedoit à de pauvres gens, pour avoir des voisins, & des personnes qui dépendissent aucunement de luy : laquelle concession étoit gratuite, selon la vraye nature du Contrat de bail à cens, sauf qu'on chargeoit ses places d'une petite redevance annuelle, appellée en Latin *libella*, plus pour reconnoissance & marque eternelle de Seigneurie directe, que pour le profit qui en revinst au Seigneur; & outre cela, le bail à cens se faisoit à condition expresse, que le preneur ne pourroit aliener l'heritage sans le consentement du Seigneur, clause qui pareillement étoit ordinaire au Contrat d'emphyteose.

50 Difference d'entre l'emphyteose perpetuelle, & le bail à cens.

le, *lib. 2. Cod. De jure emphyt.* auquel Contrat le bail à cens, ou Contrat libellaire se rapporte, ayant pris son origine *à perpetua locatione*. Et n'y a difference entre les deux sinon que la redevance est plus haute en l'emphyteose perpetuelle, & plus petite au Contrat censuel : qui pour cette cause est appellé par les Latins *libellaire* : à cause de laquelle petitesse de redevance, la clause de ne pouvoir aliener l'heritage y étoit d'autant plus juste & plus ordinaire.

51 Lods & ventes, d'où dits.

C'est pourquoy les Seigneurs, pour relâcher cette rigueur, & permettre aux censiers de vendre l'heritage, ont pris coûtume de composer à une certaine portion du prix de la vente: portion que nous avons appellée, ainsi que j'estime, *les lods és ventes*, comme le lot ou la part du Seigneur, au prix de la vente: ou bien, comme on le derive communement, nous les appellons lods & ventes, *a laudanda, id est approbanda venditione* : ce qui montre que cette vente ne pouvoit subsister, si elle n'étoit approuvée par le Seigneur. Mais dautant que l'heritage censuel pouvoit de sa nature être transféré à l'heritier, c'est pourquoy il n'est rien deû au Seigneur pour succession d'iceluy, comme en l'heritage feodal.

52 Que tous ces Contrats étoient autrefois gratuits.

Bref, il ne se trouvera point, que ni aux fiefs, ni aux cens, ni aux emphyteoses, ni aux precaires Ecclesiastiques, ni aux Benefices ces droits d'entrée fussent payez, sinon la concession fût gratuite. Et quant au droit d'entrée des Milices, il n'étoit pas baillé au collateur pour la provision; mais c'étoit côme une bien-venuë, que le nouveau Officier, aprés être receu, payoit à ses compagnons d'Office, comme les festins que l'on leur fait en France, & les dix écus que les Officiers de la Cour des Monnoyes payent à chacun de leurs collegues, le jour de leur reception, ainsi qu'il a été dit cy-devant.

53 Resolution, que le Seigneur ne doit prendre finance de la resignation de l'Office vendu.

Je dis de même, que quand les Offices ont été conferez gratuitement par le Seigneur, comme anciennement on ne les conferoit point autrement, il n'y a point d'inconvenient, que pour convier le Seigneur d'en admettre la resignation, on luy fasse un present honneste; même qu'on luy paye quelque argent, s'il n'y a point de moyen d'en venir à bout autrement. Car encore n'en fera-t'il rien du tout, s'il ne veut. Mais si l'Office a été acheté, ce n'est pas une vraye concession à titre d'Office, c'est une vente qui includ de sa nature, & de droit commun, que l'acheteur puisse revendre ce qu'il a acheté. Partant, dés lors que le Seigneur a vendu l'Office, il s'est tacitement obligé par la nature du contrat de vente, d'en permettre la revête, c'est à dire, d'en admettre la resignation. Si donc il est tenu de l'admettre il ne la doit point vendre (car ce seroit vêdre deux fois une chose, & vendre ce qu'il doit) & s'il ne la peut refuser, il ne la faut point acheter de luy: & s'il en prend de l'argẽt, c'est exaction. Tout ainsi que le proprietaire d'une Seigneurie ne peut rien demãder à l'Officier qui luy est nõmé par l'usufruitier, pour luy bailler sa provision, qu'il luy doit fournir gratuitemẽt, & comme le Roy ne prẽd rien des provisiõs qu'il baille sur la nominatiõ des Seigneurs, qui tiennent le domaine alienè.

54 Pourquoy le Roy en prend.

Et il est inutile de dire, que le Roy prend finance de la resignatiõ de ses Offices, bien qu'il les ait vendus, même plûtost que de ceux qu'il ne vend point : Car qui prendra bien garde à la premiere introduction de cette finãce, faite par Edit de Charles IX. de l'an 1579. trouvera que le Roy ne l'a prise du cõmencement, comme luy appartenant de droit commun, ou du moins, *jure privato*, en vertu de la Seigneurie particuliere de ses terres; mais *jure publico*, ainsi qu'un tribut, qu'il s'avisa de lever sur ses Officiers, comme Roy, & par droit de Seigneurie universelle & souveraine. Ainsi que cét Edit le montre fort évidemment, tant en ce qu'il contient par exprés, que cette levée se fera pour subvenir aux guerres civiles, qui lors avoient cours : que sur tout pource qu'il dispose nommément, *que les Princes & Seigneurs, possedans le domaine de la couronne, ne pourront lever cette finance sur les Offices qui sont en leur nomination*: ce qui ne leur pourroit pas être ôté, si c'étoit un juste droit de Seigneurie particuliere, & un fruit qui fût perceptible de droit commun sur les Offices.

55 Edit qui a inventé cette finance, exclud les Seigneurs.

Si donc ce droit n'appartenoit pas de sa premiere institutiõ aux enfãs de France en leurs appanages, ni aux Reynes en leurs douäires, ainsi qu'il resulte de cette Ordonnãce, bien que ces Offices demeurans Royaux, il y soit établi par icelle au profit du Roy. Est-ce la raison qu'ils s'égalent au Roy, & que d'autorité privée ils s'attribuent le même tribut, que le Roy pour la necessité de son Etat, a été contraint imposer sur ces propres Offices seulement, & encore non entant que particulier, mais comme Roy & Monarque souverain ?

56 Autre preuve.

Mais pourquoy est-ce donc, dira-t'on, que les Seigneurs le prennent ordinairement sãs qu'on s'en plaigne? En voici la raison bien évidente. C'est qu'en premier lieu, il arrive fort rarement qu'ils soient tenus d'admettre les resignations: car comme il vient d'être dit des trois sortes de provisions, gratuite, remuneratoire, & onereuse, ils ne sont tenus les admettre qu'en l'onereuse : & encore quand le titre onereux égale à peu prés la juste valeur de l'Office. Et si il faut, pour bien faire, qu'il en apparoisse par écrit, Et outre tout cela il est necessaire, que celui qui a vendu l'Office, ait été Seigneur parfait & incommutable, & ait eu le pouvoir d'obliger son successeur à l'admission de la resignation. Or au temps passé, tout cela se rencontroit fort rarement ensemble: Car outre que la vente étoit fort rare, & presque inconnuë, lorsqu'on en usoit, on eût eu honte & crainte d'en faire rien paroître par écrit: pource qu'on juroit à la reception, n'avoir acheté l'Office: de sorte que pour maintenir le contraire, c'eût esté se declarer parjure; & partant nôtre question étoit lors comme inutile, n'écheant presque jamais le cas auquel la resignation peust estre necessaire.

57 Pourquoy a si siẽ gueurs en prennent ordinairement.

Et toutefois on ne peut nier que ce n'ait toûjours esté la coûtume des honnestes & courtois Seigneurs, d'admettre la resignation de leurs Officiers faite à personne qui leur fût agreable, ou liberalement, ou à tout le moins en leur faisant quelque honneste present, ou enfin en leur baillãt, quelque somme d'argent, depuis que la venalité des Offices a esté introduitte, pour ce que c'est toûjours autant d'argent qu'ils tirent, & il

58 Coûtume des Seigneurs courtois.

De la resignation des Off. des Seign. Chap.III.

arrive souvent que le resignataire meurt plûtost que le resignant. Bref, si quelquefois les Seigneurs refusoient d'admettre les resignations, étans en mauvaise humeur, on épioit l'ocasion d'une meilleure humeur pour la faire passer, ou par pitié, ou importunité d'amis.

C'est pourquoy il ne faut nullem. trouver étrange, que cela soit passé en coûtume & en ordinaire, que les Seign. tirent cômodité de la resignation des Offices: attendu qu'encore aujourd'huy, que la vente de leurs Offices est notoirement établie en usage commun, si est-ce qu'ordinairement ceux qui les achetent d'eux, n'en tirent point de quitâce, ni autre preuve par écrit, & quand ils en ont, encore les plus rigoureux font-ils difficulté aux pauvres Offi. sur le défaut du pouvoir de celui qui les a pourveus, enfin ils s'acrochent sur questions generales, s'ils sont tenus d'admettre la resignation, ou non; & en cas qu'ils soient tenus de l'admettre, si pour icelle il ne leur est pas dû un droit ainsi qu'au Roy. Questions que je ne sçache point avoir encore été decidées par Arrest, depuis le peu de temps qu'il y a que la venalité s'est établie publiquement, & sur tout depuis qu'on a osé l'avouër en Justice. Et quand toutes ces difficultez ne contraignent pas assez les pauvres Offi. d'en passer par leur misericorde, il les menacent enfin, & détournent ceux qui veulent acheter les Offices contre leur gré, de sorte que tout bien consideré, pour éviter toutes difficultez, & pour avoir patience, & la bonne grace du Seigneur, c'est toûjours mieux fait d'en composer amiablement avec lui, & redimer la vexation, que commencer par un procés contre lui à devenir son Officier: attendu même que pendant ces procés le resignant peut mourir, auquel cas l'Office est en plus grand hazard qu'auparavant.

Voilà ce qui se fait; mais pour parler de ce qui se doit faire en point de Justice & de raison, je tiens que c'est une tyrannie & une exaction, de tirer cette finance de l'Officier qui a acheté son Office. Car ce n'est pas des Offices comme des heritages feodaux ou censuels, qui à present sont devenus patrimoniaux & alienables, malgré le Seigneur, indistinctement & sans exception au lieu qu'il n'y a qu'un seul cas auquel les Offices soient resignables contre son gré, encore faut-il qu'il soit accompagné de beaucoup de rencontres. C'est pourquoy il ne faut pas tenir indistinctement en ces Offices, comme aux fiefs & censives & aux Offices du Roy, qu'il soit deu au Seigneur un droit pour approuver l'alienation, pource que les heritages feodaux & censuels, ce droit est établi par nos Coûtumes à cause d'un juste contrepoids d'équité, & aux Offices du Roy par Edit exprés pour les necessitez de l'Etat. Mais és Offices des Seigneurs, il n'y fut jamais établi par aucune coûtume ni Edit, & n'y a pas egale raison de l'y établir. Car puisqu'on ne garde pas en l'Office, que la resignation en soit necessaire, quand il est concedé gratuitement, ainsi que l'alienation du fief & du cens est permise en ce même cas, comme és concessions onereuses, on ne doit plus argumenter du fief & du cens à l'Office, en ce qui est de la provision onereuse. Et toutefois les Seigneurs étans les maîtres, se flattent & s'en font accroire en cecy, voulans bien admettre cette comparaison en ce qu'elle fait pour eux, comme pour tirer de l'argent des resignations; mais ils la rejettent en ce qu'elles fait contr'eux, comme de les forcer à admettre la resignation de l'Office gratuitement concedé, ainsi que le Seigneur est tenu d'approuver la vente de l'heritage feodal, ou censuel.

Le même veulẽt ils faire en la comparaison des Offices Royaux aux leurs: car au fait de la finance des resignations, ils veulent bien se comparer au Roy, bien que le Roy ait un autre sujet de la prendre qu'eux: mais en ce qui est d'admettre indistinctement la resignation de tous Offices, comme fait le Roy, ils ne veulent pas l'imiter.

Et pour montrer évidemment que la finance que les Seigneurs prennẽt pour la resignation de leurs Offices, vient d'accord & de composition, comme procedant d'une resignation admise par eux volontairement, & non pas de la necessaire, c'est que jamais il n'en fut fait de taxe en justice, & neanmoins encore que les droits deus pour les mutations des heritages feodaux & censuels soient taxez par les Coûtumes, si ne laisse-t'on pas d'en plaider bien souvent. De dire qu'és Offices des Seigneurs cette finãce soit reglée au quart denier de la valeur de l'Office, outre qu'il n'y a point d'ordonnãce qui fasse ce reglement, même és Offices Royaux, comme j'ay dit au 3. liv. chap. 3. quand ainsi seroit, si est-ce que n'y ayãt aucun prix certain aux Offices, & n'y ayant point de Juges ordonnez pour faire promptement cette liquidation, comme il y a és Offices du Roy, comment n'en arriveroit-il des procés? & toutefois je n'ay point oüi dire qu'il y en ait jamais eu. Car où le Seigneur n'est point tenu d'admettre la resignation, & en ce cas force est d'en passer par sa libéralité, ou de l'admettre, & en ce cas il ne doit rien prendre de ce qu'il est tenu faire.

Si donc le Seigneur s'opiniâtroit tyranniquement, ou de ne point admettre du tout la resignation de l'Office vendu, ou d'en vouloir avoir le quart denier à son mot, je dy qu'il faut qu'il y ait par tout justice, & partant qu'aprés une sequestre, ou sommation à lui faite d'admettre la resignation, & bailler provision au resignataire, il le faut appeller pardevant le Juge, auquel appartient de recevoir l'Officier, pour voir dire qu'il lui baillera provision de l'Office à lui resigné, & à faute de ce faire, voir ordonner, que sur la simple resignation, il sera pourveu & receu par Juge, & sera installé à l'exercice de son Office.

Tout ainsi que quand la nomination de l'Office appartient à un, & la provision à un autre, lorsque le collateur refuse de bailler provision au nommé, il peut être receu en vertu de la simple nomination, comme j'ay dit au chapitre precedent. Et ce qu'il ne se fait pas de même aux Benefices, est pource que c'est la premiere regle du Droit Canon, qu'ils ne peuvent être possedez sans institution Canonique. Ce qui n'est pas de même aux Offices, dautant que le Beneficier acquiert toute la puissance par la seule collation, qui aussi est mise entre les actes de jurisdiction par les Canonistes, & ne lui faut point de reception aprés.

Mais és Offices par la collation, qui n'est point acte de jurisdiction, la seule Seigneurie de l'Office est donnée, ainsi qu'elle l'est des autres choses par la tradition, mais la possession publique, & le rang & charactere d'Officier, est seulement attribué par la reception. Comme donc le Juge peut adjuger la Seigneurie de toute chose, qui est contentieuse devant lui, aussi peut-il adjuger celle de l'Office, de sorte que sa Sentence vaut un titre, & équipole à la provision du Seigneur, quia factum Judicis, est factum partis: autrement il faudroit dire, que si un Seigneur se vouloit opiniâtrer à ne bailler point de lettres à celui auquel l'Office doit appartenir, il ne pourroit jamais tenir ni exercer, ce qui ne seroit pas raisonnable. Tout ainsi qu'en la feodalité, les offres deuëment faites équipollent à foy: & que l'Ordonnance permet au vassal, qui craint d'être saisi aprés avoir fait ses offres, d'appeller le Seigneur pour le voir declarer bonnes valables, & en faisant ordonner, qu'il sera tenu pour receu en foy, avec défenses de saisir son fief.

Qui est une voye plus prompte & plus expeditive, que de condañer le Seigneur à bailler lettres de provision au resignataire, & ordonner qu'il y sera contraint par saisie de ses biens: pource que par cette voye le Seigneur accableroit son Officier, en souffrant la saisie. Et bien qu'enfin il fut condamné en ses domages & intérêts, si est-ce une pauvre recousse à un Officier contre son Seigneur: & lui est sans doute plus à propos de prevenir le mal, que le guerir étant venu.

En tout cas je dis, que déslors de cette premiere sommation faite au Seigneur, d'admettre la resignation de l'Office, qui le constitué en demeure, l'Office ne court plus de risque par la mort du resignant, autrement le

(marginal notes:)
59 Coûtume des Seigneurs.
60 Que c'est exaction de prendre certe finance par les Seigneurs.
61 Réponse aux raisons contraires.
62 De même.
63 Que jamais cette finance n'a été taxée.
64 Conclusion qu'il n'en faut rien payer.
65 Cõment le faut pourvoir contre le Seigneur, qui refuse admettre la resignation de l'Office vendu.
66 Exemple.
67 Raisons pour montrer que le Juge peut adjuger l'Office aprés le refus injuste du Seigneur.
68 Que cette expedient est le meilleur.
69 Aprés la sommation l'Office ne court plus de risque.

300 Des Offices des Seigneurs, Liv. V.

Seigneur profiteroit de sa demeure & malice, au dommage du pauvre Officier, comme j'ay dit au chapitre dernier du livre precedent, traittant des Offices de domaine aliené, où j'ai expliqué le taux & la proportion de la finance deuë pour l'admission és Offices Royaux, esquels elle est deuë.

70 Si les 40. jours ont lieu és Offices des Seigneurs.
71 Raisons de la negative.

Mais c'est une grande question de sçavoir, si les 40. jours doivent avoir lieu és Offices des Seigneurs. Car d'une part on dit, & il est vray, que même és Offices Royaux, ils n'ont pas lieu au moyen d'un droit & reglement établi, n'y en ayant jamais en Edit, ou Ordonnance, mais seulement en vertu de la clause apposée és lettres de provision par le stile de la Chancellerie, & toutefois on a veu souvent le Parlement passer par dessus cette clause favorablement: même on a tenu autrefois qu'elle n'avoit point lieu, selon raison & justice, aux Offices de judicature ; quoy qu'il en soit, elle a toûjours été tenuë pour odieuse.

72 Autre.

Que si és Benefices, dont la resignation n'est jamais necessaire, mais c'est une regle en iceux, que *omnis resignatio pendet ex gratia*, telle condition de survivre certain temps n'a point de lieu és collations des Ordinaires; & quand elle a lieu en celles du Pape, encore pour 40. jours il n'y en a que 20. & au lieu qu'és Offices elle comprend les sains, aussi bien que malades, és Benefices elle ne comprend que les malades: doit-elle pas être du tout rejettée és Offices des Seigneurs ordinaires, au moins en cet unique cas, auquel l'admission des resignations leur est necessaire, & partant comme elles ne peuvent être refusées, aussi peuvent-elles, ce me semble, être chargées de condition.

73 Que c'est l'opinion commune du Palais.

Et bien que les Seigneurs se fassét accroire le contraire, à cause de la crainte qu'ont leurs Officiers de plaider contr'eux, si est-ce l'opinion commune du Palais, que les 40. jours n'ont lieu qu'aux Offices Royaux: Et de fait entre ceux des Collateurs ordinaires, qui se gouvernet non par la force, mais par la raison, comme les Communautez des Villes, cette clause n'y est point pratiquée. Par exemple, il y a plusieurs Offices en la collation du Prevôt des Marchands & Eschevins de Paris, esquels il a toûjours été pratiqué, qu'ils ne vaquét point par mort, pourveu que l'Officier, avant que mourir, se puisse faire porter dás l'Hostel-de-Ville, & qu'il la declare de vive voix, qu'il resigne son Office.

74 Réponse à ces raisons.

Voilà certes de grandes raisons, mais elles ne manquét pas de réponse, & si les raisons contraires ne sont pas moins fortes. Car il ne faut pas trouver étrage, qu'il n'y ait point d'Ordonnance expresse pour autoriser la clause de 40. jours: pource qu'étant en la puissance du Roy, de mettre dans ses provisions, telles qu'il lui plaist, elle ne laisse d'être assez observée és Offices Royaux, en vertu de la teneur d'icelles. Et quant aux Offices des Seigneurs, le Roy ne s'est entremis jusques icy d'y mettre aucun reglement, pour le peu de temps qu'il y a qu'ils sont en commerce ordinaire; & neantmoins ce n'est pas à dire qu'ils ne doivent être reglez par les raisons de droit & d'équité, & notamment par l'usage commun, lequel ils doivét emprunter des Offices Royaux, lorsqu'il n'y a point de raison de diversité entre les uns & les autres, comme en ce point cy.

75 Equité des 40. jours.

Quàt à la raison, sur laquelle est fondée la clause des 40. jours elle est certes pleine d'équité. Asçavoir du Droit Romain, & de nos Coûtumes, il resulte une regle fort équitable, que toute disposition, qui seroit illicite aprés nôtre mort, ne peut aussi être faite valablement, lorsque nous sommes proches d'icelle: pource que celui qui en mourant, ou étant certain de sa mort prochaine, dispose de ce, dont il ne peut disposer pour le temps d'aprés son decés, est reputé faire telle disposition en fraude de la prohibition.

76 Tout ce qui ne peut être fait par testament, ne peut être fait lors qu'on est prest de mourir.
77 Exemple.

Par exemple, le mary qui étoit chargé de rendre la dot, en cas que la femme decedât en mariage, fait divorce avec elle, qu'il la voit au lit de la mort, afin de dire qu'elle n'est pas decedée en mariage, il doit neanmoins rendre la dot, dit la loy *Filia mea emancipata D. Sol. matrim.* Autre exemple il n'étoit pas permis en l'ancien Droit Romain de donner par testament liberté à ses serfs, sinon jusques à certain nombre : celui qui se voit prés de mourir, donne liberté à plus grand nombre, non par testament, mais par une prompte manumission, le Droit resout qu'aprés sa mort cette manumission faite à la hâte, doit être revoquée, nonobstant la faveur de la liberté.

Encore un autre exemple : Le fils de famille, auquel le pere a permis la libre disposition de son pecule, peut bien donner entre vifs; mais non à cause de mort: peut-il donc donner comme entre vifs, étant prés de mourir ? il est aisé à entendre que non, dit la loy, *Filius-fam. §. 3. D. De donat.*

78 Autre.

Voilà le Droit Romain, & quant au nôtre, l'Auteur de la Somme Rurale nous en raporte un fort notable Arrêt de son temps, livre 1. titre *Des vêtes & achats*, Vn nommé Genard Dauby, dit-il, étant couché en son lit mortel, voulant adheriter par la loy, de son fief, le Sieur de Bersées, pour plus deuëment à son avis en faire le vverp, se chaussa & vestit, & ainsi en presence des hommes de la loy passa la vente, & fit le vverp dud. fief: & ce fait, il alla de vie à trespas. Son hoir dit que cette vente sustenir ne se pouvoit par raison, puisque durant sa maladie l'avoit faite : & que si le Seigneur, & les hommes du fief y avoient été comme Loy, d'autant s'étoient-ils plus méfaits, quand ce ne point le sçavoient, & tel vverp recevoient. Le Sieur de Bersées disoit, que Dauby, étant homme franc, avoit pû faire du sien à son plaisir. Il fut dit par Arrêt, que la vente n'avoit lieu, & les r'avoit l'hoir : & fut le Seigneur, qui avoit passé, & l'acheteur aussi, condamné en l'amende du Roy. Item, & ainsi peut-il cas fut-il jugé en Tournesis, pour Agnes de la Soubs, dont étant appel au Parlement, il fut dit par Arrêt, que bien avoit été jugé.

79 Autre exemple du Droit François.

Ces Arrêts sont fondez sur ce que, par les Coûtumes de Picardie, nul ne peut disposer de ses propres par testamét, tout ainsi qu'és Coûtumes du deça on n'en peut disposer, que jusques à certaine quote ou portion, comme le quart, ou du quint ; & partant nos Coûtumes decident, que si celui qui est malade, de la maladie dont il decede, donne plus grande portion, qu'il exprime que ce soit par donation, est reputée faite à cause de mort, & partant n'est valable, entant qu'elle excede ce qui se peut donner par testament.

80 Raison de cette proposition.

De même il est certain, que le mary étant maître de la coõmunauté pendát sa vie, peut disposer des biés d'icelle, ainsi qu'il lui plait entre vifs, même les peut donner, mais non par testament. Si donc étant prêt à mourir, il donne entre vifs, il est sans doute, que cette donation est nulle en ce qui concerne l'interêt de la femme, comme presumée faite en fraude d'icelle.

81 Autre exemple du Droit François.

Pareillement si és Coûtumes, où le mari & la femme peuvent bien faire donation mutuelle entre vifs, mais non pas se donner rien l'un à l'autre par testamét, l'un des conjoints voyant l'autre au lit de la mort, pratique une donation mutuelle, c'est bié sás doute qu'elle n'est pas valable, à cause de cette regle, que quád la disposition à cause de mort est prohibée, celle qui se fait par celui qui est prêt à mourir, est aussi prohibée. C'est ainsi qu'il faut concilier l'art. 277. de la Coûtume de Paris, portant que *Toutes donations, encore qu'elles soient conceuës entre vifs , faites par celuy qui est gisant au lit de la maladie dont il decede , sont reputées faites à cause de mort*, avec la loy, *Sera §. ult. D. De donat. causa mortis*, qui dit au contraire, *qui in extremis constitutus donat sine ulla conditione retinendi , non tam videtur causâ mortis donare, quàm moriens donare.* Qu'il faut entendre la Coûtume des choses qui ne peuvent être données aprés la mort, & la loy en celles qui le peuvent être, qui n'y partât il ne peut donner par testamét.

82 Autre encore.

Puis donc que l'Office ne peut être doné ni resigné à cause de mort, il s'ensuit & selon le Droit Romain, & selon le nôtre, qu'il ne peut être valablement. resigné au prejudice du Seigneur & contre son gré, par celui qui est prêt à mourir. Autrement ce seroit presque rendre les Offices des Seigneurs hereditaires, s'il ne falloit que

83 A raisons pour les 40. jours.

De la Resignation des Off. des Sei. Ch. III.

dire le mot avant que mourir. Est-ce pas assez de specialité de contraindre le Collateur à admettre la resignation de l'Off. faite en santé, & non frauduleuse, sans le forcer à approuver la disposition, que pour la frauder il veut faire de l'Off. lequel il ne peut plus garder?

84 Ce qu'il y a d'odieux és 40. jours.

Je ne veux pas nier que la clause des 40. jours ne soit odieuse, mesme aucunement injuste, entant qu'elle comprend aussi-bien le sain, auquel il ne peut échoir, de fraude, que le malade, & possible encore en ce que le terme de quarante jours est trop long. Car elle n'est pas odieuse en ce qu'elle revoque la resignation faite par celuy, qui déja estoit certain de sa mort : mais en cela elle est juste & conforme au droit & à l'équité, ainsi que le droit dispose de celuy qui a commis quelque crime capital, ne peut plus donner son bien au preiudice du fisque, *ex eo tempore quo propter facinoris cogitationem pœna certus esse potuit*, dit la loy *Quæsitum. D. Qui & à quibus. & l. Post contractum. D. D. donat.*

85 Réponse aux autres raisons de la negative.

Neanmoins il ne se faut pas étonner, si Messieurs du Parlement ont autrefois passé par dessus la clause des quarante jours és Offices de Iudicature, principalement és resignations favorables, comme de pere à fils, auparavant l'Edit resolu en l'assemblée de Rouen, l'an 1597. où cela fut defendu par art. exprés à l'égard des Offices Royaux. Car ils sont Iuges d'équité, & en ce cas il y en peut avoir beaucoup. D'ailleurs ce n'est pas merveille, si la clause des vingt jours és Benefices n'a point de lieu pour les collateurs ordinaires : attendu qu'elle n'a lieu qu'aux resignations *in favorem* que les ordinaires ne peuvent admettre. Et quant à l'usage accoutumé par les Eschevins de Paris, touchant la resignation des Offices qui sont à leur collation, il est bien certain qu'il ne lie pas les autres Seigneurs de toute la France.

86 Resolution que la regle des 40. jours n'a lieu és Offices des Seigneurs.

Toutes ces raisons de part & d'autre bien balancées, j'estime en premier lieu, suiuât l'opinion communne du Palais, que precisément la clause de quarante jours ne doit avoir lieu és Offic. des Seigneurs, comme n'étant introduite en usage que pour les Offices du Roy, qui seul, comme Souverain, a pû mettre tel reglement qu'il luy a plû en ses Offices; & quel qu'il soit, étant une fois publiquement établi pour droit commun, il ne peut être injuste, pource que desormais on entre en ces Offices à condition : mais és Offices des Seigneurs cette clause est apparemment injuste, que qu'elle lie les sains sans sujet, & de fait la regle des vingt jours és Benefices, n'a lieu qu'à l'égard des Benefices.

87 Mais y devoir lieu la regle des 20. jours, ainsi qu'aux Benefices.

Toutefois d'autre costé j'estime qu'il n'y a nulle équité que leur Officier, se voyant prest à mourir, dispose de son Office, lorsqu'il ne le peut plus garder; & partant il me semble par identité de raison, qu'encore que, suivant la disposition de nos Coûtumes, & la raison de droit, la resignation ainsi faite ne soit valable, neanmoins, pource que la faveur est grande, & la fraude moins odieuse en un pauvre Officier, qui tâche en mourât à sauver à ses enfans l'Office qu'il auoit acheté, qu'en celui qui par une donation déguisée comme entre-vifs, tâche en mourant à frustrer ses legitimes heritiers, de la part de ses propres, que la loy du païs leur reserve, c'est bien mon opinion, qu'il ne faut pas user de tant de rigueur en l'un, qu'en l'autre. Et partant, bien que plusieurs de nos Coûtumes ayent borné à quarante jours le tems de la maladie precedant le decés, pendât lequel les donations sont prohibées, ce terme toutefois est trop long; & celui des vingt jours des Benefices est plus équitable, attendu mesme que la resignation des Off. achetez (car de nuls autres elle n'est necessaire à admettre) est bien plus favorable, que celle des Benefices, qui n'est jamais que de grace & courtoisie

88 Que M. du Parlem. en peuvent ordonner selon les diverses rencontres.

Mais dautant qu'il n'y a point encore de Reglement fait, comme certes il seroit, ce me semble, bien à propos, j'estime que cependant, cela demeure en l'arbitrage de Mrs. du Parl. qui à vray dire devroient être les collateurs des Offices de judicature appartenans aux Seign. lesquels ne doivent être en fruit pour être licitement vendus. Tant y a que cét aug. Senat, par l'équité, dont il est conservateur, en peut ordonner diversement selon les diverses rencontres de personnes, & autres circonstances; & sur tout, c'est à lui d'avoir pitié de la veuve & des orphelins d'un Offic. decedé, duquel un Seign. trop rigoureux aura illicitemét extorqué le bien, en lui vendant l'Off. vû qu'en ce sujet le Roi même, qui peut vendre licitement ses Offices, n'a pas accoûtumé de traiter ses Offic. avec tant de rigueur. Et sur tout cette rigueur doit être relâchée és resignations de pere à fils; n'étant pas raisonnable de rejetter l'enfant capable d'un ancien Officier, qui ayant bien fait sa charge, desire mourir en contentement d'esprit, de laisser son enfant heritier de son bien, de sa vertu, de son rang, & outre de l'affection qu'il avoit au service de son Seigneur, *[Greek text]*, disoit Isocrate : & c'est le vœu & la salutation que rend Ulysse dans Homere à Alcinoüs, & aux Officiers de sa Cour, que suivant le desir, qui est né avec les peres, leurs enfans viennent à leurs honneurs, dignitez & fortunes.

89 Notamment és resignations de pere à fils.

Je conclus donc premierement que la clause des 40. jours ne doit avoir lieu és resignations necessaires des Officiers des Seign. faites en pleine santé; & bien qu'elle soit inserée en leurs provisions, que comme injuste en ce cas, *pro non adjecta habenda est*. Secondement, que le Seigneur, sous pretexte de la maladie de son Officier, ne peut refuser d'admettre la resignation de l'Off. acheté, laquelle neanmoins il peut conditionner de la clause de quarante, ou plûtost de vingt jours. Finalement que si l'Offic. decede dans iceux, c'est à la Cour (comme en chose non encore reglée par Edit) principalement és Off. non-venaux, d'en ordonner selon les diverses circonstances; mais si le Seign. a délivré sa provision pure & simple, sans cette clause, il est reputé avoir renoncé à son droit, comme j'ay dit ailleurs.

90 Conclu hors touchant les 40. jours.

CHAPITRE III.

Si les Officiers des Seigneurs sont destituables.

1 *Importance de cette question.*
2 *Quels Contrats sont perpetuels, autres revocables.*
3 *Raisons, que l'Office estre vocable.*
4 *Offices sont concedez à Tant qu'il plaira.*
5 *Destitution pratiquée par les Romains aux Offices.*
6 *Et aux Sacerdoces.*
7 *Et aux Ordres.*
8 *Tous Offices anciennement revocables en France.*
9 *L'Ordonnance qui les a faits perpetuels, ne parle que des Royaux.*
10 *Ordonn. expresse pour la destitution des Officiers.*
11 *Raisons contraires.*
12 *Office formé, ou en titre, que signifie.*
13 *Subdivision des Contrats perpetuels.*
14 *Titres, ou Contrats réels.*
15 *Titres sont de necessité, aussi bien que les Contrats.*
16 *Concession d'Office ne se rapporte pas au Contrat revocable.*
17 *Difference de l'Officier & du mandataire.*
18 *Difference de l'Office & du precaire.*
19 *Offices peuvent bien estre faits precaires par le Roy*
20 *Mais non par les Seigneurs.*
21 *Le Pape ne peut faire les Benefices revocables.*
22 *Seigneurs ne sont entierement les Officiers.*
23 *Difference de l'Officier & du serviteur domestique.*
24 *Office doit plûtost estre perpetuel, que le Benefice.*
25 *Offices des Seigneurs doivent plûtost estre revocables, que ceux du Roy.*
26 *Officier ne peut estre destitué sans ignominie.*
27 *Refutation de l'opinion commune*

28 *Belle autorité.*
29 *Incommodité de la destitution.*
30 *Raisons concernantes l'interest public.*
31 *De mesme.*
32 *Destitution tombe sur les plus gens de bien.*
33 *Exemple.*
34 *Officiers destituables sont comme valets.*
35 *Inconveniens qui en arrivent.*
36 *Reponse à une objection.*
37 *Malignitez des Iuges de village.*
38 *De mesme.*
39 *Que ceux qui ne les commandent, les permettent.*
40 *Que cela doit estre reformé.*
41 *Inconveniens qui arrivent aux Iuges des Princes & grands Seigneurs.*
42 *Amplification.*
43 *Remede à ces inconveniens.*
44 *Autre interest public.*
45 *Autre encore.*
46 *Réponse aux raisons contraires.*
47 *Réponse à la clause,* Tant qu'il nous plaira.
48 *Réponse à l'usage des Romains.*
49 *Gouverneurs Romains n'estoient que Commissaires.*
50 *Bons Empereurs ne les revoquoient gueres.*
51 *De mesme.*
52 *Pourquoy ces Offices furent du commencement revocables en France.*
53 *Par après furent faits perpetuels.*
54 *Occasion de la clause,* Tant qu'il nous plaira.
55 *Qu'elle ne sert plus de rien.*
56 *Officiers doivent estre perpetuels.*
57 *Officiers ne sont destituables sans cause, que par puissance absolue.*
58 *Et partant ne le peuvent estre par les Seigneurs.*
59 *Seigneurs ne doivent avoir plus de puissance que le Roy.*
60 *Moins ce danger en la destitution du Roy, que des Seigneurs.*
61 *Réponse à la revocation des Iuges Pedanées.*
62 *Iuges des Seigneurs ne sont comme les Iuges Pedanées du Droit.*
63 *Tous les Philosophes s'accordent en la perpetuité des Offices.*
64 *Et toutes les nations.*
65 *Et le sens commun d'un chacun.*
66 *Explication de la clause,* Tant qu'il nous plaira.
67 *Plaisir du Roy.*
68 *Plaisir d'un Seigneur est referé à l'arbitrage des preud'hommes.*
69 *Cette clause ne convient qu'au Souverain en sa propre interpretation.*
70 *Réponse à l'Ordonnance de Louys XI.*
71 *Réponse à l'Ordonnance de Roussillon.*
72 *Conclusion de la question.*
73 *Toutes loix tendent à l'asseurance de ce qu'on tient.*
74 *Fiefs & cens devenus patrimoniaux.*
75 *Comment cela s'est fait.*
76 *Tous Benefices sont enfin devenus irrevocables.*
77 *Il n'y a pas tant de raison qu'aux Offices.*
78 *Derniere conclusion.*

1 Importance de cette question.

C'EST icy une des principales questions de tout cét œuvre, qui concerne l'effet & l'énergie des Offices, & le droit que les Officiers ont en iceux: mesme c'est proprement le droit des Offices, ainsi que le titre *De jure dotium*, signifie la condition & durée de la dot, dit Cujas aux Paratitres, c'est pourquoy comme la loy premiere d'iceluy dit, que *dotis perpetua causa est*, aussi nostre question est de sçavoir *an Officii causa sit perpetua*. Car comme il y a des Contrats, qui *perpetuam causam habent, ut emptio, permutatio, donatio, dotis datio*: Autres qui *revocabilem, ut commodatum, depositum, mandatum, pignus, precarium* ainsi que remarque Cujas au mesme endroit: il est question de rechercher en laquelle de ces deux categories il faut mettre la concession de l'Office: question que j'ay reservé en ce livre, pource qu'elle esté échoir à present, qu'és Offices des Seigneurs, d'autant que par l'Ordonnance de Louis XI. ceux du Roy ont esté faits perpetuels & irrevocables.

2 Quels contrats sont perpetuels ou revocables.

3 Raisons que l'Office est revocable.

Or il n'y a celuy qui ne dise d'abord, que les Offices sont destituables de leur propre nature. Car puisque la Seigneurie & l'Office sont deux especes differentes de dignité: la Seigneurie ayant la proprieté, & l'Office l'exercice simple de la puissance publique, il s'ensuit que l'Office ne peut estre Seigneurie ni emporter proprieté, comme il feroit s'il n'estoit point revocable: estant une regle, que les Contrats ayans cause perpetuelle, sont translatifs de Seigneurie, dit Cujas au lieu préallegué.

4 Offices sont concedez à tant qu'il nous plaira.

Aussi que la puissance publique des Officiers, estant un démembrement de celles des Seigneurs, ne peut estre par eux alienée tout-à-fait, ni tellement démembrée de la Seigneurie, qu'elle n'y puisse estre rejointe quand il leur plaist, c'est pourquoy le style ordinaire des provisions d'Office n'est pas de les conceder à titre de donation, qui est un Contrat ayant trait à perpetuité; mais à titre de precaire, & sous cette clause expresse, *pour en jouir tant qu'il plaira au Seigneur*, qui est la distinction d'aucuns, que les Officiers pourvus purement & simplement ne sont point destituables: mais bien ceux qui sont pourveus *ad beneplacitum*.

5 Destitution pratiquée par les Romains aux Offices.

De fait, il semble que les Romains ont toûjours pratiqué la destitution, encore qu'ils n'en eussent pas tant de sujet que nous, pource que leurs Offices n'estoient qu'annuels. Car c'est chose notable, que tout le premier de leurs Consuls, à sçavoir Tarquinius Collatinus fut destitué de son Office, & Valerius Publicola mis en sa place. Et Plut. *in Marcello* rapporte, que Titius Flaminius ayant esté fait Consul, & envoyé avec une puissante armée contre les Milanois, encore qu'il eust remporté la victoire sur eux: neanmoins fut rappellé tout promptement, & déposé du Consulat, sur ce leger scrupule, qu'on fit entendre au Senat qu'il avoit été élu contre les auspices: & que semblablement, Scipio Nasica & Cajus Martius, Consuls furent aussi remandez des Provinces, où ils étoient allez avec leurs armées, & contraints de se demettre du Consulat, sous pretexte qu'on s'avisa, que lors de leur élection on n'avoit pas observé assez exactement les ceremonies ordinaires des auspices. Et quant aux Sacerdoces, il raporte aussi que deux Prêtres de Rome, nommez Cornelius &, Cethegus, furent privez de leur Prêtrise seulement pour avoir failly à distribuer par ordre les entrailles de l'hostie immolée: & encore Q. Sulpitius, pource que son chapeau sacerdotal lui tomba de la teste en sacrifiant. Pareillement que Cajus Flaminius fut destitué de l'Office de Maistre de la Cavalerie, pource que lors de sa nomination on avoit oüy le bruit d'un soury.

6 Et aux Sacerdoces.

Est ce pas aussi chose notoire, que les Censeurs ostoient & dégradoient, & du Senat & de l'Ordre de Chevaliers, ceux qu'il leur plaisoit, pour des causes fort legeres; Comme aussi il est certain, que le Senat revoquoit, quand il luy plaisoit, les Proconsuls, & les Empereurs, les Presidens, & autres Gouverneurs des Provinces, en leur envoyant un successeur: de sorte qu'il a esté prouvé au premier Livre, que *successorem mittere*, signifioit entre les Romains, revoquer & destituer un Officier. Témoin Auguste, qui *Togato Consulati successorem dedit, cujus manu IXI pro I P S I scriptum animad verterat*, dit Suetone en sa vie.

7 Et aux Ordres.

Comme aussi j'ay montré particulierement au troisiéme Chap. du premier Liv. que toutes sortes d'Offices de France ont esté revocables, jusqu'à l'Ordonn. du Roy Louis XI. & bien que le Roy Philippe de Valois eust fait une semblable Ordonnance, neantmoins ses successeurs ne la voulurent pas observer, pource qu'elle leur estoit prejudiciable: qui fut cause que Louis XI. pour faire observer la sienne après son decés, s'avisa estant au lit de la mort de la faire jurer so-

8 Tous Offices anciennement revocables en France.

Si les Off. des Seig. sont destituables, Ch. IV. 303

lemnellement par Charles VIII. son fils & successeur, & envoya au Parlement l'acte de son serment, pour y être solemnellement publié & enregistré.

9 L'Ordonnance qui les a fait perpetuels, n'est que pour les Royaux.

Tant il a été difficile de rendre les Offices de France irrevocables; mais puisqu'ils ne le sont qu'en vertu de cette Ordonnance, laquelle ne parle que des Offices Royaux, il s'ensuit que ceux des Seigneurs sont toujours revocables: ne se pouvant dire, qu'ils soient si autorisez, ni si bien établis que ceux du Roy; mais il semble qu'ils se rapportent directement aux Juges Pedanées, que commettoient les Gouverneurs des Provinces Romaines, lesquels ils revoquoient quand bon leur sembloit. Et de fait, il se pratique notoirement, & se juge tous les jours à la Cour que les Officiers des Seigneurs, non pourveus pour cause onereuse, ou remuneratoire, peuvent être destituez par la seule volonté du Seigneur, & sans expression de cause. Bref, il semble qu'il n'en faut plus faire de question: dautant qu'il est decidé expressément par l'Ordonnance de Roussillon, artic. 27. que les Seigneurs peuvent destituer leurs Officiers, sinon qu'ils soient pourveus pour cause onereuse, ou remuneratoire.

10 Ordonnance expresse pour la destitution des Offic. des Seign.

11 Raisons contraires.

Neantmoins, si le Lecteur se donne la patience de lire le reste de ce chap. mettant pour quelque temps à l'écart toute opinion prejugée, j'espere luy faire connoitre évidemment, que cét usage est non seulement contraire à la raison & à l'équité; mais aussi fort dangereux & prejudiciable au public. Pour entendre le premier poinct, & afin de concevoir naivement le droit, l'énergie & l'importance naturelle du vray Office, que nos Ordonnances appellent *Office formé*, ou *Office en titre*, ou bien *titre d'Office formé*, il faut souvenir de ce qui a été dit cy-devant, qu'en Droit le titre signifie la cause de la possession de quelque chose, c'est à dire, les noms & especes diverses de Contrats, en vertu desquels on acquiert, ou possede quelque chose.

12 Office formé, ou en titre que signifie.

Or j'ay dit au commencement de ce chap. qu'il y a des Contrats qui ont cause perpetuelle; d'autres qui l'ont seulement revocable: & que ceux qui ont cause perpetuelle, sont translatifs de Seigneurie, les autres non. Mais il faut encore une subdivision, & dire, que des Contrats ayans cause perpetuelle & translatifs de Seigneurie, aucuns transferent la Seigneurie parfaite, & la pleine proprieté, τὸ κύριον, comme pour regulierement la vente, l'échange, la donation; autres la simple jouïssance, τὸ χρῆσιν, comme la constitution d'usufruit, & aussi l'emphyteose, l'infeodation & accensivement, qui sont especes d'usufruit impropre, dit Cujas, sur le 3. titre du premier liv. des fiefs. Tels sont encore les titres, ou concessions d'Offices & Benefices. Et veritablement, ceux de cette derniere espece doivent plûtôt être appellez titres, que Contrats: pource que les Contrats produisent plûtôt une action personnelle, que non pas un droit réel. *leg. Traditionibus. Cod. De pactis*. Au contraire, les titres sont ceux qui titrent & qualifient la chose, ce que ne font les Contrats; Comme par exemple la chose venduë, échangée ou donnée, n'est appellée vente, échange, ou don; mais bien celle qui est concedée à titre d'emphyteose, de fief, ou de cens, est appellée emphyteose, fief, ou cens: comme au semblable l'état ou charge publique, qui est conferée à titre d'Office, ou de Benefice, est appellée Office, ou Benefice.

13 Subdivision des Contrats perpetuels.

14 Titres, ou Contrats réels.

D'où il s'ensuit, que comme l'emphyteose, le fief & les cens sont titres réels, ou Contrats, irreguliers, qui ont certains droits & regles dissemblables aux contrats ordinaires, ainsi est-il de l'Office & du Benefice: mais quoy qu'il en soit, la regle generale des sous contracts & Obligations tant personnelles, que réelles, y a lieu infailliblement, qu'avant qu'être faits ils sont de volonté, & par aprés de necessité. Même cette regle est encore plus forte és Contrats constitutifs d'un droit réel, qui est comme un caractere qui demeure toûjours imprimé à la chose; & sur tout doit avoir lieu és Offices & Benefices, plus qu'en tous autres titres, pource qu'ils sont inherens & attachez à la personne, qu'ils

15 Titres sont de necessité, aussi bien que les Contrats.

luy donnent qualité, même forment son état, & partant ils n'en doivent point être arrachez sans grande cause.

Qu'ainsi ne soit, qu'on parcoure tous les Contrats, qui ont cause temporelle, ou revocable, il ne se trouvere point que la concession de l'Office s'y rapporte. Premierement, il ne faut pas comparer l'Officier au simple mandataire: Car la charge du mandataire *nihil ponit in re*, ce n'est rien de positif, rien de creé, ou formé. Mais le vray Office, que nos Ordonnances appellent *Office formé*, est un droit incorporel, creé & erigé par Edit, ou du moins par une coûtume ancienne qui a force de loy: criez dis-je avec une aptitude, même une necessité perpetuelle de passer de personne en autre, par le choix du collateur: en la personne duquel neanmoins il ne peut resider. Aussi ce que fait le Procureur ou mandataire, il le fait au nom du Seigneur; mais ce que fait l'Officier, il le fait en son propre nom & le Seigneur ne seroit pas admis à le faire soy-même, comme j'ay prouvé ailleurs. D'où il s'ensuit que c'est la commission qui se raporte au mandat du droit, & non pas l'Office, ainsi que j'ay amplement traité au 4. liv. où j'ay dit que la principale difference d'entre l'Office & la commission étoit que la commission est revocable, & l'Office non.

16 Concession d'Office ne se rapporte pas au Contrat revocable.

17 Difference de l'Officier & du mandataire.

Ce qui verifie pareillement que la concession d'Office ne doit en bonne Jurisprudence être faite à titre de precaire: pource qu'on presuppose au precaire, que la chose soit telle, que le Seigneur en puisse jouïr & la retenir lui-même, quand il vient à revoquer le precaire; mais l'Office n'est pas de telle sorte, & ne peut pas être revoqué pour être joint à la personne du Seigneur; mais faut qu'il soit incontinent rebaillé à un autre Officier, de sorte qu'il y a plus d'apparence d'y laisser l'ancien, que le bailler à un nouveau.

18 Difference de l'Office & du precaire.

Il est bien vray que le Roy, à cause de sa puissance absoluë, laquelle comprend encore plûtôt les Offices que toutes autres choses, pource qu'ils sont procedez d'icelle, pouvoit bien anciennement conferer ses Offices à titre de precaire, sous la clause *Tant qu'il nous plaira*; & encore à present, que par l'Ordonnance de Louis XI. il s'est ôté ce pouvoir, il peut bien conferer les Charges publiques par commission, & sans titre d'Office; & lors elles sont comme simples mandemens, ou procurations, & partant sont revocables à volonté, joint qu'étant lui même Officier & Seigneur Souverain tout ensemble, c'est-à-dire, ayant non seulement la proprieté; mais aussi l'exercice parfait de la Souveraineté, comme j'ay prouvé ailleurs, il peut joindre à sa personne le titre de ses Offices, & les exercer luy-même, ou en commettre l'exercice à qui il luy plaît.

19 Offices peuvent bien être faits precaires par le Roy.

Mais les Seigneurs subalternes, qui certe n'ont pas puissance absoluë, & qui d'ailleurs ne sont pas Officiers eux-même, ni capables d'exercer & retenir eux-mêmes la puissance publique, ne la peuvent faire exercer en leur nom par des mandataires, ou commissionnaires laissant cependant le titre de l'Office vacant, & non rempli: pource aussi que la commission, ou concession precaire de l'Office, est une forme de provision extraordinaire, dispensatoire & contraire au droit commun, auquel le seul Souverain peut deroger: aussi ainsi qu'il n'y a que le Pape, qui puisse conferer les Benefices en commende, *ex plenitudine potestatis*; Or il est notoire, que ce qui s'appelle *Commission* és Offices, est appelle *Commende* és Benefices.

20 Mais non par les Seigneurs.

Et bien que les Canonistes disent, que le Pape *de jure supra jus omnem potestatem habet in Beneficiis*, ce neanmoins, encore ne permet-on point en France, qu'il revoque les commendes; mais faut qu'il les laisse perpetuelles, comme les titres, tant nous abhorrons la revocation & destitution des dignitez personnelles, & trouvons étrange qu'on en soit privé & dépouillé sás cause. D'où il resulte à plus forte raison, que les Seigneurs particuliers ayás gagné par abus & par usurpation ce point, de conferer les Offices publics, qui de-

21 Le Pape ne peut faire les Benefices revocables.

304 Des Offices des Seigneurs, Liv. V.

22 Seign. ne font entierement les Offic.

vroient être conferez par le Roy, auquel seul appartient de conceder la puissance publique, comme j'ay prouvé ailleurs, au moins les doivent-ils conferer ainsi que fait le Roy, & selon le droit commun, c'est-à-dire, en titre, & non pas s'attribuer plus de pouvoir que le Roy, & faire des Officiers comme de leurs valets, les mettant & ostant à leur fantaisie: attendu même qu'il n'y a rien de plus naturel, dit la loy, sinon que toutes choses soient défaites de la même façon, qu'elles ont été faites. Or est-il que le Seigneur ne peut pas tout seul faire un Officier parfait; mais faut que le Magistrat Superieur lui confere la puissance publique, par la reception, & partant il n'est pas raisonnable qu'il le puisse seul défaire, & qu'il luy puisse ôter la puissance publique, laquelle il ne luy a pas donnée.

23 Difference de l'Officier & du serviteur.

Car au surplus, la difference est toute apparente entre l'Officier d'un Seigneur, & son serviteur domestique, à sçavoir, que la charge de l'Officier est publique, & celle du domestique est particuliere & privée: Et partant ce n'est point chose étrange, que le maitre lui donne son congé, quand bon lui semblera: ce qu'encore ne peut-il faire, s'il l'a loué à certain temps: D'ailleurs, le domestique n'a aucun droit formé en la Charge, laquelle de soy n'a aucune subsistance positive, au lieu que l'Office est un droit incorporel, qui a sa subsistance réelle, bien qu'incorporelle, & en iceluy l'Officier a droit acquis, depuis qu'il en a été fait titulaire. Même il s'en peut dire Seigneur, ainsi qu'un usufruitier se peut dire Seigneur de son usufruit, *leg. Qui usufr. D. Si usufr. petatur.*

24 Office doit plûtôt être perpetuel que le Benefice.

Je dis même, que l'Office est moins revocable que le Benefice, pource que la fonction des Officiers est plus publique & plus consistante en l'industrie & capacité particuliere de la personne, que celle de la plûspart des Beneficiers: c'est pourquoy on permet que les Beneficiers exercent leur fonction par Vicaires, ce qui n'est pas permis aux Officiers. D'ailleurs, l'Office est beaucoup plus personnel, que le Benefice, qui consiste ordinairement en heritages, & autres biens corporels ainsi que la Seigneurie: & finalement le seul collateur fait le Beneficier, mais le Seigneur ne fait pas tout seul l'Officier, c'est pourquoy il y a moins d'apparence, qu'il le puisse ôter tout seul.

25 Offices des Seign. doivent plûtot être irrevocables, que ceux du Roy.

Bref, il est aisé à entendre qu'il y a beaucoup moins d'apparence, que les Seigneurs particuliers puissent destituer sans cause leurs Officiers, que non pas le Roi, qui, comme Souverain, doit avoir toute puissance, & en leur institution, & en leur destitution, & auquel en bonne Jurisprudence devroit même appartenir l'institution des Officiers des Seigneurs, comme étant un droit Royal de conferer la puissance publique. Et neantmoins, sur cette consideration, qu'il est raisonnable qu'un Officier ne soit chassé mal à propos de son Office, le Roi même a bien voulu retrancher sa Souveraineté pour un si juste sujet. Pourquoy donc ses Sujets, qui n'ont droit en la collation des Offices que par abus & usurpation, auroient-ils en cela plus de pouvoir & plus d'avantage que sa Majesté? pourquoy seront-ils plusque les Rois, entreprenans contre toute raison d'ôter sans juste cause aux Officiers, non-seulement la titre de leurs Offices, qui leur est acquis par la provision qu'ils leur en ont donnée, mais encore sur la puissance publique, qu'ils ne leur ont pas donnée, mais qui leur a été conferée par les Magistrats Superieurs?

26 Officier ne peut être destitué sans ignominie.

D'ailleurs c'est chose bien certaine, qu'on ne peut ôter l'Office à un homme, sans lui ôter l'honneur. Car outre que c'est lui ôter son rang, & lui faire faire le pas d'écrevisse, & lui faire devenir d'Evesque meusnier, comme on dit, il n'y a point de doute, que le commun peuple, qui a coûtume de juger & interpreter tout en mal, croira toujours, que celui qui aura été depouillé de son Office, aura fait quelque faute, qui ait donné sujet à cette destitution. Et de fait, en la loi *Testamento. D. De manumiss. test.* le testateur ayant legué liberté à ceux de ses serfs, *qui sine offensa fuerant,* Papinian decide que ceux-là ne le doivent avoir, *quos poena*

coërcuit, *aut quos ab honore ministrandi, vel ab administranda rei negotio testator removit :* Et une autre loi dit, qu'un simple soldat, dont le droit est moins stable que celui d'un Officier, *sine causa mentione missus, nihilominus ignominia missus intelligitur.* l. 13. §. Missionum. D. De re militi. *Atqui grave est cum re, nominis jacturam facere.*

27 Resolution de l'opinion commune.

D'où il resulte, qu'il y a bien peu d'apparence en cette fantasque distinction, que nos Praticiens ont inventée, pour excuser l'oppression des Seigneurs envers leurs pauvres Officiers, que quand il y a cause infamante, la destitution ne peut être faite que par autorité de Justice: mais quand il n'y a point de cause, qu'elle peut être faite par la simple volonté du Seigneur. Car quelle apparence y a-t-il de dire, que l'Officier, qui n'a point donné de cause à la destitution, puisse être plus facilement détitué, que celui qui a fait quelque faute en sa charge? Disons plûtost avec Seneque, *Omnia eadem mihi præsta, & idem sum. Destituere levitas est, si nihil intervenit novi.* C'est la plainte que fait Socrate, Livre premier de l'histoire Ecclesiastique, Chap. 24. des Prelats qui destituoient les Officiers, sans en rendre la raison: *Ibi crimen sine accusatione, sententia sine consilio, damnatio sine defensione, executio sine judicio.* A quoy fut pourveu par le Concile d'Hispale, qui ordonna *ex priscorum patrum sententia, nullum sine Concilii examine abdicari posse,* avec cette belle sentence, *Episcopum quidem solum, honorem dare posse, auferri solum non posse.*

28 Belle autorité.

O que cét ancien Evesque de France Salvian dit un beau mot à ce propos, remarquant sur ce qu'en la Genese il est dit, que Dieu ne voulut chasser nôtre premier pere du Paradis terrêtre, sans l'appeller, *Adam, ubi es ?* & entrer en jugement & connoissance de cause contre luy, bien que son peché lui fust parfaitement connu: dequoy le bon Evesque rend la raison en ces mots, *Fecisse hominem, Dei beneficium fuit; destituisse, judicium.* D'où on peut conclure, qu'encore que le Seigneur puisse destituer son Officier sans connoissance de cause: neantmoins il ne le peut destituer sans connoissance de cause. Mais on veut faire tout au contraire: Car pour admettre & recevoir un Officier, on s'informe de son merite & de sa capacité; & pour le chasser étant receu, on ne veut entrer en connoissance de son demerite. *Atqui ut sine causa amare, ita sine causa odisse non licet,* dit Tertullien au liv. *De spect. ac.*

29 Incommodité de la destitution.

Or il vaudroit bien mieux que le Seigneur ne conferast point l'Office, que de l'ôter par après: Car outre le deshonneur que cette destitution apporte, il peut arriver que l'Officier, pour venir exercer son Office, aura quitté & l'exercice, & les habitudes qu'il avoit ailleurs, comme un Avocat aura quitté son barreau, & perdu ses pratiques & connoissances, de sorte que lui ôtant par après l'Office, le voila demeuré tout-à-fait sans exercice, & sans moyen de gagner sa vie: ce qui n'est nullement raisonnable, *cùm æquum sit nobis beneficiis juvari, non decipi.*

30 Raisons concernantes l'interest public.

Voila les raisons qui concernent l'interest particulier des Officiers; mais celles qui regardent le public, sont encore plus fortes: car puisqu'ainsi est, que Dieu a étably les Juges pour mediateurs entre les Seigneurs & les Sujets, & que pour cette cause ils sont appellez par Xenophon μεσοφίλαντες, comme de fait, les Officiers des Seigneurs sont Juges des differens survenans entre eux & leurs Sujets, & en cela consiste la principale partie de leur charge: les Seigneurs ont-ils pas assez d'avantage par dessus le peuple, de les choisir à leur devotion, &, en les pourvoyant de leurs Offices, les affider & obliger étroitement à eux, comme leurs creatures, leur ayant donné le rang & la qualité qu'ils tiennent; & sinon leur être, au moins leurs Etats, sans qu'ils ayent encore cette puissance sur eux, de les pouvoir destituer à chaque bout de champ, s'ils ne leur font gagner tous leurs proces & s'ils ne rendent la Justice à leur fantaisie?

31 De même.

De sorte que si un fascheux Seigneur a un mauvais procés

Si les Off. des Seign. sont destituables, Ch. IV.

cés en sa Iustice, comme cela arrive journellement, qui sera le Iuge qui l'osera condamner, à la charge de perdre tout aussi tôt son Office? Si le Seign. veut empieter quelque nouvelle redevance sur ses sujets, qui sera le Iuge qui s'en osera formaliser? S'il veut maintenir en franchise & impunité quelques mauvais garnemens, qui seront à sa suite, qui est l'Officier qui les osera poursuivre, ou punir, quelques extorsions, ou violences qu'ils fassent? Si au contraire, le Seign. veut mal à quelque homme de bien, qui est l'Officier, qui pour faire le bon valet, ne sera contre lui du pis qu'il pourra; même s'il est accusé à tort, & que le Seigneur abaye sa confiscation, qui est le Iuge qui ne tremblera quand on lui dit, *Si hæc dimittis, non es amicus Cæsaris*? Car depuis qu'il y a de l'Office, c'est une grande tentation: & qui est le Iuge de village qui y pourra resister? Même je puis dire qu'il y en a bien peu au monde de si gens de bien, même de ceux qui ont merité d'être elevez aux premieres Charges (& que chacun en fasse jugement par soy même, mettant sur ce propos la main à la conscience) qui se vueillent mettre en un hazard tout asseuré, d'être privez honteusemẽt de leurs Etats, pour s'affectionner & s'opiniâtrer courageusement à la Iustice és affaires d'autruy.

32 Destitution tombe sur les plus gens de bien.

Que s'il se trouve au monde tels Phenix, est-ce la raison que ce rare zele, & cette prodigieuse vertu remporte que si chetive recompence, que de les priver de leurs Offices; même pour mieux dire, priver les Offices de tels parangons d'Officiers, & le public d'ames si publiques? Et neanmoins c'est plûtot sur ces gens-là que tombe la destitution: pource que les méchans se sçavent bien accommoder au tems, & à l'humeur des Seigneurs; mais les bons ne voulans condescendre à l'injustice, ni biaiser aux mauvaises intentions des Gentils-hommes, ils leurs reprochent incontinent, que pour contrefaire les gẽs de bien à leurs dépens, il leur font perdre leur droit, & qu'au lieu de leur obeir cõme leurs Officiers & serviteurs, ils font gloire de les contrepointer, & de s'opposer à leurs volontez: Bref, on fait contre eux le complot, qui est dans l'Ecriture, *Ejiciamus justum, quia contrarius est operibus nostris.*

33 Exemple.

J'ay veu depuis ces derniers troubles un des plus notables Prelats de ce Royaume, ayant destitué le Iuge de la Iustice, lui dire franchement qu'il s'étoit d'autant qu'il avoit fait diminuer de moitié la ferme de sõ Greffe: & il disoit vray, pource que ce bon Iuge accordoit par charité la plûpart des procés, & vuidoit presque tous les autres sur le champ. Ce Iuge meritoit-il pas la peine à laquelle sõ jugea Socrates, plûtot que d'être destitué? Est-ce pas introduire parmy nos Iuges l'ostracisme d'Athenes, où celui qui étoit plus homme de bien que les autres, étoit incontinent chassé? Disons-en ce qu'a dit le Satyrique *de repulsa Catonis*.

Nonne hoc est dedecus patriæ morumque ruina?
Non homo pulsus erat, sed in illo pulsa potestas
Iustitiæque decus.

34 Officiers destituables sont comme valets.

C'est bien la verité qu'il ne s'en chasse gueres de tels, car il s'en trouve peu: mais s'il s'en trouvoit beaucoup, ils ne dureroiẽt pas long-têms parmy les Gẽtils-hommes, qui ont prescrit ce droit de Seigneurie sur leurs Iuges, qu'ils en font comme de leurs valets. *Dico ministro meo, vade, & vadit: fac hoc, & facit:* comme si la verité c'est bien les mettre au rang des valets, que de les pouvoir chasser à toute heure comme des valets: encore aux valets des champs, faut-il attendre que le terme soit expiré, & entre gens de bien il y a de la pudeur à chasser ceux qui servent bien, principalement pour donner leur place à autres.

35 Inconveniens qui en arrivent.

Et ainsi les Seigneurs étans Iuges, & parties tout ensemble, Dieu sçait quel manege se fait en la Iustice, combien d'usurpations, combien d'exactions se font sur le pauvre peuple, combien de procés sont gastez, combien de crimes sont tolerez, même autorisez, combien d'innocens opprimez, combien de pauvres gens sont chassez de leur bien.

Dicere vix possit, quam multi talia plorent.
Du Droit des Offices.

Et quot venales injuria fecerit agros, dit le Poëte, parlant des injustices qui se font aux villages: & tout cela vient de ce que le Iuge n'ose contredire à la volonté de Monsieur, de peur qu'il ne change son Office à une prebende de *Va-t-en*.

On me dira que les Iuges des Seigneurs ne jugent pas en dernier ressort. Est-ce dõc à dire qu'il leur faut permettre de juger à la discretion de leur Seigneur? Mais en outre combien y a-t-il de pauvres gens, qui ayans cõsommé leur peu de bien à plaider en premiere instãce, n'ont pas moyen d'aller plus loin? Qui plus est, sçait-on pas bien que presque tous procés, & notamment les criminels, qui sont les plus importans, dependent de l'instruction? Et Dieu sçait combien il y a d'Officiers de village, qui sçavent bien la matiere affectée, sçavẽt bien passer soẽcus si le principale défẽse de la partie adverse, ou détourner sa principale piece: au moins sçavẽt ils bien en une enquête, ou qui pis est, en une informatiõ, enter une petite negative d'une lettre sur une affirmative, *vel è contra*: & cependant voilà un acte public, allez le maintenir de faux à l'encontre d'un Seigneur qui tiẽt à sa devotion, même en sa sujetion tous les Officiers, tous les Praticiens, & même tout le peuple. Bref, si les Iuges de village n'ont assez, ou d'esprit, ou de malice, pour en venir-là, au moins s'ils sentent que la cause du Seigneur soit mauvaise, attendez-vous de n'avoir jamais justice: on donnera au Procureur de Seigneurie cinquante delais pour un, avant que de le prononcer en defaut, ou le forclorre; encore ay-je veu depuis peu des appointemens d'un juge de village en une cause, où son Seigneur étoit partie, qui portoient que *Monseigneur satisferoit aux appointemens procedans sous son bon plaisir*. Que si aprés infinies longueurs, on obtient à toute extremité defaut, ou forclusion contre le Seigneur, il faut ensuite plaider côtre le Greffier pour en delivrer l'acte, & lui faut faire autant d'injonctions avãt qu'il obeïsse, qu'il y a eu de delais donnez au Seign. Puis il en faut ẽcore autãt faire au Serget afin qu'il la signifie.

36 Réponse à une objection.

37 Malignitez des Iuges de village.

38 De même.

Que si une pauvre partie a les moyens, & la patience de devorer toutes ces longueurs, si bien qu'enfin à toute peine, & aprés un tres-long-tems, son procés vienne à être instruit, & mis en état de juger, qui est le Iuge qui ose condamner son Seigneur, sçachant bien que ce faisant il se condamnera soy-même, & que *periculosum est in eum scribere, qui potest proscribere?*

Je sçai bien qu'il y a plusieurs notables Seigneurs, qui ne voudroient pas commander ces méchancetez à leurs Officiers: & neanmoins, comme chacun est sujet à l'amour de soy-même, il n'y en a gueres, qui quand leurs Officiers leur font de tels passe-droits, ne le prennent en patience, *quique facinoris alieni commodum repudiant*, se flattant & excusans, pour dire que ce n'est pas eux, mais la Iustice. Mais si puis dire à la verité, qu'il vaudroit mieux ordinairement, que les parties, qui ont affaire contre eux en leur Iustice, les fissent Iuges eux-mêmes en leur cause. Car ils est à croire qu'ils auroient plus de honte du monde, & possible plus de crainte de Dieu, que les Iuges de village, qui prennent aujourd'huy cette habitude de croire qu'ils ne sont établis que pour servir leur maistre.

39 Que ceux qui ne commandent le pet mettent.

Quoy qu'il en soit, quand il y auroit des Seigneurs si conscientieux, que de ne desirer ni demander à leurs Iuges aucune injustice és causes qui les concernent (& Dieu sçait combien il y en a peu de cette sorte) je dy que les loix étans faites à cause des mauvais, & non à cause des bons, doivent être faites & dressées de telle sorte, que s'il est possible elles ne nous laissent aucun moyen de mal-faire, mais nous fassent tous gens de bien par force: c'est pour ôter les mauvaises mœurs, que sont faites les bonnes loix.

40 Que cela doit être réformé.

Voilà ce qui se peut dire des Iusticiers, des simples Gentils-hommes, & quant aux Princes & Grands Seigneurs, à la verité leur grãdeur ne leur permet pas de s'abbaisser à de si viles chicaneries, que de contraindre à tous propos leurs Officiers de rendre la Iustice à Iuges de

41 Inconveniens qui arrivent aussi

Des Offices des Seigneurs, Liv. V.

Princes & Grands Seigneurs.

leur devotion. Mais au lieu de cela, si un de leurs valets, ou quelque bravache estafier de leur suite, ou quelque bouffon, ou flateur, qui tient leurs oreilles assiegées, a perdu son procés en leur Justice, ou conçû quelque haine côtre un de leurs Juges, le voila incontinét mis sur le tapis, & jugé lui-méme sans l'oüir, on lui envoiera dire par un valet, qu'il ait à trousser bagage.

Collige sarcinulas, dicet libertus, & exi.
Jam gravis es nobis; nimiumque emungeris, exi
Ocyus & propera.

Qui est cause que les pauvres Officiers étans toûjours incertains de leur fortune, sont contraints de tourner à tout vent, & d étre les valets des valets, & se souvenir à toute occasion du commun dire, qui a été possible inventé pour eux, *Ne le piquez pas, il est à Madame*, s'ils ne veulet se resoudre d'avoir côtinuellemét un pied en l'air, & se tenir toûjours prests à deloger.

42 Amplification.

Hé Dieu: quelle apparence y a-t-il de soûmettre les Juges, qui sont ordonnez de Dieu, pour exercer la plus divine fonction qui puisse estre au monde, à la fantaisie, mesme à la passion injuste & déreglée, non-seulement des Seigneurs? mais encore de leurs flateurs, de leurs bouffons, & de leurs valets? Et parmy cela se faut-il étonner si la Iustice est dangereuse & injuste, estant ainsi renduë precairement? O que ceux-là sont heureux, qui par le privilege de *Committimus* (que pour cette cause on appelle *l'Aniflame de pratique*) sont affranchies des Justices, ou plûtost injustices des Seigneurs: comme sont, entre autres, Messieurs du Parlement, & mesme les Avocats & Procureurs d'iceluy, qui partant ne ressentans en leur particulier ces incommoditez extrémes, ne sont pas touchez assez vivement du malheur d'autruy, pour y apporter le remede.

43 Remede à cs inconveniens.

Remede qui au surplus est tres-aisé. Car il n'y a qu'à pratiquer, que selon la vraye nature de l'Office les Officiers soient perpetuels, & non destituables, & ne donner point d'avantage de puissance aux Seigneurs sur leurs Officiers, que le Roy en a sur les siens.

44 Autre interét public.

En quoy le public a un autre interêt: car comme l'art est long, la vie courte, & l'experience necessaire, notamment à l'exercice de la Iustice, qui est la plus haute & plus divine fonction de ce monde, il n'y a nulle apparence d'ôter & chasser sans sujet les bons Juges, aprés qu'ils ont bien appris leurs charges, pour en mettre de nouveaux en leur place: quand méme il n'y auroit que la consideration de Tibere, qu'il vaut mieux laisser aux Charges publiques ceux qui sont gorgez & remplis, que d'y mettre de nouveaux affamez. D'ailleurs n'y a-t il pas à considerer qu'il n'y a jamais changement d'un premier Magistrat en un Siege, qu'il n'y apporte toûjours quelque nouveauté, soit au stylele, ou aux maximes accoûtumées? de sorte que d'en changer souvent c'est une grande incommodité, & enfin une incertitude au fait de la Justice.

45 Autre encore.

Outre tout cela, il est bien certain qu'un bon Juge, étant asseuré de son Office à toute sa vie, sera bien plus soigneux de faire dignement sa charge, pour y veiller avec honneur, pareillement plus hardy à faire tête aux méchans, & comme dit le Sage *ad perrumpendas iniquitates*, que ne sera celui, qui ne tient l'Office que precairement, & à tems tant payé: lequel ne ménagera pas l'Etat comme sien, mais en tirera cuir & poil, comme on dit, tandis qu'il luy demeurera, ne se souciant qui en arrive par aprés car comme dit le Poëte

Non parcit populis regnum breve.

46 Réponse aux raisons contraires.

Aussi y a-t-il des réponses bien pertinentes à toutes les raisons de l'opinion contraire. Car en premier lieu, encore que l'Off. & la Seigneurie soient especes differentes de dignité si bien que comme la Seigneurie ne peut être Office, aussi l'Office ne peut être Seigneurie, il ne s'ensuit pas que l'Office, pour n'être point revocable, devienne Seigneurie, ni que par consequet il soit alieré & exproprié tout à fait de la Seigneurie; mais il ne laisse pas d'en dépendre toûjours, côme il doit, c'est à dire, quant à la collation: ainsi que

les Offices Royaux, qui, quoy qu'ils ne soient point revocables, ne sont pas pour cela demembrés de l'Etat.

Que si on admet la distinction cy-dessus raportée, que l'Off. soit seulement revocable, quand il est conferé sous le bon plaisir du Seigneur, ou sous la clause, *Tant qu'il nous plaira*, il s'ensuit bien que de sa propre nature, & de droit commun il n'est pas revocable. Mais d'ailleurs il vient d'être prouvé, que cette forme de conferer les Offic. sous le bon plaisir du Seigneur est dispensatoire, & contraire au droit commun, mesme que c'est une clause de puissance absoluë, comme est celle, *Car tel est nostre plaisir*, & partant ne doit être permise, ou du moins avoir effet és provisions des Offices des Seigneurs: puisque le Roy s'en est bien voulu priver lui-méme, pour s'accommoder à la Iustice, & au bien public: & tout ainsi que les collateurs ordinaires ne peuvent pas conferer les Benefices en commande, n'y ayant que le Pape qui le puisse faire: encore ne le tolere pas qu'ils les confere en commende de revocable; mais il faut que se soit irrevocablement. Même Chassanée expliquant cette clause sur la Coûtume de Bourgogne tit. 1. art. 6. nomb. 81. dit, aprés Felin, que *Officialis ad beneplacitum dicitur perpetuus, & hoc observatur in toto regno Francia, quia omnia Officia sunt ad beneplacitum, & tamen sunt perpetua.*

47 Réponse à la clause tant qu'il nous plaira.

De dire aussi que les Romains pratiquoient la destitution des Offic. cela ne se trouvera point veritable. Car il y a bien de la difference entre la destitution & la forfaiture. pource que la forfaiture se fait avec connoissance de cause, & la destitution dont nous parlons, se fait sans cause, & par la pure volonté du collateur. Or ce que les Romains déposoient quelquefois leurs Officiers, ou pour mieux dire les contraignoient de renoncer eux-mêmes à leur Office, ainsi que contient le discours cy-devant raporté de Plutarque, étoit avec connoissance de cause, & comme és exemples cy-dessus alleguez, c'étoit pour le trop grand scrupule qu'ils avoient aux ceremonies de leurs Dieux. Comme semblablement les Censeurs ne dégradoient point les Senateurs, ou Chevaliers sans cause, sinon en tout cas quand ils faisoient le roolle nouveau à l'entrée de leur Office. Car alors, sans exprimer aucune cause, ils pouvoient bien ne mettre plus en leur rôlle ceux qu'ils vouloient priver de leur dignité. Mais aussi ce n'étoit pas Office d'être Senateur, ou Chevalier; mais un simple Ordre, ou plûtost une commission, qui ne duroit qu'autant qu'on se trouvoit sur le rôlle, ainsi qu'à nous les Charges de Conseiller d'Etat, qu'il a été dit cy-devant n'être pas vrais Offices.

48 Réponse à l'usage des Romains.

Et quant aux Proconsuls, Presidens, & autres Gouverneurs des Provinces Romaines, il est certain pareillement que ce n'étoient pas vrais Officiers; mais simples Commissaires, comme j'ay dit au Livre precedent de nos Gouverneurs de France. Aussi Rosinus, & tous ceux qui ont écrit des Magistrats Romains, les mettent au rang des Magistrats extraordinaires (ainsi appelloient les Romains les Commissaires) & de fait ils n'avoient point de durée certaine, comme les vrais Offic. de Rome: mais demeuroient jusqu'à ce qu'on leur eût donné un successeur: en quoy consistoit leur revocation, comme il a été dit au 2. Chap. du 4. Liv.

49 Gouverneurs Romains n'étoient pas Commissaires.

Encore est-il notable que sous les bons Empereurs, les bons Gouverneurs n'étoient gueres revoquez, témoin le dire de Capitolin, qu' *Antonius Pius successorem viventi bono judici nulli dedit; & peu auparavant, factus Imperator nulli eorum quos Adrianus provexerat, successorem dedit, suitque ea constantia ut septenis & novenis annis in Provinciis bonos Præsides detineret.* Et Spartian parlant de Pescennius Niger, *Cum videret, inquit, Provincias facili administratorum mutatione subverti; scripsit ad Marcum primò, deinde ad Commodum, ut nulli ante quinquennium succederetur Provinciæ Præsidi, vel Legato, vel Consuli, quod prius deponerent potestatem, quàm scirent administrare.*

50 Empereurs ne les revoquoient gueres.

Même il y a des Empereurs, qui ont fait conscience de destituer les mauvais Juges, ou Gouverneurs, com-

51 De mème.

Si les Off. des Seig. sont destituables, Ch. IV.

me l'Empereur Adrien, lequel ; bien qu'il haïst veritablement Tatian son *Præfectus prætorio*, & même l'eût voulu faire mourir, ayant opinion qu'il machinoit contre luy, neanmoins il ne voulut destituer, jusqu'à ce qu'il requist lui même. *Cum successorem dare nollet, quia non petebat, id egit ut peteret : & ubi primùm petiit in Turbonem transtulit potestatem*, dit Spartian. Et Capitolin dit de M. Antonin le Philosophe : *Prætorem quoque qui pessimè egerat non abdicare se Præturâ jussit, sed collega Jurisdictionem mandavit*. Mais Alexandre Severe étoit plus rigoureux à destituer, & neanmoins *si unquam alicui successorem dedit, semper illud addidit, Gratias agit tibi Respub. eumque ita muneratus est ut privatus posset honestè vivere*, dit Lampride en sa vie : & ensuite, *Si successorem Præfectis prætorio dare vellet, Laticlaviam illi per liberium summittebat*.

<small>52 Pourquoy ces Offices furent du commencement revocables en France.</small>

Puis donc que les Gouverneurs des Provinces étoient revocables sous les Empereurs Romains, il ne faut pas trouver étrange que ceux de la France l'ayent été; pource que les François, lorsqu'ils conquirent les Gaules, ne changerent rien de leurs anciennes formes. Même il ne faut pas s'étonner, qu'à ce commencement tous Officiers fussent revocables. Car, comme dit Bodin, les commissions ont été en usage auparavant les Off. pource que les commissions dépendent de la volonté du Prince conquerât, & les Off. d'une loi établie.

<small>53 Par après furent faits perpetuels.</small>

Or au commencement de toute Monarchie *omnia manu à Regibus gubernantur, & arbitria eorum pro legibus sunt*, dit la loy : de sorte qu'il n'y a point d'autres Officiers, que les Ministres de la volonté du Prince. Mais quand un Etat est bien étably, c'est alors qu'on s'avise d'y faire de bonnes loix pour le conserver, & de bons Officiers pour maintenir les loix.

<small>54 Occasion de la clause, Tant qu'il nous plaira.</small>

Ainsi donc, au nouvel établissement des Royaume, les Offices (si ainsi les falloit appeller) étoient revocables sous la rusticité de ce peuple, plus adonné à la guerre qu'au repos, & à la force qu'à la Justice ; duquel partant toutes les premieres loix étoient veritablemét militaires, c'est à dire, qui donnoient toûjours l'avantage au plus fort. Mais depuis qu'on a eu le loisir de se connoître, chacun a songé à s'établir en son Office. *Duces ab initio*, dit Paule Emile, *Comitésque, cùm videbantur, dimittebantur : deinde inveteravit consuetudo, ut nisi sceleris convicti ab imperio discedere non cogerentur : Idque postremò, ut quisque eo tenure donabatur, jurejurando Regum cavebatur* : non seulement ils rendirent leurs Offices perpetuels ; mais enfin ils les rendirent hereditaires : & même les changerent en Seigneuries pures patrimoniales.

<small>55 Qu'elle ne sert plus de rien.</small>

Ce qui leur fut facile à faire, pource qu'ils avoient la charge conjointement, & des armes & de la Justice, & des finances de leur Province, comme j'ay montré ailleurs. C'est pourquoy pour éviter cét inconvenient tout au contraire de ce que les Rois s'étoient laissé aller à permettre aux Ducs & Comtes, lors de leur provision, de ne les point destituer, ils protesterent desormais par clause expresse, inserée és provisions des Baillifs & Seneschaux qu'ils mirent en leur place, & aussi des autres Officiers, qu'ils leur octroyoient leurs Offices, pour en joüir seulement tant qu'il leur plairoit, cessant laquelle clause, ils eussent été perpetuels. Clause qui étant commode au Roy, ainsi qu'il sembloit, fut enfin mise par un style commun en toutes provisions d'Offices.

<small>56 Officiers doivét être perpetuels.</small>

Mais après qu'il n'y eut plus d'occasion de craindre que les Officiers s'emparassent de la proprieté de leurs Charges, par le moyen de ce que nos Rois ont reüny tous les anciens Duchez & Contés, & aussi qu'ils ont separé en divers Offices ces trois fonctions, des armes, de la Justice, & des finances, les Offices ont été remis à bon droit par l'Ordonnance de Louis XI. en leur vraie nature & condition, d'être perpetuels & irrevocables en bien faisant. Et bien qu'on ne laisse d'inferer à leurs provisions cette même clause, si est-ce qu'elle n'y sert plus de rien.

Du droit des Offices.

Et à la verité les loix, qui sont les Magistrats muets, & les Magistrats qui sont les loix parlantes, doivét être aussi immuables les uns que les autres, afin que l'Etat soit pareillement immuable, & demeure en état. Car c'est une regle de Mathematique, que toute chose mobile doit avoir un pivot immobile, sur lequel son mouvement soit reglé & arrêté. Donc, tout ainsi que le Monarque ne doit changer les loix de son Royaume sans grande cause, aussi ne doit-il non plus destituer les Officiers, principalement ceux de la Justice, qui doit être constante & immuable. Neanmoins il peut, & même il doit faire l'un & l'autre, quand il y a juste cause : même il le peut sans cause, par puissance absoluë, autrement il ne seroit pas Souverain. Mais il faut prendre garde que la puissance absoluë est une voye ordinaire, dont le Prince doit user bien rarement, tout ainsi que Dieu, qui est le Souv. des Souverains, fait rarement des miracles, bié qu'à toute heure il en puisse faire.

<small>57 Officiers ne sont destituables sans cause, que par puissance absoluë.</small>

Voilà donc deux voyes qu'a le Roy pour destituer ses Offices, à sçavoir selon sa puissance ordinaire, par la voye de la Justice, quand ils l'ont merité : puis par sa puissance absoluë. Or c'est bien la verité, que les Seigneurs particuliers ont cette puissance ordinaire sur leurs Offic. de les pouvoir destituer par voye de Justice, & avec connoissance de cause ; mais ce seroit les declarer Rois, de leur communiquer la puissance absoluë.

<small>58 Et par tant ne le peuvent être par les Seigneurs.</small>

Et puisque nôtre Roy ayant la puissance Souveraine jointe avec l'ordinaire, doit sans comparaison avoir plus de droit sur ses Officiers, que les Seigneurs sur ceux de leurs Justices, qui n'ont sur eux que le pouvoir ordinaire, encore ne l'ont-ils que par abus & usurpation ; & que neanmoins il s'est bien voulu lier les mains & retrancher & limiter sa Souveraineté en ce poinct-cy, de ne déposseder ses Officiers, pource qu'il a été reconnu être selon raison & justice, & importer au public, qu'il soit ainsi observé, quelle apparence y a-t-il que les Seigneurs particuliers, qui sont sujets à la Justice, ne se rangent à cette même raison ?

<small>59 Seign. ne doivent avoir plus de puissance que le Roy.</small>

Car d'ailleurs il y auroit bien moins de danger & d'inconvenient, que les Rois destituassent leurs Officiers : dautant que leurs affaires se conduisent par un ordre & Reglement certain & il n'est point à craindre qu'ils contraignent les Officiers à mal, de peur d'être destituez, comme il vient d'être dit des Seigneurs particuliers : de sorte que tous les inconveniens cy-dessus rapportez cessent à leur égard.

<small>60 Moins de danger en la destitution du Roy, que des Seign.</small>

Quant à ce qu'on dit que les Proconsuls Romains pouvoient revoquer les Juges Pedanées, cela est vray ; mais il se faut ressouvenir de ce qui a été dit cy-devant, que les Juges Pedanées n'étoient pas Officiers receus solemnellement en Justice, par devant le Superieur du Proconsul, même ne prononçoient pas les Sentences, ni ne les intituloient pas de leur nom, & moins encore les pouvoient mettre à execution ; mais tout ce qu'ils faisoient, étoit sous le nom & autorité du Proconsul. Bref, ils étoient tout ainsi que sont nos Avocats ; ausquels les Juges baillent leur procés à juger. Il est vray, que dautant que les Presidens & Proconsuls Romains étoient ordinairement des Capitaines plus experimentez aux armes qu'à la Justice, ils commettoient ordinairement toute l'instruction des procés à ces Juges Pedanées, qui la faisoient au nom du Magistrat, fors que par la Nouvelle 6. de Justinian il fut ordonné, que tant l'acte de contestation que la Sentence diffinitive seroient prononcez par le Magistrat en personne.

<small>61 Réponse à la revocation des Juges Pedanées.</small>

Tout cela n'est pas de même aux Juges des Seign. Car d'un côté les Seigneurs ne sont pas les Magistrats, ainsi qu'étoiét les Proconsuls Romains en la personne desquels residoit le commandement entier, & toute la puissance publique ; au lieu que nos Seigneurs n'ont aucun commádement, ni Jurisdiction en leurs personnes, ne pouvant rien commander, juger, ni executer par eux-mêmes au fait de la Justice, bien qu'ils fussent capables de l'exercer ; comme il a esté prouvé cy-devant : & d'autre costé, leur Juge né

<small>62 Juges des Seign. ne sont comme les Juges Pedanées.</small>

Des Offices des Seigneurs, Liv. V.

font pas simples Assesseurs, ou Juges Pedanées, qui *notionem tantum habeant, & non Iurisdictionem*, & qui ne fassent que donner leur avis aux Magistrats; mais sont eux-même les vrais & seuls Magistrats de leur Justice, en la personne desquels reside, & la Jurisdiction, & la voix, & l'entier exercice du commandement. Aussi jugent-ils en leurs noms, font intitulés en leurs Sentences, & les mettent eux-mêmes, ou font mettre à execution, en vertu de leurs mandemens, sans que les Seigneurs se puissent mêler du fait & exercice de la Justice.

63 Tous les Philosophes s'accordent en la perpetuité des Offices.

Que si en cette matiere il falloit prendre droit par les resolutions des anciens Philosophes, il ne s'en trouvera pas un seul qui ait dit, que les Magistrats dussent être revocables. Car il est bien vray, que c'est une des plus importantes contrarietez d'entre Platon & Aristote, que Platon a soûtenu qu'ils devoient être perpetuels & à vie, & Aristote qu'ils devoient être annuels, ou à certain tems. Mais ils s'accordent tous deux en ce point, qu'ils doivent demeurer stables & irrevocables pendant le tems qui leur est prescrit par la loy de l'Etat, & non pas être instituez à tant tenu, tant payé, comme des valets.

64 Et toutes les nations.

Pareillement, s'il faut s'arrêter à l'usage & observance des anciens Etats & Republiques, Bodin en ce Chapitre 4. du 4. Livre nous témoigne, que les Juifs, les Assyriens, les Perses, les Egyptiens, les Parthes, les Ethiopiens, les Turcs, les Tartares, les Moscovites, les Polonois, les Allemans, les Danois, les Suedois, les Anglois, les Ecossois, les Espagnols, la plûpart des Italiens ont presque toûjours eu, & ont encore à present des Officiers perpetuels, ainsi que sont maintenant les Officiers Royaux de France : & quant au peu qui reste d'autres nations, qui sont presque toutes Republiques, ou populaires, ou Aristocratiques, les Officiers d'icelles sont annuels, ou à certain tems, pendant lequel neanmoins ils ne sont pas destituables: enfin il ne se peut nommer au monde une seule nation, où les Officiers soient destituables, à volonté, cóme on veut pratiquer en ceux des Seign. de France.

65 Et le sens commun d'un chacun.

Que s'il faut encore avoir égard particulierement à l'usage & à ce qui s'observe en ce Royaume, voit-on pas, que de tout tems, & encore à present, les Seigneurs qui ont tant soit peu de la crainte de Dieu, ou l'honneur du monde devant les yeux, font conscience, ou bien ont honte de destituer sans cause leurs Officiers ? & quelque desir qu'il leur en vienne à la plûpart, pour divers sujets, si est-ce qu'on en voit fort peu qui s'y hazardent : & ainsi cette vieille routine qui restent encore la barbarie de nos ancêtres, plus enclins à la force qu'à la Justice, se corrige aujourd'huy d'elle-même: Est-ce pas une honte, que la Justice qui doit refrener nos actions desordonnées, nous permette de ce que nous jugeons nous-même injuste: & que la loy qui doit être exacte & severe reformatrice de nos mœurs, nous licencie à ce que nôtre propre conscience (bien qu'elle nous flatte ordinairement) nous dicte & nous juge être contre l'honneur & la raison ? Mais si cét honneur & cette raison n'est munie de l'autorité de la loy, il n'y aura que les plus gens de bien qui l'observeront, & ainsi les méchans auront plus de pouvoir & plus d'avantage qu'eux.

66 Explication de la clause *Tant qu'il nous plaira*.

Pareillement, il ne faut point dire, qu'en consequence de la clause, *Tant qu'il nous plaira*, qui d'ordinaire est apposée és lettres de provision des Officiers des Seigneurs, il sont pourvûs à condition expresse de ne joüir de leurs Offices, sinon tant qu'il plaira aux Seigneurs, & partant qu'ils ne sont pas vrais Officiers en titre. Car ceux du Roy sont pourvûs sous cette même clause, & neanmoins on ne peut douter qu'ils ne soient vrais Officiers en titre d'Office, & non à titre de precaire: & neanmoins, le plaisir du Roy est bien de plus grande éficace, que celuy d'un Seigneur particulier. Car à l'égard du Roy, ce terme *de plaisir*, signifie sa puissance absoluë, comme on voit qu'à la fin de toutes lettres du Roy cette clause est apposée, *Car tel est nôtre plaisir*, qui est ce que dit le Poëte,

67 Plaisir du Roy.

Sic volo, sic jubeo, sit pro ratione voluntas.

Mais ce mot *de plaisir* ; à l'égard d'un particulier, signifie ce qui est selon la raison & justice, à laquelle il est sujet, & *refertur ad arbitrium vi é boni*, dit la loy septiéme, D. *De contr. empt.* & la loy sixiéme, D. *Pro socio.* Et Ciceron en ses Paradoxes, *Quid est, inquit, libertas ? nempe potestas vivendi ut velis : nemo autem vivit ut vult, nisi qui recta sequitur, qui rationi observerat.* Quand donc un Seigneur, auquel le plaisir absolu ne peut convenir, pourvoit un Officier public pour tant qu'il lui plaira, ἕως δοκιμᾶσαι, cela signifie tant qu'il luy devra plaire, c'est à sçavoir, tant qu'il vivra en homme de bien.

68 Plaisir d'un Seign. est restreint à l'arbitrage d'un homme de bien.

C'est ainsi sans doute, qu'il faut entendre cette clause, dont les Grands Seigneurs commencerent d'user comme le Roy, lorsqu'en tous autres actes ils tâcherent de contrefaire les Rois, & d'usurper entierement la puissance Souveraine, comme il a été dit au second Livre. Car certes cette clause en sa propre signification ne convient qu'au Souverain: encore Bodin dit-il tres-bien en son troisiéme Chapitre du troisiéme Livre, qu'elle ne convient qu'au Monarque Seigneurial, qui tient ses Sujets comme esclaves, ne possedans rien en proprieté, & non au Monarque Royal, qui les tient comme enfans, & leur laisse la proprieté de leurs biens, de sorte qu'elle ne leur peut être ôtée que par la voye de Justice.

69 Cette clause ne convient qu'au Souverain en sa propre interpretation.

Ce qui sert de réponse à ce qu'on dit que l'Ordon. de Louïs XI. qui a introduit en France la perpetuité des Offices, ne parle notamment que des Offices Royaux. Car il faut remarquer, que cette Ordonnance a été faite pour lier les mains aux Rois, & pour borner & retrancher en ce point-cy leur puissance abso uë, entant que par un commun usage ils avoient reduit en droit commun la destitution des Officiers, par l'invention de cette clause, *Tant qu'il nous plaira*, qu'ils mettoient par un style ordinaire, comme ils font encore à present, en toutes les provisions des Officiers, afin de les rendre destituables : l'effet & l'energie de laquelle clause cette Ordonnance a justement aboly, même a ôté le pouvoir aux Rois de destituer leurs Officiers à volonté. Et partant, c'est desormais une loy d'Etat, & comme fondamentale du Royaume, laquelle en cette qualité, ce Roy fit jurer à son successeur. Mais tout cela n'étoit point necessaire à l'égard des Seigneurs, qui ne se pouvoient pas affranchir & exempter du droit commun, par lequel les Offices sont perpetuels, pour auquel déroger, les Rois avoient inventé la clause, *Tant qu'il nous plaira*.

70 Réponse à l'Ordon. de Louïs XI.

Finalement, quant à l'article cy-dessus allegué de l'Ordonnance de Roussillon, il a été amplement prouvé au dernier Chap. du premier Livre, combien il est plein d'absurditez en ces deux propositions, & notamment en ce que se laissant emporter à la vieille routine du tems passé, il astraint les Seigneurs à payer l'amende du mal-jugé de leurs Juges, chose qui est aparémment erronée & ridicule. Et neanmoins, c'est sous ce seul pretexte qu'il permet aux Seigneurs de destituer leurs Offic. de sorte que ce n'est pas de merveille si une absurdité en a engendré une autre. Mais puisque c'est une maxime de Philosophie, que *cessante causa, cessat effectus*, & une de droit, que *cessante ratione legis, cessat & ipsa lex*, & qu'il est notoire qu'à present on ne condamne plus les Seigneurs à l'amende pour le mal-jugé de leurs Juges, cela s'étant trouvé si injuste, qu'il s'est corrigé de soi-même, faut-il pas en corriger aussi la consequence, qui est de permettre aux Seign. à l'occasion de cette amende, de destituer leurs Offic.

71 Réponse à l'Ordonnance de Roussillon.

Puis donc que l'équité est si évidente de cette part, que les raisons, soit de la Justice particuliere, soit de l'interêt public, sont si fortes, que les inconveniens de l'ancien usage sont si grands & si manifestes, dessillons nos yeux, & ne resistons point à la verité connuë, mais nous rangeons de son côté, sans nous opiniâtrer à cette vieille corruption tyrannique:

72 Conclusion de la question.

Considerons d'ailleurs, que cóme les esprits des hom-

73 Toutes

Si les Off. des Seig. sont destituables. Ch. IV. 309

Joye tendent à asseurer ce de ce qu'on tient.

me se rafinent & subtilisent tous les jours, aussi qu'ils tendent journellement à asseurer à chacun ce qui luy appartient, qui est la fin & l'effet general de la Justice. Par exemple, Ciceron au premier des Offices, traittant particulierement de la Justice, dit que *Propria nulla sunt naturâ, sed quia suum cuique factum est eorum, quæ naturâ fuerant communia; quod cuique obligit, id quisque teneat.* Les Romains n'avoient qu'une maniere d'usufruit en la plûpart de leurs biens. Car tous les heritages étans hors l'Italie, & la plûpart de leurs meubles, *étant res nec mancipi*, dont le possesseur n'avoit pas la parfaite Seigneurieice que Justinian reforma, voulant que toutes choses fussent possedées indifferemment en pleine proprieté.

74 Fiefs & cens devenus patrimoniaux.

En France, on dit qu'il n'y a point de terre sans Seigneur, pource que tous les heritages étans ou feodaux, ou censuels, les détempteurs d'iceux n'y avoient anciennement qu'une matiere d'usufruit, ainsi l'apelle Cujas, sur le 3. Tit. du 1. Liv. des fiefs: & de fait ils ne pouvoient par l'ancien droit être transferez de main en autre, sans le consentement du Seigneur direct, qui en étoit reputé le vray Seigneur, & le Seigneur utile n'en étoit appellé que le détempteur, ou possesseur: d'où vient encore que nous appellons nos heritages *possessions*, ainsi que les Romains appelloient les terres tributaires des Provinces.

75 Coment cela s'est fait.

Ce qu'ayant été trouvé injuste, & contraire au commerce, qui est l'un des principaux liens de la societé humaine, cela s'est de soi-même corrigé par l'usage, les Seigneurs aïans eu honte de refuser à leurs vassaux, ou censiers, la libre disposition de leur bien: il est vray qu'ils tirent quelque récompense de cette permission: ce qui s'est tellement acoûtumé, qu'enfin il s'est tourné en droit comun: de sorte qu'aujourd'hui un censier dispose de sa propre autorité, de son heritage, sás plus en demander permission au Seigneur direct, auquel neanmoins, en consequence de ce qu'anciennement il falloit obtenir sa permission, on paye encore à present des profits Seigneuriaux: & en cette façon les terres feodales & censuelles sont devenuës patrimoniales.

76 Tous Benefices devenus irrevocables.

De même à l'égard des Benefices, qui ont telle convenance avec les Offices, que dans les bons Auteurs les Offices sont souvent appellez Benefices, & les Benefices Offices, ne sçait-on pas, qu'en la primitive Eglise, les Evêques pouvoient transferer les Benefic. d'une charge en une autre, comme aujourd'huy és Monasteres reformés, les Moines sont transferez d'un Convent en un autre, & d'un Office claustral en un autre, par leur Superieur. Et neanmoins à present, c'est un droit constant, qu'un Beneficier ne peut être privé de son Benefice sans l'avoir merité, non pas même par le Pape: bien que les Canonistes luy attribuent une puissance souveraine par dessus le droit, en ce qui est de la dispensation des Benefices.

77 Il n'y a pas tant de raison qu'aux Offices.

Et bien qu'il y ait peu d'aparence de rendre les gens d'Eglise proprietaires de leurs Benefices, tant pource que c'est le domaine de Dieu, & de l'Eglise, qui ne peut tôber en commerce & proprieté; que pource que les Prêtres, ayans choisi Dieu pour leur sort & leur partage, ont une particuliere obligation d'obéir à l'Ordon. de leurs Superieurs, & principalement les Moines, ausquels l'obedience & la pauvreté sont deux de leurs vœux essentieis: neanmoins à leur égard même, on pratique notoirement à present, que leur Abbé ne leur peut ôter leurs Benefices, bien qu'il y eût, n'y a pas encore long-tems, certains Benefices reguliers, qui de toute anciennetè avoient eté manuels & revocables *ad nutum*, comme parlent les Canonistes, notamment en l'Ordre de S. Augustin: toutefois en ces derniers tems on a tellement favorisé la proprieté de toutes choses, qu'on a rendu ces Benefices perpetuels & irrevocables, ainsi que les autres, de sorte que maintenant aux Cours Souveraines on ne veut plus oüir parler de Benefices manuels & revocables *ad nutum*.

78 Derniere conclusion.

Conclusion, puisque les Offices sont en commerce plus licite que les Benefices, pourquoi permettra-t-on aux Seigneurs de destituer leurs Offic. qui ne leur ont pas voüé obedience, & qui n'ont pas renoncé à la proprieté, comme les Moines? attendu même que les inconveniens qui arrivent de revoquer legerement les Offic. sont beaucoup plus grâds, que ceux qui peuvent arriver de la revocation des Prieurez manuels.

CHAPITRE V.
Pratique de la destitution des Officiers des Seigneurs.

1 *Qu'en cette matiere l'usage a emporté la raison.*
2 *Pouvoir de l'usage.*
3 *Pratique de la destitution.*
4 *La moindre particularité empêche la destitution.*
5 *Exemple des particularitez de fait.*
6 *Exemple de celles de Droit.*
7 *Explication de l'art. 27. de l'Ordonn. de Roussillon.*
8 *Titre onereux que signifie en cette matiere.*
9 *Raison de cette signification.*
10 *De même.*
11 *Au fait de la destitution, le titre remuneratoire, & l'onereux sont égaux.*
12 *Que les donations remuneratoires ne sont revocables.*
13 *Des services stipulez à l'avenir.*
14 *Difference entre les services du passé, & de l'avenir.*
15 *Autre difference.*
16 *Si on peut soûtenir que la provision simple soit remuneratoire.*
17 *Que non.*
18 *Si on peut soûtenir que la provision simple soit faite pour cause onereuse.*
19 *Qu'en cette question il ne faut point distinguer les Offices venaux d'avec les non-venaux.*
20 *On ne craint plus de dire, qu'on achete les Offices de Judicature.*
21 *Quand on garderoit les anciennes Ordonnances, le Seigneur pourroit revoquer l'Office vendu.*
22 *Qu'il ne faut distinguer les Offices vendus à petit, ou à grand prix.*
23 *Si l'Officier peut prouver son achat par témoins, pour empêcher la destitution.*
24 *Provision onereuse & remuneratoire lie les mains à tous Seigneurs.*
25 *Que la provision d'Office ne doit être comparée au bail à loyer.*
26 *Si l'Officier pourveu pour cause onereuse, par un Seigneur commutable, peut être destitué par son successeur.*
27 *Semble que si.*
28 *Resolution és Offices venaux.*
29 *Quid és non-venaux.*
30 *Difficulté de cette question.*
31 *Si les Offices non-venaux vendus par le Beneficier sont revocables par le successeur.*
32 *Quid des venaux.*
33 *Quid des hereditaires.*
34 *De même en tout usufruitier.*
35 *Aliud in marito.*
36 *Quid in tutore.*
37 *Quid si le mineur est heritier de son tuteur.*
38 *Quid en l'Office vendu par le tuteur.*
39 *Quid en l'heritier beneficiaire.*
40 *Quid in possessore bonæ fidei.*
41 *Quid in malæ fidei possessore.*
42 *Quels Seigneurs peuvent destituer.*
43 *Regle notable.*
44 *Si le gardien fruituaire peut destituer.*
45 *Si les Seigneurs du domaine alienè peuvent destituer.*

310 Des Offices des Seigneurs, Liv. V.

46 *Quid des acquereurs à faculté de rachat des terres des particuliers.*
47 *Quid des fermieres à longues années.*
48 *De la forme de la destitution.*
49 *Officiers receus en Justice, ne peuvent estre privez de l'exercice, sans ordonnance de Justice.*
50 *Forme de destitution de l'Officier receu en Justice.*
51 *Aliud en celuy qui n'est receu en Justice.*
52 *Destitution injurieuse reprouvée.*
53 *Preuve.*
54 *Destitution injurieuse ne peut estre changée en autre.*
55 *S'il se faut pourvoir par appel contre la destitution.*
56 *An liceat appellare à privato.*

57 *Resolution.*
58 *Si l'Officier peut continuer son exercice après la destitution.*
59 *Que si.*
60 *Conclusion.*
61 *Même après Sentence confirmative de la destitution, l'Officier appellant d'icelle doit exercer.*
62 *Si l'Officier peut former complainte contre son Seigneur.*
63 *Que non.*
64 *La complainte ne peut estre formée contre le competiteur.*

---

1 Qu'en cette matiere l'usage a emporté la raison.

PUisque je ne suis pas Philosophe, mais Jurisconsulte, ce n'est pas tant mon dessein de rechercher ce qui se doit faire touchant la destitution des Officiers, que d'expliquer ce qui s'en fait, & ce qui est de l'usage & observance accoûtumée parmi nous. Car comme en plusieurs poincts de nostre Jurisprudence l'usage a surmonté la raison.

Mores jam perduxerunt leges in potestatem suam,

Il en est principalement arrivé ainsi en toute cette matiere des Justices Seigneuriales, laquelle consistant non en raison, mais en usurpation, ne se trouve pas aussi reglée par la raison, mais par l'usurpation.

2 Pouvoir de l'usage.

De sorte, qu'à toutes les raisons du precedent chapitre, on peut répondre avec Jaboleus en la loy *Stichum*, §. *S. Stichum. De statu-liberis : Hæc sententia rationem qui dem habet, sed alio jure utimur :* aussi voit-on quelquefois dâs le Droit, que les Jurisconsultes ne peuvent rendre autre raison de ce qui s'observe, que l'usage mesme, & que de dire en un mot, *Hoc jure utimur, ut in l. 1. Jam hoc jure utimur. D. De vulg. & pupill. substit. l. Qui plures. eod. l. Si filius. De lib. & posth. l. Stipulatio ista. D. verb. oblig. l. Inter omnes, De furtis,* ou bien: *Ita perpetuo judicatum est, ut in l. Nam Imperator, l. Cùm de consuetudine. l. Si de interpretatione. D. De legib.* ou bien: *Ita in eodem controversiarum genere servatum est. ut in l. 1. C. Quæ sit longa consuetudo, l. 3. §. ult. D. De testibus.*

3 Pratique de la destitution.

C'est donc la licence qu'on a observée regulierement jusques à present, que les Seigneurs peuvent destituer leurs Officiers à volonté. Mais comme j'ay dit au chapitre precedent, que nôtre Jurisprudence panche toûjours à conserver à chacun ce qu'il tient, principalement en matiere d'Offices, qui panchent tout évidemment à une propriété & heredité, ainsi

4 La moindre particularité empêche la destitution.

que celle des autres biens : depuis que les Offices Royaux sont devenus en commerce si ordinaire, & si excessif, on a commencé à faire état, & à établir des aslenrances à tous Etats, & les constituer comme une particuliere espece de biens; de sorte que maintenant les Officiers Royaux, même ceux des Cours souveraines, qui sont Juges d'équité, trouvent cette destitution de si mauvaise odeur, que ne leur restant plus autre empêchement de l'abolir tout à fait, que la routine du tems passé, ils y trouvent la moindre particularité de fait, ou de droit, ils la retranchent & limitent tant qu'ils peuvent.

5 Exemple des particularitez de fait.

J'entens particularité de fait, comme quand ils reconnoissent que le Seigneur destitué son Officier, ou à cause d'un faux raport, ou pour n'avoir pas voulu adherer à sa volonté en chose injuste, ou par une avarice, pour tirer argent de son Office : bref, pour quelque sujet indigne. Pareillement, si l'Officier destitué est ancien, qui ait toûjours bien servi, & qu'en sa vieillesse on vueille *sexagenarium de ponte dejicere,* ou si c'est le fils d'un ancien Officier, qui ait bien merité du Seigneur, ou quelqu'un qui soit reconnu particulierement pour homme de merite, soit aux mœurs, ou en la doctrine, alors volontiers les Cours souveraines improuvent sa destitution.

6 Exemple de celles de droit.

Quant au Droit, c'est un point tout resolu, que si l'Officier est pourvû pour cause remuneratoire, ou onereuse, par personne qui ait eu pouvoir de ce faire, il ne peut être destitué. Exception, qui est expressément

contenuë en l'Ordonnance de Roussillon, qui seule autorise la destitution des Officiers des Seigneurs, si-non, dit-elle, *au cas qu'ils ayent été pourvûs pour recompense de services, ou autre titre onereux.* Où il faut observer en premier lieu, que le mot de *service* ressent la façon de parler des Seigneurs & Gentils-hommes, qui par une superbe courtisane appellent *service,* tout plaisir & bon office, qui leur est fait par ceux qui sont moindres qu'eux, bien qu'ils ne soient serviteurs, ni mercenaires, mais hommes de foy, & gens de qualité honorables, ainsi que sont les Officiers de Justice.

7 Explication de l'article 27. de l'Ordonnance de Roussillon.

Et ce que cette Ordonnance appelle *titre onereux,* est que le tems passé, on eût en honte d'user du terme de *vente* en matiere d'Offices, principalement de ceux de judicature. De fait, les Romains l'appelloient *suffrages,* & nous l'appellons encore aujourd'huy *composition* en matiere d'Offices, & *recompense* en matiere de Benefices. Neanmoins en effet, ce n'est que pallier & déguiser la verité : Car il est bien vray, qu'anciennement on bailloit les Offices pour un prix moderé à ceux qu'on estimoit dignes d'en être gratifié, & lors à la verité c'étoit une gratification, ou composition honorable, qu'on leur faisoit, & non pas une vente comme celle d'à-present, qui se fait d'ordinaire au plus offrant & dernier enchérisseur, au lieu que la gratification & composition est moyenne entre la pure vente & la pure donation.

8 Titre onereux, qui signifie en cette matiere.

C'est donc cette gratification, ou composition, que l'Ordonnance de Roussillon appelle *titre onereux,* pour ce que du tems d'icelle le Roy ne vendoit pas les Offices de judicature au plus offrant, comme il se fait à present, mais ils étoient taxez à une finance moderée, qui encore se payoit par forme de prêt, duquel quelquefois les Officiers qui avoient des amis en Cour, trouvoient moyen de se faire rembourser.

9 Raison de cette signification.

Bref, en cette Ordonnance, la cause onereuse comprend non seulement la vente & toute composition des Offices; mais aussi toute permutation, ou dation en payement, & encore toute condition, ou charge aposée en la concession de l'Office, de faire chose estimable à argent, & qui étant faite pour autruy, produiroit action valable contre luy, pour en avoir payement : comme au contraire, la clause remuneratoire signifie la recompense des services, ou bons offices, pour lesquels on ne pourroit avoir action civile, mais qui produisent seulement une obligation d'honneur, que la Jurisconsulte appelle obligation naturelle, *ad antidota,* en la loy, *Sed & si lege* §. *Consulnis. De petit. hered.*

10 De même.

Il est vray, qu'en matiere de destitution, cette Ordonnance égale la cause remuneratoire à l'onereuse : de sorte que l'Officier pourvû pour cause remuneratoire ne peut non plus être destitué, que pour cause onereuse; dont la raison est, qu'encore que ce pourvû n'eût aucune action contre le Seigneur, pour être recompensé de ses services, si est-ce que le Seigneur ayant de luy-même avoüé & reconnu cette obligation naturelle *ad antidota,* dont il étoit tenu vers luy, & en acquit d'icelle, luy ayant baillé l'Office, il est reputé l'avoir baillé en payement, & non pas donné : & d'ailleurs, c'est une regle de Droit, que ce qui a été baillé en acquit d'une simple obligation naturelle, ne peut être ôté ni repeté.

11 En fait de la destitution le titre remuneratoire & l'onereux sont egaux.

De la deſtitution des Off. des Seign. Ch. V.

Il y a une tres-belle decision en cas ſemblable, *in l. Aquilius Regulus. D. De donat.* où il est dit, que le diſciple ayant concedé à ſon precepteur l'habitation gratuite de ſa maiſon, bien que telle conceſſion étoit faite ſimplement, & ſans cauſe, elle ſeroit reputée precaire, & partant revocable à la volonté, *l. L. Titius. eod.tit.* neanmoins étant faite exprés, pour récompenſe de ſa bonne inſtruction, elle n'eſt point revocable, dautant qu'en ce cas, dit Papinian en cette loy *Aquilius, non eſt mera donatio, ſed officium magiſtri quadam mercede remuneratum*. Et en la loy *Si pater*, §. *Si quis eod. tit. Si quis aliquem à latronibus eripuit, & aliquid ob eam cauſam ab ipſo accepit, hæc donatio irrevocabilis eſt*. Loy qui a été fort bien interpretée, & la lecture vulgaire d'icelle corrigée fort à propos par le docte Cujas, *ad lib. 5. Sement. Pauli, tit. 1 §. 6*. Tant y a, que les Docteurs de Droit ont tiré une belle concluſion de ces deux loix, que *Donatio ſuapte natura revocabilis, fit irrevocabilis, ſi ſit facta ob bene merita*: & partant on conclud que telle donation n'eſt revocable, ni pour ingratitude, ni pour ſurvenuë d'enfans: dont les autoritez ſont rapportées par du Molin, ſur le 30. article de la Coûtume de Paris, nombre 99. & par Tiraqueau, ſur la loy, *Si unquam in verb. Donatione largitus, num. 11*.

Ce qui a lieu en matiere d'Offices, non ſeulement ſi les ſervices, qui ont donné cauſe à la proviſion de l'Officier, l'ont precedée, qui eſt la vraye remuneration: mais auſſi, ſi par la proviſion ils ſont ſtipulez pour l'avenir; comme ſi un Office eſt donné en faveur de quelque mariage, ou à la charge de répondre pour le Seigneur de quelque rente, ou dette: bref, à la charge de quelque ſervice extraordinaire, comme de conduire pour lui quelque procés, de le tirer de quelque affaire. Et bien que la charge ſoit fort petite, eu égard à la valeur de l'Office, neanmoins c'eſt toûjours titre onereux, ou remuneratoire, & non pas une proviſion purement gratuite. Car il eſt vray, que ce n'eſt pas une donation pure & ſimple, & ſans aucune charge, ou condition; mais plûtôt une donation *ob cauſam, vel ad onus*, qui excede les termes d'une parfaite & abſoluë liberalité. Bref, pour pouvoir deſtituer un Officier ſás cauſe, il faut qu'il ait été pourveu ſans charge.

Il eſt vray, que comme dit Balde, *ad tit. 1. De feudo Gardis, quia cauſa impleta fortior eſt quam implenda*, il y a quelque difference entre les ſervices déja faits, & ceux qui ſont à faire. Car aux ceux qui ſont deja faits, il ne faut plus diſtinguer ſi c'étoient ſervices qui fuſſent dûs par l'Officier, ou ſes predeceſſeurs; mais c'eſt aſſez, que le Seigneur a reconnu qu'il s'en ſentoit obligé, & qu'il a déclaré qu'il en vouloit récompenſer l'Officier. Mais quant aux ſervices de l'avenir, ſi la proviſion porte que l'Office eſt conferé pour l'eſperance d'iceux, ſans les exprimer, cela ne ſignifie autre choſe, ſinon le bon devoir qu'on eſpere de l'Officier en l'exercice de ſa charge: & partant ce n'eſt point une condition, ni une charge qui rende la proviſion onereuſe, ou remuneratoire, & par conſequent l'Officier non deſtituable: non plus que ſi la proviſion porte, que l'Office eſt baillé à l'Offic. à cauſe de ſa preud'hommie, capacité, ou experience: car tout cela n'excede point les termes de la pure liberalité.

Pareillement, quant aux ſervices du paſſé, il n'eſt pas beſoin qu'ils ſoient ſpecifiez, & encore moins qu'il en apparoiſſe, pourvû toutefois que le collateur ait la libre diſpoſition de l'Office, comme Bartole reſout ſur la loy, *Si forte. D. De caſtr. pecul.* Car lors n'y pouvât avoir de fraude, la ſimple affection & réconnoiſſance du Seigneur en fait pleine foy, principalement en tant qu'il eſt queſtion d'empêcher une deſtitution odieuſe. Mais quant aux ſervices de l'avenir, il les faut ſpecifier, autrement la vague & incertaine ſtipulation de ſervices ne ſerviroit, & ſi il faut par aprés qu'il paroiſſe, que ces ſervices ayent été faits actuellement: autrement même ce ſeroit une juſte cauſe de revoquer l'Officier, s'il avoit manqué à accomplir la charge &

la cauſe de ſa proviſion, & ſeroit le cas de la condition, *cauſa dati, cauſà non ſecuta*.

Mais *in facto*, l'Officier purement & ſimplement, c'eſt à dire ſans expreſſion de cauſe ni charge, peut-il ſoûtenir avoir été pourvû à titre onereux ou remuneratoire pour debattre ſa deſtitution? En premier lieu, c'eſt ſans doute, que le Seigneur étant fondé en droit commun, c'eſt à l'Officier a fonder ſon exception. Si donc il fait apparoir de ſes ſervices, ſoit precedens, ou ſubſequens, dont ſa proviſion ne fait mention, ſera-t-elle fondée ſuffiſamment? Je ne l'eſtime pas, attendu que l'Ordonnance de Rouſſillon requiert que l'Officier, pour n'être deſtituable, ſoit préciſément pourvû pour récompenſe de ſervices, ou pour cauſe onereuſe, c'eſt à dire, que la cauſe ſoit exprimée en la proviſion, afin que ce ſoit comme un ſynallagme, & contrat reciproque, & non pas une ſimple donation.

Or il eſt vrai que celui qui eſt pourvû ſans expreſſion de cauſe, eſt pourvû purement & ſimplement, & non pour cauſe remuneratoire. Car, comme on dit, il n'y a au marché que ce qu'on y met. Et bien qu'il apparoiſſe des ſervices, même qu'il y ait ſujet de preſumer qu'à l'occaſion d'iceux l'Office a été conferé, ce qu'autrement n'eût été fait, ſi eſt ce que vû au contraire, il eſt à preſumer que le Seigneur qui pouvoit être contraint à récompenſer l'Officier, a crû qu'il le récompenſoit aſſez par une proviſion revocable, & pourquoy ne s'eſt-il pas voulu lier les mains par l'expreſſion de la cauſe remuneratoire: auſſi que c'eſt la preſomption generale de la loy, que toutes donations, *non ſine cauſa obveniunt, ſed ob meritum aliquod accedunt, l. Nec adjecit. D. Pro ſocio*. De ſorte que ſi on avoit égard à telles cauſes impulſives non exprimées, toutes donations ſeroient remuneratoires, & n'y en auroit gueres de ſimples.

Mais ce n'eſt pas de même en la pure vente de l'Office. Car ſupoſé qu'elle ne ſoit point exprimée par la proviſion, mais qu'elle ſoit pure & ſimple, ſi eſt-ce qu'apparoiſſant par écrit de la vente precedente, ſoit par le compromis, ou par la quittance du prix, ou autre preuve literale bien concluante, il n'y a nul doute que l'Off. ne ſoit irrevocable. Car en ce cas la proviſion n'eſt pas une donation, ni ſimple, ni *ob cauſam*, & ne procede pas de la liberalité, ni du libre vouloir du Seigneur; mais c'eſt l'execution forcée d'une venditió precedente, laquelle partant s'y doit referer: même à la tradition de l'Office vendu, comme il a été dit au premier livre; & conſequemment ſi elle n'étoit bien dreſſée, l'acheteur auroit toûjours ſon action *ad plenius tradendam*, & étant bien faite, il a action de garantie contre ſon vendeur, lorſqu'il eſt troublé par un tiers, & exception s'il eſt troublé par luy-même.

En quoy il ne faut point diſtinguer les Offices venaux, comme de Greffiers, Notaires, & Sergens, d'avec les non-venaux, comme de Juges & Procureurs de Seigneurie. Car il eſt bien vray qu'anciennement lorſque la vente de tous les Offices de judicature étoit autant reprouvée, comme maintenant elle eſt pratiquée, & par le Roy, & par les Seigneurs, & entre particuliers, un Juge n'eût oſé avoüer en Juſtice, d'avoir acheté ſon Office, pource que c'eût été alleguer ſa propre turpitude, & s'en rendre incapable pour pro-pre défenſe. Mais aujourd'hui cela eſt bien changé.

Hæc ætas aliam vitam adfert, alios mores poſtulat.

Deſormais les oreilles du Parlement ſont rebatuës & étourdies par une ſi longue & ſi ordinaire accoûtumance à diſſimuler la vente des Offices des Seigneurs, eſquels on ne doit trouver étrage qu'ils ſe ſoient compoſez à l'imitation de leur Prince, & en tout cas il n'eſt pas raiſonnable que les anciennes Ordonn. qui défendent de vendre les Offices de judicature, ſervent de pretexte à ceux-là mêmes qui y ont contrevenu, pour leur faire retenir l'argent & l'Office: & au contraire qu'elles ſervêt de piege & d'attrapoire aux pauvres Officiers qui ont ſuivi la foy de leurs Seigneurs.

Car quâd il les faudroit obſerver à la rigueur, ſi n'y

Des Offices des Seigneurs, Liv. V.

on garderoit les anciennes ordonnances le Seigneur ne pourroit revoquer l'Office vendu.

auroit-il point d'apparence, que le Seigneur eût du profit pour les avoir violées le premier, & fait violer par l'Officier, luy faisant acheter l'Office, lequel il eût toûjours vendu à un autre, si celuy-là ne l'eût acheté, de sorte que l'Officier semble plus excusable que le Seigneur: en tout cas, s'ils ont failli également, ils doivent être également punis, *ut quos facinus æquat, similis pœna cominetur*, comme dit sur ce même propos cette belle loy, *Si quemquam. C. de Episc. & clericis*. Partant il faudroit que l'Officier perdît son argent, & que le Seigneur rendît le double de ce qu'il auroit receu, même le quadruple, *C. Ad l. Julian repetund*. & la Nov. 8. chap. 8. Et quant à l'Office, il y auroit encore plus d'apparence de le laisser à l'Officier, que de le rendre au Seigneur, pour le vendre encore une fois, *cùm in turpi causa, potior sit conditio possidentis*.

22 Qu'il ne faut distinguer les Offices vendus à petit, ou à grand prix.

Pareillement en matiere de destitution, il ne faut point faire de distinction si l'Office a été vendu tout à fait, ou partie donné, & partie vendu. Car puisque l'Office est indivisible, & que c'est toûjours vente en partie, l'Officier ne peut être destitué, quand même le Seigneur offriroit luy rendre l'argent débourssé: pource que c'est un contrat parfait, qui desormais est de necessité & irrevocable, & qui même n'est sujet à recision pour lesion d'outre-moitié de juste prix, comme il a été dit au chap. du 3. liv. bref la destitution n'a lieu qu'en provision pure & gratuite.

23 Si l'Officier peut prouver son achat par témoins, pour empescher la destitution.

Voila comme il appert par écrit de la vente: mais s'il n'en appert point, l'Officier est-il recevable d'en faire preuve par témoins? supposé que l'Office vaille plus de cent livres, comme il n'y en a gueres d'autres. Cette difficulté a été touchée cy-devant au poinct de la resignation refusée: Mais elle n'est pas moins grande en celuy de la destitution, pource que les Seigneurs, & notamment les Princes, côme il arrive rarement qu'ils destituent leurs Officiers, aussi rarement leur baillent-ils quittance de l'argent qu'ils prennent de leurs Offic. soit venaux (pour ce disent-ils, qu'on sçait assez, qu'ils ne sont pas conferez gratuitement, & que d'ailleurs n'échet garantie en Offices) il ne faut point de quittance: du prix) soit non-venaux, pource qu'ils ne veulēt pas qu'il apparoisse qu'ils les ayent vēdus. C'est pourquoy j'estime, sauf meilleur avis, attendu que la destitution est odieuse & contraire à toute raison & justice, que pour ne favoriser la perfidie d'un fâcheux Seigneur, à la ruine d'un pauvre Officier, qui de bonne foy luy a baillé son argent en la forme ordinaire, sans en retirer quittance, il ne faut point rejetter la verité de quelque façon qu'on la puisse trouver: attendu principalement que l'Ordonnance de Moulins se restreint elle-même aux conventions qu'on a coûtume de rediger par écrit: or à l'égard des Offices non-venaux, c'est chose notoire, qu'on n'a point accoûtumé d'en faire de contrats ni de quittances; & quant aux venaux, la presomption est pour l'Officier, qu'on ne les donne point. Ce qui semble avoir été jugé par un ancien Arrest rapporté par *Io. Galli quæst.* 173. où le Maire de S. Martin lez Paris, ayant été destitué, & ayant formé complainte contre son Prieur, sur ce qu'il articula avoir acheté son Office, les parties furent appointées contraires au principal, & pendant le procés la recreance luy fut adjugée.

24 Provision onereuse & remuneratoire lie les mains à tous Seigneurs.

Or la provision des Offices pour cause onereuse, ou remuneratoire, ne lie pas seulement les mains à celuy qui l'a donnée, pour ne pouvoir destituer les Officiers, mais aussi à son successeur, soit universel, qui est tenu de ses faits, & promesses, soit particulier, comme un tiers acquereur de la Seigneurie, pource que c'est une loi & condition imposée à l'Office en la tradition d'iceluy, qui le rend irrevocable. Et bien que la provision faite aprés une vente, ou composition de l'Office, soit pure & simple, ne faisant aucune mention de sa cause, neanmoins c'est une tradition, laquelle doit être referée à son titre, qui est un contrat de bonne foy obligatoire de part & d'autre, & irrevocable. Et n'est pas comme un simple bail à

25 Que la provision

loyer, que le successeur singulier n'est point tenu d'entretenir: pource qu'il ne produit qu'une action personnelle, laquelle ne suit pas la chose; mais l'Officier acquiert droit en l'Office, par la composition, & par la provision il en devient Seigneur, & par l'installation & exercice, il en est fait possesseur. Aussi que le nouvel acquereur de la Seigneurie n'est pas beaucoup prés tant incommodé d'entretenir l'Officier, comme le baile à ferme, pource qu'il ne peut exercer luy-même l'Office, comme il peut tenir la terre en ses mains. C'est pourquoy la comparaison qu'on allegue ordinairement au Palais en cette matiere, de l'Officier au colon, est apparemment ridicule, & je m'étonne comment il y en a qui s'y arrestent.

Ce qui me semble sans difficulté, quand celuy qui a pourveu l'Officier, étoit Seigneur parfait & incommutable. Mais c'est une grande question, si l'Officier pourveu pour cause onereuse par un Seigneur commutable, peut être destitué par son successeur. Car d'un costé on peut dire que les Offices soit venaux, ou non-venaux, sont en fruit, & partant que venans à vaquer pendant le temps du Seigneur commutable, & ayans été par luy conferez, ce sont comme fruits perceus, separez du fonds, même consommez tout à fait: si bien que le droit de celuy qui les a conferez, venā par aprés à expirer, sa collation qui a été une fois parfaite, demeure valable pour toûjours: tout ainsi que la provision des Benefices demeure en sa force aprés le decés, ou resignation du collateur, & que les terres d'une confiscation arrivée pendant l'usufruit d'une Justice, demeurent aux heritiers de l'usufruitier aprés sa mort, comme du Mulin resout sur l'art. 30. de la Coustume de Paris.

26 Si l'Officier pourveu pour cause onereuse par un Seigneur commutable, peut être destitué par son successeur.

Mais d'autre costé, on dit que le Seign. commutable ne peut prejudicier à son successeur, ne pouvant étendre son droit plus outre, que le temps de sa Seigneurie. Et bien que la collation de l'Office soit en fruit, c'est toutesfois à condition de la faire selon le droit commun & forme ordinaire, c'est à dire par une provision pure & simple; mais de la conditionner enforte qu'elle soit irrevocable aprés son temps, ce n'est pas simplement conferer, mais aliener l'Office; ou du moins c'est lier les mains, & couper l'herbe sous le pied à son successeur. Ce ne doit pas être permis, pource que comme disent les Docteurs, *Paria sunt aliquid fieri in tempore prohibito, & conferri in tempus prohibitum*. Ce n'est donc pas comme une confiscation qui étant une fois arrivée à l'usufruitier, luy appartient pour toûjours, ni comme la collation des Benefices, qui de droit commun sont irrevocables, au lieu que les Offices sont regulierement destituables, ainsi que nous voyons à present.

27 Semble que si.

Pour accorder ces deux opinions, il me semble qu'il faut distinguer les Offices venaux d'avec les non-venaux, & quant aux venaux, puisqu'ils ont cette aptitude d'être vendus licitement, & que l'ordinaire de tout bon ménager est de les vendre, je dis que le droit, & le fruit de la collation d'iceux n'est pas seulement de les pouvoir donner à quelqu'un, comme les Benefices, mais d'en tirer de l'argent. Desorte que qui retrancheroit cette commodité à l'usufruitier, & tout autre collateur commutable, lui retrancheroit son droit, même son usufruit. Que si le Seigneur commutable peut vendre l'Office venal, à plus forte raison le peut-il conferer pour cause onereuse, ou remuneratoire: bref, j'estime sans difficulté qu'il en peut disposer incommutablement & pour toûjours, selon son plaisir & sa volonté, tout ainsi que des biens d'une confiscation: pource que l'usufruitier devient proprietaire des fruits qu'il recueille pendant son usufruit, lesquels étans separez de la chose, sont desormais une chose & proprieté à part. Il est vray que si le Seigneur commutable conferoit l'Office venal gratuitement, comme luy-même le pourroit revoquer par aprés, aussi à plus forte raison le pourroit son successeur selon l'usage commun.

28 Resolution és Offices venaux.

Mais és Offices non-venaux, qui selon les Ordonnances, & les bonnes mœurs ne sont en fruit, sinon

29 Quid és non-venaux.

De la destitution des Off. des Seign. Ch. V.

quant au choix & gratification de la personne, ainsi que les Benefices & non pas en commerce du tout licite, mais abusif & consistant en une simple tolerance: bref qu'un homme de bien conferera plûtost gratuitement que de les vendre, il semble que si le Seigneur commutable les vend, ou les confere pour cause remuneratoire, ou onereuse, il fait chose aucunement licite, même qu'il fait largesse du droit d'autruy. Car bien qu'on en tolere & dissimule la vente & qu'il soit licite au Seigneur incommutable de les conferer pour cause onereuse, si est-ce que ces formes de provisions ne sont pas pures & simples, ni en la forme ordinaire, mais sont outre le droit commun, & partant semblent ne devoir être tolerées au preiudice d'un tiers.

30 Difficulté decreté question.

Toutefois la haine de la destitution & l'inclination de ce temps à donner toûjours pied & establissement de plus en plus à la venalité, ou du moins à l'asseurance des Offices: même à present que les Royaux s'en vont être à demi hereditaires, me tiennent en suspens, & me font pancher aucunement de l'autre costé. Mais pource que les resolutions generales sont dangereuses, notamment en matiere si douteuse, afin de nous en mieux resoudre, parcourons encore une fois toutes les especes des Seigneurs commutables.

31 Si les Offices non-venaux vendus par le beneficier, sont revoquables par le successeur.

Premierement à l'égard du Beneficier, c'est chose qu'on a toûjours tenuë constamment au Palais, & qui a été jugée par plusieurs Arrests, qu'il ne peut prejudicier à son successeur en conferant les Offices de judicature non-venaux, pour recompense de services, autres que ceux faits au Benefice, & desquels encore il faut qu'il apparoisse d'ailleurs que par sa confession, dit Bacquer. D'où il s'ensuit bien, qu'il ne les peut vendre, ou conferer à titre onereux, sinon que ce fust pour l'utilité perpetuelle du Benefice, & pour employer en chose, qu'il ne seroit tenu prendre sur sa bourse: laquelle exception je tire de l'Ordonnance de Roussillon, qui permet aux Seigneurs, tant seculiers, qu'Ecclesiastiques, de destituer leurs Officiers, exceptés ceux qui sont pourveus pour cause remuneratoire, ou autre cause onereuse, d'où il s'ensuit que les Ecclesiastiques peuvent conferer pour cause onereuse, ou remuneratoire.

32 Quid drivenaux.

Mais quant aux Offices venaux, comme de Greffiers, Notaires & Sergens, j'estime que le Beneficier les peut vendre à la vie du pourveu, autrement il demeureroit privé du principal fruit & utilité de leur collation. Car qui les voudroit acheter, pour être en hazard de les perdre par le decés, resignation, ou forfaiture du Beneficier? D'où il s'ensuit qu'étans vendus valablement & licitement, le successeur ne peut destituer ceux qui les ont achetez. A quoy toutefois il y a une exception notable, à sçavoir à l'égard des Offices, qui avoient accoûtumé d'être tenus en domaine, & baillez à ferme (comme cela est ordinaire és Greffes, & quelquefois és Notariats) lesquels le Beneficier ne peut vendre à titre d'Offices, attendu que c'est plûtost aliener que pourvoir.

33 Quid des heredita faites.

Dont j'ay autrefois veu un Arrest du 10. Decembre 1576. par lequel fut approuvée la destitution faite par l'Evesque de Châlons du Greffier de sa Justice temporelle, qui avoit acheté son Office du predecesseur Evesque: & il y en a un autre plus nouveau du 29. Novembre 1605. aussi confirmatif de la destitution faite par l'Abbé de S. Denis en France, du son Greffier: ces Arrests fondez sur ce que ces Greffes avoient accoûtumé de tout temps d'être baillez à ferme parmi le revenu temporel de ces Prelats.

34 De même en tout usufruitier.

Ce qui vient d'être dit du Beneficier, doit en tout & par tout, à mon avis, avoir lieu en la doüairiere, au gardien fructuaire, & tout autre usufruitier, mesme en l'acquereur du domaine du Roy, & l'acheteur d'une terre privée à faculté de rachat, & pareillement au preneur à si longues années, & finalement en celuy qui est chargé de substitution, & toute autre restitution, à sçavoir qu'ils peuvent vendre, même au prejudice de leurs successeurs, les Offices venaux: mais quant aux non-venaux, qu'ils ne les peuvent conferer

Du droit des Offices.

sous cause qui empesche le successeur de les pouvoir revoquer, de même sorte que les hypotheques par eux imposées sont aneanties, aprés que leur droit est expiré, *l. Lex vectigali. D. De pignor.*

35 Alinâ en marito.

J'estimerois neanmoins le contraire au mary, à cause de l'union du mariage, de la puissance maritale, & de la communauté d'entre luy & sa femme, qu'il doit avoir cette puissance comme pere de famille, même ainsi qu'un Seigneur incommutable, de pourvoir les Officiers des terres de sa femme en telle façon qu'il voudra, sans qu'aprés dissolution, ils puissent être destituez.

36 Quid tutore.

Quant au tuteur, & tout autre semblable administrateur, c'est celuy, comme il a été dit cy-devant, qui a le moins de puissance en la collation des Offices, pource qu'il ne les peut conferer que de necessité, & à faute d'autre, & non encore en son nom ni à son profit, mais seulement au nom & utilité de son pupille: de sorte qu'il est aisé à entendre, qu'il ne luy peut aucunement lier les mains, par collation faite pour cause onereuse, ou remuneratoire: ne pouvant avoüer l'obligation naturelle, & d'honneur, des bons services faits au mineur & aux siens, pource que cette reconnoissance volontaire est un acte de maitre, & que ce seroit exercer liberalité aux dépens du mineur & donataire, n'est pas tenu prendre sur sa bourse: laquelle, *est hoc honestè, ex liberalitate tamen sit, quæ arbitrio pupilli relinquenda est, l. Cùm plures. §. 1. D. De administ. tut.*

37 Quid le mineur est heritier de son tuteur.

C'est pourquoy j'estime, que quand bien le mineur seroit heritier de son tuteur, & partant tenu de ses faits & promesses, il pourroit neanmoins destituer l'Officier ainsi pourveu. Car comme si le tuteur étoit vivant, l'Officier destitué n'auroit aucun recours contre luy, pour les dommages & interests, dautant que le tuteur n'est pas tenu de l'éviction, aussi le mineur étant son heritier, n'en est non plus tenu: & on ne peut pas dire qu'il y ait contre luy aucune reflexion d'actions, qui empesche sa destitution.

38 Quid est l'Office vendu par le tuteur.

Mais bien que la pure vente soit de plus grande consequence, que la provision à titre onereux, ou remuneratoire, j'estime neanmoins, qu'un tuteur peut vendre les Offices, pource que cette vente vient au profit du mineur, qui autrement demeureroit privé d'en tirer commodité, & non seulement les Offices venaux; à l'égard desquels il n'y a nulle difficulté, leur nature y étant disposée; mais aussi les non-venaux, puisque la vente en est aujourd'huy tolerée: vente qui est valable sans decret, pource que ce n'est qu'un fruit, qui concerne l'administration, & dont au surplus l'alienation est necessaire: de sorte que le mineur ne peut improuver, ni contrevenir à icelle.

39 Quid en l'heritier beneficiaire.

Mais l'heritier par benefice d'inventaire n'est point du rang des simples administrateurs, ni des Seigneurs commutables, mais est un vray Seigneur & *heres & herus est rerum hereditariarum*, quoy qu'aucuns de nos Praticiens rêvent au contraire, le comparant à un simple curateur aux biens vacuans. Car le droit n'en fait pas une espece differente d'heritier, comme le vulgaire pense, mais seulement en presupposant que tout heritier fasse inventaire, donne un privilege à celuy qui l'aura deuëment fait, que n'ayant point confondu les biens de la succession avec ses autres biens, il ne sera point tenu des dettes d'icelle outre sa valeur, comme j'ay amplement prouvé au 2. livre *Du deg. crip. ch. ap. 31* & au 4. livre, chap. 5. Et de fait du Molin sur l'art. 30. de la Coûtume, tient que l'heritier beneficiaire peut vendre sans decret, qu'il peut consisquer, même qu'il peut valablement donner les biens de la succession. A plus forte raison donc peut-il vendre les Offices, ou les conferer pour cause onereuse, ou remuneratoire: attendu que ce n'est qu'un fruit, duquel il a sans doute la libre & entiere disposition, à la charge neanmoins d'en tenir compte aux creanciers, en la sorte qu'un bon pere de famille en a deû user.

36 Quid in possessore Seigneur.

Finalement quant au simple possesseur de la Seigneurie, qui par aprés auroit été évincé d'icelle par le vray

Seigneur, j'estime que pour resoudre si le nouveau possesseur peut chasser les Officiers par luy pourveus, il faut distinguer, s'il estoit possesseur de bonne ou de mauvaise foy : pource que le possesseur de bonne foy fait les fruits siens, *idem quoad dominium*, comme tous les Docteurs sont d'accord, *etiam naturales, si modo, praeter bonam fidem, justum etiam titulum habeat, l. Bonæ fidei. D. De acquir. rer. dom. §. Si quis à non domino. Instit. De rerum divis.* Et en France il les fait siens *non solùm quoad dominium, sed etiam quoad lucrum, id est, ut non teneatur restituere, nisi perceptos post litem contestatam*, comme traitte du Molin sur le 22. article de la Coustume nomb. 51. & suivans : de sorte qu'il en peut disposer, non pas simplement comme un Seigneur commutable, mais comme vray & absolu Seigneur:& partant il peut valablement conferer les Offices à titre onereux, ou de vente, même les non-venaux, puis qu'aujourd'huy la vente en est tolerée.

<small>41 Quid in malæ fidei poss. ssore.</small>

Mais quant au possesseur de mauvaise foy, celuy-là ne fait jamais les fruits siens, *quoad lucrum. l. Certum. C. De rei vendi. neque etiam quoad dominium, nisi postquam consumpti sunt.* Car bien qu'il les ait actuellement perceus & serrez, si est-ce que tant qu'ils se trouvent en nature, ils peuvent être vendiquez par le Seigneur, comme à luy appartenans, *l. Mala fides. C. De condict. ex lege.* D'où il s'ensuit que celuy qui a évincé de la Seigneurie le possesseur de mauvaise foy, peut chasser les Officiers par luy pourveus, & en mettre d'autres en leur place, comme la collation de l'Office se trouvant encore en nature & possibilité, sauf à ces Officiers chassez, leur recours pour l'argent qu'ils ont desbourse contre celuy qui l'a receu, duquel ils ont deu sçavoir la condition, en contractant avec luy.

<small>42 Quels Seigneurs peuvent destituer.</small>

Voilà quels Officiers peuvent être destituez: voyons maintenant qui sont ceux qui les peuvent destituer. Or c'est sans doute qu'il y a plus de difficulté à destituer un Officier, qu'à l'instituer: dautant qu'il est plus licite de donner que d'ôter; & que l'institution est & necessaire & favorable, au contraire, la destitution n'est jamais necessaire, & est toûjours odieuse. C'est pourquoy je conclus hardiment, que tous ceux qui n'ont pas plein pouvoir d'instituer, c'est à dire, qui n'ont pas la libre & entiere collation des Offices, bien qu'ils n'en ayent ou l'institution simple, ou la nomination simple, ne peuvent pas destituer, sinon avec le consentement de celuy, auquel l'autre partie de la collation appartient: par exemple, l'usufruitier ne peut destituer sans le consentement du proprietaire, ni le proprietaire sans le consentement de l'usufruitier.

<small>43 Regle notable.</small>

<small>44 Si le gardien fructuaire peut destituer.</small>

Et bien qu'un gardien fructuaire n'ait point de proprietaire habile à consentir la destitution, & qu'à cette cause luy-même baille la pleine provision, si est-ce qu'en effet il a un proprietaire en tête, qui est le mineur, au nom duquel, & non pas au sien, il doit concevoir la provision: lequel mineur ne peut destituer, pource qu'il n'a pas jugement parfait, ni pareillement autre pour luy, pource que les actes & l'exercice du pouvoir étans inherens particulierement à la personne du Seigneur, ne sont communicables à autre, sinon en cas de necessité, comme il a été dit au chapitre 2. Aussi que ce n'est pas faire acte de bon administrateur de chasser les anciens Officiers de la terre, qui sont comme les instrumens d'icelle. Ce qui a été jugé par Arrest du 5. Aoust 1586. pour le Bailly de Roüanne, que la mere & gardienne du Seigneur avoit destitué: & auparavant avoit été jugé par Arrest du 16. Fevrier 1564. contre Madame de Guise, qui comme tutrice & gardienne de Messieurs ses enfans, avoit destitué le Procureur fiscal de la Ferté Bernard:& encore auparavant le même avoit été jugé pour les Officiers du Comté de Dunois, destituez par Monsieur de Guise, tuteur de Monsieur de Longueville, Comte de Dunois, par Arrest du 23. Septembre 1539.

<small>45 Si les Seigneurs du domaine.</small>

Quant à ceux qui possedent les terres du domaine du Roy à quelque titre que ce soit, il y a encore une autre raison, pourquoy ils n'en peuvent destituer les Of-

ficiers. C'est qu'eux demerans Officiers Royaux, ils sont par consequent perpetuels & irrevocables par l'Ordonnance de Louïs XI.

<small>ne peuvent destituer.</small>

Et quant aux acquereurs à faculté de rachat des terres des particuliers, j'estime qu'ils ne peuvent aussi destituer les Officiers sans le consentement du vendeur, auquel le retrait conventionnel est reservé: & ce non pas par défaut de puissance (car comme étans vrais Seigneurs jusques au rachat, ils ont la libre & parfaite collation des Offices) mais pource qu'ils ne sont pas Seigneurs incommutables, mais peuvent de jour en jour être depossedez par le retrait:& partant s'ils destituoient les anciens Officiers, ils feroient prejudice au vendeur. Autant en peut-on dire de tout acquereur sujet à retrait feodal, ou lignager, pendant le temps d'icelui: toutefois, pource que le retrait expire promptement, cela depend de l'evenement d'icelui: & par même raison au cas du retrait conventionnel, ce sera le plus seur à l'Officier destitué de se munir de l'intervention du vendeur, pource que son fondement concerne l'interest d'icelui: de sorte que si l'acquereur avoit son consentement, il pourroit sans doute que la destitution tiendroit, ainsi qu'il vient d'être dit de celle de l'usufruitier, qui est faite du consentement du proprietaire.

<small>46 Quid des acquereurs à faculté de racheter des particuliers.</small>

Mais les preneurs à vie, ou à longues années, peuvent sans doute destituer de leur propre autorité, & sans le consentement du Seigneur direct, auquel la reversion appartient: pource que leur droit est plus stable, & de plus longue durée, & que volontiers la destitution ne luy est pas prejudiciable. Et quant aux Beneficiers, l'Ordonnance de Roussillon leur donne cette puissance. Qui me fait croire que le mary l'a aussi, pource qu'ils sont comparez ordinairement l'un à l'autre:& pareillement celui qui est chargé de substitutiõ, ou restitution, lequel cependant ne laisse d'être vray & parfait Seigneur. Par la même raison, je tiens pour certain que l'heritier par beneficee d'inventaire peut destituer: comme aussi le possesseur actuel, pendant le procés sur la proprieté de la Seign. & pareillement le proprietaire pendant la saisie, pour les raisons contenues cy dessus.

<small>47 Quid des Seigneurs temp. mu. ables.</small>

Parlons maintenant de la forme de la destitution, en laquelle les Seigneurs s'abusent fort, à mon avis, apportant moins de ceremonie à destituer un Officier public, qu'à revoquer un simple Procureur *ad lites*. Car la revocation d'un Procureur *ad lites* se fait par acte public, expedié pardevant Notaires, lequel on luy fait signifier : mais les Seigneurs se contentent ordinairement de revoquer leurs Officiers, ou de parole, ou par un simple écrit fait sous leur seing: même quelquefois sans leur rien dire, ils en mettent d'autre en leur place, & bien souvent ils entreprennent de les recevoir & instaler eux-mêmes, sans aucune autorité de Justice:& ainsi ils chassent & dépossedent par voye de fait l'ancien Officier, bien que receu en Justice, & reconnu publiquement pour personne publique : Mais cela vient de ce que nos Gentilshommes étans plus experts, & plus enclins à la voye de force, qu'à celle de Justice, se font accroire, que depuis qu'ils ont Justice en leur village, ils y ont autant de puissance, qu'un Monarque en son Royaume.

<small>48 De la forme de la destitution.</small>

Donc en ce regne, qui graces à Dieu, est maintenant établi en paix, & aussi les Offices sont en plus grande estime, sans insister sur les façons de faire du passé, qui ressentent plus la violence que la raison, & qui neanmoins n'ont point encore été corrigées, depuis le peu de temps qu'il y a que les Officiers des Seigneurs sont en commerce, je croy qu'il faut distinguer les Officiers receus en Justice, d'avec ceux qui n'y ont point été receus. Quant à ceux-là, je tiens qu'ils ne peuvent être destituez sans ordonn. de Justice, tant pource que *nihil tam naturale, quàm unum quodque dissolvi eo modo quo ligatum est*, dit la loy ; dautant qu'il n'y a aucune apparence que le Seigneur puisse ôter ce qu'il ne peut donner, à sçavoir la puissance publique, laquelle il n'a pas luy-même. Et finalement il est bien certain, que nul ne peut casser les ordonnances de plus grand que luy ;

<small>49 Officiers receus en Justice, ne peuvent être privez de l'exercice sans ordonance de justice.</small>

De la destitution de Off. de Seign. Chap. V.

d'où il s'ensuit que le Seigneur ne peut de sa propre autorité revoquer le pouvoir que la justice superieure, de laquelle luy-même est le sujet & justiciable, a donné à l'Officier lors de sa reception.

50 Forme de destitution de l'Officier receu en justice.

C'est pourquoy il me semble tres-raisonnable que quand le Seigneur veut chasser actuellement l'Officier receu en Justice, qu'il a destitué, il faut qu'il le fasse appeller devant le Juge superieur, pour voir ordonner qu'attendu sa destitution, défenses luy seront faites de s'entremettre desormais en l'exercice de l'Office. Car puisque la provision & institution du Seigneur, bien que favorable, n'est suffisante sans la reception, pour faire un Officier public: aussi à plus forte raison la destitution qui est odieuse, est encore moins suffisante, sans l'autorité de la Justice, pour le défaire, & pour luy oster sa qualité publique, qu'il a acquise par la reception. Ce qui est si clair & si évident, que l'usage & observance commune des Gentils-hommes ne peut prevaloir au contraire, *quia usus, seu potius abusus imperitorum non facit jus; imò si in quæstionem deducatur, non observatur; sed reprobatur à peritis*, comme dit du Molin, sur le 36. art. de la Coust. nomb. 8. Joint que cette absurdité est venuë en consequence d'une autre, qui a été touchée cy-dessus, au chap. 2. que les Officiers des Seigneurs entreprenoient par cy-devant, même encore à present ils entreprennent d'exercer leurs Offices, sans être receus en Justice: ce qui a été corrigé par l'Ordonnance d'Orleans, art. 45.

51 Aliud en celuy, qui n'est receu en justice.

Car c'est bien la verité, afin de venir au second membre de nostre distinction que l'Officier, qui n'a point été receu solemnellement en Justice, & qui partant n'a autre droit en son Office que la provisio du Seigneur, ni autre possession d'iceluy, que celle qu'il a prise luy-même, en peut être chassé par l'autorité seule du Seigneur, sans qu'il soit besoin qu'il s'en pourvoye à la Justice superieure, qui n'a point donné au pourveu le caractere d'Officier, & la puissance publique. Encore dis-je, que c'est assez de luy faire signifier une destitution sous le sein du Seigneur, laquelle est un acte public en cette matiere d'institution, ou destitution d'Officiers, & qui est le seul reste de la puissance publique, que les Seigneurs ont retenu, depuis qu'ils ont changé leur qualité d'Officiers en celle de Seigneurs.

52 Destitution injurieuse reprouvée.

Mais sur tout, il faut remarquer en cette destitution, que si elle est faite avec éloge, ou expression de cause, qui touche tant soit peu l'honneur de l'Officier, elle est reprouvée: d'autant que l'Officier ne peut être destitué pour cause infamante, ou pour mieux dire injurieuse, sans que cause soit deuëment approuvée en Justice, luy pleinement ouï. Pource que les Seigneurs, ayans eu jusques à present deux façons differentes de destituer leurs Officiers, l'une de leur propre volonté, & sans cause de demerite; l'autre par la voye de Justice, & avec expression de cause, quand ils ont choisi la derniere façon, il faut qu'ils s'y conduisent par l'ordre de Justice, qui ne condamne aucun sans l'ouïr. *Grave siquidem est, cum re, neminis jacturam facere, nisi causa prius judicio cognita.* C'est ce que dit du Molin sur l'art. 83. de la Coustume de Bourb. *Officia gratis donata revocari possunt ex causa honesta, non autem ex causa infamante, nisi causa cognita.* Et pource la loy dit que celuy qui casse le gendarme, doit toûjours exprimer la cause, *l. 2. §. Ignom. D. De his qui not. infam.* le Seigneur qui revoque son Officier, fait mieux d'ajoûter une cause, ou excuse honneste à la destitution, pour oster tout mauvais soupçon, même pour luy rendre témoignage, qu'il ne le destitué point pour malversation, comme dit fort bien Bacquet, au livre *Des Droits de Justice*, chap. 17. Aussi voit-on dans du Tillet, au dénombrement qu'il fait des Officiers de la Couronne, que quand il parle de ceux qui ont été destituez, il dit qu'ils ont été deschargez.

53 Preuve.

54 Destitution injurieuse ne peut être changée en autre.

Je dis plus que les Seigneurs, qui ont voulu destituer leurs Officiers pour cause infamante, ne peuvent plus revenir à la destitution volontaire, en se desistant de l'infamante, pource qu'outre la raison de Droit,

Du droit des Offices.

qu'après l'option d'une alternative, on ne peut varier par ce vain effort d'ébranler l'honneur de leur Officier, ils ont fait paroître qu'ils étoient animez injustement contre luy.

55 S'il se faut pourvoir par appel contre la destitution.

Si donc, suivant la forme ordinaire, un Seigneur fait signifier à son Officier une destitution sans cause infamante, comment se doit-il pourvoir contre icelle: sera-ce par appel, comme si c'étoit une Sentence: attendu que par le Droit Civil, la voye d'appel n'a lieu que contre les Sentences des Juges, *l. 1. C. De recept. arb.* Et bien que le Seigneur soit comme personne publique, en ce qui est de l'institution, ou destitution des Officiers seulement, si n'est-il pas Juge, & ce ne sont pas actes de Jurisdiction contentieuse, mais de commandement. Comme donc en France on n'appelle pas du commandement des Gouverneurs, mais on se pourvoit contre iceluy par voye de plainte: & de même bien que les Sergens & les Notaires soient personnes publiques, si est-ce qu'on ne se pourvoit pas par appel contre leurs actes, mais par opposition: si ce n'est qu'un Sergent, refusant de déferer à l'opposition, entreprenne en ce faisant la connoissance de cause; auquel cas pour le presser davantage on appelle de luy, & on le prend à partie, encore le plus souvent on prend lettres par après, pour convertir cét appel en opposition.

56 An liceat appellare à Privatis.

Mais au Droit Canon, c'est chose toute ordinaire d'appeller, non seulement des Juges, mais aussi de toute autre personne publique, & encore non seulement après qu'on est grevé: mais encore auparavant, & dés lors qu'on a quelque soupçon apparent de l'estre à l'avenir: principalement en matiere de collation, ou privation de Benefices, *cap. Bonæ memoriæ, ext. De appellat. & cap. Concertationi, & cap. A collationi, eod. tit. in 6.* En quoy les Canonistes ont confondu l'appellation avec la plainte appellée *Querela*, qui selon le Droit Civil a lieu contre les actes de commandement, & contre les actes des Juges, nuls de soy, & encore contre toutes personnes, contre lesquelles on ne peut avoir action, *l. 3. C. Quomodo, & quando Judex*, comme il a été traitté au dernier chapitre du premier livre. Mais pource que le terme d'appel est plus doux, & neanmoins plus énergique & plus efficace pour empescher la voye de force; & quant & quant plus commode pour attirer directement la matiere au Superieur, les Canonistes en ont plûtot usé, que de celuy de plainte.

57 Resolution.

Et en France, nous avons retenu cela d'eux en nos Cours laïques, comme la plus grand part de nostre pratique & procedures judiciaires, à l'occasion de ce qu'auparavant l'Ordonnance de 1539. presque toutes les affaires & procés étoient attirez és Jurisdictions Ecclesiastiques, dont les bons Praticiens étans lors du nombre des Clercs. Et particulierement en ce qui est de la destitution des Officiers, le Parlement, qui méprise volontiers les formalitez, principalement és matieres qui requierent celerité, s'arrestant plus au fonds qu'à la forme, reçoit ordinairement les appellations interjettées de telles destitutions: qui étans originairement plûtost plaintes qu'appellations; neanmoins comme lors que les Seigneurs exerçoient eux-mêmes la Justice, on convertissoit les plaintes qu'on faisoit d'eux, en appellations, ainsi que j'ay dit au lieu preallegué, aussi en fait-on encore de même en ce seul acte-cy, qui leur est resté, & de puissance publique.

58 Si l'Officier peut continuer l'exercice son exercice aprés la destitution.

Mais quoy? par cet appel interjetté ou opposition formée à la destitution, faut-il que l'Officier cesse d'exercer son Office, & s'il l'exerce, par après peut-on dire que ces actes soient encore publics & valables? Certainement il y a des Officiers si timides, qu'ils se meurent au rang des yalets, lesquels se retirent du service de leurs maistres, dés-lors que le congé leur est donné, ou des simples Procureurs, qui étans revoquez ne sont plus rien en vertu de leur procuration. Si est ce qu'il y a bié de la difference entre les uns & les autres, comme il a été dit au commencement du chapitre precedent.

59 Quæ fia...

Tiendrons-nous donc que la destitution faite par un Seigneur de sa propre autorité, & sans ouïr l'Officier,

R r ij

& encore sans cause, soit autant valable que seroit un Arrêt de la Cour donné contradictoirement ? Car quand on luy donneroit autant de force qu'à la Sentence d'un Juge, si est-ce que l'appel interjetté d'icelle en suspendroit toûjours l'effet, n'étant celuy-cy un des cas executoires, nonobstant l'appel. Pourquoy donc autoriserons-nous davantage ce que fait un simple homme de sa tête, sans ouïr partie, & en sa propre cause, que ce que tout un notable Présidial ordonneroit meurement, avec connoissance de cause ? Et quand l'Officier n'auroit autre chose que la possession de son Office, sans titre & sans autorité publique, mesme que ce fut une simple detention, & encore qu'elle fût limitée à certain temps, comme celle d'un fermier ou locataire, si est-ce qu'en France, nous avons en telle haine la voye de fait, que nous ne permettrons pas au proprietaire de déposseder son locataire, & rentrer de son autorité privée en sa propre maison, après l'expiration du temps de loüage, exprimé clairement par un contrat autentique ? mais il s'en faut pourvoir en Justice, par la raison de la loy *Non est singulis. De reg. jur.* mesme quand le Juge luy a permis de faire mettre sur le carreau les meubles de son locataire, & qu'il y en a appel, encore trouve-t-on mauvais que le Juge fisse executer sa Sentence, nonobstant l'appel, en baillant caution au locataire appellant de ses pretendus dommages & interests.

60 Conclusion.

C'est pourquoy je conclus hardiment, quoy qu'on en ait tenu par le passé, qu'un Officier doit continuer son exercice après la destitution du Seigneur, s'il ne veut acquiescer à icelle, principalement quád il a esté receu en Justice, par laquelle reception il a acquis la puissance publique, qui ne luy peut estre ostée par le Seigneur, lequel ne la luy a pas permise: mesme on peut soûtenir que quád il n'auroit autre droit en l'Office, que la seule possession publique d'iceluy, qu'elle ne luy peut estre ostée, sinon par la voye de Justice. Et

61 Mesme après sentence confirmative de la destitution, l'Officier appellant d'icelle, doit exercer.

quand mesme la destitution auroit esté autorisée par sentence du Superieur, si est-ce que si l'Officier en est appellant, on doit encore deferer à son appel, non pas destituer un Officier par provision : pource que regulierement l'appel est suspensif, fors aux cas exceptez par les Ordonnances : mesme quand en un Presidial il y auroit eu restriction au premier chef de l'Edit: pource que la destitution d'un Officier, quoy que volontaire, & sans expression de cause, touche aucunement à l'honneur, qui ne gist en estimation, & partant n'est sujette à restriction: joint que c'est une matiere de reglement, & mesme de droit public, qui excede le pouvoir des Presidiaux.

Quoy donc ? si l'Officier est troublé en son exercice par le Seigneur, formera-t'il complainte contre luy ? & s'il en est chassé par force, plaidera-t'il contre luy en reintegrande ? J'ay dit au chapitre cinquiéme du premier livre, que comme on n'approuve pas la complainte du vassal contre le Seigneur, tant pour le respect qu'il lui doit, que pource qu'il possede aucunement pour luy, aussi il n'est pas à propos que l'Officier forme directement la complainte, & encore moins la reintegrande contre le Seigneur ; mais comme l'action de dol, & toute autre action fameuse & fâcheuse n'a lieu en droit contre le patron, & toutes autres personnes, à qui on doit un respect particulier ; mais il les faut déguiser d'autres noms plus doux, comme *in factum, aut rerum amotarum, nimirum lenitate verbi rei tristitiam mitigante* : aussi l'Officier, qu'on veut déposseder, se doit pourvoir par requête contre son Seigneur, implorant doucement l'Office du Juge: laquelle requête neanmoins retient la même nature, & a pareille force que la complainte, ou la reintegrande : n'étant raisonnable que le respect qu'un bon Officier porte à un fâcheux Seigneur, lui soit préjudiciable. De sorte, que sur telle requête le Juge peut, & doit laisser, ou remettre pendant le procés l'Officier en l'exercice de son Office : dont il ne doit cependant être dépossedé, afin que la force ne soit avantagée par dessus la Justice.

62 Si l'Officier veut former complainte, plainte contre son Seigneur.

63 Que non.

Mais si un competiteur, qui après la destitution, aura obtenu provision de l'Office, & se fera fait en cachette recevoir, vient à troubler l'Officier ancien en l'exercice de sa charge, je ne fais point de difficulté qu'on ne puisse former complainte contre lui, même intenter la reintegrande criminelle, s'il y use de force; pource que la complainte a lieu aussi bien és choses incorporelles, qu'aux corporelles, témoin la Coûtume de Paris, qui l'admet pour les rentes : & a été jugé par plusieurs Arrêts, qu'elle a lieu és Offices, comme j'ai prouvé au lieu cy-dessus allegué. A quoy j'ajoûteray la decision de la loy *Aquilius Regulus. D. De donat.* où parlant de celui auquel la simple habitation d'une maison a été donnée pour récompense de services, Papinian dit ces mots, *Quod si expulsus Nicostratus veniat ad Iudicem, ad exemplum interdicti, quod fructuario competit, defendendus erit, quasi loco possessoris constitutus, qui usum cœnaculi accepit.* Ce que je tiens pour indubitable, vû qu'en cet ancien Arrêt cy-dessus raporté du Maire de S. Martin des Champs, la complainte de l'Officier fut même reçûë contre le Seigneur.

64 La complainte peut être formée contre un competiteur.

CHAPITRE VI.
Des Offices Ecclesiastiques.

1 *Charges de l'Eglise étoient autrefois purs Offices.*
2 *Communauté de la primitive Eglise.*
3 *Bien de la primitive Eglise comment administré.*
4 *Ecclesiastiques n'avoient que des gages.*
5 *Ancien partage des biens d'Eglise en quart.*
6 *Partition des biens d'Eglise.*
7 *Deux parties des charges Ecclesiastiques.*
8 *Charges Ecclesiastiques, pourquoy appellées Benefices.*
9 *Benefice, que signifie.*
10 *Pourquoy les Benefices ne sont devenus patrimoniaux, comme les Seigneuries.*
11 *Purs Offices Ecclesiastiques.*
12 *Benefice doit avoir fonction & revenu.*
13 *Division generale des Benefices.*
14 *Des Benefices simples.*
15 *Chappellenies.*
16 *Prieurez simples distraits des Abbayes.*
17 *Prieurez simples distraits des Cures.*
18 *Pourquoy sont ainsi appellez.*
19 *Comment secularisez.*
20 *Des Chanoines.*
21 *Des Cures.*
22 *Des dignitez Ecclesiastiques.*
23 *Des Abbez.*
24 *Quand peuvent porter mitre.*
25 *Des Abbez commendataires.*
26 *De leur rang.*
27 *Des Personats.*
28 *Archidiaconez.*
29 *Des Prelatures.*
30 *Jurisdiction des Evêques.*
31 *Jurisdiction des Abbez.*
32 *Correction, ou justice sommaire.*
33 *Des purs Offices Ecclesiastiques.*
34 *Difference entre les Officiers de la justice laïque & Ecclesiastique.*
35 *Officiers de Cour d'Eglise doivent être Clercs.*
36 *Et non mariez.*
37 *Des Appariteurs.*

38 Evesque peut exercer sa Justice Ecclesiastique.
39 Mais non pas le Chapitre, Sede vacante.
40 Evesque reçoit son Official, & autres Officiers.
41 Offices de Cour d'Eglise, ne sont non plus venaux que les Benefices.
42 S'ils vaquent par le changement d'Evesque.
43 Raisons de l'affirmative.
44 De même.
45 De même encore.
46 Resolution pour la nagative.
47 Idem de l'Official.
48 Que l'Official n'est plus simple Vicaire, mais vray Officier.
49 Trois Vicaires des Evesques.
50 Arrêts.
51 Si l'Official est destituable.

1 Charges de l'Eglise étoient autrefois purs Offices.

IL est bien certain, qu'en la primitive Eglise toutes les Charges Ecclesiastiques étoient de purs Offices, sans annexe, ni adjonction d'aucuns heritages ni revenus, que l'Officier peut percevoir par ses mains, ainsi qu'és Benefices d'à present: Car les biens d'Eglise étoient possedez en commun, *nec quicquam Clerico pro portione sua aliquod solùm Ecclesia deputabatur*, dit le Canon *Vobis* 12. *quæst.* 2. mais l'Evesque, suivant les Canons des Apostres, avoit la dispensation & surintendance, & ordonnoit de tous les revenus Ecclesiastiques, étans en son Diocese, *Can. Videntes §. Ipsa vero res. & Can. Episcopus, cum seq.* 12. *quæst.* 1.

2 Communauté de la primitive Eglise.

3 Biens de la primitive Eglise, comment administrez.

Non qu'il prist luy même le soin de les faire valoir, ni d'en faire la recepte; mais il laissoit cette charge aux Diacres, qui étoit le moindre des Ordres sacrez du Clergé : & encore le plus souvent, afin de n'amuser point les Ecclesiastiques aux negoces seculiers, il faisoit faire ce ménage par des laïcs, qui étoient appellez *Oeconomes*, ou *Defenseurs*, lesquels recevans tout le revenu du Diocese, en distribuoient manuellement une partie par forme de gages ou pension appellée *Prebende*, à chacun Ecclesiastique, en employoient une autre partie en aumosnes, ou autres œuvres de pieté; & encore une autre aux bastimens & ameliorations des maisons Ecclesiastiques : le tout par le mandement de l'Evesque, qui avoit la surintendance de tout ce bien, & auquel, assisté de son Clergé, ces Oeconomes, ou Defenseurs rendoient compte, *d. Can. Vobis.*

4 Ecclesiastiques n'a voient que des gages.

Alors donc chaque Ecclesiastique n'avoit autre revenu, que la prebende, ou pension qui luy étoit ordonnée par l'Evesque, & payée par l'Oeconome: tout ainsi qu'és Monasteres, où il n'y a point de mense commune, les Moines reçoivent du Receveur de l'Abbaye leur pension par mois, ou autres termes; & comme encore en la plusîpart des Eglises Collegiales, les Chanoines n'ont rien que ce qui leur est payé en argent, ou en bled par le Receveur du Chap. qui est veritablement la prebende. Ce qui s'observoit anciennement si réglément par tous les gens d'Eglise, que même ou tenoit pour un sacrilege, si l'Ecclesiastique, ayant un patrimoine suffisant pour s'entretenir, prenoit sa prebende, ou pension, sur le revenu de l'Eglise, *Can. ult.* 16. *quæst.* 1. Et l'histoire Tripartite nous apporte que Chrysanthus Patriarche de Constantinople, ne prenoit rien du revenu de son Eglise, sinon deux pains par semaine.

5 Ancien partage des biens d'Eglise en quart.

C'étoit lorsqu'en l'Etat de dépense, que bailloit l'Evesque à ces Oeconomes generaux de son Diocese, & en leurs comptes aussi, étoit observé ce premier partage du revenu de l'Eglise, tant celebré en l'antiquité, & traité en toute la question seconde, *causa* 12. d'en employer un quart pour l'entretien des Ecclesiastiques, un autre quart aux fabriques des Eglises, & entretien des métairies d'icelles, un autre à la nourriture des pauvres, & le dernier à l'Evesque, afin qu'il pût maintenir sa dignité, & exercer l'hospitalité.

6 Separation des biens d'Eglise.

Mais à succession de temps, le trop grand ménage, ou plûtost le mauvais ménage des Ecclesiastiques, ayant fait rompre cette communauté ordonnée par les Apostres, ils partagerent, non plus le revenu ; mais le fonds & proprieté des biens de l'Eglise, attribuant à chaque fonction Ecclesiastique sa contingente portion des possessions, & biens immeubles du Diocese, pour en jouir à divis, & par les mains du pourveu d'icelle.

7 Deux parties des charges Ecclesiastiques, à sça.

De sorte, que par le moyen de cette attribution, & annexe des possessions aux Charges de l'Eglise, ces Charges ont esté desormais deux parties, à sçavoir l'Office, ou ministere Ecclesiastique, & le Benefice, c'est-à-dire, le revenu qui en dépend. Parties que le docte Duaren a tres bien distinguées, & au titre, & au texte de ce beau livre *De sacris Ecclesia ministeriis & Beneficiis* & qu'on distingue bien, quand on dit, que *Beneficium datur propter Officium*. Distinction, qui se remarque encore és places, ou Benefices des Eglises Cathedrales & Collegiales, dont l'Office est appellé *Chanoinie* & le revenu *prebende* ; & de fait, tel est Chanoine qui n'a point de prebende, ou qui n'a que demy-prebende ; & tel aussi quelquefois a prebende, qui n'est pas Chanoine, comme le Precepteur de la Ville, le Maître des enfans de Chœur.

Et bien que l'Office soit la plus ancienne & la principale partie, & que le Benefice ne soit que l'accessoire, si est-ce qu'enfin cét accessoire, étant plus desiré que le principal, a donné le nom aux charges Ecclesiastiques, qui ont été presque toutes nommées *Benefice* : pource qu'à la verité, ce n'est pas l'Office & charge qu'on poursuit, tant que le benefice, aussi qu'on ne confere plus les benefices, *ad meritum, vel ad judicium, sed beneficium*, comme parle Lampride, *in Alexandro Severo*, c'est-à-dire, par gratification ; bref, on ne met plus par choix les hommes aux Offices d'Eglise ; mais on baille les Benefices aux hommes qu'on veut gratifier.

8 Charges Ecclesiastiques pourquoy appellées benefices.

Ce mot de *Benefice*, qui signifie bien-fait ou gratification, fut premierement attribué aux terres, ou metairies, qu'on bailloit aux soldats, & frontieres de l'Empire Romain, pour recompense de leur service, & aussi *ut attentius militarent propria rura defendentes* dit Lampride au même lieu, qui font appellez dans Harmenopule, livre 1. στρατιωτικα κτηματα, ηζ τραπιτικαὶ γηαι. Et d'autant que les Ecclesiastiques, voyans l'honneur qu'on rendoit aux soldats de l'Empire Romain, desirerent se comparer à eux, & se qualifierent soldats de la milice sacrée, comme il a été dit au premier chapitre du premier livre, ils voulurent aussi appeller *benefice*, les terres affectées à leur Milice, ou Office Ecclesiastique, & eux-mêmes s'appellerent *Beneficiers*, ainsi que Cesar en ses Commentaires appelle *Beneficiaries milites*, ceux qui étoient appointez de ces terres de frontieres.

9 Benefice, que signifie.

Toutefois encore qu'és charges Ecclesiastiques le Benefice ait prevalu à l'égard du nom, si est-ce que quant à l'effet, l'Office est toûjours demeuré le principal. C'est pourquoy le droit des Benefices est demeuré presque tout pareil à celui des Offices, fors seulement que les Benefices, comme sacrez & spirituels, ne peuvent tomber en commerce. Mais tout le contraire est arrivé aux anciens Offices de France appellez *Seigneuries*, auxquels, depuis que les terres & autres droits & revenus eurent été joints, l'accessoire emporta tout-à-fait le principal, quant au droit & commerce : car les Seigneuries devinrent patrimoniales, tout ainsi que les heritages annexez à icelles, & neanmoins elles n'ont pas laissé de retenir leur ancien nom de Seigneuries, bien que ce soit un nom d'Office, & non pas de proprieté, comme il sera traité plus amplement au livre *Des Seigneuries*.

10 Pourquoy les benefices ne sont devenus patrimoniaux comme les Seigneuries.

J'appelle donc *Benefice*, toute charge ou dignité Ecclesiastique, ayant un revenu annexe, principalement s'il est perceptible par les mains du Beneficier : & y a maintenant fort peu de charges Ecclesiastiques, qui soient telles, & qui soient demeurées purs Offices, sans être Benefices, & sans avoir quelque revenu annexé. Et je n'en pourrois pas cotter d'autres, que les Offices claustraux des Moines, encore seulement ès Religions

11 Purs Offices, Ecclesiastiques.

R r iij

reformées, ou des Mandians (car és autres la plûpart des Offices clauftraux font rentez & reduits en Benefices) & les Offices de la Juſtice Eccleſiaſtique, comme d'Officiaux, Vicegerens, Promoteurs, Greffiers, Notaires & Appariteurs de Cour d'Egliſe.

12 Benefice doit avoir fonction & revenu.

Quoy qu'il en ſoit, il faut que le Benefice, ainſi que nous l'appellons à preſent, ait ces deux parties, à ſçavoir la fonction & le revenu : car s'il n'y a point de fonction, ce n'eſt pas Benefice; comme par exemple les penſions créées ſur les Benefices, cap. *Quam vis. De reſcriptis.* in 6. & les hôpitaux & maladeries *Clem 2. De prabendis.* Au contraire s'il n'y a point de revenu annexé, c'eſt point auſſi Benefice, mais ſimple Office, comme les prieurez clauſtraux, & autres Offices ſemblables des Religions reformées & les Offices de la Juſtice Eccleſiaſtique.

13 Diviſion generale des benefices.

Puis donc que les Benefices ſont en plus grãd nombre, il les faut traitter les premiers, & en Bref. Car je n'entens pas faire icy une compilation du Droit Canon; mais ſeulement rapporter en peu de mots, & à ma mode, les eſpeces d'iceux, qui ſont quatre en nombre, ou pour mieux dire, quatre degrez de Benefices, à les diviſer par leur Office, qui eſt toûjours demeuré leur principale partie, à ſçavoir en commençant par les plus bas: les Benefices ſimples, qui n'ont autre charge que de celebrer le divin ſervice, ſans laquelle charge nul Benefice ne peut être: les Curez, qui ont la charge des ames, & par conſequent la juriſdiction penitenciale: les Dignitez, qui ont la puiſſance de conferer les Benefices qu'on appelle *juriſdiction volontaire*. & les Prelatures qui ont toute la juriſdiction penitenciale, volontaire & contentieuſe : car il faut remarquer qu'en ces quatre eſpeces, ou degrez de Benefice, les plus hauts ont touſiours la fonction des plus bas, & quelque choſe de plus. Voilà, à mon avis, la plus exacte diviſion, qui puiſſe être faite des Benefices: & je croy qu'il n'y a Benefice quelconque, qui ne ſoit de l'une de ces quatre eſpeces.

14 Des benefices ſimples.

Quant aux Benefices ſimples, qui participent moins de l'Office, conſiſtans plus en revenus, qu'en fonction perſonnelle, je les reduis à deux ſortes, à ſçavoir les Chappellenies & les Chanoinies. J'appelle Chappellenies tous les Benefices à ſimple tonſure, qui ſont uniques en leur eſpece, ſoit qu'on les nomme Prieurez, Prevôtez, Prêtrieres, ou Chappelles *ad ialtare*. Car le mot de *Chappelle* comprend tout temple, ou Egliſe, fors les Cathedrales, & Parochiales, qui ſeules ſont proprement appellées Egliſes, & non Chappelles comme diſent les Canoniſtes, ſur le titre *cappelli monach.* dont Fauchet en ſes origines rapporte l'etymologie.

15 Chappellenies.

16 Prieurez ſimples, diſtraits des Abbayes.

Et pource que le titre de *Prieuré* ſemble emporter Dignité, comme de fait il y a des Prieurez qui ſont dignitez, ceux qui ne le ſont pas, ſont appellez *Prieurez ſimples*, à la difference des autres. Car c'étoient anciennement des métairies éloignées des Abbayes, auſquelles elles appartenoient, où l'on envoyoit un ou pluſieurs Moines, pour les faire valoir, & en rapporter les fruits au Convent : & afin qu'ils priaſſent Dieu cependant on y bâtiſſoit de petites Chappelles : & ce Moine par honneur étoit appellé *Prieur*, qui eſt la qualité qu'on attribué aux Moines pour les honorer. Mais il y eut des Moines qui ſe trouverent ſi bien en ces metairies, qu'ils ne voulurent pas retourner au Convent; mais s'approprierent du revenu d'icelles, comme ſi c'eut eſté un Benefice formé, & de-là ſont venus les Prieurez ſimples, qui toûjours dependent de quelque Abbaye, ou Maiſon Conventuelle, aucuns n'ayans point de compagnon, autres chargez d'un compagnon, autres de deux, qu'on appelle Demy-Conventuels, le tout ſelon le nombre des Moines, que d'antiquité on envoyoit en ces metairies.

17 Prieurez ſimples diſtraits des Cures.

Il y a encore une autre ſorte de Prieurez ſimple, qui ont eſté diſtraits, non des Abbayes, Mais des Cures, notamment en l'Ordre de ſaint Benoît, qui auſſi-bien que l'Ordre de ſaint Auguſtin, pour le peu de Prêtres Seculiers, qu'il y avoit, fourniſſoit de Religieux aux Paroiſſes pour ſervir de Curez : mais les Moines ayans une fois empieté les Cures, ne les ont point voulu quitter : & ceux de l'Ordre de ſaint Auguſtin les retiennent encore aujourd'huy tout-à-fait, les appellant Prieurez Cures : & quant à ceux de ſaint Benoît, lorſqu'il s'eſt trouvé des Prêtres Seculiers ſuffiſamment pour deſſervir les Cures qu'ils tenoient, ils leur ont ſeulement laiſſé le ſoin des ames, & s'en ſont reſervé le revenu à eux, ſous titre de Prieurez.

Ces deux ſortes de Prieurez (parmy leſquels je ne comprens les Prieurez Cures de ſaint Auguſtin, qui ſont vrayes Cures regulieres) s'appellent Prieurez ſimple, ou à ſimple Tonſure, pource que n'ayant autre charge, ſinon quelque peu de ſervice à dire (ce qui peut auſſi bien être fait par un autre, que par le Beneficier qui les tient) il ſuffit qu'il ſoit Clerc, attendu qu'autrement il ſeroit incapable de tenir Benefice: or cette qualité de Clercs s'acquiert par la ſimple Tonſure. C'eſt pourquoy les Clercs Seculiers, voyans que ces Benefices étoient ſi peu chargez & ſi commodes, y ont voulu participer, auſſi bien que les Reguliers, & par le moyen des Cardinaux, & des autres diſpenſez *de regulari ad ſeculare*, les ont fait ſeculariſer; de ſorte qu'encore que dans leur origine ils fuſſent tous Reguliers, toutefois à preſent ils ſont preſque tous Seculiers : pource qu'étans une fois paſſez en main Seculiere, ils ne retournent plus gueres en la regularité.

18 pourquoy ſont ainſi appellez.

19 Cõment ſeculariſez.

Voilà pour les Chappellenies : quant aux Chanoinies, ce ſont Benefices, ou plûtot places de compagnie, qui font enſemble un Corps notable, lequel à l'égard des Egliſes Cathedrales, ſaint Jerôme appelle *Senatum Epiſcopi* : pource qu'anciennement l'Evêque étoit tenu prendre leur conſeil aux affaires d'importance : qui eſt la cauſe pour laquelle nous les tenons plus honorables que les Cures : comme on prefere les Cardinaux aux Evêques, entant qu'ils ſont comme Chanoines & Conſeillers du Pape, bien que les uns & les autres ſoient extraordinaires en la Hierarchie Eccleſiaſtique, & que les Chanoines n'ayent point charge d'ames, & partant ſoient de ce premier & plus bas rang des Beneficiers.

20 Des Chanoines.

21 Des Curés.

Le ſecond rang eſt des Curez qui ont le ſoin de nos ames, pour en rendre compte à Dieu, & ſont nos Paſteurs immediats, qui ſont tenus de nous adminiſtrer les Sacremens de l'Egliſe, fors ceux de l'Ordre & de Confirmation qui ſont reſervez aux Evêques, leſquels ſont nés Paſteurs Superieurs, *Can. Clerus. 21 diſtinct.* D'où il s'enſuit que nous ne ſçaurions rendre trop d'honneur à nos Curez, attendu qu'en la primitive Egliſe il n'y avoit gueres de difference entre le Prêtre, c'eſt-à-dire, le Curé, & l'Evêque. *Apud vet eres Epiſcopi & Presbyteri idem fuerunt*, dit Iſidore, au Canon *Clerus*. Neanmoins à ſucceſſion de tems la peine, & la charge d'ames ayant été mépriſer les Cures par les Grands, on les a depouillez de la plus grande partie, & des droits qui leur appartiennent, comme des dixmes, & de l'honneur qui leur eſt deu, & on les a appellez Cures *à Cura*, & non pas Dignitez, pour l'honneur, ni Benefices pour le revenu.

22 Des Dignitez Eccleſiaſtiques.

Donc le troiſiéme rang, ſont les Dignitez, qui ſont celles qui ont Superiorité ſur autres Benefices, ſoit en la Juriſdiction volontaire, ayant puiſſãce de pourvoir les moindres Beneficiers : ſoit en la correction, ayant puiſſance de les corriger. Tels ſont les Benefices des Doyens & des Prieurs Conventuels & clauſtraux, Et à bien entendre, les Abbez doivent être de ce rang, *Non enim ſunt Pontifices aut Præſules, nec habent ordinem Epiſcopalem, nec juriſdictionem contentioſam ; ſed ſimplicem correctionem* : & toutefois comme l'ambition humaine nous porte à uſurper toûjours les plus hauts degrez, les Abbez ſe ſont élevez au degré des Evêques, ſous pretexte qu'ils ſont benits, comme les Evêques ſont ſacrez, & qu'ils ont la correction ſur leurs Moines, ainſi que les Evêques ont la Juriſdictiõ entiere ſur leur Clergé : & pour cét effet ont tous en-

23 Des Abbez.

Des Offices Ecclesiastiques, Ch. VI. 319

24 Quand peuvent porter mitres, & anneau, & sandales.

treptis de porter crosse, & aucuns de porter la mitre, & les autres enseignes de la dignité Episcopale, comme l'anneau & les sandales.

Il est vray que l'Auteur du Specule, *tit. De privil.* dit, que cela a commencé par ceux qui sont exempts de la Jurisdiction des Evesques, par privilege des Papes, & par consequent ont obtenu la Justice, & quelques droits Episcopaux dans leurs Monasteres. Ce que dit aussi saint Bernard, Epistre 42. à l'Archevesque de Sens, *Multo labore ac pretio quidam Abbates, Apostolicis adepti privilegiis, per ipsa sibi vindicant insignia Pontificalia: utentes & ipsi more Pontificum, mitra, annulo atque sandaliis. Sane si attendatur verum dignitas, hanc Monachi abhorret professio: si ministerium, solis liquet congruere Pontificibus.* Et *Petrus Blesensis* en son Epistre 90. remonstre à un sien frere qui estoit Abbé, *ut ista ornamenta reddat, aut Abbatiam relinquat. Insignia enim Episcopalis eminentia*, dit-il, *in Abbate non approbo. Mitra quippe, annulus & sandalia in alio quam in Episcopo, superba quædam elatio est, & præsumptuosa ostentatio libertatis.* Neantmoins apres les exempts, les non exempts ont aussi obtenu ce privilege, de sorte qu'enfin le Pape Clement IV. en fit un Reglement *in cap. ut Apostolica De privil. in 6.* à sçavoir que les Abbez exempts porteroient des mitres d'or frisé, sans pierreries, ni lames d'or ou d'argent, les non exempts ayans privilege de porter mitres, en auroient seulement des blanches & plaines aux Conciles & Synodes, & ailleurs en porteroient selon la teneur de leur privilege.

25 Des Abbez commendataires.

Quoy qu'il en soit, j'estime qu'il n'y a que les Abbez benits & titulaires qui soient vrais Prelats, & que les Commendataires ne sont que du rang des Dignitez: n'ayans ni la benediction, ni la Jurisdiction corrective, ni droit de porter les enseignes Episcopales, ainsi que les titulaires: mais ont seulement la collation des Benefices, qui est le propre droit des Dignitez. Plus quant au rang, bien qu'un commissionnaire ne doive avoir le rang d'un Officier, neantmoins pour ce qu'on dit qu'en France les Commandes sont égalées en plusieurs choses aux titres, il faut tenir que les Abbez Commendataires doivent marcher avec les titulaires, & concurremment avec eux selon l'antiquité de leur reception, & par consequent devant tous les Ecclesiastiques estans en Dignité, comme Doyens, Archidiacres, & autres semblables, comme le Pape Gregoire XIII. decida en l'an 1581. sur la consultation, qui luy en fut faite par le Concile Provincial de Rouen. Et non sans cause, autrement le rang des Abbez seroit perdu en France, où il n'y a tantost plus d'autres Abbez que Commendataires. Qui est la prediction, que sous du Roy Louis XI. fit *Jacobus Cardinalis Papiensis in quadam Epistola*, en ces mots, *Vereor ne prope diem audiamus omnia Galliarum cænobia Commendata esse, & nullum reliquum quod Abbatem suum habent.*

26 De leur rang.

Pareillement ceux d'entre les Chanoines, qui ont quelque charge & Office par dessus les autres, se sont mis au rang des Dignitez, bien qu'ils ne soient Chefs des autres Chanoines; mais seulement Superieurs en ce qui dépend de leur Office, comme les Chantres, Tresoriers, Celleriers, & autres semblables Beneficiers des Eglises Cathedrales ou Collegiales, dont les Benefices sont appellez *Personatus*, ainsi que ce mot est maintenant entendu: soit pource que leurs personnes sont plus honorables que les autres du commun; soit plûtost, d'autant que ce ne sont qu'ombres, & apparences exterieures de Dignitez; attendu que les vrayes Dignitez consistent en pouvoir; & ces Personnats n'ont rien qu'un peu d'honneur par dessus les simples Chanoines. Et entre les Moines telles Charges sont appellées *Offices Claustraux*, pource qu'elles ont Office annexé. Comme aussi les Archidiacres se sont mis, à meilleur titre, au rang des Dignitez, entant qu'ils ont visitation & correction sur les Curez de leur Archidiaconé en consequence de laquelle ils ont la plus part prescrit la Jurisdiction contentieuse, qui de droit commun n'ap-

27 Des personats.

28 Archidiacres.

partient qu'aux Evesques, *cap. 5. ext. Offic. Archid.*

Finalement le quatriéme & suprême degré des Benefices sont les Prelatures, c'est-à-dire, les Dignitez preferables & plus éminentes, sous lesquelles partant ne devroient être compris, que les Patriarchats, Primaties, Archevêchez & Evêchez, que le Droit Canon appelle, *culmina, seu apices Dignitatum*, & dont le Pape appelle les pourveus ses freres, & lui même se qualifie Evêque, comme étant veritablement l'Evêque Universel de l'Eglise Catholique, & Œcumenique, & l'Ordinaire des Ordinaires, c'est-à-dire, l'Evêque des Evêques.

29 Des Prelatures.

Or les Evêques, outre qu'ils ont un Ordre de consecration par dessus les autres Prêtres, ils ont aussi parfaitement toutes les trois sortes de Jurisdiction, à sçavoir la penitentiale, même en degré plus éminent que les Curez, à cause des cas à eux reservez, volontaire, en ce qu'ils sont fondez de droit commun en la collation de tous les Benefices de leur Diocese; & finalement la contentieuse, en ce qu'ils sont seuls fondez de droit commun en la Jurisdiction ordinaire, & primitive par tout leur Diocese.

30 Jurisdiction des Evêques.

Neantmoins comme il vient d'être dit, les Abbez benits, & même selon aucuns, les Prieurs Conventuels se mettent au rang des Prelats, à cause que leurs Benefices sont consistoriaux, c'est-à-dire, que le Consistoire y pourvoit sur la nomination du Roy; ainsi aussi qu'ils participent à ces trois raisons de Jurisdiction, à sçavoir à la penitentiale plus éminente, en ce qu'ils ont pouvoir d'absoudre, & de dispenser leurs Religieux en certains cas, même de leur conferer les ordres Mineurs, & benir les ornemens de l'Eglise. De la volontaire, en ce qu'ils ont pouvoir de plusieurs benefices en leur collation: & de la contentieuse, en ce qu'ils ont la correction sur leurs Religieux. J'appelle correction, la Justice sommaire, qui se rend promptement, sans figure de procés, sans écrire pour une munatention de discipline particuliere, comme celle du pere de famille sur sa femme, enfans, & serviteurs, du Maître sur ses disciples, ou apprentis, du Capitaine sur ses soldats, & finalement de l'Abbé, ou Prieur sur ses Moines, que j'expliqueray plus amplement au dernier Chapitre du livre *des Seigneuries*.

31 Jurisdiction aux Abbez.

32 Correction ou Justice sommaire.

Voilà pour ce qui est des vrais Benefices; mais quant aux purs Offices Ecclesiastiques, je ne m'amuseray point à parler des Offices claustraux des Moines, pource que cela dépend de leurs regles particulieres; mais je parleray seulement des Offices de la Justice Ecclesiastique, & comme cette Justice a été tirée originairement de la temporelle: ainsi que je prouveray au penaltieme Chapitre du Livre *des Seigneuries*, il faut tenir aussi pour maxime, que les Offices de la Justice Ecclesiastique gardent & retiennent le même droit & les mêmes regles de ceux de la Justice temporelle: Et je ne sçaurois quoter que quatre differences en tout entre les uns & les autres, qu'il faut expliquer au reste de ce Chapitre.

33 Des purs Offices Ecclesiastiques.

La premiere particularité des Offices de la Justice Ecclesiastique, qui sont les Officiaux, Vicegerens, Promoteurs, Greffiers, Notaires Ecclesiastiques, & Appariteurs, c'est d'autant que le premier fondement de la Jurisdiction Ecclesiastique, est que les Clercs sont exempts de la puissance des Laïcs, & il faut que les Officiers de Cours d'Eglise soient tous Clercs. *Indecorum est Vicarium Episcopi laicum esse, & vivos Ecclesiasticos judicare. In uno quippe eodemque Officio non debet duplex esse professio, dicente Moyse, Non arabis in bove & asino, id est homines diversæ professionis in uno Officio simul non sociabis*, *Can. In una. 16. quæst. 7.* Comme donc les Clercs ne peuvent être Juges, ni Officiers de la Justice temporelle, au moins de la criminelle, *cap. 2. & 4. ext. Ne clerici ve. mona. secul. neg. se immisc.* aussi les Laïcs ne le peuvent être de la Justice Ecclesiastique.

34 Difference entre les Officiers de la Justice laïque & Ecclesiastique.

35 Officiers de Cour d'Eglise doivent être Clercs.

Quand je dis qu'il faut qu'ils soient Clercs, j'entens

36 Ex animalibus.

qu'ils ayent pour le moins l'ordre de Tonſure, & qu'ils ne ſoient point mariez : car nous tenons à preſent que le mariage déroge à la Clericature, & remet les hommes à la condition laïque : autrement nous ſerions qua ſi tous Eccleſiaſtiques : car nous ſommes preſque tous Tonſurez : auſſi que par les Ordonnances de France, les Clercs mariez ſont deboutez des privileges de Clericature.

37 des Appariteurs.

Et quant aux Sergens de la Juſtice Eccleſiaſtique, qu'on appelle *Executeurs, ou Appariteurs*, comme au Droit Romain, il ne leur en faut point, s'ils ne veulent, en titre d'Office ; mais tous Clercs de ce requis, ſont tenus executer les mandemens de leur Official, quand eſt de faire les adjournemens, qu'ils appellent *Citations*. Car ils n'ont aucunes executions à faire, que quelques empriſonnemens de Clercs, pour leſquels faire, ils peuvent emprunter les Sergens de Cour laïque, dont toûjours ils doivent demander congé au Juge Laïc, fors s'ils ſe trouvent dans le pourpris de leur Auditoire ceux qu'ils veulent faire empriſonner: pource que hors iceluy le Juge d'Egliſe n'a point de prehenſion, non plus que les Clercs, non plus que de territoire: comme je prouveray au penultiéme Chapitre du Livre des *Seigneuries*. Mais s'ils veulent faire quelque ſaiſie, ou vente de meubles ou d'immeubles, il faut que ce ſoit par Ordonnance expreſſe du Juge Laïc, ce qu'ils appellent *implorer le bras Seculier*.

38 Evêque peut exercer ſa Juſtice Eccleſiaſtique.

Item, bien que le Seigneur ne puiſſe faire Office de Juge en ſa Juſtice temporelle, & encore moins l'Evêque, quelque capable qu'il ſoit d'ailleurs, pource qu'il ne ſe doit entremettre des negoces Seculiers, *d. cap. 2. Ne Cler. vel mon.* ſi eſt-ce que l'Evêque eſt le vray Juge, & le premier Officier de ſa Juſtice Eccleſiaſtique : & encore qu'à preſent les Evêques negligent de l'exercer en perſonne, & qu'on n'en a point veu de nôtre temps ſeoir au Siege de ſon Officialité, ſi eſt-ce que l'Evêque peut évoquer à ſoy les procés pendant devant ſon Official, pour les Juger luy-même, pource que c'eſt ſa vraye charge, en laquelle l'Official n'eſt que ſon Vicaire : & anciennement c'étoit l'Official qui s'appelloit Vicaire, ou Vicegerant de l'Evêque, lors que les Evêques exerçoient eux mêmes leur Juſtice ; encore aujourd'huy, qu'ils en ont laiſſé l'entier exercice à leurs Officiaux, les Vicegerans ne ſoient plus les Lieutenans d'iceux.

Mais quoy qu'il en ſoit, il eſt bien certain que la Juſtice Eccleſiaſtique n'appartient pas à l'Evêque patrimonialement & en proprieté, comme par droit de Seigneurie, ainſi que la Juſtice temporelle, *Can. eſto ſubjectus. 95. diſt.* mais ſeulement par Office, comme étant une des principales fonctions de ſa charge, & par conſequent, elle eſt inherente directement à ſa perſonne.

39 Mais non pas le Chapitre ſede vacante.

Toutefois, encore que pendant la vacance du Siege Epiſcopal, la Juriſdiction Eccleſiaſtique de l'Evêque ſoit deferée au Chapitre, elle ne peut pas neanmoins être exercée par le Corps même du Chapitre, j'ay veu declarer abuſive, par Arrêt donné en l'Audience au mois de Juillet 1602. la Sentence rendüe par le Chapitre de Chartres, entre le Couvent de la Madelaine, & le Chapitre Saint André de Chaſteaurdun, ſur le Petitoire de leur preſſeance. Et à la verité c'eſt choſe abſurde, qu'un Corps compoſé de pluſieurs perſonnes, la plûpart incapables de Judicature, ſoit admis à exercer la Juſtice, attendu que tout Office reſide en une ſeule perſonne, & non en pluſieurs têtes: mais il n'y a nul inconvenient, que le Corps du Chapitre puiſſe deleguer des Juges, pource que telle delegation conſiſte plus en authoritéqu'en ſcience.

40 Evêque reçoit ſon Official, & autres Officiers.

En troiſiéme lieu, bien que le Seigneur temporel ne puiſſe recevoir ſon Office, non pas même l'Evêque l'Officier de ſa Juſtice temporelle, pource qu'il ne lui peut pas attribuer la puiſſance publique, qu'il n'a pas luy-même en la temporalité ; ſi eſt-ce que l'Evêque peut non-ſeulement pourvoir & inſtituer ; mais auſſi recevoir tous les Officiers de la Juſtice Eccleſiaſtique pource que c'eſt luy qui en eſt le vray Juge, & que l'Official n'eſt que ſon Vicaire, pour juger au lieu de luy, & ſous ſon nom & authorité.

En quatriéme lieu, encore que la vente des Offices de la Juſtice temporelle ſoit toleree,& en tous cas,qu'elle ſoit exempte de ſimonie, comme il a été prouvé cy-deſſus au penultiéme Chapitre du 4. Liv., j'eſtime neanmoins que la ſimonie a lieu directement en la vente des Offices d'Official, Vicegerent, ou Promoteur de la Juſtice Eccleſiaſtique, côme il ſemble decidé expreſſement au Can. *Salvator.* 1. quæſt. 3. & au tit. *Ne Prælatis vices ſuas, &c.* étant cette Juſtice ſacree, & l'une des plus nobles fonctions de l'Ordre Eccleſiaſtique, qui auſſi n'eſt attribué qu'aux Chefs de l'Egliſe.

41 Offices de Cour d'Egliſe ne ſont non plus venaux que les Beneﬁces.

Mais c'eſt une queſtion, ſi les Offices de la Juſtice Eccleſiaſtique vacquent, & ſont comme revoquez *ipſo jure* par la mort, ou changement de l'Evêque. Et certainement quant aux Offices temporels, il eſt bien reſolu que non, pource qu'encore que juſqu'à maintenant on tienne qu'ils ſont revocables regulierement à la volonté du Collateur, ſi ne ſont-ils pourtant pas comparables aux ſimples mandats, ou procurations, qui leur nature expirent par la mort du Mandataire, n'étant fondez qu'en ſa volonté, qui ne peut durer apres ſa mort, veu auſſi que les Officiers ſont fondez en la miſſion inſtallation publique, qui n'étant limitée à certain temps, ni à certaine cauſe, dure juſqu'à ce qu'elle ſoit legitimement revoquée, & partant les Offices des Seigneurs temporels conferez ſous la clauſe, *tant qu'il nous plaira*, ſont plûtot comparables au precaire du droit, *quoad hæredem concedentis natura ſua tranſit, ſed non ad hæredem ejus qui precario accepit*, dit la loy *Cùm precario, in ſi. De precario*.

42 S'ils vacquent par le changement d'Evêque.

Mais il y a bien de la difficulté aux Offices Eccleſiaſtiques, notamment quant à la charge d'Official, qui ſemble n'être point un vray Office, mais un Vicariat, ou commiſſion, attendu qu'au Droit Canon l'Official eſt ordinairement qualifié Vicaire de l'Evêque, comme à la verité, il en eſt en la Juriſdiction contentieuſe, ce qu'eſt en la volontaire celui que nous appellons grand Vicaire, ou Vicaire *in ſpiritualibus*, la charge duquel, notoirement & ſans controverſe, expire par la mort de l'Evêque, ſans qu'il ſoit beſoin de revocation.

43 Raiſons de l'affirmative.

On voit auſſi au Droit Civil, que la charge de l'Aſſeſſeur finit par la mort du Preſident de Province, *leg. Diem functo. D. De Aſſeſſorib. & Ioa. Galli. quæſt.* 173. dit que de ſon temps, auquel les Baillifs & Senéchaux choiſiſſoient encore leurs Lieutenans, leur charge finiſſoit pareillement par leur mort, pource qu'à bien entendre, nul ne peut être Aſſeſſeur, ni Lieutenant, ni Vicaire de celui qui n'eſt plus. C'eſt pourquoy *Io: Faber.* tient formellement au §. Item adhuc. inſtit. *De mandato*, que bien que les Officiers de la Juſtice temporelle ne ſoient pas revoquez par la mort du Collateur, ſi eſt-ce que la charge de l'Official ceſſe par la mort de l'Evêque, dont toutefois il eſt bien empêché d'aſſigner une bonne raiſon. Mais il ſe tient à l'uſage de ſon temps ; dont je ne m'étonne point : car alors on obſervoit le même aux Offices des Seigneurs, & même ceux du Roy, comme j'ay dit ailleurs.

44 De même.

C'eſt pourquoy on voit qu'incontinet apres la mort de l'Evêque, le Chapitre commet, ou l'ancien Official, ou un autre, ce qui même eſt ordonné être fait dans la huitaine par le Concile de Trente, ſeſſion 24. Can. 16. autrement il eſt dit que cette puiſſance eſt devolüe à l'Archevêque, bien qu'il ſoit certain que le Chapitre, *Sede vacante*, qui n'eſt que ſimple adminiſtrateur, ne puiſſe revoquer, ou deſtituer les vrays Officiers, comme ceux de la Juſtice temporelle, ainſi qu'il ſe collige de ce qui a été dit au chapitre precedet.

45 De même encore.

Nonobſtant tout cela, j'eſtime qu'il y a plus d'apparence de tenir que les Offices de la Juſtice Eccleſiaſtique ne vacquent point *ipſo jure* par la mort de l'Evêque, & ſans revocation expreſſe, non plus que les Offices temporels. En quoy il me ſemble qu'il n'y a gueres de difficulté à l'égard des Promoteurs, Scribes, ou Greﬁ-

46 Reſolution pour la negative.

Des Offices Ecclesiastiques, Chap. VI.

fiers, & des Notaires, pource que ceux-là ne peuvent être dits Vicaires, ou Procureurs de l'Evêque, ni representer sa personne, & partant ils ne peuvent être qualifiez autres, qu'Officiers, ou pour le moins Commissionnaires. Or a-t-il été prouvé cy devant au Chapitre 2. que les Officiers necessaires ou pour le moins ordinaires & accoûtumez : encore qu'ils ne soient pourveus que par forme de commission, & partant qu'ils soient revocables, ne sont pas toutefois tenus pour revoquez *ipso jure*, par la mort de celuy qui les a établis, comme les simples Commissaires *ad certam rem*, qui ne sont que Mandataires : ce qui est decidé par exprés en la loy, *Præsidis. D. Si certum petatur*, où les Officiers du President de Province sont dits perpetuels, bien que leur President ne fût que temporel. Aussi est-ce chose bien certaine, que du tems que les Baillifs & Sénéchaux commettoient non-seulement leurs Lieutenans, mais aussi les Sergens, & autres menus Officiers de leur Justice, ces menus Officiers demeuroient aprés la mort du Bailly, & jusqu'à tant qu'ils fussent revoquez & destituez par son successeur; autrement si l'Office de Bailly fût demeuré long-tems vacant, quelle confusion eût-ce été, si cependant il n'y eût eu, ni Juge, ni Sergent?

47 Idem de l'Official.

Et quant à l'Official, il y a bien difference entre luy & celuy que nous appellons *le grand Vicaire* : Car le grand Vicaire n'est ni necessaire, ni si ordinaire que l'Official, même à present que les Evêques ne se mêlent plus d'exercer la Justice en personne : mais seulement établissent leurs Officiaux, pour la rendre sous leur autorité, tout ainsi qu'en leurs Seigneuries temporelles. Donc c'est la verité que le grand Vicaire est comme un Procureur, duquel on se peut bien passer; Mais l'Official est comme un vrai & ordinaire Officier, ainsi que même il en porte le nom & titre. Car ce que nous disons un Officier, les anciens Docteurs l'appellent *Officialem* (mot, qui est plusieurs fois dans les trois derniers Livres du Code) & non pas *Officiarium*, qui n'est pas Latin, mais François écorché. Et de fait, il est decidé exprés au Chapitre, *Et si principali. De rescriptis, in 6.* que l'Official est constitué en Dignité Ecclesiastique, ce qui n'est pas du grand Vicaire, entant que grand Vicaire. Car le grand Vicariat n'est qu'une commission, & non pas une Dignité permanente & vraye.

48 Que l'Official n'est plus simple Vicaire ; mais Officier.

Aussi desormais l'Official ne se qualifie-t'il pas Official de l'Evêque de tel lieu ; mais directement Official de tel lieu : & de fait aux récrits de Rome, qui leur sont addressez, ou qui font mention d'eux, ils sont ainsi qualifiez. Et quand on appelle de leur Sentence, on ne se dit pas appellant de l'Evêque, ou son Official, ainsi qu'on se dit appellant du Bailly, ou son Lieutenant; mais de l'Official, ou son Vicegerent, comme reconnoissant aujourd'hui l'Official, pour Chef de la Justice Ecclesiastique, sous le nom toutefois & autorité de l'Evêque, ainsi que le Bailly d'un Seign. est Chef de la Justice temporelle, sous l'autorité du Seigneur.

Et bien qu'au Droit Canon, l'Official soit appellé Vicaire de l'Evêque, il ne s'ensuit pas pourtant que sa puissance finisse par la mort de l'Evêque : Car l'Evêque a trois Vicaires; à sçavoir, l'Archidiacre, qui est son Vicaire né, *capite 1 extr. de Offic. Archid.* & celuy-là pource qu'il est Beneficier, n'est nullement revocable : l'Official, qui est son Vicaire & Lieutenant en la Justice contentieuse, & celuy-là, pource qu'il est Officier, si tant est qu'il soit revocable, au moins n'est-il pas revoqué *ipso jure* par la mort de l'Evêque. Et finalement le grand Vicaire, qui est comme le Procureur de l'Evêque *in spiritualibus*, & principalement en la collation des Benefices, le pouvoir duquel (pource qu'il n'est que Procureur, ou Mandataire) finit sans doute, & expire par la mort de l'Evêque.

49 Trois Vicaires des Evêques.

Même a-t-il été jugé par plusieurs Arrêts, que le Chapitre *Sede vacante*, ne peut changer l'Official, dont Monsieur Chenu en raporte deux, & n'y a que trois ou quatre ans, que cela a été encore jugé au Conseil privé du Roy pour l'Official du Mans.

50 Arrêts.

Quant est de la question si l'Official est destituable sans cause, certainement il y a beaucoup plus de raison de le tenir pour tel que l'Officier temporel : tant pource que son Office ne peut tomber en commerce, que pource que l'Evêque lui peut dire qu'il entend luy-même exercer tout à fait la Justice, & que partant, il n'a que faire d'Official, ce que ne peut pas un Seigneur temporel : & sur tout, pource que l'Official n'est ni approuvé, par autre que par l'Evêque : au lieu que l'Officier étant reçeu par son Juge superieur, peut dire, qu'il tient le caractere d'Officier, & la puissance publique d'autre que du Seigneur : & de fait, les Canonistes tiennent que si un Official étoit confirmé par le Pape, il ne pourroit pas être destitué : comme raporte Rebuffe en pratique *beneficiaire, in forma Vicariatus, num. 194.* ce qui seroit pourtant dangereux, d'attribuer au Pape la confirmation des Offices de la Justice Ecclesiastique. Toutefois, pour revenir à nôtre question, pource que la destitution est odieuse, il peut arriver plusieurs cas particuliers, ausquels le Parlement la trouveroit abusive.

51 Si l'Official est destituable.

CHAPITRE VII.
Des Offices des Villes.

1 Villes s'accroissent par les privileges.
2 Leur principal privilege est, d'avoir Corps & Officiers.
3 Corps & Officiers ôtez aux Villes rebelles.
4 Municipia.
5 Corps de Villes.
6 Municipium cur significat omnem civitatem.
7 Republiques des Villes imitoient celle de Rome.
8 Curia quid, unde.
9 Curiales & Decuriones.
10 Quartiers & tribus, pourquoy dits.
11 Quarteniers & Dixainiers de Paris.
12 Conseillers de Ville.
13 Charge des Decurions devenuë onereuse.
14 Enfans de Decurions, contraints d'être Decurions.
15 Estoient demi-serfs.
16 Curialis fortuna.
17 Decurions abolis en l'Empire.
18 Offices des Villes de l'Empire.
19 Des Echevins, Jurats, Capitoux, Consuls, Gouverneurs, ou Pairs.
   Du droit des Offices.
20 Du Maire, ou Majeur.
21 Où il n'y a point de Maire, le Lieutenant General doit presider au corps de Ville.
22 De même.
23 Maire des Villes de grande importance, doit être confirmé par le Roy.
24 Es assemblées generales le premier Officier de la Justice preside.
25 Du Procureur syndic.
26 Procurator Consulum.
27 Curator Reipublicæ, λογιστής.
28 Defensor civitatis ἔκδικος.
29 Ἀσύλων Πατήρ.
30 Du Receveur des deniers communs.
31 Du Controlleur.
32 Conseiller general, Sur-intendant des deniers communs.
33 Deniers communs.
34 Deniers patrimoniaux.
35 Deniers d'octroy.

36 *Employ de deniers d'octroy.*
37 *Et des patrimoniaux.*
38 *Offices des Villes sont demeurez électifs, comme en l'ancien Empire.*
39 *Nomination des Officiers des Villes de l'Empire.*
40 *Acceptation.*
41 *Confirmation.*
42 *Election des Officiers des Villes de France.*
43 *Ceux qui reçoivent les deniers communs, devroient bailler caution.*
44 *Officiers des Villes ont habits particuliers.*
45 *Prætexta Magistratuum municipalium.*
46 *Prætextatus, pro Magistratu.*
47 *Fasces Magistratuum municipalium.*
48 *Robes d'Eschevin.*
49 *Du pouvoir des Officiers des Villes.*
50 *Comment le Gouverneur doit vivre avec les Eschevins.*
51 *Des expeditions que font les Eschevins.*
52 *Eschevins sont Magistrats.*
53 *Magistrats municipaux en l'Empire, autant honorez que ceux de Rome.*
54 *Offices des Villes, proprement sont appellez honneurs dans le Droit.*
55 *L'honneur leur demeuroit après leur charge finie.*
56 *Officiers des Villes ne se doivent élever par dessus les Juges.*
57 *Eschevins sont plûtost Commissaires qu'Officiers.*
58 *Du rang qu'ils avoient entre eux à Rome.*
59 *Eurent rang enfin selon leur nomination.*
60 *Quel rang ils ont en France entre eux.*
61 *Qu'ils doivent plûtost marcher selon leurs qualitez, que selon la pluralité des voix.*
62 *Réponse aux raisons contraires.*
63 *De leurs profits & émoluments.*
64 *Du droit de conferer les menus Offices de police.*
65 *Des pollicitations.*
66 *Officiers des Villes ne sont venaux entre particuliers, ni resignables.*
67 *Officiers du Roy à present capables des Offices des Villes.*
68 *Des excuses pour éviter les Offices des Villes.*
69 *Ne vaquent gueres par forfaiture.*
70 *Des recherches des Officiers de Ville.*
71 *Si les Eschevins sont tenus solidairement.*
72 *De mesme.*
73 *Particulieres communautez, estans dans Villes.*
74 *Communautez des gens de lettres, & Officiers d'icelles.*
75 *Université, pourquoy dite.*
76 *Communautez & corps des gens de métier.*
77 *Villes jurées.*
78 *Jurez, Gardes, & Visiteurs des métiers.*

1 Villes s'accroissent par les privileges.

L'ARCHITECTE Demochares ayant un jour presenté à Alexandre le Grand, le plan, ou dessein d'une grande Ville, bâtie sur le mont Athos, & Alexandre l'ayant enquis, comment il seroit possible de peupler suffisamment une Ville de telle grandeur, & construite en endroit si sterile & si incommode, répondit, qu'un grand Monarque côme lui le pouvoit faire, en attribuant à cette Ville plusieurs beaux privileges, Ce qu'Alex. sçut bien pratiquer par aprés, ayant bâti dans les deserts de Libye cette grande Ville d'Alexandrie, qui en peu de tems devint l'une des plus peuplées du monde, par le moyen des privil. qu'il lui donna.

2 Leur principal privilege est d'avoir Corps & Officiers.

Or le premier privilege des Villes, & celui dont dépendent tous les autres, c'est d'avoir un corps & college capable d'iceux, que nos livres appellent *Droit de Republique*. Mais ce corps seroit sans tête, & cette Republique sans ordre, s'il n'y avoit des chefs & des Officiers, sans lesquels ses privileges ne pourroient pas être conservez longuement: ainsi que le Jurisconsulte a dit, que les loix servent fort peu, s'il n'y a des Magistrats en la Cité pour les faire observer.

3 Corps & Officiers ôtez aux Villes rebelles.

Aussi trouvons-nous, que quand les Romains ont craint la rebellion des Villes éloignées, ils leur ont ôté leurs Conseils, & corps d'Officiers. Côme dit TiteLive, livre 35. de Macedoine, & Ciceron 2. *Agraria*, de Capoüe, *Statuerunt, inquit, majores nostri, si agrum Campanis ademissent, Magistratus, publicum consilium, imaginémque Reipublica nullam reliquissent, nihil fore quod Capuam timeremus*: & Strabon, livre 3. rapporte, que le Consul Memmius, *consilia omnia singularum Achata nationum, & bæotorum, ac bæotorum, ant in alia parte Gracia delevit*. Et en suite il ajoûte, qu'après que toute la Grece eut esté renduë paisible & asseurée, *antiqua Consilia eorum restituta sunt*. Ne voit-on pas de mesme en nos Annales que nos Rois, pour punir les Citez rebelles, ou seditieuses, leur ont ôté leurs corps de Ville & Officiers, puis les ont rétablis, quand ils ont veu les mesme Citez en leur devoir.

4 Municipia.

Les Villes Romaines, qui avoient ce privilege, de n'avoir autres Juges, ni Magistrats, que leurs corps, s'appelloient *Municipia, à muneribus capiundis*, & s'appelloient aussi plus particulierement *Respublica*, à cause de leur bourse commune: ce qui n'appartenoit pas indistinctement, & de droit commun à toutes les Villes, *l. 1. D. De colleg. illicitis*; mais étoit attribué à certaines Villes, par un privilege special, ou lors qu'elles se rendoient au peuple Romain (comme il se void dans A. Gelle, livre 10. ch. 13.) ou bien par aprés, pour quelque autre sujet, comme par exemple dans Lamptide, *Severus Alexandrinis jus Bulentarum dedit qui sine publico consilio, ne sub Regibus, ante à vivebant*. Au contraire, T. Live dit, qu'après la reprise de Capoüe, il fut resolu par le Senat Romain, *Corpus ibi nullum civitatis, nec Senatus, nec plebis consilium, nec Magistratus fore: sine publico consilio, sine imperio, multitudinem nullius rei inter se sociam, ad consensum inhabilem fore: Præfectum ad jura reddenda quotannis ab Româ missuros*.

5 Corps de Villes.

Toutefois par succession de temps, le peuple Romain, & les Empereurs par aprés, ayans accordé separément le droit de corps de Ville, & de bourse commune presque à toutes les Villes, ces noms de *Municipes* & *Republiques* leur furent enfin adaptez indifferemment, *l. 1. §. 1, Ad Municipal*.

6 Municipium cur significatum civitatem.

Or ces Republiques de Villes privilegiées, *erant effigies quædam & simulachra quædam Reipublicæ Romanæ*, ainsi que parle A. Gelle, en ce chap. 13. & imitoient en toutes choses, au plus prés qu'il leur étoit permis, la Republique Romaine: ayant notamment un Conseil composé de leurs plus notables Citoyens, qu'ils appelloient *Curiam*, qui étoit l'un des noms du Senat Rom. derivé à *cura*, dont en France le mot de *Cour* nous est demeuré. Et és Villes du païs de Grece, ils l'appelloient βουλὴν, ainsi que le Senat Rom. mais le plus souvent βουλευτήριον, à la difference du Romain, ainsi que Majorianus en la Nov. *De Curialibus*, & Cassiod. liv. 9. appellent le Conseil des Villes, *minorem Senatum*. Et Justinian en la Nov. 38. *Qui nobis, dit-il, olim constituerunt Rempublicam, ii ex usu fore rati sunt, si ad imitationem Regiæ urbis per singula municipia nobiliores congregarent, & sermam quandam Senatoria Curia facerent, per quam & publica tractarentur, & omnia rité fierent & ordine*.

7 Republiques des Villes imitoient celle de Rome.

8 Curia quid sit.

9 Curiales & Decuriones.

Et comme les Senateurs de Rome furent du commencement nommez *Patres*, aussi les Conseillers des autres Villes étoient appellez *Patres civitatum, l. unica. C. De ratio. operum. public. & patrib. civit.* Mais leurs noms plus communs étoient d'être dits *Curiales, à Curia, & Decuriones, eo quòd decima pars civium consilii publici gratiâ conscribi solita sit*, dit Papin. *in l. Pupillus §. Decuriones. De verb. signif*. ou plûtôt comme dit *Varro lib. 4*. pource qu'ils étoient chefs de chacune dixaine d'habitans. Car ainsi que dit *Dionysius Halicarn. lib. 2. urbs in tribus, tribus verò in decurias dividebatur*: & il y a apparence, que le Conseil des Villes étoit composé des chefs de chacune dixaine.

Ainsi voit-on qu'à Paris il y a de present seize tribus,

Des Offices des Villes Chap. VII. 323

ou quartiers, qui possible sont ainsi appellez, pource qu'il n'y en avoit anciennement que quatre, ou pource qu'à present il y en a quatre fois quatre, ainsi qu'à Rome il n'y eut du commencement que trois tribus, puis trois fois trois. Et en chacun quartier y avoit dix dixaines, ou compagnies, lors de la premiere institution, comme les noms le denotent, & il y a encore aujourd'huy des Quarteniers & Dixainiers en chacun, qui neantmoins sont gens de basse qualité ordinairement: aussi ne sont-ils que simples ministres, au lieu qu'à Rome ils étoient les Chefs de leur tribu, ou dixaine. C'est pourquoy à Paris, on ne prend pas les Quarteniers, ou Dixainiers, pour être Conseillers de Ville; mais il y en a d'autres qu'eux. Je dis Conseillers de Ville, parce qu'à Paris, à la Rochelle, à Dreux, & en plusieurs autres Villes de France, notamment en la Province de Picardie, il y a un Conseil de Ville, composé de certain nombre d'Officiers perpetuels, & à vie, qui sont en quelques lieux appellez *Conseillers*, & en d'autres *Pairs*, & du nombre desquels sont ordinairement pris & choisis les Eschevins, & principaux Officiers des Villes. Ainsi qu'és Villes Romaines *Magistratus municipales ex Decurionibus eligebantur*, & qu'à Rome même les principaux Magistrats étoient anciennement pris du Senat, que Tacite pour cette cause appelle *seminarium omnium Dignitatum*.

Mais davant qu'en l'Empire Romain ces Decurions des Villes furent à succession de temps chargez de répondre en leurs propres biens, tant du revenu & autres affaires communes des Villes, que même des tributs du fisque, pour raison de quoy ils étoient ordinairement ruinez, cela fut cause que cette Dignité fut en fin reputée plus onereuse qu'honorable, tellement qu'il y falloit mettre les hommes par contrainte.

C'est pourquoy on trouva une invention pour n'en point manquer, à sçavoir, que comme les enfans des Senateurs de Rome étoient facilement admis au Senat, en consequence de la qualité de leurs peres, & de même les enfans des Decurions au Conseil des Villes, quand ils le requeroient, il fallut enfin les contraindre d'accepter cette charge, malgré qu'ils en eussent, & les assujetir à resider dans les Villes, dont leur pere avoit été Decurion, à peine de perdre tous les biens qu'ils y avoient, *l. Quamvis. C. De Decur.* sans qu'il leur fût permis d'établir leur demeure ailleurs, même de se faire Ecclesiastiques, ou Gendarmes, ou Officiers domestiques de l'Empereur, *l. 38. 39. & 50. cod. tit. De Decurion.*

Ce qui tourna à la fin en telle rigueur, que les Decurions ne pouvoient vendre leurs biens sans permission de Justice, *tit. De Prædiis Curialium sine decreto non alienandis. lib. 10. Cod.* Mesme que leur succession étant deferée à quelqu'un qui n'étoit point de leur condition, la ville en prenoit la quatrieme partie, dit le titre, *Quando & quibus quarta pars debetur ex bonis Decurionis eod. lib.* Bref, ils avoient plusieurs autres telles subjections, qui sont amplement rapportées par M. Brisson, *lib. 4. Select. antiquit. cap. 13.* Et pource que cela venoit de pere en fils, ce fut deformais une condition particuliere d'hommes, & comme une espece de servitude, qui est appellée en Droit *Curialis fortuna, seu conditio*: pource qu'en effet ces Decurions, ou Conseillers des Villes, n'étoient non plus libres, que ces laboureurs des champs, qui étoient *adscripti glebæ & colonaria conditionis*: même à cette fin ce fut une peine ordinaire, à laquelle on condamnoit les delinquans, *Curia tradi, seu Curiales fieri*: ce qui sera expliqué au livre *Des Ordres*.

Finalement, apres que l'Empire Romain eut été transferé en Grece, & totalement reduit en forme de Monarchie (car auparavant il étoit en forme de Principauté, comme il sera dit au livre *Des Seigneuries*) l'Empereur Leon abolit & supprima tout à fait les Decurions, & les Conseillers des Villes par la Constitution 46, dont voicy les termes, *Inter veteres de Decurionibus & Curiis latas leges, aliqua gravia intolerabilia. Du droit des Offices.*

que Decurionibus munera injunxerunt: *quæ nunc, eò quòd res civiles in alium statum transformatæ sunt, omniaque ab una Imperatoria Majestatis sollicitudine à quæ administratione pendeant, nostro decreto submovemus.* C'est pourquoy aux livres des Basiliques, qui furent faits apres son temps, il n'est fait aucune mention des Decurions, ni des Conseillers des Villes.

Voilà pour ce qui est des Decurions, qui n'étoient pas vrais Officiers, mais seulement faisoient l'ordre & le corps, dont on prenoit les Officiers des Villes, qui au demeurant étoient de deux sortes. Les uns pour l'administration de la Justice, à sçavoir *Duumviri & Defensores civitatum*. Et les autres pour le maniement des affaires communes des Villes, sçavoir est *Ædiles*, qui sont proprement nos Eschevins, & si avoient en outre *Curatores Reipublicæ*, qui sont ceux que nous nommons Procureurs Syndics, Procureurs de Ville, desquels, ensemble des Eschevins, il faut maintenant parler. Car pour le regard des Duumvirs & Defenseurs des Citez Romaines, qui exerçoient la Justice, je remets à en traiter au dern. chap. du liv. *Des Seigneuries*.

Quant aux Eschevins, c'est le nom le plus commun qu'ils ont en France, que Pasquier nous assure être vray François, non pas tourné du Latin *Scabinas*, ni du mot Alleman *Scabin*, que j'ay dit ailleurs signifier Juge. Mais plûtost il semble être tiré du verbe *eschever*, qui est tourné du Latin *cavere*, & signifie eviter; pource que c'est à eux à eschever & évicer le dommage de leur Ville, *Videre ne quid detrimenti Respublica capiat.* Ils sont appellez à Tholose *Capitoux*, à Bordeaux *Jurats*, en la plus part des Villes de Guyenne *Chefs & Gouverneurs*, & en quelques Villes *Pairs*, notamment à la Rochelle, *quia pari potestate sunt præditi*.

Toutefois, afin qu'ils ne soient sans chef, il y a entre eux, presqu'en toutes les Villes, un premier Officier, qui en Droit est nommé *Primus Curiæ. l. Alexandrinis. De Decurionib. lib. 10. Cod.* & en France est appellé Maire ou Majeur, qui est tout un. Car en vieil François, Maire signifie Majeur, ou plus grand; *inde vi-maire, vis Major: Mairemousser, vis Majus Monasterium.* Aussi Gregoire de Tours appelle le Maire des Villes *Majorem populi*. De même le Maire du Palais est appellé par Aymoin, Sigebert, & autres anciens Autheurs, *Maior Palatii, Major domus Regiæ*, & son Office, *Majordomatus, Balsamo cau. 10. synodi 7.* appelle les premiers Officiers des Villes M^{er} que Zonare interprete ainsi, *à τ᾿ Ἀγκύλων Μεζίρχου ἔγαρτι ὡς ὁ κόσμον αὐτοῦ λέγεις, ἐσιν ἡ παρὰ Ρωμαίοις Δεσπότης Κουρατόρων.*

D'ou je collige, que comme le Roy preside aux Pairs de France, & les Seigneurs aux Pairs des Fiefs, aussi és Villes, où il n'y a que des Pairs, ou Eschevins sans Maire, le premier Juge & principal Magistrat de la Ville a droit de presider & être chef des Eschevins; comme étant leur Maire perpetuel, afin que le Corps de Ville ne soit sans chef: ainsi qu'il sera prouvé au dernier chapitre *Des Seigneuries*, qu'anciennement les Comtes presidoient sur les Eschevins des Villes, & presidoient en la Justice.

Aussi ay-je ouy dire, que le Lieutenant general de Chartres a fait ordonner par Arrest, qu'il presideroit, non-seulement aux assemblées generales du peuple (ce qui s'observe par tout, suivant l'Ordonnance de l'an 1559. article 6.) mais aussi au Corps de Ville, & aux assemblées particulieres des Eschevins. Et de vray il seroit tres-utile, pour maintenir le peuple en la parfaite obeïssance du Roy, que son premier Officier, qui represente sa Majesté, presidast par tout aux Corps de Ville: & si cela eust eu lieu auparavant ces derniers troubles, il y a apparence qu'ils ne fussent pas arrivez.

En tout cas és Villes oú il y a un Maire, ou autre tel Chef du corps de Ville, il est bien raisonnable, qu'ayant été élu par le peuple, il soit par apres confirmé & approuvé par le Roy, notamment és Villes d'importance, qui seront toûjours plus volontiers maintenuës par sa

Majesté en leurs privileges, quand elle les connoistra soigneuses de choisir des Officiers, qui luy soient agreables. Quoy qu'il en soit, il est bien certain qu'il doit être receu, & faire le serment pardevant le premier Officier de la Justice Royale de la Ville, ou bien de la Justice ordinaire, comme porte cette Ordonnance de l'an 1559. Pareillement c'est un droit commun par toute la France, qu'és assemblées generales de tous les habitans de la Ville, ce n'est pas le Maire qui preside, mais en l'absence du Gouverneur, le Lieutenant general, ou autre premier Officier de la Justice, qui s'y trouve. Tout ainsi qu'és Etats generaux de la France, ce ne sont pas les Deputez qui president, mais le Roy. Ce qui est porté par l'Edit de Cremieu, article 26. & a été jugé par Arrest du 30. Mars 1571. au profit du Lieutenant general de Montreuil.

Quant au Procureur Syndic, ce n'est pas celuy, qui est appellé au droit Romain, *Syndicus, seu actor Reipublicæ*. Car celuy-là n'avoit charge que des procés, l. 1. §. *Quibus permissum. D. Quod cujusque universit.* Mais c'est cét ancien Officier, qui dans Rome s'appelloit *Procurator Consulum*, pendant l'Etat populaire, dont fait mention Ciceron in 2. *Agraria*: & sa charge étoit d'expedier les menuës affaires des Consuls, qui ne meritoient pas de les empescher, & le soliciter les autres, comme nous témoigne *Blondus lib. 3. De Roma triumphante*. Et és Provinces, il s'appelloit *Curator*, ou *Procurator Reipublicæ*, dont est fait mention en plusieurs loix, Grecs λογιστής, dit la loy *Curator. C. De modo mulctarum*. Et c'est encore le mesme, qui est appellé *Pater civitatis*, comme Cujas prouve fort bien sur la loy 3. *De his qui sponte munera suscipiunt. lib. 10. Cod. & lib. 11. Observ. cap. 30*.

En effet, c'étoit presque le même Office, que le *defensor civitatis, sive ἔκδικος* (duquel je traiteray amplement au chapitre dernier *Des Seigneuries*) comme il appert de la loy *Valituræ C. De Judæis*, selon la correction de Cujas en cette même observation. Il est aussi appellé ἀντιμος, au passage d'Ulpian, rapporté par le même Autheur, Ἀντιμος παρ' ἡμῖν Πατήρ. Quoy qu'il en soit, ce *Curator Reipublicæ*, aussi bien que le *Defensor civitatis* étoit élu de cinq en cinq ans, tout ainsi que le Censeur Romain, qu'il representoit. Et en France le Procureur Syndic, ou Procureur de Ville, est communément annuel, ou biennal, ainsi que les Eschevins. Toutefois en quelques Villes, il a gagné le poinct d'être perpetuel, & même les Conseillers de Ville, comme à Paris : & de vray, Ciceron au lieu cy-dessus allegué, dit, qu'avant son Consulat, le Procureur des Consuls de Rome avoit usurpé d'être perpetuel, & qu'il se rendit annuel, comme les Consuls.

Il y a encore un autre Officier en quelques Villes, sçavoir le Receveur des deniers communs, qui maintenant est erigé en titre d'Office Royal, par Edit de l'an 1581. par lequel il fut permis aux Villes de nommer trois Bourgeois au Roy, l'un desquels il pourvoiroit de cét Office, en luy payant finance. Puis trois ou quatre ans après il y eut declaration, par laquelle le Roy permit aux Villes de rembourser ces Receveurs, & faire administrer leurs deniers par les Officiers des Villes, ainsi qu'auparavant, ce que quelques Villes ont fait.

Et dés l'an 1514. le Roy François I. mit és Villes des Controlleurs par commission, pour controller les Officiers des Villes, & les contraindre d'employer les deniers d'icelles, suivant les Ordonnances de sa Majesté.

Item, le Roy Henry II. en l'an 1550. mit en chacune generalité un Conseiller general, Sur-intendant des deniers communs des Villes, pardevant lequel les Officiers d'icelles devoient répondre de l'administration de ces deniers, & en prendre état de luy. Lequel Office fut supprimé par les Etats d'Orleans, article 94. rétably en l'an mil cinq cent quatre-vingt-cinq, & de rechef supprimé en l'an mil cinq cens quatre-vingt-huit, & sa charge attribuée aux Thresoriers de France.

Or les deniers des Villes sont generalement appellez *deniers communs*, ainsi que les affaires des Villes s'appellent affaires communes, en consequence de ce que les Villes ont droit de communauté, & bourse commune. Et il y en a de deux sortes, à sçavoir les deniers patrimoniaux, qui sont les revenus des heritages & autres biens appartenans aux Villes pour quelque cause que ce soit, autrement que par concession du Roy : & les deniers d'octroy, qui sont ceux qui procedent de certaines levées par le Roy octroyé, & permet de faire chacun an dans les Villes, comme des appetissemens de mesure sur les bleds, ou sur les vins, ou quelque attribution sur le prix du sel, ou quelque peage sur les rivieres, ou passages : & tels deniers ont ordinairement une destination specifiée par l'octroy & concession d'iceux : sinon, ils doivent être employez à la fortification, entretenement du pavé, des murailles, ou des portes des Villes, & ne doivent être divertis à autre usage, en quoy est compris l'entretenement de l'horloge publique, la garde des portes, & les guets. Et quac à l'entretenement des fontaines publiques, des Predicateurs, & des Maistres d'école, il y peut être seulement employé par an jusqu'à cent livres, comme il est contenu en l'Ordonnance de Blois art. 351. Mais quant aux deniers patrimoniaux, ils peuvent être employez indistinctement en toutes les necessitez des Villes par Ordonnance des Eschevins. Et il est à observer, que les comptes des deniers d'octroy doivent être rendus en la Chambre des Comptes, & ceux des deniers patrimoniaux pardevant le Bailly, ou Seneschal de la Ville, appellez les Avocat & Procureur du Roy, & y assistans les Maire & Eschevins, sans aucuns frais & salaires, dit l'Ordonn. d'Orleans, art. 95.

Pour revenir aux Officiers des Villes, nous n'avons presque rien changé en France de ce qui s'observoit en l'Empire Romain en la maniere d'y pourvoir. Car bien que tous les autres Offices de ce Roiaume soient devenus collatifs & perpetuels, ceux-cy neantmoins sont demeurez electifs & temporels, ainsi qu'ils étoient en l'Empire Romain : dont il est évident par la loy 1. *De ambitu ;* que les Magistrats des Villes étoient demeurez electifs.

Il est vray qu'il y avoit bien plus de ceremonie à les élire en l'Empire Romain qu'en France. Car il falloit premierement qu'ils fussent nommez par tous les Officiers qui sortoient de charge, lesquels aussi demeuroient chargez & responsables pour eux, au cas que les nommez sortans de charge fussent insolvables. l. 1. & 2. *De peric. nominat. lib. 11. Cod.* Et après cette nomination, ils étoient acceptez & éleus en assemblée generale, où devoient assister notamment l'Evesque, son Clergé, les Conseillers & les principaux habitans de la Ville, l. 8. *C. De Defens. civit. l. Jubemus. C. De Episc. audientia. & Nov. 15. cap. ult.* Et finalement ils étoient confirmez par le President de la Province, l. 59. *C. De Decur. & d. Nov. 15. in princ.* & pource que les Presidens de Province en abusoient, cette confirmation fut transferée au *Præfectus Prætorio*, comme dit cette même Novelle. Et cela fait, puis ayant baillé caution, suivant le titre *De periculo eorum qui pro Magistratibus intervenerunt*, ils faisoient le serment devant le President de la Province, dit cette même Nov. 15.

Au lieu qu'en France il n'y a point d'autre ceremonie, sinon qu'en assemblée generale de la Ville, ou de certains deputez de chacun quartier, selon les formes particulieres de chacune Ville, on élit les Eschevins, sans nomination precedente de ceux qui sortent de charge, ou bien s'ils nomment & proposent ceux qu'ils estiment devoir être éleus, ce n'est que comme la premiere voix & suffrage, & ne sont chargez aucunement de telle nomination : & après telle élection, il n'est pas besoin d'autre confirmation (fors pour le regard du Maire en aucunes des principales villes de France seulement, où il est requis qu'il soit confirmé par le Roy, comme il vient d'être dit) mais tout aussi-tost que l'élection est faite, le Bailly ou son Lieutenant, ou autre Magistrat Royal qui preside en

Des Offices des Villes. Chap. VII.

l'assemblée, prend le serment des Officiers éleûs, sans qu'il soit aussi besoin, non plus qu'en l'Empire Romain, d'informer de leurs vies & mœurs, pource que l'élection publique en rend assez suffisant témoignage, & pareillement sans qu'ils soient chargez de bailler caution. Ce qui devroit neantmoins être és Villes, où ils sont la recepte des deniers communs Car il arrive souvent qu'on y met par brigue des marchands fortunez, & autres gens insolvables, qui n'ayans plus que faire en leurs boutiques, sont bien aises d'être employez aux affaires de Ville, & se recourre de leurs pertes sur leur patrie. Qui fut le pretexte de l'érection des Receveurs des deniers communs, comme l'Edit le porte.

43 Ceux qui reçoivent les deniers communs devroient bailler caution.

Ce qu'il y a de commun aux Officiers des Villes de Rome & de France est, qu'ils n'ont point de lettres de provision : au lieu desquelles ils ont (principalement és bonnes Villes, & le pourroient avoir és autres s'ils vouloient) certains habits, ou marques & enseignes de leur dignité, qui sont appellez dans les bons livres, *ornamenta Decurionalia*, comme prouve Pancirole, *in lib. de Magist. municip. cap. 6.*

44 Officiers des Villes ont habits particuliers.

Es Villes de l'Empire Romain, les Officiers communs d'icelles, aussi bien que les Magistrats publics, portoient la robe appellée, *Pratexta*, Gracè πορφυρόπεζος, pource qu'elle étoit bordée de pourpre : Car le reste étoit blanc, comme il se collige de ce passage de Juvenal, *Sat. 3.*

45 Pratexta Magistratuum municipalium.

Clari velamen Honoris,
Sufficiunt tunicæ summis Ædilibus albæ.

Quoy qu'il soit, comme dit Caton dans Tite Live, *libro 4. Decadis 4. Magistratibus in municipiis coloniisque toga habenda jus est : nec vivi solùm habeant tantum insigne, sed etiam ut cum eo crementur mortui.* Aussi cette robe étoit-elle tellement la marque & enseigne de ces Magistrats, que fort souvent és bons Auteurs de l'antiquité *Pratextatus* signifie le Magistrat, dont Budée apporte plusieurs exemples sur la loy *Capitalium §. In exulibus D. De pœnis.*

46 Pratextum pro Magistratu.

Pareillement les Officiers des Villes Romaines faisoient porter des masses, ou verges devant eux, que les Romains appelloient *fasces, ut in b. 53. C. De Decur. Duumviros non licet extollere fasces extrà metas territorii propria civitatis.* & Ciceron le dit aussi *in 2. Agraria,* & les appelle *bacellos.* Horace pareillement le témoigne, *Sat. 5. lib. 1.*

47. Fasces Magistratuum municipalium.

Fundos Aufidio Lusco Pratore libenter
Liquimus, insani ridentes præmia Scribæ,
Pratextam, & latum clavum, prunæque bacillum.

Où il attribuë à *Aufidius Luscus* Preteur, c'est à dire premier Officier politique de la Ville de Fundi, non seulement les robes de la pretexte & les verges, mais aussi *Latum clavum,* qui étoit l'ornement des Senateurs de Rome, comme il sera dit au livre *des ordres,* & encore le feu, qui étoit la marque de l'Empereur.

Ainsi voit-on qu'és principales Villes de France, les Officiers politiques d'icelles ont des robes de livrée, qu'ils portet és actes de ceremonie. Mème en Guyenne il n'y a si petit Consul de village, qui ne porte par tout son chapperon rouge sur l'épaule. Et communement ces robes de livrée des Eschevins sont my-parties, & de deux couleurs, dont l'une est toûjours l'écarlatte ou pourpre, enseigne commune du Magistrat, & l'autre est la couleur particuliere de la Ville : pource, à mon avis, que ces Officiers populaires ne sont que demy Magistrats, ou pour bien témoigner la varieté & inconstance du peuple. Car mème les Sergens, ou Clercs de Ville, & jusques aux Clercs de Fabrique des Paroisses, ou des Confreries, ont ainsi des robes de livrée my-parties, mais non jamais d'écarlatte.

48 Robes d'Eschevin.

Quant au pouvoir de ces Magistrats populaires, il faut considerer ; qu'ils sont plûtôt Officiers du Gouvernement, que non pas de Justice, ou de finâce. Aussi en plusieurs Villes ils sont appellez *Gouverneurs*: & de fait ce qui est du gouvernemét de la Ville leur appartient ; & non aux Officiers de la Justice, en l'absence

49 Du pouvoir des Officiers des Villes.

du Gouverneur, ou quand il n'y en a aucun : comme de garder les clefs de la Ville, d'ordonner de la garde des portes, & des guets nocturnes, & par consequent de donner le mot du guet. Bien que les Baillifs & Seneschaux & leurs Lieutenans en leur absence s'attribuent en plusieurs Villes cette autorité, sous pretexte que le Bailly s'intitule Bailly & Gouverneur. Ce qui étoit de fait aussi bien que de nom, du temps que le gouvernement, la Justice, & les finances étoient confondus & mêlez ensemble, qui depuis ont été separez, & n'est demeuré aux Baillifs & leurs Lieutenans, que la simple administration de la Justice, comme j'ay dit ailleurs.

Et quand il y a un Gouverneur, il doit prendre avis des Echevins és principaux actes de gouvernement, au moins en ce qui n'est secret : Mais au reste, il n'a que voir sur eux, sinon en ce qui dépend précisément du fait de sa charge, *Militaribus viris nihil sit commune cum Curiis, nihilque sibi licitum sciant, quod sua non subjectum est potestati. Nullum injuria, nullum pulsatione Tribuno, Duxve, aut Comes sit, Curialem, Principalemve contingat, &c.* dit la loy *Militaribus 41. D. Decur. lib. 10. C.*

50 Comment le Gouverneur doit vivre avec les Eschevins.

D'où il resulte que les actes que font les Echevins, étans actes de gouvernement, & non de Justice, doivent être expediez sommairement, & en forme militaire, sans qu'il soit besoin les verbaliser au long, & garder les procedures & formalitez de la Justice contentieuse. Et il s'ensuit aussi que de ces actes il ne doit point y avoir d'appel, pource que l'appel n'a lieu proprement qu'és actes de Justice contentieuse : mais il se faut pourvoir contre iceux par voye de plainte, qu'on peut faire aux superieurs, & principalement au Roy & à son Conseil ; & il faut en ce cas, si le Roy l'ordône, que les Echevins viennent rendre raison de ce dont on se plaint d'eux ; autrement, n'y ayant communément point de partie requerante en ce qu'ils fôt pour l'utilité publique, s'il falloit qu'à chaque accusatiô on leur fit le procés en la Justice ordinaire, leurs Charges seroient par trop onereuses, & les Corps de Ville trop chargez de procés : si que pour les éviter, ils abandonneroient ce qui seroit de l'interet public.

51 Des actes d'interiorité que fort les Eschevins.

Je dis aussi, que comme les Officiers, qui ont quelque commandement en ce qui est de la force, ou du gouvernement, sont Magistrats aussi bien que ceux qui ont le commandement de la Justice, les Eschevins doivent être mis au nombre des Magistrats, comme j'ay dit au 1. livre. Aussi sont-ils appellez communement en Droit *Magistratus municipales.* Bien qu'il y ait grande apparence, que les Magistrats municipaux étoient proprement *Duumviri*, qui rendoient la Justice, & non les simples Ediles. Car *Festus & Nonius* nous disent que *Præfectura non habebant suos Magistratus : &* neantmoins *Sigonius lib. 2. De antiquo jure Italiæ,* prouve bien qu'elles avoient des Ediles.

52 Eschevins sont Magistrats.

Quoy qu'il en soit, les Duumvirs, & les Ediles étoient en l'Empire Romain autant honorez dans leurs Villes, prix pour prix, comme pouvoient être dans Rome les principaux Magistrats, que ceux y representoient. Car comme les Villes se qualifioient Republiques, ainsi que celle de Rome, & avoient pareillement leur Senat, aussi les Duumvirs representoient les Consuls Romains & les Preteurs tout ensemble, les Ediles des Villes representoient les grands Ediles de Rome, & le Défenseur des citez representoit le Censeur Romain.

53 Magistrats municipaux en l'Empire autant honorez que ceux de Rome.

Et tout ainsi que les grands Offices de Rome, & de l'Empire, étoient proprement appellez Magistrats, aussi à leur distinction ces premiers Offices des Villes étoient particulierement nommez *Honneurs, ut in tit. De munerib. & Honoribus. Hinc Juvenal. Sat. 3.*

54 Offices des villes proprement nommez appellez Honneurs dans le Droit.

Clari velamen Honoris.
Et Persius Satyra 1.
Sese aliquem credunt, Italo quòd Honore superbos,
Fregerit heminas Areti Ædilis iniquas.

Même en Droit *Honoratus* signifie l'Officier de Ville,

55 L'hon-

comme prouve Pancirole cap. 1. De Magist. municip. qui nous enseigne, que même l'honn. leur demeuroit après leur charge finie. De fait c'est la verité, que comme les Magistrats de Rome rétenoient pendant le rête de leur vie & un titre de dignité, & un rang honorable, à cause des charges qu'ils avoient exercées, aussi faisoient les Officiers des Villes, comme il est dit expressément en la loy 1. De al bo scribendo, & il a été dit cy-devant, que ceux qui avoient été Duumvirs ou Ediles, étoient appellez par après *Duumvirales & Ædilitii*: même Strabon nous témoigne que ceux qui avoient été Ediles, ou Questeurs au païs, appellé *Latium*, devenoient par après citoyens de Rome.

(marg. neur leur demeuroit après leur charge finie.)

En France, c'est bien la verité que le peuple rend le plus d'honneur qu'il peut aux Officiers des Villes, comme à ses propres Officiers, & les exalteroit, s'il pouvoit, par dessus les Magistrats Royaux. Ce qui tend à la Democratie, même à l'Anarchie, & certes leur trop grande autorité a été plusieurs fois cause de seditions populaires, & même de rebellions comme l'histoire fait foy, & l'exemple n'en est que trop recent. aussi est-il bien défendu au Droit d'exalter les Officiers des Villes par dessus ceux de la Iustice. *Curiales, qui honorariam adepti sunt dignitatem, formidare debent eos, quorum moderationi sunt commissi: nec se existimare ideo meruisse dignitatem, ut Iudicum præcepta de spiciant, alioquin Honore quem prodiderint, spoliandi sunt*, dit la loy *Curiales*. 47. C. *De Decur*.

(marg. 56 Officiers des Villes ne se doivent élever par dessus les Juges.)

Mais en France on peut dire, que les Eschevins ne sont pas vrais Officiers, comme en l'Empire Romain, où tous les Officiers étoient à bref tems, ainsi qu'eux: au lieu que en France tous les vrais Officiers sont perpetuels, & ceux qui sont à tems (comme les Ambassadeurs, & à plus forte raison encore les Eschevins, qui ne sont commis que par le peuple) sont plûtôt Commissaires, ou Commissionnaires, que vrais Officiers. Et de fait cela est notoire, qu'après leur charge finie, il ne leur rête plus aucun titre, rang, ni prerogative d'honneur (si ce n'est en quelques Villes, qui ont ce privilege, que leurs Eschevins sont ennoblis) & même pendant leur charge, j'estime que tout ainsi que les Commissaires , ils ne doivent avoir rang, ni seance en qualité d'Eschevins, fors és actes qui concernent leur charge, ou bien quand ils marchent en Corps de Ville, côme és Processiós generales.

(marg. 57 Eschevins sont plûtôt Commissaires, qu'Officiers.)

Toutefois c'est une grande question, quel rang ils doivent avoir entr'eux. Car à Rome on observa premierement que le plus âgé des deux Consuls marchoit le premier. Ce qui fut établi par Valerius Publicola, lequel étant le premier Consul, & ayant fait élire avec lui T. Lucretius le fit marcher devant luy, pource qu'il étoit plus vieil que lui, dit Plutarque en sa vie. Ce qui fut, dit-il, long-tems observé du depuis. Car comme nous apprend A. Gelle livre 2. chap. 15. cela fut seulement corrigé par la loy Iulia, *De maritadis ordinibus*, qui ordonna, que celuy qui auroit plus d'enfans, precederoit; si l'un ni l'autre n'avoit enfans, le marié: si tous deux étoient mariez sans enfans, ou non mariez, le plus âgé, ainsi qu'auparavant. Et de vray, plusieurs de nos loix attribuent la preseance à celuy qui a plus d'enfans, comme la loy *Spurii*. *in fi*. D. De Decur. & l. 9. eod. tit.

(marg. 58 Du rang qu'ils avoient entr'eux à Rome.)

Neanmoins cette loy Iulia fut bien-tôt hors d'usage, & fut observé les plus nobles, c'est à dire, ceux de plus ancienne maison, marcheroient les premiers. Et pource que souvent il arrivoit des differends pour ce sujet, on pratiqua enfin és élections, pour les éviter, de declarer par exprès lequel marcheroit le premier. E de fait, toutes & quantes que Ciceron parle des Offices qui lui ont été deferez, il n'oublie jamais de remarquer qu'en son élection il a été nommé le premier. Comme en l'Oraison *pro lege Manilia* il se vâte qu'il a été par trois fois le premier Preteur, en celle *in Pisonem*, qu'il a été éleu des premiers Questeurs, le premier Consul; en celle *pro Murena*, qu'il a été fait le premier Questeur, ajoûtant que *cum multi pares Di-*

(marg. 59 Eurent rang enfin selon leur nomination.)

gnitate, unus autem primum locum obtinere solus possit, non idem est ordo Dignitatis & remunerationis, proptereà quod renunciatio gradus suos habet, Dignitas autem eadem est omnium. Sur tout, cela se voit amplement traité dans Ausone en l'action de graces pour son Consulat, où finalement il conclut, *Nullam quidem esse contumeliam secundi Consulis, sed ex duobus majorem esse gloriam prælati.*

Mais en France où l'ordre, & les rangs des Officiers des Villes ne sont énoncez lors de leurs élections, & où d'ailleurs on ne pratique jamais les loix *De maritandis ordinibus*, on tient que celui qui a eu plus de voix en icelle doit preceder, & semble qu'à cela soit expressé la decision de la loy *Spurii*. §. *ult. D. De Decurion*, & toutefois quelle apparence y a-t-il, si en même tems un Juge, & un Procureur de son Siege sont faits Eschevins, que le Procureur precede son Juge ? Est-ce pas directement contre la loy 2. *De albo scribendo*, disant que, *qui Dignitates Principis judicio consecuti sunt, anteire debent eos, qui tantum municipalibus Honoribus functi sunt*: & contre la loy 6. *De advocat. divers. jud.* qui dit que *qui Principi digni visi sunt, multo magis jam in anterioribus adjuvanti.* Et de la loy 1. De albo scrib. dit que *in albo scribendo Dignitates spectanda sunt.* Or est-il en tout cas que celuy qui a deux Dignitez, l'autre de la Ville, doit devancer celui qui n'a que celle de la Ville, qui est la moindre: même il y a decision expresse en la loy I. *De Consul. lib.* 12. *Cod.* que celui qui est Consul le dernier, étant Patricien, doit preceder les autres, qui ont été consuls devant lui, & qui ne sont pas patriciens, à cause de la rencontre des deux Dignitez de Consul & de Patricien.

(marg. 60 Quel rang ils ont en France entr'eux.)

(marg. 61 Qu'ils doivent plûtôt marcher selon leurs qualitez, que selon la pluralité des voix.)

Aussi cette loy *Spurii*, qui prefere celui qui a eu plus de voix, ajoûte notamment son exception, *nisi privilegiis cessantibus cæteris*: or ces privileges ou preferences sont celles qui sont designées par la loy 1. & 2. *de albo scribendo*: à sçavoir, que ceux-là doivent preceder, qui ont une plus grande dignité, notamment les Officiers du Prince. Concluons donc, & selon la disposition du Droit Romain, & selon l'équité & la raison toute apparente, qu'entre les Eschevins, ceux qui sont Officiers du Roy, ou ont aucune notable Dignité & rang établi pardessus les autres, les doivent preceder, bien que les autres ayent eu plus de voix en l'élection. Mais cessant toutes prerogatives d'ailleurs, c'est sans doute que ceux qui ont plus de voix, doivent marcher les premiers.

(marg. 62 Réponse aux raisons contraires.)

Quât aux profits & émolumens des Officiers de Ville, il est bien certain, & par les Ordonnances, & par la pratique, qu'ils ne peuvent prendre aucun salaire des particuliers, pource qu'ils exercent les Justices des Villes, ausquels il est enjoint de vuider sommairement les procès, en tout cas, leur est défendu d'en prendre épices. Et quât aux salaires publics, comme les gages, & autres semblables droits, ils n'en ont ordinairement aucuns; c'est pourquoy la Novell. 15. dit que *extra omne commodum sunt*; dont elle rend la raison: *convenit quippe unumquemque nobilium vicissim curam agere civitatum quas inhabitant, & hanc eis rependere habitationis compensationem*, & ce que la loy 6. §. 1. D. *De Decur.* fait mention *de sportulis Decurionum*, ne s'entend pas des épices des procés; mais des deniers d'entrée que les nouveaux Decurions ou Conseillers de Ville payoient aux anciens, comme j'ay dit ailleurs.

(marg. 63 De leurs profits & émolumens.)

Je diray seulement qu'il y a trois Villes en France qui ont ce privilege, que les Eschevins d'icelles conferent plusieurs menus Offices de police, à sçavoir Paris, Amiens, & Calais. Je ne sçai pas toutefois si Amiens & Calais ont encore ce privilege depuis leur nouvelle reduction: mais quant à Paris, il est certain qu'aujourd'huy il y a plusieurs Offices qui sont conferez par les Prevôts des Marchands & Eschevins: même les Offices de Côseillers, de Procureur de Ville (qu'on qualifie à prését Procureur du Roy pour la Ville) & de Greffier de la Ville de Paris, & encore plusieurs Offices de

(marg. 64 Du Droit de conferer les menus Offices de police.)

Des Offices des Villes Chap. VII. 327

65 Des pollicitations.

police, desquels Offices, qui sont collatifs, je n'entens pas parler au surplus de ce chapitre, pource qu'en un mot il les faut regler cõme les Offices des Seigneurs.

Mais pour parler des Offices électifs des Villes, nous trouvons dans le Droit la venalité d'iceux avoir été autorisée, non toutefois par forme de pure vente, mais de gratification, moyennant certaine promesse d'argent, appellée *pollicitation*, pource que celuy qui briguoit ces Offices populaires, promettoit, ou proposoit au peuple, que s'il y étoit éleû, il édifieroit quelque bel œuvre public, ou feroit representer quelques jeux, ou mettroit quelque argent dans les coffres de la Ville : comme il se voit au titre *De pollicitationibus*, qui étoit un cas special, auquel une simple promesse non acceptée étoit obligatoire, invention qu'on ne trouve point avoir été pratiquée en France.

66 Offices des Villes ne sont venaux entre particuliers nyresignables.

Mais entre particuliers il est aisé à entendre, que ni en l'État de Rone, ni en France ces Offices n'ont pû être aucunement venaux, d'autant qu'ils ne sont pas resignables: tant à cause du Briefs tems qu'ils durent, que principalement pource que la preud'hommie & industrie des hommes ayant été éleû, & choisie par tout un peuple, afin de se soûmettre volontairement à eux, il n'est pas raisonnable que le peuple soit tenu en accepter, ou reconnoître en leur place d'autres qu'il n'aura pas choisis. Aussi que ces élections ne se font pas principalement pour l'utilité de ceux qui sont éleûs (ainsi qu'il se peut dire des collations, notamment quand elles sont faites en consequence d'une vente precedente) mais plûtôt pource que la commodité & le besoin universel du peuple, qui a interêt de choisir des Officiers à sa fantaisie.

67 Officiers de Roy à present capables des Offices des Villes.

Ces Offices donc ne vacquent point par resignation, ni faite en faveur d'autruy, ni même pure & simple ; mais il faut precisément, que ceux qui y sont une fois entrez, achevent leur tems maugré qu'ils en ayent, *l. ult. C. De Defens. civit.* Pareillement ils ne vacquent point par incompatibilité : car bien que par les anciennes Ordonnances de France les Officiers du Roy fussent declarez incapables des Offices des Villes, jusques là qu'il y avoit de grosses amandes imposées à ceux qui les acceptoient : si est-ce que ces derniers tems nous ont fait connoître qu'il étoit utile au public qu'ils y fussent admis, & que cela pratique notoirement à present ; même y a plusieurs Arrêts par lesquels ceux qui s'en sont voulu excuser, pour être Officiers du Roy, ont été contraints de les accepter, & ce suivant la Nou. 15. qui dit que *nulli, nec si honoratus sit Equestri Dignitate, nec si Militiam honestam, nec si præferat beneficium Principis, licet Defensoris electionem declinare.*

68 De excuses pour evter les Offices des Villes.

Car il faut considerer en ces Offices, qu'étans en plusieurs lieux reputez plus à charge qu'à honneur, tant s'en faut qu'ils soient recherchez & briguez, qu'au contraire ils sont fuïs & rejettez tãt qu'on peut, ainsi que les tuteles & les autres charges purement onereuses, *quæ itidem munera vocantur. Munus enim aliquando significat onus, aliquando Honorem seu Officium*, dit la loy, *Munus. De verb. signif.* Or les charges de Ville participent de l'un & de l'autre, *l. 2. §. 1. D. De vacat. munerum*, & bien souvent *plus habent oneris, quàm honoris* : de sorte qu'y étant éleû pour s'en défaire, *ut in puris oneribus*, on a recours aux excuses, qui sont traitées au tit. *De excusat. munerum. D. &c.* Neanmoins les excuses, comme moins frequentes, aussi sont-elles en moindre nombre aux Offices & aux Honneurs, qu'aux pures Charges. Car ni l'âget de 70. an, ni le nombre de cinq enfans n'y sert point d'excuse, *l. in honoribus. D. eod. tit.* mais bien d'avoir fait la même charge, qu'on n'est point tenu de recommencer, tant qu'il en reste d'autres capables en la Ville, *l. 52. De Decur. & l. 3. Quemadmo. civilia munera indicuntur lib. 10. Cod.* Item ceux qui ont fait une plus haute charge, ne peuvent être éleûs à une moindre, *lib. 2. eod. tit.* dont les Interpretes Grecs rendent la raison δοκοῦσι γαρ ὑβρίζεσθαι. Et Finalement ceux qui ont une charge de Ville, doivent avoir trois ans de vacation avant que d'être contraints en accepter une autre, afin qu'ils ayent du temps pour vacquer à leurs affaires particulieres, sans être toûjours employez aux publiques, *l. 1. C. De mun. & honor. non contin.*

69 Ne vaquent gueres par forfaiture.

Pareillement ces Offices vaquent rarement par forfaiture, ou incapacité quelconque, pource qu'étans plusieurs en une mesme charge, qui peuvent être suppléez l'un par l'autre, pour si peu de temps que reste, on attend ordinairement le temps prefix & accoûtumé pour faire une nouvelle élection : ce qui se pratique mesme quand l'un des Eschevins vient a deceder pendant son temps.

70 Des recherches des Offices de Ville.

Reste de parler des recherches, & du peril de ces Officiers, principalement quand ils sont comptables, comme quand ils manient les deniers communs des Villes, ainsi qu'ils faisoient par tout auparavant l'érection des Receveurs d'iceux, & sont encore en plusieurs Villes, où il n'y en a point. Enquoy il y a bien du hazard, d'autant qu'ils ne sont point tenus de bailler caution, comme ils étoient contraints précisément à Rome aussi bien que les tuteurs par saisie de leurs biens, *§. penult. Instit. De satisd. tut.* Mais en France si on demandoit caution aux tuteurs, ou aux Officiers des Villes, ils diroient toûjours, qu'ils n'en peuvent bailler, & de là ils prendroient sujet de demander leur décharge.

71 Si les Eschevins sont tenus solidairement.

Pareillement les nominateurs des Officiers des Villes, ne sont point responsables pour eux, comme au Droit Romain, pource qu'il n'y a autres nominateurs que le general du peuple, lequel toûjours porte le peril de leur insuffisance, s'il n'y a autre qui y supplée. Ce qui ne peut être que de la part des Collegues & compagnons d'Office, qui sans doute étans appellez à une seule, & même charge sont tenus l'un pour l'autre : mais non pas sans division, ni discussion. C'est à dire que s'ils ont tous exercé, ils ne sont tenus chacun d'abord que pour leurs portions viriles, supposé qu'ils soient tous solvables, lorsqu'ils sortent de charge. Que si quelqu'un d'eux a exercé quelque maniement leparé, luy seul en est tenu tant qu'il est solvable : mais en l'un & l'autre cas, après discussion faite, & se trouvant qu'ils n'étoient solvables, lorsqu'ils sont sortis de charge, ils sont responsables l'un pour l'autre, & tant que l'un d'eux tous a de quoy payer, la Ville ne peut rien perdre. Ce qui est décidé expressément par la loy *Imperator. Ad municip. Magistratuum municipalium Officium individuum est, ac periculum commune : quod sic intelligi oportet, ut ita demum collega periculum adscribatur ab ipso qui gessit, res servari non possit, & solvendo non fuit, honore deposito.* Autant en dit la loy derniere, *Quo quisque ordine conveniatur, lib. 11. Cod.* Enquoy il falloit avoir égard au temps que leur charge finissoit, pource que pendant icelle ils ne pouvoient être convenus en Justice, ni civilement, ni criminellement, *l. 48. D. De Iudiciis.*

72 De mesme.

Que s'ils ont commis dol, ou malversation, tous ceux qui sont coupables, en sont tenus solidairement, & sans division, à cause de la complicité du delict: jusques-là, que selon le Droit, celuy qui a payé le tout, n'a point de recours de son chef, contre ses complices, ni mesme ne peut demander cession d'actions, *quia nulla est societas maleficiorum, nec communicatio damni ex maleficio, l. 1. §. Planè. D. De tutel. & rat. disti. ab.* mais ce dernier poinct, qui certes est trop rigoureux, n'est point observé en France ; mais le complice a recours contre son complice, devant & après la condamnation, même après l'entier payement, & sans cession d'actions, afin que ceux qui ont failly également, soient enfin également punis.

73 Particulieres communautez estant dans les Villes.

Voilà à peu prés ce qui se peut dire touchant les Officiers des Villes : mais dans les Villes, il y a ordinairement d'autres Communautez, qui ont Corps & College licite par concession du Prince, sans laquelle toute assemblée est illicite, *l. 1. Quod cujusque univers. & l. 1. De colleg. illicit.* & ces Colleges licites ont par conſequent bourſe commune, ſans laquelle nulle Communauté ne ſe peut longuement entretenir, & laquelle partant eſt la marque de communauté licite, dit Bodin, livre 3. chapitre dernier. Puis elles ont communément pouvoir de faire ſtatuts reglemens concernans leur communauté, pourveu qu'ils ne contreviennent en rien au droit public, ſuivant la loy des 12. tables, priſe de celle de Solon, rapportée en la loy derniere, *De colleg. illicit.* Et pource que ces ſtatuts ſeroient inutiles, s'il n'y avoit des Officiers pour les maintenir, c'eſt pourquoy les Communautez licites ont volontiers quelques Officiers, qu'elles éliſent elles-meſmes; pource auſſi que ce ſeroit choſe monſtrueuſe, qu'un corps fût ſans chef.

74 Communautez de gens de lettres, & Officiers d'icelles.

Les deux plus communes eſpeces de Communautez licites, ſont celles des gens de lettres & des gens de métier. Les gens de lettres ont premierement leurs Colleges pour les étudians, où il y a Bourſiers, qui en quelque lieu ſont appellez *Collegiats*, & ſur eux il y a un Principal, ou Prieur, ou grand Maiſtre, ſoit par élection, ou collation, & ſoit à vie, ou à temps, ſelon la fondation, ou coûtume ancienne de chacun College. Et pour ceux qui ont fait leurs études, il y a les Corps de chacune Faculté comme de Theologie, de Droit Canon, de Droit civil, & des Arts, dont ſe prennent les Regens, les Doyens, les Syndics, & autres Officiers de telles Compagnies. Et par deſſus tout cela il y a le Corps de l'Univerſité, ainſi appellée, pource qu'elle eſt compoſée de pluſieurs Corps & Colleges divers, laquelle Univerſité a ſon Recteur, ou autre Chef general & univerſel, ſes Procureurs ou Proviſeurs de chacune Nation, ſes Bedeaux, & autres Officiers miniſtres; & encore ſes Suppoſts, qui ſont certains artiſans, ou autres gens, qui ſont ſoûmis, & tenus d'obeïr aux principaux Officiers de l'Univerſité, & auſſi jouïſſent des privileges d'icelles: comme les Imprimeurs, Libraires, Meſſagers Jurez de l'Univerſité, & autres tels Artiſans qui ſervent à icelle.

75 Univerſité pourquoy dire.

76 Communautez des gens de métier.

Quant aux gens de métier, il n'y avoit anciennement à Rome que bien peu d'iceux, qui euſſent droit de Corps & Communauté, à ſçavoir *piſtores*, *boarii*, *pecuarii*, & peu d'autres, & ceux-là étoient appellez *corporati*, & avoient pluſieurs privileges pour le ſervice qu'ils faiſoient à la grand'Ville, & étoient à peu prés, comme ſont à nous les Marchands & Artiſans privilegiez ſuivans la Cour, tit. *De privilegiis corporatorum urbis Romae*, & tit. ſeq. lib. 11. *Cod.* Autres s'appelloient *collegiati*, qui étoient certains autres Artiſans, tenus & chargez de pourvoir aux incendies, comme dit Cujas ſur la loy unique *De collegiatis eod.* *lib. Cod.* ce qui ſe pratique en France en quelques Villes, comme à Chartres: & finalement Alexandre Severe *corpora inſtituit omnium omnino artium, iiſque ex ſeſe defenſores dedit, & iuſſit, quid ad quos iudices pertineret.* Mais quoy qu'il en ſoit, cela n'étoit qu'à Rome. Car ailleurs on faiſoit grande difficulté d'ériger des Corps & Confreries de métier, comme il ſe void dans les Epiſtres de Pline, que Traian lui refuſe le droit de communauté des gens de métier de Nicomedie qu'il lui avoit demandé, à la charge qu'ils ſerviroient à pourvoir aux incendies, diſant que ces Communautez, qu'il appelle ἑταιρίας, ſont dangereuſes; & neanmoins c'eſt la verité, qu'il y en avoit en quelques Villes de l'Empire Romain: car la Nov. de Valentinian, *De Epiſcopali iudicio*, dit que *collegiatus urbis Romae vel cujuſlibet urbis alterius, clericus fieri non poteſt.*

En France il n'y avoit anciennement que certaines bonnes Villes, où il y eût certains métiers Jurez, c'eſt à dire ayans droit aux Corps & Communauté, en laquelle on entroit par ſerment: leſquelles Villes à cette occaſion étoient appellées *Villes jurées*. Mais par Edit du Roy l'an 1581. confirmé & renouvellé par autre du Roy Henry IV. de l'an 1597. toutes les Villes de France ſont à preſent jurées: même il eſt porté par ces Edits, que les Maîtres de métier, non ſeulement des Villes, mais auſſi du plat païs, doivent être Jurez & receus en Juſtice, & auſſi ont droit de Corps & Communauté.

77 Villes jurées.

En conſequence de quoy, ces Corps de métiers ont leurs Officiers particuliers, qui ſont particulierement appellez *Jurez*, Viſiteurs & Gardes des métiers appellez au Droit, *Primates profeſſionum in l. unica. C. De monopol. Profeſſio* quippe ſignifie particulierement la maiſtriſe des métiers, & ces Jurez ſont éleûs tous les ans, ou tous les deux, ou trois ans, en aſſemblée de tous les Maîtres du métier, pardevant le Juge ordinaire du lieu, auquel ils preſtent ſerment: du pouvoir deſquels je parleray au livre *Des Ordres*, & je diray ſeulement icy, que ces Jurez, Viſiteurs & Gardes des métiers n'ont autre ſalaire pour leurs viſitations, ſinon quelque partie des amendes & des confiſcations adjugées ſur leur rapport. Mais auſſi ils ne peuvent être condamnez és dépens en leurs noms, és procés qui interviennent ſur leur rapport, ſinon en cas qu'ils y malverſent, ou excedent: ou bien que d'eux-mêmes, ſans l'avis de la Communauté, ils entrent en conteſtation ſur quelque reglement d'importance, dont par aprés ils ſoient deſavouez.

78 Jurez Gardes des Viſiteurs des métiers

FIN DU V. ET DERNIER LIVRE.

Soli Deo honor & gloria.

TABLE

TABLE
DES MATIERES.

Age, comment il en appert. 23
Aage des Magistrats & des Juges Romains. ibid.
Aage des Officiers. ibid.
Abbez ont usurpé les enseignes de la dignité Episcopale. 318
Abbez Commendataires ne sont que du rang des dignitez. 319. doivent toutefois marcher de rang avec les titulaires, selon l'antiquité de leur reception, & pourquoy. ibid.
Abbez benits & titulaires, quelles mitres doivent porter. ibid. ils sont vrais Prelats, & non les Commendataires. ibid.
Absent n'étoit jamais condamné à mort. 84
abus d'Aristote en la définition du mot Office. 7
Abus de Cujas, de Bodin, & de Catondas en la même définition. ibid.
Abus des Commissaires ad partes. 90
Abus de faire inventaire indistinctement. 112
Abus de la venalité des Offices, comment introduit. 156
Abus des Justices de village, livre composé par l'Autheur. ibid.
Accés, espece de regrez en matiere beneficiale, qu'est-ce. 76
Accidens qui peuvent arriver de ne signifier la revocation au Procureur ad resignandum. 74
Accortise des Roys de la troisiéme race. 140
Achapt par le pere pour son fils, il en faut rapporter les fruits, idem au benefice. ibid.
Achepteur d'une procuration soustraite est fait Seigneur de l'Office, s'il l'a acheté avant leur renonciation. 149
Achepteur à faculté de rachapt confere pleinement les Offices hors és terre du domaine. 278
entre deux Achepteurs d'une même chose, pourquoy le dernier est préferable à l'autre. 10
Achepteur d'Office n'en peut estre destitué. ibid.
on ne craint plus de dire qu'on Achepte les Offices de judicature. 311
Acquereur de Greffe n'est Greffier, s'il n'y est reçu. 125
quels Actes ne sont sujets à reconnoissance. 35 ne se peuvent impugner que par la maintenuë, & action de faux. ibid.
tous Actes des Baillifs & Senéchaux sont actes publics, qui ne peuvent estre combatus que par appel, ou par opposition. 40
Actes des Officiers sont authentiques. 35
Action de dol, & toute autre action fameuse & fácheuse, n'a lieu en droit contre le patron. 7
Action possessoire n'appartient qu'à celuy qui est possesseur d'icelle. 12
Action réelle n'appartient qu'à celuy qui a droit réel. ibid.
Action revocatoire n'a point de lieu en matiere d'Offices. 150
Actions sont tantost meubles, & tantost immeubles, 173. & les heréditez aussi. ibid.
comment une Action passe sans cession du creancier. 197
en l'Action tributaire, les creanciers hypothequaires marchent en leur ordre. 191
Acte de resignation doit être reçû par un Notaire, ou autre tel Officier fondé, quant à ce, de puissance publique. 70
Actes des Officiers font pleine preuve. 31
Actes d'un Commissaire ne sont pas publics. 146
Actes que font les Echevins, doivent estre expediez sommairement, & en forme militaire. 324
Actes legitimes qui consistent en execution de la loy, ne ressentent point tant la jurisdiction, que le commandement. 30
Actus legitimi par qui expediez, & en quel lieu. 87
Actuarius sive ab actis, quis. 116
Actuarius des Romains, nostre Greffier des insinuations. 117
Adaerare annonas. 49
Adpromatores fidejussorum, & subvades, quid.
Ædiles Curules à Rome. 155
Adjudicataire doit enseigner pendant les quarante jours, mais la distribution doit estre differée. 190
Adjudicataire tenu de consigner nonobstant l'appel de saisie: mais la distribution differe, & pourquoy. ibid.
Adjudicataire n'est tenu de consigner qu'aprés la procuration à luy fournie. ibid.
Adjutores Quæstoris, qui. 30
Ad libellam, quid. 167
Admiral de France, & sa charge. 221
Admiraux de Guyenne & de Bretagne, & du general des Galeres de Provence. ibid.
Advis de S. Bernard, & de Petrus Blesensis, sur les ornemens Du Droit des Offices.

Pontificaux que portoient les Abbez de leurs temps. 318
Advis touchant les sceaux de justice. 110
Advis de remede à la vente des Offices. 201
Advis touchant les Juges des Seigneurs, & utilité d'iceluy. 291
Advis d'un fonds de deniers pour l'entretien des Ministres convertis, & son utilité. 141
Advis touchant les seellez. 115
Advocats & Procureurs du Roy des Bailliages & Prevôtez sont Magistrats. 38
Advocats mis entre les milices. 5
Advocats reduits en forme de milices. 50
Advocats ne sont examinez, & pourquoy. 24
Advocati ipsi étoient anciennement pris du nombre des Advocats simples. 256
Advocats avoient gages. 50
Advocats Docteurs aprés dix ans ne sont examinez. 25
Advocats ne prenoient anciennement rien des parties. 50
pourquoy. ibid.
Advocats & Procureurs fiscaux, où doivent estre reçus. 291
Affranchis incapables des Magistrats. 7
Affranchy n'avoit droit de Tribu, qu'il ne fust enrollé par le Censeur. ibid.
Alexandre Severe donne à regret gages aux assesseurs. 24
Alienation du domaine par bien-fait. 108
Alienations des Greffes, comment doivent être limitées. 106
Alienations à faculté de rachapt, si ce sont simple engagemens. ibid.
Amasis Roy des Ægyptiens fit la statuë d'un Dieu de son urinal, adoré de ses sujets, & à quel dessein. 43
Ambition de nostre âge. 152
Ambitus unde. 153
Amende pecuniaire du delit, appellée foris factum. 78
Amende honorable, celle qui se fait envers Justice. 82
Amende pecuniaire ne rend pas infame, s'il n'y a declaration de conviction de crime. ibid.
Amende honorable inconnuë aux Romains, rend infame. 82. d'où elle est dite. ibid.
Amende contre les Juges, ne recevant l'appel. 94
Amende pecuniaire, sans malversation. 58
Amende pourquoy imposée au Seigneur, & non au juge. ibid. Absurdité de cette vieille pratique. ibid.
de l'Amende imposée par le Legat, on en pouvoit appeller devant le Proconsul. 30
Ampliation és Offices hereditaires par privileges. 165
Anciens advocats Comtes. 50
Anciennement il n'y avoit point de condamnation de dépens. 49
Ancienne hypotheque s'acquiert sans stipulation d'hypotheque, 197. n'en est besoin pour acquerir l'ancien privilege personnel. ibid.
Ancien exemple de Greffe hereditaire, 108. mais il faut seulement paction avec le debiteur. ibid.
Ancienne pratique que les gages ne courent qu'aprés la reception. 58
Ancien arrest de Paris. 66
Ancien ordre d'opiner au Senat Romain, selon l'âge, ou selon les dignitez, finalement à la discretion de celuy qui présidoit. 45
Audragathie, & Patragathie, qu'est-ce.
Anglois changerent l'election en collation, & quand. 17
Année du mary commence au temps du mariage, celle d'un beneficier, au commencement ordinaire de l'année. 55
Annona publica, -outes sortes d'œuvres donnez au public. 6
Annonæ civiles, civica, vel populares, quid. ibid.
Annonæ militares, pain de munition. ibid.
Annonæ Palatinæ, bouche à Cour. ibid.
Annonæ pro stipendiis, ibid.
Annate des Archidiactres, qu'est-ce. 54
Année, comment se partage entre le successeur au benefice, & les heritiers du defunt, & quand on commence cette année. 55
Annulus signatorius vel sigillatitius, quid. 109
An contractus sit judicandus ab eo quod prævalet, & resolution de cette question. 297
Ante mandatum jurisdictionem legatus nihil proprium habet, interpreté. 21
Ancienne superiorité est considerable, en matiere de simple honneur. 48
belle Antiquité. 116
à qui on laissoit les Annonæ militares & palatinæ. 5

T 1

Table

Antichreses que c'est 107. reprouvées en France, dit du Moulin. *ibid.*
Appariteurs, ou executeurs Sergens de la justice Ecclesiastique. 320
An accusé appellare à privato. 315
l'Appel du Legat du Proconful, où ressortissoit. 31
Appellations empechées en France par les Ducs & Comtes 94
en l'Appel on se plaint de l'iniquité de la Sentence, en la plainte on arguoit la faute du Juge. 90
Appel ressortissoit devant le Roy, ou son Maire du Palais. *ibid.*
l'Appel du mandataire de jurisdiction, & du simple juge delegué où ressortissoit. 31
Appel du simple Juge delegué se relevoit devant celui qui l'avoit commis. *ibid.*
Appellations empechées par les Juges, 93. établis en droit commun par Constantin. *ibid.*
Application de puissance public à l'office, ne se peut conceder que par les Juges superieurs. 12
Appennage est plus favorable, que l'engagement. 273
Appennagé transfere les droits honorifiques, mais l'engagement non. *ibid.*
Appennagé jouït du titre de la Seigneurie, jouït des droits d'icelle, *ibid.* mais non l'achepteur a faculté de rachapt.*ibid.*
Appennagé a la nomination des offices. *ibid.*
Appennagé est vray Seigneur. *ibid.*
Appennagé cherche les actes feodaux, & non l'achepteur à faculté de rachapt. 274
Apersie & resignare testamentum duo sunt. 67
Apprecier la simple procuration deleguée, & non par l'office tout expedié, au rapport des offices hereditaires par privilege. 136
Apprehension corporelle est necessaire pour acquerir la vraye possession des offices. 12
Approbation publique de vertu, cause noblesse. *ibid.*
Approbation des beneficiers en la primitive Eglise, & comment elle se faisoit. 14
Apud acta, sive apud officium quid. 219
Archomanie, fureur d'offices. 110
Archive public.
Argent qui se payoit aux heritiers d'une milice Romaine. 134
faut appeller Argentiers, ceux qui manient le revenu des grands Seigneurs. 271
Argentarij dicebantur Romæ, qui pecunias singulorum administrabant. ibid.
Argument de la resignation des benefices à celles des offices d'ordinaire imperrinent, & pourquoy. 69
Ἀρχεῖον maison d'office, ou magistrature. 15
Arma sicra, fortuna cunctorum est. 121
Arrests des Cours souveraines sont souvent rettactez. 89
Arrest du tiers en ascendant. 148
Arrest, touchant l'opposition formée avant le payement de prix. 178
Arrest a lieu és offices. 181. & comment. *ibid.*
Arrest notable. 80
Arrest de Bordeaux. 77
de l'Arrest du revenu des offices. 256
Arrest de Favier. 144. réponse notable à icelui. 245
Arrest de Tholose contredit. 80
Arrest notable du Conseil d'Etat, & ce qu'il faut sçavoir. 57
Arrests qui deffendent de prendre taxe, & des assignations extraordinaires, comment doivent estre entendus. 52
Arrest pour la noblesse des Conseillers de la Cour. 57
Arrests prohibitifs de faire les offices hereditaires. 103
Arcopagites opinoient en secret, & pourquoy. 45
aux Assemblées de Rome, quel étoit l'ordre des suffrages. *ibid.*
és Assemblées generales, le premier Officier de la Justice preside. 324
Asseurs avoient gages, mais ne prenoient rien des parties. 10
Asseurs choisis en l'Etat Romain, par les Gouverneurs des Provinces. 30
Assises des Baillifs & Senéchaux. 116
Assignation particuliere de toutes les milices à l'une des especes d'offices non-venaux. 300
Attenter à la personne d'un Officier, quel qu'il soit, c'est une branche du crime de leze-Majesté. 34
Ατμος, que signifie. 23
l'Attribution de Jurisdiction de Messieurs des Requêtes, n'a lieu qu'és procez concernant le titre des offices. 14
Auditeur des Comptes, destitué pour avoir acheté son office. 156
Auguste rettrancha tellement la parfaite liberté des Affranchis, que peu d'iceux devenoient citoyens Romains. 6
Aurum oblativum, aurum globale, seu folle quid. 155
grand Aumônier, & sa charge. 222
Authorité des Chanceliers, des Magistrats, leur charge, & comme pourveus. 116
Authorité consiste en seel. 255
Authorité notables contre la vente des offices. 253
l'Autheur divise & distingue les offices selon que plus ou moins ils tombent en commerce. 8

l'Autheur, est le premier qui a traité de la matiere des Offices. 2
l'Autheur n'allegue gueres d'arrests, & pourquoy. 100

B

Baillifs, c'est à dire, gardiens. 240
Baillifs & Senéchaux, anciennement revocables. 10
Bailli en vieil François, signifie gardien & protecteur. 3
Baillifs & Senéchaux ont tâché de faire que leurs offices fussent feodaux, & ce qui leur en est arrivé. 104
Baillif du Palais confere les bancs des Procureurs sous l'authorité du Roy, & non de sa propre personne. 114
Baillifs & Senéchaux doivent resider en leur Province, à peine de privation de leur office. 32
Baillifs & Senéchaux, Magistrats. 38
Baillifs doivent comparoition au Parlement, & pourquoy. 92
Baillifs & Senéchaux de France, autrefois étrangers. 89
Baillifs commettoient anciennement leurs Lieutenans & Sergens. 17
Baillifs destituoient anciennement leurs Lieutenans. 10
Baillifs & Senéchaux au territoire de ressort, ne doivent entreprendre que les cas de ressort. 39
Baillifs & Senéchaux au lieu des *Missi dominici,* 36. gardent leur même pouvoir. *ibid.*
Baillif du Palais, anciennement concierge d'icelui. 114
Baillifs & Senéchaux, autrefois simples Commissaires, 137. Capitaines mis en leurs places. *ibid.*
Baillifs, pourquoy se qualifient Capitaines & Gouverneurs. 238
Bail à ferme necessaire au decret des meubles corporels, mais non és corporels. 187
Bailler des Prevosts en garde, que signifie. 118
Bancs, ou loges baillés aux particuliers, à droit de superficie. 124
Bancs des Procureurs vacquent ainsi que les pures offices. *ibid.*
Bannissement rend infame. 82
Benefices après les 20 jours, & la résignation acceptée, vacquent desormais par la mort du resignataire. 72
Benefices étoient autrefois tous conferez par élection du Clergé, & du peuple. 15
Beneficium datur propter officium. 30
Beneficiers doivent residence & exercice. *ibid.*
Benefices ne tombent pas en commerce, comme les offices. 72
Beneficiers ne s'examinez, & pourquoy. 174
celuy qui jouït d'un Benefice n'en peut être depossedé par sequestre, ny autrement. 73
Benefice simple, qu'est-ce. 318
tous Benefices demeurent irrevocables. 309
Benefices peut etre saisi, mais non engagé. 263
és Benefices il n'est pas besoin de reception, & pourquoy. *ibid.*
Benefice doit avoir fonction, & revenu. 318
Benefices ne se pouvoient anciennement quitter sans excuse legitime, juste ou apparente. 270
Benefices conferez à titre de ferme. 157
Beneficium datur proprium officium, quid. 317
Benefice, que signifie. 2
Benefices, pourquoy ne sont devenus patrimoniaux comme les seigneuries. 318
Beneficier pourvû par permutation cumulée. *ibid.*
Biævens, quid. 237
Bien exercer un office, & s'y bien maintenir, dépend totalement de nostre capacité & industrie. 28
Bien ou mal ajourné, faut comparoir, comment se doit entendre. 40
Biens de la primitive Eglise, comment administrez. 317
Biens pris par execution devoient estre apportez au Greffe. 95
Blasphemia, blâme de faux jugement. 93
Bonne rencontre touchant les Commissaires rechercheurs d'Officiers. 87
Bons Princes n'ont gueres destitué d'Officiers. 20
Bon trait d'un ancien praticien sans nom, touchant les épices. 51
Bon ménage du Roy d'à-present. 84
Brave trait d'Etat, cause de la manurention & repos de ce Royaume. 9
Brevet, Brevia, Brevicula, quid. 117
Brigueurs d'offices à Rome, pourquoy déceints, & sans sayc. 153
Brigues des offices par argent en l'état populaire. *ibid.*

C

Cadis d'Orient, simples juges n'ont aucune puissance de contraindre. 57
Καλλιγραφος, celuy qui gaignoit sa vie à écrire des livres. 129
Calomniateurs à Rome n'échapoit jamais le Talion : en France il en est quitte tout au plus pour une amende honorable. 87
Cancellaris unde dicti. 116

des Matieres.

Candidatus Cæsaris qui. 333
Capitaines François anciennement uniques Magistrats. ibid.
Capitaineries, si ce sont offices. 238
Cas auquel n'est besoin de nouvelle resignation. 69
Cas esquels on plaide hors sa demeure. 140
Cas qui induisent forfaiture. 119
Cas particulier, auquel le dernier venu precede. 48
Cas Royaux doivent estre jugez au siege Royal. 275
Cas esquels l'office ne vaque point par mort. 73
Cas esquels il y a garantie és offices. 163
Cas ausquels l'examen se reitere. 24
Cas ausquels la clause sans garantie, n'exclud pas la restitution des deniers. 163
Castrensians qui. 119
Casus militia, comment appartenoient aux heritiers. 135. gens affectez pour y succeder. ibid.
Casus militia, quid. 135
Cateux de Picardie. 174
Cateux sunt immobilia caduca, dit du Moulin. ibid.
Causes des exemptions par appel. 94
Cause productrice de la noblesse. 56
Cause materielle & formelle de la noblesse. ibid.
Cause d'avoir fait hausser le prix des offices. 146
Cautelle pour resignation in favorem. 82
Cautelle pour achepter seurement offices domaniaux. 129. & ibid.
Cautelle des Gouverneurs pour empescher l'appel. 93
Cautelle d'un creancier qui a procuration d'un officier pour resigner. 258
Cautelle pour un Officier endebté. 259
Cautelle pour sauver l'office au condamné. 120
Cautelle pour estre asseuré des offices domaniaux. 133
Cautelle pour l'accusé, duquel l'on refuse la resignation. 119
Caution des comptables, par qui receuë. 25
Caution des Officiers ne sont tenuës des amendes, ny interests. 26
Caution, & sa naïfve signification. ibid.
Caution, certificateurs, s'ils doivent estre contraints avant que discuter. 25
Cautions des comptables ne sont tenuës des commissions particulieres. ibid.
Censeurs n'avoient pas jurisdiction, mais simple censure, ou correction des mœurs. 5
Censeri in Tribu, l'un des trois anciens moyens pour estre fait citoyen. 6
Censeurs distribuerent le peuple de Rome à leur fantaisie, selon les roolles qu'ils en firent. ibid.
Ceremonie fort ancienne entre les Payens, en prestant le serment. ibid.
Cerfs de Philippe de Valois. 152
Certificats de Veteran en l'Empire Romain, comment definis par Cujas.
Kinaidi, le bureau du Juge, comme il estoit fait. 126
Cesar viola doublement les loix du pais, & comment. 68
Cession simulée pour eviter les offices des villes. 258
Cession incompatible avec les Magistrats. ibid.
C'est toûjours à celuy à s'interpreter, qui a parlé obscurement. 39
grand Chambellan a pris la place de grand Chambrier, & pourquoy. 221
Chambres Royales & de Justice. 87
grand Chambrier de France, tenu toûjours par la Maison de Bourbon. 221
Chancelier premier President né du grand Conseil. 219
Chancelier, chef des Officiers. 218
Chancelier autrefois premier Secretaire, appellé Referendaire. ibid. de pouvoir. 219
Chancelier expedie seul les provisions. 21
Changeur du thresor, & sa charge.
Changement d'office, sans intermission d'exercice conserve rang. 48
Chanoinie, ce que c'est. 318
Chapitre sede vacante, ne peut changer l'Official. 420
Chapitre ne peut exercer sa justice, sede vacante. ibid.
Chappellenies, qu'est-ce. 318
l'une des grandes Charitez, c'est d'empescher les procez, ou du moins les vuider promptement. 28
Charge des Gouverneurs, comment s'estend contre les citoyens, & moyen de se pourvoir contre eux, quand ils l'excedent. 243
Charge de Maire du Palais démembrée, quand & comment. 9
la Charge des armes ne fut jamais concedée en fief aux Seigneurs, comme la Justice & les Finances, & pourquoy. 170
Charges militaires comment conferées. 144
Charges & pouvoir des Gouverneurs. 141
Charges de l'Eglise étoient autrefois putes offices. ibid
Charges des Eglises fuyes autrefois. 67
Charges militaires affectées aux bons soldats. 136
Du droit des Offices.

Charge de Juge étoit autrefois onereuse. 50
Charge des anciens Ducs & Comtes; comment partagée. 9
Charges des Decurions, devenuë onereuse. 124
Charge de desservir au spirituel ne peut estre baillée à ferme ou rente, selon les Canonistes. 24
Charges Ecclesiastiques, pourquoy appellées Benefices. 317
Charges des Maistres des Requestes. 92
Charges éclipsées des offices ne sont que commission. 239. & pourquoy n'ont accoustumé d'estre revoquées. ibid.
Chancelier de l'Université, & son pouvoir. 219
Charges rigoureuses des devolutaires. 78
Charles V. & Louys XI. se sont mal trouvez de la destitution des Officiers, & comme ils y pourveurent.
ceux que mettent les Seigneurs dans leurs Villes & Châteaux, sont plutôt concierges que Capitaines, ou Châtelains. 270
Chauffecires de la grande Chancellerie plutôt offices hereditaires que domaniaux. 195. comment hereditaires & perpetuez successivement jusques à ceux qui les tiennent aujourd'huy. ibid.
Chef-d'œuvre de Justice, de faire bien un decret, & une Sentence d'ordre. ibid.
Chevalier de loi. 57
un seul Chef d'accusation, suffisant pour condamner un Officier à tous dépens envers la partie civile. 83
Chevalier d'armes, & Chevalier de loix. 57
Chartulary, cubicularij, qui. 230
Choses qui nous appartiennent en proprieté, d'autres par usufruit. 62
Chose jugée étoit tenuë pour verité, & rarement retractée.
Chrysantus Patriarche de Constantinople, ne prenoit du bien de l'Eglise que deux pains par semaine. 317
Cinq effets de la provision de l'office. 13
Citoyen Romain noté d'ignominie par les Censeurs, pour avoir baaillé trop haut dans l'audience du Preteur. 44
si Chacun des citoyens Romains avoit part à l'Estat & Souveraineté. 94
Clarissimi, epithete des Conseillers de Parlement. ibid.
Alarm annuiam, qui servoit de clef & de seau tout ensemble. 109
Clauses inserées d'ordinaires aux lettres de Justice, qui ne le sont pas aux lettres de commandement. ibid.
Clause, *cum ingenij*, inserées aux provisions des Gouverneurs Romains, sous les Empereurs. 96
Clause antefertis differente de la clause appellée *gratificationis*. 13
Clause, *Tant qu'il nous plaira*, interpretée. 19
Clause, *Car tel est nostre plaisir*, ne convient qu'à souverain, & sa propre interpretation. 108
Clause, *Car tel est adres pianese*, n'appartient qu'au Roy. 283
Clause, *S'il vous appert*, interpretée. 18
Clause des revocations, & s'il les faut signifier. 248
Clause des 40. jours és offices à lieu aux offices de judicature. 71
la Clause, *Tant qu'il vous plaira*; pourquoy laissée encore és lettres. 19
Clauses des Regrées, Ingrés, & Accés, ce que c'est. 76
Clause, *Tant que suffire doive*. 18
Clause, *en faveur d'un tel, & non autrement*, interpretée. 69
Clause deffaillant, quand elle commence à operer. ibid.
Clauses des resignations *in favorem* és benefices. ibid. celles des offices. 271
Clerc signifie trois choses. 19
Clercs *amanuenses*, quels. 187. & 188
Clercs des Greffes & Notaires devenus maistres. 118
Clercs de Greffe reünis au Greffe. ibid.
Clergé, comment doit contribuer aux necessitez de l'Estat. 137
Clergies écritures, qu'est-ce. 105
Codicilli officiorum, quid. 18
plusieurs Collateurs d'un même benefice. 16
Collateur ne voulant admettre la resignation, l'achepteur de la procuration peut repeter le prix. 215
Collateur est muny de la puissance publique, ainsi qu'un officier au fait de sa charge.
Collateur ne peut estre garant des estats non vendus. 142
Collations ne se peuvent impugner que par maintenuë de faux. 70
Collation des prelatures, entreprises par les Papes. 212
Collation du droit, sur quoy fondée, & pourquoy introduite.
Collation des ordres peut estre deleguée seulement à un Evesque. 177
Collecte des tailles, charge honorable à Rome, en France elle est sordide. 69
Collegiati, chargez de pourvoir aux incendies. 327
Combien valoient les parties casuelles sous le feu Roy. 158
Comites Consistoriani, autrement Magistri scriniorum; que nous disons Secretaires d'Estat. 218
Commandement appartenant au Magistrat Romain en proprieté, en France par exercice seulement. 96
Commandemens militaires, & jusques où il s'étendoit. 33

Tt ij

Table

Commandement du Magistrat Romain, en quoy consistoit proprement. 37
deux sortes de Commandement au droit Romain. 36
Commandement de residence affirmatif, celuy de l'exercice negatif. 28
Commandement de deux sortes, l'un de la Justice, l'autre de la force. 31
Comment celuy qui a payé le creancier privilegié entre en son privilege, plusieurs opinions sur ce sujet. 195
Comment on se peut pourvoir contre le Seigneur qui refuse admettre la resignation de l'office vendu. 299
Commis de M. le Chancelier, tenant registre des arrests. 182
Commise, quand a lieu. 78
Commise n'est pratiquée à la rigueur, encore qu'il y en ait stipulation expresse au bail emphyteotique. 79
Commissaire peut empescher l'officier saisi en son exercice. 187
Commissions ne sont resignables. 247
Commissaire necessaire pour l'execution d'un arrest de reception, quand il y a debat, ou empeschement. 27
Commissaire des Requestes du Palais. 245
Commissaires permanens ont titre d'honneur. 247
Commissaires nouveaux des Bailliages & Prevostez: injustice de cette invention. 52
Commission rogatoire, qu'est-ce. 40
Commissions vacquent par la mort du collateur, & non és offices. 66
Commissaires, bien qu'establis, n'exerçoient sans commission particuliere. 52
Commissaires doivent faire publier leurs lettres. 246
Commissaire doit estre étably pour realiser la saisie. 186
Commissaire des recherches ne doivent estre choisis par le partisan, ny aller par païs avec luy. 87
Commissaires bien decrets en la Nov. de Valentinian. De indulgentiis reliquorum. ibid.
Commissaire d'un office saisi, au lieu de faire un bail à ferme doit faire signifier son établissement au payeur des gages. 187. anciennement faloit discuter les autres biens, avant que saisir les offices. 188
Commissionnaire fait titulaire garde son premier rang. 246
Commissions ne donnent rang. ibid.
Commission finit par revocation, laquelle n'a effet qu'aprés estre sceuë. 248
Commission ne finit pas toujours par la mort du constituant. ibid.
Commissions de Justice, ne s'adressent qu'aux Officiers. 249
Commissions addressantes au premier Juge Royal, ne peuvent estre executées par des Conseillers Presidiaux, s'ils ne sont dénommez en l'adresse. 56
Commis des Financiers peuvent decerner des contraintes, & comment. 33
Commissions de prise de corps ne se suronnent point. 170
Commissions de finance desacoustumées. 244
Commissions excitatives & attributives de jurisdiction. 249
Commission, quand elle ne finit par la mort du Commissaire. 50
Commissionnaire pendant cinq ans est receu en mesme solemnité qu'un titulaire. 116. faut neanmoins qu'aprés les vingt jours il obtienne provision. 85
Commiltimus auriflamme de pratique. 306
Commodité de la finance provenant des offices. 152
Comparaison de l'office avec l'usufruit. 286
Comte Palatin, ou Paladin, *quid*. 330. origine de ce nom. ibid. belle Comparaison. 181
Composition n'engendre que droit à l'office. 70
Compromis, ou composition des offices doivent estre traitez en la Justice ordinaire. 14
Communauté de la primitive Eglise. 317
Communauté de gens de lettres, & Officiers d'icelle. 327
Communautez, disoit Trajan, sont dangereuses. ibid.
Conceptum jusjurandum, quid. 27
Concession d'office ne se rapporte au contrat revocable. 303
Conclusions touchant les 40. jours. 301
Concile de Latran & son decret sur l'incompatibilité. 64
Concussion, faussté, peculat, trois crimes ausquels les Officiers sont sujets. 86
le Concordat a partagé les provisions des benefices. 16
Condamnez par les Censeurs n'estoient pas vrayement infames. 83
Condamné ne peut resigner pendant les cinq ans de la contumace. 85
Condition de survivance est sous-entenduë de la reception. 75
Comes stabuli est nostre Connestable, contre Cuias. 218
Confidence de la pratique Romaine des Notaires avec la nostre. 119
Confidence des offices. 160. & 208
Confirmation comment separée de la conservation. 22
Confirmations authorisées par les Estats d'Orleans. 161
Confirmation & consecration des Evesques, Prestres, & Beneficiers. 22
Confirmations pratiquées par Louys XII. 169
Confirmation, institution & collation, qu'est-ce. 16
Confiscation jugée par contumace, n'a lieu qu'aprés cinq ans. 36
Confiscation n'est pas si facilement imposée que la forfaiture. 78
Confiscation d'un office domanial n'appartient au Seigneur. 127
Conformité de l'office & seigneurie. 101
Consecration de l'Evesque est sa vraye reception. 22
Conseil Privé connoist des differens concernans directement le titre des Officess 14
Conseil Privé n'a point de jurisdiction ordinaire. 10
Conseillers & Secretaires d'Estat, pourquoy ne sont que par commission. 331. Et ceux du Conseil des finances. ibid.
Conseillers de ville. 328
Conseillers Presidiaux permis de se faire recevoir en leur Presidial mesme, & pourquoy. 25
Conseillers de Parlement sont nobles. 85
Conseillers Presidiaux ne sont Magistrats. 56. ne peuvent faire aucune acte de Justice, s'ils n'y sont commis, ne sont Juges qu'en troupe. ibid.
Conseillers de Parlement, *Pars corporis principis*. 57
Conseillers du Conseil Privé ne sont que Commissaires. ibid.
Conseillers de la Cour ne sont Juges qu'en corps, & pourquoy. 38
Conseillers de la Grand'Chambre anciennement tous appellez Presidens, ceux des Enquestes Residens. 245
Conserver gist en art, acquerir en hazard. 17
Consideration pieuse sur l'edit de Paulet. 143
Consignations se faisoient anciennement au greffe. 123
Consignation est de l'office du Greffe, & non une commission extraordinaire. ibid.
Consignation ne doit estre faite entre les mains du Juge. ibid.
Consignations estoient mises en lieu public. 122
Consignataires doit rendre le mesme corps. 123
Consignataires & depositaires de biens de Justice, sont tenus par corps, & sans cession. ibid.
Consignation, pourquoy dite. 122
Consigner en Cour, ou en Justice. ibid.
Constitutions de Valentinian, pour regler le rang de toutes les dignitez Romaines, perduë. 50
Contrats passez hors le territoire ne sont nuls à l'égard des contractans, ny de leurs heritiers. 41
quels Contrats sont perpetuels, ou quels revocables. 302
Contrats n'estoient enregistrez. 187
Contrats passez hors le Royaume, comme le Juge s'y doit conduire. 41
Contrats fait hors le territoire des Notaires sont nuls. 40
Contrats ont force par tout, & pourquoy. 41. mais ils n'ont par tout execution, & pourquoy. ibid.
Contre l'Ordonnance de Roussillon. 99
anciennement les Contrats s'écrivoient trois fois. 119
Contrarieté entre Platon & Aristote. 19
Controleur general des finances. 220
Controleur du Tresor & sa charge. 219
Convaincu de crime est infame. 82
Couronne de France n'est pas purement hereditaire, ny par testamant, ny mesme *ab intestat*, mais est deferée par la loy du Royaume. 101
Corps & Officiers ostez aux villes rebelles. 168
Cours souveraines peuvent seules faire des retentums & modifications. 201
Cours souveraines, quand elles commettent, c'est plutost un renvoy d'un autre siege pour le soupçon de l'ordinaire, que commission. 38
Cour souveraine fait parler le Roy en ses arrests, & vie de son authorité en fait de Justice. ibid.
aux Cours souveraines on ne veut plus ouïr parler de benefices manuels, & revocables, *ad nutum*. 317
la Cour a souvent derogé aux 40. jours, pour les offices domaniaux. ibid.
Cours souveraines sont presumées *habere omnia cura in scrinio pectoris*. 89
la Cour seule peut dispenser de l'infamie meritée. 82
Cours souveraines, comment se gouvernent entre les Officiers delinquans. 80
Coustume tournée en droit, courtoisie, ou obligation. 103
Coustumes des Seigneurs gracieux, & des rudes. 296
Coustumes, pourquoy signifient menus droits. 324
Creancier privilegié n'est point preferable, quand un office est vendu par deconfiture. 259
Creancier privilegié faisoit seul vendre les milices à Rome. 188
Creanciers privilegiez *ratione administrationis* marchent aprés le fisque. 192
les autres Creanciers marchent ensemble concurremment. ibid.
Creancier privilegié peut contraindre un Officier de judicature, de fournir sa procuration. 157
Creancier n'est tenu ceder ses droits à un tiers. 158
Creanciers privilegiez sont preferables sur le prix de l'office. 191
Creancier s'il peut retirer les deniers payez pour la Paulette. 146
Creancier hypothequaire vient en contribution sur l'office plutost que le privilegié, & pourquoy. 192

des Matieres.

Criminel, quand perd la faculté de resigner. 79
Crimes qui font vaquer le benefice *ipso jure*. ibid.
Criminel qui perd en un chef, paye tous les dépens. 88
Cujas refuté par Faber. 30
Cujas contredit. 134
Curator, *sive magister bonorum, quis*. 187
Curez, pasteurs immediats. 318
Curialis fortuna. 313
Curia quid, & unde. 322
Curiales, & decuriones, qui. ibid.
Curia, tradi, seu curiales fieri. 323

D

Debat de la preseance entre les Conseillers de la grand'-Chambre, & les Presidens des Enquestes. 245
Decimes du Roy, quand faites ordinaires. 137
Decimes comment sont renouvellées. 138
Decime Saladine. 137
Decimes des Papes abolies. ibid.
Deconfiture, qu'est-ce. 177
aux Decrets des offices il faut observer les formalitez requises aux decrets, tant que faire se peut. 249. saisie des offices se fait à deux fins. ibid.
Decrets des offices domaniaux, on y doit observer mesmes solemnitez qu'és offices à vie. 129
Decurions abolis en l'Empire. 323
Deesse Pitarchie épouse de Jupiter sauveur, & mere de Felicité. 39
On ne dedame point. 47
Definitions sont hazardeuses en droit, & pourquoy. 1
Defendu de rire dans le Senat des Areopagites. 43
Definition de dignité. 7
Definition de l'Office. ibid.
Definition de Goveau. ibid.
Definition de Callistrate renversée. 8
Defaut donné contre un simple intimé n'emporte aucun profit, & pourquoy. 93
Defendu au droit d'exalter les officiers des villes par dessus ceux de la justice. 315
Definition de l'honneur par Callistrate. 235
Degradation entre les Romains, ce que c'estoit. ibid.
Delegations d'où elles procederent. 31. comment furent retranchées, & defendues par le droit du Code. ibid.
comment s'entend que *Duirgatus major est ordinario*. 247
Demembrement ou autre surcharge d'offices achetez, comment se doit faire. 162
Demision, ce que c'est. 68
Demision s'entend de tout droit pour le regard de l'étranger. 77
Demision faite au survivant. ibid.
Deniers remboursez pour une simple dignité non profitable, ne se rapportent point. 247
Deniers communs de deux sortes. 314
Denonciateur homme de paille, aposté, sans qualité ny moyens. 88
Denonciation du droit Romain, sur laquelle nous avons inventé nos arrests. 46
Dernier receu en un office, bien que de plus ancienne election, premier supprimé, & pourquoy. 64
Description des Offices. 171
Deshonneur provenant de l'interdiction. 87
Desiderium, quid. 15
Designare & resignare ad officia pertinet. 67
Designatio, quid. 18
De la forme de la destitution. 304
Destitution d'Officiers tombe sur les plus gens de bien. 305
Destitution pratiquée par les Romains aux offices, aux Sacerdoces, & aux Ordres. 302
en fait de la Destitution le titre remuneratoire & l'onereux sont égaux. 310
Destitution injurieuse ne peut estre changée en autre. 315
la moindre particularité empesche la Destitution. 310
contre la Destitution, s'il se faut pourvoir par appel. 315
Destitution injurieuse, reprouvée. ibid.
Destitution appellée décharge, & pourquoy. 10
Devolus plus frequens que les forfaitures, & de plus grande étenduë. 79
Devolut peut estre obtenu avant l'incapacité jugée. ibid.
Devolut de trois sortes. ibid.
Devolut des benefices plus commun que la forfaiture des offices. ibid.
Devolut, quel rapport à la forfaiture. ibid.
Deux marques essentielles de commissions se retrouvent és gouvernemens. 80
Deux parties aux offices, la seigneurie, & l'exercice. 80
Deux sortes de simples offices feodaux. 100
Deux sortes de milice & leur division. 4. & 5
Deux marques qui distinguent les commissions d'avec les offices. 244
Deux sortes d'offices en France. ibid.
Deux parties des charges Ecclesiastiques, l'office, & le benefice. 317
Deux sortes d'infamie, de droit, & de fait. 81

Deux offices de Judicature incompatibles. 53
Diffamé par renommée est incapable d'office. 23
Difference de l'office avec le mandataire. 103
Difference entre l'amende & la satisfaction honorable. ibid.
Differentia inter curationem & magistratus extraordinarios. 241
Difference d'entre l'imputation de la legitime, & le rapport. 243
Difference de deux sortes de milice. 215
Difference entre l'engagement & la vente à faculté de rachapt. 105
Difference des offices domaniaux avec les hereditaires, qu'elle. 133
Difference specifique. ibid.
Difference entre les milices & offices hereditaires par privileges. 134
Difference de l'Office & de l'usufruit. 172
grande Difference *inter eum cui mandata erat jurisdictio & judicem datum*. 7
Difference entre lettres patentes, ou choses du sceau, ou de cachet. 18
Different notables à Athenes sur la difference de l'Office & de la commission. 353. le mesme entre Lysigon & la Groucche. ibid.
Difference entre facteur, Procureur domestique, & Clerc. 116
Difference entre la nomination des offices de domaine alien, & celles des patrons aux benefices. 161
Dignité est une qualité qui rehausse la personne par dessus la liberté. 2
Dignitez non venales, ne sont sujettes à rapport. 311
Dignitas oris, quid. 14
Dignité d'Empereur venduë. 154
Diligence & discussion sont deux. 25
Δικαιοσύνη, quid. 51
Difference entre les services du passé & de l'advenir. 184
Differentia sui haeredis & extranei. 112
Difference de l'Officier avec le serviteur. 304
Difference de l'Office d'avec le precaire. ibid.
Difference entre les provisions des offices, & benefices. 15
Difference entre l'Emphyteose perpetuelle & le bail à cens. 190
Difference entre la dignité & la condition. 7
Difference des offices, & des tentes constituées. 250
Difference des Tesseres, Millies & Annonaires. 6
Difference de l'election & postulation. 16
Difference des offices & benefices. 54
Difference des offices & des fiefs. 172
Difference de la suite d'hypotheque & celle de saisie ou execution. 177
Difference entre les pures provisions & les retenuës ou reserves. 13
Difference entre l'exilé & le privé d'office à temps. 84
Difference entre l'usufruit, & l'office. 14
Difference notable entre les 20. jours des benefices, & les 40. offices. 72
Double difference entre les offices, & benefices. 71
Difference entre les Officiers de la justice laye, & Ecclesiastique. 100
Difficulté resultant de l'Edit de Paulet. 144
Difference de l'appel & de la plainte. 91
Difference entre la survivance, & la retenuë de l'office. 75
Difference entre nobles & privilegiez. 59
Difference entre l'office commun à deux, & celuy de la communauté. 103
Difference du cas de déconfiture avec le cas de simple execution. 193
Difference entre Magistrats de commandement, officiers mediocres, & officiers ministres, quelle. 34
Difference entre les collations du droit, & nos rapports. 212
Difference des contrats passez sous le seel Royal, ou authentique. 41
Difference *inter officium, & beneficium, & ministerium*. ibid.
Difference d'entre les receveurs des decimes, & les offices des Princes. 140
Differentia inter potestatem & imperium. 36
Diplomata provisions d'offices. 18. & 171
Difficulté resultant des termes de l'Edit de Paulet. 144
la Discontinuation fait perdre le rang, & pourquoy. 47
Discours de la puissance maritale, & quelle elle est en France. 686
Discours notable des alienations à faculté de rachapt. 106
Discution pour le fidejusseur avoit lieu au fisque, avant le Nov. 4. & ce qui s'en ensuit à present. 29
Discution au profit du tiers acquereur avoit lieu contre le fisque avant la Nov. 4. ibid.
Dispense des 40. jours aux offices & non pas des 10. jours aux benefices. 68
Dispense de l'âge, quand octroyée. 23
la Disposition des offices dépend principalement du collateur. 229
Disposition libre de l'office revient au resignant en survivance receüe, comme en la simple survivance. 79
Distinction de la residence avec l'exercice personnel. 28

Tt iij

Table

Distinction de ce mot d'office en moral, divin & public. 4
Distinction de *nom* & *honor*, selon Califtrate. 7
Distinction des benefices simples, & des sujets à residence, ou qui ont charge d'ame. 8
Distinction de l'office, fief, & seigneurie. 100
Distinction des libertez, & des privileges. 55
Distinction des ventes du domaine, & des engagemens. 108
Distinction des offices venaux avec les hereditaires. 159
Distinction portée par l'Edit de Paulet, n'estoit raisonnable. 145 remede qui leve l'ambiguité ibid.
Distinction des offices venaux d'avec les non venaux malaisé. 160
Distinction quand le presteur a baillé son argent à l'ancien creancier, il n'est subrogé à son droit sans cession d'actions. 196
Distribution des deniers d'un office domanial vendu par decret, comme se doit faire. 129
Division generale des milices ou offices militaires. 215
Division generale des benefices. 318
Division generale des alienations du domaine. 108
Division & division n'ont lieu aux cautions & certificateurs judiciaires, & pourquoy. 25
Division de l'office selon Califtrate. 7
Division des charges militaires. 237
la premiere Division qui fut faite des habitans de Rome par Romulus, fut en trois nations. 6
Division politique des offices. 1
Division de l'office en sa plus generale signification. ibid.
Docteurs furent les premiers à Rome assujettis à l'examen. 18
Dommage qui provient de l'interdiction d'un officier avant sa condamnation. 87
Domaine baillé aux filles n'est à present qu'un engagement. 264
Domestici, sive protectores domestici, qui. 229
Domestiques de l'Empereur, pourquoy ne s'appelloient-ils pas Officiers. 5
Domestiques des gouverneurs mis entre les milices. ibid.
Domestiques du Roy, pourquoy nommez commensaux. 25
Domestiques des Seigneurs, comment doivent être qualifiez. 271
Domestiques de l'Empereur se qualifierent du nom de gendarmes. 7. esclaves affranchis. ibid.
les Domiciliez de Rome avoient droit de triba sans l'achepter. 6
Domestiques d'autre que du Roy, ne doivent être Officiers publics. 131
Dominorum suffragium, quid. 154
Donations remuneratoires ne sont revocables. 311
Donations d'entre le mary & la femme sont permises, par lesquelles le donataire n'est point appauvry. 199
Donation assistée de la tradition de l'instrument d'achapt equipole à la tradition actuelle de la chose. 149
Donation nuë & sans tradition ne produisoit point d'action avant le temps de Justinian. ibid.
Donation ne vaut rien si elle n'est acceptée par le donataire, & la resignation des offices & benefices ne subsiste qu'aprés l'acceptation. 72
Donateur n'est tenu de l'eviction. 313
les Données ou distributions des Empereurs au peuple de Rome, dites *Annona*. 6
Doüaire est un pur lucre que la femme prend sans cause, & sans recompense mutuelle sur le bien du mary. 264
Doüaire ne se prescrit point pendant la vie du mary. ibid.
Droit d'entrée des milices n'estoit pas baillé au collateur pour la provision, mais comme une bien-venuë du nouveau officier. 136
quel Droit appartient au fermier sur les offices, & benefices. 177
Droit des menus offices en general, & leur provision. 131
Droit des offices dépend totalement du commerce. 141
Droit de bouche à cour, & robe de livrée. 232
Droits incorporels reputez meubles en droit. 71
en pays de Droit écrit l'on appelle la partie, & on intime le Juge. 91
les Droits qui se payent pour les heritages n'approchent pas du quart denier. 167
Droit de tribut ne pouvoit être acheté qu'aux affranchis. 6
du Droit de conferer les menus offices de police. 327
le Droit des offices doit estre adapté & accommodé aux mœurs & usage journalier du peuple dont il dépend. 4. 5
Droit de confirmation du nouveau Roy. ibid.
n'est necessaire, & pourquoy se paye. ibid.
Droit acquis en l'office par la survivance receuë, semble être une nuë proprieté. 75
le Droit ne connoit que deux sortes d'estimation. 103
Droit d'entrée des Consuls de Rome. 155
Droit de citoyen Romain acheté des Empereurs. 7
Droits des offices est un sujet mal-aisé à comprendre. 1
quel Droit il faut avoir en la Seigneurie pour conferer les Offices. 276
Droit d'entrée, qui se paye aux Collegues. 155

Droits & profits domaniaux de la justice separée avec l'office de Juge. 101
Droit d'entrée aux Sacerdoces de Rome, & en ceux du Christianisme, tant és benefices, qu'és ordres Ecclesiastiques. 155
le Droit fait une perpetuelle difference de ce qui est personnel, & de ce qui est réel. 172
Droit de gistes & chevauchées. 59
Droit de Receveurs provinciaux pendant les dix ans d'extinction. 142
Droits incorporels sont compris sous les meubles ou les immeubles. 170
Droit des commissions, les lettres n'y sont necessaires, fors en justice contentieuse. 145
reception, n'y est requise, ny le serment. ibid.
Droit de la vente du domaine à faculté de rachapt, pourquoy appellée engagement. 165. & 166
Droit des anciens dots des filles de France. ibid.
Droit à la chose s'acquiert en vertu de la vente. 10
du Droit des offices des Seigneurs tels qu'ils sont à present, honneur d'iceux, & leur pouvoir. 278
Droit d'entrée que les nouveaux Decurions étoient tenus payer aux plus anciens. 45
Droit de glaive s'il est des dépendances de la Magistrature. 96
les Romains ne l'avoient point, les François ont ce droit. ibid.
Droits des Estats des decimes. 139
tous de même nature, & que le Roy a touché tous les deniers de tous. ibid.
Droit de *prima sententia dicunda* étoit donné aux mieux meritez de la Republique. 45
Droit des Doüaires de France. 264
Droit d'offices, plustot privileges, que libertez. 56
Droit d'entrée des officiers de ville. 155
Droit à l'office. 11
Droit de glaive ne fait pas le Magistrat. 37
Droit en l'office, qu'est ce. 11
Droit de glaive à qui il appartient. 36
Droit simple à l'office ne peut pas produire d'action, ny réelle, ny possessoire pour le disputer & prétendre. 12
Droit d'entrée payé par les milices. 134
quel droit a le collateur des offices. 12
Droit en la chose. ibid.
Ducs & Comtes empéchent la residence des *Missi dominici* en leurs pays, & pourquoy. 90
Ducs & Comtes se sont faits proprietaires par le moyen de l'infeodation, & quand. 270
Ducs & Comtes ont été presque souverains, comment en ont été punis. ibid.
Ducs & Comtes, autrefois officiers revocables. 10
Ducenarius, quid. 237
Durée des offices. 28

E

Ecclesia non habet territorium, interpreté. 37
Ecclesia ne signifie jamais le seul temporel, mais bien le spirituel seul, ou le spirituel & temporel ensemble. 30
Ecclesiastiques choisis de Dieu pour travailler en sa vigne. ibid.
Ecclesiastiques pourquoy ont voulu être appellez beneficiers. 317
Ecclesiastiques n'avoient anciennement que des gages. ibid.
Ex προχείρου, quid. 5
Edits faisans mention des tiers denier. 167
Edit des finances, quel. 143
Edit de la Paulette. 144
Edit de survivance annuelle. ibid.
Edits de survivances plus tolerables que l'hereditié. ibid.
Edit de l'erection des Greffes des Insinuations de l'an 1552. 118
Edit qui parle du quart denier. 167
Edit de Paulet en quel temps authorisé. 144
Edit de la suppression des grands Maitres des eaux & forests. 221
Edit de la Paulette, pourquoy autrement pratiqué qu'il n'est conceu. 145
Edit d'heredité d'offices de finances changé en celuy de survivance. 110
Edits souscrits par le Quasteur. 109
Edits des Empereurs estoient souscrits, & non seellez. ibid.
Effet de la suite de l'office contre l'acheteur. 178
Effet de la composition d'un office. 13
Effet de la resignation d'un office aprés l'absolution d'un criminel. 79
Effet different de l'office, & de la commission. 144
Effet de la dispense de quarante jours. 144
Effet de la clause *sans garantie*. 163
Effet de la reception des officiers. 12
Effet de cette clause és debtes, ou heredité venduës. 164
Effet de la survivance generale. 144
Effet de la clause, *Tant qu'il nous plaira*. 11
Effets de l'Installation. 12

des Matieres.

Effets de la provision & reception. ibid.
Effort qui se fait pour empêcher les executions de Justice, dit rebellion, & pourquoy. 35
Eglise Gallicane ses libertez, & non des privileges. 55
Election ordonnée aux Offices, & quand. 17
Election des Benefices ôtée au peuple, & pourquoy. 15
Election changée en collation és benefices uniques, puis en ceux de compagnie, & demeurée la derniere és prelatures. ibid.
les Elections des prelatures remises du temps de nos peres, par le Concile de Constance, & par la Pragmatique Sanction. 16
Election des benefices laissée au Clergé. 15
Ejuratio, seu abjuratio, quid. 67
Elections ôtées tout à fait à Tibere. 153
Election des officiers des villes de France. 324
Election meilleure que la collation. 17
Eleus responsables des deniers Royaux, & comment. 25. & autres Juges de finances. ibid.
Eleus tenus de mander le Procureur du Roy en la Justice ordinaire. 25
Eleus pourquoy ainsi nommez. 17
Emancipatio, quid. 107
unique passage au droit, qui attribuë de Emoluments aux Juges. 52
Empereurs d'où sont dits, & pourquoy falloit mourir les hommes à discretion. 39
Empereurs entrans en offices juroient. 16
Empereurs ne cachetoient que leurs missives, & non leurs Edits. 39
l'Emphyteose, le fief, & le cens, sont dits especes d'usufruit par Cujas. 286
Empire Romain proprement & veritablement le *Merum Imperium*. 38
en l'Empire Romain les Officiers n'avoient que leurs gages. 49
Enchasteler un heritage, c'est le mettre en labeur. 173
Enchere d'un office domanial, comme se paye. 139
Entre deux pourveus, le premier est preferable. 13. soit d'un même, ou de divers collateurs. ibid.
Enfans de Decurions contraints d'être Decurions. 322. étoient demy serfs. ibid.
comment se discerne l'Engagement d'avec la vente à faculté de rachapt. 107
Entreprises anciennes des Gouverneurs. 242
Enqueste de la capacité des Officiers ordonnées par Severe. 19
Enumeration des offices domaniaux, & leur origine. 105
Enumeration sommaire des offices de la Couronne. 123
Enumeration des grands Officiers, & sous qui ils sont. 127. & de leur droit. 128
Enumeration des privileges particuliers des Secretaires du Roy. 130
Episcopum solum honorem dare posse, auferre solum non posse, dit le Concile d'Hispale. 305
Epithetes ou titres d'honneur des Officiers. 46
Equité du remploy introduit par la Coûtume de Paris. 201
Equité des quarante jours. 300
Equivoque du mot *saisie*. 182
Erection des Receveurs alternatifs, & des Controlleurs des decimes. 138
rembourser la plûpart. ibid.
Erection des Receveurs generaux provinciaux des decimes. ibid.
Erection des Receveurs des deniers extraordinaires & casuels. ibid.
Erection des Receveurs generaux des finances. 119
Erreur des Canonistes. 279
Eschoites, qu'est ce. 253
Echevins sont Magistrats. 325
des Echevins, Jurats, Capitoux, Consuls, Gouverneurs ou Pairs. 323
Echevins sont plûtôt Commissaires, qu'Officiers. 326
grand Ecuyer. 129
Ecuriers d'écurie, autrement dits *au droit stratores*. 229
Ecuyer de la petite écurie couchez en l'état de la maison du Roy, ceux de la grande en l'état du Tresorier d'écurie. ibid.
Elargy à la charge de se representer toutefois & quantes, est une définitive en France en matiere criminelle. 79
Espices attribuez pour la vision du procez, & extrait, & non pour le jugement d'iceluy. 51
Espices, & autres emolumens des offices, ne peuvent être saisis. 267
Espices ne se doivent proportionner au nombre des Juges. 52
invention des Espices. 50
ceux qui n'ont point voix au procez, & qui ne rapportent, ne participent point aux Espices. 51
Espices, que c'étoit anciennement, & comment converties en or. ibid.
Espices ne sont approuvées par aucune Ordonnance. ibid.
Estats où les profits sont grands, les gages sont moindres. 53
en l'état populaire de Rome les Officiers n'avoient point de lettres. 18

les trois Estats en France d'où sont dits. 337
Estats des places, quels? 330
Estats militaires de France, ibid. inconvenient de les vendre. ibid.
Estats qui se vendent quelquefois, mais non par usage ordinaire, ne tombent en rapport. 246
le prix tombe en rapport. 247
le mot d'Estat equivoque en François. 4
Estats, aujourd'huy matiere d'Estat, ce que comprend ce mot d'Estat. ibid. & 29
Estats, pourquoy plus cher à present que jamais. 158
Establissement des parties casuelles. 158
Estimation doit être prise selon le temps du don, & non du rachapt. 106
Estimation de l'office rapportable doit être faite au temps du don. 218
Et cætera des Notaires ne se peut étendre à une clause particuliere & insolite. 119
Evêque reçoit seul son Official, & autres Officiers. 15
Evêques entreprennent de conferer seuls les benefices, & pourquoy. 15
Evêque perd son droit de conferer les Officiaux, & Doyens ruraux, s'il les a conferez a la charge de gens & rentes. 19
Evêque même son grand Vicaire, peut bien commettre un autre Evêque pour tenir les Ordres en son Evêché. ibid.
Examen de plusieurs questions. 109
Examiné au Parlement n'est plus examiné ailleurs. 25
Examen des Officiers de Justice. 24
Examen ne se reitere, mais bien l'information. ibid.
Examen se reitere, quand le dernier office requiert examen plus rigoureux. ibid.
Excuse pour éviter les offices des Villes. 327
Executeur de la haute Justice, office contre nature, toutesfois fort necessaire, & seul sans honneur. 36
Executions des Sentences des Juges extraordinaires, doivent être traittées en la Justice ordinaire. 37
Executoires pour épices ou autres taxes de Juges retrouvez. 53
Excellences des offices. 170
Excellence du commandement des Magistrats. 35
Excellent passage de Justinian, contre la vente des offices. 130
Exemple memorable de largition pour office. 263
Exemple des plaintes qui se faisoient contre les Juges hors la voye d'appel. 90
Exemples modernes des Coadjutories. 75
bel Exemple de vente licite d'office. 216
Exemptions des charges viles demeurent après la resignation de l'office. 60
Exception en l'office vendu à toute risque. 163
Exceptores, qui. 116
Exercice des offices domaniaux peut être separé & extrait de la proprieté. 29
Exhortations au Roy, à la Reyne, & à Monsieur le Chancelier. 153
l'Exercice des Officiers doit être fait en personne. 18
Exercice personnel requis aux offices, & pourquoy. ibid.
l'exercice passe à l'achepteur, & comment. 52
Exercice des offices domaniaux est separable de la proprieté. 125
Expedient moyen trouvé fornissement par l'usage entre les opinions de Platon & Aristote. 28. & 29
Expeditions ne doivent bouger du Greffe. 111
Explication de la loy 3. *Di. off. præf.* 39
Explication d'une ordonnance de Louis douzième, touchant les Clercs des Greffes, & la resolution. 116
Explication de deux Ordonnances. 125
Explication du proverbe *Amicus usque ad Aras*. 27
Explication du 160. article de l'Ordonnance de Blois. 218
Explication de la Novelle 44. & l'avis tiré d'icelle. 117. & 120
Explication de la clause, *Tant qu'il nous plaira*. ibid.
Explication des Ordonnances touchant les placets, *visa separes*, &c. 40
Explication de l'Edit 1554. 131
Explication de l'article 17. de l'ordonnance de Roussillon. 310
Explication de quelques Coustumes. 247
Explication du titre, *Ne præmia vicissuas*, &c. 29

F

Fabius Maximus louë son fils, de maintenir même à l'endroit de son pere, l'honneur dû au Magistrat. 43
Fautes des officiers plus severement punies, que celles des autres. 86
Facilité de la finance des offices. 145
Familia pro patrimonio, ac pro multitudine servorum. 171
Festa hominem, Dei beneficium fuit, destitit ss. i judicium. 305
Faulseté n'est point capitale contre une personne privée. 96
grand Fauconnier demembre du grand Veneur. 221
Faux fondement de la venalité des offices. 3
Femme separée peut conferer offices. ibid.
Femmes deboutées de preference en la deconfiture, &

Table

pourquoy. 192
Fermiers des amendes, pourquoy appellez Prevosts. 156
Ferme, que signifie. 277
Fermier du Greffe quand se peut qualifier Greffier. 125
Feudum fruitum, & feudum apertum. 136
Fief accessoire avec l'office, fors és simples fiefs. 99
Fief tombant en ligne collaterale, ou alienation racheptable du seigneur. *ibid.*
Fiefs comment devenus hereditaires & patrimoniaux. *ibid.*
Fiefs, invention des anciens François. *ibid.*
Fiefs de dignité estoient à vie, depuis faits hereditaires, & comment. 99
Fiducia, vente simulée. 106
Fiducies abolies. 107
Fiefs de dignité changez en seigneuries hereditaires. 160
Fiefs *de camera, vel de cavena.* 99. & 103
au Fief la commise a lieu pour felonnie. 78
Fiefs de rétenuë, ce que c'est. 103
Fiefs Royaux comportent titre de Chevalier. 99
Fiefs & cens devenus patrimoniaux. 309. comment cela se fait. *ibid.*
Fiefs boursiers. 103
Fiefs couverts ne sont exploitables par le Seigneur feodal. *ibid.*
le Fils doit imputer en sa legitime le prix qu'il peut gagner & retirer de la milice. 213
le Fils resignataire n'est tenu de la debte privilegiée de l'office. 120
à laquelle l'office étoit expressément hypothequé. *ibid.*
Financiers, pourquoy plutost recherchez que les autres officiers. 86
Financiers peuvent avoir des Commis, & avec quelles conditions. 33
le Fisque a son privilege personnel sur tous les biens generalement, & non pas sur une certaine chose. 193
Fisque privilegié sur l'office. 194
& ce privilege communiqué à ses assignez. 195
Fisque est le premier privilege sur un office. 243
le Seigneur de Fleury Sur-intendant des eaux & forests de France par commission. 222
plus de fols que d'estats. *ibid.*
Fondement de la suite de saisie. 177
Force sans justice n'est une vertu. 56
Forfaiture, ce que c'est. 78
Forfaiture ne doit estre obtenuë du Roy avant qu'estre jugée. *ibid.*
Forfaiture que signifie. 79
Forme d'un exploit pour la saisie d'un effet & l'effet d'iceluy. 180. ce qu'il faut faire après l'arrest. *ibid.*
Forme de la revente des offices domaniaux. 117
Forme des provisions des Seigneurs. 285
Forme & pratique de l'arrest des gages. 27
Frais pour l'obtention d'un benefice sont rapportez, contre Balde. 185
en France n'y a que de deux sortes de biens. 170
tierce espece au droit. *ibid.*
quelles sont les trois Fleurs de Lys des armoiries de France. 8
la France ne manquera jamais d'accepteurs d'offices. 64
en France, D'un bon principe mauvaise consequence. 132
en France *omnes sunt haeredes.* 113
Franchise & liberté de ne point payer la taille, & non pas un privilege & passe droit. 60
Fraudes qui se font sur l'Edit de Paulet. 149
anciennement on ne pouvoit saisir les Fruits coupez des Beneficiers. 264
Fonction des gouverneurs est extraordinaire, & leur procedure pareillement. 239
Fonction de l'office est publique, celle du fief est privée. 99

G

Gage Pretorien n'a point de lieu en France. 37
Gages des officiers ne peuvent estre saisis. 238
Gages quand cessent de courir. 55
Gages des officiers d'à-present montent quasi autant que le revenu du Royaume sous Loüis douzieme. 158
Gages s'ameublissent chacun jour. 264
Gages des officiers peuvent estre arrestez. 271
quelques exceptions sur ce sujet. *ibid.*
Gages comment se distribuënt entre plusieurs arrestans. 261
Gages à échoir sont distribuez par deconfiture, & pourquoy. 261
Gages en resignation onereuse, ou gratuite, quand ils courent. 14
Gages courent pendant la suspension doivent estre reservez à l'officier, fors en deux cas. 44
Gages n'appartiennent au resignataire en resignation gratuite, que du jour qu'il depossede son resignant par la presentation de ses lettres. 55
Gages ne sont point attribuez aux officiers à cause de leur finance. 53
Gages des offices, qui ne sont point achetez, ne courent que du jour de l'exercice commencé. 13
Gages sont les fruits naturels des offices, les salaires sont les industriaux. 54
Gages courent du jour des provisions. *ibid.*
Gages des offices de finance doivent courir du jour de la provision. 13
Gageure notable d'entre Lothaire & Azon. 95
Garantie a lieu; si le vendeur meurt dans les quarante jours. 304
s'il n'y a paction contraire. *ibid.*
ny aucuns dommages & interests. 164
Gardes des Seaux devroient estre reçus en Justice, après information de vie & mœurs. 113
Garde livre de la Chambre des Comptes. 121
Garde des Seaux convertis en offices, puis faits hereditaires. 113
Garde-note reüny à l'office de Notaire. *ibid.*
Gardien fructuaire ne peut destituer de ses officiers. 288
Gardien d'un mineur dispose des offices à sa volonté. *ibid.*
Garantie ne peut produire dommages & interests, & qu'elle. 189
le Garant fuit le garanty. 40
Garantie des offices particulieres. 162
Garantie de l'office supprimé. 165
Garantie a encore de lieu és offices, qu'és autres choses. 163
Garnison en la maison du mort. 122
Gens-d'armes distribuez par bandes & compagnies, appellez *schola.* 5
Gentils-hommes de la venerie, & fauconnerie. 159
Gentils hommes maistres d'armes, quels. *ibid.*
Gentils-hommes de la Chambre, offices honoraires. *ibid.*
Generale division des biens. 170
Generalitez d'où dites. 118
Gouverneurs ne sont astraints aux formes de Justice. 142
Gouverneur hors de sa Province peut commander & ordonner ce qui dépend de sa charge. 39
Gouverneur des villes, commissions, & non pas provisions. 258. & pourquoy y en a tant à present. *ibid.*
Gouverneurs n'ont aucuns vrais gages. 39
Gouverneurs Romains n'étoient que commissaires, & toutefois les Empereurs ne les revoquoient gueres. 306
Gouverneurs des Provinces sous les Empereurs Romains commettoient des Juges, qui n'étoient que simples Commissaires. 16
Gouverneurs se font recevoir aux Parlemens, & pourquoy. 145
Gouvernemens, s'ils sont irrevocables. 258
Gouverneurs ne se doivent mesler de la Justice, ny des finances. 141
Gouverneurs gardent les limites des Bailliages. 39
Gouverneurs n'ont puissance de vie & de mort. 242
Gouverneurs n'ont plus que la charge des armes. *ibid.*
comment le Gouverneur doit vivre avec les Eschevins. 314
pouvoir particulier des Gouverneurs de Dauphiné. 142
Grand maistre des eaux & forests dépendoit de la charge de grand Veneur. 222
Grands Estats chez le Roy étans seulement par commission. 221
Grand maistre des Arbalestriers de France, commandoit à tous les gens de pied. 222
Grand Vicariat n'est qu'une commission, & non pas une dignité. *ibid.*
Grand maistre de l'Artillerie de France, & sa charge. 219
divisé en quatre, puis en seize. *ibid.*
Grands officiers de la Maison du Roy, anciennement dits Comtes. 227
Grands officiers de la maison du Roy ont tous entrepris quelque maniere de justice, non seulement sur les menus officiers étans sous eux: mais encore sur les métiers servans à leurs charges. 223
Grands Officiers de la maison du Roy étoient anciennement sous quelqu'un des Officiers de la Couronne. 227
Grades militaires, & de leur droit. 237
Grands Offices de France ennoblissent tout à fait. 56
Grands Officiers anciennement pourveus par le Roy, par l'avis de son Conseil. 16
Grands officiers de l'Empire Romain commettoient les petits. 16
Grand Vicaire procureur de l'Evêque *in spiritualibus.* 320
les Grands contraignent l'opinion des petits. 46
Grands officiers commettent les petits des Estats populaires. 17
Grand seau de France, executoire par tout le Royaume. 110
Gratification & composition, pourquoy dites. 387
Grecs & Romains ne cognoissoient autres dignitez, que les ordres & offices. 38
Grecs n'ont point de mot propre pour signifier l'office. 3
Greffes des Cours souveraines ne sont exercez par commis, ou fermier. 125
Greffiers, Notaires & Sergens de la famille du Magistrats. 50
Greffiers ne reçoivent pas seulement les actes & expeditions, mais gardoient les papiers, & depôts de justice. 114
Greffiers appellez Notaires és vieilles Ordonnances. 118
Greffiers de la Cour honorables. 125

Greffier

des Matieres.

Greffier & Tabellion n'étoient autrefois qu'une charge. 115
Greffiers choisis par élection *ex cohorte*. ibid.
Greffiers étoient éleus au commencement. 116
Greffes qu'on avoit érigez en office avec toute difficulté, font faits enfin offices hereditaires. 106. & la raison de cette heredité. ibid.
Greffiers & Huissiers seulement aux Cours souveraines. 119
Greffiers du Chatelet sont seulement appellez *Clercs*. 152
Greffes Notariats, autrefois baillez à ferme, puis conferez en vray office à vie. ibid.
Greffiers n'avoient aucuns salaires, mais avoient gages & bouche à Cour. 50
Grosse des contrats. 117
Greffiers, comment sont tenus des consignations. 123
sur les Greffes hereditaires s'est enté la ruine de l'Estat. 111
Greffiers nombrez *inter munera municipalia*. 115
Greffes des Seigneurs, comment hereditaires. 106
Greffes & Notariat appartiennent aux Juges és Vicomtez. 118. & comment en ont été separez. ibid.

H

Habere legis actionem, quid? 37
pour prendre l'Habit de Damoiselles, on prenoit lettres de permission de la Reyne. 47
Haulte subite des maisons de Rome. 152
Heraults, grand Voyer, grand Arpenteur, & grand Balancier de France ne sont pas officiers de la Couronne. 225
Heredité des offices desirée. 143
Heredité d'un Royaume au profit du peuple. 101
Heredité Royale n'est une pure heredité, mais une succession generale. 48
Hereditez parfaites, quelles. 132
Heredité des milices Romaines, en quoy consistoit. 134
en tous Hereditages est dû quelque argent és mutations, même és benefices. 167
en matiere d'Heritages on n'approuve pas la complainte d'un vassal, d'un censier, d'un emphyteote contre son Seigneur direct. 14
Heritiers presomptifs ne craignent gueres d'expiler une succession, pource que rarement les Cours souveraines les declarent pour ce sujet heritiers simples. 112
Heritier beneficiaire peut conferer les offices. 181
Heritier par benefice d'inventaire n'est point du rang des simples administrateurs. 311
Histoire notable. 132
Hommage n'empêche la souveraineté. 270
chaque Honnête-homme a son office dans les villes, comme les Moines dans les cloitres. 153
Honoraria advocatorum. 50
Honorum insignia. 18
l'Honneur est la dignité & excellence même. 41
Honneur interne procede de vertu, comme l'ombre du Soleil. ibid.
Honneur des offices de la Couronne. 214
l'Honneur, comme le crocodille, fuit ordinairement ceux qui le fuyent, & suit ceux qui le suivent. 43
Honneur externe dû au Magistrat, bien que vicieux ou d'un bas lieu. ibid.
Honneur interne dû à la vertu externe du Magistrat. ibid.
Honneur appartient aux officiers, mais le pouvoir non. ibid.
Honneur en sa perfection, appartient proprement, & pour le tout à Dieu. 41
l'Honneur qui signifie l'office est la vraye recompense de vertu. 10
Honneur interne & externe. ibid.
Honte d'imposer aux tailles un Conseiller de la Cour, aprés avoir resigné son office. 58
premier en Hypotheque est preferable sur les meubles en Normandie. 177
Hypotheque n'avoit lieu és vrais offices de Rome. ibid.
Hypotheque ne continuë aprés la resignation faite au fils. 179
Hypotheque privilegiée, ce que c'est. 193
Hypotheque des offices est impropre & debile. 176
Hypotheque n'est vraye és offices. 175
Hypotheque ne peut avoir lieu és choses incorporelles. ibid.
Hypotheque avoit lieu seulement aux milices venales. ibid. encore n'étoit-ce qu'un privilege ou action personnelle. ibid.
Hypotheque accommodée aux servitudes, & comment. ibid. puis aux debtes. ibid.
Hypotheque ne peut être sur les biens du Greffier, que du jour de la consignation. 123
Hypotheque & privilege, quid. 193
celui qui a presté pour l'achapt d'un office, s'il a stipulé Hypotheque a privilege réel. ibid.
celui qui a presté pour l'achapt d'un office n'a pas Hypotheque. 194
toutefois & quantes qu'il n'y a vraye Hypotheque, il faut venir à la contribution. 180

Du droit des Offices.

I

saint Jacques le Majeur, pourquoy ainsi. 44
Jadis les menus profits ne concouroient avec les gages. 53
Jean Comte de Dunois, tige de la Maison de Longueville, Lieutenant general pour le Roy en toutes les armées & places fortes, pouvoir qui n'a jamais été attribué à personne. 218
Jeux exhibez au peuple par les Magistrats. 155
Ignominia, quid. 81
anciennement après l'élection il faloit être admis à un benefice par une consecration & imposition des mains de l'Evêque. 12
ancien Conseiller Presidial, expedie en l'absence des Lieutenans, & pourquoy. 38
Impubere ne peut conferer offices. 185
Il est necessaire d'établir un droit & reglement certain aux offices. 2
Incapacité autre que pour le delit. 79
cas où il peut échoir vacation pour Incapacité. ibid.
Incapacitez plus frequentes aux benefices qu'aux offices. ibid.
Incident se traite au lieu où est pendant le procez principal. 40
Incommodité de l'office non resignable. 186
Incompatibilité arrive rarement aux offices de finance. 65
Incompatibilité n'induit pas vacation absoluë. ibid.
Inconvenient provenant de la vente des minutes des Notaires. 121
Inconvenient des survivances évité par l'Edit de Paulet. 144
Inconvenient faute du seellé. 112
Inconveniens des survivances. 143
Inconvenient de la venalité des offices. 153
Inconvenient de vendre les Gouvernemens. 215
Inconvenient de rechercher les Juges. 86
Inconvenient du serment *in litem*. 112
Inconveniens de s'assujetir à bailler procuration pour la Paulette. 146
Inconvenient de l'Edit de Paulet. 145
Inconvenient plus grand à rembourser le resignataire que l'achepteur. 161
Inconveniens provenans du defaut de registre, & advis pour y obvier. 119
Inconvenient advenu en France pour avoir suivi la decision Romaine. 94
Inconvenient si les offices vaquoient par la mort du Collateur. 65
Inconvenient survenu en France pour avoir toleré d'exercer la justice par commission. 32
Inconvenient de la vente des menus offices, remede unique contre iceux. 252
Inconvenient de la multitude d'officiers. 159
Indoles, quid. 24
Induction de l'Empire. 138
Induit donné au Parlement de Paris, & pourquoy. 16
Infamie encouruë par la nature de l'action. ibid.
Infamie contractée, *ex genere pæna*. ibid.
Infamie n'est point encouruë par un procez put civil. ibid.
Infamie de fait empêche le droit des offices, mais ne prive l'officier receu. 92
Infamie formellement contraire à l'honneur & dignité. ibid.
Infamie resulte de ce mot *Amende honorable*, où il n'est point, se font satisfactions d'honneur. 118
Infame est incapable d'office, & pourquoy. 81
Infamie de fait empêche la reception. ibid.
comment la vraye Infamie est encouruë, tant au droit Romain qu'en France. 81
Information de vie & mœurs ne fait pas preuve assurée d'un homme de bien. 250
Information de mœurs, comment se fait. 25
Iniquité des gardiens de biens, que les Sergens établissent. 123
In manto, non idem, sed tantumdem reddi debet. 111
Inquisition d'Espagne, pourquoy dite. 12
Inquisition de vie & mœurs se faisoit à Athenes, avant que de recevoir un Magistrat. 19
Inquisition des officiers se fait de mœurs, d'âge, & de capacité à deux fois. ibid.
Inquisition d'office, qu'est-ce. 12
Insinuation des contrats devoit estre faite en pleine audience. 116
Insinuation des donations. 117
Installation signifie seance honorable de l'officier. 45
Installation de l'officier, comment doit estre faite. ibid.
Installation des officiers, qu'est-ce. 12
Institution d'un office, à qui appartient. 411
Institution ou provision ne peut être transferée par le Seigneur. ibid.
Instruction morale aux officiers. 28
Instruction aux Juges. ibid.
Intelligence remarquable de l'Arrest de la Proustiere. 216
Intelligence de la loy *Cum hereditas*, & son effet és of-

Table

fices vendus. 183
vraye intelligence de ce brocard du droit Canon, Que le resignataire tient son droit du collateur, & non du resignant. 45
Intendans des Princes, autrefois nommez Chanceliers. 119
Intendans des finances, & leur charge. 220
Intimer la partie perfunctoirement. 93
l'Intention & le projet de l'Autheur, est de traiter du droit des offices purement en Iurisconsulte. 2
Interdiction tolerable, quand les offices étoient donnez gratuitement. 87
Interpretation de l'Authentique, Hodie, De judiciis. ibid.
Intermediais de gages se rétablissent par lettres. 53
Interpretation de la clause des commissions des tailles, exempts & non exempts, privilegiez & non privilegiez. 19
Interpretation du 94. article de la Coustume de Paris. 172. & 178
Interpretation de ces mots, Omni semper & soli. 8
Interpretation de l'article 95. de la Coustume de Paris. 172
Interpretation du serment que les Iuges tout à present. 27
Interpretation benigne de l'edit de Paulet. 145
Interpretes, se nostre, divisores, qui. 153
Intimez quelquefois condamnez à l'amende, & pourquoy. 113
Intimé est dit à Thoulouse l'appellé. 92
Invention des offices feodaux. 98
Invention de l'appel. 93
Invention des epices, 50. leur origine, 52. premiere ouverture à Rome d'achepter la Iustice. 50
vraye cause de l'Invention des Gouverneurs. 240
Invention des offices hereditaires par privilege. 99. & 132
Invention des offices domaniaux. 101
Invention des commissions. 160
Invention des appanages. 265
Invention des Seigneuries. 8
Invention des Commendes. 245
Iouissance de l'officier pendant cinq ans, non revocable. 62
Ipousipana, quid. 115
Ipsa est, quid. 113
Iudicature separé du gouvernement en France. 24
Iudices quæstionis, qui. 36
Iudicium fiduciæ, quid. 107
Iugement de l'Empereur Henry quatriéme, fut une gageure. 93
Notaires mettent que les parties sont comparues comme un Iugement, & pourquoy 119
Iules Cesar pratiqua le premier la resignation. 68
Iuges pedanées establis en chaque siege de Province par l'Empereur Zenon. 52
Iuges deleguez, seuls tenus de l'imprudence, non les Magistrats. 89
le Iuge, & non le seel Royal fait le mandement. 41
Iuges peuvent prendre taxe des vacations extraordinaires. 52
Iuge peut permettre executer le contract authentique. 41
Iuges appellez defensores civitatum. 116
Iuges condamnez à l'amende, & pourquoy. 92
Iuge faire la clause sienne, expliqué par Cujas. 89
Iuges pedanées erigez en office. 31
Iuge non Royal, ne peut declarer l'Office Royal vaquant. 80
Iuges ne doivent estre garans de leurs sentences. 89
Iuges ne sont point tenus de l'insolvabilité d'un comptable. 25
Iuge peut estre recherché, & pourquoy. ibid.
en quel cas autre que luy ne peut intimé. ibid.
Iuges ne jurent en France qu'à leur reception. ibid.
Iuges des Seigneurs non receus en justice, tous actes qu'ils font nuls, même faux. 192
Iuges des cas Royaux en pays d'appannage, comment s'appelloient 274
Iuges, quand sont responsables en France. 25
Iuges des Seigneurs sont Magistrats. 38
Iuges sont examinez en France sur le droit Romain, & pourquoy. 24
Iuges extraordinaires ne doivent faire les decrets. 38
Iuges sont examinez sur le droit & la pratique. 24
Iuges des Seigneurs ne sont pas comme des Iuges pedanées. 107
Iuges peut faire arrester un Sergent qui distrait ses sujets, & le condamner à l'amende. 38
Iuge non Royal ne peut declarer le condamné à resigner un office Royal, mais seulement incapable de tous offices. 80
Iuges des Seigneurs doivent estre graduez, & réponse aux raisons contraires. 192
Iuge pourquoy intimé, & la partie appellée. 92
Iuge simple, non Magistrat, rendoit sa sentence par forme d'avis, 38. n'avoir pouvoir de prononcer seulement, ny d'executer ses Sentences. ibid.
Iuges Romains juroient en chacune cause. 26
Iuge ordinaire pouvoit seul prononcer, do, dico addico, & faire les actes legitimes, & pourquoy. 37
Iuges receus à rembourcer les nouveaux commissaires. 52

sept Iuges pedanées establis dans Constantinople en siege d'office par l'Empereur Iustinian. 52
Iuges des Seigneurs des Villes closes, sont vrais Magistrats. 173. ne sont point commis, mais officiers par foy. ibid.
Iuges ordinaires sont Iuges des lieux, & du territoire. 37
Iuges de courte robe, examinez sur la pratique & ordonnance. 24
Iuges prennent maintenant salaires des heures d'audience & de conseil. 51
Iuges extraordinaires de France ne sont tous Magistrats, mais seulement les ordinaires. 37
Iuge pourquoy condamné à l'amende. 54
Iuges adstraints par les Ordonnances d'écrire leur taxe sur chacun acte. ibid.
Iuges n'osent prononcer ces mots sans notte d'infamie. 82
Iuges de France, ne prenoient anciennement rien des parties. 51
Iuges de France ont pour la plusparts entré en leurs offices par un parjure solennel. 27
Iusjurandum corporale, quid. 27
Ius quæsitum revocabile, jus quærendum revocabile. 13
Ius in re, Seigneurie ou proprieté en l'Office. 103
Ius aureorum annulorum, quid. 7
Ius ad prebendam, quid. 11
Ius Quiritum, droit de Tribu. 7
Iustices ordinaires & extravagantes. 17
Iustices des appanages sont exercées au nom du Roy, & de l'appanage conjointement. 273
Iustice militaire à son commandement plus libre & avantageux que celuy de la justice ordinaire. 38
Iustice la plus parfaite vertu. 56
Iustice sommaire, qu'est ce. 219
Iustice des Ecclesiastiques dite audientia, & non pas jurisdictio, & pourquoy. 37
Iustice étoit anciennement gratuite à Rome. 12
Iustice engagée s'exerce au nom du Roy seul. 1
Iustinian ordonne que tous Iuges soit pedanées, soit Magistrats, fassent le serment en chaque cause. 26

L

LAisses, ce que c'est en Angleterre. 277
Les Langues anciennes; il n'y a aucun mot pour signifier l'office. 3
comme la Langue nous est donnée pour enoncer les conceptions de nostre esprit, aussi c'est la perfection de les enoncer plus clairement. 2
L'année de la grand'peste, une peste d'Estats apparut. ibid.
Laterculum majus, quid. 106
Latini libertini, qui. 15
les Latins citoyens honoraires. 31
les Latins n'ont point de mot propre pour signifier l'Office. 3
Legats des Proconsuls, choisis par le Senat. 30
Legatus militiæ, quid. 135
Legat à latere ne peut admettre une resignation in favorem, s'il ne luy est expressement donné entre ses facultez. 68
Legati ducum & proconsulum. 30
Leges frumentariæ, quid. 6
Legis actio, quid. 37
Lettres de retenues de menus offices. 232
Lettres d'outre moitié n'a lieu ès offices. 162
Lettres de provision necessaires aux offices domaniaux, faut payer le droit de resignation. 155
exercice fait en personne. ibid.
Lettres pour l'ouverture du Parlement, & reiteration annuelle du serment. 10
Lettres de relief & d'anticipation ne se pouvoient anciennement donner que par la Chancellerie. 91
Lettres d'offices, & ce qu'elles contiennent. 18
Lettres d'offices, comment faites. ibid.
Lettres de provision ne se baillent aux officiers à bref temps. 125
Lettres aux officiers pour conserver leurs offices pendant la peste. 75
Lettres de confirmation des officiers, pourquoy se prennent. 64
Lex temporalis non obligat, nisi quantum est in virili observantia. 269
Liberté usuaire, qu'est ce. 55
Liberté des Elections redonnée au peuple, par Auguste. 153
Lict de justice, qu'est-ce. 57
Liens naturels plus forts que les civils, ou la puissance civile doit éclater. 43
Lieutenans pour le Roy a donnez aux Gouverneurs plûtot contretenans. 238
Limitation en resignation effectuée pendant la vie de l'Officier. 210
Limitation tacite des appanages. 273
Limitation, quand l'office a été perdu par la mort du mary. 200
Limitations des concessions des offices extraordinaires. 204
Limitation fort notable. 204

des Matieres.

Litem sanos facere, quid. 89
Le litige est personnel, & non réel. 63
Littleton tenures, ancien livre des loix Angloises. 177
Livraison actuelle de la marchandise ne présuppose point le payement du prix, au contraire, c'est livraison qui oblige celuy qui l'a receuë à payer le prix. 150
Livre de la garantie des rentes, composé par l'Autheur. 118
Livret de la maladie de France. 241
Logiste à Athenes, comme le Censeur à Rome, & sa charge. 181
Loix annales des Romains. 21
toutes Loix tendent à l'asseurance de ce qu'on tient. 309
L'ordre à cela de particulier, qu'il est inseparable de la personne, bien que l'office en soit separé. 46
Lotharius eorum habuit, sed Azo æquum, quid. 95
Lots & ventes, d'où sont dits. 164
Louis XII. introduit la venté des offices, & son excuse. 157
Louis XI. a introduit la perpetuité des offices. 10
Loy politique, lie & délie en conscience. 248
la Loy Iulia Narbona reduisoit la pluspart des affranchis, à la condition des Latins. 7
la Loy Rem dilatus, pourquoy n'est observée en France. 75

M

Magister officiorum, grand Maistre de France. 220
Magistrats sont protecteurs du peuple. 3
Magistrat a l'honneur public en dépost, & represente son Prince. 44
Magistratus municipales, quels entre nous. ibid.
Magistrats inviolables en tout temps, & en tous lieux. 36.
en habit déguisé perd le sauve-garde. 37
Magistrats ont des inspirations secretes au fait de leurs charges. 34
Magistrat, que signifie à nous. 36
Magistrats qui avoient prohensionem tantùm, quels. 24
Magistrats Romains aussi bien que ceux de France, anciennement n'étoient tenus sçavoir le droit, & pourquoy. ibid.
Magistrat étably sur le peuple, non pour le devorer : mais pour le garder de toute oppression. 36
Magistrats qui sont magis imperij, quàm jurisdictionis. 30
Magistrat qui a commandement ordinaire, ceux qui sont sous luy peuvent estre dits ses sujets. 36
Magistrat sans commandement est plûtot Officier, que vray Magistrat. ibid.
Magistratus nude, & quid. 35
Magistrats des Provinces jugeoient à Rome sans appel. 93
Magistrats devroient estre nommez par les Seigneurs & pourveus par le Roy, & pourquoy. 272. avis sur l'utilité publique, & des Seigneurs tout ensemble, sur ce sujet. 273
Magistrats Romains ne pouvoient estre appellez en jugement, mesme cause civile. 89
Magistros libellorum, seu referendarios, aujourd'huy Maistres des Requestes. 91
Magistrature est sous la Categorie d'Office. 38
Magistrat doit maintenir sa charge par de bonnes actions. 44
Magistrats municipaux en l'Empire, autant honnorez que ceux de Rome. 325
Magistrat ne doit endurer le mépris. 44
Maire des villes d'importance doit estre confirmé par le Roy. 323
Maires des villages relevent des paroisses, & non des Seigneurs temporels. 103
Maire, où majeur, & sa charge. 323
Maire du Palais Palatium cum regno gubernabat, dit Aimon le Moine. ibid.
Maires du Palais ont deux fois usurpé l'Estat. ibid.
pourquoy supprimez. ibid. leur charge départie entre les principaux Officiers. ibid.
Maistres du Palais de France, pourquoy ils ont par deux fois envahy la Couronne. 10
Maires du Palais proprement le Præfectus Prætorio des Romains, tant en signification de nom, que pouvoir d'Office. 90
où il n'y a point de Maire, le Lieutenant general doit presider au corps de la ville. 323
Maison publique des Juges ordinaires. 121
Maison des gouverneurs des Provinces. ibid.
Maistres des Requestes ont succedé à quelque partie de la fonction des Commissaires Missi. 90
Maistres des Requestes, pourquoy president aux Bailliages. ibid.
Mandemens des Gouverneurs ne s'executent hors leurs Provinces, ny aprés leur mort. 39
Mandemens des Juges competens s'executent hors leur territoire, par permission des Juges du lieu. 42
Mannalia Beneficia, quid. 54
Maquignonage des Benefices, d'où procede. 30
Marché qui commence par le prest, c'est engagement simple, bien que le contrat soit conceu en forme de rente. 107

Du droit des Offices.

Maréchal, pourquoy signifie un marqueur de logis. 220
Maréchaux des logis du Roy, pourquoy ainsi nommez. 33
Maréchaux de France, & leur charge, comment devenus Officiers de la Couronne. 220
Maris prennent le titre, & rang des Seigneuries de leurs femmes. 287
Marque de papier a fait découvrir les faussetez. 119
Marques des vrais Officiers Royaux. 4
Marques de ce que les fiefs étoient autrefois à vie. 99
Marque pour discerner les Officiers immediatement choisis par l'Empereur, & des pourveus par l'entremise des Courtisans. 19
Mary peut conferer pleinement les Offices, sans en parler à sa femme. 287. & la femme mariée ne les peut conferer seule. ibid.
Mary prend l'heritage dotal, tel qu'il le trouve hors du mariage. 186
Mary a plus de droit és biens de sa femme, qu'il n'avoit pas au droit Romain en la dot. 15
Mauvais traitement qu'on fait aux Officiers. 152
Maxime en la nature. 17
Menus Offices de chez le Roy, sont vendus à present par les chefs. 232
Menus droits de Messieurs des Comptes. 89
Menaces de Dieu aux Pasteurs non residens. 89
Merum Imperium des Romains interpreté. 38
Merum Imperium n'appartient pas droit d'Office. 238
Merum Imperium, quid. 36
Merum Imperium, mixtum imperium, & simple Jurisdiction. 31
Merceaux, ou tesseres annonaires, se bailloient à chacun chef de famille, lors qu'on faisoit le denombrement du peuple, se laissoient aux heritiers, ou en disposoit, comme il sembloit bon. 6
Merum & mixtum Imperium, comment se pratique en France. 38
Merum Imperium, ou pur commandement comment appartenoient aux Magistrats Romains. 36
Merum Imperium de gare non po erat, & pourquoy. 58
Méchanceté des accusateurs. 88
Ménage admirable d'Alexandre Severe. 233
Messieurs du Parlement peuvent ordonner selon les rencontres des resignations des Juges des Seigneurs, notamment de pere à fils. 301
Messieurs du Parlement prennent des vacations extraordinaires. 52
Messieurs des Aydes, & ceux de la Table de marbre, Offices de judicature. 255
Meuble n'a point de suite par hypotheque. 176
& raisons pourquoy. 177
Meubles profanes des Ecclesiastiques dépendent de la Justice lave. 171
Milice anciennement conservée, non ut paterna substantia, sed ut imperium municipium. 111
Milices hereditaires, en quoy differentes de nos Offices. 198.
& en quoy semblables. ibid.
Militia armata. 169
Militia domesticorum. 5
que le mot de Militia en droit ne signifie pas ordinairement la guerre. ibid.
Milices, ce que c'étoit anciennement, & ce que c'étoit proprement. 5. se rapportent entierement aux places des menus officiers de la maison du Roy. ibid.
les Milices du temps des Empereurs Romains conferez par le chef d'Office. 16
Milices civiles, & notamment les Palatines avoient les mesmes grades, & marques que les vrais gend'armes. 5
Milice civile avoit les mesme reglemens, & privileges que la milice armée. ibid.
Milice étoit vray ordre à Rome. 156
Ministres de Justice peuvent être pourveus par commission. 181
Mineur à quel âge peut conferer les Offices. 289
Minutes des Greffiers, & Notaires non Royaux, doivent être mises au Greffe, & non celles des Notaires Royaux. 111
Minutes des Notaires Royaux suivent l'Office, non celles des Notaires subalternes. 121
Minutes des Notaires ne doivent être en commerce. 121
Missi supprimez en la 3. race de nos Rois. 90
Missi, seu Missi Dominici. ibid.
Mixtum Imperium, moyen entre le pur commandement & la jurisdiction. 31
Mixta species facti sub duobus simplicibus continetur. 173
Mixtum Imperium pouvoit estre delegué, & comment. 31
Mixtum Imperium, quid. 36
Modification qu'on peut apporter aux provisions des resignations de l'Office d'un criminel. 80
Moins de danger d'estre destitué d'un Office par le Roy, que par un Seigneur. 307
Moitié des épices, pourquoy distribuée entre les Juges. 81

Table

...caires ne chéent en testament. 101. ne se ...point ; & ne doivent tomber en quenoüille. 102

Monarchies ne sont transmissibles par contracts en tout , ny en partie, & la raison. ibid.
Monarchie Seigneuriale , où les sujets sont traitez comme esclaves. 39
Monarchie Royale , où ils sont traitez comme enfans. ibid.
Monarque comment trois sortes d'Injustice , ne conserant pas les dignitez à gens vertueux. 41
Monarque Royal , comme il use du haut commandement. 39
Monarques distributeurs de l'honneur mondain. 41
Monnoye de cuir, qu'on fait accroire que le Roy Jean avoit fait forger. 152
la Mort est la plus certaine vacation és Offices. 71
du Moulin contredit. 97
Mort-gage, vif-gage , qu'est-ce. 107
Mors au temps , n'est pas une privation, mais à peu près ce que nous appellons suspension. 47
le Mort saisi le vif, interpreté. 65
Moyen subtil, par lequel les Officiers sauvoient leurs Offices durant la Ligue. 75. & 76
Moyens de sauver l'Office, quand le resignataire meurt après les 40. jours. ibid.
Moyen plus court, & plus aisé d'abattre les gages de l'Officier, que de payer au Roy une rente annuelle. 91
Moyen d'inventorier les papiers d'un Greffe. 122
Moyen de devenir riche à present. 158
Moyen d'indemniser la femme, sans se prendre à l'Office de son mari, qui avoit été racheté des biens de la communauté. 202. il le faut indemniser par l'estimation. 203
Municipium cur significat civium civitatem. 497
Manera publica. 3
par petites Mutations on vient à de grandes absurditez. 132
My-denier s'entend de la simple procuration. 150
My-denier de l'Office appartient à l'heritier mobilier de la femme. 211. & par consequent au pere , heritier de ses enfans. ibid.

N

Nations de toute la terre succedent en la propriété des Offices. 300. & le sens commun d'un chacun. ibid.
Nantissement , tradition imaginaire. 177
Necessaire pour l'execution parée, & pourquoy. ibid.
Necesse est , ut qui emit vendat. 159
Neuf rigueurs qu'on tient en France aux accusez. 88
Noblesse continuée en deux races , merite de l'asseurer à la posterité. 58
Noblesse à Rome, celle des grands Offices. 56
Noblesse Romaine, pourquoy quitta les anneaux d'or. 46
Noblesse est comme prescripte & acquise à la posterité, quand le pere & l'ayeul ont vecu noblement. 58
Noblesse de dignité ne passe aux enfans. ibid.
Noblesse Françoise differente de celle des Romains. 58
Noblesse impropre , qu'est ce. 56
Noblesse peut aussi bien proceder de la Justice, comme de la force, ou valeur. ibid.
Noblesse , caractere ineffaçable & inseparable. 58
Noblesse empruntée n'induit partage noble. ibid.
Noblesse illustre gist en la collation des grands Offices. ibid.
Noblesse accessoire & accidentelle, n'a que l'usage pendant la vie. 59
Noblesse de race ; Noblesse de dignité. ibid.
Noble de dignité ne demeure après resignation de l'Office que par le droit de Veteran. 59
Noblesse du mary passe indistinctement en sa veuve, & pourquoy. 61
Noblesse des Parisiens. 46
Noble homme n'importe pas vraye Noblesse , c'est plutost bourgeoisie. ibid.
vrais Nobles de Rome avoient les images & statuës pour marque de leur Noblesse. 56
Nobles ne doivent joüir de l'exemption des tailles, quand ils trafiquent. 59
Nombre des fols est infini. 152
Nomination n'a lieu qu'és Offices de la Justice ordinaire en domaine alienné, pourquoy. 263
Nomination des graduez , accordée aux Universitez & pourquoy. 16
Nomination aux benefices , de deux sortes. ibid.
Nomination des prelatures, attribuée au Roy , & pourquoy. ibid.
Nomination des Offices des villes de l'Empire. 314
Nomination du successeur reprouvée au Concile d'Antioche. 68
Nomination, expediente entre élection & collation. 17
Nomination pure & simple n'est sujette aux 40. jours. 268
Noms divers des Commissaires anciennement appellez, Missi. 90
Noms des deniers qui se payent pour les milices. 322

Noms des Greffiers & Tabellions. 215
Noms derivatifs de l'Office exercé à Rome. 47
Comment les Offices non-venaux , dont le mary est pourvû constant le mariage , entrent en communauté. 244
Normans se hazarderent d'aller par eau , & font seurement porter leurs proçez par terre. 143
Nôtre déconfiture n'est pas l'action tributaire , & ce que c'est. 180
Notaire , Juge Cartulaire. 23
Notaires devoient recevoir la minute , le Tabellion la grosse. 119
Notaires érigez en Office, & pourquoy. ibid.
Notarius qui proprie. 115
Notaires n'avoient aucuns salaires , mais avoient gages, & bouche à Cour. 50
Notaire de Ville peut avoir deux registres. 114
Notaires pourquoy stipulent pour les parties. 115
Notaire peut estre condamné à l'amende, s'il instrumente hors le territoire de son Juge. 40
Non nisi erant literae, sed signa litterarum. 115
Nul ne se peut dire Officier du Roy, qu'il n'ait lettres de provision de sa Majesté. 18
Nulle ressemblance entre la resignation des Offices & benefices. 73
Nulle suspension n'est infamante en France, non pas même pendant quelle dure. 84
Nuls Offices sont venaux, ayant égard à ce qui se doit faire; tous sont venaux ayant égard à ce qui se fait. 160
Nullitez d'une procuration pour resigner un Office, par qui peuvent estre alleguées. 70

O

Obsignation préalable à la deposition. 13
Obtention d'une provision avant la forfaiture jugée est seulement nulle, mais apporte une intrusion, ou inhabilité à tenir le mème Office. 78
Occasion de la Clause, Tant qu'il nous plaira. 307
est inutile. ibid.
Occasion de la non-residence des beneficiers. 29
Occasion des Vicaires, fermiers des benefices. ibid.
à mesure qu'on a pris coûtume de vendre les Offices, ce taux & commerce a trouvé son train & entre-suite. ibid.
Offices non venaux sont sujets à rapport. 244
Offices ne sont que'accidens. 171
Offices de la Couronne autrefois revocables. 19
és Offices non vendus les gages suivent l'exercice. 54
Office n'a point de substance reelle, mais une simple qualité residente à la personne. 182
Office saisi à present tout le premier. 188
Offices doivent être conferez aux gens vertueux. 41
a meilleure definition de l'Office par le Jurisconsulte Callistrate, laquelle il faut toutefois transposer. 43
Office & domaine , deux natures separables , qu'il faut perpetuellement noter en matiere d'Offices. 105
Office doit répondre des dommages particuliers, procedans de la faute du commis, ou fermier. 126
Offices des Receveurs des decimes plus durables, & moins racheptez, que les rentes constituées. 139
Offices entrent en la donation mutuelle par estimation. 210
Offices recherchez par trois chemins. 1
plusieurs Offices sauvez sans payer le droit Annuel. 145
vraye signification d'Office. 6
tous Offices autrefois revocables en France. 302
comment l'Office est transferé au resignataire. 1
plusieurs Offices au Châtelet de Paris, qui n'étoient ailleurs, créez par le Roy S. Louis. 113
Il ne faut pas distinguer si les Offices sont vendus à petit, ou grand prix. 311
Ceux qui ont exercé Offices notables sont toûjours honorez , mais c'est un honneur gratuit , & de bien-seance. 48
Offices perdus ne sont imputables en la legitime : mais bien au rapport. 246
Offices des Seigneurs doivent être revocables plutost que ceux du Roy. 304
plusieurs sortes d'Offices non-venaux. 54
Comment doit proceder celuy qui veut obtenir un Office par incapacité du pourvû. 73
comment celuy qui prête pour achepter l'Office acquiert privilege. 194. si l'argent y a été employé. 195
Offices des Juges, & gouverneurs exceptez des suffrages. 154
Officiers des villes , l'honneur leur demeuroit après leur charge finie. 325
Officier non installé pour faire procez verbal. 17
quand l'Office & la Seigneurie se rencontrent en une personne , en quel rang on les doit nommer. 8
Offices avidement recherchez. 7
l'Office en quoy consiste. 7
Office hereditaire n'est point tout à fait separé de la Couronne par pure expropriation , & pourquoy. 98
Office est inherent à la personne, la Seigneurie est attribuée à la personne. ibid.
Offices hereditaires , autres patrimoniaux, & comment

des Matieres.

cela a été inventé. 98
Offices domaniaux ne font fujets à vacance, ne s'en paye rien pour la refignation, ny ne fe perdent par forfaiture. 127
Office de Commiffaire garde de biens, utile, & au foulagement du peuple. 123
Office du Greffe eft affecté aux confignations par préference, & toutes autres dettes & hypotheques. ibid.
Offices de Confeillers fe vendent quarante-cinq mil livres ceux des Prefidens neuf-vingts mille. 152
Offices hereditaires par privilege, comment doit être entenduë cette heredité, & comment fe pratique. 156. vacquent par toute forte de vacation, fors par mort. ibid. font reputez immeubles. ibid.
Offices hereditaires privilegiez comment entrent en communauté, en doüaire & en fucceffion. 136
Offices des finances n'étoient venaux anciennement. 176
Offices ne furent jamais venaux tout à fait à Rome. 155
Offices de la Couronne ne font pas Seigneuries. 124
Offices hereditaires par privilege, reffemblent aux milices hereditaires des Romains. 134
Offices de la Juftice Ecclefiaftique, baillez à ferme en France. 157
Office n'eft plus Office *à faciendo*: car c'eft un honnefte oyfiveté. 152
Offices non venaux ne font meubles, ny immeubles; les venaux tantôt meubles, tantôt immeubles. 174
Offices de finances ne font de telles importances que les autres. 158
tous Offices de Finance faits hereditaires par Edit. 152
Offices requeroient refidence à Rome. 30. mais non pas l'exercice perfonnel. ibid.
quels Offices font ceux, dont la vente eft illicite, & de quels impoffible. 154
Offices annuels en l'Eftat populaire. 19
és Offices dont l'examen eft divers, il fe reïtere. 24
Offices de la maifon du Roy, comment conferez. 227. & 244
tous Officiers des Seigneurs doivent eftre tenus en juftice, & neceffité de cette reception. 285
Offices de juftice engagez, font en la libre provifion du Roy, finon qu'elle leur ait été nommement vendué. 288
aux Offices Royaux, la refignation eft neceffaire regulierement & de droit commun. ibid.
Office de judicature *eft in facultatibus*. 263. peut eftre arreté pour debte executoire, & la difference en ce point. ibid. cet arreft conferve le creancier jufques à la reception du refignataire, & pourquoy. 265
Offices non venaux entrent en communauté, & font fujets à remploy. 144
Office de judicature, pourquoy laiffez entre les non-venaux, veu qu'il ne leur font differents finon du decret. 263
Office de judicature ne peuvent être faifis réellement. ibid.
Office du domaine alienè font en la nomination des Seigneurs, & provifion du Roy. 172. font Offices Royaux. 273
Offices pourquoy n'ont point de prix arrefté. 259
Office domanial jufques à l'entier rembourfement du Roy, a fuite faq hypotheque. 129
Offices des Maréchaufées, Bailliffs, & Senéchaux & des Avocats & Procureurs du Roy des juftices ordinaires non-venaux, & pourquoy. 264
Offices domaniaux ne vacquent par les trois vacations irregulieres, ny par la fuppreffion, fe perdent feulement par le rembourfement, ne font revendus qu'en deux cas, en vertu d'Edit, ou par tiercement. 117
Offices vendus par le collateur plus avant en commerce. 241
Office de judicature doit eftre abandonnè en la ceffion de biens. 166
Office de longue robe des juftices extraordinaires non-venaux. 164
Offices revocables, & non refignables qui entrent au commerce, ne fe peuvent dire. 241
Offices font concedez à tant qu'il vous plaira. 301
Offices des villes ne vaquent gueres par forfaiture. 327
Offices conferez par commiffions. & quels en tirent. 144
Offices peuvent bien eftre faits precaires par le Roy, mais non pas les Seigneurs. 301
Offices domaniaux, font Office & domaine tout enfemble. 105
Office domanial racheptè pendant le mariage, les deniers doivent eftre repris par precipt fur la communauté, & comme on s'y doit conduire, quand il n'y a point ftipulation de remploy. 130
Offices domaniaux, s'ils font meubles, & fi hypotheque y a lieu. 128
Offices hereditaires par privilege, font de la plus bâtardes irreguliere & injufte forte, fuivent ordinairement la nature des Offices venaux. 160
en l'Office achepté pour le fils, faut rendre le prix & non la jufte valeur. 268
Office vendu eft refignable, & pourquoy. 286
réponfe aux objections. 287

Offices conferez gratuitement ne font refignables, & pourquoy. 286
Official pour la jurifdiction contentieufe, grand Vicaire pour la volontaire. 37
Official eft conftitué en dignité Ecclefiaftique. 549
Office confervé à la veuve & aux enfans, comment doit eftre partagé entre eux. 209
Office delaiffé en fucceffion, ne fe peut accepter, ny refigner fans fe acte d'heritier. 210
Office de trois fortes. 8
Offices ne vaquent pas parfaitement par incompatibilité. 64
Office n'eft fervitude, mais proprieté. 14
Office civil étant un acte de Seigneurie ne peut appartenir qu'à un feul. 15
tout Office à prefent en la collation du Roy. 117
Office es comment devinrent perpetuels fous les Empereurs. 19
Office n'eft concedé par forme de precaire. 21
n'eft revocable de fa propre nature. ibid. pourquoy autrefois baillez en garde. ibid.
Offices anciennement revocables en France, & pourquoy. 19
Offices, lors qu'ils étoient revocables, étoient vrais Offices. 21
Offices de la gendarmerie, ayant foin des finances devenus venaux. 215
Offices regulierement font non venaux. 163
Offices, & fiefs autrefois joints enfemble. 99
Office donné à la veuve, & aux enfans, ils le peuvent poffeder fans faire acte d'heritier. 210
Offices venaux fujets à rapport par eftimation. 212
Office commun à deux. 205
Offices hereditaires de tout point en commerce, ceux qui font fimplement venaux, n'y font qu'à demy, & les nouveaux point du tout. 8
quand l'Office eft vaquant tout à fait. 12
Office donné au pere ou en partie, eft rapportable à fa jufte valeur. 213
Office de Grand-Maiftre de France, s'appelloit anciennement Maire & Senéchauffée de France. 103
Office propre à l'Officier en France, à Rome non. 97
Office en France eft totalement alienable. ib. d.
Office en quelle fignification on en ufe en tout cet ouvrage. 28
Office de Cour d'Eglife ne font non plus venaux que les benefices. ibid. & 29
Offices, pourquoy appellez *honores & dignitates*. 3
Office feodal feparé en fief. & Office. 105
Office partie donné, partie vendu entre entierement en la communauté. 205
Offices de judicature vendus par l'entremife des Courtifans. 158
Offices ne font immeubles. 171
Offices donnez non refignables. 163. & 285
Offices des eaux & forcifts, il ne refte que ceux des Maftres, & de leurs Lieutenants & Procureurs du Roy, qui ne foient hereditaires. 132
Office donné ne peut eftre revoqué en rendant l'eftimation. 261
Officer venaux en France ont plus d'aptitude à l'hypotheque que ceux de Rome. 176
l'Office provient de la conceffion de la loy, ou du Prince. 209
s'il eft expedient que les Offices foient perpetuels. 18
Offices de Finance pourquoy dit. 158
Offices fe vendent par decret, & pourquoy. 132
Offices hereditaires étoient inconnus en France, il y a vingt ans. 14
Offices des Receveurs des decimes, ne doivent eftre vendus, finon au rabais des gages, ou droits. 141
Offices de la Couronne, pourquoy ne font venaux. 217
Offices hereditaires par privilege, ne font pas tant immeubles, que les rentes conftituées. 136
n'ont fuite par hypotheque, aprés refignation admife. ib. d. le pris d'iceux fe diftribué par deconfiture. ibid.
Offices & benefices donnez de neceffité paffer par les mains du collateur. 73. procuration à refigner un Office, n'eft fans compromis ou quittance. ibid. porteur de procuration, peut prouver fon achapt & payement par temoin. 74
Office ne vaque par la mort du refignataire, avant fa reception, ny du pourvu par mort, & pourquoy. 69
Offices de finances, ne font incompatibles. 65
Office s'il vaque par la mort du refignataire qui fait acte d'acceptation. 70
Offices quand étoient revocables, ne vaquoient pas par la mort du Roy. 66
Officiers de la Couronne de la maifon du Roy, & de la gendarmeries incompatibles. 45
Offices ne vaquent par la mort du Prince, même és Eftats électifs. 68
Offices ne fe perd faute d'exercer. 83
Offices du Roy incompatibles avec ceux des Seigneurs. 65

Vu ij

Table

Office ne peut estre occupé par un autre, si ce n'est par commission és Offices uniques & necessaires. 84
Offices, s'ils sont hereditaires & patrimoniaux. 98
Office est encore in bonis du resignant, tant qu'il soit admis par le collateur. 10
Office est conferé en titre bien souvent, pendant les cinq ans de la contumace. 65
Office du grand Chambellan, par qui possedé. 121
Offices anciennement n'avoient autre recompense que le seul honneur. 3
Office marchandise la plus mal-asseurée qui soit au monde, dont on est jamais asseuré tout a fait. 152
Offices semblables aux rentes constituées, & plusieurs raisons sur ce sujet. 171
Office ne se perd dans l'an aprés le deceds, mais seulement par cinq ans. 148
Office, où il n'y a que droit sans gages, n'est besoin de Commissaire. 187
Office saisi n'est vendu que par decret. 136
Offices hereditaires contre raison. 132. consequence qui s'en ensuit tres-prejudiciable. ibid.
Offices en branle d'être reduits en commissions. 132
l'Office non opté peut être resigné. 65
qu'importe le terme d'Opter. ibid.
Offices incompatibles, quels. ibid.
Office laissé en confidence. 105
Offices qui n'entrent aux parties casuelles, les gages ne courent que du jour de l'installation. 54
Offices perpetuels, grandes asseurances de l'Estat. 21
Office de qualité permanente, & inherente en la personne. 72
Offices appellez milices par les doctes modernes. ibid.
Office conservé par survivance appartient à l'heritier mobiliaire, qui n'y peut succeder sans faire acte d'heritier. 110
Office apprecié à vil prix, par contrat de mariage, est rapporté à sa juste valeur. 118
Offices non venaux de toutes sortes, n'entrent ny en communauté, ny en douaire. 109
Office donné au mary pendant le mariage, appartient au mary. 105
Office acquis des deniers de la vente des propres de la femme, entre en communauté. ibid. & la communauté doit le remploy. ibid.
l'Office revient au mary seul dés le deceds de sa femme. 104. mary doit le roy denier de son office aux heritiers de sa femme. ibid.
Office n'est point sujet à garantie, & comment cela s'entend. 184
Office ayant gages doit estre saisi de saisie réelle. 185. mais non celuy qui n'a gages. ibid.
ès Offices à vie, il n'y a point de suite d'hypotheque, aprés resignation admise. 107
Office acquis par échange, contre les propres du mary, pendant la commodité, appartient à luy seul. 134. & celuy acheté des deniers provenus de la vente de ses propres. 105
Office acquis auparavant la communauté, n'entre point en icelle. 100
Office est entierement aux risques du mary, dés lors du deceds de la femme. 190
l'Office appartient à l'heritier mobiliaire. 108
sous quelle espece doivent estre mis les Offices de guerre. 215
Office tombe en succession mobiliaire, plutôt qu'en la communauté, & pourquoy. 106
Office & honneur synonymes. 43
Office de la Couronne, pourquoy n'ont pû estre faits hereditaires. 103
Offices qui ennoblissent de Noblesse personnelle. 57
Offices de Receveurs des décimes, ne vaquent par aucune vacation reguliere, ou irreguliere. 141. sont susceptibles d'hypotheque. ibid. sont sujets en douaire. 142
Office en François signifioit les serviteurs domestiques. 4
Offices militaires de Rome, & leurs gardes. 7
Offices des villes demeurez electifs, comme en l'ancien Empire. 314
Offices hereditaires peuvent estre exercez par fermiers. 33
Offices venal pouvoit avoir suite par hypotheque. 128
les Offices constituent maintenant une tierce espece de biens. 2
Offices des élections, greniers à sel, eaux & forests, ne sont Offices de judicature. 255
Offices pourquoy conferez par commission. 228
Offices n'étoient anciennement venaux en France. 228
Office domanial acquis pendant la communauté, femme y a part. 130
Office domaniale entrent en douaire. ibid.
Offices des villes ne sont venaux entre particuliers irresignables. 327
Offices de Cour d'Eglise ne vaquent par le changement d'Evêque. 320
Offices des villes proprement sont appellez honneurs dans le droit. 325
Office reside en une seule personne, & non en plusieurs testes. 181

Office doit plutôt estre perpetuel, que le benefice. 304
Offices des villes de l'Empire. 313
Officiers venaux vendus par le Seigneur connestable, ne sont resignables. 290
Officiers non venaux vendus par le Seigneur connestable, sont resignables. ibid.
Office est resignable, si la charge n'est estimable à deniers. 288
Office donné au mary, n'est resignable. ibid.
Office privé, ou en titre d'Office. 303
Office conferé à faire remuneratoire, n'est sujet à garantie, ny à resignation. 88
Officiers doivent estre perpetuels. 307
leurs Offices ne sont pas resignables. 84
Officier en France ne gagne ses gages que jusques au jour de son deceds. 54
Officiers des Cours souveraines sont Nobles. 55
Officiers pourquoy étoient autrefois tous recherchez. 80
Officier moissonne trois sortes de fruits. 56
Officiers, simplement privilegiez. 59
Officiers, plus le nombre est grand, plus le peuple est foulé. 65
Officier à survivance est Officier honoraire. 75
Officiers de la Maison du Roy, pourquoy distinguez en ce livre d'avec les autres, preservent le Roy & les autres le public. 218
Officiers ne sont destituables sans cause, que par puissance absoluë. 307. & partant ne le peuvent estre par les Seigneurs. ibid.
Officiers de la Couronne disposent des menus Officiers de leur charge. 215. ont nuë justice à eux. ibid.
Officiers destituables sont comme valets. 305
Officiers sans Edit, comme Nobles sans lettres. 243
ce que nous disons un Officier, les anciens Docteurs l'appellent Officium. 321
Officiers comment destituables, forme de leur destitution & modification, qu'il y faudroit apporter. 135. comment vaquent à faute d'exercice, & par le droit Romain. ibid. par incompatibilité, & par suppression. ibid.
Officiers domaniaux & autres, doivent prendre garde que les deniers de l'achapt de leurs Offices soient employez aux necessitez de l'Estat. 132
l'Officier peut former complainte pour les droits de son Office. 13
Officiers sujets à suppression, quels. 139
Officiers de Finance anciennement rachetoient leurs Offices. 15
l'Officier seul se peut qualifier Seigneur de l'Office, & non le collateur. 15
anciens Officiers prenoient le serment des nouveaux. 16
Officiers de la Couronne sont feodaux, & pourquoy. 103
Officier ne peut estre destitué sans ignominie. 304
comment se doit gouverner l'Officier pressé de resigner l'Office domanial. 268
Officier peut continuer son exercice, aprés la destitution par un Seigneur. 315
Officiers de Finances peuvent faire leur charge par tout. 39
Officiers de la Couronne ne prennent lettres de confirmation aux mutations des Rois. 126
il n'y doit avoir Officiers que ceux du Roy, & comment le contraire s'est fait en France. 269
Officiers étans en l'acte de leur exercice doivent encore estre plus respectez. 319
Officiers de Cour d'Eglise doivent estre Clercs, & non matiez. 319
Officiers ordinaires de domaine alié demeurent Royaux, & pourquoy. 273
sont reglez comme les pures Offices Royaux perpetuels, & non destituables & resignables, comme eux. ibid.
Officiers des Seigneurs valets des valets. 305
Officiers accusé ne doit estre interdit par le decret. 130
Officiers de la Couronne ont taché de changer leurs Offices en Seigneurie. 214
Officiers & Capitaines, quels peuvent user en guerre de vie & de mort. ibid.
Officiers du Roy à present capables des Offices des Villes. 307
Officier ne peut former complainte contre son Seigneur. 316
Officiers sont inviolables. 39
Officier suspendu doit choisir un Commissaire pour exercer son office. 84
l'Officier a plus de droit en l'Office, que le beneficier au benefice. 14
Officiers des Villes doivent plutôt marcher selon leurs qualitez que selon la pluralité des voix. 316
Officiers de Parlement revocables. 19
Officiers des Villes ont habits particuliers. 325
Officiers devroient avoir gages suffisans à leur entretien. 51 & pourquoy. ibid.
Officier homme de bien, a sujet de trembler voyant son juge avoir interest à sa condamnation. 87
Officier plus élevé en dignité, plus tenu à craindre Dieu. 28

des Matieres.

Officiers tuez en guerre pour leur Prince, ne doivent perdre leur Office. 73
Offices exempts de charges personnelles. 59
quels Officiers sont Chevaliers. 57
Officiers comme membres de l'Estat. 66
Officier qui a financé pour sa survivance, ayant resigné absolument son Office à son fils ou gendre, rentre en icelui après leur mort. 75
Officiers du Roy, en France tous ceux qui ont Offices publiés conferez par le Roy. 228
Officier saisi doit estre condamné par corps à fournir sa procuration à l'adjudicataire, mesme y peut estre condamné par la Sentence des 20. jours. 189
Officiers des Villes ne se doivent élever par dessus les Magistrats. 326
Officiers ne doivent être contraints d'achepter l'heredité. 234
Officier est creu de la qualité, & non pas un Commissaire. 122
Officiers principaux de la Couronne; pourquoy ajoûtant au titre de leur Office, ce mot de Conseiller. 217
Officiers des eaux & forests, receus au siège du grand Maître. 26 & ceux de l'Admirauté au siége de l'Admiral. ibid. ceux de la gendarmerie devant le Connestable, des Chancelleries devant le Chancelier. ibid.
Officier du Parlement revocable, depuis qu'il a été érigé en Cour ordinaire. 20
Il n'y a aucun premier Officier de judicature, aux justices des Officiers de la Couronne. 215
Officiers supernumeraires par qui instituez. 11
Officiers de France ne peuvent être destituez sans forfaiture jugée. 20
que c'est qu'Officier supernumeraire. 11
Officiers, ministres de justice, receus par le premier Juge du siege. 26
Officier hors sa charge, n'est qu'homme privé, sans puissance publique. 28
Officiers de gouvernement & de Finance, n'ont aucun salaire licite sur le peuple. 53
Officiers de même qualité, ont rang ensemble selon leur antiquité. 44
Officier alternatif premier receu, procede l'ancien. ibid.
Officier, quand il se peut installer soy même. 17
Officiers de Rome juroient. 16
Officiers des Seigneurs doivent exercer en personne. 292
Officiers honorables peuvent faire leurs femmes Damoiselles. 47
Officier ne peut commettre l'exercice de sa charge en tout, ny en partie. 28
Officiers se hâtent tant de retirer l'argent de l'achapt de leur Office, qu'ils se mettent au hazard de se rompre le col. 149
l'Officier ne peut former complainte contre son collateur. 14
Officiers ont action pour leur rang. 44
Officier doit exercer en personne, & pourquoy. 14
celuy qui a évincé la Seigneurie, le possesseur de mauvaise foy peut chasser les Officiers par luy pourveus. 314
Officiers, s'ils sont Seigneurs de leur office, ou possesseurs precaires. 96
Officiers receus en justice ne peuvent être privez de l'exercice sans ordonnance de Justice. 260
c'est exaction à un Seigneur de tirer finance d'un Officier qui a achepté son Office, & qui veut resigner. 291
réponse aux raisons contraires. ibid.
Officium pris pour les appariteurs, ou ministres des Magistrats. 4
Officium accommodé à signifier les charges publiques. ibid.
Officier unde & quid. ibid
Officium, cohors, apparitio, quid. 116
Opinion de l'Autheur sur l'Etymologie d'Officium. 3
Opinion de Benedicti, & Chassanée, sur l'Office achepté des deniers de la communauté. 202
Opinion contraire de Covarruvias & de Garsias. ibid.
Opposition formé à la saisie, a pareille force que la saisie en France. 185
Optiones quid. 4
qu'est ce qu'Ordination. 30
Ordonnances défendent d'admettre Baillifs & Sénéchaux, natifs de la Province. 50
Ordonnance notable du Roy S. Louys. 262
Ordonnance expresse pour la destitution des Officiers des Seigneurs. 303
Ordonnance qui a fait des Offices perpetuels, n'est que pour les Royaux. 305
Ordonnance notable d'Alexius Comnenus Empereur Grec. 19
Ordonnances de France declarent nulle l'impetration des Offices auparavant leur vacation. 10
Ordonnance de Philippe le Bel, pour la perpetuité des Offices, quelle. 9
Ordonnance de Moulins touchant l'obeïssance qui se doit rendre aux Sergens. 55
Ordonnance moderne de Roussillon, une des plus belles que nous ayons. 83
Ordonnance du Domaine, quelle. 1, 2
Ordonnance des 4. mois, a lieu contre les Magistrats. 155
Ordonnance de la prescription des Offices, ce qui y est requis. 35
Ordre d'opiner és consultations des Advocats. 46
Ordre des creanciers sur le prix d'un Office. 198
Ordre & style familier de l'Autheur, & pourquoy. 2
l'Ordre plus inherent à la personne que l'Office. 47
quel étoit l'Ordre des suffrages aux assemblées de Rome, & quel au Senat. 45
qu'est ce à dire Ordre, & caractere d'Officier. 12
Ordre d'opiner en la Sorbonne de Paris. 83
Ordres Ecclesiastiques conferez sans choix, & pourquoy sujets à l'examen. 10
Ordres deferez à Rome aux personnes de moyens. 153
Ordre des creanciers en general. 193
l'Ordre n'estoit autrefois separé d'avec l'Office Ecclesiastique. 11
Ordre qui s'observoit anciennement en l'Eglise pour la collation des benefices. 16
Ordres, ce qu'ils ont de particulier. 56
tous Ordres ont entrée en la maison du Roy. 251
Origine des decimes. 137
Origine des Commissaires du Chastelet de Paris. 52
Origine des Pollicitations. 151
Origine des Gouverneurs d'à present, & pourquoy il y en a au cœur de la France. 238
Origine du huitième denier. 52
Origine des Enquesteurs des Bailliages, érigez en office, supprimez & retablis. 31
Origine des rentes sur le Clergé. 138
Origine des Juges Pedanées, & pourquoy ainsi nommez. 12
Origine des commissions. 21
Origine des Receveurs des decimes. 138
Origine des engagemens. 219

P

Actum de retrovendendo, quid? 107
Palatinos paucos pro civibus, pris par Suidas. 6
le Pape & le Roy ne se peuvent lier les mains in jure quærendo, sed tantum in qualitio. 13
le Pape ne peut faire les benefices revocables. 305
Panes civiles, & panes gradiles, quid. 6
saint Pierre nomma S. Clement pour son successeur, & s'il a été le 2. ou le 4. Pape. 68
Payement fait par un tiers amortit la debte, si ce tiers n'estoit fidejusseur du detempteur d'hypotheque. 196
Pairs de France sont seuls demeurez Officiers, & pourquoy. 281
Pairies pourquoy indivisibles & incommunicables aux femmes. 102
Pairs pourquoy precedent les autres Officiers & Seigneurs. ibid.
Pairies concernent plus la Seigneurie que l'office. ibid.
Pairs de France, & de leur exercice personnel. ibid.
l'anonceaux necessaires aux offices. 189
Parapetunata Marciana, per sophoregia, & Tosser Trocessana, quid. 6
Pareille puissance requise pour créer des Magistrats, que pour faire des loix. 10
Parlement de Paris ne differe la prononciation de ses arrets, faute de payement des épices. 53
le Parlement de Paris seul la connoissance par appel des procez des offices. 14
Parlement a confondu adroitement les plaintes avec les appellations, & pourquoy. 9
Parlement ne contraint l'Officier receu à prendre son remboursement. ibid.
Parlement ce que c'étoit autrefois. 20
ancien partage des biens de l'Eglise en quatre. 317
és Parties qui ont affaire aux Seigneurs en leur justice, vaudroit mieux qu'ils se fissent Juges eux-mêmes en leur cause. 305 & 306
Parties signerent les contrats à Rome, c'est à dire, qu'ils les sousscrivoient. 117
Parties doivent signer en tous actes publics de Jurisdiction volontaire. 35
Parties n'ont point hypotheque sur les biens des Sergens, que du jour qu'ils sont declarez debiteurs. 123
Parties Casuelles, d'où dites. 134
Particuliers communautez, étans dans les Villes. 327
Partisan de la Paulete, desire qu'on ne payat point le droit Annuel. 145
Partition des Elections entre Jules Cesar, & le peuple. 153
Passage remarquable pour la largition des offices. ibid
particis, quid. 58
Particuliers peuvent plûtot vendre un office de judicature que le Roy. 149
le Party de Paulet est bâty sur le compte qu'il a fait d'avoir chacun an, ou le 60. denier de chacun office, ou bien le hazard de la vacation par mort. 148

Table

Paulet datte sa quittance auparavant le decèds de l'Officier, & pourquoy. 146
année de la Paulette, comment doit estre comptée. 147
s'il falloit resigner pour la paulette, ou perdroit le huitiéme denier. 145
vain pretexte du Partisan de la Paulette. ibid.
grand l'Esché que d'inventer, multiplier & prolonger un procez. 28
Pechez, les plus grands sont ceux qui sont les plus contraires à la charité. 6
Peculium quasi castrense, quid. 172
Pecunia pro universo patrimonio. 179
Pensions des benefices subsistent après la resignation. 179
grand Panetier, Echanson. 222
Peremption d'instance ne peut estre contre le Procureur du Roy. 23
Permission d'executer une sentence d'un Juge competent en une autre Jurisdiction ne doit estre refusée. 59. mesme incompetent avec condition. *ibid.*
Permission mal deniée est comme donnée. 41
Permutation des benefices expressément défenduë. 69
Personne, vile d'extraction, ou d'exercice, incapable de magistrature. 13
Personatus dans le droit Canon, *quid.* 319
Perte d'office tombe sur la communauté. 103
Perte des offices fort frequente. 62
Perte des offices, pourquoy appellée vacation. *ibid.*
Petits Bailliages bailléz anciennement à ferme. 157
Peuple porte toûjours la sole-enchere des folz marchez. *ibid.*
Philippe le Long declare les offices des Greffiers & Notaires de son domaine. 155
Pignus praetorium omnibus creditoribus prodest. 185
Pignus praetorium, quid. 181
Pignus judiciale, quid. ibid.
Place d'Archer de la garde, estoit autrefois la recompense des bons soldats. 228
Plaintes confondues avec les appellations. 62
Plaintes étoient appellées requestes. 91
Plainte ou requeste, remede subsidiaire à l'appellation. ibid.
Plainte étoit dirigée contre le Juge, non contre la partie ibid.
la Plainte étoit dirigée contre le Juge, & ne touchoit la partie sinon indirectement. ibid.
Plaisir d'un Seigneur est referé à l'arbitrage des preud'hommes. 308
Plege de l'Officier est privilegié. 195
Pline s'étonne que de son temps en la plûpart du monde on n'usoit point de sceaux. 109
Planerif du Greffier. 71
Plusieurs vestiges & remarques de l'ancienne plainte. 92
Plusieurs pertes de garantie. 164
Point particulier de garantie des offices à sçavoir que l'office subsiste. 165
Pollicitations faites pour obtenir les offices populaires des villes. 153. & 327
Possession prevaut en matiere d'offices. 64
Possesseur de bonne foy fait tous les fruits siens. 314
Possession actuelle de l'office, qu'est ce à dire. 68
Possession civile, sans la corporelle suffit, sans la prescription. 63
Possession d'un office doit être continuée sans interruption. ibid.
Potestates & honores juris gladij, quid. 36
Pourquoy on use de sceaux aux sentences & contrats. 161
Pourquoy est dû relief pour le mariage de la femme. 300
Pourquoy l'Empereur Leon abolit le serment que rendoient les Juges. 26
Pourquoy on ne fait minute des procurations & obligations. 71
Pourquoy la troisiéme fleur de Lys est mise au dessous des autres aux armes de France. 8
Pourquoy aux mutations des heritages feodaux ou censuels, est dû profit au Seigneur. 197. & pourquoy particulierement au fief, & en l'heritage censuel. 295
Pourquoy les offices des Gouverneurs furent du commencement revocables en France. 307
Pourquoy le Parlement pretend que les Officiers de la Couronne doivent estre receus en iceluy. 225
Pourquoy l'Autheur a intitulé un chapitre du Droit des états non vendus. 242
Pourquoy les deniers du decret des offices tombent en déconfiture. 172
Pourquoy l'office n'entre en communauté. 102
Pourquoy les grands Officiers de la Couronne faisoient hommage de leurs offices. 224
Pourquoy celuy qui a presté pour la conservation a privilege réel, sans stipulation d'hypotheque. 193
Pourquoy la coûtume dit que les rentes ne sont immeubles que jusques au jour du rachapt. 173
Pourquoy nous les contrats sont execution parée, & font pleine preuve. 119
Pourquoy le féel & la voix du commandement sont reservez au Seigneur. 95
Pourquoy les offices ont été instituez. 14

Pourquoy on usoit anciennement du seau au lieu du seing manuel. 109
Pourquoy les Grecs & les Romains n'avoient point de Seigneuries. 100
Pourquoy tous privileges cessoient entre les Romains en l'action tributoire. 192
Pourquoy on prononce l'appellation au neant, sans amende. 63
Pourquoy en incompatibilité on condamne d'opter. 96
Pourquoy on releve par lettre du Superieur, lors en Cour d'Eglise. 93
Pourquoy S. Paul semble se mettre en colere en la 1. aux Corinth. chap. 9. 44
Pourquoy en France il a falu enquerir de la capacité des Officiers, contre ce qui se pratiquoit anciennement. 19
Pourquoy les Juges extraordinaires executent leurs sentences. 37
Pourquoy le Prevost & son Lieutenant, precedent les Conseillers Presidiaux. 38
Pourquoy quelques Ordonnances appellent les alienations à faculté de rachapt, *engagemens.* 106
Pourquoy l'Autheur a fait un livre des Ordres, & un des Seigneuries. 8
Pourquoy és Milices les pures provisions s'appellent maintenant retenuës. 11
Pourquoy on met l'appellation, &c dont est appel au neant. 91 c'est à la Cour seul de prononcer ainsi. ibid.
Pourquoy les Conseillers de la Cour sont Magistrats. 38
Pourquoy l'appel interjetté du delegué special, se relevoit devant le delegant. 92
Pourquoy au Conseil Privé & au Parlement, les Conseillers n'ordonnent rien sur leur nom. 12
le Pourvû d'un office vacant ne peut par aucun moyen perdre le droit, qui luy est acquis en iceluy, par une pure provision. 12
le Pourvû, sans expression de cause, est pourveu purement & simplement, & non pour cause remuneratoire. 311
Pourvû d'un office de Doyen real, doit perdre son office, si c'est à charge de cens ou rente. 29
Pourvû par mort prend le revenu d'un benefice dés le jour du decés de son predecesseur. 54
Pourvû par mort ne cumule, mais seulement le pourvû par resignation. 65
comment se Pourvoit le nommé par l'usufruitier contre le proprietaire. 186
Pouvoir du simple Juge delegué. 31
Pouvoir, honneur & profit accompagnent toûjours un office. 34
Pouvoir du mandataire de jurisdiction. 31
Pouvoir & jurisdiction des Juges pedanées. 32
Pouvoir des Officiers des Villes. 326
Pouvoir du Colonel general de l'Infanterie & Cavalerie legere. 221
Pouvoir de juger ne fait pas le Magistrat. 37
Pouvoir de gouvernement, où s'étend. 39
Pouvoir de l'usage. 270
Pouvoir du Commissaire n'est extensible. 245
Pouvoir du Commissaire de Rome, & de celuy de France. ibid.
le Pouvoir de chacun Officier est limité au fait de sa charge. 28
Pouvoir du simple Juge, non Magistrat. 37
Pouvoir particulier des Gouverneurs du Dauphiné. 141
Pouvoir des Baillifs & Senechaux de commettre des Lieutenans de robe longue, même de les destituer, & jusques à quel temps. 32
Pouvoir du Connestable ne s'étend qu'aux armées, & non aux places. 218
Pratique de la poursuite d'une saisie comme un resignataire. 185. & si cette saisie sert aux autres creanciers. ibid.
Pratique de France des Greffiers & Notaires. 117
Pratique Romaine des Notaires. ibid.
belles questions de la Pratique. 89
Pratique ancienne de discution, & pourquoy abolie. 188
Pratique de la destitution. 310
Prescription des offices. 62
Praefectus Praetorio jamais pris à partie. 91
Premier pourvû précedoit à Rome, en France le premier receu. 45
le Premier pourvû est toûjours preferable, soit aux pures provisions, soit aux reserves. 13
Premier faisissant premier payé sur l'office, selon aucuns. 180. selon d'autres, le premier en hypotheque. ibid.
Praerogativa quid. Ordine consulares. Servare disciplinam curiae. 45
Praerogativa tribus, & quel estoit l'ordre des suffrages aux assemblées de Rome. ibid.
Praerogativa seu prius rogari sententiam. ibid.
Prerogative aux Conseils designez, puis au Prince du Senat. ibid.
de la Prerogative, ou rang d'opiner des Officiers. ibid.

Prescription

des Matieres.

Prescription d'office court pendant l'hostilité. 61
Prescription se compte du jour de la possession, & non de la provision. ibid.
Present qui se faisoient aux Gouverneurs, devoient être limitez de choses propres à manger ou boire dans trois jours. 49
Presentation simple à un benefice, est un acte informe & imparfait, & n'est pas canonique. 286. Réponse aux objections. ibid.
Presidence & voix conclusive ne peut être simplement honoraire. 60
President du grand Conseil, & des Enquestes de Parlement. 145
President de Province ne pouvoit rien commander hors icelle, 39. N'avoit point de Lieutenant.
Presidiaux ne doivent condamner les Seigneurs à l'amande, & pourquoy. 63
Presidiaux appellez Conseillers Magistrats. 38
Prestres des Romains examinez par le grand Prêtre.
Prestres des Romains, choisis par ceux de leur College. ibid.
Preteur Romain ne faisoit le serment, qu'à l'entrée de son exercice. 26
Prevosté de Paris venale anciennement, & venalité d'icelle prohibée par le Roy S. Loüis. 156
faudroit user de semblable Prevoyance envers les Gouverneurs, comme on a fait à l'endroit des Baillifs. 241
Primicerius notariorum, quid. 230. & 282
Primicerius officij, quid. ibid.
Principaux Officiers n'ont pouvoir d'instituer ceux qui sont sous eux, que comme procureurs du Prince souverain.
Principaux Officiers, pourquoy qualifiez Officiers de la Couronne, 115. pour plusieurs raisons. ibid.
Privation expresse de l'Office se prononce en deux façons. 80
Privation de benefices pour le delict de deux sortes. 79
Privation expresse d'Office rend veritablement infame. 82
Privez d'Offices ne peuvent plus tenir d'autres. ibid.
Privilege de Veteran, ne conserve point le rang pour un Officier nouveau. 47
Privilege se conserve aux veuves, & cautele pour cette conservation. 235
Privilege de Veteran n'est point deferé en France sans Lettres particulieres. 60
Privileges ne gardent le rang de leur temps, mais de leur cause. 198
Privileges generaux cessent à la deconfiture, sinon au pupille & dot. 195
Privileges des domestiques du Roy.
opinion de Cujas, sur le privilege de Veteran, & iceluy attribuez aux milices de la toge, comment s'observe en France, 60. en faut obtenir lettres du Roy.
Privilege principal des villes, est d'avoir corps & Officiers. 323
Privilege notable des grands Magistrats Romains. 53
Privilege de conferer l'Office dans l'an, est transferable au resignataire, quand il n'est point consommé. 147
la plupart des Privileges & immunitez des gensd'armes étoient attribuez aux milices civiles.
Privilege du huictiéme denier n'est transferable au resignataire. 147
Privilege du fisque n'est purgé par le decret. 195
Privilegiez preferables en la deconfiture. 194
Privilege de Veteran, qu'est-ce. 59
Privileges se perdent avec l'Office.
Privileges des domestiques, & comment en joüissent. 233
Prix excessif des Offices de Judicature.
le Prix des milices étoit certain. 134
Probatoria, quid, adversus Brissonium. 18. & 232
Probité necessaire aux Magistrats, deferé de crime est incapable d'office.
le Procez des Offices est presque l'unique attribution de jurisdiction des Maistres des Requestes de l'Hostel. 14
Procez criminels contre les Officiers, pourquoy si frequens. 89
Procez des Offices se traittent devant Messieurs les Maistres des Requestes de l'Hostel. 14
Procedure criminelle en France est plus rude aux accusez, que celle des Romains. 88
Procedure de ce qu'on appelloit plûtost querelles. 93
Proconsuls & Presidens Romains ne jugeoient pas eux-mêmes. 24
Proconsuls avoient trois divers Lieutenants. 30
Procuration pour resigner un Office doit être attribuée sous le contre-sceel par provision. 69
en une Procuration pour resigner un Office, le nom peut-être en blanc, & pourquoy. ibid.
Procuration à resigner doit être speciale & particuliere passée pardevant Notaires. 69
Procuration à resigner un Office, peut être en blanc, & sans minutte. 70
Procuration simple pour resigner, n'exclud la suite par hypotheque. 178
Procurations ad resignandum en blanc, ne sont valables, & pourquoy. 70

Procurations sur-années bonnes, & comment. ibid.
Procurations sur-années ne valent plus rien, & pourquoy. ibid.
Procuration ad resignandum nulle, où le benefice est en blanc. ibid.
Procurations irrevocables sont bonnes aprés la sur-annation d'icelles, 70. sont bonnes aussi quand la volonté du resignant dure. ibid.
Procuration n'est point necessaire pour payer la Paulette. 144
Procuration à resigner que sert à la Paulette. ibid.
Procurator Consulum, Curator Reipublicæ, & defensor Reipublicæ, de même que Procureur syndic. 324
Procureurs generaux des Bailliages. 33
monsieur le Procureur General intitulé en tous les actes & contrats de la jurisdiction de la Prevosté de Paris, quand cet office vacque, & pourquoy. 157
Procureurs du Roy ne peuvent substituer, non plus que les autres Officiers de Justice. 33
Procureur du Roy est tenu de l'insolvabilité d'un comptable, & quand. 25
Procureur du Roy, adversaire invulnerable, & comme la quintaine. 87
le Profit que le Magistrat tire sur le peuple est une obvention fortuite. 17
des Profits & émoluments des Officiers des Villes. 326
Profits des Gouverneurs. 49
Profits de la milice, quasi castrensis. 189
Profits des Offices, quand commencent à courir. 156
Prohibition de vendre les Offices de finance. 156
Prohibitions dernieres des suffrages non gardées. 155
propre Prestre entend un Curé en titre. 30
Proprietaire du Greffe n'est tenu de la faute de son fermier. 119
Propriété du commandement inseparable du Prince souverain. 94
Proportion geometrique au salaire des Juges, se doit plûtost tenir que l'arithmetique.
vraye Propriété des offices appartient à la Seigneurie inseparablement. 98
vraye Propriété des offices & benefices est publique, & de droit public. ibid.
Prorogation de la jurisdiction volontaire plus admissible que la contentieuse. 41
Protocollum, quid. 189
Proverbe, Demeurer l'Ourche, ce que c'est. 48
Proverbe, Bonne renomée en vaut mieux que ceinture dorée, d'où est venu. 46
Provision onereuse est remuneratoire, lie les mains à tous Seigneurs. 312
Provision rend Seigneur de l'office, & la reception fait Officier. 12
Provision des Receveurs du domaine alieneé, se baille gratuitement, mais on luy paye le marc d'or. 270
Provision est à la porte de l'office. 50
Provisions en garde, ou en office, sont opposites. 21
la provision d'office ne doit être comparée à un bail à loyer. 312
Provision devroit être expediée sur la resignation. 190
Provisions des benefices, pour moy peut-être deleguée. 285
Provision ne se doit refuser sur la resignation d'un criminel. 79
Provision des Offices, l'une des principales marques de souveraineté. 18
Provision en garde, & la clause, Tant qu'il nous plaira, abolie en effet. 21
Provision des Officiers de l'Empire.
Provision du Roy n'a lieu au domaine alieneé à perpetuité, sinon celuy qui est baillé en échange. 271
Provision du resignataire n'empeche la suite d'hipotheque, 119 en la provision des Offices, le même s'observe anciennement en France qu'à Rome. 17
Provision simple, si on la peut soûtenir faite pour cause onereuse. 311
Provisions du Roy de deux sortes, ou collation, ou confirmation. 17
aux provisions, in forma dignorum, & in forma pauperum, pourquoy s'y fait information de vie & mœurs. 19
Provision produit entierement la Seigneurie de l'Office, ou benefice. 295
deux sortes de provisions gratuites.
en matieres d'Offices, il faut une provision valable, & sans condition pour en être assuré. 13
Provision valable de soy, non pas incommutablement, mais relativement, quelle. 85
Pudeur en la destitution des Officiers. 10
Puissance de vie & de mort, à qui, & sur qui appartient. 239
Puissance de l'ordre s'étend par tout. 205
entreprendre de soy la puissance publique, est espece de leze-Majesté. 36
Puissance souveraine du prince est un rayon de la toute-puissance de Dieu. ibid.
Puissance de jurisdiction est limitée en son territoire.
Puissance des Officiers vient de Dieu originairement, & du Prince immediatement. 31

Du Droit des Offices. X x

Table

Puissance publique est la plus grande prérogative des Officiers. 35
Puissance d'un Juge bornée à son territoire. 40
Puissance publique des Officiers, si elle leur appartient en propriété. 96
Puissance maritale est telle à peu près en effet que la paternelle. 287
toute puissance publique dépend du Monarque souverain. 21
Pure provision engendre droit en l'Office. 11

Q

Qualitez d'honneur des Officiers de la Couronne, & leur rang, 225. de leurs profits, privileges. ibid.
Qualité du premier President dépend de la gratification du Roy. 44
Qualité du titre, & qualité d'attribution. 5
Qualité du premier President des Monnoyes, transmissible par résignation. 44
Quand on avoit recours contre la partie, on ne s'adressoit au Juge. 93
Quand c'est que le Magistrat peut punir l'injure à luy faite. 321
Quand les parties sont d'accord, le Juge n'y a que voir. 119
les quarante jours n'ont lieu qu'aux Offices Royaux. 76
Quarante jours courent du jour du payement du quart-denier, ibid.
ce qu'il y a d'odieux ès Quarante jours. 301
Quarteniers & Dixeniers de Paris. 333
comment s'entend le Quart denier. 167
Quart denier dû pour la resignation des Offices par privilege. 140
Quartiers & tributs, pourquoy dits. 323
Quatre degrez du droit sur les Offices. 10
Quatre prérogatives de l'appanage par dessus l'engagement. 272
Quatre rangs de creanciers. 199
Quatre moyens d'acquerir les beneficies. 10
Quaestre, quid. 30
Quaedam mobilia non consumuntur usu. 171
Quelle est la marque de la jurisdiction & magistrature. 37
Quelques Princes en france qui ont Chambres des Comptes, & Justices des eaux & forests par concession des Roys. 271
Quelle vertu produit la noblesse. 55
Quel droit a le beneficier en la possession des Offices. 286
Quels mandemens du Roy s'executent après son deceds. 240
Quels Seigneurs peuvent destituer. 314
Quaeritur, quid. 90
Questeurs choisis par le Senat. 30
Question, si l'Official est destituable. 311
Question, si après l'an de la procuration, l'Office est perdu. 148
Question, si la possession du predecesseur peut être cumulée. 63
Question sur la Paulette. 61
Question, si la survivance produit droit en l'Office. 75
Question, si l'infamie demeure après le temps de l'interdiction. 83
Question, si la suppression tombe sur le dernier érigé, ou sur le dernier reçu. 64
Question, si la privation de l'Office rend infame. 85
Question, si les 40. jours pour la resignation d'un Office doivent être francs. 474
Question, si la puissance publique est notamment le Merum imperium. 10
Question, si le sçeau est necessaire aux sentences & contrats, 110 non. ibid. exception notable sur ce fait.
Question, si un Office domanial étant racheté, douaire a lieu sur le prix, & la resolution d'icelle. 130
Question, si l'hypotheque demeure quand la revente d'un Office domanial est faite à rigueur. 119
Questions sur les Offices des Receveurs des decimes.
Question, si la femme reprend sur la communauté les deniers payez annuellement pour l'Office propre du mary.
Question, si les Officiers des decimes sont Officiers Royaux, & la resolution. 139
Question, si les Receveurs des decimes sont Officiers domaniaux. 140
Question, si les privileges de l'Edit de Paulet sont réels, ou personnels. 147
Question, si après les six mois, il faut payer le 8. ou le 4. denier. 148
Question, s'il faut signifier la saisie réelle à Monsieur le Chancelier. 184
Question, si après adjudication le saisi meurt sans resigner, l'Office est vacante. 189
Question, si l'adjudicataire est en demeure de se faire pourvoir, s'il perd ses deniers consignez. 190
Question, s'il y a lieu de garantie, quand on a vendu pour Office, ce qui n'étoit que commission. 163
Question, si le simple arrest d'une rente constituée, peut produire le droit de suite. 183
Question, si l'effet de la saisie réelle dure après la reception du resignataire. 184. plusieurs raisons sur ce sujet. ibid. réponses contraires. ibid.
Question, si l'Office entre en communauté, ou en douaire. 199
Question notable, si les deniers de l'Office propre sont sujets à l'employ. 201. & raisons sur icelle. ibid.
Question, si la vente des Offices est licite. 248. réponse & resolution. 249
Question, si les Offices sont sujets au douaire.
raisons & arrest pour l'affirmative & negative. ibid.
Question, s'il est dû finance au Seigneur pour la resignation de l'Office resignable, raisons affirmatives & negatives, & la resolution d'icelles. 290
Question, si l'estimation du demy-denier doit être faite selon le temps du deceds, ou du partage. 204
Question, si l'estimation de l'Office rapportable se doit faire selon le temps de la resignation, ou de la succession, ou bien du partage. 218
Question, si l'Officier peut prouver son achapt par témoins pour empêcher sa destitution.
Question, si les contrats passez par Notaires Royaux hors leur branche, & même au Bailliage, sont nuls. 40. resolution d'icelle. 41. & pour le regard aussi des Notaires des Seigneurs.
Question, si l'achepteur peut être poursuivi pour le prix de l'Office. 149
Question de la resignation du pere à fils, faite en fraude des creanciers. 150
Question, si les Offices non-venaux vendus par le beneficier, sont revocables par le successeur. 313
Question, si la succession de l'ennobli se partage noblement. 55
grand Queux, & sa charge. 222
Quiconque entreprendroit d'exercer Office, sans concession du peuple, étoit puni de mort. 34
Quis cum alio contrahit, scire debet conditionem ejus cum quo contrahit. 149
Quittance supprimée par l'heritier, & pourvû par mort par le partisan, le creancier peut évincer l'Office. 150
Qui vend, ou qui legue une ceduile est reputé disposer de la debte. 137

R

Rachapts des fiefs plus raisonnables que la finance qu'on paye pour les Offices. 167
Rapport d'un Office domanial se fait selon le prix de l'alienation. 131
sur quoy sont fondez nos Rapports. 212
Raisons des anciens Docteurs, pour montrer que les Offices non-venaux ne sont rapportables. 211. réponse à icelles. ibid.
Raisons pour montrer que le Juge peut adjuger l'Office après le refus inutile du Seigneur. 199
Raisons, pourquoy les Greffes des Seigneurs ne peuvent être alienez tout à fait. 106
Raison de la nomination. 7
Raisons pourquoy les gages doivent courir dès la provision. 53
Raisons pour montrer que les Offices sont immeubles. 171
Raisons particulieres pour le remploy des Offices. 202. & réponses aux raisons contraires.
Raisons pour lesquelles les Seigneurs ne doivent point destituer leurs Officiers. 304
le Rang des Officiers se prend du jour de la reception. 45
Rang ne se perd par l'adoption d'un plus grand Office. 48
le Rang est comme une partie de l'Office. ibid.
le Rang n'a lieu que du jour de l'installation. 45
du Rang qu'avoient les Officiers des Villes à Rome, eurent enfin rang selon leur nomination.
le Rang des Officiers presque impossible à specifier.
Rang des Gardes des sçeaux. 15
Rang perdu ne se recouvre jamais. 47
Rang des Presidens des Enquêtes. 247. & 48
Reception plus necessaire que la provision.
Reception consiste en deux points. ibid.
Reception d'un Senateur se faisoit au Senat, sans connoissance de cause. 19
Reception des Juges des Seigneurs, où se doit faire. 291
Reception d'un Juge Royal est un acte de Justice souveraine. 16
de la Reception des Officiers des Seigneurs. 201
Reception d'un Officier doit regulierement être faite en Cour souveraine. 16
Reception de l'Empereur appartient au Pape, & pourquoy. 22
Reception des Officiers de la Couronne, & leur pouvoir. 223
Reception des nouveaux Officiers, & de l'honneur qui en dépend. 232. leurs profits. 235
Receptes des consignations. 106
Receu à survivance ne gagne pas ses rangs. 45

des Matieres.

Receveurs Provinciaux vendus au fieur de Castille. 236
Receveurs des deniers extraordinaires rembourfez par le Clergé, *ibid.* & rétablis en qualité de Receveurs des decimes. 138. attribuez à la nomination du Clergé. *ibid.* pourveus par commission.
Receveurs generaux éteints aprés dix ans, fans remboursement. 139
Receveur general, generalissime du Clergé, n'est qu'une commission revocable. *ibid.*
Receveurs des Decimes, Officiers du Roy à l'égard de l'exercice, & du Clergé, à l'égard de la proprieté. 148
Receveurs des deniers communs devoient donner caution. 325
Receveurs des Decimes ont tous droit d'Officiers du Roy. 140
du Receveur des deniers communs des villes. 324
Recherche des Officiers de ville. 327
Recherches d'Officiers doivent être faites par les Juges ordinaires. 16
Recherches particulieres des Offices non-venaux. 215
Reformations de France n'ont point de tenuë. 53
Recompense des Avocats anciennement, qu'elle. 50
Regratiers de sel, offices plûtôt hereditaires que domaniaux. 114
Regiftres des Notaires, comment doivent être faits. 119
Regerendarij, qui. 116
Regle notable. 314
Reglement du salaire des Juges. 52
Reglement du salaire des Juges, doit être laissé à leur honneur. 53
Reglement de la puissance publique avec la domestique. 43
Regle de *publicæ refig.* faite par les beneficies, & non pour les Offices. 73. 74
Regle des 40 jours és Beneficies qui se comptent à Rome du jour du consens. *ibid.*
Reglement touchant les scellés & inventaires. 112
la Regle des 40 jours n'a lieu és Offices des Seigneurs, mais celle des 20 jours comme aux beneficies y devroit avoir lieu. 301
Regle de garantie. 166
beau Reglement nouveau du Conseil d'Estat. 93
Remboursement, quand peut être ordonné par la Cour. 63
comment doit estre fait. 64
Remede pour maintenir les appellations. 94
Remede nouveau à la fraude des 20 jours. 94
Remede paliatif. 44
Remede que trouvent les femmes à la perte des Offices de leurs maris. 109
Remede certain, pour empécher les monopoles des Gouverneurs. 141
Remedes notables pour empêcher les concussions des Juges. 219
Rem de pour le Seigneur, qui ne veut admettre la resignation. 189
Remploy reçu maintenant par tout. 202
Republiques des villes imitoient celle de Rome. 322
en la Republique Romaine nul Magistrat n'avoit droit de glaive sur un citoyen Romain. 36
Requeste civile de France, que c'est, & pourquoy ainsi appellée. 93
Referve n'oblige le collateur que par honneur. 68
Referves fur les beneficies, où & quand tolerées, *ibid.* ne l'ont jamais été par l'Eglise Gallicane. *ibid.*
Referve du Roy, & des patrons laïcs. *ibid.*
Referves, pourquoy rares. *ibid.*
Residence requise aux beneficies, & non l'exercice personnel, & pourquoy. 19
Residence, exercice, enjoints conjointement aux Officiers de France. *ibid.*
Resignant *instrumenta.* 68
Resignant decedant pendant le procés criminel sa resignation est bonne. 102
Resignataire d'un office hereditaire par privilege n'a point le droit du resignant, mais du collateur, & pourquoy. 136
Resignation premiere n'ayant sorti effet à la finance payée pour icelle, doit servir à une autre resignation. 75
Resignataire gardant ses lettres un an entier, sans se presenter pour être reçu, deviennent nulles. 73
Resignant peut exercer, jusques à ce que le resignataire étant reçu apparoisse sur les lieux. 27
un Resignataire a droit du resignant & du collateur, & pourquoy. 12
Resignataire *habet jus à collatore, non à resignante.* 28
Resignation pourquoy se fait par procuration, & non de vive voix. 71
Resignataire de l'acheteur de l'office pour resigner. 288
Resignation doit être nommé aux procurations *ad resignandum in favorem,* & pourquoy. 72
Resignation de l'accusé est admise & valable, si cela est fait fciemment. 80
Resignation plus raisonnable, que la cession d'usufruit. 166
Resignation de l'office donné, qui a payé quart denier, ne peut resigner. 288
Resignation, si elle doit être presentée dans les six mois aprés

Du droit des Offices,

le decés. 148
Resignation d'une vive voix, bonne & valable, & comment. 71
Resignare, decacheter. 67
Resignation & provision sont necessaires aprés la vente. 165
Resignation d'un office vendu ne peut estre refusée par le collateur. 166
Resignation, & pourquoy 168 pratique ancienne d'icelle. *ibid.* restriction pour le present. 167
Resignataire de l'acheteur du Roy, ne doit estre remboursé. 161
Resignation des menus offices de la maison du Roy. 214
Resignation des milices Romaines. *ibid.*
Resignation gratuite revocable. 72
Resignation volontaire, ou celle qui se fait de la seule volonté du resignant, sans aucune autre cause legitime. 67
ce n'est assez de rendre l'argent à l'Officier pour refuser la Resignation. 167
Resignant, comment peut derechef disposer de son Office aprés le decés du resignataire. *ibid.*
Resignation est prise du Droit Canon, & non du Droit Romain. 70
Resignation faite en vertu du contrat pour un beneficie, est revocable, & pourquoy 69. en Office non. *ibid.*
Resignation en faveur pas raisonnable és Offices qu'és beneficies. 68
Resignation absoluë n'est plus pratiquée és Offices. *ibid.*
Resignation est suspenduë pendant le jugement du procés. 79
Resignant doit cesser d'exercer dés-lors de la presentation de ses lettres. 27
Resignation en faveur d'autruy reprouvée aux beneficies, 68. & la raison. *ibid.*
Resignation favorable, la demission n'est entenduë que de l'exercice, & non du titre. 75
Resign. à pis. ga. a. quiæ sontra communem. 67
Resignation *in favorem,* ne peut estre admise que par le Pape. 68
Resignation d'Office de deux fortes. *ibid.*
Resignation simple, que c'est és Offices. 68
Resignation est tenu d'indiquer la consignation de ses deniers. 167
le Roy prend argent des Resignations, & pourquoy. 165
celuy qui finance pour sa Resignation est excepté de dispensation. 288
ancienne taxe des resignations. 167
declaré incapable peut Resigner, & pourquoy. 80
Resignation simple, ce que c'est és beneficies. 68
la Resignation n'engendre que droit en l'Office. 11
Resignation *in favorem,* cause efficiente de la provision. 12
Resignation n'est pas une traduction de l'Office qui en puisse transferer la proprieté, & pourquoy. 11
quand une resignation est contraire. *ibid.*
Resignant n'a pinoir autresfois un successeur. 68
Resignation d'un Office en pais de domaine alienè, si c'est au Roy, & aux Seigneurs d'en admettre la resignation. 189
Resignation in pais de franc-alcuf, & pourquoy. 11. & 12
Resignation qu'importe proprement. *ibid.*
Resignation ne se peuvent faire anciennement d'un beneficie fans permission. 13
Resignation d'un Office n'est pas un quitement pur & simple, qui aneantisse le decret du resignant, mais seulement une ceremonie necessaire. 63
Resignation incnoluee aux milices. 68
Resignation inconnuë aux Romains. *ibid.*
Resignataire reçu, par quel temps perd l'Office par cessation d'exercice. 77
Resignatio in favorem, ne se trouve point dans le vieil Decret, ny aux Decretales. 68
Resignation d'office doit estre fait directement és mains du collateur, & pourquoy. 69
Resign. re, restituere. *ibid.*
Resolution de l'opinion commune, sur la destitution d'Officiers par les Seigneurs. 304
Resolution pour le remploy des Offices. 202
Resolution que les Offices hereditaires sont reputez immeubles. 174
Resolutions que les Offices sont tantôt meubles, tantôt immeubles. 173
Réponse à l'Ordonnance de Loüis XI. 169
Réponse à l'argument, tiré de l'excellence des Offices. 121
Réponse à l'Arrest de la Roche-Thomas. 59
Réponse à la clause, *Tant qu'il nous plaira.* 306
Réponse à l'Ordonnance de Roussillon. 308
Réponse à l'Arrest du Lieutenant de Vierzon. 276
Réponse à la revocation des Juges pedanés. 307
Réponse à une pretenduë Ordonnance du Code Henry. 58
Réponse à l'Arrest des Tailles du Dauphiné. 58
Ressemblance de l'Office & du Fief. 99
Restitution du prix n'est duë aprés l'Office supprimée. 165. ce qui s'en garde à present, & l'iniquité de cet usage. *ibid.*
Retenuë n'est pas une collation ny une provision, mais une promesse de le conferer, lorsqu'il sera vaquant, ni c'est pas une donation, mais une simple pollicitation. *ibid.*

Xx ij

Table

retenuë se pratique seulement aux simples milices ou places des domestiques des Rois & Princes privilegiez, & pourquoy. *ibid.*
la Retenuë n'engendre que droit à l'Office. *ibid.*
que c'est que Retenuë & Reserve. *ibid.*
Retenuë ne produit point d'action. 13
Retentum, pour resigner l'Office. 77
Retrait lignager n'a point de lieu pour les Offices domaniaux, 131. sinon en quelques Coûtumes particulieres, où le mot d'*heritage* signifie & comprend seulement l'immeuble corporel & solide. *ibid.*
le Revenu de l'Eglise n'est pas un patrimoine, mais la solde de milice Ecclesiastique. 30
Revente des Offices des Receveurs des Decimes, comment peut estre faite 141
Revenus des Beneficiers, quels peuvent estre saisis. 265
Revenus des Benefices, comment sont distribuez entre plusieurs creanciers. *ibid.*
Revision. 93
Revocation d'une procuration pour resigner un Office, pour estre faite sous seing privé, mais elle vaut mieux devant Notaire, & pourquoy. 74
Revocation de resignation se fait rarement, & au cas qu'elle se fist, comme on s'y doit conduire. 78
Revocation signifiée au resignataire és Offices & Benefices n'empesche la validité de la provision subsequente. *ibid.*
Revocation de procuration, à qui doit estre signifiée. *ibid.*
Revocation des survivances. 143
Rea, casa, quid. 173
les Romains, pourquoy gardoient en opinant la prérogative. 45
Romains en leur état populaire étoient peu curieux du titre d'honneur. 8
Romains curieux d'appeler du nom de milices les fonctions de la paix. 6
Romains n'estimoient rien plus honorable que la qualité de soldat. *ibid.*
Romains ne faisoient état des Offices, ny des sacerdoces que pour l'employ. 61
belle regle des Romains aux engagemens. 107
à Rome toute fonction d'Office pouvoit estre commise. 30
à Rome les Officiers n'étoient sujets à information, ny examen en l'état populaire, ny sous les Empereurs. 18
à Rome les simples gendarmes juroient. 26
à Rome n'y avoit point de Commissaires, ny gardiens des lieux. 187
Rome quitta ses anneaux d'or, & pourquoy. 7
Roy hors de son Royaume, homme privé. 57
le Roy chef du Parlement. 57
le Roy ne doit mettre des Gouverneurs aux villes des Seigneurs qu'és frontieres, ou en temps de troubles. 282
le Roy ne peut mettre des Officiers de la Justice ordinaire és villes des Seigneurs, des Juges d'exempts, ou cas royaux, ny de Notaires & Tabellions. 283
le Roy ne meurt point, interpreté. 66
le Roy ne peut dispenser au prejudice des Seigneurs. 277
le Roy par sa provision peut conceder une ampliation & puissance publique, mais il s'en exclud. 12
Rois ont beaucoup de marques d'Officiers. *ibid.*
le Roy est Officier de Dieu. *ibid.*
le Roy parfaitement Officier & Seigneur, ayant le parfait exercice & la proprieté de toute puissance publique. *ibid.*
Rois d'Angleterre se qualifioient anciennement Seneschaux hereditaires de France, & pourquoy. 103
Rois pourquoy sacrez, ne sont point Rois auparavant à l'égard de Dieu. 101
le Roy a toûjours permis la resignation. 54
Royaumes ne sont hereditaires regulierement, 101. comment ils se sont rendus tels. *ibid.*
le Roy plus tenu de ses contrats que les particuliers. 161
Le Roy doit avoir le choix des Juges : commoditez de cet avis, & comment il se doit mettre en pratique. 160
Le Roy n'use du pouvoir de vie & de mort qu'en guerre. 243
Le Roy Robert n'a jamais destruit un seul Officier. 10
Toy de France à l'ordre, l'Office & la Seigneurie tout ensemble. 101
Rois chargez en conscience de l'injustice de leurs Officiers, 258 exemple notable sur ce sujet. *ibid.*
le Roy est garant de l'Office, & ne doit être remboursé. 14
Rois de France de la seconde lignée, appellez *Domini*, & pourquoy. 86
Rois sont Officiers à l'égard du peuple, anciennement purs Officiers. 101
le Roy prend finance de l'Office vendu, & pourquoy. 82
le Roy vassaux & feudataires de Dieu 101
le Roy peut mettre tant d'Officiers de Finance qu'il luy plaît aux villes des Seigneurs. 282

S

Sacrilege, ceux qui troublent les Officiers en leur rang, en sont coupables, & pourquoy. 43

sacrum incautum, entre particuliere de l'Empereur, dequoy composée. 109. crime de leze Majesté d'en user. *ibid.*
Saisie faite entre la provision & reception ne vaut rien. 178
encore que la provision en ait été ignorée. *ibid.*
le Saisi peut conferer les Offices. 419
Saisie d'Offices, à qui doit estre signifiée. 186
Saisie réelle d'un Office. 181
quant avoit lieu en droit la suite de Saisie. 177
comment le Saisi est actuellement depossedé aux immeubles incorporels saisis 187. comment és Offices. *ibid.*
comment se font les Saisies des benefices. 269
Salaires des expeditions extraordinaires. 51
Salaires des Juges ne doivent estre exigez par executoires. 53
Salaires des Offices de Finance, courent du jour de la composition de l'Office. 54
Salaires inseparables de l'exercice. *ibid.*
Salaires que signifie à present. 49
Salaria, quid. *ibid.*
Salaria unde. *ibid.*
Salut dû seulement aux Magistrats, en l'acte de leur office. 44
Salut dû aux Officiers, quel 43. Tibere rendoit honneur aux Magistrats. *ibid.*
qui rend ou qui vend une Scedule est reputé disposer de la debte 149
Scribes du droit Romain, Greffiers ou Notaires étoient du commencement esclaves publics. 115
Scribes honorables entre les Grecs, Serfs & esclaves entre les Romains. *ibid.*
Scriptura forensis & publica. 117
Seau ne supplée point le sein, fors aux titres antiques. 117
Seaux appartenoient jadis aux Juges 110. n'étoient toûjours semblables. *ibid.*
Seau est entierement de la substance de l'instrument. 115
S aux ou marques des marchandises 114. abus qu'il y a. *ibid.*
Sceaux joints au domaine & gravez des armes de France. 110
Seaux exigez en Offices 113
Secretaires du Roy, maison & couronne de France & leurs privileges 122 ne sont Officiers de la Couronne, mais seulement de la Maison du Roy. 123
Secretaires du Roy ne payent rien des heritages qui leur adviennent par acquisition, ou succession 60
Secretaire du Roy par Edit le privilege de Veteran. *ibid.*
Secretaire du Cabinet nommé anciennement le letré. *ibid.*
Secretaires du Roy pourquoy ont plus de privileges que tous les autres Officiers. 230
Secretaires du Roy & leur charge. 223
Secretaires du Roy sont vrais Officiers de leur droit. 230
Secretaires du Roy (vectabitur), & pourquoy. 229. dits *Tribuni & candidati*, & pourquoy. *ibid.*
Secretaires des finances nouveaux. 230
Secretaires du Roy seuls dispensez des 40. jours apres avoir exercé vingt ans. 74
Secretaires du Roy sont nobles. 57
Seigneur doit garantir toute asseurance en sa Justice. 122
Seigneurs entreprennent d'avoir de grands Officiers. 271
Seigneur peut rembourser l'acheteur d'un Office domanial qu'il luy avoit alièné. 127
Seigneur pour partie peut avoir les Officiers, & comment on fait raison au coseigneur. 290
Seigneurs peuvent bien mettre en leurs provisions la clause *Tant qu'il nous plaira*. 291
le Seigneur répond de la consignation faite en son Greffe. 123
Seigneurie ne doit être démembrée. 105
Seigneurs peuvent prendre finance des resignations du domaine alièné. 275
Seigneur peut ceder sa faculté de rachapt d'un Office domanial. 128
Seigneurs ne doivent assister à leurs plaids. 74
Seigneurs plaident en leur Justice sous le nom de Procureur. 252
Seigneurs hauts justiciers ont rang en leur Seigneurie par-dessus tous autres qui y resident. *ibid.*
Seigneurs ne peuvent empescher que le Roy n'establisse des Justices extraordinaires en leur nom. 274, dont la pleine provision appartient au Roy, & expedition sur ce sujet. *ibid.*
Seigneur est obligé de conserver son vassal en son fief, selon la regle des fiefs. 103
Seigneur pourquoy condamné à l'amende pour le mal-jugé de ses Juges. 93
Seigneurie plus qu'un simple fief, & pourquoy. 100
Seigneuries Ecclesiastiques, pourquoy ne sont pas hereditaires. *ibid.*
Seigneuries ne sont offices feodaux & distinction d'icelles. *ibid.*
Seigneurie parfaite ne peut échoir és offices, mais seulement une seigneurie imparfaite. 12
comme le Seigneur feodal peut exploiter le fief ouvert, ainsi le collateur peut conferer l'office vacquant. *ibid.*

des Matieres.

Seigneurs qui ont toute justice, dits Magistrats proprietaires. 36
mais Magistrats impropres. 38
Seigneurs ne doivent avoir sur leurs Officiers plus de puissance que le Roy. 307
Seigneurs ne seroient pas admis aujourd'huy à faire eux mêmes l'exercice de la charge dont la proprieté leur appartient. 100
Seigneurs ne doivent rien prendre des résignations. 167
Seigneurs ne peuvent avoir Officiers de finance. 271
Seigneurs ne sont pas Officiers publics. ibid.
Seigneurs du domaine alienè ne peuvent destituer. 314
Seigneur ne doit prendre finance de l'office vendu. 315. en prend sans qu'on s'en plaigne, & pourquoy. ibid.
Seigneurs commutables peuvent destituer. 314
d'où vient que les Seigneurs conferent les offices de leur Justice. 17
Seigneur ne peut tout seul faire un Officier parfait. 303
Sein proprement signifie seau. 109
Senateurs nais, quels, & leur prérogative sur les simples Senateurs. 56
Senator, quid. 237
Senator primæ sententiæ, quid. 45
senatus-consultum tacitum, quid. 115. & 116
Seneschaux, c'est à dire, Officiers domestiques. 101
Sentence de contumace n'étoit jamais retractée à Rome. 87
après Sentence confirmative de la destitution, l'Officier appellant d'icelle doit exercer. 316
sentences de leur propre nature executoires, contrats par vertu du seau. 118
Sentence renduë par contumace contre celuy qui est notoirement d'autre territoire, & de foy nulle. 40
Sentence est declarée nulle, quand elle est injuste simplement. 94
Sentence de contumace de France. 87
Sentences de contumace de Rome. ibid.
Sentence s'écrit trois fois. 119
Suparation des biens d'Eglise. 318
Sept offices de chez le Roy, pourquoy divisez en chefs, aydes, & sommiers. 301
Sept sortes de provision de Beneficés. 16
Sergens Royaux, quand peuvent demeurer és terres des Seigneurs. 183
Sergens de Justice extraordinaire ne peuvent faire vente de biens, & pourquoy. 37
Sergens Royaux sont amendables par le Juge subalterne en cas de distraction de ressort 283. ne doivent executer les mandemens de Justice subalterne. ibid.
Sergens d'armes, pourquoy dits. 219
Sergens, quasi servientes. 218
Sergens n'avoient aucuns salaires, mais avoient gages, & bouche à Cour. 50
Sergens tuez faisant leur office ne le perdent point. 73. & 208
Sergens ne sont examinez à leur reception, & pourquoy. 24
Sergent Royal faisant quelque delit, ou malversation executant les mandemens d'un Juge. 283
Sergens anciennement n'étoient lettrez. 24
Sergens Chastelains tiennent leur office en fief. 104
Seigneuries fieffées, qu'est ce. 102
Serment d'avoir acheté les offices entretenus jusques à nôtre temps, & pourquoy. 158
Serment d'office ne se peut faire par Procureur. 26
Serment d'un officier où se doit faire, & quel il étoit. ibid.
Serment de n'avoir acheté l'office aboly, & pourquoy. 158
Serment, pourquoy reiteré chacun an aux Parlemens. 27
Services stipulez à l'avenir. 311
Servius distribué le peuple de Rome selon les cantons & regions d'icelle. 6
Servius Tullius retint la connoissance du crime de leze Majesté, & établit des Juges pour vuider tous les autres procez sous authorité. 34
Seul cas auquel on peut deleguer en Justice. 32
Sifres, ou chifres vient du mot Grec $\zeta\iota\varphi\rho\alpha\varsigma$, dit Cujas. 115
Signare, quid. 67
Signum, signaculum, & sigillum. 113
en France on seelloit autrefois sans signer. 109
Simple survivance ce que c'est, & son effet. 74
Simple attest s'office entier, & pourquoy. 158
Simple jurisdiction pouvoit estre deleguée en deux façons à Rome. 30
Simple possesseur peut conferer les offices. 281
Simple arrestant de l'office gagé, peut s'opposer à la reception du resignataire. 186
Simples Gouverneurs en l'Empire Romain, pourquoy ont maintesfois troublé, même envahy l'Empire. 9
Six sortes de vacation és offices. 62
Six moyens d'extinction de l'usufruit. ibid.
Soldat doit honneur à celuy qui a été son Capitaine. 48
après la Sommation, l'office ne court plus de risque. 300
Sommiers de besongne chez le Roy, appelez Fiscalini. 231
Soubachis à le commandement & la force à la main. 37

qui avoit une fois Soupé en taverne, ne pouvoit jamais estre Areopagite à Athenes. 23
S sonus, est mot équivoque. 258
Sportula, quid. 50
Sportule signifie collation, Souper leger. ibid.
Sportules se bailloient en argent, au lieu qu'on avoit accoustumé de les faire boire par courtoisie. ibid.
Sportula apparitorum, quid. ibid.
Stationes, banc des Procureurs aux Palais. 119
Status personarum & fortuna, quid. 7
Subdivision des contrats perpetuels. 303
Substraction à qui se refere. 34
Subrogatio, quid. 166
Subside des quatre deniers, rendu necessaire, ce qu'il doit arriver. 246
Subrogatio, quid. 166
Substituts des Procureurs du Roy erigez en titre d'office. 33
Substituts & substituez, pourquoy ainsi nommez. ibid.
Subit action de la quittance de Paulet. 149
Successeur du donateur ne peut destituer. 152
Successi remedere vel mitiere, que signifioit à Rome. 19
Suffrages de Rome n'étoient si dangereux que nôtre rente. 250
Suffrages pris par les Empereurs mêmes. 154
Suffragiun duplex, privativum & dominicum. ibid.
Suffragium, quid & unde. ibid.
Suffrages venaux des Courtisans sous les Empereurs. 155
Suffrages defendus. 154
Suite d'hypotheque ne doit durer que trois ans. 189
Suite d'hypotheque entre les creanciers. 180
Suite des puissances de ce monde. 34
Suite d'hypotheque, qu'est ce. 176
Surintendans des finances, & leur charge. 220
Surintendant Controlleur general des finances & Tresorier de l'Epargne, ne sont pas offices de la Couronne, mais commissionnaires. 218
Supplicatio contra sententias affecti Præt, fondé sur simple grief, 91. appel à neant au nom. ibid.
Suplicatio in querela. ibid.
Supposition d'écriture privée est mise en doute si c'est faussée. 86
Suppressions souvent ordonnées, mais peu executées. 64
Suppression, vacation advenant ne s'entend de la résignation. ibid.
Sur-an se compte du datte de la pièce, & non de l'apposition du seau. 72
Survivance jouïssante, l'office est comme remply de deux personnes. 74
Survivance jouïssante, qu'est ce. ibid.
étrange stye des appointemens d'un Juge de village. 305
Survivance resultant de l'Edit de la Paulette. 77
Survivance en blanc, presque une heredité d'office. 144
Survivance receuë, second espece de survivance. 75
Survivances ne comprenoient les offices de judicature. 144
Survivances particulieres, 141. & generales. ibid.
Survivances sont toujours en branle d'estre revoquées par Edit general. ibid.
Survivance, pourquoy dite. 72
Survivance en blanc. 77
Suspension en France ne regarde que l'exercice. 84
Suspension ne fait point perdre la place de l'Officier, mais tient seulement l'exercice en suspens. 47
Suspension ou interdiction ne rendoit infame selon les Romains, fors en cas. 83
Suspension des Romains étoit une privation temporelle. 84
deux injustices aux Survivances. 143

T

Tabellion, ny témoins ne signoient point en la minute, mais en la grosse. 17
Tabularium des Romains, Greffe en France. 115
Tabularius pris quelquefois pour le Greffier. ibid.
Talens d'or du bouclier d'Achilles de quelle valeur. 51
Taxations & gros droits des financiers peuvent estre saisis. 228
Tax des resignations ne doit monter qu'au quart denier. 166
Tax appartient aux Juges des vacations extraordinaires, & pourquoy. 52
Taxes payées pour l'office n'y attribuënt point de part à la femme 100. n. s. se prennent sur la communauté. ibid.
Termes d'Honneur & de Vertu, pour quoy situez au bout de la ruë des Muses. 63
Terme, resignare, adapté fort à propos au quittement des Offices & Benefices. 70
Terme de payer accordé, parfaict la translation de la seigneurie, plûtost qu'il n'empêche. 54
Terme de Lieutenant d'où a été tiré. 30
Terme d'officier, que signifie dans les Ordonnances. 239
Terme de quarante jours pour resigner un office, trop long. 76
le Terme de Magistrat signifie quelquefois tout officier notable, qui n'est point ministre d'autruy. 46

Xx iij

Table

Territoire d'un Juge comprend tout le ressort. 39
tout ce qui ne peut estre fait par testament, ne peut estre fait lors qu'on est prest de mourir. 300
plusieurs exemples sur ce sujet. ibid.
Tessera Missiles, & Tessera Annonaria, ce que c'étoit à Rome. 5
Tessera & Tribus, quid. 6
Tessera, ce qu'il signifie en la guerre & hors la guerre, ibid.
Tiers en ascendant que signifie. 140
Tὸ κυρὸ & τὸ χρινὸ, quid. 62
du Tillet reveille beaucoup plus de questions, qu'il n'en resout. 44
Tyrannie des Gouverneurs, que c'est le plus grand peril de France. 240
Titres ou contrats réels. 303
Titre de Conseiller du Roy valoit anciennement comme celuy de Conseiller d'Estat. 46. à qui communiqué. ibid.
Titres d'honneur provenus des Offices ne se perdent par resignation. 47
Titre de l'Office, qu'est-ce. 11
Titres sont de necessité, aussi-bien que les contracts. 303
Titre onereux, que signifie en matiere d'Offices, 310. raison de cette signification. ibid.
Titre de Chevalier, à qui est deferé. 65
Titre de noble homme à qui appartient. 46
du Titre d'honneur des Officiers. 65
Titre d'Office formé, pourquoy dit.
Titulaire d'un Office ne peut estre contraint à l'alienation. 150
Tradition actuelle ne se peut faire de parole. 10
Trois sortes de concessions à faculté de rachapt.
Tradition faite pour chose donnée, transfere la seigneurie : mais celle qui est faite pour cause d'engagement, ne transfere que la simple distribution de la chose. 107
Trafic des Offices, avantageux au Roy. 159
leur prix est trop excessif, principalement des Offices de judicature. ibid.
Tresorier de l'Epargne, & sa charge. 220
Tresoriers de France peuvent commettre à l'exercice d'un Officier fasti, si le Roy y a interest. 187
Tresoriers de France distribuez par les Provinces, pourquoy dits Tresoriers generaux. 220
Tresoriers Provinciaux au lieu des commis des Tresoriers generaux des guerres. 30
Tresoriers des Princes ne joüissent de leur Office que par antichrese. 139
Tribonian prenoit des presens. 49
Tribun du peuple à Rome puny comme estranger par le Triumvir capital. 35
Tribunus, quid. 237
d'où est dit le mot *Tribus*. 6
le Tribu emportoit d'estre citoyen Romain, & comment. 7
Tres differences entre l'Office & l'usufruit. 286
Trois moyens d'acquerir les Offices, & quels. 10
Trois sortes de Magistrats reconnus par Aristote. 39
Trois effets notables de l'hypotheque. 163
Trois sortes d'avanage. 120
Trois sortes de Chancellerie. 30
Trois Vicaires d'un Evêché. 30
Trois sortes de vacations d'offices regulieres. 62
Trois sortes de revenus aux Offices. 268
Trois sortes de fonctions en l'Eglise, & comment chacune peut estre deleguée. 30
Trois sortes de Committimus. 60
Trois sortes ou degrez de Notaires en l'ancien Empire. 229
Trois prerogatives du Chancelier. 219
Trois circonstances font juger un contrat pignoratif. 107
Trois sortes de fruits de prebendes. 267
Trois cas notables. 255
Trois sortes d'Offices hereditaires. 98
Trois effets differens de l'engagement, & de la vente à faculté de rachapt. 107
Trois inconveniens des Offices hereditaires, évitez adroitement en la Paulette. 151
Trois sortes de Secretaires du Roy. 230
Trois sortes de saisie en France, & quelles. ibid.
Trois fonctions jointes en la personne du Roy de France. 9
Trois principales ceremonies de l'honneur externe. 43
Trois examens des Juges au Parlement. 25
Trois sortes de dignitez, & qu'elles. 7
Trois sortes de provisions d'Office. 290
Trovasi la legge, si trova l'inganno. 249
Turelle n'est pas dignité, ny honneur. 7
Turelle, pourquoy dite *Munus publicum*. 6
Tuteur conferer les Offices en qualité de tuteur. 290
Tuteur ne peut gratifier ses domestiques des Offices & benefices appartenans à son pupille. ibid.
Tuteur ne peut lier les mains au mineur par collation faite pour cause onereuse, ou remuneratoire. 314
Tuteur d'un mineur non recevable à changer un Officier hereditaire, 288. & comme il y faudroit proceder cela arrivant, ibid.

Tuteur doit vendre les Offices, qui peuvent estre librement vendus, & laisser en domaine les domaniaux. ibid. 237
Tyro, quid. 237

V

Vacance d'Office fait demeurer les gages au Roy. 148
Vacations des Offices, comme elles adviennent. 62
Vacation imparfaite. 136
Vacation des grands Offices de la Couronne pour arriver par mort seulement, mais rarement. 215
Vefve ne joüit des privileges de son mary, s'il ne meurt Officier. 61
Vefves perdent l'exemption des Offices sujets, ou non sujets à suppression, selon la Paulette, & pourquoy. ibid.
Venalité comment s'est introduite és Offices de France. 157
Venalité introduite aux Offices de Judicature, sous couleur de prêt. 158
Venalité des Offices n'étoit en aucune Republique ancienne. 153
Venalité diminuë l'honneur des Offices. 62
Venalité des Offices est contre raison. 1
la Venalité des Offices a aboly la nomination. 17
de la Venalité des Offices procede leur droit. 221
grand Veneur, & sa charge. 221
Vendeur est privilegié sur la chose, & celuy qui a prêté pour l'achapt, ou pour la conservation de la chose. 192
Vendeur doit dommages & interests, quand le collateur ne veut admettre la resignation. 141
Vendeur a un privilege sur la chose pour le prix d'icelle. 192
Vena venio & datio in feudum, contrats separez. 167
Vendre Offices, comment s'entend aux anciennes Ordonnances. 106
Vendere, aux anciennes Ordonnances signifie bailler à ferme. 157
Vente des Offices de Judicature illicite. 248
Vente des Offices pourquoy quelquefois appellez *engagement*. 107
Vente de simple procuration produit seulement la restitution du prix. 143
Vente des Offices faite par le Roy, n'est semblable à celle de Rome ; c'est une pure vente au plus offrant, semblable à un decret, la reception est au lieu de caution. 161
Vente des Offices taille immense, insensible, volontaire & decisive. 158
en Vente volontaire, si c'est à l'acheteur, ou au vendeur à payer le quart denier. 189
Ventes du domaine qui ne font qu'engagemens. 108
Vente du collateur est celle qui est établit la condition aux Offices non venaux. 142
Vente d'un Office ce qu'elle opere. 163
Vente à faculté de rachapt. 107
Vente publique des Offices par le Roy, quand introduite. 157
Vente d'Office faite à condition d'en fournir les lettres, induit parfaitement l'action *ex imero ad tradendum*. 143
que la Vente des Offices domaniaux n'est point engagement. 105
Vente des Offices entre particuliers. 170
Vente d'Office pourquoy appellée composition. 10
belle resolution de S. Thomas sur la vente des Offices. 157
en Vente de debtes il échet une garantie de fait. 213
verba statutorum debent intelligi in vera & propria significatione. 46
Vers naïfs d'un vieil Poëte. 159
Vertu ne peut recevoir recompense proportionnée à son merite que l'honneur. 42
Vertu militaire recommandée par-dessus toutes. 56
Vicarius, quid. 30
Vicaires fermiers s'ils sont prohibez par le droit canon. 29
toutes fonctions Ecclesiastiques sont exercees par Vicaires. ibid.
Grand Vicaire, ny si necessaire, ny si ordinaire que l'Official. 321
Vice chancelier à Rome par qui établi. 220
Vicomtes de Normandie joüissent encore des émolumens de leur Justice. 217
Vieillard & Officier, même nom en plusieurs langues. 23
Villes s'accroissent par privileges. 322
Villes jurées. 328
Vin de clerc. 118
Vingt jours pour la resignation d'un benefice doivent estre francs. 72
grand Visiteur, ou grand Balancier de France, appellé Roy des Merciers. 225
Université, pourquoy dite.
Voye de fait en l'installation d'un Officier totalement reprouvée en France. 27

des Matieres.

Ufufruit d'un office pour être vendu plutôt que celuy d'un benefice. 166
plusieurs sortes d'ufufruit. 59

Xenophon pourquoy appelle les Officiers μιριχοφίλακες. 304

X

Xenia cur permissa. 47
Xenoa prohibita. ibid

Z

Zenon Empereur, voulut que hors les causes legeres, les Magistrats donnassent d'eux-mêmes, & l'appointement de contestation, & la sentence diffinitive de tous procez. 32
Zenon Empereur établit les Juges pedanées. ibid.

F I N.

TRAITÉ DES SEIGNEURIES.

AVANT-PROPOS.

1. *La Seigneurie publique est mal-aisée à regler.* 2. *Pourquoy.*
3. *Elle n'a point encore esté reglée.*
4. *Peu de Coustumes en ont parlé.*
5. *Articles secrets de la Coustume de Paris.*
6. *Qu'il seroit besoin d'y apporter un Reglement.*
7. *Intention de l'Auteur.*

1. La Seigneurie publique est mal aisée à regler.

IL est ainsi (comme le divin Platon a écrit) que ces mots, *tien & mien*, qui ne concernent que la Seigneurie privée, dont la possession est réelle & toute apparente, sont neanmoins cause des guerres, querelles & procez, combien plus en doit causer & engendrer la Seigneurie publique, qui n'est qu'un droit intellectuel, & une authorité qu'on a sur les personnes libres, & sur les choses possedées, par autrui; Que si la possession de cette authorité est mal-aisée à faire paroistre, son titre & son droit est encore plus difficile à fonder en raison : parce que les Seigneuries, ayant du commencement été établies en confusion , par force & usurpation , il a depuis été comme impossible d'apporter un ordre à cette confusion, d'assigner un droit à cette force, & de regler par raison cette usurpatiō.

2. Pourquoy.

Ainsi se sont forgées confusément plusieurs fantasques especes de Seigneuries, dont les noms mêmes sont presque inconnus, & chacune d'icelles s'est attribué diverses sortes de pretentions, plus en un pays, moins en un autre, selon qu'en chacun pays l'usurpation a eu plus ou moins de cours, & souvent qui plus, qui moins en même pays, selon que chaque Seigneur a été plus ou moins entreprenant, ou ses sujets plus ou moins endurant.

3. Elle n'a point encore esté reglée.

Enfin la confusion & varieté s'y est trouvée si grande, que depuis tant de siecles que ces Seigneuries sont établies, on n'y a encore pû établir de droit certain & uniforme, mais comme aux nouvelles conquestes on y a toûjours vécu à discretion , & s'est-on accordé à loge qui peut. Même toutes les fois qu'il s'en est presenté des differends en Justice, on les a vuidez, non par le point de la raison, mais par celuy de la possession, ou usurpation, & par la regle de conqueste, *qui tenet teneat*, & que *vis est jus* : donnant par ce moien force à la force, & ne laissant aucun pouvoir à la raison, ny à la Justice, au fait même des Justices : & ainsi les plus entreprenans & avantageux l'ont emporté jusques icy par dessus les plus retenus & modestes.

4. Peu de Coustumes en ont parlé.

Mêmement, quand on a redigé par écrit les Coustumes des Provinces , combien qu'il n'y ait matiere aucune, qui soit plus directement du Droit Coustumier & local, que celle des Seigneuries ; neanmoins presque toutes les Coustumes l'ont passée sous silence , pource (à mon avis) que le peuple ne s'en est pû accorder. Cinq ou six Coustumes, tout au plus, en ont traité assez maigrement, & dix ou douze autres ont parlé fort variablement des simples Justices seulement, qui est la derniere espece des Seigneuries. Quoy qu'il en soit , elles ont toutes commencé par cette matiere, comme à la verité c'est le premier, que de fonder la jurisdiction, & il est bien raisonnable d'expliquer la Seigneurie publique avant la privée.

5. Articles secrets de la Coustume de Paris.

Et de nostre temps , en cette celebre assemblée faite pour la reformation de la Coustume de Paris, où se trouva l'élite des Jurisconsultes François, les Reformateurs ébaucherent leur quelques articles touchant ces simples Justices, dont Bacquet nous a fait part ; mais encore ne les oserent-ils proposer à l'assemblée, craignant d'émouvoir autant de procez de reglement, qu'il y a de Justices dans la Prevosté de Paris, & d'avoir autant d'oppositions que d'articles , comme il fût sans doute arrivé. Ainsi ces Seigneuries sont demeurées sans droit, ces droits sans Justice, & ces Justices sans raison, & la raison sans pouvoir.

6. Qu'il seroit besoin d'y apporter un Reglement.

Vaudroit-il pas mieux y apporter (qui pourroit) un ordre asseuré, & y assigner une regle uniforme, afin que les Seigneurs sceussent ce qui leur appartient , & les sujets ce à quoy ils sont tenus , sans parmy cette confusion & incertitude , permettre en cette matiere des Seigneuries & Justices que la force domine, & maistresse la Justice, & l'usurpation de la raison ; Certes il y a moien par tout, pourveu qu'on la veüille chercher : & combien que la verité soit souvent cachée au puits de Democrite, si la peut-on trouver, pourveu qu'on la cherche jusques au fonds, & étant trouvée, elle doit demeurer la maîtresse.

7. Intention de l'Auteur.

Quant à moi, je ne me vante pas de la pouvoir trouver, car qui s'en pourroit asseurer en un champ si ample , en un endroit si obscur, & en un gouffre si profond ? Mais enfin j'estime neanmoins qu'il y a du merite à la rechercher ; *In magnis se voluisse, sat est*. Et si je ne la trouve, peut-être que sur mes brisées un autre plus laborieux , plus clair-voyant, & plus penetrant que moi, la trouvera aprés moi. De sorte qu'y étant engagé, pour avoir déja traité des Offices, & étant resolu de traiter des Offices & des Ordres , qui sont les 2. autres especes de Dignité ; ce n'est pas raison que je manque à expliquer la troisiéme , qui dépend plus particulierement de nôtre Droit-François.

CHAPITRE PREMIER.
Des Seigneuries en general.

1. *Gageure fort notable.*
2. *Dispute celebre entre Martin & Bulgare.*
   Des Seigneuries.
3. *Flaterie du Docteur Martin envers l'Empereur Federic.*
4. *Effets mauvais de cette flaterie.*

des Seigneuries.

5. *Que la gageure fut bien jugée.*
6. *Que cette gageure estoit sur la signification du mot de Seigneurie.*
7. *Difficulté de l'etymologie de ce mot.*
8. *Explication du mot de Seigneurie.*
9. *En toutes langues, un mesme mot signifie l'Officier & le vieillard.*
10. *En Hebreu.*
11. Seniores populi.
12. *Vieillards de Suzanne.*
13. Honor senectutis.
14. Γέρας γερόντων.
15. Presbyter Senior.
16. Γερουσία.
17. Senatus.
18. Seigneur.
19. Senior.
20. *Anciens Seigneurs des Gaules.*
21. *Que Seigneur vient de Senior.*
22. *Sieur vient de sien.*
23. *Pourquoi Seigneurie emporte propriété.*
24. *Deux significations de Seigneurie.*
25. *Definition de seigneurie.*
26. *Division de Seigneurie.*
27. *Seigneurie publique.*
28. *Seigneurie privée.*
29. *Noms de Seigneurie publique & privée.*
30. *Distinction d'icelles.*
31. Κύριος & δεσπότης.
32. *Que la Seigneurie publique a lieu sur les personnes, & sur les biens.*
33. *Usages divers de ces deux Seigneuries.*
34. *Divers effets d'icelles.*
35. *Que les Romains ont reconnu la Seigneurie publique.*
36. *Qu'ils n'en usoient sur les Citoyens Romains.*
37. Jus libertatis.
38. *Ny sur les heritages d'Italie.*
39. Jus Quiritum.
40. *Opinion de Bodin.*
41. *Qu'ils en usoient par tout ailleurs.*
42. Mancipium unde.
43. Manus.
44. *Main en François.*
45. *Main de Justice.*
46. Mancipatio, q. id.
47. Mancipes.
48. Mancipium opponitur usui.
49. Jus Imperij.
50. Res mancipi & non mancipi.
51. *Subtilité d'*Antonin *pour oster les privileges des Citoyens Romains.*
52. *Abolissement du* Jus Quiritum*, & de la difference* rerum mancipi & non mancipi.
53. Tributs, Census.
54. *Que les anciens François ont reconnu ces deux Seigneuries.*
55. *Servitude des Gaulois, vaincus par les Francs.*
56. *Gens de main-morte, ou de poste.*
57. *Serfs de suite.*
58. *France, pourquoy signifioit libre.*
59. *France, d'où vient.*
60. *Comment les terres furent distribuées après les conquestes des Gaules.*
61. *Origine des Seigneuries.*
62. *Seigneurie directe.*
63. *Origine des Fiefs.*
64. Beneficium.
65. *Etymologie de Fief.*
66. *Origine des arriers-fiefs.*
67. *Feaux & soldats.*
68. *Pourquoy la guerre estoit autrefois continuellement en France.*
69. *Origine des Censives.*
70. *Fiefs, pourquoy appellez Francs.*
71. *Autrefois les Seigneurs avoient la directe des personnes aussi bien que des heritages.*
72. *Quelle puissance publique ils avoient.*
73. *Qu'ils avoient l'administration de la Justice, aussi bien que des armes.*
74. *Que les Seigneuries estoient Offices & Fiefs ensemble.*
75. *Ressemblance de l'Office & du Fief.*
76. *Contre Bodin.*
77. Feuda Dignitatum.
78. *Tenir par Dignité.*
79. *Comment les Offices des Seigneurs ont esté changez en Seigneuries.*
80. *Difference d'Office & de Seigneurie.*
81. *Comment les Seigneurs ont usurpé la Seigneurie publique.*
82. *Deux sortes de Seigneurie publique.*
83. *Deux sortes de Seigneurie privée.*
84. *La Seigneurie privée n'a plus lieu directement sur les personnes.*
85. *La Seigneurie publique n'a lieu directement que sur les personnes.*
86. *Contre Bodin.*
87. *Ce qui l'a trompé.*
88. *Que les Romains ne connoissoient qu'un degré de chacune Seigneurie.*

1. Gageure fort notable.

L'Empereur Federic Barberousse ayant vaincu les Milanois en champ de bataille, & reduit à son obeissance toutes les Villes de Lombardie, leur assigna une Diette à Roncaille, pour arrester les articles de Paix, où allant, il rencontra en son chemin un beau Chasteau, & ayant demandé à ceux de sa troupe qui en estoit le Seigneur, l'un d'iceux luy nomma celuy auquel il appartenoit : dont un flateur le reprit, disant, que c'estoit l'Empereur qui en estoit le Seigneur. Sur ce, l'un & l'autre soûtenant son dire, ils entrent en gageure, & d'icelle font l'Empereur Juge, lequel ne la voulut juger tout seul, mais aussi-tôt qu'il fut arrivé à Roncaille, il prit l'avis de deux celebres Docteurs de Droit, Bulgare & Martin qui se trouverent entre les deputez de la Diette. Bulgare condamna tout franchement le flateur, mais Martin non seulement tint pour luy, mais encore encherissant sur sa flaterie, & prenant cette occasion, pour faire le bon valet, soûtint par un long discours que l'Empereur estoit Seigneur de tout le monde, & que les biens des particuliers luy appartenoient : de sorte qu'il luy persuada aisément ce qui concernoit son interest, & ainsi suivant son avis, la gageure fut vuidée : de laquelle la glose & les Docteurs font mention sur la loy *Bene à Zenone.* C. *De quadriennii præscrip.* & sur la preface du Digeste.

2. Dispute celebre entre Martin & Bulgare.

Flaterie certes tres-pernicieuse, qu'un homme de conseil & de reputation fournisse au Prince Souverain victorieux un pretexte de justice, pour le porter à la tyrannie. Et de fait, l'Histoire nous apprend, qu'en consequence de ce mauvais & faux avis, Federic imposa en cette diete des loix & conditions fort rigoureuses à la Noblesse, & aux Villes de Lombardie, notamment leur defendit toutes assemblées & corps de ville, & sur tout leur osta leurs Justices & Seigneuries, mettant en icelles des Officiers de sa part contre l'usage accoûtumé, comme il se collige du Bref de paix qu'il y fit, qui est la constitution *Hac Edictali. De pace tenenda*, lib. 5. *Feudorum.* A raison dequoy, si-tôt qu'il fut retourné en Allemangne, la Lombardie se revolta de rechef, d'où procederent de grandes guerres, & d'où arriva enfin le rasement de l'ancienne Ville de Milan.

3. Flaterie du Docteur Martin envers l'Empereur Federic.

Aussi n'y a-t-il eu depuis aucun Jurisconsulte, qui ait approuvé ny l'opinion de Martin, ny le jugement de la gageure. Et de verité, quant au dire de Martin, on ne le peut assez blâmer ; mais quant à la gageure, qui prendra de prés aux termes d'icelle, trouvera peut-estre qu'elle a esté jugée justement & veritablement. Car comme ainsi soit que les gageures se font ordinairement sur quelque ambiguïté, & que toute ambiguité est ἢ λέξεως, ἢ διανοίας, comme, disent les Rhetori-

4. Estat mauvais de toute Estat Feudal.

5. Que la gageure fut bien jugée.

en general, Chap. I.

ciens, & notamment Quintilian, liv. 9. chap. 1. c'est à dire, ou sur les termes de la proposition, ou sur le sens & intelligence d'icelle, il n'y a gueres d'apparence que cette gageure fust la grande question d'Estat, à laquelle Martin la détourna, si les biens des particuliers appartiennent à l'Empereur : question qui dépend de l'establissement particulier de chacun Estat ou Republique : & particulierement à l'égard de l'Empire d'Allemagne & d'Italie, cela y estoit sans difficulté, quoy qu'en dit Martin, estant notoire, que l'esclavage du Peuple entier n'y eut jamais lieu, ainsi qu'és Estats barbares, mais que les citoyens & habitans d'icelui estoient libres, & avoient la Seigneurie privée de leurs biens.

6. Que cette gageure estoit sur la signification du mot de Seigneurie.

Mais il y a bien plus d'apparence que la difficulté fust sur les termes de la gageure, comme c'est la coustume en matiere de gageures, qu'elles sont fondées sur la subtilité des mots par l'ambiguité, ou équivoque desquels une des parties tasche de surprendre l'autre. Donc la gageure estant, si l'Empereur estoit le Seigneur de ce chasteau, l'ambiguité & subtilité consistoit au mot de *Seigneur*, qui en commun langage Italien, aussi bien qu'en François, signifie bien quelquefois le maistre & proprietaire de quelque chose, mais d'ordinaire, & plus proprement il est pris pour un titre d'honneur, & un nom d'authorité, signifiant celui qui a l'authorité publique : laquelle nous appellerons desormais en ce livre la *Seigneurie publique* : & de fait, Federic montra bien qu'il l'entendoit ainsi, quand en consequence de l'advis de Martin, il osta les Seigneuries & Iustices aux Villes & à la Noblesse de Lombardie.

7. Difficulté de l'etymologie de ce mot.

Ce qui nous porte au discours, par lequel il faut commencer ce livre ; à sçavoir, d'expliquer l'etymologie & origine de ce terme de *Seigneur*, laquelle est aussi difficile à trouver, comme son usage est frequent parmy nous, & encore plus parmy les Italiens & les Espagnols, qui en leurs propos communs ne peuvent proferer trois mots sans y mesler le Seigneur, ou la Seigneurie. Difficulté qui est procedée sans doute, de ce que dés long-temps l'observance & pratique de tous les Estats du monde s'est totalement esloignée de l'ancienne, qui avoit produit la signification primitive, laquelle est de signifier le Magistrat ordinaire de chaque lieu, ainsi que je vay prouver.

8. Explication du mot de Seigneurie.

Car c'est chose notable que comme anciennement, presqu'en toutes les nations, les gens d'âge & d'experience estoient appellez aux Offices (témoin l'exemple que Dieu mesme nous en donne au chap. 11. des Nombres, des septante vieillards, ausquels il fit part de l'esprit de Moyse) aussi en toutes les langues anciennes, un mesme terme signifioit le vieillard & l'Officier, la vieillesse & l'Office.

9. En toutes langues, un presqu'un mesme mot signifie l'Officier & le vieillard.

En Hebreu וזקני & וקני qui signifie proprement *senes & seniores*, est pris pour les Conseillers & Magistrats en plus de vingt endroits de la Bible, notamment au chapitre onziesme des Nombres *senes populi ac magnates* : ainsi voit-on dans le nouveau Testament, que *seniores populi* ne sont pas les plus vieux du Peuple, mais les Officiers ou Conseillers de la Sinagogue : & dans Daniel, les vieillards de Suzanne n'estoient pas de simples bourgeois d'ancien âge ; mais c'estoient les Iuges de la cité, *constituti erant duo senes judices illo anno*, dit le texte. Et de fait, quand le jeune Daniel voulut faire retracter le jugement donné contre Suzanne, ayant dit *revertimini ad judicium*, ils lui dirent : *Iudica nobis quomodo dedit tibi Deus honorem senectutis* ; c'est à dire l'authorité affectée aux vieillards.

10. En Hebrieu.
11. Seniores populi.
12. Vieillards de Suzanne.
13. Honor senectutis.

14. γέρας, γέρων.
15. Presbyter senior.

En Grec, il est notoire, que γέρας signifie la vieillesse & l'Office, & πρεσβύτης, le vieillard & l'Officier, dont nostre Eglise a retenu le comparatif, πρεσβύτερος, & au Latin & au François, *Presbyter* (dit Isidore 1. *Etym.* cap. 12.) *Latinè Senior interpretatur, non modò pro ætate, sed propter honorem & dignitatem.*

16. γερουσία.

Pareillement du mot γέρας, presque toutes les nations Grecques ont appellé leur Conseil d'Estat γερουσία, & de ce mesme nom, les premiers Magistrats de Grece estoient titrez, *apud Lacedæmonios, qui amplissimum Magistratum gerunt, ut sunt, sic etiam appellantur Senes*, dit Ciceron : *in Catone*. Aristote au second des Politiques, dit qu'ils estoient vingt-huict en nombre, & les appelle γέροντες. Desquels Magistrats, parlant Demosthene πρὸς Διοτίμου, dit, qu'ils estoient comme Seigneurs & dominateurs du Peuple, ἔτι δ' ἀντὶ εἰς τ̃ κακουμένων γερουσίαν ἐξωθῶν παρακαν ἑαυτοῦ ἔχοντα δεσπότης ἐστὶ τῶν πολλῶν. Ce qu'Aristote reprend au second des politiques, disant qu'il n'est pas à propos qu'il y ait un Magistrat perpetuel, ayant authorité entiere, autant qu'il devient enfin, comme Seigneur & dominateur : De mesme Homere en cette belle description qu'il fait de la Iustice, Iliade 6. appelle les Iuges γέροντες.

οἳ δὲ γέροντες
Εἷατ' ἐπὶ ξεστοῖσι λίθοις ἱερῷ ἐνὶ κύκλῳ.

17. Senatus.

Tout de mesme, en Latin le Senat est dit, *à Senio, Consilium*, dit Ciceron, au mesme livre, *ratio & prudentia nisi essent in senibus, non summum Consilium majores nostri appellassent Senatum Semper*, dit Callistrate, *in civitate nostra senectus venerabilis fuit. Namque patres nostri eundem penè honorem senibus, quem Magistratibus habebant*, l. *Semper. De jure immunit.*

18. Seigneur.
19. Senior.

Finalement, en nostre France tres-Chrestienne, nous nous sommes accommodez à la mode de l'Eglise, qui se sert du comparatif Grec πρεσβύτερος, pour signifier ses Officiers & nous tout de mesme, empruntons le comparatif Latin *Senior*, pour signifier nos Magistrats Politiques, notamment le Magistrat ordinaire de chaque lieu, qui y a la charge du gouvernement & de la justice. Ce que les Italiens & Espagnols font à nostre exéple.

20. Anciens Seigneurs des Gaules.

C'estoient donc les Seigneurs de l'ancienne Gaule, dont parle Cesar au 6. *de bello Gall. Principes regionum atque pagorum inter suos jus dicunt controversiasque dirimunt* : charge qui residoit lors en leurs personnes, comme vray Office & non pas en leurs terres, comme nos Seigneuries d'apresent.

21. Que Seigneur vient de Senior.

De ce que dessus il s'ensuit, que le mot de *Seigneur*, vient du Latin *Senior* : Et de fait les anciens Autheurs Latins, & les Italiens & Espagnols modernes le tournent toûjours ainsi. Etymologie qui me semble plus vray-semblable, que de le deriver du pronom possessif *sien*, & dire, que celui qui peut dire la chose sienne, en est le Seigneur. Car c'est à mon avis le nom de *Sieur*, & non celui de *Seigneur*, qui vient de *sien* : & de fait, il est tout notoire que le mot de *sien* emporte & signifie proprieté, & celui de *Seigneur*, authorité & superiorité : c'est pourquoy en nostre usage vulgaire nous estimons le titre de *Monseigneur* plus honorable, que celui de *Monsieur*.

22. Sieur vient de sien.
23. Pour leur origine n'estoient qu'Offices, par succession de temps est changée en proprieté.

Neantmoins, parce que nos Seigneuries, qui de leur origine n'estoient qu'Offices, par succession de temps esté changées en proprieté : de là est venu qu'aujourd'huy le mot de *Seigneurie* emporte toûjours quelque proprieté de quelque chose, de l'appeller *Seigneurie*, qui devroit estre appelée *Sieurie* : mais ce mot s'en va hors d'usage, & desormais est trouvé rude.

24. Deux significations de Seigneurie.

De sorte que maintenant le mot de *Seigneurie* a deux significations l'une, de signifier *in abstracto* tout droict de proprieté, ou puissance proprietaire, qu'on a en quelque chose, qu'à l'occasion d'icelle on peut dire sienne : L'autre, de signifier *in concreto* une terre Seigneuriale. Expliquons en premier lieu cette premiere signification, qu'à la verité, comme plus generale, comprend aucunement la seconde que nous avons à traiter.

25. Definition de Seigneurie.

Donc la Seigneurie en cette generale signification est definie, *Puissance en proprieté*. Definition bien courte, mais qui a, & son genre, à sçavoir *Puissance*, qui est commune aux Seigneuries & aux Offices ; & sa difference, à sçavoir *Proprieté*, qui distingue les Seigneuries d'avec les Offices, dont la puissance n'est que par fonction ou exercice, & non pas en proprieté, comme celle des Seigneuries.

26. Division de Seigneurie.

Quant à sa division, la Seigneurie a deux especes, à sçavoir la Seigneurie publique & privée. La publique consiste en la superiorité & authorité qu'on a sur les personnes ou sur les choses, qui toutefois est propre au Seigneur ; au lieu que la superiorité qu'a le simple

Des Seigneuries

27. Seigneurie publique.

Officier, n'est que par exercice, comme j'ay prouvé au commencement des Offices. Et cette espece de Seigneurie est appellée publique, parce qu'elle concerne & importe le commandement ou puissance publique, & aussi qu'elle ne peut estre exercée que par personnes publiques. Et c'est la distinction de ces deux especes, qui vuide nettement la dispute entre Martin & Bulgare.

28. Seigneurie privée.

Quant à la Seigneurie privée, c'est la vraye proprieté & jouïssance actuelle de quelque chose, & est appellée privée, parce qu'elle concerne le droit que chacun particulier a en sa chose. Donc le Seigneur qui a la Seigneurie publique, a pour son relatif le sujet; & celui qui a la Seigneurie privée, l'esclave. La Seigneurie publique est appellée en Grec κυριότης, ἐξουσία, ἀρχή, en Latin Imperium, Potestas, Dominatio, par nous Domination, & proprement Seigneurie. La privée est dite en Grec δεσποτεία, en Latin dominium, & en François proprement Sieurie.

29. Noms de Seigneurie publique & privée.

30. Distinction d'icelle.

Ces deux especes sont nettement distinguées par Seneque en ces 2. beaux passages du premier Livre, De Benef. Ad Cæsarem potestas omnium pertinet, ad singulos proprietas. Et peu apres, Cæsar omnia imperio possidet, singuli dominio: Voilà en un mot la decision de la gageure faite devant Federic. Mais sur tout ces deux mots Grecs Κύριος & Δεσπότης, les distinguent elegamment : Κύριος signifiant celuy qui a la Seigneurie publique, τὸ κῦρος ἔχοι τα, auctoritatem habentem, & Δεσπότης ἀπὸ τῶν δεσμῶν, qui signifie celuy qui a la proprieté & Seigneurie privée, herum sive dominum. Qui est ce que dit en propres termes Philon Juif, au traité, Τίς ὁ τῶν θείων κληρονόμος ἐστι. Καὶ τὸ, συνώνυμα ταῦτα λέγεται κυρίοις, χ̓ δεσπότης ἐφιέναι δ᾽ αἱ κλήσεις διαφέροσι. Κύριος μὲν παρὰ τὸ κῦρος, ὃ δἰ βέβαιόν ἐστιν, εἴρηται, χ̓ ἐν ἐναντίοτητι ἀβεβαίου, χ̓ ἀκύρου. Δεσπότης δὲ παρὰ τ᾽ δεσμὸν, &c. ὦ δὴ δὶς οἰμαι.

31. Κύριος, δεσπότης.

32. Que la Seigneurie publique a lieu sur les personnes & sur les biens.

Qui voudra prendre garde de prés, trouvera que cette Seigneurie publique a lieu par effet, & sur les personnes & sur les biens. Quant aux personnes, c'est en vertu d'icelle qu'on les contraint quelquefois d'aller en guerre, qu'on les emprisonne, qu'on les punit corporellement, qu'on les fait mourir, quand le cas y éschet. Quant aux biens, c'est en vertu de cette Seigneurie qu'on leve des subsides pour la necessité de l'Estat, qu'on les vend par authorité de Iustice, qu'on les confisque en cas de delit, unissant la Seigneurie privée à la publique.

33. Usages divers de ces deux Seigneuries.

Il faut remarquer hardiment qu'il y a une difference fort importante en l'usage de ces deux Seigneuries, à sçavoir qu'on peut user de la Seigneurie privée, à discretion & libre volonté, quilibet rerum suarum est liber moderator & arbiter rei suæ, dit la Loy In re mandata C. mandati, parce que consistant en ce qui est nostre, il n'échet gueres que nous fassions tort à autruy en quelque façon que nous en usions : mais parce que la Seigneurie publique concerne les choses qui sont à autruy, ou les personnes qui sont libres, il en faut user avec raison & justice. Et celuy qui en use à discretion, empiete & usurpe la Seigneurie particuliere, qui ne luy appartient pas : si c'est sur les personnes, c'est les tenir pour esclaves si c'est sur les biens, c'est usurper le bien d'autruy : chose que les Princes doivent bien considerer, & se souvenir de la réponse que fit le Roy Antigonus au flateur, qui lui disoit que toutes choses sont justes aux Rois, non pas aux Rois, dit-il, mais aux Tyrans : & du dire de Seneque, Cæsari cùm omnia licent, propter hoc minus licet.

34. Divers effets d'icelles.

Bref, ces deux especes de Seigneuries sont entierement differentes quant à l'effet. Car comme la Seigneurie privée n'induit point de puissance publique, aussi la Seigneurie publique, qui consiste en la Iustice, n'atribuë aucune Seigneurie privée, & ne diminuë aucunement la liberté parfaite du sujet ou justiciable, au contraire l'augmente & la conserve, comme dit fort bien du Moulin sur le 2. Art. de la Coust. glos. 3. num. 4.

Neque enim libertas tutior ulla est,
Quam Domino servire bono, dit Claudian.

35. Que les

Pour davantage approfondir la distinction de ces deux Seigneuries, & monstrer qu'elle n'est pas verbale & imaginaire, mais réelle & vraye, & parce aussi que c'est la clef de cette matiere, qui neantmoins jamais n'a esté traitée, je veux prouver à loisir, que, & les Romains, & nos anciens François ont distinctement pratiqué l'une & l'autre, & sur les personnes, & sur les biens.

Romains ont reconnu la Seigneurie publique.

Au regard des Romains, ayant chassé leurs Rois, c'est bien la verité qu'ils se voulurent exempter tout-à-fait de n'en usoient cette Seigneurie publique, afin de jouïr d'une parfaite & absolue liberté, & quant à leurs personnes, & quant à leurs biens. Quant à leurs personnes, ils ne dependoient d'aucun Roi ny Monarque, mesme ne voulurent dependre d'aucun Magistrat par droit de Seigneurie, & duquel ils peussent estre dits sujets, qui est ce qu'ils appellent Ius libertatis, qui étoit l'un des droits & privileges particuliers des Citoyens Romains, doctement expliqué par Sigonius, lib. 1. De antiquo jure civium Rom. cap. 6. Mesme ne voulurent pas estre astraints tout à fait à la puissance publique des Magistrats, leur ayant osté le pouvoir de condamner à mort, mesme au foüet aucun citoyen Romain : & il est à croire qu'ils se fussent tout à fait passez de Magistrats, s'ils eussent pû, tant ils avoient la seigneurie publique en horreur, à cause de la tyrannie de leurs Rois qui en avoient abusé.

36. Qu'ils se sur les citoyens Romains.

37. Ius libertatis.

Quant aux biens aussi, les Romains voulurent que leurs heritages fussent entierement libres, c'est à dire, qu'ils fussent exempts de cette Seigneurie publique, & qu'ils appartinssent aux proprietaires d'iceux, optimo jure, seu jure Quiritum, comme ils parloient. Ce qui a incité Bodin à dire, que la Seigneurie publique est une invention des peuples barbares, & que les Romains ne la reconnoissoient point, soit pour les personnes, soit pour les biens.

38. Ny sur les heritages d'Italie.

39. Ius Quiritum.

40. Opinion de Bodin.

Ce qui est bien vrai pour les personnes des Citoyens Romains, & pour les terres d'Italie : mais il est bien aisé de remarquer qu'ils reconnoissoient à l'égard des personnes de tous ceux qui n'estoient citoyens Romains; & qui partant non habebant jus illud libertatis quod erat proprium civium Rom. & sur les heritages situez hors d'Italie, quibus non erat concessum jus Quiritium. Ce qui se connoist par cette ancienne division, rerum mancipi, & non mancipi, que je me donneray le loisir d'expliquer en passant, parce que Iustinien en la Loy unique, De jure Quirit. toll. dit que c'est un Enigme inexplicable.

41. Qu'ils en usoient tout ailleurs.

Mancipium est quasi manu captum (dit Varron lib. 5.) quod manu ab hostibus capitur, dit Iustinien aux Instituts. Or c'est chose notoire qu'en ces endroits manus ne signifie pas la main, ni la puissance, & encore non pas la puissance privée, mais la publique, comme en la Loy 2. in princ. De orig. jur. omnia manu à Regib. gubernabantur : An nescis longas Regibus esse manus ? Inde manumittere, manum injicere, in manu esse, signifient & presupposent la puissance publique. Il est vray qu'en l'Estat populaire des Romains, ces termes sont quelquefois accommodez aux particuliers, parce qu'ils avoient part à l'Estat, & partant estoient capables de cette puissance publique.

42. Mancipium unde.

43. Manus.

Mais en nostre France Monarchique, la main signifie communément la puissance publique, comme quand nous disons, main-mise, main-levée, conforte-main, maintenuë, main-garnie, nous entendons cette main, que nous appellons la main ou du Roy ou de Iustice ; c'est à dire, la puissance publique, qui a son effet en la Iustice, selon laquelle elle doit estre conduite, ainsi qu'il vient d'estre dit, & que partant nous representons par cette main de Iustice, que nos Roys, estans en leur habit Royal, portent particulierement comme les plus grands Iusticiers du monde, outre le sceptre commun à tous Rois.

44. Main de François.

45. Main de Iustice.

Mancipium donc estoit proprement à Rome cette Seigneurie superieure qui appartenoit à la Republique, sur les personnes & biens des Provinces. Car, comme il vient d'estre dit, les Citoyens Romains en estoient exempts, isque sui erant mancipii, comme aussi estoient toutes les terres d'Italie, quæ habebant jus Quiritum. Mais celles des Provinces erant in mancipio Reipubl. & estoient tributaires. D'où vient que ceux qui prenoient à ferme, ou faisoient parti general des tributs des Provinces, estoient appellez Mancipes. Mancipes, pes,

46. Mancipium quid.

47. Mancipes.

en general, Chap. I.

dit Asconius, *sunt publicanorum principes, qui exigenda à sociis exigunt, & repræsentant suo periculo.*

48. Mancipium opponitur usui.

Ainsi *Mancipium* est opposé à la jouïssance, témoin l'Epistre de Curtius à Ciceron, liv. 7. Epist. ad famil. *Sum χρήσει μὲν, tuus κτήσει ἢ Attici nostri ergo fructus est tuus, mancipium illius.* A qui Ciceron respond, *Quando proprium Attici nostri te esse scribis mancipio & nexu, meum autem usu & fructu, contentus illo sum. Id enim cujusque est proprium, quo utitur ac fruitur.* Et dans Lucrece livre 3.

Vitaque mancipio nulli datur, omnibus usu.

Voila le propre & originaire signification de *Mancipium*, de signifier la puissance publique & superieure. Mais depuis que les Romains en leur Estat populaire se furent attribué ce droit de posseder, *optimo jure, seu jure Quiritum,* les heritages de toute l'Italie, c'est à dire sans aucune subjection, mais en parfaite liberté; & entiere Seigneurie, dont chacun particulier estoit capable, ayant part à l'Estat (ce qu'ils appelloient *Ius Imperij,* qui estoit encore un autre des droits propres aux Citoyens Romains) ils appellerent *res mancipi* les biens dont les possesseurs *habebant mancipium,* c'est à dire cette Seigneurie, conjointe à la proprieté & jouïssance actuelle: & *res non mancipi,* celles dont les particuliers n'estoient capables d'avoir cette mesme Seigneurie publique, par ce qu'elle avoit esté reservée inseparablement à la Republique, à sçavoir les terres des Provinces.

49. Ius Imperij.
50. Res mancipi, & non mancipi.

Et par apres, depuis que sous les Empereurs, ils commencerent à perdre *ejusmodi iura libertatis & Imperij,* commençans aussi à estre reduits peu à peu à la Monarchie, l'Empereur Antonin n'osant pas oster tout ouvertement ces droits & franchises au peuple Romain, les communiqua, par un sage traict d'Estat, à tous les sujets de l'Empire, qu'il fit tous citoyens Romains, par ce bel Edict rapporté en la Loy *In orbe. D. De statu hominum:* & ainsi il abolit par effect les privileges des citoyens Romains, les reduisant en droit commun.

51. Subtilité d'Antonin pour oster les privileges des citoyens Romains.

Et long-temps apres, Iustinien osta tout à plat cette difference des terres d'Italie, & des Provinces. Quoy faisant, afin d'abolir toutes les traces & vestiges de cette liberté populaire, ce droit de *Ius Quiritum,* estoit un nom vain & sans effect. Aussi à la verité luy ostoit-il lors son effect, en ostant la difference, *rerum mancipi, & non mancipi,* & ordonnant *quaeque rei suae legitimus & plenissimus dominus esset. l. unica. De jure Quirit. toll. & l. unica, De usucap. transform. & sublata differentia rerum mancipi, & non mancipi.*

52. Abolissement du Ius Quiritium, & de la difference rerum mancipi, & non mancipi.

Neantmoins en effet les terres des Provinces ne laisserent de demeurer en la Seigneurie publique de l'Empire Romain, & d'estre tributaires, comme auparavant: ainsi que les trois derniers livres du Code font foy, & le titre de *Censibus* au Digeste. C'est pourquoy le vieil glossaire Grec dit στρατιώτικα τὰ ἐπαρχίας κτήματα. Et ce tribut fut enfin appellé *Census,* Κῆνσος, inquit Suidas, τρόπος τις, lequel tribut, ou Cens des Romains, estoit la marque de cette Seigneurie publique.

53. Tributs, Census.

Voila quant aux Romains: & pour le regard de nos François, quand ils conquesterent les Gaules, c'est chose certaine qu'ils se firent Seigneurs des personnes & des biens d'icelles, j'entends Seigneurs parfaits, tant en la Seigneurie publique, qu'en la proprieté ou Seigneurie privée.

54. Que les anciens François ont conquis ces deux Seigneuries.

Quant aux personnes, ils firent les naturels du païs serfs, non pas toutefois d'entiere servitude, mais tels à peu prés que ceux que les Romains appelloient, ou *Censitos, seu adscriptitios,* ou *Colonos, seu glebae addictos,* qui estoient deux diverses especes de demi-serfs: car ainsi parler dront les premiers sont appellez en nos Coustumes *Gens de main-morte, id est mortua potestatis,* ou de *gens de poste, id est aliena potestatis:* comme il est interpreté en un vieil Arrest de l'an 1247. rapporté par Regueau. Et les derniers sont appellez *Gens de suite,* ou *Serfs de suite,* qui estoient sujets de demeurer dans le territoire du Seigneur, autrement pouvoient estre poursuivis & ramenez comme des serfs fugitifs.

55. Servitude des Gaulois vaincus par les Francs.
56. Gens de main-morte ou de poste.
57. Serfs de suite.

Mais quant au Peuple vainqueur, il demeura franc

58. Francs.

de ces especes de servitude, & exempt de toute Seigneurie privée. D'où est venu que les François libres, estans meslez avec les Gaulois; qui estoient demy-serfs, le mot de *Franc,* qui estoit le nom propre de la nation, a signifié cette liberté: ainsi que Pasquier a bien remarqué au 5. chap. du premier livre de ses Recherches.

59. Pourquoy signifié liberté.
Franc d'où vient.

Quant aux terres de la Gaule, les François victorieux les confisquerent toutes, c'est à dire attribuerent à leur Estat l'un & l'autre Seigneurie d'icelles. Et hors celles qu'ils retinrent au domaine du Prince, ils distribuerent toutes les autres par climats & territoires aux principaux Chefs & Capitaines de leur nation. Donnant à tel, toute une Province à titre de Duché; à tel autre un païs de frontiere à titre de Marquisat; à un autre une ville, avec son territoire adjacent, à titre de Comté; Bref d'autres des Chasteaux ou villages, avec quelques terres d'alentour à titre de Baronnie, Chastellenie ou simple Seigneurie, selon les merites particuliers de chacun, & selon le nombre des soldats, qu'il avoit sous luy, car c'estoit tant pour eux que pour leurs soldats.

60. Comment les terres furent distribuées apres les conquestes des Gaules.

Mais ces terres ne leur estoient pas baillées *optimo jure,* pour en jouïr en parfaite Seigneurie: mais voulans establir une Monarchie asseurée, ils en retinrent pardevers l'Estat, non seulement la Seigneurie publique, mais aussi se reserverent un droit sur la Seigneurie privée, qui n'avoit point esté connu par les Romains, droit, que nous avons appellé *Seigneurie directe,* qui est une espece ou degré de Seigneurie privée.

61. Origine des Seigneuries.
62. Seigneurie directe.

Car ils ne donnerent ces terres à leurs Capitaines pour en jouïr en toute franchise & sans prestation ou redevance aucune; mais les baillerent à titre de fief, c'est à dire à la charge d'assister toujours le Prince Souverain en guerre. Invention qui avoit esté commencée par les Empereurs Romains, lesquels pour asseurer leurs frontieres s'adviserent de donner les terres d'icelles à leurs Capitaines & Soldats plus signalez par forme de recompense ou bienfait, qu'aussi ils appellerent *beneficie* à la charge de les tenir seulement pendant qu'ils seroient Soldats. Ce qui servoit tant à les obliger à continuer la milice, qu'à les rendre plus courageux, lors qu'ils defendroient leur propre terre: *ut attentius militarent propria rura defendentes,* dit Lampride.

63. Origine des fiefs.
64. Beneficium.

Ce que nos anciens François ayant appris lors qu'ils en vinrent sur les frontieres des Romains de Gaule le pratiquerent depuis, non seulement en la frontiere de leur Estat, mais par tout iceluy, appellant Fiefs les terres accordées à ce titre, à cause de cette confiance ou foy promise par le preneur d'icelles, d'assister son Seigneur en guerre: ce qui a fait croire à plusieurs qu'ils ont esté les premiers inventeurs des Fiefs, estant eux à la verité qui en ont appris l'usage aux Lombards.

65. Etymologie de Fief.

Et non seulement le prince souverain des François donna à ses Capitaines, tant pour eux que pour leurs soldats les terres de leur partage à titre de Fief vers luy: mais aussi les Capitaines baillerent à chacun de leurs soldats la part qu'ils leur en voulurent bailler à mesme titre de fiefs vers eux, c'est à dire, à la charge qu'ils seroient tenus de les assister en guerre, toutefois & quantes qu'il en seroit besoin, & par ce moyen leurs compagnies demeurerent entieres pour jamais.

66. Origine des arriere-Fiefs.

Ainsi ils avoient deux sortes de gens de guerre, à sçavoir les vassaux ou feaux, & les soldats: les feaux y estans obligez par leurs fiefs, & les soldats par leur solde. Il y avoit en France anciennement si grand nombre de feaux ou vassaux, qui estoient convoquez par le ban & arriere-ban, qu'on n'usoit presque point de soldats soudoyez; & sans cela nos Roys qui n'avoient presque aucun domaine, estans lors tous les Duchez & Comtez tenus par les Seigneurs, & qui d'ailleurs n'avoient aucune taille ni autre subside ordinaire, n'eussent pû soustenir les grandes guerres qu'ils supportoient presque continuellement. Mesme parce qu'en temps de paix leur puissance estoit fort petite, estant resserrée de si prés par tant de Seigneurs trop puissants, qu'ils estoient contraints pour se maintenir, d'avoir toujours quelque entreprise de guerre, afin d'avoir sujets

67. Feaux y soldats.
68. Pourquoy la guerre estoit jadis continuelle en France.

Des Seigneuries.

69. Origine des censives. de tenir tous ces Seigneurs obligez à les assister, & à demeurer auprés d'eux sous leur commandemēt militaire. Mais pour revenir au partage que firent nos conquerans François des terres de la Gaule, ces Capitaines ausquels les territoires entiers avoient été concedez, outre la part qu'ils en donnerēt à leurs soldats, rendirent aussi aux naturels du païs quelque petite portiō de leurs terres, afin de ne les exterminer, mais pour s'en servir au labourage. Mais ils ne leur concederent pas au même titre de Fief, comme ils avoient fait à leurs soldats, (car ils leur osterent l'entier usage des armes, & par consequent des Fiefs:) mais à titre de cens, c'est-à-dire, de leur en payer la même rente annuelle ou tribut, qu'ils avoiēt accoustumé d'en payer aux Romains : duquel tribut les fiefs concedez aux François étoient exempts, & pour cette cause furent appellez *Francs-Fiefs*, ou bien parce qu'il n'y avoit que les Francs qui fussent capables de les tenir : ce qui sera examiné ailleurs.

70. Fiefs pourquoi appellez francs.

71. Jadis les Seigneurs avoient la directe des personnes, aussi bien que des heritages. Voila en passant l'origine de nos fiefs, arriere-fiefs & censives; Or ces Capitaines ausquels les Provinces, ou les villes, ou les amples territoires avoient été accordés, tant pour eux que pour leurs soldats, n'avoient pas seulement la Seigneurie privée, soit directe, soit utile, des heritages de leur territoire : mais aussi ils étoient Seigneurs des personnes des anciens habitans du païs, residens en leur détroit, selon la condition de servitude qui leur avoit esté imposée lors de leur conqueste : laquelle Seigneurie ne se pouvoit étendre sur les François qui étoient francs & libres. Toutefois il faut noter que toute la Seigneurie qu'avoient ces Capitaines, soit sur les terres ou sur les personnes, n'étoit qu'une Seigneurie privée, demeurant jusques alors la Seigneurie publique entierement par devers le Prince Souverain, selon sa vraie nature.

72. Quelle puissance publique ils avoient. Il est vray qu'ils avoient le commandement & la puissance publique en qualité d'Officiers, étans toûjours demeurez en leurs charges de Capitaines, en tant que par le moyen des vassaux qu'ils avoient sous eux, leurs compagnies ou bandes étoient maintenuës à perpetuité : & de fait aux livres des Fiefs ils sont appellez *Capitanei aut regni*.

73. Qu'ils avoient l'administration de la Justice, aussi bien que des armes. Mais que non seulement ils avoient le commandement au fait de la guerre, comme Capitaines ; mais ils avoient aussi l'administration de la justice, parce qu'en ces nations belliqueuses, il n'y avoit point d'autres officiers principaux que ceux de la guerre, qui quant & quant exerçoient la justice en temps de paix ; n'ayant même en aucune ancienne Republique, les Charges de la Guerre & de la Justice été separées, comme il a été dit au premier Livre *des Offices*. Aussi Cesar au passage cy-dessus allegué, dit qu'en l'ancienne Gaule étoient les principaux des Villes & Bourgs qui rendoient la justice. Et tout ainsi que ces Capitaines s'aidoient des leurs vassaux en la guerre, aussi faisoient-ils en la Justice, principalement aux causes d'importance, qu'ils jugeoient par leurs avis, & pour cette raison ils les appelloient *Pares Curia*, c'est-à-dire, Païrs & compagnons de leur Cour & Justice.

74. Que les Seigneuries étoient Offices & Fiefs ensemble. D'où s'ensuit que la charge de ces Capitaines étoit Office & Fief tout ensemble : Office, entant qu'ils avoient l'administration & des armes & de la justice : fief aussi, entant que les leurs Seigneurs de leur territoire, lequel ils tenoient en fief du Prince Souverain, à la charge de l'assister en guerre.

75. Ressemblance de l'Office & du Fief. Aussi n'étoient lors l'Office & fief gueres dissemblables. Car outre l'affinité qu'ils ont encore de consister tous deux en fonctiō personnelle, & de subsister formellement en la foy : le fief aussi bien que l'Office finissoit lors par la mort, même l'un comme l'autre étoit revocable par la volonté du concordant, comme il est dit au premier Titre des fiefs, Bref l'Office & le fief n'avoient lors autre difference, sinon que la fonction de l'Office est publique, & celle du fief est privée, à sçavoir d'assister son Seigneur en guerre : en signe dequoy le serment de l'Office se fait publiquement, & la foy du fief se rend en privé, & aussi la recompense de l'Office consiste ordinai rement en gages perceptibles du public, & celle du Feudataire en heritages desquels il joüit par ses mains.

Donc ces Charges de Capitaines, qui sont les Duchez, Marquisats & Comtez, n'étoient pas lors de cette premiere institution simples Offices, comme a dit Bodin: puis qu'elles étoient conferées à la charge d'assister le Prince en guerre, qu'elles avoient des vassaux & censiers qui en relevoient, & que leur revenu consistoit, non en gages, mais en heritages. Ce n'étoient pas aussi simples fiefs, puisque d'iceux dependoit la fonction publique, même le commandement, tant au fait des armes que de la justice. Partant il faut conclure que c'étoient Offices & fiefs tout ensemble.

76. Contre Bodin.

C'est pourquoi dans les livres des fiefs ils sont appellez *Feuda dignitatum*, *seu feudales dignitates* : comme qui diroit Dignitez & fiefs ensemble. Terme que Boureiller a bien sceu recueillir, *tenir par dignité*, dit-il au Titre des fiefs, *si est tenir aucun Office en fief par forme de dignité, si comme de tenir Seigneuries a heritage & en fief, & si comme Majeur heritier*, c'est-à-dire, un Maire hereditaire. Qui est l'occasion pourquoi nous les avons fort à propos qualifiez du nom de Seigneuries, qui par la double etymologie de *Sinor* & de *sien*, cy-devant exposée, comprend l'Office & la proprieté des terres, κυρίαν ἢ δεσποτίαν, *imperium & dominium*, bref tant la Seigneurie privée que la publique.

77. Feuda dignitatum.

78. Tenir par dignité.

Car il faut noter que quelque cōmandement ou puissance publique qu'eussent les Ducs, Marquis & Comtes, de leur premiere institution, si est-ce qu'ils ne l'avoient que par forme d'administration, comme Officiers, & non pas en proprieté, comme Seigneuries : mais pour l'affinité qu'il y a entre la puissance des Officiers, & celle des Seigneurs (qui est si grande, que ny les Grecs ny les Romains, n'ont sceu la distinguer par un nom divers ; mais ont été contraints d'appeller l'une & l'autre du même nom ἀρχὴν *Imperium*) il a esté facile à ces anciens Ducs & Comtes, de changer leur Office en Seigneurie : entreprenant premierement de faire exercer leurs Charges par Commis & Lieutenans, ainsi que le Droit Romain permet, puis ayant trouvé moyen accortement de les rendre accessoires, & dependantes de leurs Fiefs, qui déja auparavant avoient été faits hereditaires & patrimoniaux.

79. Cōment les offices des Seigneurs ont esté changez en Seigneurie.

Ainsi outre la Seigneurie privée (accordée à ces Seigneurs, tant des terres de leur détroit que des personnes des Gaulois,) ils ont encore usurpé une espece de Seigneurie publique, c'est à dire une proprieté de la puissance publique.

80. Difference de l'Office & Seigneurie.

D'où s'ensuit qu'en Frāce, & en si peu qu'il y a d'autres païs, où la Justice publique est laissée en proprieté de particuliers, il y a deux degrez de Seigneurie publique, à sçavoir celle qui demeure inseparablement pardevers l'Estat nonobstant usurpation, que nous appellons Souveraineté: Et celle qui a esté ainsi usurpée par les particuliers, & pour laquelle exprimer il nous a fallu forger un mot exprés, & l'appeller Suzeraineté, mot qui est aussi estrange, comme cette espece de Seigneurie est absurde.

81. Cōment les Seigneurs ont usurpé la Seigneurie publique.

82. Deux sortes de Seigneurie publique.

Comme pareillement nous avons deux degrez de Seigneurie privée, à sçavoir la directe, qui est celle des Seigneurs feodaux ou censuels, & la Seigneurie utile, qui est celle des vassaux & sujets censiers, lesquels deux degrez de Seigneurie privée reviennent presque à la distinction que les Grecs entre κτῆσιν & χρῆσιν.

83. Deux Seigneurie privée.

Or comme nous n'avons plus à present aucune sorte d'esclavage en France, qui est le païs des francs, ma Seigneurie privée n'y a plus lieu sur les personnes, mais seulement sur les terres. Il est vray qu'elle redonde indirectement sur les personnes à l'occasion des terres, comme on void que le vassal & censier doivent quelques redevances personnelles à leur Seigneur direct, mais ce n'est pas de leur chef, mais à cause de leur terre, qui estant animée ne peut rendre le devoir dont elle est chargée, sans l'entremise du detenteur d'icelle, qui aussi se peut exempter de ce devoir en quittant la terre : ce qui ne seroit pas, s'il étoit deu directement par la personne.

84. La Seigneurie privée n'a plus lieu directement que sur les personnes.

Mais au contraire la Seigneurie publique a lieu dire-

85. La Sei

clement, & principalement sur les personnes qui sont capables de recevoir le commandement, & non sur les choses inanimées. Que si elle s'étend sur les choses, c'est indirectement ; & à cause de la personne à qui elles appartiennent : comme quand on saisit les meubles d'un debiteur, ou qu'on confisque les biens d'un condamné.

De ce discours(qu'il a esté besoin de faire un peu long, pour ce que cette distinction de Seigneurie n'a jamais esté traitée) il appert assez,ce me semble, que Bodin se méprend, quand il dit que les Romains n'ont point recônu de Seigneurie publique:& encore plus quand pour prouver cette proposition, il dit que ces mots *Dominium directum & utile*, ne se trouvent point dans le corps de leur droit, pensant à mon advis, que la Seigneurie directe fust la publique, & que l'utile fust la privée, bien que la directe & l'utile soient deux espèces de la Seigneurie privée : au dessus desquelles est encore la Sei-

gneurie publique. Ce qui l'a trompé, est la grande affinité & ressemblance d'entre la Seigneurie privée directe du Seigneur feodal & censuel, & la Seigneurie publique du Seigneur haut-Iusticier, qui se rencontrent ordinairement en mesme personne, & en mesme Fief. Et aussi que le cens, qui aux Romains estoit marque de Seigneurie publique, est à nous une marque de Seigneurie directe des particuliers.

Concluons donc des preuves cy-dessus rapportées, que les Romains reconnoissoient la Seigneurie publique & privée. Mais ils n'en reconnoissoient qu'une sorte de chaque espece, non pas deux divers degrez, comme nous : car premierement quant à la Seigneurie publique, ils ne connoissoient point la Suzeraine subalterne, qui a esté en France usurpée par les particuliers. Et quant à la Seigneurie privée, ils ne reconnoissoient point le *Dominium directum & utile*, qu'ont produit nos Fiefs & censives, dont ils n'avoient point l'usage.

marginalia: gneurie publique n'a lieu directement que sur les personnes.
86. Contre Bodin.
87. Ce qui l'a trompé.
88. Que les Romains ne connoissoient qu'un degré de chacune Seigneurie.

CHAPITRE II.
Des Seigneuries Souveraines.

1. Seigneurie in concreto, ou terre Seigneuriale.
2. Deux especes de terres Seigneuriales.
3. Noms de Souveraineté.
4. Souveraineté est propre inseparablement à l'Estat.
5. La souveraineté est la forme de l'Estat.
6. Estat, d'où est dit.
7. Souveraineté reside en l'Estat, & se communique aux Seigneurs d'iceluy.
8. Ce que c'est que la puissance absolue de souveraineté.
9. Bornes de puissance souveraine fort notables.
10. Marque de souveraineté.
11. Qu'il ne sera ici traité que la souveraineté Monarchique.
12. Tous Monarques indifferemment appellez Rois.
13. Quatre sortes de princes.
14. Simples princes.
15. Prince, que signifie proprement.
16. Ἀρχων, ἀρχή.
17. Rex.
18. Βασιλεύς.
19. Simples princes plus anciens que les autres.
20. Origine des princes.
21. Exemples des simples princes de l'antiquité.
22. Rois de Lacedemone condamnez à mort.
23. Rois de la Gaule.
24. Rois de France de la premiere lignée.
25. Rois de Rome n'estoient que simples princes.
26. Premiers Empereurs n'estoient que simples princes.
27. Empereur, que signifioit du commencement.
28. Que les premiers Empereurs n'estoient vrais Monarques.
29. Passages pour confirmer la difference du simple prince,& du prince souverain.
30. Exemples modernes des simples princes.
31. Duc de Venise.
32. L'Empereur d'apresent.
33. Le Duc Maurice és Pays bas.
34. Princes en Ethiopie.
35. Rois sujets en Ethiopie.
36. Potentats d'Allemagne.
37. Princes d'Italie, autrefois sujets à l'Empire.
38. Ducs & Comtes de France autrefois princes sujets.
39. Distinction des princes sujets d'avec les souverains.
40. Sujet du prince souverain, acquerant une Monarchie, est souverain.
41. Le territoire & demeurance fait la subjection de la personne.
42. Si les Principautez feudataires, tributaires, ou en protection peuvent estre souveraines.
43. Contre Bodin, que le prince feudataire ne laisse d'estre souverain.
44. De mesme.
45. La feudalité avilit, mais n'oste pas la souveraineté.
46. Inconvenient de l'opinion de Bodin.
47. Rois feudataires de l'empire selon Bodin.
48. Le mesme contre Bodin.
49. Pourquoi on reserve la souveraineté en creant des principautez.
50. Quand telle reserve est necessaire.
51. Les Princes simples & sujets ne sont parfaitement souverains.
52. Princes souverains tout à fait.
53. Division de Bodin des Monarques, reprouvée.
54. Princes Seigneurs, pourquoy dits.
55. Nom de Roy, convient à toute sorte de prince.
56. Nom de Prince, opposé à celuy de Seigneur.
57. Princes Seigneurs, qui sont.
58. Principautez Seigneuriales sont contre nature.
59. Anciennes principautez Seigneuriales.
60. Principautez Seigneuriales d'apresent.
61. Monarchie du Peru, moyenne.
62. Principautez Seigneuriales sont contre le Christianisme.
63. Princes souverains, pourquoy dits.
64. Quatre sortes de princes souverains.
65. Imperator, que signifie.
66. Imperium.
67. Αὐτοκράτωρ.
68. Autre signification d'Empereur.
69. Nom d'Empereur, pourquoy attribué aux Empereurs Romains.
70. Empereurs Romains estoient souverains en effect.
71. Empereurs de Constantinople estoient purs souverains.
72. Les quatre β des empereurs de Constantinople, que signifioient.
73. Roi des Rois.
74. Fausse opinion de penser que tous Rois doivent reconnoistre l'Empereur.
75. Rois qui sont proprement.
76. Definition des Rois.
77. Preuve d'icelle.
78. Beau passage de Tite-Live.
79. Rois de Bourgogne & de Lorraine.
80. Rois de Dannemark, comment ont usurpé la Souveraineté sur l'Empereur.
81. Archiducs d'Austriche autrefois Rois.
82. Roi de Boheme n'est qu'honoraire.
83. Les Royaumes de Naples & de Sicile.
84. Le grand Duc de Toscane.
85. Rois ne peuvent induire de superieur.
86. Rois ont facilement empieté la Souveraineté.
87. Usurpation suivie d'une longue jouyssance, fait loy aux Souverainetez.
88. Principautez souveraines tout à fait, sont les meilleures.

Des Seigneuries

89. *Guerre immortelle en Pologne, entre le Roy & les Estats.*
90. *Inconveniens des Estats électifs.*
91. *Prééminences de l'Empereur d'Allemagne.*
92. *Grandeur du Royaume de France.*
93. *Loüange de nostre Roy d'aprésent.*
94. *Trois sortes ou degrez de Ducs & Comtes.*
95. *Seigneuries de surseance.*

1. Seigneurie in concreto ou terre Seigneuriale.
C'Est assez parlé de la Seigneurie prise *in abstracto*, en tant qu'elle signifie toute puissance en propriété, soit publique, soit privée. Parlons maintenant de la Seigneurie prise *in concreto*, qui estant formée & créée de la rencontre de la Seigneurie publique & de la privée (rencontre qui sera expliquée au chap. quatrième) signifie une terre Seigneuriale, en laquelle ces deux Seigneuries se rencontrent, & principalement s'y trouve la publique ; que nous avons dit estre la plus vraye & la plus propre Seigneurie.

2. Deux especes de terres Seigneuriales.
Proprement donc la Seigneurie, ou terre Seigneuriale est celle qui est douée de Seigneurie publique, c'est à dire, de puissance publique en propriété. Et comme il a été dit au chapitre precedent, qu'il y a deux sortes de Seigneuries *in concreto*, ou terres seigneuriales ; à sçavoir les souveraines & les suzeraines. Les suzeraines sont celles qui ont puissance superieure, & non suprême, mais subalterne. Les souveraines, ausquelles ce chapitre est destiné, sont celles qui ont la puissance souveraine, qui par les Hebreux est appellée ששם רבה, par les Grecs ἄκρα ἐξουσία, καὶ κυρία ἀρχὴ, par les Latins *suprema potestas, summumque Imperium*, & en un mot *Majestas* : & par les Italiens *Signoria*, pour une certaine excellence, tout ainsi que les Romains l'appellent quelquefois simplement *Imperium*.

3. Noms de Souveraineté.

4. Souveraineté est propre inseparablement à l'Estat.
Cette Souveraineté est la propre Seigneurie de l'Estat. Car bien que toute Seigneurie publique deust demeurer inseparablement à l'Estat, neanmoins les Seigneurs particuliers ont usurpé la Suzeraineté : mais la Souveraineté est du tout inseparable de l'Estat, duquel si elle estoit ostée ce ne seroit plus un estat, & celui qui l'auroit, auroit l'Estat, en tant qu'il auroit la Seigneurie souveraine, comme quand le Roi François quitta la souveraineté de Flandre, Flandre fut par consequent distraite & ostée de l'Estat de France, & devint un Estat à part.

5. La souveraineté est la forme de l'Estat.

6. Estat, d'où est dit.
Car enfin la Souveraineté est la forme qui donne l'estre à l'Estat, mesme l'Estat & la Souveraineté prise *in concreto*, sont synonimes & l'Estat est ainsi appellé, parce que l'Estat est le comble & le periode de la puissance, où il faut que l'Estat s'arreste & s'establisse.

7. Souveraineté reside en l'Estat, & se communique aux Seigneurs d'icelui.
Et comme c'est le propre de toute Seigneurie d'estre inherente à quelque Fief, ou Domaine, aussi la Souveraineté *in abstracto*, est attachée à l'Estat, Royaume, ou République. Pareillement comme toute Seigneurie est communiquée aux possesseurs de ce Fief, ou Domaine, la Souveraineté, selon la diversité des Estats, se communique aux divers possesseurs d'iceux, à sçavoir en la Democratie à tout le Peuple, comme à Rome, où la Majesté estoit attribuée au peuple en general, & à chacun Citoyen en particulier, *dicebatur habere jus Imperii*, que nous disons avoir part à l'Estat. En l'Aristocratie, la Souveraineté reside par devers ceux qui ont la domination, qui pour cette cause sont ordinairement appellez Seigneurs. Finalement és Monarchies, elle appartient au Monarque, qui pour cette occasion est appellé *Prince souverain*, ou *Seigneur*.

8. Ce que c'est que la puissance absoluë Souveraineté.
Or elle consiste en puissance absoluë, c'est à dire parfaite & entiere de tout point, que les Canonistes appellent *plenitude de puissance* : & par consequent elle est sans degré de superiorité ; car celui qui a un Superieur ne peut estre suprême & souverain : sans limitation de tems, autrement ce ne seroit ny puissance absoluë, ny mesme Seigneurie, mais une puissance en garde, ou en dépost : sans exception de personnes, ou choses aucunes, qui soient de l'Estat : pource que ce qui en seroit excepté, ne seroit plus de l'Estat. Et comme la couronne ne peut estre si son cercle n'est entier, aussi la Souveraineté n'est point, si quelque chose y defaut.

9. Bornes de la puissance souveraine.
Toutefois, comme il n'y a que Dieu qui soit tout-puissant, & que la puissance des hommes ne peut estre absoluë tout à fait : il y a trois sortes de loix qui bornent la puissance du Souverain, sans interesser la Souveraineté. A sçavoir les loix de Dieu, pour ce que le Prince n'est pas moins souverain pour estre sujet à Dieu : les regles de Justice naturelles & non positives, pour ce qu'il a été dit cy-devant, que c'est le propre de la Seigneurie publique, d'estre exercée par Justice, & non pas à discretion : Et finalement les loix fondamentales de l'Estat, pour ce que le Prince doit user de sa Souveraineté selon la propre nature, & en la forme & aux conditions qu'elle est establie.

10. Marques de souveraineté.
C'est donc la puissance absoluë qui est la difference specifique, & la vraie marque pour distinguer les Seigneuries souveraines d'avec celles qui ne le sont pas. Car les autres marques de souveraineté rapportées par Bodin au dixieme chap. de son premier livre, sont plustost droits & dependances, que marques specifiques & certaines ; & quiconque voudroit reconnoistre la souveraineté par chacune d'icelles, se méprendroit souvent. Mais on ne peut jamais se tromper en cette regle, que quiconque a la puissance & commandement souverain, a la souveraineté, & quiconque ne l'a point, n'est pas Prince souverain.

11. Qu'il ne sera icy traité que de la Souveraineté Monarchique.
Or d'autant que la souveraineté reluit plus parfaitement en la Monarchie qu'en la Democratie ou Aristocratie, aussi que je n'entends traiter que des Dignitez de nostre France Monarchique : je ne parleray icy que de la Souveraineté residente dans les Monarques, qui presqu'en toutes les Monarchies sont indifferemment appellez Roys. Dont Aristote livre 3. *de Repub.* chap. 3. compte jusques à cinq sortes. Toutefois, par ce que la division a été trouvée vicieuse par Bodin, j'en ferai une à ma mode, & afin de la rendre plus parfaite, je n'userai pas du terme de *Roy*, mais j'en prendray un plus general, à sçavoir celui de *Prince*, qui peut être adapté à tous Seigneurs, qui participent à la Souveraineté.

12. Tous Monarques indifferemment appellés Rois.

13. Quatre sortes de Princes.
Je dis donc qu'il y a quatre sortes de Princes, à sçavoir les simples Princes, les Princes sujets, les Princes souverains, & les Princes Seigneurs : auquel compte je ne mets point les Princes de race, parce que ce ne sont que princes honoraires qui sont sous le genre de l'Ordre & non d'Offices, ou Seigneurie, & il en sera traité au livre *Des Ordres* : Ny pareillement ceux qui ont des terres erigées en titre de principauté ; parce que ceux-là ne sont pas Princes, mais seulement Seigneurs de Principautez, desquels il sera parlé cy-après au ch. 5. Mais de nos quatre sortes de Princes, les deux derniers sont parfaitement souverains, les deux autres ne le sont qu'en partie, & par participation.

14. Simples Princes.
Je mets au premier rang ceux que j'appelle simples Princes, c'est à dire, les premiers Magistrats qui exercent la souveraineté comme Officiers, mais n'en ont pas la propriété, comme Seigneurs : parce que sans doute c'est la plus propre signification du mot de *Prince*, & aussi l'espece des Princes la plus ancienne, & plus selon nature. Car *Princeps* en Latin, & *Prince* en François, signifie proprement & originairement le premier chef, c'est à dire le premier Officier de l'Estat, qui y a le premier commandement & la puissance souveraine, non pas en propriété, comme le Seigneur souverain, mais en a seulement l'administration & exercice comme tout Officier de ce qui dépend de sa charge.

15. Prince que signifie proprement.

16. ἄρχων ἀρχή.
En Grec il est appellé ἄρχων par ce qu'ἀρχή signifie la primauté, & le commandement ou Magistrature : mais quand on veut exprimer le Seigneur souverain, il faut l'appeller *Monarque*, pour exclure toute puissance égale à la sienne. Mesme le terme de *Roy* convient mieux aux simples Princes qu'aux Princes souverains, estant dit *Rex à regendo*, & en Grec Ba[σιλεὺς] quasi λαοῦ τε καὶ ἀρχή, la base & l'asseurance, & non pas le Seigneur & dominateur du Peuple, Et l'Empereur mesme est un nom d'Office, non de Seigneurie, signifiant celuy qui exerce le commandement.

17. Rex.
18. Βασιλεύς.

C'est

Des Seig. souveraines. Chap. II.

19. Simples Princes plus anciens que les autres.
C'est aussi l'espece de Princes plus ancienne, & plus selon nature, parce que, comme dit Aristote, au commencement des Politiques, quand au commencement du monde plusieurs familles s'assemblerent pour faire une cité, elles eurent incontinent besoin de Magistrats pour les gouverner : puis quand plusieurs citez s'unirent pour faire un Estat, ou Republique, il leur fut besoin d'un premier & souverain Magistrat, qui commandast aux Magistrats particuliers des citez, afin de tenir en toutes un même ordre, & une parfaite intelligence pour vivre en repos entr'elles, & en asseurance avec leurs voisins.

20. Origine des Princes.
Partant, elles esleurent celui d'entr'eux, qu'elles estimerent le plus digne de les bien gouverner en paix & en guerre, en la personne duquel elles firent comme un compromis, afin d'eviter la confusion qui se fut rencontrée, si en chaque affaire d'importance il eust fallu avoir l'avis de tous les Citoyens. Mais pourtant ne luy donnerent-elles aucune Seigneurie sur eux, & ne se rendirent pas ses sujets ; mais il est à croire qu'elles voulurent conserver entierement leur franchise & liberté naturelle.

21. Exemples des simples Princes de l'antiquité.
Tels furent les Patriarches, qui furent les Iuges parmy le peuple de Dieu. Tels furent les Rois de Lacedemone, qui comme dit Aristote, n'étoient que simples Capitaines en chef, sujets, au surplus à la Seigneurie, c'est à dire, l'assemblée generale de tout le Peuple, par devers laquelle, en tels Estats, reside la pure Seigneurie, & parfaite souveraineté :

22. Rois de Lacedemone condamnez à mort.
Mesme les Rois de Lacedemone furent enfin assujettis aux Ephores, qui les condamnoient à l'amende, comme Agesilaus, & quelquefois à la mort, comme Agis & Pausanias.

23. Rois de la Gaule.
Tels étoient les anciens Rois de la Gaule, que pour cette cause Cesar appelle souvent *Regulos*, étant sujets & justiciables des Estats de leurs Provinces, qui mesme quelquefois les faisoient mourir par Iustice, comme a bien prouvé Hotman en sa francogallie, notamment au premier chapitre du premier livre, témoin le dire d'Ambiorix Roy des Liegeois, qu'il rapporte du cinquième livre des Commentaires de Cesar, *Sua esse hujusmodi imperia, ut non minus haberet in se juris multitudo, quam ipse in multitudinem.*

24. Rois de France de la premiere lignée.
Le même Hotman semble assez bien prouver que les Rois de France de la premiere lignée, n'estoient pareillement que simples princes & premiers Officiers du Royaume, & que la Souveraineté de la France residoit lors par devers les Estats. Dont il ne se faut émerveiller, ny en tyrer conséquence, que ceux d'à present n'ayent point plus de pouvoir. Car il est vray de dire qu'en toutes les Monarchies qui ont esté establies par la volonté des peuples, & non par la force, cela a eu lieu du commencement.

25. Rois de Rome n'estoient que simples Princes.
Mesme il y a grande apparence que les Rois de Rome, bien qu'ils se fussent establis d'eux-même, n'avoient pas la pure souveraineté : témoin ce qui arriva à Romulus, lors qu'il voulut faire le Seigneur, la forme de gouvernement de Numa, l'appel de la sentence de Tullus, interjetté pardevant le peuple par Horatius, le dechassement de Tarquin, & plusieurs autres remarques. Quoy qu'il en soit, il est bien certain que les Rois de Rome n'avoient pas la souveraineté dans Toscane, qui se donnoit aux Romains à condition expresse, que *non suprema potestas, sed tantùm Principatus penes Regem Romanorum esset*, dit Florus.

26. Premiers Empereurs qui estoient que simples Princes.
Aussi est-il bien asseuré que les premiers Empereurs n'étoient, ou pour mieux dire, ne faisoient semblant d'estre que simples Princes, laissans en apparence la souveraineté au peuple. C'est pourquoy ils se faisoient élire & continuer tous les ans aux Magistrats qui avoient

27. Empereur, que finissoit la commencement.
premier commandement en toutes sortes d'affaires, comme de Consuls, Censeurs, Tribuns du peuple : & outre cela, gardoient toûjours la qualité d'Empereurs, c'est à dire, de Capitaines generaux des armées, parce que de cette charge dependoit le commandement militaire qui étoit plus libre, & moins adstraint aux loix, que celuy de tous autres Magistrats, mais pourtant n'estoit pas parfaitement absolu, quoy qu'il en soit il n'appartenoit pas Des Seigneuries.

28. Que premiers Empereurs n'estoient vrais Monarques.
Que ces premiers Empereurs ne fussent que simples Princes, cela se verifie bien parce qui est écrit dans Suetone *in Caligula*, que cet Empereur oyant à sa table des Rois discourir de leur authorité & pouvoir, s'écria par ce trait d'Homere,

Οὐκ ἀγαθὸν πολυκοιρανίη εἷς κοίρανος ἔστω,
εἷς βασιλεὺς ————

29. Passages pour confirmer la difference du simple Prince, & du Prince souverain.
Nec multùm adfuit, dit Suetone, *quin diadema sumeret, & speciem Principatus in Regnum converteret.* Ce qui sert encore pour confirmer la difference d'entre le simple Prince & le Roy ou Prince souverain : comme aussi fait le passage de Florus qui vient d'être cité. Il y en a encore un autre dans Philon Iuif, qui rapporte que le peuple de Iudée se plaignoit, qu'Aristobulus avoit changé leur forme de Principauté en double Royaume, prenant un Diademe pour luy, & en ayant envoyé un autre à son frere.

30. Exemples modernes de simples.
On rapporte communement pour exemple moderne de cette espece de Princes le Duc de Venise, qui est comme Prince des Venitiens, & leur premier Magistrat ayant tous les honneurs qu'il est possible d'imaginer, mais fort peu de pouvoir : enfin étant sujet & justiciable de la Seigneurie, qui fit pendre autrefois le Duc Falier, & qui a fait mourir jusques à douze autres Ducs : comme il se void dans Sabellic. Toutefois à cause du peu de pou-

31. Duc de Venise.
voir qu'a le Duc de Venise, qui ne peut rien ordonner seul, on peut dire qu'il n'est pas Prince tout à fait, mais seulement premier Senateur, ainsi qu'estoit à Rome le Prince du Senat, ayant la primatie & premier rang seulement, non pas l'exercice de la Souveraineté, comme ont les simples Princes en qualité de premiers Magistrats, & les Princes souverains en proprieté, & comme les Princes Seigneurs ont encore plus parfaitement & absolument que tous les autres.

32. L'Empereur d'aprés present.
Bodin nous donne un autre exemple du simple Prince à sçavoir l'Empereur d'Allemagne, qu'il soûtient n'estre pas Monarque ny prince souverain ; mais estre seulement le premier chef & Officier souverain de l'Empire : pardevers les Estats duquel, il dit, que la Souveraineté reside : & de fait, ils priverent autrefois par voye de Iustice les Empereurs Adolphe & Venceslas de leur dignité, comme ayans puissance & jurisdiction sur eux.

33. Le Comte Maurice és Pays-bas de Flandres.
Mais il s'en peut donner une autre exemple plus certain au temps d'à present, à sçavoir le Comte Maurice parmi les Estats du Païs bas, au cas que nous les vouliós admettre, pour un Estat formé & legitime. Car il a beaucoup d'exercice de la souveraineté, & neanmoins il est sujet au Conseil des Estats : & ne faut pas s'étonner s'il ne s'en peut donner d'autre exemple à present ; parce qu'il n'y a point d'autre Estat nouveau, & que les anciens ne sont pas demeurez bien long-temps en cette forme.

34. Prince sujets.
La seconde espece de Prince est de ceux que nous avons nommé princes sujets, qui ont bien les droits de Souveraineté sur le peuple, ou la plus part d'iceux (qui seront citez au chap. suivant) & encore les ont comme simples Officiers par exercice : mais en proprieté comme Seigneurs, mais eux-même pour leur personne ont un superieur, duquel ils sont sujets naturels, & partant ne sont pas vrayement Princes souverains.

35. Rois sujets en Ethiopie.
Tels sont les Rois sujets du grand Negus d'Ethiopie, que Paul Iove dit être cinquante en nombre, comme aussi presque tous les Rois qui sont sous le grand Seigneur des Turcs. Tels sont aussi tous les Potétats d'Allemagne, qui sont sujets de l'Empire :

36. Potentats d'Allemagne.
Tels aussi étoient anciennement les Princes d'Italie, qui reconnoissoient pareillement l'Empire : mais pour être esloigner du Siege d'iceluy, ils ont secoüé le joug de cette sujetion, & se sont faits Princes souverains. Tels pareillement ont été autrefois les principaux Ducs & Comtes de France qui avoient usurpé la

37. Princes d'Italie autrefois sujets.

38. Ducs & Comtes de France autrefois Princes sujets.
plus part des droits de souveraineté, comme il sera dit au 5. chapitre, ne reconnoissans les Rois que de l'hommage de leur Seigneurie, & de la sujetion de leurs personnes, ainsi que les Princes d'Allemagne reconnoissent aujourd'huy l'Empire, mais nos Roys ont trouvé moyen de ruiner & de reünir à leur Couronne peu à peu ces Duchez & Comtez : de sorte que ceux qui sont

Des Seigneuries.

à present en France ne font plus Principautez souveraines, n'ayant plus ny la proprieté, ny l'exercice d'aucun droit de Souveraineté, comme il sera dit cy-aprés.

39. Distinction des Princes sujets d'avec les souverains. Or les Princes sujets sont distinguez des Souverains par la sujetion, qui est le correlatif de la Seigneurie publique : comme l'esclavage est le correlatif de la Seigneurie privée : partant il faut conclure que ceux-là sont Princes sujets qui dépendent de la Seigneurie publique, c'est à dire du commandement & jurisdiction d'autruy.

40. Sujet du Prince souverain, acquerant une Monarchie souveraine. Quoy donc, si le sujet naturel d'un Prince souverain vient à acquerir une Monarchie, sera-il par aprés Prince sujet ? Non. Car la Souveraineté se mesure par la Seigneurie, & non par le Seigneur ; parce que sa dignité reside directement en icelle, & par icelle se communique à la personne du Seigneur, comme il sera dit au quatriéme chapitre. Et d'ailleurs, le sujet naturel d'un Prince souverain, allant resider hors sa Souveraineté, n'est plus son justiciable par effect, d'autant que la Justice & la Seigneurie publique suivent le territoire & la demeure des personnes.

41. Le territoire & demeure fait la sujetion de la personne.

42. Si les Principautez feudataires, tributaires, ou en protection, peuvent estre souveraines. Comme au contraire, un Prince souverain venant demeurer dans la Souveraineté d'un autre, devient son sujet & justiciable à cause de sa personne, tant qu'il y reside. Mais il ne laisse pas d'être Prince souverain, à cause de l'Estat souverain, dont il est Seigneur.

43. Contre Bodin, que le Prince ne laisse pas d'estre souverain. Mais on demande, si les Principautez qui sont tributaires ou en protection, sont souveraines, & sur tout, c'est une grande question, si le Prince feudataire peut être souverain. Bodin ne fait point de doute, que le Prince tributaire ou en protection ne soit souverain, mais il tient que le feudataire ne l'est pas, sous pretexte de cette maxime vulgaire, que le souverain est celuy qui ne reconnoist point de Superieur : qui est bien vray en propres termes, mais proprement *Superieur*, signifie celuy qui a la Seigneurie publique : or est-il que le Seigneur de fief n'a que la Seigneurie directe, qui est l'une des especes de la Seigneurie privée, laquelle devroit être plûtôt nommée *Sieurie*, que Seigneurie, ou Superiorité.

44. De mesme. Aussi y a-il grande difference entre le Seigneur, ayant la Seigneurie publique, auquel son sujet doit obeïssance parfaite, & le Seigneur de fief, auquel le vassal ne doit que la foy & l'assistance en guerre : ce qui ne diminuë, ny la liberté du vassal en soy, ny même la puissance absoluë, qu'il a luy-même sur ses propres sujets, non plus (comme Bodin est d'accord) que la protection ne diminuë point la Souveraineté, bien qu'elle regarde plus directement l'Estat, & soit encore plus personnelle, que le vasselage & feudalité, parce qu'elle concerne l'honneur qui est tres-personnel : ny pareillement le tribut, qui neanmoins entre les Romains étoit marque de sujetion, comme il a été dit au chapitre precedent.

45. La feudalité avilit, mais n'oste pas la souveraineté. Il est bien vray que la protection, le tribut, & la feudalité rabaissent & diminuent le lustre de l'Estat souverain, qui sans doute n'est pas si pur, si souverain, ny si majestatif (s'il faut ainsi dire) quà il est sujet à ces charges : mais le Prince qui le possede, ne laisse pas pourtant d'être souverain en effet, puis que pour sa personne il n'est justiciable d'aucun, & que la puissance absoluë luy demeure sur les sujets, ésquelles deux choses consiste proprement & parfaitement la souveraineté : ne plus ne moins que celuy dont la maison est chargée de plusieurs servitudes viles & incommodes, ne laisse pourtant d'en être Seigneur vrayement & entierement, *l. Rectè dicimus. De verb. signif.*

46. Inconvenient de l'opinion de Bodin. Autrement qui tiendroit l'opinion de Bodin, & qui d'ailleurs croiroit ce qu'il dit au chap. 9. où il fait un denombrement des Rois & Princes feudataires, il n'y auroit presque point de Souveraineté au monde. Car à son compte, presque tous les Rois & Princes de la Chrétienté sont feudataires, ou du saint Siege, ou de l'Empire (sans rapporter ici les vassaux de l'Empire) il tient que les Rois de Jerusalem, d'Angleterre, d'Hibernie, de Naple, de Sicile, d'Arragon, de Sardagne, de Corsegue, de Grenade, d'Hongrie, & des Canaries, sont feudataires de l'Eglise Romaine, & même la

47. Rois feudataires de l'Empire selon Bodin.

pluspart des Docteurs en Droit tiennent que toutes les Souverainetez de la Chrétienté doivent dépendre, soit du Pape ou de l'Empereur.

48. Le mesme contre Bodin. Or ce seroit contre le sens commun de tenir que nul de ces Roïaumes que je viens de nommer ne soit souverain. Car comme tout païs habité & civilisé dépend de quelque Souveraineté (parce qu'autrement il seroit en Anarchie, & sans forme de gouvernement) quelle apparence y a-il de dire, que la souveraineté de ces Roïaumes soit par devers le Pape, qu'il n'y a nul commandement au temporel, & qu'elle ne reside pas par devers les Rois, qui y commandent avec puissance absoluë, tant en paix qu'en guerre, & tant aux armes qu'en la Justice ?

49. Pourquoy en reserve la souveraineté en erigeant les Principautez. Aussi void-on, que quand les Princes souverains créent & érigent de hautes Seigneuries, dont les titres sont capables de Souveraineté, comme Duchez, Marquisats, Comtez & Principautez, ils ne se contentent pas d'entretenir la feudalité, mais par exprés ils s'en reservent le ressort & souveraineté. Bien que la verité soit, que **50. Quand telle reserve est necessaire.** l'érection que seroit un Prince de telles Seigneuries dans son Estat, sans cette reserve expresse, ne pourroit pas prejudicier à la Souveraineté, qui merite bien une reserve speciale : aussi que telles Seigneuries n'emportent pas de leur propre nature la souveraineté ny le dernier ressort de la Justice, mais sont proprement especes de Seigneuries subalternes. Toutefois cette reserve ne peut nuire en une matiere si chatouïlleuse & si importante, que la souveraineté, où il ne faut qu'un pretexte le plus foible le plus fort pour l'usurper. Mais qui érigeroit un Roïaume, cette reserve du ressort & souveraineté seroit du tout necessaire à exprimer, parce que le titre de *Roy*, de sa nature emporte souveraineté, comme il sera prouvé tout incontinent.

51. Les Princes simples & sujets ne sont parfaitement souverains. Voilà les deux premieres especes de Princes expliquées, à sçavoir du simple Prince, & du Prince sujet, desquels ny l'un ny l'autre n'est parfaitement souverain, attendu que le simple Prince n'a que l'exercice, & non la proprieté de la souveraineté, & que le Prince sujet n'a pas la souveraineté toute entiere. Reste les deux autres **52. Princes souverains Seigneurs font souverains tout à fait.** especes, à sçavoir des Princes souverains, & des Princes souverains Seigneurs, dont les uns & les autres sont Monarques & souverains tout à fait. Ce qui revient à la division que fait Bodin des Monarques, dont il nomme les uns Roïaux, & les autres Seigneuriaux. Il est vrai qu'il en met encore une troisiéme espece, à sçavoir des Tyranniques que je ne mets point en compte, parce que je ne parle que des Seigneuries legitimes & bien ordonnées, aussi que la Monarchie Tyrannique ne peut être une espece à part, parce qu'elle convient aux Monarchies Royales & aux Seigneuriales, si les Monarques d'icelles sont Tyrans, c'est à dire, s'ils sont usurpateurs de l'Estat ou oppresseurs du peuple.

53. Division de Bodin de Monarques. Ceux que Bodin appelle *Monarques Seigneuriaux*, je les appelle *Princes Seigneurs*, sçavoir est *Princes*, afin de retenir le nom du genre, & *Seigneurs*, parce qu'ils ont toute espece de Seigneurie, & publique, & privée. Et **54. Princes Seigneurs, pourquoy** j'appelle *Princes souverains*, ceux qui ont seulement la souveraineté, qui est la Seigneurie publique, mais non la privée : lesquels je ne veux pas appeller Rois, comme dit Bodin, d'autant que le nom de *Roy*, convient, & aux **55. Nom de Roy convient à toute sorte de Princes.** Monarques Seigneuriaux (dont plusieurs ont pris le titre de Roy, comme il sera dit incontinent) & aux simples Princes, témoins les anciens Rois de Gaule, & ceux de **56. Nom de Prince opposé à celuy de Seigneur.** Lacedemone, & finalement aux Princes sujets, témoins les 50. Rois sujets du Negus d'Ethiopie, ceux qui sont sous la domination du Turc, & le Roy de Boheme, qui est sujet & Officier de l'Empire.

Au contraire, le mot de *Prince* est souvent opposé specifiquement à celuy de *Seigneur*, comme en ce passage de Pline à Trajan, *Principis locum obtines, ne sit Domino locus*, & en ce vers d'Ovide, où comparant Romulus à Auguste, il dit à Romulus,

Tu Domini, nomen Principis ille tulit.

où se voyent également contrepointées nos deux especes de Monarques.

Des Seig. souveraines, Chap. II.

57. Princes Seigneurs, qui sont. Expliquons premierement les *Monarques Seigneuriaux*, que j'appelle *Princes Seigneurs*: parce qu'ils ont toute Principauté & quant & quant toute propriété & Seigneurie privée, tant sur les personnes que sur les biens de leurs sujets, qui par consequent ne sont pas seulement sujets, mais esclaves tout à fait, n'ayans ny la liberté de leurs personnes, ny aucune Seigneurie de leurs biens, lesquels ils ne possedent qu'à droit de pecule, & par souffrance du Prince Seigneur.

58. Principautez Seigneuriales sont contre nature. D'où il s'ensuit que telle Monarchie Seigneuriale est directement contre nature, qui nous a tous fait libres; aussi est-elle toûjours introduite par la seule force, c'est à dire, ou usurpation intestine du citoyen, ou par conqueste de l'estranger, auquel le droit de guerre attribuë telle Seigneurie sur le vaincu, quand le pouvant tuer, il luy remet la vie à condition expresse de telle servitude.

59. Anciennes Principautez Seigneuriales. Si est-ce que l'usage est fort ancien. Car telles sûrent les quatre premieres Monarchies du monde: à sçavoir celle des Assiriens sous Nembrot, que l'Ecriture appelle puissant *Veneur*, c'est à dire voleur, aussi son nom signifie en Hebreu *Seigneur terrible*. Celle des Medes, temoin Xenophon, qui dit, que leur Prince estoit Seigneur de toutes choses. Celle aussi des Perses, comme il se void apertement dans Quinte-Curce. Finalement celle des Egyptiens que la Bible nomme souvent *Esclaves*. Et à

60. Principautez Seigneuriales d'à present. present telles sont les Monarchies des Turcs, des Moscovites, des Ethiopiens, & plusieurs autres, ainsi que nous enseigne Bodin. De sorte qu'à son dire il y a plus ou au monde que du passé, & il y a encore davantage à present de païs en Monarchie Seigneuriale qu'en Principauté

61. Monarchie mitoyenne. Souveraine. Il dit mesme que l'Empereur Charles le Quint se fit Monarque Seigneurial au Peru, au moins pour le regard des biens, lesquels il ne conceda qu'à loüage, ou à vie au plus, aux habitans du pays, qui est une Principauté metoyenne entre la pure Seigneuriale & la pure Souveraine.

62. Principautez Seigneuriales sont contre le Christianisme. Neantmoins il faut confesser que ces Monarchies Seigneuriales sont barbares & contre nature, & particulierement qu'elles sont indignes des Princes Chrestiens qui ont aboly volontairement l'esclavage en leurs pays, afin que ceux qui ont été rachetez du sang de Nostre Redempteur joüissent dés ce monde de leur pleine liberté, *utpote non ancilla filii, sed libera, qua libertate Christus nos donavit.*

63. Princes Souverains pourquoi dits. Reste donc à expliquer la plus vraye & la plus commode d'espece de Princes, sçavoir des Princes Souverains, qui sont ceux dont nous avons principalement à traiter, que j'appelle *Princes Souverains*, parce que non seulement ils sont premiers chefs, mais aussi ils ont parfaitement la Seigneurie publique.

64. Quatre sortes de Princes Souverains. Il y en a de quatre degrez, qui sont distinguez seulement par l'estenduë de leur domination, parce que *intensivè* leur pouvoir est pareil, ayant tous la parfaite souveraineté & puissance absoluë; à sçavoir les Empereurs qui ont plusieurs Royaumes unis ensemble, les Rois qui ont plusieurs Provinces, les Ducs ou Comtes Souverains qui n'ont qu'une Province, & les simples Seigneurs qui n'ont pas une Province entiere.

65. Imperator qua signifie. Le mot d'*Empereur* qui est Latin, signifioit premierement parmy les Romains le Chef ou Capitaine general d'une armée, qui estoit appellé *Imperator*, parce qu'a-

66. Imperium. voit *summum imperij*, le commandement en dernier ressort, comme il est necessaire en la discipline militaire, & ce principal Empire ou commandement s'appelloit par une certaine excellence *Imperium* simplement, comme en ce passage de Ciceron aux Philippiques: *Demus imperium Cæsari sine quo res militaris geri non potest:* Ce qui est bien traité par Sigonius, *lib. 1. De antiquo jure civ. Rom. cap. 21,*

67. Αὐτοκράτωρ. Ce commandement principal de Chef d'armée est encore mieux exprimé par le terme Grec ΑΥΤΟΚΡΑΤΩΡ, qui signifie celuy dont la puissance & commandement ne depend d'autre que de luy-mesme. Mais tant y a qu'en Grece & à Rome du commencement c'estoient titres, non de Princes Souverains, mais de simples Generaux d'armées.

68. Autre. Il est vray qu'à Rome le mot d'*Empereur* avoit encore Des Seigneuries

une autre signification: car c'estoit un titre honoraire qu'on donnoit aux Capitaines qui avoient fait quelque grand fait d'armes, lequel titre ou surnom leur estant été **significatio rem.** premierement deferé par l'acclamation des soldats, puis étant confirmé par le Senat, leur demeuroit aprés toute leur vie. *Magnum numerum hostium cecidimus, Imperatores appellati sumus,* dit Ciceron *in Pis.* Appian liv. 2. dit, que d'son temps c'estoit assez d'avoir fait mourir dix mil ennemis pour être surnommé *Empereur:* mais qu'au temps passé il en falloit avoir tué bien davantage. Ce qui est expliqué par Brisson, *lib. 4. formul.* & par Rosinus lib. 10. cap. 6.

69. Nom d'Empereur pourquoy attribué. C'est pourquoy entre autres honneurs que le Senat Romain, soit par crainte ou par flaterie deferà à Jules Cesar aprés les guerres civiles: celuy-cy fut l'un de se surnommer *Empereur.* Lequel surnom ou titre d'honneur fut confirmé par aprés à Auguste, puis à ses successeurs qui le trouverent fort commode à leurs pretentions, le prenant à double envers, en s'accumulant & joignant ensemble ses deux significations: dont la premiere leur attribuoit le pur commandement en dernier ressort, tel qu'est le commandement militaire d'un General d'armée & l'autre rendoit leur charge perpetuelle & continuelle en tous lieux & pour toûjours: ce qui n'estoit pas aux autres Offices de la Republique Romaine.

70. Empereurs Romains effect. Et bien que du commencement ces Empereurs fissent semblant de se contenter de ce commandement militaire libre & exempt des formes, auxquelles les Magistrats ordinaires estoient astraints, & toutefois sujets à la Souveraineté de la Republique, si est-ce qu'ils commandoient absolument, & disposoient de la Republique ainsi qu'ils vouloient. C'est pourquoy Suetone au passage cy-dessus allegué, appelle leur domination *speciem Principatus,* une Principauté par apparence seulement.

71. Empereurs de Constantinople est Souverains pure. Que si cela s'est dit des premiers Empereurs, à plus forte raison, aprés que peu à peu la Souveraineté eust esté tout à fait usurpée, faut-il tenir que les Empereurs Romains furent vrais Monarques & Princes souverains. Comme furent encore plus ceux qui se retirerent en Grece, qui estoit un païs de conqueste: lesquels aussi prirent enfin pour armoiries & enseignes de leur Souveraineté, quatre (que le vulgaire apelle par erreur quatre fuseaux) signifians Βασιλεὺς, Βασιλέων, Βασιλέων, Βασιλεύς, **72. Les 4 βασιλεύς des Empereurs de Constantinople que signifioient.** qui est à peu prés la qualité que prenoient les Roys de Babylonne, témoin Ezechiel, qui appelle מלך מלכים le Roy Nabuchodonosor; & pareillement les Roys de Perse la prenoient, comme il se void dans Esdras, comme aussi les Roys de Parthe, comme Dion écrit de Phraates qu'il s'appelloit *Roy des Roys.* **73. Roy des Roys.** Toutesfois c'est une **74. Fausse opinion de penser en tous Roys Chrestiens doivent reconnoistre l'Empereur.** faulse opinion de nostre vulgaire, de penser que tous les Roys Chrestiens doivent reconnoistre l'Empire, quoy que la plûpart de docteurs étrangers l'ayent écrit, notamment Bartole, qui pour favoriser l'Empereur (& recompensé de ce qu'il l'avoit ennobly) s'est tellement compassioné en cette proposition, que d'avoir laissé par écrit sur la *Loy Hostes. De Captivis,* que ceux-là sont Heretiques, qui ne croyent pas que l'Empereur soit Seigneur de tout le monde. Ce que dit tres-bien Covarruvias, *pract. quest. cap. 1. num. 1.* puisque la Souveraineté procede originairement, ou de la conqueste ou de la soumission des peuples, il est aisé à entendre qu'il faut qu'il y ait plusieurs Souveraintez au Monde. Ce qui n'est pas de mesme en la Souveraineté Ecclesiastique qui procede de Dieu seul, duquel l'Eglise est une, & ne doit avoir qu'un Roy.

75. Roys qui sont proprement. Quant au nom de *Roy*, il vient d'être dit en passant qu'anciennement il a été adapté à toute sorte de Prince, soit simple, soit sujet, soit souverain, soit Seigneur. Aussi estoit-ce le seul nom dont l'antiquité usoit, & duquel tous les Princes indifferemment étoient qualifiez, comme le verbe, *Regir,* leur convient à tous: mais à parler proprement **76. Definition des Roys.** & specifiquement, nous appellons *Roys* les Princes qui ont plusieurs Provinces en leur Estat, sur tout ceux qui ont la parfaite Souveraineté.

Ce qui se justifie fort bien par ce qui est remarqué par **77. Preuve**

b ij

Plutarque *in Demetrio*, qu'après la mort d'Alexandre le Grand, les Gouverneurs des Provinces de son Royaume qui s'estoient cantonnez & faits Seigneurs d'icelles, furent long-temps sans oser se qualifier Rois, & que le premier qui s'enhardit de prendre ce titre & de porter le Diadéme ou bandeau Royal, fut Antigonus, après avoir vaincu Ptolomée: & que par jalousie les Egyptiens voulurent que Ptolomée s'appellast aussi Roy, ce que les autres firent en suitte.

<small>78. Beau passage de Tite-Live.</small>

Et Tite-Live au cinquiéme livre de la cinquiéme Decade, escrit qu'après que le Royaume de Macedoine eut esté reduit en la puissance des Romains, Paul Emile leur General s'offensa fort, & ne voulut faire réponse aux lettres que Perseus luy avoit écrites, à cause de la qualité de Roy inserée en la suscription d'icelles, bien, dit-il, que les prieres contenuës en icelles ne ressentissent rien de la Royauté.

<small>79. Rois de Bourgogne & Lorraine.</small>

Mais sans aller si loin, nous trouvons en nostre histoire, qu'aussi-tost que les Rois de Bourgogne & de Lorraine eurent perdu la Souveraineté de leur pais, ils quitterent aussi le titre de Rois, & furent deformais appellez *Ducs*.

<small>80 Rois de Dannemarc qui ont usurpé la Souveraineté sur l'Empire.</small>

Au contraire, par le moyen de ce que l'Empereur Federic envoya l'Epée & la Couronne Royale à Pierre Seigneur de Dannemarc, luy attribuant le nom de *Roy* sous titre honoraire seulement, avec reserve expresse de la Souveraineté de son pais à l'Empire (comme dit Trithemius chapitre 17.) les Rois de Dannemarc ont pris sujet peu à peu de s'excepter de la subjection de l'Empire, & se sont faits souverains en conséquence du titre de Roi.

<small>81. Archiducs d'Autriche au-trefois Rois.</small>

Il n'en arriva pas de mesme au Duc d'Austriche, qui ayant obtenu du mesme Empereur Federic le titre de Roy, avec pareille reserve de la Souveraineté, voulant trop tost trancher du Souverain, & ayant refusé d'obeïr à l'Empereur, fut privé douze ans après de cette qualité de Roy, & contraint de se nommer seulement Archiduc.

<small>82 Roy de Boëme n'est qu'honoraire.</small>

Le mesme Federic (car il n'y eut jamais que luy qui ait eu cette fantaisie d'eriger des Rois honoraires) donna encore le titre de Roy au Duc de Boheme, avec cette mesme retention de la Souveraineté. En quoy il n'y a eu depuis aucune mutation, tant pour la petitesse de son Royaume, proche voisin du siege Imperial, que sur tout à cause que ce Roy est un des Electeurs, & partant des principaux Officiers & Princes de l'Empire.

<small>83. Les Royaumes de Naples & de Sicile.</small>

C'est pourquoy le Roy François premier, dit Bodin, advertit le Cardinal Bibienne Legat en France, que le Pape ne devoit endurer que Charle le Quint se qualifiast Roy de Naple & de Sicile, attendu que la Souveraineté en appartenoit au saint Siege. Ce qu'il voulut empescher, mais il se trouva que l'investiture ancienne estoit faite sous cette qualité. Aussi void-on qu'il en a maintenant entrepris la Souveraineté, bien que ce ne soient que des Royaumes honoraires, sujets au saint Siege, non seulement par droit de Fief, mais aussi par droit de Souveraineté: comme Bodin le prouve bien.

<small>84 Le grand Duc de Toscane.</small>

Et pour cette mesme cause, le Pape Pie IV. ne voulut pas donner à Cosme Duc de Florence le titre de Roy, qu'il luy demandoit instamment, de peur qu'il ne s'accreust trop en Italie: dont l'Empereur estant adverty, dit que, *Italia non habet Regem nisi Cæsarem*, ce dit Bodin: par ainsi le Duc de Florence se qualifie & se nomme seulement grand Duc de Toscane. Bref, il est bien certain que si un Roy ne peut endurer de compagnon, il endure encore moins de superieur, & comme Martial a dit,

<small>85. Rois ne peuvent endurer de superieurs.</small>

Qui Rex est, Regem maxime non habeat.

<small>86 Rois ont facilement empieté la Souveraineté sur les Estats.</small>

Que si les Rois qui ont esté autrefois Princes sujets d'un autre Monarque, ont trouvé moyen d'empieter la Souveraineté, cela a esté encore plus aisé à ceux qui estoient simples Princes, lesquels n'avoient point de Monarque par-dessus eux, mais dependoient des Estats d'un Royaume qui malaisement se peuvent assembler, & si souvent, & si promptement, comme il est besoin pour faire teste à leur Roy, lequel est toûjours tout prest à user de sa puissance.

Or puis que l'usurpation estant suivie par après d'une longue jouïssance volontaire, & paisible, qui efface son vice, donne loy aux Souverainetez, qui ne peuvent avoir aucun superieur en ce monde, dont elles la puissent recevoir, on ne doit revoquer en doute la souveraineté des Rois qui sont en possession ancienne d'en user. Et à la verité c'est bien la forme d'Estat la plus stable de toutes, & moins sujettes à mutation que celle des Principautez souveraines tout à fait. *Ea est conditio imperandi* (dit Saluste dans Tacite, *lib. 1. Annal.*) *ut non aliter ratio constet, quàm si uni reddatur*: parce que tant qu'il y viendra à manquement à la Souveraineté, le Prince ne cesse de remuer, jusques à ce qu'il l'ait envahie entierement. Et si les Estats du païs se trouvent forts, pour luy resister, c'est une guerre perpetuelle, comme il se void il y a long-temps au Royaume de Pologne, où tantost la Noblesse tient la Souveraineté, & tantost le Roy, selon que l'un ou l'autre party se trouve le plus fort, & toûjours sont en debat à qui l'aura: de sorte que leur Estat n'est jamais, ny arresté, ny paisible.

<small>87. Usurpation suivie d'une longue jouïssance, donne loy aux Souverainetez.</small>
<small>88. Principautez souveraines tout à fait les meilleures.</small>
<small>89. Guerre immortelle entre le Roy & les Estats.</small>

Inconvenient qui est ordinaire aux Estats électifs principalement quand cette élection est deferée aux Princes du païs, qui ayans ce pouvoir de donner le Royaume à qui ils veulent, élisent souvent quelque Prince imbecille, auquel ils ne laissent que le nom de Roy, retenant à eux par capitulation qu'ils font avec luy avant que de l'eslire, le principal exercice de la Souveraineté, comme il est arrivé souvent à l'égard de l'Empereur d'Allemagne, qui (bien qu'il represente & tienne dans son païs la place des Empereurs Romains, lesquels enfin furent Souverains, aussi bien qu'ont été ceux de la maison de France, & generalement tous les Empereurs heréditaires) est aujourd'huy simple Prince, & la souveraineté de l'Empire reside en effet aux Estats d'iceluy, comme Bodin a bien prouvé.

<small>90. Inconveniens des Estats électifs.</small>

Et ne faut pas trouver estrange s'il precede neanmoins tous les Monarques Chrestiens, attendu que les Ambassadeurs, mesme les simples Proconsuls & Gouverneurs des Provinces Romaines, les Generaux d'Armées qui n'étoient que simples commissaires, precedoient tous les Rois étrangers, comme il se void dans Tite-Live. Comme aussi il ne se faut pas estonner que l'Empereur érige des Royaumes. Car le Senat Romain entreprenoit bien cette puissance en l'Estat populaire encore qu'il n'eust pas la souveraineté.

<small>91. Préseances de l'Empereur d'Allemagne.</small>

De ce discours, ensemble de ce que j'ay dit au liv. des Offices chap. 2. il se colige que le Royaume de France est la Monarchie la mieux establie qui soit, & qui ait jamais été au monde, étant en premier lieu une Monarchie Royale, & non pas Seigneuriale: une Souveraineté parfaite, à laquelle les Estats n'ont aucune part: successive, non élective: non hereditaire purement, ny communiquée aux femmes, mais deferée au plus proche masle par la loy fondamentale de l'Estat. Occasion pourquoy ce Royaume a desja plus duré qu'aucun autre, qui ait jamais été; & si est encore en son progrez & accroissement: n'ayant jamais esté plus florissant qu'il est à present sous cét incomparable & ce miracle des Roys Henry IV. admirable en guerre & en paix: lequel Dieu a beny d'une posterité qui nous donne sujet d'esperer encore un plus grand accroissement à l'avenir.

<small>92. Grandeur du Royaume de France.</small>
<small>93. Loüange du Roy d'apresent.</small>

Il y a aussi des Ducs & Comtes qui sont notoirement Souverains, de sorte qu'il faut distinguer trois degrez de Ducs & de Comtes: à sçavoir quelques-uns qui sont Souverains comme ceux de Lorraine & de Savoye: d'autres, qui sont Princes sujets comme ceux d'Allemagne & les anciens de France, ainsi qu'il vient d'estre dit: & finalement d'autres qui ne sont point Princes pour tout, c'est à dire qui n'ont aucun exercice ou participation de Seigneurie souveraine, mais sont simples Seigneurs suzerains, comme nos Ducs & Comtes d'apresent, desquels il sera traité au chap. 5. Bref, il y a de petites Seigneuries souveraines qui n'ont aucun titre particulier, & aussi n'ont pas des Provinces ou païs entiers, sont ordinairement des terres de surseance, situées aux limites des grands Estats qui sont tolerées & maintenuës par le

<small>94. Trois sortes ou degrez de Ducs & Comtes.</small>
<small>95. Seigneuries de surseance.</small>

Des droits des Seig. souveraines, Chap. III.

contrepoids & force égale de leurs voisins lesquels s'empeschent l'un l'autre de les assujettir à soy, parce qu'elles leur servent de bornes respectivement. C'est pourquoy ceux qui possedent ces petites terres souveraines, bien qu'en effet ils usent du même pouvoir que les Monarques, si est-ce que hors leur territoire ils n'ont aucun rang d'honneur entre les Princes souverains : même sont precedez ordinairement, non seulement par les Princes sujets, mais aussi par les Ducs & Comtes qui ne sont point Princes.

CHAPITRE III.

Des droits des Seigneuries Souveraines.

1. Livre de Samuël des droits du Royaume.
2. Interpretation du huitiéme chapitre du premier livre des Rois.
3. Les droits de Souveraineté mal-aisez à expliquer.
4. Trois sortes de droits de souveraineté.
5. Du pouvoir des Souverainetez.
6. Cinq cas de souveraineté.
7. Sixiéme cas de souveraineté.
8. Si ne tenir que de Dieu est une marque de souveraineté.
9. Faire loix, comprend tous les autres cas de souveraineté.
10. A Rome ce droit n'estoit pas bien observé.
11. Il n'y a que le Roy qui fasse loix en France.
12. Reglement des Magistrats.
13. Ils s'appellent proprement Edits.
14. En quoy les Reglemens des Magistrats different de la loy du Prince.
15. Pourquoy les loix des Princes ont été appellées Edits.
16. Ce qui est compris sous le droit de faire loix.
17. Droit de faire des Officiers n'appartient qu'au Prince souverain.
18. La puissance publique n'appartient qu'au Prince.
19. Comment elle est communiquée aux Officiers.
20. Pourquoy aux Republiques populaires les principaux Magistrats font les petits Officiers.
21. Pourquoy le contraire a lieu aux Monarchies.
22. Deux cas esquels en France d'autres que le Roy font des Officiers.
23. Ce qui est compris sous le droit de faire Officiers.
24. Droit de faire la guerre & la paix, n'appartient qu'au Roy, & pourquoy.
25. Autre raison entre les Chrétiens.
26. Les charges militaires ne doivent être conferées que par commission.
27. Ce qui est compris sous le droit de guerre.
28. Le dernier ressort de la Justice appartient au Souverain.
29. Preuve.
30. De même.
31. Souveraineté signifie quelquefois le ressort de Iustice.
32. Campagnies souveraines.
33. Erection d'Echiquier dangereuse.
34. Ce qui est compris sous le droit de Iustice.
35. Droit de forger monnoye.
36. Numisma, quasi νόμω.
37. Les Princes mettent leur image à leur monnoye.
38. Punition de ceux qui ont forgé monnoye.
39. Monnoye de Gennes.
40. Anciennemēt les Ducs & les comtes forgeoient monnoye.
41. Revocation de ce droit.
42. Si lever deniers est un droit Royal.
43. Anciennement les Tailles n'étoient ordinaires en France, & les subsides ne se levoient que par le consentement des Estats.
44. Aydes & subsides, pourquoy dit.
45. Eleus, Generaux des Aydes.
46. Les Souverains ont maintenant droit de lever deniers.
47. Preuve.
48. Qu'autre qu'eux ne le peut faire.
49. Droit de tailles des Seigneurs aux quatre cas aboly.
50. Que nul Officier ne doit toucher aux deniers du Roy.
51. Peculat.
52. L'honneur mondain appartient au Prince souverain.
53. Le Roy est le distributeur de l'honneur mondain.
54. Rang des Princes souverains.
55. En leur pays.
56. Et pays d'autruy.
57. De la Majesté des Rois.
58. Que c'est le plus haut titre qui puisse être.
59. Sacrée Majesté de l'Empereur.
60. Excellente Majesté du Roy d'Angleterre.
61. Majesté incommunicable à autre qu'au souverain.
62. Attributa Romanorum.
63. Altesse.
64. Excellence.
65. Serenité.
66. Rois par la grace de Dieu.
67. Evêques & Abbez par la misericorde divine.
68. Et du saint Siege Apostolique.
69. Insignia Regia.
70. Du sceptre Royal.
71. Matiere d'iceluy.
72. Forme d'iceluy.
73. Crosse des Evêques.
74. Diadesme.
75. Changement des Couronnes.
76. Droits utiles des Souverainetez.
77. Regalia.
78. Publicum.
79. Princes s'attribuent tout ce qui n'appartient à personne.
80. Les Communautés s'y opposent.
81. Comme aussi les Seigneurs Iusticiers.
82. Essay de vuider ces differends.
83. Ce qui n'est point en commerce ne peut appartenir à aucun.
84. Res communes, publicæ, universitatis & nullius.
85. Res singulorum à qui appartiennent, quand sont vacantes.
86. Ce qui provient des choses étans hors de commerce, à qui appartient.
87. Qu'il devroit être employé à l'entretien d'icelles.
88. Prince, que signifie dans nos Coustumes.
89. Signifie le Seigneur de la Province.

1. Livre de Samuël, des droits du Royaume. SI nous avions le livre que fit Samuël des droits du Royaume, lors qu'il établit Saül, premier Roy du Peuple de Dieu, comme il est écrit au dixiéme chapitre du premier livre des Rois, il nous apprendroit assurément les droits de Souveraineté : mais les Rabins nous témoignent que les Rois subsequés le supprimerent, craignans d'estre controllez en vertu d'iceluy. Et partant, ceux-là se trompent, qui pensent que les droits Royaux soient ceux que le même Samuël specifia au huitiéme chapitre du même livre, sous pretexte que la version commune porte, *Jus Regis* : car en cet endroit le terme **2. Interpretation du 8. chap. du 1. liv. des Rois.** Hebreu signifie coustume & façon defaire, parce que Samuël voulant détourner le Peuple de demander un Roy, luy remonstre de la part de Dieu, que la coustume des Rois étoit de prendre les biens du peuple pour en disposer, les filles pour en abuser, les fils pour s'en servir comme d'esclaves, lesquelles injustices & méchancetez, il n'y auroit point d'apparence de qualifier du nom de droits. Mais après l'élection de Saül, ce fut lors que Samuël specifia les vrais droits du Roy, & en fit un livre.

Or à faute d'avoir ce livre, il est bien mal-aisé de conter assurement les droits de Souveraineté, parce que les anciens Philosophes n'en ont presque point parlé à cause que de leur temps les Souverainetez n'étoient pas bien nettement établies. Au contraire, nos Docteurs **3. Les droits de souveraineté mal-aisez à expliquer.**

Feudistes, & pareillement nos modernes Jurisconsultes en font une grande liste : pour lesquels discerner, comme j'ay divisé les droits des Offices, en ceux qui concernent, ou le pouvoir ou l'honneur ou le profit ; ainsi faut-il faire de ceux des Seigneuries, & principalement des souverains.

4. Trois sortes de droits de souveraineté.
5. Du pouvoir des souverainetés.
6. Cinq cas de souveraineté.

Donc les droits concernans le pouvoir des Seigneuries souveraines, qui peuvent estre proprement appellez actes ou cas de souveraineté, sont cinq en nombre, à sçavoir, faire loix, créer Officiers, arbitrer la paix & la guerre, avoir le dernier ressort de la justice, & forger monnoye. Lesquels cinq droits sont du tout inseparables de la personne du souverain, & tellement attachez à la souveraineté, que quiconque en entreprend quelqu'un, entreprend quant & quant la souveraineté, & est coupable de leze-Majesté. La premier d'iceux concerne l'instrument de la souveraineté : le second, les Ministres d'icelles, & les trois autres regardent les trois diverses fonctions qui sont en tout Estat, sçavoir est le troisiéme les armes, le quatriéme la Justice, & le cinquiéme & dernier les finances.

7. Siviéme cas de souveraineté.
8. Si ne tenir que de Dieu est marque de souveraineté.

Il y en a qui avec raison en adjoustent un sixiéme, à sçavoir de lever des deniers sur le peuple ; mais les plus retenus disent que ce n'est pas un droit, mais une entreprise & pouvoir deréglé, au moins de faire les levées à discretion, ce qui sera examiné en son ordre. Bodin (duquel j'ay esté bien aise d'emprunter contre ma coustume, partie de ce chapitre, afin d'avoir un garant en une matiere si importante) en adjouste encore un septiéme, sçavoir, de ne tenir que de Dieu & de l'épée ; ce qu je ne puis advoüer, parce que la feudalité ne concerne la Seigneurie privée, & non la publique, comme il a été dit au premier chapitre. Aussi qu'il a esté prouvé au chapitre precedent, que le Prince feudataire ne laisse d'être souverain, bien que sa souveraineté ne soit si excellente ny si parfaite, que celle qui ne releve d'aucun.

9. Faire loix comprend tous les autres cas de souveraineté.

J'ay mis à bon droit pour le premier acte de souveraineté, celuy de faire des loix, parce qu'il comprend aucunement sous soy les cinq autres. Car l'érection des Officiers, la denonciation de la guerre, l'establissement des Justices souveraines, le reglement des monnoyes, & les levées de deniers, se font notairement en vertu de la loy, c'est à dire, de l'Ordonnance du Prince souverain. Aussi le Prince & la loy sont comme relatifs, étant Prince celuy qui fait les loix, & la loy l'œuvre du Prince. Car il n'y a point de plus propre effect de la souveraineté, que de faire de sa propre authorité des loix qui obligent tous les sujets en general, & chacun en particulier, tout ainsi que le Prince a pouvoir & commandement sur eux tous sans exception.

10. A Rome ce droit n'étoit bien observé.

Ce droit, comme tous les autres est bien mieux mainctenu icy qu'à Rome, où la souveraineté n'estoit pas si bien reglée à beaucoup prés. Et comme le Senat, le menu peuple de Rome, mesme les simples Magistrats participoient aucunement à la souveraineté : aussi faisoient-ils certaines especes de loix, dont celles du Senat étoient appellées *Senatusconsulta*, celles du menu peuple *Plebiscita*, & celles des Magistrats *Edicta* : mesme les simples Jurisconsultes, bien qu'ils ne fussent que gens privez, faisoient encore une autre espece de loix qui estoient appellées *Responsa Prudentum*.

11. Il n'y a que le Roy qui fasse loix en France.

Mais aux pures Monarchies où les Princes maintiennent mieux leur souveraineté, dont ils sont extrémement jaloux, & notamment en celle de France (qui est la plus pure & la plus parfaite du monde, comme il a été dit au chapitre precedent) il n'y a que le Roy seul qui puisse faire des loix. Et bien que sa bonté permette au peuple des Provinces coustumieres, de choisir certaines Coustumes, selon lesquelles il desire vivre, si est-ce qu'il faut toujours que ces Coustumes soient non seulement arrestées par le mandement du Roy, & pardevant les Commissaires par luy ordonnez, mais encore qu'elles soient approuvées & verifiées par luy en son Parlement ainsi que les autres loix. Et quant aux Arrests des Parlemens & autres Cours Souveraines, ce ne sont pas loix ; mais plûtost c'est observation & l'execution des loix.

12. Reglemens des Magistrats.

Il est vray que le Roy ne pouvant tout sçavoir, ny être par tout, & par consequent ne luy étant pas possible de pourvoir à toutes les menuës occurrences qui arrivent en tous les endroits de son Roiaume, & qui requierent d'estre reglées promptement, permet à ses principaux Officiers, soit de Cours Souveraines, soit des Villes, de faire des reglemens, chacun au fait de leurs Charges, qui ne sont pourtant que provisoires ; & faits sous le bon plaisir du Roy, auquel seul appartient faire loix absoluës & immuables : mais ces reglemens n'ont point de force, sinon jusques à tant qu'ils soient revoquez, soit par le Roy ou par les successeurs des Magistrats qui les ont faits, ou encore par eux mesmes.

13. Ils s'appellent proprement Edits.

Ces reglemens s'appelloient proprement à Rome Edicts. *Est enim Edictum jussum Magistratus*, dit Varon. Τὰ διατάγματα τῶν Ἀρχόντων, Ἑλληνὶς μὲν Διαγράμματα, Ῥωμαῖοι ʃ Ἔδικτα προσαγορεύουσι, dit Plutarque *in Marcello*, & ne different de la loy qu'en deux poincts : L'un que la loy est faite par le Souverain, & le reglement par le Magistrat :

14. En quoy les reglemens des Magistrats different de la loy.

L'autre, que la loy est pour tous ceux de l'Estat, & pour toûjours, & le reglement n'est que pour ceux de la Jurisdiction du Magistrat, & n'avoit aucune force à Rome, sinon tant que la charge duroit. C'est pourquoy lors que les Magistrats y estoient annuels, leurs Edicts n'avoient force que pour un an. *Qui plurimum Edicta tribuunt, legem annuam esse dicunt*, dit Cicéron, *De Præt. urb.* au lieu que les Sentences des Magistrats subsistoient toûjours à Rome aussi bien qu'en France.

15. Pourquoy loix des Princes ont esté appellées Edits.

Mais sous pretexte que le Jurisconsulte Julian ramassa plusieurs Edits des Preteurs, & les ayant interpretez & redigez en vingt-quatre heures, en fit present à l'Empereur Adrian, qui en recompense le fit grand Prevost de Rome, & auctorisa ces Edits à toûjours, ordonnant qu'ils auroient force de loy perpetuelle, & que Iustinien fit le semblable des Edits recueillis & interpretez par d'autres Jurisconsultes, comme il est dit en l'avant-propos des Digestes, leur laissant neanmoins le nom d'*Edits*, comme aussi le livre de Julian fut appellé *Edictum perpetuum* : de là enfin est venu, que, & à Rome, & en France, à l'imitation de Rome, les Edits ont été appellez *Loix*, & les loix *Edits*. Dont il y a encore une autre raison possible plus pertinente, à sçavoir que les Empereurs Romains ne se voulans pas qualifier Rois ny Princes Souverains du commencement, mais seulement simples Princes ou principaux Magistrats perpetuels, comme il a été dit cy-devant, appelloient leurs Ordonnances, Edits, ou Constitutions, ainsi que les Grecs διατάγματα ʃ διατάξεις, & non pas loix, feignant de vouloir laisser au peuple la puissance de faire des loix.

16. Ce qui est compris sous le droit de faire loix.

Sous ce droit de faire loix, je comprens à plus forte raison les privileges qui sont loix privées & particulieres, plus difficiles à faire que les generales, qui aussi à Rome ne pouvoient être faites, qu'en l'assemblée generale du peuple. Entre lesquels privileges sont l'ennoblissement des roturiers, la legitimation des bastards, la naturalisation des étrangers, & l'amortissement des heritages. J'y comprens pareillement les dispenses de toutes sortes, soit en civil, ou en criminel, parce qu'il faut du moins autant de puissance pour délier, que pour lier. Il est vray que le Roy pour sa décharge, laisse aux Officiers de ses Chancelleries quelques legeres dispenses d'expedition ordinaire, comme les lettres d'âge, de benefice d'inventaire, de restitution en entier aux cas de droit, & autres semblables, qui toutesfois sont encore expediées sous le nom & sous le seau du Prince.

17. Droit de faire des Officiers appartient qu'au Prince souverain.

Or comme la loy est l'instrument de la souveraineté, aussi les Officiers en sont les Ministres qui mettent la loy en œuvre. C'est pourquoy il est vray en bonne Jurisprudence, que comme il n'appartient qu'au Souverain de faire les loix, qui sont les Magistrats muets, aussi il n'appartient qu'à luy d'établir les Magistrats qui sont les loix parlantes.

— *Solus*, dit Claudian,
Jura Magistratusque facit.

Des Seig. souveraines, Chap. III.   15

18. La puissance publique n'appartient qu'au Prince.

Aussi est-ce à luy que la puissance publique appartient entierement & parfaitement, & en cette parfaite puissance consiste la Souveraineté, & il est vray qu'autre que luy ou de par luy, ne peut avoir ny exercer la puissance publique, ny ne peut avoir aucun commandement sur les sujets du Prince. Mais d'autant qu'il ne peut estre par tout, ny donner ordre en tous lieux, il est contraint de communiquer l'exercice de cette puissance publique à ceux que nous appellons Officiers, à ce qu'au fait de l'Office à eux attribué, ils representent sa personne, & facent sa fonction publique, comme ses Commis ou Procureurs.

19. Comment elle est communiquée aux Officiers.

De sorte que, comme on dit en Theologie, que toutes vertus resident parfaitement & essentiellement en Dieu, & aux hommes par participation seulement, entant qu'il luy plaist les leur communiquer: aussi en la science politique nous disons, que la puissance publique de l'Estat reside parfaitement & entierement aux Princes Souverains, & l'exercice d'icelle en leurs Officiers par leur communication, chacun au fait de sa Charge, & comme les representans en icelle.

20. Pourquoy aux Republiques populaires les principaux Magistrats sont les petits Officiers.

Aussi fut-ce la premiere loy qui fut faite à Rome, aprés que les Rois en eurent esté chassez, que les Magistrats seroient éleus en l'assemblée generale par le Peuple, auquel la Souveraineté residoit. Comme aussi lors de l'establissement de la Republique de Venise, ce fut la premiere loy qui fut publiée, dit Contarin. Mais parce qu'aux Republiques populaires il est impossible que le Peuple s'assemble autant de fois qu'il seroit besoin pour élire tant d'Officiers qui y sont necessaires : il a tousjours esté observé en icelles, que les principaux Magistrats ayant esté deuëment éleus & establis par le peuple, avoient pouvoir de choisir les petits Officiers dependans de leur Charge, ce pouvoir leur estant tacitement attribué lors de leur establissement, ainsi que quand on donne puissance aux Procureurs de substituer.

21. Pourquoy le contraire a lieu aux Monarchies.

Mais aux Estats Monarchiques où il est aisé d'avoir recours au Prince pour tous les Offices, il n'y a si petit Office que le Prince ne vueille conferer luy-mesme, n'y ayant autre que luy qui puisse conferer, ou commettre l'exercice de la puissance publique. Car comme un Procureur ne peut substituer, ou faire un autre Procureur, si par exprés cette faculté ne luy est accordée par sa procuration, aussi un Officier n'en peut faire un autre, si expressément il ne luy est permis par le Prince : parce qu'il faut estre Seigneur pour faire un Officier, & avoir la proprieté de la puissance publique pour en conferer & attribuer l'exercice.

22. Deux cas esquels en France d'autres que le Roy font des Officiers.

Neanmoins en consequence de ce que le contraire s'observoit à Rome, nous autres François nous estant aux premiers temps observateurs trop exacts du Droit Romain, en avons retenu deux marques jusques à present, comme j'ay traité plus amplement au troisième chapitre du premier livre des Offices : l'un que les Seigneurs de France qui anciennement n'estoient qu'Officiers, ayant usurpé la proprieté de leur Charge, en conferent l'exercice aux Officiers de leur Justice : l'autre, que les Chefs d'Office de la maison du Roi ont gardé jusques à present le droit de pourvoir aux menus Offices, ou plûtost Milices, un places de compagnies, dependantes de leur Charge.

23. Ce qui est compris sous le droit de faire Officiers.

Sous ce droit de créer Officiers je comprens le pouvoir d'ériger & conferer toutes autres dignitez politiques, soit Ordres, comme faire des Chevaliers, ennoblir les roturiers, & jusques à faire des corps de métiers jurez : soit Seigneuries, comme d'ériger des Pairies, Duchez, Marquisats, Comtez, & autres telles dignitez Seigneuriales, ainsi qu'il sera prouvé en son lieu.

24. Droit de faire la guerre & la paix n'appartient qu'au Roy, & pourquoy.

Quant au droit de guerre, puisque d'icelle peut arriver la ruïne, & la cheute de l'Estat, mesme qu'elle ne peut advenir sans icelle, il est bien raisonnable qu'autre que le Souverain ne la puisse entreprendre pour mettre l'Estat en hazard. Mesme ce n'est pas une juste guerre : mais c'est un brigandage punissable en Justice, quand la guerre est entreprise sans l'authorité de celuy auquel la Souveraineté reside. Et bien qu'és Estats populaires, où elle reside par devers la multitude, ce seroit chose dangereuse de lui communiquer & divulguer le secret & motif de la guerre, si est-ce que l'avis s'en peut bien donner par le Senat, mais la resolution s'en doit faire par le peuple. *Controversia fuit*, dit Tite-Live, *utrum populi jussu indiceretur bellum, an satis esset Senatusconsulto. Pervicere Tribuni, ut Consul de bello ad Populum ferret* : ce que Bodin conforme par plusieurs authoritez.

25. Autre raison entre Chrestiens.

Mais entre nous autres Chrestiens nous avons encore une consideration fort pertinente, que celui qui tuë en guerre ne peut estre excusé d'homicide si la guerre n'est juste, c'est à dire, authorisée par le Souverain ordonné de Dieu, & descendu de race choisie par le Peuple, afin de le garder de l'oppression des ennemis. Mais le sujet auquel son Prince a mis les armes à la main pour une juste guerre, ne peche point en tuant l'ennemy. Car comme il y a deux voyes pour repousser l'injure : l'une de la Justice, l'autre de la force quand la Justice ne peut avoir lieu, dit Ciceron au premier des Offices, ainsi que celuy qui fait mourir un meschant par la voye de Justice, & par le jugement du Magistrat, ne peche point : aussi ne fait celui qui fait mourir un ennemy en guerre, par l'authorité du Prince.

26. Les charges militaires doivent estre conferées par commission.

Mesme le droit de guerre dépend tellement du Souverain, que les Charges militaires doivent en un Roiaume bien estably, estre seulement conferées par commission revocable à sa volonté, afin que le commandement des armes, que les Romains appelloient *le pur commandement.* (parce qu'il n'est point astraint aux formes de Justice,) demeure seul & pour le tout pardevers luy, comme j'ay prouvé au quatrième Livre des Offices, chapitre troisième. C'est pourquoy aussi le port d'armes est un cas Royal en France, comme il sera dit en son lieu.

27. Ce qui est compris sous le droit de guerre.

Ce droit de guerre comprend les traitez de paix, d'alliance, les trêves, & jusques à la permission de lever la moindre compagnie de gens de guerre, mesme de faire aucune assemblée de peuple qui puisse tendre à sedition. Il comprend mesme les Lettres de marque ou represailles, qui est la petite guerre.

28. Le dernier ressort de la Justice appartient au Souverain.

Or comme la guerre est en la disposition du Prince Souverain, aussi est la Justice, ayant le Prince Souverain esté estably pour defendre l'Estat en guerre par les armes contre les ennemis, & pour le maintenir en paix par la Justice entre ses sujets. Il est vray que comme il ne peut faire la guerre seul, & sans Capitaines, aussi ne peut-il rendre la Justice seul, & sans Juges. Mais comme le souverain commandement de la guerre lui demeure par dessus ses Capitaines, aussi il est le dernier ressort de la Justice par dessus ses Juges. Ainsi lisons-nous que par cette premiere loy faite à Rome, aprés que les Rois n'y furent plus, appellée la loy *Valeria*, le dernier ressort & l'appel de tous les Magistrats fut reservé au Peuple, & parce que les Consuls y contrevenoient souvent, cette loy fut publiée par trois fois, & finalement par la loy *Duilia*, la peine de mort fut indicte à celuy qui y contreviendroit : Loy que Tite-Live appelle *fondement de la liberté populaire*, bien qu'elle ait esté tousjours mal observée. Semblable loy, mesme encore plus ample, estoit à Athenes, où le dernier ressort estoit reservé au Peuple, non seulement à l'égard des Citoyens comme à Rome, mais aussi des alliez, comme dit Xenophon au Livre *De Repub. Athen*. & Demosthene en l'Oraison *pro Aphobo*.

29. Preuve.

De mesme Contarin assure que la premiere loy qui fut faite pour l'establissement de la Republique de Venise, fut, qu'il y auroit appel de tous les Magistrats au Grand Conseil, ce ne fut tué pour autre sujet, que pour n'avoir pas deferé à l'appel interjetté de lui au Grand Conseil du Peuple, par trois Florentins qu'il avoit condamnez à mort.

30. De mesme en France.

Mais en France le dernier ressort de la Justice est tellement droit de souveraineté, que mesme en commun langage il est appellé *Souveraineté*, comme quand és concessions des Fiefs ou des appanages, le Roy reserve à la Couronne la foy & hommage, ressort, & Souveraineté :

31. Souveraineté signifie par fois le ressort de Justice.

La foy & hommage regardent la Feudalité & Seigneurie privée & directe, le ressort & la Souveraineté concernent la Justice & Seigneurie publique & souveraine. Aussi les Compagnies des Juges qui sous le nom du Roy jugent en

32. Côpagnies souveraines.

dernier ressort, sont appellées *Souveraines*. Et a été prouvé au chapitre precedent, que les Princes qui ont parfaitement le dernier ressort de la Justice, sont mis entre les Souverains, bien qu'ils soient vassaux, tributaires, ou en protection, parce que n'ayant leur Peuple n'est sujet au commandement d'autre que d'eux : consideration qui a été bien representée toutes les fois que le Duc de Lorraine a voulu obtenir du Roy ce dernier ressort en son Duché de Bar, & lors de l'érection de l'Eschiquier

33. Erection d'Eschiquier dangereuse.

d'Alençon, en l'an 1571. bien que ce ne fût pas une Justice tout à fait souveraine, neanmoins l'un de Messieurs les Advocats Generaux remonstra sagement au Roy, qu'il eût mieux valu ériger douze Parlemens Royaux, qu'un seul Eschiquier pour un Prince du Sang.

34. Ce qui est compris sous le droit de Justice.

Sous ce droit je comprens l'octroy de requestes civiles, des evocations, interdictions de Juges, des graces & remissions des condamnez, & autres semblables dépesches. Et bien qu'anciennement aucuns Gouverneurs des Provinces éloignées entreprissent de donner graces, si est-ce que ce pouvoir leur a été justement ôté par Edit du Roy Loüis XII. de l'an 1449. même le Roy François l'ayant concedé à Madame sa mere, elle ayant sceu que le Parlement faisoit difficulté de le verifier, s'en desista volontairement.

35. Droit de forget monnoye.

Pareillement le droit de forger monnoye depend de la Souveraineté, parce que c'est le mereau du commerce, qui partant depend de la police generale du Royaume, laquelle appartient au seul Prince Souverain : même la monnoye depend aucunement du droit des gens : & par consequent il est necessaire que le Prince la proportionne avec ses voisins, autrement ses sujets ne pourroient trafiquer avec eux : & si pour profiter sur ses sujets, il hausse trop la monnoye, il leur fait injustice, & est en effet faux monnoyeur, comme le Poëte Dante appelle, bien qu'à tort, le Roy Jean. Quoy qu'il en soit, il est certain que la monnoye depend entierement de l'authorité du Prince Souverain qui en prescrit la matiere, la forme, le cours, le poids, & le prix, ainsi qu'il luy plaist. C'est pourquoy

36. Numisma quasi νόμισμα.

la monnoye est appellée en Grec νόμισμα quasi νόμος, dont aucuns veulent dire qu'est derivé le Latin *nummus*, que François Hotman, au Traité *De re numaria*, soûtient devoir être écrit par une seule *m*, & même en François nous appellons *alloy*, & quelquefois simplement *loy*.

37. Les Princes mettent leur image à leur monnoye.

Pour cette cause les Monarques font ordinairement graver leur image en leur monnoye, même aucuns l'ont nommée de leurs noms, comme les Philippus de Macedoine, & les Cariques de Perse : & nous voyons en l'Evangile, que l'image de Cesar s'étant trouvée en la piece d'argent qui fut presentée à Nôtre Seigneur il fit la conclusion, qu'il falloit rendre à Cesar ce qui étoit à Cesar. Aussi lisons-nous dans Herodote, que Darius fit

38. Punition de ceux qui ont forgé monnoye.

trancher la teste du Gouverneur d'Egypte Ariander, pour avoir fait graver son image en la monnoye, & pour même cause l'Empereur Commodus fit mourir Perennius son grand mignon, dit Herodian. Et le Roy Loüis XII. laissant la souveraineté à ceux de Gennes, voulut neanmoins que pour souvenance de ce qu'il les avoit mis en liberté, ils marquassent leur monnoye de son image, ce qu'ils n'ont pas entretenu, parce que c'eût été deroger à leur Souveraineté, mais pour signe d'icelle, ils

39. Monnoye de Gennes.

mettent un gibet à leur monnoye, comme ils faisoient auparavant. Aussi fut-ce l'une des principales occasions de la guerre que fit le Roy Loüis XI. contre le Duc de Bretagne, parce que contre le Traité de l'an 1465. il entreprenoit de forger de la monnoye d'or.

40. Anciennement les Ducs & Comtes forgeoient monnoye.

Et bien qu'anciennement en France, presque tous les Ducs & les Comtes, même plusieurs Evêques entreprissent de forger monnoye, les uns par usurpation (ainsi qu'ils avoient usurpé presque tous les autres droits Royaux) autres par concession des Rois, qui par icelle en ordonnoient la matiere, la forme, le poids, & le prix, lequel ne pouvoir être changé, comme il fut jugé contre le Duc de Bretagne, en l'an 1174. & contre le Comte d'Angoulesme, en l'an 1281. ainsi que rapporte Choppin, Livre 2. *De Dom. tit.* 7. neanmoins le même

Choppin nous apprend que le Roy Loüis Hutin fut fort soigneux de remettre ce droit en son Domaine, & qu'il se racheta à prise d'argent de plusieurs Ducs & Comtes ce que firent aussi ses successeurs; & enfin le Roy François par Edit general revoqua toutes ces usurpations, & cassa tous ces privileges. Et à bon droit; car ces droits de Souveraineté ne sont ny prescriptibles par les sujets, ny communicables à eux : comme les Estats de Pologne soûtinrent particulierement, pour celuy de forger monnoye, que Sigismond Auguste avoit concedé au Duc de la Prusse, laquelle concession ils casserent par un Decret portant par exprés, que ce droit n'avoit pû être donné, comme étant inseparable de la Couronne. Et par même raison l'Archevêque de Gnesne au même Royaume, & celuy de Cantorbie en Angleterre en furent privez par les Estats de leur pais.

41. Revocation de ce droit.

Finalement à l'égard de faire des levées de deniers sur le peuple, j'ay dit que les plus retenus Politiques tiennent que les Rois n'ont droit de les faire par puissance reglée sans le consentement du peuple, non plus que de prendre le bien d'autruy, parce que la puissance publique ne s'etend qu'au commandement & authorité, & non pas à entreprendre la Seigneurie privée des biens des particuliers, qui est le point auquel consiste la difference de la Monarchie Seigneuriale d'avec la pure Souveraineté; dautant que celle-ci à la Seigneurie publique & privée tout ensemble, des personnes & des biens de ses sujets.

42. Si lever deniers est un droit Royal.

Qui est à peu prés la remontrance que fit aux Estats de Tours ce sage Politique Philippe de Comines, comme il nous a laissé par écrit en ses Memoires, Et de fait c'est chose certaine, qu'anciennement en France les tailles & autres subsides n'étoient pas ordinaires & perpetuels côme ils sont à present, mais ils ne se levoient que du consentement du peuple, & tant que la necessité duroit. Même que la principale cause d'assembler les Estats, étoit pour avoir leur consentement à quelque nouvelle levée. Jusques-là que le peuple qui élisoit ceux qui devoient lever les subsides & aydes (ainsi les appeloit-on, parce que volontairement le peuple y aydoit & secouroit le Roy en sa necessité) & pour cette cause on appelle encore *Eleus*, ceux qui les font lever en chaque Province, & Generaux, soit des Aydes, ou de la Justice d'icelles, ceux qui sont Surintendans de ces levées. Ce qui se pratique encore en Angleterre & en Pologne, où les Rois ne peuvent faire aucune levée sans le consentement des Estats.

43. Anciennement les tailles n'étoient ordinaires en France, & les subsides de ne se voient que par le consentement du peuple.

44. Aydes & subsides pourquoy dits.

45. Eleus, Generaux des Aydes.

Mais je croy qu'à present le contraire s'observe par tout ailleurs ; & qu'il n'y a quasi plus d'autres Princes Souverains, même de Princes sujets, qui n'ayent prescrit droit de lever deniers sur le peuple. De sorte qu'à mon avis il ne faut plus douter qu'en France (qui est possible aujourd'huy la plus pure & la plus parfaite Monarchie du monde) nôtre Roy n'ayant d'ailleurs recepte plus autre fonds de finance, ne puisse faire les levées de deniers sans le consentement des Estats, qui, comme j'ay prouvé au Chapitre precedent, n'ont aucune part en la Souveraineté.

46. Les Souverains ont maintenant droit de lever deniers.

Car puis qu'il à été dit, que la puissance publique du Souverain s'étend aussi bien sur les biens que sur les personnes, il s'ensuit que comme il peut commander aux personnes, aussi peut-il user des biens de ses sujets. Mais côme le commandement des personnes ne les rend pas esclaves, aussi cet usage des biens ne les reduit pas en la Seigneurie privée du Prince, parce que la Seigneurie privée est la parfaite proprieté, dont on peut user à discretion : mais l'usage de la Seigneurie publique doit être reglé par Justice, & être dirigé à la propre utilité & necessité du peuple ; étant bien raisonnable que son Prince, à qui Dieu l'a baillé en garde, le puisse tirer du peril au depens de sa bourse, malgré qu'il en ait, côme le malade qu'on medicamente contre sa volonté. Et de fait Dion *in Augusto*, nous apprend que l'une des dependances du pouvoir souverain des premiers Empereurs de Rome, bien qu'ils ne fussent que Princes sujets, étoit de faire des levées de deniers.

47. Preuve.

Mais

Des Seig. souveraines, Chap. III.

48. Qu'au-tre qu'eux ne le peut faire.
Mais quoy qu'il en soit, il n'y a que le Roy seul qui puisse faire telles levées, encore bien que ce soit du consentement du peuple (sauf & reservé toûjours le cas de l'extréme necessité, qui n'a point de loy) ce qui est precisément contenu au 13. Article de l'Ordonnance de Moulins, dont les mots meritent bien d'estre icy rapportez: *Parce que à nous seul appartient lever les deniers en nostre Royaume, & que faire autrement seroit entreprendre sur nostre Majesté, deffendons tres-expressément à tous nos Gouverneurs, Baillifs, Tresoriers, & Generaux de nos finances, & autres quelconques nos Officiers, d'entreprendre de faire lever aucuns deniers, quelque authorité qu'ils ayent, & pour quelque cause que ce soit, ne permettre qu'aucuns en levent, soit au nom de particulier ou de communauté, sinon qu'ils n'ayent nos Lettres Patentes precises & expresses: à peine de confiscation de corps & de biens, &c.* En consequence de laquelle Ordonnance Bodin estime, que le droit pretendu par plusieurs Seigneurs, & qui est authorisé par plusieurs Coûtumes, de lever tailles aux quatre cas sur leurs sujets, est maintenant aboly, c'est pourquoy j'ay mis à juste cause le droit de lever deniers sur le peuple, pour un sixiéme cas de Souveraineté.

49. Droit de tailles des Seigneurs aux quatre cas aboly.

50. Que nul Officier ne doit toucher aux deniers du Roy.
Mais pour le regard des deniers Royaux déja imposez, c'est bien sans doute, que puisque les particuliers sont maistres de leur bien, à plus forte raison le Roy l'est du sien. De sorte que les Gouverneurs des Provinces, ny mesme les Chefs des armées n'y peuvent toucher, s'ils n'en ont exprés pouvoir, ou bien en cas d'extreme necessité, non plus que les Procureurs ne peuvent disposer du bien de leurs Maistres, sinon entant qu'il leur est permis par leur procuration. Autrement ceux qui touchent aux deniers Royaux, commettent non pas un simple larcin, mais comme ceux qui derobent les choses dediées à Dieu, commettent sacrilege, qui est une branche de leze Majesté divine, aussi ceux qui commettent peculat, (qui est une branche de leze Majesté humaine) qui derobent ou divertissent les deniers du Prince.

51. Peculat.

52. L'honneur du monde appartient au Prince souverain.
Voilà le pouvoir du Prince Souverain; & quant à l'honneur, il faut tenir en un mot, que c'est en luy que reside tout l'honneur de ce monde: Dieu auquel il appartient essentiellement, luy ayant laissé, & comme baillé en depost toute espece d'honneur mondain, duquel il l'a rendu distributeur, comme il est écrit au sixiéme Livre d'Ester, *Honorabitur, quem voluerit Rex honorare.* Partant c'est de luy que toute dignité procede, &, comme dit *Cassiodore, lib. 6. Variarum, Epist. 23. A Principe exeunt omnes Dignitates, ut à Sole radii,* & comme dit *Balde* en la Preface *Des Fiefs, ab eo, tanquam à fonte profluunt omnium Dignitatum rivuli.*

53. Le Roy est distributeur de l'honneur mondain.

54. Rang des princes souverains.
Or il n'est question de parler du rang & seance des Princes Souverains, parce qu'elle ne peut estre revoquée en doute dans leur souveraineté, non seulement par leurs sujets, qui commettroient crime de leze Majesté s'ils le vouloient entreprendre, mais aussi par les Princes estrangers regulierement, parce que chacun est maistre en sa maison. Il est bien veritable que par honneur ils ont accoûtumé en leur propre maison de ceder aux Princes de plus haut titre comme les Rois à l'Empereur, les Ducs aux Rois: mais sur tout ils doivent deferer & laisser le premier rang à ceux avec lesquels ils ont alliance inegale ou de superiorité, comme à leur protecteur, Seigneur Feodal, & à celuy duquel ils sont tributaires, bref à tous ceux, *quorum Majestatem comiter observare tenentur.* Car bien qu'ils ne soient pas leurs sujets quant au pouvoir, si sont-ils leurs inferieurs quant à l'honneur.

55. En leur pays.

56. Es pays d'autruy.
Et quant au rang d'entre les Princes Souverains és pays d'autruy, on observe que ceux de plus haut titre ont la preseance, & entre ceux de mesme titre on a égard à l'antiquité de l'establissement, qui est une matiere qui meriteroit bien un plus grand discours.

57. De la Majesté des Rois.
Maintenant pour le regard du titre, ou pour mieux dire, de la qualité que l'on donne aux Princes Souverains, il faut prendre garde, que ceux qui sont parfaitement souverains, c'est à dire, qui ne sont en vasselage ny en Des Seigneuries,

protection, ny tributaires, & principalement les Rois sont qualifiez du titre de *Majesté*, qui signifie parfaite souveraineté, d'où vient que ceux qui l'offencent, sont dits coupables de leze Majesté, qu'Ovide aus. des Fastes feint à la mode avoir esté engendree du mariage d'honneur avec reverence, & avoir esté grande dés l'instant de sa naissance.

Ce titre est le plus haut & le plus auguste qui jamais ait esté inventé en ce monde, mesmement est si haut, qu'il appartient proprement à Dieu. Aussi Ovide au discours de cette Majesté, adjouste,

Assides illa Jovi, Jovis est fidissima custos,
Et præstat sine vi sceptra tenere Jovi.
Venit & in terras.

58. Que c'est le plus haut titre qui puisse estre.

Et certes, il semble que ce soit une entreprise que font les Rois sur l'honneur de Dieu, que de s'attribuer ce titre. De fait Monsieur Pasquier nous apprend qu'on n'en usoit pas autrefois si communément en France, comme on fait depuis la hantise des Espagnols. Toutefois c'est la verité qu'on en a usé de tout tems à Rome & en France. Et encore les Allemans, pour mettre leur Empereur par dessus les Rois, l'appellent *sacrée Majesté*: qui est à mon avis un blaspheme; car c'est la majesté seule de Dieu qui est sacrée. Et la vanité des Anglois les a portez à vouloir rehausser la Majesté de leur Roy d'un epithete d'honneur, l'appellant *excellente Majesté*, comme dit Bodin.

59. Sacrée Majesté de l'Empereur.
60. Excellente Majesté du Roy d'Angleterre.

Quoy qu'il en soit, ce titre est inseparable de ceux ausquels reside la souveraineté, estant és Estats populaires referé au Peuple, és Aristocratiques aux Seigneurs, & és Monarchiques aux Monarques: aux femmes mesme, ausquelles il ne peut estre proprement communiqué, non plus que le plein pouvoir de la Souveraineté, bien que tous autres honneurs le puissent estre: comme il fut remontré aux Estats d'Orleans, où pendant la minorité du Roy on ne voulut permettre à la Reyne sa mere d'user de ce titre, ainsi qu'un Autheur moderne a laissé par écrit. Et bien que les anciens Autheurs Romains l'attribuent quelquefois aux principaux Magistrats, notamment Tite-Live en plusieurs passages, & mesme le Iurisconsulte en la loy 11. *De Inst, & in l. 9. De jurisd. l. 23. De injur,* toutefois c'est improprement: car proprement à Rome *imperium erat Magistratuum, Authoritas Senatus, Potestas plebis, & Majestas populi,* comme dit Ciceron *pro Rabitio perd. reo.*

61. non communicable à autres qu'aux Souverains.
62. Reine Mere n'a le titre de Majesté.
63. Attributa Romanorum.

Mais les Princes qui ne sont pas parfaitement souverains ne prennent pas le titre de *Majesté*: mais ou celuy d'*Altesse*, comme les Ducs de Lorraine, Savoye, Florence, Mantoüe, & Ferrare: ou celuy d'*Excellence*, comme les Princes des pays de suresté; ou finalement celuy de *Serenité*, comme les Ducs de Venise, dit Bodin.

64. Altesse.
65. Excellence.
66. Serenité.

Il y a encore une autre marque d'honneur au titre des Princes souverains, à sçavoir qu'ils se qualifient *Empereurs, Rois,* ou *Ducs par la grace de Dieu* pour signifier qu'ils ne tiennent leur Estat que de Dieu & de l'espée. Et ce fut une des trois choses que le Roy Loüis XI. deffendit au Duc de Bretagne par le traité qu'il fit avec luy, de se qualifier *Duc par la grace de Dieu.* Bien qu'anciennement les Ducs & Comtes de France qui avoient usurpé une maniere de souveraineté ne manquassent jamais de se qualifier tels *par la grace de Dieu,* comme il se voit aux titres des vieilles Chartes, & és anciennes Chartes: mesme Bodin nous apprend que les grands Officiers de France usoient de cette adjonction, jusques à remarquer qu'un Esleu de Meaux s'estoit qualifié *Eleu par la grace de Dieu.* En quoy toutefois il se mesprend. Car ce n'estoit pas un Esleu sur le fait des aydes & tailles, mais l'eleu Evesque de Meaux, Et encore à present les Evesques&Abbez le qualifient tels *par la misericorde divine,* pour montrer qu'ils ne tiennent leur Benefice d'autre que de Dieu, & non pas des Seigneurs temporels; il est vray qu'en ces derniers temps que la provision d'iceux a esté attribuée au Consistoire de Rome, ils mettent en leurs qualitez *par la misericorde divine, & du S. Siege Apostolique.*

67. Rois par la grace de Dieu.
68. Evesques & Abbez par la misericorde divine.
69. Et du S. Siege Apostolique.

Finalement il y a encore un autre honneur des souverainetez, à sçavoir les enseignes ou ornemens d'icelles, que les Grecs appellent ϲύμβολα τῆς ἡγεμονίας, & Virgile *Regis insigne ; nimirum sceptrum , sacerque tiaras*, c'eſt à dire le Sceptre & la Couronne, qui ſont tellement les enſeignes des Rois, que dans les bons Autheurs l'un & l'autre ſignifie ſouvent la Royauté meſme.

69. Inſignia Regis.

Le Sceptre eſt plus ancien que la Couronne, car Homere attribuë bien le Sceptre aux Rois, mais il n'attribuë la Couronne qu'aux Dieux. Il eſt fait mention en la Geneſe du Sceptre de Pharaon, & au Livre d'Eſther de la verge d'Aſſuerus, & Xenophon attribuë un Sceptre à Cyrus. On le fit premierement de bois, comme il eſt décrit au 4. de l'Iliade, & au 7. de l'Eneïde, puis d'yvoire ou d'ebeine, comme il ſe void dans Juvenal, & dans Tite-Live. Et finalement on l'a fait d'or, qui eſt le metal ſouverain. Et au bout d'iceluy on y a mis tantoſt la figure d'un Aigle, tantoſt d'une Cicogne, tantoſt d'un Hippopotame, & nos Rois n'y mettent qu'une fleur de lis.

70. Du Sceptre Royal.
71. Matiere d'iceluy.
72. Forme d'iceluy.

Le Sceptre eſt un ſigne de puiſſance, comme la Couronne eſt un ſigne d'honneur, & pour cette cauſe les Eveſques qui ont la juriſdiction Eccleſiaſtique, ont leur baſton Paſtoral, comme Homere attribuë au Preſtre Chryſeïs, & qu'en la Sainte Ecriture il eſt fait mention de la verge d'Aaron, & les Augures de Rome avoient *lituum*. qu'Aulu-Gelle definit *virgam brevem & curvam*, comme eſt le Baſton de nos Eveſques, appellé pour cette occaſion *Croce quaſi croche*.

73. Croce des Eveſques.

La Couronne eſt appellee par les Grecs *Diadeſme*, bien que proprement Diadeſme ſoit un ſimple bandeau Royal dont autrefois uſoient ſeulement les Roys, laiſſant la Couronne aux Dieux. Ainſi les effigies des premiers Empereurs Romains ſe voyent ornées de bandeaux ſeulement : puis ils prirent des cercles de pur or, que par aprés ils rayonnerent à la forme des Couronnes des Dieux, auſquelles les rayons eſtoient adjouſtez pour repreſenter l'éclat de la Divinité ; comme nous faiſons aujourd'huy aux peintures des Saints. Aprés encore au lieu de rayons, ils y mirent des fleurons ornez de pierres precieuſes. Ce qu'eſtant fait commun à tous les Rois, les Empereurs de Grece voulans que leur Couronne fuſt plus auguſte, la fermerent par en haut, & finalement nos derniers Rois, pour monſtrer qu'ils ſont autant, ou plus ſouverains que l'Empereur d'apreſent l'ont voulu porter de meſme.

74. Diadeſme.
75. Changement des Couronnes.

Reſte de parler des droits utiles des Souverainetez, leſquels je ne ſeroit jamais fait de vouloir expliquer particulierement. Car bien que Choppin & Bacquet n'ayent fait de gros livres, ſi n'ont-ils pas encore tout dit. Or ces droits je n'entends pas les droits domaniaux ; & qui appartiennent au Prince à cauſe de ſon Domaine, c'eſt à dire à cauſe des terres & Seigneuries appartenantes à l'Eſtat, mais ceux qui luy appartiennent immediatement à cauſe de ſa Souveraineté ; & encore parmy ces droits je n'entends point comprendre les levées extraordinaires de deniers, que je doute eſtre vrais droits, mais aydes & ſubſides, ou accordez volontairement par les peuples, ou exigez pour la neceſſité.

76. Droits utiles des Souverainetez.

Les Feudiſtes appellent ces droits *Regalia*, & les ont ramaſſez dans le Titre *Quæ ſunt Regalia*, tenans une propoſition qui va bien loin, que tout ce qui eſt public, ou qui n'appartient à perſonne, doit appartenir au Prince Souverain ; d'autant, diſent-ils, que ce que les Romains appelloient *publicum quaſi populicum*, eſtoit ce qui appartenoit au Peuple par devers eſtoit reſidoit la Souveraineté, & par conſequent qu'és Eſtats Monarchiques tout cela doit appartenir au Monarque, *cui populus omne jus ſuum tranſtulit*, dit la loy. Ainſi les Princes Souverains ſouſtiennent communément, que tout ce qui n'appartient à perſonne, leur doit eſtre eſtimé propre par le moyen de leur Seigneurie univerſelle, & tirent des ſortes de choſes rapportées au Titre *De rerum diviſ.* ils s'en ſont attribué communément les quatre, *nimirum communes, publicas, univerſitatis, & nullius*, & n'ont laiſſé aux particuliers que la 5. eſpece, à ſçavoir *res ſingulorum*.

77. Regalia.
78. Publici.
79. Princes ſe ſont attribué tout ce qui n'appartient à perſonne.

Par ce moyen ils ſe ſont voulu attribuer la proprieté de la mer, des rivieres navigables, des chemins, des champs, des ruës, murailles & foſſez des Villes, & generalement de toutes choſes qui ſont hors du commerce, & encore de ce qui entre en commerce, ils s'en ſont voulu attribuer tout ce qui n'a point de Maiſtre.

Tout cela neanmoins n'eſt pas paſſé ſans contredit : car d'une part les communautez des peuples pretendent la pluſpart de ces choſes, ſinon en proprieté, au moins quant à l'uſage (ſouſtenant qu'elles ſont dites publiques : non pas pour eſtre dependantes de la ſouveraineté du peuple (car la Seigneurie privée dont nous entendons parler, n'a point de coherence ny de correſpondance à la publique, encore moins à la ſouveraine) mais parce que l'uſage en appartient à chacun du peuple.

80. Les communautez s'y oppoſent.

Mais la plus forte contradiction a eſté de la part des Seigneurs Juſticiers, auſquels la Seigneurie du lieu, ſubalterne veritablement, mais immediate, a eſté laiſſée. Car ils ſouſtiennent que celle-là attire & rejoint à ſoy la Seigneurie privée quand elle eſt vacante, & n'appartient à aucun. Et de là ſont provenus de grands differens, & en grand nombre, qui ne ſont pas encore vuidez, & dont le droit n'eſt encore certain & bien étably, mais à faute de le ſçavoir pû regler par raiſon, on les a laiſſé établir par la force & par l'uſurpation, & chacun en a pris par où il a pû, de ſorte qu'aujourd'huy on les termine par la poſſeſſion & l'uſage, comme j'ay dit au commencement de ce Livre. Et parce que la poſſeſſion ne peut être uniforme par tout, de là vient la varieté des Couſtumes, & la diverſité d'opinion de ceux qui en ont traité.

81. Comme auſſi les Seigneurs Juſticiers.

Pour taſcher à y apporter une regle, il faut rechercher la raiſon deciſive de tous ces differens : Je dis donc, qu'il ne faut point demander à qui appartiennent les choſes qui ſont hors de commerce. Car puiſque de leur nature elles ſont incapables de Seigneurie privée, c'eſt folie d'en attribuer la Seigneurie privée à aucun. Nos Juriſconſultes Romains en ont fait de quatre ſortes : à ſçavoir les communes, qui ſont communes à tous les animaux, comme les Elemens, la Mer, la pluye du Ciel : celles qui ſont communes aux hommes ſeulement, qu'ils ont appellées *publiques*, comme qui diroit *peupliques*, c'eſt à dire, dont l'uſage eſt commun aux hommes, & non aux bêtes, à ſçavoir les rivieres, les chemins, &c. celles qui ſont communes à certaines communautez d'hommes ſeulement, qu'ils ont appellé *res univerſitatis, ut ſtadia, theatra* : & finalement celles qui par un reſpect particulier ne ſont attribuées à aucun, *ut res ſacra, religioſa, ſancta*. Toutes ces choſes ſont incapables de Seigneurie privée, & la proprieté d'icelles ne peut appartenir à aucun, ny au Prince ſouverain, ny au peuple, ny au Seigneur Juſticier : mais l'uſage en demeure à un chacun, ſelon la qualité particuliere de chacune ; il eſt bien certain que la Seigneurie publique, c'eſt à dire, l'authorité & direction par la voye de Juſtice, en appartient au Prince Souverain en Souveraineté, & au Seigneur Haut-Juſticier, en Juſtice primitive.

82. Eſſay de vuider ces differends.
83. Ce qui n'eſt point en commerce ne peut appartenir à aucun.
84. Res communes, publicæ, univerſitatis, & nullius.

Mais pour le regard des choſes qui ſont en commerce & capables de Seigneurie privée, que le Droit appelle *res ſingulorum*, celles-là eſtant vacantes, & n'ayans point de Maiſtre, la Seigneurie privée vacante ſe joint & reunit à la Seigneurie publique, comme l'uſufruit vacant ſe rejoint à la proprieté. Mais parce que la Seigneurie publique appartient, tant au Prince ſouverain, qu'au Seigneur Haut-Juſticier, la queſtion eſt auquel des deux elles doivent appartenir. Et certes il y a plus d'apparence de les attribuer au Seigneur public, primitif & immediat, qu'au dernier & ſouverain : ſi ce n'eſt és matieres qui dependent directement de la Souveraineté, ce qui ſera particulariſé cy-prés, en traitant des droits des Juſtices.

85. Res ſingulorum à qui appartiennent quand elles ſont vacantes.

Le meſme doit être dit, à mon avis, des fruits & émolumens capables de commerce & Seigneurie privée, qui proviennent des choſes qui ſont hors de commerce, comme la peſcherie des rivieres publiques, enſemble de celles des foſſez des villes, meſme des rentes ou amendes, qui proviennent des ſaillies, ou autres

86. Ce qui provient des choſes eſtant hors de commerce à qui appartient.

suzeraines ou subalternes, Chap. IV.

27. Qu'il devroit être employé à l'entretien d'icelles.

entreprises faites sur les ruës & chemins: toutefois auparavant que ny le Souverain, ny le Seigneur primitif y puisse rien prendre, il seroit raisonnable que ces émolumens ou fruits fussent employez à la refection & entretien des choses dont ils proviennent, comme la pescherie des rivieres, à l'entretien des levées & guays d'icelles, celle des fossez à l'entretenement d'iceux : les deniers provenans des entreprises sur le ruës, à l'entretien du pavé d'icelles. Et partant il seroit bien raisonnable que tous ces émolumens fussent attribuez aux Villes & Communautez, comme deniers d'octroy, à la charge de faire ces entretenemens : car de charger le peuple de cet entretenement, & que le Roi ou le Seigneur du lieu en prenne neantmoins le revenu, il n'y a aucune raison.

28. Prince, que signifie dans nos coustumes.

Pour conclusion j'advertirai le Lecteur, qu'en étudiant cette maniere dans les Coustumes, il prenne garde de se méprendre en l'equivoque du mot de *Prince* : car maintenant quand nous parlons indefiniment du Prince, nous entendons le Roy, ainsi que font les loix Romaines. Mais és Coûtumes il s'entend tout autrement: car daurât que la pluspart d'icelles ont été ou redigées, ou pour le moins établies du temps que les Ducs & Comtes des Provinces se qualifioient Princes, & jouïssoient par effet des droits de souveraineté, quand en icelles il est parlé du Prince, ce n'est pas le Roy qui est entendu, mais le Duc ou Comte de la province: de sorte que quand elles parlent des droits du Prince, ce n'est pas des droits du Roy, mais des droits du Duc. Que si le Duché ap-

29. Prince, signifie le Duc, ou le Seigneur du pays.

partenoit au Roy lors de la reduction d'icelles, elles entendent parler des droits du Roy, non entant que Roy, mais entant que Duc & Seigneur de la province.

Ce qui est exprimé en l'inscription de la 2. partie de la Coûtume d'Anjou, dont voicy les mots ; *Pour la seconde partie est traité des cas esquels le Prince*, videlicet, *le Duc d'Anjou, a prevention sur ses sujets.* Et en l'article suivant il est dit : *Premierement le Roy comme Duc d'Anjou, a ressort & Suzeraineté, &c.* En quoy, sauf l'honneur deu à ce grand personnage feu M. Choppin, il me sera permis de dire qu'il a un peu manqué, comme le Poëta a dit, qu'il est permis de faillir en un grand œuvre. Car voicy comme il interprete ce passage, *Cùm hac præfatio loquitur de Principe, intelligit de supremo rerum Domino, Galliaque moderatore maximo.*

De même.

Et en l'ancienne Coûtume de Normandie chapitre 10. *Le Duc de Normandie, ou Prince est celui qui tient la Seigneurie de tout le Duché, dequoy le Roy de France a ores la Souveraineté & la dignité* : ainsi, bien que. le chap. 10. soit intitulé *Du Senéchal au Duc*, ce Senéchal est dans le texte toûjours appellé *Le Senéchal au Prince*. Ce qui se void encore plus clairement en la Coûtume de Nivernois, en l'art. 10. *Celuy qui a Justice ne peut lever signe patibulaire, sans authorité du Prince du pays, au refus duquel Prince il aura recours au souverain Seigneur : Ce qui n'a lieu aux Justices exemptes du Prince, &c.* qui est un point fort remarquable.

CHAPITRE IV.

Des Seigneuries Suzeraines, ou subalternes en general.

1. *Deux sortes de Seigneuries.*
2. *Definition de la Seigneurie suzeraine.*
3. *Trois sortes de dignitez, l'Ordre, l'Office & la Seigneurie.*
4. *La Seigneurie reside directement au fief.*
5. *La Seigneurie ne peut être tenuë qu'en fief.*
6. *Franc-alcu noble.*
7. *La propriété de la Justice appartient à la Seigneurie.*
8. *La Seigneurie n'a plus d'autre puissance publique que la Justice.*
9. *La puissance des armes étoit autrefois aux Seigneurs.*
10. *Leur Banniere.*
11. *De l'assistance en guerre que les vassaux doivent à leur Seigneur de fief.*
12. *Tout le fait des armes est à present reservé au souverain.*
13. *En quoy consiste la propriété de la Justice.*
14. *Pouvoir de la Justice.*
15. *Honneur de la Justice.*
16. *Profits de la Justice.*
17. *La Seigneurie est composée du fief & de la Justice.*
18. *Comment la Justice est fief.*
19. *Explication de ces mots, Terre, Fief, & Seigneurie.*
20. *De l'union du fief & de la Justice.*
21. *Comment la justice a été rendue accessoire au fief.*
22. *Explication de la question, An jurisdictio adhæret . feudo.*
23. *Cinq questions.*
24. *An jurisdictio adhæreat castro.*
25. *Comment la Justice est inherente au Château.*
26. *Comment la Justice est inherente au fief.*
27. *Comment elle peut être separée du fief.*
28. *An jurisdictio adhæreat feudo.*
29. *Comment la Justice est inherente à la Seigneurie.*
30. *Comment elle est attribuée au territoire.*
31. *Resolution sommaire de cinq questions.*
32. *Quelle est l'union du fief & de la Justice en la Seigneurie.*
33. *Pourquoy aux Benefices le revenu est demeuré accessoire.*
34. *Les Benefices sont composez de deux parties, aussi bien que les Seigneuries.*
35. *Officiers de la Couronne ont tasché de rendre leurs Offices accessoires aux Fiefs.*
Des Seigneuries.
36. *Exemples.*
37. *Pourquoy ils ne l'ont pû faire.*
38. *Division des Seigneuries suzeraines.*
39. *Les grandes Seigneuries.*
40. *Les mediocres.*
41. *Les petites ou simples Justices.*
42. *Qu'elles relevent les unes des autres, de degré en degré.*
43. *Ce qui éleve les Seigneuries suzeraines.*
44. *Si les Seigneurs suzerains peuvent ériger des Seigneuries inferieures à la leur.*
45. *Raisons de l'affirmative.*
46. *Resolution pour la negative.*
47. *Le Roy seul peut eriger des Seigneuries.*
48. *Premiere raison concernant le defaut de puissance.*
49. *Il y a bien difference entre établir des Officiers, & créer des Justices.*
50. *Seconde raison concernant l'interest du Roy.*
51. *Opinion de Jo. Faber.*
52. *Opinion de du Moulin.*
53. *Troisième raison concernant l'interest du peuple.*
54. *Remede à l'interest du Roy & du peuple.*
55. *Qu'il n'y a point d'inconvenient, que les Seigneuries soient érigées par le Roi, & neantmoins relevent des Seigneurs immediats.*
56. *Que l'usage ne fait lay en telles matieres.*
57. *Que les Coustumes contraires sont injustes.*
58. *Edict de Roussillon retranchant un degré de Justice.*
59. *Les Coustumes ne peuvent oter les droits du Roy.*
60. *Que la Justice concedée par un Seigneur, tient jusques à ce qu'on s'en plaigne.*
61. *Si les Justices peuvent être acquises par prescription.*
62. *Si du moins la prescription immemoriale y a lieu.*
63. *Trois raisons de la negative.*
64. *Resolution pour l'affirmative.*
65. *Que la possession immemoriale se doit prouver par preuve literale en cette matiere.*
66. *Arrest pour ce regard.*
67. *Signes visibles des Justices, ou Seigneuries.*
68. *Pilory, ou échelle.*
69. *Difference du Pilory & Gibet.*
70. *Marques des Seigneuries de Dignité.*

c ij

Des Seigneuries.

71. *Que les Seigneuries de Dignité sont cōposées de moindres.*
72. *Edict notable pour le reglement des Seigneuries de Dignité.*
73. *A quoy servent ces marques.*
74. *L'Erection d'une Seigneurie de Dignité faite par autre que le Roy est du tout nulle.*
75. *Qu'il vaut mieux s'aider de la prescription, que d'un mauvais titre.*

1. Deux sortes de Seigneuries.

COmme les Dialecticiens ont deux sortes de genre : l'un, qu'ils appellent generalissime, γένος γενικώτατον : l'autre subalterne : aussi avons-nous deux especes de Seigneurie publique : l'une souveraine, qui a été expliquée au chapitre precedent, l'autre subalterne, que nos Coustumes appellent *suzeraines*, qu'il faut expliquer icy.

2. Definition de la Seigneurie suzeraine.
3. Trois especes de Dignité, l'Ordre, l'Office & la Seigneurie.

Commençons par sa definition, que je basty ainsi à ma mode, *Seigneurie suzeraine est dignité d'un Fief, ayant Justice.* En cette definition, *Dignité* est le genre, ainsi qu'en celle de l'Office. Car comme il a été dit au premier livre, il y a trois especes de Dignité, l'Ordre, l'Office, & la Seigneurie, qui sont les trois titres d'honneur, desquels nous nous pouvons qualifier & accompagner nôtre nom : dont l'Ordre & l'Office sont directement attribuez, & inherens à la personne, à sçavoir l'Ordre inseparablement, l'Office separablement : mais la Seigneurie est proprement attribuée & inherente au fief, & indirectement communiquée à la personne qui le possede.

4. La Seigneurie reside distinctement au fief.

C'est pourquoy aux livres des fiefs, quand on demande de, *Quis dicatur Dux, Marchio, aut Comes?* on répond que c'est celuy, *qui de Ducatu, Marchia, aut Comitatu investitus est*: ce qui monstre bien que le titre & dignité du Duché, Marquisat & Comté reside proprement au fief. Or cela n'est pas de même au pur Office, qui ne peut resider réellement & actuellement qu'en la personne de l'Officier : que s'il est vacant & qu'aucun n'en soit pourveu, ce n'est alors rien de positif, mais seulement une table d'attente, *& qualitas sine subjecto.*

5. La Seigneurie ne peut être tenuë qu'en fief.
6. Franc-aleu noble de la Coustume de Paris.

J'ay dit, *Du fief ayant Justice*, parce qu'une terre roturiere ne peut être Seigneurie, ny avoir Justice : que si la Justice vient à être concedée à un franc-aleu, il devient noble à cette occasion, parce que toute terre qui est en dignité est noble, soit que la Justice soit annexée à une terre tenuë ou franc-aleu : soit qu'elle subsiste de soy-même, & ne soit annexée à aucune terre (auquel cas neanmoins c'est plûtôt une simple Justice qu'une parfaite Seigneurie) si faut-il toûjours que la Justice soit un fief, & qu'elle soit tenuë en fief, comme le Moulin a bien prouvé sur le 46. art. de la Coûtume, & après luy Chopin.

7. La propriété de la Justice appartient à la Seigneurie.

J'ay dit, *ayant Justice*, c'est à dire en propriété, comme Seigneurie, & non pas en exercice comme simple Office. Car l'Officier de la Justice n'est pas dit avoir Justice, mais exercer la Justice ; aussi n'est-il pas qualifié Seigneur de la Justice, parce qu'il n'en a que l'administration, & bien qu'originairement les Seigneurs n'eussent que l'administration de la Justice, comme Officiers, & non pas la propriété d'icelle : si est-ce qu'à present c'est tout le contraire ; car ils en ont la propriété qu'ils ont usurpée, & en ont laissé l'administration aux Officiers qu'ils y preposent.

8. Seigneurie n'a plus d'autre puissance publique que la Justice.
9. La puissance des armes étoit autrefois aux Seigneurs.
10. Lever Banniere.

Davantage, j'ay dit *Justice* simplement, & non pas *puissance publique* entierement, ainsi que j'ay dit en la definition de la Seigneurie : car la puissance publique comprend aussi bien le commandement des armes que celui de la Justice. Et de fait, les Seigneurs du temps passé avoient l'un & l'autre commandement : même celuy des armes étoit la premiere, & la plus vraye partie de leur Charge, comme il a été dit au premier chapitre. Car ils commandoient en guerre à leurs vassaux, dont chaque Seigneur faisoit une compagnie, qu'ils appelloient Banniere, à cause du Ban & évocation d'iceux : & encore ceux de leurs vassaux, qui avoient assez d'arriere-vassaux sous eux pour faire une compagnie, levoient aussi Banniere, & avoient leur bande à part : à laquelle le premier Seigneur commandoit par dessus eux, comme le Colonel, ou Maistre de Camp d'un Regiment commande à plusieurs compagnies par dessus les Capitaines d'icelles.

Ce qui étoit cause que les Seigneurs étans prepe-

tuellement asseurez de l'assistance de leurs vassaux, entreprenoient de faire la guerre de leur authorité, soit pour leurs querelles, soit pour celles de leurs amis : & de là sont procedées tant de questions, touchant l'assistance que doit le vassal à son Seigneur en guerre, dont les livres des fiefs sont pleins, comme de sçavoir, si le vassal est tenu d'assister son Seigneur contre son frere, contre son pere, contre son autre Seigneur, & contre le Seigneur de son Seigneur.

11. De l'assistance en guerre, que les vassaux devoient à leur Seigneur de fief.
12. Tout le fait des armes est à present reservé au souverain.

Questions qui sont à present hors d'usage en ce Roiaume, dautant que nos Rois de la derniere race bien plus adroits que leurs predecesseurs, ont non seulement retranché aux Seigneurs cette licence de faire la guerre de leur propre authorité, comme étant l'un des cinq cas de souveraineté, ainsi qu'il a été dit au chapitre precedent : mais encore ont reservé à eux & à leurs Officiers, sous leur nom & authorité, tout le commandement des armes sans exception, comme du Moulin a remarqué sur le premier article de la Coust. glos. 6. qui est, dit-il, *la principale cause de la tranquilité & de la durée de ce Royaume* ; de sorte que les vassaux ne marchent plus en guerre sous leur Seigneur de fief, mais sous un Capitaine établi par le Roy : & même l'arriere-ban, qui est la seule remarque qui nous reste de cette obligation premiere des fiefs, n'est pas conduite par le Seigneur du territoire, mais par le Bailly Royal : le Roy même met les Capitaines & Gouverneurs pour luy és Villes des Seigneurs, comme il sera dit en son lieu : d'où il s'ensuit que les Seigneurs n'ayant plus aucun commandement sur leurs vassaux au fait des armes, il ne leur reste plus que la propriété de la Justice, dont encore l'exercice leur est ôté.

13. En quoy consiste la propriété de la Justice.
14. Pouvoir de la Justice.
15. Honneur de la Justice.
16. Profits de la Justice.

En consequence de laquelle propriété de la Justice, le pouvoir, l'honneur, & le profit dependant d'icelle leur appartient. Le pouvoir consiste tant en ce qu'ils ont droit de pourvoir des Officiers, pour l'exercice & administration de leur Justice, aussi bien qu'aux commandemens & publications qui écheent à faire en icelle, se font en leur nom. L'honneur, en ce qu'ils joüissent de tous droits honorifiques dependans de leur Seigneurie, selon la diversité d'icelles, qui seront cy-après specifiez : & finalement ils ont tous les profits & émolumens qui procedent de leur Justice, comme les amendes, confiscations, desherences, biens vacans, revenus des Greffes & Notariats.

17. La Seigneurie est composée du fief, & de la justice.
18. Comment la justice est au fief.

Voilà en quoy consiste la propriété de la Justice : que nous appellons simplement, *Justice*, de laquelle & de la propriété feodale des terres, que nous appellons simplement *Fief*, est composée la Seigneurie. Car d'une part, la Justice sans fief n'est pas la vraye & parfaite Seigneurie dont nous traittons, & d'autre part la Justice ne peut être sans fief, c'est à dire, qu'elle ne soit annexée avec quelque terre feodale, ou, si elle subsiste à part soy, qu'elle ne soit tenuë en fief. Bref, la Seigneurie est composée du fief, pris *active*, & de la Justice, comme l'homme est composé de l'ame & du corps, & comme toute chose l'est de la forme & de la matiere. Le fief est la matiere, & la Justice la forme, qui anime & donne l'être au corps de la Seigneurie. On en est effet, ce que nous avons dit cy-devant, qu'elle est formée & creée de la Seigneurie privée & publique.

19. Explication de ces noms, Terres, Fiefs, & Seigneuries.

Car nous avons accoustumé d'appeller nos terres de trois noms, terres, fiefs, & Seigneuries, noms que volontiers nous mettons ensemble : dont celui de terre se refere au Domaine, ou Seigneurie utile : celui de fief (qui est lors pris *active*, non *passive* (se refere à la Seigneurie directe : & finalement celuy de Seigneurie se refere à la Seigneurie publique, qui est la justice ; de sorte que une terre où il y a Domaine, directe, & Justice, est à bon titre appellée terre, fief, & Seigneurie tout ensemble.

20. De l'union du fief & Justice.

Expliquons donc cette union remarquable du fief & de la justice, & nous ressouvenans que l'invention en est

ſuzeraines ou ſubalternes, Chap. IV.

denë à nos anciens François, qui ayans conquis les Gaules, eurent pouvoir de diſpoſer en même temps, & des heritages d'icelles, & des Offices. Auſſi donnerent-ils les uns & les autres à mêmes perſonnes, comme il vient d'être dit, que les Capitaines auſquels ils donnerent les heritages à titre de fief, étoient ceux-là même qui avoient la puiſſance publique de leur territoire à titre d'Office : & du depuis le fief & la Juſtice n'ont ceſſé de demeurer enſemble.

Il eſt vray que ces Capitaines ou Barons de France, que nous appellons maintenant *Seigneurs*, ayant gagné ce point de rendre leurs fiefs patrimoniaux, afin de faire le même de leurs Offices (qui par une ſi longue ſuite d'années étoient demeurez joints avec iceux, qu'il ſembloit que ce ne fût déja qu'un) trouverent moien de comprendre leurs Offices, c'eſt à dire, leurs Capitaineries & Juſtices dans les advenus de leurs fiefs, comme un droit & dependance d'iceux : même firent par exprés la foy & hommage de leurs Offices comme fiefs, & ainſi rendirent leurs Offices patrimoniaux, parce que le titre de fief emporte proprieté, & par conſequent on ne les appella plus Offices, mais Seigneuries.

Il eſt donc beſoin de traiter ici cette fameuſe queſtion de l'Ecole, *An juriſdictio adhæreat Feudo*, que nos Docteurs ont tellement broüillée qu'ils ne s'entendent pas l'un l'autre, parce qu'ils ont confondu & pris pour Synonymes cinq termes de ſignification fort differente ; à ſçavoir, *caſtrum, feudum, fundum, dominium & territorium*, leſquels appliquant & diſtinguant à chacun d'iceux la queſtion ſeparément, il eſt aiſé d'en venir à bout.

Premierement en la queſtion, *An juriſdictio adhæreat caſtro*, la pluſpart des Docteurs Ultramontains entendent *per caſtrum*, ce que nous appellons la *Seigneurie*, n'aians autre terme Latin plus commode pour l'énoncer ; partant à leur égard, c'eſt demander ſi la Juſtice eſt adherente à la Seigneurie, queſtion qui ſera expliquée en ſon ordre. Mais nous autres François, qui *per caſtrum* entendons le Château, ou chef-lieu de la Seigneurie, nous pratiquons tout notoirement que la Juſtice n'y eſt point tellement inherente, qu'elle ſuive toûjours le château, quand bien même elle y ſeroit exercée. Car encore que la Juſtice éclate principalement au chef-lieu, & paroiſſe particulierement au lieu où elle a ſon Auditoire, ſi eſt-ce qu'elle ſubſiſte & à ſa force en tout ſon territoire, ainſi que l'ame ſubſiſte & exerce ſa force en toutes les parties du corps, bien que ſon principal exercice & ſiege ſoit au chef. C'eſt pourquoi nous obſervons par toute la France Couſtumiere, que l'aîné, auquel appartient par preciput la maiſon Seigneuriale entierement, n'a pourtant en la Juſtice que telle part qu'au fief : ce que du Moulin a traité ſur le 10. art. de la Couſtume.

Eſt-ce donc au fief que la Juſtice eſt inherente ? Oüy d'ordinaire, à cauſe de cette conjonction ancienne du fief & de la Juſtice. De ſorte que, *communiter accidentibus*, il eſt à preſumer s'il n'appert du contraire, que la Juſtice releve du même Seigneur que le fief, & que l'enclave du fief eſt celui de la Juſtice, & au contraire. Toutefois cette preſomption n'eſt pas neceſſaire, mais vrayſemblable, parce que la Juſtice eſt d'autre nature que le fief, c'eſt à dire, que la Seigneurie directe & feodale ; qui eſt ce que nous diſons, que *Fief & Juſtice n'ont rien de commun*, qu'il faudra expliquer à ſon lieu. C'eſt pourquoi ſe le void quelquefois que la juſtice releve d'un Seigneur, & le fief d'un autre : même encore qu'ils ſoient tenus d'un même Seigneur, à une ſeule foy & hommage, comme ne faiſans qu'un ſeul fief, ſi eſt-ce qu'ils peuvent être ſeparez l'un de l'autre ; comme ſi le vaſſal vend à l'un la juſtice, & à l'autre ſa terre & Seigneurie feodale, ou s'il vend l'une & retient l'autre. Mais s'il vend ou donne ſon fief ſans faire mention de ſa Juſtice, la queſtion eſt, ſi la Juſtice ſuit quand & quand. C'eſt pourquoi il faut dire en un mot, que ſi la Juſtice eſt du même fief, elle ſuit ; mais non, ſi c'eſt un fief ſeparé.

Au contraire, ſi un Seigneur vend ou donne ſa terre, la Juſtice y eſt compriſe indiſtinctement. Car le mot de terre (ainſi que le Latin *fundus*) étant énoncé ſimplement, comprend non ſeulement les terres en Domaine, mais tous droits, ſoit ſeigneuriaux ou de juſtice ; bref la maſſe entiere du revenu que le pere de famille a voulu joindre enſemble ſous ce même nom, *l. Locus cum ſimil. De verb. ſignif.* Quand donc on vend ſa terre, il n'eſt point neceſſaire de dire *appartenances & dependances*, parce que le mot de *terre* les comprend en ſoy ; mais qui vend un château doit dire, qu'il le vend avec ſes appartenances & dependances, autrement en nôtre langue il ne ſignifie que le manoir. Que ſi en vendant terre on adjoûte ces mots, *avec les appartenances & dependances*, c'eſt une precaution ſurabondante.

Ce qui a lieu à plus forte raiſon en la Seigneurie, en laquelle la juſtice eſt inherente, non ſeulement ſeparablement comme au fief ; mais inſeparablement comme juſtice en eſt une partie integrante d'icelle. Car ſi on ſepare la juſtice d'un château, d'un fief, ou d'une terre, le château, le fief & la terre ne laiſſent pas de ſubſiſter en leur entier ; & de retenir leur nom & leur être : mais ſi on l'ôte de la Seigneurie, ce qui étoit Seigneurie, n'eſt plus qu'un fief ou terre, parce que la vraye & parfaite Seigneurie eſt compoſée de deux parties neceſſaires à ſon être, le fief & la juſtice. D'où il s'enſuit que ſemblablement celuy auquel la juſtice eſt venduë ſeparément, n'acquiert pas non plus la parfaite Seigneurie, mais devient ſimplement Seigneur juſticier ; & l'autre qui retenant ſon fief a vendu la juſtice, devient ſimple Seigneur du fief : mais ny l'un ny l'autre, en bon langage, ne ſe peut qualifier Seigneur abſolument, indefinitement & ſans queuë, parce qu'il n'a pas la vraye & parfaite Seigneurie.

Encore plus étroitement la juſtice eſt-elle liée au territoire, prenant ce mot pour le détroit de la juſtice, ainſi que le juriſconſulte en la Loy Pupillus. §. Territorium. *De verb. ſigni.* & non pas pour l'étenduë du fief. Car bien que la juſtice ne laiſſe pas de ſubſiſter quand elle eſt ſeparée de ſon territoire, ſi eſt-ce qu'elle perit & s'éteint ſi-tôt qu'elle eſt ſeparée de ſon territoire : même la juſtice ne peut être imaginée ſans territoire, non plus que l'agent ſans le patient, & un correlatif ſans l'autre. Si le territoire eſt diviſé entre pluſieurs, la juſtice eſt diviſée par même moien ; ſi partie du territoire eſt attribuée à une autre juſtice, celle dont il eſt ôté eſt diminué d'autant.

Bref la juſtice eſt au château comme en ſon ſiege ; en la terre comme une annexe ou piece attachée à icelle ; au fief comme une dependance ſeparable : en la Seigneurie comme une partie inſeparable, & ſuit le territoire comme ſon correlatif.

Revenant donc à l'union du fief & de la juſtice, c'eſt bien une vraie union des deux enſemble en un ſeul corps & titre de Seigneurie. Mais neanmoins les deux parties unies retiennent à part leur diverſe nature. D'ailleurs cette union n'eſt pas de celles que les Canoniſtes appellent *égales*, mais inégales, parce que la juſtice eſt comme acceſſoire & dependante du fief. Car bien que lors de la premiere inſtitution des Seigneuries le fief ait été attribué à l'Office au lieu de gages, & partant ſon fût acceſſoire : ſi eſt-ce que les Seigneurs voians qu'il leur étoit plus utile, que leur Seigneurie ſuivît la nature du fief que celle de l'Office, ont trouvé adroitement moien de rendre l'Office acceſſoire au fief.

Il n'en eſt pas ainſi arrivé des Offices Eccleſiaſtiques, que nous appellons *Benefices*, ainſi que nos fiefs s'appelloient originairement, avant que le nom de fief eût été receu en uſage, comme prouve bien M. Paſquier en ſes Recherches. Car bien que ces Benefices Eccleſiaſtiques ainſi que les Seigneuries ayent deux parties enſemble, à ſçavoir l'Office & le revenu, comme Duarin a bien remarqué au Traité qu'il en a fait, ſi eſt-ce qu'on y a obſervé tout le contraire qu'aux Seigneuries, parce qu'au lieu que nos Seigneuries ont pris leur denomination de l'Office, les Benefices l'ont priſe de leur revenu ; & au lieu qu'aux Seigneuries l'Office a été rendu acceſſoire au fief ou revenu, tout au contraire, aux Benefices le revenu a été rendu acceſſoire à l'Office, & dépendant d'iceluy, qui eſt ce qu'on dit, *Beneficium datur propter Officium*. C'eſt pourquoi, comme l'acceſſoire ſuit toûjours la natitre de son principal, les Benefices Ecclesiastiques sont demeurez en leur premiere nature & qualité d'Offices personnels, non transmissibles par contract ny par succession, encore qu'ils ayent plusieurs heritages, même des justices & Seigneuries temporelles annexées : & au contraire les Seigneuries ont perdu tout à fait leur premiere nature d'Offices à vie, & sont devenuës propres & patrimoniales, encore qu'elles ne dépendent d'aucun fief ou terre.

35. Officiers de la Couronne ont tâché de rendre leurs Offices accessoires aux fiefs.

Par cette même raison, que l'accessoire suit la nature de son principal, les Officiers de la Couronne, & autres grands Officiers de France ont été empêchez du dessein qu'ils avoient, & qu'ils ont opiniâtré par plusieurs siecles, de rendre leurs Offices hereditaires & patrimoniaux, & les convertir en Seigneuries par le moïen des petites Justices & menus droits qu'ils avoient annexez de temps en temps, & de la foy & hommage qu'ils avoient pris coûtume d'en rendre au Roy.

36. Exemples.

Ainsi les Connestables, Maréchaux, grand Maistre, grand Chambrier, grand Panetier, grand Eschanson de France, & autres semblables, se sont pretendus par un long-temps Seigneurs hereditaires de leurs Offices : comme du Tillet l'a traité, qui même est de cette opinion, que ces Offices étoient lors en partie Offices, & en partie fiefs ; à sçavoir Offices, en ce qui étoit de leur exercice, & fiefs en ce qui étoit des Justices & menus droits qui en dépendent : de sorte, dit-il, que comme Officiers ils doivent être receus solemnellement en Justice, & comme possesseurs de fiefs, ils doivent la foy & hommage au Roy.

37. Pourquoy ils ne l'ont pû faire.

Mais tant y a que ces grands Officiers n'ayans pû être rendu accessoires à ces petites justices & menus droits qui en dépendent, il a fallu enfin que le plus fort ait attiré le plus foible, & que l'accessoire ait suivi son principal, & ainsi ces Offices demeurez simples Offices à vie : ce qui a été jugé par plusieurs Arrests du Parlement, rapportez par du Tillet : même les fiefs annexez à ces grands Offices, sont en tout & par tout, comme les Offices mêmes.

38. Division des Seigneuries suzeraines.

Or toutes ces Seigneuries sont impropres & bâtardes, & même sont plutôt Offices fieffez que Seigneuries : & partant, il n'est pas besoin d'en traiter ici, mais je me contenterai de ce que j'en ay écrit au second livre des Offices. Mais quant aux propres & vrayes Seigneuries, dont nous traitons, on les peut diviser en trois classes, rangs, ou degrez, à sçavoir des grandes, des mediocres, & des petites Seigneuries. Les grandes sont celles qui

39. Les grandes Seigneuries.
40. Les mediocres.
41. Les petites ou simples justices.

ont un titre capable de souveraineté, comme les Duchez, Marquisats, Comtez & Principautez : les mediocres sont celles qui ont bien un titre de Dignité, mais qui n'est pas capable de souveraineté, comme les Baronies, Vicomtez, Vidamez, & Chastellenies : bref, les simples Seigneuries sont celles qui n'ont aucun titre de Dignité, autre que simple titre de Seigneuries, sçavoir est les hautes, moyennes, & basses justices.

42. Qu'elles relevent les unes des autres, & de degré en degré.

Et il faut remarquer que les grandes Seigneuries doivent de leur propre nature relever immediatement des souveraines, & les mediocres des grandes le plus communément, & les petites des mediocres, & ainsi successivement de degré en degré. Car bien qu'il ne puisse y avoir qu'un degré de Seigneurie souveraine, comme il n'y a qu'un genre generalissime en Dialectique : si est-ce que comme il y a souvent plusieurs genres subalternes les uns sous les autres, & tous dépendans du generalissime : aussi il peut bien y avoir plusieurs Seigneuries subalternes, les unes au dessus des autres, & toutes dépendantes mediatement de la souveraine. Car Io. Faber ad §. Adeb. Inst. de Locato, & du Moulin sur le premier article de la Coûtume glos. 6. nous témoignent qu'il n'y a point d'inconveniens, que plusieurs soient Seigneurs de même chose, non seulement par diverses especes de Seigneurie, mais par même espece, & par divers respects & degrez. Toutefois il faut remarquer en ces divers degrez, que comme un corps est d'autant plus illuminé, que plus simplement il est opposé au Soleil : aussi toutes les Seigneuries suzeraines n'é-

43. Ce qui éleve les Seigneuries suzeraines.

tans que des rayons & des éclats de la puissance souveraine du Prince, s'en ressentent d'autant plus, qu'elles en approchent de plus prés.

Mais quoy? comme les petites Seigneuries relevent des mediocres, & les mediocres des grandes, les Seigneurs des grandes seigneuries peuvent-ils en ériger de mediocres, & ceux des mediocres de petites ? comme par exemple, un Duc & un Comte peuvent-ils ériger une Baronie, ou une Chastellenie, & un Baron, & Chastelain peuvent-ils ériger une haute, moyenne ou basse justice ? Qui en doute? dira quelqu'un, veu que cela est tout notoire, & en usage, & il y a quelques Coûtumes, comme celles de Tours & de Lodunois, qui permettent aux Barons d'ériger des justices. Autrement il y auroit peu de justices en France qui ne fussent abusives : & d'ailleurs, comment pourroient les petites seigneuries relever en fief, & ressortir par appel és mediocres, & les mediocres aux grandes, si elles n'avoient été concedées par les Seigneurs d'icelles ?

44. Si les Seigneurs suzerains peuvent ériger des Seigneuries inferieures à la leur.

45. Raisons de l'affirmative.

Neanmoins je tiens pour certain, que le contraire est veritable en bonne jurisprudence, & qu'autre que le Roy ne peut créer de seigneuries, ny ériger de justices nouvelles. C'est ce que dit le grand Coûtumier liv. 1. chap. 3. où parmy les droits Royaux & de souveraineté il met celuy-cy. Item au Roy seul appartient de donner & créer nouvelles Jurisdictions par tout son Royaume, & nul autre ne le peut faire sans son congé. Qui est aussi la dite de Io. Faber, & de du Moulin : dont les termes seront cy-aprés rapportez. Ce qui est fondé principalement sur trois raisons, que j'ay étenduës plus amplement, au petit livre Des Justices de village.

46. Resolution pour la negative.

47. Le Roy seul peut ériger des Seigneuries.

La premiere regarde le défaut de puissance des concedans, à sçavoir, que la jurisdiction étant définie, potestas de publico introducta cum necessitate juris dicendi, il s'ensuit qu'elle ne peut être introduite par autre que par le Prince, ad quem omne Imperium, omnisque potestas pertinet, dit la loy 1. De Constit. Princip. & par consequent autre que lui ne peut demembrer de son Estat cette puissance publique, pour la conferer à perpetuité à une terre, en telle sorte que les possesseurs d'icelle ayent à jamais la proprieté du commandement & la puissance perpetuelle d'établir des Magistrats & Officiers qui puissent juger des biens, de l'honneur & de la vie de tout un Peuple. Car ce qu'on permet à un Seigneur subalterne d'établir des Officiers en sa Justice, est à cause de la consequence, que la loy nous apprend, que cùm jurisdictio data est, ea quoque concessa esse videntur, sine quibus explicari non potest : chose pourtant qui est fort exorbitante, qu'un particulier puisse conferer l'exercice de la puissance publique ; mais ce seroit encore bien plus s'en conceder la proprieté. Aussi que ce n'est point chose necessaire à un Seigneur, pour l'exercice de sa Justice, d'en conceder de nouvelles : qu'il n'est pas exercer & maintenir l'ancienne, mais la rompre & la destruire.

48. Premiere raison, le défaut de puissance.

49. Il y a bien difference entre établir des Officiers, & créer des Justices.

La seconde raison concerne l'interest du Roy, à sçavoir que les Seigneurs subalternes, donnans des Justices au dessus des leurs, éloignent d'un degré le ressort du Roi, en sorte que ce qui ressortissoit immediatement en la Justice Royale, n'y revient plus qu'en second degré d'appel : ce qui est une diminution de son pouvoir, & quant & quant un hommage à ses droits, & de ses Officiers, dommage dont luy ne eux ne sont indemnisez ou recompensez en aucune façon. C'est ce que dit Faber sur le titre des Institutes, De vulg. substit. Barones non possunt plures gradus Judicum sub se constituere, quia ex hoc posset reperiri via, quod numquam appellaretur ad Principem, si Seniores plures gradus facerent, cum liceat tertio provocare, sicque hoc esset in prajudicium Reipublica & superiorum ad quos cognitio appellationis devolvi debet. Et du Moulin sur le premier article de la Coûtume, glos. 5. nomb. 50. & suivans, Inferior habens jurisdictionem non potest constituere aliam sub se, ut ipsemet cognoscat de jure appellationis, frustrando superiorem jure suo, hoc est in fraudem appellationis ad superiorem devolvenda, & hoc non valeret, etiamsi fieret per viam statuti ab habente potestatem statuendi : ce qu'il prouve par plusieurs authoritez.

50. Seconde raison concernant l'interest du Roy.

51. Opinion de Io. Faber.

52. Opinion du Moulin.

suzeraines ou subalternes, Chap. IV.

53. Troisiéme raison concernant l'intereſt du pauvre peuple.

La troiſiéme raiſon qui eſt, à mon avis, la plus forte, quoy que la moins priſée, regarde l'intereſt du pauvre peuple. Car quel apparence y a-il ſous pretexte qu'un Seigneur aura voulu gratifier ſon vaſſal d'une nouvelle Juſtice, que les pauvres ſujets, qui relevoient directement devant le Juge Royal, n'y reſſortiſſent plus que mediatement, & en ſeconde inſtance d'appel, & ainſi ſoient ſurchargez d'un nouveau degré de juriſdiction, ſans leur fait & conſentement? Auſſi la Coûtume de Tours qui eſt l'unique, avec celle de Lodunois, qui permet aux Seigneurs ſubalternes l'érection des Juſtices, pour remedier à ces deux dernieres raiſons, dit que les Barons peuvent donner Juſtice à leur vaſſaux, mais non au prejudice de leurs ſujets, ny des droits du Roy; de ſorte que la Juſtice par eux donnée ne reſſortit pas en la leur; mais en la ſuperieure. Encore les Coûtumes d'Anjou & du Maine ne permettent qu'aux Ducs, Comtes, & Barons l'érection des ſimples juſtices, mais non aux moindres Seigneurs. Concluons donc par les termes du Juriſconſulte, que *is demum juriſdictionem dare poteſt, qui eam ſolo jure, non alieno Beneficio habet, l. More. De juriſdict.*

54. Remede à l'intereſt du Roy & du peuple.

55. Qu'il n'y a point d'inconvenient que les Seigneuries ſoient tenuës par le Roy, & neanmoins relevent des Seigneurs immediats.

Auſſi n'y a-il point d'inconvenient, que les moindres Seigneuries relevent en fief, & reſſortiſſent par appel des plus grandes, bien qu'elles ne puiſſent être concedées par autre que par le Roi: ainſi qu'un Prevôt Royal, bien que pourveu par le Roy, & receu au Parlement, reconnoit neanmoins le Bailly de la Province pour ſon ſuperieur immediat, devant lequel ſes appellations reſſortiſſent. Tout de même auſſi, quand le Roy accorde juſtice au vaſſal d'un Seigneur, de ſon conſentement, & à la charge que les appellations d'icelles reſſortiront en la juſtice de ce Seigneur (car autrement le Roi ne le peut faire, ne pouvant par puiſſance reglée, ôter ou diminuer le droit du Seigneur ſans ſon conſentement) alors il n'y a nul inconvenient, que cette nouvelle juſtice, bien que donnée par le Roy, releve neanmoins en fief, & reſſortiſſe par appel en celle dont elle a été diſtraite & demembrée.

56. Que l'uſage fait loy en telles matieres.

Et ne faut pas oppoſer à des raiſons peremptoires l'uſage contraire, qui eſt plûtôt une corruption qu'une Coûtume, ny tirer en conſequence de l'avenir l'abus des ſiecles paſſez, auſquels la force & l'ignorance commandoient: mais lors que l'erreur étant découverte, la verité paroît toute claire, il faut ſe ranger de ſon côté, & ſe conformer à icelle: autrement ſi on ſe vouloit opiniâtrer aux erreurs du paſſé, on ne donneroit jamais lieu à la reformation, & jamais les bonnes loix ne corrigeroient les mauvaiſes mœurs.

57. Que les coûtumes contraires ſont injuſtes.

C'eſt pourquoy j'eſtime que les Coûtumes particulieres qui permettent aux Barons & Châſtelains de conceder des juſtices de leur propre authorité, & ſans qu'il ſoit beſoin de la confirmation du Roy, ne doivent plus être tolerées ny ſuivies: auſſi à la marge de celle de Tours du Moulin a mis ces mots fort à propos, *In iſtis, quæ non ſolum per errorem emerſerunt, ſed etiam ſunt contra jus Regis, & bonum publicum, non valet conſuetudo, & certum eſt, poſt edictum Regis Caroli de optando (qui eſt l'Edict de Rouſſillon) quod hæc conſuetudo eſt abolita.*

58. Edict de Rouſſillon retranchant un degré de juſtice.

Il eſt vray neanmoins que cet Edict de Rouſſillon ne retranche que l'un des degrez de juriſdiction appartenans à même Seigneur, & non celuy qui appartient à divers Seigneurs, quoy que du Moulin l'ait autrement entendu: comme à la verité il y a encore plus d'apparence, qu'un Seigneur puiſſe avoir à ſoy deux degrez de juriſdiction, que d'en donner le deuxiéme à un autre moindre que celuy, de la ſeule authorité. Le même de Moulin au paſſage cy-deſſus allegué de la Coûtume de Paris, dit auſſi, que *non valet ſtatutum in contrarium, licet ſiat ab eo, qui habet poteſtatem ſtatuendi.*

59. Les coûtumes ne peuvent ôter les droits du Roy.

Auſſi eſt-ce une maxime que les Coûtumes des lieux ne peuvent ôter les droits du Roy, auquel elles ne peuvent prejudicier, n'obligeant pas même le Peuple *in vim ſtatuti, ſed tantum in vim pacti,* à cauſe du conſentement volontaire qu'il y prête; c'eſt pourquoy les Officiers du Roy, & notamment ſon Procureur aſſiſte à la redaction d'icelles, & pour la ſolemnité de l'acte principalement,

& pour la manutention de ſes droicts, mais non pas pour prejudicier au Roy par ſa ſimple preſence, attendu qu'il ne le pourroit pas par un conſentement exprés, *l. 1. §. 1. D. De offic. Procur. Ceſar.* comme Bacquet a bien dit au traité des droits d'Aubaine chapitre 29. & Choppin au commencement de la Coûtume d'Anjou. Toutesfois j'eſtime qu'on peut pardonner cela par l'ancien uſage, que quand un Seigneur a concedé juſtice à ſon vaſſal, il en un ſeul cas de la Loy 3. *D. Ad l. Jul. majeſt.* diſant que, *Qui privatus pro poteſtate ſe geſſit, lege Julia majeſtatis tenetur:* même que cette juſtice ſubſiſte licitement, & n'eſt point nulle, tant qu'elle eſt toleré par le Roy, ſes Officiers, le Seigneur immediat, ſi aucun y en a, & le Peuple du territoire d'icelle, qui tous ont intereſt de l'empêcher; mais cette tolerance n'a effet, que tant qu'elle dure, & ne l'établit pas incommutablement & à toûjours, s'il n'y a expreſſe confirmation du Roy.

60. Que la juſtice concedée par un Seigneur uſurpée ſans aveu, juſques à ce qu'on s'en plaigne.

Partant, c'eſt une grande queſtion, ſi cette tolerance & jouïſſance d'une juſtice concedée par un Seigneur ſubalterne ſans confirmation ou approbation du Roi, donne cauſe legitime de preſcrire, qui eſt en effect la queſtion, ſi les juſtices peuvent être acquiſes par preſcription. En premier lieu, chacun eſt bien d'accord que les preſcriptions ordinaires n'y ont point de lieu, non plus qu'aux ſervitudes, mais on fait doute de la preſcription centenaire, ou poſſeſſion immemoriale.

61. Si les juſtices peuvent être acquiſes par preſcription. 62. Si du moins la preſcription immemoriale y a lieu.

Et il ſemble qu'il y a trois fortes raiſons entr'autres qui excluent même cette preſcription, tout ainſi que la Coûtume de Paris a excluſe les ſervitudes, contre l'opinion de du Moulin. La premiere, que le particulier n'étant habile à poſſeder la puiſſance publique, ne la peut par conſequent preſcrire. La ſeconde, que les droits du Roy, & principalement ceux de ſouveraineté (comme il vient d'être prouvé, que le droit de conceder des juſtices en eſt l'une) ne peuvent être aucunement preſcripts par ſes ſujets. La troiſiéme, que ce qui eſt contre le bien public, à la foule du peuple, & contre l'ordre & diſcipline de la juſtice, ne peut être introduit par aucune preſcription.

63. Trois raiſons de la negative.

Toutesfois dautant que l'uſurpation a donné origine & commencement preſque à toutes les juſtices de France, & que par conſequent il les faudroit toutes abolir, ſi on y rejettoit la preſcription immemoriale, n'y ayant même gueres de Juſtice, dont on puiſſe monſtrer aujourd'huy la conceſſion du Roy, nous ſommes contraints de nous accorder à l'ancien uſage des ſiecles paſſez, & d'admettre cette preſcription immemoriale, qui fait preſumer un titre & une conſtitution legitime, *& jure conſtituta loco habetur,* dit la Loy, *Hoc jure. §. Ductus aquæ. D. De aq. quot. & eſt.*

64. Reſolution pour l'affirmative.

Je ne ſuis pas pourtant de l'opinion de Bacquet, qui au cinquiéme chapitre *Des droits de Juſtice,* tient que cette poſſeſſion immemoriale ſe peut prouver ſimplement par témoins, ſous pretexte d'un Arrêt interlocutoire qu'il rapporte, par lequel il fut dit, que tant le Roy que les Chanoines de Paris informeroient, tant par titres que par témoins touchant la preſcription immemoriale de la Juſtice ſaint Laurens: car ſi tout ce qui excede la valeur de cent livres, dont on a coûtume de faire contracts, doit être verifié par écrit, ſuivant l'Ordonnance de Moulins: ſi d'ailleurs la moindre procedure judiciaire ne peut être verifiée que par actes publics, *cap. Quoniam contra. ext. De probation.* comment en matiere odieuſe recevra-on la preuve par témoins, pour une Juſtice toute entiere, & pour l'exercice d'icelle pendant plus de cent ans, veu que ſi la Juſtice a été continuellement exercée tant de temps, il ne peut manquer d'en avoir quelques regiſtres du Greffe, que l'Ordonnance enjoint étroitement de garder, des groſſes des Sentences, ou actes des aveus, ou receptions de foy, des extraits des aſſiſes de Juge ſuperieur, où cette Juſtice ait été appellée, bref des appellations receuës d'icelles, & ſi on manque de piece pour prouver cent années d'excercice continuel & public d'une Juſtice, qu'eſt-ce qu'on pourra au monde verifier par écrit?

65. Que la poſſeſſion immemoriale ne ſe doit prouver par preuve litterale en cette matiere.

Des Seigneuries.

66. Arrêt pour ce regard.
Aussi Bacquet rapporte un bel Arrêt à ce sujet de l'an 1588. que l'information de témoins touchât la justice prétenduë par le Prieur de Nôtre-Dame des Champs lez Paris, ne suffit pas s'il n'y a titre. Que s'il se trouve quelques Arrêts qui ayent admis en ce cas la preuve testimoniale, j'estime que ç'a été après la representation, ou production des titres, pour suppléer par la preuve vocale ce qui défailloit à la literale, & sur tout pour verifier la continuité de l'exercice.

67. Signes visibles des Justices ou Seigneuries.
Or il y a deux marques & signes visibles de la possession des Justices, à sçavoir le Pilory, soit tournant, ou en simple pilier, auquel y a carcan attaché; ou bien une échelle, comme celle du Temple à Paris, le tout selon la mode de lieux: signe qui est commun & uniforme à tous les Seigneurs subalternes, quels qu'ils soient, jusques aux hauts justiciers. Car les moiens & bas n'ont pas droit d'avoir Pilory ny échelle, qui est signe de haute Justice, comme dit le grand Coûtumier au titre *De la haute Justice*, & plusieurs Coûtumes le disent aussi, parce que veritablement c'est le signe de la Seigneurie publique du territoire, lequel n'appartient, ny aux moiens ny aux bas justiciers.

68. Pilory ou échelle.
Mais l'autre, qui est le gibet, est different, selon la qualité de chacune Seigneurie. Car ordinairement celuy du haut justicier est à deux piliers, celuy du Chastelain à trois, du Baron à quatre, du Comte à six, & du Duc à huit. En quoy toutefois, & les Coûtumes & les anciens livres sont fort variables, si selon la diversité des Seigneuries, les gibets doivent être liez par dedans ou par dehors, partez, ou surfestez, chose qui est de petite importance, & d'ailleurs est de droit positif ou volontaire.

69. Difference du Pilory & gibet.
Tant y a que le Pilory sert pour les punitions corporelles, non capitales, qui de tout temps ont pû être faites dans les Villes; c'est pourquoi il est toûjours mis au principal carrefour ou endroit de la ville, bourg, ou village de la Seigneurie. Mais le gibet ne sert que pour les supplices capitaux, dont autrefois les executions n'étoient faites, sinon hors les villes, comme Lipsius a bien prouvé au livre *De cruce*, c'est pourquoi le gibet est toûjours planté dans les champs.

70. Marques des Seigneuries de dignité.
Mais il y a d'autres marques particulieres pour les Seigneuries de Dignité, notamment pour les Baronies & Chastellenies, rapportées par les Coûtumes, à sçavoir, d'avoir forêts, College, ou Eglise Collegiale, Abbaye ou Prieuré conventuel, Hospital ou Maladerie, Foires ou Marchez, Ville clause, ou Château, Peage, ou travers, & seel à contracts: En quoi toutesfois il faut distinguer les marques d'avec les droicts, & encore marques équivoques & incertaines: mais les autres sont plûtôt droits que marques, puis qu'ils puissent l'être en l'un & l'autre tout ensemble. Partant je reserve d'en traiter cy-après, en expliquant les droicts des Barons & Châtelains.

71. Que les Seigneuries de dignité sont relevans composées des moindres.
Mais la plus certaine marque des Seigneuries de dignité, c'est d'en avoir plusieurs sous elles de moindre qualité, soit unies & annexées à elles-même, soit relevans simplement d'elles. Comme par exemple, la marque de Baronie est d'avoir plusieurs Châtellenies en soy, ou sous soy: celle du Comté d'avoir plusieurs Baronnies, & celle du Duché d'avoir plusieurs Comtez: & la raison de cela est, que le superieur est presumé être en plus grande dignité que son inferieur, Et touchant ces marques de Seigneuries de dignité, il fut fait un bel Edict par le feu Roy, en l'an 1579. qui n'a été verifié qu'au Parlement de Bretagne, portant, que suivant l'Arrêt du Privé Conseil du 10. Mars 1578. il est defendu de pu-

72. Edict notable pour le reglement des Seigneuries de dignité.

plier aucunes erections de seigneuries en nouvelles dignitez, sinon que les seigneuries, ausquelles sera attribuée nouvelle dignité, soient de la qualité requise. A sçavoir, que la terre qui sera érigée en Chastellenie, ait d'ancienneté Justice haute, moyenne & basse, droit de Foire, marché, Prevôté, Peage, & preéminence sur tout és Eglises étans au dedans de ladite terre. Que la Baronnie sera composée de trois Chastellenies pour le moins, qui seront unies & incorporées ensemble, pour être tenuës à un seul hommage du Roy. Que le Comté aura deux Baronnies & trois Chastellenies pour le moins, ou une Baronnie & six Chastellenies, aussi unies & tenuës du Roy. Que le Marquisat sera composé de trois Baronnies, & de trois Chastellenies pour le moins, ou deux Baronnies & six Chastellenies unies, & tenuës comme dessus, &c. Edict qui meriteroit bien être verifié par tout, & soigneusement observé, parce que la douceur de nos Rois qui ne veulent refuser aux Seigneurs de leur Cour ces titres d'honneur, a déja produit & érigé tant de Seigneuries de dignité, que ces beaux titres sont desormais beaucoup avilis, & par le nombre qu'il y en a en France, & par la communication qui en a été faite à des terres qui ne les meritent nullement.

Et il faut remarquer pour la fin de ce chapitre, que comme ces marques se rencontrant de nouveau en une Seigneurie, servent pour la rendre capable d'être érigée par le Roy en la dignité qu'elles designent: aussi se verifiant, que de temps immemorial elles ont été en une Seigneurie, elles servent pour luy acquerir son titre sans érection du Roy, en vertu de la possession immemoriale.

73. A quoy servent ces marques.

En quoy il seroit inutile de rapporter l'érection d'une Chastellenie faite par un Baron, ny d'une Baronnie faire par un Comte. Car c'est chose toute certaine, qu'autre que le Roy ne peut faire telles érections, encore moins que des simples Justices. Même on ne se contente pas à present d'en avoir les Lettres patentes du Roy; mais encore on les fait verifier & enregistrer au Parlement: ce que pourtant je n'estime pas être absolument necessaire, fors és érections de Pairie, qui sont Offices de la Couronne, & du corps du Parlement: mais quant à l'érection des autres Seigneuries, ce n'est point une alienation de Domaine, ny un privilege contre les Loix: bref rien n'empêche, à mon advis, que le Roy seul puisse faire ces érections à perpetuité.

74. L'érection d'une Seigneurie de Dignité faite par autre, que le Roy est du tout nulle.

Mais les Seigneurs subalternes n'ont pas cette puissance: même je dis, qu'encore que l'érection qu'ils font des Justices, soit tolerée jusques à ce qu'elle soit debatuë par ceux qui y ont interêt: toutefois l'érection par eux faite des Seigneuries de dignité n'est nullement tolerée; mais est du tout nulle. Et partant je conseille à ceux dont les Seigneuries ont été érigées de cette sorte & qui ont la possession centenaire, de tenir bon, comme on dit, & ne point monstrer leurs lettres. Car n'en apparoissant point, leur possession immemoriale fait presumer d'une presomption concluante, que leur Justice a été legitimement constituée suivant le §. *Ductus aquæ*. Mais apparoissant d'un titre vicieux & abusif, cette presomption est renversée, *quia quod ab initio non valuit, tractu temporis non convalescit*. Et il est vray qu'en matiere de droits de Seigneuries & Justices, les Seigneurs perdent ordinairement leur cause, pour avoir produit leur titre originaire, *ad cujus primordium posterior formatur eventus*. C'est pourquoi il faut suivre le conseil de du Moulin, que *melius est titulum non ostendere, quàm exhibere vitiosum*.

75. Qu'il vaut mieux s'aider de la prescription que d'un mauvais titre.

76. Titre vitieux oste l'effet de la prescription.

CHAPITRE V.

Des grandes Seigneuries, à sçavoir, Pairies, Duchez, Marquisats, Comtez, & Principautez.

1. *Varieté & difficulté des grandes Seigneuries.*   2. *Grandes Seigneuries pourquoy dites, & comment.*

3. Regales

Des grandes Seigneuries, Chap. V. 25

3. *Regales Dignitates, feuda Regalia.*
4. *Pairs de France.*
5. *Precedoient anciennement les Princes du Sang.*
6. *Leur origine.*
7. *Leur charge.*
8. *Leur Etymologie.*
9. *Cause de leur institution.*
10. *Nouvelles Pairies.*
11. *Origine des Duchez & Comtez.*
12. *Dux a toutes les mêmes significations que Capitaine.*
13. *Cinquième signification de Dux, ou Capitaine.*
14. *Ducs d'aprésent.*
15. *Comites unde dicti.*
16. *Comites Provinciarum.*
17. *Comtes des Provinces égaux aux Ducs.*
18. *De même en France.*
19. *Comites minores.*
20. *Definition du Comte.*
21. *Comtes des villes en France.*
22. *Comtes des villes, inferieurs à ceux des Provinces.*
23. *Ducs & Comtes en même ville.*
24. *Comtes des Provinces portoient quelquefois le nom de leur capitale ville.*
25. *Ainsi que nos Rois lors des deux Tetrarchies.*
26. *Monarque.*
27. *Duces aut Comites limitanei.*
28. *Etymologie de Marquis.*
29. *Marche, mot François signifiant frontiere.*
30. *Marchir, aboutir.*
31. *Si les Marquis sont plus que les Comtes.*
32. *Resolution.*
33. *Que maintenant Marquis est plus que Comte.*
34. *Ducs, Marquis & Comtes autrefois Officiers en l'Empire Romain & en France.*
35. *Difference entre les Ducs & Comtes des Romains, & ceux de France.*
36. *Comment en France les Ducs & Comtes se sont faits hereditaires.*
37. *De même.*
38. *Comment ils tâcherent à se faire souverains.*
39. *Faisoient loix.*
40. *Cause de la diversité de nos Coûtumes.*
41. *Ils establissoient Officiers.*
42. *Entreprenoient le dernier ressort de la Justice.*
43. *Faisoient guerre de leur authorité.*
44. *Forgeoient monnoye.*
45. *Levoient deniers sur le peuple.*
46. *Portoient Couronne.*
47. *Couronne des Ducs, Marquis & Comtes.*
48. *Couronne des Ducs fleuronnée.*
49. *Celle des Comtes perlée.*
50. *Celle des Marquis mêlée.*
51. *Ils n'en portoient point anciennement.*
52. *Tradition d'anneaux aux Ducs & Comtes ce que signifie.*
53. *Anneau d'Alexandre le Grand.*
54. *Changemens d'anneau en Couronne.*
55. *Ne portent à present que Couronne en peinture.*
56. *Trois degrez de Ducs & Comtes Seigneurs.*
57. *Ducs & Comtes Officiers.*
58. *Comment ces changemens sont arrivez.*
59. *De même.*
60. *Comment les Ducs & Comtes de France sont devenus derechef simples Seigneurs suzerains.*
61. *Le ressort de Justice les a remis en cet Estat.*
62. *C'est le Parlement qui a remis la France en son entier.*
63. *Enfin il a fallu revivir les anciens Duchez & Comtez à la Couronne.*
64. *Comment on a fait en Angleterre.*
65. *Comtes d'Angleterre.*
66. *Des nouveaux Ducs & Comtes de France.*
67. *Duchez & Comtez d'appanage.*
68. *Duchez & Comtez proprietaires.*
69. *Les Duchez & Comtez d'aprésent differens des anciens.*
70. *Pourquoy ceux d'aprésent ont la Couronne en leurs armoiries.*
71. *Pourquoy les Rois les appelloient leurs Cousins.*
72. *Principautez.*
73. *Leur origine.*
74. *De même.*
75. *Difference entre les Princes & Seigneurs des Principautez.*
76. *Princes du Sang.*
77. *Princes Estrangers.*

1. Varieté & difficulté des grandes Seigneuries.
A TOUS Seigneurs tous honneurs, dit le Proverbe, & comme dit un de nos anciens Poëtes.
Justice & Seigneurie
Mainte chose varie.

Mais comme j'ay dit au commencement de ce livre, le moyen de reduire cette varieté en bon ordre, & la regler par raison, veu qu'elle a été introduite par desordre, & établie par usurpation ; Toutefois il s'en faut tirer comme d'un mauvais passage, où en passant j'advertiray le Lecteur de ne pas trouver étrange, si me rencontrant le premier, comme je crois, à rompre la glace, il m'y void chanceler quelquefois, possible même faire des faux pas.

2. Grandes Seigneuries pourquoy dites, & comme different des autres.
Donc il est icy question d'expliquer le premier degré, & la plus noble espece des Seigneuries suzeraines, que j'ay appellées à bon droict *grandes* ou *hautes Seigneuries*, d'autant que leurs titres sont capables de souveraineté ; y ayant plusieurs Seigneuries souveraines, qui ont mêmes titres qu'elles : aussi elles participent aucunement aux honneurs des Seigneuries Souveraines : qui est possible pourquoy aux livres des fiefs elles sont appellées, *Regalæ Dignitates & feuda Regalia* ce qui sera expliqué tantôt. Quoy qu'il en soit, le possesseur d'icelles est dit grand Seigneur, & se peut qualifier *Haut & puissant Seigneur*. Or ces hautes Seigneuries sont proprement & par tout païs les Duchez & Comtez.

3. Regalæ dignitates, feuda Regalia.

4. Pairs de France.
Mais en France nous en avons un autre par dessus, à sçavoir, les Pairies, qui quant & quant sont vrais Offices, aussi bien que Seigneuries, & sont annexées aux Duchez & Comtez, & non autres Seigneuries, & rehaussent grandement leur dignité. Car les Pairs de France sont sans contredit les principaux vassaux de la Couronne, que jusques à ces derniers temps ont debatu la prerogative d'honneur contre les Princes du Sang ; & l'a-Des Seigneuries.

voient sans doute au temps de leur institution, & lorsque les Ducs & Comtes jouïssoient des droits de souveraineté : témoin que Philippe premier Duc de Bourgogne au banquet du Sacre du Roy Charles VII. s'assit comme Pair de France au dessus du Duc d'Anjou son frere aîné.

5. Precedoient anciennement les Princes du Sang.

Ils furent choisis selon la plus vraye semblable opinion par Louïs le jeune, du tout à la maniere des anciens Pairs de fiefs, dont parlent les livres des fiefs, & ont aussi toutes les mêmes charges qu'eux : à sçavoir d'assister le Roy en son investiture, qui est son Sacre & Couronnement, & de juger avec luy les differens des vassaux du Royaume. Et ont les uns & les autres été ainsi appellez, non pas pour être égaux à leur Seigneur ; mais être Pairs & compagnons entr'eux seulement, comme l'explique un ancien Arrêt donné contre le Comte de Flandres, au Parlement de Toussaints 1295. apporté par du Tillet.

6. Leur origine.

7. Leur charge.

Ce fut pourtant un traict, non de jeune, mais de sage Roy, lors que les Ducs & Comtes de France avoient usurpé la souveraineté presqu'entiere, pour empescher qu'ils ne se separassent tout à fait du Roiaume, d'en choisir douze des plus mauvais, les faire Officiers principaux, & comme membres inseparables de la couronne, afin de les engager par un interest particulier à la maintenir en son integrité, même à empescher la desunion des autres moindres qu'eux: moien que les Allemans ont aussi tenu pour la conservation de l'Empire ; par la creation des sept Electeurs. Mais à succession de temps, cinq de nos premieres Pairies laïques, ayant été reünies à la couronne, & la sixième qui est celle de Flandres, en ayant été distraite tout à fait, nos Rois qui n'ont voulu laisser perdre ce beau tittre de Dignité, en ont érigé d'autres en leur lieu, certes en trop grand nombre, aussi bien que de Duchez & Comtez.

8. Leur Etymologie.

9. Cause de leur institution.

d

Des Seigneuries.

10. Nouvelles Pairies. Pour traiter l'origine desquels, c'est sans doute que les anciens Ducs & Comtes étoient les Capitaines & Gouverneurs des Provinces & Villes, comme il a été dit au premier chap. Aussi est-il dit tout au commencement du livre Des Fiefs, *propriè vocantur Capitanei Regis, ante regni.*

11. Origine des Duchez & Comtez. Pareillement pour le terme de *Duc*, c'est chose fort remarquable, que *Dux* en Latin a toutes les mêmes significations & variations, que *Capitaine* en François: car l'un comme l'autre a été premierement attribué au conducteur & chef d'une compagnie, qui est sa plus propre signification. Puis l'un comme l'autre a été attribué indifferemment à tous ceux qui avoient quelque commandement militaire: Puis encore par une extension a été pris par une épithete & titre d'honneur, signifiant un vaillant guerrier. Par aprés on a donné ce titre au chef d'une armée entiere, que nous appellons *Capitaine en chef*; & les Romains l'appellerent *Ducem* ou *Ducem exercitus*, aprés que le mot d'*Empereur* qui étoit l'ancien nom pour cet effet, eut trouvé une autre signification.

12. Dux, a toutes les mêmes significations que Capitaine.

13. Cinquiéme signification de Dux ou Capitaine. Et d'autant qu'aux Provinces éloignées & belliqueuses de l'Empire Romain, on laissoit ordinairement de grosses garnisons & petites armées, sous la charge du Gouverneur; notamment és païs de deça, aprés que les Empereurs se furent retirez en Grece, & que les nations Septentrionales commencerent à s'élever, il arriva par succession de temps que les Capitaines & Gouverneurs de ces Provinces furent appellez *Ducs*, comme il se void dans Cassiodore, *in formula Ducatus Rhetiæ*: Dont M. Brisson en son livre *de verb. signif.* rapporte plus de vingt authoritez. C'est pourquoy le *Vetus Glossarium* dit *Dux* Ἀϑ̓δ̓ναϑ̀ϛ ἐ ϗ́ηϛορ. De sorte que quand les François chasserent les Romains de la Gaule ayant trouvé les Provinces d'icelle regies par les Ducs sous l'authorité des Empereurs, eux qui ne changerent presque rien des anciennes formes du païs, laisserent ce même titre à ceux qu'ils mirent en leur place.

14. Ducs d'à present.

15. Comites unde dicti. Tout de même est-il arrivé des Comtes, qui sont tournez en Latin *Comites*: parce que les Empereurs étans contraints de faire plusieurs voyages, pour maintenir cette grande étenduë de leur Empire, appelloient *Comites*, leurs Courtisans qui les accompagnoient & suivoient. De sorte que *Comitatus* & *Comites*, étoient à eux proprement, ce que nous disons icy, *la Cour & les Courtisans*: nom, qui enfin sous Constantin fut un titre de haute Dignité, attribué particulierement aux principaux Officiers de l'Empire, qui étoient chefs d'Office, & qui avoient d'autres menus Officiers sous eux, & enfin *Comes* se rapporte, quant à l'effet, à ce que nous disons en France *Intendant*, comme *Comes domesticorum*, *Comes Palatij*, *Comes sacrarum largitionum*, *Comes sacrarum dispositionum*, & ainsi des autres: & de vray c'étoit un titre fort honnorable, d'être qualifié *Compagnon de l'Empereur*.

16. Comites provinciarum. De même *Comites Provinciarum* (ainsi appellez in l. 1. C. de Offic. rectoris Provinc. & in tit. De Comit. qui Provin. regunt l. 12. Cod.) étoient les Intendans & Gouverneurs des Provinces, qui de la Cour & suite de l'Empereur, y étoient envoyez pour les gouverner. *Capitolinus in Vero. Confecto bello Regna Regibus, Provincias Comitibus suis distribuit.* Et il faut observer que ces Comtes des Provinces, n'étoient pas moindres que les Ducs: même on void dans la Notice de l'Empire Romain, qu'aucuns Comtes avoient des Ducs sous eux, aussi avoient-ils les plus grandes Provinces, étant fait mention en nôtre droit *Comitum Africæ, Orientis & Macedoniæ*.

17. Comtes des provinces égaux aux Ducs.

18. De même en France. Tout de même en France, il y avoit anciennement des Gouverneurs des plus grandes Provinces, qui s'appelloient *Comtes*, comme les Comtes de Champagne, de Flandres, d'Aquitaine: Et en plusieurs autres Provinces, les Gouverneurs étoient appellez *Ducs* & *Comtes* indifferemment, comme ceux de Bretagne, Normandie & plusieurs autres.

19. Comtes mineurs. Mais il y avoit en l'Empire & en ce Royaume, une autre sorte de Comtes, appellez *Comites minores & inferiores, in l. 1. & 3. Ne Comit. & Tribu. layac. præst. C.*

Theod. & ceux-là étoient les Intendans & Gouverneurs, non des Provinces, mais des villes, comme il se colligé des Epîstres de Cassiodore, notamment des 22. & 23. du livre 6. & de la 13. du livre 7. où il se void qu'ils étoient ensemble Juges & Gouverneurs des Villes, parce qu'en ce temps-là, comme j'ay dit plusieurs fois, la Justice n'étoit point separée du gouvernement, & avoient sous eux plusieurs menus Officiers, appellez *Officiales & milites* indifferemment, tout ainsi que ceux des Proconsuls ou Presidens des Provinces; c'est pourquoy Suidas definit le Comte, τὸ λοῦ ἀξχοντα.

20. Distinction du Comte.

21. Comtes des villes en France. De même en France les Capitulaires de Charlemagne nous font foy, que chaque ville avoit son Comte. *Unicuique ferè civitati* (dit *Beat. Rhen. in lib. Rerum Germanic.*) *Comes præsidebat.* Et ce Comte étoit pareillement Juge & Gouverneur de sa ville, *Ideoque & pacem & justitiam facere dicitur, l. 2. Capitul. ar. 6. & dicitur placitum habere, l. 3. art. 38. & art. 60. addit. l. 3.* Et aux loix Ripuaires il est dit, *Si quis judicium fiscalem occiderit, quem Comitem vocant.* Et au 4. liv. *Leg. Francic. Comites non se excusent à justitia facienda, eò quod resident in maritima custodia, sed in placitum teneant, & justitiam faciant.*

22. Comtes des villes inferieurs à ceux des Provinces. Or ces Comtes des villes n'étoient pas égaux, mais inferieurs aux Ducs & aux Comtes des Provinces: même, comme aucuns tiennent, sujets: témoin ce qui est rapporté au supplement d'Aymon, *l. 4. 61. C. Pipinum donasse Grisonem fratrem, more Ducum, duodecim Comitatibus* & au liv. 9. chap. 1. *Ducatum Foro Juliensem divisum esse in quatuor Comitatus.* Mais les Comtes des Provinces étoient égaux aux Ducs, & même avoient quelquefois sous eux d'autres Comtes, comme il se trouve en un Arrest de l'an 1354. rapporté par du Tillet, que le Comte de Champagne avoit sous luy sept Comtes; à sçavoir ceux de Joigny, Rethel, Brenne, Portien, Grand-Pré, Roussi & Brienne.

23. Duc & Comte en même ville. Il se trouve même qu'il y a eu autrefois en même ville un Duc & un Comte, comme il se void dans Gregoire de Tours, liv. 8. ch. 18. & liv. 9. ch. 7. & lors il y a apparence que le gouvernement & charge des armes appartenoit au Duc, & celle de la Justice au Comte: ou plûtôt que le Duc étoit le Gouverneur general de toute la Province, & le Comte Gouverneur partic. de la ville.

24. Comtes des Provinces portoient quelquefois le nom de leur capitale ville. Il faut donc bien garder de s'équivoquer, en confondant les Comtes des Provinces avec ceux des villes, attendu mémement que souvent les Comtes des Provinces prenoient leurs titres du nom de leur ville capitale, comme celuy de Champagne est souvent appellé *Comte de Troyes*: celuy de Languedoc, *Comte de Tolose*: celuy de Guyenne, *Comte de Bourdeaux*. Car même les Rois de la premiere race portoient le nom de la principale ville de leur Royaume, comme on void aux Annales, les Rois de Paris, d'Orleans, de Mets, & de Soissons.

25. Ainsi les Rois lors des Tetrarchies. Quant aux Marquis, les Romains n'en ont point connu le nom, qui est pur François, mais ils appelloient *Duces limitaneos, ut apud Lamprid. in Alex. Severo.* Et dans la Notice de l'Empire, ils sont appellez *Comites limitanei.*

26. Marquis ou Comites limitanei. Aussi les Marquis étoient sans doute les Gouverneurs des frontieres. *Marchiones sunt qui fines reguntantur, in vita Ludovic 3. Aimond. lib. 5. cap. 11. Relictis Marchionibus, qui fines regni tuentes, hostium arcerent incursus.* Nom qui est derivé, non pas de *Marc*, qui en bas Alleman signifie cheval, comme Alciat a dit (d'où à la verité est derivé *Maréchal*) encore moins de *Mare*, comme il est dit mal à propos au livre des *Fiefs*, mais de l'ancien mot François *Marche*, qui signifioit limite ou frontiere, *Aimon. l. 4. cap. 11. Simili modo de Marcha Hispanica constitutum est & hoc illius limitis Præfectis imperatum, Inde foras marcham mancipium vendere, 4. leg. Franc. cap. 43. Marchas & fines regni disponere,* dans *Rheginò 2. Chronic.*

27. Etymologie des Marquis.

28. Marche mot François significant frontiere.

29. Marchir aboutir. D'où vient ce vieil mot *Marchir*, qui signifie aboutir, & être contigu, *Terre qui marchise au grand chemin,* dans Bouteiller. *La Comté de Blois marchit à la Duché de Touraine,* dans *Froissart 3. vol, Entre Adam Abbé de saint Denis, & Bouchard Sieur de Montmorency, sourdit contention pour aucunes leurs terres, qui ensemblement marchissoient,* dit *l'Annaliste en la ville de Philippes, fils d'Henry.*

suzeraines ou subalternes, Chap. VI

Or c'a été autrefois une grande question, si les Marquis avoient rang devant ou après les Comtes, attendu que les Livres des fiefs les mettent tantôt devant, tantôt après : aussi qu'il se trouve des Marquisats avoir été erigez en Comtez, comme celuy de Iuilliers dans Froissart, 1. Vol. Chap. 3. Pareillement il y a plusieurs Comtes honorez de la qualité de Pairs de France, & pas un Marquis.

Cette question a été traitée par Alciat au Livre *De duello*, & par Bohier au traité de l'authorité du Grand Conseil. Pour laquelle resoudre asseurément il faut revenir à la distinction que nous venons de poser, des Comtes des Provinces avec ceux des Villes, & tenir pour certain que les Comtes des Provinces sont plus que les Marquis ou Gouverneurs des villes frontieres : mais aussi les Marquis sont plus que les petits Comtes ou Gouverneurs des autres villes, parce que leur charge est plus importante ; & de fait on voit aujourd'huy que plusieurs Gouverneurs de frontiere font difficulté de reconnoître le Gouverneur de la Province, comme font ceux des autres villes indistinctement. Maintenant qu'en France il n'y a plus de Comtes de Provinces, ny même de Ducs, qui ayent des Provinces entieres, parce que tous les grands Duchez & comtez du tems passé sont reünis à la couronne ; on tient à bon droit pour constant & resolu, que les Marquis sont plus que les Comtes.

De ce que dessus il appert que les Ducs, Marquis & Comtes estoient, & en l'Empire Romain, & en ce Royaume anciennement vrais Officiers : que tous nos Ecrivains modernes sans exceptió ont tenu ; même ils étoient revocables à la volonté du Prince, comme il a été dit au Livre premier *Des Offices*, que sous les Empereurs Romains tous Gouverneurs étoient revocables : Et en France tous Offices indistinctement l'estoient auparavant l'Ordonnance de Loüis XI. Mais particulierement par les Ducs & Comtes, Paul Emile le traite en beaux termes, *Duces ab initio Comitesque ab Regibus præficiebantur gentibus, Civitatibusque, & cum viderentur dimittebantur : deinde inveteravit consuetudo, ut nisi sceleris convicti ab re Imperio non cogerentur. Idque post remo, ut quisque eo munere donabatur, jure jurando Regum ea utebatur.*

Il y avoit cette difference entre les Ducs & Comtes de l'Empire Romain & ceux de France, que ceux de l'Empire n'étoient que simples Officiers, non plus que les Proconsuls ou Presidens des Provinces, & avoient pour leur entretien certains droits ou Coûtumes à prendre sur le peuple, dont Cassiodore fait mention és passages cy-dessus alleguez. Mais ceux de France avoient la Seigneurie de leur territoire unie à leur Office, tenüe neantmoins en fief à vie, de sorte qu'ils estoient Officiers & vassaux tout ensemble ; qui est ce que nous appellons *Seigneurs* : mais ces Seigneuries n'estoient ny hereditaires ny patrimoniales du commencement, comme elles ont été depuis.

Ce changement commença sous la fin de la premiere lignée de nos Rois, auquel temps leur imbecilité donna moyen aux Ducs & aux Comtes de se faire hereditaires ; mais cela ne dura gueres, dautant que les premiers Rois de la seconde lignée les rangerent incontinent à la raison : au moins ceux qui étoient au cœur du Royaume. Car quelques-uns de ceux qui étoient aux Provinces éloignées, maintinrent leur heredité malgré eux, d'où arriverent plusieurs guerres ; & de là vient qu'en mesme temps aucuns des Duchez & Comtez étoient hereditaires, & les autres non, comme Monsieur Pasquier a remarqué au second Livre de ses Recherches, chapitre onziéme.

Mais sur la fin de cette seconde lignée, l'heredité s'y établit indifferemment, notamment après que Hugues Capet, le Duc des Ducs, ou Duc de France qu'il estoit, se fut fait Roy & Prince souverain, les Ducs & Comtes à son exemple se firent Seigneurs hereditaires de leurs Provinces & Villes, & de tout ensemble firent l'hommage au nouveau Roy, comme d'un fief hereditaire & patrimonial, s'obligeans d'assister le Roy contre tous en guerre, à la charge aussi qu'il les maintiendroit, & leur posterité en leurs Seigneuries.

Des Seigneuries.

Et comme l'usurpation ayant pris racine croist toûjours & l'ambition ayant trouvé un commencement favorable ne trouve point de fin, s'estans les Ducs & les Comtes ainsi établis en la proprieté & seigneurie de leurs Provinces & Villes, ils tâcherent tant qu'ils pûrent d'en usurper la Souveraineté : Et de fait, il se trouvera qu'ils entreprirent de joüir de tous les six droits de Souveraineté, qui ont été rapportez au 3. Chap. de ce Livre.

Premierement, il est certain qu'ils s'ingeroient de faire les loix & statuts en leur Provinces, comme par exemple, M. Pasquier Liv. 6. Chap. 48. rapporte l'Ordonnance de Jean Duc de Berry, qui est plûtot du bon Comte Thibaut de Blois, que la journée des vignerõs finiroit à cinq heures en hyver ; & en esté à six : ce qui s'observe au païs Blesois & Dunois. Et possible que c'est delà que vient la diversité de nos Coustumes ; car même temps qu'on a commencé de les rediger par écrit, quelques-unes se trouvent encore intitulées du nom des Ducs de la Province, comme entre autres celle du Duché de Bourgongne, au 125. Art. en laquelle il est fait mention des Ordonnances des Ducs de Bourgongne.

Quant est d'établir des Officiers, il est notoire, que non seulement les Ducs, Marquis & Comtes, mais aussi tous autres Seigneurs Iusticiers ont entrepris de mettre des Officiers en leurs Iustices : Même plusieurs Ducs & Comtes entreprenoient d'avoir de grands Officiers, tels que ceux qui nous appellons Officiers de la Couronne, comme Connestables, Chanceliers, grands Escuyers, grands Seneschaux, & autres semblables, comme il se voit dans du Tillet. Quoy qu'il en soit, il est tout certain qu'ils s'ingeroient de faire des Chevaliers, d'eriger des Seigneuries, & conceder des annoblissemens aux personnes & des amortissemens aux terres.

Pareillement, c'est chose asseurée qu'ils faisoient exercer la Iustice en dernier ressort, ainsi que du Moulin dit en l'apostille du 54. Art. de la Coûtume de Bourgongne cy-dessus alleguée. Même il est sans doute qu'ils bailloient des remissions, comme il n'y a pas encore long-temps que les Gouverneurs des Provinces en bailloient.

Pareillement, il se voit dans les Annales, qu'ils faisoient la guerre de leur propre authorité, soit côtre leurs voisins ou contre les étrangers : assembloient armées, donnoient bataille, faisoient paix & treve sans le congé du Roy, duquel droit de guerre usurpé par les Ducs & Comtes, Coquilles traite pertinemment sur la Coûtume de Nivernois, en son Institution au Titre *Du droit de Royauté*.

Quant à la monnoye, il se fait souvent mention dans nos Livres de la monnoye de plusieurs Ducs & Comtes, comme des sols Mansais, sols Tournois, sols Bartois : même aux cabinets des curieux on voit force monnoye des Ducs & Comtes du temps passé, & il a été dit au troisiéme Chapitre, que le Roy Loüis Hutin, & ses successeurs ont été contraints de racheter à purs deniers ce droits des Ducs & Comtes, afin de le reünir à leur Couronne.

Finalement, c'est bien sans doute, qu'ils faisoient des levées de deniers sur leurs sujets. Ce qui estoit tellement ordinaire, qu'il y a encore aujourd'huy de petits Seigneurs qui pretendent avoir droit de taille en quatre cas ; à sçavoir de voyage d'outre-mer, de prison, de Chevalerie & de mariage de fille : duquel droit plusieurs de nos Coûtumes font mention.

Bref je puis dire, qu'il n'y avoit aucun droit ny marque de Souveraineté qu'ils n'eussent entrepris, jusques même à porter couronne. Bien que la couronne ait toûjours été tenüe pour marque & enseignement de toute Souveraineté, mais particulierement du Royaume, d'où vient que la couronne signifie le Royaume même, prenant par une metonymie le signe pour la chose signifiée ; de fait, quand Suetonius rapporte que Caligula eut en l'esprit de se faire Roy, *Parum abfuit*, dit-il, *quin Diadema sumeret, & speciem Principatus in Regnum converteret.*

Voicy ce qui s'en trouve en un ancien Livre François d'Antoine de la Sale, intitulé *la Salade*, où decrivant particulierement la ceremonie de l'investiture des grandes Seigneuries, il dit, *quand le Roy fait un Duc, il le*

d ij

Des Seigneuries.

48. Couronne des Ducs fleuronnée.

couronne en sa meilleure ville, tout ainsi que luy-mesme a esté couronné, excepté d'estre oint. Et de fait, cette prerogative est demeurée aux Ducs & aux Comtes jusques à nostre temps, de porter une couronne au timbre de leurs armoiries. Couronne, qui aux Ducs est fleuronnée de pierreries, est faite toute ainsi qu'estoient anciennement celles de nos Rois, avant qu'ils eussent pris la couronne clause par le haut, en forme de chapeau, qu'on appelloit *Couronne Imperiale*. Celle des Comtes est perlée, c'est à dire, que le dessus du diadesme, ou bandeau est fait de perles, sans aucuns fleurons eminens. Et finalement celle des Marquis est meslée, c'est à dire, partie fleuronnée, partie perlée, parce que les Marquis sont comme moyens entre les Ducs & les Comtes.

49. Celle des Comtes perlée.

50. Celle des Marquis meslée.

51. N'en portoient anciennement.

Toutefois il est à croire, que ce n'a esté qu'aux derniers temps qu'ils ont ainsi usurpé de porter couronne, si jamais ils l'ont portée en teste. Car Villehardoüin en son prem. & trois. Livre de la Guerre sainte, parlant des Ducs & Comtes de France qui estoient de la sainte ligue, les qualifie les plus grands des Seigneurs de la Chrétienté qui ne portoient point couronne: & il se voit en l'Histoire d'Angleterre, qu'Edoüard III. investit son fils Edoüard du Duché de Cornoüaille, *per sertum in capite, annulum in digito, & virgam auream*. Et qu'Edoüard IV. fit un de ses fils Duc de Clarence, & l'autre Duc de Lanclaftre, en son Parlement, *imposito capitibus eorum pelleo pileo, & circulo ex auro margaritis*, & le mesme livre de la Salade dit en un autre endroit, que *le Duc est investy par l'imposition d'un chapeau d'or-ducat, orné de perles: le Marquis avec un anneau de ruby: le Comte avec un anneau de diamant: le Vicomte avec une verge d'or: le Baron avec un drapeau quarré, & le Banneret avec un drapeau en escusson.*

52. Tradition d'anneau aux Ducs & Comtes que signifie.

Or cette tradition d'anneau n'estoit pas sans mystere. Car c'est chose notoire que l'anneau servoit de cachet, de sorte que le Roy donnant son anneau & cachet au Duc, Marquis ou Comte, qui estoit la plus ancienne forme de les investir, les faisoit par ce moyen ses Lieutenans, & leur donnoit permission de faire toutes expeditions sous son nom, & les sceller de son anneau: auquel sceau reside l'authorité du commandement. Aussi lisons-nous, qu'aprés la mort d'Alexandre le Grand, Perdiccas fut reconnu par ses Courtisans pour leur Souverain, parce qu'Alexandre en mourant luy avoit donné son anneau, d'où ils concluoient qu'il avoit entendu luy laisser la Regence & l'exercice de Souveraineté pendant le bas âge de ses enfans. De mesme Dion nous apprend qu'Auguste bailla son anneau à Mecenas, afin qu'il scellast d'iceluy tels mandemens qu'il voudroit, & que Vespasien estant en Egypte envoya son anneau à Mutian qui estoit à Rome, avec lequel il depeschoit tous mandemens au desceu de Vespasien, y mettant seulement son nom & son cachet, qui pour cet effet luy avoit esté envoyé. Et de fait, pour revenir aux anciens Comtes, Brisson en son troisiéme Livre, *De verb. signif*. dit que *Comites vice imperatoris judicabant*, ce qu'il prouve par une Loy du Code Theodosien, qui est mal cottée.

53. Anneau d'Alexandre le Grand.

54. Changement d'anneau en Couronne.

Il est donc à presumer que le changement de l'ornement des Comtes, d'anneau en couronne a suivy le changement de leur puissance. Car du temps qu'ils n'estoient que simples Gouverneurs, ils portoient l'anneau: mais quand ils ont eu usurpé les droits de Souveraineté, & sont devenus Princes, ils ont voulu avoir la couronne qu'ils ne portent pas en tête, à present qu'ils ne sont plus que simples Seigneurs suzerains, ne leur estant plus aussi concedée en leur investiture, & partant ils ne l'ont plus qu'en peinture au timbre de leurs armoiries, si ce n'est qu'ils soient Princes souverains, auquel cas ils la peuvent porter en tête.

55. Ne portent à present la Couronne qu'en peinture.

56. Trois degrez des Ducs & Comtes Seigneurs.

Car j'ay dit au Chapitre troisiéme, qu'à present il y a trois degrez de Ducs & Comtes, à sçavoir ceux qui sont souverains tout à fait, sans reconnoistre Superieur, comme les Ducs d'Italie: ceux qui ont les droits de souveraineté, mais ont un Superieur, que j'ay appellé *Princes sujets*, comme ceux d'Allemagne: & finalement ceux qui sont simples Seigneurs suzerains, comme sont ceux de France à present. A quoy il faut encore adjouster un quatriéme & plus bas degré de ceux qui ne sont qu'à vie comme Officiers, ainsi que sont encore à present ceux d'Angleterre.

57. Ducs & Comtes Officiers.

Et faut dire en remontant, que ceux-cy ont esté les premiers, & qu'en tous les pays ils estoient tels du commencement, puis és Monarchies ils se sont faits Seigneurs, ayant usurpé l'heredité & proprieté de leurs Charges: Par aprés en quelques lieux ils ont usurpé les droits de souveraineté, sans secoüer tout à fait le joug d'obeïssance. Bref, en d'autres lieux, comme és Provinces éloignées du Souverain, ils se sont faits Souverains tout à fait, & n'ont plus voulu reconnoistre de Superieur.

58. Comment ces changemens sont arrivez.

Ce dernier changement des Ducs & Comtes en Princes souverains, n'a eu lieu en France qu'és Comtez de Flandres & de Bourgogne, qui aprés avoir longuement branlé, ont esté enfin distraits tout à fait de la Couronne, par le malheur de la prison du Roy François. Au contraire, tant s'en faut que les autres Ducs & Comtes, de Princes sujets qu'ils estoient, se soient faits Souverains, qu'au contraire nos Rois ont trouvé moyen adroitement de les remettre aux rangs des simples Seigneurs suzerains & de leur oster la qualité de Princes.

59. De mesme.

Car en consequence de cette sujetion personnelle, & jurisdiction qui leur estoit demeurée sur iceux, les Rois ont avec le tems retiré à leur souveraineté le dernier ressort de la Justice sur les Duchez & Comtez: par le moyen de ce que le Parlement étably sedentaire à Paris, convertit finalement les plaintes qu'on faisoit de leurs Iugemens en appellations, ainsi qu'il a été traité au dernier Chapitre du Livre *Des Offices*. Lequel ressort de Iustice est sans doute le plus fort lien qui soit, pour maintenir la Souveraineté.

60. Comment les Ducs & Comtes de France, derechef simples Seigneurs suzerains.

Car par le moyen d'iceluy la puissance de faire loix leur a esté retranchée indirectement, entant que le Parlement ne suivoit ny n'approuvoit leurs Ordonnances au jugement des procez. Leurs Officiers, fors ceux qui estoient necessaires pour l'exercice de la Iustice, n'estoient point approuvez par le Parlement. Ceux d'entr'eux qui faisoient ou guerre ou alliance, contre la prohibition du Roy, estoient incontinent recherchez & poursuivis au Parlement. Le cours de leurs monnoyes fut interdit par le mesme Parlement, fors des monnoyes noires, & leur fut osté la puissance de lever deniers sur les sujets, hormis en ces quatre cas qui viennent d'estre rapportez. Bref il faut confesser que c'a esté le Parlement, qui nous a sauvé en France d'estre cantonnez & demembrez, comme en Italie & Allemagne, & qui a maintenu ce Royaume en son entier.

61. Le ressort de la Justice les a remis en cét estat.

62. C'est le Parlement qui a maintenu la France.

Mais d'autant qu'il étoit fort mal-aisé d'ôter tout à fait ces droits de Souveraineté, dont ils avoient long-temps joüi, on étoit contraint de leur laisser toûjours iceux en partie. Enfin, de peur qu'ils ne les reprissent tout à fait, nos Rois de la troisiéme lignée ont été soigneux de reünir à leur Couronne tous ces anciens Duchez & Comtez toutefois à quantes ans il s'en est presenté quelque occasion, soit par mariages, épousant ou faisant épouser aux presomptifs heritiers de la Couronne, les heritieres d'iceux: soit par droit de reversion, à faute de masles regnicoles descendus du premier investy, soit par felonnie ou confiscation, dont il naissoit assez souvent des sujets tres-justes. Tant y a, qu'ils ont si bien fait avec le temps, qu'ils ont retiré & reüni tous ces Duchez & Comtez sans exception, fors les deux Comtez de Flandres & de Bourgogne.

63. Enfin il a fallu reünir ces anciens Duchez & Comtez à la Couronne.

On en a fait tout de mesme en Angleterre: où mémement aprés avoir reüni tous les Duchez & Comtez, on n'a plus voulu avoir de Ducs: & quant aux Comtez, on les a reduites à leur premiere origine d'estre de simples Offices ou dignitez à vie, ausquels on n'a pas annexé le Domaine du territoire; mais on leur a seulement attribué certains menus droits, tels à peu prés que nous venons de dire des Comtes de l'Empire Romain notamment le tiers des émolumens de la Iustice, qui est un droit qu'ils avoient de toute antiquité, comme j'ay appris du docte Livre moderne de *Guil-*

64. Comment on en a fait en Angleterre.

des grandes Seigneuries, Chap. V.

Iehnus *Camdenus* Anglois, intitulé *Britannia*.

Mais en France on ne s'est pû empêcher d'ériger d'autres Ducs & Comtes. Car quand on a appané les enfans puisnez des Rois, il a été necessaire de leur bailler des titres égaux à ceux qu'avoient les Seigneurs moindres qu'eux. Mais ç'a été toûjours selon la loy & condition generale des appanages, sçavoir est de reversion à la Couronne en defaut de mâles, & de retention expresse, non seulement de la foy & hommage; mais aussi du ressort & souveraineté entiere, ressort, dis-je, pour la Justice, souveraineté pour la Seigneurie.

Même nos Rois se sont relâchez à ériger encore d'autres Duchez & Comtez en faveur des Seigneurs de leur Royaume, qu'ils ont voulu honorer de ces hauts titres, mais ces érections ont toûjours été avec l'expression de la même reserve du ressort & de la souveraineté, outre l'hommage ancien. Et quant à la reversion, ils ne s'advisoient pas du commencement de la stipuler, parce que ce n'étoient pas terres qu'ils baillassent de leur Domaine; mais qui étoient de l'ancien patrimoine de ces Seigneurs, ausquelles ils ne donnoient de nouveau, que le titre de Duché ou Comté. Mais le Roy Charles IX. pour empêcher la trop grande frequence de ces érections, ordonna en 1566. que les Duchez & Comtez qui seroient érigez desormais seroient reversibles à la Couronne en défaut de mâles ainsi que ceux des appanages. Ordonnance qui seroit fort utile au Royaume, si on n'y dérogeoit point.

D'où s'ensuit, que les Duchez & Comtez que nous avons à present en France sont entierement differens de ces anciens Duchez & Comtez, qui ont été reünis à la Couronne: differens aussi de ceux qui sont maintenant en Italie & en Allemagne: & qui voudroit argumenter & tirer des consequences des uns aux autres, se tromperoit entierement. Bref, les nôtres d'apresent n'ont plus autre marque, ou participation de souveraineté, excepté qu'ils ont retenu la Couronne au timbre de leurs armoiries. Peut-être que c'est à l'imitation des enfans des France, qui au lieu d'avoir leur partage en titre de Royaume, comme ils avoient aux deux premieres races, ne l'ayant en cette troisiéme qu'un titre de Duché & de Comté, ont retenu la Couronne en leurs armoiries, en memoire de leur extraction.

D'où possible est venu aussi que nos Rois en discours familiers, & en leurs lettres appellent ordinairement les Ducs, Marques, Comtes, (au moins les Ducs, & les Marquis sans doute) leurs Cousins, ou bien cette coûtume s'est établie du temps qu'ils étoient Princes, & participoient à la souveraineté. Car on sçait que les Rois appellent les autres Rois leurs freres, les Ducs & Comtes souverains, leurs Cousins.

Il y a encore une dignité feodale, qui à mon avis doit être mise au rang de ces grandes Seigneuries, sçavoir est la Principauté, entant que c'est le titre & le nom d'une certaine Seigneurie, que du Tillet dit être moindre que le Comté, mais plus grande que la Baronnie & Vicomté.

Veritablement cette espece de Seigneurie est extraordinaire & extravagante, étant venuë à mon avis, de ce que les Ducs & Comtes, s'étans faits Princes par l'usurpation des droits de souveraineté; à leur exemple les autres grands Seigneurs vassaux de la Couronne qui n'avoient titre, ny de Ducs, ny de Comtes, ayant pareillement usurpé les droits de souveraineté dans leur Seigneurie & détroit, se sont par consequent titrez & qualifiez du nom general de Princes, n'ayans point de titre particulier de dignité, & afin d'être distinguez des simples Seigneuries, qui n'avoient comme eux l'exercice de la souveraineté: tout ainsi qu'il se voit au livre des fiefs, que *majores valvassores*, se sont faits enfin appellez *Capitaneos Regni, aut Regni*: ce qui sera expliqué au chapitre suivant.

Ce qu'ayant eu cours lors que les grands Seigneurs de France avoient les droits de souveraineté, à continué aprés qu'ils en ont été dépoüillez: par le moyen de ce qu'à l'exemple des anciennes Principautez reünies depuis à la Couronne, (aussi bien & encore plus facilement que les Duchez & Comtez anciens) les Rois en ont érigé d'autres pour gratifier leurs Favoris, ont affecté ce titre excellent de Prince, & de cette sorte Maistre René Choppin en esté 7. ou 8. sur la Coûtume d'Anjou, tit. *de la prevention du Prince*.

Bien qu'il y ait difference notable entre les Seigneurs des Principautez, & ceux qu'à present nous appellons *Princes*, qui sont, ou les Princes du Sang, ou ceux qui sont issus de Princes souverains Etrangers, & en la famille desquels la souveraineté reside encore à present.

Car bien qu'à proprement parler, il n'y ait en France autre Prince que le Roy, qui seul y a toute souveraineté, neanmoins pour honorer la race des Rois, on a appellé ceux qui en sont issus, *Princes*, dautant même qu'à leur tour ils sont capables d'être Rois, & ceux-là sont les Princes du Sang. A l'exemple desquels on s'est étendu d'appeller pareillement *Princes*, tous ceux qui sont issus des Princes souverains étrangers, & qui sont capables par race de succeder à leur Estat: ce qui sera plus amplement traité au livre *Des Ordres*.

Toutefois cette equivoque d'entre les Princes & les Seigneurs de Principauté, ou pour mieux dire, les Princes de race, & les Princes à cause de leur terre érigée en Principauté, est cause que plusieurs Princes, qui craignent qu'on revoque en doute leur qualité, & plusieurs grands Seigneurs qui desirent être tenus pour Princes, sont curieux de faire ériger une de leurs terres en Principauté: dont par aprés ils baillent volontiers le titre à leur fils aîné: à l'imitation de ce que la plûpart des Rois de la Chrétienté font appeller leur aîné le Prince indefiniment, ainsi même que faisoient les premiers Empereurs de Rome, & pour cette cause en l'an 1523. le Roy d'Angleterre érigea la Seigneurie de Galles en Principauté, & l'affecta desormais aux fils aîsnez des Rois ses successeurs, ce qui se garde encore à present.

CHAPITRE VI.

Des droits des grandes Seigneuries.

1. Grandes Seigneuries doivent relever du Roy.
2. Preuve.
3. Explication nouvelle du premier chapitre des fiefs.
4. Capitanei & Valvassores Regni.
5. Comment les grands Seigneurs étoient autrefois appellez.
6. Baronnie, ce que c'est proprement.
7. Difference entre relever de la Couronne, & relever du Roy.
8. Pourquoy les grandes Seigneuries relevent du Roy seulement, & non de la Couronne.
9. Seigneuries honoraires, chose notable.
10. Les grandes Seigneuries participent aux honneurs de Souveraineté.
11. Couronnes des plusieurs sortes.
12. Grandes Seigneuries ne se partagent point.
13. Principautez doivent avoir les prerogatives des grandes Seigneuries.
14. Fiefs autrefois indivisibles.
15. Seigneuries indivisibles, entant qu'Offices.
16. Souveraines du tout indivisibles.
17. Grandes se partagent par estimation seulement.
18. Mediocres & petites se divisent en espece.
19. Les faut neanmoins laisser entieres, tant que faire se peut.
20. La Seigneurie ou Dignité n'est point divisible actuellement.

Des Seigneuries.

21. Ny la Justice, ce qui est notable.
22. Grands Seigneurs peuvent sous-inféoder & accensiver, & non autres.
23. Preuve par les livres des fiefs.
24. Conclusion.
25. Autre chose est és Seigneuries d'appanage.
26. Que cela doit avoir lieu aux Duchez & Comtez érigez de nouveau.
27. Comment les moindres Seigneurs peuvent inféoder & accensiver.
28. Si la terre accensivée sans le consentement du Seigneur, demeure feudale.
29. Interpretation de l'article quatorziéme de la Coustume de Dunois.
30. Si les grands Seigneurs peuvent créer des Justices.
31. Difference entre faire un fief & une Justice.
32. De même.
33. Interests du Peuple aux nouvelles Justices.
34. Qu'au Roy seul appartient créer Justice.
35. Droict de ressort n'appartient qu'au Roy.
36. De même.
37. Droict de ressort ce qu'il comprend.
38. Comment il s'est tant fait de Justices sans le Roy.
39. Cautele pour abbatre les Justices des Seigneurs.
40. Les grandes Seigneuries de nouveau érigées sont reversibles à la couronne.
41. Les anciennes non.
42. On déroge ordinairement à l'Ordonnance du Domaine.
43. Il n'importe à present que les grandes Seigneuries tombent en quenouille.
44. Anciennement les femmes faisoient l'Office de Pairs de France.
45. A present non.
46. Prerogatives des Pairs de France.
47. Precedent les autres grands Seigneurs.
48. Fors les Princes du Sang.
49. Ont seance & voix au Parlement. Barreau des Pairs.
50. Sont jugez par le Parlement seul.
51. Les Chambres assemblées.
52. Et les autres Pairs convoquez.
53. Cela n'a lieu qu'és causes d'honneur, ou de Pairie.
54. Relevent nuëment de la Couronne.
55. En tout & chacune partie.
56. Les appellations des leurs Juges ressortissent au Parlement.
57. Aucuns ont des Grands jours.
58. Grands jours pourquoy dits.
59. Devoient être supprimez.
60. La fonction des Pairs doit être faite en propre personne.
61. Les Comtes ne sont sujets aux Ducs.

1. Grandes Seigneuries doivent relever du Roy.

Parlons maintenant des droits & prerogatives de ces grandes Seigneuries, à sçavoir des Duchez, Marquisats, Comtez, & Principautez, dont la premiere est, qu'elles ne relevent que du Roy, encore que de leur nature elles devroient relever immediatement de la couronne. C'est pourquoy les Feudistes les appellent *Feuda Regalia*, *seu Regales Dignitates*. tit. De feud. March. & tit. Quis dicatur Dux, &c. non pas active, pour entendre qu'elles participent aux honneurs des Souverainetez; mais passive, daurant qu'elles sont vrais fiefs du Roiaume, ne pouvans relever d'autre Seigneurie.

2. Preuve.

Aussi les livres des fiefs appellent ceux qui en sont investis *Capitaneos Regis aut regni*, & pareillement *Valvassores Regis aut regni*, seu majores Valvassores, id est, Valvassores primi gradus.

3. Explication nouvelle du premier titre des fiefs.

Car je diray en passant, que c'est un erreur (tout commun toutefois) de penser, qu'aux livres des fiefs, *Valvassores Regni*, seu majores Valvassores, fussent ceux qui tenoient leurs fiefs à Capitaneis Regni, nempe à Ducibus, Marchionibus & Comitibus. Erreur, qui est venu de la mauvaise intelligence du premier titre des fiefs, dont voicy les mots, *Marchio & Comes feudum dare possunt, qui propriè Regis aut Regni Capitanei dicuntur: sunt alij qui ab istis feuda accipiunt, qui propriè Regis aut Regni Valvassores dicuntur, sed & hodie Capitanei appellantur, qui & ipsi feuda dare possunt.* Où l'on a pensé que ces mots *ab istis*, referent *Marchionem & Comitem*, bien que c'est la verité qu'ils referent *Regem vel Regnum*, derniers nommez. Car comment pourroit-on dire, que les vassaux des Marquis & Comtes fussent appellez proprement (ainsi que dit le texte) vassaux du Roy & du Royaume? Aussi ne se trouvera-il point par tout le livre des fiefs, que les vassaux du Roy relevassent des Capitaines, qu'au contraire arriere-vassaux du Royaume, mais le contraire paroist assez par la lecture du tit. De nat. feudi, & de celuy Quis dicatur Dux, &c.

4. Capitanei & Valvassores Regni.

Or ce qui est dit en ce passage, que les vassaux du Royaume sont autres que les Capitaines, est, que du commencement il n'y avoit que les Ducs, Marquis Comtes, qui s'appellassent *Capitaines*, n'y ayant aussi qu'eux, qui étoient simplement appellez vassaux du Royaume, & non pas Capitaines. Mais à succession de temps ces simples vassaux immediats du Royaume furent appellez *Capitanei*.

5. Comment les grands Seigneurs estoient jadis appellés.

C'étoient donc ceux-là même nos anciens livres de l'Histoire de France appellent *Vassallos dominicos*, seu Regios, Leudes & fideles regni: & que les anciens livres François appellent les Barons de France. Car comme

6. Baronnie.

dit du Tillet, & aprés luy Ragueau, *Baronie est toute*

Seigneurie premiere, aprés la souveraine du Roy, mouvant directement de sa Couronne. Ce qu'ils disent apparoit par les articles des differends d'entre les Rois de France & d'Angleterre, arrestez au Parlement en l'an 1281. & l'Arrêt du Comté de Sancerre, de l'an 1259. qui est enfin la primitive & originaire signification du mot de *Baronnie*.

ce que c'est proprement

7. Difference entre relever de la couronne & relever du Roy.

Quand je dy relever directement de la couronne, je n'entens pas relever simplement du Roy, à cause de quelque Duché ou Comté réüny à la couronne, mais j'entens qu'il faudroit en bonne jurisprudence, que les grandes Seigneuries relevassent du Roy, à cause de la couronne. En quoy il y a notable difference. Car les vassaux de la couronne ne peuvent rendre les hommages & aveus, qu'en la Chambre des Comptes de Paris, qui est le vray tresor des Chartres de la couronne: mais les hommages & aveus des Seigneurs relevans du Roy, à cause de ses Duchez ou Comtez, peuvent estre rendus pardevant les Officiers des lieux, dont ils relevent.

8. Pourquoy les grandes Seigneuries relevent du Roy seulement & non de la Couronne.

Sur quoy on me dira qu'il y a la pluspart des Duchez & Comtez à present, qui ne relevent que des anciens, unis maintenant à la couronne. Mais je respons, qu'ils ont été érigez par le Roy, la pluspart depuis la réünion de ces anciens & primitifs, qui tous relevoient simplement de la Couronne, au modele d'iceux, & pour joüir des mêmes dignitez, prééminences & prerogatives qu'iceux, seulement les droits de souveraineté, qui lors d'icelles érections ont toûjours été reservez expressément: qui est un point fort remarquable. Que s'il s'en trouve d'érigez en titre par autre que le Roy, ç'a été du temps que les Ducs & Comtes avoient usurpé les droits de Souveraineté.

9. Seigneuries honoraires, chose notable.

D'où s'ensuit, qu'en tout cas une grande Seigneurie ne peut relever d'autres que du Roy. Que si quelquefois il arrive que le Roy érige en titre de Comtez, Marquisats, ou Principautez, des terres qui relevent d'un autre Seigneur, telles érections sont nulles de soy: & neanmoins parce qu'on ne peut imposer loy à la volonté du Souverain, on les tolere pour simples titres honoraires seulement: ainsi que le Comté du Lude a été declaré simple Comté honoraire, parce qu'il releve du Duché de Beaumont, par Arrêt des 6. Août, & 5. Decembre 1546. rapportez par M. Coppin, sur la coustume d'Anjou: & au livre De Domanio, il rapporte un autre Arrest de l'an 1565. par lequel un Comté relevant d'une Baronnie fut declaré simplement honoraire, Ainsi par Arrêt du 20. jour d'Août 1570. la Baronie de Lucé fut declarée simple titre honoraire, parce qu'elle releve de la Sei-

des droits des grandes Seign. Chap. VI.

gneurie de Château du Loir. Ce qui emporte, qu'alors ces dignitez honoraires n'ont autres droits, que ceux qui consistent en l'honneur : comme je diray au livre *des Ordres*, où je traiteray en un chapitre exprés des dignitez honoraires.

10. Les grandes Seigneuries participent aux honneurs de la souveraineté.

La seconde prerogative de ces grandes Seigneuries est, qu'elles participent aux honneurs des Seigneuries souveraines, même on peut dire, que ce sont comme des souverainetez honoraires. Car en premier lieu elles ont un titre de dignité capable de souveraineté, & qui leur est commun avec plusieurs Princes souverains : *Item* comme il vient d'être dit, ceux qui en sont investis, portent leurs armoiries couronnées au timbre ; à sçavoir, les Ducs d'une couronne fleuronnée : Les Comtes d'une couronne perlée : Les Marquis d'une couronne mêlée, & les Seigneurs de Principauté d'un simple diadesme, ou cercle d'or sans aucun dessus, qui étoit l'ancienne forme des couronnes, qui depuis ont été rayonnées pardessus, puis fleuronnées, ou perlées, & enfin closes, comme j'ay dit au troisiéme chapitre. Finalement les Rois, en conséquence de cette participation aux honneurs de la Souveraineté, les appellent leurs parens & Cousins.

11. Couronne de plusieurs sortes.

12. Grandes Seigneuries ne se partagent point.

La troisième prerogative, qui provient de la même consideration, est qu'elles ne se partagent point de même que les Souverainetez, & aussi comme les Offices. *Ducatus, Marchia, aut Comitatus de catero non dividantur : aliud autem Feudum, si consortes voluerint, dividatur*, dit le titre *De prohib. feud. alien*. Ce que l'ancien Poëte Guntherus a énoncé en ces vers,

Marchia, seu Comitis possessio, sive Ducatus,
Integra permaneant, feudalia cetera multis
Participanda patent, Domino dum quisque fideli
Spondeat obsequium ; jurandaque foedera praestet.

13. Principautez doivent avoir les prerogatives des grandes Seigneuries.

Oh il ne se faut pas étonner, qu'il ne soit fait mention des Principautez, parce que c'est une Seigneurie extravagante, qui n'étoit point lors connuë : mais puis qu'elles relevent immediatement de la Couronne, j'estime qu'elles doivent jouïr en tout & par tout des privileges des grandes Seigneuries.

14. Fiefs autrefois indivisibles.

Or c'est bien sans doute, que toutes les Seigneuries ne se divisoient point anciennement, ainsi que les Offices ; même les simples fiefs étoient indivisibles par leur ancien droict, & l'ont été long-temps en France, depuis qu'en Lombardie on en a permis la division : témoin nos anciennes Coûtumes prohibitives du despié & éclichement des fiefs, de laquelle neanmoins proviennent plusieurs involutions en nôtre usage. Et quant aux Seigneuries qui ont Office annexé, c'est chose remarquable, que plus ou moins elles retiennent de la nature de l'Office, plus ou moins aussi sont-elles indivisibles.

15. Seigneuries indivisibles entant qu'Office.

16. Souveraines du tout indivisibles.

Car en premier lieu, les Seigneuries souveraines, qui participent plus de l'Office que du fief, sont demeurées indivisibles, tant en soy, que par recompense, ou estimation, ainsi que les non venaux, au moins aux Estats bien reglez, & on a veu, pendant la premiere lignée de nos Rois, quels troubles sont arrivez pour avoir divisé le Royaume.

17. Grandes Seigneuries partageables par estimation seulement.

Les grandes Seigneuries par aprés sont aussi par semblable raison indivisibles en leur corps ; mais comme les Offices venaux sont divisibles par estimation, bien qu'ils soient indivisibles en leur propre espece, tout de même ces grandes Seigneuries, qui tombent pareillement en commerce & estimation (ce que ne font pas les Souveraines) sont jugées en France divisibles & se partagent par estimation & recompense seulement, c'est à dire qu'à succession, l'aîné mâle prend le Duché, Marquisat, ou Comté tout entier, mais il est tenu de bailler aux puisnez, en autres corps hereditaires, estimation, ou recompense de leur portion, telles qu'ils l'auroient en espece aux simples fiefs.

18. Mediocres & petites divisibles en espece.

Et finalement les autres moindres Seigneuries, qui participent moins de la nature des Offices, se divisent en leur propre corps & espece, comme il fut jugé par Arrest solemnel de la Pentecôte 1519. touchant la Sei-

gneurie de Montmorency, à present Duché & Pairie, & lors simple Baronnie, qu'on disoit être la premiere Baronnie de France. Et toutefois, parce que ces divisions sont toûjours incommodes, les Commissaires, appellez à faire les partages des grandes maisons, doivent les éviter tant qu'ils peuvent, afin de ne point tomber au proverbe, Σωκ μιρίσιν.

19. Les faut neanmoins laisser en pieces, tant que faire se peut.

Encore faut-il remarquer en ces moindres Seigneuries, que bien que le domaine, & même les droits feodaux d'icelles puissent être partagez actuellement, & par divis, neanmoins la dignité de Seigneur ne se partage point par divis : ensorte que d'une Baronnie, ou Chastellenie on n'en puisse faire deux, ou plusieurs : & pareillement la Justice, en laquelle principalement consiste la Seigneurie, ne peut être partagée, que par indivis, & pour en joüir successivement l'un aprés l'autre par certain temps, ou bien s'accordant d'un même Juge, & partageant les émolumens & obventions de la Justice, comme il est porté par l'article 15. de l'Ordonnance de Roussillon. Et non pas en faisant plusieurs justices separées au lieu d'une. *Non est enim admittenda multiplicatio tribunalium : sed quaeque jurisdictio debet remanere & exerceri precisé in illis terminis, in quibus fuit concessa à superiore*, dit du Moulin sur le dixieme article de la Coustume. Ce que j'ay traitté au livret *Des Justices de village*.

20. La Seigneurie, ou dignité n'est point divisible actuellement.

21. Ny la Justice, ce qui est notable.

La quatriéme prerogative des grandes Seigneuries, qui est d'une notable importance, & toutefois mal observée en nostre usage, est, que ceux qui les ont, & non autres, peuvent créer des fiefs & des censives, c'est à dire qu'ils peuvent conceder une partie de leur domaine à titre de fief, ou de cens, au prejudice du Roy, attendu qu'il a été dit tout au commencement du livre des fiefs, qu'il n'y a que les vassaux du Roy *qui Feuda dare possint* : ce qu'il faut entendre, qu'il n'y a aux yeux qui les puissent donner de leur propre auctorité, & sans permission du Souverain, & en telle sorte, qu'ils soient distraits de sa mouvance immediate, & soient faits arriere fiefs, ou cens infeodez.

22. Grands Seigneurs sont sous-infeoder & acensiver, non autre.

Car bien que les arriere-vassaux du Prince (qui en ce livre des fiefs sont appellez *minores Valvassores*, & selon aucuns *Valvassores* simplement) peussent rebailler en fief une partie de leur domaine à ceux qui sont appellez *Valvassini* : si est-ce que *ejusmodi Valvassini consuetudinem feudi nullam habebant antiquo jure feudorum*, dit le titre *Quis dicatur Dux, &c. & partant amoveri semper poterant, etiam sine culpa*, comme leur concession n'étant pas valable ny obligatoire, ainsi qu'il est dit au titre *De nat. feudi*, & au titre *De feud. datis à minor. Valvassor*. Même lors que les fiefs étoient transmissibles aux collateraux, advenant que celuy qui les avoit concedez mourut sans enfans, ils retournoient, ainsi que son fief, au Seigneur superieur, au dit titre. *Qualiter olim feudum pot. alien*, & le tit. *de l. Conradi. §. Similis modo*, suivant la regle de la Loy *Lex vectigali. ff. De pignor*. Mais celuy auquel le fief a été concedé par le vassal immediat du Prince, le possede *optima lege feudi*, & n'en peut être dépossedé sans son fait ; même advenant l'expiration du fief, duquel il releve, le sien ne finit point, comme il est dit en ces mêmes passages.

23. Preuve par les livres des fiefs.

Je dy donc qu'en France, où les fiefs sont patrimoniaux, les vassaux immediats de la Couronne peuvent, à plus forte raison qu'au droict des Lombards, sous-infeoder & acensiver partie de leur domaine, c'est ce que j'entens à l'égard du Roy même, & à son prejudice, sans qu'arrivant ouverture de leur fief, le Roy puisse comprendre en la saisie d'iceluy les terres ainsi sous-infeodées, ou acensivées : ny pareillement en la taxe de son relief, bref sans que le vassal du Roy soit tenu les racheter en domaine. Ce qui provient de ce qui a été dit cy-devant au premier chapitre, que tout au commencement que cette Monarchie fut établie on distribua les territoires tous entiers aux Capitaines du Royaume : à la charge expresse d'en faire part à leurs soldats à titre de fief, & d'en laisser quelque partie aux naturels du païs à titre de cens.

24. Conclusion.

Des Seigneuries.

15. Autre chose est és Seigneuries d'Appanage.
Neanmoins j'estime que quand les Duchez & Comtez d'Appanage retournent à la Couronne, les sous-infeodations & acensivemens faits depuis la concession de l'Appanage doivent estre aneantis par la regle de cette loy *Lex vectigali. De pignor.* parce que la raison de la decision generale cesse en ce cas, n'ayans les appanages esté concedez aux enfans de France pour en faire part à leurs soldats, & à leur peuple : aussi que le Roy mesme, s'estant par l'Ordonnance du domaine osté le pouvoir d'infeoder, ou acensiver les terres de son domaine, à plus forte raison ses Appanages ne le doivent avoir.

16. Que cela doit avoir lieu aux Duchez & Comtez erigez de nouveau.
Mais au contraire j'estime, que les Ducs, Marquis & Comtes depuis peu erigez, bien qu'ils ne relevent que du Roy, & non de la Couronne, doivent joüyr de cette faculté de sous-infeoder & acensiver, parce que cette raison particuliere, qui concerne seulement le domaine de la Couronne, n'a lieu à leur égard. Et bien que leur erection n'ait esté faite à cette condition expresse de pouvoir sous-infeoder & acensiver, si est-ce qu'il y est sous-entendu, en ce qu'elle est faite pour en joüyr avec les droits & prerogatives des anciens Ducs & Comtes, dont celle-cy est une des principales.

17. Comment les moindres Seigneurs peuvent infeoder & acensiver.
Mais c'est sans doute, que les autres moindres Seigneurs, soit qu'ils relevent du Roy, ou d'autres, ne peuvent sous-infeoder, ny acensiver au prejudice du Seigneur dont ils relevent. Et encore que telle sous-infeodation, ou acensivement tienne à l'égard de ceux qui l'ont fait, & qui partant ne peuvent venir contre leur propre acte, neantmoins elle ne fait aucun prejudice aux Seigneurs superieurs, mesme à leur égard elle est de nulle valeur, & reputée comme non faite ; de sorte qu'ils peuvent, arrivant ouverture du fief de leur vassal, comprendre en leur saisie feodale, & en liquidation de leur rachat, le domaine ainsi sous-infeodé ou acensivé.

18. Si la terre acensivée sans le consentement du Seigneur, demeure feodale.
Mesme quelques-uns tiennent, que la terre ainsi acensivée sans le consentement du Seigneur de fief, demeure toûjours en sa premiere nature de fief, de sorte qu'elle doit estre partagée feodalement, & est toûjours sujette aux francs-fiefs & nouveaux acquests, parce qu'au 7. Titre du premier Livre des fiefs, il est dit, que *tale Beneficium jure Feudi non censetur.* Et c'est peut-estre ainsi qu'il faut entendre la Coustume de Dunois art. 34. contenant qu'aucun ne peut créer cens s'il n'est Chastelain, qu'on a toutefois détourné à un sens bien different.

19. Interpretation de l'art. 34. de la Coustume de Dunois.
Neanmoins ailleurs mon avis est, qu'à cause de la regle generale de nos Coustumes, que la vassal se peut joüer de partie de son fief sans demission du foy, & sans faire prejudice à son Seigneur, la terre ainsi acensivée devient roturiere *quoad omnes, excepto Patrono* : & principalement qu'au partage d'icelle il faut considerer la condition selon laquelle elle appartient à la succession, comme il est expressément decidé par la Coustume reformée d'Orleans, art. 345. & 346. & est resolu par Bacquet au Traité des francs-fiefs, chap. 7. autrement les pauvres villageois, qui font acensiver les terres qu'ils acquierent des Gentils-hommes, pour garder égalité entre leurs enfans, seroient bien trompez de leur pretention : & je l'ay toûjours veu pratiquer ainsi sans en faire difficulté.

30. Si les grands Seigneurs peuvent créer de nouvelles Justices.
Mais c'est une grande question de sçavoir, si comme les grands Seigneurs peuvent créer des arriere-fiefs en demembrant leur fief, ils peuvent créer Justices inferieures en divisant la leur, sans permission du Roy. Qui en doute, dira quelqu'un, veu que c'est chose toute notoire en l'usage, que mesme les Chastelains, & encore les simples Hauts-Justiciers en erigent tous les jours, & qu'il y a plusieurs Coustumes qui donnent ce pouvoir aux simples Chastelains.

31. Difference entre faire un fief, & une Justice.
Neanmoins le contraire est tres veritable en bonne Jurisprudence, comme j'ay déja prouvé au quatriéme chapitre, qu'il faut joindre avec celuy-cy. Car il y a bien de la difference entre la concession d'un simple fief, (qui n'emporte que la Seigneurie privée, affectant les heritages seuls) & l'erection nouvelle d'une Justice qui emporte puissance publique sur les personnes, mesme la propriété du commandement & la puissance perpetuelle d'établir des Magistrats, & mesme la sujettion de tout un peuple : comme aussi eriger une Seigneurie, est appellé par les Feudistes *de plebe investire* : qui est sans doute un droit & une dependance de la Souveraineté ainsi qu'il a esté dit au chapitre troisiéme.

32. Le mesme.
Aussi est-il notoire, que la raison pour laquelle les vassaux immediats de la Couronne peuvent conceder des fiefs, n'a pas lieu en l'erection des Justices, à sçavoir, que du commencement le territoire entier leur fut concedé pour faire part de leur Justice à leurs soldats, n'y ayant apparence de dire, que la puissance publique leur fut attribuée pour en faire part à d'autres, sinon à la verité pour commettre Lieutenans & autres Officiers ou Ministres necessaires à l'administration de leur charge, sans la pouvoir ny diviser, ny soûmettre à un degré nouveau de Jurisdiction. D'ailleurs le Seigneur suzerain ne peut estre rendu indemne en la creation d'une Justice, comme il est en la creation d'un fief, qui n'a point d'effet à son égard, comme il vient d'estre dit.

33. Interest du peuple aux nouvelles Justices.
Finalement le peuple reçoit un tres notable prejudice en l'erection de ces nouvelles Justices, estant au moyen d'icelles, surchargé de plusieurs degrez de Jurisdiction qui luy font consommer son repos, son temps, & son bien en tant de Justices. Ce que j'ay plus amplement traité en mon petit Livre *Des Justices de village*, où j'ay rapporté ce qui est dit au grand Coustumier, livre 1. chap. 3.

34. Qu'au Roy seul appartient créer Justices.
Qu'au Roy seul appartient de donner & créer de nouvelles Jurisdictions par tout son Royaume, & nul autre ne le peut faire sans son congé. Et au 4. livre chap. 5. Il ne suffit pas, dit-il, de dire, j'ay toute Justice, & par ce, j'ay ressort. Car la consequence n'est pas vraye : il faut avoir titre du ressort.

35. Droit de ressort appartient qu'au Roy.
Et si sans titre un Seigneur use du ressort, & de Souveraineté en cas d'appel, il usurpe le droit du Roy, & abuse de sa Justice, & doit estre forfaite & confisquée.

36. De mesme.
Pareillement du Tillet au chapitre *Du Connestable de France*, dit ces mots : Le procureur General du Roy a toûjours maintenu, que les grands Officiers de France, ny autre sujet du Roy, de quelque authorité qu'il soit n'a ressort (qui est droit de Souveraineté) s'il n'a titre du Roy : comme ont les Reynes, Messeigneurs fils, & les Pairs Laics de France en leurs doüaires, appanages & Pairies, ou autres à qui il plaist au Roy le bailler par titre exprés, &c.

37. Droit de ressort, ce qu'il comprend.
Or ce droit de ressort, qui depend tellement de la Souveraineté, que mesme en ces passages il est appellé droit *de Souveraineté*, comprend tout droit de connoistre des causes d'appel, & par consequent, tant d'avoir à soy un second degré de Jurisdiction, que d'en donner à ses vassaux : car s'il n'est pas permis aux grands Seigneurs d'avoir à soy des Justices inferieures, à plus forte raison ne leur est-il loisible d'en donner à d'autres, parce qu'il n'y a nulle apparence de pouvoir donner à autruy ce qu'on ne peut avoir pour soy-mesme.

38. Comment il s'estant fait de Justices sans le Roy.
Mais on me dira, que s'il estoit ainsi, que le Roy seul peut eriger des Seigneuries, & des Justices, il n'y en auroit par consequent qu'un seul degré, à sçavoir celle des vassaux du Roy. A cela je répons, que d'ancienneté, lors que les grands Seigneurs aians l'authorité, toutes les Seigneuries estant en desordre & confusion, parce que chacun en prenoit par où il pouvoit, les deux autres degrez des Seigneuries se sont establis par usurpation, ainsi qu'il sera nettement & particulierement expliqué aux chapitres suivans. Mais qu'à present que nôtre Monarchie est établie en plus bel ordre que jamais, il ne se doit plus eriger de nouvelles Seigneuries, sans avoir la concession du Seigneur immediat, l'expresse permission du Roy, mais encore de tous les Seigneurs intermediats, qui sont tous interessez en la concession des nouvelles Justices, sans qu'il y ait moyen de les en demnifier, comme encore il y en a en la concession des nouveaux fiefs,

39. Cautele pour les Justices des Seigneurs.
Bonne cautele en passant pour les Seigneurs qui veulent empescher les nouvelles Justices, concedées par leurs predecesseurs, ou passées dans les adveus par eux receus, de faire intervenir le Procureur du Roy, ou le Seigneur superieur, qui sont toûjours bien fondez à empescher les Justices subalternes, si on ne montre leur permission

Des droits des grandes Seign. Chap. VI.

permission, ou dumoins qu'elles soient passées par eux dans les adveus de leurs vassaux.

Il y a encore un autre droit particulier des grandes Seigneuries, à sçavoir, que par l'Ordonnance de l'an 1566. appellée l'Ordonnance du domaine, les Duchez, Marquisats & Comtez érigez depuis icelle, sont declarez reversibles à la Couronne, en defaut d'hoir masle descendant de celuy pour l'erection est faite. Ce qui estoit general par le droit des Lombards en tous fiefs, iceux n'estans transmissibles ny aux filles, ny aux collateraux du premier vassal, sinon que la premiere investiture le permist expressement, *tit. De success. feudi. §. Filia*. Et cela s'observe encore en plusieurs païs, où tous fiefs sont reputez masculins de droit commun.

Mais en France, où les fiefs sont patrimoniaux; cela n'a lieu qu'aux appanages des fils du Roy, qui sont reversibles à la Couronne en defaut de posterité masculine: mais les autres Duchez, Marquisats & Comtez érigez auparavant cette Ordonnance, sont transmissibles & aux filles, & aux heritiers collateraux du premier vassal, comme les autres fiefs, sans avoir égard ny au sexe ny à la distinction du droit Lombard d'entre le fief ancien & le nouveau; si ce n'est que la concession fust par exprés limitée aux descendans masles, ou qu'en defaut d'iceux la reversion fust stipulée, comme j'en sçay quelques-uns, qu'il n'est pas besoin de nommer icy.

Et quant aux Duchez, Marquisats & Comtez érigez depuis cette Ordonnance, c'est chose notoire, qu'ordinairement par leur erection on n'oublie gueres de déroger expressément à icelle; & bien qu'elle porte, qu'il n'y pourra estre dérogé, neanmoins il est certain, que la puissance souveraine ne peut estre bornée: C'est pourquoy, quand sa Majesté y déroge, elle adjouste à ses Lettres la clause derogatoire à la derogatoire d'icelle, & si on adjouste encore que sans ces clauses l'impetrant n'eust accepté l'erection. C'est pourquoy il n'y a nulle apparence, qu'à l'avenir le defaut des masles, il perde sa Seigneurie: il est vray qu'il est évident, que la qualité de Duché, Marquisat ou Comté doit être éteinte en ce cas: ce que mesme souvent le Parlement ordonne en verifiant telles erections.

Aussi, à vray dire, il n'y a maintenant pas grand inconvenient, que les Duchez, Marquisats & Comtez tombent en quenoüille, attendu qu'ils n'ont plus aucun exercice personnel, ny fonction d'Office, non plus que les autres moindres Seigneurs. Mais la difficulté est bien plus grande à l'égard des Pairies de France, qui ont encore un Office & fonction personnelle annexée; laquelle même ne peut estre deleguée à personnes tierces; de sorte qu'anciennement, quand les Pairies estoient devoluës aux femmes non mariées, on les voyoit sçoir au Parlement, même opiner, ou estre appellées solemnellement pour assister aux procez criminels des Pairs de France, dont du Tillet rapporte plusieurs exemples, où ainsi qu'és Iustices on les voyoit de ce tems-là tenir l'audience, & juger les procez. Chose ridicule, & qui ne peut plus arriver, parce qu'à present les Seigneurs, bien que masles, & capables d'exercer les Offices de judicature, ne seroient admis à exercer leurs Iustices, attendu qu'ils ne sont receus comme Officiers, & n'ont serment à Iustice en cette qualité.

Ie dis donc par même raison, qu'aujourd'huy qu'on n'a plus ny bon ordre en Iustice que le temps passé, les femmes ayans Pairie ne doivent estre appellées ny admises au Parlement, pour y avoir voix ny seance, attendu qu'elles n'y font pas le serment, comme font les Pairs de France, avant qu'y pouvoir estre admis: aussi que c'est un Office viril, s'il y en a au monde. Et il n'y a aucun inconvenient de priver les femmes de cet exercice, ainsi qu'on en prive les mâles qui sont mineurs, considéré que la Iustice ne manque pas pourtant.

Ce qui nous induit à parler ensuite des prerogatives particulieres des Pairs de France: dont la premiere est qu'ils ont préeminence & préseance par dessus tous autres Ducs, Marquis & Comtes: même les Comtes Pairs precedent les Ducs non Pairs, & encore les Ducs trés grands & Pairs de plus nouvelle erection, parce qu'entre Pairs Des Seigneuries.

on regarde l'antiquité de la Pairie, & non pas le titre de la Seigneurie.

Les seuls Princes du sang sont exceptez, soit qu'ils soient Pairs ou non; qui à present marchent toûjours devant les pairs non Princes, à cause de la dignité du sang de France, & qu'ils sont capables de regner sur tous les Pairs. Encore quelques-uns tiennent, qu'au Sacre & Couronnement du Roy, en la seance du Parlement, qui sont les fonctions particulieres des Pairs, ils doivent preceder les Princes du sang non Pairs. Car quant à ceux qui sont Pairs, bien que plus nouveaux, ils precedent toûjours sans exception tous les autres Pairs nonPrinces du sang, & marchent selon le degré de sanguinité dont ils touchent au Roy; comme il est porté par l'Ordonnance faite exprés, en l'an 1576.

L'autre prerogative des Pairs, est, qu'ils ont seance & voix deliberative au Parlement de Paris, qui est la Cour des Pairs, tant à l'Audiance qu'au Conseil, & ce aprés qu'ils ont atteint l'âge de vingt ans, qui est reputé majorité aux grands Seigneurs, *in quibus eximia indoles progressum annorum suppleit*, &aprés qu'ils ont presté le serment en Parlement comme en estans des premiers Conseillers. En l'Audiance duquel, l'Avocat qui plaide leurs causes, soit qu'ils soient demandeurs, ou deffendeurs, appellans ou intimez, plaide toûjours au plus honorable Barreau, qui est celuy prés la cheminée de la chambre dorée, lequel pour cet effet est appellé *le Barreau des Pairs*.

En consequence de cette prerogative, que les Pairs de France ont d'estre Conseillers au Parlement, & quia qui *Senator non est, de Senatore sententiam ferre non debet*, comme ordonna Alexandre Severe dans Lampride; & aussi que par la loy commune des fiefs, les Pairs de fief sont jugez les uns par les autres. Les Pairs de France ont ce privilege, que les choses qui touchent de l'honneur de leurs personnes, ou l'Estat de leurs Pairies, doivent estre traitées au Parlement de Paris en premiere instance, privativement à tous Parlemens & autres Iurisdictions du Royaume, instruites & jugées, toutes les chambres d'iceluy assemblées: ce qui est commun à tous les Conseillers du Parlement, & encore (ce qui est particulier aux Pairs de France) appellez tous les autres Pairs estant lors à Paris, comme il est bien prouvé par du Tillet, qui traite aussi de la forme & solemnité ancienne d'adjourner les Pairs de France. Ce qui se faisoit en vertu d'une Commission du grand sceau seulement; & non par le ministere d'un Sergent mais de deux Gentils hommes, ou d'un Iuge de Province. Ce qui n'a lieu qu'és causes où il y va de leur honneur, ou de l'estat de leur Pairie; car és autres causes, la plus commune opinion est, qu'ils plaidoient devant les Baillifs ou Senéchaux, ou bien aux Requestes du Palais, comme és autres non leurs causes communes, comme Conseillers du Parlement.

Ils ont encore cela de particulier, que leurs pairies relevent, non pas simplement du Roy, comme il vient d'estre dit des Duchez, Marquisats & Comtez, mais directement de la Couronne, & non d'aucune des pieces d'icelle, ou terres du Domaine. Car ils ne peuvent pas être Pairs de France, s'ils ne sont vassaux immediats de la Couronne: tout ainsi qu'il faut que les Pairs de fief soient vassaux du fief dont ils se qualifient Pairs: & partant sont tenus de faire l'hommage, & rendre leur adveu en la chambre des Comptes de Paris, non pardevant les Baillifs ou Senéchaux des Provinces, ou autres Chambres des Comptes: même lors qu'une terre tenuë de quelque Bailliage Royal, ou de quelque autre Seigneur, en tout ou partie a esté érigée en Pairie, ou jointe à une Pairie, elle est sans doute dés l'instant, distraite & demembrée pour l'avenir de son ancienne tenure, sauf l'indemnité du Seigneur subalterne, & devient fief immediat de la Couronne, ainsi qu'il s'est veu depuis peu en celle de Sully.

D'où resulte une autre prerogative, à sçavoir que les appellations des Iustices des Pairs ressortissent nuëment en la Cour, sans passer par les Baillifs & Senéchaux des Provinces; car encore que le fief & Iustice puissent estre separez; si est-ce qu'ordinairement la Iustice des Seigneurs ressortit au lieu dont elle releve & tient en

Des Seigneuries.

fief. Et sur tout, il n'y a gueres de fief de la Couronne, qui ne ressortisse directement en la Cour, & on dit alors que ces fiefs tiennent en Pairie.

57. Aucuns ont des Grands-jours.
Il y a encore un autre privilege, qu'ont les Pairies laïques seulement, qui leur étoit commun anciennement avec les appanages, dots & doüaires de France, d'avoir outre leur justice ordinaire, encore une autre Iustice superieure, où l'ordinaire ressortit par appel. Ce qui s'appelle proprement *droit de ressort*, c'est à dire droit, d'avoir une Iustice superieure, & de ressort, où leur Iustice ordinaire ressortisse, comme il appert du passage de du Tillet, cy-dessus rapporté. Et encore, dit-il, que ny les Pairs, nye les appanages de France, n'ont pas ce droit de ressort, de droit commun, mais seulement par concession speciale.

58. Grands-jours, pourquoy dits.
Cette justice superieure, & de ressort, est appellée *Grands-jours*, non pas comme aucuns pensent, parce que volontiers elle est exercée en temps d'Esté; mais à la difference des jours ordinaires, qui sont les plaids des Iustices ordinaires: estant chose notoire, que *dies* en Latin, & *jour* en François, est pris quelquefois pour la plaidoyrie. Donc les Grands-jours des Pairs est leur Iustice extraordinaire & superieure, qui ne se tient qu'une, ou deux fois l'an : comme aussi les Grands-jours du Parlement sont les seances extraordinaires d'un nombre de Iuges du Parlement faites par commission du Roy, en une Province éloignée de la residence d'iceluy.

59. Devroient estre supprimez.
De ces grands-jours des Pairs est fait mention en l'Edit de Philippe le Bel, de l'an 1302. en la Coustume d'Auvergne, chapitre. 30. dans *Io. Galli, decis.* 150. & dans l'ancien style du Parlement, chapitre 23. où du Moulin a noté, qu'anciennement on n'y plaidoit sinon *inter volentes*; & qu'il seroit expedient de les supprimer: ainsi que de son temps avoient été abolis ceux d'Anjou. Et veritablement il semble qu'ils sont compris en l'Ordonnance de Roussillon, article 14. qui a interdit aux Seigneurs de France, d'avoir deux degrez de jurisdiction; laquelle neanmoins n'a point esté executée à l'égard des Grands-jours des Pairs, au moins de la pluspart d'iceux, comme nous témoigne Choppin sur le 46. article de la Coustume d'Anjou : bien que Coquille, sur le 15. article de celle de Nevers, titre *Des successions*, nous rapporte que les Grand-jours de Nivernois, que l'on avoit coustume d'appeller, *la justice des Auteurs des causes d'appel en Nivernois*, furent abolis en vertu de cette Ordonnance: quoy qu'il en soit, elle a operé en cela, qu'on n'a point donné ce droit d'avoir de Grands-jours aux Pairs, qui ont esté erigez depuis icelle.

Finalement les Pairs de France ont cela de particulier entre tous les Offices hereditaires, tant feodaux que domaniaux, que leur fonction ne peut estre exercée par Commis, fermier, ou autre tierce personne, mais doit estre exercée en propre personne, & ce à cause de l'importance & excellence de leur Charge : ce que j'entens, pour ce qui est de juger & opiner au Parlement. Car au Sacre des Rois on prend ordinairement des Princes, ou des nouveaux Pairs, pour presenter les six Pairs laïques premiers erigez, dont les Pairies sont toutes à present reünies à la Couronne.

60. La fonction des Pairs doit estre faite en propre personne.

Quant aux autres grandes Seigneuries, comme Duchez, Marquisats, Comtez & Principautez, elles n'ont aucune prerogative particuliere les unes plus que les autres, fors la seule preseance. Car bien qu'anciennement les Ducs fussent superieurs des petits Comtes des villes selon l'opinion d'aucuns, ainsi, que les Gouverneurs des Provinces sont par-dessus ceux des villes, si est-ce que pourtant ces Comtes n'estoient pas vassaux des Ducs, ainsi que les Gouverneurs des villes ne tiennent pas leurs Charges de ceux des Provinces, mais du Roy: & mesme il y a grande apparence, que la Iustice des Comtes ne ressortissoit point en celle des Ducs : mais qu'elle suivoit la feodalité, attendu mesme qu'en l'ancienne pratique de France, on ne sçavoit quasi ce que c'estoit que d'appeller, principalement pardevers autre que le Roy, comme il sera dit au chapitre huitiéme.

61. Les Comtes ne sont sujets aux Ducs.

CHAPITRE VII.

Des Mediocres Seigneuries, à sçavoir Vicomtez, Vidamez, Baronnies, & Chastellenies.

1. Mediocres & petites Seigneuries ne sont connuës aux livres des Fiefs.
2. Le mesme avoit lieu autrefois en France.
3. Les Comtes mettoient Lieutenans en leurs places.
4. Origine des Vicomtes, Prevosts, Viguiers & Chastelains.
5. Vicomtes sont plus que les autres Lieutenans.
6. Vicomtes établis par les Roys.
7. Puissances des Vicomtes établis par les Comtes.
8. De mesme.
9. Vicomtes n'avoient anciennement que la moyenne Iustice.
10. Estoient simples Officiers.
11. Vicomtes de Normandie.
12. Iustice des Comtes & des Vicomtes n'estoit qu'une.
13. Mais avoit deux seances diverses.
14. Plaids ordinaires.
15. Assises, ou grands plaids.
16. Mallum.
17. Vicomtes faits Seigneurs, comme aussi les Chastelains des Villes.
18. Prevosts, Viguiers & Chastelains des villes sont demeurez Officiers, & pourquoy.
19. Vicomtes, demy-Seigneurs.
20. Vicomtes, Officiers.
21. Vicomtes, Seigneurs de quatre sortes.
22. Vicomtes relevans de la Couronne.
23. Vicomtes relevans du Roy.
24. Vicomtes relevans des Comtes.
25. Vicomtes, ou Seigneurs Vicomtiers, moyens Iusticiers.
26. Vidames.
27. Dominus.
28. Vidames relevent des Evesques.
29. Vidames ont pris le nom des villes Episcopales.
30. N'y a qu'un Vidame en un Evesché.
31. Vidames sont plus que Vicomtes.
32. Baron a deux significations.
33. Baron, grand Seigneur.
34. Baron, Seigneur de Baronnie.
35. Origine des Baronnies anciennes.
36. Barons étoient anciennement grands Seigneurs & relevans de la Couronne.
37. N'y a plus de ces Baronnies.
38. Origine des Barons d'apresent.
39. Sires & Sireries.
40. Hauts-justiciers sont aucunefois dits Barons.
41. Baron quelquefois signifie tout Seigneur honoraire.
42. Baron mary.
43. Baron, le fils du Seigneur de village.
44. Baron, bourgeois de ville.
45. Haut-ber.
46. Ber.
47. Haut-ber pour celuy qui doit servir le Roy avec armes pleines.
48. Haut-bergeon, cotte de maille.
49. Erreur.
50. Baron a toute justice.
51. Etymologie de Chastelain.
52. Chastelains estoient Officiers du commencement.
53. Castellum, signifie Bourg.
54. Castellani, gardes des bourgs, ou forts.
55. Chastelains de Sicile.
56. De Pologne.
57. De Castille.

Des mediocres Seigneuries. Chap. VII.

58. *Chastelains autrefois simples Officiers.*
59. *Chastelains appellez* Iudices foranei.
60. *Chastelains de Forests, Dauphiné, & Anjou, n'ont Iustice que jusqu'à 60. sols.*
61. *Chastelains des villes.*
62. *Chastelains se sont presque par tout faits Seigneurs.*
63. *Chastellenie, ce que c'est.*
64. *Comment les Chastelains ont usurpé la haute Iustice.*
65. *Chastellenie signifie toute pleine Iustice.*
66. *Castrum, curia, curtis.*
67. *Rang des mediocres Seigneurs.*
68. *Vidames precedent les Vicomtes.*
69. *Vicomtes precedent les Barons.*
70. *Posé qu'ils relevent de Seigneurie égale.*
71. *Barons precedent les Chastelains.*
72. *Barons ont deux prerogatives par dessus les Chastelains.*
73. *Barons ont droit de ville close.*
74. *Barons ont la garde des clefs des portes de leur ville.*

1 Mediocres & petites Seigneuries ne sont conuës aux Livres des fiefs.

C'Est la verité que les Livres des fiefs, selon leur naïve intelligence, ne reconnoissent ny lesmediocres, ny les petites Seigneuries, mais reconnoissent seulement les grandes, relevant directement du Prince, lesquelles ils appellent tantost *fiefs Royaux*, tantost *fiefs de Dignité*, & tantost *Capitaineries*, ils les appellent *simples fiefs*, & non pas Dignitez ny Capitaineries, n'admettant point qu'autre que le prince puisse creer des Dignitez, ny conferer des Capitaineries qui emportent puissance publique. Finalement quant aux terres qui relevent des simples fiefs, ils disent que ce ne sont que simples fiefs, & que *consuetudinem feudi, nullam habent*, ne permettent point qu'un simple fief puisse avoir sous soy un autre fief qui soit vrai fief, comme j'ay dit au Chapitre precedent.

2 Le même avoir lieu jadis en France.

Comme tout cela est plein de raison, aussi étoit-il observé en France aux premiers temps, & auparavant que l'usurpation des grands Seigneurs eût renversé le bel ordre & la discipline primitive des fiefs, & voicy comment cela est arrivé.

3. Les Comtes estoient des Lieutenans en leurs places.

C'est chose qui de toute antiquité a été observée, & à Rome, & en France, que les principaux Magistrats aians tout ensemble la charge des armes & de la justice, comme j'ay prouvé ailleurs, & neanmoins étans plus gens d'épée que de lettres, se déchargeoient des menuës affaires de la justice sur des Lieutenans, qui en France estoient appellez tantost *Vicomtes*, *quasi Comitum vicem gerentes*, tantost *Prevosts*, *quasi præpositi juri dicendo*, tantost *Viguiers*, *quasi vicarii*, & tantost *Châtelains quasi castrorum custodes*.

4. Origine des Vicomtes, Prevosts, Viguiers & Chastelains.
5. Vicomtes plus que les autres Lieutenans.
6. Vicomtes établis par les Rois.

Notamment il y a grande apparence que ceux-là estoient appellez *Vicomtes*, qui estoient mis dans les villes au lieu des Comtes, soit que ces villes n'eussét point de Comtes, soit que les Côtes n'y fissent leur demeure ordinaire. Et ceux là partant tenoient rang de Comtes, & estoient plus que simples vicaires, ou Lieutenans, comme les vice-Rois plus que les Lieutenans de Roi. Ie dy, mis dans les villes au lieu des Comtes, soit qu'ils y fussent mis par le Duc ou Comte de la Province, comme en toutes les villes de Normandie, il y eut des vicôtes establis par les Ducs, soit qu'ils y fussent mis par le Roy mesme, comme gardiens des Comtez, en attendant qu'il y eust mis des Comtes en titre : tout ainsi que les Empereurs Romains envoyoient quelquefois és Provinces des Commissaires, qui *vicem gerebant Iudicis vel Præsidis*, desquels, & non Lieutenans commis par les Provinces, Cujas dit qu'il faut entendre le titre du Code, *De Officio ejus qui vicem alicujus Iudicis vel Præsidis obtinet*

7. Puissance des Vicôtes establis par les Comtes.

Donc ces Vicomtes, comme aussi les autres Lieutenans des Ducs & Comtes, estoient tout ainsi que *legati Proconsulum, quibus Proconsules mandare solebant jurisdictionem*, c'est à dire, l'administration de leur Iustice ordinaire, laquelle administration consistoit en la connoissance des causes civiles, & encore, comme aucuns pensent, en l'instruction des criminelles, mais non en la decision d'icelles, parce qu'elle dépend du *merum Imperium*, qui ne peut estre delegué, dit la loy 1. De Offic. ejus cui mand. est jurisd.

8. De même.

C'est pourquoy l'Auteur du Specule definit le Vicôte, *sui Dominus temporalis commisit exercitium jurisdictionis suæ*. Et aprés, rapportant tout au long le formulaire de ses Lettres de provision, il y met que le Comte le fait son Lieutenant general, tant au fait du gouvernement que de la Iustice, mesme réservant toutefois à soy la Sentence definitive des causes capitales.

9. Vicomtes.

D'où il s'ensuit, que les Vicomtes, & tous ces autres
Des Seigneuries.

Lieutenans, n'avoient de leur premiere origine, quant au fait de la Iustice, que *mixtum imperium* tout au plus, que nous avons du commencement appellé ici la moienne justice : mais non la haute justice, que nous avons prise pour le *merum imperium* du Droit Romain. Et de fait, presque toutes les Coûtumes de la Gaule Belgique, comme d'Amiens, Montreüil, l'Isle, Hedin, & autres, appellent la moyenne justice, Iustice Vicomtiere, & droit de Vicomte, & l'Autheur de la Somme rurale, qui étoit de ce pays-là, definit les Vicomtiers, ceux qui ont moyenne justice.

10 Estoient simples Officiers.
11. Vicomtes de Normandie.

Quoi qu'il en soit, il est bien certain que les Vicomtes estoient de leur premiere origine simples officiers ; mesme encore à present en Normandie les Juges primitifs des villes sont appellez Vicomtes, & ces Vicomtes de Normandie ont toute la même charge que ceux qui au coeur de la Frâce sont appellez *Prevosts*, en Languedoc *Viguiers*, & Chastelains en Poitou, encore trouvons-nous quelques remarques, qu'au milieu de la France ils étoient autrefois appellez indifferemment Prevosts & Vicomtes, témoin qu'on dit encore la Prevosté & Vicomté de Paris, qui est tout un, quoy que l'Autheur du grand Coustumier tasche de les distinguer.

12. Iustice des Comtes & des Vicomtes n'étoit qu'une.

Puis donc que les Vicomtes étoient les Lieutenans des Comtes, il s'ensuit que la justice des Comtes, & celle des Vicomtes n'étoit en effet qu'une même justice, que le Comte pouvoit exercer en personne, quand il luy plaisoit, & que le Vicomte exerçoit au nom du Comte, comme aujourd'hui les Lieutenans au nom du bailly.

13. Mais avoit deux seances diverses.
14. Plaids ordinaires.

Et toutefois elle avoit deux seances diverses, à sçavoir celle qui étoit ordinairement tenuë par le Vicomte, ou Prevost, qu'on appelloit plaids ou jours ordinaires, parce qu'elle se tenoit journellement & ordinairement & aussi que les causes ordinaires s'y vuidoient.

15. Assises ou grands plaids.
16. Mallum.

Et celle qui ne pouvoit être tenuë que par le Comte, ou Commis par lui, autre que Vicomte, ou Prevost, qui s'appelloit *Assises*, ou grands plaids ; & c'estoit une assemblée solennelle des prinipaux vassaux & plus notables personnes du détroit, qui trois ou quatre fois l'an étoit convoquée par le Comte, pour vuider les grandes causes, ainsi qu'il sera amplement traité au chapitre suivant : Et cette assemblée des Assises étoit anciennement appellée *Mallum*, comme il se void dans les Capitulaires, que Monsr. Pithou, en son docte Glossaire sur iceux, definit *Majus placitum, sive de majoribus causis ubi vocatos adesse oportuit* : ce qu'il prouve par plusieurs authoritez.

17 Vicôtes faits Seigneurs, comme aussi les Chastelains des villes.
18. Prevosts Viguiers & Chastelains des villes sont demeurés officiers, & pourquoy.

Or il est à presumer qu'au même temps qu'Hugue Capet de Maire du Palais, de Duc des Ducs qu'il étoit, se fit Roy de France, & que semblablement les Ducs & les Comtes usurperent la proprieté de leurs charges : à leur exemple, aucuns de leurs Lieutenans en firent de même, notamment la plûpart des Vicomtes & des Chastelains des villages, parce que ceux-là n'avoient pas leur Superieur près d'eux, & aussi qu'ils avoient la charge, tant des armes que de la justice, mais les Prevosts, Viguiers, & Chastelains des villes n'en pûrent faire autant, mais sont toujours demeurés simples officiers, parce qu'ils avoient leurs chefs presens, & n'avoient possible pas la charge des armes.

19. Vicomtes demy Seigneurs.

Toutefois il y eut quelques-uns des Vicomtes qui ne se purent non plus faire Seigneurs, mais sont aussi demeurés simples Officiers, comme entre autres ceux de Normandie : d'autres aussi, bien qu'ils ayent changé leur Office en fief, n'ont pû pourtant usurper la proprieté de la justice, mais seulement certaine part des

c ij

Des Seigneuries.

amendes, & autres profits casuels d'icelle, ainsi qu'il se void au procès verbal de la Coustume de Berry, sur le 8. art. du 2. chap. que les Vicomtes de Bourges, de Cologne, de Villemenart, de S. Georges & de Fussi, pretendent le tiers des profits de la Iusticiée Royale qui est la part que les Vicomtes estans Officiers avoient accoustumé de prendre en la Iustice des Comtes, comme a prouvé *Guillelmus Camdenus* en sa Bretagne cap. 4. *De ordinibus Angliæ*, & comme aujourd'huy les Baillifs sont ordinairement reglez avec leurs Lieutenans, des deux tiers, au tiers des espices des procez.

10. Vicomtes officiers.

Et des Vicomtes qui se sont faits Seigneurs, encore y en a-il de trois ou quatre sortes, sçavoir en premier lieu ceux qui relevent de la Couronne, soit pour avoir esté establis par les Rois au lieu des Comtes, comme il vient d'estre dit, ainsi qu'il du du Vicomté de Turenne: soit que les Vicomtes, ayans esté establis par les Comtes des Villes, les ayent par après chassez: comme il me souvient d'avoir leu que les Vicomtes de Milan usurperent la Seigneurie sur les Archevesques, qui en estoient Comtes: soit finalement qu'ayans esté establis par les Ducs ou Comtes des villes, ils ayent après leur usurpation, secoüé le joug de leur obeïssance, ne voulant reconnoistre que le Roi, & tous ces Vicomtez doivent sans doute estre mis au rang des grandes Seigneuries, puis qu'ils sont fiefs immediats de la Couronne.

11. Vicomtes Seigneurs de quatre sortes.

22. Vicomtes relevans de la Couronne.

Secondement, il y a d'autres Vicomtez, qui relevent du Roy, à cause des Comtez, de present reünis à la Couronne, qui est l'espece la plus commune de toutes. Et en troisiéme lieu, il y en a qui relevent des Comtez non Royaux, lesquelles deux dernieres especes sont du rang des mediocres Seigneuries, estans arrierefiefs de la Couronne, & d'autant qu'il y en a beaucoup plus de ces deux especes, que de la premiere, j'ay mis les Vicomtez indefiniment en ce rang, *quia a majori parte dominatur totum*.

23. Vicomtes relevans du Roy.

24. Vicomtes relevans des Comtes.

Il est vray qu'il y a encore une quatriéme espece moindre que les trois precedentes, à sçavoir de ceux qui n'ont pû usurper la haute Iustice, mais sont demeurez simplement moyens Iusticiers, comme il vient d'estre dit de ceux de Picardie, & Païs de Flandres, qui toutefois ne sont pas aujourd'huy qualifiez Vicomtes, mais à la difference des autres, sont seulement appellez *Seigneurs Vicomtiers*.

25. Comtes Seigneurs, Vicomtiers moyens Iusticiers.

Voila pour les Vicomtes, & quant aux Vidames, il faut tenir en un mot, que ce qu'est le Vicomte à l'égard du Comte, le Vidame l'est à l'égard de l'Evesque, *qui Dominus vel Domnus per excellentiam dicitur in sua Ecclesia, ut cum ei occinitur, Iube Domine benedicere*: car *Dame* & *Dom* signifie en vieil François, Monsieur, comme il se void aux anciens Romans, & és Monasteres, & Pasquier l'a bien prouvé au liv. 6. ch. 3. De sorte que le Vidame (qui est mieux dit que Vidom) est celui qui represente & tient la place de l'Evesque en tant que Seigneur temporel, cap. *volumus, & can. seq. 89. dist. & can. Salvator 1. quæst. 3.* & le mesme Pasquier prouve par plusieurs authoritez anciennes que la charge des Vidames estoit d'exercer la justice temporelle des Evéques.

26. Vidames.

27. Domnus.

Comme donc les Vicomtes de simples Officiers qu'ils étoient, se sont faits Seigneurs, aussi ont fait les Vidames, changeans leur Office en un fief relevant de leurs Evesques: & de fait il n'y a point, que je sçache, de Vidame en France qui ne releve d'un Evesque, ou bien qui ne soit annexé & reüny au temporel d'un Evesché, comme est le Vidamé de Beauvais, maintenant appellé Vidamé de Gerberoy, qui a esté reüny à l'Evêché de Beauvais. Méme cela est remarquable que comme les Vicomtes, aussi les Vidames ont pris le nom des Villes des Comtes ou des Evesques, bien que leurs Seigneuries en soient quelquefois fort éloignées, comme nous voyons és Vidames de Reims, d'Amiens, du Mans, de Chartres, & autres semblables, d'où il est aisé à conclure, qu'il

28. Vidames relevans des Evesques.

29. Vidames ont pris le nom des Eglises.

ne peut y avoir qu'un Vidame en un Evesché, ayant l'intendance de toute sa Justice tempotelle, bien qu'il puisse bien y avoir plusieurs Vicomtes sous un Duc ou Comte establis en diverses villes, ainsi qu'il se void en Normandie. Et partant il s'ensuit, que les Vidames ont les mesmes droits que les Vicomtes, non qu'ils ont la haute Iustice, à plus juste titre que les Vicomtes, qui ne l'ont euë que par usurpation; au lieu que les Vidames l'ont euë du propre droict de leur Office: parce que les Evesques ne le pouvant exercer en propre personne, à cause de leur clericature, estoient forcez de la commettre aux Vidames: d'où il s'ensuit aussi que les Vidames sont du rang des mediocres Seigneurs, puis qu'ils relevent des Evesques, qui au 1. ch. des Fiefs, sont mis entre les Vassaux immediats de la Couronne, aussi prestent-ils le serment de fidelité au Roy en sa Chambre des Comptes à cause de leur téporel.

30. N'y a qu'un Vidame en un Evesché.

31. Vidames sont aussi que les Vicomtes.

Quant aux Barons, leur nom est equivoque. Car comme il a esté dit au ch. 5. qu'il y a deux acceptions du nom de Prince; à sçavoir la generale, & comme adjective, pour signifier tous ceux qui sont Princes, de quelque sorte que ce soit, & la particuliere & substantive, pour signifier ceux qui sont Seigneurs des terres érigées en titre de Principauté. Aussi il y a deux significations de Baron, l'une generale, comme quand on dit des Barons de France, qui signifie les vassaux immediats de la Couronne, n'ayant les droits de souveraineté, soient Ducs, Marquis, Comtes, ou Seigneurs de Principauté: l'autre particuliere, pour signifier particulierement les Seigneurs des terres érigées en titre de Baronnie.

32. Baron à deux significations.

33. Baron grande signeur.

Et il y a cette difference entre les Princes & les Barons, pris en la generale signification que les vassaux de la Couronne, qui ont les droits de souveraineté, sont qualifiez Princes, & ceux qui ne les ont, sont seulement qualifiez Barons. Donc comme il a esté dit au chap. precedent, que les Ducs, Marquis & Comtes, qui anciennement n'estoient que Barons c'est à dire vassaux du Roy sans souveraineté) ayant empieté les droits de souveraineté, & de simples Barons s'estant faits Princes, les autres vassaux immediats de la Couronne, qui n'avoient ces titres de Ducs, Marquis ou Comtes, & avoient aussi empieté les droits de souveraineté, se qualifierent Princes particulierement, prenant l'apithete commun pour un titre particulier: aussi du temps des anciens vassaux du Royaume, n'estoient que Barons sans souveraineté, ceux d'entr'eux, qui n'avoient point de titre de Duc, Marquis ou Comte, se servirent de l'épithete generale de Baron, lequel partant en la seconde signification (qui est la plus usitée à present) est pris pour un titre particulier des certaines Seigneuries relevantes du Roy, qui n'en ont point d'autre.

34. Baron Seigneur de Baronnie.

35. Origine des barons anciennes.

Encore est-il vray que proprement & originairement les Baronnies relevoient de la Couronne & non pas immediatement du Roy, à cause des Duchez & Comtez reünis, & que les Barons relevans des Duchez & Comtez reünis ne sont pas vrays Barons du Royaume, *nec dici possunt Capitanei regni*.

C'est pourquoy l'Autheur du grand Coustumier livre 2. chapitre 27. dit, que de son temps il n'y avoit en France que trois Baronnies, Bourbon, Coucy, & Beaujeu, & autant en dit l'Autheur du Guidon des Praticiens au titre Des Fiefs. Car tous les anciens narons relevans simplement de la Couronne, ou se sont laissez assujettir aux Ducs & aux Comtes, n'estans pas suffisans de se maintenir contr'eux, au temps de l'usurpation, comme mesme la pluspart des Comtes des Villes furent assujettis par les Ducs & Comtes des Provinces, ou bien les anciens barons qui se sont maintenus, les trois que je viens de nommer, ont esté erigez à succession de temps en Duchez, Marquisats, ou Comtez: de sorte qu'à present je ne connois pas un seul de ces anciens Barons de la premiere antiquité.

36. Barons étoient anciennement grands Seigneurs, & relevoient de la Couronne.

37. Il n'y a plus de ces Baronnies.

Mais lors que les Ducs & Comtes eurent empieté

Des mediocres Seig. Chap. VII.

38. Origine des Barons à present.

les droits de souveraineté, ils se licetier et d'ériger d'autres Baronnies sous eux, vouloit avoir leurs Barons, aussi bien que le Roy: témoin nos anciennes Histoires, qui font tant de mention des Barons de Champagne, de Bourgogne, de Bretagne, & autres semblables.

39. Sires, Si terie.

Donc à present que tous ces anciens Duchez & Côtes reünis à la Couronne, ou mesmes Barons, qui maintenant relevent du Roy, ont encore plus de sujet de se qualifier Barons, & n'y en a plus gueres d'autres en France; car deslors que les vassaux des Ducs & des Comtes prirent les titres de Barôs, les Barons de France qui restoient pour se distinguer d'eux, prirent un autre titre, & se qualifierent Sires, comme les Sires de Bourbon, Beaujeu, Coucy, Montmorency & autres: tâchât par cette appellation de participer aux droits de Souveraineté. Et toutefois entre les grands Seigneurs je n'ay point compté ces Sires, parce que je n'en connois plus à present, ausquels cette qualité appartienne vrayement.

40. Hauts Iusticiers sont quelquefois dits Barons.

Bref, parmy la confusion qu'apporta l'ambition & l'usurpation des Seigneurs de France, le titre de Baron fut rendu si commun, que tous les hauts Iusticiers se sont autrefois appellez Barons, principalement ceux qui avoient usurpé le droit de ressort: témoin ce qu'adjoûste le grand Coustumier au passage cy-dessus allegué, *Aucuns*, dit il, *veulent dire que tout homme qui a haute Iustice & ressort en icelle, se peut nommer Baron.* D'où vient la définition que Balde donne du Baron, *Quicunque habet merum mixtumque Imperiū concessione Principis,* & ce que *Mathieu Paris* dit, qu'en Angleterre, du tems de Henry III. fut trouvé cent cinquante Baronnies.

41. Baron par fois signifie tout Seigneur honoraire.
42. Baron mary.

Mesme enfin l'usage de ce nom a passé si avant, qu'on l'a pris pour signifier toute espece de Seigneuries honoraires, comme en l'ancienne Chronique de Flandres, & en plusieurs Coustumes de Picardie, il est dit, que *la femme a son mary à Baron,* c'est à dire, *est in manu potestateque viri:* d'où vient qu'encore aujourd'hui les femmes de Picardie appellent leurs maris *leurs Barons,* ce qui est conforme à l'interpretation de *Suidas,* disant que βάρον ἐςὶν ἀνήρ. Et en plusieurs provinces de France, le fils aisné du Seigneur du village est appelé le Baron: mesme il y a quelques villes privilegiées, comme Bourges entr'autres, dont les bourgeois se qualifient Barons, ainsi que Camdenus a remarqué, qu'en Angleterre ceux de Londres, Varvvic, & autres villes avoient droit de se qualifier Barons.

43. Baron fils du seigneur du village.
44. Baron bourgeois de ville.

Peut-estre que de là est venu, que les Seigneurs des Baronnies, à la distinction, soit des hauts Iusticiers, soit des autres encore moindres, qui se qualifioient Barons, se sont appellez Hauts Barons, ou hauts Bers: car il est bien certain que dans tous les anciens livres de pratique, notamment en la Somme rurale, *Ber & Baron* est bien la mesme chose: mesme au livre intitulé, *L'establissement du Roy pour les plaids de Paris & d'Orleans, & de Baronnie,* & ci-dessus Haut-Bert & Haut Baron sont confondus comme synonymes: & de là sans doute originairement a esté dit le Fief de Haut-Ber, dont le Seigneur *investitus est à Principe, ut nel plebis parte,* comme parle le tit. *Quis dicatur Dux, &c.*

45. Hautbert.
46. Ber.

47. Hautbert pour cela qui doit servir le Roy avec pleines armes.

Mais parce que Haut-ber, ou Seigneur du Fief de Haut-ber estoit tenu servir le Roy en guerre d'armes pleines, dit la vieille Coustume de Normandie, chapitre 85. c'est à dire armé de toutes pieces, & consequemment avec l'arme du corps, qui estoit lors la cotte de mailles, de là est venu que cette arme a esté appellée *Hauber* ou *Haubergeon:* d'où à succession de temps il est arrivé que le Fief de Hauber a esté pris pour toute espece de Fief, duquel le Seigneur est tenu servir le Roy avec le Hauber, ou Haubergeon; & partant on a creu qu'il fut ainsi appellé à cause du Haubergeon, qui est ce que Cujas sur le tit. 9. du premier livre *Des Fiefs,* que le Fief de Hau-Ber, est dit, *ab armorum genere, quo possessor Regi servire debet:* bien qu'on puisse dire qu'au contraire Haubergeon vient de Hau-ber, & estoit l'arme du Hauber, & cét erreur est cause qu'aujourd'huy en la Coustume reformée de Normandie, Fief de Hau-ber est moins que Baronnie, estant par les articles 155. & 156. d'icelle, le relief de la Baronnie taxé à cent livres, & celuy du fief. de Hau-ber entier à quinze livres seulement.

48. Haubergeon cotte de maille.
49. Erreur.

Quoy qu'il en soit, comme les anciens Barons de France relevans immediatemét de la Couronne, avoient de la propre nature & primitive institution de leurs Seigneuries, toute Iustice, mesme tout commandement tant au fait de la Iustice que des armes, comme estant les vrais & naturels Capitaines du Royaume: aussi les Barons érigez à leur modelle par les Ducs & Comtes, lors qu'ils jouïssoient des droits de Souveraineté, qui sont ceux dont nous traittons, eurent deslors de leur institution toute Iustice, plein territoire, & tout commandement, representant ceux, qui és livres des Fiefs sont appellez *Capitanei* simplement, que la commune opinion des Interpretes estime avoir esté ceux qui relevoient des vassaux immediats de la Couronne.

50. Baron à toute Iustice.

51. Etymologie de Chastelain.

Finalement, pour le regard des Chastelains, sans m'amuser à rapporter les autres etymologies qu'ô leur donne, il me semble qu'il y a grande apparence à l'opinion du meurtre Gregoire livre 6. *Syntag. cap. 3.* que les Chastellenies soient celles, qui aux livres des Fiefs sont appellées *feuda castaldia, vel Guardia,* qui sont les fiefs impropres, & plustost Offices que titres de Fiefs. Aussi en aquelques pays nos Chastellenies sont appellées *Chastellenies & Gardes:* mesme c'est la verité que nos Chastelains sont demeurez simples Officiers long-temps apres que les autres Seigneuries ont esté converties en Offices, mesme il y a encore plusieurs Chastelains, qui ne sont que Officiers.

52. C'estoit Offices du commencement.

Or c'est chose notoire que *castella,* sont les bourgs ou gros villages, où il y a chasteau, forteresse ou retranchement, d'où vient , que *civitates & castella* sont assemblez en la loy 2. §. *Intera C. de Offic. Praef. Praet. Afr.* & en la Constitution de Federic, *De pace t. emend.* §. *Illicitas,* mesme en plus de six endroits des Evangiles. *Vici,* dit Isidore, *castella, & pagi sunt, qui nulla dignitate civitatis ornantur, sed vulgari hominum conventu incoluntur & propter paucitatem sui, majoribus civitatibus attribuuntur.* Et de là vient que dans Tite-Live & dans Salluste, *in Iugurtha,* les habitans de ces bourgs sont appellez *Castellani,* bien que proprement *Castellani* sont ceux qui ont la garde des bourgs, ou des chasteaux & forteresses d'iceux & quand & quand y rendoient anciennement la Iustice, parce que côme il a esté dit tant de fois, la Iustice suivoit autrefois le Gouvernement. Ce que *Petrus Vinea lib. 3. Epist. cap. 88.* nous apprend avoir lieu en Sicile ainsi qu'en France. Et pour cette cause en Pologne, où il y a peu de villes closes, les principaux Seigneurs du Royaume sont appellez *Chastelains.* comme Chopin rapporte sur la Coustume d'Anjou. Pareillement les Annales de Castille nous enseignent, que le pais de Castille fut ainsi appellé à *Castellorum Praefectis,* qui en avoient le souverain Gouvernement, auparavant qu'il fut occupé par les Comtes, qui depuis se nomment Rois.

53. Castellum signifie bourg.

54. Castellani gardes des bourgs ou chasteaux.

55. Chastelains de Sicile.

56. De Pologne.

57. De Castille.

Mais pour revenir à nostre France, il est aisé à entendre que les Ducs & Comtes ayant ample territoire, estoient contraints de mettre des Chastelains és principales & plus éloignées bourgades d'icelle, pour les maintenir en leur obeïssance, & pour les rendre sur le lieu: lesquels Chastelains estoient autrefois de leur origine simples Officiers, & sont appellez *Iudices foranei* par Faber sur le titre *De vulg. subst.* aux Instit. & les n'avoient d'ordinaire que la basse Iustice; & de fait, il y a encore aujourd'huy des Iuges au pays de Forest, appellez *Chastelains,* qui n'ont Iustice que jusques à soixante sols, comme il se void dans les Arrests de Papon, tit. *De la jurisdiction des Chastelains de Forests.* Ce que rapporte aussi Guy Pape en sa Decif. 185. & 616. des Chastelains de Dauphiné, & cela est exprés au chapitre premier des Statuts del Dauphiné dit. *De potest. Castel.* &c. Coustumes d'Anjou, le Maine & Blois, il est dit, que

58. Chastelains autrefois simples Officiers.

59. Chastelains appellez Iudices foranei.

60. Chastelains de Forests, Dauphiné & Anjou n'ont Iustice que jusqu'à 60. sols.

e iij

Des Seigneuries.

les Iuges de Iustice primitive des Seigneurs Chastelains n'ont que basse Iustice.

61. Chastelains des villes.
Il est vray qu'en quelques Provinces les Iuges establis par les grands Seigneurs en leur ville Capitale, furent appellez *Chastelains*, soit parce qu'ils estoient Capitaines des chasteaux qu'ils y avoient, ou parce qu'ils rendoient la Iustice à la porte, ou en la basse court d'iceux chasteaux: & ces Chastelains des villes estoient les Iuges ordinaires d'icelles, ainsi que ceux qui és autres villes s'appelloient *Vicomtes*, *Prevosts*, ou *Viguiers* & avoient moyenne Iustice.

62. Chastelains se sont presque par tout faits Seigneurs.
Or il fut bien aisé aux Chastelains des villages, ayant la force en main, & estant loin de leur Seigneur, d'usurper la propriété de leur charge, & la Seigneurie de leur destroit: de sorte qu'aprésent presque par tout, le terme de *Chastelain* est un nom de Seigneurie, & non pas d'Office: excepté aux païs d'Auvergne, de Poictou & de Dauphiné où les Chastelains des villes sont encore simples Officiers.

63. Chastellenie que c'est.
Chastellenie donc est proprement une espece de Seigneurie relevant d'autre que du Roy, ou du moins, qui ne releve pas directement de la Couronne, ayant Iustice annexée: laquelle Iustice de son origine n'estoit que basse Iustice és villages, & moyenne és villes: neantmoins les Chastelains après s'estre faits Seigneurs n'ont gueres tardé en plusieurs endroits d'usurper la haute Iustice de leur territoire, pour la grande difficulté qu'il y a de discerner la moyenne d'avec la haute Iustice, & aussi à cause de la maxime de droit, que *inter consentientes & de re majore apud Magistratus municipales agitur*, *l. inter consentientes*. *D. Ad municip*. mesme ils ont usurpé enfin double degré de jurisdiction, ainsi que les plus grands Seigneurs, comme il sera dit en son lieu.

64. Comme les Chastelains ont usurpé la haute justice.

65. Chastellenie signifie toute pleine justice.
Laquelle usurpation de la haute justice par les Chastelains, s'est tellement établie en commun usage, que mesme *Chastellenie*, ou *Chastellerie* en nos anciens livres de pratique, signifie souvent l'enclave & destroit de toute pleine & entiere Iustice, & la justice mesme, quand elle appartiendroit à un Duc, ou à un Comte, comme ils se void plusieurs fois dans le livre intitulé, *Des statuts du Royaume de France*, & en celui intitulé *Des usages de Paris*, *Orleans, & de Baronnie*; c'est pourquoy les anciens contracts passez, mesme és villes des Ducs ou Comtes, commencent ordinairement par les mots, *En la Cour de la Chastellenie de Blois*, *de Tours, de Chartres, &c.* ce qui abuse plusieurs personnes, qui colligent de là, que plusieurs Duchez, Comtez & Baronnies n'ayent autrefois esté que simples Chastellenies. C'est aussi pourquoy les Iustices ordinaires de Paris, Orleans & Melun sont appellées *Chastelets*, ne plus ne moins que parmi nos Docteurs. *Castrum* est pris pour toute Seigneurie, fust-ce un Duché ou un Comté: &

66. Castrum, Curia, Curtis.
dans les livres des Fiefs *Curia* ou *Curtis* signifie l'enclave & territoire du Capitaine ou Seigneur ayant justice: de sorte que *feudum extra curtem* est celui qui est situé hors l'enclave & territoire du Seigneur dominant, comme *Eguinarius Baro* l'a fort bien interpreté contre la commune explication, en son livre *De Beneficiis*.

67. Rang des medionaines Seigneuries.
Voila l'origine & le progrez aussi jusqu'à present, des quatre sortes de Seigneuries mediocres: disons maintenant quel rang elles ont ensemble. J'estime en premier lieu

68. Vidames precedent les Vicomtes.
que les Vidames doivent preceder les Vicomtes, dautant que ceux-cy representent les Comtes, & ceux-là les Evésques, qui sont tous les Comtes, comme je diray au livre des Ordres. Joint que les Vicomtes de leur premiere institution, n'estoient que moiens Justiciers, & les Vidames ont tousjours exercé la haute Iustice des Evesques.

69. Vidames precedent les Barons.
Mais il me semble y avoir plus de difficulté entre les Vicomtes & les Barons, attendu que l'inscription du chapitre *Grandi. De suppl.negl.Prælat.apud Bonifac*. nomme les Barons avant les Comtes mesmes. Mais il faut prendre garde qu'en cet endroit les Barons sont mis en

leur signification generale, pour signifier les vassaux de la Couronne; & non en la particuliere, pour signifier les Seigneurs des terres érigées en titre de baronnies. Aussi faut-il tenir avec du Tillet, que le Vicomte precede le Baron relevant de Seigneurie égale, & la raison est, que le Vicomte est le Lieutenant, & la seconde personne après le Comte, & partant, qu'il est preferable à tous Barons relevans de lui. C'est pourquoy je suppose notamment, que le Vicomte & le Baron disputans pour la preference, relevent d'une Seigneurie égale. Car s'il se trouvoit une Baronnie relevant de la Couronne, comme il y en avoit autrefois, elle seroit sans doute du nombre des grandes Seigneuries, & partant preferable à toutes les mediocres Seigneuries; pareillement je tiens pour certain, que celle qui releveroit d'un Comté Roial seroit plus honorable, que le Vicomté relevant d'un Comté non Royal. Car enfin c'est une regle infaillible en matiere de Seigneurie, que plus elles approchent prés du Roy, duquel tout honneur procede, plus elles sont honorables; comme j'ay dit au quatrième chapitre.

70. Pour qu'il y ait à savoir de Seigneurie égale.

Finalement pour le regard des Chastelains, il n'y a nul doute qu'ils ne soient moindres que les barons, veu qu'il y a des Chastelains qui relevent des Barons, soit à tort, ou à droit, & qu'en plusieurs pays les barons sont appellez *grands Chastelains*, comme Balde nous apprend au chapitre premier, *Qui feuda dare possit. In feud*, & sur le chap. *Vno delegatorum. ext. De suppl. neglig. Prælat.*

71. Barons precedent les Chastelains.

Aussi est-ce la verité que les barons ont deux prerogatives notables par dessus les Chastelains: l'une, que les Prevosts & Iuges de leur Iustice ordinaire ont sans difficulté haute Iustice, parce que les Seigneurs barons ont esté érigez *à l'instar* des anciens barons de France, qui estoient les Magistrats ordinaires; au lieu que ceux des Chastelains ne devroient avoir que basse Iustice: qui estoit celle qui leur fut attribuée dés leur premiere institution, comme il est decidé és Coustumes de Blois, Anjou, le Maine, & comme il est dit cy-dessus des Chastelains de Dauphiné & de Forêts.

72. Barons ont deux prerogatives par dessus les Chastelains.

L'autre est, que les barons ont droit de ville close, comme plusieurs Coustumes ont decidé, mesme qu'elles rapportent le droit de ville close pour la principale marque de la baronnie, ainsi qu'il a esté dit cy-devant. C'est pourquoy du Moulin sur le cinquante-quatriesme article de la Coustume du Maine, tient que le Baron peut clorre le principal village de sa baronnie, & le munir de tours & ponts-levis, sans lettres particulieres du Prince: neantmoins, pour les diverses opinions qu'il y a en ce point, j'estime avec Chopin sur la Coustume d'Anjou, que c'est le plus seur d'en obtenir lettres du Roy, quand ce ne seroit que pour la levée de deniers, qui sans doute ne peut estre faite sans speciale permission.

73. Barons ont droit de ville close.

Et faut remarquer en passant, qu'en consequence de ce droit, les barons ou leurs Officiers en leur absence, ont la garde des clefs des portes de leurs villes, privativement aux Eschevins d'icelles, & ont droit d'installer en leursdites villes un Capitaine en temps parailleux seulement, du consentement toutefois des habitans: & ont encor ce droit, que lesdits habitans de leur ville ne peuvent faire assemblées sans leur congé, ou du Roi à leur refus, s'ils n'ont droit d'Eschevinage; c'est à dire, corps & communauté de ville, comme il est tout expressement porté en l'Arrest du Dorat, rapporté par le mesme Chopin sur le 46. article de la Coustume l'Anjou.

74. Barons ont la garde des clefs de leur ville.

Mais les Chastelains n'ont pas ce droit de ville close, mais seulement ont droit de Chasteau ou Maison forte, duquel droit il sera parlé au chapitre suivant, & il semble que ce soit la principale & la plus remarquable difference des barons & Chastelains, que ceux-là sont les Seigneurs des villes closes, & ceux-cy des bourgs non fermez.

75. Chastelains ont seulement droit de Chasteau, & non de ville close.

CHAPITRE VIII.
Des Droicts des Seigneuries mediocres.

1. Les Droicts cy-aprés sont communs à toutes Seigneuries mediocres.
2. Sauf aux Vidamez.
3. Armoiries en quarré.
4. Armoiries en escusson.
5. Bannieres anciennement quarrées.
6. Chevaliers Bannerets.
7. Pennons, pourquoy adjouftez aux Bannieres des Barons.
8. Toutes armoiries maintenant en escusson.
9. Armoiries des Dames en lozenge.
10. Armoiries timbrées de heaume doré & ouvert.
11. Mediocres Seigneurs sont Capitaines.
12. Et Chevaliers.
13. Mediocres Seigneuries affectées aux Nobles.
14. Fiefs autrefois affectez aux Francs, ou François.
15. Cause du subsidie des Francs-fiefs.
16. Examen d'iceluy.
17. La Noblesse vient en France de trois sortes.
18. Seigneuries mediocres doivent être laissées aux Nobles.
19. Pretendent seuls les hautes Justices.
20. Fiefs nobles des Lombards.
21. Seigneurie mediocre, comment doivent être érigées.
22. Fiefs de Dignité, comment annoblissent en France.
23. De même.
24. Exception.
25. Difference entre les fiefs, & Offices annoblissans.
26. Roturier doit vuider ses mains du fief de dignité.
27. Droit de Bailliage.
28. Droit de Chastellenie.
29. Bailliage, ce qu'il signifie.
30. Comment les Bailliages ont été établis.
31. Autrefois la Justice ordinaire, & le Bailliage n'étoit qu'une même Justice.
32. Comment les Seigneurs mediocres ont usurpé le droit de Bailliage.
33. De même.
34. Aucuns n'ont usurpé que le droit d'Assises.
35. Bailliages superieurs & inferieurs.
36. Baillifs des Provinces.
37. Bailliage, signifiant Province.
38. Baillifs de France.
39. Missi Dominici.
40. Aboli, & comment.
41. Origine des Baillifs de France.
42. Ceux qui ont droict de tenir Assises.
43. Juges des Hauts-justiciers, ne doivent se nommer Baillifs.
44. Causes traictées aux Assises.
45. Reglemens des Baillifs & Prevosts Royaux, ensemble des Chastelains & simples Justiciers.
46. Crimes capitaux jugez aux assises, & pourquoy.
47. Instruction d'iceux se faisoit par les Juges ordinaires.
48. Comment on en use à present en Angleterre.
49. Qu'on en usoit autrefois ainsi en France.
50. Changement aprés que la Justice des Baillifs a été renduë continuelle.
51. Pourquoy l'appel des Sentences capitales va droict au Parlement.
52. Reglement d'entre les Baillifs des Seigneurs Chastelains, & les Juges des hauts-justiciers pour la connoissance des crimes.
53. Limitation ordinaire des hautes-justices.
54. Causes de ceux qui sont en garde, reservées aux Baillifs.
55. Du domaine.
56. Des grands chemins.
57. Des Nobles.
58. Pourquoy les Baillifs Royaux connoissent des Nobles à l'exclusion des Prevosts.
59. Qu'ils n'en connoissent à l'exclusion des Seigneurs, ayant droict de Bailliage.
60. Baillifs sont les vrais Juges des Nobles.
61. Interpretation de la declaration de Compiegne sur l'Edict de Cremieu.
62. Plaintes contre les Officiers se vuidoient aux Assises.
63. Plaintes anciennes contre les Juges.
64. Changées en appellations.
65. Comment les Seigneurs mediocres ont usurpé le droit de ressort.
66. A qui il appartenoit anciennement.
67. Grands jours étoient proprement la Justice de ressort.
68. Causes appartenantes aux Baillifs en premiere instance.
69. L'entreprise au contraire, doit être retranchée.
70. Restriction des causes de garde.
71. Si le Seigneur Chastelain a seul la justice sur les Nobles.
72. Que les crimes des grandes chemins luy appartiennent.
73. Reponse aux Arrets, attribuants au Roy seul les grands crimes, & ceux des grands chemins.
74. Causes des Nobles appartiennent aux Seigneurs mediocres sans difficulté.
75. Causes d'appel n'appartiennent qu'aux Baillifs.
76. Les Seigneurs mediocres ont usurpé les deux parties du droict de ressort.
77. Ordonnance de Roussillon.
78. Accommodation des temps.
79. Interpretation du 24. art. de l'Ordonnance de Roussillon.
80. Les Seigneurs mediocres ont encore à present droict de connoistre des causes d'appel.
81. Les Seigneurs mediocres ont le commandement & la jurisdiction.
82. Imperium & jurisdictio.
83. Comment le mixtum Imperium appartient aux Offices.
84. Quel commandement est demeuré aux Seigneurs mediocres.
85. Notariat n'appartient qu'aux Chastelains.
86. Raison.
87. Le Roy ne peut mettre des Notaires és terres des Chastellains.
88. Mais bien en celles des hauts-justiciers, n'ayans droict de Notariat.
89. Notaires Royaux ruinent les subalternes.
90. Du droict de Police remissive.
91. Du droict de bans, ou proclamations.
92. Qu'il appartient aux Seigneurs mediocres, à l'exclusion des hauts-justiciers.
93. Deux sortes de publications, à sçavoir les proclamations & les affiches.
94. Mediocres Seigneurs font proclamations.
95. Hauts-Justiciers n'usent que d'affiches, sinon par emprunt.
96. Bans.
97. Decrets doivent être interdicts aux hauts-justiciers.
98. Droict du Chasteau appartient aux Seigneurs mediocres.
99. Ils ne peuvent bailler ce droict à leurs vassaux sans lettres du Roy, ny le Roy sans leur permission.
100. Maisons fortes prohibées.
101. Village se peut fermer par permission du Roy seul.
102. Droict de marché appartient aux Seigneurs mediocres.
103. Si les Seigneurs mediocres ont droict de foire.

1. Les droicts cy-aprés sont communs à toutes Seigneuries mediocres.

Comme j'ay fait un chapitre des droicts des Souverains, & un autre des grandes Seigneuries; aussi celuy-cy est destiné pour expliquer les mediocres; c'est à dire, qui sont communs à toutes les mediocres Seigneuries: sauf toutefois que je ne voudrois pas asseurer que tous les droicts cy-aprés déduits, appartiennent aux Vidames, attendu que ce sont Seigneuries extravagantes & hors les rang des autres;

2. Sauf aux Vidames. dautant qu'elles relevent de l'Eglise, & que leur tenure fœdale est amortie. Mais quant aux Vicomtes, Barons & Chastelains, je les estime égaux en droicts & prerogatives, hors la simple preseance dont je viens de traitter : car bien que les Chastelains ne deussent avoir les prerogatives des Barons, si est-ce qu'ils les ont usurpées par le moyen de la grande conformité & affinité, qu'il y a entre les uns & les autres.

3. Armoiries en quarré. Donc, comme les grandes Seigneurs ont droict de porter couronne au timbre de leurs armoiries : aussi aucuns attribuent aux Seigneurs mediocres pour leur premiere prerogative, le droict de porter leurs armoiries en quarré, à la distinction des moindres qu'eux, qui les portoient en ecusson. Ce qui provient de ce que comme les Escuyers ou simples Gentils-hommes **4. Armoiries en ecusson.** font peindre les devises de leur famille, (que nous appellons armoiries) sur leurs escus ou boucliers, & partant les portent en ecusson : aussi les Capitaines font peindre les leurs en leur banniere ou enseigne de **5. Bannieres anciennement quarrées.** leur compagnie : laquelle estoit anciennement quarrée, comme font encore nos bannieres d'Eglise, tesmoin ce que rapporte Rageau sur le mot *Banneret*, du *Chevalier* au drappeau quarré, & tout cecy se justifie assez bien par le premier article de la coustume de Poictou, fors qu'il exclud les Chastelains de ce droict. *Le Comte, dit-elle, Vicomte ou Baron peut porter banniere, qui est à dire, qu'il peut en guerre, & en armoiries porter fes armes en quarré : ce que ne peut le Seigneur Chastelain, qui seulement les peut porter en forme d'écusson.*

6. Chevaliers Bannerets. Et toutefois ce droict appartient aussi aux Chevaliers Bannerets, qui estoient ceux ausquels le Roy avoit donné pouvoir de lever banniere, bien qu'ils ne fussent Vicomtes, Barons, ny Chastelains; mais possesseurs des fiefs sans dignité, pourveu seulement qu'ils eussent dix vassaux, & des moyens suffisans pour maintenir une trouppe de gens de cheval : desquels Chevaliers je parleray au livre des Ordres.

7. Pennons, pourquoy adioustez aux Bannieres des Barons. Partant, Barons, pour distinguer leurs bannieres d'avec celle des bannerets, adjousterent des pennons, & une queuë aux leurs, dit Rageau, qui est à present la forme ordinaire des Cornettes de cavalerie.

8. Toutes armoiries maintenant en ecusson. Mais pour revenir aux armoiries, je ne vois point que les Seigneurs, quelque grands qu'ils soient, les portent aujourd'huy autrement qu'en ecusson. Et partant l'usage de porter des armoiries en quarré n'a plus de lieu qu'en celles de leurs femmes, & qui **9. Armoiries des Dames en lozenge.** au moins les portent en lozenge, n'ayant autre marque de leur qualité en leurs armoiries que celle-là, au moins quant aux femmes des Vicomtes, Barons & Chastelains.

10. Armoiries timbrées de heaume doré & ouvert. Mais la marque particuliere qu'ont leurs maris, est que comme les Ducs, Marquis, Comtes & Princes ont une couronne en leur timbre, aussi les Vicomtes, Barons, & Chastelains ont au leur un heaume doré & ouvert. Doré, dis-je, comme Chevaliers, ausquels appartient de porter harnois doré, & ouvert comme Capitaines, qui doivent avoir la visiere levée, pour avoir l'œil sur leurs gens d'armes.

11. Mediocres Seigneurs sont Capitaines. Car je tiens, qu'ils sont Capitaines & Chevaliers. Je dis Capitaines, tout ainsi que selon la commune interpretation des livres des fiefs, les vassaux du second rang sont appellez *Capitaines* simplement, & ceux du premier, *Capitaines du Roy & du Royaume* : aussi qu'en France, du temps que nôtre milice estoit ordonnée selon les fiefs, ils estoient les Capitaines ordinaires, & menoient leurs vassaux en guerre.

12. Et Chevaliers. Je dy aussi Chevaliers, mais c'est à dire, Chevaliers honoraires, & sans Ordre. Car nul n'est Chevalier de l'Ordre, fût-il fils du Roy, si l'Ordre ne luy a esté conferé. Mais comme sous les Empereurs de Constantinople, on attribua le nom de *Comte* à ceux qui n'avoient ny Seigneurie, ny Office de Comte, de sorte que c'étoit un simple titre d'honneur : aussi en France le titre de *Chevalier* est souvent un simple titre d'honneur, qui est attribué aux grands Officiers, soit

des courte, ou de longue robe, & aussi aux Seigneurs des grandes, & des mediocres Seigneuries, qui tous se peuvent qualifier *Chevaliers*, ainsi que les simples Gentils-hommes se qualifient *Escuyers*, comme je diray plus amplement au livre *Des Ordres*, ce que je mets pour la deuxiéme prerogative des mediocres Seigneuries.

D'où dépend encore la troisiéme, à sçavoir qu'elles **13. Mediocres Seigneuries affectées aux Nobles.** sont particulierement affectées aux Nobles. Ce qu'aucuns veulent dire de tous fiefs, sous pretexte du partage des terres, qui fut fait lors du premier establissement de cette Monarchie, dont j'ay parlé au premier chapitre, auquel partage les fiefs ne furent concedez qu'aux francs hommes, c'est à dire, à ceux **14. Fiefs autrefois affectez aux Francs, ou François.** qui de France, ou Franconie, étoient venus conquerir les Gaules, qui furent lors appellez *Gentils*, ou *Gentils-hommes*, par les Gaulois déja Chrétiens. C'est pourquoy les fiefs sont appellez *Francs* par un epithete perpetuel, & un franc homme signifie un vassal, ou homme de foy. Et sur cette consideration est fondé l'impost de francs-fiefs, qui est un subside que **15. Cause de subside de francs-fiefs.** le Roy prend sur les Roturiers, pour leur permettre de tenir fiefs.

Bien que, pour en parler librement, la difference **16. Examen d'iceluy.** des Francs & des Gaulois est de long-temps abolie, dont la marque seroit maintenant impossible, veu que les Juifs mêmes ne reconnoissent plus leurs lignées, nonobstant la peine qu'ils ont toûjours prise pour les discerner. Et certes la remarque difference des Francs **17. La Noblesse de France vient de trois sources.** & des Gaules eût été aussi pernicieuse à cet Estat, qu'à blessé vient Rome celle des Romains & des Sabins. Partant, c'est un abus de penser que la Noblesse de maintenant soit fondée sur la descente des Francs Allemans, mais c'est la verité qu'elle procede des trois autres sources, sçavoir est des mediocres Seigneuries, des Offices annoblissans en deux races consecutives, & de la possession immemoriale. Et d'autre-part la force de nôtre milice consiste à present aux soldats soudoyez, soit nobles ou roturiers, sans distinction, & non aux hommes de fief, dont le ban & arriereban est converty en un leger impost, que payent aussi bien les roturiers que les nobles, s'ils ne vont en personne à la guerre. C'est pourquoy il y a plus de coustume, que de raison au subside de francs-fiefs.

Mais si faut-il considerer qu'il est bien raisonnable **18. Seigneuries mediocres doivent estre laissées aux Nobles.** de laisser à nôtre Noblesse (qui a choisi bien à propos la demeure des champs, pour vacquer aux exercices qui la fortifient aux armes) les Seigneuries & fiefs de Dignité, par le moyen desquels elle se maintiene en l'honneur, & la grandeur de courage, que sa profession requiert.

C'est pourquoy aux Estats de Blois, elle demanda **19. Pretendent seuls les hautes Iustices.** au Roy, que le hautes Iustices & fiefs de Haubert luy fussent tous laissez, comme Chopin a rapporté sur la coustume d'Anjou. Que si on veut laisser posseder aux roturiers les simples Iustices, que j'appelle *petites Seigneuries*, au moins est-il, ce me semble, bien raisonnable de laisser les grandes aux grands Seigneurs, & les mediocres aux Gentils-hommes : étant chose incompatible, qu'un roturier se qualifie *Chevalier*, attendu que la Chevalerie est un degré de *Dignité*, pardessus la simple Noblesse.

Ainsi voit-on, qu'aux livres des fiefs, il y a cer- **20. Fiefs des Lombards.** tains fiefs, qui sont appellez *Nobles* : & ceux-là sont non seulement les fiefs, qui ont titre de dignité, mais encore ceux qui sont mouvans des fiefs immediats du Royaume, pourveu que ce soient anciens fiefs, qui dit le titre *Quis dicatur Dux, &c.* Or nos Seigneuries mediocres, outre qu'elles ont titre de dignité, rele- **21. Seigneuries mediocres doivent estre ancienement érigées.** vent toutes des fiefs immediats de la couronne, donc si faut que ce soient anciens fiefs érigez de temps immemorial, à ce qu'elles soient presumées avoir été érigées, pendant que l'usurpation duroit. Car si de nouveau des Ducs, ou Comtes vouloient ériger des Vicomtez, Baronnies, ou Chastellenies, ils ne le pourroient sans speciale permission, ou confirmation du Roy,

Des droits des Seign. mediocres, Chap. VIII.

Roi, estans sans doute une dependance de la Souveraineté, d'ériger des fiefs de Dignité, comme il a esté dit au 3. chapitre de ce livre.

22. Fiefs de dignité, côment annoblissent en Iusuce.

Mais il faut prendre garde, que les fiefs nobles des Lombards annoblissent la personne, dit de mesme titre, *Quis dicatur Dux*. Ce qui n'est pas en France, sinon que l'investiture en ait solemnelement esté faite par le Roy à un roturier, auquel cas il semble que le Roi habilité à tenir le fief de Dignité celui qu'il en investit, attendu que les bien-faits du prince doivent estre benignement interpretez & estendus, tant que faire se peut. Et je croy qu'il faut ainsi entendre le dire de M. le Maistre, au traité des amortissemens, Chapitre cinquième, qu'une baronnie, ou tout autre fief de Dignité annoblit le roturier, bien qu'en effet, ce n'est pas le fief qui l'annoblit, mais l'investiture du Roi, qui seul en France peut conceder la Noblesse, & rendre le roturier capable des privileges qu'il a donnez aux Nobles.

23. De mesme.

C'est pourquoy, si le roturier est investy d'un fief noble par autre que par le Roi, quand mesme ce seroit par sa Chambre des Comptes, il n'est pourtant pas annobly:

24. Exception.

comme après plusieurs allegations resout Tiraqueau, au traité de la Noblesse, chapitre 7. nombre 19. En quoy il semble qu'il y ait une exception, que si pendant deux generations un fief de Dignité avoit esté en une famille, alors, puis qu'on tient que la Noblesse se prescrit, ayant esté possedée publiquement *à patre & avo*, il y a apparence de dire que les descendans sont presumez Nobles, posé mesme qu'il apparut d'ailleurs, que leurs predecesseurs fussent roturiers: & ce à l'exemple des Offices annoblissans, qui bien qu'ils ne produisent qu'une noblesse personnelle, laquelle ne passe point aux heritiers, neantmoins quand le pere & l'ayeul en ont esté honorez, leur posterité devient desormais noble à perpetuité.

25. Difference entre les Offices annoblissants

Il y a toutefois cette difference entre les Offices annoblissás & les fiefs de Dignité, que les roturiers sót capables de ces Offices, & les ayant, ils sont annoblis que tandis qu'ils vivent, parce qu'ils ne peuvent estre conferez par autre que celui qui a puissance d'annoblir qui est le Roi: Au contraire, les fiefs de Dignité conferez par autre que le Roi, ne peuvent annoblir: & par consequent, estant chose incompatible, qu'un homme soit roturier, & soit Seigneur d'un fief de Dignité, qui emporte Chevalerie & haute noblesse, il faut à mon advis, s'il en est poursuivy, qu'il en vuide ses mains, & j'estime qu'il en peut estre poursuivy par son Seigneur de fief, apparavant qu'il ait investy & receu en foi, & par ses propres vassaux, qui ont interest, celui-là d'avoir un vassal, & ceux-cy un Seigneur noble, puis que la Dignité de son fief y est disposée, & encore principalement par le Procureur du Roi, qui est conservateur de l'interest public.

26. Roturier doit vuider ses mains du fief de Dignité.

27. Droit de Bailliage.

Item pour une quatriéme prerogative qui comprend beaucoup d'autres, les Seigneurs des mediocres Seigneuries ont droit de Bailliage, c'est une Iustice, ou pour mieux dire, une seance superieure, à laquelle sont reservées certaines grandes causes, qui n'appartiennent pas regulierement aux Iustices ordinaires: & de ce droit de bailliage est fait expresse mention en la Coûtume de Meaux, articles 42. & 43. où ce droit est

28. Droit de Chastellenie.

encore appellé *droit de Chastellenie*: d'autant qu'il appartient aux Chastelains, & par consequent à tous autres plus grands Seigneurs, mais non pas aux moindres. Car c'est une regle en matiere de Seigneurie, que les droits qui appartiennent aux moindres, appartiennent aussi à plus forte raison aux plus grands.

Ce droit de Bailliage ou Chastellenie est encore plus clairement specifié en la Coûtume de Nivernois, chapitre 1. article 24. *Aucun en sa Iustice n'a droit d'avoir Bailly, tenir assises, connoistre, & decider des causes d'appel, s'il n'a droit de Chastellenie, ou qu'il ait jouy dudit droit par temps, & moyens suffisans à acquerir icelui droit: mais seulement à juge & garde de justice.* Ce qui merite bien d'estre expliqué à loisir, ne l'ayant jamais esté.

29. Bailliage ce que signifie.

Bailliage, ou Baillie, comme l'appelle Bouteiller, & l'ancienne Coustume de Normandie, ne signifie pas simple Iustice, mais Iustice de protection. Car Baillie est un vieil mot François qui signifie protection. Or voicy comment les Bailliages ou Iustices de Protection ont esté establies. Il se faut ressouvenir de ce qui a esté dit au chap. precedent, que les Ducs & Comtes avoient deux seances en leur Iustice; à sçavoir l'ordinaire, que tenoient leurs Iuges, & celle des Assises, qu'ils tenoient du commencement eux-mesmes, à laquelle estoient reservées certaines causes d'importance, & notamment les causes de ceux que les Ducs & Comtes avoient pris en leur garde; & si à l'effet dit aussi que les Ducs & Comtes ne se voulans plus assujettir à tenir leurs Assises en personne, mirent en leur place des Officiers qu'ils appellent *Baillifs*, soit parce qu'ils leur bailloient cette seance en garde & commission, ou qu'ils les establissoient gardiens & protecteurs de leurs sujets, & notamment de ceux qu'ils avoient ainsi pris en leur Baillie & sauve-garde, pour les exempter de l'oppression des Iuges ordinaires, comme il est aisé à colliger de ce qui sera dit cy-après.

30. Comment les bailliages ont esté establis.

31. Autrefois la Iustice ordinaire, & n'estoit qu'une mesme Iustice.

D'où il s'ensuit que la seance ordinaire & celle des Assises, n'estoit du commencement qu'une mesme Iustice, appartenante au mesme Seigneur, tenuë neantmoins en diverse forme, & par diverses personnes: c'est pourquoy encore aujourd'huy, bien que la justice ordinaire & celle des Baillifs qui tiennent les Assises, soit du tout separée, toutefois pendant que les Assises tiennent, la Iustice ordinaire du lieu doit cesser, & les causes d'icelle, qui alors se trouvent en estat de juger, peuvent estre jugées par le Bailly.

32. Comment les Seigneuries mediocres ont usurpé droit de bailliage.

Pour donc entendre comment les Vicomtes, Barons & Chastelains ont usurpé ce droit de Bailliage, il faut encore ressouvenir de ce qui a aussi esté touché en ce chapitre precedent, que les Ducs & Comtes, deslors mesme qu'ils estoient encore Officiers à vie, se dechargerent de l'exercice de la Iustice ordinaire sur les Vicomtes, Prevosts, Viguiers & Chastelains, reservant seulement à eux la seance des Assises, laquelle encore après qu'ils furent faits Seigneurs hereditaires, ils ne se vouloient plus assujettir de tenir en personne, mais la firent tenir par des Baillifs, qui enfin trouverent moyen d'en faire une Iustice continuelle, ayant fait venir en icelle des appellations des Vicomtes, Prevosts, Viguiers & Chastelains.

33. De mesme.

De mesme aussi les Vicomtes & Chastelains s'estant faits Seigneurs és lieux où les Ducs & Comtes ne faisoient point leur residence, voyant qu'iceux Ducs & Comtes avoient deux degrez de jurisdiction en leurs villes, sçavoir le Bailliage & la Prevosté, en voulurent avoir autant en leurs places, ce qu'ils empieterent de mesme sorte, & par mesmes degrez d'usurpation qu'eux, ayant en premier lieu mis les Prevosts, pour exclure leur ancienne Iustice, qu'ils avoient usurpée; & neantmoins comme pour avoir l'œil sur eux, y venoient presider eux-mesmes quelquefois, & à ce temps-là reservoient certaines causes; & ainsi ils empieterent le droit de tenir Assises, tout ainsi que les Ducs & Comtes, & puis mirent aussi, comme eux, des Baillifs pour les tenir, qui entreprirent pareillement de connoistre des appellations de leurs Prevosts, & mesme la pluspart d'iceux rendirent leur Iustice continuelle, usurpant par mesme moyen la moyenne & la haute Iustice, qui n'avoient pas esté de leur premiere institution. Et toutefois il y en a eu quelques-uns qui n'ont jamais pû gagner ce point, de rendre leur justice continuelle; mais n'ont jamais eu autre Iustice ny seance superieure, que de tenir leurs Assises quatre fois l'an, comme il se void dans la Coûtume d'Anjou, art. 64. & celle de Blois, art. 13.

34. Aucuns n'ont usurpé ce droit d'Assises.

35. Bailliages superieurs & inferieurs.

De sorte que les Vicomtes, Barons & Chastelains ayant usurpé ce droit d'avoir des Baillifs, il est arrivé qu'en plusieurs endroits, il y a eu deux Bailliages l'un sous l'autre, sçavoir celui du Vicomte, Baron ou Chastelain, ressortissant en celui du Duc ou Comte. C'est pourquoy és anciennes Ordonnances, & notamment en celles qui sont rapportées au vieil Style du Parlement; tit. *de Officio Baillivorum*, il est souvent fait mention des Baillifs, *utriusque Bailliviæ*, & des Bail-

f

liages superieurs & inferieurs, même il est dit en l'art. 6. que *Baillyi in venditionibus Balli viarum vel redituum. Regis partem non habebant* : car ces Bailliages inferieurs se bailloient à ferme, ainsi que les prevostez, comme il a esté dit au 3. Livre Des Offices, en l'art. suivant de la mesme Ordonnance il est dit, que *Bailliui superiores Baillivos improbos in suo non sustinebunt errore* : ce qui m'a autrefois fait beaucoup de peine à entendre, & est clairement expliqué en l'ancien Coûtumier de Normandie, chap. 4.

36. Baillifs des Provinces.
37. Bailliage signifiant Province.

C'est donc à la difference de ces petits Baillifs, que les grands sont appellez *Baillifs des Provinces*, & qu'on prend souvent dans le Palais le mot de *Bailliage*, pour signifier Province : ce que le judicieux Coquille reprend mal à propos à mon avis, en la Preface de sa Coutume : parmy un beau discours qu'il fait des anciens Baillifs de France, qui estoient les Juges des exempts, & cas Royaux, qui est encore une autre & troisiéme espece des Baillifs, qui merite bien d'estre expliquée icy, afin de ne rien obmettre.

38. Baillifs de France.

Car dés lors la seconde lignée de nos Rois, quand les Ducs & Comtes commencerent à s'emanciper & élever par trop les Rois, afin de les tenir en bride, & empécher qu'ils n'usurpassent la Souveraineté, envoyerent aux Provinces des Commissaires, pour éclairer de prés leurs actions, & recevoir les plaintes de ceux qui se sentiroient avoir esté maltraitez par eux ou leurs Lieutenans & Officiers, & vuider sommairement ces plaintes, si faire se pouvoit : sinon les renvoyer aux grandes Assises du Roi, qui estoit le Parlement, appellé aux Capitulaires de Charlemagne, & dans les anciens livres de ce temps-là *Mallum Imperatoris* : & ces Commissaires ainsi envoyez, estoient appellez *Missi* ou *Missi Dominici*.

39. Missi Dominici.
40. Abolis & comment.

Du depuis au commencement de la troisiéme race de nos Rois, les Ducs & les Comtes s'estans rendus Seigneurs hereditaires, & ayant fait leurs Iustices patrimoniales, ils oterent ce privilege des Rois, qu'ils n'enverroient plus de Commissaires ny d'Officiers dans leurs terres : dont il se void plusieurs Ordonnances en la conference de Guenois, tit. *Des Baillifs & Senechaux* : & d'autant qu'il échet plusieurs cas dés les terres de ces Seigneurs, esquels le Roy a interest, & qui par consequent doivent estre vuidez en sa Iustice (n'estant pas raisonnable que le Roi demande justice à ses sujets & vassaux) la connoissance & jurisdiction de ces cas qu'on appelle Royaux, fut attribuée alors aux plus prochains Baillifs Royaux qui lors estoit en France, és villes que le Roi avoit déja reünies à son Domaine, qui n'estoient que quatre lors de ce premier établissement, à sçavoir les Baillifs de Vermandois, de Sens, de Mascon, & de S. Pierre du Moustier : toutes les autres villes & Bailliages de France appartenant alors aux Ducs & aux Comtes : c'est pourquoy on appelle ces quatre icy, les quatre anciens Baillifs de France : c'est à dire les premiers gardiens des droits du Roi & de la Couronne.

41. Origine des Baillifs de France.

Revenant donc aux Baillifs des Seigneurs, leur premiere & originaire charge n'estant autre que de tenir les Assises, même ils n'ayant de leur premiere institution autre Iustice ny seance que celle des Assises, il est aisé à entendre que la premiere & principale dependance du droit de bailliage, est de pouvoir tenir assises. Aussi se pratique-t-il notoirement presque par tout que les Iuges des simples Hauts-Iusticiers non Chastelains, ne tiennent point d'Assises.

42. Ceux qui ont droit de tenir Assises.

Et en effet les simples Hauts-Iusticiers n'ayans droit de bailliage, ne doivent nommer leurs Iuges baillifs, mais comme les Seigneurs des simples Iusticiers n'ont aucun titre de dignité, ni n'ont autre nom que Seigneurs justiciers, aussi leurs juges ne devroient avoir autre nom que de juges ou gardes de justice, estant le bailliage un degré de *Iurisdiction de Seigneur*, dit la Coûtume de Normandie, & autres anciens livres, c'est à dire plus haute & plus honorable que la simple Iustice, comme il est porté en ce vingt-quatriéme article du premier chapitre de la Coûtume de Nivernois cy dessus allegué, & au grand coûtumier, Livre quatre, chapitre cinq, en ces

43. Iuges des Hauts-Iusticiers ne doivent se nommer Baillifs.

mots, *Celuy qui a toute Iustice*, s'il se nomme *Bailly*, ce n'est qu'un nom trouvé contre raison, & ne peut pas pour ce tenir Assises ny avoir ressort : car il n'est que Iuge premier, pour ordonner en premiere juridiction & premiere Cour, &c.*

Or voici les causes qui estoient traitées en ces Assises, & qui par consequent ont toûjours depuis appartenu aux baillifs à l'exclusion des Prevosts, & autres juges ordinaires. Discours qui est remarquable, parce que c'est le fondement des Reglemens d'entre les Baillifs & Prevosts Royaux, & aussi d'entre les Iuges des Châtelains & des Hauts-Iusticiers ressortissant en Châtellenie : pource que les causes, qui se traitoient anciennement aux Assises, doivent maintenant appartenir, & aux baillifs à l'exclusion des Prevosts, & aux Châtelains à l'exclusion des simples Iusticiers. Premierement donc ils jugeoient aux Assises les crimes capitaux, dont la raison est, que selon le droit Romain, le *merum Imperium, seu jus gladii*, ne pouvoit estre delegué : Or est-il que les Prevosts, & autres qui sont à present les Iuges ordinaires n'estoient au commencement que les Lieutenans & Iuges commis & deleguez par les Ducs & les Comtes qui estoient les Magistrats, comme il a esté prouvé cy-devant, & le sera encore cy-aprés.

44. Causes traitées aux Assises.
45. Reglement des Baillifs, & Prevosts Royaux : ensemble des Chastelains simples Iusticiers.
46. Crimes capitaux jugez aux Assises, & pourquoy.

Il est vray que comme il se trouve en la loi *Solent, De Officio Proconsul. & leg.* l'instruction des procez criminels pouvoit estre deleguée par le Proconsul à son Lieutenant, mais non la decision : qui est ce qui se garde encore à present en Angleterre, où les Iuges ordinaires des lieux n'ont que l'instruction des cas capitaux, & en laissent la definitive au chef de Iustice, qui au certain temps de l'année tient les Assises de ville en ville, & ayant vuidé les causes civiles qui lui sont reservées, il vuide par aprés les criminelles, avec douze hommes du pays qu'il assemble pour cét effet : puis il commet l'execution de sa Sentence au Iuge ordinaire, qui attend à l'executer, que le chef de la Iustice soit hors de son territoire.

47. Instruction d'iceux se faisoit par les Iuges ordinaires.
48. Comment on en use en Angleterre.

Et il est bien à presumer qu'on en usoit ainsi en France, estant certain que les Anglois ont appris toutes leurs formes judiciaires, & presque tout leur droit de nous, lors que les François les conquesterent, comme encore leurs principaux termes de pratique, & mesme leurs anciennes loix sont conceuës en langage François. Aussi falloit-il que les procez criminels qui meritent estre instruits en diligence, & dont les preuves sont recentes, fussent instruits par les Iuges ordinaires, & non par les baillifs, alors qu'ils ne tenoient leurs Assises que quatre ou six fois l'an au plus, & n'y avoit aucun inconvenient d'en user ainsi, parce que la seance des Assises & l'Ordinaire n'estoient lors qu'une mesme Iustice, comme il vient d'estre dit.

49. Qu'on en a droit autrefois ainsi en France.

Mais depuis que la justice des Baillifs fut renduë continuelle, & fut du tout separée de celle des Prevosts, on trouva étrange que l'instruction des causes capitales fust faite par les Prevosts, & que le jugement fust rendu par les Baillifs leur superieurs, & Iuges de ressort. Ce qui fut cause (joint que souvent il est malaisé de discerner sur l'instruction, si un cas est capital ou non) que les Prevosts Roiaux ne voulans renvoyer aux Baillifs les procez criminels qu'ils avoient instruits, usurperent la connoissance de toutes les causes criminelles indifferemment : surquoy aucuns des Baillifs s'opiniâtrant contre eux, en ont de leur costé entrepris la prevention.

50. Changement aprés que la Iustice des Baillifs a esté renduë continuelle.

Quoy qu'il en soit, la Cour de Parlement n'a point voulu perdre son droit de ressort immediat qu'elle avoit en ces causes principales, ou emportant mutilation de membre, ou infamie, lors que les Baillifs les jugeoient seuls definitivement, mais a voulu que les appellations en fussent directement relevées devant elle, bien que les Sentences fussent renduës par les Prevosts ou autres Iuges subalternes. Qui est la vraye raison de l'Ordonnance. Car autrement le petit Criminel qui doit estre vuidé plus sommairement, devroit aussi-tost ressortir au Parlement que le grand criminel, si ce n'estoit cette raison.

51. Pourquoi l'appel des Sentences capitales va droit au Parlement.

Des droits des Seign. mediocres. Ch. VIII.

51. Reglement d'ou-tre les Bail-lifs des Seigneurs Chastelains, & les Iuges des hauts Iusticiers, pour la co-noissance des crimes.

Mais entre les Baillifs non Royaux, & les Prevosts ou autres Iuges primitifs des hauts Iusticiers, cela s'est accommodé d'autre façon. Car les Iuges primitifs ont usurpé de connoistre de tous crimes ordinaires, mais non des grands crimes, comme meurtre, incendie, rapt & autres semblables, dont les Baillifs des Seigneurs Chastelains ont retenu l'entiere connoissance. Et de fait il est porté en l'article 44 de la Coustume d'Anjou, au 51. de celle du Maine, & plusieurs autres, qu'il n'y a que les Seigneurs Chastelains qui en ayent connoissance: encore y a-il des Coustumes qui ne les attribuent qu'au Baron, comme celle de Tours, art. 96. & la Somme Rurale au titre *Des droits du Baron*, & l'ancien livre intitulé *De justice & du droit*, &c. chap. *Du Baron*.

53. Limita-tion ordi-naire des hautes Iu-stices.

Et de fait les anciennes Chartres de concession des hautes Iustices, portoient tousiours cette clause, *excepto meurtre, rapin, incendio, &c.* come il se void en toutes celles qui sont rapportées par Choppin & par Bacquet, & moy-mesme j'en ay veu plusieurs de cette sorte. Et de vray quelle apparence y a-il de laisser la connoissance des cas de telle importance à deslogez guestres de village, jugeans sous l'orme, ignorans & méchans pour la pluspart & sur tout mercenaires & dependans de leur Seigneur: veu qu'en l'Estat de Rome il n'y avoit que les Proconsuls qui eussent puissance de condamner à mort, & encore ne l'avoient-ils que par concession speciale, & mesme dans Rome les principaux Magistrats ne l'avoient pas sur les Citoyens Romains en l'Estat populaire.

54. Causes de ceux qui sont gar-dez reservées aux Baillifs. 55. Du do-maine. 56. Des grands che-mins. 57. Des no-bles.

Secondement, les Baillifs comme estant les Iuges de protection connoissoient en premiere instance des causes de ceux qui estoient en la garde speciale du Seigneur, comme les domestiques, & ceux ausquels il vouloit bailler ses lettres de garde: à plus forte raison connoissoient-ils des causes de son Domaine, & de toutes celles où il avoit interest: comme aussi les Baillifs pretendans avoir la garde des grands chemins, connoissoient des delits commis en iceux: enfin les Gentils-hommes pretendirent estre tous en garde de leur Seigneur, soutenans mesme avoir cet ancien privilege dès le premier establissement de cette Monarchie, de ne pouvoir estre jugez qu'en l'assemblée des Pairs de fiefs, ou francs-hommes; c'est à dire vassaux & Gentils hommes, ainsi qu'eux, qui estoit l'assemblée des Assises: ce qui se pratique encore au Duché de Lorraine.

52. Pourquoi les Baillifs Ro-yaux con-noissent des causes des Nobles, à l'exclusion des Pre-vosts.

C'est pourquoi il se void que les Baillifs Roiaux connoissent des causes des Nobles, privativement aux Prevosts & Chastelains Royaux par l'Edit de Cremieu; & le mesme avoir lieu entre les Baillifs & Prevosts des Seigneurs, lors qu'ils avoient double degré de jurisdiction, mais ce n'est pas à dire qu'anciennement les Iuges Royaux ayent prétendu d'en connoistre au prejudice des Seigneurs, ayant Assises & Bailliage: car ce que les Baillifs Royaux en connoissent par dessus les Prevosts, est entant qu'ils sont Iuges d'Assises, où les Nobles ont tousjours pretendu que leurs causes devoient estre vuidées. Ce qui est contenu expressement en l'art. 145. de la Coustume de Meaux, *Si le haut justicier a Chastellenie & Bailliage, en ce cas les Nobles peuvent estre adjournez pardevant le Bailly dudit Seigneur Chastelain, & non devant le Prevost.* Car tous les Prevosts soit Roiaux ou autres, n'ont point de connoissance desdits gens Nobles, si ce n'est de leur gré & consentement. Ainsi il faut entendre la Coustume de Chaalons, art. 6. celle de Vitry & Laon, art. 2. celle de Bar, art. 43. & celle d'Anjou, art. 45.

61. Inter-pretation de la decla-ration de Compiegne sur l'Edit de Cremieu. 62. Plaintes contre les Officiers se vuidoient aux Assises.

Aussi y eut-il opposition formée par les Seigneurs de France à cet Edit de Cremieu, qui retarda prés d'un an la verification d'iceluy au Parlement, jusques à tant qu'elle eust esté levée par la declaration de Compiegne, par laquelle le Roi déclare, que par son Edit de Cremieu il a seulement entendu regler ses Baillifs avec ses Prevosts, & non pas diminuer les Iustices des Seigneurs de France, qui leur sont patrimoniales: & partant ordonne que nonobstant iceluy Edit, les Seigneurs de France auront Iustice sur les Nobles residans en leurs territoires, ainsi qu'ils avoient auparavant. Or ces mots *ainsi qu'ils avoient auparavant*, nous mostrent que Des Seigneuries.

tous Seigneurs ne l'avoient pas, à sçavoir, ceux qui n'avoient pas droit de Chastellenie ou Bailliage.

Finalement, aux assises se vuidoient les plaintes faites contre les Officiers de la Iustice ordinaire, come encore à present on y vuide les plaintes faites contre les Sergents: mais anciennement c'estoient principalement les plaintes faites contre les Iuges, qu'on y tenoit: & étoit la principale cause pourquoi les Assises ne pouvoient estre tenuës par les Iuges ordinaires: lesquelles plaintes le plus souvent estoient fondées sur l'injustice de leurs Sentences, qu'on presumoit proceder de leur faute, entendant mal ce titre *De pœna judicii qui male judicavit.* C'est pourquoi autrefois en France quand on le vouloit plaindre d'une Sentence, on s'attaquoit directement contre le Iuge, & non pas contre la partie, comme j'ay amplement discouru au dernier chap. du premier livre Des Offices: ce qui se pratiquoit principalement aux Iustices des Seigneuries, qui n'ayant ce droit de ressort; & de connoistre des causes d'appel, l'entreprenoient indirectement par le moien de ces plaintes qui se faisoient contre les Iuges en leurs Assises pardevant eux-mesmes ou leurs baillifs, qui en leur absence tenoient leurs grands plaids, qui estoient lors non pas une Iustice de ressort, mais de bailliage & protection seulement.

63. Plaintes anciennes contre les Iuges.

Or la rigueur de cette pratique de s'adresser ainsi contre le Iuge, ayant esté changée par le moyen de ce que la Iustice a esté delaissée tout à fait aux gens de lettres, qui ont incontinent compris l'injustice & absurdité de cette vieille routine, & partant ont comué adroitement ces plaintes en vrayes appellations, à la façon du droit Romain: les Baillifs qui avoient accoustumé de connoistre des plaintes des Prevosts & autres Iuges inferieurs, ont par consequent connu des appellations interjettées de leurs Sentences. Et ainsi non seulement les Ducs & les Comtes, mais aussi les Vicomtes, Barons & Chastelains, ayant droit de bailliage, ont par ce moyen usurpé le droit de ressort & souveraineté en cas d'appel, droit, qui anciennement estoit si rare & pretieux, qu'il n'y avoit que les Reines, Enfans, & Pairs de France, qui le peussent avoir en leurs doüaires, appanages, ou Pairies, encore ne l'avoient-ils pas de leur propre droit mais seulement par concession speciale du Roy, comme est contenu au passage de du Tillet ci-devant alleglé. Et pour exercer ce droit de ressort, ils avoient une Iustice superieure, qui n'a jamais esté attribuée à autre qu'eux, à sçavoir la Iustice des grands jours, bien differente de la commencement de celle des Assises qu'on tous les Seigneurs des grandes & mediocres Seigneuries, parceque celle des grands jours a tousjours proprement des appellations interjettées des Iuges ordinaires, mesme des Baillifs, & celle des Assises tenuë par les Baillifs ne connoissoit par sa premiere institution, que des plaintes des Officiers de la Iustice ordinaire, partant n'emportoit point droit de ressort & defait auparavant l'Edit de Roussillon, qui a aboli le double degré de jurisdiction des Seigneurs, ceux qui avoient de grands jours, avoient trois degrez de jurisdiction, à sçavoir la Prevosté, le bailliage & les grands jours.

64. Changens au apellations. 65. Cóment les Seigneurs meurs usurpé le tout de ressort. 66. A qui il appartenoit anciennement. 67. Grands jours estoit proprement des ressort.

Voilà donc en un mot les causes qui appartiennet aux Baillifs Roiaux, & non Roiaux en premiere instance, à l'exclusion tant des Prevosts que Seigneurs hauts justiciers non ayant droit de Chastellenie & Bailliage, parce que de tout tems elles estoient reservées aux Assises des baillifs, à sçavoir les grands crimes, les causes de ceux qui sont en la garde du Seigneur, & ausquelles il a interest, sous lesquelles aucuns comprennent celles des Nobles & des grands chemins, & finalement les causes d'appel. Et de fait, la pluspart des Coustumes & des anciens Praticiens tiennent, que les simples hauts Iusticiers n'ont pas droit de connoitre de toutes ces causes, & s'ils en connoissent en quelques endroits, c'est par entreprise qui leur est bien aisée, parce que leur superieur n'a aucuns officiers en leur territoire qui y prennent garde, ce qui neanmoins ne devroit être toleré ni tiré à consequence, car le public a grand interest que les justices des villages (qui sont du tout abusives) soient, sinon abolies, retranchées.

68. Causes appartenantes aux Baillifs en premiere instance. 69. L'entreprise au contraire doit estre retranchée.

f ij

Des Seigneuries.

70. Restitution des causes de garde.

lieu du tout, au moins retranchées le plus qu'il sera possible, pour les grandes fautes qui n'y sont ordinairement.

Toutefois touchant les causes reservées à la garde du Seigneur, faut considerer que quand un Seigneur a deux degrez de jurisdiction appartenāt à lui-mesme, il peut mettre en la garde telle personne qu'il lui plaist, & par consequent reserver leurs causes à son Bailly. Mais ayant une fois concedé toute Iustice à son vassal, cette Iustice lui appartient desormais, comme propre & patrimoniale, le Seigneur ne peut plus conceder de garde ny reserver de causes à son prejudice, si lors de la concession il ne les avoit exceptées, qui est la consideration sur laquelle est fondée la declaration faite par le Roy sur l'Edit de Cremieu: ou bien que ce fussent causes esquelles lui mesme eût interest, d'autant que le Seigneur n'est jamais tenu de demander Iustice à son vassal, & paroistre devant le Iuge d'icelui en habit de suppliant, qui est la raison sur laquelle sont fondez les cas Royaux.

71. Si le Seigneur Chastelain a seul la iustice sur les nobles.

Partant, aucuns tiennent que le Seigneur Chastelain n'a pas la jurisdiction primitive des nobles residans és terres des vassaux, ausquels il a donné toute Iustice haute, moyenne & basse, parce que ces mots de *toute justice*, semblent devoir comprendre la Iustice sur toutes sortes de personnes, & des terres, & ainsi se pratique communement à present, bien qu'anciennement on tint le cōtraire, témoin le passage d'un ancien Praticié rapporté par M. Choppin sur la Coustume d'Anjou, livre premier, titre 1. nombre 10. *Vn haut iusticier n'a cōnoissance des nobles, fors en cas où ecis'il n'en est en saisine Car de tous cas personnels le noble en est exempt, bien qu'il en eût la confiscation.* Mais quant aux crimes commis sur les grands chemins, dont les seuls Seigneurs Chastelains ont la police & garde, comme il sera dit au chapitre suivant, j'estime que la justice leur en doit estre reservée sans que les hauts Iusticiers, non Chastelains, en puissēt prendre connoissance, non plus que des grands crimes, *qui licet habeant territorium, non tamen habent plenum & persectum; & licet habeant omnimodam iurisdictionem, non tamen habent omne Imperiū*, comme il sera prouvé incontinēt: or est-il que ces cas dependēt du pouvoir de la Iustice ordinaire, & *magis sunt Imperij, quàm iurisdictionis*.

72. Que les crimes des grands chemins lui appartiennent.

73. Réponse aux arrets attribuāts au Roi seul les grands crimes & ceux des grands chemins.

Mesme parce qu'il se trouve des Arrests, par lesquels les simples hauts Iusticiers, estant au dedans des Bailliages Royaux, comme ils sont ordinairement, ont esté exclus de connoistre des grands crimes, & des cas arrivez sur les grāds chemins, plusieurs Praticiens ignorans la raison que je viens de dire, ont colligé de là que ce sont cas Royaux & que la connoissance des grands crimes & cas des grāds chemins n'appartiennent qu'aux Iuges Royaux. En quoi toutefois il n'y a aucune apparence ny coherence, attendu que les cas Royaux sont ceux ausquels le Roi, comme Roi, a quelque interest, ainsi qu'il sera dit au chapitre treiziesme. Aussi voidon que toutes les Coustumes, sās exception, qui ont traité des droits des Seigneurs & Iustices portent le cōtraire.

74. Causes des Nobles appartiennent aux Seigneurs mediocres sans difficulté.

Et quant aux causes des Nobles, les Seigneurs de France, voyant que sous pretexte de l'Edit de Cremieu, les Bailliss Royaux en voulu oster aux simples Iuges, obtinrēt la declaration cy-dessus citée, qui oste toute la difficulté. Et s'il se trouve quelques Arrests au contraire (ce que je n'estime pas) il faut que ce soit contre les simples Hauts-Iusticiers enclavez dans le Bailliage Royal, en consequence de la pretention qu'avoient les Baillifs sur les moindres Iuges, pour raison des causes des Nobles.

75. Causes d'appel n'appartiennent qu'aux baillifs.

Finalement à l'égard des causes d'appel, je tiens que les Hauts-Iusticiers non Chastelains n'en doivent aucunement connoistre, ne pouvant, quelque Iustice que ce soit, & fût ce une basse justice, ressortir ailleurs qu'en un vray Bailliage, & non en simple Iustice ordinaire, comme il est expressement dit au grand Coustumier, tit. 5. du liv. 4.

76. Les Seigneurs mediocres ont usurpé les

Comme donc le droit de ressort a deux parties, l'une d'avoir à soy deux degrez de jurisdiction, l'autre de pouvoir conceder à autrui des Iustices inferieures, à la charge qu'elles ressortiront au Bailliage du Seigneur qui les concede, il est notoire que tous les Seigneurs des Seigneuries mediocres ont usurpé l'une & l'autre partie. Car quant à la premiere, d'avoir à soy deux degrez de jurisdiction, à sçavoir, bailliage & Prevosté, c'est chose bien certaine qu'ils avoient tous l'un & l'autre en l'an 1573. quand l'Ordonnance de Roussillon fut faite, (ainsi est vulgairement appellée l'ordonnance faite à Paris en l'an 1573. & confirmée & modifiée à Roussillon l'année suivante, par le 24. art. de laquelle il est ordonné, qu'il n'y aura qu'un degré de jurisdiction en mesme lieu, ce qui a esté exactement executé par toute la France, à l'égard des Iustices non Roiales, fors seulement aucunes de celles des grands jours des Pairs de France, qui aussi n'avoiēt pas eu le ressort par usurpation, mais par concessiō.

deux parties du droit de ressort. 77. Ordonnance de Roussillon.

De sorte qu'aujourd'hui aux autres Seigneurs de France sont presque reduits aux mêmes termes qu'ils estoiēt auparavant qu'ils eussent usurpé ce double degré de jurisdiction, n'ayant qu'une Iustice, qui neantmoins a deux diverses seances, à sçavoir, l'ordinaire, & celle des Assises: il est vrai que l'une & l'autre estant tenüe par un mesme Iuge, & presque en mesme forme, la diversité n'y est pas si remarquable, comme quād il y avoit un Baillif envoyé exprés, qui n'avoit autre charge que de tenir les Assises, estant en icelle assisté des principaux vassaux & sujets du Seigneur.

78. Accomodement des temps.

Or par cette Ordonnance de Roussillon, du Moulin estimoit que toutes les Iustices inferieures concedées par Chastelains & autres plus grands Seigneurs deussent être abolies, côme il a remarqué plusieurs fois en ses apostils de l'Ordonnance de Roussillon qu'il fit imprimer un an ou deux aprés cette Ordonnance, qui est tout le dernier de ses livres, à sçavoir l'article 72. de la Coustume de Tours, sur le 62. de celle d'Anjou, sur le 71. de celle du Maine, & sur le 1. art. de celle du Perche. Et toutefois encore que c'eust esté aussi-tost fait, & eût esté encore plus juste d'abolir ces Iustices concedées par les Seigneurs sans permission du Roy, que de leur oster leur second degré de jurisdiction, si est-il vray que cette Ordonnance ne s'étend pas si avant, tant prace qu'elle ne se reünit que les Iustices estant en mesme lieu, que parce qu'elle reserve aux Seigneurs l'option qui ne peut estre, si les deux Iustices ne sont à un mesme.

79. Interpretation du 24. art. de l'Ordonnance de Roussillon.

C'est pourquoy les Seigneurs desmediocres Seigneuries retiennent encore presque tous cette seconde partie du droit de ressort, qui est d'avoir des Iustices d'autrui ressortissantes en la leur, que je mets pour leur cinquiéme droit & prerogative: non pourtant que je vueille dire qu'ils puissent conceder des Iustices inferieures sās permission du Roy, car j'ay cy-devant prouvé, non seulement qu'ils ne le peuvent faire: mais mesme que le Roi peut par droite justice & puissance reglée abolir ces Iustices érigées sans sa permission, de quelque laps de temps que ce soit: mais tant qu'il plaist au Roi de les tolerer, ils jo uissent en effet du droit de ressort, mesme ils ont une aptitude de l'avoir incōmutablement, à sçavoir si le Roi authorise une fois les concessions des Iustices par eux faites. Ce qui n'est point és petites Seigneuries & simples Iustices, où je tiens que ce droit de ressort ne doit estre aucunement toleré, comme j'ay prouvé au 6. chap.

80. Les Seigneurs mediocres ont encore à present droit de connoissance des cas.

Pour sixiesme, septiesme, & huictiesme prerogative des mediocres Seigneurs, je mets le Notariat, la police, & les bans, ou proclamations publiques qui proviennent toutes trois de mesme source, à sçavoir, de ce que les mediocres Seigneurs ont non seulement ce qui consiste en la jurisdiction; mais aussi ce qui concerne le commandement & l'autorité du Magistrat: qui sont les deux fonctions des Iuges fort à propos distinguées au droit Romain: car encore que la jurisdiction ne puisse estre sans quelque commandement, ny le commandement sans quelque jurisdiction & connoissance de cause, si est-ce qu'il faut confesser qu'il y a certains actes de Iustice, qui consistent plus en connoissance de cause qu'en autorité & puissance, & au contraire autres qui cōsistent plus en l'autorité du Magistrat, qu'en la notion du Iuge, lesquels actes sont specifiez en la loi Ea

81. Les Seigneurs mediocres ont le commandement & la jurisdiction. 82. Autorité & jurisdict.

Des droits des Seign. med. Chap. VIII.

85. Comme le *mixtum imperium* appartient aux Officiers.

que D. *Adrin*, en la loi 4. D. *De jurisd*. & quelques autres, qu'au droit Romain les mandataires de jurisdiction avoient bien cette partie du *mixtum Imperium*, qui ressent plus la jurisdiction que le commandement, mais non pas l'autre qui ressent plus le commandement: aussi faut-il resoudre en France le même à l'égard des Officiers, ausquels les Ducs & les Comtes, qui étoient autrefois les vrais Magistrats, ont concedé toute Justice; qu'il faut comparer en tout & par tout aux mandataires generaux de jurisdiction du droit Romain, fors qu'ils ont usurpé la jurisdiction des crimes communs, qui à la verité consiste fort en connoissance de cause, & ont usurpé presque tous les actes du *mixtum imperium*, à cause que le plus souvent, en iceux il est besoin d'une prompte expedition qu'il seroit par trop incommode d'envoyer chercher bien loin par le peuple, qui est la raison que rapporte sur ce sujet le jurisconsulte en la loi 1. & 4. *De damno infecto*. bref que du *merum Imperium* il n'en reste autre chose aux Seigneurs Chastelains, que la connoissance des grands crimes, aussi du *mixtum Imperium* il ne leur est demeuré à l'exclusion des simples justiciers, que trois actes, à sçavoir le Notariat, la police, & les Proclamations.

86. Notariat n'appartient qu'aux Chastelains.

Car pour le regard du Notariat, ou seel authentique à contracts, c'est chose certaine qu'il n'appartient qu'aux Seigneurs Chastelains, & autres plus grands Seigneurs, & non aux simples hauts Justiciers, s'ils n'y sont fondez par titres exprés, possession immemoriale, ou Coustume locale: comme Bacquet a prouvé amplement au 25. chap. de son troisiéme livre.

Raison.

Chose qui pourtant semble fort étrange d'abord, que ceux qui ont la jurisdiction contentieuse, n'ayent pas la volontaire: mais il faut s'arrester à cette raison, que l'authorité des Contracts, *magis est imperii, quam jurisdictionis*: ainsi que la loy 2. & 3. *De Offi. Procons. & leg.* dit que le Lieutenant du Proconsul ne peut recevoir de manumissions, ni adoptions, bien qu'il exerçât l'entiere jurisdiction du Proconsul, *quia*, dit la loi, *non habet jurisdictionem talem, & omnino apud eum non est legit actio*: mesme du Moulin sur la Coustume de Paris article 1. glose 5. nombre 55. dit, que *Potestas creandi Notarios publicos ad solum Regem spectat, estque de Regalibus*: ce qui est vrai en bonne jurisprudence, & à lieu és pais où l'entiere Seigneurie publique appartient au Prince souverain, & où les particuliers n'ont point usurpé la justice, mais en France, où cette usurpation est établie de longue main, l'usage est notoirement au contraire: mêsme nous pratiquons, que le Roi ne peut mettre des Notaires Royaux dans les terres des Seigneurs Chastelains, & autres aiant le droit de Notariat, ou Tabellionage, comme il a été jugé par plusieurs Arrests rapportez par Bacquet au mêsme lieu: Arrests, qu'il faut limiter, à mon advis, aux seuls Seigneurs Chastelains, ou autres plus grands Seigneurs, ausquels le droit de Tabellionage appartient au propre droit de leur Seigneurie, & non pas l'étendre aux simples hauts-Justiciers, qui ont prescrit contre le Roi de mettre des Notaires en leurs terres; car par telle prescription le Roi n'a pas perdu la faculté d'y en pouvoir aussi mettre de sa part, étant une regle certaine de prescription, que *tantum præscriptum, quantum possessum*: & que, *ea quæ sunt meræ facultatis non præscribuntur, nisi saltem à die contradictionis*.

87. Le Roy ne peut mettre des Notaires és terres des Chastelains.

88. Mais bien en celle des hauts Justiciers, ayans droit de Notariat.

89. Notaires Royaux suivent les subalternes.

C'est pourquoy on void les Notaires Roiaux en la plûpart des hautes Justices des Seigneurs, & en quelques-unes s'y void des Notaires Roiaux, & des subalternes tout ensemble: auquel cas les Roiaux emportent tout, à cause de l'execution parée, qu'ont indistinctement tous leurs contracts. Mais és terres des Seigneurs Chastelains, ou autres plus grands Seigneurs, il ne s'y void gueres des Notaires Roiaux.

Le second acte de commandement, que les Seigneurs mediocres ont conservé à l'exclusion des hauts justiciers, est le droit de police, qui consiste proprement à faire des reglemens concernant le repos & commodité du peuple, qui est certes un degré de puissance par-dessus l'administration ordinaire de la Justice: mais d'autant que l'explication de ce point de police est de long discours, à cause des dépendances qu'il a, j'en ferai un ch. à part.

90. Du droit de police remissivè.

De ce second acte de commandement dépend aucunement le troisiéme, qui est le droit de faire des bans, ou proclamations publiques; Droit qui est expressément attribué aux Barons & Chastelains par les Coustumes d'Anjou, Touraine, & celle du Maine, *qui est celle entre toutes*, du grand Coustumier, livre 4. chapitre 5. *qui, mieux que nulle autre, traite la matiere des droits des Justices & Seigneuries*. Et dont y a aussi une belle remarque en l'article 63. de la Coustume de Paris, où il est dit, que les Barons & Chastelains peuvent faire publier leurs hommages à son de trompe, & les autres moindres Seigneurs au Prône de la Parroisse, ou par signification particuliere seulement.

91. Du droit de faire proclamations appartient aux Seigneurs mediocres à l'exclusion des hauts Justiciers.

92. Qu'il appartient aux Seigneurs mediocres mediates à l'exclusion des hauts Justiciers.

Il est vrai qu'il y a deux sortes de publications, l'une qui se fait à son de trompe & cry public, *nimirum voce præconis*, l'autre par affiches, appellées en Grec προγράμματα, en Latin *Edicta*; qui sont appertement distinguées en la Nov. 112. chapitre 4. laquelle contient une tres-belle distinction de cette matiere. Car elle dit, que les Magistrats ordinaires peuvent faire leurs publications indifferemment, κὴ τῶν κυρίων ὄντως, κὴ ἐδίκτων ἀγορεύοντι: & non pas les autres Juges, fussent-ils commis par l'Empereur, ne peuvent user que d'Edicts ou affiches, & non pas de proclamations publiques: d'où on peut colliger que les Chastelains, & autres plus grands Seigneurs, qui sont comme les Magistrats ordinaires, ayans plein territoire & commandement entier, peuvent seuls user de cry public. (Aussi gardons-nous qu'ils peuvent seuls avoir une trompette, ou Crieur Juré, comme il sera dit au chapitre suivant) mais les simples Justiciers, qui de leur origine étoient comme les mandataires de jurisdiction, ne peuvent user que d'affiches. Que si en quelques expeditions pendantes devant eux, ils ont besoin de faire des adjournemens, ou autres publications à son de trompe, ils en doivent demander la permission à leur superieur, ayant puissance, & encore les faire sous le nom, & authorité d'iceluy, par son Crieur ou Trompette.

93. Deux sortes de publications à sçavoir les proclamations & les affiches.

94. Mediocres Seigneurs font proclamations.

95. Hauts Justiciers n'usent que d'affiches, sinon par emprunt.

Et d'autant que les publications à son de trompe s'appellent en François proprement Bans, comme M. Pasquier a bien prouvé, livre sixiéme, chapitre 36. De là vient qu'il y a quelques Coustumes, qui ne permettent pas au haut-Justicier de bannir hors sa Justice, bien qu'elles luy permettent la punition capitale. Remettant au chapitre suivant ce qui reste à dire, touchant ce droit de Ban.

96. Ban.

Je diray seulement icy, qu'à l'exemple des Bans & proclamations publiques, les adjudications par decret devroient être interdites aux simples hauts-Justiciers, ou juges de village, comme de fait il est porté en plusieurs Arrests, & en quelques Coustumes aussi qu'il n'y a rien en quoi consiste plus apparemment l'authorité & commandement du Magistrat, qu'à prononcer ces trois mots solemnels, *Do, dico, addico*. Et on ne peut dire que les adjudications par decret soient permises aux Juges de village, pour autant qu'elles requierent celerité, & pour épargner les pas du peuple, qui est le sujet, à cause duquel on leur a laissé les actes qui sont plus de commandement que de jurisdiction, suivant la loi 1. & 4. *De domo infecto*. Car il n'y a rien, où la longueur soit tant intolerable qu'en un decret: ny d'ailleurs rien qui soit plus necessaire d'être fait en ville ou bourg, où il y ait marché, & affluence de peuple, afin d'être notoire à chacun. Mais un decret étant fait en une justice borgne, où il n'y a rien que trois Praticiens presens, qui se renvoient l'étœuf l'un à l'autre, Dieu sçait les fraudes & les fautes qui s'y font, parmi lesquelles il n'y

97. Decrets doivent être interdits aux hauts Justiciers.

46   Des Seigneuries.

à celuy qui ne se trouve frustré à son deceu de son hypotheque, rente fonciere, ou droit de propriété. C'est pourquoy si jamais il se fait quelque reforme, ou reglement en la Justice, j'estime que ce point icy ne doit pas être oublié.

98 Droit de Chasteau appartient aux Seigneurs mediocres.

La huitiéme prérogative des Chastelains, & autres Seigneurs des mediocres Seigneuries, est que, comme leur nom porte, ils ont droit d'avoir chasteau ou maison forte, c'est à dire munie de fossez, pontslevis, tours & autres semblables fortifications : pour raison dequoi ils n'ont besoin de lettres du Roi; Droit, que les moindres Seigneurs n'ont pas, & méme les Chastelains ne peuvent pas bailler à leurs vassaux permission d'en édifier en leur détroit, sans lettres du Roi : non plus que d'eux-mémes ils ne peuvent pas faire leurs vassaux Chastelains. C'est pourquoi, à plus forte raison, ils ont droit d'empécher, qu'aucun ne bâtisse maison forte en leur territoire, encore méme qu'il en ait permission du Roi, qui toûjours est entenduë, sauf le droit d'autrui, ce qui méme a été, pour les simples hauts Justiciers, comme traite Chopin sur la Coûtume d'Anjou, pag. 135. Et certes il seroit à désirer, qu'il n'y eût aucune maison forte en France pour les rebellions, & autres inconveniens, qui en arrivent ; qui fut une des requestes que fit le peuple aux Estats de Blois : toutefois cette prohibition doit estre faite en temps opportun, comme dit le méme Chopin au lieu cy-dessus allegué.

99. Ils ne peuvent bailler droit à leurs vassaux, sans lettres du Roi.

100. Maisons fortes prohibées.

Mais ni le haut Justicier, ni autre plus grand Seigneur ne peuvent empécher qu'un village se ferme par permission du Roi, sinon qu'ils y trouvassent quelque juste interest en leur particulier, comme tout ce que dessus est doctement traité par lui méme sur le quarantedeuxiéme article de la Coûtume d'Anjou.

101. Village se peut fermer par permission du Roy seul.

Aussi plusieurs Coûtumes, & livres anciens de pratique portent que les Seigneurs Chastelains, & par consequent les Barons & Vicomtes ont droit d'avoir marché en leur village, qui est leur neufiéme & derniere prérogative ; méme ils ont droit d'empécher, non seulement ceux de leur détroit, mais aussi leurs voisins, d'en établir un nouveau à trois ou quatre lieuës du leur, bien qu'ils en eussent permission du Roy. Car les Lettres de concession des Marchez portent, selon l'ancien style de Chancellerie, la clause, *pourveu qu'à trois ou quatre lieuës prés il n'y ait autre marché*, & si elle n'y est, elle y doit estre sousentenduë.

102. Droit de marché appartient aux Seigneurs mediocres.

Quelques-uns adjoûtent droit de foire, une ou deux fois l'an. Ce que je n'estime pas, si le Seigneur Chastelain n'en a titre particulier, ou prescription : attendu l'ancien Arrest de la Pentecôte 1296. contre le Comte de Château Roux, en Berry, & un autre contre l'Evéque de Clermont, portant, *Quod nullus in regno potest facere feriam sine permissu domini Regis*. Il y en a aussi un Arrét de Bretagne, au livre de M. du Fail ce qui est conforme à la loi *Nundinas D. De nundinis*.

103. Si les Seigneurs mediocres ont droit de foire.

CHAPITRE IX.
Du droit de Police.

1. Etymologie de Police.
2. Pourquoi les Chastelains ont la police.
3. Police en quoi consiste.
4. Etymologie d'Edict.
5. Adjournement à trois briefs jours.
6. Trois significations à Edict.
7. Difference entre les reglemens, la police & les loix.
8. Le Parlement fait seul les regles de la Justice.
9. Reglemens de stile appartiennent à chaque juge de Chastelain
10. Si la police apartient aux seuls juges Roiaux.
11. Que non.
12. Qu'elle apartient mieux aux Seigneurs, qu'aux juges Roiaux.
13. Inconvenient de l'opinion contraire.
14. L'Ordonnance laisse la police aux Seigneurs.
15. Exception.
16. Police consiste en trois poins.
17. De la police des denrées.
18. Poids & mesures.
19. Si les poids & mesures appartiennent au Roi seul.
20. Inconvenient arrivé pour avoir attribué les mesures aux Seigneurs.
21. Pourquoi la varieté n'a esté si grande aux poids, qu'aux mesures.
22. Rois des Merciers.
23. Réponse aux raisons precedentes.
24. Ediles avoient à Rome la cônoissance des poids & mesures.
25. Estalons des poids & mesures, par qui gardez.
26. Que ces Estalons ont toûjours appartenu aux Ducs & Comtes.
27. Que le Roi n'avoit autrefois aucun droit dans les terres des Seigneurs.
28. Que les deniers qu'il y leve maintenant sont droits extraordinaires.
29. Les Coustumes attribuent les poids & mesures aux Seigneurs.
30. Des Rois des Merciers.
31. Supprimez.
32. Le Roi a la surintendance sur tous poids & mesures.
33. Ordonnance pour les reduire toutes à celles du Roi.
34. Ces Ordonnances ont reservé le droit des Seigneurs.
35. Distinction inventée de nôtre temps.
36. Establissement des Jaugeurs, fait par le Roi.
37. Interpretation d'un Arrest.
38. Jaugeage.
39. En quoi consiste le droit de grand poids.
40. Arpenteurs, par qui instituez.
41. Explication de l'Ordonnance de 1575.
42. Droit des petits poids & mesures.
43. Punition des contraventions aux poids & mesures est acte de Justice, non de police.
44. Conciliation des Coûtumes.
45. Faut distinguer les reglemens d'avec l'execution d'iceux.
46. La police devroit appartenir aux Baillifs.
47. De la police des Mestiers.
48. Villes jurées.
49. En quoi consiste la police des Mestiers.
50. Faire des statuts de mestier, à qui appartient.
51. De la police des chemins.
52. Viocuri.
53. La charge de Voier de Paris est differente de celle des Commissaires du Chastelet.
54. Pourquoi il n'y a Voier qu'à Paris, en titre d'Office.
55. Le Roi est seul Voier à Paris.
56. Qui est Voier aux autres villes.
57. Grand Voier de France.
58. Voier és Coustumes, que signifie.
59. Gros Voier, petit Voier.
60. Juges sous l'orme.
61. Voirie pretenduë par le Roi, és terres des Seigneurs.
62. Au moins és chemins Roiaux.
63. Viarum distinctio.
64. Viæ Regales.
65. Viæ vicinales.
66. Publicæ viæ.
67. Privatæ, agrariæ.
68. Distinctions des chemins de France.
69. Traverse.
70. Chemin Roial.
71. Chemin peageux.
72. Pretention des Offices Roiaux, touchant les chemins.
73. Raisons contraires.
74. Les chemins Roiaux n'appartiennent pas au Roi.
75. De méme.

Des droits des Seig. med. Chap. IX.   47

76. *Resolution, que la [...] chemins Royaux appertient aux Seigneurs.*
77. *Et la surintendance au Roy.*
78. *Qu'il n'est expedient d'en oster la Iustice aux Seigneurs.*
79. *Ny aussi la connoissance des crimes commis en iceux.*
80. *Du peage.*
81. *Divers noms de peage.*
82. *Barrage.*
83. *Pontenage.*
84. *Billette.*
85. *Branchiere.*
86. *Coustume.*
87. *Prevosté.*
88. *Travers.*
89. *Travers, que signifie proprement.*
90. *Difference du peage & travers.*
91. *Levage.*
92. *Origine du travers.*
93. *Travers est droict de Souveraineté.*
94. *Occasion des peages.*
95. *Pour l'entretien des chemins.*
96. *Pour la seureté des chemins.*
97. *Que d'anciennetté le Seigneur peager devoit répondre du vol fait en son chemin.*
98. *Incommodité des peages.*
99. *Que le peage n'est deu de droict commun.*
100. *Abolition des peages.*

1. Etymologie de police.
COmme πόλις signifie la Cité, aussi πολιτεία, que nous disons Police, signifie le reglement de la Cité. Partant il semble, que le droict de Police ne devroit proprement appartenir qu'au Baron, qui a droict de ville close, & non au Chastelain qui n'a droict que de Chasteau. Toutefois la grande conformité qu'il y a entre les Barons, qui sont appellez *grands Chastelains*, & les simples Chastelains (conformité qui **2. pourquoy les Chastelains ont la police.** fait, que toutes les Iustices ayans plein territoire, & entier commandement, sont appellées Chastellenies) a esté cause, que comme les Chastelains ont usurpé les autres droits des Barons aussi ont-ils empieté le droit de Police, qui de fait n'est pas le reglement d'une ville, τῆς ἄστεως, mais d'une Cité τῆς πόλεως. c'est à dire d'une communauté d'habitans, vivans sous mesmes Magistrats, & sous mesmes reglements, bien qu'ils ne soient enclos de murailles; *non enim est in parietibus civitas*, disoit un Romain: ce que Bodin traite doctement au sixième chapitre de son premier livre.

3. police en quoy consiste.
D'où il s'ensuit, que le droict de Police consiste proprement à pouvoir faire des reglements particuliers pour tous les Citoyens de son détroit & territoire: ce qui excede la puissance d'un simple Iuge, qui n'a pouvoir que de prononcer entre le demandeur & defendeur, & non pas de faire des reglemens sans postulation d'aucun demandeur, ny audition d'aucun defendeur, & qui approche & lient tout un peuple: mais ce pouvoir approche & participe devantage de la puissance du Prince, que non pas celui du Iuge, attendu que les reglemens sont comme loix & ordonnances particulieres, qui aussi sont appellées proprement *Edicts*, comme il a esté dit cy-devant au troisième chapitre.

4. Etimologie d'Edict.
L'etymologie de ce mot *Edict*, vient *ab edicendo; edicere autem est quasi extra dicere*, disent nos Grammariens, c'est à dire, proclamer & publier. Aussi, ny les Edicts des Magistrats, ny les loix du Prince n'ont-elles leur force que par publication, dit Ciceron *5. de legib*. Mesme la signification primitive du mot *d'Edict*, estoit de signifier la publication, comme j'ay dit au chap. precedent. *Sic tribus edictis evocari* **5. Ajournement à trois briefs jours.** *absentes dicuntur l.2.§.Senatus, & l.42.§.ult.D. de jur.fisci. l. 20.§. Praeter haec. D. de petit. hared.* qui est ce que nous appellons adjournemens à trois briefs jours à son de trompe, appellez en la Nov. 134. chapitre 5. νόμιμα κηρύγματα, il est vray qu'ils se faisoient quelquefois *per libelli in aedibus appositionem. l.4, §. 6. De* **6. Trois significations d'Edict.** *datuno in fecto, que la Nov.112.dit, διαπτῶν ἐδίκτων προτιθέμενων*. Il y a donc trois significations du mot d'Edict, *aut pro programmatis*, expliquez au chap.precedent, *aut pro Magistratuum jussis*, qu'il faut expliquer icy, *aut pro constitutionibus Principum*, que j'ay expliqué cy devant au troisième chapitre, & de là vient, que comme en France il n'y a que les Chastelains, ou autres plus grands Seigneurs, qui puissent faire des reglemens de Police, aussi n'y a-il qu'eux qui puissent faire des proclamations publiques.

7. Difference entre les reglemens, la police & les loix.
Donc la police consiste proprement à faire des reglemens particuliers, que les Romains appelloient proprement *Edicts*, à la distinction, soit des loix du peuple, ou des constitutions des Empereurs. Car comme le Seigneur souverain peut faire des loix generales, aussi le subalterne, ayant l'entier commandement, peut faire des reglemens particuliers pour ses justiciables. Mais particulierement, comme le Seigneur subalterne doit lui mesme obeir aux loix de son Souverain, aussi en premier lieu, ses reglemens particuliers doivent estre conformes ou au moins point contraires aux loix du prince. Secondement, ils doivent estre fondez sur quelque consideration, qui soit particuliere au lieu où ils se font; parce qu'autrement c'est au Prince souverain de pourvoir par loix generales aux necessitez communes de son estat, tant à l'occasion que cela dépend de son auctorité, qu'à cause que ce seroit un desordre & une confusion en un Royaume, si chacune ville avoit diverses observances.

8. Le parlement seul fait les reglemens.
C'est pourquoy le Parlement ne veut pas que les Iuges des lieux entreprennent de faire en leurs sieges des Reglemens particuliers sur le fait de la Iustice, *quia aequitas non clauditur loco*, & qu'il n'y peut gueres écheoir de la justice particuliere consideration, & partant on dit, que les matieres de Reglement lui appartiennent en premiere instance: ce qui est vray pour le regard des Reglemens generaux; c'est à dire, des matieres qui peuvent, & doivent estre réglées d'une mesme façon en tout le Parlement, & où la diversité de chacun lieu n'apporte rien de particulier.

9. Reglemens de style appartiennent à chaque Iuge Chastelain.
Mais pour ce qui est du style & forme de proceder particuliere de chacun Siege, comme d'ordonner à quels jours de la semaine on plaidera, à quelle heure on entrera, & sortira de l'Audience & Chambre du Conseil, du temps des vacations, des jours où on ne plaide point, des taxes des Greffiers, Notaires, Sergens, des formalitez des menuës procedures & instruction des causes, il semble que le Parlement ne doit pas trouver mauvais, que chaque Iuge fasse des Reglemens en son siege, pourveu qu'ils ne repugnent en rien aux Ordonnances du Roy, ny à ses Arrests: n'estant pas possible que le Parlement puisse regler si commodement ces petites pointilles, que fera le Iuge du lieu.

10. Si la municipale police appartient aux seuls Iuges Royaux.
Voila pour les Reglemens de Iustice, & quant à ceux de police, c'est à dire, qui concernent le ménagement commun de la cité, les Iuges Royaux se sont autrefois voulu faire accroire qu'ils n'appartenoient qu'au Roy, *quia lex salutem Reipublica tueri, nulli magis credidit convenire, nec alium sufficere ei rei, quàm Caesarem. l. Nam salutem. D. de Off. Praef. vigil.*

11. Que non.
Toute fois je ne voi point comment on pourroit soutenir que le droit de police fût purement Roial, c'est à dire, inseparable de la personne du Souverain, ainsi que de faire les loix generales. Que s'il estoit ainsi, il ne seroit non plus communicable aux Iuges Royaux des provinces, qui n'ont pas l'exercice des droits purement Royaux. Que si au contraire il leur est communicable, comme notoirement ils en usent en leur Iustice, il est infaillible, qu'il a aussi appartenu aux Ducs & aux Comtes, qui auparavant la reünion à la Couronne estoient les premiers Magistrats & Officiers des villes, où il y a maintenant des Iuges Royaux, & partant les Ducs & Comtes qui sont demeurez, & ceux qui ont esté érigez à leur modele, le doivent encore avoir.

Des Seigneuries.

12. Qu'elle appartient mieux aux Seigneurs qu'aux Iuges Roiaux.

Ie dy de mesme qu'ils l'ont avec plus de droit que les Iuges Royaux, qui ne l'ayans que par Office, c'est à dire, n'en ayans que l'exercice comme Officiers, y peuvent estre prevenus par le Roy, ou par des Commissaires ausquels le Roi en peut attribuer la connoissance, mesme il peut le demembrer de leurs Offices, témoin l'Edit de Cremieu, par lequel il a osté la police aux Baillifs, & l'a donnée aux provosts : mais les Barons de France ayans la police par droit de Seigneurie propre & patrimoniale, le Roy dont on la releve en fief, ne peut par puissance reglée la diminuer par prevention, ny autrement, & moins encore la leur oster tout à fait.

13. Inconvenient de l'opinion contraire.

Et d'ailleurs, quelle apparence y auroit-il, qu'un Iuge Royal éloigné, possible de dix ou douze lieuës d'une ville Ducale, ou Comtale, y peut mettre la menuë police, qui doit estre reglée promptement & sommairement, mesme que lui, qui ne sçait pas les particularitez du lieu, ny puisse faire des reglemens si à propos, que le Iuge du lieu ?

14. L'Ordonnance laisse la Police aux Seigneurs.

De fait, le Roi Charles IX. par son Ordonnance de l'an 1582. ordonne bien une certaine forme, & certains deputez pour regler la menuë police des villes Royales, mais il ne touche point aux villes des Seigneurs, mais seulement leur enjoint d'y maintenir la police, ainsi qu'ils verront estre necessaire, se conformans neantmoins à ses Ordonnances, & s'accommodans, au plus prés qu'ils pourront, aux reglemens des villes Royales.

15. Exception.

Il est vray, qu'il y a cela de particulier au fait de police, que comme la cité n'est qu'un corps d'habitans, aussi la police doit estre unique & uniforme en la ville & faux bourgs, tant que faire se peut, afin que la diverse maniere de vivre n'y apporte du desordre & de la difformité : de sorte qu'en une ville y ayant deux Iustices ordinaires & primitives, si l'une est superieure de l'autre, la superieure doit avoir toute la police, comme j'ay traité en la suitte *Des Iustices de village*.

16. Police consiste en trois points.

Or la police consiste principalement en trois poincts, dont il faut traitter separement, sçavoir est aux denrées, aux mestiers, & aux ruës ou chemins.

17. De la police des denrées.

Quant aux denrées, c'est à dire la mesme marchandise (car la grosse concerne le reglement general du Royaume, qui appartient au Roy seul) qui sont les victuailles, & autres petites commoditez, pour l'entretien & usage journalier du peuple, les Iuges de police y peuvent mettre taux, & faire tout autre reglement pour empescher les monopoles, & autres abus, mesme pour faire fournir le Bourgeois avant le Marchand qui les veut revendre.

18. Poids & mesures.

De cet article dépendent les poids & mesures, parce qu'en vain y mettroit-on le prix, si le poids & mesure n'y estoient certains & justes. Et neantmoins, les Officiers Royaux pretendent en quelques endroits la connoissance des poids & mesures, disans que c'est un droict de la Couronne : & de fait, quelques Coustumes l'attribuent au Roy privativement, autres lui en donnent, & à ses Officiers, la prevention.

19. Si les poids & mesures appartiennent au Roi seul.

20. Inconvenient arrivé pour avoir attribué les mesures aux Seigneurs.

Il faut confesser, qu'il eust esté fort à propos que les Seigneurs de France n'eussent point eu ce droit, pour le desordre & la confusion qui en est arrivée, en ce que chacun a voulu avoir les mesures toutes dissemblables : à quoy on n'a pû trouver remede, quoy qu'il y ait eu plusieurs Edits de nos Rois, portans, que toutes ces mesures seroient reduites à une, ce qui n'a pû estre executé.

21. Pourquoi il y a varieté & n'a esté si grande aux poids qu'aux mesures. Rois des Merciers.

Et quant aux poids, la cause pourquoi il n'y a pas eu tant de varieté & diversité qu'aux mesures, a esté, ce semble, parce que d'ancienneté il y a eu presque en toutes les provinces de la France des Rois des Merciers, pourveus par le grand Chambrier de France, qui avoient la visitation des poids, crochets & balances, & qui partant en aucuns lieux estoient appellez *Visiteurs des poids & balances*. A l'exemple de ces quinze Officiers d'Athenes qu'Harpocration appelle μετρονόμους, & de ce *Libripens* des Romains, dont nôtre Droit fait mention : bref du *Zygostates* dont la loi derniere. *De ponderas. lib.* 10. *Cod.*

ait qu'il y en avoit un en chaque ville de l'Empire Romain.

22. Reponse aux raisons precedentes.

Toutefois cela avoit lieu és Estats où toute la Seigneurie publique, & toute la Iustice demeuroit par devers l'Estat, & n'estoit point communiquée aux particuliers. Mais en France, où le contraire a lieu de toute antiquité, je ne voy point que le droit des poids & mesures soit plus Royal que d'exercer toute Iustice civile & criminelle, jusques à condamner les hommes à mort. Attendu mesme qu'en l'Estat Romain il estoit de la charge des Eschevins des petites villes (qui ne connoissoient que des causes legeres, comme il sera dit en son lieu) d'avoir neantmoins connoissance des poids & mesures, dont Perse se mocque en sa premiere Satyre.

24. Eschevins avoient à Rome la connoissance des poids & mesures.

Sese aliquem credens, Italo quod honore supinus
Frangeret heminas Areti Ædilis iniquas.

Et Juvenal.
Et de mensuris vis dicere, vasa minora
Frangere, pannosus vacuis Ædilis Vlubris.

25. Estalons des poids & mesures pour qui gardez.

Et quant est d'avoir les Estalons des mesures & poids, c'estoit de la charge des Gouverneurs des Provinces, *adeo ut ad crimen suum noscant pertinere, si possessoribus ullum fuerit aliqua ponderum iniquitate illatum dispendium*, dit la loi derniere. C. *de susceptor :* & la loy 9. du mesme titre ordonne, *ut modii æneï, vel lapidei, cum sextariis atque ponderibus per singulas civitates collocentur*. Et la Novelle 128. chapitre 16. dit, qu'ils les faut garder en l'Eglise de chaque ville, & au demeurant que l'archetype & principal Estalon de l'Empire estoit gardé, sçavoir est celui de la mesure des grains par le *Præfectus Pratorio*, & celui du poids par le *Comes sacrarum largitionum*.

26. Que ces droits ont toujours appartenu aux Ducs & aux Comtes.

Puis donc que nos Ducs & Comtes ont eu la mesme charge en France que les Gouverneurs des Provinces, il ne faut point douter que l'Estalon des poids & des mesures ne leur appartint. Aussi quand on prendra garde de prés, on trouvera que nos Rois n'avoient autrefois aucun droit domanial ny Seigneurial dans les villes & territoires des Seigneurs : au moins que tous les droits Seigneuriaux ordinaires & necessaires appartenoient aux Seigneurs, n'ayant esté reservé par leurs investitures anciennes, que le ressort & l'hommage, comme il se voit és anciennes Ordonnances. Et ce que maintenant les Rois y levent des tailles, gabelles, & autres subsides, ce sont aydes & deniers extraordinaires, dependans de la jurisdiction de la Cour des Aydes, & non pas des droits domaniaux & Seigneuriaux, qui puissent dependre de la Iustice ordinaire, & dont le Parlement, qui a la connoissance du domaine de la Couronne, puisse ny veüille connoistre.

27. Le Roy n'avoit autrefois aucun droit dans les terres des Seigneurs.

28. Que les deniers qu'il y leve sont droits extraordinaires.

De fait, il n'y a presque aucune des Coustumes, qui ont traité des droits Seigneuriaux, qui n'attribuë les poids & les mesures, qui au Baron, qui au Chastelain, qui au haut, & la plupart encore au moyen Iusticier. Ce qu'il faut entendre pour le regard du haut & du moyen Iusticier, en ce qui est de la visitation & reconnoissance sommaire des poids & mesures inegales ou faulses, & non pas de les pouvoir regler & ajuster, & en bailler estalon, comme il sera dit incontinent, & mesme les articles secrets de la Coustume de Paris attribuent la visitation des mesures au moyen Iusticier.

29. Coustumes attribuent les poids & mesures aux Seigneurs.

Quant est des Rois des Merciers, qui estoient en France anciennement, & qui depuis ont esté appellez *Visiteurs*, dit Ragueau, ils n'estoient pas institués par le Roy, mais par le grand Chambrier de France, mesme que du Tillet dit, que le grand Chambrier luy-mesme estoit appellé *Roy des Merciers :* mais que depuis que l'Office feodal du grand Chambrier, avec ses dependances a esté reüny à la Couronne par le Roy François en l'an 1545. Les Rois ont bien commis des Visiteurs, ou Rois des Merciers en quelques Bailliages, mais pour visiter dans leurs terres seulement, & non dans celles des Barons, comme il est à croire, que ceux qui estoient commis par le grand Chambrier de France, n'avoient pouvoir que dans les terres du domaine de la Couronne, ou à la suite de la Cour : lequel Office de Visiteur (si Officier il doit estre appellé, veu que jamais il ne fut erigé par Edit)

30. Des Rois des Merciers.

31. Supptimez.

Du droict de Police, Chap. IX.

Edit) estant provenu de l'entreprise & usurpation des grands Chambriers de France, & n'estant nullement necessaire, au contraire estant de grande foule au peuple, & s'y commettant de grands abus, comme il fut verifié en l'assemblée de Rouen 1597. il fut arresté en la dite Assemblée, qu'il seroit supprimé ; & parce que l'Edit en icelle Assemblée, n'a encore esté verifié, cette suppression des Rois des Merciers, ou Visiteurs de poids& balances, a été inserée en l'Edit des Mestiers, qui fut fait & verifié en la même année.

32. Le Roy a la surintendance de tous poids & mesures.
33. Ordonnance pour les reduire toutes à celles du Roy.

Il est vray, que comme la police generale du Royaume appartient au Roy, & comme les Ordonnances sont toûjours au dessus de tous reglemens de police, que ses vassaux peuvent faire en leurs terres ; il peut justement ordonner, que tous les poids & mesures des Seigneurs seront reduites aux siennes, afin qu'il n'y en ait qu'une seule sorte en tout le Royaume : ce que les Rois Philippe le Long, Louys XI. & François I. ordonnerent, & après eux le Roy Henry II. en fit un notable Edit en l'an 1557. pour l'execution duquel il y eut certains Commissaires deputez : mais en tous ces Edits il y a toûjours eu clause expresse, que le Roy n'entendoit pretendre aux Seigneurs qui ont droit de poids & mesures en territoire, & que bien que leurs poids & mesures fussent reduits à ceux du Roy, ils ne laisseroient pourtant d'estre marquez des armes des Seigneurs.

34. Ces Ordonnances ont reservé le droit des Seigneurs.

Toutefois comme le Roy a les mains longues, ses Officiers ont inventé de nôtre temps une distinction pour retrancher le droit des Seigneurs, dont jamais on n'avoit ouy parler, disans que comme le Roy seul a la police de la marchandise en gros, aussi les grands poids & mesures appartiennent à luy seul. Et sous cette consideration, nostre Roy a estably en l'an 1596. des Jaugeurs & Marqueurs de futailles par tout son Royaume, ainsi qu'auparavant il avoit estably des Courratiers de vins, & des Marqueurs de cuirs, & de puis a encore estably des Marqueurs de draps.

35. Distinction inventée de nôtre temps.

Mais il ne faut pas inferer de ces Edits & nouveaux subsides, que les Barons de France n'ayent entierement le droit de poids & mesure, tant grandes que petites : & de fait au contraire l'Arrest obtenu par Madame la Duchesse d'Estouteville en l'an 1554. par lequel les petits poids & mesures seulement luy furent adjugez en une sienne Baronnie située en Normandie : car elle ne pouvoit pretendre les grands poids & mesures à cause de l'ancienne Coustume de Normandie, qui au Chapitre 16. attribué au Duc les poids & les mesures indistinctement, ce qui toutesfois restraint par cet Arrest aux grands poids & mesures: mais és Coûtumes qui n'en parlent point, j'estime que les Barons doivent avoir les unes & les autres. Et ainsi se pratique fort notoirement, fors seulement à l'égard du jaugeage, depuis ce moderne Edit: encore y a il des Seigneurs qui en ont empesché l'execution en leurs terres. Notamment Monsieur de la Trimoüille l'a gagné contre le Roy, par Arrest donné en la Chambre de l'Edit : & je ne fay point de doute, que le Parlement ne l'eust jugé toûjours ainsi : c'est pourquoi les Partisans de cet Edit ont tiré les causes concernantes le jaugeage en la Cour des Aydes : bien que s'il appartient au Roy, ce soit un droit domanial, qui doit être de la connoissance du Parlement.

36. Interpretation d'un Arrest.

37. Jaugeage.

38. En quoy consiste le droit de grad poids.

Or le droit de grand pois consiste à avoir seul en sa ville droit de peser pour autruy à grandes balances & poids au dessus de vingt-cinq livres, estant neanmoins permis au bourgeois d'en avoir pour soy en sa maison, & pour ce appartient au Seigneur douze deniers pour cent livres des marchandises qu'on pese à son poids, lequel droit il peut bailler à ferme, & partant est tenu avoir continuellement de bonnes & fortes balances, & des poids de toutes sortes.

39. Arpenteurs par qui institutuez.

Et quant au droit des grandes mesures, il consiste à pouvoir instituer les Arpenteurs, ce qui de tous temps n'appartenoit autresfois qu'au grand Arpenteur de France : mais l'an 1564. le Roy Henry II. érigea six Arpenteurs en chacun Bailliage en titre d'Office, ce qu'il fit neanmoins sous clause expresse de ne prejudicier aux droits des Barons, ce qui me fait croire que l'Ordonnance de l'an 1575. qui defend aux Seigneurs ayans haute, moyenne & basse justice, & autres sujets du Roy d'instituer des Arpenteurs en leurs terres, ne s'entend que des simples hauts Justiciers & non pas des Barons.

40. Explication de l'Ord. 1575.

Et au droit des petits poids & mesures dépend d'avoir un estalon patron ou échantillon public de tous poids de toutes sortes: & droit d'ajust sur iceluy de tous poids & mesures faites, ou vendues, ou gardées en son territoire, qui doivent estre marquées par celuy qui est proposé pour les ajuster, afin que le peuple n'y puisse estre trompé.

41. Droit des petits poids & mesures.

Mais quant à la visitation des poids & mesures, & punition des delinquans, soit marchands, ou autres cela ne dépend pas proprement du droict de police, mais de la justice : parce que les reglemens de Police estans faits par le Juge du Baron, ou Chastelain, auquel la police appartient, c'est desormais aux Juges primitifs des lieux à les faire observer en leur détroit, c'est pourquoy cette visitation n'appartient pas seulement aux Barons, mais aussi aux hauts Justiciers, même aux moyens. Et ainsi sans doute faut-il accorder la varieté de nos Coutumes, étrange certes d'abord, les unes attribuans les poids & mesures aux Barons Chastelains, à l'exclusion des hauts Justiciers, & les autres aux moyens Justiciers. Même les Coutumes d'Anjou & du Maine, en deux divers articles, attribuent ce droit, tantost au Seigneur Chastelain, & tantost au moyen Justicier : disans neanmoins, & que le Châtelain en prend le patron & l'essay à soi-même, & que le moyen Justicier le prend de son Seigneur suzerain.

42. Punition des contraventions aux poids & mesures est a cte de justice, non de police.

43. Conciliation des coutumes.

Bref qu'en toutes les parties de la police, il faut soigneusement distinguer le droit de faire reglemens publiques (en quoy seul consiste le vray droit de police) d'avec l'execution & connoissance des contraventions à ces reglemens, qui dépend sans doute de la simple & ordinaire Justice. Tout ainsi que faire les loix, est un droit qui n'appartient qu'au Souverain, mais les executer & faire entretenir est de la charge des Juges. Et faute d'observer cette distinction, il survient grand nombre de proces journellement : même la faute de l'avoir consideree, on a ôté mal à propos aux Baillifs Royaux la police, c'est à dire, le droit de faire les reglemens politiques (qui est la plus noble partie de leur charge, étant la police un des droits de Balliage, ou Justice superieure) & on l'a attribuée aux Prévôts & Juges ordinaires des villes Royales, ausquels appartenoit seulement l'execution de la Police.

44. Faut distinguer les reglemés d'avec l'execution d'iceux.

45. La police devroit appartenir aux Baillifs.

Le second point de la police concerne les Mestiers Jurez, qu'on a treuvé autresfois ne pouvoir estre establis és villes des Seigneurs sans permission du Roy, d'où quelques-uns croient que vient la distinctió des villes jurées & des non jurées; appellans villes jurées, celles qui ont droit d'avoir Mestiers jurez: bien qu'à mon advis les villes jurées soient celles, qui ont droit de corps de ville & Eschevins, qu'on appelle en quelques endroits Iurats. Mais quoy qu'il en soit par l'Edit du feu Roi, de l'an 1581. confirmé par le Roi, en l'an 1597. il est non seulement permis, mais aussi commandé, que les Mestiers de toutes les villes & bourgs soient Iurez.

46. De la police des mestiers.
47. Villes jurées.

Donc de la police du Baron, ou Châtelain, dépend d'avoir corps de Mestiers en sa ville, & y faire eslire chacun des Jurez, Visiteurs, & Gardes de chacun Metier, qui soient tenus par certains temps rapporter & affirmer devant le Juge ordinaire des visitations qu'ils auront faites chez chacun Maître de leur Métier, & en faire rapport. Et sur tout il appartient au Baron, à l'exclusion du haut Justicier, de faire des statuts & reglemens de chacun Métier : bien que par la loy de Solon, rapporté in l. Sodales D. De colleg. illic. il fût permis aux Communautez de les faire elles-mêmes. Toutefois j'ay veu une ancienne Ordonnance de Charles V. portant que les statuts des Métiers seront confirmez par

48. En quoy consiste la police des Mestiers.

49. Faire statuts de Mestier à qui appartient.

Des Seigneuries. g

Des Seigneuries.

le Roy, qui possible se doit entendre des villes Royales: parce qu'on a autrefois tenu, que la reduction, ou du moins la confirmation des statuts des Mestiers appartenoit au Roy & aux Seigneurs, & non aux Iuges Royaux, ou subalternes: & de fait j'ay veu plusieurs statuts de Mestiers faits en forme de Chartres par les Ducs & Comtes. Mais cet Edit moderne de l'an 1597. a attribué indistinctement aux Iuges des lieux la redaction & homologation des statuts des Mestiers.

51. De la police des chemins.
52. Viocuri.

Le troisième chef de la Police, est le reglement des grands chemins, que nous appellons *droit de Voyrie*: estant les Voyers, ceux que Varon appelle *Viocuros, seu Curatores viarum*, qui estoit l'une des charges des Ediles des villes Romaines, *l. unica. D. De via publica*. Il est vray que dans Paris ce sont Charges distinctes, obligées à tenir les ruës nettes & bien pavées, qui est la charge des Commissaires du Chastelet, & de les tenir entieres sans saillies, traverses, estaux, ny autres entreprises, ce qui depend de la charge du Voyer de Paris.

53. La charge de Voyer de Paris est differente de celles des Commissaires du Chastelet.
54. Pourquoy il n'y a Voyer qu'à Paris en tiltre d'Office.
55. Le Roy est seul Voyer à Paris, & pourquoy.

Ie dy notamment du Voyer de Paris: Car je ne sçay point de ville, où il y ait un Voyer qu'à Paris: & certainement c'est bien la raison, qu'en la ville Capitale du Royaume, où est le siege & principal domicile de nos Rois, il y ait un Officier exprés, pour avoir soin des ruës, tant pour sa decoration particuliere, que parce que les places y estans plus requises & plus cheres, les entreprises y seroient plus ordinaires, Aussi qu'y ayant plusieurs petites Iustices, il a été bien necessaire, que les Officiers Royaux y ayent seuls retenu tout droit de police, pour éviter desordre & confusion, & par consequent la Voyrie, qui est l'une des parties de la Police; & voila les raisons particulieres, pourquoy le Roy est seul Voyer à Paris, comme il est dit aux articles secrets de la Coustume reformée, &en l'Edit fait en l'an 1539. touchant les droits des Iusticiers de Paris: & encore és lettres patentes du terrier de Paris, de l'an 1549. & en l'Edit de l'an 1548. portant défenses de bastir és faux-bourgs de Paris.

56. Qui est Voyer aux autres villes.

Mais és autres villes Royales, la charge de Voyer est exercée par le Procureur du Roy de la prevosté & Iustice ordinaire, & dépend naturellement de son Office, comme estant sa charge de procurer tout ce qui est de l'interest public, n'ayans les Procureurs du Roy des Prevostez autre Charge, outre le criminel, d'autant que ce qui concerne les droits du Roy, que nous appellons *le Domaine*, est de la charge du Procureur du Roy du Bailliage, suivant l'Edit de Cremieu: mesme anciennement n'y avoit point de procureurs du Roy és prevostez, & c'estoit celuy du Bailliage, qui faisoit l'un & l'autre exercice.

57. Grand Voyer de France.
58. Voyer és coustumes, que signifie.

Voila pourquoy nous ne trouvons point mention de Voyer d'autre ville que de Paris: nous trouvons bien d'anciennetté le grand Voyer de France, qui a la surintendance des grands chemins par tout le Royaume, pour astraindre les Iuges des lieux de faire leur devoir chacun endroit soy, à la conservation & manutention d'iceux. Mais le terme de *Voyer*, que nous trouvons si souvent dans nos Coustumes, notamment en celles d'Anjou, le Maine & Blois (qui és Coustumes de Picardie est nommé *Veher*, ainsi que Varon dit, que *via* est dite *quasi veha, à vehendo*) signifie le justicier des villages, que les Romains appelloient, non pas *Viocurum*: mais *Vicomagistrum, seu pagimagistrum*, qui en aucunes de nos coustumes s'appelle *le Maire du village*.

59. Gros Voyer, petit Voyer.

C'est pourquoy nous trouvons deux sortes de ces Voyers, à sçavoir les gros, ou grands Voyers, qui ont moyenne justice, & les simples Voyers, ou bas Voyers, ou petits Voyers qui n'ont que basse justice, disent ces mesmes coustumes. Ainsi donc le Voyer signifiant *Viocurum* est derivé *à via*, & celuy qui signifie le Iusticier de village, est dérivé *à vicor*: il est vray qu'en François, signifie tantost un chemin, & tantost un village. Si ce n'est qu'on veüille dire que le Iusticier de village est dit *Voyer*, parce qu'il se sied sur la voye, ainsi que les Grecs l'ont appelé καμαιδικαςων, id est, *humi-judicantem*, & les Latins *Pedaneum judicem*, qui juge de plano po-

de, *nec habet tribunal*, & encore en François nous l'appellons Iuges sous l'orme, dont parlant l'ancienne Comedie de Querolus, dit que *Ad Ligerim, rustici Iperorant & privati judicant, & de robore* (quod quidem est species quercus) *sententias dicunt*.

60. Iuges sous l'orme.

Or pour revenir à l'autre signification de Voyrie, qui est de signifier la police des grands chemins : c'est la verité que de tout temps le Roy a pretendu qu'elle luy appartenoit, & de fait M. Pithou, sur le 130. article de la coustume de Troyes dit, qu'il se trouve un ancien Arrest de l'an 1290. par lequel la Voyrie du Comté d'Anjou, qui n'appartenoit pas au Roy, luy fut adjugée contre le comte, suivant le tit. *Quæ sunt regal. in feud*.

Au moins plusieurs ont tenu, qu'au Roy seul appartient la police des grands chemins tendans de païs en autre, ou de bonne ville en autre: attendu que ces grands chemins sont appellez par les Grecs ΒΑΣΙΛΙΚΑΙ ὁδοί, par les Latins *viæ Regia & publica*, & par nous, chemins Royaux. Car, & les autheurs Romains, & nos anciens praticiens ont distingué notamment les chemins Royaux tendans aux bonnes villes, & les grands chemins tendans aux villages, que les Romains ont appellé *vias vicinales, à vicis*, & les nostres *traverses*.

61. Voirie pretenduë par le Roy és terres des Seigneurs.
62. Au moins és chemins Royaux.

Viarum omnium (dit Siculus Flaccus *in lib. De condit. agror.*) *non est una & eadem conditio. Nam sunt viæ publicæ Regales, quæ publicè muniuntur, & auctorum nomina obtinent: nam & curatores accipiunt, & per redemptores muniuntur. Sunt & vicinales viæ, quæ de publicis divertuntur in agros, & sæpe ad alteras publicas perveniunt: hæ muniuntur per pagos, id est, per Magistros pagorum, qui operas à possessoribus ad eas tuendas exigere soliti sunt: aut, ut compertum est, unicuique possessori per singulos agros certa spatia assignantur, quæ suis impensis tueatur*. Ulpian en la loy 2. §. *Viarum. Nequid in loco public. &c. Viarum quædam publicæ, quædam privatæ, quædam vicinales. Publicas vias dicimus quas Græci* ΒΑΣΙΛΙΚΑΣ, *nostri Prætorias, alii Consulares appellant, Privatæ sunt quas quas agrarias quoque dicunt, Vicinales sunt quæ in vicos ducunt, quod ita verum est, si non ex collatione privatorum agrorum constitutæ sunt*; & Theophyle aux Instit. tit. *De lege Aquiliæ*, Ρουβλικαι μὲν ἰσιν ὁδοι, ἥτε Μιλιτεια λέγεται, παρα τοῖς Ἕλλησι Βασιλικαι, ἡ πάντες ἀντρωποι κέχρηνται, ἐπι διαφόρους ἀνίοντες τόπους· Βικιναλια, ἡ ἐπι κώμας ἀγοντα, Βικος γὰρ ἡ κώμη, διὰ ταύτης γὰρ Βαδίζει πᾶς ἐπι τῶν κωμῶν ἀπιων.

63. Vicinum distinctio.
64. Viæ Regales.
65. Viæ vicinales.
66. Publica via.
67. Privata agraria.

Voila pour les autheurs Romains, dont j'ay bien voulu rapporter les textes, à cause de leur elegance. Quant aux nostres, voicy ce qu'en dit Bouteiller. *Traverse* est une chemin, qui traverse d'un village en autre (ainsi faut il lire) & est commun à tous pour gens, & pour bestes & pour charroy: & dois sçavoir qu'en France au Roy appartient traverses garder & maintenir. Si doit contenir de large, comme le plus des Coustumiers sont d'accord, jusques à vingt, ou vingt deux pieds. Item, chemin Royal, si est le grand chemin, qui va d'un païs en autre, & à une bonne ville à autre, & doit contenir quatre pieds de large sur l'amende de soixante sols au Roy: car au Seigneur souverain appartient la connoissance & connoissance des chemins Royaux, & des cas qui y adviennent, jaçoit qu'ils passent en & parmi la terre d'un haut-Iusticier.

68. Distinction des chemins de France.
69. Traverse.
70. Chemin Royal.

L'ancienne Coustume de Bretagne fait la mesme distinction, sinon qu'elle attribuë la garde des chemins, tendans de ville marchande à autre, au prince, c'est à dire, au Duc, & des autres aux Seigneurs justiciers: celles d'Anjou, Touraine, le Maine, Poictou, & Lodunois, appellent les uns chemins Peageux, dont la reparation doit estre faite (disent-elles) par les Seigneurs Chastelains, ou autres plus grands, qui en ces Coustumes ont droit de peage. Et les autres chemins, elles les appellent *voisinaux*, en terme Latin: à la reparation desquels doit, selon icelles, estre pourveu par le Iuge ordinaire, ainsi que de raison.

71. Chemin Peageux.

Or en consequence de si peu qu'il y a de coustumes, qui attribuent les grands chemins Royaux à la garde du prince, il y a des Officiers Royaux, qui se font accroire, que, & des chemins Royaux, & de tous autres chemins publics, non seulement la garde

72. Pretention des Officiers Royaux touchant les chemins.

Du droit de Police, Chap. IX.

& surintendance, mais aussi la police entiere, & iustice ordinaire, & encore qui plus est, la connoissance des delits commis en iceux leur appartient, bien qu'ils soient situez dans le territoire des Seigneurs Châtelains, dont je diray mon advis selon ma Coustume.

73. Raison contraire. Premierement, il me semble que la distinction des chemins Royaux & de traverses, bien que convenable, lors qu'il est question d'arbitrer leur largeur, ou encore possible de contribuer à leur reparation, il n'est pas toutefois considerable en la question, si la Iustice d'iceux appartient aux Iuges Royaux, ou des Seigneurs.

74. Les chemins Royaux n'appartiennent au Roy. Car les chemins, pour être dits Royaux, ne sont pas plus au Roy que les traverses, ou autres chemins publics; attendu qu'ils sont dits Royaux, comme les plus grands & excellens. Et de fait, il est notoire, qu'ils ont été appellez Royaux par les Romains, & autres peuples qui n'avoient point de Rois.

75. De mesme. D'ailleurs, il est certain, que la vraye propriété des chemins n'appartient pas aux Rois. Car on ne peut pas dire qu'ils soient de leur domaine, mais ils sont de la categorie des choses qui sont hors de commerce; dont partant la propriété n'appartient à aucun, mais l'usage est à un chacun; qui pour cette cause sont appellés *publiques* & par consequent la garde d'icelles appartient au Prince souverain, non comme icelles estans de son domaine, mais comme luy étant gardien & conservateur du bien public.

76. Resolution que la Iustice des chemins Royaux appartient aux Seigneurs. Ie dy notamment la garde principale, c'est à dire, la surintendance: car en France ce qui concerne l'interest public commis en premiere instance aux Seigneurs Hauts-Iusticiers, qui ont le premier degré de Seigneurie publique, notamment la police, & la punition des crimes, comme ie diray en son lieu. C'est pourquoy je conclus que la Police, ou Iustice ordinaire de tous les grands chemins, tendans à la conservation & manutention d'iceux, appartient aux Iuges ordinaires des lieux, du moins à ceux qui ont droit de Bailliage & Châstellenie, & partant de connoistre de la reparation d'iceux, & des entreprises qui s'y font; comme ont decidé toutes les Coûtumes qui ont traité de cette matiere.

77. Et la Surintendance au Roy. Mais quant à la surintendance de la Police generale d'iceux, sans doute elle appartient au Roy seul, privativement aux propres Officiers, comme d'abolir, de changer, de croistre ou diminuer iceux: mesme c'est un cas Royal de connoistre si un chemin est public, ou particulier, & sur tout à cause de cette surintendance du Roy: c'est la vraye cause du grand Voier de France, auquel le Roy l'a remis, & qui represente le Roi au fait de sa charge, de suppléer à la negligence des Iuges ordinaires, Iuges Roiaux ou subalternes, qui laissent entreprendre sur les chemins publics, ou qui n'ont soin de les faire entretenir en bon estat: mesme il est tolerable que les Iuges Roiaux en connoissent en cas de negligence, ou connivence des subalternes; ainsi qu'il a êté iugé par plusieurs Arrests, qu'ils peuvent prendre connoissance des crimes, dont les Iuges ordinaires ont negligé de faire Iustice. Car en effet, les cas où il n'y a aucun poursuivant, & où le fisc est interessé, sont sujets à être delaissez sans Iustice: c'est pourquoy il est tres-expedient, qu'à leur égard, les superieurs puissent suppléer la negligence des premiers Iuges.

78. Qu'il n'est expedient d'en oster la Iustice aux Seigneurs. Mais d'ôter aux Iuges des lieux la Iustice ordinaire des grands chemins, non plus que celle des crimes, mesme d'en permettre la prevention aux Iuges Royaux, outre que ce seroit contre les Ordonnances, qui ne leur reservent que les cas Royaux & de ressort: ce seroit encore au dommage du public, parce que ces differends des chemins, qui sont de peu d'importance, & neanmoins de difficile instruction, ne pouvans être vuidez que sur le lieu, ne pourroient être instruits sans grands frais, s'il falloit qu'un Iuge Royal, éloigné quelquefois de dix ou douze lieües, avec son Procureur du Roy, un Greffier & ses Sergens se transportassent sur le lieu, pour en faire visitation & description.

79. Ny aussi Des Seigneuries Moins encore y a-t-il d'apparence de vouloir soûtenir

que la connoissance des delits commis dans les grands chemins appartiennent aux Iuges Royaux à l'exclusion des Barons de France, attendu qu'on ne peut nier qu'ils n'ayent leur territoire tout entier, & veu ce qui vient d'être dit, que la propriété des chemins n'appartient non plus au Roy, qu'à eux. Mais quand elle luy appartiendroit, même quand la Police entiere des grands chemins seroit un cas Royal, si ne s'ensuivroit-il pourtant, que les delits faits en iceux fussent cas Royaux, non plus que les crimes commis en une Eglise, cimetiere, ou terre vague, mesme en un heritage du domaine du Roy, qui seroit enclavé dans le territoire d'une Iustice Seigneuriale. Car ce n'est pas la propriété du lieu où le delit est commis qui regle la Iustice, mais le pourpris & enclave du territoire. C'est pourquoy je conclus, qu'il n'y a aucune aparence de mettre entre les cas roiaux les delits perpetrez dans les chemins, pourveu qu'ils ne soient faits avec port d'armes, & en assemblée illicite.

La connoissance des crimes en iceux.

80. Du peage. Il reste de parler du droit de peage, que plusieurs Praticiens estiment faire part de celuy de Voirie, & qu'en cette qualité plusieurs Coûtumes, comme celles d'Anjou, Touraine, le Maine, & Lodunois attribuent à tous Châtelains, & par consequent aux autres plus grands Seigneurs, comme de droit commun. Tellement qu'elles decident que quiconque passe pardevant le Chastelain d'un Chastelenie n'est pas recevable à jurer, qu'il a ignoré qu'il eût droit de peage : aussi baillent-elles aux grands chemins le nom de *chemins peageux*, parce que de droit commun, il y est deu peage.

81. Divers noms du peage. Ce peage ou plutôt payage (car il vient de payer, ou de pais, temoin Claudian, qui l'appelle *Patruum vectigal*, & non pas de *Pedagium*, mais *Pedagium* est mal tourné du François) est appellé de divers noms és Coûtumes & Ordonnances, étant tantôt nommé barrage, à cause de la barre assise sur le chemin pour marque d'icelui: tantôt pontenage; quand il se paye au passage d'un pont : tantôt billette, à cause du petit billot de bois qu'on pend à un arbre en signe d'icelui : tantôt branchiere, à cause de la branche d'arbre où ce billot est pendu : tantôt coustume, mot qui signifie generalement toute propriété introduite plutôt par coûtume, que par trait particulier; tantôt aussi est-ce une Prevosté bien que la Prevosté comprenne toute sorte de menus droits anciens d'un Seigneur, dont le collecteur est appellé Prevost *des amendes*, à la distinction du Prevost & garde de la Iustice.

82. Barrage. 83. Pontenage. 84. Billette. 85. Branchiere. 86. Coustume. 87. Prevosté

88. Travers. Finalement le peage est quelquefois appellé *Travers*, à cause qu'il est dû par ceux qui traversent la terre du Seigneur, comme és Coûtumes de Senlis, Clermont, Valois, & autres, bien que proprement, à mon advis, *Travers* est un autre droit que le peage, bien qu'il luy ressemble; à sçavoir le tribut que le Seigneur prend aux limites de son territoire sur les marchandises qu'on enleve de dessus sa terre, que les Grecs appellent *τέλος*, & les Romains l'appellent proprement *vectigal à vehendo*. Mais parce que c'est le plus ancien revenu des Souverainetez, *vectigal* est pris pour tout revenu public, mesme enfin il a été pris pour le revenu des particuliers.

89. Travers signifie propriété.

90. Difference du peage & travers. Or il y a cette difference entre le peage & le travers, que le peage se paye indifferemment par tous ceux qui conduisent de la marchandise dans le chemin Royal, où la billette est assise : & ce que l'on appelle *Travers* est dû seulement par les sujets du Seigneur qui transportent leurs meubles ou marchandises hors son territoire par quelque chemin ou passage que ce soit, qu'on appelle *dégarnir la terre*, lequel droit est appellé *Levage* en la Coûtume d'Anjou.

91. Levage.

92. Origine du travers. 93. Travers est droit de Souveraineté. Ce Travers fut inventé du temps que les Ducs & les Comtes se disans Souverains, & reputans leurs voisins pour étrangers, ne vouloient pas qu'on enlevât & transportât rien hors de leur païs sans leur permission, & sans qu'on leur en païât tribut, ainsi que font aujourd'huy les Potentats souverains d'Italie & d'Allemagne : d'où il s'ensuit que c'est un droit de Souveraineté, meme en user, c'est se porter pour Souverain, & reputer ses voisins pour étrangers, & de diverse Souverai-

Des Seigneuries.

neté : & partant c'est un crime de leze Majesté, quelque prescription qu'on en veuille pretendre, n'estans les droits de souveraineté prescriptibles par les particulieres qui même ne sont pas capables de les posseder.

94. Occasion des peages.
95. Pour l'entretien des chemins.

Mais quant aux peages, ils sont fondez sur des causes plus pertinentes, à sçavoir, que les chemins Royaux trave sans de païs en autre, ont accoûtumé en toute Republique d'être reparez aux dépens du public : or il n'y a en France autre fonds destiné pour leur entretien, que le peage, qui se paie par ceux, qui par iceux conduisent de la marchandise, laquelle à succession de temps rompt & enfondr. le chemin, le peage, à la conduitte de laquelle les marchands ont interêt particulier, que les chemins soient entretenus. C'est pourquoy toutes les Coûtumes qui authorisent les peages, chargent par exprés les Seigneurs, qui les levent, de l'entretien des chemins, ponts, passages & chaussées, qui est aussi un droit commun que les Ordonnances veulent être observées par tout.

96. Pour la seureté des chemins.

Il y a encore une autre charge & obligation fort importante, dont les anciens Arrêts du Parlement (desquels Ragueau, sur le mot *Peage*, en rapporte cinq ou six fort notables) ont chargé les Seigneurs prenans peage ; à sçavoir, qu'ils sont obligez de tenir les chemins seurs & libres, & partant sont garants & civilement tenus des voleries, qui s'y font entre deux soleils : ce qui monstre en passant l'ignorance de ceux qui estiment, qu'ils n'en ont pas la Iustice & connoissance.

97. Que d'ancienneté le Seigneur peager devoit respondre du vol fait en son chemin.

Tant y a, que c'est l'ancien droict de Gaule & d'Italie, qui est remarqué notamment par Aristote, au livre περὶ θαυμασίων ἀκουσμάτων. Ἐκ τῆς Ἰταλίας φασὶν ἕως Τῆς Κελτικῆς, Κελτολιγύων, καὶ Ἰβήρων, εἶναι τινα ὁδόν, Ἡγεμονικὴν καλουμένην, δι' ἧς ἐάν τε Ἕλλην τις, ἐάν τε ἐγχώριός τις πορεύηται, ἐπιμελὲς ὑπὸ τῶν παροικούντων, ὅπως μηδὲν ἀδικηθῇ· τὴν ζημίαν ἐκείνων, καθ' ὧν ἂν ἢ τὸ ἀδίκημα, ποιουμένων, & qu'Alciat dit être encore observée en quelques en droits d'Italie : c'est pourquoy Claudian, Panegyr. 2. a dit,

— Patrimonium vectigal solvere gaudet
Immunis qui clade fuit.

Et Ioseph livre 2. de la guerre des Iuifs, rapporte que Cumanus President de la Iudée, imputoit & faisoit reparer le vol fait en grand chemin, aux Seigneurs des villages prochains, ainsi que Cujas nous l'interprete au Chapitre 11. du dix-neuviesme de ses Observations, disant qu'il faut lire δεσπόταις au lieu de δεσμώταις.

Que s'il plaisoit au Roy remettre en l'usage cet ancien droit, les Seigneurs de France ne seroient pas si prompts à prendre des peages comme ils sont aujourd'huy par tout dôt la marchandise (qui est un des nerfs de l'Estat, & un des liens de la societé civile) est tellement incommodée en quelques contrées, que les voituriers passent autant de temps à aller chercher les billettes par chacune Paroisse, qu'à traverser païs. Et pour un denier, ou un double qu'on prend d'eux, on leur fait tort de plus de cent fois autant. Pour ce même que les peagers, qui sont volontiers quelques soldats devalisez, ou quelques praticiens affamez, ou autres mauvais garnemens, sont si malicieux qu'ils pendent leur billette, & assignent le lieu du peage & acquit le plus loin qu'ils peuvent du grand chemin, & és endroits les plus effondrez & de difficile accez, afin que les marchands ennuyez de se détourner, se hazardent de passer sans payer, & que partant ils ayent, ou leur marchandise, ou une grosse amende. De sorte qu'il n'y a voiturier ordinaire qui n'aymât mieux payer une autre taille au Roy, ou vingt fois autant au Seigneur, que d'être sujet à tels destourbiers.

98. Incommodité des peages.

Or c'est un abus de penser que le peage soit un droit & dépendance ordinaire des Chastellenies & autres Seigneuries plus hautes, fors és Coûtumes qui le leur attribuent : attendu qu'il a été dit cy-devant, que c'est un des droits de Souveraineté, que d'imposer toutes sortes de tributs ou levées de deniers : c'est pourquoy il faut tenir pour certain, que nul peage ne peut estre permis ny imposé par autre que par le Roy.

99. Que peage n'est deu de droit commun.

Mais pour le regard de ceux qui sont imposez par le Roy, il y a Ordonnance de l'an 1570. contenant abolition de tous peages, de quelque nom & qualité qu'ils soient (ce sont ses propres termes) imposez depuis cent ans, à compter depuis l'an 1559. avec inhibition de ne les plus lever en maniere que ce soit, sur peine aux contrevenans d'estre punis comme exacteurs du peuple, & usurpateurs de l'authorité Royale ; contenant en outre, que dans trois mois les pretendans peagers envoyent au Parlement leurs titres, autrement dés à présent, comme de lors, & sans autre declaration, leur est interdit tout usage, jusques à ce que leurs titres ayans été veûs, autrement en soit ordonné. Ordonnance qui veritablement n'est que pour les peages de la riviere de Loire, mais elle devroit être generale, quia ratio non claudittur loco.

100. Abolition des peages.

CHAPITRE X.

Des petites Seigneuries & simples Iustices.

1. Difficulté de ce chapitre.
2. Occasion du livre Des abus des Iustices de village.
3. La haute, moyenne & basse Iustice, se rapporte au merum mixtûque Imperium & Iurisdictio du droit Romain.
4. Pourquoy ils ne s'y rapportent pas directement.
5. Cause de la varieté de cette matiere.
6. De mesme.
7. Interpretation du merum mixtumque Imperium, & Iurisdictio des Romains.
8. Merum Imperium, à qui appartenoit.
9. Haute Iustice, à qui appartenoit anciennement.
10. Que les Seigneurs de France anticiperent du commencement d'un degré par dessus le droit Romain.
11. Moyenne Iustice, à qui appartenoit.
12. Basse Iustice, à qui appartenoit.
13. Haute, moyenne, & basse justice, n'estoit anciennement autre chose que grande, mediocre, ou petite Seigneurie.
14. Comment les Seigneuries ont augmenté leur puissance.
15. De même à l'égard des simples justiciers.
16. Origine de la haute, moyenne & basse justice à present.
17. Qu'il ne les faut proportionner au merum, mixtum, que Imperium, Iurisdictio des Romains.
18. Pouvoir des hauts-Iusticiers.
19. Qu'ils n'ont pas la simple jurisdiction toute entiere.
20. Qu'ils n'ont pas le mixtum Imperium tout entier.
21. de leur pouvoir.
22. Pouvoir des moyens justiciers.
23. Actes du mixtum imperium, qui n'appartient qu'au Roy.
24. Autres qui n'appartiennent qu'aux grands & mediocres Seigneurs.
25. Autres qui appartiennent aux hauts-Iusticiers.
26. Autres qui appartiennent aux moyens Iusticiers.
27. Autres qui appartiennent aux bas.
28 Oeuvres de loy.
29. Legis actiones.
30. Varieté des Coustumes touchant le pouvoir des moyens justiciers.
31. De mesme.
32. Iustice du sang & du larron.
33. De mesme.
34. Iustice à sang.
35. Qu'ils ne doivent connoître du sang.
36. De mesme.
37. Du pouvoir des bas justiciers.
38. Deux sortes de basse justice.
39. Elles sont exprimées és Coûtumes d'Anjou & du Maine.

Des petites Seig. ou simples Iust. Chap. X.   53

40. Basse Justice personnelle.
41. Limitée à soixante sols.
42. Defensores plebis.
43. Basse justice sonciere.
44. Origine d'icelle.
45. Justicier signifie quelquesfois faire les executions de justice.
46. Que celuy qui a fief ou censive n'a pourtant justice.
47. Jurisdictio dominorum in agricolas.
48. Explication du troisiéme chapitre du la Nov. 80.
49. Contre du Moulin.
50. En plusieurs lieux ceux qui ont censive ou fiefs pretendent avoir Justice.
51. Varieté des Coustumes touchant la justice sonciere.
52. Qu'elle n'avoit lieu au commencement, que pour les droits du Seigneur.
53. Concession de justice à un Seigneur sur ses censiers & vassaux seulement, n'emporte que justice sonciere.
54. Comment les justices soncieres se sont amplifiées.
55. Comment s'entendent les Coustumes, qui disent que ces Justices ne connoissent que jusques à sept sols six deniers d'amende.
56. De méme.
57. Amendes coustumieres.
58. Loy d'amende, & amende de loy.
59. Pourquoy és Coustumes d'Anjou & Maine les bas justiciers connoissent de toutes causes, plûtot qu'aux autres.
60. Explication de l'article 27. de la Coustume de Blois.
61. De méme.
62. Resolution touchant le pouvoir de bas justiciers.
63. Qu'ils ne doivent connoistre que jusques à soixante sols.
64. Et non d'aucune cause criminelle.
65. De méme.
66. De méme.
67. Defensores civitatum.
68. Des Officiers des simples Justices.
69. Du Juge, & comment il doit estre nommé.
70. N'ont Lieutenant particulier, Conseillers ny Assesseurs.
71. Quel doit estre le Juge des simples Justices.
72. Du Procureur fiscal, ou d'Office.
73. Ses deux fonctions.
74. Que l'appel en criminel & Police devroit estre relevé avec le Procureur du Roy.
75. De méme.
76. Le Seigneur doit estre intimé, & non le Procureur fiscal.
77. Le Seigneur ne doit plaider en sa justice, sinon pour ses droits.
78. Si les moyens & bas justiciers ont Procureurs d'Office.
79. Du Greffier des simples justices.
80. Officiers des justices doivent resider.
81. De l'Auditoire, ou siege des justices.
82. Tribunal, subsellia.
83. Pedanei judices.
84. Auditoires sont volontiers à la porte du lieu Seigneurial.
85. Juges sous l'orme.
86. Auditoire doit estre dans le territoire.
87. Les expeditions doivent estre faites en l'Audience.
88. Des prisons des Justices.
89. Le bas Justicier en a, & pourquoy?

1. Difficulté de ce chapitre.

C'Est icy le nœud Gordien, plus aisé à couper qu'à dénouër. Je le dis aprés l'avoir essayé, qu'on lise toutes les coustumes qui ont traité de justices, on n'y trouvera que diversité & confusion: qu'on estudie tous les Autheurs anciens & modernes qui en ont écrit, on n'y trouvera qu'absurdité & repugnance : qu'on y reserve à part soy tant qu'on voudra, il sera bien habile, qui parmy ces grandes varietez, & des temps & des lieux, & parmy tant d'absurditez, pourra choisir une resolution asseurée & equitable.

2. Occasion du livre Des abus des Justices de village.

C'est pourquoy quand je m'adonnerai premierement à étudier cette matiere, n'en ayant pû venir à bout, je pris la resolution d'Alexandre le Grand, qu'il falloit couper le nœud, qu'on ne pouvoit dénoüer. Et partant je composay le discours *Des abus de ces Justices*, en intention de le mettre icy, concluant par iceluy, qu'il falloit plûtot tendre à les supprimer, qu'à les regler. Mais au bruit qui courut lors, que le Roy vouloit faire une ordonnance, pour la reformation de la justice, m'en ayant fait avancer l'édition à part, j'ai été contraint de tenter maintenant ce que lors je n'avois pû faire, qui est de parler à bouleveuë, & plûtot par conjecture que par certitude, du reglement de ces justices: attendant qu'il soit venu une bonne inspiration à sa Majesté, de délivrer tout à fait son peuple du plat païs de l'oppression d'icelles.

3. La haute, moyenne & basse justice se rapportent au merum Imperium, mixtum, & jurisdictio du droit Romain.

Quoy que plusieurs de nos modernes se mocquent de ceux qui comparent la haute, moyenne, & basse justice au merum Imprium, mixtum, & jurisdictio du droit Romain, si faut-il confesser qu'il n'y en a autre moule ou patron, que celuy-là, bien que tres-mal rapporté & imité par nous. Car lors que ces justices de village nous sont au dessous de celles des fiefs de Dignité, sont venuës en usage parmy nous, l'intelligence & distinction du *merum, mixtumque Imperium*, & de la jurisdiction des Romains estoit des long-temps perduë & inconnuë: parce que les Autheurs du droit Romain, ne s'étant pas amusez à representer par leurs livres le style & formes judiciaires d'iceluy, qui de leur temps étoient toutes notoires, il nous a été impossible aprés la mutation de leur estat, de le comprendre dans le fonds. De sorte que sur l'explication de ces termes, il s'est trouvé plusieurs opinions des Interpretes du Droit, qui ont écrit aprés la subversion de l'Empire Romain: dont les unes ont été suivies en aucunes de nos provinces, & les autres en d'autres: comme nos anciens Rois plus empeschez & enclins à la guerre qu'à la Justice, s'en reposoient sur les Seigneurs ou Officiers des lieux, & ainsi laissoient à chacun d'iceux établir en son territoire tel droit qu'il vouloit, & par consequent permettoient que chaque païs vécut à sa guise, d'où est provenuë l'incertitude & la varieté de nos Coustumes.

6. De méme.

Mais quoy qu'il en soit, nos divers usages au fait de ces Justices, se rapportent tous aux diverses opinions des Interpretes du droit Romain, touchant le *merum mixtumque Imperium*, & la jurisdiction : & sont tousjours quadrer & correspondre la haute justice au *merum Imperium*, la moienne au *mixtum*, & la basse à la simple jurisdiction des Romains, selon que chacun d'eux y a l'entenduë, & de fait, nos écrivains François soit anciens ou modernes, qui en ont traité en Latin, ne les peuvent nommer d'autres termes, que ceux-là du droit Romain : & ceux reciproquement qui écrivent en François des justices Romaines, n'en peuvent parler que par le nós de nos justices.

7. Interpretation du merum mixtumque Imperium & jurisdictio des Romains.

Bien qu'à vray dire, le *merum mixtumque Imperium & jurisdictio* des Romains n'étoient pas des justices ou Auditoires separez, & propres à diverses personnes, comme sont nos hautes, moyennes, & basses Justices : mais c'étoient trois divers degrez de puissance, de ceux qui avoient authorité au fait de la Justice, étant le *merum Imperium* la puissance de condamner les hommes à mort, que les Magistrats n'avoient pas du droit de leur Office ; mais qui leur étoit concedée par commission particuliere : *mixtum Imperium*, la puissance ordinaire des Magistrats, qui étoit d'avoir le commandement mêlé de jurisdiction : & finalement la simple jurisdiction étoit la puissance de ceux qui étoient commis par les Magistrats, pour exercer leur justice sous leur nom & authorité, comme j'ay prouvé au 6. chapitre du 1. livre *Des Offices*, qu'il faudra joindre au precedent discours, pour bien concevoir l'un & l'autre : & sur tout y apporter de l'attention.

8. Merum Imperium à qui appartenoit.

J'ay dit que le *mixtum Imperium*, ou droit de glaive, n'appartenoit pas aux Magistrats du propre droit de leur Office, mais leur étoit deferé par commission particuliere, & ainsi c'étoit un degré de puissance au dessus du pouvoir ordinaire des Magistrats, lequel pouvoir étoit le *mixtum Imperium*. Ce qu'il faut entendre avoir eu seulement lieu és premiers tems, & lors du droit des Digestes. Mais sous les derniers Empereurs, le droit

g iij

de glaive fut tellement accouſtumé d'être attribué aux Gouverneurs des Provinces, qu'il fut enfin tenu pour un droit & dépendance ordinaire de leurs Offices, comme j'ay auſſi traité au 1. chap. du livre ſecond *Des Offices*.

A laquelle mutation nos anceſtres n'ayant pas pris garde, ont penſé que la puiſſance ordinaire des Magiſtrats, notamment des Gouverneurs des Provinces & Villes qui en eſtoient auſſi les Juges ordinaires, étoit d'avoir ce droit de glaive, ainſi qu'avoient eu les dernieres qui avoient été en Gaule pour les Romains, & par conſequent ont attribué la haute Juſtice aux Ducs & aux Comtes, qui en France ont été les premiers Gouverneurs & Juges ordinaires des Provinces & des Villes, qui auſſi avoient ſeuls anciennement la haute juſtice, comme il a été dit cy-devant entendant par la haute-juſtice ce que les Romains appelloient *merum imperium, ſeu jus gladii*, c'eſt à dire la puiſſance de condamner à mort, ou autre punition corporelle : d'où vient qu'encore aujourd'huy en nos propos vulgaires, nous appellons telle condamnation *acte de haute juſtice*, & le bourreau *l'executeur de haute juſtice*.

Ayant donc attribué aux Magiſtrats ordinaires le *merum imperium*, comme dépendant naturellement de leur charge, bien que ſelon l'ancien droit Romain il ne leur appartient, que le *mixtum Imperium*, il a fallu continuer à anticiper toûjours d'un degré pardeſſus le droit Romain, & attribuer ce *mixtum Imperium* à d'autres moindres que les Ducs & Comtes, à ſçavoir aux Vicomtes, Viguiers, Prevoſts & Chaſtelains des Villes, qui eſtoient leurs Lieutenans, & correſpondoient directement aux mandataires de juriſdiction du droit Romain, & partant ne doivent avoir que la ſimple juriſdiction, n'eſtant pas Magiſtrats, mais ſimples Lieutenans commis & deleguez par les Magiſtrats ordinaires. Ainſi donc ils eurent la moyenne juſtice, c'eſt à dire le commandement & la juriſdiction tout enſemble, pour l'exercer en leur propre nom, comme ſi elle leur eût eſté propre ; qui fut cauſe qu'ils ne tarderent gueres à ſe faire vrais Magiſtrats, & par aprés à uſurper la haute juſtice, que nous avions en France attribué aux Magiſtrats.

Ainſi continuant toûjours cette anticipation d'un degré, il a fallu attribuer la ſimple juriſdiction à d'autres moindres que les Vicomtes, Prevoſts & Châtelains des Villes, à ſçavoir aux Maires, Prevoſts & Châtelains des villages : Mais d'autant qu'au droit des Digeſtes le pouvoir de la ſimple juriſdiction n'eſt pas bien nettement diſtingué d'avec celuy de *mixtum imperium, cui juriſdictio cohæret* : dautant auſſi que les mandataires de juriſdiction furent reduits par les loix du Code, à connoiſtre ſimplement des cauſes legeres, ainſi que les τοπστηρῆται, defenſeurs du menu peuple, & Juges pedanées, comme j'ay dit en ce 6. chapitre du premier livre *Des Offices* : de là eſt venu qu'en France nous avons limité la puiſſance des bas juſticiers, à connoiſtre des cauſes legeres.

De ce diſcours il ſe connoît clairement, que ſelon le premier établiſſement des Juſtices & Seigneuries de France, les hautes, moyennes & baſſes juſtices n'eſtoient autre choſe, que ce que j'appelle en autre choſe les grandes, mediocres & petites Seigneuries : comme la verité, toutes les Seigneuries, & notamment les ſubalternes conſiſtent principalement & formellement en leur juſtice. Et vraiſſemblement les Ducs & Comtes & autres vaſſaux immediats de la Couronne étoient ſeuls & vrayement hauts juſticiers, & Magiſtrats ordinaires de la juſtice, auſſi bien que du gouvernement, établis par le Roy, qui ſeul peut conferer la puiſſance de juger de la vie de ſes ſujets. Pareillement les Vicomtes, Viguiers, Prevôts & Châtelains des Villes, qui de leur origine étoient les Lieutenans des Ducs & Comtes, étoient les moyens juſticiers, ayant le commandement & juriſdiction, qui par eux leur étoit laiſſée & commiſe en vertu de la regle du droit Romain, que le Magiſtrat ordinaire peut commettre toute la fonction de ſon Office, mais non pas le *merum Imperium*. Auſſi a-il été prouvé cy-devant, que les Vicomtes n'avoient de leur premiere inſtitution que la moyenne juſtice, qui encore en Picardie eſt appellée *Juſtice Vicomtiere*, ou *droit de Vicomté*. Bref, les bas juſticiers n'étoient autres que les Maires, Prevôts & Châtelains des villages, qui avoient connoiſſance des cauſes legeres, témoin les Coûtumes qui limitent la juriſdiction des Châtelains à ſoixante ſols : auſſi que nos Docteurs ſont d'accord, que le mot de *Juſtice* ſimplement énoncé, ne ſignifie & n'emporte que la baſſe juſtice, comme a remarqué Chaſſanée au commencement de ſa Coûtume, ainſi qu'en droit la juriſdiction ne ſignifie que la ſimple juſtice ſans commandement.

Voila ce qui étoit au commencement. Mais comme en matiere de Seigneuries & de juſtices on tâche toûjours, & enfin on trouve moyen d'impieter : les Ducs & Comtes en premier lieu ſe ſont faits Princes, & ont uſurpé les droits Royaux : les Vicomtes & Barons par aprés ſont montez en leur rang, & ſe ſont faits premiers Magiſtrats : & finalement les Châtelains ajant converti leur Office en Seigneurie, ont uſurpé la juſtice entiere de leur territoire. De ſorte qu'enfin tous les fiefs de Dignité ont non ſeulement eu la haute juſtice, mais auſſi ont mis ſous ſoy des juſtices inferieures, pour remplir la place vacante des moyennes & des baſſes juſtices. Or ces juſtices inferieures n'étoient du commencement que ſimples Juſtices, c'eſt à dire, ſans titre particulier de Dignité, qui partant ne doivent toutes être que des baſſes Juſtices, telles que la ſimple juriſdiction du droit ; neanmoins, croiſſans de degré en degré, ainſi que les autres Seigneuries avoient déja fait, elles ont à la fin occupé le nom & la place des hautes, moyennes & baſſes Juſtices, & ce poſſible ſous la faveur de l'équivoque du nom de *juriſdiction* ou *Juſtice*, qui en droit ſignifie tantôt la baſſe juſtice, & tantôt eſt le genre, qui comprend ſous ſoy les trois degrez & eſpeces de juſtice, ou plûtôt, dautant que les habitans des villages où il y avoit baſſe juſtice, pour gratifier leur Seigneur en amplifiant ſa juſtice, & craignant de lui déplaire en faiſant le contraire, ou meſme pour leur commodité particuliere d'avoir leur Juge ſur le lieu, bien qu'il ne fuſt ordonné que pour les legeres cauſes ont neanmoins eu recours à luy pour les differends : & ainſi par une prorogation volontaire de juriſdiction, (approuvée en ce cas par la loi *Inter ad municip. De qua re*. §. *Judex D. De judiciis*.) les ſimples juſticiers ont pris couſtume de connoiſtre de toutes cauſes. Duquel changement il ſe trouve une remarque fort notable en un ancien Arreſt du Parlement de Touſſaints de l'an 1272. rapporté par M. Choppin ſur la Couſtume de Paris, livre premier titre 2.

C'eſt pourquoy par aprés, lors que les Seigneurs ont voulu conceder des Juſtices, ils ont nommément exprimé l'eſpece ou degré qu'ils entendent conceder, à ſçavoir de la baſſe, ou de la moienne juſtice, & quand ils ont concedé la haute, ils ont dit qu'ils concedoient toute juſtice haute, moyenne & baſſe. Et par ce moyen ſont demeurées juſques à nôtre temps ces trois eſpeces de juſtice ; mais bien d'autre façon qu'elles n'étoient du commencement. Car comme il vient d'être dit, du commencement elles étoient ſeulement attribuées aux fiefs de dignité, maintenant ce ſont eſpeces de Seigneuries, au deſſous de toutes celles de dignité.

C'eſt pourquoi il ne faut pas proportionner ni égaler les hautes Juſtices d'apreſent au *merum Imperium*, ni les moiennes au *mictum*, ni les baſſes à la ſimple juriſdiction du droit. Car au lieu que le *merum Imperium* contenoit puiſſance de juger de tous crimes ſans exception, meſme poſſible en ſouveraineté &

Des petites Seig. ou simples Iust. Chap. X.   55

sans appel, comme j'ay dit au 1. liv. *Des Offices*, nos hautes justices n'ont pas connoissance des grands crimes, même elles n'ont pas entierement le *mixtum Imperium*, l'ayant tout à fait cette partie d'iceluy, qui participe plus du commandement que de la jurisdiction, & qui estoit appellée en droict *Legis actio*.

18. Pouvoir des hauts-justiciers.

Et partant hors de la connoissance des crimes communs qu'en France nous avons estimée être plus de jurisdiction que de commandement, elles n'ont presque au demeurant que ce qui est de simple jurisdiction, sous laquelle est compris le commandement qui y est adherant & inseparable; *Et sine quo jurisdictio explicari non potest*: & ainsi elles n'ont que ce qu'avoit au droict Romain le commandement de jurisdiction, auquel nous avons dit que la simple jurisdiction du droict residoit: aussi est-ce la pure verité, que comme ils sont simples justiciers, aussi ne doivent-ils avoir que la simple jurisdiction.

19. Qu'ils n'ont pas la simple jurisdiction toute entiere.

Encore ne l'ont-ils pas toute entiere en aucunes coûtumes, mais il y a certaines causes, dont la connoissance leur est interdite, à sçavoir, celles qui par l'ancien usage de France avoient coutume d'être reservées à la personne des Magistrats, & depuis de leurs Baillifs, comme les causes des Nobles, des grands chemins, & cas advenus en iceux. Et pour ce qui dépend du *mixtum Imperium*, ils n'ont pas police (j'entends seulement en ce qui est de faire les reglemens politiques, & non en ce qui concerne l'execution d'iceux) le notariat, ou tabellionné, les bans & cris publics, ne doivent pas avoir les decrets, comme il a été prouvé aux deux precedens chapitres.

20. Qu'ils n'ont pas ce mixtum imperium tout entier.

21. De même de leur sçavoir.

Hors cela les hauts-justiciers connoissent indifferemment de toutes causes, tant civiles que criminelles: encore y a-il plusieurs coûtumes, & notamment la reformée de Paris en ses articles secrets, qui sans avoir égard aux raisons cy-dessus deduites, & voulant égaler tout à fait les hautes-Justices au *merum Imperium* du droict, leur ont attribué toutes causes sans exception, fors seulement les cas Royaux.

22. Pouvoir des moyens justiciers.

D'où s'ensuit à plus forte raison, que le *mixtum Imperium* du droict n'appartient pas tout à fait aux moyens Justiciers, notamment ces trois poincts, qui sont interdits aux hauts-Justiciers, à sçavoir la police, le notariat & les bans: & le même devroit être des decrets.

23. Actes du mixtum imperium qui n'appartiennent qu'au Roy.

Et il faut observer qu'il y a tels actes ou dependance de ce *mixtum Imperium* du droict, qui n'appartiennent pas mêmes aux Comtes ny aux Ducs, & qui n'appartiennent pas aux plus grands Magistrats Royaux, mais sont reservez au Roy, comme les restitutions en entier, les dispenses contre le droict commun, & autres semblables actes, qui à Rome dépendoient du *mixtum Imperium*, & appartenoient au Preteur, ou au Magistrat ordinaire.

24. Autres qui n'appartiennent qu'aux grandes & mediocres Seigneuries.

Il y a d'autres actes du *mixtum Imperium*, qui n'appartiennent encore à present qu'aux Chastelains, & autres plus grands Seigneurs, comme les trois qui viennent d'être rapportez, la police, le notariat & les bans, & qui appartiennent seulement aux justiciers: à l'exclusion des moyens, & des bas, comme d'ordonner les separations de biens entre gens mariez, interdiction aux prodigues, & les decrets en aucunes coûtumes. Autres aussi qui appartiennent aux moyens Justiciers, à l'exclusion des bas, comme le seellé, confection d'inventaire, émancipation, dation de tuteurs & curateurs. Autres finalement qui appartiennent aux bas justiciers, comme les saisies, nantissemens, ou ensaisinemens, qui sont laissez à tous les Juges des lieux, à cause de la celerité qui y est requise, suivant la loy 1. *De damno infecto*. Et lesquels actes du *mixtum Imperium* appartenans aux bas justiciers, les coûtumes du païs de Flandres appellent particulierement *œuvres de la loy*, bien que proprement, tous les actes du commandement mêlé; qui participent plus du commandement que de la jurisdiction, soient appellez en droict, *Legis actiones*, selon la plus veritable opinion.

25. Autres qui appartiennent aux hauts justiciers.
26. Autres qui appartiennent aux moyens.
27. Autres qui appartiennent aux bas.
28. Œuvres de la loy.
29. Legis actiones.

Mais pour revenir au pouvoir du moyen Justicier il est certain qu'il a la connoissance de toutes causes civiles, tout ainsi que le haut Justicier; mais quant aux criminelles, nos coûtumes y sont variables. Car les unes comme celle de Paris, de Nivernois, & autres, ne luy attribuent connoissance, que de celles dont l'amende ne peut exceder soixante sols; & de fait on tient pour maxime du droict coûtumier, que le moyen Justicier ne peut imposer plus grosse amende.

30. Varieté des coûtumes touchant le pouvoir des moyens justiciers.
31. De même.

Les autres, comme les coûtumes du païs de Picardie, & de Flandres, luy attribuent la connoissance *du sang, & du larron*, (disent-elles) c'est à dire, les blessures à sang & de poing garny, pourveu que ce soit de chaude colere, comme interprete la coûtume de Senlis, article 110. & la connoissance du larcin non qualifié & capital; d'autant à mon advis, que ces delits sont plus frequens que les autres: & de fait il y a plusieurs concessions de justice faites avec cette clause, *Cum sanguine & latrone*, autres au contraire, *excepto sanguine & latrone*.

32. Justice du sang & du larron.
33. De même.

Autres encore attribuent au moyen Justicier tous les delits indifferemment, n'emportans peines de mort, ny mutilation de membre, qui sans doute étoit compris sous le *mixtum Imperium*, du droict. Mesme il y a des coûtumes, à sçavoir, celle d'Anjou, Touraine, & le Maine, qui luy attribuent l'homicide, non pourpensé, & le larcin bien que capital, & partant appellent la moyenne justice, *Justice à sang*, & permettent au moyen Justicier d'avoir des fourches patibulaires.

34. Justice à sang.

En quoy, sauf correction, il n'y a nulle raison de donner à des Juges guestrez & sous l'orme, la puissance de la vie & de la mort des hommes, qui est tout autant de puissance, qu'en avoient les anciens Proconsuls, Presidens des provinces de Rome, qui encore n'avoient que le *merum Imperium*, si le *merum* ne leur étoit specialement concedé, lequel au premier temps n'étoit gueres baillé aux Proconsuls, sinon en fait de guerre, comme Dion a remarqué au livre 53.

35. Qu'ils ne doivent connoistre du sang.

Comme aussi je n'estime pas que de droict commun en France, le moyen justicier doive avoir la connoissance *du sang & du larron*, & de fait Guenois en sa conference de coûtume, rapporte un Arrêt donné en la plaidoyrie du Mardy matin 24. Novembre 1551. par lequel il a été jugé, que depuis qu'en une batterie y a effusion de sang, c'est cas de haute justice. Dont Bacquet au 10. chap. *Des droicts de justice*, allegue encore deux autres Arrests. D'où s'ensuit que regulierement & de droict commun, les moyens Justiciers ne doivent connoistre que des delits bien legers.

36. De même.

Quant aux bas justiciers, c'est chose quasi impossible de concilier les coûtumes qui parlent de leur pouvoir, toutefois pour y apporter quelque éclaircissement, il faut remarquer qu'en icelles il se trouve deux especes de basses justices, qui n'ont jamais été distinguées par aucun Praticien, (ce qui est cause de la confusion qui se trouve en ce poinct) à sçavoir les basses justices personnelles, & les justices foncieres ou basses justices réelles, & cette distinction entenduë, ostera beaucoup de la difficulté, qu'il y a à comprendre le pouvoir des bas justiciers.

37. Du pouvoir des bas justiciers.
38. Deux sortes de basse justice.

Ces deux sortes de basse justice se trouvent separément rapportées és coûtumes d'Anjou & du Maine, qui sont celles, dit le grand Coustumier, qui traittent le mieux les droicts de Justice. Car le premier chapitre de ces deux coûtumes traitte de la basse justice, réelle & fonciere, aussi est-il intitulé *De basse Justice, fonciers, & simple voirie, qui est tout un*, ce sont les mots de la rubrique; & porte le premier article que cette justice connoist seulement des causes réelles. Et aprés au chap. *Des droicts de Chastellenie*, il est porté que le Seigneur Chastelain *a un Juge, ou Officier Chastelain, qui connoist des causes personnelles jusques à soixante sols entre lais & roturiers seulement*: voila la basse justice personnelle.

39. Elles sont exprimées és coûtume d'Anjou & du Maine.

Je dis donc que les basses justices personnelles étoient anciennement toutes les justices de village, provenuës

40. Basse justice personnelle.

Des Seigneuries.

de concession ou érection, & non pas d'usurpation, je dy toutes sans exception ; car même la Justice originaire & primitive des Châtelains de village, n'étoit que de connoistre des causes personnelles, jusques à soixante sols, comme ces deux coûtumes nous apprennent. Il est bien vray que les Comtes pouvoient bien avoir un Lieutenant ou mandataire de leur jurisdiction entière, residant en leur ville capitale : mais hors celuy-là, s'ils mettoient aux villages des autres delegués ou Lieutenans, comme étoient les Châtelains de village, ceux-là n'avoient pas la jurisdiction entière, mais n'avoient que telle justice que les τοπονηρῖται, *Judices Pedanei & defensores plebis*, du Droit Romain, desquels la connoissance étoit limitée, *ad quinquaginta solidos. l. 1. Cod. de defens. civit.* Ce que nos anciens Praticiens ont interpreté *cinquante sols*, bien que ce fussent cinquante écus sols.

Quant aux Justices foncieres que les coûtumes d'Anjou & du Maine appellent basses Justices, elles ne sont pas venuës de concession expresse, mais d'usurpation, qui en plusieurs provinces a passé en droit commun, à cause d'une fausse opinion de nos anciens praticiens, qui estimoient que toute Seigneurie feodale, c'est à dire, tout fief ayant vassaux ou censive, emportoit de sa propre nature droit de justice sur les vassaux ou censiers qui en dependoient, du moins pour le recouvrement de ses droits de Seigneurie.

Laquelle fausse opinion est provenuë de l'équivoque du terme de Seigneurie, & confusion de la Seigneurie publique, qui est droit de Justice, avec la Seigneurie directe, qui n'est qu'une espece de Seigneurie privée ; tout de même sous la faveur de cét équivoque, ceux qui ont la Seigneurie directe des maisons d'un village, & dont m'uvent, ou un fief ou à cens, se qualifient Seigneurs de ce village, bien que le vray Seigneur du village soit celuy seul qui en a la Seigneurie publique, c'est à dire, la Justice. Ou plûtot cette opinion est provenuë de ce que plusieurs coûtumes permettent aux Seigneurs feodaux de saisir de leur propre authorité les fiefs de leurs vassaux : & aux Seigneurs censiers, d'obstacler les maisons redevables de leurs cens, ou mettre les huis & fenêtres d'icelles hors des gonds : ce qu'ils ont estimé être acte de Justice, à l'occasion même des amendes, que les Seigneurs directs levent sur leurs vassaux, qu'ils ont aussi estimées être actes de Justice, & de fait en plusieurs coûtumes & livres des anciens Praticiens, faire ces saisies s'appelle *justicier pour son fief & pour son cens*.

Ce qui est fort bien exprimé en l'ancien coûtumier de Normandie, chapitre 3. *Aucune fois appelle-t-on justice une detresse qui descend de droit, si comme l'on dit d'aucun, qu'il justicie bien ses hommes, telle Justice est faite par prendre biens, ou fief, ou corps.*

C'est neanmoins chose fausse, que quiconque a fief, ou censive sous sa Seigneutie publique, qui seule emporte justice, est specifiquement differente de la Seigneurie directe, qui est une espece de Seigneurie privée. Et ce que nous appellons Seigneurs, ceux desquels nous tenons en fiefs, ou à cens, c'est faute d'avoir autre terme François qui signifie cette espece de Seigneurie. D'ailleurs les saisies que les Seigneurs font de leur autorité, ou obstaclemens des portes, ou degonsemens des fenêtres, ne sont pas actes de justice, qui se fassent avec connoissance de cause, mais sont exploits domaniaux, c'est à dire, actes de Seigneurie privée, *& factum Domini rei suæ utentis* : & toutefois, parce qu'ils semblent participer de la puissance publique, toutes les nouvelles coûtumes deffendent aux Seigneurs de les faire sans permission de justice : *nec enim privatis permittendum est, quod per Magistratum fieri debet. l. Non est singulis. D. De regulis juris.*

Cette fausse opinion peut aussi être provenuë de ce que Justinien en la Novelle 80. chap. 2. dit que *si agrivum in agri-cola constitutis sub dominis litigent, debent possessores citim ad decernere pro quibus venerunt causas, & postquam ei reddiderint, mox eos domum remittere* : C'est pourquoi il dit au chapitre suivant, que *agricolarum domini eorum judices à se sunt statuti.* Elle peut aussi provenir de ce que Cesar au

6. livre, *de bello Gallico*, dit que *in Gallia Principes regionum atque pagorum inter suos jus dicunt, controversiasque minuunt.* Car cette justice attribuée par Justinien, étoit une Justice œconomique & familière des Maistres sur leurs colons, qui étoient lors demy-serfs, *ut in titulo de Agricolis & censitis. lib. 10. Cod. Constituti nimirum sub dominis*, dit notamment le chapitre 2. de cette Novelle, autrement, & s'ils eussent été tout à fait libres, *non habuissent dominos nec possessores, id est, se possidentes.* De sorte que du Moulin s'abuse grandement au 2. article de la coûtume, glose 3. il entend cette Novelle de gens de village libres tout à fait, & qu'il veut tirer de ce texte l'origine de Justices Seigneurales : Et de fait, cette Novelle adjoute que quand les colons ont procez contre leur Seigneur, ce n'est pas luy qui est Juge, mais faut avoir recours au Juge ordinaire : bien que notoirement les plus communes, même selon plusieurs coûtumes, les seules causes des Justices Seigneuriales, sont les causes d'entre le Seigneur & ses sujets. Et quant au passage de Cesar, il le faut entendre des principaux Officiers des Bourgs, qui y commandoient en paix & en guerre, comme j'ay dit au deuxieme chapitre de ce livre.

Mais neanmoins cette fausse opinion a été cause qu'en plusieurs provinces tous les Seigneurs qui ont ample censive & plusieurs vassaux, se sont ingeré de faire exercer d'authorité privée une maniere de Justice, pour se faire payer de leurs droits Seigneuriaux : qu'ils appellent en Beausse, & notamment au Perche où cela est tout un *Justice pour ses droits & debites*.

Voilà l'origine de la justice foncière, qu'à bon droit plusieurs coûtumes ont rejettée & deffenduë tout à fait comme celle de Meaux, Valois, Xaintonge, S. Paul & Paris aux articles secrets : Autres en ont fait un quatrième degré au dessous de la basse justice, comme Sens, Auxerre, l'Autheur du grand Coûtumier au lieu cy-dessus allegué, & Bacquet au commencement de son livre *des droits de Justice* : Bref, d'autres la confondent avec l'autre espece de basse Justice, comme les coûtumes d'Anjou, Touraine, le Maine, & Lodunois.

Quoy qu'il en soit, il est tout certain que cette justice foncière n'avoit lieu en son origine, que pour raison des droits du Seigneur ; comme il est dit expressément en la coûtume du grand Perche, titre 1. article 14. & en celle de Sole, titre 12. article 1. & Bouteiller au titre *des droits au bas Justicier*. Si sçachez, dit-il, que le *Justicier qui tient en basse Justice, si est d'avoir tant seulement Justice de ce faire payer de ses ventes*. Et ainsi falloit-il entendre le 27. article dû titre de la Coûtume de Blois (sur lequel il y eut tant de debat lors de la redaction, comme a dit Pontanus) qui porte que le *bas Justicier a connoissance de ses Sujets & étagers* ; car ainsi faut-il dire, & non pas *étrangers* : d'où il resulte en passant une conclusion fort notable, que les concessions faites à un Seigneur de fief sur ses censiers & vassaux seulement (comme il y en a plus de cette sorte que d'autre) n'emportent proprement que cette Justice foncière, n'étant la Justice concedée indefiniment en l'université du territoire, mais seulement sur les censiers & vassaux, qui est à dire, entant qu'ils sont appellez comme tels, & non quand ils sont appellez en autre qualité. Car toute Justice ordinaire doit avoir son enclave certain & entier : aussi que ces concessions de Justice faites par permission du Roy, étant de soy nulles, ou du moins étant exorbitantes & abusives, on ne peut moins faire que de les restraindre & retrancher tant que faire se peut.

Mais à succession de temps, les Iuges de ces Justices foncieres, non contens de connoître des droits de leur Seigneur, que plusieurs coûtumes appellent *les causes d'office*, qui pourtant étoit la plus ample jurisdiction qu'ils pussent prendre en consequence de la simple Seigneurie feodale & fonciere, ont encore entrepris de connoître d'autres causes foncieres & mixtes de partie à partie : neanmoins des petits differends naissans ordinairement dans les villages, & qui ne se peuvent bien vuider que sur le lieu, comme du bornage des terres, du dommage des bestes, & autre semblable, dont il n'y a que

Des petites Seig. ou simples Iust. Chap. X.

55. Comment s'entendent les Coustumes qui disent que les bas Iusticiers ne connoissent que jusqu'à 7. sols. den. d'amende.

que loy d'amende, ou amende de loy, c'est à dire de sept sols & six, comme l'expliquent disertement les Coustumes d'Anjou & du Maine.

Ce qui semble neantmoins un vray énigme, attendu que ces mêmes Coustumes disent peu auparavant, que le bas Iusticier ou Seigneur foncier n'a connoissance d'aucunes causes criminelles, & ne parlent en cét endroit que des causes civiles réelles: Et est encore plus obscur, ce que dit le 27. art de la Coustume de Blois, que *le bas Iusticier a connoissance sur ses Sujets & Estagers de toutes actions personnelles civiles, dont les amendes n'excedent point sept sols six deniers tournois*. Car comment se peut-il faire que les Iustices soient limitées és causes civiles par les amendes, veu que comme nous vivons à present, il n'y a presque point de cause civile, où il échée amende; & lors qu'on pratiquoit les amendes de contestation, elles étoient uniformes de sept sols & six en toutes causes, comme il sera dit incontinent.

56. De mesme.

C'est pourquoy les Coustumes reformées de Melun & de Paris croyans s'accorder avec les anciennes des autres lieux, ont dit que le bas Iusticier connoistoit des delits jusqu'à sept sols six deniers d'amende & des causes civiles jusqu'à soixante solz ce qui toutefois ne convient pas ç aux autres Coustumes, qui parlent expressément de l'amende des causes civiles, & non des criminelles.

57. Amende de coustumiere.

Donc quant aux Coûtumes d'Anjou & du Maine, il les faut interpreter par elles-mesmes. Et comme anciennement il échoit certaine amende en toutes causes contre celuy qui ayant temerairement contesté, succomboit par aprés en icelles, faut d'amende, qu'en l'article 166. de la Coûtume d'Anjou, & en l'article 182. de celle du Maine, l'amende ordinaire des causes réelles est taxée à sept sols & six: & cette amende en plusieurs autres articles de ces Coûtumes, est appellée *amende de loy* ou *loy d'amende*, comme étant l'amende ordinaire de Iustice, qui souvent en nos Coûtumes est appellée *loy*, & notamment la basse Iustice est appellée *loy*, comme il se voit dans Ragueau. De sorte qu'il faut conclure qu'en ces Coûtumes les Iusticiers peuvent connoître indifferemment de toutes causes réelles & foncieres.

58. Pourquoy és Coustumes d'Anjou & Maine les bas Iusticiers connoissent de toutes causes plûtost qu'au, &c.

Ce qui n'est pas si étrange, qu'il seroit aux autres Coustumes, tant parce que l'exception a lieu du superieur à l'inferieur, que parce aussi que les baslusticiers ne peuvent tenir leurs plaids que quatre fois l'an; ce qui est assez pour poursuivre les droits du Seigneur, qui échéent aux quatre termes; mais ce n'est pas pour attirer beaucoup de causes des particuliers, qui hors ce temps les commencent és Iustices superieures.

40. Explication de l'art. 27. de la Coustume de Blois.

Mais l'art. 27. de la Coûtume de Blois, qui attribuë au bas Iusticier toutes les causes personnelles civiles, dont il n'échet plus grosse amende que de sept sols deniers, est plus mal-aisé à entendre; veu que cette Coustume ne fait aucune mention en nul endroit des amendes de contestation, comme font celles d'Anjou, du Maine, & autres, même celle de Berry, qui est pareillement voisine. Et toutefois, depuis que je demeurant en Dunois, j'ay reconnu que c'est un style & formulaire ancien, qui est encore retenu en la pluspart des petites Iustices du Bloisois & Dunois, de condamner celuy qui est debouté de ses conclusions, soit demandeur ou deffendeur, en l'amende de la Cour, aussi bien qu'és dépens, quoy qu'il n'y ait que les plus rudes Seigneurs qui recherchent & faisent payer cette amende; & il me souvient fort bien d'avoir fait és Assises, deffenses aux Iuges ressortissans devant moy, comme Bailly de Dunois, de les adjuger ny faire exiger. Car c'est la verité que lors qu'on introduisit ces amendes, les Seigneurs rendoient où faisoient rendre la Iustice gratuitement, & leurs Iuges ne prenoient rien des parties, mais étoient gagez, & prenoient leurs salaires sur les deniers qui provenoient de ces amendes, comme j'ay dit amplement au 1. Livre *Des Offices*.

61. De mesme.

Or je ne puis dire au vray à combien montoit cette amende de la contestation: & possible étoit-elle anciennement plus grande que sept sols six deniers és causes excedantes soixante sols. Autrement il faudroit

Des Seigneuries.

conclure qu'en Blesois le bas Iusticier connoistroit de toutes causes, & partant frustratoirement la Coûtume luy assigneroit-elle pour borne de sa jurisdiction, l'amende de sept sols & six, si cette amende avoit lieu indistinctement en toutes causes.

62. Resolution touchant le pouvoir des bas Iusticiers.

Ie conclus donc que ce n'est qu'abus, usurpation & confusion pour ces basses justices foncieres, hors si peu qu'il y a des Coûtumes qui les admettent, & ne doivent être tolerées du droit cômun de la France. Et quant aux autres basses justices, que j'appelle *personnelles*, je dis que suivant les Coûtumes nouvellement reformées, il les faut restraindre à ne connoître que des causes personnelles civiles, jusques à soixante sols qu'il faut entendre eu égard à la demande, & non pas, ny à la deffense ny à la verité du deu, suivant la loy penult. §. 1. D. *De jurisdictione*. D'où il resulte encore, qu'il faut que la demande soit de somme ou quantité certaine, & non pas de chose qui tombe en estimation incertaine & non liquide; autrement la jurisdiction du bas Iusticier qui n'est pas Iuge ordinaire du territoire, n'est pas fondée liquidement; mais pour fonder la jurisdiction faudroit estimer & liquider ce qui est demandé, avant que sçavoir s'il est deu.

63. Qu'ils ne doivent connoitre que jusqu'à 60. sols.

64. Et non d'aucune cause criminelle.

Cette même consideration me fait croire, que c'est le plus equitable de tenir, que les bas justiciers ne doivent avoir aucune connoissance des actions criminelles, attendu que toute condamnation criminelle est arbitraire en France, & partant incertaine & illiquide. Car quelle apparence y a-t-il de dire qu'ils connoistront jusqu'à sept sols & six deniers d'amende, sorte qu'il faille prejuger & deviner la condamnation avant que commencer le procez, pour établir la jurisdiction.

65. De mesme.

Même quelle apparence y a-t-il d'user de procedure extraordinaire ou instruction criminelle en un pretendu delit, où il n'écherra que sept sols six d'amende; veu que telle procedure extraordinaire, dont nous usons en France, n'avoit lieu à Rome, qu'au seul crime de leze-Majesté, comme le docte Iuge criminel Aiaut a bien remarqué, & quant à l'instruction criminelle dont usoient les Romains, elle n'avoit lieu qu'aux grands crimes, qui seuls étoient poursuivis par voye d'accusation & par la forme des jugemens, qu'ils appelloient *publics*; mais les excez, & autres petits delits, mesme le larcin, & encore le ravissement, étoient poursuivis par action civile, *injuriarum, furti, aut bonorum raptorum, vel alia panali actione*.

66. De mesme.

Aussi void-on qu'il n'y a aucune Coûtume qui permette au bas justicier d'avoir un Procureur fiscal ou d'Office, sans lequel neanmoins en France nul procez criminel ne peut estre instruit. Et bien qu'au Droit les deffenseurs des citez eussent beaucoup plus grand pouvoir que les bas Iusticiers de France, si n'avoient-ils aucune connoissance des procez criminels: il est vray qu'ils estoient tenus d'arrester les criminels trouvez en flagrant delit, & étoit leur charge de faire leur procez; comme étans les Procureurs du peuple, ainsi qu'il sera dit en son lieu. Et à cét exemple nos Coûtumes permettent aux bas Iusticiers de saisir & emprisonner ceux qui delinquent en leur détroit, à la charge de les faire amener au superieur dans vingt & quatre heures: c'est pourquoy il leur est permis d'avoir des prisons: même en Normandie les Hauts-Iusticiers ne peuvent retenir les criminels dans leurs prisons plus de vingt-quatre heures, aprés lesquelles le superieur acheve le procez, si dans vingt-quatre heures il n'a été parfait: ce qui est sans doute plus à propos, que de permettre à des Iuges de village, l'entiere instruction, & même la decision des procez capitaux.

67. Defensores civitatū.

Voilà ce qui me semble le plus equitable touchant le Reglement de la jurisdiction des hauts, moyens, & bas justiciers, & pour achever icy ce qui concerne leur pouvoir, il faut se souvenir que pour l'exercice de leur justice, ils ont besoin de trois choses; à sçavoir d'Officerie, d'Auditoire, & de prisons, dont il faut parler separément.

68. Officiers des simples Iustices.

Premierement, ils ont besoin d'un Iuge, je dis notamment un Iuge ou garde de justice, & non pas Bailly,

69. Du Iuge, & comment

Des Seigneuries.

il doit estre nommé. parce qu'à bien entendre, ce nom ne convient qu'aux Iuges des Châtelains & autres plus grands Seigneurs, qui ont droit de Bailliage, comme j'ay prouvé au chapitre 8. Et le Lieutenant de ce Iuge en bonne école, devroit estre appellé *Commis*, & non pas Lieutenant, comme en la Coûtume de Poictou, article 7. mais comme en matiere de mots l'usage donne loy, aujourd'huy on appelle les Iuges des Hauts-Iusticiers *Baillifs* & *Lieutenans* : quoy qu'il en soit, par les Arrêts de la Cour il leur est deffendu de se qualifier *Lieutenans Generaux*, parce que les Seigneurs ne peuvent avoir de Lieutenans particuliers, &

70. N'ont Lieutenant particulier, Conseillers ny Assesseurs. si quelques-uns des plus grands Seigneurs en ont, c'est par abus, qui ne seroit toleré à mon avis, si on en faisoit plainte au Parlement ; comme aussi ils ne peuvent mettre des Conseillers ou Assesseurs en leurs Iustices, ny en un mot créer aucuns Officiers nouveaux, & non necessaires : car c'est une chose assez exorbitante, qu'ils en puissent mettre de necessaires, comme j'ay prouvé ailleurs.

71. Quel doit estre le Iuge des simples Iustices. Ce Iuge ou garde de Iustice du Haut-Iusticier devroit en bonne Iurisprudence, être lettré & gradué : car en France où il y a abondance de gens de lettres, nous tenons qu'autre qu'un Iuge gradué ne peut donner Iuge de mort en Iustice ordinaire, dont j'ay oüy dire qu'il y a quelques Arrêts, & il meriteroit bien d'y en avoir Ordonnance. Mais quant aux Iuges des moyens & bas Iusticiers, ensemble de tous les Procureurs fiscaux ou d'Office, je n'estime pas qu'il soit necessaire qu'ils soient graduez, comme aussi le Commis ou Lieutenant du Haut-Iusticier, à la charge qu'il ne juge les criminels sans son Bailly, ny les procez appointez au dessus de dix livres, sans conseil gradué.

72. Du Procureur fiscal ou d'Office. Les Hauts-Iusticiers ont outre cela un Procureur fiscal (car d'avoir un Avocat fiscal, il n'appartient qu'aux plus grands Seigneurs) & ce Procureur fiscal a deux charges : l'une de procurer l'interest public ou de Iustice, à sçavoir és causes criminelles ou de police : l'autre de procurer l'interest du Seign. qui en sa justice plaide sous le nom de son Procureur fiscal, comme le Roy és siennes.

73. Ses deux fonctions. Lesquelles deux charges meriteroient bien d'être distinguées mieux qu'on ne fait : car quand un Procureur fiscal poursuit une cause criminelle ou de police ;

74. Que l'appel en criminel & police devroit estre relevé avec le Procureur du Roy. c'est la verité qu'alors il fait Office de Substitut de Monsieur le Procureur general du Roy, auquel tout interest public appartient : tout ainsi que la justice ou Seigneurie publique du Seigneur subalterne est substituée, & tient lieu de justice & Seigneurie universelle du Roy. D'où je conclus que l'appel d'une Sentence criminelle ou de police, doit être relevé & instruit avec Monsieur le Procureur General seul, ainsi que celuy des Iuges Royaux, non avec le Seigneur, qui en son particulier n'a point d'interest si le crime est puny, & si la police ordonnée par ce juge peut le bien public être executée.

75. De mesme. C'est une chose inutile de dire que les Seigneurs ont les amendes & confiscations : car cét accessoire n'entre point en consideration au principal, attendu que c'est chose prohibée & honteuse qu'un Seigneur poursuive un criminel pour avoir sa confiscation, & sous pretexte d'icelle, il n'est pas recevable à sa remission ou grace ; De dire aussi que les Seigneurs sont tenus faire punir les delinquants : cela est vray en leur Iustice, mais non pas devant les Iuges Royaux, où ils en sont autant tenus, comme les Seigneurs en leurs Iustices : il est vray que la conduite du prisonnier est à leurs frais, comme dependante de l'execution de la Sentence de leur Iuge, quand elle luy est renvoyée.

76. Le Seigneur doit estre intimé, & non le Procureur fiscal, & pourquoy. Mais quand il est question des droits du Seigneur, il n'y a point de doute qu'il ne doive être intimé sur l'appel de son juge, j'entends le Seigneur mesme, & non pas son Procureur fiscal : car ce n'est qu'en sa Iustice qu'il peut plaider sous le nom d'iceluy, afin que sous ce nom emprunté il soit plus franchement condamné. Comme si son fisc, ou sa Seigneurie estoit autre chose que luy-mesme, ainsi que quand le Marchand fait son compte de sa marchandise, il s'imagine que sa boutique & luy sont 2. disant qu'il doit à sa boutique, ou que sa boutique luy doit tant.

Ce qui nous fait connoistre que s'il est question de quelque action personnelle, soit pour ou contre le Seigneur qui ne concerne point les droits & dépendances de sa Seigneurie, & principalement de quelque recherche criminelle contre luy, non seulement il n'en peut pas plaider sous le nom de son Procureur fiscal, attendu qu'il ne s'agit pas de son fisc, mais mesme on n'est pas tenu d'en plaider contre luy en sa justice, qui est suspecte & recusable pour ce regard, ce qui est expressément decidé par la Coûtume de Bretagne, art. 30. 50. 51. & 52. & remarqué par Coquille en son instruction, chap. *Du droit de Royauté* : autrement ce seroit un azile & une impunité aux Gentils-hommes d'avoir des Iustices. **77. Le Seigneur ne doit plaider en la justice, sinon pour ses droits.**

Il faut observer que les moyens Iusticiers, comme ils n'ont point de fisc, aussi ne peuvent avoir un Procureur fiscal, mais seulement un Procureur de Seigneurie ou d'Office, ainsi qu'il est appellé és articles secrets de la Coûtume de Paris : mais le bas Iusticier n'a aucun Procureur d'Office, ainsi que portent ces mesmes articles, parce qu'il n'a la connoissance d'aucunes causes criminelles ou publiques, mais seulement celles de partie à partie. **78. Si les moyens & bas Iusticiers ont des Procureurs d'Office.**

Pareillement tous Iusticiers doivent avoir un Greffier, & aussi peuvent avoir un sceau à Sentences, s'ils n'ont droit de Tabellionné ou Notariat que les Hauts-Iusticiers n'ont qu'en trois cas ; à sçavoir quand ils sont fondez, ou par titres exprés, ou par possession immemoriale, ou par Coûtume particuliere : ils peuvent avoir aussi des Sergens, & ce jusques au nombre de six au plus, par la Coûtume de Tours, art. 76. & un Geolier pour garder leurs prisons. **79. Du Greffier des simples Iustices.**

Tous lesquels Officiers, aussi bien que les Royaux, sont tenus resider sur le lieu ; étans compris en l'Ordonnance de Charles VII. de 1441. & à plus forte raison que les Royaux, parce qu'ils ne peuvent être que necessaires : toutefois on excuse l'un des Iuges de la residence quand l'autre est resident ; mais quoy qu'il en soit, il ne peut faire Office de Iuge hors son territoire, *quia tunc privati loco est*, dit la loy *Extrà territorium*. D. *De judic.* comme il a été dit au 6. chap. du 1. Livre *Des Offices*. **80. Officiers des Iustices doivent resider.**

Pour ce qui est de l'Auditoire ou siege de Iustice, comme il y avoit à Rome de grands & petits Magistrats, aussi y avoit-il deux sortes de sieges : car les grands Magistrats avoient le haut siege appellé en Grec βῆμα, en Latin *tribunal* : dont la figure est décrite par Vitruve, lib. 5. & les petits avoient les bas sieges, appellez *subsellia, quæ βάθρα vocantur à Dione, lib. 44.* Et particulierement les Iuges Pedannées qui n'estoient pas Magistrats, *sedebant super scamno, vel fortuito sessipè*, dit Cujas, & *indè dicebantur Pedanei Iudices, quia plano pede judicabant Græcè πεδι̃νάσκαι, humi judicantes*. Or ils tenoient leur siege au portique du Palais de l'Empereur, ὑπὸ τῆς Βασιλικῆς σοᾶς, dit la Nov. 82. *Undè Synesius in Epist. vocat τὰς δικαν Βασιλικὰς, τε μάλα κεντεῖων*. Et Agathias, liv. 3. dit, qu'il ne bougeoit depuis le matin jusqu'au soir de ce lieu-là : pour assister les plaideurs. Comme faisoient pareillement les Hebreux à la porte des villes, témoin que plusieurs fois en la Sainte Ecriture *porta* est prise *pro auditorio Iudicum, ut Psal.* 129. *Non confundetur cum loquetur inimicis suis in porta*. Et in Prov. *Non conteret egenum in porta; illius enim causam judicabit Deus*, & *porta judicii*. Deuter. 21. Ainsi en France anciennement la Iustice de la Maison du Roy s'exerçoit à la porte de son Palais, & s'appelloit *les plaids de la porte*. Et il se voit communément que les Iustices des Seig. se tiennent à la porte du lieu Seigneurial, ou en un Auditoire qui y est établi, ou bien à l'orme, qui d'ordinaire y est planté au milieu du carroy, ou place de devant lad. porte ; qui est la cause pourquoy les Iuges de village sont communément appellez *Iuges de sous l'orme*, & l'ancienne comoedie de Querolus dit que, *è robore sententiam dicunt*. Et sont dits Iuges de sous l'orme, *ad differentiam majorum Iudicum, qui habent justum tribunal*. lequel tribunal ne peut appartenir, à mon avis, qu'à ceux qui ont droit de Bailliage, c'est à dire, *de Iustice greigneure*, comme parle l'anc. Coût. de Norm. Et c'est possible aussi pourquoy les moyens Iusticiers sont en quelques Coût. appellez *gros Voyers*, & les bas simples Voyers, pour- **81. De l'Auditoire, ou siege des Iustices. 82. Tribunal, subsellia. 83. Pedanei Iudices. 84. Auditoires sont volontiers à la porte du lieu Seigneurial. 85. Iuges sous l'orme.**

Des petites Seig. ou simples Iust. Chap. XI.

c... n'ayant point d'auditoire fait exprés, ils rendent la justice en la voye.

Toutefois nos Coustumes astreignent, jusques aux moyens justiciers, d'avo.r un siege honorable & certain ; & tant qu'il soit au dedans de leur territoire, & non pas qu'ils tendent ailleurs la justice par siege emprunté, s'il n'y a excuse bien pertinente, comme de peste ou de guerre, parce que les justices de village sont principalement établies pour le soulagement des sujets, joint que hors leur territoire, ils n'ont point de puissance publique. Aussi ce siege doit être en lieu honneste, & non pas en une taverne : & encore doit-il être en lieu public, où chacun ait libre accez, & non pas dans les Chasteaux ou maisons fortes des Seigneurs, afin que les Juges & les parties soient en parfaite liberté, & soient veus d'un chacun, pour donner bon exemple. Ainsi voyons nous dans l'Evangile, que Pilate ayant examiné nostre Redempteur dans son Pretoire ; c'est à dire son Palais & maison publique, affecté à la demeure du Gouvernement, étant resolu de prononcer sa sentence, ἤγαγεν τὸν Ἰησοῦν, ϗ ἐκάθισεν ἐπὶ τῶν βήματος, εἰς τόπον λεγόμενον Λιθόστρωτον, dit l'Evangile.

Ce qui nous apprend que toutes affaires de consequence doivent être expediées *in loco majorum, id est pro tribunali* : toutefois en France pour le regard des procez par écrit, même des criminels, nous nous sommes licentiez comme de les juger, aussi de les prononcer ailleurs, bien que de droit toutes Sentences deussent être prononcées en jugement, tit. *De sententiis ex breviculo recit.* Ce qui s'observoit il n'y a pas long-temps és prononciations des Sentences capitales, qui encore en Angleterre, & en plusieurs autres lieux, sont prononcées en l'auditoire avec grande ceremonie pour servir d'exemple.

Finalement les moyens & bas justiciers peuvent avoir prisons publiques, aussi bien que les hauts qui à ce sont tenus particulierement : chose qui est deffenduë étroitement à ceux qui n'ont justice. tit. *De privatis carcerib.* Lesquelles prisons doivent être à rez de chaussée, seures & nettes, de hauteur & espace competante, sans qu'il soit permis d'user de ceps, gruës, grillons, & autres instrumens semblables, prohibez par les Ordonnances.

Et ce droit de prison appartient au bas justicier, parce qu'encore qu'il n'ait justice criminelle, si est-ce qu'il est tenu apprehender ceux qu'il trouve en flagrant delict, & les peut garder vingt-quatre heures dans ses prisons, avant que les rendre au haut justicier.

Marginal notes: 86. Auditoire doit être dans le territoire. 87. Les ex... 88. Des prisons des justices. 89. Le bas justicier en a & pour-quoy.

CHAPITRE XI.

Des droits honorifiques des simples Justices, notamment des honneurs de l'Eglise.

1. Division des droits de justice.
2. Proposition de ce chapitre.
3. Hauts justiciers se peuvent qualifier Seigneurs du village.
4. Et les habitans d'iceluy leurs sujets.
5. Sujet à qui se peut referer.
6. Que les Seigneurs directs ne sont pas vrais Seigneurs du village.
7. Ny les habitans leurs sujets.
8. Que neanmoins ils ont prescrit cette qualité.
9. Cas esquels elle leur peut être empêchée par le haut justicier.
10. Arrest de Marly.
11. Qu'emporte le titre de Seigneur de village.
12. De la permission de faire la feste du village.
13. Appartient au bas justicier, sinon que, &c.
14. Du rang des hauts justiciers.
15. Principalement en l'Eglise.
16. Des honneurs de l'Eglise.
17. Le haut justicier a les honneurs de l'Eglise.
18. Pourquoy, & comment.
19. L'Eglise fait part du territoire.
20. N'a preseance devant les gens d'Eglise.
21. Opinion d'Argentré.
22. Ordonnance notable.
23. Le patron precede dans l'Eglise le haut justicier.
24. Raison.
25. Qui est le vray & parfait patron.
26. Patrons imparfaits.
27. Patrons imparfaits doivent avoir titre, & non les parfaits.
28. Le bien faicteur n'est pas patron.
29. En quoy consiste la possession paisible du patronage.
30. Les moyens & les bas justiciers n'ont les honneurs de l'Eglise par droit.
31. Mais par bienseance seulement.
32. Pourquoy quelques Coustumes n'attribuent les honneurs de l'Eglise qu'aux Chastelains.
33. Cas ausquels les hauts justiciers n'ont les honneurs de l'Egl.
34. Que les Seigneurs directs du contour de l'Eglise n'ont les honneurs d'icelle.
35. Visage de la Noblesse.
36. De la preseance du droit.
37. De la preseance d'honneur.
38. Elle ne produit point d'action.
39. Autres differences de ces deux sortes de preseance.
40. La preseance honoraire se perd facilement.
41. Elle se perd quand on sort de la Paroisse.

42. Pourquoy en cette matiere le demandeur perd ordinairement sa cause.
43. Pourquoy il en arrive des querelles.
44. Qu'il seroit necessaire d'y mestre un bon reglement.
45. Importance de ces querelles.
46. En quoy consistent les honneurs de l'Eglise.
47. En quoy ils ne consistent pas.
48. Prieres publiques.
49. A qui se communiquent les honneurs de l'Eglise.
50. Ces honneurs sont mixtes.
51. Ne sont transmissibles à part.
52. Sont communicables à la femme du Seigneur.
53. Femmes ne doivent marcher devant les hômes de l'Eglise.
54. Aucuns exceptent les Princesses.
55. Honneurs de l'Eglise sont communiquez aux enfans du Seig.
56. Tout cela n'est ès Offices.
57. Fondement de la prerogative des Princes.
58. Le Seigneur ne peut être representé par aucun autre.
59. Abus usité parmy la Noblesse.
60. Des bancs des Eglises.
61. Usage des bancs.
62. Tous bancs devroient être publics, ainsi que l'Eglise.
63. Emendata l. 1 C. de sacros. Eccles.
64. Reglement observé aux bancs dans les villes.
65. Nul ne peut avoir droit de banc sans permission des Marguilliers.
66. Expressé, & par écrit.
67. Bancs sont imprescriptibles.
68. Banc est revocable, & comment.
69. Concession de banc n'est que à vie.
70. Est personnelle, non transmissible au locataire, ni heritier.
71. Exception.
72. Clause des hoirs, & ayans cause, comment toleree.
73. Banc ne doit être osté d'authorité privée.
74. Moyen de s'en pourvoir.
75. Particuliers ne peuvent inquieter celui qui a un banc.
76. Pourquoy on entreprend d'avoir banc sans concession.
77. Quand les particuliers peuvent se plaindre du banc.
78. Remede pour empescher les querelles touchant les honneurs de l'Eglise.
79. Des Chappelles.
80. Patronage particulier des Chappelles.
81. Possession d'iceluy.
82. Si le fondateur d'une Chappelle la peut tenir fermée.
83. Des Sepultures.

Des Seigneuries.

Des Seigneuries.

84. *Anciennement nul n'étoit inhumé dans les Eglises.*
85. *Sepulchres particuliers aux familles.*
86. *Sepulchres sont particuliers, quand il y a voute.*
87. *Autrement sont publics.*
88. *Le droit de banc n'includ droit de sepulchre particulier, ny au contraire.*

1. Division des droits de justice.
CE n'est pas sans emphase que le chapitre *licet causam, ext. de probat.* parlant d'un procez, touchant une Justice, repete par trois fois ces mots, *jurisdictio, honor, & districtus.* Car ils comprennent tous les droits des Justices, qui, comme il a été dit des droits des Officiers au premier livre des Offices, consistent, ou au pouvoir, ou en l'honneur, ou au profit: entendant par jurisdiction le pouvoir des justices, par l'honneur leurs droits honorifiques, & par le détroit, ou territoire, les droits profitables.

2. Proposition de ce chapitre.
Donc ayant traité au chapitre precedent du pouvoir & jurisdiction des hauts, moyens, & bas justiciers, il faut parler en suite de leurs droits honorifiques, puis des profitables: & comme en traittant de l'honneur des Offices, il a été dit qu'il consiste en deux points, à sçavoir au titre & au rang, aussi fait celuy des justices.

3. Hauts justiciers se peuvent qualifier Seigneurs du village.
Le titre des Justiciers est, qu'ils ont droit de se titrer & qualifier Seigneurs du village, auquel ils ont leur Justice, bien qu'ils ne l'ayent en tout le village, pourveu qu'ils l'ayent en la plus grande partie d'iceluy, *a qua totum denominatur.* Car au demeurant il a été prouvé cy-devant, que la Seigneurie *non privatum dominium, sed potestatem publicam significat*: & d'ailleurs, le nom d'une ville ou village ne convient pas tant aux maisons qu'à la collection des habitans, dit Aristote au premier des Politiques, desquels habitans le haut Justicier est dit le Seigneur, parce qu'il a commandement sur eux, reciproquement & par relation, sont dits ses sujets, parce qu'ils sont tenus d'obeïr à ses mandemens, c'est à dire, à ceux de son Juge, qui s'executent sous le nom & l'authorité du Seigneur, auquel appartient la propriété du commandement.

4. Et les habitans d'iceluy leurs sujets.

5. Sujet à qui se peut referer.
Bien qu'à parler proprement, le sujet ne depend que du Roy, auquel seul devroit resider la Seigneurie, c'est à dire la puissance publique en propriété: mais tout ainsi que l'exercice de la puissance publique est par necessité communiqué aux Magistrats, & comme par abus (qui toutefois est desormais prescrit & établi) la propriété de cette puissance publique est communiquée aux Seigneurs justiciers: aussi par une relation necessaire, le mot de sujet leur est-il referé, entant qu'ils representent & tiennent la place du Roy en leurs Justices. Qui est proprement ce qu'a dit l'Apôtre, *Subditi estote Regi tanquam praecellenti, & Ducibus tanquam ab eo missis.*

6. Que les Seigneurs directs ne sont pas vrais Seigneurs de village.
7. Ny les habitans leurs sujets.
Mais ce que les simples Seigneurs, ou feodaux, ou censiers appellent leur droit Seigneurie, c'est improprement tout à fait, & à faute d'autre termes François qui correspond au Latin *dominium*, & devroit plûtot être appelé *sieurie*, que *Seigneurie*: termes bien differents, parce que l'un venant de *sieu*, signifie propriété, & l'autre venant de *senior*, signifie une qualité d'honneur. Comme pareillement, c'est improprement du tout, qu'ils appellent sujets leurs censiers & vassaux, parce que la subjection simplement énoncée se refere aux personnes, comme est celle de la Justice, mais la redevance du cens est réelle tout à fait, & celle du fief est mixte. Et il est vray que le fief en importe subjection de la personne. Car quant au cens il ne gist qu'en profit, & le fief en profit & en honneur, mais non pas en subjection de la personne.

Neanmoins dautant que ce qui donne loy aux mots, c'est l'usage;

8. Que neanmoins ils ont presentement cette qualité.
9. Cas esquels elle leur peut être empêchée par le haut justicier.
Quem penes est & lex & norma loquendi.
& que c'est une coûtume prescrite desormais, d'appeler *Seigneurs du village*, & ceux qui ont la Seigneurie directe, soit feodale, ou censuelle de la plus grande partie des maisons d'iceluy, j'estime que non seulement un particulier, à faute d'interest legitime, ne seroit recevable à luy empêcher ce titre, mais mesme que le Seigneur justicier du village n'y seroit fondé, qu'en trois cas, à sçavoir est, ou que ce fût le principal village de sa Seigneurie, ou celuy dans lequel fût l'auditoire de sa justice, ou duquel luy-même eût accoûtumé de porter le nom.

10. Arrêt de Marly.
Il a été même jugé par l'arrêt de Marly, rapporté par Choppin sur la Coûtume d'Anjou, livre 2. que celuy qui avoit un ample fief relevant du Roy, dans le village du Haut-Justicier, pouvoit se qualifier Seigneur en partie d'iceluy, sauf qu'és actes où le Seigneur Justicier seroit denommé, il se qualifieroit seulement Seigneur d'un fief sis au village. J'estime toutefois qu'il faut restraindre cet Arrêt en son hypothese, & qu'y ayant au village un haut, même un moyen, ou bas Justicier, qui ait accoûtumé de s'en qualifier Seigneur, le simple Seigneur feodal ne doit porter ce titre de Seigneur en partie du village, principalement si son fief se trouve avoir un autre nom. Mais encore qu'ainsi soit, si au village il n'y a point d'autre qui ait accoûtumé de s'en qualifier Seigneur, je tiens que celuy qui a la direction de la plus grand' part d'iceluy, en peut prendre le titre ainsi vacant, & qui ne peut mieux appartenir à autre qu'à lui.

11. Qu'importe le titre de Seigneur du village.
En quoy il faut considerer, que ce titre de Seigneur du village appartient par droit aux Justiciers, & aux Seigneurs directs pour bienseance seulement; & à faute que les Justiciers l'ayent pris. Mais à l'égard des uns & des autres, il faut tenir que ce n'est qu'un titre d'honneur, qui de soy n'a, & n'importe aucun droit ny dependance, soit de pouvoir ou de profit. De sorte que les Gentilshommes qui sous pretexte de ce titre, & de ce qu'ils appellent leurs sujets les habitans du village dont ils se qualifient Seigneurs, les contraignent à des corvées, à nourrir leurs chiens, à faire le guet en leur maison, à les suivre à la chasse, ne font pas Seigneurs, mais tyrans ou voleurs.

12. De la permission de faire la feste du village.
Pareillement nos Gentils-hommes se trompent fort quand n'étant point justiciers, ils se debattent à outrance, à qui donnera permission de faire la fete du village, à qui en fera faire le cry & semonces, permettra de lever les quilles & autre ceremonies qui en dependent, estimans que ce soit la vraie marque de la Seigneurie du village: bien que ce soit un droit de Justice & de commandement sur les personnes, qui par consequent n'appartient qu'aux Seigneurs justiciers. Encore y a-t-il plusieurs Coûtumes qui n'attribuent ce droit qu'aux Hauts-Justiciers, comme celle de Senlis, titre 4. article 96. de Bar, tit. 2. art. 28. autres qui l'attribuent seulement aux moyens Justiciers, comme celle d'Amiens, art. 242. & celle de l'Isle, article 29. qui encore requiert, que pour avoir ce droit, la Seigneurie directe & feodale du contour de l'Eglise, soit jointe à la moyenne Justice. Toutefois j'estime que les bas Justiciers en peuvent user, pourveu que le Haut-Justicier ne l'ait defendu expressément: ce que je tiens qu'il peut licitement faire, par la raison de la loy *Judiciis ff. De judiciis*, parce que le territoire luy appartient, & non pas au moyen, ny au bas Justicier. C'est pourquoy je conseille à celuy qui se sentira le plus mal fondé en ces debats, de se munir & fortifier du nom & authorité du Seigneur Haut-Justicier, ou de son Juge en son absence.

13. Appartient au haut justicier, sinon que, &c.

14. Du rang des hauts justiciers.
Voilà pour le titre, & quant au rang, il est notoire que le Haut-Justicier a droit, comme Magistrat proprietaire du village, de preceder en iceluy, & dans les limites de sa Justice, tous ceux qui y sont residens, encore que plus grands Seigneurs que luy, comme étans ses sujets Justiciables, même ceux qui s'y rencontrent, hormis ses superieurs, & ceux de la haute noblesse: & ce pour les mêmes raisons, qu'il a été prouvé au 1. Livre *Des Offices*, que les Officiers Magistrats ont cette même préseance.

15. Principalement en l'Eglise.
Or comme l'endroit le plus honorable c'est l'Eglise, aussi est-ce le lieu où ce rang paroist le plus. Et c'est un des malheurs de nôtre siecle, qu'il n'est en aucun lieu si opiniatrement recherché qu'en la maison de Dieu, où l'humilité nous est plus recommandée, & où toute puissance devroit être tenüe en suspens, en la presence du Tout-puissant. C'est pourquoy il ne sera point hors de propos d'ébaucher icy la matiere des honneurs de

Des droits honorifiques, Chap. XI.

16. Des honneurs de l'Eglise.

l'Eglise, qui n'a jamais été traitée par aucun Jurisconsulte, mais a été laissée à la cabale de nos Gentils-hommes, qui s'accommodans à leur ambition, & aux loix de la force, dont ils font profession plutost que de la justice, y ont authorisé tant d'absurditez en l'usage, qu'aujourd'huy les uns s'opiniastrans sur ce faux usage, les autres se fondans sur la droite raison, il en arrive plusieurs querelles & procez. Partant je prieray ceux d'entr'eux qui liront cecy, de ne pas s'arrester à ces folles traditions, mais plutost de donner place à la raison.

17. Le haut justicier à les honneurs de l'Eglise.

Je dy donc, que le haut justicier a la préséance & les autres honneurs en l'Eglise de son village, *Principes saeculi intra Ecclesiam potestatis adepta culmina tenere, &c.* dit le Canon, *Principes* 23. *quaest.* 5. posé qu'elle soit si-

18. Pourquoy & comment.

tuée au destroit de sa justice, auquel cas la justice & Seigneurie publique luy demeure au dedans d'icelle. Car

19. L'Eglise fait part du territoire.

ce que l'Eglise pour estre dediée à Dieu, ne regarde que la Seigneurie privée, de laquelle le commerce dépend. Il est vray, qu'estant l'Eglise exempte de la Justice temporelle, elle est aussi exempte de la Seigneurie publique des Seigneurs subalternes. Mais il faut considérer que cette exemption n'a lieu qu'à l'égard des personnes & choses sacrées, & qu'elle n'oste pas tout à fait l'Eglise du territoire où elle est enclavée, comme a tres-bien dit Bartole sur la loy, *Si quis in hoc genus.* C. *De Episc. & cler.* sur la loy *Si cui* §. *ultimo. De accusat.* ainsi qu'Optatus Milevitanus dit que l'Eglise est en la République: Bref telle exemption ne luy constituë pas un territoire à part, *quia Ecclesia territorium habet:* Et de fait les délits qui s'y commettent par les laiques, ne laissent pas d'estre de la Justice temporelle.

20. N'a puissance devant les gens d'Eglise.

D'où il s'ensuit que le haut justicier, qui est le Seigneur du territoire, n'a pas préséance dans l'Eglise devant les gens d'Eglise, qui sont exempts de sa Justice & subjection, mais hors eux & ses supérieurs, & encore ceux de la haute Noblesse, non résidans en son territoire, il devance en tous lieux d'iceluy toutes autres personnes qui s'y trouvent: mesme tous autres honneurs de l'Eglise luy appartiennent; de telle sorte qu'il s'en peut pourvoir en Justice, soit par action ou par complainte, ainsi que j'ay dit des Officiers au lieu cy-dessus allegué, & comme Bacquet en parle au 20. chap. *des droits de Justice.*

21. Opinion d'Argentré.

Quoy que le docte Argentré en son dernier conseil, estant tout à la fin de ses Opuscules depuis peu imprimez, tienne formellement le contraire, soustenant que les honneurs de l'Eglise n'appartiennent qu'au patron: encore requiert-il qu'il les ait reservez en instituant l'Eglise. Et certainement il y en a Ordonnance formelle pour le païs de Bretagne de l'an 1539. art. 13. 14. & 15. dont

22. Ordonnance notable.

voicy les mots; *Nous, pour faire cesser les contentions d'entre nos sujets, avons ordonné qu'aucun de quelque qualité ou condition qu'il soit, ne pourra pretendre droict, possession, authorité, prerogative, ou préeminence au dedans des l'Eglises: soit pour y avoir banc, siege, oratoire, eschabeau, accoudouër, sépulture, enfens, armoiries, escussons, & autres enseignes de leurs maisons: sinon qu'ils soient patrons ou fondateurs d'icelles, & qu'ils en puissent promptement informer par lettres & titres de fondations, ou par sentences & jugemens deuëment donnez avec connoissance de cause, & avec partie legitime. Et outre les cas susdits, ne seront nos sujets receus*

23. Le patron procede dans l'Eglise le haut justicier.

à intenter aucun procez pour raison desdits pretendus droicts, & declarons estre estroitement condamnez en bonnes & grosses amendes envers nous, pour leur calomnie ou temerité, procedant à cause deladite contravention. Ce qui est conforme à la regle que nous avons posé *In epistola ad Arsatium Pontificem Galatiae*, que si-tost que le noble est entré au porche du Temple, il devient homme privé; *Ἄμα σᾶς τῶν ἀδῶν τῶν τεμενῶν, ἦ γεγονως ἰδιώτης.*

Mais cette Ordonnance n'est que pour Bretagne, où possible les justices Seigneuriales ne sont establies en telle authorité qu'és Provinces de deça, & néanmoins en consequence d'icelle, je tiens que le patron est préférable au haut Justicier en ces honneurs de l'Eglise, qui

24. Raison.

niéanmoins font partie du patronage; *can. Pia mentis, & can. Frigentius* 16. *quaest.* 7. *cap. Nobis. ext. De jure patron.* & partant la consécration, qui efface toutes charges & servitudes profanes, n'efface point le droict, est comme spirituel, ou du moins authorisé par l'Eglise, afin d'exhorter ceux qui aiment l'honneur, à bastir des maisons de devotion. Ainsi donc cette préséance en l'Egli-

25. Qui est le vray & parfait patron.

se, estant attribuée au patron par un droict singulier & exprés, mesme comme par une loy & condition imposée à l'Eglise, lors qu'il l'a donnée à Dieu, est sans doute preferable à l'honneur qui redonde au Seigneur haut Justicier, en consequence de sa Justice, par un droit commun & universel.

Mais quand je preferé le patron au haut Justicier, je n'entend pas tout bienfaicteur, mais seulement le fondateur, qui a donné & le fond & le bastiment, & le dot ou revenu de l'Eglise: au moins celuy qui a vray exprés du patronage, ou bien qui en est en parfaite possession. Car pour estre patron ou fondateur, il faut

26. Patrons imparfaits.

avoir entièrement fondé & érigé l'Eglise, c'est à dire, luy avoir donné l'estre entier; j'entens l'estre materiel: car c'est l'Evesque qui donne l'estre formel par la consécration, ainsi que le père est celuy qui donne l'estre materiel à l'enfant, auquel Dieu donne l'estre formel. Aussi la définition commune du patron, requiert & presuppose la concession du fond, bastiment, & dot conjointement, & non pas disjointement.

Et bien que la commune opinion des anciens Inter-

27. Patrons imparfaits doivent avoir titre, & non les parfaits.

pretes tienne, que quand séparément un a donné le fond, un autre le bastiment, & un autre la dot, tous trois participent au droict de patronage: si c'est que toujours la vérité, qu'ils ne sont patrons qu'en partie: mais faits. sur la question d'entre Rochus de Curte, & Paulus de Citadinis, si ce droict appartient au fondateur sans reservation expresse, ou bien si la reservation est nécessaire, il me semble qu'il y a grande apparence de distinguer, & de dire que le parfait fondateur qui a donné le fond, le bastiment, & la dot, est patron *ipso jure*, sans stipulation ny reservation, comme le droit Canon ayant fait cette reservation pour luy, ainsi que la glose a tenu le Canon *Si quis basilicam. De consecrat. distinctione* 1. & se colligé du chap. *de significavit. De tes-*

28. Le bienfaicteur n'est pas patron.

tibus. Mais le fondateur imparfait, qui n'a baillé que le fond, ou le bastiment, ou la dot, n'est point patron si par exprés le droit de patronage ne luy a esté accordé auparavant la consécration. Car il peut estre que pour si peu de chose, l'Evesque (sans l'authorité duquel le droit de patronage peut estre imposé: comme tiennent tous les Canonistes) ne leur aura voulu accorder. Mesme Argentré tient generalement cette opinion, que le droit de patronage ne peut appartenir à aucun sans concession speciale.

Sur tout il est certain, que celuy qui donne du revenu à l'Eglise après sa consécration, n'est pas neanmoins patron, tant parce que cette subjection de patronage ne peut estre imposée à l'Eglise après qu'elle est dédiée à Dieu, que parce qu'il faut l'avoir douée, c'est à dire luy avoir baillé le revenu, sur lequel elle a esté sacrée, tout ainsi que la dot d'une femme est le bien qu'on luy donne en faveur de mariage. Mais comme celuy qui enrichit la femme après son mariage n'est pas dotateur, mais ditateur, aussi celuy qui enrichit l'Eglise déjà dediée, n'est pas fondateur, mais bien-faicteur.

Toutefois, comme les fondations des Eglises sont anciennes, dont il est mal-aisé d'avoir conservé le titre,

29. En quoy consiste la possession paisible du patronage.

j'estime que la possession paisible y est de grand poids, mais il faut prendre garde, que celuy qui est en possession paisible des honneurs de l'Eglise, n'est pas pourtant en possession du droit de patronage: car ce signe ou marque de patronage, est trop équivoque, d'autant que plusieurs jouïssent de ces honneurs, qui neanmoins ne sont pas vrais patrons; à sçavoir aucuns par autre droit, autres par simple bienséance, autres par entreprise & usurpation: mais la marque univoque, qui dénote la possession certaine du droict de patronage, est quand on est en bonne possession de presenter à la Cure de la Pa-

h iij

Des Seigneuries.

roiffe, laquelle marque ceffante, nul ne fe peut dire patron, fuppofé qu'il verifiât avoir joüi des honneurs de l'Eglife par temps immemorial : parce que ces honneurs & préféances confiftent plûtoft prefumez en pure faculté & civilité, qu'en droit établi. Et c'eft ainfi, à mon advis, qu'il faut entendre cette Ordonnance de Bretagne, en ce qu'elle exclud la preuve de la poffeffion.

30. Les moyés & bas Iufticiers n'ont les honneurs de l'Eglife par droict.

Hors le patron & le haut Iufticier, je n'eftime point que les honneurs de l'Eglife appartiennent de droit à aucun : non pas mefme aux moyens & bas Iufticiers, tant parce qu'ils ne font pas Seigneurs du territoire, que parce qu'ils ne font comme les mandataires de jurifdiction du droit Romain ; quoy qu'il en foit ils n'ont pas l'ordinaire & entiere Iuftice du lieu, mais font reftrains à certain genre de caufe, que parce qu'ils ne font pas Magiftrats, aufquels droit de préféances eft proprement attribué, comme j'ay prouvé au 1.

31. Mais par bienfeance feulement.

livre Des Offices. J'avoüe bien, que par bienfeance ils doivent preceder tous ceux qui font fujets à leur jurifdiction : Mais les honneurs de l'Eglife confiftent en autres chofes qu'en la préféance ; & d'ailleurs n'ayant point de juftice perfonnelle fur les Nobles, que pour les droits de leur Seigneurie, ils ne peuvent pour ce fujet pretendre droit de préféance fur eux, non plus que fur ceux qui fe rencontrent par occafion de leur juftice, ny eftans point refidans.

32. Pourquoy quelques couftumes n'attribuent les honneurs de l'Eglife qu'aux Chaftelains.

Mefme il y a des Coûtumes qui n'attribuent les honneurs de l'Eglife qu'aux Seigneurs Chaftelains, à fçavoir celle de Tours tit. 5. art. 59. & celle de Lodunois, chap. 5. art. 1. Mais cela vient de ce qu'anciennement les hauts Iufticiers n'avoient pas la parfaite jurifdiction du territoire, mais avoient feulement la fimple jurifdiction du droit, ainfi qu'il a efté dit au chapitre precedent : de forte qu'ils n'eftoient que comme

33. Cas auquel les hauts Iufticiers n'ont les honneurs de l'Eglife.

font maintenant les moyens ou bas Iufticiers : mais aujourd'huy qu'ils ont tout gagné ce point d'avoir l'entiere jurifdiction & plein territoire, ils font comme les Magiftrats ordinaires en proprieté, ayans la Seigneurie publique du territoire, hors icelui tout Magiftrat n'eft plus qu'homme privé, l. ultima ff. De jurifdict.

34. Que les Seigneurs directs du contour de l'Eglife n'ont les honneurs d'icelle.

Mais les fimples Seigneurs directs & fonciers de l'endroit ou enclave, au dedans duquel l'Eglife eft baftie, ne devroient avoir, à mon advis, aucun droict aux honneurs d'icelle : parce que la Seigneurie directe n'eft qu'une efpece de Seigneurie privée qui ne produit aucun honneur, mais ne tend qu'au profit, auffi que toute directe Seigneurie eft amortie par la confecration de l'Eglife, & n'y demeure la juftice. D'ailleurs, on ne peut pas dire qu'ils foient prefumez fondateurs ex eo qu'ils d'ancienneté ils eftoient Seigneurs directs du fond, fur lequel l'Eglife eft baftie, parce qu'on prefume plûtoft qu'ils ayent vendu, que donné la directe de ce fond, ou morceau de terre, quia donatio non facilè prefumitur : puis il vient d'eftre dit que ce n'eft pas affez d'avoir donné le fond entierement, & quant à la directe Seigneurie ; & quant à la proprieté, fi lors on n'a ftipulé & refervé le droit de patronage.

35. Ufage de la Nobleffe.

Il eft bien veritable que l'ambition de nos Gentilshommes les porte maintenant à obferver tout commencement entr'eux, que non feulement les moyens & bas Iufticiers, mais auffi les fimples Seigneurs directs, mefme ceux qui n'ont point ces qualitez, mais qui font reputez les plus grands de leur paroiffe, ayent comme prefcrit les honneurs de l'Eglife, mais il faut en cette matiere diftinguer le droit d'avec la bienfeance, qui eft à peu prés la diftinction, que Balde nous apprend fur le chap. Licet quodam. De probat. & Pontanus fur le 5. art. de la Couftume de Blois, in verbo, Nobilium.

36. De la préféance de droict.

La préféance appartenant par droit, eft celle du Seigneur haut-Iufticier dans fon territoire, du maiftre en fa maifon, du patron en fon Eglife. Ceux-là, s'ils y font inquietez, s'en peuvent pourvoir en Iuftice, foit par complainte, ou par action. La préféance d'honneur & bien-feance, eft comme celle d'un parent fuperieur fur l'inferieur, d'un vieillard fur un jeune homme, de celuy de haute qualité, fur celuy de beaucoup moindre, d'un riche homme fur le mercenaire : & cette préféance *non in jure confiftit, fed in moribus*, dit Pontanus : partant il n'y a point d'action prefcrite en Iuftice, pour la maintenir, parce que la Iuftice n'eft établie que pour conferver le droit d'un chacun, & ce qui luy appartient. Toutefois, quand en l'entreprife qui s'y fait, il échet un fcandale, ou une injure manifefte, on s'en peut pourvoir par requefte, implorant l'Office du Iuge, introduit en droit pour fuppléer au défaut d'action. Qui eft à peu prés l'opinion de Faber fur le §. aliam. De poff. aux Inftitutes.

37. De la préféance d'honneur.

38. Elle ne produit point d'action.

Donc pour ce qui concerne particulierement les honneurs d'Eglife, ils n'appartiennent par droit qu'au patron & au haut Iufticier, & eux feuls s'en peuvent pourvoir, foit par complainte ou par action, & qui plus eft, les retiennent, encore qu'ils ne refident dans la Paroiffe. Car toujours ces honneurs fuivent la terre, à qui appartient, ou le patronnage, ou la haute Iuftice. Mais la préféance, qui eft defferée par honneur, ou au moyen, ou bas Iufticier, ou au Seigneur direct du village, ou à quelque Gentilhomme de marque, ou d'ancienne race, ou d'ancien âge, n'établit jamais un droit immuable & incommutable mefme ne peut prefcrire, parce qu'elle ne gift qu'en faculté, civilité & courtoifie, de forte que ceffant la caufe fur laquelle elle eft appuyée, elle doit ceffer tout quand & quand, & non bien furvenant une caufe plus forte, comme par exemple, quand elle eft fondée fur le merite de la perfonne, fi la perfonne vient à mourir, ou s'il en furvient un autre de plus grand merite dans la Paroiffe. Et fur tout, c'eft une maxime, que cette puiffance d'honneur ceffe dés lors que celuy, auquel elle a efté deferée, ne refide plus en la Paroiffe, parce que c'eft une regle de bien-feance qu'en chaque Paroiffe le Paroiffien doit preceder celuy qui n'eft pas, & que nul ne peut pretendre cette préféance honoraire en la Paroiffe où il n'eft point demeurant.

39. Autre difference de ces deux fortes de préféance.

40. La préféance honoraire fe perd facilement.

41. Elle fe perd quand on fort de la Paroiffe.

Mais quoy qu'il en foit, ceux qui ont cette fimple préféance honoraire, ne font pas recevables d'en faire procez en Iuftice : c'eft pourquoy ordinairement és procez intentez pour les honneurs de l'Eglife, le demandeur perd fa caufe, parce que ne pouvant fonder fon droit, il faut que le defendeur foit renvoyé abfons : & de là vient qu'on ayme mieux fe battre que playder fur ce fujet, ou bien on a accouftumé de faire quelque efcapade ou violence, pour rendre fon adverfaire demandeur.

42. Pourquoy manière le demandeur perd ordinairement fa caufe.

A quoy il me femble qu'il feroit bien neceffaire de donner ordre, par une bonne Ordonnance, qui en s'accomodant un peu à l'ufage inveteré, tranchât clairement les maximes de cette matiere à ce que fuivant icelle, on eût occafion de s'en pourvoir par Iuftice, plûtoft que d'avoir recours à la force, en defaut d'eftre oüy en Iuftice, *Nam cùm duo funt genera decertandi*, dit Ciceron aux Offices, *unum per difceptationem, alterum per vim, confugiamus neceffe eft ad pofterius, cum uti non licet fuperiore*. Et veritablement je croy qu'il y a maintenant plus de deux mille querelles entre les Gentils-hommes de France, pour les honneurs de l'Eglife, & il n'y a poffible année qu'il n'en foit tué plus de cent pour ce fujet, qui eft fi picquant au courage relevé de noftre Nobleffe, qu'il n'y a prefque aucun d'icelle qui faffe difficulté d'y hazarder non feulement fon bien, fon honneur, fa vie, & celle de fes parens & amis, mais mefme fa propre confcience ; jufques à quitter l'Eglife, plûtoft que le rang & place qu'il pretend en l'Eglife.

43. Pourquoi il en active defquelles.

44. Qu'il feroit neceffaire d'y mettre un bon reglement.

45. Importance de ces querelles.

Or eft ce pas affez de fçavoir à qui appartiennent les honneurs de l'Eglife, mais il faut auffi expliquer en quoy ils confiftent, ce qui n'eft pas moins difficile que l'autre poinct. Car noftre Nobleffe les

46. En quoy confiftent les honneurs de l'Eglife.

Des droits honorifiques, Chap. XI.

fait, comme on dit, à l'usage d'étrivieres, qu'on allonge tant qu'on veut. Voicy donc, à mon avis, en quoy ils consistent proprement & veritablement, à sçavoir en la préseance és processions, offrandes, distribution de pain beny, place plus honnorable du banc, & de la sepulture, aux litres & ceintures funebres à l'entour de l'Eglise, au dedans seulement à l'égard des simples hauts Justiciers, & dedans & dehors à l'égard des Seigneurs Chastelains, afin d'accorder les Coûtumes qui n'attribuent ce droict de litres qu'au Seigneur Chastelain. Mais les honneurs de l'Eglise ne consistent pas à appeler la maison de Dieu sienne, & y commander, ce qui ne peut être plus impieté, & sans entreprendre contre luy, auquel l'Eglise est voüée. Ce n'est donc pas à celuy qui a les honneurs de l'Eglise, à prescrire l'heure du service divin, à assujettir le Curé auquel luy même est sujet, en ce qui est du service divin, comme à son Recteur & Pasteur Hierarchique immediat, ordonné de Dieu, soit à luy bailler hors son chemin de l'eau benite, ou à le venir encenser avec ceremonie, chose qui n'appartient qu'à Dieu & à ses Ministres, auquel l'encens est dedié: bref il se faut souvenir, que les préeminences de l'Eglise sont simples honneurs, & non pas commandemens, & qu'ils consistent en préseance, & non en puissance. Car en la maison de Dieu, & ce qui concerne son culte & son service, autres que ses Ministres n'ont commandement, ny puissance.

47. En quoy ils ne consistent pas.

48. prieres publiques.

Faut toutefois remarquer, que ces honneurs ou droits honorifiques des Seigneurs, ne sont pas tout à fait personnels, comme ceux des purs Officiers, qui sont directement attribuez à leurs personnes, & n'ont aucune subsistance par eux en icelles, ils ne sont pas aussi réels tout à fait, parce que la terre ou Seigneurie n'est capable de les recevoir en soy, mais ils sont mixtes, étant attribuez à la personne, à cause de la chose, ainsi qu'il a été dit au chap. 4. que la Seigneurie est un droit residant au fief, & communiqué à cause d'iceluy à la personne qui le possede.

49. A qui se communiquent les honneurs de l'Eglise.

50. Ces honneurs sont mixtes.

Neanmoins ils ont cette remarque de personnalité, qu'ils ne sont pas cessibles ny communicables par les Seigneurs à autres personnes: parce que c'est la proprieté de l'honneur, d'être attaché à la personne, & la suivre comme l'ombre fait le corps; & si on considere quelque realité, en ce qu'ils sont dépendans des Seigneuries, il faut prendre garde que par consequent ils y sont inherens inseparablement, & ne peuvent être transferez sans la Seigneurie, à laquelle ils appartiennent. C'est pourquoy les Seigneurs se trompent fort, quand ils baillent des lettres ou permissions à quelques-uns de leur village, pour avoir des rangs & des bancs en l'Eglise, Car ils leur peuvent bien donner leur Seigneurie, mais sans les faire Seigneurs: ils ne leur peuvent donner le rang des Seigneurs, ne plus ne moins qu'on tient que le patron ne peut vendre son droit de patronage, ny les honneurs dependans d'iceluy, sans l'université de la terre, dont le patronage dépend. Mais quoy qu'il en soit, ny l'un ny l'autre ne peut ceder à autruy ces honneurs, & les retenir encore à soy: ce seroit au prejudice des autres Paroissiens, qui auroient plusieurs Seigneurs à reconnoître. Or comme dit le Poëte,

51. Ne sont transmissibles ny cessibles à part.

Esse sat est servum, jam nolo vicarius esse.

Qui rex est, Regem, Maxime, non habeat.

Toutefois c'est bien sans doute, que les femmes des Seigneurs participent aux honneurs de l'Eglise, parce qu'elles sont ornées des rayons de leur mari, & que la femme n'étant qu'un corps avec son mary, il luy communique le nom & le rang & le bien de la famille: mais pourtant je ne veux pas conclure que les Dames ou Damoiselles des villages fassent bien d'aller à l'offrande, ou à la procession devant les hommes. Car l'honneur doit estre approprié, selon la portée, qualité & disposition du sujet, auquel il reside: de sorte que la préseance appartenant à une femme, luy attribuë droit de

52. Sont communicables à la femme du Seigneur.

preceder toutes les autres femmes, *in sua videlicet specie & sexu*: mais elle ne la fait pas d'autre sexe qu'elle est naturellement. Puis donc que c'est comme un droict de nature ou de gens, que les hommes, comme plus nobles en leur sexe, marchent tous ensemble, comme en corps les premiers, & les femmes de même ensuite à la procession, & à l'offrande, même qu'anciennement les femmes étoient placées separement en la nef de l'Eglise, & n'étoient dans le chœur d'icelle, ce qui s'observe encore en quelque païs, j'estime qu'il n'est non plus permis aux Dames des villages de marcher devant les hommes à la procession & à l'offrande, que de chanter avec les Prêtres, ou faire autres exercices des hommes.

53. Femmes & sexu ne doivent marcher devant les hommes en l'Eglise.

Ce qui doit à plus forte raison être observé, à l'égard des simples gentilsfemmes qui ne sont Dames du lieu, & toutefois s'ingerent de marcher en l'Eglise devant la trouppe des hommes. Car je tiens, que ce seroit contre nature, si une femme, pour noble qu'elle fût, entreprenoit de preceder le corps ou la trouppe des hommes. Aucuns toutefois exceptent les Princesses, à cause de la grandeur & excellence de leur sang: ce que neanmoins je n'estime pas devoir être admis en bonne école: & il me souvient d'avoir veu dans Paris feuë Madame la Duchesse de Nemours, petite fille de France, veufve de deux Princes, marcher à la Procession de saint André des Arts sa Paroisse, après tous les hommes, selon l'ordre de son sexe.

54. Aucuns exceptent les principles.

Pareillement à cause de la realité des Seigneuries, bien que les enfans d'un Officier ne participent aux honneurs de leurs peres, pour devancer tous ceux qui l'Eglise sont leur pere precede, toutefois les enfans du Seigneur participent, tant en la presence, qu'en l'absence de leur pere, aux honneurs de la Seigneurie, par la raison de la loy, *In suis. De lib. & posthumis*, que *vivo patre domini existimantur*, & le dire du Poëte,

55. Honneurs de l'Eglise sont communiquez aux enfans du Seigneur.

Esse sitniil Dominos gratior ordo piis.

Et de là vient, que dans Terence le pere appelle son fils *suum participem*.

Ce qui n'est pas és purs Offices, qui ne tombent point en succession, comme les Seigneuries: & sur cette raison est fondée la prerogative des Princes (ainsi qu'on les entend aujourd'huy) c'est à dire de ceux qui sont issus des Maisons souveraines qui sont reputez participer aux honneurs de la souveraineté. Il est vray, que la prerogative des Princes s'étend à toute la posterité des Souverains eternellement, au moins tant que la souveraineté demeure en leur race, parce que la Seigneurie souveraine, comme plus auguste & plus illustre, penetre, & étend ses rayons plus loin, que la Seigneurie subalterne.

56. Tout cela n'est és Offices.

57. Fondement de la prerogative des Princes.

Mais voicy encore un abus insigne, qui se pratique en cette matiere. Si le Seigneur & la Dame du village & leurs enfans ne sont à la Messe, leur valet, & leur Chambriere, qui seront assis en leur banc, se feront donner de l'eau benite, apporter du pain beny les premiers, même la paix à baiser en ceremonie, disant qu'ils représentent leur maistre. Chose absurde, car comme il vient d'être dit, ces préeminences sont attachées aux personnes de ceux qui participent à la Seigneurie, en telle sorte qu'elles ne peuvent estre suppléées, ny representées par autres; c'est tout ainsi que si un valet vouloit representer son maistre au lit de mariage, du moins il y a tout autant d'absurdité, que s'il vouloit aller le premier à la procession, en l'absence de son maistre. Car de dire que les honneurs de l'Eglise soient dûs au banc, où monsieur le valet s'est mis, & non au Seigneur, ce seroit une mocquerie: d'ailleurs de dire, que le pain benit fût un tribut appartenant au Seigneur, ce seroit une impieté.

58. Le Seigneur ne peut être representé par aucun autre.

59. Abus usité parmy la noblesse.

Ce qui nous oblige de traitter particulierement de la matiere des bancs des Eglises, matiere dependante de celle des honneurs, & qui n'a encore été touchée par aucun: bien qu'en usage, elle ne soit que trop frequente, depuis que nôtre ambition nous a portez, à vouloir faire nôtre propre de la maison de Dieu. Car

60. Des bancs des Eglises.

Des Seigneuries.

61. Usage des bancs.
dans les villages les Gentils-hommes, & ceux qui le veulent devenir, s'attribuent par audace des bancs, ou des places dans le chœur des Églises pour eux, leur femme & leur famille, comme dependantes de leur terre, & affectées pour jamais à icelle : & aux villes les femmes de mediocre qualité se font faire des bancs dans la nef des Églises, ou dans les chapelles : que si quelqu'un par après, en entreprend, c'est une grosse querelle, ou un fascheux procez.

62. Tous bancs devroient être publics ainsi que l'Église.
63. Emendata l. 2. C. de sacros. Eccl.
Disons donc comment cela se peut faire. Car en bonne Jurisprudence, dans l'Église, qui est hors de tout commerce, nul ne devroit avoir banc propre, fors le patron & le haut Justicier, mais tous sieges & devroient être publics, ainsi que l'Église est publique : ce qu'Accurse a voulu tirer de la loy 2. *De sacros. Eccles. Nemo Apostolorum vel Martyrum sedem humani corporibus putet esse concessam,* que toutefois il entend mal : parce qu'elle prohibe les sepultures dans les Eglises, & non les bancs, & il faut y lire non pas *humani,* comme il se lit vulgairement ; mais *humandi.* Il y a en la même loy dans le Code Theodosien, *l. ult. De sepulch. viol. Cod. Theod.* où elle est rapportée entiere.

64. Reglement observé aux bancs des villes.
Mais puis que nôtre usage (j'entens celuy des villes, où la Justice regne) coloré du profit de l'Église, nous a poussé à tolerer les bancs particuliers dans les Eglises, apportons au moins quelque ordre, afin que contre la parole de Dieu, ceux qui s'exaltent, n'en soient point avantagez, pour desssus ceux qui s'humilient.

65. Nul ne peut avoir droit des bancs, sans permission des Marguilliers.
66. Permission expresse, & par écrit.
Je dy donc, que hors le patron & le haut Justicier, qui seuls sont fondez en droit commun, nul ne peut avoir banc en l'Église, sans permission expresse des Marguilliers, Gagers, ou Fabriciers, de laquelle il apparoisse par écrit. Je dis des Marguilliers, & non pas du Curé, parce qu'il y va du temporel, non du spirituel, & aussi que l'argent qu'on tolere être tiré de ces permissions, doit être employé à la fabrique de l'Église. Il est vray, que si le banc est incommode ou indecent à la celebration du divin service, le Curé, auquel cette police appartient, le peut ôter & empescher. Je dy permission expresse, des Gagers, parce qu'en matiere si odieuse la seule taciturnité & patience ne seroit pas suffisante, & si je dy par écrit, parce que c'est comme un droit immobilier, dont le transfert en France il faut contracter par écrit.

67. Bancs sont imprescriptibles.
Je conclus partant, que quelque longue possession qu'on ait d'un banc, elle ne sert de rien sans titre, parce que si pour acquerir une servitude, la prescription, même immemoriale ne profite s'il n'y a titre, à plus forte raison ne vaut-elle rien où la servitude ne peut être imposée.

68. Banc est revocable, & comment.
Et quand il y a permission par écrit des Gagers ou Marguilliers, encore est-elle revocable à toûjours, comme un precaire, parce qu'ils ne peuvent obliger l'Église sans le consentement universel des Paroissiens : toutefois si elle est donnée pour argent entré au profit de l'Église, il faut rendre l'argent, avant qu'ôter le banc. Mais si elle est donnée par les habitans en corps avec le Curé (qui a la premiere voix en toute assemblée generale tenuë pour les affaires de la Paroisse) elle n'est revocable, qu'en vertu de lettres, & en cas de lesion ; ou bien que la place du banc fût necessaire à faire quelque bâtiment pour l'Église : & principalement quand cette permission a été concedée pour argent, il le faut toûjours rendre.

69. Concession de banc n'est qu'à vie.
Or cette concession de banc faite en termes ordinaires, n'est pas une proprieté (qui ne peut être d'une chose sacrée) mais c'est un simple usage & habitation, de sorte qu'elle n'est qu'à vie, encore même qu'il soit porté par icelle, que c'est à perpetuité, parce que ce mot, selon la condition de la chose signifie souvent ce qui est à vie, *ut cum dicitur doits causam perpetuam esse, operas perpetuas.*

70. Et personnelle non transmissible au contraire.
Même parce que l'usage ne peut être perceu par autruy, il s'ensuit que celuy auquel le banc a été concedé, n'étant plus demeurant en la Paroisse, son droit est éteint : même le banc par luy construit demeure à l'Église, comme ayant été une fois dedié à Dieu, & il s'observe ainsi à Paris tout communement : de sorte que ce droit de banc, n'est transferé au locataire de la maison, que celuy, auquel il a été concedé, habite dans la Paroisse, *non enim est prædialis servitus : imo nudus usus, qui locari non potest. §. 1. Inst. de us. & habit.* Si ce n'est que la concession soit par exprés faite pour tous les heritiers à perpetuité, comme il se fait quelquefois ; auquel cas tant qu'il y a un des heritiers mediats ou immediats du stipulant, demeurant dans la Paroisse, le banc luy doit demeurer. Même il y a des bons ménagers qui stipulent leur banc, non seulement pour eux & leurs heritiers, mais encore pour ceux qui seront à l'advenir detempteurs de leur maison. Clauses qui sont de soy nulles, parce que la premiere emporte une proprieté, & l'autre une servitude prediale, qui ne peut être imposée à un lieu saint : mais elles sont tolerées & soustenuës par le moyen de ce qui a été donné à l'Église sous telles conditions, qui toûjours doit être rendu, quand l'Église ne les veut entretenir : de sorte qu'offrant le rendre, l'Église peut toûjours revoquer les clauses, qui de soy sont illicites.

71. Excepté.
72. Clauses des hoirs & ayans cause comment tolerée.

Quoy qu'il en soit, un particulier ne doit d'auctorité privée, ôter ou demembrer le banc étant en une Église, mais aux seuls Marguilliers appartient de l'ôter, s'il a été mis sans leur permission, ou des habitans ; encore je croy qu'ils ne le doivent ôter de leur simple auctorité, & par voye de fait, mais qu'ils doivent intenter action contre celuy, qui est en legitime quasi possession d'iceluy. Autrement j'estime que celuy auquel on a ôté le banc par voye de fait, s'en peut pourvoir par action d'injures, tant civile ou même criminelle, s'il y a de la force ; port d'armes, ou autres mauvaises circonstances. Laquelle action je conseille plûtot que la complainte : bien qu'il y a apparence que ceux qui ont titre & possession legitime puissent intenter la complainte : question qui est amplement traittée par Pontanus, & touchée par Bacquet aux lieux cy-dessus alleguez.

73. Banc ne doit être ôté d'auctorité privée.
74. Moyen de s'en pourvoir.

Or pour venir par action contre celuy qui joüit d'un banc, il n'y a que la fabrique de l'Église qui le puisse, & le patron & haut Justicier, qui peuvent demander que le banc soit reculé, s'il y a eu la place plus honorable ; parce que de droit commun cette place leur appartient : mais quant aux particuliers habitans, j'estime, à faute d'interest legitime, qu'ils ne seroient pas recevables en cette action : & c'est en passant pourquoy chacun entreprend és petites villes & villages d'avoir des bancs. Si ce n'est que la structure du banc fût apparemment nuisible au commun usage, ou qu'il fût posé en lieu ou incommodât à la vision, auquel cas il vient d'être dit que le Curé le peut reculer de son auctorité, comme ayant commandement en son Église, pour ce qui concerne le culte de Dieu, s'il n'aime mieux attendre la visitation annuelle de l'Archidiacre pour luy en faire plainte.

75. Particuliers ne peuvent inquieter celuy qui a un banc.
76. Pourme quoy on est trespeu d'avoir bancs sios concession.

Pour conclusion de ce discours des bancs, il me semble qu'il seroit tres-expedient d'observer aux villages cette coustume des villes, de vendre les bancs au profit de la Paroisse, plûtot que de laisser journellement entrebattre la Noblesse pour cette pomme de discorde que le diable jette parmy elle, pour troubler la fête. Car luy de patron & le Justicier, la premiere place de l'Église n'appartient à aucun, en sorte qu'il la puisse debattre en Justice : & neanmoins chacun pensant la meriter, & tout Gentil-homme s'estimant aussi noble que le Roy, on est contraint de se battre à qui aura pour en être le premier occupant ; nul au surplus ne voulant ceder son honneur à autruy. Mais si on venoit à vendre ces places au plus offrant, ce qui seroit mis à prix, ne seroit plus tant estimé à son honneur, & ne seroit si opiniâtrement desiré : ou si on s'en debatoit farinement à coups d'écu, l'Église y profiteroit, & celuy qui seroit surmonté par l'argent, ne se tiendroit pas vaincu en l'honneur.

77. Quand les particuliers peuvent se plaindre d'un banc.
78. Remede pour empescher les querelles touchant les honneurs de l'Église.
79. Des chappelles.

Disons encore un mot des chappelles, puis sepulchres particuliers, afin d'ébaucher toute la matiere. Quant aux chapelles, il y faut observer, à mon advis, les

80. Patronage particulier des chappelles.

Des droits honorifiques, Chap. XI.

les mêmes regles qu'aux bancs : si ce n'est qu'elles ayent été construites & dotées par quelque particulier, qui lors en est fondateur, & a même prééminence en la chapelle que le patron en l'Eglise : comme depuis peu il a été jugé par Arrêt du 18. Mars 1602. touchant une chapelle de saint Germain de l'Auxerrois, au profit du Seigneur de Leuville, contre Monsieur Miron, Lieutenant Civil au Châtelet de Paris.

31. Possession d'iceluy.

Laquelle fondation de chapelle, j'estime pouvoir être prouvée non seulement par titre, mais aussi par une possession publique & continuelle, d'empêcher les étrangers d'entrer en la chapelle, principalement si cette possession est assistée de signes visibles de fondation, comme d'armoiries aux voûtes, au portail & au maître Autel de la Chapelle, & d'autres endroits.

32. Si le fondateur d'une chapelle la peut tenir fermée.

Encore est-ce une question, si le fondateur d'une chapelle la peut fermer à clef, & empêcher l'entrée d'icelle au peuple. En quoy il faut, à mon advis, distinguer, si la chapelle est bastie hors l'ancien enclos de l'Eglise, (ce qui est à presumer, quand elle est située dans les ailes d'icelle, & qu'elle a la voûte à part) & lors il est à presumer qu'elle est particuliere au fondateur, & qu'il la peut fermer. Mais si elle est située sous la grande voûte de l'Eglise, elle ne peut être tout à fait particuliere ayant été une fois publique : aussi qu'elle n'a été que fermée, & non pas bastie tout à fait par le fondateur : & partant c'est assez, que luy & ceux de sa famille y ayent les premieres places : mais il semble, qu'ils ne doivent empêcher le peuple d'y entrer, pour se mettre aux places vacantes.

33. Des sepultures.
34. Anciennement nul n'estoit inhumé dans les Eglises.

Quant aux sepulcres, il est bien certain qu'anciennement nul n'étoit inhumé dans les Eglises, au moins qu'on n'y enterroit que les plus signalez Ecclesiastiques; *d. l. Nemo Apostolorum. De sepulchro violato. Cod. Theod. can. 17. Concilii Tribueriensis & can. Nullus. 13. quæst. 2.* Mais sous pretexte que le Canon, *Præcipiendum ead. quæst.* permit d'enterrer les laïcs au proche, à la nef, & aux autres ailes des Eglises (qu'il appelle *exhedras*) on a enfin entrepris de les enterrer jusques dans le chœur : même aujourd'huy ceux qui pensent avoir quelque degré par dessus le commun, y veulent avoir leur sepulture affectée à leur famille. Et de vray, c'est de tout temps, soit pendant le paganisme, soit en la loy ancienne, soit en celle de grace, qu'il y a eu de sepulcres particuliers aux familles, comme il est bien traitté au Canon, *Ebron. & can. seq. 13. quæst. 2.*

85. Sepulcres particuliers aux familles.

C'est pourquoy on observe à présent, que si on a permis à quelqu'un de faire un sepulcre, voûté dans l'Eglise, ce sepulcre est reputé particulier pour sa famille, laquelle peut desormais empêcher qu'on y en enterre d'autres. Hors lequel cas, & le droit qu'ont le patron & le haut justicier, d'avoir particulierement la place plus honorable de l'Eglise pour la sepulture de leur famille, toutes les places des sepultures sont communes, encore même qu'il y ait des tombes en aucunes d'icelles. Comme la superficie de l'Eglise, aussi les places des sepultures sont à tous quant à l'usage, & n'appartiennent à aucun en particulier quant à la proprieté. D'autant que ce qui est dedié à Dieu, ne peut appartenir aux hommes : & d'ailleurs les morts ne possedent point la terre, mais plûtôt sont possedez par la terre. Ce n'est pas eux qui tirent à soy la terre : mais c'est la terre qui les tire à elle.

86. Sepulchres particuliers quand il y a voûte.
87. Autrement sont publics.

Partant il faut conclure quoy que la folle fantaisie du vulgaire s'imagine le contraire, que ny la sepulture des morts, qui est au fond de la terre, n'attribuë point droit de banc aux vivans en la superficie d'icelle, ny au contraire le droit de banc n'attribuë point droit de sepulcre particulier : parce que ce qui concerne un simple usage, sans proprieté ny servitude prediale, il y a bien difference entre le sol & la superficie, & bien de la distance aussi entre les vivans & les morts.

88. Le droit de l'un n'est exclud droit de sepulcre particulier, ny au contraire.

CHAPITRE XII.

Des droits profitables des simples Seigneuries.

1. Droits profitables consistent au droit de territoire.
2. Territorium à terrendo.
3. Territorium à terra.
4. Droit de territoire qu'emporte.
5. Trois questions à traiter en ce chapitre.
6. Du territoire de la justice, & si tout ce qui est dans le territoire est presumé estre de la Justice.
7. Les lieux amortis, sacrez, & en franc-alleu, ne laissent pas d'être du territoire de la Justice.
8. Ny la diversité du relief.
9. Distinction commune reprouvée.
10. Comment en cette distinction il faut entendre le territoire limité.
11. Celuy qui n'a Justice que sur ses censiers & vassaux, n'a droit de territoire.
12. Comment le haut Justicier ayant droit de territoire peut maintenir sa Justice.
13. Comment il peut user d'amendes.
14. Cinq cas ausquels la terre peut reconnoistre autre Justice que celle du territoire.
15. De la concession des Justices.
16. Marque de Justice abusive & usurpée.
17. Concessions de Justices revocables.
18. Comment il peut arriver que la Justice releve d'un Seigneur, & ressortit chez un autre.
19. De l'usurpation des Justices.
20. De l'explication des terres de Pairie.
21. De l'exemption du Domaine.
22. Le Roy n'est tenu vuider ses mains pour la Justice, comme le fief.
23. Cause des 4. anciens Bailliages de France.
24. De l'exemption des terres d'Eglise.
25. Gardes gardiennes des Eglises de fondation Royale.
    Des Seigneuries.
26. Exemptions ce que signifient en nos Coustumes.
27. Si les exemptions suivent la Coustume de l'enclave, ou celle du ressort.
28. Question notable.
29. Que les exemptions ne suivent pas la mouvance feodale.
30. Les exemptions sont ordinairement pretendües, & par ceux de l'enclave, & par ceux du ressort.
31. Explication des titres & inscriptions des Coustumes.
32. Resolution de la question.
33. Réponse aux raisons contraires.
34. Comment la Coustume suit la Justice.
35. De même.
36. Preuve par exemples.
37. Pourquoy Sens a beaucoup plus de ressort que d'enclave.
38. Lodunois, idem.
39. Au contraire Nevers a plus d'enclave que de ressort.
40. Perche Goüet.
41. Conclusion, qu'il faut suivre la Coustume de l'enclave, & non celle du ressort.
42. Du territoire du fief.
43. Si le haut Justicier est presumé Seigneur direct de tout son territoire.
44. Raisons de la negative.
45. Raisons de l'affirmative.
46. Resolution.
47. Réponse aux raisons contraires.
48. Comment s'entend que fief & justice n'ont rien de commun.
49. Conclusion de la question.
50. L'enclave est une forte presomption pour la directe.
51. Si l'heritage est presumé allodial.
52. Du papier terrier.
53. Saisie generale pour confection du terrier.

i

Des Seigneuries.

54. Des lettres de terrier.
55. Lettres de terrier sont necessaires à ceux qui n'ont haute Justice.
56. Hauts justiciers peuvent prendre serment de leurs sujets.
57. Ne peuvent demander declaration pour la justice, ny serment pour la directe simplement.
58. Le censier ne doit la charte de sa declaration.
59. Du territoire domanial.
60. Tout ce qui est vacant dans le territoire, appartient au Justicier.
61. Les immeubles vacans ont été autrefois pretendus par le Seigneur direct.
62. Du droit de fisque.
63. Fiscus quid.
64. Pourquoy les hauts Justiciers ont droit de fisc.
65. Division des biens fiscaux en confiscations, des-herences, & biens vacans.
66. Des confiscations.
67. Des amendes.
68. Que les loix Romaines des amendes ne sont gardées en France.
69. Deux sortes d'amendes, arbitraires & ordinaires.
70. Amendes coustumieres.
71. Grande amende.
72. Petite amende, ou amende de la Cour, ou amende de la loy.
73. De mesme.
74. Cause de cet amendes.
75. Qu'elles ne doivent avoir lieu à present.
76. Contre l'advis du renouvellement des amendes ordinaires.
77. Des confiscations en particulier.
78. Confiscations en crime de leze-Majesté.
79. La confiscation n'appartient pas au Roy és cas Royaux.
80. Confiscation ne suit pas la Justice comme l'amende.
81. Leze-Majesté divine n'est cas Royal.
82. Le Roy peut remettre la confiscation au prejudice des Seigneur.
83. Des des-herences.
84. Le haut Justicier est successeur particulier en la des-herence.
85. Que le droit du Seigneur direct y est conservé.
86. Qu'il est deu relief à cause de la des-herence.
87. Le Roy doit vuider ses mains en confiscation & des-herence.
88. Si les meubles en confiscation & des-herence appartiennent au justicier du domicile, ou du lieu où ils sont trouvez.
89. Opinion commune.
90. Qu'ils appartiennent au Seigneur du lieu, & non du domicile.
91. Mais les dettes actives appartiennent au Seigneur du domicile.
92. Item, és rentes constituées.
93. Situation des rentes constituées.
94. Les Seigneurs succedans par des-herence & confiscation sont tenus des dettes.
95. Ce qui n'avoit lieu anciennement en la confiscation.
96. Les Seigneurs payent les dettes pro rata emolumenti.
97. Si le creancier se peut pourvoir solidairement contr'eux.
98. Inconvenient de n'admettre la poursuite solidaire.
99. Resolution qu'il la faut admettre.
100. Raison.
101. Quand a lieu la des-herence.
102. La succession s'étend tant que ligne se peut monstrer.
103. Les parens d'un costé succedent à faute d'autres.
104. Gentiles.
105. Mesme la femme empesche la des-herence.
106. Quand le Roy oste la des-herence au haut-justicier.
107. Aubainage appartenoit autrefois aux Seigneurs.
108. Aujourd'huy non, & pourquoy.
109. Le Roy succede seul à l'étranger, bien que naturalisé.
110. Estrayeres.
111. Aubainage estendu aux bastards.
112. Mal à propos.
113. Les Seigneurs ne succedent aux bastards, si trois choses ne concourent.
114. Succession des bastards legitimez, à qui appartient.
115. De la succession des enfans des étrangers ou bastards mourans sans enfans.
116. Quid, s'ils n'ont point de parents.
117. Des biens vacans.
118. Ce qui n'est en commerce n'appartient au haut justicier.
119. Des choses publiques.
120. Des communes & usages.
121. Des biens vacans qui ont autrefois en maistre.
122. Des terres laissées en friche.
123. Des meubles vacans.
124. Des espaves.
125. Du varech.
126. Du droit de bris.
127. Du thresor.
128. Quelle part ont les moyens & bas Justiciers aux biens fiscaux.
129. Droits pretendus des Justices qui n'ont été expliquez.
130. De colombier.
131. De chasse.
132. De garenne.
133. De moulin.
134. De bannalité.
135. De chasse au moulin.

1. Droits profitables consistent au droit de territoire.

Reste les droits profitables des Justices, que j'ay dit estre compris sous le mot de détroit ou territoire, parce qu'ils proviennent tous en consequence de leur territoire.

2. Territorii à terrendo.

Le territoire est appellé en Grec τόπια, en Latin circumseptum, & plus communement, territorium. Est autem territorium universitas agrorum intra fines cujusque civitatis, dit la loy Pupillus. §. Territorium. De verb. signif. mot auquel on a donné deux derivations, l'une à terrendo comme en ce mesme §. qui adjouste ; ab eo dictum, quòd Magistratus jus ibi terrendi habeat. Qui est ce que dit aussi Siculus Flaccus. in lib. De condit. agror. Victores terras omnes, ex quibus victos ejecerunt, publicè atque universaliter territorium dixere, in quibus juris dicendi jus esse, selon la correction de M. Brisson, in lib. De verb. signif.

3. Territorii à terra.
4. Droit de territoire qu'importe.

L'autre, & la plus apparente étymologie de territorium est de deriver à terra: terram autem à terendo selon Varon. lib. 4. De ling. Lat. Terra à terendo dicta, & inde locus, qui propè oppidum relinquitur, territorium appellatur, quòd maximè teratur. Desquelles deux derivations, entr'autres (car il y en a encore d'autres) nous avons besoin pour l'explication du droit de territoire appartenant aux hauts justiciers, qui emporte & leur attribue Seigneurie de toutes les terres étans en iceluy, soit publique, soit directe, soit utile. Car entant qu'il est derivé à terrendo, il signifie l'enclave de leur Justice ou Seigneurie publique, qui est sa plus propre signification : entant aussi qu'il est derivé à terra, il signifie l'enclave de leur Seigneurie privée, soit directe & feodale, soit utile & domaniale.

D'où resultent trois grandes questions : L'une de sçavoir si le haut Justicier, en consequence de ce droit de territoire, est fondé de pretendre la justice primitive de tout ce qui est dans son enclave & détroit : L'autre, s'il est fondé de pretendre la Seigneurie directe & feodale de tous les heritages situez en iceluy : & la troisiéme, s'il est fondé d'en prendre la Seigneurie utile & domaniale, au moins de ce qui n'est possedé par aucun. Lesquelles trois questions Masuer au tit. De judicibus. §. Item omnia, comprend & resout en ces mots, Item omnia, quae sunt in territorio seu districtu alicujus Domini censentur esse de suo feudo, dominio, & etiam de sua jurisdictione : comme pareillement ces trois questions sont comprises au premier article de la Coustume de la Motte sur Indre, locale de Tours, mais elles y sont resoluës tout au contraire, en ce mot, Domaine, Fief, & Justice n'ont rien mélé ensemble. Partant attendu cette contrarieté, il faut les examiner separement toutes trois.

5. Trois questions à traiter en ce chapitre.
6. Du territoire de la justice, & si tout ce qui

Quant à la premiere, si le haut justicier peut pretendre la Justice primitive de tout ce qui est dans son territoire

Des droits profitables, &c. Chap. XII.

est dans le territoire est presumé estre de la justice.

& enclave, tous nos Autheurs, sans exception, (dit Pontanus sur le 33. article de la Coûtume de Blois sont d'accord qu'oüy, & ny a aucune de nos Coûtumes, qui y repugne. Aussi cette resolution se verifie assez bien par la Loy *Qui ex vico. Ad municip.* par le §. *Territorium,* cy-dessus allegué, par la loy *Forma* §. *Is verb. D. De censibus,* & plusieurs autres textes alleguez par Jo. Faber sur la loy 1. *Cod. De summa Trinit.* & par Bodin liv. 1. de la Republ. chap. 9.

7. Les lieux amortis, sacrez & en franc-alleu ne laissent d'estre du territoire de la justice.

Même les terres d'Eglise, qui sont amorties, & celles des particuliers, qui sont en franc alleu, demeurent sujettes à la justice du territoire, auquel elles sont enclavées : & les Eglises n'en sont exemptes, que par privilege, & pour ce qui les concerne particulierement. Car l'amortissement, la dedication, & l'alleu n'exemptent que la Seigneurie directe ou feodale, & non pas la justice ordinaire du lieu: *quia omnis anima potestatibus sublimioribus subdita est:* autrement ce seroit admettre l'anarchie à leur égard. Comme aussi les terres qui relevent du fief d'un Seigneur aiant justice hors du territoire, sont neanmoins sujetes à la justice du territoire & enclave, & non pas à la justice de leur Seigneur de fief, qui est le cas auquel proprement se verifie cette premiere regle des Coûtumes, que fief & Justice, n'ont rien de commun.

8. Ny la diversité de relief.

9. Distinction commune reprouvée.

En quoy j'estime, qu'il ne faut point distinguer si la justice est limitée d'ancienneté, ou non, comme il semble que les Autheurs cy-dessus alleguez ayent tenu, & même du Moulin sur la Coûtume. Car cette distinction n'est recevable, que quand l'endroit contentieux est situé au finage & bordage du territoire, & lors par necessité il faut rechercher où sont les limites d'iceluy ; mais quand il est question d'un endroit enclos & environné de tous côtez des terres de la justice, & auquel on ne peut aborder de nulle part sans passer par icelle, c'est folie d'aller rechercher les bornes.

10. Comment en cette distinction il faut entendre le territoire limité.

Aussi qui prendra garde de prés aux discours de ces Autheurs, trouvera qu'ils entendent par le territoire limité, une université de terres, étans de proche en proche, & un certain climat & enclave continu, sur lequel le Seigneur ait justice paisible, qui est ce que disent plusieurs de nos Coûtumes, que *les Justices sont naturellement bornées*, c'est à dire qu'elles consistent en un enclave certain & continu, sans requerir que cet enclave soit borné actuellement depuis tel lieu, jusques à tel lieu : autrement il y auroit des Seigneurs qui eussent droit de territoire, s'il falloit qu'ils fissent apparoir, ou de bornes visibles, ou de titres des anciens justificatifs des bornes de leur territoire.

11. Celuy qui n'a justice que sur ses censiers & vassaux, n'a droit de territoire.

D'où je tire une exception notable à nôtre decision, en laquelle se verifie la distinction de ces anciens Autheurs à sçavoir, que celuy qui par sa concession n'a justice que sur ses censiers & vassaux, comme la plûpart des anciennes concessions de justices sont faites sous cette clause ; celuy-là, disje, encore qu'il ait toute justice, & soit haut justicier, n'a pas droit de territoire, dautant qu'il n'a l'université des terres : & par consequent il ne peut pretendre, que ceux, qui ne sont pas ses censiers, ny vassaux, bien qu'ils soient mêlez de tous côtez parmy eux, soient ses justiciables.

12. Comment le haut Justicier ayant droit de territoire, peut maintenir sa justice.

Mais le Juge du Seigneur, qui a territoire universel, s'il est troublé en la justice de quelque chose enclavée de toutes parts au dedans de son territoire paisible, s'y peut maintenir de son autorité & nonobstant la contention de justice, même nonobstant l'appel d'incompetence, ordonner que sans cognoistre d'iceluy, il passera outre en la cause, comme fondé en droit commun & au territoire universel, afin que pendant cette contention, la justice ne manque aux parties : toutefois, si elles sont demeurantes en son enclave, il peut faire defenses de proceder en autre justice, supposé notamment, qu'autre que luy ne soit en possession de la justice de l'endroit contentieux. Car l'université du territoire, & la possession étans de son côté, il ne peut faillir d'user de l'authorité que luy donne la loy, qui permet au Juge *jurisdictionem suam modica coërcitione tueri. l. 1. D. Si Des Seigneuries.*

quis jus dicenti non obtemp. Ce que hors la rencontre de ces deux points ensemble, un Juge ne doit entreprendre, mais doit plûtôt laisser à son superieur la decision du debat de jurisdiction que de faire la cause sienne, en condamnant à l'amende mal à propos les pauvres parties qui le plus souvent, étant ainsi condamnées de deux côtez, ne sçavent auquel se ranger.

13. Comment il peut user d'amendes.

Toutefois il arrive quelquefois, qu'un hameau, ou un petit espace de terre répond en un autre Justice, que celle où il est enclavé : même il se void souvent, que dans l'enclave d'une Justice, il y a une autre Justice entée & enclavée, qui même ne ressortit pas par appel en celle où elle est enclavée de toutes parts, comme du Moulin a remarqué sur le 15. art. du 34. chap. de la Coûtume de Nevers, & Pontanus au lieu cy-dessus allegué. Ce qui peut arriver principalement par cinq moyens qui sont cinq exceptions à nôtre regle, *Que la Justice suit le territoire & l'enclave*. A sçavoir és cas de concession, d'usurpation prescrite, és terres de Pairie, en celles du Domaine de la Couronne, & en celles d'Eglise : lesquels cinq cas il faut expliquer particulierement.

14. Cinq cas ausquels la terre peut reconnoistre autre justice que celle du territoire.

Premierement, cela arrive par la concession du haut justicier, quand il distrait volontairement son territoire, permettant à son voisin d'avoir la Justice d'une partie d'iceluy : ce qui peut faire revocablement, si la Justice du voisin ressortit en même Bailliage que la sienne : autrement il ne peut faire au prejudice de la Justice du ressort. Ou bien quand le haut justicier concede & érige une nouvelle Justice dans son territoire : ce qu'en tout tout autre que luy ne peut faire, quoy que souvent les Seigneurs, ayans des vassaux en la Justice d'autruy, entreprennent de leur donner justice : chose apparemment abusive, & de donner ce qu'ils n'ont pas eux-mêmes. Et faut observer que toute Justice enclavée de toutes parts dans le territoire d'un Seigneur, qui neanmoins releve d'un autre Seigneur, fors du Roy, & qui ressortit par appel en autre justice Seigneuriale, est abusive, fors és quatre autres cas cy-dessus rapportez, & qui seront expliquez incontinent.

15. De la concession des justices.

16. Marque de justice abusive & usurpée.

Même Seigneur qui a toute justice, ne peut pas dans son propre territoire conceder irrevocablement des Justices, sans la permission du Roy, & de tous les superieurs, comme il a été prouvé cy-devant. Car bien que sa concession tienne à son égard, tandis qu'elle est tolerée par les superieurs, si est-ce que quand il leur plaist, ils la peuvent empêcher, parce qu'ils ont interest, qu'il ne soit point creé de nouveau degré de jurisdiction qui recule leur ressort. Même si les simples Officiers, ou du Roy, ou des Seigneurs suzerains, veulent avoir le ressort immediat de justices accordées de nouveau sans la permission des superieurs, ils s'en peuvent legitimement mettre en possession : ne prenans en cela que ce qui leur appartient de toute ancienneté : ce qui est decidé expressément par la Coûtume de Touraine, art. 72. Et par ce moyen il se void quelquefois des justices qui tiennent en fief du Seigneur du territoire, & neanmoins ne ressortissent en la justice superieure.

17. Concessions de justices revocables.

18. Comment il peut arriver que justice releve d'un Seigneur, & ressortisse chez un autre.

Quant à l'usurpation prescrite, il arrive souvent qu'un justicier entreprend détendre sa justice en quelque droit du territoire de son voisin, ou même entreprend de donner justice à ses vassaux situez dans iceluy territoire. Et bien que du commencement cela ne vaille rien, & puisse être empêché, si est-ce qu'il peut être établi & rédu valable par prescription deuëment acquise & bien verifiée, ainsi qu'il a été dit cy-devant au chap. 4.

19. De l'usurpation prescrite des justices.

Au regard des terres de Pairie, si dans le territoire du haut justicier, il y a quelque terre annexée valablement à une Pairie de France, elle suit la Justice de la Pairie, attendu ce qui a été dit au chap. 5. que la Pairie ne peut pas être de plusieurs pieces, ni reconnoître autre justice, que celle du Pair en premiere instance, ny par appel, que ces grands jours ou le Parlement, même le Roy érigeant des Pairies nouvelles, peut malgré les Seigneurs diminuer leur justice & leur fief, en les recompensant neanmoins, comme il a été fait en l'érection de la Pairie de Sally.

20. De l'exemption des terres de Pairie.

i ij

Des Seigneuries.

21. De l'exemption des terres du domaine.
22. Le Roy n'est tenu vuider ses mains pour la Justice, comme pour le fief.

A plus forte raison, si dans le territoire du haut Justicier il y a quelque terre qui soit du domaine de la Couronne, cette terre doit être exempte de sa Justice, attendu que les terres du Roy ne peuvent reconnoître la Seigneurie publique, c'est à dire la justice d'un autre Seigneur, & que jamais le Roy ne demande justice à ses vassaux. Partant je tiens que dessors que le Roy vient à acquerir quelque terre dans le territoire du haut Justicier, cette terre devient exempte incontinent de la Justice d'iceluy, sans que le Roy soit tenu en vuider ses mains à sa poursuite, comme il seroit pour l'interest du Seigneur feodal ou censier, par l'Ordonnance de Philippes le Bel, à cause de la difference qu'il y a entre la Seigneurie privée, dont les particuliers sont vrayement capables, & la Seigneurie publique dont ils ne sont capables qu'abusivement. Et sur cette consideration a été fondée la grande étenduë des quatre anciens Bailliages de France; à sçavoir Sens, Vermandois, Mascon, & S. Pierre du Moustier, dont il a été parlé cy-devant, dautant que la Justice du Roy acqueroit de temps en temps és Provinces voisines, leur étoit attribuée.

23. Cause des quatre anciens Bailliages de France.

Finalement, il y a aucuns des principaux Ecclesiastiques, comme des Evêques, Abbez, & Chapitres d'Eglises Cathedrales, qui sous pretexte de leurs amortissemens (qu'ils tiroient autresfois mal à propos de la Justice ordinaire) ne se sont pas contentez d'usurper toute Justice en leurs terres; mais encore ont usurpé un droit de ressort, s'attribuans une justice superieure, où ils sont ressortir par appel toutes les autres Justices, comme l'Evêque de Chartres fait en sa Chambre Episcopale de Pontgoin, & son Chapitre en la Mairie de Loin: pareillement il y a d'autres Ecclesiastiques, qui pretendans leurs Eglises être de fondation Royale, ont obtenu du Roy des gardes gardiennes, & en consequence d'icelles se sont exemptez tout à fait des justices ordinaires des Seigneurs, comme on a veu que le Chapitre de Troyes, & toutes les autres à luy appartenantes ne reconnoissoient autre justice que le Bailliage de Sens: ce qui avoit été introduit du temps que le Bailliage de Troyes n'étoit pas Royal comme celuy de Sens; mais appartenoit aux Comtes de Champagne, & a duré jusques aux Estats de Blois, qui en l'article 52. portent, que les gardes gardiennes anciennement introduites, sous cause que la Justice ordinaire n'étoit pas Royale, n'auront lieu à l'avenir, pour oster la connoissance aux Juges, qui à present sont Royaux.

24. De l'exemption des terres d'Eglise.

25. Gardes gardiennes des Eglises de fondation Royale.

Voilà les cinq cas esquels une terre entiere ou une Justice entiere peut ressortir hors son territoire; à sçavoir de concession, prescription, terre de Pairie du Roy ou de l'Eglise, dont les trois dernieres sont appellées exemptions, comme quand la Coustume de Nevers est intitulée *Coustumes du pais & Comté de Nivernois, enclaves & exemptions d'iceluy*. Le mot *Exemptions* signifie les lieux, qui étant enclavez dans le Comté de Nivernois, sont neanmoins exempts de la Justice ordinaire d'iceluy, ainsi que le judicieux Coquille l'a fort bien interpreté.

26. Exemptions ce que signifient en nos Coustumes.

Car il faut remarquer que le territoire ne regle pas seulement la justice, mais aussi la Coustume: même on pretend (& cecy est une autre difficulté fort notable, & de grande importance) qu'il a regle à l'égard même des lieux & endroits qui sont exempts de la Justice d'iceluy, & que j'ay dit être appellez *exemptions*. Difficulté qui s'est souvent presentée lors de la redaction des Coustumes. Car plusieurs fois telle Seigneurie s'est trouvée située au territoire d'un Bailliage, tenir en fief d'un autre, & ressortir en la justice d'un autre: & lors on a demandé, si elle devoit suivre la Coustume, ou de son territoire & enclave, ou de sa mouvance feodale, ou de son ressort de Justice.

27. Si les exemptions suivent la Coustume de l'enclave, ou celle du ressort.

Il est vray que pour le regard de la mouvance feodale la difficulté n'a pas été grande, parce qu'on a toûjours soûtenu, qu'un fief situé en la justice d'autre Seigneur que celuy dont il releve, doit suivre la Coustume du lieu où il est assis, & non celle du lieu où est assis le

28. Que les exemptions ne suivent pas la mouvance feodale.

fief dominant; même il la suit en ce qui est des droits feodaux deus au fief dominant, comme chacun est d'accord, bien que quelques-uns en exceptent les droits honoraires, ce qui est vray seulement touchant la forme de l'hommage, qui comme tous autres actes doit être fait selon la forme du lieu où il se fait.

Mais la grande difficulté est de sçavoir s'il faut suivre la Coustume du territoire & enclave, ou bien celle du ressort de la justice. Car comme lors de la redaction des Coustumes chaque païs a été curieux d'étendre & amplifier sa Coustume, presque toutes les Coustumes ont été intitulées, *Coustumes du pays & Bailliage de*, &c. le mot de *pays* signifiant l'enclave ou territoire, le mot de *Bailliage* le ressort de justice: même la plûpart des Coûtumes, pour encore exprimer cela davantage, ont adjoûté en leur intitulation ces mots, *enclaves & ressorts d'iceluy*. Et neanmoins la verité est que les Coûtumes ne peuvent pas comprendre les enclaves & ressorts ensemble. Car ce qui est ressort d'un Bailliage, est enclave d'une autre: & partant il faudroit que les terres qui ressortissent hors leur enclave, eussent deux Coûtumes; à sçavoir celle de l'enclave, & celle du ressort, puis qu'ils ne peuvent avoir toutes deux, c'est la question laquelle des deux ils doivent retenir.

29. Les exemptions sont ordinairement pretenduës, & par ceux de l'enclave du ressort.
30. Explication des titres & inscriptions des Coustumes.

Or bien que d'abord il semble qu'il faille suivre la Coûtume du ressort, plûtot que celle de l'enclave, parce que c'est une regle du droit coûtumier, que la Coûtume doit suivre la justice, étant approuvée & authorisée par la justice, aussi qu'il est à presumer que les Juges du ressort accoûtument leurs justiciables à suivre leur Coûtume. Si est ce que la verité est qu'il faut suivre la Coûtume de l'enclave, dautant que, comme dit Coquille sur le titre de la Coûtume de Nevers, *Le Peuple d'une Province de quelque jurisdiction qu'il soit, étant d'anciennete d'une même nation, a usé aussi de semblables loix*. Aussi que les Coûtumes étant réelles, doivent comprendre tout le territoire, & même les exemptions enclavées en iceluy, dautant que l'exemption n'est qu'à l'égard de la justice, & non pas de la Coûtume: à l'égard de laquelle, ceux en faveur de qui l'exemption a lieu, comme le Roy, les Pairs, & les Ecclesiastiques n'ont aucun interest: aussi que l'exemption étant une exception de la generalité du territoire, doit être restrainte plûtot qu'amplifiée.

31. Resolution de la question.

Et quant à ce qu'on dit que la Coûtume suit la justice, cela est vray naturellement & originairement, parce que de la premiere antiquité les Provinces entieres, n'ont eu qu'un Bailliage, & aussi qu'une Coûtume. Et cela est encore aujourd'huy vray regulierement & ordinairement; c'est à dire, hors les exceptions ou exemptions particulieres & extraordinaires: même on peut dire que c'est une regle perpetuelle, que la Coûtume suit la justice ordinaire & primitive: mais non pas la justice du ressort: parce que la justice primitive instruit & juge les procez suivant la Coûtume du lieu où est située, mais celle du ressort n'a plus qu'à connoître s'il a été bien jugé par le premier Juge, selon la loy de son païs: ainsi que Messieurs de la Cour qui est le dernier ressort, jugent les procez selon la Coûtume de chacune Province.

32. Réponse aux raisons contraires.
33. Comment la Coûtume suit la Justice.

Et pour le regard de ce qu'on dit être à presumer, que le Juge du ressort ait accoûtumé ses justiciables à la Coûtume de son Siege, cela est vray quant au style & formalité de la pratique d'iceluy; mais non pas quant au fond de la decision des procez, qui doivent être jugez suivant la Coûtume des lieux, dont il est question: étant necessaire que les Juges s'accommodent aux causes, & les Justices aux Coûtumes, & non au contraire.

34. De même

Aussi void-on au procez verbal de la Coûtume de Sens, y avoir plus de six villes, & villages qui sont avouez être du ressort de Sens, & non de la Coûtume: ce qui est procedé à cause que Sens est un des quatre anciens Bailliages où ressortissoient toutes les Justices Royales qui étoient en toutes les terres Seigneuriales des Provinces circonvoisines; & il est ainsi arrivé qu'il

35. Preuves par exemple.

Des droits profitables &c. Ch. XII.

37. Pourquoy Sens beaucoup plus de ressort que d'enclave.

y a eu beaucoup plus de ressorts que d'enclaves. Pareillement la Senechauffée de Lodunois est l'une des premieres Senechaussées de France, où ressortissent anciennement les justices Royales enclavées dans les Senechaussées voisines, possedées lors par les Seigneurs, ce qui est cause qu'on appelloit autrefois Seneschal de Lodunois, *Le grand Iuge de Lodunois*, comme j'ay leu quelque part. Et neanmoins la Coustume de Lodunois

38. Lodunois, idem.

n'est pas intitulée comme les autres, *Coûtume du pays & Senéchaussée de Lodunois, enclaves & ressorts d'icelle*, mais seulement, *Coûtume du pays & Seigneuries de Lodunois*.

39. Au contraire, Nevers a plus d'enclave que de ressort.

Au contraire au Bailliage de Nevers qui n'a jamais été Royal, il y a beaucoup d'exemptions, c'est à dire des terres appartenantes au Roy ou aux Eglises estans en sa garde, sont toutes exemptes de la Iustice & ressort de Nevers, comme saint Pierre le Moustier, Chastelchinon & autres: qui neanmoins étans enclavées dans le pays de Nivernois, sont regies par la Coustume d'iceluy. Même il y a des Iustices qui ressortissent au Bailliage de saint Pierre le Moustier, comme celle de la Charité, Cusset & Cerçovins, qui ne sont regies par la même Coustume. De même les cinq Baronnies du Perche

40. Perche Coust.

Goüet ressortillent à Yenville, Siege particulier d'Orleans, & neanmoins suivent la Coustume de Chartres, où elles sont assises.

41. Conclusion qu'il faut suivre la coustume de l'enclave & non celle du ressort.

Concluons donc qu'il faut suivre la Coustume de l'enclave, & non celle du ressort, ny du relief de fief, ce qui est decidé en la Coûtume de Lodunois, qui est une des plus belles Coutumes de France; dont voicy les termes de l'article 3. du tit. 5. *Tous lieux situez & assis en Lodunois seront gouvernez selon les Coustumes dudit Pays, posé qu'ils soient tenus d'autres terres & Seigneurs estans hors les fins & limites dudit pays*. Que si cela doit être observé és justices qui ressortissent en des Bailliages qui ont leur Coustume, à plus forte raison doit-il être pratiqué en celles qui ressortissent en des Iustices extravagantes, comme en ces Iustices de ressort, usurpées par les Ecclesiastiques, lesquels n'ayant point elles-mêmes de territoire, ne peuvent donner à leurs ressorts la Coustume d'un autre Bailliage.

42. Du territoire du fief.

Voila pour ce qui est du territoire de Iustice: quant à celuy du fief, on demande si le Seigneur haut justicier est fondé de se dire Seigneur direct, ou feodal de toutes les terres estans au territoire de sa justice, s'il n'appert du contraire. En quoy la commune de nos Coûtumes, & de nos Escrivains aussi, tient indistinctement la negative, & ce pour deux raisons: L'une, que la Iustice & le fief sont droicts tous differens, dont pour cela l'un ne peut inclure & presupposer l'autre, étant toute la premiere regle de nos Coûtumes, que *fief & Iustice n'ont rien de commun*. L'autre (&, qui est la raison que

43. Il le haut Iusticier est presumé Seigneur direct de tout son territoire.

44. Raisons de la negative.

rendent plusieurs Coûtumes, notamment les locales sous celle de Tours) que les Iustices sont naturellement bornées, c'est à dire qu'elles sont fondées regulierement en integrité & continuité d'un certain climat & territoire: ce qui n'est pas és Seigneuries feodales, qui d'ordinaire sont meslées & entrelassées les unes dans les autres, & ne sont pas de proche en proche; mais ainsi que les Domaines & Seigneuries utiles sont communement éparses çà & là.

45. Raisons de l'affirmative.

※ Et bien que ces authoritez & ces raisons soient de grands poids, si est-ce qu'il y en a d'autres contraires qui ébranlent cette resolution si courte & si generale. Car d'autre costé on peut dire que par disposition du droit Romain la directe doit suivre la Iustice, ce qui se prouve par le §. *Is, qui*, en la loy *Forma. D. De censibus. Is qui agrum in alia civitate habet, in ea profiteri debet in qua ager est. Agri enim tributum in ea civitate habere debet, in cujus territorio possidetur*. Que si cela avoit lieu à Rome, à plus forte raison doit-il estre observé en France, où du commencement les Iustices & les Seigneuries directes ont été concedées à mêmes Seigneurs: ce qui étoit fort commode & fort aisé, de n'avoir qu'un Seigneur en un territoire, comme il a été dit au 1. chap. Et bien qu'à succession de temps le commerce s'estant plus

étendu aux Seigneuries directes qu'aux Iustices, il est arrivé que souvent tel à la justice sur un heritage, qui n'en a pas la directe: neanmoins en consequence de cette primitive institution, & cette bienseance ainsi, de n'avoir qu'un Seigneur en un territoire, il y a grande apparence de tenir, que quand la directe d'un heritage n'est possedée par aucun autre qui ait titre, de presumer directe appartenir au Seigneur haut-Iusticier du territoire: principalement quand ce Seigneur a non seulement la Iustice, mais aussi la Seigneurie feodale des autres terres de même climat & territoire.

46. Resolution.

A quoy ne contrarie la maxime des coustumes, que *fief & justice n'ont rien de commun*. Car il faut remarquer que les Coustumes ne disent pas que justice & fief, mais que fief & Iustice n'ont rien de commun. c'est à dire, que la feodalité ou Seigneurie directe ne porte nulle consequence à la justice, ne pouvant la Iustice qui est la plus noble, estre attirée par la directe: ce qui est ce que nous avons dit cy-devant, qu'il ne s'ensuit pas que celuy qui est reconnu pour Seigneur, ou censier ou feodal d'un heritage, en soit pourtant Seigneur justicier; Que tel a le fief, qui n'a pas la Iustice; & posé qu'un Seigneur ait Iustice, il peut avoir plusieurs fiefs hors le territoire de sa justice, que les livres du Baron l'appellent *Feuda extra curtem*, ainsi que le Baron l'a tres-bien interpreté au neuxième chap. du 1. liv. *De Beneficiis*.

47. Responses aux raisons contraires.

48. Comment s'entend que fief & justice n'ont rien de commun.

Mais la justice étant plus digne que la directe, il n'est point inconvenient qu'elle l'attire quelquefois, & neanmoins encore elle l'attire, & ne l'includ pas par une consequence necessaire; mais la Iustice peut estre à l'un, & la directe à l'autre, qui est l'explication que plusieurs Coûtumes adjoûtent à cette regle. Donc la Iustice attire la directe par une presomption seulement qui a lieu, quand il ne se vod point de preuve au contraire, mais qui n'exclud pas la preuve contraire.

49. Conclusion de la question.

Partant je conclus, que si celuy qui debat la directe d'un heritage contre le Iusticier du territoire, ne fait apparoir d'aucuns adveus ou d'autres titres verificatifs de son droict ou possession, le haut Iusticier doit gagner sa cause contre luy, tant à cause de cette presomption dont il est assisté, qu'à cause aussi que tout ce qui est vacant en son territoire luy appartient. Mais si outre cela il est fondé encore en l'enclave de la Seigneurie directe du climat, il faut des titres peremptoires pour l'évincer. Comme au contraire, si sa partie adverse est fondée en ce même enclave (de telle sorte qu'il apparoisse que toutes les terres d'un certain climat ou territoire, sans exception aucune, soient de sa directe, encore que ce climat soit dans la Iustice d'autruy) il est mieux fondé que le Iusticier qui n'en a autre preuve que la presomption de sa Iustice. Car la presomption du climat & contour uniforme est reputée bien forte par Ioan. *Fab. l.1. C. De jure emphyt.* qui allegue le Speculateur au même titre, je croy qu'elle surmonte celle du Seigneur Iusticier, *quia in toto jure generi per speciem derogatur*: aussi l'enclave de la directe pese plus en consequence à la directe de l'heritage qui est enclave, que l'enclave de la justice.

50. L'enclave est une forte presomption pour la directe.

Voila quand la directe est contentieuse entre deux Seigneurs; mais quand elle l'est entre le Seigneur justicier, & le detempteur qui pretend tenir en franc-aleu, il faut distinguer les païs qu'on appelle de franc-aleu, c'est à dire és Coûtumes où le franc-aleu est admis sans titre, comme en Champagne, il faut faire les mêmes resolutions qu'au Seigneur competiteur. Mais és autres Coûtumes où on tient que nulle terre n'est sans Seigneur (qui est le droit commun de la France, quoy qu'en dise du Moulin sur le 46. art. de la Coûtume) le detempteur n'estant vendiqué ny pretendu par aucun autre Seigneur, n'est fondé à se pretendre exempt de la directe du haut Iusticier sans titre d'aleu.

51. Si l'heritage est presumé allodial.

Et faut noter qu'en consequence de ce droit de territoire qu'ont les hauts justiciers, ils peuvent faire un papier terrier, tant de leur directe que de leur justice une fois en leur vie. Et à cette fin après trois

Des Seigneuries.

50. Un pu-blication pour terrier. publications solemnelles, à ce que les detempteurs d'heritages tenus d'eux à droits Seigneuriaux, quels qu'ils soient, viennent se faire écrire en iceluy, ils peuvent faire saisir les heritages de ceux qui n'auront obey dans le temps prefix, ou qui n'auront fait apparoir, que leurs heritages soient tenus d'autre Seigneur. J'entens

53. Saisie generale pour terrier se fait sans la confection du terrier. qu'ils peuvent faire saisir leur territoire tout entier, sans qu'ils ayent besoin de s'enquerir, quelles terres tiennent d'eux, & quelles non ; parce qu'ils sont fondez en droit universel. Il est vray que ceux qui verifieront leurs terres estre tenuës d'autres, en auront main levée, mais ils n'auront dépens, dommages, ny interests contre le haut Justicier, pourveu qu'après avoir eu communication de leurs titres, il ne conteste pour le soustenement de la saisie : même faisant cette saisie generale d'un climat, il n'est point necessaire de la signifier & en bailler exploict à chacun des detempteurs. Il est vray que ceux qui ne l'auront receuë, ne sont sujets à l'amende de bris de saisie, mais c'est à faire au Commissaire d'estre soigneux de la notifier à ceux qu'il pensera estre necessaire, le tout aux dépens de sa commission.

54. Des lettres de terrier. Pour faire ce terrier, je tiens avec Ragueau, qu'il n'est necessaire au haut Justicier d'obtenir comission du Roy, qu'on appelle ordinairement lettres de terriers & s'il en obtient, c'est pour plus grande authorité, & par cautele surabondante : comme anciennement, quand un Seigneur feodal après la saisie, prenoit des lettres de confortemain. Et telles lettres sont excitatives, & non pas attributives de juridiction ; de sorte que non seulement elles peuvent estre addressées au Juge du Seigneur, mais même on luy feroit tort si on les addressoit à un autre qu'à lui, qui est principalement fondé de connoistre des droits de son Seigneur.

55. Lettres de terrier sont necessaires à ceux qui n'ont haute justice. Mais les simples Seigneurs feodaux ou censiers n'ont droit de proceder par saisie generale de tout un territoire sans lettres de terrier : encore lors sont ils tenus aux dépens, dommages & interests de ceux qu'ils font saisir à tort, parce qu'ils n'ont pas justice & Seigneurie publique sur leurs terres, partant n'ont aucun pouvoir de saisir. Ce qu'il faut aussi pratiquer à l'égard des hauts justiciers és terres qu'ils saisissent hors le territoire de leur justice.

56. Hauts Justiciers peuvent prendre serment de leurs sujets. Comme pareillement les Seigneurs hauts Justiciers peuvent faire appeller pardevant eux tous leurs justiciables une fois en leur vie, pour leur prester le serment de reconnoistre autre justice que la leur, & de conserver leurs droits à leur possible, & les advertir de ceux qui entreprendront contre iceux, le tout neanmoins sans vexation, & sans qu'il leur en couste finance que Guy Pape decif. 303. dit avoir pratiqué luy même en sa Seigneurie de saint Alban. Même anciennement les justiciers procedoient par saisie,

57. Ne peuvent demander declaration pour la justice directe simplement. pour faire reconnoistre leur justice : Justiciarius (dit Faber au §. Retinenda. Inst. De interd.) positus ad manum suam aliquam rem sibi subjectam ratione justitiæ, in qua tota sita sacunt justitiarij regni Franciæ. Mais je n'estime pas que ceux qui ne doivent cens ny rentes au haut Justicier, puissent être astraints à aller chez le Notaire, ou autrement luy passer declaration à part pour sa justice : comme semblablement les censiers

58. Le censier ne doit la declaration. non justiciables, ne sont tenus de lier d'aucun acte de chartement vers leur Seigneur direct, quoy qu'au village on leur fasse faire, même de leur fait payer la charte, ou grosse de leur declaration : mais neantmoins ils ne sont tenus, pourveu qu'ils la passent devant le Notaire designé par le Seigneur, pour faire son terrier, tant s'en faut qu'ils soient tenus la presenter solemnellement en justice avec serment, & de payer salaire au Juge, Procureur fiscal & Greffier pour la reception d'icelle, comme on pratique és Justices de village.

59. Du territoire domanial. Finalement, & qui est le troisième effet du droict de territoire, & de la derniere des trois questions posées cy-dessus, qui concerne la Seigneurie utile & domaniale, je dis en un mot, qu'au Seigneur haut-Justicier appartiennent tous les biens, soit meubles ou immeubles vacans dedans sa justice ; c'est à dire qui n'appartiennent ou ne sont possedez legitimement par aucun : bien que pour le regard des immeubles les Seigneurs de fief les ayent long-temps debatus ; & de fait les ont gagnez en quelques Coustumes, comme en celles de Normandie & de Bretagne, sous cette consideration qu'il y a plus d'apparence de retiuir la Seigneurie utile vacante à la directe, ainsi que l'usufruict à la propriété, que non pas la privée à la publique : question qui est assez amplement disputée par le Speculateur tit. De feudis. Neanmoins à la fin les justiciers l'ont obtenu pardessus les Seigneurs de fief, en recompense des charges de la justice, comme il sera dit incontinent, & ont particulierement appelé cela Droit de fisque.

60. Tout ce qui est vacant dans le territoire appartient au haut Justicier.

61. Les immeubles vacans ont esté autresfois prétendus par les Seigneurs de fief.

62. Du droit de fisque.

Car fisque n'est autre chose que bourse publique, ᵈημόσιος σακκίον, disent Helychius & Suidas : t. saccus publicus, disent Isidore : lib. 20. Orig. cap. 9. & saint Augustin sur le Psal. 146. & il est bien vray qu'à Rome il n'appartenoit qu'à l'Empereur non plus que la Seigneurie publique, c'est à dire la proprieté de la justice a esté communiquée aux particuliers, aussi a esté la bourse publique qui en dépend, & qui est la perception de tous les emolumens provenans de cette proprieté de justice.

63. Fiscus quid.

Car d'autant que le haut-Justicier est tenu faire rendre la justice aux pauvres gratuitement, & faire punir à ses dépens les delinquans en son territoire, & que pour cet effet avoir des Officiers capables resdans sur le lieu, & gagez suffisamment, à bon droit on luy attribué en recompense toutes les échoites qui arrivent en son territoire ; c'est à dire tous les biens vacans qui s'y trouvent.

64. Pourquoy les hauts-justiciers ont le droit fisque.

65. Division des biens fiscaux en confiscation, desherence, & bien vacans.

Ces biens fiscaux peuvent estre reduits à trois sortes ; sçavoir les confiscations, les desherences & les biens vacans. Quant aux confiscations que les Latins appellent bona publicata, seu fisco addicta (qui est le premier fruit de la juridiction, dit Faber sur l'Auth. bona damnatorum. Cod. de bonis proscript.) je comprens sous icelles tout ce qui est osté à l'indigne, quod enim aufertur indigno, applicatur fisco, dit le droict Romain, & partant les amendes y sont comprises, qui sont comme confiscations particulieres.

66. Des confiscations.

67. Des amendes.

Car à Rome il n'y eut que les Gouverneurs des Provinces & autres grands Magistrats qui peussent condamner à l'amende, l. aliud est fraus §. Inter De verb. signif. encore n'y pouvoient-ils condamner que jusques à certaines sommes limitées par le titre De modo multarum. Cod. si est ce qu'en France tout Juge de haut Justicier pouvant condamner à la mort, peut à plus forte raison condamner à l'amende, & encore la taxer si haute qu'il luy plaist, d'autant que comme les peines, aussi les amendes sont arbitraires en France, bien que le moyen justicier ne puisse juger plus haute amende que de soixante sols, & le bas, que de sept sols six deniers.

68. Que les loix Romaines des amendes ne sont gardées en France.

Or il y a deux sortes d'amendes ; à sçavoir les arbitraires qui sont comprises pour les delits, dont en France les peines sont toûjours arbitraires ; & les ordinaires qui sont encouruës pour les quasi delits, sont taxées par les Ordonnances ou Coustumes. Dont celles des Coustumes sont appellées amendes coustumieres, desquelles il y a deux sortes : à sçavoir, la grande amende, qui est de soixante sols, & est souvent appellée l'amende ordinaire : & est appellée amende de la loy ou loy d'amende és Coustumes d'Anjou & du Maine, & communement ailleurs l'amende de la Cour.

69. Deux sortes d'amendes arbitraires, & ordinaires.

70. Amendes des Coustumes.

71. Grande amende.

72. Petite amende, ou amende de la Cour, ou amende de la loy.

73. De mesmes.

La grande amende est imposée pour contestation és causes d'appel, de complainte & autres matieres odieuses pour bris de saisie : entreprises sur les chemins, & ventes recelées, &c. La petite est encouruë principalement pour trois causes ; à sçavoir pour defauts, pour contestation temeraire és matieres ordinaires, & pour reclaim, c'est à dire, reclamation & refus de payer le contenu és obligations ; & és

Des droits profitables, &c. Chap. XII.

Sentences en quelques Coustumes, ce qui est cause qu'en jugeant, soit les defauts, soit les procez contradictoires, on prononce ordinairement, *Condamnez en l'amende de la Cour & és dépens.*

74. Cause de ces amendes. Plusieurs des Coustumes traitent amplement de ces amendes, entr'autres celle d'Anjou, & Touraine, le Maine, Berry, & celles des païs de Picardie & Flandres : d'où vient le Proverbe de nos Coustumes, que *la grande amende emporte la petite.* Elles furent toutes introduites lors que les Juges ne prenans aucuns salaires des parties, se recompensoient sur ces amendes ordinaires qui leur estoient attribuées au lieu, ou bien pour supplément des gages ; mais maintenant que les Juges se font payer par les parties, & que partant les frais des procez sont grandement augmentez à cause de leurs salaires, c'est à bon droit que les anciennes amendes coustumieres sont abolies presque par tout depuis peu.

75. Qu'elles ne doivent avoir lieu à present.

76. Contre l'advis du renouvellement des amendes ordinaires. D'où paroist l'injustice de l'advis donné au Roy, non seulement de renouveller, mais encore de tripler ces amendes ordinaires, pour faire un fonds nouveau en ses finances. Car l'advis donné par Isocrates au Roy Nicocles est déja assez executé, de faire que les frais du procez soient grands, pour empêcher le peuple de plaider : estant veritable, qu'en plus de deux tiers des procez, les frais passent le principal : & n'y a plus desormais guerres de procez, que ceux qui sont necessaires, ou pour l'obscurité de nostre droit, ou pour la malice des banqueroutiers qui plaident hardiment, parce qu'ils n'ont rien à perdre, & que *inops audacia tuta est,* & cependant ils consument en frais ceux qui ont dequoy. Et quelle apparence y a-il, veu que la Iustice est deuë au Peuple gratuitement, de le surcharger encore de ce nouveau tribut.

77. Des confiscations en particulier. Quant aux confiscations qui sont les propres fruits de la Iustice, dit Barole, *in l. ult. D. sol. mat.* elles appartiennent au haut Iusticier aux pays où elles ont lieu, car il y a des pays qui en sont exempts par privilege special, cessant lequel, c'est le droit commun de France, que, *qui confisque le corps, confisque les biens.*

78. Confiscation en crime de leze-Majesté. Toutefois, au crime de leze-majesté, comme une felonnie qui opere reünion à la souveraineté, la confiscation appartient au Roy seul : & de fait en ce crime les heritages confisquez seroient tous reünis incommutablement à la couronne, si faite se pouvoit : mais cette reünion ne peut estre qu'en ceux qui en sont mouvans directement ; & quant aux autres, parce que le Roy ne peut pas relever d'autruy, & que le Seigneur direct ne doit perdre sa directe, pour le crime de son vassal, le Roy est contraint en vuider ses mains ; mais quoy qu'il en soit, la confiscation provenant de ce crime ne tombe point en fruict, mais est reputée incontinent un accroissement qui se joint à la proprieté. Et de fait en toutes les alienations du domaine, mesmes aux constitutions d'appanage, elle est toûjours reservée au Roy.

79. La confiscation n'appartient pas au Roy és cas Royaux. Quant aux simples cas Royaux, il faut remarquer que la confiscation n'en appartient pas au Roy, mais au haut justicier : parce que la confiscation ne suit pas la justice, ainsi que fait l'amende, mais le territoire, de sorte que celuy qui fait le procez, est souvent celuy qui prétend le moins en la confiscation ; quoy qu'en dise Faber. sur l'Aut. *Bona damnatorum,* mais il se recompense sur l'amende qu'il taxe si haut qu'il luy plaist, & par le moyen de laquelle il absorbe ordinairement la confiscation quand elle appartient à autre que celuy qui fait le procez. Toutefois au crime de fausse monnoye, parce que c'est comme une branche de leze-Majesté, y estant le Roy principalement offensé, la confiscation appartient à luy seul : ce qu'il faut entendre pour le regard des faux monnoyeurs, & non de ceux qui l'exposent seulement, qui pechent plus contre le public que contre le Roy, & sont plûtost larrons que faux monnoyeurs.

80. Confiscation ne suit pas la justice comme amende.

Pareillement en crime de leze Majesté divine comme heresie, blaspheme, idolatrie, je n'estime pas que la confiscation appartienne au Roy seul, quoy qu'en disent les articles secrets de la Coustume de Paris, parce que le Roy n'y est point offensé en sa qualité, mais le public & la justice, & pour cette cause je n'estime pas mesme que ce soit un cas Royal : aussi ne le voyons nous pas compté és anciennes Ordonnances ; qui rapportent les cas Royaux : & de fait il est notoire, que les hauts Iusticiers connoissent des blasphemes, sorciers & idolâtres.

81. leze Majesté divine n'est cas Royal.

Or bien que la confiscation n'appartienne au haut Iusticier, toutefois c'est un des droits de souveraineté du Roy, qu'il le peut remettre, *sive per litteras justicia, sive gratia, re tamen integra,* c'est à dire jusqu'à ce que l'Arrest de condamnation soit prononcé, ou la Sentence, par l'execution faite d'icelle sans appel, soit convertie en force de chose jugée : sans mesme hors ces cas, que le haut-Iusticier soit recevable à s'opposer, ou autrement empescher l'enterinement de la remission, grace ou abolition : parce que ce droit de Souveraineté ne peut être retranché au Roy. Mesme après le droict acquis tout à fait au haut-Iusticier par un jugement souverain, encore icelui pense que le Roy peut remettre la confiscation si les biens sont encore en la possession du haut-justicier, mais non, s'il en a disposé, principalement à titre onereux, comme resout Bacquet.

82. Le Roy peut remettre la confiscation au prejudice du Seigneur.

Quant aux desherences que les Grecs appellent τὰ ἀπροσπεύτα & les Latins *Caduca,* qui sont les biens des decedez sans heritiers, & sans en avoir disposé, ils appartiennent pareillement au haut Iusticier du territoire où ils sont trouvés, mais non pas par forme d'heredité ou de succession universelle, comme au droit Romain ; mais comme biens vacans. Car nous avons trois sortes de successeurs en France ; à sçavoir les vrais heritiers, qui sont les successeurs universels, comme les donataires ou legataires universels, les Abbez succedans à leurs Religieux, qui sont *Successores bonorum, & non juris* : & les successeurs particuliers, comme les donataires & legataires *certorum bonorum,* les Seigneurs succedans par confiscation ou desherence, qui ne succedent pas à tous les biens justiciables, mais seulement & particulierement à ceux qui sont trouvés dans leur territoire, encore n'y succedent - ils pas par voye de translation du droit du defunct en eux : mais par forme de reünion de la Seigneurie privée vacante à la publique, témoin le titre du Cod. *De bonis vacantibus, & eorum incorporatione* & la loy *Ejus qui, D. De testamentis.*

83. Desherence.

84. Le haut Iusticier est successeur particulier en la desherence.

Je dis notamment, que cette reünion se fait de la Seigneurie privée à la publique, & non pas à la directe, parce qu'en France les fiefs & cens sont perpetuels & patrimoniaux, & que les biens vacans sont attribuez à la Iustice, pour soustenir les charges d'icelle. Mais aussi il faut prendre garde que cette reünion se fait de telle sorte, que le droit du Seigneur feodal est toûjours conservé *ne alteri per alterum iniqua conservatur* ainsi qu'en la loy *Cùm ratio §.1. De bonis damnatorum,* il est dit que l'affranchy ayant esté condamné, le patron est preferable au fisque pour la part qui luy est attribuée de droit en sa succession : de sorte que le Iusticier succedant par confiscation ou desherence, doit reconnoistre le Seigneur direct ainsi qu'un autre detempteur ; mesme luy doit relief des fiefs, ainsi qu'un successeur collateral. Mais si le justicier est aussi Seigneur direct, bien que cette succession opere une reünion, & partant qu'il fasse de son fief son domaine, toutefois il ne doit point de relief au Seigneur direct superieur, parce que c'est une regle generale, que par telles reünions de l'utile Seigneurie à la directe, il n'est point deu de relief, comme traittent les interpretes, sur le 51. article de la Coustume de Paris, Que si c'est le Roy, qui par desherence, ou confiscation acquiert les heritages étans en la directe d'un Seigneur, il faut qu'il en vuide ses mains, ou du moins qu'il luy en paye indemnité, d'autant qu'il ne peut pas relever de ses sujets : & ce

85. Que le droit du Seigneur directe y est conservé.

86. Qu'il est deu relief à cause de la desherence.

87. Le Roy doit vuider ses mains en confiscation & desherence.

Des Seigneuries.

suivant l'Ordonnance de Philippes le Bel, transcrite au vieil style de parlement, tit. *De feudis*, ce qui vuide la grande dispute qu'en fait le Specule au mesme titre.

28. Si les meubles en confiscation & desherence appartiennent au Justicier du domicile, ou au lieu où ils sont trouvez.

J'ay dit cy-dessus que la confiscation & desherence suivent le territoire où les biens sont trouvez, & non le domicile du condamné ou decedé ; ce qui est tout assuré pour le regard des immeubles, mais quant aux meubles qui n'ont point de situation assurée, étans propres à être tantost en un lieu, tantost en un autre, il y a plus de difficulté. Car tous les Docteurs anciens & modernes, sans exception que je sçache, tiennent unanimement que les meubles du confisqué ou decedé sans hoirs appartiennent au Justicier de son domicile, *quia domicilia sequuntur personam, ejusque domicilium*.

29. Opinion commune.

Neanmoins il me semble plus à propos de les attribuer au Seigneur de la Justice où ils sont trouvez lors du deceds; attendu ce qui vient d'être dit, que la confiscation & la desherence operent une réünion de la Seign. privée à la publique,

30. Qu'ils appartiennent au Seigneur du lieu, & non du domicile.

non pas une succession universelle : car on ne peut pas dire que *mobilia sequantur personam*, puisque la personne est morte, & n'a laissé de successeur universel qui la represente, n'estant son heredité abandonnée ; mais des biens tout à fait vacans, desquels partant le Justicier du lieu où ils se trouvent, se peut emparer & les appliquer à son fisc, sans que celuy du domicile du deffunt puisse venir fureter & faire recherche dans la terre d'autruy. Aussi Bacquet qui a mieux traité cette question que pas un, au 13. chap. *Des droits de Justice*, & au 3. *Du droit de desherence*, est de cette opinion, dont il rapporte un Arrest du Parlement, qui a esté suivie par les articles secrets de la Coûtume de Paris, & par la nouvelle Coûtume de Rheims, art. 346.

31. Mais les dettes actives appartiennent au Seigneur du domicile.

Mais à l'égard des dettes actives, qui sont droits incorporels, τὰ ἀφανῆ, qui n'occupent point le lieu &, n'ont point de situation, en la confiscation & desherence, elles doivent suivre generalement le domicile du creancier, & non le lieu où les obligations, cedules, ou papiers justificatifs d'icelles sont trouvez, d'autant que les papiers ne sont pas la dette, mais la preuve & asseurance d'icelle; joint qu'il y a des dettes dont il n'y a point de papiers, d'autres dont il peut y avoir des papiers en plusieurs lieux, & en diverses Justices : mais enfin ces dettes consistent en action personnelle, qui est inherente aux os du Seigneur ou au creancier d'icelle, & non pas à mon advis au debiteur, quoy qu'en dise au contraire le judicieux Coquille, quest. 237.

32. Idem és rentes constituées.
33. Situation des rentes constituées.

Ce qui doit pareillement être dit des rentes volantes ou constituées, dont la situation doit être attribuée, non au lieu des hypotheques speciales ou assignats d'icelles comme on tenoit au Palais il n'y a pas long-temps, en consequence de l'Arrest de Partenay mal entendu, ny au lieu destiné pour le payement de la rente, mais au domicile du creancier & Seigneur d'icelle, comme il fut jugé en la cinquiéme chambre des Enquestes, aprés en avoir demandé l'avis des autres Chambres, en l'année 1597.

34. Les Seigneurs succedans par desherence & confiscation sont tenus des dettes.

Voilà pour les dettes actives : quant aux passives, c'est chose certaine, que cette réünion n'empesche point qu'on ne les paye, attendu mesme qu'il a été jugé que le fief du vassal adjugé par felonnie au Seigneur feodal, demeure chargé de ses hypotheques, nonobstant la loy, *Lex vectigali. De pignor.* en consequence de laquelle on

35. Ce qui n'avoit lieu anciennement en la confiscation.

tenoit autrefois en France à tort & injustement, que la confiscation n'estoit pas chargée des dettes, comme Guenois a bien prouvé en sa conference des Coustumes, ce que Boureiller dit aussi de la succession des bastards. Mais maintenant on suit sans doute la regle du titre *Pœnis fiscalibus creditores anteferri*, & de la loy, *non possunt*, D. *De jure fisci*.

36. Les Seigneurs payent les dettes pro rata emolumenti.

Pareillement, c'est chose asseurée que plusieurs Seigneurs venans ensemble à la desherence & confiscation, doivent contribuer aux dettes passives, à proportion du profit qu'ils en tirent : mesme on pratique cela à present és Coûtumes, où les dettes passives suivent les meubles, & sont payables entierement par celuy qui préd l'université des meubles à quelque titre que ce soit,

quoy que quelques Coûtumes decident erronément le contraire, & tel est l'avis de Coquille : & ce pour la raison qui vient d'estre dite, que le Seigneur prenant les biens par droit de confiscation, n'est point un Successeur universel, mais particulier des seuls meubles trouvez en sa Justice, & encore non pas par voye de succession ou translation du droit du deffunt à luy, mais par abolition du droit de l'ancien proprietaire, & réünion de la Seigneurie privée vacante à la publique.

97. Si le creancier se peut pour-voir solidairement eux.

Mais comment se pourvoira le creancier chirographaire, qui ne sçait ny combien il y a de Seigneurs participans à la confiscation ou desherence, ny pour quelle part chacun d'eux y participe ? Bacquet a traité la question à l'égard des heritiers succedans *diverso jure*, comme quand il y a un heritier des meubles & acquests, un autre des propres paternels, & un autre des propres maternels : & lors il dit qu'ils peuvent être convenus chacun pour un tiers, ou bien qu'on se peut addresser contre celuy des meubles & acquests, sauf son recours contre les autres : ce qui est bien plus équitable. Car si pour y avoir de trois sortes d'heritiers, il falloit diviser la dette, il la faudroit encore subdiviser si de chacune sorte il y avoit plusieurs heritiers, ce qui seroit extremement incommode.

98. Inconvenient de admettre la poursuite solidaire.

Mais l'incommodité seroit encore bien plus grande en la poursuite de plusieurs Seigneurs prenant part à la confiscation ou desherence ; car la part qu'on demanderoit aux heritiers, seroit toûjours certaine & liquide, au lieu que celle des Seigneurs est toûjours incertaine & non liquide, requerant une ventilation prealable, qui est ordinairement est bien malaisé : comme quand il y a des actions incertaines en la succession, & est toûjours de grands frais & difficulté. D'ailleurs, il y a bien de la difference entre les heritiers & le fisc. Car les heritiers sont tenus d'action pure personnelle, que la loy des douze tables transfere d'un deffunt à ses heritiers, de sorte qu'estans condamnez ils sont contraints en leurs propres biens pour leur portion hereditaire, qui est toûjours certaine : mais le fisc n'estant ny heritier, ny mesme successeur universel, ne peut estre tenu d'action pure personnelle : partant n'est contraint en ses autres biens, & s'il y a rencontre de plusieurs fiscs, leur portion est inégale & incertaine.

99. Resolution qu'il faut admettre.

C'est pourquoy je tiens pour certain, que le creancier encore que simple chirographaire, se peut addresser par sa dette entiere, contre chacune piece du bien deferé au fisc. Ce que le docte Coquille a tenu en son Institution, chap. Des droits de Justice : mais il n'en allegue aucune raison. Or la raison est, que *onus æris alieni universum patrimonium respicit, non certi loci facultates*. l. *Fideicommissum*. §. *Tractatum*. D. *De judiciis*. Quæ debita dicuntur deducto ære alieno. l. *Mulier bona*. D. *De jure dot*. Ce qui est particulierement decidé à l'égard du fisc, *in* l. *Non possunt*, D. *De jure fisci*. *Non possunt ulla bona ad fiscum pertinere, nisi quæ creditoribus superfutura sunt. Id enim bonorum cujusque esse intelligitur, quod æri alieno superest*.

100. Raison.

qui est la cause pourquoy au dernier chapitre du premier Livre Du deguerpissement, j'ay dit, qu'en ces cas le payement des dettes est une charge fonciere universelle, & qui s'étend sur tout le bien, & par consequent elle est solidaire, encore qu'il n'y ait point d'hypotheque expresse : parce que c'est la nature des charges foncieres, d'estre solidaires & individües, comme j'ay prouvé au dernier Chapitre du second Livre du même Traité.

101. Quand a lieu la desherence.

Or pour parler particulierement de la desherence, le cas d'icelle est quand le deffunt n'a laissé aucuns heritiers, & bien qu'aucuns ayent voulu restraindre les degrez de succession à sept, suivant la loy, *Non facile*. D. *De grad. cognat*. & le dire de Paulus 4. *Sent. tit.* 11. autres à dix degrez, suivant le §. *Huc loco*. *Inst. De cognat. successe*.

102. La succession s'étend tant que la ligne se peut montrer.

Neanmoins c'est un point resolu en France, que la succession a lieu *in infinitum*, tant que la ligne se peut montrer ; c'est pourquoy en quelques Coûtumes la desherence est appellée *ligne éteinte*, & *ligne faillie*, ce mot de *ligne* signifiant parenté, & ce que les Grecs appellent

Des droits profitables, &c. Chap. XII.

fient ατχιϛιαν, proximité: de fait ce que dit Aristophane, ἐν Ὀρνιϲι, Νόϑῳ μὴ ἐν αἱ ατχιϛιαι, Bouteiller le dit en François, que bastards n'ont point de ligne, & que sans ligne succession ne se peut faire.

Quand je dis ligne faillie, j'entends tant la paternelle que la maternelle: estant certain que elle n'estoit point desherence tant qu'il y a parenté d'un costé ou d'autre, & que c'est aujourd'huy le Droit commun de France, que les maternels excluent le fisc des biens paternels, & au contraire, comme decide l'article 330. de la Coustume de Paris, & la decision textuelle de la loi *Vacantia, De bonis vacant. lib. 10. Cod.* bien que les Coustumes d'Anjou & de Bretagne decident le contraire. Mesme la loi douze Tables preferoit au fisc ceux qui portoient mesme nom, appellez *Gentiles*, encore qu'ils ne peussent prouver la parenté, dont Ciceron, livre 1. *de Oratore*, en rapporte une belle cause, qu'il plaida entre deux maisons Patriciennes des Claudes & des Marcels. Et Choppin livre premier *de Doman*. chapitre 5. dit qu'en deffaut de l'une & de l'autre ligne la femme succede au mari, & le mari à la femme auparavant le fisc, suivant le titre *Vnde vir & uxor*: ce qui a depuis peu esté jugé par Arrest solemnel, la veille Nostre Dame de Septembre 1600. raporté par Chenu, contre ce qu'en dit Bacquet au traité du droit d'Aubeine, ch. 33. Mesme c'est une grande dispute entre Accorse & Faber, sur l'Auth. *Præterea*, en ce tit. *Vnde vir & uxor*, si les parens de la femme sont preferables au fisc, à demander les biens du mari mort sans parens de son costé, ce qui pourtant n'est receu en France, Bref, comme dit le Roi Theodoric dans Cassiodore, lib. 10. *Variar. In hoc casu Principis persona post omnes est. Hinc optamus non acquirere, dummodo sint qui relicta valeant possidere.*

Mais il y a deux exceptions notables, esquelles on tient que le Roi oste la desherence au haut Iusticier: sçavoir est à l'égard de la succession des Estrangers appellez Aubains, *quasi alibi nati*, & celle des bastards. Et bien que du Molin sur le 40. article de la Coustume d'Anjou, dise que *secundum antiquam usum Francorum, alti Justiciarii habebant jus occupandi bona quocumque modo vacantia, etiam Albinorum & spuriorum; sed nuper memoria nostra, quæstuarii fiscales jura Dominorum, contra veterem consuetudinem restringere cæperunt, in successionibus peregrinorum, & habuerunt multos emptitios Iudices propitios*: & qu'il en dise autant sur le 88. art. de la Coustume de Bourbonnois. Toutefois pour le regard de l'Aubeinage, il y a une grande raison de l'attribuer au Roi seul: raison qui n'est aucune de celles rapportées par l'acquet au traité qu'il en a fait; à sçavoir qu'il n'y a point de vacance, ny desherence absoluë en l'estranger, qui ordinairement a des parens, aussi bien que le naturel François: mais ils sont empeschez de lui succeder, non par le droit de nature, ou des gens, mais par la loi particuliere du Roiaume, qui prive l'estranger d'estre heritier, & de laisser heritiers en France: loi qui regarde la police generale de l'Estat, & partant appartient au Roi seul, comme faite pour l'augmentation du Royaume, & non pour accroistre & avantager les Seigneurs particuliers d'icelui.

Partant je tiens, qu'il est tres-juste d'exclure le Haut-Iusticier de la succession de l'estranger, bien mesme que naturalisé, mourant sans parens regnicoles, tant à raison de la condition apposée de stile commun és Lettres de naturalité, *pourveu qu'il ait heritiers regnicoles*, qui defaut en ce cas, que parce que la naturalisation de l'estranger ne profite pas à ses parens estrangers, qui n'estans naturalisez eux-mesmes, sont toûjours exclus de succeder, fust-ce à un naturel François.

Telles successions des estrangers estoient proprement ce qu'autrefois on appelloit *Estraveres quasi estrangeres*, mot qu'on a depuis estendu à signifier aussi les successions des bastards, apres que les fiscaux, non contens d'avoir attribué au Roi la succession des estrangers, lui ont aussi fait prendre la succession des bastards, à l'exclusion des Hauts Iusticiers, sous pretexte de quelques vieilles pancartes trouvées en la Chambre des Des Seigneuries.

Comptes, bien que les anciennes Coustumes, & les anciens Escrivains de France ne fissent difficulté de deferer la succession des bastards aux hauts justiciers, notamment Bouteiller en sa Somme rurale: ce qui me semble plus juste.

Car ce que le Roi succede aux étrangers, n'est pas pource qu'il les peut seul naturaliser (parce que si ainsi estoit, il auroit seul les confiscations, puisque seul il les peut remettre) mais à cause de la loy particuliere du Roiaume, qui exclud les estrangers des successions dans icelui; au lieu que les bastards sont exclus d'avoir des heritiers autres que leurs enfans, par la loi de nature, ou du moins par le droit des gens, qui ne reconnoist autre parenté que celle qui procede d'un loyal mariage: de sorte que le bastard n'estant parent à aucun, tombe de necessité en vrayé desherence & ligne faillie, quand il meurt sans enfans.

Toutefois le Roi l'a enfin emporté par dessus les hauts justiciers: de sorte qu'on tient à present tout resolu, que nonobstant tout titre, toute prescription, mesme toute Coustume contraire, le Roi seul succede aux estrangers, bien que naturalisez, sans exception, & aux bastards non legitimez pareillement, fors qu'en trois cas concurrens, à sçavoir, qu'ils soient nez, demeurans, & decedez en la terre des hauts justiciers, encore en faut-il jouster un quatriéme, que leurs biens y soient situez & trouvez. Mais à l'égard des bastards legitimez, leur succession n'appartient ny au Roi, ny au haut justicier, mais on tient maintenant à bon droit, qu'elle appartient à leurs parens legitimes encore qu'ils n'ayent consenti à leur legitimation, & qu'ils n'ayent esté voüez par le pere ou mere ou costé desquels ils leur sont parens, parce que toute tache de leur nativité est ostée par leur legitimation, qui les ente en la famille & parenté dont ils sont illus, & que par icelle le Roi renonce à leur succession purement, & sans aucune condition, comme Bacquet a bien prouvé.

Quant aux enfans des estrangers, soit naturalisez ou non, ils succedent à leur pere, pourveu qu'ils soient nez & demeurans en France, comme aussi les enfans legitimes des bastards leur succedent; mais la difficulté est grande, si ce sont enfans, soit des estrangers ou bastards, le Roi succede par droit d'aubaine ou bastardise, és biens qu'ils ont eu de leur pere, ou le haut justicier par desherence, ou encore les parens du costé de leur mere, qui n'estoit ny estrangere ni bastarde, par droit de succession legitime. Cette question est agitée par Bacquet au chapitre 4. du Traité de desherence, qui semble resoudre, que les parens de l'autre ligne sont preferables au fisc, soit du Roi ou du haut justicier, & à plus forte raison encore le pere ou mere, non estranger ny bastard; ce qui est tres-equitable. Mais à faute qu'il y en ait, la question demeure entre le Roi, qui pretend que la bastardise & aubeinage dure in infinitum, & le haut justicier, qui soutient que ce sont vices personnels, & qui ne passent point aux enfans, & partant qu'il doit succeder par desherence: ce qui me semble plus raisonnable & est decidé elegamment à l'égard du bastard, par Bouteiller au Titre *des illegitimes*. Quoy qu'il en soit, quand telles contentions, ou autres semblables naissent entre les Officiers du Roi & ceux du haut justicier, ce qui arrive ordinairement par la possession de la bastardise & aubeinage apres la mort, & le haut justicier, qui soutient que c'est vice personnel, & rencontre des scellez, parce que suivant l'Edit de Roussillon, l'inventaire doit estre fait promptement, sans laisser des mangeurs ou Sergens en garnison. La regle qu'il faut tenir est, que l'Inventaire doit estre fait par les Officiers Royaux, si deux choses ne concourrent, à sçavoir, que ceux du haut justicier ayent fait le premier scellé, & que la justice ne leur soit deniée, ainsi que resout Bacquer au Traité Des droits de justice, chap. 21. nombre 5.

Outre les confiscations & desherences, il reste encore la troisiéme espece de biens deferez au fisc, qu'on appelle particulierement biens vacans, & que les Grecs appellent ἀδέϲποτα, qui comprennent tous biens vacans, autrement que par confiscation, ou des he-

Des Seigneuries.

rence, dont il y en a de deux fortes : L'une de ceux qui n'ont jamais eu de maistre, comme les terres vaines & vagues des champs, les places vuides des villages, que le haut justicier peut appliquer à son profit quand bon lui semble.

118. Ce qui n'est en commerce, n'appartient au haut justicier.

Ce que je n'entends que des choses qui sont en commerce, & qui sont sous la categorie de celles que Justinian aux instituts, appelle *res singulorum*, & non pas celles qu'il appelle *publicas, aut universitatis, aut nullius, id est religiosas, aut sanctas*. Partant je n'y comprens ny les ruës & places publiques des villes, ny les chemins des champs, ny pareillement les portes & murailles, fossez & maisons communes des villes, desquelles le haut Iusticier a seulement la police, garde & manutention, & les habitans sont tenus de la reparation & entretenement d'icelles, mais la proprieté n'en appartient à personne: qui est pourtant une ancienne querelle entre la communauté des habitans & les Seigneurs des villes ; mais en un mot, ce qui est public n'appartient à personne quant à la proprieté, & quant à l'usage, il appartient à chacun particulier, pourveu que ce soit sans empeschement de l'usage commun. Car je ne suis pas de ces fiscaux qui font acroire que tout ce qui est public appartient au Roi, mais au contraire j'estime par la raison que je viens de dire, que ny le Roy ny le haut Iusticier n'ont droit de prendre tribut des faillies, & autres sortes d'avances des maisons sur les ruës, mais comme j'ay dit au 3. chapitre tels tributs ou redevances devroient estre laissez aux communautez des isles, comme deniers communs, pour employer à l'entretenement des ruës & pavez d'icelles.

119. Des choses publiques.

120. Des communes & usages.

Pareillement je ne comprens point entre les biens vacans, les communes & usages, c'est à dire les prairies ou bois delaissez d'ancienneté à la commune des habitans d'une ville ou village : *quia sunt propriè universitatis. Nam plerumque olim à diversoribus agrorum ager compascuus relictus est ad pascendum communiter vicinis*, dit Isidore lib. II. Etym. cap 13. *Inde saltus communis dicitur, in quo municipes jus compascendi habent*, dit la loi 20.§. ult. D. *Si servit. vindic.*

Quant aux rivieres & rivages d'icelles, bien qu'en droit elles fussent toutes publiques, & la pescherie en icelles permise à un chacun, §.*Fiumina*.Inst.De ret.divis. si est-ce qu'en France on distingue les navigables d'avec les non navigables: & pour le regard des non navigables elles sont *de m nij privati*, & appartiennent aux particuliers, & par consequent au haut justicier à faute d'autre maistre. Mais les navigables estant publiques ainsi que les grands chemins, le Roi s'en est attribué la Seigneurie, & par consequent des isles & atterissemens estans dedans icelles, de sorte que le §. *Insula*, au mesme titre, & toute la maniere des alluvions du droit Romain, n'est point pratiquée en France, & aussi la pescherie n'est point permise à un chacun, comme au droit Romain.

121. Des biens vacâs qui ont autrefois eu maistre.

L'autre espece des biens vacans est de ceux qui autrefois eu maistre, dont il y en a de plusieurs sortes, Premierement il y a les choses qui sont abandonnées tout à fait; comme les terres deguerpies, les successions repudiées & vacantes, & celles-là, bien que *mero jure*, elles appartiennent au haut justicier, ainsi que tous biens vacans: toutefois par ce qu'il est aisé à comprendre, qu'elles ont été delaissées à cause des charges & dettes d'icelles, & qu'elles sont plus onereuses que profitables, on ne trouveroit pas bon que le Seigneur s'en emparast pour frustrer les creanciers, mais afin que leur interest soit conservé, on a coustume de les faire regir par un curateur aux biens vacans : Comme mesme és descherences & confiscations, quâd il arrive que pour les dettes d'icelles, il en faut decreter le bien, on a accoustumé par une bien seance d'en faire le decret, non sur le Roi, ou le Seigneur qui le possede, mais sur un curateur aux biens vacans, comme Bacquet nous enseigne.

122. Des terres laissées en friche.

Toutefois ç'a esté anciennement une grande dispute le Seigneur direct & le haut justicier, auquel appartiendroient les terres vacantes: & en cela il y a grande diversité entre les Coustumes, faute de comprendre des distinctions qui vuident nettement ce different des terres vacantes, quant à la proprieté & seigneurie, ou quant à l'occupation & culture seulement: difference qui est remarquée par le docte Cujas sur le titre, *De omni agro deser*. Car les terres vacantes & abandonnées quant à la propriété appartiennent sans doute au Seigneur haut justicier, en quelque Coustume que ce soit, comme a bien traité Coquille à la 9. question: mais celles qui sont delaissées, quant à la culture seulement, & qui partant ne sont pas proprement vacantes, mais seulement desertes & en friche, le Seigneur feodal, qui pour sa directe a plus d'interest qu'elles soient labourées, que non pas le haut justicier, est preferable à lui : & ainsi faut-il entendre les Coustumes qui attribuent les terres vacantes au Seigneur direct: & encore celui qui a une grosse rente sur icelles est preferable au Seigneur direct: mesme en concurrence de plusieurs rentes, le Seigneur de la derniere rente est preferable aux autres, à la charge de payer toutes les plus anciennes, comme ayant le plus d'interest à la deperition de l'heritage: bref le detempteur, c'est à dire celui qui tient quelque heritage chargé de partie solidaire, de la mesme rente que doit l'heritage desert, est recevable à s'en emparer par authorité de Justice, afin de pourvoir à son indemnité: j'ai traité de cette espece au dernier chap. du dernier livre Du deguerpissement.

Voilà pour les immeubles: & quant aux meubles, il y en a deux sortes de vacans, à sçavoir les espaves & les thresors. Les espaves sont proprement les bestes espouvantées & égarées, & generalement signifient toutes choses perdues, qui après quelques publications & temps certain attendu pour en trouver le maistre, ainsi qu'il est prescrit en la pluspart des Coustumes, sont enfin adjugées au haut justicier: *Hæc domini terram occupan, & vocant espaves* dit Faber, in §. *Examen. De rer. divis*, je dis au haut justicier, non au moyen ni au bas: & non au Roi seul, ny au Seigneur du fief, comme Bacquet a bien prouvé 33. chapitre Des droits de Justice.

123. Des meubles vacans.
124. Des espaves.

Ce qui est dit *espave* sur terre, est en mer appellé *varech*, à sçavoir tout ce que la mer jette à bord, en telle sorte qu'un homme de cheval y puisse toucher du bout de sa lance, dit la Coustume de Normandie, ch. 23. art. 585. & est different des choses peries, qui sont cellesqui ont esté peschées à flot, & tirées du fond de la mer, sur lesquelles se prend droit de bris, *jus naufragij* qui appartient au Roi ou aux Officiers de l'Admirauté au lieu que droit de varech appartient au Seigneur.

125. Du varech.
126. Du droit de bris.

Le thresor, *est vetus pecunia depositio cujus memoria ignoratur, & cujus propterea nemo se dominum vel possessorem dicere potest*, l. 3. §. *Neratius. D. De acquir. possess*. dont il ne se peut rien dire de mieux, que ce qui est dit les articles secrets de la Coustume de Paris, Thresor caché d'anciennetè & temps immemorial, sera distribué, sçavoir à celui qui le trouvera en l'heritage sien, la moitié; au Seigneur haut justicier, l'autre moitié: (idem en celui qui l'a trouvé en lieu public,) & celui qui le trouve en l'heritage d'autruy, en aura un tiers ; le proprietaire un tiers; & le haut justicier un tiers.

127. Du thresor.

Et faut observer qu'en tous ces biens fiscaux, à sçavoir des amendes, confiscations, descherences, espaves, thresors & autres, les moyens & bas justiciers y ont leur part, en tant qu'ils ont droit de fisque, estant trouvez dans l'enclave de leurs justices, à sçavoir, le moyen justicier de soixante sols, & le bas de sept sols six deniers, comme il est dit en plusieurs Coustumes : ce qu'ils negligent ordinairement pour la rareté de ces escheances, & la petite part qu'ils y ont.

128. Quelle part ont les moyens & bas justiciers aux biens fiscaux.

Voila tous les profits des justices parmi lesquels je n'ai point mis le droit de colobier, parce que c'est plustost un droit de fief que de justice, ny le droit de chasse aux bestes, parce qu'il est commun à tous nobles pourveu que ce ne soit en un droit & à gibier non

129. Droits precedens des justices qui n'ont esté expliquez.
130. De colombier.

Des diff. entre les Iust. Royal. Cap. XIII.

prohibé (il est vray que le Seigneur haut Iusticier ne peut estre empeché de chasser en saison convenable en tous lieux non clos de son détroit, à cause de la Seigneurie publique qu'il y a)ni le droit de garenne, parce que tous Nobles en peuvent avoir en leurs terres, posé qu'ils ayent quantité de terres suffisantes pour nourrir leurs lapins; ny le droit de moulin, parce que quant au moulin à eau, quiconque a riviere, en peut construire en icelle, prenant jauge du principal Iuge de police d'icelle riviere : & quant à celuy à vent, chacun en peut edifier en son heritage, ni droit de bannalité, parce qu'il n'appartient à aucun Seigneur quel qu'il soit, sans titre ou coûtume particulier: ny finalement le droit de chasse de moulin, parce que c'est un droit imaginaire, & qui n'est point, étát permis à tout meûnier d'aller chasser & quester, où il voudra, fors és lieux sujets à bannalité.

131. De chasse.
132. De garenne.
133. De moulin.
134. De bannalité.
135. De chasse du moulin.

CHAPITRE XIII.

Des differends d'entre les Iustices Royales & Seigneuriales, touchant la Prévention & cas de ressort.

1. *Difference des Iustices Royales & Seigneuriales.*
2. *Toutes Iustices appartiennent au Roy, & comment.*
3. *Que les Iuges Royaux font de grandes entreprises journellement sur les subalternes.*
4. *Plainte de du Molin sur ce sujet.*
5. *De la prevention.*
6. *Raison des Officiers Royaux touchant la prévention.*
7. *De même.*
8. *Raison au contraire.*
9. *Que la prevention est contraire au droit Romain.*
10. *Correction de la rubrique De jurisdictione.*
11. *Decision formelle touchant la prevention.*
12. *Réponse à la loy 1. De offic. præf. urbi.*
13. *Réponse à la loy Iudicium D. De judiciis.*
14. *Difference inter jus dicentem & judicem.*
15. *Réponse à la loy Quoties D. De administ. tut.*
16. *Que la prévention est contre le droit Canon.*
17. *Prévention du Pape.*
18. *Que la prévention n'a lieu entre les Iuges Royaux.*
19. *Qu'elle y devroit avoir plûtost lieu que sur les subalternes.*
20. *Opinion de Jean Faber.*
21. *Raison contre la prevention.*
22. *Réponse aux raisons contraires.*
23. *La souveraineté qu'a le Roy en sa Iustice.*
24. *De même.*
25. *Autre raison contre la prévention.*
26. *Ordonnances prohibitives de la prévention.*
27. *Ordonnance notable.*
28. *Que lors de ces Ordonnances la prevention devroit plûtost avoir lieu qu'à present.*
29. *Prévention non admise par les Coûtumes.*
30. *Prévention absoluë en quelques Coûtume, sauf les oppositions.*
31. *Prévention imparfaite.*
32. *Pretexte de la prevention imparfaite.*
33. *Réponse à ce pretexte.*
34. *Prevention imparfaite tournée en droit commun.*
35. *Qu'elle est contre les Ordonnances.*
36. *Qu'elle étoit tolerable anciennement, & pourquoy.*
37. *Qu'elle est injuste.*
38. *Tromperies qui se font en cette prevention.*
39. *Remede contre cette prevention.*
40. *Si les Iuges subalternes peuvent défendre leur jurisdiction par condamnation d'amendes.*
41. *Absurdité de cette prevention.*
42. *Conclusion que la prevention ne doit avoir lieu.*
43. *Le Roy n'a Iustice sur les justiciables des Seigneurs, qu'en cas de ressort & és cas Royaux.*
44. *Entreprises faites par les Iuges Royaux en cas de ressort.*
45. *Des exemptions par appel.*
46. *Les exemptions par appel estoient fort utiles anciennement.*
47. *Elles ne doivent avoir lieu à present.*
48. *Evocation du principal par le Iuge d'appel.*
49. *Qu'elle est prohibée par les Ordonnances modernes.*
50. *Et les anciennes.*
51. *Les executions des Sentences dont y a en appel, doivent revenir au premier Iuge.*
52. *De même.*
53. *Opinion de Jean Faber.*
54. *Exception.*
55. *Interpretation de l'Arrest des criées, de l'an 1598.*
56. *Que les Presidiaux n'ont en cela pareil droit que la Cour.*
57. *Que le Iuge du lieu doit être commis pour les instructions du procez.*
58. *Des nonobstant appel.*
59. *Que les Ordonnances semblent ne les permettre qu'aux Iuges Royaux.*
60. *Qu'ils doivent estre permis aux subalternes.*
61. *Réponses aux Ordonnances.*
62. *Qu'és matieres requerantes celerité, le Iuge peut passer outre l'appel, quand le grief est reparable.*
63. *Du nonobstant appel des interlocutoires.*
64. *Comment s'entend, que ab interlocutoria non appellatur.*
65. *De mesme.*
66. *Præjudicialis mulcta.*
67. *Comment en droit Canon on peut appeller de l'interlocutoire.*
68. *Ce qu'en decident nos Ordonnances.*
69. *Pratiques de nonobstant appel.*
70. *Des non excedans.*

1. Difference des Iustices Royales & Seigneuriales.

PUis que toute Seigneurie consiste principalement en la Iustice, il s'ensuit que comme il y a deux sortes de Seigneuries, à sçavoir, les souveraines & subalternes, aussi il y a deux sortes de Iustices ; à sçavoir les Royales & Seigneuriales. Car bien que toutes les Iustices dependent du Roy, tant en ce qu'elles procedent de luy & retournent à luy, ainsi que tous les fleuves ont leur cours & leur cheute en la mer, qu'en ce qu'elles luy appartiennent toutes, ou en pleine proprieté, ou du moins en directe Seigneurie, relevans necessairement de luy en fief : si est-ce que les unes sont exercées en son nom & par ses Officiers, les autres au nom des Seigneurs particuliers, & par Officiers pourveus par eux; c'est pourquoy celles cy sont appellées *Seigneuriales*, & celles là particulierement *Royales Des Seigneuries.*

2. Toutes Iustices appartiennent au Roy & comment.

Or comme entre tous les animaux les grands mangent les petits, aussi non seulement entre les hommes, mais encore entre ceux de la Iustice, cette même injustice s'exerce de tout temps. Car les Officiers Royaux étans superieurs des subalternes, & d'ailleurs se fortifians de l'authorité & interest du Roy, inventent journellement tant de nouvelles sortes d'entreprises sur les Iustices Seigneuriales, que si les Parlemens qui sont établis principalement pour tenir en devoir les Iuges des Provinces, n'eussent quelquefois pris leur protection, rendant à chacune Iustice ce qui luy appartient, (qui est l'unique fin, même la definition de la Iustice) il y a long temps que les Seigneurs eussent été frustrez de leurs Iustices.

3. Que les Iuges Romaux sont grandes entreprises sur les subalternes.

Ce n'est pas moy qui fais cette plainte, c'est cc clair-

K ij

Des Seigneuries.

Plainte du Molin sur ce sujet. voyant en nostre droit François, du Molin disant sur l'apostil de l'article 81. de la Coust. d'Anjou, que les Officiers Royaux tâchent d'attirer tout à eux, sous quelque petit pretexte ou occasion colorée que ce soit, ainsi que faisoient ceux de la Cour d'Eglise auparavant l'Ordonnance de 1539.

5 De la prévention. Leur principale & plus importante entreprise est touchant la prevention, qu'ils pretendent avoir en toutes causes sur les Iustices Seigneuriales. Laquelle ils fondent sur ce qu'ils disent n'estre pas à presumer que le Roy concedant aux Seigneurs la Iustice de leur territoire, s'en soit voulu dépouiller tout à fait; au contraire, qu'il est à croire qu'il n'a point concedé tant de puissance à ses vassaux, que luy, auquel appartient inseparablement la justice universelle de son Royaume, ne s'en soit reservé davantage.

6 Raison des Officiers Royaux touchant la prévention. Ils adjoustent que par la disposition du droit Romain, les justices superieures & generales ont prevention sur les inferieurs & particuliers: ce qu'ils pretendent prouver par la loy 1. *Cod. De Offi. Præf. urbi.* où l'Empereur reglant le Prevost de la ville avec le Prevost des vivres, ordonne qu'ils connoistront concurremment de la police de chacun: *Ita ut inferior potestas meritum superioris agnoscat, atque ita superior se exerat, ut sciat quid inferiori debeatur.* Ils alleguent encore la loy *Iudicium, D. De judiciis, Iudicium solvitur vetante eo qui majus imperium in eadem jurisdictione habet.* A quoy ils adjoustent pour argument *à simili*, la loy, *Quoties D. De administ. tut.* où il est dit que *Tutor tenetur de incremento Patrimonii, licet ad illud incrementum datus fuerit specialis curator.* Et voila tous leurs fondemens, avec l'authorité de quelques Docteurs ultramontains, ignorans de l'usage de France, & residens aux lieux où autres que le Souverain n'a justice.

8 Raison au contraire. Mais il est aisé à verifier le contraire, par le droit Romain, par le droit Canon, par la raison, par les Ordonnances de nos Rois, & par la decision de toutes nos Coustumes: de sorte que de quelque costé qu'on se tourne, je n'estime qu'il y ait aucun article du droit François plus clair & plus indubitable.

9 Que la prevention est à faire au droit Romain. Quant au droit Romain, encor qu'il n'y soit point decidé que les Magistrats eussent prevention sur les juges pedanés, si est-ce que quand ainsi seroit, il ne se faudroit trouver étrage: d'autant que les juges pedanés n'étoient point Officiers, mais personnes privées, sur lesquel les Magistrats (à qui la connoissance des causes legeres appartenoit, aussi bien que des grandes) déchargeoient

10. De titre de jurisdictione. des causes legeres: de sorte que la loy dit que *alienam tantum jurisdictionem exercebant, nec quicquam pro suo imperio agebant.* C'est pourquoy les Docteurs n'ont retranché la rubrique *De jurisdictione,* où les anciens interpretes avoient adjouté *omnium judicium,* parce que revera jurisdictio non erat judicium, sed Magistratum.

11. Decision formelle touchant la prévention. Neanmoins c'est chose remarquable, aussi-tost que Iustinian eut érigé les Iuges pedanés en titre d'office par laNov.82, il defendit par laNov. 15. de plaider devant les Presidens des Provinces, de ce qui étoit de leurs jurisdiction, *Non valentibus,* dit-il, *nostris subjectis trahere sibi obligatos ad clarissimos Provinciarum Præsides, si intra nummum trecentorum solidorum sis consistat.* Et parce qu'il consideroit, que ces Iuges ne suffiroient pas pour maintenir d'eux-même leur Iustice à l'encontre de leur superieurs, *adjecit sanctionem, ut qui dolo malo plus petijisset ut causam ad Præsidem traheret, litem amitteret, revocata in eo articulo plus petentium utri pœna,* dit Cujas.

12. Réponse à la loy. De Offic. Præf. urbi. Voila donc la decision toute formelle du droit Romain, qui exclud la prevention. Et n'est contraire à la loy 1. *De Offi. Præsid. urbi.* Car c'est une attribution particuliere faite à un Officier de nouvelle erection, à telle condition qu'on ne veut pas du tout priver l'ancien de son droit, *ne Præfectus urbi,* dit cette loy, *derogatum sibi aliquid putet, & vicissim ne lateat Officium Præfecti annonæ.* Et par consequent de ce reglement particulier on ne peut tirer de regle generale, de même qu'en France: pourtant, s'il y a Ordonnance, que les Iuges Præsidiaux connoistront par prévention des cas attribuez

aux Prevosts des Maréchaux, & que les Baillifs auront prevention sur les Prevosts Royaux en matiere de complainte, il ne s'ensuit pas que generalement les Iuges Royaux ayent prévention les uns sur les autres.

13. Réponse à la loy judicium ff. de judiciis. Et quant à la loy *judicium,* il la faut entendre selon ses propres termes, *de eo qui majus imperium in eadem jurisdictione habet, non in eadem provincia.* C'est à dire que le Proconsul ou President de Province peut defendre à son Lieutenant, ou au mandataire de sa jurisdiction, de passer outre au jugement d'un procez: retenant toûjours la difference *inter jus dicentem & judicem,& vicissim inter jurisdictionem & judicium:* à sçavoir que *Ius dicens* est *Magistratus, qui pro tribunali sedet, & præest jurisdictioni, habetque potestatem a publico introductam juris dicendi & æquitatis statuendæ: Iudex autem est, qui habet potestatem judicandi, à jus dicente, id est, Magistratu delegatam.*

15. Réponse à la loy, Quoties ff. de administ, trat. tut. Finalement pour le regard de la loy *Quoties,* elle n'est nullement à propos de la prevention des Iustices: & la raison de difference est dans son texte, *quia omnis utilitas pupilli ad tutorem pertinet, at qui, toute la justice primitive, non pertinet,* est au Iuge superieur, mais seulement le cas de ressort.

16 Que la prévention est contre le Droit Canon. Quant au Droit Canon, il est certain que les Archevesques, Primats, & Patriarches n'ont pas de prevention sur les Evesques de leurs Provinces, bien qu'ils soient appellez leurs suffragans: c'est la decision expresse du Canon *Nullus Primas, & du Canon Conquestus, 9. quæst.* 3. Et bien que l'Archidiacre soit le Vicaire de l'Evesque cap. 1. extr. De Offic. Archid. & que sa jurisdiction soit demembrée & usurpée de celle de l'Evesque, n'estant autrefois qu'un mesme Auditoire, comme celuy d'un Baillif & de son Lieutenant, & encore bien que l'Evesque soit appellé *Ordinarius totius diœcesis:* si est-ce que la glose sur le chapitre *Pastoralis ext. De Offic. Ordin.* prouve bien que l'Evesque n'a point de prevention sur les sujets de l'Archidiacre en aucune autre justice.

17. Prevention du Pape. Et pour le regard du Pape, bien qu'on luy ait enfin passé ce titre *Ordinarius Ordinariorum* tant concerté dans les Conciles, en consequence duquel il jouit de la prevention des Ordinaires, en la collation des Benefices, si est-ce qu'il n'entreprend pas la prevention en la Jurisdiction contentieuse. Car comme dit saint Gregoire Pape dans ses Epistres, *Si sua unicuique Episcopo jurisdictio non servetur, quid aliud agitur, nisi ut per nos, per quos Ecclesiasticus ordo custodiri debet, confundatur?*

18. Que la prévention n'a lieu en les Iuges Royaux. De mesme nous voyons en la jurisdiction seculiere de France, que les Baillifs, bien qu'ils se qualifient juges des Provinces, n'ont pas toutefois la prevention sur les Prevosts Royaux, ny le Parlement sur les Iuges des Provinces; mais, comme disent les Canonistes, *gradatim proceditur in causis:* ce qui ne seroit pas, s'il estoit ainsi, que les Baillifs Royaux fussent Iuges ordinaires de toute la Province, & que les superieurs eussent prevention sur les inferieurs.

19. Qu'elle devroit plûtost avoir lieu, que sur les subalternes. Toutefois c'est sans doute, qu'il y avoit plus de raison que les Baillifs Royaux eussent prevention sur les Officiers du Roy leurs inferieurs, que non pas sur les juges des Seigneurs aufquels les Iustices sont patrimoniales, & qui s'en peuvent dire Seigneurs, tout ainsi que de leur patrimoine & heritage. C'est ce que dit fort notablement Jean Faber *inst. De Attil. tut. in prin.* traitant cette mémé question de la prevention: où aprés avoir résolu absolument qu'elle ne doit avoir lieu, *Nec obstat,* dit-il, *l. 1. Cod. De Offic. Præf. urbi, quia loquitur in locis ubi jurisdictio pertinebat ad unum solum, pstæa ad Imperatorem, nec erat alterius propria: Hic autem est propria Baronum.* Et sur cette même consideration est fondée la Declaration de 1536. sur l'Edit de Cremieu, qui sera raporté cy-aprés, où il sert de réponse aux opinions des Docteurs ultramontains.

21. Raison contre la prevention. Aussi le Roy ayant concedé aux Seigneurs Iustice à titre de fief, qui est un titre onereux & obligatoire de part & d'autre, qui même a tiré son nom de la Foy, il s'est sans doute dépouillé tout à fait de la Seigneurie uti-

Differens des Iustices Royales & Seig. Ch. XIII.

le d'icelles Iustices, tout ainsi que d'un heritage feodal, ne retenût rien que l'hommage. Et comme il ne se peut faire que deux soient Seigneurs solidairement & entierement d'un heritage, aussi ne se peut-il faire que la Iustice ordinaire & primitive d'un territoire, soit solidairement à deux.

22. Réponse aux raisons contraires.

Il est bien vrai, pour répondre à la premiere raison des Officiers Roiaux, que le Roi n'aliene pas les iustices, qu'il ne reserve la superiorité, qui est le ressort d'icelles : & encore qu'il ne retienne la Souveraineté & Surintendance universelle, qui lui appartient inseparablement comme Roi par tout son Roiaume, & sur toutes les iustices d'icelui : c'est pourquoi il peut interdire à tous iuges, evoquer tous procez par sa pleine puissance & authorité Roiale, qui estant souveraine, ne reçoit point de bornes; mais cette puissance souveraine & extraordinaire reside en sa seule personne, & n'est communicable à ses Officiers, ausquels il ne communique sinon la puissance ordinaire & reglée ; à sçavoir celle de iurisdiction.

23. La Souveraineté est le Royal Iustice.

Cette Souveraineté ou Surintendance universelle du Roi sur toutes les iustices de son Roiaume, est toute telle que la Seigneurie universelle qu'il a sur tous les biens de ses sujets, de laquelle parlant Seneque, dit, que *Principis omnia sunt imperio, non dominio*. Comme donc en consequence de cette Seigneurie universelle, le Roi ne pretend pas cueillir par prevention les fruits des heritages de ses sujets, aussi en vertu de cette iustice universelle, il n'entend pas exercer la iustice primitive de ses sujets, *quæ ipsis est in fructu*.

24. De mesme.

Finalement, puisque *in toto iure generi per speciem derogatur*, ce qui est dit particulierement à l'égard des iustices, *in cap. Pastoralis, in fin. ext. De rescriptis*, il s'ensuit que le Roi aiant concedé une iustice, & un territoire special aux Seigneurs, il a distrait & demembré tout à fait ce territoire de la iustice primitive de sa Province.

25. Autre raison contre la prevention.

Mais il ne faut pas hesiter en cette question; car il n'y en eut jamais de decidée ; par tant l'Ordonnance y en ayant neuf ou dix faites tout exprés, à sçavoir celles de saint Loüis, en l'an 1254. de Philippes le Bel, en l'an 1302. de Philippes de Valois, en l'an 1338. du Roi Iean, en l'an 1355. de Charles V. en l'an 1357. de Charles VI. en l'an 1408. de Charles VII. en l'an 1443. de Charles VIII. en l'an 1490. & de François I. en l'an 1538. toutes lesquelles Ordonnances deffendent expressément aux Baillifs & Senéchaux d'entreprendre aucune iurisdiction és terres des Barons & Seigneurs hauts-Iusticiers, fors seulement és cas Royaux & de ressort.

26. Ordonnances contre la prevention.

Je rapporterai seulement le texte de l'Ordonnance de Charles V. *Parce que plusieurs de nos Officiers se sont meslez d'attribuer à eux la iurisdiction des Seigneurs & Iuges ordinaires, dont le peuple est moult grevé, nous desirons que cha un use de son droit, iustice, & iurisdiction, Ordonnons que toutes iustices soient laissées aux Iuges ordinaires, & à chacun singulierement sa iurisdiction : sans que nos Baillifs Prevosts, & autres nos Iusticiers les puissent tirer pardevant eux, sinon que ce fust en pur cas de ressort & Souveraineté seulement.* Ordonnance notable, en ce qu'elle qualifie les Iuges des Seigneurs, Iuges ordinaires, à l'exclusion des Iuges Royaux superieurs, & qu'elle n'excepte pas mesme les cas Royaux.

27. Ordonnance notable.

28. Que lors de ces Ordonnances la prevention devroit plustost avoir lieu qu'à present.

Et neanmoins du temps de ces anciennes Ordonnances il y avoit bien plus de sujet d'authoriser la prevention Royale, qu'il n'y a maintenant. Car lors les Ducs & les Comtes tenoient la Iustice primitive presque de toute la France, n'y aiant en tout que quatre Bailliages, & possible autant de Senéchaussées Roiales en France: de sorte qu'il y avoit grâde apparence d'attribuer prevention aux Officiers du Roi, afin de maintenir son authorité par tout son Roiaume, & empescher que les Seigneurs usurpassent tout à fait la souveraineté, comme ils ont fait en Italie, & en Allemagne, ce qui n'est plus à craindre maintenant.

29. Prevention non admise par les Coustumes.

Aussi bien qu'en la pluspart des Coustumes, lors de la reformation d'icelles, les Officiers Roiaux aient mis en avant la prevention, si est-ce que presque par tout elle leur a esté absolument deniée : & c'est chose notable, qu'il ne se trouvera point, qu'en une seule Coustume de toute la France, elle soit passée sans contredit.

30. Prevention absolue passée en quelques Coustumes és oppositions.

Il est bien vray que côme les Officiers Roiaux d'une Province, assistez des Praticiens de leur Siege, dominent volontiers, & font passer tout ce qu'ils veulent en telles assemblées, ils ont obtenu par brigues & menées, en quelques Coustumes, deux sortes de preventiós: l'une absolué & sans renvoi, qui n'est passée qu'en trois ou quatre Coustumes du costé de Picardie, au plus, & s'il y a tousiours eu empeschement, opposition, ou appel des Seigneurs hauts Iusticiers, qui retient encore en ces lieux-la cette prevention indecise, mesme tellement litigieuse, qu'aujourd'hui il se trouve quasi autant de causes au Parlement, au roolle de Picardie, touchant cette prevention, que pour toutes les autres affaires.

31. Prevention imparfaite.

L'autre est la prevention imparfaite, & à la charge du renvoi, qui a lieu és Coustumes d'Anjou, Poictou & le Maine, qui portent, que le Iuge Roial superieur peut bien prevenir, pour faire adjourner devant lui les sujets du haut iusticier, mais qu'il est tenu de les renvoier, si le Seigneur les advoüe & vendique.

32. Pretexte de la prevention imparfaite.

Qui est une subtilité, ou pour mieux dire, une tromperie des Iuges Roiaux, qui ne pouvant obtenir la prevention absoluë, comme contraire directement aux Ordonnances, ont trouvé ce moien indirect, pour empieter toussiours tant qu'ils pourroient sur les iustices des Seigneurs, sous pretexte qu'ils ont mis en avant, que tous François sont naturellement sujets de la iustice du Roi, & ne s'en peuvent exempter de leur chef, s'ils ne sont vendiquez par leurs Seigneurs, ausquels & en leur seule faveur, disent-ils, les iustices ont esté concedées.

33. Reponse à ce pretexte, &c.

Discours plus specieux que veritable. Car il est bien vrai, que tous François sont sujets de la iustice universelle du Roi, qui est inseparable de la Souveraineté, comme nous avons dit ci-devant, & originairement estoient sujets de sa iustice primitive, parce que toutes iustices viennent de lui : mais les aiant alienées, elles ne sont plus à lui. Et de dire, que la concession qu'il en a faite, n'est qu'en faveur des Seigneurs, quand cela seroit vrai, si est-ce leur faire tort, de leur donner cette traverse, qu'il faille à chaque cause aller advoüer & vendiquer leurs vassaux : & d'ailleurs puisque la iustice est donée en lieu au peuple, c'est lui faire tort de l'attirer à plaider au loin : & il est à presupposer, que le Roi auroit des iuges sur le lieu, s'il n'en avoit donné la iustice aux Seigneurs.

34. Prevention imparfaite tournée en droit commun.

Neantmoins comme les superieurs ont beaucoup d'avantage sur leurs inferieurs, les Iuges Royaux ont si bien maintenu leur possession de cette prévention imparfaite, qu'elle est tournée en droit commun & usage ordinaire, presque par toute la France : de sorte qu'on tient encore maintenant, plûtost par routine, que par raison, que le Iuge Roial superieur est competent iusques à ce que le renvoi soit demandé ; lequel renvoy est lors octroyé sans dépens ; mesme on tient, qu'il doit estre demandé par le Seigneur, & non par son iusticiable ; si ce n'est en païs de droit écrit, ou en action réelle, ou en criminel ; & encore aucuns tiennent, qu'il le faut demander devant contestation. Et

35. Qu'elle est contre les Ordonnances.

toutefois cette pratique est directement contraire aux Ordonnances cy-dessus alleguées, qui deffendent par mots exprés de tirer, disent-elles, *les iusticiables des Seigneurs pardevant les Iuges Royaux, fors és cas Royaux & par ressort.*

36. Qu'elle étoit tolerable anciennement.

Neantmoins du temps de ces Ordonnances, cette pratique étoit beaucoup plus plausible & tolerable qu'à present, afin que les François se souvinssent qu'ils étoient vrais & naturels sujets du Roi, & partant tenus de requerir obeïssance, ainsi est appellé le renvoy en plusieurs Coustumes, & à ses iuges : mais aujourd'hui qu'il n'y a plus de sujet de craindre, que les François reconnoissent leurs Seigneurs pour souverains, qu'est cette vieille routine sinon d'une attrappe pra-

Des Seigneuries

tique, si les Seigneurs sont negligens de requerir le renvoi, un tire-laisse, s'ils en sont soigneux?

Quelle chicanerie est ce, que les juges de Province, pour courir pratique, promenent ainsi çà & là les pauvres plaideurs: comme jouant d'eux à la pelotte, & qu'ils les attirent loin de leur demeure, en une cause de neant, pour n'y faire autre chose, sinon de demander congé de s'en retourner: ce qu'ils ne leur peuvent denier. *An ideò tantùm venerant, ut exirent?* Est-ce pas proprement, *illudere vias alienas!* comme dit Iustin. en la Nov. 53. parlant de ceux qui *nolunt in partibus eligere Iudices, & ibi litigare.*

Mais encore sur ce sujet il se fait une infinité de tromperies & friponeries honteuses. Car les Procureurs des sieges Royaux sont si bien faits à ces monopoles de pratique, qu'il ne se trouvera pas un seul, qui vueille demander un renvoy, si le Seigneur n'y est present, encore s'il y est present, ils feront qu'on n'appellera point la cause, & si on est forcé de l'appeller, le juge fera la sourde oreille au renvoy demandé, & le Greffier n'en écrira rien, ou bien on trouvera quelque échappatoire pour differer, ou quelque pretexte pour retenir la cause à tort, ou à droict: & on passera hardiment outre en icelle, nonobstant l'appel d'incompetence, comme par main superieure, & afin (dira le juge) que pendant la contestation des deux Justices, la justice ne soit differée aux parties: de sorte qu'il faudroit que les Seigneurs entreprissent quasi autant de procez pour cela, comme il y a de causes en leurs justices.

Le meilleur remede qu'ils y puissent apporter, c'est de condamner à l'amende leurs justiciables, qui attirent les autres. Encore ce remede n'a-il lieu que contre leurs justiciables, à l'égard desquels je ne trouve nulle difficulté, puis que la loi unique, *Si quis jus dicenti non obtemp.* dit que *modica coercitione licet jurisdictionem suam tueri.* Que si le vassal d'un Seigneur advoüant le Roi confisque son fief, le justiciable qui est plus proprement appellé *subjet* que le vassal, distrayant la justice de son Seigneur, ne peut moins, que d'estre condamné en l'amande, & bien moindre peine, que la perdition de cause ordonnée en ce cas par la Nov. 15. de Justinian.

Et toutefois il y a des juges Royaux qui pretendent, que les subalternes ne peuvent pas condamner en l'amende ceux qui declinent leur jurisdiction, sous pretexte que cette loi 1. *Si quis jus dicenti non obtemper.* excepte les Decemvirs, qui estoient les Magistrats des Villes: & estoient les juges subalternes, qui se trouvent dans le droit Romain, mais il faut prendre garde qu'au droit il n'y avoit que les juges ayant parfaite jurisdiction, qui peussent condamner à l'amande, & non ceux qui en connoissoient que des causes legeres, encore mesme qu'ils fussent Officiers de l'Empereur *l. 2. & 3. C. De modo mulct.* Or est-il que les Decemvirs & les Magistrats municipaux ne jugeoient que jusques à certaine somme, comme dit Paulus, *lib. 5. Sent. cap. 9.* & la loi *Inter consentientes. Ad municip.* De sorte que de cette loy l'on peut bien colliger, que les moyens & bas justiciers ne peuvent pas defendre leur jurisdiction par amendes: comme aussi à la verité le territoire & la justice parfaite n'est pas à eux, mais au haut justicier, auquel partant ils se doivent addresser pour defense d'icelle.

Il y a encore une autre absurdité & injustice aux préventions, qui est de grande consequence: c'est que si elles avoient lieu, un demandeur auroit cet avantage de choisir tel juge qu'il luy plairoit, & qu'il estimeroit luy estre plus favorable: & ce au prejudice du pauvre defendeur, qui selon la regle de droict, doit estre plutost supporté & favorisé. Avantage qui n'est pas moindre en justice, que d'avoir le choix des armes en duel, principalement en ce temps, que les juges ayans acheté leurs Offices bien cher, recherchent tous moyens de les faire valoir: c'est pourquoy il y en a beaucoup qui sont trop enclins à favoriser ceux qui leur amenent l'eau, comme on dit, au moulin: & plusieurs mesme qui le rendent, selon les occurrences, ou plus rigoureux ou plus faciles & accessibles que de raison, afin d'attirer pratique.

Concluons, que le droict Romain, le droict Canon, les Ordonnances de France, les Coustumes des Provinces, la suitte du droict François, la raison & le poinct de justice, & finalement le bien public resistent directement aux préventions. C'est pourquoy il n'en faut plus faire de doute, ains il faut tenir, (suivant tant d'Ordonnances toutes formelles, que les juges Royaux ne peuvent avoir jurisdiction sur les justiciables des Seigneurs, qu'en deux cas, c'est à sçavoir, en cas de ressort, & aux cas Royaux: c'est pourquoy aussi ils ont tâché par quantité d'artifices & de subtilitez, d'étendre ces deux exemptions, presque à toutes causes.

Premierement au cas de ressort, ils se sont fait accroire en quelques lieux, que quiconque avoit une fois appellé du juge subalterne, estoit desormais exempt de la justice pour toute sa vie: & fondoient cette exemption sur le chap. *Ad hæc,* & le chapitre *Proposuit. ext. De appellat.* où il est dit, que le juge dont y appel, peut estre recusé en autres causes come suspect: bien qu'il y ait une grande difference entre l'exemption de la justice, & la recusation du juge; & il n'y a aucun texte au droit Canon, qui decide, que celui qui a appellé de son Evesque, soit desormais exempt de sa justice. Mais la decision civile tranche, que l'appel ne peut pas seulemét produire une cause de recusation valable cotre le juge: témoin la rubrique. *Apud eum à quo quis appellavit, aliam causam agere compellendum,* où la loi premiere en rend la raisõ, *Nec uetur, qui appellavit, sed pratext u, qu si ad offensum judicem non debet experiri, ejus possit denuò provocare.* Aussi les juges Roiaux ne pratiquent ces exemptions par appel, sinon à leur profit, & à l'égard des justices subalternes seulement: mais eux-mesmes ne permettent pas que leurs superieurs les pratiquent à l'encontre d'eux, comme il se void dans Bouteiller, & és Coustumes d'Anjou & du Maine.

Et certainement ce pretexte estoit non seulement plausible, mais presque necessaire, lors que les bonnes villes estoient possedées par les Ducs & les Comtes, qui taschás d'usurper la souveraineté de leurs Provinces, maltraittoient & faisoient des injustices à ceux qui appelloient de leurs juges: & partant il estoit tres-expedient que le Roi les prist alors en sa sauvegarde: de fait par telles voyes les grands Seigneurs empeschoient tellement les appellations, que le Parlement, bié que seul lors pour toute la France, & n'ayant qu'une chambre ne s'assembloit toutefois que trois, ou quatre fois l'an. Que si en ce temps-là mesme, les exemptions par appel furent trouvées injustes, témoin les Ordonnances, qui pour les abolir, ne reservent aux juges Roiaux que les cas du pur ressort (mots qui apparemment excluent l'exeption par appel) qu'en doit-on dire aujourd'hui, que les appellations sont venuës en stile si commun qu'on y est tout acoustumé, & n'y a plus ni Seigneur, ni juge qui s'en offense: de sorte qu'il y a sept Parlemés en France, pour vuider les appellations, & en cet Parlement il y a sept Chambres, qui y travaillent toute l'année. Aussi les exemptions par appel sont-elles maintenant hors d'usage par toute la France, fors en Anjou & au Maine, & en une ou deux Coustumes de Picardie, où encore elles ne sont pas pratiquées à la rigueur: car ceux-là mesme qui y sont fondez par l'expresse decision de leur Coustume, ont encore honte de les pratiquer, tant l'injustice y est apparente.

Il en vray que quelques Iuges Royaux voulans retenir un reste de ces exemptions par appel, font metier ordinaire sur le moindre appel interjetté devãt eux, fut-ce d'un appointement en droit, ou d'une forclusion ou bref delay; bref d'un appel du dernier appointement interjetté seulement pour fuïr, de retenir, mesme d'évoquer à eux le principal de la matiere, mesme ils pretédent que depuis qu'ils ont ouy parler du moindre incident d'un procez, jamais le procez ne doit retourner devant les Iuges ordinaires, & font pratiquer aux

---

Marginal notes:

37. Qu'elle est injuste.

38. Tromperies qui se font en cette prévention.

39. Remede contre cette Prévention.

40. Si les Iuges subalternes peuvent deffendre leur justice par amendes.

41. Absurdité de cette prévention.

42. Conclusion que la prévention ne doit avoir lieu.

43. Le Roy n'a justice sur les justiciables des Seigneurs, qu'en cas de ressort & de cas Royaux.

44. Entreprises faites par les Iuges Royaux au cas de ressort.

45. Des exemptions par appel.

46. Les exemptions par appel estoit fort utiles anciennement.

47. Elles ne doivent avoir lieu à present.

48. Evocationda principal par le Iuge d'appel.

plaideurs, ce que dit le renard d'Horace au lion,
Omnia te adversum vestigia: nulla retrorsum.

49. Qu'elle est prohibée par les Ordonnances modernes.
Qui est entreprendre davantage que ne fait le Parlement, bien qu'il exerce la Iustice souveraine & universelle du Roi, la Majesté duquel il represente: & neanmoins il se contente ordinairement de vuider l'article d'appel, sans evoquer ny retenir le principal, si ce n'est pour le vuider sur le champ au soulagement des parties, ou en autres certains cas, qui par les Ordonnances sont laissez à sa religion: mais quant aux Presidiaux, l'evocation du principal leur est entierement defenduë sans aucune exception, par l'Ordonnance de Blois, art. 148. & 179. qui leur enjoint de vuider seulement l'article d'appel, & renvoyer le principal au Siege ordinaire. Qui plus est, elle leur enjoint par exprés d'y renvoyer l'execution de jugement, soit que la sentence soit confirmée, ou infirmée, & ce sur peine, dit l'article, de nullité des procedures, & de tous dépens, dommages & interests des parties.

50. Et les anciennes.
Qui est la mesme chose en effet, qui estoit contenuë aux anciennes Ordonnances, qui ne leur laissent que le cas de ressort, c'est à dire le seul article de l'appel: car appel & ressort sont synonimes. D'où il resulte, que les decrets & oppositions formées sur les executions & saisies, & autres semblables differens, survenans en execution des Sentences dont il y a appel devant les Iuges Royaux, doivent estre vuidez en Iustice ordinaire. Car ce ne sont pas cas de pur ressort, attendu que le cas de ressort, c'est à dire l'appel est vuidé; l'appel, dis-je, auquel residoit l'effet devolutif, est suspensif, c'est à dire qui attribuoit la cause au superieur, & qui suspendoit l'execution de la Sentence du Iuge ordinaire.

51. De mesme.
Aussi la forme de prononcer sur l'appel, n'est pas de condamner de nouveau celui qui a deja esté condamné par le premier Iuge, mais seulement que la Sentence dont estoit appel, sera executée, & sortira son effet: D'où il s'ensuit, que quand par aprés on fait l'execution, c'est cette Sentence-là, non celle du superieur qu'on execute, & neanmoins on se sert volontiers des deux ensemble, pour monstrer que l'obstacle d'appel, qui empeschoit l'execution de la sentence, est levé & osté. C'est ce qu'on dit en pratique *Agitur ex confirmato, non ex confirmante.* De fait il est indubitable, que l'hypotheque attribuée aux jugemens par l'Ordon. de du Moulins, commence & se compte du jour de la premiere Sentence, & non de la confirmation seulement, comme il est contenu en la declaration du mois de Iuillet 1566. & que les saisies & executions faites auparavant l'appel, reprennent leur force aprés le jugement confirmatif.

52. Opinion de Iean Faber.
Et sans doute, c'est ainsi qu'il faut entendre la loi de Iean Faber, in l. Et si C. Si contra jus, vel utile pub. que chaque Iuge doit executer sa Sentence. Il est vray que comme porte l'Ordonnance de Blois, quand il est question de l'interpretation d'un jugement, il faut plaider devant le Iuge qui l'a donné, *quia ejus est interpretari mentem suam, qui obscuré verba fecit*, dit la regle de droit, quand il s'agit d'un decret, ou d'une opposition faite en vertu d'une Sentence, cela ne regarde pas le different deja jugé par icelle, mais c'est

54. Exception.
un procez tout nouveau, qui partant concerne la jurisdiction ordinaire.

55. Interpretation de l'Arrest de 98.
C'est ainsi pareillement qu'il faut entendre l'Arrest du parlement de Paris, du 25. Novembre 1598 contenant le reglement des decrets, en ce qu'il porte, que les criées commencées en vertu des contracts seront poursuivies devant le Iuge ordinaire du domicile du debiteur, & que ceux qui se feront en vertu des Sentences, seront poursuivis devant le Iuge dont les Sentences sont émanées. Ce qu'il faut entendre, comme j'ay dit, de la Sentence confirmée, non de la confirmante: puis que l'Ordonnance de Blois attribuë expressément aux Iuges ordinaires toutes executions des Sentences de leurs superieurs, soit qu'ils

ayent confirmé, ou infirmé la leur.

Et il est inutile de dire que par ce mesme reglement la Cour s'est reservé les decrets faits en execution de ses Arrests. Car comme je viens de dire, elle est souveraine, & en elle reside la Iustice universelle du Roy. *Esque velut ordinariorum*, Comme telle, elle retient, évoque, & renvoye ce qui lui plaist, ainsi que le Roi, qui parle en ses Arrests, qui est une autorité que n'ont pas les Iuges Presidiaux, lesquels ne se doivent pas comparer à la Cour. Autrement ce seroit la comparaison du rustique de Virgile.

Vrbem, quam dicunt Romam, Meliboee putavi.
Stultus ego huic nostræ similem.

56. Que les Presidiaux n'ont en ce la pareil droit que la Cour.

Mais l'Ordonnance de Blois a passé encore plus avāt, ayant pour le soulagement du peuple, retranché le pouvoir des Iuges superieurs, mesme en ce qui est du pur ressort. Car par l'article 168. d'icelle, il leur est enjoint de commettre le Iuge du lieu pour l'instruction, qu'il faut faire sur le lieu és procez pendans par devant eux, sans qu'ils puissent refuser telles commissions. Ce qui est mesme ordonné pour les executions d'Arrests & instruction des procez pendans au Parlement, par l'art. 151. de cette Ordonnance, & l'art. 46. de l'Ordonnance d'Orleans; lesquelles deux Ordonnances monstrent bien, que c'est une erreur en pratique de dire que la Cour n'adresse jamais ses commissions aux Iuges non Royaux. Routine neanmoins qui est si inveterée en la cervelle des anciens Praticiens du Palais, qui s'attachent à leurs vieux formulaires & protocolles, qu'encore aujourd'huy il y a des Procureurs & des Clercs du Greffe qui en font difficulté, ne sçachant pas ces Ordonnances.

57. Que le Iuge du lieu doit estre cōmis pour les instructions des procez,

58. Erreur ordinaire des Procureurs du Parlement.

59. Des nōobstant appel.

Reste encore un different d'entre les Iuges Royaux & ceux des Seigneurs, sur le cas de ressort, sçavoir touchant les *nonobstant appel*. Car il y a quelques-uns des Iuges Royaux, qui veut en tenir cette rigueur à ceux des Seigneurs, de ne leur permettre aucuns cas, encore que les matieres soient notoirement provisoires & requerant celerité, comme d'alimens, medicamens, services, journées, peril éminet, dation de tutelle, confection d'inventaire, douaire, obligations liquidées, & cedules reconnuës, sous pretexte que la verité le Roi par ses Ordonnances ne les permet qu'à ses Iuges. De sorte qu'és lieux, où il y a trois ou quatre degrez de Iustice Seigneuriale, avant que de venir à la Royale, ceux qui plaident contre leur cedule ont bon temps: au contraire les pauvres blessez, les serviteurs, les mercenaires, les mineurs, & les vefves ont tout loisir de jeusner, mesme de mourir de faim à la poursuite de tant d'appellations.

60. Que les Ordonnances ne les permettent qu'aux Iuges Royaux.

Et toutefois le sens commun nous dicte, que le *nonobstant appel* ne doit pas estre reglé ny mesuré par la qualité du Iuge, mais de la matiere: & que celle qui requiert celerité, la requiert autant devant le Iuge subalterne, que le Royal; mesme parce qu'on est d'autant plus esloigné du dernier ressort. Car quelle apparence y a-il, que pendant l'appel un pauvre blessé meurt sans secours, un serviteur ou un mercenaire meurt de faim, un mineur soit sans tuteur, une succession soit dissipée? Est-ce la faute des parties, si le Iuge n'est que subalterne? & seroit-il raisonnable, que pour avantager les Iuges Royaux elles fussent si fort incommodées?

61. Qu'ils doivēt estre permis aux subalternes.

Car ce que le Roi n'autorise nommément que ses Iuges, de juger nonobstant appel, n'estant, à mon advis, qu'à l'exclusion de tant de Iuges de village & sous l'orme, dont les Iustices sont usurpées & abusives, qui tout au plus ne devroient estre que basses Iustices comme j'ay dit cy-devant, & non pas des Iuges des villes, ayant notoirement plein & ample territoire, & parfaite jurisdiction: ou bien on peut dire que le Roi n'a pas fait ces Ordonnances pour exprimer les droits des Iustices Seigneuriales, mais seulement des siennes: or comme les Ordonnances du Roi n'attribuent point de nouveau droict aux Iuges des Seigneurs, aussi ne leur ostent-elles pas

62. Réponse aux Ordonnances.

leur droit ancien, & n'abrogent pas le droit commun.

Or le droit commun, c'est la maxime contenuë en la loy derniere, *D. De appellat. recip. Si res dilationem non capius, non permittitur appellare*, & d'observer en cette matiere le dire de ce Romain qui interrogé ce qu'il estoit permis de faire aux jours de fête, répondit, *quod prætermissum nocere nobis faut-il tenir*, que quand il y a peril en la demeure, on peut passer outre l'appel principalement s'il n'y a aucun danger à passer outre, comme quand le grief est reparable, ou qu'il y a caution. Car c'est prendre la voye la plus seure, & faire en sorte qu'aucun ne soit lesé en Iustice, & que chacun ait promptement le sien, qui est la fin de la Iustice.

Même il se trouve des Iuges roiaux si affamez de pratique, qu'ils ne veulent pas permettre que les subalternes passent par dessus l'appel des simples appointemens ou Sentences interlocutoires, encore qu'elles ne portent point de préjudice au principal. Et partant aux lieux où cela s'observe, celui qui a mauvaise cause, & qui n'a rien à perdre, a beau moyen de promener sa partie adverse, en appellant de chaque appointement: de sorte qu'avant que de parvenir à la sentence diffinitive, il faut vuider cinq ou six appellatiõs l'une après l'autre, & chacune quelquefois en trois ou quatre Sieges, quand il se trouve autant de degrez de Iustices subalternes, & ainsi les procez sont immortels, qui est un abus, lequel merite bien estre refuté à loisir.

Or c'est une regle vulgaire de droit, que *ab interlocutoria non appellatur*, qui signifie, que l'appel de l'interlocutoire est nul de soy, partant qu'il n'a aucun effet, ny devolutif, ny suspensif. Ce que le docte Cujas *lib. 12. Observat. cap. 12.* nous apprend estre decidé par une belle loy Grecque de Iustinian, qui manque en son Code, ainsi que plusieurs autres écrites en Grec, laquelle Cujas rapporte toute entiere, & qui rend cette mesme raison, que nous venons de dire, sçavoir est, de peur qu'en permettant d'appeller de chaque appointement les procez soient immortels.

Ce qui est aussi décidé par les loix 1.2.3. 5. 11.15.17. 18.23.24.26.29.& 30, du titre *Quorum appellat. non recip. C. Th.* qui defendent d'appeler *ante scientiam*, *ab articulo*, *à prajudicio*, *seu ab interlocutione*, que les Grecs disent *κατ' διανοιαν*, à peine de l'amende de cinquante marcs d'argent, qui pour cette cause en aucunes de ces loix, est appellée *praejudicialis multa*. Amende qui ne pouvoit estre imposée par le Iuge *à quo*, dit la loy 23. car à son égard *satis pæna est non audiri ab articulo pro vocantem*. Et qui n'avoit lieu, que quand par modestie le Iuge *à quo* avoit deferé à l'interlocutoire, dit la loy 5. *eod. tit. Cod. Iust.* Ce qu'il pouvoit faire sans en estre repris, dit la loy 42. *De appellat. Cod.* qui est ce que dit *Symmachus in epist. Verecunde potius, quàm iure, suscepi provocationem, non extante sententia*. Quoy qu'il en soit telles appellations d'interlocutoires sont appellées en cette loy, *Frustratoria, non tam appellationes quam ludificationes. Ante sententiam enim* (dit saint Bernard, *lib. 3. De Consid. cap. 2.*) *improba omnino, nisi ob manifestum gravamen praesumitur appellatio, quae suffragium est, non refugium*.

Voila pour le droict Civil, & quant au droict Canon, il defend les appellations d'interlocutoires, *nisi ex rationabili causa coram primo judice exposita, & coram judice appellationis probanda, cap. Vt debitus. De appell. apud Greg.* dont la raison est renduë au chapitre suivant, que le premier Iuge ayant entendu le grief de l'appellant, le peut reparer luy mesme.

Et comme en France, en ce qui est des procedures judiciaires, nous suivons plûtost le droit Canon, que le Civil, les Ordonnances de nos Rois permettent, non seulement de passer outre l'appel des interlocutoires, pour veu qu'elles ne portent grief irreparable, mais encore, elles veulent que les appelans d'interlocutoires, declarent & specifient particulierement, & par le menu, & non en termes generaux, leurs griefs, tant en l'acte, ou instrumẽt appellatoire, qu'ils representerõt au Iuge, qu'en leur relief d'appel. Ce sont les propres termes de l'Ordonnance du Roy Louys XII. de l'an 1512. article 7. à quoy est conforme celle du Roy François I. de l'an 1535. chap. 16. article 11. qui adjouste, *Qu'ils ne seront recevables à deduire en cause d'appel, autres griefs que ceux qu'ils auront proposés par leur acte appellatoire*, ce qui est tiré de la loy 14. *Quorum appellat. non recip. C. Theod. Si quis post susceptam, super praescriptionibus peremptoriis, appellationem ab articulo, alia peremptoriam praescriptionem opposuerit, non audiatur*.

Et de fait, presque en aucun lieu on ne fait plus de difficulté aujourd'huy, que les Iuges subalternes puissent passer outre l'appel des interlocutoires, ny generalement és matieres provisoires, en baillant caution. Mais en matiere des non excedans, les Iuges subalternes ne pourroient gueres de passer outre l'appel, bien que par l'Ordonnance de l'an 1563. art. 22. ceux qui ressortissent au Parlement, puissent juger jusqu'à 25. livres, nonobstant & sans prejudice de l'appel, & les petits Auditeurs du Chastelet, comme aussi le Prevost des Marchands, & Eschevins de Paris, jusques à vingt livres, & les Prevosts & Chastelains Royaux jusques à dix livres en matiere pure personnelle: ce qui devroit estre permis à tous Iuges Chastelains, à la charge d'observer l'article 153. de l'Ordonnance de Blois, qui est de vuider toutes ces causes sommairemẽt, Car il n'y a cause d'appel, qui se puisse poursuivre à moins de dix liv. & c'est une grande honte que les dépens passent le principal. Reste de parler des cas Royaux, où sont encore les plus frequentes entreprises: mais ce chap. est déja assez long joint aussi qu'ils rempliront bien un Chapitre entier.

CHAPITRE XIV.

Des differends touchant les cas Royaux.

1. Difference entre les droits & les cas Royaux.
2. Entreprises des Iuges Royaux, és cas Royaux.
3. Origine, cause, & marque des cas Royaux.
4. Enumeration des cas Royaux.
5. Difference de l'interest du Roi, & du public.
6. Ordonnances, ou Reglements, contenans les cas Royaux.
7. Que ces reglements ne sont pas generaux.
8. Cas Royaux devoient anciennement estre plus étendus qu'à present.
9. Missi, sive Missi Dominici.
10. Pourquoy és livre anciẽs les cas Royaux sont plus étẽdus.
11. Cas Royaux dans Bouteiller.
12. Toutes matieres provisoires, anciennement cas Royaux.
13. Seel Royal, estoit autrefois cas Royal.
14. Notamment quand il y avoit submission à la Iustice Royale.
15. Prorogation de jurisdiction n'a lieu en France.
16. Des Bourgeois du Roy.
17. Citoyens Romains ne plaidoient qu'à Rome.
18. Non plus que ceux de Paris.
19. Letres de Bourgeoisie ne peuvẽt estre dõnées que par le Roy.
20. Bourgeoisie n'a lieu proprement qu'és Republiques populaires.
21. Bourgeois qui sont en France.
22. Privileges des Citoyens Romains abolis en la Monarchie.
23. Absurdité des Bourgeoisies.
24. Reglement notable des Bourgeoisies.
25. Si les Nobles doivent plaider és Bailliages Royaux en premiere instance.
26. Qu'il y a Ordonnãce expresse pour la negative. Matieres possessoires.
27. Comment les Iuges Royaux en ont usurpé la prevention.
28. Possessoire

Des diff. touchant les cas Royaux. Ch. XIV.

28. *Possessoire des Benefices est à present cas Royal.*
29. *Du port d'armes.*
30. *Comment le port d'armes est cas Royal.*
31. *Trois choses requises à ce qu'il soit cas Royal.*
32. *Turba, quid.*
33. *Turba, & rixa.*
34. *Assemblée illicite.*
35. *Conclusion par l'opinion de Coquille.*
36. *Pourquoy port d'armes est cas Royal.*
37. *Fondement de la jurisdiction des Prevosts des Maréchaux.*
38. *Leur origine.*
39. *Tous guetteurs de chemins ne sont pas de leur gibier.*
40. *Des crimes commis és grands chemins, de la Police, voirie, métiers, & mesures, remissivè.*
41. *Certification de criées où peut estre faite.*
42. *Non ès Iustices de village, ny par emprunt de Praticiens.*
43. *Mais bien és Iustices subalternes des villes.*
44. *Raison.*
45. *Pannonceaux doivent par tout estre aux armes du Roy.*
46. *Tous commandements & publications devroient estre faites au nom du Roy.*
47. *Des decrets.*
48. *Decrets ne devroient estre faits qu'aux villes.*
49. *Decret fait au Parlement.*
50. *Des lettres Royaux.*
51. *Lettres Royaux sont de grace, ou de Iustice.*
52. *Lettres de grace sont cas Royal, non celles de Iustice.*
53. *Lettres de Iustice, ou sont excitatives, ou attributives de jurisdiction.*
54. *Lettres excitatives sont inutiles.*
55. *Lettres excitatives doivent estre addressées aux Iuges des lieux.*
56. *Pratique ancienne touchant les lettres excitatives.*
57. *Fondement de cette pratique.*
58. *Absurdité de cette pratique.*
59. *De l'addresse des lettres excitatives.*
60. *Lettres excitatives doivent estre addressées au Iuge ordinaire, bien que non Royal.*
61. *De mesme.*
62. *Division des lettres attributives de jurisdiction.*
63. *Celles de la grande Chancellerie sont cas Royal.*
64. *Encore falloit-il anciennement, qu'il y eut clause derogatoire aux Ordonnances faites en faveur des Seigneurs de France.*
65. *Notamment quand elles estoient generales.*
66. *Exemple.*
67. *Erection des Iuges Consuls.*
68. *Iuges Consuls ne connoissent des justiciables des Seigneurs, notamment qui sont hors le ressort du Bailliage, où ils sont établis.*
69. *Eslections, Greniers à sel, Eaux & Forests ne connoissent que des cas Royaux.*
70. *Comme aussi les Prevosts des Maréchaux.*
71. *Des Committimus, Gardes gardiennes, & protections.*
72. *Lettres attributives emanées de la petite Chancellerie, sont abusives.*
73. *Comment doivent estre conceuës les lettres de la petite Chancellerie.*
74. *Lettres qui anciennement privoient les Seigneurs des Iustices.*
75. *Debitis.*
76. *Conserve-main.*
77. *Lettres de complainte.*
78. *Respit.*
79. *Sauve-gardes.*
80. *Que les Iuges ne peuvent delivrer telles lettres.*
81. *Commissions pour saisir & adjourner hors le detroit.*
82. *Remede à ces commissions.*
83. *Clause abusive és lettres de Garde gardienne & de Protection.*
84. *Que le Sergent ne peut renvoyer, qu'en vertu du Committimus.*
85. *Que le Sergent doit monstrer sa commission au Iuge du lieu.*
86. *Comme s'entend de ne demander Placet, visa, ne Pareatis.*
87. *Difference en l'étenduë des Committimus, & Gardes gardiennes, & Protections.*
88. *Estenduë des Committimus.*
89. *Estenduë des Protections.*
90. *Estenduë des Gardes gardiennes.*
91. *Que toutes ces entreprises doivent estre retranchées.*
92. *De mesme.*

1. Difference entre les droits & les cas Royaux.

Comme il y a difference entre les droits des Seigneurs, & les cas ou pouvoirs de leurs justices: aussi y a-il difference entre les droits Royaux, qui sont les actes de Souveraineté expliquez au Chapitre troisième, & les cas Royaux, qui sont les cas des Iustices Royales, qu'il faut icy expliquer. Car les droits Royaux concernent la Seigneurie souveraine du Roy, & partant sont inseparables de sa personne, ainsi que la Royauté mesme, & comme sont generalement les droits des Seigneurs, concernans l'honneur, ou le pouvoir de leurs Seigneuries, & il a esté traité de ceux-là au 3. Chapitre: mais les cas Royaux, dont il faut traiter icy, ne tiennent non à la Seigneurie, mais à la Iustice, & sont ainsi appellez, par un racourcissement de langage, au lieu qu'il faudroit dire *cas des Iustices Royales*, & partant convient directement aux Iuges Royaux, & non pas à la personne du Roy.

2. Entreprises des Iuges Royaux, és cas Royaux.

Or comme le Roy a les mains longues, & qu'il n'est point de telle couverture que le manteau Royal, les Officiers Royaux, pour augmenter leur pouvoir, ont extrémement étendu & multiplié les cas Royaux, en faisant comme des idées de Platon, propres à recevoir toutes formes, & comme un passe-par-tout de pratique, sous pretexte qu'ils n'ont jamais esté bien specifiez, ny nettement arrêtez par aucune Ordonnance. Car bien que les Escrivains du droit François, tant anciens, que modernes, en ayent assez amplement parlé, si est-ce qu'ils sont pleins d'obscurité & d'incertitude, tant pour avoir tout confondu les droits avec les cas Royaux, que pour n'avoir aucun d'iceux rapporté ny leur cause & fondement, ny leur marque specifique, qui estoit neantmoins par où il falloit commencer à les expliquer.

3. Origine, cause &c.

Donc à le bien prendre, les cas Royaux sont ceux seulement, esquels le Roy a interest comme Roy, & pour *Des Seigneuries*.

la conservation de ses droits, ou la manutention de son authorité; & d'autant qu'il n'est pas raisonnable que sa Majesté deduise cet interest devant les Iuges de ses sujets, & qu'il leur demande Iustice, à bon droit on observe, que tels cas soient seulement traitez aux Iustices Royales: & voila sans doute la vraye marque & la cause formelle des cas Royaux. Qui est en effet ce que répondit le Roy Louys Hutin aux habitans de Champagne, l'an 1315. lors qu'ils furent reduits de la Couronne. Car les Seigneurs du païs se plaignans que les Iuges Royaux entreprenoient la connoissance de toutes causes, supplierent le Roy, qu'il lui pleût specifier les cas Royaux. A quoy il fit réponse, qu'ils s'entendent des cas, qui de droit & d'ancienne coûtume peuvent competer & appartenir à un souverain Prince, & à nul autre, comme il est écrit en l'ancien Coûtumier de Champagne.

4. Enumeration des cas Royaux.

Voici maintenant les vrais cas Royaux. Le crime de leze-Majesté humain en tous chefs, & avec toutes ses branches & dépendances: mais non de la divine, comme il a esté prouvé au Chap. 12. L'infraction de sauvegarde, passe-port, ou sauf-conduit du Roy, & des Officiers de la Couronne, chacun au fait de sa charge. Le tort fait aux Officiers de la maison du Roy, ou de sa Gendarmerie, & à tous allans & venans, pour le service de sa Majesté, Même à tous Officiers Royaux faisans leur charge: La connoissance de tous droits, biens & deniers Royaux, & tout ce qui en depend: & sur cet article sont fondées toutes les Iustices extraordinaires, comme des Elections, Eaux & forests, & Greniers à sel, dans les terres rapportées aux hauts Iusticiers. La violence, ou excez faits en assemblée illicite & port d'armes. La fabrication de la monnoye, soit bonne, ou mauvaise, contre les forgeurs seulement, & non contre les simples expositeurs, qui sont plutost larrons que faux-monnoyeurs,

Des Seigneuries.

les causes concernantes les Offices Royaux, & les delits commis par les Officiers Royaux au fait de leurs Offices: Les causes des Eglises Cathedrales, & autres étans de fondation Royale, ou par exprés privilegiées. Celle des Commensaux du Roy, & Princes privilegiez, & autres personnes, qui ont leurs causes commises aux Requestes du Palais par ancien privilege, posé qu'ils en vueillent user: L'execution des mandemens & commissions du Grand sceau, portans dons, remissions, dispenses, privileges & autres dispositions, qui dependent simplement de la pleine puissance & authorité Royale; bref, tout ce qui dépend des six droits Royaux, & de souveraineté, expliquez au. 3. Chapitre.

5. Difference de l'interest du Roy, & du public.

En quoy il faut bien prendre garde, de ne confondre pas l'interest du Roy qui est le fondement des cas Royaux, avec l'interest public, ou de Justice, qui de necessité dépend, & est annexé à la haute Justice, & duquel la poursuite appartient au Procureur d'Office, ou fiscal, c'est à dire public, qui a bien entendu a deux charges. L'une, de poursuivre les droits du Seigneur: l'autre, & la principale, de veiller à l'interest public, ou de Justice, soit en la punition des crimes, soit en la police, soit en toutes occurrences.

6. Ordonnance, ou reglement contenant les cas Royaux.

J'ay dit, que les cas Royaux ne sont point nettement specifiez par aucune Ordonnance generale, il est bien vray que les lettres du premier appanage d'Anjou & du Maine, lors qu'il fut concedé par le Roy S. Louys à Charles son frere, données à Arras, l'an 1249. contiennent reservation & expression desdits cas Royaux, ainsi qu'il se void par l'extraict d'icelles, rapporté par M. Chopin, lib. 1. De Domanio, cap. 6. Pareillement ils sont exprimez és lettres de l'échange de Montpellier, fait par le Roy Charles V. avec le Roy de Navarre, en l'an 1371. rapportées par Bacquet, liv. 3. chap. 7. Comme aussi au reglement fait l'année suivante 1372. par le mesme Roy, entre le Bailly Royal de Touraine, Juge des exempts & cas Royaux, & le Senéchal de Touraine, Juge ordinaire pour Louys Comte d'Anjou & de Touraine son fils, auquel peu auparavant, il avoit baillé lesdits Comtez en appanage: reglement qui est rapporté au livre 1. chap. 3. du grand Coustumier. Finalement les cas Royaux sont specifiez en l'Arrest donné en l'an 1574. entre le Duc de Montpensier, & les Officiers Royaux d'Auvergne rapporté par M. Chopin, sur la Coustume d'Anjou, livre.1. Chapitre 65.

7. Que ces reglemens ne sont pas generaux.

Mais ces reglemens ne sont pas generaux, dautant que les premiers portent la reserve faite par le Roy en sa justice ancienne, & de tous les cas qu'il luy a pleu retenir, concernant les appanages, *ut in traditione rei suæ potest quodvis pactum apponi*, & le dernier est fondé sur plusieurs particularitez resultantes de la Coustume d'Auvergne, & des anciennes & inveterées possessions des Officiers Royaux du mesme païs.

8. Cas Royaux devoiét anciennement estre plus étendus qu'à present.

Aussi qu'il faut considerer qu'anciennement & lors qu'on a craint, que les grands Seigneurs usurpassent ce qui restoit au Roy de la souveraineté en leurs Provinces, qui lors consistoit seulement en la connoissance de la Justice Royale, outre le simple hommage, qu'ils ne faisoient qu'une fois en leur vie, on étendoit tant qu'on pouvoit les cas Royaux, pour maintenir le Roy en possession plus ample de cette connoissance de sa Justice. Pourquoy faire les Rois envoyoient des Juges, ou Commissaires dans les terres des Seigneurs, pour juger les

9. Missi, Missi Dominici.

cas Royaux des exempts, qui s'appelloient anciennement *Missi* ou *Missi Dominici*, & depuis ont esté appellez *Juges des exempts, & cas Royaux*, qui estoient autres que les Baillifs Royaux, comme j'ay traité au 1. livre des Offices. C'est pourquoy dans les livres des anciens Praticiens, presque toutes matieres sont attribuées à la Justice Royale, comprenant lors sous les cas Royaux toutes les causes, où le Roy pouvoit avoir quelque pretexte d'interest, pour éloigné qu'il fût. Ce qu'ayant esté inventé plûtost par necessité, que par raison, est de soy-mesme tourné en un non-usage aux siecles suivans, à mesure que ces anciens Duchez & Comtez ont esté reünis à la Couronne, & que partant la necessité a cessé.

Comme par exemple vous trouverez dans Bouteiller que les Juges Royaux connoissoient par prevention des causes des veuves, pupilles, étrangers, & autres telles personnes, dignes de commiseration. Item des matieres de dots, douaires, testamens & autres telles causes favorables & provisoires: ce qui notoirement ne s'observe plus à present.

11. Cas Royaux dans Bouteiller.
12. Toutes matieres provisoires jadis cas Royaux.

Il s'y void aussi qu'ils connoissoient de tous contracts passez sous seel Royal, encore qu'il n'y ait nulle consequence des contracts à la jurisdiction, & que le mesme Bouteiller remarque ce que nous gardons encore aujourd'huy en France que trois seaux attributifs de jurisdiction, à sçavoir: celuy du Chastelet de Paris, celuy de Montpellier, & celui des foires de Champagne.

13. Seel Royal étoit autrefois cas Royal.

Sur tout on a fort long-temps observé, que quand outre le seel Royal, il y avoit soûmission expresse à la Justice Royale, soit que la soûmission fût generale ou particuliere, alors la connoissance appartenoit au Juge Royal, comme il se void aux reglemens cy-dessus alleguez. En quoy il y a bien apparence, quand ce cas est reservé expressément par la concession de l'appanage, ou par la Coustume particuliere de la Province, comme au particulier de ces reglemens: mais il n'y a nul propos de vouloir conclure, qu'és autres lieux la soûmission du justiciable puisse frustrer la justice du Seigneur, qui est patrimoniale, & qui est plus concedée en sa faveur, que de ses sujets.

14. Notamment quand il y avoit soûmission à la justice Royale.

Mesme on observe aujourd'huy en plus forts termes que les sujets de la Justice primitive du Roy, ne peuvent proroger jurisdiction à une autre Cour Royale, que la leur, non pas mesme par une élection de domicile contractuel, qui n'a effet que pour les exploits & significations, & non pas pour transferer la jurisdiction, encore que par telle prorogation le Roy ne puisse rien perdre: mais c'est d'autant que les jurisdictions sont reglées & limitées par un droit public. auquel partant les particuliers ne peuvent déroger. Ainsi on garde en France la decision canonique du chap. *Si diligenti. Ext. de foro compet.* & non pas la civile des loix *Si quis in conscribendo. C. De Episc. & Cler. & C. pact.* comme Bacquet a bien remarqué au 5. chap. du 3. livre.

15. Prorogation de jurisdiction n'a lieu en France.

Pareillement en quelques endroits de la Champagne, & non ailleurs, les Juges Royaux ont introduit en usage les bourgeoisies Royales, dont l'origine est tres-bien expliquée par M. Pasquier, livre 4. de ses Recherches chap. 5. qui est en un mot, que comme les citoyens Romains n'estoient tenus de plaider ailleurs qu'à Rome, ainsi qu'il se lit de S. Paul aux Actes des Apostres, & s'en void un exemple dans Pline. *lib. 10. Epist. 4.* à l'imitation de quoy a esté introduit le privilege des Bourgeois de Paris de n'estre contraints de plaider en defendant en matiere civile, hors les murs de Paris, à eux concedé par le Roy Louys XI. en 1465. inseré au 112. article de la Coustume de Paris: aussi à cet exemple quelques Juges Royaux de Champagne se sont depuis long-tems avisez de faire de leur propre authorité Bourgeois du Roi les justiciables des Seigneurs, pour les attirer à leur justice, par le moien d'une lettre de Bourgeoisie, qu'eux-mesme leur baïlloient, par laquelle ils s'avoüioient Bourgeois du Roi

16. Des Bourgeois du Roy.
17. Citoyés Romains qu'à Rome.
18. Non plus que ceux de Paris.

Or outre que cette Bourgeoisie, entant que c'est un privilege contraire au droit commun, ne peut estre donnée que par le Roy seul, & sous le grand seau de France. Il y a encore deux autres absurditez en cette pratique: L'une, que la Bourgeoisie n'a lieu proprement qu'és Republiques populaires, comme l'a dit expressément Aristote, livre 3. des Politiques, chapitre 1. & Plut. *in Solone*, dautant que la Bourgeoisie est d'avoir part à l'Estat, ou aux droits & privileges d'une Cité, ce qui se pratique à Venise, en Suisse, à Geneve, & autres Republiques populaires, & en France à la verité on appelle *Bourgeois*, quoy qu'improprement, ceux qui resident actuellement és villes privilegiées, comme Paris, Orleans, & autres: mais c'est du tout mal parler que dire *Bourgeois, ou citoyens du Roy*, dautant que ces mots portent une relation necessaire à une ville, ou Cité. Aussi les Ro-

19. Lettres de Bourgeoisie ne peuvent estre données que par le Roy.
20. Bourgeoisie n'a lieu proprement és Republiques populaires.

Des diff. touchant les cas Royaux, Ch. XIV.

21. Bourgeois qui sont de France.
22. Privilege de citoyens Romains, aboli en la Monarchie.

mains ne s'appelloient pas citoyens de l'Empereur : mais citoyens de Rome, & leurs privileges furent introduits en Eſtat populaire, aprés qu'ils eurent chaſſé les Rois par les loix appellées *Sacrées*, dit Tite-Live, liv. 2. mais ſi-tôt que la Monarchie de Rome fut établie, Auguſte taſcha de les abolir, reconnoiſſant que c'étoit un reſte de Democratie, repugnant à l'Empire, mème il ne voulut pas donner le droit de Cité, ou de Bourgeoiſie Romaine, à ſa femme Livia, qui le demandoit pour un Gaulois. Finalement l'Empereur Antonius Pius le ſupprima adroitement, en l'octroyant par un Edict general à tous les ſujets de l'Empire, par la loy, *In orbe. C. De ſtatu hominum*, & ainſi reduiſant le privilege en droit commun, il ôta en effet le privilege.

23. Abſurdité de laboutgeoiſie.

L'autre abſurdité (qui eſt auſſi la raiſon de diverſité du droit Romain au nôtre) eſt que les Romains demeurans maîtres de toute la Iuſtice de leur Eſtat & Empire, pouvoient diſtribuer icelle ainſi que bon leur ſembloit, & privilegier ceux qu'ils vouloient en cela gratifier : mais en France, où les Rois ont aliené partie des Iuſtices primitives & ordinaires, ils ne peuvent par puiſſance reglée (car je ne parle point de l'abſoluë) entreprendre ſur les juſtices d'autruy : principalement ils ne peuvent tant introduire une invention pour entierement les ôter & ancantir, comme ſeroit celle-cy : étant facile que tous juſticiables d'un Seigneur complottent enſemble, pour s'advoüer Bourgeois du Roi.

24. Reglement notable des Bourgeoiſies.

Auſſi Philippe le Bel voyant que de ſon temps ces Bourgeoiſies tiroient à trop grand abus, y pourveut par un tres-beau reglement inſeré dans le ſtyle du Parlement, à ſçavoir, que celuy qui s'advoüeroit Bourgeois du Roy, bailleroit caution d'acheter dans l'an une maiſon en la Iuſtice Royale, où ſeroit tenu d'y demeurer actuellement, du moins depuis la Touſſaints juſques à la ſaint Jean d'Eſté, & le ſurplus de l'année ſe trouver en la ville Royale és bonnes feſtes; & qu'étant gardé, il ne ſeroit pas fait grand prejudice aux Seigneurs.

25. Si les Nobles doivent plaider és bailliages Royaux en premiere inſtance.

A l'exemple des Bourgeois du Roy, aucuns des plus opiniâtres Preſidiaux ſe ſont voulu faire accroire en quelques endroits, qu'ils ſont ſeuls juges des Nobles en premiere inſtance, ſoit en demandant, ou defendant : & ſoient les Nobles parties principales, ou jointes ou intervenantes en un procez : ce qui ſeroit de tres-grande conſequence aux Seigneurs : car comme il n'y a que trois Ordres en France, les Eccleſiaſtiques ſont exempts de leur juſtice: & partant ſi on en ôtoit les Nobles, il ne demeuroit plus que les roturiers en la juſtice des Seigneurs: encore l'intervention des Nobles en ôteroit la plus grande part de leurs cauſes, comme on voit que le petit nombre, qu'il y a en France, d'indultaires, attire neanmoins la pluſpart des cauſes Beneficiales au grand Conſeil.

26. Qu'il y a ordre expreſſe pour la negative.

Auſſi eſt ce une pretention reveillée ſeulement depuis l'Edit de Cremieu de l'an 1536. ſous pretexte que le Roy reglant les Prevoſts avec les Baillifs Royaux, attribuoit aux Baillifs les cauſes des Nobles à l'excluſion des Prevoſts Royaux : mais incontinent aprés, & en la même année, avant même que l'Edict de Cremieu fût verifié en la Cour, de peur que les Baillifs Royaux ne ſe prevaluſſent de cet article au prejudice des juſtices Seigneuriales, les Seigneurs de France obtinrent une declaration du Roy, donnée à Compiegne au mois de Fevrier 1536. qui fut deſlors verifiée au Parlement, par laquelle ſa Majeſté declara que par l'Edit de Cremieu, elle n'avoit entendu faire prejudice aux Iuſtices des Seigneurs, qu'elle reconnoiſſoit patrimoniales : partant ordonna que des Seigneurs hauts Iuſticiers connoiſtroient des cauſes des Nobles reſidans en leurs Iuſtices, tout ainſi qu'ils faiſoient auparavant, & eſt notable la raiſon portée par cette declaration, au ſurplus eſt tellement obſervée aujourd'huy, qu'il n'y a année, qu'il ne ſe donne, ſuivant icelle, des Arreſts contre les Iuges Royaux : dont les livres modernes ſont pleins, de ſorte que cette querelle eſt deſormais vuidée : auſſi n'y a-il nulle conſequence de dire que la cauſe d'un Noble ſoit un cas Royal, autrement il faudroit reputer tous les Gentilshommes, comme Rois en France.

Des Seigneuries.

27. Matieres poſſeſſoires.

Davantage les Iuges Royaux pretendent avoir par concurrence & prévention, la connoiſſance des complaintes & matieres poſſeſſoires, diſans que c'eſt au Roy & à ſes Officiers de reprimer tous troubles & violences, & à conſerver un chacun en ſes poſſeſſions, & qu'il eſt plus ſeant de ſe plaindre au Roy, qu'aux Seigneurs ſubalternes, qui eſt confondre *vim privatam cum vi publica* : & encore confondre l'intereſt Royal avec l'intereſt de Iuſtice, dont la pourſuitte appartient à tous hauts Iuſticiers, comme il a été dit cy-devant.

28. Comme les Iuges Royaux ont uſurpé la prévention.

Mais pour empieter les matieres de complainte, les Iuges Royaux inventerent anciennement un moyen aſſez ſubtil, qui fut d'obtenir lettres en Chancellerie, pour ramener à effet (ainſi qu'ils parloient) la complainte ſur le fait contentieux, par leſquelles ils faiſoient mander au premier Sergent Royal d'adjourner devant luy-mème les parties ſur le lieu, & maintenir verbalement l'impetrant en ſes poſſeſſions & ſaiſines, & en cas d'oppoſition, envoyer le procez devant le Iuge Royal, comme il ſe void dans les Inſtitutions forenſes d'Imbert. Et bien que cette inutile formalité de pratique ſoit maintenant hors d'uſage, ce n'eſt qu'en conſequence d'icelles les Iuges Royaux ſont demeurés en poſſeſſion de la prévention és matieres poſſeſſoires.

29. Poſſeſſoire des Beneficies eſt à preſent cas Royal.

Encore ont-ils gardé à eux ſeuls, comme un pur cas Royal, la connoiſſance du poſſeſſoire des Benefices, en conſequence de la Bulle du Pape, Martin, apportée au ſtyle du Parlement, qui confirme ce droit au Roy de France, comme étant deſlors en poſſeſſion immemoriale : & bien qu'à la ſuitte de cette Bulle, il ſe voye dans le ſtyle du Parlement, que lors les Seigneurs de France en connoiſſoient auſſi bien que le Roy : ſi eſt-ce que par l'Ordonnance de Louys XI. de l'an 1464. il leur a été interdit, comme auſſi par pluſieurs Ordonnances on leur a ôté le pouvoir de faire ſaiſir le temporel des Beneficies, ſoit à faute de reſidence, de reparations, ou autres cauſes.

30. Du port d'armes.

Sur ce mème point du trouble, ou de la force, & ſous pretexte que celle qui eſt notable & invaſible, c'eſt à dire faite avec port d'armes en aſſemblée illicite, eſt cas Royal, les Iuges Royaux ſe ſont accroire en quelques endroits, que tous delits faits avec armes ſont de leur juriſdiction, dautant que Iuſtinian aux Inſtituts appelle *force publique*, celle qui eſt faite avec armes, & privée celle qui eſt faite ſans armes. Bien que Cujas aux Paratitles des Digeſtes monſtre bien que ce n'eſt pas la vraye diſtinction de la force publique, & de la privée.

31. Comment le port d'armes eſt cas Royal.

Mais il faut prendre garde qu'en l'enumeration des cas Royaux, port d'armes eſt toûjours joint avec aſſemblée illicite, comme en l'Arreſt de Montpenſier, & par tout ailleurs ; que c'eſt auſſi la loy 5. D. Ad leg. Jul. de vi publica, *qui coetu, concurſu, turba, ſeditione quid per violentiam admiſerit*, & la loy penult. du mème titre *qui adeas alienas explicaverit, effregerit, expugnaverit in turba cum telo*. Donc à bien entendre, trois choſes ſont requiſes, pour faire ce cas Royal, à ſçavoir qu'il y ait port d'armes, que ce ſoit en aſſemblée, & que cette aſſemblée ſoit illicite, c'eſt à dire qu'elle ait intention de mal faire.

32. Trois choſes requiſes à ce qu'il ſoit cas Royal.

Pour le port d'armes, chacun ſait ce que c'eſt: & quant à l'aſſemblée, voicy ce qu'en dit la loy 4. D. Vi bonorum raptorum, & de turba, *Turbam appellatam Labeo ait, ex genere tumultus, idque verbum è Graeco tractum, ἀπὸ τῆς τύρβης* (ainſi faut-il lire avec Haloander) *id eſt, à tumultu. Turbam autem ex quo numero admittimus ? Si tres aut quatuor, turba utique non erit. Si plures fuerint, viginti decem, aut quindecim homines, turba dicetur. Et rectiſſimè Labeo, inter turbam & rixam, multum intereſſe ait. Namque turbam multitudinis hominum eſſe turbationem & coelum, rixam etiam duorum.*

33. Turba quid.

Mais encore on dit aſſemblée illicite, c'eſt pourquoi il faut qu'il ſoit aſſemblez pour mal faire, autrement (comme dit Imbert au troiſième livre de ſes Inſtit. Forenſes) *ce n'eſt pas cas privilegié*. Comme ſi des Eſcholiers, pour éviter la peſte étant en une Univerſité, vont en une autre par bande, portans picques & autres bâtons longs, côme ils ont

34. Turba & rixa.
35. Aſſemblée illicite.

Des Seigneuries.

accoûtumé, & survient noise entr'eux autres, & s'y commet quelque delit, ce ne sera cas privilegié. Et ainsi a été dit par Arrest entre le Procureur du Roy & l'Evêque de Paris.

35. Conclusion par l'opinion de Coquille.
Concluons donc avec le judicieux Coquille, en son institution chap. *Du droit de Royauté*. Que le port d'armes n'est pas pour être garny d'harquebuses, hallebardes, cuirasses, ou autres armes offensives & defensives : mais quand aucuns s'assemblent au nombre de dix, ou plus, étans armez avec propos deliberé, pour faire insulte & outrage à autruy. Aussi le crime de port d'armes, étant cas Royal, implique en soy l'assemblée illicite d'hommes en armes. Donc ces trois rencontres concurrentes, qu'il y ait port d'armes en assemblée, que soit illicite, c'est sans doute un cas Royal, parce que c'est au Roy à maintenir le repos public, & la liberté de son peuple, qui est violée par tels actes, comme dit Ciceron, *Pro Aruspicum responsis*.

36. Pourquoy port d'arme est cas Royal.

37. Fondement de la jurisdiction des Prevôts des Maréchaux.
Sur cette même consideration, que le Roy est conservateur de la liberté publique, est fondée la jurisdiction des Prevôts des Maréchaux, qui furent instituez premierement par l'Empereur Auguste, pour exterminer les voleurs, qui après les guerres civiles couroient par l'Italie : ce que Tibere continua, dit Suetone en leurs vies. D'où s'ensuit que leur vraye jurisdiction est contre les voleurs, & guetteurs de chemins pour voler : & inde dicti sunt *Latrunculatores* : Græcè ἀυϑεϰάϰται : comme Cujas prouve bien, liv. 19. des Observaions, chapitre 11. mais non pas qu'ils ayent jurisdiction, comme ils le pretendent, sur ceux qui guettent dans un chemin celui contre lequel ils ont querelle. Car le meurtre, c'est à dire l'homicide fait de guet à pens, est l'un des quatre grands crimes reservez aux Chastelains, à l'exclusion de hauts Justiciers : même en plusieurs Coustumes il est attribué aux simples hauts justiciers. Moins encore appartiennent aux Prevôts, ny autres juges Royaux, les autres crimes commis és grands chemins, comme j'ay prouvé cy-devant au 9. chap. Ainsi qu'au 10. chap. j'ay prouvé que la police, & notamment la voirie, & les metiers, & les poids & mesures n'étoient cas Royaux : bien que les Officiers du Roy se les veulent attribuer en aucuns lieux, faute de distinguer l'interest public & de justice d'avec celuy du Roy.

38. Leur origine.

39. Tous guetteurs de chemins ne sont pas en leur gibier.

40. Des crimes commis és grads chemins, de la police, voirie, métiers, poids & mesures, ne sont pas cas Royaux.

41. Certification des criées, où peut être faite.
Pareillement, faute de distinguer les simples justices d'avec les Châtellenies, plusieurs tiennent que les criées ne peuvent être certifiées, sinon pardevant les juges Royaux, sous pretexte de quelques Arrests de la Cour, par lesquels des certifications de criées faites devant les juges de villages, par emprunt de Praticiens, ont été cassées : & ce à juste cause, tant parce que c'est la foule des parties de mener ainsi des Praticiens au loin, pour une simple certification de criées, que pour autant que ceux-là étant étrangers du Siege, ne sont pas capables de répondre du style particulier d'iceluy.

42. Non és justices de villages, ny par emprunt de Praticiens.

43. Mais bien és Justices subalternes des villes.
Mais au contraire, il a été jugé par plusieurs Arrests, que les certifications des criées faites aux Sieges notables des justices Seigneuriales, où il y a nombre suffisant de Praticiens resident sans en emprunter d'ailleurs, étoient bonnes & valables comme il a été jugé par Arrest du 30. Janvier 1578. & par autre Arrest du 16. Janvier 1587. pour le Comte de Rochefort, & autre du 11. Fevrier 1559. pour le Seigneur de Coulmiers. J'ay veu aussi un autre Arrest pour le Seigneur de Rambouillet, par lequel fut infirmée la Sentence du Bailly de Montfort l'Amaury, qui luy avoit fait defenses de certifier criées : j'ay été adverty depuis peu, qu'en l'année 1607. il fut donné un Arrest en la cinquiéme Chambre, après en avoir demandé advis aux autres, touchant des criées certifiées à Chasteaudun.

44. Raison.
Aussi quelle raison y auroit-il de soûtenir le contraire, puis que l'Ordonnance des criées de l'an 1551. dit par exprés, *que les criées doivent étre certifiées pardevant le Juge des lieux*, mots qui comprennent infailliblement les juges subalternes, aussi bien que les Royaux. Car quand l'Ordonnance entend exclure les juges des Seigneurs, elle use de ce mot, *nos juges*, & ne dit pas, *les juges des lieux*. Et de dire, que certifier criées ce soit un cas Royal, il n'y a notoirement aucune coherence : de dire

aussi que les criées ne peuvent être certifiées, qu'au Siege principal de la Coustume, les termes de l'Ordonnance y resistent, & l'usage pareillement ; attendu que notoirement les certifications des criées se font aux Prevôtez, & autres justices Royales inferieures, même plus souvent qu'aux Bailliages & Senéchaussées.

45. Pannonceaux doivent estre avec armes du Roy.
Toutefois cette même Ordonnance des criées veut que les Pannonceaux apposez aux maisons saisies, soient notamment aux armes du Roy, & la Cour a toûjours trouvé mauvais que l'on y apposât les armes des Seigneurs justiciers. Mais c'est une dépendance de Souveraineté, & un acte de justice universelle, qui ne déroge point, & qui ne fait point de prejudice à la justice particuliere des Seigneurs : & cela se fait, à cause de la decision du droit, *Ut nemo privatus titulos prædiis imponat*, *vel vela Regia suspendat* : étant un droit qui n'appartient qu'au Souverain, de poser affiches, ou autres marques de Sauvegarde publique, comme il est bien decidé en la Nov. 17. ch. 15. *Titulos imponere prædiis alienis, & dominus superscribere nomina præsumentibus, periculosum esse scias, quia hoc agentes propriam substantiam applicabunt fisco. Si enim rem soli Imperio concessam tentaverit quis usurpare, in suis agnoscat periculum, & suis rebus, publicis titulis imposito, fiat aliis exemplum abstinentia*.

46. Tous commandemens & publications estre faites au nom du Roy.
Et à cet exemple, quand on trouveroit bon d'ordonner que tous commandemens de justice se fissent au nom du Roy comme ils se font és justices appartenantes aux villes, ce seroit faire conjointement au nom du Roy & du Seigneur, ce seroit faire éclater plus souvent l'authorité de la Majesté du Roy aux oreilles de ses sujets; & si on ne feroit point de tort aux Seigneurs justiciers, attendu qu'outre la Souveraineté, & la justice universelle, le Roy a toûjours la Seigneurie directe de toute justice Seigneuriale, qui necessairement releve mediatement, ou immediatement en fief de luy, & à cet égard, il est vray de dire, que les Officiers des justices Seigneuriales, au moins de celles qui ressortissent directement en la Royale, sont aucunement ses Officiers, pourveu toutefois, qu'on distinguât soigneusement ce qui est de la Seigneurie directe d'avec la proprieté & Seigneurie utile de ces Justices; & en ce faisant, qu'on n'ôtât rien aux Seigneurs, de ce qui est des droits & emolumens patrimoniaux de leurs Justices.

47. Des decrets.
Mais j'entens qu'entre les Juges Royaux des Provinces, il y en a aujourd'huy de si avantageux, que sous pretexte qu'il y a beaucoup de Sieges des Seigneurs, où les criées ne peuvent être certifiées, & que par tout il faut des pannonceaux Royaux (bien que les pannonceaux se mettans sans connoissance de cause, n'attribuent jurisdiction, & que la certification se fasse le plus souvent en autre Siege, que celuy où se fait le decret (ils se font accroire que tous les decrets se doivent faire pardevant eux : chose qui jusques à present n'a jamais été mise en avant, non pas même du temps qu'il étoit necessaire d'abaisser le pouvoir des grads Seigneurs de France, & qu'il y avoit des Juges des exempts & cas Royaux, en toutes les Justices des appanages, & autres grands Seigneurs : & qui est d'ailleurs si absurde, que plusieurs Coustumes attribuent expressément les decrets non seulement aux hauts, mais même aux moyens justiciers. Comme aussi tous les Docteurs de droit tiennent sur la l. *Imperium D. De jurisdict.* que *impositio decreti est actus, non meri, sed mixti imperii*: & c'est la verité, que le decret est un acte qui participe autant de la jurisdiction volontaire, que de la contentieuse.

48. Decrets ne devoient estre faits qu'aux villes.
Il est vray que pour les grands differends & difficultez, qui se rencontrent ordinairement aux decrets, qui sont les vrais chefs d'œuvre de pratique, & d'autant aussi qu'és auditoires des villages les encherisseurs ne se trouvent si communément & en si grand nombre qu'és villes closes, aussi que les Justices des villages sont la plus part souvent és lieux où se fait le decret, il ne seroit possible hors d'apparence de laisser tous les decrets aux Juges des villes : mais ce seroit non seulement contre Justice, mais aussi contre le bien public, de les ôter indistinctement à tous les

Des diff. touchant les cas Royaux, Ch. XIV. 85

Juges des villes Seigneuriales, & les attribuer au Siege capital de la Province, qui étant bien souvent fort éloigné des heritages saisis, il ne s'y trouveroit pas tant d'encherisseurs, que si l'adjudication se faisoit en la prochaine ville, & au Siege ordinaire, où hantent plus communément ceux du détroit.

49. Decrets faits au Parlement. Cela ne sert de rien de dire que les adjudications se font bien au Greffe de la Cour ; car elles ne s'y font pas en premiere instance, mais seulement quand les decrets se font en vertu de ses sacrez Arrêts, dont l'execution luy demeure : ce qui n'arrive guere qu'aux decrets des grandes terres ; encore void-on qu'à cause de l'éloignement, elles y sont le plus souvent vendués à fort vil prix, au grand dommage du saisi, & des derniers creanciers.

50. Des lettres Royaux. Mais la plus grande & frequente entreprise des Juges Royaux sur les subalternes en l'extention des cas Royaux, est par le moyen des Lettres Royaux. Car presque en toutes matieres on prend sujet d'en obtenir : de sorte que si on observoit indifféremment l'opinion vulgaire, que les seuls Juges Royaux sont competens d'en connoître, les subalternes seroient presque entierement privez de leur justice.

51. Lettres Royaux sont de grace ou de Justice. Pour examiner ce point, il faut commencer par la distinction generale des recrits, & Lettres Royaux, dont les unes sont de grace, les autres de justice : j'appelle les Lettres de grace, celles qui dependent de la pure grace, liberalité, ou bonté du Prince, & lesquelles il peut refuser sans violer le droit commun ; comme les graces, remissions, dons, octrois, dispenses, privileges, Lettres d'Offices, toutes Lettres de finance ; & les Lettres de Justice sont celles qui sont fondées sur le droit commun, ou qui portent mandement de rendre la Justice.

52. Lettres de grace sont cas Royaux, non celles de justice. Cette division presupposée, je tranche en un mot, que toutes Lettres de grace doivent être enterinées & executées par les Officiers Royaux, & non autres, parce qu'il n'appartient qu'à eux seuls d'executer la volonté pure de leur Maître : mais quant aux Lettres de justice, je dy que particulierement celles qui portent action, en peut & doit connoître en son detroit (qui est l'opinion de du Moulin cy après rapportée) sauf toutefois quelques exceptions.

53. Lettres de Justice sont ou excitatives, ou attributives de Jurisdiction. Pour lesquelles comprendre, il faut subdiviser les Lettres de justice en celles qui sont excitatives, & celles qui sont attributives de jurisdiction. Sous les excitatives je comprens les recitions & restitutions en entier, qui sans doute fondées en droit cômun. Et ce qu'on est contraint s'en addresser au Roy (ainsi qu'en l'ancien Droit Romain on s'addressoit au Preteur ou au Magistrat, pour mander à celuy qu'il commettoit pour juger, qu'il ne s'arrêtast point à la rigueur du Droit étroit) a été inventé du commencement à bonne fin ; sçavoir pour faire recognoistre davantage le Roy, lorsque toutes justices appartenoient aux grands Seigneurs : mais à present *54. Lettres excitatives sont inutiles.* c'est une formalité de pratique, qui ne sert plus que pour l'entretien des Officiers des Chancelleries ; enfin, ce n'est plus qu'un impôt que le Roy prend pour les procez ; d'autant que si la cause de l'impetrant n'est bonne selon le Droit commun, ses Lettres ne luy servent de rien. C'est pourquoi à bon droit les 3 Estats d'Orleans firent requeste au Roi, pour abolir cette formalité de Lettres de justice, qui n'a jamais été connuë par les Grecs, ny par les Romains, comme Bodin remarque fort bien au Livre 3. de sa Republique, chap. 4.

55. Lettres excitatives doivent être addressées aux Juges des lieux. J'y comprends aussi les Lettres de benefice d'inventaire, qui sont pareillement fondées en Droit commun, *l. Scimus, C. de jur. delib.* même qu'on n'est point tenu d'en obtenir au pays de Droit écrit. Et encore les Lettres de benefice d'âge, parce que c'est maintenant un Droit commun en France de n'en point refuser à ceux qui se disent avoir atteint l'âge de vingt ans : aussi qu'elles ne sont enterinées que sur l'avis des parens, qu'il cousteroit beaucoup à un pauvre mineur de faire comparoître au loin devant le Juge Royal : en quoy il semble qu'il n'y a plus de doute depuis l'Ordonnance de Blois, qui veut que toutes instructions de procez, & même les executions d'Arrêts, qu'il faut faire sur le lieu, en vertu des Lettres de Chancellerie, soient addressées aux Juges des lieux pour le soulagement des parties, comme il a été touché au chapitre precedent.

56. Pratique ancienne touchant les Lettres excitatives. Toutefois auparavant cette Ordonnance on pratiquoit, & encore à present plusieurs Praticiens tiennent, que si les Lettres de rescision, ou autres semblables estoient obtenuës principalement, & pour commencer le procez par l'action rescindante, ou rescisoire, l'addresse en devoit être faite au Juge Royal ; mais si elles étoient obtenuës incidemment, sur un procez déja pendant devant le Juge subalterne sur le rescisoire, elles luy devoient être addressées à cause de la connexité, *& ne causa continentia dividatur.*

57. Fondement de cette pratique. L'origine de cette pratique vient d'une vieille maxime de Chancellerie, que le Roy n'addresse ses Lettres qu'à ses Officiers, comme si toutes justices ne tenoient pas de luy, du moins en directe Seigneurie : & d'ailleurs, comme si les Juges des Seigneurs n'étoient pas sujets, & tenus d'executer ses mandemens, & s'ils n'étoient pas aussi dignes de les recevoir, comme de simples Sergens : enfin comme si cette formalité étoit importante au Droit du Roy, que sous pretexte qu'il voudroit addresser ses mandemens aux Juges subalternes, il leur deût ôter ce qui depend de leurs Offices.

58. Absurdité de cette pratique. Mais sur tout est-ce pas un vray abus, même une pure illusion en justice, qu'un vil Sergent fasse commandement à un Juge notable, étant en son Siege, & en pleine audience, de faire ce qui est de sa charge, comme il est mandé par le style des Chancelleries, lors que les Lettres Royaux doivent être presentées au Juge subalterne. Aussi on auroit honte de pratiquer à la lettre ce style & formulaire ridicule, & faire qu'un Sergent commandât à un Juge, & à l'acte même au lieu, & en l'acte de justice : mais on fait presenter les Lettres par un Procureur, tout ainsi qu'és justices Royales.

59. De l'addresse des Lettres excitatives. Et notamment depuis l'Ordonnance de Blois, qui a enjoint de faire l'addresse des Commissions aux Juges des lieux, les bons Praticiens n'ont plus fait de difficulté d'addresser directement les Lettres de Chancellerie aux Juges subalternes, même à present on voit les Edits, & les Lettres du grand sceau, dont l'execution se doit faire és villes non Royales, contenir cette addresse : *A nos Baillifs, Prevosts, &c. & autres Juges & Officiers qu'il appartiendra.* Et il n'y a tantôt plus que les anciens Praticiens, qui ne peuvent demordre la routine de leur jeunesse, ou les Clercs ignorans, qui composent leurs Lettres sur les vieux Protocoles de Chancellerie, qui gardent cét ancien scrupule.

60. Lettres Royaux doivent être addressées au Juge ordinaire non Royal. Même la Cour a pratiqué de tout temps, que si pour attirer un procez devant le Juge Royal on obtenoit des Lettres Royaux, sans qu'il en fût besoin (comme rarement és petites Chancelleries on refuse de la cire pour de l'argent) le Seigneur haut-justicier y étoit bien fondé à demander le renvoy de la cause : témoin l'Arrêt du Duc d'Alençon, pour sa Vicomté de Chasteau-neuf en Timerais, du 8. Septembre 1518. par lequel la Cour infirma la Sentence du Bailly de Chartres, qui l'avoit debouté du renvoy en une cause de vendication, où le demandeur avoit obtenu Lettres pour être relevé de la prescription. Arrêt qui est inseré au Style du Parlement, *Part. 7.* au droit duquel du Molin note en apostille, que les Lettres excitatives de jurisdiction doivent être presentées & enterinées devant le Juge du lieu, encore qu'il ne soit pas Royal. Et le même du Molin sur l'art. 81. de la Coûtume d'Anjou, qui porte, *Qu'és Lettres qu'autre que le Roy ne peut octroyer, il n'y a lieu de renvoy,* a dit ces mots, *Scilicet de iis quæ sunt mera gratiæ, secus de iis quæ sunt Justitia, id est juris communis, licet fiscales Regii secundum omnia ad forum suum trahere, quavis colorata tantum occasione.*

61. De même de rescision. Je leur demanderois volontiers pourquoy les Lettres de rescision attribuent plûtost jurisdiction aux Juges Royaux, que celles de desertion, d'anticipation, de conversion d'appel en opposition, qui notoirement sont

l iij

Des Seigneuries.

preſentées toûjours & ſans diſtinction aux Iuges non Royaux en ce qui eſt de leur juriſdiction ? ce qui monſtre bien que toutes lettres Royaux ne doivent pas eſtre addreſſées aux Officiers du Roy, mais ſeulement les lettres de grace, & les lettres attributives de juriſdiction.

63. Diviſion des lettres attributives de juriſdiction.
Voilà pour les excitatives, & quant aux attributives de juriſdiction, il faut derechef les ſubdiviſer, en celles de la grande, & celles de la petite Chancellerie.

63. Celle de la grande Chancellerie ſont Royaux.
Quant à celles de la grande Chancellerie, & qui ne peuvent eſtre expediées en la petite, il n'y a nulle difficulté, que celles-là ne puiſſent diſtraire la Iuſtice ordinaire des Seigneurs, & renvoyer la matiere au Iuge, auquel elle ſont addreſſées. Car c'eſt le Roy qui uſe de ſon authorité, & de la Iuſtice univerſelle, ſoit de ſon particulier mouvement, ſoit avec connoiſſance de cauſe. Qui doute qu'il ne puiſſe interdire, évoquer, commettre & renvoyer les cauſes, ainſi qu'il luy plaiſt ? Et toutefois, voicy ce qu'en dit l'Ordonnance de Philippe VI. de l'an 1338. *Prohibemus ne aliquis Seneſchallus, aut alius Officiarius noſter, ſubditos juſticiariorum merum imperium habentium, pretextu litterarum noſtrarum coram ſe trahat civiliter vel criminaliter, niſi in dictis litteris mentio fieret, quòd ſubditi eſſent aliorum juſticiariorum, cum clauſulâ* NON OBSTANTE, *&c. & continerent cauſam non rationaliter movendam. Alias illas ex nunc ſubreptitias reputamus, nec eas volumus executioni mandari.* Car c'eſt un acte de puiſſance abſoluë, & d'authorité ſouveraine, dont le Prince n'a pas accouſtumé d'uſer ſans grande cauſe.

64. Encore ſalloit-il ancienement que clauſe derogatoire aux ordonnances faites en faveur des Seigneurs de France.
Ce qui doit eſtre principalement obſervé quand les lettres attributives de juriſdiction concernent non qu'il y euſt une ſimple affaire, mais une univerſité de cauſe. Car alors les Seigneurs, dont que le moyen la juſtice ſeroit affoiblie, ont ſujet de ſe pourvoir, ſoit par remonſtrance, ou par requeſte, ou par oppoſition, & autres voyes de droit; parce qu'il n'eſt pas à preſumer que le Roy veüille ôter au Seigneur en tout, ou en partie les Iuſtices, qu'il leur a concedées en fief, & qu'ils rachetent de ſa Majeſté.

65. Notamment quand elles étoient generales.
Par exemple, quand le Roy fit ſon Edict de Crémieu, par lequel il ſembloit vouloir attribuer aux Baillifs & Seneſchaux les cauſes des Nobles, les Seigneurs de France formerent oppoſition à la verification d'icelui, qui l'arreſta prés d'un an, & fut leur oppoſition trouvée ſi juſte, que ſuivant icelle le Roy fit ſa declaration, qu'il n'entendoit prejudicier à leurs Iuſtices.

66. Exemple.
67. Erection des Iuges Conſuls.
Mais quand les Iuges Conſuls furent érigez, en l'an 1563. & és années ſuivantes, ce ne fut du commencement qu'és bonnes villes, comme Paris, Roüen, & autres, où le Roy ſeul y a notoirement la police, ſous laquelle on comprit les cauſes de marchand à marchand & pour fait de marchandiſe : & encore ces érections furent faites par Edicts particuliers, & l'une aprés l'autre : de ſorte que les Seigneurs de France n'avoient pas grand moyen, ny grand ſujet auſſi de s'y oppoſer en corps : outre qu'ils euſſent mon honte, parce que feu Monſieur le Chancelier de l'Hoſpital inventeur de ces Iuſtices (auſſi bien que de celles des Preſidiaux) les affectionnoit infiniment. Neanmoins les Seigneurs ont toûjours ſoûtenu que les Conſuls n'avoient que voir ſur leurs juſticiables : dont la Cour n'a point fait de difficulté à l'égard de ceux, où il y a des Iuges Conſuls établis : comme elle a jugé par pluſieurs Arreſts, dont j'en ay un notable chez moy, donné au profit de Madame de Longue-ville, Comteſſe de Dunois, le 7. de May 1577. par lequel defenſes ont été faites aux Iuges Conſuls de Chartres, d'entreprendre juriſdiction ſur les habitans du Comté du Dunois, d'autant qu'il eſt aſſis dans le Bailliage de Blois, où il n'y a aucuns Conſuls : bien que ceux de Chartres en ſoient les plus proches & meſme il eſt ordonné par cet Arreſt, ce requerant feu Monſieur

68. Iuges Conſuls ne connoiſſent des juſticiables des Seigneurs notamment qui ſont hors du reſſort du Bailliage où ils ſont établis.

Briſſon, lors Advocat general du Roy, qu'il ſera publié en l'Auditoire deſdits Conſuls.

Et quant aux Iuſtices des Eſlections, Greniers à ſel, Eaux & forêts, elles ne connoiſſent que des cas vrayement Royaux, & partant elles ne peuvent rien entreprendre ſur la Iuſtice ordinaire des Seigneurs. Et pour le regard de celle des Prevoſts des Maréchaux elles ſont approuvées pour leur apparente utilité : joint qu'elles n'ont connoiſſance que des voleries faites en grand chemin, fauſſe monnoye, delit des ſoldats, & des vagabonds, qui ſont tous cas dont les Officiers Royaux ont toûjours pretendu la prevention.

69. Election, Greniers à ſel, Eaux & Forêts, ne connoiſſent que les cas Royaux.
70. Comme auſſi les Prevoſts des Maréchaux.

Comme auſſi, au regard des *Committimus* des Requeſtes du Palais, & de l'Hoſtel du Roy, des Gardes gardiennes, & des protections des Univerſitez, les Seigneurs y acquieſcent, entant qu'il n'y a point de fraude, comme étant tels privileges dépendans des cas Royaux, & qui ſont preſumez plus anciens que leurs Iuſtices : mais quoy qu'il en ſoit, toutes ces juſtices extravagantes & extraordinaires, & auſſi ces privileges ſont moins favorables & extenſibles entre les juſticiables & Seigneurs, qu'entre les ſujets primitifs du Roy attendu que le Roy peut tronquer ſes Iuſtices, ainſi qu'il luy plait, mais il n'entend pas affoiblir celles qui ſont patrimoniales aux Seigneurs.

71. Des committimus, Gardes gardiennes & protections.

Finalement pour le regard des lettres attributives de juriſdiction, émanées de la petite Chancellerie, je dy ſauf correction, qu'elles ſont toutes abuſives, ſi ce n'eſt qu'elles ſoient fondées en Edict, ou en Arreſt. Car les petites Chancelleries ne ſont inſtituées que pour les depeſches ordinaires & de ſtyle commun, & non pas pour expedier ce qui requiert connoiſſance de cauſe, & moins encore pour attribuer à une Iuſtice ce qui appartient à une autre, & pour commettre des Iuges étrangers à la poſte des parties, au prejudice des Iuges ordinaires & naturels, comme il eſt decidé expreſſément par l'Ordonnance de 1539. art. 170. & 171.

72. Lettres attributives émanées de la petite Chancellerie ſont abuſives.

Auſſi à bien entendre ne doivent-elles uſer du mot *commettons*, mais ſeulement dire *mandons* : car comme remarque fort bien le Grand Couſtumier livre ſecond chapitre 19. le Roy mande aux Iuges ordinaires, meſme les bons formulaires de Chancellerie ſont en Ar-Chenots, *Et parce que la connoiſſance de la matiere vous appartient, mandons, &c.* Et tout ainſi que telles lettres ſeroient jugées inciviles, ſi elles attribuoient au Bailif Royal ce qui appartient au Prevoſt : à plus forte raiſon les faut-il juger telles, quand elles attribuent au Iuge Royal ce qui appartient au ſubalterne, qui a Iuſtice patrimoniale, & à laquelle de droit commun le Roy ne peut prejudicier.

73. Committimus ne doivent eſtre conceuës dans les lettres de petite Chancellerie.

Neanmoins au temps paſſé, cela étoit ſi commun que rien plus, & par le moyen de telles lettres, on ôtoit aux ſubalternes la pluſpart de leurs cauſes.

74. Lettres qui jadis privoient les Seigneurs de leurs Iuſtices.

Car on leur oſtoit la connoiſſance des executions, ſaiſies & decrets, par le moyen des lettres de *Debitis* : on leur oſtoit leurs matieres feodales, par les lettres de conforte-main ; on leur oſtoit les matieres poſſeſſoires par le moyen des lettres de complainte ; on leur oſtoit les matieres d'attermoyement, par les répits & les lettres de cinq ans : on leur oſtoit les cauſes des veuves, pupilles, étrangers, par le moyen des lettres de ſauvegarde, & ainſi d'infinies autres, dont l'abus par ſucceſſion de temps s'eſt trouvé ſi manifeſte, qu'aujourd'huy toutes ces ſortes de lettres dans les noms même ſont rudes & ſauvages, ſe ſont à faits aneanties.

75. Debitis.
76. Conforte-main.
77. Lettres de complainte.
78. Reſpit.
79. Sauvegarde.

Mais voicy encore un plus grand abus, c'eſt que les Iuges Roiaux, n'entendans pas qu'on aille juſques à Paris, pour lever telles lettres, les delivrent eux-mêmes en leurs Greffes : comme les commiſſions generales pour ſaiſir & executer, ſoit pour droits Seigneuriaux, ſoit mêmes pour des debtes perſonnelles, & ce ſur les ſujets des hauts-Iuſticiers, & dans leur Iuſtice primitive, même bien ſouvent hors leur reſ-

80. Que les Iuges ne peuvent delivrer telles lettres.

Des diff. touchant les cas Royaux, Ch. XIV. 87

81. Commission pour faire & adjourner hors le destroit.

sort, & dans la Iustice de leurs voisins. Et tout autant de commissions qu'on demande, pour adjourner pardevant eux en premiere instance les justiciables des Seigneurs, ils n'en refusent point : même quand il est question d'adjourner ceux d'une autre Province, tout leur est indifferent, disant qu'en matiere de Iustice, il n'est qu'entreprendre. Auquel dernier cas les Iuges des lieux font tres-bien de faire arrester & de condamner en bonnes amendes les Sergens executans telles commissions : car ils doivent sçavoir leur Province & ressort : joint que si on en usoit ainsi, le Iuge, qui entreprendroit sur le territoire d'autruy, auroit toujours cét avantage, d'être Iuge de son entreprise.

82. Remedes à ces commissions.

83. Clause abusive és lettres de Garde-gardienne, & protection.

Sur ce propos est à remarquer un abus qui se commet ordinairement és lettres de Garde-gardienne, & és protections des écoliers & Suppôts des Universitez, en ce que par icelles il est mandé aux Sergens de faire commandement aux Iuges, de renvoyer les causes devant les Baillifs, ou Conservateurs, & au refus des Iuges, les renvoyer eux-mêmes. Clause qui est notoirement abusive à l'égard des Iuges, qui ne ressortissent pardevant eux, n'y ayant que le Roy & la Cour, qui puisse faire telles injonctions indistinctement à tous Iuges, étant seul superieur de tous. C'est pourquoy cette clause n'est pas abusive és *committimus* des Requestes, esquels le Roy parle : aussi que Messieurs des Requestes de l'Hôtel & du Palais sont du corps de la Cour : lesquels exceptez, c'est à tout Iuge, pardevant lequel est pendant le procez, *æstimare an sua sit jurisdictio, nec ne, l. Si quis ex aliena ff. D. judiciis,* & s'il refuse le renvoy, il n'y a voye que par appel, & c'est au superieur à vuider desormais la contention de juridiction. Comme Bacquet a bien traitté au 8. chap. du 3. livre, & Chenu en rapporte un Arrêt du 26. Avril 1606.

84. Que le Sergent ne peut renvoyer qu'en vertu du committimus.

85. Que le Sergent doit montrer sa commission au Iuge du lieu.

Même il est indubitable, que le Sergent ne doit pas, en vertu de telles lettres, adjourner les sujets d'une Province en une autre, sans exhiber & presenter sa commission au Iuge du lieu, autrement il peut être arrêté. Car si cela écoit toleré, on attireroit tous les jours les pauvres gens à plaider hors de connoissance, & n'y auroit nul autre moyen d'empêcher que le Iuge étranger fût Iuge en sa cause, & de sa propre entreprise.

86. Comment s'entend de ne demander placet, visa, ne pareatis.

Ce qui n'est point contraire aux Ordonnances, qui defendent de demander placet, *visa* & *pareatis :* elles s'entendent des mandemens Royaux de Chancellerie, ensemble des obligations sous sceel Royal, qui s'executent par toute la France : & des Sentences des Iuges Royaux dedans leur ressort, & és lieux où s'étend leur puissance, mais non pas de commissions, qu'ils baillent hors leur ressort, *quia extra territorium Judex privato loco est, eique impune non paretur.* Que si les Iuges venans d'un païs en autre, pour executer une commission extraordinaire du Roy ou de la Cour sont tenus publier leur *committimus* (comme on dit communement) c'est à dire notifier leur pouvoir aux Iuges des lieux, pour éviter aux inconveniens qui en pourroient autrement arriver, pourquoy trouvera-on étrange, qu'un simple Sergent, porteur d'un mandement d'un Iuge hors son territoire, soit tenu demander permission au Iuge du lieu de l'executer ; qui est la matiere des commissions rogatoires, dont la pratique est si ancienne, qu'elle est rapportée dans le grand Coûtume liv. 2. chap. 19.

Sur quoy faut aussi remarquer, qu'il y a une difference notable en l'entenduë des *committimus* des Requestes, des protections, des Conservateurs, & des Gardes-gardiennes des Baillifs & Senéchaux. Car les *committimus* des Requestes s'étendent & attirent de tout le Parlement dont ils sont émanez ; mais non pas des autres Parlemens, si ce ne sont ceux d'Officiers commensaux du Roy, & des Chavaliers du S. Esprit, lesquels pour cet effet doivent être seelez du grand Seau, attendu que celuy de la petite Chancellerie, n'a pouvoir que dans son Parlement.

87. Difference en l'étenduë des committimus, Gardes-gardiennes & protections.

Et quant aux protections des écoliers & Suppôts des Universitez, elles n'attirent pas non plus des autres Parlemens : mais encore elles ont cela de particulier, selon quelques-uns, qu'elles peuvent attirer de plus loin que de quatre journées, comme il est porté par l'Ordonnance de Louys XII. de l'an 1448. que neanmoins plusieurs entendent de Conservateurs Apostoliques seulement, & non des Royaux.

88. Estenduë des Committimus.

89. Estenduë des protections.

Finalement les Gardes-gardiennes attribuées aux Baillifs & Senéchaux (car il y en a d'autres attribuées aux Requestes du Palais, qui se reglent tout ainsi que les,*committimus*) ne s'étendent regulierement hors le ressort & limites des Bailliages. Toutefois pour ce regard se faut regler suivant la teneur du privilege & verification d'iceluy faire en la Cour, sans laquelle nul Garde-gardienne ne doit avoir lieu, comme porte l'Ordonnance de l'an 1556. art. 4. & a été jugé par plusieurs Arrêts. Ce qui a lieu principalement à l'égard des justices Seigneuriales, parce que par l'Ordonnance de Philippe VI. de l'an 1338. il est dit, qu'il ne sera point donné de lettres de Garde-gardienne au prejudice des hauts-justiciers, *nisi causa cognitione legitima præcedente.* Mais quand la verification étendroit la Garde-gardienne hors du ressort du Baillif, auquel elle est attribuée, les Iuges voisins ne peuvent pretendre juste cause d'ignorance, jusques à ce qu'elle soit publiée & notifiée en leur Province.

90. Estenduë des Gardes gardiennes.

Voilà beaucoup de diverses sortes d'entreprises, & on peut dire, qu'on ne sçauroit imaginer aucune espece de cause, quelle qu'elle soit, que les Iuges Royaux n'ayant quelques divers pretextes, pour attirer la connoissance, & il y a telle cause dont ils trouvent cinq ou six divers pretextes ; pour en connoître : de sorte que si on les vouloit croire, les subalternes n'auroient aucune cause en leurs Sieges & par ainsi les Seigneurs notables de France demeureroient du tout privez de leurs justices qu'ils racheterent du Roy, & qu'ils possedent de si long-temps en vertu du plus signalé contract, qui fut jamais fait en France ; & lequel a été le principal moyen de l'établissement de la famille Royale, & de la conservation continuelle de cette Coutonne jusques à present.

91. Que toutes ces entreprises doivent être retranchées.

Que s'il plaist au Roy, qui est autheur & garand des justices Seigneuriales, & à la Cour du Parlement, qui est superieure des uns & des autres, conserver chacune en ce qui luy appartient selon droit & raison ; il arrivera ce que dit Justinian en sa Nov. 15. que, *erit utriumque congruentia utilis : sic enim minores judices, judicum facient Officium, Provinciarum Præsides Judices Judicum erunt, & proinde honestiores : quia quanto præest quilibet præstantioribus, tantò ipse major & honestior est.*

92. De même.

CHAPITRE XV.

Des Seigneuries & Justices Ecclesiastiques.

1. Les deux puissances de ce monde.
2. En quoy l'un passe l'autre.
3. Leur accord ensemble.
4. Qu'elles se controllent l'une l'autre.
5. Leur distinction generale.
6. Leur distinction materielle.
7. Les Princes temporels doivent obeïr aux Ecclesiastiques en matiere de Religion.
8. Les Ecclesiastiques doivent obeïr aux Magistrats seculiers en ce qui est de la police civile.
9. Les divers noms de ces deux puissances.
10. Nom de Seigneur prohibé à l'Ecclesiastique.

Des Seigneuries.

11. *Puissance Ecclesiastique n'est possedée par droit de Seigneurie.*
12. *Excuse de l'Autheur.*
13. *Preuve de cette distinction.*
14. *Conclusions resultantes de cette distinction des deux puissances.*
15. *Comment ces deux puissances peuvent resider ensemble.*
16. *Erreur d'Angleterre.*
17. *Comment les deux puissances étoient autrefois aux chefs du peuple de Dieu.*
18. *Pourquoy aux Roys Payens.*
19. *La puissance temporelle peut être accessoire à la spirituelle.*
20. *Mais non pas comme procedant d'icelle.*
21. *Contre l'Extravagante,* unam sanctam.
22. *Opinion mauvaise de Pierre des Vignes.*
23. *Puissance subalterne temporelle peut être jointe à la spirituelle.*
24. *Qu'il n'y a point d'inconvenient que les Ecclesiastiques ayent des Justices.*
25. *Seigneuries appartenantes aux benefices se gouvernent ainsi que les autres.*
26. *Hors France les appels des Justices temporelles de l'Eglise ressortissent au superieur Ecclesiastique.*
27. *Quelques decisions canoniques non gardées en France.*
28. *Causes des Justices temporelles des Eglises ne doivent être jugées selon le droit Canon.*
29. *Des Justices purement Ecclesiastiques.*
30. *Intention de l'Autheur en ce discours.*
31. *An jurisdictio Ecclesiastica à jure divino, an vero à concessione Principum.*
32. *Qu'emporte la tradition des clefs faite aux Apôtres.*
33. *La jurisdiction dépend de la puissance temporelle.*
34. *Jurisdiction n'est attribuée de Dieu qu'aux Seigneurs temporels.*
35. *L'Eglise a subsisté long-temps sans avoir Justice contentieuse.*
36. *Quelle étoit sa Justice.*
37. *La primitive Eglise connoissoit des differends de la Religion.*
38. *Et des differends d'entre les Chrétiens par voye d'arbitrage.*
39. *Avoir la censure des mœurs.*
40. *De même.*
41. *L'Eglise primitive n'avoit point de parfaite jurisdiction.*
42. *L'Eglise n'execute encore ses jugemens.*
43. *L'Eglise ne peut emprisonner.*
44. *Ne pouvoit anciennement condamner en l'amende.*
45. *Comment elle condamne à present en l'amende.*
46. *L'Eglise n'a point de territoire.*
47. *Ordonnance notable de Constantin, touchant la Justice Ecclesiastique.*
48. *Qu'elle est un peu douteuse.*
49. *Autres lettres des Empereurs touchant la jurisdiction Ecclesiastique.*
50. *De même.*
51. *Ample reglement de Justinian touchant la Justice Ecclesiastique.*
52. *Ordonnance de Charlemagne.*
53. *Celle de l'Empereur Federic.*
54. *Celle de Louys le Debonnaire.*
55. *Pourquoy la Justice Ecclesiastique s'est tant accreuë en France.*
56. *On ne payoit autrefois point de dépens en Cour laye.*
57. *Chacun desiroit anciennement être de la Justice Ecclesiastique.*
58. *Entreprises de la Justice Ecclesiastique.*
59. *Le privilege de Clericature ne se perdoit pas autrefois par mariage.*
60. *Mais il falloit être in habitu & tonsura.*
61. *Meubles des Clers étoient anciennement attribuez à la Justice Ecclesiastique.*
62. *Pourquoy le contraire est à present observé.*
63. *Peché & mauvaise foy attiroient les causes à l'Eglise.*
64. *Testamens étoient attribuez à la Justice Ecclesiastique.*
65. *Anciens abus touchant les testamens.*
66. *Connexité.*
67. *Reconvention.*
68. *Difficulté en point de droit.*
69. *Defaut de la Justice seculiere.*
70. *Personnes miserables.*
71. *Crimes Ecclesiastiques.*
72. *Sommaires des cas ausquels les laïques plaidoient en Cour d'Eglise.*
73. *Entreprises dont M. Pierre de Cuignieres fit plainte.*
74. *Pourquoy sa plainte fut sans effet.*
75. *Comment ces entreprises ont été retranchées.*
76. *Effet de l'Ordonnance de 1539.*
77. *Que la chance est tournée entierement.*
78. *Conclusion de ce Discours.*

1. Les deux puissances de ce monde.

IL y a deux puissances en ce monde, par lesquelles il est gouverné, la spirituelle & la temporelle, dit la Nov. 6. le Canon. Duo sunt 96. distinct. & le §. Item cùm David. quæst. 7. La spirituelle est le Sacerdote, Hierarchie, ou Estat Ecclesiastique, qui administre les choses divines & sacrées: la temporelle est l'Empire, la Monarchie ou l'Estat Politique, qui gouverne les choses humaines & prophanes. Chacune d'elle a son objet separé, ut Reges præsunt in causis sæculi, ita Sacerdotes in causis Dei. Chacune a son pouvoir distinct, Regum est corporalem irrogare pœnam, Sacerdotum spiritualem inferre vindictam. Bref chacune a son pouvoir à part, ut non sine causa Magistratus gladium portat, ita non sine ratione claves regni cælorum Sacerdotes accipiunt, dit ce §. Item cùm David.

2. En quoy l'une passe l'autre.

D'où il s'ensuit que le Sacerdote est d'autant plus haut & plus noble que l'Empire, que les choses divines sont pardessus les humaines, & que l'ame est plus noble que le corps & les biens. Mais aussi l'Empire, auquel Dieu a donné le glaive, pour agir sur les choses mondaines, est plus fort chez soy, c'est à dire en ce monde, que le Sacerdote, auquel Dieu a prohibé l'usage du glaive materiel, & lequel a pour objet les choses spirituelles, qui n'en sont aucunement susceptibles: mais le principal effet de sa force est reservé au Ciel, témoin le dire de nôtre Redempteur, que son Royaume n'étoit pas de ce monde, & que s'il en étoit, ses gens combattroient pour luy.

3. Procedentes d'un même principe.

Ces deux puissances procedantes d'un même principe, qui est Dieu, à quo omnis potestas, & tendantes à même fin, qui est la beatitude, vraye fin de l'homme, doivent avoir une correspondance ensemble, & comme par la Nov. 42. une symphonie (c'est à dire une harmonie & accord composé de tous differens) & se communiquer mutuellement leur vertu & energie: de sorte que si l'Empire preste main forte au Sacerdote, pour maintenir l'honneur de Dieu: & le Sacerdote reciproquement relie & unit l'affection du peuple à l'obeïssance du Prince, tout l'Estat est heureux & florissant: au contraire si ces deux puissances tâchant d'impieter l'une sur l'autre, comme si le Sacerdote abusant de la devotion du peuple, vient à entreprendre sur l'Empire ou gouvernement politique & temporel: ou bien si l'Empire, tournant contre Dieu la force qu'il luy a mise en main, attente sur le Sacerdote, tout va en desordre, en confusion & en ruine.

4. Qu'elles controllent l'une l'autre.

Il est bien vrai, que Dieu a mis presque par tout ces deux puissances en diverses mains, & les a faites toutes deux souveraines en leur espece, afin que l'une servist de controlle ou contrepoids à l'autre, de peur que leur souveraineté infinie ne tournât en dereglement ou tyrannie. Ainsi voit-on, que quand la souveraineté temporelle se veut émanciper contre les loix de Dieu, la spirituelle s'y oppose incontinent, & de même la temporelle à la spirituelle: ce qui est très-juste & tres-agreable à Dieu, quand il se fait par voyes legitimes; & sur tout qu'il se fait directement & purement pour son service, & pour le bien public, & non pas pour l'interest particulier, & pour entreprendre l'une sur l'autre.

5. Leur di necessité

Et dautant que ces deux puissances se rencontrent par

& Iustices Ecclesiastiques, Ch. XV.

distinction generale.

nécessité ensemble en tous lieux, & en tous temps, & ordinairement en diverses personnes, & d'ailleurs que toutes deux sont souveraines en leur espece, ne dependant nullement l'une de l'autre, nostre bon Dieu pour éviter ce desordre extreme, qui naist inevitablement de leur discord, a planté des bornes si fermes, & mis des separations si évidentes entr'elles, que quiconque voudra donner tant soit peu de place à la raison, ne se pourra tromper en la distinction de leurs appartenances.

6. Leur distinction materielle.

Car qui a-il plus à distinguer que les choses sacrées d'avec les prophanes, & le spirituel d'avec le temporel ? Il ne faut donc que pratiquer ce beau reglement que nostre redempteur a prononcé de sa propre bouche, *Reddite, quæ sunt Cæsaris, Cæsari: & quæ sunt Dei, Deo.* Reglement bien court, mais qui certes est bien net & bien clair. Car puis que le soin des ames & des choses sacrées appartient au Sacerdoce, il faut que le Monarque mesme s'y soubmette, en ce qui concerne directement la religion & le culte de Dieu, s'il confesse qu'il a une ame, & s'il veut estre du nombre des enfans de Dieu & de l'Eglise, can. *Si Imperator.* 96. dist. temoin l'exemple de l'Empereur Theodose, qui endura la censure d'un simple Archevesque, & accomplit la penitence publique qu'il luy avoit enjointe : temoin aussi l'exemple de David, *qui etsi regali unctione Sacerdotibus & Prophetis præerat in causis sæculi, tamen suberat eis in causa Dei,* dit ce §. *Item cùm David.* 2. quæst. 7.

7. Les Princes temporels doivent obeïr aux Ecclesiastiques en matiere de Religion.

8. Les Ecclesiastiques doivent obeïr aux Magistrats en ce qui est de la police civile.

Reciproquement aussi, puis que la domination des choses temporelles appartient aux Princes, & que l'Eglise est en la Republique, comme dit Optatus, & non pas la Republique en l'Eglise, il faut que tous les Ecclesiastiques, & mesme les Prelats de l'Eglise, obeïssent au Magistrat seculier, en ce qui est de la police civile, *Cùm ad verum ventum est. ead. distinct. Si omnis anima Potestatibus subdita est, ergo & vestra* (dit S. Bernard à Henry Archevesque de Sens, en son Epistre 42.) *quis vox excipit ab universitate ? Certè qui tentat excipere, tentat decipere.* Et saint Iean Chrysostome, exposant ce passage de saint Paul *ad Rom.* 13. *Omnis anima Potestatibus sublimioribus subdita est,* dit, *Etiamsi fueris Apostolus, Evangelista, Propheta, Sacerdos, Monachus, hoc enim pietatem non lædit.* Bref le Pape S. Gregoire le Grand, *epist.* 94. *lib.* 2. *Agnosco,* inquit, *Imperatorem à Deo concessum, non militibus solum, sed & sacerdotibus etiam dominari.*

9. Les divers noms de ces deux puissances.

Puis donc que la distinction de ces deux puissances est si importante, il a esté bien besoin de leur attribuer des noms differens : à sçavoir que ceux qui ont la puissance Ecclesiastique, sont appellez *Pasteurs* ou *Prelats,* & ceux qui ont la temporelle, sont particulierement nommez *Seigneurs,* ou *Dominateurs.* Appellation qui est attribuée aux Ecclesiastiques, par la propre bouche de N. Seigneur, lequel en deux divers temps ; sçavoir est, lors de la demande des fils de Zebedée, & encore lors de la contention de preseance survenuë entre ses Apostres peu auparavant sa sainte Passion, leur reïtera cette leçon, *Principes gentium dominantur eorum, vos autem non sic, &c.* Leçon que S. Pierre a bien recueillie en sa premiere Epistre, disant aux Evesques, *Pascite, qui in vobis est, gregem Dei, non ut dominantes in clericis,* mais *in forma facti gregis,* c'est à dire, établie en forme de troupeau, dont le berger n'est pas le Seigneur & proprietaire, mais le ministre du souverain seulement. Aussi Dieu luy avoit-il dit, *Pasce oves meas,* & non pas *tuas.*

10. Nom de Seigneur plustost à l'Ecclesiastique.

11. Puissance Ecclesiastique n'est possedée par droit de Seigneurie.

Et de verité, la puissance Ecclesiastique estant dirigée sur les choses spirituelles & divines, qui ne sont pas proprement de ce monde, ne peut appartenir aux hommes en proprieté, ny par droit de Seigneurie, comme les choses mondaines, mais seulement par exercice & administration, entant que Dieu (qui seul est le Maistre & Seigneur de nos ames) leur commet cette puissance surnaturelle, pour exercer visiblement en ce monde sous son nom & authorité, comme ses Vicaires & Lieutenans, chacun neantmoins selon son degré Hierarchique, ainsi qu'en la police civile, plusieurs Officiers estans les uns sous les autres, exercent la puissance du souverain Seigneur.

Des Seigneuries.

12. Excuse de l'Autheur.

Ce que je dis pour expliquer la proprieté des termes, & non pas pour diminuer en rien la puissance Ecclesiastique, qui au contraire estant referée directement à Dieu, doit estre estimée bien plus auguste que celle des Princes de la terre, lesquels (comme j'ay dit au 2. chap. de ce livre) n'avoient aussi du commencement la leur que par office & administration, laissant la souveraineté, ou pour mieux dire, la liberté parfaite, par devers l'Estat en corps. Aussi de ce temps-là estoient-ils appellez *Pasteurs des peuples,* comme les qualifie Homere. Mais l'objet de leur puissance, qui sont les choses terriennes, estant propre à admettre la Seigneurie ou puissance en proprieté, ils l'ont de long-temps gagnée & obtenuë en tous les païs du monde : même il y en a plusieurs, où ils ont obtenu non seulement la Seigneurie publique mais encore la privée, reduisant leur peuple en esclavage.

13. Preuve de cette distinction.

Il ne se peut pas trouver de plus notable preuve de la distinction de ces deux manieres de puissances, ny de plus solemnel exemple du changement de la puissance par Office & exercice, en celle qui est en proprieté & par droit de Seigneurie, que celuy qui arriva parmy le peuple de Dieu, lequel ennuyé d'estre commandé par les Juges, qui exerçoient sur luy la souveraineté par Office & administration seulement, il voulut avoir un Roy, qui desormais eût cette souveraineté par droit de Seigneurie. Ce qui despleut fort à Dieu, lequel dit à Samuel dernier des Juges, *Ils ne t'ont pas rebuté, mais moy, afin que je ne regne plus sur eux : & peu apres, Tel sera le droit du Roy, &c.* Ce qui signifie, que Dieu même estoit le Roy de ce peuple, & avoit sur luy la proprieté de puissance, lors qu'il estoit gouverné par de simples Juges, ou Officiers : mais que cela ne seroit plus, lors qu'il auroit un Roy lequel osteroit & abuseroit de cette puissance en proprieté. Belle instruction aux Ecclesiastiques de laisser à Dieu la proprieté de la puissance spirituelle, & se contenter de l'exercice d'icelle, comme ses Vicaires & ses Lieutenans, qualité la plus haute & la plus noble, qui puisse être sur la terre.

14. Consequences de cette distinction des deux puissances.

Voila la distinction de la puissance spirituelle & de la temporelle, qui infere bien que l'une n'includ & ne produit pas l'autre, même n'est pas superieure à l'autre ; mais que toutes deux sont ou souveraines, ou subalternes de soy & en leur espece. Mais pourtant cette distinction n'empesche pas que toutes deux ne puissent resider en une même personne, sur une même chose, & encore un plus est, à cause d'une mesme dignité. Toutefois il faut prendre garde que quand elles resident en même dignité il faut que ce soit une dignité Ecclesiastique & non pas une Seigneurie ou Office temporel, parce que la puissance spirituelle, estant plus noble que la temporelle, ne peut dependre ni être accessoire à icelle : aussi qu'elle ne peut appartenir aux hommes laïques, ausquels appartiennent ordinairement les puissances temporelles : & sur tout la puissance spirituelle ne peut estre tenue par droit de Seigneurie, ni partant estre par succession, ni possedée hereditairement, ainsi que les Seigneuries temporelles.

15. Comment ces puissances peuvent resider ensemble.

16. Erreur d'Angleterre.

D'où il s'ensuit, que c'est une erreur contre le sens commun, d'avoir en Angleterre voulu attribuer au Roy ou à la Reine la souveraineté de l'Eglise Anglicane, tout ainsi que la temporalité de son Royaume, & comme dependante d'icelle : aussi cela fut commencé par une colere, & pour la querelle particuliere de Henry VIII. contre le Pape, qui n'avoit pas voulu approuver son divorce : dont il fut tellement irrité, qu'il refusa de depuis de plus payer au Pape le tribut, qui long-temps auparavant lui estoit payé en Angleterre : & qui plus est, se declara chef de l'Eglise Anglicane immediatement aprés Jesus-Christ, & contraignit son peuple de jurer, qu'il le reconnoissoit Seigneur autant souverain és choses spirituelles, qu'és temporelles. Erreur qui parut visiblement quand sa fille la feuë Reyne Elisabeth vint à regner : car on vid alors un chef de femelle en l'Eglise Anglicane, & la souveraineté spirituelle tombée en quenouille.

Or bien que par quelque teps ces deux puissances aient

m

Des Seigneuries.

17. Comment les deux puissances estoient autrefois chefs du peuple de Dieu.

esté en mêmes personnes parmy le peuple de Dieu, si est ce que c'estoit en telle sorte, que la temporelle estoit accessoire au Sacerdoce : mais depuis que le peuple voulut avoir des Rois, ces Rois n'eurent pas la puissance spirituelle : au contraire quand ils la voulurent empieter, ils en furent punis de Dieu, témoin l'histoire d'Osias. 2. *Paralipomenon.* Et quant aux Payens, il est bien vray qu'en plusieurs nations les Rois ont été Prêtres, parce qu'ils faisoient servir la religion à l'Estat, & ne s'en servoient qu'en tant qu'elle estoit necessaire à l'Estat : mais nous instruits en meilleure école, nous avons appris de preferer la religion, qui a son respect à Dieu, & concerne la vie eternelle, à l'Estat, qui ne regarde que les hommes & le repos de monde.

18. Pourquoy aux Rois Païens.

19. La puissance temporelle peut estre necessaire à la spirituelle.

Mais il n'y a aucun inconvenient ni repugnance que la puissance temporelle soit annexée & renduë accessoire & dépendante du Sacerdoce, & ainsi que notoirement à present le Pape est Seigneur souverain en la temporalité dans Rome, & plusieurs autres villes d'Italie, dont la souveraineté temporelle lui a esté donnée, soit par Constantin, ou par la soubmission des peuples, ou finalement (comme il y a plus d'apparence) par la concession des Princes François, qui les avoient acquises sur les Lombards, par le même droit de guerre, par lequel les Lombards les avoient conquises auparavant sur les Empereurs d'Orient. Quoi qu'il en soit, on ne peut pas douter, que les Papes n'aient aujourd'hui prescript legitimement cette souveraineté temporelle : de sorte que la rencontre de ces deux anciens vers est fort veritable ;

Roma tibi subiratant olim Domini Dominorum,
Servorum servi nunc tibi sunt Domini.

20. Mais non pas comme procedant d'icelle.

21. Constitution *l'extravag.* *Unam sanctam.*

Car il faut prendre garde, que cette souveraineté temporelle est venuë par acquisition après coup, & n'a pas été produite de la souveraineté spirituelle, ni établie en même temps qu'icelle, comme une de ses appartenances & dépendances necessaires : ainsi que Boniface VIII. (imitant mal Nôtre-Seigneur, qui après le miracle des cinq pains & deux poissons, s'enfuit & se cacha, voiant que le peuple le vouloit faire Roi en S. Jean) voulut dire par sa Constitution vraiement extravagante *Unam sanctam,* fondée seulement sur le passage de l'Evangile, qui fait mention de deux glaives, passage qui est interpreté tout autrement par le canon 1. 23. *quæst.* 8. Aussi cette extravagance fut elle revoquée par son successeur Clement V. au moins à l'égard de ce Roiaume, *Clementina meruit. De privilegiis.*

22. Opinion mauvaise de Pierre des Vignes.

Mais comme il y a peu d'apparence en l'Extravagance de Boniface VIII. aussi n'y a-t-il point du tout en la proposition de Pierre des Vignes, qui soustint au temps d'Innocent IV. que la puissance spirituelle dépendoit de la temporelle, qui est une heresie méchante & damnable, contre laquelle ce docte Pape écrivit un livre intitulé *Apologetique,* comme nous apprend Volaterran, liv. 22. Disons donc avec le Pape Innocent III. *In cap. per venerabilem. Qui fil. sint legit.* que *in patrimonio beati Petri, Apostolica sedes, & summi Pontificis auctoritatem exercet & summi Principis exequitur potestatem.* Et voila la rencontre de ces deux puissances en souveraineté.

23. Puissance subalterne & temporelle peut estre jointe à la spiritualité.

Quant à celles des degrez subalternes, il se voit que plusieurs Evesques, mème Abbez & Prieurs, sont Seigneurs temporels des villes, villages, & lieux, où leurs Benefices sont situez : & lors on les qualifie vulgairement Seigneurs temporels & spirituels d'iceux, non que la spiritualité puisse appartenir par droit de Seigneurie, mais à faute d'autre nom qui puisse comprendre ces deux qualitez : & de fait en cette denomination, on met le temporel devant le spirituel, pour joindre au mot de *Seigneur* auquel seul il s'accorde. Et en ces lieux, dont les Ecclesiastiques sont Seigneurs temporels, ils font exercer en leur nom & sous leur authorité toute Justice civile & criminelle, tout ainsi que les Seigneurs laïques.

24. Qu'il n'y a point d'inconvenient que

En quoi il n'y a point d'inconvenient, encore que les Ecclesiastiques ne puissent exercer par eux-mêmes la justice criminelle ; car ils la font exercer par leurs Officiers, qui par les Ordonnances de France doivent estre laïques. Tout ainsi que les Ecclesiastiques ne doivent faire la guerre par eux-même, neanmoins le Pape la peut faire par ses sujets, ses vassaux, & à l'aide de ses amis quand la guerre est juste. Car S. Pierre avoit un glaive auparavant qu'il fust Apôtre, & ne fust pas repris d'en avoir, mais de l'avoir tiré lui-même, bien que pour une tres-juste querelle, comme dit à peu prés le can. 1. 23. *quæst.* 8.

les Ecclesiastiques ayent des justices.

25. Seigneuries appartenantes aux benefices tout ainsi que les autres.

Donc ces Seigneuries & Justices temporelles annexées aux Benefices, se gouvernent entierement en ce qui me regle que les autres, qui sont en main seculiere : & ne s'y peut rien cotter de particulier, fors seulement qu'estant entre les biens Ecclesiastiques, elles ne sont, ni alienables, ni hereditaires, mais demeurent perpetuellement attachées aux Benefices, non toutefois unies & confuses avec la puissance Ecclesiastique, qui toujours est specifiquement distincte de la temporelle, *quia semper jure humano possidetur,* can. *Quo jure* 8. *distinct.*

26. Hors France les appels des justices temporelles de l'Eglise ressortissent au superieur ecclesiastique.

C'est pourquoi on a toûjours retenu en France cette liberté s'il faut ainsi parler, que les appellations de ces Justices temporelles, appartenantes à l'Eglise, vont devant les Juges Roiaux, & non devant les superieurs Ecclesiastiques, bien que regulierement le contraire soit observé és autres pais de la Chrestienté, ainsi qu'il est expressément decidé *in cap. Roman.* §. *De appellat. in 6.* Chapitre qui n'est gardé en France, comme il est noté en la glose d'icelui, & Specule l'a remarqué tit. *De appellat.* §. *Nunc tractemus,* encore qu'il soit fait principalement pour la France, estant addressé à l'Evesque de Reims. Mais nous gardons la tres-juste decision du chap. *Si duobus.* §. *ult. de appellat. apud Greg.* dont Benedict. *in verb. & uxorem. decis.* 2. num. 26. rapporte un Ordonnance expresse du Roi Philippe le Bel, de l'an 1303.

27. Quelques decisions canoniques non gardées en France.

28. Causes des justices temporelles des Eglises ne doivent estre jugées selon le droit Canon non.

Pareillement nous ne gardons pas le chap. *quod clericis,* ext. *De foro compet.* où il est dit, que les causes des jurisdictions temporelles de l'Eglise, doivent estre decidées selon le droit Canon, & non selon les Coustumes des lieux : au contraire nous observons notoirement, que les Juges temporels des Ecclesiastiques doivent juger suivant les Ordonnances du Roi & la Coustume du lieu, même aujourd'hui on astraint à cela les Officiaux & autres Juges de Cour d'Eglise ; autrement on appelle d'eux comme d'abus, ce qui meriteroit un discours à part.

29. Des Justices purement Ecclesiastiques.

Reste donc de parler de ces Cours d'Eglise, c'est à dire des Justices Ecclesiastiques, qui selon le droit Canon appartiennent regulierement & de droit commun aux Evesques en tout leur Diocese, & aux Archidiacres au territoire de leur Archidiaconé, par privilege, ou par coustume prescrite seulement, *capite* 5. *juncta. gl. ext. De officio Archidiac.* & ce pour la primitive : & quant à celles de ressort, elles appartiennent aux Archevesques, puis aux Primats, & finalement au Pape *cap. Roman. De appellat. in* 6. Il est vrai, que quand les parties sont éloignées de deux journées de leur Siege, ils sont tenus en France de bailler des Commissaires, ou Juges deleguez sur les lieux, suivant le decret *De causis,* au Concordat : qui est un bon expedient qu'on a trouvé, pour conserver le droit de ressort aux superieurs Ecclesiastiques, sans incommodité du peuple.

30. Intention de l'Autheur en ce discours.

Or ces Justices ne sont pas temporelles, comme celles qui dependent des Seigneuries appartenantes à l'Eglise, mais celles-ci dependent & sont jointes inseparablement à la Hierarchie, ou puissance Ecclesiastique : Et l'Eglise en jouit paisiblement par toute la Chrestienté depuis tant de siecles, que ce seroit impieté de la luy disputer aujourd'huy. Ce que je n'entends aussi nullement faire, n'estant pas de ceux qui tendent à priver l'Eglise nostre mere de ses droicts, plustost qu'à reformer par moyens legitimes les malversations & abus, ausquels la fragilité humaine s'est pû relascher à la longue. Mais puis que c'est le sujet de ce chapitre de traiter des Justices Ecclesiastiques, il me sera permis de rechercher leur origine, & de traiter en peu de mots de

& Iustices Ecclesiastiques, Chap. XV.

leur accroissement & decroissement, avec une franchise Chrestienne, non pour les choquer, mais plustost pour monstrer qu'elles sont à present au juste poinct où elles doivent être.

31. Au jurisdiction Ecclesiastique sit à iure divino, an vero à concessione principum.

Je diray donc, sauf correction de meilleur advis, avec Jean Galli en sa quest. 176. que la Justice contentieuse de l'Eglise en la forme & au pouvoir qu'elle est à present sans controverse en toute la Chrestienté, *non est à clavibus*, c'est à dire qu'elle n'est pas proprement de droit divin, mais plustost de droit humain & positif: provenant principalement de la concession ou permission des Princes temporels. Car il y a grande difference entre le glaive & les clefs: & encore entre les clefs du Ciel & les chicaneries des Officialitez: aussi les Theologiens sont d'accord, que la tradition des clefs & puissance, de lier & délier, donnée par Nôtre-Seigneur à ses Apôtres, emporte seulement la collation des saints Sacremens, & en outre l'effet tres-important de l'excommunication, qui est la seule peine; qu'encore aujourd'huy les Ecclesiastiques peuvent imposer aux laiques, outre l'injonction de penitence, *cap. Cum non ab homine. ext. De Iudicis.* Mais tout cela depend plustost de la justice penitentiale, s'il la faut ainsi appeller, que de la pure contentieuse: ou bien plustost de la censure, correction ou justice sommaire dont il sera parlé tout incontinent, que de la justice de partie à partie, ou parfaite jurisdiction.

32. Qu'emporte la tradition des clefs faite aux Apôtres.

33 La jurisdiction depend de la puissance temporelle.

Mais la parfaite jurisdiction emporte une contrainte precise & formelle, qui dépend proprement de la puissance temporelle des Princes de la terre, qui portent le glaive pour la vengeance des méchans, & l'asseurance des bons, dit S. Paul. Et de fait nos ames, sur lesquelles s'etend proprement la puissance Ecclesiastique, ne sont susceptibles de la contrainte precise, mais seulement de la contrainte excitative, qui s'appelle proprement persuasion.

C'est pourquoy le can. *Principes. 23. quæst. 5.* dit qu'il est necessaire, que même dans les Eglises, les Princes du monde exercent leur puissance, *ut quod non prævalent sacerdotes efficere per doctrinæ sermonem, hoc sæculi potestas imperet per disciplinæ terrore, sicque per regnum terrenum cæleste regnum proficiat. Sancta enim Ecclesia gladium non habet nisi spiritualem, quo non occidit sed vivificat, can. inter 33. quæst. 2.*

34. Iurisdiction n'est attribuée de Dieu qu'aux Seigneurs temporels.

Aussi est-ce aux Princes de la terre, que Dieu a donné la justice, & à qui il l'a commandée *Deus judicium suum Regi dedit*, dit le Psalmiste. Et le peuple d'Israël demandant un Roy à Dieu, luy dit, *Constitue nobis Regem, qui judicet nos sicut cætera gentes habent*. Puis quand Dieu donna au Roy Salomon le choix de ce qu'il voudroit, il demanda *Cor intelligens, ut populum suum judicare posset*: ce qui fut agreable à Dieu. C'est pourquoy S. Hierosme dit au can. *Regum. 23. quæst. 5.* que *Regum proprium officium est facere judicium atque justitiam*. Bref en toute la sainte Escriture la justice est tousjours attribuée & commandée aux Roys, & jamais aux Prestres, au moins en qualité de Prestres. Car nostre Seigneur même estant prié par quelqu'un de luy faire faire partage par son frere, luy fit responce, *Homo, quis me constituit Iudicem, aut divisorem super vos? Luc. 12.* Et quant aux Apostres, voicy ce qu'en dit S. Bernard *ad Eugen. Stetisse Apostolos lego judicandos, judicantes sedisse non lego.*

35. L'Eglise a subsisté long-temps sans avoir justice contentieuse.

De fait il est certain que l'Eglise a de long-temps subsisté sans avoir cette ample justice contentieuse qu'elle a maintenant: ce qui n'eust esté, si elle estoit tenuë de droit divin. Même chacun sera d'accord, qu'il y avoit plus de pieté & de pureté en la primitive Eglise, lors qu'elle ne l'avoit point, qu'à present. Non que de là il faille inferer que la justice Ecclesiastique en soit cause, ny qu'elle soit ou abusive, ou inutile: mais cela procede d'aujourd'huy de la corruption des mœurs, qui vont tousjours en empirant: de sorte qu'il faut confesser, que maintenant il est bien plus besoin de cette justice, qu'en la primitive Eglise.

36. Quelle estoit sa justice.

Toutesfois il est vray de dire, que même en la primitive Eglise, les Ecclesiastiques n'estoient pas du tout sans quelque forme ou commencement de Justice, mais il est aisé à prouver qu'ils connoissoient de 3. sortes de causes.

Des Seigneuries.

Premierement la connoissance des differens de la Religion, ne leur a jamais été deniée, non plus qu'aux Prestres du Paganisme, *Quando unquam auditum est in causa fidei laicos de Episcopo judicasse?* dit S. Ambroise à l'Empereur Theodose en son Ep. 32. Aussi estoit-ce le droit commun de Rome & de Grece, que toute communauté licite connoissoit de ses propres negoces, & en faisoit des reglemens, *l. ult. De colleg. illicitis*, où la loy de Solon est rapportée.

37. Qu'elle connoissoit des differens de la Religion.

Secondement c'estoit une chose ordinaire entre les Chrestiens, de se rapporter de leurs differens au jugement de l'Eglise, afin de ne plaider devant les Payens, selon le precepte de S. Paul en la 1. aux Corinth. chap. 6. Tellement qu'il se void dans Tertullien, Clement Alexadrin, & autres Autheurs de ce temps-là, que ceux qui ne s'y vouloient rapporter, faisoient plaider les Chrestiens devant les Magistrats seculiers, pendant qu'ils estoient Payens, estoient tenus pour infideles, ou du moins pour mauvais Chrestiens. Et S. Augustin, liv. 6. *Confess. cap. 8.* dit que S. Ambroise estoit si occupé en ces jugemens, qu'il n'avoit le loisir de reposer: & sur le Psalm. 119. il dit de luy-même, qu'il estoit ordinairement employé *litibus dirimendis*. Quoy qu'il en soit, ces jugemens des Evesques n'estoient lors que des Sentences arbitrales, & même ne lioient les parties que par honeur, ainsi que quand quelques personnes notables s'entremettent d'appointer des differends. Et de fait la *lov. 7 De Episc. aud.* dit que *Si qui, ex consensu, apud Antistitem litigare voluerint, experientur, more arbitri, sponte reddentis judicium.*

38. Et des differends d'entre les Chrestiens par voye d'arbitrage.

En troisiesme lieu, les Ecclesiastiques entreprirent fort à propos dés la primitive Eglise, la censure & correction des mœurs parmy les Chrestiens, suivant ce passage de l'Evangile, *Si peccaverit in te, id est coram te* (comme l'interprete Genebrard sur le *Miserere*, alleguant l'authorité de S. Hierosme) *frater tuus, vade, & corripe eum inter te & ipsum solum: &c.* & par aprés, *dic Ecclesiæ...Quod si Ecclesiam non audierit, tibi sit tanquam Ethnicus & publicanus*, laquelle correction des mœurs, pendant l'estat populaire de Rome, residoit pardevers les Censeurs, appellez pour cette cause *Magistri morum*, qui avoient pouvoir de reprendre, mesme de noter d'ignominie toute sorte de personnes, pour les cas dont la justice ordinaire n'avoit coustume de faire connoissance. Bodin traite fort bien & amplement au 1. chap. du 6. liv. Police certes tres belle, qui estant decheuë sous les Empereurs, fut relevée par les premiers Chrestiens, lesquels, au moyen d'icelles se maintenoient en une particuliere pureté de mœurs, comme temoigne Pline en son Epitre 49. du 10. liv. C'est ce que nous dit Tertullien en son Apologetique, parlant des assemblées de l'Eglise, *ibidem*, dit-il, *exhortationes, castigationes & censura divina.* C'est pourquoy, à mon advis, ils appellerent le chef de chacune Eglise *Episcopon*, comme qui diroit inspecteur des mœurs de son Eglise: c'est pourquoy aussi les excommunications & autres peines de l'Eglise sont appellées encore aujourd'huy censures Ecclesiastiques: ce qui meriteroit un plus long discours, mais celuy de Bodin y suppléera.

39. Avoit la censure des mœurs.

Voila donc trois diverses occurrences, dont l'Eglise dés son commencement prenoit connoissance, à sçavoir, les negoces de la foy & de la Religion, dont elle jugeoit par forme de police: les differends d'entre les Chrestiens se rapportans à elle, dont elle decidoit par forme d'arbitrage: & finalement les scandales & menus delits dont elle connoissoit par voye de censure, correction, & justice sommaire: car même les Censeurs de Rome n'avoient point d'autre justice, comme Bodin prouve au même lieu, & je l'ay dit ailleurs.

40. De medée me.

D'où il s'ensuit que les Ecclesiastiques n'avoient pas la justice parfaite, que Bodin appelle *jurisdictionem*, mais il appelle leur justice *notionem, judicium, judicationem, audientiam* & jamais *jurisdictionem*. Or il y a bien de la difference, *inter jus dicentem & judicem, jurisdictionem, & judicium*, comme j'ay dit ailleurs: & la loy 5. *D. De judice*. dit que *notionis nomen etiam ad eos pertinet, qui jurisdictionem non habent, sed de aliqua causa notionem*. C'est pour quoy le titre traitant de la Justice Ecclesiastique, est

41. L'Eglise primitive n'avoit point de jurisdiction parfaite.

m ij

Des Seigneuries.

intitulé *De Episcopali audientia*, au Code de Justinian, & *De Episcopali judicio*, au Code Theodosien, & en la Nov. de Valentinian, & non pas *De Episcopali jurisdictione*, comme Cujas a remarqué, parce que les juges Ecclesiastiques ont seulement pouvoir d'ouir les parties & decider leurs differends : mais non pas de leur faire droit absolulument, en reduisant les jugemens à effet.

42. L'Eglise n'execute encore ses jugemens.

Car encore qu'ils puissent prononcer ce qu'il faut faire, ils ne le peuvent-ils executer de leur authorité, mais comme les juges deleguez & les arbitres ne peuvent pas mettre à execution leurs Sentences, mais faut qu'elles soient executées par le commandement du Magistrat & juge ordinaire, ainsi a-il esté de tout temps des Evesques & autres juges Ecclesiastiques, dit la loy.8. *De Epis. aud.* & la loy *De Epis. jud.* C.Th.& la Nov.123.ch.21.Sozomene liv. 1. dit εἰς ἔργον, τὰ κρινόμενα παρὰ τῶν Ἐπισκόπων, ἄγειν τοὺς ἄρχοντας, τοῖς διακονουμένοις αὐτοῖς ἐχρῶντο. Ce qui se garde encore à present, & quelque augmentation qui ait jamais été és justices Ecclesiastiques, si est-ce que toûjours les juges d'Eglise ont esté contraints d'implorer le bras seculier, c'est à dire justice temporelle, pour faire executer leurs Sentences : parce que (disonsnous communement) l'Eglise n'a point de territoire, c'est à dire en effet, qu'elle n'a pas la parfaite jurisdiction & que les Juges d'Eglise ne sont pas Magistrats, qui puissent prononcer ces trois mots essentiels, *Do, dico, & addico*.

43. L'Eglise ne peut emprisonner.

C'est pourquoy on a toûjours observé, & on garde encore à present, qu'ils ne peuvent de leur authorité faire emprisonner les personnes Ecclesiastiques, sans implorer l'aide du bras seculier : dont *Ioan. Galli.* rapporte plusieurs Arrests aux questions 103.245. & 176. où il en fait un long discours, & M. le Maistre pareillement au traité *Des appellations comme d'abus*, chap. 5. où neantmoins il costre cette exception, que le juge d'Eglise peut faire emprisonner ceux qui se trouvent dans son auditoire, c'est pourquoy Boniface VIII. au chap. *Episcopus. De offic. ordin.* in 6. dit que l'Evesque peut poser son auditoire par tout où il voudra, pour en consequence y faire ses captures, ce qui n'est point gardé en France, dit ledit sieur le Maistre, méme Volaterran, liv. 22. nous apprend, que les Ecclesiastiques n'avoient point de prisons jusques au temps d'Eugene I.

44. Ne pouvoit condamner à l'amende.

Pareillement il est bien certain, qu'anciennement les juges d'Eglise ne pouvoient condamner à l'amende, *cap. 1. De dolo & contum. & cap. Licet De pœnis, & cap. Irrefragabili. §. ult. De offic. ordin.* bien que la gl. sur le chap. *Licet.* dise le contraire, s'accommodant à ce qui s'observoit de son temps : mais elle ne le peut prouver par aucun texte. Car le chap. *In Archiepiscopatu. De raptorib.* qu'elle allegue, ne dit point celle ; attendu qu'il permet à l'Archevesque de Panorme, de condamner les Sarrazins en amendes pecuniaires & au foüet, en consequence seulement de la commission qui luy avoit esté donnée par le Roy de Sicile. Or la raison pourquoy les Ecclesiastiques ne pouvoient autrefois condamner en l'amende, dépend de ce qui a esté dit au chap. 12. que par le droit Romain il n'y avoit que les Magistrats ayans plein territoire qui le peuüent faire, *l. Aliud est fraus. §. Inter pœnam. D. De verb. signif. l. 1. Si quis jus dic. non obtemp. & toto tit. de mod. mulct.*

45. Comment elle condamne à present à l'amende.

Toutefois en France ces loix n'estans observées és justices temporelles des Seigneurs, à succession de temps les Ecclesiastiques s'en son aussi affranchis, & ont entrepris de condamner à l'amende. En quoy neanmoins ils ont esté contraints de garder cette restriction particuliere, que bien que les Juges des Seigneurs condamnent à l'amende envers eux, & applicable à leur fisque, c'est à dire à leur profit, si est-ce que l'Eglise, qui n'a ny territoire ny fisque, ne peut pas condamner à l'amende indeterminément, & sans assigner l'amende par exprés à quelque pieux usage, afin que l'Evesque ou Archidiacre ne l'embourset, comme Iean Faber a noté sur la loy *Mulctarum. C. De modo mulctarum.* où est la cautele que Iean André donne en sa petite addition sur la glose du chap. *Licet*, afin d'éviter la prohibition du chap. *Irrefragabili.* Même on observe à present, que ce

n'est encore assez, que le Juge d'Eglise declare par sa Sentence l'amende appliquable generalement *in pios usus* (& encore moins *in pios usus domini Episcopi*, comme ils prononcent ordinairement, ce qui est abusif) mais faut que ces pieux usages soient specifiez particulierement & qu'ils prononcent l'amende applicable aux Cordeliers, aux prisonniers, à la fabrique de telle Eglise, &c. comme M. Bourdin a remarqué sur l'Ordonnance de 1539.

Voilà comment l'Eglise n'a point encore à present de territoire (*id est*, *jus terrendi*, *l. Pupillus. §. Territorium. De verb. signif.*) ny par consequent de parfaite jurisdiction, *quæ adhæret territorio*, ainsi qu'il a été dit cy-devant. Car la justice n'a point esté amplifiée, quant à la forme & au pouvoir interieur, mais quant à sa matiere & au pouvoir exterieur, c'est à dire, quat à son étenduë, elle a grandement augmentée, soit par la concession des Princes, soit par la soûmission volontaire des peuples : ce qui ne sera point hors de propos de specifier de temps en temps, comme par forme d'histoire.

46. L'Eglise n'a point de territoire.

Constantin le Grand, qui fut le premier Empereur Chrestien, fut aussi le premier qui authorisa la Justice contentieuse de l'Eglise, & luy donna force & authorité publique, enjoignant à ses Magistrats de faire mettre à execution sans contredit les Sentences des Evesques. Mais si la constitution est telle qu'on la void aujourd'huy à la fin du Code Theodosien , c'est bien la plus avantageuse, qui jamais ait été faite pour la Justice Ecclesiastique. Car elle porte, qu'en toutes matieres, & encore en toutes les parties de la cause, soit le demadeur ou le defendeur, en peut demander le renvoy devant l'Evesque, qui ne luy peut estre refusé, encore que l'autre partie l'empesche, & veut que par aprés la Sentence de l'Evesque soit executée par le Magistrat ordinaire, sans contredit ou empeschement quelconque : ce qu'ayant lieu, la jurisdiction temporelle seroit quasi aneantie; au moins ne serviroit presque plus que pour executer les mandemens des Ecclesiastiques.

47. Ordonnance notable de Constantin, touchant la justice Ecclesiastique.

C'est pourquoy, encore que cette Constitution soit estimée par tous les Autheurs de l'histoire Ecclesiastique, à sçavoir , Sozomene liv. 1. chap. 9. Nicephore livre 7. chap. 46. Sabellic livre 7. chap. 8. & se trouve renouvellée par Charlemagne en ses Capitulaires liv. 6. chap. 28. 1. & que Gratian n'ait pas oublié de la canoniser, 11. quæst. 1. can. Quicunque. Toutefois il y en a qui ont opinion qu'elle a été supposée, aussi bien que la donation du même Constantin, tant parce qu'elle se void estre adjoustée au Code Theodosien en lieu suspect, à sçavoir tout à la fin d'iceluy, intitulée de ces termes, *Hic titulus deerrabat à Codice Theodosiano*, & encore y est rapportée sans Consul, ou datte de l'année : aussi que Gratian & le dépit rapporte. *Novit. De judiciis*. l'attribüent à Theodose, duquel neantmoins la vraye loy se void dans le nouveau Code Theodosien, à la suite de celle-cy, mais toute contraire à celle. Car elle porte que les Evesques n'auront Justice, que des matieres de Religion, & que les autres procez des Ecclesiastiques seront terminez par le Juge ordinaire, ce qui est par apparence que Theodose eût mis en son Code une loy toute contraire à la sienne. Aussi les loix des Empereurs suivans, cy-aprés rapportées, bien que faites en Constantinople , ne luy attribüent à beaucoup prés telle Justice, notammét laNov. de Valentinian *De Epis. judicio*, y contraire formellement disant que par les loix des Empereurs, l'Eglise n'a point de jurisdiction, & que suivant le Code Theodosien, elle ne peut connoistre que des matieres de Religion.

48. Qu'elle est un peu douteuse.

Quoy qu'il en soit, il y apparence, que cette Constitution de Constantin, bien que peut-estre faite dans Constantinople en la nouvelle ferveur du Christianisme de ce pieux Empereur, n'a jamais esté observée, ny possible publiée en l'Empire d'Occident, comme aussi elle n'est point inserée au Code de Justinian, qui neantmoins a advantagé l'Eglise tant qu'il a pû. Car outre la loy de Theodose cy-dessus rapportée, il se void par la loy 7. *De Episcopali aud.* qui est d'Arcadius & Honorius, que de leur temps l'Eglise n'avoit que sa primitive no-

49. Autres loix des Empereurs touchant la jurisdiction Ecclesiastique.

& Iustices Ecclesiastiques, Chap. XV.

tion, de connoistre par forme d'arbitrage, encore la luy debattoit-on? c'est pourquoi ils firent leur loi, pour l'y maintenir, dont voicy les mots, *Si quis ex consensu apud sacrae legis Antistitem litigare voluerit, non vetabatur, sed experietur illius, in civili dumtaxat negotio, more arbitri sponte reddentis judicium.* Il est veritable qu'en la loy suivante ils donnent ce privilege aux Evêques, qu'on ne puisse appeller de leurs Sentences, *Episcopale judicium ratum fit omnibus, qui de audiri a Sacerdotibus elegerint, eamque illorum judicationi adhiberi reverentiam jubemus, quam praefectis Praetorio, à quibus non licet provocare: per Judicium autem Officia executioni mandetur.*

50. De même.

Sur tout est notable la Nov. 12. de Valentinian, dont voici les principaux termes: *Quoniam constat Episcopos forum legibus non habere, nec de aliis causis quam de religione posse cognoscere, ut Theodosianum corpus ostendit, aliter eos judices esse non patimur, nisi voluntas jurgantium sub vinculo compromissi procedat. Quod si alteruter nolit, sive laicus, sive clericus sit, agent publicis legibus, & jure communi.* Adjoûtant que les Clercs peuvent être adjournez devant le Juge seculier: qui est sans doute la loy d'auparavant Justinian, comme il se vo d en la loy *Cum clericus*, & en la loy *Omnes ubicumque. C. de Episc. & cler.* où toutefois ce privilege est baillé aux gens d'Eglise, de ne plaider hors leur demeure, ny encore devant autre Juge que le Recteur de la Province és Provinces, & devant le *Praefectus Praetorio*, à Constantinople.

51. Ample reglement de Iustinian touchant la Iustice Ecclesiastique.

Mais Justinian, comme il étoit pieux & religieux, augmenta fort la connoissance des Evêques par les Nov. 83. & 123. ordonnant qu'és actions civiles, les Moines & les Clercs seroient premierement convenus pardevant l'Evêque, qui vuideroit leur different promptement, & sans écrire, ou du moins sans aucuns frais: à condition toutefois, que si l'une des parties declaroit dans dix jours ne vouloir acquiescer à son jugement, le Juge ordinaire prendroit connoissance de la cause, non pas par forme d'appel (comme aucuns pensent) & comme superieur en cela de l'Evêque, mais tout de nouveau: & s'il jugeoit comme l'Evêque, il n'y auroit point d'appel de luy: si autrement, il y auroit appel. Et quant aux causes criminelles, il étoit permis de s'addresser ou au Juge ordinaire, ou à l'Evêque, ou au Juge ordinaire, sauf és delits Ecclesiastiques, comme sacrilege, simonie, desobeïssance à l'Evêque, heresie, blaspheme, & tous autres concernans leur qualité, dont la connoissance est attribuée à l'Evêque seul: comme pareillement des differends concernans la religion & la police Ecclesiastique, même contre les laïques à ce regard. Que si en criminel, le Clerc étoit condamné par le Juge laïque, la Sentence ne pouvoit être exécutée, qu'elle ne fust approuvée par l'Evêque, & qu'il n'eût degradé le Prêtre. Que s'il ne le vouloit faire, il se falloit pourvoir pardevers l'Empereur. Et quant aux Evêques il leur donna particulierement ce privilege de ne plaider aucunement pardevant les Juges laïques. Lequel privilege il donna aussi aux religieuses par sa Nov. 79. que les Interpretes ont mal à propos étendu aux religieux. Et ce reglement de Justinian, contenu en la Nov. 123. a quasi entierement reïteré par la Constitution de l'Empereur Constantin III. fils de Heraclius, & par Alexius Comnenus, rapportées par Balsamo, *tit. 6. Nomo canonici*.

52. Ordonnance de Charlemagne.

Mais en l'Empire d'Occident & de France, l'Empereur Charlemagne ordonna indistinctement, que tous les Clercs & Moines ne seroient convenus devant le Juge laïque, par son chap. 225. liv. 5. *Nemo audeat Clericum aut Monachum vel sanctimonialem foeminam ad civile judicium accusare, sed ad Episcopum.* Et ce qu'il ne parle que du criminel, est possible à cause que par le capitulaire 181. du 6. liv. cy-dessus mentionné, il avoit ordonné qu'au civil les clercs & les laïques pouvoient demander le renvoy de toute cause devant l'Evêque, suivant la pretention de Constantin. Mais quoy qu'il en soit, l'Empereur Federic leur donna ce même privilege generalement, & en matiere civile & en criminelle, & son Ordonnance a été incorporée dans le Code, *Statuimus ut nullus Ecclesiasticam personam in criminali quaestione, vel civili trahere ad judicium saeculare praesumat. Aut. Statuimus. C. De Episc. & cler.* Ce qui de long temps a été observé en France: c'est pourquoi *Jo. Galli.* 363. dit que *Duo sunt genera hominum, clericorum scilicet & laicorum: laici subditi sunt jurisdictioni temporali, clerici Ecclesiasticae.*

53. Celle de l'Empereur Federic.

Toutesfois il y a grande apparence, que ce Capitulaire 281. renouvellant la Constitution de Constantin, n'a pas été long-temps observé en France; non plus que la loy de Constantin en l'Empire, au moins à l'égard des causes des laïques. Car nous trouvons en la *Chronique S. Denis*, que Louys le Debonnaire son fils, sur le murmure du peuple, à l'occasion des entreprises des Ecclesiastiques, reduisit leur jurisdiction à l'ancienne Coûtume.

54. Celle de Loüis le Debonnaire.

Neanmoins c'est la verité qu'a succession de temps la Justice Ecclesiastique c'est merveilleusement accruë en France, dont on peut rendre plusieurs raisons. Premierement la devotion & pieté des François, qui a excedé toûjours celle de toutes les autres nations. *Item*, parce qu'il est à croire, qu'on avoit meilleure justice des Juges d'Eglise, tant à cause de leur sainteté, qu'aussi de leur suffisance, n'y ayant presque anciennement en France qu'eux qui fussent lettrez: d'où vient que nous appellons encore *Clerc*, celui qui est letré. Aussi que l'Eglise ne pouvant condamner à peine de sang, ni pareillement à l'amende, comme il vient d'être dit, chacun, pour être plus doucement traité, desiroit de l'avoir pour Juge. Et sur tout parce qu'en la Cour layque on ne condamnoit point aux dépens, jusques au temps de Charles le Bel, qui abolit cette coûtume en l'an 1324. encore son Ordonnance n'ayant été observée, il la fallut renouveller par Philippe de Valois, & par Charles V. Mais la condamnation de dépens fut receuë és Cours d'Eglise de France, suivant le droit Romain, & ainsi qu'és autres pays, dès le Concile de Tours, tenu sous Alexandre III. environ l'an 1238. Joint que les Rois & Seigneurs temporels de France & leurs juges ne se soucioient gueres alors de maintenir leurs justices, qui n'étoient pas quêteuses ny de grand revenu pour eux, ainsi qu'à present: mais plûtôt leur étoient à charge & à dépense: parce qu'elles étoient exercées gratuitement, qui étoit cause pourquoi on n'adjugeoit point de dépens, comme j'ay dit au 2. liv. *Des Offices*. Et quand ils entroient en contention de jurisdiction avec les Ecclesiastiques, les excommunications ne leur manquoient point, dont il nous reste encore ce vestige, que tous les Dimanches és prosnes des Messes Parrochiales, on excommunie ceux qui empêchent la jurisdiction de l'Eglise.

55. Pourquoy la Iustice Ecclesiastique s'est tant accruë en France.

56. On ne payoit autrefois point de dépens en Cour layque.

Tant y a que pour ces raisons chacun vouloit être de la Justice Ecclesiastique, & tenoit cela pour un grand privilege, témoin ce que nous trouvons au grand Coûtumier, liv. 4. chap. 4. qu'un homme ayant épousé la veufve d'un impuissant, qui étoit encore pucelle, avant que coucher avec elle, la fit visiter par matrones convenuës par le Procureur general du Parlement & le Promoteur de l'Officialité de Paris, afin de ne perdre par bagamie son Privilege clerical: & nous lisons en la *Chronique S. Denis*, que du temps du Roy S. Loüis la Prevosté de Paris étant mal administrée, parce qu'elle étoit baillée à ferme, les plus honnêtes habitans se retiroient dans le territoire des hauts justiciers Ecclesiastiques, & demeuroit, dit cette Chronique, *la terre du Roy presque deserte*: jusques à tant que le Roi y eût mis l'ordre, que j'ai rapporté ailleurs.

57. Chacun desiroit aussi d'être de la Iustice Ecclesiastique.

Or voici les principales entreprises des Juges Ecclesiastiques. Premierement, supposé qu'ils tenoient les Clercs pour exempts totalement de la justice seculiere, ils mettoient au nombre des Clercs tous ceux qui avoient la tonsure, encore qu'ils fussent mariez & qu'ils eussent autres vacations que l'Ecclesiastique, & ainsi presque tous les hommes étoient de leur jurisdiction: car chacun prenoit tonsure pour s'exempter de la justice du Roy ou de son Seigneur, plûtôt que pour servir à l'Eglise. Et bien que cet abus ait été corrigé à l'égard de l'exemption des tailles, dés l'an 1274. par Philippe le Hardy, qui voulut que les Clercs mariez fussent taillables, ainsi que les purs laïques, leur ôtant seulement l'immunité

58. Entreprises de la Iustice Ecclesiastique.

59. Le privilege de clericature ne se pouvoit autrefois perdre par mariage.

Des Seigneuries.

des Clercs à l'égard des tailles, le privilege clerical ne laissa pas de leur demeurer à l'égard de la justice, jusques à l'Ordonnance de Roussillon, qui l'a conservé seulement aux Clercs constituez aux Ordres sacrez. Encore à la verification d'icelle, le Parlement l'a conservé en outre aux Beneficiers.

60. Mais il falloit être in habitu & tonsura.
Il est bien vray, qu'auparavant cette Ordonnance, & lors que les Clercs mariez joüissoient du privilege, il falloit qu'ils fussent vêtus clericalement, & qu'ils eussent la tonsure ou couronne apparente en leurs cheveux, qu'on dit vulgairement *esse in habitu & tonsura*, à quoy ils ne manquoient point alors. Et quand pour bigamie, ou autre sujet, quelqu'un avoit perdu son privilege clerical, le Magistrat seculier le faisoit raser, ou tondre, comme il se voit dans le grand Coûtumier en plusieurs endroits: d'où peut bien venir le proverbe *Estre tondu*, qui signifie être decheu de quelque pretension, auquel neantmoins j'assignerai une autre origine au livre *Des Ordres*.

61. Meubles des Clercs estoient attribuez à la justice Ecclesiastique.
Même on oftendoit sur les meubles des Clercs, cette exemption de justice seculiere attribuée à leurs personnes, en consequence de la maxime vulgaire mal-entenduë, que *mobilia sequuntur personam*: de sorte que tous les meubles des gens d'Eglise mariez ou non mariez, ne pouvoient être pris par execution, ny en être autrement ordonné par le juge laïque, comme il se void dans tous les anciens Praticiens de France, notamment dans *Benedict. in verb. & uxorem. num. 40.* & dans *Joan. Galli.* en plusieurs endroits. Et du Molin même, bien que d'ailleurs trop contraire aux Ecclesiastiques, advoüe neantmoins que les meubles sont exemts de la justice seculiere, sur l'art. 1. de la Coust. gl. n. 36. même que le *Yvo Carnotensis*, grand deffenseur des privileges de l'Eglise, soûtient fermement qu'on n'en doit user de même aux immeubles, en son epistre 79. ce que toutefois il n'a pû gagner, à cause du *Can. Quo jure 8. distinct.*

62. Pourquoi le coutraire est à present observé.
Mais quand aux meubles, la raison pourquoy on les attribuoit à la Justice Ecclesiastiques, étoit captieuse & sophistique. Car il est bien vray que *mobilia sequuntur personam*, *quoad situm*, *sed non quoad qualitatem*: attendu qu'on a été contraint de regler, ou plûtot feindre & imaginer la situation des meubles qui n'ont point de situation certaine & arrêtée au domicile de la personne, mais ayans leur qualité à part, constante & certaine, il n'est pas besoin de leur emprunter celle de la personne. C'est pourquoy maintenant on les regle par leur propre qualité ; à sçavoir, que s'ils sont sacrez, ou destinez au service divin, c'est au juge d'Eglise d'en connoître: si profanes, c'est au Magistrat seculier : & outre cela les Ecclesiastiques ont privilege par l'Ordonnance d'Orleans, que leurs meubles & ustensiles necessaires, & dont ils ne se peuvent passer, ne peuvent être pris par execution. Et voila ce qui est de la premiere entreprise des Ecclesiastiques.

63. Peché ou mauvaise foi attiroit jurisdiction, comme y allant du sujet de l'ame, dont ils sont moderateurs: & ainsi entendoient & étendoient-ils ce passage de l'Evangile, *Si peccaverit frater tuus, dic Ecclesia*: principalement quand on leur en faisoit plainte, laquelle plainte pour cette cause ils appelloient *denontiation Evangelique*: comme il est traité particulierement au chap. *Novit de judiciis*, où le Pape veut prendre connoissance du differend d'entre les Rois de France & d'Angleterre, touchant les commises pretenduë par le Roy de France des fiefs & Seigneuries, que le Roy d'Angleterre tenoit de cette Couronne, à cause de sa felonie. Et ainsi ils se pretendoient competans presque de toute action pure personnelle, même entre les layques, disans que rarement elle étoit exempte de mauvaise foy, & de peché de part ou d'autre. Principalement s'il s'agissoit de l'execution des contracts, ils ne faisoient aucun doute qu'elle ne fût de leur connoissance, à cause du serment, qui par le style commun des Notaires y est inseré, *cap. 3. De foro compet. in 6.* confondans mal à propos la censure des moeurs avec la jurisdiction de partie à partie, & la correction penitentiale avec la justice contentieuse: sans prendre garde à ce qui est dit en ce §. *Item cum David

2. quaest. 7. *Nathan, cùm David redarguit suum est executus officium, in quo erat Rege superior, non usurpavit Regis officium, in quo erat Rege inferior. Monuit eum ut per poenitentiam peccata sua expiaret, non autem tulit in eum sententiam, qua, tanquam adulter & homicida, morti addiceretur.*

64. Testamens étoient attribuez à la justice Ecclesiastique.
En troisiéme lieu, ils maintenoient par semblable raison, que la connoissance des testamens leur appartenoit, comme étant une matiere de conscience, disans même qu'ils étoient les naturels executeurs d'iceux, parce que le corps du defunt testateur étant laissé à l'Eglise pour la sepulture, l'Eglise aussi étoit saisie de ses meubles, pour acquiter sa conscience, & executer son testament. Ce qui s'observe encore à present en Angleterre, où l'Evêque, ou gens proposez de sa part, se saisissent des meubles de celuy qui est decedé *intestat*, & les gardent pendant sept ans, si les heritiers ne composent avec luy.

65. Ancien abus touchant les testamens.
Même nous trouvons qu'anciennement en France les Ecclesiastiques ne vouloient enterrer les morts si on ne leur mettoit leur testament en main, ou si à faute de testament on n'en obtenoit un mandement special de l'Evêque, dont il se trouve dans les Registres du Parlement, un Arrêt de l'an 1407. contre l'Evêque d'Amiens, & les Curez d'Abbeville, que les intestats seroient inhumez sans contredit, & sans mandement particulier de l'Evêque. Et *Joan. Galli,* en sa quest. 102. remarque, que souvent les heritiers, pour sauver l'honneur du defunt decedé sans tester, demandoient permission de tester pour lui *ad pias causas*: &j'ai leu ailleurs, qu'il y avoit des Ecclesiastiques, qui contraignoient les heritiers des intestats de convenir de preud-hommes, pour arbitrer combien le defunt avoit deu leguer à l'Eglise. Bref de cette entreprise des Ecclesiastiques est encore demeuré jusqu'à ce temps que par nos Coûtumes les Curez & Vicaires sont capables de recevoir les testamens, ainsi que les Notaires.

66. Connexité.
En quatriéme lieu, par le moien de la connexité, si de plusieurs condempteurs, coheritiers, ou codebiteurs, il y en avoit un qui fût Clerc, ou garant, ou joint des autres, ils disoient que ce privilegié attiroit devant eux toutes les autres parties.

67. Reconvention.
Aussi en cinquiéme lieu, partiquans la reconvention, suivant le titre *De mutuis petitionibus*, ceux qui vouloient attirer devant eux leur adversaire, forgeoient contre lui quelque legere demande (*dicis causa*, & pour attacher l'escarmouche) & par après entoient sur icelle tous leurs autres differends : soûtenans que tous incidens survenus és proces commencez devant eux, s'y devoient terminer.

68. Difficulté en point de droit.
En sixiéme lieu, ils soûtenoient que toutes les causes bien difficiles, notamment en point de droit, leur appartenoient, principalement quand il y avoit diversité d'opinions entre les Jurisconsultes, ou Juges, à cause de ce passage du Deuteronome, *Si difficile & ambiguum apud te judicium esse prospexeris, & judicium intra portas videris variari, venies ad Sacerdotes Levitici generis, & ad Judicem qui fuerit illo tempore, qui judicabunt tibi veritatem: & facies quaecunque dixerint, qui praesunt in loco quem elegerit Dominus*: comme il est rapporté au chap. *Per venerabilem. ext. Qui filii sint legitimi*: bien qu'il y ait de la difference entre les loix Romaines, & la pratique du vieil & nouveau testament: & ainsi voit-on en plusieurs endroits des Decretales des causes difficiles decidées, qui n'étoient nullement de la Justice Ecclesiastique, comme entr'autres en cette fameuse decretale *Raynutius. ext. de testam.*

69. Defaut de la Justice seculiere.
Item, en septiéme lieu, ils disoient que c'étoit à eux à suppléer le defaut, negligéee, ou suspicion du juge laïque, *cap. Licet, ext. De foro compet.* & sous ce pretexte, si un bon procez duroit long-temps à leur gré en la Justice seculiere, ils l'attiroient à eux.

70. Personnes miserables.
En huitiéme lieu, sous couleur que dans les anciens Canons ils trouvoient, que l'Evêque étoit protecteur des personnes miserables, comme des veufves, pupiles, étrangers & pauvres, ils vouloient connoître de toutes leurs causes, *cap. ex parte, De for. compet. cap. Nuper. De donat. inter vir. & uxor.* encore qu'il y ait bien de la difference

& Iustices Ecclesiastiques, Ch. XV. 95

71. Crimes Ecclesiastiques.

entre proteger, ou procurer la justice, & être Juge.

Finalement, il y a plusieurs crimes, qu'ils appelloient Ecclesiastiques, desquels ils vouloient seuls connoistre, même contre les laïques, comme, d'heresie, sacrilege simonie, concubinage, usure, parjure, bien que veritablement les crimes Ecclesiastiques soient, ou ceux qui concernent la police Ecclesiastique, comme il est dit en la Nov. 83. ou bien les menus delits, dont la justice ordinaire neglige la recherche, & dont partant la primitive Eglise entreprenoit la censure & correction, pour conserver une pureté particuliere de mœurs parmy les Chrétiens, mais cette correction se faisoit sommairement & sans entreprendre sur la justice contentieuse, comme il a été dit cy-dessus.

72. Sommaire des cas ausquels les laïques plaidoient en Cour d'Eglise.

Voilà les principaux cas esquels les laïques étoient autrefois contraints de plaider devant les Juges d'Eglise. Car il y en a encore d'autres, que j'obmets icy & qui sont en ces vers d'Hostiense, qui sentent bien prolixité, leur Latin est d'Officialité est :

Hereticus, Simon, fœnus, perjurus, adulter,
Pax, privilegium, violentus, Sacrilegusque,
Si vacat Imperium, si negligat, ambigit, aut sit
Suspectus Judex, sit subdita terra, vel usus.
Rusticus, & servus, peregrinus, fenda, viator,
Si quis pœnitcat, miser omnis, causaque mixta,
Si denuntiat Ecclesie quis, judicat ipsa.

73. Entreprises dont M. Pierre de Cuignieres se plainte.

Toutes ces entreprises ont duré jusques à l'Ord. de 1539. & on y étoit tellement accoutumé, qu'elles étoient passées en droit commun. Car ce ne sont pas encore celles, dont se plaignoit principalement devant le Roy Philippes de Valois, Maistre Pierre de Cuignieres, son Advocat general au Parlement de Paris, mais c'étoient encore d'autres entreprises plus exorbitantes, comme il se voit dans l'extraict de sa harangue, rapporté aux annales de Belle-forêt, & au 5. volume de la Biblioteque sacrée. A sçavoir entr'autres, qu'ils entreprenoient de connoistre de matieres réelles, & des hypothequaires, même du possessoire des choses prophanes & jusques au Domaine du Roi, faisoient les scellez & inventaires des sujets du Roy decedez, empêchoient les Notaires Royaux des Seigneurs d'instrumenter, faisoient payer aux laïques accusez les dépens des procez criminels, encore qu'ils fussent trouvez innocens, & excommunioient les debiteurs insolvables. Et encore à tout moment ils excommunioient les Juges Royaux, quand ils vouloient défendre la jurisdiction du Roy: bien qu'ils ayent ce privilege des Papes, de ne pouvoir être excommuniez pour cét effet, comme il se voit au vieil style du Parlement *in tract. de privilegiis regni Franciæ.* Bref, ils faisoient plusieurs autres telles escapades contre toute raison, même contre le sens commun, comme il n'y a point de fin aux usurpations, depuis qu'une fois les bornes de la raison sont franchies, & outre-passées.

74. Pourquoy sa plainte fut sans effet.

Toutefois ce bon Roi Philippes de Valois, étant nouvellement établi en son Roiaume, à l'exclusion de l'Anglois, qui l'avoit pretendu, craignant d'y exciter de nouveaux troubles, à cause de l'authorité que le Clergé avoit lors en France, n'osa y mettre la main, au moyen de ce que les Ecclesiastiques firent artificieusement courir le bruit, que sous pretexte de retrancher les entreprises de leurs Justices, l'on vouloit quand & quand ôter leur bien, encore que les propositions de cét Advocat du Roy n'y tendissent nullement. Tant-y-a que sa plainte ayant été sans effet, & par quelques plusieurs injures à sa memoire, le faisant encore aujourd'huy servir de marmouset en l'Eglise Nôtre-Dame de Paris, sous le sobriquet de Maistre Pierre du Cuigner: bien que l'histoire du temps nous témoigne que c'étoit un grand personnage, qui avoit beaucoup de creance envers le Roy.

75. Comment ces entreprises ont été retranchées.

Mais enfin toutes ces entreprises de la Justice Ecclesiastique, ont été retranchées fort bien, & à petit bruit, par l'Ordonnance de 1539. qui en six lignes l'a remise & reduite au juste point de la raison: laissant à l'Eglise la connoissance des Sacremens entre toutes personnes, & des causes personnelles des Ecclesiastiques. Qui est en effet revenir à cette ancienne distinction des deux puissances: attendu que les personnes & les choses spirituelles sont laissées à la justice Ecclesiastique, & les temporelles à la temporelle, & partant c'est le vrai reglement de nôtre Seigneur, *quæ Cæsaris, Cæsari; & quæ Dei, Deo*: d'où s'ensuit, qu'il y a grand' apparence qu'il durera toûjours.

76. Effet de l'Ordonnance de 1539.

Tant y a que ce reglement a tellement diminué la Justice Ecclesiastique, & augmenté la temporelle au prix de ce qu'elles étoient lors l'une & l'autre, qu'étans à Sens en ma jeunesse j'ouy dire à deux Procureurs d'Eglise, qui avoient veu le temps d'auparavant cette Ordonnance, qu'il y avoit lors plus de trente Procureurs en l'Officialité de Sens, tous bien employez, & n'y en avoit que cinq ou six au Bailliage, bien que ce soit un des quatre grands Bailliages de France, ainsi que j'ay dit ailleurs: & maintenant tout au contraire, il n'y a que cinq ou six Procureurs morfondus en l'Officialité, & il y en a plus de trente au Bailliage.

77. Que la chance est tournée du tout.

Aussi la chance est tournée tout à fait. Car les Canonistes disoient anciennement, que le laïque pouvoit proroger jurisdiction en Cour d'Eglise, & non le Clerc en Cour seculiere: & disoient aussi, que c'étoit au Juge d'Eglise à suppléer le defaut, ou negligence du juge laïque, & non au contraire. Et quand on en demandoit la raison, ils disoient, que c'étoit à cause qu'anciennement les Ecclesiastiques étoient Juges des laïques, aussi bien que les Clercs, & qu'il n'y avoit point d'inconvenient, que les choses retournassent en leur premiere nature, ainsi que le Cardinal d'Hostie traite en sa somme, *tit. De foro competenti.* Mais aujourd'hui on pratique tout le contraire, & on se sert contr'eux à meilleure occasion de cette même raison: étant certain, comme il vient d'être prouvé, que la justice Ecclesiastique, en ce qu'elle est contentieuse, a été concedée par les Princes temporels, & démembrée de la justice temporelle & ordinaire: aussi dit-on encore à present que c'est le privilege clerical, & les Canonistes l'appellent *privilegium fori*, pour monstrer qu'il est contre le droit commun.

78. Conclusion de ce chapitre, ou discours.

Et neanmoins c'est la verité, que comme les entreprises des Ecclesiastiques par dessus les concessions des Princes, ont été justement retranchées, aussi d'ôter au present, ou diminuer à l'Eglise la justice, dont elle jouit à juste titre depuis tant de siecles: & seroit faire injure à Dieu même, s'il est permis d'ainsi parler. Et je diray franchement que toutes ces entreprises sont grandement dangereuses entre le Sacerdoce & l'Estat, mais celles de l'Estat sur le Sacerdoce sont plus à plaindre, tant parce qu'elles peuvent plûtôt arriver, à cause de la force de l'Estat, que parce qu'elles touchent l'ame, qui est plus pretieuse que le corps & les biens.

Je conclurai donc ce chapitre par un tres beau Canon, qui est le 42. du Concile de Latran, tenu sous ce docte Pape Innocent III. *Sicut volumus ut jura clericorum non usurpent laici; Ita velle debemus ne clerici jura sibi vindicent laicorum. Quocirca universis clericis interdicimus, ne quis pretextu Ecclesiasticæ libertatis suam de cætero jurisdictionem extendat in præjudicium Justitiæ facultatis: sed contentus existat constitutionibus, scriptis, & consuetudinibus hactenus approbatis: ut quæ Cæsaris reddantur Cæsari, & quæ sunt Dei, Deo recta distributione reddantur.*

CHAPITRE XVI.
Des Justices appartenantes aux Villes.

1. Les Justices des Villes ne sont Seigneuriales.
2. Ny Royales.
3. Pourquoy le commandement s'en fait au nom du Roy.
4. A qui en appartient le sceau.
5. Justices

Des Seigneuries.

5. *Justices des villes venuës des Romains.*
6. *Droits des Justices des villes Romaines.*
7. *Il y en avoit de trois sortes.*
8. *Justice des Villes appliées Municipia.*
9. *Justices de celles appellées Coloniæ.*
10. *Pouvoirs des Duumvirs.*
11. *Municipia & Coloniæ confondus ensemble.*
12. *Justices des villes appellées Præfecturæ.*
13. *Præfecti.*
14. *Ædiles urbium.*
15. *Deux sortes d'Ædiles à Rome.*
16. *Ædiles plebis.*
17. *Ædiles Curules.*
18. *Æditium Edictum.*
19. *Ἀγορανόμος, Ἀστυνόμος.*
20. *Pouvoir des Ediles des villes.*
21. *Correction consiste en execution sans Sentence.*
22. *Difference entre la correction, justice sommaire, & justice entiere.*
23. *Ce que c'est correction.*
24. *Correction a lieu en fait de police.*
25. *Conciliation de plusieurs loix.*
26. *Correction des Magistrats de Rome & villes Romaines.*
27. *De même.*
28. *Interpretation de la loi Ictus D. De his qui not. infam.*
29. *Correction avoit lieu en police.*
30. *Correction du Chef des communautez.*
31. *De la Justice sommaire.*
32. *Justice sommaire de France.*
33. *Justices des villes des Provinces Romaines.*
34. *De Defensoribus civitatum.*
35. *Leur origine.*
36. *Leur charge.*
37. *De même.*
38. *Qu'ils eurent enfin la Justice des causes legeres.*
39. *Censeurs n'avoient jurisdiction, mais correction.*
40. *La jurisdiction des defenseurs accruë par Justinian.*
41. *Sommaire des Justices des villes Romaines.*
42. *Difference entre les Duumvirs & les defenseurs de Citez.*
43. *Difference entre les defenseurs des Citez, & les Juges pedanées.*
44. *Des justices des villes de France.*
45. *Justices des villes de la Gaule Belgique.*
46. *De même.*
47. *Loy signifie Justice en nos Coustumes.*
48. *Gens de loy sont les Eschevins des villes ayans justices.*
49. *Records de la loy.*
50. *Que plusieurs villes de France ont justice.*
51. *Scabinei, sont les Juges des villes aux Capit. de Charlemagne.*
52. *Eschevin unde.*

53. *Retranchemens des Justices des villes.*
54. *Comtes mis és villes pour être Juges.*
55. *Comes est Judex fiscalis.*
56. *Il y a peu de Justices attribuées aux villes de la Gaule Celtique & Aquitanique.*
57. *Justices attribuées par forme de privilege.*
58. *De même.*
59. *Justices des villes sont ordinairement basses Justices.*
60. *Maires signifie basse Justice, aussi bien que Prevosté.*
61. *Maires des villes ressemblent aux defenseurs des Citez.*
62. *Eschevins en quelques villes ont entrepris la police.*
63. *La police a deux parties.*
64. *Prevost des Marchands à Paris d'où est dit.*
65. *Deux sortes de Justices attribuées aux villes par le Chancelier de l'Hospital.*
66. *Des Juges & Consuls.*
67. *Des Bourgeois policiers.*
68. *Que ces deux Justices n'appartiennent proprement aux villes.*
69. *Justice des Elections étoit autrefois une justice populaire.*
70. *Estius d'où sont provenus.*
71. *Generaux des Aydes, ou justice d'iceux.*
72. *Estats Generaux faits perpetuels.*
73. *Toutes ces Justices doivent être sommaires.*
74. *Et exercées gratuitement.*
75. *Estius ne devoient rien prendre des parties.*
76. *Retranchement des Justices des villes par l'Ordonnance de du Moulin.*
77. *Interpretation d'icelles.*
78. *Comment les policiers sont reglez avec le Juge ordinaire.*
79. *Quand les Eschevins ont la police, il n'y a point de Bourgeois policiers.*
80. *Justice criminelle ne devroit être laissée aux villes.*
81. *Interpretation d'un passage de la Passion.*
82. *Oppositions formées par les villes à l'execution de cette Ordonnance de du Moulin.*
83. *Oppositions des Boulonnois.*
84. *Et de ceux d'Angoulesme.*
85. *Justice appartenant aux villes par capitulation, ne doit être ôtée.*
86. *Plainte des Rochelois, touchant leurs franchises & libertez.*
87. *Des privileges des villes.*
88. *Privileges concedez à titre onereux.*
89. *Pourquoi nonobstant l'Ordonnance de du Moulins plusieurs villes ont retenu leurs Justices.*
90. *Comment les privileges onereux peuvent être revoquez.*
91. *Des privileges gratuits.*
92. *Confirmation de chaque Roy necessaire aux privileges gratuits.*
93. *Privileges gratuits ne peuvent être perpetuels.*

1. Les Justices des villes ne sont Seigneuriales.

IL y a encore une troisième espece de Justice, qui n'est ny Seigneuriale, ny Royale, à sçavoir celle qui appartient aux villes, & qui ne peut être dicte Seigneuriale, parce qu'elle n'emporte aucune Seigneurie aux villes sur elles-mêmes, aussi qu'elle n'est annexée à aucun fief : même elle n'est tenuë en fief, ny du Roi ni d'autre Seigneur, mais a été concedée à une main-morte, sans charge de feodalité, mais en pleine propriété, par forme de privilege.

2. Ny Royales.

D'où il s'ensuit aussi qu'elle est encore moins Roiale, que ne sont les justices des Seigneurs, desquelles le Roi, par le moien de la feodalité, demeure toûjours le premier Seigneur direct, au lieu qu'en celles-cy il n'a retenu aucune directe, mais les a données optimo jure au peuple, lequel partant y met des Officiers par élection, en perçoit les émolumens proprietaires, comme les amendes & revenu du Greffe, mais le commandement s'en fait neanmoins au nom du Roi, & non de la ville, parce qu'en l'Estat Monarchique de France, on trouveroit mauvais de le faire au nom du peuple : & d'ailleurs, ils ne se puissent faire au nom des Officiers de ville, parce qu'il ne se fait jamais en France au nom des Juges. Pareillement le Sceau de ces Justices devroit être, & avoit toûjours été au coing & armes des villes, & à elles appartenant, mais en l'an 1568. lors que

3. Pourquoy commandement s'en fait au nom du Roy.

le Roi Charles IX. érigea en titre d'Office les Gardes des Sceaux, il en voulut mettre és jurisdictions des villes, ainsi qu'en celles des Consuls, ce qui a encore été executé en fort peu de villes.

4. A qui en appartient le sceau.

Or bien que les Romains n'ayent jamais eu, ny de Seigneuries, ny de Justices Seigneuriales, si est-ce que les Justices populaires sont venuës d'eux, pendant leur Republique populaire : mais depuis que leur Estat devenu monarchique, elles ont été fort retranchées, & enfin du tout abolies par l'Empereur Leon en sa Constit. quarante septième sous cette consideration, certes bien pertinente, *cùm aliis,* dit le texte, *olim Republ. status esset, rerum ordo similiter alius erat : Nunc autem cùm omnia à Principali cura dependant, hunc usum, cum aliis, qui de Repub. electi sunt, ejiciendum quoque putavimus.*

5. Justices de villes venuës des Romains.

Partant pour comprendre parfaitement l'usage des justices de nos villes, il faut representer l'estat de celles des villes Romaines, en tant que les livres nous en ont conservé la memoire. Et faut remarquer que les villes Romaines, selon leur diversité avoient trois diverses sortes de Justices, sçavoir est celle des Duumvirs ou Magistrats municipaux *in Municipiis, aut Coloniis*: celles des Edilies *in præfecturis* & celle des defenseurs des Citez *in Provinciis.*

6. Droit des Justices des villes Rodomaines.

7. Il y en avoit de trois sortes.

Des Iust. appart. aux villes, Chap. XVI.

8. Iustice des villes appellées Municipia.
Municipia, comme l'explique fort bien A. Gelle *lib.16. cap.13.* estoient originairement les villes libres, qui par leurs capitulations s'estoient renduës & adjointes volontairement à la Republique Romaine, quant à la souveraineté seulement, gardans neanmoins leur liberté & à l'égard de la Seigneurie privée, *quia nempe eorum fundus nunquam Populi Rom. factus fuerat*: & encore à l'égard de la Seigneurie publique subalterne, *quia suis legibus, & sub suis Magistratibus vivebant*: d'où il s'ensuit qu'en ce commencemēt-là, ils avoient toute iustice, les Officiers de laquelle avoient divers noms selon leur ancienne institution, faire du temps de leur parfaite liberté: c'est pourquoy au droit ils sont appellez du mot general, *Magistratus municipales.*

9. Iustice de celles appellées Colonia.
Colonia verò erant civitates, in quas populus Rom. cives suos ad incolendum deduxerat, & partant elles estoient ordonnées à l'instar de la ville de Rome; *cujus effigies parva, simulacraque erant*, dit A. celle: il est vray que par respect les Magistrats d'icelles avoient d'autres noms que ceux de Rome, partant leur Senat estoit appellé *Curia*, leurs Senateurs *Decurions* & leurs Consuls, ou Preteurs (qui estoient leurs Iuges, comme à Rome anciennemēt estoient appellez *Duumvirs*. Comme aussi ces Officiers n'avoient pas tant de puissance que ceux de Rome, principalement les *Duumvirs*, qui enfin n'eurent jurisdiction que jusqu'à certaine somme, dit Paulus 5. *lib. Sentent. cap. 5.* & la loi *Inter consentientes D. Ad Municip.* ce que Cujas a remarqué sous la loi *Duumviros. De Decur. lib. 10. Cod.* C'est pourquoy il ne leur estoit pas permis comme à ceux qui ont toute Iustice) *jurisdictionem suam defendere pœnali judicio. l. 1. D. Si quis jus dicenti non obtemper.*

10. Pouvoir des Duumvirs & explication de la loy, Si quis jus judic. &c.
Mais enfin *Municipia* & *Colonia* furent confondus ensemble, parce que dit A. Gelle, *Coloniarum conditio, licet magis obnoxia, minusq́, liberá potior tamen & præstantior existimata est propter amplitudinem & majestaiem Pop. Rom. & simul, quia obscura obligataque sunt municipiorum jura, quibus uti jam per ignorantiā non possunt.* Ainsi les Municipies, qui avoient laissé perdre leurs droits, userent de ceux des Colonies, neanmoins elles prirent le nom de *Municipies*, qui enfin devint general pour signifier toutes les bonnes villes ayant Republique, c'est à dire corps de ville & Officiers, dit la loi premiere *D. Ad Municipal.* c'est pourquoy je n'ay fait qu'un article de la iustice des Colonies & des Municipies.

11. Municipie & Colonie confondus ensemble.

12. Iustices des villes appellées Præfectura.
Quant aux Prefectures, c'estoient les villes d'Italie qui avoient esté rebelles & perfides au peuple Romain, & celles-là n'avoient point de vrayes iustices à elles, mais on y envoyoit de Rome des Magistrats appellez *Præfecti*. Mais elles avoient ordinairement des Officiers de leurs corps, pour avoir soin seulement de leurs affaires cōmunes, appellez *Ædiles à l'instar des Ediles de Rome*, ainsi appellez, dit Varro, *quod curam haberent ædium*, c'est à dire des bastimens publics.

13. Præfecti.

14. Ædiles urbium.
Car à Rome il y avoit deux sortes d'Ediles ordinaires (outre les extraordinaires, appellez *Ediles Cereales*, qui estoient les commissaires des vivres, deputez pendant la cherté seulement) à sçavoir *Ædiles plebis* & *Ædiles Curules*. Ceux-là furent les premiers instituez, & avoient l'execution de la menuë police, comme des ruës, des tavernes, des bordels, ainsi qu'ont aujourd'huy les Commissaires du Chastelet de Paris, comme il se collige de la loi unique. *D. De via publica*, & est bien prouvé par Rosinus, *lib. 7. cap. 14.*

15. Deux sortes d'Ediles à Rome.

16. Ædiles plebis.

17. Ædiles Curules.
Et quant aux Ediles Curules, ils estoient tirez du nombre des Senateurs, qui du commencement ayans esté mis seulement, pour donner aux peuples des jeux publics, entreprirent par aprés la principale police de Rome, comme d'avoir soin des bastimens publics: de mettre taux aux vivres, de policer les marchez: pour raison de quoi à la fin ils usurperent une maniere de iustice, differente de la jurisdiction du Preteur, qui estoit la iustice ordinaire de Rome, & comme tous les ans le Preteur proposoit son Edit, c'est à dire le reglement suivant lequel il vouloit qu'on se gouvernast en son année, aussi les grands Ediles proposoient leur, appelé *Ædilitium edictum*: & comme le Preteur rendant la iu-

18. Ædilitium Edictum.

Des Seigneuries.

---

stice estoit assis au tribunal, eux estoient assis *in sellaCuruli* & pour cette cause estoient appellez Ediles Curules, & ainsi estoient distinguez des Iuges pedanés, qui *plano pede judicabant*.

Partant les Ediles plebéiens des Romains sont à comparer aux Ἀστύνομοι des Grecs, & les Curules aux Ἀγορανόμοι. Εςι μὲν Ἀγορανόμοις θεσπιστὸν τῶν ὁνίων τὴν ἀυσχη- μοσύνην, ἡ δὲ τῶν ἐν ἄστει κατὰ χρὺ τὴν πόλιν ἀκοσμίαν ο dit Ulpian sur l'Oraison de Demost. εἰς Τιμοκράτ. Lesquelles deux charges sont nettement distinguées par Aristote, *liv. 6. cap. 5. des Polit.* mais qui il dit que la charge des Officiers des villes a deux principales parties: l'une d'avoir soin du marché & desmarchādises, l'autre d'avoir charge des edifices, des ruës, & autres negoces de police.

19. Ἀγορανόμοι, Ἀστύνομοι.

J'estime neanmoins que les Ediles des Præfectures Romaines, & des autres villes, où il n'y eust à succession de temps, n'ont eu de leur vray droit & premiere institution, que l'Astynomie & menuë Police, qui n'attribuë aucune vraye Iustice, mais une correction simple, qui gist en execution seulement, & non pas en connoissance de cause, comme il sera tantost dit. Et de fait on voit que les Autheurs qui en parlent, ne font pas mention qu'ils eussent Iustice: comme Perse en sa Satyre 1.

20. Pouvoir des Edits des villes.

21. Correction consiste en execution sans Sentence.

Sese aliquem credens, Italo quod honore supinus
Fregerit heminas Arcti Ædilis iniquas.

Et Juvenal,

Et de mensura vis dicere (car ainsi faut-il lire & non pas *jus dicere*) *vasa minora*
Frangere, pannosus vacuis Ædilis Vlubris,

Et Plaute in Sticho.

— Si quæ sunt improba
Merces, jactat omnes: Ædilitatem gerit.

Et le Iurisconsulte en la loi *Lectos. De perio. & com. rei vend. Lectos*, quia in via erant, Ædilis conscidit. Et en la loi *Itemque.* §. *Si quis mensuras. D. Locati Mensuras Magistratus frangi jussit* Et en la loi *Eos qui D. De Decur. Qui utensilia vendunt ab Ædilibus cæsi sunt.*

22. Difference entre la iustice sommaire, & iustice entiere.

Car il y a bien de la difference entre la correction, & la iustice sommaire, & la iustice entiere, qui merite correction, bien d'estre expliqué en passant. La correction se fait & execute sans forme & figure de procez, *sine figura judicii*, & sans escrire, ἀγράμματος comme celle, qu'à l'Abbé sur son Religieux, le pedagogue, ou maistre de mestier sur ses disciples ou apprentifs, le Capitaine sur ses soldats, le pere de famille sur sa femme, enfans & serviteurs: aussi ne peut-elle tendre qu'à une legere punition. Telle est la coërcion, ou correction de la police, comme il se collige de la conciliation des deux loix, à sçavoir de cette mesme loi *Eos*, qui dit que, *qui ab Ædilibus cæsi sunt, infames non fiunt*, & la loi *Cognitionum*. §. *Minuitur D. De extraord. cogn.* qui dit, indistinctement, que *fustibus cæsus infamia efficitur*: mais cette derniere loi parle nommément de celui, qui est fustigé en vertu de Sentence donnée avec connoissance de cause, & l'autre de celui qui est fustigé sans connoissance de cause par voye de correction: mesme qu'encore qu'un homme fust accusé pardevant un juge ordinaire, si avant sa Sentence diffinitive il le faisoit fustiger ou flageller, il n'estoit pas pourtant infame, *Nullam existimationem infamiam avunculus tuus pertimescat, pi libus fustium subjectus ob crimen quæstione habita si sententia non præcessit, ignominia maculam irrogans.*

23. Ce que c'est que correction.

24. Correction a lieu en fait de police.

25. Conciliation de plusieurs loix.

Car les Magistrats Romains faisoient tousiours marcher leurs Bedeaux, ou Massiers devant eux, qui portoient des haches, ausquelles il y avoit des verges attachées, dont sans figure de procez, ils faisoient battre celui du menu peuple, qu'ils trouvoient faisant quelque insolence: & à cet exemple les Magistrats des villes faisoient porter devant eux *fustes ses faisceaux*, que nous appellons des *verges* desquelles ils faisoient fustiger & battre ceux qu'ils trouvoient en faute, dont il est fait mention en la loi 8. *de Decur. lib. 10. Cod.* & en la 2. Agraire de Ciceron. Et parce que cela se faisoit sans connoissance de cause, il ne portoit point d'infamie.

26. Correction des Magistrats de Rome & villes Romaines.

Méme les Magistrats ordinaires en instruisant les procez criminels, par colere ou autrement, faisoient fustiger me-

29. De mesme

Des Seigneuries.

les accusez, comme il se void en l'histoire de la Passion de nostre Redempteur, où Pilate dit, *Emendatum eum vobis dimittam* : Voila la correction. Et és Actes des Apostres, il se void que saint Paul a esté ainsi fustigé plusieurs fois. C'est pourquoi Vlpian dit, que *quantum ad insaniam pertinet, multùm interest causa cognita aliquid pronunciatum sit, an quadam sint extrinsecus elocuta. Nam ex his insania non irrogatur. l. Quid ergo §. quantum. De his qui not. infam. qui est la decision de la loi Verbum & de la loi Interlo. utio. C. eod.*

28. Interpretation de la loy *Ictus fustium. De bis qui not. infam.*

Et c'est ainsi, à mon advis, qu'il faut entendre la loi *Ictus fustium. C. De eo, qui dit que, Ictus fustium non infamat, sed causa ea est præcedens convitio sententia Iudicis solemniter declaratur, ut in l. fustibus. C. cod. tit. quando Præco pronunciare iussus est, ηυκοφοδευων.*

29. Correction avoit lieu en la police.

Voila ce que c'estoit de la correction, qui avoit lieu principalement en matiere de menuë police, laquelle participe plus du gouvernement que de la justice, & partant doit estre vuidée sans figure de procez, ainsi que la discipline militaire; & aussi sans qu'il y ait voie d'appel, sauf à se plaindre de l'excez d'icelle. Elle a lieu aussi en matiere de communautez privilegiées, aux chefs desquelles on donne ordinairement cette puissance de correction, sujet des particuliers de la communauté, comme Bodin a tres bien remarqué au dernier chap. du troisiéme livre de sa Republique. En quoi plusieurs se trompent, pensant que ce soit une justice, & ce qui monstre bien que ce n'en est pas une, c'est qu'ils n'ont point de Greffier, & qu'ordinairement les Chefs, qui ont cette correction, n'ont point de serment à justice, au moins ne l'ont-ils pas en qualité de juges.

30. Correction du chef des communautez.

31. De la Iustice sommaire.

Quant à la Iustice sommaire, c'est celle des Iuges pedanés du droit, & des bas justiciers de France, qui ne peuvent cognoistre que les causes legeres, lesquelles la Nov. 82. chap. 5. dit qu'ils doivent vuider εν σχηματι παραγραφωσεως, *sub figura annotationis*, c'est à dire en forme sommaire. Car il y a deux formes de figure de pronez, l'ordinaire appellée σημειωσις *id est, solemnis & plena cognitio*, & la sommaire appellée παραγραφωσις, *hoc est per annotationem, brevitatis & celeritatis causa*; & comme disent les interpretes Grecs, τουτο μη δινδε σημειωματα πλατυως επιταλε διαγ. νυοις, ἢ ο προσγραφειν εχοντα πασας τους μερους δικαι ολιγοι, ou bien, τουτο τα κυριοτατα των κεφαλαιων απειλαμβανοντα, ἢ γραφειν του να θεον τυπον, ή δι ολιγων.

32. Iustice sommaire de France.

Qui est en effet ce qui est contenu en l'art. 153. des Estats de Blois, que tous Iuges sont tenus expedier sommairement & sur le champ sur les causes personnelles non excedates la valeur de trois escus un tiers, sans appointer les parties à écrire ni informer : ce qui est aussi ordonné par plusieurs Edits és causes attribuées aux Iustices des villes, comme il sera dit incontinent.

33. Iustice des villes des Provinces Romaines.

Finalemēt és vielles des Provinces, c'est à dire, des païs éloignez de Rome, qui avoient esté reduits en forme de Provinces, il n'y avoit point au commencement de justice populaire, non plus qu'és Prefectures d'Italie. Car comme disent Sigonius & Rosinus, les vielles des Provinces estoient gouvernées presque tout ainsi que les Prefectures d'Italie, ce que j'entends des villes gouvernées à *l'instar* des Provinces : car dans les Provinces il y avoit quelques villes qui estoient de meilleure condition que les autres, qu'on appelloit *Citez libres*, & celles là estoient comme les Municipes ou Colonies, dont il vient d'estre parlé.

34. Defensores civitatum.

Mais les vielles non libres, ni privilegiées des Provinces avoiēt un Officier particulier qui n'estoit pas aux villes d'Italie, qu'on appelloit *Defensorem civitatis, aut plebis, Gracè* Εκδικος, *id est vindicem, seu assertorem, l. Sancimus. C. de Episc & cler.* dont la principale charge estoit de tenir la main à l'égale distribution, & au recouvrement des tributs, qui n'estoient point levez en Italie : mais outre cela il representoit le Censeur de Rome, ou pour mieux dire, le *Magister Census*, qui fut établi à Rome en la place du Censeur, aprés que les Empereurs se furent faits Censeurs perpetuels : aussi l'Office du Defenseur duroit cinq ans, comme celui

35. Leur origine.

des Censeurs, *l. 4. C. De Defens. civit*. Partant il avoit charge de garder les registres publics, d'enregistrer les nouveaux habitans, recevoir les insinuations, les actes des nativitez & decedz, à raison de quoy en Grece il estoit appellé ὑπομνηματογραφος, comme celui d'Alexādrie en la *l. 19. De Decurio*. Pareillement c'estoit lui qui elisoit les Decurions ou Cōseillers de ville, & les citez où il y en avoit, ainsi que les Censeurs Romains *legebāt Senatores*.

36. Leur charge.

Sur tout c'estoit sa principale charge, comme son nom le portoit, de defendre le menu peuple de la vexatiō des plus grands, & moyenner que chacun vécût en repos. Pour cét effet il avoit soin de soliciter la punition des crimes & avoit entrée en tout temps chez le President de la Province, lequel ne faisant point son devoir, il estoit obligé d'en avertir le *Præfectus Prætorio*, ou l'Empereur, cōme il est dit au titre du *Code De Defensoribus civit*.

37. De mesme.

Et d'autant qu'en chacune Province de l'Empire Romain, quelque grande & spacieuse qu'elle fust, il n'y avoit qu'un seul Magistrat, tant pour le gouvernement que pour l'exercice de la Iustice : & que par consequent, c'estoit une incommodité insupportable au peuple, que pour ses menus differents il l'allât chercher où il estoit : cela fut cause, que comme les Censeurs Romains entreprenoient sur le sujet de la reformation des mœurs, de connoistre des petites querelles, & de corriger des fautes legeres, qui n'estoient pas recherchées en la Iustice contentieuse, bien qu'ils n'eussent point de jurisdiction, mais une simple correction seulement : comme Bodin a fort bien remarqué au livre 3. chapitre 3. & au livre 6. chap. 1. De mesme les Defenseurs des citez s'autoriserent peu à peu par respect & bien-seance, & pour le bien de leur patrie, de connoistre, en l'absence des Presidens des Provinces, ces causes legeres, *maximè inter volentes*. Ce qu'ayant été trouvé utile, mesme necessaire au repos du peuple, enfin les Empereurs leur attribuerent jurisdiction contentieuse *usque ad quinquagima solidos*, dit la loy 1. *De defens. civit*.

38. Qu'ils eurent cognoissance des causes legeres.

39. Censeurs n'avoient jurisdiction mais correction.

Mesme étant arrivé du temps de Iustinian, que les Gouverneurs des Provinces avoient fait en sorte, pour diminuer l'autorité de ces Defenseurs des Citez, qu'on n'y élisoit plus que des gens de peu, qui dependoient totalement d'eux, & mesmes en aucuns lieux ils s'entreprenoient de mettre en leur place des Iuges pedanés, qu'ils appelloient τοποτηρητας, *loci servatores*, cét Empereur ordonna par sa Nov. 15. que tous les cinq appareils des villes, sans exception, fussent faits tour à tour Defenseurs d'icelles, sans que les Gouverneurs y peussent plus mettre des gens de leur part. Et à fin de rendre cette charge plus honorable, il augmenta leur jurisdictiō, *usque ad trecentos solidos*, & encore il ordonna qu'au dessous de cette somme on ne pût aucunement s'addresser aux Gouverneurs, à peine de perdition de cause : bien qu'auparavant ils ne jugeassent que concurremment avec eux, mesme leur attribua l'execution de leurs Sentences, qu'ils n'avoient point auparavant, non plus que les Iuges pedanés : mais aussi il retrancha le temps de leur Office, voulant qu'il ne fût que de deux ans, au lieu de cinq ans.

40. La jurisdiction des defēseurs accrûe par Iustinian.

Bref de tout ce discours, que les Magistrats Municipaux soit qu'ils fussent appellez *Duumvirs* ou *Preteurs*, avoient du commencement toute Iustice, mais enfin n'eurent que celle des causes legeres, que nous appellons *basse justice* : les Ediles n'avoient connoissance que de la police & marchandise par voye de correction seulement ; & les Defenseurs des citez avoient la basse Iustice.

41. Sommaire des justices des villes Romaines.

D'où il resulte, qu'il n'y eut enfin autre difference entre les Duumvirs, & les defenseurs des Citez, sinon que les Duumvirs estoient seulement és citez privilegiées qui avoient droit de Republique & conseil de ville, & estoient pris du nombre & Ordre des Conseillers d'icelles, *l. 1. C. De Magist. Municip.* & les defenseurs estoient indistinctement en toutes les villes des Provinces, où il n'y avoit point d'autres Officiers de justice populaire, & estoient pris indifferemment de tout le peuple, *l. 1. C. de Defens. civit. & d. Nov. 15*.

42. Difference entre les Duumvirs & Defenseurs des Citez.

Pareillemēt, il n'y avoit point d'autre difference entre

Des Iust. appart. aux villes, Chap XVI.

43. Difference entre les defenseurs des Citez, & Iuges pedanés.

le Defenseur de la Cité, & le Iuge pedané, sinon que le Defenseur estoit esleu par le peuple, & le Iugé pedané par le Proconsul, ou autre Magistrat: Celuy-là estoit vray Officier pendant son temps, & celuy-cy n'estoit qu'un Commissaire & Iuge delegué, iusques à tant que Iustinian en érigea sept en titre d'Office dans Constantinople: aussi que le Magistrat pouvoit retenir telles causes qu'il vouloit, & les oster au Iuge pedané, & que le pedané n'avoit l'execution de ses Sentences, bien que le Defenseur de la cité l'eût par la Nov. 15. de Iustinian.

44. Des iustices des villes de France.

Tout ce qui vient d'estre dit de la Iustice des villes Romaines, convient assez bien à nostre usage. Aussi Cesar nous apprend en son 6. liv. & Strabon au 4. que les Gaulois & les Allemans vivoient plus communément en Estats populaires ou Aristocratiques, & qu'ils s'assembloient tous les ans afin d'élire les principaux des villes, pour y rendre la Iustice.

45. Iustices des villes de la Gaule Belgique.

Et faut remarquer qu'en la Gaule Belgique (qui fut le premier endroit, où la Monarchie Françoise commença à s'establir, qui fut aussi presque la borne des conquestes Romaines) plusieurs villes demeurerent libres par les capitulations qu'elles firent avec eux, comme Pline liv. 4. chap. 17. nous temoigne: & Suetonne in Iulio, nous dit, que quand il reduisit les Gaules en forme de Province, il excepta quelques citez alliées, & quelques autres bien meritées des Romains, ausquelles il laissa leur premiere liberté, c'est à dire leur permit d'avoir leurs loix & leurs Magistrats comme auparavant.

46. De mesme.

Et de fait, plusieurs villes de la Gaule Belgique ont tousjours gardé la Iustice ordinaire, iusques au temps de nos peres quand l'Ordonnance de Moulins fut faite, qui encore n'a pû estre executée en toutes. Et ces villes sont appellées dans les Coustumes villes de Loy: comme en la Coustume de Boulonnois, article 13. Au Comté de Boulonnois il y a cinq villes de Loy, ayans Majeurs & Eschevins, qui ont connoissance du fait politique, & de toutes matieres survenantes aux Bourgeois, & en l'art. 99. il est encore parlé des villes de Loy & Eschevinage.

47. Loy signifie iustice en nos Coustumes.

Car és Coustumes de Picardie, & communément dans Bouteiller, qui estoit du fonds de cette Province, le mot de Loy signifie Iustice, opinor, quia ibi nulla lege scripta, arbitria Magistratuum pro legibus erant. Inde, venir à loy, est iudicio sisti; c'est la main de Iustice; Present de Loy, c'est à dire en iugement; œuvre de Loy: legis actio: Ordonnance de Loi, c'est à dire du Iuge; Ramener complainte à Loy, c'est à dire en iugement & non sur le lieu. Et en la Coustume d'Artois, il est dit que les Huissiers doivent demander assistance aux Loix des lieux; c'est à dire aux Iuges des lieux, ou pour mieux dire, aux Eschevins des villes, qui estoient les Iuges.

48. Gens de Loy sont les Eschevins des villes ayans Iustices.

Car en cette mesme Coustume tout à la fin, & en celle de Hainaut, chap. 85. de Mons, chap. 8 & 12. dans Froissart, liv. 4. chap. 112. dans Commines liv. 3. ch. 4. Gens de Loy, ou hommes de Loy, ce sont les Eschevins des villes. Et encore à present en toute l'Angleterre, & en quelques villes d'Allemagne les Officiers des villes ont le premier degré de iurisdiction: & dautant qu'ils sont ordinairement marchands, ou non lettrez, j'ay oüy dire qu'en Angleterre ils ont un Officier lettré, nommé Ricordier, pour faire l'instruction des procez, ainsi qu'il semble, qu'il y ait eu anciennement és villes Belgiques un Officier, qui en quelques Coustumes est appellé Record de la Loy, dont Rageau fait mention.

49. Records de la Loy.

50. Que plusieurs villes de France ont iustice.

Aussi au chap. Ex parte ext. De alienat. iud. mut. can. fac. il est fait mention de la Iustice de la ville d'Ypre en Flandres, & le chap. 1. De immunit. Eccles. in 6. dit In Regno Francia Scabini, seu Consules iurisdictionem temporalem in quibusdam civitatibus exercent.

51. Scabini selon les Iuges des villes en Capitulaire de Charlemagne.

Ce qui se void encore plus clairement és Capitulaires de Charlemagne, & de Louys le Debonnaire, où il y a plus de 10. passages, ausquels Scabinei seu Scabini sont qualifiez Iuges, notamment au 3. livre, qui est celuy qui traite plus particulierement du fait de la Iustice, comme en l'article 7. Iudicio Scabinorum acquiescere: en l'art. 31. A Scabinis qui causam iudicarunt, en l'article 47. Inter Scabineos ad legem iudicandam, en l'art. 48. Post iudicium Scabineorum, en l'art. 53. Nullus iudex aut Scabineus iustitiam differre præsumat. Aussi j'ay appris, que Scabin en Allemand signifie Iuge, bien que Choppin dise, que c'est un mot Hebreu: & quant au mot Eschevin, on le peut fort à propos tirer du verbe Escheuer, qui signifie cavere, aut præcavere, comme il a esté dit au 5. livre des Offices, au chap. traitant des Offices des villes.

52. Eschevins unde.

53. Retranchement des Iustices des villes.

Mais tout ainsi que l'Empereur Leon, pour oster de son Empire d'Orient toute marque de gouvernement populaire, abolit tout à fait les Iustices des villes par sa constitution 47. Aussi ont elles été retranchées en France de temps en temps le plus qu'on a pû. Et premierement, nous trouvons que sous Charlemagne & ses successeurs, soit les Rois, soit les Ducs & Gouverneurs des Provinces, mirent des Comtes presque en toutes les villes qui en avoient la Iustice entiere, & ordinaire, & mesme és villes, dont les Eschevins avoient accoutumé d'avoir la Iustice, les Comtes y presidoient & iugeoient avec eux, comme il se void au 4. du livre des Capitulaires, article 5. Comes aa maritimam custodiam deputatus, si secum suos Scabinos habeat, ibi Placitum teneat, & iustitiam faciat. Et Beat. Rhenan. in lib. rerum Germanic. parlant de l'Estat des Gaules & d'Allemagne, sous la domination des François, dit ces mots, unicuique ferè civitati Comes præsidebat, qui nominatur aliquando Iudex fiscalis, Scabinos sub se habens: ce qui a esté prouvé au chap. 4.

54. Comtes mis és villes pour citer Iuges.

55. Comes est Iudex fiscalis.

La raison, à mon advis, pourquoy le Comte estoit appellé Iudex fiscalis (comme il a été ainsi appellé dans les loix Ripuaires en ce passage vulgaire, Si quis Iudicem fiscalem occiderit quem Comitem vocant) estoit parce qu'il estoit étably non par le peuple, mais par le Roy, cuius proprie est fiscus. Aussi voit-on que la pluspart des villes où les Maires ont Iustice, il n'y a point de Prevost ou Chastelain, pour exercer la Iustice ordinaire, mais y a seulement un Bailly ou Senechal, pour la Iustice superieure.

56. Il y a eu peu de Iustices attribuées aux villes de la Gaule Celcique, Aquitanique.

Voila pour la Gaule Belgique, mais en la Celtique & l'Aquitanique, qui furent entierement assujeties aux Romains, & reduites en forme de Provinces, les Iustices des villes n'y ont pas esté si authorisées, mais comme je croy, elles sont toutes venuës de privilege & de cession particuliere, faite de temps en temps par nos Rois, à si bien que celles qu'avoient les villes des Provinces Romaines, comme il se void dans Spartian de la ville d'Alexandrie, cui Severus Imperator ius Buleutarum dedit (cum antea sine publico consilio, utpote sub Regibus, viveret, uno Iudice contenta: & dans Pline epist. 5. du 10. livre, l'Empereur Trajan luy mande, qu'il veut qu'on entretienne le privilege des Apameans, cité de Bithynie, ut arbitrio suo Rempubl. suam administrent.

57. Iustices des villes attribuées par forme de privilege.

58. De mesme.

De mesme en France, au moins en ces Provinces-là, les Iustices des villes ne subsistent que par les privileges & concessions de nos Rois, ainsi que les Seigneuriales subsistent par la feodalité: & ces privileges aussi bien à l'égard de la Iustice qu'és autres points, ont divers, selon que nos Rois ont voulu diversement gratifier les villes.

59. Iustices des villes sont ordinairement basses Iustices.

Peu d'icelles ont eu la Iustice entiere, horsmis celles de la Gaule Belgique, qui l'avoient des Romains: mais plusieurs ont eu la basse Iustice: dont M. Choppin en son premier Tome de la Coustume d'Anjou, rapporte les Chartes de Mante & de la Ferté sur Aube, contenantes ces mots, Qu'elles auront droit de Mairie & Prevosté; c'est à dire basse iustice. Aussi par la Coustume de Liege, article 7. 22. &c. les Majeurs & Eschevins ont basse Iustice. Et veritablement, en nos anciens livres de pratique, & és vieilles Coustumes, Mairie signifie basse Iustice, & le Iuge du bas Iusticier est appellé Maire, comme encore és articles secrets de la Coustume de Paris, & en celle de Rebets, locale de Meaux, ainsi qu'il a esté dit cy devant au mot de Prevosté, qui est ordinairement joint à celuy de Mairie, comme synonime.

60. Mairie signifie basse iustice, aussi bien que Prevosté.

61. Maires des villes s'assimilent aux Defenseurs des citez.

De sorte qu'il y a grande apparence de dire que les Maires de France, comme ils ont Iustice, se rapportent aux Defenseurs des citez du droit: quoi qu'il en soit, nos Maires des villes n'ont que basse Iustice, & ce en consequence de ce qui vient d'estre dit, que Des Seigneuries.

Des Seigneuries.

tous les Officiers des villes l'Empire Romain n'avoient justice que des causes legeres, *& usque ad quinquaginta solidos*: ce que nous avons pris en France pour nostre basse justice, comme il a esté dit cy-devant.

61. Eschevins en quelques villes ont entrepris la police.

Et és villes où il n'y a point de justice, ny de Mairie, mais où il y a seulement des Eschevins qui representent les Ediles des villes Romaines, la creance & support qu'ils ont du peuple, qui les favorise tousiours, cōme ses propres Officiers, a fait qu'en plusieurs d'icelles ils ont usurpé la cōnoissance du fait de police, ainsi qu'ont usurpé le mot de *Police* signifie la cité.

63. la police a deux parties.

Comme donc il vient d'estre dit, que cette police, dont les Officiers des villes ont entrepris de connoistre, a deux parties; à sçavoir l'Agoranomie, qui est le reglement des marchandises, & l'Astynomie, qui est l'execution de la menuë police, qu'on appelle proprement *le fait de police*: aussi y a-il quelques villes de France, dont les Officiers, soit par concession, ou par usurpation, ont pris connoissance de l'une & de l'autre: comme entr'autres ceux de la ville de Paris faisoient auparavant que leur jurisdiction eût esté retranchée par le Roi Charles V. Et de là vient que le premier Officier d'icelle est appellé *Prevost des Marchands*, d'autant qu'il connoissoit anciennement avec les Eschevins, du fait de marchandise, lors qu'il tenoit sa justice au parloir des Bourgeois, dont il retient encor la connoissance de la marchandise amenée dans Paris, sur la riviere entre les quatre tours.

64. Prevost des Marchands à Paris d'où est dit.

De cette antiquité ce docte Chancelier de l'Hopital, recueilli & fit renouveller de son temps en France deux sortes de justices, qui sont encore exercées és villes par les habitans d'icelles, esleus par le peuple. L'une, pour l'Agoranomie, qui est la justice des juges Consuls des Marchands, qui premierement fut instituée à Paris, en l'an 1563. puis en d'autres villes par concession particuliere, & finalement par Edit general de l'an 1566. cette justice fut establie en toutes les bonnes villes de ce Royaume, où il y a affluence de Marchands, pour vuider le procez de marchand à marchand, & pour fait de marchandise: ce que Bodin nous apprend estre pratiqué de long-temps en la plus-part des villes d'Italie.

65. Deux sortes de Justices attribuées aux villes par le Chancelier de l'Hospital.

66. Des Juges Consuls.

L'autre pour l'Astynomie & menuë police des villes, instituée tant par l'Ordonnance de Moulins, 72. que par l'Edit de l'an 1572. qui veut qu'en chacune ville Roiale il soit élû, en l'assemblée generale d'icelle, de six en six mois, six personnages notables ; sçavoir deux Officiers, & quatre Bourgeois, pour connoistre de la police, qui peuvent juger sans appel, jusqu'à quarante sols, & executer nonobstant l'appel jusques à dix livres, & faut observer neanmoins, qu'à bien entendre ces Justices des Consuls, & des Policiers, elles n'appartiennent pas aux villes, mais au Roi, qui seulement remet & concede aux villes l'élection des Officiers d'icelles, mais les émolumens lui appartiennent, comme les amendes & revenus des Greffes & du Seau pareillement qui doit estre aux armes du Roi, & non des villes.

67. Des Bourgeois policiers.

68. Que ces deux Justices n'appartiennent ne proprement aux villes.

Il y avoit anciennement une autre justice de mesme sorte; sçavoir est celle des Esleus sur le fait des Aydes & subsides du Roy. Car comme en l'Empire Romain estoit jadis les Officiers des villes avoient la charge de moyenner une justice populaire. la levée des tributs, dont mesme ils estoient responsables : aussi anciennement en France c'estoient les Eschevins des villes, qui connoissoient des aydes & tailles accordées au Roy par le peuple, comme il se void par Lettres patentes du Roy Jean de l'an 1350. par lesquelles il attribuë au Prevost des Marchands & Eschevins de Paris, la connoissance des differends survenans à raison de la levée des six deniers pour livre des menuës denrées vendues au marché: d'où vient possible que la ville de Paris retient encor la jurisdiction des aydes, qui luy sont engagées pour le paiement des rentes, dont elle s'est chargée pour le Roy envers les particuliers.

69. Justice des éleûs estoit jadis une justice populaire.

Mais à succession de temps les Eschevins des villes ne voulans prendre la peine de vuider ces differens, il fut élû par le peuple d'autres personnes pour cet effet, qui pour cause furent appellez *Esleus*: & ceux qui furent esleus par les Estats de toute la France, pour avoir surintendance de ces levées, & aussi des procez, qui en proviendroient, & furent appellez *Generaux*, soit des Aydes, soit de la Iustice d'iceux: ainsi qu'au dernier temps de l'Empire Romain le *Magister Census* de Constantinople, estant le surintendant des Defenseurs des cités, quant au fait des cens, des tributs, fut appellé Γενικός : comme il se voit en la Nov. 44. de Leon, dans Suidas *In Artemio*.

70. Esleus d'où sont provenus.

71. Generaux des Aydes ou Iustice d'icelles.

Toutefois enfin les aydes & subsides, qui du commencement n'estoient levez, que du consentement du peuple, & n'avoient cours, que pendant les guerres, ayant esté continuez à perpetuité & se levans sans le consentement du peuple, les Officiers, qui en avoient la charge, ont aussi par consequent esté faits perpetuels, & n'ont plus esté mis par le peuple, mais par le Roy. Ce que Monsieur Pasquier a traité élegamment en son 2. livre *Des recherches*, chap. 7.

72. Esleus & generaux faits perpetuels.

Et faut remarquer que toutes ces Iustices populaires ont esté de tout temps, & doivent estre encore sommaires, ainsi que la basse Iustice de France, & qu'é-toient en l'Empire Romain les Iustices des Defenseurs des citez, & des Iuges pedanés ; c'est à dire, que les causes y doivent être vuidées sommairement & sur le champ, sans ministere d'Advocat & Procureur, & sans appointer les parties à produire, ny à faire enqueste, comme pour le regard de la Iustice des Consuls, il est porté par l'Edit de l'an 1563. & quant à celles des Bourgeois policiers, par l'Ordonnance de l'an 1577. & quant à celle des villes, il y en a Edit pour Paris de l'an 1563.

73. Toutes ces Iustices doivent être sommaires.

D'où il s'ensuit par consequent, que ces Iustices doivent estre exercées gratuitement, & sans rien prendre des parties, parce qu'il n'échet aucun salaire de ce qui se vuide en l'audience, comme il a esté dit au 8. chap. du 1. liv. *Des Offices*. Aussi est-ce un secours mutuel, que chaque honneste habitant doit en son rang à sa patrie, ainsi qu'à Rome *munus judicandi* estoit mis entre les redevances & subjections personnelles, dont chacun estoit tenu, l. 6. §. 8. ff. *De excusat. tut. & l. ultima.* §. *Iudicandi. ff. De Muner. & honor. ubi Budeus late*.

74. Et exercées gratuitement.

Ce qui devroit estre aussi gardé és Iustices des Esleus, & l'estoit sans doute, lors qu'ils estoient vrayement esleus par le peuple, mais depuis qu'ils ont esté faits Officiers du Roy, ils se sont licentiez d'appointer les procez, & de prendre des épices & autres salaires sur le peuple, bien qu'ils ayent beaucoup plus de gages que les Iuges ordinaires : gages que le peuple paye ; & partant estant payez en gros par le peuple, ils ne se devroient encore faire payer en détail; joint qu'en leur jurisdiction il est toûjours question des deniers du Roy, és affaires auquel on ne doit point adjuger de depens.

75. Esleus ne devroient rien prendre des parties.

Revenant donc à nostre propos, hors les Iustices des Consuls & des Bourgeois policiers, qui encore ne sont pas exercées par les Eschevins, n'appartiennent pas proprement aux villes, les villes n'ont à present aucune autre Iustice en France par droit commun, mais seulement quelques unes en ont par privilege, encore par l'Ordonnance de Moulins, art. 71. nonobstant les privileges particuliers des villes, la Iustice civile leur a esté interdite & ostée, & a seulement esté laissée la connoissance de la police & du criminel aux villes qui l'avoient auparavant.

76. Retranchement des justices des villes par l'Ordonnance de Moulins.

Or quand cette Ordonnance dit que la police est laissée aux villes, cela ne s'entend pas de cette nouvelle invention des Bourgeois policiers qui n'ont pas vrayement la Iustice de la police, mais seulement l'administration & intendance non contentieuse d'icelle, pour la taxe des vivres & autres petits reglemens, & la simple correction en ce qui est côtentieux. Car nonobstant leur établissement, le Iuge ordinaire de la ville, comme vray Iuge de police, a toute connoissance d'icelle par prévention & concurrence, & outre à tout seul la reception & reglement des matieres, la visitation du fait de

77. Interpretation d'icelle.

78. Comment ces policiers sont reglez avec le Iuge ordinaire.

Des Iust. appart. aux villes, Chap. XVI.

79. Quand les Efchevins ont la police, n'y a point de Bourgeois policiers.

police contentieux, & la connoissance des procez criminels tandans à punition exemplaire, comme porte l'Ordonnance de l'an 1577, ce qui se rapporte presque à la decision de la loy, 1. C. De offic. Præfecti annonæ : mais quand les villes ont par privilege la connoissance de la police, ce sont les Eschevins qui en connoissent, & n'y a point lors en icelles de Bourgeois policiers, comme il est dit en l'Ordonnance de Moulins art. 72.

80. Iustice criminelle ne doit estre laissée aux villes.

Et de vray, il y a bien quelque apparence que la police, où le peuple a le total interest, soit administrée par Officiers populaires : mais ie ne sçay pas sur quoy sont fondées les concessions attribuées à aucunes villes de France, d'avoir la justice criminelle, & pourquoy cette Ordonnance de Moulins leur a plustost esté laissée que la civile. Car la Iustice criminelle est le droit de glaive, qui ne doit point estre baillé au furieux, c'est le *merum imperium* qui en un Estat Monarchique, ne doit point estre communiqué au peuple. Aussi au droit Romain, la Iustice criminelle estoit tellement interdite aux Officiers des villes, que mesme ils n'avoient pas puissance de condamner à une simple amende, comme il a esté ci-devant prouvé. Et sans doute c'est ainsi qu'il faut entendre le passage de l'Evangile, où les Iuifs disent à Pilate, *Non licet nobis interficere quemquam* : parce qu'ils n'avoient point de Iustice criminelle, depuis qu'ils eurent esté assujettis aux Romains, bien que nos Theologiens l'expliquent autrement.

81. Interpretation d'un passage de la Passion.

82. Oppositions formées par les villes à l'execution de cette Ordonnance de Moulins.

Or quand on voulut executer cette Ordonnance de Moulins, & oster en effet aux villes la Iustice civile, plusieurs villes formerent opposition, les unes disans, que cette Iustice leur appartenoit de toute ancienneté, mesme avant l'establissement de cette Monarchie ; autres, qu'elle leur avoit esté concedée à titre onereux ; autres, que leurs privileges ayans esté deuëment renouvellez & confirmez par le Roy lors regnant, ils ne devoient estre abolis : & sur ces oppositions on disputa fermement la question, si, & quand les privileges concedez par les Rois peuvent estre revoquez.

83. Opposition des Boulonnois.

Les habitans de Boulogne soustinrent hautement contre Monsieur le Procureur general, qu'ils avoient leur Iustice de toute ancienneté, qu'ils s'estoient donnez & joints à cette Monarchie, à condition que cette Iustice leur demeureroit, & en avoient toûjours joüy depuis. Leur fait fut receu, & neanmoins faute de en faire apparoir promptement, & par titres, il fut par Arrest du mois de Ianvier 1571. que par provision l'Ordonnance seroit executée. Autant en fut ordonné en la cause de ceux d'Angoulesme, l'an 1571.

84. Et de ceux d'Angoulesme.

85. Iustice appartenant ancienement aux villes par capitulation, ne leur doit estre ostée.

Mais il est bien mal-aisé de faire preuve de choses si anciennes, & comme A. Gelle au lieu sus-allegué, *antiquitate obscura obliterataque sunt Municipiorum jura, quibus uti jam per ignorantiam non queunt.* Et n'y a nul doute que si ces villes n'eussent gagné leur cause, & elles eussent pû prouver leur dire. Car estant ainsi, qu'elles se fussent jointes à ce Royaume à cette condition, que leur Iustice demeureroit, il seroit vray, qu'elle leur appartiendroit de leur propre droit, & que ce ne seroit pas un privilege, mais plutost une franchise & liberté, une loi & condition imposée *in traditione sui*, qui doit estre inviolable, *l. Sancimus, C. De reb. al. non alien.* Bref une capitulation qui oblige la foi publique, & qui ne peut estre revoquée sans violer le droit des gens.

86. Plainte des Rochelois touchant leurs franchises & libertez.

C'est la plainte que faisoient les Rochelois, pendant les troubles de la Religion, disans qu'après avoir esté contre leur volonté abandonnez à l'Anglois par le traité de Bretigny, depuis l'aiant chassé & s'estant mis en pleine liberté, s'estoient eux-mesmes remis & rejoints à ce Roiaume à condition de joüir certaines franchises & libertez, qui ne leur pouvoit estre justement ostées, si leur dire est veritable, & si de leur costé ils n'ont contrevenu à ce traité.

Voila pour les libertez & franchises, mais quant aux simples privileges des villes, il faut distinguer s'ils ont esté concedez, ou à titre onereux, ou gratuitement. Car ceux qui ont esté baillez à titre onereux ne sont point sujets à estre confirmez & renouvellez de Roi en Roi, parce que la cause en subsiste toûjours, & que les contracts ont trait à perpetuité. Pareillement ils n'ont pas accoûtumé en cas d'estre revoquez, principalement quand ils ont esté verifiez en Parlement, parce qu'il y va lors de la foi publique, & que les Rois sont tenus de leurs contracts legitimement faits, aussi bien que les particuliers. C'est pourquoy les habitans de Chauny furent maintenus en leur justice, nonobstant l'Ordonnance de Moulins, par Arrest provisional, du 11. Iuin 1570. aiant fait apparoir qu'ils la tenoient à titre onereux. Et c'est la cause pourquoy on laisse les Iustices aux Seigneurs de France, parce qu'elles leur ont esté concedées par les Rois à titre de fief, qui est reputé titre onereux, qui de tout temps a esté licite jusques à l'ordonnance du Domaine, qui a prohibé, pour l'advenir seulement, les concessions en fief du Domaine, ou du droit de la Courône. Et partant il n'y a besoin de confirmation & renouvellement des Iustices Seigneuriales aux changemens des Rois, mais seulement en faut reïterer la foy, comme des autres fiefs.

87. Des privileges des villes.

88. Privileges à titre onereux.

89. Pourquoy, nonobstant l'Ordonnance de Moulins plusieurs villes ont gardé leurs justices.

Non que pourtant le Roi ne puisse sans injustice revoquer les privileges concedez à titre onereux par son predecesseur, lequel le peut encore moins lier que son predecesseur, en attribuant nouveaux droits aux vassaux du Benefice. Car en outre, le Roy a pour luy la consideration du bien public, &, une bonne reformation, il peut toûjours revoquer les privileges concedez à titre onereux, & fust ce par luy-mesme. Mais toutefois il faut en tout cas qu'il indemnise ceux à qui il les oste, & qu'il leur restitue prealablement tout ce qui est entré du leur au profit de la Courône.

90. Comment les privileges onereux peuvent estre revoquez.

Finalement, quand aux privileges concedez gratuitement, d'autant qu'ils sont contraires au droit commun, & partant odieux, ils ne lient jamais le successeur du Prince qui les a concedez : témoin Bartole sur la Constitution, *Ad reprimendam, in verb. Reges, num.* 21. où il rapporte, qu'estant envoyé vers l'Empereur Charle IV. comme deputé de la ville de Peruse ; pour obtenir la confirmation des privileges d'icelle, il ne l'a pû avoir que sous cette clause, *jusques à ce qu'ils seroient revoquez par nos successeurs.* Ce que l'Empereur Tibere mit le premier en usage, ordonnant, ainsi que dit Suetonne *in Tito*, que indulata à principibus defunctis non aliter rata haberentur, quam si ipse firmasset ; cum antea principis beneficium, nisi ad tempus datum esset, Principum beneficia uno confirmavit edicto, nec a se petita passus est ; ce qui est aussi rapporté par Dion en sa vie. γραμματα εξεθηκε, βεβαιῶν παντα τα υπ᾽ αυτῶν υπο τερων Αυτοκρατορων δεδομενα, εντοις και αυτος υπηρχεν τα εχων. *Aurel. Victor in Domitiano. cum donata,* inquit, *concessave à prioribus firmare insequentes solerent, simul imperium cæpit, talia possidentibus Edicto sponte cavit.*

91. Des privileges gratuits.

92. Confirmation de chaque Roy necessaire aux privileges gratuits.

Qui fut la cause, dit Bodin, pourquoy le Chancelier de l'Hospital refusa de seeller la confirmation des privileges de S. Maur des Fossez, prés Paris quelque commandement qu'il en eust du Roy, parce qu'ils portoient perpetuels affranchissement des Tailles. Ce que Bodin trouve estrange, disant que le mot, *perpetuel*, apposé aux privileges, doit estre entendu selon la nature d'iceux, & partant ne lie point les Princes successeurs. Mais quoy qu'il en die, c'estoit plus religieusement faire refuser de seeller ces Lettres, que d'y passer une clause, qui à succession de temps eust esté jugée nulle.

93. Privileges gratuits ne peuvent estre perpetuels.

TABLE

TABLE DES MATIERES.

A

Age de vingt ans reputé majorité aux grands Seigneurs. 33
Abbez & Evesques, comment se qualifient tels. 17
Annoblissement du *Ius Quiritum*, & de la difference *rerum mancipi, & non mancipi*. 5
Absurdité de la prevention. 78
Absurdité de Bourgeoisie. 85
grand abus pour les appellations des Justices subalternes. 80
Abus des Justices de villages, Livre composé par l'Autheur. 55
Abus usité parmy la noblesse. 63
Accomodation des temps touchant les assises. 44
Acte du *Mixtum Imperium*, n'appartient qu'à un Roy, 57 & autres qui n'appartiénent qu'aux grands & mediocres Seigneurs à l'exclusion des moindres. *ibid.*
Addresses des lettres excitatives. 85
Adjournement à trois briefs jours. 47
Advis d'Isocrate donné au Roy Nicoclés. 71
Avoir un Advocat Fiscal n'appartient qu'aux plus grands Seigneurs. 58
Ædiles plebis, qui. 97
Ædiles urbium, qui. *ibid.*
deux sortes d'Ædiles à Rome. *ibid.*
Ædilitium edictum. *ibid.*
n'appartient qu'au souverain d'apposer Affiches. 84
Ἀυτονεχτοί, quel titre entre les Grecs. 11
Agitur ex confirmato, non ex confirmante, qu'est-ce en pratique. 79
les Justices Agotanomie & Astynomie, n'appartient point proprement aux Villes. 100
Agotanomie, qu'est-ce. *ibid.*
Ἀγορανόμοι, qui. 97
Amende de contestation, qu'est-ce. 57
grand amende emporte la petite. 70
contre l'advis du renouvellement des amendes ordinaires. *ibid.*
Amendes coustumieres. *ibid.*
Amende coustumiere. 57
petite Amende, ou amende de la Cour, ou amende de loy. 70
Amendes arbitraires & ordinaires. *ibid.*
Anciens Seigneurs des Gaules, dont la charge residoit en leurs personnes, & non pas en leurs terres. 3
comment on a fait en Angleterre pour les Duchez & Comtez. 28
Anneau d'Alexandre le Grand. *ibid.*
Antoninus Pius supprima adroitement le droit de bourgeoisie Romaine, & comment. 83
és seigneuries des Appanages les sous-infeodations & accensivemens faits depuis la concession de l'apanage, doivent estre anneantis, & pourquoy. 32
Appel en criminel & police devroit estre relevé avec le Procureur du Roy. 58
Appellations des Justices des Pairs ressortissent au Parlement. 34
forme de prononcer l'Appel. 70
Appellations interlocutoires, *non tam appellationes, quàm ludificationes*. 88
l'Appel ne peut pas seulement produire une cause de recusation valable contre le Juge. 78
nonobstant l'Appel ne doit pas être reglé selon la qualité du Juge, mais de la matiere. 79
doit estre permis aux subalternes. *ibid.*
Apologetique du Pape Innocent IV. contre l'erreur de Pierre des Vignes. 90
Atchiduché d'Austriche autrefois Rois. 12
opinion d'Argentré refutée. 61
la puissance des Armes estoit autrefois aux Seigneurs. 30
Armoiries des Dames en lozenge. 40
toutes Armoiries maintenant en écusson. *ibid.*
Armoiries tymbrée de heaume doré, à qui appartiennent. *ibid.*
Armoiries en quarré. *ibid.*
Armoiries en écusson. *ibid.*
Arpenteurs par qui institués. 49
réponse sur Arrests attribués au Roy seul les grands crimes & ceux des grands chemins. 44
les Arrests des Parlemens & Cours souveraines, ne sont pas loix, mais c'est l'observation & execution des loix. 14
Arrest de Marly. 60
Articles secrets de la Coûtume de Paris touchant les simples Justices. 1
Aubainage appartenoit anciennement aux seigneurs, aujourd'huy non, & pourquoy. 73
Auditoire, ou siege des Justices. 58

Auditoire doit être en lieu public, où chacun ait libre accez. *ib.*
Auditoires sont volontiers à la porte du lieu seigneurial, 59
intention de l'Autheur sur ce present traicté. 6
Assemblée illicite. 50
Assises ou grands plaids, qu'est-ce. 35
Anciennement appellées *Mallum*. *ibid.*
ceux qui ont droit de tenir Assises. 41
droit de tenir Assises empieté par les Vicomtes & Chastelains 62
Ἀσεβέος, qui. 97
Astynomie, qu'est-ce. 108
Aydes & subsides, pourquoy dits. 16
Aydes & deniers extraordinaires dependent de la Cour des Aydes. 48

B

Bacquet improuvé. 23
les quatre β des Empereurs de Constantinople, que signifient. 11
cause des quatre anciens Bailliages de France. 61
Bailliages inferieurs se bailloient à ferme. 41
comme les Baillifs sont reglez avec leurs Lieutenans pour les espices des procés. 35
Baillifs des Provinces. 42
Bailliage signifiant province. *ibid.*
Baillifs de France, quels. *ibid.* leur origine. *ibid.*
Bailliage ce que signifie. 41
Bailliages superieurs. *ibid.*
Bailliages comment ont esté établis *ibid.*
Bailliages pretendoient avoir la garde des grands chemins. 41
causes de ceux qui sont en garde reservées aux Baillifs. *ibid.*
Baillifs pourquoy ont connu des appellations interjettées des sentences des Prevosts. 44
Baillifs sont les vrais Juges des villes. 47
pourquoy connoissent des causes des nobles, à l'exclusion des Prevosts. *ibid.*
arriere-Ban, seule marque qui reste de l'obligation premiere des fiefs. 20
droit de Bans ou proclamations. 69. à qui il appartient. *ibid.*
reglement observé aux Bancs des Villes. 64
Bancs sont imprescriptibles. *ibid.*
nul ne peut avoir droit de Banc sans permission expresse des Marguilliers. *ibid.*
Banc revocable & comment. *ibid.*
concession de Banc n'est qu'à vie. *ibid.*
clause des hoirs & ayans cause pour les Bancs de l'Eglise, comment tolerée. *ibid.*
Banc ne doit estre osté d'authorité privée. *ibid.*
moyen de se pourvoir au cas que cela arrive. *ibid.*
pourquoy on entreprend d'avoir Banc sans concession aux petites Villes. *ibid.*
Bancs des Eglises & usages d'iceux. *ibid.*
devroient être publics ainsi que l'Eglise. *ibid.*
coustumes qui ne permettent pas au haut Justicier de Bannir hors sa Justice. 45
Bannieres anciennement quarrées. 40
lever Banniere, qu'est-ce. 20
Plusieurs droits qu'ont les Barons en leurs Villes. 78
ont la garde des clefs des portes de la Ville. *ibid.*
Baron à toute justice. 37
Baron dit grand Seigneur, quel. *ibid.*
Baron seigneur de Baronnie. *ibid.*
Barons estoient anciennement grands seigneurs, relevoient de la Couronne. *ibid.*
Baronnie relevant de la Couronne est du rang des grandes seigneuries. 38
Barons precedent les Chastelains. *ibid.*
Barons ont deux prerogatives par dessus les Chastelains. *ibid.*
Barons ont droit de Ville close. *ibid.*
Barons appellez *Grands Chastelains*. *ibid.*
anciens Barons de France, estoient les Magistrats ordinaires *ibid.*
Baron par fois signifie seigneur honoraire. 37
Baron le fils du Seigneur du village. *ibid.*
Baron bourgeois de ville. *ibid.*
Barons appellez hauts Barons, hauts-bers & pourquoy. *ibid.*
nom de Baron a deux significations. 36
comment les anciens Barons ont esté assujettis aux Duchez & Comtez, *ibid.*

Table des Matieres.

qu'il n'y a plus de Baronnie de la premiere note. ibid.
hauts Iufticiers font aucunefois dits Barons. 37
en Angleterre fut trouvé cent cinquante Baronnies. ibid.
Baronnie, ce que c'eſt proprement. 30
Barage, quid. 25
Barreau des Pairs, quel, & pourquoy dit ainſi. 35
Baſtardiſe & aubainage dure in infinitum. 73
poſſeſſoire des Benefices eſt à preſent cas Royal. 85
pourquoy aux benefices le revenu eſt acceſſoire. 21
les Benefices ſont compoſez de deux parties, auſſi bien que les ſeigneuries. ibid.
les Benefices ont pris leur deminution de leur revenu. ibid.
Biens Eccleſiaſtiques ne ſont, ny alienables, ny hereditaires, mais demeurent perpetuellement attachez aux Benefices, non toutesfois unis & confus aux biens Eccleſiaſtiques. 94
Biens vacans τα αδέσποτα de deux fortes. 73
Biens vacans qui ont autrefois eu Maiſtre. ibid.
Biens vacans, ou desherences ſont decriez ſur un curateur aux biens vacans. ibid.
Bien-Facteur n'eſt pas patron. 61
Bigua tribunal, ouβιγα τρϕοur les grands Magiſtrats. 88
opinion de Bodin refutée & ce qui l'a deceu. 7
opinion de Bodin ſur la ſeigneurie publique. 4
opinion de Bodin contredite. 6.&7.
Bodin contredit. 10
Bornes notables de la puiſſance ſouveraine. 3
Bourgeois du Roy. 82
Auguſte écondaiſit ſa femme Livia, qui demandoit le droict de Bourgeoiſie pour un Gaulois, & pourquoy. 83
Bourgeois qui ſont en France. ibid.
Bourgeois policiers, quels. 100
Bourgeoiſie n'a lieu proprement qu'és Republiques populaires. 82

C

Capitaines appelloient leurs vaſſaux Pairs & compagnons, & pourquoy. 6
Capitaines ſimplement, & Capitaines du Roy, & du Royaume. 6
Capitanei & valvaſſores regni. 30
Cas Royaux doivent eſtre anciennement, plus eſtendus qu'à preſent. 82
Cas Royaux ſe referent, non à la ſeigneurie, mais à la juſtice. 81
ſommaire des cas auſquels, les laïcs plaidoient en Cour d'Egliſe. 95
Caſtellum, ſignifie bourg. 77
Caſtellani, gardes des bourgs ou forts d'iceux. ibid.
païs de Caſtille, pourquoy ainſi appellé. ibid.
Caſtrum, Curia, Curtis. 38
Cauſes traitées aux aſſiſes. 41
Cauſes d'appel n'appartiennent qu'aux Baillifs. 44
de quelles cauſes les ſimples hauts Iuſticiers doivent avoir connoiſſance. 43
Cauſes appartenantes aux Baillifs en premiere inſtance. 44
Cauſes de connexité, de reconvention, de difficulté en poinct de droit, qu'elles. 84
Cauſe de la diverſité de nos Couſtumes. 55
la cauſe d'un noble n'eſt pas un cas Royal, & la Conſequence. 81
reſtriction des cauſes de garde. 44
Cautelle pour abbatre les Iuſtices des Seigneurs. 32
Cenſeurs n'avoient juriſdiction, mais correction. 98
Cenſier ne doit la charte de ſa declaration. 70
en pluſieurs lieux ceux qui ont cenſive ou fief, pretendent avoir juſtice. 56
que la certification des criées ne peut eſtre faite és juſtices de Villages, ny par emprunt de Praticiens. 84
Certification des criées, où peut eſtre faite. ibid.
peut eſtre faite és juſtices ſubalternes des Villes. ibid.
χειροτονιας, quid. 50
Changemens d'anneau en Couronne. 18
Changemens des Ducs & Comtes comme ſont advenus. ibid.
Changement des Couronnes. 18
Chapitre de Troyes, & toutes les terres à luy appartenantes, ne reconnoiſſent autre juſtice que le Bailliage de Sens. 68
des chappelles. 64
droit de chaſteau appartient aux Seigneurs mediocres. 46
Chaſtelains pourquoy ont la police. 47
Seigneur chaſtelain, s'il a ſeul la juſtice ſur les nobles. 44
Chaſtelains autrefois ſimples officiers. 37
Chaſtelains ſe ſont preſque par tout faits Seigneurs; & comment. 38
comment les Chaſtelains ont uſurpé la haute juſtice. ibid.
Chaſtelains ſont demeurez ſimples officiers long-tems apres que les autres Seigneuries ont eſté converties en offices. 37
Chaſtelains appellez judices foranei. ibid.
Chaſtelains ont ſeulement droit de Chaſteau, & non de ville cloſe. ibid.
Chaſtelains de Foreſts, Dauphiné & Anjou, n'ont juſtice que juſques à ſoixante ſols. 77
Chaſtelains ne peuvent bailler droit de Chaſteau à leurs vaſſaux ſans lettres du Roy. 46
Chaſtellenie ou Chaſtellerie, que ſignifie. 38
Chaſtelains de Caſtille, quels. 37

Chaſtelains de Sicile, quels. ibid.
Chaſtellenie, que c'eſt. 38
Chaſtelains des villes, quels. ibid.
Chaſtellenie ſignifie toute pleine juſtice. ibid.
les charges militaires ne doivent eſtre conferées par commiſſion. 15
la nature des charges foncieres eſt d'eſtre ſolidaires & individuës. 7
Charges de la guerre & de la juſtice n'ont eſté ſeparées en aucune ancienne Republique. 6
Chemins Royaux n'appartiennent au Roy, & pourquoy. 52
Chemins peageaux. ibid.
Chevaliers honoraires & ſans ordre. 40
Chevalerie eſt un degré de dignité par deſſus la ſimple nobleſſe. ibid.
Chevaliers bannerets, quels. ibid.
Cinquieſme ſignification de Duc ou Capitaine. 26
Cinq ſortes de Roys ſelon Ariſtote. 8
la diviſion prouvée vicieuſe par Bodin. 9
Clauſe abuſives és lettres de garde-gardienne & protection. 87
Comes ſe rapporte quant à l'effet, à ce que nous diſons Intendant. 26
Comites provinciarum, eſtoient les intendans & gouverneurs des provinces. ibid.
Comtes des provinces, égaux aux Ducs. 26
en France les Gouverneurs des plus grandes provinces s'appelloient anciennement Comtes & Ducs. ibid.
Comtes mineurs en l'Empire & en France, quels eſtoient. ibid.
definition du Comte, ſelon Suidas. 26
le Comte Maurice és pays de Flandre eſt ſubjet au Conſeil des Eſtats des Pays bas. 9
Comtes appellez Seigneurs Vicomtiers moyens. 35. & 36
Comtes eſtant princes ſouverains pourroient porter la couronne en teſte. 27
Comes eſt judex fiſcalis. 107
Comites unde dicti. 26
Ducs & Comtes de France ne portoient point couronne, ſelon Villehardoüin. 28
Comtes des provinces portoient par fois le nom de leur capitale ville. 26
les Comtes mettoient Lieutenans en leurs places de toute antiquité. 35
Comtes des villes en France 26, eſtoient chacun Iuge & gouverneur de ſa ville. ibid.
Comtes ne portent à preſent la couronne qu'en peinture. 28
Comte mis és villes pour en eſtre Iuges. 107
Comtes des villes inferieurs à ceux des Provinces. 26
Comte, ancien titre d'honneur ſous les Empereurs de Conſtantinople. 9
il n'y avoit autrefois que les Ducs & Comtes qui s'appellaſſent Capitaines. 28.&29
les Comtes ne ſont ſujets aux Ducs. 34
Comtes d'Angleterre, quels ſont à preſent, & leurs droits. 43
Comparaiſon du cercle de la Couronne avec la Souveraineté. 8
Coſme Duc de Florence taſchant d'obtenir du Pape titre de Roy, refuſé. 19
tous commandemens & publications devoluës eſſe faites au nom du Roy. 84
quel commandement eſt demeuré aux Seigneurs mediocres. 43
Commerce s'eſt plus eſtendu aux Seigneurs directs, qu'aux juſtices. 70
ce qui n'eſt du Commerce n'appartient au haut juſtier. 74
ce qui n'eſt point en commerce ne peut appartenir à aucun. 18
Compagnies ſouveraines, quelles. 16
Commiſſion pour ſaiſir & adjourner hors le detroit. 87
remedes à ces commiſſions. ibid.
Conceſſions de juſtice revocables, & comment il peut arriver que la juſtice releve d'un Seigneur, & retourne chez un autre. 87
difference en l'eſtenduë des Committimus. 87
eſtenduë des Committimus. ibid.
des Committimus. 86
Communes & uſages. ibid.
Communes & uſages, c'eſt à dire prairies ou bois delaiſſez anciennement à la commune des habitans d'une ville, ou village ne ſont point entre les biens vacans. ibid.
Conceſſion des juſtices. 67
Conciliation des couſtumes. 94
Conciliation de pluſieurs loix. 97
Concluſion qu'en France les vaſſaux immediats de la Couronne, peuvent ſouſ-inſeoder & acenſiver. 43
Confirmation de chaque Roy neceſſaire aux privileges gratuits. 101
On tenoit anciennement que la confiſcation n'eſtoit chargée de dettes. 72
Confiſcation n'appartient pas au Roy és cas Royaux. ibid.
Confiſcations en particulier & au crime de leze-Majeſté. ibid.
Confiſcation ne ſuit pas la juſtice comme amende. 84
erection des Iuges Conſuls. 84
Iuges Conſuls ne reconnoiſſent des juſticiables des Seigneurs qui ſont hors le reſſort, notamment du Bailliage où ils ſont etablis. ibid.
Iuſtice des Iuges & Conſuls quand inſtituée. 110

Table des Matieres.

Entry	Page
Correction consiste en execution sans sentence.	97
correction des Magistrats de Rome, & villes Romaines.	ibid.
Correction a lieu en fait de police.	ibid.
correction du chef des communautez.	ibid.
anciens duchez & comtez reünis à la couronne, & comment.	28
Couronne des comtes, perlée.	ibid.
couronne des Marquis, partie fleuronnée, partie perlée & pourquoy.	ibid.
Couronne des ducs, marquis & comtes, comment sont differetes les unes des autres.	ibid.
Couronne des ducs fleuronnée.	ibid.
ancienne forme de couronne, quelle estoit.	70
Couronne signifie le Royaume mesme.	27
couronne appellée par les Grecs diademe.	18
couronne de plusieurs sortes.	31
Coustume de Tours & celle de Lodunois permettent aux Seigneurs subalternes l'erection des Justices.	23
donnent aussi le remede à l'interest du Roy & du peuple.	ibid.
peu de coustumes ont parlé du droit des Seigneuries & pourquoy.	ibid.
Coustumes doit suivre la Justice, comment cela s'entend.	68
pourquoy és coustumes d'Anjou & du Maine, les bas Justiciers connoissent de toute causes, plûtôt qu'aux autres.	57
d'où est provenuë l'incertitude & varieté de nos coustumes.	55
Coustumes attribuent les poids & mesures aux Seigneurs.	48
comment s'entendent les coustumes qui disent que les Justices foncieres ne connoissent que jusques à sept sols six deniers d'amende.	
les coustumes ne peuvent oster les droits du Roy.	12
Creancier qui a une grosse rente sur des terres laissées en friche, preferable au Seigneur direct.	74
Crimes des grands chemins appartiennent au Seigneur chastelain.	44
instructions des crimes capitaux se faisoient par les Iuges ordinaires.	42
Crimes commis és grands chemins de la voirie.	84
crimes capitaux jugez aux assises, & pourquoy.	42
entreprises dont M. Pierre de Cuignieres fit sa plainte.	95
pourquoy sa plainte fut sans effet.	ibid.
iere de marmouset en l'Eglise Nostre Dame de Paris	ibid.
estoit un grand personnage.	31

D

Entry	Page
Debits, quid.	86
Dettes actives appartiennent au Seigneur du domicile	72
Dettes actives sont droits incorporels.	ibid.
le payement des dettes est une charge fonciere universelle, qui s'étend sur tout le bien.	73
Decision formelle touchant la prevention.	75
l'on garde en France la decision canonique du chap. Si quis diligent, ext. De foro compet. & non pas la civile des loix. Si quis in conscribendo C. De Episc. & cler. & C. D. Pact.	85
quelques Decisions canoniques non gardées en France.	20
Decretas au Parlement.	83
Decrets doivent estre interdits aux hauts Justiciers.	45
Decret est un acte qui participe autant de la jurisdiction volontaire, que de la contentieuse.	84
Defensores civitatum eurent enfin la justice des causes legeres.	98
Defensores civitatum, quid	57 & 58
Defensores civitatum, leur origine, & leur charge.	98
Defensores plebis.	56
Defense du Roy Louys XI. au Duc de Bretagne, de se qualifier Duc par la grace de Dieu.	18
Defendeur selon la regle de droit, doit estre plus supporté & plus favorisé	77
Definition des Roys 17. & la preuve d'icelle.	ibid.
Definition de Seigneurie, & division d'icelle.	4
Definition de Vicomte.	36
Definition de la Seigneurie suzeraine.	19
trois degrez de ducs & comtes Seigneurs.	28
les deniers que le Ducs levét maintenant aux terres des Seigneurs sont extraordinaires.	48
si lever deniers est un droit Royal.	15
Denonciation Evangelique, qu'est-ce	14
Desherence que les Grecs appellent τὰ ἀκληρονόμητα & les Latins Caduca.	71
on ne payoit point jadis de dépens en cour laye.	94
c'est une grande honte que bien souvent en procés, les dépens passent le principal.	80
Diademe, quel est-ce	18
Dieu a baillé le peuple en garde au Prince.	16
Dieu seul tout-puissant.	8
Difference de deux sortes de preseance.	62
Difference entre la correction, Justice sommaire, & Justice entiere.	97
Difference du peage & du travers.	65
Il y a bien de la difference entre établir des officiers, & créer des Justices.	22
Difference entre relever de la couronne & relever du Roy.	30
Difference entre les reglemens, la police & les loix.	47
Difference entre les Princes & les Seigneurs des Principautez.	29
Difference entre les Duumvirs & defenseurs des citez.	98
Difference des Justices Royales & Seigneuriales.	75
Difference entre les droits & les cas Royaux.	81
difference entre les ducs & comtes des Romains, & ceux de France.	27
Difference entre les deffenseurs des citez & Iuges pedanés.	99
difference inter judicentem, & Iudicem.	76
Difference signification du mot de Seigneur, & de celuy de Sieur.	4
Difference entre l'exemption de la Justice & la recusation du Iuge.	78
Difference entre les Princes, les communautez, & les Seigneurs Justiciers.	18
Difference entre les fiefs & offices annoblissans.	41
Difference entre faire un fief & une Justice.	12
Trois especes de dignitez, l'Ordre, l'Office, & la Seigneurie.	20
Differends arrivez en Justice pour les Seigneuries, ont esté vuidez non par le point de raison, mais par celuy de la possession & usurpation.	
Difference du pilory & du gibet.	
difference de l'Office & de la Seigneurie.	6
Point auquel consiste la difference de la Monarchie Seigneuriale, avec la pure souveraineté.	17
Difference entre le Seigneur ayant la Seigneurie publique & le Seigneur de fief, quelle.	10
Δημόσιον ταμιεῖον bourse publique.	70
Discipline primitive des fiefs, quelle estoit, & comme elle s'observoit en France anciennement.	35
Distinction des Princes subjets d'avec les souverains.	14
Distinction des marques d'avec les droits.	24
Distinction des chemins de France.	50
Distinction inventée de nostre temps, pour retrancher le droit des Seigneurs.	79
Divisions des biens fiscaux en confiscations, desherences, & biens vacans.	70
Division des lettres attributives de jurisdiction.	83
Division de Bodin des Monarques reprouvée.	7
Division des droits de Justice.	61
Droit de chasse au molin.	79
Droit de Varech, qu'est-ce.	ibid.
Droits profitables consistent au droit de territoire.	67
Droit de ressort n'appartient qu'au Roy.	32
Droit de ressort du tout abusif aux petites & simples Seigneuries.	16
sortes de droits de souveraineté.	14
cinq cas de souveraineté.	ibid.
Droits utiles des souverainetez.	18
droits des mediocres Seigneuries.	39
droits de colombiers.	75
Droit de chasse.	ibid.
Droit de garenne.	ibid.
droit de bannalité.	ibid.
Droit des Lombards en tout fiefs, quel étoit.	35
droit des petits poids & mesures.	49
ce qui est compris sous ce Droit, de faire Officiers.	15
Droit de banc includ droit de sepulchre particulier, ny au contraire.	48
Droit de levage, quid.	51
droit de fisque.	70
Droit de Justices des villes Romaines, il y en avoit de trois sortes.	ibid.
Droit de ressort que comprend.	32
droits Royaux concernant la Seigneurie souveraine du Roy.	81
Droit de billete, quid.	51
droit de blancherie, quid.	ibid.
Droit de coustume, quid.	ibid.
droit de Prevosté, quid.	ibid.
Droit de tailles des Seigneurs aux quatre cas, aboly.	17
En la reünion de la Seigneurie privée à la publique, le droit du Seigneur direct y est conservé.	72
Droit de faire la guerre & la paix n'appartient qu'au Roy pourquoy	15
ce qui est compris sous le droit de guerre.	ibid.
les Droits Royaux ne sont pas ceux de Samuël specifiez au 8. chap. du livre des Roys.	13
Droit de forger monnoye dépend de la souveraineté.	16
Droit de faire des Officiers n'appartient qu'au Prince souverain.	14
les droits de souveraineté mal-aisé à expliquer.	16
& pourquoy.	ibid.
ce qui est compris sous le Droit de Justice.	19
Droits & privileges particuliers des citoyens Romains.	4
droit de Bailliage.	41
Duc a toutes les mesmes significations, que capitaine.	26
Ducs & comtes erigez de nouveau doivent jouyr de cette faculté de sous-inseoder & accensiver.	31
Ducs & comtes levoient deniers sur le peuple.	17
& portoient couronnes.	ibid.
pouvoir des Duumvirs & explication de la loy 1. Si quis jus dic. &c.	97
comme anciennement les Ducs & les Comtes de France, se qualifioient tels par la grace de Dieu.	17
Ducs & Comtes de France, autrefois Princes sujets.	9
pourquoy les Ducs & Comtes d'àpresent ont la couronne en leurs

Table des Matieres.

leurs, armoiries. 18
Duc de Florence se qualifie seulement grand Duc de Toscane. 12
Ducs d'à present. 26
Duchez & Comtez d'apresent, differens des anciens. 28
Duchez & Comtez d'appanage, quels. ibid.

E

Ecclesiastiques n'avoient point de prison jusques au temps d'Eugene I. 91
Chacun desiroit autrefois estre de la justice Ecclesiastique & pourquoy. 93
Ecclesiastiques ne vouloient anciennement enterrer les morts, si on ne leur mettoit le testament en main. 94
confondant mal à propos la censure des mœurs avec la jurisdiction de partie à partie. ibid.
Ecclesiastiques se pretendoient competens de toute action pure personnelle, mesme entre laïcs. ibid.
Ecclesiastiques doivent obeyr aux Magistrats en ce qui est de la police civile. 89
n'y avoit presque anciennement en France que les Ecclesiastiques qui fussent lettrez. 53
Edit de Roussillon retranchant un degré de justice. 23
Edit notable pour le reglement des Seigneuries de dignité. 24
Edit de Cremieu. 83
interpretation de la declaration de Compiegne sur l'Edit de Cremieu. 144
pouvoir des Ediles des villes. 146
l'Eglise execute encore ses jugemens. 97
du tems d'Arcadius l'Eglise n'avoit que la primitive notion, de connoistre par forme d'arbitrage. 93
Eglise fait part du territoire. 61
Eglise ne peut emprisonner. 92
Eglise comment estenduë en pouvoir extreme de temps en temps. 93
Eglise n'a ny territoire, ny fisque. 92
l'Eglise a subsisté long-temps sans avoir justice contentieuse. ibid.
Eglise primitive n'avoit de parfaite jurisdiction. 19
Egiptiens souvent nommez esclaves, dans la Bible. 11
les sept Electeurs en Allemagne créez pour la conservation de l'Empire. 16
Emendata l. 2. C. de sacros. Eccles. 25
l'Empereur erige des Royaumes. 18. le Senat Romain entreprenoit aussi cette puissance. ibid.
premiers Empereurs n'estoient que simples Princes, c'est pourquoy ils se faisoient élire & continuer par chacun an aux Magistrats. 11
Empereur d'Allemagne aujourd'huy simple Prince. 11
deux significations du surnom d'Empereur jointes ensemble entre les Romains, quelles. ibid.
Empereurs de Constantinople estoient purs souverains. 11
Empereurs Romains appelloient leurs ordonnances Edits, ou constitutions, & pourquoy. 14
l'Empereur n'est pas souverain, selon Bodin. 10
l'un des honneurs que le Senat Romain fit à Jules Cesar, fut de le surnommer Empereur. 11
l'Empereur Charles le Quint se fit Monarque seigneurial de Peru, selon Bodin. ibid.
combien d'ennemis il falloit avoir fait mourir pour estre surnommé Empereur, selon Appian. 11
nom d'Empereur pourquoy attribué. 11
Empereurs Romains donnerent les terres de leurs frontieres à leurs Capitaines & soldats, pourquoy & comment. 5
en l'empire d'Allemagne & Italie, l'esclavage du peuple entier n'y eut jamais lieu. 9
les citoyens & habitans d'iceluy estoient libres, & avoient la Seigneurie privée de leurs biens. ibid.
Empereur que signifioit du commencement. 9
Empereurs Romains estoient souverains en effet. 11
Empereur est un nom d'office, non de Seigneurie. 9
premiers empereurs n'estoient vrays Monarques. ibid.
Enfans de France aux deux premieres races, avoient leurs partages en titre de Royaume, & ne l'ont maintenant qu'en titre de Duché. 28
Enumeration des cas Royaux. 81
Difference de l'interest du Roy, & du public. ibid.
Entreprises des Ecclesiastiques, comment retranchées. 67
Entreprises faites par les Juges Royaux en cas de ressort. 78
les entreprises des Juges Roiaux, doivent estre retranchées. 87
Entreprises des Juges Royaux és cas Royaux. 16
Erection d'eschiquier dangereuse. ibid.
Erection de la Seigneurie de Galles en Principauté, par le Roy d'Angleterre. 29
aux erections des Duchez & Comtez, on deroge ordinairement à l'Ordonnance du domaine, & comment. 33
Erreur des Procureurs du Parlement. 79
Erreur touchant le mot de Chastellenie, couché au commencement de plusieurs contracts. 38
Erreur d'Angleterre. 90
Eriger une Seigneurie est une dependance de la Souveraineté. 32
Esclavage correlatif de la Seigneurie privée. 10
Eschevins, vnde. 96
Des Seigneuries

Eschevins en quelques villes ont entrepris la police. 100
Eschevins quand ils ont la police, il n'y a point de bourgeois, policiers. 101
Eschevins avoient à Rome la connoissance des poids, & des mesures. 48
Esleus & generaux faits perpetuels. 100
Elections, greniers à sel, & eaux & forests ne connoissent que des cas Royaux. 16
Esleus generaux des Aydes, pourquoy ainsi appellez. 16
Esleus, d'où sont provenus. 110
Espaves. 75
Estalons des poids, & des mesures, par qui gardez. 28
ont toûjours appartenu aux Ducs & aux Comtes. ibid.
Estats n'ont aucune part en la souveraineté. 16
Estat, d'où est dit. 8
Estayers, qu'est-ce. 75
Etymologie de Chastelain. 37
c'estoient Offices du commencement. ibid.
Etymologie de police. 47
Etimologie d'edit. ibid.
Etimologie de Marquis. 26
Etimologie du mot de Seigneur, & sa difficulté 5
Evesques & Abbez se qualifient tels par la misericorde divine. 16. & du S. Siege Apostolique. ibid.
d'où est venu qu'on excommunie tous les Dimanches ceux qui empêchent la jurisdiction Ecclesiastique. 39
Exemple des simples Princes d'Antiquité. 9
Exemples modernes des simples Princes. ibid.
Exemptions des terres des Pairies. 67
Exemptions par appel estoient fort utiles anciennement. 77
Exemptions par appel ne doivent avoir lieu à present. ibid.
sont hors d'usage. ibid.
sept Parlemens en France pour vuider les appellations. 78
Exemptions que signifioient en nos Coustumes. 68
Exemptions des terres d'eglise. ibid.
gardes-gardiennes des Eglises de Fondation Royale. ibid.
Exemption par appel. 77
Executions de supplices capitaux se faisoit jadis hors des Villes. 14
Exemptions, si elles suivent la Coustume de l'enclave, ou celle du ressort. 68
Exemptions font ordinairement pretendues par celle de l'enclave & par celle du ressort. ibid.
Exemptions ne suivent pas la mouvance feodale. ibid.
Expeditions doivent estre faites sans l'auditoire. 59
Expeditions ordinaires que le Roy laisse aux Officiers de ses Chancelleries pour sa decharge, quelles. 8
Explication des titres & inscriptions des Coustumes. 68
Explication nouvelle du premier titre Des fiefs. 38
Explication de la question, An jurisdictio adhaereat feudo. 21
Explication de l'art. 27. de la Const. de Blois. 57
Explication du 3. chapitre de la Nov. 80. 56
Explication de ces mots, Terres, Fiefs, & Seigneuries. 10
Contre l'Extravagante. Vnam sanctam. 90

F

Faber, & son opinion. 12
Opinion de Jean Faber, sur les exemptions d'appel
Feaux & soldats, deux sortes de gens de guerre. 8. anciennement on n'usoit presque point de soldats soudoyez en France. ibid.
Feinte d'Ovide. 17
les Femmes ayant Pairies à present, ne doivent estre appellées ny admises au Parlement, & pourquoy. 33
Anciennement les Femmes faisoient l'Office de Pairs de France. ibid.
La Femme empêche la desherence. 73
Femmes ne doivent marcher devant les hommes en l'Eglise. 35. aucuns exceptent les Princesses. ibid.
de la permission de faire la Feste du village. 60
peut appartenir au bas justicier, pourvû que le haut-justicier ne l'ait point defendu. ibid.
Feuda dignitatum. 9
la Feudalité avilit, mais n'oste pas la souveraineté, & comment. 10
Fief de Haubert a esté pris pour toute espece de Fief. 37
Fief de Haubert est moins que Baronie en la Coustume reformée de Normandie. ibid.
fiefs nobles des Lombards. 40
Fiefs pourquoy appellez Francs. 6
Fief & justice n'ont rien de commun, comment cela s'entend. 69
Fiefs autrefois non baillez à partage. 31
Fiefs autrefois affectez au francs, ou François. 40
Fiefs qui relevent des Capitaineries, sont appellez simples Fiefs. 35
Fiefs & cens sont perpetuels & patrimoniaux. 71
plus de coustume que de raison au subside des francs Fiefs. 40
celuy qui a Fief ou censive n'a pourtant justice. 56. & 87
Fiefs de Dignité, comment ennoblissent en France. 41
pourquoy dedans Terence le pere appelle son fils suum participem. 65
quelle part ont les moyens, & les bas justiciers aux biens Fiscaux. 74

Table des Matieres.

à Rome, le Fisque n'appartient qu'à l'Empereur, non plus que la Seigneurie publique, 70. ce qui n'est pas en France, & pourquoi. ibid.
Fiscus, quid. ibid.
Comtes de Flandres & de Bourgogne, comment ont esté distraits tour à fait de la Couronne de France. 17
Flaverie du Docteur Martin envers l'Empereur Federic, & le mauvais effet d'icelle. 3
Fondateur d'une Chappelle, s'il peut tenir fermée. 65
Fondement de la pratique, touchant les lettres excitatives, absurdité d'icelles. ibid.
Fondement de la prerogative des Princes. 19
Forme & solemnité ancienne d'adjourner les Pairs de France. 33
ce qui n'a lieu qu'és causes d'honneur & de Pairies. ibid.
Franc aleu noble de la Coustume de Paris. 20
d'où vient le mot de *Franc*. 5
Franc signifie libre, & pourquoy. ibid.
grandeur du Royaume de France. 12
les anciens François ont reconnu les deux sortes de Seigneuries publiques & privées, 5. exercées sur les personnes, & sur les biens. ibid.
Fonctions particulieres des Pairs, quelles. 34

G

toutes Gageures se font sur quelque ambiguité. 3
Gageure fort notable, & la dispute celebre que firent sur icelle Bulgare & Martin Docteurs en droit. ibid.
Gardes gardiennes, & Protections. 90
Gaulois estoient demy serfs. 5
Generaux des Aydes, ou Justices d'icelles. 100
Gens de main-morte ou de pote, ou serfs de suitte, quels. 5
Tous Gouverneurs estoient revocables sous les Empereurs Romains. 17
Tous guetteurs de chemins ne sont pas de la jurisdiction des Prevosts des Mareschaux. 84
la Guerre autresfois continuelle en France, & pourquoy. 5
occasion de la Guerre, que fit le Roy Louys XI. contre le Duc de Bretagne, quelle. 27
plusieurs Guerres arrivées pour l'heredité des Ducs & Comtes. 27
Guerre immortelle en Pologne entre le Roy & les Estats. 12
pouvoir de donner grace, osté aux Gouverneurs par Edit du Roys Louys XII. 16
Grands jours estoient proprement la justice de ressort. 66
Greffiers des simples justices. 47

H

Haubergeon cotte de mailles. 37
Haubert pris pour celuy qui doit servir le Roy avec pleines armes. ibid.
Haute Justice à qui appartenoit anciennement. 55
& la moyenne ibid. & la basse. ibid.
si l'heritage est presumé allodial. 69
comment en France les Ducs & Comtes se sont faits Hereditaires. 17
franc Hommage, signifie un vassal, & un homme de foy. 37
ce que concerne la foy & Hommage. ibid.
celuy qui tué en guerre, ne peut estre excusé d'Homicide, si la guerre n'est juste. ibid.
ces auquel les hauts justiciers n'ont les Honneurs de l'Eglise. 62
Honneurs de l'Eglise communiquez aux enfans du Seigneur. 63
le demandeur perd ordinairement sa cause en ce qui concerne les Honneurs de l'Eglise de préséance honoraire. 62
l'honneur du monde appartient au Prince Souverain. 3
quelques Coustumes qui n'attribuent les honneurs de l'Eglise qu'aux Chastelains, & pourquoy. 62
des Honneurs de l'Eglise. 60
en quoy consistent les Honneurs de l'Eglise, & en quoy ils ne consistent pas. 62
Honneurs de l'Eglise à qui se communiquent. 63
ne sont transmissibles, ny cessibles. ibid.
les Honneurs sont mixtes. ibid.
Honneurs de l'Eglise communicables à la femme du Seigneur. ibid.

I

Jaugeage. 49
Imperator, que signifie. 11
Imperium par excellence, ce que c'estoit entre les Romains. ibid.
Mixtum Imperium, comment appartient aux Officiers. 67
Inconveniens des Estats Electifs. ibid.
Inconvenient arrivé pour avoir attribué les mesures aux Seigneurs. 48
Inops audacia tuta est. 71
Iusignia Regis, qu'est-ce. 13
Instruction criminelle n'avoit lieu à Rome, qu'aux grands crimes. 17
Instruction aux Ecclesiastiques, de laisser à Dieu la proprieté de la puissance spirituelle. 79
Comment en Droit Canon on peut appeller de l'interlocutoire. 80
Interests du peuple aux nouvelles Justices, quels. 32
Interpretation du 8. chap. du 1. livre des Rois. 13

Interpretation d'un Arrest. 49
Interpretation de l'art. 34 de la Const. du Dunois. 32
Interpretation d'un Arrest des criées. 79
Interpretation de l'art 42. de l'Ordonnance de Roussillon. 44
quand il est question de l'interpretation d'un jugement il faut plaider devant le Juge qui l'a donné. 79
Interpretation d'un passage de la Passion. 101
comment s'entend *ab interlocutoria non appellatur*. 65
anciennement nul n'estoit inhumé dans les Eglises. 65
Investitures des Ducs, Marquis, Comtes, & autres Seigneurs, & la difference d'icelles. 28
Italia non habet Regem nisi Cæsarem, dit un Empereur. 12
Juges Ecclesiastiques contrains d'implorer le bras seculier. 91
Juge, & comme il doit estre nommé. 58
Si le Juge Royal est competant jusques à ce que le commis soit demandé. 77
Juges Royaux comment ont usurpé la prevention. 83
entreprises des Juges Royaux, touchant les decrets. 84
au droit, il n'y avoit que les Juges ayant parfaite jurisdiction qui peussent condamner à l'amende. 77
& non les autres, bien mesme qu'ils fussent Officiers de l'Empereur. ibid.
Juge du lieu doit estre commis pour les instructions des procés. 79
Juges des hauts Justiciers ne doivent se nommer Baillifs. 42
Juges des Seigneurs ne s'osent qualifier Lieutenans generaux, & pourquoy. 58
Juges Ecclesiastiques ne pouvoient condamner à l'amende. 91
comment ils y condamnent à present. ibid.
Juges se doivent condamner aux causes, les Justices aux Coustumes, & non au contraire. 57
Juge des simples Justices, quel il doit estre. 48
Juges sous l'orme. 5
Juges subalternes, s'ils peuvent defendre leur Justice par amende. 77
Juges subalternes peuvent certifier criées. 84
Juges Royaux font de grandes entreprises sur les subalternes. 76
Juges Royaux de Champagne, donnent des lettres de bourgeoisie. 81
és matieres requerantes celerité, tout Juge peut passer outre l'appel, quand le grief est reparable. 80
Juges d'Eglise ne sont pas Magistrats qui puissent prononcer ces trois mots solemnels, *Do, dico, addico*. 92
An jurisdictio adhæreat Castro. 91
quelle estoit au commencement la Jurisdiction Ecclesiastique. ibid.
avoit la connoissance des differends de la Religion, des differends entre les Chrestiens par voye d'arbitrage, & la censure des mœurs. ibid.
la connoissance des crimes communs est estimée en France estre plus de jurisdiction que de commandement. 56
Jurisdiction dépend de la puissance temporelle. 91
Jurisdiction Ecclesiastique, reduite à l'ancienne coustume par Louys le Debonnaire. 93
l'Eglise avoit Jurisdiction au commencement par forme de police. 91
Jurisdiction n'est attribuée de Dieu qu'aux Seigneurs temporels 136. plusieurs exemples à propos. ibid.
an Jurisdictio Ecclesiastica sit à jure divino, an verò concessione Principum. ibid.
Jurisdiction des defenseurs accreüe par Justinian. 91
Ius naufragii, quid. 78
Ius Imperii. 4
simple Justice derniere espece des Seigneuries. 5
quelles Justices, doivent estre exercées gratuitement. 100
Justices des Archidiacres au territoire de leur Archidiaconé par privilege, ou coustume prescripte. 90
Justice criminelle ne doit estre laissée aux villes. 101
Il n'y a point d'inconvenient que les Ecclesiastiques ayent des Justices. 90
causes des Justices temporelles des Eglises ne doivent estre jugées selon le droit Canon. ibid.
Justices ordinaires pourquoy appellées *Chastelets*. 37
Justices des villes appellées *Municipia*. 97
entreprise de la Jurisdiction Ecclesiastique. 95
Justice de partie à partie, ou de parfaite jurisdiction. 9
Justices des villes sont ordinairement basses Justices. 59
honneur de la Justice en quoy consiste. 10
comment la Justice est inherente à la Seigneurie. 11
retranchement des Justices des villes par l'Ordonnance de Moulins. 101
Justice des Elections estoit anciennement une Justice populaire. 100
que la Justice concedée par un Seigneur, tient jusques à ce qu'on s'en plaigne. 13
Justice sommaire, qu'elle. 58
la Justice de la maison du Roy s'exerçoit anciennement en France à la porte de son Palais. 98
Justice sommaire de France. ibid.
Justice des villes & Provinces Romaines. 100
quelles Justices doivent estre sommaires. 21
comment la Justice est attachée au territoire. 3
qu'au Roy seul appartient de creer Justice. 3

Table des Matieres.

la Iustice des Comtes ne ressortissoit point à celle des Ducs, mais suivoit la feodalité. 34
comment la Iustice a esté renduë accessoire au fief. 15
si les Iustices peuvent estre acquises par prescription: 23
& si du moins la prescription immemoriale y a lieu. ibid.
Raisons de la negative & resolution de l'affirmative. ibid.
pouvoir de la Iustice en quoy consiste. 10
comment il se fait tant de Iustices sans le Roy. 32
Iustices foncieres comment se sont amplifiées. 56
il n'est pas expedient d'oster la iustice des chemins aux Seigneurs ny la connoissance des crimes commis en iceux. 150
deux sortes de basses Iustices. 57
exprimées és Coustumes d'Anjou & du Maine. ibid.
Iustice du sang & du larron. 57
basse Iustice fonciere, & origine d'icelle. 86
toutes Iustices appartiennent au Roi & comment. 75
Iustice appartenante aux villes par capitulation, ne leur doit estre ôtée. 101
Iustice Ecclesiastique, pourquoi s'est tant accreuë en France. 93
Iustice des villes ne sont Seigneuriales ni Royales. 96
profits de la justice en quoi consistent. 10
la justice est d'autre nature que le fief. 21
Iustices des villes, venuës des Romains. 96
la justice paroît principalement au lieu où elle a son auditoire. 10
comment la justice est inherente au fief. 21. & comment elle peut être separée. ibid.
Iustices des villes appellées Colonia. 97
basse justice personnelle. 55
celuy qui a fief ou censive sous sa Seigneurie, n'a pas toutefois justice, & que c'est un abus. 56
la justice d'une Seigneurie, n'est partable actuellement. 32
justice ordinaire, & le Bailliage n'estoient autrefois qu'une justice. 41
justice des chemins Royaux appartient aux Seigneurs. 77. & la surintendance au Roy. ibid.
justices des villes de France. 99
justices des villes de la Gaule Belgique. ibid.
justices purement Ecclesiastiques. 90
que plusieurs villes de France ont justice. 99
comment la justice est inherente au chasteau. 21
retranchement des justices des villes. 99
Ducs & Comtes entreprenoient le dernier ressort de la justice. 17. & faisoient la guerre de leur authorité. ibid.
justice penitentiale, & justice contentieuse. 91
comment la justice est au fief. 10
haute, moyenne & basse justice n'estoit anciennement autre chose que grande, mediocre & petite Seigneurie. 53
la haute, moyenne & basse justice se rapportent au *merum, mixtumque Imperum & Iurisdictio*, non pas directement, & pourquoy. 55
justice des Comtes & des Vicomtes n'estoit qu'une. 35. mais avoit deux seances diverses. ibid.
varieté des Coustumes touchant la justice fonciere. 56
justice pour les droits & debtes, qu'est-ce. ibid.
concession de justice à un Seigneur, sur ses censiers, & vassaux seulement, n'emporte que justice fonciere. ibid.
justice fonciere n'avoit lieu du commencement que pour les droits du Seigneur. ibid.
resolution touchant le pouvoir des bas justiciers. 87
qu'ils ne doivent connoistre que jusques à soixante sols. ibid.
ne doivent avoir aucune cônoissance des actions criminelles. ibid.
hauts justiciers se peuvent qualifier Seigneurs du village. 90
& les habitans ses sujets. ibid.
haut justicier a les droits de l'Eglise, pourquoy & comment. ibid.
hauts justiciers n'ont pas la simple juridiction toute entiere, ny le *merum Imperium*, tout entier. ibid.
moyen Iusticier en France ne doit point avoir connoissance du sang & du larron. ibid.
haut Iusticier est presumé Seigneur direct de tout son territoire. 99
raisons negatives & affirmatives. ibid.
haut Iusticier ayant droit de territoire, comment peut maintenir sa Iustice. 67
comment il peut user d'amendes. ibid.
hauts justiciers d'usent d'affiches, sinon par emprunt. ibid.
justicier signifie quelques fois faire des executions de justice. 56
hauts justiciers ne peuvent demander declaration pour la justice, ny serment pour la directe simplement. 70
justiciers moyens & bas, s'ils ont Procureurs d'Office. 58
hauts justiciers en Normandie ne peuvent retenir les criminels dans leurs prisons plus de 24. heures. ibid.
haut justicier dans l'Eglise n'a point de preseance devant les gens d'Eglise, ses superieurs, & ceux de la haute noblesse, non residans en son territoire, mais il devance toutes autres personnes. 61
hauts justiciers peuvent prendre serment de leurs sujets une fois en leur vie. 70
bas justiciers ont pouvoir de prisons. ibid.
bas justiciers n'ont les honneurs de l'Eglise par droit, mais par bienseance seulement. ibid.
hauts justiciers ont le droit de fisque. 70
haut justicier est successeur particulier en la desherence. 71
Des Seigneuries.

I.

LE larcin & le ravissement étoient poursuivis à Rome par action civile. 57
en toutes Langues un même mot signifie l'Officier, & le vieillard, plusieurs exemples de la sainte Escriture. 3
L'enclave est une forte presomption pour la verité. 69
il faut suivre la coustume de l'enclave & non celle du ressort. 68
Lettres de terrier, qu'est-ce? 70
sont necessaires à ceux qui n'ont haute Iustice. ibid.
Lettres excitatives doivent être adressées au juge ordinaire bien que non Royal. 85
Lettres excitatives de jurisdiction doivent être presentées & enterinées devant le juge du lieu, encore qu'il ne soit Roial. ibid.
toutes lettres Roiaux ne doivent pas être adressées aux Officiers du Roi, mais seulement les lettres de grace, & les lettres attributives de Iurisdiction. 86
Lettres de la grande Chancellerie peuvent distraire la justice ordinaire des Seigneurs. ibid.
aux lettres pour distraire la justice ordinaire, il falloit anciennement qu'il y eût clause derogatoire aux ordonnances faites en faveur des Seigneurs de France. ibid.
Lettres attributives emanées de la petite Chancellerie, sont abusives. 86
comment doivent être conceuës les lettres de la petite Chancellerie. ibid.
Lettres de complainte. ibid.
quelles Lettres les Juges Roiaux ne peuvent delivrer. ibid.
Lettres qui autrefois privoient les Seigneurs de leurs justices. ib.
quelles Lettres les Juges Royaux ne peuvent delivrer. ibid.
Lettres qui autrefois privoient les Seigneurs de leurs justices. ibid.
des Lettres Royaux. 85
Lettres de justice sont, ou excitatives ou attributives de jurisdiction. ibid.
Lettres excitatives sont inutiles. ibid.
Lettres excitatives doivent être addressées aux juges des lieux. 85
Lettres Ruyaux sont, ou de grace, ou de Iustice. ibid.
Lettres de grace sont cas Royal, non celles de justice. ibid.
Lettres de bourgeoisie ne peuvent estre données que par le Roy. 82
Levée de deniers estoit l'une des dependances du pouvoir souverain des Empereurs de Rome. 18
Levée de deniers sur le peuple n'est pas un pouvoir, mais une entreprise, & pouvoir dereglé. 16
Leze-Majesté divine n'est pas cas Royal. 71
Liberté populaire, qu'est-ce. 15
Lieutenans des principaux Magistrats, comment appellez en France. 35
Lieux smottis, sacrez & en Franc-aleu, ne laissent d'estre du territoire de la justice. 100. ny la diversité de relief. ibid.
Limitation ordinaire des hautes justices. 43
Lodunois l'une des premieres Sénéchaussées de France. 69
cause de la revolte de la Lombardie contre l'Empereur Frederic. 2
ce qu'on appelle proprement *Legis actiones*. 57
Loix des Magistrats à Rome appellées *Edicta*. 14
Loix du menu peuple de Rome appellées *plebiscita*. ibid.
ce qui est compris sous le droit de faire Loix. ibid.
œuvres de Loy en Flandres, qu'est-ce? ibid.
Loix qui ne peuvent estre faites à Rome, qu'en l'assemblée generale du peuple. ibid.
faire Loix, comprend tous les autres cas de souveraineté. ibid.
Loi des Empereurs touchant la jurisdiction Ecclesiastique. 92
interpretation de la loi *Itius, De his qui nor. infam.* 93
Loi d'amende, & amande de loy. ibid.
Loi, & conditions fort ignominieuses imposées à la noblesse, & à toutes les villes de Lombardie, par l'Empereur Frederic. 5
on ne peut imposer Loy à la volonté du Souverain. 10
la Loi est l'œuvre du Prince. 14
loy signifie justice en nos Coustumes. 99
Ducs & Comtes faisoient des loix. 17
premiere loy faite à Rome, aprés que les Rois en eurent été chassez, quelle, & pourquoy publiée par trois fois. 15
la loy est l'instrument de la souveraineté. ibid.
les Loix sont les Magistrats muets. ibid.
Loix privées & particulieres, plus difficiles à faire, que les generales. ibid.
Loix des Iurisconsultes à Rome appellées *Responsa Prudentium*. 14
Loix du Senat Romain, appellées *Senatusconsulta*. ibid.
records de la Loy. 99
pourquoi les loix des Princes ont été appellées Edits. 14
Loix Romaines des amendes ne sont gardées en France. 70

M

Magistrats annuels à Rome. 11
leurs Edits n'avoient force que pour un an. ibid.
il n'est pas à propos qu'il y ait un Magistrat perpetuel & pourquoi. 3
Magistrats sont les loix vivantes, & parlantes. 15
Magistrats instruisans les procés criminels par colere, faisoient fustiger les accusez. 98
sacrée Majesté de l'Empereur. 17
Excellente Majesté du Roy d'Angleterre. ibid.
titre de Majesté, inseparable de ceux ausquels reside la souveraineté. ibid.
de la Majesté des Rois. ibid.
le nom de Majesté n'étoit si usité en France auparavant la hau-

Table des Matieres.

vfife des Espagnols. *ibid.*
que le titre de Majesté est le plus haut qui puisse estre. 26
qu'il appartient proprement à Dieu. *ibid.*
Majesté non communicable à autres qu'aux Souverains. 4
Mancipium oppenituruſus. *ibid.*
Mancipium unde. 5
Main de justice diversement entenduë. *ibid.*
Main signifie puissance publique. *ibid.*
Maire heredıtaire, qu'est-ce. 6
Maires des villes ressembloient aux defenseurs des Citez. 98
Mairie signifie aussi bien basse justice, que Prevôté. *ibid.*
Maisons fortes prohibées. 46
Marche, mot françois signifiant frontiere. 26
droit de Marché appartient aux Seigneurs mediocres. 46
Marchandises, un des nefs de l'Estat, & un des liens de la societé. 48
Marchir. signifie aboutir. 26
toutes Matieres provisoires, autrefois cas Royaux. 82
Matieres possessoires, 83
en Matiere de mots l'usage donne la loy. 58
Marque de Justice abusive, & usurpée. 67
à quoy servent les Marques de Seigneurie de dignité. 24
Marques infallibles de souveraineté. 8
Marquis est metoyen entre le Duc & le Comte. 27
Marquis *Duces limitanei.* 26. ainsi appellez dans la Notice de l'Empire. *ibid.*
le nom de Marquis est pur françois. *ibid.*
Marquis estoient gouverneurs des frontieres. *ibid.*
Marques des Seigneuries de dignité. 24
quand les Roys des Merciers ont esté supprimez. 56
Meubles des clercs estoient attribuez à la justice Ecclesiastique 94. pourquoy le contraire est à present obser vé. *ibid.*
Meubles en confiscation & desherence, s'ils appartiennent au justicier du domicile, ou du lieu où ils sont trouvez. 72. Ils appartiennent au Seigneur du lieu, & non du domicile. *ibid.*
Meubles vacans. 74
Le *Merum, mixtumque Imperium & Iurisdictio* des Romains, ne doit pas être proportionné à la haute, moyenne & basse justice d'apresent. 56
Merum Imperium, à qui appartenoit. *ibid.*
Merum Imperium, n'estoit gueres baillé aux Proconsuls, sinon en fait de guerre. 55
Interpretation du *Merum mixtumque Imperium, & Iurisdictio* des Romains. 57
cause dû rasement de l'ancienne ville de Milan. 2
Missi Dominici. 42. abolis. *ibid.*
Missi Dominici, Juges des exempts. 82
Monarchie du Peru metoyenne. 11
tous Mouaïques indifferemment appellez Roys. 8. & 9.
quand on veut exprimer le Seigneur souverain, il faut l'appeler Monarque & pourquoy. 8
anciennement les Ducs & Comtes forgeoient Monnoye. 16 par concession des Roys. *ibid.* revocation de ce droit par le Roy Louys Hutin, & par le Roy François. *ibid.*
Mots qui ne concernent que la Seigneurie privée, causes des guerres, noises & procés. 1
Mot de Prince souvent opposé à celuy de Seigneur. 10
le Prince qui hausse trop la Monnoye fait injustice au peuple. 16
la Monnoye d'epend du droit des gens. 16
quelle Monnoye forgeoient les Ducs & Comtes en France. 27
Monnoye de Genes, quelle. 16
du Molin contredit. 55
opinion de du Molin. 22
Mancipia & Colonia, confondus ensemble. 97

N

Naturalisation de l'étranger, ne profite pas à ses parens étrangers. 93
Nembrot appellé puissant veneur en l'Escriture, qui est à dire voleur. 11
Nevers a plus d'enclave que de ressort. 69
causes des Nobles appartiennent aux Seigneurs mediocres, sans difficulté. 44
que c'est un abus de penser que la Noblesse de maintenant soit fondée sur la descente des Francs Allemans. 40
Nobles s'ils doivent plaider és Bailliages Royaux en premiere instance. 83
Noblesse vient en France de trois sources. 40
Nom de Prince opposé à celuy du Seigneur. 10
exemples de cela. *ibid.*
Nom d'Office changé en celuy de Seigneurie & comment. 26
divers Noms de Souveraineté. 8
Nom de Seigneurie publique & privée, & distinction d'icelles. 8
Notariat n'appartient qu'aux Chastelains, & la raison. 45

O

Observation, qui se fait par toute la France coustumiere pour les aisnez en la justice & au fief. 10
Officiers de la Couronne ont tasché de rendre leurs Offices accessoires aux fiefs. 22. Exemples à ce propos, & pourquoy ils ne l'ont peu faire. *ibid.*
Officiers des Justices doivent resider. 58
comment les Offices des Seigneurs ont été changez en Seigneurie. 6
Prevosts, Virguiers & Chastelains des villes demeurez Officiers & pourquoy. 35
tous Offices revocables en France, auparavant l'Ordonnance du Roy Louys XI. & particulierement les Ducs & Comtes. 17
Offices comment rendus patrimoniaux. 21
que nul Officier ne doit toucher aux deniers du Roy. 17
Ducs, Marquis & Comtes jadis Officiers en l'Empire Romain, & en France. 17
les Ducs, Marquis & Comtes establissoient des Officiers. *ibid.*
tels que ceux que nous appellons Officiers de la Couronne. *ib.*
Ducs & Comtes Officiers. 28
le pur Office ne peut resider réellement & actuellement qu'en la personne de l'Officier. 20
ressemblance de l'Office, & du fief. 20
deux cas esquels en France d'autres que le Roy font des Officiers. 15
Opinion de Jean Faber, touchant la prevention. 76
fausse Opinion de penser que tous les Roys doivent reconnoistre l'Empereur. 2
Oppositions des Boulonnois à l'execution de l'Ordonnance de Moulins, & de ceux d'Angoulesme. 101
Opposition des Nobles sur l'Edit de Cremieu. 83
Oppositions formées par les villes à l'execution de l'Ordonnance de Moulins. 101
Opinion méchante de Pierre des Vignes. 2
Onus æris alieni universum patrimonium respicit, non certi loci sa cultare. 72
Ordonnance du domaine. 35
Ordonnance ou reglement contenant les Royaux. 81
effet de l'Ordonnance de 1539. 95
Ordonnance du Roy Charles IX. pour les Duchez & Comtez. 29
Ordonnances prohibitives de la prevention. 46
Ordonnance notable. 61
Ordonnance laisse la police aux Seigneurs. 48
Ordonnance notable. 76
Ordonnance de Roussillon. 41
Ordonnance par laquelle les Seigneurs hauts Iusticiers doivent connoistre des causes des nobles. 84
explication de l'Ordonnance de 1597. 49
Ordonnance contre les appels interlocutoires. 80
Ordonnance de Philippe le Bel, contre les Bourgeoisies. 93
pourquoy, nonobstant l'Ordonnance de Moulins, plusieurs Villes n'ont quitté leurs justices. 101
on deroge ordinairement à l'Ordonnance du domaine. 75
Ordonnance, pour reduire toutes les mesures & les poids à celles du Roy, 49. que cette Ordonnance a reservé le droit des Seigneurs. *ibid.*
que veut dire l'Ordonnance quand elle use de ce mot, *nos Inges.* 84
Ordonnance de Constantin n'est point escrite au Code Iustinian. 92
Ordonnance notable de Constantin touchant la justice Ecclesiastique, qu'elle est un peu douteuse. 92
les Ordonnances semblent ne permettre qu'aux cas Royaux, les nonobstant appel. 79
Origine des arriere-fiefs. *ibid.*
Origine des fiefs. *ibid.*
Origine des Pairs de France, & leur charge, leur etymologie, & la cause de leur institution. 15. & 16
Origine des Baronnies anciennes. 76
Or, metail souverain. 8
Origine des Seigneuries. 5
Origine, causes, & marques des cas Royaux. 81
Origine des Duchez & Comtez. 26
Origine des Vicomtes, Prevosts, Viguiers & Chastelains. 35
Origine des censives. 6
Origine des Barons d'apresent. 37
Origine de la haute, moyenne & basse justice d'apresent. 56

P

Pairies des six Pairies laïes premieres erigez, sont toutes à present reünies à la Couronne. 34
Pairs de France ont été faits par Louys le Jeune. 15
Pairs de France, membres inseparables de la Couronne. *ibid.*
entre Pairs on regarde l'antiquité de la Pairie, & non pas le tire de la Seigneurie. 33
Pairies sont vrays Offices aussi bien que les Seigneuries annexées aux Duchez & Comtez, & non aux autres Seigneuries. 35
les pairs en leurs fonctions particulieres precedent les Princes du Sang, & non Pairs. 13
Pairs relevent nuëment de la Couronne. *ibid.*
en toute & chacune partie. *ibid.*
Pairs de France precedoient anciennement les Princes du Sang, exemples de cela. *ibid.*
nouvelles Pairies comment erigées. 26
la fonction des Pairs doit être en propre personne. 34
aucuns Pairs ont des grands jours. *ibid.*
quels ils sont, & qu'ils devroient être supprimez. *ibid.*

Table des Matieres

Pairs sont jugez par le Parlement seul, les autres Chambres assemblées, & les autres pairs convoquez. 33
Pairs ont voix & seance au parlement. ibid.
plusieurs Comtes honorez de la qualité de Pairs de France, & nuls Marquis. 16
terre érigée en Pairie ou adjointe à une pairie, est à l'instant demembrée de son ancienne tenure, devient fief immediat de la Couronne. 24
Panonceaux doivent être aux armes du Roy. 84
le Pape *ordinarius ordinariorum*. 76
les parens d'un costé succedent à faute d'autre. 77
Parlemens établis principalement pour tenir en devoir les justices des Provinces. 75
Parlement fait seul les reglemens de la justice 11. c'est le parlement qui a maintenu la France. 28
Parlement de Paris est la Cour des pairs. 33
Cour de Parlement est *velut ordinaria ordinariorum*. 79
Particuliers ne peuvent inquieter celuy qui a un banc. 84
plusieurs passages pour confirmer la difference du simple Prince & du Prince souverain. 10
beau passage de Tite-Live. 11
le Patron procede dans l'Eglise le haut Justicier en Bretagne. 16
qui est vray & parfait Patron. ibid.
Patrons imparfaits doivent avoir titre, & non les parfaits 42
droit de Patronage ne peut être imposé sans l'Evesque. ibid.
ne peut appartenir à aucun sans concession speciale. ibid.
Patronage particulier des Chappelles, possession d'iceluy. 65
peage ne peut être permis ni imposé par autre que par le Roy. 54
incommoditez des peages. 52
abolition des peages. 54
occasion des Peages. 52. qu'ils sont pour l'entretié des chemins. & pour la seureté d'iceux. ibid.
Peage n'est deu de droit commun. 54
droit de peage. 51. & divers noms d'iceluy. ibid.
Peché, ou mauvaise foy, attirent les causes à l'Eglise. 94
Peculat, qu'est-ce. 25
Pedaneus Iudex, quid. 50
Pennons pourquoy adjoustez aux bannieres des Barons. 40
cinq Baronnies du Perche Goüet ressortissent à Yenville, siege particulier d'Orleans, & neantmoins suivent la Coustume de Chartres, où elles sont assises. 69
Perdicas reconnu souverain après la mort d'Alexandre, parce qu'en mourant il luy avoit donné son anneau. 18
Pescherie permise à tous selon le droit, ce qui n'est pas en France. 74
Peuple élisoit ceux qui devoient lever les subsides & aydes. 16
Prupliques, qu'est-ce à dire. ....
Pilory, ou échelle, signe de haute Justice. 24
comment s'entendent ces mots, ne demander *placet, visa*, ny *parentis*. 87
Plaids de la porte, qu'est-ce. 58
auditoire doit estre dans le territoire. ibid.
Plaids ordinaires, pourquoy dits, & ce que c'est. 35
plaintes contre les officiers se vuident aux assises. 43
Plaintes anciennes contre les Juges, ibid. changées en appellations. ibid.
de la Police des Métiers. 49
Police, si elle appartient aux seuls Juges Royaux. 47
que non. ibid.
Police en quoy consiste. 47
police des chemins. 50
la police devroit appartenir aux Baillifs. 49
en quoy consiste la police des métiers. ibid.
la Police à deux parties. 100
police consiste en trois points. 48
Policiers sont reglez avec le Juge ordinaire. 100
que signifie ce mot de Police. ibid.
Police appartient mieux aux Seigneurs, qu'aux Juges Royaux. 47
poids & mesures, droit de la Couronne, selon quelques coustumes. 48
la varieté n'a pas été si grande aux Poids, qu'aux mesures. ibid.
en quoy consiste le droit des grands poids. 49
en Pologne y a peu de villes closes. 37
Pontenage, *quid*. 51
Port d'armes. 83. qu'il est cas Royal, pourquoy. 84
est toujours joint avec l'assemblée illicite. 83
trois choses requises à ce qu'il soit cas Royal. 84
le port d'armes est cas Royal en France. 15
Porte en l'Escriture, prise *pro auditorio Iudicium*. 59
que la possession immemoriale se doit prouver par preuve literale en matiere de justice. 23
Arrest pour ce regard. 24
en quoy consiste la possession paisible du patronage. 61
Potentats d'Allemagne, subjets de l'Empire. 9
inconvenient de n'admettre à la poursuitte solidaire. 72
Pouvoir des moyens justiciers. 55
pratique des *nonobstant* l'appel. 89
pratique ancienne touchant les lettres excitatives. 85
Pratique des non excedans. 80
en l'ancienne pratique de France, on appelloit fort peu, principalement par devers autres que le Roy. 34
Præfecti, quid. 97

Præiudicialis multa, quid. 47
Prééminence de l'Empereur d'Alemagne. 28
tantum Præscriptum, quantum possessum. 45
il vaut mieux s'ayder de la prescription, que d'un mauvais titre. 24
les Presidiaux ne se doivent égaler au parlement, qui evoque & renvoye ce qu'il lui plaist. 79
Preseance de droit, & preseance d'honneur. 63
Preseance honoraire se perd, quand on sort de la paroisse. 63
Preseance d'honneur ne produit point d'action. ibid.
preseance honoraire se perd facilement. ibid.
Prerogatives des Pairs de France, precedent les autres grands Seigneurs. 30
sorts les Princes du Sang. ibid.
Pretentions des Officiers Royaux, touchant les chemins. 50
pretexte de la prevention imparfaite, reponse à iceluy. 77
Prevention imparfaite. ibid.
prevention non admise par les Coustumes. 90
le Pape n'entreprend pas la prevention eu la Jurisdiction contentieuse. 76
Prevention n'a lieu entre les Juges Royaux. ibid.
& neantmoins y devroit plutôt avoir lieu que sur les subalternes. ibid.
que tout droit resiste à la prevention. 77
Prevention est contraire au droit Romain. 75
prevention imparfaite tournée en droit commun. 77
elle est contre les Ordonnances. ibid.
étoit tolerable anciennement. ibid.
Prevention absoluë passée en quelques Coustumes sur les oppositions. 76
de la prevention. 55
Prevention, qu'elle est contre le droit Canon. ibid.
prevention est injuste. 90
Preuve, que la puissance spirituelle est distinguée de la temporelle. 70
ancienne jurisdiction des prevosts des Marchands & Eschevins de la ville de Paris, quelle. 100
fondement de la jurisdiction des Prevosts des Mareschaux. 84
leur origine. ibid.
Prevost des Mareschaux ne connoissent que des cas Royaux. 86
Prevosts des Marchands à Paris, d'où est dit. 100
quatre sortes de princes. 8
Principis omnia sunt imperio, non dominio. 86
Princes du Sang, pourquoy ainsi appellez. 29
plus de pays au monde en Monarchie Seigneuriale, qu'en Principauté souveraine, tant au passé qu'à present, selon Bodin. 11
simples princes, quels ils sont. 8
Princes d'Italie, anciennement reconnoissoient l'Empire, & comment ils ont secoué le joug de cette sujection. 9
Princes subjets quels ils sont, & leur souveraineté en quoy consiste. 10. dependant de la Seigneurie publique. 10
princes se sont attribuez tout ce qui n'appartenoit à personne. 18
les Communautez s'y opposent. ib. & les Seigneurs justiciers. 11
que le prince feudataire ne laisse d'être souverain, contre Bodin. 10
ceux qui ont des terres érigées en principauté, ne sont pas princes, mais seulement Seigneurs des principautez. 8
Principautez seigneuriales sont contre nature. 11
si les principautez feudataires tributaires, ou en protection peuvent être souveraines. 10
Princes simples & sujets ne sont parfaitement souverains. 10
princes de race seulement, ne sont que princes honoraires, & pourquoy. ibid.
quatre sortes de princes souverains. ibid.
principautez doivent avoir les prerogatives des grandes Seigneuries. 29
Principaux pretextes, desquels se servoient anciennement les Ecclesiastiques pour entreprendre sur la jurisdiction temporelle. 94
des principautez, & de leur origine. 28
Prince feudataire ne laisse d'être souverain. 10
princes souverains, & Seigneurs sont souverains tout à fait. ibid.
Principautez souveraines tout à fait, sont les meilleures. 11
princes souverains, pourquoy dits. 11
Prince, que signifie dans nos Coustumes. ibid.
les princes mettent leur image à leur monnoye & pourquoy. 15
quel étoit le Prince du Senat à Rome. 14
pourquoi les princes Chrétiens ont aboli l'esclavage de leurs pais. 9
autre que le prince ne peut créer des dignitez, ny conferer Capitaineries, qui emportent puissance publique. 35
deux acceptations du nom de prince, quelles. 29
Principautez Seigneuriales d'apresent. 11
anciennes principautez Seigneuriales. ibid.
des principautez étrangers. 29
simples princes plus anciens que les autres. ibid.
origine des princes. ibid.
Princes temporels doivent obeyr aux Ecclesiastiques, en matiere de religion. 89
le prince & la loy sont comme relatifs. 14
prince signifie Duc, ou Seigneur du pays. 11
principautez Seigneuriales sont contre le Christianisme. ibid.

o iij

Table des Matieres.

Princes Seigneurs, qui sont 15. leur pouvoir sur les personnes, & sur les biens de leurs sujets. ibid.
Princes Seigneurs, pourquoi dits. 10
Prisons des Justices, 59. le bas Justicier en a, & pourquoi. ibid.
Privileges de ceux de S. Maur des fossez, refusez par le Chancelier de l'Hôpital, & pourquoi. 101
Privileges des citoyens Romains, abolis par la Monarchie. 83
peu de justices attribuées par forme de privilege. ibid.
Privileges des bourgeois de Paris, de ne plaider en defendant en matiere civile hors les murs de Paris. 5
ceux qui vouloient jouir des Privileges, falloit qu'ils fussent *in habitu & tonsura*. 94
Privileges gratuits, 101
Privileges gratuits ne peuvent être perpetuels. ibid.
Privilege de clericature ne se perdoit autrefois par mariage. 93
Privilegium fori quid. 96
Privilege des Apameans, cité de Bithynie. 149
Privilege des villes. 101
Privilege de Justinian aux Religieuses, de ne plaider par devant les Juges laïcs, étendu mal à propos aux Religieux. 93
Privileges concedez à titre onereux. ibid.
Privileges onereux, comment peuvent être revoquez. ibid.
simples Proconsuls, & Gouverneurs des Provinces Romaines, precedentoient tous les Roys étrangers. 12
en l'Estat de Rome il n'y avoit que les Proconsuls, qui eussent pouvoir de condamner à mort. 43
Procureur fiscal & sa charge. 58
Duchez & Comtez proprietaires, quels. 28
en quoi consiste la proprieté de la justice. 20
la Proprieté de la justice appartient à la Seigneurie. 20
faut avoir la proprieté de la puissance publique, pour en conferer l'exercice. 29
ce qui est public n'appartient à aucun, quant à la proprieté, & quant à l'usage, il appartient à chacun en particulier, pourveu que ce soit sans empêchement), & l'usage commun. 74
Prorogation de jurisdiction n'a lieu en France. 82
la protection ne diminue point la Souveraineté. 10
Proverbe, *Esse tenum, que signifioit autrefois*. 94
d'où vient ce propos vulgaire, *Acte de haute Justice*, & *l'Executeur de haute Justice*. 55
Provinces de France, regies par les ducs. 25
deux sortes de publications, à savoir, les proclamations & les affiches. 47
Punitions corporelles, non capitales, de tout temps ont pû être faites dans les Villes. 14
Punition des contraventions aux poids & mesures, est acte de justice, & non de police. 49
divers noms des deux puissances, Ecclesiastique & temporelle. 89
comment les deux puissances spirituelle & temporelle étoient au peuple de Dieu. 90
la puissance publique n'appartient qu'au Prince. 14
comment elle est communiquée aux Officiers. ibid.
Puissance subalterne temporelle peut être jointe à la spirituelle. 23
il faut pour le moins autant de puissance pour délier, que pour lier. 14
deux puissances en ce monde. 88. en quoi l'une passe l'autre. ibid. & leur accord. ibid.
elles se controllent l'une l'autre, leurs distinctions generales. 80 materielles. ibid.
rencontre de deux vers fort veritables, touchant la puissance temporelle des Papes à Rome. 90
Puissance temporelle peut être accessoire de la spirituelle. ibid.
Puissance spirituelle ne peut être possedée hereditairement. ibid.
Puissance Ecclesiastique n'est possedée par droit de Seigneurie. 89
Puissance des Vicomtes établis par les Comtes, quelle. 35
Punition de ceux qui ont forgé monnoye. 16
Puissance absoluë de souveraineté, qu'est-ce? 8
que le Roi ne peut par puissance reglée ôter la police aux Barons de France. 48

Q

cas esquels la Qualité de Seigneur de village peut être empêchée par le haut Justicier aux Seigneurs directs & feodaux. 60
remedes pour empêcher les querelles, touchant les honneurs de l'Eglise. 64
plus de deux mille Querelles en France. 61
cinq Questions, *An jurisdictio adhaereat feudo*. 21

R

Raison contre la prevention. 75
réponse aux Raisons contraires. ibid.
premiere Raison, concernant le défaut de puissance. 22
seconde Raison, concernant l'interest du Roy. ibid.
troisième Raison, concernant l'interest du peuple. ibid.
Raison des Officiers Royaux, touchant la prevention. 75. contredite. ibid.
Rang des mediocres Seigneuries. 59
Rang des princes souverains, 17. en leur pays, & au pays d'autruy. ibid.
Rang des hauts Justiciers, & principalement en l'Eglise. 65
Regalia dignitates, feuda regalia. 24

Reglement des Bailliffs & Prevosts Royaux, ensemble des Chastelains & simples Justiciers. 42
il n'étoit besoin d'apporter un Reglement asseuré aux Seigneuries & Justices. 2
faut distinguer les Reglemens d'avec l'execution d'iceux. 47
Reglemens des Magistrats ne sont que provisoires, & faits sous le bon plaisir du Roy. ibid.
ils s'appellent proprement Edits. 48
en quoy les Reglemens des Magistrats different de la Loy. 47
Reglemens de style, appartiennent à chaque juge Chastelain. ib.
Reglement du Magistrat à Rome n'avoit force, sinon tant que sa charge duroit. 14
ample reglement de Justinian touchant la Justice Ecclesiastique. 93
Reglement des Estats de Blois, touchant les gardes gardiennes. 89
Regle de conqueste, *Qui tenet, teneat*. ibid.
Relief est deu au Seigneur, à cause de la desherence. 71
Remede contre la prevention. 77
Remontrance de Samuël au peuple Juif, qui demandoit un Roy. 13
à qui appartenoit anciennement le Ressort. 43
Réponse à la loy *Judicium. ff. De judiciis*. 76
Réponse à la loy *Quoties ff. De administ. tut*. ibid.
la situation des Rentes volantes, ou constituées, doit être attribuée au domicile du creancier, & Seigneur d'icelle. 72
pourquoi aux Republiques populaires, les principaux Magistrats sont les petits Officiers. 15. & pourquoi le contraire a lieu aux Monarchies. ibid.
Res singulorum, à qui appartiennent, quand sont vacantes. 18
Res communes, publica, universitatis & nullius. ibid.
Res mancipi, & non mancipi. 5
Réponse à la loy. 1. *De off. praet. urb*. 75
dernier Ressort reservé au peuple en plusieurs lieux. 15
le dernier Ressort de la justice est droit de souveraineté en France. ibid.
le dernier Ressort de la justice appartient au Prince souverain. ib.
plainte des Rochelois touchant leurs franchises & libertez. 101
pourquoi les Romains avoient en horreur la Seigneurie publique. 4
les Romains n'usoient de la Seigneurie publique sur les citoyens Romains, ni sur les terres d'Italie. ibid.
mais ils en usoient par tout ailleurs. ibid. & 5
à Rome, la Majesté étoit attribuée au peuple en general. 8
citoyens Romains ne plaidoient qu'à Rome. 82
les Romains & les anciens François ont distinctement pratiqué les deux sortes de Seigneuries, publique & privée. 4
Roturier doit vuider ses mains du fief de dignité. 41
le Roi ne peut mettre des Notaires és terres des Chastelains. 45
Roys ont facilement empieté la souveraineté sur les Estats. 32
au Roi seul doit resider la Seigneurie. 60
les Rois de la premiere race portoient le nom de la principale ville de leurs Royaumes. 26
Reine Mere n'a le titre de Majesté. 17
le Roi Louis Hutin, & ses successeurs ont esté contraints de racheter le droit de faire monnoye des Ducs & Comtes pour le réunir à la Couronne. 17
le Roi a surintendance sur les poids & mesures. 49
Rois, que sont proprement. 11
le Roi doit vuider ses mains en confiscation & des-herence. 71
quand le Roi oste la des-herence au haut Justicier. 72
le Roi succede seul à l'étranger, bien que naturalisé. ibid.
que ce n'est point le fief de dignité qui annoblit le Roturier, mais l'investiture du Roi. 41
pourquoy le Roi succede aux étrangers. 72
le Roi peut remettre la confiscation, au prejudice du Seigneur. 71
Rois se qualifient par la grace de Dieu, & pourquoy. 17
il n'y a que le Roi qui fasse loix en France. 14
le Roi n'est tenu de vuider ses mains pour la justice, comme pour le fief. 68
le Roi ne communique à ses Officiers qu'une puissance ordinaire & reglée, à savoir celle de jurisdiction. 75
le Roi peut mettre des Notaires és terres des hauts Justiciers, ayans droit de Notariat. 45
autre que le Roi ne peut faire levées de deniers. 16
selon l'Ordonnance de du Moulins, article 23. & le contenu d'iceluy. ibid.
le Roi permet aux peuples des Provinces coustumieres, de choisir certaines coustumes. 14
le Roy est distributeur de l'honneur mondain. 17
toute dignité procede de lui. ibid.
Rois de Dannemare, comment ont usurpé la souveraineté sur l'Empire. 18
Rois de Bourgogne & de Lorraine, comment furent appellez Ducs. ibid.
Le Roi seul peut eriger des Seigneuries. 22
Roys sujets au grand Seigneur des Turcs. 8
nom de Roi convient à toute sorte de Prince. 8
le Roi a justice sur les justiciables des Seigneurs, qu'en cas de ressort, & és cas Royaux. 78
termes de Roi convient mieux aux simples Princes qu'aux Princes souverains & pourquoy. 8

Table des Matieres.

les Roys feudataires du S. Siege, ou de l'Empire, selon Dodin 11.
loüange du Roy d'apresent. 10
Roys de France de la premiere lignée, n'estoient que simples Princes 15. & n'avoient de Souveraineté. ibid.
Roys de Rome n'estoient que simples Princes, quelques remarques sur ce sujet. ibid.
Roys des Merciers. 48. depuis appellez visiteurs. ibid.
Roys Payens, faisoient servir la Religion à l'Estat. ibid.
Roy de Boheme n'est qu'honoraire 19. & un des Principaux Officiers & Princes de l'Empire. ibid.
Royaumes de Naples & de Sicile, Royaumes honoraires sujets au S. Siege. 12
anciens Roys de Gaule, justiciables des Estats de leur Province. 9 & pour cette cause appellez par Cesar Reguli. ibid.
Roys sujets en Ethiopie, ibid. cinquante en nombre, selon Paul Joye. ibid.
Roys de Lacedemone quelquefois condamnez à l'amende, & à la mort. 9
le Roi n'avoit autrefois aucun droit dans les terres des Seigneurs 22
pourquoy les Roys appellent les Ducs leurs cousins. 29
un Roy ne peut endurer de compagnon. 11. encore moins de superieur. ibid.
Responce du Roy Louys Hutin aux habitans de la Champagne, touchant les cas Royaux. 81

S

Sacrilege, qu'est-ce. 17
Saisie generale pour la confection du terroir. 87
livre de Samuel des droits du Royaume. 10. supprimé selon les Rabins, par les Roys qui vinrent apres Saül. ibid.
Sauve-gardes. 86
Sebains, sont les Juges des villes au Capitol de Charlemagne. 99
du Sceptre Royal.
le Sceptre est signe de puissance, comme la Couronne est signe d'honnneur. ibid.
le Sceptre & la Couronne enseignes des Roys, ibid.
& son antiquité dans l'Escriture, ibid. de la matiere & forme d'iceluy. ibid.
Seel Royal estoit autrefois cas Royal, quand il y avoit soumission à la justice Royale. 81
pourquoy Sens a beaucoup plus de ressort que d'enclave. 69
il n'y a en France que trois Seaux attributifs de jurisdiction, ibid.
le Seau des Justices de villages, à qui appartient. 96
grands Seigneurs peuvent sous-infeoder, & acensiver, non autres. 31. ce qui se trouve par les livres des Fiefs. ibid.
Seigneuries mediocres, comment doivent estre erigées. 40
Seigneurs, qui sous la qualité de Seigneurs de villages, contraignent les habitans aux corvées, à nourrir les chiens, faire le guet en leur maison, à les suivre à la chasse : ce ne sont pas Seigneurs, mais tirans au voleurs. 60
mediocres Seigneurs font proclamations. 45
comment les grands Seigneurs estoient anciennement appellez. 70
si les grands Seigneurs peuvent créer des justices. 32
Seigneurs mediocres, s'ils ont droit de foire. 46
Seigneurs mediocres ont le commandement & la jurisdiction. 44
si les Seigneurs suzerains peuvent eriger des Seigneuries inferieures à la leur. 22. raisons de l'affirmative. ibid. resolution pour la negative. ibid.
Seigneuries mediocres doivent estre laissées aux Nobles. 48
grandes Seigneuries ne se partagent point. 30
division des Seigneuries mediocres. 22
qu'elles relevent les unes des autres, de degré en degré. ibid.
mediocres Seigneuries affectées aux Nobles.
Seigneur ne doit plaider en sa justice, sinon pour ses droits. 58
Seigneurs ne succedent aux bastards, si trois cas ne concourent. 73
Seigneuries appartenantes aux benefices, se gouvernent tout ainsi que les autres. 90
qu'il faut estre Seigneur pour faire un officier. 19
Seigneurs payent les dettes d'une descheance ou confiscation pro rata emolumenti. 72
Seigneurs directs ne sont pas vrais Seigneurs de village, ny les habitans tenus sujets. 60
neanmoins ils ont prescrit cette qualité. ibid.
Seigneurs, comment ont augmenté leur puissance. 56
mediocres & petites Seigneuries ne sont connues aux livres des fiefs. 35
grandes Seigneuries relevent directement du Prince. ibid.
grandes Seigneuries sont appellées fiefs Royaux, fief de Dignité, & Capitaineries. ibid.
Seigneuries mediocres, comment ont usurpé le droit de Bailliage. 41
Seigneurie publique mal-aisée à regler, & pourquoy elle n'a point encore esté regée. 1
Seigneurie publique n'a lieu directement que sur les personnes. 7
le mot de Seigneur que signifie. 3
Seigneuries, offices & fiefs tous ensemble. 6
Seigneuries indivisibles, estant qu'offices. 31
Seigneuries souveraines indivisibles. ibid.
grandes Seigneuries, se partagent par estimation seulement. ibid.
mediocres & petites Seigneuries se partagent en espece. ibid.

les faut neanmoins laisser entieres, tant que faire se peut. 19.
la Seigneurie ou dignité n'est visible actuellement. ibid.
Seigneurs de France anticiperent du commencement d'un degré par dessus la regle du droit Romain. 56
Seigneurie privée n'a plus directement que sur les personnes. 6
grands Seigneurs empeschoient au commencement les appellations. 99
evocation du principal par le Juge d'appel. ibid.
prohibée par les ordonnances modernes. ibid.
& les anciennes. ibid.
Seigneurie, in contreto, ou terre seigneuriale. 8
Seigneurs avoient autrefois la directe des personnes, aussi bien que des heritages, 5. & qu'elle estoit leur puissance publique. ibid. qu'ils avoient l'administration de la justice, aussi bien que des armes. ibid.
Seigneuries de sufferance, qu'est ce. 32
Seigneur de fief n'a que la Seigneurie directe. 6
Seigneurie directe qu'est-ce, & comment devroit estre nommée. ibid.
la Seigneurie ne peut estre tenue qu'en fief. 20
comment les moindres Seigneurs peuvent infeoder & acensiver. 32
Seigneurs ne sont à present receus comme officiers. ibid.
les grandes Seigneuries de nouveau erigées sont reversibles à la Couronne, & les anciennes non. ibid.
la Seigneurie reside directement au fief. 20
Seigneurie directe, n'est qu'une espece de Seigneurie privée. 60
comment les Seigneurs ont usurpé la puissance publique. ibid.
Seigneurie publique, qu'est-ce. 4
ce que c'est que Seigneurie publique, & comme elle a commencé, & son establissement par l'usurpation des Seigneurs. ibid.
pourquoy les Italiens & Espagnols ont les mots de Seigneur & Seigneurie si frequentes en leurs propos. 3
l'erection d'une Seigneurie de dignité, erigée par autre que par le Roy, est du tout nulle. 14
ce qui eleve les Seigneuries suzeraines. 22
le mot de Seigneur vient de Senior. 3
Seigneur doit estre intimé sur l'appel de son Juge, & non le Procureur fiscal, & pourquoy. 58
Seigneurs mediocres ont encore droit à present de connoistre des causes. 11
la Seigneurie n'a plus d'autre puissance publique que la justice. 10
les Seigneurs ont pris leur denomination de l'office. 20
deux sortes de Seigneuries. 10
deux sortes de seigneurie publique. 10
grandes Seigneuries doivent relever du Roy. 30
grandes Seigneuries, pourquoy dites, & comment different des autres. 25
qu'il n'y a point d'inconvenient que les Seigneuries soient erigées par le Roy, & neanmoins relevent des Seigneurs immediats. 23
les grandes Seigneuries participent aux hommes de souveraineté. 31
comment les Ducs & Comtes de France sont devenus derechef simples Seigneurs suzerains. 28. le ressort des Justices les a remis en cet estat.
Seigneurs prenans les biens par confiscation, s'ils peuvent estre convenus chacun pour un tiers pour les dettes. 72
Seigneur ne peut estre represené par aucun autre. 63
pourquoy les grandes Seigneuries relevent du Roy seulement, & non de la Couronne. 30
Seigneurs directs du contour de l'Eglise, n'ont les honneurs d'icelle. 71
il n'importe à present que les grandes Seigneuries tombent en quenoüille. 53
Seigneur n'est recevable à debatre la remission ou grace d'un criminel, sous pretexte de la confiscation. 58
deux sortes de Seigneurie privée. 6
quatre cas ausquels les Seigneurs pretendent avoir droit de taille sur le peuple, quels. 17
Seigneurie directe, qu'est-ce. 5
Seigneurie privée, qu'est ce. 4
Seigneurie emporte proprieté, & pourquoy. ibid.
Seigneurie devroit estre appellée Sieurie, & pourquoy. ibid.
Seigneurs succedans par descheance & confiscation, sont tenus des dettes. 72
Seigneurs honoraires, chose notable. 30
le mot de Sieur vient de Sien. 3
que les Seigneuries de dignité sont composées des moindres. 24
la Seigneurie publique a lieu sur les personnes, & sur les biens, & comment. 4
Sepulchres particuliers aux familles. 65
Sepulchres sont particuliers, quand il y a voute. ibid.
droit de Sepulture. 64
Sentences des Magistrats avoient force pour tousjours à Rome aussi bien qu'en France. 14
Sentences capitales prononcées en Angleterre, avec grandes ceremonies.
Seigent ne peut renvoyer qu'en vertu du Committimus. 87
Seigent doit monstrer sa commission au Juge du lieu. ibid.
les petits Magistrats avoient de bas sieges, comme subsellia, que Dion appelle Βαζεη. 58
Signes visibles des Justices & Seigneuries. 34

Table des Matieres.

trois significations d'Edict, 47
Site, Situérie, qu'est-ce. 37
Souveraineté reside en l'Estat, & se communique aux Seigneurs d'iceluy. 8
du pouvoir des Souverainetez. 14
la Souveraineté des Roys, forme d'Estat plus stable de toutes. 12
difference de Souveraineté entre les simples Princes, les Princes Souverains & les Seigneurs. 9
tout le fait des armes est à present reservé au Souverain 10
Souveraineté propre inseparablement à l'Estat. ibid.
la Souveraineté est la forme de l'Estat. ibid.
Souveraineté comble & periode de puissance. 8
la Souveraineté reduit plus parfaitement en la Monarchie, qu'en la Democratie, ou Aristocratie. 8
Souverain est celuy qui ne reconnoist point de superieur. 10
les droits de Souveraineté ne sont, ny prescriptibles par les sujets, ny communicables à eux.
exemples sur ce sujet. ibid.
Comment les Ducs & Comtes tascherent de se faire Souverains. 17
la Souveraineté reside aux Estats de l'Empire, & non à l'Empereur, selon Bodin. 10
Pourquoy on reserve la Souveraineté en creant les principautez. 10. & quand telle reserve est necessaire. ibid.
Souveraineté se mesure par la Seigneurie, & non par le sujet. 10
Si ne tenir que de Dieu, est marque de Souveraineté. 14
Souveraineté signifie par fois le ressort de Iustice. 16
Souveraineté privée n'a point de correspondance avec la publique. 6
Subtilité de l'Empereur Antonin, pour oster les privileges des citoyens Romains. 5
le sujet auquel son Prince a mis les Armes à la main pour une juste guerre, ny peche point en tuant l'ennemy. 10
Subjection, correlative de la Seigneurie publique. 10
sçavoir si le sujet du Prince souverain venant à acquerir une Monarchie sera par apres Prince sujet. ibid.
Sujet à qui se peut referer. 60
trois sortes de Successeurs en France. 70
Succession des bastards legitimez, à qui appartient. 73
Succession s'estend tant que la lignée se peut monstrer. 16
Succession des enfans des bastards mourans sans enfans. 73
moderne erection de la Pairie de Sully. 67
Superieur que signifie proprement. 10
Suzeraineté, qu'est-ce. 6

T

Tenir par dignité, qu'est-ce. 6
anciennement les Tailles n'estoient ordinaires en France, & les subsides ne se levoient que du consentement des Estats. 16
Terres de la Gaule comment distribuées par les François apres la conqueste d'icelle. 7
deux especes de Terres Seigneuriales. 8
cinq cas ausquels la Terre peut reconnoistre autre justice que celle du territoire. 67
Terres relevantes des simples fiefs, ne sont pas vrais fiefs. 35
Terres laissées en friche. 74
papier Terrier. 70
Territorium à terra. 66
Territorium à terrendo. ibid.
Territoire ne regle pas seulement la Iustice, mais aussi la coustume. 68
Territoire domanial. 70
si tout ce qui est dans le territoire est presumé estre de la justice. 67
Territoire du fief. 67
droit du Territoire qu'emporte. 66
celuy qui a justice sur ses censiers & sur ses vassaux, n'a droit de Territoire. 67
si la Terre accensivée sans le consentement du Seigneur, demeure feodale. 32
Territoire limité, comment se doit entendre. 67
Je Territoire & demeurance fait la subjection de la personne. 10
comme le Prince peut dire adapté à tous Seigneurs qui participent à la Souveraineté.
difference des termes dont on doit user en la vente d'une terre & d'un Chasteau. 21
Testament estoient attribuez à la jurisdiction Ecclesiastique. 94
aucuns abus touchant les Testamens. ibid.
Titre de Iurisdictione interpreté. 75
Titre de Roy de sa nature emporte souveraineté. 10
Titre vicieux ôte l'effet de sa prescription. 14
Titre de Majesté que signifie. 7
pourquoy le Titre de Monseigneur est plus honorable, que celuy de Monsieur. 7
Titre du Seigneur de village qu'emporte. 60
Titre des Princes qui ne sont pas parfaitement souverains. 17
à quelle condition la Toscane se donna aux Romains. 5
Tradition des clefs faite aux Apostres, qu'emporte. 91
Tradition d'anneau aux Ducs & Comtes, que signifie. 28
Travers proprement que signifie. 51
Travers est du droit de souveraineté. ibid.

droit de Travers, quid. 50
Traversé. ibid.
Tribut entre les Romains, marque de subjection. 10
Tribut ou Cens des Romains, marque de Seigneurie publique. 5
Tricheries qui se font en la prevention. 70
Trois sortes ou degrez de Ducs & Comtes. 22
Turba, quid. 83
Turba & Rixa. ibid.

V

Varieté & difficulté des grandes Seigneuries. 25
tout ce qui est Vacant dans le territoire appartient au haut justicier. 71
de l'assistance en guerre que les Vassaux doivent à leur Seigneur de fief. 10
cause pour laquelle Valery Duc de Florence fut tué. 16
Vassaux du Royaume sont autres que Capitaines. 30
comment les Vassaux du Royaume usurperent le titre & la charge de Capitaine. ibid.
Duc de Venise justiciable de la Seigneurie, laquelle fit pendre le Duc Falieri, & a fait mourir jusques à douze autres Ducs. 9
Duc de Venise seulement premier Senateur. ibid.
la Verité se peut trouver, & estant trouvée doit demeurer la Maistresse. 1
Via publica, privata, agraria. 50
Vicomtes de Normandie quels ils sont, & de leurs charges. 23
Vicomtes, sont demeurez simples Officiers. 22
Vicomtes sont plus que les autres Lieutenans. 22
Vicomtes n'avoient autrefois que la moyenne justice. ibid.
Vicomtes, Viguiers, Prevosts & Chastelains de leur origine estoient les Lieutenans des Ducs & Comtes. 81
Vicomtes establis par les Roys. 36
Vicomtes precedent les Barons. 48. Posé qu'ils relevent de Seigneurie égale. ibid.
Vicomtes seigneurs de quatre sortes. 36
Vicomtes relevans de la Couronne quels. ibid.
Vicomtes de Milan usurperent la Seigneurie sur les Archevesques qui en étoient Comtes. ibid.
Vicomtes relevans du Roy, quels. ibid.
Vicomtes relevans des Comtes, quels. ibid.
quelle part les Vicomtes estans officiers avoient accoustumé de prendre en la justice des Comtes. 36
Vicomtes, comment faits seigneurs, comme aussi les Chastelains de villages. ibid.
Vice-Roys sont plus que lieutenans de Roy. 6
Via vicinales. 50
Vidame est celuy qui represente & tient la place de l'Evesque entant que seigneur temporel. 36
charge des Vidames estoit d'exercer la justice temporelle des Evesques. 36
Vidames relevent des Evesques. ibid.
Vidames ont changé leur office en fief. ibid.
Vidames ont pris le nom de leur ville Episcopale. ibid.
n'y a Vidame qu'un Evesché. ibid.
Vidames sont plus que les Vicomtes, & pourquoy. ibid.
Vidames prestent le serment au Roy en sa Chambre des Comptes, & pourquoy. ibid.
deux sortes de justices attributives aux villes par le Chancelier de l'Hospital. 106
Vidames precedent les Vicomtes. 37
Village se peut fermer par permission du Roy. 46
Villes jurées. 49
sommaires des justices des villes Romaines. 98
auctorité affectée aux Vieillards. 3
Victuri, quid. 50
Illudere, Vitas alienas, quid. 77
d'anciennété le Seigneur peager devoit respondre du Vol fait en son chemin. 52
de l'union du fief & justice. 21
invention des anciens François. ibid.
quelle est l'union du fief & justice en la seigneurie. ibid.
grand Voyer de France. 50
qui est Voyer aux autres Villes. ibid.
gros Voyer, petit Voyer. 58
il n'y a Voyer qu'à Paris, le Roy és terres des Seigneurs, au moins és chemins Royaux. 50
Voirie pretendué par le Roy és terres des Seigneurs, au moins és chemins Royaux. 50
Voyer se Coustumes, que signifie. 50
la charge de Voyer de Paris est differente de celle des Commissaires du Chastelet. ibid.
Usage de la Seigneurie publique doit estre reglé par justice. 15
divers Usages des Seigneuries publiques & privées, & comme on en doit user. 4. & divers effets d'icelles. ibid.
que l'Usage fait loy en matiere de seigneurie. 15
Usage de la Noblesse. 62
Usurpation a donné origine & commencement presque à toutes les Iustices de France. 23
Usurpation suivie d'une longue jouyssance fait loy aux Souverainetez. 12
Usurpation des Iustices. 67

FIN.

TRAITÉ DES ORDRES, ET SIMPLES DIGNITEZ.

AVANT-PROPOS.

1. Ordre necessaire à toutes choses.

IL faut qu'il y ait de l'Ordre en toutes choses, & pour la bien-seance, & pour la direction d'icelles. Le monde même est ainsi appellé en Latin, à cause de l'ornement & la grace provenant de son admirable disposition, & en Grec κόσμος, à cause de son bel Ordre & agencement : parce que le parfait Ouvrier εἰς τάξιν αὐτὸν ἐκ τῆς ἀταξίας ἤγαγεν, dit Platon en son Timée, que Ciceron au 5. des loix tourne, *ex inordinato ordinem constituit.*

2. Ordre general du monde.

Les creatures inanimées y sont toutes placées selon leur haut ou bas degré de perfection : leurs temps & saisons sont certaines, leurs proprietez sont reglées, leurs effets sont asseurez. Quant aux animées, les Intelligences celestes ont leurs Ordres hierarchiques, qui sont immuables. Et pour le regard des hommes qui sont ordonnez de Dieu, pour commander aux autres creatures animées de ce bas monde, bien que leur ordre soit muable & sujet à vicissitude, à cause de la franchise & liberté particuliere, que Dieu leur a donné au bien & au mal ; si est-ce qu'ils ne peuvent subsister sans Ordre.

3. Ordre parmy les hommes.

Car nous ne pourrions pas vivre ensemble en egalité de condition, mais il faut par necessité, que les uns commandent, & que les autres obeïssent. Ceux qui commandent ont plusieurs Ordres, rangs, ou degrez : les Souverains Seigneurs commandent à tous ceux de leur Etat, adressans leur commandement aux grands, les grands aux mediocres, les mediocres aux petits, & petits au peuple. Et le peuple, qui obeyt à tous ceux-là, est encore separé en plusieurs ordres & rangs, afin que sur chacun d'iceux, il y ait des Superieurs, qui rendent raison de tout leur Ordre aux Magistrats, & les Magistrats aux Seigneurs Souverains.

4. Effet de l'Ordre.

Ainsi par le moyen de ces divisions & subdivisions multipliées il se fait de plusieurs Ordres un Ordre general, & de plusieurs Etats un Etat bien reglé, auquel il y a une bonne harmonie & consonance, & une correspondance & rapport du plus bas au plus haut : de sorte qu'enfin par l'Ordre un nombre innombrable aboutit à l'unité. *Ad hoc summi dispensatoris provisio gradus diversos, & ordines constituit esse distinctos, ut dum reverentiam minores potioribus exhiberent, & potiores minoribus dilectionem impenderent, vera concordia fieret, & ex diversitate connexio. Non enim universitas poterat alia ratione subsistere, nisi magnus eam differentia ordo servaret : quia quaque creatura in una eademque qualitate gubernari non potest. Quod nos cælestium militiarum exemplar instruit : quia dum sunt Angeli & Archangeli, liquet quod non sunt aquales, sed in potestate & ordine differunt alter ab altero,* dit le Canon dernier de la distinction 89.

5. Ordre d'une armée.

Comment pourroit un General d'Armée être obey en un moment par tous les Soldats d'icelle, si l'Armée n'étoit divisée par Regimens, les Regimens par Compagnies, les Compagnies par escoüades ? que si le commandement du General étant incontinent porté aux Maîstres de Camp, puis par eux au Capitaines, par les Capitaines aux Caporaux, & par ceux-cy aux simples soldats, le moindre soldat de l'Armée en est averty en fort peu de temps. Mais l'effet de l'ordre est encore plus admirable en un Etat, qu'en une Armée. Car l'Armée est serrée en peu de lieu, & l'Etat est étendu ordinairement en un grand pays. L'Armée dure peu de temps en son entier, & l'Etat dure quasi toûjours. Et cela se fait par la vertu de l'ordre.

6. Ordre d'un Etat.

Car le Souverain a ses Officiers Generaux prés de luy, qui envoyent ses mandemens aux Magistrats des Provinces, ceux-là à ceux des villes, & ceux des villes les font executer par le peuple.

7. Ordre divers de France.

Voilà quant à ceux qui commandent, & quant au peuple qui obeit, parce que c'est un corps à plusieurs têtes, on le divise par Ordres, Etats, ou vacations par-

Des Ordres, A

Des Ordres

ticulieres. Les uns sont dediez particulierement au Service de Dieu, les autres à conserver l'Estat par les armes, les autres, à le nourrir & maintenir par les exercices de la paix. Ce sont nos trois Ordres ou Estats Generaux de France, le Clergé, la Noblesse, & le tiers-Etat. Mais chacun de ces trois Ordres est encore subdivisé en degrez subordonnez, ou Ordres subalternes, à l'exemple de la Hierarchie Celeste, dont traitant saint Denys l'Areopagite, dit elegamment, ἔστι ἱεραρχιῶν ἄλλη τις ἁπλὴ ὕπαρξις πρὸς τῆν πᾶσαν ὑπεροχὴν τάξιαρχίας, τὸ καθ᾽ ἑκάστην ἱεραρχίαν μέσουσα, τελευταῖα εἶναι τάξεις τῇ τῆ δυνάμεις, τῷ πτῶσιν εἶναι τοὺς θειοτέρους μυστὰ, τῇ χειραγώγοις, ἐπὶ τὴν θείαν προσαγώγην τῇ ἐλλαμψιν κοινωνίας.

9. De même. Les degrez ou Ordres subalternes du Clergé sont assez notoires : car outre les quatre Mineurs, & celuy de Tonsure, il y a les Ordres sacrez du Soudiacre, Diacre, Prêtre, Evêque, & enfin on a ajouté celuy de Cardinal, & s'il y a encore les divers Ordres des Moines. Ceux de la Noblesse sont la simple Noblesse, la haute Noblesse & les Princes. Finalement au Tiers-Etat, qui est le plus ample, il y a plusieurs Ordres ; à sçavoir des gens de Lettres, de Finance, de Marchandise, de Mestier, de Labour & de Bras : dont toutefois la pluspart sont plustost simples vacations, qu'Ordres formez.

Ayant donc traité par cy-devant de ceux qui ont le commandement ou puissance publique, soit par eux-mêmes & par fonction, qui sont les Officiers, soit par autruy, & en simple propriété, qui sont les Seigneurs : il reste maintenant d'expliquer les Ordres & rangs divers de ceux qui obeyssent, qui est la troisiéme espece de Dignité, outre les Offices & Seigneuries, qu'il estoit necessaire de traiter aprés les deux autres, afin que toutes les trois especes fussent expliquées. Et parmy les Ordres, je traiteray encore des simples Dignitez, qui ne sont vrayement ny Office, ny Seigneuries, ny Ordres : dont j'en poseray pareillement trois especes ; à sçavoir, les offices, Seigneuries, ou Ordres honoraires, les Epithetes, & les Avant-noms, matiere qui n'est pas moins utile & agreable, que les precedentes.

CHAPITRE PREMIER.

De l'Ordre en general.

1. Si le Senat Romain étoit Ordre, ou Office.
2. Et les Decurions.
3. Que c'est qu'Ordre.
4. Taxis.
5. Estat.
6. Definitions des trois especes de Dignité.
7. Preuve de la definition de l'Ordre.
8. Resolution de la question des Decurions.
9. Et des Senateurs.
10. Autre difference en l'Ordre & l'Office.
11. Preuve.
12. Belle description de l'Ordre.
13. Faut plus de solemnité à conferer l'Ordre, que l'Office.
14. Solemnitez de la collation de l'Ordre.
15. Habits particuliers, ou autres enseignes des Ordres Romains.
16. Baudrier.
17. Robe longue.
18. Tonsure.
19. Habits des Ordres Ecclesiastiques.
20. Enseignes des Ordres de Noblesse.
21. Et de ceux du Tiers-Etat.
22. Difference d'habits.
23. Titres provenans des Ordres.
24. Epithetes.
25. Avant-nom.
26. Du rang des Ordres.
27. Rangs au theatre à Rome.
28. Qu'il n'en faut point de Loix.
29. Loix Theatrales de Rome.
30. Rang doit estre gagné & maintenu par douceur.
31. Rang des Ecclesiastiques avec les Nobles.
32. De même.
33. Rang des Gentils-hommes avec les Officiers.
34. De même.
35. De même encore.
36. Quel rang les Ordres ont entr'eux.
37. Degrez des Ordres.
38. Degrez subalternes.
39. Ordres du Tiers-Estat.
40. Du pouvoir des Ordres.
41. Des profits des Ordres.
42. De ordinariis & extraordinariis cognitionibus.
43. Explication de la Loy 1. §. 1. D. De Decur.
44. Deniers d'entrée aux Ordres.
45. Simonie a lieu proprement aux Ordres.
46. De la perte de l'Ordre.
47. De la resignation de l'Ordre.
48. Demission.
49. Son effet.
50. Exemple.
51. Epithetes des Offices demeurent aprés la resignation.
52. De la forfaiture de l'Ordre.
53. Quand l'Ordre se perd avec l'Office.
54. Quels Ordres se perdent par infamie.
55. Comment l'Ordre se perd ex genere poenæ.
56. Degradation actuelle, ou verbale.
57. Pourquoy se fait la degradation actuelle.

1. Si le Senat Romain étoit Ordre, ou Office. C'EST une grande dispute entre deux Jurisconsultes modernes, si le Senat Romain étoit un Ordre, ou bien une compagnie d'Officiers. Car Budée sur la loy derniere *De Senat.* dit que c'étoit un ordre, attendu qu'au droit, & dans les autres bons Livres, il est toûjours appellé *Ordo amplissimus*, & les Senateurs n'y sont jamais qualifiez Officiers, ou Magistrats. Cagnole l'en reprend, & soustient Accurse & les anciens Docteurs de sa note, qui abusez par l'usage de leur temps, ont dit tous d'une voix, que le Senat Romain étoit un corps d'Officiers. La difficulté est encore toute semblable en la dignité de Decurions, c'est à dire, des Conseillers des villes de l'Empire Romain, veu qu'au droit elle est tantôt appellée *Ordre*, & tantôt *Honneur*, qui est

à dire office de ville ou Republique : *Honor enim est administratio Reipublicæ cum dignitatis gradu*, dit Callistrate en la loy 14. *De muneribus & Honoribus.*

Or je n'ay plus qu'à traiter de l'Ordre. Car la nature de l'office a esté assez expliquée aux cinq livres des offices. L'Ordre donc, duquel ce Livre est dedié, est une espece de dignité, ou qualité honorable, qui d'une même nom, & d'un même nom appartient à plusieurs personnes, ne leur attribuant de soy aucune puissance publique en particulier : mais outre le rang qu'elle leur donne, elle leur apporte une aptitude & capacité particuliere, pour parvenir ou aux offices, ou aux Seigneuries : & est appellée *Ordre*, soit parce qu'elle

en general, Chap. I.

n'attribué par effet à la personne que le rang d'honneur, soit parce qu'elle met celuy qui l'a, en ordre & en rang de parvenir à la puissance publique. Elle est en Grec appellée τάξις, comme qui diroit une classe & condition certaine de personnes, & en François on la nomme particulierement *Etat*, comme étant la dignité & qualité la plus stable & la plus inseparable de l'homme : ainsi qu'il sera prouvé en son lieu. Et quant à sa définition, l'ordre peut être défini, *Dignité avec aptitude a la puissance publique*.

Car comme j'ay dit au commencement du 1. Livre *Des Offices*, il y a trois especes de dignité, l'Office, la Seigneurie, & l'Ordre : lesquelles ont non seulement leur genre commun, qui est la dignité, mais aussi beaucoup de convenance en leur difference, qui est la puissance publique, à laquelle chacune de ces trois especes participe differemment. Car l'office a la fonction ou exercice : & partant je l'ay défini *Dignité avec fonction publique* : la Seigneurie en a la proprieté, aussi l'ay je définie *Dignité avec puissance publique en proprieté* : & finalement l'Ordre n'en a que l'aptitude, c'est pourquoy j'ay dit pour sa definition, que c'est *Dignité avec aptitude a la puissance publique*.

Par exemple la Clericature est un Ordre, qui de soy n'apporte aucune puissance publique, mais qui neanmoins rend celuy qui en est honoré capable des Benefices & Offices Ecclesiastiques. Pareillement la Noblesse est un Ordre qui de soy n'est point une Charge publique, mais qui donne à celuy qui est noble une aptitude à plusieurs beaux offices & Seigneuries affectées aux Nobles. De même être Docteur ou Licentié és Loix n'est point un office, mais c'est un ordre necessaire pour parvenir aux Offices de Judicature. D'où s'ensuit, que l'Office suit l'ordre, & est conferé à celuy qui est de l'ordre, auquel il est affecté. Que s'il y a quelques ordres qui ayent fonction publique, encore ne l'ont-ils qu'en corps, & non en particulier, & lors on peut dire, qu'ils participent de la nature des Offices.

Ainsi donc la difficulté qui vient d'être proposée touchant les Decurions est aisée à resoudre. Car c'est la verité qu'ils participoient de l'Ordre & de l'Office. De l'Ordre, entant que c'étoit un rang honorable de personnes, separé du surplus du peuple, & une qualité requise pour parvenir aux Offices de la Ville, esquels principalement residoit l'administration de l'Office aussi, entant qu'ils participoient en quelque façon à cette administration, même étoient tous responsables en leurs biens des affaires des villes. Ainsi donc participant de l'un & de l'autre, il ne faut pas trouver étrange, que le Decurionat soit quelquefois appellé *Honor*, & communément *Ordo*. De même le Senat Romain de sa premiere Institution étoit un pur Ordre, n'ayans les Senateurs aucun commandement ny administration, au moins en particulier. Mais ayant été reduit sous les Empereurs, comme en sa Justice ordinaire, ainsi qu'il sera traité au chapitre suivant, il a dés-lors participé à la nature de l'Office.

Il y a encore une autre difference bien signalée entre l'Ordre & l'Office, à sçavoir que l'Office *est quid positivum*, qui peut subsister à part, sans qu'aucun en soit pourveu, & qui passe d'une personne à autre, sans se perdre & aneantir tout à fait : bref l'Office semble être sous la categorie de substance. Au contraire l'Ordre n'est rien de positif, & n'est point une substance qui puisse subsister de soy-même, mais est un simple accident, & est sous la categorie de qualité ; étant aussi une simple qualité inseparable de la personne, qui entre en elle, & qui n'est point transmissible à un autre, au moins *in individuo*, & *ipsamet numero*, mais seulement une semblable qualité.

Par exemple, l'Office de Baillif, Lieutenant, & Procureur du Roy subsiste sans que personne en soit pourveu, & ne perit pas quand l'Officier meurt, ou qu'il se resigne, mais ne fait que changer de maistre : mais la qualité de Prêtre, de Chevalier, de Licentié és Loix, naist & perit avec la personne, comme Des Ordres,

n'attribué par effet à l'accident de perir avec son sujet. Et bien qu'après la mort d'un Chevalier, un autre soit mis en sa place, ce n'est pas pourtant la même qualité individuelle qui luy est baillée, mais une autre toute semblable.

Pour conclusion il y a un beau passage dans Cassiodore, *libro sexto Variarum epistola secunda*, qui rapporte fort bien les qualitez de l'ordre, où parlant du Patriciat, qui étoit une espece d'ordre, *Honor ille*, dit-il, *cinctus est & tamen vacat, nihil jurisdictionis habens, & judicantis cingulum non deponens. In quo perpetua felicitas nascitur, dum successoris ambitio non timetur. Nam mox, ut datus fuerit, homini fit coevus, ornatus individuus, cingulum fidele, quod nescit ante deserere, quam de mundo hominem contingat exire*.

Donc afin de parcourir icy en general la nature de l'Ordre, il faut considerer en premier lieu, que comme il est plus inherent & inseparable de la personne que l'office, parce qu'il luy forme son Etat, & luy imprime un caractere perpetuel, il faut aussi ordinairement plus de solemnité à le conferer, & plus de façon à l'oster que l'office. Car l'office est conferé par la simple volonté & parole ou du collateur, ou des electeurs, *solo verbo fit gratia*, disent les Canonistes : & pour la preuve de cette grace, on prend provision des offices collatifs, mais non pas des électifs, au moins quand l'élection est notoire & publique : quoy qu'il en soit dés-lors de cette collation ou élection, on est fait Seigneur de l'office, qui faisant le serment en est fait officier. Car il ne faut pas considerer les ceremonies usitées à present en la reception des officiers, qui n'ont été introduites sinon depuis que sans choix ny distinction on a commencé de conferer les offices au plus offrant & dernier encherisseur.

Mais c'est de tout temps, qu'on a examiné : ou autrement éprouvé la capacité de ceux qu'on vouloit admettre aux ordres, soit entre les Romains par les Censeurs, & depuis par les Empereurs même, *Admittendos in Senatum examinare cogit sollicitus honor Senatus*, dit Theodoric dans Cassiodore, & Lampride nous rapporte l'exacte enqueste que faisoit ce sage Empereur Alexandre Severe en la reception des Senateurs. Soit en l'Eglise ancienne, *tit. De scrutinio in ordine faciendo*, comme il a été prouvé au premier livre, & outre cela nous voyons, qu'il y a encore certaines ceremonies en grand nombre en l'acte même de conferer toutes sortes d'ordre, soit Ecclesiastiques, sacrez, ou non sacrez, & même à conferer les ordres de Religion, à sçavoir le Noviciat & la Profession : A faire des Chevaliers il y en a d'autres toutes differentes : & ce qu'il n'y en a point à faire les Princes & les Gentils-hommes, est que ces ordres sont heteroclites, entant qu'ils viennent de race & non de concession particuliere. Bref, à faire des Licentiez & des Docteurs, des Advocats & Procureurs, & jusques à des maistres des metiers, on voit qu'il y a des certaines solemnitez.

Outre plus, chacun ordre a ordinairement sa marque particuliere, enseigne, ou ornement visible, dont il est orné solemnellement dés l'entrée d'iceluy : comme par exemple les Senateurs Romains avoient *tunicam lati clavi*, & *calceos lunatos*, les Chevaliers Romains avoient *tunicam angusti clavi*, & *annulum* : les simples Citoyens avoient *tunicam rectam*, *seu sine clavis* : & la marque generale du Citoyen Romain étoit la robe de dessus appellée *toga* ; ce qui sera expliqué au ch. suivant. Finalement la marque du gend'arme étoit *cingulum militare*, appellé en un mot *balteus*, que nous avons tourné baudrier.

Et comme les anciens Citoyens Romains avoient la toge, aussi maintenant tous ceux du Clergé portent indifferemment la robe longue, laquelle, selon le Ceremonial Romain (comme il est dit au ch. 2. *De pannis* in 6.) doit être vétuë publiquement à celuy qui reçoit ton-

Marginal notes:
4. Τάξις.
5. Etat.
6. Definitions des trois especes de dignité.
7. Preuve de la definition de l'Ordre.
8. Resolution de la question des Decurions.
9. Et des Senateurs.
10. Autre difference entre l'Ordre & l'Office.
11. Preuve.
12. Belle description de l'Ordre.
13. Faut plus de solemnité à conferer l'Ordre, que l'Office.
14. Solemnitez de la collation de l'Ordre.
15. Habits particuliers, ou autres enseignes des Ordres Romains.
16. Baudrier.
17. Robe longue.

A ij

Des Ordres

tre, qui est l'entrée des Ordres Ecclesiastiques. Et par où cette tonsure est commune aux Ecclesiastiques & aux gens de lettres, les Ecclesiastiques au moins ceux qui sont constituez aux Ordres sacrez, portent pour marque particuliere, la tonsure de leur teste, autrement

18. Tonsure. appellée, *couronne*, qui anciennement étoit la marque commune & generale de tous ceux du Clergé, qui étoient tous Clercs tonsurez, étant même portée par ceux qui n'avoient que le simple Ordre de tonsure, ainsi qu'on voit encore à present, que les enfans de chœur la portent : même du temps que les Clercs mariez jouïssoient des privileges de clericature, il falloit qu'ils fussent trouvez *in habitu & tonsura*, comme j'ay dit au penultième chapitre *Des Seigneuries*.

19. Habits des Ordres Ecclesiastiques. Outre cette marque generale, les Acolytes, & les autres Clercs des quatre Ordres Mineurs portent le Surplis ou l'Aube, c'est à dire, la robe blanche, qui à Rome aux derniers temps étoit une marque de Dignité, comme à nous la robe, ce que meriteroit un discours à part : les Subdiacres ont pour marque de leur Ordre le Phanon : les Diacres l'Etole : les Prêtres la Chasuble : les Evêques ont la Mitre, la Crosse, les Gands, & l'Anneau : les Cardinaux ont le Chapeau ou Bonnet & la robe d'écarlate. De partie desquels ornemens Ecclesiastiques est fait mention au Can. Can. *Episcopus* 11. quæst. 3. Bref les Religieux ont la Couronne ou Tonsure plus large que les Clercs seculiers : même les Jesuites, qui sont demy-Seculiers & demy-Religieux, ont leur Couronne de moyenne grandeur entre celle des Seculiers & des Religieux : & outre chacun Ordre de Religieux a son habit distinct, je dis distinct non seulement d'un Ordre à autre, mais aussi du Novice au Profez de même Ordre de Religion.

20. Enseignes des Ordres de Noblesse. Entre les Nobles, les simples Gentils-hommes ont leurs armoiries tymbrées : les Chevaliers ont les éperons & harnois dorez (au moins c'étoit anciennement leur marque particuliere, mais maintenant en a qui en veut acheter) les Chevaliers de l'Ordre ont le collier, ou autre marque de leur Ordre : bref les Princes ont le manteau de Prince, qu'il seroit bien seant qu'ils portassent toûjours.

21. Et de ceux du Tiers-Etat. Entre roturiers, les Docteurs, Licentiez, & Bacheliers ont le chaperon de diverse sorte, selon les diverses Facultez, outre la longue robe, qui leur est commune avec les Ecclesiastiques : les Advocats ont la cornete, les Procureurs n'ont que la longue robe, qui les rend differens des simples Praticiens, qui n'ont serment à Justice : & ont mal à propos usurpé aux Cours souveraines le chaperon à bourlet, non fourré, lors que les gens de lettres le portoient fourré : mais il ne se faut pas étonner, que de tout temps les Avocats l'ayent porté semblable aux Presidens & Conseillers, dautant que le chaperon n'est pas l'ornement de l'office, mais de l'Ordre de Licentié és Loix, qui leur est commun à tous.

22. Difference d'habits. Voilà pour les marques & ornemens de chacun Ordre, dont il y a un tres-beau passage dans Lampride *in Alex. Sev. In animo habuit omnibus Officiariis genus vestium proprium dare, & omnibus dignitatibus ut à vestitu dignoscerentur. Sed hoc Ulpiano Pauloque displicuit, dicentibus, plurimum rixarum fore, si faciles homines essent ad injurias. Tum satis esse constituit, ut Equites Romani à Senatoribus clavi qualitate discernerentur.*

23. Titres provenans des Ordres. Mais outre cet ornement externe, il provient des ordres deux autres prerogatives d'honneur ; à sçavoir le titre & le rang. Pour le regard du titre, il est notoire que chacun se peut titrer & qualifier du titre de son ordre, & en accompagner son nom encore plûtost que de celuy de son office : parce que l'ordre est encore plus inherent à la personne que l'office, qui est cause que le titre de l'ordre demeure apres la demission, comme il sera dit incontinent : bien que le titre de l'office ne demeure plus apres la resignation. Aussi le titre de l'ordre doit toûjours être mis immediatement apres le nom, & devant le titre de l'office, parce que l'office est le plus souvent conferé en consequence de l'ordre, auquel il est affecté, comme il vient d'être dit.

24. Epithetes. Même l'ordre, aussi bien que l'office, produit encore certains Epithetes, ou titres à honneur, usitez & à Rome & en France : comme à Rome les titres de *Illustres, Spectabiles, Clarissimi, Perfectissimi, Egregii* : en France ceux de *Chevalier, Conseiller du Roy, Escuyer*, & plusieurs autres. Titres, qui ne sont pas directement attribuez aux personnes, comme ceux des ordres & offices, mais concernent immediatement les ordres & offices même : *suntque Epitheta sive attributa certorum ordinum & officiorum*. Et neanmoins à cause de la ressemblance qu'ils ont aux vrais ordres, ils sont reputez comme ordres honoraires & imaginaires : c'est pourquoy ils sont ajoutez immediatement apres le nom, ainsi que les vrais ordres, même aucuns d'iceux sont mis devant le nom.

25. Avant-nom. Comme aussi l'ordre produit encore, aussi bien que l'office, cette autre qualité, qui nous est particuliere en France, qui s'appelle l'*avant-nom*, de laquelle, ainsi que des ordres ou offices honoraires, & encore des Epithetes, qui sont les trois titres que j'appelle *simples Dignitez*, en l'inscription de ce Livre, je traiteray aux deux derniers Chapitres.

26. Du rang des Ordres. Quant au rang, qui est la prerogative de seoir, ou de marcher, il est certain que les ordres la produisent principalement, & encore plûtost que les offices, comme le nom même *d'Ordre* le denote & signifie. Aussi est-il notoire, qu'à Rome les Senateurs avoient rang devant les Chevaliers, & les Chevaliers devant le menu peuple : ce qui paroissoit principalement au theatre, ou jeux publics, où journellement le peuple Romain s'assembloit. Car il y eut plusieurs Loix faites exprés, pour regler les places du theatre, & par icelles les plus honorables places qui étoient celles d'embas, *in cavea, seu orchestra ad theatri radices*, tout proche les joüeurs, étoient attribuées aux Senateurs : celles de quatorze degrez plus bas aux Chevaliers : & les autres rangs & degrez plus hauts, & par consequent plus éloignez & incommodes, étoient laissez au menu peuple, comme Sigonius a traité fort doctement au second Livre, *de antiquo jure civium Rom. cap.* 19.

27. Rang de theatre à Rome. De même en France, les trois Etats ont leur ordre & rang l'un apres l'autre, sçavoir est l'ordre Ecclesiastique le premier, celuy de Noblesse apres, les tiers Etat le dernier : bien qu'il n'y en ait point d'Ordonnance, parce qu'il ne se fait gueres de loix, pour ce qui concerne simplement l'honneur ; mais les rangs d'honneur s'observent volontiers par honneur : & certainement ils sont plus honorables, quand ils proviennent d'un respect volontaire. Ainsi Valere dit, que la premiere loy de Rome, qui distingua les places du theatre, ne fut faite que six cens cinquante six ans apres Rome bâtie ; & neanmoins, qu'auparavant on n'avoit veu personne prendre place devant les Senateurs : mais quand cette loy fut faite, le peuple (dit Tite-Live, livre 33.) s'en offença, disant, *omnia talia discrimina, quibus ordines discernerentur, & concordia & æqua libertati minuenda esse : novam & superbam libidinem, ab nulla ante gente, neque desideratam, neque institutam.* Et apres que Roscius eut fait faire la loy, qui donna rang à part aux Chevaliers dans le theatre, qui fut pendant le Consulat de Ciceron, il en arriva un grande sedition au theatre, que Ciceron appaisa incontinent par son éloquence, dont Plutarque le loüe grandement.

28. Qu'il ne faut point de Loix.

29. Loix theatrales de Rome.

30. Rang doit être gagné & maintenu par douceur. Ce que je dis pour montrer que ce rang doit plûtost être maintenu doucement & par courtoisie, que par arrogance & de haute lute. Car l'honneur & l'amour sont deux choses si sublimes & si hautes, qu'elles ne peuvent être commandées, ny obtenuës de bonne grace par force, aussi n'y a-t-il point d'action produite pour les obtenir : si on pense avoir de force, ce n'est pas amour, mais crainte & subjection ; ce n'est pas honneur, mais tyrannie & oppression : comme j'ay déja dit au 1. liv. *Des offices*. Toutefois, comme l'amour est necessaire au

en general Chapitre I.

32. Rang des Ecclesiastiques avec les Nobles.

monde, aussi est l'honneur & le rang, autrement ce ne seroit que confusion parmi nous: mais il faut gagner par merite, & maintenir par douceur l'un & l'autre.

Donc puisque l'Ordre Ecclesiastique est le premier parmi nous, il y a apparence que le moindre Prêtre, même le moindre Clerc tonsuré devroit preceder le plus grand des simples Gentils-hommes de la Cour (j'entends entre personnes privées: car c'est autre chose des Officiers, auxquels l'office attribuë un rang particulier) non pour son merite particulier, mais à cause de son Ordre, & encore, pour mieux dire, à cause de Dieu duquel il est ministre, *non illi, sed Religioni*. Et anciennement pendant la devotion de nos Ancêtres on en usoit ainsi, & on voyoit le Seigneur faire seoir son Curé, ou quelque autre homme d'Eglise que ce fût, au haut de sa table: & n'y a point de doute que cet honneur ne soit agreable à Dieu, & qui en est jaloux à bon droit, comme celui en qui le vrai honneur reside parfaitement, *& cui soli honor & gloria in secula seculorum*.

32. De même.

Mais parce que l'Ordre Ecclesiastique est consideré comme un Ordre exhorbitant & extraordinaire en la police temporelle, nôtre Redempteur ayant lui-même dit que son Royaume n'étoit pas de ce monde, même que le dernier commandement qu'il a fait à ses Apôtres, a été de se rendre les plus petits parmi le monde, on observe communement à present, que ceux qui sont en quelque dignité seculiere, ne veulent ceder aux Prêtres, s'ils n'ont quelque dignité Ecclesiastique.

33. Rang des Gentils-hommes avec les Officiers.

Pareillement je dis que le moindre Gentil-homme, doit preceder le plus riche & honorable du tiers Etat: ce que j'entends aussi entre personnes privées, & quand il n'est question que du rang des Ordres: mais comme la dignité de l'Office est plus grande, même qu'elle rehausse celle de l'Ordre, en tant qu'il faut ordinairement avoir l'ordre avant qu'être Officier, c'est une grande difficulté quand un roturier étant pourvû d'office, debat la seance contre un Gentil-homme non Officier.

34. De même encore.

Pour s'en éclaircir, il faut prendre garde à ce que nous venons de dire, qu'il y a deux, même trois degrez de Noblesse; à sçavoir la simple Noblesse, la haute Noblesse & les Princes. Ceux de la haute Noblesse, à sçavoir les Chevaliers, & à plus forte raison les Princes, ayans un rehaussement de dignité par-dessus la Noblesse, ne cedent à aucuns Officiers, si ce n'est que les Chevaliers cedent à certains Officiers, qui sont aussi Chevaliers, & à cause de leurs offices, comme ceux-cy ayans le même ordre qu'eux, & l'office davantage. Mais quant aux Princes, ils ne cedent à aucuns Officiers, quels qu'ils soient, si ce n'est actuel acte de leur exercice: jusques là que hors ce cas, quand ils sont mêmes officiers, ils gardent le rang de Princes comme plus grand, & non celui d'Officier comme plus petit, & ne cedent qu'aux Rois & Princes Souverains.

35. De même encore.

Mais si la simple Noblesse cede quelquefois aux officiers, encore qu'ils soient d'extraction roturiere: ce n'est pas pourtant à l'égard de toute sorte d'officiers, mais seulement des Magistrats en leur detroit & étenduë de leur puissance. Car il n'y a que les Magistrats, à sçavoir les principaux officiers du Gouvernement & de justice, qui ayent rang établi, & non pas les officiers de finance, ni les menus officiers de la guerre & de la justice.

36. Quel rang les ordres ont entr'eux.

Voilà le rang que ces trois Ordres ou Etats generaux doivent avoir l'un sur l'autre: & pour traiter quel rang ils gardent entr'eux particulierement, il faut considerer qu'en chacun de ces trois ordres generaux, il y a des degrez particuliers, plus dignes les uns que les autres:

37. Degrez des Ordres.

comme au Clergé, la Tonsure, les Ordres mineurs, les Ordres de Soûdiacre, Prêtre, Evêque, Cardinal. En la

38. Degrez Noblesse subalternes.

Noblesse, l'Ecuyer, le Chevalier, le Prince. Et en ces deux Etats, il n'y a point de difficulté au rang de ces ordres particuliers par ce que tout le plus haut, qui n'ait aussi les plus bas. Pareillement il y a aussi des troisiémes ordres, ou degrez subalternes en ces ordres particuliers, comme entre ceux de l'ordre Episcopal il y a des simples Evêques, des Archevêques, des Pri-
Des Ordres.

mats & des Patriarches qui marchent ensemble selon le rang que je viens de nommer, sauf que d'autant que l'Evêché est ordre & office Ecclesiastique tout ensemble, celui qui est en son propre territoire, ou en celui auquel il a superiorité, doit en ce cas, comme Officier, preceder tous les autres de l'ordre Episcopal, bien qu'il ait moindre dignité qu'eux: comme par exemple dans Paris, l'Archevêque de Paris doit preceder tous Archevêques, Primats & Patriarches. Pareillement entre Princes, il y a les Princes étrangers, les Princes François & les Princes de la Couronne, qui sont degrez subordonnez, dont les rangs seront expliquez ci-après en leur lieu.

39. Ordres du tiers Etat.

Mais au tiers Etat il y a tant de diverses sortes d'ordres particuliers, & aussi tant de menus offices, qu'il est bien mal-aisé de particulariser le rang de chacun d'iceux, & encore le rang des ordres parmi les offices, tant ils sont embarrassez les uns dans les autres. Et bien que le President Chasfanée, l'un des grands Personnages de son tems, en ait fait un gros volume intitulé *Catalogus gloria mundi*, si est-ce qu'il en a encore plus laissé qu'il n'en a dit.

40. Du pouvoir des Ordres.

Quant à la puissance des ordres, ils n'en ont regulierement aucune, principalement un particulier, étant le point qui les rend differens des offices, de n'avoir aucune administration publique. Et toutefois il y a des ordres qui ont corps & college certain, lequel a quelquefois ce privilege de pouvoir faire des Statuts, & élire des officiers superieurs qui ont correction sur tout le corps, comme les corps des métiers: ainsi qu'il a été dit au dernier chapitre du livre *Des Seigneuries*.

41. Des profits des Ordres.

Pareillement les ordres n'ont regulierement aucuns gages, ainsi qu'ont les offices, ni même aucuns salaires ou émolumens casuels, au moins par forme de taxe, & comme pour administration publique, mais quelques-uns ont des gains legitimes pour leur labeur privé, *sua enim ars cuique pro viatico est*. Toutefois les Prêtres, pour la sublimité & excellence de leur fonction, n'ont point d'action directe, même ne peuvent conclure apertement à fin de payement du divin service par eux celebré, mais ont seulement la voye de requeste, pour implorer l'office du Juge, à fin de l'entretien de la loüable coûtume, qui est le terme accoûtumé en pratique. Mais les Avocats, les Medecins, Maitres és Arts, peuvent licitement demander leur salaire ordinaire, *sumatim*, & *sine figura judicii*, comme il se voit au tit. *De var. & extraord. cognit*. Et quant aux artisans, *ordinaria actio illis competebat*, *nimirum actio locati*, *vel*, *exempto*, *vel præscriptis verbis*, selon la difference des marchez qu'on avoit fait avec eux.

42. De ordinariis & extraordinariis cognitionibus.

Toutefois la loy 1. §. 1. *De Decurionibus*, fait mention des sportules ou épices des Decurions, disant que *minores* 25. *annis Decuriones facti*, *sportulas Decurionum accipiunt*, *quamvis interim sententiam ferre non possint*. Ce qui semble contraire à ce que nous venons de dire, que les ordres n'ont aucun salaire d'administration publique: mais il faut sçavoir que ces sportules étoient le droit d'entrée, que les nouveaux Decurions payoient aux anciens en deniers, par coûtume ancienne, au lieu du festin qu'on fait volontiers par honneur à la compagnie, comme remarque bien Cujas sur le tit. *De sport. judicium*.

43. Explication de la loy 1. §. 1. D. De Decur.

Aussi est-ce une chose cômune en Droit, qu'à l'entrée de certains ordres (aussi bien qu'il a été dit ci-devât des offices & milices) on payât à ceux de l'ordre quelque petite forme de deniers pour droit d'entrée, même és ordres Ecclesiastiques, bien que la vente d'iceux soit encore plus prohibée, que des Benefices, comme celle en qui la forme la plus directe & vraye simonie. Car la faute de Simon Magus, dont la simonie a pris son nom & son origine, n'étoit pas qu'il voulût acheter un Benefice, mais bien l'ordre Ecclesiastique, Il est vrai que parce que l'ordre & le Benefice étoient unis

44. Deniers d'entrée aux ordres.

45. Si monie a lieu proprement aux Ordres.

Des Ordres

alors, on a étendu à bon droit la simonie en la vente des Benefices, & neanmoins on void en la Novelle 123. chap. 3. que même les Evêques sont taxez à payer certaine petite somme, lors de leur consecration : somme qui est appellée *ιςοπορτικοr* ; & ce que payoient les simples Prestres lors de la reception en leur Ordre, est appelé *ιφοπορτικοr*, Novelle 56.

46. De la perte de l'Ordre. Reste de parler de la perte ou privation de l'Ordre, qui ne peut pas être proprement appellée *vacation*, parce que l'Ordre, au moins la qualité individuelle de celuy qui en est privé, se perd tout à fait, & ne demeure pas vacante, comme un Office, ou un Benefice, pour être transferée *in individuo* à un autre : c'est pourquoy aussi elle est plus mal-aisée à perdre que l'Office, soit par resignation, soit par forfaiture ; car le cas de la mort, qui tranche tout, n'y admet aucune difference.

47. De la resignation de l'Ordre. Pour le regard de la resignation, il est notoire que regulierement l'ordre n'est resignable : & de fait un Prestre ne resigne pas son ordre à un autre, ny un Chevalier, ny un Licentié és loix, ny un Avocat. Il est veritable qu'il y a certains ordres, dont le nombre est limité ainsi que des offices, & en ceux-là, celuy qui desire

48. Démission. faire place à un autre, se demet de son ordre, & le quitte, ou pour mieux dire, sa place dans le nombre limité, afin d'oster l'obstacle, qui empescheroit l'admission de celuy qu'il desire faire promouvoir en l'ordre : ce qui s'appelle proprement *démission*, & non pas resignation. Ainsi qu'il se pratique à l'égard des Procureurs, és lieux où le Roy ne vend point leur Charges, & où on observe l'ordonnance, qui veut que leur nombre soit limité, comme il est du droit de celuy des Avocats, *l. 3. De Advocat. divers. jud.* & c'étoit aussi celuy des Decurions, *l. 2. D. De Decur.* laquelle loy nous apprend, que l'ordre & la place d'ordinaire sont separables : ce qui est fort remarquable.

49. Son effet. C'est pourquoy je dis, que cette démission n'opere, que le quittement de la place & exercice & non celle de l'ordre, qui en soy est tellement affectée à la personne, qu'elle ne le peut resigner, ny autrement perdre que par forfait. Et à propos fait la decision de la loy 1. *De Advoc. divers. Jud.* & la loy unique *Quibus muneribus excusantur hi qui post impletam Militiam aut Advocationem per provincias commoda suis vacantes commorantur, lib. 10. Cod.* Ainsi je dis que le Procureur, aprés sa démission, garde le titre & le rang de Procureur, même garderoit les privileges, s'il y en avoit, bien qu'il ne puisse plus postuler, car comme il sera dit en son lieu cy-aprés, il y a des ordres & offices actuels, ordinaires & exerçans, & des autres qui sont simplement honoraires & sans exercice.

50. Exemple. Et pour un exemple notoire, comme l'ordre ne se perd pas par la démission, ou resignation, on void en pas qu'un l'Evêque, aprés avoir resigné son Evêché, retient neanmoins son ordre Episcopal, lequel il ne peut en façon quelconque resigner, ny autrement perdre que par crime : Et afin qu'il ne semble point que cela soit particulier aux ordres sacrez, il a esté veu au 1. liv. ch. 9. que ceux qui ont été receus aux offices annoblissans, demeurent nobles aprés la resignation de leurs offices.

51. Epithetes des Offices demeurent aprés la resignation. Même les epithetes attribuées à chacun Office, bien que ne soient vrais ordres, mais soient seulement comme ordres honoraires, demeurent à la personne aprés la resignation des offices, & ainsi se pratique notoirement en France, comme il a été dit au même endroit. Et à Rome, où les offices n'étoient perpetuels, il est tout certain, qu'aprés leur temps expiré, ceux qui les avoient eus, retenoient l'epithete & qualité d'honneur attribuée à leur office : qualité qui dans le droit est particulierement appellée *dignité*, comme il se voit en infinis passages des trois derniers livres du Code.

52. De la forfaiture de l'Ordre. Quant à la privation pour forfaiture, elle n'est pareillement si ordinaire, ny même si facile en l'ordre, comme en l'office ou benefice : je dis si ordinaire, soit quant à la cause, soit quant au genre d'ordre : quant à la cause, parce que les causes qui induisent privation de l'office, ou benefice, n'induisent pas privation de l'Ordre, bien même que l'Ordre soit uni avec le Benefice : comme quand l'Evêque est privé de son Evêché, ou le Prestre de ses Benefices, ils ne sont pas pourtant privez de leur Ordre : quand le Gentil-homme est privé de son office, il ne perd pas pourtant sa Noblesse : quand le Juge forfait son office, il demeure neanmoins Avocat & licentié és loix, sauf qu'és Cours souveraines il ne peut faire l'exercice d'Avocat, à cause de l'infamie que luy en est encouruë.

53. Quand l'Ordre se perd avec l'Office. Toutefois j'estime qu'en ce point ici il y a une exception bien notable ; à sçavoir en l'ordre qui est seulement provenu à cause de l'office : comme en l'officier roturier de race, qui auroit été privé de l'office annoblissant, il y a apparence de tenir, qu'il doit perdre la Noblesse, n'étant raisonnable, qu'aprés la forfaiture de l'office arrivée pour son crime, il retienne les dignitez ou privileges, qu'il n'avoit qu'à cause de l'office : & à plus forte raison doit-il perdre les epithetes & ordres honoraires, qu'il auroit à cause de l'office : ce qui semble decidé par la loy 11. *De Dignit. lib. 12. Cod. Judices, se furtis & sceleribus fuerint contumacatasse convicti, ablatis codicillorum insignibus, & honore exuti, inter pessimos quosque & plebeios habeantur, nec sibi posthac de eo Honore blandiantur, quo seipsos indignos effecerunt.* Et en la loy *Curiales. D. De Decurionib. eod. lib.* il est dit, que *Honore, quem prodiderunt, spoliandi sunt.*

54. Quels Ordres se perdent par l'infamie. Pareillement quant aux especes d'Ordres, la privation d'iceux n'éschet pas en tous Ordres à cause de l'infamie, comme il a été dit au 1. liv. que l'infamie induit privation de toute sorte d'office : mais c'est la verité, qu'il n'y a autres Ordres qui se perdent pour l'infamie, sinon ceux qui participent aucunement de l'office, comme l'Ordre de Senateur, en la loy 2. *D. Dignit.* celuy de Decurion, *lib. 2. D. De Decur. & l. divus. de injur.* En France l'Ordre de Chevalerie se perd par l'infamie, parce que toute tache y est formellement contraire. Aucuns aussi tiennent, que l'Ordre d'Avocat és Parlemens se perd par infamie, ce que je n'estime pas, il est bien vray que l'exercice d'iceluy se perd, parce que l'infame n'y peut postuler.

55. Comment l'Ordre se perd ex genere poenae. Mais quant aux autres Ordres, soit Ecclesiastiques, soit Noblesse ou du tiers Estat, au moins qu'il m'en souvienne à present, ils ne se perdent point par la seule infamie, ny même en consequence d'autre peine : mais il faut qu'on en soit privé expressément par la sentence : encore és Ordres sacrez de l'Eglise, est-il requis outre la privation expresse, une degradation actuelle. Mais aux autres ordres elle n'est point requise, mais la deposition verbale y suffit : ce qui se collige de ce que la mission ignominieuse du soldat Romain, se faisoit en deux façons ; l'une par la detraction solennelle des armes ou enseignes militaires, l'autre par la simple declaration verbale du Chef, quand il le chassoit pour cause d'ignominie, comme dit la loy 2. §. *Ignominia. D. de his qui not. infam.* ainsi que dit fort bien le President Faber au 1. liv. Des Semestres chap. 17.

56. Degradation actuelle, ou verbale.

57. Pourquoy se fait degradation actuelle. Si donc quelquefois, aprés la Sentence contenant la privation de l'Ordre, on void à oster publiquement les ornemens d'iceluy, cela se fait lors, ou pour une plus grande ignominie, ou plûtot afin de ne faire injure à l'Ordre, quand aprés cette exauctoration on procede à l'execution de mort du condamné : comme quand on fait mourir par Justice un Chevalier de l'ordre, on luy oste son collier auparavant, afin qu'il ne soit reputé avoir été executé en qualité de Chevalier, ainsi qu'il fut pratiqué en l'execution du Maréchal de Biron. Ce qui sera amplement examiné cy-aprés au 10. chapitre où j'ay reservé de traiter pleinement de cette degradation.

CHAPITRE II.
Des Ordres Romains.

1. Trois Ordres de Rome.
2. Qui les a inventez.
3. Origine de l'Ordre des Chevaliers de Rome.
4. Ces Ordres furent du commencement distinguez par les merites des hommes.
5. Puis par les moyens.
6. Census Senatorius.
7. Census Equester.
8. Attrito censu amittebatur Ordo.
9. Census Decurionum.
10. Cela se garde en Angleterre.
11. Censeurs donnoient & ostoient l'Ordre.
12. Comment s'obtenoient les Ordres de Rome.
13. Senateurs pris des Chevaliers.
14. Et des nouveaux Officiers.
15. Enfans des Senateurs avoient entrée au Senat.
16. Evêques ont entrée au Parlement.
17. Flamines Diales entroient au Senat Romain.
18. Que nostre Senat a été autrefois Ordre.
19. Comme le Consistoire des Cardinaux de Rome.
20. Le Senat avoit Jurisdiction contentieuse.
21. Comme ce Senat se mestoit de la Justice pendant la Republique.
22. De même.
23. Comment sous les Empereurs.
24. Conseil Privé des Empereurs.
25. Causes d'appel attribuées au Senat.
26. Parlement de France reduit en Cour ordinaire de Justice.
27. Et le Grand Conseil.
28. Conseil d'Estat divisé en trois chambres.
29. Puissance de l'ancien Senat Romain.
30. Nombre des Senateurs Romains.
31. Patres majorum & minorum gentium.
32. Patres conscripti.
33. Orcini Senatores.
34. Senatusconsulta per discessionem.
35. Nombre requis pour faire arrêt.
36. Jours ordinaires & extraordinaires du Senat.
37. Religion du Senat Romain.
38. Si les Tribuns du peuple y avoient entrée.
39. Auctoritas perscripta.
40. Age des Senateurs.
41. Habit, ou ornement des Senateurs.
42. Latus clavus.
43. Πλατύσημα ἰοδῦ.
44. Habit de Chevaliers.
45. Angustus clavus.
46. Recta, seu pura tunica.
47. Tunicæ.
48. Robe des enfans des Senateurs, & Chevaliers.
49. De annulo Equestri.
50. Anneaux d'or par qui portez anciennement.
51. De même.
52. Harnois doré des Chevaliers.
53. Quand les Chevaliers eurent les anneaux d'or.
54. Equus publicus.
55. Difference inter Equites urbis & militiæ.
56. Droit d'anneaux d'or concedé aux Chevaliers.
57. Puis aux affranchis.
58. Ce qu'il leur servoit.
59. Natalium restitutio.
60. Ce que le droit d'anneaux d'or servoit aux ingenus.
61. De l'Ordre de Citoyen Romain.
62. Les droits particuliers des Citoyens Romains.
63. Division des citoyens Romains.
64. 1. Par tributs, ou quartiers.
65. Tribus urbanæ.
66. Tribus rusticæ.
67. Tribus composées à la volonté des Censeurs.
68. Curiæ.
69. 2. Division des citoyens Romains per censum.
70. Classes.
71. Meslange des premieres divisions.
72. Division 3. par les races.
73. Nobiles.
74. Novi.
75. Ignobiles.
76. Ingenui.
77. Libertini.
78. Mutation survenuë.
79. Division 4. des citoyens Romains par les Ordres.
80. Ordres du menu peuple de Rome.
81. Tribuni seu Quæstores ærarii.
82. Publicani, Partisans.
83. Scribæ.
84. Mercatores.
85. Argentarii, Banquiers.
86. Negotiatores.
87. Apparitores Magistratuum.
88. Turba forensis.
89. Les Censeurs avoient toute puissance sur les Ordres.
90. In Ceritum tabulas referre.
91. Ærarios facere.

1. Trois Ordres de Rome.

A ROME, aussi bien qu'en France, il y avoit trois Ordres, ou Estats, qui comprenoient tout le peuple; mais ils étoient differens des nôtres. Car au lieu que nous avons le Clergé, la Noblesse, & le Tiers-Estat, ils avoient le Senat, les Chevaliers, & le menu peuple,

Martia Roma triplex, Equitatu, Plebe, Senatu.

dit Ausone. Le Senat étoit pour le Conseil, les Chevaliers pour la force, & le menu peuple, pour fournir aux charges de la Republique.

2. Qui les a inventé.

Aucuns attribuent cette distinction du peuple à Romulus, qui, comme disent Saluste & Denis d'Halicarnasse, entre les plus nobles de son peuple en choisit cent anciens pour son Conseil, qu'il appella Peres, & trois cens jeunes pour sa garde, qu'il nomma *Celeres*, soit à cause de la celerité, ou du nom de leur premier Capitaine, qui à la verité étoit la seconde personne apres en l'Estat populaire le *Magister Equitum* étoit la seconde personne apres le Dictateur, & en l'Empire le *Præfectus Prætorio*, apres l'Empereur.

3. Origine de l'Ordre des Chevaliers de Rome.

Mais Pline au second chapitre du livre 33. de son histoire, nous témoigne que les Chevaliers Romains ne firent point un Ordre à part, jusques au temps des Gracches, & lors qu'iceux Chevaliers firent transferer à eux l'autorité & charge de juger les procez, & que sous ce nom de *Juges*, ils commencerent de faire un Ordre separé du menu peuple. *Judicum appellatione separari eum Ordinem primi omnium instituere Gracchi, discordi popularitate in contume-*

tiam Senatus : mox ea debellata, auctoritas nominis, vario seditionum eventu, circa Publicanos substitit, & aliquandiu tertia partes Publicani fuerunt : M. Cicero demum stabilivit Equestre nomen in Consulatu suo, ei Senatum concilians, ex eo se Ordine profectum celebrans, ejusque vires peculiari popularitate querens. Ab illo tempore plane hoc tertium corpus in Republica factum est, cœpitque adjici Senatui Populoque Romano Equester Ordo. Qua de causa & nunc post Populum scribitur, quia novissime cœptum est adjici.

4. Ces Ordres furent du commencement distinguez pour le merite des hommes.
Quoy qu'il en soit, il faut remarquer que, bien que ces dignitez de Senateur & Chevalier, selon l'institution de Romulus eussent premierement été deferées à la vertu & capacité, à sçavoir celle de Senateur aux plus prudens, & aux plus gens de bien, & celle de Chevalier aux plus vaillans, comme nous témoigne ce même Autheur, si est-ce qu'enfin elles furent deferées à la richesse. Et veritablement si en une Republique populaire le peuple étoit distingué par la vertu, chacun pensant être, ou du moins desirant être reputé vertueux, voudroit être du premier Ordre, & tiendroit à grande injure d'être mis au dernier. C'est pourquoy à l'égard des Ordres generaux, il y faut establir une autre distinction, mais ce sont les principaux Offices qu'il faut deferer aux plus vertueux, si faire se peut, encore est-il toûjours expedient, qu'ils soient baillez à gens qui ne soient pas necessiteux, *l. Rescripto. D. de muner. & honor.* parce que la pauvreté diminuë l'autorité, & tente la preud'hommie des hommes. C'est pourquoy dans Isaye chapitre 3. il est dit, *In domo mea non est panis, neque vestimentum, nolite me constituere Principem populi.* Et Aristote livre 3. des Polit. chapi-

5. Puis par les moyens.
tre 9. reprend les Lacedemoniens, de ce que leurs Ephores pouvoient être pris du nombre des pauvres. En un mot, si faire se peut, il faut mettre aux charges publiques ceux qui ont la vertu & les moyens tout ensemble, *dignos meritis & facultatibus,* comme dit la loy *Ad subeunda de Decur. lib. 10. Cod.*

6. Census Senatorius.
Ce n'est donc pas sans raison, que le bien des Senateurs, & des Chevaliers étoit taxé à certaine somme, qu'il falloit qu'on eust autant vaillant pour être, ou Senateur, ou Chevalier, *ne videlicet splendor Ordinum angustia rei familiaris vilesceret,* dit Seneque en ses Declamations, & au second *de Beneficiis,* il en parle ainsi, *Senatorum gradum census ascendere facit, census Romanum Equitem à Plebe discernit, census in castris ordinem promovet, census denique in foro Judex legitur.* Erat autem census

7. Census Equester.
Senatorius ante Augustum octingenta millia sestertiûm, quem Augustus duplicavit : dit Suetone : Equester verò census erat quadraginta millia sestertiûm, ideoque dimidio minor Senatorio. Ce qui paroist clairement de ce que rapporte Suetone *in Julio,* qu'aprés avoir passé le Rubicon, comme il exhortoit son armée, & luy disoit, en elevant & touchant, par une vivacité d'action, le doigt où étoit son anneau, qu'il le vendroit plûtot, qu'il ne mist à son aise tous ceux qui l'auroient assisté, les soldats plus éloignez, qui avoient veu ce geste, & entr'ouy ces paroles, estimerent qu'il leur promettoit à tous de les faire Chevaliers, & leur faire porter l'anneau d'or, & pour cet effet leur fournir à chacun, *quadringenta millia,* dit Suetone. Cela paroist aussi du passage d'Horace,

Si quadringentis sex, septem millia desunt,
Plebs eris.

c'est-à-dire (car ces mots sont embarassez, & partant malaisez à entendre) si à quatre cens six mil vaillant il te manque sept, & par ainsi que tu n'aye que trois cens quatre - vingts dix - neuf mil, tu seras du rang du menu peuple, & ne seras point Chevalier : d'où il resulte clairement, que le vaillant des Chevaliers Romains étoit taxé à quatre cent mil sesterces.

Et non seulement ces taux étoient requis pour être Senateur & Chevalier, mais encore celuy qui ayant été élevé en l'un ou l'autre Ordre, venoit par aprés à diminuer son bien, en sorte qu'il n'eût plus vaillant le bien, qui étoit requis pour son Ordre, en étoit chassé, comme il appert de ce que Ciceron *Epist. ad Q. Valerium,* dit que Curtius, ayant perdu sa metairie, ne put pas garder l'Ordre de Senateur, & de ce que Dion dit, qu'aprés qu'Auguste eut doublé le vaillant necessaire aux Senateurs, quelques-uns d'entr'eux, sçachant bien qu'ils ne l'avoient pas, quitterent d'eux-même l'Ordre. Ainsi faut-il entendre ce que dit Ciceron *pro Sestio, Equestri Ordinis nomen retinet, ornamenta confecit :* & Suetone *in Augusto, Cum plerisque Equitum, attrito bellis civilibus patrimonio, spectare ludos è XIV. non auderent,* qui étoit la plus apparente marque des Chevaliers Romains, *Augustus id permisit iis, quibus ipsis parentibusve Equester census unquam fuisset.*

8. Attrito censu amittebatur Ordo.

9. Census Decurionûs.
Mesme les simples Decurions ou Conseillers des villes devoient, en quelques-unes, avoir certaine quantité de biens, comme nous apprend ce passage de Pline, liv. 1. epist. 19. *Esse tibi centum millium censum satis indicat, quod apud nos Decurio es. Igitur ut te non Decurione solùm, verùm etiam Equite Romano perfruamur, offero tibi ad implendas Equestres facultates trecenta millia nummûm :* ce qui justifie encore le taux de taux des Chevaliers Romains. Et pour le regard des Decurions, cela paroist en outre par le dire de Paulus *in l. L. Titius. §. 4. D. Ad municip. constante matrimonio dos in bonis mariti est, si tamen ad munera municipalia à certo modo substantia vocentur, dos non debet computari.*

10. Cela se garde en Angleterre.
Ce qui se garde aujourd'huy en Angleterre, où il faut avoir un certain revenu pour être fait noble, lequel revenu étant diminué notablement, on perd la noblesse : il est vray que quand c'est par ce fortuit, la Noblesse voisine se cotise pour le fournir. Aussi n'y-a-t-il point d'autre ceremonie, pour être annobly, sinon de faire une attestation de son bien par devant le Roy d'armes, ou Heraut d'Angleterre, & prendre de luy une devise ou blason d'armoirie, comme nous apprend Thomas Smith en sa Republique d'Angleterre.

11. Censeurs donnoient & ostoient l'Ordre.
Tout ainsi qu'à Rome il n'y avoit autre chose à faire, pour être fait Senateur ou Chevalier, sinon que celuy qui lors de la reveuë, qui se faisoit par les Censeurs des biens des citoyens Romains, se trouvoit avoir le vaillant requis, se faisoit mettre au nombre des Senateurs, ou parmy les Chevaliers.

Mesme les Censeurs avoient tant de puissance és Ordres de Rome, que comme par leur enrôlement étoient faits les Senateurs & les Chevaliers, aussi par leur seule rature du rôle, obmission en iceluy, ils étoient privez de l'Ordre, dont il y a plusieurs exemples & témoignages és anciens Autheurs. Et cette privation, bien que faite sans connoissance de cause, étoit ignominieuse, pourveu seulement qu'elle fût faite pour sujet ignominieux, *lib. 2. D. de Senat.* ce qui sera traité icy amplement cy-aprés. Ignominie du duroit jusques à ce qu'ils fussent rétablis, ou par le peuple, ou par d'autres Censeurs : ce qui se pouvoit faire, comme il a été prouvé au premier livre *Des Offices.*

12. Comment s'observoient les Ordres de Rome.
Revenant donc à l'enrôlement des Senateurs, qui se faisoit par les Censeurs regulierement, mais quelquefois aussi par les Consuls, ou Dictateurs, c'étoit une regle, que sans luy nul n'étoit vray Senateur, quelques grands Offices, ou Magistrats qu'il eût eu, dit Varron : mais dessors que quelqu'un étoit éleu, & mis au nombre des Senateurs, il devenoit tout à l'instant Senateur, sans qu'il fust besoin, ny d'examen, ny d'installation, ny même, comme je croy, de prestation de serment, encore qu'il en fallust,

Romains, Chap. II.

pour être de l'Ordre des Gendarmes. Car ce qui est dit dans Cassiodore, *Admittendos in Senatum examinare cogit sollicitus honor Senatus*, signifie que les nouveaux Senateurs étoient choisis par celui qui les élisoit, comme la suite du passage fait foy : mais non pas qu'après être élûs & enrôlez, on examinât sur leur conscience.

13. Senateurs pris des Chevaliers.
Or ils étoient ordinairement choisis parmy les Chevaliers, à raison de quoy dans Tite-Live livre 43. les Chevaliers sont appellez *le Seminaire du Senat*, ou bien d'entre ceux qui avoient eu des principaux Magistrats. C'est pourquoi Ciceron dit au 3. de Legibus, *Ex Magistratibus Senatum esse oportere*. Car au lieu qu'au commencement les Magistrats étoient pris du nombre des Senateurs, comme de fait dans Tacite le Senat est appellé *Seminarium omnium dignitatum* : tout au contraire, après que les grands Offices eurent été communiquez au menu peuple, les Senateurs furent choisis d'entre ceux qui avoient été Magistrats.

14. Et des nouveaux Officiers.
Et de fait, ceux qui avoient eu les principaux Offices de Rome, anciennement affectez aux Senateurs, portoient desormais la robe de Senateur, & avoient entrée & voix deliberative au Senat. *Qui nondum à Censoribus in Senatum lecti erant, Senatores quidem non erant: sed quia honoribus populi Romani usi fuerant, in Senatum veniebant, & sententiæ jus habebant. Sed quia in postremis erant, non rogabantur sententias, sed quas Principes dixerant, in eas descendebant, & inde Pedarii appellabantur*, dit Varron dans A. Gelle, livre 3. chap. 18. Autant en dit Festus, *Qui Magistratum ceperunt, in Senatu sententiam dicunt, non tamen vocantur Senatores antequam sint censi*. Et de là vient, dit-il qu'aux mandemens qu'on decernoit pour convoquer le Senat, *edici solebat, ut Senatores adessent, quibusque in Senatu sententiam dicere liceret*. Ce que dit aussi Fenestella, *libro de Magistratibus Romanis, capite primo*.

15. Enfans des Senateurs avoient entrée au Senat.
Pareillement les fils des Senateurs avoient l'habit de Senateurs & entrée au Senat après l'âge de dix-sept ans ; *ut nondum deposita prætextâ, virilem togam induebant* : ce qui leur fut permis par Auguste, *Liberis Senatorum*, dit Suetone, *quò celerius Reipublicæ assuefacerent, protinus à virili toga latum clavum induere : & Curiæ interesse permisit*. Il est vrai que d'anciennetéils y entroient dès leur jeunesse, mais cela fut défendu lors du fait arrivé à Prætextatus, rapporté par Macrobe, livre 1. chapitre 6. où il dit, *Mos antea Senatoribus fuit in Curiam cum prætextatis filiis introire*.

16. Evêques ont entrée aux Parlemens de France.
Aussi voit-on qu'autrefois en France, tous ceux qui avoient la dignité d'Evêque, avoient entrée & voix au Parlement, & qu'encore à present ils ont entrée en l'Audience d'icelui, non toutefois voix, s'ils ne sont Pairs de France, ou s'ils n'ont été Conseillers du Parlement, fors seulement l'Archevêque de Paris qui y a toujours entrée & voix. Lequel droit d'avoir entrée au Senat, appartenoit aux Prestres de Jupiter à Rome, appellez *Flamines Diales*, & eux l'ayant laissé perdre, pour n'en avoir usé par longue espace de tems, il fut renouvellé par Cn. Flaccus, comme dit Tite-Live, lib. 7. *Cn. Flaccum ingressum in Curiam, cùm Licinius Prætor eduxisset, Tribunos plebis appellavit. Vetustum jus Sacerdotii repetebat ; datum id, cum toga & prætexta, olim flamini esse. Tribuni rem inertia Flaminum obliteratam, ipsis tantùm non Sacerdotio damno fuisse. Ac ipso contra tendente Prætore, magno assensu Patrum plebisque, Flaminem in Curiam introduxerunt*. Mais les autres Prestres, non pas même les Pontifes, n'avoient pas ce droit, en vertu de leur qualité, comme il appert de ce passage de Ciceron, lib. 4. *Epist. ad Atticum. epist.* 2. *Habetur Senatus frequens ; adhibentur omnes Pontifices, qui sunt Senatores :* & encore celuy-cy *in orat. de Arusp. resp. Postero die frequentissimus Senatus, cùm omnes*

17. Flamines Diales entroient au Senat Romain.

qui sunt istius Ordinis, adessent. Desquels passages neanmoins il appert, que même au Paganisme le Senat étoit honoré par l'assistance des Pontifes.

18. Que le Senat a été autrefois Ordre.
Or ce que nos Evêques qui ont autrefois été Conseillers du Parlement, y ont toujours voix deliberative, c'est un reste ou marque d'ordre, plûtôt que d'office ; attendu que les honneurs & privileges des offices se perdent entierement par la demission : mais non pas ceux des ordres par la demission. Non que je veuille dire qu'à present nos Parlemens soient des ordres, ainsi que le Senat Romain. Et il est à croire que les Senateurs d'icelui étoient à peu prés comme les Conseillers d'Etat aujourd'hui ; étoient choisis les Gouverneurs des Provinces & Villes, qui à ce sujet étoient communement appellez Comtes : *quasi è comitatu Principis missi*, & aussi les Officiers de la Couronne, qui encore à cause de leurs offices tiennent rang de Comtes, & ont droit de porter le manteau Comtal, ainsi que quelque Moderne a remarqué.

19. Conhstoire des Cardinaux de Rome.
Et pareillement le Consistoire des Cardinaux de Rome, qui sans doute constitue le premier degré de l'ordre Ecclesiastique, a beaucoup de ressemblance au Senat Romain ; parce que comme le Senat étoit le Conseil de l'Empereur, même du monde, qui étoit gouverné sous l'Empire Romain, aussi cet auguste Consistoire est le Conseil du Pape, même de l'Eglise universelle.

20. Le Senat avoit juridiction contentieuse.
Car il faut prendre garde que le Senat Romain de sa premiere institution, n'avoit point de juridiction contentieuse, comme Bodin a fort bien prouvé au 1. chapitre du 3. livre, mais ne servoit qu'à deliberer des affaires publiques, ainsi que le Consistoire des Cardinaux. Et ce que Polybe livre 6. dit que c'étoit sa charge de faire punir les crimes publics commis en Italie ; se doit entendre : qu'on en faisoit la plainte au Senat, qui commettoit des Juges pour les juger. Car même la plûpart du tems les Commissaires generaux, choisis annuellement pour juger les procez, appellez *Judices*, étoient pris du corps & ordre des Senateurs : puis en autre tems ils furent pris du nombre des Chevaliers : bref en un autre ils furent choisis du Senat & des Chevaliers : même il y eut encore plusieurs autres mutations, qui sont appellées *translationes judiciorum*, que Hotman en son Dictionaire distingue fort nettement de temps en temps. quoi qu'il en soit, ce n'étoit pas le Senat en corps qui jugeoit, ni les Senateurs particuliers par puissance ordinaire, dépendance de leur état de Senateur : mais s'ils jugeoient ; c'étoit comme choisis, c'est-à-dire Commissaires deleguez : & ainsi faut-il entendre ce passage de Polybe, qui contient que les Senateurs jugeoient les crimes. Car il a écrit du tems que les jugemens étoient pardevant les Senateurs.

21. Comment le Senat se meloit de la Justice en la Republique.

22. De même.
Mais que le Senat Romain n'eut point de juridiction en ce corps, & de sa propre autorité, il en appert clairement par ce trait de Ciceron en sa Divination *in Verrem*, parlant où devoit être intentée l'accusation de Verrés, *Quò consugiunt socii ? Quem implorabunt, qui de Verre supplicium sumat ? Ad Senatum devenient : Non est usitatum, non est Senatorium*, &c. Car comme dit Budée sur la loy derniere, *de Senatoribus*, pendant l'Etat populaire, lors que le Senat étoit en sa splendeur, il ne s'abaissoit pas à juger les procez en corps. C'étoit sa charge alors d'ordonner qui commanderoit aux armées, qui seroit envoyé aux Provinces pour les gouverner, de recevoir & licencier les Ambassadeurs, bref d'ordonner & établir presque du tout la Republique.

23. Comite sous les Empereurs.
Ce fut seulement sous les Empereurs que le Senat commença de juger les procez, notamment les criminels. Car s'étant entierement rangé à leur volonté, ils lui renvoyoient le jugement d'iceux, pour faire condamner, ou absoudre qui ils voudroient.

sorte que c'étoit ordinairement le Sénat, qui par la permission de l'Empereur, connoissoit des Juges pour vuider les moindres procez : & quant à ceux de plus grandes consequences, il les jugeoit en corps, & la plûpart, en la presence de l'Empereur. Car même Tibere ordonna, qu'en ceux qui seroient jugez en son absence, les condamnez ne pourroient être executez, sinon dix jours aprés, afin qu'il eût loisir d'en être averti, dit Dion. Ce qui revient à ce qu'Auguste avoit ordonné peu auparavant, touchant les resolutions du Senat faites en son absence, qu'elles n'auroient point d'effet, jusqu'à ce qu'il les eût autorisées, comme il se pratique encore à present en Angleterre. Même Auguste tira de ce grand corps du Senat un Conseil privé auprés de lui, composé de quinze Senateurs, tirez au sort de six en six mois, avec lesquels il rendoit ordinairement lui-même la Justice. Et enfin étant vieil, & ne pouvant plus aller au Senat, il choisit lui-même vingt Conseillers annuels, au lieu de ces quinze Semestres, dit le même Dion.

24. Conseil privé des Empereurs.

Mais Tibere son successeur fut le premier, qui pour faire oublier au Senat la connoissance des affaires d'Etat, s'avisa de l'amuser plus ordinairement au jugement des procez de consequence : non toutefois qu'il en connût encore par forme de jurisdiction ordinaire, mais seulement par voye de commission, & par le moyen du renvoy qu'il lui en faisoit. Et par Neron lui accorda la connoissance ordinaire des causes d'appel, dit Suetone en sa vie chap. 17. qui auparavant étoient jugées par l'Empereur même, voulant que l'amende du fol appel jugé par le Senat, fût aussi grande, que si lui-même l'avoit jugé, dit Tacite, livre 4. des Annales : bien que Vopiscus en la vie de Probus disoit, que ce fut lui qui attribua au Senat la connoissance des causes d'appel. Ce qui toutefois ne dura pas long-tems, ne s'en trouvant aucun vestige dans nôtre Droit, fors en la Novelle 62.

25. Causes d'appel attribuées au Senat.

Tout ainsi qu'en France Philippe le Bel, pour ôter de sa suite le Parlement, qui lors étoit le Conseil ordinaire des Rois, même leur faisoit tête bien souvent, & lui soustraire doucement la connoissance des affaires d'Etat, l'érigea en Cour ordinaire, & le rendit sedentaire à Paris, dont encore il a retenu ce reste de son ancienne institution, qu'il verifie & homologue les Edits du Roy : ce que l'Empereur Probus avoit attribué au Senat Romain, *ut leges quas ipse ederet, Senatusconsultis propriis consecraret*, dit le même Vopiscus ; & pareillement le grand Conseil, qui desormais succeda au Parlement, pour être le Conseil ordinaire du Roy, a été reduit en Cour, c'est-à-dire en Compagnie ordinaire de Justice.

26. Parlement de France reduit en Cour ordinaire de Justice.

Même à present que le Conseil d'Etat s'amusant aux procez, qu'on deguise du nom d'affaires des parties, qu'on en fasse encore quelque jour une autre Cour & Compagnie de Juges. Car déja il est divisé en trois Chambres ou Seances : l'une pour les affaires d'Etat, qui s'appelle particulierement le Conseil d'Etat : l'autre pour les Finances du Roy, qui est nommé le Conseil des Finances : & la troisiéme pour les procez, qu'on appelle le Conseil des Parties, Et il a divers Greffiers ou Secretaires en chacune Seance, pour recevoir les Arrêts ou Resultats d'icelles, même il y a trois sortes de Secretaires, pour signer les expeditions de chacun Conseil, à sçavoir les Secretaires des commandemens, pour les expeditions concernantes l'Etat : les Secretaires des Finances, pour celles des Finances : & les simples Secretaires, pour les expeditions & affaires des parties.

27. Et le grand Conseil.

28. Conseil d'Etat divisé en trois Chambres.

Pour revenir à la puissance du Senat Romain, elle étoit si grande, que Denis d'Halicarnasse livre 6. dit en un mot, que toute la Republique étoit en la puissance du Senat, fors seulement le pouvoir d'élire les Magistrats, de faire les loix & d'ordonner absolument

29. Puissance de l'ancien Senat Romain.

de la paix & de la guerre. Et Polybe livre 6. traite amplement, qu'il avoit le ménagement & l'administration de la guerre, le soin de recevoir & renvoyer les ambassades, bref le soin & intendance generale des Finances. N'étant permis aux Consuls, même aux anciens Rois de Rome, d'entreprendre aucune affaire de consequence sans l'avis du Senat. Et parce que Romulus l'entreprenoit, aucuns ont écrit, qu'il fut déchiré en pieces par les Senateurs, & que ce fut aussi la cause pourquoi Tarquin le Superbe fut chassé.

Quant au nombre des Senateurs Romains, pour en parler plus probablement aprés le diligent Rozinus, livre 7. chapitre 5. Romulus en crea premierement cent, puis lui-même aprés avoir receu les Sabins en la cité, en ajoûta cent autres, bien qu'aucuns disent que ce fut Tullus Hostilius, aprés y avoir joint les Albanois ; quoi qu'il en soit, ces deux cent premiers furent appellez *Patres majorum gentium*, pour distinction du troisiéme cent, ajoûté par Tarquinius Priscus, qui furent appellez *Patres minorum gentium*. Et ce nombre de trois cens dura fort long-tems, Car Brutus & Publicola, aprés que les Rois eurent été chassez, ne l'augmenterent point, quoi qu'aucuns disent, mais seulement remplirent & suppléerent ce même nombre, qui avoit grandement été diminué en cette mutation.

30. Nombre des Senateurs Romains.

31. *Patres majorum & minorum gentium*.

Tant y a que ceux qui furent mis par Brutus, & de-là en avant au lieu des anciens, furent appellez *Patres Conscripti* : titre qui demeura enfin à tous les Senateurs indistinctement, aprés que la memoire des trois cens premiers eût été abolie. Long-tems aprés Gracchus étant Tribun du peuple, dobla le nombre des Senateurs, y mettant trois cens Chevaliers. Sylla y fit encore une augmentation à sa fantaisie. Et puis Cesar en ajoûta jusques à neuf cens en tout, & aprés sa mort les Duumvirs ordonnez pour rétablir la Republique, y en ajoûterent encore, y mettant des gens de peu, qui furent appellez *Orcini Senatores*, dit Tacite. Et ainsi y en ayant bien mil ou douze cens, Auguste les reduisit au nombre ancien de six cens.

32. *Patres Conscripti*.

33. *Orcini Senatores*.

Parce donc que s'il eût fallu que tous les Senateurs eussent opiné l'un aprés l'autre, on n'eût jamais expedié d'affaires (attendu même que chacun opinoit si longuement qu'il lui plaisoit, & encore en opinant, pouvoit faire de nouvelles propositions) on fut contraint de faire *per discessionem*, les Arrêts du Senat, appellez *Senatusconsulta*, dit Capito dans A. Gelle, livre 14. chapitre 7. Car aprés que les principaux avoient opiné, ceux qui étoient de leurs avis s'approchoient prés d'eux, ou du moins se retiroient à part, ce qui se disoit *pedibus ire in sententiam* : dont aucuns pensent que les moindres Senateurs, qui ne venoient jamais en rang d'opiner de vive voix, soient dits *Pedarii Senatores* : & ainsi à son avis, faut-il entendre le dire de Varo, que *Senatusconsulta fiebant per singulorum sententias exquisitas, vel per discessionem* : & ce qui est dit en la Novelle 62. qu'ils se faisoient *per silentium, vel per conventum* : est que *conventus inerat silentio*, comme Cujas l'a interprété.

34. *Senatusconsulta per discessionem*.

Quant au nombre de Senateurs requis pour faire Arrêt, Sigonius au livre 2. *de antiquo jure Civium Romanorum*, chapitre 2. prouve qu'auparavant Sylla il en falloit cent au moins : avant Cesar, deux cens : & au commencement de l'Empire d'Auguste, quatre cens : ce qui revient toûjours au tiers. Que si ce nombre ne se trouvoit d'avis de l'Arrêt, chacun Senateur contredisant, pouvoit dire au Consul, ou autre qui presidoit, *Numera Senatum*. Mais en consequence de l'Ordonnance d'Auguste rapportée par Dion, qui ne voulut plus qu'il y eût de nombre necessaire pour faire Arrêt, mais seulement qu'il fût fait à la pluralité des voix des assistans, on vint à la fin à ce point, qu'il suffisoit qu'il y eût cinquante Senateurs,

35. Nombre requis pour faire Arrêt.

Romains, Chap. II.

comme il se collige de ce passage de Lampride, *in Alexandro Severo, Nullam constitutionem sacravit, si ne viginti Jurisperitis, & aliis sapientibus viris, non minus quinquaginta, ut non minus in concilio essent sententia, quàm qua Senatusconsultum conficerent.* Mais quoi qu'il en soit, il falloit que le nombre de tous les assistans au Senat fût redigé dans le Senatusconsulte, & notamment on y specifioit le proposant, sur l'advis duquel il avoit été arrêté, comme prouve Rosinus.

36. *Jours ordinaires & extraordinaires du Senat.*
Or le Senat avoit ses jours ordinaires, à sçavoir, les Calendes, Ides & Nones, dont Auguste ôta les Ides : & eu ces jours *legitimus Senatus dicebatur*, és jours extraordinaires *dicebatur indictus*, & n'y avoit que les principaux Magistrats qui le pussent convoquer. Et si il falloit que tout Senat fût tenu en plein jour, non devant le lever, ny après le coucher du Soleil, & n'y pouvoit-on plus rien proposer après les dix heures.

37. *Religion du Senat.*
Et pour montrer combien les Romains étoient religieux, leur Senat ne pouvoit être assemblé qu'en un Temple, & qu'après avoir sacrifié : & falloit y faire les propositions des choses sacrées avant les profanes, dit Varo au livre, *de habendo Senatu*, au rapport d'A. Gelle.

38. *Si les Tribuns du peuple y avoient entrée.*
Il est à remarquer que les Tribuns du peuple, qui étoient comme les Controlleurs du Senat, n'avoient point du commencement d'entrée en iceluy, mais tenoient leur bureau à la porte du Senat, où ils examinoient les Senatusconsultes, & marquoient ceux qu'ils approuvoient de la lettre T. Mais les Senateurs trouverent enfin plus expedient de leur donner place parmy eux. Neanmoins ils ne laissoient pas d'empêcher la conclusion des Senatusconsultes, soit en demandant delay d'advis, ou bien en interceddant & formant opposition.

39. *Auctoritas perscripta.*
Alors, & même quand il survenoit quelque autre empêchement à la conclusion des Senatusconsultes, comme quand il ne s'étoit pas trouvé nombre suffisant de Senateurs, ou bien que loy defailloit avant la conclusion, ou qu'on maintenoit la convocation n'être pas legitime pour quelque cause que ce fût, on ne laissoit pas de rediger par écrit le resultat des assistans, ce qui s'appelloit, non pas le Senatusconsulte, mais *Auctoritas perscripta*, qui toûjours servoit d'authorité & témoignage de l'intention du Senat. Mais quand le resultat étoit arrêté sans aucun empêchement ny contredit, c'étoit un Senatusconsulte, qui desormais se gardoit au tresor public, dit Suetone *in Augusto*, & Tacite *lib. 3. Annal.*

40. *Aage des Senateurs.*
Finalement, quant à l'âge des Senateurs, nos Livres n'en sont pas d'accord. Coras sur la loy 2. §. *Deinde. D. de orig. jur.* dit que c'étoit 24. ans, Fenestella 25. Sigonius 27. Manuce *Antiquit. lib. 1.* 30. ans, qui semble la plus vraye opinion, & même docte ment Langlé, Liv. 7. Chap. 7. que le Lecteur curieux pourra voir. Il est vray que ceux qui avoient eu les grandes Magistratures, pouvoient à plus bas âge parvenir au degré de Senateur.

41. *Habit ou ornement des Senateurs.*
Or comme les Senateurs faisoient un ordre distinct du surplus du peuple, aussi avoient-ils un habit, qui les distinguoit d'iceluy ; à sçavoir, la tunique ou robe de dessous, ornée & enrichie de plusieurs petits morceaux de pourpre taillez en forme de clous larges, qui pour cette cause étoit appellée *Latus clavus*, ou *tunica lati clavi*.

42. *Latus clavus.*
Même *Latus clavus* signifie souvent l'ordre & dignité de Senateur. Suetone *in Tiberio, Senatori Latum clavum ademit, cùm cognovisset sub Calendas Janu. demigrasse in hortos, quo viliùs post diem ædes in urbe conduceret.* Et *in Claudio, Latum clavum etiam libertini filio tribuit, sub hac tamen conditione, si priùs ab Equite Romano adoptatus fuisset.* Et que le large clou fût la marque du Senateur, en appert de cet autre passage du même Suetone *in Augusto, Sumens virilem togam, tunica lati clavi ad pedes decidit, fuerunt qui interpretarentur significare, quòd quandoque is ordo, cujus insigne id esset, ei subjiceretur.* C'est pourquoy cette tunique aux larges clous est appellée par les Grecs Πλατύσημος ἐσθής, dit Herodian Livre 3.

Comme donc le large clou étoit la marque du Senateur, aussi l'étroit étoit la marque du Chevalier.

43. *Πλατύσημος ἐσθής.*

44. *Habit des Chevaliers.*

Hinc Paterculus, Mæcenas, non minus Agrippa, Cæsari charus, sed minùs honoratus. Quippe vixit angusto clavo contentus, id est, Equestri dignitate. Lamprid. *in Alex. Severo, Satis esse constituit, ut Senatores ab Equitibus clavi qualitate discernerentur.* La tunique donc distinguoit les trois ordres du peuple Romain ; à sçavoir celle à clous larges les Senateurs, celle à clous étroits les Chevaliers, & celle où il n'y avoit point de clous, *que recta, seu pura dicebatur*, le simple peuple, qui *tunicam popellus dicitur ab Horatio*. C'est ainsi qu'il faut entendre ce trait de Juvenal,

45. *Augustus clavus.*

46. *Recta seu pura tunica.*

Sufficiunt tunica summis Ædilibus alba :

47. *Tunica alba.*

scilicet, *non clavata*, parce qu'ordinairement les Eschevins des villes d'Italie n'étoient ny Senateurs, ny Chevaliers Romains. Et d'ailleurs il est certain, que les Citoyens Romains portoient ordinairement des tuniques blanches. Vopiscus *in Aureliano. Donavit pop. Romano tunicas albas manicatas, &c.* Et Ciceron objecte à Verres, *quòd in officina sedere solitus esset, cum pallio & tunica pulla*, c'est-à-dire, tout deguisé, parce que l'habit commun des Romains étoit la toge & la tunique blanche : pour raison de quoy il faut voir Lipse au 15. Livre *Electorum.*

Toutefois Turnebus *Adversar. lib. 3. cap. & lib. 12. cap. 6. itemque Manutius lib. 2. de Quæsitis per Epist. cap. 2.* disent que les enfans des Senateurs & des Chevaliers usoient indifferemment du large clou, deslors qu'ils prenoient la robe d'homme, c'est-à-dire depuis vingt-cinq ans, jusques à l'âge d'être Senateurs, & que si lors ils ne le devenoient, ils prenoient le clou étroit.

48. *Robe des enfans des Senateurs & Chevaliers.*

Mais les Chevaliers avoient une autre marque ou enseigne ; à sçavoir, l'anneau ou cachet d'or, *Annuli*, dit Pline Livre 33. Chapitre 1. *distinxerunt alterum Ordinem à plebe, sicunt tunica ab annulis Senatum tanium.* Ce qu'il dit, dautant que l'anneau or étoit commun aux Senateurs & Chevaliers : mais le menu peuple en portoit d'autres metaux : comme il colligé de ce qu'après la défaite de Cannes, Annibal recueillit trois muids d'anneaux : ce qui n'eût été, si les seuls Senateurs ou Chevaliers en eussent porté. Bien que Tite-Live rapporte, que celuy qui presenta ces trois muids d'anneaux au peuple de Cartilage, luy dit, qu'il n'y avoit que les principaux Chevaliers Romains qui en portassent : mais il adjouste, qu'il disoit cela pour faire admirer davantage la victoire d'Annibal. Quoy qu'il en soit, Dion dit, qu'il n'étoit permis qu'aux Senateurs & Chevaliers de porter anneaux d'or.

49. *De annulo Equestri.*

Encore Pline ajoute, que du commencement il n'y avoit pas les Senateurs qui en portassent, & même non pas tous : mais seulement ceux qui avoient été envoyez en ambassade, ausquels pour cet effet l'anneau avoit été donné du public, pour leur servir de cachet, qui étoit son principal usage. Et qu'après ils les portoient le reste de leur vie par honneur, & ce seulement és jours & jours de solemnité. Mais d'ailleurs ils n'en portoient ordinairement que de fer, non pour ornement, mais pour s'en servir à cacheter leurs lettres, & fermer leurs coffres, & leur portes, ainsi qu'il a été traité au 23 Livre *Des Offices*, Chapitre 4.

50. *Qui étoient ceux qui portoient anciennement l'anneau d'or.*

Et de fait, dit le même Pline, les anciennes Annales de Rome, qui rapportent, comme après un Cn. Flavius, fils d'un affranchy, & Clerc d'Appius Claudius, eût été fait Edile Curule de Rome, & Tribun, la Noblesse Romaine quitta par dépit les anneaux d'or, ne disent pas le Senat quitta les anneaux, mais la Noblesse, qui n'étoit, dit-il, que les principaux du Senat, ce qui sera expliqué incontinent. Et sur ce qu'un

51. *De même.*

Des Ordres

autre Amaliste racontant la même histoire, dit, que le Senat & les Chevaliers quitterent leurs anneaux & leurs bardes, *Phaleras*, le même Pline dit, qu'il faut referer les anneaux au Senat seulement, & les bardes aux Chevaliers; ce qui nous apprend en passant, que les bardes des chevaux étoient l'ancienne marque des Chevaliers, comme en France anciennement le harnois doré. Tant y a, pour revenir à Pline, qu'il conclud que du commencement de Rome, l'anneau d'or étoit porté par les principaux Senateurs, & non par les Chevaliers.

Mais quand les Gracches eurent transferé les Jugemens aux Chevaliers, c'est-à-dire, qu'ils eurent fait ordonner, que les Juges seroient pris de leur Ordre: ce fut lors, qu'ils entreprirent d'user plus communément, & avec plus de raison des anneaux ou cachets d'or. Comme aussi ce fut lors, que leur Ordre, qui jusques à ce temps n'étoit pas encore, bien distingué, fut étably tout-à-fait, pour faire un troisiéme Ordre en la Republique, avec ceux du Senat & du menu peuple, comme il a été rapporté au commencement de ce Chapitre. Car auparavant, ce n'étoit pas un Ordre étably, mais tous ceux qui avoient moyen de faire la guerre à cheval, étoient appellez Chevaliers: Il est vray, qu'aux plus signalez d'entr'eux, ou qui avoient fait quelque grand service, ou acte genereux, les Censeurs donnoient par honneur un cheval aux dépens du public; même il se trouve qu'ils en donnoient aux Senateurs.

Mais après que Gracchus en eut fait un ordre à part, ayant tellement accreu l'authorité d'iceluy par la translation des Jugemens, que le Senat se plaignoit, que tout le pouvoir luy avoit été ôté, & qu'on ne luy avoit laissé que le simple honneur, dit Tite-Live: ce fut lors qu'il y eut grande difference entre les gens de cheval, & les Chevaliers, *inter equites militia & urbis*, ceux-là étans opposez aux pictons ou soldats de pied, & ceux-cy au Senat & au menu peuple de Rome: ceux-là servans dehors & en guerre, & ceux-cy tenans rang dans la ville & en paix. Nos modernes François les distinguent à present, en appellant les uns *Cavaliers*, mot Italiennizé, & les autres *Chevaliers*. Partant ces Chevaliers de la ville ne devoient avoir une marque que le cheval, qui étoit plus propre aux Chevaliers de guerre; à sçavoir l'anneau ou cachet d'or, lequel leur fut attribué comme Juges.

Et finalement, dit le même Pline, au Chapitre 2. du même Livre 33. Tibere ordonna, que nul ne portât anneaux d'or, s'il n'étoit fils de pere & ayeul ingenus, & s'il n'avoit quatre cens mil vaillant, & droit de seoir és quatorze degrez du theatre, qui étoient les autres marques des Chevaliers Romains: de sorte que de-là en avant on appella l'ordre de Chevalerie, le droit d'anneaux d'or. Droit qui du commencement fut communiqué à peu de gens, d'autant qu'il se collige de ce que sous Auguste il ne se trouva assez de Chevaliers Romains, pour remplir & fournir les quatre Decuries des Juges. Enfin les Empereurs, qui ordinairement étoient leurs favoris, desireux de couvrir leur condition, obtinrent communément ce droit de porter anneaux d'or, même le fureur obtenir aux autres affranchis; de sorte que, dit Dion *in Augusto*, ce fut enfin comme un droit particulier des affranchis, qui leur étoit concedé par le Prince seul: & c'est ce qu'entend Pline, quand en ce discours des anneaux d'or, il dit, *dum separatur Ordo ab ingenuis, communicatur cum servitiis*. Et de fait les titres *de jure aureorum annulorum D. & Cod.* nous apprennent, qu'aux derniers temps il n'étoit demandé que par les affranchis, ainsi qu'on dit en France, que le moyen de se faire annoblir sans confesser sa roture, est d'être fait Chevalier.

Aussi par le moyen de ce droit d'anneaux d'or, les affranchis étoient faits comme ingenus, même ce semble plus qu'ingenus, parce qu'ils étoient constituez en dignité pardessus les simples ingenus. Toutefois c'est la verité, qu'ils n'étoient pas ingenus tout-à-fait, d'autant que le benefice du Prince ne pouvoit prejudicier au droit qu'avoit le patron sur les affranchis, *leg. ultima. de jure aur. annul.* Et ainsi faut entendre la loy 31. §. *de bon. libert.* qui dit que par ce droit *honor quidem augetur, sed conditio non minuitur*: & la loy du même titre dit elegamment, que *vivebant ut ingenui, moriebantur ut liberi*. Bien que per *natalium restitutionem* l'ingenuité fust absolument acquise, laquelle aussi ne s'octroyoit, que du consentement du Patron *leg. 1. & 2. Cod. de natal. restit.* qui est une difference fort notable *inter jus annulorum aureorum, & natalium restitutionem*. Enfin Justinian par sa Novelle 98. attribua indifferemment, & *jus aureorum annulorum, & natalium restitutionem* à tous affranchis, dont les maistres par l'acte de leur affranchissement auroient declaré, qu'ils entendoient qu'ils fussent Citoyens Romains.

Mais c'est la verité, qu'auparavant que les affranchis eussent avily ce droit de porter anneaux d'or, il donnoit rang de Chevaliers à ceux qui l'avoient obtenu, même leur attribuoit seance aux quatorze degrez du theatre, affectez aux Chevaliers: bien qu'en effet ils ne fussent pas vrais Chevaliers, & n'eussent pas l'exercice & la fonction des Juges, jusques à ce qu'ils eussent été mis au rolle des Chevaliers. De sorte que ce droit étoit obtenu par ceux qui n'avoient ce credit, ou qui n'avoient le vaillant, & les autres qualitez requises pour être Chevaliers tout-à-fait, comme il se trouve que Sylla Dictateur le donna à Q. Roscius Comedien, Verres à un sien Clerc, Jule Cesar à Labienus, homme de basse étoffe. Comme donc quelques-uns portoient la tunique de Senateurs, & avoient entrée au Senat, qui n'étoient pas Senateurs, aussi ceux qui avoient le droit d'anneaux d'or, & encore qu'ils portassent l'ornement des Chevaliers, & eussent seance parmy eux au theatre, n'étoient pas neanmoins vrais Chevaliers. Et enfin sous les Empereurs, lors qu'il n'y eut plus de Censeurs pour renouveller le rolle des Chevaliers, il n'y en eut plus d'autres, que ceux qui avoient obtenu ce droit de l'Empereur, lequel même fut à la fin negligé par les ingenus, quand ils virent qu'il étoit octroyé ordinairement aux affranchis, & ainsi s'abolit l'Ordre des Chevaliers Romains.

Quant au simple peuple, qui à Rome, comme à nous, faisoit le Tiers-Estat, c'étoit encore un vray Ordre, c'est-à-dire une espece de Dignité, ce qui n'est pas étrange. Car être Citoyen Romain, ce n'étoit pas une qualité de petite importance, d'autant qu'en effet c'étoit avoir part à l'Estat. Aussi le Citoyen Romain avoit-il de grands droits & avantages pardessus ceux qui ne l'étoient pas, à sçavoir *jura libertatis, gentilitatis, sacrorum, connubiorum, patria potestatis, legitimi dominij, testamentorum, tutelarum legitimarum, census, militia, vectigalium, suffragiorum, honorum*, lesquels je ne m'amuseray à expliquer, parce qu'ils sont expliquez tres-doctement par Sigonius en son Livre *De antiquo jure civium Rom.* duquel j'advouë franchement avoir pris presque tout le surplus de ce chapitre.

Or les citoyens Romains étoient divisez en quatre façons, *nimirum aut per tribus, aut per censum, aut per familias, aut per ordines*, c'est-à-dire, ou par les quartiers, ou par les moyens, ou par les races, ou par les ordres & vacations d'un chacun: encore je laisse une autre cinquiéme division, qui fut en l'Estat populaire, à sçavoir par partis ou faction, *in Optimates*, qui portoient le party des grands & *populares*, qui étoient du parti des Tribuns. Toutefois il faut observer une fois pour toutes, que comme la qualité de Citoyen Romain, appartenoit à tous les trois ordres du peuple Romain, aussi ces cinq divisions comprenoient tout le peuple Romain en general, c'est-à-dire, aussi bien les Senateurs & Chevaliers, comme le menu peuple.

Quant aux quartiers, qui furent à Rome appellez tribus, parce que du commencement il n'y en avoit que trois, ils furent premierement distinguez par la diversité des nations, puis par les cantons & endroits distincts de la ville & territoire de Rome. Car Romulus, qui le

Romains, Chap. II.

le premier les ordonna, ayant trois sortes de peuples en sa ville, à sçavoir ceux du païs, qui étoient appellez Albanois, les Sabins, qu'il mêla avec eux, les ayant vaincus, & finalement le mélange des autres nations, qui à cause de l'asile, s'y étoient venu refugier: de ces trois peuples il fit trois diverses tribus, leur assignant à chacune son canton à part pour habiter. Mais Servius Tullius reconnoissant que cette distinction des trois peuples pourroit causer des partialitez & seditions, voulut que la Ville de Rome fût seulement divisée par cantons & regions, & la distribua en quatre quartiers; voulant que chacun, sans avoir égard à sa nation originaire, fut du quartier où il habitoit.

65. Tribus urbanæ.

Et d'autant que plusieurs notables Citoyens, s'étans adonnez à la vie rustique, habitoient aux champs és environs de Rome, qui partant n'avoient encore point de quartier, il fit en outre vingt-six quartiers du territoire des champs, qui furent appellez *Tribus rusticæ*. De sorte qu'en tout il y eut dés lors trente tribus de Citoyens Romains, qui enfin monterent jusqu'à trente-cinq.

66. Tribus rusticæ.

Finalement, parce qu'à succession de tems les tributs des champs furent reputez plus honorables, que celles de la ville, qui étoient la plûpart composées d'affranchis ou artisans, ce qui restoit en icelle de notables Habitans, se fit enroller par les Censeurs, és tribus des champs, encore qu'ils ne laissassent de demeurer dans la ville. Et ainsi à la longue, en faisant les rôles & distinction des tribus, on ne regarda plus à la demeure des Citoyens Romains, mais les Censeurs composoient ces rôles à leur volonté, mettant bien souvent les Habitans de la ville és tribus des champs pour les honorer, & ceux des champs és tribus de la ville, pour les noter & punir: même c'étoit une espece d'infamie & de punition, d'être transferé d'une tribu des champs en une de la ville, comme il sera dit incontinent.

67. Tribus composées à la volonté des Censeurs.

Or sous chacune des quatre tribus de la ville il y avoit dix dixaines, appellées *Curiæ*, ainsi distinguées, pour unir & assembler le peuple au fait de la Religion seulement, dont sans doute nos Cures ont pris leur nom: je ne m'amuseray point à en parler ici, parce que ce n'est pas mon sujet de parler en cet œuvre, de la Religion, mais de la Police seulement.

68. Curiæ.

Quant à la seconde distinction du peuple Romain, qui se faisoit *per censum*, c'est-à-dire, par les moyens d'un chacun, elle concernoit seulement les Finances & levées de deniers, & fut inventée par ledit Servius Tullius, qui parce que de son tems les tribus qu'on levoit sur le peuple, pour servir aux guerres, se payoient également, & par tête, considerant que c'étoit une grande inegalité, institua le cens, c'est-à-dire, le dénombrement solemnel du bien de chaque Citoyen: & aprés ce denombrement fait, il divisa tout le peuple en cinq classes, dont la premiere fut de ceux qui s'étoient trouvé avoir vaillant cent mille sesterces, ou au dessus: la seconde, de ceux qui en avoient soixante & quinze mille: la troisiéme, de cinquante mille: la quatriéme, de vingt-cinq mille: & la cinquiéme, de onze mille: & n'y avoit que ces cinq classes qui contribuassent aux Tributs. Il est vrai, qu'il y avoit encore une sixiéme classe des plus pauvres, qui étoient appellez *Proletarii*, par ce qu'ils ne contribuoient à l'Etat, que de multiplier & faire des enfans: ils étoient aussi appellez *capite censi*, parce qu'ils étoient enrôlez, non à cause de leurs moyens, mais seulement à cause de leur personne. Bien qu'A. Gelle fasse quelque difference *inter proletarios & capite censos*, au Chapitre 10. du Livre 16.

69. Division des citoyens Romains per censum.

70. Classes.

Tant y a que cette seconde distinction du peuple *per censum*, étoit mêlée avec la premiere faite *per tribus*. Car sous chacune Tribu étoient mises les six classes, & encore chacune classe étoit divisée en centuries ou centaines d'Habitans: de sorte qu'és comices ou assemblées du peuple, qui se faisoient pour l'élection des Magistrats, les suffrages se donnoient ordinairement par centuries, parce qu'il eût été impossible de colliger les voix de tous les Citoyens sans cette distinction.

71. Mélange de ces deux premieres divisions.

Des Ordres.

Pour le regard de la troisiéme division des Citoyens Romains, qui se faisoit par les races, il y en avoit de quatre sortes, à sçavoir les Patriciens, les Nobles, les Nouveaux, & les Ignobles. Les Patriciens étoient ceux qui étoient issus en ligne masculine de deux cens premiers Senateurs instituez par Romulus, qu'il avoit nommez *Patres*, bien que le Patriciat fût toute autre chose sous les derniers Empereurs; à sçavoir un titre de dignité, qui sera expliqué ci-aprés au Chapitre penultiéme. Les Nobles étoient ceux, dont le pere & ayeul avoient eu successivement quelqu'un des principaux Magistrats de Rome, & qui à cette cause avoient eu droit d'Images, comme prouve fort bien Sigonius. Les nouveaux hommes étoient ceux qui commençoient leur Noblesse, & dont eux, ou leur pere avoient eu quelqu'un de ces principaux Magistrats; ce qui a été touché au premier Livre *des Offices*, Chapitre 9. & sera amplement expliqué ci-aprés.

72. Division par les races.

73. Nobiles.

74. Novi.

Finalement quant aux Roturiers, il y en avoit de deux sortes; à sçavoir les ingenus, *qui patrem avunque se poterant*, comme dit Tite-Live, liv. 10. c'est-à-dire, qui étoient nez de pere & ayeul libres. Car bien que les liberts ou affranchis fussent Citoyens Romains, & enrôlez aux tribus de Rome, si n'étoient-ils pas Citoyens tout-à-fait, qu'ils appelloient *optimo jure cives*, n'étans par l'ancien droit capables, ni de suffrages, ni d'honneurs, ni pareillement de milice: car ils n'étoient point enrôlez parmi les legions Romaines, sinon en cas d'extrême necessité. Et quant aux suffrages & honneurs, ils en étoient incapables du commencement, & pouvoient seulement être Appariteurs des Magistrats, encore non pas Scribes ou Greffiers: mais quant à leurs enfans, qui aux premiers tems étoient appellez *libertini*, ils avoient droit de suffrages és tribus de la ville seulement, ne pouvans être enrôlez en celles des champs. Mais les ingenus, encore qu'ils fussent enfans de libertins, c'est-à-dire, petits-fils d'affranchis, avoient tout droit de suffrage, même és tribus des champs, & encore ne pouvoient-ils être Senateurs ni Chevaliers, ni par consequent parvenir aux grands Offices de Rome: finalement les enfans de ceux-là étoient capables de tous les Ordres & de tous Magistrats.

75. Ignobiles.

76. Ingenui.

77. Libertini.

Tout cela avoit lieu en l'ancien droit, comme prouve fort bien Sigonius, mais dés le tems d'Appius Cecus fut ôtée la difference d'entre les liberts & libertins, c'est-à-dire d'entre les affranchis & leurs enfans: si que néanmoins l'un & l'autre nom signifia les affranchis qui neanmoins retinrent cette distinction, qu'ils étoient appellez liberts à l'égard de leur patron, & libertins à l'égard de leur condition, & ainsi s'entendent-ils en nôtre droit. Par ce moyen les affranchis furent reduits à la même condition des anciens libertins leurs enfans, & ces enfans furent reduits à la condition des ingenus; même enfin on appella ingenus tous ceux qui étoient nez libres, & ainsi ce mot est pris en tout nôtre Droit.

78. Mutation adveñuë.

Finalement pour la quatriéme distinction du peuple Romain, faite par l'ordre ou vacation d'un chacun, & qui est celle qui appartient le plus à ce discours, il faut remarquer que le simple peuple avoit plusieurs Ordres & degrez de vacations, plus honorables les uns que les autres, dont voici les principaux selon leur rang. *Tribuni Ærarii, Scribæ, Mercatores, Artifices, Apparitores Magistratuum, & Turba forensis*.

79. Division des Citoyens Romains par les Ordres.

80. Ordres du menu peuple.

Tribuni, seu Quæstores Ærarii, étoient generalement ceux que nous appellons Financiers, bien que particulierement ce fussent ceux, *qui per tribus pecunias conquirebant, & conquisitas militibus erogabant*. Mais les Financiers faisoient à Rome un Ordre, comme prouve Sigonius, qui comprenoit tous ceux qui manioient les finances ou deniers publics, hors les principaux Questeurs, qui seuls étoient Magistrats. Car les Financiers de Rome n'étoient pas Officiers, comme ils sont la plûpart parmi nous, qui de toutes les vacations avons fait des Offices pour en tirer argent. Et ces Financiers étoient differens des Partisans, qui *Pu-*

81. Tribuni seu Quæstores ærarii.

Des Ordres

82. Publicani, Partisans. *blicani vocabantur* : & qui faisoient party, c'est-à-dire, prenoient à ferme en gros les revenus publics : & ceux-là étoient gens de qualité, & beaucoup plus estimez que les financiers, attendu qu'ils étoient ordinairement de l'ordre des Chevaliers, comme prouve le même Autheur, & en appert du passage de Pline, rapporté au commencement de ce Chapitre.

83. Scribæ. *Scribæ*, étoient ceux que nous appellons *Praticiens de longue robe*, comme nos Procureurs, Greffiers, & Notaires, qui bien qu'à Rome ils fussent du nombre des Ministres des Magistrats, faisoient neanmoins un Ordre saparé de celuy des autres Ministres, appellez *Appariteurs*, & beaucoup plus honorable, comme dit Cicéron *in Verrem*, *quòd nimirum eorum fidei publica tabula, periculaque Magistratuum committerentur*. Même les Magistrats Romains étans plus gens de guerre, que de lettres, & d'ailleurs le temps de leur charge étant court, étoient contraints d'apprendre les difficultez d'icelle des Praticiens qu'ils avoient à leur suite, ce qui fut cause qu'ils s'authoriserent si fort, que Caton étant Questeur, fut contraint de se bander contr'eux, parce, dit Plutarque en sa vie, qu'ils s'égaloient aux Magistrats, sous pretexte qu'ils leur apprenoient ce qui étoit de leur charge. Aussi y avoit-il presque autant de sortes, même de compagnies de Scribes, que de Magistrats, à sçavoir, *Quæstorii*, *Ædilitii*, *Prætorii*, &c.

84. Marchands. Quant aux Marchands, par lesquels je n'entens que ceux qui vendent en gros, & non en détail (lesquels sont plûtôt revendeurs ou regratiers, que Marchands) il y en avoit de trois sortes : à sçavoir, les Marchands ordinaires, qui faisoient dans Rome toute sorte de marchandise en gros : & ceux-là avoient d'ancienneté leur Corps & Communauté, comme il se voit dans Tite-Live, Livre 2. les Banquiers appellez *Argentarij*, dont

85. Argentarii, Banquiers. la marchandise particuliere étoit de faire trafic d'argent, mais qui parmy ce trafic faisoient toutes les affaires des particuliers, recevant leur revenu, & faisant aussi leur dépense, chose qui étoit aucunement necessaire, à cause que la monnoye Romaine étoit mal portative : de sorte qu'on étoit contraint de faire plûtôt la negociation par lettres de change, par le moyen de ces Banquiers, que par argent comptant : ce qui fut cause qu'on leur attribua force privileges, pour le grand soulagement qu'ils apportoient au peuple : & faut remarquer, *Argentarij alij erant à Trapezitis, seu mensariis*, comme prouve fort bien nôtre Sigonius. Finalement il y avoit ceux qu'ils appelloient Negotiateurs, qui

86. Negotiatores.

étoient les Marchands des Provinces, ainsi appellez, comme s'ils n'eussent été que simples entremetteurs d'affaires des Marchands de Rome, ausquels par honneur ceux-cy laissoient le titre de Marchand.

Quant aux Appariteurs des Magistrats, comme *Accensi*, *Interpretes*, *Præcones*, *Lictores*, *Viatores*, &c. ce n'étoient point à Rome Offices formez, comme à nous, mais une basse & vile condition d'hommes : jusques-là, que pour marque perpetuelle d'ignominie, il fut enjoint à une ville, dont il ne me souvient pas du nom, qui s'étoit plusieurs fois rebellée contre les Romains, de fournir d'Appariteurs aux Magistrats. Aussi ces charges n'étoient exercées que par les affranchis. Neanmoins enfin sous les Empereurs, lors que les affranchis entrerent en plus grand credit, elles furent mises au nombre des milices.

87. Appáritores Magistratuum.

Quant aux artisans & gens de métier de Rome, je remets à en parler cy-après, en traitant des nôtres. Et finalement, quant à ce qu'ils appelloient *turbam forensem*, c'étoient ceux de la lie du peuple, qui n'avoient point de vacation, que nous appellions autrefois *la racaille*, & qu'à nôtre exemple les Anglois appellent *Rascail*, mais à present nous les nommons vulgairement, gens de bras : & ceux-là à Rome ne servoient qu'à faire des brigues & des seditions populaires.

88. Turba forensis.

Pour conclusion de ce discours il faut remarquer, qu'en l'Estat populaire des Romains, les Censeurs avoient toute-puissance sur les Ordres. Car comme ils faisoient les Senateurs & les Chevaliers en les enrollant, aussi les défaisoient-ils en les ostant du rolle. Et quant aux tributs, c'étoient eux aussi qui en dressoient les rolles à leur volonté : partant tout ainsi qu'ils pouvoient oster les Senateurs & les Chevaliers de leurs Ordres, aussi pouvoient-ils oster le menu peuple de sa tribu. Même ils avoient trois sortes de correction sur iceluy : l'une, de le transferer d'une tribu moins honorable, comme d'une tribu des champs en une de la ville, ou d'une plus estimée en une moins estimée : l'autre, de les priver de suffrages, ce qui s'appelloit *in Ceritum tabulas referre*, parce que les Cærites peuple d'Italie, encore qu'ils eussent droit d'être citoyens Romains, n'avoient toutefois droit de suffrage, comme dit A. Gelle Livre 16. Chapitre 13. ou finalement *facere Ærarios*, c'est-à-dire, de leur oster tous les privileges des citoyens Romains, les laissant toutefois en la tribu, afin seulement de contribuer aux charges. Ce que Sigonius explique amplement & doctement.

89. Les Censeurs avoient toute-puissance sur les Ordres.

90. In Ceritum tabulas referre.

91. Ærarios facere.

CHAPITRE III.

De l'Ordre du Clergé.

1. *Nous n'avons point en France d'Ordre Senatoire.*
2. *Mais nous avons l'Ordre du Clergé.*
3. *Qui n'est gueres ailleurs en la Chrétienté.*
4. *Druides des Gaulois.*
5. *Degrez, ou Ordres subalternes de l'Ordre du Clergé.*
6. *Des Ordres seculiers.*
7. *Tonsure, & son effet.*
8. *Autres Ordres Ecclesiastiques.*
9. *Ordres Ecclesiastiques, quels, selon les Theologiens.*
10. *Que la Tonsure a toûjours été vray Ordre.*
11. *Que les autres Ordres étoient anciennement fonctions Ecclesiastiques.*
12. *Etat de la primitive Eglise.*
13. *Comment étoient conferées ces fonctions en la primitive Eglise.*
14. *Titre Clerical, absoluta Ordinatio.*
15. *Effets de cette pratique.*
16. *Vtilité d'icelle.*
17. *Comment elle a été changée.*
18. *Enfans de Chœur.*
19. *Comment a été admise l'Ordination absoluë.*
20. *Invention du Titre patrimonial de Clercs.*
21. *Ordonnance d'Orleans touchant ce titre.*
22. *Aboly par le Concile de Trente.*
23. *Ordres separez d'avec les Benefices.*
24. *Ordre Episcopal demeuré uni à l'Evêché.*
25. *Qu'il en est separé quelquefois.*
26. *Plusieurs degrez d'Evêques.*
27. *Le Pape.*
28. *Des Cardinaux.*
29. *Que c'est plûtôt Ordre qu'Office.*
30. *Leur pretenduë institution par Constantin le Grand.*
31. *De l'origine des Cardinaux.*
32. *Sept Diacres élûs par les Apôtres.*
33. *Préeminences des Diacres de Rome, dés le tems de S. Hierôme.*
34. *Debat entre les Diacres & les Prêtres pour la preseance.*
35. *Distinction des Diacres.*
36. *Diacres en Office precedent les Prêtres.*
37. *Les Diacres en Office s'appellent Archidiacres, ou Cardinaux.*
38. *Cardinaux de Rome.*
39. *Prêtres Cardinaux, comment introduits.*
40. *Chanoines des Eglises Cathedrales, appellez Cardinaux.*
41. *Evêques Cardinaux.*
42. *Titre des Cardinaux.*
43. *Cardinaux sans titres.*
44. *Chanoines, sub expectatione prœbendæ.*
45. *Nombre & titre des Evêques Cardinaux.*
46. *Cardinaux tenus resider en leurs titres.*
47. *Causes de l'ouverture de la Regale par la promotion au Cardinalat.*
48. *Cardinaux ont les droits Episcopaux en leurs titres.*
49. *Privilege des Cardinaux.*
50. *Leur habit.*
51. *Si Saint Hierôme étoit Cardinal.*
52. *Cardinaux precedent à present les Evêques.*
53. *Cardinaux Princes de l'Eglise.*
54. *Des Ordres reguliers.*
55. *Des Hermites.*
56. *Des Religieux.*
57. *Les trois vœux essentiels des Religieux.*
58. *Chanoines.*
59. *Chanoines vivoient autrefois comme les Religieux.*
60. *Chanoines reguliers.*
61. *Des Mandians.*
62. *Des Freres Chevaliers.*
63. *Sont Moines & Chevaliers ensemble.*
64. *S'ils succedent, & leur est succedé.*
65. *Moines & Chevaliers ne succedent en France.*
66. *Religieux fait Evêque, succede.*
67. *Novice succede.*
68. *Abus notable en l'expedition de l'acte de Noviciat des Religieux.*

1. Nous n'avons point en France d'Ordre Senatoire. LEs trois Etats de France sont grandement differens de ceux des Romains. Car en premier lieu, nous n'avons point d'Ordre Senatoire, étant tres-vrai ce que dit Budée sur la loy derniere, D. de Senat. que nos Parlemens ne ressemblent gueres au Senat Romain, qui n'étoit pas un corps d'Officiers, mais un Ordre, dont ordinairement se prenoient les Magistrats, soit de la Guerre, ou de la Justice, ou des Finances. Au lieu qu'en France les Officiers de la Gendarmerie doivent être pris de l'Ordre de la Noblesse, ceux de la Justice sont pris indifferemment des trois Etats, fors que les Ecclesiastiques ne peuvent tenir les Offices criminels, & ceux des Finances sont pris du Tiers-Etat, par ce que le Clergé & la Noblesse les dedaignent la plûpart.

2. Mais nous avons l'Ordre du Clergé. Mais en ce Royaume trés-Chrétien, nous avons conservé aux Ministres de Dieu le premier rang d'honneur, faisant à bon droit du Clergé, c'est-à-dire, de l'Ordre Ecclesiastique, le premier des trois Etats de France, au lieu que les Romains plus curieux de l'Etat, que de la Religion, ne faisoient point d'ordre à part de leurs Prêtres, mais les laissoient mêlez parmi les trois Etats, ainsi qu'est parmi nous la Justice qui se fait pareillement presque en tous les Etats de la Chrétienté, n'y en ayant gueres, où le Clergé **3. Qui n'est gueres ailleurs en la Chrétienté.** soit un ordre à part, ainsi qu'en France, qui a toûjours été plus Chrétienne, & a plus honoré l'Eglise, que nation du monde.

En quoi nous avons suivi aucunement les anciens Gaulois nos Predecesseurs, lesquels donnoient le premier ordre aux Druides, qui étoient leurs Prêtres, méme les faisoient leurs Juges & Magistrats. Et ainsi **4. Druides des Gaulois.** la Compagnie des Druides étoit en Gaule tout ensemble, ce que le Senat étoit à Rome, & ce que le Clergé est en France. Car en France, comme presque en tout le Christianisme, on a separé tout à fait la Religion d'avec l'Etat.

Or comme en chacun de ces trois Ordres ou Etats **5. Degrez ou Ordres subalternes en l'Ordre du Clergé.** generaux de la France, aussi en celui du Clergé il y a plusieurs degrez, ou ordres subalternes & particuliers, dependans subordinement l'un de l'autre, méme, parce que la division generale du Clergé, ou gens Ecclesiastiques, est qu'ils sont seculiers ou reguliers, il y a plusieurs ordres seculiers, & plusieurs reguliers. En quoi il faut remarquer que les ordres seculiers conviennent aux personnes seculieres, aussi bien qu'aux seculiers; mais les ordres reguliers ne conviennent qu'aux personnes regulieres, parce qu'ils concernent la regle & institution particuliere de vie, à laquelle ils sont voüez.

Voici donc en 1. lieu les ordres seculiers. Premierement **6. Des Ordres**

Des Ordres

dres facrez.

La Tonfure, qui est l'entrée de tous les Ordres Ecclesiastiques, & celle qui fait le Clerc, & qui distingue le Clergé d'avec le peuple, par le moyen du rasement des cheveux, qui étoit tel anciennement en tous les Clercs, que nous voyons maintenant aux Enfans de Chœur, qui est un public témoignage qu'on se dedie à Dieu, en renonçant & retranchant les superfluitez du corps, notamment celle des cheveux, qui est la partie superieure du corps humain, de laquelle ceux qui sont du monde, ont coûtume de se parer & orner. Et par le moyen de cette Tonsure on devient Clerc, c'est-à-dire, en Grec, heritier, ce qui s'entend par excellence, de l'heritage celeste, qu'on acquiert en renonçant à l'heritage terrestre & mondain.

7. Tonfure, & fon effet.

Par après il y a les quatre Ordres, que nous appellons mineurs, à sçavoir (selon le rang que leur donne l'ancien Concile de Rome, chapitre 7.) des Portiers, des Lecteurs, des Exorcistes & des Acolytes : puis les trois Ordres sacrez des Soûdiacres, des Diacres & des Prêtres. Et par-dessus tous ceux là, il y a encore celui d'Evêques, qui s'est multiplié en Archevêques, & Primats, ou Patriarches. Finalement on y ajoûte l'Ordre des Cardinaux, qui bien qu'il n'ayent point de consecration particuliere, comme ont tous les autres, est neanmoins plûtost ordre qu'office, ainsi qu'il sera dit ci-après.

8. Autres Ordres Ecclefiaftiques.

Car je n'appelle pas les Ordres Ecclesiastiques à la façon des Theologiens, qui ne tiennent pour Ordres, que ceux qui sont dirigez & ordonnez directement vers le precieux Corps de Nôtre Seigneur : en laquelle acception l'Ordre est un des sept Sacremens de l'Eglise. De sorte qu'aucuns d'iceux ne tiennent pour Ordres, que les trois Ordres sacrez, de Soûdiacre, Diacre & Prêtre, quelques-uns y ajoûtent les Quatre Mineurs : mais communément ils ne reputent pour Ordres, ni la Tonfure, ni l'Ordre Episcopal, bien que Saint Denis, au livre de l'Hierarchie Ecclesiastique, le tienne pour vrai Ordre : & font cette distinction. *Quantum ad Corpus Christi verum, nullus est Ordo supra Sacerdotalem, sed quantum ad Corpus Christi mysticum, quod est Ecclesia, Episcopatus est Ordo Ecclesiasticus.*

9. Ordres Ecclefiaftiques, quels felon les Theologiens.

Mais nous qui en parlons politiquement, disons en repassant tous ces Ordres, qu'il n'y a nul doute, que la Tonfure ne soit un Ordre, ou du moins la marque, même la forme de l'Ordre Ecclesiastique en general. Car la raison de ceux qui disent, que comme l'unité n'est pas nombre, mais le commencement des nombres, aussi la Tonfure n'est pas Ordre, mais le commencement des Ordres, n'est pas bonne, parce que la cause pourquoi l'unité n'est pas nombre, est d'autant que le mot de nombre presuppose necessairement plusieurs unitez, qui soient accumulées & nombrées ensemble, au lieu que l'unité simple ne peut être nombrée : raison qui n'a pas lieu en la Tonfure, qui peut être Ordre par soi.

10. Que la Tonfure a toûjours été vrai Ordre.

Et quant aux autres Ordres, ils n'étoient pas du commencement vrais Ordres, mais étoient certaines charges & ministeres de l'Ordre Ecclesiastique, comme leur nom le témoigne. Car les Portiers étoient ceux qui gardoient la Porte de l'Eglise, pour empêcher que les Payens, les Cathecumenes & les Excommuniez y entrassent. Les Lecteurs étoient ceux qui lisoient en l'Eglise les saints Livres, pour retenir le peuple venu de loin en devotion dans l'Eglise, jusqu'à ce qu'on commençât l'office, ou service ordinaire. Les Exorcistes, ceux qui avoient soin des Demoniaques, qui étoient fort frequens entre les Payens, lors de la primitive Eglise. Les Acolytes, ceux qui avoient charge de suivre l'Evêque & les Prêtres. Les Soûdiacres, ceux que les Diacres envoyoient de côté & d'autre aux negoces de l'Eglise. Les Diacres, ceux qui avoient la principale administration du temporel de l'Eglise. Les Prêtres, ceux qui avoient la charge du spirituel. Et finalement, les Evêques étoient les Chefs & Sur-Intendans de l'Eglise en leur Diocese.

11. Que les autres Ordres étoient anciennement fonctions Ecclefiaftiques.

12. Etat de

Ce n'étoient donc pas de simples Ordres sans fonction ny administration particuliere, mais fonctions qui étoient deferées aux Clercs habituez en chacune Eglise. Car comme anciennement les biens de l'Eglise étoient possedez en commun, comme j'ai dit ailleurs, chacune Eglise entretenoit autant de Clercs, que son revenu pouvoit porter, auxquels les charges & fonctions Ecclesiastiques étoient distribuées avec tel reglement, qu'il falloit de degré en degré passer par toutes les moindres, avant que de parvenir aux plus hautes, comme il falloit faire és bandes ou compagnies de gens de guerre. Et par ainsi toutes ces charges, que nous appellons *Ordres*, étoient des degrez par tous lesquels on passoit par ordre, avant que parvenir à celui de Prêtrise : mais pourtant ce n'étoient pas de purs Ordres, parce qu'ils avoient une fonction publique annexée.

la primitive Eglife.

Car il faut considerer (& ce ci me semble fort notable) qu'en la primitive Eglise nul n'étoit fait Prêtre, Diacre ni Soûdiacre, & non pas même Acolyte, Exorciste, Lecteur ou Portier, qu'il n'eût une place d'Habitué en quelque Eglise, ce que je n'appelle pas Benefice, d'autant que les Benefices n'étoient pas encore en usage, mais le revenu de l'Eglise étoit lors en commun. Ainsi n'étoit-il pas fait Prêtre, Diacre, Soûdiacre, Acolyte, &c. absolument & indefiniment : quand il recevoit ces Ordres, mais il étoit nommément & expressément nommé Prêtre, Diacre, Soûdiacre, Acolyte, de telle Eglise, à sçavoir de celle, en laquelle il étoit placé & habitué : Et cela s'appelloit le titre de ceux qui étoient promûs aux Ordres Ecclesiastiques. De sorte que la promotion faite sans titre, c'est à dire, sans expression, de certaine Eglise, où le Promû fût habitué, étoit appellée *absoluta Ordinatio*, id est, indefinita, & sine titulo facta. Et cette promotion absoluë & sans titre, étoit tellement défendue par les anciens Canons, que même au Concile de Calcedoine, qui est l'un des quatre anciens Conciles generaux, dont Justinian dit, que les Canons doivent être gardez comme les quatre Evangiles, & depuis en celui de Plaisance, il fut determiné, que ceux qui seroient promûs en telle sorte, *vacuam recipiebant manuum impositionem*, & que *eorum Ordinatio prorsus irrita erat*, Can. *Neminem*, & Can. *Sanctorum*. 90. distinct.

13. Comment étoient conferées ces fonctions en la primitive Eglife.

Partant le Prêtre étant particulierement ordonné en une certaine Eglise, sembloit n'être ordonné que pour icelle, & non pour les autres, & ainsi étoit-il des moindres Ordres : & comme le caractere des Ordres sacrez ne peut être effacé, aussi ce titre pris en l'Ordination, ne pouvoit être changé ni perdu, dit la Glose, *in Can. ultim. 66. distinct.* Et de là est venu ce qu'on dit encore, que c'est un mariage spirituel contracté entre le Clerc & son Eglise : & on tenoit de ce tems-là, qu'il n'étoit non plus licite au Prêtre de quitter & changer son Eglise, qu'au Laïque de quitter ou changer la femme, Can. *Sicut.* 1. & 2. 7. quest. 1.

14. Titre Clerical, *absoluta* *ordinatio*.

15. Effets de cette pratique.

Belle police, certes : car par ce moyen on ne faisoit qu'autant de Clercs, qu'il y avoit de places aux Eglises, pour les employer, & du bien pour les entretenir. Et par consequent il n'y avoit, ni Ecclesiastiques sans Eglise, ni Eglise sans Ecclesiastiques, & aucun Ecclesiastique ne pouvoit avoir pauvreté, ni richesse trop grande, ni ne pouvoit changer d'Eglise, ni en avoir plusieurs.

16. Utilité d'icelle.

Mais ce bel ordre s'est évanoüi peu à peu, depuis que les places des Eglises ont été converties en Benefices par le partage & attribution particuliere des biens Ecclesiastiques à chacune place ou fonction. Car bien qu'en ce partage & constitution des Benefices, il n'y ait eu que ceux qui avoient les Ordres sacrez, qui ont eu en leur lot ; part, fors qu'en quelques Eglises on laissa quelque peu de bien en commun pour les petits Clercs constituez ès ordres mineurs, qui n'étant encore engagez à l'Eglise, ne purent pas avoir leur partage separé comme les autres : neanmoins ils firent la part des plus jeunes si petite, n'étant suffisante pour l'entretien d'autant de Clercs qu'il en falloit, pour remplir & fournir successivement les

17. Comment elle a été changée.

Du Clergé, Chap. III.

18. Enfans de Chœur.
Ordres sacrez, on fut contraint (pour retenir toujours en apparence l'ancienne regle, de passer par tous les Ordres mineurs, avant qu'être promû aux sacrez) de conferer ces quatre Ordres mineurs tout en même tems, Et par ainsi la fonction d'iceux a été abolie, & il n'en reste autre marque, qu'és enfans de Chœur des Eglises Cathedrales & Collegiales. Laquelle pourtant le Concile de Trente a bien tâché de rétablir, ordonnant en la session 23. Chapitre 17. *Vt sanctarum Ordinum à Diaconatu ad Ostiariatum, sanctiones ab Apostolorum temporibus in Ecclesia laudabiliter receptæ, & pluribus in locis aliquandiu intermissæ, in usum juxta sacros Canones revocentur, ne ab hæreticis tanquam otiosa traducantur. Illuc ergo pristini moris restituendi desiderio flagrans sancta Synodus decernit, ne in posterum hujusmodi ministeria non nisi per constitutos in dictis Ordinibus exerceantur, &c.*

19. Comment a été admise l'ordination absolue.
Ainsi donc n'y ayant plus de fonction aux quatre Ordres mineurs, il ne fut plus besoin de les conferer sous l'expression du titre de quelque Eglise : mais quant aux Ordres sacrez, on a toûjours observé de les conferer en cette sorte, jusqu'à tant que le Concile de Latran, tenu sous Alexandre III. environ l'an 1160. ayant trouvé cette rigueur des anciens Conciles cy-dessus rapportez, trop grande, de declarer absolument nulles les Ordinations faites sans titre, comme pouvant produire des scrupules dangereux, & tenir en doute & incertitude le caractere de plusieurs Prêtres, ordonna que doresnavant, les promotions aux Ordres faites sans titre, ne seroient pas nulles, mais que seulement l'Evêque seroit tenu nourrir ceux qu'il auroit promûs sans titre, jusques à ce qu'il leur eût assigné un Benefice competant pour vivre. A quoi encore le Concile ajoûta une modification, qui a causé le desordre par après survenu en ces Ordres, *Nisi talis Ordinatus de sua paterna hæreditate subsidium vitæ possit habere, cap. Episcopus, & cap. Cùm secundum, ext. de prebend.*

20. Invention du titre patrimonial des Clercs.
Car sous ce pretexte, on ne s'est plus soucié d'ordonner les Prêtres au titre de quelque Eglise, pourvû qu'ils eussent du bien patrimonial. Lequel bien on a enfin appellé le *titre clerical*, parce qu'en la collocation de l'Ordre, on a pris coûtume d'exprimer que le patrimoine specifié serviroit de titre, suivant le Chapitre *Tuis eod. tit.* dont quelques-uns donnent le tort à Gratian, qui rapportant en son Decret, *Can. Neminem. 70. dist.* le Canon du Concile de Chalcedoine, prohibitif de l'Ordination absoluë, tourne ces mots, ἐν Ἐκκλησία πόλεως, ἢ κώμης, *in Ecclesia civitatis, aut possessionis*, au lieu de dire, *aut pagi* de sorte que l'équivoque de ce mot *possessio*, a fait croire aux Canonistes, que cet ancien Concile approuvoit le titre des biens ou possessions. Tant y a que l'invention de ce titre patrimonial est cause qu'il y a beaucoup des Prêtres d'aprésent, qui n'ont aucun Benefice : & encore qu'il y en ait plusieurs qui mandient leur vie, au deshonneur du Clergé,

21. Ordonnance d'Orleans touchant ce titre.
quelque ordre que nôtre Ordonnance d'Orleans ait crû apporter, taxant ce titre patrimonial à cinquante livres de revenu annuel, & voulant qu'il soit certifié & cautionné par quatre notables Bourgeois, pardevant le Juge ordinaire des lieux, & qu'il soit inalienable. C'est

22. Aboly par le Concile de Trente.
pourquoy le Concile de Trente, *sess. 21. Decreto de reform. cap. 2.* & en la session 23. Chapitre 16. à derechef prohibé l'Ordination sans titre de Benefice, défendant qu'aucun ne fût promû *ad titulum patrimonii*, renouvellant à cet égard les peines des anciens Canons, ce qui est mal gardé en France.

23. Ordres separez des Benefices.
Tant y a que la Coûtume étant établie de conserver les Ordres Ecclesiastiques absolument, & sans expression du titre, même à ceux qui n'avoient point de Benefice, les Ordres Ecclesiastiques ont été par ce moyen separé du tout des Benefices & Charges d'Eglise : & ainsi sont devenus vrais & purs Ordres, c'est-à-dire, dignitez sans administration ni fonction, sinon que de servir à l'Autel, & de produire une aptitude à posseder les Benefices.
Des Ordres.

24. Et parce que les Ordinations sans titre n'ont été encore tolerées ni authorisées, que jusqu'aux Prêtres de la sorte qu'on a jusqu'icy eu quelque égard de ne les pouvoir ordonner ou consacrer, qu'ils n'ont un Evêché, au titre duquel ils puissent être sacrez, & faits Evêques ; de sorte qu'en eux l'Ordre & le Benefice est conjoint, & n'est presque qu'un. Toutefois à l'exemple des autres Benefices a-t-on tâché de permettre quelquefois qu'ils soient separez l'un de l'autre, par permission speciale du Pape, quand il donne licence à un Evêque de resigner son Evêché : ce qui ne se pouvoit faire anciennement, comme il se voit en ce Chapitre *Sicut 1. & 3. 7. quæst. 1.* Et depuis il fut permis en certains cas seulement, *cap. Nisi ext. de renuntiat.*

Quand donc l'Evêque resigne son Evêché, d'autant que l'Ordre est un caractere ineffaçable, il demeure toûjours Evêque quant à l'Ordre, mais non quant au **25. Qu'il en est separé quelquefois.** Benefice, parce qu'il n'a plus d'Evêché : & ainsi l'un est separé de l'autre, & se trouve des Evêques sans Evêché, ce qui ne peut arriver és autres Benefices, qui ne sont pas Ordres & Benefices tout ensemble, ni pareillement és Offices. Car celui qui a resigné son Benefice, ou son Office, n'est plus Beneficier ni Officier d'icelui.

Or il faut encore remarquer, qu'il n'y a qu'une sorte d'Ordre Episcopal, bien que la fonction des Evêques **26. Plusieurs degrez d'Evêques.** soit de plusieurs ou degrez differens. Car comme en la Hierarchie Celeste il y a plusieurs degrez & especes d'Anges, qui ayans divers noms & diverses prerogatives, sont neantmoins tous Anges, aussi en la Hierarchie Terrestre il y a plusieurs sortes d'Evêques, ayans divers noms & differens pouvoirs. Les uns étans simples Evêques, n'ayans Juridiction qu'en leur Diocese : les autres Archevêques, qui outre la Juridiction primitive de leur Diocese, ont encore celle de ressort sur des Evêques de leur Province. Et davantage aucuns sont Primats ou Patriarches, entre lesquels j'estime qu'il n'y a difference que de nom, ayans en outre Juridiction de ressort superieur sur plusieurs Provinces & Archevêchez. Finalement sur tous les Primats & Patriarches, & consequemment sur tous les Ecclesiastiques, même sur tous les vrais Chrétiens, il y a un Souverain Hierarque, à sçavoir l'Evêque de Rome, que nous appellons *Pape* par excellence ; qui est **27. Le Pape.** le Vicaire & Lieutenant de Dieu en l'Eglise universelle.

Quant aux Cardinaux c'est, comme je viens de dire, **28. Les Cardinaux.** un Ordre ajoûté après les autres, qui neantmoins est plûtôt Office qu'Office, quoy qu'en dise Balde sur le Chapitre *Bonæ memoriæ ext. de postulat. Prælat.* tant à cause qu'il donne aptitude à plusieurs Offices de la Cour de Rome, & notamment à la supreme dignité de Pape, que parce que le sacré Consistoire des Cardinaux **29. Que c'est plûtôt Ordre qu'Office.** represente en l'Eglise le Senat Romain, qui étoit l'Ordre, & non pas Corps d'Officiers ; aussi que les Cardinaux, entant que Cardinaux, n'ont aucune Juridiction ni autre fonction publique, hors d'opiner au Consistoire, ainsi que les Senateurs au Senat. Et combien que la plûpart d'entre eux ait des titres, c'est-à-dire, certaines Paroisses ou Eglises de Rome, esquelles ils ont toute Juridiction, comme les Evêques en leur Diocese, ainsi qu'il sera dit tout incontinent, si est-ce qu'aucun, n'en est point ; & quant à ceux qui en ont, on peut dire qu'ils ont Ordre & Benefice tout ensemble, ainsi qu'il vient d'être dit des Evêques. Et de fait, toutes les proprietez & remarques des Ordres cottées cy-devant, au premier Chapitre de ce Livre, leur conviennent directement.

J'ai dit, qu'ils representent le Senat Romain, & chacun est d'accord de cela ; dont aucuns rapportent la fondation à cette Ordonnance de Constantin le Grand, **30. Leur pretenduë institution par Constantin le Grand.** qui se voit entiere au premier volume des Conciles, & dont le fragment est rapporté au Canon *Constantinus 1. 96. distinct.* si tant est qu'elle soit vraye : car c'est une très-grande question entre nos Modernes, entre lesquels Alciat soûtient que nôtre Livre septieme des

Des Ordres

Patergues, Chapitre 19. & *Generatim quod si*, en les *Clementines*, page 216. Par cette Ordonnance Constantin nouvellement converti à la foy, cede par devotion la ville de Rome à S. Sylvestre Pape, le declare Chef des Ecclesiastiques, & en cette qualité lui resigne ses ornemens Imperiaux. Puis voici ce qu'il ajoûte, *Viris etiam diversi, ordinii reverendissimi Clericis sanctæ Romanæ Ecclesiæ servientibus, illud culmen singularis potentia, & præcellentia habere sancimus, cujus amplissimus noster Senatus videtur gloria adornari, id est Consules & Patricios effici, nec-non & cæteris dignitatibus Imperialibus, eos promulgamus decorari*. Bref ce devot Empereur, declarant qu'il transfere son Empire à Constantinople, en cette belle raison, *quia ubi Principatus Ecclesiæ & caput ab Imperatore cælesti constitutum est, justum non est, ut illic Imperator terrenus habeat potestatem*.

31. De l'origine des Cardinaux.
Si est-ce la verité, que de plusieurs siecles après, l'Ordre des Cardinaux n'a été établi, au moins en l'autorité qu'il est à present, & parce qu'il me semble que cela n'a point été bien éclairci par tant d'Auteurs qui en ont écrit, j'en dirai en deux mots ma petite conception, avec excuse, si je choppe après tant d'autres en un endroit si obscur.

32. Sept Diacres établis par les Apôtres.
On voit aux Actes, que les Apôtres, pour n'être distraits du spirituel, élûrent sept Diacres, pour administrer le temporel de l'Eglise : & de là est venuë l'origine de nos Diacres, desquels le nombre fut limité par le premier Concile de Rome, tenu incontinent après celui de Nice, dont voici le 6. Canon, *ut Diaconi per Parochiarum examen non sint nisi duo, & Cardinales urbis Romæ septem, ut Dalmaticis utantur, & palla linostima lana eorum tegatur*. Ces Diacres ayant entr'autre pouvoir, le maniement du bien de l'Eglise, leur autorité crût à mesure que la richesse & l'avarice s'augmenta au Clergé, & notamment ceux de Rome entreprirent toûjours plus d'autorité que les autres, comme étans Ministres de l'Eglise supreme, & entrerent en cette possession de preceder communement les Prêtres de la même Eglise, comme il se voit an Can. *Legimus*, qui est de S. Hierôme 93. dist. où il prend bien de la peine, lui qui étoit Prêtre de l'Eglise Romaine, à prouver que le Diacre est moins que le Prêtre, & demeure d'accord que la Coûtume de l'Eglise Romaine est au contraire, mais il dit qu'il ne le faut point tirer à consequence, *quia orbis major est urbe*. Et lui-même en l'Epitre *ad Rusticum*, rapportée au Canon precedent, prouve par plusieurs raisons, qu'en plusieurs choses le Diacre est preferable au Prêtre, & même, dit-il, à l'Evêque :

33. Preeminences des Diacres de Rome dés le tems de S. Hierôme.

34. Debat entre les Prêtres & Diacres.
bref ce debat de preseance d'entre les Prêtres & les Diacres est traité en cette distinction 93. & bien qu'il fût vuidé bien clairement au profit des Prêtres, par ce general & signalé Concile de Nice, Chapitre 14. si est-ce qu'il dura encore long-tems après, même le Concile d'Angers, & celui de Meaux, art. 54. nous apprennent

35. Distinction des Diacres.
qu'il demeura en France ainsi qu'ailleurs. Mais és tems subsequens, il se retrancha de soi-même, par une belle distinction. Car la Coûtume étant venuë de faire des Diacres honoraires, & sans office ou fonction,

36. Diacres en office precedent les Prêtres.
moins qu'ils n'en avoient aucun autre, sinon d'assister le Prêtre à l'Autel : même étant observé exactement qu'il falloit avoir ce simple Ordre de Diacre, avant que pouvoir être fait Prêtre : bref, par ce moyen l'Ordre de Diacre étant separé de son ancien office & fonction, qui lui avoit acquis cet avantage de preceder les Prêtres, les simples Diacres ne firent pas plus de difficulté de ceder aux Prêtres, qui outre le même Ordre de Diacre, avoient encore celui de Prêtrise. Mais les premiers & principaux Diacres, qui outre l'ordre, avoient retenu cet ancien office & fonction d'administrer le bien de l'Eglise, garderent aisément la preseance pardessus les Prêtres, ausquels ils fournissoient les pensions ou nouritures. Bien que sur ce debat le sixiéme Synode *in Trullo* eût defini assez apertement, *Diaconus, quamvis in dignitate sit, ante Presbyterum sedeat, nisi cum locum tenuerit Episcopi*,

mais pour se trouver aux termes de cette exception, ils maintinrent, que *in omnibus erant Vicarii Episcopi*, comme il est dit au Chapitre premier, & au Chapitre quatriéme *Ad hæc ext. de officio Archidiaci*.

37. Les Diacres en office s'appellerent Archidiacres, ou Cardinaux.
Or cette difference étant établie, des simples Diacres *in Ordine*, & de ceux qui étoient en dignité & Office Ecclesiastique : ceux-ci voulurent avoir leur nom à part, & s'appellerent *Archidiacres*, ou *Diacres Cardinaux* : comme il se voit en ce passage de l'Epitre 81. du premier Livre de saint Gregoire, *Si Liberatus Diaconus nondum factus est Cardinalis, ordinatis à te Diaconis non debet præponi* : & peu après, *sed si ejus obedientiâ fueris invitatus, eum poteris facere Cardinalem*. Et en une autre Epitre du même saint Gregoire, rapportée au Canon *Fraternitatem* 81. distinct. il permet à Fortunatus Evêque de Naples, de faire un Diacre, nommé Gratian, Cardinal de l'Eglise de Naples.

38. Cardinaux de Rome.
Mais enfin les Diacres en office de l'Eglise Romaine, qui avoient toûjours voulu être plus que les autres, étans d'ancienneté comme les Directeurs & Surintendans de l'Eglise universelle, ne se contentans du titre d'Archidiacres, qu'avoient ceux des simples Evêchez, se nommerent seuls Cardinaux : comme qui diroit les principaux Archidiacres. Terme dont usé cet ancien Concile de Rome, qui est la plus ancienne autorité que j'en aie leuë.

39. Prêtres Cardinaux, comment introduits.
D'où il s'ensuit, que les premiers Cardinaux de Rome furent les Diacres de l'Eglise Romaine : mais à succession de tems, les Prêtres habituez en icelle, voulurent avoir part à ce magnifique titre, & être appellez *Prêtres Cardinaux*, soûtenant que le nom de Cardinal, qu'on interprete principal, ou universel, provenant de ce que l'Eglise Romaine étoit la principale & universelle, devoit aussi-bien appartenir aux Prêtres, qu'aux Diacres : ainsi qu'és Eglises Cathedrales il y avoit des Archiprêtres, aussi-bien que des Archidiacres.

40. Chanoines des Eglises Cathedrales, appellez Cardinaux.
Même en certaines Eglises Archiepiscopales, les Prêtres habituez d'icelles, que nous appellons à present Chanoines, ont entrepris de se nommer Cardinaux, comme à Ravenne, à Compostelle, & ailleurs : ce qui est enfin tourné en moquerie, ainsi que le Roy d'Ivetot, ainsi que le remarque la Glose, *in Can. Pudor.* 32. quæst. 2. & Duarein *Can. 1. de sacr. Eccles. minist.* Même au Chapitre 2. *de offic. Archipresb. apud Gregor.* Les Chanoines des Eglises Cathedrales sont denienement nommez Cardinaux.

41. Evêques Cardinaux.
Finalement, les Evêques suffragans ordinaires du Pape, qui sont ceux de la Province & territoire particulier d'autour de Rome, ne voulans ceder aux Prêtres de l'Eglise Romaine, voulurent aussi être appellez *Cardinaux*. il est bien vray, que dans le même saint Gregoire, & autres anciens Auteurs Ecclesiastiques de son tems, *Presbyter Cardinalis*, signifioit, celui qui étoit commis pour Evêque, & en un mot l'Evêque Commendataire, *ut in Can. Relatum. Can. Illud. & Can. Pastoralis.* 7. quæst. 1. ce qui meriteroit un plus long discours.

Quant aux titres des Cardinaux de l'Eglise Romaine, c'étoient du commencement des simples places d'habituez, comme il vient d'être dit des autres Eglises, jusqu'à tant que le Pape Marcellus divisa les quartiers de la ville de Rome en quinze, selon aucuns, ou en vingt-cinq selon d'autres, attribuant à chacun de ces habituez, fut-ce Diacre, ou Prêtre, son quartier particulierement, pour avoir soin des Baptêmes & Sepultures des habitans d'icelui, ou par succession de tems ont été bâties des Eglises.

42. Titres des Cardinaux.
Mais comme és autres Eglises & Dioceses on a fait des Diacres sans titre, aussi a-t-on fait à la fin en l'Eglise de Rome, de sorte que le nombre des Cardinaux, Diacres & Prêtres, n'est à present certain, mais dépend de la volonté du Pape : bien qu'aucuns estiment que tous les Cardinaux ensemble ne doivent exceder soixante & dix, qui étoit le nombre des Disciples de Nôtre-Seigneur. Et encore qu'il y ait un certain nombre de titres de ces Cardinaux, à sçavoir six

du Clergé, Chapitre III.

43. Cardinaux sans titre.

d'Evêques, vingt-huit de Prêtres, & vingt de Diacres, qui sont rapportez par *Petrus de Monte*, *in Monarchia Conciliorum* : & diversement par *Onufrius*, si est-ce que les Papes, desireux de gratifier de cette éminente dignité leurs favoris, lors qu'il n'y avoit point de titre vacant, ont trouvé invention de les faire Cardinaux, soit Prêtres, ou Diacres, *sub expectatione tituli*, comme nous apprend Jean André, *in addit. ad speculat. tit. de libelli conceptione. §. Item videndum*, où il dit que de son temps Pierre Colomne étoit Cardinal sans titre, & qu'il se qualifioit *Cardinalis S R E. donec titulum S. Angeli recuperasset*, de même qu'auparavant le Concile de Trente, le Pape, és pays d'obedience, faisoit de Chanoines és Eglises Cathedrales, ou Collegiales, *sub expectatione prebenda ad effectum obtinenda Dignitatis*, ou bien pour être asseurez de la premiere prebende vacante. *De quibus agitur in capite Relatum, capite Dilectus 1. ext. de prebendis, & in capite Cum semper. De concessio. prabenda*.

44. Chanoines sub expectatione prabenda.

45. Nombre & titre des Evêques Cardinaux.

Mais daûtant que la mode n'est point encore venûe en l'Eglise de faire des Evêques sans titre, les Cardinaux Evêques sont demeurez en leur ancien nombre de six ; à sçavoir *Hostiensis* (qui est toûjours Doyen des Cardinaux) *Sabinensis, Portuensis, Tusculanus, Prænestinus & Albanensis*.

46. Cardinaux tenus resider en leurs titres.

Donc les Cardinaux qui ont titre, c'est à dire, certaine Eglise, ou Benefice à desservir, sont tenus de resider en iceluy, s'ils n'en sont dispensez : même le Chapitre premier *De clericis non resid.* qui est de Leon IV. porte que *Anastasius presbyter Cardinalis tit. S. Marcelli, à Synodo canonicè est depositus, eò quod parochiam suam per annos quinque, contra canonum statuta, non adiisset*. Car leur Benefice est reputé Benefice Curé, qui est la cause originaire pourquoy en France il y a ouverture au droit de Regale par la promotion d'un Evêque au Cardinalat, comme M. le Maistre prouve ; parce que de droit commun, & cessant la dispense du Pape (à laquelle on n'a point d'égard en matiere de Regale) par telle promotion l'Evêché vaqueroit. Bien qu'à present on prend un autre sujet, pour fonder cette ouverture de la Regale ; à sçavoir, que les Cardinaux sont Conseillers du Pape, qui est un Prince temporel ; ce qui est prohibé d'anciennetté aux Evêques de France, à cause du serment de fidelité qu'ils ont au Roy.

47. Causes de l'ouverture de la Regale par la promotion au Cardinalat.

48. Cardinaux ont les droits Episcopaux en leurs titres.

Tant y a que les Cardinaux ont tant de puissance en leurs titres ou Eglises, qu'ils y peuvent user d'ornemens Episcopaux, encore qu'ils ne soient Evêques, & même conferer les Ordres Mineurs : Bref, ils y ont tous les droits honorables des Evêques, comme disent *Hostiensis*, & Jean André *in cap. 1. De suppl. negliv. prælat. Et colligitur ex cap. His qui. De majorit. & obed. & ex cap. Querelam. De elect*.

49. Privileges des Cardinaux.

Je ne m'amuseray point à rapporter leurs autres privileges & prerogatives, dont la principale est, que comme l'élection des simples Evêques, qui en la primative Eglise se faisoit par le Clergé & le peuple conjointement, a été enfin totalement laissée au Clergé de l'Eglise Cathedrale, aussi l'élection du Pape a été enfin par le commun consentement de toute l'Eglise, & notamment des Empereurs d'Allemagne, & des Rois de France, & encore du peuple de Rome, qui la pretendoient respectivement, laissée paisible aux Cardinaux. Ce qui fut arrété du temps de Nicolas II. en l'an 1059, & est son decret rapporté au *Can. 1. de la distinction 23*. par lequel en outre il ordonne, que le Pape soit élû du nombre des Cardinaux. Et depuis, Innocent IV. environ l'an 1245. leur donna le Chapeau rouge, & Paul II. la Robe d'écarlate, pour ornement & marque de leur Ordre, tout au lieu de la pourpre des Senateurs Romains, on *dit Sacerdotii*, dont Ciceron fait mention en une de ses Epistres *ad Atticum*, & en

50. Leur habit.

une autre *ad Calium* : soit afin que cet habit les tint continuellement avertis, d'être toujours prêts de répandre leur sang pour la Foy.

D'où il s'ensuit, que nos Peintres usent bien du privilege commun à eux & aux Poëtes, quand ils peignent saint Hierosme avec le Chapeau & la Robe d'écarlate, veu qu'il vivoit sous Damase, auquel il écrit plusieurs Epistres, qui est plus de neuf cens ans avant Innocent IV. Et bien qu'il fust Prêtre de l'Eglise Romaine, si est-ce que ces Prêtres ne se qualifioient pas encore de son temps Cardinaux. Et ce que dit saint Augustin en l'Epître à saint Hierosme dit, que *quamquam secundum vocabula qua usus obtinuit, Episcopatus sit Presbyterio major*, *Augustinus tamen Hieronimo minor est*, comme il est rapporté au *Can. Quamquam 2. quæst. 7*. si est-ce qu'il faut prendre cela comme dit par extenuation ; ou civilité, à l'égard du merite particulier des personnes ; non du rang de leurs dignitez, comme aussi Gratian l'entend ainsi, disant au *Can. precedent. Hoc non de officio Ecclesiastica dignitatis, sed de puritate vita, & sanctitate conversationis intelligitur*.

51. Si saint Hierosme étoit Cardinal.

Et de fait, la glose sur ce même Canon *Quamquam*, dit, que la dignité d'Evêque est plus que celle de Cardinal, comme c'est la verité qu'elle étoit plus estimée anciennement, ainsi qu'il se colligé du Canon *Præsulat. 2. quæst. 4*. Mais à succession de temps deux choses ont élevé les Cardinaux par dessus les Evêques : L'une, que presque tous les Cardinaux sont Evêques, & ne s'en voit guere d'autres : l'autre, que les Cardinaux, non seulement élisent les Papes, mais aussi la dignité supréme de Pape leur est particulierement affectée : & partant on peut dire qu'ils participent par aptitude & par esperance à la souveraineté spirituelle & temporelle du saint Siege, ainsi que les Princes du Sang à la souveraineté temporelle de leur pays. C'est pourquoy ils sont tenus pour Princes de l'Eglise, & marchent maintenant par tout en rang de Princes ; mais aussi le formulaire du Pape en creant les Cardinaux est de leur dire, *Estote fratres mei, & Principes mundi*.

52. Cardinaux precedent à present les Evêques.

53. Cardinaux Princes de l'Eglise.

Voilà pour les Ordres Seculiers du Clergé, & Quant aux reguliers, ce ne sont pas des degrez les uns au dessus des autres, ainsi que les Seculiers, mais se sont Ordres du tout differens & separez. Et se prennent, à mon avis, de cinq diverses sortes ; à sçavoir, les Hermites, les Religieux, les Chanoines reguliers, les Mendians, & les freres Chevaliers.

54. Des Ordres reguliers.

J'ay mis les Hermites les premiers, comme les plus anciens, & ausquels convient proprement le nom de μοναχός, qui signifie solitaire. Et sont ceux, qui à l'imitation d'Helie, ou de saint Jean Baptiste, se retiroient dans les deserts, pour vacquer plus librement à la contemplation : ils sont aussi appellez ἀναχωρηταί, id est, secedentes & ἡσυχασταί, id est quiescentes. Dont les premiers furent saint Paul en la Thebaide, & saint Hilarion en la Palestine, & en ce rang quelques-uns mettent saint Hierosme, à cause qu'il se retira aux deserts d'Egypte. Ces Hermites n'ont jamais esté astraints aux trois vœux : même que (si peu qu'il nous en reste de vrais ; car je ne mets pas en compte ces coureurs & porteurs de rogatum, qui en prennent le nom & l'habit pour gueuser) n'y sont encore astraints, comme je croy. Aussi n'ont-ils point de certaine regle de vie, mais la forment, l'augmentent, & relaschent à devotion, même la quittent tout-à-fait quand ils veulent, sans reprehension, bien que ce ne soit sans marque d'inconstance : ce qui étoit general du temps de Justinian en tous Moines, *Nov. 5. cap. 4*.

55. Des Hermites.

J'appelle les Religieux, ceux qui ont une certaine regle de vivre en communauté, qui sont en nos livres appellez κοινοβιταί & συνοδιται. Ce qui semble avoir été introduit au Christianisme à l'imitation des

56. Des Religieux.

Des Ordres

Esseans, qui étoit une secte de Juifs fort devote, dont Philon dans Eusebe *De præparat. Evangel.* raconte au long la forme de vie, toute semblable à celle de nos Religieux, & fut premierement pratiquée par saint Antoine en la Thebaïde, par saint Benoist en Italie, & en Grece par saint Basile, lequel fut celuy qui le premier les obligea aux trois vœux, que nous disons être essentiels à la Religion ; à sçavoir obedience, chasteté & pauvreté, qui est un mot, une resignation & abandonnement, qui se fait pour l'honneur de Dieu, des trois sortes de biens dont l'homme est doüé en ce monde : l'obedience concernant l'ame, la chasteté le corps, & la pauvreté les biens de fortune. Et de ceux-cy il y en a tant d'Ordres, c'est à dire de diverses regles, qu'il seroit long & malaisé de les rapporter toutes. Polydore Virgile en son sixiéme livre en rapporte la plupart, & le livre Italien intitulé *Piazza universale*.

57. Les trois vœux essentiels des Religieux.

Mais dautant que ces Religieux n'étoient pas anciennement promeus aux Ordres Ecclesiastiques, *aliaque erat causa clerici, alia monachi*, dit saint Hierosme, même y étans promeus, falloit qu'ils quittassent le Monastere, *can. Nemo 16. quæst. 1.* Quoy qu'il en soit, ils étoient incapables de faire les fonctions Ecclesiastiques hors de leurs Monasteres, *can. Placuit. can. Interdicimus. & can. Juxta 16. quæst. 1.* c'est pourquoy saint Augustin ayant rangé à la vie Religieuse les Prêtres habituez de son Eglise d'Hippone, qui étoient chargez de l'administration des Sacremens, & autres fonctions Ecclesiastiques, ne les appella pas Moines ny Religieux, mais Chanoines, c'est à dire astraints à certaine regle de vie, qui étoit mêlée de clericature & de la pure vie monastique, & cette vie fut appellée la vie Apostolique, parce que les Apostres vivoient en commun, gardoient la pauvreté, obedience & chasteté, & parmy cela administroient les Sacremens. C'est pourquoy saint Thomas refere l'origine des Chanoines reguliers aux Apostres, & dit que saint Augustin n'en fit que renouveller & redresser l'Ordre.

58. Chanoines.

Quoy qu'il en soit, cet Ordre fut trouvé si utile & si honorable, qu'il n'y eut à succession de temps, Eglise Cathedrale qui n'eût ses Chanoines, qui lors de cette premiere institution vivoient tous comme Religieux, étans astraints aux trois vœux, & même gardans la closture, comme nous font foy leurs cloistres, le nom de frere, dont ils s'entr'appellent, leur chappe d'Hyver garnie de froc, leur pain de chapitre, leurs Heures canoniales, & leurs Matines nocturnes, qui encore sont demeurées en quelques Eglises ; bref, leur revenu en commun. Mais peu à peu leur opulence leur ayant fait relascher de cette austerité, ils se sont dispensez de la pauvreté lors du partage des biens Ecclesiastiques, & par consequent de l'obedience, dont la closture fait partie, & ainsi ont converty leur Ordre en Benefice. Partant, ceux qui sont demeurez fermes en leur premiere institution, & en l'observance de la regle de saint Augustin, se sont nommez *Chanoines reguliers*, à la distinction des autres, qui n'observant plus leur regle, se sont nommez *seculiers*. Bien qu'à la lettre, Chanoine & regulier signifient même chose : l'un en Grec, & l'autre en Latin, de sorte qu'à vray dire, c'est une gemination superfluë, ὅ ἐστι τὸ αὐτό.

59. Chanoines vivoient tout comme Religieux.

60. Chanoines reguliers.

En suite sont venus en usage les Ordres des Mendians, qui outre le vœu de pauvreté (qui ne lie les Religieux qu'en particulier, parce qu'en commun ils peuvent tenir tant de possessions qu'ils en trouvent) ont voüé la mendicité, c'est à dire, de ne vivre que d'aumône. Étant notoire la difference entre πτωχοῦ & πτωχοῦ, c'est à dire, entre le pauvre & le mendiant. Et pour cet effet, ceux-cy voüent la mendicité tant en particulier qu'en commun : leur Ordre étant incapable de posseder aucuns immeubles.

61. Des Mendians.

Finalement, entre les Ordres reguliers sont ceux des freres Chevaliers, soit de saint Jean de Hierusalem, que nous appellons Hospitaliers ou Chevaliers de Malte, soit des Chevaliers Teutons, des Chevaliers porte-glaives, des Chevaliers de Jesus-Christ, des Commandeurs saint Antoine, & de ceux de saint Lazare, & autres semblables, rapportez pareillement par Polydore Virgile, & par l'autheur *della Piazza universale*. Car il ne faut plus parler des Templiers, qui furent entierement condamnez par Clement V. Tous lesquels j'appelle freres Chevaliers, ou Chevaliers Religieux, à la difference des Chevaliers laïques de la Noblesse, dont il sera traité au sixiéme chapitre.

62. Des freres Chevaliers.

Car ceux-cy sont tout ensemble, & Moines, entant qu'ils sont astraints aux trois vœux, & Chevaliers, entant qu'ils font profession de faire la guerre pour la defense de la Religion Chrétienne. Voicy comme en parle saint Bernard, *Ita miro quodam ac singulari modo vivunt, ut agnis mitiores sint, & leonibus ferociores : adeo ut dubitem quomodo potius censeam appellandos ; monachos scilicet, an milites ; nisi quod utrumque forsan congruentius nominarim, quibus neutrum deesse cognoscitur, nec monachi mansuetudo, nec militis fortitudo.*

63. Sont tout ensemble Moines & Chevaliers.

Et cette double nature, qui est en eux, a fait varier souvent nôtre droit François. Car autrefois on a tenu, qu'ils pouvoient succeder absolument, dont le grand Coustumier, livre second chapitre 49. dit, qu'ils ont obtenu dispense ou permission, & du Pape & du Roy ; puis ils ont été admis à succeder par usufruit seulement, comme dit Papon. Et à present on tient qu'ils ne succedent point du tout, comme il fut jugé par Arrêt solemnel de Noël, 1593. de sorte qu'à ce regard ils sont reduits à la condition des Moines, qui ne succedent point en France, ny le Monastere pour eux, auquel même ils ne peuvent rien donner quand ils y entrent : bien qu'au droit Romain, non seulement le Monastere succedoit, mais même il acqueroit tous les biens qu'ils avoient, lors qu'ils y entroient. *Auth. Ingressi, & l. De nobili. C. De sacrosan. Ecclef.* Aussi reciproquement les parents ne succedent point aux freres Chevaliers, non plus qu'aux Moines, mais leur pecule appartient apres leur mort à leur Religion. Et toutefois le Religieux fait Evêque ou Cardinal, comme étant lors exempté de la puissance du Monastere, & de la rigueur de sa regle, peut succeder, & luy être succedé, comme il fut jugé en l'an 1585. par Arrêt reciproque touchant le Jacobin fourré, Evêque de Chaalons, suivant la decision expresse du *can. statutum. 18. quæst. 2.*

64. S'ils succedent, & leur est succedé.

65. Moines & Chevaliers ne succedent en France.

66. Religieux fait Evêque succede.

Ce que j'entends des Religieux profez seulement. Car les Novices ne sont pas vrais Religieux, n'étans point encore liez aux trois vœux de Religion. Et faut remarquer, que pour les exclure de succeder, il faut avoir preuve literale de leur profession, suivant l'expresse decision de l'article 55. de l'Édit de Moulins. Ce qui est fort dangereux, dautant qu'en la plupart des Religions on ne fait point d'actes de profession pardevant Notaires, mais seulement on fait signer le profez, ou dans le registre du Convent, ou en un papier à part : de sorte que si ou le Convent par avarice, ou le profez par malice supprime cet écrit, celuy qui a été Moine dix ou douze ans, sera receu à demander les successions de ses parents, & même à apostatizer, & jetter le froc aux orties, comme on dit, & ainsi des Religieuses : qui souvent se servent de ce pretexte : partant qui y aura interest, y entende.

67. Novice succede.

68. Abus notable en l'expedition de l'acte, & ce Novices vivant de la Religion.

CHAPITRE IV.
De l'Ordre de Noblesse en general.

1. *Difference de la generosité des hommes, avec celle des plantes & des bestes.*
2. *Contre les Philosophes & Poëtes.*
3. *Cause de la ressemblance des peres aux enfans.*
4. *Nobles en toutes nations.*
5. *Prerogatives des Praticiens de Rome.*
6. *Commens elles leur furent ostées.*
7. *Equivoque sur leur nom.*
8. *Ingenuus εὐψυχής.*
9. *Deux sortes de Noblesse.*
10. *Variation de la signification de ces mots,* Ingenuus *&* libertinus.
11. *De même.*
12. *Gentilis.*
13. *Trois degrez d'ingenuité,* Ingenui Gentiles *&* Patricii.
14. *De la Noblesse des Romains.*
15. *Qui pouvoient être les Nobles.*
16. *Novi homines.*
17. *Jus imaginum.*
18. *Que cette Noblesse ne provenoit que des grands Offices.*
19. *Noblesse impropre provenoit de la valeur militaire.*
20. *On faisoit cas à Rome des anciennes familles.*
21. *La Noblesse Romaine n'avoit autre prerogative, que d'être preferée aux Offices.*
22. *Noblesse estimée sous les Empereurs.*
23. *Privileges des enfans des Senateurs & Decurions.*
24. *Difference en la generosité & la Noblesse.*
25. *Autre difference.*
26. *La raison.*
27. *De la Noblesse de France.*
28. *Origine d'icelle.*
29. *Autre origine.*
30. *Menu peuple de France.*
31. *Gentils hommes d'où dits.*
32. *Paysans, roturies.*
33. *Restes des anciennes rigueurs contre les roturiers.*
34. *Nôtre Noblesse est plûtôt generosité.*
35. *Pratique de notre Noblesse.*
36. *Difference entre l'ingenuité des Romains, & la nôtre.*
37. *Charges des roturiers.*
38. *Noblesse ne vient pas de nature.*
39. *Contrarieté à Aristote.*
40. *Noblesse est un droit commun, & non pas un simple privilege.*
41. *Noblesse.*
42. *Effet de l'annoblissement.*
43. *Annoblis par lettres ne sont tant estimez.*
44. *Noblesse de dignité preferable à celle de race.*
45. *Trois degrez de Noblesse en France.*
46. *Conclusion.*

1. Difference de la generosité des hommes avec celle des plantes & des bestes.

PARMY quelques-unes des plantes & des bestes, Nature a fait d'elle-même cette distinction, que d'une même espece quelques-unes sont franches & domestiques, autres rustiques & sauvages : qualitez qu'elles retiennent infailliblement de leur generation, si bien que les sauvages n'engendrent point de domestiques, ny au contraire. Aussi est-ce naturellement, que les plantes & les bestes retiennent la qualité de leur semence, parce que leur ame vegetative ou sensitive procede absolument *à potestate materiæ*, disent les Philosophes. Mais l'ame raisonnable des hommes, venant immediatement de Dieu, qui l'a creée exprés lors qu'il l'envoye au corps humain, n'a point de participation naturelle aux qualitez de la semence generative du corps, où elle est colloquée.

2. Contre les Philosophes & Poëtes.

C'est pourquoy je m'étonne, comment presque tous les Philosophes, & les Poëtes plus relevez, ne prenans pas garde à cette difference des ames, se sont fait accroire, qu'il y a certains principes secrets de vertu, qui sont transferez des peres aux enfans par la generation, témoin les sorites, ou induction de Socrate, qui concluoit, que comme la pomme, le vin, & le cheval plus genereux étoit le meilleur, ainsi est-il de l'homme de plus noble race. Et Aristote au 8. chapitre du troisième livre des Politiques, dit, que parmy toutes nations la Noblesse est en honneur & estime ; parce qu'il est vray semblable que celuy-là est excellent qui est né de parens excellens, & partant il definit la Noblesse ἀρετὴ τοῦ γένους, vertu de race. Et quant aux Poëtes, Homere, dit de Telemachus, que la vertu de son pere Ulysse étoit infuse en luy, voulant dire que parmy ce peu de gouttes de la semence de son pere, la substance de ses vertus étoit écoulée en luy, qui sont les propres termes de Plutarque dans Stobée. Et c'est aussi ce qu'Horace nous chante,

Fortes creantur fortibus & bonis.
Est in juvencis, est in equis patrum.

Virtus, nec imbellem feroces.
Progenerant aquilæ columbam.

Qui est neanmoins une fausse comparaison, & une similitude bien dissemblable, aussi voit-on assez souvent que les enfans des gens de bien ne valent gueres, & que ceux des hommes doctes sont ignorans, témoin le proverbe Grec ἡρώων τινάγματα, Que si par fois les mœurs se rencontrent à être conformes à ceux de leurs peres, cela ne vient pas de la generation, qui ne contribuë rien aux ames, mais plûtôt de l'éducation, en laquelle, à la verité, les enfans des gens de bien ont beaucoup d'avantage à la vertu : & à cause de la soigneuse instruction qu'on leur donne, & par le moyen de l'exemple continuel & pregnant, qu'ils ont de leurs peres, & encore à l'occasion de l'engagement qu'ils ont à ne point dégenerer & démentir leur race ; & finalement pour la creance & bonne reputation que la memoire de leurs ancestres leur acquiert.

3. Cause de la ressemblance des peres aux enfans.

4. Nobles en toutes nations, distinguez des ignobles.

Tant y a que, soit parce qu'on les presume heritiers de la vertu paternelle, ou parce qu'on veut encore recompenser en eux le merite de cette vertu, c'est de tout temps, & par toutes les nations du monde, que ceux qui sont issus de bonne race ont été plus estimez que les autres : même qu'ils ont constitué un certain Ordre & degré d'honneur separé du surplus du peuple. Comme Denys d'Halicarnasse nous témoigne, que le peuple d'Athenes étoit separé en ceux qu'il appelle ἐυπατρίδαι, & ceux qu'il nomme δημοτικοὺς, disant aussi que cette même division fut suivie à Rome par Romulus. Et certainement il est bien vray qu'il divisa ses sujets en Senateurs, (lesquels il appella Peres, & le peuple : Mais à succession de temps les descendus de ces premiers Peres, ou Senateurs choisis par Romulus, appellez *Patricii*, voulurent soûtenir qu'à eux seuls appartenoit d'être faits Senateurs, & consequemment d'avoir les dignitez & charges affectées aux Senateurs, à

Des Ordres

5. Prerogatives des Patriciens de Rome.

sçavoir, celle des sacrifices, les Magistrats, bref, l'administration presque entiere de l'Etat : & de fait ils en joüyrent seuls sous les Roys, du temps desquels il y avoit telle distinction entre les Patriciens & Plebeiens, que leurs races ne se mesloient point ensemble par mariage : & quand le peuple étoit convoqué, les Patriciens étoient tous particulierement appellez par leur nom, & par celuy de l'autheur de leur race, dit le même Denys d'Halicarnasse.

6. Comment elles leur furent ostées.

Mais aprés qu'on eut chassé les Rois, le commun peuple, étant en nombre beaucoup plus grand que les Patriciens, s'autorisa fort par dessus eux, parce que tout étoit arrêté à la pluralité des voix és assemblées generales. Et partant il leur osta piece à piece tous leurs avantages, obtenant en premier lieu d'être indifferemment admis au Senat, puis aux Magistrats par aprés au Consulat, & même à la Dictature, & finalement aux charges des sacrifices, comme il se voit dans l'histoire Romaine, de sorte qu'il ne demeura plus aucune prerogative aux Patriciens, sinon la seule gloire d'être descendus des premieres & plus anciennes familles.

7. Equivoque sur leur nom.

Même és differends qui survenoient de fois à autre entr'eux & le commun peuple, ceux du party du peuple, afin de rabaisser leur dignité, alleroient equivoquer assez mal à propos sur leur nom, disans, que celuy-là étoit Patricien, qui pouvoit reclamer un pere & ayeul, *qui patrem avumque ciere poterat*, c'est à dire, qui étoit né de pere & ayeul libre, parce que les serfs n'étoient point peres de famille, qui est le discours de Decius Mus, dans Tite-Live, livre 10. *Au fundo unquam audivistis Patricios primo esse factos, non de cælo demissos, sed qui patrem avumque ciere possint ; id nihil ultra quam ingenuos* : qui est aussi le dire de Cincius, au livre *De comitiis*, rapporté par Festus, *Patricios eos appellare solitos, qui nunc ingenui vocantur.*

8. Ingenuus εὐγενής.

Et de vray le mot Latin *Ingenuus* étant composé de *in*, id est *supra*, & *genus* : signifie proprement celuy, qui a quelque chose de particulier par dessus la race, & se rapporte directement au Grec εὐγενής, qui signifie celuy qui est de bonne race : de sorte qu'εὐγένεια est proprement la bonté de race, ἀρετή τοῦ γένους selon Aristote, que nous pouvons tourner, generosité.

9. Deux sortes de Noblesse.

Or on peut imaginer deux degrez de bonté de race, reconnus presque en toutes nations, à sçavoir, ou qu'elle soit ornée de dignité, ou qu'elle soit exempte de tache, ainsi qu'Horace a dit, que c'étoit le premier degré de Sapience, d'être exempt de folie ; & en fait de vertu, d'être éloigné de vice, comme quelques Philosophes ont dit que ne ressentir aucune douleur & être hors de la misere, étoit une espece de beatitude. Ainsi donc εὐγενής se rapportant à l'une & à l'autre bonté de race, signifie celuy qui est issu de parens, tantost ornez de dignité, tantost simplement exempts de servitude. Equivoque qui a trompé l'interprete de Galien, lequel en ce passage du livre qu'il a fait des maladies d'esprit, τὸ καὶ πάντα στροντοί, οὐκ ἀρετὴ τύχης ἔργου, ὅτιε ἐλευθέρως ἐλευθέρως ἐργαζεται ἡμᾶς, τῶν ὀνομαζόμενων εὐγενῶν πλουσιωτέρος : tourne εὐγενής *generosos & nobiles*, au lieu qu'il faudroit tourner *ingenuos*, étant manifestement opposé aux serfs τοῖς δούλοις.

10. Variation de la signification de ces mots, Ingenuus & libertinus.

Il est vray qu'à cause que les Romains avoient un autre nom pour signifier le second degré de bonté de race, qui consiste en dignité, à sçavoir le terme de Noblesse, ils ne se sont gueres servis de celuy d'*ingenuus* ; que pour signifier l'autre degré, qui consiste en l'exemption de servitude. Même aux premiers temps *ingenuus* signifioit celuy qui étoit né d'une race nullement entachée de servitude, ainsi que son opposite, *Libertinus*, comprenoit lors tous ceux qui étoient descendus de l'infiny, d'un libert ou affranchy, comme prouve *Antonius Vacca* sur la loy 6. *D. De statu hominum*. Ce qui étoit principalement

lors que ces termes étoient referez aux races ou familles, si que *familia ingenua* étoit celle, dont le tige & l'autheur étoit ingenu, & *Libertina* celle, dont il étoit libert, ou affranchy. Neanmoins par aprés, & jusques au temps d'Appius Claudius *ingenuus*, signifioit celuy qui étoit né de pere & ayeul libres, comme en ce passage de Tite-Live cy-dessus rapporté, & *Libertinus* étoit le fils du libert.

11. De même.

Et finalement aux derniers temps, qui est celuy de nos Jurisconsultes, *libertus & libertinus* signifierent même personne, appellée *libertus* à l'égard du patron, & à l'égard des autres *Libertinus* : & pareillement *ingenuus*, signifia celuy, qui étoit né seulement de pere libre, qui partant étoit ce libre, comme il est dit aux Instituts, titre *De libert.* Et cette diversité de significations est clairement exprimée dans Suetone *in Claudio*, *Reprehensionem verens, quod latum clavum libertini filio tribuisset, etiam Appium Cæcum Censorem, generis sui proauctorem, libertinorum filios in Senatum allegisse dixit, ignarus temporibus Appii, & deinceps aliquandiu libertinos dictos, non ipsos qui manumitterentur, sed ingenuos ex eis procreatos.*

12. Gentilis.

De sorte que desormais, pour signifier celuy qui étoit né de famille libre & ingenuë de toute ancienneté, on se servit du mot *Gentilis*, qui auparavant signifioit un parent éloigné, és races libres de tout temps. Ce qui se connoist de ce beau passage de Quintus Mutius rapporté par Ciceron aux Topiques, *Gentiles sunt, qui inter se eodem nomine sunt, ab ingenuis oriundo, quorum majorum nemo servitutem servivit, qui capite non sunt diminuti* : sur lequel passage Boëce dit, que *Gentiles sunt, quieodem nomine inter se sunt, ut Bruti, Scipiones : quod si servi sunt, nulla gentilitas esse potest : quod si libertinorum nepotes eodem nomine nuncupentur, gentilitas nulla est, quoniam ab ingenuorum antiquitate gentilitas ducitur.* C'est pourquoy Cajus dit en ses Institutions, que *Libertinorum, au servorum gentilitas non est.*

13. Trois degrez d'ingenuité, Ingenui, gentiles & Patricii.

D'où il s'ensuit, qu'il y avoit trois degrez de cette premiere espece de bonté de race, consistant en l'éloignement de servitude, à sçavoir *ingenui* qui étoient nés de parens libres : *Gentiles*, qui étoient issus de race libre de toute ancienneté : & *Patricij*, qui étoient descendus des deux cens premiers Senateurs instituez par Romulus, & comme aucuns tiennent, des autres cent instituez par Tarquinius Priscus, qu'ils disent avoir été appellez *Patricios minorum gentium.*

14. De la Noblesse des Romains.

Voila pour ce qui est de l'ingenuité des Romains : & quant à la Noblesse de dignité, qui étoit celle qu'ils appelloient proprement & particulierement Noblesse, & dont ils faisoient le plus d'Estat, elle s'acqueroit seulement par le moyen des principaux Offices de leur Republique, qu'ils appelloient *majores Magistratus*, *Magistratus Curules, seu Magistratus populi Romani*, à sçavoir l'Edilité, Queiture Censure, Consulat, & autres semblables, qui aussi ne pouvoient être deferez que par l'assemblée generale du peuple, en laquelle residoit la parfaite souveraineté : presumant que nul ne parvenoit à ces premieres Charges de l'Estat, entre tant de milliers de personnes, qui y pouvoient aspirer, qu'il ne fût avoüé & connu par tout le peuple, pour être doüé d'une eminente vertu.

15. Qui pouvoient être Nobles.

Il est vray, qu'à raison de ce que du commencement les seuls Patriciens étoient capables de ces grands Offices, aussi par consequent leur posterité étoit seule capable de Noblesse : d'où il s'ensuit que même tous les Senateurs n'étoient pas nobles, comme il appert de ce passage de Pline, au chapitre premier du livre 33. où il dit, qu'en dépit de ce que Cneius Flavius affranchy avoit été fait Edile Curule, & par consequent Noble, *annuli depositi sunt à Nobilitate, non à Senatu universo, ut in antiquis*

de Noblesse en general, Chap. IV.

Annalibus scriptum est. Mais depuis que le menu peuple fut admis aux grands Offices, la Noblesse fut par consequent communiquée aux Plebeïens. C'est ce que dit Tite-Live livre sixième lors qu'il parle de la brigue, qui fut faite, pour admettre les Plebeïens au Consulat. *Ex illo ventura in Plebem omnia quibus Patricij excellunt, imperium, honorem & gloriam belli, genus, nobilitatem, magna ipsis fruenda, majora liberis reliquenda.* Et de fait Asconius in Verrem, dit que Ciceron eut trois Competiteurs au Consulat, deux Patriciens, & quatre Plebeïens: desquels quatre Plebeïens, les deux étoient nobles de race, les deux autres étoient hommes nouveaux.

16. *Novi homines.*

Or Plutarque nous apprend au commencement de la vie de Caton le Censeur, que ceux, qui les premiers de leur race étoient parvenus à ces Offices, étoient appellez *homines novi*, c'est à dire, nouvellement annoblis, & les premiers Nobles de leur lignée: tel que fut Marc Caton, & Ciceron pareillement, qui bien qu'il fut descendu de race Royale, *nimirum à Rege Tullio*, que Plutarque maintient en sa vie, neanmoins s'avoüe par tout être homme nouveau, & ne se recommande jamais par sa race, mais en la troisième Verrine il dit, se Ædilem designatum, adeptum esse jus imaginis, ad memoriam posteritatemque prodendam.

17. *Jus imaginum.*

Car la remarque visible & apparente de cette Noblesse, consistoit à avoir droit d'image, c'est à dire de pouvoir mettre son effigie au lieu plus apparent de la maison: ce qui n'étoit permis qu'à ceux, qui avoient eu ces grands Offices, la posterité desquels gardoit soigneusement leurs effigies, ornées des enseignes de leur Magistrat, au tour desquelles leurs belles actions étoient décrites: le tout enfermé dans des armoires de bois pour les conserver. Lesquelles armoires étoient ouvertes les jours de festes: & aux funerailles de quelqu'un de la race, toutes les effigies d'icelle étoient portées en grande solemnité: comme il est amplement remarqué par Polybe, livre sixième & par Pline, livre 35. chapitre troisième & par Juvenal en sa sixième Satire. Ces images donc rendoient la famille signalée & remarquable, & par consequent Noble. *Nobilis quippe dicitur quasi noscibilis,* dit Varo, *cujus synonima sunt clarus, illustris, notus: Contraria, obscurus, ignotus,* comme Tiraqueau a prouvé amplement au livre De nobilitate, Chapitre trois. C'est pourquoy Ciceron en une sienne epistre *ad Hirtium*, dit que *Nobilitas nihil aliud est, quàm cognita virtus.*

18. Que cette Noblesse ne provenoit que des grands offices.

Tant y a que la Noblesse de Rome consistoit en ce droit d'images, & provenoit seulement des grands Offices, ainsi que Sigonius a tres-doctement verifié au livre 2. *De antiquo jure civ. Rom.* chapitre penultième. Et cette Noblesse étoit particuliere aux Romains, comme dit Ciceron en la même Epistre, *ex virtute quidem ducta Nobilitas, tota Philosophorum est, sed ducta ex imaginibus, populi Romani est universa,* & jamais aucune nation n'en a usé ainsi.

19. Noblesse improprement provenante de la valeur.

Il est vray (comme j'ay déja dit au 1. livre *Des Offices*) que ceux qui étoient descendus de parens signalez en valeur militaire, étoient estimez aucunement Nobles, témoin ce que j'ay rapporté de Plutarque en la vie de M. Caton, que lors qu'on l'appelloit homme nouveau, il répondit, Qu'il étoit vrayement nouveau quant aux Offices de la Republique, mais quant aux faits d'armes de ses ancestres, il maintenoit être Noble de race. Et Saluste *in Catilina*, parlant de la Noblesse des vieux Romains, *Sic se quisque hostem ferire, murum ascendere, conspici dum tale facinus faceret eam, bonam famam, magnam Nobilitatem putabant.* Et de fait comme la vraye Noblesse provenant des Offices, avoit les images & statuës pour son enseigne, ou ornement visible: aussi cette Noblesse militaire avoit ses écus & boucliers, qu'elle mettoit aux temples, & autres lieux publics, comme Pline nous apprend, liv. 35. chap. 3.

Il est bien vray aussi, que les Romains ont fait Estat de tout temps de ceux qui étoient descendus des anciennes familles, comme des Senateurs & des Chevaliers; ainsi qu'on voit en plusieurs endroits Ciceron se glorifie d'être *issu ex Equestri familia*: tant y a que ny les uns ny les autres n'étoient appellez Nobles, & non pas même les Senateurs, qui n'avoient point eu les grands Offices, ny leurs predecesseurs.

20. On fait état à Rome des anciennes familles.

Or cette noblesse ne consistoit point en un Ordre ou Estat à part, ainsi qu'en France, & même n'étoit point un titre d'honneur, dont la personne accompagnast son nom: mais étoit un qualité honorable & recommandable, qui n'avoit qu'un seul avantage (lequel aussi n'étoit pas de petite importance) sçavoir est qu'elle servoit grandement pour parvenir aux grandes Charges, & principaux Magistrats de la Republique, qui étoit toute l'esperance des grands personnages de Rome. C'est pourquoy Ciceron en la derniere Verrine dit, que *Iu, qui nobili genere nati sunt, omnia pop. Romani beneficia dormientibus deferuntur.* Et Saluste in Iugurtha, Nobilitas inquit, Consulatum inter se per manus tradebat; & le même Ciceron *in Pisonem* luy reproche, que obrepserat ad Honores commendatione fumosarum imaginum. *Et in eundem Pisonem, non dubitas, inquit, quin omnes, qui sciunt Nobilitates, qui imaginibus, te Ædilem fecerint.* Et in Rustum, Nobilitas, Quemadmodum me, cum peteham, nulli vobis auctores generis me commendarunt, sic si quid deliquero, nulla sunt imagines, quæ me à vobis deprecentur. Et Horace,

21. La Noblesse Romaine n'avoit autre prerogative que d'être preferée aux Offices.

Judice, quem nosti, populo, qui stultus honoret.
Sæpe dat indignis, & famæ servit ineptus,
Qui stupet in titulis & imaginibus.

Et de fait lors que sous les Empereurs ces grands Offices, desquels procedoit la Noblesse, furent supprimez la pluspart, les autres conferez à leur volonté, cette façon d'images s'abatardit peu à peu, dont Pline au passage cy-dessus allegué se plaint, que celà commençoit de son temps: même cette espece de Noblesse fut enfin abolie tout à fait, si que dans tout nôtre droit il n'en est fait mention en un seul endroit que je sçache: mais au lieu d'icelle, les Empereurs inventerent d'autres dignitez & titres d'honneur, dont je parleray en son lieu.

22. Noblesse étant sous les Empereurs.

Il est vray qu'encore alors il demeura un titre d'honneur, & même des privileges à la posterité des Senateurs de Rome, & des Decurions des villes seulement, & non des autres dignitez: parce que ces Charges particulierement se continuoient d'ordinaire aux enfans, & non les autres. Car les enfans des Senateurs, qui avoient eu la dignité d'Illustres, étoient Senateurs nés & avoient entrée & voix deliberative au Senat, sans qu'ils étaient en âge competent: comme il se colige de la loy derniere *De Senat.* bien entenduë, ceux des simples Senateurs avoient bien entrée au Senat, mais non pas voix, & partant n'étoient pas vrais Senateurs, mais seulement avoient la dignité de Clarissime, laquelle ils retenoient, & même les filles issuës des Senateurs, *usque ad pronepotes, & pronepotes, modo ne inferioris conditionis viro nupsissent lib. 1. C. D. Dignit.* C'est pourquoy elles ne se pouvoient marier aux affranchis, *l. Semper D. De ritu nupt.* Aussi jusques à ce degré ils avoient, outre le titre d'honneur, quelques privileges, notamment celuy-cy, d'être exempts de la torture, & des peines des Plebeïens: privilege qu'avoient aussi les enfans des Decurions, *l. Divo. De Quæst.* & les enfans des vieux gend'armes, *l. 5. D. De veteranis.*

23. Privileges des enfans de Senateurs, & Decurions.

Des Ordres

24. Différence entre la generosité & la Noblesse.

D'où il s'ensuit, que les Romains avoient les deux sortes de generosité, ou bonté de race cy-dessus specifiées, à sçavoir l'ingenuité, ou gentilité, & la Noblesse. C'est pourquoy *Cornelius Fronto* en ses differences dit, que *Nobilem dicimus Nobilitate propria : generosum autem eum, qui Grecè ἐυγενὴς appellatur, Itaque alter ex ipsa re, alter ex genere est* : & en ce passage de Tite-Live, au compte des avantages arrivaiz au menu peuple à cause de la participation au Consulat, *genus, & nobilitas* sont comptez séparement. Mais il y avoit deux differences notables entre ces deux especes : l'une, que plus l'ingenuité ou gentilité venoit de loin, plus elle étoit honorable : au contraire la Noblesse alloit toûjours en diminuant : même il y a apparence (comme il se tire des loix) qu'elle se perdoit après la troisième generation, qui est à la verité la derniere que les peres puissent voir. Et la raison de cette difference est fort sensible, à sçavoir, que l'honneur de l'ingenuité consistoit à être plus éloigné de la servitude, mais celui de la Noblesse procedoit de l'éclat restant de la dignité de l'anceftre ; qui partant diminuoit à mesure qu'on s'éloignoit de luy.

25. Autre difference.

L'autre difference étoit, que l'infamie survenuë au pere n'ôtoit point l'ingenuité ou gentilesse à l'enfant, comme il se collige de la definition des Gentils-hommes cy-dessus rapportées du Topiques de Ciceron, où il n'est pas requis, que *nemo majorum capite sit minutus*, comme il est requis que *nemo servitutem servierit*. Mais elle ôtoit la Noblesse provenant de dignité, comme prouve cette loy *Divo. C. D. Quæst.* en ces mots, *Si tamen proprioris gradus liberos, per quos id privilegium ad ulteriorem gradum transgreditur, nulla violati pudoris macula adsperstt* : ce qui sera plus particulierement expliqué au chapitre suivant.

26. La raison.

La raison de cette seconde difference est double : l'une, que chacune de ces deux especes de generosité se perd seulement par son contraire, à sçavoir l'ingenuité, qui consiste en l'exemption de servitude, par la participation d'icelle ; & la Noblesse, qui consiste en dignité, par l'infamie. L'autre : que l'ingenuité appartient à chacun de son propre chef, même l'enfant se peut dire de plus ancienne race d'un degré, que son pere : mais la Noblesse provient du chef de l'ancestre qui a été orné de haute dignité : c'est pourquoy il ne faut trouver étrange, que l'obstacle, se rencontrant au milieu, nuise à la postérité.

27. De la Noblesse de France.

Voilà à peu prés l'usage de temps en temps de la Noblesse Romaine. Car, à bien prendre garde, nous avons aucunement imité en France. Car, à bien prendre garde, nous avons l'ingenuité, qui est la Noblesse provenant d'ancienne race, & celle qui provient des dignitez. La premiere est sans commencement, & l'autre a son commencement : l'une est native, & l'autre est dative : & il y a apparence d'appeller celle-cy Noblesse, & celle-là generosité, ou plûtost gentilesse, ainsi que communément parmy nous on distingue les Nobles hommes d'avec les Gentils-hommes.

28. Origine d'icelle.

Pour donc rechercher l'origine de cette gentillesse, ou Noblesse ancienne & immemoriale, faut considerer que comme les Atheniens & les Romains diviserent premierement leur peuple en Patriciens & Plebeïens, aussi dés le premier établissement de cette Monarchie, le peuple d'icelle fut divisé en Gentils-hommes & roturiers, les uns destinez pour défendre & maintenir l'Etat, soit par conseil, ou par force d'armes ; & les autres pour le nourrir par le labourage, marchandise & exercice des métiers. Division qui a continué jusques à present.

Et semble qu'elle se peut rapporter à celle, que Jule Cesar au sixième *De Bello Gallico* assigne aux Gaulois, qu'il divise en Noblesse & commun peuple, comprenant sous la Noblesse, les Druides qui étoient les gens de conseil servans aux sacrifices, & aux affaires d'Etat, & les Chevaliers qui avoient la force en main : & dit qu'au surplus on ne faisoit point d'estime du menu peuple, dautant que la Noblesse l'avoit rendu quasi esclave.

29. Autre Origine.

Ou bien la Noblesse de France prit son origine de l'ancien mélange des deux peuples, qui s'accommoderent ensemble, en ce Royaume, à sçavoir des Gaulois, & des Francs, qui les vainquirent & assujetirent à eux, sans toutefois les vouloir chasser & exterminer. Mais ils retinrent cette prerogative sur eux, qu'ils voulurent avoir seuls les Charges publiques, le maniement des armes, & la jouyssance des fiefs, sans être tenus de contribuër aucuns deniers, soit aux Seigneurs particuliers des lieux, soit au Souverain pour les necessitez de l'Etat : au lieu dequoy ils demeurerent seulement tenus de se trouver aux guerres.

30. Menu peuple de France.

Mais quant au peuple vaincu, il fut reduit pour la plûpart en une condition de demy-servitude, telle que les Romains inventerent aux derniers temps, de ceux qu'ils appellerent *Censitos, seu adscriptitios, ou Colonos, seu gleba addictos* : c'est à dire, *Gens de main morte, ou de pote, ou de suitte* : mots que j'ay interpretez ailleurs : & outre cette demy-servitude, qu'il étoit incapable, & des Offices & des armes, & des fiefs, il étoit tenu de payer à son Seigneur le cens ou tribut de sa terre, & encore étoit tenu de fournir deniers extraordinairement pour les necessitez de l'Etat : qui étoit possible la même condition, à laquelle le menu peuple de Gaule avoit été reduit d'anciennete par la Noblesse, selon le dire de Cesar.

31. Gentils-hommes d'ou dits.

A succession de temps, lors qu'il fut mal-aisé de discerner chacune nation, ceux qui étoient ou issus hommes des anciens Francs ou du moins qui avoient trouvé moyen de parvenir à leurs franchises (comme il est à croire, qu'ils ne reduisirent pas tous les anciens Nobles du pays à ce miserable état) furent nommez *Gentils-hommes*, soit qu'eux-mêmes s'appellassent ainsi, à l'imitation des *Gentils* de Rome, soit que les naturels du pays, qui étoient déja Chrétiens lors de la venuë des Francs en Gaule, les appellassent Gentils, c'est à dire Payens, par mépris : & quant à ceux du pays, ils les appellerent *Paysans*, c'est à dire, gens du pays, ou bien comme les Romains appelloient *Paganos*, ceux qui ne portoient point les armes : ils les appellerent aussi *Roturiers*, possible parce qu'ils avoient été vaincus & mis en route, ou bien *à rure, quasi rusticos*.

32. Paysans roturiers.

33. Reste des anciennes rigueurs contre les Roturiers.

Or comme avec le temps ces deux nations se mélerent & accommoderent ensemble, ces premieres rigueurs de forclorre entierement les roturiers des Offices, des armes & des fiefs, ne continuerent pas si exactement : mais encore il est resté quelques vestiges de chacune d'icelles jusques à present, à sçavoir, quant aux Offices, que les principaux, comme ceux de la Couronne, de la Maison du Roy, & de gouvernement, ne peuvent être tenus que par les Gentils-hommes : quant aux armes que les roturiers ne sont receus aux compagnies des Ordonnances, mêmes n'étoient anciennement admis aux premieres Charges de gens de pied : & finalement quant aux fiefs, qu'ils sont encore incapables des principaux fiefs & Seigneuries, & pour le regard des simples fiefs, ils payent encore aujourd'huy l'impost des francs fiefs pour la dispense de les tenir. Mais quoy qu'il en soit, les Gentils-hommes ont gardé soigneusement cette franchise, de n'être tenus à aucuns subsides, ny autres devoirs, que d'assister le Roy és guerres.

34. Nôtre Noblesse est plûtost generosité.

De ce discours il s'ensuit clairement, que nôtre simple Noblesse, que nous appellons ainsi du mot écorché du Latin, n'est autre chose que la gentilité ou ingenuité des Romains, & ne convient pas tant à beaucoup prés à leur Noblesse provenante des dignitez : étans nos Gentils-hommes ceux de qui la race est de tout temps exempte de roture, & la tenons point pour parfaite Noblesse, celle, dont il se peut

prouver

De la Nobleſſe en general Chap. IV.

35. Pratique de nôtre Nobleſſe.

prouver que la race ait eſté roturiere en quelque temps que ce ſoit, mais celle dont on ne peut cotter le commencement. Et dautant que cette éternité ne ſe peut prouver, nous ſommes contraints d'obſerver la même choſe que les Romains admirent enfin en l'ingenuité, que ceux dont le pere & l'ayeul ſont continuellement demeurez en poſſeſſion de vivre noblement, & de joüir des privileges de Nobleſſe, ſont preſumez nobles de toute ancienneté. Et toutefois nous pratiquons, que plus on a de preuve ancienne de Nobleſſe, plus elle eſt honorable : & d'ailleurs nous obſervons, que l'infamie encouruë par un Gentil homme, ne prive pas ſa poſterité de l'Ordre de Nobleſſe, parce qu'il reſide en la race & famille, & non ſimplement en la perſonne du pere. De ſorte qu'en effet nous gardons les deux differents effets cy-deſſus cottez, que les Romains obſervoient en l'ingenuité, & dont ils gardoient tout le privilege de dignité : & ainſi s'obſerve à preſent en tous les autres pays de la Chrétienté, eſquels auſſi la Nobleſſe (que nous appellons) eſt nommée plus communement generoſité : & de fait, quand les étrangers parlent des Nobles en Latin, ils les qualifient plûtoſt *generoſos*, que *nobiles*.

36. Difference entre l'ingenuité des Romains & la nôtre.

Il eſt vray, qu'en la Republique Romaine, les Citoiens de laquelle *habebant jura libertatis & imperii*, c'eſt à dire, eſtoient libres & exempts tant de la ſeigneurie publique, que de la privée, & ſi avoient part à l'Etat, comme j'ay dit au livre *Des Seigneuries*, l'ingenuité ſignifioit ſeulement une ancienne exemption de ſervitude & eſclavage, qui pourtant apportoit aux ingenus certains privileges & prerogatives, que n'avoient pas les deſcendus fraiſchement des affranchis, comme j'ay prouvé cy-deſſus. Mais en la Monarchie Françoiſe, où ces droits *libertatis & imperii* n'ont lieu, nous tenons que le menu peuple, bien que libre, & tout à fait exempt d'eſclavage & ſeigneurie privée, eſt neanmoins ſujet generalement à la ſeigneurie publique, même de droit commun, & regulierement il eſt ſujet à certaines charges viles, comme de paier tailles, & autres contributions pour les neceſſitez de l'Etat, à la garde des villes & chaſteaux, à loger & heberger les gens de guerre, & autres ſemblables charges.

37. Charges des roturiers.

Deſquelles charges du commun peuple, les Nobles ſont francs & exempts de tout temps, parce qu'ils ſont employez à choſe plus utile & importante à l'Etat, à ſçavoir à le défendre contre les ennemis. De ſorte que ceux, dont les anceſtres ont en tout temps fait eſtat de porter les armes, & qui ſe ſont maintenus en l'exemption de ces charges populaires, ſe peuvent comparer aux ingenus de Rome.

38. Nobleſſe ne vient pas de nature.

D'où il s'enſuit, que noſtre ingenuité, ou plûtoſt gentilleſſe ou generoſité, c'eſt à dire, cette ancienne & immemoriable Nobleſſe dont on ignore le commencement, ne provient pas neanmoins du droit de nature, comme la liberté, mais de l'ancien droit & diſpoſition de l'Etat.

39. Contrarieté d'Ariſtote.

Qui eſt une queſtion ſur laquelle les anciens Philoſophes ont fort varié : & leur Prince même Ariſtote, ſi y eſt contrarié en un même œuvre, à ſçavoir, en ſa Rethorique & Theodect. Car au premier livre chapitre ſixiéme, il met la nobleſſe entre les biens de nature, & au ſecond livre chapitre quinziéme, il la compte entre ceux de fortune, même au douziéme chapitre il l'appelle fortune. Car l'Etat de la nature eſt la liberté de l'homme : c'eſt le vrai eſtre auquel il eſt preſumé eſtre né au monde s'il n'appert du contraire. Ce qui eſt au deſſus s'appelle *dignité* : ce qui eſt au deſſous *condition* : & l'un & l'autre n'eſt preſumé s'il n'en appert. C'eſt pourquoi, quant à la Nobleſſe, qui eſt un Ordre Des Ordres,

& par conſequent une eſpece de dignité, les Docteurs de droit, diſent, que *y eſt qualitas adventitia quæ non ineſt à natura, & proinde non præſumitur niſi probetur.*

40. Nobleſſe eſt un droit commun, & non pas un ſimple privilege.

La Nobleſſe pourtant n'eſt pas un ſimple privilege particulier, & contraire au droit commun, mais elle naiſt d'un droit public & general, & procede des moyens établis d'ancienneté pour cét effet en chacun païs : de ſorte qu'elle eſt bien de plus grande durée, & de plus forte tenuë, que les ſimples privileges : qui eſt un diſcours fondamental, ſervant à la deciſion d'infinies queſtions, qui ſe rencontrent en cette matiere.

41. Nobleſſe.

Voila quant à la gentilleſſe, qui excede la memoire des hommes : & quant à la Nobleſſe, dont on ſçait la cauſe & le commencement, elle vient en France de l'annobliſſement du Prince, qui eſt le diſtributeur ordonné de Dieu de l'honneur ſolide de ce monde, ſuivant ce paſſage du livre d'Eſtat, *Honorabitur, quem voluerit Rex honorari*, & le dire de Pline en ſon Panegyrique, *Cæſar nobiles efficit, & conſervat*. C'eſt pourquoy Bartole ſur la loi premiere *C, De dignitatibus*, définit ainſi la Nobleſſe, *Nobilitas eſt qualitas illata per Principatum tenentem, quâ quis, ultra honeſtos plebeios, acceptus oſtenditur*. Or il peut faire cét annobliſſement en deux façons ; à ſçavoir ou par lettres expreſſes à cette fin, ou par la collation & inveſtiture des Offices & Seigneuries annobliſſantes, eſquelles conſiſte proprement la Nobleſſe de dignité. *Quid enim intereſt, Princeps verbis voluntatem ſuam declaret, an rebus ipſis & factis ?* dit la loy *De quibus, D. De legib.*

42. Effet de l'annobliſſement.

Et ces annobliſſemens purgent le ſang & la poſterité de l'annobly de toute tache de roture, & le reduiſent en même qualité & dignité, que ſi de tout temps ſa race euſt eſté ingenuë. Partant c'eſt à bon droit, que Budée l'appelle *reſtitutionem natalium*, qui eſtoit la plus ample déclaration d'ingenuité, que peuſſent conferer les Empereurs, comme j'ay prouvé au ſecond chapitre qui non ſeulement elle effaçoit & aboliſſoit toute marque de ſervitude, mais auſſi elle attribuoit les droits & prerogatives, qu'avoient les parfaits ingenus, c'eſt à dire, ceux qui eſtoient nés d'anceſtres libres de toute ancienneté.

Toutefois parce que *indulgentia illa quos liberat notat*, & qu'à bien entendre, cette abolition de ſervitude ou de roture, n'eſt qu'une effaceure, dont la marque demeure, même ſemble plûtoſt une fiction que verité, ne peuvent par effet le Prince, reduire l'eſtre ou non eſtre, veu que comme dit le Poëte,

Hoc Deus ipſe nequit, ſoloque carere videtur,
Infectum ut faciat, quod factum eſt.

43. Annobliſſement par Lettres, ne ſont tant eſtimez.

De là vient, qu'en l'opinion des hommes, on n'eſtime pas tât les annoblis, ſoit par lettres ou par dignitez, que les Nobles de race, bien qu'en effet ils jouïſſent de tous les mêmes privileges : ainſi à peu prés, que les Romains n'eſtimoient pas tant les hommes nouveaux, que les anciens Nobles : c'eſt pourquoi nous ſommes curieux en France de cacher le commencement de noſtre nobleſſe, afin de la reduire à cette premiere eſpece de gentilleſſe ou generoſité immemoriale. Même Budée ſur la loi derniere *De Senatoribus*, dit qu'en quelques lieux on ne tient pour vrayement noble, que l'arriere fils de celui qui a eſté annobly.

44. Nobleſſe de dignité preferable à celle de race.

Mais bien qu'entre les Romains, l'antiquité rendît l'ingenuité plus recommandable : neanmoins c'eſt à la verité, comme il vient d'eſtre dit, qu'ils preferoient generalement la nobleſſe de dignité à l'ingenuité, ou gentilité. Ainſi preſque en même en France, la Nobleſſe provenante de dignité ; c'eſt à dire, des plus grands Offices & des Seigneuries, eſt élevée plus haut d'un degré, que la ſimple gentilleſſe,

C

Car ceux qui les possedent sont du rang des Chevaliers ou Seigneurs, & se qualifient de ces tittres, qui sont titres de haute Noblesse. Mème les Seigneuries souveraines, qui à present presque en toute la Chrétienté, se sont faites hereditaires, ont encore étably parmy nous un tiers & suprême degré de Noblesse; à sçavoir le degré de Prince, que même nous attribuons à ceux qui aspirent à ces souverainetez, par droit d'agnation, ou de paternité masculine.

^{45.} Trois degrez de Noblesse en France.

Partant nous avons trois degrez de Noblesse; à sçavoir les simples Nobles que nous appellons *Gentils-hommes*, & *Escuyers* : ceux de la haute Noblesse, que nous qualifions *Seigneurs & Chevaliers*, & ceux du suprême degré, que nous nommons *Princes*. Et chacun de ces degrez a son effet different. Car la simple Noblesse affecte le sang, & passe en la posterité de telle sorte, que plus elle est ancienne, plus elle est honorable. La haute Noblesse ne passe point à la posterité, au moins en son degré, mais est personnelle, estant deferée à la personne, soit pour son merite particulier, comme la Chevalerie, & celle-là est un Ordre parfait qui perit avec la personne, soit à cause de son Office ou Seigneurie; & celle-cy suit perpetuellement l'Office & Seigneurie. Finalement, la Principauté ne peut venir que de race, mais elle y reside d'une façon opposite à la simple Noblesse; car elle tient rang selon qu'elle est plus recente, & qu'elle approche plus prés de son tige.

Voilà un discours general, & quasi historial, tant de la Noblesse Romaine, que de la nostre, selon la suite des temps, mais qui n'a pû contenir les grandes questions, & en grand nombre, qui échéent en ces trois degrez de nostre Noblesse, pour lesquelles expliquer il leur faut à chacun son chapitre à part, commençant par la simple Noblesse, qui est le fondement des deux autres degrez.

46. Conclusion.

CHAPITRE V.

Des simples Gentils-hommes.

1. Matiere de la Noblesse fort traitée.
2. Gentil-homme à où est dit.
3. Gentilis.
4. Gentilitas.
5. Gentil & joly.
6. Gentiles pro exteris.
7. Gentiles pro paganis.
8. Gentils-hommes à où dits.
9. Gentiles & Scutarii.
10. Escuyer d'où est dit.
11. Escu, clypeus, scutum.
12. Targe, rondelle.
13. Arma unde dicta.
14. Pourquoy les armoiries sont appellées armes & écus.
15. Seuls Nobles ont droit d'armoiries.
16. Bourgeois des villes ont entrepris de porter armes.
17. Timbre d'où dits.
18. Bourgeois ont timbrés en leurs armoiries.
19. Timbre est personnel.
20. Noblesse des villes a tasché de s'égaler à celle de race.
21. Noble autrefois plus qu'Escuyer.
22. Escuyer que signifie proprement.
23. Gentils-hommes se servoient anciennement les uns les autres.
24. Pages.
25. Pages d'honneur.
26. Bacheliers, Damoiseaux.
27. Pages communs.
28. Escuyer derivé ab equo selon aucuns.
29. Escuyers appellez Maréchaux.
30. Valet que signifie.
31. Valet de chambre du Roy.
32. Escuyers de la Maison du Roy.
33. Gentils hommes des champs appellez Escuyers.
34. Noblesse ne doit estre aisément acquise.
35. Si la Noblesse s'acquiert irrevocablement par l'usage des deux generations.
36. Prescription de Noblesse.
37. Que non.
38. Noblesse imprescriptible, quand il apparoist de la roture des ancestres.
39. Interpretation de l'article 16. du reglement des tailles de l'an 1600.
40. Aliud en la Noblesse provenante des Offices.
41. Noblesse doit estre prouvée par écrit.
42. Fors pour les Benefices.
43. Si l'Arrest declaratif de Noblesse fait droit entre toutes personnes.
44. Grands Offices annoblissans.
45. Moindres Offices annoblissans.
46. Noblesse des conseillers des Cours souveraines.
47. Noblesse des Secretaires du Roy.
48. Charges militaires annoblissantes.
49. Charges affectées aux Nobles n'annoblissent pas.
50. Offices privilegiez.
51. Annoblissement par lettres du Roy.
52. Le Roy seul peut annoblir.
53. Et les Princes sujets.
54. Clauses des lettres d'annoblissement.
55. Finance deuë pour l'annoblissement.
56. Aumosne deuë pour l'annoblissement.
57. Où il faut verifier les lettres d'annoblissement.
58. Lettres d'annoblissement profitent aux enfans nés & à naistre.
59. Explication de la loy, Si Senator. C. De Dignitate.
60. Noblesse de Dignité est perpetuelle en France.
61. Si les bastards des Gentils-hommes sont Nobles.
62. Legitimation ne produit annoblissement.
63. Que les bastards des Seigneurs sont Gentils-hommes.
64. Proportion des bastards avec les legitimes.
65. Bastards ne suivent la noblesse de leur mere.
66. Noblesse en Champagne par la mere.
67. Abolie à present.
68. Noblesse de pere & mere quelquefois requise.
69. Des droits & privileges des Gentils-hommes.
70. N'ont aucun pouvoir en vertu de leur qualité.
71. Offices affectez aux Gentils-hommes.
72. Benefices affectez aux Gentils-hommes.
73. Fiefs & Seigneuries affectées aux Gentils-hommes.
74. Gentils-hommes precedent ceux du tiers Etat.
75. Sauf en deux cas.
76. Autres remarques d'honneur de la Noblesse.
77. Gentils-hommes portent l'épée par tout.
78. Si les roturiers sont tenus saluer les Gentils-hommes.
79. A qui est deu la salutation.
80. Gentils-hommes sont exempts des tailles.
81. Gentils hommes ont droit de chasser.

des simples Gentils-hommes, Chap. V.

Chasse permise aux Nobles do ville.
83. Explication du 4. & 8. article de l'Edit des chasses de 1601.
84. Gentils-hommes plus doucement punis que les roturiers.
85. Ampliation de cette regle.
86. Exceptions de cette regle.
87. Gentils-hommes ne se battent en duel contre les roturiers.
88. Comment se perd la Noblesse.
89. par condamnation infamante.
90. Noblesse de race ne se perd par condamnation infamante.
91. Exception.
92. Autre exception.
93. Annoblissement ne se perd par infamie.
94. Pourquoy la noblesse de dignité se perd par l'infamie, plutost que celle de race.
95. Si le pere, ayant perdu sa noblesse: sa posterité la perd aussi.
96. Correction de la loy, Divo Marco. C. De quæst.
97. Contre Cujas.
98. Vraye raison.
99. Que les enfans ne perdent la noblesse de race par la faute de leur pere.
100. Quid en ceux qui n'ont la Noblesse de dignité que de leur pere.
101. Pourquoy l'exercice des arts mecaniques prive plutost le noble de l'exemption des tailles, que le crime.
102. Noblesse n'est que suspenduë par l'exercice des arts mecaniques.
103. Moyen de la reprendre par aprés.
104. Lettres de rehabilitation à qui necessaires.
105. Quand elle n'est suffisante.
106. Arts & exercices derogeans à la noblesse.
107. Limitation.
108. Arts qui n'y dérogent point.
109. Si les Avocats derogent à leur noblesse.
110. Labourage & fermes quand dérogent à Noblesse.
111. Si les étrangers sont nobles en France.
112. Domi nobiles.
113. Que les étrangers vrayement nobles sont nobles en France.
114. Naturalisez, ou non.
115. Qu'il faut qu'ils soient nobles à la mode de France.
116. Noblesse comment s'acquiert en Angleterre.
117. Les étrangers qui ne sont parfaitement nobles, ne portent leur noblesse hors leur pays.
118. Domi nobiles des Romains.
119. Qu'ils avoient une consideration que nous n'avons pas.

1. Matiere de la noblesse fort peu traitée.

J'Ay toûjours été curieux, en si peu de livres que j'ay faits, de choisir des sujets tout nouveaux, méme en les traitant j'ay évité la rencontre des matieres déja traitées, me persuadant, qu'il n'y a gueres ny d'honneur à se prevaloir du labeur d'autruy, ny de contentement d'esprit à se montrer ingenieux par des conceptions déja inventées, ny finalement d'utilité au public, de transferer, ou déguiser ce qui est déja écrit. Mais icy me voilà engagé à une matiere fort commune, n'y en ayant possible aucune du droit François, qui ait esté traitée par plus d'Auteurs, que celle de la Noblesse, dont les Philosophes moraux, les Politiques, les Humanistes, les Jurisconsultes, méme encore les Praticiens modernes ont écrit chacun à sa mode. Et notamment qu'en peut-on dire de nouveau aprés Tiraqueau, qui a emporté cét honneur, en tout ce qu'il a traité, qu'il est bien mal-aisé d'y rien ajouter? Toutefois puisque mon sujet s'y addonne si directement, je ne me puis exempter d'en parler, mais j'essayeray de le traiter vulgairement non vulgairement. Car enfin le champ est si grand & si fertile, que ceux qui l'ont moissonné jusque icy, ont encore assez laissé à glaner à ceux qui les suivront. Ce qui est ce que je tascheray de faire, sans mettre ma faux en leur moisson, ny m'approprier les gerbes par eux amassées.

2. Gentilhomme d'où est dit

Je commenceray par l'explication des noms de Gentil-homme, & Escuyer, & quant à celuy de Gentil-homme, je ne me departiray point des deux etymologies que je luy ay assignées au chapitre precedent; à sçavoir de le dériver à gentilitate, id est, antiqua ingenuitate, vel à gentili, id est, ethnico: mais il les faut approfondir un peu davantage. Car c'est sans doute, que Gentil-homme est un nom composé ex duobus rectis, comme disent les Grammariens, puis qu'il se varie au pluriel. Or Gentil vient de Gent, soit au Latin, ou au François: & comme Gent signifie tantost simplement une nation, & tantost toute une nation, aussi Gentil son derivatif, a plusieurs significations qui en procedent.

3. Gentilis ἐθνυμός.

En tant que gent signifie une race, les Romains ont appellé Gentiles, ceux qui estoient de méme race, & par consequent de méme nom que les Grecs appellent ἐθνυμoύς, Gentiles mihi sunt, qui meo nomine appellantur, inquit Cincius apud Festum. D'où vient que Ciceron en sa premiere Tusculane appelle le Roy Tullius Gentilem suum ainsi à peu prés que Demosthene in Aristog. appelle les Juges ἐθνυμούς.
Des Ordres.

Sic enim, que Budée au commencement de ses Pandectes tourne gentiles. C'est pourquoy les douze tables joignent souvent ensemble agnatos & gentiles, entendant per agnatos, les plus proches parents, & per gentiles les plus éloignez qui ne se reconnoissent plus que par le nom.

4. Gentilitas.

Neanmoins la Gentilité estoit à Rome une marque d'honneur; parce que ceux d'ancienne race ont toûjours esté estimez plus honorables. Libertinorum quippe & servorum gentilitas non est, dit Cajus aux Instit. C'est pourquoy Ciceron aux Topiques définit gentiles, aprés Quintus Mutius, eos qui inter se eodem nomine sunt, ab ingenuis oriundi, quorum majorum nemo servitutem servivit, qui capite non sunt diminuti. Qui est cause, que plusieurs doctes modernes appellent nos Gentils hommes Patricios, qui nempe patrem avumque ciere possunt.

5. Gentil & joly.

Et en tant que gens signifie une nation, ce qui est à la mode, & trouvé beau dans le pays, est appellé gentil, & semble qu'il soit pris en ce sens dans Suetone in Tiberio, Capillo utebatur pone occiput submissiore ut cervicem etiam obtegeret, quod gentile in eo videbatur. Mais communément les Romains usurpoient ce mot en une signification toute differente, appellant gentiles, ceux qui n'obeïssoient à leur Empire, quia nimirum jure gentium utebantur non civili, id est, Romanorum, comme l'explique Cujas, ce qu'il confirme par la loy unique, De nuptiis gentilium. Cod. Theod. où gentiles sont opposez Provincialibus; c'est à dire, aux habitans des Provinces sujettes aux Romains.

6. Gentiles pro exteris

7. Gentiles pro paganis

Semblablement en la sainte Ecriture, & parmy les Auteurs Chrétiens, les païs idolâtres sont appellez gentils & Ethniques du nom Grec, signifiant aussi une nation; d'autant qu'ils tiennent encore l'idolatrie accoûtumée à leur gent ou nation, Gentiles sunt, dit Papias, qui sine lege vivunt, & necdum crediderunt, dicti, quia sunt ut gentiti fuerunt, id est sub peccato, idolis servientes, & Graecè Ethnici dicuntur, c'est pourquoy aussi on les appelle Payens, paganis: toutefois quelques uns pensent que ce soit quia nondum militia Christianae nomen dederunt.

8. Gentilshommes

Partant la conjecture d'un moderne n'est pas sans apparence, qui dit, que le nom de Gentils-hommes vient de ce que les anciens Francs ou Francons, qui étoient Payens & Gentils, aiant subjugué la Gaule deja Chrétienne, & aiant seuls retenu les armes & les Seigneuries, avec entiere franchise & immunité comme je viens de

Chap. V. Des Ordres

dire, cela fut cause que les Chrétiens originaires du pays les appelloient par dédain ou jalousie, Gentils, ou Gentil-hommes.

9 Gentiles Scutarii.

Car au reste je ne trouve nulle apparence en la fantaisie d'un autre moderne, qui veut referer l'origine de nos Gentils-hommes & Escuyers aux Gentiles & Scutarij, dont il est souvent fait mention dans la Notice, & dans Ammian Marcellin, qui étoient les noms de certaines bandes ou compagnies de soldats Pretoriens, c'est à dire, destinez à la garde & défense du Pretoire ou Palais de l'Empereur, & qui étoient p. stant *sub dispositione Magistri Officiorum.*

10. Escuyer d'où est dit.

Ce qui nous oblige a parler des Escuyers, ausquels, aussi bien qu'aux Gentils hommes, on peut assigner double etymologie procedant pareillement d'un même mot Latin & François, nimirum à *scuto*, de l'Ecu qui est proprement le bouclier des gens de cheval Scuta (inquit Servius in 9. Æneid) *sunt equitum, clypei, peditum: & scuta breviora sunt clypei longiores.* Tite-Live en raporte la figure, *Hæc forma erat scuti, summumlatius, qua parte pectus atque humeri teguntur: ad imum cuneatior, mobilitatis causa.* Mais quant aux boucliers des pietons, nous appellons les grands, *targes*, parce qu'on se targue derriere, & les petits rondelles, parce qu'ils sont ronds. Et voila la premiere etymologie d'Escuyer, pour celuy qui portoit un escu ou bouclier de cheval, d'où sans doute sont dits en Latin *Scutarii, sen scutatores:* desquels Tite-Live, Firmique, Vegece, & Suetone font souvent mention. Étant certain qu'en toutes nations les gens de guerre ont volontiers pris leur nom de leur armeure, comme en France nos Lanciers, Archers, Arbaletiers, Picquiers, Mousquetaires & Harquebusiers.

11. Escu, clypeus, Scutum.
12. Targe rondelle.

13. Arma unde dicta.
14. Pourquoy les armoiries sont appellées armes & escus.

Mais dautant que les escus étoit l'arme la plus commune aux gens de guerre, on les appella particulierement armes, comme en Grec ὅπλα, signifie les armes en general, mais particulierement l'escu: & en Latin *arma* signifient plus proprement les armes defensives, que les offensives, *dicta nimirum ab armis, quod armos, id est, humeros tegant, sive quod ab armis pendeant, ut inquiunt Servius & Festus.* Parce aussi qu'anciennement nos François faisoient peindre leurs devises dans leurs armes ou escus (ainsi que les anciens Romains nous font foy & les sepultures anciennes) ce que les Romains faisoient pareillement, comme nous témoigne Vegece Livre 2. Chapitre 18. de là est venu enfin, qu'on a appellé ces devises, *escus:* chacun à succession de tems s'étant rendu soigneux de garder la devise & l'escu de ses ancestres, qui avoient esté signalez en valeur Militaire. Même on a continué à faire peindre ses devises sur les autres armes, après que les escus ou boucliers n'ont plus esté en usage, mais on les a peints ordinairement en la figure ancienne de l'escu, qu'on appelle pour cette cause *écusson* : & les devises peintes en icelui sont nommées *armes*, non seulement en François, mais aussi en Latin, comme prouve fort bien Tiraqueau au 7. Chapitre *De Nobil.* defendant Bartole contre Laurent Valle, qui l'a repris mal à propos d'avoir confondu *arma & insignia*.

15. Seuls Nobles ont droit d'armoiries.

De là est pareillement procedé, qu'il n'y a que les Nobles en France, qui ayent droit d'avoir armoiries, comme étans issus de ces anciens Chevaliers, qui peignoient leurs devises en leurs escus ou boucliers. Même il se voit par la charte du Roy Charles V. de l'an 1371. que quand il annoblit les Parisiens, il leur donna droit de porter armoiries: comme aussi le formulaire des Lettres d'annoblissement contient par exprés ce même droit. Et voilà la seconde Etimologie des Escuyers; à sçavoir, que ce sont ceux qui ont escus ou armoiries anciennes, esquels consiste la remarque visible de nostre Noblesse, ainsi que celle de Rome és images: car Pline, Livre 35. ch. 3. dit, que c'étoit aussi la coût ume des genereux guerriers de se faire peindre en leurs boucliers, & que *scuti continebantur imagines.* C'est pourquoy Budée sur la loy seconde *De origin. jur.* dit, que les armes de nos Gen-

tils hommes ont succedé aux images de la Noblesse Romaine.

Mais en consequence de ce privilege, attribué aux Parisiens, de porter armoiries, les plus notables Bourgeois des principales villes ayans aussi entrepris d'en porter, les Gentils hommes se sont avisé de mettre au dessus des leurs, un heaume ou armeure de teste, pour se distinguer d'avec ceux qui ne portét point les armes, ce qu'ils ont appellé *timbre:* parce à mon jugement, qu'il étoit fait du commencement, comme une bourguignote ou cuirasse de fer, qui avoit la forme d'un timbre de cloche, qu'il faudroit plutost nommer timble, quasi tintinnabulum.

16. Bourgeois des villes ont entrepris de porter armoiries.
17. Timbre d'où vient.
18. Bourgeois ont timbré leurs armoiries.
19 Timbre est personnel.

Au contraire, les Nobles des villes desireux de referer leur Noblesse à l'ancienne Gentillesse militaire, n'ont gueres tardé de timbrer leurs armoiries cōme les Gentils-hommes: bien que par l'Ordonnance d'Orleans, article 100. & celle de Blois, article 255. cela soit expressément defendu aux roturiers. Et je diray en passant qu'il me semble ridicule de voir l'armoirie d'un Officier de longue robe coiffée d'un heaume, au lieu qu'elle devroit estre timbrée d'un bōnet quarré, comme celle des Evéques est timbrée de leur mitre, & celle des Cardinaux de leur chapeau. Car enfin le timbre est toûjours composé de l'habillement de teste, & faut prendre garde qu'il se refere particulieremēt à la personne, & non pas à sa famille, comme l'armoirie: ainsi qu'il se collige des armoiries de femmes, qui n'ont point de timbre, fors le lacs d'amour, ou cordeliere, ce que je prouveray encore au Chapitre suivant.

Or comme aux armoiries, ainsi aux qualitez & titres d'honneur, les Gentils hommes faisans profession des armes, ont toûjours tasché à se distinguer de la Noblesse de ville, & cette Noblesse au contraire de se mesler & confondre avec eux. Car les plus honnêtes habitans des villes, ayant de long-temps pris coûtume de se qualifier *Nobles hommes:* cela a fait que ceux d'épée ont méprisé ce titre, & se sont voulu qualifier *Escuyers*, bien qu'autrefois Noble-homme fût plus qu'Escuyer. Car Noble homme estoit le titre de la Noblesse de dignité, & même de la haute Noblesse, comme il se voit souvent dans du Tillet, des Princes du Sang prenans qualité de Nobles hommes, & Froissart en plusieurs endroits de son histoire, dit qu'en telle rencontre il fut tué tant de Nobles, & tant d'Escuyers, mettant toûjours les Escuyers aprés les Nobles, Et encore aujourd'huy en Angleterre les Nobles ou Gentils hommes sont differents des Escuyers, & constituent un degré audessus d'eux, ainsi que le declare expressément Thomas Smich, au Livre qu'il a fait en Anglois *De Republica Anglia*. Mais pour montrer aussi que cela étoit ainsi d'ancienneté en France, il se voit en la Coûtume de Hainaut que les degrez de Noblesse sont apertement distinguez à sçavoir, le Pair, le Chevalier, le Noblehomme, & l'Escuyer, étant fait plus grande raison pour les journées des Pairs (mot qui sera expliqué au Chapitre suivant) que des Chevaliers: des Chevaliers que des hommes Nobles: des hommes Nobles, que des Escuyers.

20. Noblesse des villes a tâché de s'égaler à celle de race.
21. Noble homme autresfois plus qu'Escuyer.

Aussi y a-t-il grande apparence, que la vraye & originaire Etymologie du nom d'*Escuyer*, vient de porter l'Escu, non pas le sien, mais celuy de son Maistre, & que c'estoient proprement ceux que Plaute *in Cassina* appelle *scutigerulos*, ainsi que les anciens Romains nous apprennent, que les doctes appresent advoüent estre les plus seurs témoins des menuës antiquitez de nostre Nation: & de fait Fauchet en ses Origines nous apporte deux ou trois anciennes Chartes Latines, où le grand Escuyer de France est appellé *Scutifer*.

22. Escuyer que signifie proprement.

Car l'ancienne Noblesse de France n'estoit pas si glorieuse, que celle d'apresent, qu'on a pauvre cadet de Gentil homme, bien qu'il meure quasi de faim dans sa chaumiere, tiēdroit a deshonneur de servir en la Maison du Roy, même feroit difficulté de ceder, dans

23. Gentils-hommes servoient anciennement les autres.

Des simples Gentils-hommes, Chap. V.

la Paroisse dont il est, à un grand Seigneur, disant qu'il est aussi noble que le Roi : ce qui est si ordinaire en leur bouche, qu'il est tourné en Proverbe, que j'expliqueray au Chapitre suivant. Mais le temps passé, tous les Gentils-hommes sans exception, faisoient ordinaire de servir plus grands qu'eux. Car les Princes servoient les Rois, & les Seigneurs servoient les Princes, & les simples Gentils hommes les Seigneurs, comme à la verité à toute sorte de personnes, c'est un bon moyen de parvenir, que de se soûmettre aux plus grands, ce qui a lieu particulierement aux Gentils-hommes : car comme le Gentil homme ne peut faire aucun exercice pour entretenir sa famille, c'est le seul moyen qu'il a de maintenir sa qualité, que de s'avancer aux charges militaires par la faveur des grands : & de plus ce lui est un honneste moien de pourvoir ses enfans, que de les donner aux Princes & Seigneurs : & voila comment la Noblesse, qui toujours a voulu faire bande separée d'avec le peuple, se maintenoit autrefois par soi-mesme.

14. Pages. Premierement, les jeunes Gentils hommes étoient Pages des Seigneurs, & les jeunes Damoiselles étoient filles de chambre des Dames. Car comme nous enseigne fort bien Ragueau, les Pages *sunt Pædagogia sive pædagogiani pueri*. Bien que Pinel le derive de *Pagani vel Pagenses*. Or entre les Pages *15. Pages d'honneur.* il y en a de deux sortes, sçavoir les Pages d'honneur, & les communs. Les Pages d'honneur, ne sont que chez le Roi & les Princes souverains, & sont ordinairement fils de Barons ou Chevaliers, desquels la fonction, telle qu'elle est en France, est bien decrite par Q. Curse, Livre 8, où enfin il dit, *Hæc cohors veluti seminarium Ducum Præfectorumque est*. Car *16. Bacheliers, Damoiseaux.* étans mis hors de Page, ils deviennent Bacheliers ou Damoiseaux (Bachelier signifie le pretendant à Chevalerie, Damoiseau est le diminutif de Dam, qui signifie Seigneur) jusques à ce qu'étans devenus chefs de maison, ils soyent qualifiez Seigneurs tout à fait : ou s'étans fait signaler en faits d'armes : le Roi les fasse Chevaliers : termes qui seront interpretez plus amplement cy aprés.

17. Pages communs. Les Pages communs sont issus de simple Noblesse, & servent les Chevaliers ou Seigneurs (car un simple Gentil homme ne doit avoir Pages, mais laquais seulement, qui sont roturiers) & étant hors de Page, ils devenoient anciennement Escuyers, parce qu'ils avoient la charge de porter l'Escu, ou les armes du Chevalier, quand il alloit en guerre. Comme on voit que le grand Escuyer de France porte és entrées du Roi la cotte d'armes, & l'épée Royale marchant immediatement devant le Roi, monté sur un cheval caparassonné de velours violet semé de fleurs de lys d'or.

18. Escuyer derivé ab equo selon aucuns. Et parce que l'Escuyer avoit la charge non seulement des armes, mais aussi des chevaux de son maistre, c'est-à-dire, de tout son équipage, on a appelé chez le Roi & les Princes, *Escuyers*, ceux qui avoient soin des chevaux, & leurs établies, des *Escuries*, ce qui a donné sujet à quelque moderne, de dire que l'Escuyer est dit *ab equo*, *quasi equiarius* : en quoi à mon avis, il y a plus de rencontre que de raison, étant fans doute le terme d'*Escuyer* pour François : & n'y a gueres à mon avis, plus d'apparence de dire avec Fauchet en ses Origines, qu'*Escurie* est un vieil mot François signifiant établé ; pour preuve de quoi il rapporte l'article 3. du 18. titre de la loi Salique, *Si quis scuriam cum porcis, scuriam cum animalibus, aut familæ incenderit*, &c. Terme que je n'ay jamais leu ailleurs, & j'estimerois pluftost que ce fust du François latinizé, que du vray Latin.

19. Escuiers appellez Mareschaux. Quoi qu'il en soit, anciennement les Escuiers du Roi estoient appellez *Mareschaux*, du terme Allemand *Marchal*, qui signifie Officier ou serviteur de chevaux, dit Tillet, dont encore le nom de Mareschal est demeuré à ceux qui ferrent les chevaux,

& les pansent malades. Mais les Mareschaux de la Maison du Roi ayans esté honorez de la conduite de la gend'armerie, comme leur Chef d'Office, le Connestable (ainsi appellé, *quasi Comes stabuli*, comme j'ay prouvé ailleurs) ceux qui ont esté chez le Roi, pour faire l'ancien Office de ces Mareschaux, ont pris le nom d'Escuier, ainsi qu'és Maisons des Seigneurs.

L'Escuier donc estoit le serviteur Noble, qui assistoit le Chevalier ou Seigneur en la guerre, & à cheval, & le valet étoit celui qui le servoit à pied en la maison, que nous appellons *homme de chambre*, ainsi appellé *quasi va-let*, parce qu'il estoit le plus proche du son maistre, son coustillier & estaffier, *adsecla & stipator corporis*, comme parle Ciceron : de sorte qu'entre les serviteurs ou Officiers domestiques des Princes & Seigneurs, la qualité de valet étoit anciennement honorable : aussi dans Froissart, Gui de Lusignan se dit valet du Comte de Poitou, dans Ville-Hardouin il est fait plusieurs fois mention du valet de Constantinople, qui estoit le Prince, & cela se trouve souvent és vieux Romans & anciens tombeaux : mesme le valet des Chartes nous en rend témoignage, & aux Tarots il y a au dessus de lui le Chevalier, qui est le moien degré de Noblesse, estant le valet pris pour l'Escuier, & le simple Gentil-homme pris pour le Prince.

21. Valets de Chambre du Roi. Ainsi les Chambellans du Roi, qui à present sont nommez Gentils-hommes de la Chambre, s'appelloient autrefois *Valets de Chambre*, mais le Roi François, voiant que ces Offices n'estoient plus exercez que par les roturiers, ainsi que sont à present quasi tous les menus Offices de la Maison du Roi, qu'anciennement les Gentils hommes se tenoient bien honorez d'exercer, institua par dessus eux des Gentils-hommes de la Chambre, de sorte qu'enfin le nom de *valet* est venu à mepris, mesme desormais a esté opposé au Gentil homme.

22. Escuyers de la Maison du Roy. Et parce qu'au contraire le nom d'*Escuier* est entré en vogue, au moien de ce que les Gentils-hommes d'épée s'en sont tirez pour se distinguer des nobles de ville : les menus Officiers de la Maison du Roi, afin d'estre reputez Gentils-hommes, comme anciennement on n'en eust pas receu d'autres, se sont presque tous qualifiez Escuiers, comme les Officiers de l'Escurie. Ainsi ceux qui avoient coustume d'estre appellez *valets trenchans*, ont voulu estre qualifiez *Escuiers trenchans*, & les Officiers de la cuisine autrefois appellez *Maistres Queux*, se sont dits *Escuyers de cuisines*, & ainsi des autres.

23. Gentils hommes des champs appellez Escuyers. Dont on peut colliger, que les Escuiers estoient proprement ceux d'entre les Gentils-hommes, qui s'addonnoient au service des plus grands, & partant estoient moins estimez que ceux qui vivoient de leurs rentes. Mais enfin tous les Gentils-hommes des champs ont pris le nom, ressentant la profession militaire, qui sans doute est la plus veritable source de Noblesse, afin de se distinguer de la Noblesse de ville, qui provient ordinairement des Offices : mais ils n'ont gueres gagné. Car à la fin ces Officiers, pour paroistre aussi nobles que les Gentils hommes de race, ont usurpé ce mesme nom, encore qu'ils n'aient jamais porté targe ny écu.

24. Noblesse ne doit estre aisément acquise. Puis donc que la Noblesse est si recherchée, il est bien raisonnable, que les moiens legitimes de l'acquerir, soient certains & limitez, parce qu'autrement chacun y voudroit avoir part, & enfin elle tourneroit en confusion. *Clarus quippe honor vilescit in turba, & apud dignos indigna est dignitas, quam multi indigni possident*. Pour les expliquer, il semble qu'il n'est point question de parler de la Noblesse de race, qu'au precedent Chapitre j'ai appellé *gentillesse*, dautant qu'elle n'a point de commencement. Et toutefois c'est une grande question non encore resoluë, si elle s'acquiert irrevocablement *à patre & avo*, c'est-à-dire, par la possession & usage continuel

C ij

de deux generations, supposé qu'il apparoisse liquidement, que les predecesseurs d'auparavant fussent roturiers. Question qui resulte principalement du reglement moderne des tailles, fait en l'an 1600. lequel en l'article 58. defend à toutes personnes de prendre titre d'Escuyer & s'insinuer au corps de la Noblesse, sinon entr'autres, à ceux qui sont issus d'ayeul & pere, qui ait fait profession des armes, sans avoir fait acte vil, ou derogeant à leur qualité. Car les valets de Gentils-hommes, ou ceux qui ont couru la poule pendant les guerres, même ceux qui n'ont voulu suivre autre exercice, sinon de traisner l'épée, se font accroire, que si par la force & intimidation d'eux, ou des Gentils-hommes des villages (ausquels ils servent d'estaffiers, de couppe-jarets, mesme de tueurs) ils se peuvent eschapper pendant deux generations de payer la taille, leur posterité deviendra noble, sans qu'ils ayent besoin du Roy, ny de son annoblissement; soustenans que la Noblesse s'acquiert & prescrit par deux generations: & de fait nos Docteurs tiennent presque tous, qu'elle peut estre prescrite par une possession immemoriale, dont Tiraqueau fait un amas d'allegations, cap. 14. de Nobil. qui est un point veritable.

Mais pourtant je ne puis tenir pour cette nouvelle Noblesse de porte-epées de nostre temps, pour le desordre que je voy naistre de la grande trouppe de gens, qui à present par cette voye si facile se veulent exempter, & des tailles du Roy & des vacations populaires, & ce à la foule du menu peuple, qui paye les tailles pour eux, au domage du public, auquel ils ne contribuent point leur labeur, & industrie: & enfin à la confusion & mépris de la Noblesse, à laquelle ils se comparent: mais il me semble plus juste & plus équitable d'observer, que supposé qu'il apparoisse liquidement & au vray, de la qualité des ancestres de celuy qui pretend avoir prescrit la Noblesse par deux generations, qu'il ne peut avoir acquise incommutablement sans concession du Prince: veu que c'est la definition que donne Bartole à la Noblesse, qu'elle provient *à Principatum tenente*. Car d'ailleurs ce qui concerne les droits du Roi & l'interest du public, est imprescriptible, notamment sans titre, & avec mauvaise foy, & quand il appert de l'origine vicieuse: principalement encore ce qui est hors du commerce privé & de la disposition des particuliers, comme est la Noblesse, attendu que mesme és choses qui sont en commerce, les loix disent, que *nemo potest sibi mutare causam possessionis suæ*, *nemo statum suum immutare*, comment donc un roturier se pourra-t'il annoblir soi-même, & sa posterité à cause de lui, veu que l'acquisition de la Noblesse est moins favorable, que celle de la liberalité? Et puisque les usurpateurs de la Noblesse sont declarez faussaires par la loi *Eos §. Si pro milite. D. de falsis.* & sont punis par nos Ordonnances, pourquoi donnera-t'on force & authorité à leur usurpation? Finalement puisque le Roi, pour éviter la surcharge du pauvre peuple, a revoqué par Edit de l'an 1598. tous les annoblissemens concedez par lui-mesme, bien que verifiez aux Cours Souveraines, & accordez la plus part moiennant finance, pourquoi maintiendra-t'on ceux qui ont esté usurpez sans sa concession?

Aussi ce reglement de l'an 1600. ne les declare pas nobles precisément, & ne dit pas qu'apparoissant d'ailleurs qu'ils soient roturiers, ils aient acquis & prescrit la Noblesse, au contraire il suppose que leurs predecesseurs fussent de noble qualité, en ces mots, *qu'ils n'ayent point fait d'actes derogeans à leur qualité*. Mais de verité, parce que la plus vraie Noblesse est celle, dont le commencement est hors la memoire des hommes, & qui partant ne peut estre prouvée que par la possession, cet Edit a ordonné fort justement, que quand on la revoque en doute, ce soit assez d'en prouver la possession continuelle du pere & ayeul, qui sert de presomption suffisante & concluante, supposé que d'ailleurs le contraire n'apparoisse liquidement & évidemment. Mais ce n'est pas la presomption que nos Docteurs appellent *juris & de jure*, *contra quam non admittitur probatio*; mais ce n'est que la presomption commune, *qua rejicit onus probandi in adversarium*. Car je suis bien d'accord avec eux, que la Noblesse, ou pour mieux dire, l'ingenuité est presumée asseurement & peremptoirement, par le moyen de la possession immemoriale, *qua jure constituta loco habetur*, comme en cas semblable dit la loy. 1. §. *Ductus aquæ. D. de aqua quot. & æst.* mais il faut prendre garde, que c'est quand la possession est immemoriale, c'est-à-dire, quand il n'y a memoire, ny preuve, ny par consequent certitude du contraire.

Or ne faut-il pas dire ainsi de la Noblesse provenante des Offices du pere & ayeul, bien qu'elle semble égalée à l'autre, au mesme article de ce reglement. Car celle-là est acquise incommutablement à la troisiéme generation, parce qu'elle provient en effet de la concession du Prince: aussi ce mesme reglement porte que les grands Offices font commencement de Noblesse selon les mœurs du Royaume, ce qui n'a jamais esté dit de l'exercice militaire, & encore moins de ceux qui ne font que traisner l'épée dans les villages.

Tant y a, que ceux qui veulent fonder leur Noblesse sur la façon de vie de leur pere & ayeul, en doivent avoir preuve par écrit, à sçavoir, par certificats des Capitaines, sous lesquels ils ont servi le Roi, extraits des rolles ausquels ils ont esté compris, Contrats de mariage & partages, où ils ont pris qualité d'Escuyer & autres semblables titres probatifs, à quoi la preuve testimoniale ne seroit seule suffisante, bien qu'elle soit admise pour fortifier la litterale, ainsi que l'oracle de la Cour des Aides Monsieur le Bret nous apprend en son 36. plaidolé. Mais pour ce qui concerne les Benefices, il suffit par le Concordat §. *Cum verò probatio. tit. de collat.* & par l'Ordonnance du Roi Loüis XII. de l'an 1566. d'une attestation de quatre témoins. Et pour sçavoir si l'Arrest declaratif de Noblesse intervenant sur les procez fait foi desormais, *quoad omnes, quasi in causa status* suivant la loi *Ingenuum. D. De statu hominum*, faut voir Tiraqueau au commencement de son chapitre. Car au surplus c'est chose certaine qu'une simple sentence des Esleus, non homologuée à la Cour des Aides n'est pas suffisante preuve de Noblesse, parce que les causes de Noblesse doivent estre traitées en premiere instance en la dite Cour des Aydes ainsi que celles du Domaine du Roy au Parlement.

Pour revenir aux Offices annoblissans, ils ont esté specifiez presque tous au sixiéme Chapitre du premier Livre *Des Offices*, où j'ai dit, qu'il y en a de deux sortes, les uns, qui non seulement annoblissent le pourveu, mais aussi le mettent au rang de la haute Noblesse, lesquels par consequent ont cette force, que par la seule dignité du pere, ses enfans sont annoblis de simple Noblesse, ainsi qu'ils seroient par le moien des lettres d'annoblissement par lui obtenuës, desquels Offices il sera encore parlé au Chapitre suivant, comme aussi des Seigneuries annoblissantes, qui ont le mesme effet que les grands Offices.

Mais il y a d'autres moindres Offices, qui annoblissent le pourveu seul, & qui ne lui attribuent qu'une Noblesse personnelle, & n'ont pas le pouvoir d'annoblir sa lignée, si tels Offices, ou autres semblables n'ont esté tenus par le pere & l'aieul, auquel cas la Noblesse est acquise perpetuellement à la posterité. Et de cette espece sont les Offices de Conseillers des Cours souveraines, encore qu'ils n'en aient point d'Edit exprés, mais cela est fondé sur

---

Marginal notes:

35. Si la Noblesse s'acquiert irrevocablement par l'usage de deux generations.

36. Prescription de Noblesse.

37. Question.

38. Noblesse imprescriptible, quand il apparoist de la roture des ancestres.

39. Interpretation de l'art. du reglement des Tailles de l'an 1600.

40. Aliud en la Noblesse provenante des Offices.

41. Noblesse doit estre prouvée par écrit.

42. Fors pour les Benefices.

43. Si l'Arrest declaratif de Noblesse fait droit entre toutes personnes.

44. Grands Offices annoblissent.

45. Moindres Offices annoblissans.

46. Noblesse des Conseillers des Cours souveraines.

des simples Gentils-hommes, Chap. V.

les anciennes loix & mœurs du Royaume, ainsi que parle le reglement general de l'an mil six cens, & l'Arrest du Conseil Privé de l'an mil six cens deux, contenant le reglement particulier des tailles du Dauphiné, mentionné au neuviéme Chapitre du premier Livre *Des Offices* : ce qu'il ne faut point trouver étrange, attendu la resolution de Bartole sur la loy premiere *C. de dignitatibus*, que *Officium habet Nobilitatem annexam, quod communiter habere reputatur.*

47. Noblesse des Secretaires du Roy.

Mais les secretaires du Roy en ont Edit exprés, qui leur donne de plus ce privilege, que leurs enfans sont nobles, pourveu qu'ils n'ayent disposé de leur Office, sinon à un fils ou gendre. Mesme plusieurs bonnes villes de France ont ce privilege par Chartres des Rois bien verifiées, que leurs Maires & aucunes aussi, que leurs Eschevins sont annoblis, ensemble la posterité d'iceux : privilege qui est fondé sur ce que les Decurions des villes Romaines se pretendoient nobles, comme il se voit au titre *De Decurionibus.*

48. Charges militaires annoblissantes.

Et quant aux charges militaires, desquelles à la verité la Noblesse doit plustost proceder, que les autres, il ne faut point douter, que celles de Gouverneur des Provinces & villes, Capitaines & membres principaux des gendarmes des Ordonnances du Roy, n'annoblissent ceux qui en sont honorez. Mesme on a autresfois estimé que toutes les charges des compagnies, ensemble les charges de Capitaines en chef de gens de pied, Lieutenans ou Enseignes eussent droit d'annoblir : mais ce reglement de l'an mil six cens a decidé le contraire en l'article cinquante-huit, les declarant seulement exempts des tailles, comme simples privilegiez, & tant qu'ils continueront le service, (sauf à eux, aprés vingt ans de service, d'obtenir privilege de Veteran : & adjouste qu'il y aura des roturiers, qui tiendront ces places, ne joüiront d'aucune exemption, qu'aprés avoir servy dix ans entiers, & pour autant de tems qu'ils continueront à servir. Et neantmoins elle enjoint aux Capitaines des gend'armes, de remplir leurs compagnies de Gentils-hommes.

49. Charges affectées aux Nobles n'annoblissent pas.

En quoy il faut tenir une regle assez notable, que les offices ou charges affectées aux simples nobles, n'annoblissent pas pourtant le pourveu, s'il apparoist qu'il soit roturier. Il est presumé noble, & si le pere & l'ayeul ont tenu successivement de tels Offices, c'est une preuve de Noblesse, pour ceux de la troisiéme generation, suivant le 56. article de ce reglement que je viens d'interpreter.

50. Offices privilegiez.

Il faut aussi distinguer d'avec les nobles simples exempts des tailles par privilege, comme les menus Officiers domestiques du Roy & des Princes privilegiez, les Officiers des Elections, & autres semblables. Car ceux-là n'ont que demy-noblesse, & ne sont pas tenus pour nobles en autre occurrence, hors l'exemption des tailles : mesme quand ces Offices auroient esté en six generations, ils n'apportent ny noblesse, ny exemption aux descendans.

51. Annoblissement par lettres du Roy.

Voilà quant à l'annoblissement taisible procedant des Offices ou Seigneuries, & quant à l'exprés, qui est concedé par lettres du Prince, puisque la vraye Noblesse provient de vertu, dont l'honneur est la plus sortable recompense, mesme que la vertu de l'homme est plus propre à luy produire de l'honneur, que non pas celle de ses predecesseurs, & que disoit Antigonus, que l'Andragathie doit plustost estre recompensée que la Patragathie, il est bien raisonnable, que le Prince Souverain honore du titre de noblesse celuy qu'il voit doüé d'une insigne vertu, afin de recompenser son merite particulier, & afin d'exciter un chacun à la vertu

52. Le Roy peut seul annoblir.

Mais quoy qu'il en soit, cet annoblissement ne peut estre fait que par le Prince, que Dieu (duquel tout honneur procede) a establi distributeur en ce monde de ce don divin. C'est pourquoy, joint que l'annoblissement diminuë les droits du Souverain, on a osté à bon droit aux Ducs & Comtes le pouvoir de faire Chevalier & mesme d'annoblir, qu'ils avoient autresfois usurpé parmy les autres droits de Souveraineté. Et ceux là mesme d'entr'eux, qui joüissent des droits de Souveraineté, ont esté exclus & empeschez de celuy cy, témoin l'ancien Arrest contre le Comte de Flandre de l'an 1280, rapporté par Pithou, sur la Coustume de Troyes, *Dictum fuit, quod, non obstante contrario usu ex parte Comitis Flandrensis proposito, non poterat, nec debebat facere de villano militem sine authoritate Regis.* Et pareillement par plusieurs Ordonnances on a retranché ce droit aux Gouverneurs des Provinces, mesme de celles qu'on pretend n'estre pas tout à fait unies & incorporées au Royaume, comme celles de Provence & de Dauphiné, & desquelles partant les Gouverneurs pretendent avoir plus d'authorité, que ceux des autres Provinces, ainsi que j'ay dit ailleurs.

54. Clauses des lettres d'annoblissement.

Le formulaire des lettres d'annoblissement est rapporté tout au long par Bacquet, & mesme Thierriat en rapporte trois. Ce qui s'y voit de plus notable, est, que comme és amortissemens des heritages, aux annoblissemens des personnes le Roy doit estre indemnisé par le payement de certaine finance, qui est taxée par sa Chambre des Comtes, en consideration de ce que la lignée d'annobly est affranchie de subsides, n'estant sa Majesté reputée avoir donné ce qui est de l'honneur, sans *55. Finance deuë pour l'annoblissement.* diminution de ses droits : si ce n'est que les lettres d'annoblissement contiennent remise & quittement exprés de cette finance, clause qui n'est gueres oubliée à present. Mesme, encore que le Roy quitte la finance de son indemnité, on considere d'ailleurs la surcharge qui revient au peuple par le moyen de l'exemption de l'annobly & de sa lignée à perpetuité : c'est pourquoy il en est deu aumosne, c'est-à-dire, une petite somme de deniers, que taxent pareillement Messieurs les Comtes, en verifiant l'annoblissement, pour estre convertie en œuvres charitables. Aumosne, qui n'est pas si communement remise par le Roy, parce qu'elle concerne les pauvres, que la finance de son indemnité, neantmoins il la remet quelquefois, & n'y a point de doute qu'il ne le puisse faire. *56. Aumosne deuë pour l'annoblissement.*

57. Où il faut verifier les lettres d'annoblissement.

Au surplus ces lettres d'annoblissement doivent estre verifiées, tant à la Chambre des Comtes, à cause de la diminution des droits du Roy, qu'à la Cour des Aydes, à cause de l'exemption des tailles. Mesme, c'est le plus seur de les faire verifier au Parlement, qui est la Justice ordinaire & naturelle des droits du Roy, & la Justice souveraine des personnes de ses sujets, tant à cause de l'exemption des francs-fiefs, que sur tout à cause du droit different introduit par plusieurs Coustumes pour les Nobles. Et de fait le mesme Pithou nous rapporte un Arrest de l'an 1543. par lequel fut ordonné, que la succession d'un, qui avoit obtenu lettres d'annoblissement, & ne les avoit fait verifier de son vivant, mais seulement par sa veuve aprés son decez, seroit partagée roturierement.

58. Lettres d'annoblissement profitent aux infans nez & à naistre.

Or la Noblesse provenant de l'annoblissement soit exprés ou taisible, s'étend sans difficulté aux enfans, parce qu'elle affecte le sang & la lignée, *Est enim nobilitas virtus generis*, comme la definit Aristote. Mesme elle s'étend à ceux qui estoient nez auparavant iceluy, suivant la disposition du Droit Romain en la loy *Moris. §. ult. D. De pœnis. Et* sur tout en la loy *Senatoris filium. D. de Senator. Nihil interest*, dit-elle, *in Senatoria dignitate constitutus pater filium susceperit, an ante Senatoriam dignitatem.* A quoy ne contrarie la loy *Si Senator ob C. de Dignit.* Car, comme dit Cujas, il ne la faut entendre qu'à l'égard des charges onereuses, & non des honneurs, comme ces termes le montrent. *Ho-* *59. Explication de la loy Si Senator, C. de dignit.*

ra paternos filiis dividere non oportet. De sorte que c'est une regle perpetuelle en droit, que le fils du Senateur, ou du Decurion, né auparavant la dignité de son pere ne doit avoir les honneurs & privileges, mais non pas les charges & incommoditez, comme il est dit precisement en la loy 2. §. *In filiis. D. de Decur.*

60. Noblesse de dignité est perpetuelle en France.

Mais bien qu'au droit Romain la Noblesse de dignité, & les privileges d'icelle ne passent point outre la troisiéme generation des descendans appellez *nepotes*, *leg. Divo. Cod. de quaest.* comme tous les Docteurs tiennent sur la loy premiere *Cod. de dignit.* neanmoins en France, où toute nostre Noblesse est enfin reserée à celle de race, tous les descendans des annoblis sont Nobles : mesme aucuns pensent que la vraye Noblesse ne commence qu'à la troisiéme generation, comme dit Budée sur la loy derniere *De Senat.* quoy qu'il en soit, il est bien certain entre nous, que cette Noblesse se renforce & augmente toûjours de ligne en ligne.

61. Si les bastards Gentils-hommes sont nobles.

Quand je parle des descendans, j'entend de ceux qui naissent en loyal mariage, & non pas des bastards: Car bien que tous nos Docteurs François sans exception, comme Chassanée sur sa Coustume, Guy Pape Decis. 380, Boyer Decis. 127. Benedicti au commencement de sa repetition, Imbert en son Enchirid. *in verb. Spurius.* & Rebuffe sur le Concordat au §. *Quia vero. De collat.* tiennent que c'est une coustume generale de France, que les bastards Gentils-hommes sont exempts des tailles, neanmoins le contraire est veritable, comme nous apprend ce reglement de l'an 1600. article 26. dont voicy les mots *Encore que les bastards soient issus de peres nobles, ne se pourront attribuer le titre, & qualité de Gentils-hommes, s'ils n'en obtiennent nos lettres d'annoblissement, fondées sur quelque grande consideration de leurs merites, ou de leurs peres, verifiées où il appartient.* On tient mesme qu'encore qu'ils soient legitimez par le Roy, ils ne deviennent pas pourtant nobles, comme Monsieur le Bret nous apprend en son 52. plaidoyé, parce que les lettres d'annoblissement sont autres que celles de legitimation, & quant à la Noblesse de race, elle doit venir du pere & de l'ayeul.

62. Legitimation ne produit aucun noblissement.

Or le bastard legitimé à la poursuite de son pere, n'est pas pourtant, ny legitimé, ny reconnu pour enfant par le pere de son pere. C'est pourquoy il faut que le bastard du simple Gentil-homme, obtenant ses lettres de legitimation, y fasse inserer la clause d'annoblissement.

63. Que les bastards de Seigneurs sont Gentils-hommes.

J'estime neanmoins, qu'il faut restraindre selon ses termes cette rigoureuse Ordonnance, qui sans doute est contraire à l'ancienne coustume de France, attestée par tous nos Docteurs. Et attendu qu'elle ne parle simplement que des Gentils-hommes, il ne la faut pas estendre aux bastards Seigneurs, parce que cette derniere raison n'a lieu à leur égard; mais les enfans de ceux de la haute Noblesse n'ont pas besoin de prouver que leur ayeul ait esté Noble: aussi qu'on observe notoirement encore à present, que les bastards des Seigneurs portent les armes des maisons de leur pere, sans autre distinction, sinon de la barre gauchere, & qui voudroit dire que le bastard d'un grand Seigneur deust payer la taille ? Aussi ay-je leu quelque part une resolution fort équitable en cette matiere ; à sçavoir, que n'estant raisonnable que les bastards soient en pareille dignité & degré d'honneur que les enfans legitimes, ils doivent toûjours estre mis d'un degré plus bas qu'eux: De sorte que les bastards des Rois sont Princes, ceux des Princes sont Seigneurs, ceux des Seigneurs sont Gentils-hommes, & ceux des Gentils hommes sont roturiers, afin que le concubinage n'ait autant d'honneur que le loyal mariage. Ce que je n'entends pas des legitimez par mariage subsequent, car ceux là sont en tout & par tout égalez à ceux qui sont nez en loyal mariage.

64. Proportion des bastards avec les legitimes.

65. Bastards

Mais revenant aux bastards, on demande, si au moins ils se peuvent prevaloir de la Noblesse de leur mere, ne suivent attendu que *Lex naturae est, ut qui nascitur extra legitimum matrimonium, matrem sequatur*, dit la loy *Lex naturae, D. de statu hom.* & la loy premiere §. 1. *D. Ad municip.* dit que *cum privilegio aliquo materna origo censeatur, materna originis est filius etiam vulgo quaesitus.* Mais ces loix parlent *de statu*, non *de familia*, *qua nunquam à matre ducitur*, *imo ex sola agnatione proficiscitur. leg. Liberos. D. de Senator.* qui est ce que nous disons en France, que *le ventre affranchit, & la verge annoblit*, & faut prendre garde que tout ce qui est au dessous de l'estre naturel, qui est la liberté, se mesure du costé de la mere : & ce qui est au dessus provient de l'estoc du pere. D'où il s'ensuit, que mesme les enfans legitimes d'une mere noble & d'un roturier, sont roturiers : ce qu'a que dit cette loy *Liberos, Licet ex filia Senatoris natus sit, spectare debemus patris conditionem.* Car tant s'en faut que la femme noble mariée à un roturier trasfere sa noblesse à son mary, ny à ses enfans ; qu'au contraire, elle-mesme la perd, parce que c'est une regle perpetuelle, que la femme suit la qualité de son mary, *leg. Foemina, eod. tit.*

66. Noblesse de Champagne de par la mere.

Il est vray que les Coustumes de la Province de Champagne, à sçavoir de Troyes, Sens, Meaux, Chaumont, Vitry, portent expressément, que pour estre noble il suffit d'estre descendu de pere, ou mere noble : ce qui est provenu d'un privilege donné aux Champenois, aprés la bataille de Fontenay prés Auxerre, entre le Roy Charles le Chauve & ses freres, selon aucuns, ou selon autres à Jaunes prés Bray, où la plus-part de la Noblesse de Champagne fut tuée, privilege semblable à ceux mentionnez en cette loy 1. §. 1. *Ad municip.* Mais Monsieur Conan *lib. 2. cap. de ingenuis*, & aprés luy Monsieur Pithou, qui a traité amplement cette question, sur le premier article de la Coustume de Troyes, nous apprennent que cette Coustume ne se garde plus qu'à l'égard des effets coustumiers, mais non pas pour l'exemption des tailles, comme il fut jugé par Arrest de la Cour des Aydes, de l'an 1566. qui fut ordonné estre publié au Siege de l'Election de Troyes: quoy que Bacquet au Traité des francs fiefs, chap. 11. en rapporte un autre tout contraire, du 7. Aoust 1583.

67. Abolie à present.

68. Noblesse de pere & mere aucune fois requise.

Aussi la glose de la Pragmatique Sanction, qui requiert en certains cas la Noblesse du costé de pere & de mere, dit que c'est parler improprement, parce qu'il ne peut y avoir de Noblesse du costé de la mere. Toutesfois c'est la verité que la Noblesse de celuy qui est fils de pere & mere nobles est reputée plus pure, pour n'estre souillée du mélange de sang roturier, & telle Noblesse est requise à nos Chevaliers du S. Esprit, par l'Edit de leur institution.

69. Des droits & privileges des Gentils-hommes.

Voila ceux qui sont nobles, voyons maintenant quels droits ils ont, dont Tiraqueau & Tierriat (qui n'a fait que le traduire par abregé) en content plus d'une vingtaine de fantasques & ridicules, mesme la plus-part faux, & qui en voudroit croire nostre menuë Noblesse des champs, elle s'attribuë tant de privileges, qu'il lui faudroit composer un droit à part, assigner un païs à part en ce monde, & un Paradis à part en l'autre; car l'insolence des menus Gentils-hommes des champs est si grande (je ne parle point de ceux qui ont été nourris en Cour & notamment des grands) qu'il n'y a pas moyen de vivre en repos avec eux, & eux-mesmes ne peuvent demeurer d'accord les uns avec les autres ; ce sont des animaux sauvages, oyseaux de proye, qui n'ont autre exercice que de courir sus aux plus paisibles, de vivre de la substance d'autruy, & enfin de se persecuter l'un l'autre.

70. N'ont aucun pouvoir en vertu de leur qualité.

Or voicy les vrais droits de Noblesse. Premierement quant au pouvoir, il a esté dit au 1. Chap. que les ordres n'en ont point en particulier, ainsi qu'ont les offices, mais que seulement ils produisent une aptitude aux offices, benefices, & seigneuries. Ce qui se verifie principalement en l'ordre de Noblesse, y en aiant plusieurs affectez particulierement à la Noblesse.

Les

de la haute Noblesse, Chap. VI.

17. *Forme d'icelle.*
18. *Par qui inventée.*
19. *Origine d'icelle.*
20. *Ceinture des Chevaliers.*
21. *Origine d'icelle.*
22. *Ἐτυμολογία.*
23. *Droit de porter l'épée attribué à plusieurs Officiers.*
24. *Même aux dignitez honoraires.*
25. *Explication de la loy* 2. C. Ut dignit. ordo servet.
26. *Ce qui est à remarquer en cette loy.*
27. *Origine des Chevaliers.*
28. *Dépense à faire les Chevaliers.*
29. *Harnois doré attribué pour marque aux Chevaliers.*
30. *Princes & enfans des Roys faits Chevaliers.*
31. *Quand étoient faits les Chevaliers.*
32. *Chevaliers du bain.*
33. *Nul ne naist Chevalier.*
34. *Roys faits Chevaliers.*
35. *Pourquoy.*
36. *Chevaliers honoraires.*
37. *Chevalier est noble, luy & sa posterité.*
38. *Anciens Ducs & Comtes pouvoient faire les Nobles Chevaliers, mais non pas annoblir les roturiers.*
39. *Chevalerie tombée en mépris.*
40. *Invention des Chevaliers.*
41. *Colier de l'Ordre.*
42. *Equites Torquati.*
43. *Ordre de l'Estoile.*
44. *Ordre de S. Michel.*
45. *Ordre du S. Esprit.*
46. *Ordres de la Jarretiere, de l'Echarpe, du Croissant, de la Toison-d'Or, de l'Annonciade, du Porc épy.*
47. *Chevaliers Bannerets.*
48. *Bacheliers.*
49. *Bachelier que signifie proprement.*
50. *Ses étymologies.*
51. *Bachelier signifie le pretendant.*
52. *Bachelier en Noblesse se prend en deux façons.*
53. *Bachelier opposé au Chevalier & au Banneret.*
54. *Origine des Parages.*
55. *Offices emportans haute Noblesse.*
56. *Pourquoy les Seigneuries de dignité emportent haute Noblesse.*
57. *Capitanei Regis, aut regni, qui verè.*
58. *Barons de France.*
59. *Chastelains sont de la haute Noblesse.*
60. *Pourquoy.*
61. *Modification notable.*
62. *Grande Seigneurie attribuée par autre que le Roy, n'annoblit le roturier.*
63. *Si la terre peut annoblir l'homme.*
64. *Paradogium, vel potiùs Paragium.*
65. *Le Roy annoblit en trois façons.*
66. *Comment les fiefs sont dits nobles.*
67. *Possesseur de haute Seigneurie en possession de haute Noblesse.*
68. *Rang de la haute Noblesse.*
69. *Officiers en exercice ne cedent à la haute Noblesse.*
70. *Interpretation de la Loy* Ad-portionas. D. De jurejur.
71. *Pourquoy du Tillet dit que les Chevaliers n'ont rang.*
72. *Deux classes des Seigneuries de dignité.*
73. *Remarques d'honneur de la haute Noblesse.*
74. *Timbre des armoiries.*
75. *Heaume du timbre des Chevaliers.*
76. *Couronne des Ducs, Marquis & Comtes.*
77. *Armoiries des Dames.*

1. S'il est bien dit, Je suis aussi noble que le Roy.

LEs derniers propos du precedent Chapitre me font souvenir d'une plaisante question que proposent Chassanée & Tiraqueau, si le commun dire de nos Gentils-hommes des champs se peut soustenir, Qu'ils sont aussi Gentils-hommes que le Roy. Tous deux le reprouvent, tant par les passages de Ciceron & Aristote, qui viennent d'être rapportez, que sur tout, parce que notoirement il y a plusieurs degrez en l'Ordre de Noblesse.

2. L'Ordre est une qualité absoluë.

Pour moi je confesse que cette comparaison du sujet avec son Roy est odieuse, insolente & comme blasphematoire; mais j'estime qu'elle est veritable en soy; attendu que qui est Gentil-homme absolument & parfaitement ne le peut être davantage: aussi est-ce la verité, que le vrai Ordre est une qualité substantive, positive, & qui ne reçoit point le plus & le moins, non plus que la substance de Dialectique: tout ainsi qu'il est vrai que le moindre Prêtre est autant Prêtre, que le plus grand Evêque; & le plus petit Evêque, s'il faut ainsi parler, est autant Evêque que le Pape. Qui est la solution de ce passage de S. Cyprian, que ceux de la R.P.R. alleguent, Hoc erant utique ceteri Apostoli, quod & Petrus, pari consortio honoris & potestatis: scilicet quatenus Apostoli.

3. Noblesse peut s'entendre en deux façons.

Mais la difficulté en ce Proverbe est, quand on dit, Je suis aussi noble que le Roy. Alors si on entend le mot de noble, pour un adjectif signifiant excellent, le proverbe est faux: si pour un substantif, comme est le mot de Gentil-homme, signifiant celuy qui a l'Ordre de Noblesse, le proverbe est veritable, hors le vice de la comparaison. Tout ainsi qu'il seroit faux de dire qu'un indocte Docteur seroit autant Docteur que le plus docte: mais il est bien vray de dire qu'il est autant Docteur.

4. Plusieurs degrez de noblesse.

Comme donc il y a des degrez qui rehaussent l'Ordre de Prestrise, aussi a-t'il des degrez qui relevent celuy de Noblesse, & bien que les degrez de Prestrise soient conformes par toute la Chrétienté, qui est regie par un même Chef, neanmoins les degrez de Noblesse sont differens selon la diversité des Estats ou Souverainetez, dont ils dependent.

5. Ceux d'Espagne.

Et pour dire un mot de ceux qui sont usitez entre nos principaux voisins, un Espagnol qui a commenté les regles de Chancellerie, rapporte six degrez de la Noblesse d'Espagne. *Parvam, minorem, minimam. Magnam, majorem, maximam. Parvam scilicet non habentium dignitatem, sed tantùm jurisdictionem. Minorem non habentium jurisdictionem, sed tantùm sanguine nobilium. Minimam, eorum qui licet genere sint ignobiles, nobiliter tamen & ex iis redditibus vivunt. Magnam Baronum. Majorem Ducum & Comitum. Maximam denique Regum & Imperatorum.*

6. Ceux d'Angleterre.

Quant aux Anglois, ils ont les simples nobles ou Gentils-hommes, puis les Escuyers (qu'ils distinguent communément des simples nobles, appellans particulierement *Escuyers*, ceux qui vivent aux champs, & ne font profession que armes,) les Chevaliers, & finalement les Lords ou Mi-Lords, à savoir les Ducs, Marquis, Comtes, Vicomtes & Barons: mais ils ne reconnoissent point encore de Princes, non plus que les Espagnols, au moins pour avoir Ordre formé, comme en France, n'appellans Prince que le fils aîné du Roy. Et il faut observer qu'en Angleterre il n'y a que les Lords qui soient de la haute noblesse, mais quant aux Gentils-hommes, Escuyers & Chevaliers, ils sont de l'Ordre du commun peuple. Et de fait ils sont mêlez avec le peuple en même Chambre aux assemblées de leur Parlement, qui sont leurs Estats generaux, que nous appellions autrefois de ce même nom, avant que nous l'eussions laissé à la souveraine compagnie de justice. De sorte qu'en Angleterre il n'y a que deux Estats ou Ordres, sçavoir la haute Noblesse & le commun peuple, ainsi qu'au commencement à Rome il n'y avoit que S. P. Q. R. l'Ordre du Clergé ne faisant corps d'Estat en Angl. non plus qu'à Rome, ainsi qu'il fait en nôtre France, mais seulement les Archevêques ont voix & seance parmy les Lords en la Chambre de la haute Noblesse, & les Evêques y ont entrée & seance, mais pas voix, comme le dit Th. Smith en sa Rep. des Angl.

7. Il n'y a que deux Estats en Angleterre.

Mais en France nous faisons bien plus d'Estat de la noblesse, laquelle nous ne mêlons aucunement avec le menu peuple; mais selon la definition de Bartole, rapportée au Chap. precedent, nous la tenons pour un Ordre entierement separé du peuple: même nous mettons les Princes parmi la noblesse, & n'y a maintenant si petit

8. En France, le plus petit Gentil-homme est du même Ordre que les Princes,

D iij

Gentil-homme, qu'un Prince faſſe difficulté de recevoir à ſa compagnie & à ſa table. Bien qu'anciennement, lors que nous étions mêlez parmy les Anglois on dit, que nul ne devoit ſeoir à la table d'un Baron, s'il n'eſtoit Chevalier. Bref, comme il n'y a nobleſſe au monde plus genereuſe que celle de France, auſſi n'y en a-t'il point de plus honorée & de plus avantagée.

9. Diviſion de nôtre Nobleſſe.

Et neanmoins nous avons plus de degrez de Nobleſſe qu'il n'y en a en Angleterre : Car outre que nous avons comme eux les Chevaliers & des Seigneurs de pluſieurs ſortes, nous avons plus qu'eux, les Princes, à ſçavoir, ceux qui ſont iſſus de Maiſon ſouveraine, qui ſont encore de pluſieurs eſpeces. De ſorte que nous pourrions bien poſer autant de degrez de Nobleſſe, que fait ce Commentateur Eſpagnol : mais parce que la plus parfaite diviſion eſt celle de trois eſpeces, j'ay diviſé, ce me ſemble, plus à propos nôtre Nobleſſe en ſimple, haute, & illuſtre : entendant par la ſimple Nobleſſe celle qui n'eſt rahauſſée d'aucun autre degré d'honneur : par la haute, celle qui eſt élevée & honorée de quelque dignité, ſoit Chevalier, grand Office, ou Seigneurie non rahauſſée par la Nobleſſe illuſtre, celle qui provient du ſang illuſtre & ſouverain, touchant de parenté le Prince ſouverain & habile à ſucceder en ſon rang à la ſouveraineté.

10. Subdiviſion de la haute Nobleſſe.

Et parce que cette generale diviſion comprend tous les degrez de Nobleſſe, qui ſont en beaucoup plus grand nombre que de trois, il eſt neceſſaire de ſubdiviſer encore ceux de plus hauts degrez. Et quant à celuy de la haute Nobleſſe, dont nous avons à traitter particulierement en ce chapitre, on le peut ſubdiviſer en trois, à ſçavoir en Chevaliers, grand Officiers & Seigneurs, d'autant que la haute nobleſſe procede de trois diverſes ſources, à ſçavoir de l'Ordre des Chevaliers, des grands Offices, & des Seigneuries de dignité : mais toutes ces trois eſpeces ſe rapportent enfin à mêmes titres de dignité, dont ſe qualifient preſque indifferemment tous ceux de la haute Nobleſſe, à ſçavoir de Chevaliers & de Seigneurs. Car d'une part ceux qui ont les grands Offices, & les Seigneuries de dignité, ſe qualifient Chevaliers en leurs titres, auſſi bien que ceux qui ont l'Ordre de Chevalerie ; & d'autre part les grands Officiers ſe qualifient auſſi bien Seigneurs, ou Meſſeigneurs, que ceux qui poſſedent les grandes Seigneuries.

11. Tous ceux de la haute Nobleſſe ſont qualifiez Seigneurs & Chevaliers.

12. Des Chevaliers.

Il faut donc expliquer l'une apres l'autre ces trois eſpeces de la haute Nobleſſe : & quant à celle de Chevalerie, qui eſt la moindre des trois, nos modernes la comparent à ces milices honoraires, que Suetone dit avoir été inventées par l'Empereur Claudius, qu'il appelle *imaginarias militias, quibus titulo tenus abſentes fungebantur, vel oſtenſionalibus illis militiis, de quibus Lampridus in Alexandro Severo*. Mais c'eſt un abus de rapporter toûjours les façons de Rome aux nôtres.

13. Ceremonies à faire des Chevaliers.

Tant y a que l'Ordre de Chevalerie eſt une qualité d'honneur, que les Rois & autres Princes ſouverains attribuent à ceux qu'ils veulent ſignaler pardeſſus les autres Gentils-hommes, comme les plus genereux : Ce qu'ils font avec certaines ceremonies, afin de les faires éclater & paroiſtre davantage. Ceremonies, que les vieux Romans nous ſpecifient mieux, qu'aucuns bons livres. Qui ſont en un mot, qu'aprés avoir veillé en prieres dans l'Egliſe, puis fait faire prieres publiques & ſolemnelles, le Roy leur bailloit l'accollée, c'eſt à dire, ſelon aucuns, qu'il les frappoit ſur les épaules du plat de ſon épée, eux étans à genoux, comme remarque le même Th. Smith, & du Tillet au chap. *des Chevaliers*, ainſi que les eſclaves, auſquels on donnoit liberté à Rome, étoient frapez par le Preteur de ſa verge, appellée *Vindicta*, & qu'en la collation que l'Evêque fait de l'Ordre de Tonſure, & qu'on fait aux Univerſitez du degré de Docteur, on baille un ſoufflet ou buffe à celuy qui y eſt promû, comme le dernier coup que doit recevoir celuy qui entre en une qualité, qui l'en exempte deſormais.

14. De l'accollée des Chevaliers.

15. Autre interpretation de l'accollée.

Ou plûtôt l'accollée eſt l'embraſſement, que le nouveau Chevalier reçoit de ſon Roy ou Prince ſouverain, au moien duquel il eſt deſormais reputé ſon amy & favory, même comme ſorti de ſon côté, ou plûtôt comme ſon couſtillier, *lateris ipſius protector*, s'il eſt Chevalier d'armes : & comme ſon Conſeiller & Aſſeſſeur lateral, s'il eſt Chevalier de loix, ainſi que les Cardinaux s'appellent *à latere Papæ*. Et pour marque & ſouvenance de cette accollée du Prince ſouverain, ils portent deſormais un collier, ou une écharpe, afin que ce col, ou ces épaules, qui ont une fois eu l'attouchement amiable de la Majeſté, ſoient toûjours ornez de ſa livrée.

16. Salutation ou adoration des Empereurs Romains.

Or à mon avis, il y a grande apparence, que cette façon d'accollée a été imitée de la magnificence des Empereurs Romains, qui admettoient peu de gens à les embraſſer & accoller, témoin ce que dit Dion de l'Empereur Claudius, Ἔδωκεν ὀλίγοις τοῖς ᾧ πάντες ᾧ τῶν νυμφευτῶν, ἢ χεῖρα, ἢ τ παῖδα προςκυνῶν ἄργυε, qui eſt à peu prés ce que dit Pline en ſon Paneg. *amplexus ad pedes deprimere, atque oſculum manu reddere*.

17. Forme d'icelle.

Et cela s'appelloit *adorare Imperatorem, vel adorare purpuram*, comme il ſe trouve plus de dix fois dans les trois derniers livres du Code, parce que ceux qui ſaluoient l'Empereur, ſe mettoient à genoux, comme nous l'apprend Zonare, tom. 3. in Juſtin. [Greek passage] Βελισάριος προςίησιν ἑαυτὸν, ἐνδεικνύμενος τῷ Γελιμέρι, ὅτι ἐκ δὲ αἰχμαλώτος ἐκείνου τοῦτο ποιήσας ἀμύνεται ἀλλ' ὅτι τῷ νομίμῳ προςκυνῶν τῶν Ῥωμαίων Βασιλέως.

18. Par qui inventée.

Ce qui fut premierement mis en uſage ordinaire par Diocletian. *Primus, inquit Eutropius, Regiæ conſuetudinis formam magis quàm Romanæ libertatis invexit, adorarique ſe juſſit, cùm ante eum Imperatores tantùm ſalutarentur*. Toutefois Lampride *in Alex*. nous apprend que ce fut Heliogabale, qui le premier ſe fit à dorer. *Ipſe, inquit, adorari ſe vetuit, cùm jam cepiſſet Heliogabalus adorari more Regum Perſarum*: Et Capitolin in *Maximin*. *In ſalutationibus, inquit, ſuperbiſſimus erat: nam & manum porrigebat, & genua ſibi oſculari patiebatur, quod nunquam paſſus eſt ſenior Maximinus, qui dicebat: Dij prohibeant, ut quiſquam ingenuorum pedibus meis oſculum figat*.

19. Origine d'icelle.

Tant y a que cela venoit de l'ancienne façon de faire des Rom. dont les grands Seigneurs étoient journellement ſaluez en ceremonie par leurs cliens & amis : ainſi ceux qui étoient admis à le Prince, étoient cenſez ſes amis & favoris : ce qui étoit un grand honneur & privilege.

Auſſi n'y admettoit-on que les gens de marque, & les plus vaillans hommes, notamment ceux qui avoient paſſé par tous les degrez militaires, ſoit de la milice armée, ou Palatine, comme il ſe voit en la loy 1. C. de Appar. Prat. urb. *Præter eos qui de Officio eminentium poteſtatum, numero ſtipendiorum & curriculi evolutis Serenitatis noſtræ, annis ſingulis attingere purpuram venerarique præcepti ſunt nulli prorſus eorum, qui provincialia Officia peregerint, tranquillitatis noſtræ muricem adorare ſit liberum, omnium ſuffragiorum obreptione ceſſante*. Ce qui paroîſt encore dans la loy 1. *de Com. & Trib. ſchol.* 4. C. de *Conſ.* 1. *de App. Præf. Prat. l.* 3. de *dom. & Prot. C. Theod.* que ſi d'autres s'en ingeroient, ils étoient punis, témoin ce que dit Spartian de l'Emp. Severe, *qui Leptitianum ſuum municipem, olimque contubernalem fuſtibus cædi juſſit, quòd, cùm plebeius eſſet, ſe amplexus fuiſſet, & eloquio Præconum præcepit Legatum P. R. plebeius temerè amplecti nolit*. Même Capitolin in *Maxim*. nous apprend, qu'étant Tribun, il n'étoit pas admis à ſaluer l'Emp. Severe. *nanquam ad manum ejus acceſſit, nunquam illum ſalutavit*.

20. Ceinture des Chevaliers.

Nos Chevaliers ont emprunté des Emp. Rom. une ceremonie notable, ſçavoir, que le Prince, en leur baillant l'Ordre de Chevalerie, leur donne & leur ceint l'épée, *dat eis cingulum militare, ſeu balteum*, que nous appellons baudrier, qui étoit ſous les Emp. Rom. l'enſeigne commune des dignitez, ſoit de la milice armée, ou Palatine : de fait *cingulum* eſt pris communement dans le placet *pro dignitate*, & Suidas interprete ζῶνιν τὸ ἀξίωμα : même le baudrier, ou ceinture militaire faiſoit la diſtinction du rang ou degré d'honeur de ceux qui avoient

De la haute Noblesse, Chap. VI.

les mêmes titres des simples dignitez honoraires, *ut in l. 2. c. Vt dignit. ord. serv.* ce qui sera expliqué tout incontinent.

21. Origine d'icelle. Or voici à mon avis comment cela vint à Rome de degré en degré, & de Rome à nous. Il est bien certain, que les soldats Romains étoient autrement habillez que les citoyens residans aux villes, & notamment leur principale marque étoit de porter l'épée, Ξιφηφορεῖν, *cinctos esse*. Car comme les Romains étoient particulierement curieux de leur toge, ou habit de paix, il n'y avoit que ceux qui étoient actuellement soldats, c'est-à-dire enrolez, qui eussent le droit de porter l'épée, que Suidas appelle **22. Ξιφηφορία.** Ξιφηφορίαν. Même du commencement tous les Gouverneurs des Provinces ne l'avoient pas, à sçavoir ceux des Provinces Proconsulaires, qui au partage qu'en fit Auguste, avoient été laissées au Senat comme les plus paisibles: ce que Dion l. 52. a mieux remarqué qu'aucun autre Auteur de l'histoire Romaine. Quoi qu'il en soit, ce droit de porter l'épée hors la guerre, n'étoit attribué du commencement qu'aux éminentes Dignitez, témoin ce qu'écrit Herodian de Plautiane, l. 3. *Latum clavum perpetuò habebat: ensemque gestabat, cateraque omnia suprema dignitatis insignia.*

23. Droit de porter l'épée attribué à plusieurs Officiers. Toutefois à succession de tems, parce que les privileges des soldats étoient tres-grands, chacun y voulut avoir part: de sorte que tous les Officiers de la Maison de l'Empereur, & encore plusieurs autres, voulurent porter l'épée, & avoir la ceinture militaire, encore que ce fût l'enseigne du soldat τὸ ϛρατείας παράσημον, dit Zonare *in comment. Nicana Synodi*: Et partant leur *cingulum* signifie un Office ou Charge publique, parce que tous ceux qui avoient Offices honorables, portoient l'épée comme Gens-d'armes, ainsi qu'il se voit en la loy 5. *Qui militare poss. lib. 12. Cod.*

24. Même aux dignitez honoraires. Même encore depuis que l'Empire eût été transferé en Grece, l'ambition Grecque s'étant installée en la Cour des Empereurs, chacun desira de plus en plus des dignitez & rangs d'honneur; & d'autant que ce qu'il y avoit d'Offices ne suffisoit pas à beaucoup prés, pour assortir & appointer tous ceux qui en demandoient, les Empereurs inventerent les simples dignitez, c'est-à-dire qu'ils donnoient des titres & qualitez d'Office à ceux qui n'avoient jamais été Officiers, qu'ils appelloient *vacantes, sive honorarias dignitates*: & afin que ces dignitez honorables eussent plus de pretexte & d'apparence, ils bailloient avec ceremonie à ceux qu'ils en honoroient, les enseignes de la dignité ou office, dont ils leur donnoient le titre, & notamment la ceinture militaire, qui étoit lors l'enseigne commune à toutes dignitez.

25. Explication de la loy 2. C. Vt Dig. ordo servetur. Ce qui est clairement exprimé en la loy 2. C. Vt Dig. *ordo servetur.* Où l'Empereur specifiant le rang des aïloy 2 C. *Vt dignitez* de même titre, met au premier rang ceux qui avoient eu l'exercice actuel de l'Office, puis fait plusieurs rangs ou dignitez de ceux qui n'avoient jamais eu cet exercice, mais étoient simples Officiers honoraires, mettant au second rang ceux ausquels, étans en Cour, l'Empereur avoit baillé la ceinture militaire: au troisiéme ceux ausquels il l'avoit seulement envoyée en leur absence: au quatriéme ceux ausquels la ceinture n'avoit point été baillée du tout; mais ausquels, étans en Cour, l'Empereur avoit simplement baillé les lettres de dignité: & en cinquiéme & dernier, ceux ausquels il avoit seulement envoyé ces simples lettres en leur absence; de sorte qu'entre ces Officiers honoraires, ceux qui avoient eu la ceinture militaire, precedoient ceux qui n'avoient que de simples lettres, & entre les uns & les autres, ceux qui en avoient été honorez en presence, étoient plus estimez que ceux ausquels on avoit envoyé en leur absence, soit la ceinture militaire, soit les lettres de dignité honoraire. D'où il se collige plusieurs points, qui servent grandement à l'usage de nos Chevaliers. Premierement, que **26. Ce qui est à remarquer en cette loy.** la ceinture militaire étoit baillée en solemnité aux personnes de merite, qui n'avoient point d'office ou charge publique; ce qui leur attribuoit le droit de porter continuellement l'épée, & consequemment de joüir des privileges de Gens-d'armes: secondement, qu'étant baillée par le même Empereur, c'étoit plus d'honneur, que si elle étoit simplement envoyée. Tiercement, que c'étoit plus d'honneur d'avoir la ceinture militaire, que d'avoir de simples lettres de dignité.

De même donc en France, ceux que les Rois reconnoissoient de grand merite, ou du moins qu'ils vouloient **27. Origine des Chevaliers.** élever en dignité, lors qu'ils n'avoient point d'office à leur conferer, ils les faisoient Chevaliers, c'est-à-dire, les declaroient Gens-d'armes honoraires, pour jouïr des privileges de Gens-d'armes, encore qu'ils ne fussent pas enrôlez entre les Gens de guerre: & de tout la plûpart de nos Auteurs François appellent en Latin le Chevalier *militem*, & non pas *equitem*: Mais notamment ils **28. Dépense à faire les Chevaliers.** se declaroient gens-d'armes de cheval, parce qu'en France principalement ils sont beaucoup plus estimez que ceux de pied. Et en signe de ce qu'ils les faisoient gens-d'armes, il leur bailloient de leur main le baudrier ou ceinture militaire, sous ces belles & notables ceremonies que je viens de rapporter: qui pour être plus signalées & plus remarquables, se faisoient avec telle magnificence & dépense, qu'on voit en plusieurs Coûtumes, que pour y fournir, les Seigneurs avoient droit de lever tailles sur leurs vassaux, quand eux, ou leurs fils aînés étoient Chevaliers, ainsi que quand ils marioient leurs filles aînées, ou qu'ils payoient leur rançon: ce qui est appellé en nos Coûtumes, *droit de taille aux quatre cas*.

Et parce qu'en France, non seulement les soldats enrôlez, mais aussi les simples Gentils-hommes, comme sol- **29. Harnois doré attribué pour marque aux Chevaliers.** dats nez, & naturellement destinez à la guerre, ont droit de porter l'épée en tout tems, & par tout, même jusques dans le cabinet du Roy, cóme j'ai dit au ch. precedent, il a fallu bailler aux Chevaliers, qui ont un degré de dignité par dessus les simples Gentils-hommes, un enseigne ou marque plus particuliere de leur dignité, qui est d'avoir les éperons dorez, & tout autre equipage de chevalier, qui n'étoit anciennement permis de porter qu'aux seuls Chevaliers, comme Bouteiller a bien remarqué: & aprés lui du Tillet, c'est pourquoi aucuns de nos Ecrivains modernes appellent les Chevaliers, *Equites auratos*.

Mais ces belles ceremonies & magnificences, qui se **30. Princes & enfans des Rois faits Chevaliers.** faisoient à la creation des Chevaliers, notamment que le Roy même prenoit la peine le plus souvent de leur ceindre l'épée, furent cause, que non seulement les simples Gentils-hommes, mais aussi les Seigneurs, même les Princes, & jusques aux enfans des Rois, voulurent avoir cette dignité de Chevaliers, estimans que ce leur étoit non tant un honneur, mais aussi un bon presage, & même un engagement à la vaillance & generosité, de recevoir l'épée de la main de leur Prince. Ainsi nous voyons dans nos Annales, que le Roy Charlemagne ceignit l'épée à Loüis le Debonnaire son fils, étant prêt d'aller en guerre contre les Avarrois, & que loüis le Debonnaire en fit autant à Charles le Chauve son fils, dit Amon, liv. 5. chap. 17. Pareillement le Roy S. Loüis fit Chevalier son fils aîné Philippe III. & celui-ci ses trois enfans. Et l'histoire remarque, qu'en tels actes les Rois avoient leurs couronnes en têtes, & tenoient Cour pleniere, & table ouverte.

Aussi étoit-ce l'ancienne façon de faire les Chevaliers, soit devant une bataille ou un assaut, afin d'encourager les braves Gentils-hommes de s'y porter vaillamment; soit aprés la bataille ou prise de la place, pour **31. Quand étoient faits les Chevaliers.** recompenser ceux qui y avoient bien fait. Dont il y a un bel exemple dans Monstrelet au 155. ch. du premier volume, & dans Froissard, l. 1. où il fait le conte des Chevaliers du Liévre, que du Tillet rapporte pareillement au chap. des Chevaliers. On en faisoit encore lors des mariages des Rois, ou de leurs enfans, pour honorer les tournois qui s'y faisoient, & sont ceux-là, à mon avis, qui dans les Romans, & autres anciens livres sont ap- **32. Chevaliers du bain.** pellez *Chevaliers du bain*, parce qu'on les faisoit au sortir du bain solemnel, qu'on avoit accoûtumé de faire avant le mariage: ou bien aprés la guerre, dit du Tillet, que ceux qui étoient faits Chevaliers hors la guerre, étoient nommez *Chevaliers du bain*, parce qu'entr'autres

Des Ordres

ceremonies il faut bien qu'ils se baignassent, avant que recevoir l'Ordre de Chevalerie.

33. Nul n'est né Chevalier.
Quoi qu'il en soit, bien que les Nobles des deux autres degrez, à sçavoir les simples Gentils-hommes, & les Princes, ayent leur qualité par nature, au moins dés leur naissance, contre la regle commune des autres dignitez, si est-ce que la Chevalerie retient la regle commune des Ordres, que nul ne naît Chevalier, mais il faut que cet Ordre ou qualité soit actuellement conferée à la personne. Et encore que les Princes soient au dessus des Chevaliers, si est-ce que les Princes ne sont pas vrais Chevaliers, s'ils n'ont reçu l'Ordre de Chevalerie: mème les enfans des Rois ne naissent pas Chevaliers, comme prouve Chopin au 2. l. de Dom. c. 29. témoin les Exemples qui viennent d'ètre rapportez de nos Rois, qui en grande solemnité ont fait leurs enfans Chevaliers. Et le mème Chopin rapporte un ancien Arrêt du Parl. de 1534. par lequel il est porté, que le Roy a droit de lever une taille sur son peuple, quand il a fait un de ses fils Chevaliers.

34. Rois.
Mème on doute, si les Emp. & les Rois sont eux mèmes Chevaliers, avant qu'en avoir reçu l'ordre : & de fait nous voyons dans *Petrus Vinea*, l. 3. ep. 20. que le Roi Conrad, fils de l'Emp. Frederic II. écrit aux Habitans de Panorme, qu'il a voulu ètre fait Chevalier : *Licet*, dit-il, *ex generositate sanguinis, quâ nos natura dotavit, & ex dignitatis officio, quâ duorum regnorum nos in solio gratia divina prefecit, nobis militaris honoris auspicia non deessent : quia tamen Militiæ cingulum quod reverenda sancivit antiquitas, nondum Serenitas nostra susceperat, prima die præsentis mensis Augusti cum solemnitate tyrocinii, latus nostrum elegimus decorandum.* Pareillement nous lisons dans Sigebert, que Malcome Roy d'Ecosse voulut ètre fait Chevalier par le Roi de France Henry I. & nous lisons en nos Annales, qu'après la journée de Marignan, le Roi François fut fait Chevalier par le Cap. Bayart, qui lui ceignit l'épée. Bref du Tillet nous apprend que le Roi Louis XI. après son sacre, se fit passer Chevalier par le bon Duc Philippe de Bourgogne ; *d'autant*, dit-il, *que c'est une remarque de proüesse és armes, & toute autre vertu & honneur, les Princes souverains descendent volontiers de leur hautesse & Majesté, pour être en fraternité & compagnie d'aucuns leurs sujets les plus pieux & vertueux : preferans le merite & les vertus à tous les avantages de fortune.*

35. Pourquoi.
Bien que la verité soit, que la dignité Royale comprend en soi toutes dignitez, mème toutes dignitez procedent d'icelle, ainsi toute la lumiere du monde procede du Soleil : de sorte que ce qu'aucuns Rois ont voulu ètre faits Chevaliers, étoit plûtot pour honorer l'Ordre de Chevalerie, ou bien la personne de celui, par les mains duquel ils le recevoient, que pour en avoir eux-mèmes un accroissement d'honneur. Aussi voyons-nous que par les institutions des Ordres particuliers des Chevaliers, dont il sera parlé ci-après, les Princes instituteurs d'iceux, ont ordonné, qu'eux & leurs successeurs en leurs Etats, en demeureroient Chefs à perpetuité, lesquels pour cet effet, n'ont besoin que l'Ordre leur soit conferé.

36. Chevaliers honoraires.
D'ailleurs cette regle que les Chevaliers sont *facti*, & *non nati*, s'entend seulement des vrais Chevaliers & du vrai Ordre de Chevalier. Car comme en toutes dignitez il y en a qui ne sont qu'honoraires, & *titulo tenus*, comme il sera discouru aux deux derniers ch. de ce l. aussi il y a plusieurs Chevaliers honoraires & par titre seulemét, c'est-à-dire, qui n'ont de l'Ordre de Chevalerie, à sçavoir tous ceux qui possedent les hautes Seigneuries, & les grands Offices : bref tous ceux de la haute Noblesse se qualifient Chevaliers, comme reciproquement les Chevaliers se qualifient hauts Seigneurs, bien qu'ils n'ayent point de haute Seigneurie.

37. Chevalier.
Car comme il a été touché ci-devant, quiconque est fait Chevalier par le Roy, mème quiconque a Seigneurie ou Office, auquel le titre de Chevalier appartient, est absolument Noble lui, & sa posterité, attendu que la Chevalerie est un degré par dessus la simple Noblesse, & est comparé au Patriciat des Romains, *qui omnem natalium maculam eluebat*, l. 5. & ult. de Consul. l. 12. Cod. comme M. Chopin prouve sur le 93. art. de la Coûtume d'Anjou. Ce que du Tillet traite elegamment ; *Le Roy*, dit-il, *faisant Chevalier un roturier, l'ennoblit, & lui donne Chevalerie tout d'un temps.* Plusieurs voulans prendre nobilitation à part, de peur d'en avoir belle lettre, comme on dit, se font par le Roy faire Chevaliers. Car la lettre de Chevalerie porte noblesse, sans confesser roture. Mais si c'est autre que le Roy, qui seul a pouvoir d'ennoblir, qui fasse le roturier Chevalier, tous deux le doivent amender : dont ensuite il rapporte quelques Arrêts.

38. Anciens Ducs & Comtes faisoient les Nobles Chevaliers, mais non pas anoblissoient les roturiers.
Distinction qui est fort notable. Car du tems que les Ducs & Comtes de France avoient usurpé presque tous les droits de Souveraineté, ils entreprenoient aussi de conferer l'Ordre de Chevalerie : mème les Capitaines & Chevaliers signalez en faisoient d'autres ; d'autant que les jeunes Seigneurs reputoient à bonheur d'ètre faits Chevaliers de leur main, comme les Romans nous apprennent. Ce qui étoit toleré, pourvu que ceux qu'ils faisoient Chevaliers fussent Nobles de race, parce que la faculté d'ennoblir le roturier, a toûjours été reservée aux purs Souverains : & de fait les Ordonnances & les anciens Praticiens, qui rapportent les droits Royaux & cas de souveraineté, n'y mettent pas le pouvoir de faire Chevaliers, mais seulement le pouvoir d'ennoblir, c'est aussi ce que nous apprend le vieil livre intitulé, *Coûtume de Paris, Orleans, & de Baronnie. Si aucun*, dit-il, *qui n'est Gentil-homme de par son pere, le fût-il de par sa mere, souffroit ètre fait Chevalier, son Seigneur lui peut faire trencher les esperons sur un fumier*, & l'ancien Arrêt du Parlement de Pentecoste 280. porte, *quòd non obstante usu contrario ex parte Comitis Flandrensis proposito, non poterat facere de villano Militem, sine auctoritate Regis : secus ergo de Nobili*. Même du Tillet & Pithou sur le premier article de la Coûtume de Troyes, rapportent un vieil extrait de la Chambre du Tresor, portant qu'en Provence & à Beaucaire, les bourgeois pouvoient estre faits Chevaliers par les Barons, mème par les Prelats Ecclesiastiques.

39. Chevalerie tombée en mépris.
Cette facilité de faire Chevaliers, joint que la coûtume de nos Rois fut à la fin d'en faire quasi autant qu'il s'en presentoit (jusques là, que Charles VI. au Siege de Bourges en fit cinq cens en un jour, devant le gibet d'icelle Ville, dont Monstrelet) fut cause que pour relever l'Ordre & dignité de Chevalerie, qui tomboit en mépris, à cause de la multitude, & du peu de merite d'aucuns qui y étoient admis, il fallut tirer de cette multitude les principaux & plus signalez Chevaliers, & les reduire à une petite bande ou troupe, pourquoi faire on inventa certains

40. Invention des Chevaliers de l'Ordre.
nouveaux Ordres ou milices de Chevaliers, esquels on retint seulement ceux de plus grand merite, soit pour la valeur, ou pour le lignage, étant chose remarquable, qu'on n'y reçoit encore aujourd'hui que ceux qui ont le titre de simples Chevaliers : & pour les rendre plus augustes & venerables, on les attreignit à certaines ceremonies de religion, les reduisant en forme de Confrerie, comme aussi, afin de les rendre remarquables parmi les

41. Collier de l'Ordre.
simples Chevaliers, on leur fit porter un collier d'or, que le Roy leur donnoit & appliquoit en leur conferant l'Ordre, au lieu de l'accollée des anciens Chevaliers, ou bien comme entre les prix militaires on donnoit des colliers d'or aux signalez Gens-d'armes des Romains, qui desormais étoient appelez *Torquati*, dit Vegece, l. 2. dont l'invention vient de ce collier, qui fut donné à Manlius Torquatus, pour avoir heureusement tué en duel ce hardi Gaulois, qui étoit venu defier l'armée Romaine.

42. Equites torquati.
Et c'est à cause de ce collier, qu'on appelle vulgairement en Latin nos Chevaliers de l'Ordre, *Equites torquatos* : mais d'autant qu'il leur seroit incommode de porter continuellement, ils le reservent pour les actes de ceremonie, & au lieu d'icelui, ils portent journellement sur leurs habits quelque marque ou enseigne visible de leur Ordre.

43. Ordre de l'Etoile.
Le premier Ordre (au moins qui ait été de durée, car il y a eu l'Ordre de la Genette, institué par Charles Martel),

De la haute Noblesse, Chap. VI.

tel qui ne dura point) fut celuy des Chevaliers de la Vierge Marie, institué en l'an 1351. par le Roi Jean, au Chasteau S. Oüen prés Paris, maintenant appellé Clichi: & parce qu'ils portoient une étoile en leurs chaperons, puis en leurs manteaux, après l'usage des chaperons aboly, on les appella *Chevaliers de l'étoile*.

44. Ordre de S. Michel.
Le second fut l'Ordre de S. Michel, institué en l'honneur de l'Ange tutelaire de la France, par le Roi Louis XI. qui pour l'ennoblir par l'aneantissement du precedent, donna la marque de l'étoile au Chevalier du Guet de Paris & à ses Archers.

45. Ordre du S. Esprit.
Finalement le feu Roy Henry III. grand inventeur & amateur de nouvelles ceremonies, institua l'Ordre & milice du S. Esprit, en souvenance de ce qu'au jour de Pentecoste il avoit esté né & fait Roy. Et ces Chevaliers, outre la marque de leur Ordre, qu'ils portent sur leurs manteaux, en portent encore une autre penduë au col à un ruban de tafetas bleu.

46. Ordres de la Jartiere, de l'Escharpe, du Croissant, de la Toison d'or, de l'Annonciade, du Porcespy.
A l'exemple des Rois de France les autres Rois & Princes souverains, ou pretendans l'estre, ont fait aussi des Ordres de Chevaliers, Comme les Roys d'Angleterre celui de la Jartiere: ceux de Castille celui de la Bande ou Escharpe: les Rois de Sicile, de la seconde branche d'Anjou, celui du Croissant: les Ducs de Bourgogne celui de la Toison d'or: les Ducs de Savoie l'Ordre de l'Annociade: ceux d'Orleans l'Ordre du porc-espy; & ainsi des autres, que je ne m'amuseray pas à rapporter.

47. Chevaliers bannerets.
Or auparavant l'invention de ces Chevaliers de l'Ordre, ceux d'entre les simples Chevaliers, qui avoient moyen de lever banniere, c'est à dire qui avoient si grand nombre de vassaux relevans de leurs Seigneuries, qu'ils estoient suffisans pour faire une compagnie complette de gens de cheval, estoient appellez *Chevaliers bannerets*. Ce qui estoit reputé à grand honeur: aussi levoient-ils leur banière avec grande solemnité, qui est rapportée par Froissart au 1. l. Et quant aux autres Chevaliers, qui n'avoient pas moyen de lever banniere, & partant estoient contraints de marcher sous les bannieres d'autruy, ils étoient appellez *Bacheliers*, selon aucuns, notamment selon du Tillet qui prouve bien, qu'ils estoient opposez aux bannerets: quoi qu'il en soit, il est certain que la qualité de Bachelier estoit au dessus de celle d'Escuyer, & au dessous de celle de Banneret, car il raporte plusieurs authoritez, desquelles il appert que le Banneret avoit deux paies du Bachelier, & le Bachelier deux payes de l'Ecuyer.

49. Bachelier, que signifie proprement.
Mais il y a grande apparence que les Bacheliers étoient les jeunes gens de bonne maison, à sçavoir issus des Seigneurs ou Chevaliers, qui aspiroient à l'Ordre de Chevalerie: comme étans un bas échelon de chevalerie, ainsi qu'il se void és degrez des sciences, que le Bachelier est celui qui s'est mis au cours pour estre Docteur, & és arts mécaniques, le Bachelier est celuy qui est prest d'estre passé maistre de métier, même en vieil langage François, que les Picards retiennent encore à present, le Bachelier est le poursuivant & amoureux d'une fille à marier, laquelle aussi est appellée *Bachelette*, c'est à dire aspirante à devenir maistresse estant mariée.

50. Les Etymologies.
Etymologie que j'estime plus vray semblable, que toutes celles de nos Docteurs de droit, & de nos modernes Escrivains François, qui s'y sont fort alembiqué le cerveau: les uns derivans le Bachelier, *à baculo*, *seu bacillo*, parce qu'on mettoit un bâton en la main de ceux à qui on permettoit de lire publiquement; & que de certains fiefs on estoit investy *per baculum*, comme il se void aux livres des fiefs. Les autres *à bacca lauri*, & de fait ils le tournent en Latin *Baccalaureum*. Autres encore *à Buccellarij*, qui estoient les costilliers & garde-corps des Seigneurs Visigots, comme il se voit en leurs loix, & en la glose des Basiliques. Autres *ab illis Buccellariis*, qui estoient certaines gens de cheval dont est fait mention en la loy *Omnibus C. Ad L. Jul. de vi publica*, tit. 1. tit. 2. l. *des fiefs*, Alciat. 3. *Disp. c.* 20. & Turnebus l. 24. *Adverf. c.* 26. & l. 16. c. 15. Finalement Faucher en ses Origines dit, que les Bacheliers sont dits *quasi Bas-chevaliers*, dont il ne rapporte point de preuve: mais on le peut ayder du passage de Froissart. l. 1. ch. 127. où il use du mot *Bas chevaleureux*.

Je ne puis neanmoins me départir de mon etimologie, que *Bachelier* vient de bas échelon signifiant celui, qui étant au plus bas échelon ou degré, est en train de monter aux plus hauts: & partant que bachelier signifie celui qui est au chemin de devenir Chevalier, Docteur, Maistre de métier, ou pere de famille. Car en toutes vacations il y a ordinairement des poursuivans ou postulants, qui en aiant l'aptitude & habilité s'attendent d'y estre admis actuellement, & ceux là en Grec sont appellez μέλλοντες, dit Budée en ses Commentaires, en Latin *Candidati*, & aux trois derniers livres du Code *Supernumerarij*, à nous *retenus*, desquels il sera traité cy-après au penultieme chapitre.

51. Bachelier signifie pretendant.

52. Bachelier en Noblesse se prend en deux façons.
Donc en matiere de Noblesse, le Bachelier se prend en deux façons dans les livres anciens, l'une, quand il est opposé au Chevalier, & lors il signifie celui qui attend ou poursuit l'ordre de Chevalerie. L'autre quand il est opposé au Seigneur, ou au Banneret, & alors il signifie celui qui est fils d'un grand Seigneur, & qui peut succeder à sa Seigneurie & cependant jouit d'une portion des terres d'icelle, avec mêmes droits & prerogatives, que le principal Seigneur. Ce que nous apprennent les Coust. d'Anjou, art. 63. & du Maine, art. 71. dont voicy les termes:

53. Bachelier opposé au Chevalier & au Banneret.

Il y a audit pays aucuns autres Seigneurs, qui ne sont Comtes, Vicomtes, Barons, ne Chastelains, qui ont Chasteaux, forteresses, grosses maisons & places qui sont parties des Comtez, Vicomtez, Baronnies, ou Chastellenies: & tels s'appellent Bacheliers, & ont telle & semblable justice que ceux dont ils sont partis, & en sont fondez par la loy & coustume. D'où vient possible l'origine des Pairs de fief, & des Parages, à sçavoir, que c'estoient les puisnez des grandes Maisons, ausquels certains membres ou dépendances des hautes Seigneuries étoient baillées en partage, pour les tenir en pareils droits & prerogatives d'honneur, que l'aisné tenoit le chef lieu & membre principal, & neanmoins les relever de lui en Parage.

54. Origine des Parages.

55. Offices emportans haute Noblesse.
Ce qui nous donne sujet de parler des grandes Seigneuries, & fiefs de dignité, desquels pareillement procede la haute Noblesse, aussi bien que des grands Offices, dont ayant traité assez amplement au 9. ch. du 1. liv. *Des Offices*, je ne dirai autre chose en ce lieu, sinon qu'au dénombrement que j'ay fait des Offices qui produisent la haute Noblesse, il faut encore ajouter les Gouverneurs des Provinces & de bonnes villes, & les Capitaines en chef des Compagnies d'ordonnances retenuës en paix & en guerre, & encore leurs Lieutenans selon aucuns, bien que ce ne soient Offices, mais simples commissions permanentes toutefois, ainsi que nous voions, & qui n'ont point accoustumé d'estre revoquées: joint que c'est le propre de la Noblesse de provenir & d'estre accreuë par la valeur militaire.

56. Pourquoy les Seigneuries de dignité emportent haute Noblesse.
Comme donc les Capitaineries emportent haute Noblesse, aussi font les principales Seigneuries, qui de leur premiere origine estoient Capitaineries: parce que les Francs ou Francons d'Allemagne aians conquis les Gaules, distribuerent presque toutes les terres d'icelles à leurs Capitaines, donnant à l'une Province entiere à titre de Duché, à tel autre un pais de frontiere à titre de Marquisat, à un autre une ville avec son territoire adjacent à titre de Comté: bref à d'autres des Chasteaux ou villages, avec quelques terres d'alentour, à titre de Baronnie ou Chastellenie, selon les merites particuliers d'un chacun, & selon le nombre de soldats que chaque Capitaine avoit sous lui: parce que c'estoit tant pour lui, que pour ses soldats, & à la charge de leur en faire part à luy titre de fief, au moien duquel les soldats demeuroient obligés d'assister toujours en guerre leur Capitaine, lequel en outre estoit le Chef Gouverneur & juge du territoire entier à luy attribué: parce qu'anciennement les armes & la justice n'estoient point separez.

57. Capitanei Regis, ant Regii.
C'est pourquoy les principaux vassaux sont appellez *Capitanei Regis*, ant *regii*, comme il est contenu au titre des fiefs; *Dux, Marchio & Comes proprie regii vel Regis Capitanei dicuntur. Sunt & alij, qui ab illis feuda accipiunt, qui propriè Regis vel regni Valvassores*

roi *dicuntur, sed hodie Capitanei appellantur*, passage qui est tres-mal interpreté. Car on a inseré ces mots, *sub illis*, *ad Ducem, Marchionem, & Comitem*, bien qu'ils deuent estre referez *ad Regem vel regnum*, comme je l'ay prouvé au 6. ch. *Des Seigneuries*, De sorte qu'il signifie que du commencement il n'y avoit que les Ducs, Marquis & Comtes, qui fussent Capitaines du Roy ou du Royaume, & que les autres tenans d'eux des fiefs, qui n'avoient ces titres, estoient appellez simplement *vassaux du Roy*, ou *du Royaume*, mais non pas Capitaines. Neanmoins à succession de temps, ceux-là furent aussi appellez *Capitaines*, C'est pourquoy au tit. *Quis dicatur Dux*, *&c.* apres avoir defini le Duc, le Marquis & le Comte, le simple Capitaine est defini, *is qui à principe de plebe, vel plebis parte investitus est*.

58. Barons de France.

D'où s'ensuit, que ces Capitaines sont proprement ceux, que nous appellions anciennement *les Barons de France*. Car, comme dit du Tillet, le mot de *Baron* est general, comprenant tous ceux qui tiennent leur principale Seigneurie immediatement de la Couronne en tous droits, fors la Souveraineté. Et dautant qu'il y avoit lors plusieurs fiefs relevans de la Couronne, qui n'estoient Duchez, Marquisats ny Comtez, & qui n'avoient autre titre de dignité, que le titre general de *Baron*: de là est venu, qu'à succession de tems ce terme a esté pris pour une particuliere espece de dignité, principalement lorsque les Ducs, Marquis, & Comtes voulans usurper les droits de souveraineté, ont cessé de s'appeller *Barons*, parce que la Baronnie n'est pas capable de Souveraineté, & qu'au contraire les vassaux relevans simplement du Roy, à cause des anciens Duchez & Comtez reünis à icelle, ont voulu estre appellez Barons comme il a esté dit au livre *Des Seigneuries*.

59. Chastelains sont de la haute Noblesse.

Et de là il resulte que les Seig. qui sont au dessous des Barons, n'estans pas Capitaines ne doivent estre du rang de la haute Noblesse, & toute voie, pour la grande convenance & affinité, qu'ont les Chastelains avec les Barons, estans les Chastelains petits Barons, & les Barons grands Chastelains, & aussi qu'en matiere de dignité, on monte toujours par succession de temps, ils ont gagné ce poinct d'estre de la haute Noblesse. Partant il faut tenir, que toute Seigneurie ou fief de Dignité, c'est à dire qui a un nom & titre particulier, comme sont toutes les grandes & les mediocres Seigneuries, emporte haute Noblesse. De sorte qu'il n'y a que les simples Seigneuries, ou Justices, qui n'ont pas cét avantage.

60. Pourquoy.

Car bien qu'il y ait apparence, que les mediocres Seigneuries, qui ne relevent pas du Roy, ne devroient pas emporter haute noblesse, parce qu'il n'y a que ceux là qui relevent du Roy, qui puissent estre appellez Capitaines, selon la vraye interpretation du 1. tit. *Des fiefs* : neanmoins la fausse interpretation que nos Docteurs luy ont baillée, a donné cét avantage aux mediocres Seigneurs, qu'ils ont esté mis au rang des Capitaines, & par consequent de la haute Noblesse.

61. Modification notable.

En quoy toutefois il faut prendre garde, que si le possesseur de la mediocre Seigneurie, comme Vicomté, Vidamé, Baronnie, & Chastelenie relevant d'autre que du Roy, est noble de race, il entre au rang de la haute Noblesse par le moyen de l'investiture, qui luy en est donnée par son Seigneur suzerain, tout ainsi qu'on toleroit anciennement, que les Ducs & Comtes fissent Chevaliers ceux qui estoient Nobles, & non pas les roturiers. Mais tant s'en faut que l'investiture de telles Seigneuries, données par autre que par le Roy à un roturier, le mette au rag de la haute Noblesse, que même elle ne l'anoblit pas, parce que c'est une regle infaillible, qu'autre que le Roy ne peut conferer la Noblesse: même quand un roturier auroit esté investi d'une grande, ou mediocre Seigneurie relevante du Roy, par les Officiers des lieux, ou même par la Chambre des Comptes, il n'est pas pourtant anobli, parce que l'anoblissement est un droit Royal, & un cas de souveraineté qui est inseparable de la personne du Roy.

62. Grande seigneurie attribuée par autre que le Roy, n'annoblit le roturier.

63. Si la terre peut

Même on doute fort comment il se peut faire, qu'une terre & Seigneurie puisse annoblir un homme, veu que

ce seroit plûtost l'homme qui devroit annoblir la terre appartenante à l'homme, & que Dieu a creé pour le service de l'homme: joint que c'est chose repugnante, que la Noblesse puisse estre achetée indirectement, en achetant un fief de dignité. Et toutefois on ne peut nier, que selon les Coust. des Lombards, non seulement les fiefs de dignité n'annoblissent leur possesseur, mais encore tous les anciens fiefs relevans des Capitaines, ou grands vassaux, comme il se collige à *cuntrario sensu*, de ce que dit le titre *Quis dicatur Dux*, *& cæt.* que les acquereurs des fiefs nouveaux *plebei nihilominus sunt*, & que *per ea nullum habent Paragium*, ainsi faut-il lire avec Cujas, & non pas *Paragonium*, ou *Padagium*. Car les anciens vassaux des Capitaines ou grands vassaux estoient Pairs de leur Cour, assistans leur Seigneur, à commander en guerre aux moindres vassaux, à juger les causes de leurs fiefs, & à l'occasion de ce pouvoir ils estoient nobles en Lombardie.

annoblir l'homme.

64. Paranullum habent Paragium vel potius Paragium.

Mais en France nous avons toujours gardé, que le Roy seul annoblit par 3. façons, à sçavoir, ou par lettres expresses d'annoblissement, ou par la collation des grands Offices, ou par l'investiture des fiefs de dignité. Et lors à bien entendre, ce n'est pas l'argent baillé pour obtenir les lettres d'annoblissement, ny aussi l'Office, ou le fief de Dignité qui annoblit, mais le Roy par sa souveraine puissance, qu'il exerce en baillant les lettres de Noblesse, ou la provision de l'office, ou l'investiture du fief.

65. Le Roy annoblit en trois façons

Quoy qu'en France, certains fiefs sont appellez Nobles, ce n'est pas qu'ils soient dits tels *ab affectu*, *sed potius à propria qualitate*. C'est à dire que ce n'est pas parce qu'ils ayent pouvoir d'annoblir leur possesseur, mais parce qu'à cause de leur propre dignité ils sont affectez aux personnes déjà Nobles, & ne peuvent estre tenus par gens roturiers. Comme à la verité il seroit étrange qu'un roturier fût Seigneur d'un fief de Dignité, qui emporte Chevalerie & haute Noblesse. De sorte qu'un roturier, ayant esté investi par un autre que par le Roy même, peut estre poursuivi, soit par le Procureur du Roy, ou par son Seigneur de fief, autre toutefois que celuy qui luy a donné l'investiture, ou son heritier, & encore même par les vassaux du fief, d'en vuider ses mains à personne capable. Et c'est ainsi qu'on refere les choses aux personnes, & non les personnes aux choses suivant la loi *Iustissimæ D. De Ædil. editio*:

66. Comment les fiefs sont dits nobles.

En consequence de cette repugnance, que le possesseur d'un fief de dignité soit roturier, il y a quelque apparence de tenir, que ceux qui possedent ces fiefs sont presumez nobles, & qu'à regard ils sont en possession de la haute Noblesse, & partant que si le pere & l'ayeul les ont possedez consecutivement, la Noblesse desormais est prescripte pour leurs descendans, en consequense du reglement des tailles de l'an 1600.

67. Possesseur de haute Seigneurie est en possession de haute Noblesse.

Or pour parler des prerogatives de la haute Noblesse, en premier lieu, il est certain qu'elle a toute preseance par dessus la simple Noblesse: & par consequent sur tous les Officiers, horsmis ceux qui sont aussi de la haute Noblesse, même il y a apparence de tenir, que les Chevaliers & Seigneurs doivent marcher devant les Juges & Magistrats, desquels ils sont justiciables, qui ne sont tout au plus qu'au degré de simple Noblesse, excepté quand ils sont en l'acte de leur exercice. Car alors ils representent directement la Majesté du Roy, pour lequel ils exercent la justice, même de Dieu qui est l'auteur de justice, & partant ils ne cedent lors à personne. C'est pourquoy je ne puis adherer aux Docteurs, qui disent que le Juge doit aller trouver les Gentils-hommes en leur maison, pour les interroger, suivant la loy *Ad personas egregias D. De repurnan.* Car cette loy ne dit pas qu'il y doit aller luy-même, mais seulement y envoier. Si donc le Juge y va luy même & les releve de venir chez luy, c'est par civilité, & non pas qu'il y soit tenu. Aussi qu'en cette loy je ne voudrois pas entendre *per egregias personas* tous ceux de la haute Noblesse, mais seulement les Princes, les Ducs & Comtes, ou les grands Officiers, qui tiennent rang de Comtes, qui en Latin sont appellez *Magnates*, *Primores*, *Proceres*.

68. Rang de la haute Noblesse.

69. Officiers ne s'exercice ne cedent à la haute Noblesse.

70. Interpretation de la loy *Ad personas D. De jure jur.*

De la haute Noblesse, Chap. VI.

71. Pourquoy du Tillet dit que les Chevaliers n'ont rang.

Car en la haute Noblesse il y a plusieurs rangs & degrez subordonnez : dont le plus bas est des Chevaliers, que du Tillet soustient n'avoir aucun rang establi, disant qu'ils sont créez, plus pour témoignage de generosité, que pour rang. Termes qu'il faut referer au sujet de son livre qui est le traité du rang des Grands, & partant entendre, que parmi les Grands, qui sont ceux de la haute Noblesse, ils n'ont point de prerogative, de sorte que de deux Comtes, celui qui sera Chevalier de l'Ordre, ne sera pas fondé, pour le plustost, à marcher devant l'autre : mais un simple Baron doit marcher devant celuy qui n'a autre dignité que de Chevalier, témoin le dire des anciens Praticiens, rapporté par Choppin, que *nul ne doit seoir à la table du Baron, s'il n'est Chevalier.* Et quant aux Seigneuries, elles ont presque autant de degrez, qu'il y en a de diverses sortes, & de divers noms : toutefois on les peut reduire toutes à deux classes, à sçavoir, les grandes Seigneuries, qu'on peut appeller fiefs ou dignitez Royales, qui participent à certains honneurs de la Souraineté, & sont capables d'estre Souveraines; & les mediocres, qui n'ont pas cét avantage, comme j'ay deduit amplement au livre *Des Seigneuries*, où j'ay rapporté les droits & prerogatives particulieres de chacune d'icelle.

72. Deux classes des Seigneuries de Dignité.

73. Remarques d'honneur de la haute Noblesse.

Mais ce qu'elles ont de commun ensemble, est que les possesseurs d'icelles ont tous droits de se qualifier Chevaliers, Seigneurs, & Messires : & de faire appeller leurs femmes Mesdames, ce que j'expliqueray plus amplement cy-apres au dernier chapitre. Item ils ont droit d'avoir à leur suite des personnes Nobles, comme Pages & Escuyers, & leurs femmes des Demoiselles suivantes: droit de porter hernois doré, c'est à sçavoir, esperons, & tout autre équipage de guerre & de cheval. Chose pourtant que les simples Gentils-hommes, & roturiers entreprennent aujourd'huy sans contredit. Comme aussi ils entreprennent de timbrer leurs armoiries, bien qu'anciennement ce fût un droit de la haute Noblesse, ainsi que de la simple Noblesse de les porter nuës & sans timbre, car les roturiers n'en portoient point du tout : mais maintenant la simple Noblesse timbre ses armoiries d'un heaume, qui toutefois ne doit estre doré, ny ouvert. Car cela doit estre reservé à ceux de la haute Noblesse, qui l'ont doré, comme Chevaliers, & ouvert comme Capitaines, desquels la visiere est levée, pour avoir l'œil sur leurs soldats, & au dessus du heaume ils mettent encore quelque animal, ou autre devise. Et quant à ceux qui ont les grandes Seigneuries, à sçavoir, les Ducs, Marquis, & Comtes, ils mettent une couronne en leur timbre, avec le manteau Ducal, ou Comtal, & la devise. Mais indistinctement les femmes de tous ceux de la haute Noblesse peuvent porter leur armoiries en quarré ou lozange, en signe de ce que leurs maris sont Capitaines, ayans banniere. Ce qu'aussi j'ay expliqué plus amplement au livre *Des Seigneuries*.

74. Timbre des armoiries.

75. Heaume du timbre des Chevaliers.

76. Couronne de Ducs, Marquis, & Comtes.

77. Armoiries des Dames.

CHAPITRE VII.
Des Princes.

1. Importance de cette matiere.
2. Etymologie de Prince.
3. Fondemens de la prerogative des Princes.
4. Qu'il n'y a Ordre de Prince qu'en France.
5. Ancienne acception du mot de Prince.
6. Pourquoy Prince a depuis signifié celuy qui a la Souveraineté.
7. Fils aisnez des Monarques, appellez Princes.
8. Et non leurs parens collateraux.
9. Rang des Grands reglé autrefois selon les Seigneuries.
10. Parens collateraux des Monarques ne peuvent estre Princes qu'en France.
11. Principauté ne peut venir par femmes.
12. Fondement particulier des Princes du Sang.
13. La Couronne de France est substituée aux Princes du Sang.
14. Ducs & Comtes se sont les premiers appellez Princes en France.
15. Discours historial de l'origine & progrés des Princes du Sang.
16. Les Princes du Sang estoient sous Rois aux deux premieres lignées.
17. De mesme.
18. Charles de Lorraine exclus de la Couronne.
19. Puisnez des Roys exclus des partages en la troisième race.
20. Aisné estoit sacré dés le vivant du Roy son pere.
21. Le Royaume n'avoit lors presque point de domaine.
22. Cantonnement & usurpation des droits de Souveraineté faite par les Ducs & Comtes de France.
23. Ces Ducs & Comtes se qualifient Princes.
24. Foiblesse des puisnez de France.
25. Prensent lors le nom & armes de leurs femmes.
26. Le premier puisné qui a pris les armes de France.
27. Que du temps de Philippe Auguste ceux de sa lignée estoient precedez par les Ducs & Comtes.
28. Entrerent en autorité sous Louys VIII.
29. Pourquoy s'appeller ent Princes du Sang.
30. Accroissement de leur autorité sous Philippe de Valois.
31. N'eurent encore lors la preseance sur les Ducs & Comtes.

Des Ordres.

32. Exemples.
33. Different de preseance entre les Princes du Sang & les Pairs de France.
34. Ordonnance sur iceluy.
35. Interpretation d'icelle.
36. Princes marchent à present sans difficulté devant les Ducs & Comtes.
37. Grande augmentation de l'autorité des Princes, arrivée de nostre temps.
38. De Monseigneur le Dauphin.
39. Pourquoy est appellé Monseigneur.
40. Pourquoi si se titre un droit de la grace de Dieu.
41. La qualité de fils aisné de France precede celle des Royaumes.
42. Roi Dauphin.
43. Pourquoi la qualité de Dauphin est mise avant celle de Duc.
44. Le Dauphin est precedé par les Rois, & comment.
45. Il n'est pas besoin qu'il soit sacré du vivant de son pere.
46. Honneur rendu à Monsieur le Dauphin estant Regent.
47. Des puisnez de France.
48. Les titres de leurs Royaumes ne sont mis devant celui de Fils de France.
49. Nom qu'ils ont avant qu'estre appanagez.
50. Leurs appanages sont tenus en Pairie.
51. Des Filles de France.
52. Princesses du Sang ne perdent leur qualité par mariage inégal.
53. Officiers des Enfans de France sont privilegiez.
54. Declaration de l'heritier presomptif de la Couronne.
55. Designation de successeur odieuse.
56. Droit du premier prince du Sang.
57. Seconde personne de France.
58. Monsieur.
59. Premier Prince du Sang.
60. Prince du Sang marchent les premiers.
61. Du rang des Princes du Sang entr'eux.
62. Les plus proches de la Couronne marchent les premiers.
63. Entre diverses Maisons les plus anciennes marchent les premieres.

Des Ordres

65. *Les Princes du Sang marchent selon les degrez de proximité.*
66. *Que l'asné de l'asné marche & succede devant ceux de sa branche, bien que plus proches.*
67. *Vivat, vel succedit, mos Francorum.*
68. *En succession des maisons privées on a égard à la proximité.*
69. *Mais non au Roiaume.*
70. *Asinesse parmi le peuple de Dieu.*
71. *Ce Roiaume est estably à peu prés comme celui d'Israël.*
72. *De mesme.*
73. *Robe d'aisnesse.*
74. *Marques de l'aisnesse & des branches de la famille consiste aux armoiries.*
75. *Resolution de la question.*
76. *Pourquoi cette question a esté traitée plus au long.*
77. *Question de l'oncle & du neveu.*
78. *Rang des Princes du Sang entr'eux.*
79. *Degré signifie deux choses.*
80. *Degré de consanguinité que signifie.*
81. *Privileges des princes du Sang.*
82. *Importance de conserver la vie des Princes du Sang.*
83. *Nul prince du Sang executé à mort.*
84. *Ordre des princes parfaitement estably en France.*
85. *Rang est mieux estably selon l'extraction, que selon les Seigneuries.*
86. *Pourquoi autrefois le rang a esté estably selon les Seigneuries.*
87. *Bastards de France & leurs descendans mis au rang des Princes.*
88. *Bastards succedoient aux deux premieres lignées.*
89. *Pourquoi n'ont succedé en la troisiéme.*
90. *La race du bastard Amaury.*
91. *Bastards ont esté rangez à l'Eglise.*
92. *Maintenant sont avoüez.*
93. *Excellence des Bastards de France.*
94. *Issus des Souverainetez estrangeres mis au rang des princes en France.*
95. *Princes estrangers sont avancez en France.*
96. *Deux sortes de princes, outre ceux du Sang.*
97. *Pourquoi le parlement qualifie princes indefiniment les princes estrangers.*
98. *Sont par tout ailleurs qualifiez & reconnus pour princes.*
99. *Princes du Sang, pourquoi ainsi appellez.*
100. *Princes du Sang sont aussi appellez princes de la Couronne, à la distinction des princes naturels.*
101. *Que ce n'est à la distinction des parens feminins du Roi.*
102. *Privileges de ces 2. dernieres espeses de princes.*
103. *Leur rang.*
104. *Le Roi les qualifie ses parens.*
105. *Sont Conseillers du Conseil d'Estat.*
106. *S'ils sont exempts des duels.*

1. Importance de cette matiere.

CICERON au 1. de *Oratore*, fait estat d'une grande cause, qui fut plaidée de son temps devant les cent juges de Rome, entre les Marcels & les Claudes Patriciens, sur le fait de leurs races, où il fallut, dit-il, rapporter ce qui estoit du droit de lignée & de gentilité, *de toto stirpis & gentilitatis jure dicendum fuit*. Mais c'est un discours plus haut & plus hazardeux, qu'il n'est haut : & toutefois mon dessein n'y engage absolument, parce qu'aiant entrepris de traiter des Ordres & dignitez, il n'y auroit point d'apparence d'obmettre celle des Princes, qui parmi nous est la premiere & la plus haute de toutes.

2. Etymologie de Prince.

Car le supreme degré de nostre Noblesse, est de ceux que nous appellons *Princes*, leur communiquent par honneur & pour titre de dignité honoraire le nom de Prince, qui en effet n'appartient qu'au seul Souverain. Attendu que *Prince* selon la veritable etymologie, signifie le premier chef, c'est à dire celuy qui a la souveraineté de l'Estat, & ainsi l'entendons-nous quand nous parlons du Prince simplement.

3. Fondement de la prerogative des Princes.

Ce Prince, qui est la vive image de Dieu, εἰκὼν ἔμψυχος Θεοῦ, disoit Menandre, est si auguste & si plein de majesté, que ceux qui naissent de lui, ou qui lui touchent de parenté masculine, meritent bien un respect particulier, & un rang au dessus de ses autres sujets. Comme aussi cette Lieutenance de Dieu en terre, & cette puissance absolue sur les hommes, que nous appellons Principauté ou Souveraineté, est si parfaitement excellente, que quelque approchement ou esperance qu'on y ait, ne peut qu'elle ne soit de grand poids & efficace. Si donc les anciens Empereurs ont bien erigé les Offices ou Dignitez honoraires, dont ils tiroient & qualifioient ceux qui n'estoient Officiers, mais meritoient de l'estre, pour leur attribuer rang parmi les vrais Officiers, nos Rois à plus juste raison ont bien pû communiquer à leurs parens ce titre honoraire de Prince, bien qu'ils n'ayent la jouïssance de la vraye Principauté, qui est la souveraineté, mais seulement l'aptitude d'y parvenir, eux ou leur posterité, en degré de succession.

4. Qu'il n'y a Ordre de Prince en France.

Je dis notamment nos Rois. Car il n'y a Royaume au monde, que je sçache, où il y ait un Ordre de Prince formé & estably comme en France, soit quant au titre, ou quant au rang.

Quant au titre ancien. Quant au titre, nous trouvons bien le nom de *Prince*

dans les plus anciens Auteurs, notamment en la sainte Ecriture, mais il n'y signifie que la primauté ou premiere dignité personnelle, & n'est pas referé à l'extraction, quoy qu'il en soit, Prince n'y signifie ordinairement que principal, ou premier en dignité, estant quelquefois tourné du Grec μέγιστος, ou μέγιστες, en pluriel, terme duquel ont usé en Latin Suetonne, Tacite, & Ammian Marcellin : & de fait en ces mots du 6. ch. de S. Marc, Ἡρώδης ἐποίει δεῖπνον τοῖς μεγιστᾶσιν αὐτοῦ, Erasme tourne *primatibus*, au lieu que la version commune porte *principibus*.

Mais depuis que les Emp. Rom. se furent qualifiez de princes, il n'a plus signifié en Latin la simple primauté, mais la puissance souveraine. C'est pourquoy les Princes souv. jaloux de leur propre titre, ne le communiquent à present qu'à leurs fils aisné. Et si ç'a esté du commencement avec quelque sujet, sçavoir, en erigeant une de leurs Seigneuries en titre de Principauté affectée perpetuellement à leurs aisnez, comme en Anglet. la principauté de Galles, en Castille celle des Asturies, en Arragon celle de Gironne, de sorte qu'ils n'estoient pas au commencement qualifiez Princes absolument, mais Princes de tel lieu : or à present c'est un usage estably presqu'en toutes les Monarchies de Chrestienté, que le fils du Souverain est qualifié le Prince indefiniment, comme son pere est nommé le Roi, on le Duc, & ainsi que celui de l'Emp. de Constantinople estoit appellé Δεσπότης, *nimirum quia vivo patre dominus existimabatur*, comme dit la loy Romaine.

Quant à leurs parens collateraux, ils ne leur ont point encore communiqué ce titre auguste de Prince : Que si quelquefois nous trouvons en nostre histoire, qu'il leur soit attribué (comme par exemple, quand Comines dit, qu'en 5. ans il y eut 80. Princes d'Angl. executez à mort) il faut prendre garde, qu'il parle à la mode de France. Car Camdenus & Th. Smith, qui ont décrit amplement les Ordres d'Angl. n'y mettent point celuy des Princes.

Voilà pour le titre : & quant au rang, il est certain qu'és autres Monarchies de la Chrestienté, il a toûjours esté & est encore reglé selon les dignitez personnelles, sçavoir les hautes Seig. ou grands Offices, & non passé les maisons, ou races. Il est vray que les Souv. confessent les premieres dignitez à leurs propres parens, en vertu desquelles ils prennent les premiers rangs, qui ne leur appartiendroient pas, en vertu de leur seule extraction, ainsi qu'à nos Princes de France.

Ce qui ne pourroit aussi estre sans absurdité. Car premierement és Monarchies Electives, il n'y auroit gueres de raison, ny principalement de seureté d'establir

des Princes, Chapitre VII.

Marginalia (left):
ne peuvent estre Princes qu'en France.

11. Principauté ne peut venir par les femmes.

12. Fondement particulier des Princes du sang de France.

13. La Couronne de France est substituée aux Princes du sang.

14. Ducs & Comtes se sont premiers appellez Princes en France.

15. Discours historial de l'origine & progrez des Princes.

Main text (left column):

en rang de Princes les parens du Souverain, veu qu'ils n'heritent point à la Souveraineté. Et au regard des hereditaires, elles changent si souvent de famille par le moyen des femmes, qui y heritent regulierement, comme Bodin prouve bien au penultiéme chap. de sa Republique, que si on y reconnoissoit pour Princes tous les décendus des Souverains par les femmes, ainsi qu'ils sont capables d'y succeder, il s'y trouveroit des Princes de divers noms & de diverses familles, & notamment en tel nombre qu'ils seroient à charge, & à deshonneur à l'Estat, & mesme à leur qualité, ne pouvant qu'il n'y en eust beaucoup de preuves, parmi une si grande multitude. Si au contraire on n'y reconnoissoit pour Princes du sang que les descendans des masles (ainsi qu'en donne Jurisprudence les droits de famille, & les dignitez de race ne doivent venir que des peres, comme j'ay prouvé au cinquiéme chapitre, & sur tout la Principauté ne se file pas à la quenoüille) il en arriveroit un autre inconvenient, à sçavoir, que se rencontrant ordinairement, que les decendus des filles seroient les plus proches & habiles à succeder, on tiendroit pour Princes ceux qui seroient exclus d'y succeder, & non ceux qui en seroient successeurs, mesme il arriveroit en ce cas, que ces mesmes Princes marcheroient devant ceux-cy, qui seroient en terme & en esperance de leur commander.

Mais en France nous avons une raison fort particuliere de donner titre & rang de Princes à ceux qui sont de la lignée de nos Rois, à sçavoir, que la Couronne est destinée à chacun d'eux en son rang & degré de consanguinité, destinée, dis-je, non par voye d'heredité, qui transfere le droit du deffunt au plus proche heritier, & par consequant le charge de ses faits & promesses, comme representent sa personne, mais par droit de sang & de son chef, sans droit & titre d'heritier, comme le Royaume estant par sa propre nature & establissement particulier, qu'on appelle la loy fondamentale d'iceluy, affecté aux Princes du sang, ainsi que les fiefs, qui par leur condition & premiere investiture sont affectez à certaines maisons, ou bien comme les fideicommis laissez aux familles, *de quibus in leg. Cum ita §. ult. de leg. 2. leg. Pater filium. D. Ad leg. Falcid. leg. Filius-familias. §. Cum pater. De leg. 2.* D'où il s'ensuit que les masles de la maison de France ont pareil droit à la Couronne, que les substituez aux biens chargez de substitution, qui est un droit beaucoup plus fort, que l'esperance d'un simple parent à l'heredité de ceux de sa race.

Belle invention certes qui empesche que le Royaume soit transferé en race estrangere, & quant & quant oblige les Princes, ausquels il est affecté à se rendre soigneux de sa conservation, pour le propre interest. C'est pourquoy particulierement en France, les masles issus de nos Rois, sont appellez *Princes*, & notamment *Princes du sang*, comme estans de ce sang, auquel la Principauté & Souveraineté est affectée, & encore Princes de la Couronne, comme substituez à la Couronne. Ce qui n'est, comme je croy, en aucun estat du monde, & partant j'estime qu'il n'y a point au monde de vrais Princes qu'en France.

Mesmes qu'il n'y a pas long-temps qu'ils se qualifient Princes en vertu de leur extraction: car c'est la verité qu'ils prirent premierement ce titre, à cause des Duchez & Comtez qu'ils possedoient, parce que comme du Tillet a bien prouvé, il a esté un long-tems que les Ducs & Comtes de France se qualifioient Princes, à cause qu'ils avoient usurpé les droits de Souveraineté, & partant ils estoient veritablement Princes sujets, qui est l'une des quatre especes des Princes par Seigneurie, que j'ay rapportée & expliquée au 2. chap. du livre *Des Seigneuries*. C'est pourquoy il ne sera pas hors de propos de reprendre ce discours dés son origine, & d'expliquer le titre & le rang que les Princes de sang ont tenu de temps en temps, j'estime en ce Royaume.

En premier lieu, il ne faut pas oublier qu'és deux premieres races de nos Rois, ceux de leur lignée n'estoient en extreme veneration, d'autant qu'ils succedoient tous ensemble au Royaume, ou du moins chacun d'eux

Main text (right column):

avoit son partage en parfaite Souveraineté, & titre de Princes du Royaume, & partant tous les enfans des Rois estoient déja comme Rois par esperance certaine, dés le vivant de leur pere. Et ce qui les rendoit plus venerables, estoit qu'en la premiere race ils portoient les cheveux longs en signe de domination souveraine, comme les serfs les portoient rasez en signe de parfaite sujetion.

Toutefois on ne peut pas dire que cette veneration particuliere qu'on rendoit en France pendant les deux premieres races, aux enfans des Rois, ait jamais esté communiquée à leurs parens collateraux. Car il n'y en pouvoit avoir, supposé que les enfans des Rois fussent tous Rois aprés la mort de leur pere. Que si ceux-là eussent eu des enfans, par mesme raison ils eussent encore esté Rois, & il eust autant de Rois, ou pour mieux dire, de ports de Royaume en titre de Royaume, qu'ils eussent esté de masles descendans des Rois: de sorte que si cela eust continué en la troisiéme race, ceux de la lignée des Rois, que nous appellons maintenant *Princes du sang*, eussent tous esté Rois.

Mais sur la fin de la seconde race, Charles, fils puisné de Louis d'Outre-Mer (surnommé le Jeune, à cause qu'il avoit un autre frere plus âgé, nommé Carloman) n'ayant pû avoir part au Royaume par l'intelligence qu'avoit la femme de Lothaire son frere aisné avec Huge Capet, Maire du Palais, se refugia vers Othon Empereur d'Allemagne son cousin germain, qui luy donna le Duché de Lorraine, ce qui fut cause de l'exclure par aprés tout-à-fait de la Couronne, & de la faire transferer à la troisiéme race.

Race plus adroite & plus prudente que les deux precedentes, qui dés son commencement observa de maintenir le Royaume en son entier, en excluant les puisnez de la succession d'iceluy, suivant cette derniere pratique de la precedente race, dont estoit venu son advancement, & donnant seulement aux puisnez des appanages, c'est à dire alimens & entretenemens. A quoy deux choses l'aiderent grandement; l'une, que les premiers Roys de cette race ne manqueroient point à faire dés leur vivant, sacrer & reconnoistre pour Roi avec eux leur fils aisné, qui partant lors du decez du pere se trouvoit tout estably & reconnu par tout le Royaume, ainsi que Lothaire dernier Roy de la seconde race avoit fait à l'endroit de son fils Louis, à mesme intention à sçavoir, de peur que Charles le Jeune son oncle le troublast.

L'autre, qu'au moyen de l'usurpation des Ducs & Comtes, le Royaume n'avoit quasi plus de domaine, où les puisnez pussent mettre le pied, mais consistoit en un droit incorporel de superiorité & authorité, & presque comme un simple baise-main des Ducs & Comtes, Droit qui n'estoit pas si aisé à partager, ny à envahir, comme un domaine solide. Car ces Ducs & Comtes estans liguez si estroitement ensemble, pour maintenir leur usurpation, se portoient tous ensemble à reconnoistre pour Roi le fils aisné du Roi decedé, auquel dés le vivant du pere, ils estoient obligez par foy & hommage, de sorte qu'il est vray que cette usurpation & cantonnement des Ducs & des Comtes sauva la France d'une division & demembrement beaucoup plus dangereux, & duquel inevitablement la ruine entiere fust arrivée.

C'estoient sans doute ces Ducs & Comtes, qui lors estoient appellez Princes, & qui ont esté les premiers qualifiez en France de ce titre, à cause des droits de souveraineté qu'ils avoient usurpez. Aussi estoient-ils alors les plus grands Seigneurs de France aprés les Rois, & leurs fils aisnez reconnus pour Rois pendant la vie du pere. Car les puisnez n'ayans que leur appanage, ou entretien (qui mesme au commencement ne leur pouvoit pas estre baillé en terre, parce que le Roy n'avoit point qu'aucun domaine pour soy mesme) n'estoient pas bastans pont leur faire teste & leur contester la preseance: mais au contraire le dessein ordinaire des puisnez estoit de se mettre de leur rang, s'alliant avec eux, & espousant leurs heritieres, par la faveur du Roy & par la recommandation de leur extraction, ainsi que fit Huges, puisné de Henry premier, qui espousa la fille du Comte de Vermandois, Robert &

Marginalia (right):

16. Les Princes du sang estoient tous Rois aux deux premieres lignées.

17. De mesme.

18. Charles de Lorraine exclus de la Couronne.

19. Puisnez des Rois exclus de partage en la race.

20. L'aisné estoit sacré dés le vivant du Roy son pere.

21. Le Roy n'avoit lors presque point de domaine.

22. Cantonnement & usurpation des droits de souveraineté faite par les Ducs & Comtes de France.

23. Les Ducs & Comtes se qualifioient Princes.

24. Noblesse des puisnez de France.

Des Ordres

25. Poolnoient lors
le nom &
les armes
de leurs
femmes.

Princes puisnez de Louis le Gros, qui épouserent, celuyci les heritieres de Dreux ou de Bresne selon quelques-uns,
& celuy-cy celle de Courtenay. En quoy faisant ils prenoient le nom & les armes de leurs femmes, ce qu'il faisoient plus d'estat que de celles de la Maison de France,
qui leur appartenoient par extraction.

26. Le premier puisné
qui a pris
les armes
de France.

Philippe fils puisné de Philippe Auguste, dit le Conquerant, fut le premier qui changea, en partie seulement, cette Coustume; car il prit le nom de Boulongne,
pour avoir épousé l'heritiere du Comté de Boulongne,
nom que Jeanne de Boulongne sa fille porta aprés lui, mais
il retint les armes de France, chargées seulement d'un
lambeau. Et ce qui l'enhardit à le faire, fut qu'alors la
Maison de France commençoit d'entrer en plus grande
authorité, comme du Tillet a remarqué, à cause que le
Roy Philippe Auguste son pere avoit conquis & reüni
plusieurs ces Duchez à la faveur des voyages de la
Terre Sainte, & autres bonnes occasions, dont il s'étoit bien sceu prevaloir. Et neanmoins de son temps,
ceux de la Maison de France ne tenoient pas encore rang
de Princes du sang, & ne marchoient point devant les
Ducs & Comtes, ainsi qu'il se collige de l'Arrest qu'il
donna pour l'hommage du Comté de Champagne & Brie,
auquel tous les Ducs & Comtes & encore Guillaume de
Ponthieu, qui n'estoit ni Prince du sang, ni Pair de France, sont nommez devant Robert Comte de Dreux, &
Pierre Comte de Bretagne, qui estoient arriere fils du
Roy Louis le Gros.

27. Que du
temps de
Philippe
Auguste,
ceux de sa
lignée étoient precedez par
les Ducs &
Comtes.

28. Entrerent en authorité
sous Louis
VIII.

Mais comme du Haillan a bien remarqué, ce fut principalement sous le regne du Roi Louis VIII. pere de S.
Louis, que les puisnez de France entrerent en plus grande creance & authorité. Car ce Roy eut 5. puisnez, 3.
desquels furent bien appointez & appanagez, & ils eurent
ample lignée, & fonderent de grandes Maisons. Et ainsi
ceux de la Maison de France, étans augmentez en nombre & en puissance, au contraire les Ducs & Comtes
étans diminuez, mesme presque tous exterminez, ce
fut lors que ceux de la lignée Roiale prirent le dessus, &
il y a apparence aussi que ce fut alors qu'ils prirent leur
qualité de princes du sang, pour remplir la place de ces
Princes usurpateurs: dont les Seigneuries avoient esté
reünies à la Couronne, & s'appellerent Princes, parce
qu'ils avoient des Duchez & Comtez ainsi qu'eux, &
Princes du sang, parce que de plus ils étoient du sang de
France; toutefois ne trouve-t-on gueres en ce temps-là
qu'ils se qualifiassent Princes, mais seulement les Seigneurs du lignage du Roi.

29. Pourquoy s'appellerent
Princes du
sang.

30. Accroissement de
leur authorité sous
Philippe de
Valois.

Sur tout, lors que Philippe de Valois premier Prince
du sang parvint à la Couronne, aprés la mort des trois
freres ses cousins germains, qui furent Rois l'un aprés
l'autre, on reconnut par effet le grand avantage de cette
qualité, qui éclata encore plus par le moien du contraste
de l'Anglois, à l'occasion duquel il falut rechercher la
loi Salique & fonder une fois pour toutes, le droit &
preeminence des masles décendus des Rois qui sont nos
Princes du sang.

31. N'eurét
encore lors
la preséance sur les
Ducs &
Comtes.

Ils ne peurent toutefois gagner paisiblement la preséance sur ce qui étoit resté de ces anciens Ducs & Comtes,
jouïssans des droits de Souveraineté, ni même sur les
Pairs de France depuis erigez, comme eux étans les premiers & principaux vassaux de la couronne, encore qu'ils
n'eussent les droits de Souveraineté. En quoy les Princes
du sang se faisoient tort eux-mêmes: car quand il se rencontroit deux Princes du sang ensemble, celui qui étoit
le plus éloigné de la Couronne, pretendoit preséance sur
l'autre, même le puisné sur son aîné, par le moyen de la
qualité de Pair, ou de la prerogative de sa Seigneurie.
Comme fit Philippe Duc de Bourgogne, qui sous pretexte de sa qualité de Pair de France, au banquet du Sacre de Charles VI. s'assit au dessus du Duc d'Anjou son
frere aîné. Et sous le même Roi y eut procez pour la
preséance entre le Comte d'Alençon & le Duc de Bourbon, qui pretendoit le preceder comme Duc, bien qu'il
fût plus éloigné de la Couronne: duquel procez le Conseil
du Roi les appointa, qu'ils marcheroient tour à tour, dót
le Comte d'Alençon n'étant côtent, fit ériger son Com

32. Exemple.

té en Duché Pairie, & ainsi que la difficulté fut vuidée.

Neanmoins le different general est demeuré à vuider
jusques à nostre temps, comme aussi celui des Pairs pretendans preséance devant les Princes du sang, du moins
és actes de leur Office de Pairie, sçavoir au Couronnement des Rois, & au Parlement. Et de fait, pour l'éviter aprés la mort du Roi Henri II. la feuë Reine Mere
lors du sacre de François II. son fils aîné, fit vestir ses
puisnez en habits de Pairs, & ainsi les fit marcher les premiers, comme Pauchet a rapporté en ses Origines: &
desormais on a observé de faire representer les anciens
Pairs supprimez & reünis par les Princes du sang, & ainsi
il n'y a plus gueres de sujet de debat, ou mécontentemét.

33. Differend de preseance entre
les Princes
du sang &
les Pairs de
France.

Mais pour vuider tout à fait le different de preséance
entre les Princes Pairs avec les autres Pairs plus anciens, qui toûjours se contestoient contre eux en ces
deux actes de Pairie, le Roi Henri III. fit une notable
Ordonnance de l'an 1576. dont voicy les mots: Ordonnons que les Princes de nostre sang, Pairs de France, precederont & tiendront rang selon leur degré de consanguinité, devant les autres princes & Seigneurs pairs
de France, de quelque qualité qu'ils puissent estre,
tant és Sacres & Couronnement des Roys, qu'és seances
des Cours des parlements, & autres quelconques solemnitez,
assemblées & ceremonies publiques; sans que cela leur
puisse estre mis en dispute ny controversie, sous couleur des titres & prioritez d'érection de pairies des autres
Princes & Seigneurs, ou autrement pour quelque cause
ou occasion que ce soit.

34. Ordonance sur
icelle.

Ce qui toutefois ne vuide que le rang des Princes du
sang, qui sont Pairs, & non de ceux qui ne le sont pas:
de sorte qu'à leur égard il semble que la difficulté soit
demeurée plus grande qu'auparavant. Toutefois on
peut dire que cette Ordonnance a esté ainsi conceuë,
parce qu'elle n'estoit faite que pour déterminer le
rang des Pairs de France entr'eux, qui estoit lors
controversé en ce qui concernoit les actes de leur
Office de Pairie seulement, sçavoir si en iceux ils devoient marcher selon le titre & l'antiquité de leurs
Pairies, ou selon le rang de leur extraction. Mais
qu'on n'a pas eu intention de déterminer par icelle
l'autre grande question, si les Princes du sang
non Pairs se trouvans assister comme extraordinaires
& quasi allecti, au Sacre des Rois, ou au Parlement, doivent preceder les Pairs, qui en sont les
vrais & naturels Officiers.

35. Interpretation
d'icelle.

Quoy qu'il en soit, maintenant que le rang des Princes du sang est mieux établi que jamais, encore qu'ils ne
soient ni Ducs, ni Comtes, on ne doute plus qu'ils ne
doivent marcher en tous lieux devant les Ducs & les
Comtes, mesme devant les Pairs, & qu'entr'eux ils
ne doivent pareillement avoir rang selon leur proximité
de la Couronne, non selon le titre de leurs Seigneuries,
ny autres Seigneuries n'entrent plus en comparaison
avec eux, depuis qu'on en a tant veu en peu de temps,
qui sont venus à la Couronne quasi comme sans y songer, ou du moins en ligne collaterale, comme les Rois
Louis XII. & François I. les Rois Charles IX. &
Henry III. & sur tout nostre grand Roy Henry IV.
qui estoit éloigné de vingt & un degré de son predecesseur. De sorte que maintenant les Princes du sang
constituent sans doute un corps à part, & un Ordre de
dignité suprême, & surpassent de beaucoup toutes les
autres dignitez de France.

36. Princes
marchent à
present sans
difficulté
devant les
Ducs &
Comtes.

37. Grande
augmentation de l'authorité des
Princes advenuë de
nostre
temps.

Le premier de cet Ordre est le fils aîné du Roi qu'on
appelle Monseigneur le Dauphin, parce que la Seigneurie de Dauphiné de Viennois lui est attribuée, au moins
il est chargé d'en porter le titre, d'autant qu'elle a esté
venduë, ou comme aucuns disent donnée à cette condition au Roy Philippe de Valois par Humbert le Dauphin. Et bien qu'aucuns soustiennent, qu'il le faudroit
appeler le Dauphin simplement, & non pas Monseigneur le Dauphin, comme on dit le Roy, & non pas
Monseigneur le Roy: neanmoins l'usage contraire a
prevalu, provenant à mon avis de ce que le Dauphiné étant une seigneurie qu'on pretend separée du Royaume, le

38. De
Monseigneur le
Dauphin.

39. Pourquoy est appellé Monseigneur.

des Princes, Chapitre VII.

titre d'icelle n'emporteroit aucune connoissance de Souveraineté sur les François, si on ne laissoit au devant la qualité de Monseigneur, où Monsieur, qui estoit l'ancien titre du fils aisné de France, avant qu'il se qualifiast Dauphin: comme en l'empire de Constantinople le nom de *Sevaston*, & és autres Royaumes & Principautez Souveraines, & celle du Prince dautât que le fils est participant, non pas du pouvoir, mais de l'honneur de la Seigneurie, dés le vivant du pere, *solique illi administratio desit*, comme disent nos Docteurs, aprés la glose sur le canon dernier 24. *quæst.* 1.

40. Pourquoy il se titre par la grace de Dieu.

Qui est la raison pourquoy Monseigneur le Dauphin se qualifie en ses lettres patentes, *Par la grace de Dieu Fils aisné de France, Dauphin de Viennois*: termes dont les seuls Souverains peuvent user, comme estans seuls vassaux & feudataires de Dieu. Et il faut remarquer que la qualité de fils aisné de France est preposée, non seulement à celle de Dauphin, mais aussi au titre de Roy, comme du Tillet & Belle Forest prouvent par l'exemple de ceux qui ont esté Roys de Navarre, avant qu'estre Roys de France, qui mettoient en leurs lettres le titre de fils de France, avant celuy de Roy de Navarre. Et autant en fit le Roy François II. aiant épousé la Reine d'Escosse, bien qu'il fust porté par le contrat de son mariage, qu'il prendroit le nom de Roi d'Escosse; c'est pourquoy on l'appella le Roi Dauphin, pendant la vie de son pere, parce que tous les aisnez de France sont obligez de porter la qualité de Dauphin.

41. La qualité de fils aisné de France precede celle des Royaumes.

42. Roy Dauphin.

43. Pourquoy la qualité de Dauphin est mise devant celle de Ducs.

De sorte que je m'estonne, comme du Tillet trouve étrange, qu'ils mettent le titre de Dauphin devant celui de Duc, disant que c'est plus d'estre Duc, que d'estre Dauphin: ce qui pourroit estre vray, si le Duché dont le fils aisné de France prendroit le nom, estoit un Duché Souverain. Mais le Dauphiné estant Seigneurie souveraine, est sans doute un plus haut titre que celuy de toutes les subalternes. Et ce qui se faisoit autrefois autrement, estoit qu'on n'avoit pas encore bien distingué en France les Duchez & Comtez souverains, d'avec les subalternes: tous les Ducs & Comtes pretendans à la souveraineté. Mais depuis que nos Rois ont pris garde à retrancher leurs entreprises, c'est à bon droit que le Roi Henri II. estant Dauphin, s'intituloit Dauphin de Viennois, & Duc de Bretagne, pour montrer que le Duché de Bretagne n'estoit pas souverain.

44. Le Dauphin est precedé par les Roys, & comment.

Or bien que le Dauphin de France mette sa qualité de fils aisné avant celle des Roiaumes qu'il tient, si est-ce qu'il cede aux Rois étrangers, comme du Tillet rapporte les exemples. Ce qui est de devoir & droit commun hors la France, mais en France ce n'est que par honneur, civilité & courtoisie, coustumiere aux François. Car selon la raison nul Prince étranger, fut-il Empereur, ne devoit marcher devant luy en France, à cause de la participation qu'il a aux honneurs de la Couronne, comme il se voit qu'aux petites Seigneuries nul Gentil-homme n'entreprend de marcher devant le fils du Seigneur du village, qui est un point que j'ai traité au Livre *Des Seigneuries*.

45. N'est besoin qu'il soit sacré du vivant de son pere.

Participation reconnuë par le droit Romain, & qui est seule suffisante pour ce qui concerne le simple honneur, sans qu'il soit besoin que nos Rois fissent de leur vivant sacrer, ou autrement reconnoistre leurs enfans pour Rois, ainsi qu'ils faisoient au commencement de la lignée, afin de les établir plus asseurement. Mais à present qu'ils sont établis par une si longue succession, le plus seur est de ne leur bailler la qualité de Roi, pendant la vie de leur pere, crainte de l'inconvenient tout contraire: quoi que nos Docteurs ramassez par Tiraqueau *in tract. Primigin.* 33. tiennent tous que le fils aisné du Roi se peut qualifier Roi du vivant de son pere.

46. Honneur rendu à M. le Dauphin estant Regent.

Quoi qu'il en soit, quand le fils aisné de France a l'exercice du souverain commandement, soit en qualité de Regent du Royaume, ou de Lieutenant General du Roi son pere, il ne cede à aucuns dans le Royaume. Et quand en cette qualité il va au Parlement, on luy rend les mesmes honneurs qu'au Roy, fors qu'il ne sied pas au lit de Justice, mis en la premiere place d'auprés, & que les Arrests qui se donnent en sa presence sont conceuz au nom de la Cour, & à elle la parole addressée par les Advocats, dit du Tillet.

47. Puisnez de France.

Pour le regard des fils puisnez de France, qui sont les tiges & Autheurs des branches & familles des Princes du sang, du Tillet dit qu'ils portoient anciennement le surnom de France. Mais du Haillan nous asseure, qu'ils ne le portent plus à present. Et de vray, comme leur pere n'a aucun surnom, aussi n'en peuvent-ils avoir, de leur naissance; & de fait nous voyons, qu'ils ne signent que leur propre nom, & qu'en leurs patentes ils s'intitulent seulement d'icelui; auquel ils adjoustent immediatement la qualité de Fils de France, sans mettre *Par la grace de Dieu*, comme ne participans pas à l'honneur de la souveraineté, ainsi que leur aisné. C'est pourquoy aussi s'ils ont quelque Royaume, ils mettent le titre avant celui de fils de France, comme il s'est veu en Charles Roy de Sicile, frere de S. Loüis, qui s'intituloit, *Charles Roy de Hierusalem, Naples & Sicile, Fils du Roy de France, Comte d'Anjou, de Provence & Forcalquier.* De mesme un autre Charles fils puisné du Roy Philippe III. aiant été investi par le Pape des Royaumes d'Aragon & de Valence, s'intitula *Roy d'Arag. & de Val. fils du Roy de Fr. & Com. de Valois.*

48. Les titres de leurs Royaumes sont mis avant celuy de Fils de France.

49. Noms qu'ils ont avant estre appannagez.

Mesme en propos communs on ne nommoit anciennement les puisnez de France, que par leur propre nom, y adjoustant la qualité de Monsieur, comme *François Monsieur, Henry Monsieur*, au moins avant qu'ils eussent appanage certain, & par aprés on les nommoit du titre de leur appanage. Mais sous le Roy d'à-present, parce qu'on a differé le Baptesme de ses puisnez, on leur a baillé les noms d'Orleans & d'Anjou, bien qu'ils ne leur soient encore concedez en appanage: car j'estime que c'est une erreur de penser qu'ils leur soient affectez, ainsi qu'est le Dauphiné à l'aisné.

50. Leurs appanages sont tenus en Pairie.

Desquels appannages je ne parlerai point ici, parce que je ne traite en ce Livre que des Ordres & rang d'honneur, & non pas des Seigneuries, ou Successions. Je dirai seulement, qu'autrefois on erigeoit volontiers en Pairie leur terre d'appanage par les lettres de concession d'icelle. Mais à present que les Princes du sang sont mieux établis qu'ils n'étoient par le passé on tient qu'il n'en est plus besoin, & que sans Pairie ils ont tous les mêmes droits, privileges que les Pairs de France: & quant à leur appanage, puis qu'il demeure tousjours du Domaine de la couronne, il n'y a nul doute qu'il ne se tienne nuëment au Parlement, ce qui s'appelle vulgairement *tenir en Pairie*, notamment à present qu'on commence à pratiquer, par une belle accommodation, que la Justice des terres d'appanage demeure Roiale, & s'exerce au nom du Roi & du Prince appanagé conjointement, comme j'ai dit au Livre *Des Offices*.

51. Des filles de France.

Quant aux filles de France, on les appelle toutes *Mesdames*, & portent le surnom de France, ce qui n'est attribué qu'aux filles du Roi. Car celles mesmes de Monseigneur le Dauphin sont appellées *Mesdamoiselles*, & portent le surnom de l'appanage, ou tout au plus de la principale Seigneurie de leur mari, jusques à ce qu'il soit Roi, & lors elles prennent le titre de *Mesdames*, & le surnom de France. Et s'il y a eu un temps qu'elles s'appelloient Reines, tant auparavant qu'aprés estre mariées: bien que ce fust à moindres que Rois, comme je dirai plus amplement au dernier Chapitre en traittant des titres honoraires. Quoi qu'il en soit, il est pour certain, que ni elles, ni les autres Princesses ne perdent point leur rang & qualité de Princesses, pour estre mariées à gens de moindre qualité, parce que la Principalité est une qualité par dessus toutes les autres, qui met ceux qui en sôt tirez en un rang separé des autres hommes, parmi lesquels ils ne rentrent jamais: & d'ailleurs cette qualité est si illustre qu'elle communique sa splendeur à ce qui se joint à elle, plustost que de perdre son lustre, & son éclat par l'approche d'une lumiere moins forte.

52. Princesses du sang ne perdent leur qualité par mariage inégal.

Or les enfans de France, tant masles que filles, ont d'ordinaire à present un beau privilege, qu'autrefois M.

53. Officiers des enfans.

Des Ordres

de France sont privilegiez.

le Dauphin aussi, à sçavoir, que leurs Officiers domestiques sont privilegiez, ainsi que ceux du Roy. Et mesme le Roy François privilegia en l'an 1549. les Officiers domestiques de la Reine de Navare sa sœur, bien qu'elle ne fust pas fille de France, & le Roi Henri II. ceux de Madame Marguerite sa sœur, en l'an 1549. & finalement le Roi Henri IV. ceux de Madame la Duchesse de Bar. Par dessus lequel privilege Monsieur le Dauphin en a encore un, qui est d'avoir un Chancelier & autres grands Officiers. Privilege que les puisnez de France n'ont pas, sinon qu'ils deviennent secondes personnes de France.

55. Designation de successeur odieuse.

Voilà pour les enfans des Rois, mais quand ils n'en ont point, ils ont accoustumé, tant pour obvier aux dangereux differents, qui pourroient naistre après leur mort touchant la succession du Roiaume, que pour gratifier, & élever en honneur dés leur vivant le presomptif Successeur de la Couronne, de luy bailler lettre de premier Prince du Sang, ou comme dit du Tillet, de seconde personne de France, dont il rapporte plusieurs exemples, qui nous aprennent que nos Rois ont telle confiance, tant en la pieté des Princes du Sang, qu'en la fidelité de leurs sujets, qu'ils n'entrent point aux doutes, qui retiennent les Princes étrangers de designer leur successeur que la Reyne d'Angleterre appelloit, mettre un bandeau funeral devant les yeux, Designation, que mesme les petits Officiers & Beneficiers ont en horreur: & que les Romains craignoient tellement aux successions privées, que pour en oster l'asseurance, mesme à ceux qui estoient appellez par nature, ils mirent en usage ordinaire les testamens, lesquels encore ils cachetoient de telle sorte que les témoins ne sçavoient rien du contenu en iceux, afin que leurs propres enfans fussent en doute s'ils seroient leurs heritiers.

56. Droit du premier Prince du Sang.

En consequence de laquelle declaration ou designation, le premier Prince du Sang a droit de bailler une fois en sa vie une, deux, ou trois lettres de maistrise de chacun métier, en toutes les villes de France, même en celles des Seigneurs, Privilege qu'on attribue à present à tous les puisnez de France, mais ils n'en jouïssent pas eux-mesmes, non plus que Monsieur le Dauphin, mais c'est la Reine qui en jouit, & en baille les lettres au lieu d'eux, incontinent après leur naissance. Comme aussi les Officiers domestiques du premier Prince sont privilegiez, ainsi que ceux des puisnez de France: lequel privilege il ne sera plus pendant sa vie, bien que le Roy vienne desormais à avoir des enfans comme il s'observe encore à present en la personne de Monsieur le Prince de Condé.

57. Seconde personne de France.

Que si le premier Prince du Sang est fils d'un Roi de France, il est reconnu seconde personne, si-tost que le cas y échet aiant les privileges, sans qu'il ait besoin de Declaration du Roi, ainsi qu'on les autres plus éloignez: au moins en ont-ils besoin pour jouïr des privileges qui en dépendent. Car pour le titre, aucuns tiennent qu'il le peut prendre sans lettres: & font difference entre le premier Prince du Sang, qu'ils disent estre celui qui est le premier de la lignée Roiale, peut avoir de grands Officiers, ainsi qu'il s'est veu en feu Monsieur le Duc d'Anjou dernier decedé. Ce que j'estime n'avoir lieu, sinon tant qu'il demeure heritier presomptif de la Couronne seulement, parce que ce titre de *Monsieur*, est d'avoir grands Officiers, qui sont marques de participation à l'honneur de la Souveraineté.

58. Monsieur.

59. Premier Prince du Sang.

Mais le premier Prince du Sang, qui n'est fils du Roi, retient seulement le nom de son appanage, ainsi que les autres Princes du Sang, d'autant que c'est une regle generale, que tous les descendans des puisnez de France, ont le nom de l'appanage de leur pere, & non pas le nom de France: mais seulement les armes: encore non pas pleines, mais chargées.

Or après le premier, marchent sans doute immediatement les autres Princes du Sang, jusques au dernier devant tous les autres sujets du Roi, sans exception aucune, soit enfans naturels du Roi, ou Princes étrangers, ou Prelats Ecclesiastiques, ou Ducs, & autres grands Seigneurs; mesme devant les grands Officiers, horsmis seulement quand ils sont en l'acte de leur principal exercice. Car alors ils representent directement la personne du Roi, sous l'authorité duquel ils exercent. Encore mesme ils laissent bien souvent la preseance honoraire, deferant ce qui se peut de leur exercice aux Princes du Sang. Mais j'estime en ce cas, que ce n'est que par honneur, & non pas par devoir.

60. Princes du Sang marchent les premiers.

Et quand au rang que les Princes du sang ont entr'eux, je dis en premier lieu, que comme leur qualité est la plus honorable & illustre que puisse avoir le sujet d'un Prince Souverain, aussi elle couvre & obscurcit toutes les autres qualitez qu'ils ont d'ailleurs; de sorte que c'est à present un point resolu, qu'ils ne marchent pas entr'eux ni selon les titres de leurs Seigneuries, ni selon l'antiquité de leurs Pairies, ni selon le rang de leurs Offices, fors comme il vient d'estre dit, en l'acte du principal exercice d'iceux, mais ils marchent selon la prerogative de leur Sang, comme parle cette Ordonnance de l'an 1576. *selon leur degré de consanguinité.*

61. Du rang des Princes entr'eux.

Et certainement puisque la Principauté consiste en ce qu'ils sont issus des Rois, parens du Roi regnant, & sur tout qu'ils sont capables de succeder au Roiaume à leur tour, ou d'engendrer enfans qui y succederont, il est aisé à entendre, que plus ils en sont proches, plus ils sont illustres des rayons de la Souveraineté : bien que le contraire soit en la Noblesse, qui est plus estimée quand elle est plus ancienne, dont la raison de difference est, que la Noblesse consiste en l'éloignement de la lie du peuple, & la principauté en l'approche de la Souveraineté.

62. Les plus proches de la Couronne marchent les premiers.

Bien que quand il s'agit du rang des Maisons entieres, provenantes de divers estocs, & d'ailleurs estans en mesme titre de Souveraineté, les plus anciennes ont le devant, par la prerogative du temps, *& quia*, comme dit un ancien, *proprius ad Deum immortalem accedunt.*

63. Entre diverses Maisons les plus anciennes marchent les premieres.

Mais c'est une grand difficulté, comment doit estre entenduë cette regle de l'Ordonnance de 1576. que *les Princes du sang marchent selon leurs degrez de consanguinité.* Car qui entendra par ces mots *degrez de consanguinité*, les degrez des personnes, les comptant en la forme de droit, selon l'ordre de proximité, dont ils touchent au Roy, comme ils semblent signifier à la lettre, & comme il s'observe aux successions privées conclura que le neveu, fils de l'aisné sera precedé par son oncle, attendu qu'il en est plus éloigné que lui d'un degré. Joint que d'ailleurs, il semble que la parenté superieure donne rang & authorité à l'oncle sur son neveu. Et de fait, du Tillet nous rapporte des exemples, comme les oncles des Rois ont precedé leurs freres : d'où il s'en suit, que puisque cela s'est observé, quand les oncles estoient plus éloignez que les neveux, il doit estre gardé à plus forte raison, quand ils sont les plus proches.

64. Si les Princes du Sang marchent selon les degrez de succession.

Neanmoins il s'observe à present, que le neveu fils de l'aisné marche devant son oncle, comme estant le Chef de la famille, ou branche, & par consequent du nom & des armes d'icelle: non seulement du nom, mais aussi de la Seigneurie de l'appanage, qui luy appartient selon le droit François, comme succedant à son pere, ou bien le representant au droit d'aisnesse. Car nous observons en France, même entre les simples Gentils-hommes, que les puisnez & leurs décendans deferent toûjours le premier rang à leur aisné, & à celui des siens, qui est le chef de leur nom & armes, & qui est ordinairement le Seigneur de la principale terre de leur maison : & de fait, cela s'appelle par maniere de Proverbe usité parmi nos Docteurs de Droit, *vivere vel succedere more Francorum, ut not. Andr. Iserni, in cap.* 1. §. *Prestrea Ducatus, in princ. tit. De prohib. Feud. alien. per Frederic. & in cap.* 1. §. *Hoc quoque col.* 2. *tit. De Success. Feud. & in cap.* §. *Omnis. col. penult. tit. Si de feudo*

65. Que l'aisné marche & succede devant ceux de sa branche bien plus proches.

66. Vivere vel succedere more Francorum.

des Princes, Chap. VII.

feudo controv. fuerit inter dom. & agnatum. Philippus Decius Consil. 445. Math. de Afflictis. decis. Neapol. 119. Paulus Parif. Consil. 72. col. ult. lib. 4.

67. En succession des maisons privées on a égard à la proximité.

Si est-ce qu'en France, entre Gentils-hommes, les successions, même des fiefs qui sont à present patrimoniaux, sont deferées selon la proximité de parenté, tant aux mâles qu'aux filles, sauf seulement le precipur d'aînesse en ligne directe, & qu'en collaterale les mâles excluent les femelles en pareil degré : de sorte que bien souvent la Seigneurie de la maison tombe en une autre famille par le moien des filles; & bien souvent aussi, celui qui n'est pas chef du nom & armes, mais descendu du puisné, en exclud les descendans de l'aîné, quand il se rencontre plus proche qu'eux en degré de parenté.

68. Mais non au Royaume.

Mais quant au Royaume, il n'est pas deferé selon l'ordre des successions ordinaires, & selon les degrez de parenté, mais selon l'Ordre & prerogative des branches & familles derivées de la maison de France : & encore en chacune d'icelles selon la prerogative des personnes, en preferant toûjours les aînez, comme chefs de la branche ou famille (comme Dieu même les qualifie au 6. de l'Exode) *sunt Principes domorum per familias, & Principes familiarum per cognationes suas*, & au

69. Aînesse parmy le peuple de Dieu.

4. Chap. du 1. Paralipom. ils sont appellez *Principes in cognationibus suis*, & *in domo affinitatum suarum* : & au 5. *Principes domus cognationis suæ*. Ausquels passages il se voit clairement que la prerogative d'aînesse s'etendoit successivement aux chefs de chacune branche : car le droit d'aînesse est établi par la loy de Dieu, qui au 27. de la Genese a dit, *Primogenitus erit Dominus fratrum suorum*, & que *filii matris ejus incurvabuntur ante eum*, & au Chap. 43. il est dit, que *Sederunt primogenitus juxta primogenita sua, & minimus juxta ætatem suam* : ce que nous tenons maintenant en France pour la succession de la Couronne, en consequence de cette substitution graduelle, établie à perpetuité par la loy fondamentale de l'Etat, qui deferoit également aux branches qui en sont issuës les dernieres, & qui partant en sont les plus proches ; & en chacune branche, au chef d'icelle, d'aîné en aîné successivement, fust-ce au millième degré, comme Balde a dit, nommément de la maison de Bourbon. Car le docte de Benedictis nous enseigne, que ce Royaume a été établi, à peu prés, comme celui du peuple du Dieu, *in verb. Duas habens filias. num. 70.*

70. Ce Royaume est établi à peu prés comme celui d'Israël.

Or c'étoit en cette préeminence perpetuelle sur les puisnez, que consistoit proprement l'effet de la benediction à laquelle étoit destiné l'aîné parmi le peuple de Dieu, appellée par Philon Juif τα αξιωματα, & ευλογιας αφοραια : dont la marque visible étoit cette robbe d'aînesse, appellée particulierement *Primogenita*, qui étant parfumée, fut cause de tromper par l'odorat le bon Isaac, quand il donna sa benediction à Jacob, qui l'avoit vétuë. Robbe

71. De même

que S. Hierosme, aprés les Commentateurs Hebreux, dit être celle de Prêstrise, parce que la Prêtrise étoit exercée par l'aîné des familles, sanctifié à Dieu, & dedié à son service avant qu'Aaron eût été destiné Prêtre de tout le peuple : ainsi que même parmi les payens, les sacrifices étoient particuliers aux maisons, & résidoient par devers le chef d'icelles.

72. Resolution d'aînesse.

73. Marque de l'aînesse, & des branches de la famille consiste aux armoiries.

Et nous partant, qui n'avons point de sacrifices privez, avons donné une autre marque à l'aîné de la race, pour le discerner eternellement d'avec tous les puisnez, sçavoir est, qu'il en porte les armes pleines, & toûjours passent d'aîné en aîné, au lieu que les puisnez les chargent & distinguent de quelque marque : & autant qu'il y a surcroît de nouvelles branches, autant les doit-on charger de diverses marques, par lesquelles se reconnoît toûjours chacune mutation des branches, & partant se remarque l'aîné de chacune branche ; ainsi est conservé perpetuellement le rang & la préeminence de tous ceux de la race.

74. Resolution de la question.

Si donc les simples Gentils-hommes deferent & cedent au chef les armes de leur famille, bien que la terre principale de la maison ne lui appartienne pas toûjours par droit successif : à plus forte raison cela doit-il avoir lieu en la Couronne, qui toûjours est deferée à l'aîné de la maison, étant demeurée en la nature ancienne de ces nobles-fiefs, affectez au chef des familles, ou des substitutions graduelles appellans à l'infini l'aîné de l'aîné des maisons, pour la conservation perpetuelle d'icelles : comme il s'est pratiqué en la personne de nôtre grand Roi Henry IV. & encore en celle de Monsieur le Prince de Condé, qui a été declaré premier Prince du sang, comme étant chef de la branche de Bourbon, bien qu'il ne soit qu'arriere cousin de sa Majesté, & qu'il ait des oncles, qui sont cousins germains d'icelle, & partant plus proches d'un degré, s'il falloit compter selon les degrez de parenté, comme és hereditez ordinaires.

75. Pourquoy cette question a été traitée plus au long.

Ce que j'ay traité plus amplement, à cause de l'importance, & aussi de la difficulté de la question, qui bien qu'elle ait été traitée par toutes sortes d'esprits au commencement des troubles derniers, pendant la vie de feu Monsieur le Cardinal de Bourbon, qui se prétendoit successeur de la Couronne, comme plus proche, selon les degrez des successeurs ordinaires, au prejudice de nôtre Roy, qui étoit l'aîné de la branche : neanmoins ceux qui l'ont traitée, se sont presque tous amusez à la question fameuse de l'oncle contre le neveu, en laquelle Tiraqueau n'a rien failli à dire, ne prenans pas garde que cette question n'a jamais été disputée, sinon au dedans des degrez de representation, qui égale le neveu à l'oncle, ou qu'on pretend le preferer és choses indivisibles ; & partant n'ont pas touché la vraye & particuliere raison, qui concerne la Couronne de France, à sçavoir qu'elle est affectée à l'aîné de l'aîné. Ce que les Princes du sang, les Officiers de la Couronne, & la meilleure partie de la Noblesse de France ont toûjours tenu. Mais sur tout le grand Dieu des Armées, par qui les Rois regnent, & les Princes sont maintenus, en a fait la decision, non seulement en établissant nôtre invincible Roy en son Thrône, malgré tant d'ennemis & de sujets rebelles, mais le faisant florir & regner aussi paisiblement & heureusement, que jamais aucun de ses predecesseurs ait fait, & outre tout cela lui a donné une si belle lignée, *Non hæc sine numine Divûm*.

76. Question de l'oncle du neveu.

77. Rang des Princes du sang entr'eux.

Puis donc que le respect & le rang qui est deferé aux Princes du sang, est à l'occasion de ce qu'ils sont successeurs presomptifs du Royaume à leur tour, il s'ensuit que le rang de marcher entr'eux doit être pareil à celui de succeder : parce qu'il n'y auroit pas apparence, que les plus éloignez de la Couronne marchassent devant ceux qui peut-être un jour leur commanderont. Et partant j'estime que non seulement le chef de la branche doit marcher devant les puisnez d'icelle, bien que plus proches parens du Roi, selon le compte ordinaire des degrez de parenté : mais aussi que le dernier de la plus proche branche, à sçavoir celle qui est issue la derniere, & plus recemment de la maison & famille Royale, doit marcher devant les chefs de toutes les autres branches, & ainsi consequemment. Et que c'est en cette façon qu'il faut entendre la regle de l'Ordonnance de 1576. que les Princes du sang marchent selon leur degré de consanguinité, c'est-à-dire, selon le rang & avantage de leur sang.

78. Degré signifie deux choses.

Ce mot de *degré* a deux significations en droit, attendu qu'outre le vulgaire, qui est de compter chaque personne pour un degré, il signifie souvent l'ordre & le rang de diverses especes, ou qualitez de propinquité, s'il faut ainsi dire. Ulpian *tit. 28. regul.* expliquant cette regle de droit que les successions sont deferées gradueliement, *Datur*, inquit, *bonorum possessio intestati per septem gradus : primo gradu liberis, secundo legitimis hæredibus, tertio proximis cognatis, quarto familiæ, &c.* Et en la loy premiere, *Si tab. testam. nul. ext. Prætor fecit gradus varios succedendi, primum liberorum, secundum legitimorum, tertium cognatorum, &c.* & Justinian en dit autant au titre *de bonor. poss.* aux Instituts.

79. Degré de consanguinité, que signifie.

D'ailleurs quand cette Ordonnance dit, *degré de consanguinité*, elle n'entend pas dire *de parenté masculine, ou agnation*, mais par degré de consanguinité, elle entend l'ordre & prerogative du sang, à cause duquel tous ces Princes sont appellez *Princes du sang*, & partant son intention est de preferer de degré en degré *Principes honorum per familias, seu Principes familiarum per cognationes suas.*

80. Privileges des Princes du sang.
Voyons donc le rang des Princes du sang, & quant à leurs autres privileges je me contenterai de faire ici une sommaire enumeration des principaux, parce que du Tillet, du Haillan, & autres en ont traité. Premierement, ils sont Conseillers nez du Conseil Privé du Roy, & même de son Parlement, qui étoit anciennement le Conseil d'Estat, sans qu'ils soient tenus d'y faire serment, ainsi que les Pairs. Il est vray que sans serment ils n'ont entrée ny aux Audiences du Parlement. Item, & en un mot toutes les prerogatives des Pairs de France, sans exception leur appartiennent, lesquelles j'ay rapportées particulierement au sixiéme chapitre du Liv. *des Seigneuries*. Ils sont en outre exempts de tous peages, même de rien payer des Seaux du Roy. Ils ne perdent point leur rang pour être d'Eglise, ny les filles pour être mariées à ceux qui ne sont Princes du sang. Ils assistent & opinent au jugement des Pairs de France, & des autres Princes du sang. Ils sont exempts des duels, & par consequent doivent être exceptez, aprés le Roy, en tout cartels & deffis.

81. Importance de conserver les Princes du sang.
Même il leur est deffendu de combattre aux joustes & tournois: dont j'ay leu quelque part, que le Roy Saint Loüis en fit une Ordonnance, à l'occasion de ce que son fils Robert Comte de Clermont receut en sa jeunesse tant de coups de masse à un tournoi, qu'il en pesa mourir, & s'en porta mal le reste de sa vie. Sur quoy nous pouvons bien considerer, quel malheur c'eust été pour la France, si ce Prince eust lors été tué, parce qu'en ce cas, la Couronne eust été vacante aprés la mort du Roy Henry III. sans qu'il eût eu aucun Prince du sang pour y succeder, d'autant que nôtre grand Roy d'à present, & tout tant qu'il y a maintenant de Princes du sang, sont issus de ce Prince Robert.

82. Nul Prince du sang executé à mort.
Et sur même propos il faut remarquer, que jusques icy on a tellement épargné le sang de France, que nul Prince d'iceluy n'a jamais été executé à mort par justice, même il ne s'en trouve qu'un seul, qui ait été condamné, sans toutefois avoir été executé: qui n'est pas pourtant un privilege d'impunité: mais plûtôt une marque de leur vertu & fidelité, ou bien de la bonté & affection de nos Roys en leur endroit.

83. Ordre des Princes parfaitement établi en France.
De ce que dessus il s'ensuit que l'Ordre des Princes est à present formé & établi parfaitement en France, & à l'égard du titre que nos Princes ont commun avec le Prince souverain: & quant au rang qu'ils ont à present sans controverse par dessus tous les grands du Royaume: & finalement quant à ces autres grands privileges que je viens de rapporter. D'où il resulte, que

84. Rang est mieux établi selon l'extraction que selon les seigneuries.
maintenant au rang des grands de France, on a plûtôt égard à leur extraction, qu'à leurs Seigneuries. Comme de vrai la dignité provenante de la race est de plus grand merite, que celle qui procede des Seigneuries, notamment des subalternes, attendu que celle-là subsiste en la personne même, & en son sang immediatement, naturellement & inseparablement: & celle-cy reside formellement en une terre, & n'est communiquée à la personne qu'accessoirement, accidentellement & separablement. Et il y a grande apparence, qu'anciennement en la France, & encore à present és autres Monarchies, les Seigneurs marchent selon la prerogative de leurs Seigneuries, & non pas de leur maison,

85. Pourquoy autrefois a été établi selon la personne qu'accessoirement, accidentellement & separablement.
a pris son commencement & son premier établissement du temps que les Ducs & Comtes joüissoient des droits de souveraineté: de sorte qu'ils étoient Princes par Seigneurie, car toûjours le titre de Prince a emporté la presence, & le premier rang de l'Estat.

86. Principauté native, & non pas dative.
Mais à present c'est un droit établi en France sans controverse, que le titre & le sang de Prince ne peut venir que de race, n'étant la principauté dative, mais native: car tant s'en faut que les petites Seigneuries erigées en titre de principauté produisent l'Ordre & le

rang de Prince, qu'au contraire les Duchez & Comtez les devancent sans difficulté, comme j'ay prouvé au Livre *des Seigneuries*. Et il me souvient d'une rencontre du Comte de Saint Paul, Prince du sang de la maison de Bourbon, qui dit au Roy François, luy demandant avis sur l'élection d'une telle principauté, que sa Majesté ne pouvoit faire des Princes qu'à la Reyne.

Origine des Princes autres que du sang.
Cette regle étant donc établie parmy nous, que la qualité de Princes, & les premiers rangs sont deferez selon le merite du sang, duquel on a pû s'être prévalu de son extraction, pour s'instaler en l'Ordre des Princes. Desorte qu'il s'y est trouvé encore d'autres Princes que ceux du sang Royal, chose dont il ne faut plus douter; attendu que l'Ordonnance de l'an 1576. cy-dessus rapportée, en énonce expressément d'autres, & même la Preface des Edits de nos Rois contient ordinairement, qu'ils ont sur iceux pris l'avis des Princes du sang, & autres Princes & Seigneurs de leur Cour.

86. Bâtards de France, & leurs descendans mis au rang des Princes.
Premierement, les enfans naturels de nos Rois, ou des Princes du sang, dont la branche est parvenuë à la Couronne, & leurs descendans ont soutenu, que comme les descendans des legitimes sont Princes legitimes aussi qu'eux, sont Princes naturels du Royaume. Et de vray, je ne craindray point de dire, aprés ce fidel rapporteur des secrets de France, du Tillet, qu'és deux premieres lignées de nos Rois, lors que la pluralité d'heritiers étoit admise au Royaume, les bâtards y avoient part avec les legitimes, même qu'ils avoient leur partage en titre de Royaume. Car les Annales nous témoignent, que Clovis premier Roy Chrétien (aussi bien que Constantin premier Empereur Chrétien) étoit bâtard, même bâtard adulterin, né de Basine femme du Roy de Turinge, & Thierry son fils naturel succedant au Royaume, avec les trois legitimes, & fut Roy de France, au titre d'Austrasie. Clotaire le Grand étoit pareillement bâtard, selon la plus commune opinion: & Sigisbert II. son bâtard, fut aussi Roi de France en Austrasie. Et en la 2. lignée, dont la tige, qui fut Charles Martel, étoit bâtard, Loüis & Carloman, bâtards de Loüis le Begue, furent Rois ensemble.

88. Pourquoy n'ont succedé en la troisiéme.
Mais la troisiéme lignée a toûjours observé tres-justement d'exclure les bâtards de la succession du Royaume, selon le droict commun, établi de present, comme je croi, en tous les Estats de la Chrétienté, où la polygamie & le concubinage sont deffendus: bien qu'anciennement les bâtards succedassent avec les legitimes, même parmy le peuple de Dieu, où ces prohibitions n'étoient pas.

89. La race du bâtard d'Amaury.
Encore trouvons-nous au commencement de cette troisiéme lignée, la Maison illustre de Mont-fort, déscenduë d'Amaury, fils naturel du Roy Robert, auquel il donna le Comté de Mont-fort prés Paris, encore à present appellé de son nom, Mont-fort l'Amaury, d'où sont descendus plusieurs grands Princes & Seigneurs rapportez par du Tillet, qui en fait une branche, comme des Princes du sang, entr'autres Boudoüin & Amaury, Rois de Hierusalem, Simon de Mont-fort, qui vainquit les Albigeois, un autre Simon de Mont-fort, Comte de Licestre, beau-frere de Henry III. Roy d'Anglet, qui le vainquit, & prit prisonnier en bataille rangée.

90. Bâtard ont été rangés à l'Eglise.
Du depuis à la verité nos Rois, craignans que les naturels ne fissent teste aux legitimes, ou du moins qu'ils pretendissent quelque jour à la succession du Royaume, selon l'observance injuste des deux precedentes races, ont pris coûtume, je ne sçai si je dois dire avec du Tillet, de ne les avoüer, mais bien de les ranger & dedier à l'Eglise, ainsi qu'en ces races precedentes on faisoit Moines ceux qu'on vouloit exclurre du Royaume, ou bien, d'autant que c'étoit un moyen plus commode & plus aisé de les avancer, & ensemble pour leur ôter l'esperance de la Couronne. Mais à present que cette regle de les exclure de la Couronne, est établie par tant de siecles, & par une si longue suite de Rois paisibles, que celuy qui la voudroit violer, n'y gagneroit rien d'autre, que de se rendre ridicule, nos Rois ne font plus de doute, ny d'avoüer leurs enfans naturels, ny de les laisser marier.

91. Maintenant sont avoüés & mariés.

des Princes, Chap. VII.

Même ils les legitiment en tout & par tout, fors pour la succession du Royaume, & ce par lettres expresses, qui portent clause, qu'ils marcheront immediatement après les Princes du sang, lettres qu'ils sont verifier au Parlement : de sorte qu'il n'en faut nullement douter, que les enfans naturels des Rois, & tous les descendans legitimes d'iceux, n'ayent le titre & le rang de prince.

92. Excellence des bâtards de France.

Ce qui est certainement bien convenable à l'extrême respect & reverence, que le peuple de France, plus que tout autre, porte à ses Rois, & à leur sang, en l'excellence duquel on ne doit imaginer aucune souilleure ni corruption, mais au contraire ce sang Royal purifie & annoblit tout autre sang, avec lequel il se mesle. Car il faut avoüer, qu'il est d'estoffe & qualité bien plus noble & plus auguste que celuy des autres hommes : veu que Platon au troisiéme de sa Republique a dit, que ceux qui sont nez pour commander, sont composez d'autre metail que les autres. Et Aristote a dit plus à propos, que les Rois sont d'un genre moien entre Dieu & le peuple. Comme donc les poëtes appellent bâtards des Dieux *Heroes*, ou demy-Dieux, aussi pouvons-nous dire, que les bâtards des Rois sont demy-Rois, c'est à dire princes, qui est la qualité moyenne entre les Rois & les autres hommes. Et puisque nous les privons du pouvoir de commander, au moins leur devons-nous laisser l'honneur ou titre honoraire de prince, & le rang au dessous des princes capables du commandement souverain.

93. Issus des Souverainetez étrangeres, mis au rang des Princes de France.

Pareillement la bonté & addresse de nos Rois a laissé installer en l'Ordre des princes, les descendus des Souverainetez étrangeres. Ce qui s'est pratiqué bien à propos ; car il en revient beaucoup d'honneur, d'asseurance & d'accroissement à ce Royaume. Honneur, en ce qu'on voit en la Cour de France, comme un recueil & amas des maisons souveraines de la Chrétienté : asseurance, entant que ces princes étrangers nous sont comme des ôstages volontaires & perpetuels des alliances que nous avons avec les chefs de leurs maisons : accroissement aussi, parce qu'ils apportent en France leurs moyens, leur creance & leurs amis, & sur tout leurs genereuses personnes, qui sont autant de Capitaines au besoin ; & de verité, il faut avoüer qu'ils ont fait de signalez services au Royaume.

94. Princes étrangers sont avancez en France.

Aussi en sont-ils fort bien recompensez : car en la grandeur & opulence de la France, ils n'y demeurent gueres, qu'ils ne soient appointez des principales charges, & accreus des principales Seigneuries, & qu'ils n'y trouvent des mariages avantageux : de sorte qu'on ne peut nier qu'ils n'y soient avancez beaucoup plus qu'ils ne pourroient être en leur païs.

95. Deux sortes de Princes, outre ceux du sang.

Voila donc deux sortes de princes reconnus en France, outre ceux du sang, à savoir les princes François & les princes étrangers ; ou bien les princes naturels, & les princes naturalisez : qui à la verité ne sont les uns ny les autres, si vrayement & proprement princes, que ceux du sang, parce que la principale marque du prince, est d'être capable de succeder à la Souveraineté, j'entens à la Souveraineté du lieu, où ils veulent être reconnus pour princes, car les Seigneuries sont bornées : & comme le Souverain d'un autre Estat ne sçauroit être Souverain en France, aussi ses parens n'y sont pas princes parfaitement, & de leur propre qualité : mais seulement en tant qu'il plaist au Roy les y reconnoistre pour tels.

96. Pourquoy le Parlement ne qualifie Princes indefiniment les Princes étrangers.

C'est pourquoy le parlement, qui est particulierement jaloux de la conservation des droits de la Couronne, & par consequent des princes d'icelle, ne leur a point encore passé cette qualité, au moins indefiniment & sans adjectif de leur païs, parce aussi que la parfaite proprieté des mots doit être religieusement gardée en iceluy, notamment és matieres de telle importance.

97. Sont par ailleurs qualifiez & reconnus pour Princes.

Mais j'estime qu'ailleurs on ne peut manquer de les qualifier Princes absolument : puisque le Roy, duquel la simple parole fait la loy en telles matieres, les honore journellement de ce titre, en communs propos, & és actes serieux, même les maintient en joüissance des Des Ordres.

prerogatives attribuées aux seuls Princes : joint que c'est une regle de Dialectique, que le nom du genre peut être enoncé de toutes ses especes.

98. Princes capables de la Couronne, ainsi appellez.

Et c'est possible, l'occasion pour laquelle les Princes capables de la Couronne, pour se distinguer d'avec eux (comme à la verité ils sont d'un degré beaucoup plus éminent) se qualifient non pas Princes simplement, mais par une adjection de dignité plus particuliere, ils se nomment *Princes du sang*. Comme pareillement à la distinction des Princes naturels & leurs descendans, ils se qualifient princes de la Couronne. Car il n'y a point d'apparence, à mon advis, en ce que dit Haillan, qu'il n'y a que les enfans de Frace qui se puissent qualifier princes de la Couronne ; attendu qu'ils ne peuvent prendre de titre plus relevé, que celuy de fils de France : joint que le titre de prince de la Couronne, selon la droite signification, convient aussi bien à leurs descendans, qui sont les autres princes du sang, comme à eux. Aussi Belle-Forêt en l'Avant-propos des Annales de Nicole Gilles, prouve fort bien que tous les princes du sang se peuvent qualifier princes de la Couronne.

99. Princes du sang sont aussi appellez Princes de la Couronne, à la distinction des Princes naturels.

100. Que ce n'est à la distinction des parens feminins du Roy.

Mais s'il dit, que c'est à la difference des parens du Roi du côté de femmes : ce qui est encore plus éloigné de raison : car outre que ceux là ne sont nullement princes, il est notoire qu'en tous cas le titre de prince du sang ne leur peut convenir, & partant qu'il est assez suffisant pour les distinguer d'eux. Consequemment, il faut venir à cette verité, que les princes legitimes de France, pour se distinguer des naturels & leurs descendans, (sans les vouloir noter en les appellant princes bâtards) se qualifient princes de la Couronne, c'est-à-dire, capables de succeder à la Couronne, en quoy gist la vraye proprieté ou perfection de la principauté : d'autant que d'ailleurs le titre de prince du sang peut en quelque façon convenir aux princes naturels, en tant que le sang concerne l'effet de la nature.

101. Privileges de ces dernieres especes de Princes.

Or tout ainsi que les princes naturels, & aussi les naturalisez ont obtenu le titre de prince, qui leur est present commun avec ceux du sang, aussi ont-ils trouvé le moien d'avoir aprés eux plusieurs de leurs autres preeminences. Comme en premier lieu de marcher en rang des princes, & partant preceder tous les grands Seigneurs, & pareillement tous les grands Officiers, sauf que les grands Officiers ne leur cedent, & ne leur deferent nullement aux actes de leur exercice, comme ils font par honneur aux princes du sang. Même ces autres princes marchent entr'eux, non selon le merite de leurs Seigneuries subalternes, mais selon leur degré de princes. Sur quoy je ne m'amuseray pas à decider, lesquels des naturels, ou naturalisez doivent preceder, ny à traiter les autres grandes questions qui échéent au rang des uns & des autres, parce qu'il n'appartient qu'au Roi de les terminer.

102. Leur rang.

Item, comme les princes du sang, qui sont vrais parens du Roy, sont luy appellez, ou ses oncles, s'ils sont bien plus âgez, ou ses cousins, s'ils sont d'âge à peu prés egal, ou ses neveux, s'ils sont de plus bas âge : les autres princes sont appellez tout de même par sa Majesté. Même lors que les Ducs & Comtes joüissoient des droits de souveraineté, nos Rois leur firent l'honneur de les appeller leurs parens : & reciproquement aussi les vrais parens du Roy prirent le titre de prince, qui avoit été premierement occupé par ces Ducs & Comtes souverains de France. D'où vient que sa Majesté defere encore ce même honneur aux Ducs d'à present, bien qu'ils ne soient plus souverains : parce que le titre d'honneur ou n'abbaisse jamais. Ce qui se fait aussi à l'égard des Ducs & Comtes souverains étrangers : & quant aux autres Rois de la Chrétienté, le nôtre, qui est le fils aîné de l'Eglise, les appelle ses freres.

103. Le Roy les qualifie ses parens.

Pareillement, comme les princes du sang sont Conseillers nez du Conseil d'Estat, aussi les autres princes ont gagné cet avantage d'y avoir entrée, seance & voix, sans avoir besoin de brevet du Roy à cette fin, comme ont les autres Conseillers d'iceluy. Mais ils n'ont point d'entrée au Parlement, comme ont les

104. Sont du Conseil d'Estat.

F ij

48 Des Ordres

Princes du sang, s'ils ne sont Pairs de France. Et en tost en ce cas ils y gardent le rang de leur Pairies, & non celuy de leur principauté, ainsi que les Princes du sang, dont la raison est, que les Princes du sang y assistent comme Princes, & ceux-cy comme Pairs seulement.

Finalement ils se pretendent exempts de duel: & de verité comme on tient qu'un Gentil-homme n'est pas tenu en point d'honneur de se battre contre un roturier; aussi tient-on qu'un Prince n'est pas obligé entrer en duel contre un Gentil-homme, fust-il Chevalier, même Duc, à cause de l'inegalité de condition, & qu'en matiere de duel il faut avoir son pareil. Mais j'estime, qu'il n'y a point de difficulté que cessant les Ordonnances prohibitives des duels, Princes autres que du sang, ne se puissent battre en duel les uns contre les autres: bien que cela ne soit point approuvé entre les Princes du sang, parce qu'il n'est pas à beaucoup prés de telle importance à la France que leur sang soit épargné, que celuy de France.

105. S'ils sont exempts des duels.

CHAPITRE VIII.

Du Tiers-Estat.

1. Tiers Estat n'est pas vray Ordre.
2. N'étoit mis en compte en l'ancienne Gaule.
3. Ny en ce Royaume anciennement.
4. Parlement ancien de France.
5. Origine du Tiers Estat de France.
6. Officiers de Justice & des finances sont la plus part du Tiers-Estat.
7. Bourgeois, bourg, ville.
8. Bourgeoisie ne comprend pas tous les habitans des villes.
9. Bourgeoisie ne signifie que les habitans des villes privilegiées.
10. Ordres ou vacations du Tiers-Estat.
11. Des gens de lettres.
12. Quatre Facultez de gens de lettres.
13. Bachelier, Licentié & Docteur, ou Maistre.
14. Ceremonie à conferer ces degrez.
15. Des Advocats.
16. Advocats, qui étoient à Rome.
17. Advocats plaidans de Rome distinguez des Jurisconsultes.
18. Des Advocats plaidans de Rome en l'Estat populaire.
19. Et sous les Empereurs.
20. Advocats n'étoient perpetuels.
21. Jurisconsultes.
22. Pragmatici, sive formularii.
23. Quand commencerent à être en honneur.
24. Leurs trois fonctions.
25. Disputatio fori, decretum seu recepta sententia.
26. Jurisconsultes étoient ordinairement Conseillers des Empereurs.
27. Prenoient lettres de l'Empereur pour consulter.
28. Advocats plaidans de France devienent consultans.
29. Advocats consultans autrefois appellez Conseillers.
30. Pourquoy les Conseillers Presidiaux sont appellez Conseillers Magistrats.
31. Des Financiers.
32. Estoient fort honorez à Rome.
33. Financiers, qui proprement?
34. Sont presque tous Officiers.
35. Des Praticiens de longue & courte robe.
36. Des Procureurs.
37. Cognitor & Procurator.
38. Les Romains usoient de Procureurs ad lites.
39. Pourquoy les Procureurs sont en France necessaires à tous plaideurs.
40. Leur pouvoir és causes.
41. Que c'est vrayement un Ordre.
42. Erigez en Offices, puis supprimez.
43. Demission des Procureurs.
44. Qualitez necessaires aux Procureurs.
45. Des Marchands.
46. Leur rang d'honneur.
47. Des Laboureurs.
48. Sont personnes viles.
49. Des artisans, ou gens de métier.
50. Bel ordre en leur maistrises.
51. Lettres de maistrises donnees par le Roy & les Princes.
52. Artisans & Marchands ensemble.
53. Artifices & opifices.
54. Des gens de bras.
55. Des mendians.

1. Tiers-Estat n'est vray Ordre.

EN tant que l'Ordre est une espece de Dignité, le Tiers-Estat de France n'est pas proprement un Ordre; car comme il comprend tout le reste du peuple, outre les Ecclesiastiques, & les Nobles, il faudroit que tout le peuple de France, sans exception, fût en dignité. Mais entant que l'Ordre signifie une condition ou vacation, ou bien une espece distincte de personnes, le Tiers-Estat est l'un des trois Ordres ou Estats generaux de France, qui neanmoins en l'ancienne Gaule n'étoit mis en compte, ny tenu en aucun respect ou égard, dit Cesar au 6. Livre de bello Gallico. In omni Gallia eorum hominum, qui in aliquo sunt numero & honore, genera sunt duo, alterum Druidum, alterum Equitum. Nam plebs penè servorum habetur loco, quæ per se nihil audet, nullique adhibetur concilio. Et Monsieur Pasquier au septieme Chapitre de son second Livre des Recherches, remarque fort à propos qu'és deux premieres lignées de nos Rois, il n'étoit aucune mention du Tiers-Estat, & que le simple peuple n'étoit point appellé aux assemblées generales, qui se faisoient pour la reformation de l'Estat, qui lors étoient dites Parlemens, & qu'à present nous appellons Estats Generaux: mais qu'il n'y avoit que les Prelats & les Barons, c'est-à-dire, les principaux du Clergé & de la Noblesse; d'où vient que nos Cours de Parlement à present sont composées de Clercs & de Laïcs, qui étoient autrefois gens d'épée & de robe courte, comme les anciens livres font foy.

2. N'étoit mis en compte en l'ancienne Gaule.

3. Ny en ce Royaume anciennement.

4. Parlement ancien

Il adjouste qu'en la troisiéme lignée, nos Rois ayans pris coustume de demander un secours ou subside d'argent au menu peuple, pour la necessité des guerres, afin qu'on tirat son consentement, sans lequel de ce temps-là ne se faisoit aucune levée de deniers, ils l'appellerent desormais en ces assemblées, qui à cette cause ont été appellées Estats Generaux. C'est pourquoy on appelle le menu peuple Tiers-Estat, comme l'Ordre des Chevaliers Romains, est par Pline liv. 33. de son histoire, chap. 1. appellé le Tiers-Ordre, parce qu'il fust adjoûté aux deux autres, qui étoient instituez long-temps auparavant. Et le Tiers-Estat de France est à present beaucoup plus grand pouvoir & authorité qu'il n'étoit autrefois, parce que les Officiers de la Justice & des finances en sont presque tous, depuis que la Noblesse a méprisé les lettres, & embrassé l'oisiveté. La Noblesse, dis-je, du corps de laquelle étoient anciennement choisis les Juges, &, comme prouve bien Fauchet en ses Origines Chap. 1, des Chevaliers, aussi les principaux Officiers des finances: ainsi qu'à Rome les Chevaliers furent fort long-temps les Juges, & toûjours les Publiquains & principaux financiers furent de leur corps, même les Questeurs, ou Intendans des finances étoient le plus souvent pris d'entre les Senateurs.

5. Origine du Tiers Estat de France.

6. Officiers de Justice & de finances sont la plus part du Tiers-Estat.

Car le mot de Tiers-Estat est plus ample que celuy de

Du Tiers-Etat, Chapitre VIII.

7. Bourgeois, Bourg, ville.
Bourgeois, qui ne comprend que les habitans des villes, lesquels en vieil François & encore maintenant en Allemand s'appellent *bourgs*, d'où vient que nous appellons *fors-bourgs*, ce qui est hors le bourg, & les villes signifioient anciennement les maisons des champs, ainsi que le Latin *villa*, d'où vient que la plûpart des villages de Beauce retiennent encore la terminaison de ville, à la suite du nom de leur ancien Seigneur, & dés à present les villageois appellent en plusieurs contrées leurs villages, villes.

8. Bourgeois ne comprend pas tous les habitans des villes.
Encore le terme de Bourgeois ne comprend-il pas proprement tous les habitans des villes. Car les Nobles encore tous le sont qu'ils fassent leur demeure dans les villes, ne se qualifient pas Bourgeois, parce que la Noblesse est un Ordre du tout separé du tiers-Etat, auquel la bourgeoisie convient : c'est pourquoi le bourgeois est ordinairement opposé au noble, comme quand nous disons la garde noble & bourgeoise. Et d'ailleurs les viles personnes du menu peuple n'ont pas droit de se qualifier Bourgeois : aussi n'ont ils pas part aux honneurs de la cité, ni voix aux assemblées, en quoi consiste la Bourgeoisie.

9. Bourgeois ne signifie que les habitans des villes privilegiées.
Qui plus est, à proprement parler, les Bourgeois ne sont pas en toutes villes, mais seulement és villes privilegiées, qui ont droit de corps & communauté. Car être Citoyen ou Bourgeois, comme Plutarque definit tres-bien in Solone, est avoir part aux droits & privileges d'une Cité : de sorte que si la cité n'a communauté & corps de ville, Officiers ni privileges, il ne peut avoir de bourgeois. Ainsi sont-ils en droit *municipes à muneribus capiundis*, comme dit Bodin au 6. ch. du 1. liv. soûtenant qu'en nôtre langue, *bourgeois* a je ne sçai quoi de plus special, que citoyen.

10. Ordres ou vacations du Tiers-Etat.
Or en France, ainsi qu'à Rome, il y a plusieurs Ordres ou degrez au Tiers-Etat : & comme les Romains avoient *Tribunos ærarii, scribas, mercatores, apparitores, artifices, opifices, & turbam forensem* : aussi nous avons en France les gens de lettres, les financiers, les praticiens, les marchands, les laboureurs, les ministres de Justice, & les gens de bras, desquels il faut parler separement.

11. Des gens de lettres.
Pour l'honneur dû à la science, j'ai mis au premier rang les gens de lettres, dont les Romains ne faisoient point d'Ordre à part, mais les laissoient mêlez dans les trois Etats : aussi ils n'avoient point tant de personnes que nous, qui eussent les lettres pour leur profession & vacation speciale, & si peu qu'ils en avoient, ils les reduisoient en milices, qui étoient Offices quasi perpetuels : de sorte qu'ils leur faisoient plus d'honneur que nous, & leur donnoient de tres-grands privileges, comme il se voit au titre *de profess. & medic*. Aussi n'en avoit-il qu'un certain nombre, au lieu qu'en France on en reçoit autant qu'il s'en presente de capables.

12. Quatre facultez des gens de lettres.
Et nos gens de lettres sont divisez en quatre facultez ou sciences principales, à sçavoir la Theologie, la Jurisprudence (sous laquelle je comprend le droit Civil & Canon) la Medecine & les Arts qui comprennent la Grammaire, Rhetorique & Philosophie : & en chacune de ces quatre facultez il y a trois degrez, sçavoir est, de Bachelier, de Licencié, & de Docteur ou Maistre.

13. Le Bachelier, Licencié, & Docteur, ou Maistre.
Le Bachelier (dont l'étymologie a été expliquée au ch. 6.) est celui qui ayant achevé ses études, est admis au cours de la Faculté, pour aspirer au Doctorat ou Maistrise, le Licencié est celui, qui ayant achevé son cours, & fait tous les actes & épreuves requises, est declaré capable d'obtenir la grade de Docteur ou Maistre, c'est pourquoi il a presque les mêmes avantages que le Docteur : bref le Docteur Maistre est celui, qui ayant solemnellement reçû les marques & enseignes de cette dignité, obtient la puissance d'enseigner publiquement les autres, & leur conferer le même degré ; laquelle puissance le simple Licencié n'a pas.

14. Ceremonies à conferer ces degrez.
Je ne m'amuserai point à apporter ici les ceremonies qu'on garde à la collation de chacun degré, parce qu'elles sont differentes selon les diverses Facultez, & encore selon les diverses Universitez : estimant ces degrez s'e baillent, n'étans ces ceremonies inventées, que pour maintenir davantage l'honneur des sciences, par ces ap-

parences exterieures. Tant y a que ces Ordres ou degrez sont dignitez de l'école. Mais voici un autre Ordre ou dignité de gens de lettres, qui est sorti de l'école, est conferée publiquement, par le Magistrat, sçavoir est celle d'Avocat, qui ne peut être conferé qu'à ceux qui ont deja le degré de Docteur, ou pour le moins de Licencié au droit civil & canon.

15. Des Avocats.

16. Avocats qui étoient à Rome.
Les Romains appelloient premierement Avocats, ceux qui assistoient les parties de leur simple presence, lors que leur cause étoit plaidée par ceux qu'ils appelloient *patronos causarum*. *Qui defendit alterùm in judicio, inquit Asconius, aut patronus dicitur, si orator est, aut Jurisconsultus, si jus suggerit : aut Advocatus, si præsentiam suam amico commodat : aut Procurator, si negotium suscipit : aut cognitor, si præsentis causam novit, & sic tuetur ut suam. Sed hodie his nominibus abutimur, & advocamus patronum, invocamus judicem, provocamus adversarium, evocamus testem.* Enfin on appela generalement Avocats, *omnes omnino qui in causis agendis quoque studio operabantur*, dit la loy 1. §. *Advocatos, D. de extraord. cognit.*

17. Avocats plaidans de Rome, distinguez des Jurisconsultes.
Neanmoins en prenant les Avocats en leur particuliere signification, ils étoient distinguez d'avec les Jurisc. ceux-là étans les Avocats plaidans, & ceux-ci les consultans, qui toutefois étoient à Rome deux vacations du tout differentes. Car les Avocats ou Orateurs ne devenoient point Jurisc. comme nos Avocats plaidans devienent consultans, parce qu'à nous ce n'est qu'une même vacation, de sorte que la plaidoyerie les porte à la consultation, par le progrez de l'âge, & le merite de l'experience.

18. Des Avocats plaidans de Rome en l'Etat populaire.
Les Orateurs ou Patrons des causes étoient les Avocats plaidans, qui étoit un exercice si honorable parmi les Romains, que les Senateurs de Rome, & autres grands Personnages y passoient leur jeunesse : même c'étoit le principal moyen en l'Etat populaire des Romains, de parvenir aux grâdes charges, que d'être bon Avocat : parce que defendant les causes gratuitement, comme ils faisoient, ils obligeoient étroitement à eux plusieurs personnes, & acqueroient par consequent un grand nombre de cliens (ainsi appelloient-ils ceux dont ils avoient defendu les causes) & par consequent un tres-grand support & autorité parmi le peuple, qui leur servoit beaucoup pour parvenir aux grands Offices, qui étoit le comble de leur avancement. Joint que ceux qui sçavoient bien haranguer, avoient un grand avantage és assemblées du peuple ; lequel se rend plus volontiers par les oreilles : de sorte qu'és Etats populaires, les Avocats sont ordinairement les premiers en puissance & autorité.

19. Et sous les Empereurs.
Mais sous les Emp. cette autorité fut fort rabaissée, cômedit l'Auteur du Dialogue *de Oratoribus*, attribué à Tacite : parce que la faveur populaire ne servoit plus de rien pour obtenir les grandes Charges. Et ce fut lorsque ne pouvans plus être recompensez que par argent, ils devinrent mercenaires. Neanmoins les Emp. ne les voulans laisser dechoir tout-à-fait, les reduisirent en Milices, leur attribuant par consequent tous ces beaux privileges qu'avoient les soldats, & encore d'autres particuliers, notamment celui-ci, qu'après avoir exercé leur charge l'espace de 20. ans, ils devenoient Comtes. *l. 1, C. de Advoc. diverse. Judic.* Car en leur rang de patronage, ils devenoient Avocats du fisque, & y servoient à cette Charge l'espace d'un an, puis de 2. ans ils n'étoient plus Avocats,

20. Avocats du fisc, étoient faits Comtes.
l. Cùm advocato, & l. Sancimus. C. de Advocatdiu, jud. qui est ce que la loy *Jubemus* appelle *finem professionis*, & c'étoient alors qu'ils devenoient Comtes, comme étans destinez aux grands Offices, de sorte que c'est ainsi qu'il faut entendre ce trait vulgaire de Tacite, *Advocatorum tum incipere dignitati, cùm finiunt stipendia.* Il est vrai que du tems de Valentinian, pour peu qu'il se trouva d'Avocats, ils furent faits perpetuels. *Non Valent. de confirm. his qui ad min. vel off. plus, &c.* ce qui fut après corrigé par une autre belle Novelle de Valentinian & Martian, raportée par Cujas liv. 20. 23.

21. Jurisconsultes populaires.
Quant aux Jurisconsultes, ils n'étoient pas pendant la République en si grande estime à Rome que les Orateurs, qui leur étoient le plus, comme étans plus

Des Ordres

22. Pragmaticis seu formularii.

comme leurs ministres, monitores & successores, postea dit Budée, qui jus & formulas populo agentibus suggerebant, unde venit des Grecs, qui les appelloient Pragmaticos, comme dit Ciceron lib. 2. de orat. Quintil. lib. 3. cap. 8. & lib. 12. cap. 3. Ils étoient aussi appellez Formularii & Legulei, parce qu'ils avoient inventé certaines formules ou cabale inconnuë au reste du peuple, qu'il même ils écrivoient en nottes ou chiffres, comme font les Medecins leurs recipez, afin qu'il n'y eût que ceux de l'Etat, qui les peussent lire & entendre, & neanmoins avoient gagné ce point sur les Juges, que qui y failloit d'une syllabe, perdoit sa cause : occasion pourquoi Ciceron les appelle *aucupes syllabarum*. Bref ils ressembloient du tout à nos chicaneurs de Cour de Rome, qui aussi s'appellent Praticiens.

23. Quand ont commencé à être en honneur.

Mais aprés que Cneus Flavius eut communiqué au peuple leur secret, plusieurs s'étudierent ensuite à philosopher plus liberalement sur le droit, dont parmi les beaux esprits de Rome, il se fit incontinent une belle science, de laquelle ceux qui étoient douëz s'appelloient *Jurisperitos, Jurisconsultos, seu Jurisprudentes*, ou bien simplement *prudentes & sapientes*, qui enfin furent respectez, pour le besoin que chacun en avoit. Et sur tout les Empereurs leur donnerent une grande autorité, quâd ils ordonnerent que les Juges seroient tenus de suivre leurs avis en jugeant, comme il est dit aux Instituts.

24. Leurs trois fonctions.

Aussi avoient-ils trois fonctions principales, *cavere, de jure respondere, & judicare, seu assidere Magistratibus*. *Cavere*, c'étoit conseiller les parties, qui étoit l'unique fonction des anciens Praticiens. *de jure respondere*, étoit donner avis aux Juges sur le point de droit, és procez prêts à juger. *Judicare denique, seu assidere Magistratibus*, étoit être Assesseurs ou Commissaires deleguez des Magistrats pour instruire, & quelquefois pour juger les procez, soit avec eux, ou sans eux.

25. Disputatio fori decretum, seu recepta sententia.

Ils avoient encore une autre autorité, c'est que quand il survenoit quelque difficile question dans Rome, ils s'assembloient tous ensemble pour la disputer & concerter, & cette conference étoit appellée *disputatio fori*, dont Ciceron fait mention lib. 1. ad Q. fratrem, & aux Topiques: & ce qu'ils resoudoient en telles assemblées, étoit appellé *decretum*, seu *recepta sententia*, qui étoit une espece *Juris non scripti*, comme traite fort methodiquement Ravardus en son docte l. de auct. prud. cap. 14. & 15.

26. Jurisconsultes étoient ordinairement Conseillers des Empereurs.

Bref, ils avoient encore cet honneur, qu'ils étoient de la suite & du conseil des Emp. comme il se collige la loy 30. D. de excus. *Jurisperitos in consilium Principum assumptos, optimi maximique Principes nostri constituerunt a tutelis excusandos, qui circa latus eorum agerent, ab honor delatus finem certi temporis & loci non haberet*. Et en la loy 11. § *Ex facto D. de minor*. il est dit, que le Jurisc. Menander fut excusé de tutelle, *quia circa Principem erat occupatus*, & est appuyé à ce sujet *Consiliarius Menander*. Ce qui commença dés l'Empereur Adrian, qui comme dit Spartian en sa vie, *Cùm judicaret, in consilio habuit, non amicos solùm aut comites, sed Jurisconsultos, præcipue Julium Celsum, Salvium Julianum, Neratium Priscum, aliosque, quos tamen Senatus nemini probasset*. Lamprid. in Alex. Sev. Ideo inquit, *summus Imperator suit, quòd Ulpiani consiliis præcipue Rempub. rexit*: & peu devant il avoit dit, *que nullam constitutionem sacravit sine viginti Jurisperitis, &c*.

27. Prenoient lettres de l'Empereur pour consulter.

Mais ce qui commença à leur donner plus de vogue & de lustre fut, qu'Auguste leur enjoignit de prendre lettres de luy, & partant ils furent tenus pour Officiers de l'Empereur, dont du depuis l'Empereur Adrian se mocqua à bon droit, disant que ce n'étoit pas à l'Empereur d'octroyer la capacité requise pour être Jurisconsulte, comme rapporte Caius en la loy 2. de orig. jur. vers la fin. Tant y a que desormais les Jurisconsultes consultans par l'autorité de l'Empereur, étoient comme Officiers publics, & *in perpetuo Magistratu*, au moins comme *Manilius* qualifie le Jurisconsulte.

Perpetuus populi privato sine limine Prator.

28. Avocats.

Voila comme en usoient les Romains de tems en tems, mais en France nous n'avons point separé les Orateurs d'avec les Jurisconsultes, mais nous les comprenons tous sous l'Ordre, & sous le nom d'Avocats, dont les uns sont plaidans & les autres consultans, qui est la retraite d'honneur de leur vieillesse. Car c'est la recompense du labeur de leur vie passée, que ceux qui ne peuvent plus porter le travail & contention de la plaidoirie, & auxquels aussi l'âge continué parmi les affaires, a acquis plus de capacité & d'experience, donnent desormais conseils aux plus jeunes. Aussi en l'Audience des Parlements, ces Avocats ont à part leur banc & seance sur les fleurs de lis, ainsi que les Juges de Provinces, & ont aussi leur titre à part és anciennes Ordonnances de Parlement, où ils sont appellez *Advocati consiliarii*, comme ils sont titrez en la loy *Consiliarii. D. de offic. assess. l. 3. eod. tit. Cod. Justin. & lib. 1. Cod. Theod.* Titre qui sera expliqué ci-après. Et on voit aussi dans les anciens Praticiens François, qu'anciennement les Avocats étoient Conseillers, parce que c'étoit eux qui conseilloient les Juges tant à l'audience qu'au Conseil.

29. Avocats consultans, autrefois Conseillers.

Ce qui a donné sujet de mettre des Conseillers en titre d'Office au lieu d'eux, lors qu'après la venalité des Offices établie, on a reduit en Offices toutes sortes de fonctions honnêtes, afin de les vendre. Et ces Conseillers erigez en titre d'Office, ont esté appellez *Conseillers Magistrats*, à la difference des Conseillers d'auparavant, qui étoient les anciens Avocats, non Officiers : dont du Moulin se plaint fort sur les Coûtumes, disant qu'il ne se voyoit pas beaucoup près d'appellations auparavant, parce que les procez étoient jugez par des anciens Avocats, au lieu que maintenant ils sont jugez par des jeunes Conseillers ignorans pour la plûpart, n'y ayant gueres d'autres qui achetent ces petits Offices, que ceux qui ne sont capables d'être Avocats.

30. Pour-quoi les Conseillers Presidiaux sont appellez Magistrats.

Aprés les gens de lettres, doivent, à mon avis venir en rang les Financiers, qui à Rome tenoient le premier Ordre du menu peuple, étans appellez *Tribuni, seu Quæstores ærarii*, comme il a été dit au chapitre 2. même par la loy *Aurelia* leur fut communiqué le droit de juger les causes avec les Senateurs & Chevaliers. Ce que Dion interpretant dit, qu'ayant été resolu que tous les trois Ordres du peuple Romain participeroient aux jugemens, parce que l'Ordre du menu peuple étoit trop ample, on prit seulement les Tribuns des Finances, comme les principaux & plus honorables d'iceluy, pour être ceux qui seroient Juges avec les Senateurs & Chevaliers. Et qui plus est, les Partisans appellez *Publicani*, étoient de l'Ordre des Chevaliers, comme ils sont encore Gentils-hommes à Venise, & en plusieurs autres pays.

31. Des Financiers.

32. Étoient fort honorez à Rome.

J'appelle Financiers tous ceux qui s'entremettent du maniement des Finances, c'est-à-dire des deniers du Roy, soit Officiers, ou non. Car nous parlons ici des Ordres, ou plûtôt des vacations simples, qui sont compatibles avec les Offices. Même c'est la verité, qu'anciennement les charges de Finances n'étoient point Offices, mais simples commissions, comme j'ai prouvé ailleurs : & encore la plûpart d'icelles étoient deferées par le peuple, lequel, lors qu'il accordoit quelque levée de deniers au Roy, nommoit quant & quant des gens pour le départir & égaler, premierement par les Provinces qui s'appelloient *Generaux*, puis sur les Parroisses, qui s'appelloient *Elûs*, & finalement sur les particuliers habitans de chacune Paroisse, qui s'appellent encore à present *Asseurs*. Mais depuis que la venalité des Offices est venuë en usage, il n'y a si petit exercice de finance, dont on n'ait fait un Office. Et parce qu'il y a ordinairement peu d'honneur & peu de pouvoir aussi en ces Offices, on leur a attribué beaucoup de gages : joint qu'il est raisonnable, que comme celui qui manie la poix, en retiéne quelque chose en ses doits, aussi ceux qui manient les finances, en prennent par leurs mains leur part : à quoi volontiers ils ne s'oublient gueres.

33. Financiers, quoi proprement.

34. Sont presque tous Officiers à present.

Les Praticiens ou gens d'affaires vont aprés, desquels est fait mention en la loy *Moris, §. Nonnunquam, Di de panis* & par Juvenal.

— Si contigit aureus unus.

35. Des Praticiens de longue robe & courte robe.

Du Tiers-Etat, Chapitre VIII.

Inde cadent patres in fœdera pragmaticorum.
Et sont tous ceux qui outre les Juges & les Avocats, gagnent leur vie aux affaires & procez d'autrui. Il y en a de deux sortes, à sçavoir ceux de longue robe, qui sont à nous les Greffiers, Notaires, Procureurs, & étoient par les Romains appellez *Scribes*: & ceux de courte robe, qui sont à nous les Sergens, Trompettes, Priseurs, Vendeurs, & autres semblables, qui étoient particulierement appellez *Apparitores Magistratuum*, & constituoient un Ordre distinct de celui des Scribes: Car l'Ordre des Scribes precedoit celui des Marchands, mais celui des Appariteurs le suivoit. Et de même en France les Praticiens de robe longue marchent devant les Marchands, mais ceux de courte robe marchent aprés, & neanmoins les uns & les autres sont compris sous le nom de Praticiens.

36. Des Procureurs.
Quant aux Greffiers & Notaires, il en a été amplement traité au 2. livre des Offices, & quant aux Procureurs, il n'est question ici que de ceux que nous disons *ad lites*, & non pas de ceux *ad negotia*, qui en droit sont appellez *Procuratores & Mandatarii*. Mais les Procureurs aux procez étoient, selon Budée, appellez à Rome, *Cognitores*, *Cic. pro Roscio. Quid interest inter eum qui per se litigat, & qui cognitorem dat? nimirum qui per se litem contestatur sibi soli petit: alteri nemo potest, nisi qui cognitor est factus.* Bien que Asconius au passage ci-dessus rapporté distingue tout autrement, *Cognitorem à Procuratore, ut nimirum Procurator sit, qui absentis negotium suscipit; Cognitor, qui causam præsentis sic tuetur ut suam.*

37. Cognitor & Procurator.
Il est vrai, qu'ils n'étoient pas necessaires à Rome en toutes causes, non plus qu'en la vieille pratique de France, où il falloit obtenir du Roy cette grace & privilege d'être reçû à plaider par Procureur, comme il se voit au vieil stile du Parlement.

38. Les Romains usoient de Procureurs ad lites.
Quoi qu'il en soit, c'est chose bien certaine que les Romains avoient l'usage des Procureurs *ad lites*, comme il paroît *ex l. 86. D. de solut. l. 14. D. de pactis, l. 66. §. Si secundus, D. de evict. l. 1. C. Si tutor, vel cur. D. l. Non per alium & ext. & l. 3. C. eod. l. 4. §. Si quis D. de alien. jud. mut. cau. fa.* & de plusieurs autres loix, d'où vient qu'il est dit en la loi 4. §. *ult. D. de appellat.* que *per contestationem Procurator dominus litis efficitur.*

39. Pourquoi les Procureurs sont en France necessaires à tous plaideurs.
Mais lors que nôtre pratique ou chicannerie s'est accrûé, afin que les parties ne fussent pas contraintes, comme au droit Rom. de comparoir en personne à toutes les assignations de la cause, dont à l'entrée d'icelle elles bailloient la caution *judicio sisti*, que nous disons ester à droit, nous avons trouvé cet expedient, de constituer un Procureur en toutes causes, qui desormais comparoisse pour nous, & ausquels Procureurs nous baillons telle autorité, & les tenons tellement necessaires, que sans eux les parties ne sont pas aujourd'hui receuës à comparoir en jugement és causes civiles, même elles ne les peuvent pas revoquer, aprés qu'ils ont une fois comparû & occupé en la cause, sinon que par le même acte de revocation, il en soit constitué un autre au lieu du revoqué.

40. Leur pouvoir és causes.
L'usage donc des Procureurs étant devenu necessaire en toutes causes, & à toutes les parties plaidantes, ce n'est pas de merveille que ce soit aujourd'hui une vacation particuliere, même une vacation fort lucrative, veu que la loy dit, qu'ils sont les maîtres des causes: aussi le sont-ils bien connoître. Tant y a, que pour le pouvoir qu'ils y ont, il a été bien necessaire de n'y pas admettre indifferemment toutes sortes de personnes, mais d'en faire un vrai Ordre de gens choisis, examinez & trouvez capables, & encore les restraindre à certain nombre: par ce que la multitude des Procureurs, est la multiplication & allongement des procez: d'autant que ceux qui ont peu de causes, desirent ordinairement les multiplier & allonger, & comme ils le veulent, ils le peuvent aisément.

41. Que c'est vraiement un Ordre, & non un Office.
Je dis donc, que c'est vraiment un Ordre, que celui des Procureurs, & non pas un Office: attendu qu'ils n'ont point de fonction publique: & bien qu'ils soient limitez à certain nombre, comme étoient les Avocats en l'Empire Romain: si est-ce que les Senateurs de Rome, &

les Clercs de la primitive Eglise, *quorum erat numerus determinatus*, témoin la Nov. 8. *ut sit determinatus numerus clericorum*, ne laissoient pas pourtant d'être Ordres, & non pas Offices, comme il a été prouvé ci-devant.

42. Erigez en Offices puis supprimez.
Il est vrai, qu'en l'an 1572. les Procureurs furent erigez en titre d'Office: mais cet Edit n'a point encore été executé à l'égard de ceux du Parlement, mais fut revoqué par tout aux Etats de Blois article 241. & ayant depuis été renouvellé, il fut derechef revoqué en l'an 1584. puis retabli encore en l'an 1587. & neanmoins ne pût être executé en ceux du Parlement, lequel à cette occasion demeura fermé plus de 15. jours: ayans tous les Procureurs d'icelui pris resolution de quitter leurs charges, plûtot que de les acheter: de sorte qu'enfin il fut revoqué pour la troisieme fois. Toutefois en la plûpart des Sieges Royaux, on ne laisse pas de l'observer, encore que je ne sçache point qu'il ait été retabli depuis cette derniere revocation de l'an 1587. & de lever les Offices de Procureurs aux parties casuelles, soit qu'ils vaquent par resignation ou par mort. Car en ce lieu-la on ne refuse point la cire pour de l'argent.

43. Demission des Procureurs.
Mais és autres Sieges, où on n'a point pris coutume de lever ces charges aux Parties casuelles comme offices, neanmoins parce que leur nombre est limité, quand un Procureur veut quitter sa place à son fils, son gendre, ou son neveu, il le fait, non par une vraye resignation, qui n'a lieu és Ordres, mais par une simple demission: dont il a été parlé au 1. ch. de ce liv. toutefois cette demission a presque pareil effet que la resignation, attendu qu'il a été jugé par plusieurs Arrêts, que le Juge n'en peut admettre d'autre, que celui en faveur duquel elle est faite, même qu'il ne le peut refuser, étant capable principalement s'il est personne conjointe à celui qui se demet en sa faveur: mais il n'y faut point de lettres du Prince, & si celui qui s'est ainsi demis, ne laisse pas de garder la qualité de Procureur, encore qu'il n'en puisse plus faire l'exercice, comme il a été dit au même lieu; bien que les Avocats qui avoient fait leur tems, ne laissassent encore d'être admis à plaider pour leur plus proches parens, comme il est dit en la loy 3. & 5. C. de *Advoc. divers. Judicum.*

44. Qualitez necessaires aux Procureurs.
Et pour montrer que c'est un Ordre, & même une communauté licite que celle des Procureurs, c'est que par l'Ordonnance de l'an 1551. art. 9. il est dit expressement, qu'il faut de celui qui veut se faire recevoir Procureur, se trouve suffisant par les autres Procureurs du Siege, comme c'est l'ordinaire és Communautez des Ordres, & non pas aux Compagnies d'Officiers: cette il est requis qu'il ait exercé la pratique par cinq ans au moins, & au Parlement par dix ans, puis qu'il soit informé de ses mœurs, & finalement que la capacité soit examinée, ce qui est commun aux Offices & aux Ordres d'importance. Et bien qu'un Avocat puisse être reçû à 17. ans, suivant la loy 1. §. *Initium, de postulando*. Neanmoins l'âge de 25. ans est requis aux Procureurs par les Ordonnances, parce qu'ils contractent journellement avec les parties, & occupent pour elles en jugement.

45. Des Marchands.
Aprés les principaux Praticiens, suivent à Rome & en France les Marchands, tant pour l'utilité, même necessité publique du commerce, dit la loy 2. *de nundinis*, que pour l'opulence des Marchands, qui leur apporte du credit & du respect, joint que le moyen qu'ils ont d'employer les artisans & gens de travail, leur attribue beaucoup de pouvoir dans les villes: aussi les Marchands sont les derniers du peuple, qui portent qualité d'honneur, étans qualifiez *honorables hommes*, *honnêtes personnes*, & *bourgeois des villes*: qualitez qui ne sont attribuées ni aux Laboureurs, ni aux Sergens, ni aux artisans, & moins encore aux gens de bras, qui sont tous reputez viles personnes, comme il sera dit tout incontinent.

46. De leur rang d'honneur.
Mais quant aux Marchands, Aristote, bien qu'ordinairement il les meprise, neanmoins au 4. l. des *Polit. ch. 34.* il les met au rang des personnes honorables: & Cicer. *pro leg. Manil.* dit *Negotiatorum ordinem suavem dignissimè*: & Callistrate en la *loy* Ea *de Decur.* dit que ceux-

la même qu'ils vendent les mêmes denrées, *non debent haberi inter viles personas, nec ab honoribus omnino arcendi sunt*, c'est pourquoi j'ai dit qu'ils se qualifient Bourgeois, parce qu'ils ont part aux privilèges, & sont capables des Offices de villes, qui ne doivent être communiquez aux artisans & gens mécaniques: même par les anciennes Ordonnances, les Marchands semblent être seuls capables des Villes, parce que les Officiers du Roy, & les Avocats, & encore les Praticiens en sont exclus: c'est possible pourquoi le premier Officier de la ville de Paris est appellé Prevôt des Marchands.

47. Des laboureurs. Les laboureurs doivent à mon avis, suivre les Marchands, & preceder les Praticiens de courte robe, comme à Rome ils precedoient *Apparitores Magistratuum*: veu qu'Aristote au lieu ci-dessus allegué les prefere aux Marchands, & veu ce qui a été dit au 2. ch. de ce liv. qu'à Rome *tribus rustica erant honoratiores urbanis*: comme aussi on voit en France, que la vie rustique est la vacation ordinaire de la Noblesse, à laquelle la Marchandise deroge. Il est vrai que par les laboureurs, j'entends ceux qui ont pour vacation ordinaire de labourer pour autrui, comme fermiers : exercice qui est aussi-bien défendu à la Noblesse comme la Marchandise. Mais quoi qu'il en soit, il n'y a point de vie plus innocente, ni de gain plus raisonnable que celui du labourage, que les Philosophes ont preferé à toute autre vacation : & au contraire en la police de France, nous les avons tant rabaissez, même opprimez par les tailles & par la tyrannie des Gentils-hommes, qu'il y a sujet de s'étonner comme ils peuvent subsister, & comment il se trouve des laboureurs pour nous nourrir. Aussi voit-on que la plûpart d'entr'eux aiment mieux être valets & chartiers des autres, que maîtres & fermiers.

48. Sont personnes viles. Quoi qu'il en soit, nous reputons aujourd'hui les laboureurs, & tous autres gens de village, que nous appellons *paysans* pour personnes viles : & de fait le mot de *vilain* selon Budée, vient de *villa & villicus*, non pas de *ville*, ainsi qu'a dit Bodin, sinon entant que *ville* signifie village, qui est sa premiere signification, comme je viens de dire. Et c'est dès le tems des Romains, que les plus grands ont assujetti à eux les gens des champs, & qu'ils appelloient *colonos & glebæ addictos*, & qu'en France autrefois nous appellions *gens de pote*, *gens de main morte*, ou de *suite*. Dont il y a un beau témoignage dans Cesar, au 6. livre *de bello Gallico*. *Plerique è plebe*, dit-il, *dum ære alieno, aut magnitudine tributorum, aut injuria potentiorum premuntur, se se in servitudinem dicant Nobilibus: in hos eadem omnia sunt jura, quæ dominis in servos*.

49. Des artisans, ou gens de métier. Les Artisans ou gens de métier sont ceux qui exercent les arts mecaniques, ainsi appellez à la distinction des arts liberaux : parce que les mecaniques étoient autrefois exercez par les serfs & esclaves. Et de fait nous appellons communement *mecanique*, ce qui est vil & abjet. Neanmoins, parce qu'à ces arts mecaniques il gît beaucoup d'industrie, on y fait des maîtrises, ainsi qu'aux arts liberaux. Et l'Ordonnance veut que l'on soit 3. ans apprentif sous un même maître sans changer, sur peine de recommencer l'apprentissage : puis on devient compagnon, qu'on appelloit anciennement *Bachelier*, c'est-à-dire pretendant & aspirant à la maîtrise : & ayant été encore 3. ans compagnon à travailler chez les maîtres, on peut être reçû maître, après avoir fait épreuve publique de sa suffisance, qu'on appelle *chef-d'œuvre*, & par icelui été trouvé capable. Chose très-bien instituée, tant afin qu'aucun ne soit reçû maître, qu'il ne sçache fort bien

50. Bel ordre en leurs maîtrises.

son métier, qu'afin aussi que les maîtres ne manquent ni d'apprentifs, ni de compagnons, pour les aider à leurs ouvrages.

Toutefois ce bel ordre se perd, du moins aux petites villes, par le moyen des maîtrises de lettres, qui sont dispenses tant d'apprentissage, bachelerie, que du chef-d'œuvre, lesquelles le Roy baille à son avenement à la Couronne, la Reine après son mariage, Monsieur le Dauphin, & encore maintenant les autres enfans du Roy mâles ou femelles, après leur naissance, ou la Reine, pour eux, & finalement le premier Prince du Sang après sa declaration. Ce qui est provenu de ce que comme les Officiers domestiques de ces Princes sont priviligiez, aussi les artisans qu'ils choisissoient autrefois de chacun métier pour les servir, étoient presumez dignes d'être maîtres. Et cela s'est augmenté de telle façon, qu'enfin on a toleré que ces Princes donnent une lettre de retenuë de chacun métier en chacune ville jurée, mais à present le Roy leur donne pouvoir d'en bailler deux, & quelquefois trois : & encore on fait naître tant de nouveaux sujets pour donner ces lettres, qu'il n'y a pas assez d'artisans pour les lever dans les petites villes, en la plûpart des métiers. De sorte qu'à la fin tous les artisans deviendront comme Officiers du Roy, & des Princes, par le moyen de ces lettres, si ce desordre continuë.

51. Lettres de maîtrises données par le Roy & les Princes.

Or bienque les artisans soient proprement mecaniques, & reputez viles personnes, il y a toutefois certains métiers, qui sont métier & marchandise tout ensemble, esquels, entant qu'ils sont métiers, on est reçû par les mêmes façons des simples métiers : mais entant qu'ils participent de la marchandise, ils sont honorables, & ceux qui les exercent ne sont pas mis au nombre des viles personnes, mais à *digniori parte*, ils se peuvent qualifier *honorables hommes & bourgeois*, ainsi que les autres marchands : comme les Apoticaires, Orfevres, Joüailliers, Merciers, Grossiers, Drapiers, Bonnetiers, & autres semblables, comme il se voit dans les Ordon.

52. Artisans & Marchands tout semble sont Bourgeois.

Au contraire il y a des métiers qui gîtent plus en la peine du corps, qu'au trafic de la marchandise, ni en la subtilité de l'esprit, & ceux-là sont les plus vils, comme dit Ciceron aux Offices : *viliores sunt, quorum opera non artes emuntur*; c'est pourquoi les Romains distinguoient *artifices ab opificibus*.

53. Artifices & officiales.

Et à plus forte raison ceux qui ne font ni métier, ni marchandise, & qui gagnent leur vie avec le travail de leurs bras, que nous appellons partant *gens de bras*, ou *mercenaires*, au prix de tant de mendians valides, dont nôtre France est à present toute remplie, à cause de l'excez des tailles, qui contraint les gens de besogne d'aimer mieux tout quitter, & se rendre vagabons & gueux, pour vivre en oisiveté & sans souci aux dépens d'autrui, que de travailler continuellement, sans rien profiter & amasser, que pour payer leur taille. A quoi si on ne donne ordre en bref, il arrivera deux inconveniens par la multiplication énorme qui se fait journellement de cette racaille ; à sçavoir que les besognes des champs demeureront faute d'hommes, qui s'y veüillent employer d'autre que les voyageurs ne seront plus en asseurance par les chemins, ni les gens des champs en leurs maisons.

54. Des gens de bras.

55. Des Mendians.

CHAPITRE IX.
De la privation solemnelle de l'Ordre.

1. Degradation que signifie proprement.
2. Βαρβῶμος μύς.
3. Regradation.
4. Exemples de la degradation, ou regradation.
5. Autres Exemples.
6. Autre encore.
7. Militiæ mutatio.
8. Ignominiosa missio.
9. Exauctoratio, exaugoratio.
10. Καθαίρεσις, ἀτιμρασμός.
11. Degradation verbale & réelle.
12. Deposition verbale, quand étoit infamante.

de la Privation solénnelle, Chap. IX.

13. *Conciliation de plusieurs loix.*
14. *Interpretation du §. Ignominiæ, in l. 1. De his qui not. inf.*
15. *Conclusion de la question.*
16. *Si la Sentence infamante induit privation de l'Ordre.*
17. *Ordres qui ne se perdent par infamie.*
18. *De la degradation.*
19. *Degradation pratiquée és Offices du Parlement.*
20. *Degradation pratiquée és Offices de Rome.*
21. *Pourquoy regulierement la degradation n'est pratiquée aux Offices de France.*
22. *Degradation pratiquée aux Milices Romaines.*
23. *De même.*
24. *Degradation necessaire aux milices.*
25. *Est necessaire aux Ordres.*
26. *Si le Prêtre peut estre executé à mort sans estre degradé.*
27. *Interpretation de la loy premiere C. Ubi Senat. vel. clariss.*
28. *De même.*
29. *Vestales étoient degradées.*
30. *Degradation des Prêtres ordonnée par Justinian.*
31. *Et par les Ordonnnances de France.*
32. *Raison.*
33. *Resecrare.*
34. *Evocatio Deorum.*
35. *Conclusion qu'il faut degrader les Prêtres.*
36. *Deux raisons empêchent la degradation.*
37. *Nombre d'Evêques.*
38. *Interpretation du can. Si quis tumidus. cum seq. 15. quæst. 7.*
39. *De même.*
40. *Ancienne Justice Ecclesiastique.*
41. *A present un seul Evêque peut degrader, & même son Vicaire general in spiritualibus.*
42. *Que pour degrader le Prêtre condamné, ne faut pas entrer de nouveau en connoissance de cause.*
43. *De même.*
44. *De même encore.*
45. *Que la Nov. qui a introduit la dégradation doit être ainsi entendue.*
46. *Curiæ tradere, quid?*
47. *Curialis conditio tandem fuit pœnæ genus.*
48. *Curiales tandem fuere alii à Decurionibus.*
49. *Clerici curiis traditi.*
50. *Curiales alii Collegiatis.*
51. *Iterum de clericis curiæ traditis.*
52. *Interpretation de plusieurs Canons.*
53. *Pourquoy le Clerc est renvoyé à la Cour seculiere.*
54. *Effet de l'ancienne tradition curiæ seculari.*
55. *Forme & ceremonie de la degradation.*
56. *Forme de la degradation des Vestales Romaines.*
57. *Forme de l'exauguration des Prêtres Payens.*
58. *Des effets de la privation des Ordres.*
59. *Effets de la suspension.*
60. *Suspension de l'Ordre Ecclesiastique.*
61. *Suspension de l'Office.*
62. *Suspension du Benefice.*
63. *Effets de la deposition, ou dégradation verbale.*
64. *Effets de la dégradation actuelle.*
65. *Deux parties de l'Ordre sacré, à sçavoir, la dignité & le caractere.*
66. *Du caractere de l'Ordre Ecclesiastique.*

1. Degradation, que signifie proprement.

COMME l'Ordre est different de l'Office, aussi la privation en est differente. Celle de l'Office s'appelle forfaiture, celle de l'Ordre est nommée vulgairement degradation, entant que grade, ou degré est pris pour synonime de l'Ordre, bien que proprement les degrez soient les rangs d'un même Ordre. C'est pourquoy à bien entendre, la degradation, que nos Jurisconsultes appellent *de gradu dejectionem*, & les loix du Code *regradationem* (car *degradatio* n'est pas latin) ne signifie pas proprement la privation absoluë de l'Ordre, comme le vulgaire pense, mais c'est seulement un reculement, ou privation d'un plus haut degré, demeurant neanmoins toûjours dans l'Ordre, ce qui s'appelle en Grec Καταϐιϐασμὸς, & en latin *regradatio*, soit que (re) soit particule privative, ou qu'il signifie *retrò*.

2. Καταϐιϐασμὸς.
3. Regradatio.

Ainsi S. Hierôme *in Chronicis*, dit que *Heraclius de Episcopo in Presbyter. regradatus est*: & en l'Epître ad *Pammachium*, *Finge*, dit-il, *aliquem Tribunitiæ potestatis suo vitio regradatum*, *per singula militiæ Officia ad Tyronis vocabulum devolutum*, &c. Lui-même *adversus Jovin. In volumine*, dit-il, *Ezechielis*, *sacerdotes qui peccaverunt regradantur in æditos & ostiarios*: lequel passage d'Ezechiel ch. 44. contient ces mots, *Levitæ qui erraverunt à Domino post idola sua*, *erunt*, *in sanctuario Dei*, *æditus & janitores portarum*.

4. Exemple de la degradation, ou regradation.

Il y a un exemple notable de cette peine dans Lampridius *in Alex. Sev.* où il dit, que pour élire un nouveau Senateur, *Alexander* demandoit avis aux anciens, *quod si quid*, dit-il, *sefellissent*, *in ultimum rejiciebantur locum*. Un autre dans *Ammian Marcellin*, *lib. 29. Theodosius*, *Equites*, *qui ad rebellem defecerant*, *ut contentum se leviore supplicio demonstraret*, *omnes contrusit ad infimum militiæ gradum*. Et la loy *Plerique*. *De re milit. Cod. Theod.* & la loy 1. *De privileg. schol. C. Justin.* usent du mot *regradari*: & la loy 3. *Cod. de off. mag. schol.* du mot *regradare*: bref la loy 2. *de cursu publ. C. Th.* du mot *regradari*, *qui contra hanc sanctionem fecerit*, *regradationis humilitate plectetur*.

5. Autres exemples.

Mais l'exemple en est bien plus clair, ensemble la difference de la degradation d'avec la privation de l'Ordre en la loy 3. *De domest. & protect. lib. 12. Cod, Si quis domesticorum* (c'étoient comme à nous les Archers des gardes du corps du Roy *sine commeatu, per biennium, obs-*

quis Serenitatis nostræ defuerit, retrorsum in ordinem tractus inferiorem, quinque sequentibus postponatur: si verò triennium ejus absentia continuasse monstretur, usque ad decimum gradum regrediatur, (Cujas lit *regradetur*) *quod si quadriennium tempus absuerit, novissimus collocetur: quinquennio verò si fuerit devagatus, ipso jam cingulo spoliandus est.* Autant en est dit en la loy 2. *De commeatu eod. lib. Cod.* *Quicumque sex mensibus supra diem commeatus abfuerit*, *is in inferiorem locum, quinque antelatis, posterioribus devolvatur: qui anno, à decem post se militantibus, transeatur: qui quadriennio quinquagintà se sequentibus postferetur: qui amplius, militantium matriculis auferatur.* Le même est encore dit en la loy suivante du même titre & en la loy, 2. *C. de Primicer. & secundicer.*

Finalement il y a encore un exemple notable dans le 6. vieil decret *can. ult. 90. distinct.* où pour retrancher la grande contention de préséance, qui a été autrefois entre les Prêtres & les Diacres, il est dit, que le Diacre, qui se voudra élever dorésnavant pardessus les Prêtres, *proprio gradu repulsus, ultimus omnium fiet in Ordine suo.* Ce qui montre que la degradation, telle que je la dêcris a été pratiquée d'ancienneté en l'Eglise, comme encore elle se pratique aujourd'hui és Maisons reformées de Religion, notamment entre filles, où celles qui ont fait quelque faute signalée, perdent leur rang d'antiquité, & quelquefois sont mises au dessous des Novices, même aprés les sœurs layes.

6. Autre encore.

Mais sur tout cette peine étoit ordinaire en l'Estat de Rome parmi les Milices, témoin Modestin, qui rapportant les diverses sortes de peines militaires en la loy 2. *De re milit.* y met ces trois cy, *Militiæ mutationem*, *gradus dejectionem*, & *ignominiosam missionem*, comme étant trois peines differentes, bien qu'elles se ressemblent. *Militia mutatio* étoit, quand *quis ex Equite fiebat pedes, vel pedes infundionum auxilia transferebatur, ut apud Val. Max. lib. 2. cap. 2.* Et partant quoy qu'en dit le docte Faber, *lib. 1. Semest. cap. 17.* cette peine étoit differente de la regradation, témoin encore la loy, *Non omnes §. Qui in pace. De re milit.* qui dit, que *in pace desertor eques militiam mutat, pedes de gradu dejicitur.*

7. Militiæ mutatio.

De gradu dejectio sive regradatio étoit, quand le Sol-

8. Ignominiosa missio.

dat perdoit la grade ou rang qu'il avoit en sa compagnie, *ex Tribuno tyro fiebat*, dit S. Hierôme à la suite du passage cy-dessus allégué, demeurant neanmoins soldat. *Ignominiosa denique missio* étoit quand tout à fait il étoit privé de l'Ordre militaire, *& ex milite paganus fiebat*; comme en ce passage de Lamp. *in Alex. Sev. Legiones totas exauctorabat, ex militibus paganos appellans*, & dans Lucain.

Cernetis nostros jam plebs Romana triumphos, dit l'Empereur parlant à ses soldats, & en un autre lieu *Tradite nostra viris ignavi signa Quirites*, qui est comme un formulaire d'exauctoration d'une compagnie de soldats.

9. *Exauctoratio, exauguratio*. Car cette privation de l'Ordre militaire *per detractionem insignium militarium*, est proprement appellée *exauctoratio*, c'est à dire privation de l'auctorité & dignité, comme la privation du Sacerdoce étoit à Rome appellée *exauguratio*. Bien que l'exauctoration, en sa plus generale acception signifie toute mission du soldat, *sive honestam, sive causariam, sive denique ignominiosam* : comme le même Faber prouve bien contre Valla : il est vrai que plus communément elle signifie la mission ignominieuse.

10. Καθαίρεσις, ἀφορισμὸς. De même *in militia cælesti*, l'exauctoration étoit fort commune en l'antiquité de l'Eglise, & s'appelle en Grec καθαίρεσις, à l'égard des Clercs, comme qui diroit demolition ou privation, & à l'égard des laïcs, ils l'appelloient ἀφορισμὸν, comme qui diroit retranchement, qui est nôtre excommunication : & l'une & l'autre different du Καταβιβασμὸς, qui signifie la simple regardation, ou reculement.

11. Degradation verbale & réelle. Pour revenir à nôtre privation de l'Ordre, comme elle a été transferée *ab armata ad cælestem militiam*; dit le chap. 2. *De pœnis in 6*. tout ainsi qu'il y avoit deux sortes de privation des gens-d'armes ; l'une qui se faisoit de parole, *quando Imp. pronunciabat se ignominia causa mittere*, l'autre de fait, *quando insignia militaria detrahebat*, dit la loy 2. §. *ignominia. ff. de his qui not. infam*. Aussi y a-t-il deux sortes de privation des Ordres, l'une verbale, qui s'appelle proprement *déposition*, l'autre actuelle, qui s'appelle *degradation*.

12. Deposition verbale, quand étoit infamante. Et bien que ce §. *ignominia*, dise, que la mission verbale du gen-d'arme n'est point infamante, s'il n'est dit par exprès, qu'elle est faite pour cause d'ignominie : neanmoins la verité est, que la deposition verbale des autres Ordres est toûjours infamante, comme est decidé en *l. Cognitionum. ff. de var. & extraordinar. cognit. in l. 3. ff. de Senat. & in l. 3. C. ex quib. causs. infam. irrogatur*. Et faut entendre, qu'il y a difference entre la mission des gens-d'armes, & la déposition, ou privation des autres Ordres. Car dautant que la mission des gens-d'armes ne se fait pas toûjours pour delit, mais quelquefois pour cause honnête, *ut pote post impleta legitima militia stipendia*, ou pour cause tolerable, comme de maladie, blesseure, ou autre semblable, quand la mission est faite indefiniment, & sans adjection de cause, on ne presume point, que ce soit pour delit : mais si elle est apparemment pour delit, elle est infamante, quoy que la cause n'y soit exprimée, *l. Milites 19. §. Missionem d. de re milit.*

13. Conciliation de plusieurs loix.

14. Interpretation du §. *ignominia in l. 2. De his qui not. inf*. semble directement contraire à ce §. *ignominia*, de sorte que le doct. Ant. Augustinus l'a voulu corriger, y mettant une affirmative, au lieu d'une negative, *v. l. Emend. cap. 3*. & le President Faber *l. 1. Semestrium, cap. 17*. l'entend de l'exauctoration réelle, *per detractionem insignium*, bien qu'il parle expressément des trois missions verbales, *honesta causaria & ignominiosa*. C'est pourquoy je dis que quand il porte, que *qui sine ignominia mentione missi sunt, nihilominus ignominia missi intelliguntur*, il faut reprendre les mots precedens, & prendre garde, qu'il parle particulierement de ceux, *Qui propter delictum mittuntur*, & partant il veut dire, *Qui propter delictum mittuntur, infames sunt, licet in missione eorum solemnis formula addita non sit, eos ignominia causa mitti*.

15. Conclusion de la question. Pour donc concilier clairement ces deux paragraphes, & toutes les loix de cette matiere, il faut dire, à mon avis, que l'exauctoration réelle est toûjours infamante, §. *ignominia*, comme aussi la deposition verbale de tous autres Ordres, fors de celuy du gen-d'arme, *d. l. Cognitionum*. Mais que la mission verbale du gen-d'arme, faite sans expression de cause n'est infamante, *ibid.* que celle qui est faite pour delit, est infamante ; encore qu'il ne soit point dit qu'elle soit faite *ignominia causa d. §. missionem*, ainsi qu'il a été prouvé au 1. liv. des Offices, que toute Sentence criminelle, portant privation d'Ordre ou d'Office est infamante, bien qu'elle ne parle point d'infamie.

16. La sentence infamante induit privation de l'Ordre. Mais tout au contraire, pour sçavoir si toute Sentence infamante induit privation de l'Ordre, quand elle n'en parle point, j'estime qu'il faut distinguer les Ordres qui ont un rang étably en la police civile, d'avec ceux qui n'en ont point ; & tenir que les premiers sont perdus par l'infamie, qui n'est pas compatible avec la dignité civile & politique, & les autres non ; dautant qu'il n'y a point d'incompatibilité : ce que je ne m'amuseray pas à confirmer icy, l'ayant amplement prouvé au ch. 1. de ce liv. Par exemple, un infame (j'entends de vraye infamie de droit : comme celle qui est dit encouruë notamment par Sentence) ne peut pas être Avocat, au moins de Cour souveraine, mais bien Procureur, suivant le §. dernier *De exceptio*, aux Instituts.

17. Ordres qui ne se perdent par l'infamie. J'ai dit en la police civile, parce que quant aux Ordres Ecclesiastiques ils ne se perdent point par l'infamie, à cause de la consecration, qui imprime un caractere ineffaçable, comme pareillement les degrez des arts liberaux & mécaniques, qui n'ont point de rang établi, ne se perdent point par l'infamie. Et il y a encore, à mon avis, une exception és Ordres venans de race & par nature, qu'ils ne se perdent point par l'infamie civile, comme la qualité de Gentil-homme & de prince, *quia civilis ratio naturalia jura corrumpere non potest*, dit la loy, *Eqs. D. De cap. minut*. si ce n'étoit, que par exprés la loy, ou la Sentence du Juge portât que le Gentil-homme seroit degradé de noblesse : mais l'Ordre de Chevalerie se perd sans doute par l'infamie indistinctement : car toute tache de des-honneur y est formellement contraire.

18. De la degradation. Voilà pour ce qui concerne la deposition ou privation verbale : & quant à la réelle, que nous appellons *degradation*, celle est plus communement pratiquée és Ordres, qu'és Offices, parce que c'est chose plus ordinaire, que les Ordres aient quelque enseigne, ou marque visible de leur dignité, que non pas les Offices, qui n'éclatent assez par la puissance publique, sans qu'il y soit besoin d'avoir des ornemens apparens. Car je ne sçache point

19. Degradation pratiquée és Offices de Parlement. qu'autres de nos Offices ayent ornemens visibles, sinon quelques-uns de la Couronne, à cause de leur eminence, & les Offices des parlemens, qui les retirent comme un reste de ce qu'autrefois ils ont été des Ordres. Et en ceux-là aussi nous trouvons que la degradation solennelle s'est autrefois pratiquée. Car j'ay leu quelque part que Maître Pierre Ledet Conseiller Clerc au parlement, fut par Arrêt d'iceluy degradé solennellement, lui étant sa robe rouge ôtée en presence de toutes les Chambres en l'an 1528. puis fut envoyé au Juge d'Eglise ; & je trouve dans les Recueïls de feu mon pere, qu'en l'an 1496. un nommé Chanvreux Conseiller en parlement ayant été privé de son Estat pour avoir falsifié une enquête, fut en l'Audiance dudit parlement dépoüillé de sa robe rouge, puis fit amende honorable au parquet, & à la Table de marbre. Et depuis peu, lors de l'execution du Maréchal de Biron, Monsieur le Chancelier, aprés luy avoir ôté son collier de l'Ordre, lui demanda son bâton de Maréchal ; mais il fit réponse qu'il n'en avoit jamais porté.

20. Degradation pratiquée és Offices de Rome. Ainsi Plutarque en la vie de Ciceron rapporte que Preteur *Lentulus*, complice de la conjuration de Catilina, fut degradé de son Office, ayant été contraint d'ôter en plein Senat sa robe de pourpre, & d'en prendre une noire. Ainsi Sidonius, *lib. 7. Epist.* rapporte que *Armandus urbis Roma Præfectus, quam per quinquennium repetitis fascibus rexerat, exauguratus, & plebeius factus, & plebeja familia, non ut additus, sed ut redditus, perpetuo carceri adjudicatus est*, & la loy *Judices. De Dignit. lib. 12. Cod.* dit que *Judices se fur-*

De la privation de l'Ordre, Chap. IX.

ais & sceleribus coinquinasse convicti, ablatis insignibus, & honore exuti, inter plebeios habeantur, nec sibi post hac de eo honore blandiantur, quo se indignos judicarunt. l. *Judices,* c. *de dignit.* & souvent en droit *cinguli amisso,* signifie la privation de l'Office. Il y en a encore d'autres exemples en la loy 3. C. *de domesticis & protect.* en la loy 1. C. *Ne rei dominica, vel templ.* & en la loy 2. C. *ut nemini liceat a contr. spec. se excus.*

21. Pourquoi regulierement la degradation n'est pratiquée aux Offices de France.

J'ai dit notamment, qu'on peut user de degradation aux Offices, par ce qu'elle n'est pas accoutumée, ni necessaire, d'autant que la privation des Ordres & des Offices doit être reglée par la regle de droit, *Nihil tam naturale, quàm unum quodque eo modo dissolvi, quo ligatum est.* De sorte que comme l'habit & l'ornement de l'Officier ne lui est pas solennellement donné lors de sa reception, aussi n'est-il pas besoin de le lui ôter solennellement lors de sa privation. Au contraire, puis qu'en la plûpart des Ordres, lors de la collocation d'iceux, on en baille publiquement & solennellement les enseignes, aussi en la privation on a accoûtumé de les ôter solennellement, comme par exemple en l'Ordre de Chevalerie, ainsi qu'il s'est pratiqué en la même execution du Maréchal de Biron, auquel Monsieur le Chancellier ôta son Ordre; c'est-à-dire son collier de l'Ordre du S. Esprit.

22. Degradation pratiquée aux Milices Romaines.

Pareillement, c'étoit chose accoutumée d'ôter aux soldats Romains leur baudrier ou ceinture militaire, avant que de les executer à mort. *Decem milites,* dit Amm. livre 24. *ex his qui fugerant, exauctoratos, capitali addixit supplicio.* Plin. lib. 6. Epist. ad Cornelium. *Cæsar excussis probationibus Centurionem exauctoravit atque etiam relegavit.* Lamprid. in Alex. Serv. *Militem, qui aniculam injuriis affecerat, exauctoratum militia, servum ei dedit.* Même Tite-Live, remarque que les Samnites in *Clade Claudina* ôterent les enseignes militaires aux Soldats Romains, avant que les faire passer par les piques.

23. De même.

Nous en avons aussi des remarques en nôtre droit, comme dans la loy *Proditores,* D. *de re milit. Transfuga proditoresque exauctorati torquentur.* En la loy *Miles* D. Ad Jul. l. *de adult. Miles cum adulterio uxoris suæ pulsus, solvi sacramento, deportarique debet.* En la loy *Nemo,* au même titre, *Militia exutus pœnas consentaneas luere compellitur.* En la loy *ad scholam.* De agent. In reb. C. Th. *Distingendo abjicias punitione coercendos,* finalement en la loy 1. De *sportulis. Militia exuti pœnas luant corporales.*

24. Degradation non necessaire aux Milices.

J'ai dit qu'és Ordres la degradation actuelle est ordinaire, mais elle n'est pourtant pas toûjours necessaire. Car comme pour faire un Gen-d'arme, il n'est pas necessaire de le ceindre publiquement, aussi pour le casser ou chasser, il n'est pas necessaire de le déceindre solennellement. Et de fait il vient d'être dit, que *plerumque milites solo verbo ignominiæ causâ mittebantur.* Mais és Ordres, en la collation, desquels la solennité est necessaire, elle est aussi necessaire en la privation, par la regle qui vient d'être posée: comme és Ordres sacrez, qui par leur dignité particuliere sont conferées avec mystere & ceremonies certaines, esquels consiste la forme de Sacrement: même on tient qu'en ces Ordres la solennelle degradation ne peut pas effacer tout à fait le caractere sacré; parce qu'il penetre jusqu'à l'ame, comme il sera tantôt dit.

25. Est necessaire aux Ordres.

26. Si le Prêtre peut être executé à mort sans être degradé.

Et donc à plus forte raison c'est sans doute, que le Prêtre, qui n'est que verbalement deposé, c'est-à-dire privé simplement par Sentence de l'Ordre de Prêtrise, demeure neanmoins toûjours Prêtre, jusqu'à ce qu'il ait été actuellement degradé. Mais la question est grande, s'il doit être executé par Justice, sans degradation precedente. Car on a vû souvent és derniers tems les Parlemens, même les simples Prévôts des Maréchaux, faire executer les Prêtres à mort sans degradation; & j'ai oüi dire, que depuis peu il est arrivé une grande querelle entre le Parlement de Provence & l'Archevêque d'Aix.

27. Interpretation.

Ceux qui tiennent que la degradation des Prêtres n'est point necessaire, se fondent sur une fausse maxime, que Des Ordres.

reatus omnem dignitatem excludit, titre de la loy 1. C. *ubi Senat. vel clariss. conven. deb.* où il est dit, que les Senateurs ayans commis rapt, doivent être punis au lieu du delit, sans qu'ils puissent user de leur privilege d'être renvoyez à Rome, *quia,* dit la loy, *omnem honorem hujusmodi reatus excludit.* Et partant on voit évidemment que c'est une decision speciale, à cause de l'atrocité du crime, & une exception particuliere à la regle de même titre, qui attribue des Juges particuliers aux Senateurs en toutes leurs causes criminelles. l. *ult. eod. tit.*

1. C. *de la loy re ubi Senat. vel. clarif.*

Que si on gardoit ce brocard indistinctement, il faudroit conclure que tout privilege, tout honneur & tout respect des Officiers, & autres personnes privilegiées à cause de leurs dignitez, cesseroit en matiere criminelle. Et pourquoi est-ce que Messieurs de Parlement auroient ce privilege de n'être jugé en criminel que par le Parlement, même en Corps, & les Chambres assemblées, aussi-bien que les Princes du Sang, & Pairs de France. Pourquoi est-ce que pour même crime, les roturiers sont pendus, & les Gentils-hommes sont decapitez? si ce n'est, comme dit Xenophon au 2. liv. de la Cyropedie, τῶ καλλιον ϑαντον ἑδωκε εἶναι. Et que deviendroient les privileges attribuez par le droit à tant de personnes, comme aux Nobles, aux Officiers des villes: & aux Soldats, de ne pouvoir être appliquez à la torture?

28. De même dation des Officiers.

Aussi trouvons-nous, que jamais les Vestales n'étoient executées à mort, qu'elles n'eussent été solennellement degradées *à Pontificibus, ablatis vittis, cæterisque sacerdotii insignibus,* comme il sera tantôt dit, en parlant des ceremonies de la degradation: & maintenant je me contenterai du témoignage de *Pomponius Lætus,* lib. *de antiq. Roman.* qui parlant de leur punition: *Priusquam hoc fieret,* dit-il, *Sacerdotes cum vestibus Sacerdotalibus intrinsecus ante portam auferebant sacra Monialibus,* & *de Festus Pomponius, Virgines Vestales ante pœnam à Pontificibus exauctorabantur.*

29. Vestales étoient degradées.

Mais pour parler particulierement de nos Prêtres, Justinian en la Novelle 83. a decidé clairement cette question, *Illud palam est, si Præses provinciæ Clericum pœnâ judicaverit dignum, priùs hunc spoliari à Deo amabili Episcopo, sacerdotali dignitate,* & *ita sub legum fieri manu.* Elle est encore plus authentiquement decidée par un beau passage du 20. chap. des Nombres, où Dieu ayant condamné le grand Prêtre Aaron à la mort pour son incredulité, ordonne, qu'auparavant il soit degradé du Sacerdoce. Voici ce qu'il commande à Moyse, *Tolle Aaron* & *filium ejus cum eo,* & *duces eos in montem Hor. Cumque nudaveris patrem veste sua, indues ea Eleazarum filium ejus,* & *Aaron colligetur,* & *morietur ibi: fecitque Moyses, ut præceperat Dominus.*

30. Degradation des Prêtres, ordonnée par Justinian.

Et n'en faut plus faire de doute en France, y en ayant une Ordonnance expresse de l'an 1571. article 14. dont voici les mots, *Les Prêtres,* & *autres promeus aux Ordres sacrez ne seront executez à mort sans degradation.* Aussi la raison y est toute apparente. Car puisque nous avons prouvé, que jusqu'à la degradation le Prêtre demeure toûjours en la dignité & qualité, est-ce pas faire injure, à l'Ordre, à l'Eglise, & à Dieu même, qu'un bourreau mette la main sur son Oinct? Certes le peuple Romain étoit bien plus religieux; car lors qu'il étoit question de juger en assemblée generale, un simple homme accusé de crime capital, le criminel avoit prié & conjuré ses dieux d'avoir pitié de lui, on n'eût oüi par après le condamner à mort, comme s'étant mis en la sauve-garde des dieux, qu'au préalable le Magistrat ne l'eût contraint de revoquer cette priere & adjuration, ce qui s'appelloit *resacrare,* dit *Festus* sur ce même mot.

31. Et par les Ordonnances de France.

32. Raison.

Même les Romains n'eussent pas osé entreprendre de forcer une ville assiegée, que premierement ils n'eussent, par certaines ceremonies, attiré & évoqué les dieux adorez en icelle, de peur de leur faire injure. *In oppugnatione ante omnia solitum à Romanis evocari deum, in cujus tutela id oppidum esset, promittique illi eundem, aut ampliorem locum apud Romanos, cultumque,* dit Pline livre 28. chapitre 2.

33. Resacrare.

34. Evocatio Deorum.

Des Ordres

35. Conclusion qu'il faut degrader les Prêtres.

Et le formulaire de cette evocation est rapporté dans Tite-Live en l'histoire du siege de Véi, & dans Macrobe liv. 3. Des Saturnales, chap. 9. touchant Carthage.

Je conclus donc, qu'il est bien plus seant, & plus pieux de degrader les Prêtres, avant que de les livrer à l'Executeur de haute Justice, veu qu'entant qu'ils sont oincts de Dieu, il est prohibé étroitement de mettre la main sur eux en quelque façon que ce soit. Mais étans degradez, cette prohibition cesse, veu que l'onction leur est ostée & essuyée, & c'est l'Eglise même, qui lors les rend au bras seculier, pour être traitez selon les loix, comme personnes du commun : n'étant au surplus raisonnable, que pour avoir été dediez à Dieu, ils soient exempts des loix du monde, & qu'il leur soit permis de mal faire sans hazard de peine ; parce qu'au contraire il y a apparence, qu'ils doivent être plus severement punis quand ils faillent, veu que c'est à eux à montrer exemple au peuple.

36. Deux raisons, qui ont empêché la degradation des Prêtres.

C'est pourquoy, afin d'en dire icy franchement mon advis, je ne puis que je ne blâme deux scrupules (afin que je ne die méchancetez) que quelques Ecclesiastiques, mais plûtot mondains, ont recherché de trop loin, voulans preparer un asyle & une impunité a tout leur Ordre, en rendant la degradation fort difficile, même presque impossible, lesquelles ayant été admises inconsiderément, ont été cause de faire prendre enfin resolution aux Magistrats seculiers, de negliger & d'obmettre la degradation, plûtot que de laisser les crimes des Prêtres impunis.

37. Nombre d'Evêques requis pour la degradation du Prêtre.

La première est, que Boniface VIII. l'Autheur est notable, au chap. 2. de penis in 6. decide, que pour executer la degradation, il est requis le nombre d'Evêques definy par les anciens Canons, qu'il a luy-même eu honte d'exprimer, sçavoir douze pour degrader un Evêque, six pour degrader un Prêtre, & trois avec l'Evêque du lieu, pour degrader un Diacre, comme il est dit au Canon, *Si quis tumidus*, & aux deux suivans *in quast. 7*. dont la raison est renduë au chap. *Inter corporalia ext. de translation. Episcop. Inter corporalia & spiritualia differentia est, quod corporalia facilius destruantur quàm construantur, spiritualia verò facilius construuntur, quàm destruantur.* Mais sauf correction cette raison ne prouve pas qu'il faille plus d'Evêques à degrader un Prêtre, qu'à le consacrer, contre la regle, *Nihil tam naturale, &c.* Bien induit-elle, qu'à cause de la durée plus grande des Ordres sacrez, la degradation ne les extirpe pas tout à fait, comme les ordres politiques & non sacrez, ainsi qu'il sera tantôt dit.

38. Interpretation du Canon *Si quis tumidus*, *cum seq.* 13. *quast. 7*.

Et quant à ces anciens Canons, il faut prendre garde, qu'il ne parle nullement de la degradation des Ecclesiastiques, mais seulement du nombre des Juges requis à faire leur procez. Voicy leurs termes, *Episcopus audiatur à 12. Episcopis, Presbyter à sex, Diaconus à tribus, cum proprio Episcopo*, desquels le 3. de ces Canons adjoûte *qui causas ipsorum audiant.* Et d'ailleurs il les faut entendre selon leur temps, parce qu'anciennement l'Estat Ecclesiastique étoit plus Aristocratique que Monarchique : de sorte que le procez, qui tendoient à la deposition des Prêtres, ou des Evêques, ne pouvoient du commencement être rapportez qu'aux Conciles, ou Synodes, comme dit le Canon du Concile d'Hispale, qui au vieil decret est mis immediatement devant, & encore repeté après les trois Canons, dont nous parlons ; ainsi qu'à present les corrections notables des Religieux és Congregations reformées, sont reservées ordinairement aux Chapitres d'icelles.

39. De même.

Mais parce qu'à succession de temps il se trouva des fautes si frequentes à corriger parmy le Clergé, qu'on ne pouvoit commodément attendre le Synode, il fut arrêté au Concile second de Carthage, dont est pris d'un de ces trois Canons, que *si fuerit nimia necessitas, nec plures Episcopi congregari possent*, les Clercs seroient jugez par ce nombre d'Evêques cy-dessus declaré, *ne in crimine manerent*.

40. Ancienne Justice Ecclesiastique.

Aussi la Justice Ecclesiastique n'étoit pas lors établie en Cour & Jurisdiction ordinaire, mais anciennement les Evêques n'avoient que la simple correction des mœurs sur ceux de leur Ordre, & la correction des crimes Ecclesiastiques seulement, étans les autres delits laissez à la Justice seculiere, ainsi que j'ai dit au penultiéme chapitre du livre *Des Seigneuries*. Mais depuis que le régime de l'Eglise a été établi en forme Monarchique, & la Justice d'icelle reduite en Cour ordinaire, ayans les Juges certains, & ses degrez d'appellations bien reglez, comme la Justice seculiere, c'est sans doute qu'un simple Official peut condamner le plus habile Prêtre de son Diocese, à être deposé, ou degradé de son Ordre. Mais quant aux Evêques, ils ont maintenu cette franchise, de ne pouvoir être jugez que par le S. Siege. Et voila côme ces anciens Canons ne sont à propos de la degradation.

41. A present un seul Evêque peut degrader & même son Vicaire general *in spiritualibus*.

Partant il faut tenir pour certain, que comme un simple Evêque peut consacrer un Prêtre, aussi qu'il le peut degrader, & ainsi s'observe en l'usage, nonobstant la Decretale de Boniface VIII. dont il ne faut nullement douter ; attendu que le Concile de Trente, *sess. 13. decreto de reform. cap. 4.* decide, que non seulement un Evêque, mais encore son Vicaire general *in spiritualibus*, peut faire la degradation d'un Prêtre, appellant toutefois six Abbez, si ce nombre se peut trouver en la ville, sinon six notables personnages constituez en dignité Ecclesiastique.

42. Que pour degrader le Prêtre condamné à mort, il ne faut entrer de nouveau en connoissance de cause.

L'autre scrupule est, que quand un Ecclesiastique a été condamné à mort par le Juge Laïque pour un cas privilegié, il y a des Evêques qui font difficulté de le degrader, sans luy faire de nouveau son procez, disans que toute deposition, & à plus forte raison, toute degradation d'un Prêtre se doit faire avec connoissance de cause, & que le Juge Laïque n'a pû rien ordonner touchant le Sacrement de son Ordre : & ainsi quand on penseroit avoir justice d'un Prêtre, ce seroit à recommencer ; & si on permettroit cela, la Justice Ecclesiastique seroit un nouveau ressort, après le dernier ressort de la Justice Laïque, & l'Evêque, ou son Official contrôleroit les Arrêts d'un Parlement.

43. De même.

Or il est bien vray, que toute deposition & degradation doit être faite avec connoissance de cause : mais est-ce pas connoissance de cause, quand un Parlement y a passé ? & de dire qu'il n'a rien pû ordonner touchant l'Ordre de Prêtre, aussi n'en prononce-t'il rien, mais seulement il condamne le Prêtre à mort, l'ayant declaré convaincu du crime capital. Et quand l'Evêque le degrade avant l'execution de l'Arrêt, ce n'est pas pour obeyr au Juge Laïque, mais c'est de peur qu'en faisant passer le Prêtre par les mains du bourreau, il soit fait injure à l'Ordre. De sorte que si l'Evêque fait refus de le degrader, il fait refus d'empêcher l'injure de l'Ordre : car il faut toûjours que le condamné soit executé, soit qu'il soit degradé, ou sans degradation : & en ce dernier cas le Juge Laïque le délie de son ordre, de la même sorte qu'Alexandre délie le nœud Gordien, qu'il coupa voyant qu'il ne le pouvoit délier.

44. De même encore.

Mais quand ainsi seroit, qu'un Prêtre ne pourroit être executé à mort sans degradation precedente, est-il raisonnable que ces deux Justices, même ces deux puissances du monde, l'Ecclesiastique & la Seculiere, s'aydent mutuellement ? Voit-on pas que le Juge Laïque ne dénie point à l'Ecclesiastique d'executer les sentences par prise de corps & de biens, sans entrer en nouvelle connoissance de cause, sans juger *bis in idipsum*, quand par maniere de commission rogatoire, le Juge d'Eglise vient à implorer le bras seculier ? De même donc l'Eglise doit faciliter l'execution des sentences des Juges temporels, considerant que, comme dit Optatus Milevitanus, l'Eglise est dans le Royaume, & non le Royaume en l'Eglise : & attendu que c'est une regle de droit & de pratique, même du droit des gens, que le Juge, auquel on s'addresse pour l'execution d'une sentence, *non debet de jure sententia cognoscere*, *quae aliquin lusoria esset*, principalement si on ne contradictoirement, *dit la loy. 3. ff. de preiur. D. de judic.*

45. Que la Novelle qui a introduit la de-

De fait le seul passage de notre droit, qui deffend d'executer les Prêtres sans degradation, qui est celuy cy-dessus allegué de la Novelle. 83. presuppose aperte-

de la privation de l'Ordre, Chap. IX.

gradation doit être ainsi entendue.

ment que cette dégradation se fasse sans nouvelle connoissance de cause. Car Justinian décidant en la même periode, par qui les Ecclésiastiques doivent être jugez, ordonne qu'és délits ordinaires ils seront jugez par les Juges ordinaires, sçavoir les Présidens des Provinces, à la charge toutefois, dit-il comme en passant, qu'ils ne seront executez à mort, avant qu'être degradez par l'Evêque, mais qu'és délits Ecclésiastiques, ils seront jugez par les Evêques & leur Conseil : sans que les uns, dit-il, entreprennent sur les autres.

Et neanmoins les Ecclésiastiques, croyans fonder en l'antiquité, que le Magistrat seculier ne peut juger les Prêtres, qu'ils n'ayent été renvoyez par l'Evêque à la Cour seculiere, ont corrompu ce beau terme, *curia tradere*, qui se lit souvent en nos Livres de droit : disant qu'à l'instant que les Evêques ont degradé un Prêtre, *eum curia seculari tradant puniendum*. Ce qui est expliqué au Chapitre *Novimus*, fait exprés, *ext. de verb. signif.* & avoit été auparavant ainsi entendu par Gratian au Chapitre *Sicut 1. quæst. 1.* qui est une erreur signalé, lequel merite bien d'être découvert en passant.

46. Curia tradere, quid ?

Il a été dit au dernier Livre des Offices, en traitant des Officiers des villes, que la condition des Decurions, ou Curiaux des villes de l'Empire Romain devient si onereuse, qu'elle étoit fuye & évitée d'un chacun, même qu'enfin elle fut imposée pour peine, comme il se voit en la loy *Qui intra de privileg. corum, qui in sac. Palat. milt. Cod. Theod. & leg. 1. de curfu publ. eod. Cod.* & plusieurs autres loix. Ce qui fut par aprés prohibé par Valentinian, *leg. In Ordinib. de Decur. eod. Cod.* Et il semble que cette prohibition fut restrainte depuis par Gratian *ad solos Officiales, id est apparitores Præsidum, leg. Neque Officialium, de Decur. Cod. Justin.* ainsi que Cujas l'interprete. Ces prohibitions fondées sur ce qu'il n'étoit raisonnable, disent ces loix, que l'ordre de Decurion, qui étoit honorable, fust donné pour peine, & qu'un homme fût mis en cet ordre pour un sujet, qu'il en eust dû faire chasser.

47. Curialis conditio tandem fuit pœna genus.

Mais croissant toûjours la difficulté de trouver des Decurions, en sorte qu'il y falloit mettre des hommes par contrainte, on trouva un expedient, pour continuer à les mettre pour peine, & neanmoins ne point contrevenir à la raison de ces loix, qui fut d'observer, que ceux qui y seroient mis pour peine, auroient les charges & incommoditez du Decurionat, mais non pas les honneurs & commoditez : ce que Callistrate trouve compatible en la loy *Relegatorum §. Solet. de interd. & Relig.* & pareillement la loy unique de *infamibus lib. 10. Cod.* laquelle chose Justinian ordonna pour le regard des Juifs, Samaritains, & Heretiques par sa Novelle 45.

48. Curiales tandem fuere alii à Decurionibus.

De même l'Empereur Arcadius ordonna, que quiconque seroit chassé du Clergé, fust incontinent pris pour être Curial, ou Collegiat, c'est à dire du nombre de ceux, qui en chacune cité étoient choisis entre les artisans, pour servir aux necessitez de la ville, qui étoit une condition penible & honteuse. *Quæcunque clericum indignum officio suo Episcopus judicaverit, & ab Ecclesiæ ministerio segregaverit, aut si quis professum sacra religioni sponte dereliquerit, continuo sibi eum Curia vindicet : & pro hominum qualitate & quantitate, patrimonii, vel Collegio civitatis adjungatur.* Ce qui montre en passant, qu'un docte moderne s'est trompé, confondant *Curia dedititii cum Collegiatis*, dont la difference est encore mieux éclaircie en la Novelle de Martianus *de Curialibus*, & le mot *Collegiatis* est expliqué par Monsieur Brisson en son Dictionnaire.

49. Clerici curiis tradditi.

50. Curiales alii à collegiatis.

Il y a encore plusieurs passages dans les anciens Autheurs, pour monstrer que cette coutume continua, que les Ecclésiastiques chassez de l'Eglise, *curiis civitatum tradebantur*. Comme dans S. Ambroise, Epit. 29. à Theodos. dans Ammian Marcellin liv. 1 *X.* dans Sozomene, liv. 6. chap. 7. dans Nicephore liv. 10. chap. 1. dans Theodoret liv. 1. chap. 9. & liv. 7. chap. 7. dont la

51. Iterum de clericis Curiæ traditis.

52. Interpretation de plusieurs Canons.

raison est renduë en la Novelle 5. chap. 6. *Ut qui sacrum ministerium deserunt, tribunali terreni observes servitium,* & en la Novelle 123. chap. 10. il est dit, que le Prêtre marié, ou concubinaire *debet de clero secundum antiquos canones, & curiæ civitatis, cujus est clericus, tradi.*

Or les anciens Canons, dont cette Novelle entend parler, peuvent être ceux qui sont rapportez par Gratian 3. *quæst. 4.* can. *Clericus.* & 11. *quæst.* Can. *Si quis sacerdotium,* & can. *Statuimus,* où il est dit, que le Clerc, qui ne veut pas obeïr à son Evêque, *deponi debet à clero, & curiæ seculari tradi puniendus. Ut si per omnem vitam serviat* ; ce que les Canonistes ont corrompu, & dedans les Decretales, & au style de leurs sentences, y mettant *puniendum* au lieu de *serviturum* : mais en outre ils se sont trompez en l'equivoque du mot *Curi*, qui signifie maintenant Jurisdiction, & anciennement signifioit le Conseil ou Senat des villes de l'Empire Romain, comme j'ay dit ailleurs.

Aussi aujourd'huy on ne degrade jamais un Ecclésiastique, qu'il n'ait commis un crime capital, même qu'en outre il ne soit tenu pour incorrigible, étant la plus grande peine que l'Eglise puisse infliger, de la degradation, cap. *Cum non ab homine, ext. de judiciis*. C'est pourquoy l'Eglise, *quæ sententiam sanguinis ferre non potest*, renvoye à la Jurisdiction seculiere le Clerc qui a commis un crime capital, pour y être puny, neanmoins selon sa douceur & bonté, & aussi pour éviter l'irregularité, si elle destinoit à la peine de sang, qu'elle le traite doucement, & ne le punisse à la rigueur, cap. *Novim. de verb. signif.*

53. Pourquoy le Clerc s'est renvoyé à la Cour seculiere.

Mais anciennement le Clerc étoit deposé pour beaucoup moindres causes, sçavoir, pour simple inobedience, *ad can. Si tumidus,* & *Si quis Sacerdotum* & *Statuimus.* C'est pourquoy il ne luy échéoit par aprés autre peine, sinon qu'au moyen des Ordonnances d'Arcadius & de Justinian, incontinent qu'il étoit chassé de l'Eglise, il étoit vendiqué par étre curial, mais ce n'étoit pas qu'il fust renvoyé devant les Juges seculiers, pour être derechef jugé & puny.

54. Effet de l'ancienne tradition curiæ faciendæ.

Pour donc achever d'expliquer la forme & les cerémonies de la degradation des Prêtres, il ne faut que transcrire icy le Chap. 2. *de pœnis in 6. Clericus degradandus, vestibus sacris indutus, in manibus habens librum, vas, vel aliud instrumentum seu ornamentum ad Ordinem suum spectans, ac si deberet in officio suo solemniter ministrare, ad Episcopi præsentiam adducitur : cui Episcopus publicè singula, sive sint vestes, calix, sive liber, quæ illi, juxta morem clericorum ordinandorum, in sua ordinatione ab Episcopo fuerint tradita, seu collata, singulariter auferat, ab illo vestimento, seu ornamento, quod ultimo datum fuerit, inchoando, & descendendo gradatim, degradationem conficiet, usque ad primam vestem, quæ datur in collatione tonsuræ : tuncque radatur caput illius, seu tondeatur, nec tonsura vestigium remaneat in eodem. Poterit etiam Episcopus in degradatione hujusmodi, uti verbis aliquibus ad terrorem illis oppositis, quæ in collatione Ordinum sunt prolata, dicendo, &c.*

55. Forme & cerémonie de la degradation.

Telle étoit à peu prés la ceremonie de la degradation des Vestales Romaines, que rapporte Plutarque in Nuna, & Alex. ab Alexandro lib. 5. cap. 18. sçavoir que la Vestale condamnée, étant au lieu du supplice, auquel elle étoit menée dans un cercueil à face découverte, on luy ostoit les bandeaux sacrez ; puis le Pontife, ayant les mains levées au ciel, prononçoit certaines prieres solemnelles, luy couvroit la tête, & la faisoit porter à l'entrée de l'eschelle, qui étoit posée pour le dévaler en la fosse preparée, & enfin l'ayant mise dans icelle, le dos tourné, on retiroit l'échelle, & ainsi on l'enterroit toute vive.

56. Forme de la degradation des Vestales Romaines.

La ceremonie étoit presque semblable en l'exauguration des Prêtres Rom. pendant le paganisme : témoin ce que *Capitol. in Antonino Philosopho* qu'étant Pontife avant qu'être Empereur, *multos inauguravit & exauguravit, nomine præsente, quod ipsa sacerdos*

57. Forme de l'exauguration des Prêtres Payens.

cuncta dicisset, appellant carmen solemniter illam precationis formulam, quod à Pontifice pronuntiabatur, aliquo descripto praeeunte ne quid verborum praeteriretur, aut praepostere diceretur, dit Pline, liv. 28. cap. 2.

58. Des effets de la privation des Ordres.

Finalement pour entendre les effets de la privation des Ordres Ecclesiastiques, il faut distinguer les trois sortes de privation, à sçavoir la suspension, la deposition, & la degradation, & trancher briefvement & resolument les effets de chacune d'icelle, selon la plus commune opinion des Theologiens, sans s'amuser à rapporter les diversitez d'opinion.

59. Effets de la suspension.

La suspension n'est point perpetuelle de sa nature, quand mesme elle seroit faite sans expression de temps : parce qu'en ce mesme cas il y a tousjours esperance de la faire clorre, & lever par droit commun, & sans dispense. Et est à noter, qu'elle deffend à l'Ecclesiastique, de faire la fonction dont il est suspendu, sur peine d'irregularité.

60. Suspension de l'Ordre Ecclesiastique.

Mais il faut exactement considerer ses termes, parce qu'il y en a de plusieurs sortes, à sçavoir la suspension de l'Ordre, qui deffend l'execution de l'Ordre seulement, & non de l'Office, ny du Benefice, encore si elle est limitée à certain Ordre, elle n'a lieu pour les moindres, mais bien pour les plus grands: Par exemple, l'Evesque suspendu de l'Ordre Episcopal peut dire la Messe, mesme avec ornemens Pontificaux, parce qu'ils regardent la dignité, & non pas l'Ordre : il peut aussi exercer sa jurisdiction, & toute autre administration temporelle de son Evesché, parce qu'il n'est pas suspendu de l'Office de Benefice : mais au contraire l'Evesque suspendu de l'Office de Prestrise, ne peut pas conferer les Ordres, ny faire tout ce qui est de l'Ordre Episcopal, parce qu'il faut avoir l'Ordre de Prestre libre, pour exercer celuy d'Evesque.

61. Suspension de l'Office.

Mais la suspension de l'Office, qu'on appelle autrement suspension *à divinis*, comprend tant l'Office de l'Ordre, que celuy du Benefice, ou charge Ecclesiastique, & encore quelquefois elle comprend le Benefice mesme, c'est à dire l'administration du revenu Ecclesiastique, comme quand elle est prononcée pour crime. Que si elle est ordonnée, ou pour delit leger, ou pour simple contumace, ou qu'elle soit énoncée avec ce terme restrictif, *seulement*, elle ne comprend pas l'administration du Benefice, au contraire la suspension du Benefice ne concerne que l'administration du revenu temporel d'iceluy, & non pas de l'Office, ou administration du spirituel, qui n'est pas accessoire au temporel, mais au

62. Suspension du Benefice.

rebours, c'est le temporel qui est accessoire au spirituel, & le Benefice à l'Office.

Quant à la deposition, *quae dicitur verbalis degradatio*, elle est perpetuelle de sa nature, & sans esperance de restablissement, au moins de droit commun & sans dispense, laquelle toutefois l'Evesque peut donner quant à l'Ordre, car quant au Benefice, il vaque *ipso jure* par la deposition & est perdu absolument, sans attendre la degradation, qui ne concerne que la dignité de l'Ordre Ecclesiastique. Et n'est gueres recuperé, parce qu'il n'eschet pas souvent, qu'il n'y soit pourveu, auparavant le restablissement ou dispense du deposé, & encore en tout cas, faut qu'il obtienne nouvelle provision, parce que la premiere cesse par la deposition. Mais comme l'Ordre est plus inherent à la personne, que l'Office & Benefice, la simple deposition ne prive pas de l'Ordre ny de tout ce qui en depend, mais seulement de l'execution d'iceluy, de sorte que le Prestre deposé retient & la dignité, c'est à sçavoir le rang & le titre de Prestre, & les privileges, *fori felices & Canonis*, mais sur tout il n'y a nul doute, qu'il ne retienne le caractere de Prestrise.

63. Effets de la deposition ou degradation veritable.

Finalement la degradation actuelle & solemnelle, selon la plus commune opinion des Theologiens & des Canonistes, n'oste pas l'Ordre tout à fait, à cause qu'il est gravé & imprimé jusques dans l'ame, & à cause que les choses sacrées sont eternelles & incorruptibles de leur nature : pour donc sçavoir quel effet elle a, il faut distinguer deux diverses parties en l'Ordre sacré. L'un externe, qui est la dignité & privileges qui en dependent : l'autre interne, qui est le caractere de la consecration. Quant à la dignité & privileges, c'est sans doute, que la degradation les oste ; de sorte que le Prestre degradé ne se peut plus qualifier Prestre, ny tenir rang de Prestre, & n'est plus de la Jurisdiction Ecclesiastique, & qui le frappe n'est point excommunié.

64. Effets de la degradation actuelle.

65. Deux parties de l'Ordre sacré, sçavoir la dignité & le caractere.

Mais quant au caractere imprimé en la consecration, il ne peut estre effacé, *neque ex parte potentiae*, parce qu'il est sacré, & partant immuable & incorruptible, *neque ex parte subjecti*, parce qu'il est imprimé à l'ame, qui est immortelle & impenetrable. De sorte qu'il n'y a nul doute, que le Prestre degradé ne puisse efficacement & reellement consacrer, *quin conficiat verum corpus CHRISTI*, qui est la resolution de Saint Thomas *in 3. quaest. 83. articul. 8.*

66. Du caractere de l'Ordre Ecclesiastique.

CHAPITRE X.
Des simples Dignitez de Rome.

1. Quelles sont les simples dignitez.
2. Dignitez honoraires.
3. Epithetes de dignitez honoraires.
4. Des dignitez honoraires.
5. Senateurs honoraires.
6. Chevaliers honoraires.
7. Citoyens honoraires de quatre sortes.
8. Vrais & parfaits citoyens.
9. Citoyens de droit.
10. Droit des vrais citoyens Romains.
11. Municipes.
12. Citoyens honoraires.
13. Leurs droits.
14. Explication d'un passage d'A. Gelle.
15. Cerites.
16. Civitas cum suffragio, vel sine.
17. Citoyens imparfaits.
18. Ordres Romains abolis sous les Empereurs.
19. Senateurs comment abolis.
20. Et les Chevaliers.
21. Et les citoyens.
22. Des Patriciens.
23. Ceux de l'Estat populaire.
24. Invention des Patriciens par Constantin.
25. D'où dits.
26. Titre de Patricien envoyé au Roy Clovis.
27. A qui estoit octroyé.
28. Rang des Consuls & Patriciens.
29. Conciliation de plusieurs loix & passages.
30. Des Patriciens de Gaule.
31. Patriciens commandoient souverainement en Italie.
32. Que nos Pairs ne viennent des Patrices.
33. Des Comtes Romains.
34. D'où dits.
35. Trois degrez de Comtes.
36. Comtes, chefs d'office chez l'Empereur.
37. Comte signifiant Intendant.
38. Comites consistoriani.
39. Comtes par gratification de l'Empereur.
40. Comtes Gouverneurs des Provinces.
41. Comtes aprés certain temps de service.
42. Comites vacantes.
43. Comtes du second rang.
44. Comtes du troisiéme rang.
45. Des Offices honoraires.
46. Consuls honoraires de plusieurs sortes.
47. Suffecti, seu minores Consules.
48. Consul d'un jour.
49. Grands Consuls, ou Consuls ordinaires.
50. Pourquoy il se trouve des Consuls dénommez

Des simples Dignitez de Rome, Ch. X. 65

nos loix, qui ne sont point dans les fastes Consulaires.
51. Consuls honoraires, ou imaginaires.
52. Femmes Consulaires.
53. Consulares, Consularitas.
54. Consularis signifie trois choses.
55. Consularis signifiant les Gouverneurs des Provinces.
56. Ex-Consularis.
57. Origine de cette derniere Consularité.
58. Qu'elle abolit enfin les autres.
59. Explication de plusieurs loix.
60. Dignité honoraire de ceux qui avoient exercé les Offices.
61. Autres dignitez honoraires de trois ou quatre sortes.
62. Administratores.
63. Vacantes, Allecti, Ascripti, seu Ascriptitii.
64. Honorarii, Imaginarii, seu Codicillares.
65. Supernumerarii.
66. Canonici sub expectatione præbendæ.
67. Des Epithetes.
68. Super-illustres.
69. Changemens d'Epithetes.
70. Autres sortes d'Epithetes, ou classes de dignitez.
71. Præfectoria dignitas.
72. Proconsularis dignitas.
73. Vicariatus dignitas.
74. Exconsularium dignitas.
75. Equestris dignitas.
76. Præfectissimatus dignitas.
77. Difficulté de particulariser le rang de toutes ces dignitez.
78. Rang des Officiers exerçans avec les simples dignitez.
79. Rang des anciens Officiers.
80. De même encore.
81. Rang des dignitez honoraires.

1. Quelles sont les simples dignitez. J'Appelle simples Dignitez tous les titres & qualitez, dont on se peut tirer & qualifier par honneur seulement, sans qu'en effet elles soient vrais Ordres, Offices, ou Seigneuries.

2. Dignitez honoraires. Or il y en a de deux sortes, sçavoir est les dignitez honoraires, qui sont simples titres d'Ordres, Offices, ou Seigneuries honoraires, & titulo tenus, au surplus sans effet ni exercices, ni verité : Et les Epithetes d'honneur, c'est-à-dire les qualitez honorables attribuées à chacune Dignité, soit Ordre, ou Office, ou Seigneurie. Et il y a cette difference entre les uns & les autres, que la

3. Epithetes de dignitez. dignité honoraire est un nom substantif attribué à la personne immediatement, & à cause d'elle-même : & l'Epithete est un nom adjectif, qui lui est attribué mediatement, & à cause de quelque vraie Dignité d'Ordre, ou d'Office, ou de Seigneurie.

Commençons selon nôtre coûtume par celle des Romains, & parlons premierement de leurs Dignitez

4. Des dignitez honoraires. honoraires, puis des epithetes. Car comme ils n'avoient que deux sortes de Dignitez, à sçavoir les Ordres & les Offices, n'ayans point eu l'usage des Seigneuries, c'est à dire qu'ils avoient plusieurs Ordres, & sur tout plusieurs Offices honoraires & imaginaires.

Quant aux Ordres, ils avoient premierement les

5. Senateurs honoraires. Senateurs imaginaires, à sçavoir tous ceux qui avoient exercé les grands Offices, appellez Magistratus Curules, seu Magistratus pop. Rom. qui desormais avoient entrée & voix au Senat, & avoient aussi les ornemens Senatoires, de sorte qu'il ne leur restoit plus rien que le nom de Senateurs. Car ils ne pouvoient être vrais Senateurs, jusqu'à ce qu'ils eussent été enrôlez par les Censeurs, Consuls, ou Empereurs, comme il a été dit au deuxiéme Chapitre de ce Livre.

Ils avoient aussi des Chevaliers honoraires, à sçavoir

6. Chevaliers honoraires. ceux qui ne pouvans être vrais Chevaliers, pour n'avoir ou les moyens, ou l'ingenuité requise, obtenoient le droit d'anneaux d'or de l'Empereur, qui étoit l'ornement & remarques publiques des Chevaliers, & par ce moyen avoient rang avec les vrais Chevaliers, & droit de seoir dans le Theatre aux quatorze degrez à eux affectez, comme il a été dit au même Chap. mais il faut observer que ces deux especes de dignitez honoraires (s'il les faut ainsi appeller) étoient tout au rebours des autres : car elles avoient l'effet de la dignité, & non le titre, au lieu que communement les Dignitez honoraires ont seulement le titre, & non l'effet.

7. Citoyens honoraires de quatre sortes. Ils avoient pareillement des citoyens honoraires de plusieurs sortes. Car bien que nul ne puisse être vrai & parfait citoyen d'une ville, s'il n'est actuellement resident & habitué en icelle, neanmoins les Romains, ingenieux à accroître leur puissance, & quant & quant l'honneur de leur ville, trouverent l'invention de donner les droits & privileges de citoyen Romain à ceux qui demeuroient hors Rome, même és pays bien eloignez. Comme donc Aristote dit qu'il peut y avoir plusieurs degrez de citoyens, aussi remarquons-nous en l'histoire Romaine quatre sortes, ou degrez de citoyens Romains, à chacun desquels, pour plus facile distinction, car il faut que je dise, que ceci est du plus obscur de l'antiquité Romaine, je baillerai un nom particulier de mon invention : appellans les uns vrais & parfaits citoyens, les autres citoyens de droit seulement, les troisiémes citoyens d'honneur seulement, & les quatriémes citoyens imparfaits.

8. Vrais & parfaits citoyens. Les vrais & parfaits citoyens, qui optima lege cives à Romanis dicebantur, étoient les ingenus habitans de Rome & du territoire circonvoisin, qui propriè Quirites vocabantur, iique & domicilium & tribum & honorum potestatem habebant, qui étoient les trois choses, la concurrence desquelles faisoit le vrai citoyen. Le domicile se discernoit d'avec les citoyens de droit. La tribu ou paroisse, d'avec les citoyens d'honneur, Et la capacité des honneurs, d'avec les citoyens imparfaits.

9. Citoyens de droit. Les citoyens de droit étoient ceux qui demeuroient extra agrum Rom. hors le territoire de Rome, & avoient neanmoins le nom & les droits des Citoyens Rom. soit que particulierement civitate donati essent, soit qu'ils demeurassent in iis municipiis aut coloniis, quia jus civitatis Rom. consecutæ erant. Et ceux-là habitant tribum & honorum potestatem (nempe in una ex. 35. populi Rom. tribubus censebantur) & omnia jura Rom. civitatis, nimirum imperii, libertatis, connubiorum, patriæ potestatis, hæreditatum, mancipii, usucaprionis, testamentorum, tutelarum legitimarum, militiæ, & horum, iis qui non avoient pas ceux qui dependoient du domicile de Rome, dont voici les principaux, nimirum jura sacrorum, ludorum, festorum, suffragiorum, curiarum, & fori. Sacra siquidem, ludi festa, ac suffragia

10. Droits des vrais citoyens Romains. curiata curias spectabant & sequebantur. Curia autem erant tantum in agro Rom. commorantium. Privilegium quoque fori, maxime in civilibus negotiis non habebant, nisi qui Romæ degebant. Ce qui meriteroit bien un Traité à part, s'il n'avoit été expliqué tres doctement par Sigon. lib. 1. de antiq. jur. civ. Rom. Il est vrai que ces citoyens de droit pouvoient venir demeurer dans Rome quand ils vouloient, & lors joüissoient de tous ces derniers droits & privileges : mais tandis qu'ils de-

11. Municipes. meuroient in municipiis, dicebantur propriè Municipes, non cives Romani, & on disoit d'eux, qu'ils avoient deux pays, l'un de nature, l'autre de droit, comme dit Ciceron lib. de legib. Ego Municipibus duas est censeo patrias, unam natura, alteram juris.

12. Citoyens honoraires. Les citoyens honoraires étoient ceux des villes libres, qui s'étoient volontairement jointes à l'état Romain quant à la reconnoissance de sa souveraineté seulement, & non quant à la cité, ayans voulu avoir leur cité à part, c'est-à-dire, leurs loix particulieres, leurs Officiers d'eux-mêmes, & aussi leur liberté ; non enim facti erant fundi populi Rom. Bref, ils s'étoient joints,

13. Leurs droits. & non pas unis tout-à-fait à l'Etat de Rome : aussi étoient-ils citoyens Romains par honneur seulement. Mais n'étans pas vrais citoyens, ni citoyens de droit, *tribum non habebant*, ni par consequent tout ce qui en dépendoit, comme le suffrage & l'aptitude aux Magistrats de Rome, ni particulierement *jura Quiritum, nimirum imperii, patriæ potestatis, legitimi dominii, hæreditatum, usucapionum, tutelarum*: mais avoient seulement le droit de liberté, qui étoit de ne reconnoître autre souveraineté que le peuple Romain, la communication des mariages & des testamens avec les vrais citoyens Rom. & sur tout celui de milice, étans enrôlez dans les legions, non parmi les troupes auxiliaires & de secours, ce qui étoit beaucoup estimé : & de cette espece de citoyens Rom. faut entendre le Chap. 13. du

14. Explication d'un passage d'A. Gelle.
liv. 16. d'A. Gelle, où il est dit, que *muneris tantùm cum pop. honorarii participes erant, à quo munere capessenda appellati videntur*, ce que Sigonius interprete, *eos Magistratus Romanos non cepisse, sed munus tantùm honorarium obiisse, id est, honoris causâ in legione stipendia fecisse, ut cives, non ut socios in auxiliis*.

15. Cerites.
Et de fait A. Gelle continuant son discours dit, que les Cerites furent les premiers faits citoyens de cette sorte, *pro sacris bello Gallico receptis, custoditisque*: desquels parlant Strabon, dit qu'ils étoient citoyens Rom, de nom, & non pas de fait, ayans leur Republ. separée de celle des Romains.

16. Civitas cum suffragio, vel sine.
Autant en dit Tite-Live, de Campanis equitibus, quibus, *quòd cùm Latius rebellare noluissent, honoris causâ civitas sine suffragio data est*. Et ce droit de suffrage fut ce qui faisoit la principale difference entre les Citoyens de droit & ceux d'honeur : car les uns & les autres étoient appellez municipes : les uns *municipes cum jure suffragii*; les autres *sine jure suffragii*, comme l'explique amplement Sigonius : *lib. 2. de antiq. jure Italiæ, cap. 7*.

17. Citoyens imparfaits.
Finalement les Citoyens imparfaits, c'étoient les affranchis, *qui licèt cives Romani essent, & domicilium ac tribum Romæ haberent, tamen honorum potestatem non habebant*, n'étans capables ni d'élire, ni d'être élûs aux Magistrats, comme il a été dit au chap. 2. encore sous les Empereurs la plûpart des affranchis, n'avoient pas tribun, *licèt haberent domicilium*, ayans seulement *jus Latinitatis, ex lege Ælia Sentia, & lege Julia Norbana*, comme il a été dit au premier chap. du premier livre *des Offices*.

18. Ordres Romains abolis sous les Empereurs.
Voilà à peu près les Ordres honoraires, que les Romains avoient en l'Etat populaire : mais sous les Empereurs tous ces Ordres furent confondus, & enfin du tout abolis; car en premier lieu, l'autorité ordinaire des Senateurs leur fut ôtée, les derniers Empereurs voulurent avoir le Conseil à leur choix & à leur suite,

19. Senateurs comment abolis.
même qu'enfin la condition des Senateurs devint onereuse, aussi-bien que celle des Decurions, comme il a été dit au chap. 1. Les Chevaliers ne furent plus reconnus, n'ayans desormais aucune fonction, n'y ayant plus de Censeurs pour les choisir ; & sur tout n'y ayant plus que les affranchis qui fussent de cet Ordre, par le moyen

20. Et les Chevaliers.
du droit d'anneaux d'or, qui leur étoit trop facilement donné par les Empereurs. Bref, cette difference des quatre sortes de citoyens Romains, même des citoyens Romains en general, avec les autres sujets de l'Empire,

21. Et des citoyens.
fut entierement abolie par l'Edit de l'Empereur Antoninus Pius, rapporté en la loy *In orbe D. de statu hom*. qui fit citoyens Romains tous les sujets de l'Empire.

22. Des Patriciens.
Lors que la dignité des Senateurs fut fort abaissée, on inventa un Ordre au dessus d'icelle pour contenter l'ambition des principaux Courtisans de l'Empereur, à sçavoir l'Ordre des Patriciens, qui étoit tout autre

23. Ceux de l'Etat populaire.
chose sous les Empereurs, qu'en l'Etat populaire. Car en l'Etat populaire les Patriciens étoient les descendans des cent, ou selon aucuns, des deux cens premiers Senateurs choisis par Romulus, qu'il appella *Patres* : de sorte que le Patriciat lors étoit l'ancienne Noblesse.

24. Invention des Patriciens par Constantin.
Mais la marque & la connoissance de ces races anciennes étant perduë tout-à-fait, tant par si longue suite d'années, que par les grandes mutations qui survinrent sous les Empereurs, & lors notamment que le Siege de l'Empire fut transferé en Grece, Constantin le Grand fut celui, dit Zozime liv. 2. lequel, pour remplacer ces anciens Patriciens, inventa les nouveaux, qui ne venoient plus de race, mais de sa seule faveur, & en fit une dignité si haute & si excellente, qu'elle excedoit toutes les autres dignitez, Theodoric dit dans Cassiodore *in formula Patriciatus, uni tantùm cedens fulguri, quem interdum a nobis constat assumi*, entendant le Consulat.

——— *qui portus honorum.*
Semper erat. ——— dit Claudian.

Et C'est sans doute que ces Patriciens étoient ainsi appellez, non pas comme Peres du commun, comme Suidas les a definis πατέρες τȣ̂ κοιν, mais plûtôt comme Peres de l'Empereur, ἑ Αυτοκρατωρ ἑαυτȣ̂ πατέρες πεποιηκε, dit Theophile *tit. de patria potest*. Autant en dit la loy derniere *de Consul. lib. 12. Cod. & Nov.* & y en a une belle rencontre dans Claudian *ad Eutropium Patricium*, où le consolant de sa condamnation & de la confiscation de ses biens, il lui dit.

Direptas quid plangis opes, quas natus habebit ?
Non aliter poteras Principis esse pater.

25. D'où dits.

26. Titre de Patricien envoyé au Roy Clovis.
Ce titre de Patricien, avec les ornemens Consulaires, fut envoyé au Roy Clovis par l'Emp. Anastase, après la defaite des Visigots, & voici la harangue de ses Ambassadeurs, rapportée par Paul Emile, *Te Augustus Consulem Patriciumque salutat, quâ tituli majestate secundùm Cæsarem, nullum majus, excelsiusque fastigium. Regium quidem nomen sanctum est, sed tibi cum multis commune : magnitudo verò tua cæteros Reges supergressa, novam gloriam postulat. Accipe ergo hæc Consulatus insignia, & Patriciatus nomen.*

27. A qui étoit octroyé.
Et il faut remarquer que cette dignité Patricienne n'étoit octroyée qu'à ceux qui avoient été actuellement ou Consuls, ou Prefecti, ou Magistri militum, qui étoient les trois plus grands Offices de l'Empire, tous trois égaux en dignité, *lib. 5. Cod. de Consul*. D'où je tiens infailliblement que le titre de Patricien étoit plus haut que celui de Consulaire, comme cette loy dit, que *sublimis Patriciatus honor cæteris omnibus anteponitur*. Et

28. Rang des Consuls & Patriciens.
de fait en la Novelle 62. il est dit que les Patriciens doivent seoir au Senat devant les Consuls. Ce qui semble contraire aux passages de Cassiodore & de Claudian ci-dessus alleguez, & à la loy unique *de Consul. Præf. &c. Cod. Theod*. où il est dit que *Consulatus præponendus est omnibus fastigiis dignitatum, in omni etiam curia Senatoria actu, sententia, cœtu*. Lesquels passages ont donné sujet au docte President Faber, *lib. 1. Semest. cap. 2*. de tenir indistinctement, que la dignité Consulaire étoit plus haute que la Patriciene.

29. Conciliation de ces loix & passages.
Mais il n'y a rien de si aisé que de concilier ces loix & authoritez : car il faut sans doute distinguer l'Office de Consul avec la dignité Consulaire, c'est-à-dire le Consul étant en exercice avec le simple Consulaire. Et dire que le Consul étant en Office, & pendant le tems de son exercice precedoit tous les Patriciens : mais ce tems étant passé, & n'étant plus que Consulaire, & en simple dignité, & non en Office, il étoit desormais precedé par les Patriciens, desquels la dignité étoit toûjours permanente, dit Cassiodore au même lieu : d'autant principalement qu'auparavant la Novelle 62. il falloit avoir été consul, ou avoir un Office de même rang, pour être Patricien, & qu'ainsi deux dignitez jointes ensemble surpassoient celle qui étoit seule, dit cette loy 1. *C. de Consf*.

30. Des Patrices de Gaule.
Voilà pour ce qui étoit de la dignité Patricienne, à laquelle quelques-uns de nos modernes ont voulu mal à propos referer l'origine de nos Pairies. Car ce que les anciens livres font mention des Patrices, principalement en Bourgogne & en Languedoc, fut qu'en ces contrées là, il y eut des Patrices, tels que ceux de l'Empire de Constantinople, où la coûtume fut enfin de donner les gouvernemens des provinces éloignées aux Patrices : ainsi ce grand Etius, qui combattit Attile aux champs Catalauniens est appellé le dernier Patrice des Gaules. Jusques-là que ceux même, qui pendant les troubles de l'Empire de Grece occuperent l'Italie, & qui ouvertement n'osoient se nommer Empereurs, s'appelloient *Patrices de Rome*, comme Avitus, Majorianus, & autres, jusqu'à Augustule, que chassa Odoacre Roy des Herulens. Tant

31. Patrices commandoient souverainement en Italie.

y a

Des simples Dignitez de Rome, Chap. X.

y a que nos François, lors qu'ils occuperent les Gaules, ayans trouvé en plusieurs endroits d'icelles cette dignité de Patriciat établie, la continuerent par quelque tems, comme ce fut leur coûtume de n'y changer ou innover les anciens usages que le moins qu'ils pûrent. Ce que Monsieur Pasquier a pleinement traité au second Livre de ses Recherches Chap. 8. & 9. de l'avis duquel neanmoins je ne puis être, entant qu'il veut deriver nos Pairs de ces Patrices, mais il me semble avec du Tillet, que l'invention de nos Pairies est venuë de l'usage des fiefs, dont ni les Romains, ni ceux de Grece n'eurent jamais connoissance.

32. Que nos Pairs ne viennent des Patrices.

Mais le même Constantin, qui inventa les Patrices, ayant transferé l'Empire Romain en Grece, nation encore plus vaine & plus ambitieuse que l'Italienne, se voulant, à cette resolution, accommoder à l'humeur de ce nouveau pays, inventa encore la dignité de Comte, dont il honora ceux qui l'avoient accompagné à ce changement de contrée, & dont à succession de tems furent communement honorez les Courtisans, ou principaux de la suite des Empereurs, comme aussi le mot de *Comites* étant referé à l'Empereur, signifie proprement ceux de sa suite & compagnie, que nous appellons *Courtisans*, à cause que nous appellons la compagnie du Prince la Cour, que les Latins disent *Comitatum Principis*.

33. Des Comtes Romains.

34. D'où dits.

Et patce qu'en la maison & suite de l'Empereur il y avoit des personnes de divers merites & qualitez, les Comtes ou Courtisans furent distribuez en trois rangs ou ordres, étans appellez *Comites primi, secundi, aut tertii ordinis* Κομήτων dit Eusebe en la vie de Constantin, οἱ μὲν πρώτῳ τάγματι ἐξῆντο, οἱ δὲ δεύτερῳ, οἱ δὲ τρίτῳ. Et toutefois il faut observer, qu'ordinairement le titre de *Comte* enoncé simplement, signifie par excellence les Comtes du premier rang.

35. Trois degrez de Comtes.

Ceux-ci étoient entr'autres les chefs d'Office de la maison de l'Empereur, appellez *Præpositi, seu Tribuni scholarum*. (Car comme il a été dit ci-devant, les compagnies ou bandes de menus Officiers domestiques de l'Empereur étoient nommées *Schola*.) Et quelques-uns de ces chefs d'Office portoient le titre de Comte avec le nom de leur charge, *ut Comites ærarii, domesticorum, horreorum, largitionum, sacræ vestis*, & autres, de sorte qu'à leur égard le mot de *Comte* signifioit presque ce que nous disons en France *Intendant* de telle, ou telle charge. Et quant aux autres chefs d'office, dont la charge n'étoit par aprés titrée du nom de Comte, ils avoient neanmoins droit de se qualifier Comtes, à cause de leur Office, comme il se voit en plusieurs passages des trois derniers Livres du Code, rapportez curieusement par Monsieur Brisson en son Livre *de verb. sign.* où je renvoye le Lecteur curieux.

36. Comtes chefs d'Offices chez l'Empereur.

37. Comte signifiant Intendant.

Mais sur tout les Conseillers d'Etat étoient les vrais & à le croire, les premiers Comtes aussi sont-ils appellez communement en droit *Comites Consistoriani*: Même auparavant que le nom de Comte eût été usité pour un titre de dignité, il semble que les Conseillers de l'Empereur en étoient qualifiez, temoin le passage de Spartian in *Adriano*. *Cum judicaret in consilio habuit non solùm amicos Comites, sed Jurisconsultos*, tout ainsi qu'en beaucoup de passages du droit, l'Assesseur du Gouverneur de Province est appellé *Comes*.

38. Comites Consistoriani.

Il y avoit aussi d'autres moindres Offices en la Maison de l'Empereur, auxquels cette dignité de Comte n'appartenoit pas naturellement, mais étoit quelquefois deferée particulierement par l'Empereur, pour honorer davantage ceux qui en étoient pourvûs, comme en la loy 14. *de extraord. five ord. muner. Cod. Th.* l'Office de *Magister scriniorum specialiter cum honore comitis defertur*. Autant en est dit de *Tribuno militum*, qui alors étoit appellé *comes rei militaris lib. 1. &c. de comitib. & Archiatris*. Autant des Gouverneurs des Provinces en *l. 1. de comitib. qui provincias regunt*: ce qui est fort remarquable, parce que c'est de là qu'est venu, qu'à succession de tems, la plûpart des

39. Comtes par gratification de l'Empereur.

40. Comtes Gouverneurs des Provinces.

Des Ordres.

Gouverneurs des Provinces ont été appellez *comtes*.

41. Comtes aprés certain tems de service.

Autres finalement obtenoient le titre & dignité de Comte, aprés avoir par certain tems servi le public en certaines moindres qualitez, comme les Avocats aprés vingt ans, *l. 1. c. de Advocat. diver. judic.* & aussi les Professeurs de certaines sciences, & notamment de la Jurisprudence *l. 1. de profess. qui in urbe Constantin. &c. l. 10. cod.* ce que nos Docteurs Regens des Universitez n'ont pas oublié, même le docte Cujas, se faisans accroire qu'ils sont Comtes, aprés qu'ils ont enseigné vingt ans: comme si les dignitez de l'Empire de Grece, étoient semblables aux nôtres, & comme si les loix & coûtumes d'icelui nous obligeoient en France.

Quoi qu'il en soit, du commencement le titre de Comte n'étoit communiqué qu'à ceux qui avoient quelque grand Office, ou qui par un long-tems avoient fait service au public: mais à la fin on le donna à ceux qui n'avoient jamais eu de charge, ni fait de service, & on appelloit ceux-là *comites vacantes, tit. de comitib. vacantib. c. Theod.*

42. Comites vacantes.

Quant aux Comtes du second rang, c'étoient certains moindres Officiers de la Cour, qui avoient des chefs par dessus eux, dont il est fait mention en la loy *2. de comit. rei milit. c. Theod.* en la loy 17. & 18. *de proximis com. dispofit. eod. cod.* & quelques autres lieux.

43. Comtes du second rang.

Finalement ceux du troisiéme rang étoient encore de plus basse étoffe, & il en est parlé en la loy 9. & 10. *de suariis & suscept.* & en la loy 127. *de Decur. eod. cod.* & en cette même loy 17. *de proxim. comit. dispofit.* ce que je ne m'amuserai pas à particulariser, car ces qualitez de Comtes du second & troisiéme rang furent enfin tellement méprisées, qu'elles s'abolirent d'elles-mêmes, de sorte qu'il n'en est point parlé dans le Code de Justinian.

44. Comtes du troisiéme rang.

Voilà quant aux Ordres honoraires des Romains, mais sur tout en matiere d'Offices, ils furent aux derniers tems curieux d'en avoir plusieurs honoraires & imaginaires. Et pour commencer par les Consuls, qui étoit le premier Office de leur Republique, il y en a trouvé de plus de quatre ou cinq sortes. Car durant l'Etat populaire il y en eut d'extraordinaires, quoi que bien rarement, qu'ils appelloient *suffectos, seu minores consules*. Desordre qui fut commencé par les dix Commissaires appellez Decemvirs, qui aprés la Dictature de Sylla furent deputez pour rétablir la Republique, lesquels sous le pouvoir du peuple, de créer les Consuls de leur année, afin de faire beaucoup d'amis, n'en firent pas seulement deux, comme on avoit accoûtumé, mais beaucoup plus, pour être Consuls les uns aprés les autres, pendant certain tems de l'année, dit Dion, liv. 48. ce que Cesar pratiqua aussi en sa dictature, dit le même Autheur liv. 43. Temoin ce C. Caninius, qui ne fut Consul qu'un jour, dont Ciceron dit par gausserie, qu'il avoit été si vigilant, qu'il n'avoit point dormi pendant son Consulat. Et ce desordre fut continué successivement par les Empereurs, jusques-là que l'Empereur Commodus en fit vingt-cinq en un an.

45. Des Offices honoraires.

46. Consuls honoraires de plusieurs sortes.

47. Suffecti, seu minores Consules.

48. Consuls d'un jour.

Parmi cette diversité de Consuls, ceux qui l'avoient été au commencement de chacune année, étoient appellez les grands Consuls, ou les Consuls ordinaires, d'autant que l'année se comptoit toûjours par leurs noms & durant toute cette année, ils s'appelloient *consules majores & suffecti*, & on ne les connoissoit point hors l'Italie, dit Dion liv. 48. ce que Rozinus a fort bien expliqué au 7. liv. des Antiquitez de Rome, chap. 9.

49. Grands Consuls, ou Consuls ordinaires.

Discours qui sert pour ôter un grand doute, lequel se presente quelquefois en nos loix, où il se trouve quelquefois des Consuls nommez, principalement és Senatusconsultes, qui ne se trouvent point dans les Fastes Consulaires, comme par exemple, ceux qui sont nommez és Senatusconsultes Pegasien & Trebellien n'y sont point: dont la raison est, qu'és fastes il n'y a que les Consuls ordinaires, & és Senatusconsultes on nommoit les Consuls extraordinaires, qui lors d'iceux étoient en exercice.

50. Pourquoi il se trouve des Consuls denommez en nos loix, qui ne se trouvent point dans les Fastes Consulaires.

Des Ordres

51. Consuls honoraires ou imaginaires. Mais outre ces Consuls extraordinaires, qui avoient exercice en quelque partie de l'année, comme pendant deux mois au plus, dit Dion; on trouva encore invention sous les Empereurs d'en faire des simples honoraires ou imaginaires, qui en nul tems n'avoient fait l'exercice de Consulat, desquels est fait mention en la loy 3. & 4. *Cod. de Consul.* & en plusieurs autres loix du 12. Livre du Code Justinian, & du 6. du Code Theodosien.

52. Femmes Consulaires. Même les femmes de maison illustre étant mariées à gens de moindre qualité, obtenoient des Emp. le rang & les ornemens Consulaires, comme il se voit dans Lampride en la vie d'Heliogabale, en ces mots, *Fiebat conventus matronalis solemnibus duntaxat diebus, & si unquam aliqua matrona conjugis Consularis ornamentis esset donata, quod veteres Imperatores affinibus detulerunt, & his maxime qua nobilitatis maritos non habuerant, ne in nobilitate remanerent:* dont il y a encore une belle remarque en la Loy derniere *D. de Senat. Nupta prius Consulari viro, impetrare solent à principe, ut nupta iterum minoris dignitatis viro, nihilominus sobrina Consulari maneant dignitate, ut scio Antoninum Augustum Julia Mammea conjugi sua indulsisse.*

53. Consulares, Consulari, &c. Or revenant aux hommes, ceux qui avoient obtenu les ornemens Consulaires, sans avoir jamais fait exercice du Consul, furent particulierement appellez *Consulares*, étant distinguez d'avec les Consuls en la loy derniere, *Cod. de Decur. Si quibus insulis Consulatus Ordinarii vel honorarii fuerit ampliatus, ut vel Consul, vel Consularis efficiatur, &c.* & encore mieux en la loy 4. *Cod. de Consul.* où il est dit que *Consulares, postea Consules facti, ex anteriori provectione Consularitatis,* (ainsi faut-il lire avec Cujas, & non pas *Consulatus*) *ordinem vindicant. Hoc etiam observando, ut qui cùm esset Consularis, centum libras auri aqua ductibus prabuit, Consul postea factus persolvere denuò non compellatur:* qui fut un impôt qu'on mit sur les Consuls, tant ordinaires, qu'extraordinaires & honoraires, pour retrancher le grand nombre, & en tout cas profiter de l'ambition des Courtisans, & leur vendant cherement ce vain titre d'honneur.

54. Consularis signifie trois choses. *Consularis* donc signifie trois choses en nôtre droit. Premierement celui qui a été actuellement Consul, soit grand ou petit, qui est la premiere signification, en laquelle il est toûjours pris dans les Digestes, *ut in lib. 11. de dolo l. 3. 5. Quasitum. Ex quibus caus. maj. l. ult. de Senat.* & est pris ainsi en la loy 1. *de Consul. lib. 12. Cod.* Ensuite il signifie, comme il vient d'être dit, celui qui *honorarium tantum adeptus fuerat Consulatum, sic Consularitas est honorarii Consulatus dignitas,* dit Monsieur Brisson en son Livre *de verb. signif.*

55. Consularis signifiant les Gouverneurs des Provinces. Finalement (& voici qui est fort a observer pour l'intelligence de plusieurs passages des anciens Livres) *Consularis* signifia certains Gouverneurs de Provinces, & c'est en cette signification que le mot est pris en la loy unique, *C. Vt omnes Judices, &c.* & en la loy unique *C. D. Offi. Comitis sacri palatii,* & en la loy penultieme *de codicillis honoratis. C. Theod.* & en la loy unique *Ne quis in palatio maneat,* & en la loy unique *de consularib. & Præsid. eod. Cod.* & encore sur tout en la Novelle 8. chap. 1. où on rapportant les divers titres des Gouverneurs des Provinces, & ayant nommé *Administrationes Proconsulares, & Præsidiales,* est ajoûté, *quas Consularitas & Correctivas dicunt.* Même la formule de cette dignité se trouve dans Cassiodore, livre 6. Epist. 20. où on voit quels ornemens, & quelle fonction elle avoit: Et de là vient aussi que nous trouvons souvent dans le droit *Exconsularis & Exconsularitas,* pour signifier ceux qui avoient eu cette dignité, *ut in l. 8. & 9. de domest. & protect. C. Th. l. 19, & ult. de Palat. sac. largit. eod. Cod.* mots, qui ne peuvent signifier celui qui

56. Exconsularis. avoit été Consul honoraire, qui n'ayant jamais été en exercice, n'a pû être dit, ni *Exconsul,* ni *Exconsularis,* mais *Consularis* simplement, c'est-à-dire, orné de la même dignité qu'avoient les Consuls après leur Magistrat fini.

57. Origine de cette L'origine de cette derniere Consularité vient de ce que l'Emp. Adrian institua 4. Officiers pour rendre la justice en Italie, qu'il appella *Consulares,* parce qu'ils étoient pris du nombre de ceux qui avoient été Consuls, dit Spartian en sa vie, & Capitolin en fait mention en la vie d'*Antoninus Pius,* qu'il dit avoir eu l'un de ces Offices. Invention qui multiplia depuis de telle sorte, qu'en la Notice de l'Empire Romain, il est rapporté plus de cinquante Gouvernemens regis par des Gouverneurs appellez *Consulares,* à sçavoir quinze, en Orient, & en Occident vingt-deux, desquels il y en avoit 7. en Gaule. **Consularité.**

D'où on colige, que cette espece de Consularité fut enfin si commune, qu'elle abolit entierement les deux **58. Qu'elle abolit enfin les autres.** autres: de sorte que *Exconsularis,* & à succession de tems *Consularis,* ne signifia plus ceux qui avoient été Consuls, ou qui avoient obtenu le Consulat honoraire, mais signifia celui qui avoit eu tels Gouvernemens de Province, même que *Consularitas* fut enfin une espece de dignité honoraire, qui étoit deferée à des gens mediocres, & qui étoit bien moindre que l'ancienne dignité **59. Explication de plusieurs loix.** Consulaire. Autrement quelle apparence y auroit-il quand nous lisons en la *l. 7. de prox. Com. disp. cod. Th.* que *militantes in sacris scriniis* devenoient *Consulares* après 20. ans, que cela s'entende *de honoraria Consulatu,* qui étoit la plus grande dignité de l'Empire après le Patriciat: même étoit plus grande que la dignité Prefectorienne: Aussi la loy suivante l'explique clairement, quand ayant ordonné qu'après 20. ans de service, les simples *militantes in sacris scriniis Consulari honore sultiter allectos habeantur,* elle ajoûte, *huncque honorem dignitatis in Senatu habeant, qui Exconsularibus deferri consuevit.* Car il est certain, que *Exconsules & Exconsulares* sont diverses dignitez: *Exconsules* étans ceux qui *Consulatum gesserunt,* qui etiam *Consulares* dicuntur in libris D. Au lieu qu'*Exconsulares* sont ceux qui *Officium Consularium gesserunt,* id est, ejusmodi *administratorum Provincia,* qui *Consulares* vocitabantur. De même en la loy 5. & 6. *de agentibus in reb.* il est dit, que *Agentes in reb. Consularibus aggregantur.* Or est-il que leurs chefs, *nimirum Principes agentium in reb.* n'avoient que la dignité Proconsulaire, qui étoit moindre que l'ancienne dignité Consulaire, *l. 3. de Princip. agentium in rebus.*

Car c'étoit un ordinaire à l'Empire Rom. où les Of- **60. Dignité honoraire de ceux qui exerçé les Offices.** ficiers étoient temporaires, qu'après le tems de leur exercice, il demeuroit toûjours un rang & un titre d'honneur à ceux qui les avoient exercez, qui toutefois étoit moindre d'un degré, que de ceux qui étoient en exercice. Et ce titre d'honneur se forgeoit en faisant un derivatif du nom primitif de l'Office, comme de *Consul, Consularis,* de *Prætor Prætorius* de *Censor Censorius,* & ainsi des autres, ou bien en mettant la preposition, *ex,* devant le nom de l'Office, comme quand on dit *Exconsul, Exmagister, Exquæstor,* ou comme les plus anciens Auteurs ont parlé, *ex consule, ex magistro, ex quæstore.*

Mais outre cela, de tous Offices on en a fait d'hono- **61. Autres dignitez honoraires de trois ou quatre sortes.** raires & imaginaires, parce que parmi la vanité Greque voulant être Officier, & n'y ayant des Offices pour tous, les Emp. s'aviserent de contenter ces ambitieux par certaines dignitez imaginaires des offices, qu'ils ne leur vouloient pas actuellement conferer, semblables à celles qui demeuroient aux vrais officiers après le tems de leur office, afin qu'outre le titre d'honneur, ils eussent encore par ce moyen le rang, & même les privileges d'iceux. Et ces dignitez sont appellées aussi *Codicillaires,* parce qu'elles consistoient, non en exercice actuel, mais en simples lettres, ou provision de l'Empereur, qui sont appellées *codicilli,* ou *honorarii codicilli,* dont il y a un titre exprés au Code Theodosien.

Or il y avoit trois sortes des ces Officiers de lettres **62. Administratores.** sans exercice, *vacantes, honorarii, & supernumerarii.* sans comprendre ceux qui sont appellez *Administratores,* qui sont ceux *qui in actu positi peregrinæ administrationes,* dit la loy 2. *Vt dign. ordo serv.* c'est-à-dire, les anciens Officiers après leur tems expiré. Bien que le nom d'*Administratores* s'étende plus loin, signifiant, & comprenant tous ceux qui avoient eu quelque notable charge publique, en recompense de laquelle ils avoient

des simples Dignitez de France, Chap. X.

obtenu des codicilles, ou lettres honoraires de quelque dignité d'autre nom, que l'office qu'ils avoient exercé, comme il se connoit de cette l. 2. *Vt dign. ordo serv. & de la loy derniere, de primic. & secundic.* & ceux-là precedoient indistinctement les autres especes de dignitez honoraires, dit cette loy, *Vt dign. ordo servetur.*

43. Vacantiū Allecti, Adscripti, seu Ascriptitii.

Vacantes à vacando dicti (qui signifie tout le contraire de ce qu'en François nous disons *vacquer*) étoient ceux, dit cette même loy 2. *qui nullo merito peractâ administrationis, illustris dignitatis cingulum meruerant,* c'est-à-dire qui non seulement avoient été honorez par l'Emp. du titre de quelque Office par simples titres, mais auxquels les ornemens & enseignes d'icelui avoient été conferées actuellement, de sorte qu'il ne leur restoit que l'exercice, *qui etiam adscripti, vel adscriptitii, allecti, & interagentes dicebantur,* & partant ils jouïssoient de tous les privileges de l'Office, comme prouve Cujas sur cette loy 2. De cette sorte d'Officiers parle Capitolin en la vie de Pertinax, *Cùm Commodus allectionibus innumeris Pratorios miscuisset, Senatusconsultum Pertinax fecit, jussitque eos qui Praturas non gessissent, sed allectione accepissent, post eos esse, qui verè Pratores fuissent,* tels étoient, ce semble, ceux dont parle Lampride *in Alex. Sev. Pontificatus, & quindecim viratus & Auguratus Codicillares fecit, ne in Senatum allegerentur,* ainsi faut-il lire, & non pas *allegarentur,* comme on dit vulgairement : & en un autre endroit il dit, *que Severus juravit, ne quem adscriptum, id est, vagantium haberet, ne annonas Rempublicam gravaret,* où il faut sans doute lire *vacantium* avec Cujas, & de ce passage il se collige, que *vacantes* avoient des gages aussi bien que les vrais Officiers.

64. Honorarii, imaginarii, seu Codicillares.

Honorarii, sive imaginarii, qui sont aussi appellez *Codicillares ou Codicillarii,* sont definis en la loy 9. *de metatis, quibus citra cingulum dignitas pro solo honore delata est,* ou comme dit Ausone.

Numeris expertes nomine participes.

Ou finalement comme dit la loy 5. & 6. *de honor. codicil. C. Th. extra Palatium constituti, officii publici expertes, quos tenent sacratæ quietis umbracula, quibus honorii species suffragio magis est parta, quàm merito.* Aussi n'avoient-ils que leurs lettres de retenuë, & non pas les enseignes de l'Office : par consequent n'en avoient-ils pas les privileges, mais seulement le titre & le rang. C'est pourquoy en la loi 7. *C. de Decur.* ils sont appellez *inanes umbræ, & cassa imagines dignitatum,* & en la Nov. 70. il est dit qu'ils sont appellez honoraires *quia nihil aliud nisi purum honorem habent.*

65. Supernumerarii.

Finalement *Supernumerarii* étoient ceux qui és milices ou places de compagnies *erant extra statutorum numerum,* étans neanmoins retenus pour entrer en la premiere place vacante des ordinaires, & cependant prenoient le titre & qualité de l'office, *de quibus agitur in lib. 7. de prox. sac. scrin.* & en plusieurs autres loix : & n'en est point parlé en cette loy 2. *Vt dign. ordo serv.* qui neanmoins est la clef de cette matiere, parce qu'elle ne parle que des dignitez illustres, & que les *Supernumerarii* n'étoient qu'aux simples milices, ou bandes des Officiers domestiques de l'Emp. ou des Gouverneurs des Provinces. Et il y a grande apparence que ce sont ceux-là qu'*Antonius Augustinus, & Lælius Taurellus* ont été si empêchez de trouver, pour l'intelligence du passage de Suetone *in Claudio* chap. 25. *Instituit,* dit-il, *imaginaria militia genus, quod vocatur, super numerum, quo absentes, & titulo tenus fungerentur.*

66. Canonici sub expectatione Prebendæ.

Ainsi se voit au droit Canon, que le Pape crée quelquefois des Chanoines *sub expectatione præbendæ, qui habent stallum in choro & vocem in capitulo, sed præbendam nondum habent. De quibus in cap. Relatum & cap. Dilectus 1. ext. de præbend. & dignit.* Ce qui ne se fait plus à present, *ad effectum obtinendæ præbendæ primùm vacaturæ,* comme anciennement, parce que c'étoit une espece de reserve, qui est prohibée par le Concile de Trente, mais il s'en crée encore *ad effectum obtinendæ dignitatis,* parce qu'ordinairement les dignitez des Chapitres sont affectées aux seuls Chanoines, de sorte que pour en être capable, on se fait faire Chanoine sans prebende par le Pape.

Voilà ce qui concerne les dignitez honoraires usitées parmi les Romains, mais quant aux Epithetes, c'est-à-dire, aux titres d'honneur qu'ils attribuoient à chacune de leurs dignitez, soit actuelles, ou honoraires, les voici selon leur ordre & rang, *Illustres, Spectabiles, Clarissimi, Equites, Perfectissimi, & Egregii,* dont Alciat a fait un Chapitre en ses Paradoxes : mais j'estime qu'on n'en peut parler qu'en devinant, la parfaite connoissance de ces termes en étant perie par le laps de tems, & les mutations survenuës en l'Empire Romain. Toutefois on peut dire avec Cujas, que les trois premieres Epithetes, *Illustres, Spectabiles, Clarissimi,* convenoient aux Senateurs selon les divers Magistrats qu'ils avoient eus : la quatriéme étoit celle des Chevaliers, les deux dernieres étoient attribuées aux Plebeiens plus notables.

67. Des Epithetes.

Même, auparavant Justinian, il y eut quelques Officiers, qui ne se contenterent pas du titre & Epithete d'illustre, mais prirent rang au dessus, sçavoir, les Consuls, Patriciens, & même encore les anciens Consulaires, neanmoins il ne fut inventé pour eux autre Epithete, ni Grec, ni Latin, sinon que dans nos Livres ils sont specifiez par ces mots, *Qui supra illustres sunt,* ὑπερδεδοκημένος τοῖς ἰλλουςρίοις, comme il se voit au §. *In summa Instit. de injuriis. in l. Eos §. super. C. de usuris. l. si quando C. de appellat. & in Græcâ l. 14. Cod. de testib.* Comme Cujas a remarqué sur la loy premiere, *de Dig. lib. 12. Cod.* C'est pourquoy j'ai mis *Illustres,* pour le premier Epithete : bien qu'Accurse & les anciens Docteurs à l'occasion de ces Textes en ayent forgé un pardessus, à sçavoir, *Superillustris.*

68. Superillustres.

Tels furent du commencement les Epithetes des Dignitez, mais pour ce qui est de particulariser à quels Offices chacun d'iceux étoit attribué, outre ce que nous en apprend la Notice, cela est au surplus impossible, à cause qu'il a changé de tems en tems, comme il n'y a rien d'arrêté en telle matiere, ou l'ambition, qui reside en la fantaisie des Grands, surmonte toute raison & coûtume, entant que chacun tâche toûjours d'usurper les plus hauts titres, si bien que quand les petits ont usurpé les honneurs des Grands, les Grands sont contraints d'en chercher de plus hauts, pour être élevez par dessus ceux qui se sont égalez à eux : & ainsi de degré en degré on augmente toûjours. De sorte qu'en l'ancien Empire il fallut enfin trouver d'autres Epithetes de dignité, outre les six que je viens de rapporter. Car les Grands dedaignerent desormais de se retirer de ces Epithetes differens dans nos Offices, mais procurerent des titres derivatifs de ceux des Offices : tellement que dans le 12. liv. du Code de Just. & le 6. du C. Theod. qui traite des dignitez, lors reconnuës en l'Empire, il n'est gueres fait mention de ces anciens Epithetes, non plus que dans Cassiodore.

69. Changemet d'Epithetes.

70. Autre sorte d'Epithete, au titre de dignitez.

Mains entant que j'ai pû comprendre par une diligente lecture de ces Livres, j'ai trouvé que les grandes dignitez étoient lors divisées en 4. classes ou rangs, sçavoir *Præfectorum, Proconsulum, Vicariorum, & Exconsularium inter allectos,* dont les trois premieres sont specifiées en la loy 7. *de bon. Codicill. C. Theod.* chacune desquelles comprenoit plusieurs Offices ou honoraires, qui partant concouroient en même rang & seance, comme portans même dignité : & ceux en étoient honorez, n'étoient autrement reglez ensemble, que par l'antiquité de promotion.

Le 1. rang donc étoit *Præfectoria dignitatis,* qui pour cette occasion est appellée *apex sublimis* en la loy 7. *de honor. Codicil.* & en la loy suivante elle est appellée *summum fastigium,* duquel rang étoient *Consules, Patricii, Præfecti, tam Prætorio, quàm urbi, Magistri militum, sive Equitum, sive peditum, & Præpositi sacri cubiculi.*

71. Præfectoria dignitas.

Le 2. étoit le Proconsulaire, duquel étoient *Quæstores, Magistri Offic. Comites utriusque ærar. Primicerius Notar. Comitia Consist. Præpositi & Tribuni scholarum, habentes titulum Comitis, aliàs non, Comites res militaris, & Principes agent. in rebus* aux derniers tems.

72. Proconsularis dignitas.

Du 3. appellé *Vicariatus dignitas,* étoient *Comites*

73. Vicariatus dignitas

Des Ordres.

H ij

IX. Des Ordres

74. Exconsularium dignitas.

Prov. Consulares, Præsides, ceteríque rectores Provinc. Comites vacantes, omnes denique Comites primi ordinis, proximi scriniorum, & Magistri depositorum.

Finalement du 4. rang, *nimirum Exconsularium inter allectos*, qui etiam *Clarissimi dicebantur*, étoient après leur temps de service *Decuriones & silentiarii, Domestici, seu Protectores, Præpositi laborum. Militantes in sacris scriniis*, & en étoient anciennement *Principes agentium in rebus*, ausquels depuis fut octroyée la dignité Proconsulaire par *Honorius & Theodosius l. 7. de princ. agent. in reb.* & faut noter que ceux qui avoient cette dignité, avoient entrée & voix au Senat. de Rome.

75. Equestris dignitas.

Quant à la dignité de Chevaliers, elle n'étoit baillée qu'aux gens de ville, & non aux courtisans *l. unica de Equestri dign. Cod. Theod.* & finalement *Perfectissimatus dignitas*, ne convenoit qu'à ceux du menu peuple, qui se méloient des arts mecaniques, & qui étoient ingenieux, *leg. unica de Perfectiss. dignit.*

76. Perfectissimatus dignitas.

77. Difficulté de particulariser le rang de toutes ces dignitez.

Or il est fort malaisé de dechifrer & specifier l'Ordre des dignitez plus particulierement, à cause que la loy de l'Emp. Valentinian, qui faisoit cette specification, & dont est fait mention en la loy 2. *Ut dign. ordo serv.* ne se trouve point entiere, mais seulement nous en sont restez quelques fragmens, qui sont indiquez par Cujas sur la loi 1. de ce meme tit. *Ut dignit. ordo serv.* Toutefois, comme en méme classe ou rang de dignité il y avoit non seulement plusieurs offices de divers noms, mais aussi de méme nom, & de diverse sorte, à sçavoir, les uns actuels, les autres honoraires, de trois ou quatre sortes qui viennent d'étre rapportez, il est à propos, pour le contentement du Lecteur curieux, que je rapporte ici quelques regles du rang qu'ils tenoient ensemble.

78. Rang des Officiers exerçans avec les simples dignitez.

Il est donc vrai en premier lieu, que les Officiers étans en exercice, precedoient tous autres de méme dignité, dont l'exercice étoit cessé, méme les Officiers du rang de dignité subsequent, precedoient pendant le temps de leur exercice, tous les Officiers, tant honoraires, qu'anciens du rang immediatement precedent, comme par exemple les Proconsuls étans en exercice precedoient les Exconsuls ou *Exprafecti*, & à plus forte raison toute sorte de Consuls ou Prefects honoraires, *l. ult. de honor. codicill.*

79. Rang des anciens Officiers.

Après les Officiers étans en exercice, marchoient les anciens Officiers, c'est à dire, ceux qui autrefois avoient exercé le méme office, ou autre de méme dignité, & entr'eux ils marchoient selon l'antiquité de leur promotion, qui est une regle generale entre tous Officiers, encore méme que le dernier promeu eust exercé par deux fois, *Reperiri enim fasces meritum comprobant, non augent*, dit la loy premiere, *De Cons. Cod. Justin.* Il est veritable que celuy qui avoit exercé deux offices de méme rang, precedoit toûjours celuy qui n'en avoit eu qu'un, & celui-là qui en avoit eu trois, devançoit celuy qui n'en avoit eu que deux, dit la *l. un. cod. tit. Cod. Th.*

80. De méme encore.

Et après ceux qui avoient exercé un office du premier rang, marchoient ceux qui en avoient exercé un du second rang, & ainsi precedoient les trois sortes d'Officiers honoraires du rang precedent. Méme, si ceux qui avoient exercé un office du troisiéme rang, avoient obtenu lettres d'office honoraire du premier rang, ils marchoient concurremment avec les anciens Officiers du second, *leg. penult. & ult. de honor. codicill.*

81. Rang des dignitez honoraires.

Finalement après les anciens Officiers du second rang, marchoient les dignitez honoraires du premier rang en cet Ordre, à sçavoir premierement ceux ausquels étans en Cour avoient été conferez les enseignes & ornemens de la premiere dignité, puis ceux ausquels en leur absence ils avoient été envoyez, en troisiéme lieu, ceux qui étans en Cour avoient obtenu de simples lettres de dignité, & enfin ceux ausquels ces lettres avoient été octroyées ou envoyées en leur absence, dit cette loy 2. *Ut dignit. ordo servetur.*

CHAPITRE XI.

Des simples Dignitez de France.

1. Exemple des dignitez honoraires de France.
2. Cardinaux honoraires.
3. Chanoines appellez Cardinaux.
4. Evéques appellez Cardinaux.
5. Le Cardinal Abbé de Vendosme.
6. Evéques honoraires.
7. Prétres honoraires.
8. Princes honoraires.
9. Chevaliers honoraires.
10. Quels Seigneurs sont Chevaliers honoraires.
11. Quels Officiers.
12. Pourquoy ils sont Chevaliers.
13. Noblesse honoraire.
14. Graduels Bullaires.
15. Maistres de métier honoraires.
16. Difference d'entre les Maistres de lettres & de Chef-d'œuvres.
17. Offices honoraires.
18. Officiers extraordinaires des Rois & Princes.
19. Quand joüissent des privileges.
20. Officiers qui ne le sont plus.
21. Titres de Conseiller du Roy.
22. Amici Principis.
23. Titre de Conseiller du Roy, à qui appartient.
24. Baillifs & Senéchaux pourquoy s'intitulent Conseillers du Roy.
25. Et leurs Lieutenans.
26. Conseillers Presidiaux ne sont pas Conseillers du Roy.
27. Tresoriers de France & autres des finances, pourquoy s'intitulent Conseillers du Roy.
28. Seigneuries honoraires.
29. Membres des grandes Seigneuries.
30. Des Parages.
31. Vraye étomologie des Pairs de fief.
32. Parages anciennement observez entre les enfans des Rois de France.
33. Pourquoy en Allemagne les enfans des Ducs & Comtes s'appellent Ducs & Comtes.
34. Filles de France autrefois appellez Reines.
35. La Reine Marguerite.
36. Enfans des Rois appellez Rois.
37. Des Epithetes d'honneur.
38. Les avant-noms.
39. Κύριος, Sire.
40. Pourquoy le Roy & l'artisan sont qualifiez Sire.
41. Messire.
42. Κύριος Dominus.
43. Premiers Empereurs ne vouloient estre appellez Domini.
44. Raison.
45. Modernes Empereurs appellez Domini.
46. Ce titre donné à toutes personnes.
47. Maris & femmes s'entr'appellans de ce titre.
48. Et les peres par leurs enfans.
49. Domine Frater.
50. Titre de maistre.
51. Des noms de Seigneurie.
52. Autrefois les terres nommées du nom de leurs maistres.
53. Anciens noms des terres de France.
54. Abus de prendre le nom des Seigneuries.
55. Que c'est contre la sainte Ecriture.
56. Inconvenient qui en arrive.
57. Autre inconvenient.
58. Raison de l'imposition des noms & surnoms.
59. Des articles de & du mis devant les noms.
60. De méme.

des simples Dignitez de France, Chap. XI. 71

61. *D'où est venu qu'on prend le nom des Seigneuries.*
62. *Du nom de guerre.*
63. *Nom des soldats anciennement gravez en leurs armes.*

1. Exemple des dignités honoraires de France.
IL me souvient qu'en ma jeunesse, lors du decez de feu Monsieur le Chancelier de Birague, on disoit qu'il étoit mort Cardinal sans titre, Chancelier sans sceaux, Evêque sans Evêché, Chevalier sans Ordre, & Prêtre sans benefice. Je ne sçay si cela étoit vray, & je ne le dis pas pour blâmer sa memoire, mais plûtost pour l'honorer, de ne s'être davantage accreu par le moyen de telles dignitez: mais ce dire commun nous peut servir d'un exemple notable des dignitez honoraires de France. Car bien que nous n'en aions pas tant qu'il y en avoit en l'Empire d'Orient, si en avons-nous quelques-unes, & aux ordres, & aux offices, & même aux Seigneuries.

2. Cardinaux honoraires.
Pour commencer par les ordres, & même par les Ecclesiastiques, c'est bien la verité, que non seulement il y a des Cardinaux de Rome sans titre, comme j'ay dit au 3. chapitre de ce Livre, mais encore il y a certaines Eglises Cathedrales, dont les Chanoines s'appellent *Cardinaux*, à sçavoir, ceux de Ravenne & de Compostelle, au rapport de Duarein, Livre premier *de sacris Ecclef. minist. cap.* 13. Il est vray que la glose au

3. Chanoines appellez Cardinaux.
Canon *Pudor*, 31. *quest.* 2. dit que les Cardinaux de Ravenne sont dits par mocquerie, comme le Roy d'Ivetot en France. Toutefois, c'est chose veritable, que les Prêtres habituez des Eglises Cathedrales, lesquels nous appellons maintenant Chanoines, ont été autrefois appellez *Cardinaux*, c'est à dire, principaux, comme se voit au chap. 2. *de Off. Archipresbyt.* aussi sont-ils és Eglises Cathedrales, ce que sont les Cardinaux de Rome en l'Eglise universelle.

4. Evêques appellez Cardinaux.
Pareillement en plusieurs endroits du vieil Decret, les Evêques sont appellez Prêtres Cardinaux, *ut in can. Relatum. can. illud* 21. *quaest.* 1. *can. Pastoralis. can.* 1. & *can. Fraternitatem.* 8. *distinct.* ce qui se trouve plus de dix fois dans les Epitres de S. Gregoire le Grand: & en tous ces passages j'ay pris garde, qu'alors seulement les Evêques sont appellez *Prêtres Cardinaux*, quand ils tiennent en commande un second Evêché, comme n'étant licite de les appeler Evêques de deux lieux, mais seulement les appeler principaux Prêtres du second Evêché.

5. Le Cardinal Abbé de Vendosme.
Bref, nous voyons que l'Abbé de la Trinité de Vendosme, se qualifie communement *Cardinal Abbé*: Titre qui conviendroit mieux aux Chefs d'Ordre, qui ont plusieurs Abbez & Monasteres sous eux: & toutefois je ne sçache que celuy de Vendosme qui prenne ce titre, & en cette qualité, il porte au timbre de ses armoiries un chapeau vert, à la forme de celui des Cardinaux de Rome. Et c'est possible à la difference de tous ces Cardinaux honoraires, que ceux de Rome s'appellent non pas Cardinaux simplement, mais Cardinaux de l'Eglise Romaine.

6. Evêques honoraires.
Quant aux Evêques, il n'y en a point d'honoraires, sinon qu'on vueille tenir pour tels, ceux que nous appellons vulgairement *Evêques portatifs*, qui sont les pourveus des Evêchez detenus par les infideles ou heretiques: ou bien ceux qui ont resigné leur Evêché, lesquels demeurent neanmoins toûjours Evêques quant à l'ordre Episcopal, comme il a été dit cy-devant: ou bien encore les Coadjuteurs, qu'on baille aux Evêques caducs ou maladifs: ce qui étoit fort frequent en la primitive Eglise, ainsi que j'ai dit ailleurs.

7. Prêtres honoraires.
Finalement pour le regard des Prêtres, Diacres, & Soudiacres, il ne s'en fait point d'honoraires, parce qu'on en fait tant qu'on veut: Il est vray qu'on peut dire, que ceux de maintenant ne sont qu'honoraires, étans ordonnez sans titre, c'est à dire, sans expression d'aucune charge Ecclesiastique, ainsi qu'il se faisoit en la primitive Eglise, mais ils sont quasi tous ordonnez au titre de leur patrimoine, comme j'ai dit au chap. 3.

8. Princes honoraires.
Pour donc venir aux ordres de Noblesse, le même se peut dire de celuy des Princes, qu'ils sont tous honoraires, n'y ayant vray & parfait Prince que le Souverain, qui aussi est appellé en toutes les langues *le Prince* indefiniment. Mais encore peut-on dire, que les bâtards du Roi & leurs décendans, ensemble les parens des Princes étrangers, sont Princes honoraires; n'y ayant en tout cas que les Princes du sang, qui soient vrais Princes, parce qu'ils sont seuls capables de la vraye principauté & souveraineté. Bref, si on veut tenir pour vrais Princes tous ceux qui sont extraits de Maison Souveraine, on pourra encore trouver des Princes honoraires, à sçavoir, ceux qui possedent une Seigneurie érigée en titre de principauté.

9. Chevaliers honoraires.
Mais c'est sans doute qu'à l'égard des Chevaliers, il y en a plus d'honoraires que de ceux qui ont actuellement receu l'ordre de Chevalerie, lesquels sont les vrais Chevaliers, que nous appellons *Chevaliers de l'Ordre*, & les autres s'intitulent Chevaliers simplement, sans parler d'Ordre. Bien qu'il soit certain que nul ne peut être vrai Chevalier, que l'ordre de Chevalerie ne luy ait été conferé; veu qu'il a été prouvé cy-dessus, que même les fils de Roy ne naissent point Chevaliers.

10. Quels Seigneurs sont Chevaliers honoraires.
Neanmoins en ces derniers temps, le titre de Chevalier est pris ordinairement pour une simple dignité, dont tous ceux de la haute Noblesse se titrent & qualifient, encore qu'ils n'ayant jamais été Chevaliers, à sçavoir les grands Seigneurs, comme les Ducs, Marquis, Comtes, Seigneurs de principauté, Vicomtes, & même les Barons & Chastelains l'usurpent, bien qu'ils ne soient du rang des grands Seigneurs, ainsi que j'ai dit au livre des Seigneuries: en quoi neanmoins il y a quelque apparence pour les Barons, attendu que c'étoit anciennement le titre commun à tous les grands Seigneurs, de les appeler *les Barons de France*, ainsi que dit du Tillet, & de ce qu'il semble que le titre de *Baron* est la borne & la derniere dignité de la haute Noblesse, & de partant le Chastelain est du rang des simples Gentilshommes, & pas des grands Seigneurs, ny par consequent des Chevaliers, s'il n'a receu l'ordre de Chevalerie.

11. Quels Officiers.
Semblablement les grands Officiers, qui sont aussi de la haute Noblesse, se qualifient Chevaliers, comme les Officiers de la couronne, les chefs d'offices de la maison du Roy, & tous ceux qui sont du conseil d'Estat: parmy lesquels je comprends les presidens & gens du Roy du parlement de Paris, & les chefs des autres Cours Souveraines, & quelques autres notables Officiers, dont voicy ma raison; c'est qu'il y a grande apparence que le titre honoraire de Chevalier se rapporte à celuy de *Comtes ou Amicus* du Droit Romain.

12. Pourquoy ils sont Chevaliers honoraires.
Ainsi donc qu'il a été dit au chapitre precedent, que les principaux Officiers de l'Empire, & notamment les chefs d'office de la maison de l'Empereur, & sur tout, ceux du sacré Consistoire, c'est à dire de son conseil privé, étoient les Comtes du premier ordre, c'est à dire étoient les compagnons de l'Empereur: aussi en France, ceux qui sont en semblables charges se peuvent qualifier *Chevaliers*, c'est à dire honorez de l'accolée & amitié, & comme collateraux du prince. Car j'ay dit cy-devant que l'origine premiere des Chevaliers a été, que les Rois accoloient & embrassoient publiquement ceux qu'ils vouloient élever en honneur, cette accolée leur servant desormais d'un témoignage public, pour être reconnus entre leurs principaux amis & favoris. Toutefois par succession de temps ceux qui n'avoient eu cette accolée du prince, mais avoient receu d'autres témoignages publics de sa faveur, comme les pourveus par les grands offices, ou investis des hautes Seigneuries, étans reconnus pour principaux officiers, ou vassaux du Royaume, ont pris le titre de Chevaliers.

13. Noblesse honoraire.
Quant à la simple Noblesse, on peut dire qu'il y en a aussi une honoraire & de nom seulement, sçavoir, celle dont se qualifient les officiers de Justice, les Avocats & autres qui ne sont nobles de race, & n'ont office annoblissant. Et cette Noblesse est communement appellée *Noblesse de ville*, qui n'a autre chose que le titre

honoraire de *Noble homme* au mary, & de *Damoiselle* à la femme, comme il a été prouvé au 5. ch. mais non pas les franchises & privileges de Noblesse, comme l'exemption des tailles, & autres : bien que Guy Pape en sa question 388. dise avoir été jugé à Grenoble, que les Avocats n'étoient point taillables.

14. Graduels bullaires.

Quant aux Ordres du Tiers-Etat, je n'en connois point d'honoraires sinon que Guy Pape en cette même question 388. & Rebuffé au traité *Des nominations*, quest. 10. & sur le §. 1. *de collat.* au Concordat, nous apprennent, que de leur temps il y avoit de certains graduez bullaires, ou codicillaires, qui obtenoient le degré de Docteur par simples lettres des Princes & Seigneurs Souverains, desquels le glos. sur la regle de Chancellerie de Jules II. *in 6. parte*, dit, que *non sunt majoris momenti quam bulla*, qui est ce que resout le même Rebuffé, qu'ils n'ont aucun privilege ni droit en France, & n'y sont aucunement reconnus ; occasion pourquoy il ne s'en voit plus maintenant. Même les Ordonnances de France veulent que les Graduez faits és Universitez privilegiées du Roiaume, sans la rigueur de l'examen public, & autres solemnitez requises & accoûtumées (qu'on dit vulgairement passée sous la cheminée, c'est à dire, en Chambre, & non pas en la Salle publique de l'Université) ne joüissent pas des droits & privileges attribuez à ceux qui sont passez publiquement, & avec la rigueur de l'examen.

15. Maistres de métier honoraires.

De même entre les Artisans il y a des Maistres de lettres, qui sont ceux qui és entrées & mariages des Rois, naissance de Monsieur le Dauphin de France, & declaration du premier Prince du Sang, obtiennent lettres pour être receus Maistre des métiers, sans faire chef-d'œuvre, ni festins, ni autres frais qui se font à la reception des autres Maistres, lesquels on appelle *Maistres de chef-d'œuvre*, à la distinction de ces Maistres de lettres.

16. Difference d'entre les Maistres de lettres & ceux de chef-d'œuvre.

Et anciennement il y avoit grande difference entre les uns & les autres. Car les Maistres de lettres, comme simples codicillaires, n'étoient appellez ni admis aux assemblées, enrollez en la Confrairie, ny par consequent éleus aux Offices du métier : même leurs veuves & enfans ne joüissoient point aprés leur mort de l'exercice du métier, comme ceux des maistres de chef-d'œuvre, ce qui étoit bien raisonnable, afin que l'argent n'eût pas tant de pouvoir que l'industrie. Toutefois, par les Edits modernes ces differences ont été retranchées en faveur des Partisans, qui achetent telle lettres de Maistresses pour les revendre, de sorte que les Maistres de lettres sont aujourd'hui égaux en tout & par tout à ceux de chef-d'œuvre.

17. Offices honoraires.

Voila pour les Ordres, & quant aux Offices à present qui se vendent si cher, on en fait tant d'état, qu'il n'est pas raisonnable qu'il y en ait de simples honoraires. Toutefois il y en a eu autrefois, témoin les Maistres des Requestes extraordinaires, qui furent supprimez par l'Ordonnance d'Orleans, art. 33. à la difference desquels, les vrais Maistres des Requestes se qualifient encore aujourd'hui Maistres des Requestes ordinaires : & il me souvient, que lors de la reduction des villes de la Ligue, plusieurs Officiers de nôtre robbe y furent trompez, & en eurent, comme on dit, belles lettres, parce que le Roi leur ayant promis qu'il les feroit Maistres des Requestes, afin qu'ils moyennassent lesdites reductions, ils furent bien étonnez par aprés, qu'on ne leur bailla que des lettres d'Offices de Maistres des Requestes *ad honores*.

18. Officiers extraordinaires des Rois & princes.

Pareillement és mêmes Offices de domestiques du Roy & des Princes privilegiez, il y a plusieurs Officiers qui ne sont ordinaires, ni couchez en l'Etat de leurs Maisons, mais ont de simples lettres, qu'on appelle *retenuës*, qui neanmoins font du tout semblables à celles des Officiers servans actuellement, fors que le mot *d'ordinaire* n'y est pas ; de sorte que ce sont proprement ceux, qui au Droit Romain sont appellez *supernumerarii*, dont j'ai traité au ch. precedent.

19. Quand joüissent des privileges.

Or ces Officiers extraordinaires ne joüissent pas des privileges qu'ont les Officiers domestiques du Roi & des Princes privilegiés servans actuellement & couchez sur l'Etat de leur Maison, encore par l'Ordonnance d'Orleans n'est-ce pas assez de servir actuellement, & être couché sur l'Etat, mais faut avoir du moins vingt écus de gages, & en être payé, & qu'il en apparoisse par le certificat du Tresorier de la Maison. Mais par le reglement des tailles fait en l'an 1598. cela a été changé, parce qu'au lieu de certificat du Tresorier, qui peut être aisément supposé, le Roi a voulu que les Etats des Princes privilegiez fussent verifiez à la Cour des Aydes. Ce qu'étant fait, ceux qui se trouvent couchez & dénommez en ces Etats, sont desormais exempts par Arrêt, quelques petits gages qu'ils aient, soit qu'ils soient paiez, ou non, pourveu seulement qu'ils ayent servi actuellement, ce qui est toûjours requis pour distinguer les vrais Officiers d'avec les honoraires.

20. Officiers qui le sont plus.

Mais pour le regard des Officiers qui ont resigné leurs Offices, il a été dit au 2. liv. qu'ils ne retiennent plus aucun privilege d'iceux, ni même le titre & rang, si ce n'est qu'ils ayent obtenu lettres de Veteran. Et toutefois entre gens d'honneur, par courtoisie, on leur defere quelque rang en memoire de leur ancienne dignité. En consequence de quoy, & aussi qu'ils se pouvoient qualifier n'a gueres Officiers, on les peut mettre au rang des Officiers honoraires.

21. Titre de Conseiller du Roy.

Encore faut-il remarquer, qu'il y a un certain titre honoraire, qui est attribué à plusieurs Officiers de France, à sçavoir celuy de *Conseiller du Roy*, qui peut-être a pris son origine du Droit Romain, où nous trouvons que les Jurisconsultes, étoient souvent appellez à la compagnie & suitte du Prince, pour être de son Conseil, comme j'ay prouvé cy-devant au ch. *Du Tiers-Estat*, notamment par l'exemple du Jurisconsulte Menander, qui en la loy 11. §. *Ex facto. D. De minoribus*, est appellé *Consiliarius Menander*.

22. Amici Principis.

Ces Conseillers d'Etat de l'Empereur étoient aussi qualifiez *Amici Principis*, témoin ce passage de Spartian. *in Adri. In consilio habuit non amicos solum aut Comites* : & cette belle Sentence de *Marius Maximus* rapportée par Lampride *in Alex. Sev. Meliorem esse remp. & tutiorem, in qua Princeps malus est, ea in qua sunt Amici Principis mali*, titre qui pour cette cause est communément attribué dans le droit aux Jurisc. comme il se voit en la loy *Divi fratres. D. De par patron.* en ces mots, *Volusius Macianus Amicus noster* ; & peu aprés, *Ipsi Maciano & aliis Amicis nostris jurisperitis adhibitis* : tout ainsi qu'és lettres de Chancellerie, le Roy donne volontiers cette qualité *d'amy ou amé*, à ceux qui portent titre de ses Conseillers, disent, *Nôtre amé & feal Conseiller*, &c.

23. Titre de Conseiller du Roy à qui appartient.

D'où il s'ensuit que ce titre de *Conseiller du Roy* est plus haut qu'on ne pense. Car proprement, & de sa premiere origine il n'appartient qu'aux Conseillers d'Etat : & toutefois il a été justement retenu par les Officiers du Parlement de Paris & du grand-Conseil, tant parce que le Roy parle en leurs Arrêts. Et cette derniere raison est cause que les autres Parlemens l'ont aussi retenu, joint qu'ils ont été érigez à *l'instar* du Parlement de Paris, & aux mêmes honneurs & prerogatives. Comme aussi les autres Compagnies suzeraines, qui jugent au nom du Roy, ont pareillement pris ce titre par le propre titre des Officiers des Comtes ne soit d'être appellez *Conseillers du Roy*, mais *Maistres*, ou *Clercs des Comtes*, & que ceux de la Cour des Aydes s'appellassent originairement *Generaux*.

24. Baillifs & Sénéchaux, pourquoy s'intitulent Conseillers du Roy.

Pareillement, les Baillifs & Sénéchaux ont pris le même titre de Conseillers du Roy, lors qu'ils avoient le gouvernement des Provinces, étans lors des personnages signalés, & ordinairement des Conseillers d'Etat, qui étoient envoyez tour à tour aux Provinces, pour les gouverner & y rendre la Justice, plûtôt par forme de commission affectée aux Conseillers d'Etat, qu'en titre d'Office : tout ainsi que les Comtes en l'Empire Romain, ainsi appellez *quia comitatu Principis ad regendas Provincias mittebantur*. C'est pourquoy ils étoient au commencement en France appellez *Missi Dominici*, puis furent appellez *Baillifs*, c'est à dire, gardiens du peuple, & *Senéchaux*, c'est à dire, Officiers domestiques du

des simples Dignitez de France, Chap. XI. 75

Roy. Et de là vient que les Gouverneurs des Provinces, qui ont succedé à la plus noble partie de leurs Charges, ont encore aujourd'huy seance au Parlement.

25. Et leurs Lieutenans. Quant aux Lieutenans des Baillifs & Senéchaux, lors que les Rois les fit ses Officiers (au lieu qu'auparavant ils étoient commis par les Baillifs & Senéchaux) pour les distinguer d'avec ces anciens Commis ou Assesseurs, & leur donner une marque publique d'Officiers & Magistrats Royaux, il voulut qu'ils se qualifiassent ses Conseillers.

26. Conseillers Presidiaux ne sont Conseillers du Roy. Et n'y a point d'autres Officiers de la Justice, ausquels ce titre appartienne veritablement, que les Conseillers Presidiaux, ou des Bailliages & Prévotez ne l'ont pas, mais ceux des Presidiaux sont appellez seulement *Conseillers Magistrats*, à la distinction soit de leurs Chefs, ou des anciens Avocats, au lieu desquels ils ont été mis pour Conseillers les Baillifs, Senéchaux, & leur Lieutenans. Lesquels Advocats, pour cette cause, étoient autrefois appellez *Conseillers*, & au Droit, en France, comme j'ai prouvé ailleurs. Il est bien vray, qu'assez souvent on a voulu attribuer pour de l'argent aux Conseillers Presidiaux le titre de *Conseiller du Roy*, mais ils n'en ont point voulu pour le prix, & ont trouvé moyen de s'en exempter.

27. Thresoriers de France, & autres des Finances, pourquoy s'intitulent Conseillers du Roy. Quant aux Officiers de finance, sous pretexte qu'anciennement les Thresoriers de France, lors qu'il n'y en avoit que deux, puis quatre, étoient Conseillers d'Etat, cóme étans Chefs des finances: quand par aprés ils ont été dispersez par les Provinces, même multipliez en Bureaux, & établis en chacune Province, les nouveaux ayans toûjours été erigez aux mêmes honneurs & prerogatives que les anciens, ont gagné ce point, non pas d'être en effet Conseillers d'Etat, mais bien d'avoir ce titre honoraire de Conseiller du Roy, qui étoit l'ancien titre de Conseillers d'Etat. Et à leur exemple, lors de l'érection des autres Tresoriers, on leur a aussi attribué ce même titre, lequel à la fin a été baillé par force aux Esleus moyennant finance, & encore à un tas de chetifs Financiers (plus capables de dérober, que de conseiller le Roi) soit lors de l'érection de leurs Offices (pour les parer afin de les mieux vendre) ou par attribution particuliere, qu'on leur a depuis faite moyennant finance: nos Rois, ayans appris des Empereurs d'Orient de vendre ces vains titres d'honneur, aussi bien que les vrais Offices. Car en effet ce titre de *Conseillers du Roy* n'attribue aucun droit de privilege, ny même aucun rang à ceux qui l'ont, mais est une simple qualité d'honneur, Encore ces Empereurs ne bailloient-ils les titres d'honneur, qu'à ceux qui en vouloient acheter: mais en France on les fait acheter à ceux qui n'en veulent point.

28. Seigneuries honoraires. Finalement à l'égard des Seigneuries, ce sont Dignitez, qui ne sont presque qu'honoraires, c'est à dire consistantes en seul puissance publique, que celle de leur Justice, laquelle puissance reside en effet en leurs Officiers, & non en eux. Et neanmoins, encore y en a-t-il quelque peu qui sont simples Seigneurs honoraires, à sçavoir les Comtez & Baronnies modernes, erigées par lettres du Roy, & qui neanmoins relevent d'autre que du Roy, notamment qui relevent de Seigneurie de moindre titre. Comme par exemple, la Baronnie de Lucé, a été jugée simple Baronnie honoraire, que l'Arrêt de verification des lettres de son érection de l'an 1540. parce qu'elle releve de la Seigneurie de Château du Loir, comme nous atteste Choppin sur la coustume d'Anjou.

29. Membres des grandes Seigneuries. Il y a encore une espece de Seigneurie honoraire, qui étoit plus ordinaire anciennement qu'elle n'est à present; l'explication de laquelle, servira pour nous remettre en la memoire plusieurs belles antiquitez de cette matiere. Car comme le titre, & tous les autres droits des Seigneuries sont indivisibles & solidaires, & partât qu'ils resident inseparablement en toute la Seigneurie, & en chacune partie d'icelle, autrefois les puisnez des Maisons ausquels étoit baillé pour partage quelque membre, ou portion d'une Baronnie, Chastellenie, ou autre terre Seigneuriale, pretendoient avec grande apparence de raison, qu'à cause d'icelle ils étoient, Barons, ou Chastelains; ou du moins qu'ils tenoient leur parage à pareil droit, que leur aîné tenoit le chef lieu: dont il nous reste une tres-belle remarque en la Coût. d'Anjou, art. 63. & en celle du Maine, art. 72. *Il y a des Seigneurs*, disent ces Coût. *qui ne sont Comtes, Vicomtes, Barons, ne Chastelains, qui ont Chasteaux, forteresses, grosses maisons, qui sont parties des Comtez, Vicomtez, Baronies, ou Chastelenies: & tels s'appellent Bacheliers, & ont telle & semblable justice, comme ceux dont ils sont partis, comme il sera dit aprés au titre Des Parages.*

30. Des Parages. Aussi est-ce proprement & originairement ce que ces mêmes Coût. & plusieurs appellent tenir en parage, c'est à dire à pareil droit, & de fait en l'art. 215. de la Coût. d'Anjou, il est dit que *Celuy qui tient en parage, a telle & semblable justice comme son Parageur, & tient aussi noblement comme luy.* C'est pourquoy au 10. tit. du 2. liv. Des Fiefs il est dit, que ceux qui ont un fief à vie, *non habent paragium* (car il faut ainsi lire, & non pas *paradogium* comme les anciens Interpretes, ou *pedagium* comme on lit vulgairement) parce que le fief, qu'ils tient en succession, n'est sujet à être partagé. C'est aussi pourquoy parmy les Feudistes, *paragium*, ou comme ils parlent, *paradogium*, signifie quelquefois la Noblesse, comme aprés Item, a dit Tiraqueau tit. *De nobilit.* Et de fait il se trouve des endroits és livres anciens, où *parage* est pris en cette signification. *Ut in statutis urbis Roma*, lib. 1. *Dotare filiam de paragio & lib.* 3. *Const. Neapolit.* tit. 26. *filiam maritare secundum paragium*, qui est ce que nos Coût. disent *apparager*, ou *emparager* noblement.

31. Vraye étymologie des Pairs de Fief. Mais sur tout Cujas à mon avis, interprete le mieux ce terme sur ce titre 10. du 2. liv. Des Fiefs, disant que ces mots *nullum habent paragium*, signifient *non censentur esse Pares certis domini, quia Parium Dignitatem soli nobiles habent.* Et de vray il y a grande apparence qu'originairement, & lors de la premiere antiquité, les Pairs de fief fussent ceux qui tenoient à pareil droit que le chef Seigneur, & partant étoient ses Pairs & compagnons. C'est pourquoy ils devoient être appellez & convoquez au jugement des differends des vassaux, comme ayans part à la Justice & Seigneurie de fief, & qu'à succession de temps parmi ces Pairs ou Parageaux, on mit les principaux vassaux de la Seigneurie, qui ont été appellez *Pairs du fief*, ou Pairs de la Cour du Seigneur.

32. Parages anciennement entre les enfans des Rois. L'effet de ces anciens parages étoit apparemment observé entre les Enfans de nos Rois de la premiere lignée, dont l'aîné aprés la mort du pere, étoit bien le chef & principal Seigneur du Royaume, ayant toûjours ce chef lieu d'iceluy, qui est Paris & les païs adjacens: mais les puisnez avoient leurs partages à pareil droit que luy, à sçavoir en titre de Royaume, & en égale souveraineté. Même nous lisons en nos Annales, que long-temps depuis, Charles Roi de Navarre obtint par force d'armes, de tenir la Normandie en Parage (ainsi faut-il lire en nos vieilles Annales, & non *pas en paroye*) ce qui marquoit une maniere de souveraineté.

33. Pourquoy en Allemagne les Ducs & Comtes s'appellent Ducs & Comtes. Même les grands Seigneurs d'Allemagne observent encore aujourd'huy les Parages mieux que nous. Car les puisnez de leurs Ducs, Marquis, Comtes, ou autres Potentats pretendent tenir leur partage à pareil titre, droit & prerogatives que leur aîné. C'est pourquoy tous les enfans des Ducs & des Comtes d'Allemagne, se qualifient Ducs & Comtes, non pas avec adjection du nom du Duché & Comté de la famille, comme fait leur aîné, mais avec adjection de leur prénom, ou propre nom, comme l'Archiduc Matthias, le Comte Charles, & ainsi des autres.

34. Filles de France anciennement appellées Reynes. Ce qui s'est observé en France jusques bien avant en la troisiéme lignée à l'égard seulement des filles de nos Rois, qui étoient qualifiées Reines avec adjection de leur propre nom, témoin la Reyne Constance, fille du Roy Loüis le Gros, & femme du Comte de Tholose: & du Tillet dit qu'en l'an 1245. pour preuve de cette Coût. il fut fait une enqueste, qui est encore au Thresor des Chartes du Roy. Coûtume qui neanmoins n'a pas continué, parce que comme il dit, elle tournoit à mocquerie, bien que Bartole sur la loy 1. C. *De Dignit.* dise qu'elle

Des Ordres

est fondée en droit. Toutefois elle a été renouvelée depuis peu en la personne de Madame Marguerite de France, qu'étant fille de Roy, & sœur de trois Roys, portoit à bon droit ce titre de Reyne Marguerite.

35. La Reyne Marguerite.

A ce propos Tiraqueau au 33. ch. de son liv. *De nobil.* & en la preface sur la loy, *Si unquam*, fait un discours, pour montrer que les Enfans des Rois, peuvent être appellez Rois, alleguant entre plusieurs autres authoritez, le Canon dernier 24. *quæst.* 1. où un fils de Roy est par honneur appellé *Roy*, du vivant de son pere : & ce passage vulgaire de Virgile, parlant d'Ascanius fils d'Æneas, *Regemque requirunt*, où Servius l'a annoté.

36. Enfans des rois appellez Rois.

Voilà pour les dignitez honoraires : mais nous ne manquons en France, non plus que les Romains & les Grecs, d'Epithetes d'honneur, que nous mettons toûjours devant le nom, au lieu que les Romains & les Grecs les mettoient immediatement aprés, ainsi que les vrais Ordres. Ces Epithetes sont que nous appelons les Princes souverains *tres-illustres, tres-puissans & tres-victorieux*, & d'autres tels superlatifs d'honneur, qui ont coûtume d'être attribuez diversement à chacun Monarque. Nous appellons les simples Princes, *illustres & excellens* ; les Chevaliers & grands Seigneurs, *hauts & puissans Seigneurs* ; les Cardinaux, *Illustrissimes* ; les Evêques, *Reverendissimes* ; les Abbez, *Reverends Peres en Dieu* ; les autres moindres Ecclesiastiques, *venerables & discretes personnes* ; les Prieurs & autres, *Religieuses*, ou *devotes personnes* ; les Officiers, *Nobles hommes* ; les Bourgeois, *honorables hommes* ou *honnestes personnes* ; encore aux hommes lettrez, outre l'Epithete ordinaire, on ajoûtoit anciennement celuy de *sage*, ou *scientifique*. Bref c'est la science des Secretaires, de sçavoir discerner les Epithetes, qu'il faut attribuer à chacun Ordre & qualité des personnes.

37. Des Epithetes d'honneur.

Mais encore, outre les Dignitez honoraires & les epithetes, nous avons en France une troisiéme espece de simple dignité, que les Grecs ni les Romains n'avoient point, à sçavoir que nous mettons immediatement devant les noms des personnes, un terme honorable, lequel je ne puis autrement appeller que l'avant-nom; comme quand nous appellons le Roy *Sire* : il est vray que pour lui on regard seulement, à cause de l'excellence suprême de sa Majesté, & parce qu'il est unique en son espece, nous n'y ajoûtons point à present de nom, ni de qualité, comme faisoient les anciens, qui disoient *Sire Dieu*, & *Sire Roy*. Nous appellons le Prince, *Monseigneur* ; le Chevalier, *Messire* ; le simple noble, *Monsieur* ; l'homme de lettres, *Maistre* ; le Marchand ou Artisan, *Sire tel*, même les Religieux, qui ont renoncé aux vanitez du monde, s'appellent *freres*, *dons*, ou *dams*. Même que cét avant nom est communiqué aux femmes. Car la femme du Chevalier, ou autre plus grand Seigneur est appellée *Madame* ; celle du Noble *Mademoiselle* ; celle du Bourgeois s'appelloit anciennement *Dame telle* ; mais depuis, pour être distinguée de l'artisanne, qui est pareillement appellée *Dame telle*, la Bourgeoise a voulu être appellée *Madame* ; de sorte qu'à present il n'y a plus de distinction entre les Dames Damées & les Bourgeoises, quant à l'avant-nom, mais seulement, quant à l'habit, au moins ès Provinces de deçà : mais en Guyenne, on appelle la bourgeoisie *Madone*, & l'artisane *Done telle*, pour garder distinction entr'elles.

38. Des avant-noms.

Tous ces mots, fors celui de *Maistre* & de *Frere*, ne se peuvent tourner en Grec, que par le mot Κύριος, ny en Latin que par celuy de *Dominus*. Dont sans doute vient *Dom, Dam*, & *Damoiselle*, qui est le diminutif de *Dame* : même il est à croire que de κύριος, vient le mot de *Sire*, que pour cette cause Robert Estienne orthographie *cire* & de là *Messire*, quasi *mon Sire* ; où bien, comme quelques-uns disent *my-Sire*, & selon l'orthographe d'Estienne, *my cire* quasi *demy-cire*. De là vient aussi, selon aucuns, le mot de *Sieur*, soit par une transposition de lettres, ou contraction du mot de *Sire*, & de fait *Sire* en vieil François signifie *Seigneur*, comme encore il y a de grandes Seigneuries, qui sont nommées *Sireries*, ainsi que j'ai dit ailleurs.

39. Κύριος Sire.

Aussi voyons-nous que de ce titre de *Sire*, nous qualifions, & le plus grand Seigneur, qui est le Roi, & les plus vils du peuple, à sçavoir, les artisans : mais c'est à cause que ce ne seroit pas assez honorer le Roy de l'appeller seulement *Monseigneur*, ou *Monsieur*, attendu qu'il pourroit sembler, qu'on ne le qualifieroit que Seigneur de celuy qu'il l'appelleroit ainsi, mais parce qu'il est le Seigneur universel de tous, on l'appelle *Sire*, indefiniment ϰατ᾽ ἀντονομασίαν. Au contraire parce qu'on ne se veut pas tant soumettre au marchand, ou artisan, que l'avouër pour son Sieur, on l'appelle simplement *Sire tel*.

40. Pourquoy le Roi & l'artisan sont qualifiez Sire.

Il est vray, qu'il y a grande apparence, que le mot de *Sieur* vienne du pronom possessif, *sien* & celuy de *Seigneur* du mot Latin, *Senior*, comme j'ay dit au 1. ch. du liv. *des Seigneuries*, où je renvoye le Lecteur. Tant y a qu'il appert de ce que dessus, que les Prêtres de nôtre temps se faschent sans sujet, quand on les appelle *Messires* : car c'est les avoüer pour les Seigneurs, & les égaler aux Chevaliers, comme aussi ils sont *Milites sacræ militia*. Mais quand on les appelle *Messire Jean*, ou *Messire Guillaume*, sans ajoûter leur sur-nom, c'est les mepriser, les comparant à l'artisan, qu'on appelle *Sire Jean*, ou *Sire Guillaume*. Et certes leur Ordre sacré merite bien qu'on appelle le Prêtre *Monsieur*.

41. Messire.

Or pour l'explication parfaite de ces mots Κύριος & *Dominus*, il faut entendre, que Κύριος ne signifie pas directement *Dominum*, Δεσπότην, mais proprement il signifie le Souverain. De fait en l'Empire Grec l'Empereur étoit appellé κύριος, & le second en dignité étoit nommé Δεσπότης, ainsi qu'en France *Monsieur*, comme il se voit dans Codinus. Ce qui se rapporte assez bien à nôtre usage. Car quand nous voulons distinguer le Seigneur direct d'un heritage d'avec le proprietaire, ou Seigneur util, nous appellons celui là le Seigneur, τὸν κύριον qui a la Seigneurie publique, ou directe, comme la Justice, le Fief, ou la Censive : & celui-cy le Proprietaire, τὸν Δεσπότην, auquel appartient la proprieté & seigneurie utile de l'heritage.

42. Κύριος Dominus.

Et quant au terme de *Dominus*, tant s'en faut que les particuliers s'en qualifiassent du commencement à Rome, que même Suetone rapporte, qu'Auguste ne voulut jamais être appellé de ce nom, *Dominum appellari se nec à liberis quidem vel nepotibus suis serio vel joco passus est, atque ejusmodi blanditias etiam inter ipsos prohibuit*, & il dit encore que Tibere *Dominus à quodam appellatus, denunciavit ei, ne se amplius contumeliæ causa nominaret* & Lamp. rapporte qu'Alex. Severe fit un Edit exprés, pour défendre de le qualifier *Dominum*.

43. Premiers Empereurs ne vouloient être appellez Domini.

Bien que S. Augustin en la Cité de Dieu écrive, que ce qu'Auguste ne voulut être appellé *Dominus*, étoit un miracle secret, parce que de son temps fut né le Seigneur des Seigneurs : si est-ce la vraye raison, que la domination des premiers Empereurs étoit une forme de simple Principauté, comme j'ai dit ailleurs, & non une vraie Monarchie Royale, & encore moins Seigneuriale, telles qu'étoient les anciennes Monarchies : qui est la remontrance que fit Pline à Trajan, *Principis locum obtines, ne sit Domino locus*. Mais les autres Empereurs ne refuserent pas ce titre, comme on voit, que Pline, Martial, Symmaque, & autres Auteurs du même siecle en qualifient toûjours leurs Empereurs. Même Domitian, & aprés luy Diocletian, firent des Edits, pour enjoindre de les appeller *Dominos*.

44. Raison.

45. Modernes Empereurs appellez Domini.

Finalement l'ambition, ou flaterie fut si grande en l'Empire Romain, qu'on accommoda ce titre à toutes personnes, sans distinction de qualitez, & jusques à s'en servir pour risée. Témoin cette Epigramme de Martial,

Cum voco te Dominum, nolo tibi, Cinna, placere.
Sæpè etiam servum sic resaluto meum.

46. Ce titre donné à toutes personnes.

Car c'étoit coûtume en rencontrant les personnes de les saluer de ce titre, soit pour les honorer, soit à faute de se souvenir de leurs noms. *Obvios*, dit Seneque, *si nomen non succurrit, Dominos salutamus*. Les maris mêmes & les femmes s'entr'appelloient ainsi : comme nous voyons en plusieurs de nos loix, & est notable à ce propos ce passage d'Epithete, qui marque en quel temps cette coutume

47. Maris & femmes s'entr'appelloient de ce titre.

Des simples Dignitez de France, Chap. XI.

48. Et les peres par les enfans.

a commencé Αἰ γυναῖκες ἰοῦσι ἀπὸ τοπροσκαλοῦσα ἰῶν ὑπὸ τῶν ἰδίων κυρίαι καλοῦνται. Pareillement les enfans appelloient leurs peres *Dominos*, comme on fait encore parmy nous aux grandes Maisons: dont Martial se mocque proprement,

E servo genitum te scis, blandeque fateris,
Cum dicis Dominum, Sosibiane, patrem.

Nous lisons aussi que les premiers Chrétiens, à la rencontre, s'entr'appelloient freres: mais ceux qui vouloient flatter quelqu'un, ou le reconnoistre pour bien-faicteur, l'appelloient *Domine frater*, comme nous témoigne ce joly quatrain du 1. livre de l'Anthologie.

49. Domine frater.

Ἢν ὁ φίλος τι λάβῃ ΔΟΜΙΝΕ ΦΡΑΤΕΡ, εὐθὺς ἐγράφει.
Ἢν δ᾽ ἄν μήτι λάβῃ, τὸ ΦΡΑΤΕΡ, ἄυτε μὲν οἱ
Ὄντα δὴ καὶ ταῦτα τὰ ῥήματα ωὗτάρ ἔγωγε
Οὐκ ἰδίαν ΔΟΜΙΝΕ, οὐ ἦν ἔχω ἕνωσις.

Et enfin le titre de *frere* est demeuré aux seuls Religieux, & celuy de *Monsieur* indifferemment à toutes personnes d'honneur.

50. Titre de Maistre.

Finalement quant à celuy de *Maistre*, il convient à tous ceux qui ont des disciples, Clercs, ou apprentifs sous eux: à la relation desquels ils s'appellent *Maistres*. Toutefois les gẽs de lettres, ou Officiers ont voulu estre distinguez à l'égard de ce titre d'avec les gens de métier. Car les gens de Lettres se qualifient Maistres *à parte ante* mettant cette qualité devant leur nom, comme un avant-nom: mais les gens de métier sont appellez Maistres *à parte post*, mettant ce mot de *Maistre* après leur nom, & le referant au titre de leur métier, comme un Ordre. Au contraire le titre de Noblesse est estimé plus honorable après le nom, que devant iceluy, comme quand on dit *tel Escuyer*, c'est plus que dire *Noble homme tel*. Car celuy-là denote le vray Ordre & la Noblesse de race, & celuy-cy l'Ordre honoraire, & le simple epithete d'honneur.

51. Des noms des Seigneuries.

Or nous n'avons pas seulement en France ces Dignitez honoraires, epithetes & avant-noms, mais encore nous avons des noms honoraires, que nous appellons vulgairement, le nom de Seigneurie, ou le nõ de guerre. Car sous pretexte que les Gentils-hommes de France ont pris un titre d'honeur de leurs Seigneuries, chose que ny les Grecs, ny les Romains n'ont fait, comme j'ay dit ailleurs, ils se font tant pleu à ce titre, qu'où ne les connoist plus par autre nom; & eux-mêmes en leurs missives n'en signent point d'autre: même la plus part le prennent és contracts publics, & és actes de justice, laissant tout-à-fait le nom de leurs peres & ancestres, pour prendre celuy de leurs terres; jusques là, qu'aucuns tiennent à mépris quand on les appelle du nom de leurs peres.

52. Autrefois les terres nommées du nom de leurs maistres.

En quoy ils font tout au contraire des anciens Romains, qui de leurs noms faisoient des dérivatifs, dont ils dénommoient leurs terres, *cujusmodi sunt fundus Cornelianus, Sempronianus, Catullianus*, & autres rapportez au long par M. Brisson liv. 6. *de verb. signif.* Coust, si ancienne entre les Hebreux, que David la rapporte élégamment au Psalme 48. où parlant des grands Seigneurs de ce monde, *Domus eorum*, dit-il, *in progenie & progenie, vocaverunt nomina sua in terris suis*, id est, *per Hypallagen vocaverunt nominibus suis terras*, comme Genebrard l'interprete. Ce que faisoient pareillement les anciens François, témoin qu'on voit aujourd'huy presque tous les noms des villages & des terres, dérivez des noms propres des hommes, en forme de nominatif, y ajoûtant la terminaison de *Rie*, *Iere*, ou *Ac*, selon la diversité des pays, où mettant, soit devant ou après le nõ propre, le mot de ville, bourg, ou cour; pour signifier la ville, le bourg, ou la cour, de N. ce qui étoit certes fort honorable: car c'étoit signe que la terre étoit anciennement en la famille, même qu'elle avoit esté édifiée & érigée par les ancestres d'icelle, puisqu'elle portoit le nom de la famille.

53. Ancien noms des terres de France.

54. Abus de prendre le nom des Seigneuries.

Mais tout au contraire nos Gentils hommes d'apresent sont tellemẽt attachez à la terre, ou possedez par leurs terres, qu'ils aiment mieux en porter le nom que celui de leurs peres, lequel ils suppriment indignement, Des Ordres.

& l'abolissent de la memoire des hommes, ainsi qu'on ordonne quelquefois en justice, pour punition signalée de ceux qui ont commis quelque horrible forfait. D'ailleurs, il semble qu'en ce faisant ils renient leurs peres, & se reconnoissent eux-mêmes pour bâtards, puisqu'ils prennent un nouveau nom, comme s'ils étoient les premiers de leur race. Encore ceux qui pour être heritiers d'autruy se chargent de porter son nom & armes, retiennent-ils toûjours avec iceluy le nom de leurs peres; & puisque ceux qui n'ont point de Seigneuries, donnent leur bien aux étrangers, à condition de porter leur nom. Quelle injure est-ce faire aux peres, quand leurs enfans veulent avoir leur bien sans porter leur nom? vû que la sainte Ecriture estime à si grand bon-heur, de laisser après nous des enfans, qui perpetuent nostre nom. *Benedictus Deus qui non est passus ut deficeret successor familiæ meæ, & vocaretur nomen meum in Israël*, & peu auparavant, *Posteritatem familiæ meæ delere non debeo*: & peu après, *ut suscitem nomen defuncti in hereditate sua, ne vocabulum ejus de familia sua, ac fratribus & populo deleatur*, dans Ruth ch. dernier. Je concluray donc, que celuy-là ne merite pas l'heredité du pere, qui dédaigne de se qualifier son enfant en refusant de porter son nom.

55. Qu'est-ce contre la sainte Escriture.

D'ailleurs est-ce pas grand dommage, que par cette folle fantaisie, l'honneur des beaux-faits du temps passé, enregistrez aux histoires, sont éteints & ostez à la famille & posterité des vaillants hommes, à cause de ce changement des noms? Et quant est des beaux-faits d'apresent, l'honneur en demeure aux terres, & non aux familles; si bien que la terre, sous le nom de laquelle ils seront connus, ayant changé de maître, la posterité d'un étranger achepteur d'icelle, se les attribuë à succession de temps.

56. Inconveniẽt qui en rive.

Cét inconveniẽt concerne principalement l'interest des familles particulieres: mais en voicy un public & fort considerable, à sçavoir qu'au moyen de cette mutation ordinaire des noms, on ne connoît plus les races, pour discerner, soit les anciennes, d'avec les nouvelles, soit les Nobles d'avec les roturiers, soit pour reconnoître les parens d'avec les étrangers. Parce que le Gentil-homme, qui n'est nommé ny connu, que par le nom de sa terre, même qui a approprié ce nom à sa famille, ayant vendu sa terre, veut toûjours retenir ce même nom, & sa posterité pareillement. & le roturier, qui l'a achetée, en prend aussi le nom & le titre, & l'approprie pareillement à sa famille, & ainsi à succession de temps la posterité roturiere de cet acheteur se dira estre de la race noble du vendeur: qui est l'inconvenient que les Empereurs ont remarqué en la loy qu'ils ont faite pour defendre le changement des noms, *ne sordida stirpis homines splendidis & ingennuis natalibus audeant subrogari*, un C. *de mutat. nominis.*

57. Autre inconvenient.

Car enfin comme les premiers noms, que les Latins appelloient *Prænomina*, & nos propres noms, servent pour distinguer les personnes d'un même surnom & famille, aussi les seconds noms, que les Latins appellent *cognomina*, & nos surnoms sont imposez pour distinguer les familles & remarquer les parentez.

58. Raison de l'imposition des noms & surnoms.

Il y a un peu plus d'excuse en la vanité de nos modernes traisneurs d'espée, qui n'ayans point de Seigneurie, dont ils puissent prendre le nom, ajoûtent seulement un *De* ou un *Du* devant celuy de leurs peres: ce qui se fait en guise de Seigneurie. Car c'est pour faire un genitif possessif au lieu du nominatif: ainsi que les Italiens nous font bien connoître, & pareillement les Gascons és noms des gens de lettres, qu'ils terminent communément en *I* les mettans au genitif Latin, comme par exemple, on parloit de nôtre temps à Tholose du docte President du Faur, qui a si bien écrit, le President *Fabri*. Or comme *Fabri* en Latin, aussi *du Faur* en François est un genitif, & quand on dit *Pierre du Faur*, il faut sous-entendre par necessité le nom de Seigneur, ou quelqu'autre qui se puisse lier à ce genitif, comme quãd au Latin on dit *Petrus Fabri*, il faut suppléer ce mot *Dominus*; autrement, ce seroit une incongruité contre cet-

59. Des articles De & Du mis devant les noms.

76 Des Ordres des simples Dignitez, &c. Ch. XI.

10. De même.

te regle de Grammaire, qu'on appelle la regle d'apposition. Ceux donc qui mettent ces particules au devant de leur nom, veulent qu'on croye que leur nom vient de quelque Seigneurie, qui estoit d'ancienneté en leur maison, de sorte, que c'est toujours s'attacher à la terre, & la preferer à l'homme, contre la raison de la loy *Iustissimé. D. De Ædil. edicto.* Et contre la regle de Ciceron aux Offices, que *non domo dominus, sed domino domus honestanda est.* Mais quoy! nostre nouvelle Noblesse ne pense pas que ceux-là soient Gentilshommes, dont les noms ne sont annoblis par ces articles ou particules, bien que les Chroniques nous témoignent, qu'anciennement les plus notables familles de ce Royaume ne les avoient pas. Mais cela est venu de degré en degré, comme l'ambition croit toujours.

61. D'où est venu qu'on prend le nom des Seigneuries.

De commencement il n'y avoit que les Roys qui quittassent leur surnom, à cause que leur Majesté les éleve au dessus des autres hommes : les Ducs & Comtes voulurent faire le même, quand ils usurperent les droits de souveraineté : les Barons & autres moindres Seigneurs en ont fait autant à succession de temps ; & à la fin cela est venu à ce comble d'absurdité, que les moindres Seigneurs l'ont aussi voulu pratiquer : notamment ceux qui ayans esté pauvres, ou estans nez de parens pauvres, sont devenus riches, ont tâché, en changeant leur nom, d'abolir la memoire de leur ancienne pauvreté ; comme nous lisons dans Lucian d'un Savetier, nommé *Simon,* qui estant devenu riche, voulut estre appellé *Simonides.*

62. Du nom de guerre.

Voila pour les noms des Seigneuries : & quant aux noms de guerre, c'est la verité, que le pauvre soldat, qui allant à la campagne, ne veut pas laisser ses mains ny ses pieds à la maison, y laisse bien volontiers son vray nom,

se faisant appeller *la Vigne, la Fontaine, la Pierre, la Haye,* ou de tel autre nom de guerre, afin que si par cas fortuit, en passant pays il demeure accroché à un arbre, sa race n'en soit des-honorée, & s'il échappe ce hazard, & qu'il rapporte ses oreilles en son pays, reprenant le nom qu'il y avoit laissé, il ne se trouve point sous iceluy au papier rouge des Prevosts. Ainsi les Courtisanes & filles de joye, dit Plaute *in Pœnulo,*

— Hodie mutant nomina,
Vt faciant, indignum genere, quæstum corpore.

Chose qui neantmoins devroit estre étroitement défendu. Car, outre que quand ils se meurent en lieu où ils ne sont connus que sous nom emprunté, ils laissent en grande incertitude leurs femmes & leurs heritiers, d'où il arrive de grands inconveniens ; outre encore l'impunité qu'ils se proposent sous la couverture de ce faux nom, qui les rend beaucoup moins retenus de mal faire, il est certain qu'en fait de guerre ils ne sont pas curieux d'honneur, ny si apprehensifs de des-honneur, comme si estans signalez reconnus par leur vray nom, ils se proposoient, que dans leur pays toute leur race, & notamment leur posterité aura part à leur gloire ou à leur honte.

63. Que le nom de guerre devroit être défendu.

Aussi lisons-nous dans Vegece, liv. 2. ch. 18. que tant s'en falloit que les soldats Romains eussent cette licence de chager leurs noms, qu'au contraire ils étoient tenus les faire graver ou écrire au derriere de leur bouclier, afin que s'ils l'abandonnoient, ils fussent des-honorez: Reglement qui fut renouvellé par Julian, chef de l'armée de l'Empereur Domitian, en la guerre qu'il faisoit en Dace, comme Dion remarque en sa vie. Aussi Festus & Ciceron l. 2. *De Divinat.* nous rapportent, que *in delectu militum, primi vocabantur, qui erant pulchri nominis.*

64. Noms des soldats anciennement gravez en leurs armes.

FIN.

Δέξα Θεῷ δρῶ᾽ ἐν ᾧ Θεός με μνήμονα αὐτοῦ,
Τῦ βίου ἄντε τέλος, βιβλίου ἄντε τέλος.

TABLE DES MATIERES.

A

Age des Senateurs. 11
Abbez, leur epithete, c'est *R. R. peres en Dieu.* 74
Abbé de Vendôme se qualifie communément Cardinal Abbé. 71
Abus notable en l'expedition de l'acte de Noviciat des Religieux. 20
de l'Accolée des Chevaliers. 34
Acquisition de la Noblesse moins favorable que celle de la liberté. 30
Advocats n'estoient perpetuels. 49
Advocats consultans anciennement appellez Conseillers. 50
Advocats és Estats populaires sont ordinairement les premiers en puissance & authorité.
dignité d'Advocat conferée publiquement par le Magistrat. ib.
Advocats plaidans de Rome en l'estat populaire. ibid.
& sous les Empereurs. ibid.
Advocats plaidans de France devienent consultans. 50
Aministratores, qui. 68
Advocats plaidans de Rome distinguez des Iurisconsultes. 49
Advocats, s'ils dérogent à leur noblesse quand ils prennent recompense. 31
Ærarios facere, quid. 33
Ætius dernier Patrice des Gaules. 60
Affranchis du temps des Empereurs, n'avoient pas *Tribunum Iicet haberent domicilium.* ibid.
Affranchis n'estoient pas ingenus tout-à-fait. 12
l'Aisné des premiers Roys de la troisiéme race, estoit sacré du vivant du pere. 41
Aisné de l'Aisné marche & sucede devant ceux de la branche, encore que plus proches. 44
Aisnesse parmy le peuple de Dieu. 45
Allecti, qui. 69
pourquoy en Allemagne les enfans de Ducs & Comtes s'appellent Ducs & Comtes. 53
Amende du fol appel, jugée par le Senat. 10
Amici principis. 72
Anciens Ducs & Comtes pouvoient faire les nobles Chevaliers, mais non pas annoblir les roturiers. 36
Ancienne acception de mot de *Prince.* 40
Anneau ou cachet d'or, marque ou enseigne des Chevaliers. 11
qui estoient ceux qui portoient anciennement Anneau d'or. ib.
Anneau qui avoit esté donné du public aux anciens Ambassadeurs Romains, leur servoit après toute leur vie. ibid.

De Annulo equestri. ibid.
droit d'Anneau d'or conceedé aux Chevaliers, puis aux affranchis, & ce qu'il leur servoit. ibid.
Ἀναχωρηταί, qui. 19
Animaux les plus nuisibles s'exterminent par eux-mêmes. 29
il n'y a que deux estats en Angleterre. 33
Apanages des puisnez tenus en Pairie. 43
Apparitores magistratuum. 14. & 51
Archevesques ont voix & seance parmy les Rois en Angleterre. 33
Argentarii, qui. 14
seuls Nobles ont droit d'Armoiries. 18
Armoiries, pourquoy sont appellées armes & escus. ibid.
Armoiries des Dames. 39
Arrests en faveur du gain que font les Advocats. 31
Artisans, ou gens de métier. 18
Arts & exercices dérogeans à Noblesse. 31 & ceux qui n'y dérogent point. ibid.
Artisans & Marchands ensemble sont Bourgeois. ibid.
Artifices & opifices. ibid.
Arma unde dicta. 28
Atteriso sensu amittebatur ordo. 7
Assesseur lateral, qu'est-ce. 34
Ascripti, seu ascriptitii. 69
Avant-noms. 74. Avant-nom, qu'est-ce. 4
Autoritas perscripta. 11
Aucupes syllabarum, qui. 50
Augustus Clavus, quid. 11
Auguste, pourquoy refusa le nom de *Dominus.* 74
grande Augmentation de l'authorité des Princes arrivée de nostre temps. 42
Aumône deuë pour l'annoblissement. 31

B

Bachelier, qu'est-ce. 37
Bachelier opposé au Chevalier & au Banneret. ibid.
Bachelier en Noblesse se prend en deux façons. ibid.
Bachelier signifie le pretendant. ibid.
Bacheliers Damoiseaux. 29
Bachelier, le poursuivant, ou amoureux d'une fille à marier. 37
Bachelier avoit deux payes de l'Escuyer. ibid.
Baillifs, c'est à dire, gardiens du peuple. 72
Baillifs & Seneschaux, pourquoy s'intitulent Conseillers du Roy. 72. & leurs Lieutenans. ibid.

Table des Matieres.

Banneret avoit deux payes de Bachelier. 37
Barons de France. 38. & 71
Baronnie de Lucé, simple Baronnie honoraire. 73
Baronnies qui relevent d'autres que du Roy, sont Baronnies honoraires. ibid.
saint Basile le premier qui fut obligé aux trois vœux. 20
excellence des Bastards de France. 47
Bastards, pourquoy n'ont succedé en la troisiéme lignée. 44
Bastards maintenant advoüez & mariez. ibid.
Bastards ne suivent la Noblesse de leur mere. 32
Bastards de France, & leurs descendans, mis au rang des Princes. 46
Bastards ont esté rangez à l'Eglise. ibid.
Bastards des Seigneurs sont Gentilshommes. 32
Bastards des Gentilshommes, s'ils sont nobles. ibid.
Bastards succedoient aux deux premieres lignées à la Couronne de France. 34
Baudrier ce que c'estoit du temps des Empereurs Romains. 34
du Baudrier. 3
Biens de l'Eglise anciennement possedez en commun. 16
Bourgeois des Villes ont entrepris de porter armes. 26
Bourgeois ne comprend pas tous les habitans des Villes. 49
Bourgeois ne comprend que les habitans des Villes. ibid.
Bourgeois ne signifie que les habitans des Villes privilegiées. ibid.
Bourgeois ont timbré leurs armoiries. 26
Bourgeois leur epithete, honnorables hommes, ou honnestes personnes. 74
Benefices affectez aux Gentilshommes. 30

C

Canonici sub expectatione præbenda. 69
Cantonnement & usurpation des droits de souveraineté faite par les Ducs & Comtes de France. 41
Capitanei Regis, aut Regni, qui vero. 37
il n'y a que ceux qui relevent du Roy, qui puissent estre appellez Capitaines. 38
Cardinaux precedent à present les Evesques, ce qui ne se faisoit point anciennement. 18
privileges des Cardinaux. 17
Cardinaux marchent maintenant par tout en rang de Princes & pourquoy ibid.
pretendue institution des Cardinaux par Constantin le Grand ibid.
deux choses ont eslevé les Cardinaux par dessus les Evesques. ibid.
Cardinaux sont plustost ordre qu'office. 17
Cardinaux tenus de resider en leurs titres. 18
nombre des Cardinaux de 70. & pourquoy. ibid.
Cardinaux de Rome. 18
combien de Cardinaux Prestres ayans titre, & combien de Diacres. ibid.
Cardinal, leur epithete est *Illustris Comes*. 16
Cardinaux honoraires. 71
Cardinaux ont les droits Episcopaux en leurs titres. 18
Cardinaux sans titres. 17
Caractere de l'ordre Ecclesiastique. 16
qui est celuy qui attribua au Senat la connoissance des causes d'appel. 10
Causes d'appel attribuées au Senat. ibid.
Causes de la ressemblance des peres aux enfans. 21
de la Ceinture des Chevaliers. 34
Censeurs donnoient & ostoient l'ordre à Rome. 8
Censeurs, *Census: decurionum*. ibid.
Census equester. 7
Censeurs avoient toute puissance sur les ordres. 13
Census Senatorius. 7
Ceremonie à faire des Chevaliers. 34
in Ceritum tabulas referre, quid. 13
Chanoines appellez Cardinaux 71
Chanoines des Eglises Cathedrales, appellez Cardinaux. 17
Chanoines vivoient tous comme Religieux. 20
Chanoines, *sub expectatione præbenda*. 17
Chanoines, pourquoy ainsi dits. 20
Chaperon des Advocats n'est pas l'ornement de l'office, mais de l'ordre de Licencié és Loix. 32
Charges affectées aux nobles, n'annoblissent pas qu'à condition. 31
Charges militaires annoblissantes. ibid.
Changemens d'epitheres. 67
Charles de Lorraine exclus de la Couronne. 41
Chasse permise aux nobles de Ville. 29
Chastelains sont de la haute Noblesse. 38
Charges des roturiers. 25
Chevage, ou estrayer que payoient les estrangers. 31
pourquoy les grands Seigneurs se sont attribuez le titre de Chevalier. 71
Chevaliers se qualifient hauts Seigneurs, encore qu'ils n'ayent point de hautes Seigneuries. 36
nul ne naist Chevalier. 36
Chevaliers, quand prirent l'anneau d'or. 11
Chevalerie tombée en mespris. 31
Des Ordres.

Chevaliers reguliers sont Moines & Chevaliers tout ensemble. 0
Chevaliers honoraires. 36. & 71
Citoyens honoraires. 65
Chevaliers banneres. 37
Chevalerie comparée au Patriciat Romain. 32
Chevaliers, quand étoient faits. 35
Chevaliers du bain. ibid.
cinq cens Chevaliers faits en un jour par le Roy Charles VI. 36
Chevaliers, comment abolis. 66
Chevaliers n'ont point de rang. 39
Chevaliers & grands Seigneurs, leurs epithetes sont de *hauts & puissants Seigneurs*. 74
pourquoy les Chevaliers portent le collier. 34
vrais & parfaits citoyens. 65
division des Citoyens Romains par les races. 13
Citoyens de droict, & citoyens d'honneur. 65
Citoyens Romains portoient ordinairement les tuniques blanches. 10
Citoyens honoraires de quatre sortes. 65
Citoyens Romains divisez en quatre façons. 12
droits particuliers des Citoyens Romains. ibid.
Citoyens de droit qui demeuroient *extra agrum Romanum*. 66
Citoyens imparfaits. ibid.
autres *Cum suffragio, vel sine*. ibid.
Clarissimi, qui. 30
Clerica curia tradit. 63
deux classes des Seigneurs de dignité. 39
cinq classes du peuple Romain. 12
Clause des lettres d'annoblissement. 31
pourquoy le clerc est envoyé à la cour seculiere. 63
qui étoit chassé du clergé, estoit pris pour estre Curial ou Collegial. ibid.
Clovis Roy de France, premier Roy Chrestien, estoit bastard. 46
Collier de l'ordre. 37
Comtes, pourquoy ainsi appellez anciennement. 67
trois degrez de comtes. ibid.
des comtes Romains, & d'où ils ont esté ainsi dits. ibid.
Comtes, Gouverneurs des Provinces. ibid.
Comtes aprés certain temps de service. ibid.
Comtes du second & troisiéme rang. ibid.
Comte signifiant Intendant. ibid.
Comites Provinciarum. 70
Comites vei militaris. 69
Comites consistoriani. ibid.
Comtes par gratification de l'Empereur. 67
Comtes chefs d'Office chez l'Empereur. ibid.
Comites vacantes. 70
Comites primi ordinis. ibid.
Comites utriusque avarij. 69
le Concile de Trente a tasché de le remettre. 16
Conciliation de plusieurs loix & passages. 67
Conciliation de plusieurs loix. 60
De ordinariis & extraordinariis cognitionibus. 5
Connestable, *quasi Comes stabuli*. 29
Conseillers Presidiaux, pourquoy sont appellez *Consolliers Magistrats*. 50
Conseillers Presidiaux ne sont conseillers du Roy. 73
Conseil d'Estat divisé en trois chambres. 10
Conseil privé des Empereurs. 10
Consistoire des Cardinaux, premier degré de l'ordre Ecclesiastique. 8
Constantin premier Empereur chrestien estoit bastard. 46
Consuls honoraires de plusieurs sortes. 67
Consul d'un jour. ibid.
Consuls honoraires, ou imaginaires. 68
femmes Consulaires. ibid.
Consulares & Consularitas. ibid.
pourquoy il se trouve des Consuls dénommez aux loix qui ne sont dans les Fastes consulaires. 67
grands Consuls, ou consuls ordinaires. ibid.
Consulares. 68
Consularis, signifiant les Gouverneurs des Provinces. ibid.
Consules. ibid.
vingt-cinq consuls en un an. 68
Consularis, signifie trois choses. ibid.
la Couronne de France destinée aux Princes du Sang, non par voye d'heredité, mais de droit de sang, & de son chef. 41
Contrarieté d'Aristote. 25
Couronne des Ducs, Marquis & comtes. 39
Couronne de France affectée à l'aisné de l'aisné. 46
Couronne de France substituée aux Princes du Sang. 41
Curia tradera, quid. 63
effect de l'ancienne tradition *Curia saeculari*. ibid.
Curialis conditio tamdem fuit pœna genus. ibid.
Curiales alii à collegiatis. ibid.
Curiales tamdem fuere alii à decurionibus. 30
Gujas contredit. ibid.
Curia, quid. 12

D

Dauphin est precedé par les Rois, & comment. 45
Dauphin a un Chancelier, & autres grands Officiers 43. &

I ij

Table des Matieres.

les secondes personnes de France. *ibid.*
Roy Dauphin. *ibid.*
en la presence du Dauphin au Parlement, les Arrests sont conceus au nom de la Cour, & à elle la parole addressée par les Avocats. *ibid.*
Dauphin, pourquoy appellé Monseigneur. 42
pourquoy ce titre *par la grace de Dieu*. 43
n'est besoin que le Dauphin soit sacré du vivant de son pere. *ibid.*
Declaration d'heritier presomptif de la Couronne. 44
Decurions, si c'estoit ordre, ou honneur, trois resolutions de cette question. *ibid.*
Definitions des trois especes de dignité. *ibid.*
definition de la Noblesse par Aristote. 23
preuve de la Definition de l'ordre. 3
Degradation pratiquée és offices de Rome. 61
pourquoy regulierement la Degradation n'est pratiqué és Offices de France. *ibid.*
Degradation pratiquée aux milices Romaines. *ibid.*
Degrez de degrez verbale & réelle. 60
Dagradation actuelle, ou verbale. 6
Degradation pratiquée és Offices du parlement. 61
pour Degrader le Prestre condamné, qu'il ne faut entrer de nouveau en connoissance de cause. 62
Degradation actuelle, pourquoy se fait. 6
forme & ceremonie de la Degradation. 63
forme de la Degradation des Vestales Romaines. *ibid.*
Degradation des Prestres ordonnée par Justinian. 61
& par les Ordonnances de France. *ibid.*
Degradation non necessaire aux milices. 60
de la Degradation. 59
Degradration, que signifie proprement. *ibid.*
Degrez des Ordres. 5
Degrez subalternes. *ibid.*
trois Degrez de Noblesse en France. 26
Degré de Principauté, tient de son rang, plus il approche de son tige. *ibid.*
trois Degrez d'ingenuité, *ingenui gentiles, & patricii*. 22
Degrez ou ordres subalternes en l'ordre du Clergé. 16
Degrez subordonnez en chacun ordre. 2
Degré signifie deux choses. 45
Degré de consanguinité. *ibid.* que signifie. 46
Demission proprement, qu'est-ce. 5
effet de la Demission. *ibid.*
Demission des procureurs. 52
Deniers d'entrée aux ordres. 5
Deposition verbale, quand étoit infamante. 60
belle Description de l'ordre. 3
Designation de successeur, odieuse. 6
Desordre qui arrive à cause des lettres de maistrises. 58
Desordre des Decemvirs au Consulat. 67
Dépense à faire les Chevaliers. 35
Deux parties de l'Ordre sacré, à sçavoir la dignité & le caractere. 64
sept Diacres esleus par les Apostres. 18
Diacres en office precedent les Prestres. *ibid.*
preeminence des Diacres de Rome, dés le temps de S. Hierosme. *ibid.*
Diacres en office s'appellerent Archidiacres & Cardinaux. *ibid.*
Difference entre l'ingenuité des Romains & la nostre. 24
Difference entre l'ordre & l'office. 3
Difference de la generosité des hommes, avec celle des plantes & des bestes. 21
Difference entre les maistres de lettres, & ceux de chef-d'œuvre. 72
Difference entre la generosité & la Noblesse. 23
Difference notable, inter *jus annulorum aureorum*, & *natalium restitutionem*. 11
Differend de preseance entre les Princes du sang, & les Pairs de France. 43
Difficulté de particulariser le rang de toutes les dignitez depuis les Empereurs. 69
Dignité de Chevalier de l'Ordre ne donne point de prerogative contre un Grand égal à luy. 37
Dignitez divisées en quatre classes. *ibid.*
Dignité honoraire de ceux qui avoient exercé les Offices. *ibid.*
Dignitez honoraires. 65
Dignitez honoraires, de trois ou quatre sortes. *ibid.*
simples Dignitez, quelles elles sont. *ibid.*
Discours historial de l'origine & progrez des Princes du Sang. 4
Disputatio, sori decretum, seu recepta sententia, quid. 50
Distinction des Diacres. 3
Distinction des Ordres, par le merite des hommes, puis par les moyens. *ibid.*
Division des peuples des Gaules, selon Cesar. 13
Division des Citoyens Romains, par tribus ou quartiers. 12
Divisions des simples Dignitez. 2
Division de la Noblesse Françoise. 34
Division des Citoyens Romains, *per censum*. 12
Division des Citoyens Romains par les ordres. *ibid.*
Docteur, ou Licencié és Loix, n'est point office, mais ordre. 3
Domini nobiles, qui. 32

Domine frater, quid. 73
Droits des vrais Citoyens Romains. *ibid.*
Droits & privileges des Gentilshommes. 28
Droit des Cerites. 66
Droits du premier Prince du Sang. 44
Droit de substitution, plus fort que celuy de l'heredité. 41
Droit des Citoyens honoraires. 66
Droit d'annoblir n'appartient ny aux Ducs, ny aux Comtes. 25
Druides des Gaules. 15
Ducs d'a present, bien qu'ils ne soient pas Souverains, sont qualifiez par le Roy ses parens. 47
Ducs & Comtes se qualifioient Princes. 42
Ducs & Comtes, se sont les premiers appellez Princes en France. *ibid.*
Ducs ny Comtes ne peuvent faire Chevaliers. 31

E

Epithetes moindres des Ecclesiastiques, *venerables & discretes personnes*. 74
l'Eglise est dans le Royaume, & non le Royaume dans l'Eglise. 62
Effets de la degradation actuelle. 64
Effets de la deposition ou degradation veritable. *ibid.*
Effets de l'Ordre. 1
Empereurs premiers ne vouloient estre appellez *Domini*. 74
la raison. *ibid.*
modernes Empereurs, pourquoy appellez *Domini*. *ibid.*
Ἐυμορεντνοὸ, qu'est-ce. 6
Enfans de Roys appellez Roys. 74
Enfans appelloient leurs peres *dominos*. *ibid.*
les Enfans ne perdent la Noblesse de race par la faute de leur pere. 31
Enfans des Senateurs avoient entrée au Senat. 9
Enfans de qui le pere & l'ayeul ont derogé à Noblesse, doivent estre rehabilitez. 31
Ennoblissement ne se perd par infamie. 30
Ennoblissement, comment se fait par le Roy. 25
Effet de l'ennoblissement. *ibid.*
Ennoblis par lettres ne sont tant estimez. 26
Ennoblissement par lettres du Roy. 31
Ennoblissement diminué les droits des Souverains. *ibid.*
Ἐξαιρτνοὸ, qu'est-ce. 6
quels Epithetes convenoient aux Senateurs. 69
quels aux prebendez. *ibid.*
Epithetes de dignitez. 65
Epithetes, ou titre d'honneur. 31
Epithetes des Offices demeurent aprés la resignation. 6
divers Epithetes. 69
Epithetes d'honneur. 74
Ἐπονυμος, qui. 14
Equestris dignitas. 11. & 70
Equites torquati. 36
difference, inter *Equites urbis*, & *equites militia*. 11
Equus publicus. 12
Equivoque du peuple Romain, sur le nom de Patricien. 22
Erasme contredit. 32
Erreur de penser que les Duchez d'Orleans & d'Anjou soient affectez aux puisnez. 48
Erreur signalé découvert. 63
Escuyer, que signifie proprement. 25
Escuyer, d'où est dit. 26
Eschevins des villes d'Italie, n'estoient ny Senateurs, ny Chevaliers Romains. 11
Escusson, d'où dit. 26
Escuyers appellez Mareschaux. 29
Escuyer derivé *ab aequo*, selon aucuns. *ibid.*
Tiers Estat de France, de grand pouvoir & authorité qu'il n'estoit autrefois. 48
le Tiers Estat n'estoit en compte en l'ancienne Gaule. *ibid.*
ny en ce Royaume anciennement. *ibid.*
Estat en François le même qu'Office. 3
Estat de la primitive Eglise. 16
Tiers Estat n'est vray Ordre. 48
Estrangers pour estre nobles en France, doivent être nobles à la mode de France. 32
Estrangers vrayement nobles, sont nobles en France. *ibid.*
naturalisez, ou non. *ibid.*
Estrangers, qui ne sont parfaitement nobles, ne portent leur noblesse hors leur pays, & au contraire. *ibid.*
Etymologie du nom *Bachelier*. 37
vraye Etymologie des Païs de France. 73
Etymologie de Prince. 40
Evesques, leur Epithete c'est *Reverendissimes*. 74
Evesques ont taxez à payer certaine petite somme lors de leur consecration. 5
les Evesques ont entrée en la Chambre de la haute Noblesse en Angleterre, mais ils n'y ont point de voix. 33
Evesque suspendu de l'Office de Prestrise, ne peut pas conferer les Ordres. 64
Un seul Evesque peut degrader, & même son Vicaire general, *in spiritualibus*. 62
Evesques appellez Cardinaux. 71
Evesques ont entrée aux Parlemens de France. 8
plusieurs degrez d'Evesques. 17

Tables des Matieres.

Evesques n'avoient que la simple correction des mœurs su ceux de leur Ordre, & la punition des crimes Ecclesiastiques seulement. 62
nombre d'Evesques requis pour la degradation du Prestre. ibid.
Evesques honoraires. 71
Evesques Cardinaux. 18
Evocatio deorum. 61
forme de l'Exauguration des Prestres Payens. 63
Exauthoratio, quid. 60
Exauguratio, quid. ibid.
Exconsularis, qui. 68
Exconsularium dignitas. 70
Exemples de la degradation, ou regradation. 59
Explication d'un passage d'Aule Gelle. 66
Explication du 4. & 8. article de l'Edict des Chasses de 1601. 29.
Explication de plusieurs Loix. 68
Explication de la Loy 1 §. 1. D. de Decur. 5

F

Faucher contredit. 29
anciennes Familles estimées à Rome. 23
Fiefs, comme sont dits nobles. 38
Fiefs & Seigneuries affectez aux Gentils-hommes. 29
Flamines Diales entroient au Senat Romain. 8
Filles de France, appellées Reynes, tant auparavant qu'après être mariées, bien que ce fust à moindres que Roys. 43
Filles de France ont nom de Masdames, & le surnom de France. ibid.
Filles du Dauphin, & autres des puisnez, celuy de Mesdemoiselles, avec le surnom de l'appanage. ibid.
Fils ainez des Monarques appellez Princes, 40
& non leurs parens collateraux. ibid.
Finances, quoy proprement. 50
Finance deu pour l'ennoblissement. 32
Financiers fort honorez à Rome. 50
Financiers tenoient le premier ordre du menu peuple. ibid.
Fonctions Ecclesiastiques, comment conferées en la primitive Eglise. 17
Formulaire du Pape en la creation des Cardinaux. 19
Forfaiture de l'Ordre. 6
Royaume de France, quand on n'avoit point de Domaine. 41
Royaume de France établi à peu près comme celuy d'Israel. 43

G

GAin des Professeurs des sciences liberales est honoraire, non mercenaire. 49
les Gaulois appellerent les Francs Gentilshommes, & pourquoy. 25
Gentilshommes se servoient anciennement les uns les autres. 18
ceux qui estoient de même race appellez Gentiles par les Romains. 25
Gentiles & Scutarij. 26
Gens de bras. 58
Gentilhomme qui prend fermes à labourer, déroge à Noblesse. 31
Gentiles pro paganis. 25
Gentilshommes ont droit de chasse. 29
simple Gentilhomme ne doit avoir Pages. ibid.
Gentilshommes des champs appellez Escuyers. ibid.
Gentil pour joly. 28
Gentiles pro exteris. ibid.
Gentilité à Rome, une marque d'honneur. ibid.
Gentilshommes n'ont aucun pouvoir en vertu de leur qualité, ni ne se battent en duel contre les roturiers. 30
Gentilshommes sont exempts des Tailles. ibid.
Gentilshommes plus doucement punis que les roturiers, & doivent estre plus rigoureusement punis aux amandes. 30
Gentilshommes sont seuls capables des grandes charges & des mediocres. 29
Gentils hommes, d'où dits. 18
Gentilshommes de la Chambre, s'appelloient anciennement valet de Chambre. ibid.
Gentilshommes precedent ceux du Tiers Estat, sauf en deux cas. ibid.
Graduez Bullaires. 72
Guy de Lusignan, se dit valet du Comte de Poitou. 19
Gentilis, que signifie. 22

H

Habits particuliers, ou autres enseignes des ordres Romains. 3
difference d'Habits. ibid.
Habits des Cardinaux, quand & par qui il leur a esté baillé. 19
Habits des Ordres Ecclesiastiques. 2
Habit ou ornement des Senateurs. 11
Harnois doré attribué pour marque aux Chevaliers. 35
Harnois doré des Chevaliers. 32
Haume du temble des Chevaliers. 39
des Hermites. 19
anciens Hermites n'ont jamais esté astraints aux trois vœux. ibid.
le nom de μοναχός appartient proprement aux Hermites. ibid.

si saint Hierosme étoit Cardinal. ibid.
on fait achepter des Honneurs en France à ceux qui n'en veulent point. 78
l'amour est necessaire au monde, aussi est le rang & l'Honneur. 4
Honneur rendu à M. le Dauphin étant Regent. 43
Honorarij, imaginarij, seu codicillares, qui. 69

I

Ignobilis, qui. 12
Ignominiosa missio, quid. 59
Imagination des soldats de Cesar. 8
Importance de conserver les Princes du Sang. 46
Infamie survenüe au pere, n'estoit point ingenuité ou gentillesse à l'enfant 24. Mais la Noblesse provenant de dignité. ibid.
Infamie encouruë par un Gentilhomme, ne prive pas la posterité de l'ordre de Noblesse. 25
grands Inconveniens pour la multitude des mendians. 68
Ingenuus, que signifie proprement. 23
Ingenuité appartient à chacun de son propre chef, mais la Noblesse provient du chef de l'ancestre. 24
Ingenuité ne s'acquiert du consentement du patron. 11
Interpretation du Canon Si quis Tumidus, cum sequ. 13. quast. 7. 62
Interpretation de la Loy 1. C. Ubi Senat. vel clar. 61
Interpretation de la loy Ad personas. D. De iureiur. 38
Interpretation de l'article du Reglement des Tailles de l'an 1600. 30
Interpretation du §. Ignominia, in l. 2. De his qui not. inf. 60
Interpretation de l'accollée qu'on donne aux Chevaliers. 34
Interpretation de plusieurs Canons. 62
Invention des Chevaliers des l'Ordre. 35
Issus des Souverainetez étrangeres mis au rang des Princes de France. 47
Ηοντικοί, qui, 19
Jours ordinaires & extraordinaires du Senat. 10
Jours ordinaires & extraordinaires du Senat de Rome. ibid.
Judicio sisti, quid. 51
Juges anciennement choisis du corps de la Noblesse. 49
trois fonctions des Jurisconsultes. 50
Jurisconsultes, quand ont commencé d'estre en honneur. 49
Jurisconsultes anciennement comme Officiers publics, & in perpetuo Magistratu. ibid.
Jurisconsultes étoient ordinairement Conseillers des Empereurs. ibid.
anciens Jurisconsultes ressembloient aux chicaneurs de Rome, qui aussi s'appellent Praticiens. ibid.
Jurisconsultes prennent lettres de l'Empereur pour consulter. ibid.
Jus imaginum. 25
ancienne Justice Ecclesiastique. 62
Jus scriptum, quid. 50

K

Ἀναβιβασμός. 59
Καθαίρεσις, quid. 60
Κύκλος, quid. 74
Κυνοπομπαί, qui. 19

L

Laboureurs doivent preceder les Praticiens de courte robbe. 58
Labourages & Fermes, quand derogent à Noblesse. 31
Laboureurs opprimez en France. 58
Latus Clavus. 10
Legitimation ne produit ennoblissement. 10
Lettres d'ennoblissement profitent aux enfans naiz & à naistre. 31
Lettres de rehabilitation, qui sont necessaires. 44
Lettres de premier Prince du Sang, ou de seconde personne. 44
Lettres de Maistrises données par le Roy & les Princes. 58
aux hommes Lettrez, leur epithete étoit de sage, ou scientifique personne. 74
quels enfans des Libertins avoient tout droit de suffrage. 12
difference ostée entre les Libertez & Libertins. ibid.
Libertinorum, aut servorum gentilitas non est. 12
Libertini, qui 12
Licencié est celuy qui a achevé son cours. 40
Livre du President Chassanée, Catalogus gloria mundi. 5
non debet de iure sententia cognoscere, qua alioquin lusoria esset, l. Si Prator. D. de Iudic. ibid.
Explication de la Loy 1. C. Ut dignit. ordo servet. 33
& ce qui est à noter en icelle. ibid.
correction de la Loy Divo Marco C. De quast. 30
La Nov. qui a introduit la degradation comment doit estre entenduë. 61
il ne se fait gueres de Loix pour ce qui concerne simplement l'honneur. 4

M

Magistri Officiorum. 69
Magistri depositorum. 70
Magistri militum, sive equitum, sive peditum. 69

I iij

Table des Matieres.

Majores Magistratus, Magistratus Curules, seu Magistratus populi Romani, qui. 22
Maistres de mestiers honoraires. 72
Marchal, terme Allemand. 29
Marchands, les derniers du peuple qui portent qualité d'honneur. 13
Marchands à Rome, quels. 13
Marchands mis par Aristote au rang des personnes honorables. 17
Maris & femmes s'entr'appelloient *domines & dominas*. 74
Marque de l'aisnesse, & des branches de la famille consiste aux Armoiries. 45
dite notable de l'Empereur Maximin. 34
Membres des grandes Seigneuries. 73
Messire, d'où est dit. 74
pourquoy l'exercice des Arts Mechaniques prive plûtôt la Noblesse de l'exemption des Tailles, que le crime. 51
prendre Metairies à longues années, ne déroge à Noblesse. ibid.
Militia mutatio, quid. 59
Mission ignominieuse du soldat, se faisoit en deux façons. 60
au droit Romain, le Monastere non seulement succedoit aux Religieux, mais acqueroit même tous les biens qu'ils avoient lors qu'ils y entroient. 10
Moines & Chevaliers reguliers ne succedent en France. ibid.
Monsieur absolument & sans queuë, quelle personne en France. 44
ne doit avoir de grands Officiers, que tant qu'il demeure heritier presomptif de la Couronne. ibid.
Munitipes, qui. 65

N

Natalium restitutio. 11
Negotiatores, qui. 13
Nobiles, qui 13
Noblesse Romaine n'avoit autre prerogative que d'estre preferé aux Offices. 13
Noblesse s'acquiert irrevocablement par l'usage de deux generations. 30
Nobles en toutes nations distinguez des ignobles. 26
Noblesse, comment se perd. 30
Noblesse de race, & origine d'icelle. 23
Noblesse de dignité est perpetuelle en France. 32
ceux qui pouvoient estre Nobles à Rome. 22
Noblesse, vertu de race. 21
quiconque a Seigneurie ou Office, auquel le titre de Chevalier appartient, est absolument Noble, luy & sa posterité. 31
s'il est bien dit, *Je suis aussi Noble que le Roy*. 33
deux sortes de Noblesse. 22
Noblesse en Champagne de par la mere. 32. abolie à present. ibid.
Noblesse des Romains. 22
Noblesse esteinte sous les Empereurs. 13
Noblesse impropre, provenuë de la valeur militaire. ibid.
quelle est la parfaite Noblesse. 24
Noble homme autrefois plus qu'Escuyer. 28
Noblesse des puisnez de France. 41. prenoient le nom & les armes de leur femmes. 42
la Noblesse à Rome ne provenoit que du droit d'images. 23
Noblesse honoraire. 71
Noblesse provenant des Offices, avoit les images & statuës pour son enseigne, & la Noblesse militaire les escus & boucliers, qu'elle mettoit aux temples & lieux publics. 23
Noblesse doit estre prouvée par Arrest. 42
Noblesse ne provient pas du droit de nature. 25
Nobles des villes ont tasché de s'égaler à ceux de race. 28
si ceux qui tiennent la Noblesse de dignité de par leur pere, la perdent par sa faute. 31
nostre Noblesse est plûtost generosité. 24
Noblesse imprescriptible, quand il apparoist de la roture des ancestres. 30
Noblesse ne doit estre aisément acquise. 29
Noblesse de pere & de mere requise aucunefois. 32
matiere de la Noblesse fort traitée. 17
Noblesse qui vient de l'ennoblissement du Prince. 26
Noblesse des Conseillers des Cours Souveraines. 31
Noblesse peut s'entendre en deux façons. 33
degrez de Noblesse en Espagne. 33. & en Angleterre. ibid.
Noblesse de dignité preferable à celle de race. 25
Noblesse est un droit commun, & non pas un simple privilege. ibid.
ce qui est requis pour estre fait Noblesse en Angleterre. 33
Noblesse, comment s'acquiert en Angleterre. 32
Noblesse n'est que suspenduë par l'exercice des Arts Mecaniques 31. moyen de la reprendre par aprés. ibid.
plusieurs degrez de Noblesse. 33
Noblesse de race ne se perd par condamnation infamante. 30
Noblesse des Secretaires du Roy. 31
Nombre & titre des Evesques Cardinaux. 19
Nombre requis pour faire Arrest. 10
Nombre des Senateurs Romains. ibid.

Noms des puisnez auparavant d'estre appanagez. 43
Novi homines, qui. 22. & 23

O

Officiers, leur epithete c'est *Nobles hommes*. 74
Officiers en exercice ne cedent à la haute Noblesse. 39
moindres Offices ennoblissans. 30
Officiers extraordinaires des Roys & Princes. 72. quand jouissent des privileges.
Officiers domestiques du premier Prince sont privilegiez, ainsi que ceux des puisnez de France. 44
quels Officiers honoraires. 71
Officiers de Justice & des Finances sont la pluspart du Tiers Estat. 48
Offices emportans haute Noblesse. 37
Officiers de enfans de France sont privilegiez. 45
grands Officiers fut le commencement de Noblesse. 30
trois sortes d'Officiers de lettres, sans exercice. 68
Offices affectez aux Gentilshommes. 72
Offices honoraires 72. Offices privilegiez. 31
Orovini Senatores. 10
Ordination absoluë, comment a esté admise. ibid.
Ordres heteroclites, quels. 3
Ordre Ecclesiastique n'est gueres ailleurs en la Chrestienté qu'en France. 16
Ordres Mineurs Ecclesiastiques. ibid.
Ordres Ecclesiastiques, quels, selon les Theologiens. ibid.
Ordre de Citoyen Romain. 11
Ordre des Mendians. 20
Ordres Seculiers. 15
Ordre, ce que c'est. 1
Ordres de Rome, comment s'obtenoient. 8
des trois Ordres de Rome, & qui les a inventez. 7
quels Ordres se perdent par infamie. 6
Ordre, comment se perd *ex genere poenae*. ibid.
Ordres du Tiers Estat. 49
Ordres separez des Benefices. 17
Ordre des Chanoines convertiz en Benefice. 20
Ordres divers de la France. 1
Ordre Episcopal ne se peut separer de la personne. 5
Ordre necessaire parmy les hommes. 1
Ordres n'ont regulierement aucuns gages. 5
Ordre necessaire à toutes choses. ibid.
Ordre des Chevaliers reguliers. 10
Ordres Reguliers. 19
Ordre des Chevaliers, comment s'abolit. 10
Ordre general du monde. 1
Ordres du menu peuple. 13
Ordre Senatoire n'est point en France. 15
Ordre, ou vacation du Tiers Estat. 5. facultez de gens de lettres.
Ordre Ecclesiastique, Ordre extravagant & extraordinaire en la police temporelle. 4
l'Ordre est une qualité absoluë. 33
Ordres étoient anciennement fonctions Ecclesiastiques. 16
Ordre des Chevaliers comparées aux Milices honoraires. 34
Ordre, quand il se perd avec l'Office. 6
Ordre Episcopal demeure à l'Evesché. 17. quand il en est separé. ibid.
Ordre du Saint Esprit. 37
Ordres Romains abolis sous les Empereurs. 66
Ordre de S. Michel. 37
Ordres qui se perdent par infamie. 60
Ordre de la Jarretiere, de l'Escharpe, du Croissant, de la Toison d'Or, de l'Annonciade, du Porc Espic. 37
Ordre de l'Estoile. 36
Ordres qui ne se perdent point par l'infamie. 60
Ordre d'une armée. 1
Ordre d'un Etat. ibid.
Ordre des Princes parfaitement étably en France. 46
bel Ordre aux Maistrises des gens de mestier. 58
Ordonnances d'Orleans touchant le titre patrimonial des Clercs. 17
Ordonnance sur la preseance entre les Princes du Sang, & les Pairs de France. 42
Origine de l'Ordre des chevaliers de Rome. 34
Origine de la salutation ou adoration des Empereurs. 34
Origine de la Noblesse de France. ibid.
Origine des Cardinaux. 18
Origine des Princes, autres que du Sang. 4
Origine de la derniere consularité, & qu'elle abolit enfin les autres. 9

P

Paedagogia, sive paedagogiani pueri, qui. 29
Pages d'honneur seulement chez le Roy. ibid.
Parages observez autrefois entre les enfans des Roys. 73
origine des Parages. 37
Parages, ce que c'est. 73
Paradogium, vel potius paragium. 38
origine des Païs de fief.
ressortir nuëment au Parlement, s'apelle vulgairement Pairie. 54
Pairement ancien. 48
Parlement de France, reduit en cour ordinaire de Justice.
Partisans, ou *Publicani* estoient de l'Ordre des chevaliers. 13
Passage de S. Cyprian interpreté. 33

Table des Matieres.

Parlement, pourquoy ne qualifie Princes indefiniment les Princes étrangers. 47
Parens collateraux des Monarques ne peuvent être Princes qu'en France. 41
invention des Patriciens par Constantin. 66
Patrices commandoient Souverainement en Italie. ibid.
Patriciens de l'Etat populaire à Rome. ibid.
dignité des Patriciens toûjours permanente. ibid.
Patriciens d'où ont esté dits. ibid.
Pairs ne viennent des Patrices. 67
Patriciens appellez à Rome particulierement par leur nom, & par celuy de l'Autheur de leur race, aux assemblées du peuple, du temps de Rois. 22
Patrices des Gaules. 66
Patres majorum & minorum gentium. 10
Partisans vocabantur Publicani. 15
Patricij. 69
Patres conscripti. 24
Païsans roturiers. 24
Perfectissimatus. 70
Perfectissimi, qui. 31
Peuple d'Athenes, comment distingué par Denys d'Halicarnasse. 21
menu Peuple de France reduit à une condition de demy servitude. 24
contre les Philosophes & Poëtes. 21
Πλατύπυγος ἴδιος, *qui*.
Possesseur de haute Seigneurie est en possession de haute Noblesse. 38
Pouvoir des Ordres. 5
Pouvoir des Procureurs és causes. 51
Pragmatici formularij, & legulei, qui. 50
Pratique de la Noblesse de France. 25
Praticiens de longue & courte robbe. 51
entre diverses maisons, les plus anciennes marchent les premieres. 44
Præfecti tam Prætorio, quàm urbi. 69
Præsides. 70
Prestrise exercée par les aisnez des familles. 4
Prestre, s'il peut estre executé à mort, sans estre degradé. 45
Prestres honoraires. 71
il n'estoit anciennement non plus licite au Prestre de changer ou quitter son Eglise, qu'au laïc de quitter ou changer sa femme. 16
Prestres Cardinaux, comment introduits. 18
Præpositi laborum. 70
Præpositi & Tribuni scholarum habentes titulum Comitis. ibid.
Præpositi sacri cubiculi.
les Prestres emporterent la preseance au Concile de Nice sur les Diacres. ibid.
debat entre les Prestres & les Diacres. ibid.
Prescription de Noblesse. 30
Prerogatives des Patriciens de Rome, & comment elles leur furent ostées. 22
fondement de la Prerogative des princes. 40
Præfectoria dignitas. 69
Prevost des Marchands, pourquoy ainsi appellé. 70
Principauté peut venir par les femmes. 41
Princes estrangers sort advancez en France. 47
Princes autres que ceux du Sang, s'ils sont exempts des duels. 48
nul Prince du Sang executé à mort. 46
Principes agentium in rebus. 69
Primicerius notariorum. ibid.
Princes du Sang sont Conseillers, mais du Conseil d'Estat. 47
il n'y a ordre de Prince formé & étably qu'en France. 40
Prince, pourquoy a signifié celuy qui a la Souveraineté. ibid.
Princes naturalisez sont Conseillers du Conseil d'Estat, sans avoir besoin de Brevet du Roy. 48
Princes & enfans des Roys faits Chevaliers. 35
Principauté native, & non pas dative. 46
accroissement de l'authorité des princes du Sang sous Philippe de Valois. 42
n'eurent encore alors la Preseance sur les Ducs & Comtes. ibid.
Princes marchent à present sans difficulté devant les Ducs & Comptes. ibid.
Princesses du Sang ne perdent leur qualité par mariage inégal. 43
Principale marque du Prince, quelle. 47
fondement particulier des Princes du Sang de France. 41
Princes du Sang estoient tous Rois aux deux premieres lignées. ibid.
Princes du Sang sont aussi appellez princes de la Couronne, à la distinction de Princes naturels. 47
Princes simples, *illustres & excellens*. 74
deux sortes de Princes entre ceux du Sang. 51
Princes du Sang, s'ils marchent selon les degrez de succession. 44
Princes estrangers habituez en France, sont hors le parlement, & par tout ailleurs, qualifiez & reconnus pour Princes. 47
Princes du Sang, pourquoy les premiers. ibid.
Princes du Sang marchent tous les premiers. 44
premier Prince du Sang, qui n'est fils de Roy, retient seulement le nom de son appanage, quand le Roy à des enfans. ibid.
Princes du Sang ne perdent leur rang pour estre d'Eglise. 45
Princes honoraires. 71
Prieurs & autres, leur epithete c'est *Religieuses*, ou *devotes personnes*. 74
Primogenita cobbe d'aisnesse. 45
Privation de l'Ordre. 5
Privileges des Princes du Sang. 46
Privileges des enfans des Senateurs & Decurions. 23
Privileges des Princes naturels & naturalisez. 47
Privileges des filles des Senateurs, des Decurions, & des vieux gens-d'armes. 24
privilege de Messieurs du parlement, de n'estre jugez criminel, que par le parlement même en corps. 60
Procureur aprés sa demission, garde le titre & le rang de procureur. 57
effect de la privation des Ordres. 63
Procureurs erigez en Officiers puis supprimez. 51
Procureurs sont vrayement en Ordre. ibid.
Procureurs n'ont point de fonction publique. ibid.
sont limitez à certain nombre. ibid.
Procureurs aux procés appellez à Rome, *Cognitores*. ibid.
Proconsularis dignitas. 69
Procureur est un Ordre, & pourquoy. 51
procés qui tendoient anciennement à la deposition d'un Evesque, ou d'un Prestre, devoient estre vuidez aux Conciles, ou Synodes. 62
estat de Procureur est vil, & déroge à Noblesse. 51
Profits des Ordres.
Procuratores ad lites, & Procuratores ad negotia, ou *mandatarij*. 51
Procureurs, pourquoy sont en France necessaires à tous plaideurs. ibid.
les plus Proches de la Couronne marchent les premiers 44
Promotion absoluë & sans titre, defenduë en l'ancienne Eglise. 16
protectores. 51
Provinces qu'on pretend n'estre pas tout à-fait unies & incorporées au Royaume. 30.& 31
proximi scriniorum. 70
premier Puisné qui a pris les armes de France. 42
Puisnez des Rois exclus de partage en troisième race. 41
Puisnez anciennement portoient le surnom de France. 43
Puisnez, pourquoy s'appellent princes du Sang. 41

Q

Qualitez des Marchands. 51
Qualité de fils aisné de France precede celle des Royaumes. 43
Qualité de Dauphin est mise devant celle de Duc. ibid.
Qualitez necessaires aux procureurs. 51
Quæstores. 70
Question de l'oncle & du neveu. 45

R

Race du bastard Amaury. 46
Raisons qui ont empesché la degradation des prestres. 62
Rang de marcher des princes du Sang doit estre pareil à celuy de succeder. 44
ainsi des Ordres. 4
quel Rang les Ordres ont entr'eux. ibid.
Rang de Theatre à Rome. ibid.
Rang des Officiers exerçans avec les simples dignitez. 70
Rang des dignitez de l'Empire Grec. 35
origine de Chevaliers. ibid.
Rang de la haute Noblesse. 38
Rang doit estre gagné & maintenu par douceur.
Rang des Grands reglé autrefois selon les Seigneuries. 61
pourquoy le Rang a esté autrefois estably selon les Seigneuries.
Rang des Consuls & patriciens. 66
Rang des Princes naturels & naturalisez. 47
Rang des princes du Sang entr'eux. 44.& 45
Rang est mieux estably selon l'extraction, que selon les Seigneuries. 46
Rang des naguerres Officiers. 71
Rang des anciens Officiers. 70
Rang des Gentils hommes avec les Officiers. 4
Rang des dignitez honoraires. 70
Rectores provinciarum. ibid.
Regradation. 59
cause de l'ouverture de la Regale par la promotion au Cardinalat.
Rehabilitation quand n'est suffisante. 31
anciens Religieux, incapables de faire les fonctions Ecclesiastiques hors leurs monasteres. 20
Religieux fait Evesque, ou Cardinal, peut succeder, & luy estre succedé. ibid.
Religion du Senat. 10
Religieux au Christianisme semblent avoir imité les Esseens. 19.& 20
des Religieux. 19
bonne Rencontre du feu Comte de S. Paul. 10

Table des Matieres.

Remarques d'honneur de la Noblesse. 29
Remarque d'honneur de la haute Noblesse. 33
Reserare, quid. 60
Resignation de l'Ordre. 8
Robbe des enfans des Senateurs & Chevaliers. 10
Robbe longue doit estre vestuë publiquement à celuy qui reçoit Tonsure. 5
Robert Comte de Clermont, tige de tous les Princes du Sang qui sont aujourd'huy. 41
quelle consideration avoient les commissions pour le regard des estrangers, & que nous n'avons pas. 32
Romains usoient de Procureurs ad lites. 51
si Roturiers sont tenus saluër les Gentilshommes. 29
anciennes rigueurs contre les Roturiers, dont il y a encore des restes. 24
Roys avoient la Couronne en teste, quand ils faisoient des Chevaliers. 35
le Roy seul peut ennoblir. 31
le Roy qualifie ses parens, les Princes naturalisez. 47
le Roy ennoblit en trois façons. 32
Roys faits Chevaliers. 36. & pourquoy. ibid.
Roys de la Chrestienté, appellez par le Roy de France, ses freres. 47

S

Salutation, ou adoration des Empereurs Romains. 34
forme d'icelle, & par qui inventée. ibid.
Salutation à qui elle est deuë. 29
Scribes precedoient les Marchands. 10
Scribæ, qui. 13
Seconde personne de France. 44
principales Seigneuries de leur premiere origine estoient Capitaineries. 37
grande Seigneurie attribuée par autre que par le Roy, n'ennoblit le Roturier. 38
Seigneurie ou fief de dignité, emporte haute Noblesse. ibid.
ceux de la haute Noblesse qualifiez Seigneurs, & Chevaliers. 34
Seigneuries honnoraires. 73
quels Seigneurs sont les Chevaliers honnoraires. 72
Seigneuries de dignité, pourquoy emportent haute Noblesse. 37
nostre Senat a esté autrefois Ordre. 9
puissance de l'ancien Senat Romain. 10
enfans des Senateurs, qui avoient eu la dignité d'Illustres, étoient Senateurs nais. 9
Senateurs pris des Chevaliers. ibid.
il ne falloit que l'enrollement pour estre fait Senateur, sans autre examen. 8
Senateurs Romains n'avoient aucun commandement, ou administration en particulier. ibid.
Senat Romain, s'il estoit Ordre ou Office. ibid.
Senatus consulta per discessionem. 10
Senateurs comment abolis. 66
quand le Senat commença de juger le procés. 10
Senateurs honnoraires. 65
Senat comment se messoit de la Justice en la Republique. 9
Senat n'avoit Jurisdiction contentieuse. ibid.
Sentence infamante induit privation de l'Ordre. 60
Simonie n'a lieu proprement aux Ordres. 5
le Roy & l'artisan, pourquoy qualifiez Sire. 47
Solemnitez de la collation de l'Ordre. 3. qu'il en faut plus qu'à conferer l'Office. ibid.
Substitution graduelle à la Couronne de France. 48
Subdivision de la haute Noblesse. 34
en Succession des maisons privées on a égard à la proximité. 45. mais non au Royaume. ibid.

Suffecti, seu minores Consules. 87
Supernumerarii, qui. 69
Superillustres quels. ibid.
Suspension de l'Ordre Ecclesiastique. 64
Suspension du Benefice. ibid.
Suspension de l'Office. ibid.

T

Tagis, quid. 3
Targe & rondelle à la difference des escus. 28
Timbre des Armoiries. 29
Timbre, d'où est dit. 28
Timbre est personnel. ibid.
Titre de Patricien envoyé au Roy Clovis. 66
Titre de Chevalier se rapporte à celuy de Comes, ou Amicus. 71
Titre de Conseiller du Roy, à qui appartient. 72
à qui estoit octroyé le titre de Patricien à Rome. 66
Titres provenans des Offices. 4
Titres des Gouverneurs des Provinces Romaines. 69
Titres des Royaumes des puisnez, sont mis devant celuy de fils de France. 43
Titre de Dominus se donne à toutes personnes. 74
Titre Clerical absoluta ordinatio. 16
si la teste peut ennoblir l'homme. 38
invention du Titre patrimonial des Clercs. 17
Titre de Conseiller du Roy. 72
Titres des Cardinaux. 18
Titre patrimonial des Clercs aboly par le Concile de Trente. 17
Titre de dignitez. 69
Tiraqueau contredit. 29
de la Tonsure. 3
Tonsure, & son effet. 16
Tonsure a toûjours esté vray Ordre. ibid.
estre transferé d'une Tribu des champs en celle de la ville, c'estoit anciennement une espece de punition à Rome. 12
Translationes judiciorum, quid. 9
Tribus urbana. 12
Tribus rustica. ibid.
Tribuns du peuple, s'ils avoient entrée au Senat. 11
Tribuni, seu Quæstores ærarii, qui. 12
Tribus composées à la volonté des Censeurs. 12
Tresoriers de France, & autres des Finances, pourquoy s'intitulent Conseillers du Roy. 73
Tunica pura, seu recta. 11
Tunica alba. ibid.
Tunique distinguoit les trois Ordres du peuple Romain. ibid.
Turba forensis. 13

V

Vacantes, qui. 69
Vacantes, sive honoraria dignitates. ibid.
Valet, que signifie. 29
nom de Valet opposé à celuy de Gentilhomme. ibid.
Variation de la signification de ces mots Ingenuus & Libertinus. 22
le Ventre affranchit, & la Verge ennoblit, qu'est-ce. 32
où il faut verifier les lettres d'ennoblissement. 31
trois vœux essentiels de Religieux. 19
Vestales étoient dégradées. 65
Vicariatus dignitas. 69
Villes appellées bourgs. 49
Villes signifioient anciennement maisons des champs. ibid.
Villages de Beauce, pourquoy terminez en ville. ibid.
Vivere, vel succedere more Francorum. 44

FIN.

TRAITÉ
DU
DEGUERPISSEMENT,
ET DELAISSEMENT
PAR HYPOTHEQUE.

PREFACE
Contenant le projet & l'ordre de ce Traité.

COMME l'Orateur Romain conseilloit de joindre les lettres Grecques avec les Latines, pour parvenir à la perfection de l'Eloquence, bien que de son tems elle fut plus en vigueur à Rome qu'à Athenes: parce que veritablement les plus beaux secrets, & plus rares preceptes d'icelle avoient été inventez & traitez par les Grecs: aussi j'ai toûjours estimé que pour acquerir une parfaite habitude à la Jurisprudence, il étoit necessaire de mêler le droit Romain avec nôtre usage de France. Car bien que nôtre Jurisprudence soit possible aujourd'hui mieux reglée que celle des Romains, nous ayant été facile d'ajoûter aux choses inventées; si est-ce qu'il faut que nous reconnoissions avoir pris & appris d'eux les plus belles resolutions & les plus assûrées maximes que nous pratiquons maintenant; même nous sommes contraints d'avoir recours à eux és concurrences, où nôtre usage n'a pas encore penetré: eux ayans été seuls au monde qui ont reduit le droit en science. De sorte que comme celui qui seroit entierement consommé au droit Romain, seroit neanmoins inutile au maniement des affaires, s'il ignoroit l'usage de France; témoins les Legistes revenus fraîchement des Universitez, *qui cùm in forum venerunt, putant se in novam orbem delatos, quia quæ in usu habemus, in scholis nec audiunt nec discunt*: aussi celui qui negligeant le droit, s'est amusé à la seule pratique, ne se trouve pas moins empêché, quand il lui survient quelque affaire extraordinaire, ou deguisé par circonstances particulieres, qui le jettent hors de sa routine & des maximes vulgaires.

——— Fortasse cupressum
Sic simulare : quid hoc, si fractis enatat exspes
Navibus, ære dato qui pingitur ?

C'est presque en tous arts qu'il y a deux parties necessaires à leur perfection : la Theorie qui fournit les preceptes; & la Pratique, qui les met en œuvre. Le droit Romain est la Theorie, & nôtre usage est la Pratique de la Jurisprudence : l'un sans l'autre est imparfait & defectueux.

——— Alterius sic
Altera poscit opem res, & conjurat amicè.

Il faut donc marier le droit avec la pratique, l'usage avec la raison: bref il faut joindre le droit Rom. avec le nôtre.

Du Deguerpissement.

Pour le montrer par experience, j'ai tiré & choisi parmi nôtre droit François le sujet qui semble être le plus éloigné, même le plus contraire au droit Romain, à sçavoir le Deguerpissement, qui même ne se peut proprement énoncer en Latin : & neanmoins je l'ai entierement expliqué par les authoritez, & par les regles & maximes Romaines. Et si je pense avoir suffisamment éclairci par le discours de mon œuvre, que toute la difficulté & confusion qui se trouve en cette matiere, provient de ce que l'on s'est jusques ici éloigné & écarté de la Jurisprudence Romaine; de sorte que se remettant en ses sentiers, il est assez aisé de trouver son chemin en tous les détours de ce labyrinthe de difficulté.

En effet, c'est mon dessein en cet œuvre de rapporter le droit Romain au nôtre, ainsi que déja je m'étois étudié en un petit Traité, *de la garantie des Rentes*, que je laissai échaper l'an passé, sans y mettre mon nom, afin d'éprouver seulement quel goût on prendroit à cette façon d'écrire, à laquelle il me semble que tous ceux qui font profession de la Justice, peuvent trouver quelque sujet de contentement, soit qu'ils s'arrêtent au droit Romain, soit qu'ils s'adonnent à la seule pratique, soit qu'ils aiment à joindre les deux ensemble. Vû même que cette matiere est entierement de l'usage du tems present, & neanmoins n'a point encore été traitée par aucun, bien que ce soit possible la plus difficile de tout le droit François.

C'est pourquoi afin d'y apporter plus de lumiere & de facilité, je me suis avisé de rapporter ici en peu de mots l'ordre & la suite de tout mon œuvre. Je le divise en six Livres; au premier desquels je traite du sujet ou matiere du Deguerpissement & delaissement par hypotheque, à sçavoir tant des charges & rentes foncieres que constituées, & de la distinction d'icelles. Au second, de la cause efficiente du Deguerpissement, sçavoir de l'action mixte, qui a lieu pour les charges foncieres. Au troisiéme, de la cause du delaissement par hypotheque, sçavoir de l'action hypothequaire, qui a lieu aux rentes constituées & simples hypotheques. Au quatriéme, je fais voir quand & en quelles sortes de debtes, & en quelles personnes le Deguerpissement & delaissement ont lieu. Au cinquiéme, de la forme du

A

Preface.

Deguerpiffement & delaiffement, & qu'elles conditions y font neceffaires. Finalement au fixiéme & dernier Livre, j'explique les effets de l'un & de l'autre.

Mais je veux encore particularifer l'ordre & le fommaire de chacun Livre. Au premier Livre, je commence * par la divifion generale du delaiffement en cinq efpeces : puis reprenant les deux dernieres, qui font le delaiffement par hypotheque, & le deguerpiffement, j'explique leur origine ; * étymologie & fignification, le tout rapporté au droit Romain, adjouftant auffi leur definition. Ainfi je retombe, * fur les charges foncieres, vray fujet du deguerpiffement, que je diftingue des debtes perfonnelles, des fervitudes, & principalement des fimples hypotheques. De là je fais une enumeration * de toutes les rentes foncieres des Romains, foit deuës au fifque pour marque de Seigneurie univerfelle ou particuliere, foit deuës aux particuliers : puis de celle de France, * tant Seigneuriales, que fimples foncieres, expofant les quatre avantages que les uns ont pardeffus les autres. Enfuite je traite des rentes conftituées, * foit à prix d'argent (dont je rapporte l'origine & les quatre moderations neceffaires) foit par don & legs, * dont je declare les degrez d'affeurances, comme de l'hypotheque fpeciale du nantiffement, de l'antichrefe, de l'affignat, & de la vente en affiette. Sur tout je parle amplement de l'affignat, * s'il induit hypotheque, s'il emporte limitation ou fimple demonftration, & s'il fait que la rente foit fonciere : S'il eft neceffaire aux rentes conftituées * à prix d'argent, comme on en ufoit anciennement en France, & comme il en faut maintenant ufer. De plus je traite des charges foncieres, cafuelles, * & extraordinaires, comme font les reparations & entretenemens des heritages, les indictions réelles, les droits & profits Seigneuriaux ; où je traite, fi le Seigneur de la rente fonciere y doit contribuer avec le proprietaire de l'heritage. Finalement je parle des charges univerfelles, * c'eft à dire, des debtes deuës par le fucceffeur univerfel, qui n'a titre d'heritier, comme eft le donataire ou legataire univerfel, le haut Jufticier fuccedant par confifcation ou desherence, & l'Abbé fuccedant à fon Religieux, pour lefquelles debtes le deguerpiffement a lieu.

Au fecond Livre, pour expliquer l'action des charges foncieres, ayant montré qu'elle eft mixte * ou perfonnelle écrite *in rem*, je prouve qu'elle étoit reconnuë au droit Romain, contre ce qui a été tenu jufques icy. Puis me mettant au refte du Livre à expliquer mot à mot l'art. 99. de la Couftume de Paris, qui établit cette action, je traite quels proprietaires * & detempteurs en font tenus : notamment je prouve contre Accurfe, que le fimple locataire n'en eft point tenu, interpretant les Loix & les Couftumes, qui femblent avoir decidé le contraire. Auffi je montre que l'heritier * par benefice d'inventaire en eft tenu, même qu'il eft contraignable fur fes propres biens pour les debtes de la fucceffion, refufant au long la mauvaife pratique, qu'on garde vulgairement touchant cet heritier. Comme auffi en expliquant fi les maris, * font tenus de cette action à caufe des heritages de leurs femmes, je parle en paffant, comment en France ils jouïffent de leurs heritages, & comment auffi ils font tenus de leurs debtes. Cela fait, je montre que hors la Couftume de Paris cette action n'a point lieu aux rentes conftituées, bien même qu'elles foient conftituées par forme d'affignat. Enfuite j'explique les effets de cette action, * notamment s'il échet de faire veuë de l'heritage ; où rapportant l'origine & la monftrée, je traite cette fameufe queftion, fi le Seigneur eft tenu de faire venë à fon fujet. Puis continuant les effets de nôtre action,* je montre que le detempteur de l'heritage eft tellement tenu des charges foncieres, qu'il n'a point de recours regulierement contre celuy qui les a impofées, ny contre autres és acquifitions à titre lucratif, & quel recours il peut avoir contre fon Autheur és titres onereux, comme auffi l'un des detempteurs convenu folidairement contre fes codetempteurs ; où par occafion je traite des actions recurfoires, & de l'exception *cedendayum actionum*. Puis je traite de l'action hypothequaire, * qui a lieu és charges foncieres pour les arrerages precedents la detention, & pareillement de l'action pure perfonnelle, * qui a lieu pour les arrerages d'icelles écheus pendant la detention. Finalement revenant à nôtre action mixte, je montre qu'elle étoit divifible * au droit Romain, & qu'elle eft folidaire en France, même à l'égard du cens.

Au troifiéme Livre, pour traiter l'action hypothequaire des rentes conftituées, j'explique premierement * toutes les efpeces de gages & hypotheques reconuës tant au droit Romain, qu'au nôtre : enfemble les marques des hypotheques, à fçavoir les Brandons, Séellez & Pannonceaux ufitez par les Grecs, les Romains & les François : comme auffi l'enfaifinement ou nantiffement requis en aucune de nos Couftumes. Puis je viens à expliquer les trois * actions qui ont lieu en France pour les hypotheques ; à fçavoir la vraye action hypothequaire reconnuë au droit, l'action perfonnelle hypothequaire, & la fimple declaration d'hypotheque ou action d'interruption : & pour expliquer * au long l'action hypothequaire des rentes conftituées, j'interprete mot à mot l'article 101. de noftre Couftume : Traitant premierement * fi cette action a lieu és charges foncieres, de laquelle je parle après j'explique la conclufion ufitée en France : où par occafion je parle du titre * nouvel, & des trois ou quatre efpeces que nous en avons. Puis venant fur les effets de cette action, je parle de la vente de toutes * fortes de gages felon le droit Romain ; traitant quand & en quel temps elle fe pouvoit faire, quelle forme y étoit neceffaire, & quels en étoient les effets, fpecialement fi cette vente purgeoit les hypotheques. Puis je traite * les mêmes points en la vente des gages & hypotheques ufitées en France : où je fais une ouverture pour empêcher que pendant ce temps les heritages ne foient vendus par decret à trop vil prix.Ce fait, j'employe un chapitre à parler de la difcuffion, * & pofe neuf cas, aufquels elle n'a point de lieu, puis je parle de fa forme, & quand elle doit être demandée, & de plufieurs autres queftions qui y échéent. Finalement je montre pourquoy * les heritages s'ajugent par decret à la charge des rentes foncieres, au lieu que les rentes conftituées fe rachetent par le prix de l'adjudication, & en quels cas cela n'a point lieu, propofant encore à ce propos un autre bon expedient pour nos decrets.

Ces trois premiers Livres contiennent les fondemens de mon œuvre, & les trois derniers contiennent directement & precifement l'explication du deguerpiffement. Donc au quatriéme Livre pour expliquer en cas du déguerpiffement, je traite au commencement en quelles fortes de debtes il a lieu, puis quelles perfonnes y font recevables. Pour le premier point, prenant chacune forte de debtes je traite premierement * s'il y a lieu aux debtes perfonnelles ; où je parle en paffant de la ceffion des biens, & de la renonciation & déguerpiffement de l'heredité, puis de la renonciation * à la communauté & de fes effets. Enfuite je traite s'il a lieu aux debtes * hypothequaires, foit à une fois payer (où par occafion je m'arrefte à parler des gageures, tant judicielles que ludicres, reconnuës par les Grecs, les Romains & les François) foit aux rentes * és rentes conftituées. Finalement j'explique comme le déguerpiffement a lieu aux rentes * foncieres, notamment en l'emphyteofe, & auffi aux contrats mélez : bref, en la donation faite à la charge d'une rente fonciere. Pour le fecond point, touchant les perfonnes qui peuvent deguerpir, je traite premierement * fi le tuteur, le beneficier, celuy duquel l'heritage eft faifi, le mary, & l'heritier par benefice d'inventaire peuvent dêguerpir ; puis fi celuy qui a fouffert condamnation, ou paffé titre de la rente, ou qui a acquis l'heritage à la charge d'icelle, & même fi le preneur à rente peut deguerpir. Et avant que traiter cette grande queftion, fi le preneur peut deguerpir, je fais voir au prealable par deux Chapitres feparez, fi le deperiffement entier, * fi & la revente * de l'heritage excufe

Preface.

le preneur de la côtinuation de la rente: puis aiant prouvé * par plusieurs raisons & authoritez du droit Romain & du nôtre * que le preneur peut déguerpir, je traite des clauses qui le peuvent exclure du déguerpissement, comme * de la promesse de payer la rente, constitution d'icelle sur tous ses biens, clause de mettre amendement, ou d'entretenir l'heritage en bon état, ou de fourni.* & faire valoir la rente,& autres clauses des baux à rente; de toutes lesquelles j'explique la significatiô & importance.

Au 5. Livre, qui est de la forme & conditions du déguerpissement; j'explique * dès le premier chapitre, les solemnitez qui y sont necessaires, soit qu'il se fasse contradictoirement, ou par defaut. Puis je traite au long les deux conditions qui y sont requises, à sçavoir de rétablir l'heritage, & de payer les arrerages de la rente. Touchant la premiere condition, je traite premierement si l'heritage * peut être déguerpy pour partie; où par occasion je traite du déguerpissement qui a lieu és actions noxales : puis je traite * si avant que déguerpir il faut amortir les hypotheques, servitudes & charges foncieres imposées sur l'heritage depuis le bail à rente. Cela fait, pour mieux expliquer le rétablissement des demolitions, je traite * en premier lieu quels detempteurs en sont tenus : puis je parle des demolitions * qui sont arrivées par le fait ou par la faute du detempteur, que j'appelle *demolitions volontaires*; puis des demolitions * causées par la guerre ou autre cas fortuit, que j'appelle *demolitions fortuites* : où j'explique l'Arrêt * du Conseil d'Estat, pour les maisons abbatuës és Faux-bourgs de Paris : Finalement des demolitions * arrivées par l'antiquité & caducité des maisons, que j'appelle *demolitions naturelles* ; où j'explique les especes de reparations reconnuës au droit & en France. Voila pour la premiere condition du déguerpissement. Quant à la seconde, qui est le payement des arrerages, * je traite premierement si quand on ne les veut pas recevoir,* il est requis de les consigner, ou du moins de les offrir argent à découvert; puis si l'acquereur * de bonne foy, déguerpissant avant contestation est tenu les payer : comme aussi quels arrerages * doit payer celuy qui déguerpit aprés contestation : Discourât par aprés s'il échet remise ou diminution des arrerages des rentes foncieres écheués pendant la guerre, principalement quand l'heritage chargé de la rente a été possedé par l'ennemy. Ensuite j'explique la forme & conditions du déguerpissement universel, puis celles du simple delaissement * par hypotheque ; & notamment quels arrerages de la rente constituée * est tenu de payer celui qui renonce à l'heritage hypothequé en quelque temps que ce soit.

Au sixième & dernier Livre commence l'explication des effets du déguerpissement, par le principal effet, à sçavoir l'anientation * qui en resulte, qui se fait que voye de resolution, & non de translation de droit, & neanmoins n'a pas effet retroactif : aprés laquelle le Seigneur rentier accepte l'heritage déguerpy, s'il veut ; sinon il est regy par un curateur. Puis je viens * à parler de l'accroissement des terres déguerpies, au profit des codetempteurs des terres de la même baillée, où je fais un discours tout nouveau de l'adjection, ou ἐπιβολὴ, inventée par les Empereurs Romains. De plus, je traiterai * si les servitudes & hypotheques imposées depuis le bail à rente, sont resoluës aprés le déguerpissement, & aprés les autres resolutions des contrats. Comme aussi, si les servitudes * & hypotheques que le detempteur avoit sur l'heritage auparavant son acquisition, & qui avoient été confuses par le moyen d'icelle, revivent & renaissent aprés le déguerpissement & toute autre resolution. Ensuite j'explique quels droits * Seigneuriaux sont deus aprés le déguerpissement, tant en heritages feodaux que censuels, soit que le Seigneur rentier accepte l'heritage déguerpy, soit qu'il le laisse és mains d'un curateur, & même aprés qu'il est vendu par decret. Finalement pour éclaircir * si celui qui déguerpit peut retirer ses ameliorations ; je traite en point de droit, si aprés l'emphyteose finie, ou par laps de temps, ou par commise, l'emphyteote retire ses augmentations. Puis pour expliquer *Du Deguerpissement.*

* les effets du simple delaissement par hypotheque, qui sont pour la plusparts differens de ceux du déguerpissement, je repasse toutes ces questions. Notamment je m'arreste à * parler quand & comment on y peut demader distraction des ameliorations, traitant à ce propos ce qui est plus notable en la matiere des ameliorations. Puis j'expose les effets * du déguerpissement universel : comme aussi je parle des divers effets * de plusieurs resolutions de contrats, qui sont prises vulgairement pour déguerpissement ; notamment les effets principaux de la resolution des échanges, des rentes sur le Roy en vertu de la clause de *Fournir & faire valoir*. Finalement j'adjoûte un petit discours * des terres delaissées en friche & des maisons vuides & vagues, quand le Seigneur rentier s'en peut emparer à faute de bon entretien, tant selon le droit Romain, que selon nos Coûtumes. Expliquant à ce propos l'Ordonnance appellée *le privilege des Bourgeois*, & rapportant l'ordre & la suite des criées, qui se faisoient anciennement en vertu d'icelui, suivant l'Ordonnance de 1441. finissant le Traité du déguerpissement par l'explication de cette Ordonnance, qui premiere l'a authorisé. Voila en un mot, amy Lecteur, le contenu en ce Volume, que j'ai bien voulu ramasser en ce Sommaire, afin que si tu le trouves trop long pour le lire tout entier, tu puisses plus aisement choisir ce qui t'agréra davantage, & dont tu pourras avoir affaire.

Arrest du Conseil Privé du Roy, touchant les rentes assignées sur les maisons des Fauxbourgs de Paris, ruinees pendant la guerre.

SUr la Requeste presentée au Conseil par les Habitans des Faux-bourgs de Paris, tendante à ce que pour les considerations y contenuës, ils fussent dechargez de tous les arrerages des rentes qu'ils peuvent devoir à quelque personne que ce soit, de quelque nature que les rentes puissent être, écheus durant les années 1589. 1590. & autres subsequentes : Et pour le regard des maisons ruinées, qu'ils fussent receus à les déguerpir, en payant les arrerages écheus avant lesdits troubles, si aucuns en sont deûs : Avec l'avis des Procureur General, & Advocat de sa Majesté, en la Cour de Parlement, Lieutenant Civil, & Substitut du Procureur General au Chastelet, ensemble du Prevost des Marchands de ladite Ville, pour cet effet assemblez : ausquels les procez verbaux de visitation, & autres pieces, ont été communiquées en l'Ordonnance dudit Conseil : Et oüy ledit Prevost des Marchands pour ce mandé en icelui. LE ROY en son Conseil a ordonné & ordonne, conformement audit avis, que les Habitans desdits Faux-bourgs, pourront déguerpir les maisons qu'ils ont cy-devant prises à titre de bail à rente esdits Faux-bourgs, en payant les arrerages écheus jusqu'au jour du déguerpissement, en suivant la deduction faite par les Ordonnances & Declarations de sa Majesté sur le payement des rentes constituées & foncieres : excepté toutefois les places des maisons qui étoient basties sur la levée & contr'escarpe des fossez, dont la reédification pourroit être necessaire pour la seureté de ladite Ville : lesquelles pourront être déguerpies purement & simplement, en payant les arrerages écheus avant la demolition de icelles, si mieux n'aiment lesdits Habitans retenir lesdites places, & les autres maisons assises esdits Fauxbourgs. Auquel cas chacun d'eux à leur égard demeureront entierement dechargez de tous les arrerages écheus depuis le premier de Janvier 1589. Ensemble les arrerages de l'année courante, à la charge de payer & continuer à l'advenir les rentes conformement aux baux d'icelles maisons. Ce qu'ils seront tenus opter dedans le jour & feste de Saint Jean prochain ; pendant lequel temps toutes saisis, executions,

A ij

4   De la distinction

& contraintes, seront tenuës en surseance. Et quant aux arrerages des rentes constituées à prix d'argent, ils seront payez par les debiteurs conformement aus- dites Declarations, & Lettres patentes de sa Majesté, Fait au Conseil Privé du Roy, tenu à Paris le dernier jour de Mars 1595. Signé, DE LA GRANGE.

LIVRE PREMIER.

De la distinction des Charges & Rentes, pour lesquelles a lieu le Deguerpissement & Delaissement par hypotheque.

CHAPITRE I.
Des plusieurs especes de Delaissement.

1. *Exemple naturel du delaissement.*
2. *Cinq especes de delaissement.*
3. *Distinction d'icelles.*
4. *Cause de la difficulté de cette matiere.*
5. *Que le deguerpissement est fort de saison.*
6. *Occasion de l'Arrêt du Conseil d'Estat, pour les maisons des Faux-bourgs de Paris.*
7. *Ordonnances semblables, des Rois Philippe de Valois, & Charles VII.*
8. *& 10. Que le deguerpissement n'a encore été traité.*
9. *Occasion de ce Traité.*

1. Exemple naturel du delaissement.

LE Castor ou Bievre est doüé de cet instinct naturel, ainsi que les anciens ont crû, qu'étant poursuivi par les chasseurs, & n'ayant moyen de se sauver à la course, il s'arrache & déchire à belles dents les genitoires, à l'occasion desquels il ressent qu'il est poursuivi, parce qu'ils servent à plusieurs medicamens ; & ainsi en perdant cette seule partie, il sauve le reste, & se garentit de mort. Exemple bien naïf & naturel du deguerpissement, qui est un remede, qu'on ne peut avec raison envier aux mal-heureux, de s'exempter d'une plus grande perte, en s'exposant volontairement à une plus petite, & ne leur peut-on justement denier, qu'ils se puissent liberer des recherches, & poursuites qu'on leur fait en quittant & abandonnant les choses, à raison desquelles ils sont recherchez.

Imitatis Castora, qui se
Eunuchum ipse facit, cupiens evadere, damno
Testiculorum, adeò medicatum intelligit inguen.

2. Cinq especes de delaissement.

Sur cette consideration on a trouvé remede presque à toutes sortes d'actions & poursuites par quelque maniere de delaissement. Car quant aux actions personnelles, si elles procedent du fait de celui qui en est poursuivi, encore a-t-il le dernier refuge en la cession de biens ; & si elles viennent du fait d'autrui, on s'en exempte en renonçant à la succession ou communauté : & quant aux actions réelles, si c'est revendication on évite le procez, en se desistant de l'heritage contentieux : si c'est l'action hypothequaire, on en est quitte en delaissant l'heritage par hypotheque ; bref si l'action est mixte, c'est à dire, participante de personalité & realité, on s'en exempte par le deguerpissement. Voila donc cinq especes de delaissemens, la cession de biens, la renonciation à l'heredité ou communauté, le desistement, le delaissemēt par hypotheque, & le deguerpissement, chacune desquelles, outre qu'elle a lieu en diverses sortes d'action, elle a encore sa marque particuliere, qui la distingue de toutes les autres.

3. Distinction d'icelles.

La cession se fait de tous les biens sans reserve, & si elle n'abolit pas l'obligation, mais seulement modere & diminuë l'exaction : la renonciation se fait des biens qui n'ont encore été acceptez ni apprehendez : le desistemēt se fait de la chose qui appartient déja à autrui : Au delaissemēt par hypotheque, on quitte seulement la possession de sa propre chose, de laquelle on demeure seigneur, jusqu'à ce qu'elle soit venduë, & aprés la vente on en retire le surplus du prix : Au deguerpissement on quitte & abandonne tout à fait l'heritage, & quant à la proprieté, sans plus rien pretendre à l'avenir.

4. Cause de la difficulté de cette matiere.

Les trois premieres especes sont assez cōnuës à un chacun, & sont aisées à distinguer d'avec les autres : mais les deux dernieres sçavoir le delaissement par hypotheque, & le deguerpissement, sont fort mal-aisées à entendre quand elles sont seules, & encore plus difficiles à discerner l'une d'avec l'autre : parce que d'une part les Legistes ont voulu attribuer au deguerpissement, tout ce qui se trouve dans le droit Romain decidé du delaissement par hypotheque, & tout au rebours les Praticiens ont voulu étendre au delaissement par hypotheque, tout ce qu'ils ont trouvé écrit dans nos Coût. du deguerpissement. Et ainsi les uns & les autres ont confondu le deguerpissemēt & delaissement par hypotheque, combien qu'ils soient entierement differens, & au sujet & en la cause, & en la forme & aux effets, comme on traité fera voir : ce qui a causé infinies difficultez non encore resoluës, & même infinies absurditez & fausses resolutions en cette matiere, que je tâcherai d'éclaircir en cet Oeuvre.

5. Que le deguerpissement est de saison.

Que si jamais toutes les especes du delaissement, & notamment ces deux dernieres, ont été de saison en France, c'est à present plus que jamais en ce declin de guerre universelle, auquel on peut dire que comme les malades sentēt plus vivement la faim & la lassitude quād leur fievre est appaisée, que pendant le fort de leur mal ; aussi maintenant le pauvre peuple endure plus de necessité, & sent davantage ses pertes, qu'il ne faisoit au plus fort de la guerre. Car les debtes sont augmentées des interests du passé, les creanciers sont plus pressans, & debiteurs plus pauvres que jamais : d'ailleurs les heritages sont diminuez en toutes façons : en revenu annuel, faute de trouver fermiers & laboureurs, en valeur & bonté interieure, à cause des ruines, demolitions & degradations avenuës pendant la guerre : bref en prix & valeur exterieure, parce que chacun maintenant veut vendre, & nul ne peut acheter. Il n'y a donc point de remede plus convenable à present, ni plus comun aussi, pour s'exempter des rentes & des hypotheques, que d'abandonner les heritages chargez & obligez : soit par un vrai deguerpissemēt, si les rentes sont foncieres, soit par un simple delaissement par hypotheque, si ce sont rentes constituées, ou simples hypotheques.

6. Occasion de l'Arrêt du Conseil d'Estat, pour les maisons des Fauxbourgs de Paris.

Et partant il ne se faut pas étonner de l'Arrêt donné depuis n'agueres au Conseil d'Estat, pour servir de reglement aux deguerpissemens & delaissemens des maisons situées aux Faux-bourgs de Paris, que j'eusse desiré être general, & pour toute la France, si la diversité des Coûtumes en ce regard, la varieté des accidens, qui peuvent donner lieu au deguerpissement, & les infinies difficultez qui peuvent échoir sur l'execution & effets d'icelui, eussent pû commodement être comprises & redigées sous un seul Arrêt ou reglement.

7. Ordonnances semblables des Rois Philippe de Valois, &

Je trouve que c'est la troisième fois ; qu'aprés la guerre on a fait des reglemens particuliers pour les rentes assignées sur les maisons de Paris, car en l'an 1342. lors de la premiere guerre contre les Anglois, & durant les tréves de Doüay, lors que le Pape Clement VI. s'employoit

Des Rentes. Livre I.

Charles VII.

pour faire la paix entre les deux Rois, le Roy Philippe de Valois fit une Ordonnance touchant le payement & continuation des rentes assignées sur les maisons de Paris, delaissées à cause de la guerre, qui depuis a été appellé le *Privilege des Bourgeois*, & en l'article 1441. sur la fin de la derniere guerre contre les mêmes Anglois, & trois ou quatre ans après la reduction de Paris, cette Ordonnance fut renouvellée par le Roy Charles VII. & fut fait un ample reglement pour le payement de ces rentes, & touchant le deguerpissement, qui est une des plus anciennes remarques que nous en ayons.

1. & 10. Que le deguerpissement n'a encore été traité.

Et encore que depuis ce tems, & peut-être dés auparavant, le deguerpissement ait été observé continuellement en France, même ait été nommément authorisé par la plûpart de nos Coûtumes, qui depuis ont été redigées par écrit ; si est-ce que les difficultez qui surviennent communément sur la forme & usage d'icelui, n'ont point encore, que je sçache, été traitées par aucun ; tant les François, bien que trop enclins à plaider, ont toûjours été peu addonnez à éclaircir le droit de leur pays.

9. Occasion de ce traité.

Ce qui m'a donné sujet, ayant encore n'a gueres traité de la garentie des rentes, de traiter ensuite du deguerpissement & delaissement par hypotheque, c'est-à-dire, des moyens de s'exempter & décharger des rentes, afin de contribuer à l'usage du tems present, ce qui est de ma petite industrie ; & quant & quant pour m'essayer en un sujet que j'ai choisi pour le plus profond & difficile, & pour le moins traité qu'autre quelconque de tout le droit François.

Car je puis dire hardiment avec le Poëte,
Avia Pieridum peragro loca, nullius ante
Trita solo.

parce que non seulement le droit Romain n'a point traité cette matiere qui dépend presque totalement du droit François, comme il sera tantôt prouvé ; mais même nos Coût. qui l'ont mise en usage, s'y trouvent si differentes & confuses, qu'il est tres-mal-aisé d'en tirer une generale & certaine resolution. Aussi il semble que tous ceux qui les ont commencées, & pour avoir écrit du droit François, ont évité cette matiere, ou bien s'en sont échapez legerement comme d'un mauvais passage. Ce qui me servira d'excuse envers le Lecteur, qui me voudra accompagner en cette hardie recherche, si le menant sans guide en un endroit si profond & obscur, il s'appercevra que j'y fasse quelque faux pas, ou que je ne lui fasse pas voir si clair qu'il pourroit desirer pour son contentement.

CHAPITRE II.

Etymologie, signification, usage & definition du Deguerpissement, ensemble du Delaissement par hypotheque.

1. 2. *Vverp, ou Guerp, que signifie*, Possessio quid ? διακατοχία quid ?
   Fondement du Droit de Dixme.
3. *Vverp, & Vverpir signifiant saisine.*
4. *Deguerpir que signifie.*
   Guerpir signifiant quitter.
5. *Variations du mot.*
6. *Comment les Ordonnances & les Coûtumes ont appellé le Deguerpissement.*
7. *Deguerpir, comme se dit en Latin.*
8. *Cedere, seu cedere in jure, quid ?*
9. *Quel usage les Romains avoient du deguerpissement.*
10. *Loix qui parlent indirectement du deguerpissement.*
11. *Loix qui en parlent precisement.*
12. *Usage du delaissement par hypotheque au droit Romain.*
13. *Difference du deguerpissement & delaissement par hypotheque.*
14. *Definition de l'un & de l'autre.*

1. Vverp, ou Guerp, qui signifie.

VVerp, ou Guerp est un mot Allemand, qui comme beaucoup d'autres a traversé le Rhin, & a été apporté en la Francogalie, & semble qu'il signifie l'heritage dont on est vêtu & ensaisiné, ou neanmoins dans la directe Seigneurie d'autrui, que les Latins des siecles corrompus, par un semblable terme, appellent *possessionem*. Car quand *possessio* se prend pour un heritage, il signifie proprement *Rem nec mancipi*, & l'heritage dont le detempteur a seulement la possession, & non l'entiere & absolue Seigneurie, comme celui qui est chargé de quelque tribut ou redevable fonciere, qui se dit en Grec διακατοχία en la loy 7. *De omni agro des. lib. 11. Cod.* & en la loy 1. *De fisc. debit. Cod. Theod.* ce qu'Accurse ni Alciat n'ont pas entendu. Et de cela vient que les Canonistes n'appellent point les terres autrement que possessions, considerans que *Domini est terra & plenitudo ejus*, & que les hommes n'en sont que ses fermiers: & de fait ils sur cette consideration ils font & établissent le droit de Dixmes, *cap. Cùm non sit in homine, ext. de Dec.*

2. Fondement du droit de Dixme.

Pour revenir à nôtre Vverp, l'Auteur de la Somme Rurale dit, que l'heritage doit être vverpi par la loy à l'acheteur, c'est-à-dire, que l'acheteur en doit être ensaisiné, & mis en possession par le Seigneur direct, & le même Auteur traitant des lots & ventes, dit que ventes ne sont deuës au Seigneur des heritages vendus & non Vverpi, qui est ce que du Molin a dit, *que ex simplici venditionis contractu non debentur laudimia, nisi secuta sit traditio, & reipsa fundus alienatus sit, & manum mutaverit*, sur l'art. 22. de la Coût.

3. Vverp, & Vverpir signifiant saisine.

Ou possible, pour mieux dire, Vverp signifie ensaisinement & tradition de la possession des heritages. Comme quand le même Auteur tournant en François la loy *si pater. Cod. de act. empt.* dit, que le Vendeur demeure seigneur de la chose jusqu'à ce qu'il en ait fait le Vverp à l'acheteur, mais qu'il peut être contraint en faire le Vverp & adheritement, si ce n'est tenure, ou en vuider

main, si c'est chose mobile : *Inde Vverpi*, & saisines en l'ancienne Coût. de Beauquesne, art. 3. & en celle de Theroüenne, art. 11. Par ainsi *Vverpi* ou *Guerpi*, signifie saisir & ensaisiner l'heritage. Ainsi en a usé le docte Moine Aymon au l. 5. ch. 47. *Fulco Vvastinense sicut promiserat Regi vverpivit. 1. tradidit.* M. Choppin homme de vaste & curieuse doctrine, nous a fait part au 2. l. ch. 2. de la Coût. d'Anjou, d'un vieil rit. du ch. de Soissons, où le mot *Vverpi* repeté par trois fois, est pris pour ceder & transporter, de même façon que nos Notaires mettent le mot de *quitter*, en tous les contracts de ventes, & autre alienation.

4. Deguerpir, que signifie.

Si *Vverpir* signifie ensaisiner, transferer & mettre en possession, *Deguerpir* qui est son contraire, signifie par consequent ôter & delaisser la possession : car la particule *De*, est ordinairement privative en la composition Françoise. Mais comme il arrive que les mots étrangers, dont on ne sçait pas l'origine ni l'importance, changent facilement de signification, par succession de tems on a pris *Guerpir* au lieu de *Deguerpir* pour delaisser & quitter, soit en prenant le simple pour le composé, comme en Latin *Ponere*, se prend quelquefois pour *Deponere*, soit parce que l'on ne peut remettre & transferer l'heritage à un autre que l'on ne s'en prive & dépouïlle soi-même. Ainsi en use l'ancien Auteur Theodulphe : *Saxonea alodem manibus guiperunt, dimiserunt, inde*, l'heritage vendu & guerpi dans la Somme Rurale, Guerpir l'hommage du Roy dans la Chronique de Flandres, ch. 98. c'est *refutare feudum Regium*, Guerpir la ville ou la bataille, c'est s'enfuir, ch. 86. & 98. & en quelques Coût. de Picardie, la femme veuve est appellée la Guerpie, *relicta. Fulbert. epist.* 34. Petit licentiam ineundi conjugii novi, dicens uxorem se guerpisse, suámque pecuniam recepisse : & dans la Chronique de saint Denys, il est porté que le Roy Dagobert laissa & guerpit la Reyne Demestriade, parce qu'elle étoit brehaigne ;

bref le Roman de la Rose tout au commencement ;
Ne sçachant quelle voye prendre ,
Laquelle guerpir ou laisser.

4. Variations du mot.
Pareillement ce mot, comme étranger & inconnu, a été tellement changé & corrompu quant au son, selon la diversité des Provinces où l'on en a usé, qu'aujourd'hui parmi nos Coût. on trouve toutes ces variations, Vverpir, guerpir, gurpir, gulpir, vverpir, guesver & deguerpir. Et consequemment vverpiment, guerpiment, guerpie, guerpine, guerpison, gulpison, vverpissement, guesvement, & deguerpissement.

6. Comment les Ordonnances & les Coûtumes ont appellé le deguerpissement.
Les Ordonnances de France ont évité ce mot comme étranger & par trop rude, & ont usé du mot plus general, *Renoncer & Renonciation à l'heritage* : comme a fait pareillement l'ancienne Coût. de Paris. Et les Coût. d'Anjou, Poitou, Loudunois, le Maine, & quelques autres ont mieux aimé l'emprunter du Latin, que de l'Alemand ou Flamand, & ont dit *exponser & exponsion*. Quelques Coût. ont dit quitter & abandonner l'heritage, mais la plûpart, & notamment la nouvelle Coût. de Paris, article 79. ont usé des mots *guerpir* ou *deguerpir*. Lesquels aussi sont aujourd'hui naturalisez tout-à-fait en France, & sont usitez en toutes Cours & Jurisdictions.

7. Deguerpir, comme se dit en Latin.
Deguerpir ne se peut pas dire en Latin *tradere*, car *tradere* est seulement livrer & transferer la detention ou la possession de la chose : ce n'est pas aussi *dire deferere possessionem, est incultam relinquere : neque desertione abjicitur dominium*, comme par nôtre Deguerpissement, *lege octava, & toto tit. de omni agro deserto, libro 11. Cod.* Ce n'est pas même tout-à-fait, *derelinquere, seu pro derelicto habere ; derelictum enim occupantis sit, lege prima digestorum, pro derelicto.* Ce qui n'est pas en la chose deguerpie : mais deguerpir, c'est proprement en termes du droit Romain, quant à l'effet, *cedere, seu cedere in jure*, qui étoit la plus solennelle & la plus commune forme d'alienation de l'ancien droit : car il y avoit anciennement à Rome trois principales sortes d'alienation, *mancipatio, pro rebus mancipi ; venditio & traditio, pro rebus nec mancipi, & in jure cessio, quæ erat communis alienatio rerum mancipi, & nec mancipi*, dit Ulpian, *tit. 19. Reg.*

8. Cedere, seu cedere in jure, quid?
Il est bien vrai que la cession des Romains ne revient pas du tout, quant à l'usage, à nôtre Deguerpissement, parce que cette cession *in jure*, ne se faisoit pas pour s'exempter des charges de la chose que l'on cedoit, mais c'étoit une formalité dont il falloit user pour transporter à un autre avec toute seureté : car celui qui la vouloit acquerir, la vendiquoit en jugement, celui qui la vouloit transporter, la lui cedoit, & consequemment le Juge la lui adjugeoit : *sicque in jure cessio per tres personas fiebat, vendicantis, cedentis & addicentis : vendicabat cui credebatur, cedebat Dominus, addicebat Prætor*, dit Ulpian au même lieu.

9. Quel usage les Romains avoient du deguerpissement.
Mais les Romains n'avoient presque point d'usage du Deguerpissement, tel & ainsi que nous en usons, comme aussi n'en avoient-ils gueres de besoin, selon leur droit, parce qu'ils avoient fort peu de rentes, principalement entre particuliers ; & si peu qu'ils en avoient, elles étoient fort petites, & servoient seulement de reconnoissance de la seigneurie de la chose, comme il sera tantôt dit : de sorte qu'il arrivoit rarement, que les detempteurs des heritages les voulussent quitter pour se decharger de ces petites rentes, & principalement, parce que chaque detempteur n'étoit tenu d'icelles, que pour telle part & portion qu'il possedoit de l'heritage qui en étoit chargé, comme il sera clairement prouvé au liv. suivant. C'est pourquoi il se trouve fort peu de passages dans le droit, qui conviennent directement au deguerpissement.

10. Loix qui parlent indirectement du deguerpissement.
Il y en a bien 9. ou 10. qui s'y peuvent adapter, & qui en approchent fort, comme la loy *Et si forte §. Labeo D. si ser. vend.* où il est dit que celui qui doit *servitutem regni immittendi*, s'en peut exempter en quittant la chose, parce dit la loy, que, *ejusmodi servitutem non homo debet, sed res.* La loy, *Is cum quo. D. de aq. pluv. arc.* dit que *Bona fidei emptor, si cedere loco paratus sit,*

evitat in eo interdicto condemnationem, non autem is qui opus fecit, quia suo nomine convenitur. Autant en dit la loy 2. §. *hoc interdicto D. ne quid in loco publico.* La Loy, *Cùm fructuarius. D. de usufr.* dit que l'usufruitier s'exempte des reparations dont il est tenu, en renonçant à son usufruit, sinon, dit la loy suivante, que ces reparations soient avenues par son fait, ou des siens. La loy *Prætor. §. hoc edictum, D. de damno inf.* donne une belle raison du Deguerpissement, *ut animalia, sic & quæ anima carent, ultra nos onerare non debent, quam ut noxa dedantur.* Et partant la loy 2. D. *de neg. gestis*, conclut que, *ut ædes cedere paratus est, non tenetur damni infecti nomine cavere.* De même la loy *Sed postquam. D. communi divid.* dit que *Dominus paratus peculio cedere, evitat condemnationem :* comme en ce cas pareil la loy *Quemadmodum. D. de nox. act.* dispose que *in noxali actione si servus pro derelicto habeatur, evitatur condemnatio.* Autant presque en dit la loy *quòd si nolit, in pr. D. de Ædilit. edicto.*

11. Loix qui en parlent precisément.
Voila à peu prés toutes les loix qui se peuvent accommoder au Deguerpissement, mais il y en a quelques autres qui en parlent precisément & directement, encore que jusques ici nul, que je sçache, des Interpretes n'y ait pris garde ; à sçavoir la loy *Rura. De omni agro deserto, lib. 11. Cod. Rura & possessiones quas provinciales publicatis apud acta desideriis, nec reliquerunt,* qui est le deguerpissement, *vel alios possidere permiserunt,* qui est la desertion, qui sera expliquée tout à la fin de ce traité, *pœnes eos qui eas excoluerunt & functiones publicas recognoscunt, firmiter perdurabunt, nullam habentib. provincialibus copiam repetendi.* Il y a aussi la loy 3. *De fundis patrim.* au même liv. *Quicunque possessiones ex emphyteutico jure susceperint, ea ad refundendum uti occasione non possunt,* quod *asserant desertas eas esse cœpisse,* où il faut remarquer ce beau mot *refundere,* qui revient entierement au terme de deguerpir, *id est fundum reddere.* Ce que nul des Interpretes n'a entendu : aussi les uns ont voulu lire *referre,* les autres *refusare,* les autres *reserere.* Pareillement nous voyons que l'on faisoit à Rome obliger expressément ceux qui prenoient à emphiteose les terres du Domaine, qu'ils ne deguerpiroient pour le prejudice du fisque, *susceptam à se possessionem nulla detrimento publico relinquendam. l. 3. C. de omni agr. des.* Il y a encore plusieurs autres loix dans ces deux titres, *de omni agr. des. & de fund. patrim.* qui parlent directement du deguerpissement, comme la loy 5. *de fund. patrim. Si quis à prioribus colonis vel emphyteuticariis destitutum patrim. fund. à peræquatore acceperit, &c.* & plusieurs autres que le Lecteur pourra voir lui-même. Toutes lesquelles loix ci-dessus recitées, seront amplement expliquées ci-aprés, chacune en son lieu.

12. Usage du delaissement par hypotheque au droit Romain.
Mais le delaissement par hypoteque est assez notoire à un chacun, & assez commun en droit ; même il semble que ce soit la vraye fin & conclusion de l'action hypothequaire, *ut possessorem pignoris jure dimittat.* Et toutefois la verité est, qu'il y a encore de la difference entre l'usage que les Romains avoient du delaissement par hypotheque, & le nôtre ; car eux n'ayans point de rentes constituées, leurs detempteurs étans poursuivis pour les dettes hypotequaires à une fois payer, n'offroient pas d'eux-mêmes de faire le delaissement, comme l'on fait en France, pour éviter d'être tenus personnellement des arrerages, & de passer titre nouvel ; mais seulement par l'action hypothequaire ils étoient condamnez non pas à quitter & delaisser l'heritage, pour être regi par autorité de Justice comme à nous, mais à le bailler & livrer à celui auquel il étoit hypothequé, pour en jouïr par ses mains jusqu'à ce que la dette eût été acquittée, ce qui est un peu difficile à entendre, jusqu'à ce qu'il ait été plus clairement expliqué au troisiéme livre.

13. Difference du deguerpissement & du delaissement par hypotheque.
C'est pourquoi on a voulu confondre en nôtre Droit François, le deguerpissement avec le delaissement par hypotheque, parce que l'un comme l'autre se fait pour éviter d'être tenu des rentes au tems à venir, & qu'en l'un côme en l'autre le creancier delaisse & abandonne l'heritage : toutefois il y a de tres-grandes differences entre

les deux, comme entr'autres le déguerpissement a lieu seulement aux rentes & charges foncieres, & le delaissement aux simples hypotheques & rentes constituées, qui est bien la principale difference : outre, le deguerpissement se fait à celuy qui autrefois a été seigneur & bailleur de l'heritage, & delaissement au simple creancier : le deguerpissement se fait pour éviter l'action personnelle écrite *in rem*, le delaissement pour executer & accomplir la condamnation de l'action hypothecaire ; & sur tout celuy qui fait le déguerpissement, quitte non seulement la possession, mais aussi la premiere proprieté de l'heritage : & celui qui fait le delaissement, quitte seulement la possession, & en demeure proprietaire & seigneur, jusques à ce que l'heritage soit vendu par decret : & au rebours celui auquel le déguerpissement est fait, peut accepter & s'approprier l'heritage ; mais celui auquel est fait le delaissement par hypotheque, ne le peut garder, mais faut qu'il le fasse passer par decret. Lesquelles differences seront cy-après prouvées, éclaircies & approfondies en ce traité, comme aussi les effets divers qui en resultent, que les Praticiens n'ont point bien entendu, pour avoir mal à propos confondu l'un avec l'autre.

Car il ne se trouvera Autheur quelconque parlant de cette matiere, ny même presque personne nourry à la pratique de France, qui ne confonde & mêle les deux ensemble : & neanmoins, outre que j'espere bien verifier par ce traité les differences tres-grandes cy-dessus recitées, il se connoistra encore par la lecture d'iceluy, que presupposant cette distinction, il sera fort aisé de regler & terminer toutes les difficultez qui peuvent escheoir touchant l'un & l'autre, qui autrement seroient presque indissolubles.

Je veux donc briefvement definir l'un & l'autre, & pour ce qui est du déguerpissement, je ne me puis servir de la definition que luy ont attribuée les Commentateurs des Coust. d'Anjou, Poitou & le Maine, *Guipio est liberatio censûs vel alterius debiti annui per quittanciam factam rei integrae cum arreragiorum solutione*. Cette-cy me semble plus nette & convenable, que *Le deguerpissement est le delaissement de l'heritage fait à celui auquel il est redevable de quelque charge fonciere, pour s'exempter d'icelle*. Quant au delaissement par hypotheque on le peut definir : *Delaissement de la possession de l'heritage hypothequé fait par le tiers detempteur, pour s'exempter de payer la debte*. Je ne m'amuseray point à raisonner sur la refutation de l'ancienne definition, ny sur la confirmation des miennes de peur d'annuyer le Lecteur par sophistiqueries inutiles.

CHAPITRE III.

De la nature des Charges foncieres, & comment elles different des debtes personnelles, servitudes, & simples hypotheques.

1. Origine de toute l'erreur de cette matiere.
2. Quid sit lex praedii en droit.
3. 4. Que la charge fonciere doit être imposée en l'alienation de l'heritage.
5. Exception aux servitudes.
6. Les charges foncieres suivent perpetuellement la chose.
7. Qu'elles ne produisent action personnelle sinon en deux cas.
8. Definition des charges foncieres.
9. Leur distinction d'avec les debtes personnelles.
10. Leur distinction d'avec les servitudes.
11. Leur distinction d'avec les simples hypotheques.
12. Conciliatio l. ex conventione, C. de pact. cum l. 1, C. fine cent. vel reb. &c.
13. Pourquoy cette distinction ne se trouve pas mieux exprimée au droit, & en nos Coustumes.
14. Onze differents effets des charges foncieres, & des simples hypotheques.

1. Origine de toute l'erreur de cette matiere.

LA principale cause de ce qu'en France on confond vulgairement le deguerpissement avec le delaissement par hypotheque, est qu'encore que nous ayons beaucoup de charges & des redevances foncieres, & pareillement beaucoup de simples hypotheques & rentes constituées, & bien que les effets des unes & des autres soient notoirement reconnus divers & differents, neanmoins nous les confondons ordinairement ensemble, & je ne sçache point qu'aucun ait encore éclairci la difference qu'il y a entre les charges foncieres, esquelles le déguerpissement a lieu, & les simples hypotheques, qui causent le simple delaissement.

2. Quid sit lex praedii en droit.

La nature des hypotheques est assez connuë à un chacun, pour être amplement traitée dans le droit, & ce qui s'y trouve chagé en nôtre usage, sera plus à propos traité au 3. liv. mais il faut expliquer ici la nature des charges foncieres, qui n'est nullement éclaircie au Droit Romain, parce qu'elles n'y étoient gueres usitées. Et partant il faut remarquer qu'il y a des conventions qui regardent & obligent les personnes, d'autres qui concernent & obligent les choses.

Lex aut personis dicitur, aut rebus : quae personis dicitur, rectius pactum aut obligatio nuncupatur ; quae rebus sive praediis propria lex aut conditio rei appellatur, *Lex praedii dici intelligitur*, quand on leur impose & imprime quelque qualité & condition qui les affecte en eux-mêmes, & leur demeure permanente en quelques mains qu'ils puissent passer, que les Interpretes Grecs ont appelé χαρακτηρα : Comme par exemple, *Ut ager sit vectigalis vel emphyteuticus, tit. si ager vect. vel emphyt. pet. Ut sit censualis. tit. de Cens. Ut sit stipendiarius vel tributarius. tit. de ann. & trib. tit. de fund. patrim. Ut in agro monumentum extrui non possit, l. ult. C. de pact. interempt. & vend. Ut fundus alienari deinceps non possit l. Ea lege C. de cond. ob caus. l. Sancimus. C. de reb. al. non alien. Ut mancipium manumitti non possit l. pen. C. si mancip. ita fuerit alien*. Tout cela s'appelle *legem rei sua dicere. l. Ob rei. §. 1. D. de pact. l. de donat. l. 10. C. de pact. convent. l. lex vectig. D. de pig.* D'où vient que même les Auteurs d'Humanité usurpent le mot, *Lex pro condit. rei. Mart.*

Lex hac carminibus dat a est jocosis, &c.
Horat. *Prudens emisti vitiosum : dicta tibi est lex, id est, conditio, seu vitium mancipii tibi dictum est.*

Rectè legem rei sua dicere, parce que nul ne peut imposer charge fonciere sur l'heritage, sinon celui qui en est seigneur : & encore faut-il que ce soit en la tradition & alienation de l'heritage, & non autrement. Car comme par simple paction sans tradition de la chose, la seigneurie d'icelle ne peut être transferée, *l. traditionib. C. de pactis* ; aussi les charges foncieres qui anticipent & participent à la seigneurie de l'heritage, même qui diminuent la libre disposition d'icelui, ne peuvent être autrement créées, qu'en la tradition & translation de l'heritage, par le moien d'une retenuë & reserve, que celui qui aliene fait à son profit de ce droit foncier, & par vertu de la condition apposée au contract, sans laquelle il n'eut été fait.

3. 4. Que la charge fonciere & fonciere doit être imposée en l'alienation de l'heritage.

Ce qui se collige de la loy *In traditionib. D. de pact. & encore mieux de cette loy. Ob res. §. 1. D. de pact. dotal. Qui dat dotem, quidvis pacisci etiam ignorante muliere potest, legem enim rei suae dicit : postquam vero dederit, pacisci consentiente muliere debet.* Aussi quant au Droit il est parlé de ces conditions & charges foncieres, il est toûjours exprimé qu'elles ont été imposées *in traditione*. *Legem quam rebus tuis donando dixisti l. 9. C. de donat. Si res tuas in sponsam conserendo, certam dixisti legem l. 8. de condit. ob caus. Legem traditioni dicere. l. 15. §. ult. D. de statu lib. 6. D. comm. praed. Legem quam dixisti cum dotem pro alumna dares l. 10. C. de pact.* Sur toutes, la loy *Venditor. D. comm. praed.* est fort

8 De la distinction

notable à ce propos. *Venditor fundi Geroniani fundo Dotroiano, quem retinebat, legem dederat, ne contra eum piscatio exerceatur, quamvis mari, quod naturâ omnibus patet, servitus imponi privata lege non potest : quia tamen bona fides legem venditionis servari expostulet, personâ possidentium aut in jus eorum succedentium per venditionis legem obligantur.*

5. Exception aux servitudes.
Cette regle manque seulement aux simples servitudes, lesquelles pour la necessité frequente que l'on en peut avoir en la vie humaine, on a trouvé bon de souffrir être constituées par simples pactions. Et c'est principalement en quoy la servitude est distinguée en Droit *à lege prædii*, parce que la servitude, *etiam citra alienationem rei constitui potest*, ce que ne peut la charge fonciere, & particulierement quand une servitude est imposée *in ipsâ constitutione agri, lex prædii vocatur* in l. 1. §. ult. D. de aq. & aq. plu. arcen. où sont distinguez ces trois termes, *natura, lex, & servitus prædii*. Ce qui revient au dire d'Hygen. *lib. 2. de limit. agro. Divisi & assignati agri leges accipiunt, & propriam observationem lex data præstat in iis agris.* C'est à dire, que dés lors que l'on distribuoit & assignoit les heritages conquis sur l'ennemy, on leur imposoit certaines charges & redevances, qui leur imprimoient une qualité particuliere. Ce qui sera expliqué au ch. suivant, qui sert pour l'interpretation de ce §. dernier, & de la loy *quod principio*, en ce même titre *de aq. & aq. plu. arc.*

6. Les charges foncieres suivent perpetuellement la chose.
Or ces charges foncieres ainsi imposées sont si fortes & si pregnantes, qu'elles suivent perpetuellement la chose, & en quelques mulct de la paste, *tam perpetuo affliciunt, ei semper cohærent, & inmutari nullo modo possunt.* Comme par exemple en cette loy penultième. *C. si mancip. ita fuerit alien. Ea mancipia quorum venditione me manumississ interdicta est, etiam si manumittantur, nancisci libertatem nullo modo possunt, neque enim conditio quæ semel eis cohæsit, immutari potest.* Autant en dit cette loy. *Sancimus C. de reb. al. non alien.* En cette loy derniere C. *de pact. interempt. & vend.* Et de cette consideration dépend la décision de cette belle question tant agitée entre les Interpretes de Droit. *An prohibitio alienationis impediat translationem dominii.*

7. Qu'elles ne produisent action personnelle si non en deux cas.
Aussi regulierement ces charges foncieres ne produisent pas une action personnelle pour l'observance d'icelles, mais seulement une action réelle, & une maniere de vendication sur la chose, comme il se voit *in servitutibus & lege commissoria* : même le plus souvent, ce qui est fait au contraire de ces charges & conditions, est de soi nul & sans effet : comme en cette loi *Ea lege*, cette loi *Sancimus*, & les autres. Il est vray qu'en deux cas elles produisent une action personnelle : l'un quand la contravention ne peut être revoquée son effet, *ut in ancilla prostituta contra legem venditionis, l. 1. & 2. C. si mancip. ita venierit, ne prostituatur.* Car alors il n'y a autre remede, que de decerner une action contre le contrevenant, non pas *ex contractu*, car cette action aura lieu aussi bien contre un tiers acquereur mediat, mais plûtôt *ex quasi delicto*, ce qu'il a contrevenu à la condition de la chose. L'autre, que quand ces charges foncieres consistent *in dando vel faciendo*, comme les rentes dont nous traitons, parce qu'il faut necessairement qu'elles soient perceuës par les mains du detempteur. Il y a lors contre lui une action mixte ou personnelle écrite *in rem*, qui se dirige à la verité contre la personne detempteur, mais qui suit perpetuellement la chose: qui est le sujet du 2. l. de ce traité, où tout ceci sera encore plus clairement expliqué.

8. Définition des charges foncieres.
Pour donc définir les charges foncieres dont nous avons à traiter, il faut dire, que *ce sont redevances principales des heritages imposées en l'alienation d'iceux, pour être payées & supportées par leur detempteur.*

9. Leur distinction d'avec les debtes personnelles.
Ainsi elles different des debtes & obligations personnelles, lesquelles, bien qu'elles puissent être contractées à l'occasion des choses, comme pour achapt d'heritages, ne sont pas toutefois debtes des heritages, & ne suivent pas le detempteur de l'heritage vendu, mais elles demeurent en la personne de l'obligé, encore qu'il ne soit plus détempteur de l'heritage, & après sa mort passent à son

heritier, bien qu'il ne prenne aucune part en l'heritage. Au contraire, les charges foncieres sont vrayement dûës par l'heritage, & le suivent en quelques mains qu'il passe, pour être payées par le nouveau détempteur d'icelui : & après sa mort elles ne passent point en son heritier, sinon entant qu'il succede à l'heritage. Ce qui est assez bien exprimé en la loi premiere, selon la commune édition, *De ann. & trib. l. 10. cod. Æs quidem alienum : proportione ex quisque defuncto hæres extiterit, præstari oportet : annonas autem is solvere debet, qui possessiones tenet & fructus percipit.* Cela est encore exprimé en la loi *Si fidei commiss. §. Tractatum. D. de jud.*

10. Leur distinction d'avec les servitudes.
Aussi ces charges foncieres different grandement des servitudes tant réelles que personnelles. Car outre que les servitudes peuvent être imposées hors l'alienation de la chose, encore les servitudes se prennent & perçoivent directement sur la chose par celuy qui en a le droit: *Natura servitutis est pati, non exigere aut facere. l. Quoties. in fi. D. de servit.* & les rentes foncieres tout au rebours, se payent & perçoivent par les mains du détempteur de la chose chargée. Par exemple, celuy qui a droit d'usufruit ou d'allée en une maison, en joüit par luy-même : & celuy qui a droit de rente fonciere, n'en joüit pas par luy-même, mais faut qu'il soit payé de la rente par le détempteur & proprietaire de la maison ; qui est la seule difference essentielle des servitudes avec les rentes foncieres, hors laquelle, & ce qui en dépend elles sont entierement semblables, & ce qui a lieu aux unes, doit aussi être observé aux autres, comme dit du Molin sur l'article premier de la Coûtume, glos. 5.

11. Leur distinction d'avec les simples hypotheques.
Sur tout les charges foncieres different des simples hypotheques, en ce que l'hypotheque est une obligation accessoire ou subsidiaire de la chose, pour confirmer & asseurer la promesse & obligation de la personne qui est debitrice; mais la charge fonciere est une redevance dûë proprement & directement par l'heritage, & non par la personne ; & ce que la personne la paye, c'est à cause de la chose, non pour y être obligée de son chef, parce que la chose qui est inanimée, ne la peut payer sans le ministere de la personne. De telles redevances des heritages parle à peu prés Seneque, *lib. 5. de Benef. cap. 19. Qui agrum meum colit, non agrum, sed me beneficat, qui domum suam fulcit, præstat mihi. Ipsa enim domus sine sensu est. Debitorem me habet, quia nullum habet.*

12. Conciliation l. ex conventione C. de pact. sine cens. vel rel. &c.
Pour fonder cette distinction des charges foncieres avec les simples hypotheques par autorité de Droit, il ne faut que conferer la loy 1. C. *sine sensu vel rel.* avec la loy *Ex conventione C. de pactis*, qui sont deux loix conceuës entierement en mêmes mots, sinon que l'une parle diseremment des charges foncieres, *ut tributa agnoscere*; & l'autre des simples hypotheques, *ut creditoribus, quibus fuerant obligata prædia, solveret.* Et toutefois leur décision est formellement contraire, l'une negative, l'autre affirmative: & de fait, qu'on prenne garde à toutes les autres solutions, qu'y ont apporté les Interpretes, on ne trouvera point d'autre moyen de les concilier.

13. Pourquoy cette distinction ne se trouve pas mieux exprimée au droit, & en nos Coûtumes.
Et ne se faut pas étonner si nous ne trouvons pas cette distinction plus clairement exprimée au Droit Romain : car en premier lieu, il n'a point receu nos rentes constituées, qui sont les plus frequentes & avantageuses hypotheques de France : Et quant aux rentes foncieres, encore y en avoit-il peu, & si elles étoient si petites qu'il n'y échoit pas beaucoup d'importance. Et même nos Coût. qui au plus prés que nôtre usage l'a pû porter, se sont rapportées au Droit Romain, n'ont encor pas bien exprimé cette distinction, parce que lors qu'elles ont été redigées par écrit, on n'usoit pas encore bien communément des rentes constituées.

14. Onze differens effets des charges foncieres & simples hypotheques.
Et toutefois on peut remarquer dans le Droit, cinq differents effets, entre les charges foncieres, & les simples hypotheques, qui ont lieu en France. Et outre, encore par nos Coût. on peut colliger cinq ou six autres differences entre les rentes foncieres & les constituées, qui sont fort à considerer.

1. La premiere difference est, qu'és charges foncieres le tiers

Des Rentes. Livre I.

le tiers détempteur est convenu personnellement & de droit, & par l'usage general de France, comme il sera prouvé au 2. liv. mais aux rentes constituées, il n'est pas tenu tout d'un coup & avant reconnoissance, par lui passée, sinon hypothequairement, *quia personalis actio fundum obligatum non sequitur. l. 1. §. hæres. D. Ad Trebell. l. 2. C. si adver. cred. præs. oppo.*

2. La seconde est, que les redevances foncieres sont entierement à la charge des detempteurs des heritages quels qu'ils soient, sans que pour raison d'icelles ils ayent aucun recours ni repetition contre ceux qui les ont imposées, ou contre ceux qui en pourroient être tenus personnellement. Ce qui n'a lieu aux rentes foncieres, qui est la decision de cette loy premiere, *de anno & trib.* de cette loy *Si fidei commiss. §. tractatum. Digestis de judic.* Par exemple, le fils aîné en ligne directe, prenant la moitié au fief, payera la moitié de la rente fonciere; & quant à la rente constituée, bien que le fief y soit specialement hypothequé, il n'en payera que sa cotte hereditaire; en ligne collaterale, le frere qui aura excluz sa sœur du fief, payera seul la rente fonciere assignée sur icelui, & quant à la rente constituée, il y contribuëra seulement, en egard à l'emolument qu'il recueille de la succession. Qui est un point de tres grande importance, qui sera touché au second livre.

3. La troisiéme difference est, qu'és rentes foncieres le preneur à rente, quand il n'est plus detempteur, n'est plus tenu d'icelles, soit qu'il ait vendu l'heritage à un autre, soit que l'heritage soit entierement pery; comme il se collige de la loy 1. & 2. C. *de jur. emphyt.* mais aux rentes constituées, le debiteur ou constituant est tousjours tenu, soit qu'il ait vendu les heritages specialement hypothequez, soit qu'ils soient entierement deperis. *l. Incend. C. si cer. pet.*

4. D'où resulte la quatriéme difference, qu'és rentes foncieres, le preneur même peut, en deguerpissant l'heritage, s'acquiter & s'exempter d'icelles pour l'avenir, comme il sera prouvé au 4. liv. où ces deux differences seront expliquées, & est exprimé en l'art. 109. de la Coût. de Paris. Ce qui n'est pas aux rentes constituées, & simples hypotheques, *l. 1. C. de pign.*

5. La cinquiéme difference est, qu'és charges & rentes foncieres la discution n'a point de lieu au profit du tiers detempteur, même quand il est question des arrerages precedens la detention. *l. Cum possessor. §. ult. D. De censi.* non pas même par le droit des Authentiques, car la Nov. 4. ne parle que des simples hypotheques, & non des charges foncieres; mais aux hypotheques & rentes constituées elle a lieu; même par le droit du Digeste à l'égard du fisque, *l. Moschin. D. De jure fisci,* & indistinctement entre toutes personnes par la Nov. 4. Ce qui sera declaré au troisiéme livre.

6. Voilà les cinq differences reconnuës au droit, entre les charges foncieres & les hypotheques; il y en a six autres qui se trouvent encore en nos Coust. En premier lieu, que la constitution, cession ou amortissement d'une simple rente constituée, ne sont deûs lots ni ventes, bien même que la rente fût particulierement assignée sur un certain heritage, pourveu que par effet l'heritage ne change point de main; mais de la cession & transport de la rente fonciere, & encore du rachat & amortissement d'icelle, sont deûs lots & ventes, comme aussi de la constitution & imposition, si elle est rachetable, & non autrement, comme il est decidé en la Coûtume de Paris article 87.

7. Pareillement, qui est la septiéme difference, le retrait lignager a lieu quand une rente fonciere est venduë, & non en rente constituée, par l'art. 129. de la même Coust.

8. La huitiéme est, que pour les arrerages des rentes foncieres, on peut même sans contract executoire directement proceder par voie de saisie sur l'heritage, par l'Ordonnance de l'an 1563. Ce qui ne se peut en la rente constituée, s'il n'y a contract ou condamnation.

9. La neuviéme est, que les criées & decrets des rentes foncieres se font en la même forme que des heritages, & les criées des rentes constituées ont leurs solemnitez à part, comme porte la même Coût. art. 347. 348. & 349.

10. La dixiéme difference est, que quand un heritage chargé de rente fonciere est vendu par decret, il est adjugé à la charge de la rente: mais si la rente est constituée, il est adjugé sans charge d'icelle franc & quitte, & le creancier de la rente est mis en ordre sur le prix du decret pour son principal & arrerages. Ce qui sera expliqué au dernier chapitre du troisiéme Livre.

11. L'onziéme est, que les arrerages de rente constituée, & non de la fonciere, se prescrivent par cinq ans par l'Ordonnance de l'an 1512. art. 1. Il y a encore plusieurs autres differences que chacun peut aisément colliger de soy-même.

CHAPITRE IV.
Enumeration de toutes les Rentes foncieres des Romains.

1. Division generale des rentes, en foncieres & constituées.
   Marques des rentes foncieres.
2. Marques des rentes constituées.
3. & infrà Enumeration des rentes foncieres des Romains.
4. & infrà, Rentes deuës au fisque.
   φόρος, τέλος, διαγράμματα quid?
5. Jugatio quid?
6. Annona quid?
7. Les rentes se payoient au fisque par tiers d'An, & en quels mois?
8. Ευςολὴ quid?
9. Rentes, foncieres se payoient pour marque de Souveraineté.
10. Comment les Romains traitoient les habitans des Provinces conquises.
11. Census quid apud Romanos?
12. Sipendium & tributum quid?
13. Tailles réelles de France.
14. Fundi patrim. & feudi rei privatæ quid?
15. Canon quid?
16. Comment se bailloient les terres patrimoniales.
17. Fundi patrim. aut erant juris privati, aut juris emphiteutici.
   Intellectus l. Possessores. & l. Nulli. C. fund. patrim.
18. Pourquoy on n'a remarqué cette distinction.
19. Quatre differences inter fundus patrim. juris privati & juris emphyt.
20. En quelles terres avoit lieu la commise.
    Explication de plusieurs Loix.
21. ἀνοιχεὴ quid.
22. Quelles terres étoient sujettes au regalement, & comment il se faisoit. Conciliation de plusieurs loix.
23. Que le preneur à Emphyteose s'obligeoit à meliorer l'heritage, ou à ne point deguerpir.
24. En quelles terres le Deguerpissement n'avoit lieu de droit.
25. Rentes foncieres des particuliers.
26. Contractus perpetuarius, seu locatio perpetua.
27. De l'Emphyteose, & son progrés.
28. Locatio ad longum tempus.
29. Contractus libellarius.
30. Colonarium jus.
31. Contractus superficiarius.
32. Precaria seu Precariæ.

PUis donc qu'il y a tant de differences entre les rentes foncieres, & les constituées, il est grandement besoin de sçavoir discerner les unes d'avec les autres; & principalement cela est necessaire en ce traité, où perpe-

Du Deguerpissement.

De la distinction

tuellement je le distingue comme aussi le Deguerpissement d'avec le Delaissement par hypotheque : mais encore cette distinction servira pour resoudre les difficultez que l'on voit survenir journellement au Chastelet sur l'interpretation de l'Arrêt du Conseil Privé, touchant les rentes assignées sur les maisons des faux-bourgs, parce qu'il separe les rentes foncieres d'avec les constituées ; comme de fait, c'est la premiere & plus generale division des rentes, receuë par tout, de les diviser en foncieres & constituées. Il est vrai que les Italiens & Espagnols modernes ont appellé les rentes foncieres, *census seu reditus reservativos vel retentivos*; & les constituées, *census aut reditus assignativos vel translativos*, comme Conradus, Lopes, Soto, & autres ; termes à la verité plus significatifs que les nôtres.

Donc la vraie marque des rentes foncieres, qui les distingue des constituées, est qu'elles sont deuës à celuy qui autrefois a été le seigneur de l'heritage, & qu'elles ont été par luy créées dans la tradition & alienation de l'heritage, qui a été transferé à cette condition qu'il demeurât chargé de cette rente, laquelle le seigneur & alienateur s'est retenuë & reservée sur son heritage ; c'est pourquoy elles s'appellent aussi *rentes de bail d'heritage*, qui est le nom que leur baille nôtre Coût. de Paris en l'art. 109. Et les Coût. de Senlis art. 273. & 274. de Clermont art. 14. & 36. & autres, les appellent *rentes proprietaires*. Partant il ne faut trouver étrange que ces rentes ayent plus d'energie & d'avantage que les autres : *Nihil enim aquius est quam voluntatem domini rem suam sub certa lege alienantis ratam haberi : & cum alienator non alia lege ius suum transtulit, quomodo ferendum est aliquam captionem ex varia eum pati interpretatione ? l. ult. Cod. de pact. int. empt. & vend.*

2. Marques des rentes constituées.

Au contraire, les autres rentes sont appellées simplement *constituées*, parce que lors qu'elles ont été créées, il n'y a eu aucune tradition de la chose, mais un simple & nud contract de constitution de la rente, lequel a bien effet d'obliger les personnes, mais non pas de diminuër, ou charger la seigneurie des heritages par la raison de la loi *Traditionibus C. de pact*. Il est bien vrai, que par une raison particuliere d'equité, pour faciliter le commerce, on a trouvé bon que l'hypotheque pût être constitué par une simple paction sans tradition, & qu'elle demeurât en la chose, si après elle étoit alienée, afin que le debiteur ne pût empirer la condition, & abolir le droit de son creancier en vendant l'heritage hypothequé. *l. Debitorem C. de pignor*. Mais cela étant exhorbitant, ne passe point outre la simple effet d'hypotheque & ne peut pas être tant avantageux qu'une charge fonciere, qui fait aucunement partie du fonds & proprieté de l'heritage, & qui aussi ne peut être imposée qu'en la translation d'iceluy.

3. Enumeration des rentes foncieres des Romains.

Mais pour mieux entendre la nature des rentes foncieres, & pour sçavoir mieux discerner d'avec les autres, il faut specifier toutes, tant celles qui sont reconnuës au Droit Romain, que celles qui sont usitées en France. Et pour commencer à celles des Romains, je ne pense point qu'aucun ait encore traité exactement leur distinction, même nos Loix y sont fort obscures & variables; de sorte que ce point meriteroit bien un Traité à part, qui le voudroit bien éclaircir & confirmer par raisons & autoritez : mais je m'en retiretai legerement, me contentant de faire un recit sommaire de toutes les redevances.

4. Rentes deuës au fisc.

J'estime donc qu'il faut distinguer celles qui étoient deuës au fisque, ou au public, d'avec celles des particuliers. Pour le regard des redevances foncieres deuës au fisque, elles s'appelloient en termes generaux *functiones*, *collationes*, *pensitationes*. Le mot Grec étoit ὄφος, defini, par Favorinus, τὸ ἐξ ἰδίας προαιρέσεως γᾶν, distingué de τέλος, id est, *vectigal ex mercibus quae adveniuntur & evehuntur*, que le même Auteur definit ὁ ὑπὲρ ἐμπορίας συντέλεια, distingué aussi de διαγραμμα, id est *scriptura, seu capitatio*, que Harpocration definit τὸ πᾶν σῶμεν ἐν ταῖς συμμοριας ὑπὸρ ἐπιστα ἀνδρα πραττόμενον : qui sont

en effet les trois sortes de revenu qu'avoit anciennement la Republique de Rome, comme il se collige de l'Oraison de Ciceron, *pro lege Manilia*, & comme l'a remarqué Turnebus *lib. 1. Adverf. cap. 5.*

La redevance fonciere de laquelle nous traitons, s'appelloit encore *jugatio*, *quia pro numero jugerum solvebatur, l. un. C. de colonis Thracens.*

5. Jugatio quid?

Et quand elle se payoit en especes de fruits elle s'appelloit *Annona ab anno*. Ἀννώνα, inquit Suidas, Ῥωμαϊκή λέξις, parce que comme les fruits ne se cueillent qu'une fois l'an, aussi les redevances en fruits ne se pouvoient payer sinon d'an en an. De fait, elles se payoient au mois de Sept. après la cueillette des fruits, Nov. 128. ch. 1. au lieu que les redevances en argent se payoient par tiers d'an, au mois de Sept. Janv. & May, comme il est dit en la Loy derniere, *De Annonis & tribut. lib. 10. Cod*. Et en la Nov. 128. après qu'il est dit que l'année des tributs & indictions commence en Sept. le ch. 2. ajoûte, *Jubemus specierum quidem illationem mox in principiis cujusque indictionis incipere, argenti vero illationem secundum definita*.

6. Annona quid?

De sorte que comme dit Cassiodore, *trina illatione possessor suam complebat functionem*, & comme dit Marjorianus, Nov. de ind. rele. *quadrimestruis illationibus annua functioni celebrabatur exactio*. Comme on voit encore à Paris, & en plusieurs autres villes, que les fermes des Aydes se payent par tiers d'an, & toûjours en matieres d'Aydes l'année commence à la saint Remy, combien que les autres redevances se payent regulierement en l'an aux quatre termes accoûtumez.

7. Les tartes se payoient au fisque par tiers d'an en quels mois?

Que si cette redevance de fruits étoit deuë dans la ville de Rome, ou de Constantinople, & y étoit renduë, elle s'appelloit *Embola*, *seu solemnis transvectio*, dont fait mention la loy *Jubemus.C. de sacros.Eccles. lex ult. de nav. non excus. lib. 10. Cod. Justinia. edicto 13. & Vopiscus in Aureliano.*

8. Embola quid.

Or toutes redevances foncieres deuës au fisque étoit presque de deux sortes : les uns lui étoient payées en reconnoissance de la souveraineté & seigneurie universelle qu'il avoit indistinctement en toutes les terres des Provinces, bien que la seigneurie particuliere des terres appartient nuëment aux particuliers habitans : & les autres redevances se payoient à cause de la seigneurie directe, que le fisque ou la Republique avoit en certaines terres, qui pour cette cause étoient appellées *fundi patrimoniales*, que nous disons en France Terres de Domaine : qui est une distinction que nul n'a encore remarquée, & qui pourtant est tres-certain,& sert pour resoudre beaucoup de difficultez qui se retrouvent en cette matiere.

9. Rentes foncieres se payoient pour marque de souveraineté.

Car quand les Romains gagnoient une Province, ils appliquoient à leur souveraineté, & joignoient à leur Empire toutes les terres d'icelles : *fisco suo addicebant possessiones omnes quoad imperium tantum, non etiam quoad dominium*. Et les rendant aux particuliers, ils y retenoient seulement une maniere de seigneurie universelle, à cause de laquelle ces terres étoient desormais appellées *possessiones*, *seu res nec mancipi*, *quod earum possessores optimo jure, seu jure Quiritium domini earum amplius non essent*, comme Theophile l'a amplement expliqué aux Institutes. Et pour marque & reconnoissance de cette seigneurie universelle les detempteurs & proprietaires de ces heritages en payoient au fisque une redevance qui s'appelloit communément *Census*.

10. Comment les Romains traitoient les habitans des Provinces conquises.

Car bien que le cens des Romains fust du commencement une redevance personnelle, qui se payoit même par les Citoyens de Rome,telle que la Capitation qui fut levée du tems des Emper. sur les habitans des villes closes ; si est-ce que ce cens personnel aiant été aboly lors que Paul Emile eut vaincu Perseus Roy de Macedoine, l'on appella desormais *Cens* les redevances foncieres qui se levoient annuellement sur les heritages conquis, comme encore aujourd'hui ce mot nous est demeuré en Fran., pour signifier la plus commune de nos redevances foncieres.Mais quoi qu'il en soit,il ne se lit nulle part que le *Cens* des Romains se payât à autre qu'au fisque, & encore non pas pour la directe seigneurie des heritages pa-

11. *Census quid apud Romanos?*

Des Rentes. Livre I.

trimoniaux, mais seulement pour marque de la seigneurie universelle sur les terres des particuliers, de sorte que nous avons fort abusé de ce mot en France.

12. Stipendium & tributum quid ?

Cette redevance s'appelloit aussi, selon la diversité des Provinces, *stipendium*, ou *tributum* : Car du tems des premiers Emp. il y avoit des Provinces qui leur étoient particulierement attribuées pour leur entretien, *in quas Præsides mittebant* ; & d'autres qui demeuroient au peuple Romain, *in quas Proconsules mittebantur*. Et ce qui se payoit aux Provinces du peuple, il s'appelloit *stipendium* : *stipendium populo, tributum Principi præstabatur*, dit Theophile, ne plus ne moins que l'*ærarium* appartenoit au peuple *fisci* à l'Empereur. Mais comme enfin les Emp. se furent attribué toutes les marques de souveraineté, & en eurent entierement exclu le peuple Romain, il n'y eut plus de distinction de Provinces, *atque ut fisci & ærarii, sic stipendii & tributi solluta est omnis differentia*, dit la loy *Ager. de verb. sig*.

13. Tailles réelles de France.

Mais comme j'ay dit, cette redevance se payoit, non à cause de la seigneurie directe & particuliere, mais à cause de la seigneurie universelle, & pour marque de la souveraineté ; comme on pourroit dire de nos tailles de France, és pays où elles sont réelles, comme en Guienne & Provence : ce que l'on voulut, il y a quelques années, introduire par toute la France, par un conseil aussi pernicieux, que celui que donna Fredegonde au Roy Chilperic en cette sorte, dont Rhegino liv. 1. de ses Chroniques, parle en cette sorte : *Chilpericus Rex descriptiones novas ex consilio Fredegondæ, in omni regno suo fecit, ut unusquisque possessor de propria terra, de uno Arpenno unam amphoram vini ad partes Regis daret, & de jugero modium unum* : *unde populus valde oppressus vociferabatur ad Dominum. Misit autem Dominus plagam in domum Regis, & ipse descriptiones combussit, & tributum indulsit.*

14. Fundi patrim. & fundi rei privata quid ?

Or outre ces tributs que les Romains prenoient indistinctement sur tous les heritages des Provinces, bien souvent ils arrivoit que quand ils subjuguoient une Province de vive force, & sans capitulation, ils condamnoient les habitans d'icelle à perdre une partie de leurs heritages, qui étoit au commencement la septième partie, comme dit Plutarque *in Romulo* : depuis ce fut le quart ou le tiers, & aucunesfois jusqu'à la moitié, quand la haine & opiniatreté des vaincus étoit plus signalée ; comme Tite-Live recite des Boyens au liv. 6. Et appliquoit absolument ces terres au Domaine de la Republique, dont partant ils appelloient *fundos Reip. ou patrimoniales*, differens à *fundis rei privatæ, seu divinæ domus*, qui étoient les terres appartenantes à l'Emp. de son propre patrimoine, ne plus ne moins que l'on distingue *patrimonium fisci à patrimonio Cæsaris*.

15. Canon quid ?

Or la redevance que le fisque tiroit de ces terres patrimoniales, s'appelloit proprement *Canon*, ou *patrimonialis Canon*, qui étoit payé, non pas *in recognitionem universalis dominii, ut census, seu tributum* ; mais pour reconnoissance & satisfaction de la seigneurie directe, que la Republique s'étoit reservée en ces terres, qui nonobstant les baux qui en étoient faits, demeuroient toûjours siennes & domaniales.

16. Comment se bailloient les terres patrimoniales.

Car ces terres domaniales se bailloient en trois façons, ou à simple loyer *ad modicum tempus*, à ferme, & lors elles demeuroient toûjours *pleno jure in dominio Reipubl.* & n'avons que faire de cette espece : Ou bien elles se bailloient aux particuliers *jure privato salvo canone*, que nous disons en François, à fin d'heritage, qui étoit la plus commune façon de les bailler, principalement quand elles étoient en valeur. Que si elles étoient en friche, elles se bailloient *jure Emphyteutico*, c'est-à-dire, à emphiteose, qui étoit la troisiéme façon de les bailler. Tout au contraire de ce que dit Aristote 2. *Oeconom.* des Byfantins qui bailloient les terres steriles à toûjours, & les fertiles à longues années.

17. Fundi patrim. aut trant juris privati, aut juris emphyteutici.

De sorte que sans comprendre celles qui étoient baillées à simple loyer, il y avoit deux especes de terres patrimoniales, les unes *juris Emphyteutici*, qui revenoient presque aux emphyteoses des particuliers, sinon que le

Du Deguerpissement.

fisque avoit quelques prerogatives en ses Emphiteoses, les autres *juris privati*, qui revenoient presque aux terres des particuliers, qui étoient seulement chargées de tributs, sinon que la redevance en étoit volontiers plus grosse. Et de fait quelquefois les particuliers achetoient du fisque la seigneurie directe de ces terres patrimoniales, *quandoque salvo, quandoque dempto canone*, & alors elles étoient reduites à la condition des terres des particuliers. Même il y eut un tems que l'on craignoit les detempteurs de ces terres en quelques contrées, de financer pour l'achapt de cette seigneurie directe, sans diminution de la redevance : Ce qui fut aboli par Theodose & Valentinian en la loy *possessores. Cod. de fund. patr.* même il fut depuis entierement prohibé de changer par achapt, ni autrement, la condition & qualité des terres patrimoniales : *eas que ad jus transferre privatum, sive dempto, sive salvo canone juris fundorum immutatio postularetur*, par la loy *Nulli*. au même titre.

18. Pourquoi on n'a remarqué cette distinction.

Mais je m'étonne grandement comme ceux qui ont commencé les trois derniers livres du Code, & notamment Cujas & Alciat, n'ont point remarqué cette distinction *fundorum patrimonialium juris privati, & juris Emphyteutici*, veu qu'elle est exprimée en plus de douze loix des deux titres, *De omni agro desf. & de fund. patrim. lib. 11. Cod.* que j'obmets pour être trop prolixe : toutefois ce qui les a pû tromper, c'est l'équivoque de ce mot *patrimonialis fundus*, qui se prend dedans le Code en deux façons *aut pro specie, aut pro genere*. Car quelquefois il se prend pour les terres domaniales *privati juris*, qui sont simplement appellées patrimoniales, à la difference des terres des particuliers chargées de tributs : je ne m'amuserai pas à confirmer par exemples, parce que le Lecteur les pourra lui-même extraire & colliger des deux titres susdits.

19. Quatre differences inter fundos patrim. juris privati, & juris emphyt.

Et de fait pour montrer que cette distinction n'est point vaine, il y a quatre differences fort notables *inter fundos patrimoniales juris privati & juris Emphyteutici*, desquelles dépend la conciliation de plusieurs loix du Code, qui faute d'avoir pris garde à cette distinction n'ont encore pû être accordées, ni entendues : la premiere difference est, qu'és terres *juris privati*, la commise n'a lieu, à faute de payer les arrerages dans les trois ans, *leg. Fundi, Cod. de fund. patrim.* mais elle a lieu seulement in *fundis emphyteuticis, sive privati, sive patrimonialibus*, suivant la loy 2. *C. de jur. emphyt.* Et de ces terres s'entend la loy 1. *C. de suscept.* où il est dit, que pour éviter la commise, si le Receveur ne veut accepter le payement, il faut prendre attestation de l'offre que l'on lui a faite : toutefois *in fundis patrimonialibus emphyteuticis*, la commise a lieu contre les mineurs : l. 2. *C. de fund. patr.* qui est generalement conceuë pour toutes les terres matrimoniales, parce qu'elle est negative, comme aussi la commise n'a point lieu generalement *in fundis emphyteuticis privata domus*, & du patrimoine de l'Emp. l. 40. *C. eod. tit.*

20. En quelles terres avoit lieu la commise. Explication de plusieurs loix.

La seconde difference est, que l'adjection, ou surcharge des terres steriles avec les fertiles, appellée ἐπιβολή dont sera traité au dernier liv. ch. 2. avoit lieu seulement aux terres patrimoniales *juris privati, ut in l. qui fundos. C. de omni agro deser.* & non aux terres emphyteutiques, *L. ult. C. eod. tit.* & la raison en est renduë. Et cette difference est encore exprimée & modifiée en la loy 7. du même titre.

ἐπιβολή quid ?

La troisième est, que les terres patrimoniales *privati juris*, étoient sujettes au regalement, où perequation, tout ainsi que les terres des particuliers qui étoient simplement tributaires : il est vrai que le regalement des unes & des autres ne se faisoit pas pesle mesle, mais de chacune à part, sinon que l'on mettoit avec les terres tributaires les patrimoniales, dont les possesseurs avoient financé pour l'achapt de la directe seigneurie *salvo canone*. Et au contraire, on mettoit avec les terres patrimoniales celles dont le detempteur avoit obtenu don de la directe sans payer finance, comme il est notablement decidé és loix 9. & 10. *C. de fund. patrimon.* Mais les terres emphyteu-

21. Quelles terres étoient sujettes au regalement, & comment il se faisoit. Conciliation de plusieurs loix.

De la distinction

tiques n'étoient nullement sujettes au regalement, *d. l. ult. C. de omni ag. def.* C'est pourquoy en la loy 5. *De censu.* & *per aq. C. Theod. acta Stratoris rescinduntur*, parce qu'au regalement qu'il avoit fait, il avoit compris les terres emphyteutiques avec les patrimoniales. *privati juris.*

23. Que le preneur à emphyteose s'obligeoit à meliorer l'heritage, ou à ne point deguerpir.

La quatriéme difference est, qu'aux terres patrimoniales baillées à emphyteose, il falloit faire obliger le preneur par hypotheque expresse de ses biens s'il étoit solvable, sinon avec caution, ou qu'il amanderoit & amelioreroit l'heritage, ou quoy que ce soit, qu'il ne luy déguerpiroit onc au prejudice du fisque : *susceptam a se possessionem nullo publico detrimento relinquendam l. 3. De omni agro def. & leg. Quicunque 2. D. de fundis patr.* ce qui est seulement ordonné pour les terres emphyteutiques, & non pour les terres *privati juris.*

24. En quelles terres le deguerpissement n'avoit lieu de droit.

D'où resulte la cinquiéme & derniere difference, qui est celle dont nous avons le plus affaire, & pour laquelle éclaircir, tout ce discours a été necessaire : à sçavoir, qu'en consequence de cette obligation & submission speciale que faisoit le preneur des terres patrimoniales emphyteutiques, ces terres ne pouvoient être degurpies, comme il est expressément decidé in *l. Quicunque 1. C. de fundis patrim.* Ce qui n'avoit lieu aux terres *privati juris. l. Rura Qui utilia, & simil. C. de omni agro def.*

Voila toutes les rentes des Romains deuës au fisque, ou au public ; il reste de rapporter en peu de mots celles des particuliers.

25. & 26. Rentes foncieres des particuliers. *Contractus perpetuarius, seu locatio perpetua.*

Ils avoient premierement *contractum perpetuarium*, qu'ils appelloient aussi *locationem perpetuam l. 10. cod. de loc. & cond. l. 1. §. Qui in perpetuum D. si ager, vect. vel emphyt. pet.*

27. De l'emphyteose, & de son progres.

Ils avoient l'emphyteose, qui de son origine & premiere institution étoit temporelle, comme a bien prouvé du Molin sur la rubr. du titre 2. & sur l'article 55. glos. 4. Aussi le droit de l'Emphyteote n'est point en nos livres appellé seigneur, sinon aux trois derniers livres du Code, aprés le temps de Constantin, mais simplement est appellé *servitus aut jus fundi, 3. §. si jus emphyteuticum de rib. que non sub tut, vel cura sunt, & l. Domus. in fi. D. de leg. 1.* Comme aussi le docte Cujas met l'emphyteose entre les especes d'usufruits : Mais enfin l'emphyteose fut perpetuelle, & maintenant elle est *in dubio presumée* telle *§. Adeo Inst. de locato & cond. & l. 1. C. de off. com. palat.* De façon que l'ors l'emphyteote fut à bon droit appellé seigneur, *l. Fundi. & l. possessor. Cod. de fund. patrimon. l. Si quis, de divers. prad. urb. & rustici. l. 11.* qui est la conciliation de la loy *Possessores* : à sçavoir, que l'une parle de l'emphyteose temporelle, qui ne transfere point la seigneurie, l'autre de la perpetuelle. Il faut toutefois faire une exception de l'emphyteose Ecclesiastique, qui toûjours doit être temporelle. *Nov. 7. 46. & 120.* Or l'emphyteose, & principalement celle des particuliers, (car celles du fisque & de l'Eglise ont leurs loix à part)

a pour marque particuliere qui la distingue des autres contracts semblables, qu'elle importe reversion & commise en défaut de payer la redevance par trois années consecutives. *l. 2. de jur. emphyt.*

28. *Locatio ad longum tempus.*

Les Romains avoient aussi *locationem ad longum tempus*, que nous appellons bail à longues années, ou à vie, dont la redevance étoit grosse années, égale à peu prés aux fruits : & y a cette difference entre la simple location & le bail à longues années, que l'une ne transfere pas la seigneurie, *l. Non solet. De locati,* & l'autre transfere la seigneurie, *l. ult. D. si ager, vel vectig. vel emphyt. pet.*

29. *Contractus libellarius.*

Ils eurent aussi à la fin *contractum libellarium*, qui revenoit à nôtre bail à Cens, parce que ce bail étoit perpetuel, comme une *locatio perpetua*, mais la redevance en étoit petite, car *libella* signifie une petite piece d'argent. Aussi la commise & reversion n'y avoit lieu comme en l'emphyteose ; mais ils usoient du mot *libella*, non du terme de Cens comme nous, parce qu'à Rome le Cens étoit un droit de souveraineté, qui ne pouvoit appartenir qu'au fisque.

30. *Colonarium jus.*

Et semble que *datio ad libellam* revienne au contract appellé *colonarium jus* en la Nov. 7. *Quidam dudum hoc quod vocant Colonarium jus adinveniens, neque nostris legibus, neque cujusquam omnium notum. Est autem Colonarium jus, veluti si domum valentem centum solidos, & prastantem pensionem solidos decem, accipiat quis, & det pro ea solidos centum seu amplius, vel etiam minus, & quasi jam de proprio aggravet se dare singulis annis quasi pensionis nomine solidos tres. Iste autem appellatur πάροχος, sed ipsam domum sub tam parva pensione, & ipse & haredes ejus possidebant. Hactenus. Nov.* Le docte Cujas explique fort bien ce contract libellaire sur la 2. tit. du 1. liv. des Fiefs.

31. *Contractus superficiarius.*

Bref, ils avoient *contractum superficiarium*, qui étoit le bail d'une place pour bâtir à telle condition, que le preneur jouïssoit de la maison par lui bâtie tant qu'elle duroit, &, étant ruinée & demolie, la place retournoit franchement à son ancien maistre, qui cependant en demeuroit toûjours seigneur direct, à raison dequoy pendant le bail on lui payoit certaine redevance appellée *Solarium, quòd pro solo penderetur*, non pas *Salarium*, comme les vieux interpretes l'ont leu, in *l. idem Julianus. §. haeres. De leg. 1. l. Etiam. D. qui pot. in pign. l. Hactenus. D. usufr.*

32. *Precaria seu precaria.*

Voila toutes les rentes foncieres des Romains ; il est bien vray que nous trouvons encore une maniere de rente, non pas au Droit Civil, mais au Droit Canon, à sçavoir *Precaria*, ou *Precaria*, qui étoit un ménage un tiers passé par les Ecclesiastiques ; Que celui qui vouloit donner sa terre à l'Eglise, on luy bailloit deux ou trois fois autant du bien de l'Eglise à posseder sa vie durant ; comme le declare le Canon *Precaria. 20. quaest.* & pour marque & redevance de ce que les terres dont il jouïssoit, appartenoient à l'Eglise, il luy en payoit aucunefois quelque petite rente annuelle.

CHAPITRE V.

Enumeration des Rentes foncieres, tant seigneuriales qu'autres, reconnuës en France.

1. *Toutes les Rentes des Romains étoient seigneuriales.*
  Distinction de la seigneurie directe & utile.
2. *Quelques rentes non seigneuriales des Romains.*
  Cloacarium, forma aquæ.
3. *Quatre prerogatives des rentes seigneuriales par dessus les simples foncieres.*
4. *Que les rentes seigneuriales importent de soy lods & ventes.*
  Lods & ventes, quid ?

Rentes seiches, quid ?
5. *Comment faut entendre qu'il ne se faut opposer pour droits seigneuriaux.*
  Interpretation des 12. & 13. art. de l'Ordonnance des criées.
6. *Enumeration des rentes seigneuriales.*
7. *Cens quid en France, quid gros Cens, menu Cens, chef-Cens, Surcens, Croix de Cens.*
8. *Emphyteose est rente seigneuriale.*
9. *Le complant, Tasceau, Champart, Terrage, Agriers, Hostise, Foüage, Bordelage.*

10. *Champart importe lods & ventes.*
11. *Chefs-seigneurs, seigneurs fonciers, tres fonciers fonds de terre.*
    Molinæi opinio in dubium revocata.
12. *Seigneurie fonciere differe de rente fonciere.*
13. *Bail d'heritage, & simple rente fonciere.*
14. *Bail d'heritage meslé de vente, d'échange, & de partage.*
15. *Bail d'heritage meslé de transaction.*
16. *Pensions sur benefices ressemblent aux rentes foncieres. Elles sont tolerées seulement en trois cas.*
17. *Si le contrat est couché par forme de vente, avec expression du prix, rebaillé par aprés à rente, la rente n'est fonciere.*

1. Toutes les rentes des Romains estoient seigneuriales. Distinction de la seigneurie directe & utile.

MAIS quoy que ce soit, toutes les rentes foncieres des Romains estoient seigneuriales, soit qu'elles fussent payées au fisque, comme le cens ou tribut, & le Canon des terres patrimoniales ; soit qu'elles fussent deuës aux particuliers, comme la redevance de l'emphyteose, du bail à longues années, le *Solarium*, & toutes les autres. Aussi du Molin a tres-bien remarqué sur le titre second de la Coustume, nombre 36. que les Romains n'usoient point de simples baux d'heritages à rente, qu'il appelle *concessiones ad reditum*, qui importent à la mode de France, alienation absoluë tant de la directe que de l'utile seigneurie, au lieu que *in locatione perpetua* des Romains, le bailleur demeuroit toûjours seigneur direct : *Qui enim fundos in perpetuum conduxerunt, non efficiuntur domini, tamen placuit eis competere in rem actionem. l. 1. D. Si ager vect.* Duquel passage les Interpretes ont tiré la distinction de la seigneurie directe & utile, laquelle bien qu'elle ne soit exprimée au droit, est neanmoins tres-convenable en l'usage, & entierement tenuë en France, & est en effet la mesme distinction que donne Theoph. *naturalis & civilis dominii.*

2. Quelques rentes non seigneuriales des Romains. Cloacarium, forma aquæ.

Il est bien veritable que les Romains avoient quelques petites rentes foncieres, qui n'estoient seigneuriales, à sçavoir celles qui se payoient *pro pretio & auctoramento prædialis servitutis*, comme *Cloacarium*, qui estoit la redevance qui se payoit pour recevoir les eaux & les égouts de la maison voisine : *& quod pendebatur pro aqua forma*, estoit ce qui se payoit au voisin pour permettre qu'un canal d'eau appellé *aqua ductus*, ou *aqua forma*, passast par son heritage, *in d. l. Si pendentes. §. Si quis Cloacarii ; D. de usufr.* & autres semblables redevances, qui sont à la verité foncieres, *quia à fundo præstantur* ; mais elles ne sont deuës à cause du fonds & de l'heritage, mais pour la constitution de la servitude, de façon qu'on pourroit soustenir, qu'en quittant & remettant la servitude, on demeuroit déchargé de ces rentes. Quoy que ce soit, elles ne sont pas deuës *à re persona*, comme les rentes dont nous traitons, mais *à re rei*, comme les servitudes : c'est pourquoy je ne les ai pas mises au rang des autres.

3. Quatre prerogatives seigneuriales par-dessus les simples foncieres.

Mais en France il y a deux sortes de rentes foncieres, les unes sont seigneuriales, qui importent la directe seigneurie de l'heritage ; les autres sont simples foncieres, non seigneuriales. Les seigneuriales ont trois ou quatre prerogatives par-dessus les simples foncieres, qui sont fort remarquables. En premier lieu, elles ne prescrivent point par le sujet & rentier sinon quant à la quotte, & quant aux arrerages aprés trente ans, parce que le sujet, *quasi nomine domini possidens, mutare nequit causam possessionis suæ.* Ce que nôtre Coustume a decidé article 124. Mais les simples rentes foncieres n'ont rien qui les exempte de la regle commune des prescriptions. Et est cette prerogative nettement exprimée en la Coustume du grand Perche, art. 212. & 213.

4. Que les rentes seigneuriales importent de soy lods & ventes.

Secondement, les rentes seigneuriales importent de soy lods & ventes, quand l'heritage sujet à telles rentes est vendu ; parce que c'est une regle, & comme une tacite convention, que le seigneur utile ne puisse vendre l'heritage sans le consentement du seigneur direct, comme il se collige de la Loy *De jure Emphyt.* pour lequel consentement ou approbation, le seigneur direct peut prendre un droit que les Interpretes Grecs ont appellé ἀνδεκτικὸν ᾗ διακαψιν, & en France nous l'appellons lods & ventes,
Du Deguerpissement.

soit parce que c'est le lod, part & portion que le seigneur censier prend au prix de la vente, soit que ce droit se paye pour loüer, c'est à dire, pour aggréer & approuver la vente. Vray est qu'attendu que les lods & ventes ne peuvent estre deuës qu'une fois, pour une seule vente, & à un seul seigneur, encore que l'heritage puisse bien reconnoistre plusieurs seigneurs directs subordinement, & les uns aprés les autres, comme le prouve du Molin sur l'article 51. glose 1. nombre 25. il faut tenir que les lods & ventes appartiennent à celuy qui est le premier & plus ancien seigneur direct : & parce que le cens est la plus usitée espece de rente seigneuriale, les lods & ventes sont presumées appartenir plûtost au seigneur censier, s'il y en a un, qu'à tous autres ayans rentes seigneuriales sur l'heritage ; mais s'il n'y avoit point de seigneur censier ou feodal, le plus ancien des autres seigneurs rentiers auroit les lods & ventes, comme il sera prouvé cy-aprés. Au contraire, aux simples rentes foncieres il n'échet jamais de lods & ventes. C'est pourquoy en plusieurs Coustumes elles sont appellées *Rentes seches*, comme en la Coustume de la Marche, articles 180. & 411. & en celle d'Acs, titre 8. article 7. combien qu'en d'autres Coustumes, *Rentes seches* signifient les rentes constituées.

5. Comment il faut entendre, Qu'il ne se faut opposer pour droits seigneuriaux.

La troisième prerogative des rentes seigneuriales est, qu'elles ne sont point purgées ny abolies par le decret, comme sont indistinctement toutes les autres rentes, mesme les simples foncieres ; & partant qu'il n'est point necessaire de s'opposer aux criées pour la conservation d'icelles, parce que toûjours les heritages sont adjugez à la charge d'icelles, encore qu'elles ne soient demandées par l'Ordonnance des criées, articles 12. & 13. Toutefois, parce que ces articles ne parlent que des droits seigneuriaux, il faut restraindre cette derniere prerogative aux droits seigneuriaux ordinaires, c'est à dire, accoustumez au païs, & auctorisez par la Coustume du lieu, qui partant sont presomptivement notoires à l'acquereur qui achete l'heritage par decret ; autrement il ne seroit pas raisonnable qu'un acheteur par decret se trouvast chargé outre le prix de son adjudication, de grosses rentes seigneuriales, qu'il n'auroit pû deviner, & lesquelles, s'il eût sceu, il n'eût aucunement encheri l'heritage à si haut prix. C'est pourquoy il est toûjours plus seur de s'opposer pour telles rentes seigneuriales, comme semble avoir tenu le Commentateur de l'Ordonnance de criées. Aussi nôtre Coustume, article 355. n'exempte de s'opposer aux decrets, que le seigneur feodal ou censier.

Aucuns adjoustent une quatrième difference, que les rentes seigneuriales sont mises en ordre au decret avant les frais des criées. Ce qui est certain par l'Ordonnance des criées, Chapitre douze : mais que les simples rentes foncieres doivent estre mises aprés : ce qui me semble un peu douteux ; comme je diray en son lieu : & toutefois l'Ordonnance des criées, article douzième semble le decider expressément, disant : *Que tous heritages criez seront adjugez à la charge des droits & devoirs seigneuriaux, frais & mises des criées, & des charges reelles & foncieres.* Et qui y voudroit bien penser, pourroit encore remarquer d'autres differences ; tant y a que voila celles qui me sont venuës en la memoire.

B iij

De la distinction

6. Enumeration des rentes seigneuriales.

Reste de specifier & particulariser les unes & les autres, & pour commencer aux rentes seigneuriales, je ne declarerai point par le menu les droits qui se perçoivent sur les heritages feodaux, soit selon le droit Lombard, ou selon la diversité des Coustumes de France, soit même selon les concessions & infeodations particulieres : parce qu'il y en a de tant de façons, que ce ne seroit jamais fait de s'amuser à les reciter.

7. Cens, quid en France, quid gros cens, menu cens, sur-cens, Croix de cens.

Pour donc parler des rentes seigneuriales : il y a premierement le cens, pour l'origine & interpretation duquel je renvoyerai le Lecteur curieux, à ce qu'en a écrit du Molin, sur le 2. titre de la Coustume : & je me contenterai de rapporter les principales especes, ou pour mieux dire, epithetes du cens qui se trouvent en nos Coust. *Le gros cens*, est le cens non distribué par chacun arpent, mais qui se paye en bloc pour toute la baillée des terres, & se dit à la difference du *menu cens*, qui est separé par arpent, ou autre mesure : bien qu'aucunefois le *gros cens* est pris non rente fonciere, usurpant lors le mot de *cens* pour toutes sortes de redevances, ainsi que les Canonistes & tous les Docteurs ultramontains en usent. Le *chef-cens*, ou *pour-cens* est le vray & premier cens qui est dit, à la difference du *sur-cens*, qui est le cens adjoûté après la premiere concession : soit qu'il soit deu au même seigneur, ou à divers, és Coustumes qui le permettent ; car plusieurs le deffendent. Quant à ce mot *Croix de cens*, il ne signifie pas, dit du Molin, l'accroissement du cens ; mais la monnoye dont on paye, comme il est dit en l'Evangile, *Numisma censûs* : parce qu'en la France tres-Chrétienne, auparavant le feu Roy Henry IV. toute la petite monnoye étoit marquée de la Croix : toutefois les anciens Praticiens prennent *Croix de cens* pour *surcens*.

8. Emphyteose est rente seigneuriale.

Aussi en France, l'Emphyteose, ou canon emphyteutique, est rente seigneuriale, aussi bien qu'en droit. Car le bailleur à emphyteose est toûjours en droit appellé *Dominus*, comme aussi le bailleur à longues années : & en France nous tenons l'opinion des vieux Interpretes, que tout bail au loyer, qui se fait à plus de neuf ans, transfere la seigneurie utile : & d'ailleurs n'étant le bail à longues années pour toûjours durer, il faut necessairement que la seigneurie directe demeure au bailleur, afin que l'utile s'y puisse consolider après le bail expiré.

Mais il y a deux ou trois particularitez à remarquer en l'emphyteose de France : l'une, que bien que plusieurs Interpretes du droit ayent été d'opinion que par la loy de Zenon, tous contrats à longues années étoient reduits à l'emphyteose, toutefois en France il est constant, que jamais rente n'est reputée emphyteutique, s'il n'est expressément porté par le contrat. Ce qui est exprimé en la Coustume de Blois, art. 221. Aussi encore que la commise y ait lieu pour cessation du payement selon la disposition de droit, toutefois elle n'a lieu ni pour la deterioration de l'heritage, ni pour l'alienation d'icelui faite sans requisition du seigneur direct, suivant la Coustume de Tournay, chap. 17. art. 5.

9. Le Complant, Tarceau, Châpart, Terrage, Agriers, Hostise, Fouäge, Bordelage.

Il y a d'autres rentes seigneuriales specialement reconnuës & authorisées par certaines Coustumes, & n'y a espece ou qualité d'heritage, qui ne soit sujete à quelqu'une : comme sur les vignes, *le Complant* en Poitou ; *le Terceau* à Chartres, *le Vignage* à Clermont & Montargis ; *le Carpot*, ou pour mieux dire, *Quapot*, en Bourbonnois : sur la terres labourables, *le Champart*, en Beausse, *le Terrage & Agriere*, en plusieurs Coustumes : sur les maisons, *l'Hostise* à Blois, *le Foüage* en Normandie & Bretagne, *le Festage* en Berry : sur les prez, *les Herbaux* en Poitou : sur tout le revenu des fermes & metairies, *le Bordelage* en Nivernois. Aussi se paye-t-il en argent, bled, & plume : argent pour les prez, bois & vignes ; bled pour les terres labourables, & plume pour les nourritures. Or tous ces droits sont seigneurieux, & importent lods & ventes, quand celuy auquel ils appartiennent est le chef seigneur, ou seigneur foncier, c'est à dire, premier & plus ancien seigneur.

10. Champart importe...

Il y a de cela un beau témoignage dans le grand Coûtumier & instruction de pratique liv. 2. tit. de Champart. *Le Seigneur à qui est deu Champart, ne doit te lods & avoir lods, ny ventes des terres qui luy doivent Champart, si icelui n'est chef-seigneur, c'est à dire Seigneur foncier, mais les aura le seigneur foncier : & au cas qu'il n'y auroit autre chef-seigneur & foncier, celuy à qui le Champart est deu auroit lods & ventes.* Dont M. Choppin au liv. 1. de la Coustume d'Anjou en rapporte un notable Arrêt de la Cour du 23. Fev. 1577. par lequel en la Coustume de Chartres, il a été jugé que le Champart importeroit lods & ventes, encore que la Coustume n'en parle point & ordonné que l'Arrêt seroit publié au siege de Chartres, & gardé desormais pour Coustume. En voici encore un témoignage fort notable de la Coustume de Bourbonnois art. 392. *La premiere rente constituée sur aucun heritage allodial, s'appelle rente fonciere, & emporte droit de directe seigneurie & de lods & ventes.* Ce qu'il me souvient avoir veu juger à l'égard de l'emphyteose Ecclesiastique, qui n'est perpetuelle, par Arrêt solennel donné à Noel 1589. & avoit auparavant été jugé pour les Chanoines de S. Opportune de Paris, contre un nommé Patroüillart, par Arrêt du 13. Decembre 1571. Ce qui est fort à observer, parce qu'il arrive souvent que l'Eglise baille à emphyteose les heritages, qui sont amortis, & ne doivent aucun cens : de sorte que telles emphyteoses produisent lods & ventes ; comme aussi c'est la premiere origine des lods & ventes, que d'avoir lieu en l'emphyteose. l. 3. C. de jure emphyt.

11. Chefs-seigneurs, seigneurs fonciers, tres-fonciers, fonds de terre.

Aussi tous ceux qui ont quelque rente seigneuriale sur un heritage, quand ils y sont les premiers seigneurs, & bailleurs d'iceluy, & sur tout quand il n'y a point de seigneur censier, ou feodal, sont appellez *Chefs-seigneurs*, ou *seigneurs fonciers*, ou *tres-fonciers*, *quasi domini ipsius soli*, & leur rente s'appelle *fonds de terre*, *quasi solarium*, ἐγκαιωτικὸν, τοπικὸν : comme aussi on voit qu'en nôtre Coustume de Paris, *le cens & fonds de terre*, & *le seigneur censier & foncier* sont volontiers mis ensemble & égalez l'un à l'autre : de sorte que même du Molin a pensé que ce fussent synonimes. Et toutefois je diray avec le respect deu à un si grand personnage, qu'il n'a pas pris garde assez prés, parce que les Coustumes qui doivent être concises & significatives, ne mettent pas volontiers tant de fois deux synonimes ensemble, principalement en termes qui sont d'importance. C'est pourquoi il faut tenir que le seigneur censier est celui qui a cens sur l'heritage, & le seigneur foncier est celui qui a la premiere & plus ancienne rente fonciere & seigneuriale autre que le cens, quand l'heritage ne doit aucun cens ni devoir feodal.

12. Seigneurie fonciere differe de rente fonciere.

Pareillement il faut prendre garde que seigneurie fonciere est autre chose que rente fonciere ; car la seigneurie fonciere signifie la premiere & plus ancienne seigneurie directe de l'heritage, & celui par consequent à qui elle est, s'appelle *seigneur foncier*, ou *chef seigneur* : comme il se voit au grand Coustumier liv. 4. tit. *de Justice fonciere*. Mais rente fonciere est plus generale, & signifie toutes sortes de redevances de bail d'heritage, soit qu'elle soit la plus ancienne, auquel cas quelques Coustumes l'appellent *tres-fonciere*, soit qu'elle soit de nouvelle charge, comme la Coustume d'Orleans, art. 122. l'appelle *sur-fonciere*, ou *arriere-fonciere*. Il est bien vray qu'en quelques Coustumes on appelle la premiere rente, *Rente fonciere* simplement, comme en l'art. cy-dessus allegué de la Coustume de Bourbonnois ; mais cela se dit κατ' ἐξοχὴν, & par une certaine excellence : car au surplus toutes les Coustumes, les Ordonnances, même tous les Auteurs du Droit François, & tous les Praticiens de France en toutes Cours & Juridictions, mettent toûjours la rente fonciere à la distinction de la rente constituée : & partant ils entendent par la rente fonciere toute rente de bail d'heritage, soit la premiere ou la derniere, & soit qu'elle soit seigneuriale, ou non. C'est pourquoi je ne me puis assez étonner de ceux qui n'agueres plaidans sur l'interpretation de l'Arrêt du Conseil Privé,

Des Rentes. Livre I.

ont soûtenu qu'en nôtre Coûtume le seul fonds de terre, ou premiere rente, étoit appellée *rente fonciere*; & partant que les debiteurs des rentes foncieres de nouvelle charge, ne pouvoient pretendre la remise des arrerages courus pendant la guerre en vertu de l'Arrêt.

Voilà ce qui se peut dire touchant nos rentes seigneuriales: quant aux simples foncieres, il n'y en a point d'autres que le simple bail d'heritage à rente, que du Molin appelle *concessionem ad reditum*, & qui transfere la seigneurie tant directe qu'utile au preneur, comme il a été dit ci-dessus: en quoi seulement il differe à *contractu perpetuario, seu à locatione in perpetuum* des Rom.

13. Bail d'heritage, & simple rente fonciere.

14. Bail d'heritage mêlé de vente, d'échange, & de partage.

Donc le bail d'heritage fait la rente fonciere, soit qu'il soit pur & simple, soit qu'il soit mêlé du contrat de vente, comme quand l'heritage est partie vendu; partie baillé à rente, & que l'acquereur en paye certaines sommes comptant, & outre promet payer sur icelui certaine rente par chacun an. Pareillement, si le bail à rente est mêlé du contrat d'échange, comme quand la rente est stipulée pour la plus valuë, & au lieu de soulte de l'heritage contr'échangé: comme aussi, si la rente est creée par un partage, comme quand au lieu de retour de partage en deniers l'un des copartageans qui a le plus fort lod, promet payer à l'autre certaine rente par chacun an, telle rente est indubitablement fonciere, parce que l'autre copartageant transporte le droit qu'il avoit par indivis en l'heritage, qui demeure chargé de la rente. Bref, toutefois & quantes que l'heritage est transporté de main à autre, à condition qu'il demeurera chargé de rente, cette rente est fonciere, parce qu'elle est constituée en alienation du fonds, comme il a été dit.

15. Bail d'heritage mêlé de transaction.

De sorte que si la rente est creée par une transaction faite entre deux se pretendans respectivement seigneurs d'un heritage, & qu'il soit accordé entr'eux, pour éviter à procez, que l'un demeurera seigneur de l'heritage, à la charge d'en payer rente à l'autre, telle rente peut être reprisée fonciere, parce qu'elle est duë à celui qui pour icelle a quitté la seigneurie qu'il pretendoit en l'heritage.

16. Pensions sur benefices ressemblent aux rentes foncieres.

D'où il s'ensuit que les pensions, qui se constituent sur les benefices, sont vrayment charges foncieres; quoi qu'il soit en soit, elles sont reglées par les maximes que les charges foncieres. Aussi en France ne sont-elles tolerées qu'en ces trois cas, à sçavoir en resignation, quand on resigne le benefice *retenta pensione, ne resignans nimium dispendium subeat*; au cas de la permutation, & au cas de la transaction, que l'on appelle *pro bono pacis*. Et ne sont jamais constituées, sinon en faveur de celui qui cede le droit qu'il avoit au benefice, qui est la marque de la rente fonciere.

Toutefois, en toutes ces rentes foncieres il y a une signalée precaution, & une remarque de grande importance: c'est que si le contrat est fait en termes de vente, auquel le prix soit particularisé & specifié, pour lequel prix ainsi specifié à la suite du même contrat, soit constituée rente, alors, à bien entendre, telle rente ne doit pas être estimée fonciere, mais simple rente constituée, principalement si elle est constituée à raison du denier douze, qui est le commun tant des rentes volantes & constituées; & sur tout, si la rente est par exprés constituée, non seulement sur la chose alienée, mais aussi sur tous & chacuns les biens de l'acquereur par une clause particuliere, outre la clause ordinaire du stile, *Promettant, obligeant, &c.*

17. Si le contrat est couché par forme de vente, avec expression du prix, rapassé par après à rente, n'est fonciere, la rente baillée par après à rente n'est fonciere.

Mais encore que ces deux dernieres remarques n'y soient pas, j'estime, sauf meilleur avis, que rente ainsi creée doit toûjours être reputée rente constituée: comme par exemple, quand le contrat porte que Jean a vendu sa maison à Pierre, pour la somme de quatre cens écus, à sçavoir moitié argent comptant, & moitié à rente, revenans à cinquante livres de rente, que Pierre a promis lui payer & continuer, &c.

De même en l'échange, si Jean échange sa maison contre vingt arpens de terre, la somme de deux cens écus, pour lesquels Pierre lui constitue cinquante livres de rentes. Pareillement en partage, si pour soulte de partage le premier lod doit retourner sa somme de deux cens écus, pour lesquels il est dit qu'il sera fait rente au denier douze, j'estime que toutes ces rentes sont rentes constituées, & non rentes foncieres, parce qu'il faut étroitement observer, & prendre garde de prés à la forme du contrat: comme du Molin a remarqué & discouru sur l'art. 13. de la Coûtume, q. 18.

La raison est, que l'expression du prix est la vraye marque du contrat *imo venditionis stricte sumpta, l. ult. de præd. Dec. l. 10. Cod.* Et l'argent, comme parle *Gal. l. 11. de diff. puls.* συμϐολὴ ἐςὶ ὦνὴ ᾇ πρᾶσις. *Non enim numeratio pretii, sed conventio perficit venditionem, l. 2. de cont. empt. §. pretium Instit. de empt. & vend.*

CHAPITRE VI.
Des Rentes constituées à prix d'argent.

1. *Rentes constituées s'appellent aussi volantes, courantes, hypothequaires, personnelles.*
2. *Origine premiere de ces rentes.*
3. 6. *Interpretation de la loy 2. C. de debit. Civit.*
4. *Explication de la Nov. 160.*
5. *Pourquoi ces rentes ont été inventées en France.*
7. *Confirmation de ces rentes par les Papes.*
8. *Quatre moderations notables de ces rentes.*
9. *Que ces rentes ne peuvent être constituées qu'en argent, & à prix d'argent.*
10. *Que ces rentes sont necessairement rachetables à la volonté du debiteur.*
11. *D'où vient que les arrerages d'icelles se prescrivent par cinq ans.*

1. Rentes constituées s'appellent aussi volantes, courantes, hypothequaires, personnelles.

RESTE l'autre espece principale des rentes, à sçavoir les rentes constituées, esquelles a lieu le delaissement par hypotheque, & lesquelles on appelle autrement rentes hypothequaires, rentes volantes, ou courantes, ou rentes personnelles, à la distinction des foncieres, parce qu'elles sont dûës par la personne, & non pas par le fonds, qu'elles consistent en simple hypotheque, & qu'elles sont établies pour le commerce & trafic ordinaire d'argent.

2. Origine premiere de ces rentes.

Or les Romains n'usoient point de ces rentes: parce que le prêt d'argent à interêt, leur étoit permis, avec les quatre moderations qui y furent apportées de tems en tems, qui sont fort bien traitées par du Molin, au traité des usures.

3. 6. Interpretation de la Loy 2. C. de debit. Civit.

Il est bien vrai, que comme les plus beaux secrets de nôtre droit François sont tirez du droit Romain, aussi la source & l'origine de ces rentes en a sans doute été puisée: à sçavoir de la loi *de debit. civit. lib. 11. Cod.* où Constantin ordonne que l'on ne pourra retirer & repeter les deniers baillez à interêt par les Comunautez des villes & citez (qui dans le droit s'appellent Republiques) pourveu que le debiteur soit toûjours solvable pour le sort & interêts: *Apud eos*, dit la loy, *quos superstites integris facultatibus esse perviderîs, vel quorum haeredes incolumia retinent patrimonia, sortes Reipublicæ perdurare debebunt, ita tamen ut annuas usuras suis temporibus exolvant: cùm simul & Reipublica utile sit retinere idoneos debitores, & ipsis commodum cumulum debiti minimè nutriri, &c.* C'est-à-dire, que pourveu que le debiteur ne devînt insolvable, & ne demeurât en arrerages, on ne le pouvoit contraindre de rendre le sort principal de la dette. Et je m'étonne comment tous ceux qui ont écrit de ces rentes constituées, n'ont point encore remarqué cette loy, qui sans doute en est la premiere origine & invention.

4. Explication de la Nov. 160.

Car comme de cette loy il fut survenu par succession de tems un notable inconvenient, auquel on n'avoit point donné d'ordre jusques au tems de Justinian,

5. Pourquoi ces rentes ont

De la distinction

7. Confirmation de ces rentes par les Papes.

été inventées en France.

à sçavoir, d'autant que les interêts & usures ne pouvoient exceder & courir plus outre, qu'autant que montoit le sort principal, qui étoit en tout le double de la dette. *l. Si non sortem, §. Supra duplum. D. de cond. in deb. & Nov. 121. & 138.* qui corrigent la loi *Vsura. C. de usur.* il falloit necessairement que les Republiques des citez fussent laissées, parce qu'elles ne pouvoient tirer leur sort principal auparavant que les interêts approchassent de leur double, ainsi que faisoient les particuliers : de sorte qu'à la fin leurs deniers demeuroient inutiles, & sans profit, *quia ipso jure sistebatur usura, cùm ad duplum pervenerat*: ce qui n'arrivoit gueres aux particuliers, qui donnoient bon orde de retirer leur principal, quand ils sentoient que les usures approchoient du double: c'est pourquoi, afin de remedier à cet inconvenient, Justinian fit la Nov. 160. par laquelle il ordonna que cette moderation du double n'auroit point de lieu à l'égard de ces republ. des villes & communautez, parce, dit-il, qu'il y a grande difference entre les debtes des particuliers, exigibles à la volonté du creancier, & ces manieres de rentes dûes aux communautez, qui ne sont exigibles.

Tant y a, que cette loi *2. de debit. civit.* & cette Nov. 160. posent directement l'espece de nos rentes constituées, dont le sort principal n'est point exigible, & toutefois peut être rendu par le debiteur quand bon lui semble, & qui d'ailleurs ne se payent point par mois, comme les usures Romaines, mais par an seulement. Donc ce qui étoit ordonné de droit pour les communautez des villes, a été en France étendu generalement à toutes personnes, au lieu que par la loy du Christianisme les pures usures y ont été prohibées.

Car les François tres-Chrestiens, voulans d'une part observer la regle de l'Evangile *Mutuum date nihil inde sperantes*, & d'ailleurs ayans consideré qu'il n'étoit facile de recouvrer le prêt gratuit quand on en avoit besoin, à cause du refroidissement de charité de la part des creanciers, & de la dureté & ingratitude assez commune aux debiteurs, se sont servis de cette invention des Romains, où le profit moderé pour attirer les hommes pecunieux à secourir les necessiteux, à sçavoir par le moyen de ces rentes, qui à cause de l'alienation du sort principal plutôt ventes que prêts, & partant ne peuvent échoir en la prohibition de l'Evangile, qui ne parle que du prêt.

Neanmoins le scrupule de nos peres a été tel, que ces rentes ont toûjours été tenuës pour odieuses, & comme tolerées seulement εἰς σκληροκαρδίαν, pour la dureté des hommes, & la necessité du commerce, non que de soi elles fussent bonnement licites, même que plusieurs doutoient absolument, si nonobstant le commun usage, elles étoient licites en point de conscience, jusques à ce que les Papes Calixte III. & Mar-

tin V. eussent vuidé cette difficulté & levé ce scrupule par leur Extravag. *Regimini 1. & 2. de empt. & vendit.* Encore même s'en trouve-t-il quelques-uns qui en font conscience.

C'est pourquoi on leur a baillé 4. bornes & moderations, qui reviennent aucunement à celles des usures Romaines. La 1. qu'elles ne peuvent exceder le denier douze, & en quelque païs où le trafic est commun, & partant l'argent plus profitable : le denier dix, comme même il se voit dans *Sidonius Appollinaris l. 4. ep. 24.* que de son tems on bailloit à interêt au denier dix, qui est le comble du profit que l'on peut licitement tirer de l'argent, comme du Moulin l'avoit bien traité, & a été suivi par l'Ordonnance de l'an 1567.

La 2. que ces rentes ne peuvent être considerées que pour argent comptant & non pour autre marchandise ou espece quelconque : & pareillement qu'elles ne peuvent être reduites, eu égard au prix de la constitution, à raison du douziéme denier, comme il est porté par l'Ordonnance de 1565. ce qui est à bon droit ordonné en France, contre le droit civil, en la loi *Oleo. C. de usu.* de peur que sous couleur de l'incertitude des autres marchandises, ou especes, on ne fist fraude à cette premiere moderation du douziéme denier ; c'est pourquoi ces rentes s'appellent communement rentes constituées en argent, ou à prix d'argent, à la difference des autres rentes constituées ; dont il sera parlé au Chapitre suivant.

La 3. que ces rentes doivent être de leur nature & par necessité rachetables à la volonté du debiteur, parce que c'est chose naturelle, que celui qui doit, puisse, quand il voudra acquiter en payant : ce qui ne lui peut être interdit en quelque tems que ce soit, autrement la paction seroit vicieuse & usuraire ; non que pourtant elle gatât tout le contrat, s'il n'y avoit d'autres circonstances d'usure, comme du Moulin a remarqué. Au contraire le debiteur ne peut être contraint de racheter la rente, si ce n'est à sa volonté ; parce qu'autrement cela reviendroit au prêt temporel, & consequemment le profit seroit usuraire ; & seroit revenir aux usures des Romains, qui pouvoient retirer leur sort quand bon leur sembloit.

La 4. que comme au droit Rom. les interêts ne pouvoient être demandez *supra duplum*, c'est-à-dire, qu'ils ne pouvoient exceder la somme principale, comme il a été dit, & on observa ensuite que les interêts déja payez par parcelles, n'entroient point en cette computation, par la decision de la *l. Vsura. C. de usur.* qui depuis fut corrigé par Justinian, Nov. 121. & 136. Aussi en France on ne peut demander tout ensemble que cinq années d'arrerages de rentes constituées à prix d'argent, & les années precedentes qui n'ont été demandées dans les 5. ans, sont prescrites & perduës par l'Ordonnance du Roy Loüis XII. de l'an 1512. art. 71.

8. Quatre moderatiós notables de ces rentes.

9. Que ces rentes ne peuvent être constituées qu'en argent, & à prix d'argent.

10. Que ces rentes sont necessairement rachetables à la volonté du debiteur.

11. D'où vient que les arrerages d'icelles se prescrivent par cinq ans.

CHAPITRE VII.

Des Rentes constituées par don, & legs, ou autrement.

1. Les rentes de don & legs sont irregulieres.
2. Que les quatre moderations des rentes constituées à prix d'argent, n'y ont point de lieu.
3. Que ces moderations n'ont point aussi de lieu aux rentes constituées par le prix de la vente, ou soulte de l'échange, &c.
4. Que les rentes de dons & legs ne sont point foncieres.
5. Effet des rentes constituées par écriture privée.
   Opinion de du Moulin touchant l'hypotheque des testamens.
6. Effet de l'hypotheque generale en la constitution de ces rentes.
7. Effet de l'hypotheque speciale.
8. Effet du nantissement.
9. Effet du simple engagement.
10. Cinq autres degrez d'asseurance.
11. Ce que c'est qu'Assignat.
12. Ce que c'est qu'Antichrese.
13. Antichrese, ou mort-gage, quand sont licites.
14. Ce que c'est qu'Assiete de rente.
15. Du contrat pignoratif, ou gracieux.
16. De la vente à faculté de rachapt, & comment elle est discernée du contrat pignoratif.
17. Si toutes ces asseurances font la rente fonciere.

1. Les rentes de don & legs sont irregulieres.

VOILA ce qui étoit à presupposer touchant les rentes constituées à prix d'argent, mais il y a une espece de rentes constituées, que sont irregulieres, & de difficile explication, sçavoir les rentes constituées par don & legs, ou autrement que par bail d'heritage, & à prix d'argent, en quelque maniere que ce soit; car comme toutes les Coûtumes & Ordonnances, qui parlent de la distinction de nos rentes, n'en expriment que de deux sortes, sçavoir les rentes foncieres, & les rentes constituées à prix d'argent, c'est une tres-grande difficulté, de sçavoir si ces rentes ici doivent être mises entre les unes, ou entre les autres.

En

Des Rentes. Livre I.

2. Que les quatre moderations des rentes constituées à prix d'argent, n'ont point de lieu.

En premier lieu, il est certain qu'elles ne sont point du tout semblables à celles qui sont constituées à prix d'argét, & qui ont succedé aux usures Romaines, esquelles consiste le trafic & commerce d'argent, *ad temporalem inopiam legitima ratione sublevandam* : Ce qui ne se peut adapter à ces rentes. Aussi les 4. moderations du precedent Chap. n'ont lieu notoirement aux rentes constituées par don & legs, comme ent'autres la moderation du denier 12. parce que volontiers il n'y a point de certaine somme exprimée, ou certain sort donné ou legué. Aussi ces rentes peuvent aussi-tost estre receuës en bled, ou autres especes, comme en argent, & ne sont point reductibles en argent, suivant l'Ordonnance de 1565. parce qu'il n'est pas raisonnable que l'intentió du donateur & testateur soit frustrée : joint que cette Ordonnance fait mention du prix de la constitutió, & partant, ne parle que des seules rentes constituées à prix d'argent, Pareillement ces rentes de don & legs ne sont point de leur nature rachetables, s'il n'est contenu en la donation ou testament : & encore sous la faculté de racheter & soit inserée, si est ce qu'elle se prescrit par 30. ans, aussi bien qu'és rentes foncieres, par l'art. 120. de nôtre Coust. & la raison est, parce que pour l'injonction ou deffense de racheter, il ne peut échoir d'usure en telle maniere de rente, & partant la cause de cette moderation cesse. C'est pourquoy aussi au contraire il ne faut point douter que le donateur ou testateur ne puisse astreindre son heritier à racheter cette rente dans un certain tems, & encore pour le prix qu'il ordonera. Finalement il est certain que l'ordonnance de 1512. qui veut dire que les arrerages des rentes se prescrivent par cinq ans, n'a lieu qu'aux rentes constituées à prix d'argent, cóme le texte d'icelle le porte expressément, & les raisons côtenuës en sa Preface, ne se peuvét adapter aux rentes de don & legs.

3. Que ces moderatiós n'ont point aussi de lieu aux rentes constituées pour le prix de la vente, ou soulte de l'échange, &c.

Autant s'en peut-il dire, à mon avis, des rentes qu'au contrat de vente, échange, ou partage, sont constituées pour demeurer quite du prix contenu en iceluy : qui ne sont point proprement rentes foncieres, comme il a été dit cy-devant, & ne sont pas aussi rentes constituées : car il faut dire qu'elles peuvent estre stipulées à plushaut prix que le denier 12. sans soupçon d'usure, qui ne peut estre qu'au prest, ou au contrat de constitution à prix d'argent, qui succede au prest : mais icy c'est une paction qui fait partie du contrat de vente, d'échange, ou de partage. *l. Fundi partē. D. de contrah. empt.* Je croy par même raison qu'encore que le prix soit taxé en argent, la rente toutefois en ces contrats icy, peut estre stipulée en bled : même qui s'y peut stipuler que la rente sera rachetée, & le principal payé dans certain temps, ou qu'elle ne pourra du tout estre rachetée, *In traditionibus enim rei suæ quodcunque pactum valere manifestum est. l. 49. D. de pact.* Même je doute que l'Ordonnance de cinq ans peut avoir lieu en ces rentes, veu les raisons contenuës en sa Preface n'y conviennent nullement.

4. Que les rentes de dons & legs ne sont point foncieres.

Mais tout ainsi que l'on a voulu dire que les rentes cóstituées par dons & legs, ou autrement, étoient comme les constituées à prix d'argent, au lieu vulgaire, eu égard à ces differences, pense qu'elles sont absolument rentes foncieres, tombant d'une extremité en l'autre, qui est un point de tres grande importance, attendu les onze differences cy devant rapportées des rentes foncieres avec les constituées, sans les repeter toutes. S'il falloit que les rentes constituées par don ou legs fussent estimées foncieres il s'ensuivroit que le detempteur seroit tenu de les payer sans repetition, ni recours aucun contre le vrai debiteur d'icelles ; & le constituant s'iantvendu propre, ou adjouppy l'heritage, en demeureroit quitte ; que le retrait auroit lieu en ces rentes, & infinies autres telles absurditez.

Et toutefois cette opinion est si commune au Palais, que c'est un vray paradoxe de soutenir le contraire. Et bien qu'une matiere si douteuse, & d'ailleurs de si grande importance, la resolution generale soit dangereuse, si est-ce que l'aiant deliberé de ne rien passer, je n'en dise mon avis, sans rejetter ny mépriser celui d'autrui, je dis en un mot, que les rentes constituées par don & legs ne sont point foncieres, parce que la marque des Du Déguerpissement,

rentes foncieres ne s'y retrouve point, à sçavoir qu'elles soient imposées quand on vend l'heritage par maniere d'une retenue & reservation sur le fond & proprieté d'iceluy *& ut antiquo Domino fundi præsentur*, suivant la definition de Favorinus, ϗε ϗτι τα τϗς τϗ κληρϗνϗμϗν γῆν ; mais plustost elles doivent estre mises entre les constituées, parce qu'au contrat d'icelles il n'y a que la constitution, & non l'alienation de l'heritage : neanmoins je ne veux pas confondre avec les contrats à prix d'argent, mais j'en veux faire une espece à part, distinguée par les 4. moderations recitées au chap. precedent

Mais pour approfondir plus clairement cette resolution il faut distinguer les formes de ces rentes, ou pour mieux dire, les choses & asseurances que l'on a coûtume d'inserer aux constitutions d'icelles : car elles peuvent é-tre constituées par promesses verbales ou simples cedules, & lors elles n'ont point d'hipotheque, sinon apres la reconnoissance ou condamnation ; toutefois si elles sont imposées par testament écrit & signé de la main du testateur, ou inseré par un Curé ou Vicaire seulement, elles ont hypotheq. selon le droit, du jour du decez du testateur par la loi 1. *C. comm. de leg.* laquelle hypotheque est divisible entre les heritiers, & non solidaire comme l'hipotheque conventionnelle, ainsi que traite de Molin au traité *de divid. & individ.* où il tient que même le testament étant passé pardevant Notaires, & contenant clause hypothequaire, toutefois il n'induit qu'une hipotheque simple & divisible, parce que il, que cette clause de stile, *Promettant, Obligeant, &c.* se doit restraindre en ce cas selon la disposition de la loi & non plus outre ce qui me semble sujet à contredit, & n'est pas tenu au Palais. Quelquefois les contrats ou testamens passez pardevant personnes publiques contiennent obligation generale de tous biens, pour l'asseurance de la rente donnée ou leguée, laquelle clause est en ce cas superfluë, parce que sans cette clause tous contrats authentiques ne laissent en France d'induire hypotheque generale sur tous les biens de l'obligé : mais sous pretexte de cette hipotheque generale, l'on ne peut pas inferer que ces rentes foncieres, veu qu'il n'y a point d'expression particuliere de certain fonds, sur lequel on puisse dire qu'elles soient assignées.

Pareillement quant au contrat du testament, s'il y a expression de quelque hypotheque speciale : il est aisé de conclure que l'hypotheque ne rend pas la rente fonciere, si nous nous souvenons de la distinction cy devāt traitée d'entre la simple hypotheque & le droit foncier : veu que l'hypotheque speciale n'est qu'une plus grāde & particuliere espece de l'obligation personnelle, à laquelle elle est toûjours accessoire ou subsidiaire.

Le même doit estre dit, & par la mesme raison, quand il y a nantissement & tradition actuelle de l'heritage obligé à la rente, ou que le creancier d'icelle en est vestu & ensaisiné avec les solemnitez prescrites par les Coûtumes du païs de Picardie. Ce qui s'est autrefois pratiqué à Paris, comme il se voit par le procez verbal de l'ancienne Coust. sur l'art. 186. au chap. des criées : car ces formalitez ne servent point d'asseurance plus grande, & n'augmentent pas l'effet de l'obligation, mais sont observées aux Coust. où autrement l'hypotheque n'auroit point de suite, & où l'on ne garde ni la loy *Debitorem. C. de pignor.* s'il n'y a nantissement solemnel, ou vest ou devest. L'on doit dire la mesme chose du simple engagement fait par tradition actuelle de l'heritage au creancier pour en joüir par ses mains jusques à parfait payement de son deut : car à la loy dit, *que non multum interest, si fundus pignori traditus sit, quia personalis actio fundum non sequitur. l. 1. § si hæres. D. ad Trebell.*

Mais il y a autres chose d'asseurance, esquels on peut plus justement douter, s'ils rendent fonciere la rente de don & legs : à sçavoir 1. Signat, l'antichrese, l'assiette de rente, le contrat pignoratif, & la vente à faculté de rachapt.

L'assignat est quand une rente est constituée & assignée nommément sur certain heritage, qui est particulierement destiné pour le payement annuel de la

De la distinction

quel neanmoins demeure toûjours en la possession du debiteur de la rente : comme si je donne cent livres de rente à prendre sur la terre de la Nouë : & cette espece sera expliquée amplement aux deux Chapitres suivans.

12. Ce que c'est qu'antichrese.

L'antichrese est quand l'heritage est non seulement baillé au creancier par engagement simple pour la seureté de sa rente, car alors il doit tenir compte des fruits d'iceluy, & les imputer arrerages, puis sur le principal, mais quand il est convenu & accordé que les fruits de l'heritage ainsi baillé au creancier, pour en jouïr par ses mains, tourneront entierement au profit du creancier au lieu de l'interest de son denier. *Αντίχρησις enim est contrarius usus, cùm alter pecuniâ, alter fundo pignorato fruitur.*

13. Antichrese, ou mortgage, quand sont licites.

Or l'antichrese est entierement reprouvée en France, comme dit du Molin au traité des usures quest. 35. bien qu'elle fust licite au droit Rom. mème sans moderation aucune, *propter incertum fructum eventum. l. Si ea lege, & l. Si ea possessione. C. de usur.* Il est vray que Just. la defendit à l'égard des laboureurs seulement, *auth. Ad hæc C. eod. tit.* Toutefois je trouve qu'on en usoit anciennement en France, en des cas ausquels j'estime qu'encore à present elle seroit licite; c'est à sçavoir en mariage de filles, appanage ou partage d'enfans, ce qui s'appelloit *Mortgage*. Obligation de Mort-gage, dit Bouteiller, est quand on oblige un heritage pour le tenir tant, & si longuement, que celui à qui il appartient l'aye rachepté de la somme qu'on a assis & hypothequé sur iceluy, tellement qu'on ne décompte point les fruits perceus : & a lieu entre freres par ordonnance, avis ou alliance de pere pour avantager l'un d'iceux qui jouïra de l'heritage, jusques à tant que l'autre l'ait racheté de la somme que le pere aura ordonnée. C'est ce que dit la Coustume de l'Isle art. 17. qu'on peut disposer par testament de ses fiefs & heritages à titre de *Mortgage*, & sans defcente en ligne directe en descendant seulement. J'adjousteray encore ce mot pour le *Mortgage* de la vieille Coust. de Normandie ch. 10. *Mortgage qui est de rien ne s'acquitte; Visgage qui s'acquitte des issuës.*

14. Ce que c'est qu'Assiette de rente.

L'assiette de rente est quand non seulement la detention & jouïssance de l'heritage est baillée au creancier, comme en l'antichrese, mais la seigneurie entiere & absoluë : comme quand on promet en mariage à une fille 100. l. de rente en assiette, cela signifie, qu'on luy doit bailler & fournir des terres & heritages de proche en proche jusqu'à la valeur de 100. l. de revenu annuel. Ce qui étoit inconnu & même reprouvé au droit Rom. *quia perpetuum jus erat offerendi auto distractionem pigno-*

ris vel dationem in solutum: & en France ne se pratique gueres, qu'és contrats de mariage ou partage des grands seigneurs.

Le contrat pignoratif ou gracieux, qu'on appelle aussi engagement est presque comme l'antichrese, sinon qu'il est conceu en termes de vente a faculté de rachat, (qui est appellé grace) & qu'ordinairement y a recolation : & est sans doute l'ancien contrat fiduciaire des Rom. *Fiducia contrahitur, cùm res alicui mancipatur ea lege, ut eam postea remancipet,* dit Boëce sur les Topiques de Ciceron. *Est autem fiducia antiquissima pignoris species,* dit *Isid. l. 5. Etym. c. 21.* parce qu'anciennement on n'estimoit pas qu'il fust licite de constituer un droit reel sur la chose sans vente & tradition actuelle : c'est pourquoy il falloit vendre & livrer ce qu'on vouloit engager, à la charge qu'estant satisfait, on dévoit de la foy de le revendre & relivrer. Ce contrat est permis en la Coust. d'Anjou & du Maine, même y est usité au lieu de la constitutiõ de rête, mais ailleurs il est regulieremet prohibé. Finalement la vente à faculté de rachat est conceuë tout en mêmes termes que le contrat pignoratif : & partant pour les discerner ou distinguer d'ensemble, on prend garde à l'intention vray-semblable des contractans, si elle étoit d'emprunter ou de vendre ce qui se connoist principalement par les trois remarques ou presumptions rapportées au ch. *ad nostram, de empt. & vendit.* & a3 ch. *illos vos, de pign. apud Greg.* qui sont la relocation, la vilité de prix, & la coust. d'usurer. Car l'effet de ces 2. contrats est bien different & de droit & en France, d'autant qu'en la vraye vente à faculté de rachat, après le tems expiré du retrait conventionnel l'acheteur devient seigneur incommutable de l'heritage. *l. 1. C. de pactis inter empt. & vend.* Mais au contrat pignoratif, jamais l'acheteur ne peut acquerir tout-à-fait l'heritage, mais en quelque tems qu'il soit remboursé par le vendeur, il est tenu de le rendre. *l. ult. C. de pactis pign.* même en France hors les Coust. qui le permettent, il est illicite & usuraire, de sorte qu'ordinairement on impute les fruits perceus par l'acheteur en deductiõ du prix par lui paié. Mais pour revenir à nôtre question, si ces cinq degrez d'asseurance font la rente fonciere, ayant bien entendu leur importance, il n'est pas mal aisée à resoudre, hors-mis en l'assignat, dont il sera traité aux chapitres suivãs car l'antichrese ou mort-gage, l'assiette de rente & vente à faculté de rachat, ne sont pas proprement constitutions de rentes, mais plustost contrats de ventes : & quant au contrat pignoratif, ce n'est qu'un simple engagement, & non un droit foncier.

15. Du contrat pignoratif, ou gracieux.

16. De la vente à faculté de r. chap, & comment elle est discernée du contrat pignoratif.

17. Si toutes ces asseurances font la rente fonciere.

CHAPITRE VIII.
Des Rentes constituées par forme de simple assignat, & de sa nature.

1. Clauses des contrats de constitution de rentes.
2. Qu'importe la clause d'Assignat.
3. Clause de prendre les arrerages par les mains du fermier.
4. Clause de constitut, ou precaire, qu'importe.
5. Assignat ne rend foncieres les rentes à prix d'argent.
6. Trois questions sur l'Assignat.
7. Interpretation de la loy derniere, §. dernier, D. de Contrah. empt.
8. Que l'Assignat induit hypotheque.
9. Que cette dispute est inutile en France.
10. Question si l'assignat induit limitation ou simple demonstration.
11. Loix qui prouvent que l'assignat induit limitation.
12. Loix qui prouvent qu'il induit seulement demonstration.
13. Premiere solution de Barthole.
14. Seconde solution de du Molin, & Garsias.
15. Troisième solution de l'Autheur.
16. Confirmation d'icelle.
17. Modification d'icelle.
18. Question, si l'assignat rend la rente fonciere.
19. Resolution negative.
20. Confirmation d'icelle.
21. Exemption aux alimens.
22. Autre exception aux legs pieux.
23. Modification de cette exception.

Donc toute la difficulté de cette question, si les rentes de don & legs sont foncieres ou non, retombe au cas du simple assignat, sçavoir quãd par donation ou testament on assigne expressément une rente sur certain heritage. Question qui est de tres-grande importance pour la frequence de tels assignats, & tres-grande difficulté pour la contrarieté des loix, & varieté des opinions de ceux qui ont traité cette matiere.

Car l'assignat est frequent en France, que l'on en voit aujourd'huy remplis mêmes tous les contrats des rentes constituées à prix d'argent : parce qu'au lieu de stipuler une speciale hypotheque sur certains heritages du debiteur, on exprime volontiers aux contrats, qu'il vend, constitué, & assigne la rente pour estre prise & perceuë annuellement, en & sur tel, & tel heritage. Bien souvent encore on y ajoûte, principalemét quand

1. Clauses des contrats de constitution de rentes.

Des Rentes Livre I.

on contracte avec les grands seigneurs)que le creancier & achepteur de la rente receura par chacun an les arrerages d'icelle par les mains du fermier & receveur de la terre assignée, comme charge ordinaire d'icelle. Aucuns ajoûtent encore pour fortifier l'assignat, la clause du constitut & precaire. Que dés à present comme dés lors le vendeur & constituant de la rente s'est démis & devestu de sa terre, en a saisi de vestu le creancier, & s'est constitué possesseur precaire en son nom, & lui permet en cas de cessation de payement aprés chacun terme, d'en prendre possession réelle & actuelle: pour quoy faire, il constitué son Procureur special & irrevocable le porteur du contrat. Car enfin, un homme qui a affaire d'argent, laisse mettre en un contrat de constitution de rentes toutes les clauses, que la cervelle des Notaires peut inventer.

Voila donc trois clauses mises ensemble, sçavoir l'assignat, la cession d'actions contre le fermier, & le constitut ou precaire, qui ont chacun leur effet distinct : car l'assignat semble en ces termes surpasser aucunement la nature de la speciale hipotheque, parce que l'hipotheq; est l'obligation subsidiaire de la chose, pour l'asseurance de la debte, & l'assignat est l'expression, & pour mieux dire, la destination particuliere de l'heritage, pour le payement annuel de la rente. Mais quant à l'effet, je ne pense point que l'assignat doive avoir plus en France que la constitution d'hypotheque, comme il sera prouvé au Chapitre suivant.

2. Qu'importe la clause d'assignat.

Quant à la clause. Que *le creancier de la rente prendra ses arrerages par les mains du fermier*, elle importe une tacite cession d'actions contre luy, par la decision notable de la loi *Cùm convenit. D. de pig. Cùm convenit ut is qui ad refectionem aedificii credidit, de pensionibus ipse creditum percipiat, etiam actiones utiles adversus inquilinos accipiet.* Mais cette cession ne peut avoir effet, sinon pour exercer les actions qui peuvent competer au proprietaire contre le fermier de la rente : de sorte que s'il n'y a point de fermier, ou si le fermier a payé au proprietaire, avant que d'être poursuivi par le rentier, ou si les deniers sont arrêtez par autres creanciers du proprietaire, ces actions sont inutiles : car le fermier peut user contre le rentier cessionnaire, des même exceptions desquelles il useroit contre le proprietaire qui a fait la cession.

3. Clause de prendre les arrerages par les mains du fermier.

Quant à la clause de constitut ou precaire, nos praticiens lui ont entre autres attribué un notable & important effet, qui est d'exclure la discussion, qui autrement, hors la Coust. de Paris, & peu d'autres, peut être opposée par le tiers detempteur de l'heritage obligé, ou assigné, selon la Nov. 4. qui est indubitablement gardée en France: ce qui sera dit au troisième livre.

4. Clause de constitut, ou precaire, qu'importe.

Or pour revenir à l'assignat, il est aisé de resondre qu'il ne fait point que les rentes constituées à prix d'argent soient foncieres: autrement il faudroit dire qu'en France il n'y auroit point d'autres rentes que foncieres, ainsi que l'on dresse aujourd'hui les contrats de constitution, où l'on met & entrelasse toutes les clauses dont on se peut aviser, pour rendre les rentes mieux asseurées: parce que le constituant qui a affaire d'argent ne refuse nulle paction, & le creancier qui demande à se bien asseurer, n'en oublie aucune en un contrat qui a trait à perpetuité: & outre plus, les Notaires s'estudient tous les jours à inventer des precautions toutes nouvelles pour entrer en credit. Aussi ay-je reservé le chapitre suivant, pour expliquer la force de l'assignat és rentes constituées par achapt, & à prix d'argent.

5. Assignat ne rend foncieres les rentes à prix d'argent.

La difficulté est tres-grande és rentes constituées par don & legs, qui sans doute sont plus favorables que les constituées à prix d'argent, parce qu'elles sont exemptes de tout soupçon d'usure, sçavoir si la clause d'assignat fait que ces rentes doivent être reputées foncieres: pour laquelle expliquer plus clairement, il faut traiter auparavant deux autres questions, dont celle-cy dépend, & qui sont infiniment controversées entre les auteurs de droit. La premiere, si le simple assignat induit de soy hypotheque. La seconde, s'il induit limitation, ou restriction du don ou legs, ou bien s'il sert seulement d'une demonstration.

6. Trois questions sur l'Assignat.

Du Deguerpissement.

stration. Ce qui servira pour rabatre l'étonnement de ceux qui ont dit pourquoy j'y écrit en la garantie de rentes, de la cession de rente faite par simple assignation, combien qu'il ne soit rien plus commun entre nous, que les assignats de terre & assignations de debtes : mais parce que le droit Romain, où elles n'étoient pas si frequentes qu'à nous, ne l'a pas éclaircy, nous y demeurons court, & n'y entendons rien, que la routine de nostre usage.

Quant à la 1 question, je voy que tous les Interpretes de droit, tant anciens que modernes, qui à la verité s'y sont piquez, sont enfin demeurez d'accord, que pour le regard des dons & legs alimentaires, le simple assignat induit hypotheque : de sorte que si la chose assignée est alienée, elle demeure toûjours chargée & affectée à la rente. Ce qu'ils ont pris de la loi *Hactenus. D. de usuf.* où *aliments absque re velicta* sont comptez entre les charges foncieres: mais ils ne se sont pû accorder hors le cas d'alimens, les uns tenans que l'assignat n'induit point de soi hypotheque, sans parler de l'hypotheque legale, qui de droit resulte des testamens, ne de l'hypotheque conventionnelle, stipulée expressement par les contrats : mais entendant de l'hypotheque speciale, qui en point de droit ne se constitué que par convention expresse.

Et de fait, cette opinion semble fort bien prouvée par la loi derniere, §. dernier, *D. de contr. empt. Lucius Titius promisit de fundo suo centum millia modiorum frumenti annua praestare pro praediis C. Seii: postea Lucius Titius vendidit fundum. Quaero an emptor C. Seio ad praestationem frumenti sit obnoxius. Respondi obligatum non esse.* Ce que la glose, qui a esté suivie de la pluspart des plus anciens Interpretes, expose *obligatum non esse neque personali, neque hypothecaria actione.*

7. Interpretation de la loi derniere, §. derner. D. de contr. empt.

Et toutefois, l'opinion contraire me semble plus veritable, comme aussi c'est la plus commune entre les modernes, que l'expression d'un certain heritage pour le payement annuel de la rente, que nous appellons assignat, oblige & hypotheque particulierement le même heritage à la continuation de la rente, aussi cette loi dit *emptorem obligatum non esse,* & non pas *fundum obligatum non esse*: & partant, elle parle de l'action personnelle *ex contractu, quae personam sequitur,* non de l'hypothequaire, *quae sequitur fundum.* Et faut remarquer, que cette loi est de Scevola, qui étoit toûjours concis en ses réponses & ne tranchoit jamais que le simple cas proposé, comme du Molin a tres-bien remarqué sur le propos de cette loi, en l'arr. 9. de la Coust. & en la 4. & 5 leçon de Dole.

Enfin, est ce pas même chose de constituer une rente sur sa maison, que d'obliger sa maison à une rente? veu même que la loi dit, que l'hypotheque se peut constituer par quelques termes ce soit, & qu'il ne faut pas en matiere d'hypotheque regarder tant à la proprieté & étroite signification des termes, comme à leur acception commune, & à l'intention des contractans, *l. ult. §. qua res pign. oblig. possint.* Et qu'est-ce autre chose de constituer une rente sur sa maison, sinon soûmettre sa maison au payement de la rente? Or soûmettre, c'est proprement *ὑποτιθέναι, supponere.* Aussi quand la rubrique porte, *De rebus alienis non alienandis vel supponendis,* c'est-à-dire, *hypotheca subjiciendis,* comme parle le docte Budée sur la loi penult. *D. de pign.* de sorte qu'il faut tenir en point de droit, que soit aux alimens, soit aux autres dons & legs, l'assignat induit l'hypotheque.

8. Que l'assignat induit hypotheque.

Toutefois en France cette question est presque inutile: car ou le don & legs est fait pardevant Notaires, & en ce cas il y a toûjours hypotheque par nostre usage: ou c'est par scedule privée, ou testament écrit & signé de la main du Testateur; & en ce cas, bien même qu'il y eust clause claire & expresse de constitution d'hypotheque, telle clause ne sert de rien, & n'a point d'effet pour induire hypotheque, du moins à l'égard ny du tiers detempteur de l'heritage, ny des autres posterieurs creanciers; & ce pour eviter aux fraudes. Car tous nos Praticiens de France sont d'acord, que la loi *Scripturas. C. qui pot. in pign.* en ce qu'elle decide, que l'hypotheque peut être constituée par écriture privée, pourveu qu'elle soit signée de trois témoins, n'est point gardée en France, &

9. Que cette dispute est inutile en France.

C ij

de la distinction

quant à l'hypotheque legale de testament, je n'ay point memoire de l'avoir veu pratiquer. Donc toute l'importance qui resulteroit de cette question, seroit au cas où l'hypotheque speciale a effect different de la generale, comme de la loi 2. *Cod. de pign.* & autres qui sont rapportez par le Commentateur de l'Ordonnance des criées, sur le 6. art. ch. 32. car alors il faut tenir que l'assignat se doit regler comme l'hypotheque speciale.

<small>10 Question si l'assignat induit limitation ou seulement demonstration.</small>

L'autre question est plus difficile & plus importante aussi, de sçavoir si l'assignat induit limitation & restriction de don, ou legs, à la seule chose assignée, si bien que la rente, ou autre don & legs à une fois payer, ne puisse être pris que sur la chose exprimée, laquelle estât perie, ou se trouvant ne point appartenir au testateur, ce legs consequemment demeure sans effet: ou bien si la clause d'assignat induit seulement une demonstration & asseurance plus grande du don & legs, au payement duquel le donateur, ou les heritiers du testateur demeurent obligez d'obligation pure personnelle, de sorte que par le perissement, ou deguerpissement de l'heritage exprimé, ils ne s'en puissent exempter. Ainsi cette question est fort à propos du deguerpissement. Car si l'Assignat est limitatif, il s'ensuit que l'heritier quittât l'heritage assigné demeurera quitte de la rente, ou du legs: mais s'il est demonstratif, & qu'il en resulte une obligation personnelle contre luy, il ne s'en pourra exempter par le deguerpissement.

Or elle est soûtenuë à outrance de part & d'autre, par de grands personnages, que je ne citeray point, car je n'ay pas entrepris de faire en ce traité une liste d'allegations, je me contenteray de rapporter les textes sur lesquels les uns & les autres se sont fondez, & representer la resolution le plus clairement & nettement que je pourray.

<small>11. Loix qui prouvent que l'assignat induit limitation.</small>

Trois loix principalement semblent prouver que l'assignat fait limitation & condition, & non pas simple demonstration: la loy *Si sic.* §. 1. de *leg.* 1. *Inter falsam demonstrationem & falsam conditionem multum interest, proinde si Titio decem, qua mihi Seius debet, legavero, si nihil debetur, nullum erit legatum. Nam etsi vivus exegissem, extingueretur legatum, & si debitor maneret, actiones adversus eum hæres meus dumtaxat præstare cogeretur.* Autant en dit la loy *Lucius* §. *civibus de leg.* 2. *Testator certam summam ex debitoris debito, quem Cœcilius nominavit. Reipubl. legavit: Quæsitum est si debitor idoneus non esset, an integram summam præstare hæres debeat. Respondi hæredem adversus debitorem actiones dumtaxat præstare debere.* Et la loy *Cùm certus. D. de tritico, vino & oleo, leg. Cùm certus numerus amphorarum vini legatus esset, si eo quod in fundo Semproniano natum esset, & minus natum esset, non amplius deberi placuit, & quasi taxationis vicem obtinere hæc verba, Quod natum erit.*

<small>12. Loix qui prouvent qu'il induit seulement demonstration.</small>

Au contraire, que l'assignat serve seulement de demonstration & designation, & ne fasse point de condition, ou restriction, il y a plusieurs loix bien expresses. La loy, *Quidam testamento. De leg.* 1. *Quidam testamento ita legavit, Aureos quadringentos Pamphila cui volo, scilicet à Titio actore aureos tot, in capsis quos habeo tot, in numeratos quos habeo tot: post multos annos decessit, cùm omnes summa in alios usus translata essent. Quæro an debeatur fidei-commissum. Respondi verò similius esse patrem-familias demonstrare potius hæredibus voluisse, unde aureos quadringentas sine incommodo rei familiaris contrahere possent, quàm conditionem fideicommisso injicere: quod initio purè datum esset, & ideo quadringenta Pamphila debentur.* La loy *Paulo.* §. *ult. De leg.* 3. *Iulius Severus alumno suo quinquaginta legaverat, eáque à Iulio Mauro colono suo ex pensionibus fundi ab eo debitis præstari jusserat. Placuit Imperatori demonstratum esse unde accipere posset, & ideo hæredem Severi hoc præstare debere.* Et la loy *Lucius. D. de alim. & cib. leg. L. Titius libertis suis cibaria annua certorum nummorum reliquit: & posteriora parte testamenti ita cavit, Obligatos esse ob hanc causam fundos meos, illum & illum, ut ex reditu eorum alimenta supradicta percipiant, volo. Quæsitum est, si quando minores reditus provenerint, quàm est quantitas cibariorum, hæredes ad supplendam eam onerari num debeant? Paulus respondit cibaria integra deberi, neque ex eo minuisse, aut auxisse ea quæ reliquerat videri.*

<small>13. Premiere resolution de Barthole.</small>

Pour resoudre cette difficulté, presque tous les Interpretes anciens & nouveaux se sont arrestez à l'opinion de Barthole, qui a esté clairement expliquée & estenduë par l'Autheur des decisions de la Rote, *in antiquis tit. de testamentis*, qui est le commun renvoy de tous les modernes. Que si l'assignat est exprimé par une clause separée dans les legs ou constitutions de rente; alors il sert de demonstration, & non limitation: au contraire, s'il est contenu en la même clause, ou periode, il sert plûtot de taxation ou restriction: mais quoy que cette distinction semble plausible, si est-ce qu'il n'y a gueres d'apparence & de connexité, que la diversité ou separation des clauses fasse l'assignat demonstratif, & que la connexion le rende limitatif: veu même qu'au cas de la loy *Si sic*, & de la loy *Cùm certus*, il y a deux clauses bien entendre, & neantmoins l'assignat est limitatif: au rebours en la loy *Quidam*, & en la loy *Paulo*, il n'y a qu'une clause, & si l'assignat est demonstratif. D'où il s'ensuit que cette resolution commune est incertaine & trompeuse.

<small>14 Seconde solution du Molin, & Garsias.</small>

D'autres qui ont approché plus prés de la verité, ont dit, Que l'assignat estant apposé en la disposition, a un effet limitatif, mais qu'estant inseré en l'execution aprés la disposition faite, il est demonstratif: comme en cet exemple, *Je donne cent livres de rente, faisant moitié des deux cens que j'ay sur l'Hôtel de la Ville de Paris*: cet assignat est contenu en la disposition, & partant il est limitatif: d'où il s'ensuit qu'à present que les rentes de l'Hôtel de Ville ne sont pas payées, c'est au dommage du legataire: mais s'il est dit, *Je legue cent livres de rente à prendre sur les deux cens que j'ay sur l'Hostel de Ville*, l'assignat semble adjousté en l'execution, & par ainsi est reputé demonstratif & non limitatif: qui est l'opinion de Ioan. Garsias Auteur moderne au traité *De expensis & meliorationibus*, qu'il a empruntée de du Molin, sur l'art. 11. de la Coustume.

Et bien qu'elle ait grande apparence, si est-ce qu'elle n'oste pas encore toute la difficulté. Car si le testateur a dit, *Je donne cent livres sur les deux cens que j'ay sur la Ville*, il sera malaisé de discerner si l'assignat est en la disposition, ou en l'execution. Aussi au cas de la loy *Quidam testamento*, l'assignat est en la disposition, & neantmoins il est demonstratif: & en la loy *Cùm certus*, il est en l'execution, & toutefois il est limitatif, joint que comme il a esté dit, touchant la premiere opinion, la consequence de cette distinction n'est pas concluante.

<small>15. Troisiéme solution de l'Autheur.</small>

Il faut donc avoir recours à une troisiéme distinction, qui a la verité approche aucunement des deux precedentes, mais elle est bien plus certaine, plus concluante & plus intelligible. Et il faut dire que quand par les termes du testament ou du don, on peut colliger que la chose exprimée est leguée elle-même *in specie*, que *species ipsa, corpúsque ipsam legatum est*, alors il ne faut point douter que l'assignat, si ainsi il se doit appeller, ne soit limitatif, Car c'est la même chose qu'il faut bailler, non l'estimation ny autre chose quelconque: de sorte que comme l'on dit, que *debitor speciei liberatur specie perempta*: aussi l'heritier est quitte, si la chose exprimée n'est point en nature, ou si elle vient à perir sans sa faute & demeure. Mais quand une somme ou quantité de choses, consistans en poids, nombre ou mesure, est leguée *non tanquam species aut corpus certum, sed tanquam summa aut quantitas*, alors, encore que la terre ou la personne qui la doit payer & fournir soit designée, telle designation n'est point restrictive *aut summam vel quantitatem nominatam*, mais plûtot est demonstrative, parce que la loy presume qu'elle est adjoustée pour plus grande asseurance de legs.

Des Rentes. Livre I.

16. Confirmation d'icelle.

Et qu'ainsi ne soit, qu'on repasse l'une après l'autre toutes les loix ay-dessus alleguées, on trouvera que cette distinction y convient, & s'y adapte naïvement. En la loy *Si sic* §. 1. *De leg.* 1. *Decem, quæ mihi Titius debet, Scio do, lego: ipsa decem legata sunt, sive debitum ipsius Titij legatum est*, partant le legs est limitatif. Proinde si nihil Titius debuit, vel si vivo testatore solverit, evanescit legatum. En la loy *Lucius* §. *civibus. De leg.* 2. *Testator certam summam ex debitoris debito legavit, ergo pars ipsa debiti legata est ut species: & proinde si debitor minus idoneus sit, suffit actiones præstare.* Et la loy *Cum certus. De fr. vino & ol. leg. Certus numerus amphorarum vini legatus est ex eo quod in fundo Tusc. natum erit, ergo illud ipsum vinum, quod natum erit, legatum intelligitur: & proinde taxationis*, comme dit la Loy, *vicem obtinent hæc verba. Quod natum erit.*

Au contraire, en la loy *Quidam de leg.* 1. *Quidam legavit quadrigentos aureos, & sic certam summam, & addidit; Scilicet à Tulio tot, in castris quos habeo tot: & proinde demonstrare potius voluit unde 400. aurei sine incommodo rei familiaris sumerentur. Et in l. Paulo. De leg.* 3. *Severus alumno legavit quinquaginta, & sic certam summam, eaque à Tulio præstari voluit: Proinde placuit demonstratum potius esse unde accipi posset* Bref en la loy *Lucius. De alim. & cib. leg. Titius alimenta libertis certorum nummorum legavit (& sic summam vel quantitatem) & deinde ex reditibus hujus & illius fundi percipi voluit, Ergo si quando minores reditus provenerint, integra nihilominus alimenta debentur.*

17. Modification d'icelle.

Toutefois, si l'on doute en quel cas, *an ipsum corpus legatum sit, an vero summa vel quantitas*, on se peut servir de la distinction de du Molin, & dire, que *tunc ipsum corpus legatum videtur quando in ipsa dispositione nominatum est, & præcipue sic cum adjectione relativi, Quod: tunc vero quantitas, vel summa relicta videtur, quando ipsa in executione legati tantum nominata est*: qui est lors vrayement un simple assignat: comme j'ay traité en ma garantie des rentes, où j'ay distingué le simple assignat d'avec la vente ou cession expresse de la debte, & j'ay dit qu'en la vente & cession le peril tombe sur le cessionnaire, & les actions se transferent par devers luy: mais en l'assignation d'une debte, le peril ne passe point à l'assigné, & aussi les actions ne luy sont pas indistinctement transferées.

Ainsi donc il ne restera nulle peine à resoudre en toutes telles difficultez, qui sont vrayement *de apicibus juris*, & sont aussi en pratique de tres-grande importance: parce que si le legs est limitatif, il en resulte dix ou douze consequences diverses & contraires au legs demonstratif, que je laisse à mediter au Lecteur de bon esprit, me contentant d'avoir esclaircy la source de la difficulté; encore m'y suis-je plus attesté que je n'ay volonté de faire en aucune autre question, afin de faire mieux entendre mon invention toute nouvelle en une matiere si commune, & tant agitée par tous les Escrivains modernes.

18. Question si l'assignat est de la rente fonciere.

Reste la principale question, touchant le simple assignat, sçavoir s'il induit non seulement hypotheque, mais aussi charge fonciere, qui est fort ébauchée par le legs, & a esté dit aux deux precedentes. En premier lieu, si l'assignat est limitatif (qui n'est pas proprement assignat) le doute est superflu. Car en ce cas, la chose même estãt donée au legataire, elle luy appartiét de plein droit, & ne faut point douter qu'il ne la puisse vendiquer en quelques mains qu'elle soit: il a dõc non un droit fõcier sur icelle, mais la vraie & absoluë seigneurie apres la delivrance de sõ legs.

Mais la difficulté tombe sur l'assignat demonstratif: comme, s'il a esté legué cent livres de rente à prendre sur le revenu d'un fief; sçavoir si telle rente est fonciere, en sorte que le frere en succession collaterale, qui seule succede aux fiefs, doive paier toute la rente lui seul: ou biẽ si elle est simplement constituée & personnelle, en sorte que la sœur qui ne prend rien au fief soit tenue d'y cõtribuer. Et pour nostre deguerpissement, si l'heritier pourra en deguerpissant le fief sur lequel elle est assignée, se decharger de cette rente cõme fonciere, ou bien si nonobstant le deguerpissement, il ne laissera pas d'en estre tenu comme d'une rente personnelle, & hypotequaire.

19. Resolution negative.

Cette question est fort difficile & problematique, & au contraire des deux precedentes: je ne sçache point qu'elle ait encore été traité precisément par aucun; si ce n'est que du Molin l'a touchée comme en passant sur l'art. 1. de la Coust. & sans m'amuser à étendre les raisons, qui se pourroient dire de part & d'autre, je tiens en un mot avec luy (quoy que le commune opinion du Palais soit contraire) que cette rente n'est point fonciere; & ce pour 2. raisons.

20. Confirmation d'icelle.

L'une, parce que la marque des rentes foncieres ne s'y retrouve point qui est d'estre constituées en la tradition de la chose, par une reservation qu'en fait le seigneur à son profit. L'autre qu'il a été prouvé cy devant, que tel legs induit une action personnelle *ex testamento*, à l'encontre de l'heritier, & obligation generale de tous les biens du testateur, & que la destination de certaine chose designée pour rendre plus facile le payement de la rente, *non auget nec minuit legatum*, comme dit la loy *Lucius*, cy dessus alleguée.

Ce qui se verifie encore par plusieurs textes & raisons de droit: & sur tout par cette loy derniere, *De contr. emp.* où au cas de cét assignat, il est dit qu'il ne fait pas l'heritage, & que celui qui depuis l'a acquis, n'est pas obligé à la rente. De sorte que la rente fonciere produit une action personnelle contre le tiers detempteur de l'heritage, comme il sera bien prouvé au 2. l. *Assi si se peut confirmer par cette difficile loi, fundi Trebat. an D. De usuf. leg. Fundi Trebatiani reditibus legatis, hæres fundum vendere potest, & legatario quantitatem offerre annuã quam paterfam. ex locatione fundi redigere consueverat: ô hoc scilicet legatum illud*, dit Scævola, *à rigore usus fructus.* Ce qui ne seroit, si la rente étoit fonciere, comme il se colligé *ex l. 1. & 2. C. sine cens. vel rel. C'est aussi ce que veut dire la loi Cogi §. item quæritur. D. Ad. Sen. Treb. fundum non recipere æris alieni vel legati minutionem.*

21. Exemption aux alimens.

Mais cette decision reçoit une exception notable *in alimentis legatis ex certo fundo*. Car par faveur particuliere des alimens, la charge d'iceux est reputée fonciere, *quoad quid.* De sorte que par le Droit Romain, le tiers detempteur en est tenu personnellement, comme des autres charges foncieres, combien qu'il ne soit pas tenu ainsi des autres legs. C'est ce que dit Ulp. en la loi *Fideicommissum §. tractatum. de leg. Æs alienum totum patrimonium respicit, non certi loci facultates, nisi forte certis oneribus destinatum sit prædium, ut puta alimentis præstandis vel tributis*, & en la loi 2. *ff. de alim. & cib. leg. Licet ad fiscum bona devoluta sint, præstatia tamẽ sunt, sicut si ad quemlibet alium transissent.* Aussi l'on voit que les alimens sont reputez aux tributs & autres charges foncieres, *in l. Hactenus, D. de usufr. usufructuarius onera agnoscit, veluti stipendium, tributum, solarium, & alimenta ab se relicta.*

22. Autre exemption aux legs pieux.

Or cette exception doit estre par identité de raison estenduë à tous legs pitoyables: comme és rentes delaissées à l'Eglise pour celebrer des anniversaires & obits, lesquelles rentes étans assignées sur certains fonds, sont à la verité reputées foncieres, ainsi que les Canonistes traitent fort *in c. Quanto. ext. de dec. & Guil. Pap.* en la qu. 576. qui est fort notable pour ce discours.

23. Modification à cette exception.

J'ai dit notamment que ces rentes sont reputées aucunement foncieres, non que tout à fait elles soient foncieres, car leur forme de constitution y repugne: mais par la faveur speciale des alimens & legs pieux, elles ont les prerogatives & privileges des rentes foncieres. Toutefois au cas où les rentes constituées auroient plus d'avantage, j'estime que cette faveur ne devroit redonder au prejudice de l'Eglise, ny des autres rentes alimentaires; & partant qu'au cas de ces rentes, les heritiers ne seroient pas recevables au deguerpissement, n'õ plus qu'ils ne seroient aux simples rentes constituées. Ce qui sera traité plus au long au quatriéme livre. De plus j'estime que regulierement en tous les cas, où la faveur des legs pieux n'est point considerée, les rentes constituées pour legs pieux sont selon leur propre nature reputées pour simples constituées, & non pour foncieres: de sorte que le frere auquel en succession

C iij

collaterale appartient le fief entier, ne payera pas plus de la rête pieuse assignée specialement, sur le fief que la sœur qui n'y prend rien: côme du Molin prouve fort bien sur l'art. 11. de la Coust. nom. 12. où il rapporte l'Arrest du Fief de Loyssillon. Ce que j'ai fait juger en l'an 1559. en la troisiéme Chambre, au rapport de Monsieur le Coigneux, que je nomme par honneur, pour son integrité & suffisance singuliere.

CHAPITRE IX.

Des rentes à prix d'argent constituées par forme d'Assignat.

1. S'il est necessaire que les rentes à prix d'argent soient constituées sur certain heritage.
2. Opinion des Canonistes, & Sommistes tenuë en Italie & Espagne.
3. Auteurs de cette opinion.
4. La Bulle moderne du Pape Pie V. pour les rentes constituées à prix d'argent.
5. Raisons prises des Extravagantes, De empt. & vendit.
6. Raisons principales de cette opinion.
7. Opinion contraire tenuë en France.
8. 9. 10. 11. Raisons de cette seconde opinion.
12. Que la Bulle de Pie V. ne lie point les François en cas de conscience.
13. Que les Extravag. De empt. & vendit. ne peuvent servir à la premiere opinion.
14. 15. 16. 17. 18. Réponse aux raisons de la premiere opinion.
19. Comment en en usoit anciennement en France.
20. Deux sortes de rentes à prix d'argent reconnuës en France, sçavoir les rentes par Assignat & les rentes volantes & constituées, de la varieté de leurs noms.
21. Que l'on a usé anciennement à Paris de ces deux sortes de rentes.
22. Un article corrigé par le procés verbal de l'ancienne Coustume de Paris.
23. Quatre art. de cette ancienne Const. rayez par Arr.
24. Source de tout l'erreur & la difficulté de cette matiere.
25. Varieté des Coustumes sur le fait des rentes à prix d'argent.
26. Effet des rentes en assignat, par dessus les rentes volantes.
27. Que cet effet est impertinent, & contraire au Droit.
28. Qu'il est contre les bonnes mœurs.
29. 30. Que cet effet doit maintenant cesser.
31. Que l'assignat ne doit avoir d'effet que l'hypotheque aux rentes constituées à prix d'argent.

CE n'est pas sans sujet que je me suis tant arresté à decider par le Droit Romain la nature de l'assignat, car toutes nos rentes constituées à prix d'argent, semblent aujourd'huy en estre & devoir estre composées. De fait c'est une grande dispute, non encore pleinement décidée; si pour la validité de ces rentes, il est necessaire qu'elles soient nommément & particulierement assignées sur un certain heritage exprimé & specifié au contract.

Car la pluspart des anciens Docteurs, & notamment les Canonistes & Sommistes de Theologie, ne sçachans, ou ne prenains pas garde à la vraie origine de ces rentes ci dessus recitées au ch. 6. & voulans trop scrupuleusement s'éloigner des usures Romaines, sont tombez d'une extremité en l'autre, & ont basti & reglé ces rentes à prix d'argent, tout ainsi que les foncieres, contre les maximes du Droit. Parce qu'ils ont voulu que ces rentes ne peussét être constituées, sinon sur un certain fonds & heritage, sur lequel, & non sur la personne & biens du constituant, elles fussent perceptibles, jugeans qu'elles étoient illicites, *tam in foro conscientiæ, quam in foro exteriori*, si elles étoient constituées generalement sur tous les biens du debiteur; même si l'heritage, sur lequel la rente est assignée, n'estoit pour le moins égal à icelles en revenu annuel. Ainsi ils ont tenu unanimement que l'heritage assigné étant deperi, ou vendu, ou deguerpi, celuy qui avoit constitué la rente estoit desormais quitte d'icelle, qui est un point qui concerne directement nôtre matiere, & que nous devons par consequent approfondir.

De cette opinion, qui sans doute est la plus commune entre les Escrivains, & pratiquée en Italie & Espagne, ont été, outre les Canonistes & Sommistes, *Chassan. in Catal. gloria mundi, parte 2. consi. 59. Franc. Hotomanus tract. de usuris lib. 1. cap. ult.* & sur tout l'excellent Docteur de Navarre l'a tres-amplement traité en son livre des usures: & de fait il a été causé, ainsi qu'il est dit, de la Constitution moderne du Pape Pie V. en date du 14. des Cal. de Février 1568. laquelle il insere tout au long dans son livre, & l'explique doctement, comme le Lecteur curieux pourra voir: car elle contient toutes les clauses licites ou reprouvées aux contracts de constitution des rentes à prix d'argent, & celles qui servent à nostre propos. *Statuimus censum seu annuum reditum creari constitui nullo modo posse, nisi in re immobili, aut quæ pro immobili habeatur de sua natura fructifera, & quæ nominatim certis finibus designata sit. Et peu après. Si autem ea res vendatur, volumus Dominum census aliis omnibus præferri eique denunciari conditiones quibus vendenda sit, & etiam per mensem expectari. Postremo omnes census in futurum creandos, re in totum vel pro parte perempta, aut infructuosâ in totum vel pro parte effectâ, volumus ad ratam perire. Cum autem traditione pretii redditus extinguendus sit, volumus per bimestre ante sui denunciari, cui pretium dandum erit; & post denunciationem, intra annum tamen, etiam ab invito pretium repeti posse. Et* ainsi cette Constitution renverse entierement l'usage & pratique des rentes constituées, que nous observons en France, & les égale entierement même les rend plus avantageuses que les emphiteoses.

Et outre que cette decision est toute formelle, procedant du Souverain Pontife de l'Eglise universelle, à qui appartient proprement de discerner la lepre d'avec la lepre, ceux qui tiennent cette opinion, se fondent encore sur les deux Extravagantes, *De emptione & venditione*, qui sont les seules confirmations que nous avons au corps de Droit des rentes constituées; & neantmoins elles y sont appellées *Census*, du nom de la plus noble espece des rentes foncieres, & où il est dit qu'elles sont constituées *super dominiis, terris, agris, prædiis*, &c. Et finalement est ajoûté que les debiteurs des rentes ne peuvent estre contraints d'en rendre le sort, *etiam ipsis bonis & possessionibus penitus interemptis & destructis*.

Leurs raisons principales sont, Premierement, que la vente ne peut estre *sine re & pretio*, & que *pecunia non potest esse æstimatio sui ipsius, cum per eam cætera æstimentur*. II. Ils disent qu'il faut que la rente reside sur quelque sujet, *cum accidens nequeat esse sine subjecto*: & qu'elle apparence y a-t-il qu'une rente qui a traict à perpetuité, soit seulement fondée sur des meubles? III. Ils disent qu'il est bien raisonnable, que les rentes soient sujetes à quelque risque & hazard, comme sont toutes autres sortes de biens: ce qui ne seroit, si elles ne laissoient d'estre deuës après la perte de l'heritage. IV. Ils disent que c'est contre la nature de l'achapt, que le vendeur doive perpetuellement fournir & asseurer la subsistance & valeur de la chose, d'autât que le peril y survenãt après le contract, il doit naturellement être au dommage de l'acquereur. V. & ultimo. Ils mettent en avant que de constituer rentes sur la personne, ce seroit une maniere

Des Rentes. Livre I. 23

pelloient *nexum*, & que ce seroit contre la maxime du droit, qui veut que *liber homo pignori dari non possit*.

Opinion contraire prouuée en six points.

Neanmoins j'estime l'autre opinion plus veritable, de laquelle entr'autres sont du Molin au traité des usures, nombre 22. *Conradus de contractibus quaest.* 74. 75. & 85. Ioa. à Medina in tract. *de restitutione. cap. De censu*, & le docte Covarruvias. lib. 3. *Var. resol. cap.* 7. en apporte de fort belles raisons, que le lecteur pourra voir auec plaisir, car je ne m'amuseray pas à les citer: je proposeray seulement de mon invention celles qu'ils ont obmises.

1. 2. 3. 10. 11. Raisons de ceste seconde opinion.

Premierement ceste opinion est fort confirmée par l'origine des rentes constituées, prise au Droit Romain de l'argent preité par les Communautez, qui n'estoit pas exigible, & où sans doute il n'estoit point requis, qu'il y eust assignation particuliere d'aucun heritage: & toutefois la Nov. 160. porte, que *Praesens species mutuum non attingit si quidem magis anno reditui, quam usurarum praestationi similis videtur*. Et pour montrer que le Pape Martin V. qui le premier a confirmé ces rentes, a visé directement à cette Nov. c'est que son extravagante ne parle que des rentes deuës aux villes, citez, colleges & communautez, quoy que ce soit aux Beneficiers qui possedent le reuenu de l'Eglise, parce que de ce temps-là on n'usoit point encore de ces rentes entre particuliers, mais seulement on les pratiquoit au profit des Communautez, ainsi que Justinian avoit permis.

Et de fait, il a esté prouvé au ch. 3. que de disposition de droit, une rente ou droit foncier, qui imprime un caractere ou condition permanente à la chose, ne le peut imposer sinon en l'alienation & tradition d'icelle: car bien que pour la necessité du commerce, il ait esté receu & toleré que les seruitudes & les simples hypotheques peussent estre créés par simple conuention sans tradition de la chose; si est-ce que cela estant exhorbitant, & contre le principe de droit, il ne passe point outre les effets ordinaires des seruitudes & de l'hypotheque, & ne se communique point à l'assignat. De fait quelques-uns de ceux qui ont tenu l'opinion contraire prenans garde à cette raison, ont dit que pour constituer ces rentes, il falloit que le constituant vendist premierement son heritage au rentier pour la somme d'argent qu'il luy payoit, & qu'à la suite du mesme contrat, l'acheteur le luy rebailtast à rente fonciere mais cette manigance & déguisement, cette entrée & issuë, approche plus de fraude que de raison.

Aussi il a esté prouvé particulierement au ch. precedent que la clause d'assignat ne rend point la rente fonciere, & ne lui imprime pas un caractere qui ait effet contre un tiers detempteur. C'est la disposition formelle de cette loi derniere au §. dernier *D. De contrah. empt.* qui parle naïuement des rentes constituées par assignat, & se colligé fort bien aussi de la *l. Fundi Trebatiani D. de usufr. leg.* Et d'ailleurs on ne peut pas prendre l'assignat pour une constitution d'usufruit, tant parce que l'usufruitier jouit par ses mains de l'heritage, que parce que l'usufruit ne peut estre perpetuel, *ne proprietas prorsus inutilis sit*. Que si on range & remet l'assignat aux effets de la simple hypotheque, qui est pon vray effet, il s'ensuit qu'il faut quelque obligation personnelle, à laquelle cette hypotheque puisse estre accessoire. Car l'hypotheque, non plus que la fidejussion, ne subsiste sans une obligation principale: Et d'ailleurs ce seroit contre le droit, si par le deperissement de l'heritage, ou en le deguerpissant, le debiteur deuenoit quitte de la rente. *l. Creditor qui non idoneum. D. si certum petatur l. 2. C. de pigno.* comme il sera plus amplement traité au 3. liure. C'est pourquoy il faut par necessité qu'en ces rentes constituées il y ait une obligation personnelle du constituant.

Supposé donc que c'est une chose trop éloignée & de raison & d'usage que le constituant de la rente en fust quitte, lors que l'heritage denommé au contract, duquel il demeureroit seigneur, seroit pery, ou qu'il le voudroit quitter pour la rente, veu que mal-aisément cela est receu aux rentes foncieres; de tenir au surplus qu'il faille

pour la validité de la rente designer un certain heritage sur lequel elle estoit assignée, je dis que cela est non seulement contraire au droit (comme je viens de prouver) mais encore plus contraire à l'équité: car il s'ensuiuroit que ceux qui sont pauvres & qui n'ont point d'immeubles, ou les marchands qui ont tout leur bien en meubles, & qui ont toutefois plus besoin de credit que ceux qui sont fondez en heritages, seroient privez de ce secours & de la commodité du commerce des rentes. De sorte que de requerir cette formalité extraordinaire en une constitution de rente, c'est plaider la cause des usuriers, & des creanciers, non des debiteurs: & sans doute que moins il y a de precautions & asseurances pour le creancier en un contrat de constitution de rente, plus il est juste & charitable. D'où il faut conclure, que non seulement celui qui baille de l'argent à rente sous hypotheque generale de tous les biens du constituant, luy fait plus de charité que celuy qui demande une caution, ou qui luy demande un assignat, ou speciale hypotheque: mais aussi que celui qui ne luy demande la cause des usuriers, ne luy demande la cause des usuriers, pour tout, mais baille son argent sous sa simple cedule, lui fait encore plus de plaisir.

12. Que la Bulle de Pie V. ne lioit les François en cas de conscience.

Reste donc de répondre aux authoritez, & puis aux raisons de l'opinion contraire. En premier lieu, il ne faut point, ce me semble, sauf meilleur avis, (car je ne veux entreprendre de decider les cas de conscience) il ne faut point, dis je, faire de scrupule pour la constitution du Pape Pie V. Car Navarre mesme tient qu'elle ne lie que les sujets temporels du Pape, comme ne touchant qu'à la police humaine & non au cas de conscience: & à la verité si c'estoit une decision Pontificale sur le fait des usures, elle lieroit tous les Chrétiens generalement: mais pour montrer que ce n'est qu'un reglement du Pape, comme Souverain entre ses sujets en la temporalité pour le fait du commerce, c'est qu'elle tolere les contracts faicts au precedent, ce qui ne seroit si elle tranchoit le point de conscience & le droit divin, qui est immuable. Autrement si elle decidoit le cas de conscience, il s'ensuivroit que nous serions tous usuriers en France où les contrats des rentes à prix d'argent sont plus communs que nuls autres.

13. Que les Extravag. de empt. & vendi. ne peuvent seruir à la premiere opinion.

Mais quant aux Extravagantes de Martin V. & Calixte III. sans doute que ce sont decisions pontificales sur le cas de conscience, qui lient & estreignent tous les Chrétiens de tous pays. Car ce sont Epistres decretales incorporées au droit, & écrites à ceux qui n'estoient sujets du Pape en la temporalité, à sçauoir aux Euesques de Treves & Nuremberg, & autres Euesques d'Allemagne: Aussi sont-ce les seules confirmations & approbations, que nous ayons des rentes constituées à prix d'argent, mais elles ne confirment nullement l'opinion contraire: Car pourtant si ces rentes y sont appellées *census*, ce n'est pas à dire qu'elles doivent estre foncieres, & sur l'heritage, parce que la premiere signification du mot de *Cens*, est de signifier tout le bien de la personne, & consequement la redevance personnelle qu'elle paye sur tout son bien. _____ _____ *Dat censui honores, Census amicitias.*

Et alibi, Protinus ad censum, de moribus ultima fiet Quaestio.

Et en ce que les Extravagantes portent *recitative*, non *dispositivè*, que ces rentes étoient imposées *super bonis, agris, praediis*, &c. le mot *bonis* montre bien qu'elles pouvoient être imposées sur une université de biens, sans assignation particuliere: car il n'est pas dit, *super certis & designatis bonis*, mais indefinement *super bonis*. Finalement il est bien dit que les heritages declarez au contrat de constitution étans peris, le debiteur ne peut redemander le sort principal, non plus qu'auparavant, mais il n'est pas dit que pourtant il soit quitte de la rente non plus qu'auparavant; ce qui sans doute n'eust pas été obmis s'il eust été entendu, parce que c'est le point de plus grande importance, & le plus éloigné de toute apparence: de sorte que tant s'en faut que ces Extravagantes seruent pour la premiere opinion, que mesme elles confirment la nostre.

De la distinction

14. 15. 16. 17. 18. Réponse aux raisons de la premiere opinion.

Aussi est-il assez facile de répondre aux raisons de cette opinion. Primo, à ce qui est dit, que *pecunia non potest esse æstimatio sui ipsius*; & que *in venditione debet esse res & pretium*, il est certain qu'il n'y a nul inconvenient, que l'on vende de l'argent en masse, ou que l'on le change en autre argent, *siquæ pecunia erit quodammodo pretium sui ipsius*: & d'ailleurs c'est bien sans doute que *jura incorporalia*, que les Grecs appellent τὰ ἀσώματα, sont une espece de biens, & se peuvent vendre, & cheent en commerce, même avant qu'ils soient créez & imposez.

Aussi de dire que ces rentes ne peuvent subsister sans avoir pour sujet un certain heritage, cela n'est non plus vray qu'és autres debtes à une fois payer, qui subsistent sur l'université des biens meubles & immeubles, presens & à venir du debiteur. *Nec obstat* que ces rentes ont trait à perpetuité, & partant sont reputées immeubles; car l'université des biens est pareillement reputée immeuble, & y subsiste la rente tant qu'il y a des biens; s'il n'y en a plus, elle est par consequent perduë faute de fonds, où elle puisse subsister, en quoy il n'y a nul inconvenient. Et ne faut point juger de ces rentes illicites, pour dire qu'elles ne sont sujettes à aucun hazard; car on voit par experience qu'il n'y a nul espece de biens plus hazardeuse que les rentes, quelques precautions ou asseurances qu'on y puisse apporter.

De dire aussi qu'on ne peut s'obliger à garentir & fournir perpetuellement la substance de la chose venduë, parce que les cas fortuits doivent estre supportez par l'acheteur: cela est vray des cas fortuits, qui surviennent directement en la chose venduë, dont l'acheteur est fait seigneur, mais non de ceux qui surviennent és asseurances de la chose, comme aux hypotheques, dont le vendeur demeure toûjours seigneur, & partant sujet de porter la perte fortuite, comme j'ay amplement expliqué en la garentie des rentes.

Finalement il ne faut point alleguer les rentes étans sur la personne, induisent une perpetuelle captivité ou subjection, qui revient à ce que les Romains appelloient *nexum*; car les rentes ne sont pas perceptibles & executoires sur le corps de la personne directement, mais sur ses biens; jamais en France on n'emprisonne la personne pour ces rentes, en vertu de l'Ordonnance de Moulins, ny de l'obligation par corps, qui est reprouvée en matiere de ces rentes.

15. Comment on en usoit anciennement en France.

Voila comment les raisons de l'opinion contraire sont faciles à resoudre: neanmoins il faut confesser qu'anciennement en France, auparavant qu'on eust bien compris l'origine & la vraye œconomie de ces rentes, on les constituoit presque partout en forme d'assignat, sur quelque certain heritage qui en demeuroit chargé, & sur les fruits duquel la rente se prenoit annuellement, ainsi qu'elle imit si les rentes foncieres, & se reculast des usures Romaines. Et de fait, il n'est rien plus frequent parmy nos Coust. que de voir égaler celuy qui a pris un heritage à rente, à celuy qui a constitué rente sur son heritage, mais il ne se trouve point qu'en aucune Coust. que ce soit, on ait jamais pratiqué la derniere partie de l'opinion de Navarre & ses sectateurs, que la rente fust amortie quand les heritages assignez étoient peris: car nos Coust. supposent toûjours que la personne soit obligée à ces rentes, & que tous ses biens en soient tenus encore qu'il y ait destination d'un certain heritage, sur lequel la rente doit estre annuellement perceuë, comme aussi il a été prouvé au preced. ch. que selon le Droit le vray assignat n'induit pas une condition ou restriction, mais une simple demonstration, pour plus grande facilité du payement; si ce n'est qu'au contract de constitution la rente fust par exprés limitée à l'heritage assigné, sans aucune obligation de la personne, & des autres biens du constituant, comme du Molin a doctement distingué sur l'article 11. de la Coust. nomb. 15. encore je doute fort que telle convention puist subsister selon les regles de Droit. De sorte qu'on peut bien entendre, on a receu en France ce qui estoit pour le profit & la commodité de ceux qui acqueroient ces rentes, & on a laissé arriere ce qui étoit

pour le soulagement des debiteurs, qu'il falloit prendre ou laisser cette opinion toute entiere: ou s'il la falloit diviser, il falloit plûtost embrasser la partie qui tendoit au soulagement des debiteurs.

Pareillement on n'a jamais pratiqué en France l'autre partie de la contraire opinion, que les rentes constituées sans assignat, mais generalement sur la personne & les biens du debiteur, fussent vicieuses & illicites: Car les anciennes Coust. ont reconu deux sortes, ou pour mieux dire deux formes de rentes constituées à prix d'argent, les unes constituées nommément sur certain heritage, comme la Coust. de Montfort, art. 57. & l'ancienne Coust. de Paris art. 57. & 58. qui sont appellées *Rentes d'heritage*; en la Coust. du Bar, tit. 5. art. 57. *Rentes speciales*; en celle de Montargis tit. 2. art. 25. 33. & 37. & quelques Coust. les appellent *Rentes reelles* ou *realisées*: & finalement en la Coust. du Duché de Bourgogne elles sont appellées *assignats*, qui est, ce me semble, le terme le plus propre pour cette maniere de rentes: mais les autres rentes constituées sans assignation s'appellent *Rentes volantes* ou *volages*, parce qu'elles sont assignées en l'air, sans destination particuliere, & *Rentes courantes*, parce qu'elles courent sur tout le patrimoine du debiteur, ou parce que ce sont rentes usitées vulgairement au commerce & usage ordinaire. Elles sont aussi quelquefois appellées *Rentes personnelles*, & principalement par tous les Autheurs modernes, *Rentes hypotheques*, ou hypothequaires en plusieurs Coust. parce qu'elles consistent en simple hypotheque sans assignat: elles sont aussi appellées *Rentes generales* en la Coust. de Xaintonge, titre *Des rentes generales*, parce qu'elles regardent generalement tout le patrimoine du debiteur.

20. Deux sortes de rentes à prix d'argent reconnuës en France, sçavoir les rentes par assignat, & les rentes volantes & courantes, & de la varieté de leurs noms.

Et sans m'arrêter à éplucher les autres Coust. nous trouvons en celle de Paris que l'on a autrefois usé de toutes ces 2. especes, comme il se justifie par l'Ordonnance de 1441. où il est dit en l'art. 3. Que si quelqu'un charge de rente perpetuelle à prix d'argent les maisons de Paris, outre le tiers de leur revenu annuel, il payera l'amande, & si le contrat sera nul: mais dit l'article suivant, si la constituë la rente sur tous ses biens, laquelle obligation soient comprises les maisons de Paris, outre le tiers de leur revenu, le contract sera tenu pareillement nul, mais ne sera en ce cas payé aucune amande.

21. Vn article abrogé par le procez verbal de l'ancienne Coustume de Paris.

Il y a encore une belle remarque au procez verbal de l'ancienne Coust. de Paris à l'endroit du 196. art. qui a été abrogé, & qui étoit le tel: *Quand aucuns heritages sont saisis, & depuis ajugez par decret, & le rentier qui a rente nommément constituée & assise sur lesdits heritages, ne s'oppose aux criées, en ce cas tel rentier par ladite vente & adjudication par decret, perd seulement les arrerages de sa rente*: où l'on voit que ces rentes d'assignat étoient tellement privilegées, que mêmes elles n'étoient purgées par le decret; ce qui toutefois fut dés lors abrogé par la tres-juste remontrance qui fut faite aux 3. Etats de Paris, par les Reformateurs de la Coust.

23. Quatre art. de cette ancienne Coustume rayez par Arrest.

Et sur tout, cela même se découvre fort clairement par ces 4. art. 58. 59. 60. & 61. de l'ancienne Coust. sous le tit. des censives & droits seigneuriaux, qui furent depuis rayez par ce memorable Arrest de la Cour du 10. May 1557. rapporté par du Molin. Voicy les mots, art. 58. *Quand une personne vend, ou constituë rentes sur un heritage, l'acheteur d'icelle rente doit les ventes au Seigneur censier, ou foncier, dont est tenu l'heritage, sur lequel ledit vendeur constituë ladite rente*. Art. 59. *Item quand aucune rente constituée, nommément sur un heritage tenu en censive est rachetée, le rachetant est tenu payer ventes*. Art. 60. *Item, quand on vend & constituë rente sur un heritage (lequel on oblige nommément & specialement à icelle rente) & generalement sur tous les autres biens du vendeur, au seigneur censier, ou foncier, dont est tenu l'heritage, nommément & specialement obligé à ladite rente, appartiennent tous droits de ventes & saisines de ladite rente*. Art. 61. *Item quand aucun vend ou constituë rente generale sur tous ses biens & heritages, sans en specifier aucuns, & lesdits heritages generalement obligez, sont vendus par decret ou autrement*

à prix

Des Rentes. Livre I.

à prix d'argent, & sur le prix de l'argent desdits heritages, la rente ainsi constituée generalement y est prise & rachetée, celuy qui rachete ladite rente est tenu payer au seigneur censier ou foncier de l'heritage, dont precedent les deniers dudit rachapt, les ventes d'iceluy rachap.

14. Source de tout l'erreur & la difficulté de cette matiere.

Or de cét usage non moins frequent aux autres Coustumes de rentes en assignat, qui sont vrayement bastardes & mitoyennes entre les rentes foncieres & les rentes volantes & courantes, sont indubitablement survenuës toutes les difficultez qui se retrouvent aujourd'hui en nôtre Droit François, & toutes les varietez & contrarietez qui se voyent en nos Coustumes, sur le sujet des rentes constituées à prix d'argent, parce qu'aucunes Coûtumes, sous garder les regles du Droit Civil, dont elles se sont voulu éloigner du tout à cause des usures, ont égalé les rentes constituées aux rentes foncieres ; les autres les ont retenuës aux bornes de simples hypotheques, selon les regles de Droit, les distinguans entierement des rentes foncieres.

15. Varieté des coûtumes sur le fait des rentes à prix d'argent.

De là vient, qu'aucunes Coûtumes reputent ces rentes constituées à prix d'argent, immeubles, les autres meubles: & même l'ancienne Coustume de Paris article 57. ne les reputoit pas immeubles, sinon qu'elles fussent nommément constituées sur certains heritages. Aucunes Coustumes attribuent aux rentes constituées, l'action personnelle contre le tiers detempteur, tout ainsi qu'aux rentes foncieres, autres seulement l'action hypothequaire comme aux simples hypotheques: Aucunes y requierent discussion au profit du tiers detempteur, comme aux hypotheques; autres n'y en requierent point non plus qu'aux charges foncieres. Aucunes y reçoivent le déguerpissement, même à l'égard du constituant, autres ne l'y reçoivent point : Aucunes les ont jugées necessairement rachetables, autres ont permis de les constituer, avec condition, qu'elles ne seroient jamais rachetées, comme nôtre ancienne Coûtume, & l'Ordonnance de 1441. Et à l'égard du déguerpissement du tiers detempteur, aucunes veulent qu'il en paye les arrerages en déguerpissant, autres qu'il ne les paye point. Bref, aucunes Coustumes veulent que quand le creancier de la rente acquiert l'heritage sur lequel elle est assignée, elle demeure confuse, autres veulent que l'hypotheque seule de l'heritage soit confuse, mais que la rente demeure duë & perceptible sur les autres biens. De sorte que toutes les difficultez qui se trouvent en matiere des rentes constituées, viennent à cause de cette invention. Or que je prie le Lecteur de remarquer & retenir, comme étant le fort & l'epitase de tout ce Traité.

16. Effet des rentes en assignat, pardessus les rentes volantes.

Et pour expliquer en un mot l'effet des rentes en l'assignat, ainsi qu'on les pratiquoit anciennement, & les distinguer d'avec les rentes qui consistoient en simple hypotheque, il faut faire état qu'il n'y avoit autre difference, sinon que l'assignat étoit reputé plus avantageux que la simple hypotheque, d'autant que l'hypotheque est seulement subsidiaire & accessoire à l'obligation personnelle : mais l'assignat induisoit une obligation principale & directe sur la chose assignée, de façon qu'il ne falloit point de discussion, parce qu'on feignoit & estimoit que c'étoit l'heritage assigné qui devoit la rente, aussi bien que la personne du constituant. Et ce que l'on a tenu long-temps qu'en speciale hypotheque il ne falloit point de discussion, même que plusieurs Coustumes l'ont ainsi decidé, procedoit à cause de cette invention des assignats. De là vient aussi que plusieurs Coustumes ont ainsi decidé, que si le creancier de la rente acquiert l'assignat, la rente est confuse, *quasi factus sit sibi debitor & creditor*, comme decide la Coûtume de Melun, art. 187. celle de Valois art. 165. celle de Senlis art. 202.

17. Que

Mais si cela étoit vrai, il ne faudroit point faire de difference entre les rentes constituées, & les foncieres, bien que notoirement elles soient distinguées, témoins les onze differens effets rapportez cy-dessus au chap. 3. & ce seroit renverser toutes les regles de Droit & notamment la decision de la loi derniere, §. dernier *De contr. empt.* qui est le vrai cas de la rente constituée par assignat, qui neanmoins ne suit point la chose assignée, mais reside en la personne du constituant : comme aussi cela se voit en cette loi *Fundi Trebatiani. De usufr. leg.* où l'heritier peut vendre l'assignat sans charge de la rente, & la continuer puis aprés par ses mains ; Aussi la loy *Luc. Titius de alimentis & cib.leg.* dit notamment que l'assignat, même au cas des alimens, *neque auget, neque minuit legatum.*

cét effet est impertinent, & contraire au Droit.

18. Qu'il est contre les bonnes mœurs.

Mais outre que cette pratique est directement contraire au Droit, je dy même qu'elle est illicite & contre les bonnes mœurs, en matiere de rentes constituées à prix d'argent, qu'on sçait être si pointilleuse, que la moindre paction extraordinaire y apposée, qui tant soit peu charge le debiteur, est tenuë pour usuraire. Or icy la rente constituée suit continuellement l'heritage assigné, tout ainsi que fait une rente fonciere, il s'ensuit que le constituant ne le peut plus vendre, sinon à la charge de payer la rente ; autrement il sera faux vendeur : & s'ensuivra aussi qu'il ne pourra obliger son heritage à plus de rentes constituées qu'il vaudra de revenu, combien que le plus souvent un Château ou une belle terre vaut bien plus une fois payer, que son revenu ne se monte au denier douze. Que si cela avoit lieu, ce seroit retrancher aux pauvres debiteurs la faculté du commerce, & faire une infinité de faux vendeurs & stellionataires en France.

Aussi tout cela se faisoit anciennement auparavant que l'on eust bien éclairci la vraie origine de ces rentes par le Droit Civil, qui en effet ne different des interests & usures Romaines, sinon entant que le sort principal, n'est point exigible & que par l'usage frequent & continuel d'icelles, on les eust pleinement limées, polies & accommodées à la facilité du commerce : mais du depuis qu'elles sont venuës en usage vulgaire & ordinaire, on les a toutes reglées aux rentes volantes & courantes, & aux maximes du Droit Romain, aiant retranché petit à petit les privileges & prerogatives exhorbitantes, qu'elles avoient empieté par ignorance du bon tems & emprunté des rentes foncieres, sous pretexte de cette invention de l'assignat, du tout contraire au Droit.

19. & 20. Que cét effet doit maintenant cesser.

Comme par exemple, on voit au procez verbal de la coûtume de Clermont une modification apportée à l'art. 41. du tit. 3. qui portoit que la rente étoit confuse quand le rentier achetoit l'assignat, *sinon*, porte la modification ajoutée, *qu'il y ait autres hypotheques*. En nos épulchrant les autres Coûtumes, on voit que déja par deux fois en la Coûtume de Paris, cét ancien usage a été corrigé, à sçavoir en l'art. 196. & aux art. 58. 59. 60. & 61. de l'ancienne Coustume citez cy-dessus : & neanmoins le malheur a voulu qu'en cette derniere reformation on est retombé sans y penser, en ce vieil erreur, par l'addition de l'article 100. dont on voit naître journellement de grandes absurditez, comme il sera plus à propos traité au livre suivant.

Je conclus donc, qu'en matiere de rentes constituées à prix d'argent, bien que le contract suit dressé par forme d'assignat, il ne faut pourtant lui donner plus de prerogative, & avantage, que s'il n'y avoit qu'une simple rente d'hypotheque speciale ou generale, autrement ce seroit par trop avantager les rentes constituées. Aussi que de droit, l'assignat ne peut avoir d'avantage de prerogative que la speciale hypotheque comme il est notamment decidé en cette loi, *L. Titius, D. de alim. & cib. legat.* encore a on douté autrefois, si l'assignat importoit hypotheque, comme il a été remarqué au chap. precedent.

21. Que l'assignat ne doit avoir plus d'effet que l'hypotheque aux rentes constituées à prix d'argent.

CHAPITRE X.
Des Charges foncieres, casuelles & extraordinaires.

1. *Que les reparations & entretenemens des heritages sont*
   Du Deguerpissement.

   charges foncieres.

D

De la distinction

2. *Trois sortes d'indictions, personnelles, réelles, & mixtes, appellées en Latin* Capitationes, Functiones, & Collectæ.
3. *Du pavé des villes.*
4. *Estappes & magazins de bleds & vins des Romains.*
5. *Que les profits seigneuriaux sont charges foncieres.*
6. *Coûtumes qui permettent la saisie pour lods & ventes.*
7. *Pour lods & ventes y a action pure personnelle.*
8. *Si c'est au ventier, ou proprietaire, de payer les charges casuelles.*
9. *Qui doit faire les entretenemens & reparations.*
10. *Qui doit payer les indictions réelles, & levées de deniers.*
11. *Resolution nouvelle pour le payement des indictions réelles.*
12. *Qui doit payer les indictions réelles faites pendant la guerre, pour les fortifications des Villes.*
13. *Qui doit payer l'impost des boües & chandelles à Paris.*
14. *Qui doit payer le pavé des Villes.*
15. *A qui c'est de payer les reliefs & profits de fief.*

1. Que les reparations & entretenemens des heritages sont charges foncieres.

C'Est assez parler des rentes, qui sont charges ordinaires & annuelles; il faut pour la fin de ce livre, dire un mot des charges foncieres, extraordinaires & casuelles: car en ces charges le déguerpissement peut aussi bien avoir lieu comme aux rentes foncieres. Il y a premierement les reparations & entretenemens de l'heritage, qui sont à bon droit mis entre les charges foncieres en la loy 7. *D. de usuf.* Car le proprietaire d'une maison peut être contraint à l'entretenir, sans la laisser déchoir ni tomber en ruine par tous ceux qui y ont interest, soit par les Voyers & Officiers du Roy, *ne civitas ruinis deformetur, & quia Reipub. interest ne quis re sua malè utatur*; soit par le proche voisin, au cas qu'une muraille face ventre sur sa maison, qui est le cas de l'interdit *De damno infecto*, pour lequel éviter on peut venir au déguerpissement, *l. 2. D. de neg. gest.* soit principalement par celuy qui a rente ou autre droit foncier sur la maison, qui pour la conservation de son droit a interest qu'elle ne soit ruinée: parce aussi que c'est une charge taisible, que celui qui jouit de la maison l'entretienne en bon état: *ad quem fructus ædium pertinet reficere is ades per arbitrium cogitur, l. 6. in fi. D. De usufr.* Et de là vient que quand un detempteur veut deguerpir pour s'exempter d'une rente fonciere, s'il ne remet l'heritage en bon état, il n'y est pas receu, parce qu'il n'a pas accomply la charge dont il étoit tenu pendant sa detention: comme il sera expliqué au cinquiéme livre.

2. Trois sortes d'indictions, personnelles, réelles & mixtes, appellées en Latin Capitationes, Functiones, & Collectæ.

Pareillement les indictions & levées extraordinaires de deniers sont comptées entre les charges foncieres en la loy *Quaro. D. de usufr. leg. & l. Julianus, §. Idem Julianus. D. de act. empt.* soit que ces indictions soient purement réelles, soit qu'elles soient mixtes: car le droit en contient de trois sortes: les réelles appellées *functiones*, dont il a été discouru, qui se prennent entierement sur la chose, comme les tailles de Guyenne, & les foüages de Province: les autres mixtes, nommées *Collectæ*, qui se prennent sur la personne, à raison & à proportion des heritages qu'il possede, comme sont, à la bien entendre, nos tailles de ce pays: Bref, les autres sont purement personnelles, qui se prennent également, & par teste sur chacune personne, que le droit nomme *Capitationes*. Tant y a que les indictions réelles principalement sont vraies charges foncieres.

3. Du pavé des villes.

Il y a aussi le pavé des Villes closes, qui est une charge des maisons, *l. Ædiles D. De via publ. l. Abst. De privil. de Aug. lib. 11. Cod.* Comme aussi l'entretenement des chemins étoit par le droit Romain une charge des heritages adjacens, *l. Omnes. C. de oper. pub. l. Antiquitatis. De itinere muniendo, Cod. Theod.* Et la levée qui se faisoit pour l'entretenement des ruës & des chemins s'appelloit *Collatio via*, qui est mise entre les charges foncieres in d. §. *Idem Jul. & l. Si pendentes. §. si quid cloacarii. D. De usufr.*

4. Estappes & magazins des bleds & vins des Romains.

D'où s'ensuit par dicté de raison, que les levées qui se font pour les fortifications, doivent être reputées en ce nombre, comme aussi les levées qui se font annuellement à Paris pour les boües & les chandelles: comme on voit aussi que ce même §. *si quid cloacarii*, compte parmi les charges foncieres les contributions que les habitans de chacune bourgade étoient tenus faire de bleds & de vins pour les vivres & étappes des soldats passans par leur contrée, & pareillement les uns des habitans des Villes étoient tenus vendre à plus vil prix que l'ordinaire pour mettre au magazin public, afin de secourir les pauvres en l'arriere saison, ou en temps de famine: qui est une belle remarque de la police des Romains, dont Cujas a traité au livre 1. de ses Observations chap. 35.

Mais sur tout, il faut mettre entre les charges foncieres casuelles les droits seigneuriaux & profits qui écheent à cause des mutations, soit aux heritages feodaux, comme les reliefs, ou rachapts, quints & requints; soit aux roturiers & censuels, comme les lods, ventes & saisines: car combien que le docte Commentateur de la Coustume de Chaumont en Bassigny, tienne que ces droits ne sont que dettes personnelles, il faut indubitablement tenir, que non seulement ils emportent hypotheque, mais aussi charge fonciere. Aussi tenons-nous sans doute en notre usage que le detempteur de l'heritage peut être poursuivy pour les lods & ventes dûës auparavant son acquisition, qui ne peut être par vertu de l'action hypothequaire, n'ajant le seigneur aucune hypotheque conventionnelle sur l'heritage, mais seulement une maniere de tacite hypotheque, qui resulte & dépend du droit foncier, comme il sera expliqué au 5. liv. On voit aussi qu'aux decrets des heritages le seigneur direct non seulement est receu à s'opposer des lods & ventes à luy dûës, mais aussi que pour raison d'iceux il est mis en ordre tout le premier, même avant les frais des criées, par l'Ord. des criées art. 12. ce qui montre bien que les lods & ventes sont charges foncieres, comme leur nom l'emporte: car puis qu'ils sont appellez *droits seigneuriaux*, ils sont à plus forte raison foncieres, d'autant que les droits seigneuriaux constituent la plus noble espece des charges foncieres.

5. Que les profits seigneuriaux sont charges foncieres.

6. Coûtumes qui permettent la saisie pour lods & ventes.

C'est pourquoi il se voit que plusieurs Coûtumes ont permis de se pourvoir directement par saisie de l'heritage pour les lods & ventes, comme même la Coûtume de Chaumont art. 60. & 63. celle de Blois art. 378. de Bourbonnois art. 413. celle d'Auvergne tit. 21. art. 6. celle de Nevers tit. des cens, art. 16. & 18. celle de Châteauneuf art. 145. celle de Senlis, art. 256. Ce qui est assez raisonnable, plûtot que de donner la peine au seigneur censier d'aller chercher son sujet aucunesfois à cent lieuës loin pour être satisfait d'un petit droit de rente.

7. Pour lods ventes y a action pure personnelle.

Il est bien vrai qu'on peut dire que l'acquereur est tenu d'action pure personnelle pour les lods & ventes de son acquisition, & qu'il en peut être valablement poursuivi, encore qu'il ne soit plus detempteur de l'heritage, ou qu'il le voulût deguerpir. Mais ce n'est pas qu'il soit tenu d'action pure personnelle *ex contractu*: car par le contract de son acquisition, il ne promet rien au seigneur direct: mais c'est, qu'à cause que les lods & ventes sont écheuës pendant sa detention, il est tenu les acquiter avant d'être recevable à déguerpir, comme il sera dit au livre suivant des arrerages de son temps des rentes foncieres.

Mais quant aux amendes, soit à faute de cens non paié, soit de ventes recelées, je demeure d'accord avec le Commentateur de Chaumont, que ce ne sont point charges foncieres, puis qu'il n'en resulte qu'une simple actio personnelle *ex quasi delicto*, contre celui qui a manqué à payer les cens ou à payer les ventes. Car telles amendes ne procedent nullement de la chose, mais de la faute & quasi delit du sujet censier: ce qui est fort à observer.

8. Si c'est au rentier, ou proprietaire, de payer les charges casuelles.

Voila toutes les charges casuelles, dont je me suis pû aviser, auxquelles le deguerpissement peut avoir lieu comme aux rentes ordinaires: & cessant icelui elles doivent être payées & acquittées par le proprietaire & detempteur de l'heritage. Toutesfois il arrive souvent que ces charges extraordinaires concourent avec les rentes foncieres, & qu'un même heritage se trouve chargé tout ensemble & d'une rente fonciere & de l'une de ces charges, & lors c'est une grande difficulté de sçavoir

Des Rentes. Livre I.

si celuy qui a une rente fonciere ou seigneuriale sur l'heritage, comme percevant annuellement une partie des fruits & levées d'iceluy, est tenu de contribuer avec le detempteur à ces charges casuelles: Ce qu'il faut échaircir en peu de paroles: car je ne m'arresteray pas à discourir comment ces charges casuelles doivent être distribuées entre l'usufruitier & le proprietaire: parce que cela est assez clairement decidé en droit par la loi *Si pendentes*, & *l. Hactenus. D. de usufr.* & *d. l. Quaro. De de usufr. leg.*

9. Qui doit faire les entretenemens & reparations.

Pour donc repasser toutes les especes de ces charges casuelles cy-dessus proposées, quant aux reparations & entretenemens, il faut trancher tout court, que le Seigneur de la rente fonciere, n'est tenu d'y contribuer, parce que toutes sortes de baux à rentes se font à la charge d'entretenir par le preneur l'heritage en bon & suffisant état: & encore que cette clause soit omise au contrat de bail, elle y est toûjours sous-entenduë, suivant la maxime de la loi *Quod si notit. §. quia assidua. D. de adil. edicto.* Mais la question est grande de sçavoir si les bâtimens étans tombez de caducité, ruinez par la guerre, ou brûlez par cas fortuit, le preneur à rente est tenu les rebâtir & remettre au premier état; ce qui sera traité plus à propos au cinquiéme livre.

10. Qui doit payer les indictions réelles & levées de deniers.

Pareillement la difficulté est tres-grande pour le regard des indictions & levées qui se font de nouveau sur les heritages chargez de rentes, sçavoir si le rentier y doit contribuer. En premier lieu, c'est une regle infaillible que le censier & seigneur emphyteutique, quand ils n'ont qu'une petite redevance, qui se paye plûtôt pour la marque de leur directe, que pour le profit, ne sont tenus de contribuer à telles levées, *quia indictiones sunt onera fructuum.* D'où s'ensuit au contraire, que si la redevance est grosse, & qu'elle se paye *in compensationem fructuum,* comme parlent nos Docteurs, le rentier y doit contribuer pour telle part & portion qu'il amende par effet des fruits de la chose, que la rente fonciere *facit partem fructuum.* Aussi on ne doute point en France que les pensionnaires des Benefices ne doivent contribuer aux decimes du Roy avec les Beneficiers, si leur concordat ne contient paction au contraire: Ainsi le resolvent *Gigas de pensio. quaest. 38. 39. & 40. Rebuff. de pacificis possess. num. 20. Chassan. in consi. Burg. rub. 3. art. 6. num. 7. Tiraquell. de jure primig. Q. 75. num. 10.* C'est pourquoi les bons Banquiers & Praticiens en matiere beneficiale, n'oublient jamais en la constitution des pensions, la clause *immunem & exemptam fore ab omnibus decimis, indictis, superindictis, charitativis subsidiis, atque aliis omnibus muneribus & oneribus quibuscunque impositis & imponendis, expressis & non expressis, &c.* Et ne faut point distinguer si ces levées sont pures réelles, où si elles sont mixtes; car on peut dire que *etiam collecta dividitur inter conductorem ad longum tempus & dominum. Alex. in l. Ubi purè. ad Treb.* & *l. Quoties. C. ad l. Falc. Jas. in l. Non amplius. de leg. 1. Mart. de Assi. in feud. quae sunt regalia. §. plaustrorum. n. 40.*

11. Resolution nouvelle pour le payement des indictions réelles.

Mais je trouve que ces Interpretes n'ont point été assez exacts en ce point; car il semble qu'il falloit distinguer les impositions & levées qui tournent en pure charge & pure perte, d'avec celles qui se font pour la conservation ou augmentation de la chose: attendu que si le profit qui provient de la levée vient seulement au proprietaire de l'heritage, il n'y a pas apparence que le seigneur rentier y doive contribuer. Pour exemple familier, il est certain que les seigneurs des rentes foncieres ne contribuoient point à la levée qui se faisoit à Paris auparavant les troubles pour les fortifications, d'autant qu'elle tournoit seulement au profit des proprietaires; & bien que les maisons augmentent de prix, les rentes demeurent toûjours en même état.

12. Qui doit payer les indictions des fortifications des Villes.

Ce qui est fort à propos des levées qui se font faites pendant la guerre en plusieurs villes, bourgs & villages, sur les maisons & lieux y situez, pour la closture, reparation & fortification d'iceux, sçavoir si les rentiers doivent contribuer à ces taxes avec les proprietaires des maisons. Ce que je ne veux entreprendre de resoudre, attendant l'oracle de la Cour de Parlement.

13. Qui doit payer l'impost des boües & chandelles de Paris.

Mais quant à l'impost des boües & chandelles de Paris, il est certain que non seulement les seigneurs des rentes n'y doivent contribuer, mais même que le simple locataire est tenu d'en acquitter le proprietaire, parce que cela regarde la commodité particuliere & temporelle de ceux qui habitent és maisons. *Ferat igitur onus, qui commodum percipit.*

14. Qui doit paver le pavé des Villes.

Quant au pavé des villes; il ne s'en peut rien dire plus à propos que ce qu'en ont écrit Messieurs Choppin & Bacquet aux Traitez du Domaine; à sçavoir que le seigneur censier doit contribuer au premier pavé, & pareillement le corps & communauté des habitans, quand le pavé est necessaire pour leur utilité. Mais quant aux simples rentiers, je n'estime point qu'ils y soient contribuables, parce que cela regarde principalement la commodité & décoration de la maison, & non pas l'augmentation de la rente: & pour ce qui concerne l'entretien de l'ancien pavé, sans doute que cela doit être réglé comme les autres entretenemens de la maison.

15. A qui c'est de payer les reliefs & profits de fief.

Finalement quant aux profits seigneuriaux, soit feodaux ou censuels, sans s'amuser à une recherche plus profonde, il faut tenir pour regle generale, que soit le rentier, soit le proprietaire, qui ait donné lieu & cause à l'ouverture de ces droits, il les doit seul payer & acquitter. Par exemple, en rompture quand le proprietaire vend l'heritage, l'achepteur en paye seul les lods & ventes; & quand le rentier vend sa rente, celuy qui l'achepte en paye aussi les ventes en la Coûtume de Paris, & autres, où il est deu ventes pour vendition de rentes foncieres. Et aux heritages feodaux, si la mutation du seigneur de la rente fonciere non infeodée, donne lieu au rachapt, (comme quand l'ancien vassal s'est joüé de son fief, & l'a baillé à rente sans demission de foy) alors c'est à lui à payer le rachapt, & en acquitter le detempteur de l'heritage feodal, si le seigneur se prend à lui; ou s'il saisit le fief. Et au contraire, si l'ouverture procede du chef du detempteur, comme quand la feodalité reside en sa personne, alors c'est à lui à payer le rachapt, sans que le rentier y contribué: *Neque enim alteri per alterum iniqua conditio afferri debet.* D'où s'ensuit aussi, puis que les profits feodaux se reglent aux mutations advenues en la personne du proprietaire & non de l'usufruitier, que c'est au proprietaire à les payer. Il est vray que l'usufruitier, comme detempteur de la chose, en peut être poursuivi par le seigneur direct, mais il a recours contre le proprietaire, quoy qu'en ait dit du Molin sur l'art. 22. de la Coûtume.

CHAPITRE XI.

Des Charges universelles.

1. Ce que c'est que ces charges universelles.
2. Que le successeur universel, non heritier n'est tenu d'action pure personnelle, mais d'action écrite in rem, jusque à la concurrence des biens.
3. Qu'il doit faire inventaire, mais n'a besoin d'obtenir lettres à ceste fin.
4. Qu'il peut déguerpir.
5. Difference entre les charges universelles & foncieres.
6. Que toute debte dont on est tenu pour detemption d'un heritage, peut être appellée charge fonciere, & qu'on s'en exempte par le Déguerpissement.

1. Ce que c'est que ces charges universelles.

Finalement outre les charges foncieres annuelles & casuelles, il y a encore une autre espece de charge, Du Deguerpissement. qui ne reside pas sur un fonds particulier, mais sur l'université des biens, que j'appelle pour plus grande facilité charges universelles.

lité, charges universelles, *videlicet onus æris alieni*, dôt est tenu le successeur universel qui n'a point de titre & qualité d'heritier, car celui qui est heritier, est tenu d'action pure personnelle pour les dètes du defunt, lequel desormais il represente, & l'obligation duquel est transmise & transferée en sa personne par la loi des douze tables. Mais cette obligation personnelle ne passe point en la personne des autres successeurs universels, qui ne sont heritiers, comme des legataires universels des seigneurs qui succedent par confiscation, ou par desherance, bâtardise, ou aubenage, & en Droit, des peres & maistres qui succedent au pecule du fils de famille, ou de l'esclave, *l. 1. & 2. De castr. pec. Tutoris. C. ad l. Jul. de vi pub. ubi dicitur successionem pro oneribus portionis suæ resp.* Ce qui s'adapte aux Religieux & Chevaliers de Malte ; car tous ceux-là sont tenus des debtes de ceux desquels ils prennent les biens, non pas comme heritiers, mais simplement comme detempteurs & successeurs de leurs biens, & *quia bona dicuntur deducto ære alieno*, & *as alienum ipso jure minuit patrimonium l. Non possunt. D. De in si sc. cum simil.* En effet, ce n'est pas eux qui sont debiteurs ; mais ce sont les biens qui sont chargez des debtes.

1. Que le successeur universel, non heritier n'est tenu d'action purement personnelle, mais d'action écrite in rem, jusques à la concurrence des biens.

D'où il s'ensuit premierement qu'ils ne sont pas tenus *purâ personali actione*, *quasi aditione contraxerint cum creditoribus hæreditariis* ; car cette fiction n'est que pour les vrais heritiers, mais ils en sont tenus *personali actione in rem scripta*, d'autant qu'ils sont detempteurs des biens hereditaires, comme la succession étant debitrice, & non eux, le leur ministere étant requis pour recevoir l'action & faire le payement : & ainsi ils n'en sont pas tenus plus outre que jusques à la concurrence des biens ausquels ils succedent, pourveu neanmoins qu'ils en ayent fait inventaire ; autrement s'il y avoit eu du mélange & de la confusion de ces biens avec les leurs, on pourroit pretendre qu'ils seroient tenus solidairement des debtes. Et outre cela il est aisé de entendre qu'ils ne peuvent être contraints ni executez que sur les biens de la succession, qui seuls sont chargez des debtes d'icelle, & non sur leurs propres biens, qui n'en sont tenus directement, non plus que leur personne ; l'action qui a lieu contr'eux, bien que personnelle, étant toutefois écrite & limitée à la chose. D'où il s'ensuit qu'ils n'ont point besoin d'obtenir lettres de beneficc

d'inventaire, qui ne servent qu'à ces deux fins, de n'être tenu des debtes outre les forces de l'heredité, & de n'en être executé que sur les biens d'icelle. Et de fait, la Cour a reprouvé par plusieurs Arrests les lettres de benefice d'inventaire, obtenuës par les legataires & donataires universels, aussi bien que par les femmes pour accepter la communauté.

Il s'ensuit que ceux-là s'acquittent de ces debtes & charges universelles, en déguerpissant tous les biens delaissez par le debiteur, comme il est decidé pour le regard du pecule en la loi *Sed postquam D. communi divid.* De cette espece de charges il sera traité plus amplement au livre suivant, & au livre quatrième & sixième.

3. Qu'il doit faire inventaire, n'a besoin d'obtenir lettres à cette fin.

4. Qu'il peut déguerpir.

Bref, qu'il n'y a autre difference entre ces charges universelles, & les pures charges foncieres, sinon que le detempteur faisant les fruits siens de l'heritage chargé de rente fonciere, est tenu aussi irrevocablement de payer les arrerages de la rente ; mais les successeurs universels ne percevans à leur profit le revenu des biens qui accroist à la succession, attendu qu'elle n'est en rien confuse ni mêlée avec leurs autres biens, ne sont tenus de payer ne les arrerages des rentes deuës par la succession ; & aussi en déguerpissant, ils rendent non seulement les corps hereditaires, mais encore les fruits. Finalement celui auquel le successeur universel aura vendu l'heritage, ne sera tenu personnellement des debtes de la succession, car les debtes chargent toute la masse & université des biens de la succession, & non certaine piece de biens ; mais il faut que le successeur universel, pour être receu à déguerpir, rende & tienne compte de juste prix des biens qu'il aura vendus, comme il sera dit plus à plein au dernier livre.

5. Difference entre les charges universelles & foncieres.

Bref toute debte & poursuitte, dont quelqu'un peut être tenu pour la detention & possession de quelque chose, meuble ou immeuble, n'y étant d'ailleurs obligé peut être referée entre les charges foncieres ; & departant on s'en exempte en quittant & renonçant à la chose, pour raison de laquelle on est poursuivi, comme les exemples en sont en la loi *Quod si nolit. in pr. de Ædil. edicto. in lege Cum fructuarius. D. de usufr. in lege 2. D. de neg. gest. in l. Quemadmodum. §. 1. D. de nox. act.* étant tres-raisonnable que cessant la cause de la poursuitte, la poursuitte cesse pareillement.

6. Que toute dette dont on est recherché pour la détention d'un heritage, peut être appellée charge fonciere, & qu'on s'en exempte par le Déguerpissement.

❀❀❀❀❀❀❀❀❀❀❀❀❀❀❀❀❀❀❀❀❀❀

DU
DEGUERPISSEMENT
ET DELAISSEMENT PAR HYPOTHEQUE.
LIVRE SECOND,
DE L'ACTION PERSONNELLE QUI A LIEU
pour les charges foncieres.

CHAPITRE I.
De l'origine & nature de l'action qui a lieu pour les charges foncieres.

1. Liaison de ce livre avec le precedent.
2. Trois sortes d'actions en Droit, Personnelles, Réelles, & Mixtes.
3. Difference des actions personnelles d'avec les réelles quant au sujet.
4. Difference quant à la forme & conclusion.
5. Quelles actions sont mixtes.
6. Exemples des actions mixtes.
7. Preuve par le droit de l'action personnelle qui a lieu és charges foncieres.
8. Que cette action n'est point attribuée specialement aux tributs du fisque.
9. Que les loix cy-dessus alleguées peuvent être entenduës de l'action hypothequaire.
10. Que ce n'est point revendication.
11. Quatre sortes de debtes, esquelles ont lieu quatre diverses sortes d'actions.
12. Autheurs qui ont dit que cette action étoit inconnuë au Droit.
13. Loüange de feu Monsieur du Molin.
14. Son opinion, & de Guido Papa, touchant cette action, & leurs raisons.
15. Réponse à leurs raisons.
16. Que cette action doit avoir lieu par toute la France.

De l'action mixte. Liv. II.

17. *Pourquoi nous appellons le Droit Romain, Droit commun.*
18. *Que cette action n'a point de lieu que pour les charges foncieres, & non pour les simples hypotheques.*
19. *Qu'elle n'a point de lieu pour les arrerages precedens la detention.*

5. Quelles actions sont mixtes.

1. Liaison de ce livre avec le precedent.

AYant traité au livre precedent du sujet ou matiere du deguerpissement, à sçavoir des charges foncieres, & de leur distinction, avec les rentes constituées, & simples hypotheques, pour lesquelles a lieu le delaissement par hypotheque, il faut parler en cettui-ci de l'action qui a lieu pour ces charges foncieres, qui est la cause efficiente & immediate du Deguerpissement, que j'appelle tantôt l'action personnelle écrite *in rem*, & tantôt l'action mixte, ainsi que fait l'Autheur du grand Coûtumier, liv. 2 chap. 25. Action qui merite bien un livre separé, parce que non seulement elle est irreguliere, mais encore elle se trouve si rarement & si peu distinctement dans le droit, que l'on a tenu jusques ici qu'elle y étoit du tout inconnuë, ce qui n'est pas: & neanmoins l'explication en est tresutile parce qu'elle est fort commune en France, même autorisée dictement par la plûpart des Coûtumes, sans toutefois que les Interpretes d'icelle ayent ni entendu son origine, ni expliqué sa nature & son usage.

2. Trois sortes d'actions au Droit, Personnelles, Réelles & Mixtes.

Bien que toutes les actions soient divisées au Droit en personnelles & réelles, toutefois il n'est inconvenient *quin mixtum genus sub duobus simplicibus contineatur*. Aussi Justinien aux institutes aprés avoir dit, *que omnes aut in rem sunt aut in personam*; & aprés avoir expliqué les unes & les autres, ajoûte, *Quædam actiones mixtam causam habere videntur, tam in rem quàm in personam*. Et encore qu'entre les exemples qu'il apporte des actions mixtes, il n'y mette point celle qui a lieu pour les charges foncieres, il ne s'en faut pas étonner; car les exemples n'apportent point de restriction: &, comme les charges foncieres étoient rares, principalement entre particuliers, aussi cette action étoit consequemment si peu usitée, qu'il ne la falloit pas alleguer pour exemple.

3. Difference des actions personnelles d'avec les réelles quant au sujet.

Or les actions personnelles sont distinguées d'avec les réelles par deux marques infaillibles & differences specifiques; l'une concernant le sujet & la matiere, l'autre leur forme & conclusion; car je n'ai pas entrepris d'observer les autres differences moins certaines, remarquées par les Interpretes de Droit. Quant au sujet où resident les actions, les personnelles suivent entierement la personne obligée, *ejusque ossibus adhærent ut lepra cuti*, disent les anciens Interprettes, encore même que la chose, à l'occasion de laquelle elles viennent, ait changé de main, & aprés la mort de la personne, elles passent en son heritier, entant qu'il est heritier. Mais les actions réelles suivent entierement la chose en quelques mains qu'elle passe; de sorte qu'étant alienée par celui qui a fait le contrat, elles laissent la personne, & s'attachent à la chose, & pareillement le contractant étant mort, elles ne passent en son heritier entant qu'heritier, mais seulement tout ainsi qu'en on étranger, entant qu'il est detempteur de la chose.

4. Difference quant à la forme & conclusion.

Pour la forme & conclusion, ces actions sont aussi fort differentes; car aux personnelles, on conclud directement contre la personne obligée, à ce qu'elle soit condamnée *ad dandum vel faciendum quod petitur*: aux actions réelles, la vraye conclusion est contre la chose, & qu'elle soit declarée appartenir, ou bien être affectée & hypothequée au demandeur, qu'on dit au formule de Droit, *Hunc fundum ex jure Quiritium meum esse aio, vel mihi hypotheca nomine obligatum esse aio*. Encore qu'on ajoûte volontiers aux actions réelles une conclusion seconde, qui se dirige contre la personne, *Et en ce faisant que le defendeur soit condamné se desister & departir de l'heritage*, ou *le delaisser par hypotheque*, qu'on dit en Droit, *& ideo reum; nisi restitutat condemnato*: cette partie de la conclusion est l'execution accumulée de la premiere demande, & non la vraye conclusion, qui bien qu'en France (où l'on ne regarde gueres à la formalité du libelle) on obmette bien souvent cette premiere partie, si est-ce que toutefois elle y est sous-entenduë.

Ces marques & differences ainsi posées, il est aisé de discerner les actions pures personnelles d'avec les pures réelles, disant que les personnelles sont celles où se retrouvent les deux marques personnelles; & les réelles, où se voyoient les deux marques réelles. Que si en quelque action il se trouve une marque personnelle, & une marque réelle, il faut conclure que telle action est mixte. Telles sont les actions qui dans le Droit sont appellées *actiones personales in rem scriptæ*, qui quant au sujet où elles resident, semblent être réelles, parce qu'elles suivent la chose, & non la personne; & quant à la forme & conclusion, semblent être personnelles, parce qu'elles sont dirigées contre la personne, & non contre la chose: *& quia forma dat esse rei*, elles sont plus communement mises au rang des actions personnelles; mais d'autre côté, *respectu materiæ*, elles sont appellées *actiones in rem scriptæ*, *quia rem sequuntur*, comme en semblable cas en dit le droit, *pactum in rem, mora in rem, exceptio in rem, quando pactum, mora, exceptio rei non personæ cohæret*.

6. Exemples des actions mixtes.

De cette espece sont toutes les restitutions en entier, les actions rescissoires, les revocatoires, & la plûpart des interdits, *quæ dantur contra quemlibet possessorem*, comme les actions réelles, & neanmoins on y conclud, *adversarium dare, facere oportere*, comme aux actions personnelles. De même cette espece est aussi l'action qui a lieu de droit, *pro oneribus & tributis*, qui n'est pas absolument personnelle *quia sequitur quemlibet possessorem*, & n'est pas aussi purement réelle *quia in ea redditur reum dare, facere oportere*. Il la faut donc justifier & établir par les passages du Droit Romain, comme étant cette action l'un des principaux fondemens de tout ce traité, afin de rabattre l'opinion de ceux qui tiennent qu'elle n'étoit connuë au Droit.

7. Preuve par le Droit de l'action personnelle qui a lieu pour les charges foncieres.

Il n'y a texte qui explique mieux la nature de cette action que la loy *De anno. & trib. li. 10. Cod. Æs quidem alienum proportione, qua quisque defuncto hæres extiterit, præstare oportet, annonas autem is solvere debet, qui possessiones tenet, & fructus percipit*. A quoi revient la loy *Si fideicommiss. §. tract. D. de jud. Æs alienum patrimonium totum imminuit, non certi loci facultates aliud certum si certis oneribus destinatum sit ad patrimonium, ut alimentis Romæ præstandis, vel tributis, vel quibusdam aliis inexcusabilibus oneribus*. Just. en sa Nov. 17. *Tributa, inquit, à possessoribus inferuntur, nec alii debent esse collatores, alii verò possessores. Maxime enim convenit, ut contributiones ad possessores referantur, non autem ad eos qui prædia neque derinent, neque possident*. Ce que dit la loy 2. *sine censu vel reliq. fundum al. non posse. Necesse est eam qui comparavit, censum rei comparatæ agnoscere. Omnes*, dit la loy suivante, *pro us fundis quos possident publicas pensitationes agnoscant, nec pactionibus contrariis adjuventur*. Aussi trouve-t-on bien clairement decidé en Droit que les detempteurs des heritages sont tenus de cette action, comme l'usufruitier, *lege hactenus. D. de usufr.* le mari aux heritages dotaux, *lege Neque stipendum. D. de impen. in res dot.* l'emphyteote, *lege tertia, de jure emphyt.* le legataire, *l. Quæro. D. de usufr. leg.* jusques-là même que tous ceux-là n'ont aucun recours ni repetition pour raison de ces tributs contre celui qui les a imposées, comme il sera prouvé au ch. 5. de ce livre, où plusieurs autres textes sont alleguez à cette conclusion pour ce propos.

8. Que cette action n'est point attribuée specialement aux tributs du fisque.

Et ne faut point dire que cette action personnelle *speciali ratione competat pro tributis fiscalibus*, & n'ait point lieu és autres charges foncieres, comme tient Guido papa, en sa quest. 576. & Imbert chapitre dixiéme de ses Institutions Latines, en la glose, car le même est decidé en Droit és autres charges foncieres, qui ne sont pas dûës au fisque, en la loy *Si pendentes. §. 1. D. de usufr. si quid elocarii nomine debeatur, vel ob formam aquæ ductus, qui per agrum transit, ad onus fructuarii pertinet,* & en la loy *Hactenus. cod. tit. Fructuarius onera agnoscit, ut puta tributum, solarium & alimenta abs re relicta : car vectacarium, pensio pro aquaeductus forma, solarium & alimenta*, ne sont dûs au fisque, & neanmoins cette action personnelle y a lieu. Aussi ne faut-il jamais avoir recours à l'échapatoire de specialité, quand la raison d'une decision est generale, comme sans doute la raison sur laquelle est fondée cette action, que *Pensiones annua onera sunt fructuum*, milite aussi-bien pour les autres charges foncieres que pour les tributs. Et l'occasion pourquoi on voit cette action être plus commnnement en Droit attribuée aux tributs, qu'aux autres charges foncieres, est parce que du tems des Jurisconsultes, les Romains ne reconnoissoient presque point d'autres charges : ainsi cette action écheant peu souvent, elle n'a pas été bien expliquée & éclaircie au Droit.

9. Que les loix ci-dessus alleguées ne peuvent estre entenduës de l'action hypothequaire.

Il ne faut point aussi dire, que toutes ces loix ci-dessus alleguées, doivent être entenduës de l'action hypothequaire : car il est certain que le Droit en l'action hypothequaire, le possesseur n'est pas convenu pour payer comme ici, mais pour délaisser la chose hypothequée. Et sur tout il est certain que l'action des tributs se faisoit sur tous & chacuns les biens du contribuable, comme il se voit aux titres *De exact. tribut. & de capiendis & distrib. pignor. tribut. causa. lib.10. Cod.* jusques-là même qu'il y eut un tems qu'on y contraignoit les debiteurs par prison, ce que Constantin prohiba par cette loi salutaire. *Nemo carceres. de exact. trib.* qui fut l'année derniere heureusement renouvellée en France. Or il est indubitable que la seule action personnelle produit execution sur tous les biens, & l'hypothequaire sur la chose obligée tant seulement ; outre cela nous tenons pour certain que l'action hypothequaire est individué, & neanmoins comme toutes les actions personnelles, aussi l'action *pro oneribus & tributis* est dividué en Droit, comme il est exprés en la loy seconde *De collat. fund. patrim. lib. 11. Cod.* & comme il sera prouvé au dernier chapitre de ce Livre. Finalement, quand un tiers detempteur est convenu d'action hypothequaire, il a son recours contre le vrai detempteur qui a creé la debte, & qui en est tenu personnellement, mais és charges foncieres, il est vrai dire qu'autre n'en est vrai debiteur, ni n'en est tenu personnellement, que le detempteur de l'heritage, & ce detempteur payé, nul n'a recours par la nature de l'action, contre celui qui a imposé les charges, comme il sera suffisamment justifié ci-aprés.

10. Que ce n'est point revendication.

Voila donc comme cette action n'est point hypothequaire : ce n'est pas aussi revendication, comme en matieres de servitudes personnelles *si usufr. petatur*. Car j'ai dit au premier livre que les servitudes se perçoivent directement sur la chose par ceux à qui elles sont duës, qui partant ont une quasi revendication de la chose pour l'attirer à eux, afin d'y percevoir leur servitude. Mais autre chose est des charges foncieres, qui doivent être payées par les mains du detempteur de la chose, & partant on n'y peut user de la revendication, mais seulement d'action personnelle écrite *in rem, in qua persona ratione rei conveniatur*. Comme donc j'ai remarqué quatre sortes de debtes, les pures personnelles, les pures réelles, les servitudes, & les charges foncieres ; aussi il faut distinguer quatre diverses matieres d'actions qui y ont lieu, à sçavoir les actions pures personnelles *ex contractu vel maleficio* ; la revendication, quand la chose appartient directement à celui qui en fait la demande, ou qu'elle lui est hypothequée ; l'action confessoire ou negatoire, qui a lieu pour les servitudes ; & l'action personnelle écrite *in rem*, qui a lieu pour les charges foncieres.

11. Quatre sortes de debtes esquelles ont lieu quatre diverses sortes d'actiõs

12. Autheurs qui ont dit que cette action estoit inconnuë au Droit.

C'est pourquoi je ne me puis assez étonner de ce que tous nos Ecrivains François, & principalement les Commentateurs des Coûtumes, ont tenu pour constant, & asseuré, que cette action avoit été inventée & introduite par nos Coûtumes, & qu'elle étoit inconnuë, même contraire au Droit Romain, sous pretexte de trois ou quatre loix qu'ils ont mal entendues, & ausquel-

les je repondrai incontinent. De sorte que faute d'avoir connu l'origine de cette action, & de l'avoir reglée selon les principes du Droit, ils l'ont detorqué en mille absurditez & fausses consequences. Et cette opinion a tellement été suivie, que les Espagnols, comme Covarruvias & Garsias, ne feignent point de donner l'honneur aux François d'avoir inventé cette action qu'ils approuvent fort, comme tres-commode pour la perception des rentes.

Sur tout je m'étonne infiniment comme l'exact du Moulin s'est laissé emporter en cet erreur commun, veu que c'est lui qui a parlé plus pertinemment de cette action qu'aucun autre, sur l'art. 11. de la Coût. & au traité des usures quest. 49. Que pleust à Dieu qu'il n'eust point été si rigoureux envers le public ; & si cruel envers ses propres œuvres, que d'avoir brûlé avant que de mourir par un chagrin & degoust fantasque, le surplus de ses doctes Commentaires sur nôtre Coûtume, comme on a creu jusques ici, qui eussent été le vrai promptuaire de la Jurisprudence Françoise. Car on voit aux lieux preallegues, quels beaux discours & quelles belles questions il avoit preparé de traiter sur l'article 70. de l'ancienne Coûtume traitant de cette action ; & puis dire que ce seul renvoy me fait de plus en plus regretter cet œuvre admirable, lequel si nous avions, il ne seroit possible pas besoin de tout en traité.

13. Louage de feu Mõsieur du Molin.

Donc du Molin a dit que l'action personnelle qui a lieu pour les charges foncieres, *non est nativa, sed dativa ; non naturalis sed accidentalis ; non à jure introducta, sed à consuetudine inventa*. Mais le judicieux Guy Pape en sa question 576. approche plus prés de la verité que tous les autres, reconnoissant qu'au Droit il y a une action personnelle qui a lieu *in tributis fiscalibus, itemque in alimentis*, & qu'il dit devoir pareillement avoir lieu *in decimis & oblationibus, in anniversariis Ecclesiae relictis, caeterisque legatis piis*. Mais étant fort prés de la verité, il n'a pourtant pû toucher : car il dit que sont tous cas particuliers, & que la regle & maxime generale de Droit y est contraire, à sçavoir que *Personalis actio fundum non sequitur. l. 1. §. haeres. D. Ad Senat. Trebell. l. 2. C. si adverss. cred. presc. oppo. & l. ult. §. ult. D. de contr. Imperatores. D. de publ. & vestig.* & qu'elle a expressément qualifié l'action pro tributis actionis hypothecariae nomine, in l. *Cum possessor. §. ult. D. de censib.* qui sont toutes les loix sur lesquelles est fondée la commune opinion, ausquelles il est fort aisé de répondre.

14. Son opinion, & de Guido Papa, touchant cette action, & leurs raisons.

15. Reponse à leurs raisons.

Car celles qui disent que *Personalis actio fundum pignoratum non sequitur*, parlent expressément des simples hypotheques, non des charges foncieres, notamment ce §. *haeres*, & cette loy 2. *Si adverss. creditorem*. Et quant à la loy derniere *de contr. empt.* elle parle du simple assignat, non de la charge fonciere ; & si elle n'excluoit pas l'action pure personnelle, & non l'action écrite *in rem*, dont nous traitons, ainsi qu'il a été expliqué au 8. chapitre du livre precedent, & quand la loy *Cum possessor. §. ult.* nomme l'action *pro tributis*, action hypothequaire ; elle parle nommement *de tributis preteriti temporis*, pour lesquels à la verité nôtre action n'a pas lieu contre un nouveau detempteur, mais seulement à lieu l'action hypothequaire, d'autant que nôtre action étant precisément fondée sur la jouïssance de la chose, doit par consequent être limitée au tems de cette jouïssance. Ce qui sert aussi pour repondre à la loy *Imperatores, de publicanis*, où il est pareillement parlé *de reliquis preteriti temporis* ; & encore à bien entendre cette loy, quand elle dit *res non personas conveniri*, elle n'exclud pas l'action écrite *in rem*, mais la seule action pure personnelle. De sorte que voila tous les fondemens de l'opinion commune suffisamment renversez.

De tout ce discours resultent trois points fort à remarquer pour nôtre Droit François. Le premier est qu'encore que plusieurs de nos Coûtumes ne fassent aucune mention de cette action personnelle, si est-ce que

16. Que cette action doit avoir lieu par toute la France.

De l'action mixte. Liv. II.

puis qu'elle est fondée au Droit Romain, que nous appellons en France le *Droit commun*, elle doit avoir lieu generalement par toute la France, pourveu qu'il n'y soit expressément derogé par la Coûtume du lieu, ce qui ne seroit pas, si l'opinion vulgaire avoit lieu, que cette action fût contraire au droit.

17. Pour-quoy nous appellons le Droit Romain, Droit commun.

Car encore que les François ne soient nullement sujets aux loix Romaines, par droit de superiorité, si est-ce que comme les Romains mêmes, quoy qu'ils s'estimassent souverains de toute la terre, ne dédaignerent point d'user de la loi des Rhodiens, en ce qui étoit du fait de la marine, parce qu'ils les connoissoient pour les plus braves pilotes du monde: aussi connoissans que les Romains ont été les plus braves politiques, & les plus grands justiciers de toute la terre, nous avons en France receu leurs loix pour droit commun, entant qu'il n'y est point derogé ou expressément, ou en consequence par nôtre droit François, qui consiste aux Ordonnances de nos Rois, aux Coûtumes de nos Provinces, & aux Arrêts de nos Cours souveraines.

Le second point est, que cette action personnelle n'a lieu que pour les charges foncieres, & non pour les simples hypotheques & rentes constituées, pour raison desquelles il y a une action particuliere, qui est l'hypothequaire: aussi ne fut-il jamais veu au droit, que l'hypotheque engendrât une action personnelle contre un tiers detempteur, qui n'est point obligé, comme cela est exprimé en cette loi. §. *bares. ad Trebell.* & la loi 2. *C. si adverf. creditorem.*

18. Que cette action n'a lieu que pour les charges foncieres, & non pour les simples hypotheques.

Le troisième & dernier point, & que même és charges foncieres cette action n'a lieu sinon pour les arrerages écheus pendant la detention, & non pour ceux qui sont écheus auparavant, pour lesquels a lieu seulement l'action hypothequaire; comme il se collige de cette loi *Cùm possessor.* §. *ult. D. De censib.* & ce par la raison qui vient d'être dite, comme aussi nôtre Coûtume le porte expressément:

19. Qu'elle n'a point de lieu pour les arrerages precedens la detention.

CHAPITRE II.

Quelles personnes sont tenuës de cette action, & notamment si les simples locataires en sont tenus.

1. Article 99. de la Coûtume de Paris.
2. Si ces mots, detempteurs & proprietaires, doivent être pris conjointement ou separément.
3. Comment se distinguent le seigneur, le proprietaire & le detempteur.
4. Exemple.
5. Que le simple Seigneur n'est tenu de cette action.
6. Que le Proprietaire en est toujours tenu.
7. Proprietaire se dit en quatre façons.
8. Il y a trois sortes de detempteurs.
9. Comment le preneur est tenu de cette action.
10. Comment l'acquereur du preneur en est tenu.
11. Si le fermier ou simple detempteur en est tenu.
12. Opinion d'Accurse, & ses raisons.
13. Opinion des anciens Interpretes, & leur distinction.
14. Resolution que le simple detempteur n'est tenu de cette action.
15. Réponce aux loix alleguées par Accurse.
16. Premiere exception.
17. Seconde exception.
18. Premiere modification des Coûtumes qui decident l'opinion contraire.
19. Seconde modification.
20. Comment de droit commun on peut agir contre un fermier.
21. Interpretation de la Coûtume de Dreux.
22. Que c'est au fermier à payer les dixmes.
23. Qu'il n'en peut pretendre aucun recours ny diminution contre son maître, & pourquoy?
24. Que l'emphyteote, le preneur à rente fonciere, l'usufruitier, & autres semblables doivent payer les charges.
25. Qui doit payer les charges des heritages, dont autres que les proprietaires ont joüi pendant la guerre.

1. Art. 99. de la Coûtume de Paris.

IL n'y a en tout le Droit François passage plus pertinent pour cette action personnelle écrite *in rem*, que l'article 99. de la Coûtume de Paris. *Les detempteurs & proprietaires d'heritages chargez & redevables de cens, rentes ou autres charges réelles & annuelles, sont tenus personnellement payer & acquiter icelles charges à celuy ou à ceux que deuës sont, & les arrerages écheuz de leur temps, tant & si longuement que desdits heritages, ou partie & portion d'iceux ils seront detempteurs & proprietaires.* C'est pourquoy j'ai entrepris de l'interpreter mot à mot, afin de déduire ce qui reste de la nature de cette action.

2. Si ces mots, detempteurs & proprietaires, doivent être pris conjointement ou separément.

Il commence par ces mots, *Les detempteurs & proprietaires*, desquels il naît une grande question, s'ils doivent être pris conjointement ou separément; c'est à dire, si pour être tenu de cette action personnelle, il faut être detempteur & proprietaire tout ensemble de l'heritage chargé de la rente; ou bien s'il suffit d'être, ou detempteur simplement, ou proprietaire simplement. Car si on prend ces mots conjointement, il s'ensuivra que le simple proprietaire non detempteur, ne sera tenu de cette action, comme celui qui aura baillé son heritage à ferme; ce qui est faux: si on les prend separément, il s'ensuivra que le simple detempteur non proprietaire, à sçavoir le fermier du locataire, sera tenu de cette action, ce qui est pareillement absurde.

3. Comment se distinguent le seigneur, le proprietaire & le detempteur.

Pour parvenir à la solution de cette difficulté, il faut distinguer trois termes *du seigneur, du proprietaire, & du detempteur.* Quand ils sont mis à la distinction l'un de l'autre, le seigneur est celui à qui l'heritage appartient, soit qu'il en ait la joüissance & possession, soit que non: le proprietaire est celuy qui a la joüissance & possession de l'heritage, soit qu'il en soit seigneur, soit que non; & soit qu'il l'occupe & le tienne, soit que non: & finalement le detempteur est celuy *qui naturaliter possidet*, c'est à dire qui tient & occupe corporellement l'heritage: soit par soy & en ce cas il est appellé detempteur proprietaire, parce qu'il est & proprietaire & detempteur tout ensemble: soit par autruy, comme un fermier ou locataire, & en ce cas il est volontiers appellé simple detempteur.

4. Exemple.

Par exemple, il peut arriver que quelqu'un soit vrai & legitime seigneur de l'heritage chargé de la rente fonciere, & que neanmoins il n'en ait pas la joüissance; un autre en joüira, *sive possessor bona, sive mala fidei*: tant y a, qu'il en percevra le revenu: & un autre encore en sera simple detempteur, qui le tiendra à ferme du proprietaire & possesseur: sçavoir lequel des trois est tenu de cette action personnelle, & peut être convenu pour payer les arrerages de la rente fonciere.

5. Que le simple Seigneur n'est tenu de cette action.

Certainement pour le regard du simple seigneur, qui ne joüit & ne perçoit les fruits de l'heritage, il est vrai de dire, qu'il n'est point tenu de cette action pour deux raisons: L'une, parce qu'elle est fondée sur la detention & joüissance, & sur la perception des fruits, *quia onera sequuntur fructus*: cessant laquelle joüissance, *quasi cessante causa*, cette action ne doit avoir lieu. L'autre, d'autant qu'il a été dit que cette action comme réelle quant au sujet, suit continuellement la chose, & en se ressemble entierement à l'hypothequaire. Or en l'hypothequaire *id solùm quæritur an possideat, non an dominus sit is, cum quo actum est*, dit la loy *Si fundus*. §. *in vendicatione. D. De pignorib.* C'est pourquoy on tient en matiere de fiefs, que les mutations & reliefs se prennent de la personne du possesseur, & non du seigneur, comme prouve du Molin, sur l'art. 22. de la Coûtume, quest. 45. A quoi s'accorde tres-bien la loy 11. D. de nox. act. Bona fide servi possessor ejus nomine furti tenetur, dominus non tenetur.

6. Que le Proprietaire en est toûjours tenu.

Au contraire il est aisé à entendre que le proprietaire qui retire le revenu de l'heritage, est celui qui est tenu de cette action. Annonas quippe is solvere debet, qui possessiones tenet & fructus percipit. Et faut hardiment remarquer ici que le mot de proprietaire se prend au Droit Romain, & en nôtre pratique de France en quatre façons. Primò, à la distinction de l'usufruitier, pour celui qui nudam habet proprietatem, alio usumfructum habente : qui est sa plus naïfve signification. Secundò, à la distinction du possesseur, pour celui qui nudum habet dominium, alio possidente : comme quand on dit, nihil commune habet proprietas cum possessione. Tertiò, à la distinction du seigneur direct, pro eo qui habet utile dominium alio directum dominium habente ; comme nous appellons l'Emphiteote & le subjet censier proprietaire de l'heritage. Quartò, à la distinction du simple fermier, pro eo qui possidet, alio detinente ; qui est l'acceptation en laquelle seule il faut prendre ce mot en cet article, & non pour le seigneur qui n'est point possesseur ; car celui-là n'est point tenu des charges, non plus que le simple proprietaire, quand il y a un usufruitier, car c'est à l'usufruitier, & non à lui à payer les charges, l. Quero. D. de usuf. leg. ni finalement pour le seigneur direct, quand il y a un seigneur utile ; car au cas pareil, c'est au seigneur utile d'acquiter les charges, l. 2. Cod. de in emphyt. comme il a été traité au dernier chapitre du Livre precedent.

7. Proprietaire se dit en quatre façons.

8. Il y a trois sortes de detempteurs.

Pareillement nous avons en nôtre usage trois sortes ou pour mieux dire trois degrez de detempteurs, à sçavoir le preneur à rente tant qu'il tient l'heritage, qui peut être appellé premier detempteur, à la difference du tiers detempteur, comme les Interpretes du droit ont dit, primus emphyteuta, secundus emphyteuta. Puis l'acquereur du preneur qui est appellé tiers detempteur, à la difference du preneur, & est aussi appellé detempteur respondant, à la difference du fermier & simple detempteur : Et finalement il y a le fermier ou locataire, qui est vulgairement appellé communi voce detempteur, ou bien simple detempteur.

9. Comment le preneur est tenu de cette action.

Il faut donc approfondir si tous ces trois detempteurs sont tenus de cette action personnelle : & quant au preneur, tant qu'il tient l'heritage, c'est-à-dire, tant qu'il possede l'heritage, il n'y a nulle difficulté qu'il n'en soit tenu : mais c'est une tres-grande question, de sçavoir, si lors qu'il n'est plus de tempteur, comme quand l'heritage est totalement perdu, ou bien qu'il l'a vendu à un autre, il peut être recherché pour payer la rente ; non de cette action personnelle écrite in rem, (car étant fondée sur la detention, c'est sans doute qu'elle ne peut alors avoir lieu) mais d'action pure personnelle en vertu du contrat de bail à rente, par lequel il est obligé à payer la rente : ou bien si son obligation doit être réglée à cette action écrite in rem, & restrainte au sens qu'il sera detempteur seulement, comme n'étant raisonnable, puisque la rente foncière est stipulée sur la chose, & non sur la personne, qu'on laisse en arriere le fonds & celui qui le tient, pour s'adresser à celui qui n'en a plus la joüissance. Qui sont en effet deux questions ensemble, que j'ai reservé pour le quatriéme Livre, parce qu'elles se concernent pas tant nôtre action mixte & écrite in rem, comme l'action pure personnelle.

10. Comment l'acquereur du preneur en est tenu.

Quant à l'acquereur du preneur, il n'y a nul doute qu'il ne soit tenu de cette action, tant qu'il joüisse par ses mains, soit qu'il ait baillé l'heritage à ferme, quia tunc revera fruitur fundo, & en perçoit & met à profit le revenu, possidet & fructus percipit ; qui est le fondement de cette action. Nec obstat, que la Coûtume dit detempteur proprietaire : car le mot de detempteur étant conjoint en cet endroit avec celui de proprietaire, est dit à la distinction du simple detempteur, & signifie celui, qui proprio nomine detinet, ou qui non tantum detinet, sed etiam possidet, Il est bien vrai que pour les arrerages échus auparavant l'acquisition, il s'en peut legitimement exempter par le deguerpisse-ment, comme il sera tantôt dit, si ce n'est qu'il eût acquis l'heritage à la charge de la rente : car alors il y a presque pareille difficulté, qu'au preneur, sçavoir s'il en est tenu de continuer la rente après qu'il a revendu l'heritage à un autre : ce qui sera aussi traité en son lieu.

11. Si le fermier, ou simple detempteur en est tenu.

Mais la difficulté qu'il faut à present vuider, est pour le regard du simple detempteur, qui est le fermier ou locataire, sçavoir s'il est tenu de cette action, soit par nôtre Coûtume en l'entendant disjoinctement, soit aux autres Coûtumes, qui ne decident point cette question. Car celles qui l'ont decidé, portent précisément, que le simple detempteur de l'heritage est tenu personnellement de payer la rente, comme la Coûtume de Mante article 68. celle de Bourges article 33. jointe avec le 35. & quelques autres : & même la Coûtume de Dreux, ainsi qu'elle est entenduë & pratiquée vulgairement sur le lieu passe bien plus outre : Car on tient qu'elle donne execution parée contre le simple detempteur pour les arrerages de la rente fonciere.

12. Opinion d'Accurse, & ses raisons.

Et à la verité l'opinion la plus commune des anciens Interpretes du droit a été, que le fermier est tenu de payer & acquitter les charges foncieres pendant les années de son bail. Accurse ayant été l'auteur de cette opinion sur la loy 1. C. de an. & tribut. qui se fonde sur le texte de cette loy tant de fois citée, Annonas is solvere debet, qui possessiones tenet & fructus percipit. Il se fonde aussi sur la loy Litibus §. bac de reditibus. De agric. & censib. lib. 11. Cod. si coloni more solito pensiones publicas dependerint, ipsi maneant in pristina consuetudine. Bref il se fonde encore sur la loy Si sine §. L. Titus. D. De administrat. tut. où l'on demande si un curateur peut mettre en son compte les cens & redevances foncieres des heritages qui avoient été baillez à ferme, cùm curator effet, in ea civitate, in qua usitatum erat ipsos dominos, prædiorum, non conductores, onera annonarum & contributionum temporalium sustinere : Modestinus respondet, id demum curatorem adultæ reputare posse, quod ipsa, si rem suam administraret, erogare compelleretur.

13. Opinion des anciens Interpretes, & de leur distinction.

De fait, presque tous ces anciens Interpretes se sont tellement laissez emporter à cette opinion d'Accurse, qu'ils ont tenu, que même le fermier ne pouvoit deduire ni décompter à son maître sur le prix de la ferme, les arrerages des charges foncieres écheus pendant son bail, & par lui payez. En quoi toutefois quelques-uns plus retenus, ont fait une distinction des charges ordinaires, comme des cens & telles autres redevances accoûtumées en la Province, & des charges extraordinaires : disans que pour le regard des charges ordinaires le fermier étoit tenu les payer & en acquiter le Proprietaire pendant les années de son bail : mais des extraordinaires, qu'il en pouvoit bien être convenu par celui à qui elles étoient duës, mais qu'il en avoit recours & repetition contre son maistre & bailleur.

14. Resolution que le simple Detempteur n'est tenu de cette action.

Nonobstant tout cela la verité est, que le simple detempteur n'est aucunement tenu de cette action personnelle, non plus qu'il n'est tenu de la pure personnelle ex contractu vel quasi, ni pareillement des réelles, comme de la vendication ou action hypothequaire ; nisi ad hoc, ut Dominum nominet in judicio. l. 2. C. ubi in rem actio. Aussi qu'il est vrai de dire que le fermier ne joüit pas, mais occupe seulement l'heritage (ce qu'Accurse même appelle asininam possessionem) & n'en perçoit pas aussi les fruits, c'est-à-dire qu'il ne les applique pas à son lucre & profit : car outre la peine qu'il prend à cultiver l'heritage, il en paye le loyer & fermage au Proprietaire, & en ce faisant il achette bien souvent les fruits, qu'il recüeille, plus cher qu'au marché. C'est donc le maistre & proprietaire qui joüit en effet de l'heritage, & qui en perçoit les fruits & le profit : c'est ce qui est dit en la loy Quia D. de usuf. Qui locat fundum, non minùs frui intelligitur, quàm qui per se utitur. Merces enim revera fructus est rei. l. Videamus. De usu. l. Si navis. D. de rei. vendit.

15. Re-

Et de fait la loy 1. C. de annonis, ne peut être entenduë

De l'action mixte. Livre II.

ponce aux loix alleguées par Accurse.

dué du simple detempteur, mais du detempteur proprietaire : car elle parle de celuy qui a eu un heritage par succession, & decide qu'il doit payer les simples dêtes pour telle part & portion qu'il est heritier ; mais qu'il doit acquiter les charges foncieres pour telle part qu'il est detempteur de l'heritage : ce qui ne peut convenir au simple fermier. Et quant aux deux autres loix alleguées par la glose, elles supposent une coustume & usage observé en une Province & un pays, & ne resoudent rien pour le droit commun.

16. Premiere exception.

De sorte que cette question de sçavoir à qui c'est de payer les charges foncieres, il faut principalement avoir égard à l'observance & usage du lieu, parce que si les fermiers ont accoûtumé en la Province de payer les charges des heritages, on presume que le proprietaire se fiant à cette observance leur baille la ferme à meilleur marché, & partant il est raisonnable, ou que le fermier paye ces charges, ou qu'il consente la resolution du bail. *Quæ enim sunt moris & consuetudinis, inesse videntur in bonæ fidei judiciis. l. Quòd si nolit. §. quia assidua. D. de adilit. edicta.* qui est une exception notable.

17. Seconde exception.

Il y en a encore une autre, à sçavoir que quand en l'accensement ou bail à rente, il est portè nommément que le bailleur pourra prendre & percevoir par chacun an sa redevance par les mains du fermier, alors en vertu de cette clause, il a contre ces fermiers en quelque temps que ce soit, l'action utile *locati*, comme si elle luy avoit été cedée par le proprietaire, ce qui a été touché au premier livre, *l. Cùm convenit. D. de pignorib. Cùm convenit, ut is qui ad refectionem ædificiorum crediderit, de pensionibus jure pignoris ipse creditum recipiat, etiam utiles actiones adversus inquilinos accipiet.* Mais si le bail du fermier étoit fait expressément à la charge de payer la rente fonciere, pourtant dans la rigueur du droit Romain, le seigneur de la rente n'auroit ni action ni execution parée contre le fermier, sans cession du proprietaire. Car encore *stipulatio alteri facta valeat, quando interest ejus qui stipulatus est §. alteri. Instit. de inutil. stipulation.* Toutefois l'action qui provient de cette stipulation, reside selon le droit en la personne du stipulateur, & ne passe point en celuy au profit de qui est faite la stipulation, sans cession expresse ou tacite, *l. Cùm res. C. de donat.* Il est vrai que cette subtilité ne seroit pas gardée en France, principalement quand on ne procederoit que par voye d'action, comme il sera dit cy-après. Bref cessans ces deux exceptions, il est certain en la these, que le simple fermier ou locataire n'est tenu de cette action personnelle.

18. Premiere modification des Coustumes qui decident l'opinion contraire.

Donc pour le regard des Coustumes, où il est expressément porté, que le simple detempteur est tenu personnellement des charges, il les faut restraindre & limiter le plus que l'on pourra, comme exhorbitantes & contraires au droit commun : & je croy qu'il y faut apporter deux modifications. L'une que le fermier est bien tenu de payer les charges envers & à l'égard de celuy à qui elles sont dûës, mais il n'est pas tenu d'acquiter son bailleur pour raison d'icelles : au contraire s'il est contraint par le seigneur de la rente de les payer, il aura son recours contre son bailleur, si la commune observance du pays n'est au contraire.

19. Seconde modificatio.

L'autre modification est, que mème à l'égard du seigneur de la rente fonciere, le fermier n'est pas tenu de payer entierement tous les arrerages d'icelle, mais en est tenu tant seulement jusqu'à la concurrence de ce qui reste deu par lui des loyers & fermages, lors de la demande & interpellation qui lui est faite de payer les charges qu'il pouvoit justement ignorer : & pour le regard des celles dont il avoit connoissance, ou pouvoir avoir connue des charges ordinaires, il n'en est encore tenu plus outre que peuvent monter les loyers entiers depuis sa detention. De fait, il semble que la Coustume de Berry chap. 8. art. 55. revienne à cette distinction : autrement qu'elle apparence y auroit-il qu'un pauvre fermier de bonne foy fust tenu, après avoir payé son mai-

Du Déguerpissement.

stre, de payer encore les rentes qu'il aura ignorées, ou qu'il fut tenu de celles qu'il auroit sceues, outre ce qu'il rend des terres.

Mais hors ces Coûtumes, on ne peut de droit commun usité en toute la France, agir contre le fermier pour les rentes foncieres de l'heritage, non plus que pour les constituées, sinon en saisissant l'heritage, & le faisant rendre adjudicataire en justice suivant son bail, ou bien en faisant arrêt des loyers qu'il peut devoir à son bailleur.

20. Communauté de droit commun peut agir contre un fermier.

Et quant à la Coûtume de Dreux, c'est une fausse pratique & un mauvais style qui s'y est autorisé, de permettre que l'on execute le simple detempteur en ses biens pour les arrerages de la rente fonciere. Aussi l'art. 213. sur lequel on fonde cette observance, parle expressément du detempteur proprietaire, non du simple detempteur : voicy ses mots, *Si un heritage est baillé à rente à toûjours, mais non à recousse, & l'obligé meurt, on le baille à un autre, soit à la charge de la rente ou non, le creancier pourra preceder par voye d'execution sur le detempteur dudit heritage, si bon luy semble.* Il parle donc de l'acquereur du preneur, ce par ainsi du detempteur, non du simple fermier ou locataire de l'heritage. Et cette Coustume est assez particuliere, & irreguliere de soy, de permettre que le tiers detempteur, qui n'est obligé ny condamné à la rente, soy d'abord executé en ses biens pour raison d'icelle, sans encore la tirer plus outre que ses termes ne permettent. Car je ne sçache aucune autre Coustume en France, qui donne execution parée sur les biens du tiers detempteur, pour les arrerages de la rente, jusqu'à ce qu'il ait passé titre nouvel. Il est bien vrai que l'Ordonnance de l'an 1563. permet de saisir l'heritage, mais non de saisir les autres biens du detempteur.

21. Interpretation de la Coûtume de Dreux.

Or il faut hardiment remarquer que cette resolution, que le simple detempteur n'est tenu de payer les charges foncieres, n'a point de lieu pour le regard des dixmes : car indistinctement c'est au fermier à les payer, sans s'arrêter à la distinction du chap. *Tua nobis. ext. de decimis,* soit que le fermier tienne les terres à bled ou à argent, si ce n'est en bail à moitié, ou location partiaire, en laquelle il faut, ou que les dixmes soient prises *è cumulo fructuum* avant le partage des fruits, ou soient payées en commun par le maître & le colon pour telle part & portion que chacun prend aux fruits. Et c'est en ce cas qu'on peut pratiquer le chap. *A nobis eod. tit.* où il est dit, que *à dantibus & recipientibus possessiones ad firmam, decimæ sunt solvendæ* : que les Canonistes & les Beneficiers ont pris à leur avantage, entendans qu'il falloit en tous baux à ferme, que le fermier & le proprietaire payassent tous deux la dixme.

22. Que c'est au fermier à payer les dixmes.

Encore faut-il observer que le fermier n'a aucun recours contre son maître, & ne luy peut rabattre sur son fermage les payemens des dixmes, comme il feroit des autres charges foncieres, qu'il auroit payées : & ce pour deux raisons.

23. Qu'il n'en peut pretendre aucun recours ni diminution contre son maistre, & pourquoy ?

L'une que les dixmes se paient pour l'administration des saints Sacremens ; ce qui regarde la personne du fermier, qui demeurant à la dixme reçoit de son Curé la nourriture spirituelle : & c'est la raison du chapitre *Cùm sint. au même tit.* où il est decidé, qu'encore que les proprietaires ayent un privilege personnel de ne point payer de dixmes, si est-ce que s'ils baillent leurs terres à ferme à personnes non privilegiées, les fermiers ne laisseront de payer dixmes en certains cas. L'autre raison est, que les dixmes se prennent sur le champ, & *ex ipsius prædii fructibus imò sunt quota pars fructuum* ; de maniere que *Decima fructuum ipsorum cujusque anni, non proprietatis atque adeò usufructus fundi onera sunt.* Raison qui a lieu pareillement au Champart, Terrage, Agriere, Boisselage, Complant, Terceau, & telles autres rentes non liquides, & qui se reglent selon la quantité des fruits de chacune année. Il est vrai que si ces charges étoient extraordinaires, telle que le fermier les eust justement ignorées, il auroit recours contre son bailleur pour raison d'icelles, parce qu'il n'est pas raisonnable qu'il soit chargé de plus qu'il ne soit soûmis, & notamment de ce qu'il a pû justement ignorer.

E

Voila ce qui se peut dire des simples fermiers, ou locataires : car il n'y a nul doute que le preneur à vie ou à longues années, l'emphyteote, le preneur à rente foncière, & pareillement l'usufruictier, comme la doüairière, ne soient tenus de cette action, parce que tous ceux-là ne sont pas simples detempteurs, mais detempteurs proprietaires. Autant en doit être dit de celuy qui possede l'heritage dont il n'est point seigneur, *sive sit possessor bonæ fidei, sive malæ fidei*, c'est tout un, il faut qu'il paye les charges, puis qu'il cueille les fruits : & ainsi ces mots de *detempteur proprietaire*, doivent être entendus, *pro eo qui proprio nomine detinet, non pro eo qui revera Dominus est*.

D'où il s'ensuit que ceux qui pendant la guerre ont joüi des heritages d'autruy, doivent payer les charges d'iceux, pour les années de leur joüissance. Et encore que les seigneurs & proprietaires étans rentrez en la possession d'iceux, soient tenus hypothecairement envers celui à qui sont deües les charges, même pour le temps qu'ils ne joüissent pas de leurs heritages, si est-ce qu'ils doivent avoir recours & action pour ce regard contre ceux qui ont joüi de leur bien : & ce, nonobstant les Edicts d'Amnistie ; *quia sunctiones sunt onera fructuum, & è fructibus solvenda sunt* : & partant ce n'est point une recherche comme de chose mal prise pendant la guerre, mais c'est une demande de chose deuë. Mais quand le seigneur recouvre son heritage du possesseur avec restitution de fruits, alors sans doute il est tenu personnellement des années écheuës lors qu'il en étoit depoüillé ; *quia qui actionem habet, rem ipsam habere videtur. l. Qui actionem. D. de reg. juris*. Et ainsi en parle du Molin, sur l'art. 62. de la Coûtume.

1. de Que l'emphyteote, le preneur à rente foncière, l'usufruictier, & autres semblables doivent payer les charges.

2. Qui doit payer les charges des heritages.

dont autres que les proprietaires ont joüy pendant la guerre.

CHAPITRE III.

Que le Proprietaire pendant la saisie de l'heritage, est tenu de cette action, comme aussi l'heritier par benefice d'inventaire : & que meme cét heritier est tenu personnellement sur ses propres biens des dettes du défunt, contre l'usage commun.

1. Aucuns detempteurs non tenus de cette action.
2. Que le Commissaire établi à la chose saisie n'en est tenu.
3. Que le Proprietaire pendant la saisie en est tenu.
4. Opinion vulgaire touchant l'heritier par benefice d'inventaire.
5. 6. S'il doit être comparé au curateur aux biens vacans.
7. A qui il le faut comparer.
8. Comment il est tenu des rentes, tant foncières que constituées, en tant que detempteur.
9. Qu'entant qu'heritier, il est tenu personnellement, & sur ses biens, des dettes.
10. Propriété de cét heritier, & pourquoy il a esté inventé.
11. Que le benefice d'inventaire n'induit pas separation de patrimoine.
12. Que les separations de biens reconnuës en droit ne conviennent à cét heritier.
13. Pourquoy il n'y a point de confusion d'action.
14. Absurditez qui resultent de l'opinion vulgaire.
15. De la foi des François.
16. Que l'opinion vulgaire est contre la loy & intention de Justinien.
17. Qu'il n'y a point deux especes d'heritiers.
18. Que cét heritier doit estre comparé à ceux qui sont tenus de droit *in quantum facere possunt*.
19. Qu'anciennement en France cét heritier estoit tenu personnellement, & en ses biens.
20. La femme qui a fait inventaire de la communauté, est neanmoins tenuë en ses biens.
21. Exhortation à recevoir cette opinion.
22. Qu'elle doit estre pratiquée aux charges universelles.
23. Inconvenient survenant de cette opinion.
24. Remede & expedient notable pour les absurditez du benefice d'inventaire.

1. Aucuns detempteurs non tenus de cette action.

ET afin de n'obmettre aucun des detempteurs, il est certain que ni le tuteur, ni le curateur aux biens vacans, & autres semblables, ne sont pas tenus de cette action en leurs propres & privez noms, *quia licet possideant, tamen proprio nomine non possident* ; mais seulement ils en sont tenus en leurs qualitez, jusqu'à la concurrence de ce qu'ils ont perdevers eux.

2. Que le Commissaire établi à la chose saisie n'en est tenu.

Autant en peut on dire du Commissaire établi à la chose saisie : car bien que par le droit on puisse soûtenir qu'il est vray possesseur de l'heritage. *l. Licet D. depositi*, si est-ce qu'il n'est pas pourtant detempteur proprietaire parce qu'il possede au nom d'autrui, soit du proprietaire, soit du saisissant, soit au nom du roi & de la Justice. Aussi il est vray de dire, qu'il n'en perçoit par les fruits, c'est à dire, qu'il ne les applique pas à son profit mais en est comptable à Justice : & partant le seigneur de la rente foncière n'a autre moyen de se pourvoir contre lui, sinon de lui faire rendre compte des fruits, aprés avoir formé opposition à la saisie : ce que seul il peut faire pendant les criées, pourvû qu'il n'apparoisse point de precedens creanciers hypothequaires, & non les autres creanciers opposans, soit pour rentes, soit pour dettes à une fois payer, comme il est notablement decidé en la Coûtume de Berry, chap. 9. art. 76.

3. Que le Proprietaire pendant la saisie en est tenu.

Mais la difficulté est grande pour le regard du proprietaire, sçavoir si pendant la saisie il est tenu de cette action, attendu qu'étant depossedé actuellement il n'est plus detempteur, neanmoins il n'est pas raisonnable que toutefois & quantes que l'heritage est saisi, le seigneur de la terre foncière demeure sans action. On pourroit distinguer si la saisie est faite pour les dettes du proprietaire, & dire qu'en ce cas il seroit reputé detempteur, nonobstant la saisie, parce qu'en effet il perçoit les fruits, puis qu'ils sont appliquez à sa liberation, & au payement de ses dettes. Aussi la loy dit, *Qui pignoris causa fundum creditori tradidit, intelligitur possidere. l. Qui pignoris. D. de acq. poss.* mais quand la saisie est faite pour les hypotheques precedentes son acquisition ; le proprietaire qui sans son fait est évincé, ou pour le moins depossedé de l'heritage, semble n'être plus tenu de continuer la rente pendant la saisie : & toutefois j'estime, sauf meilleur avis, qu'indistinctement le proprietaire pendant la saisie peut estre convenu de cette action, jusqu'à ce qu'il ait déguerpy, encore même que l'heritage soit saisi pour les dettes de son autheur : parce que toûjours pendant la saisie il demeure toûjours proprietaire de l'heritage ; mais même retient quelque maniere de possession ; par le moyen de laquelle il peut prescrire, & est excusé en Droit de la satisfaction, *l. Qui pignoris. D. de acq. possessor. & l. Sciendum. §. creditor. Qui satisf. cog.* aussi qu'il en a la joüissance, entant que les fruits sont employez à l'acquit de ses dettes. Autrement, les rentiers seroient tous les jours éludez en supposant quelque saisie sur l'heritage. Et sur ce point, il faut remarquer en passant, qu'en déguerpissant il ne sera pas tenu de payer les arrerages de la rente, échûs depuis que l'heritage a été saisi pour dettes precedentes son acquisition, & dont n'étoit tenu de son chef, encore bien qu'il fût acquereur à la charge de la rente, parce que les arrerages ne sont deus qu'en consequence de la perception des fruits : or est-il qu'il ne les a point perceus pendant la saisie. Autre chose seroit, si la saisie étoit faite pour ses propres dettes : car en ce cas c'est une grande question ; s'il seroit receu à déguerpir auparavant que d'avoir obtenu main l. vée de son heritage ; qui sera plus à propos expliqué au quatriéme Livre, avec autres qui échéent sur ce même propos.

4. Opinion vulgaire touchant l'heritier par benefice d'inventaire.

Mais je ne puis obmettre la question, si l'heritier par benefice d'inventaire est tenu de cette action, car le vulgaire tient indistinctement qu'il ne peut être tenu des dettes du défunt, qu'en sa qualité ; & que pour icelles on ne se peut addresser contre ses propres biens. Pour s'en

De l'action mixte. Liv. II.

éclaircir, il faut remarquer que l'heritier par benefice d'inventaire peut être tenu en deux façons des dettes & charges de l'heredité, à sçavoir comme heritier, d'action pure personnelle, descendant de l'obligation du défunt ; & encore comme bien tenant, d'action mixte ou écrite *in rem*, pour les rentes foncieres & d'action hypothequaire que des simples hypotheques. Je parlerai de celles-ci premierement, car c'est le vrai sujet de ce discours.

§. 6. S'il doit être comparé au curateur aux biens vacans.

Or il est certain que tout detempteur & proprietaire, quel qu'il soit, est tenu des actions mixtes & hypothequaires, & de droit civil, & par nôtre usage : c'est pourquoi il faut éclaircir si cet heritier est vrayment detempteur & proprietaire, car on peut dire qu'il n'est non plus proprietaire qu'un Commissaire établi à la chose saisie, ou un Curateur aux biens vacans, parce qu'il est comptable des meubles & fruits des immeubles de la succession aux creanciers, tout ainsi qu'eux, & partant il ne les applique pas à son profit, aussi l'article 344. de nôtre Coûtume, le conjoint avec le curateur aux biens vacans, & lui prescrit même forme pour vendre les biens de l'heredité.

Neanmoins la verité est, que l'heritier par benefice d'inventaire est vrai seigneur, proprietaire & possesseur des biens de la succession : car on ne peut pas dire qu'ils soient à autre qu'à lui, ni qu'autre en soit possesseur, & neanmoins la succession n'est point vacante, quand il y a un heritier par benefice d'inventaire : aussi peut-il vendre les biens, & même confisquer, comme il sera dit au quatriéme Livre. Et partant il est different entierement du Commissaire, & du Curateur aux biens vacans, qui n'ont que le simple regime & gouvernement des biens, & encore que l'heritier par benefice d'inventaire soit comptable, si est-ce que le *reliqua* du compte, au moins ce qui reste du profit & de bon en la succession après les dettes acquittées, lui appartient.

7. A qui il le faut comparer.

C'est donc tout ainsi que l'heritier simple qui fait côpte avec les legataires pour la detraction de la quarte Falcidie, ou comme le pere qui fait compte du pecule de son fils de famille avec ses creanciers, pour sçavoir s'il y a de quoi payer ses dettes : auquel cas on ne peut nier que l'heritier simple ne soit vrai seigneur de la succession, & que le pere ne soit absolument proprietaire & possesseur du pecule de son fils.

8. Comment il est tenu des rentes tant foncieres que constituées, entant que detempteur.

C'est pourquoi je ne fais nul doute que l'heritier beneficiaire ne doive être condamné en son propre & privé nom, tout ainsi qu'un autre detempteur seroit, à continuer la rente fonciere, tant qu'il demeurera detempteur & contraint d'en payer les arrerages ; à sçavoir ceux de son temps sur ses propres biens, & ceux du precedent par saisie de l'heritage chargé, & encore des autres biens de l'heredité. Ce qui doit pareillement avoir lieu pour les rentes constituées en la Coûtume de Paris, puis qu'en icelle ces rentes sont reputées charges des heritages : & que l'action personnelle y est attribuée tout ainsi qu'aux foncieres. Et quant aux autres Coûtumes, j'estime pour le moins que l'heritier beneficiaire doit être condamné, & puis contraint par saisie des biens de l'heredité à passer titre nouvel des rentes constituées : & ce non simplement en qualité d'heritier par benefice d'inventaire, mais encore en qualité de detempteur & proprietaire des heritages de la succession : comme tel s'obliger personnellement, & en son nom, ainsi que les autres detempteurs sont tenus, au payement & continuation des rentes. Et ce n'est, il n'y a nul doute, que pour les arrerages d'icelles il ne puisse être par après executé en ses biens.

9. Qu'entant qu'heritier, il est tenu personnellement, & sur ses biens, des dettes.

Mais je pretends passer plus outre : & je puis maintenir avec raison que l'heritier par benefice d'inventaire, est tenu personnellement de payer les dettes & rentes constituées de la succession, & qu'il y peut être contraint, tout ainsi qu'un autre heritier & bien-tenant, hormis seulement qu'il a ce privilege de n'être tenu outre la valeur des biens de l'heredité : & encore que notoirement le contraire se pratique en la plûpart des Provinces de France, je puis dire que c'est par erreur, s'il m'est permis de le disputer par raison, & de laisser arriere toute opinion prejugée.

Du Déguerpissement.

Car il est certain que l'heritier par benefice d'inventaire est heritier & represente la personne du défunt aussi bien que l'heritier simple, & que partant les obligations du défunt passent aussi bien en sa personne, & que ses biens lui sont absolument acquis comme à l'autre ; même qui y voudra prendre garde de prés, trouvera qu'il y a aussi bien confusion du patrimoine du défunt avec le sien, comme à l'égard de l'heritier simple : Car Justinien qui a introduit le benefice d'inventaire en la loi derniere, *de jure delib.* n'a rien innové en cet heritier pour la translation de seigneurie, la representation du défunt, la translation des obligations, la confusion des patrimoines, qui sont qualitez essentielles en toute espece d'heritage : (*Hæres enim herus est & dominus rerum hæreditariarum, & pro hærede gerere, est pro domino gerere* :) mais seulement a ordonné que l'heritier qui aura fait inventaire, ne seroit tenu des dettes du défunt, sinon jusqu'à la valeur & concurrence des biens de la succession, pourvoyant par ce moyen à la seureté de l'heritier à ce qu'il ne fust ruiné pour avoir ignoramment & legerement accepté une succession onereuse : & à l'honeur du défunt, à ce que pour doute de s'embarasser en ses dettes, on mist la clef sur la fosse, & quant & quant encore aux biens des creanciers, à ce que même à une succession hazardeuse, il se trouvast un heritier qui entreprist de ménager le bien, comme pour soi-même.

10. Proprieté de cet heritier, & pourquoy il a été inventé.

Toutefois nos Praticiens, sous pretexte de cela, ont renversé toute l'œconomie du Droit & toutes les dispositions concernantes les heritiers & la façon de les poursuivre pour les dettes du défunt, s'imaginans, puis que l'heritier par benefice d'inventaire n'estoit tenu que jusqu'à la valeur des biens de l'heredité, qu'il n'y avoit aucune confusion des biens du défunt avec les siens, même qu'il n'en estoit pas fait absolument seigneur, mais qu'il en estoit seulement comme simple gardien & administrateur, tout ainsi presque qu'un Curateur aux biens vacans. Mais je voudrois qu'ils me montrassent sur quel passage & authorité de droit ils fondent cette separation de patrimoine, attendu que Justinien, qui seul a introduit & établi le benefice d'inventaire, ne lui attribuë aucunement cette proprieté.

11. Que le benefice d'inventaire n'induit pas separation de patrimoine.

Car c'est toute autre chose la separation de biens, qu'avoient coûtume d'impetrer selon le droit les creanciers de l'heredité, lors qu'elle étoit devoluë à un heritier qui étoit trop obéré, craignans que ses propres creanciers ne leur ôtassent le moyen d'être payez, dont il est traité au tit. *de separationibus bonorum*. Pareillement c'est chose toute differente que la separation de biens qu'obtenoit l'heritier necessaire, qui n'avoit point touché les biens de la succession, lequel en ce faisant, n'étoit point tenu des dettes d'icelles en ses biens, qu'il acqueroit par aprés, l. 2. §. *ult. cod. tit. D. de separ. bon.* Mais cela ne revient pas à nôtre heritier par benefice d'inventaire ; car cet heritier necessaire, qui étoit un esclave, lequel par ce moyen gagnoit la liberté, ne servoit que pour accommoder son nom à la vente des biens, afin qu'il ne portast infamie au défunt étant faite sous son nom. Et pour recompense de ce qu'il recevoit sur soi cette infamie, & aussi en consideration qu'il étoit necessaire d'être heritier, il avoit double privilege, l'un qu'il étoit fait libre, l'autre que supposé qu'il s'abstint de toucher aux biens hereditaires, les biens qu'il acqueroit par aprés ne pouvoient être vendus pour les dettes de l'heredité, comme Theophile explique tres-bien aux Instit. *tit. de hæred. qualit. & differentia.*

12. Que les separations de biens reconnuës en droit ne conviennent cet heritier.

Aussi ne faut-il pas fonder cette separation de patrimoine, sur ce qu'il n'y a point de confusion d'actions & dettes deuës par le défunt à l'heritier beneficiaire. Car cela se fait afin de pouvoir faire le compte & la ventilation des biens de l'heredité, pour sçavoir s'il y a dequoi payer les dettes, & afin que l'heritier soit franc & quitte, comme c'est l'intention de la loy, qu'au droit *in tributoria actione*, où l'on voit qu'il n'y a point de confusion des dettes, que le pecule du serf doit au maistre, & toutefois

13. Pourquoi il n'y a point de confusion d'actions.

E ij

après la mort du serf, où si le maistre lui ôte le pecule, on ne doute point que les biens du pecule ne demeurent confus avec les autres biens du maistre. Voilà donc comme cette prétenduë separation du patrimoine de l'heritier par benefice d'inventaire, ne se peut fonder en droit.

Toutefois en France par cette fantasque imagination de separation de patrimoine en l'heritier par benefice d'inventaire, on le fait devenir chauve-souris, comme l'on dit, car on fait qu'il n'est ni heritier, c'est-à-dire seigneur de l'heredité, ni curateur aux biens vacans ; parce qu'il applique les biens à son profit après les dettes payées ; ce que ne fait pas le curateur aux biens vacans. Mais cependant les pauvres creanciers, & principalement les rentiers, se trouvent frustrez après la mort de leur debiteur : car ne trouvant qu'un heritier par benefice d'inventaire, & n'ayant personne sur qui ils puissent asseoir execution, ils sont remis à plaider pour chacun terme d'arrerages, & attendre le compte de l'inventaire, ou le decret des immeubles de la succession. C'est pourquoi il ne faut pas s'étonner, si on ne voit plus maintenant d'autres heritiers que par benefice d'inventaire, même aux plus nobles & riches maisons, & entre les Princes ; & si on estime niais & mal conseillez, ceux qui se portent heritiers purs & simples, bien que sans doute la succession soit opulente. Car pour cent sols que coûtent des lettres de benefice d'inventaire, on gagne pour le moins cette commodité, qu'on ne peut être executé en ses biens pour les dettes de la succession ; de sorte qu'on fait bonne chere des biens de la succession, sans avoir souci d'en payer les dettes, attendant que les pauvres creanciers courent après l'esteuf, & fassent decreter les heritages, que cet heritier qui jouït des biens, façon de banqueroutiers; ou bien il gagne en ce point, que les pauvres creanciers étans las de poursuivre un decret parmi les longueurs qu'on y sçait apporter, composent avec l'heritier ; & quittent une partie pour avoir l'autre. Voilà comme le benefice d'inventaire, ainsi que nous le pratiquons, ne sert qu'à ennuyer, consommer & ruiner les pauvres creanciers aux dépens, & du salut, & de l'honneur des défunts debiteurs , & encore du violement de la loy des contrats. Mais l'heritier qui jouït des biens, ne se soucie pas que l'ame du défunt patisse pour ses dettes : & maintenant l'accoûtumance a fait qu'aux plus honorables familles on ne tient plus à deshonneur de se porter heritier sous benefice d'inventaire ; & quant à la foy des contrats, les ruses & les subtilitez de pratique nous ont tellement endurcis, que nous faisons aujourd'hui côscience de payer, tant que nous pouvôs fuir & plaider.

Je ne me puis tenir de m'écrier en cet endroit, *Heu prisca fides!* où est cette foy de nos ancestres autrefois admirée & recommandée par les nations étrangeres, cette foy qui nous a acquis le beau nom de Frans & François, Foy, dis-je, qui étoit telle, que se pretoient de l'argent pour rendre après leur mort ; ainsi que *Val. Max. lib. 2. cap. 1.* nous apprend : veu qu'aujourd'hui le debiteur étant mort, il faut faire état, ou le plaider éternellement contre un heritier par benefice d'inventaire ; & ce par le moyen de cette malicieuse pratique & trompeuse chicanerie.

Mais le bon Justinien ne songea jamais à ce desordre, aussi n'a-t'il point entendu exempter l'heritier qui avoit fait inventaire de subir les obligations du défunt, & de representer sa personne en effet, il n'a pas entendu faire au lieu d'un heritier un curateur aux biens vacans *in rem suam* qui prit le profit de la succession sans encourir, je ne dirai pas le dommage, mais même une simple incommodité d'être pris en ses biens, jusqu'à la concurrence de ce que vaut l'heredité : au contraire voici les mots de Justinien : *in tantum creditoribus hareditariis teneatur, quantum res ad eum devoluta valeant.* Il dit que *res hareditatis ad eum devolvuntur*, & partant il y a confusion de patrimoine : il dit aussi que *creditoribus hareditariis tenetur quantum res illa valeant*; ergo *actione personali*, de l'execution de laquelle se fait sur tous & chacuns ses biés.

Aussi à le bien entendre, il n'a pas fait deux especes différentes d'heritiers, l'une de ceux qui ont fait inventaire, l'autre de ceux qui n'en ont point fait : mais seulement a donné ce privilege à tous heritiers, qu'ayant fait inventaire ils ne seroient tenus des dettes que jusqu'à la concurrence de l'inventaire. Mais ç'ont été les interpretes, *qui doctrinâ & facilitatis gratiâ* ont distingué, comme par une différence spécifique, l'heritier simple d'avec l'heritier beneficiaire : combien que la confection de l'inventaire ne constituë pas une espece différente d'heritier, mais c'est une condition sans laquelle l'heritier est tenu solidairement des dettes ; & moyennant laquelle aussi il n'est tenu, *nisi quatenus est in peculio hared.* tout ainsi que nôtre Coûtume, ayant égalé la femme commune qui a fait inventaire à l'heritier sous benefice d'inventaire, n'a pourtant établi deux especes de femmes communes, l'une de celles qui ont fait inventaire, l'autre de celles qui n'en ont point fait.

Et pour montrer que le benefice d'inventaire ne constitue point diverse espece d'heritiers, c'est qu'en la Nov. 1. *de har. & Falcid.* où Just. explique & modifie ce privilege d'inventaire, il est dit que l'heritier qui n'a point fait d'inventaire, doit être puni, comme d'une faute & méchanceté, *Hares*, dit-il, *qui inventarium non fecit, dabit pœnam suæ malignitatis, cùm transcenderit leges, ex quibus causâ omnia agens, poterat nihil damnificari.* C'est donc sans intention que tous les heritiers fassent inventaire : mais pourtant on ne peut dire, qu'il ait entendu renverser toutes les regles de droit de la translation des actions du défunt aux heritiers ; & faire que tous heritiers fussent seulement des curateurs aux biens vacás.

Comme donc le pere, l'associe, & le donateur, ne laissent d'être condamnez personnellement, encore qu'ils ne soient tenus, *nisi quatenus facere possunt*, & sur tout comme le maistre, qui n'est tenu des dettes de son esclave *nisi quatenus est in peculio*, ne laisse d'être condamné personnellement, & contraint sur tous ses biens : il est vrai que si le pecule ne vaut la somme qui lui est demandée, il se peut opposer & s'aider de l'exception, *in quantum per vires peculii facere potest*, comme il se colligé du §. *Præterea. Inst. de act.* aussi je ne fais nul doute, que l'heritier par benefice d'inventaire ne puisse en vertu de la sentence contre lui renduë en cette qualité, être executé en ses propres biens ; sauf à lui s'opposer, s'il pretend que la succession ne vaille ce qu'on lui demande. Et lors pour decider cette opposition, il faudra ventiler & estimer tous les biens de la succession, tant meubles qu'immeubles ; & ce fait, il sera aisé de supputer si ces biens valent à peu prés de ce qu'on lui demande, deduit les dettes qu'il a été d'ailleurs contraint d'acquiter, & si cela se pratiquoit couramment, on ne verroit point de procez, ni de chicaneries contre les heritiers par benefice d'inventaire, & si pourtant ils ne recevroient aucun dommage, car on ne laisseroit pas de leur garder leur privilege, de n'être tenus outre la valeur des biens, qui est le seul privilege, qui leur est attribué de droit.

Et pour montrer que les anciens Praticiens de France le gardoient ainsi, & qu'ils ne tenoient pas l'heritier par benefice d'inventaire au rang d'un curateur aux biens vacans, comme nous ; c'est qu'ils le chargeoient de bailler caution, non pas seulement de bien administrer les biens de la succession, comme la caution que baille un tuteur ; mais purement & simplement caution de payer les dettes, jusqu'à la concurrence des biens ; tant meubles qu'immeubles contenus en l'inventaire, comme encore les lettres de benefice d'inventaire contiennent cette charge expressément, bien que le droit ne le requiert pas. Ils tenoient donc bien que l'heritier beneficiaire étoit obligé en sa personne, & sur tous ses biens à payer les dettes jusqu'à la concurrence de l'inventaire ; puis que ne se contentans de sa personne & de ses biens, ils le chargeoient encore de faire obliger quelqu'autre avec lui.

Et maintenant, bien que par la nouvelle Coûtume de Paris , la femme qui après la mort de son mari a accepté la communauté, soit egalée à l'heritier beneficiaire , parce qu'elle n'est tenuë de dettes d'icelle, outre la valeur de ce qu'elle en amende, pourveu qu'elle ait fait bon

De l'action mixte Liv. II.

tenuë en ses & loyal inventaire ; si est-ce que nous ne faisons encore biens. guere de difficulté en nôtre pratique journaliere, de faire adjourner la veuve comme commune & bien tenante, pour voir declarer le contrat executoire contr'elle, comme il étoit contre son defunt mari ; ou bien pour passer titre nouvel des rentes, & en payer les arrerages & après avoir obtenu condamnation contr'elle pour les debtes ou rentes de la communauté, on l'execute fort bien en ses propres biens : sauf à elle à s'opposer, si elle pretend que ce qu'on lui demande excede la valeur de ce qu'il lui reste de profit de la communauté. Mais je ne sçai pourquoy nous en faisons plus de difficulté en l'heritier par benefice d'inventaire : car le droit n'attribuë point davantage de privilege à l'heritier qui a fait inventaire, que la Coûtume de Paris en attribuë à la veuve : Et de fait, que l'on y prenne garde de prés, on trouvera que nôtre Coûtume est conceuë en mêmes termes que la loy de Justinien.

2. Exhortation à recevoir cette opinion.

Il faut donc en user de même en l'heritier beneficiaire, & le convenir personnellement pour voir declarer le contrat executoire sur lui, comme il étoit sur le defunt, ou pour se voir condamner à passer titre de la rente, & en payer les arrerages : & ce toutefois en qualité d'heritier par benefice d'inventaire ; c'est à dire non pas solidairement, mais seulement jusques à la valeur des biens de la succession. Et toutefois j'estime que pour telles détes ou rentes, il peut jusques à cette concurrence être executé en ses propres biens, aussi bien que la femme commune qui a fait inventaire : ce qu'il semble fort utile de ramener en usage aux lieux où il se pratique autrement : afin de couper la broche à tant de longueurs & subterfuges qui surviennent journellement, à faute de pouvoir directement user de contrainte sur les heritiers par benefice d'inventaire ; & puis qu'en cette ouverture l'équité & la verité concourrent ensemblement, j'espere qu'elle sera prise en bonne part de ceux qui sans opinion prejugée voudront plûtôt donner place à la raison, quoi que non pratiqué, que suivre une pratique déraisonnable.

Et il me semble que cette même resolution doit pareillement être pratiqué aux legataires universels, aux seigneurs qui succedent par desherence, confiscation ou autrement, & à ceux qui succedent au pecule des Religieux, ou Chevaliers de Hierusalem : car encore que tous ceux-là ne soient point tenus outre la valeur des biens dont ils amendent, si est-ce que j'estime qu'ils peuvent être condamnez à payer personnellement, & sur tous & chacuns leurs biens, les détes & charges universelles du patrimoine auquel ils succedent ; d'autant que c'est le propre de la condamnation personnelle, d'être executoire sur tous & chacuns les biens du condamné.

22. Qu'elle doit être pratiquée aux benefices aux heritiers universelles.

Tout l'inconvenient qui peut arriver de cette pratique, est que les derniers creanciers étans d'ordinaire les plus pressans, il peut souvent arriver que l'heritier beneficiaire, & autres semblables ne pourront recuperer sur le decret & discussion generale de la succession, ce qu'ils auront été contrains leur payer étans executez en leurs propres biens : qui est un inconvenient bien considerable, & qui ne se rencontroit pas si ordinairement au droit Romain ; où les hypotheques n'étoient si frequentes, comme il sera dit au 3. liv.

23. Inconvenient suivant cette opinion.

Pour y remedier, j'estimerois qu'il faudroit prescrire un temps à l'heritier beneficiaire, comme d'un an ou deux au plus, dans lequel il seroit tenu discuter les heritages de la succession, & rendre son compte : autrement & ce temps passé, qu'il fust tenu comme heritier simple. Que si quelqu'autre retardoit malicieusement le decret & discussion, faudroit qu'il fut tenu sans remission de tous les dommages & interests tant des creanciers que de l'heritier : & j'estime que cet expedient étant pratiqué à la rigueur, remedieroit presque à toutes les absurditez & inconveniens qui proviennent en France du benefice d'inventaire, ausquels il y a long-temps qu'on cherche remede.

24. Remede & expedient notable pour les absurditez du benefice d'inventaire.

CHAPITRE IV.

Si le mary est tenu de cette action pour les rentes des heritages de sa femme, & comment en France il joüit de ses biens, & est tenu de ses détes.

1. 2. Ouverture des questions traitées en ce chapitre.
3. Que ce n'est pas seulement à cause de la communauté que le mary joüit des propres de sa femme.
4. Trois sortes de biens de la femme à Rome. Triplex res uxoria : dos, parapherna, & res receptitiæ.
5. Forme des mariages anciens de Rome, per coemptionem.
6. Que nos mariages de France leur ressemblent entierement. En France les femmes mariées entrent en la puissance du mary, & perdent leurs noms & leurs armes.
7. Que cette puissance estoit en France auparavant le Christianisme.
8. Mais en France sont seigneurs des heritages de leurs femmes. Ce que c'est que biens paraphernaux en Normandie. Bona receptitia. comment se pratiquent en France.
9. Pourquoy les maris se qualifient des seigneuries de leurs femmes, & joüissent des prerogatives d'icelles.
10. Pourquoy le mary paye relief des heritages de sa femme, & quand il n'en doit point.
11. Que la puissance du mary se perd par la separation de biens.
12. Pourquoy le mary ne peut conduire, sans sa femme, les procez qui concernent ses immeubles.
13. Pourquoy le mary n'authorise pas volontiers sa femme, pour plaider, ni pour apprehender une succession.
14. Comment se fait l'execution pour les dépes, quand la femme authorisée par justice a perdu sa cause.
15. Comment se fait l'execution pour les détes, quand la femme sans l'authorité de justice a apprehendé une succession.
16. Qu'il faut reformer ces mauvaises pratiques.
17. Que pour deux causes le mary est tenu des détes de sa femme.
18. Qu'il doit être tenu de ses détes, encore qu'il ne l'ait authorisée à plaider, ny apprehender la succession.
19. Sommaire de tout ce chapitre.

1.1. Ouverture des questions traitées en ce chapitre.

IL y a encore une mauvaise pratique, qui s'authorise journellement en la poursuite des rentes deuës par les femmes mariées, principalement de celles dont elles se trouvent chargées, à cause des successions qu'elles apprehendent constant le mariage, sous l'authorisation de la Justice, au refus de leurs maris, qu'il faut combattre en discourant comment les maris sont tenus de cette action personnelle pour les rentes foncieres dont sont chargez les propres de leurs femmes ; & en effet comment ils sont tenus tant des rentes foncieres que constituées deuës par leurs femmes ; qui est un point des plus difficiles de tout nôtre droit François.

Certainement pour le regard des rentes foncieres, je ne trouve point de difficulté, que le mary ne soit tenu de nôtre action personnelle, puis qu'il joüit & fait les fruits liens des heritages chargez de ces rentes, par le moyen de la communauté, dont il est le maistre : & quand il n'en joüit plus, comme après la separation, ou dissolution, il n'est point tenu ni des rentes foncieres, ni des constituées deuës du chef de sa femme : mais quand il n'y a point de communauté, comme en pais de droit écrit, ou en ce païs, quand elle est prohibée par le contrat de mariage ; il est mal-aisé de sçavoir si le mary doit joüir de tous les biens de sa femme, & consequemment s'il doit payer les rentes qu'elle doit. Sur tout la difficulté est grande, quand la femme constant le mariage apprehende quelque succession chargée de rente, sans le consentement & authorité de son mary, & sous l'autho-

E iij

De l'action mixte. Liv. II.

risation de Iustice, si alors le mary peut estre poursuivy en ses biens, ou seulement on se peut pourvoir par saisie des biens de la communauté, ou des propres de la femme. Pour résoudre ces difficultez, je m'arresteray un peu à traiter quand & comment le mary peut jouïr des biens de sa femme, dont il sera aisé à colliger, quand il sera tenu de ces dettes & rentes. Ce que je rechercheray dans la source, & tireray des principes de nostre droit François, esperant par ce moyen que cette petite digression ne sera pas moins agreable qu'utile.

3. Que ce n'est pas seulement à cause de la communauté que le mary jouït des propres de sa fême.

Il faut croire que ce n'est pas seulement à cause de la communauté, que le mary fait les fruits siens des propres de sa femme; car l'usage nous apprend que, & aux païs où il n'y a point de communauté, & en cettui-ci quand elle est exclusë par le traité de mariage, le mary ne laisse pas de jouïr des biens de sa femme; mais il en faut éclaircir la raison par la comparaison du droit Romain.

4. Trois sortes de biens de la femme à Rome: Triplex res uxoria: dos, paraphernalia, & res receptitia.

A Rome les femmes mariées avoient toutes sortes de biens; triplex erat res uxoria. Elles avoient la dot, qu'elles, ou autres, pour elles, donnoient au mary en faveur de mariage; elles avoient παράφερνα, ce que la femme lui bailloit & mettoit en sa possession outre la dot; dont est traité en la loi, Si ergo §. Dotis: De ju. dot. & si avoient res receptitias, quas neque dabant, ut dotem, neque tradebant, ut Paraphernalia, sed apud se retinebant, comme explique A. Gelle, l. 7. c. 6. Le mary estoit seigneur de la dot, il estoit seulement possesseur des biens paraphernaux, & en avoit la jouïssance, tant que la femme le lui permettoit, & quand elle vouloit, il n'y avoit aucun droit, l. Hac lege. C. de pact. convent. Et pour le regard des biens retenus & reservez par la femme, le mary n'en avoit ni la seigneurie, ni la possession. Or pour constituer cette derniere espece rerum receptitiarum, il ne falloit point, comme à nous de paction speciale au contrat de mariage; mais il suffisoit que la femme les gardast à part soy, sans les apporter en la maison du mary : quæ ex suis bonis uxor retinebat, neque ad virum transmittebat, ea receptitia dicebantur, dit A. Gelle.

5. Forme des mariages anciens de Rome, per coemptionem.

C'estoit là le droit commun, dont il usoient aux mariages ordinaires qui se contractoient per usum; mais en ceux qui se faisoient per coemptionem, qui estoit l'ancienne forme (car il ne faut point mettre en jeu ceux qui se faisoient per confarreationem, quia solis Pontificibus conveniebant) il semble qu'ils en usoient tout autrement : car alors il n'y avoit qu'une sorte de biens de la femme, & estoient tous dotaux. Ainsi faut-il entendre ce passage des Topiques de Ciceron tant disputé, Cùm mulier viro in manum convenit, omnia quæ habet, viri fiunt dotis nomine : parce que le mary achetant solennellement sa femme, achetoit consequemment & devenoit seigneur de tous ses biens ; aussi lors la femme non solùm uxor fiebat, sed materfamilias, elle devenoit de la famille du mary : & devenoit in manum mancipiumque viri venire, hoc est, in potestatem : ac proinde sua hæres ei fiebat, & erat præterea in sacris illius. Elle prenoit aussi son nom ubi tu Cajus, & ego Caja. Voicy ce que dit Boëtius de la forme & solemnitez de ce mariage : in coemendo invicem interrogabant ; vir ita. An sibi materfamilias esse vellet ? illa respondebat, velle. Item interrogabat, An vir sibi paterfamilias esse vellet ? illa respondebat, velle. Itaque mulier in viri conveniebat manum, & vocabantur hæ nuptiæ per coemptionem, & vocabantur materfamilias ; viro, loco filia. Servius en dit tout autant sur le quatriéme liv. des Æneides, & le premier des Georgiques.

6. Que nos mariages de France ressemblent entierement. En France les femmes mariées n'entrent en la puissance du mary.

Or comme nous avons retenu entierement en France la formule de ce mariage, aussi en avons-nous gardé l'effet. Et mesme nous voyons que le mary baille à sa femme un trezain pour l'acheter; ce qui se faisoit aussi à Rome. Mesme en France les filles sortent par mariage de la puissance de leur pere, & entrent en celle du mary : ce qui n'estoit pas au droit commun des Romains, mais estoit special en celles qui estoient mariées per coemptionem. Encore puis-je dire qu'en ce païs les femmes perdent leurs noms & leurs armes. Car les fils de famille n'estoient en la puissance des peres. Car les fils de famille pouvoient faire d'eux-mesmes tous contrats excepto mutuo, mais les femmes ne peuvent faire icy aucuns contrats, ni estre en jugement, sans estre authorisées par leurs maris, ou par justice à leur refus. Aussi en France les femmes mariées perdent leur nom, & sont appellées du nom de leurs maris : ce qui estoit autrefois plus exactement observé aux contrats, sentences, & autres actes publics, où jamais on ne mettoit le surnom de la femme ; mais on y mettoit, un tel, & Jeanne sa femme : ou bien, Jeanne femme ou veuve d'un tel. Pour cette mesme cause les femmes prennent les armoiries des maris, dont elles couvrent les leurs. J'ay remarqué cela en quelques anciennes sepultures de France, où l'on voit l'armoirie du mary tirée tout du long, & celle de la famille de la femme, qui paroist au dessous par un coin seulement comme couverte de l'autre. Ce que nos peintres modernes n'entendans pas, ont peint les armoiries des femmes comme parties & mitoyennes, joignans la moitié de la leur avec celle du mary.

7. Que cette puissance estoit en France auparavant le Christianisme.

Et cette puissance qu'a le mary sur la femme en ce païs, n'est point seulement depuis le Christianisme ; qui nous enseigne, que mulier subdita erit viro, virque illi dominabitur, & que vir est caput mulieris : car mesme avant le Christianisme, Cesar, l. 6. De bello Gall. nous apprend que de son tems les Gaulois avoient puissance de la vie & de la mort sur leurs femmes. Comme donc nos maris ont eu puissance sur leurs personnes, aussi l'ont-ils à plus forte raison sur leurs biens.

8. Maris en France sont seigneurs des heritages de leurs femmes. Ce que c'est que biens paraphernaux en Normandie. Bona receptitia, comment se pratiquent en France.

De sorte qu'en France ils sont seigneurs indistinctement de tous les biens de la femme ; ne plus ne moins que les maris au droit Romain estoient seigneurs de la dot. Ainsi nous ne sçavons ce que c'est que les biens paraphernaux pour les distinguer d'avec les dotaux : car ce que les femmes de Normandie appellent leur paraphernal, qu'on dit par gausserie infernal ; c'est tout autre chose, à sçavoir quelque peu de meubles & ustensiles de la maison, qu'aprés la mort du mary, le Juge distribuë à la veuve pour son usage necessaire, outre & par dessus ses deniers dotaux, art. 380. de la Coûtume de Normandie : ce que Bouteiller en sa Somme Rurale appelle droit de veuve. Mais nous avons bien, quoy que rarement, bona receptitia, non comme à Rome par la simple retention de la femme, mais seulement quand par clause expresse du contrat de mariage, s'est retenu & reservé la libre jouïssance de tous ses biens, ou d'aucuns d'iceux ; comme le Jurisconsulte Romain a remarqué en ce §. Dotis, que les anciens Gaulois ont toûjours permis à la femme d'avoir quelque pecule, c'est à dire quelques biens peculiers, qui n'estoient communiquez au mary.

9. Pourquoy les maris se qualifient des seigneuries de leurs femmes, & jouïssent des prerogatives d'icelles.

Hors cela, tous les biens de la femme appartiennent au mary que le mariage dure, & en est vrayment seigneur comme à Rome de la dot, fors & excepté qu'il ne peut aliener les immeubles sans le consentement de la femme par prohibition de la loy Julia. De fundo dotali, gardée en France pour son équité. C'est pourquoy on void que les maris se renomment & qualifient communément des seigneuries de leurs femmes ; & mesme qu'ils jouïssent du rang & des prerogatives d'icelles : comme l'on a veu M. de Nevers tenir rang de Pair de France, à cause des Pairies de Nivernois, & Retelois appartenantes à Madame sa femme ; mesmement avoir par Arrest de la Cour des Pairs gagné la preseance, comme plus ancien Pair, sur M. le Duc d'Aumale.

10. Pourquoy le mary paye relief des heritages de la femme, & quand il ne doit point aux charges universelles.

Et c'est sans doute à cause de cette puissance maritale, que par nos Coûtumes, il est deu relief ou rachapt au seigneur du fief, quand sa vassale se marie ; d'autant que par ce mariage la seigneurie du fief servant passe en la personne du mary, qui partant est tenu d'en porter la foi & hommage, & d'en payer le relief. Dont du Molin travaille fort de trouver la raison, & n'en aiant pû venir à bout, il dit que cette Coûtume est barbare & cruelle ; & partant il s'efforce de la restraindre contre son usage notoire & tombe en plusieurs absurditez ; comme entr'autres, de dire, que s'il n'y a point de communauté entre le mary & la femme, il n'est point deu de rachapt à cause de ce mariage, s'imaginant que la seigneurie qu'a le mary des propres de sa femme, luy vienne seulement à cause de la communauté ; bien qu'il soit vray qu'elle

De l'action mixte. Liv. II.

vient à cause de la puissance maritale. Et de fait, le mari a cette prerogative, notoirement au pays de Droit écrit, où la communauté n'a lieu entre le mari & la femme. Il est bien vrai que quand la femme par son contrat de mariage a reçû la libre disposition de son fief, il n'y a point alors de translation de seigneurie au mari, *quasi in fundo receptitio*. & partant il y a une ouverture au relief, comme j'ai autrefois vû juger à la Cour, & y en a plusieurs Arrêts rapportez au Recueil de M. Loüet, *in lit. R. num. 45*. lesquels toutefois il ne faut pas entendre ainsi qu'ils ne rapporte, quand par le contrat de mariage la communauté est simplement exclue ; car si cela avoit lieu, il s'ensuivroit qu'és pays où il n'y a point de communauté, il ne seroit point dû de rachapt par le mariage des femmes, dont l'usage est notoire au contraire ; mais quand la femme a retenu la libre disposition de ses fiefs en general, ou en particulier, il n'y a que les fiefs d'iceux appartiennent au mari en façon quelconque.

11. Que la puissance du mari se perd par la separation des biens.

Finalement il faut observer que cette seigneurie du mari sur les biens de la femme se termine par la simple separation des biens : car c'est le seul divorce dont l'Evangile nous permet d'user *quo intervieniente mulier res suas sibi habet*. Et combien qu'elle n'ôte pas la puissance qu'a le mari sur la personne de la femme ; à sçavoir d'être son chef, & consequemment qu'elle peut contracter de ses immeubles sans être authorisée par lui ; neanmoins elle lui ôte le double droit qu'il avoit sur ses biens, & en vertu de la puissance maritale, & en vertu de la communauté, dont il y a aussi plusieurs Arrêts rapportez par M. Loüet au lieu prealleguée.

12. Pourquoi le mari ne peut conduire, sous la femme, les procez qui concernent ses immeubles.

Or de ce que le mari, encore qu'il soit seigneur des propres de sa femme, ne les peut toutefois aliener non plus que la dot au Droit Romain, il en arrive une autre consequence. C'est qu'aux procez concernans les immeubles de la femme, d'autant qu'il en peut resulter & reüssir une alienation & perte d'iceux, il faut pour valider les poursuites, que la femme soit en cause & en qualité avec le mari : ou bien si le mari ne veut entrer en lice, ni authoriser sa femme pour plaider ; elle qui d'ailleurs ne veut perdre son bien à faute de le debattre, se fait authoriser par Justice à la poursuite de ses droits au refus de son mari : car si elle n'étoit authorisée, elle ne pourroit ester en jugement.

13. Pourquoi le mari n'authorise pas volontiers sa femme pour plaider, pour apprehender une succession.

De là s'est glissée une ruse & subtilité de pratique assez dangereuse ; à sçavoir qu'aujourd'hui le mari craignant l'évenement des procez n'entre jamais en cause, & jamais n'authorise sa femme pour plaider, mais declare volontiers qu'il s'en rapporte à Justice de l'authoriser ; & par ce moyen il pretend éviter la condamnation des debtes de sa femme, & les dépens du procez, & toutefois s'il en vient du procez, il n'a garde de faillir de la prendre. Et ne faut pas trouver étrange, si cela se pratique communement.

14. Comment le fait l'execution pour les dépens, quand la femme authorisée par justice a perdu sa cause.

Car d'une part il ne peut échoir d'inconvenient au mari d'en user ainsi : & quelquefois il s'en trouve bien, parce que beaucoup de Juges se laissans emporter à la routine des chicaneurs, ne permettent pas en ce cas que les condamnations soient executées, ni sur les biens du mari, ni de la communauté, & cependant on voit de pauvres creanciers, aprés avoir été long-tems tourmentez en procez par un chicaneur qui joüe le personnage à couvert sous le nom de sa femme, & aprés avoir gagné leur cause, être frustrez sur l'execution du jugement, & remis à faire decreter les propres de la femme pour les dépens du procez : encore le mari s'oppose-t-il sur iceux, disant que c'est le dot de sa femme, dont il est le maître, & que les fruits lui en appartiennent pour le mariage durera, pour supporter les charges d'icelui. De sorte que plusieurs Juges renvoyent & font attendre le creancier aprés la dissolution du mariage, ou lui permettent de vendre par decret la simple propriété des propres de la femme, la charge de l'usufruit tant que le mariage durera, qui n'est pas pour trouver bien de l'argent.

15. Com-

Le même inconvenient survient, quand une femme pendant le mariage apprehende quelque succession : car si le mari est homme de pratique, n'ayez pas peur qu'il l'authorise pour ce faire. Et puis si cette succession se trouve chargée de dettes ou rentes, le mari pretend qu'on ne se peut pas adresser sur les biens de la communauté, dont il est le maître ; & qu'ils n'ont pû être engagez par sa femme, lors qu'elle a accepté cette succession sous l'authorité de Justice ; & cependant il ne laisse pas de s'accommoder des biens d'icelle. Quelles chicaneries & abus sont-ce là, que pour tirer payement de quelques petits dépens, ou d'un terme d'arrerages de rente, on ne puisse asseoir execution sur les meubles de la maison, mais qu'il faille attendre la fin d'un decret ?

ment se fait l'execution pour les dépens, quand la femme sous l'authorité de Justice a apprehendé une succession.

Je croi quant à moi, qu'il n'y a aucun point en nôtre pratique plus necessaire à reformer que celui-là, veu que cette routine est non seulement tres injuste, mais encore de tout fausse, & évidemment contraire au droit Romain, & sur tout à la suite & consequence du droit François.

16. Qu'il faut reformer ces mauvaises pratiques.

Car comme le mari joüit des propres de sa femme, tant à cause de la puissance maritale que de la communauté ; aussi pour ces deux causes, il est tenu de payer les dettes mobiliaires & les arrerages des immobiliaires, à cause de la puissance maritale ; & comme seigneur des biens de sa femme, il est raisonnable qu'il paye ses dettes ; comme tout successeur universel est tenu de payer les dettes des biens ausquels il succede : *quia bona dicuntur deducto ære alieno, & as alienum onus est universi patrimonii* : & ce toutefois jusqu'à la valeur des biens de sa femme, *quasi actione de peculio*. Voilà la premiere cause. Mais à cause de la communauté, le mari est encore plus étroitement tenu des dettes de sa femme, *quia debita & credita veniunt in societatem omnium bonorum*. Voilà la seconde cause, laquelle encore qu'elle cesse aucunefois, comme aux pays où il n'y a point de communauté toutefois à cause de la premiere qui subsiste toûjours, le mari ne laisse pas d'être tenu des dettes de sa femme, jusqu'à la valeur de ses biens, & même solidairement s'il n'y a eu inventaire fait, & qu'il ait mêlé les meubles d'icelle avec les siens, suivant le 222. article de nôtre Coûtume. Il est vrai que si la femme s'étoit reservé la libre joüissance de tous ses biens, ou si le mari avoit stipulé au contract de mariage, qu'il ne seroit tenu des dettes de sa femme, & avoit fait loyal inventaire de ses biens, il seroit quitte en representant l'inventaire, ou l'estimation d'icelui, comme porte l'article 125.

17. Que pour deux causes le mari est tenu des dettes de sa femme.

Donc hors ces cas, si la femme est condamnée en quelques dépens, encore que le mari ne l'ait authorisée pour plaider, quel doute qu'il n'en soit tenu, puisqu'il ne laisse pas d'être possesseur de ses biens, & que la communauté a lieu ? Comme aussi si sans le consentement & authorisation du mari, la femme accepte une heredité ; je ne doute point qu'il ne puisse être poursuivi lui-même pour les rentes & dettes de cette heredité : Il fait le fin, & veut bien joüir des biens, comme s'il n'y a separation, il ne se peut faire autrement qu'il n'en joüisse, & n'en veut pas payer les dettes : & si l'heredité est onereuse ou hazardeuse, peut-il pas faire obtenir à sa femme un benefice d'inventaire ? Si le procez est douteux, lui peut-il pas de son authorité défendre de plaider ? si elle veut plaider malgré lui, peut-il pas remontrer ses raisons à la Justice, & empêcher l'authorisation ? Car ce n'est pas pour une simple formalité, & toûjours sans connoissance de cause, que la Justice authorise la femme ; si quelqu'un ou le mari principalement, empêche qu'on ne l'authorise, il sera oüi en ses raisons. Il n'y a donc point d'inconvenient de tenir en nôtre usage, que le mari est tenu indistinctement des dettes mobiliaires de la femme ; & si on continuë à pratiquer le contraire, jamais les creanciers d'une femme mariée ne pourront être payez.

18. Qu'il doit être tenu des dettes, encore qu'il ne l'ait authorisée, ni à apprehender la succession.

Il resulte de tout ce discours, qu'il faut tenir que le mari est tenu de nôtre action mixte pour les rentes foncieres dûes par sa femme, comme detempteur de ses heritages ; qu'il est tenu personnellement & hypothequairement pour les rentes constituées, tant à cause de

19. Sommaire de tout ce chapitre.

De l'action mixte. Liv. II.

la communauté, que comme seigneur des biens de ladite femme, soit qu'elles ayent été créées auparavant le mariage, soit que constant icelui la femme vienne à se rendre redevable en appréhendant quelque hérédité ; même sans l'authorisation de son mari, si ce n'est que la femme ait retenu par contrat de mariage la libre jouissance de ses biens, dont inventaire loyal soit fait, ou que constant le mariage il y ait eu séparation de biens.

CHAPITRE V.

Que l'heritage & non la personne est absolument redevable des rentes foncieres.

1. Que c'est l'heritage, non la personne qui doit les rentes foncieres.
2. Que le detempteur de l'heritage n'a recours contre ses coheritiers.
3. Qu'il n'a recours même contre celui qui a constitué la rente.
4. Que le mari & l'usufruitier n'ont aucun recours pour les charges foncieres par eux payées.
5. Que l'emphyteote n'en a point de recours.
6. Que le legataire n'en a point de recours contre l'heritier. Interpretation de la loy Qui concubinam §. qui hortos De leg. 3.
7. Si aux transports onereux l'acquereur en a recours contre son autheur.
8. Interpretation de la loy Imperatores. D. de publicandis.
9. Quid, des arrerages precedens la vente ? Interpretation de la loy 1. C. fine censu vel rel. &c.
10. Resolution de cette question.
11. Quel recours a l'achepteur pour les charges extraordinaires ? Explication de la loy In venditione. D. de act. empt. & autres.
12. Pour quelles rentes il se faut opposer aux criées ?
13. Quid, aux autres contrats que de vente ?

1. Que c'est l'heritage, non la personne qui doit les rentes foncieres.

CEs premiers mots, *Les Detempteurs proprietaires*, de l'article que j'ay entrepris d'expliquer mot à mot en ce livre, ont été amplement interpretez aux trois precedens chapitres : suivent ceux-ci, *Des heritages chargez & redevables* sur lesquels il faut discourir. Il n'est pas dit simplement, *Les detempteurs des heritages obligez & hypothequez*, comme en l'article subsequent, qui parle de l'action hypothecaire ; mais il est dit absolument *Des heritages chargez & redevables*, pour montrer qu'il est parlé de ces rentes-la, dont les heritages sont redevables, & non les personnes (à sçavoir des rentes foncieres, *in quibus res non persona convenitur*. Et toutefois elles produisent action personnelle, parce que par necessité, puis qu'elles sont perceptibles par les mains & le ministere de la personne, il faut s'adresser à celui qui tient l'heritage chargé & redevable pour être payé de la rente.

2. Que le detempteur de l'heritage n'a recours contre ses coheritiers.

D'où resultent deux conclusions qui sont de tres-grande consequence, l'une que cette action étant plus réelle que personnelle, ne peut être dirigée contre l'heritier de celui qui a constitué la rente fonciere, entant qu'heritier, comme il est tenu des autres dettes & obligations du défunt, mais elle peut seulement être intentée contre le detempteur de l'heritage : de sorte que si ce detempteur est aussi heritier, & qu'il ait d'autres coheritiers, ils ne seront point tenus de contribuer avec lui au payement de la rente, s'ils ne prennent point de part à l'heritage redevable. Et par cela, encore que suivant la loy des douze Tables, les dettes doivent être divisées entre tous les heritiers pour telle part & portion qu'ils sont heritiers, & qu'en France les heritiers contribuent aux dettes, pour autant qu'ils amendent des biens du défunt, si est-ce que cela n'est observé aux rentes foncieres, qui doivent être payées & acquittées entierement par celui ou ceux qui sont detempteurs de l'heritage chargé d'icelles, sans que les autres coheritiers, qui n'y prennent part, soient tenus de contribuer au payement de la rente, *d. l. 1. C. de anno. & trib. & l. Si fideicommissum. §. tractatum. D. de jud.* Comme par exemple, en ligne directe l'aîné qui a moitié du fief, doit payer moitié de la rente fonciere, encore qu'il ne paye que sa part hereditaire des rentes constituées, & autres dettes de son défunt pere suivant la decision de la loy premiere. *C. si certum petatur*, qu'on appelle au Palais la loi des fils aîsnez. Et en ligne collaterale, le frere qui exclud sa sœur du fief en même degré, payera aussi toute le rente fonciere, sans que la sœur y contribuë, bien que les rentes constituées & autres dettes de la succession, se payent entre eux *pro rata emolumenti* : Ce que je ne m'amuseray à approfondir davantage, parce que l'exact du Molin l'a amplement traité sur le onzième article de la Coûtume.

3. Qu'il n'a recours même, &c.

L'autre conclusion est que l'heritage est si absolument redevable de la rente fonciere, que le detempteur d'icelui ayant été contraint la payer, n'en a nul recours, ni repetition contre aucun autre, qui ne soit point detempteur, non pas même contre celui qui a constitué & imposé la rente. Qui est un point qu'aucun, que je sçache, n'a encore traité, & qui neanmoins est assez utile, & pour la pratique, & pour le droit, parce que la conciliation de plusieurs antinomies en dépend.

Il faut en peu de mots parcourir toutes les sortes de detempteurs & proprietaires des heritages qui peuvent être chargez de rentes foncieres. Premierement quant au mari, qui comme detempteur de l'heritage dotal payé constant le mariage les charges d'icelui, il est clairement decidé en droit, qu'il n'y a aucune repetition contre sa femme ou ses heritiers, ni même aucune retention de l'heritage, comme il auroit pour les impenses. C'est la decision de la loy *Neque stipendium. D. de impens. in res dot. fact.* Aussi encore que l'usufruitier ou la femme doüairiere, ne soient point tenus d'acquitter les simples hypotheques, mais que le proprietaire & l'heritier soient tenus de les en décharger, & par le droit & par nos Coûtumes ; si est-ce que le payement des charges foncieres les concerne entierement. *Onera enim fructuarius agnoscit*, dit la loy *Hactenus. D. de usuf.* & partant il n'en a aucune repetition sur le proprietaire.

4. Que le mari & l'usufruitier n'ont aucun recours pour les charges foncieres par eux payées.

Pareillement l'Emphyteote est tellement tenu de payer les autres charges foncieres, dont l'heritage étoit chargé lors de son bail, même sans diminution du canon, ni repetition quelconque, que même à faute d'en avoir apporté les quitances à son maître & bailleur de trois en trois ans, la loy dit qu'il peut être expulsé, tout ainsi que s'il avoit manqué au payement de la redevance emphyteutique, *l. 2. C. de jure emphyt.*

5. Que l'emphyteote n'en a point de recours.

De même encore que l'heritier soit tenu de décharger d'hypotheques la chose leguée, principalement de celles qui ont été créées par le défunt, & lesquelles il ne pouvoit ignorer, comme on resout par la loy *Si res obligata. de leg.* si est-ce qu'un point bien resolu en droit, que c'est au legataire de payer les charges foncieres de son tems, & qu'il n'en a aucune repetition contre l'heritier, *l. usuf. relicto. D. de usuf.* Et ne se faut arrêter à la loy *Qui concubinam. §. Qui hortos. D. leg. 3.* où il est dit que l'heritier doit payer la redevance du jardin, dont l'usufruit a été legué, & en acquitter le legataire. Pour concilier cette loy, les Interpretes ont inventé une distinction : que si la redevance de la chose étoit si haute qu'elle égalast les fruits, elle doit être acquittée par l'heritier, autrement non. Et bien que cette distinction soit assez équitable, si est-ce qu'elle n'est nullement fondée en droit : mais il se peut donner une solution toute certaine à ce §. *Qui hortos*, à sçavoir qu'il ne parle pas d'une chose fonciere, mais d'une dette pure personnelle, provenant d'un pur & simple bail à longues années *ad lustrum*, comme il est exprimé au texte, qui étoit le temps ordinaire à Rome des locations *ad modicum tempus ;*

6. Que le legataire n'en a point de recours contre l'heritier. Interpretation de la loy Qui concubinam §. qui hortos De leg. 3.

de l'action mixte. Liv. II. 41

tempus, comme à nous le temps de neuf ans : & partant il ne se faut pas étonner si l'heritier seul en est tenu, parce que toutes les obligations personnelles du deffunt passent en luy, & non au legataire.

4. Si aux transports onereux l'acquereur en a recours contre son autheur.
Mais bien que cela ait indubitablement lieu aux transports gratuits, c'est une grande question, si aux transports à titre onereux, l'acquereur doit avoir recours contre son autheur, à pour raison des charges foncieres, dont l'heritage se trouve redevable. Car encore que l'acquereur soit chargé envers celuy à qui les rentes sont deuës à cause de sa detention ; si est-ce qu'il peut dire, que ne luy ayant été déclaré lors du contrat, son autheur l'en doit acquiter.

8. Interpretation de la loi Imperatores. D. De publicandis.
Cette question semble dependre de la décision de cette fameuse loy *Imperatores. D. De publican. vectigal*, qui jusques à nostre temps a été mal leuë: car on lit vulgairement, *Emptores etiam præteriti temporis vectigal solvere debere, eoque exemplo actionem, si ignoraverint habituros*, où le docte Cujas *lib. 5. observ. cap. 1.* a heureusement corrigé & remis *ex empto*, au lieu de *exemplo*, & François Hotman ajoûtant par emulation à cette correction, a encore heureusement remis *eosque*, au lieu de *eoque*. De sorte qu'il y a grande apparence qu'il faille lire suivant l'avis de ces deux grands personnages. *Emptores vectigal solvere debere, eosque ex empto actionem, si ignoraverint habituros*. Ce qui oste à la loy de nostre difficulté : car il n'est pas dit indistinctement que les acheteurs auront action & recours, mais seulement *si ignoraverint*. *Constat si quidem actionem ex empto non dari iis qui scientes emerunt rem alienam, vel alteri obligatam*. *l. Si fundum. C. de evictione*.

5. Quid des arrerages precedens la vente. Interpretation de la loy C. sine censu vel rel. &c.
Mais cette loy ne parle que des arrerages precedens la vente : que sera-ce des subsequents? car une autre loy la dit indistinctement, *Necesse est eum qui comparavit, censum rei comparatæ agnoscere, neque contrariis pactionibus adjuvari. l. secunda, sine censu vel reliquis fundum comparari non posse*. Et de fait, c'est la vraye conciliation de la loy premiere en ce titre avec la loy *Ex conventione C. de pactis*, qui contiennent toutes deux mêmes mots, & neantmoins ont une decision toute contraire, comme il a été expliqué au chapitre 1. du premier livre. Il est bien veritable qu'il faut sainement entendre cette loy 1. *Sine censu, vel rei, &c.* que la paction est bien absolument nulle à l'égard du fisque seulement, & qu'à l'égard des contractans, encore ne peut-on agir precisément à l'entretenement de la paction, comme la loy exprime : mais toutefois cette paction n'est pas toute nulle à leur égard, mais seulement produit son action, *ad hoc, ut tantum emptori præstetur, quantum ejus interfuerit fisco nihil pendere*, & cette modification est prise de la loy *Interemptorem. D. De pactis*, où parlant de cette même convention, il est dit *Talem conventionem quantum ad fisci rationem non esse servandam: pactis quippe privatorum formam collationis fiscalis convelli non posse*.

10. Resolution de cette question.
Donc pour me recueillir je dis, que pour sçavoir si l'acheteur a recours contre son vendeur à raison des charges foncieres qui ne luy ont point été déclarées lors de la vente, il faut, à mon advis, distinguer les charges ordinaires & accoûtumées en la Province d'avec les extraordinaires & non accoûtumées. Pour le regard des charges ordinaires ; comme sont à nous les cens & droits seigneuriaux exprimés par les Coûtumes, & comme étoient aux Romains les tributs par les Provinces hors l'Italie, *l. Omnes C. de anno. & tributis* : parce que telles charges ne peuvent justement être ignorées par l'acheteur, il n'est pas raisonnable que *ex causâ reticentiâ*, il ait aucun recours contre le vendeur: *neque enim videtur celatus, quod ignorare non debuit*. Et c'est pourquoy en la loy 2. *sine cens. vel rel. &c.* disant que *censum agnoscit venditor*, ajoûte nommément *censum solitum*.

11. Quel recours a l'achepteur pour les charges extraordinaires. Explication de la loy In venditione. D. de act. empt. & autres.
Mais si les charges sont extraordinaires & non accoûtumées comme en Droit le canon patrimonial & emphyteutique, & à nous toutes les rentes horsmis les droits seigneuriaux, (sans doute que pour raison d'icelles on a recours contre le vendeur, tout de même que pour une servitude, qui n'auroit point été déclarée. Et il est toutefois notable que pour ce recours l'acheteur ne pourra pas agir directement, *Actione ex empto evictionis nomine*, à la restitution du prix avec dommages & interests, *nisi venditus esset fundus uti optimus maximúsque*, que nous disons franc & exempt de toute charge, servitude & redevance : mais seulement il peut agir, *ut sibi tantûm præstetur, quanto minus emisset, si scivisset onus hoc fundo fuisse impositum* : comme decide la loy *in venditione, D. De act. empti*, ainsi que l'explique fort bien Cujas sur la loy *Stipulatio ista.38.§. si quis forte D.de verb. obl*. Ce qui a lieu pareillement aux servitudes : *l. Quoties. D. De Ædil. edicto*. Combien qu'aux simples hypotheques l'eviction pleine a lieu, par l'action *quanti minoris* tant seulement; parce que par le moyen de l'hypotheque on parvient à la distraction & vente de la chose, & partant l'acheteur en peut être totalement evincée qui ne peut pas être par le moyen de la servitude, ou charge fonciere, qui en la vray explication de la loi, *Cùm vendideris. D. de contr. empt*. & de la loy penultiéme, *C. de eviction*. qui sont fort difficiles.

12. Pour quelles rentes il faut opposer aux criées ?
De cette distinction des charges ordinaires avec les extraordinaires, provient ce que par la plus grande part de nos Coûtumes, & par l'usage general de la France, on tient qu'il n'est besoin de s'opposer aux criées pour les droits seigneuriaux qui sont ordinaires : mais pour les charges & redevances extraordinaires, il se faut necessairement opposer; autrement elles seroient purgées par le decret, comme il a été dit au chap. troisiéme du premier Livre.

13. Quid, aux autres contrats que de vente.
Cette même resolution doit être gardée en l'échange, & même au partage, s'il n'y a convention au contraire: comme aussi en la vente d'usufruit, bail à longues années, à emphyteose, à rente, & tous autres semblables principalement quand on baille quelques deniers d'entrée; si ce n'est qu'aucuns tiennent en ce cas, que quand la redevance est grosse & égale à peu prés aux fruits, le preneur a recours contre son bailleur, même pour les charges ordinaires, ou bien les luy deduit & precompte sur la redevance : qui est fort equitable. Et pour le regard des charges casuelles, ou qui sont imposées à l'heritage aprés l'alienation d'iceluy (de sorte qu'il se trouve chargé de double redevance fonciere) comment le seigneur de la rente fonciere y doit contribuer avec le detempteur & proprietaire de l'heritage : il en a été parlé au penultiéme chap. du premier Livre.

CHAPITRE VI.

Que hors la Coûtume de Paris l'action personnelle ne doit avoir lieu és rentes constituées à prix d'argent, même par. forme d'assignat.

1. 2. Qu'en l'ancienne Coûtume cet article ne comprenoit les rentes volantes.
3. Coûtumes conformes à l'ancienne de Paris, & l'addition de la nouvelle.
4. Si cet article nouvellement ajoûté doit être gardé és autres Coûtumes.
5. S'il faut avoir égard à la Coûtume de Paris, ou au Droit Romain.
6. Resolution notable de cette question.
   Du Deguerpissement.

7. Que selon le droit l'action personnelle ne peut avoir lieu aux rentes constituées, soit volantes, ou par assignat.
8. 10. Absurditez qui resultent de la Coûtume de Paris.
9. Commodité de l'usage contraire.
11. Source de cette mauvaise pratique, & l'origine des rentes en assignat.
13. Pratique des rentes volantes.
14. Distinction de ces trois sortes de rentes en la Coûtume

F

De l'action mixte. Livre II.

de Sens.
15. *Deux erreurs en la Coûtume de Paris.*
16. *Qu'il faut aujourd'huy regler les rentes par assignat comme les rentes volantes.*
17. *Conclusion que l'action personnelle és autres Coûtumes ne doit avoir lieu és rentes constituées.*

1. 2. Qu'en l'ancienne Coûtume cet article ne comprenoit les rentes volates.

Suivent ces mots en l'article commencé, *De cens, rentes, & autres charges réelles & annuelles*: Pour l'explication desquels on peut dire, que selon la vraye intelligence, & ainsi qu'anciennement ils estoient couchez en cet article, ils ne devoient être entendus que des rentes foncieres, qui vrayement sont charges réelles, & non des simples rentes constituées. Ce qui appert tant des mots precedens, *heritages chargez & redevables*, qui ne peuvent convenir qu'aux rentes foncieres, dont les heritages sont proprement redevables; & non aux rentes constituées, qui sont deuës par les personnes: comme aussi cela appert du mot de *cens*, qui est notamment exprimé, & auquel est adjoutée la conjonction copulative (&) *qua copulare solet similia*.

Et ce qui le montre encore plus clairement, est qu'en l'ancienne Coûtume aprés, en mesme article, parlant des charges foncieres, & de l'action personnelle, suivoit immediatement l'article qui à present est le 101. qui parle des simples hypotheques, & de l'action hypotequaire: aussi ne contient-il pas ces mots, *Heritages chargez & redevables*, comme fait nostre article, ni pareillement le mot de *cens*, mais seulement *Heritages obligez, & hypotequez aux rentes, &c.*

3. Coûtumes conformes à l'ancienne de Paris, & l'addition de la nouvelle.

Or ces deux articles se trouvent aussi couchez en mesmes termes és Coûtumes de Mont-fort l'Amaury, Mante, Estampes, & quelques autres: & sont encore demeurez en nostre nouvelle Coûtume fors qu'entre iceux on a inseré l'article 100. qui estend l'action personnelle aux simples hypotheques, dont voicy les mots: *Et s'entendent les heritages chargez, quand ils sont specialement obligez, ou qu'il y a generale obligation sans specialité, ou qu'il y a clause que la generale ne deroge à la speciale: esquels cas le detempteur est tenu personnellement des arrerages.* De sorte que l'article subsequent qui parle de l'action hypotequaire, ne sert plus que d'une vaine & superflue repetition.

4. Si cet article nouvellement adjouté doit estre gardé és autres coûtumes.

Toutefois, puisque la loy est écrite clairement, bien qu'elle soit rude, il la faut garder; mais aussi la faut-il contenir en ses limites: de maniere que c'est une grande question si cet article, adjouté de nouveau en nostre Coûtume, doit estre gardé aux autres, où cette difficulté n'est point expressément vuidée: veu qu'on tient pour maxime au palais, que la Coûtume de Paris, principalement en ce qui a esté adjouté à la reformation derniere, comme aiant esté pris des Arrests de la Cour, doit faire la loi commune pour le cas obmis aux autres Coûtumes, suivant ce qui a esté dit en Droit avec moins de sujet des Coûtumes & usages non homologuez, qui estoient observez en la ville de Rome, *l. De quibus. D. de leg. §. ult. Instit. de satisdat. l. 1. §. sed si qua leges. C. de vet. jur. ennol.*

5. S'il faut avoir égard à la coûtume de Paris ou au Droit Romain.

Mais ailleurs il est dit, *Consuetudinis ejusque longavi non levis auctoritas, sed non adeò sui valitura momento, ut autem ratio vincat aut legem*; ce qui est dit d'une Coûtume non homologuée & authorisée par l'exprés consentement des Estats de la Province, sous l'authorité du Prince souverain. Autrement pour le regard des Coûtumes deuëment authorisées, nous renverions cette proposition, ainsi qu'a fait l'autheur du Livre des Fiefs, au commencement du second livre, & disons, *Romanorum legum non vilis auctoritas, sed non tanta, ut consuetudinem vincat.* Aussi il y a autre maxime au Palais, que les cas obmis és Coûtumes doivent estre decidez selon la disposition du Droit romain, que pour cette cause nous appellons le *Droit commun*, comme il a déja esté dit.

6. Resolution notable de cette question.

Pour donc accorder ces deux maximes, il faut tenir que devant qu'étendre aux autres Coûtumes la decision de celle de Paris, il faut premierement sonder le Droit Romain: Et s'il contient certaine & resoluë decision du point controversé, non repugnant à l'usage general de France; alors posé que la Coûtume de Paris soit contraire, il faut plustost que de la suivre, s'arrester à la disposi-

tion du Droit commun, *servandum que est non quod Romæ servatur, sed quod servari debet. l. Sed licet. D. de offic. Præsidis.* Ce qui a lieu mesme pour les articles adjoutez de nouveau, mesme supposé qu'ils eussent esté adjoutez suivant les Arrests de la Cour, quand il se peut remarquer, que cela est arrivée en consequence de l'usage inveteré, qui estoit observé à Paris. Car comme cet usage ne pouvoit faire loi aux autres Coûtumes, aussi les Arrests confirmatifs d'iceluy, ou les articles qui l'ont receu pour Coûtume, ne peuvent pas faire loi ailleurs, où il n'y a mesme usage, quand ils sont directement contraires au Droit commun.

7. Que selon le droit l'action personnelle ne peut avoir lieu aux rentes constituées, soit volantes, ou par assignat.

Ce qui resout entierement la question proposée: car c'est un point constant & certain en Droit que *nunquam personalis actio transit in singularem successorem rei obligata. l. 2. si advers. cred. & l.1. §. hæres. D. Ad Trebel.* Ce qui s'y trouve encore particulierement decidé pour les rentes constituées par forme d'assignat, en la loi derniere §. dernier. *D. De cont. empt.* comme il a esté dit au Livre precedent, où la raison en a esté donnée; à sçavoir, que l'assignat *non est jus aut conditio prædii*, & n'est point une charge fonciere; d'autant que la charge fonciere (qui seule imprime un caractere à la chose) ne peut estre imposée, sinon en l'alienation de l'heritage: mais tout au plus l'assignat ne peut avoir qu'un simple droit de suitte sur l'heritage alienée du depuis à un tiers, comme l'hypoteque: & par vertu de ce droit de suitte le creancier peut bien suivre l'heritage qui lui est obligé, & en poursuivre la vente à faute de payement, mais non pas suivre la personne du tiers detempreur de l'heritage, & le contraindre en ses propres biens au payement de la rente, tout ainsi que s'il l'avoit constituée: & le contraire aiant esté introduit à Paris par erreur & mauvais usage, nous pouvons dire avec Celsus, *Quod non ratione, sed errore primùm, deinde consuetudine obtentum est, in aliis similibus non obtinet. l. Quod non ratione D. de legib. quodque contra jus rationis receptum est, non est producendum ad consequentiam. l. Quod contra cod. tit.*

8. 10. Absurditez resultent de la coustume de Paris.

De fait, il resulte de la Coustume de Paris une absurdité de tout insuportable: c'est qu'attendu le frequent usage que nous avons des rentes constituées, il n'y a à present maison de Prince, ou grand Seigneur, qui n'en soit chargée de grande somme, & telle de dix, de vingt, mesme de trente-mil écus de rente. D'où il s'ensuit que tous ces Princes & grands Seigneurs sont en perpetuelle interdiction de tous leurs biens, & qu'il se faut bien garder d'acheter leurs heritages, gardant la decision de nostre Coûtume, si on ne veut est ruiné: car celuy qui aura acheté d'eux une maison ou terre, quelque petite que ce soit, sera par nostre Coûtume tenu personnellement à paier toutes les rentes que doit le Prince son vendeur, & y en eut-il pour vingt ou trente mil écus par an: de sorte, que pour un petit acquest de cent écus il faut paier vingt mille écus de rente. Que si on deguerpir pour éviter à paier ces rentes, voila en effet le marché rompu, & l'argent que l'on a payé, bien hazardé: si toute personne est en ce hazard, & ne peut prendre seureté qui vaille, car jamais les grands Seigneurs ne veulent que leurs terres soient venduës par decret: parce qu'en un decret ils ne veulent jamais d'argent, que toutes leurs debtes ne soient premierement payees; or ils ne vendent que pour avoir de l'argent, & si on entrepréd de faire un decret malgré eux, il durera dix ans, avant que les oppositions soient vuidées, & que l'ordre soit fait de tous les creanciers. Bref, qu'en la Prevosté de Paris, il n'y a aucun moien de s'asseurer seurement des grands Seigneurs.

9. Commodité de l'usage contraire.

Au lieu que si les acquereurs n'estoient tenus qu'hypotequairement, & aprés discussion, selon la raison écrite, il n'y auroit point de hazard d'acheter d'un grand Seigneur, parce qu'il le faudroit rendre insolvable, avant que s'attaquer à l'acquereur. Et si cette discussió se trouve mal-aisée qu'on se garde de prester si facilement

De l'action mixte. Liv. II.

aux grands Seigneurs: auſſi bien ne leur preſte-on gueres ſans grand profit, qui égale à peu prés le hazard de la debte, & de la difficulté de la convention.

A ce meſme propos des abſurditez qui reſultent de noſtre Coûtume, j'ay depuis peu ouy parler d'un étrange procez pendant en la Cour, à ſçavoir qu'un perſonnage cy-devant argentier d'un Prince fort oberé, pour retenir les deniers qu'il avoit avancez à ſon ſervice, acquit de luy depuis dix ans, un heritage ſitué en cette Coûtume. Aujourd'hui tous les rentiers de ce Prince, qui ſe trouvét redevables de plus de vingt-mil écus de rente demandent à ce pauvre acquereur titre nouvel de leurs rentes & paiement des arrerages depuis ſon acquiſition; il offre à deguerpir l'heritage qui luy a coûté ſix mil écus; mais voicy le plus grand mal: on ne l'y veut pas recevoir, qu'au prealable il n'ait payé dix années d'arrerages de vingt mille écus de rente, parce qu'il ſe trouve qu'auparavant ſon acquiſition, il avoit eu connoiſſance de toutes ces rentes, ayant la même année payé par ſes mains quelques arrerages d'icelles à tous ces rentiers. Or eſt-il que la Coûtume n'excepte du paiement des arrerages, que celui qui n'avoit point de connoiſſance des rentes. Que fera t'il donc? faudra-il qu'il paie deux cens mille écus, à quoi ſe montent les arrerages de dix années avant que d'eſtre receu à deguerpir? Et ce pour n'avoir pris garde à la ſubtilité de noſtre coûtume, ſuivant la rigueur de laquelle, il ne ſe peut exempter: & partant il faut confeſſer, qu'elle eſt trop dure & trop rigoureuſe.

Or il faut achever d'éclaircir la ſource de cette mauvaiſe pratique, en ajoûtant à ce qui a eſté dit au neufiéme chapitre du livre precedent, & faut remarquer que les rentes foncieres ont de tout temps été uſitées en France, ſoit les ſeigneuriales qui nous ſont ſi frequentes, qu'on dit preſque par tout, *Nulle terre ſans Seigneur*, ſoit les ſimples foncieres, qu'on a été contraint d'inventer en France, parce qu'en une region ſi planturéuſe, les rentes eſtoient plus communes le temps paſſé que l'argent; de maniere que n'eſtant pas poſſible de trouver argent des terres qu'on vouloit vendre, il les falloit bailler à rente: moien qui fut à propos inventé, pour faire que ceux qui n'avoient point d'argent, ne laiſſaſſent de pouvoir acquerir des heritages. Voila l'invention des rentes foncieres.

Depuis par ſucceſſion de temps, on s'aviſa d'un moien tout contraire, par lequel ceux qui avoient affaire d'argent en puſſent recouvrer ſans vendre tout à fait leurs heritages; à ſçavoir de conſtituer rente ſur iceux, *ad inſtar* de la rente fonciere; ſinon que l'une ſe crée en l'alienation de la choſe, pour eſtre payée à celuy qui étoit ſeigneur d'icelle, l'autre ſe conſtituë par ſimple paction, pour être paiée à un tiers. Et partant les Italiens & Eſpagnols modernes, ont appellé les unes *Reſervatives*, & les autres *Aſſignatives*. Mais quoi qu'il en ſoit, il falloit que ces rentes conſtituées par ſimples pactions fuſſent tout à fait réelles, & qu'elles fuſſent particulierement aſſignées ſur un certain heritage, qui demeuroit chargé & redevable d'icelles, & non la perſonne du conſtituant: comme ſi l'heritage avoit été vendu au rentier, & aprés rendu & rebaillé luy à luy au vendeur à titre de nouvelle rente: ou ſi les fruits & revenu annuel de cet heritage, juſques à telle ſomme par an, avoient été vendus au rentier à perpetuité pour le prix d'un contrat. Ce qui ſe faiſoit, afin de s'éloigner des uſures Romaines. Tant y a que par le moyen de ce contrat, le tiers acquereur de l'heritage chargé & redevable de la rente, pouvoit être pourſuivi perſonnellement pour raiſon d'icelle, tout ainſi que ſi c'euſt été une rente fonciere; & même les proprietez des rentes foncieres étoient accommodées & attribuées à ces rentes.

Mais le commun & frequent uſage des rentes conſtituées a poli & adouci petit à petit la rudeſſe de cette ceremonie tant éloignée des regles de Droit, & parce qu'on a veu que ceux qui avoient peu d'heritages, comme les marchands & jeunes gens, avoient plus beſoin d'argent pour accommoder leurs affaires, & que c'eſtoit

Du Déguerpiſſement.

plus grande charité de bailler de l'argent à rente, ſans aſſignation de l'heritage, que ſous bonnes aſſignations; auſſi que c'eſtoit une incommodité qu'aprés avoir conſtituée une rente, on ne pouvoit plus vendre par aprés ſon heritage, ſans charger l'acheteur de paier la rente, qui eſt autant de diminution ſur l'argent comptant, pour lequel toucher on vend l'heritage: pour toutes ces conſiderations & beaucoup d'autres qui ſeroient trop longues à reciter; on s'eſt enfin accoûtumé d'obmetre cette ceremonie de l'aſſignat, & de conſtituer ces rentes à prix d'argent, generalement ſur tous les biens du debiteur. C'eſt pourquoy elles s'appellent *Rentes volantes & courantes*, & reviennent proprement à l'eſpece de cette loy 2. C. *de debit. civ.* & de la Nov. 160.& ne ſont differentes des uſures Romaines, ſinon que le principal n'eſt pas exigible; ce qui ſuffit pour éviter la prohibition du Chriſtianiſme de ne point preſter à uſure, parce que l'alienation du ſort principal, fait que ce contrat n'eſt pas un preſt, mais une vente. Ainſi cette façon de conſtituer rentes s'étant trouvée licite, & d'ailleurs plus nette & plus facile, meſme beaucoup plus douce aux debiteurs, & plus charitable & ſur tout plus conforme aux maximes de droit que l'ancienne forme, elle eſt venüe enfin en uſage ſi ordinaire, que l'autre eſt aujourd'hui tout inuſitée.

Tant y a que voila trois ſortes de rentes, les foncieres, les rentes d'aſſignat, que les canoniſtes modernes appellent *rentes réelles*, & les rentes conſiſtans en ſimple hypotheque que nous appellons *volantes & courantes*, & eux les appellent *rentes perſonnelles*. De fait ſur le point dont eſt queſtion, à ſçavoir ſur l'action qu'elles produiſent contre le tiers detempteur, on les voit toutes trois diſtinguées en la Couſt. de Sens. Car l'art. 132. dit que és rentes foncieres l'action perſonnelle a lieu, l'ar. 134. qu'és rentes conſtituées ſur cetrain heritage, l'action hypothequaire a lieu ſans diſcuſſion; & l'ar. 135. porte qu'és rentes volantes l'action hypothequaire a lieu contre le tiers detempteur aprés diſcution faite. Eſquelles deciſions il y a tres grande apparence de raiſon, parce qu'à la verité ſelon les regles de droit, l'actió perſonnelle ne peut avoir lieu qu'aux ſeules rentes foncieres; mais auſſi l'aſſignat peut être reputé une obligation principale de la choſe; & partant on ne peut dire que la diſcuſſion n'y eſt pas requiſe, comme en la ſimple hypotheque, qui ſans doute n'eſt que ſubſidiaire.

Toutefois aux autres Couſtumes & notamment en celle de Paris, on n'a jamais nettement diſtingué les rentes conſtituées par aſſignat, ou par ſimple hypotheque; & ce point n'y fut jamais bien éclairci, mais on en laiſſoit uſer à un chacun ſelon ſa conſcience, à cauſe du ſcrupule qui en pouvoit naître. Mais dautant que les rentes en aſſignat eſtoient les plus communes & les plus uſitées le temps paſſé, les effets & deciſions des rentes volantes leur étoient adaptées: & parce que d'ailleurs l'on attribuoit à l'aſſignat preſque la meſme nature des charges foncieres, il eſt arrivé *à primo ad ultimum*, de degré en degré, *& per breviſſimas mutationes* que l'on a confondu les rentes foncieres avec les conſtituées à prix d'argent, & que l'on a attribué meſmes effets aux rentes volantes, qu'aux pures rentes foncieres. En quoi il y a double erreur; le premier que l'on a confondu l'aſſignat avec le droit foncier, contre la deciſion de droit en cette loy derniere, §. *ult. D. de contrah. empt.* & la loi *L. Titius. de alim. & cib. leg.* l'autre que l'on a voulu attribuer à la ſimple hypotheque ſpeciale, & même aucunefois à la generale, les effets erronement attribuez à l'aſſignat. Deſquels deux erreurs eſt provenuë toute la difficulté & perplexité qui ſe trouve en pratique ſur la matiere des rentes, ſoit foncieres, ſoit conſtituées, & même la pluſpart des rentes qui ſe peuvent faire ſur le déguerpiſſement & delaiſſement par hypotheque, & notamment de ce eſt venu ce que pluſieurs Couſtumes ont attribué l'action perſonnelle aux ſimples rentes vólantes à l'encontre du tiers detempteur.

Or le premier erreur de confondre l'aſſignat avec le droit foncier étant aujourd'hui convaincu par l'expreſſe d'hui regler les rentes par assignat comme les rentes volantes. disposition du Droit, & la cause du second erreur d'adapter aux rentes par hypotheque, les effets des rentes constituées par assignat, estant aujourd'huy abolie & renversée, parce qu'au lieu qu'anciennement la pluspart des rentes à prix d'argent, se constituoient par assignat sur certain heritage exprimé, aujourd'huy elles se constituent par simple hypotheque sur tous & chacuns les biens ; & encore qu'il y ait quelque heritage exprimé, c'est seulement une hypotheque speciale, & non pas un pur assignat, comme justifie la clause vulgaire qu'on y met, *Que la speciale hypotheque ne déroge à la generale*, &c. Je dis par consequent, qu'au lieu qu'anciennement on détournoit les rentes volantes, comme moins usitées aux rentes par assignat comme plus communes; tout au contraire aujourd'hui s'il se trouve encore quelques rentes qui soient precisément constituées par assignat, il les faut neanmoins regler comme les rentes volantes & courantes, veu même que comme on pratiquoit anciennement les rentes par assignat, il semble qu'elles estoient trop desavantageuses pour les debiteurs, parce qu'entre les clauses & conditions requises par les Canonistes pour la validité des rentes réelles, on y observoit seulement celles qui concernoient la commodité & avantage du creancier de la rente, & non celles qui regardoient la commodité & utilité du pauvre debiteur, comme il a été dit au premier livre. De maniere qu'il y a grande apparence de reduire aujourd'huy generalement toutes les rentes à prix d'argent, à la nature des rentes volantes, c'est à dire, constituées sur tous les biens des debiteurs : & en ce faisant abolir & retrancher peu à peu tous les avantages & prerogatives que les rentes d'assignat s'estoient attribuées, & avoient anticipé sur les rentes foncieres: comme il a été montré au premier livre, que déja par deux ou trois fois en nostre Coustume on les a retranchez.

Puis donc que l'expresse decision de Droit, la raison d'icelle directement concluante, la naïve interpretation des termes de nostre article, l'inconvenient qui resulte de la decision contraire, concourent ensemble pour la rejetter ; joint que la source de l'erreur est découverte, je tiens pour certain, qu'aux autres Coustumes, où cet erreur n'a point encore été authorisée, *veritati, rationi, & aequitati locus superesse debet* ; & que l'on y doit garder la disposition du Droit commun, à sçavoir que le tiers detempteur de l'heritage obligé & hypotequé à la rente constituée, posé même qu'elle soit particulierement assignée sur iceluy, ne doit pas estre convenu de cette action personnelle, mais seulement de l'action hypothequaire, suivant l'article subsequent, si ce n'est après un titre nouvel passé, par lequel à faute d'avoir voulu quitter l'heritage, il se soit soûmis volontairement à payer & continuer la rente, comme il sera expliqué au troisiéme livre. Et de fait, il y a quelques Coustumes qui ont precisément limité l'action personnelle aux seules charges foncieres, laissant seulement l'action hypothequaire pour les rentes constituées, comme la Coustume de Montargis chap. 2. art. 38. & 39. celle de Sens, art. 132. 134. & 135. quelques autres.

17. Conclusion que l'action personnelle és autres Coustumes ne doit avoir lieu és tentes constituées.

CHAPITRE VII.

Des effets de cette action, & notamment de la Veuë & Montrée de l'heritage.

1. Cinq effets de realité en cette action.
2. Quels Juges sont competens en cette action.
3. Par quel temps se prescrit cette action.
4. Trois effets de personalité en cette action.
5. D'où vient que la discution n'y est point requise.
6. S'il échet veuë en cette action.
7. Origine de la veuë prise du droit Romain.
8. Ceremonie de la vindication selon la loy des douze tables.
9. *Initio in rem præsentem moribus introducta.*
10. Occasion de la veuë.
11. Que la veuë n'a lieu qu'aux actions réelles & mixtes.
12. Si le seigneur censier est tenu faire veuë à son sujet.
13. Raisons du seigneur censier.
14. Raisons du sujet censier.
15. Pourquoy il n'est point allegué d'arrests en ce Traité.
16. Qu'il seroit bon d'abolir entierement la veuë.
17. Qu'il naist une grande longueur de la veuë.
18. Qu'en cette question il ne faut faire difference entre le cens & les autres charges foncieres.
19. Qu'il faut plûtost faire distinction du preneur d'avec le tiers detempteur.
20. Que même l'acquereur à la charge de la rente, n'est pas recevable à demander veuë.
21. Qu'il faut avoir preuve prompte des moyens pour lesquels on empêche la veuë.
22. Que de preuve pour empescher la veuë, on peut faire interroger sa partie adverse sur faits pertinents.

1. Cinq effets de realité en cette action.

POur l'explication des mots qui suivent après en nostre article, *sont tenus personnellement payer*, &c. il faut specifier les effets de l'action personnelle, dont nous traitons, qui à la verité est irreguliere & heteroclite, n'estant ny entierement personnelle, ny tout à fait réelle, mais participant de l'une & de l'autre espece : car en premier lieu elle a cinq effets conformes aux actions réelles, & contraires aux actions pures personnelles.

Le premier est, qu'elle ne passe point à l'heritier de celui qui a constitué la rente fonciere, entant qu'heritier, comme il a esté dit, mais seulement entant que detempteur de l'heritage, au cas qu'il le soit.

Le second est, que n'ayant lieu contre le detempteur que pour le tems de sa detention, il s'ensuit qu'aliénant ou déguerpissant l'heritage, il s'exempte de cette action : ce qui sera prouvé & expliqué plus à propos au quatriéme Livre.

Le troisiéme qu'il y échet delay de veüe & de garand, tout ainsi qu'és actions réelles : ce que j'expliqueray en ce même chapitre.

2. Quels Juges sont competens en cette action.

Le quatriéme, qu'elle ne se peut intenter pardevant les Juges qui ne connoissent que des causes pures personnelles, comme les Juges d'Eglise, les Conservateurs des privileges des Escoliers, & tels autres Juges extraordinaires de certaines personnes ; qui est un point sur lequel *Joan. Galli* se tourmente fort en la question 50. où il se plaint d'avoir perdu sa cause à la Cour, soutenant l'opinion contraire. Autre chose est de Messieurs des Requestes du Palais, qui sont Juges tant des actions personnelles que des mixtes.

Le cinquiéme effet est, que cette action se prescrit par dix ans entre presens, & vingt ans entre absens, comme l'action hypothequaire, ou la pure vendication : (j'entends toutefois par le tiers detempteur de l'heritage ; car le constituant mesme ne prescrit jamais en France à cause de sa mauvaise foy, non plus qu'au Droit Canon) & ne faut attendre les trente ans requis pour prescrire contre les actions pures personnelles : ce qui se prouve par l'article 114. de nostre Coustume.

3. Par quel temps se prescrit cette action.

Au contraire, cette action a entr'autres deux ou trois effets conformes aux actions pures personnelles, & contraires aux réelles.

4. Trois effets de personalité en cette action.

Le premier, qu'elle ne peut estre intentée pardevant le Juge de la chose, mais pardevant le Juge du domicile de l'adjourné, parce qu'en matiere de jurisdiction la personne comme plus noble attire à soy : aussi quand l'action seroit pure réelle, on ne peut jamais faillir de s'addresser au Juge de la personne : toutefois

De l'action mixte. Liv. II.

aucuns doutent de cette resolution.

Le second, qu'après condamnation l'execution se fait sur tous & chacuns les biens du condamné, comme aux actions pures personnelles, & non sur l'heritage seulement, comme aux actions réelles : qui est un point de grande importance.

5. D'où vient que la discussió n'y est point requise.

Aucuns adjoûtent un troisiéme effet, que la discussion n'y est requise, mais encore que vrayement aux charges foncieres la discussion n'ait lieu, *l. Cùm possessor, §. ult. D. de censib.* cela ne vient pas à cause de cette action, mais parce que la discussion a esté introduite seulement aux simples hypotheques, qui sont de leur nature accessoires, ou subsidiaires à l'obligation personnelle, laquelle partant il est raisonnable de discuter. Et de fait, la discussion ne laisse d'avoir lieu quelquefois aux actions personnelles, quand elles sont accessoires, comme aux fidejusseurs : & au contraire, lors mesme que cette action cesse és charges foncieres, la discussion pourtant ne laisse d'y estre rejettée, comme aux arrerages precedens la detention, où cette action n'a lieu, mais seulement l'hypothequaire ; & neanmoins il n'y faut point de discussion. C'est pourquoy quand nostre Coûtume reformée a voulu exclure la discussion és rentes constituées, aussi bien qu'aux charges foncieres, il l'a fallu précisément exprimer en l'article 101. autrement si elle n'eust esté exprimée, la seule personalité n'eust pas exclud la discussion.

6. S'il écheu-veuë en cette action.

Mais entre les effets cy-dessus recitez, il y en a un qui merite bien d'estre approfondy, à sçavoir qu'en cette action, comme pure réelle, il faut faire veuë au defendeur de l'heritage redevable de la contente ; parce que c'est la premiere difficulté qui se trouve aux procés intentez touchant les rentes foncieres qui les accroche bien souvent. Pour cét effet il faut presupposer en bref l'origine de ce que nous appellons en pratique, *veuë & montrée au doigt & à l'œil*: qui vient indubitablement d'un ancien usage des Romains, duquel nous n'avons nul vestige en nos livres.

7. Origine de la veuë prise du Droit Romain.

C'est bien une maxime de Droict, qu'il faut que toute demande soit certaine, *l. 2. De edendo, ut sciat reus, cedere an contendere debeat.* Mais sur tout quand l'action se dirige contre la chose contentieuse, elle doit estre certaine, *l. Si in rem. D. de rei vendic.*

8. Ceremonie de la vendicatió selon la loy des douze tables.

Mesme par le Droict ancien il ne suffisoit pas en ce cas, que la chose fust designée & specifiée clairement par le libelle, mais encore il falloit que celui qui la vouloit vendiquer, la vist & la touchast en face de Justice : & cela s'appelloit vendiquer, quand par une maniere de force feinte & simulée, il s'en emparoit & saisissoit en la presence du Magistrat, *vindicatio quippe à vi dicebatur.* La chose donc estoit amenée au Pretoire, & celui qui la vendiquoit se tirant à soy, *conseruique in esm manibus,* disoit *Hanc rem ex jure Quiritum meam esse aio.* Que si celui qui avoit par devers soi la chose, ne la vouloit pas representer & amener en jugement, pour estre ainsi vendiquée, l'on agissoit contre lui *ad exhibendum* qui estoit une action preparatoire à la vendication ; d'ailleurs si la chose estoit immobiliaire, & ne pouvoit estre apportée dans le Pretoire & Auditoire de Justice, à la premiere assignation le Preteur donnoit jour aux parties pour avec un preud'homme qu'il deputoit, se transporter sur le lieu contentieux, dont le demandeur rapportoit en Jugement une motte de terre, si c'estoit un heritage, ou bien un festu ou buchette si c'estoit une maison, & cela s'appelloit *vindicia*. Et par aprés, comme si cette buchette ou motte eussent esté l'heritage entier, ils y mettoient chacun la main devant le Preteur, & disoient respectivement *Hunc fundum ex jure Quiritum, meum esse aio.* Ce qui se void dans *Festus, Cicero pro Murana,* & notamment dans A. Gelle liv. 20. chap. 9.

9. Initio in rem præsen-tem moribus introductâ.

Enfin cette formalité introduite par la Loi des 12. tables, fut retranchée & abrogée par l'usage, & fut observé seulement que les parties prenoient assignation pour aller *in rem præsentem*, & y estoient conduits par un Expert deputé par le Preteur, ce qui s'appelloit *De-*

ductio, & in rem præsentem itio moribus introducta. comme dit Ciceron *pro Cecinna*, qui est en effet la veuë & montrée au doigt & à l'œil dont nous usons en France.

10. Occasion de la veuë.

Elle se fait afin qu'on ne se puisse aucunement méprendre & tromper en la chose contentieuse ; d'autant que la veuë & l'attouchement sont les plus certains de nos sens : car on ne peut si bien décrire & figurer par écrit, ou exprimer de parole un heritage, qu'il n'y puisse quelquefois arriver de l'equivoque & de l'erreur : & se void à l'effet qu'aprés la veuë faite, on le demandeur ou le defendeur reconnoist bien souvent qu'il est mal fondé, & se desiste du procez.

Or comme à Rome *ejusmodi itio in rem præsentem,* n'avoit lieu qu'aux vendications, parce mesme qu'en icelle consistoit la forme de la vendication, aussi il semble que la veuë ne doive avoir lieu en France, qu'aux actions pures réelles. Toutefois nous tenons que comme le delay de garand, aussi celui de veuë a lieu pareillement aux actions mixtes, notamment en cette action pour les charges foncieres, qui approche fort des réelles, *quia res non persona convenitur,* dit la loi: Et de fait, Master, Austere & les autres Praticiens le tiennent unanimement ; comme à la verité il y a pareille raison de faire veuë en cette action, qu'en la pure vendication, ou en l'action hypothequaire.

11. Que la veuë n'a lieu qu'aux actions réelles & mixtes.

Mais c'est une vieille dispute entre nos Praticiens, & qui n'est point encore bien resolue, sçavoir si le seigneur censier est tenu de faire veuë à son sujet, des heritages qu'il prétend estre en la censive, ou s'il suffit que le proprietaire avouë ou desavouë précisément son seigneur au hazard de la contente, qui se fait à cause de la foi qui est duë au seigneur ; & aussi que ne recevant rien annuellement de l'heritage, la dureté se perdroit facilement, si par cette peine & rigueur il n'y estoit pourvû.

12. Si le seigneur censier est tenu faire veuë à son sujet.

Mais au regard du seigneur censier, l'opinion plus commune est, qu'il n'est tenu faire veuë à son sujet, veu que le sujet est tenu lui-mesme de lui bailler son heritage par declaration, contenant ses confins : tenans & aboutissans. Aussi le detempteur sçait mieux, s'il tient l'heritage contentieux, & ce qui est dû de cens, & à qui, que ne peut sçavoir le seigneur direct, qui pour un petit droit de cens, qu'il a sur plusieurs heritages, ne s'amuse pas à controller chacun morceau de terre. Que si toutes les fois que le seigneur censier se veut faire reconnoistre & dresser son terrier, il arrivoit que chaque detempteur lui demandast vuë, il lui seroit plus expedient de tout quitter, que de subir les frais, longueurs & chicaneries, qui se retrouvent ordinairement à faire une vuë. Car un seigneur censier prend garde seulement au climat & territoire en general, dont il reçoit le cens, sans s'enquerir beaucoup des confins particuliers de la situation, de la mutation de chaque piece d'heritage, & si d'un pré on fait une terre, on d'une terre une vigne. Ou bien il arrivera un nouveau successeur à la censive, qui ne connoistra nullement le pays, & moins les heritages des particuliers qui lui sont redevables des cens, alors chacun lui voudra demander vuë avant que le reconnoistre, n'est-ce pas lui donner trop de traverse pour si peu de profit ? vaut-il pas mieux que chaque detempteur estant convenu pour bailler par declaration, reconnoisse ingenuement ce qu'il sçait, & qu'il réponde categoriquement s'il est detempteur ou non, sans faire de l'ignorant & demander veuë ? car c'est indubitablement au sujet à reconnoistre & rechercher son seigneur, ainsi communément le cens est portable & non requerable, & sur tout puisque nulle terre n'est sans seigneur, chacun est tenu sçavoir de quel seigneur il tient.

13. Raisons du seigneur censier.

Voila ce qu'on allegue pour le seigneur censier. A quoy on repond pour le detempteur : Qu'à la verité celui qui est reconnu pour seigneur censier, peut demander à son sujet declaration de ses heritages : mais quand le procez est de sçavoir si le demandeur est seigneur censier ou non, il est besoin de suivant la pratique de France, il fasse monstrée de la chose dont il vendique la seigneurie directe ; autrement si on vouloit empescher la vuë, comme lui estant seigneur direct, ce seroit vuider

14. Raisons du sujet censier.

De l'action mixte. Liv. II.

le procez. Il ne faut donc pas presupposer pour veritable ce qui est en contention, & ne faut sur un leger incident & sur un preparatoire obmettre la dispute principale. Il est bien vray que chacun doit sçavoir ce qu'il possede, & de quel seigneur il tient : mais si faut-il, peur d'equivoque, (qui souvent arrive quand on se veut regler aux anciens tenans & aboutissans des heritages) que celui qui se prétend seigneur, montre au defendeur quel de ses heritages il prétend estre en sa censive. En quoy il ne faut point imaginer tant de difficulté. Car si le seigneur a censive sur le total d'un territoire, il suffit qu'il montre & designe son climat, enclave, & territoire, & qu'il declare que toutes les terres & enclavées lui doivent censive, à raison de tant par arpent, sans qu'il soit besoin de particulariser la piece contentieuse : car par apres c'est au defendeur à connoistre s'il a quelque heritage designé, & à défendre categoriquement. Que si les censives sont meslées, sans doute il y a plus de difficulté, mais encore faut-il que chacun reconnoisse sa terre : quand ce seroit un Royaume, celuy qui ne sçauroit où il seroit situé, ne le pourroit pretendre ni quereller : mais c'est assez que le seigneur connoisse l'heritage qui est en sa censive, & s'il en ignore le detempteur qu'il le fasse saisir : il faudra qu'il parle, & si la saisie servira de vûë. En tout cas, il n'y a gueres plus de difficulté ni de hazard de se méprendre à faire la monstrée de la chose, qu'à la particulariser & specifier, soit par l'exploit de saisie, soit même par le libelle d'ajournement, & neantmoins cela est necessaire, *d. l. Si in rem. D. De rei vend.* Et si on dit qu'il y a plus de frais & de longueur, couste & vaille ; aussi, a-t'il plus de certitude quand la chose est montrée au doigt & à l'œil, & qu'on dit, *Voilà l'heritage qui tient de ma censive.* Si on dit qu'un seigneur peut estre éloigné de sa censive, ou estre nouveau successeur, qui ne connoistra pas le climat ni les heritages, on peut aussi dire que bien souvent les detempteurs sont de loin & qu'ils sont nouveaux successeurs, qui ne connoissent encore les redevances de leurs terres, & qu'ils n'ont jamais oui parler des anciens tenans & aboutissans, par lesquels le seigneur la designe en son libelle. Est-il pas en ce cas plus raisonnable, que celui qui agit, sçache & donne à connoistre ce qu'il demande ?

15. Pourquoi il n'est point alleguéd'Arrests en ce Traité.

C'est ce qui se peut dire de part & d'autre sur cette question ambiguë, outre que de chaque costé on cite plusieurs Arrests qu'obmets expressément : je suis resolu de n'en point alleguer en cét Oeuvre, que je desire plustost munir de raisons que d'authoritez : non que je ne fasse tres-grand estat des Arrests des Cours souveraines, notamment de l'auguste Parlement de Paris, premier Senat du monde, prés duquel j'ai eu cét honneur d'avoir esté nourri de pere en fils : mais parce que les reverant les Arrests comme oracles, je crains de les citer en vain, estant trop jeune pour en avoir beaucoup oui, & d'ailleurs ne les osant alleguer sur le recit d'autrui, parce que le plus souvent il y a tant de particularitez & tant de circonstances aux faits sur lesquels ils interviennent, qu'il est mal-aisé sur le simple recit d'iceux, d'y pouvoir reconnoistre l'intention de la Cour, & encore plus d'en tirer des maximes & decisions generales *modica quippe facti differentia magnam induit juris diversitatem.*

16. Qu'il seroit bon d'abolir entierement la vûë.

Mais pour dire mon avis de la question proposée, me semble en un mot que ce seroit le meilleur d'abolir entierement cette formalité de faire vûë, qui n'est pas si necessaire qu'on pense, & que nous ne trouvons point avoir esté pratiquée par les Romains, depuis que le Droict a esté reduit ainsi qu'il est dans nos livres : car il n'y a requis autre chose sinon que l'heritage soit bien specifié par le libelle, sans avec beaucoup de frais, & peine & de longueur mener un Sergent bien loin pour faire la vûë. Que s'il survient quelque contestation quelque équivoque ou difficulté en la remarque de l'heritage, ce qui arrive assez rarement, alors le Juge peut ordonner que descente & visitation, mesme quelquefois que figure & description sera faite des lieux & heritages contentieux, à quoy le plus souvent il faut venir, bien qu'a-vant contestation la vûë ait été faite : tant y a que retranchant cette vûë, on aboliroit mille longueurs & chicaneries qui en naissent.

Comme par exemple, on tient en pratique qu'après l'appel de la sentence du debouté de vûë, le Juge ne peut passer outre à l'instruction du procez, bien qu'elle soit interlocutoire, parce qu'on dit qu'elle fait prejudice au principal : de sorte que sur la simple demande de vûë voila un procez accroché. D'ailleurs, quand la vûë est faite, on la debat d'insuffisance & qu'à on a droit, si le Juge la declare bonne, & qu'il y en ait appel, on tient pareillement qu'il faut déferer à cet appel ; de maniere que d'une vûë un procez immortel.

17. Qu'il naist une grande longueur de la vûë.

Mais puisque nostre pratique a auctorisé cette ceremonie inutile, il nous y faut ranger jusqu'à ce qu'une paix profonde nous apporte un nouveau reglement sur l'abreviation des procez, qui retranche le delay frustratoire de vûë, comme l'Ordonnance de 1539. retrancha le delay d'appensement ou d'avis, qui lors estoit encore plus ordinaire. Et partant il faut éclaircir quand cette vûë, selon l'usage present, doit être pratiquée en matiere de droits seigneuriaux, & de charges foncieres : car il me semble en un mot qu'il ne faut point faire de difference en ce regard cy, entre les droits seigneuriaux, & les simples rentes foncieres ; puisque l'action dont nous traitons est uniforme aux uns & aux autres : même que tout ainsi que le seigneur peut demander la declaration à son sujet censier, aussi le seigneur rentier peut demander titre nouvel à son redevable. Aussi en effet, lors que nostre action s'intente, la qualité de l'un ny de l'autre n'est fondée, & ne s'en peut-on prevaloir : joint que la vûë se fait même à celuy qui prend la vraie & absolue seigneurie de l'heritage, comme à celui sur qui on le vendique : & partant il s'ensuit qu'il ne faut point avoir d'égard au droit que le demandeur prétend à la chose, puis qu'il faut faire vûë aussi bien à celui qui en prétend la pleine proprieté, comme à celui qui n'y pretend qu'une simple hipotheque.

18. Qu'en cette question il ne difference entre le cens & les autres charges foncieres.

Mais il me semble qu'il faut faire une autre distinction, si celui auquel on demande cens ou rente fonciere, est le premier preneur de l'heritage, ou son heritier, ou bien si c'est simplement un tiers detempteur : car s'il est preneur ou heritier du preneur il est aisé à entendre qu'il ne peut demander vûë ; soit que l'on tienne que le preneur à cens ou rente, est tenu d'action pure personnelle, en laquelle il n'échet ni vûë ni garand : soit que l'on suive l'opinion contraire, que le preneur n'est tenu, sinon tant qu'il est detempteur, & ce d'action mixte ou écrite *in rem* : Car pour le moins il y a contre lui cette marque & échantillon d'obligation personnelle, resultant de son contract, que ne tenant plus l'heritage, il est tenu de declarer ce qu'il en a fait ; & qui en est le detempteur : sur le moins qu'il soit tenu rendre compte de l'heritage qu'on loy a baillé & qu'il designe un autre detempteur en sa place, pour s'exempter de l'obligation qu'il a contractée.

19. Qu'il faut plustost faire distinction d'avec le tiers detempteur.

Mais si le défendeur est un tiers detempteur, encore ne faut-il pas, à mon avis, charger le demandeur de faire vûë : car s'il appert promptement & par écrit, que ce defendeur connoisse bien l'heritage, comme il en a passé titre nouvel, ou s'il lui a été vendu expressément à la charge de la rente qu'on demande, il n'est point besoin de lui faire vûë. Car même on tient en pratique, que s'il a demandé delay de garand, ou allegué litispendance, ou défendu en quelque façon, il ne peut demander vûë : parce que c'est une maxime de droict, que quand la confiscation n'est requise que pour certiorer celuy à qui elle doit être faite, si d'ailleurs il est déja assuré, la notification n'est plus requise, *l. 1. inf. & ibi D. de act. empt.*

20. Que même l'acquerreur à la charge de la rente, n'est pas recevable à demander des vûës.

Sur tout il faut remarquer qu'il faut faire preuve prómptement & par écrit des moyens pour lesquels on veut empêcher la vûë : car on ne seroit pas recevable de demander un long delay pour en faire apparoir, & moins d'en vouloir faire preuve par témoins : d'autant que sur lesquels on

21. Qu'il faut avoir preuve prompte des moyens pour lesquels on

De l'action mixte. Livre II.

empeche la veuë
22. Que faut-il de preuve pour empecher la veuë, on peut faire interroger sa partie

un simple preparatoire d'un procez, il ne seroit raisonnable de fonder un gros incident, qui possible se trouveroit plus lourd & plus difficile que le fonds. Et toutefois j'estime que sur la requisition de la vûë, celuy qui la veut empêcher, peut faire enquerir sa partie, s'il n'est pas detempteur de l'heritage, & s'il ne sçait pas

que l'heritage est chargé de la rente: car outre que c'est un moyen bon & prompt pour éviter la longueur d'une vûë, l'Ordonnance dispose qu'en toutes les parties de la cause, on peut faire interroger sa partie adverse sur faits & articles pertinents.

partie adverse sur faits pertinents de la rente.

CHAPITRE VIII.

Du recours que peut avoir celuy qui est convenu de cette Action.

1. Pourquoy la Coûtume ne donne cette action qu'à celuy à qui la rente est deuë.
2. Que l'action recursoire qu'a celuy qui a payé toute la rente, n'est pas proprement cette action dont nous traittons.
3. Que l'action recursoire n'est pas solidaire.
4. Quid en rente constituée?
5. Que jamais un codetempteur n'a de son chef action solidaire.
6. Sçavoir si un tiers detempteur a quelque recours en point de Droit, contre les autres detempteurs.
7. Surquoy est fondé ce recours. Explication de plusieurs Loix.
8. Resolution, quel recours a le tiers detempteur en rentes foncieres & constituées.
9. Qu'en France le recours a lieu auparavant le payement.
10. Qu'il est plus utile de l'inventer avant la condamnation.
11. De la cession d'actions.
12. De la cession d'actions faite à l'un des debiteurs.
13. Cas auquel le detempteur n'est tenu de toute la rente.
14. Si par l'acquisition de l'assignat la rente est confuse.
15. Si la rente constituée est confuse par l'acquisition de l'hypotheque.
16. Si le creancier de la rente, ayant acquis une hypotheque, peut agir solidairement.
17. Qu'il y a difference entre le cofidejusseur & le codetempteur.
18. Comment l'exception cedendarum actionum appartient au tiers detempteur.
19. Distinction notable de du Molin.
20. 21. 22. Trois cas esquels le creancier ayant laissé perdre l'hypotheque, ne laisse d'avoir action solidaire.
23. Si le tiers detempteur ayant acquité la rente, peut prendre ex intervallo cession d'actions.
24. Loix qui decident que non.
25. Loix qui decident que si.
26. Conciliation de ces Loix. Qu'un étranger ayant payé ne peut prendre par aprés cession d'actions.
27. Que le tiers detempteur, ou a tre tenu de la dette, peut prendre ex intervallo cession d'actions.

1. Pourquoy la Coûtume ne donne cette action qu'à celuy à qui la rente est deuë.

MAis il y a bien de la difficulté aux mots qui suivent en nôtre article, *Sont tenus payer icelles charges à ceux à qui elles sont deuës*: car d'abord ils semblent superflus, d'autant qu'on sçait bien qu'on ne peut être tenu de payer les rentes, sinon à ceux à qui elles sont deuës. D'ailleurs, & au contraire, on peut dire que cette limitation, que le detempteur soit seulement tenu envers ceux à qui la rente est deuë, est du tout fausse : Car si un autre que le detempteur est contraint de payer la rente, comme il peut arriver, quand il peut estre imposée s'y est obligé personnellement, sans doute que celuy-là aura recours contre le detempteur, encore que la rente ne luy soit pas deuë, qui est la vraie decision du §. 1. en la loy 6. *D. De censibus*: pourquoy donc nôtre Coûtume ne donne elle action, sinon à celuy à qui la rente est deuë?

2. Que l'action recursoire de celuy qui a payé la rente, n'est pas proprement cette action dont nous traittons.

Il y a deux réponses à cette objection? La premiere, que l'action, que le constituant, ou son heritier, peut avoir en ce cas contre le detempteur de l'heritage, n'est pas proprement l'action dont parle cét article; car elle ne peut appartenir qu'au seigneur de la rente : & il est vray de dire, que par la detention de l'heritage redevable, le detempteur ne contracte obligation, sinon envers le seigneur de la rente : mais c'est l'action recursoire, *vel est actio negotiorum gestorum*, ou au cas de cette loy cy-dessus alleguée est *condictio ex illa lege*, & une action specialement introduite pour ce cas particulier. L'autre réponse est, que même action competera à celuy qui seroit poursuivi pour la rente, afin d'avoir son recours contre un autre; si c'est qu'à son égard elle ne sera solidaire à l'encontre de celuy qui sera seulement detempteur d'une partie de l'heritage chargé d'icelle. C'est pourquoy cét article contenant que cette action est solidaire, est à bon droit restraint & limité à l'action qui appartient à celuy à qui la rente est deuë.

3. Que l'action recursoire n'est pas solidaire.

Il faut donc tenir pour resolu, que tout autre que le seigneur de la rente fonciere, qui agit contre le detempteur de partie de l'heritage chargé d'icelle, n'a de son chef action solidaire contre luy : mais seulement peut agir ce qu'il contribuë au payement de la rente pour telle part & portion qu'il est detempteur; si ce n'est qu'il ait cession d'actions du creancier de la rente : car en ce cas il est subrogé en son lieu & droit & a tout autant de privilege que luy: *quia per expressam cessionem & directa,* & *utiles actiones transferuntur. l. ult. C. quando fisc. vel privatus.*

Ce qui se doit entendre de la rente fonciere seulement: car quant à la rente constituée, le constituant ou l'ayant acquitée, a beau prendre cession d'actions contre le detempteur de l'heritage hypothequé, même en nôtre Coûtume où il peut être convenu personnellement, cette cession sera sans effet, d'autant que la dette est entierement amortie par le payement fait d'icelle par le vray debiteur : & partant il ne peut pas prendre cession d'actions contre ceux qui eussent pû être convenus par le creancier, vû mêmement qu'ils eussent eu recours contre luy. Mais les rentes foncieres sont deuës effectivement par l'heritage, & consequemment par le detempteur d'iceluy quel qu'il soit; au contraire des rentes coûtumieres, qui sont deuës par le constituant, & non par le detempteur de l'heritage hypothequé.

4. Quid en rente constituée?

Mais entre plusieurs codetempteurs d'un heritage, il n'y a de point de distinction si la rente est fonciere ou constituée; car en l'une & en l'autre un codetempteur n'a jamais de son chef, & sans cession d'actions du creancier, recours solidaire contre les autres codetempteurs, sa portion déduite; mais ce recours est divisible, pour telles parts & portions que chacun d'eux est detempteur.

5. Que jamais un codetempteur n'a de son chef action solidaire.

Il n'est point icy hors de propos, ce me semble, de s'arrester un peu sur la matiere des actions recursoires, vû qu'elle est fort usitée en pratique, & neantmoins fort obscure en Droit, & n'a encore jamais été nettement expliquée par aucun. En premier lieu, on peut douter, en point de Droit, si un des codetempteurs, ayant payé toute la rente, peut avoir quelque recours contre les autres; vû qu'il est décidé, que le fidejusseur n'a aucune action contre son fidejusseur, ayant payé toute la dette, *lege Cùm alter. Cod. de fidejussoribus lege. Ut fidejussor. D. de eod. tit.* Au contraire, il est dit, que l'un des coobligez solidairement ayant payé, a recours contre les autres coobligez, *l. 2. C. de duobus reis*: & aussi le tuteur a recours contre son cotuteur, *l. 1. §. nunc tractemus. D. De tut. & ratio distrah.* mais le droit ne decide point, que je sçache, la difficulté du codetempteur. Dirons-nous qu'il ressemble au cofidejusseur, ou bien au coobligé, ou codebiteur?

6. Sçavoir si un tiers detempteur a quelque recours en point de Droit, contre les autres detempteurs.

Il faut à mon avis, avoir recours à la maxime generale qui regle toutes ces difficultez, & au principe sur lequel

7. Surquoy est fondé ce

De l'action mixte. Livre II.

recours. Explication de payant ce qui est vrayement & effectivement deu par un plusieurs Loix.

ce recours est fondé. Or ce recours est fondé sur ce qu'en payant ce qui est vrayement & effectivement deu par un autre, on l'acquite d'autant : & conséquemment il est raisonnable qu'il fasse restitution à celuy qui a payé pour luy, bien que ç'ait été par contrainte, *quia revera negotium ipsius utiliter gessit, l. Si rem. C. si certum pet.* D'où il s'ensuit, que si celuy contre lequel on veut avoir recours, n'estoit pas effectivement debiteur & dernier payeur de la rente, celuy qui l'a payée n'aura point d'action recursoire contre luy, encore que par ce payement il demeure déchargé envers le creancier, parce que bien qu'il fust tenu au creancier, si est-ce que s'il eust payé, il eust eu luy-même recours contre un autre ; & partant on peut dire, qu'il n'estoit pas le debiteur absolu & dernier payeur de la rente. C'est pourquoy on n'a point de recours contre un fidejusseur, mais bien contre un cobligé, ou un cotuteur, qui sont vrais & absolus debiteurs de leur portion contingente : c'est pourquoy encore le recours n'est jamais solidaire entre tous les codebiteurs. Car bien qu'ils soient obligez solidairement envers le creancier, si est-ce qu'ils ne peuvent être absolus & effectuels debiteurs, sinon chacun pour leur part & portion, n'estant la dette deuë par tous qu'une seule fois : & ainsi pour le surplus outre leur part *habent divisionem inter ipsos, quia invicem fidejussisse videntur.*

8. Resolution, quel recours a le tiers detempteur en rentes foncieres & constituées.

D'où il s'ensuit, puisque les detempteurs de l'heritage sont effectuels debiteurs de la rente fonciere, que l'un d'eux ayant payé toute la rente aura recours contre les autres codetempteurs, mais non pas solidaire, mais seulement pour telle part & portion que chacun d'eux tient de l'heritage chargé de la rente, attendu que c'est pour cette part seulement, qu'il est vray & effectuel debiteur. Au contraire en matiere de rente constituée, l'un des codetempteurs de l'heritage hypothequé étant convenu d'action personnelle suivant nôtre Coûtume pour payer la rente, n'aura pas recours de son chef & sans cession d'actions contre les autres detempteurs, parce que ce n'est pas eux qui sont les vrais debiteurs & derniers payeurs de la rente, mais c'est le constituant : Il est bien vray que discussion faite de luy & de ses biens ; ils peuvent être tenus recursoirement à rembourser le detempteur qui aura payé seul toute la rente ; qui est un cas fort remarquable, auquel encore la discussion n'est pas necessaire en nôtre Coûtume de Paris, qui semble l'avoir abolie entierement. C'est aussi pourquoy entre plusieurs obligez, si l'un d'iceux insolvable, les autres demeurent chargez tous ensemble divisément de sa portion, outre les leurs qu'ils doivent de leur chef ; parce qu'en effet après la discussion, ils demeurent derniers payeurs de la rente valable.

9. Qu'en France le recours a lieu auparavant le payement.

Or ce recours est si favorable en nôtre usage de France, qu'encore que de droit il ne soit point attribué auparavant le payement actuel, *l. 1. §. nunc tractemus. D. De tut. & ratio distrah. & l. 2. C. de duob. reis :* comme aussi l'action negotiorum gestorum n'a jamais lieu, sinon *post gesta negotia :* ce neanmoins en France, sans s'arrester à cette formalité, on observe par une equité tres-grande, que si-tost qu'un detempteur se void poursuivy pour le tout par le creancier, il peut sommer & dénoncer la poursuite aux autres ; même conclure formellement contr'eux, à ce que chacun pour telle part & portion qu'il est detempteur, soit condamné l'acquiter & indemniser de la poursuite. Comme aussi de contribuer avec luy au payement de la rente : *Melius est enim non solvere, quàm solutum repetere : & itidem melius est in tempore occurrere, quàm post causam vulneratam remedium quaerere.* Et de fait en Droit le même est décidé entre coheritiers, *l. His consequentes. §. Celsus, & l. Inter coharedes. §. usuf. D. fam. hercifcunda.*

10. Qu'il est plus utile de l'inventer avant la condemnation.

Aussi sans doute il est plus à propos & plus utile de les attaquer & mettre en procez avant que d'estre condamné envers le creancier, afin qu'eux-mêmes disent ce qu'ils voudront pour empêcher la condamnation, que d'attendre à les sommer après le jugement ; car alors ils pourront dire que la rente n'est pas deuë, & que celuy qui les poursuit a colludé avec le creancier, ou qu'il ne s'est pas bien défendu, & en ce cas nous disons en Pratique, que le demandeur n'a pas son recours fondé, ou par & simple, que du Molin appelle *expeditam & executoriam actionem pro evictione*, mais seulement le recours est conditionné, au cas que luy-même fasse apparoir que la rente soit deuë, & qu'il a été justement condamné & contraint au payement d'icelle ; comme du Molin traite fort à propos au Traité des asseurés, quest. 89. nombre 674. Occasion pourquoy il étoit bien necessaire d'expliquer cette matiere du simple recours, quand il n'y a point de cession d'actions, parce que la cession d'actions ne se fait qu'après le payement, & neanmoins on void qu'il est fort utile d'agir contre les cobligez & codetempteurs avant la condamnation.

11. De la cession d'actions.

Mais quand celuy qui a payé a pris expresse cession d'actions, alors, parce qu'il est subrogé au lieu & droit du seigneur de la rente, qui le peut agir, ainsi que lui solidairement contre son codempteur, & ce par la même & primitive action, *qua cessione in eum translata est, nec potest dici extincta per solutionem, cùm magis videatur esse inita nominis venditio, quam debiti solutio. l. Modestinus. D. de solut.* Et en cela ne faut point faire de distinction entre les actions personnelles & les réelles, comme decide expressément la loy derniere, *C. de har. & act. vendita.* D'où il resulte que le cessionnaire d'actions, joüit des mêmes hypotheques, de la même solidité, & de toutes les prerogatives qui appartiennent à la premiere action, *l. ult. C. de privil. fisci,* ce qui n'est pas en celuy qui agit par un simple recours, *actione mandati vel negotiorum gestorum*, ainsi que parle doctement du Molin, 1. *lect. Dolana.*

12. De la cession d'actions faite aux debiteurs.

Il est vray que quand cette cession est faite à l'un des debiteurs pour avoir son recours contre les autres, il faut tenir indistinctement qu'elle n'a point d'effet, en ce qui est de la part dont il étoit effectivement debiteur, mais il l'est seulement pour le surplus, & ce pour trois raisons : La premiere, que *vero debitore solvente extinguitur obligatio, nec potest ei cedi actiones, nec ejus respectu dici potest emptio nominis, quia nemo videtur emere quod ipse debet, sed solvere.* La seconde, que quand il auroit expressement accepté toute la dette, il y a toûjours confusion d'icelle, pour telle part qu'il en est tenu par effet, *cùm nemo sibi ipsi debitor & creditor esse possit.* La troisieme raison est, que si pour le regard de sa part il en convenoit d'autres, ceux la auroient contre luy une reflexion d'action ; car ayant payé toute la dette, ils le pourroient contraindre à leur ceder les actions d'icelles saines & entieres, & par le moyen de cette cession, ils agiroient par après contre luy pour le tout, ainsi que luy auroit agy premierement contr'eux, & partant ne seroit jamais fait : aussi cette reflexion d'actions est toûjours évitée en Droit *l. Vendicantem De evictio. & l. Cùm à matre. C. de rei vendic.*

13. Cas auquel le detempteur n'est tenu de toute la rente.

D'où il resulte une limitation fort notable à nôtre article, & un cas fort special, auquel le debiteur n'est pas tenu de payer solidairement la rente, même de celuy auquel elle est deuë, à sçavoir quand luy-même tient quelque partie d'heritage chargé d'icelle, car alors pour cette part la rente est confuse *ipso jure* en sa personne. Ce qui est décidé en plusieurs Coûtumes, & est sans difficulté pour le regard de la rente fonciere, de laquelle le detempteur est debiteur effectivement & sans discussion, ou recours aucun *pro rata* de sa detention.

14. Si par l'acquisition de l'assignat la rente est confuse.

Aussi du mesme pour les rentes se constituoient par assignat, qui étoient égales à peu prés aux rentes foncieres, comme il a été dit cy-dessus, plusieurs Coûtumes ont decidé, que si le creancier de la rente acqueroit l'heritage sur lequel elle étoit assignée, la rente demeureroit confuse & éteinte. C'est ce que dit la Coûtume de Melun, tit. 10. art. 178. celle de Valois art. 63. celle de Senlis art. 102. celle de Clermont. tit. 2. art. 41. qui toutefois commencent à remarquer l'injustice de cette decision, ajoute à son procez verbal ces mots, *Pourvû qu'il n'y ait autres hypotheques.*

15. Si la rente constituée est confuse.

Mais la difficulté est tres-grande en la pure rente constituée, en laquelle le detempteur de l'heritage hypothequé

De l'action mixte. Livre II.

est confuse par l'acquisition de l'hypotheque.

thequé, a presque en toutes les Coustumes le benefice de discussion ; à tout le moins il a par tout recours contre le debiteur & constituant de la rente, & partant s'il n'est point absolu debiteur, ni dernier payeur d'icelle ; d'où il s'ensuit qu'encore que le creancier de la rente soit detempteur de quelques-uns des heritages hypothequez à icelle, il ne laisse pourtant d'avoir son action entière pour toute la rente contre les autres codetempteurs. Aussi peut-on dire, qu'ayant acquis une chose qui lui étoit hypothequée, l'hypotheque demeure bien confuse & purgée ; mais l'action personnelle, & même les autres hypotheques demeurent entieres, attendu que la décharge d'une hypotheque ne diminue point l'effet de l'action personnelle, ni des autres hypotheques. D'où il resulte que quand le creancier après payement à lui fait aura cedé ses actions à un autre, cette cession n'aura point d'effet contre cette hypotheque, veu qu'auparavant la cession elle étoit déja éteinte & amortie. Et ainsi faut-il entendre la maxime des anciens Interpretes de droit, que *nemo cogitur cedere contra seipsum*, que tiennent les Docteurs, *& maxime Ioa. Fab. ad l. Iubemus, Cod. ad Vellei.*

16. Si le creancier de la rente, ayant acquis une hypotheque, peut agir solidairement.

Neanmoins il n'est pas vray indistinctement que le creancier ayant acquis plusieurs heritages hypothequez à la rente constituée, puisse par après agir solidairement pour le payement d'icelle, contre le tiers detempteur des autres heritages pareillement hypothequez : Car on le rejette par un autre moyen : & on dit que comme celui qui agit contre un tiers detempteur, est tenu lui ceder ses actions, *l. Mulier. D. Qui potio. in pigno. l. Cùm possessor. D. de censib.* si par son fait il arrive qu'il ne les puisse ceder, mais qu'elles soient éteintes & amorties, *repellitur exceptione cedendarum actionum*, jusqu'à la concurrence de ce qui pouvoit être perceu par le moyen des actions ainsi éteintes sans son fait. C'est ce que dit la loy *si pupillus. D. de administ. tut. Si pupillus alterum ex tutoribus liberaverit, improbè alterum illius nomine conabitur interpellare.* Autant en dit la loi *Stichum. §. si creditor. D. de solutio.*

17. Qu'il y a difference entre le cautio-fidejusseur & le codetempteur.

Mais encore ces loix ne manquent pas de solution de la part de ceux qui soûtiennent l'opinion contraire : car ils répondent qu'ils ne parlent que du fidejusseur & du cotuteur ; & qu'il y a bien difference en ce point icy entr'eux & le tiers detempteur, pour deux raisons : L'une, que le fidejusseur & cotuteur sont entrez en l'obligation, à raison qu'ils sçavoient avoir le privilege de division avec les autres tuteurs : de sorte que si le creancier les décharge & leur oste leur attente, & leur fait prejudice. Mais on ne peut dire que celui qui acquiert un heritage obligé à une rente, entre en obligation au respect des autres codetempteurs, ni des autres heritages qui pareillement y sont hypothequez : Car il ne prend garde s'il y en a ou non : même que volontiers il n'est pas averti si la rente est deuë, mais il prend garde seulement si son vendeur est solvable pour la garantie de l'heritage, & partant s'il arrive que les autres hypotheques soient amorties & confuses sans fraude, il ne peut dire qu'il soit trompé de son attente.

18. Comment l'exception ceden-darum actio-num appartient au tiers detempteur.

L'autre réponse est, qu'ils disent que l'exception *cedendarum actionum* n'appartient pas de plein droit, & n'a esté introduite pour le tiers detempteur, mais pour le fidejusseur, *l. 2. Cod. de fidejussoribus*, & que seulement elle a été étendue & accommodée au tiers detempteur par une équité. Et de fait la loy dit, que le tiers detempteur demande cession d'actions, *non videtur injustum postulare, l. Mulier. Qui potio. in pignore* : & adjouste que cette cession est équitable contre le vrai debiteur, & même contre toutes personnes, autres que le cedant ; mais que ce seroit chose trop rude & cruelle, que le creancier recevant ce qui lui est dû, fust contraint de ceder ses actions contre soi-même : c'est à dire, qu'il fust tenu de ceder des actions dont lui-même seroit responsable & chargé. Par ces deux raisons ils concluent que cette regle, que *exceptio cedendarum actionum obstat creditori, quoties ejus facto cedendae actiones extinctae sunt*, a lieu seulement à l'égard des fidejusseurs, & non

Du Déguerpissement.

pas des tiers detempteurs. Ce qu'ils prouvent encore par une raison tirée de la loy *Iubemus. C. Ad Velleianum*, que je ne m'amuseray à étendre. Tant y a que presque tous les Interpretes le tiennent ainsi, & sur tous Bart. *in l. Si stipulatus. §. 1. D. de fidejuss. Anton. Negusant in tract. de pigno. parte 5. membro 3. num. 19.* Encore la pluspart disent que cette regle n'a lieu, *nisi quando non solo facto, sed vitio, aut culpa creditoris extinctae sunt actiones*, comme il semble être exprimé en ce §. *si creditor*, & partant tous ceux-là tiennent indistinctement, que si le creancier de la rente constituée a acquis des hypotheques, ou a déchargé aucuns des detempteurs, ou même des fidejusseurs de la rente de bonne foi, & sans fraude, il ne laisse pas d'avoir son action entière contre les autres, *nec repellitur exceptione cedendarum actionum.*

19. Distinction notable de du Molin.

Mais pour oster tous ces obstacles, le profond du Molin fait une belle distinction, que si lors de l'acquisition faite de l'heritage obligé, l'hypotheque des autres heritages étoit déja éteinte & confuse, alors il faut tenir que cet acquereur ne peut, lors qu'il sera contraint hypothequairement payer la rente, demander aucun recours ny cession d'actions sur iceux, parce que jamais elles ne lui ont competé, ni par effet, ni par esperance : mais si lors de son acquisition, ces hypotheques étoient encore en vigueur, & consequemment que le recours ou exception de cession d'actions sur icelles, competoit *potestate ipsa* au tiers acquereur, au cas qu'il fust poursuivi pour la rente. Il ne l'a peu perdre sans faute : *Exceptio illa semel quaesita, in invito & ignoranti extorqueri deinceps non potuit : neque enim alteri per alteram iniqua conditio inferri debet.* Qui est en effet la même distinction que donne *Ioannes Faber* sur cette loy *Iubemus. & Spec. titulo. De renunciatione & concl. num. 22.*

10. 11. 12. Trois cas esquels le creancier ayant laissé perdre l'hypotheque, ne laisse d'avoir action solidaire.

Il faut donc tenir que toutes & quantes fois que le creancier laisse purger & amortir par son fait, l'hypotheque ou action recursoire qui une fois a appartenu au tiers detempteur pour la garantie de son acquisition, il en est tenu jusqu'à la concurrence de ce que cette action lui eust peu valoir & profiter. Toutefois cette regle reçoit trois limitations : La premiere, quand le creancier a laissé prescrire les detempteurs des heritages hypothequez ; car en cela il n'y a ni de sa faute ni de son fait, mais seulement de sa negligence & omission, qui ne luy peut importer plus outre, sinon de lui faire perdre le droit d'hypotheque qu'il a laissé prescrire, mais non pas pour perdre sa dette par effet : autrement il vaudroit mieux avoir moins d'hypotheques, que beaucoup ; il faudroit que la prescription de chacune hypotheque tombat ainsi indirectement à la diminution de la dette, lors même qu'il en resteroit assez d'autres pour le payement d'icelle.

La seconde exception est, quand le creancier a pris les hypotheques en payement de quelque dette plus ancienne : Car c'est tout autant que si dés le tems que cette premiere fut creée, l'heritage avoit actuellement été vendu & mis hors des biens du debiteur. Et quand bien ces hypotheques n'auroient ainsi été prises en payement, le premier creancier seroit toûjours preferé au posterieur, aussi qu'il n'est en cela rien diminué du droit de la derniere dette, parce que les autres heritages qui restent pour la payer, en sont déchargez d'autant.

La troisiéme exception est, quand l'hypotheque, qui par le fait du creancier a été éteinte, n'engendroit pas une action prompte, mais qu'il falloit discussion avant que le pouvoir poursuivre, comme cela est general, point de droit en nôtre Coûtume, même cela est pour le regard des dettes à une fois paier, alors le creancier qui a quitté & déchargé volontairement l'hypotheque, quand par après il s'adresse au tiers acquereur d'une autre hypotheque, qui avoit acquis auparavant cette liberation ou décharge, n'est pas tenu de déduire & diminuer promptement ce qui eût pû être perceu sur l'hypotheque, ni de ceder ses actions contre soi-même, mais seulement bailler caution juratoire de contribuer ou restituer, eu égard à la valeur de cette hypotheque, ce qui restera à payer de la dette après discussion faite, comme

G

De l'action mixte. Liv. II.

remarque fort pertinemment l'exact du Molin au Traité des usures quest. 89. nom. 580. où il traite plusieurs autres belles questions touchant la matiere des recours & de la cession d'actions.

23. Si le tiers detempteur ayant acquité la rente, peut prendre ex intervallo cession d'actions.

Mais il en oublie un qui est fort convenable à ce discours. J'ay dit que le tiers detempteur aiant payé le total de la rente constituée, & n'ayant point pris de cession d'actions, avoit seulement un recours divisible par une maniere d'action *negotiorum gestorum*; mais qu'il n'avoit pas l'action primitive; en vertu de laquelle luy même auroit été condamné envers le creancier, & consequemment n'avoit pas non plus les hypotheques & privileges du premier contrat. C'est pourquoi il est bien necessaire de sçavoir, si aiant obmis de prendre cette cession d'actions, lorsqu'il auroit payé toute la rente au creancier, il la peut demander par aprés ex intervallo, afin de joüir de la solidité, hypotheques & autres prerogatives de l'action primitive.

24 Loix qui decident que non.

Il semble d'abord que cela ne se puisse faire: car l'obligation primitive semble étre entierement éteinte par payement: *Solutione enim ejus quod debetur tollitur omnis obligatio, idque sive à vero debitore solutio facta sit, sive ab uno ex pluribus reis debendi. l. 3. in fi. D. de duob. reis sive etiam à more extraneo. l. Solvendo. D. de neg. gest.* Et cela semble encore expressément decidé par la loy *Modestinus, D. de solution. Si actiones post aliquod intervallum cessa sunt, nihil ea cessione actum est, cùm nulla actio supersuerit: quòd si in ipsa solutione hoc factum est, salvæ sunt actiones: cùm pretium magis mandatarum actionum solutum, quàm actio perempta videatur.* C'est ce que dit aussi la loy 1. *C. de contr. jud. tut. Si pro contutore judicata pecuniam solvisti, nullum judicium tibi competit contra pupillum, ut delegetur tibi adversus liberatum actio: quòd si nomen emisti, in rem tuam procurator factus, heredes judicati poteris convenire.*

25. Loix qui decident que si.

Et toutefois la verité est, que cette cession d'action se peut aussi bien faire aprés le payement, que devant ou lors d'iceluy. La loy *Si res obligata, De leg. 1.* dit que le legataire de la chose hypothequée ayant été contraint par l'action hypothequaire de payer la dette, *Poterit à creditoribus qui hypothecaria secum egerunt, consequi ut actiones sibi exhibeantur, quod quamquam suo tempore non fecerit, tamen per jurisdictionem Præsidis provinciæ id ei præstabitur.* Il est veritablement plus commode de demander cette cession d'actions par voye d'exception avant le payement; mais neanmoins aprés le payement il a encore la voye d'action pour la demander. Et en la loy 28. *D. Mandati. Papinianus ait, mandatorem debitoris solventem ipso jure reum non liberare: propter mandatum enim solvit*

& suo nomine: ideóque mandatori putat actiones adversus reum cedi oportere. Autant en dit la loy *Stichum. §. si mandato. D. de solutione*: la loy *Si minoris. D. de administrat. tut.* la loy *Dominus Stycho. D. de pecul. legato.*

Voila des loix fort contraires les unes aux autres, que jamais la glose ni les Docteurs n'ont pû valablemét concilier, parce qu'ils ont tous tenu une fausse maxime, que *solutionis à quovis facta, actio extinguitur.* Mais la verité est qu'il faut faire difference entre le payement fait volontairement par une personne qui n'étoit nullement tenuë à la dette; & celui qui a été fait de contrainte par celui qui étoit obligé ou tenu en quelque façon de la dette: car l'étranger payant de gayeté de cœur, se doit imputer qu'il n'a accordé avec le creancier auparavant ou lors du payement, qu'il lui cederoit son action, parce qu'autrement que de bonne volonté, il ne pourroit être contraint les luy ceder, non plus que l'étranger ne pouvoit être par lui contraint au payement de la dette, & alors c'eust été un pur achapt de dette: or est-il que nul ne peut être contraint de vendre son bien, *l. Nulla. C. de solut.* Et consequemment aprés le payement fait, l'étranger peut encore moins contraindre le creancier de lui ceder ses droits: & quand alors il les lui auroit cedez volontairement, telle cession ne pourroit servir de rien, parce que l'étranger ne pouvant avoir payé à autre fin, sinon pour acquiter le debiteur, ce payement a par necessité éteint & amorti l'obligation, qui pourtant ne peut plus revivre, ni par consequent ne peut plus étre cedée.

26. Conciliation de ces Loix. Qu'un étranger aiant payé ne peut prendre par aprés cession d'action.

Mais tout au contraire l'obligé à la déte, qui pouvoit être contraint la payer, & qui aussi auparavant le payement, pouvoit par une maniere d'exception contraindre le creancier de luy faire cession d'actions, ayant payé par contrainte, encore qu'il n'ait pas en payant, pris cession de droit, ne s'est point fait de prejudice, mais est toûjours sur ses pieds pour demander par voye d'action cette cession ou subrogation: Car alors on ne peut dire que l'obligation soit du tout éteinte, parce que le payement n'est point fait au nom du principal debiteur, ni afin de le décharger absolument envers & contre tous, & en effet, pour amortir la déte; mais le coobligé a payé en son nom, & pour se décharger de l'obligation qu'on avoit sur lui, & plûtôt par necessité que par liberalité, *cùm in necessitatibus nemo liberalis existat.*

27. Que le tiers detempteur, ou autre tenu de la dette peut prédre ex intervallo cession d'actions.

De façon qu'il faut necessairement entendre la loy *Modestinus, de extraneo solvente.* Et quant à la loy 1. *De contrar. act. tut.* il la faut entendre *de actione judicati*, qui à la verité est si formellement personnelle, qu'elle ne peut tout à fait être cedée; comme du Molin prouve doctement en sa premiere leçon de Dole.

CHAPITRE IX.

De l'action hypothequaire qui a lieu pour les arrerages precedens la détention.

1. Que l'action personnelle n'a lieu que pour les arrerages écheus pendant la détention.
2. Que l'action hypothequaire a lieu pour les arrerages precedés.
3. Réponse à la loy 1. C. sine censu vel reliq. &c.
4. Effets de l'action hypothequaire qui a lieu pour les arrerages precedens.
5. Que la discussion n'y est requis.
6. Explication de la loy Moschis. D. de jure fisci.
7. 9. Explication de la loy C. de conven. fisci debit. contre Cujas.
8. De l'indemnité qu'on stipuloit à Rome aux baux des terres patrimoniales.
10. Conciliation de la loy 6. C. de fi. & ju. hastæ fisc. cum l. Prædii. D. de jure fisc.
11. Autre effet de cette action hypothequaire.
12. Si le donataire & legataire ont recours contre l'heritier pour les arrerages precedens.
13. Interpretation de la loy Cùm possess. §. 1. D. de censibus.
14. Resolution contre l'opinion de Cujas.

1. Que l'action personnelle n'a lieu que pour les arrerages écheus pendant la détention.

NOstre article ajoûte, *Et payer les arrerages écheus de son temps*, & est le second chef de l'Action personnelle écrite *in rem*, laquelle n'a pas seulement lieu pour la continuation de la rente, mais aussi pour le payement des arrerages écheus pendant la detention. *Recté*, des arrerages écheus de son temps. Car puisque la cause de cette action, c'est la détention & joüissance de l'heritage redevable, il faut par necessité qu'elle soit reglée & limitée au tems d'icelle; d'où il s'ensuit que le detempteur n'est point tenu par cette action des arrerages precedens sa détention.

2. Que l'action hypothequaire a lieu pour les arrerages precedens.

Mais quoy, n'en est-il point tenu du tout? Sans doute que si: *Imperatores quippe rescripserunt in vectigalibus ipsa prædia, non personas conveniri, & ideo possessores, etiam præteriti temporis vectigal, solvere debere. l. Imperatores, D. de vectig. & commissis.* D'où il resulte que l'action qui a lieu pour ces arrerages precedens n'est pas personnelle, mais plûtôt réelle & hypothequaire, *in qua res non persona convenitur.* Et il faut remarquer que même pour les arrerages écheus pendant la detention, le rentier peut intenter l'hypothequaire: si bon lui semble, comme il se dit en droit; que quand l'hypothequaire concourt avec la personnelle, il est au choix du creancier d'intenter celle qu'il voudra, *l. Est in arbitrio. C. de oblig. & act.*

Action hypothequaire a lieu pour les arrerages precedens.

De l'action mixte. Liv. II.

Réponse à la Loy 1. C. sine censu vel reliq. &c.

Aussi l'action qui a lieu pour les arrerages precedens, est nommément appellée *hypothequaire* en la loy *Cùm possessor*, §. *ultimo de censibus*, & ce qui en la loy 2. & 3. *Cod. sine cens. & rel.* il semble être attribué une action personnelle *pro censu & reliquis universis*, c'est un cas particulier en celuy *cui conventione illicita publica functionis sarcinam apud venditorem voluit permanere*, lequel s'étant voulu trop décharger, est pour punition plus chargé que les autres, *in quo peccavit, in eo puniatur*. Et même du depuis il fut ordonné que celuy qui feroit tels contracts, confisqueroit absolument l'heritage, sans restriction d'aucunes meliorations, *lege ultima. De fundis rei privatæ, libro undecim. Cod.* Hors ce cas donc, il n'y a pour les arrerages precedens autre action contre le detempteur, sinon l'hypothequaire, l'effet de laquelle en general sera expliqué au 3. livre : mais il faut expliquer icy particulierement les effets de celle-cy, qui a lieu pour les arrerages precedens de la rente fonciere ; en ce principalement qu'ils sont differens de ceux de l'action personnelle.

4 Effets de l'action hypothequaire qui a lieu pour les arrerages precedens.

Le premier effet est, que l'on ne peut pas pour les arrerages precedens s'addresser à la personne du detempteur, ny saisir ses autres biens, comme on peut faire pour les arrerages de son temps, parce que l'hypothequaire *rem tantum persequitur*, comme il sera dit au troisiéme Livre. D'où resulte le second effet & particularité, c'est que pour les arrerages precedens il n'est pas besoin d'user de déguerpissement, ou autre delaissement, parce que tout au pis aller par l'hypothequaire, on ne peut poursuivre que la chose; & partant ce seroit grande simplicité de l'abandonner à escient avant qu'on y fust contraint. Ce qui n'est pas aux autres arrerages des rentes foncieres, ny mesme des constituées, comme il sera dit au troisiéme Livre.

5. Que la discussion n'y est requise.

Mais le plus notable effet c'est, qu'il n'est point besoin de discussion pour intenter cette action hypothequaire contre le tiers detempteur, même és Coutumes où la discussion a lieu, conformément au Droict & en la Novelle 4. car cette nouvelle ne parle que des simples dettes & pures hypotheques, & non des charges foncieres, qui ont un droit plus grád & plus avantageux en la chose. Aussi on void qu'encore que de tout temps & auparavant cette Novelle le fisque pratiquast la discussion aux simples hypotheques, *l. Moschis. D. De jur. fisci,* neanmoins aux charges foncieres, le fisque n'étoit nullement tenu de faire discussion, même pour les arrerages precedens la detention, ainsi est-il exprimé en la loy, *Cùm possessor.* §. *ult. D. censib.* Et ne faut point dire que la discussion n'étoit requise au fisque, qu'à cause de la tacite hypoth. qu'il a, comme plusieurs ont pensé, car en la Republique n'avoit point d'hypotheque tacite, *l. 1. C. de jure reipub.* & neantmoins elle étoit tenuë à la discussion, *l. 1. C. de decurio. l. Libertum,* §. *filium. D. Ad manucip.*

6. Explication de la loy Moschis. D. de jure fisci.

Et faut hardiment prendre garde qu'en la loy *Moschis, De jur. fisci, Reliqua vectigalium quæ vocantur,* ce ne sont pas les arrerages des tributs, mais les arrerages des loyers & fermages *ex conductione vectigalium,* comme la loy même l'exprime : de sorte que ce n'est qu'une simple rente personnelle, & hypothequaire, & non pas un droit foncier.

7. 9. Explication de la loy 1. C. de convent. fisci debit. contre Cujas.

Mais il y a une tres-belle & tres-difficile antinomie sur ce point, qui resulte de la 1. *De conven. fisci debit. Cod.* dont voicy les mots, *Non injusta ratione desideratis repromissa fisco indemnitate, cui priore loco convenири, quo reliqua contraxerunt, mox ad vos perveniri qui ab his quadam emistis :* ce qui est formellement contraire au §. dernier de la loy. *Cùm possessor de cens.* qui rejette la discussion aux charges foncieres. Cujas interprete cette loy *de reliquis conductionis vectigalium vel administrationis publica,* pour la rendre concordante avec la loy *Moschis,* & dit que cette indemnité devoit estre baillée au fisque par le tiers detempteur pour obtenir que discussion fust faite de l'obligé personnellement : mais c'est chose contre en Droict que cette indemnité se deust bailler pour obtenir la discussion. Aussi la loy *Moschis* ne le requiert pas outre que cette indemnité est frustratoire, puisque

Du Déguerpissement.

toujours l'hypotheque suit la chose, & que le detempteur ne la peut aliener au prejudice du fisque.

Ce ne peut donc estre ce que dit Cujas, encore qu'il dise avoir pris cette explication des Interpretes Grecs. Mais cette indemnité est un beau secret de l'antiquité Romaine, qui revient entierement au Droict François, & notamment à nostre Coustume de Paris : à sçavoir, que celuy qui prenoit du fisque l'heritage à la charge des cens & tributs, *cavebat fisco* par l'hypotheque de ses autres biens, s'il estoit riche : *vel fidejussore dato*, s'il estoit pauvre, qu'il entretiendroit l'heritage en bon état, & y mettroit les amendemens necessaires : *restituturum se ea quæ desertis possessionibus requirerentur, ou bien susceptam à se possessionem nullo detrimento publico relinquendam*, qui étoit à peu prés ce que nous disons, *jouvnir & faire valoir la rente,* ou bien promettre de ne point déguerpir l'heritage. Et bien que du commencement ces clauses ne fussent apposées aux baux sinon à volonté, il fut enfin ordonné par les Empereurs, qu'elles seroient necessairement inserées aux baux des heritages patrimoniaux, quand ils seroient baillez à emphyteose, *l. Quicumque De omni agro deserto,* & *l. Quicumque 2. D. funais patrim. l. 11. Cod.* Ce qui sera amplement expliqué au quatriéme Livre.

Tant y a que de cette indemnité doit estre entenduë cette loy 1. *C. de conveni. fisci debit.* dont il est encore parlé en la loy 1. *De locat. prad. civil. lib. 11. Cod.* Et parce que cette indemnité, ou (à parler plus intelligiblement) ces clauses apposées aux baux des heritages, outre la charge fonciere qui demeuroit en iceux, induisoit encore une obligation pure personnelle sur le preneur, qui demeuroit toujours aprés qu'il avoit revendu l'heritage à un autre ; en ce cas special l'Empereur trouva raisonnable que le tiers detempteur convenu hypothequairement *pro reliquis præteriti temporis,* non pas *conductionis,* comme dit Cujas, *sed canonis patrimonialis,* peust requerir que son vendeur, qui estoit personnellement obligé au fisque, fust premierement discuté. Et je croy que c'est ainsi qu'il faut entendre cette loy.

10. Conciliation de la loy 6. C. de si. & si publo fisc. cum l. Prædii. D. de jure fisci.

Il faut encore resoudre une autre antinomie sur cette matiere, à sçavoir, que quand l'heritage estoit vendu *sub hasta* par le perequateur, selon le droit Romain le preneur & adjudicataire n'estoit point tenu des arrerages precedens, *l. De jure & fide hasta fisci. l. 10. C. & ult. de Censib. l. 11.* Ce qui n'estoit pas anciennement, comme le decide la loy *Prædii. de ju. fisci.* Laquelle loy partant il faut tenir estre corrigée par les autres loix des Empereurs qui sont subsequentes. Aussi porte t'elle ce mot *Placuit, quasi dicat olim placuisse, nunc vero non placere.* Car comme on vid que personne ne vouloit acheter les heritages des debiteurs du fisque, crainte des arrerages des tributs ou autres redevances, dont on ignoroit la quantité : Valentinien fut contraint d'ordonner, que ceux qui acheteroient du fisque à l'ancan, ne seroient point tenus de rien paier outre le prix de leur adjudication, & non les arrerages precedens, comme il est au long exprimé en la loy *De jur. fisci C. Theod.* Et de là on a appris en France qu'il se faut opposer pour les arrerages des droicts seigneuriaux, bien qu'il ne soit necessaire de s'opposer pour la continuation d'iceux.

11. Autre effet de cette action hypothequaire.

Il y a encore une autre difference entre cette hypotheque *pro reliquis præteriti temporis,* & la personnelle écrite *in rem,* pour les arrerages échus pendant la detention : c'est qu'encore que le tiers detempteur *mero jure* n'ait recours pour les arrerages de son temps contre son predecesseur, *nisi ex causa evictionis vel promissa, vel alias debita propter reticentiam,* comme il a été expliqué au chapitre cinquiéme ; si est-ce que pour le regard des arrerages precedens la detention, il en a recours *mero jure, & ex natura actionis,* contre celui qui estoit detempteur de l'heritage au temps qu'ils sont écheus. Ce qui est sans difficulté en France, où il y a une action pure personnelle pour les arrerages contre celuy qui sciemment perçoit les fruits de l'heritage, comme il sera dit au chapitre suivant ; & de droit cela est aussi indubitable en l'acquereur à titre onereux. Car ce que dit **la loy** *Impe-*

ratores. *De pub!. eos actionem ex empto habituros tantùm si ignoraverint*, se doit rapporter *ad ipsum onus tributorum*, & à la continuation des charges foncieres, & non pas aux arrerages precedens.

Mais de nouveau on a voulu revoquer en doute, si le donataire ou legataire de l'heritage chargé de rente fonciere étant poursuivy pour les arrerages precedens, avoit recours contre le donateur ou l'heritier : Car le docte Cu *lib. 19. observat. cap. 5.* a tenu que les arrerages precedens étoient entierement à la charge, & devoient être tout à fait acquitez par le donataire & legataire : de sorte que les ayant payez ils n'en avoient point de recours & ce n'est que si le donateur ou l'heritier avoient été contrains les payer ; ils en avoient recours contr'eux.

Et ainsi interprete-t-il le §. *hares*, de la loy 41.*De leg. 1. Hares cogitur legati prasidij solvere vectigal præteritum. Cogitur*, dit Cujas, *à fisco, sed repetit à legatario*. Et ce qui l'a induit en cette opinion, a été l'obscurité du §. 1. en la loy. *Cùm possessor. De censibus. Qui non habita ratione tributorum, ex causa fideicommissi pradia restituunt, habent conditionem indebiti.* Mais j'estime que ce passage se doit entendre non pas *de reliquis præteritis temporis*, comme il l'entend, *sed de tributis ipsis, id est de onere ipso tributorum, pro quibus indemnitas fuerat fisco pro more repromissa*, & desquels à cette occasion l'heritier du premier preneur demeuroit chargé, encore qu'il ne fût plus detempteur de l'heritage, de sorte qu'il avoit interest de demander caution au legataire, qu'il n'en souffroit perte ny dommage : & consequemment luy ayant l'heritier fait delivrance de l'heritage legué, sans avoir demandé cette caution, la loy dit que *conditione indebiti uti potest*.

Mais ce seroit tout à fait renverser l'ordre du Droict, s'il falloit que l'obligé personnellement, ayant payé, eut recours contre celuy qui n'est obligé qu'hypothecairement ; vû que l'hypotheque est subsidiaire à la personnelle, & non personnelle à l'hypothequaire. Et partant j'aime mieux me resoudre en l'opinion commune qu'en celle de Cujas, qui n'est appuiée d'aucune raison pertinente, ny d'aucune autorité du Droict concluante ; car la loy *Usufructu relicto*, qu'il allegue encore, ne parle non plus *de tributis præteritis temporis, sed de onere ipso tributorum*.

12. Si le donataire & legataire a recours contre l'heritier pour les arrerages precedens.

13. Interpretation de la loy Cùm possess. §. 1. D. de censibus.

14. Resolution contre l'opinion de Cujas.

CHAPITRE X.

De l'action personnelle dont est tenu le detempteur pour les arrerages de son temps.

1. Suite des mots de nôtre article.
2. Preuve de cette suite & interpretation.
3. Varieté des Coustumes en ce regard.
4. Que l'action mixte de cét article ne peut être intentée que pendant la detention.
5. Qu'il y a une action pure personnelle pour les arrerages écheus pendant la detention.
6. Deux choses doivent concourir pour induire cette action personnelle.
7. Effets d'icelle.
8. Qu'elle n'a lieu selon le Droit Romain.
9. Qu'il y a trois actions qui ont lieu pour les rentes foncieres.
10. Renvoy d'autres questions.

1. Suite des mots de nôtre article.

Suivent ces mots en nôtre article, *tant & si longuement qu'ils seront detempteurs*, qu'il est mal aisé de dire s'il les faut referer & joindre à ces mots qui precedent immediatement, *Payer les arrerages écheus*, ou à ceux qui les devancent, *Payer & acquiter les charges* ; ou finalement à ces mots plus éloignez *Sont tenus personnellement* : Sans doute qu'il ne les faut pas referer aux arrerages, car l'article porte *arrerages écheus de leur temps* : de sorte que ce seroit une repetition superfluë d'ajoûster *tant & si longuement qu'ils seront detempteurs*. Il ne les faut pas aussi referer à ces mots, *payer les charges* car la clause des arrerages étant entre deux, ils ne s'y peuvent pas joindre. Par consequent il les faut referer à ces mots, *sont tenus personnellement*, qui contiennent le verbe principal de la periode. Et n'ont pas été mis immediatement aprés pour éviter la rencontre de deux adverbes, *personnellement*, & puis *tant & si longuement*. L'ordre donc de cette clause est, *Les detempteurs sont tenus personnellement, tant & si longuement qu'ils seront detempteurs, de payer & acquitter les charges, ensemble les arrerages écheus de leur temps*.

2. Preuve de cette suite & interpretation.

Aussi si on referoit ces mots, *tant & si longuement*, au payement & continuation de la rente, il s'ensuivroit une absurdité, à sçavoir que purement & à toûjours le tiers detempteur seroit tenu des arrerages de son temps : de sorte qu'il ne pourroit en déguerpissant l'heritage, s'exempter de payer les arrerages, s'il fust acquereur de bonne foy, & n'eust aucune connoissance de la rente : même qu'il ne seroit receu à déguerpir, sans payer les arrerages. Ce qui est contre la decision de l'art. 101. qui suit peu aprés en nôtre Coustume & ainsi ces deux articles seroient contraires.

3. Varieté des Coûtumes en ce regard.

Pour éviter cette absurdité, la Coustume de Meaux art. 69. a dit que le detempteur n'est tenu personnellement des arrerages de son temps, sinon aprés qu'il a été asseuré que la rente étoit deuë. En quoy toutefois elle manque, parce qu'il en suivroit qu'en ne déguerpissant point, il ne seroit pas tenu des arrerages écheus de son temps auparavant la certioration, ce qui n'est pas raisonnable. En plusieurs autres Coustumes ont decidé indistinctement, que le tiers detempteur auparavant que déguerpir étoit tenu de payer les arrerages écheus, comme celle d'Anjou, art. 402. 404. & 406. celle du Maine art. 407. celle de Nivernois chap 7. art. 6. C'est pourquoi les Commentateurs de ces Coustumes, & pareillement le Docteur Rat de Poictou, definissent le déguerpissement (qu'ils appellent *gulpion* ou *exponsion*) decharge du cens ou rente fonciere, en delaissant l'heritage entier au Seigneur avec le payement des arrerages. Et toutefois c'est chose fort rude que le tiers detempteur, qui non seulement est possesseur de bonne foy, mais même qui se defait de l'heritage, ne fasse pas les fruits siens, mais bien souvent soit tenu de payer plus d'arrerages qu'il n'a receu de fruits. Ce qui sera plus au long expliqué au 4. livre.

Puis donc qu'en nôtre Coustume le proprietaire n'est tenu sinon tant qu'il est detempteur; il faut conclure que quittant la detention par le déguerpissement de l'heritage, il n'est plus tenu de cette action, ny en ce qu'elle regarde la continuation de la rente, ny en ce qu'elle concerne le payement des arrerages. Et à la verité puis qu'elle n'a autre fondement que la detention, elle doit estre reglée selon icelle. Joint que cela est perpetuel en Droict à toutes les actions écrites *in rem*, qui suivent perpetuellement la chose, & que celuy qui n'est plus detempteur de la chose, n'est plus tenu de ces actions.

4. Que l'action mixte de cét article ne peut être intentée que pendant la detention.

Quoy donc, le tiers detempteur qui sçavoit que la rente étoit deuë, posé qu'il vueille déguerpir, sera-il point tenu de payer les arrerages écheus depuis qu'il a connoissance de la rente ? ou bien s'il arrive que l'heritage soit pery, ou qu'il l'ait revendu à un autre, & que partant il n'en soit plus detempteur, ne sera-t-il point tenu pour le temps qu'il l'a êté ? à la verité il ne sera pas tenu de cette action personnelle écrite *in rem* : car elle est dirigée contre la chose, & non contre la personne, *res non persona convenitur* : & à le bien prendre, c'est la chose non la personne qui doit la rente fonciere : mais nous avons une autre action pure personnelle pour icelle, qu'il sçavoit être redevable de la rente fonciere, & qui en ce faisant s'est taisiblement obligé au payement des arrerages par un quasi contract, suposé la maxime de Droict, que *tributa fu is enera fructuum, & fructus ipso jure minuunt. l. Neque*

5. Qu'il y a une action pure personnelle pour les arrerages écheus pendant la detention.

De l'action mixte. Livre II.

stipendium, D. impenf. in res dot. factis, & l. Hactenus.D. de usufr. En quoy il faut remarquer que pour induire ce quasi contrat,& consequemment cette action personnelle, il faut qu'il concoure deux causes, à sçavoir la perception des fruits, & la science de la rente: car celui qui perçoit les fruits sans avoir connoissance de la rente, *quia possessor est bonæ fidei, fructus facit suos*: & d'ailleurs il ne peut être obligé sans connoissance. Et au contraire celui qui a connoissance de la rente, bien qu'il soit seigneur de l'heritage, s'il ne perçoit pas les fruits il n'est pas tenu de payer la rente: au lieu que nôtre action écrite *in rem*, est seulement fondée sur la detention & occupation de l'heritage.

Donc cette action personnelle, qui a lieu en ce cas, est transmissible à l'heritier, encore qu'il ne succede pas à l'heritage: elle est divisible, soit entre plusieurs heritiers, soit entre plusieurs qui ont joüi de l'heritage, & suit toûjours la personne, bien qu'elle soit transportée à un autre: & consequemment ne peut être evitée par le déguerpissement, comme il sera traité en son lieu. Au contraire, l'action mixte ou personnelle écrite *in rem*, dont parle nôtre article, n'est pas transmissible aux heritiers, elle n'est pas aussi divisible entre plusieurs detempteurs, & si elle se peut éviter en revendant l'heritage, & pareillement en le déguerpissant és mains de celui à qui est deuë la rente, parce qu'elle n'a lieu sinon tant & si longuement que la detention durera.

Or encore que cette action soit fondée directement sur les principes du droit Romain, si voudrois je pas asseurer qu'elle s'y trouve bien nettement exprimée; car ce que la loi dit, *res non personas convenir*, semble du tout exclure l'action pure personnelle; aussi on void qu'il étoit si étroitement prohibé de vendre l'heritage *sine censu & reliquis*: & d'ailleurs, on voit que ceux qui n'étoient plus detempteurs ne pouvoient être convenus, *nisi indemnitatem fisco promiserint*. Et c'étoit possible la raison pourquoy *cessante hac indemnitate*, le nouveau detempteur convenu hypothequairement, ne pouvoit demander que ceux, pendant la detention desquels étoient écheus les arrerages demandez, fussent discutez, d'autant que pour les discuter, le fisque n'avoit point d'action contr'eux: toutefois cette opinion est un peu douteuse, & c'est assez de sçavoir comment nous en usons en France.

Pour conclusion, il est aisé à remarquer de ce qui a été dit en ce chapitre & au precedent, que nous avons en France trois diverses actions pour une mème rente fonciere: à sçavoir l'action hypothequaire pour les arrerages precedens, l'action pure personnelle pour les arrerages écheus pendant la detention, & l'action mixte ou personnelle écrite *in rem*, pour les arrerages du temps à venir, c'est à dire pour la continuation de la rente.

Je pourrois icy traiter, sçavoir si le preneur à rente peut s'exempter de cette action personnelle pour le tems à venir, en rebaillant l'heritage à un autre, ou en le déguerpissant, & mème s'il demeure quitte de la rente quand l'heritage est totalement peri, mais j'ai reservé à expliquer au quatriéme livre ces trois questions, qui sont les plus importantes de tout ce Traité.

Marginalia gauche: 6. Deux choses doivent concourir pour induire cette action personnelle. — 7. Effets d'icelle. — 8. Qu'elle n'a lieu selon le droit Romain.

Marginalia droite: 9. Qu'il y a trois actions qui ont lieu pour les rentes foncieres. — 10. Renvoy d'autres questions.

CHAPITRE XI.

Si cette action personnelle écrite in rem, *est solidaire ou divisible.*

1. Ouverture de la question.
2. Actions personnelles regulierement divisibles.
3. Actions réelles ordinairement indivisibles.
4. Si l'hypotheque est individuë, ratione subjecti.
5. Si plusieurs detempteurs de la chose hypothequée sont tenus solidairement.
6. Interpretation de la loy Mochis. D. de jure fisci.
7. Varieté d'opinion sur cette question.
8. Resolution.
9. Que l'action personnelle écrite in rem est divisible.
10. Preuve par plusieurs loix.
11. Autoritez des Interpretes.
12. Pourquoy on tient en France que cette action personnelle est individuë.
13. Que le cens est aussi individu que les autres rentes foncieres, fors en trois cas.
14. Pourquoy on tient communément que le cens est divisible.
15. Que c'est à cause de cette solidité que le déguerpissement est plus frequent en France qu'il n'étoit à Rome.

1. Ouverture de la question. ENtre les effets de nôtre Action des charges foncieres remarquez au septiéme chapitre, j'en ai observé un qui sans doute est le plus étrange & extraordinaire, & le plus important de tous : à sçavoir qu'elle a lieu solidairement contre chacun des detempteurs, bien mème qu'ils ne possedent qu'une petite partie de l'heritage chargé de la rente. Ce qui me semble contraire & à la raison & à la disposition de droits; c'est pourquoi il le faut soigneusement éplucher pour l'interpretation des derniers mots de nôtre article, *Tant & si longuement qu'ils seront detempteurs desdits heritages, ou de partie & portion d'iceux.*

2. Actions personnelles regulierement divisibles. Les actions personnelles regulierement sont divisibles de leur nature, pourveu que ce qui est en l'obligation puisse souffrir division, & ce à cause de la maxime de droit, *que iniquum est alterum alterius causa pergravari*: Car ou elles naissent divisées, comme entre plusieurs coobligez à une seule somme. *l. Reos. §. cum tabulis. D. de duob. reis*: ou elles sont divisées par aprés, si un seul obligé en mourant delaisse plusieurs heritiers, *l. Pro hæreditariis. D. de hæred. actio.*

3. Actions réelles ordinairement indivisibles. Mais quant aux actions réelles, parce qu'elles poursuivent une certaine chose, & un certain corps indivisé, elles sont volontiers individuës, & sur tout l'action hypothequaire. C'est pourquoi il y a lieu pour certain en droit, que s'il ne reste à païer qu'une bien petite partie de la dête, encore que le surplus soit acquité; si est ce que nulle des choses hypothequées n'est desobligée, mais chacune parcelle de l'heritage demeure aussi étroitement obligée pour ce qui reste à païer, comme elle étoit du commencement pour toute la dête. *l. Si quandiu. C. de distr.pign.l.Reos. §. omnis.D. de pign. actio.*

4. Si l'hypotheque est individuë, ratione subjecti. Toutefois on a douté si l'hypotheque étoit tellement individuë, que chaque chose hypothequée fût chargée de toute la dête: Car l'hypotheque a deux respects, l'un à la dête pour laquelle elle est créée, l'autre à la chose sur laquelle elle est créée : on ne doute point que le regard de la dête l'hypotheque ne soit solidaire & individuë, car il faut que tout soit païé avant que rien soit déchargé: mais pour le regard de la chose hypothequée, on peut justement douter si chacune partie d'icelle est tenuë pour toute la dête, principalement n'étant plus és mains de celui qui l'a hypotheque ou son heritier, lequel sans difficulté ne peut demander de division, *l. C. si unus ex pluribus hæredibus*; mais qu'elle est és mains d'un tiers detempteur, qui n'est point tenu de la dête de son chef, ni pour son chef, ni pour son fait, mais seulement en tant & d'autant qu'il est detempteur de partie de la chose hypothequée.

5. Si plusieurs detempteurs de la chose hypothequée sont tenus solidairement. C'est donc la question, si ce tiers detempteur qui ne tient qu'une partie de la chose hypothequée, peut être convenu hypothequairement pour toute la dête, posé qu'il y ait plusieurs autres detempteurs, qui possedent comme lui d'autres heritages hypothequez à la dête; ou bien s'il est seulement tenu pour telle part & portion qu'il en est detempteur. Question sur laquelle les anciens Interpretes ont fort disputé, les uns contre les autres. Et de fait il n'y a pas un seul texte en droit qui la decide nettement.

Car la loi *Moschis D. de jur. fisc.* qui est la chef de s.*Interpre-*

De l'action mixte. Liv. II.

ration de la loi Moſebit. D. de iure fiſci.

cette queſtion, eſt ſi ambiguë, que plûtoſt elle a augmenté que vuidé la difficulté : *Æquum*, dit-elle en reſolvant cette queſtion, *putavit Imperator, prius hæredem conveniri debere, deinde in reliquum, omnem poſſeſſorem*. L'ambiguité eſt ſur le mot *omnem poſſeſſorem*, s'il doit eſtre pris, *collectivè*, où *diſtributivè pro quolibet poſſeſſore*. Et quant à la loi *Creditor. D. de diſtract. pign.* elle ſe doit interpreter quand le debiteur poſſede l'heritage hypothequé, non quand il eſt entre les mains du tiers detempteur.

7. Varieté d'opinions ſur cette queſtion.

Mais entre les Canoniſtes il ſemble que le ch. *Ex literis ex de pign.* tranche cette difficulté, & decide que le tiers detempteur n'eſt point tenu ſinon *pro rata detentionis*, diſant, *Prædictum R. in reſtitutione dotis eatenus condemnes, quatenus de bonis fratris ſui noſcitur poſſidere*. Toutesfois il le faut entendre tout autrement, comme il ſera dit au livre ſuivant, lors qu'il ſera parlé de la concluſion de l'action hypothequaire. Quoi qu'il en ſoit, cette opinion a eſté tenuë par pluſieurs des anciens Interpretes, & notamment par *Joan. Faber. in §. item, ſi quis in fraudem. Inſtit. de act.* qui pourtant ne s'eſt gueres trompé en la pratique de France.

8. Reſolution.

Neantmoins le bon Accurſe en a eſté creu, & la commune opinion a paſſé que, que l'action hypothequaire *competit in ſolidum adverſus ſingulos poſſeſſores*. De ſorte qu'on dit communement de l'hypotheque ce qu'a dit Ariſtote de l'ame, que *tota eſt in toto*, & *tota in qualibet parte*. Et ainſi nous le gardons en France : même nous le gardons tellement que du Luc en l'article 2. de ſon Recueil dit, qu'il faut defendre d'alleguer l'uſage contraire.

9. Que l'action perſonnelle écrit in rem eſt diviſible.

Quoi qu'il en ſoit, chacun eſt demeuré d'accord, qu'il falloit reſtraindre cette reſolution douteuſe, à la ſeule & pure action hypothequaire, & non pas l'eſtendre *ad mixtam actionem*; c'eſt à dire à noſtre action perſonnelle écrite *in rem, quæ competit pro moeribus rei*. Et ont tous tenu que cette action des charges foncieres eſtoit diviſible, ſelon la part & quotité de la choſe, pour raiſon de laquelle elle a lieu. Et de fait, ſoit que l'on la vueille prendre en ce qu'elle eſt perſonnelle, ou en ce qu'elle eſt réelle, elle eſt touſjours diviſible. En ce qu'elle eſt perſonnelle & principale, non ſubſidiaire, il eſt bien certain qu'elle eſt diviſible, côme toutes autres, puis que ſa preſtation ſe peut diviſer. En ce qu'elle eſt réelle auſſi, puis qu'elle a lieu à cauſe de la choſe, il s'enſuit qu'elle doit eſtre limitée & reſtrainte à proportion de la choſe, veu même ſon principe & fondement, qui eſt que, que qui perçoit les fruits de l'heritage, doit païer les charges d'icelui : d'où il reſulte que ſi pluſieurs joüiſſent de l'heritage, pluſieurs auſſi ſont tenus des charges. Et puiſqu'ainſi eſt que la perſonne n'eſt convenuë que parce qu'elle eſt detemptrice de la choſe, il faut ſeulement convenir en tant & pour tant, c'eſt à dire pour telle part & portion qu'elle eſt detemptrice.

10. Preuve par pluſieurs loix.

Et ſans doute ſelon le droit cette opinion eſt veritable. En la loi 1. *C. de collat. fund. patrimon.* il eſt dit, *Omnes qui patrimoniales fundos ſive communiter, ſive ex aſſe detinent, pro his conveniendi ſunt ad univerſorum munerum ad eoſdem fundos pertinentium pro rata portione, vel in ſolidum functiones, ſicut unumquemque privatorum neceſſitas publicæ perſtationis aſtringit*. Et en la loi *de cenſu vel relig. C. Theod. Quiſquis alienæ rei quoquo modo dominium conſequitur, ſtatim pro ea parte, quâ poſſeſſor fuerit effectus, cenſualibus paginis nomen ſuum poſtulet adnotari, ac reſpondeat ſoluturum.* Et en la loi *Cùm poſſeſſor D. de cenſib. Cùm poſſeſſor unus expediendi negotii cauſa tributorum à conveniretur adverſus cæteros, quorum prædia æquè tenemur, ei qui conventus eſt actiones à fiſco præſtantur, ut omnes pro modo prædiorum pecuniam tributi conferant*. Qui eſt un paſſage aſſez difficile ; car il faut entendre que *poſſeſſor unus non hac perſonali actione, ſed hypothecaria conventus pro omnibus, totum expediendi negotii cauſa vexatur* : comme il ſera dit au livre ſuivant, qu'és rentes foncieres l'hypothequaire concourt avec cette action perſonnelle ; mais en l'un on ne ſe prend qu'à l'heritage, en autre on ſe peut prendre à tous les

biens du detempteur. Et toutesfois en cette loi *cùm poſſeſſor* ; encore que le detempteur ait ceſſion d'actions du fiſque, & partant ſoit ſubrogé en ſon lieu, il ne peut agir ſolidairement contre chacun des codetempteurs, mais ſeulement pour la part de leur detemption.

11. Authoritez des Interpretes.

Finalement la loi 2. *C. de debit. civit. lib. 11. Cod.* eſt auſſi fort expreſſe à ce propos, *Inquirere debet judex ad quos tranſierint debitoris facultates, ut ſinguli aqua æſtimatione habita pro rata rerum quas poſſident conveniantur*. Tous leſquels paſſages n'ont point eſté alleguez par ceux qui ont traité cette queſtion : mais ils alleguent ſeulement le ch. *Conſtitutus. ext. de relig. domib.* qui dit que le cens eſt diviſible : mais il n'eſtoit beſoin de mendier une deciſion au droit Canon, puis qu'il s'en trouve de ſi expreſſes au droit Civil. De cette opinion ſont *Guido Papa qu. 432. Chaſſanée ſur la Conſt. tit. 5. §. 2. num. 35. Ioa. Faber. in §. Item ſi quis in fraudem. num. 26. inſt. de actio. Speculator tit. de oblig. num. 46. Boer. in conſult. Aurelianens. tit. des Couſtumes des fiefs & cens. §. 1. Covarruvias latè inſt. 3. var. reſolut. cap. 7. Imbertus etiam latè inſtit. for. lib. 1. cap. 1. in gl.* qui reſolvent tous que cette action perſonnelle n'a lieu contre le detempteur, ſinon pour telle part & portion qu'il eſt detempteur, comme de fait pluſieurs Couſtumes l'ont ainſi decidé.

12. Pourquoi on tient en France que cette action perſonnelle eſt individuë.

Toutesfois la plus commune obſervance de France eſt tout au contraire, & noſtre Couſtume le decide expreſſement en l'art. 99. Ce qui ſe fait, à mon avis, pour deux raiſons principales. L'une, à cauſe que cette actiô provient & prend ſa ſource de l'action hypothequaire : quoi que ce ſoit, concourt touſjours avec elle, même ſemble eſtre ſubrogée en lieu pour eviter le circuit, ainſi qu'il ſera amplement deduit au 3. livre : quoi que ce ſoit, elle eſt plus forte & advantageuſe : de ſorte qu'à bon droit elle retient ſa principale proprieté d'eſtre individuë. L'autre raiſon eſt, qu'il n'eſt pas raiſonnable que le creancier ſoit contraint de diviſer ſa dete, veu que le payement qui ſe fait par parcelles eſt touſjours incommode, & principalement qu'il l'eſt ès rentes, qui ont trait à perpetuité. De façon que bien ſouvent pour une ſeule rente il faudroit une vingtaine de proces, contre autant de detempteurs, afin d'aprecier & eſtimer particulierement les heritages par eux poſſedez, & par ce moien liquider la ſomme & portion que chacun d'eux ſeroit tenu payer la rente ; & ce ne ſeroit jamais fait.

Ce que j'eſtime devoir eſtre pratiqué regulierement au même cens, comme il eſt exprimé en cet article 99. quoi qu'on tienne vulgairement le contraire, à cauſe de ce ch. *Conſtitutus de relig. domibus*, parce qu'il n'y a point de raiſon particuliere qui l'exempte de la regle, ſi ce n'eſt que le cens ſoit diſtribué pour chacun arpens par l'acenſement : car alors ce ſont tout autant de rentes, qu'il y a d'arpens : *Cùm ejuſdem generis*. *D. de adil. edict.* ou qu'il n'apparuſt point de l'acenſement, car alors on preſume que la baillée ſoit faite diſtributivemét, parce que c'eſt la plus ordinaire forme : joint qu'on ne ſçait pas côbien de terres ont eſté baillées enſemble : ou finalement que le detempteur eût par l'eſpace de trente ans ſeulement païé à proportion de ce qu'il tient : car tout ainſi que la quote du cens, auſſi la ſolidité eſt preſcriptible. Mais ceſſant ces trois exceptions, & apparoiſſant du bail à cens, qui auroit eſté fait à gros cens, non à menu cens, ou diſtributivement par chacun arpent, & qu'il n'y eût point de preſcription de la ſolidité ; je croi que chaque detempteur pourroit eſtre convenu ſolidairement.

13. Que le cens eſt auſſi individuel que les autres rentes foncieres fors en trois cas.

Et d'autant qu'il arrive peu ſouvent, que l'une de ces trois exceptions n'ait lieu au cens ; veu auſſi le peu d'importance qui eſt au ſeigneur cenſier de pretendre plûtoſt le cens ſolidaire que par parcelles : parce qu'au contraire la loi eſt plus profitable de ſe faire païer particulierement par chacun des detempteurs, afin d'eſtre touſjours reconnu de ſa directe, & pour mieux connoître les mutations, afin d'avoir les lods & ventes ; c'eſt pourquoi on ne voit gueres pratiquer la ſolidité de cette action en matiere de cens.

14. Pourquoy on tient communement que le cens eſt diviſible.

Or ſans doute que c'eſt à cauſe de la ſolidité de cette action, que le déguerpiſſement eſt ſi frequent en

15. Que c'eſt à cauſe de

De l'action Hypothequaire. Liv. III.

cette solidité que le deguerpissement est plus frequent en France qu'il n'étoit à Rome.

France, bien qu'il ne fust gueres usité à Rome, parce que l'action que les Romains avoient contre les detempteurs étant divisée selon la part qu'ils avoient en l'heritage, & encore les redevances foncieres étans ordinairement fort petites, il arrivoit rarement qu'il fust utile au detempteur de deguerpir. Mais en France, où il est tenu de payer toute la rente, encore qu'il ne tienne que la plus petite partie de l'heritage, & où d'ailleurs les rentes sont fort communes & fort grosses, il est souvent necessaire d'avoir recours au deguerpissement : autrement ce seroit une chose bien dure, que l'acquereur de bonne foy, d'une petite portion de terre fust tenu irrevocablement & sans remission, des rentes qui seroient sur toute la terre, encore qu'il ne les eust pas créées, & qu'il n'en eust point oüi parler lors de son acquisition. Voila ce qui se peut dire pour l'explication du 99. art. de la Coûtume de Paris ; & touchant cette action personnelle qui a lieu pour les charges foncieres, qui est la vraie & immediate cause du deguerpissement.

DU DEGUERPISSEMENT ET DELAISSEMENT PAR HYPOTHEQUE.

LIVRE TROISIE'ME.

De l'Action Hypothequaire és Rentes constituées.

CHAPITRE PREMIER.

De toutes les especes de gages & des hypotheques reconnuës tant au Droit Romain qu'au nôtre.

1. Liaison de ce Livre avec le precedent.
2. Deux manieres de s'asseurer des dêtes, par gages & par pleges.
3. Deux manieres d'obligation des choses, les gages, & les hypotheques.
4. Invention des hypotheques.
5. Difference des gages & des hypotheques.
6. Pignus triplex, Conventionale, Prætorium, & Judiciale.
7. Conventionale itidem triplex, simplex pignus, Antichresis, & Fiducia.
8. Pignus prætorium, quid ?
9. Pignus judiciale, quid ?
10. Trois façons de faire executer une sentence selon le droit.
11. Differentia pignoris Prætorii & Judicialis.
12. Comment les gages & hypotheques se pratiquent en France.
13. Quels gages sont pratiquez en France.
14. Usages & progrez des hypotheques du droit Romain.
15. Progrez des hypotheques de France.
16. & 19. Inconvenient qui resulte des hypotheques.
17. Remede qu'y apportoient les Romains.
18. Remede des François.
19. Que les criées & decrets ne sont toûjours commodes.
20. Remede des Grecs meilleur de tous.
21. Opes signifie brandon, ou marque d'hypotheque.
22. Equivoque du sçavant Amiot.
23. Inconvenient de la Scisachthie de Solon.
24. Brandon que signifie?
25. Usage de ces marques d'hypotheque à Rome.
26. Prohibition & abrogation d'icelles par les Empereurs.
27. Diverses formes des ces marques à Rome & en France.
28. En quel cas elles sont demeurées permises.
29. Pantofleaux de France.
30. Brandons usitez seulement en censives.
31. Diverses formes de Brandons.
32. Conclusion touchant ces marques d'hypotheques.
33. Du Nantissement.
34. Trois sortes de Nantissement par saisine & dessaisine, par main assise, & par mission en possession.
35. Autre forme de Nantissement par enjaisinement.
36. Qu'on a autrefois usé à Paris de ce Nantissement.
37. Des appropriances de Bretagne, lecture des contrats de Normandie, & du controlle & enregistrement des contrats par l'Ordonnance du Roy Henry III.

1. Liaison de ce Livre avec le precedent.

TOut ainsi que l'action personnelle a lieu aux rentes foncieres, & consequemment le deguerpissement ; aussi l'action hypothequaire a lieu aux rentes constituées, & pareillement le delaissement par hypotheque. Comme donc au livre precedent j'ay expliqué l'action, dont les personnes sont tenuës à cause des choses ; aussi en celui-cy je traite de l'obligation que les choses reçoivent à cause des personnes.

2 Deux manieres de s'asseurer des debtes, par gages & par pleges.

Car quand on se défie de quelqu'un qu'on estime être sujet à caution, on s'asseure de lui en deux façons, *prædiis scilicet aut prædibus*, c'est à dire par gages ou par caution, & encore plûtost par gages que par caution, *quia plus cautionis est in re quàm in persona*. Et ainsi pour la défiance des personnes on fait obliger les choses.

3. Deux manieres d'obligation des choses, les gages & les hypotheques.

Or les choses s'obligent aussi en deux façons, à sçavoir par tradition actuelle, ou par simple convention, l'une s'appelle proprement *gage*, l'autre *hypotheque* : Car c'est le meilleur moyen quand on ne peut payer comptant, de bailler des gages au creancier, qui demeurent entre ses mains jusques à ce qu'il soit satisfait de la debte. Ces gages étoient du commencement mobiliaires, & se sont-ils appellez *pignora à pugno*, dit le Jurisconsulte : mais l'ambition des hommes étant augmentée à faire des grandes entreprises, & contracter de plus grandes debtes, il fallut mettre la main aux heritages ; & les engager aussi bien comme les meubles, c'est à dire, les bailler & delaisser au creancier, pour en demeurer nanty & joüissant jusques à ce qu'il fust payé : parce qu'en la premiere antiquité du droit, on n'estimoit point qu'il fust convenable ni licite, d'acquerir sous tradition actuelle, ni la seigneurie de la chose, ni un droit réel & permanent en icelle.

4. Invention des hypotheques.

Enfin par succession de temps, on trouva que c'étoit une grande incommodité, que le proprietaire se dessaisist à tout propos de ses heritages, attendu le peu qu'il pothequues. faisoit, pendant qu'ils étoient recueillis & gouvernez par autrui. C'est pourquoi on commença petit à petit, au lieu de bailler actuellement les heritages en gage & nantissement, de promettre simplement de les bailler & delaisser toutefois & quantes au creancier, en default de payement : de sorte qu'on les obligeoit par une simple convention, & le debiteur en demeuroit toûjours saisi. Ce qui fut emprunté des Grecs, comme il sera tantost prouvé : aussi le terme de cette obligation est pur Grec, *ὑποθήκη ἀπὸ τοῦ ὑποτίθεσθαι*, & n'y eut jamais de Latin, sinon qu'anciennement on use sans distinction du mot *Pignus* pour l'une & l'autre sorte d'obligation de la chose.

5. Difference

Ce fut depuis cet usage des hypotheques qu'il fut dit,

De l'action hypothequaire. Liv. III.

des gages & les hypotheques.

que *Pignus contrahitur non solum traditione, sed etiam nuda conventione: etsi traditium non est. l. 1. De pignorat. act.* Et toutefois ceux qui ont regardé à la propriété des mots, ont dit que, *propriè pignus dicitur, quod ad creditorem transit; hypotheca, cùm non transit possessio ad creditorem. Paul. in l. Si rem. eod. tit.* Et encore que Martian dit au contraire, *que hypotheca à pignore tantùm nominis sono differt. l. Res hypotheca. de pignor.* si est-ce que Justin accorde fort bien ces deux passages: *Inter pignus, dit-il, & hypothecam, quantum ad actionem hypothecariam attinet, nihil interest: Nam qua re inter debitorem & creditorem conveniri, ut si pro debito obligata, utraque ac appellatione continetur: sed in aliis differentia est. Nam pignoris appellatione eam propriè rem continere dicimus, quæ etiam traditur creditori, maximè si mobilis sit, at eam quæ sine traditione, conditione, nuda tenetur, propriè hypotheca appellatione continere dicimus.*

6. Pignus triplex, Conventionale, Prætorium & Judiciale.

Et afin de mieux discerner le gage d'avec l'hypotheque selon le droit Romain, il faut distinguer & expliquer les trois especes de gage qui y avoient lieu, *Pignus scilicet conventionale, Prætorium & Judiciale.*

7. Conventionale itidem triplex, simplex pignus, Antichresis, Fiducia.

Le gage Conventionel, duquel nous avons le plus affaire, est celuy qui par le debiteur est livré actuellement au creancier, pour le garder jusques à ce qu'il soit satisfait. Et il y en avoit de trois especes: à sçavoir, *simplex pignus*, qui ne contenoit aucune condition particuliere: *Antichresis*, quand il y avoit clause, que le creancier mettoit à son profit les fruits du gage au lieu des interets de la debte, dont il a esté parlé au premier Livre: & *fiducia*, quand il y avoit clause commissoire en l'engagement, c'est à dire que si dans certain temps la debte n'estoit acquittée, le gage seroit acquis irrevocablement au creancier, laquelle clause fut à la fin reprouvée & abolie par Constantin, *in l. ult. De pactis pignorum.*

8. Pignus prætorium, quid?

Pignus Prætorium étoit, quand par l'edit du Preteur, c'est à dire en vertu du mandement & commission du Magistrat, le creancier étoit mis en possession des biens de son debiteur, bien que sur iceux il n'eût stipulé aucun hypotheque: ce qui se faisoit auparavant la condamnation, à cause de sa coutumace, *aut in non comparendo, aut non satisfaciendo*: ou après la condamnation, quand le debiteur se cachoit de peur d'être emprisonné à faute de payement, suivant la loy des douze tables. Et telle mission en possession se faisoit, au regard des actions réelles, en la chose contentieuse seulement: & aux personnelles, elle se faisoit anciennement en tous les biens du debiteur: mais depuis Justinien la modera *ad modum debit. auth. & qui jurat. Cod. de bonis auctor. jud. possid.* D'où vient qu'après lui elle se pratiqua fort peu, parce que l'usage du gage judiciel se trouva desormais plus commode; attendu qu'il étoit plûtôt vendu & avec moins de ceremonie, comme il sera dit cy-après. Et il faut observer que jamais le gage Pretorien n'étoit constitué, ou la mission en possession par lui decernée, sinon que le debiteur fût absent, & qu'il se cachât pour frauder ses creanciers, *l. penult. & ult. C. eod. tit.* ou bien après sa mort, quand il n'y avoit point d'heritier, *l. Pro debito eod. tit.* car tant qu'on trouvoit la personne, on ne s'attaquoit jamais aux choses.

9. Pignus judiciale, quid?

Pignus Judiciale, étoit quasi la même chose que *Pignus Prætorium*. De fait Justinien le confond en la loy derniere. *De præt. pignor. Pignus*, inquit, *quod judicibus datur, quod & Prætorium nuncupatur.* Et neanmoins en effet il y a de la difference, à sçavoir telle que *inter Prætorem & judicem*; aussi ont-ils dans le Code leurs titres à part, *de Præto. pignore, & Si in causam judicati pignus captum sit.* Donc *Pignus judicale est quod in causam judicati ex bonis condemnati extra ordinem capit executor jussu & authoritate magistratus, qui judicium dedit, non ut vulgò putant, judicis qui judicavit.*

10. Trois façons de faire executer une sentence selon le Droit.

Car executoit selon le droit une sentence liquide en trois façons: ou par prison, *transact. diebus justis, ex leg. XII. tab.* qui étoit la seule façon reconnuë en l'ancien droit, quand le debiteur étoit present: ou s'il étoit absent, & qu'on ne le peût appréhender, par mission en possession de tous ses biens, *ex edicto Prætoris*, & vente d'iceux, qui étoit infamante, comme il sera tantôt dit: de sorte que par ce droit celui qui après avoir condamné ne vouloit point payer, étoit fait ou prisonnier, ou infame. Et depuis pour épargner ces rigueurs, on inventa une forme extraordinaire: à sçavoir de demander aux Magistrats un executeur, ou Commissaire, pour mettre la Sentence à execution, lequel *exigebat, capiebat, distrahebat & addicebat bona condemnati secundùm ordinem constitutionis D. Pii: de quo in l. 1. A. D. Pio. D. de re jud.* c'est à dire, que cet executeur faisoit commandement au debiteur de payer: pour son refus saisissoit, puis vendoit & adjugeoit ses biens, commençant par les meubles, puis venant aux immeubles, & enfin aux dêtes & actions qui lui appartenoient: qui étoit la troisième façon d'executer les Sentences.

11. Differentia pignoris Prætorii & Judicialis.

Il y a donc plusieurs differences *inter Pignus Prætorium & judiciale: Prætorium occupat creditor, judiciale executor sive apparitor magistratus: l. Si plus. D. de evict. l. 2. Cod. si in causs. jud. pig. captum sit. Prætorium ex edicto jure ordinario constituitur, judiciale extra ordinem. l. Si pignora. D. de evict. Illud in rem constituitur, & ideo omnibus prodest, qui in debito succedunt: hoc in personam, & ideirco ut actio judicati, ei soli prodest secundum quem judicatum est. l. si ex jure D. Qui potio. in pig.* Il y a encore plusieurs autres differences entre l'un & l'autre qui seront expliquées plus à propos cy-après.

12. Comment les gages & hypotheques se pratiquent en France.

Voila ce qui se peut dire des gages du droit Romain: & pour rapporter succinctement le tout au droit François, il n'y a point douter que les gages & hypotheques n'aient lieu en France: mais les gages à proprement parler, ont lieu seulement en meubles, quand actuellement le creancier en est nanti; autrement meuble n'a lieu point de suite par hypotheque: ce qui n'est pas au droit. Au contraire, l'hypotheque a seulement lieu en immeubles, car rarement on nantit de quelques immeubles, fors qu'en Picardie il faut faire un nantissement, & un vêt ou devêt imaginaire pour acquerir l'hypotheque sur des heritages. Et quant à ce que nous appellons des engagemens ce ne sont pas simples pignorations, mais ventes à faculté de rachapt.

13. Quels gages sont pratiquez en France.

Pour revenir aux gages de France, les gages conventionels n'y sont que d'une sorte: car ni l'antichrese, ni le gage appellé *fiducia*, n'y ont lieu, sinon en cas de la vente à faculté de rachapt, comme aussi le gage du Preteur n'y est nullement usité: mais le gage appellé Judiciel, nous est plus commun qu'aux Romains, parce que tous autres gages & hypotheques s'y resolvent à la longueur du temps, comme il sera dit cy-après. Et voila les especes de gages expliquées.

14. Usages & progrez des hypotheques du droit Romain.

Il faut donc venir aux hypotheques, l'invention desquelles a été à Rome & en France si bien receuë, & tant étenduë par succession de temps, qu'à la fin elle est tournée en desordre & confusion: car comme on a veu que par une simple parole on pouvoit obliger son bien sans main, qu'on en reçeut lors de l'obligation aucune incommodité, parce que toûjours on en demeuroit saisi & joüissant, on ne s'est pas contenté d'obliger un seul heritage en l'exprimant particulierement: mais premierement on a commencé d'obliger d'un seul mot tous & chacuns ses biens, comme cela étant aussi facile au debiteur, & plus commode au creancier: & dès le commencement on n'entendoit, sinon des biens que l'obligé avoit lors du contrat. Et partant il falloit obliger par clause expresse les biens à venir: clause qui fut à la fin fort commune, mais toutefois necessaire. *Conventio hæc quotidie inseri solet cautionibus, ut specialiter rebus hypotheca nomine datis cætera etiam bona debitoris obligentur, qua nunc habet; quæque postea acquisierit, dit Cujas, in l. Et si nondum. §. quod dicit, De pign.* sans laquelle clause l'obligation generale n'avoit effet que pour les biens presens: mais à la fin Justinien a étendu l'hypotheque generale aux biens à venir, encore qu'il n'en fût rien exprimé au contrat.

15. Progrez des hypotheques en France.

Et encore en France on a bien passé plus outre: car parce qu'en tous les contrats, par un stile ordinaire des Notaires,

De l'action hypothequaire. Livre III.

theques de Notaires, on s'est accoustumé d'inserer la cause d'obligation de tous les biens, on a enfin tenu pour regle, Que tous contracts portoient hipotheques sur tous les biens comme cette clause estant sous-entenduë si elle avoit esté obmise.

15. Inconvenient qui resulte des hypotheques. En quoi à la verité il n'y a nul inconvenient pour le regard du debiteur, car il est bien raisonnable de le faire bon paieur par tous moiens : mais l'inconvenient est grand à l'égard d'un tiers acquereur de bonne foi, qui pensant estre bien asseuré de ce que l'on lui vend, & qu'on met en sa possession, sçachant bien qu'il appartenoit à son vendeur, s'en void enfin evincé & privé, par un malheur inevitable, au moyen des hypotheques precedentes, lesquelles, estans constituées secretement, il ne luy estoit pas possible de les sçavoir ny de les descouvrir.

17. Remede qu'y apportoient les Romains. A cet inconvenient les Romains, aprés qu'ils eurent attribué le droit de suite aux hypotheques, ne trouverent autre remede que de se bien asseurer de la garantie des heritages qu'ils acqueroient, & ce par pleges & fidejusseurs d'eviction, qu'ils appelloient *secundos auctores & confirmatores*, & que les Grecs appelloient βεβαιωτας qui estoient si ordinaires à Rome, que le vulgaire pensoit qu'en toutes ventes il en fallust bailler, encore bien qu'il n'eust point de caution, comme remarque *Paulus* en la loy *Si dictum. D. de evict.* C'est pourquoy il y a plusieurs loix dans le Droit pour rabatre cette opinion, *l. 4. & 1. Emptori. D. eod. tit. l. Prædia. ff. de contrah. empt. l. 1. §. stipulatio. D. Prato stipula.* c'est pourquoy aussi anciennement ceux qui ne vouloient point donner de caution d'eviction, mettoient en leur marché, *Vades ne darent, nec posterentur*, comme dit *Varro lib. 5. de lingua Lat.*

18. Remede des François. Mais ce moien n'est gueres pratiqué en France, comme aussi n'est-il gueres convenable, parce que tant plus le vendeur est oberé, ou mauvais ménager, moins peut-il trouver de caution : mais nous avons trouvé un remede beaucoup meilleur contre les hypotheques, à sçavoir l'usage des criées & des decrets, que les Romains n'avoient point en telle façon que nous : & qui nous servent d'un tres-utile expedient pour purger les hypotheques.

19. Que les criées & decrets ne sont toujours commodes. Toutefois, parce que les decrets sont longs, & de grand coust, joint que celui qui veut vendre son heritage pour avoir de l'argent, n'est pas bien aise qu'on le renvoye à un decret, parce que cela descouvre ses debtes, & aussi que ses creanciers, & non lui, toucheront le prix de la vente, c'est pourquoi nous voions arriver tous les jours du trouble aux tiers acquereurs, à cause des hypotheques precedentes, dont il se void quantité de bonnes maisons ruinées, non par mauvais ménage, mais pour n'avoir pas assez seurement acheté. Et puis dire qu'il se trouvera plus de bons ménagers ruinés par ce moien pour les debtes d'autrui, & pour avoir mal acheté, que de mauvais ménagers pour leurs propres debtes, & pour avoir mal vendu : qui est-ce qu'on dit en commun proverbe, *Qu'il y a plus de fols achepteurs que de fols vendeurs.*

20. Remede des Grecs meilleur de tous. Or les Grecs qui furent les inventeurs des simples hypotheques, pratiquoient un assez bon remede à cét inconvenient : car quand le creancier n'estoit nanti ni mis en possession de l'heritage hypothequé, au moins il y mettoit des marques & des indices, par lesquels chacun pouvoit connoistre qu'il estoit engagé.

21. Opos signifie brandon, ou marque d'hypotheques. Et ces marques s'appelloient *Opos* ἀπὸ τοῦ ὁρᾶν, parce qu'elles estoient apparentes, afin qu'on les vist de loin, comme dit le vieil Etimologique, ὁρος δ'ἐστι ἐπισημειὸν τῆς οἰκίας ᾗ τοῖς χωρίοις ἐπικείμενον τοῖς ἐνεχυριάζουσι περὶ ᾗ ὀφείλουσιν οἱ δεσπόται. Et *Harpocration* en son Lexicon de Rhetorique, *Opos σημαινει οἱ Ἀττικοι τὰ ὑποτε- ταῖς ὑποκειμέναις οἰκίαις τοῖς χωρίοις γράμματα δηλοῦντα ὅτι ὑπόκεινται δανείῳ.* Il y a de cela un tres beau passage dans *Demosthene, πρὸς Φαινίππον*, où estant question de sçavoir si un heritage estoit hypothequé, il dit que lors qu'on avoit fait decente sur icelui, il ne s'y estoit point trouvé de brandons, ou marques d'hypotheque ; & si avoit sommé Phenippus, partie adverse, d'en montrer, & exhiber, s'il y en avoit ; à ce qu'à faute d'en montrer il ne pretendist plus aucune hypotheque sur icelui Διαμαρτυραμένου ὑπαντίου Φαινίππου, ὅτι εἰσὶν οἱ ὅροι ἐπὶ τῆς ἐσχατιᾶς οἱ Φαινίππου, ἀπεῖν ἐκέλευον αὐτὸν ᾗ δείξαι, ὁπωσοῦν ὕστερον ἐνδεῖν τὰ χρέος χρηθέντα ἀν ἐφαινοντο ἐπὶ τῷ χωρίῳ. Il y a une autre belle remarque en l'Oraison πρὸς Σπουδίαν, où il est dit, qu'un testateur ordonna que pour mille dragmes qui restoient à paier du dot de sa fille, sa maison soit hypothequée ; & pour cét effet, qu'on y mette des brandons : Καὶ ὅς τελευτῶν διεθετο ὅρους ἐπιστήσαι χιλίων δραγμῶν αὐτῇ, ὅπως ἀσφαλώς ἔχοι τῶν οἰκίαν ὀρίσαι προσέθεκε καὶ ἀφορίσαι, signifie communement obliger & hipothequer les heritages : & ἀφορισμένη οὐσία signifie la chose hipothequée.

22. Equivoque du sçavant Amiot. Ce que j'ai bien voulu échaircir plus au long, parce que l'excellent *Amiot*, faute d'avoir pris garde à cette antiquité, semble s'estre equivoqué en la version d'un passage de *Plutarque* en la vie de *Solon*: où étant parlé de la Seisachthie par lui introduite, Plutarque dit que *Solon* s'estoit vanté en ses Poëmes, Ὅτε τῆς τῶν προυπαρξάντων μετα γῆς ὅρους ἀνέλεν πολλαχῆ παπηγότας. Ce qu'*Amiot* tourne, D'avoir osté les bornes qui auparavant faisoient les separations des heritages de tout le territoire d'Antique : inferant que *Solon* avoit non seulement retranché les debtes, mais aussi qu'il avoit remis les heritages en commun & en partage égal, aussi bien *Lycurge* à Lacedemone, Ce qui est contre la foi de l'histoire: car jamais *Solon* ne songea les oster & arracher (comme même *Plutarque* le dit dix lignes aprés :) mais seulement aiant retranché & remis quelque partie des debtes : & aiant haussé la monnoye, il donna moien aux debiteurs de s'acquiter & de se desobliger. C'est pourquoi il se vanta, d'avoir osté les brandons qui étoient fichez, cà & là és terres hypothequées: qui est la vraye version du passage de *Plutarque*, qui a usé de même phrase que *Seneque, l. 4. De benef. cap. 12. Suspensum amici libellum dejicio, creditoribus ejus me obligaturus : ut possim servare proscriptum, ipse proscriptionis periculum adeo.*

23. Inconvenient de la Seisachthie de Solon. En quoi toutefois *Solon* gasta tout pensant bien faire, comme ajoute *Plutarque*: car ses Courtisans, aiant découvert son dessein, emprunterent grande somme de deniers peu auparavant cette Ordonnance, & ainsi se firent riches aux dépens de leurs creanciers ; pour montrer en passant qu'il y a toûjours de l'injustice & de l'absurdité, tant és diminutions & retranchemens de debtes, qu'au rehaussement de la monnoye. Qui est en un mot ce que *Plutarque* a entendu : que *Solon* arracha les marques fichées aux heritages pour signal de l'hypotheque ; car *Oρος* signifie & les bornes des heritages, & les marques d'hipotheques, que nous pouvons appeller en François brandons.

24. Brandon que signifie ? Veu que sans doute, de cette façon de faire des Grecs, nos anciens François ont appris de brandonner les heritages : terme qui est fort usité en nos anciennes Coustumes. De fait, le mot de *Brandons* revient directement au terme Grec *Oρος* car comme *Oρος* est dit ἀπὸ τοῦ ὁρᾶν aussi un brandon signifie une marque apparente (comme un flambeau ou phare) que l'on met encore aujourd'hui sur l'heritage : non pas à la verité pour marque du gage conventionel, mais du gage de Justice, c'est à dire pour signifier que l'heritage est saisi, afin que nul ne l'achete du proprietaire, qui en est depossedé par la saisie, & que si quelqu'un y pretend quelque droit de seignerie, ou d'hypotheque, qu'il le vienne debatre en Justice.

25. Usage de ces marques d'hypotheques à Rome. Il semble que cette façon de faire de mettre des marques aux heritages hipothequez, ait esté observée à Rome avant les Empereurs, non seulement *in pignore Prætorio aut judiciali*, mais aussi aux hypotheques conventionelles : ce qui se peut colliger du *§. si ad januam in l. ult. D. quod vi aut clam. Si ad januam meam tabulas fixeris, & ego refixero, deinde invicem interdicto. Quod vi aut clam egerimus, &c.* Il y a encore une belle remarque en la loy 10. *D. de injur. Si injuria facienda caussa Seia dominum absentis debitoris signavit sine auctoritate ejus qui jus concedendi potestatemque habuit*

Du Déguerpissement.

H

De l'action hypothequaire. Liv. III.

injuriarum actionem intendi posse respondi.

26. Prohibition & abrogation d'icelles par les Empereurs.

Et de fait, il fallut que les Empereurs jaloux de leur authorité, fissent exprés plusieurs Ordonnances pour abolir cette façon de faire, comme il se void au Code, *tit. Vt nemini liceat sine judicis authoritate signa rebus imponere*, où il est dit en la loy derniere : *Rebus quas alius detinet imprimere signa nemini licet, etiam si suas vel obligatas sibi eas esse aliquis affirmet.* Autant en est ordonné en la Nov. 164. & encore en la Nov. 17. chap. 13. où il est dit, que cela est un acte qui n'appartient qu'au souverain. *Titulos imponere prædiis alienis, aut domibus in civitatibus constitutis superscribere sua nomina præsumentibus periculorum esse sciat ; quia hoc usurpare ipsi propriam substantiam applicabunt fisco : si enim rem soli imperio & fisco concessam tentaverit quis usurpare, in suis agnoscat periculum, & suis rebus publicis titulis impositis fiat aliis exemplum abstinentiæ.* Ce que le docte Renard au cinquiéme de son Observation a autrement interpreté : mais mal, à mon avis.

27. Diverses formes de ces marques à Rome & en France.

Où il faut remarquer qu'aux terres & heritages *imponebantur tituli, & domibus superscribebantur nomina*, bien que la Nov. 164. dit , que *mobilibus quidem inamittuntur signacula , immobilibus verò imponuntur tituli* : comme aussi on void qu'en France on seelle les meubles, on met des brandons aux heritages , & on appose des pannonceaux aux maisons.

28. En quel cas elles sont demeurées permises.

Il est vrai que nonobstant toutes ces Ordonnances, quand les heritages ou maisons étoient saisies & faites *pignora judicialia,* il fut pourtant permis *vella suspendere & titulos imponere, non quidem privatos, sed vela regia & titulos Imperatoris, neque itidem privata auctoritate, sed imperio magistratus,* comme il se void en la loy 2. C. *ut nemo privatus titulos prædiis imponat, vel vela Regia suspendat :* mais la prohibition des Empereurs en fit perdre l'usage en l'hypotheque conventionnelle , comme même és choses saisies , elle fit perdre l'usage des marques & armoiries privées.

29. Pannonceaux de France.

Aussi en France , imitant le Droit Romain, nous n'avons jamais usé de brandons en hypotheques conventionelles : mais aux gages de Justice & choses saisies, quand nous les voulons faire vendre par decret, on y met des *pannonceaux aux armes du Roy*, qui sont proprement *vela Regia seu cortina Regina*, comme parle S. Ambroise epist. 33. li. 5. & sont appellez *pannonceaux*, comme petis pans, morceaux, ou lambeaux de drap ou de linge.

30. Brandons usitez seulement en censives.

En un point seulement nous avons enfraint la défense d'user de marques privées, c'est à sçavoir que nos Coutumes ont permis aux Seigneurs censiers de saisir de leur propre auctorité les heritages mouvans de leur directe, & à y apposer leurs armes ou cachets , même mettre telles autres marques particulieres pour témoigner leur saisie, qui sont appellées *Brandons*. Qui est une prerogative provenant de leur Seigneurie directe : car nous ne le trouvons point en nulle Coutume , qu'il soit permis à autre qu'au Seigneur direct d'user de Brandons, & même le Seigneur feodal n'en use point ; parce qu'il use non d'une simple saisie de l'heritage , mais d'une main mise & comme une réünion du fief saisi à la seigneurie , au moien de laquelle il en joüit lui-même , sans qu'il soit tenu d'y mettre des Commissaires.

31. Diverses sortes de Brandons.

Or ces brandons sont de plusieurs sortes, selon le divers usage de chaque Province : communément aux heritages des champs , ce sont des pieux fichez dans terre, au haut desquels on attache un morceau de linge ou de drap, tantôt un tortis d'herbe , tantôt un bouchon de paille ; & aux maisons, tantôt on dépend les portes, & on les met hors des gonds, comme on le lit en la Coutume de Nivernois, tit. 15. art. 16. celle de l'Isle art. 210. l'ancienne de Melon art. 132. l'ancienne de Sens, art. 22. 210. 242. celle d'Orleans artic. 105. & 115. ou bien l'on couvre le feu en la maison pour marque de saisie, comme il est porté en la Coutume de Solle tit. 10. art. 8. ou finalement on pend une Croix sur la porte, ou sur le pignon de la maison , comme en la Coutume de Bayonne tit. 14. & en l'ordonnance de 1441. art. 3. où il est dit , qu'és maisons qui seront citées par vertu du privilege des Bourgeois de Paris , est dit, outre les Croix qu'on avoit accoûtumé d'y apporter, on mettra encore une banniere apparente au front & pignon principal d'icelles, où il sera écrit , que la maison est en criées par vertu du privilege.

Voila ce qui se peut dire des marques & signals , qui lors de l'invention des hypotheques étoient apposez sur les heritages , afin que chacun connûst publiquement qu'ils étoient hypothequez , & que personne ne fust trompé en les acquerant par aprés, ou en stipulant nouvelle hypotheque sur iceux. Et à faute d'avoir pratiqué ces marques en France, il en arrive tous les jours du desordre, & on void que plusieurs bonnes familles en sont ruinées, comme il vient d'estre dit.

32. Conclusion touchant ces marques d'hypotheque.

Pour quoi obvier, ensemble pour satisfaire au principe de la jurisprudence Romaine, que ny la propriété d'aucune chose , ny aucun droit réel sur icelle, ne se peut acquerir sans tradition : plusieurs coustumes , notamment des Provinces de Picardie & Champagne , ont pratiqué une maniere de tradition feinte & simulée, qu'ils ont appellé *Nantissement*, & qui se fait principalement en trois façons. La premiere est par saisie ou dessaisine , autrement par vest & devest, quand le vendeur ou debiteur se devest de la proprieté de l'heritage és mains du Seigneur qui a la Justice fonciere d'iceluy , & que l'acquereur ou creancier hypothequaire en est ensaisiné par le Seigneur, par la tradition d'un bâton ou buchette : ce qui se pratique plus communément és ventes & alienations, qu'és simples engagements & obligations des heritages. La seconde forme de nantissement se fait par main assise, quand le creancier a qui l'heritage est obligé, y faisoit asseoir la main du Roy ou de Justice, & fait ordonner par le juge , l'oblige & le seigneur direct appellé , que ladite main assise tiendra jusques à ce qu'il soit payé. La troisiéme façon se fait permission en possession, quand le creancier par commission du Juge, se fait mettre de fait & decreter de droit en la possession de l'heritage qui luy est hypothequé , ayant adjourné pour cet effet l'obligé & le seigneur direct. Lesquelles trois formes de nantissement sont distinctement expliquées en la Coutume d'Amiens, art. 67. & reviennent aucunement aux formes du Droit Romain à sçavoir la saisine à la tradition de possession, dont parle la Nov. 167. ajoûtée par Cujas , la main assise au gage judiciel, & la mission en possession au gage Pretorien.

33. Du Nantissement.

34. Trois sortes de nantissement par saisine & dessaisine par main assise , & par mission en possession.

Il se trouve encore une façon de nantissement plus simple & plus commune és Coutumes de Laon, Rheims & autres , à sçavoir que le creancier exhibe au sergent haut justicier son contrat portant hypotheque , & le requiert pour seureté de sa debte lui faire nantir par hypotheque de l'heritage, & que d'oresnavant il ne fasse aucun autre nantissement ny dessaisine , sinon à la charge de son hypotheque. Ce qui doit estre endossé sur son contrat , & enregistré en la Justice du lieu : & au cas que le Seigneur vueille signer en cet enregistrement, on fait faire le nantissement par un Sergent , par commission du Juge superieur.

35. Autre forme de Nantissement en ensaisinement.

Cette forme de nantissement s'appelle proprement *ensaisinement*, qui autrefois a été pratiqué même en la Coustume de Paris , non seulement en l'acquisition de la proprieté des heritages, mais aussi en la simple constitution d'hypotheque , comme on void au procez verbal de l'ancienne Coustume au droit de l'art. 196. que celuy qui avoit rente nommément constituée sur un heritage, pourveu qu'elle fust deuëment ensaisinée, ou infeodée, n'étoit tenu de s'opposer au decret de l'heritage pour la conservation de sa rente : ce qui fut aboly dés lors de cette reformation. Et c'est-ce que signifie l'article 55. de la même Coûtume, qui *prend saisine qui ne veut*, c'est à dire , que pour la translation de la proprieté & possession le nantissement ou ensaisinement n'est point necessaire : & encore en avons-nous retenu un vestige au retrait lignager , le temps duquel ne court que du jour de l'infeodation , ou reception en foy par l'article 130. de la nouvelle Coustume.

36. Qu'on a autrefois usé à Paris de ce Nantissement.

A cela reviennent les *Appropriances* introduites par la Coustume de Bretagne , qui veut qu'on s'appro-

37. Des appropriances.

De l'action hipothequaire. Liv. II.

de Bretagne lecture des contrats de Normandie, & du controlle & enregistrement des contrats par l'Ordonnance

prie des heritages en Justice par bannies & proclamations, dont le docte d'Argentré a composé un Traité: & à la lecture des contrats introduite par la Coustume de Normandie, art. 441. C'est pourquoy aussi le feu Roy Henry III. par Edit de l'an 1581. ordonna que tous contrats fussent controllez & enregistrez, autrement que l'on n'acquist aucun droit de propriete, ny d'hypotheque sur les heritages, ce qui a esté depuis revoqué par l'Edit de Chartres, en l'an 1588. article 10. Et neantmoins si cet Edit n'eust point esté si bursal, il n'eust pas esté si inutile ny si incommode; & il semble qu'il faudroit que les Greffiers ordinaires fissent enregistremens, moyennant salaire si moderé, que le peuple n'y fust foulé, & sans exiger tout exprés des Greffiers pour cet effet. Mais c'est assez parler des gages & des hypotheques.

ce du Roy Henry III.

CHAPITRE VIII.

Des actions qui ont lieu de droit en France pour les hypotheques, & notamment de l'action personnelle hypothecaire, & de la simple declaration d'hypotheque, ou action d'interruption.

1. Quelle action avoient les Romains pour poursuivre les hypotheques.
2. Qu'ils usoient de l'action hypothecaire contre l'obligé, & comment.
3. Qu'en France il n'est besoin d'intenter l'action hypothecaire contre l'obligé.
4. Trois actions hypothecaires en France.
5. L'heritier & bien tenant tenu de deux actions au Droit.
6. Qu'il n'est tenu en France que d'une seule action.
7. Explication de l'art. 333. de la Coustume de Paris.
8. Quant a lieu cette action personnelle hypothecaire.
9. Plusieurs remarques de cette action en nostre pratique: que l'heritier & bien tenant est tenu en ses propres biens pour le total des debtes de l'heredité: qu'il est tenu au titre nouvel des rentes d'obliger tous ses biens: que l'obligation du defunct s'execute par provision contre luy pour le total: qu'il ne prescrit que par trente ou quarante ans: qu'il ne peut delaisser par hypotheque les heritages de la succession.
10. Pourquoy a esté inventée la simple declaration d'hypotheque.
11. Absurdité qui resulte de la Nov. 4. de Iustinien.
12. Pourquoy cette absurdité n'a esté depuis corrigée.
13. Debat des Interpretes sur icelle.
14. Opinion d'Alexandre, & ses raisons.
15. Opinion contraire, & refutation d'icelle.
16. Refutation de l'opinion d'Alexandre.
17. Remede à cette absurdité, & la nature de la simple declaration d'hypotheque.
18. Quelle a lieu pareillement és debtes in diem aut sub conventione, & aux hypotheques des garanties, & autres semblables.
19. Raison de l'art. 115. de la coustume de Paris.
20. Remarque de cette action en la Coustume d'Auxerre.
21. Autre du grand Coustumier.

1. Quelle action avoient les Romains pour poursuivre les hypotheques.

C'Est assez parler de la constitution des hipotheques, il faut traiter des actions qu'elles produisent. Or les Romains n'avoient qu'une action pour les poursuivre: encore n'avoient-ils point en leur ancienne Iurisprudence, avant que les Preteurs y eussent pourveu & estoient contraints d'emprunter la vendication: mesme il est à croire que la vendication n'est pas pour les simples hypotheques, mais pour les gages seulement, dont le creancier avoit esté nanty par tradition; si par aprés il venoit à en perdre la possession: il les vendiquoit, ce qu'ils appelloient *Pignus persequi*, & demandoient, *Pignus sibi restitui*: ce qui n'est point enoncé de l'hypotheque, car on ne dit pas *hypothecam persequi, neque hypothecam restitui*. Aussi à la verité la seule tradition selon le Droit pouvoit donner ouverture à la vendication, *l. traditionibus D. de pactis*.

Quoy qu'il en soit, enfin on mit en usage l'action hypothecaire, appellée aussi *quasi Serviana*, ou *utilis Serviana*, parce qu'elle avoit esté introduite à l'exemple de l'action *Serviana*, inventée par le Preteur Servius, pour les meubles des locataires trouvez dans les maisons qu'ils tenoient à loüage, qui par la loy estoient tacitement obligez aux loyers d'icelles. §. *Item Serviana. Instit. de act.*

2. Qu'ils usoient de l'action hypothecaire contre l'obligé, & comment.

De sorte que n'aiant que cette seule action pour les hypotheques, ils en usoient indifferemment, soit contre l'obligé, soit contre les acquereurs de la chose hypothequée. Contre l'obligé ils pouvoient intenter ou l'action personnelle sans l'hypothecaire, ou l'hypothecaire sans la personnelle, ou toutes deux ensemble; quoy que pour ce fust, on ne pouvoit poursuivre les hypotheques que par action: car leurs contrats n'avoient point execution parée: & si encore leur action hypothecaire ne rendoit pas à saisir l'heritage & le mettre és mains de Justice, comme en France, mais à ce que le creancier en fust nanti, & en obtint la possession pour la retenir jusques à plein paiement de la debte, & ne pouvoit occuper cette possession sans authorité de Justice, *alias incidisset in edictum D. Marci, in l. Extat. D. quod metus caussa*: & cette permission ne se donnoit sans connoissance de cause, *l. 1. D. de execut. rei judicatæ*: & quand mesme le contrat eust porté que le creancier eust peu se saisir du gage par authorité privée, si est-ce qu'il falloit toûjours passer *Du Déguerpissement*.

mission du Magistrat, *l. 3. C. de pignor.* Il est vrai qu'en ce cas *non incidebat creditor in edictum*, & si la permission se donnoit alors plus promptement. *L. penult. C. de pignor. act.*

Mais en France, nous n'avons que faire d'intenter l'action hypothecaire contre le debiteur obligé; car nos contrats ont execution parée, ou s'ils ne l'ont, comme quand ils sont passez sous seaux non Royaux par les non domiciliez sous iceux, on les fait declarer executoires par le Juge, & lors on saisit l'heritage: qui est à nous la vraye fin & l'effet de la condemnation hypothecaire.

3. Qu'en France il n'est besoin d'intenter l'action hypothecaire contre l'obligé.

Et neantmoins nous avons, à le bien prendre, trois actions hypothecaires, à sçavoir la pure action hypothecaire du Droit, qui a lieu contre le tiers detempteur aprés discussion du prin cipal obligé, ses pleges & cautions: la simple declaration d'ypotheque, autrement dite interruption, qui a lieu contre le mesme tiers detempteur avant cette discussion: & finalement l'action personnelle hypothecaire, qui n'est à nous qu'une seule action, qui a lieu contre l'heritier & bien tenant, ou contre la femme detemptrice des heritages de la communauté.

4. Trois actions hypothecaires en France.

Je commencerai par cette action personnelle hypothecaire, comme la plus difficile des trois. Et faut entendre qu'en droit l'heritier & bien tenant est tenu de deux diverses actions: à sçavoir de la personnelle, comme l'heritier, & representant le defunct pour telle part & portion qu'il est heritier, & de l'hypothecaire solidairement: comme bien tenant & detempteur de la chose obligée, *l. Pro hæreditariis. Cod. de oblig. & act.* Mais à ces actions sont separées, de sorte qu'entant que l'heritier est tenu personnellement, il lui faut accorder la division, *cessante vel remota hypotheca l. 2. C. si unus ex plur. hæred. &c.* Et en tant qu'il est convenu hypothecairement, il lui faut accorder *cessante vel extincta personali actione, Auth. hoc si debitor, ibi, quod jus in hæredibus lacum habet. C. de pignor.*

5. L'heritier & bien tenant tenu de deux actions au Droit.

Au contraire, en France nous disons que l'heritier & bien tenant ne peut demander discussion, parce qu'il est tenu personnellement, & qu'il ne peut avoir de division, parce qu'il est tenu hypothecairement. Et ainsi à le bien entendre, nous avons joint & meslé ces deux actions.

6. Qu'il n'est tenu en France que d'une seule action.

H ij

De l'action hypothequaire. Liv. III.

ensemble, & de deux simples du Droit nous en avons fait une cōposée, où nous avons assemblé les effets de toutes les deux: si bien qu'à cause de ce mélange, ou pour mieux dire, de cette union de l'action personnelle avec l'hypothequaire, les heritiers & bien tenans en France, sont tenus chacun seul & pour le tout sans division ny discussion. Et si nous pratiquons, que quand même *ex post facto* l'hypothequaire cesseroit, comme quand l'heritier auroit alienè les immeubles de la succession, ou qu'il les voudroit delaisser par hypotheque, il ne laisseroit pas d'estre tenu pour le tout : & au contraire, quand bien la personne seroit éteinte par offre ou payement de sa portion hereditaire ; si est-ce que pour le surplus il ne pourroit demander que les cohéritiers fussent discutez. Bref, la personalité & realité s'étans rencontrées une fois en luy, produiroient cette maniere de double action contre luy, qui dem. ure perpetuellement.

C'est aussi, à mon avis, qu'il faut entendre à la lettre l'article 333. de la Coustume de Paris, *Si les heritiers sont detempteurs d'heritages qui ayent appartenu au defunt, lesquels ayent esté obligez & hypothequez à la debte par ledit defunt*, chacun des heritiers est tenu payer le tout, sauf son recours contre ses cohéritiers. Elle dit simplement que chacun des heritiers est tenu payer le tout, & ne dit pas qu'il soit tenu personnellement pour telle part & portion & hypothequairement pour le tout.

7. Explication de l'art. 333. de la Coustume de Paris.

Mais quoy qu'il en soit, il faut que cette rencontre de deux actions ait une fois esté. Car si l'heritier n'a jamais esté tenu hypothequairement, comme s'il n'a trouvé aucuns immeubles en la succession, ou si la debte n'est que chirographaire, il ne sera pas tenu pour le tout ; comme au contraire il ne sera pas tenu sans discussion, s'il n'est que simple detempteur, & non point heritier.

8. Quand a lieu cette action personnelle hypothequaire.

Il y a plusieurs remarques de cette action en nostre usage, que l'un des plus judicieux Escrivains de nostre temps a voulu retrancher sans propos, faute d'avoir pris garde à cette union d'actions : A sçavoir, que nous gardons inviolablement aux hypothequaires du defunt, l'execution peut-estre faite sur les propres biens de l'heritier en partie, qui ne sont pas de la succession. Et comme dit l'Autheur du grand Coustumier liv. 2. chap. 17. on peut conclure totalement tant sur l'heritage de l'hoir comme de l'obligé : ce qui ne seroit pas de droit. Car la condamnation hypothequaire ne s'execute même contre l'heritier que sur l'heritage obligé, *l. Paulus. D. respondit. de pignor.* Et c'est pourquoy il n'y a point d'asseurance de vouloir maintenir qu'en France l'heritier passant titre nouvel de la rente deüe par le defunt, soit tenu d'obliger ses propres heritages seulement pour la part qu'il est heritier, & pour le surplus, qu'il suffit d'obliger les biens de la succession. Car même nous pratiquons constamment qu'un tiers detempteur étranger est tenu par le titre nouvel obliger tous ses biens à la continuation de la rente: bien qu'il n'ait acquis l'heritage à la charge d'icelle, comme sera dit cy-aprés au chap. cinquième. Aussi nous ne faisons point de difficulté d'executer par provision pour le tout, l'obligation contre l'un des heritiers & bien tenans, bien que selon le Droit, pour la part dont il ne seroit tenu qu'hypothequairement, il n'y échéroit point de provision, attendu qu'il n'y a point de provision en action réelle. Pareillement nous tenons que l'heritier & bien tenant ne prescrit pas par dix & vingt ans même la portion dont il n'est tenu qu'hipothequairement, mais lui faut quarante ans pour faire sa prescription, tout aussi bien qu'à l'obligé sous hypotheque, à cause, dit la loy, de la rencontre de l'action personnelle avec l'hypothequaire, *l. Cùm notissimi C. de præscr. longiss. temp.* D'où il s'ensuit *à simili* un point qui est l'un des principaux de ce Traité, que l'heritier & bien tenant aprés avoir payé sa portion hereditaire, n'est pas recevable, non plus que le defunt même, à delaisser par hypotheque les heritages de la succession pour s'exempter du surplus de la debte : ce qui sera amplement traité & modifié au Livre quatriéme.

9. Plusieurs remarques de cette action en nostre pratique : que l'heritier & bien tenant est tenu en ses propres biens pour le total des debtes dont il est tenu au titre nouvel d'obliger tous ses biens : que l'obligation du defunt s'execute par provision cōtre lui pour le total : qu'il ne prescrit que par trente ou quarante ans : qu'il ne peut se laisser par hypotheque les heritages de la succession.

10. Pour-

Voila pour l'action personnelle hypothequaire : &

quant à la pure hypothequaire, qui est le vray sujet de ce Livre, il la faut laisser aō ch. suivant. Et pour le regard de l'action en declaration d'hypotheque, qui tent seulement à ce que l'heritage soit déclaré affecté & hypothequé à la debte ou à la rente, sans demander qu'il soit saisi & vendu, elle a pareillement esté tres prudemment intentée par nos François, pour remedier à un inconvenient & absurdité qui resulte indubitablement du Droit Romain.

quoy a esté inventée la simple declaration d'hypotheque.

Car Justinien aiant ordonné par sa Nov. 4. qu'on ne se pourroit adresser au tiers detempteur de la chose hypothequée, qu'au préalable le debiteur & ses cautions ne fussent discutez & rendus insolvables: & que ordonné par une autre loi, que le tiers detempteur prescriroit le droit d'hypotheque côtre le creancier par dix ans en presens, & vingt ans entre absens; il ne pouvoit souvent arriver que pendant ces 10. ou 20. ans l'obligé seroit toûjours solvable, & consequemment ne pouvant être discuté, le tiers detempteur ne pourroit estre en inquietude : & si aprés quelque fortune l'obligé devenoit insolvable, alors le creancier aprés discussion faite, voulant poursuivre son hypotheque, seroit repoussé par la prescription ; de sorte qu'en ce cas quelque diligence qu'il peust apporter à la conservation de son droit d'hypotheque, il en seroit frustré sans aucun remede. Ce qui est contre toute équité.

11. Absurdité qui resulte de la Nov. 4. de Justinien.

Ce desordre & inconvenient n'a point esté corrigé au Droit, parce que resultant d'une des dernieres loix de Justinien, qui fut le dernier Legislateur de nostre Droit, il ne parut pas encore de son temps: comme il arrive que sur l'usage & execution des nouvelles Ordonnances, il se rencontre à la longue quelque difficulté que le Legislateur n'avoit pas preveuë. Or depuis Justinien nul des Empereurs n'a inseré ses Ordonnances au corps du Droit, de sorte que cette absurdité est demeurée jusques à nostre temps.

12. Pourquoy cette absurdité n'a esté puis corrigée.

Là dessus les Interpretes plus clairs voians, *Andabatarum more*, se sont entre-choquez à tastons ; les uns disans que la prescription couroit seulement du jour de la discussion, les autres qu'elle commençoit dés l'instant de la possession ; tous deux gens cherchoient de la clarté parmi les tenebres, & de la raison où il n'y en avoit point.

13. Debats des Interpretes sur icelle.

Le bon Alexandre a premier remué cette question en son Conseil 58. *in fi. Consl. vol. 5.* & a dit que la prescription ne court contre le tiers detempteur, sinon aprés discussion faite sur l'obligé, à cause de Droit, que *non valenti agere maxime propter juris prohibitionem , non currit præscriptio. l. 1. C. de annali exceptione.* Autrement, dit-il, il arriveroit que l'action hypothequaire seroit éteinte & prescrite avant qu'estre née : Aussi que par cette Nov. le tiers detempteur n'est plus tenu que conditionnellement & subsidiairement, *ut in l. Decem. D. de verb. oblig.* Or est-il que la prescription de la debte conditionnelle, ne commence que du jour de la condition écheuë, *l. Cùm notissimi. §. illud autem. C. de præscript. longiss. temporis*, outre que la loy, *Cùm scimus. §. aliud. C. de agricol. & censitis*, semble entierement formelle pour cette opinion d'Alexandre.

14. Opinion d'Alexandre, & ses raisons.

Mais encore qu'il y ait beaucoup d'apparence en toutes ses raisons, si est-ce que ceux qui sont venus aprés lui l'ont repris : entr'autres Ant. Negusant au traité *De pign. & hypoth. par. 6. memb. 2. Et* Balbus *par. 4. memb. 4. du traité De præscriptionibus.* Parce, disent-ils, que le creancier peut discuter le debiteur quand il lui plaist : & partant puis qu'il ne tient qu'à lui, l'empeschement de la discussion ne peut retarder la prescription : mais ils ne penetrent pas assez avant : car il pourra estre que le debiteur sera insolvable pendant la possession du tiers acquereur, & partant ne pourra estre discuté. Si on dit que la prescription doit consequemment commencer du jour qu'il sera demeuré insolvable: quelle rigueur sera-ce de vouloir imputer au creancier de n'avoir pas deviné les debtes & affaires secretes de son debiteur ? mais encore en matiere de nos rentes la difficulté est bien plus grande, car pour quelque pauvreté qui survienne au debiteur, on ne lui peut demāder le sort principal,

15. Opinion contraire, & refutation d'icelle.

De l'action hypothequaire. Liv. III.

16. Refutation de l'opinion d'Alexandre. Et toutefois si on tient l'opinion d'Alexandre, on détruira presque entierement la prescription des hypotheques, & faudra rayer du Code le titre, *si adversus creditorem præscriptio opponatur*: de sorte qu'il pourra arriver, que cent ans après qu'un acquereur de bonne foy sera demeuré paisible possesseur de son heritage, on lui réveillera un procez sur une vieille rente, & ainsi on ne seroit jamais asseuré de ce qu'on acquerroit: bien que les hypotheques étans si frequentes en France, il n'y faut pas restreindre la prescription, qui est le seul moien de les purger reconnu en droit.

17. Remede à cet absurdité, & la nature de la simple declaration d'hypotheque. Donc à cét inconvenient nos François ont trouvé un remede fort pertinent & convenable, c'est qu'au lieu que la vraie action hipothequaire est interdite par le droit, jusqu'à ce que la discussion soit faite, on en a introduit & substitué une autre en sa place, qui ne sert à autre effet qu'à empécher & interrompre cette prescription, & dont on peut agir en tout temps que l'autre action cesse, soit que la discussion n'ait esté faite, soit que la dête ne soit pas exigibile. Aussi par icelles on ne conclud pas au payement de la dête, ni au delaissement de l'heritage, mais à ce qu'il soit declaré affecté & hipothequé à la dette: de sorte que pouvant librement agir en tout temps de cette action, si on la neglige, on ne se peut plus servir de la regle, *Non valenti agere non currit præscriptio.*

18. Qu'elle a lieu pareillement és dettes *in diem* aut *sub conventione*, & aux hypotheques des garanties, & autres semblables. Or nous l'avons étenduë même aux dêtes *in diem*, & aux conditionnelles, lesquelles de droit ne se prescrivoient sinon après le jour passé, ou la condition échenë, d. §. *illud autem, in l. Cùm notissimi. C. de præscript. longiss. temp.* comme aussi aux hypotheques sujettes à la garantie d'un autre heritage, dont la prescription ne commençoit à courir sinon du jour de l'eviction, *ut vult gl. in l. Empt. C. de evictio.* bref en toutes autres dêtes hipothecaires, qui ne sont pas promptes ni exigibles. Qui estoit une grande incommodité en droit, parce que par ce moien jamais les hipotheques n'estoient purgées, ni les detempteurs asseurez: & en France cette incommodité cesse à cause de cette action, dont ceux qui ont hypotheque se pouvans aider en tout temps, ils sont inexcusables s'ils laissent prescrire l'hypotheque.

19. Raison de l'art. 115. de la Coûtume de Paris. Et c'est pourquoy encore que la decision de nôtre Coustume en l'article 115. semble rigoureuse, elle est neanmoins tres-équitable, que la prescription du tiers detempteur a lieu, supposé que les arrerages de la rente soient paiez annuellement par le constituant: ce qui n'eust pas esté en droit, parce que le creancier estant bien payé, n'eût peu discuter l'obligé; joint aussi qu'il sembloit retenir la possession de sa rente, & en empécher la prescription par la perception des arrerages, *l. plures apochis. C. de fi. instrum.* Mais en France sans s'arrester à cette subtilité de droit, pour l'opportunité & facilité de cette action d'interruption, on reçoit en ce cas la prescription.

20. Remarque de cette action en la Coûtume d'Auxerre. Or de cette action il y a une tres-belle remarque en la Coustume d'Auxerre art. 95. *Si aucun vend rente sur tous ses heritages, le vendeur ou ses heritiers seront premierement contraints à payer lesdites rentes & arrerages avant que le tiers detempteur, & tant qu'il peuvent estre payé dudit vendeur, ou de ses hoirs, il ne pourra contraindre le tiers detempteur à payer ou delaisser ledit heritage: mais le rentier aura bien declaration d'hypotheque contre ledit tiers detempteur, si bon luy semble, pour soi adresser contre lui au tems à venir, si métier est, & pour interrôpre la prescription.*

21. Autre du grand Coûtumier. Il y en a une autre remarque notable au grand Coustumier, liv. 2. chap. 55. dont voici les mots: *Un homme qui a deux maisons, vend sur l'une quarante sols de rente, & oblige tout ce qu'il a, à fournir & faire valoir: & depuis vend l'autre maison à un autre. La rente est bien payée; mais l'acheteur de la rente, qui regarde que les quarante sols de rente ne sont pas bien assis sur ce qui lui est principalement & specialement obligé, void que celui qui a acheté ladite maison acquiert prescription, querimur comment il y peut remedier. Réponse, Il doit faire adjourner celui qui a acheté l'autre maison, & lui dénoncer qu'il fait protestation que le temps ne court pas contre lui, par lequel il puisse acquerir prescription. Sçachez que si-tôt qu'il n'ourra être payé sur la maison à lui obligée specialement, il lui sera demandé par vertu de la generale obligation, &c.*

CHAPITRE III.

De la pure action hypothequaire reconnuë au Droit, & si elle a lieu aux charges foncieres.

1. Article 101. de la Coustume de Paris.
2. Quels detempteurs sont tenus de la pure action hypothequaire.
3. Si cette action a lieu aux charges foncieres, & les raisons d'en douter.
4. Consequence de cette question.
5. Que la clause promettant, &c. obligeant, &c. n'induit pas hypotheque sur l'heritage baillée à rente.
6. Resolution de la question, & les raisons d'icelle.
7. Des prerogatives de l'hypotheque a lieu aux charges foncieres.
8. Réponse aux raisons de douter.
9. Comment les autres biens du preneur sont hypothequez à la rente fonciere.
10. Comment ce mot Annuelles doit être entendu.
11. Pourquoy cette Coustume ne parle que des rentes annuelles, & des dêtes à une fois payer.
12. Que même en cette Coustume la discussion a lieu à une fois payer.

1. Article 101. de la Coustume de Paris. Des trois actions hypothequaires il ne reste plus à expliquer que l'action, *Quasi Serviana*, reconnuë au Droit, qui a lieu contre le tiers detempteur après discussion faite sur le principal obligé: pour laquelle expliquer plus à propos, il faut interpreter mot à mot l'art. 101. de nostre Coustume: qui est bien le passage le plus formel que nous ayons en nostre Droit François pour cette action, en ce qu'elle concerne les rentes constituées. Voici les mots de l'article: *Les detempteurs & proprietaires d'aucuns heritages obligez ou hypothequez à aucunes rentes, ou autres charges réelles ou annuelles, sont tenus hypothequairement icelles payer avec les arrerages qui en sont deus: à tout le moins sur iceux iceux heritages delaisser, pour être saisis & ajugez par decret au plus offrant & dernier encherisseur, à faute de payement des arrerages qui en sont deus, sans qu'il soit besoin de discussion: & si la rente est fonciere, doit être l'heritage ajugé à la charge de ladite rente.*

2. Quels detempteurs. Ces premiers mots, *les detempteurs & proprietaires*, ont esté expliquez par trois chapitres entiers du livre precedent: & faut tenir sans exception, que tous ceux qui en rente fonciere sont tenus de l'action personnelle écrite *in rem*, sont aussi tenus de l'action hipothequaire en rente constituée. Donc le possesseur de l'heritage, bien qu'il n'en soit seigneur, l'emphyteote, le preneur à vie, ou à longues années, ou à rente fonciere, le mary à cause des heritages de la femme, l'heritier par benefice d'inventaire, & femme detemptrice des heritages de la communauté, sont tenus de cette action. Au contaire, le vrai Seigneur qui ne possede l'heritage, le Seigneur censier, emphyteutique ou rentier, le proprietaire qui a usufruit constitué, la femme mariée, le commissaire de la chose saisie, le curateur aux biens vacans, & le simple fermier n'en sont point tenus.

De la pure action hypothequaire. Voila en bref contre qui cette action a lieu: & afin de sçavoir pour raison de quoi elle a lieu, il faut interpreter les mots suivans en l'article, *D'aucuns heritages obligez ou hypothequez à aucunes rentes, ou autres charges réelles ou annuelles*. Il n'est pas dit, *heritages chargez & redevables*, comme au précedent article qui parloit des charges

3. Si cette action a lieu aux charges foncieres, & les raisons d'en douter.

H iij

De l'action hypothequaire. Liv. III.

foncieres, au lieu que celui-ci parle des hipotheques & rentes constituées : aussi le mot *cens*, qui étoit en l'article précédent, a esté obmis tout exprés : ce qui fait douter si l'action hipothecaire peut avoir lieu aux charges foncieres, & notamment au Cens, parce même que c'est une maxime de droit, que nul ne peut avoir hypotheque & seigneurie en une même chose, *l. Neque pignus, D. de regulis juris* : aussi qu'il a esté dit au premier livre, que les charges foncieres & les simples hypotheques sont especes differentes des obligations réelles, d'où il s'ensuit que mal-aisément peuvent-elles resider en même sujet.

4. Consequence de cette question.

Qui est pourtant un point de grande importance : car si l'action hipothecaire n'a lieu pour les charges foncieres, il s'ensuivra qu'un nouveau detempteur de l'heritage chargé de rente fonciere, ne sera tenu par aucune action que ce soit des arrerages écheus auparavant son acquisition ; parce que l'action personnelle de l'article precedent, n'a lieu que pour les arrerages écheus de son temps.

5. Que la clause promettant, *&c. obligeant, &c.* n'induit pas hypotheque sur l'heritage baillé à rente.

Et ne se faut point arrester à la clause hypothequaire de *Promettant, Obligeant, &c.* qui se trouvera toûjours inserée à la fin des baux à rente, pour inferer qu'en vertu de cette clause l'heritage soit hipotheq. é : Car bien que cette clause induise hypotheque generale sur tous les biens des contractans, si est-ce qu'elle ne peut attribuer hipotheque sur la chose dont il y a autre disposition particuliere faite par le même contract, mais faudroit pour son regard une expression speciale, comme on pratique au bail à loyer, que cette clause n'attribuë point hipotheque au locataire sur la chose loüée, pour empêcher qu'il n'en soit expulsé par un successeur singulier, suivant la loi *Si emptor, Cod. de locat. & cond.* & au contract de vente, qu'elle n'attribuë pas hipotheque sur la chose achetée, pour avoir recours par hypotheque contre un subsequent acheteur, qui estant le premier en possession, aura esté fait maistre & seigneur de l'heritage, suivant la loi *Quoties, C. de rei. vendit.* mais en ces cas il faut avoir stipulé hypotheque speciale pour empêche l'effet de ces loix : non que la generale hipotheque, en ce qu'elle comprend, n'ait tout autant d'effet que la speciale par la loi *Si generaliter, C. qui pot. in pig.* Mais d'autant qu'elle ne comprend pas les choses sur lesquelles la partie n'a pas vrai-semblablemét pensé d'acquerir hipotheque, mais quelqu'autre droit ou disposition : *qua verba generalia debent intelligi & restringi secundum naturam & limites rei subjectæ, l. Si uno, D. loc.*

6. Resolution de la question, & les raisons d'icelle.

Neanmoins pour revenir au premier propos, il faut tenir que l'action hypothequaire a lieu aussi bien aux charges foncieres qu'aux simples hipotheques : Car la charge fonciere importe & comprend en soy le droit réel de suite & d'hipotheque, encore plus précise que la clause expresse de speciale hipotheque, & ce pour deux raisons ; L'une, qu'il a esté dit au premier Livre, que quand une rente est particulierement assignée sur un heritage, tel assignat induit hypotheque speciale. L'autre, que nous tenons en France que le vendeur de l'heritage a toûjours hipotheque tacité & même prelation sur icelui pour asseurance du prix, ce qui a lieu même en meubles par l'art. 17. de nostre Coûtume, bien qu'en France meuble n'a point de suite par hypotheque, & qu'en droit le vendeur a seulement droit de retenir la chose avant la livraison d'icelle, jusqu'à ce que l'on le paye du prix : mais l'aiant une fois livrée, il ne la peut plus vendiquer, ni poursuivre par hypotheque, *l. Julianus, §. offerri, D. de actio. empti l. Quod si nolit, §. Idem Marcellus, D. de Ædil. edicto* : & partant selon le droit, le vendeur n'a plus d'hypotheque sur la chose aprés la tradition d'icelle, s'il n'y a prelation aucune, s'il ne l'a stipulé, comme il est decidé en la loi *Procuratoris, §. plane, D. de trib. act.* Il est vrai que Justinien donna ce privilege de tacite hipotheque & prelation sur la chose venduë, aux Banquiers seulement par sa Nov. 136. ce qu'en France nous avons étendu à toutes personnes.

7. Des prerogatives

Et de fait, que l'action hipothecaire au lieu pour les charges foncieres, il se collige aisément de la loi *Imperatores, D. de Publ. & vetlig.* & encore mieux de la loi *Cùm possessor, §. ult. D. de censib.* où il est dit que *prædium jure pignoris distrahitur pro reliquis tributorum.* Et même il faut observer cette hipotheque, qui a lieu pour les charges foncieres, à deux prerogatives par-dessus les simples hipotheques, l'une, qu'elle emporte droit de prelation en la chose, comme porte la Novelle ci-dessus alleguée, & l'article 117. de la Coûtume : l'autre, qu'en celle, même selon le droit, la discussion n'est point requise, même pour le regard du fisque, comme il est dit au §. dernier de cette loi *Cùm possessor. de Censib.*

8. Réponse aux raisons de douter.

a lieu aux charges foncieres.

Quand donc cét article porte, *heritages obligez & hypothequez*, cela s'entend aussi bien des charges foncieres, que des simples hipotheques ; d'autant qu'il est vrai que les heritages sont obligez & hipothequez aux rentes foncieres : & encore que le mot de *Cens* n'y soit exprimé, il est assez compris sous le terme general *des rentes réelles & annuelles*, qui contient toutes sortes de redevances, soit foncieres, soit hipothecaires. Et ne peut nuire ce qu'on objecte, que les charges foncieres & les rentes constituées étans especes differentes, ne peuvent pas resider en même sujet, parce que quand l'hipotheque est engendrée par un bail à rente fonciere, alors elle n'est pas simple hipotheque, mais rehaussée d'un droit foncier. Et à la verité ils ne resident pas proprement ensemble, mais l'hipotheque perd son nom : comme se le voit en cas pareil, qu'encore que la seigneurie directe & utile soient especes differentes, si se trouvent-elles souvent ensemble comme au franc-aleu. Et quand on dit que nous ne pouvons avoir hypotheque sur la chose qui est nôtre, cela s'entend en tant & pour tant qu'elle est nôtre : mais en tant qu'elle n'est point nôtre, il n'y a rien qui repugne que nous n'y aions hypotheque. Si donc la seule seigneurie directe nous appartient, nous pouvons bien avoir hypotheque sur l'utile : même encore que la chose soit toute nostre, si pouvons-nous stipuler une hipotheque pour le temps qu'elle ne sera plus nôtre : comme il se collige de la loi *Ex sextante, §. Latinus, D. de exempt. rei judic.* & le resout *Bartol. in l. Si finita, §. hactenus. D. de damno infecto.* Aussi ne nuit point ce qui a esté dit, que la clause *Promettant, &c. obligeant, &c.* ne se peut referer à la chose pour laquelle est fait le contract : car on ne fonde pas l'hipotheque sur cette clause, mais sur la force du contract, & sur le droit de suite & de prelation, qu'en France l'ancien seigneur retient sur la chose qu'il a alienée, pour le prix d'icelle, ou pour le droit qu'il s'est reservé dessus.

9. Comment les autres biens du preneur sont obliquez à la rente fonciere.

Mais quant aux autres biens du preneur, ils sont sans doute hipothequez en vertu de cette clause d'hipotheque generale à l'entretenement du contract, en quelques mains qu'ils passent : & encore toutefois le tiers detempteur d'iceux ne peut être poursuivi, sinon pour les arrerages écheus pendant que le premier preneur aura joüi de l'hipotheque chargé de la rente. Car cette hipotheque n'est pas pour la continuation de la rente, mais seulement est accessoire à l'obligation du preneur, & partant ne peut durer davantage. Or le preneur n'est point tenu en vertu du contract de bail, sinon tant & si longuement qu'il sera detempteur, s'il n'y a clause particuliere au contraire, comme il sera prouvé au livre suivant. Et si je croi que même pour le temps que ce premier preneur aura joüi de l'heritage, avant que s'adresser, contre le tiers detempteur de ses autres heritages, que depuis le bail il pourroit avoir alienez, il faudroit discuter non seulemét le preneur selon la Nov. 4. mais encore la chose chargée & redevable de la rente, si elle estoit aussi aux mains d'un autre tiers detempteur. Et encore que cét article excluë la discussion de l'obligé personnellement, je dis neanmoins qu'en cette Coûtume il faudroit faire en ce cas discussion de l'heritage chargé de la rente.

10. Comment ce mot *Annuelles* doit estre entendu.

Finalement de ces mots, *Charges réelles ou annuelles*, il faut remarquer que ce mot *annuelles*, ne signifie pas seulement les rentes payables d'an en an, soit en cét article soit au précédent, mais toutes redevances, encore qu'elles soient incertaines & casuelles : pour le regard des-

De l'action hypothequaire. Liv. III.

quelles tant l'action personnelle de l'article precedent, que l'action hypothequaire ne laisse d'avoir lieu : comme par exemple, aux droits seigneuriaux, aux dictions réelles, aux reparations & entretenemens, & toutes telles charges casuelles qui ont esté expliquées au penultiéme chapitre du premier Livre.

11. Pourquoi cette Coustume ne parle que des rentes annuelles, & des dettes.

Surquoi on pourroit douter, pourquoi cét article ne parle que des charges annuelles & successives, vû qu'il est certain que l'action hypothequaire a lieu aussi bien aux dettes à une fois payer : mais il faut entendre que ce mot de *charges annuelles* est ajousté, parce qu'à la suite de l'article il est parlé du payement des arrerages, ce qui ne peut convenir qu'aux dettes successives: Aussi que l'intention de nostre Coustume n'est pas d'expliquer l'action hypothequaire, en tant qu'elle concerne les dettes à une fois payer, vû qu'en ce regard nostre usage n'a presque rien changé du droit Romain, mais seulement en ce qu'elle a lieu pour les rentes, qui n'estoient presque point reconnuës au droit.

les quels ont à une fois payer.

C'est pourquoi il faut tenir pour asseuré, que ce que nostre article porte, *Qu'il ne faut point faire de discussion*, n'a lieu seulement qu'aux rentes, & non aux dettes à une fois payer pour le regard desquelles la discussion est requise en cette Coûtume aussi bien qu'au droit.

12. Que mesme en cette Coûtume la discussion a lieu à une fois payer.

CHAPITRE IV.
De la conclusion de l'action hypothequaire.

1. Que la conclusion de l'action hypothequaire contenuë en cét article est estrange, & contraire au droit.
2. Explication de la loy, Si inter colonum. §. ult. D. de pignor, & sa conciliation avec la loy, Si fundus §. item si pluris. D. eod. tit.
3. Tout possesseur s'exempte de quitter l'heritage en payant la dette.
4. D'où est venu le dire commun, Aut cedat, aut solvat.
5. Que le libelle de cette action ne doit point estre alternatif.
6. Pourquoy on a receu le libelle alternatif.
7. Pourquoy on a renversé & preposteré l'alternative.
8. D'où est prise cette mauvaise pratique.

1. Que la conclusion de l'action hypothequaire contenuë en cét article est estrange, & contraire au droit.

LEs detempteurs, porte nostre article, sont tenus hypothequairement payer les rentes & les arrerages qui en sont deubs, & à tout le moins sont tenus de laisser les heritages pour estre vendus & ajugez par decret : lesquels mots contiennent précisément la conclusion dont nous usons en France en l'Action hypothequaire. Mais cette conclusion semblera fort estrange à un Legiste, & lui sera mal-aisé à entendre ce que c'est à dire *hypothequairement payer*: car peut-on condamner à paier celui qui n'a rien promis, qui n'a point contracté, & qui n'est point obligé, ni heritier de l'obligé ; aussi la marque principale & infaillible des actions pures réelles, comme est l'hypothequaire, *l. Pignoris. C. de pignoribus*, est que leur conclusion premiere se dirige contre la chose, & non contre la personne, comme il a esté dit au commencement du present livre. Et de fait tous les Interpretes du droit, sans aucun excepter, qui ont formé le libelle & conclusion de cette action, on dit tous generalement qu'en icelle on ne peut conclure autre fin, sinon à ce que la chose soit declarée affectée & hypothequée à la dete : & partant que le detempteur d'icelle soit condamné la delaisser par hypotheque au creancier, *Faber in §. item Serviana, de actio. Guido Papa quaest. 22. Negusant. in tract. de pign. Oldendorp. tract. de actio. &* tous les autres.

2. Explication de la loi Si intercolonum. §. ult. D. de pignor. & sa conciliation avec la loi Si fundus. §. item si pluris. D. eod. tit.

Mesme la loi *Si intercolonum. §. ult. de pignor.* dit que si la chose hypothequée vaut davantage que la déte, le detempteur condamné hypothequairement n'est pas quitte de paier la déte, mais il faut précisément qu'il rende & delaisse l'heritage, s'il le peut faire, sinon qu'il paie sa juste valeur & estimation, qui est bien pour monstrer que le detempteur convenu hypothequairement, n'estoit pas condamné à payer la déte, ni precisément ni alternativement, mais seulement à delaisser l'heritage ; Toutefois la décision de cette loi est selon la rigueur du droit, mais l'équité a admis la decision contraire, à sçavoir que comme le debiteur, aussi le tiers detempteur peut se décharger de delaisser la chose *jure pignoris*, en payant la déte. Et *licet*, dit la loi, *quantum ad subtilitatem juris hoc non obtinet, tamen humanius est eum non amplius dando quàm quod revera debetur, hypothecam liberare, l. Si fundus, item si pluris, l. D. de pig.*

3. Tout possesseur s'exempte de quitter l'heritage, en payant la dette.

Car il est certain que tout possesseur, même de mauvaise foy estant convenu de cette action, peut en offrant la déte éviter la condamnation, parce que le creancier estant payé ne peut plus rien demander, & même il n'a plus d'hypotheque en la chose : *Qui pignoris jure rem persequitur, à vindicatione rei submovetur, si qualiscumque possessor offerre debitum velit : nec debet quari de jure possessorii, cum jus petitoris removeatur soluto pig. l. Paulus. D. quib. modis pignus vel hyp. solu.*

4. D'où est venu le dire commun, Aut cedat, aut solvat.

A cette occasion aucuns ont esté si scrupuleux, qu'ils ont pensé qu'en formant la demade contre un tiers detempteur, il falloit lui reserver cette faculté que la loi lui donne, de s'exempter du delaissement en payant la déte ; & partant qu'il falloit conclure conditionellement contre lui, *A delaisser la chose si mieux n'aimoit payer*, ou bien alternativement, *A delaisser, ou à payer*. Aussi que cette alternative se trouve nommément exprimée en la loi. *Si fundus. §. in vendicatione. D. de pign. Pignoris possessor absolvendus est, si aut rem restituat aut pecuniam solvat*; & encore en la loi *Si unus ex pluribus hared. cred. Vel totum debitum solvat, vel eo quod detinet cedat.* Elle est aussi exprimée dans Ciceron *lib. 13. ep. fam. ep. 56. Philotes Alabadensis hypothecas Cluvio dedit, ea commissa sunt: curres velim, ut aut de hypothecis discedat, easque Cluvio tradat, aut pecuniam solvat ;* desquels passages semble avoir esté tiré nostre Proverbe de pratique, *Aut cedat, aut solvat.*

5. Que le libelle de cette action ne doit point estre alternatif.

Toutefois la verité est, que pour bien former le libelle de cette action, il ne doit point estre alternatif, comme le docte Praticien *Faber*, & tous les interpretes ont tenu : car jamais le libelle ne doit estre alternatif, sinon que l'obligation suit alternative. *Quòd si alterum tantum in obligatione, alterum in facultate, le libelle & la condamnation doivent estre simples, non alternatifs : il est vrai que l'expression de l'alternative ne nuit en rien, mais aussi elle n'est point necessaire, Decem aut noxa dedere condamnatus, dit la loi, judicati mihi in decem tenentur : facultatem enim noxa dedenda à lege accepit. Is autem qui stipulatus est decem noxa dedere, non potest decem petere, quia singula in stipulativum per se veniunt.*

6. Pourquoi on a receu le libelle alternatif.

Et d'autre que l'expression de cette alternation pouvoit nuire, on l'a non seulement tolerée, mais aussi accoustumée, & quasi requise comme necessaire par ce que chacun a voulu user de la forme la plus seure, & éviter toute difficulté. Ce qui est pareillement arrivé en la récision pour lesion d'outre moitié de juste prix, ou encore que la seule resolution soit en l'obligation, & partant doivent estre en la conclusion & condamnation, & que le supplement du juste prix soit seulement en la faculté du défendeur & vienne seulement en l'execution du jugement, si est ce que l'ordinairement on conçoit & le libelle & la condamnation alternativement. Et quoi sans y penser on fait tort au défendeur, *Si enim revera utrumque esset in obligatione, altero perempto, alterum præcisè præstandum esset. Sed quando alterum tantum est in obligatione, alterum autem in re in facultate, perempto eo quod erat in obligatione, reus omnino liberatur, nec tenetur ad id quod est in facultate*, comme les Docteurs traittent sur cette loi *Miles.*

7. Pourquoi on a reversé & preposteré l'alternative.

Mais encore pour revenir à nostre action hypothequaire, comme la Pratique de France a esté conduite par gens qui ignoroient le droit, & qui ne sçavoient ni la source,

64 De l'action hypothecaire. Liv. III.

fieté l'alternative.

ni pareillement la forme de cette action, on a par succession de temps preposteré, & renversé les deux parties de cette alternative ; & on a conclu à ce que le détempteur fût condamné hypothequairement à payer la dête, ou à tout le moins à delaisser l'heritage par hypotheque, mettant comme l'on dit la charruë devant les bœufs, & par un ὕστερον πρότερον de Grammaire, preposant ce qui est en la simple faculté, à ce qui est simplement en l'obligation. Et encore cét erreur a passé plus outre en aucuns lieux, où seulement on conclud contre un tiers detempteur à payer hypothequairement, sans exprimer qu'il puisse quitter l'heritage, bien qu'on l'entende toûjours. Et de fait, il y a quelques Coustumes qui ne passent point plus outre, que de dire que le tiers detempteur est tenu hypothequairement payer, mais la pluspart, & notamment la nostre, dit *payer ou delaisser*. Quoi qu'il en soit, en toutes ces manieres de conclusions il faut pluftost aider à la lettre, & les presupposer telles qu'elles doivent estre, que s'arrester à impugner & de-

battre la forme du libellé : car en France nous n'y regardons pas de si prés, *ne sus in littera latere potius, quàm in ratione consistere videatur*, par la maxime du titre, *De formalis & impetrationibus sublatis.*

Or cette mauvaise pratique semble avoir esté prise & empruntée en France d'un passage du droit canon, comme c'est chose certaine que la pluspart de nos chicaneries, longueurs & procedures vicieuses, ont esté apprises des Praticiens de Cour d'Eglise, soit dessors que les Papes séoient en Avignon auparavant l'Ordonnance de 1539. lors que la Jurisdiction Ecclesiastique entreprenoit presque tous les procez de France. Ce passage donc est le Chapitre, *Ex litteris ext. de pignor.* où la femme plaidant contre un tiers detempteur pour la restitution de sa dot, conclud ainsi, *Æstimationem dotis sibi restitui aut in possessiones, quæ mariti fuerant inducti*, & au mesme chapitre suit la condemnation, *Præditum reum eidem mulieri ad restitutionem dotis eatenus condemnes, quatenus de bonis mariti noscitur possidere.*

§ D'où est prise cette mauvaise pratique.

CHAPITRE V.
Du Titre nouvel, & de toutes ses espèces.

1. Proposition.
2. Occasion du titre nouvel, & de la contre-quittance de Justinien.
3. Formulaire de cette contre-quittance.
4. Plusieurs sortes de titre nouvel.
5. Aux rentes constituées, il y a de trois sortes de titre nouvel.
6. Formulaire du titre nouvel.
7. Qu'il a quatre effets notables.
8. Qu'il est plus avantageux qu'une sentence en chacun de ses quatre effets.
9. Si par le titre nouvel un tiers detempteur est tenu s'obliger personnellement sur tous les biens pour rente constituée.
10. Opinion de quelques modernes.
11. Pourquoi les tiers detempteurs s'obligent personnellement au titre nouvel.
12. Pourquoi ils ne s'obligeoient point à Rome par la contre-quittance.
13. Que la loy 2. C. de debit. civil. doit estre restrainte en son cas particulier.
14. Qu'un tiers detempteur n'est point tenu personnellement de la rente constituée, jusqu'à ce qu'il ait passé titre nouvel.
15. Que le vrai delaissement par hypotheque se fait pour éviter cette obligation personnelle.
16. Que le delaissement qu'on demande par l'action hypothequaire, n'est pas un vrai delaissement.
17. Du titre nouvel de l'heritier & bien-tenant.

1. Proposition.

EN cét endroit nôtre article a obmis le plus notable, le plus utile & le plus difficile poinct de la conclusion de l'action hypothequaire, & qui a lieu tant aux rentes foncieres qu'aux constituées : à sçavoir que le tiers detempteur de l'heritage chargé de l'obligé à une rente, est tenu de passer titre nouvel d'icelle. Ce qu'il faut hardiment expliquer, parce que ce titre nouvel est la principale cause du delaissement, comme il sera dit tout incontinent.

2. Occasion du titre nouvel, & de la contre-quittance de Justinien.

Justinien en a esté le premier inventeur, quand après avoir estendu la prescription de trente ans à toutes sortes de droits & actions, il reconnut qu'il pourroit souvent arriver, que le debiteur, ou de la rente fonciere, ou de l'argent qui couroit à interest, car ils n'avoient point de pures constitutions de rentes, continuant de payer les arrerages tous les ans, & partant n'estant point inquieté, se voudroit après les trente ans escoulez aider de la prescription, dont mal-aisément le creancier se pourroit garantir, parce que les payemens lui ayans esté faits en particulier, il lui seroit difficile d'en faire preuve. Pour a quoi obvier il ordonna que le debiteur payant les arrerages & en retirant quittance, seroit tenu de bailler une copie de cette quittance, signée de sa main au creancier ; ou bien lui faire une contre quittance, qu'il appelle antapocham. *Plures*, dit-il, *vel redituum vel usurarum receptis, si quando fuerit super his dubitatio exorta, eas habere se negando, jus agentium faciunt vacillare, cum coloni adversus dominum certantes, & sibi iniquam forte libertatem vendicantes, vel creditores debitoribus temporalem præscriptionem opponere cupientes, ad easdem insticationes perveniunt. Quod rescedentes jubemus, ut si voluerit is qui apocham conscripsit, vel exemplar cum subscriptione ejus, qui apocham suscipit ab eo accipere, vel antapocham suscipere, si hoc facere concedatur, necessitate imponenda apocha susceptori antapocham reddere, l. Plures, C. de fide instrum.*

3. Formulaire de cette

Or cette contre-quittance ne se faisant à autre fin que pour empêcher la prescription, ne contenoit pas pro-

messe de continue la rente à l'avenir, comme le titre nouvel, mais seulement portoit reconnoissance des arrerages payez par le debiteur. En voici le formulaire, rapporté par Cujas, *L. Titius fateor me C. Seio, illo anno, die illa, tot solvisse annui redditus nomine, quem si debeo ob fundum vel possessionem illam, vel tot usurarum nomine ob creditam mihi pecuniam.* Il y a encore dans le droit une autre espece de reconnoissance de dête, encore plus expresse & precise que la contre-quittance, à sçavoir ; *secunda cautio* appellée des Basiliques ἀντιγραφὴ ἐσφαλμένη, dont il est fait mention en la loi *Cùm notissimi. §. sed & si quis. C. de præscript. 30. ann.* & en la loi *Laudabilem. §. de Advoc. diver. Judicum.* où il est dit que telles reconnoissances, comme aussi les condamnations volontaires, se pouvoient faire pardevant les Advocats du Roi, sans avoir recours aux Juges.

re contre-quittance.

De là est venuë sans doute la premiere origine de l'aveu & denombrement dont nous usons en matiere de fiefs, de la declaration qui se baille pour les censives, & du titre nouvel ou reconnoissance qui se fait pour les rentes soit foncieres soit constituées : Mais le titre nouvel estant la vraie execution des actions, qui ont lieu pour les rentes foncieres, comme il n'y a qu'une seule action pour raison d'icelles, à sçavoir la personnelle écrite *in rem*, aussi il n'y a qu'une sorte de titre nouvel qui porte clause de payer & continuer la rente tant & si longuement que l'on sera detempteur de l'heritage.

4. Plusieurs sortes de titres de titre nouvel.

Mais en matiere de rentes constituées, comme en France, trois sortes d'actions y ont lieu contre le nouveau detempteur, à sçavoir la personnelle hypothequaire, qui se dirige contre l'heritier & bien tenant : la vraie hypothequaire de droit, qui se dirige contre le tiers detempteur après la discussion, & l'action d'interruption qui a lieu contre lui-même avant la discussion ; aussi il y a trois sortes de tittres nouvels, l'un qui se baille par l'heritier & bien tenant, qui porte clause de paier tant & si longuement que la rente aura cours ; l'autre passe

5. Aux rentes constituées il y a de trois sortes de titre nouvel.

De l'action hypothequaire. Livre III.

passé par le tiers detempteur aprés discussion, & porte clause de payer tant & si longuement qu'il sera detempteur, & à cause de cette promesse & soumission de payer il s'appelle *guarantigé* ; le troisiéme se passe aussi par le tiers detempteur, mais c'est avant discussion, & s'appelle proprement declaration d'hypotheque, qui ne contien point de promesse de payer, mais seulement porte que celuy qui le passe se confesse detempteur de tel heritage, qu'il reconnoist estre affecté & hypothequé à la rente : il est vray qu'aucuns y ajoûtent ces mots, *Pour discussion faite des debiteurs de la rente, estre vendu & ajugé par decret pour le payement d'icelle*. Ce qui revient à la contre-quittance des Romains, sinon que l'on pouvoit demander contre-quittance sans mutation de l'obligé, mais on ne peut demander declaration d'hypotheque, sinon quand il y a mutation de detempteur : & de fait, en matiere de censives & droits seigneuriaux, si on ne veut contraindre les detempteurs de bailler derechef leurs declarations, il faut obtenir du Roy lettres de terrier, & les faut faire entheriner pardevant les Juges Royaux.

6. Formulaire du titre nouvel.
Mais le titre nouvel, tel qu'il se passe communement en France, est bien plus ample que la contre-quittance des Romains, car celuy qui le passe, reconnoist qu'il est proprietaire & detempteur de tel heritage, & que sur iceluy tel a droit de prendre par chacun an telle somme de rente, de la nature qu'elle est duë à tel jour, laquelle rente il promet payer & contribuer tant & si longuement qu'elle aura cours, ou bien qu'il sera detempteur de l'heritage, lequel aussi il promet entretenir en bon & suffisant état, afin que cette rente y puisse être convenablement perceuë par chacun an sous l'obligation de tous & chacuns ses biens.

7. Qu'il a quatre effets notables.
D'où il s'ensuit que le titre nouvel a quatre effets fort notables : en premier lieu, il empêche & interrompt la prescription, ainsi que faisoit *secunda cautio*, & la contre-quittance de Justinien, ce qui fait même la simple declaration d'hipotheque : secondement il fait pleine & entiere preuve de la rente, signamment entre celuy qui le passe & celuy qui le reçoit, & quelquefois entre tierces personnes, comme du Molin a dit sur le cinquiéme article de la Coustume, en troisiéme lieu, il induit une action personnelle contre le detempteur, & même une hypotheque sur les autres biens pour les arrerages qui écherront pendant la détention, & pour l'entretenement de l'heritage, qui est un poinct de tres-grande consequence : en quatriéme lieu, il induit execution parée, non seulement sur l'heritage obligé à la rente, mais encore sur tous les autres biens du detempteur.

8. Qu'il est plus avantageux qu'une sentence en chacun de ses quatre effets.
Il y a donc bien de l'avantage, quoy qu'en disent nos Praticiens, en un titre nouvel pardessus une Sentence, avantage, dis-je, en chacun de ces quatre effets. Car bien que la Sentence empêche la prescription, si est-ce que les arrerages de la rente estans biens payez par la continuation de terme en terme, on n'a point d'actions contre luy pour parvenir à une Sentence, & ainsi enfin il pourroit s'aider de la prescription, si on ne luy demandoit un titre nouvel. Et parce que le titre nouvel n'est deu que quand il y a mutation, craignant qu'un debiteur parfasse la prescription pendant la vie, il luy fait passer quelque quittance pardevant Notaires, dont est fait minute, qu'on luy fait signer pour l'acceptation, & en lever une copie, ce qui revient à la contre-quittance des Romains, ce qui est toutefois peu usité, parce qu'aussi cét inconvenient peut rarement arriver.

Aussi encore que la preuve & l'execution parée resulte d'une Sentence, si est-ce que son effet est suspendu par un appel, aprés lequel il faut revenir à la preuve comme au commencement, & faut differer l'execution jusqu'à ce que l'appel soit decidé : de sorte que le titre nouvel est plus avantageux en ces deux points, parce qu'il fait pleine & entiere preuve contre celuy qui l'a passé, & ceux qui ont droit de luy ; & s'execute pardessus les oppositions ou appellations, pour le moins jusqu'au garnissement de la main de Justice. Mais sur tout le titre nouvel est plus avantageux au troisiéme effet, à *Du Déguerpissement*.

sçavoir qu'il contient obligation personnelle du tiers detempteur, & hypotheque sur tous ses biens, tant pour le payement des arrerages, que pour l'entretien de l'heritage obligé à la rente : ce que ne contient pas la condamnation hypothequaire, qu'on obtient pour les rentes constituées, qui ne s'execute que sur la chose hypothequée : qui est un poinct qu'il faut éclaircir d'avantage.

9. Si par le titre nouvel un tiers detempteur s'oblige personnellement sur tous ses biens pour rente constituée.
Car à la verité pour les rentes foncieres, puisque le detempteur en est tenu personnellement, il ne faut pas trouver étrange qu'il en passe contract, portant pareille soumission que celle à quoy il pourroit être condamné par Sentence : mais c'est une chose bien étrange, qu'aux rentes constituées le detempteur d'un heritage hypothequé, qui ne peut être tenu d'icelles sinon hypothequairement, c'est à dire par saisie de la chose hypothequée, soit neanmoins tenu s'y obliger personnellement par un titre nouvel, & au payement & continuation d'icelles hypothequer tous ses autres biens.

10 Opinion de quelques modernes.
C'est pourquoy il se trouve quelques Escrivains modernes, qui ayant plus exactement consideré ce poinct, tiennent que le tiers detempteur n'est point tenu s'obliger personnellement, & moins hypothequer ses biens à la continuation de la rente constituée, mais seulement il est tenu de declarer que le titre nouvel que l'heritage dont il est detempteur, est hypothequé à la rente, laquelle il consent être prise & perceuë sur iceluy : & par telle reconnoissance la prescription sera empêchée, la preuve de la rente & execution parée sur l'heritage obligé sera induite, mais non pas l'obligation personnelle du detempteur, n'y l'hypotheque & execution parée sur ses autres biens ; & alleguent à ce propos la loy *Paulus respondit. D. de pignorib.* qui dit que le creancier ne peut vendiquer par hypotheque les biens de l'heritage.

11. Pourquoy les tiers detempteurs s'obligent personnellement au titre nouvel.
Mais s'il étoit ainsi, il faudroit corriger le formulaire de telles reconnoissances, usité en tous lieux, & par tous les Notaires & Tabellions de France, & reformer la pratique de tout tems observée en toutes Cours & Jurisdictions, *sed non temere mutanda sunt, quæ certam semper interpretationem habuerunt*. Aussi que cette obligation personnelle est inserée en ses reconnoissances, par une grande raison & consideration d'équité : Car puis qu'il est vray de dire, que le nouveau detempteur n'a rien en l'heritage, que premierement il n'ait, dont par le titre nouvel il reconnoist que l'heritage est chargé, ne soit acquitée par les arrerages d'icelle payez, est-il raisonnable qu'il perçoive & fasse son profit des fruits de l'heritage, qu'en ayant tiré ce qu'il aura pû, il le laisse deperir, comme chose où il a peu de droit ? & que survenant par aprés celuy auquel est deuë la rente, il n'ait aucune action contre luy, mais soit remis & renvoié sur la maison qu'il trouvera en ruine, ou dur la terre qu'il trouvera en friche : En quoy il n'y a d'ailleurs aucun remede, principalement quand l'heritage ne vaut la rente, comme il arrive souvent, parce qu'en matiere de rente on ne peut saisir pour le principal d'icelle, quand il n'en est point dû d'arrerages : de maniere que cependant le detempteur joüira de l'heritage malgré le creancier si le tems de la cüeillette des fruits échette ou le terme de la rente ou si le creancier laisse écouler deux ou trois années, sans se faire payer des arrerages, comme un debiteur fuiard gaigne aisément son terme, il joüira cependant des fruits, & puis aprés quand le creancier demandera ses arrerages, il luy dira qu'il se prenne à l'heritage.

12. Pourquoy ils s'obligent à point à Rome par la contre-rente.
Or le Droit n'a pas pourvû à cét inconvenient, parce qu'il n'a point reconnu de rentes constituées, & en matiere de deniers baillez à interest, il est aisé d'y donner ordre : car il ne faut que saisir promptement l'heritage, & n'en point bailler main-levée que la dette ne soit entierement payée, & si on ne la veut payer, faire vendre l'heritage par decret : mais en rente le detempteur de l'heritage, en payant les arrerages, obtient main levée malgré le creancier.

13. Que la
Aussi au seul cas où le Droit a reconnu les rentes non

loy 2. C. de debiti. civil. *exigibiles*, il a voulu que le tiers acquereur de l'heritage fust obligé personnellement, comme il se voit en la loy 2. C. de debitorib. civit. Il est vray que ce fût un privilege donné aux Communautez & Républiques des villes, quand pour les rentes à eux deuës il n'y avoit point d'hypotheque contractée, comme Cujas l'explique fort bien, & à faute d'action hypothequaire, qui estoit solidaire & plus avantageuse, on usoit d'une maniere d'action personnelle divisible: de sorte que de cette loy on ne doit pas inferer une conclusion generale, que le tiers detempteur soit tenu personnellement des rentes constituées, comme en la Coustume de Paris, avant que d'avoir passé titre nouvel.

14. Qu'un tiers detempteur n'est point tenu personnellement de la rente constituée, jusqu'à ce qu'il ait passé titre nouvel.

Mais au moins j'estime bien raisonnable la moderation de nostre commune Pratique de France, de n'obliger pas personnellement le tiers detempteur à payer les arrerages des rentes constituées, si-tost qu'il en a la connoissance, mesme aux Coustumes qui lui ont osté le benefice de discussion, parce que le Droict a dit que *Personalis actio non sequitur fundi possessorem. l. 1. §. hæres. D. Ad Treb.* Mais seulement par le moyen de l'action hypothequaire, on le contraint à renoncer entierement à l'heritage, ou à se lier & soumettre soi-mesme à cette obligation personnelle, à laquelle qu'il s'y range de son propre choix, le droict ne lie jamais.

15. Que le vray delaissement par hypotheque se fait pour éviter cette

Tant y a que c'est à cause de cette obligation personnelle, dont est tenu le tiers detempteur aux rentes constituées soit qu'elle procede du titre nouvel, ou de la simple détention, comme en la Coustume de Paris, que le delaissement par hypotheque se fait pour les rentes constituées, afin d'éviter d'en estre tenu pour le temps à venir en ses autres biens; dont il y a une belle remarque en la Coustume d'Auxerre art. 9. *Si l'heritage n'est point en la main de Justice, & qu'il y ait un detempteur d'iceluy, le routier le pourra contraindre à payer ou à renoncer audit heritage.* Ce qui est le vray delaissement par hypotheque.

obligation personnelle.

Car le delaissement que l'on demande en la conclusion de l'action hypothequaire, auparavant que l'obligation personnelle soit née, n'est pas un vray delaissement, mais seulement une souffrance & permission de saisir & decreter l'heritage: toutefois comme cette matiere n'est pas bien claire ny distincte, on appelle aussi cela *Delaissement par hypotheque*, & on confond l'un avec l'autre; parce qu'au lieu qu'à Rome par l'action hypothequaire on concluoit à ce que la chose fust baillée au creancier pour en demeurer nanty jusqu'à plain payement; en France on conclud à ce que l'heritage soit delaissé pour estre saisi par auctorité de Justice: & ce qui se dit en droit, *pignoris jure dimittere*, nous le tournons, Delaisser par hypotheque.

16. Que le delaissement qu'on demande par l'action hypothequaire, n'est pas un vray delaissement.

Voila ce qui se peut dire touchant le titre nouvel, que le tiers detempteur est tenu de passer: car en celuy que passe l'heritier de l'obligé pour la rente constituée, il n'y faut point mettre la clause, *De payer la rente tant & si longuement qu'il sera detempteur de l'heritage*, mais plûtost celle-cy, *De payer la rente tant & si longuement qu'elle aura cours*: & partant celuy-là ne peut user du delaissement par hypotheque, non plus que celuy mesme qui a constitué la rente, lequel il represente, comme il sera prouvé au Livre suivant.

17. Du titre nouvel de poursuivre l'heritier & bien-tenant.

CHAPITRE VI.
De la vente des gages & hypotheques au Droit Romain.

1. Execution de la condamnation hypothequaire.
2. Ordre que tenoient les Romains en la vente des gages.
3. Maniere de poursuivre une simple hypotheque.
4. Proposition & ordre tenu en ce chapitre.
5. Temps de la vente du gage conventionel.
6. Temps de la vente du gage Pretorien.
7. Temps de la vente du gage judiciel.
8. Source de l'ordre des quatre mois, & de l'article 172. de nostre Coustume.
9. Si les solemnitez des subhastations estoient necessaires au gage conventionel.
10. Raisons de l'opinion de Cujas.
11. Opinion contraire de Conan, & réponse aux raisons de Cujas.
12. 13. Raisons pour l'opinion de Conan.
14. Que ces solemnitez des subhastations servoient doublement au gage conventionel.
15. De jure Dominii impetrando.
16. Solemnitez de la vente du gage Pretorien. Subhastation que signifie, & comment se faisoit : *hasta quid* ?
17. Pourquoy on usoit de subhastation au gage Pretorien.
18. Forme de la vente du gage judiciel.
19. Difference en cecy entre le gage Pretorien, & le judiciel.
20. Origine de la simple gagerie, & du seellé.
21. De la vente du gage conventionel faite par le debiteur.
22. 24. De la vente de ce gage faite par le creancier, & quand elle purge les hypotheques.
23. Qu'en trois cas elle ne purge pas les hypotheques.
25. Origo juris offerendi.
26. Que la vente du gage Pretorien ou judiciel purge les hypotheques.
27. Que la vente du gage Pretorien estoit infamante.

1. Execution de la condamnation hypothequaire.

POur revenir à l'explication de l'article commencé, il faut interpreter la seconde partie de la conclusion de l'action hypothequaire contenuë en ces mots, *A tout le moins sont tenus les detempteurs de laisser iceux heritages pour estre vendus & ajugez par decret*, qui est vrayement l'effet & l'execution de cette action, ainsi que nous en usons en France: Car l'usage qu'avoient les Romains de poursuivre & de vendre les gages & hypotheques, estoit entierement divers & different du nostre: mesme si éloigné, que nous avons quasi perdu l'intelligence & la connoissance de celui des Romains: d'où vient que plusieurs loix de cette matiere sont mal entenduës parmi nous, & alleguées mal à propos.

2. Ordre que tenoient les Romains en la vente des gages.

Ce ne sera donc pas un discours desagreable de rapporter briévement l'ordre & la forme que tenoient les Romains à la poursuite & à la vente des gages & hypotheques, afin que ne nous abusions plus en leurs loix, & que ne les pensions pas détorner & accommoder à nostre usage. Et pour cét effet il se faut souvenir de ce qui a esté dit cy-devant, que pour la facilité du commerce, les Romains avoient deux façons d'obliger leurs biens, ou par tradition qu'ils appelloient *pignus*, gage; ou sans tradition, qu'ils appelloient, comme nous *hypotheque*.

Or puisque le creancier estoit nanty du gage, il ne faut point parler de la maniere de le poursuivre: mais s'il en perdoit par cas d'aventure la possession, il y avoit mesme voye pour le recouvrer, que pour poursuivre celle de l'hypotheque, dont il est question de parler. Cette voye estoit, qu'en consequence de la promesse tassible qui resultoit de l'obligation de la chose hypothequée, que le debiteur la delivreroit au creancier en defaut de payement, pour la garder & en demeurer nanty par forme de gage jusqu'à ce qu'il fust payé: le creancier agissoit par une maniere de vendication, à ce que cette chose fust mise entre ses mains, demandant non pas la proprieté de la chose, mais la possession d'icelle, pour en joüir & la garder par forme de gage. Aussi le creancier *dicebatur possessionem rei avocare per actionem hypothecariam: debitor contrà dicebatur rem restituere, seu tradere jure pignoris possidendam*: & cette action s'appelloit *vendicatio pignoris*, par le moyen de laquelle l'hypotheque estoit convertie en gage conventionel, au lieu qu'en France par cette mesme action on la convertit en gage de Justice; parce qu'en vertu de la condemnation hypothequaire, ou du contract portant hypotheque, on saisit la chose hypothequée, & on la met aux mains de Justice, pour la faire puis par aprés vendre

3. Maniere de poursuivre une simple hypotheque.

De l'action hypothequaire. Liv. III.

par decret : comme aussi à Rome, si le creancier estoit pressé d'argent, & vouloir estre payé, il pouvoit vendre l'hypotheque, en ayant recouvré la possession, par le moyen de cette action, en la mesme forme qu'on avoit coustume de garder pour vendre les purs gages.

4. Proposition & ordre tenu en ce chapitre. Pour donc parler clairement de la vente des gages qui se faisoit au Droit Romain, il faut distinguer les trois especes de gages specifiées au premier chapitre, à sçavoir le gage conventionnel, le gage Pretorien, & le gage judiciel : & sur chacune espece expliquer trois points, quand & en quel temps la vente se pouvoit faire : quelle estoit la forme & solennité d'icelle, & quels en estoient les effets : mais sur tout si cette vente purgeoit les autres hypotheques.

5. Temps de la vente du gage conventionnel. Pour ce qui concerne la vente des gages conventionnels, il faut premierement remarquer, que la vente des simples hypotheques ne se pouvoit faire, avant que le creancier par le moyen de l'action hypothequaire eust obtenu la possession de la chose ; de maniere que c'est, mesme chose de parler de la vente des hypotheques & des gages conventionnels ; & ce qui sera dit de l'un, doit aussi estre entendu de l'autre. Et pour sçavoir le temps de cette vente, il faut user de cette distinction : à sçavoir, que s'il avoit esté convenu au contract du temps de la vente, il falloit garder la convention : mais s'il avoit esté convenu expressément que le gage ne pourroit estre vendu : cela se devoit entendre sainement & sous condition que le debiteur fist son devoir de payer la dette, parce qu'autrement l'engagement seroit inutile & frustratoire, & que mesme ce seroit contre la nature du gage, s'il ne pouvoit jamais être vendu. C'est pourquoy en ce cas mesme, après trois sommations faites au debiteur de payer la dette, le gage pouvoit estre vendu. Que si en l'engagement il n'y avoit aucune clause touchant la vente du gage, alors le droit commun estoit, que premier lieu il falloit que le debiteur fust constitué en demeure de payer, ou par interpellation suffisante, ou par l'écheance du terme specifié au contract, *l. 4. D. de distr. pignor.* & encore après la demeure encouruë, il falloit attendre deux ans par la constitution de Justinien, *in l. ult. C. de jure domin. impetrando.* car auparavant le temps estoit incertain.

6. Temps de la vente du gage Pretorien. Quant au gage du Preteur, il ne pouvoit être vendu sans la permission expresse, *post secundum decretum* : C'est pourquoy la rubrique du droit porte ; *De bonis auctoritate judicum possidendis & venundandis.* Et n'y avoit point de temps ordonné pour obtenir cette permission, mais il estoit arbitré par le Preteur ; quoy qu'Accurse ait voulu subtiliser sur la loy premiere, *C. de bonis auctor. jud. possid.* Car Alciat a trés bien remarqué qu'en la loy derniere de ce mesme tit. au §. *Sin autem*, ces mots, *A nobis*, ont esté ajoûtez par quelque glossateur ignorant. Il est vrai qu'aucuns veulent dire, que le temps de deux ans prefixé par Justinien pour la vente du gage conventionnel, à fin de parvenir à l'interpretation de la propriété doit estre observé en celui-ci. Quoy qu'il en soit, il est certain que ce temps estoit ordinairement fort long, puisque Justinien en cette loy derniere, *De bonis auctor. jud. possid.* dit que les creanciers peuvent jusqu'à quatre ans estre receus à debatre leur droit d'hypotheque, qu'ils ont sur le gage Pretorien, & participer à la mission en possession : aussi estoit-il bien raisonnable que cette vente fust longuement retardée, d'autant qu'elle apportoit note d'infamie au debiteur ; comme il sera prouvé ci-après. C'est ce que dit Ciceron en l'oraison *pro Quintio*, parlant de cette vente, *Majores nostri rarò id accidere voluerunt, Pretores ut considerate fieret comparaverunt, viri boni cùm palàm fraudantur, cùm experiundi potestas non est, timidè tamen & pedetentim isthuc descendunt, in ac necessitate coacti, inviti, multis vadimoniis desertis, sepe illusi ac destituti : considerant enim quid & quantum sit, alterius bona proscribere.*

7. Temps de la vente du gage judiciel. Mais le gage appellé *judiciale*, ne pouvoit estre occupé ni saisi sinon quatre mois aprés la Sentence : qui fut le terme donné par Justinien, au lieu de deux mois or-

Du Déguerpissement,

donnez auparavant, *l. 3. & l. ult. C. de usuris rei judic.* Car anciennement par la loy des douze tables il n'y avoit que trente jours, *qui justi dies dicebantur.* Encore Cujas prouve tres-bien par les Interpretes Grecs, que ce delay de quatre mois n'estoit point donné, s'il n'estoit demandé : ce qui se collige aussi de la loy *Debitoribus D. de re judic.*

8. Source de l'ordre des quatre mois & de l'article 171. de nostre Coustume. Tant y a qu'il faut observer en passant que de-là est tirée nostre ordonnance des quatre mois, parce qu'en Droit iceux mois estoit loisible au creancier ou de proceder par emprisonnement de la personne du condamné, qui estoit la voye ordinaire & legitime introduite par la loy des douze tables ; ou par saisie de ses biens, *pignoribus extra ordinem captis*, qui estoit la voye extraordinaire inventée en la derniere Jurisprudence : mais encore il faut remarquer que le debiteur avoit deux autres mois de temps pour faire de l'argent, du jour que ses biens estoient saisis, comme le porte cette mesme loy *Debitoribus, D. de re judicata*, & se collige encore de la loy premiere, *De distract. pignorum quæ tribut. caussa tenentur, in Cod. Theod.* ce qui revient aucunement à ce que dit A. Gelle, qu'aprés les trente jours ordonnez par les douze Tables, pour payer le jugé, le debiteur estoit encore retenu soixante jours par le creancier, pour voir s'il pourroit payer ou agréer. Et de là semble estre tiré l'article 171. de nostre Coustume de Paris, qui veut que les executans fassent vendre les biens pris par execution, deux mois aprés les oppositions jugées ou cessées.

9. Si les solennitez de la subhastation estoient necessaires au gage conventionnel. Voilà pour le temps de vendre chacune sorte de gages : parlons maintenant des solennitez requises en la vente. Quant au gage conventionnel, c'est une grande difficulté de sçavoir si le decret & ordonnance du Magistrat, les affiches *Proscriptiones & programmata* : bref, si les autres solennitez des subhastations estoient requises en droit. Cujas le tient ainsi, & Conan est d'opinion contraire, & si tous deux n'allèguent aucune raison de leur dire : mais parce que c'est une belle difficulté de l'antiquité, & qui peut servir à nostre usage, je deduirai les raisons qui s'en peuvent dire de part & d'autre, & mon avis sur icelles.

10. Raisons de l'opinion de Cujas. Pour l'opinion de Cujas, on peut faire force sur le terme, *Distractio pignorum*, sur le terme, *Proscribere*, qui sont accomodez à cette vente en la loy 4. *C. de distr. pign.* sur le mot *publicè vendere*, qui est mis ailleurs, & *solennia peragere*, *l. 1. C. de jur. dom. impert.* & *solenniter vendere*, *l. Quæ specialiter. C. de distract. pignor.* lesquels mots ne signifient pas, ce semble, une simple vente, mais une subhastation. Joint ce qui est dit en la loy, *Si hypothecas. C. de remiss. pign. non observatis his quæ in distrahendis pignoribus observari consueverunt* : & finalement en la loy, *Ordo. & de execut. rei jud. Res quæ pignori data sunt, diu subhastata*, d'autant que toutes ces loix parlent précisément du gage conventionnel.

11. Opinion contraire de Conan, & réponse aux raisons de Cujas. Et pour l'opinion de Conan on peut dire, qu'il n'y a point de loy qui requiere expressément la solennité des subhastations en la vente des gages conventionnels : il est bien dit que *creditor antequam vendat, notum debitori facere debet, & bona fide rem gerere, & quando licet, testato dicere debet. l. 4. de distract. pignorum.* Mais il ne se trouve autre solennité expressément requise : aussi jamais cette vente n'est appellée *subhastatio*, mais bien *distractio*, parce qu'elle n'est pas volontaire, mais contraire, & contre le gré du seigneur de la chose : & ce que le terme de *Proscribere* y est accommodé, ce n'est pas que l'affiche soit absolument requise, mais parce que la vente se fait, comme aussi aux ventes volontaires. *Cic. lib. 2. de Off. Si vi domum vendas, tabulam tanquam plagam ponas ; in eam aliquis incurrat imprudens, & ibid. Claudius ædes proscripsit, vendidit :* c'est à dire, qu'il enditta la maison, ou qu'il y mit un écriteau pour signifier qu'elle estoit à vendre : de sorte que le terme de *Proscriptio* est fort usité parmi les bons Autheurs, pour signifier une vente volontaire. Aussi la loy qui parle de la vente du gage, faite *non observatis his quæ in distrahendis pignoribus celebrari consueverunt*, dit que pourtant cette vente ne peut estre annullée, mais seulement que le debiteur a recours con-

De l'action hypothequaire. Liv. III.

tre le creancier qui a mal vendu, & non contre l'acheteur, s'il n'estoit luy-mesme en dol. Et ce que l'autre loy dit, *Pignus solenniter vendi debet*, c'est à dire, *Palam & publice, non clanculum : imò admonito, si fieri possit, debitore.*

13. Raisons pour l'opinion de Govan. Mais pour montrer que cette vente n'avoit pas besoin des solennitez de subhastation, c'est qu'elle ne purgeoit point les hypotheques anterieures : or est-il qu'elles estoient purgées par la subhastation, comme ces deux propositions seront prouvées cy-après. Et ce qui decide clairement cette difficulté, c'est que bien que regulierement les biens des mineurs ne peussent estre vendus sans decret & ordonnance du Juge, toutefois les creanciers qui tenoient leurs biens engagez par leur predecesseur, les pouvoient vendre sans decret, & sans solennité de Justice : & la vente en estoit bonne ; pourvû qu'il n'y eust point de fraude, comme il est decidé en la loy 1. *Si communis, D. de reb. eorum qui sub tut. vel curat. sunt. l. 2. C. de præd. & aliis reb. minorum sine decreto non alien.* D'où il s'ensuit qu'a plus forte raison les biens des majeurs baillez en gages pouvoient estre vendus sans solennitez.

Mais encore la decision en est plus claire & plus formelle en la loy derniere, *C. de jure domin. impetr.* qui dit, encore que quelques loix parlassent de ces solennitez, si est-ce qu'elles n'estoient nullement observées, & partant cette loy les corrige & abolit. *Vetustissimam observationem, quæ nullatenus in ipsis rerum claruit documentis, penitus esse duximus amputandam. Igitur in pignoribus, quæ jure dominii possidere aliquis cupiebat, proscriptio publica & annus intuitionis antiquitus introducti sunt : pignus autem publicè proscriptum neque vidimus, neque nisi ex librorum recitatione audivimus.* Ces solennitez n'estoient donc pas absolument necessaires : mais le creancier qui vouloit éviter toute recherche & se purger de tout soupçon de mauvaise foy, les interposoit quelquefois, par une précaution sur-abondante.

14. Que les solennitez des subhastations servoient doublement au gage conventionnel. Et encore n'estoient-elles point inutiles, mais avoient deux effets tres-notables : l'un qu'estant bien observées elles purgeoient les hypotheques des précedens creanciers, pourvû que lors de ces prescriptions ils fussent presens, *l. 6. C. de remiss. pign.* L'autre, que par le moyen d'icelles le creancier pouvoit parvenir *ad impetrationem dominii* de la chose engagée, ne trouvant personne qui la voulust acheter à prix compétant, après ces affiches & proclamations deuëment faites.

15. De jure Dominii impetrando. Car alors il presentoit sa requeste au Juge : sur laquelle après un nouveau terme de payer baillé au debiteur, on permettoit au creancier de se pourvoir pardevers le Prince, pour obtenir la seigneurie du gage ; ce qui lui estoit accordé au prix de la prisée & estimation qui en estoit faite par le Juge : & encore après tout cela, le debiteur avoit deux ans pour recouvrer & racheter le gage du creancier, en lui rendant le prix de la vente avec les interests d'iceluy, frais & loyaux cousts, comme porte cette loi derniere, *C. de jure domin. impet.* tant il y avoit de ceremonie pour permettre que le creancier s'approprit du gage.

16. Solennitez de la vente du gage Pretorien. Subhastation que signifie, & comment se faisoit : hasta quid ? Voila les solennitez qui se gardoient en la vente du gage conventionnel : quant au gage Pretorien elles estoient b en differentes : car c'estoit en ce gage qu'on usoit de subhastation. Et premierement la subhastation fut inventée pour tirer plus prompt payement des dettes deuës au fisque : d'où vient que *hasta* par un epithete perpetuel s'appelle *fiscalis, l. Si hypothecas. C. de remiss. pignor. & tit. De fide & jure hasta fiscalis. lib. 10. Cod.* Soit donc que les biens appartinssent au fisque, ou comme vacans, ou comme confisquez, ou comme luy estans obligez, il les falloit toûjours vendre par subhastation ; qui estoit une vente publique faite de l'authorité du Magistrat après plusieurs affiches & proclamations par un Officier à ce destiné, qui estoit appellé *Præco*, & se faisoit en plain marché, *Hasta in foro posita*, qui estoit la marque & le symbole de l'authorité publique : parce que *Hasta, quæ Grœcè* ἐυστήριον *dicitur, gestamen erat Regum*, & precipuè Romuli, qui Quirinus propterea dictus est à voce Sabina, Quiris, quæ hastam significat, unde etiam Romani Quirites dicti.

Je ne m'amuseray point à particulariser les solennitez de la subhastation ; parce que le discours en seroit trop long. Tant y a que l'on en usa enfin, non seulement pour ce qui appartenoit au fisque, mais indistinctement au gage Pretorien : parce que le debiteur s'estant absenté de peur de payer ses dettes, & ayant fait banqueroute, qui estoit le seul cas auquel ce gage avoit lieu, les creanciers possedoient ses biens par l'authorité publique, & comme vacans : ce qui se doit *Publicè possidere* : de sorte que pour les vendre on usoit de mesme ceremonie, comme aux biens qui étoient vacans.

17. Pourquoy on usoit de subhastation au gage Pretorien.

18. Forme de la vente du gage judiciel. Mais il n'y avoit pas tant de façon à vendre les gages judiciels. Car celui qui estoit commis par le Magistrat pour executer le jugement, saisissoit les biens du debiteur, commençant aux meubles, puis aux immeubles, & finalement aux dettes actives & actions ; & les vendoit & ajugeoit publiquement par licitation au plus offrant & dernier encherisseur. Que s'il survenoit quelque tiers opposant, qui eust quelque droict apparent & de juste discussion en quelque piece de biens saisis, on la quittoit là, & on en prenoit d'autres, comme il est dit en la loy *A divo Pio. §. sed & illud. D. de re judic.* Et s'il y a quelques loix qui attribuent la solennité de la subhastation aux ventes qui se faisoient en vertu des jugemens, il les faut entendre *de Prætorio non de judiciali pignore.* Car pour l'execution de la Sentence on pouvoit user du gage Pretorien, quand le condamné s'absentoit, qui est la forme ordinaire ; aussi bien que du judiciel, qui estoit la forme extraordinaire & plus nouvelle, & toutefois beaucoup plus frequente, parce qu'elle estoit plus douce & plus courte.

19. Difference en cecy entre le gage Pretorien, & le judiciel. Mais bien que le gage Pretorien eust lieu auparavant la condamnation definitive à cause de la contumace du défendeur, jamais le judiciel n'estoit qu'après jugement definitif : c'est pourquoy il est dit judiciel *à judicio, id est, re judicata, non à judice*, comme on pense vulgairement : car ce n'estoit pas le Juge qui avoit donné le jugement, qui donnoit la permission de saisir : mais le Magistrat qui avoit donné & commis le Juge : aussi ce gage ne s'executoit jamais en droit, sinon en vertu d'une Sentence definitive, & non en vertu d'un contract, *l. 1. C. de exec. rei judic. & l. minor. xx. annis. D. de minoribus.*

20. Origine de la simple gagerie, & du seellé. Il y avoit un seul cas auquel on usoit d'une maniere d'execution avant que d'avoir obtenu Sentence. C'est que celuy qui avoit loüé sa maison, quand le locataire s'absentoit, & qu'il avoit esté deux ans sans payer le loyer pouvoit la faire ouvrir par authorité de Justice, & faire arrest & description des meubles y estans, qui demeuroient saisis ; & après refermoit & verroüilloit, ou comme nous dirons, il cadenassoit la porte, afin que l'on n'y peust plus entrer. Ce qui se collige de la loy *Domin. D. Locati, & de la penult. D. ex quibus causis pignus tac. contr.* d'où nous avons pris l'invention de nostre simple gagerie, qui se fait faute de payement des loyers de la maison, sans transporter ny déplacer les meubles y estans, comme porte l'art. 86. & 161. de nostre Coustume. De là vient pareillement l'invention du feellé dont nous usons en France, dont il y a encore une remarque en la loy derniere, *De administ. tut. Cod. Theodos.* Il est vray qu'on ne lit point, que par le moyen de cet arrest on peut parvenir à la vente des biens. Tant y a que c'estoit un cas special & un droit particulier, que le maistre avoit d'entrer en sa maison, & de retenir ce qu'il y trouvoit.

21. De la vente du gage conventionel quand faut distinguer si vente par le debiteur. Reste de parler de l'effet de toutes ces ventes, & signamment quand elles purgeoient les hypotheques. Et premierement quant au gage conventionnel, il faut distinguer, s'il estoit vendu par le debiteur, ou par le creancier : Si par le debiteur, la vente transferoit bien la seigneurie, mais les hypotheques demeuroient. *l. 1. Si debitor. C. de distract. pignor.* si ce n'est que la vente fust faite du consentement exprés du creancier, qui alors sembloit renoncer à son hypotheque, *l. 2. C. de remiss. pignoris.* Toutefois si le gage estoit baillé en payement

De l'action hypothequaire. Liv. III.

au premier & plus ancien creancier hypothequaire, les subsequens ne le pouvoient revoquer par l'action hypothequaire, sinon en rendant le prix de sa debte avec les interests. *l. 1. C. si anterior creditor pignus vend.* mesme si le gage avoit été vendu à un tiers, & que du prix de la vente le premier creancier eust esté satisfait, le subsequent ne le pouvoit revoquer, sinon en rendant à l'acheteur ce qu'il avoit payé en l'acquit de l'ancienne debte avec l'interest, *l. 3. De distr. pign.*

12. 14. De la vente de ce gage faite par le creancier, & quand elle purge les hypotheques.
Que si la vente estoit faite par le creancier, elle ne purgeoit pas les hypotheques precedentes, *l. 1. D. de distract. pign. l. 1. & 2. C. si antiq. creditor pignus vend.* si ce n'estoit en un cas fort notable, quand les affiches & proclamations avoient été solennellement faites, ainsi qu'en la subhastation, & que les creanciers hypothequaires estoient presens; car alors ne s'opposans point, ils estoient reputez avoir remis & quitté leur hypotheque, comme il vient d'estre dit par la loy *6. C. de remiss. pignoris.*

13. Qu'en ces elle ne purge pas les hypotheques.
Mais cette vente purgeoit regulierement les hypotheques subsequentes, *l. 1. 2. & 3. C. Si anterior cred pignus vendid.* sinon en trois cas: A sçavoir, quand le creancier vendoit le gage, avant qu'estre nanti & en avoir obtenu la possession: car alors il sembloit vendre simplement sa debte & son droit d'hypotheque: & ainsi faut entendre la loi penultiéme, *D. de distract. pignor.* & la loy *Qui praedium. C. eod.* Aussi quand la vente estoit faite à un autre creancier, ou à celuy qui avoit cautionné le debiteur, cette vente ne purgeoit point les hypotheques posterieures, mesme ne transferoit point immuablement la seigneurie de la chose à l'acheteur, mais pouvoit le debiteur, mesme le subsequent creancier, en rendant l'argent & paiant le prix, retirer le gage; parce qu'on presumoit que cette vente estoit plustost faite pour asseurer la debte, que pour acquerir la propriété du gage, *l. 2. & 6. de distr. pign.* tant ils avoient en horreur que le creancier s'approprist du gage. En troisiéme lieu quand le creancier s'estoit vendu à luy-mesme le gage, soit apertement, soit par l'interposition d'une personne tierce, telle vente estoit entierement nulle; pour éviter aux fraudes, *l. Et qui sub imagine. Cod. de distract. pignorum.*

Hors ces trois cas, encore que le gage eust esté vendu par le creancier à beaucoup plus haut prix que la debte, si est-ce que l'acheteur ayant paié le prix entier de la vente au creancier, ne pouvoit plus estre inquieté pour les hipotheques posterieures: mais seulement les subsequens creanciers avoient *utilem pignoratitiam* contre le creancier vendeur: qui avoit touché plus d'argent que ne montoit sa debte, jusques à ce seulement qu'il eust vuidé ses mains de ce surplus: *l. ult. C. de distract. pign. & l. ult. C. si venditio. pign. agatur.*

15. Origo juris offerendi.
Et c'est pourquoi les subsequens creanciers estoient soigneux d'offrir la debte au premier creancier, qui estoit nanti du gage, de peur qu'il ne le vendist, & qu'ils n'en fussent frustrez, & alors le premier creancier estoit tenu d'accepter le paiement à lui offert par le posterieur, & luy ceder ses droits: & bien que quelquefois cette cession ne se fist par forme de vente du gage, si est-ce que comme il vient d'estre dit, elle ne transferoit point la proprieté d'iceluy à ce creancier subsequent, qui non *tam acquirendi dominii, quàm conservandi juris sui causa videbatur pecuniam dedisse. l. Cùm posterior. D. de distract. pignor.*

16. Quelle vente du gage Pretorien ou judiciel purge les hypotheques.
Mais en la vente du gage Pretorien, ou judiciel, quand les affiches & proclamations avoient esté deüement faites, les hypotheques estoient purgées à l'égard des creanciers qui estoient presens, & qui pouvoient avoir connoissance de cette vente, *l. 6. & 8. C. de remiss. pignor.* Car ces proclamations ne lioient point les absens, les mineurs, & tous ceux qui avoient quelque legitime empeschement, de fait, ou de droit; ceux-là ne perdoient point leur hypotheque, quelque solennité que l'on eust apporté à la vente, *l. 7. §. illud D. de distract. pignor.* Pareillement nous ne lisons point, que par le moyen de ces solennitez ceux qui pretendoient droit réel & foncier, ou mesme quelque droit de proprieté sur la chose vendüe, en fussent exclus: il est bien vray que le creancier qui vendoit le gage, n'estoit pas tenu de la garantir, sinon qu'il l'eust ainsi promis, ou qu'il fust en dol, ou en matiere de gage conventionnel, s'il n'avoit point droit de vendre le gage, comme n'estant pas le plus ancien creancier: *l. 1. & 2. C. credit. evict. pign. non debere.*

17. Que la vente du gage Pretorien estoit infamante.
Aussi la vente du gage Pretorien avoit un autre effet notable au Droit ancien: c'est qu'elle portoit infamie; au moins comme aucuns l'entendent, ignominie de fait au debiteur, duquel les biens estoient proscrits & vendus publiquement *à Praecone sub hasta:* parce qu'on le reputoit comme banqueroutier, ainsi que le docte Cujas a remarqué, & le prouve bien par l'oraison de Ciceron *pro Quintio,* & par Theophile aux Institutes, *tit. de success. sublat. quae fiebant per bon. vend.* & y en a aussi une remarque en la loy *11. C. de quibus causis infamia irrogatur.* Et cette infamie fut subrogée au lieu de ce cruel démembrement du corps du creancier, ordonné par la loy des douze Tables, *ut non effunderetur sanguis ejus, sed suffunderetur tantum,* dit Ciceron: & comme dit Tertullien *in Apol. Ex consensu publico crudelitas antiqua evasa est, & in pudoris notam capitis poena conversa, inventa bonorum proscriptione.* Ce fut pourquoy on inventa les heritiers necessaires, afin que sous leurs noms les biens du defunt, encor mort oberé, fussent vendus, & qu'en ce faisant il ne lui fust fait aucune injure, ou deshonneur: Comme anciennement en France on reputoit à deshonneur, quand aprés la mort du pere de famille, on mettoit les clefs sur la fosse: qui estoit la solennité dont usoient les anciens François, pour renoncer à une succession ou communauté. Partiellement c'est pourquoy se faisoit en partie à Rome la cession de biens, pour éviter l'ignominie de cette vente, principalement depuis que par la loy *Petilia,* il fut ordonné pour debte civile le debiteur ne pourroit plus estre emprisonné; Mais aujourd'hui c'est tout au contraire, car on repute à ignominie de faire cession: & on ne tient point à deshonneur de laisser decreter son bien.

CHAPITRE VII.

De la vente des gages & hypotheques en France.

1. *En France, les gages se peuvent reduire à deux especes.*
2. *Comment doit estre vendu le gage conventionnel.*
3. *Comment se vendent les biens pris par execution, & dans quel temps.*
4. *Qu'il seroit meilleur les vendre promptement aprés la saisie, à la charge de huitaine de recousse.*
5. *Subhastation en France attribuë droit de propriété.*
6. *Solennitez requises à la subhastation & au decret. Decret, que signifie au Droit Romain.*
7. *Effets de ces Decrets.*
8. *Des Commissaires qu'il faut establir aux choses saisies.*
9. *Qu'en droit il falloit apprecier les choses saisies avant que les adjuger.*
10. *Qu'en France on ne fait point d'appreciation.*
11. *Inconveniens qui en resultent.*
12. *Réponse à l'objection qui se peut faire.*
13. *Qu'il ne faut pourtant surseoir les decrets.*
14. *Qu'il faut trouver une voye moyenne.*
15. *Expedient à sçavoir, d'apprecier les heritages avant l'adjudication par decret.*
16. *De bailler les heritages en payement aux creanciers qui ne voudront attendre, si on ne les peut vendre à prix raisonnable.*
17. *Autre expedient, d'adjuger à recousse & faculté de rachapt les heritages decretez.*

De l'action hypothequaire. Liv. III.

1. En France les gages se peuvent reduire à deux sortes.

Il faut maintenant rapporter à nôtre usage ce qui a esté dit au chapitre precedent. En France les gages se reduisent à deux sortes, ou de gages conventionnels, ou de gages de Justice, c'est à dire, biens pris par execution. Car la mission en possession, & consequemment les gages Pretoriens ont esté abolis par les Ordonnances de nos Rois, & quant aux hypotheques, au lieu qu'à Rome on les convertissoit en gages conventionnels, par le moien de l'action hypothequaire; nous au contraire les faisons devenir gages de Justice par le moien des executions & saisies : c'est pourquoi au lieu que les Romains disoient *pignoris jure tradere*, nous disons *pignoris jure dimittere*, de laisser la chose par hypotheque.

2. Comment doit estre vendu le gage conventionel.

Donc en France pour le regard du gage conventionnel, qui est toûjours mobiliaire (parce que comme l'hypotheque n'a lieu en meubles, aussi le gage n'a lieu en immeubles) il faut obtenir du Juge, partie appellée, permission de le vendre : si ce n'est que par l'engagement ou obligation par écrit, il soit porté, qu'aprés certain temps le gage pourra estre vendu sans demander permission, ni observer autre solemnité de Justice : auquel cas on tient à la rigueur, qu'il suffit de denoncer la vente à la partie; ce qui est toûjours necessaire, & doit le gage estre vendu publiquement à jour & lieu de marché par un Sergent vendeur, & delivré au plus offrant & dernier encherisseur.

3. Comment se vendent les biés pris d'avec les autres par execution, & dans quel temps.

Et pour le regard des gages de Justice, qui consiste tant en meubles qu'en immeubles, il faut distinguer les uns d'avec les autres. Les meubles en un mot se vendent tout de mesme façon que se vendoit à Rome le gage judiciel, mobiliaire ou immobiliaire (car ils n'y faisoient point de difference) sinon qu'il y falloit laisser deux mois d'intervalle entre la saisie & la vente, & icy on ne donne que huit jours de terme au debiteur pour faire son argent ; encore en matiere de deniers Royaux, ou vend promptement aprés la saisie, sans donner aucun terme ; ce qui s'observe mesme aux debtes des particuliers és Coûtumes d'Auvergne, Bourbonnois & Normandie ; mais en ces Coûtumes au lieu de donner terme avant la vente, il y a huit jours, ou autre tel temps de recousse aprés la vente. Comme aussi ces deux mois du Droit sont encore gardez pour le temps, dans lequel le creancier est tenu faire faire la vente des biens pris par execution : non qu'il faille qu'il attende tant, mais qu'il ne peut attendre davantage : autrement il déchet de l'effet de la saisie : ce qui devroit estre plus étroitement observé qu'il n'est suivant l'art. 172. de la Coûtume de Paris.

4. Qu'il seroit meilleur les ventes des biens pris par execution fussent promptement aprés la saisie, à la charge de huitaine de recousse.

Et pareillement j'estime que pour eviter aux longueurs & chicaneries, que le debiteur invente pour empescher la vente des biens pris par execution, quand on lui en donne le loisir, ce seroit le meilleur de vendre promptement aprés la saisie, quand il n'y auroit point d'opposition formée; & au lieu de la huitaine qui se bailleroit devant la vente, donner pareil temps de recousse pour racheter les biens vendus à la charge des frais, comme és Coûtumes susdites.

5. Subhastation en France attribuë droit de proprieté.

Et il ne faut point disputer si cette vente, & celle du gage conventionel purge les hypotheques : car meuble n'a point de suite par hypotheque : mais il est notable qu'elle attribuë droit de proprieté à l'acheteur, posé mesme que le meuble vendu n'appartienne pas au debiteur, sur lequel il a esté crié. *Juste enim possidet, qui authore pratore possidet.*

6. Solemnitez requises à la subhastation & au decret. Decret, que signifie au Droit Romain.

Et encore que cette vente soit communément en nos Coûtumes & Ordonnances appellée *subhastation*, c'est-à-dire que les affiches, proclamations, & autres solemnitez observées de Droit aux subhastations, n'y sont pas requises: mais en la vente des immeubles saisis, nous y faisons beaucoup plus de façon & de ceremonie qu'au Droit Romain; & ces solemnitez sont specifiées par nos Coûtumes & Ordonnances, lesquelles il faut étroitement & soigneusement observer: autrement pour la moindre omission le decret est nul. Et aprés ces solemnitez l'adjudication de l'heritage se fait en pleine audience par le Juge, & pour cette cause nous l'appellons *Decrets*: mais en Droit le Decret estoit une simple permission donnée par le Magistrat de vendre le bien du mineur.

7. Effets de nos Decrets.

Or comme nos decrets sont plus solemnels que les ventes des gages judiciels qui se faisoient à Rome, aussi ont-ils beaucoup d'efficace. Car non seulement ils purgent les hypotheques; & ce tant à l'égard des absens que des presens, privilegiez que non privilegiez, mineurs que majeurs, bref à l'égard de toutes sortes de personnes ; ce qui n'estoit en Droit: mais encore en Droit fort étrange, ils purgent & abolissent tout droit de proprieté : & toutes especes de charges foncieres & réelles, que toutes personnes pourroient avoir en l'heritage decreté, fors seulement les droits seigneuriaux ordinaires, qui encore sont toûjours exprimez entre les charges de l'adjudication.

8. Des Commissaires qu'il faut établir aux choses saisies.

Mais en la subhastation des meubles & au decret des immeubles nous observons une chose qui n'est pas en Droit : c'est que lors de l'execution ou saisie, le Sergent est tenu d'établir un Commissaire solvable, au regime & gouvernement des biens saisis : au lieu que de Droit au gage Pretorien, aussi bien qu'au conventionnel, le creancier estoit nanty & mis en possession du gage, & au judiciel l'executeur le gardoit jusques à la vente. Il est bien vray, que pour éviter l'infamie qui resultoit de la distraction du gage Pretorien, on creoit un curateur aux biens saisis, quand le debiteur estoit personne notable, *l. 4. de curat. fur. & aliis ext. min. dandis* : qui ne pouvoit estre mis par force. *l. 2. §. quaritur. D. de curat. bonis dando*: mais en France ceux qui sont établis Commissaires par le Sergent, sont tenus accepter la charge comme publique, s'ils n'ont excuse legitime.

9. Qu'en droit il falloit apprecier les choses saisies avant que les adjuger.

Or il y a une chose qui semble manquer à nos decrets, & qui estoit observée par les Romains : c'est qu'ils n'adjugeoient jamais les biens saisis : sinon quand on les encherissoit à prix raisonnable : & pour cet effet, avant que proceder à la vente, ils estoient prisez: autrement la vente estoit nulle, bien mesme qu'elle fust faite à la poursuite du fisque, *l. Si quos debitorum. C. de rescind. vend. l. 2. C. de fide & jure hasta fisc. libro 10. & l. 2. C. si propter publ. pensit. vend. fuerit celeb.* C'est pourquoy tant de fois se debattent de ce qui doit estre fait : personne ne veut acheter les gages. Ce qui n'arriveroit pas si on les delivroit à quelque prix que ce fust, au dernier encherisseur. Et de fait, s'il ne se trouvoit personne qui en voulust donner la prisée, il falloit que le creancier, aprés avoir attendu encore deux ans, & avoir fait encore de nouvelles pursuites, obtint enfin lettres du Prince, afin que le gage lui fut adjugé pour la prisée : Car sans cela, il n'estoit jamais receu en Droit à y mettre prix, bien que quant à soy on le luy adjuge aussi volontiers qu'à tout autre, s'il est le dernier encherisseur.

10. Qu'en France on ne fait point d'appreciation.

Mais en France aux decrets des immeubles, aprés le temps des encheres passé, on delivre & adjuge l'heritage au plus offrant & dernier encherisseur, supposé qu'il n'en ait pas offert le tiers de la valeur : mesme on tient que la recision pour lesion d'outre moitié n'a lieu contre le decret ; ce qui estoit toutefois en Droit par cette loy *Si duos debitorum. C. de rescind. vend.* la loy 3. *De jure fisci.* & la loy 2. *De jure & fide hasta fisc. lib. 10. Cod.*

11. Inconveniens qui en resultent.

D'où de tout temps il est arrivé des inconveniens, mais principalement en cette rude saison, où il y a peu de personnes qui ne soient endebtées aprés tant de miseres & de ruines, & qui ne soient en danger de voir vendre leurs biens par decret ; & que d'ailleurs l'argent est si court & si rare, que les adjudications qui se font en la plufpart des Provinces, ne montent pas ordinairement au tiers de ce que la chose pourroit valoir en un bon temps : qui est une ruine inevitable du pauvre debiteur, qui soit necessité de perdre à jamais en une seule journée les deux tiers de son bien. Mais encore (qui pis est & un inconvenient plus grand) les creanciers posterieurs qui avant la guerre estoient bien asseurez que leur debiteur avoit beaucoup plus de moyens qu'il n'en falloit pour leur debte, & mesme qu'il en auroit encore assez à present, si son bien estoit vendu à juste prix & à la commune valeur, demeurent exclus de la contribution, & perdent entie-

De l'action hypothequaire. Liv. III.

rement leur deu : au lieu que le premier creancier aura son principal entier & comptant avec les interets ; dont il achetera ou les mesmes heritages, ou d'autres au prix de maintenant, qui presomptivement luy vaudront deux fois autant en un autre temps. Si ce temps icy (que Dieu ne veuille) & cette pratique continuë encore long-tems, il se trouvera quâtité de familles ruinées par les decrets.

13. Réponse à l'objection qui se peut faire.

Et qu'on ne dise point que les creanciers posterieurs peuvent offrir la debte au poursuivant criées, s'il est anterieur en hypotheque, afin d'eviter qu'on ne decrete les biens du debiteur, depuis que les criées, mesme que la saisie est faite, *pignus Prætorium in rem est* : cela profite à tous les creanciers : & bien que l'on laisse faire le poursuivant criées, les autres creanciers ne laisseront de se faire subroger aux criées, quand il ne poursuivra plus. Et qui pourroit aujourd'huy fournir en argent comptant toutes les debtes d'un homme obere? & quand on en auroit assez, il vaudroit mieux bien souvent perdre sa debte, & employer son argent ailleurs, que de mettre le bon parmy les mauvais, & employer sa commodité presente à payer les debtes d'autruy.

13. Qu'il faut pourtant sursoir les decrets.

Quoy donc, faudroit-il encore differer & sursoir les decrets comme l'on a fait à Paris pendant les troubles? encore moins. Car on voyoit lors les debiteurs se mocquer de leurs creanciers, & leur dire impudemment, qu'ils avoient moien de les paier, mais qu'ils ne le vouloient pas faire : & cependant ils faisoient bonne chere de leur argent. Car ceux qui sont oberez, ont toûjours quelque reserve & provision de deniers, pour subvenir si leur bien vient à estre saisi : mais ceux à qui il est deu, font estat de recevoir leurs debtes & d'en vivre, & ainsi ne se soucians de garder de l'argent, ils se trouvent surpris pendant le mauvais temps. Et c'est pourquoi il ne se faut pas estonner, si les banqueroutiers demandoient la continuation de la guerre, afin de ne point payer leurs debtes. Bref quiconque empeschera les decrets & subhastations, abolira quant & quant les debtes, & détruira la foy de ces contrats. Car on ne paye plus que par contrainte, & ceux-là sont reputez mais, qui payent de gré à gré ayans moien de reculer, ou mesme de tirer composition de leur creancier, & luy faire perdre une moitié de la debte pour en avoir l'autre.

hoc tempore, dit le Comique,
Si quis quid reddit, magna habenda est gratia.

14. Qu'il faut trouver une voye mitoyenne.

Il seroit donc bien necessaire, pour le soulagement du pauvre peuple, de trouver un remede mitoyen entre ces deux inconveniens. *Nam inopiam excusare, & calamitatem aut propriam suam aut temporum queri, & difficultates auctionandi proponere, etiam mediocris est animi, integras verò servare possessiones eum, qui se debere fateatur, cujus animi, aut cujus impudentia est?* Il y a par tout remede, & je croi, si on le vouloit donner la peine à y trouver quelque expedient, qu'on en viendroit à bout, afin d'exciter quelque personne publique d'y vouloir plus attentivement, je produirai au jour avec la permission du Lecteur, une ou deux conceptions sur ce sujet, qui me sont venuës en pensée dès la suite de ce discours.

15. Expedient, à sçavoir, d'apprecier les heritages avant l'adjudication par decret.

Il me semble qu'on pourroit ordonner, que pour quelque temps seulement, & jusques à une meilleure saison, avant l'adjudication du decret, les heritages seroient prisez & estimez (comme ils estoient à Rome) par gens à ce connoissans, dont les parties seroient tenuës de convenir dans trois jours aprés la premiere Sentence de discussion par laquelle aprés avoir veu les productions des opposans, on ordonne qu'il sera passé outre à l'adjudication au quatriéme jour, & que pour cet effet affiches seront mises, &c. & ainsi cette estimation & approbation se feroit en attendant ces quarante jours, sans aucun retardement : & à cette fin, aprés les trois jours expirez, au cas que le saisi & poursuivant criées n'eussent convenu d'Experts & appreciateurs, le Juge en nommeroit d'office. Et l'estimation estant ainsi faite, il faudroit ordonner que pendant ce mauvais temps, l'adjudication ne pourroit estre faite au dessous d'icelle. Comme on void encore que cette prisée se fait en matiere de meubles saisis, avant que les vendre par subhastation : il est vrai que quelque fois on ne laisse pas de délivrer les meubles à l'encan, un peu au dessous de la prisée ; encore se fait-il rarement, & non sans soupçon de fraude : mais en immeubles, cela semble d'autant plus necessaire, que la consequence en est plus grande. Et en ce faisant, ce seroit plutost remettre & réveiller le Droit ancien delaissé mal à propos, qu'inventer une nouvelle forme.

16. De bailler les heritages en payement aux creanciers, qui ne voudroit attendre, si on ne les peut vendre à prix raisonnable.

Que si au prix de l'estimation il ne se trouvoit des encherisseurs, il faudroit pratiquer l'expedient que Justinien introduisit en une meilleure saison par sa Nov. 4. à sçavoir, que les creanciers seroient tenus de prendre en payement les heritages du debiteur, aux prix de l'estimation qui en auroit esté faite : qui est ce que Cesar avoit inventé & ordonné long-temps auparavant, & lors du declin de la guerre civile, comme il dit au commencement de son troisiéme Livre *de bello civili*. Il est vray que cela estoit un peu trop rigoureux, ainsi qu'il l'a pratiqué, de contraindre absolument les creanciers de se payer en heritages, posé qu'ils aimassent mieux attendre un meilleur tems. C'est pourquoy il en arriva de la sedition du temps de Cesar, lors que le Preteur Cœlius Rufus, sur le sujet de cette ouverture, voulut par trop avantager les debiteurs ; ce qui pensa causer un renouvellement de guerre civile. Il ne faut donc venir à cette distribution de biens, sinon au cas que les creanciers presens & veulent precisement estre payez : mais si d'un commun accord ils aimoient mieux attendre un meilleur temps, & surseoir les decrets, j'estime qu'il ne les faudroit faire racheter contre leur gré les heritages de leur debiteur. Que s'ils entroient en debat, les uns voulant estre payez, les autres aimans mieux attendre, cela se pourroit vuider par la pluralité, selon la regl. de la loy derniere, *C. qui bonis cedere possunt*: ou pour mieux faire, on pourroit ordonner que ceux des creanciers posterieurs, qui ne voudroient pas attendre, prissent des heritages pour le prix, tant de leurs debtes, que de celle des precedens creanciers, qui auroient opté d'attendre, dont en ce faisant ils seroient tenus se charger ; & neanmoins il leur seroit baillé terme de deux ans, ou autre convenable de payer ces debtes exigibles : & pour le regard des rentes : ils s'chargeroient de les continuer à l'advenir, le tout en baillant par eux bonne & suffisante caution, qui seroit receuë avant que le decret d'adjudication des heritages leur peust estre delivré.

17. Autre expedient d'adjuger à recousse & rachapt les heritages decretez.

Que si on trouve quelque difficulté sur cet expedient il y a encore une voye plus courte & plus facile : c'est que pendant ce mauvais tẽps, & jusques à ce que les heritages soient revenus à leur commun prix, les adjudications par decret se fassent seulement par forme d'engagement, & à faculté perpetuelle de rachapt : ainsi qu'on aliene & adjuge le Domaine du Roy : de sorte que tant le proprietaire que les creanciers hypothecaires puissent recourre & retirer l'heritage en rendant le prix de l'adjudication, frais & loyaux cousts, & mesme qu'un plus ancien creancier le puisse retirer d'un posterieur.

Ou bien, si on trouve rude que la faculté du rachapt soit perpetuelle, que du moins on donne trois ou quatre ans de recousse au debiteur, & aux creanciers hypothecaires : qui reviendra aux deux ans de recousse attribuez par la loy derniere, *C. de jure dom. imper.* au debiteur, pour retirer le gage ajugé au creancier, à faute d'avoir trouvé d'autre encherisseur : comme le docte Antoine Faber, *lib. 1. de error. pragmat. cap. 5.* nous apprend qu'en Savoye, tant le saisi que les creanciers, ont six mois de recousse aprés le decret. Ce qui pourroit estre mieux éclaircy par memoires, qu'il faudroit dresser exprés tout à loisir, mais cela m'estant tombé en l'esprit au fil de ce discours, je ne me suis pû empecher de l'y entrelasser brusquement côme il s'est presenté. Et je desireroi que cette ouverture peust servir seulement d'aiguillon à quelque plus bel esprit, pour inventer sur cette occurrence un meilleur expedient : afin que parmy tant d'Edits bursaux, que la calamité du temps & la necessité des affaires de ce Royaume produit journellement, il s'en fit quelqu'un pour le soulagement du pauvre peuple en cette necessité universelle.

CHAPITRE VIII.

De la discussion.

1. Coustumes qui rejettent indistinctement la discussion.
2. Coustumes qui la rejettent seulement en l'hypotheque speciale.
3. Coustumes qui l'admettent indistinctement.
4. Si és Coustumes qui n'en parlent point, la discussion doit avoir lieu.
5. Que la discussion est fondée sur de grandes causes.
6. Resolution que la discussion a lieu es Coustumes qui n'en parlent point.
7. Qu'elle a lieu mesmement en la speciale hypotheque.
8. Qu'elle n'y avoit lieu anciennement.
9. Qu'elle doit aussi avoir lieu en l'assignat.
10. Qu'elle n'a point de lieu aux charges foncieres.
11. Qu'elle n'a point lieu quand il y a saisie, nantissement, ou clause de constitut, ou precaire.
12. Qu'elle n'a point lieu, quand il y a prohibition de vendre l'hypotheque.
13. Qu'elle n'a lieu à l'égard d'un heritier & bien-tenant.
14. Qu'elle n'a lieu à l'égard de celuy qui a acquis l'heritage à la charge de la rente.
15. Qu'elle n'est necessaire pour interpreter la simple interruption.
16. Qu'elle n'est necessaire pour s'opposer à un decret: Conciliation de plusieurs loix.
17. Comment le creancier conditionnel, ou in diem, est mis en ordre aux decrets.
18. Que c'est une pratique vicieuse de mettre le creancier hypotequaire en ordre avant discussion faite.
19. Neuf cas ramassez, esquels la discussion cesse.
20. Si elle a lieu quand le Principal debiteur est d'impossible convention.
21. Si elle a lieu quand il est notoirement insolvable.
22. Idem.
23. Forme de la discussion & de la perquisition de biens.
24. Aprés la perquisition faut faire vendre.
25. Cautelle pour ne faire deux decrets pour un.
26. Discussion n'est necessaire, si elle n'est opposée.
27. Que le deffendeur opposant discussion, le demandeur peut convertir ses conclusions à la simple declaration.
28. Que le Juge ne doit renvoyer en execution la discussion, posé qu'elle ait esté demandée avant contestation.
29. Discussion de la speciale hypotheque doit venir à la generale; Interpretation de la loy 2. C. de pign.
30. Quatre degrez de discussion.
31. S'il faut discuter l'heritage premier vendu, avant que venir au dernier vendu.
32. Qu'és debtes à une fois payer la discussion a encore lieu en cette Coustume.
33. Si le fidejusseur ayant racheté la rente, peut convenir sans discussion le tiers detempteur.
34. Si la diminution du tiers doit estre faite suivant l'Edit au fidejusseur pour les arrerages écheus, & par luy paiez au creancier pendant les troubles.

1. Coustumes qui rejettent indistinctement la discussion.

EN l'article que j'ay commencé d'expliquer, suivent ces mots, *sans qu'il soit besoin de discussion*, qui ont esté adjoûtez à la derniere reformation pour nouvelle Coûtume, ainsi que porte le procez verbal, ce qui signifie qu'avant la reformation il se pratiquoit autrement. Aussi il y a plusieurs Coustumes qui decident de mesme, qu'on peut directement intenter l'action hypothequaire contre le tiers detempteur, sans discuter les biens du principal obligé, & ce indistinctement, tant en la generale hypotheque qu'en la speciale: comme en la Coustume de Cambray, celle des rentes: celle du Perche art. 205. celle d'Auvergne, titre des executions, art. 3. & 4. celle de la Marche, art. 371. d'Anjou art. 475. de Dourdan, tit. 3. art. 55. qui seulement requiert qu'il soit fait un simple commandement au debiteur.

2. Coustumes qui rejettent seulement en l'hypotheque speciale.

D'autres rejettent seulement la discussion en la speciale hypotheque, & l'admettent en la generale, comme la Coustume de Sens, art. 134. celle de Tours, art. 217. celle d'Orleans, article 436.

3. Coustumes qui l'admettent indistinctement.

Au contraire, la Coustume de Clermont, art. 38. celle de Chaalons, art. 131. celle d'Auxerre, art. 194. celle de Sedan, tit. 13. art. 64. admettent la discussion en toute sorte d'hypotheques, conformément au Droit. De cecy il y a une dispute assez notable au procez verbal de la Coustume de Bourbonnois, au droit de l'art. 136. en ces mots, *Avons remonstré ausdits Estats qu'il semble estrange, & aussi contre droit, qu'un creancier peust contre un tiers detempteur proceder par execution, sans preablement faire execution sur le principal debiteur: & que s'estoit raison, où les biens du principal debiteur ne pourroient suffire, ou qu'il seroit notoirement non solvable, qu'il peust avoir son recours sur les heritages detenus par ledit tiers detempteur, & que neantmoins il pourroit agir cependant à declaration d'hypotheque contre ledit tiers detempteur, &c.*

4. Si és Coustumes qui n'en parlent point discussion doit avoir lieu.

Mais aux Coustumes où cette difficulté ne se trouve decidée, la question est grande, si la Coustume de Paris y doit estre gardée, ou bien la disposition de Droit, qui requiert la discussion. Nov. 4. *De fidejus.* Ce qui revient à la question qui a esté traitée au chapitre 6. du second Livre, à sçavoir si l'action personnelle, attribuée par la Coustume de Paris aux rentes constituées, doit estre pratiquée aux autres Coustumes, où il a esté dit, que quand la Coustume de Paris est contraire à la disposition de Droit qui est constante & certaine, d'ailleurs qui ne repugne pas à l'usage general de la France, on doit plûtost aux autres Coustumes suivre la disposition de Droit que de la Coustume de Paris, principalement si la decision de nostre Coustume se trouve emanée en consequence de quelqu'autre article, ou de quelqu'autre ancien usage pratiqué à Paris auparavant la reformation, qui soit contraire au Droit commun. Or icy la disposition du Droit est constante & certaine en cette Nouvelle quatriéme. Et d'ailleurs il est vray-semblable que cette adhition a esté adjoûtée à nostre nouvelle Coustume, en consequence de ce qu'erronément on a attribué par un autre article l'action personnelle aux rentes constituées, ce qui n'est pas selon le Droit.

5. Que la discussion est fondée sur de grandes causes.

Aussi il est aisé à entendre que la decision de Droit est plus équitable & convenable à nostre usage de France, que celle de nostre Coustume, car puis qu'en France nous octroyons discussion au fidejusseur si precisément il n'y a renoncé, il y a sans doute plus d'apparence de l'accorder au tiers detempteur, veu que le fidejusseur s'est obligé volontairement à la rente, & le tiers detempteur n'en a possible jamais oüi parler. Et puis il a esté dit, que la suite des hypotheques est introduite contre les principes de Droit: pourquoy l'étendrons-nous si avant, qu'elle en vienne une contrainte plus pregnante & plus prompte que l'obligation de celuy qui a contracté & sur tout, qui est la raison decisive, il est certain que l'obligation de l'hypotheque n'est qu'accessoire, & subsidiaire à la personnelle, comme il a esté prouvé cy-dessus: d'où il s'ensuit que tant que l'obligé personnellement a moyen de payer, il n'y a point d'apparence de s'adresser au tiers detempteur.

6. Resolution que la discussion a lieu és Coustumes qui n'en parlent point.

Il faut donc resoudre que le droit & l'usage commun de la France, est qu'il faut discuter le debiteur de la rente constituée, avant que de s'adresser au tiers detempteur de l'heritage hypotequé: & de fait, il me souvient que cela a esté jugé à la Cour en la Coustume de Poictou, par un arrest solemnel donné toutes les Chambres assemblées, & prononcé en robes rouges à la Pentecoste 1587.

7. Qu'elle a lieu mesmement en

Toutefois il pourroit rester quelque doute à l'égard de la speciale hypotheque; Car nous avons en France tant authorisé les speciales hypotheques, qu'és partages successions,

De l'action hypothequaire. Livre III. 73

la speciale hypotheque.

successions, & autres telles occurrences, nous avons jusques icy, quoi que mal à propos, comme je dirai en un autre lieu, attribué l'être, & la situation des rentes constituées aux Baillages & Provinces où les hypotheques speciales sont assises: aussi que du Molin dit en plusieurs endroits, que par Coûtume generale de France en speciale hypotheque, il ne faut point de discussion. Ce qui se peut fortifier d'un tres-beau texte de droit en la Nov. 112. *De litigiosis*, dont voici les mots, *Si quidem speciales res mobiles vel immobiles aut se moventes nominatim fuerint hypotheca supposita, liceat quidem debitori cui ea voluerit vendere, sic tamen ut ex pretio earum usque ad quantitatem debiti satisfaciat creditori: si autem hoc debito non fecerit, licentiam damus creditori, qui rem venditam suppositam habet, eandem rem vendicare, donec ei satis de debito fiat.* Mais ce texte se doit entendre quand l'hypotheque étoit litigieuse, conformément au titre de la Nov, c'est à dire, quand il y avoit poursuite faite par le creancier auparavant la vente pour raison de l'hypotheque : auquel cas il est vrai de dire, que ny de Droit, ny en France, la vente ne peut subsister au préjudice du creancier. Il faut donc tenir nonobstant le dire de du Molin, que mesme en speciale hypotheque il écheit discussion, comme bien dit Ant. Faber en son docte Livre, *De error. prag. error.3. Decad.6.* & M. Loüet & son Commentateur, *in lit. H. num. 9.* Aussi toutes les raisons cy-dessus alleguées ont autant de force en la speciale hypotheque qu'en la generale, & mesme l'Arrest que j'ai cotté etoit au cas d'une speciale hypotheque.

8. Qu'elle n'y avoit lieu anciennement.

Il peut toutefois bien être du temps passé, & du temps de du Molin, cela se pratiquoit autrement. Car le bon Maseur passant encore plus avant que lui, dit que la chose specialement hypothequée & depuis venduë, peut être saisie sur le tiers detempteur, bien que le debiteur fût present & solvable : il est vrai dit-il, que si le tiers detempteur indique au creancier qu'il a les dépens, il y sera receu, & sera l'execution faite sur iceux, demeurant cependant la premiere execution en surseance ; & pour ce faire le Juge lui doit donner certain delay : lequel expiré, si le creancier n'est payé, la premiere execution doit être parfaite.

9. Qu'elle doit aussi avoir lieu en l'assignat.

Mais encore plus justement pourroit-on douter, si la discussion est requise en l'assignat, que j'ai dit être quelque chose de plus précis & avantageux de la speciale hypotheque ; veu que par telle convention, il semble que l'heritage soit principalement chargé, non subsidiairement obligé à la rente. Car c'est toujours lui en effet qui doit la rente, & non l'heritage assigné ; & partant à le bien prendre, l'obligation de l'heritage n'est qu'accessoire à la personnelle. Aussi le Droit nous apprend que la constitution d'assignat n'ajoûte & ne diminuë point à la premiere obligation de la personne, *l. L. Titus D. de alim. & cibar. leg.* Il est veritable que si la clause de cession d'actions contre le fermier étant jointe à l'assignat, il ne faut point de discussion pour intenter les actions cedées, qui peut à pur & à plein transferées par cette cession, comme il a été dit au chap. du premier Livre.

10. Qu'elle n'a point lieu aux charges foncieres.

Mais quant à la pure rente fonciere, ou autre charge de fonciere, soit annuelle, soit casuelle, y a doute que la discussion n'y a point de lieu, mêsme à l'égard des arrerages écheus avant la vente faite au tiers detempteur, comme il est formellement decidé en la loi, *Cùm possessor §. ult. D. de censibus.*

11. Qu'elle n'a point lieu quand il y a saisie, nantissement ou clause de constitution precaire.

Pareillement quand le creancier a non seulement droit d'hypotheque en la chose, mais en outre, quelque maniere de possession, soit actuelle & naturelle, soit seulement feinte & civile, au moyen de cette possession, il peut continuellement suivre la chose en quelques mains qu'elle passe, sans faire aucune discussion ; d'autant qu'il ne peut être depossedé sans son fait par l'alienation du debiteur, jusques à ce qu'il soit satisfait de son deu. Ce qui se verifie en trois cas : Premierement, au pur gage conventionnel ; secondement, au gage de Justice, quand le creancier à faute de payement fait saisir l'hypotheque, comme il se colligie en plus forts termes du texte Du Déguerpissement.

cy-dessus allegué de la Nov. *De litigiosis* : troisième lieu quand le creancier a été nanty, vel ensaisiné de la chose hypothequée, selon les formes prescrites au país de Picardie. Quelques-uns ajoutent un quatrième cas, quant au contrat de constitution de la rente il y a clause de constitut, comme plusieurs des interpretes ont tenu, & Imbert l'a noté sur son Enchiridion, Alexandre & Jason, *in l. Exitus. D. de acq. possess.* C'est pourquoi il ne faut pas oublier cette clause aux contrats de constitution de rente, encore que je doute fort que cette opinion fût aujourd'hui gardée : & de fait le mesme Antoine Faber la refute fort bien *errore 5. decad. 5.*

12. Qu'elle n'a point lieu pour raison de la vente ou vendition de l'hypotheque.

Il y a encore une autre clause, que plusieurs estiment abolir la discussion ; à sçavoir quand on a stipulé que le debiteur ne pourroit aliener la speciale hypotheque : car cette clause non seulement exclud la discussion, mais même, comme ils disent, continuë le droit d'execution parée sur l'heritage aprés l'alienation, parce qu'elle empeche par effet l'alienation, en ce qu'elle pourroit tendre au préjudice du creancier, & ce par la decision notable, & toutefois vulgaire, de la loy, *Si creditor. §. ult. D. de distract. pign.* c'est un discours assez profond pour les diverses lectures de cette loy, à quoi je ne m'amuserai pas pour le present.

13. Qu'elle n'a lieu à l'égard d'un cohéritier & bien-tenant.

Faut pareillement observer, que cette discussion qui a été introduite en faveur du possesseur étranger, n'a point de lieu à l'égard de l'un des heritiers de l'obligé, qui quant & quant seroit detempteur de la chose hypothequée, bien qu'il offrît payer, même qu'il eût payé à part sa portion hereditaire, & ce pour la raison qui a été deduite ci-devant au chapitre second parlant de l'action hypothequaire.

14. Qu'elle n'a lieu à l'égard de celui qui a acquis l'heritage à la charge de la rente.

Aussi la discussion n'a lieu en faveur du tiers detempteur, qui a acquis l'heritage à la charge expresse de payer la rente ou la debte à une fois payer : car celui-là est tenu personnellement envers le creancier, & même sans cession d'actions du vendeur, comme nous le pratiquons en France, ainsi qu'il sera traité au livre suivant : Aussi ne seroit-il pas raisonnable qu'il peut demander que celui qui a recours contre lui fût discuté auparavant lui. Autre chose seroit en celui qui lors de l'achapt auroit bien eu connoissance de la rente, mais ne se seroit nullement chargé de la payer ; & même de celui qui auroit acquis l'heritage à la charge, non de la rente, mais seulement de l'hypotheque pour raison de la rente : car celui-là n'en est point tenu personnellement, ny envers le creancier, ny envers le debiteur, pour l'en acquiter, mais ce n'est qu'un advertissement & certioration de l'hypotheque qui étoit sur l'heritage pour s'exempter du stellionat : de maniere qu'avant que s'adresser à lui, il faut discuter le debiteur qui lui a vendu l'heritage.

15. Qu'elle n'est necessaire pour interpreter la simple interruption.

Item, la discussion n'est point necessaire pour intenter la simple interruption ou declaration d'hypotheque expliquée au second chapitre de ce Livre ; car même cette action a été inventée pour tenir lieu de l'action hypothequaire, quand elle ne peut être intentée à faute d'avoir fait discussion, ou que le debiteur, qui seroit à discuter, est solvable.

16. Qu'elle n'est necessaire pour s'opposer à un decret. Conciliation de plusieurs loix.

Comme aussi sans faire aucune discussion on se peut opposer, pour la conservation de son hypotheque, au decret de l'heritage hypothequé poursuivi sur le tiers detempteur, comme cela se fait tous les jours. Et faut bien s'y opposer, parce qu'autrement l'hypotheque seroit purgée par le decret. Mais cette opposition n'est qu'une protestation que fait le creancier de son droit d'hypotheque, comme dit Faber sur la loy *Si eo tempore, C. de remiss. pign.* du creancier *in diem, vel sub conditione*, qui s'opposant au decret, ne peut pas conclurre precisément & formellement à être mis en ordre pour le payement de sa debte, mais seulement à la conservation de son droit. Car le Droit dit bien que *creditor in diem habet pignoris persecutionem, quatenus sua interest l. Quæsitum D. de pignor.* mais qu'il n'a pas droit de vendre le gage, *l. 4. D. de distract. pign.* Qui sert pour concilier deux loix fort contraires, autrement que Cujas, livre 10. des Observations chapitre 32. & Antoine Faber,

de l'action hypothequaire. Liv. IV.

liv. 15. des Conject. chapitre fi xiéme ; à sçavoir la loy 6. in princ. & la loy penult. §. dernier, D. *Ex quibus causis in possess. eatur* : dont l'une dit, que *conditionalis creditor in possessionem mitti potest* : l'autre que *non potest, quia is solus mittitur, qui potest ex edicto bona vendere* : à sçavoir qu'à la verité le creancier conditionnel n'est pas le premier mis en possession, c'est à dire que la mission ne se decerne pas à sa poursuite ; mais d'autres creanciers y ayans été mis, parce que la mission est *in rem*, & étant conservé le droit de tous les creanciers, il y est compris avec les autres pour la conservation de son droit, *non vendendi, sed servandi pignoris caussa* : c'est à dire, pour raporter ceci à nôtre usage, qu'il ne pouvoit pas lui-même saisir les biens du debiteur, mais étans saisis par d'autres, il se pouvoit opposer pour la conservation de son deu.

17. Côment le creancier conditionnel, ou in diē est mis en ordre aux decrets.

A ce propos est fort notable la decision de la loy *Greg.* §. *si sub conditione. D. de pignor. Si agatur ante conditionem hypothecariam, verum quidem debitum solutum non esse, sed auferri hypothecam, iniquum est : ideoque arbitrio judicis cautiones interponenda sunt, si conditio extiterit, nec pecunia solvatur, restitui hypothecam.* D'où nous avons tiré une pratique fort équitable ; à sçavoir que sur les oppositions formées aux decrets pour debtes conditionnelles, & autres qui ne sont promptes & exigibles, le Juge ordonne que les posterieurs creanciers toucheront les deniers, laissant arriere le creancier conditionnel, mais qu'ils bailleront caution de les lui rendre & payer, au cas que la condition échée.

18. Que c'est une pratique vicieuse de mettre le creancier hypothequaire en ordre avant discussion faite.

D'où on peut inferer que la pratique qui s'observe en plusieurs lieux à l'égard du tiers detempteur, est fort rude, d'ordonner que des deniers procedans de la vente de l'hypotheque criée & adjugée sur le tiers detempteur, le creancier hypothequaire, bien qu'il n'ait fait aucune discussion sur le principal obligé, sera payé en son ordre de priorité ou posteriorité en cedant ses actions aux posterieurs creanciers, qui est en effet faire payer la debte au tiers detempteur auparavant discussion. Car à le bien prendre, puis que le tiers detempteur n'est tenu que subsidiairement, & seulement au cas que l'obligé se trouve insuffisant ; il est comme debiteur conditionnel, ainsi qu'il est dit nommément du fidejusseur subsidiaire en la loy *Decem.* 11. 6. D. *verb. oblig.* & en la loy *Si decem.* D. *de solut.* de sorte qu'il se faut regler de même en son endroit, que des autres debiteurs conditionnels, & ordonner que les posterieurs creanciers bailleront caution de lui restituer la somme qu'ils auront receuë jusques à la concurrence de son deu, aprés la discussion faite sur le principal debiteur.

19. Neuf cas ramassez, esquels la discussion cesse.

Enfin j'ay cotté dix cas esquels la discussion n'est point requise, à sçavoir, quand la possession de la chose a été transferée actuellement au creancier ; quand il y a saisie actuelle auparavant la vente de l'heritage hypothequé ; quand il y a nantissement, & selon aucuns, quand il y a clause de constitut, ou precaire ; & quand il y a prohibition d'aliener la speciale hypotheque aux charges foncieres, en l'heritier & bien-tenant ; quand le detempteur a acquis la charge de la rente, en simple declaration d'hypotheque, & finalement en l'opposition formée au decret.

20. Si elle a lieu quand le principal debiteur est d'impossible convention.

Il y a encore un onziéme fort vulgaire, & que tous les Interpretes ont reconnu, sçavoir quand il est notoire que le debiteur est de convention impossible ou insolvable, car on dit alors que la discussion est toute faite. Ce qui est certain pour l'impossibilité de convention, & se verifie selon le droit au debiteur absent en païs éloigné, & au fisque quand il ne veut pas payer : dont j'ay parlé amplement de l'un & de l'autre, au traité *De la garantie des rentes*.

21. Si elle a lieu quand il a notoriement insolvable.

Mais je n'estime pas qu'à la rigueur aucune notorieté d'insuffisance empêchât de faire la discussion en la forme qu'on la fait en France ; qui est de faire un simple exploit de perquisition des biens de l'obligé. Car quand bien le debiteur auroit fait cession (qui est l'exemple que les Interpretes apportent de l'insuffisance notoire) peut-il pas être qu'il aura beaucoup de biens, lesquels il a abandonnez, parce qu'il doit encore davantage ? Et en ce temps que les biens ne sont ny en valeur, ny en vente, combien voit-on de personnes riches, & qui ont force heritages, contraints de faire cession, pour éviter d'être emptinez en vertu de l'Ordonnance des quatre mois, observée certes avec trop de rigueur en cette miserable saison ? Faut-il dire pourtant on se puisse addresser contre les tiers detempteurs, avant que les heritages de celui qui a fait cession soient discutez & passez par decret ? Je ne le pense pas, car il se peut faire que le creancier étant des premiers en hypotheque, viendra en ordre sur la vente des biens du debiteur qui a fait cession ; & consequemment en ce cas il seroit vrai, qu'il ne lui seroit rien deu par le tiers detempteur, puis que le debiteur seroit assez solvable à son égard. Quelques-uns ajoûtent encore un douziéme cas, auquel ils pretendent que la discussion doit cesser, à sçavoir quand par le contrat le debiteur y a renoncé. Ce que je n'estime nullement, parce qu'en un mot, que l'exception de discussion n'appartient pas au debiteur, mais au tiers acquereur : de sorte qu'à son préjudice le debiteur n'y peut renoncer, comme prouve amplement & doctement le même Antoine Faber, *errore* 6. *decad.* 5.

22. Idem.

Et ne faut point dire qu'en ce cas, le tiers detempteur ayant payé la debte, aura son recours contre le debiteur, obtenant cession d'actions, & se faisant subroger au lieu du creancier ; car pourquoi contraint-on le detempteur d'entrer en avance, & payer ce qu'il ne doit pas, & qu'il ne peut devoir ? Pourquoi le charge-on de faire la poursuite que le creancier est tenu de faire pour la discussion du debiteur ? Aussi que toûjours en en pourroit dire autant, car toûjours le creancier est tenu faire cession d'actions à celui qui est contraint payer pour autrui : de sorte que si cette raison étoit pertinente, il faudroit entierement abolir l'usage de la discussion.

23. Forme de a discussion & de la perquisition de biens.

A ce propos il faut representer succinctement la forme de discussion, sur laquelle les Interpretes de Droit se sont trouvez fort empêchez ; mais en effet il n'y a point d'autre ceremonie, que de faire faire par un Sergent une perquisition des biens de celui qu'on veut discuter, au lieu de sa demeure, dont le Sergent fait son procez verbal, contenant qu'il s'est enquis aux parens ou aux voisins du debiteur, & les a requis & sommez lui declarer s'il avoit aucuns biens, avec mention de leur réponse ; & qu'aprés cette perquisition, qu'il representera la plus exacte qu'il pourra, fera rapport qu'il n'a trouvé aucuns meubles, & qu'on ne lui a enseigné aucuns immeubles appartenans au debiteur. Et on ne regarde point ce que dit le bon Masuer, que cette perquisition se fait à son de trompe; car on n'use plus si souvent ces adjournemens, ou autres publications à son de trompe qu'on faisoit le temps passé, aussi seroit-il assez mal-seant qu'on allât ainsi crier à son de trompe la pauvreté d'un homme.

24. Aprés la perquisition faut faire vendre.

Que s'il a été trouvé quelques biens par la perquisition, il faut pour achever la discussion, faire subhaster les meubles, & decreter les immeubles. Même si aprés le decret il se trouvoit encore d'autres heritages appartenans au debiteur, il les faut encore faire decreter. Et encore j'estime, suivant l'ancienne opinion des Interpretes de Droit, que si par la perquisition il se trouvoit si peu de biens appartenans à l'obligé, qu'il n'y est notoirement & à beaucoup prés pour payer la debte, on ne laisseroit pas de pouvoir intenter l'action hypothecaire. Toutefois pour peu qu'il y en ait, il les faut toûjours faire vendre : car c'est autant de diminution de la debte, & de la décharge pour le tiers detempteur.

25. Cautelle pour ne faire deux decrets pour un.

Que si aprés cette perquisition & vente de biens le detempteur veut dire, que la discussion n'est pas suffisante & entiere, c'est à lui à indiquer d'autres biens. Et je pense qu'il seroit plus expedient, incontinent aprés la perquisition faite, faire appeller le tiers detempteur ou fidejusseur, pour voir dire qu'en faisant vendre & decreter les immeubles contenus au procez verbal de discussion, il sera tenu delaisser les heritages par hypotheque.

de l'action hipothequaire. Liv. III.

si mieux il n'aime payer ce qui restera de la debte ; & par méme moyen de sommer que s'il sçait d'autres heritages appartenans au debiteur, & sujets à estre discutez, qu'il les lui indique, afin de les faire decreter, aux perils & fortunes de l'indiquant, tous ensemble par un mesme decret, pour éviter aux frais & longueurs, & s'il demande un delay pour s'en informer, il luy en sera baillé par le juge, & en ce faisant le creancier ne sera en danger de faire deux ou trois decrets, l'un après l'autre, comme il est quelquefois contraint à faute d'avoir suivi cet expedient. Le surplus de la pratique des discussions est expliqué au livre *De la garantie des rentes*, chap. 9.

26. Discussion n'est necessaire, si elle n'est opposée.

Mais encore que le creancier ait pris conclusions formelles de la pure action hypothecaire contre le tiers detempteur avant discussion, j'estime qu'il suffit, auparavant contestation en cause, faire cette perquisition, si le detempteur par ses défenses lui demande discussion. Car je tiens avec la plûpart des Interpretes, que la discussion n'est point absolument requise, & qu'elle n'est pas demandée, & qu'elle n'est point deüe, *ipso jure*, mais seulement par forme d'exception ou défense, quand elle est opposée. De sorte que si la cause estoit reglée & contestée sans cette exception, & qu'après le defendeur s'avisât de la demander, le juge la doit rejetter en l'execution, & condamner le detempteur à délaisser l'heritage sub hypotheque, après discussion faite des biens du principal debiteur; si mieux il n'aime payer la debte, & le condamner és dépens de l'instance.

27. Que le deffendeur opposant discussion, le demandeur peut convertir ses conclusions à la simple declaration.

Que si la discussion est demandée avant contestation, alors le demandeur, en attendant, qu'elle soit faite, peut changer ses conclusions de la pure action hypothecaire, en simple demande en declaration d'hypotheque, à ce que l'heritage luy soit declaré affecté & hypothequé, & que discussion prealablement faite des biens trouvez en la perquisition, ou qui luy seront indiquez par le defendeur, il soit condamné délaisser par hypotheque les heritages, si mieux il n'aime payer la debte : car à le bien prendre ce n'est pas une nouvelle conclusion, mais c'est une modification de la premiere demande.

28. Que le juge de doit renvoyer en execution la discussion, posé qu'elle ait esté demandée avant la contestation.

Mais ne puis estre de l'opinion de ceux qui veulent que ce changement de libelle se puisse faire après contestation, méme sans que le demandeur offre & se soûmette à faire discussion, que le juge lui peut neantmoins adjuger ses conclusions hypothequaires, à la charge de faire prealablement la discussion, comme il a esté dit, quand la discussion a esté seulement demandée depuis contestation en cause : ce qui semble expressément decidé par la loi derniere *in 2. resp. D. de rebus creditis*, y apportant la correction d'Alciat sur la loi 150. *De verb. signif.* qui sans doute y est necessaire. Mais en France puisque nous avons deux actions differentes en matiere d'hypotheque, l'une, pour conclure formellement au delaissement de la chose : l'autre, pour demander une simple declaration d'hypotheque en attendant la discussion, (ce qui n'estoit pas au Droit Romain) il me semble que nous ne devons pas suivre la decision de cette loi : & que celui qui a intenté une de ces deux actions au lieu de l'autre, est mal fondé en sa demande, dont il doit estre debouté quant alors, & condamné aux dépens, sauf à lui à se pourvoir après discussion faite. Toutefois une Cour de Parlement, qui n'est point astrainte aux formalitez, n'y prendroit peut-être pas garde de si prés, & pourroit possible rejetter la discussion en execution de l'arrest, mais aussi ne trouveroit-elle pas bon qu'un juge de Province, qui est astraint aux formes, voulût ainsi s'emanciper.

29. Discussion de la speciale hypotheque pour venir à la generale. Interpretation de la loy 2. C. de pign.

Or il y a une autre espece de discussion que celle du principal obligé, qu'il faut expliquer, qui est introduite par la loi 2. C. *de pignor*. C'est qu'il faut discuter la speciale hipotheque avant que de venir à la generale, & pour éviter cette discussion, on ajoûte aux contrats cette clause, *sans que la speciale hypotheque déroge à la generale*, &c. clause qui est notamment authorisée en l'article 100. de nôtre Coûtume de Paris : & il y a cela de commun entre les deux discussions, qu'elles ne peuvent être opposées par les obligez personnellement, ou leurs heritiers. Car le debiteur, ou l'un de ses heritiers, ne peut pas demander que l'on discute la speciale hypotheque, attendu que le creancier se peut addresser à tel que bon lui semble, des heritages hypothequez, *lege Creditor. D. de distract. pignorum* : mais il n'y a que le tiers detempteur qui puisse demander l'une & l'autre discussion. Il est vray que la discussion de la speciale hypotheque se peut opposer aussi entre deux creanciers, & par le moyen d'icelle le posterieur creancier sera preferé au premier, qui a une speciale hypotheque à discuter, comme du Molin a tres-bien expliqué sur l'onzième article de la Coûtume: encore y en a-il qui tiennent que celui-ci est le seul cas de cette discussion, & que méme le tiers detempteur de l'heritage generalement hypothequé, ne peut demander que la speciale hypotheque soit discutée. Mais qui prendra garde à cet article 100. de nôtre Coûtume, en colligera qu'il se pratique autrement, quoi qu'en ait dit le docte Covarruvias *lib. 3. var. resolut. cap. 11*. où il traite fort pertinemment cette maniere de discussion. D'où il s'ensuit qu'en ce cas la generale hypotheque a avantage par dessus la speciale ; & faut observer que cette discussion n'est point abolie par nôtre article, attendu qu'elle est authorisée par l'article precedent.

Il y a donc en tout quatre degrez de discussion en mettant celui-ci avec les trois degrez specifiez par la Nov. 4. de Justinien : à sçavoir de la speciale hipotheque à la generale, du debiteur au fidejusseur, du fidejusseur au tiers detempteur des heritages du debiteur, & de ce detempteur au detempteur des heritages du fidejusseur.

30. Quatre degrez de discussion.

Encore y en a-il qui ont voulu établir un cinquième degré de discussion, à sçavoir de l'heritage premierement alieué à celui qui est le dernier alieué. Et de fait le bon Masuer au lieu prealleguè, semble avoir approuvé cette discussion ; & le Commentateur de l'Ordonnance des criées, (qui a meslé quelquefois assez hardiment ses discours avec ceux de feu Monsieur le Maistre) l'a formellement tenu & amplement disputé au chapitre 41. où il allegue la loi, *Si quis habens. D. Qui & à quibus manum. lib. non fiant*, & peut-être qu'autrefois elle a été pratiquée, mais puisque le droit ne l'a admise, j'estime que justement l'usage moderne l'a rejettée: dont Ant. Faber au méme livre *error. 9. decad. 5*. a doctement deduit les raisons, alleguant entr'autres, fort à propos, la loi *Moschis. D. de jure fisci*.

31. S'il faut discuter l'heritage vèndu, avant le dernier vendu.

Pour la fin de ce chapitre, il faut remarquer que par nôtre article la discussion n'est exclue sinon à l'égard des rentes dont seulement il traite, & non des debtes à une fois payer : de sorte qu'en ces simples debtes la discussion a toûjours lieu à Paris, conformément à la disposition du Droit, auquel la Coûtume n'a point derogé en ce regard.

32. Qu'és debtes à une fois payer la discussion a encore lieu en cette Coûtume.

Surquoi se rencontre une tres-belle question, sçavoir si le fidejusseur ayant racheté la rente, peut convenir le tiers detempteur pour son indemnité, sans discussion du principal obligé. Ce qui se resout par une distinction notable, à sçavoir que si ce fidejusseur agit de son chef, & en vertu de son contrat d'indemnité, alors il doit faire discussion: car entant qu'il est fidejusseur, cette indemnité est une debte à une fois payer, & non une rente ; dont aussi en ce cas il ne peut demander les arrerages, sinon par forme d'interests *ex mora*, & du jour de la demande seulement; aussi que la rente est amortie par le rachapt d'icelle. Mais s'il y vient par cesion d'actions du creancier de la rente, il n'est pas comme fidejusseur, mais comme seigneur & acheteur de la rente, & partant il a besoin de discussion en cette coûtume ; aussi n'en peut-il alors demander le racquit, comme du Molin a tres-bien parlé en son Traité des Usures, quest. 47.

33. Si le fidejusseur ayant racheté la rente, peut convenir le tiers detempteur.

Et cette distinction resout une difficulté, qui maintenant se presente fort souvent sur l'interpretation de deux Reglemens des rentes, faits depuis les troubles ; Sçavoir si le fidejusseur, qui pendant la guerre a été contraint de payer les arrerages lors courans, sera tenu souffrir la diminution du tiers, lors qu'il s'addressera au debiteur.

34. Si la diminution du tiers doit étre faite suivant l'Edit du fidejusseur pour

Du Deguerpissement.

K ij

De l'action hypothequaire. Liv. III.

les arrerages escheus, & par lui paiés au creancier pendant les troubles.

pour lequel il s'estoit obligé. Car si ce fidejusseur n'y venoit que par cession d'actions du creancier, les mesmes exceptions qui pourroient estre proposées contre le cedant, auroient force contre lui, & partant il seroit tenu faire la deduction du tiers : mais puis que le fidejusseur peut agir de son chef, soit en vertu de son contrat d'indemnité, s'il en a retiré, soit actione mandati ; s'il n'a point d'indemnité, il est aisé d'entendre qu'il n'est pas tenu de rien rabatre, parce qu'à son égard ce ne sont point arrerages de rentes, mais ce sont deniers qu'il a déboursez, & dont il demande remboursement : bref c'est vrayement une debte à une fois payer.

CHAPITRE IX.

Comment les rentes, soit foncieres, soit constituées, se payent sur le decret.

1. Interpretation des derniers mots de l'article.
2. Trois sortes d'oppositions aux decrets, afin d'annuller, de distraire, & de conserver.
3. Trois sortes d'oppositions afin de conserver, à sçavoir pour faire adjuger à la charge, pour estre mis en ordre, & pour conserver son droit & hypotheque.
4. Que c'est chose étrange qu'il faille racquitter les rentes constituées sur le prix du decret.
5. Vraye raison pourquoy cela se fait.
6. Cas auquel la rente fonciere n'est point racquitée sur le prix de l'adjudication.
7. Que cela seroit fort commode en ce temps.
8. Deux raisons pourquoy l'heritage est adjugé à la charge de la rente fonciere.
9. Que cela a lieu, encore que la rente fonciere soit rachetable.
10. Que cela a lieu, encore que le proprietaire de l'heritage decreté ait interest au racquit de la rente fonciere.
11. Cas auquel la rente fonciere doit estre racquitée sur le prix du decret, comme la rente constituée.
12. Autres cas quand il y a des hypotheques precedentes la rente.
13. Que le même se pratique journellement aux douaires.
14. Contrarieté de trois Ordonnances.
15. Explication de l'article 15. de l'Ordonnance de 1441.
16. Explication du 16. article de la même Ordonnance.
17. Explication de l'Ordonnance de 1539. sur le racquit des rentes.
18. Qu'anciennement les rentes constituées pouvoient estre non rachetables.
19. Qu'anciennement le commun taux des rentes estoit le denier quinze.
20. Explication de l'Ordonnance de 1553. sur le racquit des rentes foncieres des maisons des villes & faux bourgs de ce Royaume.

1. Interpretation des derniers mots de l'article.

Reste pour l'achevement de ce livre d'interpreter ces derniers mots de nostre article, Et si la rente est fonciere, l'heritage doit estre adjugé à la charge de la rente, qui signifient que quand on decret d'un heritage quelqu'un s'oppose pour une rente fonciere, l'on doit adjuger l'heritage à la charge de payer & continuer la rente à l'advenir : mais au contraire quand on s'oppose pour une rente constituée, qui de sa nature est racquitable, l'opposant doit estre mis en ordre sur les deniers procedans du decret, tant pour le sort du principal de la rente, que pour tous les arrerages qui en sont deus : ce qui est fort commun en l'usage, & neanmoins il est assez difficile d'en dire la raison.

2. Trois sortes d'oppositions aux decrets afin d'annuller, de distraire & de conserver.

Il faut entendre qu'il se forme trois sortes d'oppositions aux decrets, qui se forment par trois diverses sortes de personnes : à sçavoir l'opposition afin d'annuller, qui se forme par le saisi ; l'opposition afin de distraire qui se forme par le proprietaire de la chose saisie autre que le saisi : & finalement l'opposition afin de conserver, qui se forme par les creanciers qui pretendent quelque droit droit sur la chose saisie. Nous n'avons que faire ici des oppositions afin d'annuller ou de distraire.

3. Trois sortes d'oppositions afin de conserver, à sçavoir pour faire adjuger à la charge, pour estre mis en ordre, & pour conserver droit & hypotheque.

Et pour le regard de l'opposition afin de conserver, elle se subdivise en trois especes, selon la diversité des charges & droits pretendus sur l'heritage & selon la diversité des conclusions de ceux à qui ces droits appartiennent : car si on s'oppose pour quelque servitude, ou quelque charge fonciere, on conclud à ce que l'heritage soit adjugé à la charge d'icelle ; si on s'oppose pour quelque detre exigible on conclud afin d'estre payé en son ordre sur les deniers procedans de la vente ; bref si on s'oppose pour une debte non exigible, comme une debte conditionnelle, ou à terme, ou une garantie, on conclud seulement afin de conserver son droit & hypotheque. Donc l'opposition afin de conserver, tend, ou à faire adjuger à la charge, ou afin de paiement, ou simplement afin de conserver l'hypotheque. En ce dernier cas, le Juge ordonne que les posterieurs creanciers toucheront les deniers, en attendant la condition ou le terme en baillant caution de les rendre après que la condition ou le terme sera écheu : qui est suivant la loi Grege. §. si sub conditione. D. de pignor. & c'est en effet cette caution Muciane tant recommandée au Droit.

4. Que c'est chose étrange.

D'où il resulte que c'est chose bien étrange que le creancier de la rente constituée à prix d'argent, s'opposant au decret, puisse conclure à la fin de payement, & remboursement du sort principal, qui n'est point exigible par les Loix de France, veu que par cette regle, il devroit simplement conclure afin de conserver & asseurer son hypotheque à la chose decretée : & le Juge devroit seulement ordonner que les creanciers posterieurs qui toucheroient les deniers, bailleroient caution de les rendre, ou de continuer la rente, le cas arrivant que le debiteur fust discuté & rendu insolvable. Ou pour faire plus clairement, il devroit plûtost adjuger l'heritage à la charge de l'hypotheque, ou même de precisement payer la rente constituée par l'acquereur de l'heritage, tout de mesme que la rente fonciere. Car il n'est pas raisonnable que la rente constituée soit plus avantageuse que la fonciere: & à tout le moins faudroit-il laisser aux choix de l'adjudicataire, ou de la continuer, ou de la raquiter à sa commodité, & ne lui pas apporter une plus étroite obligation, qu'au debiteur de la rente.

5. Vraie raison pourquoy cela se fait.

Neanmoins il a fallu par necessité pratiquer le contraire, non pas, comme quelques-uns pensent, parce que la principale cause du decret est afin de purger les hypotheques ; car il n'y a en cela nulle necessité : mais à raison que puis qu'ainsi est que la rente se paye & precompte sur le prix de l'heritage adjugé, le debiteur d'icelle, sur qui on a decreté, a notable interest d'estre absolument déchargé & rendu quitte d'icelle : ce qui ne peut estre sans que la rente soit promptement raquitée & amortie. Car autrement le creancier ne desobligera jamais le constituant & debiteur de la rente, qui demeure toûjours obligé jusques à plein payement du principal & arrerages, bien qu'il ait esté mis en ordre au decret.

6. Cas auquel la rente fonciere n'est point raquitée sur le prix de l'adjudication.

Puis donc que la vraye raison pourquoy l'adjudicataire est tenu de racquiter la rente constituée, est à cause de l'interest du proprietaire, il s'ensuit que le proprietaire veut quitter & remettre cet interest, & afin que son heritage soit mieux vendu, il veut faire ordonner qu'il sera vendu à la charge de payer & continuer la rente constituée ; consentant d'y demeurer toûjours obligé envers le creancier, je ne doute nullement que cela ne luy doive estre accordé. Car le creancier n'a aucun lieu d'insister au racquit, contre la nature des rentes constituées, & n'a aucun veritable interest d'estre adjudicataire soit ainsi fait, parce qu'il aura desormais deux obligez pour un ; & qu'outre l'hypotheque qu'il avoit sur l'heritage, il aura encore sur tous les autres biens de l'adjudicataire. Et bien

De l'action hypothequaire. Liv. III.

que jusques icy cela ne se soit point pratiqué, j'estime que ce n'est que faute de s'en estre avisé: or on ne s'en est pas avisé, faute d'avoir pris garde de prés à la cause de ce raquit forcé.

7. Que cela seroit fort commode en ce temps.

Mais principalement à present que l'argent est rare, & que plusieurs encheriroient volontiers à plus haut prix les heritages qu'on decrete, s'ils pensoient estre quittes de faire rentes de leur adjudication; j'estime que c'est un bon expedient pour les pauvres debiteurs, afin de faire mieux vendre leurs heritages, de presenter requeste à ce que les adjudicataires fussent receus à continuer les rentes, desquelles eux demeureroient toûjours obligez; declarans qu'ils se contentent d'avoir leur indemnité & recours sur les biens des adjudicataires, au cas qu'ci-aprés ils soient inquietez par le creancier pour raison de la vente : ce qu'on ne leur peut à mon avis, justement denier.

8. Deux raisons pourquoy l'heritage est adjugé à la charge de la rente fonciere.

Mais quand la rente est fonciere, il y a deux raisons pourquoy on n'ordonne pas qu'elle sera promptement raquitée sur les deniers du decret, comme la rente constituée. L'une concerne l'interest du seigneur de la rente : à sçavoir que n'estant raquitable de la nature, il est tenu d'en souffrir le raquit. L'autre concerne l'interest du debiteur de la rente, qui ne peut estre chargé de la nature des rentes perpetuelles, d'en fournir le raquit, s'il la veut continuer. D'ailleurs, ce qui faisoit cesser cette consideration en la rente constituée, ne se trouve pas en la rente fonciere, à sçavoir que le constituant & le premier debiteur de la rente, demeurant toûjours chargé d'icelle, avoit interest que l'adjudicataire l'en dechargeât en la raquitant. Car le preneur à rente, estant privé de l'heritage par le decret, n'est plus tenu de la continuation de la rente fonciere, qui suit perpetuellement la chose sur qui elle est imposée, comme il sera amplement prouvé au Livre suivant : de sorte que le preneur n'a point d'interest que la rente soit raquitée.

9. Que cela a lieu, encore que la rente fonciere soit raquetable.

Or il faut remarquer que ces deux raisons étans de soy peremptoires, l'une d'icelles est suffisante pour empescher le raquit encore que l'autre cesse. Comme par exemple, encore que par le bail à rente il soit stipulé que la rente sera raquitable à certain prix, si est-ce qu'on doit neanmoins adjuger l'heritage à la charge d'icelle, & laisser le choix à l'adjudicataire de la raquiter & continuer tant qu'il voudra; d'autant que le preneur n'estoit pas precisément obligé à la raquiter, & qu'il n'a plus d'interest à ce raquit, n'estant plus tenu de la rente fonciere du jour qu'il n'est plus seigneur du fonds, comme dit est: & ce qui est fort notable, parce que cette consideration vuide une autre grande difficulté que j'ay veu arriver autrefois, c'est que si le seigneur de la rente fonciere non raquitable demandoit luy-mesme qu'elle fust raquitée, offrant en recevoir le raquit au denier douze comme d'une rente constituée, bien qu'il voulust pretendre que c'est en sa faveur que la rente fonciere est estimée non raquitable, à quoy partant il semble qu'il puisse renoncer; & qu'il semble avoir autant de privilege de demander le raquit de sa rente fonciere, que le creancier d'une simple rente constituée; si est-ce qu'en ce cas on ne peut contraindre l'adjudicataire de racheter la rente fonciere : car quand mesme par le contract de bail elle auroit esté stipulée rachetable, cela s'entendroit à la commodité de celuy qui la doit, & nô pas de celuy auquel elle est deuë.

10. Que cela a lieu, encore que le proprietaire de l'heritage decreté ait interest au raquit de la rente fonciere.

Au contraire si la derniere raison cesse, comme quand le preneur à rente, sur lequel l'heritage est decreté, demeureroit apres l'alienation toûjours chargé de la rente, & que partant il auroit pareil interest que le raquit en fut fait, comme si c'estoit une rente constituée : ut puta, s'il avoit promis fournir & faire valoir la rente, & bien mettre amendement à l'heritage, ce qu'il n'eust fait : ce neanmoins puisque la rente n'est raquitable de sa nature, on ne peut ordonner qu'elle sera raquitée sur le prix du decret. Et toutefois j'estime qu'en ce cas il seroit raisonnable que l'adjudicataire baillast caution d'indemnité au preneur, qu'il n'auroit esté ny dommage de la rente. Car puis qu'elle tient lieu de prix de l'heritage si le proprietaire n'en peut estre absolument deschargé,

au moins il doit estre asseuré par une caution: autrement il pourroit arriver qu'un mauvais ménager se rendroit adjudicataire de l'heritage, qui le laisseroit par après deperir, en sorte que la rente ny pourroit plus estre perçeuë, de façon que le proprietaire seroit inévitablement lezé, s'il n'avoit une caution.

Mais si toutes les deux raisons cy-dessus deduites cessent ensemble, c'est à sçavoir que le seigneur de la rente ne puisse ou ne veueille pas empescher le raquit, & être raquité d'autre costé que le saisi & preneur à rente ait interest d'en estre deschargé, j'estime qu'alors il ne faut pas vendre l'heritage à la charge de la rente, mais qu'il soit raquité, & amortissement d'icelle, le rentier doit estre mis en ordre sur le prix du decret.

11. Cas auquel la rente fonciere doit être raquitée sur le prix du decret, comme la rente constituée.

Qui est une exception notable à la decision de nostre article, & il y en a encore une autre plus remarquable. C'est que quand il y a ou decret des creanciers qui ont hypotheque plus ancienne que la rente fonciere, alors on ne peut adjuger l'heritage à la charge de la rente, pour autant qu'il pourroit estre adjugé à si bas prix outre la rente, qu'il n'y auroit assez pour payer la plus ancienne dette, qui neanmoins est preferable à la rente fonciere; n'ayant pû le debiteur vendre, bailler à rente, ny autrement disposer de son heritage au prejudice de l'hypotheque creée sur icelui, suivant la loy *Debitorem* C. *de pign.* De sorte que s'il faut alors bongré malgré, que la rente fonciere soit estimée à purs deniers, & que le rentier soit mis en son ordre sur le prix du decret avec les simples creanciers hypothequaires.

12. Autres cas quand il y a des hypotheques precedentes à la rente.

Toutefois si les dettes anterieures estoient si petites, que notoirement le prix des heritages, en les adjugeant à la charge de la rente fonciere, suffiroit à les raquiter : ou si sur le doute que l'on auroit de leur suffisance, le rétier pour empescher le raquit de sa rente, offroit l'heritage au prix qu'il faudroit pour payer ces dettes anterieures, alors le Juge devroit ordonner que l'heritage seroit vendu à la charge de la rente fonciere.

13. Que le mesme se pratique journellement aux douaires.

C'est pourquoy on voit tous les jours pratiquer cette estimation & ventilation de l'usufruit, & au douaire des femmes, quand l'heritage qui en est chargé, & que l'on veut decreter, se trouve hypotheque à des creanciers anteriurs, en quoy on se trouve fort empeché d'apprecier un usufruit, ou un douaire : ce que je ne m'amuseray à traiter, étant ce poinct trop éloigné de ma matiere : mais il ne sera hors de propos de traiter à quel prix doit être estimée & rachetée en ce cas la rente fonciere, afin de concilier trois de nos Ordonnances, qui semblent être formellement contraires.

14. Contrarieté de trois Ordonnances.

L'une est du Roy Charles VII. de l'an 1441. art. 15. l'autre du Roy François I. de l'an 1539. & la troisiéme du Roi Henry II. de l'an 1553. toutes trois parlent du prix du raquit des rentes foncieres, & autres qui de leur nature ne sont raquitables, quand pour quelque cause ou privilege il les faut raquiter. Celle de l'an 1441. dit qu'il les faut rachetter au denier douze; celle de l'an 1539. au denier quinze; & celle de l'an 1553. au denier vingt, comme aussi l'art. 122. de nostre Coustume. Le profond du Molin les a bien voulu accorder en son Traitté des Usures, mais ç'a esté si obscurement, qu'il est tres-mal aisé de concevoir son intention.

15. Explication de l'article 15. de l'Ordonnance de 1441.

Pour les concilier plus clairement, il faut remarquer que l'Ordonnance de 1441. parle de rachetter les rentes foncieres imposées sur les maisons de Paris, & ne dit pas qu'elles soient toutes rachetables, mais seulement celles-là, qui depuis leur creation ont été vendues à personnes tierces : & porte qu'en ce cas on les pourra racheter : ce qui ne signifie pas raquiter & amortir, mais les recourre & retirer, qui est à entendre pour le même prix qu'elles ont esté vendues : car toute recousse & rachapt se fait en rendant le mesme prix. C'est pourquoy elle dit, qu'il n'y a que celles-là rachetables qui ont été vendues, parce que par la vente qui en a été faite, le prix de leur rachapt est liquide : mais celles qui n'ont point été vendues, n'avoient point encore de prix taxé & reglé, auquel on les peut raquiter. Et ce qui ensuit

K iij

en cette Ordonnance, sçavoir le denier douze, monnoye courante à present, quelques prix qu'elles ayent esté venduës ou achetées, ne signifie pas que la rente doive estre racquitée au prix du douzieme denier, comme on parle à present, en payant douze écus pour le racquit d'un écu de rente, car il n'y auroit point de proportion d'estimer si peu les rentes foncieres, mais présupposé que ces rentes doivent estre rachetées au mesme prix qu'elles ont esté autrefois venduës en tierce main, ces mots, *le denier douze, monnoye courant à present*, denotent à quelle raison on pouvoit exposer, en faisant ce racquit, les monnoyes lors courantes, que cette Ordonnance a voulu regler, selon le poids, comme j'estime, ou bien comme dit du Molin, selon la loy & degré de la bonté interieure de la monnoye: parce que non en ce temps-là le prix & cours des monnoyes avoit fort varié, à l'occasion des grands troubles, qui avoient été en France, pour le mélange des Anglois parmy les François, lors que les Anglois occupoient & usurpoient la ville de Paris.

16. Explication du 16. article de la mesme Ordonnance.

Donc quand cette Ordonnance dit, que la rente sera rachetée au denier douze monnoye courante, c'est à dire, que les especes dont on fournira le rachat, seront exposées au prix de douze deniers de cours, chacun denier de poids, de tel aloy & matiere qu'estoit la monnoye d'argent lors courante en ce Royaume. Et parce que non seulement le poids de la monnoye varia pendant ces troubles, mais aussi l'aloy & bonté interieure fut affoiblie & diminuée pendant quelque espace de temps, l'article suivant de la même Ordonnance ajoûte, que si les rentes avoient été venduës pendant le temps, auquel la foible monnoye eut cours, qu'elles seroient bien rachetées au prix qu'elles avoient esté venduës, mais que ce prix seroit payé à raison de ce que valoit lors le marc d'argent, pourvû que le denier du poids à cette raison n'excedast douze deniers de la monnoye courante au temps de l'Ordonnance. Ce qui semble difficile & éloigné à present, parce que nous ne reglons pas la monnoye, ny au poids, ny à l'aloy, comme fait cette Ordonnance, mais seulement au cours: neanmoins j'estime que celuy qui sera tant soit peu versé au fait des monnoyes, comprendra aisément cette exposition, la conferant sur le texte de l'Ordonnance.

17. Explication de l'Ordonnance de 1539. sur le raquit des rentes.

Quant à l'Ordonnance de l'an 1539. sans doute qu'elle ne se doit entendre que des rentes constituées à prix d'argent, par maniere d'assignat sur les maisons, & non des pures rentes foncieres procedées de bail d'heritage, ni même des rentes de don & legs, ou autrement constituées à prix d'argent: car elle porte que ces rentes seront raquitées pour le prix qu'elles auront esté constituées, s'il en appert; & s'il n'en appert, qu'elles seront raquitées au denier quinze.

18. Qu'anciennement les rentes constituées pouvoient

Or il faut remarquer que de ce temps-là on ne tenoit pas encore les rentes constituées à prix d'argent fussent de leur nature necessairement rachetables, & principalement celles qui estoient constituées à haut prix, comme au denier dix-huict ou vingt: encore du Molin semble tenir que celles-là ne soient point rachetables: mêmes bien que la faculté du rachapt de telles rentes eust nommément été stipulée au contract de constitution, on tenoit qu'elle pouvoit estre prescrite par trente ans. Ce qui a esté cause qu'on a ajoûté à la derniere reformation de nostre Coustume l'article 119. pour rabatre cette fausse opinion. Aussi on void que l'Ordonnance de 1441. met entre les rentes sur les maisons de Paris, qu'elle permet de racheter les rentes constituées à prix d'argent; pour montrer qu'elles n'estoient pas tenuës pour rachetables de leur nature, ainsi qu'elles sont à present. Mais maintenant qu'on tient que les rentes à prix d'argent par une necessité procedant de leur nature, sont rachetables à toûjours, cette Ordonnance est presque inutile. Même en ce qu'elle regle au denier quinze le raquit des rentes constituées à prix d'argent, quand n'en appert de plus qu'elles ont esté constituées, il faut observer quand cela fut ainsi ordoné, parceque les plus communes rentes constituées de ce temps-là, estoient au denier quinze, bien qu'elles fussent toûjours licites au denier douze: comme du Molin a fort bien dit au Traité des Usures, & sur la Coutume de Paris. Et partant à bon droit s'il n'apparoit à quoi prix la rente estoit constituée on presumoit qu'elle fust constituée au denier quinze, comme le plus commun prix. Mais aujourd'huy que le denier douze est le commun prix de nos rentes constituées, j'estime que la decision de cette Ordonnance ne seroit point suivie, & que la rente pourroit estre raquitée au denier douze, supposé qu'il n'apparust de la constitution.

19. Qu'anciennement le commun taux des rentes estoit le denier quinze.

Mais la premiere Ordonnance, qui a liquidé & estimé au vray le prix du raquit des rentes foncieres, & de celles qui sont constituées par don & legs, quand pour quelque cause ou privilege elles sont rachetables, ç'a esté l'Ordonnance de l'an 1553. qui veut qu'elles soient raquitées au denier vingt. Ce qui a été suivi en l'art. 122. de nostre Coustume. Mais d'autant que cette Ordonnance de 1553. decide generalement, que toutes rentes assignées en tous lieux & heritages situez és villes & faux-bourgs de ce Royaume, sont rachetables au denier vingt, plusieurs pensent qu'elle doit estre observée à la lettre, & par ainsi que toutes ces rentes se peuvent ainsi raquiter. Toutefois la verité est, que ce n'estoit pas une Ordonnance perpetuelle, mais un Edit bursal, & une invention de prendre deniers sur le peuple qui n'a eu cours que pour peu de temps, car elle porte, que le raquit de ces rentes seroit mis és mains des Receveurs du Roy, pour en faire rente au denier douze sur son Domaine, à ceux à qui les rentes foncieres appartenoient. De sorte qu'il faut tenir pour certain, que ce privilege, que les rentes imposées sur les maisons des Villes soient rachetables, appartient à la seule ville de Paris, si ce n'est que quelqu'autre Ville ait encore particulierement ce même privilege en ses Chartes.

20. Explication de l'Ordonnance de 1553. sur le raquit des rentes foncieres des maisons, des villes & faux-bourgs de ce Royaume.

༺༺༺༺༺༺༺༺༺༺༺༺༺༺༺༺༺༺༺༺༺༺༺༺༺༺༺༺

DU DEGUERPISSEMENT
ET DELAISSEMENT PAR HYPOTHEQUE.

LIVRE QUATRIE'ME.

Des Cas ausquels le Déguerpissement a lieu.

CHAPITRE PREMIER.

Quels delaissemens peuvent avoir lieu aux dettes personnelles, & de la cession de biens, & renonciation à l'heredité, & déguerpissement des successeurs universels.

1. Projet de l'Autheur.
2. 3. Sujet & ordre de ce Livre.
4. Que le Déguerpissement n'a lieu aux dettes personnelles.

Comment on faisoit payer à Rome les dettes personnelles.
5. Du démembrement introduit par la loy des douze Ta-

Des cas du Déguerpissement. Liv. IV.

bles, & pourquoy il ne fut pratiqué.
Servitude des debiteurs abolie.
Nexus aboly.
6. Cession de biens.
7. Effet de la cession de biens.
8. De la renonciation à l'heredité, & de ses effets.
9. Du déguerpissement de l'heredité, & de ses effets.
10. & 11. Que l'heritier par benefice d'inventaire ne peut déguerpir.
12. Refutation de l'opinion contraire.
13. Que les legataires universels, les seigneurs succedans par confiscation, desherence ou autrement, & les successeurs des Moines & Chevaliers de Malthe peuvent déguerpir.
14. Ce que deviennent les biens après le déguerpissement universel.
15. Que les successeurs universels ne peuvent déguerpir, s'ils n'ont fait inventaire.
16. Que ce déguerpissement ne laisse pas d'avoir lieu, encore que le successeur universel ait vendu une partie des biens.

1. Projet de l'Autheur.
CEux qui bastissent dans l'eau, ont volontiers plus de peine, que de plaisir, à dresser les fondemens de leur édifice: mais quand ils commencent à élever la surface du bastiment, & qu'ils voyent leur besogne se former entre leurs mains, & paroistre à l'œil, c'est alors qu'ils prennent plaisir à leur travail. Ainsi ayant entrepris de bastir en un gouffre de difficultez, après avoir esté contraint d'employer la moitié de mon labeur aux fondemens de ce projet, qui autrement n'eust pû estre élevé, je tascheray maintenant à un fort de travail avec cette esperance, que ceux qui avec moy auront surmonté l'ennuy de ces commencemens, pourront prendre quelque plaisir au progrez & au comble de mon ouvrage.

2. 3. Sujet & ordre de ce Livre.
J'ay expliqué aux trois Livres precedens les causes du Déguerpissement & Délaissement par hypotheque, à sçavoir, les rentes tant foncieres que constituées, & les actions qu'elles produisent: & maintenant je pretends traitter aux trois Livres restans, purement & précisément: ce qui concerne en soy le déguerpissement & delaissement par hypotheque: & entr'autres ce Livre est destiné pour traiter quand le déguerpissement a lieu, & quelles personnes en peuvent user.

Comme il y a donc trois sortes de dettes, à sçavoir les dettes personnelles, les hypotheques, & les charges foncieres; sous lesquelles, en ce qui concerne le déguerpissement, je comprends les servitudes ainsi qu'il a esté dit au premier Livre, il faut repasser chacune sorte l'une après l'autre, & prendre garde si le déguerpissement, ou quelqu'autre delaissement y peut avoir lieu.

4. Que le Déguerpissement n'a lieu aux dettes personnelles.
Et premierement, pour le regard des dettes personnelles qui proviennent du contract ou delit faict par la personne, il est aisé à entendre que le déguerpissement ne l'en peut pas exempter. Car ces debtes & obligations non seulement redondent sur tous les biens du debiteur, mais vrayement & precisément elles sont deuës par la personne, & sont comme attachées & inherentes à l'os, disent nos Docteurs. C'est pourquoy en l'ancien droit Romain, il n'y avoit autre voye ordinaire de s'en faire payer, qu'en saisissant le debiteur en corps. Car le *pignus Prætorium* fut une invention subsidiaire introduite par le droict du Preteur, pour avoir lieu seulement quand le debiteur estoit absent ou caché, en sorte qu'on ne le peust prendre; estant une regle qu'on ne s'adressoit jamais aux biens tant qu'on pouvoit prendre le corps: & quant au *pignus judiciale*, qui fut seulement mis en usage aux derniers temps, c'estoit une voye extraordinaire, pour adoucir la rigueur des deux autres especes de contrainte, dont l'une estoit la liberté, & l'autre l'honneur.

5. Du démembrement introduit par la loy des douze Tables, pourquoy il ne fut pratiqué. Servitude des debiteurs abolie. Nexus aboly.
Mais la loy des douze Tables, qui estoit le premier Droict civil des Romains, permettoit au creancier de prendre & retenir chez soy, comme en prison privée, son debiteur enchaisné, ainsi que sont à nous les forçats & des Galeres: ce qui s'appelloit *nexus*. Que s'il y avoit plusieurs creanciers d'un mesme debiteur, parce que tous ne le pouvoient avoir ensemble, il falloit ou qu'il fust vendu comme esclave hors le païs à leur profit commun, ou son corps fust taillé en pieces, & que chacun creancier en eust sa part: ce que la loy ajouta seulement pour faire peur aux banqueroutiers, car jamais il ne fut pratiqué, dit A. Gelle, liv. 20. ch. premier: la raison en est, à mon avis, parce qu'on élisoit toûjours la partie la plus douce de cette alternative, de vendre, ou de démembrer le pauvre debiteur.

6. Cession de biens.
De faict le *nexus* ou esclavage des debiteurs demeura en usage, jusqu'à tant que le Tribun Petilius le fit abolir par loy expresse, dont parlant T. Live, *Plebi Romana, dixit, velut aliud initium libertatis factum est, quod necti desierit*: laquelle loy ayant esté mal observée à la longue, & le *nexus* repris en usage, il fallut que l'Empereur Diocletien le prohibast derechef par la loy *Ob æs alienum*. Cod. de oblig. Mais quoy qu'il en soit, les creanciers eurent toûjours ce pouvoir de retenir leurs debiteurs en prison publique, jusqu'à entiere satisfaction.

Il est vray que Jules Cesar donna aux pauvres debiteurs le benefice de cession de biens, afin de s'exempter de la prison publique, & de pouvoir liberer leurs corps en quittant & abandonnant tous leurs biens: & encore afin qu'il ne perdissent l'esperance de se remettre à l'avenir, il ordonna que les biens qu'ils acquerroient apres la cession ne leur pourroient estre ostez, sinon en cas qu'ils excedassent ce qui leur estoit necessaire pour leur vivre & entretien.

7. Effet de la cession de biens.
Voila ce qui s'observoit au Droict Romain: mais au contraire en France il y avoit une ancienne observance que jamais pour dette civile on n'estoit emprisonné, comme témoigne Faber sur le §. dernier, De actionib. aux Institutes: ce qui s'entend si on ne s'y estoit soûmis expressément. Et quant à ce que Cesar au 6. des Commentaires, dit que de son temps le menu peuple de France estoit contraint, ou pour les dettes, ou pour trop grands impôts, de se mettre en la servitude des Nobles, cela s'entend d'une clientele & servitude volontaire, telle à peu prés que nos Gentils-hommes d'aujourd'huy reprennent encore sur les sujets de leur village. Mais depuis que l'Ordonnance des quatre mois a estably l'ancienne Coustume de France, de n'emprisonner aucun pour dette civille, la cession des biens a esté aussi necessaire & aussi commune qu'à Rome.

C'est donc le seul delaissement qui peut avoir lieu aux dettes personnelles, que la cession des biens: encore n'abolit-elle pas entierement la dette & obligation comme le déguerpissement, parce que le cessionnaire demeure toûjours debiteur, mais seulement elle modere & adoucit l'exaction en deux façons: l'une que le cessionnaire ne peut plus estre emprisonné pour la dette: l'autre, que sur les biens acquis depuis la cession il ne peut plus estre poursuivy, sinon entant qu'il a plus de bien qu'il ne luy en faut pour vivre. Or je n'ay pas entrepris de parler de cette maniere de delaissement, où il se rencontre infinies belles difficultez, comme si le tuteur peut faire cession à son pupille, & l'obligé à son fidejusseur gratuité: & encore le stellionat interpretatif empeche la cession, & plusieurs autres, qui meriteroient bien un traité à part.

8. De la renonciation à l'heredité de lessencels.
Il y a encore une autre espece de delaissement, qui a lieu aux dettes personnelles, quand elles procedent du faict d'autruy, à sçavoir la renonciation aux biens de celuy qui a contracté la dette, comme à son heredité, ou communauté: mais il faut remarquer que ce delaissement ne décharge pas de l'obligation déja contractée, mais seulement empeche qu'elle ne se contracte. Car pour ce qui est de l'heredité, encore qu'en France *omnes haeredes sint sui haeredes*, & *ipso jure haeredes*, & qu'il y ait en leur personne une continuation, non seulement de seigneurie, comme au Droict *in sais haeredibus*, mais encore de possession sans apprehension de fait, toutefois ils ne sont pas *necessarii haeredes*, parce qu'en France il n'est heritier qui ne veut, & peut le presomptif heritier renoncer à la succession, la chose estant entiere, c'est à dire, auparavant qu'il ait, ou de fait, ou de parole, fait acte d'heritier.

80 des cas du déguerpissement. Liv. IV.

Car le moindre acte d'immixtion en l'heredité, & le moindre attouchement qu'il fasse des biens hereditaires, le rend irrevocablement heritier, comme decide nostre Coustume reformée article 317. qui est l'ancien Droict commun de France, rapporté au grand Coustumier l. 2. ch. 29. & 40. comme le droict decide *in suis haredib. l. Si servum. §. si quis suus. D. acq. vel omitt. hared.* bien que *aliud iur. in extraneis hereditibus qui amovendo res hereditarias potius dicuntur pro furibus, quàm pro heredibus gerere. l. Si quis extraneus, eodem titulo.*

Donc en France, où tous heritiers *sunt sui heredes*, le presomptif heritier par la moindre apprehension d'une chose qu'il sçait estre de la succession: fait acte d'heritier, & par consequent demeure obligé irrevocablement & entierement aux dettes, *etiam ultra vires hæreditarias quasi ejusmodi aditione contraxerit cum creditoribus hæreditariis. l. 3. & 4. D. Quibus ex cauf. in poss. eatur.* De sorte que par aprés il ne se peut plus exempter des dettes, non seulement en renonçant à l'heredité, *quod nomen juris est*, mais mesme en rendant ce qu'il a pris, & en abandonnant & déguerpissant tous les biens d'icelle, dit le vieil Coustumier, livre 2. chap. 40.

9. Du déguerpissement de l'heredité, & de ses effects.

Il est bien vray que comme toute personne peut abandonner, & *pro derelicto habere res suas*, aussi l'heritier peut bien delaisser les biens de la succession, mais pourtant il ne s'exempte pas des dettes, parce qu'elles sont faites siennes par l'apprehension de l'heredité. De ce déguerpissement d'heredité il y a un tres-beau & difficile passage dans Ulpien, *tit. 19. Reg. Hæreditas si postquam adita fuerit in jure cessa fit, is a quo cessa est*, car ainsi faut-il lire avec Cujas, *permanet hæres, & ob id creditoribus defuncti manet obligatus : debita verò pereunt, id est, debitores defuncti liberantur* : ce qui arrivoit selon l'ancien Droict, à cause que la translation des actions utiles par le moyen de la cession & transport, n'estoit encore receuë ny inventée, mais on tenoit que les actions estoient tellement attachées aux personnes du debiteur & du creancier, qu'elles n'en pouvoient être separées par aucun transport.

10. & 11. Que l'heritier par benefice d'inventaire ne peut déguerpir.

Bref qu'il faut tenir que l'heritier ne se peut décharger des dettes de la succession qu'il a une fois apprehendée, en quittant & déguerpissant les biens d'icelle. Ce que j'estime mesme devoir estre tenu en l'heritier par benefice d'inventaire: car bien qu'il ne soit effectuellement tenu, *quatenus est in bonis hæreditariis*: si est-ce qu'en effet il est vray heritier, mesme comme il a esté dit au premier livre, c'est le vœu & l'intention de la loy, que tous les heritiers fassent inventaire, & qu'ils jouyssent de ce benefice. Estant donc heritier, *nunquam postea desinit esse hares. l. Et qui solvendo. D. de solvendo. D. de hær. inst.* & ne peut user de repudiation ou renonciation, parce qu'elle n'a lieu sinon *re integra*, & auparavant l'adition, & par aprés *quod semel placuit, displicere amplius non potest*, & *semel quasita hæreditas, nunquam postea dimittitur.* Mesme il ne peut déguerpir & delaisser aux creanciers les biens de l'heredité, qui desormais sont faits siens par l'adition, ny consequentement se décharger des dettes d'icelle, dont il est tenu personnellement, non toutefois solidairement, *quia aditione quasi contraxit cum creditoribus hæreditariis*. Il faut donc qu'il demeure comptable & chargé des biens & des dettes aussi, jusqu'à ce que les biens soient entierement vendus, ou que par effet il ait employé de ses deniers au payement des dettes, jusqu'à la valeur & estimation des biens de la succession : ainsi ne peut il moins faire que de ménager jusqu'au bout les biens de la succession, puisque s'il y a du profit c'est pour luy, & s'il y a de la perte il ne la porte point.

Et toutefois ceux qui veulent mettre l'heritier par benefice d'inventaire en une nouvelle categorie, ou qui le veulent comparer entierement au curateur aux biens vacans, veulent dire qu'il est quitte en delaissant les biens aux creanciers, de mesme qu'en Droict *dominus paratus peculio servi cedere, evitat debitorem ipsius conditionem.* Mais il y a bien à dire entre l'un & l'autre; car il y a une translation de l'obligation du défunt à celui qui est hexitier, fust-ce par benefice d'inventaire, attendu que ce-

la est de la nature estre necessaire de tout heritier: mais du serviteur au maistre il n'y a aucune translation d'actions, ni aucun quasi contract descendant de la loy des douze Tables, mais seulement une obligation mixte, c'est à dire personnelle, à cause des biens: de sorte que c'est le pecule, & non le maistre, qui est vray debiteur. Mais quand bien l'heritier par benefice d'inventaire ne seroit qu'un simple curateur aux biens vacans, encore ne se pourroit-il pas exempter de sa charge, *nisi confecto negotio*, & aprés que tous les biens auroient esté vendus. Et toutefois il y a double occasion d'en décharger plûtost le curateur aux biens vacans, que l'heritier beneficiaire ; l'une que le curateur est appellé par contrainte à cette charge, & non l'heritier par benefice d'inventaire ; l'autre, qu'il ne prend rien à ce qui reste des biens aprés les dettes payées, comme fait cét heritier.

12. Refutation de l'opinion contraire.

C'est donc assez que l'heritier peut, si bon lui semble, repudier l'heredité : c'est assez encore qu'il la puisse accepter, avec cette condition d'y pouvoir gagner, & de rien n'y pouvoir perdre; ce n'est pas la raison qu'il soit si fascheux & si difficile, de ne vouloir pour le profit qui luy en peut revenir, prendre seulement la peine & la patience d'administrer les biens, & prendre garde aux affaires de la succession, non mieux que feroit un étranger qui seroit curateur aux biens vacans. Car en tout cas, c'est la moindre obligation qu'il peut avoir à son parent, qui a laissé son heritier, & des biens duquel il eût amendé s'il en eust eu davantage, que de ménager & faire profiter ce qu'il a laissé jusqu'à la fin, pour la décharge de sa conscience ; ou s'il ne veut prendre cette peine, il falloit se renonçant tout à plat à la succession, avant que de s'en mesler. Et encore que plusieurs puissent trouver cette opinion étrange d'abord, si est-ce que je tiens pour asseuré, qu'ayant pesé les raisons, tant celles qui viennent d'estre deduites, que celles qui ont esté énoncées cy devant au troisiéme chapitre du second livre, ils la trouveront autant pleine d'équité, comme la pratique contraire observée en quelques lieux cause & apporte d'absurditez.

13. Que les legataires universels, les seigneurs succedans par confiscation, desherence ou autrement, & les successeurs des Moines & Chevaliers de Malthe peuvent déguerpir.

Toutefois puisque le Droict a auctorisé le déguerpissement universel des biens du pecule, en faveur du pere de famille, ou du maistre qui est poursuivy pour les dettes de son fils, ou de son esclave en la loy *Sed postquam. D. Comm. divid.* j'estime par identité de raison, que les legataires ou donataires universels, les seigneurs succedans par confiscation, desherence ou autrement, & les successeurs des Moines & Chevaliers de Malthe, bref les matys convenus pour les dettes de leurs femmes precedentes au mariage, quand il n'y a point de communauté peuvent éviter d'estre poursuivis en leurs propres biens pour les dettes de ceux ausquels ils succedent, en quittant & déguerpissant tous les biens qui sont provenus d'eux. Aussi y a-t'il bien de la difference entre ces successeurs universels, & les heritiers beneficiaires, & les femmes communes en biens, d'autant que ceux-cy sont obligez *purè personali actione, quasi adeundo cum creditoribus contraxerint* ; & les successeurs universels ne sont obligez *non mixta actione rerum quas possident*, en tant qu'ils detiennent les biens du défunt, lesquels sont chargez des dettes, *quia ad alienum respicit universum patrimonium, & bona dicis non possunt nisi deducto ære alieno.*

14. Ce que deviennent les biens aprés le déguerpissement universel.

Et à le bien entendre, aprés le déguerpissement des biens de la succession faite par le successeur universel celuy en faveur & à la poursuite de qui il a esté fait, mesme tout autre qui se voudroit obliger à payer les dettes, pourroit accepter & se faire ajuger tous les biens déguerpis selon l'ordre du Droict Civil : tout ainsi que *cuilibet extraneo bona addicebantur libertatum conservandarum causa, modo is cavere vellet creditoribus ab alienum se persoluturum*. comme il est traité en tout le titre *de fideicommissariis libertatibus, & de eo cui conservandarum libertatum causa bona addicuntur*. Ce qui neanmoins ne se pratique point; parce que mal-aisément se pourroit-il trouver personne, qui voyant telles successions quittées par celuy qui en doit mieux sçavoir les forces & la valeur, se voulust soûmettre à bailler caution de payer toutes

Des cas du Déguerpissement. Liv. IV.

vontes les dettes à ses perils & fortunes: aussi qu'au lieu qu'en Droict les biens vacans & delaissez sont au premier occupant, en France ils appartiennent au fisque. C'est pourquoy après ce déguerpissement universel, nous n'avons autre remede que de commettre & établir un curateur aux biens vacans & déguerpis, comme il sera dit au livre cinquième, si le fisque ne s'en veut emparer, ce qu'il peut faire à la charge de payer les dettes.

15. Que les successeurs universels ne peuvent deguerpir s'ils n'ont fait inventaire.

J'estime toutefois que les successeurs universels, afin de pouvoir estre receus à l'avenir au deguerpissement, & même pour n'estre tenus que jusqu'à la valeur des biens, doivent faire bon & loyal inventaire des biens ausquels ils succedent, deslors de l'apprehension d'iceux, autrement il semble qu'il y a confusion de patrimoine en eux, si ce n'est par raison du droit, au moins par une necessaire consequence du faict, entant qu'il n'est pas possible de separer & distinguer par après les meubles de telles successions, d'avec ceux des successeurs, aussi nostre Coustume requiert expressément que la femme fasse inventaire après la mort du mary, soit qu'elle vueille renoncer à la communauté, pour s'exempter des dettes, soit qu'elle la vueille accepter, pour n'estre tenuë que jusqu'à la valeur des biens; comme aussi elle requiert que le mary fasse inventaire, quand il se veut exempter des dettes de sa femme créées auparavant le mariage. Et à la verité c'est une maxime generale que tout comptable doit estre chargé par estat ou inventaire, de ce dont il doit tenir compte. Donc à faute d'avoir fait inventaire, je douterois grandement que les successeurs universels fussent recevables au deguerpissement, ou à alleguer l'exception de n'estre tenus outre la valeur des biens, principalement si la succession consiste en meubles. Car en presumption toujours qu'ils ne tiendront compte de tout ce qu'ils ont touché : & en tout événement, à faute d'avoir fait inventaire, il semble qu'on pourroit deferer contr'eux un serment *in litem*, joint la commune renommée. Ce que je ne voudrois pas pourtant bailler pour certain, notamment entant que touche le seigneur haut justicier, qui succede par desherence ou confiscation, ny même pour le regard des successeurs des Moines & des Chevaliers de Malthe. Car pour le regard du Roy, il ne peut estre obligé par dessus les biens ausquels il succede, dont ses Officiers sont comptables.

Et il faut observer pour la fin de ce chapitre, que ce deguerpissement universel ne laisse pas de pouvoir estre fait, encore que les successeurs universels eussent vendu une partie des biens, en representant non le prix qu'ils ont touché, mais la juste valeur d'iceux, avec les fruits de tous les heritages de la succession, qui accroissent *ipso jure* à icelle, d'autant qu'il n'y a aucune confusion de patrimoine d'icelle avec le patrimoine du successeur universel : & sur tout parce que *in universalibus pretium succedit loco rei*, *& fructus augent hæreditatem*. Ce qui sera plus amplement expliqué au livre suivant.

16. Que ce deguerpissement n'a pas lieu, encore que le successeur universel ait vendu une partie des biens.

CHAPITRE II.

De la renonciation à la communauté.

1. *Que la femme après la mort du mary est commune, sans apprehension de faict.*
   Qu'à la rigueur la femme est tenuë de son chef de moitié des dettes de la communauté.
2. *Pourquoy en plusieurs Coustumes la femme ne peut renoncer à la communauté.*
3. *Pourquoy en d'autres Coustumes on luy a permis de renoncer.*
4. *Que le moindre attouchement des biens communs exclud la femme de pouvoir renoncer.*
5. *Pourquoy en plusieurs Coustumes la femme est tenuë mettre la clef sur la fosse.*
6. *Pourquoy en l'ancienne Coustume de Paris il n'y avoit que la femme noble qui peust renoncer.*
7. *Qu'és Coustumes où la femme ne peut renoncer, elle n'est point tenuë des dettes, outre ce qu'elle amende de la communauté.*
8. *Si cela a lieu aux Coustumes où elle peut renoncer.*
9. *Que la femme peut estre executée en ses propres pour les dettes de la communauté.*
10. & 13. *Que la femme ne peut deguerpir les biens de la communauté.*
11. *Qu'on doit limiter aux femmes le temps de renoncer à la communauté.*
12. *Coustumes qui l'ont limité.*

1. Que la femme après la mort du mary est commune, sans apprehension de faict.

COmme l'heritier en France *ipso jure* est hæres, aussi encore que la communauté d'entre le mary & la femme se dissolve par la mort du premier mourant, si est-ce que la seigneurie & la possession des biens communs est continuée *ipso jure*, & sans apprehension de fait, à la femme après la mort du mary: & ce à plus forte raison qu'en l'heritier, parce que la femme, pendant la vie, avoit sans doute plus de droit en la moitié des biens communs, que même le fils de famille n'avoit selon le droit aux successions de son pere tandis qu'il vivoit. De sorte qu'on peut dire que par la mort du mary la femme n'acquiert point de droict nouveau aux biens de la communauté, mais seulement que s'estant emancipée & sortie de la puissance du mary, elle acquiert le pouvoir d'en disposer de sa propre auctorité, aussi bien que de ses propres. Comme de droict *socius omnium bonorum* est tenu pour sa part des dettes de la societé, aussi la femme dés le vivant du mary est tenuë *mero jure* des dettes de la communauté : mais parce que le mary est le maistre de la communauté, & que les actions d'icelle, tant actives que passives, resident en sa personne, pendant sa vie la femme n'est point convenuë; mais après sa mort il n'y a plus rien qui empêche qu'elle n'en soit tenuë & poursuivie, même sur ses propres, parce que ces dettes estans personnelles, redondent sur tous ses biens.

Qu'à la rigueur la femme est tenuë de son chef de moitié des dettes de la communauté.

2. Pourquoy en plusieurs Coustumes la femme ne peut renoncer.

C'est pourquoy par la suite & rigueur de nostre Droict François, qui est suivie de plusieurs Coustumes, la femme ne se peut non plus exempter de la moitié des dettes en renonçant à la communauté, que par le droict Romain l'associé se pourroit décharger des dettes communes en laissant à son associé tous les biens de la societé. Car ce qui est dit en Droict, que *socius renunciare potest societati, modò ne integra & opportunè id fiat*, ce n'est pas que l'associé quitte à l'autre tous les biens communs pour s'exempter des dettes, mais c'est qu'on separe & divise la communauté, afin qu'elle n'ait point lieu à l'avenir, parce que nul n'est contraint de demeurer en communauté.

C'est à la communauté.

Mais en France, où la communauté du mary & de la femme ne se peut dissoudre que par la mort, ou separation de biens concedée avec connoissance de cause, & où le mary est seul maistre & administrateur des biens de la communauté, qu'il vend, qu'il troque, qu'il donne, qu'il augmente & dissipe ainsi qu'il luy plaist, sans le consentement de sa femme, & sans qu'elle y puisse mettre ordre, ny reprimer cette communauté, sinon par un honteux & fâcheux divorce; il n'a pas esté trouvé raisonnable en la plûpart des Provinces que la femme fust contrainte de se tenir à cette communauté après la mort du mary, & qu'elle fust chargée irrevocablement de la moitié de ses dettes, parce que c'eust esté un moyen oblique au mary d'engager & aliener les biens de sa femme, sans son consentement, contre la disposition de Droict, & l'équité naturelle.

3. Pourquoy en d'autres Coustumes on luy a permis de renoncer.

De sorte que la plûpart des Coustumes lui ont permis de renoncer à la communauté, la chose étant entiere, c'est à dire, auparavant que d'avoir pris & touché les biens d'icelle, & non autrement. Estant bien raisonnable, puisque *mero jure* elle n'y pouvoit renoncer, du moins que le moindre attouchement qu'elle fait des

4. Que le moindre attouchement des biens communs exclud la femme.

Du Deguerpissement. L

biens de la communauté la prive de ce privilege de pouvoir renoncer, & la remettre au Droict commun, comme dit le grand Coustumier liv. 2. cap. 29.

5. Pourquoy en plusieurs Coustumes la femme est tenuë mettre la clef sur la fosse.

Et parce que la femme ne peut demeurer en la maison du mary aprés sa mort, ny s'aider d'aucuns des meubles par lui delaissez, qu'elle semble toucher les biens de la communauté : de peur que cela n'inferast une immixtion ou acceptation tacisible d'icelle, la femme avoit accoustumé, par l'ancien usage de France, de remettre solennellement les clefs, la bourse, & sa ceinture sur la fosse du mary le jour de son enterrement, ou peu de jours aprés en l'assemblée des parens, & lors qu'on faisoit son service, & ce faisant elle s'exemptoit des dettes : comme pour cét effet plusieurs Coustumes requierent encore expressément cette ceremonie ; celle de Bourgogne chap. 4. art. 10. de Meaux art. 52. & 53. l'ancienne de Melun art. 189. de Chaumont art. 7. de Vitry art. 91. de Rheims, art. 16. & plusieurs autres : notamment le grand Coustumier, & Juste de Prat. livre 2. chap. 41. Froissart vol. 4. cap. 89. dit que c'estoit l'usage commun de la France, & en cite un memorable exemple de la veuve du Comte de Blois, qui pratiqua cette ceremonie, & Monstrelet liv. 1. chap. 18. en rapporte un autre exemple de la veuve du Duc de Bourgogne, & encore un autre au même livre, chapitre 149. de la veuve du Comte de S. Paul dont le Proverbe François nous est demeuré, *Mettre la clef sur la fosse*. Et par la Coustume de l'Isle en Flandres art. 107. la femme est tenuë de vuider & sortir hors de la maison mortuaire, en signe de renonciation, sans y pouvoir rentrer, aprés que le corps de son mary a esté porté hors d'icelle.

6. Pourquoi en l'ancienne Coustume de Paris il n'y avoit que la femme noble qui peust renoncer.

Encore en plusieurs Coustumes, les femmes n'ont aucunement ce privilege de pouvoir renoncer à la communauté, comme même en l'ancienne de Paris art. 115. il n'y avoit que la femme Noble qui peust renoncer, la roturiere ne le pouvoit pas : parce qu'à vrai dire, les Nobles sont plus sujets à contracter de grandes dettes que les roturiers.

7. Qu'aux Coustumes où la femme ne peut renoncer, elle n'est point tenuë des dettes, outre ce qu'il amende de la communauté.

Mais en toutes ces Coustumes où la femme ne peut renoncer à la communauté, cette rigueur qui estoit adoucie & moderée par un autre privilege : c'est que la femme n'estoit tenuë des dettes de la communauté, que jusqu'à la concurrence des biens, pourvû qu'elle en fist un loyal inventaire. Ce qui se pratiquoit pour éviter l'absurdité qui autrement eust resulté, que si le mary eust engagé & alié indirectement les propres de sa femme, & aprés sa mort elle eust esté tenuë irrevocablement de payer la moitié des dettes qu'il cõtractées pendant le mariage : de même que l'on donna en Droict aux heritiers necessaires *separationem bonorum, si bona hæreditaria non attigissent*, l. 1. §. ult. D. *de separationibus*.

8. Si cela a lieu aux Coustumes où elle peut renoncer.

C'est pourquoi à la reformation de nôtre Coustume, on ajoûta l'article 223. sur les anciens Arrests, que le mary ne peut charger sa femme outre ce qu'elle amende de la communauté : & ce en consequence de ce que la femme roturiere par l'ancienne Coustume ne pouvoit renoncer, ce qui est cause que plusieurs tiennent au Palais qu'aux autres Coustumes où de tout temps la femme pouvoit indistinctement renoncer à la communauté, l'acceptant volontairement elle demeure chargée solidairement de la moitié des dettes d'icelle, *ut socius quilibet juri communi*. Et on dit qu'il a esté ainsi jugé en la Coustume de Meaux. Toutefois j'estime qu'il est plus équitable d'étendre par tout la faveur de cét article 223. de nôtre Coustume : & côme le Droict a permis indistinctement à l'heritier, qu'en faisant inventaire il ne soit tenu des dettes outre la valeur des biens contenus en icelui : aussi que la femme jouïsse indifferemment de ce même

privilege, même sans qu'il soit besoin d'obtenir Lettres pour cet effet d'autant que, le prenant de plus loin, on dit que le mary n'a pû charger directement ny indirectement les propres de la femme, & aussi que le benefice d'inventaire estoit donné generalement & le Droict commun à Rome, sans qu'il falust impetrer particulierement, ou du Prince, ou du Juge.

Mais aussi j'estime qu'il ne faut étendre si avant ce privilege, que pour les debtes de la communauté elle ne puisse bien estre executée en sa personne, parce que par son acceptation volontaire de la communauté, l'obligation est transfusé en sa personne, *quasi ipsamet cum creditoribus contraxerit*, comme il a esté dit au second Livre, de l'heritier par benefice d'inventaire.

9. Que la femme peut estre executée en ses propres pour les dettes de la communauté.

J'estime aussi que par cette même raison, estans les mêmes obligations entracinées une fois en sa personne, elle ne se peut par aprés exempter en déguerpissant & quittant aux creanciers tous les biens de la communauté pour les mêmes raisons qui viennent d'estre deduites de l'heritier beneficiaire. Encore à le bien prendre, la femme est plus étroitement tenuë aux dettes que cét heritier, parce qu'elle a esté tenuë dés qu'elle les a eust esté contractées, comme estant commune en biens constant le mariage.

10. & 13. Que la femme ne peut déguerpir les biens de la communauté.

Et sur ce propos il me semble qu'à Paris on favorise trop les femmes en cette renonciation, de la permettre en quelque temps que ce soit ; car en ce faisant on leur donne le loisir de détourner tout le bien sans dire mot, & puis trois ou quatre ans aprés, quand elles sont poursuivies pour les dettes, elles sont quittes pour dire qu'elles n'en veulent plus, aprés qu'elles ont tout pris, & qu'elles renoncent à la communauté. Et alors c'est aux creanciers à prouver qu'elles ont fait acte de communauté, ce qui est assez mal aisé, quand une femme est adroite, & qu'elle a du temps pour faire ses affaires, parce même que pensant qu'elle acceptera la communauté, on ne regardera pas de prés à ce que devient le bien d'une maison que l'on estime opulente.

11. Qu'on doit limiter aux femmes le têps de renoncer à la communauté.

De fait, pour éviter cét inconvenient, la plûpart de nos Coustumes ont limité un temps à la femme aprés la mort du mary, dans lequel elle doit expressément renoncer à la communauté, si elle se veut exempter de dettes, à sçavoir dans vingt quatre heures, par les coustumes de Bourgogne chap. 4. art. 10. Nivernois chap. 23. art. 14. Aucunes même veulent que la renonciation se fasse incontinent aprés la mort du mary, comme celle de Chaumont art. 1, 6. autres dans la huictaine, comme Xaintongeart 80. Angoumois art. 43. autres dans trente jours, & la plûpart dans quarante jours, bref les plus indulgentes dans trois mois. Et le grand Coustumier au lieu prealleguë, dit qu'anciennement à Paris les femmes Nobles, qui seules pouvoient renoncer, étoient tenuës de mettre leur bourse sur la fosse de leur mary lors de son enterrement & ne devoient plus entrer en la maison où estoient ses meubles. Voila comme de degré en degré nous sommes tombez d'une exttemité en l'autre.

12. Coustumes qui l'ont limité.

C'est donc assez le permettre à la femme, contre la suite & ordre du Droict, de renoncer à la communauté dans un temps préfix & limité : & encore aprés qu'elle l'aura volontairement acceptée, lui donner le privilege de n'estre tenuë des dettes, *nisi quatenus ad eam pervenit*, sans encore lui donner un troisiéme privilege de se décharger tout à fait des dettes en déguerpissant les biens de la communauté pour ne vouloir prendre la peine de les ménager & faire profiter, jusqu'à ce qu'ils soient entierement vendeurs & ainsi les abandonner à une multitude de creanciers, qui les laisseront deperir les uns pour les autres faute de s'entendre.

CHAPITRE III.

Quel delaissement a lieu aux dettes hypothequaires, & des Gageures tant des Romains que des François.

1. *Que le vray déguerpissement n'est necessaire aux dettes hypothequaires.*

Des cas du déguerpissement. Liv. IV.

2. Que le delaissement par hypotheque exempte le tiers detempteur de l'heritage hypothequé.
3. 4. S'il exempte celuy qui a constitué l'hypotheque.
5. Effets de la formule. Quanto minus ex pignoribus servari possit.
6. Le gage est la marque de l'obligation.
7. 15. Comment s'entend ce dire François, Qu'on garde les gages?
8. & seq. Discours des Gageures.
Sponsio quare dicta? Gageure pourquoy est dite?
9. Deux sortes de gageures judiciaires à Rome, aut per stipulationem, aut per sacramentum.
10. Sacramentum quid? παρακαταβολὴ, πρυτανεῖα quid? Ordonnances des consignations.
11. Sponsio ludicra itidem duplex, per stipulationem mutuam; & per depositionem pignorum. Exempla prioris.
12. De sponsione ludicra, quæ fiebat per depositionem pignorum.
On bailloit volontiers en gage des anneaux.
13. 14. Sçavoir si les gageures faites sans consignation sont valables en France. 15.
16. Cas auquel le delaissement par hypotheque décharge ce, luy qui a constitué l'hypotheque.

1. Que le vray déguerpissement n'est necessaire aux dettes hypothequaires.

COmme le Déguerpissement n'a point lieu aux dettes pures personnelles, aussi n'est il point necessaire aux dettes hypothequaires. Car la condamnation hypothequaire n'ayant autre effet que pour saisir la chose hypothequée, & ne se pouvant executer sur les autres biens du detempteur d'icelle, il seroit bien mal avisé d'en quiter volontairement la seigneurie par un déguerpissement; vû que si elle est vendue par decret, & qu'il reste quelque argent du prix aprés la dette hypothequaire acquitée, ce sera toûjours autant de sauvé pour luy. Je dy plus, que quand il est seulement question d'une dette à une fois payer, il n'est point besoin que le detempteur en estant poursuivy offre de luy mesme de laisser l'heritage par hypotheque: mais aprés qu'il aura esté declaré hypothequé à la dette, c'est au creancier de le faire saisir, si bon luy semble. Mais si c'est une rente, à la verité il faut que le detempteur, pour éviter d'en passer titre nouvel, offre & declare de luy-mesme qu'il aime mieux delaisser la possession & détention de l'heritage, que de continuer la rente; comme il a esté traité au Livre precedent.

2. Que le delaissement par hypotheque exempte le tiers detempteur de l'heritage hypothequé.

Donc supposé que non le déguerpissement, mais le simple delaissement par hypotheque a lieu aux dettes hypothequaires, il faut voir s'il est suffisant pour abolir l'obligation: Dont il ne faut nullement douter, quand la dette est seulement hypothequée, & qu'il n'y a point de personnalité meslée: comme quand le delaissement est fait par un tiers detempteur de l'heritage hypothequé, qui n'est obligé à la dette, ny l'heritier de l'obligé. Car celuy-là ne pouvant estre convenu sinon d'action réelle & hypothequaire, & à ce seulement *ut rem dimittat seu tradat jure pignoris*, il ne faut trouver étrange, que satisfaisant volontairement à ce qu'on lui demande, il évite condamnation. *l. Si fundus. §. in venditione. D. de pig.*

3. 4. S'il exempte celuy qui a constitué l'hypotheque.

Mais on pourroit dire, que cela devroit aussi avoir lieu en celuy qui a constitué l'hypotheque, qui a baillé les gages, qu'en les delaissant par aprés pour la dette; il doit demeurer quitte d'icelle: parce mesme qu'il n'est pas croiable que le creancier soit si mal avisé, que d'accepter des gages de moindre valeur, que la somme qu'il preste, comme dit Accurse sur la loy 2. *C. de pignor.* Ce qui semble decidé en la loy derniere, *C. de pact. convent. Si qua hypotheca in detali instrumento nominatim data sunt jubemus his mulierem esse contentam*. D'où vient, comme quelques-uns pensent, cette ancienne formule de droit, que si le creancier ne se vouloit contenter des gages, il falloit qu'il stipulast expressément, *Quanto minus ex pignoribus servari possit, id sibi præstitum iri*. Et il semble que nostre proverbe ou formule Françoise s'y rapporte aucunement: car nous disons volontiers à celui qui demande paiement de la dette, *Qu'il garde les gages*: & de fait Accurse sur la loy *Creditor. 2. D. si cert. pet.* dit que de tout temps cela s'observoit ainsi à Venise.

Neanmoins le contraire est clairement decidé en Droict, *Debitor*, dit la loy 1. *de pignor. qui creditoribus profitetur se pignoribus cedere, nihilo magis liberatur*. Autant en est dit en cette loy *Creditor. D. si cert. pet. l. Si prosvenua. C. eod. tit. & l. Si quis in pignore. D. de pignorat. act.* La raison est que le delaissement du gage ne peut pas abolir l'obligation personnelle, qui resulte du contract, & qui a son effet sur tous les biens & sur la personne mesme du debiteur: aussi *in datione pignoris non hoc agitur, ut eo contentus sit creditor, sed potius ut in tuto sit creditum, §. ult. Instit. quibus modis re contrah. oblig. Pignus ergo obligationis adjicit, non detrahit. l. 4. §. si ex conventione. D. de re judic.* Et ce que la loy derniere, *De pact. convent.* dit *mulierem contentam esse debere hypothecis nominatim scriptis*, ne se refere nullement à nostre question; mais il est dit pour exclure l'hypotheque tacite, que par cette loy Justinien attribué à la femme sur les biens du mary, & laquelle il ne veut point avoir de lieu, quand la femme par son contract de mariage s'est asseurée d'expresses hypotheques, *quia provisio hominis facit cessare provisionem legis*.

5. Effets de la formule. Quanto minus ex pignoribus servari possit.

Quod verò in pignoribus dandis adjici solet, ut quanto minus pignus venisset, reliquum debitor redderet, supervacuum est: quia ipso jure ita se res habet etiam hoc non adjecto, dit Pompon. en la loy *Quæsitum. D. distract. pignor.* Aussi cette clause ne s'ajoûtoit-elle pas en faveur du creancier, non pour étendre l'obligation, mais en faveur des fidejusseurs, ou mesme des debiteurs, pour la restraindre & la rendre subsidiaire, à ce qu'on ne pust leur rien demander, sinon aprés la vente des gages; comme le voit en la loy *Amiss. D. de fidejuss.* & je l'ay touché au petit livre *De la Garentie des Rentes*.

6. Le gage est la marque de l'obligation.

Et en France, tant s'en faut que les gages diminuent l'obligation, que mesme quelquefois ils la dénotent & signifient; comme par exemple, en l'ancienne solennité des duels, les deux champions jettoient leurs gages en plein jugement, comme leur gant, ou quelqu'autre chose, pour signifier qu'ils acceptoient le combat. C'est pourquoy par les anciennes Ordonnances de France, les duels sont appellez, *gage de bataille*: comme il se voit en l'Ordonnance de Philippe le Bel, de l'an 1303. rapporté dans le vieux Style du Parlement, chap. 16. & dans Guy Pape, qu. 517. De mesme les gages des Officiers, c'est ce qui les engage au service du Roi, ou des Seigneurs. Pareillement *gage* signifie quelquefois l'arrhe, c'est à dire la marque de l'obligation: comme aussi l'harthe & une espece de gage.

7. 15. Comment s'entend ce dire François, Qu'on garde les gages.

Donc ce qu'on dit en François, qu'on garde les gages, ne s'entend pas des gages baillez pour l'asseurance, ou pour marque de l'obligation, mais des gages depozez & consignez pour une gageure: & pour l'explication de cette maniere de parler, il ne sera point hors de propos de déchiffrer briévement les especes des gageures usitées tant au Droict Romain qu'en France.

8. & seq. Discours des Gageures.

Les Romains appelloient la gageure *sponsionem*, parce qu'elle se faisoit ordinairement par une promesse mutuelle des deux parties, *per stipulationem & restipulationem*: au lieu qu'aux autres contracts volontaires l'un des parties stipuloit, & l'autre promettoit: *alter stipulabatur, alter promittebat, in sponsione uterque spondebat*. Et au contraire, nous l'appellons *gageure*, parce qu'en France elle se fait communement sans promesse aucune, par simple consignation des gages: car *gager* signifie proprement bailler des gages, ou consigner l'argent, comme on dit, *gager l'amende*, & *gager le rachat*, en plusieurs Coustumes. Il est vrai que quelquefois en France on fait les gageures par promesses reciproques, comme aussi les Romains faisoient quelquefois leurs gageures comme nous, *per depositionem pignorum*: mais parce que les sponsions étoient plus communes aux Romains, & à nous les gageures, les uns & les autres leur ont donné à toutes le nom de la forme plus usitée parmi eux, & n'ont point laissé de nom particulier en leur langue, pour signifier la forme moins usitée.

L ij

Des cas du déguerpissement. Liv. IV.

9. Deux sortes de gageures judiciaires à Rome, aut per stipulationem, aut per sacramentum.

Les Romains avoient deux sortes de gageures, *Sponsio erat aut judicialis, aut ludicra: Sponsio judicialis* estoit une façon de faire, qu'avoient les anciens Romains en leurs procez, pour les terminer plustost; qu'après contestation le demandeur provoquoit le defendeur à gager certaine somme de deniers, outre ce qui estoit au debat qui seroit payé à celuy qui gagneroit sa cause: *& ejusmodi sponsio fiebat per stipulationem & restipulationem, vel per sacramentum*: c'est à dire, ou par promesse reciproque, ou par resignation réelle. De la premiere sorte il y en a de beaux exemples dans Ciceron aux Oraisons *pro Quintio, pro Cæcinna, in Verrem act. 3. & lib. 3. de Off.* & dans Varron, *lib. 5. de lingua Latina*, Quintilien, & autres anciens Autheurs.

10. Sacramentum παρακαταβολή, πρυτανεία quid?

Sacramentum vero erat sponsio facta per depositionem pecuniæ in æde sacra; dont aussi les Grecs usoient fort communément, ainsi que remarque le docte Budée en son Commentaire de la langue Grecque, & l'appelloient παρακαταβολήν, & πρυτανεία, parce que l'argent qu'on consignoit, estoit deposé *in Prytaneo*: & estoit volontiers la dixme de ce dont étoit question au procez, si c'estoit entre particuliers, & la cinquième partie aux causes de la Republique, comme dit Julius Pollux. De cette consignation parle fort pertinemment Varron, *lib. 4. de lingua Latina*, *Ea pecunia quæ in judicium venit in litibus, sacramentum est à sacro. Qui petebat, & qui inficiebatur de aliis rebus, uterque quinquagenos æris ad Pontificem deponebant, de aliis rebus item certo alio legitima numero assium. Qui judicio vicerat, suum sacramentum à sacro auferebat; victi ad ærarium redibat.* Cela même a lieu anciennement en France, & fut introduit par l'Ordonnance du Roy S. Louys, ou selon aucuns, du Roy Philippe IV. qui est rapporté au vieux style du Parlement. *parte 3. tit. 5. volum. Quòd in litis initio contestata reddant pignora litigantes usque ad valorem decimæ partis litis, vel æstimationis ejusdem, &c.* D'où sans doute avoit esté tiré l'Edict des Consignations, autrement appellé de l'abbreviation des procez, de l'an 1563. qu'on voulut renouveller en l'an 1587. Et à Rome ces gageures judiciaires furent delaissées par succession de temps, & au lieu d'icelles, on inventa l'action de la calomnie *pro decima parte litis*, dont il est fait mention aux Instit. *tit. de pœna temere litig.* qui depuis estant aussi mesurée, fut renouvelée par la Nov. Constitution, 112. de Justinien.

Ordonnances des consignations.

11. Sponsio ludicra iisdem duplex, per stipulationem mutuam, & per depositionem pignorum. Exempla prioris.

Pareillement il se trouve deux sortes de gageures usitées entre les Romains: l'une qui se fait *per mutuam sponsionem, sive per stipulationem, & restipulationem*: dont il y a un bel exemple dans Pline livre 9. chap. 35. de la gageure de Cleopatra contre Antoine, & dans Valere le Grand, livre 2. de la gageure de Valerius contre Luctatius, & en beau texte en la loy 3. D. *de alea lusu & aleat. Licuisse in ludo, qui virtutis causa sit, sponsionem facere, ex l. Titia Cornelia, & Publicia, alias non licuisse.*

12. De sponsione ludicra quæ fiebat per depositionem pignorum. Ou Bailloit volontiers age en des anneaux.

L'autre se faisoit *per depositionem pignorum*, dont il y a un exemple aux Eclogues de Virgile:
Depono, & s'unt mecum quo pignore certes.
Et en la loy *Si rem, §. si quis sponsionis. D. de præscr. verb. Si quis sponsionis causa annulos acceperis, nec reddat victori, præscriptis verbis adversus eum agi cõpetit.* Et étoit la seule gageure, dont je trouve que les Grecs usoient, qui pour cette cause l'appelloient παρακαταβολήν ἡ πρυτανείαν, pour la façon il est clairement décrite par Demosthene en l'Oraison πρὸς Παντένετον, τὸ μὲν προκαλεῖσθαι τοῦτον ἦν προκαλοῦ μοί τε ταυτὶ δ'ἔχομαι. οὗτος τῶν δακτυλίων καθέντες δ' ἐξιόντας οὗτος. qui est un passage mal interpreté car προκαλεῖν signifie *sponsione provocare*, & ἐγγυητής ne signifie pas en cet endroit un fidejusseur, mais celui qui gardoit les gages. Et faut encore remarquer de ce passage, que volontiers on mettoit les anneaux en gage, comme étant plus en main que toute autre chose: comme aussi il se colige de ce §. *si quis sponsionis* & se lit dans Maximus Planudes, que Xanthus maistre d'Esope, ayant gagé qu'il boiroit toute l'eau de la mer, avoit baillé son anneau en gage. Or que les Grecs ne reconnoissent point

d'autre gageure, que celle qui se faisoit par consignation, il se prouve encore plus clairement par un autre passage de Demosthene en la même Oraison, où il dit que la gageure ne pouvoit subsister, parce que son adverse partie avoit retiré les gages, ἀνεῖλετο τὰς παρακαταβολάς.

13. 14. Sçavoir si les gageures faites sans consignation sont valables en France.

De mesme on peut dire qu'en France la Justice contentieuse n'authorise point d'autres gageures, que celles qui se font par consignation: car le mot de *gager* importe, qu'il y ait consignation actuelle: & d'aucuns au lieu de *gager* disent mettre & de procez, tranchant telles demandes de *gager* & de procez, tranchant telles demandes par la maxime du titre, *Misaille*. Et ce que les Romains ont donné action aux simples sponsions, estoit pour la force & energie qu'ils attribuoient à la stipulation, qu'ils estoit suffisante pour produire action, bien qu'elle eust esté faite sans cause: ce que nous ne pratiquons pas en France avec tant de rigueur; c'est pourquoi celui qui veut faire une gageure se doit asseurer par consignation: ce qui sera alors toleré, parce qu'en telles manieres on met volontiers les parties hors de cour & de procez, tranchant telles demandes par la maxime du titre, *Quarum rerum actio non datur*: & par ainsi la possession prévaut. Que si quelquefois ceux qui veulent gager, se fians à la foy l'un de l'autre, se contentent de faire des promesses reciproques, cela est bon pour faire honte à celui qui ne veut pas payer, mais non pas pour agir contre luy en Justice contentieuse. Et il me souvient d'avoir veu donner un Arrest à la Cour, par lequel celui qui avoit acheté de la marchandise à haut prix, à payer quand il seroit Prestre, mort ou marié, fut declaré quitte en payant le juste prix, & defenses furent faites à toutes personnes de faire tels contracts.

Il y a toutefois de grandes raisons au contraire, comme de dire que le hazard de la condition sert de cause suffisante à ces gageures, pourvû qu'elles ne soient faites sur un sujet deshonneste, n'y ayant rien en ce cas qui soit contre les bonnes mœurs, & qui empesche que la foy & la promesse ne doive estre entretenuë: ainsi que nos Docteurs discourent sur la loy *A Titio*, 108. *De verb. oblig.* & comme depuis peu il a esté doctement plaidé en la Cour, & en la cause qui soy est encore pendante sur cette matiere entre le Commandeur de Ville-dieu, & le Lieutenant criminel de Melun.

15.

Soit donc que ce soit un erreur populaire, qu'il n'y a point d'action pour le jeu & pour les gageures ludicres, & qu'il s'y faut asseurer par consignation, soit qu'à la verité on l'observe ainsi en France, aussi bien qu'en Grece, tant y a que de là en est venu en nostre proverbe François, *Qu'on garde les gages*, & *Qu'on garde les enjeux*, par lequel on envoye celui qui demande l'argent qu'il a gagné en une gageure, ou au jeu. Non pas que l'on puisse faire de ce *quolibet*, une regle de nostre jurisprudence, qu'il soit loüable de quitter & déguerpir les gages, pour s'exempter de la dette; parce que jamais l'obligation de la personne ne se dissout par le delaissement de la chose.

16 Cas auquel le delaissement par hypotheque, décharge celui qui a constitué l'hypotheque.

Si dont il n'y avoit aucune obligation sur la personne qui auroit baillé les gages, ou constitué les hypotheques, comme quand quelqu'un auroit baillé en gage ses meubles, ou hypothequé les heritages, pour la dette d'autruy, sans aucunement avoir promis la payer, & sans s'en estre rendu plege, je ne fais point de doute, que celui-la ne puisse dire que l'on garde les gages, & qu'il ne soit bien recevable à delaisser les hypotheques. Mais cela arrive rarement, que quelqu'un oblige sa terre sans quant & quant s'obliger personnellement à la dette. Encore faut-il que ce soit pour la dette d'autruy, & non pour la sienne; quoy que du Molin ait tenu le contraire sur l'article 11. de la Coustume, nombre 15. Car s'il n'y avoit qu'un obligé personnellement, la constitution d'hypotheque ne vaudroit rien, ne pouvant l'hypotheque subsister dés son commencement, sans quelque obligation personnelle, à laquelle elle est naturellement accessoire, non plus ne moins que l'accident ne peut estre sans la substance, ny l'accessoire sans le principal.

CHAPITRE IV.

Quand & comment le delaissement par hypotheque peut avoir lieu aux rentes constituées.

1. *Si le delaissement & le deperissement de l'heritage décharge le vendeur & debiteur de la rente constituée ?*
2. *Raisons de l'affirmative.*
3. *Resolution pour la negative.*
4. *Solution des raisons contraires.*
5. *Que cela a lieu, même és rentes constituées par forme d'assignat.*
6. *Si ce n'est en l'assignat qui seroit expressément limitatif.*
7. *Comme aussi és rentes constituées sur le revenu d'un heritage per modum quotæ.*
8. *Sçavoir si l'acquereur de l'heritage à la charge d'une rente constituée deuë à un tiers, peut deguerpir.*
9. *Sçavoir si cét acquereur est tenu personnellement de la rente.*
10. *Qu'en France cet acquereur est tenu personnellement au creancier de la rente.*
11. *Distinction de l'acquereur à la charge de l'hypotheque pour raison de la rente, ou à la charge de la rente, ou à la charge d'acquiter la rente.*
12. *Explication de l'art. 110. de la Coustume de Paris.*
13. *Opinion du du Molin refutée.*
14. *De l'acquereur sans charge de la rente, qui neantmoins avoit connoissance d'icelle, ou qui en a passé titre nouvel.*
15. *Quid, si l'acquereur par titre nouvel s'est obligé nommement à payer la rente constituée, tant qu'elle aura cours ?*
16. *Quand l'obligation plus étroite du titre nouvel est reputée faite de certaine science, ou non.*
17. *Sçavoir si l'heritier & bien-tenant peut delaisser l'heritage hypothequé à la rente constituée ?*
18. *Resolution negative contre l'opinion des Legistes.*
19. *Exception & limitation fort notable de cette resolution.*
20. *Que cette resolution de l'heritier & bien-tenant a pareillement lieu en l'heritier par benefice d'inventaire.*

1. Si le delaissement & le deperissement de l'heritage décharge le vendeur & debiteur de la rente constituée :

Voila ce qui se peut dire du Delaissement, qui a lieu és debtes hypothequaires, à une fois payer, mais il y a bien plus de difficulté és rentes constituées. Car si nous tenons la commune opinion des Theologiens & Canonistes, deduite au neuviéme chapitre du premier Livre, que les rentes constituées ne peuvent subsister sans un certain fonds, sur lequel elles soient assignées, & lequel semble être vendu au creancier, & depuis *brevi manu* par lui rebaillé au debiteur, à la charge d'en payer une rente annuellement sur le revenu d'icelui, comme si c'estoit un loüage perpetuel ; il faut aussi que nous tenions avec eux que c'est l'heritage qui doit la rente, & non la personne ; de sorte que l'heritage estant peri ou deguerpi, celui qui l'a constituée demeure quitte d'icelle.

2. Raison de l'affirmative.

Mais encore que la premiere partie de cette opinion ait été amplement refutée au lieu prealleguè, où il a été prouvé, que la rente constituée peut bien subsister sans estre assignée sur aucun immeuble, selon l'opinion de du Molin au traité des Usures, n. 22. si reste-il de la difficulté en l'autre partie de cette opinion, à sçavoir quand la rente se trouve precisement assignée sur un certain heritage, qu'alors cet heritage estant deperi, ou le détempteur offrant le deguerpir, il seroit tenu quitte de la rente. Car du Molin ne reprend pas l'opinion des Theologiens, en ce qu'ils tenoient que les heritages hypothequez estans deperis par quelque accident fortuit, il falloit diminuer la rente à proportion. Aussi on void que l'art. 109. de nostre Coûtume permet au preneur à rente de deguerpir l'heritage sur lequel est creée : & bien que cet article ne parle de la rente fonciere, si est-ce qu'on peut dire qu'il n'est pas raisonnable de donner plus de privilege à la rente constituée, qui de soy est odieuse, qu'à la rente fonciere, notamment en la Coûtume de Paris, ou par l'art. 110. les rentes constituées sont reputées charges ordinaires des heritages, & partant sont reglées ainsi que les foncieres.

3. Resolution pour la negative.

Mais si cette opinion estoit suivie maintenant que la plupart des heritages de France sont diminuez, & en valeur interieure à cause des ruines de la guerre, & en prix exterieur à cause de la rareté d'argent, il s'ensuivroit qu'il faudroit diminuer & retrancher presque toutes les rentes constituées : ce qui seroit contre la raison du droit, attendu ce qui a esté dit au 1. Livre, que jamais l'assignat n'induit limitation ni restriction, mais est toûjours presumé estre ajoûté en faveur du creancier, pour plus grande asseurance de son deu, & non pas en faveur de son debiteur, pour diminuer de son obligation. Aussi qu'il a été prouvé, que ces rentes sont deuës purement & precisément par la personne, & non par l'heritage, sur lequel elles sont assignées, & par tant elles doivent estre reglées comme les autres debtes personnelles & hypothequaires, & comme les usures des Romains, au lieu desquelles on les a subrogées en France, & non pas comme les rentes foncieres *à quibus specie differunt.*

Ce donc que le preneur à rente est quitte en deguerpissant l'heritage, & non le debiteur de la rente constituée, n'est pas qu'on favorise les rentes constituées plus que les foncieres, mais cela resulte de la suite & consequence naturelle de l'une & de l'autre rente : parce que la fonciere est deuë par l'heritage, & partant n'est plus deuë quand l'heritage est peri ; & au contraire la constituée est deuë par la personne, & partant ne diminué point pour le deperissement de l'hypotheque. Et d'ailleurs, ce que nôtre Coûtume repute les rentes constituées pour charge des heritages, estant un point de soi exorbitant, comme il a été prouvé au second Livre, doit estre restraint à sa proportion, c'est à dire, à la seule action personnelle qui est attribuée pour icelle aux rentes constituées, aussi bien qu'aux foncieres, & ne doit pas estre tiré à consequence, pour inferer qu'en tout & par tout, notamment au point du deguerpissement, les rentes constituées doivent estre reglées comme les foncieres. Au contraire quand nostre Coûtume permet seulement au preneur des rentes foncieres d'user du deguerpissement, il s'ensuit que le preneur, ou debiteur des rentes constituées, n'en peut user. *Cùm enim Prætor de uno dicit, de altero negat, l. Cùm Prætor. D. de judiciis.*

4. Solution des raisons contraires.

5. Que cela a lieu, même és rentes constituées par forme d'assignat.

C'est pourquoi je conclus, que même és rentes de don & legs constituées pour forme d'assignat, c'est à dire, à condition expresse qu'elles seront perceuës annuellement sur le revenu de certain heritage specifié au cõtrat, le deguerpissement n'a point de lieu ; & ne faut pas que ces rentes soient diminuées, bien que l'heritage soit diminué, même tout à fait peri : estant cet assignat inseré, pour demonstration du lieu, où plus facilement la rente se pourra percevoir, & non pour le restraindre & limiter au seul revenu de l'heritage, suivant la decision formelle de la *l. Quidam de leg. 1.* comme il a été amplement prouvé au huitiéme chap. du 1. Liv.

6. Si ce n'est en l'assignat qui seroit expressément limitatif.

J'avoüerai bien, que si en la constitution de la rente, soit à prix d'argent ou par don & legs, il estoit convenu expressément qu'elle seroit seulement perceuë sur l'heritage specifié, & non sur les autres biens du constituant, alors l'heritage estant deperi, il seroit en la puissance du rentier de la deguerpir, pour demeurer quitte de la rente ; non que pourtant elle peût être diminuée à proportion du deperissement, selon l'opinion des Theologiens & Canonistes modernes, car tant que l'heritage est suffisant pour payer toute la rente, bien qu'il soit de beaucoup diminué de son ancienne valeur, il n'importe pas d'autant qu'il est obligé tout entier à la rente, & que l'hypotheque est solidaire, *tota in toto, & tota in qualibet parte* : mais il est raisonnable que le détempteur quitant l'heritage, qui seul est obligé à la rente, il demeure quitte d'icelle, encore que ce soit lui-même qui l'ait constituée. Car encore qu'on puisse dire que l'hypotheque

L iij

86 Des cas du déguerpissement. Liv. IV.

ne puisse subsister sans l'obligation personnelle, à laquelle necessairement elle est accessoire & subsidiaire, & partant qu'au moien de l'obligation personnelle le deguerpissement est exclus; aussi que la clause du contrat, *Promettant, Obligeant, &c.* induit une obligation de tous les biens: il faut respondre qu'à la verité tel contrat contient une obligation personnelle, mais par la teneur expresse d'icelui, cette obligation est limitée à la valeur de l'assignat: & bien que la clause hipothequaire y soit adjoûtée par le stile commun, elle est indubitablement restrainte & limitée à ce qui est specifié dans le contrat. Et ainsi faut-il entendre ce que dit amplement du Molin touchant cette question sur l'art. 11. de la Coustume.

7. Comme aussi és rentes constituées sur le revenu d'un heritage per modum quota.

Il faut aussi excepter de cette resolution, les rentes, soit foncieres, soit autres, qui seroient constituées, *per modum quota*, & à proportion du revenu de certain heritage. Car non seulement le deguerpissement & depossessement total de l'heritage exempte le debiteur de ces rentes; mais même elles diminuent *ipso jure*, & de leur propre nature, à mesure que le revenu de l'heritage diminué, comme il se void en la Dixme au Champart: ce qui ne reçoit aucune difficulté.

8. Sçavoir si l'acquereur de l'heritage à la charge d'une rente constituée deüe à un tiers, peut deguerpir.

Voila pour celui qui a constitué la rente: que dirons nous du tiers detempteur de l'heritage hypothequé à icelle? Et pour parler en premier lieu de celui qui a acquis l'heritage à la charge de la rente, il semble d'abord, que cela soit vuidé par l'article 110.de nostre Coustume: *Celuy qui n'est preneur, mais acquereur du preneur, à la charge de la rente, peut deguerpir pourveu qu'il n'ait promis expressément acquitter son vendeur & bailleur.* Mais la verité est, que cet article, non plus que le precedent, ne parle que de la rente fonciere, comme ses termes le montrent assez, encore que vulgairement on le vueille accommoder aux rentes constituées, inferant par icelui, que l'acquereur à la charge de la rente peut regulierement deguerpir l'heritage.

9. Sçavoir si cet acquereur est tenu personnellement de la rente.

Mais cela dépend d'une autre question, qui est, à sçavoir si l'acquereur à la charge de la rente est reputé obligé personnellement à icelle, d'autant que le delaissement n'abolit pas l'obligation personnelle, mais la seule hipothequaire. Or c'est bien la verité que par la subtilité du droit Romain, cet acquereur n'est point tenu personnellement envers le creancier de la rente, mais seulement envers son vendeur, pour l'acquitter d'icelle en cas qu'il en soit poursuivi, par la decision notable de la loi *Servo legato. §. si testator. De leg.1. Si testator quosdam ex haeredibus jusserit res alienas solvere, non creditores habebunt adversus eos actionem, sed cohaeredes, quorum interest id fieri.* La raison est, que *licet stipulatio alteri facta valeat, quando stipulatoris interest, tamen per ejusmodi stipulationem non potest quari actio etiam utilis sine cessione, ei in cujus commodum stipulatio facta est. sed soli stipulatori competit,* comme dit la glose sur le *§. sed & si quis. Instit. de inutil. stipulat.* par la loi *Cum res. Cod. de donationib.* Ce qui provient du scrupule, que gardoient les Romains en la coherence des actions aux personnes des debiteurs & des creanciers.

10. Qu'en France cet acquereur est tenu personnellement au creancier de la rente.

C'est pourquoi j'estime que cette formalité n'est pas observée à la rigueur en France, mais que par une raison d'équité, pour eviter les circuits, le creancier de la rente se peut adresser directement & sans cession d'actions à l'acquereur, qui par son contrat s'est chargé de payer la rente: comme même il se trouve decidé en droit en une espece quasi semblable en la loi *Si cum venderet. D. de pignor.* & en la loi *Quoties. C. de donat. qua sub modo.* Et en la loi *Pater C. de pactis conventis,* il est dit, que *licet tertio non quaratur directa actio, tamen ex aequitate utilis accommodatur:* & ainsi le tient le docte d'Argentré, tit. de don. art. 214. num. 185. *Bened. in ver. Caetera bona nu.* 46. *Guid. Papa decis.* 460. Aussi qu'en France aux contrats de constitution de rente il y a toûjours une stipulation d'hypotheque generale, qui comprend non seulement les biens meubles & immeubles, mais encore les debtes & actions appartenantes à l'obligé, l. *Nomen C. qua res pign. oblig. poss.* Et par le moien de cette hypotheque, le creancier de la rente peut lui-même

intenter l'action utile, qu'à son debiteur contre l'acquereur de l'heritage, afin de le contraindre à payer la rente. *l. Postquam C. de hared. vel act. vend. l. Si convenerit 2. D. pignor. act.* D'où il s'ensuit que quand l'acquereur à la charge de la rente voudroit delaisser l'heritage, lors qu'il seroit poursuivi par le creancier, il pourroit toûjours intenter contre lui l'action utile, en vertu de la promesse qu'il auroit faite au premier debiteur de payer & acquitter la rente, encore même que ce debiteur n'eust point fait de cession d'actions au creancier.

En quoi toutefois il faut distinguer trois diverses clauses, c'est à sçavoir quand l'heritage est seulement acquis à la charge de l'hypotheque pour raison de telle rente; ce qui s'exprime quelquefois pour eviter l'action du stellionat interpretatif; & alors sans doute l'acquereur n'est point obligé à payer la rente, mais seulement est tenu d'icelle hipothequairement, & s'en peut par consequent exempter en quittant l'heritage. Ou bien quand l'heritage est acquis à la charge de la rente, ou à la charge de payer & continuer la rente, qui est tout un; & lors à cause de la personalité qui resulte de ces termes, il ne peut deguerpir. Comme aussi à plus forte raison, s'il a acquis l'heritage à la charge d'acquitter & décharger le vendeur de la rente, qui est encore plus, car au cas precedent l'acquereur ne peut estre contraint par le vendeur à racquiter & amortir la rente, mais il suffit qu'il fasse en sorte qu'il n'en soit point inquieté pour le payement des arrerages: mais en ce dernier cas, il faut expressément acquitter le vendeur de la rente, & l'en faire décharger à pur & à plein, soit en racquitant & amortissant la rente, soit en quelqu'autre façon, par la volonté du creancier d'icelle.

11. Distinction de l'acquereur à la charge de l'hypotheque pour raison de la rente, ou à la charge de payer la rente, ou à la charge d'acquitter la rente.

Et de fait l'art. 110. cy-dessus allegué qui parle de la rente fonciere, encore qu'il decide que l'acquereur à la charge de telle rente, peut deguerpir aussi bien que le preneur de l'heritage, excepté toutefois celui qui a expressément promis acquitter & garantir son vendeur: ce qu'il faut entendre sainement, à sçavoir quand le premier preneur estoit tellement obligé à la rente, qu'il ne pouvoit déguerpir, comme quand il avoit promis mettre amendement à l'heritage, ou fournir & faire valoir la rente; en ce cas l'acquereur, qui a promis l'acquitter, ne peut déguerpir non plus que lui, parce que s'il deguerpissoit, le rentier s'adresseroit au preneur, & le preneur à lui, afin de l'acquiter. C'est pourquoi tant pour éviter ce circuit frustratoire, qu'à cause de l'action utile qu'il a stipulée sur les biens & actions du debiteur, il est plus à propos que le tiers acquereur, qui en ce cas est tenu *pura personalia,* au payement de la rente fonciere, ne puisse déguerpir; mais sans doute que si le preneur n'estoit point obligé sous ses particuliers, *De mettre amendement, ou de fournir & faire valoir,* celui qui auroit acquis l'heritage de lui-même, à la charge de l'acquitter & décharger de la rente, seroit bien recevable à déguerpir, veu que le preneur même pourroit déguerpir, & que par le deguerpissement de l'acquereur, lui même est déchargé; même que dés lors de la vente de l'heritage il estoit déchargé de la rente, comme il sera tantost prouvé. Or n'y a-il point d'apparence que le tiers acquereur soit tenu plus étroitement que le preneur à rente. Il est vrai qu'en ce cas il faut que le tiers acquereur, pour estre receu à deguerpir, paye non seulement les arrerages de son temps, mais encore qu'il remette l'heritage en tel estat qu'il estoit lors de la prise, comme il sera dit amplement au Livre suivant.

12. Explication de l'art. 110. de la Coutume de Paris.

D'où il s'ensuit que l'opinion de du Molin sur l'onzieme article de la Coustume, nombre dix-sept, est fort suspect, à sçavoir que les enfans & heritiers de celui qui a acquis un fief à la charge de payer une rente constituée à un tiers, à laquelle le fief estoit specialement hipothequé, sont tenus de contribuer entr'eux au payement de cette rente, non pas *pro partibus haereditariis,* comme regulierement il s'observe *in are alieno, l. 1. C. si cer. pet.* mais *pro modo detentionis,* comme il se pratique aux charges foncieres, *l. Si fideicommissum. §. tractatum.*

13. Opinion de du Molin refutée.

Des cas du Déguerpissement. Liv. IV.

D. de jud. De sorte que l'aisné, qui emporte la moitié de la terre, payera aussi la moitié de la rente, parce, dit-il, que ses enfans ne sont tenus envers le creancier de la rente, qu'hypothequaire & d'action réelle, bien qu'envers le vendeur ils soient tenus personnellement à l'acquitter de cette rente. Mais je croi que cette opinion ne seroit pas suivie au Palais, & que l'obligation personnelle contractée par le défunt, lors qu'il a acquis le fief, est plus considerable, que la simple hypothequaire, qui n'a pas esté contractée pour lui : & partant, joint les raisons que je viens de deduire, j'estime qu'en l'espece proposée les enfans doivent également contribuer à cette rente, suivant l'art. 334. de nôtre Coûtume.

Voila pour l'acquereur à la charge de rente : parlons de celui qui ne s'est pas soûmis à la payer, mais neanmoins qui sçavoit qu'elle estoit deue, & que l'heritage qu'il acquerroit y étoit hypothequé : & quant & quant de celui, qui depuis son acquisition a volontairement passé titre nouvel de la rente, par lequel il s'est obligé à la paser sur tous & chacuns ses biens ; sçavoir si ces detempteurs peuvent déguerpir. Je dis en un mot, qu'ils se peuvent décharger de la rente en quittant & delaissant l'heritage : car ni la science, ni le titre nouvel n'oblige le tiers acquereur *purâ personali act.* à la continuation de la rente, mais seulement au paiement des arrerages de son temps, puis que ce n'est pas lui qui a contracté la rente.

Mais si ce tiers acquereur s'estoit obligé au titre nouvel & auroit continué la rente, non pas tant & si longuement qu'il demeureroit detempteur, comme l'on a accoustumé, mais par exprés, tant & si longuement que la rente aura cours, & à ce auroit obligé tous & chacuns ses biens, en tous contrats la clause hypothequaire n'est jamais obmise, il faudroit distinguer avec du Molin, au traité des Usures, nombre 135. & sur l'art. 5. de la Coustume, où il traite amplement cette question : Si le detempteur a inseré cette clause de certaine science, & avec intention vrai semblable d'augmenter volontairement l'obligation, à laquelle il estoit tenu à cause de la detention, alors ne pourroit-il quitter l'heritage à cause de l'obligation personnelle en laquelle il seroit entré par le titre nouvel. Mais si par erreur & par inadvertance, ne prenant pas garde à l'effet de ces mots, il les avoit laissé couler en son titre nouvel, cela ne lui pourroit nuire à cause de la maxime de droit, que *confirmatio restringitur ad limites confirmati, l. Aurelius. D. de deliberat. legata.* prenant neanmoins lettres Roiaux, pour être relevé de cette nouvelle obligation, comme faite par erreur & sans cause.

Et dit du Molin, que s'il n'y a quelque forte presomption, par laquelle il apparust de la certaine science & intention de celui qui a passé le titre nouvel, l'inadvertance est plûtost presumée, parce que *in necessitate nemo liberalis existit, l. Rem legatam. D. de adim. & transfer. leg.* principalement s'il n'y a point de cause pour laquelle cette nouvelle obligation soit promise ; car toujours le defaut de cause est un bon moien pour eluder l'obligation, par la loi 2. *circa. D. de doli mali & met. except.* Et au contraire s'il apparoissoit de la moindre cause que ce fust, comme si l'acquereur s'estoit par son contrat d'acquest chargé de la rente, ou bien si lors du titre nouvel on lui avoit remis quelques arrerages ou donné quelque rente, j'estime qu'alors cette promesse seroit reputée faite *ex certa scientia, & anima augenda obligationis,* & partant qu'elle devroit sortir son effet.

Pour la fin de ce chapitre il se faut ressouvenir d'un point de tres-grande importance, & qui vient fort souvent en usage, auquel le detempteur de l'heritage hypothequé ne se peut exempter de la debte ou de la rente par le delaissement d'icelui, à sçavoir quand il est heritier & bien-tenant : Car celui qui est heritier pour partie, encore qu'il ait payé sa partie contingente de la debte, de laquelle il étoit seulement tenu personnellement, il ne se peut toutefois exempter de la solidité, dont il est tenu, comme bien-tenant, en delaissant les heritages de la succession. Et bien que la loi 2. *C. si unus ex plurib. hæred. &c.* semble decider le contraire, & donner l'option à l'heritier & bien tenant, quand il est convenu d'action hypothequaire, ou de ceder, ou de payer, si est-ce que communément en France on pratique que l'heritier & bien-tenant ne peut déguerpir, & ce à mon avis pour deux raisons.

L'une, qu'c'est assez qu'il a un moien de renoncer du commencement à l'heredité, s'il pensoit qu'elle fust onereuse ; & s'il en doutoit, il lui a esté loisible de prendre Lettres de benefice d'inventaire. Et partant, il n'est pas raisonnable qu'aprés avoir meprisé les precautions que la loi lui donne, & que volontairement il a accepté l'heredité, on le reçoive encore indirectement à y renoncer, par le moien de ce delaissement : L'autre & principale raison est, que nous gardons en France la maxime de Bartole, que *Quoties personalis actio concurrit cum hypothecaria, nec divisioni, nec discussioni locus est,* qui est l'effet & l'energie de cette action *personnelle hypothequaire,* que nous avons mêlée & unie en France, dont il a été traité au Livre precedent chap. deuxiéme, où il a esté dit, que cet heritier & bien-tenant ne peut pareillement demander discussion, quand il est executé pour le tout en ses propres biens, & que pour le tout on adjuge provision contre lui ; même qu'il ne prescrit point l'action hypothequaire pour moindre temps que la personnelle. Aussi l'heritier & bien-tenant ne peut être justement appellé tiers detempteur, attendu qu'il est successeur du défunt à titre universel. C'est pourquoi les regles qui ont lieu au tiers detempteur, ne peuvent être accommodées à l'heritier & bien-tenant.

Et faut prendre garde que cette maxime de Bartole, *Quoties personalis actio concurrit cum hypothecaria, cessat divisio, & discussio,* ne se verifie sinon en l'heritier & bien-tenant, & encore quand dés le commencement l'action personnelle & hypothequaire se sont rencontreés de même temps en sa personne. Car si l'heritier *pro parte,* qui n'a trouvé aucuns immeubles en sa succession, & qui partant n'est point tenu hypothequairement, se trouvoit auparavant le decedz du debiteur, avoir acquis de lui quelque heritage qui fust hypothequé à la debte, ou qu'aprés la succession deferée, heritier mobilier eust acquis de l'heritier des propres quelque heritage de la succession, tel heritier ne seroit pas simplement & conjointement tenu pour le tout, mais seroit tenu personnellement pour telle part & portion qu'il seroit heritier, & hypothequairement pour le tout, comme tiers detempteur ; de sorte que delaissant l'heritage, il eviteroit l'action hypothequaire, & ne seroit plus tenu que pour sa quote hereditaire ; & au cas qu'il ne quittat point l'heritage, il ne pourroit estre executé en ses autres biens, que pour sa portion hereditaire, & pour le surplus par saisie de l'heritage hypothequé tant seulement. Car en ce cas il n'est pas bien-tenant, c'est à dire successeur & detempteur des biens à titre universel, mais il est detempteur en tiers detempteur de certain heritage à titre particulier, qui est une limitation fort remarquable.

Et ce qui est dit pour le regard de cette solidité de l'heritier pur & simple, qui est heritier & bien-tenant, doit pareillement avoir lieu en l'heritier par benefice d'inventaire, qui est aussi heritier & bien-tenant. Car il a esté prouvé cy-dessus, que l'heritier beneficiaire est vrai detempteur & proprietaire des heritages de la succession. Et il faut aussi tenir pour certain, que toutes les regles qui s'observent en l'heritier simple, doivent estre gardées en l'heritier par benefice d'inventaire, fors qu'il ne peut jamais estre tenu outre la valeur des biens hereditaires, mais outre cette particularité, & peu d'autres qui en resultent, & qui se colligent de la loi *Scimus. C. de jure delib.* il est en tout & par tout semblable à l'heritier simple.

CHAPITRE V.

Du Déguerpissement qui a lieu aux charges foncieres.

1. Que le vray déguerpissement a lieu aux charges foncieres, & pourquoy ?
2. Et ce, soit qu'elles soient seigneuriales, soit simples foncieres.
3. Raisons pourquoy on peut douter s'il a lieu en l'emphyteose.
4. Que nonobstant ces raisons, le déguerpissement a lieu en l'emphyteose. Interpretation de la loy Quicunque. De fund. patrim. lib. 11. Cod.
5. 6. Solution des raisons contraires.
7. Comment a lieu le déguerpissement és rentes creées par un contrat mêlé.
8. Qu'en ces contrats mêlez il vaut mieux se pourvoir par récision, que par déguerpissement.
9. Que le déguerpissement n'a lieu aux détes à une fois paier, encore qu'elles soient deuës pour l'alienation de l'heritage.
10. Quid, quand à la suite du contrat de vente, le prix est rebaillé à vente ?
11. Qu'en ce regard il faut prendre garde de prés à la forme des contrats.
12. Quid, de la resolution, qui a lieu en une rente contrechangée, en vertu de la clause, De fournir & faire valoir ?
13. Si le déguerpissement a lieu en la donation faite à la charge d'une rente.
14. Distinction fort notable sur cette difficulté.
15. Exemple familier de cette distinction.
16. Limitation de cette distinction.
17. Si l'Eglise, qui a pris le bien d'un homme à la charge de le nourrir, peut deguerpir.
18. 19. Si le deguerpissement a lieu pour rente creée par le bail de l'heritage, pour estre payé à un tier.
20. Trois exceptions à la resolution de cette question.
21. Question fort notable.
22. Que le deguerpissement n'a lieu és rentes de legs pies.

1. Que le vray deguerpissement a lieu aux charges foncieres, & pourquoy ?

Ayant parlé dés delaissemens qui peuvent avoir lieu aux détes personnelles & hypothequaires, il reste de traiter des charges foncieres, esquelles le deguerpissement a lieu à proprement lieu. Car puis que ce sont les heritages qui sont vraiment redevables de ces charges, & que les personnes n'en sont tenuës qu'à cause d'iceux, & en tant qu'elles les detiennent & possedent ; patce que les heritages sont choses inanimées, qui ne peuvent ni recevoir l'action, ni faire le paiement sans le ministere de la personne, il s'ensuit qu'abolissant par le deguerpissement la cause qui rend la personne tenuë de ces charges, à sçavoir la detention de l'heritage, l'effet sera osté & aboli quant & quant, qui est l'obligation de la personne. Aussi que n'étant rien plus naturel, sinon que toutes choses soient dissolvës par le même moien qu'elles ont été liées, c'est ici la raison que puisque, par la prise & apprehension de l'heritage, le detempteur s'etoit lié au paiement des Charges, en le requittant & delaissant, il s'en puisse delivrer & desobliger ; ne pouvant en ce cas avoir lieu l'autre maxime de droit, que ce qui est du comencement de volonté, est par aprés de necessité ; parce que l'exemption de l'obligation qui provient du deguerpissement, ne resulte pas d'une repentance ou acte contraire au premier Contrat, mais d'une condition taisible d'icelui, dependant de sa nature, & de l'abolition & retranchement de la cause de l'obligation.

2. Et ce, soit qu'elles soient seigneuriales, soit simples foncieres.

Il faut donc tenir que le déguerpissement a lieu en toutes sortes de rentes & redevances foncieres, soit qu'elles soient Seigneuriales, comme le Fief, le Cens, le Terrage, le Bordelage, le Boisselage, le Complant, le Terceau, & toutes telles autres rentes; soit qu'elles soient simples foncieres procedantes d'un bail d'heritage pur & simple, ou d'un Contrat mêlé de vente, d'échange, de partage, ou de transaction avec le bail d'heritage.

3. Raisons pourquoy on peut douter s'il a lieu en l'emphyteose.

Toutefois pour les rentes Seigneuriales on a grandement douté, si le déguerpissement pourroit avoir lieu en l'emphyteose : Car presque tous les anciens Interpretes de droit on tenu que non ; & si la decision en est expresse en la loi *Quicunque. de fundis patrim. lib. 11. C.* qui sera cy-aprés interpretée en expliquant la grande question, si le premier peut deguerpir ; mais sans l'entamer icy, on peut dire qu'outre les raisons qui tombent sur cette question generale, il y en a deux particulieres touchant l'emphyteose, qui n'ont pas lieu aux autres rentes, *4. Que nonobstant ces raisons, le deguerpissement a lieu en l'emphyteose. Interpretation de la loy Quicunque. fund. patrim. lib. 11. Cod.*
L'une, qu'il semble que les Contrats d'emphyteose ont de leur nature une condition taisible d'amender & ameliorer les heritages qui est leur principale fin, dont même ils prennent leur nom, ἀπὸ τῶν ἐμφυτευτῶν & aussi les heritages emphyteutiques sont communement appellez en droit *meliorationes*, sen ἀμφυτεύματα. Or est-il que quand le preneur à rente est chargé de mettre amendement à l'heritage, il ne peut deguerpir. L'autre raison est, que tous les Docteurs ont tenu que par nature de Contrat emphyteutique, le preneur demeuroit chargé des cas fortuits particuliers, suivant la loi premiere de ce même titre. De fait la Novelle, 7. §. *Dunum*, dit qu'és emphyteoses Ecclesiastiques on diminué la redevance de la sixiéme partie du loyer & revenu ordinaire de l'heritage, en consideration de ce que le preneur prend sur soy les cas fortuits; Aussi disent-ils que c'est pour cela qu'ordinairement la redevance est fort petite és emphyteoses, parce que la charge d'ameliorer l'heritage, & la reception des cas fortuits, suppléent au juste prix. Or si l'emphyteote pouvoit deguerpir, il ne porteroit pas les cas fortuits, mais en effet ils tomberoient sur le Seigneur. Aussi que l'emphyteote ne puisse deguerpir, il est expressément decidé en la loi 3. *De fundis patrim. l. 11. Cod. Quicunque possessiones ex emphyteutico jure acceperint, ea ad refundendum uti occasiones non possunt, quod afferans desertas eas esse capisse.*

5. 6. Solution des raisons contraires.

Or ces deux raisons alleguées pour l'opinion contraire, ne sont pas absolument vraies, à sçavoir que l'emphyteose emporte une condition taisible d'ameliorer les heritages : Car bien que du commencement l'emphyteose ait été introduite pour amender les heritages steriles, comme encore aujourd'hui elle s'y pratique plus volontiers qu'aux autres; si est-ce que depuis que Zenon en eut fait un Contrat ordinaire, elle se pratiqua aussi bien aux heritages fertiles qu'aux infertiles, comme du Molin a fort bien remarqué sur le titre second de la Coustume. Et consequemment il faut croire que le preneur à emphyteose n'est point chargé d'ameliorer les heritages, s'il ne s'y est soûmis expressément par le Contrat.

Et quant à l'autre proposition, que l'emphyteote est tenu des cas fortuits par la nature de son Contrat, elle n'est pas aussi du tout veritable : car la loi 1. *De jur. emphyt.* se doit entendre quand l'emphyteote ne veut point quitter l'heritage, qu'alors à raison de la perte survenuë de partie d'icelui, il ne peut pas diminuer la redevance. Autrement il resulteroit de cette loi une grande absurdité, contre ce qui sera dit amplement ci-aprés. Ainsi se doit entendre la Nov. 7. qu'on lui diminué la sixiéme partie du revenu, à raison des cas fortuits, c'est à dire, à raison qu'il doit supporter les cas fortuits, si mieux il n'aime quitter l'heritage, & en ce faisant, perdre tous ses amendemens & ameliorations. Autrement quelle apparece y auroit-il que sous pretexte de la diminution d'une sixiéme partie du revenu, il fust chargé à perpetuité des cas fortuits, outre l'entretenement & reparation de l'heritage, ou bien on peut dire, que le hazard que l'emphyteote est tenu supporter en faveur de cette diminution de la redevance annuelle, n'est que le hazard qui tombe

Des cas du déguerpissement. Liv. IV.

tombe sur les fruits annuels, à cause duquel il est sans doute qu'il ne peut demander diminution du canon, comme peut faire un locataire ou fermier à bref temps. En tout cas on peut dire, que c'est un cas particulier en l'emphyteote de l'Eglise qu'il ne peut déguerpir, non plus que l'emphyteote des terres du Domaine; & ce pour autant que pour luy oster cette faculté de deguerpir, on luy diminuoit dés lors du bail la sixième partie de la redevance : aussi que l'on voit en cette Novelle que les emphyteoses Ecclesiastiques sont reglées de toute autre façon que celles des particuliers ; ce qui sera cy après expliqué, où j'interpreteray cette loy 3. C. de fund. patrim. Je conclude donc que le déguerpissement doit aussi bien avoir lieu en l'emphyteose comme aux autres rentes.

7. Comment a lieu le deguerpissement és rentes creées par un contrat meslé.

Mais aux simples rentes foncieres qui procedent d'un Contrat meslé de vente, échange, partage, ou transaction avec le bail à rente, il faut remarquer que bien que la rente ne tienne lieu sinon d'une partie de l'heritage, toutefois si on veut user de deguerpissement, il faut quitter l'heritage tout entier ; de sorte qu'en ces contrats il n'arrive gueres qu'il y ait profit à déguerpir. Par exemple, en matiere de vente, Une maison m'a esté venduë pour mil écus d'argent, que j'ay payé comptant, & cent livres de rente que je dois ; si je veux demeurer quitte de la rente, il faut que je deguerpisse la maison toute entiere, sans que je puisse retirer mes mil écus. En échange, j'ay permuté ma maison avec celle de mon voisin ; & parce que la sienne valoit mieux, je luy ay constitué cent livres de rente au lieu de soulte sur la maison contr'échangée : si je me veux liberer de cette rente, il faut que je deguerpisse la maison entiere, & si je ne retireray pas la mienne que j'ay baillée en contr'échange. En partage, Quand pour retour de partage, mon lot est demeuré chargé envers mon coheritier de cent livres de rente ; pour m'acquiter de cette rente, il faut que je deguerpisse tous les heritages que j'ay mis en partage. En transaction, Pour demeurer paisible de la maison où mon voisin pretendoit droit, je l'ay chargée d'une rente foncière envers luy ; si je veux user du deguerpissement, il faut que purement & simplement je luy abandonne la maison. Et la raison est, que combien que la rente ne tienne lieu que de partie du prix, l'heritage en effet en est chargé ; de maniere que pour s'en exempter, il ne faut rien en retenir. C'est pourquoy en ces Contrats mixtes on ne pratique guere le deguerpissement, parce que rarement il arrive qu'il y ait du profit à déguerpir : toutefois puis que telles rentes sont foncieres, comme il a esté prouvé au premier Livre, on ne peut nier que le deguerpissement n'y échée : & mesme quelquefois il importe beaucoup qu'on puisse déguerpir ; comme quand la maison sur laquelle est constituée la rente, a esté brûlée ou demolie tout à fait, ou bien qu'elle est occupée par l'ennemy étranger, il vaut bien mieux venir au deguerpissement que d'en continuer toûjours la rente, comme il faudroit faire si c'estoit une rente constituée, *quia incendium non liberat debitorem.*

8. Qu'en ces contrats meslez il vaut mieux se pourvoir dés leur commencement, par recision que par deguerpissement.

Mais autre chose est, quand on se pourvoit contre ces Contrats par voye de resolution ou restitution en entier : car alors ils sont declarez nuls, & sont cassez dés leur commencement, & il faut que chacune des parties reprenne ce qu'elle a baillé. Donc en ces Contrats mixtes il faut plûtost chercher la voye de restitution, comme pour lezion d'outre moitié, ou quelqu'autre moyen de recision, si faire se peut que de venir au deguerpissement. Et si, il y a encore un autre avantage en la recision qui n'est pas au deguerpissement, c'est qu'il n'y faut point rétablir les bastimens démolis par cas fortuit, comme il faut au deguerpissement, ainsi qu'il sera expliqué au Livre suivant.

9. Que le deguerpissement n'a lieu és dettes qui ne soient contractées pour raison de la chose.

Comme donc le deguerpissement a lieu en toutes sortes de baux à rente, aussi n'a-t-il lieu en nuls autres Contrats, ny aucunes autres debtes, bien qu'elles soient contractées pour raison de la chose. Comme Du Déguerpissement.

par exemple : J'ay acheté une maison pour la somme de mil écus payable dans un an ; si pendant ce temps la maison vient à estre brûlée, il ne m'est pas permis de déguerpir pour éviter le payement de cette somme : car je suis obligé au payement d'icelle *actione ex empto*, qui est une action pure personnelle, qui ne se peut éviter par le deguerpissement.

10. Quid quand à la suite du contrat de vente rebaillé à rente ?

Le mesme se doit dire quand à la suite du Contrat de vente, la somme, qui est specifiée pour le prix de l'heritage vendu, promptement rebaillée à rente à l'acheteur, qui en passe constitution par le mesme Contrat sur tous & chacun ses biens, & specialement sur la chose vendu, avec clause que la speciale hypotheque ne deroge à la generale, ny la generale à la speciale : Car puis que le contrat de vente est une fois parfait, *cùm primum de re & pretio consensum est, licet numeratio pretii nondum intercesserit. §. perficitur. Instit. de empt. & vend.* il n'importe si le prix est payable à unefois, ou par année & forme de rente : & cette rente n'est point une rente fonciere, puis que la vente est pure & simple, sans reserve d'un droit foncier sur l'heritage : mais c'est une vraye rente constituée par celuy qui déja par la vente estoit fait Seigneur de l'heritage. Il est bien vray que le vendeur a droit de prelation sur iceluy, comme il l'auroit aussi pour le payement du prix, s'il estoit à une fois payer, & qui a esté prouvé au premier Livre Chapitre 5.

11. Qu'en ce regard il faut prendre garde de la forme des contrats.

Il faut donc bien prendre garde comment on fait ce Contrat, car c'est la forme des Contrats qui leur donne la nature & la loy. Si l'heritage est baillé à rente pour cent livres de rente ; cette rente est fonciere, comme estant imposée en l'alienation de l'heritage par une maniere de reserve, que fait à son profit le Seigneur sur son heritage, & partant le deguerpissement y a lieu. Que si au contraire l'heritage est vendu pour la somme de douze cens livres, pour laquelle l'acheteur constitué par le mesme Contrat cent livres de rente au vendeur, cette rente est constituée, comme estant faite pour demeurer quitte de douze cens livres, qui estoient deües pour le prix de cette vente ; & partant le deguerpissement n'a point de lieu. C'est pourquoy les mieux avisez, qui baillent leurs heritages à rente, conçoivent volontiers leurs contrats en cette derniere forme pour exclure le deguerpissement, qui est un des plus grands secrets de cette matiere.

12. Quid de la resolution, qui a lieu en une rente concedée en rechange, en vertu de la clause, De fournir & faire valoir ?

Pareillement en l'échange d'un heritage contre une rente duë à un tiers, avec promesse de la fournir & faire valoir ; si en vertu de cette clause je suis convenu pour faire valoir la rente, à raison que le debiteur d'icelle se trouve insolvable, ou que c'est une rente sur le Roy qui ne se paye point ; il est bien vray que je suis recevable à rendre l'heritage contr'échangé, au lieu de payer moy-mesme la rente ; comme j'ay prouvé au petit Livre de la Garantie des Rentes, mais ce n'est pas un vray déguerpissement, d'autant que le deguerpissement n'a lieu qu'és charges foncieres, & non aux obligations personnelles, mais c'est par une pure resolution d'un Contrat d'échange en vertu de la clause de fournir & faire valoir, qui est une clause redhibitoire, qui a cet effet, *ut omnia in integrum restituantur, ac si contractus nunquam intercessisset. leg. Facta. D. De Ædil. edicto.* Ce qui sera plus amplement expliqué cy-après en interpretant cette mesme clause.

13. Si le deguerpissement a lieu en la donation faite à la charge d'une rente.

Mais le deguerpissement a bien lieu en la donation, qui seroit faite à la charge d'une rente ; car ce n'est pas une donation pure & simple, mais meslée d'un bail à rente, ou bien à reserve & retenuë de la rente sur la chose donnée ; ou pour mieux dire, c'est un bail à rente fait à moindre prix, *donationis causâ*, mais il est certain que la donation peut estre meslée en tous Contrats : & partant le deguerpissement y a lieu tout ainsi qu'aux autres Contrats meslez. Il est vray qu'il y a de grandes difficultez en cette espece de donation, qui revient bien souvent à la donation *ob causam*, qui est de soy un simple Contrat sans nom, d'où selon le Droit il resulte une obligation pure personnelle, & une action

M

præscriptis verbis ; auquel partant selon la disposition de Droit il n'y a pas lieu de penitence, depuis que le Contrat a esté effectué par l'une ou l'autre des parties, & consequemment le deguerpissement n'y auroit lieu.

14. Distinction fort notable sur cette difficulté.
Pour s'exempter de cette difficulté, il faut necessairement inventer une distinction toute nouvelle : car jamais personne n'en a parlé. J'estime donc qu'il faut distinguer & prendre garde, si la charge & redevance apposée en la donation est plus réelle que personnelle ; comme si elle est telle, que ce soit une rente annuelle perceptible sur le revenu de la chose donnée, & qui se rapporte aux fruits d'icelle ; & alors cette redevance est une rente foncière, & le contrat est une donation meslée de bail à rente. Mais si la charge est à une fois payer, ou encore qu'elle soit annuelle, si elle ne peut estre perceüe sur les fruits ou revenu de l'heritage donné ; puis qu'elle ne se peut prendre sur la chose, il faut necessairement qu'elle se prenne sur la personne du donataire, & partant cette redevance retombe sur le Contrat *do ut des*, ou *do ut facias*, ou sur la donation *ob causam* : ce qui se peut prouver par la loy *Imper*. § *si centum De leg.* 2.

15. Exemple familier de cette distinction.
Par exemple, je vous donne ma terre à la charge de me payer, & à mes successeurs, un muid de bled par chacun an, telle rente qui est proportionnée, & perceptible sur l'heritage donné, est foncière. *Rebus propriis dicta lex*, c'est la terre non la personne qui la doit : & partant le deguerpissement y a lieu. Mais si je donne une terre labourable à la charge de me payer un muid de vin par an, ou une vigne à la charge de me bailler du bled, ou une maison à la charge de me payer annuellement du bled ou du vin ; parce que ces redevances ne peuvent estre prises sur les fruits de la chose, il faut necessairement qu'elles soient sur la personne : & partant le deguerpissement n'y peut avoir lieu, non plus qu'en toute autre obligation personnelle. Mais si la redevance est en argent, parce que l'argent est le symbole & le mereau de toutes choses, συμϐολον τῆς ἀλλαγῆς, comme parle Platon, Livre 11. de sa Republique, & que tous fruits s'y reduisent, j'estime que la rente ne laissera d'estre toûjours rente foncière, & sujette au deguerpissement, ainsi qu'il se peut prouver par la loy *Generaliter*. §. *proinde. D. De fideicom. libert. collata. cum d.* § *si centum*.

16. Limitation de cette distinction.
Encore cette distinction reçoit une limitation, que si la redevance n'est que temporelle, & la donation soit à perpetuité, parce que la redevance ne reciproque pas avec la chose, en ce qui est du temps, ce n'est pas reputée foncière, & le deguerpissement n'y a lieu, mais en consideration que cette redevance ne dure pas long-temps, elle peut bien exceder les fruits de l'heritage, & estre suppléée par les autres biens du donataire, *ut in precariis fiebat olim*.

17. Si l'Eglise, qui a pris le bien d'un homme à la charge de le nourrir, peut deguerpir.
Ce qui sert pour decider une question que font communément les Interpretes de Droit sur cette matière : Si quelqu'un a donné sa maison à l'Eglise, à la charge qu'elle seroit tenuë de le nourrir toute sa vie, si sa maison venant à estre bruslée, ou que l'Eglise la luy vueille rendre & deguerpir, elle se peut exempter de le nourrir ? Ce qu'en cette espece l'Eglise ne peut pour deux raisons : l'une, que les nourritures ne se peuvent pas prendre directement sur les fruits de la maison : l'autre, que le temps de cette charge, qui ne dure qu'à la vie du donateur, ne revient pas au temps de la donation qui est perpetuelle : c'est pourquoy il n'est pas inconvenient que la nourriture excede le revenu du bien.

18. Si le deguerpissement à lieu en rente creée par le bail de l'heritage, pour estre payé à un tiers.
Passant outre, c'est une grande question és baux à rente, quand le Seigneur de l'heritage en le transportant à autruy, ne s'est pas retenu & reservé la rente à luy-mesme : mais a chargé le preneur de la payer à un tiers, si cette rente doit estre estimée foncière, en sorte que le deguerpissement y ait lieu. Et quant à moy, si cette rente a esté creée en l'alienation de l'heritage, bien que ce soit au profit d'un tiers, lequel le Seigneur en aura voulu gratifier, je croy indubitablement qu'elle est foncière, comme procedant du bail de l'heritage, & reservée en l'alienation de la chose : Car bien que le payment d'icelle doive estre fait à un tiers, si est-ce que l'action reside directement en la personne du bailleur, auquel partant peut estre rendu l'heritage pour s'en décharger : si ce n'est qu'il cede son action au tiers, à qui la rente est destinée, auquel cas il est tout à fait subrogé son lieu, & c'est à luy donc qu'il faut faire le deguerpissement.

20. Trois exceptions à la resolution de cette question.
Mais si la rente, à la charge de laquelle l'heritage a esté vendu, ou autrement aliené, estoit une rente constituée déja creée & imposée à un tiers, à laquelle le bailleur estoit obligé envers luy, la difficulté est beaucoup plus grande, parce qu'il semble incompatible qu'une mesme rente soit constituée & foncière ; si est-ce que pourtant on peut dire qu'entre le debiteur & le creancier de cette rente, c'est une vraye rente constituée, mais entre le bailleur de l'heritage, & celuy qui a pris la charge d'icelle, c'est une rente foncière procedante de l'heritage : *Nihil enim vetat, quin eadem res diversis respectibus diverso jure censeatur* ; ce qui semble bien decidé par l'article 110. de nostre Coustume. Celuy qui n'est preneur, mais est acquereur à la charge de la rente, sans autres charges, comme de mettre amendement, &c. peut renoncer, pourveu qu'il n'ait expressément promis acquitter son vendeur & bailleur. Car si on prend garde de prés à cet article, on trouvera qu'il se peut aussi-tost entendre du preneur de l'heritage, à la charge d'en payer une rente deuë à un tiers, que l'acquereur de celuy qui avoit premierement pris l'heritage à rente foncière.

Toutefois, cette resolution reçoit trois exceptions fort notables. L'une, quand le preneur se seroit obligé au payement de cette rente, de quelque obligation pure personnelle, comme s'il avoit promis la payer à perpetuité ou s'il l'avoit constituée expressément sur tous & chacuns ses biens, ou s'il avoit promis la fournir & faire valoir, ou bien mettre amendement à l'heritage, comme il sera dit cy-aprés : car cette exception est commune à toutes les rentes de bail d'heritage. L'autre, si non seulement il s'estoit chargé de la rente, mais si precisément il avoit promis acquitter & indemniser son vendeur & bailleur, comme porte cet article ; qui est une clause que les Notaires n'obmettent gueres en ces Contrats. La troisiéme, s'il avoit passé titre nouvel au creancier de la rente, auquel il se fust chargé personnellement la payer & continuer de la nature qu'elle est deuë, & non pas simplement comme preneur de l'heritage, la continuer tant & si longuement qu'il demeurerait détempteur, mais tant & si longuement que la rente aura cours. Et parce qu'il arrive rarement, que l'une de ces trois exceptions ne se trouve en tels Contrats, c'est pourquoy on pense vulgairement, que celuy qui a pris un heritage, à la charge d'en payer une rente constituée deuë à un tiers, ne puisse deguerpir. Toutefois il importe de sçavoir la verité de la these, & de la question generale.

21. Question fort notable.
Pour la fin de ce chapitre, je deduiray une question que j'ay veu arriver depuis ces guerres. Un pere par testament avoit legué une rente à l'Eglise, à prendre sur une sienne maison, laquelle aprés son deceds échet en partage à l'un de ses enfans, à la charge nommément apposée au partage, de payer la rente deuë à l'Eglise, sans autre expression d'en acquitter ses freres. Cette maison ayant esté brûlée pendant la guerre, ce fils auquel elle est écheuë la veut deguerpir. J'estime, suivant ce qui vient d'estre dit, qu'à l'égard de ses freres & coheritiers il le peut deguerpir, pour se liberer de la charge qu'il a subie par le partage, de payer annuellement cette rente à l'Eglise, puis que cette charge est imposée *in traditione rei*, & qu'il ne s'est pas obligé les acquitter de la rente envers l'Eglise. Mais la difficulté est plus grande pour le regard de l'Eglise qui refuse le deguerpissement, & qui dit que cette rente n'est point rente de bail d'heritage, où le deguerpissement ait lieu ; mais une rente constituée par don & legs en forme d'assignat, qui ne fait pas licitation, mais de-

monstration ; de sorte qu'elle induit une obligation personnelle, contre tous les heritiers, & une hypotheque legale sur tous les biens du restateur *ad præstandum legatum* : comme il a esté amplement traité au premier Livre, Chapitre 8. où je renvoye le Lecteur.

22. Que le deguerpissement n'a lieu és rentes de legs pies. Je diray seulement que la rente constituée par don & legs, bien que pour la faveur de l'Eglise elle seroit reputée fonciere, n'est toutefois tenuë pour telle au prejudice de l'Eglise ; & partant qu'en l'espece proposée, l'Eglise n'est tenuë d'accepter le deguerpissement. Et generalement pour le sommaire de ce chapitre il faut tenir, qu'en toute rente fonciere le deguerpissement a lieu, & qu'il n'a jamais lieu en rente constituée, soit à prix d'argent ou autrement, si ce n'est quand la rente seroit expressément restrainte & limitée à un certain fonds & heritage, qui est une exception qu'il faut remarquer en passant, & qui a esté observée & traitée par du Molin, sur l'article 11. de la Coustume, nomb. 15.

CHAPITRE VI.

Si le tuteur, le beneficier, le mary, le saisi & l'heritier par benefice d'inventaire peuvent deguerpir ?

1. *Deux difficultez concernantes la personne de celuy qui veut deguerpir.*
2. *Si ceux qui ne peuvent aliener, peuvent deguerpir.*
3. *Raisons pour inferer que le tuteur ne peut deguerpir.*
4. 6. *Resolution au contraire.*
5. *Quando æs alienum dicatur urgere minorem.*
6. *Ce que c'est que le decret requis en la vente des biens des mineurs.*
7. *Advis de parents, & ordonnance du Juge, doit preceder le deguerpissement du tuteur.*
8. *Comment le Beneficier peut deguerpir.*
9. *Si le mary peut deguerpir l'heritage de sa femme.*
10. *Que ce n'est pas assez que le mary declare qu'il ne veut plus jouir de l'heritage de sa femme.*
11. *Inconvenient qui en resulteroit.*
12. *Resolution contre l'opinion vulgaire, que le mary ne se peut exempter de payer la rente de l'heritage de la femme, qu'en le deguerpissant de son consentement.*
13. *Que l'heritage saisi peut estre deguerpy.*
14. *S'il est saisi pour la debte de celuy qui deguerpit.*
15. *Si l'heritier par benefice d'inventaire peut deguerpir l'heritage chargé de rente fonciere ?*
16. *Si l'heritier beneficiaire peut vendre l'heritage de la succession ?*
17. *Resolution, qu'il le peut vendre, & que cette vente ne fait prejudice aux creanciers hypothequaires de la succession.*
18. *Que mesme il ne fait prejudice aux creanciers chirographaires.*
19. *Opinion de du Molin sur cette question.*
20. *Pourquoy on ne void gueres les heritiers beneficiaires vendre autrement que par decret.*
21. *Conclusion, que l'heritier beneficiaire peut deguerpir l'heritage chargé de rente fonciere.*

1. Deux difficultez concernantes la personne de celuy qui veut deguerpir.

VOila ce qui se peut dire touchant les difficultez qui arrivent sur la qualité des rentes & nature des Contrats, esquels elles sont imposées : il faut traiter des difficultez qui se trouvent aux personnes, qui veulent user du deguerpissement. Car comme le deguerpissement contient deux choses, à sçavoir l'alienation de l'heritage & la liberation des charges d'iceluy, il y a aussi deux sortes de difficultez resultantes de la personne, qui le peuvent empescher : l'une, quand celuy qui veut deguerpir n'a pas puissance d'aliener l'heritage ; l'autre & la principale, quand il est tellement tenu & obligé aux charges foncieres, qu'il semble ne s'en pouvoir descharger en quittant l'heritage.

Il faut parler en premier lieu de la premiere sorte d'empeschement, & discourir, si ceux qui n'ont pas libre **2. Si ceux qui ne peuvent aliener, peuvent deguerpir.** puissance d'aliener, comme un tuteur, un beneficier, un mary, un detempteur de l'heritage saisi, & un heritier par benefice d'inventaire, sont recevables au deguerpissement, qui sera le sujet de ce Chapitre.

3. Raisons pour inferer que le tuteur ne peut deguerpir. Pour le tuteur, il est certain qu'il ne peut aliener l'immeuble de son mineur, ny sans decret, hors le cas de la permission testamentaire, & du partage auquel il sera provoqué, ni mesme avec decret, sinon en cas qu'il soit pressé des debtes, *leg.* 1. *D. De rebus eorum, &c. leg. Ob as alienum. C. eod. tit.* & mesmement la loy dit, que pour un bon ménage & l'utilité apparente du mineur, on ne luy doit permettre de vendre ny de quitter & delaisser l'heritage du mineur : *Si as alienum non interveniat, expediat tamen prædia vendi & alia comparare, vel certè ipsis carere, permitti non debet : & si permissum sit, nulla est venditio nullumque decretum, leg. Magis puto. §. si as D. eod. tit.* D'où il s'ensuit que le tuteur mesme par la permission de Justice, bien qu'il soit expedient au mineur de deguerpir ne peut user de deguerpissement, qui contient une vraye & parfaite alienation de l'heritage : veu qu'il n'y est point contraint par aucune necessité precise, mais seulement porté par une simple utilité apparente. Que si selon le Droit telle alienation est nulle, le Seigneur à defaut de notable interest, de n'estre contraint à recevoir le deguerpissement.

4, 6. Resolution au contraire. Et toutefois c'est chose toute asseurée & resoluë, que le tuteur est bien recevable à deguerpir l'heritage du mineur : attendu qu'il ne seroit pas raisonnable, que les mineurs demeurassent entierement exclus du benefice du deguerpissement, & que les loix qui sont en leur faveur redondassent à leur dommage. Or j'ay ouvert cette question pour rabatre en passant un erreur commun, en l'intelligence de ce que le Droit dit que l'immeuble du mineur ne peut estre alié, *nisi urgeat æs alienum.* Car ce n'est pas à dire, comme on pense vulgairement, qu'il faut pour le pouvoir vendre par decret, que le creancier pressé & poursuive sa debte, parce qu'alors il ne faut point de decret, mais selon le Droit Romain le creancier peut vendre sans decret les biens qui luy avoient esté obligez par celuy auquel il se succede, *leg.* 1. §. *si res communis & l. Sed si pecunia. D. eod. tit.*

Mais quand on dit, *nisi urgeat æs alienum*, c'est à dire si les debtes ne pressent, incommodent & appauvrissent le mineur. Car la loy dit notamment, que *alienatio permittitur non solùm si urgeat creditor, sed & si usurarum modus carendum ære alieno suadet.* C'est pourquoy l'on ne doute point quand le mineur doit des rentes constituées, que par l'advis des parens le Juge ne doive permettre de vendre les heritages moins profitables, pour les amortir, encore que jamais les creanciers ne puissent demander le raquit des rentes. Et puis qu'il y a mesme raison, quand un mineur est contraint de payer annuellement une grosse rente fonciere, à cause d'une terre inutile & infructueuse, il ne faut point douter que le tuteur ne la puisse deguerpir avec permission de Justice. **5. Quando æs alienum dicatur urgere minorem.**

Et il ne faut trouver étrange que les solemnitez des criées & subhastations ne soient observées au deguerpissement, comme en la vente qui se fait par decret : Car (qui est un autre erreur vulgaire) ce que le Droit requiert, que les heritages des mineurs soient seulement vendus par decret, cela ne signifie pas qu'il y faille tousjours observer les solemnitez, dont nous usons en France en nos criées & decrets : mais c'est à dire seulement, qu'il faut demander au Juge permission de vendre, & cette permission est en Droit appellée *Decret*. **7. Ce que c'est que decret requis en la vente des biens des mineurs.**

Il est bien vray que le Juge avant qu'interposer son decret, c'est à dire, de donner au tuteur permission d'aliener l'heritage du mineur, doit prendre advis de ses Parens, & ordonnance du Juge. **8. Avis de parens, & ordonnance du Juge.**

des cas du déguerpissement. Liv. IV.

doit preceder le deguerpisse-ment du tuteur.

rens & amis qu'il fait assembler pour cet effet en nombre competent, comme il est porté en la loy. *Magis. §. imprimis. D. eod. tit* ce qu'en France aux alienations volontaires on observé étroitement. C'est pourquoy il faut tenir, qu'il y a cette ceremonie particuliere au deguerpissement de l'heritage du mineur, qu'il doit être fait par permission & ordonnance du Juge, & après avoir receu par luy l'avis des parens du mineur.

9. Comment le beneficier peut deguerpir.

Le mesme quasi doit estre dit du Beneficier, qui veut deguerpir l'heritage de son Eglise. Car bien que l'alienation luy en soit interdite regulierement, si est-ce qu'il n'est pas raisonnable que l'Eglise, non plus que le mineur, soit privée du privilege de pouvoir deguerpir. Aussi de Droit Canon l'alienation se trouve permise à l'égard des terres, qui sont de peu de valeur & utilité à l'Eglise. *Can. Terrulas. 12. quæst. 2.* Et en ce deguerpissement, qui doit aussi estre fait par authorité de Justice, au lieu de l'avis des parens, il faut qu'outre le consentement de ceux qui y ont interest, information sommaire soit faite de l'Office du Juge, sur la commodité ou incommodité d'iceluy, comme elle est general en toutes alienations du bien de l'Eglise : mais cette information n'est point requise ny usitée au deguerpissement des mineurs, parce que l'avis des parens y supplée.

10. Si le mary peut deguerpir de l'heritage de sa femme.

Pareillement c'est une grande question, si le mary peut deguerpir l'heritage de sa femme sans son consentement, ou mesme contre sa volonté, d'autant qu'il ne peut alienér : Car il est bien certain que ce n'est assez au mary pour s'exempter des charges, de quitter l'heritage pour le temps qu'il y peut avoir droit, c'est à dire, pour le tems que le mariage durera : mais il faut que le deguerpissement soit pur & simple, & qu'il implique une perpetuelle & precise alienation; veu qu'on peut dire que le deguerpissement est *cessio in jure, & proinde actus legitimus, qui non recipit diem neque conditionem* : aussi qu'il n'est pas raisonnable, que le Seigneur de la rente reprenne son heritage, pour un temps seulement, sans qu'il en soit Seigneur incommutable, pour l'accommoder & ameliorer ainsi que bon luy semblera.

11. Que ce n'est pas assez que le mary declare qu'il ne veut plus jouir de l'heritage de sa femme.

D'ailleurs ce n'est pas assez, que le mary declare qu'il n'entend plus recueillir les fruits de l'heritage chargé de la rente, ny que ces fruits entrent en la communauté, mais qu'il renie *pleno jure*, & en laisse la libre jouïssance & la disposition entiere à sa femme. Car en France la femme mariée estant du tout en la puissance du mary, & n'estant personne de soy, ny usant de ses droits, ne peut rien tenir qui ne soit en la puissance du mary encore qu'il n'y ait point de communauté, comme il a esté dit au quatriéme Chapitre du second Livre. Et on ne peut concevoir ny imaginer comment elle pourroit jouïr à part de cet heritage, si ce n'est en un seul cas : quand par son Contrat de mariage, elle a stipulé *res receptitias* ce qui est toleré en faveur du mariage, qui autrement n'eust esté fait, & parce qu'alors le mary deroge à cette puissance maritale, apparavant qu'elle luy soit acquise : mais luy estant une fois acquise par la solemnité du mariage, elle ne peut plus estre dissoute que par mort ou par separation.

12. Inconvenient qui en resultoit.

Et si cela se permettoit aux maris de s'exempter des rentes foncieres sans deguerpir les propres de leurs femmes, de sorte qu'ils ne laisseroient d'en jouïr sous le nom & couverture de leurs femmes, qui n'ont rien qui ne soit à leurs maris, & neantmoins ils n'en payeroient pas les arrerages : & ainsi le pauvre rentier demeureroit accusé, sans aucune asseurance du payement de sa rente, sinon sur l'heritage mesme, estans tous les autres biens de la femme possedez par le mary ; de sorte que si l'heritage n'estoit bien entretenu, il n'auroit moyen quelconque d'estre payé des arrerages qui écheroient annuellement, sinon de le faire passer par decret.

13. Resolution contre l'opinion vulgaire, que le mary ne se peut

Pour moy j'estime qu'on ne doit pas ainsi priver le Seigneur de la rente de l'action personnelle, & du privilege de s'adresser sur tous les biens de celuy qui est detempteur de l'heritage : & partant pour éviter aux circuits & aux fraudes & chicaneries qui resultent de cette

trop subtile pratique, de laisser ainsi par le mary l'heritage en la disposition de la femme, pour rendre le payement de la rente plus difficile, il me semble que selon la vraye suite du Droit François bien entendu, il faut ou que le mary déguerpisse & délaisse absolument au Seigneur de la rente l'heritage, faisant consentir sa femme par ce qu'autrement l'alienation ne pourroit subsister ; ou qu'il demeure chargé de la rente sur tous & chacuns ses biens, tant qu'il sera demeura detempteur d'iceluy. Que si la femme refuse de consentir au déguerpissement, il y a apparence que cela se fait par collusion & intelligence plutost que par raison : car le mary doit avoir assez d'authorité sur la femme, pour la faire consentir à ce qui redonde apparemment à son profit; ou s'il ne l'a, & que sa femme soit opiniastre de ne se vouloir ranger à la volonté conforme à la raison, le mary doit imputer à sa pusillanimité, s'il ne peut trouver le moyen de se décharger, & il vaut mieux qu'il supporte l'opiniastreté de sa femme, que de la faire redonder sur autruy. Au pis aller, ne déguerpissant point, il n'y perdra rien, mais seulement demeurera en l'obligation à laquelle la Coustume l'astraint. Ce qui soit dit par forme d'avis, que chacun pourra peser en soy mesme selon la pratique vulgaire, & resoudre ce qui luy semblera plus juste & equitable.

14. Que l'heritage saisi peut estre deguerpy.

Pareillement celuy duquel l'heritage est saisi, est du nombre de ceux qui ne peuvent pas aliener avec effet ; & neanmoins il a esté dit au Chapitre 2. du second Livre, qu'il ne laisse d'être tenu personnellement comme detempteur, à payer & continuer la rente, encore mesme que la saisie soit faite pour les debtes precedentes son acquisition ; pourveu toutefois qu'elles soyent subsequentes au bail à rente. Mais il faut resoudre, qu'encore que la saisie empeche toute autre alienation, ce neantmoins elle n'empeche le déguerpissement, & tout autre delaissement de l'heritage, parce que tant s'en faut que le delaissement deroge ou soit contraire à la saisie, que plutost il la fortifie. Aussi en Droit on ne doute point, *quin post constitutum pignus Prætorium, vel judiciale, debitor possit bonis cedere* : mesme que le docte Cujas a remarqué, que la principale cause de la cession de biens, estoit afin qu'après la mission en possession, & la vente & distraction des biens du debiteur ne se fist point sous son nom, pour la note d'infamie qui en resultoit.

15. S'il est saisi pour la debte de celuy qui deguerpit.

Toutefois il faut remarquer hardiment, que si la saisie estoit faite pour une debte créée par celuy qui veut deguerpir, ou dont il se fust chargé comme detempteur, on ne puisse pas dire que *mero jure*, le deguerpissement ne laisseroit de subsister, si est-ce que ce proprietaire ne gagneroit gueres à deguerpir, parce que par le moyen de cette saisie un autre action personnelle est déja née contre luy, à sçavoir, qu'il est tenu d'acquiter & décharger l'heritage des debtes par luy créées : estant une maxime generale que lors qu'un heritage est saisi pour les debtes d'autruy, celuy qui a fait les debtes est tenu faire lever la saisie : ce qui sera plus amplement expliqué au dernier Livre.

16. Si l'heritier par beneficé d'inventaire peut deguerpir chargé de rente foncière.

Mais en France plusieurs pensent que l'heritier par beneficé d'inventaire ne puisse vendre les immeubles de la succession autrement que par decret & à la poursuite des creanciers, non plus qu'un curateur aux biens vacans : auquel on le compare. De fait l'article 344. de nostre Coustume porte, qu'en la vente des meubles il doit observer les mesmes solemnitez que le curateur aux biens vacans: d'où ils concluent, qu'à plus forte raison doit-il observer les solemnitez de Justice en la vente des immeubles. Mais il faut sainement entendre cet article, non au absolument que l'heritier beneficiaire ne puisse vendre les meubles, autrement que par Justice (car je tiens qu'il transfere actuellement la proprieté & Seigneurie des meubles, qu'il vend d'authorité privée) mais afin qu'il ne demeure chargé d'en rendre compte outre le prix de la vente, la Coustume luy prescrit la forme de s'asseurer en faisant juste vente.

17. Si l'heritier beneficier

J'estime donc que l'heritier par beneficé d'inventaire peut vendre sans solemnitez de Justice, non seu-

exempter de payer la rente de l'heritage de la femme, qu'en le déguerpissant de son consentement.

Des cas du déguerpissement. Liv. IV.

ficiaire peut vendre l'heritage de la succession.

18. Resolution qu'il ne peut vendre & que cette vente ne fait préjudice aux creanciers hypothequaires de la succession.

lement les meubles, mais aussi les immeubles, de la succession, conformément à la disposition du Droict, *verus enim haeres & herus est*, & il y a toute translation de patrimoine du défunt avec le sien, comme je pense avoir suffisamment prouvé au chapitre troisiéme du Livre second ; mais je dy qu'au compte qu'il est tenu rendre des biens de la succession, au cas qu'il se veüille décharger des dettes, il doit faire état des biens qu'il a vendus, non à raison de ce qu'il en a receu & touché, mais à raison de leur juste prix & valeur, si les creanciers veulent maintenir qu'ils valoient davantage qu'il ne les a vendus. Aussi est-ce la vraye cause pourquoy cét heritier bailloit anciennement caution fidejussoire, comme encore les lettres de benefice d'inventaire le contiennent, & même encore les Juges plus exacts & meilleurs Praticiens leur font bailler caution juratoire, afin qu'ayant vendu à part soi & d'authorité privée les biens de la succession, il n'en divertisse les deniers, mais les convertisse au payement des dettes d'icelle. D'ailleurs cette vente volontaire ne peut pas faire grand préjudice aux creanciers : car ils ne laisseroient selon le droit François, d'avoir leurs actions hypothequaires sauves sur les heritages de la succession, qu'il aura ainsi vendus, encore que Justinien ait decidé le contraire : parce qu'ayant trouvé en France l'invention des criées & decrets pour purger les hypotheques, nous n'en recevons plus d'autre moyen que celui-là, & la prescription ; de sorte que soit que le creancier hypothequaire vende l'heritage *jure creditoris*, ou l'heritier par benefice d'inventaire, les hypotheques ne laissent d'y demeurer en France contre la disposition de Droict.

19. Que même il ne fait préjudice aux creanciers chyrographaires.

D'où il s'ensuit qu'en tout évenement il n'y auroit en France que les creanciers chirographaires, qui pourroient être lezez en la vente volontaire des biens de la succession, qui seroit faite par l'heritier beneficiaire, mais encore y a t'on pourvû. Car par l'ancienne Pratique cét heritier bailloit caution, comme encore ses Lettres le contiennent ; mais depuis la cause & l'effet de cette caution n'étans connuës au vulgaire, on s'est relâché à une simple caution juratoire ; & encore aujourd'hui bien souvent on ne baille point du tout ; mais quoi qu'il en soit, les Juges qui sont bons Praticiens n'obmettent pas en enthérinant les Lettres du benefice d'inventaire, de condamner l'impetrant au payement des dettes, jusqu'à la concurrence des biens de la succession. Ce qui suffit aujourd'hui, parce qu'au moyen de cette condamnation les creanciers chirographaires ont désormais hypotheque suivant l'Ordonnance de Moulins, non seulement sur les biens de la succession ; mais même sur ceux de cét heritier ; de sorte qu'au préjudice de cette hypotheque ces biens ne peuvent plus être vendus, si ce n'est qu'il apparût que du prix de la vente les precedens creanciers eussent été actuellement payez ; mais en tout cas la vente, quoi que volontaire, ne laisse pas de subsister en soi, & de transferer à l'acheteur la Seigneurie de l'heritage vendu. Et de fait, du Molin

sur le trentiéme article de la Coûtume, tient formellement cette opinion, & dit à ce propos une chose notable ; à sçavoir que de son temps l'heritier par benefice d'inventaire étoit tenu lors de l'entherinement de ses Lettres, promettre de payer les dettes de la succession jusqu'à la concurrence des biens d'icelle, & ce sous l'obligation & hypotheque expresse de tous & chacun ses biens : ce qui confirme la proposition que j'ay tenuë au livre 2. Chapitre 2. que l'heritier beneficiaire peut être executé en ses propres biens pour les dettes de la succession.

20. Opinion de du Molin sur cette question.

Aussi il tient formellement que l'heritier par benefice d'inventaire peut non seulement vendre, comme étant absolument siens ; & en cela, dit-il, il n'est fait aucun préjudice aux creanciers, parce que s'il est solvable, il repare sur ses biens la valeur de ceux qu'il a donnez ; s'il est insolvable, les creanciers ont l'action revocatoire contre les donataires, *licet nulla fraus intervenerit, quia de lucro certant ii quibus donatum est* ; comme il prouve par un beau texte de la loy, *Qui autem §. simili modo D. de his qua in fraudem credit. & per l. penult. C. cod. tit.*

21. Pourquoy on ne void gueres les heritiers beneficiaires vendre autrement que par decret.

Et ce qu'on ne void gueres, les heritiers par benefice d'inventaire vendre les immeubles de succession, autrement que par decret ; c'est parce qu'en premier lieu on ne voudroit pas les acheter, s'ils ne les garantissoient en leur propre & privé nom, ce qu'ils n'ont garde de faire, quand la succession est douteuse ; & d'ailleurs, s'ils venoient à rendre compte aux creanciers, ce seroit toûjours un procez sur l'estimation de ce qu'ils auroient vendu. Mais que cela se fasse rarement, il ne faut pas inferer contre l'expresse decision du Droict Romain, & la suite du Droict François, que si quelqu'un faisoit telle vente, elle ne fût bonne & valable.

Sur tout il ne faut point douter que l'heritier beneficiaire ne puisse user des alienations necessaires, comme il est bien certain qu'il peut confisquer le fief en commettant felonnie, & à plus forte raison peut-il user du déguerpissement, parce qu'il est à présumer que le déguerpissement fait à propos, redonde plûtôt au profit qu'au dommage des creanciers, attendu que par le moyen d'icelui il exempte la succession du payement des rentes foncieres, qui aucunesfois excedent beaucoup les fruits de l'heritage. Que s'il a déguerpy mal à propos, sans doute que les creanciers peuvent prétendre sur ses propres biens, la valeur & estimation de l'heritage déguerpy, les charges foncieres déduites. Et si auparavant que le déguerpissement soit fait, les creanciers pour leurs interefts le peuvent empêcher offrans accepter eux mêmes l'heritage pour la rente, & en décharger la succession. Et encore aprés qu'il est fait, s'il se trouvoit frauduleux & fait pour les frustrer, il n'y a nulle difficulté qu'ils le peussent faire casser par l'action revocatoire. Outre que leurs hypotheques demeurent toûjours entieres aprés le déguerpissement, comme il sera prouvé au dernier Livre.

22. Conclusio que l'heritier beneficiaire peut déguerpir l'heritage chargé de rente fonciere.

CHAPITRE VII.

Si le deperissement de l'heritage exempte le preneur de la continuation de la rente fonciere.

1. Sçavoir si ceux qui sont obligez à la rente fonciere peuvent déguerpir.
2. Trois questions qu'il faut traiter consecutivement.
3. Premiere question traitée en ce chapitre, sçavoir si le deperissement décharge le preneur.
4. Sçavoir si le deperissement total de l'heritage décharge aussi bien que le preneur à rente fonciere, comme le preneur à emphyteuse.
5. 6. 7. Distinction vray semblable.
8. Refutation de cette distinction.
9. Sçavoir si la perte particuliere de l'heritage doit entierement tomber au dommage du preneur.
10. Distinction vulgaire des Interpretes.
11. 12. Refutation de cette distinction.
13. 14. Vraye explication de la loy 1. C. de jur. emphyt.
15. Raison fondamentale de cette loy.
16. Conciliation & explication de la loy 2. C. de alluvio.
17. Conciliation & explication de la loy. Cùm possessor. §. illam æquitatem. D. De censibus.
18. Que la loy 1. C. de jure emphyt. doit estre entenduë de toute sorte de rente fonciere.
19. Difference de la perte totale, & de la particuliere.
20. Si en déguerpissant les places des maisons abbatuës pendant la guerre, il faut payer les arrerages depuis la demolition.
21. Raison de douter.

Des cas du déguerpissement. Liv. IV.

22. *Resolution qu'il faut payer les arrerages.*
23. *Réponse aux raisons de douter.*
24. *Ce qu'on a decedé l'Arrest du Conseil d'Estat.*

1. Sçavoir si ceux qui sont obligez à la rente fonciere peuvent déguerpir.

RESTE l'autre difficulté qui regarde les persones, à sçavoir quand elles sont obligées à la rente, qu'elles semblent ne s'en pouvoir exempter par le déguerpissement ; comme le preneur à rente, l'acquereur du preneur à la charge de la rente, le tiers detempteur, qui s'est soûmis par le titre nouvel à la payer tant & si longuement qu'elle aura cours, & celui qui par Arrest est condamné la payer & continuer. Entre tous ceux-là il faut seulement parler du preneur à rente ; car c'est celui qui est plus précisément & étroitement obligé que tous les autres ; & s'il peut déguerpir, il est aisé à résoudre que les autres le peuvent à plus forte raison.

2. Trois questions qu'il faut traiter consecutivement.

Or je puis dire que cette question, si le preneur à rente peut déguerpir, est la principale & plus importante de tout ce Traité, pour laquelle expliquer plus facilement il faut reculer un peu, & traitter auparavant deux autres entierement connexes, & l'explication desquelles y preparera le chemin : L'une est, sçavoir si par le deperissement entier de l'heritage, le preneur demeure quitte de la rente fonciere ? L'autre, si le preneur ayant rendu l'heritage à un autre, demeure aussi quitte de la rente ? Lesquelles deux questions j'ay expressément reservées icy pour plus grande facilité, parce qu'elles dépendent d'un même fondement, & raison de decider, que nôtre question principale, à sçavoir que si l'obligation de celui qui prend l'heritage à rente est pure personnelle, le déguerpissement n'y peut avoir lieu, comme aussi le deperissement ou la revente de l'heritage à un autre ne pourra abolir ; mais si elle est réelle comme étant la rente deuë par l'heritage non pas par la personne, qui seulement la paye à cause de la detention d'icelui, cette detention cessant, ou par le deperissement, ou par la revente, ou par le déguerpissement de l'heritage, la charge aussi de payer la rente cessera.

3. Premiere question traitée on ce chapitre, sçavoir si le deperissement décharge le preneur.

Donc le sujet de ce Chapitre est de traiter, si par le deperissement de l'heritage le preneur est déchargé de la rente : question qui est précisément & formellement décidée en la loy 1. C. *de jure emphyten.* à sçavoir que si l'heritage est pery entierement, le preneur demeure quitte de la rente ; mais s'il n'est pery qu'en partie, il faut qu'il continuë neanmoins la rente toute entiere, & sans diminution.

4. Sçavoir si le deperissement total de l'heritage décharge aussi bien le preneur à rente fonciere, côme le preneur à emphyteose.

Cette loy donc a deux parties ; l'une qui parle de la perte entiere & universelle, l'autre de la perte particuliere de l'heritage ; sur laquelle desquelles parties on trouve de la difficulté à résoudre, la decision d'icelle a lieu en toutes sortes de rentes foncieres, vû que la loy ne parle pas de l'emphyteose. En tant que touche la premiere partie concernant la perte totale de l'heritage, on dit que la raison pour laquelle elle doit tomber sur le bailleur, & non sur le preneur à emphyteose, est à cause de la maxime de Droict, que *Res perit domino l. Pignus. C. de pignor. act.* Sur laquelle maxime aucuns pensent qu'il faut regler toutes les questions qui peuvent tomber en cette matiere ; de sorte que si la chose appartient *pleno jure* au debiteur, & si l'entiere Seigneurie, tant directe qu'utile, lui en a été transferée, qu'alors il en doit porter le dommage ; comme par exemple, celui qui a acheté un heritage, qui aprés la tradition vient à perir, on ne doute point que ce ne soit à lui d'en porter la perte, & qu'il ne soit tenu, neanmoins la perte survenuë, d'en payer le prix de la vente, *toto tit. de per. & comm. rei vend.* C'est pourquoy on dit en Droict que, *incendium are alieno non liberat debitorem. l. Incendium. C. si cert. pet.*

5. 6. 7. Distinction vraisemblable.

Au contraire, si la Seigneurie de l'heritage pour laquelle on s'est obligé, n'a été aucunement transferée au debiteur, sans doute que l'heritage étant pery, soit en tout ou en partie, cette perte non seulement ne tombe point sur lui, mais même, le délie de l'obligation en laquelle il étoit entré ; comme il se voit au simple bail à loyer *ad modicum tempus in commodatorio, depositario, pignoris possessore*, & autres semblables.

At vero in casu mixto, quand la Seigneurie utile seulement est transferée au preneur de la chose, & que la directe est demeurée au bailleur, comme *in emphyteusi & locatione ad longum tempus*, on dit qu'il faut user de temperament, & tenir une voye moyenne, à sçavoir que la perte totale de la chose tombe sur le Seigneur direct, & la perte particuliere sur le Seigneur utile. Que si cette distinction étoit entierement veritable, comme elle est fort plausible, puisque chacun est d'accord qu'au simple bail à rente fonciere le bailleur ne retient point la Seigneurie directe de l'heritage, mais qu'il est absolument & *pleno jure* transferé au preneur ; il faudroit conclure que le preneur demeureroit chargé de la rente, même aprés l'entier deperissement de l'heritage.

8. Refutatió de cette distinction.

Mais outre que cette regle que *Res pereat domino*, n'est pas perpetuelle, comme même il se void en la vente, que la perte de la chose venduë *ante traditionem cedit emptori, licet Dominus non fit. l. Necessario. D. de peric. & comm. rei vend.* elle ne peut servir de raison de decider à cette loy 1. *de jur. emphyt.* parce qu'elle ne correspond pas tout à fait, & ne reciproque pas à la decision d'icelle. Autrement selon cette raison il s'ensuivroit que la perte particuliere devroit aussi bien tomber au dommage du Seigneur direct, en ce qui concerne sa directe, comme la perte generale, *quod enim juris est de toto quoad totum, idem juris esse debet de parte quoad partem, vulg. l. Quæ de tota. De rei vend.* aussi les Interpretes de Droit n'ont jamais mis en jeu cette raison.

9. Sçavoir si la perte particuliere de l'heritage doit entierement tôber au dômage du preneur.

Et avant que proposer la vraye raison de decider, & la naïve intelligence de cette loy, & de résoudre si elle doit avoir lieu aux simples rentes foncieres, je proposerai l'autre question que font les Docteurs sur la seconde Partie de cette loy qui decide, que la perte particuliere de la chose doit être au dommage de l'emphytcote ; sçavoir si cette decision doit pareillement avoir lieu en tous les baux à rente, aussi bien qu'en l'emphyteose, & je résoudrai l'une & l'autre difficulté tout ensemble.

10. Distinctió vulgaire des Interpretes de Droict.

Ils disent que cette seconde Partie, à la prendre à la lettre est apparemment injuste : que celui auquel cent arpents de terre auront été baillez en emphyteose, encore que les 99. soient occupez par l'ennemy étranger, ou soient autrement peris tout à fait, sous pretexte qu'il en reste un arpent au preneur, il faille qu'il paye la redevance de son bail toute entiere & sans aucune diminution. Donc pour modifier & temperer cette injustice, ils disent que cette loy ne s'entend que de l'emphyteose, en laquelle la redevance ne peut être grosse, mais fort petite, comme étant payée seulement pour marque de la Seigneurie directe, & non pas pour récompense des fruits, & que partant il ne faut pas trouver étrange si, parce que la Seigneurie reside aussi bien en un arpent de terre qu'en cent, on paye la redevance entiere pour l'arpent, aprés la perte des quatre-vingt & dix-neuf : mais quand la redevance est grosse, sans doute, disent-ils, il faut diminuer la redevance, eu égard à la quantité des heritages deperis.

11. 12. Refutation de cette distinction.

Voila une distinction qui est encore fort plausible, mais elle ne peut être veritable pour plusieurs raisons. Premierement, *falsum* que la nature de l'emphyteose soit d'avoir une petite redevance, & qu'il y ait des derniers d'entrée : Car quand il y a deniers d'entrée baillez, ce n'est pas une pure emphyteose, mais un Contract mêlé de vente, comme il a été dit cy-dessus Liv. 1. chap. 4. même que Faber dit sur le §. *adeó de locat. & cond.* que quand en l'emphyteose il y a deniers d'entrée, c'est plûtôt une emphyteose, qu'une emphyteose. Aussi l'emphyteose *specie differt à contractu libellario*, dont la pension est petite naturellement, qui est à nous le bail à cens, où commun̄ement il n'y a deniers d'entrée. Finalement on void en la Nov. 7. §. *Dudum* que l'emphyteose Ecclesiastique ne se peut faire à moindre redevance, que des cinq sixiémes parties du revenu ordinaire de l'heritage ; & neanmoins la decision de cette loy se verifie encore plus en ces emphyteoses, qu'en celles des particuliers.

Des cas du déguerpissement. Liv. IV.

Joint que nôtre loy ne distinguant point mais decidant generalement, il ne faut point que nous distinguions l'emphyteose dont la redevance est petite, d'avec celle dont la redevance est grosse, pour raison de laquelle il ne se trouvera point de decision à part, autrement ce seroit forcer la lettre. Finalement, encore que la redevance soit grosse, il semble que ce seroit une injustice de la diminuer pour la perte particuliere, puisque l'emphyteote est Seigneur utile, qui reçoit toute l'utilité de la chose, quand il en survient extraordinairement, quelque grande qu'elle soit ; & partant il semble plûtôt que indistinctement il en doit supporter la perte particuliere, comme la loy le dit.

13. 14. Vraye Explication de la loy 1. C. de jure emphyt.

Je dy donc que la loy 1. *De jur. emphyt.* ne doit être corrigée, limitée ny forcée aucunement ; mais que comme étant tres-juste & tres-équitable en chacune de ces deux decisions, quand elle est sainement entenduë, elle doit être gardée, non seulement en l'emphyteote prise specifiquement, mais en tous beaux à rente, soit perpetuels, ou à vies ; ou à longues années ; comme à vray dire, Zenon par cette loy, reduisant l'emphyteose à un Contract ordinaire & reglé, entendoit comprendre sous icelle toutes especes de baux à rente. Aussi voit-on que Justinien aiant rapporté aux Institutes la decision de cette loy, §. *adeò de loc. & cond.* a posé l'espece d'un bail à rente pure & simple, & non d'une vraye emphyteose : Cette loy donc doit avoir lieu indistinctement en tous baux à rente, quoi qu'en disent les Interpretes, soit que la Seigneurie directe demeure au bailleur, soit que la Seigneurie entiere soit transferée au preneur, soit aussi que la redevance soit petite, & seulement pour marque de la directe, soit qu'elle soit grosse & correspondante aux fruits : car puisque la loy ne distingue point, nous ne devons point aussi distinguer.

Mais je dy qu'il faut entendre selon ses propres termes, en ce qu'elle dit, que le preneur doit payer la rente entiere, tant qu'il lui reste quelque petite portion de l'heritage, & tant qu'il demeure emphyteote ou rentier ; c'est à dire, tant qu'il veut garder & retenir ce qui lui reste. Car aussi n'est-il pas raisonnable, qu'il demande diminution pour la perte, & qu'il garde toûjours ce qui lui reste, qui possible vaudra encore mieux que toute redevance ; de sorte qu'en ce faisant toute la perte redonderoit sur le Seigneur de la rente. D'où s'ensuit au contraire, que si l'emphyteote ou preneur à rente lui veut quitter & remettre purement & simplement ce qui reste de l'heritage, alors il est raisonnable qu'il soit exempt en ce faisant de la redevance. Autrement ce seroit une autre injustice, que le Seigneur de la rente fonciere, qui perçoit annuellement la plus certaine part des fruits de l'heritage, ne participât aucunement à cette perte particuliere ; mais il est raisonnable que tous deux y perdent, à sçavoir, le Seigneur de la rente à cause de son droit foncier, & le proprietaire de l'heritage à cause de sa proprieté encore plus. C'est pourquoi, encore que la perte soit particuliere, si le proprietaire ne la veut supporter, & payer la rente entiere, il faut qu'il perde tout le droit qu'il a en tous les heritages de la baillée, auparavant que le Seigneur y perde rien. Mais aussi s'il se veut soûmettre à quitter tout son droit, il n'est pas raisonnable qu'il y perde plus que son droit, & qu'en outre il soit contraint de suppléer de son bien, ce qui manquera au surplus de l'heritage, pour le payement & continuation annuelle de la rente. Et c'est sans doute ainsi qu'il faut entendre les derniers mots de cette loy, *Si particulare contigerit damnum, ex quo non ipsa rei penitus laedatur substantia, hoc emphyteuticarius suis partibus non dubitet adscribendum. Verè quidem adscribit emphyteuticarium suis partibus*, puisqu'il faut qu'il perde toute la part & tout le droit qu'il a en la chose emphyteutique, auparavant que la perte redonde aucunement sur le Seigneur de la rente.

15. Raison fondamentale de cette loy.

Pour donc conclure ce discours, j'estime que la vraye & unique raison decisive & fondamentale de l'une & l'autre decision de cette loy, est que la redevance emphyteutique est une charge fonciere, & une dette deuë par l'heritage, & non pas par la personne de l'emphyteote, si ce n'est entant qu'il est detempteur de l'heritage. Si donc l'heritage est entierement pery, la redevance est éteinte absolument, attendu qu'il ne reste plus rien à raison dequoi il soit tenu à payer la redevance ; qui est la decision premiere de cette loy ; mais s'il n'y a qu'une partie de l'heritage qui soit perie, puisque la redevance est solidaire, tant que l'emphyteote demeure detempteur du surplus, il demeure toûjours sujet à toute la redevance ; qui est la seconde decision. D'où il resulte consequemment, que s'il quitte cette detention, il s'exemptera par ce moyen de plus payer la rente ; & c'est ainsi qu'il me semble que cette loy doit être entenduë.

16. Conciliation & explication de la loy 2. C. de alluvio.

Par ce moyen il sera aisé de l'accorder avec toutes les autres loix qui semblent lui être contraires, & notamment avec la loy 2. C. *de alluvionibus & palud.* que les Interpretes n'ont pû concilier. Car cette loy parle, quand par l'inondation partie de l'heritage d'un particulier est ajointe à l'heritage d'un autre, de maniere qu'il n'est pas perdu, mais change seulement de maître ; & par cette charge fonciere sur l'heritage, cette loy dispose à bon droit, que celui qui par le moyen de l'inondation joüit & perçoit les fruits de l'heritage de son voisin, le doit décharger consequemment de la redevance fonciere qu'il en payoit au fisque.

17. Conciliation & explication de la loy Cùm possessor §. Illam. D. de censibus.

La difficulté est bien plus grande que la loy *Cùm possessor. §. illam. D. de censib.* où pour la perte particuliere le detempteur est déchargé de la redevance au *prorata*, sans déguerpissement ; mais cela est special, & par une équité particuliere, comme la loy l'exprime, en matiere des cens & tributs dûs au fisque, dont il se faisoit de temps en temps des reglemens & nouveaux départemens de tous les heritages d'un territoire ; & alors ceux qui à l'occasion des pertes à eux survenuës se trouvoient par trop chargez de tributs, étoient diminutez, & leur taux étoit regalé sur tout le territoire, sans qu'ils eussent besoin d'avoir recours au déguerpissement. En quoy le fisque ne perdoit rien, & si le particulier étoit soulagé, qui est un beau secret de l'antiquité Romaine, aisé à colliger du titre *De censib. & censit. & per aequ. lib. 11. C.*

18. Que la loy 1. C. de jure emphyt. doit être entenduë toute sorte de rente fonciere.

Bref, que la decision de cette loy 1. *de jur. emphyt.* est si generale, qu'elle ne reçoit exception quelconque, & qu'elle a lieu aussi bien en la simple rente fonciere, qu'en la pure emphyteose ; & aussi bien quand la redevance est grosse, que quand elle est petite ; de sorte que non plus en l'une qu'en l'autre le déperissement de l'heritage, posé qu'on le vueille retenir, ne donne lieu à aucune diminution de la redevance.

19. Difference de la perte totale & de la particuliere.

Si donc le detempteur en veut être quitte, il faut qu'il déguerpisse ce qui reste de l'heritage, & qu'il ôste ce qui le rend tenu de la totale redevance ; au lieu que la perte entiere de la chose rend le preneur *ipso jure* exempt de la redevance pour le temps à venir, sans qu'il soit besoin de déguerpissement. Je dy notamment *ipso jure*, encore que les Interpretes tiennent qu'il n'est quitte sinon *ope exceptionis* ; car leur raison, que *certi sunt modi tollendae obligationis*, n'a lieu qu'aux obligations personnelles ; or celle-ci est une dette réelle, & une redevance de la chose, *quae procul dubio cum re ipsa extinguitur.*

20. Si en déguerpissant les places des maisons abbatuës, il faut payer les arrerages depuis la demolition.

Sur ce propos il se fait communément une belle question, si c'est une maison qui a été baillée à emphyteose ou à autre rente fonciere, & qu'elle vienne à être bruslée ou abbatuë par cas fortuit ; sçavoir si le preneur est quitte & déchargé de la rente dés l'instant de la ruine & demolition, ou bien, si à cause que la place lui reste, il en demeure toûjours chargé & tenu, jusqu'à ce qu'il ait actuellement déguerpie. Question qui arrive journellement à present, parce que pendant la guerre les detempteurs des maisons abbatuës ne s'avisoient pas de déguerpir les places, n'étans point lors poursuivis pour les arrerages des rentes ; mais depuis qu'aprés la guerre ils se voyent pressez de payer plusieurs années d'arrerages, la vexation leur ouvre l'entendement, & ils s'avisent bien à present d'avoir recours au déguerpissement, mais c'est la question de sçavoir s'ils doivent payer les arrerages depuis la demolition jusqu'à l'actuel déguerpissement.

21. Raison de douter.

Il y a trois raisons de Droict, par lesquelles on peut soûtenir qu'ils ne sont tenus payer aucuns arrerages dépuis le jour que la maison a été abbatuë. Premierement, parce qu'il est certain que les rentes foncieres se payent pour la perception des fruicts, *onera sunt fructuum, & ab eo solvenda qui fructus percipit* : de maniere que celui qui n'a peu percevoir aucuns fruicts sur l'heritage à cause du cas fortuit, étant la chose devenuë infructueuse, n'est tenu payer aucuns arrerages. Secondement, parce que *usus fructus adium ipso jure intercedit consumptis vel exustis adibus, nec area ususfructus debetur. leg. Repetit. §. 1. leg. Quid tamen. D. Quib. modis ususfructus amit.* En troisiéme lieu, il est certain qu'un poinct de Droict, *contractus superficiarius destructo adificio statim finitur, & ipso jure desinit deberi pensio*, comme il se collige de la loy *Inter quos §. Damni. D. de Damno infecto* ; & l'ont tenu tous les Interpretes, notamment Bart. *in l. D. de superficiebus.*

22. Resolution qu'il faut payer les arrerages.

Et toutefois le contraire est veritable. & ne faut nullement douter, que les arrerages de la rente fonciere ne soient deus dépuis la demolition de la maison jusqu'au déguerpissement, puisque la loy definit, que l'emphyteote ne demeure point quitte de la redevance, si la chose n'est entierement perie. Or il est bien certain que *arca pars est domus. leg. Domus. D. de pignor. act.*

23. Reponse aux raisons de douter.

Et ne nuisent les raisons contraires, parce qu'en premier lieu, la redevance ne se paye pas precisément pour la perception des fruits ; mais pour la joüissance de l'heritage : aussi elle n'augmente ny ne diminuë pas selon la quantité des fruits qu'on en perçoit chacun an, mais continuë immuable tous les ans, tout ainsi que la joüissance. Et ne faut pas argumenter de l'usufruict au bail à rente, parce que l'usufruict est un droit fort fresle & aisé à resoudre, ne consistant qu'en pure subtilité de Droict. C'est pourquoi la demolition d'une maison, même la simple mutation de l'heritage, comme si d'une terre labourable on en fait une vigne, ou d'une vigne un pré, le resout & ancantit, de peur que la proprieté ne soit renduë inutile, ce qui n'est pas aux baux à rente, non plus qu'au simple engagement, *leg. Domo. D. pignor. act.* Il ne faut pas aussi tirer argument du Contract superficiaire des Romains à nos baux à rente. Car la nature du Contract superficiaire, étoit de bailler & loüer une place pour y mettre un édifice, à la charge d'en payer une redevance autant tant que la place seroit occupée ; de sorte que ce Contract ne duroit naturellement que tant que l'édifice duroit ; comme Bartole l'explique fort bien au lieu preallegué : ce qui n'est pas aux baux à rente, qui n'ont pas de leur nature cette condition resolutive ; & en ces Contracts c'est assez de privilege, que le debiteur de la rente s'en puisse exempter en quittant & déguerpissant l'heritage, & non autrement.

24. Ce qu'en a decidé l'arrest du conseil d'estat.

C'est pourquoi l'Arrest du Conseil d'Estat, que j'ay entrepris d'expliquer en ce Traité, porte entr'autres choses, que si les maisons étoient bâties sur la levée & contrescarpe des fossez, dont pattant la reédification pourroit être défenduë pour la seureté de la ville, en ce cas le detempteur est quitte des arrerages de la rente, dés le temps de la demolition, si aujourd'hui il veut déguerpir ; parce qu'en ce cas, *nec area ipsa superesse videtur, cùm ea veluti publica, saltem inutilis facta sit.* Mais, pour le regard des autres maisons, qui peuvent être reédifiées, il faut payer les arrerages de rentes imposées sur icelles, jusqu'au jour du déguerpissement ; le tiers neanmoins rabatu, suivant les deux Declarations du Roy sur le payement des rentes, tant foncieres que constituées. Ce qui sera expliqué plus à plein au Livre suivant, où sera traité la question, s'il échet diminution des arrerages des rentes foncieres, pendant la sterilité, hostilité, ou autre non-joüissance des heritages.

CHAPITRE VIII.

Si la rente de l'heritage exempte le preneur de continuer la rente?

1. *Raison de douter sur cette question.*
2. *Resolution, que la revente décharge le preneur. Avec sa preuve.*
3. *Comment peut estre revendu, selon le Droict, l'heritage emphyteutique.*
4. *Explication de la loy 2. C. de alluvionibus.*
5. *Explicatio de la loy derniere, Sine censu vel reliq. C. Theod.*
6. *Pratique inventée par Justinien en ses Novelles, touchant la revente des heritages tributaires.*
7. *Autres raisons.*
8. *Conclusion de cette question.*
9, 10, 11. *Trois modifications à la resolution d'icelle.*
12. *Cas auquel le preneur n'est déchargé par le revenu de l'heritage.*

1. Raisons de douter sur cette question.

JE m'étonne beaucoup comment il est possible que nul des interpretes du Droict, ni des Coustumes, ne se soit avisé de traiter cette question, qui neanmoins est tres-difficile, & qui arrive journellement. A la verité, il n'est pas si étrange que le preneur à rente s'exempte au paiement d'icelle par la perte entiere de l'heritage, ou par le déguerpissement, quand la perte est particuliere, comme en rehabilitant l'heritage à un autre. Aux deux cas precedens il n'y a point de son fait, ni rien qu'on lui puisse imputer, autrement il n'en seroit pas quitte ; mais ici il n'y va que de son fait, le cas fortuit n'y est point mêlé. Quand l'heritage est peri tout à fait, il n'y a plus de sujet de continuer la rente qui se payoit pour l'heritage : quand aussi on rend l'heritage au Seigneur de la rente, il en dispose comme bon lui semble, & s'il ne le veut garder, il choisit à qui le rehabiller. Mais quelle apparence y a-t-il d'abord, que le preneur qui a esté notamment choisi par le Seigneur de l'heritage, comme bon ménager, comme bien solvable, comme de facile convention, se puisse sans son vouloir & consentement exempter de la continuation de la rente, qu'il a promis payer sous l'obligation de tous ses biens, sous le pretexte qu'au desceu du Seigneur il aura revendu l'heritage à un autre, qui possible sera un mauvais ménager, ou insolvable, ou de difficile convention, veu même que le contraire s'observe au simple bail à loyer, qui n'est pas de si grande consequence, auquel si le preneur reloüe l'heritage à un autre, il demeure neanmoins obligé à son bailleur jusqu'à la fin du bail.

2. Resolutio que la revente décharge le preneur. Avec sa preuve.

Mais il y a bien de la difference entre le bail à loyer & le bail à rente, ou à longues années. Au bail à loyer on contracte une obligation pure personnelle, qui demeure attachée à la personne, & ne s'en peut separer par la mutation qui survient en la chose ; c'est pourquoi il ne faut pas trouver étrange que le locataire aiant trasporté son bail à un autre, soit neanmoins toûjours obligé envers son bailleur. Mais au bail à longues années, en l'emphyteose, & au bail à rente fonciere, si le contracte, comme il a esté tant de fois dit, une obligation réelle, & un droict sur le fonds par une reserve & retenuë qu'en fait le bailleur de l'heritage. Donc ce droict réel & fonscier suit toûjours le fonds en quelques mains qu'il passe, & laisse la personne, si tost que la chose est hors de la detention. *Imperatores rescripserunt in vectigalibus res non personas conveniri, & ideò emptores etiam praeteriti temporis tributa solvere debere. l. Imperatores D. de publ. & vectig. Omnes*, dit la loy derniere, *C. sine cens. vel reliq. &c. pro iis agris quos possident, publicas pensationes agnoscant, nec pactionibus contrariis adjuventur : si venditor aut donator apud se collationis sarcinam illicita pactione voluerint retinere, etsi necdum translata sit censualis professio, sed apud priorem dominum forsè permaneat,*

Des cas du déguerpissement. Liv. V.

neat, dissimulantibus ipsis, ut non possidentes pro possidentibus exigantur.

3. Comment peut estre revendu, selon le Droict, l'heritage emphiteutique.

C'est pourquoi par la loy 2. *C. de jur. emphyt.* afin d'éviter que le seigneur emphyteutique ne fust incommodé par le transport & alienation de la chose és mains d'un homme insolvable, il estoit défendu de vendre la chose emphyteutique sans son congé, qu'il estoit tenu donner deux mois aprés qu'il luy estoit demandé : temps competent pour s'informer de la qualité de celui qu'il vouloit mettre en sa place. Et les deux mois passez l'emphiteote pouvoit vendre la chose sans permission, pourvû que ce fust à personne capable, & non prohibée au contract de l'emphyteose : car cette loy dit qu'il y avoit certaines conditions de personnes, *quae in emphyteuticis contractibus vetari solebant ad eiusmodi venire emptionem*, que les Interpretes ont specifiées au long. Ce qui s'observoit avec grande raison, parce que cét achepteur se formais devenoit emphyteote, & seul payeur de la redevance. Aussi cette loy ajoûte que le seigneur estoit tenu *emphyteutam suscipere*, recevoir & approuver le nouveau emphyteote, pourvû qu'il fust capable, & que pour cette approbation on lui payoit un droit d'entrée, qui estoit la cinquantiéme partie du prix. Ce que nous avons retenu en France en toutes rentes seigneuriales, qui sont les premieres imposées sur les heritages : ainsi qu'il a esté traitté au premier Livre.

4. Explication de la loy 2. C. de alluvionibus.

Pareillement la Nov. *De alienat. & emphyt.* §. *si verò quis*, prouve fort bien cette resolution. Car elle porte que si l'Eglise possede quelque heritage qui lui soit onereux, pour estre plus chargé de tributs & rentes foncieres, qu'il ne vaut de revenu : cét heritage peut estre alienée sans aucune solennité, fors le consentement de ceux qui y ont interest, afin que par cette alienation l'Eglise soit exemptée & acquittée des charges qui sont sur l'heritage, *ut servetur indemnitas venerabili domui*. C'est pourquoi en la loy 2. *C. de alluvionibus*, il est dit que ceux qui par l'inondation du Nil sont privez pour un temps de la joüissance de leurs heritages, sont cependant exemptez du paiement des tributs, par ceux qui lors en joüissent. Et ce qui faisoit la difficulté en l'espece de cette loi, qu'on trouve fort difficile, estoit parce que par l'inondation, la seigneurie de l'heritage n'estoit pas transferée, & neanmoins ceux qui en joüissent alors, bien qu'ils ne soient pas proprement seigneurs, ne laissent, à raison de ce qu'ils en perçoivent les fruicts, d'estre tenus d'en paier la redevance fonciere.

5. Explication de la loi derniere, Sine censu vel reliq. C. Theod.

Il y a aussi la loy derniere, *Sine censu vel reliq. C. Theod.* qui est fort convenable à ce propos : *Quisquis aliena rei quoquo modo dominium consequitur, statim pro ea parte qua possessor effectus fuerit, censualibus paginis nomen suum postulet annotari, ac respondeat soluturum, ablataque molestia de auctore in succedentem capitatio transferatur.* Et pour entendre ces mots *ablata molestia*, il faut presupposer, qu'aprés qu'un heritage subjet aux tributs estoit vendu, ou autrement alienée de main en autre, il falloit que le nouveau detempteur fist écrire son nom aux livres censuels ou papiers terriers ; mais quelquefois il s'y faisoit de la fraude & de la difficulté. Car d'une part les particuliers faisoient entr'eux des pactions, que le vendeur demeureroit toûjours chargé des tributs, ce que défendent toutes les loix du titre *Sine censu & reliq.* même à la fin Justinien ordonna que ceux qui feroient tels contracts, perdroient & l'acheteur leur heritage, en la loy derniere, *De fund. rei priv. l. 11. C.* tant ils estoient exacts à faire en sorte que le proprietaire de l'heritage, & non autre, payast les tributs. D'autre costé les Decurions, ou ceux qui avoient la charge & sur-intendance des cens & tributs, afin de tirer de l'argent des nouveaux acquereurs, pour les enfaisiner & mettre leurs noms aux registres des cens, leur faisoient des difficultez, disans qu'ils n'estoient pas assez riches pour l'asseurance du fisque ; ce que retranche cette loi cy-dessus alleguée par ces mots, *sublata molestia*.

6. Pratique inventée par

Mais Justinien en sa Nov. 17. §. *non permittas*, le donne à entendre bien plus clairement : *Non permittas cu-*
Du Déguerpissement.

rialibus nec censualibus, dum vendita sunt praedia eorum, aut in alias personas transferri possessio, tergiversationibus uti quibusdam, & non transferri à venditoribus ad emptores onera, sed coges vos omnino facere mutationes sine damno. Et ajoute ensuite, *Si idonei fuerint emptores, coges fiscalium praesules sine qualibet damno celebrare transpositionem.* Mais sur tout, ce qui suit ce passage, confirme extrémement nostre resolution : car Justinien corrigeant l'ancien Droict, ordonne que si le nouveau acheteur de l'heritage n'estoit point autrement trouvé suffisant pour payer les tributs, le vendeur seroit tenu se soûmettre & obliger envers le fisque, de les fournir & faire valoir ; & en faisant que les Officiers du fisque ne pouvoient plus refuser de recevoir & écrire en leurs registres & terriers, le nouveau acquereur, *Coges*, dit-il, *venditores prastitori ad gesta, quòd praetio transpositio sit fiscalium tributorum in eos qui ab ipsis emunt : quod etiam in Oriente novimus jam in multis fieri gentibus : sic enim & fisco non nocebitur, & fiscalia tributa à possessoribus inferentur ; ut alii verò collatores. Oportet enim per possessores fieri collationes, non per eos qui non detinent terras.*

7. Autres raisons.

Puis donc que Justinien ordonna cela tout de nouveau à l'égard du fisque, & qu'encore suivant cette nouvelle Ordonnance, le vendeur n'estoit point autrement chargé des tributs, s'il ne s'y estoit soûmis expressément, & même alors il n'en estoit tenu que subsidiairement comme simple caution ou certificateur du nouveau acquereur, & au cas seulement qu'il se trouvast insolvable, il s'ensuit clairement que de Droict commun il n'en estoit nullement chargé aprés l'alienation. Bien qu'il soit vray, que *in fundis rei privata & in fundis navicularorum*, le vendeur de l'heritage estoit tenu subsidiairement des charges foncieres aprés l'acquereur discuté, *l. fin. De prad. navicul. & l. 3. De fundis rei privata, lib. 11. C.* Mais c'estoient privileges & faveurs particulieres contre le Droict commun. Aussi la glose dit fort bien sur ces loix, que pour décharger le vendeur de cette obligation subsidiaire, il suffisoit que l'acheteur fust solvable lors de la vente, de sorte que si par aprés il devenoit insolvable, il n'en estoit plus tenu par la raison de la loy 2. §. *si eo. D. de adim. rerum ad civit. pertin.* & de la loy *Litis.* §. 1. *D. de negot. gest.*

8. Conclusion de cette question.

Or puisqu'en nôtre Droit François il n'y a nulle raison particuliere, qui nous doive détourner du Droict Romain en cette occurrence, même que notoirement nous observons aux censives & droicts seigneuriaux, que pour les arrerages du cens écheus depuis la vente, on ne se prend jamais au vendeur, mais à l'acheteur, qui estoit proprietaire de l'heritage lors de l'écheance, je ne fais nul doute que cela ne doive estre observé de même en toutes les rentes foncieres, sous les modifications que je déduirai maintenant. Aussi voyons-nous que l'article 109. de la Coustume de Paris, porte précisément, que quand au bail à rente le preneur a promis de payer la rente, & y a obligé tous ses biens, cela se doit entendre seulement tant qu'il sera detempteur de l'heritage. Il s'ensuit donc que n'estant plus detempteur, comme quand il l'a vendu ou rebaillé à un autre, il n'en est plus tenu : comme aussi l'article 99. expliqué si amplement au second Livre, dit que les detempteurs & proprietaires ne sont tenus, sinon tant & si longuement qu'ils sont detempteurs.

9. 10. 11. Trois modifications à la resolution d'icelle.

Toutefois cette resolution reçoit trois ou quatre modifications fort notables. La premiere, que le seigneur de la rente, aiant juste cause d'ignorer la revente de l'heritage faite à un autre, n'a pas tort de faire adjourner, même de faire executer pour le payement de ses arrerages, l'ancien detempteur, jusqu'à ce qu'il luy ait déclaré celui auquel il a transporté l'heritage, & qui en est pour lors detempteur, parce qu'à le bien entendre, le preneur n'est point absolument déchargé, jusqu'à ce qu'un autre soit chargé en sa place par une declaration ou titre nouvel. Ce qui est notamment decidé par la Coustume d'Auvergne, tit. des Emphyteoses, chapitre 13.

La seconde, que si le nouvel acquereur est reconnu pour mauvais ménager, insolvable, ou de convention

N

difficile, le seigneur n'est pas tenu de le recevoir pour son rentier, comme il se collige de la loy 2. C. de jur. emphyt. Car il est bien raisonnable que le seigneur de la rente soit mis hors d'interest, & que *per alterum iniqua conditio ei non inferatur*: & toutefois si en ce cas le vendeur se vouloit obliger, qu'il n'auroit perte ny dommage, j'estime que le seigneur seroit tenu l'y recevoir, suivant la decision de cette Nov. *De mandatis principum*. Ajoûtant à laquelle, il faut prendre garde que si l'acquereur estoit rejetté, pour estre de difficile convention, ou éloigné de demeure, ce ne seroit pas assez que le vendeur s'obligeast subsidiairement pour luy, car cette Nov. parle du fisque, à l'égard duquel n'est de trop difficile convention, mais il faudroit qu'il s'obligeast avec luy seul & pour le tout.

La troisiéme modification est, que de ce dont le preneur peut estre tenu *pura personali obligatione*, par le moyen du contract fait avec luy, il ne s'en peut exempter par la vendition de l'heritage, non plus que par le déguerpissement, comme du payement des arrerages de son temps, & la refection de l'heritage. En quoi le

bailleur a notable interest: car encore que le nouvel acquereur, qui a connoissance de la rente, soit tenu entretenir l'heritage, si est-ce qu'il n'y est si avant obligé que le premier preneur; parce que lui le voulant déguerpir, il n'est pas tenu sinon de le laisser en bon & suffisant estat; mais le preneur le doit précisément delaisser en tel estat, qu'il estoit lors de la prise: ce qui sera interpreté au Livre suivant. C'est pourquoi aprés la vendition de l'heritage, s'il y a quelque deterioration ou dégradation en icelui, le seigneur rentier a interest de contraindre le preneur à remettre l'heritage en son premier estat; supposé qu'on puisse dire qu'il soit encore en bon estat, c'est à dire que la maison soit encore habitable, la vigne en labour, & la terre en saison.

D'où il s'ensuit une exception notable à nostre resolution, à sçavoir, que si par le bail à rente le preneur s'estoit obligé d'une obligation pure personnelle au paiement de la rente, il ne se pourroit exempter de cette obligation en alienant par aprés l'heritage: ce qui sera expliqué aux trois derniers chapitres de ce droict.

12. Cas auquel le preneur n'est déchargé par la revent. de l'heritage.

CHAPITRE XI.

Si en point de Droict le déguerpissement décharge le preneur de la continuation de la rente fonciere?

1. *Proposition de la question.*
2. *Opinion d'Accurse, & autres Interpretes de Droict.*
3. *& seq. Ses raisons & allegations.*
18. *Que l'action qui a lieu pour les charges foncieres est plus réelle que personnelle.*
19. *& seq. Réponse aux raisons d'Accurse, & ses sectateurs.*

Explication de la loy derniere, C. de rerum permutat.

20. *Réponse à la regle, Contractus ex post-facto sunt necessitati.*
21. *Réponse à la regle, Qui sentit onus, sentire debet & commodum.*
22. *Autre raison pour confirmer l'opinion de l'Autheur.*

23. *Explication de la loy is cum quo, D. de aq. & aq. plu. arc.*
24. *Explication de la loy Imperator, §. si centum. De leg. 2.*
25. *Explication du chapitre Indicatum, ext. de immunit. Eccles.*
26. *Réponse à l'argument tiré de la loy 2. Cod. de jur. emphyt.*
27. *Explication de la loy 3. De fund. patrim. lib. 11. C.*
28. *Explication de la loy 11. au même titre.*
29. *Conclusion de cette question, & qu'il ne faut pas toûjours suivre la plus commune opinion.*

1. Proposition de la question.

DEs trois questions cy-dessus proposées, reste la derniere & principale; Si le preneur à rente peut s'exempter d'icelle en déguerpissant l'heritage? Question que je puis dire estre la plus importante de ce Traité, qui a esté fort diversement agitée par les Interpretes du Droict Romain, dont je ne m'amuseray pas à particulariser les opinions, je rapporteray seulement toutes les raisons qui se peuvent déduire de part & d'autre sur icelle.

2. Opinion d'Accurse, & autres Interpretes de Droict.

Presque tous les anciens Docteurs, suivent l'opinion d'Accurse sur le Livre des Fiefs, au titre *De Capitaro qui curiam vendidit*: qui le premier a tenu, que le preneur ne pouvoit déguerpir: & alleguent deux ou trois raisons, & trois ou quatre passages le Droict, pour preuve de leur dire.

3. & seq. Ses raisons & allegations.

Premierement ils alleguent, que l'emphyteose estant par Zenon reduite à un contract ordinaire, produit necessairement une obligation sur la personne, comme tous les autres contracts: & consequemment une action personnelle, *hoc praescriptio verbis, ou bien une condition ex lege illa Zenonis*. De laquelle action il y a, disent-ils, une remarque tres-belle en la loy derniere, *C. de rer. permut. Ea lege rebus donatis vel menstruum quid vel annuum tibi praestaretur, cùm hujusmodi conventio non nudi patti nomine censeatur, sed rebus propriis citra legis substantia muniatur, ad implendum contractum praescriptis verbis actio competit*. Action qui ne peut estre que personnelle, *cùm ex contractu nascatur, & ad dandum vel faciendum intendatur. §. Appellamus. Instit. de actio*. Puis donc qu'elle est personnelle, il s'ensuit qu'elle ne peut estre ostée par le déperissement ou déguerpissement de la chose.

L'autre raison est prise de la maxime vulgaire du Droict, que les contracts sont du commencement de volonté,

mais qu'aprés estre faits ils sont de necessité, *l. Sicut ab initio. C. de oblig. & actio*. Or de permettre le déguerpissement, ce seroit se départir du contract de bail, & rompre le marché, ce qui est contraire à la foy des contracts.

En troisiéme lieu, on dit que c'est à celui de supporter la perte de la chose, qui en reçoit le profit: or il est certain que le preneur à rente tire le profit de l'augmentation extraordinaire, qui peut survenir à l'heritage: comme par exemple, si les maisons augmentent de prix pourtant la rente n'en augmente pas, & si le bailleur ne peut pas redemander la maison: consequemment si elles diminuent de paix, ou autrement, cette incommodité ne doit ny diminuer la rente, ny faire quitter la maison.

Aussi y a t'il plusieurs passages du Droict qui confirment fort cette opinion: *Is cum quo*, dit le Jurisconsulte Paulus, *aqua pluvia arcenda agitur, si opus fecit, licet cedere loco paratus sit, cogitur judicium accipere, quoniam & suo nomine convenitur, ut opus tollat. Aliud est in bonae fidei judiciis, hic enim tantum patientiam praestat, igitur si & fundo cedat, audiendus est, plus enim praestat. l. Is cum quo. D. de aqua & aq. pluv. arc*. Dont Bartole & les Interpretes tirent la distinction vulgaire, que le tiers acquereur peut bien déguerpir, mais non le preneur à rente.

Le même Bartole allegue un autre passage de la loy *Imperator §. si centum. De leg. 2*. où il est dit que celui auquel il est legué quelque chose, à la charge d'en bailler à un tiers quelqu'autre chose à lui appartenante, ayant une fois accepté le legs, n'est recevable par aprés de le vouloir quitter & remettre au fideicommissaire, pour s'exempter de lui bailler ce dont il est chargé.

On adapte pareillement à cette opinion le chapitre *Indicatum extra de immunit. Eccles.* qui dit, *Non permis-*

Des cas du déguerpissement Liv. V

tendum esse rusticis, ut Ecclesia rura deserentes, in privatorum possessionibus culturam exhibeant.

Aussi on en tire un autre argument, *à contrario sensu* de la loy 2. *de jur. emphyt.* en ce qu'il est dit que l'emphiteote manquant par trois ans au payement de sa devance, le seigneur le peut chasser, si bon luy semble : *Ergo*, ce dit-on, si le seigneur ne le veut pas chasser, il ne peut pas quitter de luy même la chose emphyteutique. Et de cette belle raison, la glose & les Docteurs semblent faire leur bouclier.

Mais sur tous autres passages la loy 5. *De fundis patrim. lib. 11. Cod.* semble estre du tout formelle pour cette opinion. *Quicunque possessiones ex emphyteutico jure susceperint, ea ad refundendum uti occasione non possunt, quod asserant desertas esse cœpisse, tametsi rescripta per obreptionem meruerint.*

Voila sans doute de grandes raisons & de fortes authoritez; & toutefois l'opinion contraire, que le preneur peut déguerpir, me semble estre encore mieux appuyée & d'authoritez & de raisons. Premierement le texte est tout formel au chapitre unique. *De vassallo qui contra consi. Lotharii feu. alien. in usib. feudorum. Vassallus etiam sine domini voluntate feudum refutare potest, & post refutationem ad serviendam non tenetur.* Texte que les Interpretes ont voulu restraindre sans apparence *ad feudum concessum ad certum servitium.* Aussi le Docte Baro s'est mocqué de cette interpretation, & tient que comme tout usufruit, aussi tout fief peut estre quitté & déguerpy, *l. Cùm fructuarius D. de usufr.* Il s'ensuit donc de ce texte, que le preneur peut déguerpir : car il ne peut estre entendu du tiers acquereur, parce que le droict des fiefs, le fief ne pouvoit être vendu, ny autrement alié né en main tierce, comme ce même chapitre le decide.

Mais pour montrer que même par le Droict Romain le preneur pouvoit user du déguerpissement, il y a plusieurs textes qui le montrent assez clairement. Premierement la loy *Qui fundos. De omni agro deserto. lib. 11. Cod. Qui fundos patrimoniales jure privato, canone salvo susceperint, hanc omnes propositam sibi intelligant opinionem, ut aut ea loca in quibus minor est soli fœcunditas, cum iis ex quibus fructus uberes capiunt, tenere non abnuant ; aut si eorum refugiant sterilitatem, opinioribus locum cedant.* Autant en contient la loy *Qui utilia,* au même titre.

Il y a encore la loy 14. du même titre: *Rura & possessiones, quas Curiales publicatis apud acta desideriis vel reliquerunt, vel possideri aliis permiserunt, penes eos qui eas excoluerunt, & functiones publicas recognoscunt, firmiter perdurabunt, nullam habentibus Curialibus copiam repetendi.* Or Curiales ne pouvoient estre les tiers acquereurs, mais estoient les premiers preneurs. Car la loy 1. de ce titre, dit que les heritages leur estoient ajugez à faute de trouver autres qui les voulussent à la charge des tributs ; c'est pourquoy la loy 6. les appelle *antiquos poss.*

Aussi la loy 3. de même titre, & loy 7. tit. *De fundis patrim.* que plusieurs alleguent pour l'opinion contraire, montre bien que *jure communi,* les preneurs pouvoient déguerpir. Car elles disposent qu'aux terres patrimoniales baillées à emphyteose, pour éviter le déguerpissement, qui autrement eust pû estre fait, le preneur seroit tenu obliger au contract de bail tous & chacuns ses biens, & même bailler caution, s'il n'estoit assez riche, de ne point déguerpir l'heritage : ce qui sera expliqué cy-après.

Et veritablement, ce titre *De omni agro deserto,* traite à la verité la matiere du déguerpissement : Car encore qu'à proprement parler *ager desertus* soit l'heritage laissé en friche, & non pas l'heritage déguerpy ; si est-ce que le terme universel *Omni,* qui est adjoûté en la rubrique, fait que ce mot comprend aussi l'heritage déguerpy, comme en effet la plûpart des loix de ce tit. traittent du déguerpissement. Et finalement, puisqu'il est dit en plusieurs loix de ce même titre, que quand l'heritage est laissé en friche, celuy qui le laboure en devient seigneur, à la charge d'en payer à l'avenir la redevance, dont partant l'ancien preneur demeure déchargé, il s'ensuit à plus forte raison, que celuy qui remet solennellement aux

Du Déguerpissement.

mains du bailleur, doit encore plûtôt s'exempter de continuer la redevance au temps à venir.

Aussi qui se souviendra de tout ce qui a esté dit au premier Livre, de la nature & proprieté des charges foncieres qui sont simplement reelles deuës par la chose, & non par la personne : & au second, de l'action personnelle qu'elles produisent, qui a lieu contre les detempteurs seulement, tant qu'ils demeurent detempteurs; conclura aisément que la chose estant quittée & déguerpie, la personne n'en peut plus estre tenuë : non plus qu'en point de Droict le maistre n'est plus tenu des dettes de son esclave, quand il a abandonné son pecule, parce que c'est vrayement le pecule qui est chargé de ses dettes, & non le maistre. Comme aussi il est dit, que *qui debet servitutem oneris ferendi,* bien qu'il soit tenu d'entretenir la muraille chargée de cette servitude, toutefois il s'en peut exempter en le déguerpissant : parce dit la loy, *Et si forté §. Labeo. D. si ser. vend.* que *ejusmodi servitutem non homo debet, sed res.* Et une autre loy dit, que *ut animalia, sic & quæ anima carent, ultra nos onerare non debent, quàm ut dedantur.*

De fait Bartole, qui est un des principaux autheurs de l'opinion contraire, traittant cette question sur la loy *Is cum quo. De aq. & aqu. plu. arc.* confesse bien, & tient pour resolu, que quand la dette est réelle, le detempteur de la chose, quel qu'il soit, s'en peut exempter par le déguerpissement, & non quand la dette est personnelle : mais ce qui le trompe est, qu'il suppose que le preneur à rente est obligé *pura personali obligatione ad solutionem reditus,* à cause du contract qu'il en a passé. C'est donc en ce point que gist toute la difficulté de sçavoir, si le preneur pour avoir contracté, & avoir luy-même creé & imposé la rente sur l'heritage, s'est obligé personnellement à la continuation perpetuelle d'icelle ; que je pense avoir si nettement prouvé le contraire aux deux premiers Livres, que ce ne seroit qu'une redite d'en vouloir icy rapporter les raisons.

Et encore que l'action qui a lieu pour les charges foncieres semble estre fondée sur le contract de creation & imposition d'icelles, si est-ce que le contract n'induit pas une obligation pure personnelle contre le preneur, non plus qu'un contract de constitution de servitude. Et est un bon exemple pour montrer, qu'encore que l'action soit fondée sur le contract, elle n'est pas pourtant toûjours personnelle : car même la vendication, & l'action hypothecaire sont communément fondées sur le contract de vente, ou de constitution d'hypotheque. Aussi a-il esté dit que l'action qui a lieu pour les charges foncieres, est partie personnelle, partie réelle, personnelle entant qu'elle conclud *ad dandum vel faciendum ;* réelle, entant qu'elle a lieu à cause de la chose, & qu'elle suit la chose. D'où il s'ensuit qu'elle est évitée par le quittement & déguerpissement de la chose.

Ce qui sert pour renverser la premiere raison de l'opinion côtraire, que le bail à rente produit une action personnelle, ce qui n'est pas veritable. Et la loy derniere, *C. de ver. permut.* sur laquelle cette proposition est appuyée, se doit entendre des arrerages du passé seulement, pour lesquels il y a veritablement action personnelle contre tout detempteur, quand ils sont échus de son temps, comme il a esté dit au second Livre, ou bien elle s'entend quand la redevance n'estoit pas perceptible sur les fruits de la chose, ou que du moins elle n'estoit pas reciproquante par le temps de la rente, à la durée de l'heritage ; auquel cas il a esté dit cy-dessus au chap. 5. que ce n'estoit pas un bail à rente, mais une permutation, ou une donation *ob causam,* ou finalement un contrat sans nom, qui produit de sa nature une obligation personnelle, & que *qui actio præscriptis verbis,* comme de fait le titre, sous lequel est cette loy, le donne à connoistre.

Pareillement, il faut sainement entendre la maxime du Droict, que *contractus ex post facto sunt necessarii,* qui signifie bien que les parties ne peuvent se départir du contract qui une fois a esté fait entr'elles, *neque per viam pænitentia, neque per viam resolutionis.* Mais il n'y a nul doute, que comme de toutes choses, aussi les contracts

18. Que l'action pour les charges foncieres est plus réelle que personnelle.

19. & sep. Réponse aux raisons d'Accurse, & les fortifications. Explication de la loy derniere, *C. de rerum permutat.*

20. Réponse à la regle, *ex post facto sunt necessitatis.*

Des cas du déguerpissement. Liv. IV.

l'effet ne puisse cesser, cessant la cause, soit materielle, où resisoit l'obligation, soit efficiente, qui l'induisoit, comme il arrive au fait du déguerpissement, il n'y a aussi nul doute, que l'obligation resultante des contracts ne cesse, au moyen des conditions qui resultent taisiblement de leur nature. Comme par exemple, celui qui a constitué un doüaire, peut justement soûtenir n'en estre plus tenu aprés la mort de la doüairiere, encore que du contract n'en porte rien, parce qu'encore que du contract de mariage, il resulte une obligation personnelle pour le doüaire, si est ce qu'il la faut necessairement modifier selon sa propre nature : or la nature de doüaire est, qu'il n'est qu'à vie, & qu'il ne se transmet point à l'heritier. Tout de même aussi celui qui a pris un heritage à rente, a imposé une charge fonciere, & comme parlent les Grecs, un caractere sur l'heritage, & non sur sa personne, & n'est pas tenu payer la rente sinon à cause de l'heritage, & tant & d'autant qu'il en est detempteur. Il s'ensuit donc que quittant la detention, comme c'est une regle que *quibus potest rem suam pro derelicta habere*, il s'exempte selon la nature du contract, de payer la rente au temps à venir.

21. Réponse à la regle, *Qui sentit onus, sentire debet & commodum.*

Aussi la consideration que le preneur recevant le profit & augmentation de l'heritage, doive pareillement en supporter la perte & diminution, est plus vrai semblable que necessaire, & est plutost une consideration d'équité, qu'une raison de Droict certaine & concluante. Car si cette maxime estoit absolument vraye, il s'ensuivroit que l'heritage estant pery, le preneur seroit tenu d'en porter la perte, & consequemment demeureroit chargé de continuer la rente, contre la decision expresse de la loy 1. *De jur. emphyt.* Et certainement cette consideration seroit fort à propos pour détourner celuy qui delibereroit de faire tels contracts, comme estans au desavantage des bailleurs, si ce n'est qu'ils touchent une partie de la valeur de leur heritage en argét comptant. Ou s'ils ne touchent argent, ils doivent, s'ils sont bien avisez, par clause speciale faire obliger bien expréssément le preneur, d'obligation pure personnelle, à continuer la rente sur tous ses biens. C'est pourquoy nôtre usage de France, pour éviter ce desavantage, a inventé les clauses *de fournir & faire valoir*, & *de mettre amendement à l'heritage*, & autres semblables clauses, qui impliquent une obligation pure personnelle du preneur, & consequemment excluent le déguerpissement. Mais si le contract est pur & simple, & que ces clauses n'y soient point mises, il faut venir à sa vraye nature, & à sa naïve interpretation : Car il n'y a au contract que ce qu'on y met.

22. Autre raison pour confirmer l'opinion de l'Autheur.

Et s'il est permis de combatre cette raison, par une autre raison d'équité encore plus convainquante, est il raisonnable que le preneur perde plus, en perdant l'heritage, qu'il n'y a de droit & de profit, & qu'aprés que la maison aura esté abbatuë, il paye une grosse rente, sans qu'il puisse déguerpir la place qui desormais lui est inutile ? Au contraire, puisque le seigneur de la rente jouïssoit annuellement une partie du revenu de la maison, & en effet avoit un droit, sinon le tout seigneurial, & faisant partie de la proprieté d'icelle, au moins un droit foncier, c'est à dire inherent au fonds de l'heritage ; est-il raisonnable qu'aprés que la maison a esté abbatuë par fortune de guerre, il ne perde rien, mais ait toûjours sa rente entiere, & que toute la ruine tombe sur le pauvre detempteur ? Vaut-il donc pas mieux suivre une voye metoïenne, & s'accommoder à la maxime d'équité, que la chose doit perir au dommage de celuy qui en tiroit commodité ? à sçavoir, que si le preneur soit quitte en perdant tout le droit emphyteutique qu'il avoit en l'heritage, & que rendant ce qui lui reste au seigneur rentier pour en faire son profit, il demeure quitte envers lui.

23. Explication d' la loy. *Is cum quo, D. de aq. pluu. arc.*

Pareillement il y a bonne réponse aux loix cy dessus alleguées pour la confirmation de l'opinion contraire. En premier lieu, l'espece de la loy *Is cum quo D aq. pluu. arc.* ne revient nullement à la rente fonciere. Celui, dit la loy, qui a fait le bastiment, duquel les eaux tombent sur l'heritage de son voisin, ne se peut exempter de la poursuite contre lui faite à ce qu'il ait à retenir ses eaux, bien qu'il vueille quitter & abandonner le bastiment, parce qu'il est convenu à cause de son fait : mais celui qui n'a pas fait le bastiment, n'estant tenu sinon de permettre qu'il soit rétably en bon estat, s'aquite sans doute de la poursuite qu'on lui fait, en quittant l'heritage, parce qu'il fait encore plus qu'on ne lui demande. Or il y a bien de la difference entre celui qui a pris un heritage à rente, & celui qui a fait un bastiment qui endommage la maison de son voisin, qui partant est tenu *ex quasi delicto* à lui reparer le dommage, & à fournir les frais de la refection du bastiment mal fait. Il n'est donc pas tenu seulement *patientiam prastare*, qui est pourtant la vraye conclusion de l'interdict *De aqua pluviali arcenda* : conclusion qui est réelle ; qui suit la clause, & a lieu contre tout detempteur indistinctement, mais en outre il est tenu *ad impensam*, qui est une conclusion personnelle, qui demeure toûjours attachée à sa personne aprés l'alienation de la chose, & ne passe point au nouveau detempteur, & partant n'est point évitée par le déguerpissement. Aussi dépend elle purement & precisément de son fait, & procede *ex suo quasi delicto*. De fait la loy dit, *Qui opus fecit & possidet, patientiam & impensam tollendi operis prastat ; qui fecit, nec possidet, impensam ; qui possidet, nec fecit, patientiam tantummodo prastat.* Ce sont donc deux conclusions diverses, *ad impensam* & *ad patientiam* : l'une est personnelle, & l'autre réelle ; l'une est évitée par le déguerpissement, & l'autre demeure neanmoins avec le déguerpissement : mais la continuation de la rente fonciere est necessairement conclusion réelle, *quia sequitur possessorem*, & partant elle est évitée par le déguerpissement. Au contraire, le payement des arrerages écheus pendant la détention & rétablissement de l'heritage, sont conclusions personnelles, & partant le déguerpissement n'y a lieu : & de fait, le preneur ne peut déguerpir qu'il n'ait payé les arrerages de son temps, & fait les reparations.

24. Explication de la loy. *Imperator. §. si centum. de leg. 2.*

Et quant à la loy *Imperator. §. si centum. De leg. 2* où le legataire n'est quitte de la charge, ou fideicommis apposé au legs, pour rendre & quitter le legs qu'il a une fois accepté ; c'est parce que ce fideicommis ne se pouvoit prendre sur la personne & sur les biens du legataire : de sorte que necessairement de l'acceptation de ce legs il resultoit une obligation personnelle, pour le payement de la charge imposée au legataire par le testament, mais autre chose seroit si la charge eust esté une rente annuelle, qui eust pû estre convenablement perceuë sur les fruits de l'heritage legué, car alors c'eust esté une creation & une imposition de rente sur l'heritage, plustost qu'une obligation personnelle sur le legataire, comme il est decidé en la loy *Generaliter. §. proinde. D. de fideicommis. liberat.* & comme il a esté amplement traité cy-dessus en ce même livre chapitre cinquième.

25. Explication du chapitre *Indicatum. ext. de immunit. Eccles.*

Quant au chapitre *Indicatum. D. immmunit. Ecclef.* s'il parloit de déguerpissement, il seroit pour nostre opinion, car si entre les privileges & immunitez de l'Eglise on y mettoit que le preneur ne pourroit pas delaisser l'heritage, ce seroit à dire que de droit commun il le pourroit faire, estant une regle vulgaire que l'exception & la specialité confirme la regle. Mais la verité est que ce chapitre ne s'entend pas du déguerpissement, ny encore *de colonis gleba adscriptis*, comme on l'explique vulgairement, ny aussi du fermier *ad modicum tempus*, pour le temps de son bail, qui est tenu le continuer, car en l'une & l'autre de ces interpretations, il n'y auroit rien de particulier pour l'Eglise ; mais il veut dire, que les laboureurs qui sont coustumiers de labourer les terres de l'Eglise, ne les peuvent quitter pour prendre celles des laïcs, à même condition, encore qu'à ce faire ils ne soient pas tenus de droict commun. Qui est un privilege que bien souvent les seigneurs temporels & les Ecclesiastiques se font vouloir attribuer, afin que leurs terres ne demeurassent en friche, dont il se voit beaucoup de remarques dans les bons livres, mais cela est trop éloigné de nostre sujet.

Des cas du déguerpissement. Liv. IV.

46. Réponse à l'argument tiré de la loy 2. Cod. de jur. emphyt.

Et pour le regard de l'argument qu'on tire *à contrario sensu* de la loi 2. C. *de jure emphyt. Volenti domino emphyteutam repellere licet : ergo si nolit dominus, emphyteuta non poterit recedere*; c'est une pure sophystiquerie, qui n'est non plus concluante que qui diroit, *Licet mihi vi rebellere cum qui mihi vim infert : ergo si nolim repellere, non poterit ille cessare.*

47. Explication de la loy 3. De fund. patrim. l. 11. C.

Finalement pour répondre à la loi 3. C. *de fund. patr.* qui decide expressément qu'en l'emphyteose des terres patrimoniales le deguerpissement n'a point de lieu, il se faut souvenir des differences qui ont esté assignées au chapitre quatriéme du premier Livre, entre les terres patrimoniales baillées *jure privato*, & celles qui estoient baillées à emphyteose. Car dautant que celles qui estoient baillées à emphyteose n'étoient point surchargées *adjectione fundorum sterilium*, ny rechargées de nouveau au regalement & perequation des terres du climat: on trouva qu'il étoit très-à propos de faire en sorte que les emphyteotes d'icelles ne peussent user du deguerpissement, bien qu'il fust permis de droit commun. Et pour les en exclure, on ordonna que par leur bail ils seroient tenus s'obliger à ne point déguerpir, ou bien à entretenir l'heritage de toutes reparations, comme porte la loi troisiéme, *De omni agro deserto* & la loi septiéme de même titre *De fundis patrim.* la premiere desquelles est des mêmes Empereurs Valens & Valentinien, qui firent aussi cette loi troisiéme *De fundis patrimonialibus*.

28. Explication de la loy 11. au même titre.

Tant y a qu'en consequence de ces promesses personnelles, ésquelles on obligeoit precisément le preneur à emphyteose des terres patrimoniales, il s'ensuivoit qu'ils ne les pouvoient deguerpir. Que si ces promesses avoient été obmises au bail, le bail pourtant ne laissoit pas de subsister, mais elles y estoient de là en avant sous-entendues: & c'est ainsi à mon advis que se doit interpreter la loi 11. de ce même titre, à laquelle on n'a encore pû trouver d'interpretation convenable : *Jus emphyteticû prædii, quod sine obligationis vinculo retentum est, inmutabile perdurare præcipimus, possessionem autem quæ sine obligatione speciali fuerat vitiosa, vetustate, temporis nolumus adjuvari.* De sorte que par succession de temps la regle devient generale, que le preneur à emphyteose des terres patrimoniales ne peut deguerpir : Mais tout cela n'avoit lieu qu'aux terres patrimoniales baillées à emphyteose, comme aussi toutes ces loix s'y restraignent expressément. Car les terres patrimoniales baillées *jure privato*, estoient sujettes & au regalement & à l'adjection des terres steriles : & il ne se trouve point qu'au bail d'icelles le preneur fust tenu s'obliger de les entretenir de reparations fortuites, ou de ne les point deguerpir. Au contraire, il se trouve clairement decidé en plusieurs loix qui ont esté cottées cy-dessus, qu'il pouvoit user du deguerpissement.

29. Conclusion de cette question, & qu'il ne faut pas toujours suivre la plus commune opinion.

Puis donc qu'il y a réponse pertinente à toutes les raisons & les autoritez de l'opinion contraire, j'estime qu'il faut tenir en point de droit, que comme l'usufruitier, aussi le preneur à rente se peut exempter en quittant & deguerpissant l'heritage. Et encore que quasi tous les anciens Interpretes ayent été d'opinion contraire, s'entresuivans & marchans sur les pas des uns des autres, sans prendre garde au droit chemin : je puis, ce me semble, à bon droit usurper sur ce point le dire de Seneque: *Hoc nobis præstandum est ne pecorum ritu sequamur antecedentium gregem, pergentes non quà eundem est, sed quà itur. Non est quod dissimmum more vivas. Hæc major pars, id est enim pejor est. Non tam bene cum rebus humanis agitur, ut meliora pluribus placeant : argumentum pessimi, turba est.*

CHAPITRE X.

Si selon le droit François le preneur est recevable à deguerpir l'heritage chargé de rente fonciere.

1. Opinion de Masuer.
2. Clause des anciens baux à rente, & comment elle a esté changée.
3. Ce que decide l'Ordonnance de 1441. & la Coustume de Paris sur cette question.
4. Decision de la Coustume de Poictou, & autres.
5. Comment il faut entendre les Coustumes qui limitent le deguerpissement aux tiers detempteurs.
6. Comment il faut entendre les Coustumes, qui portent que les obligez personnellement ne peuvent deguerpir.
7. Explication de la Coustume de Lodunois & de Berry.
8. Conclusion, que regulierement en France le preneur peut deguerpir.
9. D'où vient que vulgairement on tient le contraire.

1. Opinion de Masuer.

SUr tout je ne sai nul doute, qu'en France cette opinion, que le preneur peut deguerpir, ne doive estre tenuë regulierement. Voila ce qu'en dit le bon Masuer: *Cùm res in emphyteusim datur, emphyteuta se obligat ad solutionem census, tandiu quandiu fuerit tenementarius : saltem ita consuetum est fieri : & ideo ipse tenementarius potest, quoties voluerit se liberare à censûs solutione & annua præstatione, quipiendo vel cedendo rem ipsam domino directo.*

2. Clause des anciens baux à rente, & comment elle a esté changée.

Et de fait, j'ai été curieux de rechercher les anciens protocolles & formulaires des arrentemens, accensemens, ou contrats d'emphyteose du temps passé, où j'ai trouvé porter clause expresse, que le preneur s'oblige à payer le cens ou la rente, tant & longuement qu'il sera detempteur de l'heritage, bien qu'on aujourd'hui on ne met plus cette clause sinon aux nouvelles reconnoissances, mais aux premiers baux on fait ordinairement obliger le preneur à payer la rente, tant & si longuement qu'elle aura cours. Clause qui fut premierement inventé pour les constitutions de rente à prix d'argent, où l'on ne pouvoit faire obliger le constituant de payer la rente, tant qu'il seroit detempteur de l'heritage, parce que ces rentes ne sont volontiers constituées sur certain heritage, mais sur la personne de l'obligé, & sur tous & chacuns ses biens. Mais par succession de temps on a transferé cette clause de rentes constituées aux rentes foncieres, parce qu'on a pensé qu'elle étoit plus avantageuse, bien que les rentes foncieres étans perpetuelles de soy, ce seroit chose étrange & impertinente que le preneur s'oblige à les payer tant qu'elles auront cours : aussi cette clause est sans effet, & n'exclud pas le deguerpissement, comme il sera dit cy-aprés.

3. Ce que decide l'Ord. de 1441. & la Coustume de Paris sur cette question.

Pour donc revenir au premier propos, l'Ordonnance de 1441. art. 10. & 43. porte expressément, Que tous proprietaires, & mêmement les preneurs à rente pourront renoncer aux maisons, en les laissant en aussi bon état qu'elles étoient au temps de la prise. Ce que plusieurs Coustumes ont aussi decidé precisément, notamment la Coûtume de Paris art. 109. qui est à la verité la plus claire & expresse autorité que nous ayons de cette opinion, parce qu'elle contient la regle & la raison, l'ampliation & les exceptions. En voici les mots : *Si aucun a pris un heritage à cens ou rente à certain prix par chacun an, il y peut renoncer en jugement, partie presente, ou appellée, en payant tous les arrerages du passé, & le terme ensuivant, jaçoit que par lettre s'il eust promis payer la rente, & obligé tous ses biens. Et s'entend telle promesse, tant qu'il est proprietaire : sinon que par lettres d'accensement il eust promis mettre aucun amendement, ce qu'il n'eust fait, ou qu'il eust promis fournir & faire valoir ladite rente, & à ce obligé tous ses biens, &c.* Ce qui a été inseré mot à mot en la Coustume d'Orleans, lors de la nouvelle reformation d'icelle, comme si c'étoit un droit commun.

4. Division de la Coûtume de Poitou, & autres.

A quoi se raporte presque du tout la Coûtume de Poitou art. 41. & 43. *Quand la rente est deüe pour raison de la chose on la peut quitter & renoncer en laissant la chose en bon état.* Et suppose que touchant ledit cens ou rente, aucun ait raison de la chose & y ait promesse & obligation de payer,

Des cas du déguerpissement. Liv. IV.

cette promesse est pour raison de la chose. Neanmoins qu'il y auroit obligation de tous biens, icelle obligation n'est sinon pour payer tant qu'on tiendra lesdits lieux, & pour ce les peut-on quitter, ainsi que si ladite obligation n'estoit seulement que sur ladite chose. Ce qui est semblablement decidé par exprés en la Coût. de Bourdeaux art. 86. en celle de Bourbonnois art. 399. en celle d'Auvergne tit. des Emphyt. art. 16. en celle du Maine art. 469. en celle de Xaintonge art. 116. & 117 & quelques autres.

5 Comment il faut entendre les Coustumes qui limitent le deguerpissement aux tiers detempteurs.

Bref, encore que la plusprat de nos Coustumes parlent du deguerpissement, je n'en sçache pourtant pas une seule, qui decide expressément, que le preneur à rente ne puisse deguerpir. Il est bien vrai que quelques-uns en parlent que du tiers detempteur, mais ce n'est pas à mon avis qu'elles entendent limiter à lui seul le deguerpissement, mais c'est pour decider cette fameuse & difficile question, sçavoir si le tiers detempteur, pour estre receu à deguerpir, doit payer les arrerages ou non. En quoi il ne se rencontre nulle difficulté au deguerpissement du preneur à rente, qu'il ne doive payer les arrerages : c'est pourquoi les Coustumes ne parlans que du deguerpissement qui se fait sans payer les arrerages, le limitent au tiers detempteur, & en excluent le preneur à rente. Et d'autre part il y a bien quelques Coustumes qui disent que le preneur ne peut deguerpir, mais elles ne le disent pas simplement & absolument, mais seulement elles disent qu'il ne peut deguerpir, quand il a promis par clause speciale d'entretenir l'heritage en tel estat que la rente y puisse estre perceuë, comme la Coûtume de Sens. art. 138. & celle de Senlis art. 285.

6. Comment il faut entendre les Coustumes, qui portent que les obligez personnellement ne peuvent deguerpir.

Comme aussi il y a quelques autres Coustumes qui portent que ceux qui sont obligez personnellement à la rente ne peuvent deguerpir, comme celle d'Anjou art. 468. celle de Tours art. 198. de Berry chap. 9. art. 34. celle de Lodunois chap. 18. art. 1. Mais pourtant j'estime, à bien prendre le sens de ces Coustumes qu'elles n'entendent pas exclurre purement & simplement le preneur de pouvoir deguerpir, comme beaucoup pensent, presupposans que toûjours le preneur est obligé personnellement par le contrat qu'il a fait, qui est une fausse supposition, comme il a esté montré cy-dessus : dautant que du contrat du bail à rente pur & simple il ne resulte qu'une obligation réelle, & une constitution d'un droit foncier sur l'heritage. Mais il faut entendre ces Coustumes selon leurs propres termes, de ceux qui sont obligez *pura personalia obligatione* au payement & continuation de la rente fonciere, comme quand au contrat de bail à rente il y a quelque clause particuliere, par le moyen de laquelle le preneur est obligé personnellement : par exemple, quand il a promis payer la rente à perpetuité, ou s'est obligé de mettre amendement à l'heritage, ou l'entretenir en sorte que la rente y puisse estre perceuë, ou finalement fournir & faire valoir la rente, qui sont à la verité obligations pures personnelles, qui excluent le deguerpissement. Aussi ces mêmes Coustumes disent indistinctement que le detempteur peut deguerpir ; ce qui s'adapte aussi bien au premier detempteur, qui est le preneur à rente, comme au tiers

detempteur : *quia indefinita oratio equipollet universali, & quod prædicatur de genere, intelligitur prædicari de qualibet specie.*

7. Explication de la Coustume de Lodunois & de Berry.

Et de fait, la Coustume de Lodunois resout fort bien cette difficulté ; car aiant dit au premier article du chapitre *Des expansions*, que les obligez personnellement ne peuvent exposer, voici comment elle s'explique au dernier article du même chapitre : *Et est à sçavoir que telles exposées n'auroient lieu, si les possesseurs des heritages estoient obligez avec leurs autres heritages, ausdites rentes & devoir par foy & serment.* Donc quand la Coustume de Berry en l'article 42. du chap. 9. dit que le preneur à rente fonciere, qui est personnellement obligé par vertu du premier contrat ; ne peut delaisser l'heritage : on peut dire que ces mots (*qui est personnellement obligé*) ne sont pas mis *causative*, pour dire que tout preneur ne peut deguerpir, parce qu'il est personnellement obligé ; mais ils doivent estre entendus *taxativè & restrictivè*, pour dire que ce preneur-là, qui par les termes du bail se trouvera personnellement obligé, ne peut deguerpir.

8. Conclusion, que regulierement en France le preneur peut deguerpir.

Puis donc que selon le droit commun des Romains, le preneur peut deguerpir, & que plusieurs Coustumes de France le decident expressément ainsi, notamment celle de Paris, qui sert communément d'interpretation & de regle és points de Coustume obscurs, ou omis ailleurs ; veu même qu'il n'y a Coustume particuliere en toute la France, qui decide precisément le contraire : Je conclus qu'és Coustumes, qui ne parlent point du deguerpissement, & qui n'ont point décidé cette question, il faut tenir & garder que le preneur à rente, ou son heritier, peut deguerpir : & à plus forte raison je dis que les Coustumes, qui contiennent indefiniment que les detempteurs peuvent deguerpir, doivent aussi bien estre entenduës des preneurs à rente, comme des tiers detempteurs, *Cùm genus sub se contineat omnes species*. Resolution qui depuis la premiere impression de ce livre a été jugée par plusieurs Arrests ; l'un du mois de Janvier 1601. donné en la Coustume de Sens, rapporté par Monsieur Loüet, *in lit. D.* nomb. 41. un autre du 17. Juillet 1609. entre Antoine Caboche & M. Jean Mousset, un autre encore du 2. Decembre 1608. en l'audiance, plaidans J. Talon, & Pailler, rapportez au même endroit par le docte & diligent Commentateur dudit sieur Loüet.

9. D'où vient que vulgairement on tient le contraire.

Et il ne se faut pas estonner si peu de Coustumes ont tranché nettement cette difficulté, & si encore plusieurs tiennent le contraire en la Pratique ordinaire, parce que les exceptions de cette decision, qui seront deduites aux chapitres suivans, sont si frequentes, & les clauses, qui excluent le preneur du deguerpissement, si ordinaires & si accoustumées en tous les contrats, que cette regle n'a presque point d'usage. De même qu'il est certain qu'en France le *Velleïan* est practiqué tout ainsi qu'au droit, & neanmoins pour ce rarement les femmes oublient à y renoncer, quand elles intercedent pour autrui, il arrive peu que l'on en puisse user ; mais tant y a qu'il importe de sçavoir ce qui doit estre tenu & observé de pur droit, cessant la convention particuliere des parties.

CHAPITRE V.

Si la promesse de payer la rente, l'obligation de tous ses biens, & autres clauses excluent le déguerpissement.

1. *Que la promesse de payer n'induit pas obligation personnelle sur le preneur.*
2. *Raison de cette decision.*
3. *Verba aptanda sunt naturæ contractus.*
4. *Que sert la promesse de payer aux baux à rente.*
5. *Que l'obligation de biens n'est qu'accessoire.*
6. *Qu'és baux à rente il faut prendre garde de prés en contexte du contrat.*
7. *Speculation notable touchant ces clauses.*
8. *Clauses de ne point deguerpir.*
9. *Promesse de payer à perpetuité.*
10. *Quid, si la rente est directement assignée sur tous les biens du preneur.*
11. *Distinction notable touchant l'obligation des biens.*
12. *Clause, Tant & si longuement que la rente aura cours.*
13. *Que telle clause n'exclud ny le deguerpissement, ny le deperissement, mais bien la revente.*
14. *De la clause d'entretenir l'heritage en bon estat. remissivé.*

Des cas du déguerpissement. Liv. IV.

1. Que la promesse de payer n'induit pas obligation personnelle sur le preneur.

OR il faut bien prendre garde à ce que dit la Coûtume de Paris, que le preneur ne laisse de pouvoir deguerpir, Jaçois qu'il ait promis payer la rente, à ce oblige tous ses biens, parce qu'outé la Coustume, que telle promesse s'entend tant qu'il est proprietaire de l'heritage. De même la Coustume de Poictou art. 58. dit que supposé touchant la rente y ait promesse de payer, cette promesse est pour raison de la chose, & que l'obligation de biens n'est sinon pour payer la rente tant qu'on tiendra l'heritage. D'où il s'ensuit que cette promesse de payer n'induit pas de soy une obligation pure personnelle, qui demeure perpetuellement attachée à la personne du preneur, & que l'obligation des biens qui est accessoire à cette promesse de payer, ne peut avoir plus de force.

2. Raison de cette decision.

La raison de cette conclusion est, que cette promesse de payer & l'obligation des biens est du formulaire & du contexte necessaire du contract de bail à rente : de sorte qu'elle ne peut induire autre effet, que l'ordinaire effet du contract, qui est de produire seulement une obligation réelle, & d'obliger seulement le detempteur tant qu'il tiendra l'heritage : de maniere qu'encore que cette promesse soit indefinie, elle doit neanmoins estre interpretée selon la nature du contract, non plus ne moins que celui qui promet payer un douäire, encore qu'il n'exprime pas qu'il ne le payera que pendant la vie de la douäiriere, n'est pas toutefois entendu s'obliger outre, parce que cela est de la nature du douäire & de l'usufruit de finir par la mort. Pareillement celui qui constituant une servitude, permet à son voisin d'aller & venir par dedans sa maison, n'est entendu s'obliger personnellement à cette permission, sinon tant que la maison sera à lui ; parce que la servitude & l'obligation affecte & regarde la maison, & celui qui est proprietaire, & non la personne de celui qui l'a premierement constituée, ainsi en est il de la rente fonciere, quand celui qui la constitue promet la payer c'est à dire, que tant qu'il sera detempteur de l'heritage il la payera, parce que cela est de la nature de la rente fonciere de suivre le fonds, & non la personne du constituant.

3. Verba attrahi sunt natura contractus.

Attendu que c'est une theorie tres certaine de droit, que *verba contractus quantumvis indefinita, immò etiam generalia intelligi & restringi debent secundum naturam contractus, l. Damni infecti. in pr. D. de damno infecto. l. Si stipulatus, D. de usuris. Quin etiam potius verba impropriè accipienda sunt, ut apteneur natura contractus :* comme il y a un bel exemple en la loi, *Si uno ann. in pr. D. Locati. & in l. Mavia. D. de manumissis testam.* Comme donc cette même Coust. en l'art. 99. interpreté au second Livre, a dit indistinctement, que les detempteurs estoient tenus de payer la rente tant qu'ils estoient detempteurs, aussi encore qu'ils promettent indistinctement de payer la rente, cela s'entend selon & ainsi qu'ils en sont tenus par la Coustume, c'est à dire, tant & si longuement qu'ils sont detempteurs, & comme ils seroient obligez *jure communi,* quand cette promesse ne seroit point ajoustée : *quia expressio eorum quæ tacitè insunt, nihil operatur.*

4. Que sert la promesse de payer aux baux à rente.

Et si pourtant cette promesse de payer la rente, qui se met toûjours aux baux à rente, n'est pas inutile ni superfluë : car par le moyen d'icelle le contract a execution parée sur tous les biens du preneur pour les arrerages de la rente, & si cette clause, qu'on appelle en pratique la clause garantigée, n'estoit apposée au contract, il ne seroit pas executoire, parce qu'un contract n'est executoire, ni sujet à provision, s'il ne contient promesse expresse de payer une somme liquide, comme j'ai dit au Traité *De la Garantie des Rentes.*

5. Que l'obligation de biens n'est qu'accessoire.

Ce qui a esté dit de la promesse de payer, doit aussi estre dit par même raison de l'obligation de biens, soit que cette clause soit inferée à la fin du contract, selon le style ordinaire des Notaires, soit qu'elle soit exprimée immediatement aprés la promesse de payer : car toûjours elle est reputée accessoire & subsidiaire à la promesse de payer & à l'obligation de la personne, & partant elle n'a pas plus d'effet, De sorte que la personne estant déchargée de l'obligation par le déguerpissement, ses biens en sont par consequent dechargez.

Mais j'estime qu'il faut soigneusement prendre garde comment & en quels termes est conceuë cette promesse de payer, & cette obligation des biens du preneur à rente, ou à emphyteose : car ce contract n'a point de plus certaine nature, que celle qui lui est expressément attribuée par les pactions particulieres qui y sont apposées. C'est pourquoy la loi dit, qu'il les faut garder exactement : *quæ super omnibus pactionibus placuerint, firma illibataque custodiri debere. l. 1. C. de jur. emphyt.* Aussi que la question principale, sçavoir si le preneur peut deguerpir ou non, estant de soy douteuse, & presque en équilibre difficulté, il semble que la moindre consideration particuliere resultante des termes du contract, doit arrester la balence contre celui qui veut deguerpir.

6. Qu'aux baux à rente il faut prendre garde des contextes du contract.

C'est pourquoy il me semble que si la promesse de payer, & l'obligation des biens estoit énoncée en termes qui de leur nature & commune intelligence emportassent une obligation perpetuelle sur le preneur, ou qu'il y eust quelque clause particuliere au contract, outre la commune contexture d'icelui, qui chargeast & obligeast le preneur d'obligation pure personnelle : alors il faudroit dire, que ni la perte de l'heritage, ni l'alienation, ni le déguerpissement ne le pourroit exempter de la continuation de la rente. Et sur cette consideration sont fondées les deux exceptions contenuës en l'art. cy-dessus cité de la Coût. de Paris, à sçavoir des clauses, *De mettre amendement à l'heritage,* & *de fournir & faire valoir la rente,* lesquelles seront expliquées aux deux chapitres suivans ; mais il y en a encore d'autres qu'il faut icy expliquer.

7. Specialité non recevable touchant ces clauses.

8. Clauses de ne point déguerpir.

Comme par exemple, on ne doute point, que si par le contract de bail le preneur a expressément renoncé au déguerpissement, ou a promis de ne point déguerpir, il ne soit exclus du déguerpissement, comme l'exprime notamment la Coustume de Ponthieu, art. 92.

9. Promesse de payer à perpetuité.

Pareillement, si par le bail il a expressément promis payer & continuer la rente à perpetuité, bien qu'alors on puisse dire, que ces mots doivent estre restrains *pro ratione subjectæ materiæ :* comme quand on dit que *Dotis perpetua causa est,* & que *dos semper apud maritum esse debet,* en la loi *De jur. dot.* cela s'entend tant que le mariage dure : toutefois ainsi qu'à cette subtilité, puis que *in certis non est locus conjecturæ,* j'estime qu'il faut suivre à la lettre une convention si claire & si expresse, & tenir qu'en ce cas le déguerpissement ne doit estre reçû ; car il n'y a au contract que ce qu'on y met. Et ce qu'on dit que les termes generaux & notamment le mot *perpetuus,* se restraignent quelquefois *pro ratione subjectæ materiæ,* cela a lieu quand l'interpretation commune & literale il resulteroit quelque manifeste absurdité, pour laquelle éviter on est contraint d'improprier les mots, ce qui n'est pas en ce sujet. Aussi la Coût. de Senlis, art. 285. met notamment entre ceux qui ne peuvent déguerpir, celui qui est obligé de payer la rente à toûjours.

10. Qui, si la rente est directement assignée sur les biens du preneur.

Il me semble qu'il en faut dire autant, quand au contrat de bail, la rente n'est pas assignée particulierement sur l'heritage baillé : mais que directement & precisément elle est assise & assignée sur tous & chacuns les biens du preneur, parce qu'en cette espece il est vrai que ce n'est point l'heritage baillé qui doit precisément la rente, mais tous les biens du preneur. *Nec solùm dicta censetur lex, seu onus impositum ei prædio quod alienatur,* mais à tous les autres biens, sur lesquels la rente est expressément assignée. De sorte que ce contract semble exceder les bornes du vrai bail à rente, & passer en nature de la rente constituée pour forme d'assignat general sur tous les biens du debiteur ; duquel contract la nature a été expliquée au 1. Liv. chap. 8. Ce qui est decidé en plus forts termes par la Coût. de Bourbonnois, art. 399. qui cotte pour une exception du déguerpissement, *quand le devoir est constitué sur certaine chose, & generalement sur tous les biens du detempteur.*

11. Distinction notable touchant l'obligation des biens.

S'il est ainsi il y a bien de la difference, quand l'obligation des biens est exprimée immediatement aprés la promesse de payer : car alors elle est restrainte & limitée de cette promesse, dont elle est accessoire : comme pareillement, quand elle est ajoutée à la fin du contract selon le style ordinaire des Notaires : car alors elle est aussi limitée & modifiée selon la nature ordinaire des contracts: ou bien quand cette clause est inserée & étenduë au dispositif du contrat comme premiere & principale : car alors tout au contraire, il semble qu'elle ne peut recevoir de restriction, mais qu'elle doit avoir son effet tout entier selon la proprieté de ses termes. Comme par exemple, quand le preneur promet payer la rente, & à ce oblige tous ses biens, cette obligation de biens est accessoire à l'obligation personnelle, quand aussi elle est ajoûtée à la fin du contrat (comme elle n'est jamais oubliée) en ces termes: *Promettant*, &c. *Obligeant*, &c. c'est une clause de style, qui n'ajoûte rien d'extraordinaire au contrat. Mais quand le contrat porte que le preneur a constitué, assis & assigné la rente sur tous & chacuns ses biens, alors l'obligation des biens semble être principale, & non accessoire ni subsidiaire. Qui est une consideration que du Molin semble avoir autorisée sur l'art. 11. de la Coût. nom. 23. Toutefois cette opinion est fort hardie, & je n'entends point la mettre en avant comme certaine & arrêtée. Chacun en jugera selon son sentiment.

12. Clause, *Tant & si longuement que la rente aura cours.*

Reste la principale & la plus commune difficulté qui puisse tomber sur cette clause de payer la rente, parce que communément les Notaires ne la tranchent pas tout court, mais l'étendans plus outre, mettent que le preneur s'oblige à payer la rente, non pas *tant & si longuement qu'il sera detempteur*, comme ils faisoient le temps passé: (car ils n'usent plus de cette clause aux premiers baux, mais seulement aux titres nouveaux des tiers detempteurs) mais ils y mettent, *tant & si longuement que la rente aura cours*; parce qu'ils tiennent pour regle de leur charge, d'obliger toûjours les parties le plus étroitement qu'ils peuvent, & inserent quelquefois en leurs contrats des clauses, dont ni les parties, ni eux-mêmes n'entendent pas bien l'effet & l'importance, & telles bien souvent, que si les contractans les entendoient, ils ne s'y voudroient pas soûmettre.

13. Que cette clause n'exclud ny le deguerpissement, ni le deperissement, mais bien la revente.

Si donc le preneur s'est obligé à payer la rente fonciere tant & si longuement qu'elle aura cours, peut-il user du deguerpissement? En un mot, il me semble que cette clause doit être interpretée, *ut minus ledat in communi quam fieri possit*: & partant qu'elle n'exclud pas le deperissement & le deguerpissement de l'heritage, parce que ces deux cas qui ostent les cours d'une rente fonciere, ainsi qu'il a été prouvé cy-dessus; & il est vrai que la rente n'a plus de cours, quand l'heritage sur lequel elle étoit duë, est entierement pery, ou qu'il a été déguerpi. Mais cette clause exclud indubitablement le troisiéme cas, auquel on se peut exempter de la rente, à sçavoir le cas de l'alienation de l'heritage: c'est à dire, qu'encore que le preneur ait revendu l'heritage à un autre, il ne laisse pas d'être toûjours tenu de payer la rente fonciere, puis qu'il a promis la payer tant qu'elle aura cours; attendu qu'il est vrai qu'elle ne laisse pas d'avoir cours. Toutefois si le nouveau acquereur venoit à déguerpir l'heritage, alors j'estime que le preneur seroit déchargé, parce que par ce moien il amortiroit la rente, & lui osteroit le cours.

14. De la clause d'entretenir l'heritage en bon état, *remissive*.

Aussi il y en a au Palais qui tiennent que la clause, par laquelle faculté est donnée au preneur de racheter la rente à toûjours au denier douze, fait que la rente est plûtôt reputée constituée que fonciere, & partant que le deguerpissement n'y a point de lieu. Opinion qu'il est bien necessaire de refuter, parce qu'il se trouve plus de ces rentes-là, que d'autres rentes foncieres non rachetables. Or ils disent que c'est tout de même que si l'heritage étoit vendu à certain prix, pour lequel l'acheteur, n'ayant son argent comptant, constituât la rente par le même contrat sur l'heritage, & sur tous & chacuns ses biens. Car même sans cette stipulation l'interest du prix ne laisseroit pas de courir du jour de la tradition de l'heritage, *ex mora irregulari. l. 2. C. de usu. l. Curabit. C. de act. empt.* Et sur tout ils s'arrestent sur ce que nôtre Coûtume decide: qu'en baux à rente rachetable il est deu droit au seigneur, & que le retrait y a lieu, bien que ni les droits seigneuriaux, ni le retrait n'ait lieu aux rentes foncieres non rachetables.

De fait, j'ai appris ce jourd'hui, ceci étant déja sur la presse, que Monsieur Choppin avoit tenu formellement cette opinion en ce tres-docte Commentaire, qu'il a depuis peu fait imprimer sur nostre Coûtume, que les pestes de Paris m'ont empêché de voir jusques ici. Ce que je ne puis croire, parce que lui-même aiant traité amplement cette question, sur le titre penultiéme de sa Coûtume d'Anjou, a resolu enfin tout le contraire en plus forts termes: à sçavoir, que celui qui avoit acheté un heritage à la charge de payer une rente duë par son vendeur pour le prix de son acquisition precedente, pouvoit neanmoins déguerpir.

Aussi qui se souviendra de la marque des rentes foncieres & des constituées, rapportée cy-devant au premier Livre, chap. 4. à sçavoir, que les rentes foncieres sont celles qui ont été créées en l'alienation de l'heritage, & que les constituées sont celles, au contract desquelles il n'y a qu'une simple constitution, & non alienation de l'heritage, jugera aisément qu'en l'espece proposée la rente est fonciere, & non constituée. Car rente fonciere & rente de bail d'heritage est même chose; & n'y a rien qui repugne qu'une rente fonciere soit rachetable par paction expresse, comme nôtre Coûtume a reconnu expressement en l'art. 110. Donc quand elle dit indistinctement en l'art. 109. que le preneur peut déguerpir la rente de bail d'heritage, il ne faut point distinguer si la rente est rachetable ou non.

Et quand ainsi seroit, que l'intention des parties auroit été de vendre l'heritage, mais que l'acheteur n'aiant son argent, ils ont conceu le contrat en forme de bail à rente, avec faculté de rachat au denier douze: jo dy toutefois que la forme du contrat lui donne la nature & sa loi, *Si quis stipulatus, & l. Si ita stipulatus. §. Chrysogonus. D. de verb. oblig.* Et ne faut point deviner quelle intention ont eu les parties (car bien souvent nos intentions ne reüssissent pas) mais il se faut arrester à ce qu'elles ont fait, & à ce qui est porté par le contrat. C'est pourquoi en ce cas, si le contract portoit que l'heritage fût vendu à certain prix, pour lequel l'acheteur constituât une rente sur l'heritage même, & sur tous ses biens, à la verité cette rente seroit constituée, & non fonciere, comme j'ai dit cy-dessus, chap. 5. Et c'est possible ainsi que l'entend M. Choppin sur la Coût. de Paris. Mais si le contrat est conceu en forme de bail à rente, encore qu'il soit dit par aprés, que la rente sera rachetable au denier douze, sans doute qu'elle ne laisse d'estre fonciere, & que le déguerpissement ne laisse pas d'avoir lieu. Autrement cette faculté de rachapt qui est seulement apposée au profit du preneur, lui seroit nuisible & dommageable, si elle l'empêchoit de déguerpir.

Et ne nuit ce que nostre Coustume dit, que les droits seigneuriaux & le retrait ont lieu aux rentes rachetables de bail d'heritage, parce qu'ils ont lieu non seulement en vraie vente, mais en toute alienation qui est reductible à certain prix : ainsi que du Molin a dit sur l'art. 23. sur l'opinion duquel le cas de la rente rachetable a été ajoûté à la nouvelle Coust. Et est fort remarquable qu'il distingue nómement les deux cas susdits, à sçavoir de l'heritage vendu à certain prix, pour lequel il est constitué à rente, & de l'heritage baillé à rente rachetable: & neanmoins il dit qu'en l'un & en l'autre les droits seigneuriaux écheent, parce que la Coust. porte ces mots, *Si l'heritage est vendu, ou autrement alienè à prix d'argent*. Aussi que si cela n'étoit, jamais il ne seroit dû de lods & ventes, & n'y auroit point de retrait, parce que quand on voudroit vendre, on bailleroit l'heritage à rente rachetable, & dés le lendemain on le rachetteroit. Mais ceste absurdité n'a pas lieu au déguerpissement, que la Coûtume autorise indistinctement, quand l'heritage est baillé à rente, ne distinguant point si elle est rachetable ou non.

Il reste encore à expliquer une belle clause, qui est fort ordinaire en ces mêmes contracts, à sçavoir la clause *D'entretenir l'heritage en bon état*, *en tel état que la rente y puisse estre perceuë*: l'explication de laquelle je reserve au chapitre suivant, pour la joindre avec la clause, *de mettre amendement à l'heritage*.

CHAPITRE

CHAPITRE XII.
Des clauses de mettre amendement, & d'entretenir l'heritage en bon estat.

1. *La clause*, De mettre amendement, *semble estre tirée du droit.*
2. *La clause*, De fournir & faire valoir, *est imitée du droit.*
3. *Difference de la clause*, De mettre amendement, *avec la formule de droit*, Restitui, quæ desertis possessionibus requirentur.
4. *Pourquoy la clause*, De mettre amendement, *ne se resout point en dommages & interests.*
5. *Cas auquel elle se resout en dommages & interests.*
6. *Que cette clause n'exclud pas le deperissement de l'heritage.*
7. 8. *Quel effet elle a après la revente de l'heritage.*
9. *Quid, si le Seigneur rentier a receu le titre nouvel de l'acquereur?*
10. *Quid, si l'amendement a esté demoli après avoir esté fait?*
11. *De la clause*, De maintenir l'heritage en bon estat.
12. *Pourquoy cette clause a esté omise en la nouvelle Coustume de Paris.*
13. *Qu'elle est fort bien énoncée en la Coustume de Senlis.*
14. *Sçavoir si cette clause oblige aux reédifications.*
15. 16. *Qu'il faut prendre garde de prés en quels termes elle est conceuë.*

1. clause, De mettre amendement, semble estre tirée du droit.

EN l'article de la Coustume de Paris cy-dessus coté, il y a deux exceptions esquelles le preneur à rente n'est point recevable au déguerpissement, à sçavoir, quand il a promis mettre amendement à l'heritage, ce qu'il n'a fait, ou qu'il a promis fournir & faire valoir la rente. Ces deux clauses semblent estre imitées, mêmes tirées entierement du droit Romain : à sçavoir clause, *de mettre amendement*, de la Loy 7. *De fundis patrim*. lib. 11. C. Quicunque ad emphyteusim fundorum patrimonialium vel Reipublicæ venerit, is si redundantia fortunarum idoneus fuerit ad restituenda quæ desertis forte possessionibus requirentur, patrimonium suum publicis implicet nexibus : si verò minor, facultatibus probabitur, datis idoneis fidejussoribus, ad emphyteusim accedat.

2. La clause, De fournir & faire valoir, est imitée du droit.

Et la clause, *de fournir & faire valoir*, de la Loy, au même livre, tit. *De omni agro deserto*. Quicunque deserta prædia sub certa immunitate meruerint, ad possessionem impetratorum non prius sinantur accedere, quam vel fidejussoribus datis, vel fundis patrimonii sui maximè utilibus obligatis, idonea cautione firmaverint, susceptam à se possessionem nullo detrimento publico relinquendam. Et sans doute que c'est à l'occasion de ces clauses, qui devoient estre mises en tous les baux à emphyteose des terres domaniales, que depuis il fut ordonné en la Loy 3. *De fundis patrim.* qu'en ces terres ainsi baillées le déguerpissement ne seroit receu.

3. Difference de la clause, De mettre amendement, avec la formule de droit Restitui, quæ desertis possessionibus requirentur.

Toutefois ce qui concerne la clause, *De mettre amendement*, ne revient pas directement à la clause, *Quæ desertis possessionibus forte requirentur, ea restitui*, parce que celui qui a promis mettre amendement, n'est pas indistinctement & à perpetuité exclus du déguerpissement, mais jusques à ce qu'il ait fait ce à quoi il est obligé. Car nôtre coustume porte, *Sinon qu'il eut promis mettre amendement, ce qu'il n'eust fait*. Si donc à mis l'amendement, dont il s'étoit chargé par le contract, il n'est point en l'exception de la Coustume, & peut sans doute déguerpir : mais ne l'ayant point fait, il ne peut déguerpir : parce qu'avant que venir au déguerpissement, il faut trancher & vuider toute obligation personnelle, qui pourroit empêcher le déguerpissement, comme est la promesse *de mettre amendement*.

4. Pourquoy la clause, De mettre amendement, ne se resout point en dommages & interests.

Mais il pourroit sembler que cette promesse, *De mettre amendement* devroit produire seulement une obligation *ad id quòd interest*, comme c'est une regle generale, que *in obligationibus ad faciendum : si quid promissum est, factum non fuerit, succedit obligatio ad id quod interest, l. si quis ab alio. §. alt. D. de re judic.* & consequemment que le preneur seroit bien recevable à déguerpir, offrant payer au bailleur à rente, le prix & estimation de l'amendement par lui promis, avec ses dommages & interests, *maxime cum ad factum nemo præcisè cogi possit. cap. ult. ext. ne prælati vires suas*. Mais la réponse est que si par la voye d'action on vouloit agir contre le preneur à ce qu'il mist l'amendement

Du Déguerpissement.

promis, à la verité on pourroit dire que l'on n'obtiendroit autre chose contre lui que des dommages & interests, à faute d'obeïr au contract, estant fort mal-aisé de contrainte precisément quelqu'un à faire ce qu'il ne veut pas. Mais quand par forme d'exception on se voudroit prevaloir de cette clause contre celui qui voudroit déguerpir, avant que d'avoir osté & amorti l'obligation personnelle qui en resulte, on pourroit sans doute valablement soustenir, que pour venir au benefice de déguerpissement, il faudroit auparavant satisfaire precisément au contract, *non per æquipollens*, en payant les dommages & interests.

5. Cas auquel elle se resout en dommages & interests.

Ce seroit toutesfois un cas fort douteux, si les choses estoient fortuitement reduites à tels termes, que l'amendement promis ne peust plus estre fait commodément ; comme si la maison qui avoit esté baillée à la rente, à la charge de la hausser d'un étage, avoit esté démolie par la guerre ; sçavoir si aujourd'hui le preneur pourroit déguerpir la place : attendu que quand la maison eust esté haussée au desir du contract, elle n'eust pas laissé d'estre démolie ? Et toutesfois nôtre coustume dit que celui qui a promis mettre amendement & ne l'a fait, ne peut déguerpir. Neanmoins j'estime, afin de n'imposer loy aux termes, qu'au cas proposé, le preneur sera recevable au déguerpissement, en payant toutesfois en argent la juste valeur & estimation de l'amendement, qu'il étoit tenu faire : Car puisque par cas fortuit il est empeché de faire cet amendement, au moins sans restablir la maison, qui est une charge, à laquelle il n'eust jamais voulu se soûmettre, j'estime que ce mal-heur ne le doit point exclure du benefice que luy donne la coûtume & le droit commun. Mais d'autre costé il n'est pas raisonnable qu'il soit receu à déguerpir, sans payer autant que luy eust pû couster l'amendement auquel il étoit obligé : autrement il profiteroit du mal-heur de la guerre.

6. Que cette clause n'exclud pas le déguerpissement de l'heritage.

Autre chose seroit au cas du deguerpissement entier de l'heritage, comme s'il avoit été occupé par l'ennemy. Car la clause, *de mettre amendement*, ne rend pas le preneur tenu de la rente apres le deperissement de l'heritage, comme elle exclud le déguerpissement : mais il est vray, qu'à ce que n'est plus, & qui est tout à fait pety, il ne faut *plus mettre d'amendement* : & partant cette promesse est desormais inutile. Toutesfois sur ce poinct icy, il se peut presenter diverses circonstances & considerations particulieres, sur lesquelles il se faudroit regler ; de sorte qu'il est assez mal-aisé d'y établir une regle generale.

7. 8. Quel effet elle a après la revente de l'heritage.

Mais sur tout la question est difficile au cas de l'alienation de l'heritage, si le preneur qui a promis mettre amendement, & sans l'avoir fait, a revendu l'heritage à un autre, demeure absolument quitte de la rente : ainsi qu'il a été dit cy-dessus, qu'après l'a-

O

liénation de l'héritage, le preneur demeure regulierement déchargé : Car d'un costé on peut dire que n'estant plus en sa puissance de mettre l'amendement à l'heritage qui n'est plus sien, la promesse qu'il en a faite, se resout par necessité en dommages & interests. Neanmoins j'estime qu'il n'est point absolument déchargé de la rente que l'amendement n'ait actuellement esté fait, parce que cette impossibilité provenuë de son fait, ne lui doit point profiter : joint que celui qui baillant son heritage à rente, s'est voulu asseurer par le moien de cette clause, ne doit estre frustré sans son faict, du droit qui lui est acquis en vertu d'icelle, de ne recevoir le déguerpissement, sinon que son heritage ait esté amendé & amelioré. Joint que si cela avoit lieu, celui qui auroit promis mettre amendement, voyant que de son chef il ne pourroit déguerpir, vendroit incontinent l'heritage à un autre, qui offriroit le déguerpissement : de sorte qu'il faut dire ici que *quod una via prohibetur, alia quoque prohibitum censetur*, pour éviter l'absurdité.

9. Quid, si le Seigneur rentier a receu le titre nouvel de l'acquereur?
Non que je veüille dire que ce nouvel acquereur ne puisse déguerpir : car il n'y a rien qui l'empêche de son chef, sinon qu'il eust promis d'acquitter son vendeur, comme porte l'article suivant de la Coustume de Paris : Mais je dis que si le Seigneur de la rente ne veut accepter l'heritage aprés qu'il aura esté déguerpi par le nouvel acquereur, il exercera ses actions contre le preneur, & lui demendera les arrerages de la rente, tout ainsi que s'il tenoit encore l'heritage.

Toutesfois on peut dire que si le Seigneur de la rente avoit volontairement receu & accepté le titre nouvel de l'acquereur, & partant l'avoit reconnu pour son rentier, le preneur seroit desobligé de la continuation de la rente, bien même qu'il eust promis mettre amendement, restant toutesfois contre lui une action pour l'amendement par lui promis. Comme en cas pareil on peut soustenir, qu'auparavant le titre nouvel receu de l'acquereur, le Seigneur peut toûjours demander sa rente au preneur, encore qu'il ait revendu l'heritage, jusques à ce qu'il ait satisfait à tout ce dont il estoit tenu personnellement par son bail, c'est à dire, jusques à ce qu'il ait payé tous les arrerages de la rente, jusques au jour de l'alienation, & qu'il ait remis l'heritage en son premier estat : même jusques à tant que tout cela soit fait, le Seigneur n'est point tenu recevoir le titre nouvel de l'acquereur, & le recognoistre pour son rentier : parce que le prenant pour rentier le déchargeroit tacitement le preneur, lequel ne peut pretendre d'estre plus facilement déchargé par l'alienation de l'heritage faite à un autre, que par le déguerpissement qu'il feroit à son bailleur.

10. Quid, si l'amendement a esté démoli aprés avoir esté fait?
Finalement on demande touchant cette clause, si l'amendement promis ayant esté fait, & depuis ayant esté démoli par cas fortuit, le preneur est tenu de le refaire encore une autre fois, avant qu'estre receu au déguerpissement, *quasi non videatur factum quod non durat factum. l. item eorum. §. quòd si. D. Quod cujusque universit.* Jean André forme cette question *in addit. ad Specular. tit. de locato. §. Postquam.* & cite Pylens & Rofficedus, suivant l'opinion desquels il decide que le preneur est tenu faire l'amendement. Et de fait Charondas, en son Commentaire depuis peu imprimé sur nôtre Coustume, cote un Arrest de la Cour tres-notable, par lequel celui qui avoit pris à rente une place aux Fauxbourgs de cette Ville, à la charge d'y faire bâtir un moulin, qui depuis avoit esté brûlé avec les autres du même Fauxbourg, à la journée S. Laurens, fut exclus du déguerpissement. Mais cet Arrest meriteroit bien d'estre veu & examiné diligemment, parce qu'il s'y trouvera, possible, quelque circonstance particuliere qui aura obligé la Cour à juger contre celui qui vouloit déguerpir : Autrement, puisque nôtre Coustume n'exclud point du déguerpissement celui qui a promis mettre amendement, sinon au cas qu'il ne l'ait fait : & puisque d'ailleurs on ne peut nier en bonne école que le preneur ayant executé ce qu'il avoit promis, ne soit bien déchargé de sa promesse, je ne fais nulle doute qu'il ne soit bien recevable au déguerpissement ; quoi qu'on veuille dire Jean André, qui n'allegue point de raison pertinente au contraire.

Il y a encore une autre clause, qui revient à celle de mettre amendement ; mais qui est plus ordinaire & plus precise aussi, pour exclure le déguerpissement : à sçavoir la promesse *de maintenir l'heritage en bon & suffisant estat, tellement que la rente y puisse estre prise & perceuë par chacun an*, qui revient directement à celle de droit, *Ea restitui, quæ desertis possessionibus, fortè requiruntur*, & qui, comme elle empêche & exclud pour toûjours le déguerpissement, dautant que jamais le preneur ne peut estre déchargé de l'obligation personnelle encouruë par icelle. Et tout ainsi que celui qui a promis faire valoir la rente, ne peut jamais déguerpir, aussi ne le peut celuy qui a promis de faire valoir l'heritage sur lequel la rente doit estre perceuë : Car l'un en effet revient à l'autre, & seroit toûjours tenu de suppléer, si l'heritage valoit moins que la rente. Donc pour avoir plûtost fait, & pour éviter tous circuits & reflexions d'actions, il vaut mieux qu'il soit directement exclus du déguerpissement, qui de soy est odieux & facile à retrancher à l'égard du preneur à rente, parce qu'il tend à la destruction d'un contract de bonne foy. Et il a esté ainsi jugé en la Coûtume de Meaux, depuis l'impression de ce Livre par Arrest du 27. Juillet 1599. donné au rapport de Monsieur Loïsel, entre Pousset & d'Alençon.

11. De la clause, De maintenir l'heritage en bon estat.

Et je m'estonne fort comment les redacteurs de nôtre Coustume ont obmis cette clause si notable & si ordinaire aux baux à rente de cet temps, veu que celle *de mettre amendement*, qu'ils ont exprimée, n'est pas si importante, ni si coustumiere. Mais il faut dire que du temps que l'ancienne Coûtume fut redigée, cette clause n'estoit possible encore en usage, comme tous les jours on invente de nouvelles clauses aux contracts ; & qu'à cette derniere reformation on n'a rien voulu adjoûter en l'article ancien, qui estoit déja assez embarassé en son contexe, sans y mettre encore cette addition. Et de fait, ajoûtant immediatement l'article 110. qui parle de l'acquereur du preneur, on y a coulé cette clause sous ces mots, *ou de laisser l'heritage en bon estat*.

12. Pourquoi cette clause a esté obmise en la nouvelle Coûtume de Paris.

Mais la Coûtume de Senlis l'a énoncée tout au long en l'article 286. *Quand aucun a pris un heritage à rente, & à ce s'est obligé à toûjours, ou à temps, pris ledit heritage entretenir, tellement que ladite rente y puisse estre perceuë, tel preneur ne se peut départir ni renoncer à icelle prise*. &c. De même la Coûtume de Sens article 238. *si le proprietaire s'est obligé & ses biens à payer le cens, & maintenir l'heritage en bon estat, tellement qu'on y puisse prendre ledit cens* ; en ce cas le Seigneur censier ne le recevra à ladite renonciation, *si bon ne lui semble*.

13. Qu'elle est fort bien énoncée en la Coûtume de Senlis.

Toutesfois on pourroit dire que cette clause n'oblige le preneur qu'aux reparations & entretenemens, qui seroient deus selon la nature du contract : comme clause obligatoire en Droit que telle personne est tenuë aux reparations, qui n'est tenuë aux reedifications : aussi qu'on ne se peut valablement charger des cas fortuits, sinon par une submission bien expresse & particuliere, *l. Sed & si quis. §. quæsitum. D. si quis caution.* Mais il ne faut point avoir d'égard à ces subtilitez pour eluder une promesse si expresse : car pour ce qui concerne les cas fortuits, il ne faut pas trouver étrange que le preneur à rente s'en puisse facilement charger, parce que ce n'est point chose éloignée que celui qui est seigneur de l'heritage, en supporte le peril.

14. Sçavoir si cette clause oblige aux reedifications.

Et pour ce qui regarde l'importance des termes de cette clause, j'estime qu'il faut prendre garde de prés comment elle est touchée : Car si elle contenoit seulement promesse *d'entretenir l'heritage en bon & suffisant estat, afin que la rente y puisse estre plus commodément perceuë*, ainsi que plus communément les Notaires la conçoivent, je croi qu'alors elle n'exclud pas tout-

15, 16. Qu'il faut prendre garde de quels termes elle est conceuë.

du déguerpissement. Liv. IV.

fait le déguerpissement, parce que tout son but & son effet est exprimé par le contexte d'icelle, à sçavoir qu'elle est insérée afin que la rente soit plus commodément prise sur l'heritage. C'est donc assez en ce cas que le preneur entretienne l'heritage en bon estat, sans que précisément il soit tenu le maintenir en estat que la rente y puisse estre perceuë, parce que *aliud est modus, aliud conditio, imò expressa dispositio*: Car il n'est pas necessaire que la cause finale soit accomplie par effet: mais il faut que la condition & la disposition le soient.

Bref qu'à mon avis il y a grande difference entre la promesse d'entretenir l'heritage en bon estat, encore que l'on y ajoûte ces mots, *afin que la rente y puisse estre perceuë*: & quand on y ajoûte ceux-cy, *tellement que la rente y puisse estre perceuë*, parce que la premiere oblige seulement le preneur à laisser l'heritage en bon état, & la derniere exclud tout à fait le déguerpissement.

CHAPITRE XIII.
De la clause de fournir & faire valoir.

1. *Que la clause*, De fournir & faire valoir, *exclud le déguerpissement*.
2. *Qu'elle exclud aussi le deperissement de l'heritage.*
3. *Quel effet elle a aprés l'alienation de l'heritage.*
4. *Equivoque qui se fait sur cette clause ès changes des rentes.*
5. *Qu'il n'est necessaire que l'obligation de biens soit adjoûstée aprés cette clause.*
6. *Si ceux qui sont obligez sous cette clause peuvent déguerpir à Paris en vertu de l'Arrest.*
7. 8. *Raisons pour montrer qu'ils ne peuvent déguerpir.*
9. *Resolution au contraire.*

1. *Que la clause, De fournir & faire valoir, exclud le déguerpissement.*

IL y a encore en nôtre coûtume de Paris la clause, *De fournir & faire valoir la rente*, pour exclure le déguerpissement, qui signifie en effet que le preneur promet fournir & suppléer de son dû ce qui manquera en l'heritage, pour suffire au payement de la rente, & promet que la rente sera toûjours valable, c'est à dire exigible & perceptible. C'est pourquoi elle exclud entierement le preneur de pouvoir déguerpir, parce que si l'heritage n'est pas suffisant pour payer la rente, il est tenu de la fournir sur son bien. Et supposé que l'heritage soit suffisant, si est-ce que le bailleur n'est point tenu de la reprendre, parce qu'il a stipulé une rente perceptible par les mains du preneur, & non un heritage.

2. *Qu'elle exclud aussi le déguerpissement de l'heritage.*

Et ne faut pas trouver étrange, si la consequence de cette clause emporte une soûmission du preneur à tous cas fortuits qui peuvent survenir en l'heritage : car puisque par le bail à rente il est fait seigneur, & qu'il en reçoit toutes les obventions, soit naturelles, soit civiles, il n'y a nul inconvenient que par une clause particuliere il se puisse soûmettre à porter la perte d'iceluy. D'où il resulte que quand cette clause est apposée au bail, le preneur est toûjours tenu de la rente, bien que l'heritage soit entierement perdu, qui est une limitation notable à la loy 1. C. *De jur. emphyt.* car alors outre l'obligation réelle, qui resulte proprement du bail quand il est pur & simple, il y a une obligation personnelle, qui resulte de cette clause, laquelle a son effet sur la personne, & sur tous les autres biens du preneur.

3. *Quel effet elle a aprés l'alienation de l'heritage.*

Mais retenant le même cas, si le preneur qui auroit promis fournir & faire valoir la rente, avoit par aprés alié l'heritage à une tierce personne, à la verité il ne laisseroit pas de demeurer obligé à la rente en vertu de cette clause ; mais toutefois auparavant que s'adresser à lui, il faudroit discuter l'heritage, & le détempteur d'icelui, s'il n'avoit déguerpi : car la promesse de fournir & faire valoir n'est que subsidiaire, selon la vraye signification de ses termes, tout ainsi que les clauses de droit, *Bonum nomen esse, Rem pupilli salvam fore, Dandum curari, Indemnem servari*, & *Quanto minus ex pignoribus servari possit* : comme il a esté amplement prouvé au Traité *De la garantie des rentes*, où j'ai *ex professo* traité & interpreté bien au long cette clause, qui sera cause que je n'en parlerai pas davantage en cet endroit.

4. *Equivoque qui se fait sur cette clause ès changes des rentes.*

Je remarquerai seulement un équivoque qui se fait communément sur l'article de nôtre Coûtume qui a authorisé cette clause : Car j'ay veu revoquer en doute, si celui qui avoit échangé un heritage contre une rente sur l'Hostel de Ville, laquelle il avoit promis fournir & faire valoir, estoit recevable (aujourd'hui que ces rentes ne se payent point) à rendre & quitter l'heritage, plûtost que d'estre contraint en vertu de cette clause à payer luy-même la rente : *Du Déguerpissement.*

Et le doute estoit fondé sur cet article qui dit que la clause de fournir & faire valoir exclud le déguerpissement. Mais c'est une pure sophistiquerie ; car cet article ne parle pas de la resolution du contract d'échange ; mais du pur déguerpissement, qui seulement a lieu au bail à rente. Et il y a tant de difference entre l'un & l'autre, qu'au bail à rente la clause de fournir & faire valoir empêche le déguerpissement : Mais au contraire en l'échange, c'est cette même clause qui donne lieu & ouverture à la resolution du contract, comme c'est la nature de toute clause redhibitoire de resondre le contract, *adeò* que sans cette clause nulle action n'auroit lieu contre celui qui auroit baillé la rente en contr'échange : Mais je remets ce poinct pour le bien éclaircir & approfondir au dernier Livre, chapitre penultième, où je deduirai au long la difference de cette resolution de contract, avec le déguerpissement, & ses divers effets.

5. *Qu'il n'est necessaire que l'obligation de biens soit adjoûtée aprés cette clause.*

Il faut encore remarquer que bien que le texte de nôtre article semble requerir, pour exclure le déguerpissement, que le preneur ait promis non seulement faire valoir la rente ; mais encore qu'à ce faire il ait obligé tous ses biens : neantmoins j'estime que la seule promesse de fournir & faire valoir, est suffisante, sans l'obligation des biens, de produire une action personnelle contre lui, qui ne peut pas estre abolie par le déguerpissement. Mais la verité est que ces mots, *& à ce obligé tous ses biens*, sont mis en l'article pour contrequarrer & contrepointer les termes precedens contenus au même article, que quand le preneur a promis payer la rente, & à ce obligé tous ses biens, il n'en est neantmoins tenu que tant & si longuement qu'il est detenteur de l'heritage. Ce qui est vray, parce que l'obligation de ses biens se refere à la promesse de payer, laquelle est restrainte au temps de la detention. C'est pourquoi la coûtume ajoûte immediatement aprés, que si le preneur a promis mettre amendement, ou fournir & faire valoir, & à ce obligé tous ses biens, alors l'obligation de tous ses biens se refere non seulement à la promesse de payer ; mais à la clause de mettre amendement, ou de fournir & faire valoir, qui induit une obligation personnelle & perpetuelle. Quoi qu'il en soit, cette dispute est presque inutile en l'usage, parce qu'aujourd'hui les Notaires n'oublient jamais aux contracts la clause d'obligation de tous les biens.

6. *Si ceux qui sont obligez sous cette clause, peuvent déguerpir à Paris en vertu de l'Arrest.*

Je finirai ce Livre par une question de ce temps, qui plusieurs fois est arrivée sur l'interpretation de l'Arrest du Conseil d'Estat, pour les rentes assignées sur les maisons des Faux-bourgs de Paris, sçavoir si ceux qui ont promis mettre amendement, fournir & faire valoir les rentes, même ne point déguerpir, ou qui sont autrement obligez d'obligation pure personnelle, si que d'ailleurs ils ne pourroient déguerpir, sont aujourd'huy recevables au déguerpissement en vertu de cet Arrest. Car encore qu'il porte indefiniment & indistinctement que les detenteurs des maisons des Fauxbourgs pourront deguerpir pour s'exempter des rentes dont elles sont chargées, si est-ce qu'on peut dire que ces termes ainsi definis ne tendent pas à abolir les exceptions specifiées en nôtre coûtume, mais bien à vuider une question du temps, qui n'est pas encore bien decidée : sçavoir si les preneurs peuvent deguerpir les maisons démolies par l'hostilité sans les rétablir, & l'Arrest admettant indefiniment tous les detempteurs à deguerpir, admet consequemment les preneurs des maisons abattuës : qui étoit aussi le principal but de la requeste sur laquelle l'Arrest est intervenu, & le point plus convenable au lieu & au temps. Aussi que l'on voit en ce même Arrest que pour éviter à ce que les deguerpissemens fussent trop frequents, & pour exciter les anciens detempteurs accoûtumez à la demeure des Fauxbourgs, à rétablir leurs maisons, & leur en donner le moyen ; le Conseil Privé leur a donné une immunité & remise des arrerages, afin qu'ils employassent l'argent qu'ils avoient amassé pour payer les arrerages, afin de deguerpir, à rébâtir & rétablir leurs maisons.

Mais quand cette imagination ne seroit pas veritable, si est-ce qu'on peut dire par raison de droit, qu'encore que cet Arrest soit conceu indistinctement, même quand il seroit couché en termes generaux, & que ce seroit une Ordonnance solemnellement verifiée aux Cours Souveraines ; si est-ce que *statutum etiam generalibus verbis conceptum recipit interpretationem & modificationem à jure communi, quia in toto jure, generi per speciem derogatur*. Et ce qui semble un poinct fort peremptoire, c'est que l'Ordonnance de l'an 1441. qui fut faite pour même clause en semblable temps que cet Arrest, c'est à sçavoir aprés les guerres des Anglois & la reduction de Paris, contenoit en termes generaux, que tous les detenteurs, & même les preneurs à rente pouvoient deguerpir. Neanmoins on ne laissa pas aprés, par un taisible consentement du peuple de Paris, d'introduire & de pratiquer les deux exceptions, qui depuis furent inserées en la Coûtume, lors de la redaction d'icelle en l'an 1510. Puis donc que ces exceptions, avant que d'être authorisées, furent neanmoins pratiquées & receuës contre cette Ordonnance generale ; à plus forte raison maintenant qu'elles sont établies par article exprés de nôtre Coûtume, elles semblent devoir avoir lieu nonobstant cet Arrest, qui n'est pas seulement conceu en termes generaux.

Ces raisons à la verité sont fortes, toutesfois je me resous sur d'autres qui me semblent encore plus fortes. C'est qu'ainsi que l'on bâtit aujourd'hui les contracts de bail à rente, il ne se trouveroit presque point de preneur à rente qui peût deguerpir : car ou la rente sera constituée directement sur tous ses biens, ou il aura promis entretenir l'heritage en tel état que la rente y puisse toûjours être perceuë, ou il aura promis payer la rente à perpetuité, ou mettre amendement à l'heritage, ou finalement fournir & faire valoir la rente, qui sont clauses que les Notaires n'oublient plus : de maniere qu'il s'ensuivroit que cet Arrest seroit presque illusoire, si on donnoit lieu à ces exceptions : & il y a grande apparence que l'intention de Nosseigneurs du Conseil d'Estat ait été de faire une Loy generale, en s'éloignant pour ce coup du droit commun, à cause de la consideration du temps & de la faveur du lieu. Aussi on n'a fait sur ce point aucune difficulté au Chastelet de recevoir indifferemment à deguerpir, ceux qui avoient promis fournir & faire valoir, aussi bien que les autres. Ce que je prens pour une raison peremptoire : parce que feu M. Seguier Lieutenant Civil, decidé depuis peu, homme qui ne peut être assez loüé, ni assez regreté pour sa prud'hommie & sa capacité, le jugeoit ainsi sans difficulté ; & neanmoins il avoit assisté au Conseil Privé, lorsque cet Arrest fut donné, même avoit été un des principaux autheurs d'icelui : *Ejus ergo fuit interpretari mentem suam, qui obscurè verba fecerat.*

7. 8. Raisons pour monstrer qu'ils ne peuvent déguerpir.

9. Resolution au contraire.

※※※※※※※※※※※※※※※※※※※※※※※※※※※※※

DU DEGUERPISSEMENT
ET DELAISSEMENT PAR HYPOTHEQUE.

LIVRE CINQUIESME.

DE LA FORME ET SOLEMNITEZ REQUISES au Déguerpissement & Délaissement par hypotheque.

CHAPITRE PREMIER.

De la forme du vray Déguerpissement.

1. Proposition de ce Livre.
2. Que le déguerpissement est de droit estroit, comme le retraict lignager & la prestation de foy & hommage.
3. Que le déguerpissement, même du tiers detempteur, doit estre fait en jugement.
4. De la cession in jure des Romains.
5. Que même selon le droit Romain le déguerpissement se doit faire en jugement.
6. Que les actes d'importance doivent estre faits en plein jugement.
7. Que du consentement des parties le déguerpissement peut bien estre fait hors jugement.
8. Ordre judiciaire au déguerpissement.
9. Inconveniens qui surviennent en la prestation de foy & hommage, faute d'estre faite en jugement.
10. Refutation des raisons contraires.
11. Que la loy derniere, D. cess. bon. n'est gardée en France, & pourquoy.
12. Que le déguerpissement peut estre fait par procureur.
13. Que ce n'est assez de signifier la procuration pour déguerpir, sans passer acte du déguerpissement.
14. Réponse à un Arrest contraire, & qu'au delaissement par hypotheque il suffit de signifier la procuration.
15. Comment s'entend que le déguerpissement doit être fait, partie presente ou appellée.
16. Effets & profits du premier defaut au déguerpissement.
17. Effet du second defaut.

Du déguerpissement. Livre V. 109

18. *Importance à ce que dessus.*
19. *Cas auquel en certaines Coustumes le deguerpissement se peut faire hors jugement.*
20. *Raison & limitation de cette exception.*
21. *S'il est necessaire au deguerpissement rendre le contract d'acquisition.*
22. *Comment les Lettres d'acquisition doivent estre renduës.*
23. *Si celuy qui deguerpit, doit fournir l'acte du deguerpissement.*
24. *S'il est necessaire de sommer garant avant que deguerpir.*
25. *Que le deguerpissement ne peut estre revoqué, faute d'avoir sommé son garant.*
26. 27. *Qu'il est fort utile au tiers acquereur de sommer son garant, avant que deguerpir.*
28. *Responce aux Arrests & à la Coustume de Paris, & que le delaissement par hypotheque peut estre revoqué faute d'avoir sommé garant.*
29. *Quand le vray deguerpissement peut estre revoqué faute d'avoir sommé garant.*

1. Proposition de ce livre.

I'Ay amplement traité au Livre precedent quand le deguerpissement peut avoir lieu: en celuy-cy il faut expliquer comment il doit estre fait ; c'est à dire, quelles solemnitez il faut garder, & quelles conditions & protestations y sont requises afin qu'il soit bon & valable.

2. Que le deguerpissement est de droict étroit, comme le retraict liguager & la protestation de foy & hommage.

Car comme le retraict, aussi le deguerpissement est de droict étroit & rigoureux, parce que l'un & l'autre tendent à contrevenir à un contract de bonne foy : non toutefois comme au retraict, si le retrayant manque aux solemnitez prescrites par les Coustumes, il decheit absolument de son droit, sans plus y estre admis ; aussi de mesme si le detenteur n'observe pas exactement les formes du deguerpissement, il en soit exclus au temps à venir: ce retraict n'est permis que jusqu'a certain temps, & le deguerpissement n'a point de temps limité. Il est bien vray que celuy qui n'a observé les solemnitez requises au deguerpissement, en est debouté, quand pour lors, & les arrerages de la rente, & le peril de la deterioration de l'heritage court cependant sur luy, comme il sera exactement expliqué cy-aprés, mais il est toûjours sur ses pieds, pour pouvoir deguerpir une autrefois, quand il voudra prendre garde à lui de plus prés. De mesme que le vassal qui n'a observé les solemnitez ordonnées par les Coust. à faire la foy & hommage à son Seigneur feodal, qui tient son fief saisi, perd toûjours les fruits jusques à ce que mieux conseillé il vienne à observer plus exactement les ceremonies qu'il avoit obmises la premiere fois.

3. Que le deguerpissement, mesme de meubles du detenteur, doit estre fait en jugement.

Or la principale solemnité du deguerpissement, c'est qu'il doit estre fait en jugement, c'est à dire en l'Audiance de Justice, les plaids tenans, & present ou appellé celuy auquel on veut deguerpir. C'est ce que requiert expressement l'art. 109. de nostre Coust. qui parle du deguerpissement du tiers acquereur, & n'exprime point cette formalité; de sorte qu'il peut sembler que le tiers acquereur de bône-foi n'y soit adstraint, comme il n'est tenu des autres conditions du deguerpissement, ainsi qu'il sera tantost expliqué en son lieu; toutefois il est vrai que le tiers detenteur est aussi bien tenu de deguerpir en jugement que les autres. Et de faict, cét art. 102. le presuppose assez, car il parle de celuy qui est poursuivi en Justice pour la rente, & qui deguerpit avant contestation.

4. De la cession *in jure* des Romains.

Aussi est-ce veritablement la forme generale & essentielle du vray deguerpissement, *ut in jure fiat* : car le deguerpissement revient proprement à la cession *in jure*, usitée en l'ancienne Iurisprudence Romaine, où il y avoit trois sortes d'alienations, dit Ulpian. tit. 19. regul. *Mancipatio pro rebus mancipi, venditio & traditio pro rebus nec mancipi, & in jure cessio, quæ erat communis alienatio rerum mancipi, & non mancipi.* Elle s'appelloit ainsi, parce qu'elle ne pouvoit estre faite ailleurs qu'en plein jugement : de faict les personnes, *quibus constat judicium*, y estoient requises, à sçavoir le Iuge & les deux parties : *cessio in jure per tres personas fiebat cedentis, vendicantis & addicentis : cedebat dominus, vendicabat cui cedebatur, addicebat Prætor.* dit Ulpian au mesme lieu.

5. Que mesme selon le Droit Romain le deguerpissement doit estre fait en jugement.

Pareillement quand il est precisement parlé au Droict du deguerpissement qui se fait pour eviter les charges foncieres, il est dit notamment qu'il doit estre fait *publicatis apud acta desideriis, l. Rura. De omni agro deserto, lib. 10. Cod.*

6. Que les actes d'importance doivent estre faits en plein jugement.

Aussi est-ce chose toute ordinaire que les actes d'importance doivent estre faits en plein jugement, pour avoir plus d'energie : comme la confession, pour servir de chose jugée, doit être faite en jugement ; la reconnoissance de cedule doit estre faite en jugement ou pardevant les Notaires, *qui sunt judices chartularij*, & les declarations judiciaires ont plus d'efficace que celles qui sont faites hors jugement. Le respect & la majesté du lieu où la justice est exercée, la presence des Magistrats, la frequence des assistans attribuë sans doute à ces actes plus de creance & d'authorité ; Parce que le deguerpissement est un acte d'importance, entant qu'il induit une alienation de l'heritage, & exempte celuy qui deguerpit, du payement de la rente dont il estoit auparavant chargé, il est bien raisonnable que les deux parties s'y accordent, ou si elles ne le font, il faut que le Iuge en ordonne, *quia contractus sunt voluntatis, judicia autem redduntur in invitos.*

7. Que du consentement des parties le deguerpissement peut bien estre fait hors jugement.

D'où il resulte en passant, que si les parties sont d'accord que le deguerpissement soit fait ailleurs, il se peut faire, soit par un contract, soit mesme sous leurs seings privez; & alors le Iuge, comme on dit, n'y a que voir. Mais si la volonté des deux parties ne se rencontre pas à admettre le deguerpissement, il faut de necessité qu'il se fasse en Justice, & afin que le Iuge nonobstant l'empeschement du Seigneur de la rente declare le deguerpissement quitte d'icelle, & afin que le bailleur veut accepter l'heritage deguerpy, il le luy adjuge ; ou s'il ne le veut accepter, il y establisse un curateur à la chose deguerpie.

8. Ordre judiciaire au deguerpissement.

C'est pourquoy il faut que le Seigneur de la rente étant appellé en Iustice, pour recevoir le deguerpissement, s'il le veut empescher, déduise ses raisons : car quand on est en Justice, il faut parler categoriquement, & non pas en retenir à dire, & servir sa partie à couvert : ce n'est pas là qu'il faut dire qu'on se gardera de méprendre, & qu'on dira ses raisons en temps & lieu, comme quand on est devant un Notaire, ou un Serg. qui n'ont point de jurisdiction, ny de connoissance de cause.

9. Inconveniens qui surviennent en la prestation de foy & hommage, faute d'estre faite en jugement.

D'où en ce cas il arrive souvent de l'inconvenient quand on fait la foy & hommage à un Seig. feodal : car parce qu'on se contente volontiers de la faire pardevant un Notaire ou un Sergent, ainsi que les Coust. permettent, le Seig. qui est subtil, n'a garde de coter la defectuosité, ou obmission qu'aura faite son vassal ; mais seulement faire réponse qu'il se gardera de méprendre, & cependant il continuë toûjours la saisie, & s'il y a quelque defaut ou nullité en la prestation de foy, il fait toûjours les fruicts siens sans dire mot, jusques à ce qu'estant appellé pardevant le Iuge pour bailler main-levée, il cotte alors les defauts de l'acte de foy & hommage.

10. Refutation des raisons contraires.

Donc encore que le terme de renonciation, qui signifie en nos Coust. le deguerpissement, semble impliquer que *per nuncium fieri possit*: & bien que le Iurisconsult dit que *bonis cedi non tantum in jure, sed etiam extrà jus potest, & sufficit per nuncium aut epist. l. ult. De cess. bon.* toutefois cela ne se peut accómoder au deguerpissement, estant dit de la pure cession de biens, qui n'opereroit pas une parfaite alienation de biens abandonnés, jusques à ce qu'ils fussent vendus, *l. 1. eod. tit.* ny une translation de la Seigneurie d'iceux en celuy du Creancier, auquel la cession estoit faite, *l. 3. D. eod. & l. 4. C. eod. tit. Et ideo locus erat interim punitentiæ, d. l. 1. in cessione verò in jure, sive in derelictione fundi apud acta celeb. minimè. l. Rur. C. de omni agro deserto.*

O iij

De la forme

11. Que la Loy derniere, D. de cess. bon. n'est gardée en France, & pourquoy.

Encore en France on n'observe pas cette Loy derniere, *D. de cess. bon.* Car non seulement la cession de biens se doit faire en jugement ; mais encore celuy qui la veut faire y doit comparoir en personne, par l'Ordonnance de Charles VIII. de l'an 1490. & celle de Loüis XII. de l'an 1512. art. 7. Ordonnons que nul ne sera receu à faire cession de biens par Procureur; mais la fera en personne & en jugement durant l'Audience, deseint & teste nuë. Ce qui a esté ordonné à bon droit, afin de retenir la trop grande frequence de banqueroutiers, par cette legere honte d'estre veus en pleine audience poser leur ceinture sur le Bureau du Greffier.

12. Que le deguerpissement peut estre fait par Procureur.

Or comme il n'est pas besoin de faire honte à ceux qui usent du deguerpissement, aussi il n'est point requis qu'ils soient presens en personne ; mais comme tous autres actes de justice, aussi le deguerpissement se peut faire par Procureur ; mais il faut qu'il soit fondé de procuration speciale, parce qu'il est question d'une alienation.

13. Que ce n'est assez de signifier la procuration pour deguerpir, sans passer acte du deguerpissement.

Sur quoy on a fort douté au Palais, si comme on voit que quand il faut quelque affirmation ou quelque autre acte semblable en vertu d'une procuration speciale, & d'icelle bailler copie au Procureur de partie adverse, sans autrement executer & effectüer réellement le contenu en la procuration ; comme par exemple, faire un acte de la prestation du serment, ou outre telle declaration que le Procureur aura charge de faire, aussi il suffit que le Procureur fasse signifier la procuration speciale, qu'il a pour deguerpir, sans qu'il soit besoin de declarer pardevant le Iuge, partie presente ou appellée, qu'il fait le deguerpissement. En quoy il s'est veu plusieurs bons Praticiens s'estre abusez. Car quoy qu'aucuns en veüillent dire, je tiens que cela est necessaire, puisque c'est une forme prescrite par la Coût. que le deguerpissement se fasse en jugement ; ce qu'il faut precisément accomplir. Joint qu'estant question d'une alienation & translation de Seigneurie ; c'est tout de mesme que si on faisoit signifier à quelqu'un une procuration speciale pour lui vendre une maison ; ce qui ne seroit pas assez si on ne luy en passoit contract. Aussi qu'il faut qu'il soit redigé en acte public le deguerpissement, & qu'il soit registré & inseré au Greffe, pour y avoir recours quand besoin sera, & cét acte sert de titre à celuy à qui le deguerpissement est fait. C'est pourquoy la loi qui a plus nettement parlé de la forme du deguerpissement, suppose que pour estre valable il doit estre fait *publicatis apud atla desideriis. D. l. Rura. C. de omni agro deserto.* Finalement le deguerpissement ne consiste pas seulement en ce que le detenteur ou procureur pour luy, quitte l'heritage ; mais il faut que le Juge en ordonne, c'est à dire, qu'il luy adjuge l'heritage s'il le veut accepter; sinon, qu'il y establisse un Commissaire. D'où il resulte qu'une simple signification de procuration pour deguerpir, ne seroit pas suffisante.

14. Réponse à un Arrest contraire & qu'au delaissement par hypotheque il suffit de signifier la procuration.

Ie sçay bien que vulgairement on allegue un Arrest au contraire, que Bohier a rapporté, par lequel un deguerpissement qui avoit esté fait par la simple signification d'une procuration, fut jugé bon & valable. Mais cét Arrest a esté donné, non au cas du vray deguerpissement, mais du simple delaissement par hypotheque, que par un erreur commun on appelle vulgairement en pratique *Deguerpissement*. Or au delaissement par hypotheque, cette solemnité, qu'il soit fait en jugement, n'est point requise, ny en Droict, ni par nos Coust. parce qu'aussi il n'y échet pas alienation ny translation prompte de la Seigneurie de l'heritage delaissé, comme il sera dit au penult. chap. de ce Liv.

15. Comme s'entend que le deguerpissement doit estre fait partie presente, ou appellée.

Encore n'est-ce pas assez que le deguerpissement soit fait en jugement ; mais il faut qu'il soit fait avec un contradicteur legitime, que la Coust. dit *partie presente ou appellée.* C'est donc assez qu'elle soit presente, ou qu'elle soit appellée. Et il n'est pas besoin qu'elle ait esté appellée, pourveu qu'elle soit presente.

Bien qu'au retraict on tient communément, qu'il faut qu'il y ait un adjournement solemnel, bien que de son bon gré la partie soit comparuë. Au contraire, il suffit que la partie ait esté appellée, encore qu'elle ne soit presente lors du deguerpissement. D'où il s'ensuit que ne comparant point au jour assigné, le deguerpissement peut estre fait en vertu du premier defaut, même sans le faire juger, ni faire autre formalité quelconque, comme le decide notamment la Coustume d'Auvergne, article 17.

16. Effet & profit du premier defaut au deguerpissement.

Toutesfois avant que prononcer sur la charge du detenteur, après le deguerpissement receu par le Iuge, je penserois qu'il faudroit readjourner la partie, pour voir declarer le deguerpissement bon & valable, afin de ne se departir de l'Ordonn. de 1539. qui requiert regulierement deux defauts. De maniere que si le deguerpissement fait sur le premier defaut, se trouvoit mal fait, comme si les arrerages écheus n'avoient esté offerts, ou que l'heritage ne fust en bon estat, le Seigneur de la rente, comparant au readjournement, pourroit alleguer ces défectuositez, & soûtenir que le deguerpissement seroit nul & mal fait. Ce qu'estant jugé, il faudroit que neantmoins iceluy, si le detenteur vouloit deguerpir de nouveau, payât les arrerages, qui auroient couru du depuis, & les demolitions survenuës, dont il eust esté quitte, si le premier deguerpissement n'eût point esté défectueux.

17. Effet du second defaut.

Mais si le Seigneur de la rente ne comparoissoit à ce readjournement, & que le detenteur obtinst un second defaut contre luy ; pour le profit d'iceluy, le deguerpissement, quoy qu'il fust nul & défectueux, seroit declaré bon & valable. De sorte que par après il ne seroit plus temps d'alleguer les défectuositez, bien que l'on appellast de la Sentence donnée sur defaut, & qu'on eust Lettres pour mettre les defauts au neant. Il faudroit bien en ce cas revenir à la verité ; c'est à dire, que si le deguerpissement avoit esté mal fait, il faudroit reparer ce qui y auroit manqué. Mais les arrerages courus & les demolitions survenuës pendant le silence du Seigneur de la rente, ne pourroient tomber au dommage du detenteur : d'autant qu'étant declaré exempt par Sentence du Juge, il auroit occasion de laisser l'heritage, & ne plus payer les arrerages de la rente ; même s'il eust gardé l'heritage, il se fust fait prejudice. Aussi qu'il n'est pas raisonnable que la contumace du Seigneur de la rente serve de piege pour l'attraper, & le constituer en dommage.

18. Importance à ce que dessus.

Qui sont des poincts fort à observer en cette matiere, parce que lorsque le Seigneur fait le fin, & tout exprés ne veut pas comparoir ny assister au deguerpissement, lors principalement qu'il ne le peut empescher, afin de n'estre tenu de declarer sur le champ les défectuositez des offres du detenteur, de peur qu'il ne les corrige promptement; Et puis longtemps après, & lors qu'il ne peut plus reculer, il vient mettre en avant ces défectuositez pour ruiner le pauvre detenteur. Dont le plus souvent l'importance est tres-grande : car le detenteur s'attend que son deguerpissement soit bon, & d'estre quitte desormais de la rente, laisse demeurer l'heritage desert pendant le procez, d'autant qu'il contreviendroit à son deguerpissement, de le remettre dedans : Et d'autre part le Seigneur de la rente, qui pretend debattre le deguerpissement, n'a garde de reprendre l'heritage, de maniere que cependant l'heritage se gaste & diminuë, *Neglectis urenda filix innascitur agris.* Que si par l'issuë du procez le deguerpissement est declaré nul, le pauvre detenteur tombe en une grand faute, parce qu'il faut auparavant qu'il soit receu de nouveau à deguerpir, qu'il paye tous les arrerages, qui cependant ont couru, & il repare les demolitions, qui cependant sont survenuës en l'heritage afin de le laisser en bon estat.

19. Cas auquel en certaines Coûtumes le deguerpis-

Ie trouve une exception unique en quelques Coûtumes, & un seul cas auquel le deguerpissement peut estre fait hors jugement, à sçavoir quand pour quelque droict Seigneurial on deguerpit un heritage és

du déguerpissement. Liv. V.

mains du Seigneur direct, alors il suffit de faire le déguerpissement ou exponsion au jour & au lieu où il reçoit ses cens & droits Seigneuriaux ; comme porte la Coustume du Maine, article 597. celle d'Anjou, article 463. celle de Lodunois ; art. 472. & quelques autres.

20. Raison & limitatiõ de cette exception.

La raison est, qu'en ce deguerpissement le Bureau du Seigneur où les Officiers sont presens, & où tous ses sujets & redevables s'assemblent pour le recognoistre, tient lieu à bon droit, & à presque pareille authorité, à l'égard du subjet, comme l'Auditoire de Justice. Car comme dit la Coustume du Maine, art. 492. *Le subjet qui est devant son Seigneur, est ven estre en jugement pour besogner avec luy.* Et toutefois en ces mesmes Coustumes, si le Seigneur ne veut accepter l'exponsion, alors parce qu'en ce lieu-là on ne peut pas traitter ce qui est de la jurisdiction contentieuse, il faut aprés avoir abandonné l'heritage, donner assignation au Seigneur pardevant le Juge Suzerain, pour voir declarer celuy qui a fait l'exponsé, quitte & deschargé de la redevance, comme porte la coustume du Maine art. 468. celle d'Anjou, art. 464. & les autres.

21. S'il est necessaire au deguerpissement rendre le contract d'acquisition.

Or quelques-uns veulent qu'on observe encore une autre ceremonie au deguerpissement ; à sçavoir que celuy qui deguerpit, rend en jugement son contract d'acquisition au Seigneur de la rente, comme pour symbole & marque de la restitution qu'il luy fait de l'heritage : de faict la coustume de Nevers le dispose ainsi, chap. 5. art. 20. & un ancien Praticien rapporté par Charondas sur la coustume.

Et toutefois j'estime, puisque les autres coustumes qui ont traitté exprés du deguerpissement, n'ont point requis cette formalité, qu'il ne la faut point tenir pour necessaire. Et ne faut pas s'arrester aux écrits des anciens Praticiens, en ce qui concerne ces formalitez : car de leur temps il y avoit mille sortes de ceremonies & formalitez inutiles en toutes sortes d'affaires, comme cela estoit aussi en l'ancienne Jurisprudence Romaine ; mais l'usage les a limitées & retranchées petit à petit, reduisant la vraie Jurisprudence plustost à la recherche d'une pure équité & naïveté, que d'une subtilité & fantasque ceremonie.

22. Comment les lettres d'acquisition doivent estre renduës.

Neantmoins il est bien vray que si le Seigneur de la rente demande à celuy qui deguerpit, les Lettres de son acquisition, il est tenu les luy bailler s'il les a, comme estans les titres de l'heritage qui lui est remis, & est desormais à lui ; à condition toutesfois qu'il sera tenu lui en aider toutesfois & quantes qu'il en aura affaire, comme s'il ayant specialement hypothequé l'heritage, en venoit à la poursuivre comme stellionataire, deniant qu'il lui eust jamais appartenu, il auroit interest d'avoir les Lettres de son acquisition, pour montrer qu'il auroit pû hypothequer l'heritage. Mais si celui qui deguerpit n'a pas les titres de son acquisition, ni autres quelconques, il suffit qu'il s'en purge par serment, s'en est requis, non qu'il faille maintenir que pour avoir perdu son contract il soit exclus de pouvoir deguerpir ; ni même qu'il lui faille imposer pour une condition necessaire au deguerpissement, de rendre le contract d'acquisition.

23. Si celuy qui deguerpit, doit fournir acte du deguerpissement.

Semblablement la coustume d'Auvergne, au titre des emphyteoses, articles 16. met entre les solemnitez du deguerpissement, que celui qui deguerpit, baille à ses despens l'acte de la guerpine. De sorte qu'on veut dire, que c'est encore une condition necessaire de fournir cet acte ; à faute de quoi faire, le deguerpissement seroit nul : ne plus ne moins que l'on declare la foy & hommage mal-faite, si le vassal n'a baillé copie de ses offres à son Seigneur de fief. Et neanmoins j'estime que le fournissement de cet acte ne peut estre de la forme du deguerpissement : parce que lors qu'il faut fournir, le deguerpissement est déja fait, & le detempteur declaré quite de la rente. C'est pourquoi il n'y auroit pas grande apparence de revoquer la Sentence, faute de l'avoir levée & fournie. Et toutefois c'est la verité, qu'il faut en toutes coustu-

mes, que celui qui a deguerpi, baille & fournisse au Seigneur l'acte du deguerpissement, & y peut estre contraint par action : car c'est une regle infaillible que le Seigneur ne doit faire aucuns frais, ni encourir aucune perte au moien du deguerpissement, *imò prorsus indemnis servari debet.*

Finalement, on fait encore une autre question fort notable sur la forme du deguerpissement fait par le tiers detempteur, s'il est necessaire pour la subsistance d'iceluy, qu'il ait sommé son garant, & que son garant lui ait manqué de garantie : veu que l'article 102. de la Coustume de Paris, qui est inseré mot à mot és coustumes de Montfort l'Aumaury, d'Estampes, Mantes, & autres, le port, & requiert précisément. Question qui n'est pas sans difficulté : car j'ai veu aprés le deguerpissement fait par le tiers detempteur, survenir de nouveau son garant, qui soustenoit le deguerpissement estre nul au moien de cet article, pour avoir esté fait avant qu'il eust esté sommé : & que s'il eust esté appelé, il eust empesché que l'heritage eust esté deguerpy, parce qu'il vaut mieux que la rente, pour laquelle on l'a deguerpy, qu'il l'eust plustost repris en ses mains, & se fust chargé comme devant, de continuer la rente. Et de faict, sur ce sujet on voit tous les jours casser des deguerpissemens.

24. S'il est necessaire de sommer le garant avãt que deguerpir.

25. Que le deguerpissement ne peut estre revoqué faute d'avoir sommé son garant.

Toutesfois à le bien entendre, j'estime que le deguerpissement qui a esté fait sans appeller le garant, ne laisse d'estre bien & dûment valable à l'égard de celui à qui il a esté fait, & s'il a repris & accepté une fois l'heritage deguerpy ; on ne lui peut oster. Car le tiers acquereur, qui a deguerpy, estoit vray & absolu Seigneur de l'heritage, & partant la pû aliener sans le veu & le sceu de son autheur, & vendeur, qui n'avoit plus rien en iceluy : & le Seigneur à qui le deguerpissement a esté fait selon les formes prescrites par les coustumes, n'a que faire, si celui qui a deguerpy, avoit un garant ou non, & si ce garant a esté sommé ou non.

Mais le deguerpissement n'est pas entierement valable à l'égard du garant, qui n'a point esté sommé auparavant, pour fonder contre lui l'action d'eviction, & lui redemander la restitution du prix avec les dommages & interests, *quasi re prorsus evicta ab invito.* Mais seulement au cas qu'un effet de rente, pour laquelle le deguerpissement est fait, se trouve deu, & n'avoit esté lors de la vente, si le deguerpissement a esté fait avant que sommer le vendeur, l'acquereur qui a deguerpy, a contre lui une action *Quanti minoris,* pour recouvrer de lui ce que l'heritage valoit de moins, à l'occasion de cette rente inconnuë, & non declarée, de même que si l'heritage n'avoit point esté deguerpy, par la maxime ordinaire de la Loy *Quoties D. de Ædil. edict.* Car autrement il ne seroit pas raisonnable, que si le nouvel acquereur vouloit, pour une petite rente, deguerpir un heritage de grande valeur, ou parce qu'il sçavoit avoir bon garant, ou parce qu'il se trouvoit mauvais Marchand de l'heritage, qu'il peust en ce faisant rendre son vendeur tenu à la restitution de tout le prix de la rente, & de ses dommages & interests : *Neque enim alteri per alterum iniqua conditio inferri debet.*

26. 27. Qu'il est fort utile au tiers acquereur de sommer son garant avãt que deguerpir.

Si donc l'acquereur veut bien faire, & éviter toute perte, il faut avant que deguerpir, qu'il somme son vendeur, parce qu'ayant deguerpy sans l'avoir sommé, son vendeur lui dira qu'il lui rend l'heritage, & qu'il est prest de le reprendre, & le tenir quite de la rente, & lui fera accroire que l'heritage valoit beaucoup mieux : Bref, il lui offrira de passer condamnation selon sa demande, en lui rendant l'heritage : Et ainsi l'acquereur, qui ne pourra plus retirer du Seigneur de la rente, le trouvera bien empesché.

28. Réponse aux Arrests & à la coustume de Pa-

Quant donc la Coust. de Paris dit qu'avant que deguerpir, il faut que le tiers acquereur, somme son garant, & attende qu'il lui manque de garantie, elle

De la forme

ris, & que le luy donne plûtôt un bon conseil pour deguerpir avec toute seureté, que de luy prescrire une forme essentielle & necessaire. Et ce qu'on a veu quelques deguerpissemens revoquez par les Arrests de la Cour, pour avoir esté faits sans sommer le garant, cela n'a bien lieu aux delaissemens par hypotheque, lesquels nous appellons vulgairement en pratique du nom de deguerpissement. Or c'est la verité qu'en matiere des delaissemens par hypotheque, ils peuvent estre revoquez pour cause bien legere, auparavant que l'heritage ait actuellement esté vendu par decret ; parce qu'alors il n'est encore acquis au creancier hypothecaire droict aucun en l'heritage ainsi delaissé ; mais celuy qui deguerpit, demeure encore Seigneur de l'heritage : si bien qu'en cassant le delaissement, on ne fait tort à personne : comme il sera clairement expliqué au penultiéme Chapitre de ce Livre.

Mais tout cecy ne peut pas toûjours avoir lieu au vray deguerpissement, où dés l'instant qu'il est fait, le detenteur est privé de la Seigneurie de l'heritage, qui est acquise au Seigneur de la rente, deslors qu'il l'a acceptée, & qui partant ne luy peut plus estre ostée sans son faict ; comme il se collige fort bien de cete Loy *Rura. C. De omni agro deserto*. Par mesme raison je dis que si aprés le deguerpissement le Seigneur n'avoit voulu accepter l'heritage, de sorte qu'il fust toûjours demeuré sous un curateur aux biens vacans : si le garant trouvoit moyen d'amortir la rente, ou autrement indemniser le nouvel acquereur, il le pourroit contraindre de reprendre l'heritage deguerpy : qui seroit en effet revoquer le deguerpissement, parce qu'en ce faisant il ne seroit fait tort à personne.

margin: ris, & que le delaissement par hypotheque peut estre revoqué faute d'avoir sommé le garant.

margin: 29. Quand le vray deguerpissement peut estre revoqué faute d'estre revoqué faute d'avoir sommé le garant.

CHAPITRE II.

Si l'heritage peut estre deguerpy pour partie ?

1. *Deux conditions necessaires au deguerpissement*
2. *L'heritage peut estre dit entier en trois façons.*
3. *Trois questions qui en resultent.*
4. 5. *Raisons pour montrer que le daguerpissement ne peut estre fait pour partie.*
6. *Comment le deguerpissement peut estre fait pour partie.*
7. *Suite, & ce qui arrive du deguerpissement fait pour partie.*
8. 9. 10. *Preuve de ce que dessus.*
11. *Ampliation de cette resolution.*
12. *Explication de la Loy Si servus communis. D. de noxal. act.*
13. *Difference de la dedition & du deguerpissement.*
14. *Que le deguerpissement a lieu en l'action noxale avant contestation, & la dedition aprés contestation.*
15. 16. 17. *Trois temps à distinguer és actions noxales.*
18. *Explication du §. Idem recte, en la Loy Item veniunt. D. de pet. hered.*
19. *Réponse à cette Loy. Si servus de nox. act.*
20. *Si celuy qui a pris à rente deux maisons pour un mesme prix, peut garder l'une & deguerpir l'autre.*
21. *Quid si le prix est separé en un mesme contract ?*
22. 23. 24. *Qu'en ces cas on ne peut garder l'une des maisons, & deguerpir l'autre.*

1. Deux conditions necessaires au deguerpissement.

Outre la forme du Deguerpissement, qui a esté expliquée au Chapitre precedent, il y a encore deux conditions qui y sont necessaires, sur l'explication desquelles il faut employer presque tout le reste de ce Livre. L'une est, qu'il faut rendre la chose entiere : L'autre est, qu'il faut payer tous les arrerages de la rente.

2. L'heritage peut estre dit entier en trois façons.

Pour ce qui concerne la premiere condition, il faut remarquer que la chose peut estre dite entiere en trois façons ou à l'égard de ses parties integrantes & materielles, comme quand celui qui a pris cent arpens de terre, en déguerpit cent ; ou à l'égard du droict & qualité interieure de la chose, comme quand la chose est renduë en mesme droict qu'elle a esté baillée, c'est à dire franche & quitte de toutes hypotheques, servitudes, & autres charges & redevances ; ou finalement à l'égard de l'estat & qualité exterieure d'icelle, comme quand elle est en bon estat & qualité, non deteriorée ny endommagée en aucune de ses parties.

3. Trois questions qui en resultent.

D'où resultent trois questions fort notables & importantes. La premiere, sçavoir si la chose peut estre déguerpie pour partie seulement : La deuxieme, sçavoir si le déguerpissement est valable de la chose, qui depuis le bail a esté hypothequée, ou asservie, ou arentée par le preneur ; La troisiéme, qu'il faut toûjours reparer & remettre l'heritage en bon estat, avant que de pouvoir déguerpir : lesquelles trois questions il faut expliquer de suite par Chapitres separez.

4. 5. Raisons pour montrer que le deguerpissement ne peut estre fait pour partie.

Quant à la premiere question, si le deguerpissement peut estre fait pour partie, on peut dimonstrer que ce seroit une grande incommodité que le Seigneur de la rente fust tenu de recevoir piece à piece le deguerpissement de l'heritage qu'il auroit baillé tout entier, puis mesme qu'il faut tenir pour maxime infaillible, qu'il ne doit estre en façon quelconque interessé ny endommagé par le deguerpissement, & que d'ailleurs le Droict reconnoist assez que *particularis prestatio multa affert incommoda. l. Plaet. D. fam. ercisc.* Aussi que s'il estoit permis de quitter une partie de l'heritage, & garder le surplus, on quiteroit toûjours les pires pieces, pour retenir les meilleures ; ce qui seroit apparemment injuste. Et puisque l'action qui a lieu pour les rentes foncieres, est solidaire & indivisible par l'article 99. de nostre Coustume, il s'ensuit bien que *prestatio partis ab ejusmodi solida obligatione possessor non liberatur, l. 2. §. ex his, D. de verb. oblig. l. Stipulatio. §. quaesitum. D. de novi oper. nuntiat.*

Mais encore cecy semble expressément décidé par la Loy *Si servus communis. D. de noxal. action. Si servus communis furtum fecerit, unus ex dominis noxali judicio conventus non alias evadit litis aestimationem, quàm in solidum noxâ dederit servum ; nec ferendus est, si partis suae deditionem obtulerit.* Or est-il que *noxa deditio* semble estre une espece de deguerpissement, & comme le deguerpissement est pour les choses inanimées. Aussi la dedition est pour les choses animées. De faict, ils sont égalez ensemble par Ulpian en ce beau §. *hoc edictum. de la Loy Praetor ait. D. de damno infecto*, disant que *ut animalia, ita etiam quae anima carent, ultrà non onerare nos debent, quàm ut noxa dedantur*, & la Glose les confond l'un avec l'autre en la loy *Cùm fructuarius. D. de usufr.*

6. Comment le deguerpissement peut estre fait pour partie.

Neanmoins le contraire est veritable : Car bien que celui qui tient & possede tous les heritages d'une mesme baillée, n'en puisse quitter les uns, & retenir les autres, & en ce faisant se décharger de la redevance au lieu de la quitter, parce que la redevance est solidaire & individuë, *tota est in toto & tota in qualibet parte*, de maniere que quand il ne retiendroit qu'une perche de l'heritage chargé d'icelle, il seroit toûjours contraignable pour toute la rente : toutefois celuy qui ne tient qu'une partie de l'heritage baillé à rente, se peut liberer & décharger de l'obligation entiere de la rente, en quittant & delaissant ce qu'il tient de l'heritage ; car abandonnant ce pour quoy il estoit obligé il est bien raisonnable qu'il demeure quitte de l'obligation.

7. Suite, & ce qui arrive du deguerpissement fait pour partie.

En quoy il n'est fait pourtant aucun prejudice au Seigneur de la rente, lequel n'est pas tenu de reprendre & accepter, s'il ne veut, la portion deguerpie, & en ce faisant diviser sa rente, & la rendre confuse en sa personne à proportion ; mais en la delaissant vacante, sans s'immiscer en icelle, il peut toûjours in-

tenter

Du déguerpissement. Liv. V.

renter son action solidaire & pour toute la rente, celuy ou ceux qui tiennent le surplus de l'heritage : lesquels estans ainsi contraints de luy payer le total de la rente, pourront pour leur indemnité reprendre & se faire adjuger la portion deguerpie, soit par cession des droicts du Seigneur de la rente, soit par la voye du Droict nouveau des Romains τῶν ἐπιβολῶν, qui sera expliqué au dernier Livre.

8. 9. 10. Preuve de ce que dessus.
Autrement ce seroit une grande injustice, que mesme un tiers acquereur de bonne foy d'une centiéme portion de l'heritage chargé de la rente, fust irrevocablement & sans remede aucun contraint de payer le total de la rente, qui se monte cent fois autant de revenu que son heritage vaut, & qu'il ne s'en puisse exempter par le deguerpissement, sous pretexte qu'il ne tient pas tout l'heritage. Sans doute que c'est assez de rigueur de le contraindre pour le total de la rente, contre la Decision de Droict, tout ainsi que s'il tenoit tout l'heritage, sans encore le priver du benefice du deguerpissement, dont celuy-là peut jouïr, qui tient le total de l'heritage, encore qu'il ne soit si favorable que l'autre.

Or que le deguerpissement se puisse faire pour partie, au cas que j'ay dit, il est expressément decidé en la Constume de Tours article 20. *Celuy qui n'est detenteur que de la partie de l'heritage subjet à la rente, peut faire exposer, sans le consentement du Seigneur, en payant toutesfois les arrerages d'icelles* (c'est à dire, les arrerages de toute la rente, il faut observer en passant) *auquel cas, icelle part exposée accroist aux autres codetenteurs de l'heritage, qui demeurent chargez de payer toute la rente, sinon que le Seigneur à qui elle est deüe, voulust accepter icelle part; auquel cas la rente demeurera confuse à la raison de la portion exposée.*

A cela est entierement conforme la decision du Modestin : *An pars pro derelicto haberi possit ? quæri solet. Et quidem si re communi socius partem suam reliquerit, ejus esse desinit, ut hoc sit in parte quod in toto : sed totius rei dominus efficere non potest ut partem retineat, partem pro derelicto habeat.* l. 2. D. pro derelicto.

11. Ampliation de cette resolution.
Or cette resolution, que celuy qui ne tient qu'une portion de l'heritage, la puisse deguerpir, a aussi bien lieu au preneur à rente qui a revendu partie de l'heritage, comme au tiers acquereur : car puisque regulierement le preneur n'est point obligé d'obligation pure personnelle, mais d'une obligation à demy réelle, & qui suit la chose, il s'ensuit que delaissant ce qui luy en reste, il s'exempte de cette obligation. Pareillement cette regle a lieu non seulement en la portion separée & possedée par divis, mais aussi en la portion indivise & intellectuelle ; comme entre plusieurs coheritiers, avant le partage de la succession, l'un d'iceux peut deguerpir sa quote ou portion hereditaire qu'il a en l'heritage, & en ce faisant s'exempter entierement de la rente, qui est le vray cas de cette Loy, *pro derelicto*, & se collige fort bien en la Loy 2. *Sed si unus ex pluribus heredibus*, &c.

12. Explication de la Loy si servus communis. D. de noxal. act.
Mais il faut resoudre la Loy *servus communis D. de noxal. action.* qui dit que *deditio pro noxa fieri non potest* : car la réponse aux autres raisons de l'opinion contraire est aisée à colliger de ce qui vient d'estre dit. Mais pour répondre à cette Loy, il faut entendre, que bien que *noxa deditio* approche fort & ressemble en plusieurs poincts au deguerpissement, & consequemment l'action noxale à celle que l'on a pour les charges foncieres, si est-ce qu'il y a quelque difference, *ut nihil simile, idem est*. Et faute d'avoir pris garde à cette difference, on a detorqué & adapté mal à propos des regles de la dedition, plusieurs fausses resolutions à la matiere du deguerpissement.

13. Difference de la dedition & du deguerpissement.
La difference est, que l'action noxale est beaucoup plus personnelle que celle des charges foncieres, d'autant qu'elle provient d'un delit, & qu'elle a lieu pour chose promptement payable, & qu'elle ne se peut faire & percevoir successivement sur les fruicts & obventions de la chose, pour raison de quoy elle a lieu. Et

Du Deguerpissement.

au contraire, l'action des charges foncieres provient de l'obligation & engagement de la chose, & concerne principalement les arrerages à écheoir de la rente, qui se payent successivement de temps en temps, après qu'ils sont écheus, & se perçoivent sur les fruits annuels de l'heritage.

C'est pourquoy la suite de ces deux actions se trouve differente en quelques rencontres : car par l'Edict du Preteur, interpretatif de la Loy des douze Tables, qui introduisit l'action noxale, il demeura en l'option du Maistre de l'esclave, qui avoit fait le dommage, ou de le defendre & adoüer, ou de le quitter & abandonner. Mais il falloit que cette option se fist si-tost que le procez seroit intenté, & avant contestation. Si le maistre aimoit mieux le quiter que le defendre, c'estoit lors un vray deguerpissement, & non pas une dedition : Et tant aussi le maistre est dit en Droict *cedere, seu tradere servum*, & non pas *noxa dedere* : Pareillement il est dit, *evitare*, & non *subire noxale judicium*. Et en ce cas toutes les regles du deguerpissement conviennent au delaissement de l'esclave, fait avant contestation. Mais si le Maistre avoit contesté sur l'action noxale, & defendu son esclave, alors, parce qu'en ce faisant il auroit comme avoüé son delict, luy-mesme en estoit desormais tenu & condamné personnellement : toutesfois la Loy des 12. Tables luy donnoit ce privilege, qu'en livrant son esclave & le transportant à celuy qu'il avoit s'offensé, pour en disposer à son plaisir, il s'exemptoit de la condamnation du dommage : *Damni ergo præstatio sola erat in obligatione, noxæ deditio in facultate ; & utrumque poterat disjunctim inseri in condemnatione.* leg. Miles §. decim. D. de re jud.

14. Quel deguerpissement a lieu en l'action noxale constitution, & la dedition apres contestation.

15. 16. 17. Trois temps à distinguer és actions noxales.
Or *noxæ dedere servum*, ce n'est pas seulement ceder tout & tel droict que l'on a en l'esclave ; mais c'est transferer effectuellement la Seigneurie de l'esclave, & le bailler en payement à celui qui a receu le dommage, pour sa reparation, *pro noxa servum solvere. Dare siquidem & dedere est dominium transferre : & res qua in solutum datur, ita transferri debet, ut avocari nullo modo possit*, leg. *Si rem meam. D. de solut.* De sorte qu'il faut que celui auquel la dedition est faite, soit fait Maistre absolu & incommutable de l'esclave, autrement le Maistre de l'esclave n'est pas delivré de la condamnation noxale, *leg. Si noxale. I. Digest. eod. tit.*

Il y a donc trois temps à distinguer aux actions noxales, à sçavoir le temps precedant contestation, celui d'apres contestation, & celui d'apres la condamnation. Avant contestation, c'est assez d'abandonner ou deguerpir l'esclave, ce qui se dit en Droict, *cedere, tradere pro derelicto habere servum, denique jus suum ad alterum transferre* ; c'est à dire, quiter & abandonner tout le droit que l'on a en icelui, parce qu'on n'a point encore avoüé son delit. Et partant ce se peut faire *pro parte*, & se peut faire de la simple proprieté de l'esclave, encore que l'usufruit appartienne à autruy, dit la Loy 8. *D. de noxalibus actionibus*.

Mais apres contestation il faut precisement *noxa dedere, seu pro noxa solvere servum, nec sufficit tradere seu cedere*; c'est à dire, qu'il faut par effet transferer la Seigneurie absoluë d'icelui au demandeur, en sorte qu'il ne luy puisse estre évincé. Et partant la dedition ne peut estre faite ny de l'esclave obligé à autruy, ny de celuy qui seroit chargé d'usufruit, comme decide la Loy. *Si hominem. D. de solutio*, & cette mesme Loy 8. *De noxal. act.* Et n'y a qu'une seule exception à cette regle, à sçavoir au possesseur de bonne foy, qui quite en transferant tout & tel droict qu'il a en l'esclave, de peur que la bonne foy ne luy apportast dommage. *leg. Bona fide, & l. Generaliter. D. eod. titulo.*

18. Explication du §. Idem recte en la Loy Item venientium. D. de Pet. hered.
Finalement, apres la condamnation, & jusques à ce que l'on ait contesté, *super actione judicati*, c'est à dire, sur l'execution de la Sentence, la dedition se peut encore faire ; mais par apres elle ne se peut plus faire ; mais si le condamné a encore contesté sur l'execution de la Sentence, il faut qu'il paye precisément l'estimation du dommage. Ce qui arrive à cause de

sa coutumace reïterée, par laquelle il perd le privilege & faculté que la Loy luy avoit donnée, de se pouvoir liberer par la dedition de l'esclave. C'est ainsi qu'il faut entendre la Loy *Item veniunt*, §. *idem rectè*. D. *de pet. hered. Tamdiu quis noxæ dedenda habet facultatem, quamdiu judicati conveniatur: post susceptum autem judicium, non potest noxæ se dedendo, se liberare.*

39. Repont à cette Loy *tiere des actions noxales, si servus. D. nox. act.*

Voilà une briéve & nette interpretation de la matiere des actions noxales, dont dépend la conciliation de plusieurs Loix, qui n'ont point encore esté conciliées par les Interpretes, & que j'ay esté contraint d'inserer icy pour oster les absurditez, que l'on tire communement des Loix qui parlent de ces actions, à celles des charges foncieres, & de la dedition au déguerpissement. Bien que l'action noxale ne produise le déguerpissement, sinon avant contestation, & aprés contestation elle produit la dedition, qui est plus pregnante & plus avantageuse que le déguerpissement; comme il se collige aisément de ce discours: suivant lequel il faut resoudre que nonobstant cette Loy *Si servus*, qui parle de la dedition, le deguerpissement se peut faire pour partie de l'heritage, quand celuy qui déguerpit, ne possede le surplus, mais que celui qui tient l'heritage entier, n'est pas recevable d'en vouloir déguerpir une partie, & retenir le reste suivant la loy 2. D. *pro derelicto*.

20. Si celuy qui a pris deux maisons pour une seule rente, en peut déguerpir l'une, à l'autre.

Sur quoy il échet encore de grandes difficultez. On demande en premier lieu si celuy qui a pris deux maisons à rente par un mesme contract, & pour une seule rente, en peut déguerpir l'une, & retenir l'autre, & ainsi s'exempter de partie de la rente, à proportion de la valeur de la maison qu'il prétend déguerpir. Question qui se fait aussi en matiere de retraict, & on tient communement, que quand il n'y a qu'un contract & qu'un prix, il faut prendre ou laisser le marché tout entier. C'est la decision de la Loy *Cùm ejusdem generis*, avec ses Concordances; D. *de adilit. edicto*. Aussi en matiere de bail à rente, il faut dire que puisqu'il n'y a qu'une rente creée pour toutes les deux maisons, qui affecte solidairement chacun d'icelles, il faut ou quitter toutes les deux maisons, ou payer la rente.

21. Quid, si le prix est separé en un mesme contract.

Mais que dirons-nous & pour le tettraict & pour le déguerpissement, si les deux maisons ont esté venduës ou baillées à rente par un seul contract à prix separé? On peut dire pour le regard du retraict, que le lignager ou le Seigneur du fief prendra seulement celle qui est sujette au retraict, ou si toutes les deux y sont sujettes, qu'il n'en prendra qu'une, s'il ne veut; *tot enim videntur esse stipulationes, quot summæ sunt*, leg. *Sciendum.* D. *de verb. obl.* Le mesme aussi se peut dire du déguerpissement: car puisque les contractans les ont divisées, on ne peut pas dire qu'elles soient solidaires & indivises.

Et toutefois j'estime, & au retraict & au déguerpissement, qu'il faut si on debat, ou quitter, ou garder ensemble l'une & l'autre maison: car puisque c'est un même contract, il ne faut diviser, mais il faut ou qu'il demeure entierement en sa force, ou qu'il soit entierement resolu: estant vray-semblable que celuy qui a pris deux maisons ensemble, n'a point voulu acquerir l'une sans l'autre; autrement il y auroit inconvenient par tout: car au retraict les contractans mettroient à prix excessif la maison sujette à estre retirée, & l'autre à trop bas prix, afin de frauder le retrayant, & au déguerpissement, si l'une des maisons estoit augmentée de valeur, & l'autre demolie, le preneur gagneroit beaucoup de déguerpir la maison démolie, & garder celle qui seroit augmentée, & le bailleur perdroit de tous costez, tant sur la maison augmentée, qui ne luy seroit point renduë, que sur la maison ruinée, qu'il seroit tenu reprendre; par ainsi il n'auroit pas le profit, & si il porteroit le dommage, qui est une inegalité repugnante à la vraye Isonomie.

22. 23. 24. Qu'en ce cas on ne peut garder l'une des deux maisons, & déguerpir l'autre.

De mesme, si plusieurs arpens de terre ont esté baillés à vingt sols de rente pour arpent, encore que la rente soit divisée pour chacun arpent, & partant, que le detenteur de quelques arpens ne soit tenu que pour son nombre, & non solidairement des cent francs de rente deubs pour les cent arpens; toutefois je tiens que celuy qui tient plusieurs arpens de terre, ne peut pas quitter les mauvaises pour garder les bonnes, soit qu'il soit le premier preneur, ou qu'il soit un tiers acquereur. Et ce, tant pour éviter cette inégalité, que d'autant qu'en tels baux & arentemens, bien que la rente soit distribuée *in singula jugera*, ce n'est pas toutefois à dire que toutes les terres de la baillée soient tellement assorties, que tel arpent ne vaille mieux que tel autre; mais cette distribution égale se fait, comme l'on dit, le fort portant le foible, & mêlant la portion Arithmetique avec la Geometrique, par une tierce espece, qui s'appelle proportion Harmonique.

Autrement il n'y auroit celuy qui ne fust trompé en telles baillées, si le lendemain du contract on luy rendoit au prix commun, les plus méchantes terres que l'on auroit tirées sur toute la baillée; car il faut que le profit des unes recompense le dommage des autres. C'est ce qui semble decidé en la Loy 5. *De omni agro deserto*, lib. 10. Cod. *Qui utilia Reipublicæ loca possident, permixtione facta etiam deserta suscipiant, ut si earum partium graventur accessu, quas ante per fastidium reliquerunt, cedant aliis, qui utraque hac conditione retinentur, ut præstatione salva tam desertis & culta possideant.* Ce que le docte Rat a traité assez confusément sur le 44. art. de la Coustume de Poictou, où il allegue à ce propos le Proverbe François, *Qu'il faut mêler le gras avec le maigre.*

CHAPITRE III.

Si avant que deguerpir il faut amortir les hypotheques, servitudes & charges foncieres ?

1. *S'il faut amortir les hypotheques avant déguerpir.*
2. *Explication de la Loy 2. D. de solution.*
3. *Qu'il n'est besoin d'amortir les hypotheques.*
4. *Si au déguerpissement on peut demander caution de l'eviction éminente, comme en la vente.*
5. *Si cel ny qui a déguerpy, est tenu d'acquiter par aprés le Seigneur des hypotheques par luy imposées.*
6. 7. *Si les servitudes & nouvelles charges foncieres empeschent le déguerpissement.*
8. *S'il faut precisément amortir les servitudes, avant que déguerpir, s'il suffit payer en argent ce que l'heritage vaut moins.*
9. *Qu'il suffit payer l'argent.*
10. *Cautele pour déguerpir un heritage chargé de deux rentes foncieres.*
11. *Comment peut estre déguerpy l'heritage chargé d'usufruict.*

1. S'il faut amortir les hypotheques avant de déguerpir.

PResupposé que le déguerpissement n'a pas effet retroactif pour resoudre les hypotheques & servitudes imposées sur l'heritage depuis le bail à rente, comme il sera prouvé au Livre suivant, la difficulté n'est pas petite, si avant que déguerpir, le preneur à rente est tenu de resoudre les hypotheques que luy-mesme a créées, afin de rendre l'heritage tel qu'il l'a pris: car la Loy dit, que *servus pignori obligatus, noxæ dedi non potest. Si hominem qui erat Titio obligatus, noxæ dedisti, poterit is cui condemnatus es, tecum agere judicati, nec expectatur ut creditor evincat.* leg. *Si hominem.* D. *de solut.* Et toutefois s'il estoit ainsi que les heritages hypothequez ne puissent estre déguerpis, il faudroit dire que peu souvent le déguerpissement auroit lieu; Car qui est celuy qui puisse dire que les heritages ne soient point hypothequez; comme il a été

du Déguerpissement. Liv. V.

dit au troisiéme Livre. Et si on n'a jamais veu en Droit, que celui qui oblige sa chose par simple hipotheque sans tradition, ne la puisse librement vendre & aliener à quel titre il voudra, parce que l'hipotheque n'empesche pas la translation de Seigneurie, si ce n'est qu'il y ait saisie ou nantissement. A plus forte raison cela doit avoir lieu au déguerpissement qui se fait à l'ancien Seigneur de l'heritage, lequel ne peut estre tellement évincé d'icelui, que la rente ne soit toûjours conservée, avant que les autres creanciers hypothequaires y puissent rien pretendre.

2. Explication de la Loy 2. D. solut.

Et ne se faut pas arrester à cette Loy *Si hominem*, D. *de solut.* car elle parle *de noxali deditione*, qui est plus que le dégnerpissement, comme il vient d'estre dit au precedent chapitre. Il est vrai qu'on allegue encores pour l'opinion contraire, la Loy 10. du même titre, *Si rem meam quæ pignoris jure alij essent obligata, debitam tibi solvero, non liberabor, quia avocari tibi res possit ab eo qui pignori accepisset.* Mais il y a pareillement bien de la difference entre le paiement qui se fait pour estre absolument liberé d'une obligation pure personnelle, & le déguerpissement qui se fait pour éviter & esquiver une obligation réelle. Car comme on est plus estroitement lié de l'obligation personnelle que de la réelle, aussi il est plus difficile de s'en délier: *In solutione ergo oportet rem dare, & transferre optimo jure, hoc est liberam prorsus & immunem, in cessione sufficit rem tradere, & jus suum ad actorem transferre. leg. Non solùm. 2. leg. Is qui 2. Dig. de noxal. action.* qui est une proposition qu'il faut perpetuellement tenir en cette matiere.

3. Qu'il n'est besoin d'amortir les hypotheques.

Aussi on ne doute point que le possesseur de bonne foy, & celuy de mauvaise foy, ne puissent déguerpir pour se liberer de la prestation de la rente, encore qu'ils n'ayent rien en la Seigneurie de l'heritage, & partant qu'ils ne la puissent transferer. Il ne faut point dire que la chose, pour estre hypothequée, ne soit plus entiere, que *jus fundi diminutum sit*; parceque l'hypotheque *partem dominij non facit*; mais est un droit en l'air & subsidiaire, qui affecte & suit bien la chose, mais ne la diminuë pas; & le debiteur hipothequaire n'est pas le vray debiteur & le dernier paieur de la debte; c'est la personne obligée qui le doit, & non pas l'heritage, ny celuy qui en est proprietaire.

4. Si au déguerpissement on peut demander caution de l'action éminente, comme en la vente.

Il faut donc pour ce regard comparer le déguerpissement à la vente, *in qua sufficit rem tradere*. C'est pourquoi on peut justement douter, si comme en la vente l'acheteur peut demander caution d'éviction, quand il se découvre des hipotheques sur la chose, par le moien desquelles elle lui peut estre évincée, *leg. Si post perfectam. C. de evict.* ou bien si le Seigneur de la rente peut en ce même cas debatre & refuter le déguerpissement, si on ne lui baille asseurance de l'éviction, ce qui n'est pas, pour deux raisons: L'une, qu'aprés le déguerpissement, l'ancien Seigneur ne peut estre tellement évincé de son heritage, que toûjours la rente ne soit conservée: L'autre, qu'il se peut exempter facilement des hypotheques en faisant regir l'heritage par un curateur à la chose déguerpie, jusques à ce qu'il soit vendu à la charge de la rente, pour laquelle il sera preferé à tous les creanciers ayans hypotheque depuis la creation d'icelle: & si l'heritage ne vaut pas mieux que la rente, il luy sera adjugé pour la rente; & ainsi les hipotheques seront purgées & amorties par le decret. Ce qui n'est pas en la simple vente, où si l'acheteur baille inconsiderément son argent, les creanciers hipothequaires le pourront par aprés priver & évincer de l'heritage, en le faisant saisir & decreter sur lui, sans que sur le prix d'icelui il vienne en ordre pour la restitution de ses deniers, & ses dommages & interests, sinon aprés eux, & du jour de son contract.

5. Si celuy qui a déguerpy, est tenu de s'acquitter par devers le Seigneur des hypotheques par luy imposées.

Suposé donc qu'en déguerpissant il ne faut point bailler caution, même pour les hypotheques apparentes, au moins peut-on douter si celui qui a déguerpi est tenu d'acquiter celui qui a accepté la chose déguerpie des hipotheques qu'il a imposé sur icelle; Du Déguerpissement,

veu qu'on peut dire que celui qui a déguerpy, n'a quitté que le droit qu'il avoit en la chose, comme il a été prouvé cy-dessus, aussi que le Seigneur de la rente n'y peut rien perdre, parce que laissant decreter l'heritage, il sera toûjours le premier paié. Mais je remets cette question au dernier Livre, parce qu'elle concerne plustost l'effet, que la forme du déguerpissement: comme aussi j'y ay reservé une autre question, si dés lors que celui qui a accepté l'heritage déguerpi, découvre quelque rente constituée sur icelui, il peut agir pour l'amortissement d'icelle, avant qu'il en soit poursuivi.

6. 7. Si les servitudes & nouvelles charges foncieres empeschent le déguerpissement.

Mais il faut traiter en ce lieu, si les servitudes & charges foncieres qui se trouvent avoir été imposées sur l'heritage depuis le bail à rente, n'empeschent ne retardent point le déguerpissement, non plus que les simples hypotheques; car les servitudes & charges foncieres estans inherentes & inseparables de la chose, & perceptibles nuëment & directement sur icelle, on ne peut pas dire que l'heritage qui en est chargé, soit libre, ny même qu'il soit entier & non diminué. Comme donc quand les battimens de la maison chargée de rente sont ruinez par la faute du preneur, il ne peut déguerpir qu'il ne les ait restablis; aussi j'estime que le Seigneur de la rente n'est pas tenu recevoir le déguerpissement, si premierement le preneur ne lui fait raison des servitudes qu'il a imposées sur l'heritage.

Ce qui vient d'estre dit des hypotheques, ne nuit point, attendu la grande difference des hypotheques avec les servitudes & les charges foncieres; ny pareillement ce qui a esté dit cy-dessus, qu'au déguerpissement il suffit de quitter tout & tel droit qu'on a en l'heritage: car on ne le prend pas de ce costé là, que si le detempteur se veut exempter de la rente, il faut qu'il fasse raison à son bailleur de la tare & diminution survenuë à l'heritage par son faict.

8. S'il faut precisement amortir les servitudes avant que déguerpir, s'il suffit de payer en argent ce que l'heritage vaut moins.

Sur tout la question est bien difficile, de sçavoir si comme le Seigneur n'est tenu d'accepter le déguerpissement, jusqu'à ce que les demolitions de l'heritage aient esté entierement reparées, n'estant assez que le preneur lui offre en deniers ce que les reparations pourront couster, comme il sera prouvé cy-aprés. Aussi de même il faut que le preneur, avant que pouvoir déguerpir, trouve moien d'esteindre & amortir tout & tel les servitudes qu'il a imposées lui-même à l'heritage, ou bien s'il suffit qu'en déguerpissant il paye au Seigneur le prix que l'heritage se trouvera valoir de moins à cause de telles servitudes. Et ce qui augmente la difficulté, c'est que le restablissement de l'heritage & l'obligation de le rendre entier, est une condition formellement necessaire au déguerpissement: Or est-il que *forma præcisè & specificè impleri debet, non per æquipollens*, veu même que nous sommes en matiere odieuse & de droit estroit & rigoureux, & qu'il y a telle personne qui ne voudroit pour rien d'un heritage, qui seroit assujetti à une servitude.

9. Qu'il suffit payer l'argent.

Certainement ces raisons sont grandes, & toutefois il me semble que l'impossibilité d'amortir une servitude, doit excuser le preneur, ainsi qu'il se voit en la loy *Hac consultissima. C. de testamentis*, & plusieurs autres Loix, que l'impossibilité excuse des solemnitez necessaires & éssentielles du testament; & c'est une theorie d'Alexandre sur la Loy 1. D. *de liberis & posthumis*: & de *Ludovicus Romanus Consil.* 43. *quæ necessitas seu impossibilitas facit, ut sufficiat formam per æquipollens servari*. Autrement il faudroit inferer que même un tiers acquereur de bonne foy, sous pretexte qu'il auroit imposé une servitude sur l'heritage, seroit privé à toujours de la faculté de pouvoir déguerpir. Aussi qu'en matiere de garantie, le Droict a décidé notamment que la servitude imposée sur l'heritage vendu, qui n'a esté declarée lors du contract, ne produisoit pas directement, ni l'action d'éviction, parce que res propter servitutem avocari non potest. leg. Cùm venderes, D. de contrab. empt. ny la redhibition, parce que res propter servitutem vitiosa propriè non dicitur. leg. Quod ad servitutes. De eviction. mais seulement qu'elle produisoit l'action, Quanti minoris, pour estre remboursé de ce que la chose vaut moins à l'occasion de la servitude, leg. Quoties. D. de adil. edicto. De sorte que le droict dispose, que nonobstant les servitudes on ne laisse pas de garder l'heritage, & qu'il suffit de rendre en argent, ce que l'heritage est diminué de prix à l'occasion d'icelles.

Le même doit estre dit des charges foncieres, que le detempteur aura créées sur l'heritage depuis la premiere baillée ; nonobstant lesquels je tiens qu'il peut estre deguerpy au premier bailleur, en lui paiant en argent ce qui luy importe que telles rentes posterieures n'ayent esté imposées sur son heritage. Il est vrai qu'en ce cas, si le detempteur est bien conseillé, il déguerpira plustost l'heritage és mains de celui auquel la derniere rente est deüe : Car déguerpissant au dernier rentier, il ne sera point tenu de paier le prix & amortissement de l'ancienne rente, parce qu'elle estoit deüe dés-lors que pour la derniere baillée de l'heritage la rente posterieure a esté créée.

Mais quant à l'usufruit & autres telles servitudes personnelles, cette difficulté n'y peut échoir; car en premier lieu, celui qui a la proprieté detracto usufructu, n'est point tenu des charges foncieres, mais le seul usufruitier, leg. Quæro. D. de usufr. leg. Et d'ailleurs l'usufruitier ne peut déguerpir son usufruit immediatement & directement au Seigneur de la rente, mais il faut qu'il le quitte & remette précisément au proprietaire: Usufructus enim alii quàm domino proprietatis cedi non potest. Ce qui sera expliqué au dernier Livre. En quoi il n'y a nul inconvenient : Car l'usufruitier voiant qu'au moien de la rente son usufruit lui est inutile, peut quitter & remettre son usufruit au proprietaire de l'heritage, qui par aprés l'aiant libre & reüny, le déguerpira s'il veut & s'il voit que bon soit, au Seigneur de la rente. Voila comme l'heritage chargé d'hypotheques, de servitudes, & de nouvelles rentes & d'usufruict, peut estre déguerpy.

Cautele pour déguerpir un heritage chargé de deux rentes foncieres.

11. Comment peut estre déguerpi l'heritage chargé d'usufruit.

CHAPITRE IV.

Du restablissement des demolitions de l'heritage, & quels detempteurs en sont tenus avant que deguerpir.

1. Que l'heritage doit estre rendu en bon estat.
2. Si en poinct de Droit le déguerpissement exempte des reparations.
3. Explication de la Loy Cùm fructuarius. D. de usufr.
4. 5. Que cette Loy ne doit estre entenduë que des demolitions precedentes l'usufruict.
6. Qu'il faut précisément reparer l'heritage, & que ce n'est pas assez de consigner argent pour les reparations.
7. 8. Si les tiers detempteurs sont tenus du rétablissement.
9. Resolution sur cette question.
10. Si celuy particulierement qui n'avoit connoissance de la rente, est tenu du rétablissement.
11. Solution des Coustumes qui semblent contraires.
12. Qu'en poinct de Droict le possesseur de bonne-foy n'est tenu du rétablissement.
13. Comment il est tenu en Droit des demolitions arrivées par sa faute ou negligence.
14. Quid si le detempteur de bonne-foy a contesté en cause ?
15. Ce qui se pratique en ce cas pour le payement des arrerages.
16. Resolution de la question.
17. Si les tiers detempteurs sont tenus de restablir les demolitions faites auparavant leur detention.
18. Raisons pour montrer qu'ils en sont tenus.
19. Que le même doit avoir lieu aux servitudes imposées par leurs autheurs.
20. Quand & comment ils auront recours pour ce regard contre leurs autheurs.
21. Si le Seigneur rentier aprés le déguerpissement, a action de son chef contre les precedens detempteurs, qui ont fait les demolitions.

1. Que l'heritage doit estre rendu en bon estat.

Reste la troisième & la principale perfection requise à la chose déguerpie, à sçavoir qu'elle soit entiere & non deteriorée en aucune de ses parties ; Car comme l'usufruitier, aussi le preneur à rente, doit joüir de l'heritage ainsi qu'un bon pere de famille, & ne le doit rendre en pire estat qu'il l'a pris, leg. 1. §. caveat. D. usufruct. quemad. caveat. Et c'est une regle de Droict que non videtur res reddi, quæ deterior redditur. leg. 3. §. 1. D. Commodati. leg. Militares. §. abesse, D. verb. signif. C'est pourquoi la Loy donne un expedient, dés lors que la tradition de l'heritage in testatum redigitur, qualis sit, sit ut indè possit apparere, an & quatenus eam pejorem fructuarius fecerit. leg. 1. §. Recte. D. eod. tit. usufr. quemad. can. D'où est indubitablement tiré l'article 41. de l'Ordonnance de 1441. Les preneurs seront tenus faire visiter les maisons & lieux à eux adjugez, par Iurez & gens à ce experts & connoissans ; Et en faisant ladite visitation, sera faite declaration de la longueur & largeur desdits lieux, & aussi appretiation d'iceux. Et par aprés il est dit, Si les preneurs, leurs hoirs ou ayans cause, vouloient renoncer auxdites maisons, & lieux ainsi adjugez, ils seront tenus les laisser en aussi bon estat & valeur, comme ils estoient au temps desdites adjudications & appretiations, ou autrement ils ne seront receus à ladite renonciation.

2. Si en poinct de Droict le déguerpissement exempt des reparations.

Et toutefois il y a une Loy fort celebre qui semble renverser evidemment cette proposition, & inferer que par le déguerpissement on se décharge même des reparations desquelles autrement on seroit tenu. C'est la Loy 46. de usufr. Cùm fructuarius paratus est usumfructum derelinquere, non est cogendus dominum reficere, etiam in quibus casibus usufructuario hoc onus incumbit. Sed & post acceptum contra eum Judicium parato fructuario derelinquere usumfructum, dicendum est absolvi eum debere à Iudice. Et de faict, il n'y a aucun des Interpretes qui ne colige de cette Loy, que l'usufruitier s'exempte de reparer les demolitions survenuës de son temps, en quittant & delaissant son usufruict.

Ce qui peut estre veritable : Car autrement pourquoi seroit-il dit que l'usufruitier ne peut rendre la chose deteriorée, & qu'à cette fin on l'a fait apprecier dés-lors de la constitution de l'usufruit ? Mais sans doute cette Loy se doit entendre des reparations qui estoient à faire en la maison, lors que l'usufruit y est legué, lesquelles reparations doivent estre faites par l'usufruitier, du moins les mediocres reparations, que nous pouvons appeller entretenemens ; Et si l'usufruitier peut estre contraint par le proprietaire à les faire, leg. 7. §. ult. & leg. 8. D. de usufr.

3. Explication de la Loy Cùm fructuarius. D. de usufr.

Et pour montrer clairement que la loy Cùm fructuarius, doit estre entenduë des demolitions survenuës auparavant l'usufruit constitué, il la faut conjoindre avec la Loy qui le suit immediatement, dont voicy les mots, Sed cùm fructuarius debeat, quod suo suorumque facto deterius factum est reficere, non est absolvendus, licet usumfructum derelinquere paratus sit. Voila comme elle distingue les demolitions survenuës du temps de l'usufruitier d'avec celles il ne peut déguerpir, d'avec celles

4. 5. Que cette Loy ne doit estre entenduë que des demolitions precedentes l'usufruict.

s'exempte par le déguerpissement. Et adjouste cette Loy, *Debet enim omne quod diligent paterfamilias in sua domo facit, & ipse facere*: Ce qui monstre que cette Loy posterieure ne comprend pas seulement les demolitions survenuës par son fait : mais encore celles qui arrivent par sa negligence, c'est à dire, non seulement ce qu'il a demoly ; mais encore ce qu'il a laissé déchoir. Et par aprés cette mesme Loy revenant à parler des demolitions du temps precedent, porte, *Non magis hares reficere debet, quod jam detritus factum relinquit testator, quàm si proprietatem alicui testator legasset*. Que signifie que quand l'usufruit a esté legué, ce qu'il n'est pas à l'heritier à faire telles reparations, mais qu'il n'en est non plus tenu que s'il n'avoit rien en la proprieté, & qu'elle eust par le mesme testament encore esté leguée à quelque autre.

Aussi la Loy *Si absente*, au mesme titre, qui est la seule concordance de la Loy *Cùm fruct.* parle expressément des demolitions du temps precedent ; Car le propos estant de cés demolitions aux Loix precedentes, voicy ce qu'elle porte, *Si absente fructuario, heres quasi negotium ejus gerens reficiat, negotiorum gestorum actionem contra fructuarium habet, tametsi sibi in futurum heres prospicere debuisset ; sed si paratus sit recedere ab usufructuarius usufruit, non est cogendus reficere*.

6. Qu'il faut precisément reparer l'heritage, & que ce n'est pas assez de consigner argent pour les reparations.

Il faut donc tenir pour regle asseurée, que le preneur de l'heritage aussi bien que l'usufruitier, est tenu de le remettre en bon estat avant que le déguerpir. Et bien qu'il suffise à l'heritier de l'usufruitier de rembourser en argent les dommages & interests de la deterioration de l'heritage, parce qu'alors l'usufruit est finy, & que l'heritier ne pretend nul profit & exemption en la rendant & restituant : Toutefois au cas du déguerpissement, qui apporte cette commodité au detempteur, qu'il s'exempte pour l'avenir des charges de l'heritage, il ne suffit pas de le rendre tel qu'il est, & offrir à part les dommages & interests de la deterioration ; mais il faut precisément qu'à sa diligence, l'heritage soit remis en bon estat, auparavant qu'il soit receu à déguerpir : Aussi ne seroit-il pas raisonnable, que le Seigneur rentier eust la peine de faire faire les reparations, & que pendant qu'elles se feroient, il ne retirast nul profit de l'heritage ny de sa rente. Joint que le deguerpissement est de droict estroit & rigoureux, auquel il faut que la forme prescrite par la Coustume soit observée & accomplie precisément & specifiquement, non point par une voye oblique, bien qu'elle fust equipolente, ainsi qu'il a esté déja dit. Mesme que cette solemnité de rendre l'heritage en bon estat, est enoncée par la Coustume en terme gerondif, qui emporte de sa nature une forme precise & necessité absoluë, mesme une condition sans laquelle l'acte est entierement nul, comme du Molin parle fort bien sur l'article 3. de la Coustume, glos. 2.

7. §. Si les tiers detempteurs sont tenus du restablissement.

Mais dautant que nostre Coustume impose seulement cette condition au preneur de l'heritage en l'article 109. & non à l'acquereur du preneur, en l'article suivant, & moins encore au tiers detempteur, qui n'avoit connoissance de la rente. En l'article 102. on peut douter si le tiers detempteur est tenu de rendre l'heritage en aussi bon estat qu'il estoit au temps de la prise, veu mesme que ce mot *de prise* semble ne se pouvoir referer volontiers qu'au preneur, comme aussi celuy-là seul peut estre dit rendre l'heritage au bailleur qui l'a pris de luy. Et on peut dire que le preneur en déguerpissant, est bien dit rendre l'heritage, comme en cet article 109. mais le tiers detempteur est dit y renoncer, comme en l'article 102. Et de fait par la lecture de ces deux articles, il appert que la Coustume a voulu establir deux especes de deguerpissement, l'un du preneur, & l'autre du tiers detempteur, & celuy-cy est tenu le rendre en aussi bon estat, & payer les arrerages ; L'autre du tiers detempteur, qui est dit renoncer à l'heritage, & semble que celuy-là n'est tenu le reparer, ny payer les arrerages de la rente, sinon, entant que la Coustume l'y astraint.

Au contraire on peut dire, que presque toutes les Coustumes qui ont traité des exponses & deguerpissemens, portent indefiniment que la chose deguerpie doit estre renduë en bon estat, & de fait l'article 10. de l'Ordonnance de 1441. y est exprés : *Tous proprietaires des maisons ou possessions chargées de rentes onereuses, s'ils veulent renoncer à icelles maisons & possessions sans rachepter lesdites rentes, ils seront receus auxdites renonciations faire, en delaissant icelles maisons & possessions en tel estat qu'elles estoient au temps de la prise*.

9. Resolutio de cette question.

C'est pourquoy il faut tenir pour constant, que & l'acquereur à la charge de la rente, & celuy mesme qui a acquis l'heritage sans la charge d'icelle, s'il en a passé titre nouvel, ou s'il a esté condamné au payement & continuation d'icelle, mesme s'il a eu connoissance d'icelle, il est tellement tenu des reparations, mesme des demolitions survenuës auparavant, ou son titre nouvel, ou sa. condamnation, ou sa connoissance, qu'il ne peut déguerpir qu'il n'ait entierement restably l'heritage.

10. Si celuy particulierement n'avoit connoissance de la rente, cité du rétablissement.

Mais on ne peut faire doute du tiers detempteur qui n'avoit aucune connoissance de la rente, & qui se voyant poursuivy pour raison d'icelle, a deguerpy avant contestation en cause, dautant que les Coustumes & l'Ordonnance de 1441. parlans indistinctement ou generalement, semblent aussi bien le comprendre que les autres detempteurs, n'estant, ce semble, à nous de distinguer ce que les loix ne distinguent point. Mais on peut dire que nostre Coustume distingue notamment & precisément le detempteur icy de bonne foy d'avec les autres, en ce qui concerne le payement des arrerages, qui est l'autre condition du deguerpissement dont elle l'exempte. Et bien qu'elle ne l'exempte pas formellement des reparations, aussi ne l'en charge-elle pas ; car elle n'en charge par exprés que le preneur : Or il y a beaucoup moins d'apparence que le detempteur soit tenu des reparations que des arrerages de son temps, veu qu'il a perceu annuellement les fruits de l'heritage, sur lesquels la rente devoit estre payée par chacun an ; Joint que l'article 99. declare indistinctement tous les detempteurs tenus personnellement des arrerages, ce qu'elle ne dit point des reparations.

11. Solution des Coustumes qui semblent contraires.

Il faut donc dire que les Coustumes, qui portent indistinctement qu'il faut remettre l'heritage en bon estat afin de le pouvoir deguerpir, parlent seulement des detempteurs qui par le deguerpissement se veulent exempter des rentes desquelles ils sont déja chargez & tenus en quelque façon que ce soit ; mais celuy qui n'en est chargé aucunement, n'ayant eu aucune connoissance de la rente, & qui deguerpit seulement afin de n'en point devenir chargé, c'est bien la raison que cela luy soit plus facile.

12. Qu'en point de droict le possesseur de bonne foy n'est tenu du rétablissement.

Or le droict decide nettement cette difficulté ; car il est certain en droict, que le simple possesseur de bonne foy n'est point tenu des demolitions & deteriorations survenuës en l'heritage, soit par sa negligence (*potuit enim rem quasi suam negligere. Si quid possessor. §. sicut D.de petit. hered.*) soit mesme par son propre faict, *l. Sed etsi lege. §. consuluit. & D. §. sicut eod. tit.* A plus forte raison donc celuy qui non seulement est possesseur de bonne foy, mais encore est le vray seigneur de l'heritage, ne peut estre recherché pour les demolitions, sinon entant qu'il en seroit tourné quelque chose à son profit, comme s'il avoit demoly quelque bastiment dont il eust vendu & profité les materiaux ; en ce cas j'estime bien qu'il seroit tenu de rendre le prix qu'il en auroit receu ; mais non de rétablir l'édifice, suivant la decision textuelle de la Loy, *Item venium, §. præter hæc cod. tit. D. De pet. hered.*

13. Comme il est tenu en droict des demolitions arrivées

Il y a bien plus ; car supposé que le possesseur de bonne-foy, par faute ou negligence, ait deterioré la chose depuis la demande qui luy en est faite, il n'en est point tenu, pourveu qu'il la rende avant contestation ; Si

De la forme

vées par sa faute ou négligence.

bona post conventionem restituitur, siquidem à bona fidei possessore, puto cavere eum de dolo solo debere; caeteros autem & de culpa sua, inter quos erit & bona fidei possessor post litem contestatam, dit Ulpian en la Loy *Si homo. De rei vend.*

14. *Quid, si le detenteur de bône foi a contesté en cause ?*

Mais que dirons-nous du possesseur de bonne-foy qui a contesté en cause, & qui partant s'est constitué en mauvaise foy, feinte & interpretative, selon la Decision de la Loy 2. *C. de fructibus. & tit. expens.* & la Loy *Sed & si lege §. si ante. D. de petit. hered.* Premierement il n'y a point de doute qu'il ne soit tenu des demolitions survenuës après la contestation; mais selon le Droit il ne seroit point tenu des demolitions precedentes, non plus que des fruits auparavant écheus, comme il est decidé en la Loy 4. §. *post litem. D. fin. regund.* Et ainsi est entenduë par la Glose cette Loy *Si homo*.

15. *Ce qui se pratique en ce cas pour le payement des arrerages.*

Mais en France nous sommes bien plus rigoureux contre la mauvaise foy, & contre les Plaideurs temeraires; car nostre Coustume decide que le detenteur de bonne-foy, pour s'exempter des arrerages de son temps, doit deguerpir avant contestation. D'où il s'ensuit que deguerpissant après contestation, il ne s'exempte pas de ces arrerages. Aussi la Coustume adjouste expressément, que deguerpissant après contestation, il faut qu'il paye les arrerages jusqu'à la concurrence des fruits par luy perceus; ce qui sera expliqué cy-après, lors qu'il sera parlé des arrerages. Tant à que c'est une moderation fort équitable: car il n'est pas déchargé des arrerages, parce qu'insistant au procez, il a montré qu'il n'estoit pas de bonne foi; il n'en est pas aussi chargé entierement, outre la valeur des fruits, parce qu'il n'est pas du tout de mauvaise foi, mais il est tenu de rendre le profit qu'il a tiré de l'heritage: *Lucrum igitur ab eo aufertur, sed damnum non infligitur*.

16. *Resolution de la question.*

Or cette moderation ne peut convenir directement aux demolitions, & toutefois il l'y faut appliquer le mieux qu'on pourra, puisqu'il y a mesme raison d'équité; aussi qu'en Droit la restitution des fruits, & la reparation des demolitions sont presque toûjours égalées. Il faut donc dire que le detenteur est tenu de faire les reparations jusqu'à la concurrence des fruicts par lui perceus, si mieux il n'aime les rendre, quoy faisant il s'en doit décharger, n'estant pas raisonnable que pour le temps de sa bonne-foi, il soit tenu plus outre que le profit qu'il a tiré de la chose; Et dautant que cela n'est pas liquide, je tiens qu'il n'est pas necessaire de l'effectuer, ny mesme d'en faire offre pour la validité du deguerpissement, mais seulement que le Seigneur de la rente le peut demander en execution de la Sentence du deguerpissement: ce qui sera plus particulierement examiné ci-après, lorsqu'il sera parlé des arrerages.

17. *Si les tiers detenteurs sont tenus de restablir les démolitions faites auparavant leur detention.*

Pareillement j'ay veu faire doute, si les auttres tiers detenteurs qui n'ont eu connoissance de la rente, sont tenus de restablir les demolitions faites ou survenues en la chose, non seulement auparavant leur mauvaise foi, mais mesme auparavant leur temps & leur detention; veu qu'il n'est pas raisonnable qu'ils souffrent dommage par la faute & negligence d'autruy. Toutefois puisque la Loi du deguerpissement est telle, que tous ceux qui sont effectivement tenus de la rente, & entrez une fois en obligation par icelle, ne s'en peuvent décharger en abandonnant la chose, sinon qu'ils la rendent en tel estat qu'elle estoit au tems de la prise, comme l'Ordonnance de 1441. decide en l'art. 20. & les Coustumes d'Anjou, du Maine, de Lodunois, & autres, j'estime qu'ils ne se peuvent exempter de faire ce restablissement: Aussi est-ce leur faute de s'estre chargez trop legerement de la prestation d'une rente, soit par un titre nouvel, ou en s'y laissant condamner, ou mesme acquerant l'heritage à cette charge, sans prendre garde si lors de cette soumission l'heritage estoit en tel estat qu'il devoit estre: car il falloit pour bien faire, qu'avant qu'entrer en obligation, ils s'enquissent des moyens d'en pouvoir sortir.

18. *Raisons pour montrer qu'ils en sont tenus.*

Et d'autre part il ne seroit pas raisonnable que le Seigneur fust tenu reprendre son heritage demoly & deterioré depuis le bail à rente; mais il faut qu'il soit rendu franc & quitte, & qu'il ne luy puisse écheoir aucun dommage par le moien du déguerpissement. C'est pourquoi de quelque part que ce soit, avant qu'il soit tenu de reprendre son heritage, il faut qu'il le trouve en telle valeur & bonté qu'il l'a baillé autrefois. Il seroit-il juste qu'il allast courir après son éteuf, & faire la recherche d'un ancien detenteur, qui possible auroit esté trente ans auparavant, & du tems duquel les demolitions auroient esté faites? Et sur tout si l'opinion contraire avoit lieu, ce seroit un moyen fort facile pour s'exempter des reparations avant que de deguerpir: car celuy qui auroit demoli l'heritage, au lieu de le déguerpir luy-mesme, le vendroit à un autre, qui par après le deguerpiroit, sans le reparer, sous prétexte que les demolitions ne seroient arrivées de son temps: & ainsi le Seigneur n'auroit plus qu'une simple action pour ses reparations, au lieu que l'Ordonnance veut qu'avant qu'il soit tenu reprendre son heritage, les reparations soient actuellement faites.

Le mesme doit estre dit pour raison des servitudes imposées sur l'heritage depuis le bail à rente, desquelles le tiers detenteur doit payer l'estimation, avant qu'estre receu à ʃdeguerpir, comme il a esté dit ci-dessus; & ce encore que les servitudes n'ayent point été constituées par luy, mais par ceux qui ont tenu la chose auparavant luy. Et pour le regard des hipotheques creées par les precedents detenteurs, sçavoir si celui qui a deguerpi, en est tenu recursoirement, il sera traité au dernier Livre.

19. *Que le mesme doit avoir lieu aux servitudes imposées par leurs autheurs.*

Mais quoi? celuy à deguerpir, après avoir esté contraint de restablir les demolitions faites, & paier l'estimation des servitudes imposées par les precedens detenteurs, aura-t-il recours contr'eux? Il faut distinguer: car s'il n'a point acquis à la charge de la rente, il est aisé à entendre qu'il a son recours pour estre déchargé de la rente, deslors qu'il en sera poursuivi: & après avoir deguerpi, il a son recours pour ses dommages & interests, entre lesquels il mettra les reparations qu'il a esté contraint de faire, afin de pouvoir deguerpir. Mais s'il a acquis à la charge de la rente, puisqu'il s'est chargé de la paier, comme qu'il ne deguerpiroit pas s'il ne vouloit, il ne peut rien pretendre contre son autheur, encore que le deguerpissement se trouve plus difficile qu'il ne s'estoit imaginé, ignorant que l'heritage, lors du bail à rente, fust meilleur que lors qu'il l'a acquis: & en lui demandera rien davantage: & c'estoit à lui de s'enquerir à quelles conditions il pourroit deguerpir, au cas qu'il se voulust par après exempter de la rente.

20. *Quand & comment ils auroit recours pour ce regard contre leurs autheurs.*

C'est aussi une grande question, sçavoir si le Seigneur de la rente après avoir accepté le deguerpissement sans prejudice de se pourvoir par action pour les reparations de l'heritage, ou aucas que le detenteur se fust insolvable pour faire lesdites reparations, se peut addresser directement & de son chef contre le precedent detenteur, qui a fait les demolitions. Pour moi j'estime qu'il faut appliquer à cette occurrence la decision de la Loy *Competit §. ult. Quod vi aut clam*; que celui qui a fait la demolition au prejudice de son voisin, encore qu'il ne soit plus possesseur de l'heritage, est neanmoins tenu *prestare impensam refectionis*, parce, dit la Loi, que *ex facto suo convenitur*: Aussi est-ce un droit de privilege du preneur à rente pouvoir s'exempte du cours d'icelle pour l'advenir, en rendant l'heritage à autruy, sans qu'encore il s'exempte de reparer les demolitions qu'il a faites en l'heritage, entant qu'elles peuvent redonder au dommage du Seigneur de la rente. Autrement il seroit aisé à celuy qui auroit abbatu l'édifice, de revendre puis après la place à quelque pauvre homme, avec lequel il collude-

21. *Si le Seigneur retire après le deguerpissement, a action de son chef contre les precedés detenteurs qui ont fait les demolitions.*

Du déguerpissement, Livre V.

roit ; de sorte que le Seigneur de la rente seroit tenu de reprendre la place sans être rebastie, ou courir fortune de perdre entierement sa rente.

CHAPITRE V.

Des demolitions avenuës par le fait ou faute du detenteur, & s'il le faut reparer avant que deguerpir.

1. §. Ces mots, Estat & valeur, que signifie en nostre Coustume.
2. Qu'il est necessaire rendre l'heritage en pareille bonté.
3. De l'âge des bastimens.
4. Qu'il est necessaire rendre l'heritage en pareil prix.
6. Trois sortes de demolitions, volontaires, fortuites & naturelles.
7. Demolitions volontaires doivent estre reparées, bien qu'elles soient du faict des precedens detenteurs.
8. Si le detenteur qui ne deguerpit point, peut estre contraint de reparer ses demolitions, ou empesché de les faire.
9. Ce qu'en decide le Droict en l'usufruitier.
10. Opinion affirmative.
11. Resolution & distinction.
12. Que pour la deterioration l'usufruit ne tombe point ipso jure en commisse, contre l'opinion commune.
Intelligence au §. dernier de la Loy Hoc amplius. D. de damno infecto.
13. Comment il se faut gouverner contre l'usufruitier qui empire l'heritage.
14. 17. Cas auquel le rentier peut demolir la maison chargée de rente.
15. Que l'emphyteote perpetuel & le censier peuvent abbatre les maisons.
16. Que le vassal ou proprietaire du fief le peut aussi faire.
18. Comment en Droict l'usufruitier peut demolir les bâtimens par luy édifiez.
Intelligence de la Loy Sed & si quid. D. de usufr.
19. Si le rentier peut changer la surface de l'heritage.
20. Quelles sortes d'heritages ont été estimez les meilleurs par les anciens.
21. Si le rentier qui a changé en mieux la face de l'heritage, peut deguerpir sans le remettre au premier estat.
22. Si au moins il doit rétablir la premiere face, quand sa melioration est perie fortuitement.

1. §. Ces mots, Estat & valeur, que signifient en nostre Coustume.

APrés avoir expliqué quels detenteurs sont tenus du rétablissement de l'heritage avant que deguerpir, il reste de traiter comment ce rétablissement doit être fait, & si toutes sortes de demolitions indistinctement doivent être reparées; qui est l'un des plus difficiles & importans poincts de ce Traité.

La Coustume de Paris article 110. & l'Ordonnance de 1441. article 20. portent notamment qu'il faut remettre l'heritage en tel estat & valeur qu'il estoit au temps de la prise. A prendre ces mots à la lettre, il semble que l'estat & valeur soient deux qualitez diverses : & que l'estat signifie la qualité interne ; c'est à dire, la bonté de l'heritage, & que la valeur soit sa qualité exterieure, c'est à dire le prix auquel l'heritage peut être estimé : de sorte que laisser l'heritage en aussi bon estat & valeur que du temps de la prise, c'est le rendre en aussi grande bonté, & d'aussi grand prix qu'il étoit lors.

2. Qu'il n'est necessaire rendre l'heritage en pareille bonté.

Et toutefois ny l'un ny l'autre n'est pas necessaire : car en premier lieu s'il falloit que l'heritage fust restitué en pareille bonté, il s'ensuivroit que jamais les maisons ne pourroient être déguerpies, parce qu'elles diminuent de bonté interieure par le laps de temps, & en fin deviennent caduques & ruineuses d'antiquité; neantmoins on ne laisse pas de les deguerpir, pourveu qu'elles soient en bon entretien.

3. De l'âge des bastimens.

Bien que d'ailleurs ce ne soit point chose nouvelle en Droict de priser davantage les maisons neuves que des vieilles, veu ce qu'écrit l'Architecte Vitruve, que les maisons de basse matiere diminuent tous les ans de la vingt-quatriéme portion de leur premiere valeur, & de ce qu'elles ont cousté à bastir. Aussi le Jurisconsulte Papinian en la Loy *Domus, de leg.* 1. a dit, *ætates ædificiorum esse considerandas* : Et on a veu de nostre temps la dispute de Cujas & de Bodin, & du Medecin Ferrieres sur l'intelligence de cette Loy.

4. Qu'il n'est necessaire rendre d'aussi grand prix l'heritage en pareil degré.

Pareillement l'usage vulgaire & notoire du deguerpissement, ne porte pas qu'il faille rendre l'heritage d'aussi grand prix & valeur exterieure qu'il estoit lors de la prise ; mais que comme *nullam varietatem pretio tempora afferunt*, comme dit Paulus, on ne va pas s'enquerir si les maisons de Paris estoient plus cheres lors du bail à rente, que lors du deguerpissement, autrement si on le pouvoit rendre l'heritage, qu'en pareil prix & valeur, on aimeroit toûjours autant le garder que le deguerpir.

Mais ces mots, *Que la chose soit laissée en bon estat* & valeur, signifient qu'elle soit en bon entretien. Et de faict les Coustumes d'Anjou, ou du Maine & de Lodunois & autres Coustumes qui traitent amplement du deguerpissement, ne portent pas ces mots, *estat & valeur*, mais portent *estat & reparation*. Comme on dit en nostre langage François on dit *qu'une vigne est en bon estat, quand elle est bien faite, & qu'elle a toutes ses façons, & qu'une terre est en valeur quand elle n'est point en friche*, parce que les terres qui sont en friche, diminuent necessairement de valeur : *sicut diligenti cultura pretia prædiorum ampliantur, ita negligentius habita minui ea necesse est*, dit le Jurisconsulte en la loy 2. D. de jure fisci. D'où il s'ensuit que tandis que le detenteur joüit de l'heritage chargé de la rente fonciere, & en perçoit les fruits, il est tenu de l'entretenir, *respectu & tueri ædificia, non etiam restituere si tota vetustate collapsa fuerint*, comme parle Ulpian en cas semblable, *in l. Divortio. §. ult. soluto matrim.*

6. Trois sortes de demolitions volontaires fortuites & naturelles.

Mais parce que ce poinct icy est de tres-grande importance, & encore de plus grande difficulté de le traiter plus methodiquement, je distingueray trois sortes de demolitions, à sçavoir celles qui sont survenuës par le faict du detenteur, ou bien par sa faute ou negligence, qui est tout un : celles qui sont arrivées par la nature de la chose, comme quand les maisons pour leur antiquité, & *propter senium ætatis*, comme parle la Loy penultiéme. C. de operib. publ. tombent en ruine : & finalement celles qui surviennent *vi majore* & par cas fortuit. J'appelleray les premieres, pour plus grande facilité, demolitions volontaires, les secondes naturelles, & les troisiémes fortuites; demandant en cét endroit pour tout cét œuvre, congé au Lecteur, d'inventer de ces termes nouveaux en un sujet nouveau.

7. Demolitions volontaires doivent estre reparées, bien qu'elles soient du faict des precedens detenteurs.

Donc pour le regard des demolitions volontaires (en l'explication desquelles j'employeray ce Chapitre) il n'y a nul doute qu'elles ne doivent estre retablies, avant que le deguerpissement puisse estre receu & accepté, encore même qu'elles ne soient pas précisément du faict du detenteur, qui veut deguerpir : mais des precedens detenteurs : car depuis qu'il est chargé de la rente par la connoissance qu'il en a eu d'icelle, il ne s'en peut plus décharger que par le deguerpissement, accompagné des conditions requises par la Coustume. C'est pourquoy cette regle manque au tiers detenteur, qui n'avoit connoissance

De la forme

de la rente, & qui deguerpit avant contestation : car celuy-là n'en ayant jamais esté actuellement chargé, s'en peut décharger plus facilement & à meilleur marché, comme il a esté déja prouvé au Chapitre precedent.

2. Si le detenteur qui ne deguerpit point, peut estre contraint de reparer les demolitions, ou empeché de les faire.

Mais on demande si n'estant point question du deguerpissement, le Seigneur de la rente peut par voye d'action contraindre le rentier qui est prest à la continuer, de restablir les demolitions volontaires ; mesme s'il le peut empescher de demolir le bastiment qui est sur l'heritage chargé de la rente.

9. Ce qu'on decide en Droit en l'usufruitier.

Cela est bien clairement decidé en Droict au regard ou cogitur ædes reficere. l. 7. & 8. D. de usufr. & que prohibere potest arbores fructiferas exscindere, villam diruere, & quicquam in perniciem proprietatis facere. l. Æquissimum. §. fructuarius, cod. tit. Mesme on tient communément que l'usufruitier peut estre privé de son usufruit, s'il demolit les bastimens. l. Hoc amplius. §. ult, de damno infecto : Et bien qu'il ait baillé caution, si est-ce que cela ne l'exempte pas de la contrainte de son usufruit, s'il deteriore l'heritage, comme l'ont Paul de Castre sur l'Auth. Qui rem. de sacrosanct. Ecclef. Et ce pour deux raisons : L'une, que le proprietaire ne seroit pas assuré, s'il luy falloit attendre après l'usufruit finy, d'agir contre la caution pour les demolitions, attendu qu'alors la preuve en pourroit estre difficile : comme pour mesme raison le Jurisconsulte Labeo, donne action prompte contre le vendeur, pour les demolitions, ou constitutions de servitudes, qu'il a faites entre la vente & la tradition de l'heritage, bien que le vendeur ait baillé caution. l. Elegantèr. §. 1. De dolo. L'autre raison de Paul de Castre est que supposé que la preuve des demolitions fust facile, & que la liquidation des dommages & interests fust prompte & aisée, si est-ce que le proprietaire n'est pas tenu de perdre la commodité du bastiment, & recevoir après l'usufruit finy, de l'argent & des dommages & interests, au lieu de retrouver son édifice, puis qu'en temps & lieu on y peut obvier.

10 Opinion affirmative.

Tout cela se peut dire en l'usufruit ; mais la question est en l'emphyteose, au fief, au cens, & en la rente, soit Seigneuriale ou simple fonciere, le mesme doit estre observé. Car Cujas sur le premier livre des Fiefs dit, que feudum, emphyteusis, colonarium jus, species sunt usufructus. Et presque tous les Interpretes du Droit ont tenu que mesme l'emphyteote des particuliers peut estre expulsé, s'il deteriore l'heritage : comme cela est expressément decidé en l'emphyteose de l'Eglise par l'Authentique Qui rem. De sacrosanctis Ecclef. & au locataire en la Loy Eadem C. Locati, encore que l'emphyteote offrist bailler caution d'indemnité au Seigneur, comme dit Balde sur la Loy Divortio. §. fundum, D. sol. matrim. Et Paul de Castre sur cette Authent. Qui rem.

11. Resolutiõ & distinction.

Toutesfois, parce que les rentiers & emphyteotes ont beaucoup plus de droict en la chose que les simples usufruitiers, attendu qu'ils ont la pleine proprieté, & du moins la Seigneurie utile de l'heritage, j'estime qu'il faut distinguer, quand il y a droict de reversion certaine & assurée, & quand il n'y en a point j'appelle droict de reversion certaine, comme en l'emphyteose temporelle, au bail à vies, ou à longues années, & aux fiefs concedez à certaines generations, comme estoient ceux des Lombards. Car ce droict de reversion équipolle presque une simple proprieté, & fait que le preneur n'est que comme usufruitier : de sorte qu'il ne peut rien faire au prejudice du Seigneur direct, à qui mesme la Seigneurie utile appartient par esperance certaine, & ne doit demolir l'heritage au préjudice de celuy auquel il doit necessairement retourner quelque jour. C'est pourquoy il ne faut pas trouver estrange, que la Loy ait prohybé au preneur à longues années de demolir l'heritage ; & pareillement à l'emphyteote de l'Eglise, parce que l'emphyteose Ecclesiastique ne pouvoir anciennement estre autre que temporelle, & sujette à reversion après certain temps, par l'Autent. De non alien. Ecclef. reb. §. alienationis. En quoy se sont trompez les interpretes qui ont estendu l'Auth. Qui rem, à toutes sortes d'emphyteoses ; veu qu'il est certain que l'autre decision de cette Authentique, touchant l'expulsion de l'emphyteote en cas de cessation de payement par deux ans, n'a lieu qu'en l'emphyteote de l'Eglise, & non en celuy des particuliers, où il faut cessation de trois ans, lege 1. C. de jure emphyt.

12. Que pour la deterioration de l'usufruit ne tombe point ipso jure en côfiscation, contre l'opinion commune. Intelligence du §. dernier de la Loy Hoc amplius D. de damno infecto.

Il y a encore un autre erreur en l'opinion commune des Interpretes, qui ont tenu sur cette Authentique, que l'emphyteote des particuliers ayant deterioré l'heritage perdoit ipso facto son droict, par une maniere de commise, comme il est decidé de l'emphyteote Ecclesiastique. Car cette peine estant extraordinaire & exorbitante, ne doit pas estre estenduë en un cas moins favorable, comme mesme le simple usufruitier, duquel le droict est si fresle & caduque en Droict, ne perd pas incommutablement son usufruit par la deterioration ; quoy que les Interpretes le tiennent vulgairement, & que mesme du Moulin l'ait tenu sur l'article 1. de la Coustume, glos. 1. nom. 31. Car le §. dernier de la Loy Hoc amplius. De damno infecto. (qui est le seul texte qui peut servir à cette opinion, & duquel l'équivoque a causé toute l'erreur) ne dit pas que usumfructum amittat, mais que uti frui prohibetur, c'est à dire, qu'on saisit l'usufruit de celuy qui use mal de l'heritage, & qu'on l'empesche d'en jouir, s'il ne se veut deporter de sa malversation. Et de faict, cette pretenduë façon de consolidation & perte de l'usufruit, n'est point mise en Droit inter modos & causas amittendi usufructus, in tit. Quibus ex causis usufruct. amittatur, & ne fust jamais pratiquée en France.

13. Commet il se faut gouverner contre l'usufruitier qui empire l'heritage.

Je concluds donc que l'usufruitier, l'emphyteote temporelle, le preneur à vies ou à longues années & le feudataire des Lombards, ne perdent pas proprement & absolument leur droict, pour la deterioration de l'heritage ; mais bien qu'ils peuvent, la chose estant entiere, estre empeschés de la demolir, & l'ayant demolie, qu'ils peuvent estre contraints de la restablir promptement, soit par saisie de la place, ou mesme s'ils usent de trop grande contumace, par la perte & commise de leur Droict : en quoy toutesfois il faut Sentence declarative du Juge.

14. 17. Cas auquel le rentier peut demolir la maison chargée de rente.

Mais quand l'heritage n'est chargé d'aucune reversion, alors je dis que puisque la Seigneurie utile en appartient irrevocablement au detenteur, il en peut pleinement & librement disposer à son plaisir, ut quisque est liber moderator & arbiter rei suæ : pourveu toutesfois qu'il ne fasse un prejudice irreparable à celuy à qui la rente fonciere, ou la Seigneurie directe de l'heritage appartient. Et partant pourveu qu'il le mette hors d'interest, & qu'il l'assure suffisamment de son droict soit par caution, ou en obligeant d'autres immeubles suffisans à fournir & faire valoir sa rente ; je tiens qu'il ne doit estre empesché d'user & disposer de son heritage, tout ainsi qu'il luy plaira, & que partant il ne peut estre empesché d'en démolir les bastimens, ny estre contraint de les restablir après qu'ils les aura demolis ; mais quoy qu'il en soit, il ne pourra jamais deguerpir, si le restablissement n'est fait.

15. Que l'emphyteote perpetuel & le censier peuvent abbattre les maisons.

Je mets en ce rang l'emphyteote perpetuel, nonobstant que le Seigneur direct ait droict de commise sur l'heritage pour cessation de payer les arrerages : car cette commise est un droict casuel & incertain, & encore odieux, qui avant que d'estre arrivé, ne rend pas le Seigneur emphyteutique proprietaire de l'heritage, neque re, neque etiam spe ; partant n'empesche pas l'emphyteote d'en pouvoir disposer à son plaisir. J'y mets pareillement le sujet censier, & je tiens qu'il peut librement user de son heritage, & en demolir les bastimens, malgré son Seigneur direct, mesme sans luy bailler caution, supposé qu'il soit certain (comme il n'arrive gueres autrement) que l'heritage ne puisse moins valoir que le cens. Car les heritages censuels

Du déguerpissement. Liv. V.

censuels sont patrimoniaux au detenteur, pour en disposer ainsi que bon lui semble : Et encore que le Seigneur ait quelque interest en cette demolition, à cause de ses lots & ventes : toutesfois l'interest s'en éloigne ; & d'un droit aucunement odieux, ne doit entrer en consideration, pour avoir tel effet, que d'oster le moien au proprietaire de s'accommoder de son bien ; joint que les lots & ventes n'écheent jamais sinon par le faict & volonté des proprietaires, qui ne vendroient jamais leurs heritages s'ils ne vouloient. J'entends cecy même, au cas qu'il se trouvast par l'accensement, que l'heritage eust esté baillé tout basty (car autrement il n'y auroit point de difficulté que le censier ne peut démolir les bastimens que lui-même auroit faits : *Tunc enim res non deterior, sed forma sua redditur. l. Si unus, §. pactus.*) & il est toujours veritable que l'on ne fait point de prejudice au Seigneur censier, quand l'heritage demeure en tel estat qu'il est assez suffisant pour lui paier annuellement son cens.

16. Que le vassal ou proprietaire du fief le peut aussi faire.

J'estime aussi le même des fiefs de France, qui sont perpetuels & purement patrimoniaux ; que nonobstant l'esperance que le Seigneur feodal peut avoir des rachats, reliefs, quints & requints, retraict, fruicts de pure perte, même de la commise qui y peut écheoir, le vassal en peut disposer en telle façon qu'il voudra, pour s'accommoder ; autrement, puisqu'en France tous les heritages sont à peu prés ou feodaux, ou censuels, il s'ensuivroit que jamais on ne pourroit s'accommoder de son heritage, & que depuis qu'un bastiment auroit esté fait, il ne seroit plus loisible de l'oster & abbatre : qui est un poinct, qui en ce temps tombe souvent en controverse ; quand les villages qui maintenant sont deserts à cause des gens de guerre, les proprietaires des maisons, en vendent la tuille, & autres materiaux, pour bastir en d'autres villages gardez des gens d'armes, ou aux Villes closes ce que les Seigneurs censiers ou feodaux veulent volontiers empecher.

Mais celui qui tient un heritage chargé d'une grosse rente fonciere, peut justement estre empeché d'en démolir les bastimens, ou contraint de les reparer, supposé qu'il n'offrit point de fournir & faire valoir la rente sur autres biens apparentement suffisans ; autrement ce seroit prejudice au Seigneur de la rente ; parce que la rente, estant principalement deuë par l'heritage, sera moins asseurée, quand l'heritage sera diminué. Ce que j'entends des bastimens qui estoient construits lors du bail à rente : car ceux qui ont esté faits par le rentier, peuvent sans doute par lui estre demolis ; comme Jean Faber & tous les Docteurs ont tenu unanimement en l'emphyteote.

18. Comment en Droict l'usufruitier peut demolir les bastiment par lui édificz. Intelligence de la Loy Sed & si quid, D. de usufr.

Et même l'usufruitier, bien qu'il ne puisse changer aucunement la face de l'heritage, peut neantmoins pendant que son usufruit dure, démolir les bastimens par lui faits ; mais aprés son usufruit expiré, il ne le pourroit plus faire, comme n'ayant plus aucun droit, ny pouvoir sur la chose ; mais seulement pourroit agir pour être remboursé de ses impenses & meliorations, *l. Eum qui. D. de usufructu. & seq. Sed & siquid. eod. tit.* Sur laquelle Loy se font équivoquez ceux qui tiennent le contraire, en ce qu'elle dit que *fructuarius tollere postea non potest adificium*, car elle porte notamment ce mot, *postea, id est, post finitum usumfructum* : Et ainsi doit-elle estre entenduë.

19. Si le rentier peut changer la surface de l'heritage.

Sur ce poinct on demande si le rentier peut absolument changer la face de l'heritage : car il est bien certain que l'usufruitier ne le peut faire ; mais que par telle mutation son usufruit seroit éteint. *leg. Quid tamen leg. Agri. & seq. D. Quibus modis usufr. amit. adeò ;*

qu'il ne peut pas même parachever l'édifice commencé, selon le scrupule du Droict Romain, ny augmenter celuy qui estoit tout fait, ny le changer en aucune façon, posé même que ce fust en mieux, *leg. Hactenus, in si. cum leg. seq. & l. usufructuarius, 1. & 2. D. eod. tit.* parce que cela excede le droit & le pouvoir du simple usufruitier ; mais sans doute que l'emphyteote, & tout autre rentier, peut changer en mieux la face de l'heritage ; d'autant que le vrai office de l'emphyteote, c'est d'augmenter, faire profiter, & mettre en meilleure valeur l'heritage : Et quant au rentier, il est Seigneur entier de la proprieté, & peut faire, comme il vient d'estre dit, tout ce qu'il luy plaist en l'heritage, pourveu que ce ne soit au dommage du Seigneur de la rente.

20. Quelles sortes d'heritages ont esté estimez les meilleures par les anciens.

Mais pour sçavoir si le changement est fait en mieux, ou en pis, on peut bien prendre garde au degré de valeur que les anciens ont attribué à chaque espece d'heritage. *Prædium quod primum sit.* (dit Caton *de re rustica*) *si me rogabis, sic dicam de omnibus agris. Vinea prima est si multo vino fiet, secundo loco hortus irriguus, tertio salictum, quarto olivetum, quinto pratum, sexto campus frumentarius, septimo sylva cædua, octavo arbustum, nono glandaria sylva :* non qu'il faille du tout avoir égard à ces regles generales d'œconomie ; mais plustost à la disposition du païs, & à la nature particuliere de l'heritage, parce que

— *non omnis fert omnia tellus.*
Hic segetes, illic veniunt fœlicius vuæ,
Arborei fœtus alibi, atque injussa virescunt Gramina.

21. Si le rentier qui a changé en mieux la face de l'heritage, peut deguerpir sans le remettre au premier estat.

Mais voicy une difficulté qui arrive journellement ; si le rentier ayant changé la surface de l'heritage posé que ce soit en mieux, est recevable à deguerpir, ou s'il faut précisément qu'il remette l'heritage en tel estat qu'il estoit au temps de la prise ? Cette question dépend de la precedente ; car puisque l'heritage est en meilleur estat, le Seig. de la rente ne se peut plaindre. Aussi il faut prendre garde que ny nostre Coust. ny l'Ordonn. de 1441. ne requiert precisément que l'heritage soit rendu en même estat ; mais en aussi bon état & valeur. De sorte que la consideration, qui est mise pour l'usufruitier en la Loy *Æquissimum, §. si tamen. D. de usufr.* ne peut estre tirée en consequence contre le rentier ; à sçavoir que la mutation de l'heritage la rend de plus grand entretien, l'on n'est pas tenu de la reprendre, bien qu'il soit fait de plus grande valeur. *Si qua instituti fructuarius magnum apparatum sint desideratura, opificum forte, vel sigulorum, quem possit sustinere proprietarius, non videbitur boni viri arbitratu frui.* Car j'estime que c'est assez que l'heritage lors du deguerpissement, soit en bonne & suffisante reparation, pour ce qu'il contient, comme il sera dit cy-aprés, & qu'en bloc il soit d'aussi grande valeur qu'il estoit au temps de la prise.

22. Si au moins il doit rétablir la premiere face, quand sa melioration est perie fortuitement.

Cette consideration nous tire à une autre question encore plus profonde, si le rentier avoit changé en mieux la surface de l'heritage, posé que d'un jardin il en eust fait une maison, maintenant que la maison a esté abbatuë pendant la guerre, sera-t-il tenu, avant que deguerpir remettre la place en nature de jardin ; Cette question arrive tous les jours, & est fort problematique. Pour moi j'estime en un mot, que non, puisque par effet il avoit changé l'heritage en mieux, & que licitement il l'avoit pû faire, encore que *ex eventu*, ce changement soit aujourd'hui dommageable, au moien de la demolition fortuite, dont celui qui deguerpit, n'est jamais tenu, comme il sera prouvé au chapitre suivant.

CHAPITRE VI.

Des demolitions fortuites, & s'il faut restablir les maisons abbatuës pendant la guerre, avant que deguerpir.

1. *Que cette question est fort de saison à present.*
2. *Qu'elle est fort importante.*
3. 4. 5. 6. *Raisons pour montrer qu'il faut restablir les maisons abbatuës.*

7. 8. 9. 10. 11. *Raisons pour montrer qu'il n'est pas necessaire de les restablir.*
12. *Qu'il faut tenir une voye moyenne pour decider cette question.*

Du Déguerpissement.   Q

13. *Que les reparations sont distinguées en Droict d'avec les réédifications.*
14. *Conciliation de la Loy. Domus avec la Loy Sumptus, De Legat.*
15. *Que le preneur n'est chargé par son bail que des reparations, & non des réédifications.*
16. *Comment ces mots estat & valeur, doivent estre entendus en nostre Coustume.*
17. *Resolution de la question.*
18. *Raisons d'icelle, outre les precedentes.*
19. 20. *Refutation des raisons contraires.*
21. 22. 23. *Pourquoy l'Ordonnance de 1441. enjoint à ce-*
luy qui deguerpit, de remettre la maison en bon & suf-fisant estat.
24. *Pourquoy le Privilege des Bourgeois contient le mesme; & son interpretation.*
25. *Que celui qui ne veut deguerpir, doit rebastir la maison abbatuë.*
26. *Qu'és autres heritages il peut mal-aisément survenir deterioration fortuite, dont le rentier ne soit tenu.*
27. *Cas contraires où il n'en est tenu.*
28. *Qu'en ces differents il ne faut avoir égard à la diversité du party tenu pendant la guerre.*

1. Que cette question est fort de saison à present.

VOilà ce qui se peut dire touchant les demolitions arrivées par le faict du detenteur; maintenant il faut parler de celles qui surviennent par cas fortuit ; comme par la fortune de guerre, vouloir de Prince, sedition populaire, ou autres semblables accidens, que le Jurisconsulte Cujas appelle θεοδίκας, & vim majorem: Et que partant j'ay voulu distinguer des demolitions naturelles, qui arrivent naturellement par l'antiquité & caducité des édifices.

C'est à present, aprés cette longue & licencieuse guerre Civile, que les demolitions par trop frequentes és Villes, Fauxbourgs & Villages de ce Royaume desolé, ont amené & establi le frequent usage du deguerpissement, pour le Droict le plus commun & usité, même és Coustumes & Provinces, où l'on ne sçavoit ce que c'estoit auparavant. Car c'est l'ordinaire aprés la Paix, que chacun tâche à échaper & s'exempter des pertes encourues pendant la guerre ; & parce qu'il faut toûjours que quelqu'un la porte, chacun s'efforce à les faire tomber sur son voisin.

2. Qu'elle est fort importante.

Mais je puis bien dire, que comme en toutes les difficultez du deguerpissement il n'y en a point de plus commune, aussi n'y en a-il point de plus perplexe & obscure que cette-cy ; sçavoir, si ces demolitions fortuites doivent estre restablies par celui qui veut deguerpir ; qui est en effet demander si celui dont la maison a esté abbatuë pendant la guerre, peut deguerpir entierement : parce que si on le contraint de rétablir l'édifice, il se gardera bien de deguerpir par aprés, quand la maison sera rebastie à neuf. Je déduirai les principales raisons qui peuvent estre raportées de part & d'autre, & dont je me suis advisé en la suite de cét œuvre.

Beaucoup tiennent que les demolitions fortuites doivent estre reparées aussi bien que les autres, puisque la Loy & condition du deguerpissement est telle, qu'il faut precisément rendre l'heritage en bon & suffisant estat : de sorte qu'il ne faut point distinguer si les reparations sont arrivées par cas fortuit, ou autrement, puisque les Coustumes & Ordonnances ne le distinguent point.

3. 4. 5. 6. Raisons pour montrer qu'il faut rétablir les maisons abbatuës.

Aussi quand on demande en Droict, sur qui doit tomber la perte fortuite de quelque chose que ce soit, on resout toûjours que c'est sur celui, qui lors de la perte survenuë estoit Maistre & Seigneur de la chose, *l. Pignus. C. de pignor. act*. Or il est certain que le debiteur de la rente fonciere est le vrai & parfait Seigneur de l'heritage, & partant c'est à lui à porter le dommage qui y survient fortuitement ; comme même la Loy *1. De jure emphyt.* porte notamment, *Casum fortuitum ex quo ipsa rei non prorsus perimitur substantia, emphyteuticarij partibus adscribendum.*

De faict, par l'Ordonn. de 1441. tant s'en faut que les proprietaires soient quittes du restablissement des maisons ruinées en les deguerpissant, qu'au contraire elle porte expressement que s'ils les veulent quitter, ils seront tenus les remettre en tel etat qu'elles étoient au temps de la prise, s'il en est arrivé dans un mois, sinon, en bon & suffisant état ; tel que l'on y puisse convenablement habiter : ce qui est dit non seulement des preneurs à rente ; mais generalement de tous les detenteurs. Et en l'art. 43. de cette Ordonn. il est dit,

que si à faute de trouver les detenteurs, les maisons voides & vagues sont criées, venduës & adjugées en vertu du Privilege des Bourgeois de Paris, l'adjudicataire sera tenu les faire visiter, priser & estimer, afin que si par aprés il les veut quitter, il les rende en tel estat & valeur qu'elles estoient, lors de l'adjudication & appreciation.

Or qui considerera le temps & le motif de cette Ordonn. jugera aisément qu'elle doit contenir la decision de cette difficulté : car elle fut faite 3. au 4. ans aprés la reduction de Paris des mains des Anglois, qui l'avoient occupé pour l'espace de 18. ans, pendant lesquels il est vrai-semblable que les maisons de Paris & des Fauxbourgs pouvoient bien estre ruinées : de sorte même que les proprietaires d'icelles n'osoient paroître & se remettre dedans, de peur d'estre contraints de les reparer, & paier les arrerages des cens, rentes, & autres charges foncieres d'icelles; n'étans encore l'usage du deguerpissement valablement authorisé en France: qui fut le vrai motif de cette Ordonnance, qui partant doit aussi-tost estre entendu des demolitions fortuites causées par la guerre, comme des autres.

Voilà ce qui se peut dire d'un costé ; & de l'autre on *7. 8. 9. 10. 11. Raisons pour montrer, qu'il n'est pas necessaire de les rétablir.* se fortifie de cette maxime generale de Droict, que *Casus fortuiti à nemine præstantur. l. Qua fortuitis. C. de pignor. act. l. 2. §. si eo tempore. D. de administ. rerum ad civit. pertin.* Et de faict à la *Loi Contractus, de reg. juris.* aprés qu'il a esté dit qu'en certains contracts on est tenu du dol, & en d'autres on est aussi tenu de la faute, le Jurisconsulte Ulpian ajoûte, que pour le regard des fortuits on n'en est jamais tenu, en quelque contract que ce soit: *Quæ sine culpa accidunt, rapina, tumultus, incendia, aquarum magnitudines, impetus prædonum, à nullo præstantur.* Jusques là, dit la Loy *Fistula. §. ult. D. de cont. empt.* que quand même on s'est soûmis expressement aux cas fortuits, cela se restraint à ceux qui peuvent échoir communément, & qui peuvent estre preveus, mais non pas aux accidens extraordinaires & insolites qui surpassent la prevoyance humaine, comme ont esté les malheurs & les ruines de cette guerre.

Et à la verité chacun confessera que l'équité panche de ce costé icy ; parce qu'au contraire ce seroit chose fort dure, que celui de qui la maison aura esté abbatuë, laquelle possible, il aura fort augmentée auparavant la guerre, ou de laquelle il aura baillé une partie du prix en argent comptant, lors du bail à rente, demeure perpetuellement obligé à la rente, maintenant que la place lui est du tout inutile, ou bien s'il la peut quitter, qu'il faille que parmi la necessité de ce declin de guerre, il cherche de l'argent pour le rebastir de nouveau.

Aussi y a-il grande apparence qu'au Droict Romain le restablissement de l'heritage n'estoit requis au deguerpissement ; autrement il n'eust esté besoin de faire obliger, *conceptis verbis*, les preneurs à emphyteose des heritages domaniaux, *se possessionem nullo detrimento publico relicturos*, & ne se trouveroit tant de Loix & tant de façons, pour rebastir les terres délaissées, *fundos desertos & steriles* ; comme on void qu'ils étoient tantost contraints de les faire labourer par les Officiers des Villes, tantost de les joindre à ix terres plus fertiles, tantost de les rebailler au plus offrant, comme il sera traité au dernier Livre. Car quant aux maisons

Du déguerpissement. Liv. V.

ruinée, il ne s'en trouve dans tout le Droict aucune decision expresse, parce qu'aussi on ne lit point que les maisons domaniales se baillassent à rente, ou à emphyteose, mais seulement les terres.

Que s'il falloit aujourd'huy rebâtir de neuf les maisons qui ont esté abbatuës pendant la guerre, avant que le pouvoir deguerpir, il ne faudroit plus parler pour tout de les deguerpir. Je dis même qu'il faudroit oublier en ce temps la pratique du deguerpissement : car il seroit bien plus facile & plus profitable au pauvre rentier en ce temps de ne dire mot & de continuer la rente, bien qu'il ne perçoive aucun profit de la place ruinée, que de rebâtir la maison, pour la requerir par après, quand il l'aura faite toute neuve. Et s'il faut indistinctement pour le déguerpir, remettre l'heritage en tel estat & valeur qu'il estoit hors de la prise, quel profit ou commodité y auroit-il au deguerpissement, sinon qu'en effet reduisant les choses en leurs premiers termes, ce seroit casser & annuller le contract de bail à rente, & rompre le marché sans sujet & sans occasion.

Et de faict, ceux des anciens Interpretes qui ont approché plus prés de la verité en cette matiere du deguerpissement, comme Odofredus & Vincentius, desquels les opinions sont raportées par le docte Speculateur, au titre *De locato*, & par Rat sur la Coust. de Poictou, ont dit que l'heritage estant en même estat, & n'y estant survenu nulle fortune, le déguerpissement n'estoit recevable ; mais qu'y ayant eu quelque mutation, il estoit plus tolerable. Comme à la verité c'est le vray usage & la principale commodité du deguerpissement, de servir de table après le naufrage ; c'est à dire, qu'après la ruine fortuite de l'heritage, on puisse en quitant ce qui reste de la rente, s'exempter de la rente. C'est en ce cas qu'on peut dire au Seigneur de la rente avec Seneque, *lib. 4. de benef. cap. 39. Efficie ut idem status sit cùm exigitur, qui fuit cùm promitterem. Destituere levitas non erit, si aliquid intervenit novi. Quid mirari, cùm conditio rei mutata sit, mutatum est consilium ? Eadem omnia mihi præsta, & idem sum. Deserentem vis major excusat.*

12. Qu'il faut tenir une voye moyenne pour decider cette question.

Voilà de grandes raisons de part & d'autre : car d'une part combat l'equité toute claire, d'autre la rigueur des termes bien exprés de la Coustume & de l'Ordonnance, qu'il faut pour déguerpir rendre l'heritage en tel estat, qu'il estoit au temps de la prise. Et c'est grand cas qu'il n'y ait difficulté plus frequente en cette matiere, & neantmoins elle n'a encore esté ny ny loing touchée par aucun. Or comme toute definition generale est perilleuse en Droict, sur tout celle-là l'est, qui tombe tout à fait sur une extremité ; il faut, qui peut, trouver une voye moyenne en un passage dangereux, qui accorde & s'accommode aux deux extremitez. Icy le Droit nous en ouvre une fort à propos & par laquelle sans doute il faut sortir de ce détroit.

13. Que les reparations sont distinguées en Droict d'avec les réedifications.

C'est qu'il faut distinguer les reparations ou entretenemens des maisons d'avec les rebâtimens ou réédifications. *Aliud est reficere ædes lapsas, aliud lapsas restituere:* Et comme dit la loy : *Aliud est tueri quod acceperis, aliud novum facere, l. 44. D. de usufr.* Telles personnes en Droict sont sujettes aux reparations & entretenemens comme l'usufruitier, le mary pour raison des heritages dotaux, qui ne sont pas tenus des réedifications.

14. Conciliation de la Loy *Domus* avec la Loy *Sumptus, de legat.*

Sur tout cette difference paroist clairement en joignant la Loy *Domus*, avec la Loy *Sumptus, de leg. 1.* qui sont toutes deux de Papinian, & se suivent immediatement au texte de l'Autheur, bien qu'elles ayent esté separées du Digeste, par l'interposition de deux petites Loix, qui y ont apporté la difficulté. Or en lisant la Loy *Sumptus*, selon la vraye lecture que luy a donné le docte Cujas, on voit que l'heritier, qui estoit chargé de rendre après sa mort une maison, l'ayant fait rebâtir à neuf après avoir esté brûlée, retiré & déduit les impenses de la réedification ; mais s'il n'avoit fait que la reparer, il ne retireroit rien, *Domus hæreditariæ exustæ & heredis nummis extructæ, ex causa fideicommissi post mortem heredis restituendas, viri boni arbitratu sumptum rationibus deductis, & adificiorum ætatibus examinatis, respondi : sumptum autem in reficiendis domo necessariò factos, à legatario petente legatum, cujus posteà conditio extitit, non esse repetendos existimavi.*

Donc presupposé cette distinction des rebâtimens & des entretenemens, il faut prendre garde si le preneur à rente fonciere est chargé & tenu par la nature de son contract, des rebâtimens, ou bien seulement des entretenemens des heritages. Or qu'on regarde au Formulaire ordinaire des baux à rente, on y trouvera cette clause, qu'il promet maintenir & entretenir l'heritage en bon & suffisant estat, afin que plus commodement la rente y puisse estre perceuë par chacun an. D'où s'ensuit qu'il s'oblige seulement aux entretenemens, non aux rebâtimens ; & par consequent lors qu'il le veut deguerpir, il suffit qu'il soit en bon & suffisant entretien & reparation.

15. Que le preneur n'est chargé par son bail que des reparations, & non des réedifications.

Quand donc les Coustumes portent qu'au deguerpissement il faut rendre l'heritage en bon estat & valeur, ou en tel estat qu'il estoit au temps de la prise, cela signifie qu'il doit estre en bonne reparation ; comme j'ay prouvé au chapitre precedent, par la conference des Coust. d'Anjou, du Maine, de Lodunois, & autres qui traittent plus amplement & nettement cette matiere, qui toutes usent non pas de ces mots, *estat & valeur* ; mais de ceux cy, *estat & reparation.* C'est à dire en effet, qu'il faut que celuy qui veut deguerpir, *restituat ædes, non restituat.*

16. Cômēt ces mots, *estat & valeur*, doivent estre entendus en nostre Coustume.

Donc pour conclure, je dis que si les demolitions fortuites regardent seulement l'entretien de la maison, & qu'il n'y manque que des reparations, il les faut faire avant deguerpir ; & ne faut pas que le rentier trouve estrange d'estre chargé des reparations qui sont toûjours à la charge du detenteur, & de celuy du temps duquel elles sont arrivées ; mais si la maison estoit abbatuë en tout, ou en quelque partie separée, sans doute qu'il seroit trop dur de contraindre le detenteur de la rebâtir tout à neuf, pour la deguerpir par après. Et il a esté ainsi jugé par deux Arrests rapportez par M. Loüet, *tit. D n. 41.*

17. Resolution de la question.

Aussi personne ne doute que cette regle du deguerpissement, qu'il faut rendre la chose en bon estat, ne soit tirée de la maxime du Droict, que *non videtur res reddita quæ deterior reddita est, l. 3. Commod. cùm simul.* Et neantmoins il est certain que cette regle ne comprend pas les cas fortuits ; mais que même en l'espece des Loix qui posent cette maxime, à sçavoir *in commodato, si casu fortuito res deterior facta sit,* elle peut estre renduë telle qu'elle est. §. *Item is, Instit. Quib. modis de contrah. oblig.* Je conclus donc que la regle du deguerpissement doit recevoir pareille limitation, puis qu'aussi elle est, *que legis quantumvis indistincta, imò etiam generalis, dispositio restringitur ad limites rationis, in qua fundatur. l. Adigere, §. quamvis. D. de jure patron. & l. Cion pater, §. dulcissimis. De leg. 2.*

18. Raison d'icelle, ou cette les precedentes.

Et quant à ce qu'on dit que le peril de la chose doit tomber sur celui qui est Seigneur d'icelle, & que pour cette cause la Loy dit, *que emphyteuticarius particulare damnum rei partibus suis adscribere debet* ; je dis que cette regle ne detruit point nostre distinction : parce qu'il est bien vray que le detenteur de l'heritage, estant contraint de le deguerpir au moien de ces fortuits, se dépoüille de tout le droict qu'il a en la chose, de sorte que tout y est perdu pour luy, & on peut dire, que *partibus suis adscribit damnum rei* ; mais ce n'est pas la raison qu'il perde plus en la chose, qu'il n'y a de droict, & qu'en quitant volontairement la chose, son autre bien y demeure encore absorbé ; & qu'au contraire celui qui a un droict foncier, qui en effet luy vaut la plus certaine partie des fruicts de la chose, n'y perde rien qui soit, quand elle sera presque toute perduë. Mais plûtost on voit qu'il est bien raisonnable, que si la perte excede le droict que l'emphyteote ou le rentier a en l'heritage, le surplus

19. 20. Refutation des raisons contraires.

Q ij

plus de cette perte, après tout son droict absorbé, tombe au dommage du Seigneur rentier : comme j'ay plus amplement traité au Livre précedent, en expliquant cette Loy *De jure emphyt.*

Mais on objecte encore à ce propos, que si la maison venoit à estre augmentée de prix, comme il arrive ordinairement en bon temps, cette augmentation redonde sans doute au profit du detenteur de l'heritage, & non du Seigneur de la rente, qui n'a qu'un droict limité sur icelay ; & consequemment la diminution fortuite doit tourner à son dommage. Réponse, qu'il y a beaucoup de cas fortuits, par le moyen desquels la maison peut estre diminuée, même tout à fait ruinée, que d'autres, par lesquels elle soit augmentée. Aussi qu'il arrive bien rarement que l'on baille à rente une maison bien bastie, sans en tirer une partie du prix en argent comptant ; ou si on ne fait cela, on n'oublie gueres, pour éviter cét inconvenient & inégalité, de faire obliger le preneur és maisons en bon & suffisant estat, de fournir & faire valoir la rente, ou le faire renoncer au deguerpissement, ou bref d'inserer quelque clause, dont il resulte sur luy une obligation pure personnelle, qui exclud le deguerpissement. Et ceux qui contractent autrement, ont pû dire à la verité, qu'ils ne contractent pas à leur advantage ; mais neantmoins le contract ne laisse pas d'estre bon en son espece ; & si ces clauses n'y sont apposées, elles n'y sont pas sous-entendues : car il n'y a au contract que ce qu'on y met.

Pourquoy l'Ordonn... joint à celui qui deguerpir, de remettre la maison en bon & suffisant estat.

Ce qui m'embarasse davantage, c'est l'Ordonnance de 1441. qui en un temps auquel on peut bien penser qu'il y avoit dans Paris & aux Fauxbourgs plusieurs maisons ruinées, enjoint neantmoins precisement à ceux qui voudront deguerpir, de remettre les maisons en bon & suffisant estat. Et toutesfois il faut dire, que cette Ordonnance n'a esté faite pour les maisons abbatuës, mais pour les maisons vuides & vagues, c'est à dire delaissées & abandonnées, & dont les proprietaires n'osoient paroistre, de peur d'estre contraints de payer les arrerages du passé des redevances foncieres d'icelles. Qui est la difference que j'ay touchée dy-dessus, *inter agrum desertum & derelictum*, & qui sera clairement expliqué au dernier chap. de ce Traité.

Aussi qui voudra rechercher soigneusement l'Histoire de ce temps là, trouvera que la Ville de Paris avoit esté assez curieusement entretenuë par les Anglois, afin de déguiser leur tyrannique usurpation ; & parce qu'ils avoient sujet de s'y trouver mieux ; & de s'y plaire davantage, qu'en leur Isle d'Angleterre ; de sorte qu'ils ne permettoient pas qu'il s'y fist aucunes ruines ny demolitions. Mais pendant leur occupation, ils n'avoient garde de payer les rentes des maisons à ceux à qui elles estoient deuës : de maniere qu'après que la Ville eust esté reduite, il se trouva deû plusieurs années de ces rentes, & pour cette occasion les proprietaires des maisons n'osoient paroistre, ny se declarer, craignans d'estre contraints de payer ces anciens arrerages. C'est pourquoi, comme on vid que les maisons demeuroient desertes & inhabitées, on fit cette Ordonnance pour leur faire trouver Maistre, qui fut de renouveller le Privilege des Bourgeois de Paris, qui leur avoit esté en pareil temps, & pour même cause, attribué par le Roy Philippes de Valois en l'an 1443. à sçavoir de pouvoir faire adjuger ces maisons à celuy qui voudroit soûmettre à payer les charges foncieres, & les arrerages qui en seroient deubs ; comme il sera plus amplement traité au dernier Livre.

Tant y a, que ny en ce Privilege des Bourgeois, ny en cette Ordonnance de 1441. il n'est fait aucune mention, que les anciens proprietaires fussent tenus rebâtir les maisons ruinées, il est bien vray qu'en ce privilege des Bourgeois il est dit que les proprietaires seront adjournez, *ut ponant possessiones in tali statu, quod illi quibus census vel reditus debetur, possint ibi capere pro censu suo & reditu, & pro arreragiis*, & en ce faisant ils évitoient d'estre privez des maisons ; mais s'ils ne vou-

loient rebâtir les maisons, ils estoient quittes pour les laisser deterrer ; & après qu'elles avoient esté decretées, il n'est pas dit qu'on leur peust demander les dommages & interests pour les demolitions des maisons ; mais seulement qu'on leur pourra demander les arrerages de leur temps. Puis donc qu'à ceux, qui par contumace ont laissé decreter l'heritage, on ne demande pas le restablissement des maisons abbatuës ; moins encore le doit-on demander à ceux qui se reconnoissent ingenuëment estre detenteurs de l'heritage, & qui aiment mieux le rendre & deguerpir au Seigneur de la rente, sans faire aucuns frais que le laisser decreter.

Et quant à ce que l'Ordonnance de 1441. dit que pour renoncer aux maisons, il les faut remettre en tel estat qu'on y puisse commodement demeurer, cela fut ordonné, parce que depuis l'expulsion des Anglois, il s'estoit déja passé trois ou quatre ans jusqu'au temps de cette Ordonnance ; pendant lesquels les maisons ayant esté delaissées desertes, estoient beaucoup deperies, & il y manquoit plusieurs reparations : lesquelles il estoit bien raisonnable de faire avant que de les deguerpir, puisqu'elles estoient arrivées par la negligence & contumace des proprietaires, qui les avoient laissées desertes pendant tout ce temps ; mais l'Ordonn. ne dit pas qu'il fallust rebâtir de fonds en comble les maisons abbatuës. Je concluds donc pour le regard des demolitions fortuites, que le rentier est tenu seulement, avant que deguerpir, de ce qui concerne l'entretenement des maisons & heritages, & ce qui gist en simple reparation ; mais qu'il n'est pas tenu de restablir & réédifier de fonds en comble les bastimens demolis & abbatus ; en un mot, pour parler avec le Jurisconsulte, que *tenetur agrum reficere, non restituere.*

14. Pourquoi le privilege des Bourgeois contient le même, & son interpretation.

Il est vray qu'il y faut apporter une limitation fort notable, qui se tire du privilege des Bourgeois ; c'est que si le detenteur ne vouloit point deguerpir la maison abbatuë, on le pourroit contraindre à la remettre, non pas en son premier estat ; mais en tel estat, que la rente y pust estre commodement perceuë par chacun an ; c'est ce que dit cette Ordonnance *in tali statu, quod ibi capi possit pro reditu & pro arreragiis*. Ce qui depend de ce qui a esté dit au penult. chapitre du premier Livre, que l'entretien de l'heritage est une espece de charge fonciere casuelle & extraordinaire ; de sorte qu'il faut ou quitter la detention, ou subir cette charge : dautant que le Seigneur rentier a notable interest de sçavoir, s'il doit faire estat d'avoir ou une rente, ou une place, & n'estre point tenu en suspend ; veu même qu'il peut arriver qu'en un temps la maison pourra estre rebastie à meilleur marché, qu'en un autre, aussi que s'il reste quelque mur de l'édifice ruiné, c'est la raison qu'avant qu'il soit tombé tout à fait, le Seigneur de la rente sçache si on lui veut quitter la place pour le faire rétablir promptement, ou si le detenteur se veut obliger à la restablir luy-même.

15. Que celuy qui ne veut deguerpir, doit rebâtir la maison abbatuë.

D'où j'infere pour le regard des autres heritages hors les maisons, qu'il y peut mal-aisément survenir aucune perte fortuite, que le rentier ne soit tenu sa reparer. Car posé que les terres ou les vignes soient demeurées en friche par le malheur de la guerre, je dis neantmoins que le rentier est tenu de les remettre en bon estat, avant qu'il les puisse deguerpir : par ce qu'outre que cela concerne le simple entretenement de la chose dont le detenteur est tenu par la nature de son bail, on peut encore dire que la guerre n'a point esté si grande en aucune Province, qu'il ait esté du tout impossible aux bons ménagers d'entretenir en valeur leurs vignes & leurs terres ; de sorte que la deterioration est presumée provenir pluftost du mauvais ménage du detenteur, que de l'hostilité.

16. Qu'és autres heritages il peut mal-aisément survenir deterioration fortuite, dont le rentier soit tenu.

Toutesfois si les vignes avoient été atrachées par les armées, comme il est arrivé en quelques Villes, prés desquelles elles ont sejourné en temps d'Hyver, j'estime que le rentier ne seroit pas tenu les reparer, non

17. Cas és contraires où il n'en est tenu.

du Déguerpissement, Liv. V.

plus que si par hostilité on avoit abattu un haut bois estant sur l'heritage acensé : car tout cela excede le simple entretenement, aussi bien que fait la reédification du bâtiment démoli.

28. Qu'en ces differens il ne faut avoir égard à la diversité du party tenu pendant la guerre.

Or en toutes ces rencontres, je n'estime point qu'il faille aller rechercher, si les démolitions arrivées pendant la guerre, ont esté faites en haine du party que tenoit le proprietaire, ou même par ses ennemis particuliers, argumentant de la Loy 25. §. culpæ, D. locati : car nous ne sçaurions avoir consideration plus prudente en ce temps, ny plus convenable au repos public, que d'attribuer indifferemment tout ce qui est arrivé pendant la guerre à une juste permission, ou pour mieux dire, punition de Dieu pour nos pechez. En ce faisant nous dépoüillerons toute haine & vengeance, & nous ferons une reconciliation ferme & stable, sans laquelle la vraye paix ne peut estre. Ainsi voyons-nous les Romains ont toûjours mis entre les cas fortuits, ce qui estoit arrivé par hostilité, comme nos Loix en sont pleines ; & ce sans faire aucune distinction de party, aprés une guerre civile, ny aucun renouvellement des actions passées, & sur tout sans faire aucune acception de personnes en la Justice, lorsqu'une bonne paix avoit introduit parmi eux une salutaire amnistie.

CHAPITRE VII.

Explication de l'Arrest du Conseil d'Estat, pour les maisons abatuës pendant la guerre és Fauxbourgs de Paris.

1. En quel cas cét Arrest doit estre tenu pour general, & gardé par tout.
2. Qu'il est general en ce qu'il permet déguerpir sans reparer les démolitions.
3. Qu'il n'est general en ce qui concerne la remise de sept années d'arrerages.
4. Que la perception de materiaux n'exclud le déguerpissement.
5. Comment doit estre faite l'estimation des materiaux perceus par celuy qui déguerpit.
6. Que de droict commun il est permis de déguerpir en tout temps.
7. Pourquoy l'Arrest a limité un temps pour déguerpir.
8. Que ceux qui ont opté d'estre quittes des arrerages, ne peuvent plus déguerpir.
9. Si pour joüir de la remise des arrerages il falloit signifier son option avant la S. Iean.
10. Si celuy qui ne déguerpit point, est tenu restablir les démolitions ?
11. Qu'il est tenu remettre la maison en estat suffisant.
12. Inconvenient qui resulteroit autrement.
13. Comment on se peut exempter de ce restablissement.
14. Si les détenteurs des maisons abbattuës doivent joüir de la remise des arrerages.
15. Que l'Arrest semble l'ordonner ainsi.
16, 17. Raisons pour montrer le contraire.
18. Ce qui s'en juge au Chastelet.

1. En quel cas cét Arrest doit estre tenu pour general, & gardé par tout.

Aussi l'Arrest du Conseil d'Estat a jugé, qu'indistinctement les détenteurs pouvoient déguerpir les places & maisons abbattuës en tel estat qu'elles sont, & sans les reparer. Et encore que cét Arrest ne soit pour les maisons des Fauxbourgs de Paris, si est-ce qu'il fait loy, comme j'estime, pour toute la France, de poincts qu'il a decidez, pour raison desquels il ne se peut assigner raison particuliere és maisons desdits Fauxbourgs : car où il y a même équité, même droict y doit estre observé, & comme on dit, *aquitas non clauditur loco*. Et ce pourquoy il ne parle que des maisons des Fauxbourgs de Paris, est parce que la requeste sur laquelle il est intervenu, avoit seulement esté presentée par les Habitas de ces Fauxbourgs.

2. Qu'il est general en ce qu'il permet de guerpir sans reparer les démolitios.

C'est pourquoy il faut distinguer les deux chefs de cet Arrest. Quant au premier, par lequel il est permis aux detenteurs des places & maisons abbattuës de les déguerpir purement & simplement en paiant les arrerages, j'estime que cette decision estant conforme au Droict commun, & n'y ayant aucune plus urgente raison és maisons de Paris, que d'ailleurs, doit estre suivie par tout ; & que même és autres Villes de ce Royaume, celui qui déguerpit les maisons abbatuës par hostilité, ou autre cas fortuit, n'est tenu de les rétablir. Car on ne peut dire que cet Arrest soit un privilege, & faveur particuliere, qu'on a voulu octroyer à la Capitale Ville du Royaume, *ne ruinis publicus deformetur aspectus* ; dautant que ce n'estoit pas le moyen de faire rebastir les ruines & maisons abatuës, que de permettre aux proprietaires de les quitter sans les rétablir ; mais plûtost il leur eust fallu enjoindre de les remettre en bon estat. Ce n'est pas aussi pour favoriser les Parisiens : car il eust fallu étendre cette faveur extraordinaire plûtost sur les Seigneurs directs & rentiers, que non pas sur les debiteurs des rentes ; comme l'on voit que le privilege des Bourgeois, & l'Ordonnance de 1441. qui furent faites pour la faveur des Parisiens, n'estoient pas à l'avantage des proprietaires des maisons, mais de ceux qui avoient droict de rente sur icelles.

Mais au regard de l'autre chef de l'Arrest, qui concerne la remise des arrerages du passé, il s'ensuit par argument contraire, qu'il ne doit avoir lieu qu'aux Fauxbourgs de Paris, tant parce qu'il est contraire au droict commun non controversé, que parce qu'il y a deux raisons particulieres, pourquoy ce privilege a dû plûtost estre octroyé aux maisons des Fauxbourgs de Paris, qu'à toutes autres : L'une, que ces maisons ont esté inutiles absolument, & de nul profit pendant la guerre : l'autre, afin de donner plus de moyen aux proprietaires, & les exciter davantage à rétablir leurs maisons pour la decoration de la Capitale Ville de ce Royaume. C'est pourquoy j'estime que cette remise ne doit pas avoir lieu, même és maisons de la Ville de Paris, encore que la reédification en soit plus à desirer, que de celles des Fauxbourgs, parce que ce privilege estant contre le droict commun, ne doit estre étendu hors ses termes : aussi que l'une de ces raisons particulieres, sur lesquelles il est fondé, à sçavoir que les maisons ont esté du tout inutiles pendant la guerre, n'a pas lieu aux maisons de la Ville, qui toûjours ont valu quelque chose à leurs maistres. Or de ce second chef il sera plus amplement traité cy-aprés en ce même Livre, chapitre 12.

3. Qu'il n'est general en ce qui concerne la remise de sept années d'arrerages.

Revenant donc à l'autre chef, qui concerne le déguerpissement des maisons abbatuës, je dis que quand le proprietaire auroit pris & recueilli les materiaux procedez des ruines & démolitions d'icelles, même quand il les auroit usez & consommez ; neantmoins il ne laisse d'estre bien recevable à déguerpir, en rendant toutesfois le juste prix & estimation de ces materiaux & démolitions. Car c'est toute autre chose des materiaux d'une maison démolie & de la maison même, & consequemment c'est autre chose d'avoir consommé les ruines d'une maison abatuë, ou de l'avoir soy-même abatuë. Il est bien vray que pour oster tout scrupule, & éviter la difficulté qui peut échoir sur l'estimation de ces materiaux, c'eust bien esté le meilleur au rentier, si-tôt qu'il vit la maison abbatuë, de signifier au Seigneur de la rente qu'il

4. Que la perception de materiaux n'exclud le déguerpissement.

Q iij

eust à faire son profit des materiaux, & d'offrir dés-lors de déguerpir l'heritage : mais encore que cela n'ait esté fait, le deguerpissement est recevable en tout temps : & pour avoir pris les materiaux, il n'importe, car ce qui est bon à prendre, est bon à rendre.

<small>5. Comment doit estre faite l'estimation des materiaux perceus par celuy qui déguerpit.</small>

Il est vray qu'en l'estimation qui s'en fera, on présumera que tous les materiaux qui estoient en l'edifice, ayent esté conservez par le rentier, & qu'il en a fait son profit sans en rien rendre, s'il ne fait apparoir du contraire : mesme pour le regard de leur prix & valeur ; ce qui demeurera en incertitude, doit toûjours estre jugé en dommage du rentier, lequel veritablement a eu aucunement tort de les convertir à son usage, puisqu'il avoit intention de déguerpir. Et supposé que le Seigneur de la rente fust absent, de sorte que lors de la démolition il ne luy eust pû faire signifier qu'il vouloit déguerpir, ny qu'il fist son profit des materiaux, si est-ce que le rentier ne se devoit entremettre de les serrer que par les voyes & solennitez de Justice : afin qu'en temps & lieu, lorsqu'il viendroit à déguerpir actuellement, il peust faire paroistre du ménage qu'il en auroit fait. Mais le defaut de cette formalité, qui n'est requise que par une consideration d'équité, & qui n'est pas prescrite notamment par aucune Loy ny Ordonnance, ne peut pas exclure & priver le rentier de la commodité du déguerpissement, que le droict commun luy attribué, ny mesme luy faire porter la perte fortuite des materiaux, au cas qu'il la puisse bien verifier.

<small>6. Que de droict commun il est permis de déguerpir en tout temps.</small>

Comme donc la perception des materiaux n'exclud point le déguerpissement, aussi celuy qui aprés la démolition a continué sa joüyssance, & mesme entré en payement des arrerages depuis écheus, sans parler de déguerpir, ne laisse d'y estre bien recevable, toutes fois & quantes qu'il voudra, puisque le déguerpissement est permis sans distinction d'aucun tems. Pourquoy donc a-il esté ordonné par cet Arrest, que les detenteurs des maisons des Fauxbourgs seroient tenus opter dans le jour S. Jean Baptiste quatre-vingt & quinze, s'ils vouloient déguerpir ou bien garder les maisons, & demeurer quittes des arrerages du passé ?

<small>7. Pourquoy l'Arrest a limité un temps pour déguerpir.</small>

La difficulté n'est pas petite ; & quant à moy j'estime, puisque l'Arrest ne passe point plus outre à declarer exclus du déguerpissement les detenteurs, qu'à present laisse de déguerpir prefix par l'Arrest, est passé, ils ne laisseront d'y estre bien recevables, non pas indistinctement tous les detenteurs, comme l'Arrest les y a (ce me semble) tous receus, mais ceux-là seulement, qui sans cet Arrest y estoient bien recevables de droict commun. Car ce n'a point esté l'intention de l'Arrest de rendre la condition des rentiers pire qu'elle est de Droict commun, & de leur retrancher la faculté de déguerpir : mais plûtost de l'augmenter, & supporter les detenteurs en consideration des pertes de la guerre.

<small>8. Que ceux qui ont opté n'ayent point opté, mesme tacitement, de demeurer quittes des arrerages, ne peuvent plus déguerpir.</small>

Ce que j'entends pourveu que les detenteurs n'ayent point opté, mesme tacitement, de demeurer quittes de tous les arrerages écheus pendant & depuis la guerre, suivant le benefice de l'Arrest. Ce qu'ils peuvent avoir fait en deux façons : l'une en faisant refus aux commandemens qui leur auront esté faits aprés la S. Jean, de payer les arrerages : l'autre en payant les arrerages depuis écheus, sans reservation ny protestation des precedens : quoy faisant, ils semblent avoir entendu d'en estre quittes en vertu de l'Arrest. Car en ce cas j'estime, puisqu'ils ont opté l'une des alternatives portées par l'Arrest, qu'ils ne peuvent plus recourir à l'autre. Comme en plus forts termes on tient en Droict sur le chap. *Potuit, ext. de locato & cond.* qu'aprés la cession de trois années par l'emphytheote, si le Seigneur reçoit les arrerages, il renonce tacitement au droict de commise. J'entends donc qu'ils ne peuvent plus déguerpir, sans faire le rétablissement des démolitions, en consideration duquel sept années d'arrerages leur ont esté quittées ; mais bien pourront-ils déguerpir leur rendant l'heritage en estat suffisant, ainsi qu'il sera tantôt dit : car c'est un droict commun & general, que l'Arrest ne leur a point voulu oster. Mais si ces detenteurs n'ont encore fait aucune option, j'estime qu'ils sont toûjours sur leurs pieds pour déguerpir sans rétablir : non pas en vertu de l'Arrest, car le temps d'iceluy est passé ; mais suivant le Droict commun, pourveu qu'ils ne soient obligez à la rente, d'obligation pure personnelle, qui les excluë du déguerpissement. Aussi l'Arrest dit qu'ils seront tenus d'opter à la S. Jean : c'est à dire, qu'à la S. Jean on les pourra contraindre précisément d'opter ; mais non pas qu'aprés la S. Jean ils ne puissent plus déguerpir.

<small>9. Si pour jouyr de la remise des arrerages il falloit signifier son option avant la S. Jean.</small>

Quoy donc ? si le detenteur a laissé passer ce temps sans signifier aucune option au Seigneur de la rente, supposé qu'il ne vueille point déguerpir, pourra-il pretendre d'estre quitte des sept années d'arrerages que l'Arrest donne, veu qu'il n'a point satisfait au desir de l'Arrest, qui estoit d'opter dans le temps prefix par iceluy ? Quoique plusieurs en ayent fort douté, & que la pluspart des habitans des fauxbourgs ayent esté soigneux de faire signifier dans les temps aux Seigneurs rentiers, qu'ils entendoient s'aider de l'Arrest, & demeurer quittes des arrerages, si est-ce que je tiens pour certain que cette ceremonie estoit superfluë, d'autant que l'Arrest porte que les detenteurs, qui aimeront mieux retenir les maisons que les déguerpir, demeureront déchargez des arrerages. Si donc ils n'ont point déguerpy dans le jour S. Jean, mais ont retenu les maisons, il s'ensuit bien, selon les termes de l'Arrest, qu'ils sont quittes des arrerages. Et encore que l'Arrest adjouste qu'ils seront tenus faire l'option dans le jour S. Jean, cela s'entend au cas qu'ils vueillent déguerpir : car s'ils retiennent toûjours la maison, l'option est toute faite : aussi que l'Arrest ne dit pas qu'à faute d'opter par eux dans ce jour, l'option soit referée aux Seigneurs des rentes, ou bien qu'ils seront décheus du benefice de l'Arrest.

<small>10. Si celuy qui ne déguerpit point, est tenu rétablir les demolitions.</small>

Supposé donc que le detenteur ait laissé couler le temps, ou qu'il ait expressément opté de ne point déguerpir, pour estre quitte des arrerages de la rente, sçavoir si le Seigneur de la rente le peut en ce cas contraindre de rétablir les maisons fortuites, afin que toûjours cy-aprés la rente s'y puisse commodément percevoir ? On dira d'abord, que puisque l'Arrest ne charge point les detenteurs, qui ne voudront point déguerpir, de rétablir les maisons, comme il eût fait, s'il y eût eu quelque apparence (veu que cet Arrest est fait principalement pour moyenner la conservation & entretien des Fauxbourgs de Paris) on ne doit les charger d'une prestation qui leur seroit plus onereuse, que le benefice à eux attribué par l'Arrest ne leur est utile.

<small>11. Qu'il est tenu remettre la maison en estat suffisant.</small>

Neantmoins le contraire est veritable, que le Seigneur de la rente peut contraindre le detenteur, qui a opté de ne point déguerpir, à rétablir la maison non toutesfois à le remettre en tel estat, qu'elle estoit auparavant la démolition ; mais seulement en tel estat que la rente y puisse estre commodément perceuë chacun an. Et puisque cela est general à tous les rentiers qui ne veulent déguerpir, que *conveniri possunt, ut ponant possessiones in tali statu, quod ibi capi possit pro reditu & arreragiis*, comme porte le privilege des Bourgeois, & comme il a esté prouvé au chapitre precedent : à plus forte raison cela doit avoir lieu à present pour les maisons des Fauxbourgs de Paris, puisqu'on quitte sept années d'arrerages des rentes aux detenteurs, pour leur donner moyen de les rétablir. Et encore que l'Arrest n'en porte rien, si est-ce que cela s'entend assez, & le Droict commun y supplée : aussi que cet Arrest intervenu sur la requeste des detenteurs, ne contient que ce qui est à leur profit.

du déguerpissement. Liv. V.

Et s'il estoit autrement, que ceux qui auroient opté d'estre quittes des arrerages, ne fussent tenus de remettre la maison en état suffisant, il en arriveroit un inconvenient manifeste: c'est que les detenteurs feroient toûjours semblant de vouloir garder les places, afin d'estre quittes des arrerages, puis d'ici à un ou deux ans, ils voudroient déguerpir, suivant la Coûtume, qui leur permet de ce faire en tout temps. Aussi qu'il peut arriver que le detenteur de l'heritage sera pauvre, on vendra l'heritage à quelque pauvre homme: & partant le Seigneur ne seroit jamais asseuré de sa rente, si elle n'estoit perceptible sur son fonds.

13. Côment on se peut exempter de ce restablissement.

Toutesfois, comme j'ai dit ci-devant des démolitions volontaires, j'estime que le detenteur se peut licitement exempter du rétablissement des fortuites sans déguerpir, en donnant asseurance valable au Seigneur pour raison de sa rente, soit par lui-mesme, obligeant ses biens à la fournir & faire valoir, s'il est solvable, soit en baillant caution d'icelle, paier & continuer toûjours s'il n'est assez solvable, qui est l'expedient contenu, en la Loi 3. *Quicumque De fundis patrim. lib.* 1. *Cod.*

14. Si les detenteurs des maisons abbatuës doivent jouyr de la remise des arrerages.

Reste encore une grande & importante question qui s'est faite autrefois sur l'interpretation de cet Arrest; sçavoir si les detenteurs des maisons qui n'ont point esté abbatuës ni endommagées pendant la guerre, doivent jouir de cette remise de sept années d'arrerages, ou si elle doit estre octroiée seulement aux detenteurs des maisons abbatuës & ruinées. Ceux qui maintiennent que la remise a lieu indistinctement pour toutes les maisons des Fauxbourgs, disent que le mot.f de l'Arrest est, que ces maisons ont esté entierement infructueuses & inhabitées pendant les troubles, mesme que les habitans des Fauxbourgs ont esté pillez & ruinez le jour de la Toussaints 1589. Aussi qu'il est vrai-semblable que par cet Arrest on a voulu établir un droict arresté, & faire une Loi generale pour toutes les maisons des Fauxbourgs de Paris, sans laisser en queuë une question de faict, si les maisons avoient esté plus ou moins endommagées; qui seroit pour faire presque autant de procez qu'il y a de maisons.

15. Que l'Arrest semble s'ordonner ainsi.

Et il est sans doute que les termes & la suite & contexture de l'Arrest s'accordent fort à cette interpretation: car en premier lieu, la requeste sur laquelle il est intervenu, tendoit à deux fins, l'une, à ce que les habitans des Fauxbourgs fussent déchargez & tenus quittes de tous les arrerages des rentes qu'ils devoient à cause de leurs maisons sans distinction pour ce chef de celles qui estoient ruinées, & de celles qui ne l'estoient point. L'autre chef tendoit à ce que les detenteurs des maisons ruinées fussent receus à les déguerpir, sans payer aucuns arrerages écheus pendant les troubles. De sorte que l'Arrest a fait Droict sur ces deux chefs: à sçavoir pour le dernier chef, que les maisons ruinées pourroient estre déguerpies en payant les arrerages à la moderation du tiers, suivant les Edicts modernes du Roy. Et par

aprés, faisant droict sur le premier chef de la requeste, qui concernoit la remise des arrerages, l'Arrest porte, *si mieux n'aiment les detenteurs retenir lesdites places*, (c'est à dire les maisons abbatuës) *& les autres maisons* (ce qui ne se peut entendre que des maisons non abatuës) *ausquels cas aiouste l'Arrest, & à chacun d'iceux, ils demeureront entierement déchargez de tout les arrerages,&c.*

16, 17. Raisons pour soutenir la contraire.

Toutesfois, s'il estoit permis de fonder le secret des oracles, on pourroit possible avec plus d'équité restraindre cet Arrest aux maisons abatuës, *ut minus ladat jus commune quàm fieri possit:* car il y a grande apparence qu'on a voulu quitter les sept années d'arrerages à ceux dont les maisons ont esté démolies, afin de leur donner courage de les garder, & le moien de les rebâtir: & que par ainsi les Fauxbourgs fussent plûtôt remis & rétablis par ceux qui avoient coûtume d'y habiter, *& quibus domus nota, domus optima est,* & qui vray-semblablement avoient fait un fonds d'argent pour payer les arrerages, afin d'estre receus à déguerpir suivant la Coûtume; lequel fonds on leur laissé pour estre employé au restablissement & de la maison: autrement ce seroit une grande inégalité, si celui dont la maison n'a point esté endommagée, estoit mis au rang de ceux dont les maisons estoient abatuës de fond en comble; & que les Seigneurs des rentes foncieres, qui ne demanderoient pas mieux que de reprendre leurs maisons, fussent frustrez entierement de leurs arrerages par l'espace de sept ans, veu qu'en l'Ordonnance de 1441. encore que les Anglois eussent occupé Paris par l'espace de dix-huit ans, toutesfois aprés la réduction, on chargea mesme ceux qui vouloient déguerpir, de paier tous les arrerages du passé sans diminution, & sans terme aucun. Et ne faut point dire que le quittement des arrerages soit à cause que toutes les maisons des Fauxbourgs ont esté inhabitées & infructueuses pendant la guerre; car les arrerages des années quatre-vingt quatorze & quatre vingt quinze, sont quittez par l'Arrest; & neantmoins il est certain que pendant icelles les maisons des Fauxbourgs ont esté habitées comme auparavant la guerre. Pareillement ne sert rien de dire qu'il y avoit deux chefs en la requeste; car pourtant il n'y a qu'une seule clause en l'Arrest qui ne touche que le chef du déguerpissement, lequel n'estant demandé que pour les maisons ruinées, on peut dire que l'Arrest ne concerne point les autres. Et qu'il porte ces mots, *lesdites places, & autres maisons;* on peut dire qu'ils s'entendent des autres maisons qui n'ont pas esté reduites tout à fait en simples places, *quæ prorsus solo adæquata non sunt,* mais qui pourtant sont démolies & reduites en masures.

18. Ce qui s'en juge au Chastelet.

Je ne voudrois pourtant pas m'opiniâtrer en cette interpretation, parce que feu Monsieur Seguier Lieutenant Civil de Paris, homme de suffisance incomparable, & qui avoit assisté à l'Arrest, a toûjours jugé en son Siege, que ceux dont les maisons n'avoient point esté abbatuës pouvoient jouyr de cette remise.

CHAPITRE VIII.
Des Démolitions naturelles, & des especes de reparations reconnuës en Droict & en France.

1. *De quelles reparations est tenu en Droict l'usufruictier.*
2. *Que les reparatiõs ne sont pas nettement specifiées en Droit.*
3-4. *De sartis tectis. Coûtume des Romains fort notable.*
5. *Comment se prend en Droict le mot* Sarta tecta.
6. *Autre distinction des reparations en Droict.*
7. *Division des reparations de France en menuës, viageres, & perpetuelles.*
8. *De quelles de ces reparations est tenu le preneur à rente.*
9. *S'il est tenu de l'entiere reédification.*
10. *S'il n'appert comment estoit l'heritage lors de la prise, en quel estat il le faut déguerpir.*
11. *Conciliation & interpretation de deux articles des Coûtumes d'Anjou, Lodunois & du Maine.*
12. *Resolution fort notable.*

1. De quelles reparations est tenu l'usufructier.

Reste de parler de la treisiéme espece de démolitions, que j'ay nommées *démolitions naturelles,* qui arrivent & proviennent de la nature de la chose, sans estre causées par aucun accident extraordinaire.

De la forme

Pour le regard desquelles, s'il falloit suivre au déguerpissement ce que le Droict en ordonne en l'usufruit, la difficulté ne seroit pas grande : car il est clairement décidé, que l'usufruitier est seulement tenu des menuës reparations, *ad sarta tecta tenetur ; & modica tantum refectio ad eum pertinet*, dit la loy *Habemus D. de usufr.*

2. Que les reparations ne sont pas nettement specifiées en Droict.

Et toutefois ce n'est pas la raison que le detenteur de l'heritage chargé de rente, qui est entierement proprietaire de l'heritage, ne soit tenu des reparations d'iceluy plus outre qu'un simple usufruitier : & si quand à l'usufruitier, Ulpian en cette Loy n'a pas encore assez specifié & particularisé, quelles sont les mediocres reparations dont il est tenu : car ayant proposé de rapporter les termes de Celsus *de modo sarta tecta habendi*, il demeure court, & resout seulement que l'usufruitier n'est tenu *reficere ea quæ vetustate corruerunt, quia modica tantum refectio ad eum pertinet*. Accurse sur cette Loy, & sur la Loy *Omnino. D. de impens.in res dotal. factis*, qui parle *de modica impensa facta à marito in fundo dotali*, demande jusques à quelle somme peut monter cette menuë impense ou reparation, & allegue la Loy, *Si oleum §.ult. cum l. seq.D. de dolo*, pour dire qu'il la faut taxer à deux écus : Mais enfin il resout que cela demeure en l'arbitrage du Iuge, par la raison de la Loy 1. C. *de jure deliber.*

3.4. De sartis tectis. Coûtume des Romains fort notable.

Or le bon Accurse n'a jamais entendu ce que c'estoit *sarta tecta habere*. Sarté, dit Festus, *ponebant veteres pro integrè, ob quam causam opera publica quæ locantur, sarta tecta vocantur ; Sarcire enim est integrum facere* : Car les Romains avoient une police, laquelle si nous avions en France, les Eglises & maisons publiques ne seroient en decadence & en ruine comme elles sont en beaucoup d'endroits : & qui seroit necessaire à renouveller pour les Abbayes regies par commande, mesme pour tous les Benefices ; c'est qu'ils ne manquoient jamais de bailler au rabais de cinq en cinq ans les entretenemens & reparations des Temples & édifices publics : [Greek], dit Polybe, [Greek] : & à la charge de faire & renouveller ces baux, fut premierement attribuée aux Censeurs par la Loy des douze Tables, *Censores templa, vias, aquas, tuentor* (C'est pourquoy aussi les baux estoient de cinq ans, en cinq ans , comme la charge des Censeurs) puis aux Ediles, quelquefois aux Preteurs par ordonnance particuliere du Senat : ce qui est bien expliqué par Ciceron en l'Oraison *De pratura urbana*.

Or les entrepreneurs & adjudicataires de ces baux estoient tenus reparer pour le prix de leur bail toutes les démolitions qui survenoient aux édifices publics, & à la fin d'iceluy les rendre en bon entretien & reparation. Aussi au commencement de leur bail on les leur bailloit en bon estat, & pour cet effet on les visitoit : *Martianus ad l. Iul. repetund. Ne in acceptum ferantur sarta tecta tuenda, antequam perfecta, probata, prafita lege cruant.* L'Empereur appelle cette charge *procurationem sartorum tectorum, l. 2. De conditis in publicis horreis. Si per injuriam offi-ij sartorum tectorum neglecta procuratione, aliqua pluviis infecta perierint, ad damnum tuum referentur.*

5. Comment se prend en Droict le mot *sarta tecta*.

D'où il appert que le Latin *sarta tecta*, & le Grec [Greek], comprend toutes reparations mesme des gros murs qui seroient tombez : il est vray qu'il les faut entendre sainement, & selon la nature du contract auquel ils sont inserez ; comme si un locataire est obligé *ad sarta tecta*, c'est à dire qu'il est tenu de faire les raparations, non toutesfois du rétablissement d'un gros mur ou d'une voute qui seroit tombée tout à coup, tout ainsi qu'il est dit de l'usufruitier : *Reficere tenetur habens, ut sarta tecta habeat, si quæ tamen vetustate corruissent, non cogitur reficere*, & puis parlant *de modo sarta tecta habendi*, il dit *modica tantum refectio ad eum pertinet*. Ce qui est pour limiter la proposition precedente, que *fructuarius non indistinctè tenetur ad sarta tecta*, & qu'il n'est pas tenu *ad reficienda quæ vetustate corruerunt*, non pas pour dire qu'il ne soit tenu qu'aux menuës reparations, comme un simple locataire.

Il y a encore en Droict une autre distinction des reparations ou des impenses faites pour raison d'icelles (qui est tout un) en la Loy 3. *De impensis in res dotales factis* ; sçavoir est de celles qui concernent la commodité presente de la chose, & de celles qui regardent son utilité perpetuelle : *Generaliter definimus multum interesse, an ad perpetuam utilitatem agri in impensa facta sint, an ad præsentis temporis fructum : si in præsentibus, cum fructibus hoc compensandum, si verò non fuit ad tempus præsens tantùm apta erogatio, necessariis impensis imputandum.*

6. Autre distinction des reparations en Droict.

Mais en France nous distinguons plus nettement & plus exactement ces sortes de reparations, à sçavoir les menuës, dont est tenu le simple locataire par la nature de son bail, & qui selon la diversité des Coûtumes sont taxées tantôt plus, tantôt moins, & à Paris on les prend volontiers jusques à cinq sols chacune. Les reparations viageres, qui concernent les usufruitiers & doüairieres, qui sont toutes reparations d'entretenemens hors les quatre gros murs, poutres entieres, couvertures & voutes, dit nôtre Coûtume article 262. Et finalement les reparations perpetuelles qui regardent l'utilité perpetuelle de la chose, desquelles sont chargez les proprietaires, qui consistent en la refection des quatre gros murs, poutres, voutes & couvertures entieres, sans comprendre encore la reédification & rétablissement des maisons entierement abbatuës, qui est distingué en Droict, aussi bien qu'en France, des reparations & entretenemens, comme il a esté prouvé cy-devant au chapitre sixiéme de ce mesme Livre.

7. Division des reparations de France en menuës, viageres, & perpetuelles.

Pour donc appliquer à nostre sujet ces diverses sortes de reparations, je dis que le preneur à rente est tenu non seulement des menuës reparations, comme un simple locataire, & des reparations viageres, comme un usufruitier ; mais encore qu'il est tenu des reparations perpetuelles comme estant proprietaire de l'heritage : de sorte qu'il est tenu de toutes reparations, *ad sarta tecta tenetur*.

8. De quelles de ces reparations est tenu le preneur à rente.

Mais on peut douter si outre les reparations & entretenemens, il est encore tenu du rétablissement & reédification de l'heritage, quand il sera tombé d'antiquité. Et bien que cette question soit assez problematique, toutefois je m'y resous par cette distinction, que veritablement on ne le peut contraindre à rébâtir précisément l'edifice fondu d'antiquité : car il n'est tenu par la nature de son contract, que des reparations & entretenemens, & non pas des restaurations & reédifications : mais que pourtant il ne peut pas quitter & déguerpir l'heritage, & s'exempter de le rente, s'il ne le remet en tel estat que la rente y puisse estre perceüe, puisque la Coûtume le requiert expressément. Coûtume qui ne peut recevoir modification, sinon des cas fortuits & imprévisibles, mais non du cas naturel ; & qui non seulement se prevoit, mais mesme se devroit prevoir, parce que necessairement il faut que cela vienne avec le temps. Autrement ce seroit une injustice manifeste, si celuy qui auroit pris une maison neuve, deux ans après quand elle seroit tombée d'antiquité, la vouloit déguerpir, lorsqu'il n'en peut plus tirer aucun profit : c'est à la raison que comme d'une femme, aussi d'une maison, celuy qui en a eu les bonnes années, en supporte la vieillesse.

9. S'il est retenu de l'entiere reédification.

A ce propos on demande, si le bail à rente est si ancien, que ny par écrit ny par témoins il ne puisse apparoir en quel estat estoit l'heritage lorsqu'il fut baillé, en quelle reparation il le faut mettre pour le déguerpir. Car nostre Coûtume demeure court sur ce poinct ; mais l'Ordonnance de 1441. art. 10, y supplée fort intelligiblement, disant que s'il n'appert en quel estat estoit l'heritage lors de la prise, pour le déguerpir

10. S'il n'appert comment estoit l'heritage lors de la prise, en quel estat il le faut deguerpir.

du Déguerpissement. Livre V.

guerpir il le faut mettre en bon & suffisant état : comme si c'est une maison, il suffit de la mettre en tel état qu'on y puisse loger commodément ; si c'est une terre, qu'elle ne soit point en friche; si c'est une vigne, il faut qu'elle ait eu toutes ses façons, eu égard à la saison, comme porte l'article 45. de la Coûtume de Poitou.

11. Concilia-tion & interpretation de deux articles des coûtumes d'Anjou, Lodunois & du Maine.
Ce qui concilie ensemble deux articles des Coûtumes d'Anjou, du Maine & de Lodunois, sous le titre *des exponsions*, où il est dit, qu'és exponsions qui se font au Seigneur direct pour les rentes seigneuriales, il suffit de rendre l'heritage en bon état & reparation ; & en celles qui se font aux autres Seigneurs rentiers, pour une simple rente foncière non seigneuriale, il faut precisément que l'heritage soit en tel état & reparation qu'il étoit lors de la prise. Ce qui est ainsi decidé, parce que ces Coûtumes presument qu'aux rentes seigneuriales, qui sont volontiers fort anciennes, il seroit impossible de se souvenir de l'état, auquel étoient les heritages, lorsqu'elles ont été imposées, elles ont mieux aimé le trancher, *οὐ τοι ἀκοιτίω*, chargeant seulement celui qui fait l'exponse, de remettre l'heritage en bon état ; mais aux baux à rente foncière, qui volontiers ne sont si anciens, & lesquels on garde plus soigneusement, parce que les rentes sont plus grosses, ces Coûtumes ont voulu precisément que le déguerpissant en remit l'heritage en tel état qu'il étoit lors de la prise.

D'où j'infère, ensemble de tout ce que dessus, que si le detenteur pouvoit faire clairement paroître, que lors du bail le lieu qu'il déguerpit, n'étoit qu'une simple aire & place à bâtir, il ne sera tenu d'aucunes reparations ; & même que si tout l'edifice venoit à être démoli, il pourroit retirer à lui ses matériaux; mais n'en faisant point apparoir, on presumera toûjours *ex præsenti in præteritum*, que la maison avoit été bâtie auparavant la prise. Et partant il faut en ce cas qu'il remette les bâtiments en bon & suffisant état, suivant l'Ordonnance de 1441.

12. Resolution fort notable.

CHAPITRE IX.

Du payement, consignation ou offre réelle des arrerages lors du déguerpissement.

1. 2. Deux raisons pourquoi il faut payer les arrerages en déguerpissant.
3. Que cela a lieu en tous detenteurs qui ont eu connoissance de la rente.
4. Si ces detenteurs en déguerpissant sont tenus payer les arrerages écheus auparavant leur detention.
5. 6. Resolution de cette question, & les raisons d'icelle.
7. Qu'à faute d'avoir offert les arrerages precedens, le déguerpissement n'est pas nul ; mais que pourtant il les faut payer.
8. Pourquoi il faut payer le terme ensuivant. Et la conciliation de nôtre Coûtume avec d'autres.
9. S'il faut aussi payer les charges casuelles deuës au Seigneur de la rente.
10. Resolution.
11. Quid des defauts & amendes ?
12. Quid des redevances casuelles deuës à un tiers sur l'heritage ?
13. & seq. S'il faut consigner les arrerages, quand le Seigneur les veut recevoir. Et les raisons de l'affirmation.
14. & seq. Conciliation de la Loy 2. avec la Loy Si, a te.

Cod. de pact. inter emptorem & vend.
16. & seq. Qu'il n'est necessaire de consigner les arrerages en déguerpissant.
19. An sola oblatio cursum usurarum sistat.
20. Que nous n'avons tant d'occasion de requerir la consignation en France, qu'au Droit.
21. Reponse aux raisons de l'opinion contraire.
22. & seq. Intelligence de la Loy 2. in fi. C. de jure emp.
25. Si du moins il faut offrir les arrerages argent à découvert.
26. Opinion de du Molin.
27. Source de l'erreur.
28. Que signifie en Pratique, offre réelle, ou verbale & labiale. Conciliation de plusieurs Loix.
29. Occasion de l'erreur des vieux Praticiens François.
30. Que c'est chose frustratoire d'offrir l'argent à découvert.
31. Que cela doit être observé seulement au retrait lignager, & non au déguerpissement.
32. Que le Seigneur peut bien prendre les arrerages offerts, & neanmoins debattre le déguerpissement.
33. Si on refuse de payer les arrerages à cette condition, le déguerpissement est nul.

1. 2. Deux raisons pourquoi il faut payer les arrerages en déguerpissant.
C'Est assez parlé du retablissement de l'heritage, qui est la premiere condition du déguerpissement, il faut parler de la seconde, à sçavoir du payement des arrerages. Or il y a deux raisons pourquoi celui qui veut déguerpir, est tenu des arrerages écheus de son temps. La premiere dépend de cette Maxime generale & infaillible, qu'au déguerpissement le Seigneur de la rente doit être indemnisé & exempté de toute perte & dommage qu'il pourroit encourir à raison d'icelui : or il seroit en perte, s'il étoit tenu recevoir son heritage sans être promptement satisfait de ses arrerages, le remettant à un autre pour ce regard, veu que c'est une regle generale, qu'en toutes debtes successives, il faut plûtôt vuider les arrerages que le principal. *l. ult. D. de eo quod certo loco.*

L'autre raison est, que les arrerages de chacune année se doivent prendre sur les fruits de la même année, & faire se peut : *tributa sunt onera fructuum cujusque anni. l. Neque stipendium. D. de impens. in res dot. factis,* & consequemment *ab eo solvenda sunt qui fructus percipit. l. 1. D. de anno, & trib.* Or pour ce que le déguerpissement se fait pour s'exempter de toute obligation envers le bailleur de l'heritage ; il faut en déguerpissant vuider & retrancher toute occasion pour laquelle on lui pourroit demeurer obligé, & sur tout, parce que l'obligation personnelle empêche le déguerpissement, il faut l'ôter & éteindre par le payement avant que de pouvoir déguerpir.

3. Que cela
C'est donc une regle tres-vraye, qu'il faut payer les arrerages de la rente, avant que d'être receu au déguerpissement ; ce qui a lieu non seulement au prêneur à rente, mais aussi au tiers detenteur, qui en quelque façon que ce soit, est obligé à icelle, comme en l'acquereur à la charge de la rente, & en celui qui en la rente, a pasié titre nouvel, & en celui qui a été condamné le payer, & mêmement en celui qui lors, ou depuis son acquisition a eu connoissance de la rente : ce qui se colligé fort bien de l'article 102. de nôtre Coûtume tiré à sens contraire ; car puisque pour être exempt des arrerages, il faut, & n'avoir eu aucune connoissance de la rente, & déguerpir avant contestation, il s'ensuit assez que ceux qui ont eu connoissance, ou qui ont attendu la condamnation, ne s'en peuvent plus exempter.

a lieu en tous les detenteurs qui ont eu connoissance de la rente.

Mais c'est une grande question qui n'est pas decidée par nôtre Coûtume, si ces tiers detenteurs sont tenus, pour déguerpir, payer indistinctement tous les arrerages deus & écheus à cause de la rente, ou bien seulement les arrerages écheus de leur temps ; desquels ils sont tenus personnellement, & non pas ceux les arrerages échus, auparavant leur detention, desquels ils ne sont tenus qu'hypothequairement, comme il a été dit au second Livre : de sorte que se défaisant, l'heritage hypothequé à iceux, auquel (& non à eux, ou à leurs biens) on se doit prendre pour le payement, des arrerages precedens, ils soient exempts & déchargez de pouvoir plus en être poursuivis ; ce qui semble d'abord non

4. Si ces detenteurs en déguerpissant sont tenus payer les arrerages échus avant leur detention.

Du Déguerpissement. R

seulement équitable, mais quasi necessaire par la suite du droict François, qui n'oblige personnellement le tiers detenteur que pour les arrerages écheus de son temps, comme il est decidé en l'article 99. de nôtre Coûtume.

§. 6. Resolution de cette question, & les raisons d'icelle.

Et neanmoins les Coûtumes d'Anjou, du Maine, de Poictou, de Lodunois, & les autres qui expliquent plus amplement la matiere des expositions ou déguerpissement, decident toutes, que le tiers detenteur doit payer indistinctement ou generalement tous les arrerages écheus de tous les temps passé, & n'y a Coûtume qui decide le contraire: Aussi encore que l'une des raisons cy-dessus déduites, sur lesquelles est fondée la necessité de payer les arrerages, avant qu'estre receus à déguerpir, cesse au regard des arrerages precedens la detention, parce que le detenteur qui veut déguerpir n'y est obligé personnellement: toutefois la premiere & principale raison s'y rencontre, qu'on ne doit faire queuë des arrerages, mais qu'il les faut voider & payer, avant qu'on ne puisse exempter du cours & continuation de la rente par le déguerpissement: Autrement il en resulteroit un inconvenient: car celuy qui devroit plusieurs années d'arrerages, vendant l'heritage à un autre qui incontinent le déguerpiroit, s'exempteroit par une façon injuste de payer les arrerages, comme il seroit tenu s'il déguerpissoit luy-méme; & ce seroit alors au Seigneur de la rente de courir aprés son homme pour ses arrerages, bien qu'il ne soit raisonnable que le rentier transportant l'heritage à un autre, s'acquitte plûtost du cours de la rente, sans en payer les arrerages, que s'il le remettoit entre les mains du Seigneur de la rente.

Et ne peut-on dire qu'on fasse aucun tort au tiers detenteur, quand il veut déguerpir, de lui faire payer les arrerages écheus du temps de son autheur; car on ne l'y contraint pas precisément sur ses autres biens, supposé qu'il ne parle point de déguerpir: mais s'il veut user du privilege du déguerpissement, il faut qu'il en use sous les conditions qui y sont requises, comme donc il a esté prouvé cy dessus au chap. 4. que le tiers detenteur, dont nous parlons, est tenu reparer les démolitions faites par les precedens detenteurs avant que déguerpir, aussi il est tenu payer & avancer les arrerages écheus de leur temps, sauf son recours contr'eux.

§. 7. Qu'à faute d'avoir offert les arrerages precedens, le déguerpissement n'est pas nul, mais pourtant il les faut payer.

Ce que j'entends seulement du tiers detenteur qui avoit connoissance de la rente: car le detenteur de bonne foi n'est non seulement tenu de payer les arrerages du temps de son autheur; mais mesme il n'est tenu de paier ceux de son temps, comme il sera dit au chapitre suivant. Encore y faut-il apporter une modification notable, c'est à sçavoir qu'à faute d'avoir particulierement offert les arrerages precedens, lorsque le déguerpissement se fait, on ne peut pretendre qu'il soit nul, supposé que lors le Seigneur de la rente ne les ait demandez, comme cela seroit pour raison des arrerages de son temps; car il seroit trop rude de lui faire deviner ce qui seroit deû par ses predecesseurs: Mais aussi en ayant esté adverty par la demande du Seigneur, il auroit tort de ne les avoir offerts, puisqu'il y est tenu pour la validité de son déguerpissement. Il est vray que si le Seigneur laisse passer le déguerpissement sans les demander, il n'en est pourtant exclus, mais à toûjours son action pour les demander: action, dis-je, non seulement contre celui du temps duquel ils sont écheus; mais encore à mon avis contre celui qui a déguerpi, parce qu'en déguerpissant il est tacitement obligé à payer ce dont les Coûtumes chargent ceux qui déguerpissent.

§. 8. Pourquoi il faut payer le terme ensuivant. Et a concilia-

Mais nôtre Coûtume astraint celui qui déguerpit à payer non seulement les arrerages écheus, mais encore le terme suivant: ce qui se fait afin de mettre hors de tout interest le Seigneur de la terre, qui toûjours ne peut pas rebailler ou faire profiter promptement

l'heritage déguerpy. Et toutesfois cela n'est pas requis és autres Coûtumes pour la plûpart, & notamment celles d'Anjou, Touraine, le Maine & Lodunois; il est vrai qu'elles requierent que l'exposition soit faite au jour que la rente est deuë, principalement pour le regard des rentes seigneuriales. La Coûtume de Poictou accorde clairement ces Coûtumes avec la nôtre: car és articles 42. & 44. elle porte que celui qui fait l'exposition, est tenu de payer les arrerages du passé, & le prochain terme à écheoir. Mais, ajoûtent ces articles, s'il faisoit ladite exposition le jour que seroit deû le cens ou rente, il ne seroit plus tenu de payer le terme prochain à écheoir. Et ce que ces autres Coûtumes requierent que l'exposition soit faite precisément au jour que la rente est deuë, en une solennité qui n'a lieu qu'aux rentes seigneuriales, & non aux simples foncieres, & qui n'est requise qu'aux autres Coûtumes, esquelles l'exposition se fait en jugement, ainsi qu'il a esté dit au premier chapitre de ce Livre.

tion de nôtre Coûtume avec d'autres.

C'est aussi une grande question, si outre les arrerages de la rente il faut encore payer, avant que déguerpir, les charges & redevances casuelles, qui peuvent estre deuës au Seigneur de la rente seigneuriale; & pareillement s'il faut acquitter l'heritage de celles qui peuvent estre deuës à autres, que celui qui reçoit déguerpissement. J'entends par ces charges casuelles, les lots & ventes des heritages censuels, les reliefs ou rachapts, quints & réquints, & autres droicts des heritages feodaux: car il a esté prouvé au premier Livre, que ces redevances sont especes de charges foncieres.

§. 9. S'il faut aussi payer les charges casuelles deuës au Seigneur de la rente.

Et pour resoudre cette question en un mot, il semble, qu'encore que nos Coûtumes ne parlent point de ces charges, lorsqu'elles traitent du déguerpissement, neantmoins il les faut acquitter par celui qui déguerpit: car les deux raisons cy-dessus proposées y ont aussi bien lieu comme aux arreres: aussi que la Coûtume de Nivernois le decide expressément art. 20. chap. 9. En quoy j'estime qu'il faut garder la même modification qui a esté dite pour les arrerages precedens, à sçavoir qu'il n'est pas necessaire de les offrir pour la validité du déguerpissement: mais s'ils sont demandez, il les faut payer avant que déguerpir. Si donc une fois le déguerpissement a esté accepté ou jugé avant que les avoir demandez, il faut tenir, ne plus ne moins qu'aux arrerages precedens, que le Seigneur n'a plus qu'une simple action pour les poursuivre: laquelle toutesfois il ne peut intenter contre celui qui a déguerpy.

10. Resolution.

Au contraire j'estime, pour le regard des défauts & amendes encourues à faute de cens non payé, ou pour ventes recelées, & toutes telles autres redevances, que le detenteur n'est tenu les consigner ou payer avant que déguerpir, bien mesme qu'on les demande: & ce pour la raison déduite au penultiéme chapitre du premier Livre, que telles amendes ne sont point charges foncieres: mais sont debtes pures personnelles, ne procedans pas de la chose; mais de la faute, ou quasi delit du detenteur d'icelle.

11. Quid des défauts & amendes.

Que si les redevances casuelles sont deuës à autre qu'à celui qui reçoit le déguerpissement, j'estime qu'il n'est pas besoin non plus de les payer & acquitter lorsqu'on déguerpit: car, comme il a esté dit cy-dessus, il suffit au déguerpissement rem tradere, & præstare habere licere. De sorte que si aprés le Seigneur auquel l'heritage a esté quitté, venoit à en estre poursuivy, ce seroit une action qu'il auroit contre celui qui a déguerpy, comme il a esté dit au second chapitre de ce Livre.

12. Quid des redevances casuelles deuës à un tiers sur l'heritage.

Voicy encore une question plus difficile. On demande, si quand le Seigneur de la rente ne veut accepter le déguerpissement, ny recevoir les arrerages qui lui sont offerts, le detenteur, pour la validité du déguerpissement est tenu de les consigner actuellement. Et on tient communément que cette consignation est necessaire: comme de fait, c'est l'opinion commune de tous les Interpretes de Droict, tant anciens

13. & suiv. S'il faut consigner les arrerages, quand le Seigneur les veut recevoir. Et les raisons de l'affirmation.

du déguerpissement. Livre V.

que modernes ; que la simple offre n'est pas suffisante, quand il est question d'arrester le cours des interests. *l. Si creditrici. l. Si per te. l. Acceptam. C. Si de usur. l. Creditor. C. de pignoribus. l. 1. Cod. qui potior. in pign. hab.*

24. Conciliation de la Loi avec la Loi Si à te. Cod. de pact. inter emptorem & vend.

Et pareillement en matiere d'arrerages de rente ou redevance emphyteutique, ce n'est pas assez de les offrir : mais il les faut consigner pour eviter la commise, dit la Loy 2. *C. de jure emphyt.* D'où on peut inferer, qu'à plus forte raison la consignation est requise, pour acquerir une liberation de la rente: car c'est un poinct qui ne fut jamais debatu en Droict, que pour acquerir liberation il faut consigner actuellement. Et puisque c'est une condition necessaire & formelle du déguerpissement, que de payer les arrerages, il les faut ou actuellement payer au Seigneur, s'il les veut recevoir : ou s'il ne les veut recevoir, les consigner en Iustice, & s'en dessaisir. Car il faut observer precisément & étroitement la forme & solennité de quelque acte (principalement d'un acte qui de soi est odieux) & non point par fiction, ou quelque autre voye equipollente, comme il a esté dit cy-devant. Et mesme au retraict conventionnel on distingue si la condition est conceuë sous ces termes, *si pretium obtuleris*, & qu'alors il suffit d'offrir sans consigner. *l. 2. C. de pactis inter empt. & vendit.* ou quand elle est conceuë en ces termes, *si solveris* : & alors il est decidé, que ce n'est pas assez d'offrir, mais qu'il faut actuellement consigner, *l. Si à te. C. eod. tit.*

16. & seq. Qu'il n'est necessaire de consigner les arrerages en déguerpissant.

De fait, la Coûtume d'Anjou. art. 464. celle du Maine, art. 468. & celle du Lodunois, art. 4. chap. 18 portent unanimément ces mots, qui semblent decisifs de cette question : *Si le Seigneur ou son Receveur ne veut recevoir lesdits arrerages, le subjet ne les doit retenir, mais en leur defaut les consigner és mains de Iustice suzeraine, & en prendre lettres, & les faire signifier, &c.*

Certainement ces raisons sont tres-grandes & tres-considerables ; & toutefois j'estime qu'il suffit d'offrir simplement les arrerages, sans les consigner, és Coûtumes où la consignation n'est point expressément requise. Car l'offre du debiteur, & le refus du creancier equipollent au payement par la Loi *jure civili. D. de condit. & demonst.* en ce qui concerne l'interest du debiteur, qui s'est mis en devoir, & le dommage du creancier, qui est constitué en demeure. Et ne faut point qu'on aille chercher au déguerpissement de nouvelles solennitez, outre celles qui sont prescrites par nos Coûtumes : & que par nos subtilitez de pratique, nous obligions les detenteurs à plus que nos Coûtumes ne les obligent, & à ce que justement ils ont pû ignorer & obmettre, & ne voyât estre requis par la Loi, qui autrement serviroit de piege à ceux qui n'avoient pas deviné cette ceremonie.

En effet en France, mesme és matieres les plus odieuses, on ne requiert pas la consignation. Comme pour avoir main-levée du fief saisi à faute d'homme, il suffit, en faisant la foi, d'offrir les rachapts & profits du fief ; & il n'est point besoin de les consigner. Et en matiere de retrait lignager il suffit faire offres réelles, non seulement pour estre admis au retraict, mais mesme pour gagner les fruicts. Car nôtre Coûtume, qui est gardée par tout, porte en l'article 134. que le retrayant gagne les fruicts du jour de son offre, bien que par la disposition de Droict il semble que pour gagner les fruicts, la consignation soit requise. Ce qui a esté assez amplement expliqué par Tiraqueau.

Mais sur tout, quand l'offre est judiciaire, alors pour la reverence & authorité du lieu où elle est faite, la consignation n'y est point requise, mesme en poinct de Droict, pour produire une action, comme il est decidé en la Loi *Si rem. §. ult. D. de pignorat. act.* & le tient la glose en la Loi *Alien. eod. tit. & in l. Invicem. C. de compensat.*

19. An sola oblatio cursum usurarum sistat.

Or pour répondre aux raisons de l'opinion contraire, je ne m'arresterai point sur cette grande question, *An sola oblatio cursum usurarum ipso jure sistat* : &

Du Déguerpissement.

je diray seulement, que bien que du Molin au Traité des Usures, question 39. se soit fort travaillé à prouver l'affirmative en poinct de droict, contre l'opinion commune de tous les Docteurs : neantmoins j'estime la commune plus vraye que la sienne, en termes de Droict, és usures conventionnelles, & je croy que l'interpretation que Cujas & Robert ont donné au §. *Sed*, de la Loy *Qui Romæ. de verb. oblig.* est tres-pertinente. Je pense toutefois que l'opinion de du Molin soit plûtost tenuë en France, comme aussi elle est plus equitable ; & le Practicien de France Jean Faber semble l'avoir tenuë sur la Loi *Acceptam. C. de usuris, Sola, inquit, oblatio impedit cursum usurarum & commissionem pænæ : imò & aliquando liberationem parit :* & peu aprés il ajoûte, *fortè tadem quandocunque reditus debentur.*

20. Que nous n'avons pas tant d'occasion de requerir la consignation en France, qu'au Droict.

Aussi je puis dire, que nous n'avons pas occasion en France de requerir si communément la consignation, comme à Rome, où les deniers qui étoient consignez dans les Temples, étoient bien plus religieusement & plus seurement conservez, & bien plus facilement rendus, qu'ils ne seroient en France, au grand deshonneur de nôtre siecle, & de nôtre nation.

21. & seq. Réponse aux raisons de l'opinion contraire.

Mais sans entrer plus avant en cette dispute, s'il faut actuellement consigner le sort principal d'une rente constituée, pour arrester le cours des arrerages ; nous sommes bien en plus beau chemin en la rente fonciere. Car desja l'heritage sur lequel, & des fruicts duquel se doit annuellement payer la rente, est déguerpy, delaissé & consigné, étant que les immeubles se peuvent consigner : car celui qui est déguerpy, n'y oseroit plus toucher, de peur de déroger à son déguerpissement ; & chacun est d'accord, que *in immobilibus sola verbalis oblatio sufficit, per auth. Dos data C. de donat. ante nuptias.* Et supposé que celui qui déguerpit, retienne les arrerages par devers lui, aprés les avoir offerts judiciairement, à faute que le Seigneur les vueille recevoir ; si est-ce que pourtant il ne doit paier de nouveaux arrerages : car il n'est pas question de sçavoir si comme en rente à prix d'argent, il payera l'interest de ce qu'il retient : aussi que ce seroient *usuræ usurarum.* Il n'y a donc rien qui le puisse obliger à continuer la rente.

21. Intelligence de la Loy 2. in fi. C. de ju. emphyt.

Et ne faut point dire que la consignation est plus precisément requise au Canon emphyteutique par la Loy 2. *C. de jure emphyt* mesme pour éviter la commise. Car il faut entendre sainement cette Loy avec Jean Faber, & presque tous les autres Interpretes, que la consignation y est requise, non pas pour éviter la commise ; mais seulement pour acquerir liberation & décharge entiere des arrerages offerts. Autrement ce seroit une pure heresie en Droit, de tenir que la seule offre ne fut suffisante pour éviter la perte & commise.

Et quant à ce qu'on dit, que jamais liberation n'est acquise sans consignation, la réponse est facile, qu'aussi pour se liberer de la rente & continuation d'icelle à l'avenir, l'heritage doit estre actuellement delaissé & consigné entant qu'un immeuble le peut estre, c'est à dire qu'il doit estre tellement remis & quitté, que le rentier n'y touche plus par aprés : mais quant aux arrerages écheus, je confesse bien que la seule offre n'en aporte pas une liberation & décharge, que toûjours celui qui a déguerpy, ne soit tenu les payer à l'avenir, quand on les lui demandera : mais je dis que cette offre avec le delaissement actuel de l'heritage, le décharge du cours & continuation de la rente.

Aussi encore qu'il soit vray que la forme prescrite au déguerpissement doit estre precisément accomplie, *& non per æquipollens*, cela s'entend quand il est possible de l'accomplir precisément : mais non quand il y a impossibilité de ce faire, principalement quand l'impossibilité procede du fait des parties adverses: autrement à le prendre à toutes rigueurs ; on diroit que mesme la consignation n'est pas un vray payement : mais seulement qu'elle equipolle au payement, & par ainsi qu'elle ne suffiroit pas.

De la forme

25. Si du moins il faut offrir les arrerages, argent à découvert.

Je resouds donc qu'aux Coûtumes, où la consignation n'est point requise precisement, il suffit pour la validité du déguerpissement, d'offrir judiciairement les arrerages du passé. Mais c'est encore une difficulté qui n'est pas petite, si l'offre doit estre faite argent à découvert, qu'on appelle vulgairement offre réelle, ou si l'offre verbale & labiale est suffisante. Qui doute de cela, dira quelqu'un ? car puisqu'il y a tant de difficulté à exclure la consignation, au moins il ne faut point douter que l'offre ne doive estre réelle : aussi que tous les Interpretes tant anciens que modernes, sont d'accord, que l'offre verbale & labiale ne releve de rien.

26. Opinion de du Molin.

Et bien que du Molin soit la partie adverse des Receveurs des Consignations, si confesse-il quand celui à qui l'offre est faite, ne refuse pas expressément de prendre l'argent, alors il faut que l'offre soit réelle : bien, dit-il, que s'il fait refus exprés, il n'est pas besoin de passer outre, & de découvrir son argent, *tract. usur. quaest. 40. & in art. 62. Consf.* De sorte qu'au dire de du Molin il faudroit conclure, que si le Seigneur de la rente estoit present en jugement, & qu'il refusât expressément de recevoir les arrerages, alors, à la verité, l'offre labiale suffiroit, mais s'il failloit défaut, ou qu'estant present il ne fît point de refus exprés, alors il faudroit que l'offre fût réelle, & deniers à découvert.

27. Source de l'erreur.

S'il m'est permis de dire mon opinion, aprés celle d'un si grand personnage, il me semble qu'il s'est trop laissé emporter à la routine des anciens Praticiens de France, qui n'ont pas bien entendu, ny les textes de Droict, ny l'intention des Interpretes, quand ils ont distingué l'offre réelle d'avec l'offre verbale. Ce qui merite bien d'estre esclaircy un peu à loisir.

28. Que signifie en Pratique, offre réelle ou verbale. Conciliation de plusieurs Loix.

Car ces mots d'offre réelle & verbale ne se trouvent point dans le Droict ; mais ont esté inventez par les anciens Interpretes, comme plusieurs autres termes, & comme chaque art a quelques termes particuliers pour plus facile intelligence de ses regles. Notamment ils ont esté inventez pour la conciliation de plusieurs Loix, qui sembloient estre du tout contraires en cette matiere. Car d'une part il se trouve plusieurs textes qui decident que *ad sistendum cursum usurarum oblatio sufficit* : à sçavoir entr'autres la Loi, *Qui Roma. §. Seja. D. de verborum oblig.* & la Loy 6. *C. de usuris* : les autres qui resolvent que *ultrà oblationem requiritur etiam depositio*, à sçavoir la Loy *Acceptam. C. de usuris.* la Loy 28. *D. de administ. tutorum*, & quelques autres. Pour donc accorder ces Loix, il a fallu dire, que *aliquando oblatio sumitur pro oblatione omninò solemni, quæ etiam includit vel præsupponit depositionem* : & qu'ainsi il faut entendre au §. *Seja.* & la Loy 6. *De usuris* : & cette offre solemnelle a esté appellée par les vieux Interpretes, *crassiore Minerva*, offre réelle, c'est à dire munie de la consignation de la chose. *Aliquando verò & sæpius oblatio in jure sumitur pro nuda & simplici oblatione, verbo tenus facta, prout excludit depositionem* : & de celle-cy parlent les Loix, qui outre cette offre simple requierent encore la consignation : & cette offre simple a esté appellée par les Interpretes offre verbale, ou labiale, à la distinction de la réelle. Et faute d'avoir esté pris garde par du Molin à cette distinction, il est tombé en une autre opinion particuliere, qu'en Droict *nuda oblatio sufficit ad sistendum cursum usurarum* : dont il a justement repris par Cujas, & plusieurs autres.

29. Occasion de l'erreur des vieux Praticiens François.

Mais nos anciens Praticiens, non plus que du Molin, n'ont pas pris garde ce que c'estoit que l'offre réelle, ne se pouvant imaginer que le mot d'offre peût jamais comprendre la consignation. Et neantmoins trouvant dans leurs Livres & dans les vieux Interpretes du Droict, deux especes d'offres, ils se sont imaginez, que l'offre réelle estoit, quand on montroit de l'argent à découvert. D'où est venu qu'en plusieurs Coûtumes au retraict lignager, où l'on a voulu géner & astraindre le retrayant le plus qu'on a pû, en luy imposant mesme des formalitez, on l'a chargé d'offrir argent à découvert le sort principal de l'acquisition, frais & loyaux cousts, & à parfaire.

30. Que c'est chose frustratoire d'offrir l'argent à découvert.

Mais à quelle fin faut-il faire cette ceremonie de montrer une bourse ouverte, où faire sonner son argent contre le bureau du Greffier, veu que cela ne se trouve point exprimé prés ni loin, ny dans le Droict, ny mesme dans les Interpretes ? Car de deux choses l'une, ou bien on accepte l'offre : & en ce cas, si elle n'est promptement effectuée, elle ne sert de rien, bien qu'elle fût faite argent à découvert, que de montrer une plus grande tromperie de la part de celui qui l'a faite, qui ayant esté pris au mot, n'a effectué son offre. Que si on n'accepte point l'offre, qu'est-il besoin de montrer de l'argent à celui qui le refuse, & qui n'en veut point ? Aussi du Molin mesme en ce cas, confesse qu'il n'est pas besoin de faire une montre inutile d'argent.

31. Que cela doit estre observé seulement au retraict lignager, & non au déguerpissement.

Je ne veux pas toutesfois retrancher cette solemnité és cas où les Coûtumes la requierent expressément, comme au retraict lignager, dont on a voulu retrancher la trop grande frequence, en y prescrivant plusieurs formalitez & ceremonies, qui d'ailleurs sont inutiles. Mais je dis que, où les Coûtumes ne le requierent point expressément, il suffit que l'offre soit faite à découvert, comme en la question qui s'offre ; il ne faut point que nous soyons si formalistes, que pour avoir oublié de montrer une bourse en faisant le déguerpissement, le Seigneur de la rente, qui n'aura voulu prendre les arrerages à luy offerts, puisse sur ce sujet arguer de nullité le déguerpissement. Tenons donc que c'est assez d'offrir judiciairement les arrerages, lorsqu'on déguerpit : & si le Seigneur les accepte, ce n'est assez, à la verité, de les offrir de bouche, mais les faut payer réellement, autrement tout est gasté ; mais s'il les refuse, il n'est pas besoin ny de les consigner, ny mesme de découvrir sa bourse.

32. Que le Seigneur peut bien prendre les arrerages offerts, & neantmoins debattre le déguerpissement.

Et si je dis plus, que le Seigneur de la rente peut prendre les arrerages qui luy sont offerts sans accepter le déguerpissement, si d'ailleurs il a moyen de l'empescher, comme si l'heritage n'est en bon estat. Et en cela il ne luy fait point de prejudice, posé mesme qu'il n'en fasse aucune protestation, parce qu'il reçoit seulement ce qui lui appartient, & qui lui doit estre payé *in omnem eventum*, soit que le déguerpissement ait lieu, soit que non. Je dis encore plus, que si le Seigneur de la rente, qui a une fois refusé ses arrerages, par aprés de nouveau conseillé offre de les recevoir par protestation de ne prejudicier au débat du déguerpissement, sommant & interpellant le rentier de les luy payer, que s'il ne les paye incontinent aprés cette sommation, il doit perdre son procez, & son déguerpissement doit estre declaré nul, posé que d'ailleurs il fût bon : Car son offre premiere, qui estoit necessaire & essentielle au déguerpissement, est renversée & aneantie au moyen de ce qu'elle n'a esté effectuée aprés l'acceptation, & la demeure depuis encouruë par le rentier, par la sommation du Seigneur, gaste & corrompt cette premiere offre, *quia ultima mora nocet*.

33. Que si on refuse de payer les arrerages sous cette condition, le déguerpissement est nul.

Mesme j'estime, que quand à cette sommation de payer, le detenteur feroit réponse, qu'il est prest de payer & effectuer son offre, pourveu qu'il sorte entierement de procez, & que le Seigneur de la rente accepte tout à fait le déguerpissement, cela ne lui serviroit de rien. Car puisque c'est chose qui toûjours est deuë, le rentier est en demeure & mauvaise foi d'y vouloir reculer, & de vouloir forcer le Seigneur à faire ce qu'il lui veut pas, & remettre de son droict, de ce qui lui apartient. Qui est en passant un bon moyen pour avoir raison des mauvais-payeurs qui ne payent jamais sans y estre contraints, ou pour y gagner : car par ce moyen on leur fait mettre la main à la bourse, malgré qu'ils en ayent, & si pourtant ils n'en sont point plus avancez en leur déguerpissement.

du déguerpissement, Livre V.

CHAPITRE X.

Du déguerpissement du tiers detenteur de bonne foy avant contestation, & l'explication de l'article 102. de la Coûtume de Paris.

1. *Texte de l'article 102. de la Coûtume de Paris.*
2. *Combien de conditions sont requises pour s'exempter des arrerages en déguerpissant.*
3. 4. 5. *Pourquoi celui qui n'a eu connoissance de la rente, s'exempte des arrerages.*
6. *Qu'il faut aussi déguerpir avant contestation.*
7. *Qu'il n'est besoin de sommation pour rendre le detenteur tenu des arrerages.*
8. *Que la connoissance de la rente n'est point presumée.*
9. *Pourquoi en France on ne condamne guéres à restituer les fruits d'auparavant contestation.*
10. *Comment se prouve la connoissance de la rente.*
11. *Que l'ignorance de Droit n'excuse pas le detenteur.*
12. *Cas auquel la connoissance est presumée.*
13. *Si le detenteur est tenu exhiber son contract, pour sçavoir s'il a acquis l'heritage à la charge de la rente.*
14. *Qu'en France le deffendeur même est tenu d'exhiber ses titres.*
15. *Que c'est du moins, que celui qui déguerpit, se doive purger par serment de n'avoir son contract.*
16. *Si l'heritier de celui qui avoit connoissance de la rente, se peut exempter des arrerages, & posé qu'il ignore la rente.*
17. *Si en droit le possesseur de bonne foy gagne les fruits naturels.*
  Conciliation de la Loy Bonæ fidei. D. de acq. rer. dom, avec la Loy rectus, D. de usuris.
18. *Que cette question cesse au déguerpissement.*
19. *Qu'il n'y faut point distinguer si les fruits sont en essence, ou s'ils sont consommez.*
20. *Si celui qui a continué la détention depuis qu'il a eu connoissance de la rente, sera exempt des arrerages.*
21. *Si en droit le possesseur de bonne foy gagne les fruits après la mauvaise foy survenuë.*
  Textes pour l'affirmative.
22. *Textes pour la negative.*
23. *Conciliation de la Loy Qui scit. D. de usuris, avec la Loy qui bona fide. D. de acq. rei dom.*
24. *Que le detenteur doit les arrerages deslors qu'il a eu connoissance de la rente.*
25. *Si en ce cas il doit les arrerages de son temps, ou bien seulement depuis sa mauvaise foy.*
26. *Qu'il doit tous les arrerages de son temps.*
27. *Que la connoissance survenante après l'acquisition, doit estre plus grande que celle d'auparavant.*
28. *Si la sommation du Seigneur de la rente est bastante pour constituer le detenteur en mauvaise foy.*

1. Texte de l'art. 102. de la Coût. de Paris. IL y a un cas tout seul de nôtre Coût. auquel le detenteur peut déguerpir, sans payer aucuns arrerages. *Quand un tiers detenteur est poursuivi pour une rente dont est chargé l'heritage, qui lui a été vendu sans charge de ladite rente, dont il n'avoit eu connoissance auparavant ladite poursuite, après qu'il a sommé son garant, lequel lui defaut de garantie, ledit tiers detenteur ainsi poursuivi payant contestation en cause, peut renoncer audit heritage, & ce faisant il n'est tenu de ladite rente & arrerages d'icelles, supposé même qu'ils fussent écheus de son temps, & auparavant ladite renonciation.* porte l'article 102. de nôtre Coûtume.

2. Combien de conditions sont requises pour s'exempter des arrerages en déguerpissant. Il semble que cét article requiert six conditions pour s'exempter du payement des arrerages. La premiere, que ce ne soit un tiers detenteur, & non le preneur à rente ou son heritier : La seconde, qu'il n'ait acquis l'heritage à la charge de la rente : La troisiéme, qu'il n'en ait eu connoissance : La quatriéme, qu'il ait sommé son garant : La cinquiéme, que son garant lui ait failly de garantie : La sixiéme, qu'il renonce avant contestation. Toutesfois en effet il n'y en a que deux ; L'une qu'il n'ait eu connoissance de la rente, ce qui comprend les trois premieres conditions : L'autre, qu'il renonce avant contestation ; car la quatriéme condition, que le garant soit sommé, n'est pas une condition necessaire au déguerpissement ; mais c'est une précaution & avis que la Coûtume donne à celui qui déguerpit pour le mieux asseurer, comme il a été dit au premier chapitre de ce même Livre. Pareillement la cinquiéme condition, que le garant defaille de garantie, n'est pas une condition requise pour s'exempter des arrerages, ny pour la validité du déguerpissement, pource que, soit que le garant se charge de la garantie, soit qu'il la refuse, soit même qu'il veüille soutenir que la rente n'est point deuë, le detenteur peut déguerpir, si bon lui semble ; & en ce faisant il s'exemptera de la poursuite du Seigneur de la rente ; mais il n'aura pas un recours prompt contre son garant, comme il sera expliqué cy-après au chapitre 14. Je sçai qu'il y en a qui tiennent en vertu de cét article, que l'acquereur ne peut déguerpir, tant qu'il a garant solvable ; mais cela seroit trop rude, que celui qui a acquis d'un Prince ou d'un autre, lequel on voudra maintenir solvable, doive cependant toûjours payer les arrerages de la rente, sans pouvoir déguerpir jusques à ce qu'il ait prouvé que son garant est insolvable.

3. 4. 5. Pourquoi celui qui n'a eu connoissance s'exempte des arrerages. Pour donc expliquer la premiere de ces deux conditions seules necessaires, pour s'exempter des arrerages ; à sçavoir que le detenteur n'ait eu aucune connoissance de la rente, elle est fondée sur ce qui a été dit cy-dessus au dixiéme chapitre du second Livre, que la detention conjointe avec la science, produit non seulement une action mixte, ou personnelle, écrite *in rem*, pour le payement des arrerages ; mais aussi une action pure personnelle, *ex quasi contractu*, dont le detenteur ne se peut deformais exonerer, ny par la perte, ny par la revente, ny par le delaissement de l'heritage. Puis donc que le tiers detenteur est tenu incommutablement des arrerages, & d'ailleurs il faut qu'avant que déguerpir, il acquite tout ce dont il peut estre tenu ; il ne faut point douter qu'ayant eu connoissance de la rente, il n'en doive payer les arrerages en déguerpissant, encore qu'il n'ait jamais été obligé par contract, ny condamné par Sentence à payer la rente. Mais au contraire, s'il n'y a que la seule detention qui l'oblige, il se desoblige entierement en la quittant avant contestation, parce qu'il n'étoit tenu que d'action, qui suivoit la chose ne plus ne moins qu'un usufruitier s'exempte des reparations qui ne sont point arrivées de son temps, en quittant son usufruit : ainsi qu'il a été expliqué cy-dessus.

Il y a encore une autre raison plus apparente : c'est que de droit le possesseur de bonne-foy fait les fruits siens incommutablement & de plein droict, même de l'heritage duquel il n'est point Seigneur, & qui appartient à autrui, *l. Qui scit. D. de usuris. l. Bona fidei. D. de acquir. rerum dominio.* Or la bonne-foy consiste à n'avoir point de connoissance, que la chose soit à autrui : d'où il s'ensuit à plus forte raison, que celui qui est entierement Maître & Seigneur de l'heritage, quand en outre il n'a point de connoissance qu'il soit chargé d'aucune rente, fait entierement les fruits siens, *& etiam quoad lucrum*, & partant il n'est point tenu des arrerages courus pendant la bonne-foy : Et

R iij

De la forme

au contraire, si celui qui est vrai Seigneur de l'heritage, perd irrevocablement les fruits de tout le temps qu'il en a laissé joüir paisiblement possesseur de bonne foy, à plus forte raison celui qui n'a qu'un simple droit foncier sur l'heritage, en doit perdre les arrerages pour le temps qu'il en a laissé joüir franchement & sans inquietation le proprietaire, qui étoit ignorant de ce droit.

Autrement s'il falloit que ce detenteur payât les arreages de ce temps, non seulement il seroit privé du fruit de sa bonne foy, qui est le gain des fruits ; mais encore pourroit-il être constitué en dommage, dautant qu'il peut arriver que les arrerages excedent les fruits. Or puisque dés aussi-tôt qu'il est poursuivi, ou qu'il a connoissance de la rente, il vient à quiter l'heritage, c'est bien signe que si lors de son acquisition il eût eu cette connoissance, il n'eût jamais acquis l'heritage, le trouvant chargé de plus qu'il ne vaut. Ce seroit donc l'obliger à ce qu'il n'auroit jamais entendu, & qu'il n'eût jamais consenti, s'il l'eût entendu, que de lui vouloir faire payer les arrerages de la rente pendant le temps de sa bonne foy.

6. Qu'il faut de bonne foy, faisant les fruits siens, s'exempte par aussi deguerpit avant côtestation. conséquent des arrerages de la rente, dont il n'a eu connoissance lors de son acquisition, a lieu en celui qui deguerpit promptement après qu'il en a eu la connoissance: car si par après il retenoit l'heritage chargé de la rente, il demeureroit tenu *personali actione in rem scripta*, de tous les arrerages écheus depuis sa détention, comme il sera tantôt expliqué.

7. Qu'il n'est besoin de sommation pour rendre le detenteur tenu des arreages. Pour donc entendre comment les detenteurs peuvent avoir connoissance des rentes foncieres, il faut observer premierement, puisque la Coûtume ne requiert que la simple science pour faire que le detenteur soit tenu irrevocablement des arrerages de son temps, qu'il n'est point besoin de sommation, certioration, ny denonciation quelconque ; car la denonciation n'est jamais necessaire sinon faite à celui qui sçait, sinon quand elle est requise pour la forme, *cap. eum qui certius, de reg. jur. in 6.* & par la theorie de Bart. *in l. Qui uxori §. Quid ergo. D. de adult.*

8. Que la cônoissance de la rente n'est point presumée. Outre plus il faut remarquer que cette science ou connoissance n'est jamais presumée, si elle n'est prouvée, *l. Verius. D. de probat.* car même generalement quand on est en doute, si un possesseur est de bonne ou mauvaise foy, la bonne foy est toûjours presumée, principalement quand il y a titre ; c'est à dire, cause du sujet sur quoi la possession soit fondée ; car ce qui est dit, que *quod nostrum non est scire debemus alienum esse*, *in l. ult. C. unde vi.* s'entend de ceux qui ont occupé les biens d'autrui, sans titre & sans sujet ; & ne se peut pas retorquer contre ceux qui ont juste cause de posseder, parce qu'au contraire la Loy dit, que *prædo non est qui pretium numeravit. l. Nemo prædo, D. de reg. jur.*

9. Pourquoi en France on ne condâne gueres à restituer les fruits d'auparavant côtestation. Et parce que cette science & mauvaise foy positive est fort mal aisée à prouver, d'autant que même l'ignorance de droit, pourveu qu'elle ne soit crasse & affectée, exclud la mauvaise foy, selon la plus vraye opinion fondée sur le §. *Scire.* en la Loy. *Sed & si lege D. de petit. hered.* C'est pourquoi on ne voit gueres en France condamner les possesseurs à la restitution des fruits avant contestation, comme possesseurs de mauvaise foy ; mais seulement depuis contestation, comme possesseurs de bonne foy, ainsi qu'a tres-bien remarqué du Molin sur l'article 22. de la Coûtume. Et neanmoins il dit, que si quelquefois il appert suffisamment de la mauvaise foy, le possesseur doit être condamné à rendre les fruits d'auparavant contestation.

10. Côment se prouve la cônoissâce de la rente. Donc par même raison, celui qui lors du déguerpissement fait par le tiers detenteur, veut être payé des arrerages, doit prouver & verifier qu'il a eu connoissance de la rente ; ce qui se prouve non seulement quand son acquisition est faite à la charge de la rente (car alors il n'y a point de difficulté) mais encore si lors d'icelle, ou dépuis, on a mis entre ses mains le contract de bail à rente, ou quelque titre nouvel d'icelle, où son heritage fût clairement specifié, en sorte qu'il ne pût vrai-semblablement ignorer la rente. De même, si auparavant ou dépuis son acquisition il a payé quelques arrerages de la rente; en ce cas il faut bien articuler son faict en rente fonciere ; que le payement ait été fait precisément pour arrerages d'une rente, dont est chargé tel heritage. Pareillement s'il avoit assisté à quelque partage ou autre contract où il fut clairement énoncé, que l'heritage fût chargé de la rente ; bref, c'est une question de faict, qui depend principalement de l'arbitrage d'un bon Juge, *qui magis scire potest an fides sibi facta sit.*

11. Que l'ignorance de droit n'excuse pas le detenteur. Et faut bien remarquer, que bien que toute ignorance, soit de faict, soit de droict, excluë la mauvaise foy, toutesfois le detenteur, après que sa science auroit été prouvée, ne seroit pas recevable de s'excuser sur quelque défaut de memoire, ou sur un dire, qu'il ne sçavoit, que pour acquerir l'heritage chargé de la rente, il en fût tenu sans s'y être obligé ; car l'ignorance crasse, comme ignorer le droict que chacun connoît, ne releve de rien. Et on dit en ce cas, que *mala fides potius præsumitur, quàm supina facti ignorantia, vel error juris communis*, comme disent les Docteurs sur ce §. *Scire*. Et la glose sit sur le chap. *Si diligenti, ex. de foro compet.*

12. Cas auquel la connoissance est presumée. Même quelquesfois cette connoissance est presumée de soy sans aucune preuve ; comme en matiere de droicts Seigneuriaux ordinaires & accoûtumez en la Province, le tiers acquereur ne peut dire qu'il les ait ignorez : car on sçait la regle que nulle terre n'est sans Seigneur, si ce n'est au païs de franc-aleu. Le même doit être dit, si par notorieté commune dans les lieux où le detenteur demeure, tout un climat est chargé de quelque redevance extraordinaire ; car Bartole dit, que *mala fides præsumitur, si ex fama publica constiterit rem esse alienam, in l. Celsus, D. de usucap.*

13. Si le deteteur est tenu exhiber son contract, s'il a acquis l'heritage à la charge de rente? Comme donc le plus certain moyen de sçavoir si le detenteur est en bonne ou mauvaise foy, c'est de voir son contract d'acquisition, afin de sçavoir s'il a acquis l'heritage à la charge de la rente, ou sans charge d'icelle ; c'est une grande question s'il est tenu d'exhiber ce contract, veu la maxime de Droict, que *reus non tenetur edere contra se. Qui accusare. C. de edendo.* Mais sans doute cette raison cesse au fait du déguerpissement, où le detenteur est toûjours demandeur à ce que son déguerpissement soit declaré bon & valable : Or est-il que de droict le demandeur n'est point exempt d'exhiber & communiquer les pieces qu'il a pardevers lui, bien qu'elles fassent contre lui-même.

14. Qu'en France le defendeur même est tenu d'exhiber ses titres. Toutesfois, parce que plusieurs errent en ce poinct icy, lorsque le même doute échet en la prescription des rentes, & tiennent en consequence de cette maxime du Droict Romain, que l'acquereur n'est point tenu d'exhiber son contract, je dirai en passant que nous ne pratiquons en France cette regle ; mais comme par l'Ordonnance de 1539. tant le demandeur que le défendeur est tenu, en quelque partie de la cause que ce soit, de répondre categoriquement aux faits pertinents proposez par la partie adverse ; Aussi nous tenons & pratiquons & que l'une & l'autre des parties ayans confessé avoir pardevers soi des contracts qui servent à la preuve de la verité & à la decision du procez, est tenu de les exhiber ; étant le devoir d'un bon Juge de rechercher la verité pour tout où elle est trouvée, *jus dicens oportet cuncta rimari*. Autrement ce seroit favoriser la calomnie & méchanceté de celui qui connoissant par ses titres qu'il auroit mauvaise cause, voudroit en les supprimant, estre tenu quitte de ses debtes.

du Déguerpissement, Livre V. 135

15. Que c'est du moins, que celuy qui deguerpit, se doive purger par serment qu'il n'a veu son contract.

Je conclus donc, que soit en matiere de deguerpissement ou de la prescription, le detenteur de l'heritage est tenu d'exhiber son contract d'acquest, ou du moins se purger par serment qu'il ne l'a point en sa possession, & que par dol & fraude il ne l'a delaissé à l'avoir & posseder. Encore est-ce une grande difficulté pour le regard du deguerpissement si c'est assez, pour s'exempter de payer les arrerages, de se purger par serment qu'on a perdu son contract, parce que la Coustume requiert expressément que le tiers detenteur, qui se veut exempter des arrerages, ait acquis l'heritage sans charge de la rente, de façon qu'il semble estre chargé d'en faire preuve.

16. Si l'heritier de celuy qui avoit connoissance de la rente, se peut exempter des arrerages, & posé qu'il ignore cela rente?

Mais que dirons-nous de l'heritage du preneur, ou de celuy qui estoit acquereur à la charge de la rente, ou mesme de l'heritier de celuy qui avoit seulement connoissance d'icelle, supposé qu'il ne se trouve point que cét heritier en ait luy-mesme eu connoissance? Dira-t'on d'abord qu'il n'est point tenu des arrerages, attendu la maxime que, *Qui in jus alterius succedit, justam habet ignorantia causam.* Toutesfois le contraire est veritable; car succedant au lieu de celuy qui estoit par la science & detention obligé, *pura personali actione,* aux arrerages de la rente; cette obligation est continuée en luy par une autre maxime, *Qui in jus alterius succedit, eodem jure uti debet:* Et encore une autre: que *Mala fides defuncti afficit heredem. Cum enim heres in jus omne defuncti succedat, ignorantia sua defuncti vitia non excludit. leg. Cùm heres. D. de divers. & temporalib. præscript. Vitia enim possessorum à majoribus contracta perdurant, & successorem auctoris sui culpa comitatur. leg. Vitia. C. de acq. possess.* Aussi quand nostre Coustume pose le cas, auquel le detenteur s'exempte des arrerages; elle dit notamment qu'il faut que ce soit un tiers detenteur, qui ait acquis l'heritage sans la charge de la rente; & partant elle exclud l'heritier du preneur à la charge de la rente, ou de celuy qui avoit connoissance d'icelle.

17. Si en Droit le possesseur de bonne foy gagne les fruits naturels. Conciliation de la Loy Bona fidei. D. de acq. rer. de. avec la Loy Fructus. D. de usufris.

Sur ce poinct il faut encore observer que la pluspart des disputes qui se font en Droit, touchant le gain des fruits que fait le possesseur de bonne foy, cessent pour raison de ces arrerages, comme la distinction qu'on fait des fruits naturels avec les industriaux. Car en poinct de Droit les plus doctes Interpretes ont tenu pour la conciliation des antinomies de cette matiere, que le possesseur de bonne foy en acquiert juste titre, comme il est expressément decidé au §. *Si quis à non domino. Institut. De rerum divis.* qui est la vraye conciliation de la *Loy Bona fidei. D. de acquir. rerum dominio* avec la *Loy Fructus. D. de usur.* où il est dit, que *fructus naturales non sunt cujuslibet possessionis, quasi dicat fieri illius tantùm possessoris, qui vero bonam fidem, etiam justum titulum habet.*

18. Que cette question du tiers acquereur de bonne foy regarde le droit du deguerpissement.

Or en nostre question du tiers acquereur de bonne foy, toujours le tiers est presupposé, & mesme la proprieté & Seigneurie de l'heritage luy appartient, & non pas la simple possession; c'est pourquoy il faut tenir qu'il gagne indistinctement tous les fruits.

19. Qu'il n'y faut point distinguer si les fruits sont en essence, ou s'ils sont consommés.

Pareillement il ne faut point distinguer si les fruits sont encore en nature, ou s'ils ont été consommez comme on distingue au simple possesseur de bonne foy, lequel encore qu'il fasse les fruits siens, en poinct de Droict, *sola perceptione, quoad dominium, ut in lege, Qui scit. D. de usuris,* ne les fait pourtant siens, *quoad lucrum, nisi consumptione,* comme il se collige en la Loy *Certum. C. de rei vendit.* Mais cette distinction cesse icy où il n'est pas question d'un simple possesseur de bonne foy; mais de l'entier & absolu Seigneur de l'heritage, joint que ce ne sont pas precisément les fruits de l'heritage qui appartiennent au rentier, mais les arrerages de sa rente.

20. Si celuy qui a continué de la detention depuis qu'il a eu

Voicy une autre question qui peut estre faite sur ce mesme sujet, si celuy qui deguerpit, sera exempt de payer les arrerages, supposé que lors de son acquisition il n'avoit aucune connoissance de la rente; mais depuis en ayant eu connoissance, il n'a laissé de continuer sa possession jusqu'à ce qu'il se soit veu poursuivy pour raison d'icelle, & lors il a offert de deguerpir: ce qui revient à la question qu'on fait en Droit, si le possesseur de bonne foy gagne encore les fruits, après que la science & mauvaise foy est survenuë.

connoissance de la rente est exempt des arrerages.

Plusieurs ont tenu qu'il suffit avoir eu bonne foy du commencement, & lors de l'acquisition, si bien que la survenance de la mauvaise ne doive interrompre le gain des fruits, parce que le mesme est decidé expressément pour la prescription, *in leg. unica. Cod. de usucap. transform. & in leg. Clam possidere. De acq. possess.* Bien que le Droict Canon le decide tout au contraire, *in cap. Quoniam. cap. Veniens in fi. ext. de præscrip.* & ce à cause de la maxime infaillible de Droit Canon, que *malæ fidei possessor nunquam præscribit. cap. 2. De reg. jur. in 6.* Pour le gain des fruits, le mesme semble estre precisément decidé au Droict Civil comme pour la prescription, que de la survenance de la mauvaise foy ne l'interrompt point, *in d. leg. Qui scit. §. ult. de usuf. Bona fidei emptor scivit, ex antequam fructus perciperet, cognovit fundum esse alienum, an perceptione fructus suos faciat, quæritur. Respond. Bona fidei emptor, quoad percipiendos fruct. intelligi debet, quandiu evictus fundus non fuerit. Nam & servus alienus, quem bona fide emero, tamdiu mihi ex re mea vel opera suo acquirit: quamdiu evictus non fuerit.*

21. Si en Droit le possesseur de bonne foy gagne les fruits après la mauvaise foy survenuë. Textes pour l'affirmative.

Neanmoins le contraire est veritable: car supposé que pour le Droict Civil pour la prescription, qui se fait par une continuation de temps, il suffise que la bonne foy ait esté du commencement, toutesfois pour les fruits qui se gagnent de temps en temps la gain cesse avec la bonne foy; & si-tost que la mauvaise foy est survenuë, le possesseur cesse de gagner les fruits; ce qui est exprez en la Loy *Sed & si lege. §. De eo D. de petit. hered.* & principalement en la Loy *Bonæ fidei, §. D. de acquir. rerum domin. Si eo tempore quo res mihi traditur, putem vendentis esse, deinde cognovero alienam esse, quia perseverat per longum tempus capio, an fructus meos faciam? Pomponius ait, vivendum ne non sim bonæ fidei possessor, quamvis capiam: hoc enim ad jus, id est, ad capionem; illud ad factum pertinere, ut qui bona aut mala fide possideat. Nec contrarium est quod capio per longum tempus currit: nam ex contrario is qui non potest capere propter rei vitium, fructus suos facit. Et en la Loy, Qui bona fide, au mesme titre; Tamen servus ei acquirit, quamdiu bona fide servit: cæterum si experiri sciat eum esse alienum vel liberum, videamus an ei acquirit: quæstio in eo est, an instum spectemus, an singula momenta, & magis est, ut singula momenta spectemus.*

22. Textes pour la negative.

A la verité il n'est pas possible de voir deux textes plus contraires que ce §. dernier de la Loy, *Qui scit. De Usuris,* avec cette Loy *Qui bona fide. de acquir. rerum dom.* Et de faict, le docte Baro sur le §. *Si quis à non domino,* Et Covarruvias Livre 1. *var. resol.* chapitre 7. disent que c'est une antinomie indissoluble: Neanmoins il semble, sauf le meilleur avis de ces grands personnages, qu'il y a moyen de concilier ces deux Loix par la mesme distinction, qui a servi pour en concilier beaucoup d'autres en cette matiere, à sçavoir de dire que le possesseur de bonne foy après la mauvaise foy survenuë, fait bien les fruits siens, *quoad dominium, propter reliquia præcedentis bonæ fidei & incertitudinem ejusmodi scientia, seu malæ fidei; quæ supervenit: ut in d. §. ult. leg. Qui scit. de usuris.* Mais qu'il ne les acquiert pas incommutablement & absolument, *quoad lucrum. ut d. l. Qui bona fide, & l. Bonæ fidei. De acquir. rerum dom.* De sorte qu'après l'eviction survenuë il est tenu les restituer, bien même qu'il les ait consommez. Aussi cette Loy, *Qui scit,* dit que *acquirit fructus perceptione id est, taliter acquirit, qualiter sola perceptione acquiri solent à bonæ fidei possessore, qui eos acquirit quoad dominium duntaxat, non etiam quoad lucrum. Nam extantes*

23. Conciliation de la Loy Qui scit. D. de usuris, avec la Loy Qui bona fide. D. de acq. rer. dom.

De la forme

restituere tenetur, l. *Certum. C. de rei vendit.*

24. Que le detenteur doit les arrerages dés lors qu'il a eu connoissance de la rente.

Il faut donc tenir pour constant, que dés lors que le detenteur commence d'avoir connoissance de la rente, il doit desormais les arrerages d'icelle. Et de fait nôtre Coûtume dit que pour s'exempter de payer les arrerages, il faut n'avoir point eu connoissance de la rente ; non pas lors de l'acquisition seulement ; mais notamment auparavant poursuivre, *Singula ergo momenta spectantur*, *ut in D. l. Qui bona fidei.*

25. Si en ce cas il doit les arrerages de son tēps, ou bien seulemēt depuis sa mauvaise foy.

Mais quoi ? sera-ce pas assez qu'il paye les arrerages dépuis le temps qu'il a eu connoissance de la rente, ou s'il faudra qu'il paye tous les arrerages de son têps, mêmes ceux qui sont écheus pendant sa bonne-foy ; veu qu'en matiere de fruits il est certain qu'ils ne se restituent que depuis la mauvaise foy ? Mais il y a diversité de raisons en ce poinct icy, entre la restitution des fruits & le payement des arrerages ; car le possesseur gagne les fruits purement & simplement, pendant la bonne foy, quand l'heritage n'est point chargé de rente ; mais quand il est chargé de rente, le detenteur, bien qu'il n'en ait connoissance, est tenu personnellement des arrerages de son temps par l'article 99. de nôtre Coûtume. Il est vrai que s'il n'a point eu connoissance de la rente auparavant la poursuite, s'en exempte en déguerpissant avant contestation ; mais s'il est demeuré en jouïssance après avoir eu connoissance de la rente, il demeure *ipso facto* incommutablement obligé à payer les arrerages de son temps : Car posé qu'il déguerpisse par après mème avant contestation, il ne sera plus en l'exception de l'art. 192. qui ne parle que de ceux qui n'ont point eu connoissance de la rente auparavant la poursuite, & partant il demeure en la regle de l'article 99. D'où j'infere qu'és Coûtumes où la seule detention ne rend pas le possesseur tenu personnellement des arrerages, si en outre il n'a été certioré, ou eu connoissance de la rente, il suffit de payer les arrerages *à die scientiae seu mala fidei*, si après on vient à déguerpir avant contestation.

26. Qu'il doit tous les arrerages de son temps.

Mais pour montrer qu'en nôtre Coûtume il faut en ce cas payer tous les arrerages *à die detentionis*, c'est qu'en l'article 103. le possesseur de bonne foy qui déguerpit après contestation, bien que la mauvaise foy qui lui est survenuë par la contestation, ne soit que feinte & presomptive, neantmoins doit payer tous les arrerages de son temps jusques à la concurrence des fruits. A plus forte raison donc celui auquel est survenuë une mauvaise foy non feinte & interpretative, mais vraye & positive, doit payer les arrerages de son temps ; je ne dis pas jusques à la concurrence des fruits ; mais entierement & solidairement ; car ce privilege de payer *in quantum ex fructibus locupletior factus est*, ne se baille qu'à celui qui est *in mala fide ficta*, non à celui qui est *in mala fide positiva*.

27. Que la connoissance survenante après l'acquisition, doit être plus grande que celle d'auparavant.

Il faut aussi prendre garde que la connoissance de la rente qui survient après l'acquisition, doit être bien plus précise & plus formelle, qu'il ne seroit requis alors, ou auparavant icelle ; car celui qui a une fois acquis l'heritage à juste titre & de bonne foy, n'est pas tenu, même en poinct de conscience, de le quitter si-tôt qu'il lui survient quelque doute probable, qu'il appartient à autrui, ou qu'il est chargé d'une rente onereuse, posé qu'on ne lui en fasse point de poursuite ; mais auparavant l'acquisition, lors qu'il est en lui de l'acquerir, ou de ne l'acquerir pas : j'estime qu'un doute bien probable de la rente le feroit presumer acquereur de mauvaise foy ; car il a deû s'éclaircir de ce doute avant que d'acquerir, *Benè praecipuunt*, dit Ciceron aux Offices, *qui vetant quidquam agere, quod dubites aequum sit, an iniquum. Aequitas enim lucet ipsa per se, dubitatio autem cogitationem significat injuria.* A quoi se peut fort bien accommoder ce que resout la glose en la Loy 1. *C. De acquir. possess.* en la Loy 3. *D. eod. tit. & in. l. 2. D. pro socio*, que celui qui est in scrupule & incertitude de sa bonne foy, ne prescrit pas.

28. Si la sōmation du Seigneur de la rente est bastante pour constituer en mauvaise foy.

De cette distinction dépend la resolution d'une autre belle difficulté, sçavoir si par la sommation ou dénonciation que le Seigneur de la rente a fait faire au possesseur de l'heritage, il est suffisamment constitué en mauvaise foy. Car il faut indubitablement distinguer si la denonciation lui est faite *re integra*, c'est à dire, auparavant son acquisition, & alors elle est suffisante pour le constituer en mauvaise foy, parce qu'il s'est deû informer avant que s'engager en l'acquisition de l'heritage ; mais si elle est faite après l'acquisition, elle n'est pas suffisante ; car le detenteur n'est point tenu de s'en croire à cette simple sommation. Et cette distinction se collige tres nettement de la Loy *Si fundum. C. de jure vendicat.* où les Interpretes la traitent encore plus amplement, & sur tous Paul de Castres. C'est pourquoy nôtre Coûtume decide qu'il n'est pas besoin que le detenteur déguerpisse dés l'instant de la poursuite ; mais qu'il suffit que ce soit avant contestation. Ce qu'il faut expliquer au Chapitre suivant.

CHAPITRE XI.

Du déguerpissement fait par le tiers detenteur après contestation : Et l'explication des 103. & 104 articles de la Coûtume de Paris.

1. La seconde condition requise pour s'exempter des arrerages en déguerpissant.
2. Deux utilitez de déguerpir après contestation.
3. Deux marques de mauvaise foy en la contestation.
4. Que la seule communication de titres n'induit pas la mauvaise foy presomptive.
5. Que même les défenses fournies après la communication n'induisent pas cette mauvaise foy.
6. Si après contestation l'instance est perie, la mauvaise foy est couverte.
7. Si celui qui déguerpit après contestation, doit rendre les fruits d'auparavant.
8. S'il est tenu des fruits qu'il a pû ou dû percevoir.
9. Intelligence de la Loy *Si fundum. C. de rei vend.* & sa conciliation avec la Loy 2. *C. de fruct.* & lit. exp.
10. Resolution de la question.
11. Qu'il ne faut distinguer si le detenteur a eu juste cause de plaider, ou non.
12. Que celui qui déguerpit après condamnation est quitte pour rendre les fruits.
13. Qu'il faut qu'il paye tous les arrerages de son temps.
14. Encore qu'il déguerpisse après avoir appellé de la Sentence.
15. Qu'il ne doit les arrerages precedens sa detention ; mais celui qui déguerpit après le titre nouvel, les doit.
16. Quatre divers temps ausquels le tiers detenteur peut déguerpir.
17. & seq. Quand est la contestation.
20. Explication de l'art. 104. de la Coûtume de Paris.
21. Que cet article doit être gardé par tout.

La seconde condition requise pour s'exempter du payement des arrerages est que le déguerpissement soit fait avant contestation en cause, *Post contestationem siquidem omnes possessores incipiunt esse mala fidei, l. Sed etsi lege, §. si ante D. de petit. hered.* Comme c'est donc la mauvaise foy positive, qui resulte de la

du déguerpissement, Livre V.

1. La seconde côdition requise pour s'exempter des arrerages en deguerpissant.

de la connoissance certaine de la rente, aussi la presomptive qui resulte de la contestation, en doit estre hors. Mais parce que la mauvaise foy, feinte & presomptive, n'est pas si vicieuse que la vraye & positive, voicy ce que nostre Coustume decide de celui qui deguerpit apres contestation : *Et apres contestation tel detenteur peut renoncer à l'heritage, en payant les arrerages de son temps, jusques à la concurrence des fruits par lui perçeus, si mieux n'ame rendre lesdits fruits.*

2. Deux utilitez de deguerpir après contestation.

Il y a donc deux utilitez attribuées à celui qui deguerpit apres contestation, par dessus celuy qui deguerpit à la mauvaise foy positive, l'une, qu'il ne paye que les arrerages écheus de son temps, bien que regulierement ceux qui deguerpissent, doivent payer tous les arrerages deubs & écheus ; l'autre, qu'encore ne paye-t'il pas entierement & solidairement ceux de son temps ; mais seulement jusques à la valeur & concurrence des fruits par lui perçeus ; de sorte que si les arrerages excedent la valeur des fruits, il suffit qu'il rende les fruits : *Lucrum ergo ei aufertur, sed damnum non infligitur.*

3. Deux marques de mauvaise foy en la contestatiō.

Or en la contestation il se trouve deux marques de mauvaise foy ; l'une, qu'avant contester, le detenteur a deû demander communication des titres de la rente, étant l'édition preable à la contestation, *ut videat reus cedere, an contendere debeat, l. 1. D. de edendo* ; de façon que par ces titres il a pû & dû être informé de la connoissance de la rente ; l'autre, que c'est une contumace & impudence odieuse de dénier en Justice, ce dont on n'est pas bien asseuré ; ce qui arrive par la contestation, de laquelle il resulte un quasi contract entre ceux qui ont contesté ensemble.

4. Que la seule communication de titres n'induist pas la mauvaise foy presomptive.

D'où je conclus, que bien qu'auparavant le procez intenté, le Seigneur de la rente eust informé le detenteur par ses titres ; il ne l'a pourtant pas constitué en mauvaise foy : car il n'est point tenu de l'en croire, ni de s'en rapporter à ses titres, qu'il pouvoit avoir pour suspects ; aussi que la Coustume requiert une denegation judiciaire, qui resulte de la contestation pour mettre le detenteur en mauvaise foy : & sur tout parce que celui à qui est deuë la rente, est aussi bien en demeure & en negligence de la demander en jugement, veu qu'il sçait bien qu'il a affaire contre un tiers detenteur non obligé à icelle, comme le detenteur peut estre en demeure de sa part de la paier, & d'en passer titre nouvel.

5. Que même les défenses fournies après la cōmunication, n'induisent pas cette mauvaise foy.

Pareillement, je dis que si apres communication des titres de la rente, le demandeur étoit long-temps sans poursuivre, & si encore par les defenses fournies par le detenteur contenans son refus, le demandeur estoit lent & tardif à prendre l'appointement qui fait la contestation, encore que les deux marques de mauvaise foy, à sçavoir la communication des titres, & la denegation judiciaire, se rencontrent auparavant l'appointement pris, neanmoins jusques alors le defendeur est toûjours sur les pieds pour pouvoir deguerpir sans payer les arrerages, puisque la Coustume requiert le poinct de la contestation.

6. Si après contestatiō l'instance est perie, la mauvaise foy est couverte.

Je dis encore plus, que si apres contestation le demandeur laissoit perir l'instance par la discontinuation de trois ans, que la Loy *Properandum*, & l'Ordonnance de Roussillon, toute la procedure estant couverte & aneantie, le rentier seroit encore sur ses pieds, pour deguerpir sans rien payer. Car comme cette contestation ainsi éteinte par la peremption d'instance, n'a plus d'effet pour interrompre la prescription, aussi n'a-t'elle point pour induire la mauvaise foy & la restitution des fruits : car la grande dispute qui estoit entre Accursé & Bartole sur la Loy 2. *Cod. de fructib. & lit. exp.* sçavoir si apres la peremption de l'instance contestée, la restitution des fruits doit estre faite, & la prescription reprend son cours ; disant Bartole, que l'effet de la peremption concerne, non seulement l'instance, mais même l'action, & la cause est retrenchée nettement par l'Ordonnance de Roussillon, qui a decidé que la prescription reprenoit son premier cours apres la peremption d'instance.

Mais il y a double difficulté sur ces mots contenus en l'article cy-dessus rapporté, *jusqu'à la concurrence des fruits par luy perceus*. La premiere, sçavoir si cela le doit entendre des fruits perceus depuis contestation seulement, ou indistinctement en tous les fruits perceus depuis la detention. Car il semble que le detenteur ne soit tenu de restituer, sinon ceux qui ont esté perceus depuis contestation : parce que soit en la vendition, soit même *in judicio universali, in quo fructus augent ipso jure hereditatem*, on ne les rend sinon depuis contestation, *leg. 1. Cod. de pet. hered.* Neanmoins la verité est, que celui qui deguerpit apres contestation, sans payer les arrerages, doit rendre tous les fruits qu'il a perceus de l'heritage : car puisque la Coust. le declare tenu de payer les arrerages de son temps, sous cette modification toutesfois, qu'il s'en peut exempter en deguerpissant avant contestation, ou apres contestation, en rendant les fruits par lui perceus, il s'ensuit qu'il faut qu'apres contestation il rend tous les fruits qu'il a perceus, parce qu'il s'exempte de tous les arrerages de son temps ; & faut mêmement qu'il soit reduit en telle condition, que si jamais il n'avoit joüi de l'heritage. Car pour avoir contesté en cause, il est justement privé du gain de tous les fruits, & se doit contenter des deux utilitez cy-dessus raportées.

7. Si celui qui deguerpit après côtestation, doit rendre les fruits d'auparavant.

La seconde difficulté qui resulte de ces mots, est de sçavoir si le detenteur est tenu de rendre seulement les fruits perceus actuellement, ou s'il doit aussi restituer ceux qu'il a pû & dû percevoir. En quoi il semble qu'il y ait deux Loix contraires ; à sçavoir, la Loy *Si fundum. C. de rei vend.* qui decide que le possesseur est tenu de rendre seulement les fruits, *quos cum mala fide percepisse fuerit probatum* ; où la glose tient, que *mala fidei possessor qui titulum habet, regulariter excusatur à restitutione fructuum percipiendorum, nisi quatuor casibus quos exponit.* L'autre est la loy 2. *C. de fructibus & lit. expens. Litigator qui post conventionem rei incumbit alienæ, non tantum eorum fructuum præstationem, quos ipse percepit, agnoscet, sed etiam eorum quos percipere potuisset ex eo tempore, ex qua re in judicium deducta, scientiam mala fidei possessionis agnovit.* Autant en dit *l. §. De offic. judic.* aux Institutes : *Post inchoatam petitionem, etiam illorum fructuum ratio habetur, qui culpâ possessoris percepti non sunt, vel percepti consumpti sunt.*

8. S'il est tenu de restituer qu'il a pû & dû percevoir.

C'est pourquoi le bon Accursé a été justement repris par les modernes d'avoir tenu pour regle, que *titulus excusat à restitutione fructuum percipiendorum*. car les quatre cas qu'il allegue, sont exceptions qui font preuve de la maxime contraire, comme dit Cujas sur la loy *Sed & partus D. Quod metus causa*, & du Molin encore plus amplement sur le 22. article de la Coust. question 9. Mais je ne voi personne qui reponde autrement à cette loy *Si fundum*, sinon de dire que l'argument qu'on en tire *à contrario sensu*, n'est pas toûjours concluant en droit. Cette solution ne me satisfait pas : car il faut dire pourquoi en l'espece de cette loy le possesseur ne rend que les fruits perceus, & non ceux qu'il pouvoit percevoir. Ce qui est, à mon avis, parce qu'en cette loy il ne s'agit pas de la mauvaise foy pleinement prouvée ; mais d'une mauvaise foy presumée, *ex sola denunciatione facta, re integra*, qui n'a pas tant d'effet que la mauvaise foy positive, ni même que celle qui est induite par la contestation selon les regles de droit.

9. Intelligēce de la Loy *Si fundum. C. de rei vend* & sa conciliation avec la Loy 1. *C. de fruct. & lit. exp.*

10. Resolution de la question.

J'estime donc qu'en nôtre question le detenteur est tenu, non seulement de rendre les fruits qu'il a perceus ; mais encore ceux qu'il a deû percevoir depuis contestation, suivant cette loy 2. *de fructib. & lit. exp.* Mais pour le regard de ceux qu'il a obmis & negligé de percevoir avant contestation, j'estime qu'il n'est pas tenu, *quia quasi rem suam negligere potuit. l. Quid possessor. §. sicut. D. de petit. hered.* Aussi que la coû-

Du Deguerpissement.

station ne le charge que de rendre le profit qu'il a fait en la chose auparavant, & non de subir aucune perte ou dommage ; tout ainsi qu'au cas de la Loy *Si fundum*, où il échet aussi restitution des fruits precedens la contestation, on ne fait rendre sinon les fruits actuellement perceus.

11. Qu'il ne faut pas distinguer si le detenteur a eu juste cause de plaider, ou non.
En quoi il me semble, puisque la Coustume prend le poinct de la contestation pour regler cette matiere, qu'il ne faut point distinguer, si la clause étoit telle, que le detenteur eût occasion d'insister au procez, ou non ; car la Loy ne distingue point cela, *l. Certum. C. de rei vend.* C'est pourquoi le Compilateur des Decisions de la Rote, *Decis.* 162. écrit, que bien que celui qui a eu juste cause de plaider, doive être excusé & épargné pour les dépens, il ne doit pourtant être exempt de la restitution des fruits. Ce que tient aussi du Molin au Traité des Usures, nomb. 319.

12. Si celuy qui deguerpit apres côdamnation, est quitte pour rendre les fruits.
Mais que dirons-nous du tiers detenteur, qui a attendu l'évenement du procez, & qui veut deguerpir après avoir esté condamné par Sentence definitive à payer les arrerages, & à continuer la rente ? Il semble qu'il ne soit tenu que de payer les arrerages de son temps, jusques à la concurrence des fruits ; Car il est vrai qu'il deguerpit après contestation , joint que celui qui étoit possesseur de bonne foy, encore qu'il soit par après condamné par Sentence definitive, n'est pourtant point tenu de restituer les fruits, sinon depuis contestation, *D. l. 2. C. de fruct. & lit. expens.*

13. Qu'il faut qu'il paye tous les arrerages de son temps.
Toutesfois, à mon avis, le contraire est veritable, tant à cause que la Sentence le detenteur, qui n'a point parlé de deguerpir, est toûjours condamné à payer les arrerages de la rente écheus de son temps, en vertu de l'article 99. de la Coustume ; de sorte que desormais il en est tenu personnellement, *tunc que non origo judicii spectanda est , sed ipsa judicati velut obligatio. l. 3. §. Idem. De pecul.* C'est ce qu'on dit, que Sentence vaut titre nouvel, *quia in judicio quasi contrahitur.* Il n'est pas plus convenu comme un detenteur étranger ; mais comme un obligé, tout ainsi que s'il avoit passé titre nouvel. Aussi que la regle commune du deguerpissement est, qu'il faut payer les arrerages avant que de deguerpir ; de laquelle regle je ne trouve excepté que celui qui deguerpit avant contestation, ou après contestation ; mais non celui qui deguerpit après condamnation. Même qu'autrefois on a douté au Palais, si en tout on étoit recevable à deguerpir après le jugement definitif : en quoi se rencontroit pareille difficulté, qu'au preneur à rente, ou en celui qui a passé titre nouvel d'icelle ; car qui doute qu'un Juge n'oblige aussi étroitement qu'un Notaire ? Mais au moins si on permet au detenteur de deguerpir après la condamnation, il est raisonnable qu'il accomplisse la regle comme du deguerpissement ; c'est à dire , qu'il paye les arrerages.

14. Encore qu'il deguerpisse, après avoir appellé de la Sentence.
Ce que j'entends, non seulement quand la Sentence definitive est en dernier ressort ; mais encore qu'il y en ait appel interjetté. Car bien que l'appel suspende l'effet de la condamnation, cela s'entend tant qu'il est poursuivi ; mais s'il est delaissé, ou qu'on y acquiesce expressément ou tacitement, la Sentence reprend sa force, *leg. Furti. D. de his qui not. infra.* Or celui qui deguerpit, prenant l'une des alternatives, que le droit commun lui permet, acquiesce sans doute indirectement à la Sentence, par laquelle il est condamné à continuer la rente.

15. Qu'il ne doit les arrerages precedens la detention, mais celuy qui deguerpit après le titre nouvel les doit.
Je n'estime pas toutesfois que ce detenteur icy soit tenu de payer les arrerages écheus auparavant la detention : car il n'y peut avoir été condamné sinon hypothequairement, en vertu de l'article 101. de la Coust. de sorte qu'il s'en exemte sans doute en déguerpissant, comme c'est une regle generale en toutes détes hypothequaires. Autre chose seroit de celui qui volontairement auroit passé titre nouvel de la rente : car celui-là s'étant soûmis à la rente, il ne se peut exemter d'icelle, qu'en indemnisant le Seigneur par un prompt payement des arrerages qui lui sont deubs.

16. Quatre divers temps ausquels le tiers detenteur peut deguerpir.
De tout ce que dessus on peut colliger quatre divers temps, ésquels un tiers acquereur de bonne foy peut deguerpir ; sçavoir est devant contestation, après contestation, après condamnation, & après le titre nouvel. S'il deguerpit devant contestation, il n'est point tenu de payer aucuns arrerages ; si après contestation, il ne paye que ceux de son temps jusqu'à la valeur des fruits ; si après condamnation, il paye entierement tous ceux de son temps, mais non les precedens ; bref s'il deguerpit après le titre nouvel, il faut qu'il paye tant les arrerages de son temps que les precedens.

17. & seq. Quand est la contestation.
Mais encore puisque la Coust. arreste le poinct du deguerpissement sur la contestation de s'exemter des arrerages, il est tres-necessaire d'entendre quand est la contestation. Car la Loy 1. *De litiscont.* qui definit la contestation, *cùm judex per narrationem negotii causam audire cœperit*, est trop obscure. Encore plus obscur est le passage vulgaire de Festus, *Contestari esse videntur, cum ordinato judicio utraque pars dicit*, *Testes estote.* Or pour expliquer cela clairement, ce ne seroit jamais fait de particulariser les ceremonies que gardoient les Romains en l'instruction de leurs procez, *in jus vocationem , editionem actionis , postulationem judicii , intentionem actoris , contentionem rei , testium denunciationem , satisdationes , juramentum de calumnia , comperendinationem , & cætera quæ ordinandi judicii causâ fiebant.* Tant y a que les preparatoires étans faits, *& constituto judicio, id est constitutis tribus personis, quâ judicium faciunt, nimirum constituto judice à Prætore ad postulationem judicii, constituto actore per intentionem actionis, constituto reo per contentionem, cùm judex causam audire incipit, lis contestata esse dicitur.* Aussi la Loy *rem non novam*. §. *patroni*, & la Loy 2. Cod. 2. *de jure-jurando propter calumn. dando*, requierunt notamment pour la contestation, *narrationem negotii & responsionem*; c'est à dire la demande du demandeur, & la defense du defendeur.

Quand donc en presence du Juge les deux parties ont conclud en leurs demandes & défenses respectivement, & que sur icelles le Juge a commencé d'interposer ses parties, & venant sur l'examen de leur different, il ordonne qu'ils fassent preuve de leur intention, *aut per tabulas, aut per testes*; c'est alors qu'est la contestation. Αἱ ἀρχαὶ λεγόντων ἐν διακρίσει δίκας ἐξαρτιλαδεσμόντων. *Tunc enim primùm causa in judicium deducta & lis cœpta seu instituta esse dicitur : neque enim verè lis est, antequam contestata sit, sed causa vel controversia.* C'est pourquoy la contestation s'appelle en Grec προκατάρξις.

20. Explication de l'article 104. de la Coutume de Paris.
C'est donc les Rhetoriciens appellent *statum causæ*, *qui nascitur ex intentione actoris & depulsione rei*, en endroit à peu prés nous l'appellons *contestationem litis.* Et de là vient qu'en langage vulgaire nous appellons *contester*, quand on ne veut pas s'accorder à ce qu'on dit, ou à ce qu'on demande, qui se dit en Latin *contendere*, & le contraire est *cedere*, qui signifie acquiescer à la demande. Ce que dit la Loy 1. *D. de edendo. Editio fit ut videat reus, cedere an contendere debeat.*

21. Que cet article doit être gardé par tout.
Mais il n'est pas possible de mieux definir la contestation, qu'a fait nôtre Coût. en l'art. 104. Contestation en cause est, quand il y a reglement sur les demandes & defenses des parties, ou bien quand le defendeur est defaillant & debouté de defenses. Où ce mot de *reglement* ne se prend pas seulement pour l'apointement à écrire & produire ou à informer, qu'on appelle vulgairement *le reglement de cause*, ou l'apointement de contestation ; mais il se prend pour quelqu'autre acte ou apointement que ce soit, qui intervient après que les parties ont conclud respectivement en leurs demandes & défenses. Et il me souvient avoir veu juger à la Cour, que l'apointement à venir plaider par Avocat vaut contestation. Ce qui semble bien decidé au §. *patrim*. de la Loy *Rem non novam*. *C. de julis. Patroni causarum utrique parti suum præstantes auxilium ingrediuntur , cùm lis fuerit contestata per narrationem propositam , & contradictionem objectam in qualicunque judicio.*

du déguerpissement Liv. V.

Aussi ce que nostre Coust. dit que la contestation est quand le defendeur est debouté de defenses, doit être tenu en toutes Coust. comme conforme à la disposition du droit en la Loy *Si reus, in fi. D. si quis caution. Ibi si reus in judicium venisset, litem cum eo actor contestari potuisset*. Et en la Loy 2. *C. ubi in rem actio*.

CHAPITRE XII.

Si échet remise ou diminution des arrerages des rentes foncieres écheus pendant la guerre?

1. *Renvoy pour trouver les diverses opinions sur cette question.*
2. 3. 4. *Raisons de ceux qui tiennent qu'il échet diminution.*
5. *Opinion moyenne.*
6. *S'il échet diminution en la redevance mediocre.*
7. *Que ces distinctions ne sont convenables.*
8. *Resolution, qu'en point de droit il n'échet remise pour l'hostilité.*
9. 10. *Explication de la Loy. 2. C. de jure emphyt.*
11. 12. *Deux raisons pourquoy il n'échet remise pour l'hostilité.*
13. *Réponse aux raisons contraires.*
14. *Explication de la Loy Si uno anno. in pr. D. locati, & de deux autres Loix.*
15. *Que cette resolution a lieu en toutes sortes de rentes foncieres.*
16. *Deux exceptions à cette resolution.*
17. *Qu'il échet remise pendant l'hostilité, quand l'heritage esté possedé par l'ennemy.*
18. *Objections contre cette resolution.*
19. 20. *Réponse à icelles.*
21. *Que tout ce que dessus doit estre gardé.*
22. *Comment les Romains pratiquoient la remise aux baux à ferme.*
23. *Comment en France nous y pratiquons la diminution.*
24. *Pourquoy le Roy a diminué le tiers des arrerages de toutes rentes, écheus pendant la guerre.*
25. *Que cette diminution est encore plus raisonnable aux rentes foncieres qu'aux constituées.*
26. *Qu'il ne faut plus regarder, si pendant la guerre l'heritage chargé de rente de la rente a esté fructueux ou non.*
27. *Si celuy qui deguerpit, doit jouir de cette diminution du tiers.*
28. *Que l'Arrest du Conseil d'Estat n'est general en ce qui concerne la remise des sept années d'arrerages.*

1. *Renvoy pour trouver les diverses opinions sur cette question.*

MAis voyons un peu si l'hostilité & les troubles, dont la France a esté agitée depuis 7. ou 8. ans, & notamment pendant cinq ans, ne doivent point donner lieu de remise, ou déduction au detenteur de l'heritage chargé de rente fonciere, soit qu'il veüille deguerpir, soit que non. Question qui a esté fort debatuë entre les Interpretes de droit sur la matiere des emphyteoses, & ce ne seroit jamais fait de vouloir raporter toutes leurs raisons, ni même de particulariser leurs opinions; joint que du Molin me releve de cette peine en l'art. 62. de la Coustume, mais ne me pouvant resoudre à son opinion, je suis contraint de parcourir les principales raisons de cette maniere.

2. 3. 4. *Raisons de ceux qui tiennent qu'il échet diminution.*

Ceux qui tiennent que l'emphyteote doit avoir diminution des arrerages écheus pendant la guerre, disent que le Seig. direct est tenu par la nature du contract emphyteutique de le faire continuellement joüir, & partant que ne l'ayant fait, & l'emphyteote n'ayant pû labourer ses terres pendant les troubles, il n'est point tenu luy payer la redevance. A ce propos ils alleguent la Loy *Ex conducto*, la Loy *Si merces*, §. *vis major. D. Locat.* & toutes les Loix qui parlent de la remise du fermage qui doit estre fait en ces cas au simple colon & fermier *ad modicum tempus*.

Et afin qu'il ne semble pas qu'il faille dire le contraire, *in fundo vectigali seu emphyteuticario*, ils alleguent la Loy *Si uno anno. in pr. D. Locati*, où dit-il qu'il faut faire remise au fermier pour les pertes fortuites, Papinian ajoûte, *hoc idem in vectigalis agri damno servandum est*: ce qui est si exprez que rien plus. Aussi la Loy *Forma*. §. 1. D. *de censib*. ne semble pas moins formelle; *istam equitatem debet admittere censitor, ut officio ejus congruat relevari eum, qui in publicis tabulis delato agri modo frui non potuit. Quare etsi agri portio chasinate perierit, debebit per censitorem relevari; si vinea mortua sint vel arbores aruerint, iniquum est eum numerum inseri censui*. Or il n'y a nulle difference entre l'inondation, l'abysme, & tels autres cas fortuits, & l'hostilité: Aussi la Loy *Cùm plures*. §. *ult. D. de bonis auctor. jud. possid.* les confond: *Si prædium inundatum sit, vel propter latronum potentiam non potest possideri, rectè dicitur nos esse quod possideatur*.

Finalement ils disent que la redevance emphyteutique se paye à cause & en recompense des fruits de l'heritage: si donc à cause de l'hostilité l'emphyteote ne perçoit aucuns fruits, ils concluent qu'il n'est tenu payer aucune redevance; principalement si la redevance est grosse, & correspondante à peu prés aux fruits de l'heritage: car alors, disent-ils, il est à presumer qu'elle se paye en recompense des fruits, autrement ce seroit une grande injustice, s'il falloit que l'emphyteote, qui par longue espace de temps n'auroit joüi de l'heritage, payast neanmoins tous les arrerages de la redevance.

5. *Opinion moyenne.*

Cette raison derniere a causé une opinion moyenne, que si la redevance est petite, alors n'étant point grosse, presumée être payée pour recompense des fruits; mais pour reconnoissance de la Seigneurie directe, elle se doit payer entierement, encore que l'emphyteote ne perçoive aucuns fruits; mais qu'il y échet diminution, si la redevance est grosse & correspondante aux fruits.

6. *S'il échet diminution en la redevance mediocre.*

Et parce qu'en cette tierce opinion il demeure une incertitude, quand la redevance est mediocre; c'est à dire, qu'elle n'est si grande qu'elle soit égale aux fruits, en la redevance mediocre ny si petite qu'on puisse dire qu'elle soit seulement pour marque de Seigneurie directe; en ce cas on a inventé encore une quatriéme opinion, que du Molin a tenuë, que si l'hostilité a duré peu de temps, il n'échet aucune remise; mais si elle a esté longue, il y échet remise. Et pour dire que l'hostilité ait esté longue, du Molin resout qu'il faut qu'elle ait duré 5. ans; prenant argument du §. *Multum autem tempus. Instit. De liter. obligat.* Bien qu'Angelus & Ant. Butrius, premiers autheurs de cette distinction, eussent reglé le long-temps à trois ans, & au dessus.

7. *Que ces distinctions ne sont convenables.*

Bien que ces distinctions soient assez plausibles, & aucunement équitables, toutefois je puis dire qu'elles ne sont pas vrayes en poinct de droit; aussi n'y sont-elles pas fondées ni authorisées aucunement: Et si elles sont difficiles à reduire en usage, il est mal-aisé à determiner precisement quelles redevances doivent étre estimées petites, quelles grosses, & quelles mediocres, & pour les mediocres, quel temps est necessaire en poinct de droit pour donner lieu à la remise & diminution.

8. *Resolution, qu'en poinct de droit il n'échet diminution pour l'hostilité.*

Quant à moi je tiens avec la plus grande partie des anciens Interpretes, notamment avec Alexandre sur la Loy *Interdum*, §. *quod ex naufragio. D. de acquir. poss.* qu'en poinct de droit il n'échet aucune diminution à l'emphyteote, non à cause de la decision de la Loy 3. *Quicunque De fundis patrim. lib.* 11. C. que les Interpretes tiennent étre expresse à ce propos; car elle parle du déguerpissement pour exempter des arrerages à l'avenir, non de la diminution de ceux du passé : mais je trouve que cela est bien décidé en la Loy 1. *Cor de jure emphyt. Si tanta emerserit clades, quæ prorsus etiam ipsius rei faciat interitum, hoc non emphyteuticario, cui nihil reliquum permansit, sed domino imputetur : si verò particulare contigerit damnum, ex quo non ipsa rei penitus interitum, hoc emphyteuticarius suis partibus non dubiæ adscribendum.* Quand la Loy dit que le dommage ne tombe point sur le Seig. *nisi ipsius rei prorsus faciat interitum, & nisi ipsa rei penitus lædatur substantia,* ne decide-elle pas bien, que la perte des fruits ne doit tomber sur luy ? Et quand elle dit que le dommage particulier doit tomber sur l'emphyteote, s'ensuit-il pas qu'il doit porter la perte des fruits ? Et puisque chacun confesse que la perte de la plus grande partie de la chose n'induit aucune diminution de la redevance pour tout le temps à venir ; mais que l'emphyteote doit payer à toûjours la rente toute entiere, pourveu qu'il luy reste une petite portion de l'heritage, quelque petite qu'elle soit ; pourquoi trouvera-on étrange que pour 5. ou 6. années qu'il n'a retiré aucun profit de l'heritage, il n'ait point de diminution ? Car pendant ce temps on ne peut dire que *res ipsa prorsus interierit, & quòd ejus substantia penitus læsa sit,* comme la Loy le requiert. Et veut-on voir cela plus clairement decidé, qu'au §. *Dudum,* de la Novelle, *De alienat. & emphyteusi* ? où il est dit qu'on constituë la redevance emphyteutique plus petite, afin que l'emphyteote suporte les cas fortuits.

9. 10. Explication de la Loy 2. C. de jure emphyt.

Et ce qui a toûjours fait sembler rude la decision de cette Loy 1. *de jure emphyt.* aussi bien pour la perte particuliere du fonds, que pour la perte des fruits ; c'est ce qu'on ne s'est point avisé du déguerpissement, par le moyen duquel l'emphyteote se peut toûjours exempter de cette rigueur, étant le déguerpissement permis de droit commun, comme j'ay prouvé cy-dessus ; de sorte que faute de prendre garde à cét expedient, on est allé chercher des modifications & des distinctions éloignées, pour adoucir la rigueur pretenduë de cette loi, qui ont entierement forcé son texte & perverty sa decision ; ainsi que j'ay traité cy-dessus au chap. sept du livre precedent.

Mais comme j'ai dit alors, & qu'il merite bien d'être icy repeté, cette loy bien entenduë ne contient nulle injustice, si on entend que l'emphyteote qui se voudra exempter de la redevance totale aprés la perte de la plus grande partie de l'heritage, peut avoir recours au déguerpissement, de sorte qu'il ne lui est point fait de tort : n'estant d'ailleurs raisonnable qu'il diminuë la redevance à proportion de la perte fortuite, parce qu'il peut estre, & qu'il restera assez de l'heritage pour payer annuellement toute la rente. Il faut donc que le contract soit entierement entretenu, ou tout à fait resolu ; c'est à dire, ou que la redevance soit payée toute entiere, ou que le preneur s'en décharge entierement par le déguerpissement. Consideration qui a pareille force, quand la guerre empêche le detenteur de labourer & faire profiter son heritage : car deslors il se pouvoit exempter de cette perte en déguerpissant l'heritage ; mais puisqu'il a voulu attendre le hazard d'un meilleur temps, & qu'à present il entend jouïr des bonnes années, il est bien raisonnable qu'il supporte la perte des mauvaises.

11. 12. Deux raisons pour quoi il n'échet remise pour l'hostilité.

Je concluds donc qu'il faut, & selon le droit, & selon nos coûtumes, que l'emphyteote, & tout autre detenteur d'heritage chargé de rente fonciere, paye tout du long les années de la guerre : ce qui est fondé sur deux raisons principales. L'une qu'il est vray que la perte causée par l'hostilité ne tombe pas sur le fonds & sur l'heritage même ; mais sur les fruits de certaines années. Or ce ne sont les fruits qui doivent la rente, & qui sont chargez d'icelle, mais le fonds & l'heritage : Aussi que ces fruits appartiennent simplement, & *omni jure* au detenteur, & partant c'est à luy d'en porter la perte toute entiere. Joint qu'il arrivoir une si bonne année, qu'il recueillist trois ou quatre fois autant de fruits que se monte la redevance fonciere comme cela arrive ordinairement, il ne l'augmenteroit pourtant : si donc il en recüeille moins, il ne la doit diminuër.

L'autre raison est, que le detenteur est tenu personnellement des arrerages de la rente fonciere, & en est contraignable, non seulement sur les fruits de l'heritage ; mais sur tous & chacuns ses biens, comme il a esté au second livre ; d'où il s'ensuit qu'encore que l'heritage ne raporte aucuns fruits, supposé que le rentier en demeure toûjours detenteur nonobstant l'hostilité, il ne doit laisser de payer les arrerages : ce qui sert pour refuter la derniere raison de l'opinion contraire.

13. Réponse aux raisons contraires.

Et quant aux autres raisons & authoritez, il est assez aisé d'y répondre : car en premier lieu, il n'est pas vray que le bailleur à emphyteose, ou le Seigneur de la rente fonciere, soit tenu *ad factum successivum,* & à faire joüir le preneur sans aucun cas fortuit par chacune année ; comme est tenu le locataire en la simple location. Mais il est vray que depuis que par la tradition de la chose le Seigneur a transferé au preneur la Seigneurie utile de l'heritage, les cas fortuits qui y écheent doivent aussi aux perils & fortunes du preneur, & principalement quand ils ne touchent qu'aux fruits : qui est la principale raison pourquoi il n'échet pas diminution ou remise sur ce emphyteose, comme en la simple location. Il y en a encore une autre, c'est qu'en la location faite à peu d'années, il ne peut communément arriver que les mauvaises années soient recompensées par les bonnes ; Et neanmoins quand cela arrive, il n'échet aucune remise, mais au bail à rente perpetuel, on presume que cela peut toûjours arriver. Joint qu'aussi en tels baux à emphyteose ou rente fonciere, en consideration des hazards qui peuvent arriver par les années en l'heritage, on constituë volontiers la redevance plus petite qu'aux simples baux à ferme.

14. Explication de la Loy Si uno anno. ff. D. locati. & de deux autres Loix.

Pareillement le texte de la loy *Si uno anno. D. Locati.* ne nuit nullement à nostre opinion, pourveu qu'on le lise selon sa vraye lecture, qui se trouve és Pandectes de Florence, & même és vieilles impressions où il y a, *Idem in vectigalis damno servandum est,* & non pas *in vectigalis agri damno* : car quelques modernes n'entendans pas le texte, ont glosé ou inseré mal à propos le mot *agri.* Il veut donc dire, que la remise qui se fait communément à cause du mauvais temps és fermes des heritages, doit aussi estre faite és fermes des peages ou impositions qui se levent sur les Marchandises, qui s'appellent proprement *vectigalia,* parce qu'elles se prennent sur les Marchandises, *quæ advehuntur vel evehuntur.* Et quant à la Loy *Forma. §. illam equitatem. D. de censib.* elle ne parle pas de la remise des arrerages du passé ; mais de la diminution du cens & redevances des heritages pour le temps à venir, comme les termes le portent expressément, & comme il appert clairement de l'explication qui a été donnée à cette Loy chap. 7. du Livre precedent. Et finalement pour le regard de la loy *Cum plures. §. alt. D. de reb. auct. jud. possid.* elle parle de la detention & possession a été tout à fait ostée au rentier, qui est un cas special, qui sera expliqué presentement.

Il ne reste donc plus nul scruple ni raison de douter, qu'en point de droit l'emphyteote ne soit exclus de toute remise pour l'hostilité, ou autre semblable cas fortuit : ce qu'il faut accommoder à tous autres debiteurs des rentes foncieres. Car qui prendra garde de prés aux termes du §. *Adeò. Inst. de locato & conduct.* on colligera aisément, que sous l'emphyteose reformée par Zenon ont été desormais comprises toutes sortes de baux à rente fonciere. Et partant je ne distingue point si la redevance est petite ou grosse, puisque la Loy ne le distingue pas, & que les raisons sont generales. Je dis même quand la maison chargée de rente auroit été abatuë dés le commencement des troubles, & que depuis la place sût toûjours demeurée infructueuse, il ne faut pas toutefois laisser de payer les arrerages

15. Que cette resolution a lieu en toutes sortes de rentes foncieres.

du déguerpissement, Livre V.

de la rente fonciere assignée sur icelle jusques au jour du déguerpissement, & que l'on ait rendu la place au Signeur de la rente pour en faire son profit, comme il est expressément decidé en l'Arrest du Conseil d'Estat. Ce qui ne peut estre trouvé étrange, parce que c'est la faute du detenteur, qui n'a déguerpy si-tost que la maison a esté abbatuë, & qu'il ne pouvoit plus tirer de profit de la place.

16. Deux exceptions à cette resolution. Or comme j'ai fondé sur deux raisons cette resolution generale, qu'il n'écheoit point de remise ni de diminution és arrerages des rentes foncieres à cause de l'hostilité, aussi il faut apporter deux limitations qui procedent de ces deux raisons decisives, c'est à sçavoir quand l'une ou l'autre d'icelles manque. La premiere limitation est quand la rente est particulierement assignée sur les fruits de chacune année, de telle sorte qu'elle fasse une quote-part de ces fruits, qui soit par consequent subjete à augmentation ou diminution, selon que les fruits seroient plus grands ou moindres, comme au champart, en la dixme, & autre semblable redevance; car alors il est aisé à entendre que si le proprietaire ne recueille rien sur l'heritage, de quelque façon que cela arrive, il ne doit rien à celui qui a droit de percevoir telle rente.

17. Qu'il écheit remise pendant l'hostilité, quand l'heritage a esté possedé par l'ennemi. La seconde & plus notable limitation est, que si pendant l'hostilité le rentier avoit esté absolument depossedé de l'heritage, encore qu'après il luy fust rendu (comme aujourd'hui chacun est remis en son bien) il ne sera tenu de payer les années de la rente fonciere écheuës pendans qu'il n'en a point jouï, parce qu'on peut maintenir en ce cas que l'heritage qui étoit occupé par l'ennemy, étoit comme perdu entierement, tout ainsi que pendant une inondation, qui est pourtant un poinct assez difficile &, d'ailleurs de tres-grande importance; c'est pourquoi il merite bien d'estre éclairci à loisir, parce qu'il sera facile d'y opposer de grandes difficultez qu'il faut refuter.

18. Objections à cette resolution. Premierement on dit que les effets de la guerre civile, dont en ces derniers temps la France a esté agitée, ne sont pas semblables aux effets de la juste guerre, *cum justo hoste*, mesmement en ce qui concerne l'occupation des biens. *l. Si quis ingenuam §. in civilibus. & l. Hostes. D. de captivis & post-lim. reversis.* Secondement, que quand la guerre auroit pû causer changement & translation de Seigneurie és biens occupez pendant icelle, cela est aujourd'hui couvert par le moyen de la paix & de l'amnistie, *quasi jure quodam postliminii, quod retrotrahitur.* En troisiéme lieu, on dit que supposé que par le moyen de l'occupation de l'heritage pendant la guerre, le rentier ne fut plus tenu personnellement des arrerages courus pendant icelle, si est-ce qu'ayant recouvré son heritage, & en estant aujourd'hui le detenteur, il est tenu du moins hypothequairement de ces mêmes arrerages.

19. 20. Réponse à icelles. Mais il y a réponse à toutes ces raisons; car bien que les guerres civiles n'ayent pas tous les effets de droit que les guerres étrangeres, si est-ce qu'en effet elles font aussi bien perdre les biens, & le droit même avoüé qu'elles font perdre la possession: *si prædium inundatum sit, aut propter latronum potentiam possideri nequit,* ce que nous avons assez éprouvé pendant ces derniers troubles. Et en cela ne faut point, à mon avis, aller subtiliser sur la diversité des partis: Car bien que le voile d'amnistie couvre ces échapatoires, il est vray qu'en l'un comme en l'autre party, ceux qui ont eu à sortir de leurs lieux, ont par effet joüi de même sorte du bien de leurs adversaires: Aussi ne faut-il point douter que la paix remette toutes choses en leur premier estat. *Jus postliminii,* a bien effet retroactif en ce qui est de droit, mais non en ce qui est de faict: *quod enim factum est, infectum fieri non potest;* aussi que par les Edicts du Roy ce qui est perdu demeure perdu, & on ne rend point aujourd'hui les fruits perceus pendant l'hostilité. Qui est la resolution où s'arreste du Molin, traitant precisément cette question sur l'article 62. de la Coûtume, nomb. 75. où il dit que si que la pacification survenuë le proprietaire recouvre les fruits du passé, il doit aussi payer les arrerages de la rente fonciere; mais s'ils demeurent perdus, il n'est pas tenu de payer aucuns arrerages.

Aussi quant à l'action hypothequaire (qui est le plus fort argument de la contraire opinion) elle ne peut avoir lieu pour les arrerages courus pendant l'occupation des ennemis: car puisque pendant ce temps l'heritage estoit tenu pour perdu, comme il vient d'estre dit, il s'ensuit que cependant le rentier estoit quitte de la rente; aussi que l'action recursoire & la personnelle estant abolie par les Edicts du Roy contre ceux qui ont joüi des arrerages, il est bien raisonnable que l'hypothequaire aussi soit abolie, parce que c'est une regle de droit, qu'elle ne peut naistre ni subsister sans la personnelle, à laquelle elle est accessoire.

21. Que tout ce que dessus doit estre gardé. Voila ce qui se peut dire en point de droit pour les arrerages des rentes foncieres écheus pendant la guerre, que j'estime devoir estre suivi en nostre usage de France, en ce qui concerne la remise, c'est à dire, le quittement & décharge entiere de ces arrerages, ainsi qu'en usoient les Romains; car ils ne les tranchoient point à demy, comme nous qui pratiquons en telles occurrences non une remise entiere, mais seulement une diminution de certaine partie de la redevance.

22. Cõment les Romains pratiquoient la remise aux baux à ferme. Même en matiere de simples baux à loyer, les Romains ne sçavoient ce que c'étoit de faire diminution, c'est à dire de quitter une partie du loüage ou fermage; ils étoient *ἀπερίσπαστοι*, ils vouloient tout ou rien: & falloit ou qu'ils fussent entierement quittes, payez selon le contract, ou qu'ils n'eussent rien du tout. Ainsi faut-il entendre les Loix qui parlent *de remissione pensionis, id est, exoneratione pro rata temporis,* comme dit expressément la Loy, *Si uno, §. ubicunque D. Locati.* Car s'il y avoit eu si peu de fruits qu'ils ne valussent pas les labours & semences, le Fermier ne payoit rien du tout de la redevance: mais s'il y avoit eu sterilité tout à fait, c'est à dire, s'il avoit eu quelques fruits, déduites les impenses, il n'avoit aucune diminution. *d. l. si suo cùm quidam. l. Si merces, §. vis major. D. de eo tit.* où Bartole l'a fort bien expliqué: qui est un poinct où peu de gens prennent garde, & où plusieurs s'abusent: ce qu'ils veulent accommoder les Loix qui parlent *De remissione pensionis,* aux diminutions que nous pratiquons en France.

23. Cõment en France nous pratiquons la diminution. Car nôtre usage est tout different, parce que plus ou moins la perte a esté grande & les fruits petits, plus ou moins aussi nous donnons diminution au Fermier, partissans par une juste équité la perte & le dommage entre le Maistre & Fermier. Ce qui ne s'étoit neanmoins jamais pratiqué en France, sinon aux baux à ferme, où le Maistre est tenu continuellement & en tout temps faire joüir paisiblement, & sans fortune son Fermier.

24. Pourquoy le Roy a diminué le tiers des arrerages des toutes rentes écheus pendant la guerre. Mais après cette guerre on a introduit une nouvelle pratique de diminution aux rentes tant foncieres que constituées; non qu'il y ait même raison qu'aux baux à ferme: car comme il vient d'estre dit, depuis que le Seigneur de la rente a une fois transferé au rentier la proprieté de l'heritage, il n'est pas tenu de le faire joüir annuellement, ni de participer à la perte survenante par après és fruits de l'heritage; mais par un trait d'Etat, & par une consideration generale, comme presque en toutes Republiques après les guerres civiles, il s'est veu que les usures & interests du passé ont esté moderez, parce qu'on a pensé que comme ceux qui avoient des terres & des maisons, n'en avoient pas tant retiré de revenu pendant la guerre qu'en temps de

V. De la forme

paix ; aussi estoit-il raisonnable qu'on diminuât quelque partie des arrerages des rentes, afin que cette espece de biens fût aussi sujete au dommage de la guerre, comme les autres possessions : & principalement de peur que la multitude de plusieurs années d'arrerages accumulez pendant la guerre, n'incommodât trop les debiteurs, si bien que chacun à ce renouvellement de paix, trouvât quelque repos en sa famille ; c'est pourquoy outre la diminution, on a encore donné des termes pour le payement de ce qui restoit deû des arrerages de la guerre.

15. Que cette diminution est encore plus raisonnable aux rentes foncieres, qu'aux constituées.

Et puis dire avec raison, qu'encore que les rentes foncieres soient plus favorables que les rentes constituées, si est-ce qu'il y avoit plus de sujet d'y faire des diminutions des arrerages courus pendant les troubles, parce que les heritages qui doivent proprement les rentes foncieres, ont diminué beaucoup de revenu pendant la guerre ; & au contraire l'argent, qui est le sujet des rentes constituées, estoit lors plus precieux & plus fructueux qu'en toutes autres saisons. C'est pourquoy aussi Messieurs du Conseil d'Estat en l'Arrest des maisons des Fauxbourgs, ont bien remis tous les arrerages des rentes foncieres assignées sur les maisons abattuës, mais non des rentes constituées ausquelles ces maisons étoient specialement hypothequées.

16. Qu'il ne faut plus regarder, si pendant la guerre l'heritage chargé de la rente a esté fructueux ou non.

Enfin, puisque pour retrancher toutes difficultez, le Roy a fait par ses Edicts une regle generale, qu'il y auroit diminution du tiers des arrerages écheus pendant la guerre, tant aux foncieres que des constituées ; il n'est plus question de distinguer ceux qui ont fait des pertes pendant l'hostilité, d'avec ceux qui n'en ont point fait, ni les heritages qui ont esté fructueux & infructueux : car la Loy est generale & fondée sur une consideration generale.

Mais d'autant que cette diminution du tiers est un privilege octroyé contre le droict commun, qui partant ne doit être tiré en consequence, mais plûtot doit être exactement restraint en ses termes ; ce n'est pas sans quelque raison qu'on a douté si celuy qui veut déguerpir, doit joüir de cette diminution, veu que l'Ordonnance de 1441. veut qu'il paye les arrerages entiers : Neanmoins il faut tenir qu'il en doit joüir : car par la même Ordonnance cette diminution n'avoit esté octroyée ni à ceux qui renonçoient, ni à ceux qui ne renonçoient pas ; aussi il y a nulle concurrence de deux privileges, attendu que le déguerpissement est de droict commun, comme il a esté prouvé au Livre precedent. Et de fait, l'Arrest du Conseil d'Estat octroye notamment la diminution à ceux qui voudront quitter les maisons des Fauxbourgs de Paris.

17. Si celuy qui déguerpit, doit joüir de cette diminution du tiers.

En quoy j'estime qu'il doit être suivi par tout, comme approchant du droict commun en ce chef ; mais en l'autre chef qui concerne la remise entiere des sept années à ceux qui ne voudroient déguerpir, comme il a esté dit ailleurs, veu qu'il est formellement contraire au droict commun ; qu'il ne doit être étendu hors les Fauxbourgs de Paris, principalement parce qu'il n'y a pas tant de raison de décharger aux autres Villes les detenteurs des maisons abattuës, afin de leur donner moyen de les rébâtir, comme à Paris, qui est la Ville Capitale du Royaume, & le siege de cette Monarchie. Et on pourroit justement dire avec le Berger de Virgile, de ceux qui voudroient autant avantager les autres, que Paris,

18. Que l'Arrest du Conseil d'Estat n'est general en ce qui concerne la remise des sept années d'arrerages.

Urbem quam dicunt Romam, Melibœe! putavi
Stultus ego huic nostræ similem, qua sæpe solemus
Pastores ovium teneros depellere fœtus.
Verum hæc tantum alias inter caput extulit urbes,
Quantum lenta solent inter viburna cupressi.

CHAPITRE XIII.

De la forme & conditions du Déguerpissement universel.

1. Ce qui sera traité au surplus de ce Livre.
2. Fondement de ce déguerpissement universel.
3. Qu'il n'est pas besoin d'y garder si exactement la forme, qu'au déguerpissement.
4. Qu'il faut rendre le juste prix des heritages vendus.
5. Qu'il n'est pas besoin d'amortir les hypotheques & servitudes.
6. Que le successeur universel n'est tenu que des démolitions procedées de son fait.
7. Qu'il n'est tenu de payer aucuns arrerages ; mais qu'il doit restituer tous les fruits de la succession.
8. Qu'il ne luy est fait aucune deduction pour ses salaires.

1. Ce qui sera traité au surplus de ce Livre.

TOut ce Livre a été employé jusques icy à traiter la forme & les conditions necessaires au vrai déguerpissement foncieres : Ce chapitre seulement est reservé pour traiter des conditions du déguerpissement qui a lieu aux charges universelles, & les deux chapitres restans traiteront de la forme & solennitez du simple delaissement, qui a lieu aux debtes hypothequaires.

2. Fondement de ce déguerpissement.

Donc pour le déguerpissement des charges universelles, il se faut souvenir de ce qui a esté dit cy-devant au premier & quatriéme Livre, que les successeurs universels, qui n'ont tiltre d'heritiers, mais qui sont simples successeurs aux biens, ne sont tenus aux debtes de celuy auquel ils succedent, sinon entant qu'ils joüissent de ses biens, qui ne peuvent être compris ni entendus *nisi deducto ære alieno* ; de sorte que les debtes diminuent *ipso jure*, la valeur & la quantité de ces biens. Et consequemment il s'ensuit que le successeur doit payer toutes les debtes, avant qu'il puisse rien pretendre en iceux : mais aussi n'étant d'ailleurs obligé de son chef à ces debtes, il s'en peut exempter toutes fois & quantes qu'il vient à déguerpir, quitter & delaisser les biens, pour raison desquels seulement il étoit tenu aux debtes. De cette qualité sont les legataires ou donataires universels, les Seigneurs succedans par confiscation, desherences, ou autrement, les successeurs des Moines & Chevaliers de Malte, les maris convenus pour les debtes de leurs femmes precedens le mariage, quand il n'y a point de communauté, & quelques autres.

A vrai dire ce déguerpissement a sa cause & sa raison differente du vrai déguerpissement des charges foncieres ; aussi est-il aucunement different d'icelles és conditions qui y sont necessaires, & aux effets qui en resultent. Et bien que la forme qu'il y faut observer soit semblable, si est-ce qu'il n'est pas besoin de la garder tant à la rigueur, dautant que la consequence n'en est pas si grande : Car en ce déguerpissement icy il n'y a point d'autre dommage, étant mal fait, sinon de s'exempter plûtot ou plus tard de la vexation des debtes & negoces de la succession ; de sorte que s'il est bien fait, on est dés-lors d'iceluy déchargé de l'administration des biens & payement des debtes, & on n'en a plus la teste rompuë ; & s'il n'est pas bien fait, il faut recommencer ; mais pourtant on n'en a point de dommage, parce que toûjours on n'est point tenu des debtes outre la valeur des biens.

3. Qu'il n'est pas besoin d'y garder si exactement la forme, qu'au déguerpissement.

Voyons donc si les deux conditions requises au vrai déguerpissement, sont necessaires en celuy-cy, à sçavoir le rétablissement des heritages, & le payement des arrerages des rentes. Quant au triple rétablissement des heritages, dont il a esté amplement traité cy-devant ; je dis en premier lieu qu'il faut que les heritages soient déguerpis entierement, & non point

4. Qu'il faut rendre le juste prix des heritages vendus.

du déguerpissement. Liv. V.

pour partie : car on ne gagneroit rien de déguerpir les uns & garder les autres ; mais si le successeur universel en a vendu aucuns, en ce cas il en ira tout autrement qu'au vray déguerpissement : car pour estre receu au deguerpissement universel, & pour s'exempter d'estre poursuivy des debtes de la succession, il faut que le successeur rende le prix des heritages qu'il a vendus. Et la raison particuliere de cela est, que *in universalibus pretium succedit loco rei, non in particularibus. l. Imper. §. ult. De leg. 2. & l. Si rem & pretium. D. de petit. hered. Pretia enim rerum vendicatarum augent haereditatem. l. Item. veniunt. §. redacta. D. eod. tit.* J'entens qu'il faut rendre non pas simplement le prix qui est procedé de la vente, mais juste prix de l'heritage vendu : car ce n'est pas la raison que si le successeur a voulu bailler les heritages à bon marché, il soit quitte de rendre le prix qu'il en a touché, encore que le Droict le decide ainsi, *in eo qui bona fide hereditatem possidebat. D. l. Item veniunt. §. aut Senatus*, parce que celuy-là pensoit estre Seigneur incommutable ; & partant il n'est recherché, *nisi quantum locupletior factus est* : Aussi qu'en ce cas le vray heritier a la revendication contre l'acheteur, si la chose est encore en essence ; & si elle est deperie par cas fortuit, ce luy est assez de profit d'en tirer le prix que le possesseur de bonne foy en a perceu.

Quant aux hypotheques, servitudes ou charges foncieres que le successeur universel peut avoir creées & imposées sur les heritages qu'il déguerpit, il n'échet pour raison d'icelles aucune prestation lors du déguerpissement, ny aucun retardement d'iceluy : car aprés le deguerpissement les heritages doivent estre regis par authorité de Justice, où tous les creanciers viendront selon leur ordre : de sorte qu'il ne sera fait aucun prejudice aux creanciers de la succession, qui seront les premiers satisfaits de leur deu, avant que les creanciers du successeur y puissent rien prendre. *l. 1. in pr. D. de separat.*

Finalement quant au retablissement des demolitions il est aisé à resoudre que le successeur qui déguerpit, n'est tenu ny des fortuites, ny aussi des naturelles, mesme que ce fussent simples refections d'entretenemens, car il ne profite rien en l'heritage, comme il sera dit maintenant ; mais il est bien tenu de reparer les démolitions que luy-mesme a faites, ou qui proviennent de sa faute ou negligence : car cela est general en toutes personnes qui rendent les heritages à autruy. *l. Mulieres. §. abesse. De verb. signific.*

Aussi il faut tenir pour tout certain, que quand le successeur universel déguerpit, il n'est tenu de payer aucuns arrerages des rentes de la succession ; mais aussi en recompense il est tenu de restituer tous les fruits qu'il a perceus ou deu percevoir sur les heritages & biens de la succession ; car il est certain que *fructus augent ipso jure hereditatem*. Et puisque ce successeur n'a point voulu confondre & mesler son propre bien avec celuy de la succession, afin de n'estre responsable pour les debtes d'icelle outre la valeur des biens, il faut par necessité qu'il rende tous les fruits de la succession : & puisqu'il n'y veut rien perdre, il n'est pas raisonnable qu'il y gagne rien au détriment des creanciers.

Or en cette restitution de fruits il n'y peut rien coucher pour ses peines, salaires & vacations d'avoir administré les biens ; car il ne les administroit pas pour faire plaisir aux creanciers, mais pour y faire son profit ; & s'il y avoit trop de peine, il devoit plûtôt venir au déguerpissement pour s'en décharger. Voila ce qui se peut dire des conditions requises au deguerpissement du successeur universel.

5. Qu'il n'est pas besoin d'amortir les hypotheques & servitudes.

6. Que le successeur universel n'est tenu aux démolitions procedées de son faict.

7. Qu'il n'est tenu payer aucuns arrerages ; mais qu'il doit restituer tous les fruits de la succession.

8. Qu'il ne luy est fait aucune déduction pour ses salaires.

CHAPITRE XIV.

De la forme & conditions requises au delaissement par hypotheque.

1. Qu'il n'est besoin d'y observer si exactement la forme, comme au vray deguerpissement.
2. Qu'il est fort utile de sommer son garant avant que faire ce delaissement.
3. Ce qui arrive quand on attend à sommer le garant aprés le delaissement.
4. Ce qui arrive quand on attend à poursuivre le garant aprés le decret de l'heritage.
5. Que le delaissement ne doit estre fait pour partie.
6. Qu'il n'est pas besoin au delaissement à amortir les hypotheques & servitudes.
7. Que celuy qui fait le delaissement, n'est tenu des reparations.
8. Quand il commence d'estre tenu des demolitions survenuës par son fait ou negligence.
9. Que la poursuite en simple declaration d'hypotheque ne le rend tenu de ces demolitions.
10. Qu'il en est seulement tenu dés depuis la poursuite en action hypothequaire.
11. Qu'il n'est necessaire de payer ou consigner les arrerages avant que faire le delaissement.
12. Qu'aux cas où celuy qui déguerpit, est tenu des arrerages, le creancier peut agir aprés le delaissement.

1. Qu'il n'est besoin d'y observer si exactement la forme, comme au vray déguerpissement.

RESTE de parler du delaissement qui a lieu ès simples hypotheques, la forme duquel doit regulierement estre telle que celle du vray déguerpissement : sinon que comme il a esté dit du deguerpissement universel, il n'est pas besoin de l'observer si étroitement, & avec tant de rigueur ; car d'autant que ce delaissement n'induit pas une prompte alienation à l'égard de celuy qui fait, ny une translation de seigneurie en iceluy qui le reçoit, comme le vray deguerpissement ; mais seulement il opere un quittement de la possession & detention de l'heritage, lequel doit estre regy par un curateur, comme il sera expliqué au Livre suivant.

2. Qu'il est fort utile de sommer son garant avant que faire ce delaissement.

Mais parce que ce delaissement ne peut estre fait que par les tiers detenteurs, qui ont recours contre leurs autheurs (recours qui n'a pas souvent lieu au cas du déguerpissement) il s'y observe communément une solennité, qui n'est pas si usitée au deguerpissement. C'est qu'avant que faire le delaissement, le detenteur a coûtume de sommer son garant afin de déguerpir avec luy, c'est à dire luy estant en cause, non qu'une solennité soit necessaire pour la validité & subsistance du déguerpissement entre le detenteur & le creancier : car on ne le peut contraindre de s'obliger en gardant l'heritage, à une rente à laquelle il ne s'est point soûmis lors de son acquisition ; mais bien est-elle aucunement necessaire entre le tiers detenteur & son garant, tant afin que le delaissement sorte son effet, & ne puisse estre revoqué par aprés, que pour avoir action d'eviction parée & formée, mesme une condamnation prompte contre le garant.

Autrement si le delaissement avoit esté fait avant que le garant eust esté sommé, & qu'au moyen d'iceluy l'acquereur voulust par aprés intenter son action contre son vendeur, il pourroit debattre le delaissement comme fait precipitamment & en fraude de luy ; mesme luy feroit revoquer en amortissant promptement la debte, mesme en donnant quelque asseurance de la payer en peu de temps, & obtenant terme pour cét effet, comme en ce temps necessiteux les Juges ont esté assez faciles à donner tels termes pour racquitter & amortir les rentes, pourveu qu'on offre payer promptement les arrerages. Bref, que par ce moyen le delaissement ou deguerpissement (car ainsi l'appelle-on vulgairement, & je suis contraint

3. Ce qui arrive quand on attend à sommer le garant aprés le delaissement.

d'user de ce terme pour me rendre intelligible) seroit revoqué, & le detenteur seroit tenu reprendre l'heritage, pourveu qu'il n'eût encore été vendu par decret : *Ius enim offerendi durat usque ad additionem, & solutio à quocunque facta ante distractionem pignoris liberat ipso iure pignus. l. Paulus respondi, §. 1. D. Quibus mod. pign. vel hyp. sol.*

4. Ce qui arrive quand on attend à poursuivre le garand après le decrete de l'heritage.
Que si lors que le garand vient à estre poursuivy pour l'eviction & recours de la debte, l'heritage déguerpy estoit vendu par decret, il ne seroit plus temps d'offrir de payer la debte, & d'amortir l'hypotheque pour retirer l'heritage, & revoquer le deguerpissement *quia post additionem cessat ius offerendi. l. Obligata. C. si ant. cred. pign. vendic.* Mais le garand qui jusqu'alors n'avoit point esté sommé, ne seroit pas tenu de rendre le prix de la vente & les dommages & interests *quasi evictione secuta*, parce qu'il pourroit dire que s'il eust esté sommé avant le déguerpissement, ou pour le moins avant l'adjudication du decret, il eust payé la debte & n'eust laissé decreter l'heritage ; de sorte qu'il ne seroit tenu seulement que de rendre le prix de l'adjudication, entant qu'il auroit esté employé à l'acquit de ses debtes, & non autrement. Et partant il y a d'un grand interest à l'acquereur pour lequel éviter il ne doit jamais déguerpir que premierement il n'ait sommé son garand ; autrement le garand ne sera pas même tenu de luy rendre & rembourser les frais des criées, quand après la sommation il aura fait donner main-levée de l'heritage ; car c'est une regle de Pratique, que les dépens en demandant & défendant ne viennent que du jour de la sommation.

5. Que le delaissement doit estre fait pour partie.
Voilà donc une condition particulierement requise du simple delaissement, voyons si les deux conditions du déguerpissement y sont pareillement requises, à sçavoir le restablissement de l'heritage, & le payement des arrerages. Pour le regard du restablissement & des trois especes qui en ont été cy-devant designées, il est certain qu'au delaissement par hypotheque, aussi bien qu'au déguerpissement, il faut quitter tout ce qu'on tient de l'heritage, sans en rien retenir, autrement on ne fait rien ; car l'hypotheque est individué, & reside par tout en la moindre partie du fonds.

6. Qu'il n'est pas besoin au delaissement d'amortir les hypotheques & servitudes.
Aussi pour ce qui concerne les hypotheques, servitudes & rentes foncieres, imposées par le nouveau detenteur depuis son acquisition, il faut dire au delaissement comme il a esté dit au déguerpissement universel, que puis que desormais l'heritage doit estre regy par Justice, il ne sera fait aucun prejudice aux plus anciens creanciers, qui toûjours & sur les fruits perceus par après, & sur les deniers de l'adjudication du fonds ; devanceront en ordre les creanciers du dernier detenteur, même ceux qui auront acquis de luy quelque servitude ou charge fonciere sur l'heritage ; D'où s'ensuit que ny pour les servitudes, ny pour les charges foncieres, il ne faut point payer l'estimation d'icelles, pour estre receu à déguerpir comme au vray déguerpissement, où le seigneur doit accepter l'heritage, lequel luy devroit estre transferé libre de toutes servitudes & charges foncieres.

7. que celuy qui fait le delaissement n'est tenu des reparations.
Quant au restablissement des demolitions survenuës à l'heritage, il faut tenir pour certain que celuy qui fait le delaissement, n'est tenu ny des fortuites ny des naturelles ; & il ne déguerpit pour les debtes d'autruy & perd luy-même le plus : Mais encore pour le regard de celles qui sont survenuës par son faict, ou par sa faute & négligence, il faut à mon avis distinguer, si elles ont esté faites auparavant qu'il eust esté poursuivi pour l'hypotheque ; car alors on peut dire qu'il a pû user & disposer à son plaisir & volonté de l'heritage qui estoit sien, & qu'il avoit loyalement acquis, sans sçavoir qu'un autre y pretendist

droict, *Qui enim rem suam neglexit, nulli querela subjectus est*, dit en semblable cas la Loy *si quid possessor. §. sicut. D. de petit. hered.*

Ce que j'estime estre vray, supposé mesme qu'il sceust bien que l'heritage estoit hypothequé ; car l'hypotheque n'empeschoit pas qu'il en fust maître & seigneur, pour en disposer jusqu'à ce qu'il fust poursuivi pour en estre condamné hypothequairement à païer ou delaisser l'heritage ; joint que jusqu'alors il pouvoit penser que le debiteur & l'obligé personnellement à la debte, estoit assez solvable & suffisant pour la payer, de sorte que jusqu'à ce qu'il fust discuté puit pretendre juste cause d'ignorance, s'il pourra estre convenu hypothequairement ou non. Et toutefois cette ampliation seroit douteuse en la Coustume de Paris & autres semblables, où le tiers detenteur est tenu personnellement, & encore tenu hypothequairement sans discussion à payer les arrerages, mesme des rentes constituées.

8. Quand il commence d'estre tenu des demolitions survenuës par son fait ou negligence.

Mais hors ces Coustumes je passe encore plus outre, & dis que quand mesme le tiers acquereur auroit esté convenu en simple interruption ou declaration avant la discussion du principal debiteur, cela ne suffiroit pas pour le rendre tenu des demolitions qu'il auroit faites sur l'heritage sans fraude ; mais comme un Maistre & seigneur peut faire pour sa commodité ; car telle action ne sert que pour asseurer davantage l'hypotheque & eviter la prescription ; mais elle ne tend pas à rendre le detenteur tenu au payement de la rente.

9. Que la poursuite tenu de ces demolitions en simple declaration d'hypotheque ne le rend tenu de ces demolitions.

Mais depuis que le tiers detenteur a été adjourné pour passer titre nouvel de la rente, ou qu'on a conclu contre luy en action hypothequaire, à delaisser l'heritage ou à payer la rente (ce qui ne peut estre fait de droict commun, sinon après la discussion de l'obligé personnellement à icelle, comme il a esté expliqué prouvé au troisième Livre) alors il ne peut plus toucher à l'heritage au prejudice du creancier, auquel il est plus particulierement affecté, au moyen de cette poursuite ; car il faut après la condamnation, qu'il delaisse l'heritage tel qu'il estoit lors de la demande. *l. si Fundus. §. interdum. D. de pign.*

10. Qu'il est seulement tenu du depuis la poursuite en l'action hypothequaire.

Voilà pour ce qui concerne le restablissement de l'heritage. Et quant à l'autre condition du déguerpissement, à sçavoir de payer les arrerages de la rente, je dis en un mot que supposé que celuy qui fait le delaissement, fust en effet tenu de payer ces arrerages, (qui est une difficulté tres-grande qui sera expliquée au chapitre suivant) il n'est pas toutefois necessaire pour la validité du delaissement par hypotheque, qu'il les paye ou consigne auparavant que de quitter l'heritage comme au vray déguerpissement, parce qu'au cas d'iceluy le detenteur est plus formellement tenu de la rente que du simple delaissement ; Et partant il y a plus de difficulté de ceremonie à l'en desobliger. Joint que les Coustumes & Ordonnances, qui mettent entre les conditions necessaires au déguerpissement, qu'il faut au préalable payer les arrerages, ne peuvent estre bonnement entenduës du vray déguerpissement ; mais au contraire les Loix qui parlent de la restitution des fruits en l'action hypothequaire, *post dimissionem pignoris*, ne disent point qu'il faille restituer les fruits avant rendre l'heritage.

11. Qu'il n'est necessaire de payer ou consigner les arrerages avant faire le delaissemé.

Je conclus donc, que supposé qu'en delaissant l'heritage, le tiers detenteur n'ait paié ni offert les arrerages dont il estoit tenu, que le delaissement ne laisse pourtant d'estre valable ; & qu'il n'en laisse d'estre valablement déchargé du cours de la rente pour le temps à venir : mais que seulement le creancier aura action contre luy pour le paiement de ces arrerages, aux cas où il en seroit tenu ; comme en Droict, *post remissionem pignoris*, le creancier hypothequaire peut demander la restitution des fruits à celuy qui estoit possesseur de la chose hipothequée.

12. Qu'aux cas où celuy qui déguerpit, est tenu des arrerages, le creancier peut agir après le delaissemét.

CHA-

du déguerpissement. Livre V. 145

CHAPITRE XV.

Quels arrerages de la rente constituée est tenu de payer celuy qui renonce à l'heritage hypotheque.

1. *Qu'il ne doit aucuns arrerages quand il n'auroit connoissance de la rente, & déguerpit avant contestation.*
2. *Que l'article 102. de nôtre Coûtume declare celuy qui avoit connoissance de la rente, tenu des arrerages.*
3. *Que cela est fort injuste.*
4. *Que la côciliation vulgaire de cet art. n'est pas pertinête.*
5. *Qu'en l'ancienne Coûtume cet article ne s'entendoit que des rentes foncieres.* (terpretation.
6. *Que par necessité il le faut encore restraindre à cette in-*
7. *Resolution que celui qui avoit connoissance de la rente, déguerpissant avant contestation, ne doit point d'arrerages.*
8. *Que cela doit avoir lieu en toutes Coûtumes, principalement en celles où discussion a lieu selon le droit.*
9. *Que s'arrerages doit ce detenteur és Coûtumes où discussion n'a point lieu.*
10. *Intelligence du §. Inter. in l. Si fundus. D. de pignor.*
11. *Quels arrerages il doit és Coûtumes, où l'action personnelle a lieu contre luy.* (station.
12. *Quels arrerages doit celui qui déguerpit aprés come-*
13. *Que celui qui déguerpit aprés la Sentence, doit en nôtre coûtume les arrerages de son tems, mais non les precedés.*
14. *Qu'és autres coûtumes il ne doit des arrerages, mais seulement rendre les fruits depuis contestation.*
15. *Cas notable auquel il doit payer tous les arrerages.*
16. *En tou cas il doit payer tous les arrerages échûs depuis la Sentence jusqu'au déguerpissement.* (nouvel.
17. *Quel arrerage doit celui qui déguerpit aprés le titre*
18. *Quid, si par le titre nouvel il s'est soûmis à payer les arrerages.*
19. *Que le creancier n'est tenu accepter le titre nouvel, s'il ne contient promesse des arrerages.*
20. *Sommaire de ce chapitre.*

1. Qu'il ne doit aucuns arrerages; quand il n'auroit connoissance de la rente, & déguerpit avant contestation.

Mais encore faut-il sçavoir, en quels cas l'acquereur qui a fait le delaissement par hypotheque, est tenu de payer les arrerages de la rente constituée : ce qui a esté cy-devant traité amplement touchant la rente fonciere; & si je puis dire que c'est la difficulté qui échet le plus, souvent au delaissement par hypotheque. En premier lieu, il est certain que le tiers acquereur, qui auparavant la poursuite n'avoit eu connoissance de la rente, & qui déguerpit auparavant contestation, ne doit non plus les arrerages de la rente constituée que de la rente fonciere, comme il est decidé en l'article 102. de nôtre Coûtume.

2. Que l'article 102. de nôtre Coûtume declare celui qui avoit connoissance de la rente, tenu des arrerages.

Mais qui voudra conferer cet article avec le 99. qui dit que les detenteurs sont tenus personnellement, de payer les arrerages des rentes tant foncieres que constituées, écheûs pendant leur detention; conclura formellement que celuy qui avoit connoissance de la rente constituée, bien qu'il déguerpisse par aprés avant contestation, est tenu d'en payer les arrerages écheûs de son tems ; puisque pour s'exempter des arrerages, il faut n'avoir eu aucune connoissance de la rente auparavant la poursuite.

3. Que cela est fort injuste.

Sed aliud dictat aquitas. Car quelle apparence y auroit-il que celui qui a acquis un heritage d'un grand Seigneur, qu'il sçavoit devoir plus de vingt mil livres de rente, à quoi tout son bien estoit obligé (comme aujourd'hui les grands Seigneurs trouvent acquests à devoir des rentes) venant à déguerpir cet heritage dix ans aprés son acquisition, sur la premiere poursuite qui lui est faite, soit tenu de payer deux cens mil francs, à quoi se montent dix années de vingt mil livre de rente, auxquels l'heritage se trouve hypothequé, sous pretexte qu'il avoit connoissance de ces rentes? Qui est une injustice qui se trouve encore en nôtre Coûtume, à prendre l'article 102. selon ses termes & sa naïfve interpretation. comme j'ai touché cy-devant au 6. ch. du 2. Livre, où je renvoie le Lecteur, afin d'éviter les redites.

4. Que la conciliatiô vulgaire de cet article n'est pas pertinente.

Et ne peut convenir l'interpretation que quelques-uns y veulent apporter pour oster cette absurdité, que ce mot de *connoissance* s'entend, non pas d'une simple science, mais d'une sommation & denonciation, termes dont usent en cet égard quelques autres Coûtumes : mais outre qu'il y a bien de difference entre la science requise simplement par la Loy, pour induire la mauvaise foy & la denonciation, dautant que la denonciation procede de la part du creancier, & la science de la part du detenteur ; l'article porte ces mots. *Dont le detenteur n'avoit eu connoissance auparavant la poursuite*. Or la sommation est une poursuite, & partant la connoissance qui doit preceder la poursuite, ne peut estre entenduë de la sommation. Aussi l'article porte, que par la poursuite le detenteur n'est pas exclus de pouvoir déguerpir sans rien payer ; mais, qu'il le peut encore faire jusques à contestation, mais la simple connoissance l'en exclud promptement ; d'où il s'ensuit que cette connoissance

Du Déguerpissement.

est autre chose que la sommation & poursuite.

Il faut confesser franchement que cet article 102. se ressent de l'absurdité qui resulte de l'article 100. ajoûté assez hardiment à la derniere reformation, par lequel on a égalé les rentes constituées aux foncieres. Mais ainsi que ce même article 102. étoit couché non plus en l'ancienne Coûtume, il ne s'entendoit pour certain que des rentes foncieres, non plus que l'article 99. qui étoit le 70. & pour les rentes constituées étoit l'article 71. traitant de l'action hypothequaire, qui maintenant est le 101. ayant été en cette reformation derniere inseré en ces deux articles, l'article 100. qui confund les rentes foncieres avec les constituées.

5. Qu'en l'ancienne Coûtume cet article ne s'entendoit que des rentes foncieres.

Je dis donc que pour éviter cette absurdité si évidente, il faut par necessité restraindre cet article 102. à ses anciennes limites, & l'entendre seulement des rentes foncieres & du vrai déguerpissement. Et en ce faisant il est tres-juste & tres-equitable, que celui qui connoist la rente fonciere deuë par l'heritage, ne le puisse déguerpir sans payer les arrerages de son tems : car percevant les fruits sur lesquels la rente doit être prise annullement, il s'est comme volontairement & sciemment obligé à payer ces arrerages, dont pendant sa detention il étoit vrai debiteur & payeur incommutable, parce que telle rente suit toûjours le fonds.

6. Que par necessité il le faut encore restraindre à cette interpretation.

Mais celui qui possede un heritage, qu'il sçait être simplement hypothequé à une ou plusieurs rentes constituées deuës par son vendeur, considere qu'il n'est pas le vrai debiteur de ces rentes, mais celui qui les a constituées, que telles rentes suivant la personne & non l'heritage, sinon subsidiairement ; & qui pourtant cependant qu'on ne lui demande rien, jouit librement des fruits de l'heritage qu'il a acheté & bien payé, pensant que l'obligé & vrai debiteur de ces rentes est assez solvable pour les bien payer : celui là, dis-je, ne peut & ne doit point être tenu de ces rentes, lorsque se voyant poursuivi pour icelles, il choisit plûtôt de quitter l'heritage, que de passer titre nouvel d'icelles.

7. Resolution que celui qui avoit connoissance de la rente, déguerpissant avant contestation, ne doit point d'arrerages.

Ce qui doit, à mon avis, avoir lieu en toutes Coûtumes indistinctement : car premierement en celles où il faut discuter le debiteur avant que s'adresser au tiers detenteur, il est certain que jusques à ce que la discussion soit faite, le tiers detenteur n'est point encore tenu en effet de la rente, de sorte que cependant il peut joüir librement de son heritage, & en faire les fruits siens incommutablement ; quand même il auroit soûffert Sentence d'interruption , ou passé declaration d'hypotheque : car cela n'a effet que pour conserver l'hypotheque & la prescription, & non pas pour troubler la jouissance libre de l'heritage, & empecher le gain des fruits que fait l'acquereur, non seulement comme possesseur de bonne foy, mais comme vrai seigneur de l'heritage, attendant que la discussion soit faite, & que la vraie action hypothequaire puisse être intentée contre lui.

8. Que cela doit avoir lieu en toutes Coûtumes, principalement en celles où discussion a lieu selon le droit.

T

De la forme

9. Quels arrerages doit ce detenteur és Coûtumes où discussion n'a point lieu.

Pareillement aux Coûtumes où il ne faut point de discussion, où l'action hypothequaire ne peut être intentée directement contre le tiers detenteur, il est aisé à entendre qu'il n'échet non plus de payer les arrerages precedens la contestation en cause, parce que l'action hypothequaire *rem tantùm avocat cum fructibus à lite contestata*. Ce que le Jurisconsulte en la Loy, *Si fundum*. §. *integrum. D. de pign. Interdùm de fructibus arbitrari debet judex, si ex quo lis inchoata fuit, ex eo tempore de fructibus etiam condemnet; de antecedentibus verò fructibus nihil potest pronuntiare.*

10. Intelligence du §. Interdùm in l. Si fundus. D. de pignor.

Il est vray que la Loy ajoûte, *nisi extent*: ce qu'il faut entendre, *nisi fructus sint pendentes*, comme Accurse l'interprete: ou bien que cette Loy parle de l'action hypothequaire, qui est dirigée contre le debiteur mème, & non contre le tiers detenteur: comme en droit elle s'y dirigeoit le plus souvent, ainsi que j'ai touché au 3. Livre; & c'est possible, pourquoi elle commence par le mot *Interdùm*; voulant dire que cela n'a pas toûjours lieu, qu'il faille rendre les fruits qui sont en essence, mais seulement que cela a lieu à celui qui est debiteur, non au tiers detenteur. Attendu d'ailleurs que puisqu'un simple possesseur de bonne foy gagne les fruits, à plus forte raison celui qui est tout à fait seigneur de l'heritage, les doit faire siens.

11. Quels arrerages il doit és coûtumes, où l'action personnelle a lieu contre luy.

Finalement, pour les Coûtumes qui donnent action personnelle contre le tiers detenteur, & le declarent tenu des arrerages des rentes constituées écheus de son temps, comme celle de Paris, & peu d'autres; ces Coûtumes, comme exorbitantes & contraires au droit commun, meritent d'être restraintes autant que leurs termes le peuvent permettre. Je dis donc qu'il les faut entendre, quand le detenteur ne veut pas quitter l'heritage, & qu'en cette qualité il souffre jugement, & se laisse condamner à payer & continuer la rente: car alors il doit pareillement être condamné personnellement à payer les arrerages écheus de son temps, & desquels la Coûtume le declare tenu: mais si avant la condamnation il ôste & purge cette qualité de detenteur en delaissant l'heritage, je dis qu'à bon droit il s'exempte de payer les arrerages.

12. Quels arrerages doit celuy qui déguerpit aprés contestation.

Voila ce qui se peut dire en toutes les Coûtumes du delaissement fait avant contestation: mais pour celui qui se fait aprés contestation, & neanmoins devant la condamnation, sans doute qu'aux Coûtumes où l'action personnelle n'a lieu contre le tiers detenteur, mais seulement l'hypothequaire, il suffit, comme il a été dit par la Loy, *Si fundus*. §. *Interdùm. De pignor.* de rendre les fruits depuis contestation en cause. Je crois que le mème s'observe és Coûtumes où l'action personnelle a lieu, puisque par l'article 103. de nôtre Coûtume, en rente fonciere le tiers detenteur déguerpissant aprés contestation, est quitte pour payer les arrerages écheus de son temps jusques à la concurrence des fruits, si mieux il n'aime rendre les fruits par lui perceus, porte l'article; lequel si on veut adapter aux rentes constituées, il faudra, à mon avis, restraindre ces derniers mots, *par luy perceus*, au temps dont tout l'article parle, qui est le temps d'aprés contestation.

13. Que celuy qui déguerpie aprés la Sentence, doit en nôtre Coûtume les arrerages de son temps, mais non les precedens.

Mais si le delaissement se fait aprés la Sentence, comme sans doute il se peut faire; alors le tiers, qu'en nôtre Coûtume, au moien de l'article 99. le detenteur étant tenu personnellement de payer les arrerages de son temps, il en demeure incommutablement tenu, depuis qu'il s'y est soûmis par un titre nouvel, ou qu'il s'y est laissé condamner par jugement, avant que deguerpir: de sorte que par aprés il ne peut plus deguerpir sans payer ces arrerages; mais non les arrerages écheus auparavant sa detention, dont il ne peut jamais estre condamné sinon hypothequairement, & contraint que par saisie de l'heritage mème, & non de ses autres biens.

14. Qu'és autres Coûtumes il ne doit les arrerages,

Mais aux autres Coûtumes où l'action personnelle n'a lieu, sans doute qu'il suffit aprés la condamnation, de quitter l'heritage; quoi faisant on satisfait à la condamnation hypothequaire. Car c'est l'un des chefs alternatifs d'icelle, tout ainsi que *in noxali judicio, condemnatus potest aut noxae dedere, aut solvere. l. Mites. §. decem. D. de re judic.* Il est vrai qu'en bonne école, il faut en outre rendre les fruits perceus depuis contestation en cause; suivant ce §. *Interdùm*, de la Loy, *Si fundum. De pign.*

Aussi le droit nous apprend un tres-beau cas, auquel il y a apparence de condamner le detenteur, qui est en demeure de deguerpir aprés la Sentence, à payer tous les arrerages; à sçavoir, quand pour l'execution de la condamnation hypothequaire, il conteste derechef en cause, ne voulant ni delaisser l'heritage ni payer: ce qui arrive le plus souvent és condamnations alternatives, que ne sçachant de quel côté prendre le condamné, il refuse de faire l'un & l'autre: si on le somme de deguerpir, il dit qu'il veut payer, & si on lui fait commandement de payer, il dit qu'il veut deguerpir. De sorte que pour avoir execution parée contre lui, il faut derechef plaider, & faire ordonner qu'à faute d'avoir opté l'un des chefs de l'alternative, l'option sera referée au demandeur. Je dis donc qu'alors, si le detenteur qui sera condamné hypothequairement, conteste derechef en cause, il y a apparence à cause de sa grande contumace, de l'exclure du déguerpissement, & le condamner purement & simplement à continuer la rente, ou du moins le condamner à payer les arrerages écheus de son temps. Tout ainsi que *in noxali judicio*, celuy qui aprés la condamnation conteste de nouveau, *super actione judicati, amittit noxa dedenda facultatem,* suivant le texte singulier de la Loy, *Item veniunt. §. Idem rectè. D. de pet. her.* Loy qui merite bien d'être pratiquée en ce temps, pour retrancher les chicaneries qui se font sur l'execution des condamnations hypothequaires.

15. Cas auquel le detenteur est tenu de payer tous les arrerages.

En tout cas que j'estime que le detenteur qui est en demeure de deguerpir, ne se peut sauver de payer les arrerages qui écheent depuis la condamnation hypothequaire, & depuis sa demeure; laquelle autrement lui seroit profitable, & seroit nuisible au creancier de la rente. C'est alors qu'il faut dire avec la Loy, que *non origo judicii spectanda est, sed ipsa judicati velut obligatio. l. 3. §. Idem. D. de pecul.* Aussi que le payement & continuation de la rente étant en la condamnation, & le déguerpissement étant seulement mis en la faculté, ainsi que selon l'usage & la faculté de France les Sentences hypothequaires sont conceuës; il est vrai de dire que la rente court toûjours à son dommage, jusques à ce qu'il ait declaré qu'il entend user de la faculté qui lui est attribuée; qui est un poinct de grande importance.

16. En tout cas il doit payer les arrerages écheus de puis la Sentence jusqu'au déguerpissement.

Que si le detenteur, non seulement aprés la condamnation hypothequaire, mais mème aprés avoir passé titre nouvel de la rente, s'avise, comme de nouveau conseillé, de deguerpir; ce qui lui est loisible indubitablement, suivant ce qu'a été prouvé au 4. Chapitre du Livre precedent: la question est, quels arrerages il est tenu de payer? Sans doute qu'il est tenu des arrerages écheus depuis son titre nouvel, mème depuis la Sentence, pour la raison qui vient d'être déduite. Mais je ne pense pas qu'il soit pourtant tenu des arrerages precedens la condamnation, ce n'est que le titre nouvel en continst expresse obligation, ou qu'il y fust tenu d'ailleurs, comme en aiant acquis l'heritage à la charge de la rente, ou aux Coûtumes où il y a action personnelle contre le tiers detenteur; & supposé qu'il offrist rendre les fruits depuis contestation en cause, jusques au temps de son titre nouvel: qui est pourtant un poinct fort problematique, & qui meriteroit un long discours; mais il m'ennuye déja de la longueur de ce Livre.

17. Quels arrerages doit celuy qui déguerpit aprés le titre nouvel.

Toutesfois si par le titre nouvel le tiers detenteur avoit expressément promis payer les arrerages écheus, il ne peut plus aprés de s'en exempter en delaissant l'heritage, mème il ne se pourroit pas faire relever de cette obligation, comme faite par erreur, & sans cause: car c'est une cause assez suffisante que la detention precedente, & la perception des fruits, & sur tout que l'option qu'avoit le detenteur de

18. Quid, si par le titre nouvel il s'est soûmis à payer les arrerages?

du déguerpissement. Livre V. 147

payer ou de quitter, est consommée en passant le titre nouvel. Et bien que ces causes ne soient pas suffisantes d'elles-mêmes, selon mon avis, pour le rendre tenu des arrerages precedens, s'il ne s'y fust obligé, si est-ce que s'y étant volontairement soûmis, il n'est point contre raison qu'il l'effectuë, & ne doit point revoquer une promesse, qui revient à une reconnoissance d'equité & de bonne foy.

79. Que le creancier n'est tenu accepter le titre nouvel, s'il ne contient promesse des arrerages.

Je dis davantage que le creancier de la rente n'est pas tenu d'accepter le titre nouvel, si par icelui le detenteur ne s'oblige expressément à payer tous les arrerages de la rente : car il le peut contraindre precisément, ou à déguerpir promptement l'heritage, ou à payer promptement les arrerages ; c'est pourquoy il ne peut moins que de s'y obliger, s'il ne les paye : n'étant pas raisonnable que le creancier de la rente, qui a eu jugement à son profit, demeure encore en suspens & en incertitude, s'il sera payé de ses arrerages, ou si on luy quittera l'heritage, qui de temps en temps peut diminuer de prix, ou subir quelque cas fortuit.

Pour donc colliger en bref, quels arrerages doit payer le tiers detenteur en delaissant l'heritage : Je dis en premier lieu, qu'il n'est jamais tenu des arrerages precedens sa detention, si ce n'est qu'il s'y fust expressément obligé par son contract d'acquisition, ou par un titre nouvel. Quant aux arrerages écheus depuis sa detention, je dis aussi qu'il n'en est point tenu, soit qu'il ait eu connoissance de la rente, ou non, pourveu qu'il déguerpisse avant contestation. Et encore déguerpissant après contestation, même après la Sentence, & après le titre nouvel, il n'est tenu regulierement que de rendre les fruits perceus depuis contestation. Finalement pour les arrerages écheus depuis la Sentence jusques au delaissement actuel, je tiens que jamais il ne s'en peut exempter.

10. Sommaire de ce chapitre.

DU DEGUERPISSEMENT
ET DELAISSEMENT PAR HYPOTHEQUE.
LIVRE SIXIESME ET DERNIER.
DES EFFETS DU DEGUERPISSEMENT
& Delaissement par hypotheque.

CHAPITRE PREMIER.
De l'Alienation qui resulte du Déguerpissement.

1. Qu'il y a deux parties en l'alienation.
2. Que celui qui déguerpit, perd incontinent la propriété de l'heritage.
3. Importance de la cession in jure des Romains.
4. Cedere hereditatem, quid ?
5. Cedere servum, quid ? cessitia libertas.
6. Cedere usufructum, quid ?
7. Comment l'usufruit peut estre déguerpy.
8. 9. Si le déguerpissement se fait par translation de droit, ou par resolution.
10. Que cette resolution se fait per remotionem causæ, & partant qu'elle n'a pas effet retroactif.
11. Qu'après le déguerpissement le Seigneur peut accepter l'heritage déguerpy.
12. Difference entre Cedere in jure, & Habere pro derelicto.
13. Preuve de cette difference.
14. Comment après le déguerpissement le Seigneur rentier peut devenir proprietaire de l'heritage.
15. 16. Entre plusieurs Seigneurs rentiers auquel doit appartenir l'heritage déguerpy.
17. Si le Seigneur n'accepte l'heritage, il n'appartient pourtant pas au premier occupant, & pourquoy.
18. Difference entre les biens vacans & la chose abandonnée, & la conciliation de deux articles de la Coustume de Paris.
19. Qu'après le déguerpissement il n'y a lieu de penitence.
20. Jusques à quand il y a lieu de penitence.

1. Qu'il y a deux parties en l'alienation.

POUR l'achevement de ce Traité, il ne reste plus qu'à déduire les effets du déguerpissement. Le principal desquels, & dont dépendent tous les autres, c'est qu'il induit alienation de l'heritage déguerpy. Or cette alienation a deux respects, desquels il faut parler d'ordre, sçavoir la privation de Seigneurie de la part de celui qui déguerpit, & la translation d'icelle en celui à qui le déguerpissement est fait.

2. Que celui qui déguerpit, perd incontinent la proprieté de l'heritage.

Entant que touche le premier, il est bien certain que ce qui se peut acquerir, se peut aussi quitter & perdre; & que le déguerpissement induit promptement la privation & perdition de droit qu'on a en la chose qu'on quitte ; *Si res pro derelicto habita sit, statim nostra esse desinit ; quia iisdem modis res desinunt esse nostra, quibus acquiruntur. l. 1. D. pro derelicto. Qui rem pro derelicto habet, omnino à se rejicit. l. 36. de stipul. serv.* Aussi le terme du déguerpissement marque assez cet effet. Car déguerpir, c'est oster le guerp, & renoncer à la tradition de l'heritage, comme il a esté prouvé au premier Livre : & le mot *expunger*, dont usent les Coûtumes d'Anjou, Touraine, le Maine & Lodunois, tiré du Latin *expungere*, signifie éloigner de soy tout le droit qu'on a en la chose : comme aussi le mot *renoncer*, dont

Du Déguerpissement.

use l'Ordonnance & nôtre Coûtume de Paris, induit une quittance & remise de tout le droit qu'on a en la chose, comme au droit Canon, *renoncer au Benefice*, c'est ce que nous disons *resigner*, qui est remettre és mains du Superieur tout le droit qu'on a au Benefice, *unde tit. de Renuntiatione.*

3. Importance de la cession in jure des Romains.

Mais le terme plus formel à ce propos, c'est celuy de l'ancien droit Romain, *Cedere, seu Cedere in jure*, qui est plein d'emphase, & signifie en un mot *Dominium simul & possessionem, atque adeò omne jus res abjicere* ; étant la cession *in jure*, la plus commune & plus solemnelle forme d'alienation en cet ancien droit, dont nous en avons trois notables exemples dans nos Livres, *in hereditate, in libertate & in usufructu* ; esquels plusieurs se sont trompez, faute d'avoir entendu l'energie de ce mot.

4. Cedere hereditatem, quid ?

Car quand nous trouvons dans Ulpian, *tit. 19. Reg. Cedere hereditatem*, ce n'est pas vendre, ou autrement transferer l'heredité à un autre ; ce n'est pas aussi renoncer à la succession, mais c'est quitter & déguerpir l'heredité. C'est pourquoy Ulpian dit, *hereditas si postquam adita est, in jure cessa sit, is à quo cessa est, creditoribus manet obligatus, debita verò pereunt, id est, debitores defuncti liberantur.* Ce qui arrive, parce que l'heritier

T ij

Des effets

étant une fois obligé aux créanciers par l'addition de l'hérédité, suivant la loi des douze Tables, ne se peut plus décharger des debtes ; toutesfois puisqu'il quitte & abandonne l'hérédité, les debiteurs d'icelle, qui n'ont plus personne à qui ils doivent, deviennent quites.

5. Cedere servum, quid ? cessio ria libertas.

Aussi *Cedere servum* en termes de droit, ce n'est pas ceder & transporter l'esclave à quelqu'un, mais c'est quitter & abandonner la Seigneurie d'icelui, & partant l'esclave ainsi abandonné, n'ayant plus de maistre, devenoit libre, *consequebatur cessitiam libertatem, dicebaturque manumissu vindicta, quod seipsum post domini cessionem in libertatem vindicaret ; ideoque virga, qua tunc à Prætore in signum manumissionis percutiebatur, vindicta vocabatur.*

6. Cedere usufructum, quid ?

Pareillement ce que nous trouvons si souvent en nos loix, *Cedere usufructum*, ce n'est pas ceder l'usufruit à un autre, mais c'est quitter & déguerpir l'usufruit, *abjicere usumfructum* ; de sorte que par cette cession & quittement l'usufruit est absolument éteint. C'est pourquoi la loi dit, que *usufructus per cessionem alteri non acquiritur, sed ad dominum proprietatis ipso jure revertitur*. On dit aussi, que *usufructus alteri quam domino proprietatis cedi non potest ; vendi tamen & quovis titulo alienari in quemlibet potest, tuncque transfertur tantum commoditas percipiendorum fructuum*. Qui est la conciliation de plusieurs loix qu'on trouve si contraires en cette matiere, *leg. Arboribus. §. 2. D. de usufructu. & leg. Si usufructus. D. de jure dotium, §. finitur. inst. de usufructu. & §. 1. De usu & habit.* & autres semblables.

7. Comment l'usufruit peut être déguerpy.

D'où en passant résulte un poinct fort remarquable pour le déguerpissement, & un cas auquel il ne peut être directement fait au Seigneur de la rente, c'est à sçavoir de l'usufruitier, qui au moien de cette disposition de droit, que l'usufruit ne peut être quitté & déguerpi à autre qu'au propriétaire de l'héritage, s'il se veut exempter de payer la rente, & qu'il la trouve onereuse, ne peut pas déguerpir son usufruit és mains du Seigneur de la rente, mais il faut qu'il le déguerpisse & remette au proprietaire ; lors l'usufruit étant consolidé à la proprieté, c'est au proprietaire à adviser s'il veut user du déguerpissement, pour demeurer quitte de la rente foncière. Tant y a que voila comme le déguerpissement étant pratiqué en l'ancien droit.

8. 9. Si le déguerpissement se fait par translation de droit, ou par resolution.

Mais pour revenir au nôtre, c'est une grande question, si l'alienation qui resulte du déguerpissement, se fait par une resolution du bail à rente, ou par une translation du droit de celui qui déguerpit ? Question qui est necessaire d'éclaircir, parce que d'icelle dependent presque toutes les difficultez qui peuvent écheoir touchant les effets du déguerpissement, & qui seront cy-aprés traitées. D'abord il semble que le déguerpissement induise une translation de droit & non une resolution, parce que la cession *in jure* des Romains, à laquelle revient nôtre déguerpissement, étoit la plus commune façon de transferer les choses de main à autre : Aussi le mot *Guerpir* est communement pris en François pour aliener & transporter és mains d'un autre la proprieté & possession d'un heritage, comme il a été dit au commencement de ce Traité. D'ailleurs comment se pourroit faire que celui qui s'est volontairement obligé à une rente, fût recevable par aprés à une resolution du contract qui une fois auroit été parfait, *& in quo propterea locus non est pœnitentiæ*. Finalement quand la loi parle de celui qui quitte & abandonne son esclave avant contestation, pour éviter d'être condamné à reparer le dommage qu'il a fait, qui est le déguerpissement des choses animées ; elle dit notamment que *tenetur jus suum ad actorem transferre. leg. non solum. D. de nox. actio.* & la loi *si qui*, au même titre, dit que *dominus ut evitet condamnationem, tradere servum, & de dolo malo promittere debet*.

Neanmoins la verité est que le déguerpissement induit une resolution & privation du droit de celui qui déguerpit, & non pas une translation : car en effet celui qui déguerpit, ne pretend autre chose sinon se priver & dépouiller du droit qu'il a eu l'heritage, afin que m'en étant plus detenteur, il ne soit plus tenu de la rente dont l'heritage est chargé. Ce n'est donc pas une cession & transport de l'heritage, mais un simple abandonnement. Et pour le montrer, c'est que si le delaissement se fait à un qui n'ait jamais été Seigneur de l'heritage, & qui ne soit point subrogé au lieu de l'ancien Seigneur, comme est l'acquereur de la rente fonciere, sans doute que celui-là ne peut pas au moien d'icelui se porter Seigneur de l'heritage, comme s'il lui étoit cedé & transporté, mais il faut que l'heritage demeure vacant & regy par un curateur. Et encore que le déguerpissement soit fait à celui qui autresfois a été Seigneur de l'heritage, comme le Seigneur de la rente fonciere, si est-ce que s'il ne veut, il ne reprend pas la propriété d'icelui, mais le laisse pareillement vacant. Que s'il l'accepte, ce qu'il en devient Seigneur ne provient de la translation du droit du preneur qui a déguerpy, mais de ce que le droit du preneur étant éteint & amorty par son déguerpissement, le Seigneur rentre lui-même, s'il veut, en son ancien droit, pour jouir pleinement de l'heritage, ainsi qu'il faisoit auparavant le bail à rente. Et n'uit point que la cession *in jure* des Romains, & la dedition du serf qui avoit delinqué, se faisoit par une translation de droit ; car elle se faisoit à une tierce personne sur la poursuite, & à l'intention de lui transporter le droit : & cette tierce personne n'ayant eu auparavant aucun droit en la chose cedée, n'y en eust pû acquerir aucun, sinon que celui du cedant lui fust transmis & transferé.

10. Que cette resolution se fait per remotionem causæ ; & partant qu'elle n'a pas effet retroactif.

Je conclus donc que le déguerpissement est une vraie resolution du bail à rente, & du droit qu'il produisoit sur l'heritage ; non que cette resolution se fasse *ratione pœnitentiæ, quia post perfectum contractum pœnitentiæ locus non est. leg. Sicut. Cod. de oblig. & act.* mais elle se fait *per remotionem causæ obligatorie, id est, subjecti in quo residebat obligatio*. D'où s'ensuit que cette cause obligatoire étant ôtée seulement lors du déguerpissement, cette resolution n'a pas effet retroactif pour casser & revoquer le contract de bail dés son commencement, comme si jamais il n'auroit été fait, mais pour le resoudre seulement pour le temps à venir : & pour parler en termes de Pratique, il faut dire que cette resolution a seulement lieu, *prout ex nunc, sed non prout ex tunc*, comme dés-à-present, & non comme dés-lors. Au contraire, la resolution qui se fait *ex capite pœnitentiæ*, empêche & resout entierement tout l'effet dudit contract dés son commencement. Donc ici on ne peut dire, que *medio tempore*, & jusques au temps du déguerpissement, le preneur à rente n'ayant été vrai Seigneur de l'heritage, qu'il n'en ait justement perceu les fruits, que sur icelui il n'ait pû créer & imposer des servitudes & hypotheques ; bref, qu'il n'ait pû disposer comme de la propre chose, & aussi que pendant ce temps il n'ait été tenu & redevable de la rente.

Voila ce qui se peut dire touchant l'alienation du droit de celui qui déguerpit : & pour parler de l'acquisition de l'heritage déguerpy, comme c'est une regle naturelle, que toutes choses retournent aisément en leur premier état ; aussi il faut tenir que le bailleur de l'heritage, ou celui qui est subrogé en son droit par l'acquisition de la rente fonciere, aprés le déguerpissement à lui fait, rentre & reprend, s'il veut, son ancien droit de Seigneurie absolue qu'il avoit en l'heritage auparavant le bail à rente, lequel est finy & resolu par ce déguerpissement. C'est que dit la Coûtume de Sens article 244. *Si aucun proprietaire delaisse au Seigneur censier l'heritage pour le cens, ledit Seigneur censier pourra tenir ledit heritage comme sien, ou le pourra vendre & en faire son profit, & n'y aura rien en ce cas le haut Justicier.* Ce qui est porté en mêmes termes en la Coûtume d'Auxerre article 149.

11. Qu'aprés le déguerpissement le Seigneur peut accepter l'heritage déguerpy.

du déguerpissement. Liv. VI.

12. Differen-ce entre Ce-dere in jure, & Habere pro derelicto.

C'est la difference unique qu'il y a eu droit entre *Cedere in jure* & *Habere pro derelicto*, que la cession *in jure* se faisoit à la poursuite de quelqu'un qui prétendoit acquerir droit en la chose ; Aussi par le moien de la cession elle lui estoit adjugée, & non autre, comme il se voit dans Ulpian au lieu preallegué ; mais le delaissement se faisoit par le propre mouvement du Seigneur de la chose, sans qu'elle lui fust demandée par aucun ; ainsi la chose delaissée n'apartenant plus à personne, estoit acquise au premier occupât par la maxime du droit Romain, *Qua nullius sunt, occupantis fiunt*. Qui estoit le grande dispute de Proculus, qui disoit, *rem derelictam non desinere domini esse, nisi ab alio possessa esse* : Et de Julianus, qui disoit au contraire, *Desinere quidem omittentis esse, non fieri autem alterius nisi possessa esset ; & recte*, comme dit Paulus, *l. 2. Pro derel.*

13. Preuve de cette affaire.

C'est pourquoy il est dit en ce mesme lieu d'Ulpian, que *servus in jure cessus liber efficitur*, ainsi qu'en la Loy *Si servus*, §. *Quod si dominus. D. de furtis*, il soit dit, que *servus à domino derelictus, servus permanet ; licet dominum non habeat* ; ce qui est aussi dit en la Loy *Quemadmodum*. §. 1. *de nox. act.* La raison de cette diversité est, qu'à la suite de cette cession *in jure*, le Preteur adjugeoit la chose cedée, & ainsi elle trouvoit promptement maistre, comme par exemple après la cession de l'esclave, *servus ipse vindicabat libertatem, & continuò à Praetore manumittebatur vindicta* ; mais en la simple dereliction qui se faisoit hors jugement, il falloit une occupation actuelle pour acquerir la Seigneurie de la chose delaissée.

14. Comment après le déguerpissement le Seigneurissier peut devenir proprietaire de l'heritage.

D'où j'infere qu'au déguerpissement (qui se fait en jugement, aussi bien que la cession des Romains) il y a prompte traslation de la Seigneurie de l'heritage au profit du Seigneur de la rente, laquelle le Juge luy doit adjuger sur le champ, s'il la veut accepter. Je n'entends pas transmission du droit de celui qui à deguerpy, en sorte qu'on puisse dire que le Seigneur ait desormais droit & cause de lui ; mais j'entends que la Seigneurie de l'heritage, qui auparavant residoit en la personne de celui qui a deguerpy, passe desormais en la personne du Seigneur de la rente par le moien de ce qu'il revient à son ancien droit ; estant le bail à rente qui l'en privoit, resolu & finy par le deguerpissement.

15.16. Entre plusieurs Seig. rentiers auquel doit appartenir l'heritage deguerpy.

Que s'il y a plusieurs Seigneurs de diverses rentes foncieres, qui tous veulent accepter l'heritage deguerpy, la question est grande, lequel d'entr'eux sera preferé, ou celui à qui le déguerpissement est fait, ou celui à qui appartient la plus ancienne rente. L'Ordonnance de 1441. vuide expressément cette belle difficulté ; mais d'abord il semble qu'elle attribuë l'heritage au plus ancien rentier. Ce qui est vrai, quand l'heritage est adjugé en l'absence du proprietaire après les criées ; mais si auparavant l'adjudication, le proprietaire paroist & vient deguerpir & renoncer de luy mesme à la maison ; en ce cas celui qui poursuit les criées, & és mains duquel se fait le deguerpissement, est preferé aux autres rentiers, bien que sa rente ne soit la plus ancienne. Or l'article 32. de cette Ordonnance contenant cette notable Decision a esté miserablement corrompuë par la lecture vicieuse de ceux qui ne l'entendoient pas. Voici comme il doit estre leu. *Pour éviter les debats qui pourroient sourdre en diverses personnes qui auroient vente sur une maison, masure ou possession, posé que chacun d'eux en voulust devenir proprietaire, afin d'avoir faculté de racheter les autres rentes, si-tost que le proprietaire aura renoncé à sa maison ou possession, ou quand aucun ne s'en portera proprietaire ; en ce cas celuy qui aura fait les criées en vertu dudit privilege, pourra accepter la proprieté ; lequel quant à ce, sera preferé aux autres rentiers, & icelle proprieté par lui acceptée, il aura la prerogative & faculté de racheter toutes les autres rentes,* Au lieu qu'on lit vulgairement, *quand aucun ne s'en portera proprietaire ; en ce cas celui qui fait les criées, pourra acheter la proprieté, lequel quant à ce, sera preferé aux autres rentiers.* Ce qui ne peut recevoir aucune interpretation : comme le Lecteur curieux pourra mieux connoistre par la lecture de toute cette Ordonnance, & par l'explication briéve d'icelle, qui sera rapportée au dernier chap. de ce liv.

Je conclus donc qu'entre plusieurs qui ont rentes foncieres sur l'heritage deguerpy, celui doit estre preferé aux autres après le deguerpissement, qui a fait la saisie ou poursuite, sur laquelle le deguerpissement est fait ; ou si le proprietaire deguerpit de son propre mouvement, que l'heritage doit estre adjugé à celui és mains duquel le deguerpissement est fait : que si plusieurs ont fait poursuite de leurs rentes, ou ont esté appellez pour voir faire le deguerpissement, alors la premiere saisie ou poursuite n'a point de prerogative ; mais le Seigneur de la plus ancienne rente doit obtenir l'heritage : c'est ce que decide l'article suivant de cette Ordonnance : *Et s'il advenoit que deux ou plusieurs rentiers fissent semblable diligence de faire lesdites criées, celuy d'entr'eux qui dedans quinze jours après lesdites criées faites & parfaites, enseignera par lettres & titres sa rente avoir esté constituée la premiere, aura la prerogative dessusdites.*

17. Si le Seigneur n'accepte l'heritage, il n'appartient pourrait pas au premier occupant, & pourquoy.

Au contraire, si le Seigneur de la rente ne veut reprendre l'heritage, comme jamais personne n'est contraint d'acquerir contre sa volonté, alors par necessité la proprieté d'icelui demeure vacante, & n'appartient à personne ; non pourtant au tiers la puisse occuper, parce que le Seigneur de la rente ayant toûjours droit de l'accepter quand il voudra, l'heritage n'est pas absolument vacant : tout ainsi qu'une heredité vacante n'est pas au premier occupant, parce que si l'heritier presomptif la repudie, il peut y avoir d'autres parens qui l'accepteront : aussi qu'en France la maxime Romaine, *Qua nullius sunt, sunt occupantis*, n'est pas gardée. Donc afin que l'heritage ainsi delaissé ne deperisse ; mais soit conservé sous la main de Justice, on a coustume d'y créer un curateur, comme aux biens vacans, qu'on appelle proprement *curateur à la chose deguerpie ou abandonnée*, dont il est fait mention en l'article 153. de nostre Coûtume, sous le titre du retraict.

18. Difference entre les biens vacans & la chose abandonnée & la conciliation de deux art. de la Coust. de Paris.

Où s'il se trouve deux articles proches l'un de l'autre, qui semblent contraires, à sçavoir le 151. qui porte que *l'heritage propre vendu par decret sur le curateur aux biens vacans, est sujet à retraict* ; & cét article 153. qui contient que *l'heritage adjugé sur le curateur à la chose abandonnée, n'est sujet à retraict.* Mais la raison de cette difference est tres-pertinente & fort à propos de ce discours, à sçavoir que le curateur à la succession vacante represente le defunt ; & partant à bon droit en la vente sur lui faite il y a retraict ; mais la chose abandonnée n'est plus à celui qui l'a abandonnée ; partant si par après est venduë par decret, les lignagers de celui qui l'a abandonnée, ne peuvent plus venir au retraict. Et cette difference est prise formellement de la Loy *Quod servus. D. de stipulat. ser. Inter hereditarium servum & eum qui pro derelicto habetur, plurimum interest ; quoniam alter hereditatis jure retinetur, nec potest relictus videri, qui universo hered. jure retinetur ; alter voluntate domini derelictus, non potest videri ad eum pertinere qui derelictus est.*

19. Qu'après le deguerpissement il n'y a lieu de penitence.

Or de cette alienation & translation de Seigneurie, qui arrive par le moien du déguerpissement, il resulte une consequence fort notable, à sçavoir que celui qui une fois a deguerpi, ne peut plus par après reprendre & retenir l'heritage auquel il a renoncé, par le déguerpissement ; *Cedentibus enim jura sua, non datur regressus ad ea* : Et pour le deguerpissement cela est decidé expressément en la Loy *Rura. De omni agro desl. lib.* 10. Cod. *Rura & possessiones quas Curiales vel reliquerunt publicatas apud acta desiderii, vel possidere alios permiserunt, penès eas excoluerunt, & functiones publicas recognoscunt ; firmiter perdurabunt, nullam habentibus curialibus copiam repetendi.* C'est pourquoy dès lors du

T iij

149

déguerpissement le Seigneur peu demander au detenteur qu'il luy rende les Lettres de son acquisition, afin qu'en vertu d'icelles il ne puisse plus entendre aucun droit en l'heritage, comme il a été expliqué au premier chapitre du Livre precedent.

20. Jusqu'à quand il y a lieu de penitence.

Toutesfois cette regle reçoit une trés-belle limitation; c'est à sçavoir que tant que l'heritage n'est pas encore acquis à personne; c'est à dire, jusques à ce qu'il ait été accepté par le Seigneur de la rente, ou vendu par decret, il le peut encore reprendre à la charge de continuer la rente comme devant, & d'en passer promptement titre nouvel, si déja il n'y étoit obligé, & en payer les arrerages, même ceux qui sont écheus depuis son déguerpissement, qui en ce faisant demeure couvert & nul. En quoy nul ne peut pretendre interest: même le Seigneur de la rente ne s'en peut pas plaindre: car puisqu'il n'a point voulu de l'heritage, il ne luy importe, pourveu qu'il y ait un detenteur qui lui paye sa rente. Tout ce que dessus, se tire d'un article qui se trouve couché en mêmes termes en trois Coûtumes, à sçavoir d'Anjou, du Maine & de Lodunois, au Titre des Exponsions: *Aprés l'exponsion, celui qui a quitté l'heritage, n'y doit plus toucher: car s'il y touche, il renonce à l'effet de l'exponsion.*

CHAPITRE II.

De l'adjection ou surcharge & accroissement des terres deguerpies.

1. *Deux causes qui peuvent empêcher le Seigneur rentier d'accepter l'heritage deguerpy.*
2. *Que le Seigneur acceptant la portion deguerpie, divise sa rente.*
3. 4. *Si au refus du Seigneur le codetenteur peut accepter la portion deguerpie.*
5. *Sur quoy est fondé cét accroissement.*

Ἐπίκοινον quid?

6. 7. *Inconveniens qui survenoient à Rome aprés le delaissement des heritages domaniaux.*
8. *Fraude qui s'y faisoit.*
9. *Explication de la Loy 2. C. de omni agro deserto, contre Cujas.*
10. *Cause de l'équivoque.*
11. *Autre fraude. Explication de la Loy heredes cod. tit.*
12. *Regles de la surcharge. Explication de la Loy 1. cod. tit.*
13. *Quels detenteurs furent premierement tenus de la surcharge. Explication de la Loy 7. de ce mesme titre.*
14. *Surcharge restrainte aux detenteurs des terres de la même baillée. Explication de la Loy 6. au même titre.*
15. *Definition de la surcharge par Harmenopule, & l'interpretation d'icelle de Cujas.*
16. *Autre interpretation de l'Auteur.*
17. *Surcharge reglée par Justinian en sa Novelle 218.*
18. *Autre reglement de la surcharge par la Novelle 166.*
19. *Propre signification du mot ἐπίκοινον.*
20. *Que l'accroissement de France est mieux fondé en raison que la surcharge des Romains.*
21. *Deux differences entre nostre accroissement, & la surcharge de Rome.*
22. *Commodité de l'accroissement des terres deguerpies.*
23. *Entre plusieurs codetenteurs, qui doit joüyr de l'accroissement?*

1. Deux causes qui peuvent empêcher le Seigneur rentier d'accepter l'heritage deguerpy.

IL y a deux causes plus ordinaires qui empêchent le Seigneur de la rente fonciere d'accepter l'heritage deguerpy. L'une, quand on ne le deguerpit pas tout entier; mais seulement pour part & portion. L'autre, quand il n'est pas libre & franc, mais chargé de servitudes, hypotheques ou autres charges: car si l'heritage étoit deguerpy tout entier, & d'ailleurs franc & exempt de toutes charges, le Seigneur auroit plus de profit de le reprendre, & de le ménager & faire profiter lui-même, que de le laisser regir par Justice, & entre les mains du curateur aux biens vacans.

2. Que le Seigneur acceptant la portion deguerpie, d'ivise sa rente.

Parlons icy de la premiere cause, & laissons l'autre pour le Chapitre suivant. Quand donc on ne deguerpit qu'une partie de l'heritage (comme cela est licite, quand celui qui deguerpit, ne tient pas le surplus, ainsi qu'il a été dit au deuxiéme chapitre du livre precedent) si le Seigneur acceptoit la portion deguerpie, il se feroit prejudice, par ce qu'il diviseroit la rente, en tant qu'il faudroit qu'une partie d'icelle, à proportion de l'heritage deguerpy, demeurast confuse en sa personne, tant pour éviter la reflexion d'actions qu'auroient contre luy les autres detenteurs, s'il les convenoit pour le total de la rente, qu'à cause qu'il ne seroit pas raisonnable que joüissant d'une partie de l'heritage, il leur demandast toute la rente. C'est pourquoi lors il n'est pas volontiers utile au Seigneur rentier d'accepter & reprendre la portion deguerpie, veu même que ce peut être la pire partie de l'heritage, & neanmoins on voudroit diminuer autant de rente que si c'étoit la meilleure. En tout cas c'est toûjours un procez & une difficulté trés-grande, de ventiler & apprecier la portion deguerpie avec les autres, afin de supputer quelle partie de la rente doit demeurer confuse. Pour à quoi obvier, le Seigneur aime mieux ordinairement refuser la portion deguerpie, & ne point diviser sa rente.

3. 4. Si au refus du Seigneur le codetenteur peut accepter la portion deguerpie.

Donc l'ayant refusée, il ne laisse pas demander comme auparavant, le total de la rente à l'un des autres detenteurs, sauf à luy son recours contre ses codetenteurs, & même sur la portion deguerpie: Mais ce recours n'est pas solidaire, comme il a été dit au 2. livre chap. 8. si ce n'est que celuy qui a payé toute la rente, ait pris cession d'actions du Seigneur rentier: car alors étant subrogé en son lieu, il peut agir solidairement, sa portion déduite contre chacun de ses codetenteurs. Mais d'autant que cette cession d'actions se peut faire pour les arrerages déja payez & non pour le cours & continuation de la rente (autrement ce seroit un achat d'icelle) il semble que par le moien d'icelui le codetenteur ne se peut emparer de la portion deguerpie, encore qu'il la voye mal ménagée par un curateur, & qu'elle lui soit commode pour être proche de ses terres: Même si le Seigneur rentier vouloit expressément ceder à ce codetenteur le droit qu'il auroit d'accepter cette portion deguerpie, il se feroit prejudice: car ce seroit autant comme si lui-même l'avoit acceptée: Et partant à l'égard des autres codetenteurs, sa rente demeureroit confuse à proportion d'icelle.

Et neanmoins c'est bien la verité, & faut le pratiquer ainsi, que cette portion deguerpie accroist aux autres detenteurs, même sans cession de droit du Seigneur de la rente, comme il est trés-bien decidé en la Coustume de Tours article 201. *Peut le detenteur faire exponse de ce qu'il tient, encore qu'il ne fust detenteur que d'une partie de l'heritage: auquel cas icelle part exponsée accroist aux autres detenteurs de l'heritage, qui demeurent chargez de payer toute la rente, sinon que le Seigneur à qui elle est deuë, voulust accepter icelle part: auquel cas la rente demeurera confuse à la raison de la portion exponsée.*

5. Sur quoy est fondé cét accroissement.

Mais la raison de cét accroissement est presque inconnuë, & la faut tirer du plus profond du droit.

du déguerpissement. Livre VI.

Romain, & à une longue recherche, qui sert à resoudre une grande difficulté qui échet sur cét accroissement ; sçavoir quand il y a grand nombre de codetenteurs des heritages d'une même baillée (comme il arrive ordinairement en censives) qui tous desirent prendre la portion deguerpie, si l'un d'iceux est preferable aux autres, ou bien si la piece delaissée doit être départie aux autres.

6.7. Inconveniens qui survenoient à Rome aprés le delaissement des heritages domaniaux.

Sans doute que cét accroissement procede des Loix & Decisions des Empereurs Romains περὶ ἐπιϐολῆς, dont il y a un titre exprés dans l'onziéme du Code, *De omni agro deserto, & quemadmodum steriles fertilibus imponantur* : Et une Novelle ajoûtée sur Cujas à celle de l'ancienne edition, qu'il met en compte pour la 166. intitulée περὶ ἐπιϐολῶν : Et encore une autre qu'il met en compte pour la 168. inscrite περὶ ὁμοδούλων. Ἐπιϐολὴ donc étoit une invention des Romains, pour empêcher que les terres domaniales demeurassent desertes & delaissées au prejudice du fisque. Invention qui fut pratiquée fort consulement auparavant Justinian ; mais elle fut par lui reformée & reglée assez nettement, & reduite en usage ordinaire par sa Novelle 128. Occasion pourquoi Suidas dit qu'il en a été l'inventeur, qui est un tres-beau secret du droit Romain, qui n'a point encore été découvert en nulle façon que par le docte Cujas, lequel même ne l'a pas éclairci tout à fait, comme ce discours fera voir, auquel j'interpreterai tout autrement que lui, presque toutes les Loix du titre *De omni agro deserto*.

Pour parler clairement περὶ τῆς ἐπιϐολῆς, qui est appellée en Latin *adjectio, in l. ult. C. eod. tit.* & que nous nommerons Surcharge, il faut presupposer qu'au droit Romain la prestation des charges foncieres n'estoit solidaire, mais divisible & separée sur chacune piece de l'heritage, lors qu'il estoit détenu par plusieurs personnes, comme il a été prouvé au dernier chapitre du second Livre. De sorte que si quelque piece des terres de la baillée étoit devenuë sterile, le detenteur venant à la delaisser, ou même si quelque pauvre homme & mauvais ménager delaissoit la terre en friche, & s'en alloit en un autre païs ; tout cela tomboit au dommage du fisque, & les codetenteurs des autres terres de la même baillée n'en étoient point chargez : *Municipes enim pro sua tantùm gleba conveniri poterant. l. Jubemus, eod. tit.*

8. Fraude qui s'y faisoit.

Même que communément on y faisoit fraude : car celui qui avoit pris à rente des mauvaises terres parmy les bonnes, revendoit cherement les bonnes terres à d'autres, à la charge seulement de leur portion contingente de la rente, & retenoit les mauvaises, lesquelles il y quittoit ou laissoit desertes ; ou bien il retenoit les bonnes, & transportoit collusoirement les mauvaises à quelqu'un, qui par aprés les delaissoit. On mit ordre à cette fraude par la Loy seconde de ce même titre ; *Si quis ab emphyteuticario vel patrimoniali possessore privati juris quidpiam comparaverit, cujus substantia, alias possessiones sustentare consueverat, & succisis quasi quarumdam virium nervis, reliqua labuntur, earum possessionum onera subituros est, quæ apud distractorem inutiles permanebunt.*

9. Explication de la Loy 1. C. de omni agro deserto, contre Cujas.

Voilà la premiere origine de la surcharge, que le tiers acquereur sera surchargé de la redevance des mauvaises terres de la même baillée, qui seront demeurées és mains du preneur. A quoi le docte Cujas n'a pas pris garde, interpretant cette Loy des heritages du patrimoine de preneur, qu'il s'imagine être hypothequez à la rente, d'hypotheque tacite. C'est pourquoi, dit-il, il est justement ordonné que les heritages baillez à rente étans devenus steriles, l'acquereur des biens du preneur soit tenu de la rente. Et pour accommoder ce texte à son interpretation, il charge sa ponctuation, & met une virgule aprés le mot *possessore*, bien qu'il n'y ait en aucunes anciennes editions ; & s'il en faut, elle doit être mise aprés le mot *juris*. Or son interpretation n'est pas veritable,

parce que selon le droit, les terres qu'avoit le preneur lors du bail des heritages domaniaux, n'étoient pas hypothequées aux tributs & redevances foncieres, puisque lui-même n'y étoit pas obligé personnellement, & qu'en rendant les terres de son bail, il se pouvoit exempter de la rente. Aussi long-temps aprés cette Loi, qui est de Constantin, Valentinian & Valens ordonnerent que desormais le preneur obligeroit expressément tous ses biens par le contract d'emphyteose des terres patrimoniales, *l. 3. eod. tit. & l. Quicunque, C. de fundis patrim.* d'où il s'ensuit que l'hypotheque tacite n'y avoit lieu.

10. Cause de l'équivoque.

Mais l'équivoque procede de ce que Cujas n'a pas pris garde à la distinction des terres domaniales, dont les unes étoient emphyteutiques, les autres *privati juris*, qui a été expliqué au premier Livre, chapitre 4. De sorte que ces mots, *privati juris*, ne doivent pas être joints avec le mot *quidpiam* ; mais avec le mot *possessore* : En un mot il faut entendre cette Loy de celui qui a revendu les bonnes terres de la baillée, & a retenu les mauvaises, lesquelles il laisse en friche ; & la Loy dit que celui qui a acheté les bonnes, payera aussi la redevance des mauvaises ; qui est, comme j'ay dit, la premiere regle & invention de la surcharge.

11. Autre fraude. Explication de la Loy Heredes des eod. tit.

Voilà comme on pourveut à la fraude qui se faisoit aux contracts entre-vifs & onereux ; mais il s'en pratiqua un autre aux testamens & donations, à laquelle il fallut aussi pourvoir. C'est que le preneur donnoit à part à ses presomptifs heritiers les bonnes terres de la baillée, & laissoit les autres en sa succession : à laquelle par aprés ses heritiers renonçoient ainsi demeurant la succession vacante, le fisque étoit frustré de sa redevance. A quoi l'on donna ordre par la Loi *Heredes* au même titre, *De omni agro deserto*, ordonnant que si les heritiers vouloient renoncer, ils seroient tenus de quiter quant & quant toutes les autres terres de la même baillée, à quelque titre qu'ils les eussent acquis du defunt. Ce que les anciens Interpretes n'ont pas compris, entendans tous par cette Loy, que pour être reçeu à renoncer à la succession, l'heritier doit pareillement renoncer à tous les heritages qu'il a acquis du defunt, qui est une decision apparemment fausse.

12. Regles de la surcharge. Explication de la Loy 1. eod. tit.

Voilà donc les deux premieres regles de la surcharge ou adjectio ; l'une, que celui qui a acheté les bonnes terres, doit payer la redevance des mauvaises ; l'autre, qu'au prejudice du fisque on ne peut renoncer à la succession du preneur, sans quiter les terres de la même baillée, qu'on a acquises de lui. Hors ces cas là il n'y avoit autre remede, quand on deguerpissoit ou qu'on laissoit en friche quelque heritage, que de décharger les Decurions & Officiers des Villes, de re-bailler l'heritage deguerpy promptement à un autre ; Et si personne n'en vouloit à la charge de la rente, euxmêmes étoient tenus le reprendre, à la charge de n'en payer rien pendant trois ans. Ce qui fut premierement ordonné par l'Empereur Aurelian ; à quoi Constantin adjoûta, que si les Decurions n'étoient assez solvables, les terres deguerpies fussent distribuées entre ceux qui en tenoient d'autres au même territoire. *Cùm Aurelianus civitatum ordines pro desertis possessionibus jusserit conveniri, & pro his fundis, qui invenire dominos non potuerunt : quos præceperamus earundem possessionum triennii immunitate concessâ, solemnibus satisfacere, servato hoc tenore præcipimus, ut si minores idonees esse, eorundem agrorum onera possessionibus & territoriis dividantur. l. 1. C. eod. tit. De omni agro deserto.*

13. Quels detenteurs furent premierement tenus de la surcharge. Explication de la Loy 7. de ce même titre.

Or en vertu de cette Loi, qui de verité étoit indistincte, comme les Loix fiscales sont toûjours plûtôt étenduës que restraintes ; on contraignoit tous ceux qui tenoient des terres domaniales, de reprendre les terres desertes encore qu'elles ne fussent de la même baillée, si mieux ils n'aimoient quiter celles

du Déguerpissement, Liv. VI.

23. Entre plusieurs codétenteurs qui doit jouir de l'accroissement ?

qui s'en sont emparez après le delaissement, sont contraints de s'en desister, & en rendre les fruicts qu'ils ont perceus; qui est un poinct fort à noter.

Si donc entre plusieurs detenteurs il y a contention à qui aura l'heritage deguerpi, j'estime qu'il faut suivre la regle de la surcharge Romaine contenuë en cette Novelle *περὶ ἐπιβολῆς*, & joindre la terre deguerpie à celles-là, dont elle a esté distraite anterieurement : Et plusieurs tenoient de ces terres joinctes devroient estre divisées entr'eux selon la quantité que chacun en tient.

CHAPITRE III.

Si les servitudes, hypotheques, & charges foncieres posterieures, sont resoluës par le deguerpissement ?

1. Qu'à cause des hypotheques le Seigneur refuse quelquesfois d'accepter l'heritage deguerpy.
2. Raisons pour montrer que les hypotheques sont resoluës par le déguerpissement.
3. 4. Si après la reversion du fief les hypotheques demeurent.
5. Qu'après la rescision pour lesion d'outre-moitié les hypotheques sont resoluës.
6. Qu'après le deguerpissement les hypotheques demeurent.
7. Qu'en la resolution necessaire du contract les hypotheques sont resoluës, & non en la volontaire.
8. Que la rescision pour lesion d'outre moitié est une resolution necessaire.
9. Que la commise de l'emphyteose pour cessation de payement, est une resolution necessaire.
10. Que la revocation de la donation pour ingratitude, est une resolution volontaire.
11. Que la commise du fief pour felonnie, est aussi volontaire.
12. Réponse au §. Est autem, tit. De jure quod in feud. vassal. habet, in lib. feud.
13. Réponse aux Coustumes qui portent le contraire.
14. Pourquoy le Seigneur jouïssant du fief saisi ne reconnoist les hypotheques.
15. Qu'après le déguerpissement les hypotheques ne portent aucun dommage au Seigneur rentier.
16. Qui doit porter les frais du decret, quand l'heritage ne vaut pas mieux que la rente fonciere.
17. Si le deguerpissement importe garantie.
18. Quel recours a le Seigneur pour raison des hypotheques, après avoir accepté l'heritage deguerpy.

1. Qu'à cause des hypotheques le Seig. refuse quelquefois d'accepter l'heritage deguerpi.

L'Autre cause pour laquelle le Seig. de la rente peut faire difficulté d'accepter, & reprendre l'heritage deguerpi, est à l'occasion des servitudes & hypotheques qui y ont esté imposées depuis le bail à rente, qui bien souvent absorbent la valeur de l'heritage; de sorte qu'il est beaucoup plus expedient au Seigneur rentier de faire vendre par decret l'heritage à la charge de sa rente, que de l'accepter & demeurer chargé de toutes ces hypotheques. Ce qui dépend d'une grande question sur l'effet du deguerpissement, sçavoir si ces hypotheques & servitudes demeurent après le deguerpissement.

2. Raisons pour montrer que les hypotheques sont resoluës par le deguerpissement.

Car encore que le deguerpissement n'ait pas un effet retroactif, pour resoudre le bail à rente dés son commencement, neantmoins il est certain que la maxime vulgaire, *Resoluto jure dantis, resolvitur jus accipientis*, a lieu en telles resolutions, parce que la Loi *Lex vectigali*, D. de pignor. dont est prise cette maxime, laquelle parle d'une resolution qui n'avoit pas son effet retroactif : *In vectigali fundo pignus quidem subsistit : sed si fundus domino commissus sit, jus pignoris evanescit*. Or il est certain que la commise de l'emphiteose n'a pas un effet retroactif, non plus que le deguerpissement. De même en la Loi *Si ex duobus*, §. ult. D. de addict. in diem : *Purè vendito, & in diem addicto fundo, si melior conditio allata sit, res pignori esse desinit, si emptor eum fundum pignori dedisset : ex quo colligitur quòd emptor medio tempore dominus est, alioquin nec pignus teneret*.

3. 4. Si après la reversion du fief les hipotheques demeurent.

Aussi en matiere de fief les Escrivains, tant anciens que modernes, ont tenu tous d'un accord, que quand le fief retourne au Seign. en vertu de sa directe & puissance feodale, toutes les hypoteques & servitudes imposées par le vassal, sont resoluës : *Si vassallus sine masculo decedat vel feudum in manu domini resultet* (qui est le deguerpissement des fiefs) *vel alia ratione forte culpa intercedente amittat, tunc omnis feudi alienatio ab eo facta in irritum revocatur*, §. *Est autem* tit. *De jure quod in feudo vassallus habet*, lib. 2. Feudorum. Autre chose seroit si l'heritage retournoit au Seigneur, *non tanquam ad dominum, sed tanquam ad privatum, ut quando emit a vassallo vel emphyteuta, vel accipit ex donatione aut legato, aut alio titulo, modò non jure prelationis aut commissi*; *quia tunc remanet pignoris oblatio firma*, comme parle Guido Papa quæst. 575. & du Molin sur le treizième article de la Coustume, glose cinquième, du Déguerpissement.

question cinquième, où il en cite plusieurs autres.

De faict, la Coust. de Paris, tant ancienne que nouvelle, semble avoir suivy cette distinction, decidant que le Seigneur tenant le fief saisi, à faute d'homme ou même prenant le revenu de l'année pour son relief, n'est point tenu reconnoistre aucunes rentes, hypoteques, ou servitudes creées sur iceluy par son vassal, si elles n'ont esté infeodées. Encore plusieurs Coust. passent plus outre, & decident que le Seigneur Feodal auquel le fief est confisqué & devolu par felonnie, n'est pas tenu d'acquitter les rentes & hypoteques, comme celle de Troyes art. 39. celles de Chaumont art. 24. & plusieurs autres.

Finalement, il ne se peut trouver, ce semble, en Droit un cas plus conforme au deguerpissement que la rescision pour lesion d'outre moitié du juste prix; car il est en la puissance du detenteur, ou de supléer le juste prix, ou de rendre l'heritage, comme il est en sa puissance, ou de continuer la rente, ou de deguerpir par l'heritage; & toutesfois au cas de la rescision pour lesion d'outremoitié, on ne doute plus que les hypoteques imposées par l'acheteur ne soient totalement éteintes; ainsi que Balde a fort bien prouvé contre Bartole en la Loy 2. C. de rescind. vend. D'où il s'ensuit que le même doit avoir lieu au déguerpissement; autrement ce seroit un grand prejudice au Seigneur de la rente, si l'heritage qu'il auroit baillé franc & quitte, demeuroit après le deguerpissement, chargé de servitudes fascheuses, & d'hipotecques qui pourroient exceder sa valeur, veu que la Coustume dit qu'il lui doit estre rendu en tel estat qu'il estoit lors de la prise.

5. Qu'après la rescision pour lesion d'outre moitié, les hypoteques sont resoluës.

6. Qu'après le deguerpissement, les hypoteques demeurent.

Nonobstant toutes ces raisons, il faut tenir que par le deguerpissement les hipotecques ne sont point resoluës, comme Masuete a fort bien decidé au titre *De locato, & cond.* §. *si emphyteutica gulpiat*, & la Coustume de la Marche art. 180. & cela est tout notoire en nostre usage & pratique. La raison est tirée d'une tres-belle theorie de Droit; à sçavoir que quand la resolution se fait par une cause necessaire, alors les hipotecques contractées depuis le contract sont resoluës; mais quand elle se fait par la volonté de celui qui les a contractées, alors elles ne se peuvent resoudre, afin qu'il ne soit en la puissance du debiteur d'amortir l'hypotecque quand il voudra : qui est la distinction qu'il faut tenir pour generale en tous les cas ausquels cette question peut échoir.

V

De la forme

7. Qu'en la resolution necessaire du contract les hipotheques sont resoluës ; non en la volontaire.

Elle est prise en la loy 3. D. *Quibus modis pignus vel hypotheca solvitur. Si res distracta fuerit sic, nisi intra certum diem meliorem conditionem venditor invenisset, fueritque tradita, & forte emptor antequam melior conditio offerretur hanc pignori dedit, finitur pignus meliore conditione allata : quamquam ubi sic res distracta est, nisi emptori displicuisset, finiri pignus non putem.* La glose en rend raison, *quia in debitoris arbitrio esse non debet, an res sit obligata, necne.* C'est chose étrange que la redhibition, bien qu'elle resolve & aneantisse le contract dés son commencement, *quasi nunquam intercessisset*, dit la Loy, *Facta. De Ædil. edicto*, même qu'il y faut rendre les fruits, *L. Illud eod. tit.* Neantmoins elle ne resout pas les hipotecques creées par l'acheteur, parce qu'il dépend de sa volonté, ou de resoudre le contract, ou d'agir à ce que la chose vaut de moins à cause du vice, *ne sit in arbitrio debitoris, an res, quam ipsi obligavit, remaneat obligata, necne*, comme dit Accurse. Et voilà comment se doit entendre la regle, *Resoluto jure dantis, resolvitur jus accipientis*.

8. Que la resolution pour lesion d'outre moitié, est une resolution necessaire.

Mais il y a bien de la difficulté à discerner quand la resolution du contract se fait *ex causa voluntaria*, ou *ex causa necessaria* ; car Bartole même s'y est mépris, quand il a tenu que la resolution pour lesion d'outre-moitié estoit volontaire, & partant que les hipotecques n'y estoient resoluës, sous pretexte qu'il est en l'opinion de l'acheteur de suppléer au juste prix ; mais la verité est, que s'il supplée & augmente le prix, ce n'est pas garder l'ancien contract ; mais c'est faire un autre marché, & tel a bien voulu acheter un heritage à bon marché, qui ne l'eust pas voulu acheter à juste prix : d'où il s'ensuit que la resolution est necessaire & forcée, par ce même que c'est le vendeur qui intente l'action, par le moyen de laquelle l'acheteur est forcé de rendre l'heritage ; au contraire en la redhibition c'est l'acheteur qui agit pour resoudre le contract.

9. Que la commise de l'emphiteose pour cessation de payement, est une resolution necessaire.

Balde mesme en reprenant Bartole, & voulant impugner cette distinction, est aussi tombé en semblable erreur, disant qu'en l'espece de la Loi *Lex vectigali*, la resolution est volontaire, & neantmoins la Loi dit que les hipotecques sont resoluës ; mais il est certain que cette resolution se faisoit *necessari pacti impressi in ipsa rei traditione*, qui limitoit & bornoit le bail au temps que la redevance seroit paiée : *Lex vectigali fundo dicta erat, ut si post certum tempus vectigal solutum non esset, fundus ad dominum rediret.* Et ailleurs il est dit : *Fundi vectigales hac lege locantur : ut quamdiu pro eis vectigal penditur, tamdiu non auferre non liceat. Limitata ergo causa, limitatum producit effectum* : Et la condition de la resolution estant écheuë, la resolution se fait necessairement ; de même que le bail à longues années expire necessairement quand son temps est fini, & par consequent les hipotecques finissent aussi. Et ne faut pas dire qu'au cas de cette Loi la resolution est volontaire, parce que si le detenteur eust voulu, il eust toûjours bien paié la redevance, & n'eust laissé choir l'heritage en commise : car il n'y a point en cela d'acte du detenteur qui cause la resolution ; mais seulement une cessation ou obmission de ce qui étoit à faire, & qui pouvoit estre suppleé & reparée par le creancier, lequel pouvoit lui-même paier la redevance en defaut du detenteur pour conserver son hipotecque. Aussi cette Loy remarque notamment *cum in exolutione vectigalis tam debitor quàm creditor cessarent.* Et partant le creancier est justement privé de son droit, puisqu'il y a de sa negligence, aussi bien que du detenteur.

10. Que la revocation de la donation pour ingratitude, est une resolution volontaire.

Donc ce cas est bien different de celui de la Loy *His solis. C. de revoc. donat.* où il est dit que les alienations faites & les hipotecques contractées par le donataire, demeurent apres que la donation est revoquée pour son ingratitude : car cette ingratitude consiste en quelque action, qui est volontaire. Aussi que cette revocation procede d'une cause depuis survenuë, & non d'une cause exprimée, & d'un caractere imprimé lors de la tradition de la chose.

Cette même consideration a vuidé & terminé de nôtre temps la difficulté qui avoit esté tellement obscure par plusieurs siecles, qu'elle avoit produit plusieurs Arrests contraires : sçavoir si le vassal aiant confisqué son fief par felonnie, les hypothecques étoient resoluës. Car plusieurs s'arrestans à cette Loy, *Lex vectigali*, tenoient la resolution des hipotecques : à quoi les vieux Praticiens de France se sont laissez emporter, mêmes les Coust. de Troyes & de Chaumont l'ont passé. Mais les modernes ausquels du Molin a dessillé les yeux, ont suivi la Decision de la Loi *His solis*, & ont tenu que les hipotecques demeuroient apres la commise du fief, *ut pote in resolutione voluntaria* : Car bien qu'elle semble necessaire, comme étant poursuivie par le Seigneur feodal: si est-ce que la cause efficiente est entierement volontaire ; à sçavoir la felonnie du vassal, qu'il n'eust pas commise, s'il n'eust voulu, & qui ne doit pas retourner au prejudice des creanciers qui ont acquis leurs hypotecques, lorsque le vassal en estoit vrai & parfait Seigneur. Donc à plus forte raison, quand le vassal de sa pure & franche volonté quitte & remet le fief au Seigneur feodal, pour s'acquitter du service ou de la redevance fonciere d'icelui, les hypotecques anterieures par lui constituées ne sont point effacées.

11. Que commise du fief pour felonnie est aussi volontaire.

Et le texte du Livre des fiefs cy-dessus allegué ne nuit point, parce que les fiefs des Lombards n'étoient pas perpetuels comme les nôtres, ce n'étoient que simples usufruits : & même ils ne pouvoient estre alienez en façon quelconque, ny par consequent hipothecquez, sinon entant que le fief demeuroit au vassal ; de sorte qu'en quelque façon qu'ils retournassent au Seigneur, les hipotecques estoient éteintes, comme il est traité amplement en ce titre des fiefs, *De jure quod in feudo vassallus habet* : de même qu'en quelque façon qu'un usufruit soit fini, les hypotecques constituées sur icelui sont aneanties : & *quemadmodum statu libero pignori dato, conditione existente, pignus vanescit. l. Grege. §. 1. De pignor.* Mais en France nos fiefs sont perpetuels & patrimoniaux, c'est à dire reduites à la façon de l'autre patrimoine, & des heritages appartenans de plein droit aux detenteurs ; & par ainsi ils peuvent estre alienez & hypothecquez en toutes façons qu'il plaist au proprietaire. D'où il s'ensuit qu'il ne se faut arrester aux anciens Praticiens de France qui ont voulu garder un peu trop de scrupule, la Decision du Livre des Fiefs, ne prenans pas garde à cette difference.

12. Réponse au §. Est a tem. tit. jure quod in feud. vass. habet, in li feud.

Pareillement il ne faut pas tirer à consequence les Coustumes qui ont decidé le contraire, parce qu'elles procedent de cét ancien erreur. Aussi la nouvelle Coustume de Normandie reformée en l'an 1586. decide tout au contraire en l'article 201. *se fief retourne au Seigneur, à la charge tant des rentes foncieres & hypothecques, que même des debtes mobiles deües par le vassal, discussion prealablement faite de ses meubles.*

13. Réponse aux Coust. qui portent le contraire.

Nec obstat, que quand le Seigneur tient le fief saisi à faute d'homme, il ne reconnoît les hipothecques ny les servitudes & autres charges imposées par son vassal ; ny pareillement quand il joüit de l'année du fief pour le relief, parce que telle reünion (outre qu'elle est temporelle, & partant ne fait pas grand préjudice aux creanciers) procede de la propre nature du fief, qui est fini si-tost qu'il n'y a point d'homme en foi ; tout ainsi que le bail à longues années finit, quand son temps est expiré. Aussi que cette reünion ressemble à la commise de l'emphyteose pour cessation du payement: car comme le creancier peut offrir le paiement pour éviter la commise, aussi peut il faire la foi, au refus du vassal, pour obtenir main-levée du fief, comme nôtre Coustume decide en l'article 34.

14. Pourquoi le Seigneur joüissant du fief saisi, ne reconnoit les hypotecques.

Finalement, il ne faut point que le Seigneur de la rente se plaigne, si apres le deguerpissement on lui fait reconnoître les servitudes & hypotecques : car pour les servitudes & autres charges foncieres, il a esté dit cy-dessus, que s'il ne veut accepter l'heritage deguer-

15. Qu'apres deguerpissement les hypotecques ne portent.

Du déguerpissement. Liv. VI.

dómage au Seigneur rentier.

py, il doit être promptement remboursé en argent de ce qu'il vaut de moins à cause d'icelles. Et pour le regard des hypotheques, il ne peut faire aucune perte : parce qu'en faisant decreter l'heritage, il devancera toûjours toutes les hypotheques posterieures à sa rente, à la charge de laquelle l'heritage sera adjugé. Mesme si sans penser aux hypotheques, il a accepté l'heritage deguerpy, lorsque les creanciers hypothequaires viendront à l'en poursuivre, il pourra luy-mesme delaisser derechef l'heritage pour ses hypotheques, & sur le decret il sera toûjours preferé pour sa rente.

16. Qui doit porter les frais du decret, quand l'heritage ne vaut pas mieux que la rente fonciere.

Toutefois il y a un poinct auquel il pourra demeurer endommagé ; c'est à l'occasion des frais du decret qui toûjours diminueront le prix de l'heritage, parce qu'ils sont les premiers pris sur le decret, mesme auparavant les charges foncieres : car l'Ordonnance des criées art. 12. le met en ordre devant les frais du decret, que les Droicts Seigneuriaux, & par aprés les charges reéelles & foncieres. Qui est un inconvenient qui se trouve encore sans remede en nostre Droict François. Pour moy je penserois qu'en ce cas, si le Seigneur offroit aux creanciers posterieurs de leur remettre l'heritage, & de les subroger en son lieu, à la charge de luy payer sa rente, il y seroit bien recevable, pour les empêcher de faire un decret qui absorberoit une partie du prix de l'heritage. Et si le creancier refusoit cette offre ; dont il ne luy peut arriver aucune surprise, il me semble que le Seigneur de la rente devroit estre déchargé de l'hypotheque ; dautant que par ce refus le creancier donne assez à connoistre que l'heritage ne vaut pas mieux que la rente fonciere, pour laquelle il a esté deguerpy, & pour laquelle luy-mesme ne le veut pas reprendre : de sorte que *nulla est hyperocha*, il n'y a point de par-dessus, sur lequel son hipotheque puisse actuellement subsister.

17. Si le deguerpissement importe garantie.

Mais la question est grande : si le Seigneur qui aprés avoir accepté l'heritage deguerpy, a mieux aimé payer les creanciers hypothequaires, que leur remettre l'heritage, ou le laisser decreter, aura son recours contre celui qui a deguerpy, pour estre remboursé de ce qu'il aura paié aux creanciers : qui est en effet demander si le deguerpissement importe garantie, comme fait la vente, & toute autre alienation, encore qu'elle n'y soit pas expressément promise, *l. Non dubitatur. C. de evict.* je ne m'amuseray point à raporter les raisons de part & d'autre, afin d'achever plûtost ce chapitre, & je resous en un mot, qu'il n'y échet point de garantie : d'autant qu'il a esté dit ci-dessus, que le deguerpissement n'est pas une dation *in solutum*, ni une dedition noxale, ou autre alienation, où il puisse écheoir en garantie ; mais qu'il emporte seulement un quittement de tout le droit que celui qui deguerpit avoit en la chose, en quoi il ne faut aucune garantie, non plus qu'en la dedition de l'esclave qui se fait avant contestation, *l. Non solum. D. de nox. act.* Aussi le Seigneur ne peut rien perdre à l'occasion de ces hipotheques, comme il vient d'estre dit, d'autant qu'au decret de l'heritage qui en pourra estre poursuivi par les creanciers, il sera toûjours adjugé à la charge de sa rente.

Il est bien vrai que pour une autre consideration, le Seigneur estant poursuivi pour les hipotheques, a recours contre celui qui les a creées, & qui est tenu personnellement des debtes : parce que cela est general en tous les tiers detenteurs convenus hipothequairement pour les debtes d'autrui ; soit au moien de l'action recursoire, qui a lieu contre le vrai debiteur, expliqué au huictiéme chap. du second Livre : soit en vertu de la cession des droicts du creancier, que peut prendre le Seigneur, aprés avoir acquité la debte. Je dis notamment, contre celui qui a creé l'hipotheque : car si celui qui a deguerpy, ne l'avoit pas constituée ; mais que ce fust quelque detenteur, il n'en seroit nullement tenu ; mais il faudroit que le Seigneur intentast son action recursoire directement contre le vrai debiteur.

18. Quel recours a le Seig. pour raison des hypotheques, aprés avoir accepté l'heritage deguerpi.

CHAPITRE IV.

Si les servitudes, charges foncieres & hypotheques que celuy qui déguerpit, avoit sur l'heritage auparavant son acquisition, renaissent aprés le deguerpissement.

1. Proposition de la question traitée en ce chapitre.
2. Que les servitudes & hypotheques demeurent confuses aprés que l'heritage est ôté à l'acquereur.
3. Au contraire, qu'elles reviennent alors en leur premiere force.
4. Distinction de Balde sur cette question.
5. Autre distinction, si la resolution du contract a un effet retroactif, ou non.
6. Autre distinction, si la resolution est volontaire, ou necessaire.
7. Qu'aprés le deguerpissement les hypotheques & servitudes revivent.
8. Qu'elles revivent aussi aprés le delaissement par hypotheque.
9. Resolution, qu'en toutes évictions & rescisions de contract, les hipotheques revivent.
10. Réponses aux raisons contraires.
11. Réponse à la Loy, Si tibi fundi. D. *Quemadm. usufr. amitt.*
12. Réponse à la loy, Heredem. D. *de his quib. ut indignis.*
13. Ampliation de cette resolution.
14. Si les debtes pour lesquelles l'heritage a esté baillé en payement, revivent aprés le deguerpissement.
15. Effets de la dation in solutum.
16. Cas notable, auquel les hypotheques demeurent confuses aprés le deguerpissement.
17. Que tant que l'acquereur tient l'heritage, ses hypotheques ne se prescrivent point.

1. Proposition de la question traitée en ce chapitre.

Voilà ce qu'il faut tenir touchant les servitudes, charges foncieres & hypotheques constituées par celuy qui deguerpit, il faut maintenant parler de celles que luy mesme avoit sur l'heritage, & qui par son acquisition avoient esté confuses & éteintes ; Et sçavoir si aprés son déguerpissement elles revivent & renaissent aprés à son profit. Par exemple, supposons que ma terre de la Noüé doit cent livres de rente fonciere, & qu'avant que je l'eusse acquise, elle me devoit dix livres de rente fonciere de nouvelle charge, & outre que j'avois hypotheque sur icelle pour 50. liv. de rente constituées, & finalement que j'avois quelque servitude sur icelle ; il est certain que par le moyen de l'acquisition que j'ay fait de cette terre, ma rente de dix liv. est confuse, mon hipotheque est amortie, & ma servitude éteinte. Aujourd'hui je deguerpis cette terre au Seig. à qui est deuë la rente fonciere de cent livres : sçavoir si maintenant je puis pretendre sur icelle ma rente de dix livres, mon hypotheque pour les cinquante livres de rente constituée, & la servitude que j'avois anciennement sur icelle. Cette question est tres-belle & difficile, & la faut disputer en poinct de droict.

La Loi dit, que *Servitutes confunduntur, si idem utriusque prædii dominus esse cœperit, l. 1. D. Quemadm. servit. amit.* de mesme l'hipotheque est confuse, si croist que le creancier acquiert l'heritage hipothequé, *l. Aliena, in fi. D. de pign. act. quia res nostra nec servitus*

1. Que les servitudes & hypotheques demeurent confuses aprés

IV. Des effets

que l'heritage est osté à l'acquereur.

que l'heritée *pignus esse potest.* Or depuis que les servitudes & les hipotheques, sont une fois confuses & éteintes, elles ne peuvent plus jamais renaistre ni resusciter ; parce que comme les Philosophes disent, *à privatione ad habitum non datur regressus* : Aussi on dit en Droict, que *servitus semel extincta nunquam reviviscit.* Ce qui est decidé en un cas fort étrange en la Loi *Si tibi. D. Quib. modis usufr. amitt. Si tibi fundi usufructus purè, proprietas autem sub conditione Titio legata sit : & pendente conditione dominium proprietatis acquisieris, deinde conditio extiterit, pleno jure fundum Titius habebit. Neque interest quod detracto usufructu, proprietas legata sit : tu enim dum proprietatem acquisivisti, jus omne usufructus amisisti.*

3. Au contraire, qu'il les reviennent alors en leur premiere sorte.

Le contraire est formellement decidé en la Loi *Dominus, D. de usufr. Dominus fructuarii prædium, quod ei per usumfructum serviebat, legavit ; id prædium aliquandiu possessum legatarius restituere filio, qui causam inofficiosi testamenti viceret, coactus est : manisse usufructus jus integrum ex post facto apparuit.* De mesme en la Loi *Si maritus. C. de inof. test.* Il est dit que l'heritier évincé *per querelam inofficiosi,* de l'heredité qu'il avoit long-temps possedée, reprend tout ce qui luy estoit deû par le testateur, sans qu'on puisse pretendre que ses debtes soient confuses par l'adition de l'heredité. Et tout au contraire la Loi *Heredem, D. de his quibus ut indignis, &c.* decide que l'heritier évincé par le Syllanian, n'est point remis en ses debtes & actions ; mais qu'elles demeurent confuses au moien de l'acceptation de l'heredité Il y a encore tant d'autres Loix au Droict qui semblent estre contraires en ce poinct ici, qu'il seroit trop long de les vouloir toutes rapporter.

4. Distinction de Balde sur cette question.

Balde pour accorder ces Loix, distingue si la resolution se fait par voye de rescision ; c'est à dire de retranchement & abolition du droict de l'acquereur ; & lors que la cause de la confusion cessant, qui est l'acquisition, l'effet aussi en doit cesser : Au contraire, si la resolution se fait par une translation du droict de l'acquereur en celuy auquel il rend l'heritage, puisque son droict n'est point aboly ; mais transferé à un autre, la confusion demeure. Mais cette distinction ne convient pas à la Loy *Si tibi fundi,* ny à la Loy *Heredem,* où il y a rescision, & neantmoins les hypotheques demeurent confuses. Aussi que si elle estoit vraye, il faudroit conclure que l'acheteur évincé de l'heritage par retraict lignager, ne recouvreroit pas ses hypotheques : parce que chacun s'est d'accord que le retraict lignager se fait par une translation du droict de l'acquereur, & non par une resolution d'iceluy.

5. Autre distinction, si la resolution du contract a un effet retroactif, ou non.

D'autres distinguent en ce cas sur cette Loy *Si tibi,* si la resolution a un effet retroactif, pour annuller du tout l'acquisition, & alors, *quia quod nullum est, nullum producit effectum,* ils disent que la confusion cesse, *ut in d. l. Dominus. & l. Si maritus* ; mais si la resolution a lieu seulement comme dés à present, que les servitudes & hypotheques une fois éteintes, ne reviennent plus, *ut in d. l. Si tibi.* Mais cette distinction se renverse par la Loy *Debitor. Ad Trebell.* où il est dit que l'heritier institué rendant la succession après certain temps au substitué, reprend les hypotheques. De mesme en la Loy *Cum filius. § Dominus, de leg. 2.* il est dit que l'heritier rendant l'heritage à celuy auquel il avoit esté legué sous condition, ne perd point les servitudes qu'il avoit sur iceluy, reservé l'usufruit, qui fait partie de l'heritage.

6. Autre distinction, si la resolution est volontaire ou necessaire.

D'autres encore, n'entendans pas bien la distinction traitée au chapitre precedent touchant les hypotheques constituées par l'acheteur, disent que si la resolution est volontaire ; c'est à dire si elle dépend du fait ou de la volonté de l'acquereur, les hypotheques demeurent éteintes ; mais que si elle est necessaire il recouvre ses hipotheques, & par cette distinction ils pensent se sauver de cette Loi *Si tibi fundi,* parce qu'en l'espece d'icelle, l'usufruitier avoit acquis de son propre mouvement la proprieté qu'il sçavoit estre leguée à un tiers sous condition. Neanmoins cette distinction ne peut servir ; pour ce qu'il est vray de dire qu'en cette espece la resolution ne dependoit point de la volonté de l'acquereur, ny de son faict ; mais du testament contenant ce legs conditionnel. Aussi qu'en la redhibition que nous avons dit estre volontaire, & en la vendition resoluë du consentement des parties, la Loi decide que les hypotheques renaissent, *l. Voluntate, in pr. & §. ult. D. Quib. modis pign. vel hyp. solvitur.*

7. Qu'après le deguerpissement les hypotheques & servitudes reviennent.

Voilà toutes les distinctions qu'ont pû imaginer ceux qui ont traité cette question. Selon toutes lesquelles si elles estoient vrayes, il faudroit dire, que celui qui a deguerpi, ne recouvre point ses hipotheques & autres Droicts qu'il avoit en l'heritage auparavant son acquisition. Et toutefois l'usage est tout notoire au contraire ; comme il est mesme decidé par exprés en l'Ordonnance de 1441. article 15. *Si les proprietaires des maisons qui avoient rentes sur icelles sont évincez desdites maisons, ils pourront poursuivre leurs rentes, depuis qu'ils auront renoncé, ou qu'elles auront esté évincées, nonobstant quelconque confusion qu'on pourroit alleguer ou objicier, & laquelle confusion nous ne voulons prejudicier à iceux proprietaires, en quelque maniere que ce soit.*

8. Qu'elles reviennent aussi après le delaissement par hypothequement que.

Pareillement que les hipotheques se recouvrent après le delaissement par hypotheque ; il est expressement decidé en cette belle Loi *Ex sextante. §. ult. D. de re judic.* où celui qui avoit acquis l'heritage par transaction, aiant esté évincé d'icelui par un jugement obtenu par un creancier hipothequaire, il est dit qu'il peut neanmoins poursuivre l'hypotheque precedente que lui-mesme avoit sur l'heritage. Voici les termes du Iurisconsulte : *In proposita quæstione illud me magis movet, non quod pignoris jus extinctum sit dominio acquisito : neque enim potest pignus perseverare domino, constituto creditore. Actio tamen pignoratitia competit ; verum est enim pignori datum, & satisfactum non esse, quare pro non obstare rei judicatæ exceptionem.*

9. Resolution qu'en toutes évictions & resolutions de contracts les hypotheques reviennent.

Pour donc resoudre en un mot la question generale, sçavoir si après l'acquisition resoluë, quelle qu'elle soit, les hypotheques & servitudes confuses par le moien d'icelle, demeurent éteintes ou non, puisque toutes les Distinctions des Interpretes de Droict ont esté refutées ; je dis qu'il faut tenir absolument & indistinctement que toûjours aprés la resolution de l'acquisition, les hypotheques & servitudes revivent, soit en matiere du deguerpissement, ou delaissement par hypotheque, soit en matiere de retraict, ou feodal, ou lignager, ou conventionnel ; soit en la donation revoquée *per supervenientiam liberorum,* soit en la recision pour lesion d'outre-moitié de juste prix, soit en la restitution en entier, soit en l'action revocatoire, soit finalement en quelque éviction ou resolution que ce soit.

10. Réponse aux raisons contraires.

Car ce qu'on dit, que *rei nostræ pignus vel servitus esse non potest,* cela s'entend *quandiu & quatenus nostra est ; sed quatenus nostra non est vel aliena fieri potest, nihil vetat quin eo respectu pignus vel servitus permaneant.* C'est pourquoy on voit ordinairement qu'és choses que nous acheptons, nous y stipulons hypotheque, afin que si nous sommes évincez de la proprieté d'icelles, nous y aions toûjours hypotheques, comme Bart. conseille sur la Loy *Si fundus, §. Hactenus, D. re jud.* Bref, que l'acquisition n'estant pas incommutable & irrevocable. l'hipotheque n'est pas aussi absolument & irrevocablement éteinte, comme il se colligé fort bien de ce §. dernier de la Loy penultieme. *D. de excep. rei jud.* Et ne faut point philosopher, disant que *à privatione ad habitum non est regressus,* & que *servitus confusa nunquam reviviscit.* Car cela est vrai, quand la privation est entiere & absoluë, & quand la servitude est entierement éteinte ; mais comme celui qui a une taye en l'œil, recouvre la veuë, quand la taye est ostée, aussi

Du déguerpissement. Liv. VI.

qui ne pouvoit user de la servitude pour estre Seigneur de l'heritage, peut bien recouvrer la servitude, quand l'heritage lui est ôté. Outre que l'équité nous porte quasi necessairement à cette decision : Car pourquoi l'acheteur d'un heritage perdra-il les hipotheques & servitudes, après que l'heritage lui aura esté ôté par retraict, ou qu'il en aura esté évincé par les precedents creanciers, ou qu'il en aura déguerpi pour les rentes foncieres : pourquoi le donataire perdra-t'il ses hypotheques, après que la donation aura esté revoquée par survenance des enfans ? Et ainsi des autres cas.

11. Réponse à la Loy, Si tibi fundi, D. Quemad: usufruct. amitt. Mais ce qui a embroüillé & rendu difficile cette question, a esté cette seule Loy, *Si tibi fundi, D. Quemad. usufruct. amitt.* que du Molin sur l'article 13. de la Coûtume, glose 5. a bien osé dire absolument estre inique ; & que si on estoit interrogé sur la mesme espece d'icelle, il faudroit répondre tout le contraire. Et il dit vrai pour ce qui est de l'équité ; mais eu égard au poinct & à la suite du Droict Romain, le Jurisconsulte ne pouvoit répondre autrement : car cette Loi parle de l'usufruit, qui selon les Loix Romaines est un droict si fresle & si aisé à refondre & aneantir, que rien plus, comme j'ay déja dit au 4. Livre. Ce droict se perd *quacumque rei mutatione*, comme si d'une terre labourable on en fait une vigne, ou d'une vigne un pré : de sorte que *adibus dirutis, nec aere issius usufr. debetur, &c. contra l. Repeti. §. rei mutatione. D. Quib. mod. usufr. amitt.* Ce qui n'est pas aux hipotheques. *l. Paulus, §. domus. D. de pign.* Donc il ne se faut pas estonner ; puis-lors que l'usufruitier a acquis la proprieté, l'usufruit est éteint & amorti tout à fait, encore que la proprieté soit seulement acquise pour un temps & commutablement. Ce qui n'est és autres servitudes, non plus qu'és hypotheques : ainsi qu'il semble bien decidé en §. *dominus*, de la Loy *Cum filius*, *De leg.* 2. *Dominus herede fructuario scripto, fundum sub conditione legavit, ratio non patitur, ut heres usufructus emolumentum retineat. Diversum in cateris servitutibus, quas heres habuit, responsum est.*

12. Réponse à la Loy, Haeredem, D. de his quib. ut in: dignis. Et quant à la Loi *Haeredem. D. de his quibus ut indig. &c.* la réponse y est aisé : à sçavoir que c'est une peine ordonnée & imposée par la Loi à l'heritier ingrat, qui n'a pas vengé la mort du defunt, comme il est dit au même cas en la loy *Propter veneni. §. nepris. D. Ad Sylanum, Dolus heredis punitur est* ; & partant il ne faut pas tirer cette Loi en consequence.

13. Ampliation de cette resolution. Concluons que celui qui a déguerpi ou delaissé l'heritage par hipotheque, rentre en ses anciens droicts de servitudes, hipotheques, & charges foncieres. En quoi il ne faut point distinguer, si ces droicts estoient plus anciens, ou s'ils estoient posterieurs à la rente, pour laquelle le delaissement a esté fait : car bien qu'il y ait plus grande raison aux droicts precedents (parce que le Seigneur de la rente ne peut pas refuser de reconnoistre les droicts dont l'heritage estoit déja chargé, lorsqu'il l'a baillé à rente) que ceux dont depuis il a esté chargé : neantmoins puisqu'après le déguerpissement les hipotheques & autres charges réelles imposées sur l'heritage, par celui même qui déguerpit, demeurent en leur force & vertu, comme il a esté prouvé au chapitre precedent, & que d'ailleurs il vient d'estre dit que la confusion n'a plus d'effet après le déguerpissement : il faut tenir que même les hipotheques posterieures sont reprises par celui qui a déguerpi.

14. Si les debtes pour lesquelles l'heritage a esté baillé en paiement sont reprises après le déguerpissement. Mais voici une difficulté plus obscure & plus embroüillée : si l'heritage avoit expressément esté baillé en paiement d'une debte, pour laquelle il estoit hipothequé, l'hypotheque confuse & amortie par la dation *in solutum*, reprendra-elle sa force après le déguerpissement ? Car il est bien vrai que la simple confusion de l'hipotheque, qui naist à cause de toute acquisition de l'heritage, n'a lieu & effet que tant que l'acquisition dure, & n'est point revoquée, & si l'obligation & la debte ne laisse cependant de subsister : mais le payement ou dation *in solutum*, efface & abolit entierement l'obligation : *solutione ejus quod debetur, tollitur omnis obligatio*, & consequemment l'hypotheque qui est l'accessoire de l'obligation. Et il semble que la dation *in solutum* contient deux choses ensemble : à sçavoir le paiement de la debte, & la vente de l'heritage. Car c'est tout de mesme que si le debiteur vendoit son heritage à deniers comptans, & qu'il baillât bar après les mêmes deniers à son creancier pour paier la debte.

15. Effets de la dation in solutum. Neantmoins la verité est, & nous le voyons pratiquer tous les jours, que celui qui prend de son debiteur quelque heritage en paiement, lequel ensuite il est contraint de deguerpir, rentre en ses anciennes hipotheques : car cela est de particulier en *datione in solutum*, qui n'est pas au paiement fait à deniers comptans, ou même en la vendition pure & simple : que si la chose baillée en payement n'est tellement transferée à l'acquereur, qu'elle ne lui puisse estre ôtée, la debte n'est point acquittée, ni le debiteur liberé. *Si rem meam qua pignoris nomine alteri obligata est, tibi solvam, non liberabor, quia vocari tibi res potest. l. Si rem. D. de solut. Rerum enim solutio non potest nisi ex eventu liberare, quo casu certum evit remanere eas. l. Qui res. eod. tit.* Et une autre Loy dit expressément ; *Si praedium quod tibi pro soluto datum est, aliis creditoribus fuerit obligatum, causa pignoris minuta non est. l. 4. C. de evict.*

16. Cas notable, auquel les hypotheques demeurent confuses après le déguerpissement. Toutefois en ce même cas, si le déguerpissement étoit fait pour une rente, laquelle l'acquereur auroit esté chargé de payer par son contract d'acquest, parce qu'alors il n'y auroit nulle eviction & avocation forcée de l'heritage qui revoquât la diction *in solutum* : je dis que les hipotheques, en paiement desquelles l'heritage a esté pris expressément, ne resuscitent point après le déguerpissement, tout ainsi qu'en ce cas, si l'acquereur avoit baillé argent contant pour l'heritage, il ne le retireroit point de son vendeur, après avoir déguerpi pour une rente, à laquelle il s'estoit soûmis. Ce qui est à observer.

17. Que tant que l'acquereur tient l'heritage, ses hypotheques ne se prescrivent point. Bref pour la fin de ce chapitre, il faut aussi remarquer que pendant le temps que l'acquereur tient l'heritage à lui hipothequé avec son acquisition, ses droits & hipotheques ne se prescrivent point par quelque laps de temps que ce soit, en sorte que venant à déguerpir, il en puisse estre exclus par la prescription, tant parce qu'il n'eust pas pû intenter action contre soi-même pour raison d'icelles, que parce que cependant nul n'a posedé l'heritage, & partant nul n'a prescrit : *quia non valenti agere, & sine possess. non currit prescriptio.* Ce qui est decidé en droict pour les choses subjetes à restitution, en la loi derniere, §. *sin autem. C. comm. de legatis & fideicomm.*

CHAPITRE V.

Quels lots, ventes & profits Seigneuriaux sont deubs après le déguerpissement.

1. Si le tiers acquereur est tenu après le déguerpissement de payer les droicts Seigneuriaux de son acquisition.
2. Opinion & distinction d'Alciat en telles questions.
3. Distinction de du Molin qu'il faut tenir.
4. Qu'il n'y a nulle difference entre la Gabelle deuë au Fisque, & les droicts Seigneuriaux, contre du Molin.

5. Intelligence de la Loy Debet, De Ædil. edict.
6. Quid, si ces droicts n'ont point encore esté payez.
7. Opinion de du Molin & d'Argentré.
8. Resolution au contraire, qu'il les faut payer indistinctement.
9. Que cette resolution se colligé du 79. article de nostre Coustume.
10. Si és heritages feodaux il est deu nouveaux droicts à cause du deguerpissement.
11. Qu'il n'est deu aucun relief, quand le Seigneur de la rente accepte le fief déguerpy.
12. S'il ors il y a ouverture de fief, & s'il faut reiterer la foy.
13. S'il est deu relief, quand le fief est accepté par l'heritier collateral du bailleur, ou par l'acquereur de la rente.
14. Que quand le fief deguerpy est regy par un curateur, il

y a deslors ouverture du fief.
15. Que le curateur doit & peut payer la foy au Seigneur feodal.
16. Qu'outre la foy il faut luy bailler homme vivant & mourant, & pourquoy?
17. Si le curateur au fief deguerpy, doit relief de son chef.
18. Resolution contre l'opinion commune qu'il ne doit point de relief.
19. Si aprés l'adjudication par decret de l'heritage deguerpy, il est deu nouveaux droicts au Seigneur.
20. Source & ampliation de l'article 79. de nostre Coustume.
21. Raison de cet article.
22. Que cet article n'a lieu au deguerpissement du preneur, ou de l'acquereur à la charge de la vente.
23. Qu'il a lieu en tout delaissement par hypotheque.

1. Si le tiers acquereur est tenu a-prés le deguerpissement de payer les droicts Seigneuriaux de son acquisition.

DE ce qui a esté dit depuis le commencement de ce Livre, il est aucunement aisé à inferer quels profits sont deus au Seigneur aprés le deguerpissement; toutesfois il s'y peut presenter plusieurs difficultez qu'il faut éclaircir. En premier lieu on peut douter, si l'acquereur qui a esté contraint de deguerpir l'heritage pour rentes ou hypotheques, dont il n'avoit connoissance lors de son acquisition, peut pretendre estre quitte des lods & ventes deûs à cause d'icelle : car de celui qui deguerpit pour une rente fonciere à la charge de laquelle il avoit acquis l'heritage, il n'y a nul doute qu'il ne doive toujours les lods & ventes de son acquisition, parce que son contract n'a eu & a effet, lui n'estant point evincé de l'heritage contre sa volonté.

2. Opinion & distinction d'Alciat és celles questions.

Alciat traittant la question proposée sur la Loi Cepisse, D. de verb. sign. qui porte, Cepisse quis intelligitur, quamvis aliis acquisiverit, écrit en cette sorte : Hinc decidi potest quæstio, si ex venditione vectigal debeatur, si venditio resoluta sit, an solvi debeat. Et ext at Abbatis responsum, non debere, quoniam non videtur receptum quod receptum non durat : quod utique verum est, cùm emeriti jus extinctum est : alioqui si non extinctum, sed translatum propagnatur, ex hac lege receptum videtur. Or il a esté dit au premier chapitre de ce Livre que par le deguerpissement le droict de l'acheteur est resolu, & non pas transferé, de sorte que selon cette distinction, il s'en suivroit que celui qui deguerpit, s'acquitte des ventes de son acquisition.

3. Distinction de du Molin qu'il faut tenir.

Mais il est vrai que la distinction d'Alciat n'est pas certaine, mais il faut tenir celle de du Molin, que si la resolution du contract de vente a un effet retroactif, pour annuller le contract dés son commencement, alors ex contractu nullo nulla debentur laudimia, imò soluta repeti sunt, comme il sera tantost prouvé. Mais si la resolution n'a effet que pour le temps à venir, soit qu'elle se fasse par rescision ou par translation, alors il ne laisse d'estre deu des ventes, posé que le contract ait eu effet quelque espace de temps.

4. Qu'il n'y a nulle difference entre la Gabelle deuë au Fisque, & les droicts Seigneuriaux, contre du Molin.

Toutesfois on oppose au contraire la Loi debet, De Ædil. edicto, où il semble decidé qu'il ne laisse d'estre deu ventes aprés la redhibition, qui neantmoins a un effet retroactif : Si quid vectigalis nomine datum est, quod emptorem sequeretur, hoc quoque à venditore restituendum est. Indemnis enim emptor abire debet. d'où Balde a colligé que Fiscus secuta redhibitione non restituit gabellam. Ce que du Molin avoüe entierement : mais il dit qu'il y a difference entre les peages deûs au Fisque, & les droicts Seigneuriaux ; quia gabella, dit-il, debetur ex simplici actu venditionis, seu jura dominica respiciunt mutationem proprietarii & translationem dominii. Qui est une solution assez plausible, principalement pour les monopoleurs, & pour les fiscaux, qui tiennent en France une pernicieuse regle, que le fisque ne rend rien. Mais je ne sçay comment on pourroit confirmer cette proposition de du Molin en poinct de Droict, que ex actu venditionis, licèt invalido, gabella debeatur, veu la regle generale qu'il tient & confirme luy-mesme, que ex contractu nullo nulla laudimia debentur, tiré de la Loy 2. Cod. de Eunuchis, qui parle de la Gabelle deuë au fisque de la vente.

5. Intelligence de la Loy Debet, De Ædil. edict.

C'est pourquoi j'aimerois mieux entendre cette Loi Debet, selon ses termes, qu'aprés la redhibition le vendeur est bien tenu de rendre à l'acheteur l'impost par lui paié au fisque, parce qu'il est tenu de l'indemniser, dit la Loy ; mais ce n'est pas dire qu'il ne le puisse bien redemander au Fermier du fisque : ou mesme que le vendeur l'en aiant remboursé, ne le puisse repeter. Toutesfois il faut observer que ce Fermier ou le Seigneur direct (car j'entends que l'un n'a point plus de privilege que l'autre) n'est point tenu de rendre solidairement les droits qu'il a receus, mais seulement quatenus locupletior factus est. Car cette reparation se fait per condictionem indebiti, qui n'a effet, nisi quatenus reus locupletior factus est. l. Si non sortem. §. libertus. & l. In summa. §. in frumenti, D. de condict. indeb. C'est pourquoi au cas de cette Loy Debet, l'acheteur a un notable interest d'avoir repetition sur son vendeur.

6. Quid, si ces droicts n'ont point encore esté payez.

Encore reste-il un doute de cette distinction. Car si les ventes n'ont point esté payées, & qu'on les demande aprés le deguerpissement, lorsque le contract est resolu, & consequemment tout l'effet & l'action qu'il pourroit produire : il semble que le Seigneur n'y soit plus recevable, attendu mesme que certat de lucro, & que de la part de l'acquereur il y va d'une double perte, à sçavoir du prix de son acquisition, & encore des lots & ventes.

7. Opinion de du Molin & d'Argentré.

Sur cette difficulté, du Molin sur l'article 22. de la Coustume question 17. fait une subdistinction, que le recours qu'a celui qui a deguerpy, contre son vendeur, est bon & asseuré, c'est à dire, si son vendeur est solvable, alors rien ne l'empesche qu'il ne paye ses ventes au Seigneur, auquel veritablement elles sont deuës : mais que si ce recours est inutil, alors par une consideration d'équité il en doit estre absous. Encore le docte Argentré sur la Coustume de Bretagne, titre des Droits Seigneuriaux, article 12. passe bien plus outre, & dit qu'indistinctement quand l'acheteur est evincé par les creanciers hipothequaires, il n'est point deu de ventes au Seigneur.

8. Resolution au contraire, qu'il les faut payer indistinctement.

Quant à moi, nonobstant l'authorité de ces grands personnages, je ne me puis éloigner de la regle, je croi que l'acheteur aprés son deguerpissement est tenu indistinctement de paier les droicts de son acquisition. Car encore qu'elle soit resoluë pour l'avenir, si est-ce que dés l'instant qu'elle a eu son effet, & que l'acquereur a esté fait maistre de l'heritage, les lods & ventes ont esté déslors irrevocablement acquises au Seigneur direct, & partant il ne les a pu perdre sans son faict : joint que l'action qu'a le Seigneur pour raison de ses droicts, ne dépend point de la suffisance ou insuffisance du vendeur. A la verité c'est chose dure, que l'acheteur, outre son prix, perde encore les lods & ventes ; mais c'est la faute d'avoir acheté d'un Banqueroutier. Aussi la distinction de du Molin, outre qu'elle n'est fondée sur au-

Du déguerpissement. Liv. V.

cune raison de Droict, ne peut pas encore estre aisément reduite en usage : car si toutes fois & quantes que le Seigneur demandera ses lods, & ventes, il falloit informer de la suffisance ou insuffisance du vendeur ce ne seroit jamais fait.

9. Que cette resolution se collige de 79. art. de nôtre Coûtume.

De fait nôtre Coûtume decidant cette question en l'article 79. ne dit pas, qu'après le déguerpissement le Seigneur censier soit exclus de demander ses lods & ventes : mais elle dit, que l'acheteur les recouvre sur le decret de l'heritage qui se fait par après pourvoyant par ce moyen à l'acquereur d'un expedient beaucoup plus équitable & plus commode, que celuy de du Molin. Et parce qu'il peut arriver que l'heritage ne sera pas tant vendu au decret qu'en la premiere vente, la Coûtume donne le choix au Seigneur, des ventes ou de l'acquisition premiere, ou du decret. D'où il s'ensuit que si le Seigneur veut, il peut toûjours demander les ventes de cette premiere acquisition après le déguerpissement ; & au cas qu'il les ait receuës, si celles du decret se montent davantage, il pourra demander le surplus, puisque la Coûtume luy en donne le choix : qui n'est point consommé par l'élection des premieres ventes, parce que la Coûtume presuppose qu'il les ait receuës en un temps, auquel il ne pouvoit pas deviner, si l'heritage seroit déguerpy & revendu par decret.

Ce qui sert pour decider une autre difficulté plus grande, laquelle il faut éclaircir : sçavoir s'il est *10. Si és heritages feodaux, il est deu nouveaux droits seigneuriaux à cause du déguerpissement.* deu au Seigneur direct, soit feodal, soit censier, nouveaux droicts seigneuriaux à cause du déguerpissement. Il faut, à mon avis, distinguer si après le déguerpissement le Seigneur a accepté l'heritage, ou s'il l'a laissé és mains d'un curateur, pour estre passé par decret. Au premier cas, il est certain que pour les heritages censuels il n'est point deü de lods & ventes, parce qu'il n'y a point de bourse déliée, mais la difficulté est aux heritages feodaux, si le Seigneur de la rente fonciere doit relief au Seigneur feodal pour l'acceptation de l'heritage déguerpy, veu qu'il est vrai qu'il change actuellement de main, & qu'en toutes mutations il est deû relief, fors en celles qui écheent en ligne directe.

11. Qu'il n'est dû aucun relief, quand le Seigneur de la rente accepte le fief déguerpy.

Neantmoins il est veritable qu'il n'est deû aucun relief : car le déguerpissement (comme il a esté dit, au 1. chapitre) n'opere pas une translation de la propriété de l'heritage, mais une extinction & resolution du Droict de celuy qui déguerpit. Et quand le Seigneur de la rente fait proprietaire de l'heritage, quand il le veut accepter, ce n'est pas que le droict du rentier luy soit transferé ; mais c'est parce que le bail à rente estant terminé & resolu par le déguerpissement, il rentre *ipso jure* en son ancienne proprieté de l'heritage ; tout ainsi que le donateur après la donation revoquée *ex causa ingratitudinis, vel ob supervenientiam liberorum*, n'est pas tenu, rentrant en son heritage, de payer aucun relief, parce qu'il revient seulement en son ancien droict, ainsi que du Molin remarque sur cet article 22. quest. 13. & 14.

12. Si lors qu'il y a ouverture du fief, & s'il faut reïterer la foy.

Mais on demande, en ce mesme cas, si du moins il y a ouverture du fief par le déguerpissement, en sorte que dès-lors il puisse estre saisi à faute d'homme. J'ay supposé que le Seigneur rentier, qui a accepté l'heritage, eust lui-mesme fait la foy au Seigneur feodal avant le bail à rente ; auquel cas il n'y auroit point de difficulté. Sur quoy j'estime qu'il faut distinguer, si celuy qui avoit pris l'heritage à rente estoit entré en foy, & qu'en ce cas il est deû nouvelle foy & hommage par le Seigneur qui a repris l'heritage, parce que son ancienne prestation de foy est couverte par celle du preneur : mais si jamais autre que le bailleur n'a esté entré en foy, alors qu'aprés le déguerpissement, la fidelité autrefois par luy faire, revient en sa premiere force & vertu. Toutesfois pour la difficulté de cette question, c'est toû-jours le plus seur au nouveau Seigneur de reïterer foy, pour éviter la perte des fruits.

Je veux encore demander une autre petite question. Quid, si ce n'est pas le bailleur de l'heritage qui le déguerpissement est fait ; mais un acquereur de la rente fonciere, ou un heritier collateral comme il arrive le plus ordinairement ? Il est bien certain qu'il faut renouveller la foy, mais il n'est point deû de relief à cause de la mutation du fief en la personne ; J'estime en un mot que non, parce que la mutation de la personne du bailleur ou heritier collateral est acquereur de la rente fonciere, n'est pas arrivée du temps que l'heritage leur appartenoit ; mais du temps qu'ils n'avoient sur iceluy qu'un Droict de rente ; qui n'est point sujet à relief.

13. S'il est deû relief, quand le fief est accepté par l'heritier collateral du bailleur ou par l'acquereur de la rente.

Voila pour le premier cas, quand le Seigneur accepte l'heritage déguerpy : quant au second, quand il ne le veut accepter, & qu'il est mis és mains d'un curateur à la chose déguerpie, sçavoir si auparavant qu'il soit decreté, il y a quelque ouverture de fief, ou s'il y est deû quelque profit au Seigneur feodal. Pour resoudre, il est certain que déslors que par le vray déguerpissement le detenteur du fief s'est dépoüillé de la propriété d'iceluy, si le Seigneur rentier ne l'accepte promptement, le fief est ouvert, & n'y a plus d'homme : c'est pourquoy le Seigneur feodal le peut déslors saisir à faute d'homme, & faire les fruits siens, comme dit du Molin sur ce mesme article 22. nomb. 5. *Si vassallus feudum habeat pro derelicto, statim est apertum, etiamsi maneat derelictum, & ab alio non occupetur. Et quando ab alio occupatur, non incipit aperiri ; sed incipit transferi ad novam manum. Ad hoc autem ut patronus prehendere possit, & fructus suos facere, sufficit simplex feudi apertura.* Ce qui doit estre entendu du vray Déguerpissement, & non du simple Delaissement par hypotheque, auquel cette question sera traitée cy-après dans un chapitre separé.

14. Que quand le fief est deguerpy, régy par un curateur, il est dés-lors ouverture du fief.

Donc pour éviter cette saisie, ou pour en obtenir main-levée, il faut comme dit du Molin en ce mesme lieu, que les creanciers qui y ont interest, pour éviter la perte des fruits, fassent faire la foi & hommage par le curateur à la chose déguerpie, lequel le Seigneur est tenu recevoir, comme la nouvelle Coûtume de Paris a decidé en cas semblables, article 54. & celle de Berry tit. des Subhastations, article dernier : si mieux n'aime le Seigneur donner souffrance aux creanciers, jusques à ce que le fief ait esté decreté, ainsi que du Molin a traité amplement sur le 8. article de la Coûtume.

15. Que le curateur doit & peut faire la foy au Seigneur feodal.

Mais encore y a-il une autre ceremonie necessaire en cette prestation de foi & hommage ; car le Seigneur feodal a interest d'avoir un vassal certain, par la mort duquel il puisse avoir profit du fief ; ce qui n'est pas, quand il est déguerpi & regi par un curateur, attendu que lors le fief n'est à personne ; & encore si le curateur en fasse la foi, est-ce que pourtant il n'est pas vassal, & que par sa mort il n'y a point d'ouverture au fief. C'est pourquoy afin de retirer le Seigneur hors d'interest, il faut que la permission du Juge, & du consentement des creanciers, le curateur faisant la foi & hommage, se constituë homme vivant & mourant, ou qu'il en presente quelque autre. Ce qui fut decidé par cet Arrest celebre donné sur les Plaidoyez de feu M. de Thou, depuis Premier President, & de M. de Longueval, le premier Decembre 1542. que cité du Molin sur l'article 92. de la Coûtume, nombre 98. Ce qui n'est pas requis au cas de l'article 14. de nôtre Coûtume, c'est à sçavoir quand le Commissaire establi au fief saisi, au refus du proprietaire, fait la foy & hommage au Seigneur, parce qu'en ce cas le proprietaire est vivant, par la mort duquel le Seigneur peut prendre ses droicts.

16. Qu'on fait la foy, il faut luy bailler hom-me vivant & mourant, & pourquoy.

Mais quoy ? ce curateur à l'heritage déguerpy est-il tenu de payer relief de son chef au Seigneur feo-

17. Si le curateur au

160 *Des effets*

fief déguerpy doit relief de son chef.

dal, posé qu'il n'en soit point deû d'ancien duché de celuy qui a déguerpy ; si que le Seigneur feodal puisse refuser de le recevoir en foy, s'il ne paye relief ? veu que la Coûtume dit, qu'il est deû relief en toutes mutations de vassal, fors celles qui écheent en ligne directe, & qu'il semble y avoir icy mutation, puisque le curateur entre en foy, en la place de celuy qui a déguerpy. Aussi qu'au cas de cet Arrest de du Molin, & d'un autre Arrest rapporté entre les Arrests de M. du Val, le curateur avoit toûjours offert le rachat ; joint qu'il est certain que l'homme vivant & mourant presenté par les gens de main-morte, doit rachat de son fief. De fait M. Choppin semble le resoudre ainsi sur la Coûtume d'Anjou, tome 2. Livre 2. tit. 1. & M. Bacquet au Livre des Droicts de Justice, chapitre 14. resout indistinctement que c'est le plus seur.

18. Resolution contre l'opinion commune qu'il ne doit point de relief.

Neantmoins j'estime avec du Molin, qu'il n'est point deû de relief du chef du curateur à la chose déguerpie, parce que bien qu'il y ait ouverture du fief par le delaissement de l'ancien vassal, si est ce qu'il n'y a encore aucune mutation actuelle du fief, dont encore aucun n'est fait Seigneur. Et ce que le curateur en fait la foy, ce n'est pas qu'il en soit Seigneur, ny qu'il demeure vassal ; mais seulement il est vicaire & substitué, en attendant que par la vente il ait un vassal. Or quand la Coûtume dit qu'en toutes mutations il est deû rachat, elle s'entend des mutations entieres & parfaites, *quæ sunt ex utraque parte*, comme parle du Molin, c'est à dire, quand le fief passe actuellement d'une main en une autre.

19. Si aprés l'adjudication par decret de l'heritage déguerpy, il est deû nouveaux droicts au Seigneur.

Reste la plus difficile question de cette matiere, sçavoir si aprés que l'heritage déguerpy, soit feodal ou roturier, a esté vendu par decret, il est deû nouveaux droicts au Seigneur direct. Car presupposé qu'il est aussi deû lods & ventes de la vendition necessaire, qui se fait par decret, comme de la volontaire, contre l'opinion de Bartole, *ad l. Et ideo. D. de cond. furt.* qui est celuy qui d'abord ne dise qu'il soit deû vente de ce decret ? Comme de fait du Molin l'a reconnu tasiblement sur ce mesme article 22. quest. 18. Et neantmoins la verité est, qu'il n'en est point deû, qu'entant que cette seconde vente faite par decret excede la premiere vente faite à l'acquereur qui a déguerpy ; ce que nôtre Coûtume decide également en l'article 79. cy-dessus allegué : *Si l'acheteur d'un heritage est contraint de déguerpir & delaisser l'heritage pour les debtes de son vendeur, & en ce faisant il se vend & adjuge par decret à la poursuite des creanciers, ledit acquereur succede au droict du Seigneur, pour avoir les ventes dudit decret, telles qu'eust pris ledit Seigneur ; en est au choix dudit Seigneur de les prendre, en rendant celles qu'il a receuës de l'acquisition premiere.*

20. Source & ampliation de l'article 79. de nôtre Coûtume.

Cet article est general, & a esté tiré d'un Arrest fort celebre, prononcé en Robes rouges à Noël 1565. rapporté par M. Choppin *lib. 2. de dom. tit. 5*. De sorte qu'il ne faut distinguer si le decret est fait volontairement pour purger les hypotheques, ou si par contrainte l'acquereur a déguerpy, ny pareillement si les deux ventes sont faites à diverses personnes, ou à un seul, ny mesme si le vendeur est solvable, ou s'il ne l'est pas.

La raison de cette decision est veritablement fort difficile : Car ce n'est pas assez de dire que cela se fait par une équité, & pour exempter de perte le pauvre acquereur de bonne foy, qui est privé de l'heritage, ou contraint de l'acheter deux fois. Mais parce que le decret est subrogé au lieu de la premiere acquisition, non pas comme on pense vulgairement, par une translation du droict d'icelle, mais par une subrogation d'un contract à l'autre ; de sorte qu'en effet les deux contracts ne sont comptez que pour un à l'égard du Seigneur direct, de mesme que le retrayant lignager subrogé par la Coûtume au lieu de l'acheteur. De sorte que si le retrayant se presente seulement six ou sept ans aprés l'acquisition (comme il le peut faire, si l'acquereur n'estoit ensaisiné) encore que pendant ce temps l'acheteur ait esté vray Seigneur de l'heritage, & qu'il ne soit tenu d'en rendre les fruits au lignager, sinon du jour de ses offres ; toutesfois il n'est deû qu'un relief ou lods & ventes au Seigneur, tant pour l'acquisition premiere, que pour le retraict.

21. Raison de cet article.

Or ce qui vient d'estre dit, qu'aprés le déguerpissement il n'est point deû de nouveaux droicts au Seigneur direct, doit estre seulement entendu du déguerpissement du tiers detenteur, & non de celuy du preneur, ou son heritier, ou de l'acquereur à la charge de la rente. Car le déguerpissement est purement volontaire, & ne produit nulle eviction, par le moyen de laquelle l'acquereur ait sujet de repeter ses lods & ventes, *quasi resoluto contractu ex casu inopinato*, au contraire ce déguerpissement volontaire exclud toute eviction qui pourroit naistre. Aussi la Coûtume dit notamment, *Si l'acheteur est contraint déguerpir & delaisser l'heritage pour les debtes de son vendeur.* D'où il s'ensuit que pour donner lieu à cet article, il faut que ce soit un tiers acheteur, & non le preneur à rente, & qu'il déguerpisse pour les debtes de son vendeur, & non pour la rente à laquelle il se soit soûmis ; & si il faut qu'il soit contraint de déguerpir, *saltem necessitate causativa*, c'est à dire, qu'il déguerpisse, de peur que retenant l'heritage, il ne se rende obligé à des debtes, auxquelles il ne s'est point soûmis par son acquisition.

22. Que cet article n'a lieu au déguerpissement du preneur, ou de l'acquereur à la charge de la rente.

Mais cette limitation n'a jamais lieu au delaissement par hypotheque, qui ne peut estre fait que par un tiers detenteur, non pas mesme par l'acquereur à la charge d'une rente constituée. Or celuy-là mesme auquel lors de son acquisition a esté declaré que l'heritage estoit hypothequé à une rente constituée, sans toutesfois estre chargé de la païer, peut neantmoins delaisser par aprés l'heritage par hypotheque, estant poursuivy pour cette rente ; & lors je dis qu'il doit jouir du benefice de cet article, & qu'il doit recouvrer ses rentes sur le decret de l'heritage ; parce qu'il est contraint de déguerpir *necessitate causativa*, de peur de ce qu'il ne doit pas luy-mesme ; mais il esperoit que cette debte deust estre paiée par son vendeur : ce qui soit dit ici en passant ; car le surplus de ce qui concerne les profits Seigneuriaux, qui peuvent écheoir au delaissement par hypotheque, sera expliqué ci-aprés en un chapitre separé.

23. Qu'il a lieu en tout delaissement par hypotheque.

CHAPITRE VI.

Si celuy qui déguerpit, peut retirer ses ameliorations.

1. *Que la matiere des ameliorations est difficile.*
2. *Qu'il n'est icy question des simples entretenements de l'heritage.*
3. *Ny des ameliorations dont le preneur est chargé par son bail.*
4. *Ny des augmentations avenuës autrement que par le fait du detenteur.*
5. *Ny des augmentations separables de l'heritage.*
6. *Ouverture de trois questions.*
7. *Si aprés le temps de l'emphyteose fini, l'emphyteote retire ses ameliorations.*
8. *Interpretation du §. Emptor. in l. ult. C. Com. de leg.*
9. *Qu'aprés la commise l'emphyteote ne retire ses ameliorations.*
10. *Que la Loy Colonus. D. Locati, ne doit estre estenduë*

Du déguerpissement. Liv. VI.

estenduë à l'emphyteose.
11. *Opinion de du Molin.* ἐμφύτευμα *&* ἐμφύτευμα, *quid?*
12. *Que cette opinion n'est pas vraye en poinct de droict.*
13. 14. *Question principale, si apres le déguerpissement le ventier retire ses ameliorations. Raison de l'affirmative.*
15. 16. *Raisons de la negative.*
17. 18. *Réponse aux raisons de l'affirmative.*
19. *Resolution de la question. Deux sortes de vray déguerpissement reconnuës en la Coustume de Paris.*
20. *Distinction qu'il faut tenir.*
21. *Confirmation de la premiere partie de cette distinction.*
22. 23. *Réponse aux raisons contraires.*
24. *Confirmation de l'autre partie de la distinction.*
25. *Réponses aux raisons contraires.*

1. Que la matiere des ameliorations est difficile.

CE discours n'est pas moins difficile que le precedent, mais il est beaucoup plus important; sçavoir si celui qui a déguerpi, peut repeter les ameliorations & augmentations qu'il a faites en l'heritage. Et pour l'expliquer bien exactement, il seroit quasi besoin de rapporter icy toute la matiere des impenses & ameliorations; qui n'est pas bien nettement reglée en nôtre usage, ny determinée au Droict, parce que le Droict la remet volontiers à l'arbitrage des Juges, *leg. in fund. D. de rei vend.* Toutefois pour éviter les digressions, je renvoieray le Lecteur au docte Jo. Garsias, qui depuis peu d'années a écrit tres-pertinemment, *De expensis & meliorationibus*; & je me contenterai de presupposer en peu de mots ce qu'on tient en Droict, touchant les ameliorations de l'emphiteote, ou preneur à longues années.

2. Qu'il n'est icy question des simples entretenemens de l'heritage.

Je n'entends pas parler des amendemens ordinaires, ou pour mieux dire des entretenemens de l'heritage, comme de defricher les terres, fossoier les prez, dresser des jardinages, enter & planter, & telles autres petites accommodations: car elles sont plûtost reputées avoir esté faites *fructuum causâ, & præsentis commoditatis gratiâ, quàm in perpetuum rei utilitatem*, comme distingue la Loy 3. *D. de impens. in res dot. fact.*

3. Ny des ameliorations dont le preneur est chargé par son bail.

Je ne parle point aussi des ameliorations que l'emphiteote est chargé de faire par la teneur de son bail, comme s'il est tenu de bâtir une maison ou un moulin en la place emphiteutique. Car je tiens en ce cas qu'en quelque façon que l'emphiteose se finisse, soit par l'achevement de son temps, ou par le déguerpissement, ou par la commise, il ne retire point telles ameliorations: parce que c'est la cause pourquoi l'emphiteose avoit esté faite, afin qu'estant finie, le Seigneur eust une maison ou un moulin en son heritage. Et en effet, cette charge d'ameliorer faisoit partie du contract, auquel l'emphiteote doit obeïr. *leg. Fundi partem. D. de contr. empt.* Ce qui se collige fort bien de la Loy *Dominus*. §. 1. *de la Loy Colonus, in p. D. Locati*, & le tient lassin *leg.* 1. *num.* 26. *& in l.* 2. *num.* 32. *C. de jur. emphyt.* où il en allegue assez d'autres.

4. Ny des augmentations avenuës autrement que par le fait du detenteur.

Pareillement je ne parle point des augmentations arrivées par cas fortuit, ou autrement que par l'industrie & la dépense du detenteur; comme si par succession de temps le prix de l'heritage est augmenté, ou si par allusion l'heritage est accrû, ou si par la mort d'un usufruitier l'usufruit a esté consolidé à la proprieté, & ainsi des autres: Car il est certain que l'emphiteote ne retire nullement ses augmentations, mais que directement elles accroissent à l'heritage, & non à la personne.

5. Ny des augmentations separables de l'heritage.

Bref, je ne parle point des augmentations & acquisitions qui sont separables du fonds emphiteutique, bien qu'elles y soient annexées, *ex consuetudine patrisfam. Vlp. in leg.* §. *à Titio. De leg.* 3. comme les terres adjacentes que l'emphiteote avoit acquises à part, & qu'il bailloit neanmoins parmi l'heritage emphiteutique. Car il est bien certain que ces acquisitions se retirent toûjours, toutes fois & quantes que l'emphiteose prend sa fin. *Si quid feudo à vassallo additum sit quod per se subsistere possit, id est, ut per se censeatur, ut prædium, id non accrescit feudo: si autem per se non possit subsistere, ut servitus vel ædificium, plerisque placet feudo accedere, & secut partem*

Du déguerpissement.

feudi disponendum esse. tit. De invest. de re al. factâ. §. *E contrario. In lib. feud.*

6. Ouverture de trois questions.

Mais je parle des grosses ameliorations faites par l'emphyteote ou preneur à rente sur l'heritage, outre & pardessus la nature de son contract, & qui naturellement ne peuvent estre separées de l'heritage, comme s'il a fait quelques bâtimens sur le fonds emphiteutique. Et dautant que l'emphyteose finit principalement en trois façons, à sçavoir par l'achetement de son temps, par la commise, & par le déguerpissement; il faut éclaircir si és deux premiers cas l'emphiteote peut retirer telles ameliorations, afin de comprendre plus aisément le dernier cas du déguerpissement; duquel ny les Loix, ny les Interpretes du Droict n'ont rien decidé. Car quand l'emphyteose finit par la perte entiere de l'heritage, il ne faut point disputer des ameliorations; parce que ce qui n'est plus, ne peut estre amelioré (*non entis enim nulla sunt qualitates*) & les ameliorations estant perïes avec l'heritage, la perte d'icelles tombe sur celui à qui elles appartenoient.

7. Si aprés le temps de l'emphyteose finy, l'emphiteote retire ses ameliorations.

Quant au premier cas de l'emphiteose, ou du fief des Lombards, finie par l'expiration de son temps ou de ses generations, afin de le trancher court, tous les Docteurs demeurent d'accord, que le vassal ou l'emphiteote retire ses ameliorations: *Si vassallus in feudo aliquod ædificium fecerit, & posteà sine masculo decesserit, dominus aut patiatur ædificium auferri, aut solvat pretium meliorationis. Idem dico §. si vassallus, tit. hic finitur text. lib. 2. feud.* rat. §. *si vassallus, tit. hic finitur text. lib. 2. feud.* Ce ne signifie pas que le Seigneur ait l'option ou de rendre le prix de l'édifice, ou de le laisser oster & emporter par le vassal: car cela seroit bien souvent ridicule, & ne conviendroit pas à la servitude, qui jamais ne peut estre separée de l'heritage: mais que si l'edifice est separable, comme aucunesfois il y a des maisons de bois qui peuvent estre transportées, si le vassal aimoit mieux le reprendre qu'on retire de l'heritage, il le pourroit faire suivant §. 1. & c'est ainsi qu'il doit estre entendu. Or le mesme est dit en droict du locateur, in la Loy *Domus* §. 1. *Locati*, & de l'heritage chargé de legs conditionnel en la Loy *Domus de leg.* 1. Et neanmoins il n'y a pas tant d'apparence à leur égard, que de l'emphiteote, qu'ils puissent retirer leurs ameliorations, dautant que leur droict n'est si stable & de si longue durée que le sien. Et semble decidé pour le regard de l'emphiteote en la Loy 3. *Cod. de jur. emphyt.* qui distingue les ameliorations d'avec la chose emphiteutique, & dit que les ameliorations se peuvent vendre separément par l'emphiteote, comme lui appartenans nuëment & incommutablement.

8. Interpretation du §. *Emptor. in l. ult. C. Com. de leg.*

Tout ce qui a causé de la difficulté en cette question, a esté le §. *emptor. in l. ult. Cod. Com. de leg. & fideicom.* où il est decidé indistinctement, qu'aprés la reversion de l'heritage substitué mesme le tiers acheteur ne peut reparer ses ameliorations, ny par action, ni par retention de l'heritage; qui est contre la decision expresse de cette Loy *Domus. cum ill. seg. de leg.* 1. & *leg. Si in area, leg. ni exceptionem.* §. *si pars. D. de condict. indeb.* & plusieurs autres Loix. Mais le docte du Molin a dessillé les yeux aux anciens Interpretes qui n'ont pas bien entendu ce §. *emptor.* & a bien montré qu'il ne parle que de l'action recursoire, que l'acheteur de l'heritage sujet à reversion, a contre son vendeur, & decide que s'il

X

sçavoit la condition de l'heritage, il n'a point d'action contre son vendeur pour estre remboursé de ses impenses; mais il ne dit pas qu'il ne puisse retirer ses ameliorations de celui à qui l'heritage est revenu.

9. Qu'après la commise l'emphyteote ne retire ses ameliorations.

Donc il faut tenir pour resolu, quand l'emphyteose ou bail à vies, ou à longues années, se finit de luy-mesme & après le terme du contract, que le preneur retire ses ameliorations; mais quand l'emphyteose ou le fief tombe en commise, la vraie & commune opinion des Interpretes est tout au contraire, qu'il perd ses ameliorations, comme ils tiennent tous sur la Loy *Senatus*. §. *Marcellus*, D. *leg.* 1. & est decidé par la Loy 1. *de jure emphyt.* en ces mots: *Nulla ei in posterum allegatione nomine meliorationum, seu eorum quæ emponemata dicuntur opponenda*, & en l'Auth. *Qui rem. de sacros. Eccl. leg. ibi*, *non repetiturus*, *quid impendit nomine meliorationis*, *leg. Nec hoc iniquum videtur*, *cum ex suo vitio, hoc incommodo afficiatur*, *leg. Nec hoc iniquum*, D. *Si quis omissa cau. testam. & leg. Cùm quis. D. de reg. jur.*

10. Que la Loy *Colonus. D. Locati*, ne doit estre estenduë à l'emphyteose.

Il est bien vrai que la Loy *Colonus*, penult. D. *Locati*, dit que *colonus ejectus repetare potest sumptus in vineis instituendis utiliter factos, vel nihil ex pensionibus debitis præstabit*; c'est à dire, qu'il déduit ou compense ses ameliorations avec les loyers & fermages par lui deubs, lorsqu'il est dechassé, qui est une moderation; laquelle, à mon avis, ne doit avoir lieu qu'au simple Fermier, parce que la commise n'y est si estroitement observée qu'au fief, & non en l'emphyteose; & mesme en France nous ne l'y gardons point du tout.

11. Opinion de du Molin. l. ἐμφύτευμα ἢ ἐμφύτευμα, quid.

Du Molin seul est d'opinion contraire sur l'article 1. de la Coutume glos. 5. & explique cette Loy 1. *De jure emphyt.* des simples amendemens que l'emphyteote estoit tenu faire par la propre nature de son contract; lesquels il confesse qu'il doit perdre lors de la commise; mais il dit qu'il ne perd pas les grosses ameliorations qui excedent la nature de l'emphyteose, s'arrestant à la proprieté du mot ἐμφύτευμα, qui signifie *illaborationem*, comme qui diroit défrichement, & du terme ἐμφύτευμα, qui signifie *plantationem seu insitionem*.

12. Que cette opinion n'est pas vraye en poinct de Droict.

Pour moy je confesse que l'opinion de du Molin est fort equitable, & croy qu'elle pourroit bien estre receuë en France; comme aussi Balde la tient en la §. *Adeo. Instit. De locat. & cond.* & même les Espagnols n'ont dedaigné la suivre, sçavoir est, *Alu. Vascius in tract. in jur. emphyt. cap.* 25. *Pinellus ad l.* 2. *partit. cap.* 3. & *Garsias in d. tr. de exp. & mel. cap.* 15.

J'estime toutesfois qu'elle ne se peut soustenir en point de Droict; car du Molin n'a pas pris garde à un terme plus general, dont la Loy, à sçavoir *melioratio*, qui sans doute ne peut souffrir sa restriction, Aussi qui prendra garde à la Loy *de jur. emphyt.* reconnoistra que le mot ἐμπονήματα, ne se prend pas pour les simples amendemens & enchastellemens de l'heritage, mais pour les grosses ameliorations; car *emponemata* sont cinq ou six fois distinguez en cette Loy à *cessione juris emphyteutici*, comme a fort bien remarqué Fr. *Connanus lib.* 7. *cap.* 11.

13. 14. Question principale, si après le déguerpissement le rentier retire ses ameliorations. Raisons de l'affirmative.

Mais personne n'a encore traité, si après le déguerpissement l'emphyteote ou preneur à rente peut retirer ses ameliorations, ce qui merite d'estre examiné un peu à loisir. D'une part on peut dire, qu'au déguerpissement le preneur n'est tenu de rendre l'heritage sinon en l'estat qu'il estoit lors de sa prise; donc s'il est en meilleur estat, il peut, ce semble, retenir ses ameliorations. Et comme si l'heritage est diminué, il faut qu'il le repare; aussi s'il est augmenté, il est raisonnable qu'il reprenne l'augmentation. Et puisque le possesseur de mauvaise foy retire bien souvent ses ameliorations, selon la moderation de la Loy *Dominum*. C. *de rei vend.* mesmement que du Molin tient au lieu préallegué, que non seulement il a droict de retention de la chose, mais aussi action pour raison d'icelle après la restitution de l'heritage; ce qu'il prouve par la Loy *Planè*, D. *de pet. hær. leg. Si pupil.* §. *si negotia*, D. *de neg. gest. & l.* 2. *de rei vend.* parce que l'équité ne permet pas qu'aucun s'enrichisse du dommage d'autrui; à plus forte raison l'emphyteote ou le rentier peut repeter ses ameliorations après le déguerpissement, veu que lorsqu'il les a faites, il estoit non seulement possesseur de bonne foy, mais mesme vrai Seigneur & proprietaire de l'heritage.

Puisqu'aussi l'heritier, qui sçavoit qu'après certain temps il estoit chargé de rendre la maison à un fideicommissaire, retire les augmentations & bâtimens qu'il y a faits pendant ce temps, par la Loy *Domus. de leg. & l. Qui exceptionem*, §. 1. D. *de cond. indeb.* pourquoy le rentier, qui pensoit garder toujours l'heritage, ne prevoyoit pas que les ruines de ces troubles le forceroient à déguerpir, ne retirera-t'il pas les impenses qu'il a faites en l'heritage duquel il pensoit être Seigneur incommutable? Aussi il semble que la distinction commune des Interpretes du Droict touchant la repetition des ameliorations *post finitam emphyteusim*, comprend assez le cas du déguerpissement; car ils disent, que si l'emphyteote est privé de l'heritage par sa faute, qu'il perd ses ameliorations: si sans sa faute, qu'il ne le perd point, comme rapporte du Molin au lieu préallegué, & *Iul. Clarus lib.* 4. *tit.* 4. *emphyteusis*, Tant y a que s'il n'y a de la faute de l'emphyteote, il ne perd point ses ameliorations; autrement ne peut-on respondre à la raison naturelle du Jurisconsulte, que *non debet petitor ex alterius jactura locupletari* qu'en disant, que *hoc iniquum non est, cum ex suo vitio hoc incommodo afficiatur*. Or est-il que le déguerpissement ne peut estre imputé à la faute de l'emphyteote, mais volontiers il procede de quelque cas fortuit, notamment en cette saison ruineuse.

15. 16. Raisons de la negative.

Voila ce qui se peut dire d'un costé; de l'autre on dit, que *ædificium solo cedit*, §. *cum in suo*, Instit. *de rer. divis.* & comme dit Balde, *in* §. *si quis manso de contr. invest. in lib. Feud. Ædificium statim necessario acquiritur domino directo, quoad directum dominium, & utile quoad dominium*; car l'edifice est tellement conjoint & inseparable du fonds, qu'il reçoit en tout & par tout les mesmes qualitez & obligations. C'est ce que dit *Paulus l.* 29. §. *demus de pignor. jus soli superficiem secutam videri, id est, cum jure pignoris*: de maniere que le fonds estant obligé ou chargé de redevance fonciere, si on y fait quelque bâtiment, cela demeure pour plus grande asseurance de l'hipotheque ou de la rente. D'où il s'ensuit qu'arrivant la resolution du droict du detenteur de l'heritage par le moyen de son déguerpissement, l'ancien Seigneur rentre en sa premiere Seigneurie d'icelui en l'état qu'il le trouve, & consequemment il est fait Seigneur des bâtimens construits sur icelui.

Aussi le Droict decide que celui qui bâtit comme pour lui, & non comme pour autrui, bien qu'il fust possesseur de bonne foi, n'a autre remede pour retirer ses meliorations, sinon par la retention de l'heritage, parce qu'en bâtissant son intention n'a pas esté de rendre personne obligé à soy. Si donc par erreur, ou autrement, il vient à rendre l'heritage sans retenir ses ameliorations, il n'a point d'action pour les retirer. C'est la decision textuelle de la Loy, *Si in area*, D. *de cond. indeb.* A plus forte raison le rentier qui bâtissoit pour lui, après qu'il a déguerpi l'heritage, c'est à dire, quitté tout le droict qu'il y avoit, non pas par erreur, mais sciemment & volontairement & encore pour un profit & commodité qu'il en reçoit, c'est à sçavoir pour s'exempter de continuer la rente qu'il en avoit promise, ne doit point avoir d'action pour repeter ses impenses.

17. 18. Réponse aux raisons de

Et encore que le Droict Romain donne par une équité la condition *incerti* au possesseur de bonne

du déguerpissement, Livre VI.

l'affirmative.

foy pour sauver ses reparations, comme en la Loy *quod si nulla de leg. & leg. Qui exceptionem. §. si part. D. de condict. indeb.* Il est-ce que cette condition *incerti* ne peut estre attribuée à celuy qui déguerpit : car elle tend à retirer la detention de l'heritage rendu par erreur & inadvertance, à ce qu'il le garde & retienne jusques à ce qu'il soit satisfait de ses ameliorations, *quas nullo alio modo quam per retentionem servare potest*, comme Garsias a fort bien expliqué, *cap. 7. lib. de Expens. & melior.* & Paul de Castre en la Loy, *Sed etsi me putem. §. ult. D. de cond. ind.* Mais celuy qui volontairement a déguerpy l'heritage, & qui moyennant ce déguerpissement s'est exempté de la rente, comme pourra-t'il demander que l'heritage luy soit rendu, pour le retenir jusques à ce qu'il soit satisfait de ses impenses, veu que s'il le prend, & le retient, il faudra qu'il paie toûjours la rente, & si il contreviendra & dérogera à son déguerpissement, comme decident les Coûtumes d'Anjou, du Maine, & de Lodunois, au titre des Exponsions.

Aussi la raison d'équité, sur laquelle est fondée cette condition, *incerti*, à sçavoir *ne quis cum aliena jactura locupletior fiat*, n'a pas lieu au déguerpissement, où celuy qui déguerpit n'ayant personne qui s'y contraigne, doit avant que d'en venir-là, songer en luy-mesme si le déguerpissement luy sera utile, ou non. Si donc volontairement il quitte l'heritage pour se décharger de la rente à laquelle il s'estoit soûmis, il ne se peut plaindre que celuy auquel il rend l'heritage, lequel ne vaut pas mieux que la rente (comme il est à presumer, car autrement il ne le quitteroit pas) s'enrichisse à son dommage.

19. Resolution de la question. Deux sortes de vray déguerpissement reconnuës en la Coûtume de Paris.

Voilà ce qui se peut dire de part & d'autre sur cette question. Et pour en dire mon avis, j'estime qu'il faut faire une distinction qui se tire de nôtre Coûtume de Paris, car il s'y trouve deux sortes de vray déguerpissement ; l'un qui se fait par le preneur à rente, ou l'acquereur à la charge d'icelle, dont elle traite és articles 109. & 110. l'autre, qui se fait par le tiers detenteur qui n'avoit connoissance de la rente, dont elle traite és articles 102. & 103.

20. Distinction qu'il faut tenir.

Comme donc il a esté dit au Livre precedent, que le detenteur, qui a suivy & reconnu l'obligation de la rente, soit qu'il fust preneur ou acquereur à la charge d'icelle, soit qu'il s'en soit chargé par Sentence ou titre nouvel, venant à déguerpir, doit payer les arrerages de la rente jusques au jour du déguerpissement, & qu'au contraire le tiers acquereur, qui n'avoit connoissance de la rente, & qui déguerpit auparavant que s'y estre soûmis, n'est tenu de paier aucuns arrerages : Aussi je dis par mesme raison, que cette mesme distinction doit avoir lieu en ce qui concerne les ameliorations ; à sçavoir que celuy qui est obligé à la rente fonciere, venant à déguerpir, ne retire pas ses ameliorations ; mais que l'acquereur de bonne foy qui n'avoit connoissance de la rente, & qui s'en voyant poursuivy, aime mieux quitter l'heritage que de s'en charger, doit retirer ses ameliorations, lesquelles il n'eust pas faites, s'il eust sçeu la charge de l'heritage.

21. Confirmation de la premiere partie de cette distinction.

Pour la premiere partie de cette distinction, sçavoir que celuy qui s'est obligé à la rente fonciere, ne retire les ameliorations, il y a un texte exprés en la Nov. 102. *De alienat. & emphyt. §. si verò.* où il est dit, que l'emphyteote de l'Eglise peut estre chassé, s'il a manqué par deux années suivantes à payer la redevance ; toutefois que si on ne le veut chasser, on le peut poursuivre pour achever son temps : *Si verò refugiat*, dit le texte, *jubemus immunitatem Ecclesiæ & ejusdem bonis fieri, non valente eo emponematis aliquid pretendere.* Ce qui signifie que si l'emphyteote ne veut plus continuer son bail, mais qu'il vueille déguerpir, il faut qu'il satisfasse de son bien l'indemnité de l'Eglise, c'est à dire, que la rente rebaillée à son dechet, & que de son bien il fournisse annuellement le surplus de la redevance. (ce qui est particulier en l'Eglise, aussi bien qu'aux terres domaniales, comme il a esté plusieurs fois & neantmoins en ce cas, s'il se trouvoit avoir fait des ameliorations, il ne les retireroit pas.

23. Résponse aux raisons contraires.

De fait, toutes les raisons qui en traitant la question generale, viennent d'estre alleguées pour la partie negative, conviennent precisement au déguerpissement de l'obligé à la rente, comme le Lecteur pourra voir en les repassant à part soy ; & au contraire les raisons alleguées pour la partie affirmative, n'y conviennent nullement, & ne détruisent point nostre proposition : Car en premier lieu, la Coûtume parlant du déguerpissement du preneur, ne dit pas qu'il doit rendre l'heritage au mesme estat que du temps de la prise, mais elle use notamment de ce terme, *en aussi bon estat*, c'est à dire non point en pire estat, mais bien en meilleur, s'il veut. Et n'y a aucun inconvenient qu'il rétablisse les démolitions ; & qu'il ne retire point les ameliorations ; parce que c'est à son choix de garder ses ameliorations en gardant l'heritage aux mesmes conditions ausquelles il l'a pris ; mais il n'est pas en la puissance du Seigneur de l'expulser de l'heritage, quand il voudra.

De dire aussi que le possesseur de mauvaise foy retire en certains cas ses ameliorations, cela se fait par une raison d'equité, *ne dominus cum ejus jactura locupletior fiat*, aprés qu'il est privé & évincé malgré luy de l'heritage, comme porte notamment la Loy sur laquelle est fondée l'objection. Ce qui ne peut estre en celuy qui déguerpit volontairement pour y ménager sa décharge & liberation de la rente ; Aussi que comme il a esté dit ; il n'est pas à presumer, que le Seigneur profite au déguerpissement. D'ailleurs il est bien certain qu'on ne peut pas comparer le preneur de la rente au possesseur de bonne foy, qui est dépoüillé & évincé de l'heritage qu'il avoit bien acheté ; car au contraire, le preneur pretend par le déguerpissement se départir de l'obligation qu'il a faite : Aussi en matiere de déguerpissement, le detenteur qui est comparé au possesseur de bonne foy, c'est seulement le tiers acquereur, qui n'avoit aucune connoissance de la rente, & qui déguerpit auparavant contestation ; c'est pourquoy il fait les fruits siens comme un possesseur de bonne foy. Mais si lors de son acquisition il avoit connoissance de la rente, ou que depuis estant poursuivi il vienne à contester en cause, il devient possesseur de mauvaise foy, comme il a tant esté expliqué au Livre precedent ; d'où s'ensuit que les Loix qui parlent de la restitution des ameliorations, qui doit estre faite au possesseur de bonne foy, ne peuvent estre accommodées au déguerpissement du preneur.

24. Confirmation de l'autre partie de la distinction.

Quand à l'autre proposition, que celuy qui n'avoit aucune connoissance de la rente venant à déguerpir peut retirer ses ameliorations : toutes les raisons ausquelles je viens de répondre, y conviennent tres-bien, & au contraire, les raisons opposées n'y nuisent nullement ; Car il est bien vray que l'edifice suit le fonds, & partant il faut quitter les ameliorations avec l'heritage : mais de peur que l'acquereur de bonne foy ne perde son bien sans sa faute, il est bien raisonnable que celuy qui reprend l'heritage, luy rende autant d'argent que l'heritage vaut de plus à l'occasion de ces ameliorations, qui est presque ce que dit elegamment cette Loy 29. §. *domus, de pignor. Jus soli superficies quidem sequitur ; sed bonâ fide possessores non aliter cogendi sunt ædificium restituere ; quàm sumptus in extruendo erogatos, quatenus pretiosor res est facta, recipiant.*

25. Réponse aux raisons condition traires.

Et bien que celuy qui veut déguerpir, ne puisse auparavant user de retention, ny par aprés de la condition *incerti*, parce que tant qu'il retiendra quelque partie de l'heritage, il demeurera toûjours

Des effets

chargé de toute la rente, si est-ce que s'il se faut accommoder aux formules du Droit Romain, encore peut-on dire qu'il aura une action *in factum*, ou une condition *ex lege*, si *me et Titium. D. si cer. pet. qui res sua ad alium pervenit*: car on ne peut dire en ce cas que le déguerpissement soit fait d'une pure volonté; mais il est fait *ex necessitate causativa*, parce qu'il faut, ou que le détenteur déguerpisse, ou qu'il paye une rente qui vaut plus que l'heritage; à laquelle rente il n'a jamais eu intention de s'obliger: or est-il qu'il trouve moins d'incommodité à quitter l'heritage, qu'à paier la rente. Voila donc comme l'une & l'autre partie de nôtre distinction est tres-equitable.

CHAPITRE VII.
Des effets du Delaissement par hypotheque.

1. Que de ce delaissement il ne resulte point d'alienation.
2. Pourquoy il se fait en France.
3. Qu'il a mesme effet que la cession des biens.
4. Qu'il y a lieu de repentance, & que celuy qui l'a fait, retire le surplus du prix apres l'adjudication de l'heritage.
5. Pourquoy apres ce delaissement, l'heritage est regy par un curateur.
6. Qu'apres ce delaissement les hipotheques imposées par l'acheteur demeurent.
7. Que pareillement celles qu'il avoit sur l'heritage revivent.
8. Clause, Sans innover ni prejudicier à l'hypotheque, est superflue aux contracts, quia novatio non perimit hypothecam.
9. Que ce delaissement produit une pleine eviction.
10. Pourveu toutesfois qu'il y ait sommation precedente.
11. Inconveniens qui surviennent faute d'avoir sommé le garant en tems & lieu.
12. Que la pleine eviction n'a lieu quand le decret se fait par la debte de l'acheteur. Ce qu'il faut faire en ce cas.
13. Que selon le Droit cette pleine eviction n'a lieu au vray déguerpissement.
14. Explication de plusieurs Loix.
15. Qu'en France le déguerpissement produit pleine eviction.
16. Si apres ce delaissement l'acheteur est tenu de payer les ventes de son acquisition.
17. Resolution & distinction.
18. 19. S'il y a ouverture aux fiefs pour ce delaissement.
20. Si l'article 79. de nostre Coustume a lieu quand l'acheteur laisse decreter l'heritage sur lui-mesme.

JUsques icy ont esté expliqué les effets du vray déguerpissement, qui a lieu aux rentes foncieres; maintenant il faut expliquer ceux du delaissement qui a lieu aux rentes constituées & simples hypotheques, qui sont pour la plûpart differentes des autres. Premierement, pour ce qui est de l'effet principal, à sçavoir qui peut resulter de ce delaissement, il faut prendre garde que celuy qui delaisse l'heritage pour hypotheques, ne quitte pas absolument la proprieté & la possession d'iceluy, comme au vray déguerpissement, mais seulement il en quitte la simple detention & occupation. Car comme par l'action hypothequaire on retire seulement la detention & possession naturelle, & non la proprieté civile, ainsi qu'il a esté prouvé au troisiéme Livre; aussi le vray detenteur qui previent ou execute de luy-mesme la condamnation de cette action, *tradit tantummodo rem jure pignoris possidendam, seu rem in pignoris causam dimittit*, comme parle la Loy. Il est vrai qu'en France les creanciers ne possedent pas ny ne vendent pas eux-mesmes les gages comme à Rome, mais ils se trouvent saisis & vendus par authorité de Justice; tant y a que le Commissaire ou curateur à la chose delaissée par hypotheque, n'a point d'autre possession que celle qu'avoit le creancier à Rome, *post dimissionem pignoris*, à sçavoir la simple detention ou possession naturelle.

Mais parce qu'en France aux debtes successives, comme aux rentes constituées, dont le sort n'est exigible, pour plus facile exaction des arrerages, on a inventé une maniere d'obligation personnelle, anomale & irreguliere, dont est chargé le tiers acquereur de l'heritage hypothequé à icelles, entant qu'il perçoit annuellement les fruits d'iceluy, qu'on imagine estre destinez pour le payement annuel de la rente; pour éviter cette action, on fait ordinairement le delaissement par hypotheque auparavant que d'estre condamné, & en ce faisant on s'en exempte, parce qu'elle n'est fondée sur aucune promesse & obligation du detenteur, mais seulement sur la detention & perception des fruits & partant il s'en sauve en quittant cette detention, & laissant percevoir les fruits à un Commissaire ou curateur.

D'où il resulte que le delaissement par hypotheque a mesme effet que la cession des biens; apres laquelle le cessionnaire ne perd point la proprieté de ses biens, jusques à ce qu'ils aient esté actuellement vendus; & partant toutes fois & quantes qu'il se veut départir de la cession, il les peut reprendre, supposé qu'ils ne soient encore vendus; & apres qu'ils sont vendus, c'est à luy le reste du prix d'iceux apres ses debtes payées. *Is qui bonis cessit, ante rerum venditionem utique bonis suis non caret. Quare etsi paratus fuerit se defendere, bona ejus non venuent. l. is qui bonis. D. de cess. bon.*

Aussi celuy qui a fait le delaissement par hypotheque, est toûjours sur ses pieds jusques à l'adjudication du decret, pour reprendre ses biens en paiant les debtes exigibles, & passant titre nouvel des rentes, *nec quarandum est de jure ipsius, cum jus omne petitoris removeatur solus o pignore, l. Paulus in si. D. de pign.* qui est bien pour montrer que son droict n'est pas éteint, comme apres un vray déguerpissement, auquel seul il y a lieu de repentance. *l. Rura. C. de omni agro des.* Pareillement si apres la vente & adjudication par decret de l'heritage delaissé par hypotheque, il se trouvoit plus d'argent qu'il n'en faut pour paier toutes les debtes, & amortir les rentes des creanciers hypothequaires, le surplus appartient à celuy qui a fait le delaissement, en deduction du prix de son acquisition & de ses dommages & interests; ce qui n'est au déguerpissement, ainsi qu'il n'est dit au premier chapitre.

Comme donc apres la cession des biens on élit un curateur aux biens vacans, aussi fait on indistinctement aux biens delaissez par hypotheque; & ne faut pas trouver étrange que le decret ne se poursuit pas sur celui qui a fait le delaissement de l'heritage, encore qu'il en demeure toûjours seigneur; mais sur le curateur aux biens vacans; car cela se fait à l'exemple de la cession des biens, où il a esté ordonné par le Droit que la vente se feroit sous le nom d'un curateur ou *magister bonorum*, d'éviter l'infamie ou l'ignominie, qui selon l'ancien Droict resultoit de la vente & distraction publique des biens; comme il a esté amplement parlé, au sixiéme chapitre du troisiéme Livre.

Puis donc que celuy qui a fait le delaissement, demeure seigneur de l'heritage jusques à l'adjudication du decret, il s'ensuit encore plûtôt qu'au déguerpissement, que les hipotheques, servitudes, &

du Déguerpissement, Liv. VI.

charges foncieres qu'il a imposées sur l'heritage, demeurent jusqu'alors, & que partant ses creanciers doivent estre mis & colloquez en leur ordre au decret : mais aussi ce qui leur est païé, lui est déduit quand par aprés le delaissement il poursuit son vendeur pour la restitution de ses dommages & interests.

7. Que pareillement celles qu'il avoit sur l'heritage, revivent.

Pareillement il faut tenir qu'aprés ce delaissement les hipotheques & servitudes que l'acquereur avoit sur l'heritage auparavant son acquisition, & qui avoient esté confuses par le moien d'icelle, reprennent leur force & vertu, & partant que lui-mesme se peut opposer au decret pour la conservation d'icelles, comme un autre creancier, ainsi qu'il a esté dit au deguerpissement. Ce qui est expressement decidé en la Loi penultiéme, §. dernier. D. de except. yes jud. Nec obstat, que celui qui fait le delaissement, demeure Seigneur jusques à la vente car son opposition ne peut avoir effet qu'aprés la vente, & lors qu'il ne sera plus Seigneur.

8. Clause Sans innover ni preiudicier à l'hypotheque, est superflue aux contrats, quia novatio non permit hypothecam.

Pareillement on ne lui peut pas objecter une novation resultante de son contract d'acquisition, supposé que cette clause n'y soit inserée, Sans innover ni prejudicier aux droits d'hypotheques : car l'acquisition estant revoquée, son effet est revoqué, joint que c'est une definition de Droit, que si un contract de novation l'hypotheque du premier contract est repetée, elle retient sa force du temps d'icelui premier contract. l. 3. D. Qui por. in pign. l. 1. D. de distract. pig. l. Solutam, §. 1. D. de pign. act. Ce que Cujas a bien interpreté, lib. 11. obser. cap. 52. De sorte que cette clause, sans prejudice à l'hypotheque, est ordinairement superflue aux contracts.

9. Que ce delaissement produit une pleine eviction.

Or passant outre, il faut remarquer qu'il y a un effet bien particulier au delaissement par hipotheque ; c'est à sçavoir qu'il produit la pleine eviction, c'est à dire l'action contre le vendeur de l'heritage, pour la restitution du prix & les dommages & interests ; par le moyen de laquelle le tiers acquereur qui a fait le delaissement, non seulement s'exempte de perte, si son vendeur est solvable ; mais mesme il y peut profiter en deux façons : Car s'il avoit acheté trop cher l'heritage, ou que depuis la vente il fust diminué de prix, l'acheteur estant contraint de le delaisser pour les debtes de son vendeur, il retire tout l'argent qu'il en a baillé, encore que par aprés il soit beaucoup moins vendu par decret. D'ailleurs si l'heritage est augmenté de prix, ou qu'il en ait eu bon marché, & qu'aprés le delaissement il soit vendu davantage par decret, il retire par forme de dommages & interests le prix entier de l'adjudication, parce que s'il n'eust point esté évincé d'icelui, il l'eust pû vendre tout autant.

10. Pourveu toutesfois qu'il y ait sommation precedente.

Toutesfois pour faire que cette pleine éviction ait lieu il faut auparavant le delaissement par hipotheque, ou du moins auparavant le decret de l'heritage, que l'acheteur ait denoncé à son vendeur la poursuite faite contre lui pour ses debtes & hipotheques, & que le vendeur lui ait manqué de garantie, c'est à dire que n'aiant pas acquitté & déchargé les hipotheques, il a laissé le decret de l'heritage : car si l'acheteur a attendu de sommer son vendeur jusques aprés l'adjudication par decret, sans doute qu'il n'aura pas recours contre lui pour ses dommages & interests ; mais le vendeur sera quitte en le remboursant du prix, entant qu'il se trouvera avoir esté actuellement emploié au paiement de ses debtes, bonnes & loyales ; d'autant qu'il lui dira que s'il eust esté averti du decret en temps & lieu, il ne l'eust pas laissé achever ; mais il eut païé promptement les debtes, ou du moins n'eust pas laissé vendre l'heritage à si vil prix, mais y eût interposé des encherisseurs.

11. Inconvenient qui survient en faute d'avoir sommé

Encore est-ce toûjours le plus seur de sommer son garant, avant que de faire le delaissement par hipotheque : Car outre que les despens, dommages & interests ne courent que du jour de la sommation, il arrive ordinairement que le vendeur estant sommé aprés le delaissement, trouve moien d'appaiser ses creanciers, ou d'obtenir terme pour payer ses debtes (mesme en ce temps on ne lui refuse pas un delai pour jaquoiter les rentes en paiant comptant les arrerages) & en ce faisant il faut casser & revoquer le deguerpissement, & contraindre l'acquereur de reprendre l'heritage ; mais quoi qu'il en soit, s'il le laisse decreter aprés la sommation ; encore qu'elle soit faite depuis le deguerpissement, l'eviction pleine & entiere ne laisse d'avoir lieu ; pourveu toutesfois qu'il y ait eu intervalle suffisant entre la sommation & l'adjudication, dedans lequel le vendeur ait pû convenablement donner ordre à trouver de l'argent pour païer ses debtes, & obtenir main-levée.

12. Que la pleine eviction n'a lieu quand le decret se fait pour dettes de l'acheteur.

Il y a encore un autre cas auquel la pleine eviction ne resulte pas du delaissement par hipotheque, à sçavoir quand il est fait aprés que l'heritage est saisi & mis en criées pour les propres debtes de l'acquereur : car s'il est decreté sur cette saisie, quand mesme les creanciers hipothecaires de son vendeur toucheroient tout le prix de l'adjudication, & que les siens ne viendroient nullement en ordre, il est toûjours vrai que les debtes de l'acheteur ont causé le decret & la vente de l'heritage. C'est pourquoi quand cela arrive, l'acheteur doit trouver moien d'appaiser son creancier qui a fait la saisie : Et si pour cela les autres creanciers ne veulent laisser de poursuivre le decret, il doit faire en sorte qu'un des creanciers de son vendeur soit subrogé à la poursuite des criées, & alors il doit faire son delaissement par hipotheque, qui est une precaution qu'il ne faut point mépriser.

13. Que selon le Droit cette pleine eviction n'a lieu au vrai deguerpissement.

Or il faut remarquer que regulierement selon le Droit Romain, cette pleine eviction & les dommages & interests n'auroient lieu, mesme au deguerpissement fait par le tiers acquereur pour rentes foncieres qui ne lui auroient esté declarées lors de la vente, non plus qu'elle n'a point lieu quand l'heritage vendu se trouve chargé de servitudes dont il n'a point esté adverti, parce que pour donner lieu à l'action d'eviction, il faut que res emptori invito evicta & avocata sit. Or on peut bien oster l'heritage à l'acheteur, & le faire decreter pour les hipotheques ; mais non pas pour les servitudes & charges foncieres.

14. Explication de plusieurs Loix.

Et c'est ainsi qu'il faut entendre les Loix où est rapporté le dire de Q. Mutius, Que venditor fundi non tenetur eum præstare liberum ab omni servitute, nisi venditerit eum uti optimus, maximusque est. l. Cùm venderes. D. de evict. l. penult. D. de evict. & l. Qui uti. D. de verb. signif. C'est à dire qu'il n'y échet point de dommages & interests pour les servitudes, mesme s'ils n'ont esté declarées ; mesme il n'y échet point d'action redhibitoire, comme il est dit en la Loi Quoad servitutes. D. de evict. mais bien y échet la restitution du prix, en ce que l'heritage vaut moins à l'occasion des servitudes. Quoties enim de servitute agitur, venditor debet tantummodo præstare, quanto minoris emisset emptor si scivisset hanc servitutem impositam. l. Quoties. D. de Ædil. edicto. Ce qu'il faut appliquer aux charges foncieres, qui sont toûjours égalées aux servitudes, comme il a esté dit au premier Livre chapitre trois, & cela semble estre decidé en la Loy In venditione D. de act. empti. In venditione nihil commemoratum est super annua pensione pro aqua ductu. Deceptus ob eam causam venditor ex empto habet actionem, ut ratio improvisæ oneris habeatur.

15. Qu'en France le deguerpissement produit pleine eviction.

Toutesfois j'estime que cela se pourra bien pratiquer és petites rentes foncieres, telles qu'est une rente deuë pour le cours d'un aqueduct entre particuliers les Romains ne reconnoissoient guéres d'autres rentes foncieres, comme il a esté dit, au premier Livre. Mais si la rente fonciere estoit grosse, & qu'elle égalast la valeur de l'heritage, si bien que l'acquereur eust juste sujet de deguerpir à l'occasion d'icelle ; j'estime que non seulement il doit recouvrer

X iij

le prix que l'heritage vaut de moins à l'occasion d'icelle, mais absolument qu'il doit avoir ses dommages & interests, pour la tromperie de son vendeur, comme il est decidé en cas semblable, en la Loy *Si fundum*, in pr. *D. de act. empti*.

16. *Si aprés ce delaissement l'acheteur est tenu de paier les ventes de son acquisition.*

Finalement pour le regard des droicts Seigneuriaux, qui peuvent estre deubs à l'occasion du delaissement par hypotheque, presque les mesmes difficultez eschéent qu'au deguerpissement : Car encore que le delaissement par hypotheque n'oste pas à l'acquereur la Seigneurie de l'heritage, jusques à l'adjudication par decret ; neantmoins dessus qu'il est fait, il ne laisse de produire une pleine eviction, comme il vient d'estre dit : parce que comme le contract de vente tend plûtost à la tradition & translation de possession, qu'à l'alienation effectuelle & à la translation de Seigneurie, *l. si ita. D. de contrah. emp.* aussi la possession évoquée fait naistre l'eviction, encore que la Seigneurie demeure à l'acquereur, *cui praestari debet, ut habere liceat, id est, ut sine interpellatione possideat quod emit. l. Habere. D. de verb. signif.* C'est pourquoy on demande, si aprés l'eviction survenuë, l'acquereur peut estre contraint de paier les ventes, veu que nous ne doutons point que l'acquereur n'en soit tousjours tenu aprés qu'il n'est plus detenteur de l'heritage, parce que pour raison d'icelles, il y a une action pure personnelle contre l'acheteur, qui a esté expliquée au chap. 10. du premier Livre. Mais d'ailleurs c'est un commun dire, qu'aprés que le contract est resolu par l'eviction, il n'est plus dû de ventes.

17. *Resolution & distinction.*

Pour resoudre nettement cette question, il faut distinguer l'eviction survenuë par la vendication du vrai Seigneur de l'heritage, d'avec celle qui provient de l'action hypothequaire du simple creancier. Quand l'acquereur est evincé par le vrai Seigneur, qui est le cas du desistement, & non du delaissement par hypotheque, il s'ensuit que son vendeur n'avoit rien en l'heritage ; & partant il n'y a point eu en effet de vraie mutation de Seigneur, & de translation de propriété de l'heritage, qui donne lieu aux lods & ventes. Aussi qu'en ce cas la vendition étant nulle dés son commencement, *nulla ex ea laudimia debentur*, comme il a esté dit cy-dessus ; mais si l'eviction est survenuë de la part des creanciers hypothequaires, on ne peut nier qu'il y ait eu translation de la propriété de l'heritage, & si la Seigneurie d'icelui n'est pas ostée à l'acheteur, sinon aprés le decret, & partant suivant la theorie tres-veritable de du Molin sur le 22. art. de la Coustume, puisque la resolution n'a point un effet retroactif, les ventes & droicts Seigneuriaux ne laissent d'en estre deubs tout aussi bien qu'au deguerpissement.

18. 19. *S'il y a ouverture aux fiefs pour ce delaissement.*

Mais il faut sçavoir si en matiere des fiefs delaissez par hipotheque, il y a ouverture d'iceux dés l'instant du delaissement pour donner lieu à la saisie feodale & perte des fruits, comme au deguerpissement. Qui voudra croire du Molin, le jugera ainsi : car voici ce qu'il dit sur cet art. 22. *Quando vassallus urgentibus creditoribus, cedit bonis, statim feudum aperitur, licet nondum miserit manum : itaque solliciti debent esse creditores, ne deputetur curator qui investituram vel inducias fidelinatis praestanda obtineat*. Or il vient d'estre dit que le delaissement par hypotheque a mesme effet que la cession de biens.

Mais la verité est qu'il n'y a nulle ouverture de fief par la cession de biens, ny consequemment par le delaissement par hypotheque ; parce qu'en l'un & en l'autre il n'y a point de quittement de la Seigneurie ; mais de la simple detention & occupation, comme il a esté prouvé cy-dessus : *Qui bonis credit ante venditionem, bonorum suorum dominium non amittit*, dit la Loy, *Is qui bonis D. de cess. bon.* Quand donc les biens delaissez ont esté vendus par decret sur le curateur aux biens vacans, il est certain que de cette vente sont deubs droicts Seigneuriaux ; mais comme il a esté dit au deguerpissement, parce que cette vente est subrogée, & tient la place de la premiere vente, l'acquereur reprend ce qu'il a payé à son Seig. sur les ventes du decret, si tant elles se montent ; sinon, le surplus est perdu pour lui : & que si elles montent à plus, le reste appartient au Seigneur direct ; car c'est à son choix de prendre les ventes de l'une ou de l'autre vendition. Ainsi s'entend l'article 79. de nostre Coustume.

20. *Si l'art. 79. de nôtre Coust. a lieu quand l'acheteur laisse decreter l'heritage sur lui-même.*

Sur quoy il se fait encore une belle question, si l'acheteur ne degurpit point encore qu'il ait sujet de le faire ; mais laisse decreter l'heritage sur soy-même pour les debtes de son vendeur ; sçavoir s'il doit oüir du privilege de cét article ? Cette question est fort problematique ; mais je pense plûtost qu'il ne retirera point les ventes ; parce que tant s'en faut que son acquisition soit resoluë, que même elle est confirmée par le decret ; attendu que les criées & adjudications estans faites sur l'acquereur ; c'est comme si lui-mesme avoit revendu l'heritage : *quia factum judicis censetur factum partis. l. 1. Si ob causam judic. pignus captum sit. l. Si obcausam. C. de evict.* Et si l'acquereur y a du dommage, *sibi imputare debet, quòd jure communi usus non sit*. Mais aussi je tiens que pour joüir du privilege de cét art. c'est assez que l'acheteur fasse le delaissement en quelque temps que ce soit, mesme aprés les criées parfaites, pourveu que ce soit avant l'adjudication, parce qu'il suffit que l'adjudication ne se fasse point sur lui, encore que le decret y soit commencé. Toutesfois je laisse le Lecteur en suspens sur cette difficulté qui n'est pas petite ; parce que d'autre costé on peut dire que cette formalité obmise de n'avoir degurpi l'heritage, ne doit priver l'acheteur évincé, du privilege que lui donne nostre Coustume.

CHAPITRE VIII.

De la restitution ou distraction des ameliorations aprés le delaissement par hypotheque.

1. Que les augmentations fortuites ne se retirent point.
2. Opinion commune touchant les ameliorations faites par le tiers detenteur.
3. Qu'elles sont hypothequées aux debtes precedentes l'acquisition. Explication de la Loy 2. C. de praed. navic.
4. Comme se pratique en France la distraction des ameliorations.
5. Que l'opposition pour les ameliorations n'est pas une opposition à fin de distraire, mais à fin de conserver.
6. Que le tiers acquereur ne peut retenir l'heritage en rendant la valeur d'icelui, pour sauver ses ameliorations.
7. Que moins le peut-il faire quand il n'a point fait d'ameliorations.
8. Qu'en France l'acquereur ne peut user de retention de l'heritage hipothequé, pour ses ameliorations.
9. 10. Explication du §. Damni, in l. Cùm postulassem, D. de damno infecto.
11. Qu'il ne faut ainsi distinguer si les impenses sont necessaires, utiles ou voluptuaires.
12. Qu'il n'y faut aussi distinguer le simple possesseur de bonne foy d'avec le Seigneur de l'heritage.
13. Comment se retirent les ameliorations faites aprés contestation.
14. Que de droict le simple possesseur, & non le Seigneur compense les ameliorations avec les fruits perceus au-

du déguerpissement, Livre VI.

paravant contestation.
15. Impenses & ameliorations se prennent en plus bas.
16. Que la Loy In fundo, de rei vend. doit estre pratiquée aussi bien au Seigneur de l'heritage, qu'au simple possesseur de bonne foy.
17. Comment il faut articuler les impenses & ameliorations.
18. Si les ameliorations doivent estre estimées en gros, ou piece à piece.
19. Comment on procede à les liquider.
20. Que celuy qui fait le delaissement, retire aussi les ameliorations de son autheur.
21. Qu'en l'action recursoire de l'achetteur contre le vendeur, les impenses & ameliorations se prennent au plus haut.
22. Cautele pour retirer ses ameliorations au vray déguerpissement.

La restitution des impenses & ameliorations faites en la chose delaissée par hypotheque, est une matiere si difficile & si simple, qu'elle meriteroit bien un Traité à part ; toutesfois je tâcheray d'en venir à bout en ce chapitre.

1. Que les augmentations fortuites ne se retirent point.

Pour le fondement d'icelle, chacun est d'accord que les augmentations & ameliorations faites en l'heritage, soit par cas fortuit, succession de temps, ou par la nature d'iceluy, ou autrement, sans le faict du detenteur, viennent au profit du creancier hypothequaire : *Si fundus hypotheca datus alluvione deinde major factus est, totus obligabitur, l. Si fundus, D. de pignor. l. Si convenerit, §. si nuda. D. de pignor. act.* Aussi chacun est d'accord que si c'est le debiteur qui a fait des ameliorations en l'heritage obligé, l'hypotheque y a pareillement lieu, sans qu'on en puisse demander distraction, *l. ult. D. de pignor.*

2. Opinion commune touchant les ameliorations faites par le detenteur.

Mais il y en a qui doutent si les ameliorations faites par le tiers detenteur sont hypothequées au creancier. De faict, l'opinion commune des anciens Interpretes est, qu'elles n'y sont point hypothequées, comme Bart. a tenu sur la Loy 2. C. de præd navicul. lib. 11. Cod. Et il semble que cela soit gardé en France, où on void qu'aux decrets on fait distraction des ameliorations au profit du tiers acquereur.

3. Qu'elles sont hypothequées aux decidées precedentes l'acquisition.

Toutesfois cette opinion est indubitablement fausse, & contraire à la regle de Droict, que *ædificium solo cedit, & jus soli sequitur*, & à la decision textuelle de la Loy *Paulus, §. 2. D. de pig.* qui est la clef de cette matiere, *Domus pignori data exusta est, postea aream emit. L. Titius. Quasitum est de jure pignoris. Paulus respondit, persecutionem pignoris perseverare; & jus soli superficiem secutum videri, sed bonâ fide possessores non aliter cogendi creditoribus ædificium restituere, quàm sumptus in extructione erogatos, quatenus pretiosior res est facta.* Aussi cette Loy 2. De præd. navic. qui est l'unique fondement de Bartole, ne fait rien pour son opinion : car elle dit seulement que pour l'augmentation faite par le tiers acquereur, *navicularij vectigali obnoxij vectigal non augetur* ; Mais elle ne dit pas que l'augmentation ne soit hypothequée, aussi bien que le fonds, pour l'asseurance de l'ancienne redevance.

4. Comment se pratique en France la distraction des ameliorations.

Et si on prend garde de près à nostre pratique de France, on ne trouvera pas qu'elle suive cette opinion ; car ce qu'aux decrets des heritages on fait distraction des ameliorations faites par les tiers acquereurs, ce n'est pas qu'on oste du decret ce qui a esté augmenté, & que cela ne soit point vendu avec le reste (comme on fait aux oppositions à fin de distraire) mais il est certain que les ameliorations se vendent avec le fonds, pour montrer que l'hypotheque y reside ; mais sur le prix de l'adjudication, on separe ce qui a esté plus vendu à l'occasion des ameliorations, & cela se baille à l'acquereur ou à ses creanciers, si aucuns y a qui se soient opposez au decret : *Sicque emptor bonæ fidei sumptus suos recipit, quatenus res pretiosior facta est*, qui est la pratique de la belle Loy *Paulus.*

5. Que l'opposition pour les ameliorations n'est pas une opposition à fin de distraire, mais à fin de conserver.

Donc l'opposition que forme l'acquereur, ou ses creanciers pour la distraction des ameliorations, n'est pas une opposition à fin de distraire ; mais une opposition à fin de conserver ; parce qu'elle tend à conserver & estre remboursé des meliorations, & non pas à les distraire & separer de l'adjudication. De sorte que cette opposition ne doit pas estre vuidée auparavant l'adjudication ; comme les oppositions à fin de distraire, mais doit estre remise après le decret, comme les autres oppositions à fin de conserver, suivant l'Ordonnance des criées. D'où il s'ensuit aussi qu'il suffit s'opposer pour les ameliorations après l'adjudication, pourveu que ce soit auparavant le decret scellé & levé, suivant l'art. 354. de nostre Coust. ce qui est fort à observer.

6. Que le tiers acquereur ne peut retirer l'heritage en sa valeur, pour sauver ses meliorations.

Toutesfois cette opinion de Bartole a esté tellement embarassé par les Docteurs, qu'on en a tiré deux consequences, qui pareillement sont fausses. La premiere, que si les edifices & ameliorations faites par le tiers acquereur sont inseparables du fonds, qu'il ne les puisse retenir qu'en gardant le fonds, on a voulu dire qu'en paiant aux creanciers hypothequaires ce que valoit le fonds lors de son acquisition, il pouvoit retenir tout l'heritage, & empescher le decret. Qui seroit un grand privilege, mais contraire directement à la premiere regle de l'action hypothequaire, que *quilibet possessor aut rem pignoris jure dimittere debet, aut integrum debitum solvere*, *l. Si fundus, §. in vendicationis. D. de pignor.* Veu mesme qu'on a douté si c'estoit assez au tiers acquereur de payer toute la debte. Et Ulpian decide, quoy que trop rigoureusement, que ce n'estoit pas assez ; mais que precisement il falloit qu'il quitast l'heritage, ou qu'il payast la juste valeur, encore qu'elle excedast la debte, *l. Si inter colonum. §. ult. de pign.* Toutesfois cette derniere opinion est si commune, qu'il n'y a presque aucun Autheur de renom, ancien ny moderne, qui ne l'ait tenuë. Et mesme du Molin sur l'article premier de la Coustume, glos. 5. nomb. 84. tient qu'elle est vraye en poinct de Droict, bien qu'il confesse qu'elle n'est point gardée en France. Neantmoins je ne m'amuseray pas à la refuter, parce que le docte Covarruvias la refute fort pertinemment au chapitre huict, lib. 1. var. resolut. où il renvoye le Lecteur.

7. que moins le peut il faire quand il n'a point fait d'ameliorations.

L'autre consequence encore plus fausse est de Socinus, *consil. 124. lib. 2.* qu'encore que le tiers acquereur n'ait fait aucune amelioration sur l'heritage, toutesfois il peut le retenir, offrant aux creanciers hypothequaires la juste valeur & estimation d'iceluy. Ce qu'il fonde principalement sur le chapitre, *Ex literis. De pignor. apud Gregor.* ces mots : *Prædictum reum ad restitutionem eatenus condemnes, quatenus ex bonis obligatis noscitur possidere* ; mais il faut referer cette condamnation à la demande contenuë au mesme chapitre, *ut rem restitueret, aut debitum solveret* ; que nous disons en France, *A delaisser par hypotheque, ou à payer* : ce qui a esté amplement expliqué au quatriéme chap. du troisiéme Livre : Et le surplus des raisons de Socinus, est clairement refuté par Anton. Negusantius, au Traitté *De pignor. 4. membro. 5. part. principalis.*

8. Qu'en France l'acquereur ne peut user de retention de l'heritage hypotheque pour les ameliorations.

Il faut donc en rejettant ces erreurs, tenir absolument la Decision literale de cette Loy *Paulus* qui vuide encore une autre grande controverse d'entre les Interpretes ; sçavoir si l'acquereur de bonne foy peut user de retention de l'heritage, jusques à ce qu'il soit remboursé de ses ameliorations, disant que *Possessores non aliter cogendi sunt ædificium restituere, quàm sumptus recuperint.* Toutesfois le poinct ne se peut pas garder en France, parce que ce n'est pas comme au Droict où le premier & plus privilegié creancier gardoit l'heritage, & en demeuroit nanty, jusques à ce qu'il fust satisfait ; c'est pourquoy celuy qui avoit basty l'édifice, estant le plus privilegié, le pouvoit bien garder, jusques à ce qu'il fust satisfait de ses ameliorations. Mais en France l'heritage hypothequé est saisi par authorité de Iustice, & regy par Commissaire & par main souveraine à la conservation des droicts de tous les creanciers ; c'est pourquoy celuy qui a fait des impenses, ne le peut pas retenir ; mais faut qu'il s'oppose au decret, comme les autres creanciers, pour la conservation de son deu ; bien qu'aprés que l'acquereur a esté evincé par un proprietaire, il puisse user de retention de l'heritage pour ses ameliorations, selon la moderation de l'art. 67. de l'Ordonnance de 1539.

9. 10. Explication du §. Damni in l. Cùm postulassem. D. de pig. & qui decide ce que le tiers acquereur de bonne foi ne retire point les reparations.

Or je m'estonne comment ceux qui ont traité la matiere des impenses & ameliorations, n'ont point remarqué une Loy du tout contraire à cette Loi Paulus de pig. & qui decide en termes exprés, que le tiers acquereur de bonne foi ne retire point les reparations. C'est la Loy *Cùm postulassem. §. damni. D. de damno infect. Damnâ inf. Eti nomine in possessionem missus, si possidendi dominium habere cœpi, deinde creditor ea: ades sibi pignori obligatas persequi vult non sine ratione dicetur, nisi impensas, quas in refectione fecerim, mihi præstare sit paratus, inhibendam esse persecutionem. Cur ergo non emptori quoque id tribuendum est, si forte quis insulam pignoratam emerit? Non restè hæc comparabuntur; quoniam is qui emit, voluntate sua negotium gerit, idque sibi ei ingenius à venditore caveri & possit & debeat: quod non æque de eo, qui damni inf. Eti non promittatur, dici potest.*

Cette Loy a semblé aux Interpretes impossible d'estre conciliée avec la Loy Paulus. De faict, ils se sont efforcez d'y apporter une douzaine de solutions, qui toutes sont si éloignées que rien plus ; mais en effet il n'y a rien si aisé que de les concilier : car la Loi Paulus parle expressément des bâtimens & réedifications, & celles ci des simples reparations & entretenemens : or y a il grande difference entre les unes & les autres, comme il a esté dit au chap. 6. du Livre precedent. Il faut donc tenir que les grosses ameliorations & rebatimens sont repetez par l'acquereur ; mais non pas les simples reparations & entretenemens. Car il si fait que le tiers acquereur ait recours pour raison d'iceux contre son vendeur, comme dit ce §. *Damni*, ce qui n'est pas en celui qui *damni inf. Eti nomine ades possidere jussus est*, lequel n'a point de garand à qui il puisse demander ses reparations, parce que le proprietaire quittant l'heritage s'exempte de la caution & de la reputation. *l. Præter. §. Loc cæcilium. D. eod. tit. de damno infecto.*

11. Qu'il ne faut icy distinguer si les impenses sont necessaires, utiles ou voluptuaires.

Il ne faut donc point recourir en cette maniere à la distinction vulgaire des impenses necessaires, utiles ou voluptuaires, parce que cette distinction ne convient pas proprement aux ameliorations : Car le mot emporte qu'elles soient utiles, autrement elles ne seroient pas ameliorations ; & ne peuvent estre necessaires, parce que nul n'est contraint d'ameliorer, mais de reparer. Aussi elles ne peuvent estre simplement voluptuaires ; puis qu'elles sont ameliorations : Et d'ailleurs, quand la chose se vend comme icy, mesme les reparations voluptuaires se retirent toûjours, entant que la chose en est venduë davantage. *l. Quod si D. de impens. in res dot. factis.*

12. Qu'il n'y faut aussi distinguer le simple possesseur de bonne foy d'avec le Seig. de l'heritage.

Pareillement il ne faut point faire icy de distinction du possesseur de bonne foy : car nous parlons de celuy qui non seulement est possesseur, mais qui est aussi Seigneur & proprietaire de l'heritage, par le moien de l'acquisition qu'il en a faite. Et supposé qu'il sceust bien qu'il estoit hypothequé, mesme qu'il eust notamment acheté à la charge de l'hipotheque (je ne dis pas à la charge de payer la debte) si est ce qu'il ne laisse pas d'estre possesseur de bonne foy : car il est à present qu'il s'attendoit que l'obligé payeroit ses debtes, & s'amortiroit l'hipotheque, de sorte qu'il ne pourroit estre evincé de l'heritage : mesme uposé que ce fust une rente, & que se fust en la Coust. e Paris, où il y a action personnelle sans discussion

contre le tiers acquereur ; si est-ce que pour estre detenteur de l'heritage hypothequé, il n'est pas pourtant dernier paieur & effectuel debiteur de la rente ; & s'il la paie, il est vray qu'il paye la debte d'autruy, & a son recours contre le constituant & vray debiteur d'icelle. Autre chose seroit, s'il estoit chargé par son acquisition de paier la debte : Aussi lors il ne pourroit nullement deguerpir, comme le vrai debiteur est tenu d'obligation pure personnelle. Quand donc la Loi *Paulus* parlant de ces acquereurs des heritages hipothequez, les appelle *bona fidei possessores*, ces mots ne doivent pas estre pris *distributive seu restrictive*, pour dire qu'il n'y a que les possesseurs de bonne foi, qui retirent leurs ameliorations, & pour supposer qu'il y ait des tiers acquereurs de mauvaise foi, à raison des hypotheques ; mais ils sont mis *causative*, pour servir de raison, pourquoi tels acquereurs retirent leurs ameliorations, *nempè quia sunt bonæ fidei possessores*.

13. Cōment se retirent les ameliorations faites aprés contestation.

Il y a toutesfois un cas auquel le tiers acquereur de l'heritage hipothequé semble estre en mauvaise foi à sçavoir aprés contestation sur l'action hipothequaire, mais encore à le bien entendre, n'est-il pas lors proprement en mauvaise foi ; car ce n'est pas mauvaise foi de reculer à paier les debtes d'autruy ; mais seulement il est en demeure de quitter la chose hipothequée. Or à cause de cette demeure, il est tenu de rendre la chose telle qu'elle doit *judicij accipi tempore*; partant comme dès lors de la contestation il doit rendre les fruits, aussi ne doit-il reprendre les ameliorations depuis faites, sinon entant qu'un possesseur de mauvaise foi les retireroit, parce qu'il a eu tort de bastir sur l'heritage litigieux. Et neantmoins puisque l'heritage se vend par decret, il est bien raisonnable que ce qu'il est vendu de plus à cause des ameliorations faites depuis le procez, soit distrait du prix, & demeure à celui qui a fait les reparations, qui est ce cas auquel *etiam prædo voluptuarias impensas recuperat. l. d. §. 1. ead §. D. de impens. in res dot. factis.*

14. Que de droict le simple possesseur, & non le Seig. compense les ameliorations avec les fruits percus auparavant contestation.

Or le tiers acquereur, dont nous parlons, a une prerogative par dessus le simple possesseur de bonne foi, c'est qu'il ne compense point les ameliorations avec les fruits ; Car on ne doute plus qu'en poix & de droict sur les ameliorations que doit retirer le possesseur de bonne foi, on ne lui precompte & rabate les fruits qu'il a perceus de l'heritage, mesme auparavant contestation, suivant la Loi *Sumptus* & la Loi *Emptor C. de rei vendic.* ausquelles Loix il faut lire *ante litem contestatam*, selon l'edition commune & les Pandectes Florentines, & non pas *à lite contestata*, comme lit Haloander, & qu'a élegamment traité l'éloquent Procureur Deluc au Livre premier de ses Arrests, tit. 16. Mais ces deux Loix parlent du simple possesseur de bonne foi qui n'estant pas Seigneur de l'heritage, gagne les fruits seulement par consideration d'equité, comme la regle de Droict, & ne se peuvent adapter au vray Seigneur de l'heritage, qui gagne les fruits *jure dominij* : car celui-là ne les compense jamais avec ses ameliorations, comme remarque la glose sur cette Loi *Emptor*.

15. Impenses & ameliorations se prennent au plus bas.

Passant outre, il faut observer deux termes bien differens en cette matiere, qu'on conjoint volontiers à sçavoir les impenses & les ameliorations : les impenses, c'est ce qu'a cousté à ameliorer l'heritage ; les ameliorations, c'est ce qu'il vaut de plus à cause des impenses qu'on y a employées. Et il arrive bien souvent que l'impense excede l'amelioration, quelquefois aussi que l'amelioration excede l'impense. Lequel donc des deux retirera l'acquereur aprés le deguerpissement ? Pour le resoudre, il faut tenir que si l'impense excede l'amelioration, il ne retirera que les ameliorations : car la Loy *Paulus* dit notamment, *recepturum sumptus, quatenus res pretiosior facta est*. Au contraire, si l'amelioration excede l'impense : c'est assez qu'il retire ce qu'il a deboursé ; cette mesme Loy dit, *recepturam sumptus in prædiis impensos*, & la Loy *Sumptus* dit, *sumptum, meliore prædio*

du déguerpissement, Livre VI.

prædio facto. Bref, il faut conclure toûjours ce qui eſt du moins, c'eſt pourquoy on joint en pratique les deux mots d'impenſes & d'ameliorations parce que ny l'un n'y l'autre n'eſt repris abſolument ; mais l'un ſert de reſtriction à l'autre. C'eſt ce que dit expreſſement la Loy *In fundo. D. de rei vend. Reddat dominus impenſam, ut fundum recipiat, uſque ad duntaxat, quò pretioſior factus eſt, & ſi plus pretij acceſſit, ſolùm quod impenſum eſt.* Et ne ſe faut pas éſtonner qu'on mette toûjours au plus bas les ameliorations, qui ſe reprennent par la ſeule conſideration d'equité : car cela ſe pratique tout le meſme en la contribution de la Loy *Rhodia de jactu,* où l'eſtimation de la Marchandiſe jettée en la mer, ſe fait ſelon ce qu'elle vaut, ſi elle vaut moins qu'elle n'a couſté, ou ſelon ce qu'elle a couſté, ſi elle vaut plus, §. *Pater. D. ad l. Rhodiam de jactu.* de meſme en la Loy *Si fundum. D. de in rem verſo, ſi fundus à filioſam. emptus ſit, tantum videtur in rem patris verſum, quanti emptus eſt, ſi plurìs dignus ſit ; ſin minùs, quanti dignus eſt.*

16. Que la Loi *In fund. rei vend.* doit eſtre pratiquée auſſi bien au Seigneur de l'heritage, qu'au ſimple poſſeſſeur de bonne foy.

Auſſi ne faut-il pas dire que les Loix cy-deſſus alleguées, qui taxent au plus bas la reſtitution des impenſes & ameliorations, parle du ſimple poſſeſſeur, au lieu que nous parlons du vray Seigneur : car bien que la diſtinction de l'un à l'autre ſoit bonne pour la reſtitution des fruits, toutesfois elle ne ſert de rien en matiere d'amelioration ; parce qu'il y a tel Seigneur qui ne les doit pas retirer ſi-toſt que le ſimple poſſeſſeur de bonne foy, comme par exemple celui qui a baſty dans l'an du retraict. Et toutesfois la commune opinion paſſe par cette diſtinction, que le Seig. retire ſes ameliorations entieres, encore qu'elles n'ayent pas tant couſté comme elles valent. Mais outre que cette opinion n'eſt appuyée d'aucun texte de Droict, on voit que la Loi *Paulus,* qui traite noſtre propre cas du Seigneur évincé par les creanciers hipothequaires, dit neanmoins qu'il ne retire les impenſes, ſinon en tant que l'heritage eſt amelioré : autant en dit la Loy *Domus de leg.* 1. qui parle auſſi de celui qui eſtoit Seigneur de l'heritage : auſſi n'eſt-ce pas un effet de Seigneurie de reprendre l'amelioration, comme c'eſt ſon effet de gagner les fruits, joint que quand l'amelioration excede l'impenſe, cela provient de l'aptitude de la choſe à recevoir cette commodité, parce que communément les baſtimens couſtent plus à faire qu'ils ne valent eſtans faits. Or cette aptitude doit ſuivre la choſe, & non pas demeurer au profit de celui qui la quitte. Comme par exemple, en une place qui ſeroit devant le Palais de cette Ville, le baſtiment vaudra plus qu'il ne couſtera, faudra-il que cette commodité & aptitude de la choſe tourne au profit du detenteur, aprés qu'il aura deguerpi, & que les creanciers hipothequaires en ſoient fruſtrez ?

17. Cóment il faut articuler les impenſes & ameliorations.

Donc pour la pratique, il faut que celui qui deguerpit, articule conjointement, qu'il a fait pluſieurs impenſes & ameliorations en l'heritage ; c'eſt à dire qu'il a fait des frais à y faire des baſtimens, & que par ces frais l'heritage eſt grandement amelioré, & rendu de plus grand prix. Il eſt vray qu'il ſuffit qu'il prouve & verifie l'amelioration, ſi la partie adverſe ne met en avant raiſons vray-ſemblables, pour prouver qu'il n'a pas tant couſté comme il eſt amelioré, autrement on penſera toûjours que l'amelioration aura encore plus couſté qu'elle ne vaut, comme c'eſt l'ordinaire.

18. Si les ameliora-

Mais la contention eſt grande entre les Interpretes de Droict, ſi les impenſes doivent eſtre priſées *in concreto, vel in abſtracto,* comme parle Balde, *in cap.* 1. §. *Si quis de menſorib. tit. de conſ. inveſt. & in* §. *ſi vaſſallus. tit. Hic finitur lex. in uſſ. feud.* c'eſt à dire en gros ou en bloc, ou bien par le menu & piece à piece. Leur commune opinion eſt qu'elles doivent eſtre priſées en gros. Mais du Molin au lieu deſſus allegué, & Iul. Clarus, *lib.* 3. *ſentent.* §. *feudum. quæſt.* 86. diſent qu'elles doivent eſtre priſées en gros, ſuivant la Loy *Mævius,* §. *ult. D. fam. hercis. Univerſares aſtimari debent, non ſingularum rerum partes.* Il eſt aiſé de les accorder, en un mot, c'eſt que s'il eſt queſtion de payer les ameliorations, il faut neceſſairement les eſtimer en gros : car elles ne peuvent eſtre dites ameliorations, *niſi reſpectu totius operis* ; mais s'il eſt queſtion des impenſes, il faut de neceſſité que ce ſoit par le menu, & par chacun article de dépenſe.

tions doivent eſtre en gros, ou piece à piece.

Or en tout cas cette priſée doit eſtre faite par gens à ce connoiſſans, dont les parties doivent convenir (autrement le Iuge en nomme d'Office) & non pas par enqueſte faite de part & d'autre, ſuivant l'Ordonnance de Blois, qui a corrigé la vieille Pratique, & retranché les grands procez qui en ſurvenoient.

19. Comment on procede à les liquider.

Il faut auſſi que celuy qui a fait le delaiſſement par hypotheque, ait diſtraction non ſeulement des impenſes & ameliorations par luy faires ; mais auſſi de celles qui ont eſté faites par ſon vendeur, encore qu'il n'en ait point de ceſſion particuliere de Droict : car la vente vaut ceſſion, ſuivant la Loy *In hoc judicium.* §. *impendia. D. commun. divid.* pourveu toutesfois que ces ameliorations n'ayent point eſté faites par celuy qui a contracté les hypotheques : car puiſque luy-meſme ne les pourroit retirer, encore moins le pourront ceux qui ont droit de luy, *l. ult. D. de pignor.*

20. Que celuy qui fait le delaiſſement, retire auſſi les ameliorations de ſon autheur.

Pareillement il faut remarquer que ce qui vient d'eſtre dit, qu'il faut prendre au plus bas les impenſes & ameliorations, a lieu indiſtinctement à l'égard de l'oppoſition que forme au decret celuy qui a deguerpi pour la diſtraction de ſes ameliorations ; mais au contraire, à l'égard du recours qu'il a contre ſon vendeur, les impenſes & ameliorations ſe prennent tout au plus haut ; c'eſt à ſçavoir que ſi les impenſes excedent les ameliorations, l'acheteur retire entierement touſ ſes frais, parce qu'il n'eſt pas raiſonnable qu'il en ſoit fruſtré par la tromperie de ſon vendeur ; que ſi les ameliorations excedent les frais, il retire toûjours la valeur des ameliorations : Car en l'action d'éviction il écher dommages & intereſts, qui conſiſtent *in eo quod iſti abeſt,* qui ſont ſes frais, *quodque lucrari potuit,* qui ſont ſes ameliorations.

21. Qu'en l'action recurſoire de l'acheteur contre le vendeur, les impenſes & ameliorations ſe preſnent au plus haut.

Et pour revenir à propos du delaiſſement par hypotheque, puis qu'aprés iceluy le detenteur recouvre ſes ameliorations, ce qu'il ne fait pas regulierement au vrai deguerpiſſement, comme il a eſté dit au chapitre ſixième, il faut que celui qui ſe voit pourſuivi pour une rente fonciere à laquelle il eſt obligé, ſe reſolvant de quitter l'heritage, s'il a fait des ameliorations qu'il veüille retirer, ſe garde bien d'uſer du vray déguerpiſſement : car il ſeroit en danger de perdre ſes ameliorations, principalement ſi le Seigneur de la rente fonciere acceptoit l'heritage deguerpy ; mais s'il y a quelque creancier qui ait hipotheque ſur l'heritage, precedente ſon acquiſition, il faut qu'il faſſe entre les mains le delaiſſement par hypotheque, & ainſi il ſauvera ſes ameliorations, qui eſt une cautele fort à remarquer.

22. Cautele pour retirer les ameliorations au vray deguerpiſſement.

CHAPITRE IX.

Des effets du deguerpiſſement univerſel.

1. Que le deguerpiſſement univerſel induit alienation.
2. Que cette alienation ſe fait par voye de reſciſion, & non par voye de translation de droict.
   Du Déguerpiſſement.
3. Si le titre De fideicomm. libert. ſe peut pratiquer en France.
4. Que ce deguerpiſſement univerſel n'a effet retroactif, encore qu'il y échée reſtitution de fruits.

Des effets

5. *Que les hypotheques & alienations faites par le successeur, demeurent apres le deguerpissement.*
6. *Qu'elles ne peuvent nuire aux creanciers de la succession.*
7. *Que les droicts & hypotheques qu'avoit le successeur sur les biens, sont confuses par l'apprehension d'iceux.*
8. *Qu'ils reviennent apres ce deguerpissement.*
9. *Quels droicts Seigneuriaux sont deubs à cause de ce deguerpissement.*
10. *Que le successeur ne peut reprendre sur la succession le rachapt qu'il a payé au Seigneur feodal.*
11. *S'il est dû nouveau rachapt apres le decret du fief deguerpy par le successeur universel.*
12. *Que ce successeur retire ses ameliorations.*
13. *Qu'il retire mesme les simples reparations, soit necessaires, utiles & voluptuaires, comme aussi les impenses faites fructum causâ.*

Reste d'expliquer les effets du deguerpissement universel, qui se fait pour éviter les charges & debtes de la succession par le successeur universel, qui n'a titre d'heritier, comme sont les donataires & legataires universels, les Seigneurs succedans par confiscation, desherance, ou autrement, les successeurs des Moynes, & tels autres.

1. Que le deguerpissement induit alienation. En premier lieu, pour ce qui concerne le principal effet du deguerpissement d'où dependent tous les autres, il est certain que le deguerpissement universel, aussi bien que le vrai déguerpissement, induit une alienation de la part du successeur qui deguerpit, & qu'en ce faisant il se prive du droit & Seigneurie qu'il avoit és biens de la succession : Car encore que ces biens, par le moyen de l'inventaire qu'il en a deu faire, ne soient point meslez ny confondus parmi ses autres biens, il ne laisse pourtant auparavant le deguerpissement d'en estre le vrai & legitime Seigneur, aussi bien que des autres, les aiant une fois apprehendez. Que s'il y renonçoit auparavant que de les avoir apprehendez, ce ne seroit pas un deguerpissement fait pour se liberer de l'obligation des debtes desja encouruës ; mais ce seroit une pure renonciation à la succession, pour se garder d'encourir cette obligation, & c'est tout ainsi que quand l'heritier presomptif renonce à l'heredité de peur des debtes qui est une autre espece de delaissement. En ce cas, s'il n'y a personne qui successivement soit habile à accepter la succession, les biens sont proprement vacans, & non pas deguerpis. De sorte que s'ils sont apres vendus par decret sur le curateur estably à iceux; le lignager du défunt peut venir au retraict de ses propres, suivant l'article cent cinquante-un de nostre Coustume : Et au contraire, si le successeur universel aiant deguerpi apres son acceptation, les propres sont vendus sur le curateur aux biens deguerpis ou abandonnez, s'il n'y eschet point de retrait, suivant l'article 153. Ce qui a esté expliqué cy dessus au premier chap. de ce Livre.

2. Que cette alienation se fait par voye de rescision, & non par voye de translation de droit. Aussi il est aisé à entendre que l'alienation qui a lieu en ce deguerpissement universel, se fait par voie de rescision & retranchement de droict qu'avoit le successeur és biens deguerpis, & non pas par une translation de son droict à autrui : Car apres ce deguerpissement il n'y a personne qui ait droit de prendre les biens deguerpis, mais il faut par necessité qu'ils soient regis par un curateur: Autrement si quelqu'un des creanciers s'emparoit de quelque piece d'iceux, sans qu'elle luy fust adjugée par decret, il seroit toûjours tenu d'en rendre les fruits, & ne la pourroit prescrire ; comme estant possesseur de mauvaise foy, & destitué du titre valable, attendu que l'hypotheque ne lui transfere pas droict de Seigneurie.

3. Si le titre De sedisione, libere, &c. peut s'appliquer en France. Il est bien vrai que si quelqu'un vouloit faire party avec les creanciers, de prendre tous les biens à la charge de paier toutes les debtes apparentes & autres &c. en donnoit bonne asseurance, on pourroit soutenir en poinct de Droict qu'on les lui devroit adjuger, & mesme qu'au titre *De fideicommiss. libertatibus, Extraneo cuilibet bona addicebantur conservandarum libertatum causâ, modò is cavere vellet at alienum se persolutum* ; mais malaisément peut-il arriver qu'il se trouve quelqu'un si hardy, que voiant la succession quittée pour les debtes par celui qui l'a maniée, & qui pertant en doit mieux sçavoir le fonds, se veüille charger d'en paier toutes les debtes: Aussi qu'en France les biens vacans ou quitez *pro derelicto*, ne sont pas attribuez au premier occupant, comme au Droict Romain ; mais ils appartiennent au fisque, comme il a esté dit ailleurs.

4. Que ce deguerpissement universel n'a effet retroactif, encore qu'il y échet restitution de fruits. Mais quoi qu'il en soit, il est bien certain que cette resolution qui resulte du deguerpissement, n'a pas un effet retroactif, pour faire que le successeur qui a deguerpi, soit reputé n'avoir jamais esté Seig. des biens delaissez ; mais seulement pour le temps à venir, il ne peut plus pretendre aucun droit en iceux. Et ne fait rien qu'il est tenu rendre les fruits en deguerpissant : car cela arrive par une autre raison, à sçavoir que *fructus augent hereditatem*, les fruits accroissent *ipso jure*, ils enflent & augmentent la succession. Et dautant que les biens estoient possedez separément, & n'estoient point confondus avec les autres, le successeur estoit bien fait Seigneur des fruits d'iceux, *perceptione ipsa quoad dominium sed non quoad lucrum*; & n'en est pas fait Seigneur incommutable ; mais seulement pour en joüir tant qu'il jouïra de la succession, laquelle venant à quitter, il faut aussi qu'il quitte & rende ces fruits, comme faisans partie de la succession.

5. Que les hypotheques & alienations faites par le successeur, demeurent apres ce deguerpissement. Puis donc que *medio tempore*, le successeur estoit vray & legitime Seigneur des biens, & que cette Seigneurie precedente ne s'efface point par le deguerpissement, il s'ensuit qu'il a pû vendre & alienér pendant ce temps. Aussi est-il vray qu'aprés le deguerpissement les hypotheques & alienations par lui faites, demeurent & subsistent mesme pour le temps à venir au moien de la distinction prouvée au second chap. de Livre, que quand la resolution arrive par la volonté de celui qui a contracté les hypotheques, elles ne sont point revoquées ; mais seulement quand la resolution se fait pour cause necessaire. En quoi les creanciers de la succession ne peuvent encourir aucun dommage, parce que sur le decret ils sont les premiers leus en ordre, encore mesme qu'ils ne fussent que simples chirographaires, parce qu'il y a une simple situation de biens *ipso jure*, estant qu'il n'y a point de confusion avec les vrays heritiers ; qui est un poinct qui meriteroit un plus long discours.

6. Qu'elles ne peuvent nuire aux creanciers de la succession. Et quant aux alienations, elles ne leur nuisent point pareillement, parce que lors du deguerpissement il faut que le successeur rende promptement le juste prix des biens par lui vendus, comme il a esté dit. Et quand il ne le voudroit point, leurs hipotheques demeureroient toûjours aux heritages, nonobstant l'alienation du successeur; mais s'il a payé le prix en deguerpissant, sans doute qu'alors les heritages que lui vendus sont dechargez des hipotheques contractées par le deffunt, parce que le prix succede au lieu d'icelles, & la succession en est autant déchargée.

7. Que les droicts & hipotheques qu'avoit le successeur sur les biens, sont confuses par l'apprehension d'iceux. Pareillement il faut tenir que les actions ou debtes qu'avoient les successeurs universels sur les biens de la succession, sont confuses par l'aprehension & acceptation d'icelles : car la regle est generale, que quando *creditor debitori succedit, tollitur obligatio, cùm nemo sibi ipsi debitor & creditor esse possit* ; & n'y a point d'autre exception à cette regle qu'aux heritiers par benefice d'inventaire, qui en seront exceptez nommément par la Loy derniere, *C. de jure debit*. D'où s'infere que si on fait decreter ces biens sur les successeurs universels avant leur deguerpissement, ils ne sont recevables à s'opposer pour leurs debtes ; parce qu'il est vray de dire qu'elles sont confuses en eux, encore que l'heritier beneficiaire y soit en ce cas bien recevable, pour autant qu'autrement il perdroit son droit, &

du déguerpissement. Livre VI.

& seroit constitué en dommages contre l'intention de la Loy, n'ayant & ne devant avoir en bonne école, le privilege de déguerpir ainsi qu'eux, comme j'ai amplement prouvé au 2. & 4. Livre.

8. Qu'ils reviennent aprés ce déguerpissement.

Mais je dis que ces successeurs universels ayans déguerpi, rentrent en leurs debtes, actions & hipotheques qu'ils avoient anciennement sur la succession, & ce au moien de la regle prouvée ci-dessus au troisiéme chapitre, que les hipotheques & autres tels droits, ne sont point absolument éteints par l'acquisition de la chose hipothequée, sinon que cette acquisition soit incommutable & irrevocable; mais que quand elle vient à être resolüé pour quelque cause que ce soit, les hypotheques revivent & reviennent en leur entier.

9. Quels droits Seig. sont deubs à cause de ce déguerpissement.

Pour ce qui est de sçavoir quels profits Seigneuriaux se paient en ce déguerpissement universel? En premier lieu c'est une chose veritable, que pour le regard des heritages roturiers il n'en est deû ventes si-non aprés le decret: car jusques alors il n'y a point de bourse deliée; & pour les feodaux, il y a, s'il y a renoncé. S'il ne les a point apprehendez & que sur sa renonciation il ait été créé un curateur aux biens vacans: j'estime par la raison deduite au sixiéme chapitre de ce livre, qu'il n'est point deub de rachapt, parce qu'en effet les heritages ne sont point encore passez en main tierce; mais si une fois le successeur universel les a apprehendez, je tiens que dés lors il est deub rachapt, encore que par aprés il les déguerpisse avant que l'avoir payé: car le Seigneur ne peut plus perdre sans son faict, le droict qu'il a une fois acquis.

10. Que le successeur ne peut reprendre sur la succession le rachapt qu'il a payé au Seig. feodal.

Que s'il a payé le rachapt, j'estime qu'aprés son déguerpissement, il ne peut repeter & reprendre sur les biens de la succession, parce qu'il est deub de son chef, & non en contemplation de la succession, laquelle il ne devoit point apprehender pour la déguerpir par aprés; & s'il ne l'eût point apprehendée, il n'eût point été deub de rachapt, jusques à ce que les biens eussent été actuellement vendus, Or est-il que pour son apprehension la succession ne doit être nullement endommagée. Comme donc le proprietaire est tenu d'acquitter l'usufruitier de ces rachapts qui écheent de son chef, suivant le quarantiéme article de nôtre Coûtume, encore qu'il n'en tire aucun profit de l'heritage, aussi encore que le successeur rende les fruits lors du déguerpissement, il est neantmoins tenu d'acquitter la succession du rachapt deub de son chef.

11. S'il est dû nouveaux rachapts aprés le decret du fief déguerpi par le successeur universel.

J'estime aussi que par la vente & adjudication par decret des biens déguerpis, il est deub encore un autre rachapt ou quint denier au Seigneur feodal, & que la succession ne reprend point le sien sur celui-là, comme je l'ai dit en l'article 79, de nôtre Coûtume tant par ce qu'il a été dit que cela n'a lieu, que quand le déguerpissement est fait par contrainte, ce qui n'est pas au successeur universel, qui acceptant la succession, s'oblige en ce faisant à payer les debtes, que parce qu'il ne se trouve pas icy deux diverses venditions, dont on puisse dire que l'une soit subrogée au lieu de l'autre, mais une des mutations est par mort, & l'autre par vendition, & par ainsi elles sont de diverse especes; même les droits deubs à cause d'icelles sont divers en plusieurs Coûtumes, à sçavoir que pour la mutation par mort il est deub rachapt, & pour la vendition il est deub quint denier; aussi l'une des acquisitions est à titre universel, l'autre à titre particulier; l'une à titre lucratif, l'autre à titre onereux: Toutesfois cette question est fort problematique; car la moderation de nôtre Coûtume est si équitable, qu'elle semble devoir même avoir lieu en ce cas: joint la haine des droits Seigneuriaux que le Seigneur direct *certas de lucro captando*, & le successeur universel de *damno vitando*; mais si on tient qu'il ne soit point deub de nouveau rachapt au Seigneur, il faudroit aussi tenir que le successeur qui a déguerpi, seroit subrogé aprés le decret, au droit du Seigneur, pour reprendre le rachapt qu'il lui auroit payé.

12. Que se successeur retire les ameliorations.

Finalement, pour la restitution des impenses & ameliorations, j'estime que puisque le successeur universel rend les fruits, & ne retient aucun profit de la succession, aussi il n'y doit faire aucun dommages & partant qu'il doit retirer ses ameliorations qu'il a justement pû faire, comme étant Seigneur des heritages, lesquels il eût toujours gardé sans les debtes inopinées, qui sont depuis aparûes. En quoi toutesfois il faut prendre garde que ces ameliorations ne doivent être prisées autant qu'elles ont coûté; mais seulement autant que l'heritage en est rendu plus precieux, & qu'il en a été vendu davantage au decret, suivant cette notable decision de la Loy *In fundo. D. rei vend.* ce qui est general en toute espece de delaissement.

13. Qu'il retire même les simples reparations, soit necessaires, utiles & voluptuaires, comme aussi les impenses faites fructuum causâ.

Mais en celui-ci il y a cela de particulier que le successeur universel retire non seulement ses bâtimens & grosses ameliorations; mais encore les simples reparations & entretenemens de l'heritage, soit qu'elles soient necessaires, soit qu'elles soient simplement utiles, même pour le regard des necessaires il ne laisse pas de les retirer, encore qu'elles ne soient plus en état, ou que la chose n'en soit point de plus grande valeur, le tout ainsi qu'il est decidé au possesseur de bonne foy de l'heredité en la Loy *Planè D. de petit. hered.* car puisque l'un comme l'autre, rend les fruits, & que rien de la succession ne demeure à leur profit, il n'est pas raisonnable qu'ils y perdent rien; même pour les impenses voluptuaires, puisque l'heritage doit être vendu, il est raisonnable qu'il retire sur le prix ce qu'il se vend davantage à l'occasion d'icelles, suivant cette Loy, *Quod si. de impens. in res dot. factis*; même il met en compte les impenses faites en la perception des fruits, *quia ejusmodi impensa ipso jure minuunt fructus; quippe qui eas fecit, non tam impendisse, quam deductò eo minùs ex fructibus percepisse videtur, l. 3. & l. Quod dicitur, D. sol. tit.* Et la plûs dûre restitution de fruits, *hae impensae ab omni possessore servantur, l. Fundus qui D. famil. herc. Si à patre, §. ult. D. de petit. her.*

CHAPITRE IX.

Des effets des resolutions des contracts qui approchent le déguerpissement, & notamment de la resolution des échanges par vertu de la clause, de fournir & faire valoir.

1, 2. *Exemples de ces resolutions de contracts, qu'on prend pour le déguerpissement.*

3. *Qu'en ces resolutions on retire entierement ce qui a été baillé de part & d'autre.*

4. *Que ces resolutions ont un effet retroactif.*

5. *De quelles reparations on est tenu aprés ces resolutions.*

6. *Qu'en icelles l'ancien Seigneur ne peut refuser de reprendre son heritage.*

7. *Quels profits Seigneuriaux en sont deubs.*

8. *Quelles ameliorations y sont retenuës. Regles generales de la restitution des ameliorations en toutes resolutions de contracts.*

9. *Que la resolution des échanges des ventes assignées sur le Roy, ou l'Hôtel de Ville, approche fort du déguerpissement.*

Du déguerpissement.

10. *Effets de la clause* De fournir & faire valoir, *en ces échanges.*
11. *Si en ces échanges il faut reparer les demolitions de l'heritage.*
12. *Qu'il les faut reparer.*
13. 14. *Resolution au contraire.*
15. *S'il faut payer les arrerages jusques au jour de la resolution.*
16. *Notamment depuis le temps qu'ils ne se payent plus par le Roy.*
17. *Que les hypotheques sont entierement resoluës, & qu'on y retire ses ameliorations.*

1. 2. Exéples des resolutiós de cótracts, qu'on prend pour le déguerpissement.

POur la fin de ce Traité, il reste seulement d'expliquer les effets de certaines matieres de resolution de contract, qui approchent du déguerpissement, & que le vulgaire pense être la même chose : car toutes fois & quantes qu'un bail à rente, même tout autre contract est resolu & cassé, soit par voye de nullité, ou de restitution en entier, ou lesion d'entre moitié de juste prix, le vulgaire estime que ce soit un déguerpissement. Comme par exemple, si ayant acquis une maison pour deux cens écus d'argent comptant, & cent livres de rente, je viens à dire que j'étois mineur & lezé, ou bien qu'étant majeur j'ai été trompé d'outre moitié de juste prix, & partant je demande que le contract soit resolu, & qu'en ce faisant les deux cens écus me soient rendus, & que je sois declaré quitte de cent livres de rente, offrant de ma part rendre & quitter la maison ; chacun pense que cela soit déguerpir, bien qu'il soit certain que si je venois par la voye du déguerpissement, je ne pourrois pas redemander mon argent, comme il a été dit tout maintenant.

De même si quelqu'un veut faire casser un partage ou un échange, par lequel au lieu de soulte, il seroit chargé de quelque rente ; & en ce faisant offre quitter de sa part les heritages de son lot, ou qui lui ont été baillez en contr'échange, il n'y a celui presque au Palais qui n'appelle cela un déguerpissement, tout quand celui qui rend l'heritage, avoit option de le rendre, ou de ne le rendre pas, & qu'il choisit de le rendre, on dit qu'il déguerpit. Comme quand en l'action redhibitoire, on choisit de reprendre la maison pestilente, plûtôt que de recevoir ce qu'elle vaut de moins à cause du vice ; quand aussi en la lesion d'outre moitié de juste prix, on aime mieux quitter l'heritage que de parfournir & suppléer au juste prix, on appelle cela vulgairement *déguerpir*.

3. Qu'en ces resolutions on retire entierement tout ce qui a été baillé de part & d'autre.

Neantmoins, toutes ces especes sont pures resolutions de contracts, qui different du déguerpissement, & produisent des effets fort dissemblables. En premier lieu, en ces resolutions le contract est entierement cassé & annullé, & partant il faut que chacune des parties rende ce qu'elle a receu, & retire ce qu'elle a baillé ; & au déguerpissement le contract n'est point cassé, mais seulement par une voye oblique le preneur se décharge de la rente en quittant l'heritage qui en étoit chargé. Si donc l'heritage a été baillé pour deux cens écus comptans, & cent livres de rente, si on se pourvoit par le déguerpissement, le preneur ou acheteur en quittant l'heritage, sera bien quitte de la rente ; mais il ne retirera pas ses deux cens écus. Au contraire, s'il se pourvoit par restitution en entier, ou rescision, il retirera son argent par même moyen. De même en échange & partage, s'il y a rescision, tout est rendu de part & d'autre ; car les parties sont remises en tel état qu'elles étoient auparavant, mais si on vient par déguerpissement, afin d'être quitte de la rente dont on s'est chargé au lieu de soulte, alors il faut rendre tout ce qu'on a eu en partage, ou en contr'échange : (car sur tout cela la rente est assignée) & si on ne retirera pas ce que l'autre des parties a eu ; c'est pourquoi le déguerpissement est peu pratiqué en ces contracts, comme il a été traitté au cinquiéme Chapitre du quatriéme Livre.

4. Que ces resolutions ont un effet retroactif.

Outre plus, en toutes ces resolutions & rescisions le contract est annullé dés son commencement, *omnia in integrum restituuntur, ac si contractus nunquam intercessisset. leg. Facta. De Ædil. ed.* mais au deguerpissement, s'il y a de la resolution, au moins elle n'a effet que pour le temps à venir. D'où s'ensuivent plusieurs consequences fort differentes. Premierement, qu'en ces resolutions il faut à la rigueur & selon le droict, rendre tous les fruicts : Il est vray qu'en France on les compense avec les arrerages de la rente, ou interests du prix, pourvû que lors du contract il n'y ait point de dol ou mauvaise foy positive ; mais au deguerpissement on ne rend point les fruicts.

5. De quelles reparations on est tenu aprés ces resolutions.

Item, pour les demolitions, en matiere de rescision, chacun n'est tenu que de celles qui sont arrivées par son faict ou sa negligence ; mais les fortuites & celles qui procedent de la nature de la chose, sont au dommage de l'ancien Seigneur, qui est estimé avoir toûjours en effet été vrai Seigneur de l'heritage, puis que le contract par lequel il l'avoit alienée, est declaré nul : Au contraire, si celui qui déguerpir, est tenu des demolitions fortuites & naturelles, en ce qu'elles concernent l'entretenement & reparation ordinaire de l'heritage, comme il a été dit au cinquiéme Livre.

6. Qu'icelles l'ancien Seigneur ne peut refuser de reprendre sô heritage.

Pareillement, aprés la rescision, l'ancien Seigneur ne peut refuser de prendre son heritage, & il n'est point question de le laisser regir par un curateur, & le faire decreter à la charge de la rente, comme au déguerpissement ; car sa rente étant éteinte, puisque le contract, par lequel elle étoit creée, est cassée. Quant aux hypotheques imposées par le debiteur de la rente, encore qu'elles ne soient jamais éteintes par le déguerpissement, elles le sont le plus souvent par la rescision, comme quand l'acquereur est forcé de rendre l'heritage, ainsi qu'il a été distingué cy-dessus chapitre trois.

7. Quels profits Seigneuriaux sont en sot deubs.

Aussi pour ce qui est des profits Seigneuriaux, il a été dit que ceux de l'acquisition du tiers detenteur qui déguerpit, demeurent toûjours deubs nonobstant son déguerpissement ; mais au contraire aprés la rescision du contract ils cessent d'être deûs, & s'ils ont été payez, ils peuvent être repetez au Seigneur, *saltem quatenus locupletior factus est*, comme a fort bien prouvé Molin sur le 22. art. de la Coûtume : *quia scilicet ex contractu nullo, nulla debentur laudimia. l. 2. C. de Eunuchis.*

8. Quelles ameliorations y sont retenues.

Finalement touchant la restitution des impenses & ameliorations, il ne s'en peut donner une regle generale pour toutes ces rescisions, comme au déguerpissement ; mais il faut avoir recours aux maximes & aux decisions particulieres de Droict en cette matiere, & tenir en premier lieu que le possesseur de bonne foy recouvre les impenses necessaires, *etiam post rei interitum, vel etiam si revera ipsa amplius non extent. leg. Plane. D. de pet. hered. qua quidem lex de expensis necessariis simul & utilibus accipienda est, non de utriusque separatius, secundum vulgarem opinionem* : mais le possesseur de mauvaise foy ne retire pas les impenses necessaires, *nisi quatenus extant & utiles permanent. de leg. Plane & leg. Si pupilli. §. sed. & si qua. D. de neg. gest.* Pour les impenses utiles, le possesseur de bonne foy les retire, *quatenus res melior facta est, non quatenus impendit. leg. In fundo. D. de rei vend.* mais le possesseur de mauvaise foy ne les conserve, *nisi sola abrasione. leg. Domum. Cod. de rei vendit.* Bref, quand aux voluptuaires, regulierement le possesseur de bonne foy les conserve *abrasione. leg. Pro voluptuariis. D. de impens. in res dot. factis*, sinon en trois cas, qui ont pareillement lieu au possesseur de mauvaise foy pour l'exclure de l'abrasion des impenses utiles. 1. *Quando abrasio fieri nequit sine læsione prioris status rei. d. leg. Domum.* 2. *Quando per abrasionem nihil possessor habiturus est, nisi*

du déguerpissement. Liv. VI.

ut officiat. 3. Quando dominus tantum offert, quantum possessor abrasione consecuturus est D. leg. In fundo. Au contraire il y a deux cas auquels le possesseur de bonne foy retire entierement les impenses voluptuaires, & le possesseur de mauvaise foy les utiles; *Quando easdem impensas dominus facturus est, & quando receptum fundum mox venditurus est;* mais le possesseur de mauvaise foy perd entierement les impenses voluptuaires, selon l'opinion d'Accurse, in §. *certa, Instit. De rerum divis. arg. leg. Domum. & leg. Ex duobus. D. neg. gest.* Bien que plusieurs tiennent le contraire par la Loy *Utiles. D. de pet. hered.* & la Loy *idemque ait. D. Mandati.* Ce qui meriteroit un plus long discours.

9. Que la resolution des échâges des rentes assignées sur le Roy, ou l'hôtel de Ville, aproche fort du déguerpissement.

Voila les differents effets des rescisions des contracts avec ceux du déguerpissement. Mais il y a encore une autre espece de resolution, qui est fort usitée en ce temps, & qui approche plus prés du déguerpissement, que toutes les autres cy-dessus specifiées : à sçavoir quand les échanges des rentes sur l'Hôtel de Ville de Paris, ou sur les autres deuës par le Roy, sont resolus (aujourd'hui que ces rentes ne se payent point) en vertu de la clause *de fournir & faire valoir*, & que celui qui avoit baillé ces rentes, aime mieux quitter & rendre les heritages, qu'il a eus en contre-échange, que les payer & continuer lui-même : car alors on appelle cela *Déguerpir l'heritage contr'échangé*; & ce mot est si commun & si usité en ce cas, qu'on n'en use aujourd'hui point d'autre dans le Palais.

10. Effets de la clause, De fournir & faire valoir, en ces échâges.

De sorte que pour vouloir confondre mal à propos cette resolution de contract avec le déguerpissement, il en arrive d'étranges absurditez, & plusieurs procez intentez mal à propos. Car j'ay veu plaider au Parlement que le copermutant n'étoit recevable à quitter l'heritage, pour s'exempter de payer lui-même la rente de l'Hôtel de Ville, qu'il auroit promis *fournir & faire valoir*, à cause de la Coûtume qui decide que la clause *de fournir & faire valoir*, exclud le déguerpissement; qui est une pure sophistiquerie : parce que tant s'en faut que la clause *de fournir & faire valoir* empêche la restitution de l'heritage, comme elle empêche le déguerpissement, que même c'est cette clause qui induit la resolution de l'échange, & qui tend proprement à ce que l'heritage soit rendu : car c'est une clause redhibitoire qui fait resoudre le contract, & par consequent importe que les parties soient remises en leur premier état, & que chacun rende ce qu'il a eu en contr'échange.

11. Si en ces échanges il faut reparer les demolitiōs de l'heritage.

Le même paralogisme a apporté de ce temps au Palais une autre difficulté en cette même matiere, qui n'est encore jugée je sçache; sçavoir si après la resolution de telle échange faite en vertu de la clause *de fournir & faire valoir*, celui qui rend l'heritage contr'échangé, est tenu de le remettre en tel état qu'il étoit lors du contract, comme la Coûtume le requiert au déguerpissement, ou bien s'il suffit qu'il le rende tel qu'il est; supposé que les demolitions ne soient point survenuës de son faict ny de sa faute.

12. Qu'il les faut reparer.

Ce qui fait la plus grande difficulté en cette espece, c'est qu'on dit, qu'encore que cette resolution ne soit un vray déguerpissement, si est-ce qu'on ne peut nier qu'il n'en approche fort : car on veut dire que cette clause *de fournir & faire valoir*, ne resout pas le contract comme dés-lors; mais seulement comme dés-à-present, ainsi que le déguerpissement; d'autant qu'encore que la resolution dépende d'une condition apposée au contract, si est-ce que son accomplissement est survenu long-temps après le contract; partant que les decisions du déguerpissement doivent être observées en cette espece : & non celles de la redhibition, qui dépend d'une cause qui étoit & subsistoit dés-lors du contract, à sçavoir que dés-lors la chose venduë ou échangée étoit vicieuse.

Mais cela n'est pas ; car depuis que le contract est resolu en vertu d'une condition apposée en icelui, encore que cette condition soit arrivée par après, il est certain que la resolution a un effet retroactif, pour annuller le contract dés son commencement : comme par exemple *in resolutione pacta in perpetuum, quoties sibi displicuerit. in leg. Quod si nobis §. quid ita. Ædil. ed. itemque in leg. commissoria, quæ proculdubio resoluit sub conditione, cujus implementum supervenit post contractum : itemque in venditione pura qua postea resolvitur, ex pacto addictionis in diem. leg. Si ex duob. §. sed & Marcellus. D. de in diem addict.* En tous ces cas, encore que le contract tienne dés son commencement, si est-ce qu'étant par après resolu par la condition apposée en icelui, qui est écheuë du depuis, on ne doute point que la resolution ne soit tirée arriere *ad tempus contractus* : de sorte qu'il faut rendre les fruits. Item *quod. D. de in diem addict. & l. Lege commissoria. D. de l. commiss.*

13. 14. Resolution au contraire.

Je conclus donc qu'en la resolution de l'échange des rentes de l'Hôtel de Ville, il suffit de rendre l'heritage tel qu'il est de present, & non pas tel qu'il étoit lors du contract : car le bailleur à qui l'heritage est rendu, est estimé avoir toûjours été Seigneur d'icelui, puisque le contract qui l'en privoit, est aujourd'hui nul dés son commencement; & par consequent que les demolitions, soit fortuites, soit naturelles, qui y sont survenuës, sont à son dommage.

Il semble que cette même raison puisse decider une autre difficulté, qui échet journellement en cette resolution d'échange, à sçavoir pour la restitution des fruits de l'heritage contr'échangé, & aussi le payement des arrerages de la rente sur l'Hôtel de Ville respectivement pretendus : car puisqu'en la redhibition & autres resolutions, le Droict decide qu'il faut rendre les fruits depuis le contract, pourquoi ne sera-t'il de même en cette-ci ? Mais en France, comme j'ay dit plusieurs fois, par une consideration d'equité, & pour éviter le labyrinthe des difficultez, qui échéent volontiers sur la liquidation des fruits de si lointaines années, on tient pour regle generale, qu'en toutes resolutions les fruits sont compensez avec l'interest du prix, ou les arrerages de la rente contr'échangée.

15. S'il faut que les arrerages ensoient payez au jour de la resolution.

Cela a donc lieu indubitablement pour le temps que les arrerages de la rente de l'Hôtel de Ville ont été payez; mais il semble qu'il ne puisse avoir lieu pour le temps que ces arrerages ne se payent plus ; sçavoir depuis l'année quatre-vingt & sept jusques à present, attendu principalement que par le contract d'échange on promet volontiers *fournir & faire valoir ces rentes, tant en principal qu'arrerages.* D'autre côté on dit que c'est la faute & demeure de celui à qui la rente a été cedée, que dé-lors qu'il n'en a pû être payé, il n'a intenté son action pour la resolution du contract ; parce que si dé-lors le contract eût été resolu, il n'eût eu que les fruits de l'heritage, lesquels on lui offre encore rendre, & qui n'ont pas valu beaucoup pendant la guerre ; & ne sont pas revenus à beaucoup prés des arrerages de la rente ; de sorte que s'il falloit qu'il payât les arrerages de la rente, il seroit constitué en grand dommage pour la demeure de partie adverse. Et de fait, on dit que l'année passée il y eut en ce cas des Arrests donnez au Parlement, qu'on estime contraires, & que maintenant la Cour n'adjuge promptement, sinon les arrerages écheus depuis la demande; & quant à ceux d'auparavant, qu'elle appointe les parties au Conseil. C'est pourquoi je ne veux pas entreprendre de resoudre cette question : joint qu'elle dépend de plusieurs considerations d'autre part, qui seroient trop longues à representer, veu que cela ne concerne point la matiere du déguerpissement.

16. Notam̄ēt depuis ce tẽps qu'ils ne se payent plus par le Roy.

Quant aux hypotheques imposées sur l'heritage

17. Que les hypotheques

Y iij

Des effets

sont entierement resolues, & qu'on se retire ses ameliorations.

& sur la rente, par ceux qui les ont eu en contre-échange respectivement, j'estime que par le moyen de cette resolution elles sont entierement esteintes, mesme de la part de celui qui poursuit la resolution : parce qu'encore que de la part la resolution soit volontaire, si est-ce que la chose cont'échangée qu'il recouvre, est subrogée au lieu de celle sur laquelle il avoit stipulé hypotheque. Je croy pareillement, puisqu'en France il ne se fait aucune restitution de fruits du passé, que les profits feudaux deubs au Seigneur à cause du contract d'échange, luy doivent demeurer bien que ce poinct soit fort douteux : mais il est bien certain qu'il ne luy en est point deub de nouveau à cause de la resolution. Et quant aux impenses & ameliorations, je ne doute point qu'elles ne doivent estre restituées, comme il est decidé en semblables cas par la Loy *Imperator. D. de jur. in diem. addict.*

CHAPITRE XI.

Des terres desertes & delaissées en friche, ensemble des maisons vuides & vagues, & des criées d'icelles en vertu du Privilege des Bourgois de Paris.

1. Que la desertion est differente du déguerpissement & dereliction.
2. Comme aussi les terres desertes sont differentes des terres vagues, gaives, ou hermes, communes, ou vains pasturages.
3. Que le rentier peut estre contraint de bien labourer l'heritage.
4. Si pour la deterioration de l'heritage il en peut estre privé.
5. que chacun est d'accord, qu'il ne peut estre chassé faute de labourer les terres.
6. Ce qu'ordonne la coutume de Poitou touchant les vignes laissées en friche.
7. Cas auquel le Seigneur se peut mettre dans l'heritage desert.
8. Que cela ne se doit faire sans congé du Juge.
9. Si toutes personnes peuvent labourer les terres desertes.
10. Inconvenient qui peut arriver à ceux qui labourent les terres desertes, & remede d'iceluy.
11. Coûtumes qui privent tout à fait le detenteur, qui laisse ses terres en friche.
12. Ce qui en doit estre tenu aux Coustumes qui ne parlent point de cette commise.
13. Pourquoy le Droict ne parle que des terres desertes, &
nos Ordonnances ne parlent que des maisons vuides & vagues.
14. Pratique des Romains és terres desertes.
15. Conciliation de la Loy Locorum. avec la Loy 8. C. de omni agro deserto.
16. Origine & cause de la philippine, autrement appelée le Privilege des Bourgeois.
17. Abregé du contenu en ce Privilege.
18. Cause de l'Ordonnance de 1441. & difficulté d'icelle.
19. Division de cette Ordonnance en trois poincts principaux.
20. & seq. Ordre des criés par vertu du Privilege des Bourgois, conte nu en cette Ordonnance.
21. Que signifie, garnit ou quitter en cette Ordonnance.
22. Correction du 32. article d'icelle.
23. Si par les criées du Privilege la maison n'a peustre adjugée, sans faire les criées ordinaires des quatre quatorzaines.
24. Comment l'adjudicataire pouvoit déguerpir.
25. Comment se rachetoient les rentes foncieres qui estoient hypothequées.
26. Conclusion de cet œuvre.

1. Que la desertion est differente du déguerpissement & dereliction.

J'Ay reservé encore une autre sorte de delaissement pour le dernier Chapitre de ce Traité, à sçavoir la desertion, c'est à dire, l'abandonnement des terres qu'on laisse en friche, que plusieurs confondent mal à propos avec le deguerpissement, mesme avec le delaissement *pro derelicto.* Car le déguerpissement se fait avec beaucoup de ceremonie, & la dereliction ou renonciation, bien que faite sans grande ceremonie, neanmoins requiert le fait & le consentement exprés de celui qui abandonne tout à fait son bien : c'est pourquoy tous deux privent promptement celuy qui les a faits, de la proprieté & Seigneurie de la chose. Mais à l'opposite, la desertion ou delaissement en friche des terres, qui ne requiert ny aucune ceremonie, ny aucun fait, ny consentement du proprietaire ; mais presuppose seulement sa simple negligence de laisser son heritage vacant, en friche, ne le prive pas promptement de la Seigneurie d'icelle. Difference qui a esté remarquée par le docte Cujas, sur le tittre *De om. agr. deser.*

2. Comme aussi les terres desertes sont differentes des terres vagues, gaives ou hermes communes ou vains pasturages.

Pareillement les terres desertes, dont je parle, sont differentes de celles que nos Coûtumes appellent *terres hermes, terres gaives, communes ou vains pasturages,* qui sont terres du tout steriles & de nulle valeur ; qui n'appartiennent & n'ont jamais esté occupées par aucun particulier : mais j'entends parler des terres particulieres, chargées de rentes foncieres ; qui pour un temps ont esté laissées desertes, soit que le proprietaire d'icelles apparoisse, soit qu'il n'apparoisse point.

3. Que le rentier peut estre contraint de bien labourer l'heritage.

Or il est certain que comme l'usufruitier *cogi potest fundum recte colere, leg. Item si fundi in pr. D. de usufr. & tenetur, si agrum non prosindit, si vineam non subserit, si aquarum ductus corrumpi patitur. leg. si usufructus, §. de prateritis, eod. tit.* aussi puisque l'emphyteote & le rentier sont tenus par la nature de leur contract de maintenir & entretenir l'heritage en bon estat, il s'ensuit qu'ils peuvent être contraints à bien & deuëment cultiver les terres ; du moins entant qu'à faute de ce faire le Seigneur de la rente pourroit estre constitué en dommage.

Mais la question est grande, s'ils peuvent estre chassez & privez de la proprieté de l'heritage, à faute de bien entretenir & pour l'avoir laissé deperir : Car la commune opinion des Legistes est qu'il y a lieu de commise en l'emphiteose pour la deterioration de l'heritage, aussi bien que pour la cessation de paiement suivant l'auth. *Qui rem de sacrosan. Eccles.* qui le decide ainsi en l'emphiteose Ecclesiastique ; & suivant la Loy 3. *Cod. de locat.* où il est dit, que *conductor expelli potest, si male versetur in re conducta.* Bref, suivant la Loy *Hoc amplius, §. ult. D. de dam. inf. qui dit, que fructuarius qui ades non reficit, uti-frui prohibendus est.* Toutefois cette opinion a déja esté refutée au Livre precedant chapitre 5. où il a esté dit que l'auth. *Qui rem,* estant penale, ne doit estre estenduë hors son cas, qui est de l'emphiteose Ecclesiastique : & que cette Loy *Hoc amplius,* ne dit pas , que *fructuarius qui non reficit, privetur usufructu ;* mais seulement que *prohibetur uti-frui,* qui est à dire que l'on saisit son usufruit, & qu'on l'empesche d'en jouyr jusqu'à ce qu'il ait reparé l'edifice. Et finalement la Loy 3. C. *de loc.* parle du simple locataire, qui a bien moins de droict en l'heritage, que l'emphiteote ou rentier. Il se peut bien faire que si aprés plusieurs comminations & condamnations le rentier estoit en si grande contumace, qu'il ne voulust nullement remettre l'heritage en bon estat, le Juge à la fin l'en pourroit bien priver entierement.

4. Si pour la deterioration de l'heritage il en peut estre privé.

Quoy qu'il en soit, tous les interpretes sont d'ac-

5. Que chacun est d'ac-

du Déguerpissement, Livre VI.

cord, qu'il cord avec Balde sur cette auth. *Qui rem.* que pour donner lieu à la commise de l'emphiteose, il faut qu'il y ait une notable deterioration de l'heritage, qui soit arrivée precisément par la faute de l'emphiteote, & encore qui concerne le fonds & dommage perpetuel de l'heritage, & non les fruits d'iceluy, & la jouïssance du temps present seulement. En sorte qu'ils tiennent tous, que pour ne point labourer les terres, l'emphiteote ne pourroit pas estre chassé, si ce n'est, dit Balde, en matiere de vignes, qui estans une fois delaissées, deviennent en gast & perduës pour toûjours.

6. Ce qu'ordonne la Coûtume de Poitou touchant les vignes laissées en friche.
C'est pourquoi la Coûtume de Poitou contient precisément en l'article 91. *que si les vignes tenuës à complante sont demeurées à tailler & de serpe jusques aux fruits, le Seigneur les peut prendre de son authorité, & les appliquer à son domaine; & neantmoins peut encore demander son interest de ce qu'elles ne sont faites. Que si elles ont esté taillées, il ne les peut oster, mais peut demander son interest par voye d'action, & si les peut saisir, & n'en doit le detenteur avoir delivrance ou recreance, sinon qu'il donne caution suffisante de les bien faire pour le temps à venir, & payer l'interest du passé.*

7. Cas auquel le Seigneur se peut mettre dans l'heritage deserté.
Et bien que tout cela soit tres equitable, si est-ce que j'estime qu'aux autres Coûtumes cette commise ne doit estre pratiquée, mais seulement l'action pour dommages & interests de la deterioration de l'heritage. Et à seulement un cas auquel il est permis au Seigneur de se mettre dans l'heritage laissé en friche & le faire labourer, à sçavoir, quand sa rente fait une quote partie des fruits de l'heritage recüeillis par chacune année, comme sont les droicts de Champart, de Terrages, d'Agriere, de Partiaire, & mesme les Dixmes, comme aussi le Terceau & le Quarpot des vignes. Car dautant que ces rentes augmentent ou diminuent à proportion des fruits de chacune année, mesme que s'il n'y a aucuns fruits le Seigneur ne reçoit rien, il a plus d'interest qu'aux autres rentes certaines & immuables, que les terres & vignes soient bien labourées.

8. Que cela ne se doit faire sans congé du Juge.
C'est pourquoi déslors qu'il void que le proprietaire ne les laboure point, lui-mesme les peut labourer & ensemencer; & si le proprietaire ne le rembourse auparavant les moissons de ses labours & semences, les fruits lui appartiennent entierement; ce qui doit estre observé en toutes Coûtumes. Et encore qu'aucunes Coûtumes portent que cela se peut faire sans congé du Juge, j'estime toutefois qu'ailleurs c'est le plus honneste & le plus seur aussi, d'obtenir permission du Juge, avant que commencer à faire labourer les terres desertes, suivant la Loy *Crediteres, C. de pignor,* & la maxime *que non est singuli concedendum quod per magistratum publicum possit fieri:* laquelle permission toutefois se peut donner sur simple requeste, sans connoissance de cause.

9. Si toutes personnes peuvent labourer les terres desertes.
Mesme il y a quelques Coustumes, qui permettent indifferemment à toutes personnes de labourer les terres desertes, comme c'est se bien public qu'elles ne demeurent point en friche, & cela semble generalement ordonné en la Loy 8. *Cod. De omni agro deserto.* Toutefois j'estime hors ces Coûtumes, que veritablement ceux qui ont cultivé les terres desertes, ne perdent pas leurs labours & semences; mais aussi qu'ils ne gagnent pas les fruits d'icelles, mais sont tenus les restituer au proprietaire en ce qu'ils excedant leurs frais: bien qu'au contraire si les frais surpassent les fruits, ils ne les peuvent repeter, non plus que fait le Seigneur rentier, quand lui-mesme a labouré les terres desertes.

10. Inconvenient qui peut arriver à ceux qui labourent les terres desertes, & remede d'iceluy.
D'où s'ensuit qu'à l'un & à l'autre il peut échoïr plûtôt dommage que profit de faire valoir les terres desertes. Car si le proprietaire est fin & adroit, il attendra le hazard de l'année; & s'il void au temps des moissons que les terres aient bien rapporté, il offrira incontinent de rembourser le Seigneur de ses labours & semences: si au contraire *spem messità sit se-*

ges, il laissera moissonner les terres au Seigneur sans dire mot. Qui est un inconvenient, auquel nostre Jurisprudence n'a encore point trouvé de remede. Il est bien vrai qu'aucuns Seigneurs bien conseillez, pour y obvier, au lieu de se mettre à labourer euxmesme les terres desertes, les font saisir à faute de cens: & les font bailler en Justice pour un an, & tant que la saisie durera, à la charge de les bien labourer, ou eux-mesmes se les font adjuger à vil prix: mais si le proprietaire avant le bail à ferme vient à paier les cens, ou bien si le Seigneur Champartant n'est pas Seigneur censier, ce remede lui manque. C'est pourquoi pour en trouver un plus general, je penserois que le Seigneur voulant se mettre à faire valoir les terres, devroit faire adjourner le proprietaire, pour voir qu'à faute de les avoir labourées, il lui seroit permis de les faire cultiver luy-mesme; ou du moins afin qu'il fust dit qu'il seroit tenu lui rendre dans certain temps ses labours & semences: autrement que les fruits & dépoüilles des heritages lui appartiendroient pour son indemnité; comme aussi cela est decidé en la Coûtume d'Artois article 34.

11. Coûtumes qui privent tout à fait le detenteurs, qui laisse les terres en friche.
Mais il y a plusieurs Coûtumes qui passent plus outre, & portent que si le proprietaire a demeuré trois ans consecutifs sans labourer, le Seigneur peut reprendre absolument les heritages, & les reünir à son domaine, comme celle de la Marche, article 331. celle de Berry, titre 10. article 23. celle de Vastang, chapitre 2. article 4. D'autres y requierent une sommation ou interpellation judiciaire, outre la cession de trois ans, comme la Coûtume de Clermont, article 19. & mesme au grand Coûtumier, Livre 2. chapitre 27. il y a un article tout exprés de cela, pour une Coûtume ide la Prevosté & Vicomté de Paris. D'autres veulent qu'il y ait cessation de neuf ans, qui sont trois saisons, à sçavoir la Coûtume de Romorantin, chapitre 4. article 6. & celle de Blois, article 134. Toutesfois puisqu'ainsi est, que l'emphiteote ou le rentier ne peut estre chassé en poinct de Droict, faute de cultiver les terres, comme il vient d'estre trouvé, j'estime qu'és autres Coûtumes, qui n'en parlent point du tout, le Seigneur ne se peut approprier de la terre deserte, aprés quelque temps que ce soit, & n'a qu'une simple action pour contraindre le proprietaire à la maintenir en bon estat, comme cela est decidé en la Coûtume de Poitou, article 104.

12. Ce qui en doit estre tenu aux Coûtumes qui ne parlent point de cette commise.
Quoi donc ? si par pauvreté, ou faute de trouver Fermiers, ou pour quelque autre cause que ce soit & fust-ce par negligence & mauvais ménage, le proprietaire avoit par plusieurs années laissé ses terres en friche, le Seigneur Champartant peut-il pretendre contre lui dommages & interests, de ce que pendant ce temps il a esté privé de son droict : comme ce mesme article 104. de la Coûtume de Poitou le semble decider ? Si cela avoit lieu, il y auroit maintenant beaucoup de pauvres gens en peine par la France, veu qu'en plusieurs Provinces la plûpart des terres ont esté en friche depuis ces troubles, principalement de celles qui sont redevables de champart, & qu'il y a partant moins d'acquest de labourer. C'est pourquoi il faut tenir pour resolu, qu'és années esquelles le Seigneur ne s'est point pourveu, il ne peut rien pretendre contre le proprietaire, pour avoir laissé ses terres en friche : mais pour l'avenir, aprés qu'il a poursuivi le proprietaire, à fin de les entretenir en bon estat, sur peine de ses dommages & interests, encore se peut-il exempter de cette poursuite, en declarant qu'il consent que le Seigneur fasse lui-mesme son profit des terres, si bon lui semble, jusques à ce qu'il ait le moyen de les faire valoir, & en ce faisant il le met hors d'interest.

13. Pourquoi le Droict ne parle que des terres desertes.
Voila ce qui se peut dire des terres desertes, quand le proprietaire d'icelles apparoist ; mais quand on ne sçait qui en est proprietaire, c'est proprement le sujet du titre *De omni agro deserto. lib. 10. Cod.* & le vrai cas

Des effets

nos Ordonnances ne parlent que des maisons vuides & vagues.

du Privilege des Bourgeois de Paris, ensemble de l'Ordonnance de 1441. Il est vrai que les Loix Romaines parlent seulement des terres desertes, parce que seulement les terres domaniales se bastissoient à emphiteose, ou à rente, ainsi qu'il a esté dit au premier Livre ; & au contraire, nos Ordonnances ne parlent que des maisons vuides & vagues, parce que le delaissement en est plus dommageable que des terres.

14. Pratique des Romains és terres desertes.

Or la pratique du Droict-Romain pour les terres domaniales baillées à rente, ou à emphiteose, que par après on laissoit desertes, estoit, que s'il ne se trouvoit personne qui les voulust reprendre à la charge de la redevance. Premierement, on ordonna que les Decurions ou Officiers des Villes étoient tenus de les reprendre à mesme prix, sauf qu'ils n'en payoient rien les trois premieres années, l. 1. Cod. eo tit. Mais enfin pour décharger les Officiers des Villes, il fut arresté qu'on les rebailleroit à ceux qui tenoient d'autres heritages de la mesme baillée, qui estoit l'adjection ou surcharge que j'ay amplement expliquée au second chapitre de ce Livre. Que s'il se trouvoit quelqu'un étrange, qui de son bon gré voulust reprendre ces terres pour leur redevance, il y estoit receu ; & estoit veritable qu'il n'en estoit point Seigneur incommutable, jusques à ce qu'il les eust possedées deux ans entiers ; car si pendant les deux ans l'ancien proprietaire le redemandoit, il y estoit admis, en remboursant les amendemens & ameliorations. l. 8. eod. tit.

15. Conciliation de la Loy Locorum, avec la Loy 8. C. de omni agro deserto.

Mais pour abreger ce temps, il falloit se faire faire nouveau bail de ces terres desertes par le perequateur, lorsqu'il faisoit le regalement general des terres de la Province, qui estoit bien le plus seur moien de s'en approprier, parce que si dans six mois après le regalement, le proprietaire, ou autres pretendans hypotheque sur l'heritage, ne se presentoient, il demeuroit absolument maistre de l'heritage, & si toutes les hypotheques estoient purgées, comme il est dit en la Loy derniere, Cod. de censibus censit. & peraqua, laquelle Loy il faut ainsi concilier avec la Loy 8. de omni agro deser. comme a remarqué le docte Cujas au Traité de praescript. cap. 21. Que si le temps du regalement general des terres de la Province estoit trop éloigné, il falloit par plusieurs fois faire adjourner le proprietaire par placarts & affiches mises & apposées en lieux publics, qui s'appellent en Droict edicta citatoria ; & après les six mois s'il ne comparoissoit, le faire condamner par defaut, & declarer decheu & privé de la proprieté de l'heritage, ainsi qu'il est porté en la Loy Locorum. eod. tit. De omni agro deserto.

16. Origine & cause de la Philippine, autrement appellée le Privilege des Bourgeois.

D'où sans doute a esté tirée cette ancienne Ordonnance, qu'on appelle le Privilege des Bourgeois de Paris, autrement la Philippine, parce qu'elle est du Roy Philippes de Valois, qui fut faite en l'an 1343. après la premiere guerre contre les Anglois, pour obvier aux grandes ruines, qui pendant les troubles arrivoient journellement aux maisons de cette Ville & Fauxbourgs, vuides & inhabitées à l'occasion des grosses rentes assignées sur icelles. Car en ce temps-là on reputoit toutes les rentes comme foncieres & charges ordinaires des maisons, & suivoient les detenteurs d'icelles, & non les obligez, comme il a esté dit au quatriéme chapitre du premier Livre ; & a desja par deux fois pensé causer la ruine de Paris, si par cette Ordonnance, & celle de 1441. il n'y eust esté pourveu.

17. Abregé du contenu en ce Privilege.

Estans donc ces maisons inhabitées, & laissées vuides & vagues, les rentiers ne sçavoient qui étoient, ny où estoient les proprietaires d'icelles, afin de les poursuivre pour le paiement de leurs arrerages, & pour l'entretenement des maisons ; & si ne pouvoient pas selon le Droict François s'emparer des maisons, ou les rebailler à d'autres. C'est pourquoi il fut ordonné par ce Privilege des Bourgeois, que les proprietaires des maisons vuides & vagues, ensemble tous les rentiers, & autres pretendans quelque droict d'hipotheque sur icelles, seroient adjournez dans lesdites maisons trois fois en un an, sans intermission ; à sçavoir le lendemain de Toussaincts, & aux Octaves de Noël & de la Pentecoste, pour comparoir au Chastelet de Paris ; & si dedans l'an ils n'y comparoissoient, ils seroient mis en defaut, & par vertu d'iceluy declarez decheus & privez de leurs droicts en proprieté, rentes ou hipotheques respectivement ; & qu'au Seigneur censier ou rentier qui les-auroit fait adjourner, la maison seroit adjugée pour sa rente ; lequel neantmoins auroit son action sauve contre le proprietaire, pour les arrerages d'icelle.

18. Cause de l'Ordonnance de 1441. & difficulté d'icelle.

Or il fut grandement besoin de renouveller cette Ordonnance du temps du Roi Charles VII. après la reduction de Paris des mains des Anglois, qui l'avoient usurpée l'espace de dix-huit ans ; de sorte que les rentiers ne connoissoient plus les proprietaires des maisons, lesquels n'osoient se donner à connoistre, de peur de demeurer chargez de tant d'années d'arrerages, n'estant encore lors en usage le déguerpissement, qui lors seulement fut authorisé. De sorte que cette Philippine fut non seulement renouvellée alors ; mais mesme grandement augmentée par l'Ordonnance de 1441. qui contient quarante-cinq articles, pour obvier à la ruine des maisons de Paris, & faciliter le paiement des rentes assignées sur icelles, qui est bien une des plus belles, mais sur tout la plus difficile antiquité de nôtre Droict-François ; car bien que ce Privilege des Bourgeois, & cette Ordonnance de 1441. soient en la bouche d'un chacun, si puis-je dire qu'il y eu a bien peu qui l'entendent. Et quant à moy je confesse avoir esté plus d'un an à comprendre l'ordre de la suite des criées faites en vertu d'iceluy, & l'ayant demandé à tous ceux que j'ay pensé m'en pouvoir éclaircir, je n'en ay enfin pû apprendre autre chose que ce que ma meditation profonde & arrestée m'a suggeré, ce qui me l'a fait reserver tout à la fin de cet Oeuvre.

19. Division de cette Ordonnance en 3. points principaux.

Donc cette Ordonnance de 1441. contient trois points principaux ; le premier est l'ordre des criées faites par vertu du Privilege des Bourgeois de Paris, qui est son vray sujet : le second, les moyens de décharger pour l'avenir les maisons de Paris, des rentes imposées sur icelles : & le troisiéme est la renonciation ou déguerpissement des maisons permises au proprietaire & adjudicataire d'icelle. Ce dernier poinct a esté expliqué par tout ce Traité : le second concernant la décharge des maisons, en ce qu'il contient la prohibition de les charger outre le tiers, a esté expliqué au neuvième chapitre du premier Livre : & en ce qu'il contient le taux du rachat des rentes déjà constituées, il a esté interpreté au dernier chapitre du troisiéme Livre ; & le surplus de ce qui concerne le rachat des rentes est facile à entendre, fors ce qui sera tantost touché.

20. & seq. Ordre des criées par vertu du Privilege des Bourgeois, contenu en cette Ordonnance.

Reste donc à expliquer le premier & principal poinct de cette Ordonnance, à sçavoir l'ordre & la suite des criées faits par vertu du Privilege des Bourgeois, ausquelles elle ajoûte encore de nouvelles ceremonies, dont je ne rapporterai point celles qui se peuvent aisément entendre par la lecture de l'Ordonnance. Donc parce que la Philippine avoit obmis la principale difficulté qui arrivoit touchant les maisons vuides & vagues, à sçavoir quand une maison se trouvoit chargée envers plusieurs rentiers, qui tous demandoient qu'elle leur fust adjugée en vertu du Privilege ; pour y donner ordre, cette Ordonnance veut que ces rentiers ayans comparu au Chastelet dedans l'an des criées, seront tenus dans six mois ensuivans mettre leurs titres és mains du Commissaire à ce député, autrement qu'ils en seront forclos & quant & quant privez de leurs rentes & droicts.

Et

du Déguerpissement, Livre VI.

21. Que signifie, *Garnir*, ou *quitter*, en cette Ordonnance.

Et les six mois passez, que par le Prevost de Paris sera fait l'ordre de priorité & posteriorité de tous les rentiers qui auront produit leurs titres : & par mesme moyen la maison sera adjugée au plus ancien rentier, à la charge de la garnir, c'est à dire, de la remettre & entretenir en bon estat, & la faire habiter ; ensemble de payer les rentes des autres rentiers, si bon luy semble, sinon de quitter son droict, c'est à dire, son privilege de se la faire adjuger, en vertu de la Philippine ; & non pas precisément il soit tenu de quitter sa rente, s'il ne veut accepter la maison, comme les termes des articles 9. & 10. semblent signifier. Et à faute de declarer dans six semaines qu'il accepte la maison aux charges susdites, son droict & option est devolué aux autres rentiers, selon leur ordre de priorité & l'ancienneté de leurs rentes.

22. Correction du 32. art. d'icelle.

Mais si auparavant l'achevement des criées le proprietaire de la maison vient à y renoncer de luy-mesme, & la déguerpir, alors le poursuivant criées pourra dans la quinzaine ensuivant accepter la propriété ; car ainsi faut-il lire necessairement, & non pas *acheter*, comme il se lit vulgairement en l'article 32. que s'il y a plusieurs poursuivans criées pour diverses rentes, le plus ancien rentier sera preferé : comme aussi si les poursuivans n'acceptoient la maison dans la quinzaine, les autres rentiers la pourront prendre à leur tour, selon l'ancienneté de leur rente.

23. Si par les criées du privilege la maison n'a pû estre adjugée, faut faire les criées ordinaires des quatre quatorzaines.

Que si aprés l'an des criées, & le demy an ordonné par aprés pour instruire les oppositions, il n'y avoit aucun des rentiers qui voulust accepter la maison à condition de la rétablir, & de payer toutes les rentes d'icelle, en ce cas il la falloit de nouveau faire remettre en criées par les quatre quatorzaines ordinaires & accoustumées, pour estre adjugée à rente au plus offrant & dernier encherisseur, & de cette rente en estre les plus anciens rentiers satisfaits en leur ordre. De faire la poursuite desquelles criées par les quatre quatorzaines, en ces cas, comme aussi des premieres criées par vertu du privilege des Bourgeois, dans un an aprés que la maison aura esté delaissée

vuide & vague, le plus ancien rentier est chargé par cette Ordonnance, sur peine de perdition de son droict de preference, & des arrerages de sa rente.

Et faut remarquer que l'adjudicataire est tenu bailler caution ou certificateur de payer la rente ; & neanmoins il se peut décharger d'icelle, quand il voudra en renonçant à la maison, pourveu qu'il la laisse en aussi bon estat qu'elle estoit au temps de son adjudication, pour quoy il la doit faire visiter dedans la quinzaine aprés.

24. Côment l'adjudicataire pourra se deguerpir.

Finalement il est ordonné que celuy qui aura accepté la maison par vertu du privilege, & celuy auquel elle aura esté adjugée à rente aprés les quatre quatorzaines, comme aussi le proprietaire qui la voudra garder, pourront racheter les rentes foncieres, encore que de leur nature elles ne soient rachetables, & ce pour le prix que j'ay marqué au dernier chapitre du troisieme Livre. Et dautant que lesdites rentes pourroient estre hypothequées à d'autres rentes ou debtes, il est dit que ceux qui pretendent hypotheque, ou autre droict sur les rentes des maisons en criées par vertu du privilege, seront tenus s'opposer aux criées aussi bien que les rentiers, autrement qu'ils seront forclos & deboutez de leurs droits, & pourra l'adjudicataire payer aux proprietaires des rentes le prix du rachat d'icelles : Mais s'ils se sont opposez, & que leurs oppositions ne puissent estre discutées si-tost que le decret de la maison sera fait, l'adjudicataire qui voudra racheter lesdites rentes, pourra consigner, si bon luy semble, le prix & racquit d'icelles en main seure par Ordonnance de Justice.

25. Côment se rachetoient les rentes qui estoient hypothequées.

Voila ce qui est de plus difficile en cette belle Ordonnance, qui la premiere a authorisé en France le Déguerpissement, & par laquelle à cette cause j'ay bien voulu en conclure le Traité ; suppliant le Lecteur de prendre en gré l'employ que j'ay fait des premiers Labeurs de ma jeunesse, à éclaircir la plus obscure matiere de tout le Droict-François. Ce qui soit dit pour me servir d'excuse envers luy, s'il trouve quelque defaut en cet Oeuvre.

26. Conclusion de cet Oeuvre.

※※※※※※※※※※※※※※※※※※※※※※※※

TABLE DES MATIERES
Contenuës en ce Livre.

A

Ccroissement des terres deguerpies. pag. 151
Acquereur à la charge d'une rente constituée, est tenu personnellement. 87. s'il peut deguerpir. *ibidem*
Actions personnelles, réelles, & mixtes, & leurs marques. 19
Action des charges foncieres. ibid.
trois diverses Actions ont lieu aux charges foncieres. 54
Action recursoire. 47
Action personnelle hypothequaire. 61
Action d'interruption d'hypotheque. ibid.
Agriere, quid ? 14
Alimens & legs pieux sont la rente fonciere. 21
Ameliorations, quand se retirent aprés l'emphyteose finie, ou par son temps, ou par commise, ou par deguerpissement. 231
reçoivent l'hypotheque du fonds. 239. comment se retirent aprés le delaissement par hypotheque. ibid.
quand se retirent aprés le deguerpissement. 246. comment se retirent aprés les resolutions des contracts. 102
Amende de cens non payé, ou ventes recelées, n'est charge fonciere. 26
Amiot repris. 58
Amonna, quid. 10. comment se payoit. ibid.
Anneaux baillez en gage. 85
Antapocha Justiniani. 64
Antichrese. 18
Appropriances de Bretagne. 60
Du Déguerpissement,

Aqua forma, quid ? 13
Armoiries des femmes, pourquoy sont my-parties. 13
Arrests de la Cour, pourquoy ne sont citez en ce Livre. 46
Assiette de rente. 11
Assignat, comment est conceu. 18. s'il induit hypotheque. 19. s'il fait limitation ou simple demonstration. 20. s'il induit charge fonciere. 20. son effet és rentes constituées. ibid.
invention des rentes d'Assignat. 43. & 44
rente d'Assignat constituée à prix d'argent, n'est fonciere. ibid.
Authorisation des femmes par Justice pour plaider & contracter, & la mauvaise pratique y observée. 39

B

Bail à rente mêlé de vente, d'échange, de partage, & de transaction. 176
Bail excedant neuf ans, transfert la Seigneurie, directe. 14
Bisaiuvus, quid ? 57
Beneficier, comment peut deguerpir. 92
Bordelage. 14
Brandons de saisie. 58. qui en peut user. ibid. leur forme. ibid. usitez à Rome. ibid.

C

Canon, seu patrimonialis canon, quid, 11
Captivo, quid. 26
Carpot, ou Quarpot. 14
Cedere in jure, quid. 6
Cedere in jure, & habere pro derelicto differunt. 147
Cedere hereditatem, usumfructum servum,

Table des Matieres.

Census apud Romanos, quid? 10
Cens des François, gros cens, chef cens, pur cens, surcens, croix de cens. 14
Cens, quand est divisible. 17
Cessio in iure. 61. & 147
Cession d'actions du creancier. 50. si elle peut estre demandée ex interuallo. ibid.
exceptio Cedendarum actionum. 49
Cession de biens, & son origine. 79
Champart emporte lods & ventes. 14
Charges casuelles & extraordinaires. 26. Comment le Seigneur de la rente fonciere y doit contribuer avec le proprietaire de l'heritage. 27
Charges foncieres, & leur importance. 7. distinguées des debtes personnelles, des seruitudes, & des simples hypotheques. 8. sont deues pour la chose, & se payent par celuy auquel elles écheoent sans recours. 42. sont divisibles en Droict, & solidaires en France. 54
Charges universelles, 36 different des Charges foncieres. 28
Clause d'assignat. 18. & 19
Clause de cession de droicts contre le Fermier. 19
Clause de prendre les arrerages de la rente par les mains du Fermier. ibid.
Clause aux constitutions de pensions, *immunem & exemptam fore*, &c. 27
Clause hypothequaire *promittant*, &c. *obligant*, &c. 62. & 104
Clause de constitut, ou precaire, exclud la discussion. 71
Clause de ne pouvoir aliener l'hypotheque exclud la discussion. ibid.
Clause de fournir & faire valoir en échange, n'exclud pas le deguerpissement. 87
Clause de fournir & faire valoir la rente en bail d'heritage. 103. & 107
Clause de promesse de payer. 67. & 103
Clause d'obligation de biens, quel effet à aux baux à rente. 103
Clause de pouvoir racquitter la rente de bail d'heritage, si exclud le deguerpissement. 110. & 111
Clause de mettre amandement à l'heritage. 105
Clause de maintenir l'heritage en bon estat. ibid.
Clause, sans innouer ny preiudicier à l'hypotheque. 165
Cleocarium. 13
Collatio via. 26
Collatis quid? ibid.
Cotonarium ius. 12
Commise de l'emphyteose pour deterioration. 175
Commise des terres & vignes, faute de les bien entretenir. ibid.
Commise, quand a lieu de droict *in fundis patrimonialibus.* 11
Commissaire, pour quoy doit estre estably à la chose saisie. 72
Communauté de la femme a lieu *ipso iure*, sans apprehension de biens. 83
Complant. 14
Conclusion de l'action hypothecaire. 63
Confusion de la debte ou rente constituée par l'acquisition de l'hypotheque. 48
Consignation quand est necessaire. 84
Contestation quand est induite. 138. induit mauvaise foy presomptiue. 137
Coustume de Paris est generale és cas obmis par les autres. 41 s'il y faut plustost avoir recours qu'au Droict Romain. ibid.
Creanciers, *in diem, vel sub conditione*, ou pont garantie, comment doit estre mis en ordre aux decrets. 74
Criées par vertu du privilege des Bourgeois. 101
Curateur à l'heritage deguerpy. 103. s'il doit payer relief de son chef. ibid.

D

Debtes personnelles, comment se payoient à Rome. 80. trois sortes de Debtes, ausquelles ont lieu diverses actions ibid.
Declaration d'hypotheque. 61
effets principaux de nos Decrets, & plusieurs ouvertures touchant iceux. 71
Deguerpir, que signifie. 5. variations de ce mot. 9
Deguerpissement presque inutile aux Romains. 6. Loix qui en parlent directement ou indirectement ibid. n'a lieu aux debtes personnelles. 80. si a lieu en donation à la charge de rente, & si cette rente est fonciere. 89. si a lieu en heritage baillé à charge d'une rente envers un tiers. 90. n'a lieu en rente de legs pieux. 91 doit estre fait en iugement. 109. s'il se peut faire par procuration volontaire. 110. comment se faite par defaut ibid. si peut estre faite pour partie. 112. induit resolution, & non pas translation de droict, & n'a pas un effet retroactif. 147
au Deguerpissement, quand y a lieu de penitence. 150
Deguerpissement d'heredité. 80
Deguerpissement du preneur. 99. & *seq.* a lieu aux charges foncieres. 100. s'il a lieu en l'emphyteose. ibid.
Deguerpissement des successeurs universels. 80
formes & conditions du Deguerpissement universel. 142
difference du Deguerpissement, & du Delaissement par hypotheque, & leur definition. 6
division generale du Delaissement en cinq especes, & difference de chacune d'icelles. 4

Delaissement des simples hypotheques. 83. des rentes constituées. 85
Delaissement n'abolit pas l'obligation personnelle. 83. & 85
Delaissement par hypotheque est revocable. 143. quels arrerages faut payer. 144. a mesmes effets que la cession de biens. 164
Delaissement des terres en friche. 175
Demolitions, si doivent estre restablies par le tiers detenteur 118
Demolitions fortuites, si doivent estre reparées au deguerpissement. 121. volontaires doivent estre reparées. 119. naturelles comment doivent estre reparées. 103
Deperissement de l'heritage exempte le preneur à rente. 96
Deperissement de la maison brûlée, n'exempte pas de la rente fonciere. 95
tiers Detenteur, quand ne peut deguerpir. 50
Detentor, que signifie. 31
trois sortes de Detenteurs. 32
quels Detenteurs sont tenus des charges foncieres. ibid.
simple Detenteur ou locataire, n'est tenu des charges foncieres. 56
Διακατοχή, *quid?* 5
Διάγραμμα, *quid?* 10
Difficulté de la matiere du deguerpissement, & cause d'icelle. 91
Diminution du tiers des arrerages de la guerre, si a lieu au fideiusseur 107. sur quoy est fondée. 141
Diminution des arrerages à cause de l'hostilité. 140
Diminution est differente de la remise des Romains. 141
Discussion en quelles Coustumes est requise. 72. doit avoir lieu es Coustumes qui n'en parlent point. 73
forme de la Discussion. 75. cautele pour la bien faire. ibid. dix cas ausquels n'a lieu. 74
quatre degrez de Discussion. 75. n'est excluse pour l'insolvabilité notoire. 74. n'est necessaire si elle n'est demandée. 75 si a lieu au profit du fideiusseur qui a racheté la rente, ibid. n'est requise aux charges foncieres. 73
Discussion de la speciale hypotheque. 72
Discussion de l'heritage premier vendu, n'est pratiquée. 79
fondement du droict de Dixme. 33
Dixmes doivent estre payées par le Fermier, & pourquoy. ibid.
Donation à la charge de rente, si fait la rente fonciere. 91
Droicts seigneuriaux sont charges foncieres. 27. fors les amendes. ibid. si doivent estre payez par le proprietaire de l'heritage seul, si le Seigneur rentier y doit contribuer. ibid. qu'ils sont deubs apres les resolutions des contracts. 119. quels apres le deguerpissement. ibid. quels apres le delaissement par hypotheque. 160. quels apres le deguerpissement universel. 171

E

Edict du controlle & insinuations. 95
Embola, quid? 10
Emphyteose des Romains, son origine & nature. 11. celle de France, & ses particularitez. 14
en Emphyteose si le preneur peut deguerpir. 90
Emphyteote, quand retire ses ameliorations apres son bail expiré, ou apres la commise, ou apres le deguerpissement. ibid. & infrà.
Επιβολή, & sa matiere. 11. & 17
Ἔκσις & καπιτιτασκευή. 118
Ensaisinement. 59
Estat & valeur des heritages, que signifie. 32
Estimation des rentes foncieres, & d'un doüaire en un decret 77
Eviction, quand resulte du deguerpissement & delaissement par hypotheque. 165
de Exceptione cedendarum actionum. 49
Execution de sentence, comme se faisoit à Rome. 57

F

Faculté de racheter la rente fonciere n'exclud le deguerpissement. 112
Femme avoit trois sortes de Biens à Rome. 38
Femme en France est en la puissance du mary. ibid. perd son nom & armes, & pourquoy, ibid. authorisée par Iustice pour plaider & contracter. 39. pourquoy doit mettre la clef sur la fosse du mary. 83
Femme commune peut deguerpir. ibid.
Fideiussor euictionis. 145
Fiducia. 56
rente Fonciere, & Seigneur Foncier, que signifie. 14
Foüage. ibid.
Foy & hommage, quand est deuë apres le deguerpissement. 156 quand apres le delaissement par hypotheque. 166
Foy & hommage du fief deguerpy ou laissi, faire par les creanciers. 156
Frais du decret, comment se payent sur le prix. 154
Functiones, quid? 26
Fundi patrimoniales, quid? 10. se balloient en trois façons. 11 difference *inter Fundos patrimoniales emphyteutici & privati iuris.* ibid.

G

Gage, & son invention. 56
difference entre Gage & hypotheque. ibid. trois sortes de

Table des Matieres.

Gages, conventionnel, pretorien, & gage de Justice. 69
Gages de France consistent seulement en meubles, & hypotheques en immeubles. 57
Gages que signifient, 84. comment s'entend le proverbe François : Qu'on garde les Gages. 84. & 85
simple Gagerie. 68
Gageure, pourquoy est dite, & de ses especes. 83
Gageures par consignation seules reconnuës en Grece, & en France. 84. & 85
Garant pourquoy doit estre sommé avant deguerpir, 43. & 44
Garantie quand échet au gage vendu. 69
Guerp ou Vuerp, que signifie. 5
Guerpie, & Guerpir, ou Vuerp. ibid.

H

Heritage saisi, comment peut estre deguerpi. 92
Heritier par benefice d'inventaire, & sa nature. 35
s'il est tenu en son nom des rentes foncieres, ibid. comment des rentes constituées de la succession. 55. qu'il n'y a separation de patrimoine de ses heritier. ibid. pourquoi il a esté inventé. ibid. est trop favorisé en France. 36. en poinct de Droict il est contraignable en ses propres biens pour les debtes de la succession, ibid. ne peut deguerpir les biens de la succession. 87 peut deguerpir l'heritage sujet à la rente fonciere, qu'il peut vendre & qu'il peut donner. 93
Heritier & bien-tenant ne peut deguerpir. 67. est tenu solidairement des debtes hypothequaires, sans division ny discussion. 63
Hypotheque empruntée des Grecs. 58
difference d'Hypotheque, & de gage. ibid.
progrez de l'usage des Hypotheques en France. 57
la suite de l'Hypotheque est pleine d'inconvenient. ibid. remede qu'y pratiquoient les Romains. 115. remede des Grecs. ibid.
Hypotheque des charges foncieres a deux prerogatives. 63
Hypotheques quand sont purgées en Droict par la vente de l'heritage. 68. n'empeschent le deguerpissement. 116. demeurent après le deguerpissement. 156
Hypotheque confuse renaist aucune fois. 155
Hypotheques & alienations demeurent après le deguerpissement universel. 156
action Hypothequaire, & son origine. 61. qu'elle a lieu aux charges foncieres. ibid.
action Hypothequaire pour les charges foncieres, & ses effets particuliers. 87. conclusion d'icelle. 63
trois actions Hypothequaires en France. 61
action en declaration d'Hypotheque. ibid.

I

Inconvenient qui se trouve maintenant aux decrets. 71
Indemnité qu'on stipuloit à Rome aux baux des terres du Domaine. 23
Judiciorum species apud Romanos. ibid
Infamie resultant de la vente des biens. 70
Immeubles après les guerres bailliez en payement aux creanciers. 72
action d'Incertetation. 61
Iugatio, quid. 10
Ius offerendi quare inventum. 70
de luro domini impetrando. 68

L

Lecture des contracts en Normandie, pourquoy se fait. 59
Legs pieux sont la rente fonciere. 10
Lex pradii, quid? 6. in traditione rei tantum imponitur. 4
Libellarius contractus. 12
Locataire ou Fermier n'est tenu des arrerages de la rente fonciere. 33
Locatio ad longum tempus. 12
Lods & ventes. 13. 26. & 27
Loix Romaines comment sont gardées en France. 31
si és cas obmis en nos Coustumes il faut avoir recours aux Loix Romaines, ou à la Coustume de Paris. 31

M

Main-assise, espece de nantissement. 59
Maison estant brûlée, ou abattuë fortuitement, le detenteur ne laisse d'estre tenu de la rente fonciere jusqu'à ce qu'il ait deguerpi. 95
Mariages de Rome per coemptionem. 38. ceux de France leur ressemblent. ibid.
Maris en France se qualifient des seigneuries de leurs femmes, & jouïssent des prerogatives d'icelles. 38
Mary comment est tenu des debtes de sa femme. 39. comment peut deguerpir l'heritage de sa femme. 92
Marque des actions, tant personnelles, reelles, que Mixtes. 29
des rentes foncieres, & des constituées. 12. des hypotheques aux Grecs & aux Romains. 58
Materiaux pris de la maison abbattuë n'empeschent le deguerpissement. 126
Mauvaise foy comment se prouve. 137
Mettre la clef sur la fosse. 84
Mission en possession, espece de nantissement. 59
Mort gage, & vif gage. 18
Du Déguerpissement.

N

Nantissement, & ses trois especes. 59
de noxalibus actionibus. 115

O

Oblatio an sufficiat ad sistendum cursum usurarum. 131
Obligation de biens, quel effet a és baux à rente 103
Offre d'argent à découvert est frustratoire. 132
Offre reelle, ou verbale & labiale, que signifie. ibid.
Opinion plus commune n'est toûjours la meilleure. 100
trois sortes d'Oppositions aux decrets. ibid.
trois sortes d'Oppositions à fin de conserver. ibid.
Opôs signifiant la marque de l'hypotheque. 58
Ouverture d'adjuger les heritages à la charge des rentes constituées. 78. touchant la mauvaise pratique de l'heritier par benefice d'inventaire, 36. d'abolir le delay de veuë, 46. d'apprecier les heritages avant le decret. 70. de donner en cette saison quelque temps pour recevoir les heritages vendus par decret. 71 touchant les femmes authorisées par Justice au refus de leurs maris. 39

P

Pannonceaux Royaux, & leur invention. 58
Παρακαταβολὴ, quid ? 85
Parapherna, quid ? 38
biens Paraphernaux, ce que c'est en la Coustume de Normandie.
Pavé des Villes est charge fonciere, 34. par qui doit estre payé. 6
Pensions de benefices sont especes de rentes foncieres. 15
action personnelle hypothequaire contre l'heritier & bien-tenant.
Peremption abolit non seulement l'instance, mais aussi l'action. 137
Perpetuarius contractus, seu locatio perpetua.
Ὅρος, quid ? 1
Pignoris & hypotheca differentia. 56
Pignus triplex, Conventionale, Pretorium & Iudiciale. ibid.
Pignoris Pratorii & judicialis differentia. 56
Pignus conventionale triplex, Roma. ibid.
Possessio pro re nec mancipi. 5
Possession est presumée de bonne foy. 134
Precaria, ou Precario, quid ? 5
Prescription court contre le tiers detenteur avant discussion. 72
Prisée se faisoit à Rome des gages & hypotheques avant la vente, 70. devroit estre faite de l'heritage avant le decret. ibid.
Proprietaire comment differe du Seigneur & du detenteur. 11. a quatre significations. ibid.
Promesse de payer, quel effet a és baux à rente. 108
Promesse de payer la rente fonciere à perpetuité, si exclud le deguerpissement. 103
Promesse de payer la rente tant qu'elle aura cours, quel effet. ibid.
Προτιμησία, quid ? 84

R

Rachat au profit de fief, pourquoy est deu pour mariage. 38
Recours ou action recursoire d'un des codetenteurs, qui a payé toute la debte. 47
Recousse de gage vendu. 71. qu'elle seroit necessaire aux decrets de ce temps. ibid.
Refectio & restitutio o adificii differunt. 112
Refundere signifiant deguerpir. 6
Regalement ou perequation des terres du domaine. 35
trois Reglements particuliers pour les rentes assignées sur les maisons de Paris. 4
Remeré ou vente à faculté de rachat. 18
Remissio pensionis in iure, quid ? 141
Renonciation à la communauté quand a lieu, & pourquoy, 82. & 83. estant prohibée par la Coustume, femme n'est tenuë que jusques à la valeur de la Communauté. ibid. doit estre restrainte à certain temps. ibid.
division generale des Rentes.
marque des Rentes foncieres & des constituées. ibid.
Rentes en assiette ou legs pieux, est nayement fonciere. 10
Rentes d'Assignat, & leur invention. 41. qu'elles ne sont foncieres. 43. qu'elles doivent estre rachetées. 62
Rente constituée, si est meuble ou immeuble 48. si est confuse par l'acquisition de la speciale hypotheque. ibid.
effet de la clause d'assignat aux Rentes constituées. ibid.
Rentes constituées à prix d'argent s'appellent, volantes, courantes, hypothequaires 15. leur origine. ibid. leurs quatre moderations. 16. si elles doivent nommément estre assignées sur quelque heritage. 22
Rentes constituées par nantissement. 17. sous seing privé. ibid.
Rentes de don & legs sont irregulieres, 17. de quelle espece elles sont. 58
Rentes foncieres reconnuës à Rome. 10
deux sortes de Rentes foncieres deuës au fisque, l'une pour marque de Souveraineté, l'autre pour reconnoissance de la Seigneurie particuliere de l'heritage.

Table des Matieres.

Rentes foncieres des Romains estoient toutes Seigneuriales. 13
Rente fonciere ou sur-fonciere, signifiant la premiere rente aprés le cens. 14
Rente fonciere simple ou arriere-fonciere. *ibid.*
Rentes d'heritages, rentes speciales, rentes reelles, ou realisées, assignats. 24
Rentes mélées de vente, échanges, partage, transaction. 15
quatre prerogatives des Rentes Seigneuriales par dessus les simples foncieres, qu'elles ne se prescrivent point, qu'elles emportent lods & ventes, & qu'elles ne sont abolies par le decret. 13. & 14
Rentes volantes & volages, courantes, personnelles, rentes d'hypotheque, ou hypothecaires, rentes generales. 15
Reparations reconnuës au Droict Romain, & en France. 118
Res receptitia, *quid*. 51. comment elles se pratiquent en France. *ibid.*
des Resolutions des contracts qui approchent du deguerpissement. 172
Resolutions des échanges des rentes sur le Roi. 170

S

Sacramentum, quid. 84
Saisine & dessaisine. 37
Sarta tecta, quid. 118
Scellé, & son origine. 69
Seigneur & proprietaire, comment different. 31
simple Seigneur n'est tenu des charges foncieres. *ibid.*
Seisachthie de Solon. 58
Sentence s'executoit à Rome en trois façons. 57
Separations de biens reconnuës en Droict. 35
Servitus quid differt à Lege prædii. 8
Servitudes n'empeschent le deguerpissement. 115. demeurent aprés le deguerpissement, & autres resolutions des contracts. 135. confusës par l'acquisition, renaissent aprés le deguerpissement ou resolution. 136
Servitude non declarée en la vente, ne produit eviction. *ibid.*
Simple gagerie. 68
Signa rebus hypothecæ subjectis imposita. 58
Solarium, quid? 12
Sponsio quare dicta, quotuplex, itemque de Judiciali & ludicra sponsione. 84. & 85

Stipendium, voy *Tributum*.
Subhastation & autres solemnitez, si sont necessaires de Droict en la vente du gage conventionnel. 70. les effets. *ibid.* sa forme. *ibid.*
Successeurs universels, qui sont. 33. doivent faire inventaire. 81. sont contraignables aux debtes sur leurs propres biens. 45 peuvent deguerpir. 81
Superficiarius contractus. 12
Surcharge des terres desertes, ou deguerpies. 130. & 131

T

Tabulam figere. 58
Trailles reelles en quelques provinces de France. 11
ΤΕΛΟΣ, *quid*? 10
Terme ensuivant, pourquoy doit estre payé en deguerpissant. 130
Tertage. 14
Terres desertes, ou delaissées en friche. 175
Titre nouvel des rentes, son origine, 65. ses trois especes *ibid.* ses quatre effets. *ibid.* pourquoy il doit contenir obligation personnelle du tiers detenteur. *ibid.*
Titulos seu tabulas domibus hypothecæ subjectis imponere. 68
Tributs à Rome se payoient par tiers d'an, & commençoient en Septembre. 10
Tributum & stipendium different. 11
Tuteur peut deguerpir avec advis des parens. 92

V

Vela Regia seu Cortina Regia. 58
Vendicatio pignoris. 69
Vente des gages & hypotheques en Droict. *ibid.* en France. 70
Vente du gage Pretorien portoit infamie en Droict. 69
Vest & devest. 59
de la Veuë & montrée de l'heritage, 45. qu'il la faut abolir. 46
Vinage. 12
Vsufruit, comment peut estre deguerpy. 61. & 112
Vuerp, ou guerp, que signifie. 5
Vuerpit. *ibid.*

Fin de la Table du Deguerpissement.

TRAITÉ
DE LA GARANTIE
DES RENTES.

AVANT-PROPOS.

1. De la trop grande frequence des hypotheques.
2. Le trafic d'argent plus frequent en France qu'à Rome.
   Origine des Rentes constituées.
3. Usures Romaines n'estoient pas de si longue durée que nos Rentes.
4. Hypotheques moins frequentes à Rome qu'en France.
5. Pourquoy en quelques Coustumes le nantissement est requis.
6. & 7. Frequence des hypotheques de France.
8. Qu'il y a peu d'asseurance és debtes & és Rentes.
9. Qu'il y a moins d'asseurance à present que jamais.
10. Proposition de ce Livre.
11. Ce que dit Seneque des asseurances de garantie.
12. Clause de garantir.
13. Clause de fournir & faire valoir.
14. Clause de payer soy-même.

1. De la trop grande frequence des hypotheques.

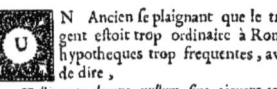N Ancien se plaignant que le traffic d'argent estoit trop ordinaire à Rome, & les hypotheques trop frequentes, avoit raison de dire,

Nulla certa domus, nullum sine pignore corpus.

Mais sans doute, nous avons plus d'occasion d'en dire autant en France, principalement à present que les ruines des guerres Civiles ont appauvry les riches Maisons, & desolé les pauvres.

2. Le trafic d'argent plus frequent en France qu'à Rome. Origine des rentes constituées.

Car il est aisé à prouver que le trafic d'argent est plus frequent parmy nous qu'il n'estoit à Rome, où les rentes constituées (qui aujourd'hui sont presque les plus communs biens des habitans des Villes) furent du tout inconnuës jusques au temps de Justinian, qui le premier en fit mention par sa Novelle 160. & depuis on ne lit point qu'elles ayent été usitées, jusques à ce que le Pape Martin V. en l'an 1424. & depuis Calixte III. environ trente ans après, les autoriserent par leurs Extravagantes.

3. Usures Romaines n'estoient pas de si longue durée que nos rentes.

Mais les Romains usoient seulement de prest d'argent à interest, qui ne pouvoit estre de longue durée, & parce qu'il estoit exigible à la volonté du creancier, & dautant aussi que l'interest ne pouvoit exceder le sort principal. *leg. Si non sortem* ; § *suprà duplum. ff. de cond. ind. & Nov.* 121. de sorte que le creancier estoit contraint de retirer bien-tost son argent, afin qu'il ne demeurât desormais inutile & sans profit.

4. Hypotheques moins frequentes à Rome qu'en France.

Aussi il est certain que les hypotheques nous sont beaucoup plus ordinaires qu'à Rome, ou du commencement l'on trouva étrange que par une simple paction sans tradition actuelle, on acquist en la chose un droit réel & d'hypotheque, de sorte qu'il ne s'y void encore aujourd'hui aucune action civile, pour poursuivre les hypotheques. Mais enfin le Preteur Servius introduisit premierement l'action, qui de son nom fut appellée *Serviana*, pour les meubles de locataires tacitement obligez aux loyers des maisons : Et depuis par une interpretation extensive, fut introduite l'action *Quasi Serviana*, appellée aussi *Hypothecaria*, pour poursuivre toutes autres choses obligées, desquelles le creancier n'avoit esté nanty par tradition.

Et c'est en passant, pourquoy l'on void encore en certaines Provinces de France, que la simple constitution d'hypotheque n'a aucun effet sans les solemnitez du nantissement, du vest & devest, ou de la desaisine. Quoi qu'il en soit, à Rome la stipulation ou clause d'hipotheque n'estoit pas apposée indifferemment comme à nous, & en tous contracts par forme de stile commun.

5. Pourquoy en quelque Coust. le nantissement est requis.

Mais en France tous contracts induisent, non seulement hypotheque (même sans la clause hypothequaire , à plus forte raison que les cedules reconnuës) mais aussi execution prompte & parée sur tous les biens des obligez. Comme aussi les jugemens, bien qu'ils eussent de droit execution parée, si est-ce qu'ils n'induisoient hypotheque , sinon après la saisie & execution réelle faite en vertu d'iceux ; car alors les saisies (& non autres) *fiebant pignora prætoria aut judicialia* ; mais en France , du jour de la condamnation est acquis à la partie droit d'hipotheque sur tous les biens du condamné , par la nouvelle disposition de l'Ordonnance de Moulin, art. 53.

6. 7. Frequence des hypoteques de France.

De maniere qu'entre nous, nul ne se peut vanter que ses biens ne soient point obligez , si en sa vie il a passé quelque contract ou perdu quelque procez. Et puisque l'hypotheque suit perpetuellement la chose en quelques mains qu'elle passe, *l. Debitorem. C. de pig.* il s'ensuit il est fort mal-aisé de rien acquerir qui ne soit chargé de plusieurs hypotheques, lesquelles bien souvent surpassent la valeur de l'heritage ; de sorte que difficilement un acheteur se peut-il asseurer même de ce qu'il tient en ses mains , & qu'il a en sa possession : & c'est pourquoy on dit communément , *Qu'il se trouve plus de fols acheteurs , que de fols vendeurs.*

8. Qu'il y a peu d'asseurance és debtes & és rentes.

Que s'il est mal-aisé de s'asseurer des heritages que l'on void & possede visiblement , & que les Grecs ont appellé φανερὰν οὐσίαν , à plus forte raison il est tres-difficile de trouver asseurance entiere en l'achapt ou cession d'une debte ; ou d'une rente déja creée, où

Z iij

l'on n'acquiert aucune jouïssance visible, ni tradition actuelle d'aucun corps solide & palpable ; mais seulement un droit en l'air ou en esprit, τι ἀορχε, en effet un morceau de parchemin : *Video isthic diplomata*, disoit Seneque, & *cautiones*, & *syngraphas*, *vacua habendi simulachra*, *umbram quandam avaritia laborantis*, *qua decipiat animum inanium opinione gaudentem*, *inanis denique cupiditatis somnia*, *in quibus nihil est quod manu teneri possis*.

9. Qu'il y a moins d'asseurance à present que jamais.

Et si jamais les rentes ont esté mal asseurées ; c'est maintenant qu'elles se trouvent telles, au declin de cette longue & cruelle guerre civile, qui a appauvri la pluspart des familles aisées de ce Royaume, & principalement du tiers Estat. C'est pourquoy il ne se void point maintenant de procez plus frequens que touchant les garanties, les discussions, les executions, les cessions de biens, les deguerpissemens, & autres telles recherches, esquelles l'extrême pauvreté, maintenant commune aux débiteurs & aux creanciers, contraint chacun d'employer avec peu de plaisir ce commencement de paix.

10. Proposition de ce Livre.

Ce ne sera donc point chose inutile, ni hors de saison, de traiter succinctement des moyens usitez en nôtre Pratique de France, pour s'asseurer de la garantie des rentes déja creées, que l'on acquiert d'autrui par transport ; c'est à dire, de la signification & energie des clauses dont on a coustume d'user és transports & cessions des rentes, sans s'arrester à parler des asseurances exterieures que l'on y recherche ; à sçavoir des cautions de telles ventes, sinon entant qu'il pourra venir à propos ; sans aussi parler des clauses usitées és contracts de creation, constitution, ou baux à rentes, parce que du Molin en a écrit autant pertinemment qu'il est possible, en son Traité des Usures. Mais des clauses des transports des rentes déja creées, je ne sçay point que jusques icy aucun en ait traité en façon quelconque, fors le docte Livre mis en lumiere depuis quelques mois touchant la clause de *fournir & faire valoir*, lequel m'a donné sujet de faire ce discours, pour n'avoir sceu gouster l'opinion qui y est maintenuë.

Utinam, disoit Seneque, *nulla stipulatio emptorem venditori obligaret*, *nec pacta conventaque impressis signis custodirentur* ; *sed fides potius illa servaret & æquum colens animus*. *An necessaria optimis prætulerunt*, *& cogere fidem quàm expectare malunt*. *Ille per tabulas plurium nomina interpositis pararis facit*, *ille non est interrogatione contentus nisi rem manu tenuerit*. *O turpem humano generi fraudis ac nequitia publica confessionem* ! *Annulis nostris plus quàm animis creditur*. *Nonne honestius erat à quibusdam fidem falli*, *quàm ab omnibus timeri*.

11. Ce que dit Seneque des asseurances de garantie.

L'on ne s'est pas contenté de la simple & nuë convention de vente, on a inventé artificiellement un formulaire de stipulation d'eviction ; & en France on a premierement inseré indistinctement en tous contracts de vente la clause de *Garantir de tous troubles & empéchemens quelconques*.

12. Clause de garantie.

On s'est depuis apperceu que cette clause étoit imparfaite & defectueuse, principalement pour le regard des rentes, qui estans plus hazardeuses, ont eu besoin de precautions particulieres. C'est pourquoy l'on a inventé il y a plus de 200. ans une seconde clause de fournir & faire valoir, tant en principal qu'arrerages.

13. Clause de fournir & faire valoir.

Encore l'on a veu que cette clause n'étoit assez suffisante, parce qu'il falloit faire discussion, difficile & de grand coust. A cette cause, de nôtre temps & tout de nouveau on a inventé la troisiéme clause, *En defaut de payement par le deteur de la rente*, *de tant d'arrerages*, *aprés un simple commandement à lui fait*, *& refus sur iceluy*. Et encore, comme je dirai, on trouve des difficultez sur cette derniere clause, tant il y en a d'ingenieux à s'exempter de payer leurs debtes.

14. Clause de payer soy-méme.

Voilà en somme les trois clauses que j'ai entrepris d'expliquer par ordre, à sçavoir celle de garantir, celle de fournir & faire valoir, & celle de payer soy-méme.

CHAPITRE PREMIER.

De la garantie, notamment du celle de droit.

1. Garantir que signifie proprement.
2. Origine du mot.
3. Garant, comment est appellé en Latin ? Auctor.
4. Comment en Grec ?
5. Garantie comment se dit en Latin ?
6. Deux sortes de garantie, à sçavoir de droit & de faict.
7. Præstare, quid ?
8. Pleuvir & pleiger quid, selon leur origine ?
9. Comment ils s'entendent à present.
10. La garantie de droit est duë regulierement, encore qu'elle ne soit promise.
11. Raison.
12. & 13. Promesse de garantie generale ne sert bien souvent de rien.
Stipulatio dupla.
14. Cinq cas particuliers esquels la promesse de garantie sert.
15. Autre effet general & fort notable de ladite garantie.
16. Que sert au contract la stipulation de dépens, dommages & interests.

1. Garantir que signifie proprement.

Quant à la premiere, de Garantir de tous troubles & empéchemens quelconques, que les Romains appelloient *stipulation d'eviction*, & laquelle ils reconnoissoient, comme il sera dit cy-aprés ; il faut entendre que Garantir signifie proprement asseurer, & un Garant est celuy qui asseure un autre, & qui est tenu l'acquitter de quelque action ou procez.

2. Origine du mot.

Et encore que le docte Cujas ait écrit, que Garant est un terme Allemand, si est-ce qu'il y a plus d'apparence, de dire qu'il vient d'un beau terme François *Garer*, qui signifie mettre en seureté, d'où vient le mot vulgaire *Gare* ou *Garez-vous*, que l'on veut corriger mal à propos pour dire *Gardez-vous* : Inde-Egaré, celui qui ne sçait où se gerer & retirer ; & Garroter, qui signifie lier & arrester quelque chose.

3. Garant, comment est appellé en Latin ? Auctor.

Le Garant est appelé par les Latins ou *Auctor ab augendo quia stipulatio evictionis auget primam obligationem*, comme dit Alciat *in pr.* ou *Author à Graco*

ἀυξύτης, bien que Gaza écrive qu'ἀυξύτης signifie proprement ἀυξίχειρα, & que depuis mil ans on lui avoit donné cette nouvelle signification de répondre au terme Latin Author.

4. Comment en Grec ?

Les Grecs appellent encore le Garant βεβαιωτὴν, ἀπὸ τῦ βεβαιῶ, qui signifie stable, constant & certain, Inde βεβαίωσις Garantie, & βεβαιώσεως δίκη procez de garantie, ou instance de sommation. Βεβαιωτὴς δίκη, inquit Hesich. ἐπὶ τῶν ὠνουμένων (sic enim legendum pro vulgato ἐρχομένων) τὸ μετὰ ταῦτα ἀμφισϐητούμενον. Et Suidas, βεβαιώσεως δίκη ἐστὶν ὄνομα, ἣν δικάζονται οἱ ὠνησάμενοί τι. Et Jul. Pollux lib. 8. ἡ βεβαιώσεως δίκη, ἐστι τις πριάμενος οἰκίαν ἢ χωρίον, ἀμφισβητεῖτο τινος ἀναγει εἰς τὸν πρατῆρα τὴν ἢ προτέρας βεβαιῶσιν, ἢ μὴ βεβαιῶσιν ὑπομείναντος ἢν ἡ βεβαίωσις ἐξῇ δικάζεσθαι ἡ δὲ δίκη ἢν τῷ βεβαιωτῇ ὀφθῆναι, τὸ μὲ ἀμφισβητοῦντι τοῦ κρατοῦντος ἐχίκτετο, ἡ δ' ὑποτεθὲν ἢ τιμὴν παρὰ τῷ συναρταμένου ἐκομίζετο. Ce que j'ay étendu un peu plus au long ; parce que cy-aprés nous en pourrons avoir affaire.

de la garantie des Rentes.

5. Garantie comment se dit en Latin.
Or les Latins n'usent gueres de leur mot *Auctoritas*, parce qu'il est équivoque, signifiant la garantie, & generalement toute authorisation ou confirmation de quelque chose, comme *Auctoritas tutorum, auctoritas magistratuum*. Mais ils sont contraints d'user de periphrase, appellans la garantie *stipulationem evictionis* : non que *evictio* signifie garantie ; mais la cause qui donne lieu à la garantie : car garantir se dit *evictionem præstare* ; c'est à dire, reparer l'eviction survenüe, & consequemment *promittere evictionem*, est promittere se præstiturum evictionem.

6. Deux sortes de garantie, à sçavoir de droict & de faict.
Pour donc venir aux effets de la garantie, faut prendre garde que les Interpretes du Droict ont remarqué deux sortes & especes de garantie, l'une qu'ils appellent *evictionem juris*, qui concerne le droit & Seig. de la chose ; l'autre qu'ils appellent *evictionem facti*, qui regarde la bonté interieure d'icelle. La premiere est proprement appellée en Droict *evictio*, *quia instipulatione evictionis non factum, sed jus vertitur*, l. Stipulatio ista. §. hi qui. ff. de verb. oblig. L'autre est appellée *redhibitio*, ou bien *redhibitoria actio*. l. Redhibere ff. de Ædilit. edi. Quelquesfois elle est appellée *quasi evictio*. l. Iulianus, §. 1. ff. de act. empt.

7. Præstare, quid?
Mais il y a en Droict un beau terme qui s'adapte & convient à l'une & à l'autre espece de garantie, à sçavoir le mot *Præstare*. Ie croy que le François *Garantir*, convient aussi à l'une & à l'autre espece, parce que son etymologie se rapporte à toutes deux ; mais nous avons un fort beau & particulier terme pour signifier la garantie de faict, qui est *Pleuvir & pleuvines* ; terme fort usité entre les Marchands, mais qui n'a point encore penetré les treillis des Notaires, ny l'Etude des Procureurs, & consequemment n'a point encore esté introduit au Palais.

8. Pleuvir & pleger quid, sinon leur origine?
Pleuvir & pleger estoit anciennement un mesme mot, signifiant mesme chose (comme chacun sçait que *uv*, & *g*, se changent volontiers l'un en l'autre) & de faict l'ancienne Coust. de Normandie, chap. 60. & 89. & la vieille Coust. de Bretagne au Titre *Des obligations, actions, & pleuvines* les confondent & mettent l'un pour l'autre. *Pleuvir* donc ou *pleger* estoit promettre la loyauté de la personne, ou de quelque chose que Ciceron dit *spondere*, & *in se recipere*. *Pleuvine*, dit la Coustume de Normandie chap. 60. est autant comme promesse de loyauté : car qui est pleuvit aucun, promet qu'il sera loyaument ce dont il le pleige.

9. Comment ils s'entendent à present.
Mais par l'usage & succession de temps, l'on a pris *Pleiger* pour celuy qui promet la loyauté de la personne, & *Pleuvir* pour celuy qui promet la loyauté de la chose. Donc *Pleuvir* ou *vendre en pleuvine* est promettre la Marchandise vendüe & loyale, qui est se soumettre à la garantie de faict ; bien qu'il semble à quelques-uns que *Pleuvir* se refere aux meubles seulement ; mais cela vient de ce que la redhibition ou garantie de faict, échet plus communément és meubles qu'és immeubles, & toutesfois il est certain qu'elle a lieu aucunesfois aux immeubles. l. 1. & l. Sciendum. 2. ff. de Ædilit. edict.

10. La garantie de droict est düe regulierement, encore qu'elle ne soit n'en soit fait aucune mention promisse.
Il faut donc traiter à part de chacune espece de garantie, & quand à l'eviction ou garantie de droict, il est certain que comme en toutes ventes & transports à titre onereux, aussi en cession d'une debte & d'une rente le cedant est tenu de cette garantie, encore qu'il n'en soit fait aucune mention au contract : *Non dubitatur, etsi specialiter venditor evictionem non promiserit, re evicta ex empto competere actionem*. l. 16. Cod. de evict.

11. Raison.
Dautant que par la tradition & delivrance de la chose, l'acheteur acquiert la Seigneurie d'icelle, si elle appartenoit au vendeur ; & si elle ne luy appartenoit, il acquiert une action & recours contre le vendeur, au cas qu'elle soit evincée. l. 11. ff de act. empt. Et par le recours, il recouvre l'eviction survenant, non seulement la valeur de la chose : mais encore ses dommages & intérests, & ce par la propre nature du contract & sans aucune promesse de garantie, l. Si in venditione, & l. Evicta ff. de evict. Qui est-ce que dit Paul. lib. 2. Senten. *Tanto damnari venditorem, quanto si pro evictione cavisset.*

D'où il resulte que la stipulation d'eviction ou promesse de garantie ne sert communement de rien, *quia expresse eorum quæ tacitè insunt, nihil operatur*. C'est pourquoy on ne s'amusoit gueres à Rome de promettre simplement l'eviction ; mais on y adjoustoit ordinairement la promesse de payer le double du prix en cas d'eviction, qui s'appelloit *Stipulatio dupla. tit. de evict. & dupla stipulationib*. Ce qui se faisoit afin qu'après l'eviction il ne fallust point plaider sur la liquidation des dommages & interests, l. ult. ff. de Præt. stip.

Puis donc que la raison de ce que la promesse de garantie ne sert de rien, est dautant que tout ce qu'elle pourroit emporter, est deub par la propre nature du contract ; il s'ensuit que s'il arrive en quelque cas ou occurrence, que par la nature du contract la garantie ne soit deüe, ou que la convention simple du contract ne puisse se referer à quelque chose, à quoy la promesse de garantie puisse servir, elle aura sans doute son effet & operation, d'obliger la partie à ce qu'elle aura expressément promis.

14. Cinq cas particuliers ésquels la promesse de garantie sert.
Comme par exemple, il est certain que regulierement le douteur n'estoit point tenu de l'eviction. l. Arist. §. ult. ff. de donat. Et toutesfois s'il a expressément promis la garantie, il en est tenu, l. 2. Cod. de evict. Pareillement le Procureur n'est point tenu en son nom de la garantie, & toutesfois s'il s'y est obligé, il y est tenu, l. Procurator qui pro evictione ff. de procur. Aussi le creancier qui a vendu le gage appartenant à son debiteur, n'est pas tenu de le garentir, mais s'il l'a specialement promis, il y est obligé. l. 1. & 2. C. Creditorem evictionem pignoris non debere. De mesme quand l'acheteur achete une chose, qu'il sçait appartenir à autruy ; il n'a point recours de garantie par la nature du contract, si ce n'est qu'il a esté stipulée expressément, l. Si fundum. C. de evict. l. Si fratres. C. comm. utr. jud. On dit aussi qu'en matiere d'Offices, encore qu'ils soient venaux, il n'échet aucune garantie ; mais s'il y a contract contenant promesse expresse de garantie, il n'y a nulle difficulté qu'ils n'en soient tenus, *Contractus, n. ex conventione legem accipiunt* ; & nous disons qu'il n'y a au marché ce que l'on y met ; c'est pourquoy les revendeurs d'Offices & regratiers des Parties Casuelles n'en sont jamais de contracts.

15. Autre effet general & fort notable de la garantie.
L'on peut aussi dire qu'en France l'expression de la promesse de garantie a un effet particulier de constituer hypotheque au jour du contract pour la restitution du prix & des dommages & interests : car aucuns tiennent que si au contract de vente le vendeur n'avoit expressément promis la garantie, & à icelle obligé tous & chacuns ses biens, l'acheteur n'auroit contre luy qu'une simple action personnelle *ex empto*, & n'auroit hypotheque sur ses biens, sinon du jour de la Sentence qu'il obtiendroit, comme on void que le fidejusseur, n'a point de contract d'indemnité, n'a qu'une simple action personnelle *mandati* contre le debiteur ; mais s'il a contract d'indemnité, il a hypotheque sur les biens du jour d'iceluy. Ce qui se pratique indistinctement en tous dommages & interests : Et encore (comme aucuns tiennent) és dépens, qui estans fait par clause speciale promis en un contract, viennent en ordre du jour d'iceluy, autrement ils n'ont hypotheque sinon du jour qu'ils sont adjugez.

16. Qué sert au contract de la stipulation de dépens, dommages & interests.
Or tout ainsi que par le recours de la garantie on obtient deux choses, à sçavoir le prix & les dommages & interests ; aussi il y a deux clauses qui s'exemptent de la garantie ; l'une concernant la restitution du prix, l'autre les dommages & intérests : car si le contract porte cette clause *sans garantie*, ou bien *sans garantie fors des faits & promesses du vendeur*, que la

Loy dit *nisi ex facto suo* ; ou bien Garantir de ses faits & promesses tant seulement, que l'on dit en Droict, *Per se heredemque suum habere licere* ; cela est bon pour s'exempter des dommages & interests.

Mais il faut passer plus outre, si on se veut exempter de rendre le prix, & faut dire, sans garantie ny restitution de deniers ; C'est ce que dit Vlpian : *Si aperte venditor pronunciet per se heredemque suum non fieri quominus habere liceat, posse defendi ex empto, in hoc quidem non teneri, quod emptoris interest, veruntamen ut pretium reddat, teneri : & si in venditione aperte comprehendatur, nihil evictionis nomine prestitum iri, pretium quidem re evicta deberi, utilitatem non deberi. Neque enim bonæ fidei contractui hanc pati conventionem, ut emptor rem amitteret, & pretium venditor retineret, nisi forte quis istas conventiones recipiat, &c. l. Emptorem. De act. empt.*

CHAPITRE II.

De la garantie de faict.

1. Proposition.
2. L'effet de la garantie de faict different de celuy de la garantie de droict.
3. Redhibitio.
4. De l'action Quanti minoris.
5. Les dommages & interests n'écheent pas regulierement en la garantie.
6. La stipulation du double y avoit lieu à Rome.
7. Quand la garantie a lieu.
8. Non omnis error viciat emptionem. Conciliato leg. Quid tamen. D. de contra. empt. cum l. Cum ab eo, §. ult. eod.
9. Trois cas esquels la garantie a lieu sans estre promise : primò, propter dolum.
10. Du dol qui consiste en simulation & dissimulation, ou reticence frauduleuse.
11. Second cas en l'Edict des Ediles.
12. Que cét Edict ne comprend que certains cas particuliers.
13. Troisiéme cas, quand il y a soumission expresse à la garantie.
14. Clause du Droict Romain pour se charger de la garantie.
15. Clause pour s'en charger en France.
16. Clauses du Droict Romain pour s'en décharger.
17. Clauses pour s'en décharger en France.
18. A versione emere, quid à faire une quote maltaillée.

1. Proposition. Voilà pour ce qui concerne l'eviction ou garantie de Droict ; mais pour autant que toute la difficulté qui échet en la garantie des rentes, concerne, non la garantie de Droict, à sçavoir qu'elles soient legitimement deuës au cedant ; mais plustost la garantie de faict, qui est, qu'elles soient bonnes & exigibles ; il est tres-necessaire de presupposer en bref les regles generales de cette espece de garantie, dont jusques-icy aucun, ny les Interpretes du Droict Romain, ny les Iurisconsultes François n'ont écrit exactement.

2. L'effet de la garantie de faict different de celuy de l'eviction survenuë. Cette garantie est en plusieurs façons differente de l'autre, & mesme son effet est tout dissemblable : car en l'autre le contract demeure ferme & stable aprés l'eviction survenuë, & iceluy tenant, l'acheteur recouvre la valeur de la chose achetée, avec ses dommages & interests ; mais en la pleuvine ou garantie de faict, le contract est entierement cassé & annullé, & le vendeur est tenu reprendre sa chose, & rendre l'argent à l'acheteur : *Facta redhibitione*, dit Paulus, *omnia in integrum restituuntur, perinde ac si neque emptio, neque venditio intercessisset. leg. Facta. ff. de Ædil. edict.*

3. Redhibitio. C'est pourquoy elle est appellée Redhibitio. *Redhibitum*, dit Festus, *id dicitur, quod redditum est ; qui dedit, rursus coactus est habere quod ante habuit*, d'où est tirée la Loy *Redhibere*, au mesme titre.

4. De l'action Quanti minoris. Il est vray qu'en cette garantie il est en l'option de l'acheteur, ou d'intenter l'action redhibitoire, ou bien d'agir *actione æstimatoria Quanti minoris*, à ce que le contract tenant en son surplus, l'on luy rende autant d'argent que la chose est de moindre prix à cause du vice. *leg. Ædil. eod. Tit.*

5. Les dommages & interests n'écheent pas regulierement en la garantie. Quoy qu'il en soit en la redhibitoire, il n'échet pas indifferemment des dommages & interests, comme en l'eviction & garantie formelle ; mais seulement il y échet l'interest du prix, & d'estre judicium sez à l'occasion du contract, *hoc est rationem haberi damni emergentis, non etiam lucri cessantis, l. 27. & 29. eod. tit.* si ce n'est quand le vendeur sçavoit le vice : car alors il doit tous les dommages & interests, *l. lul. in pr. ff. de act. empt.*

6. La stipulation du double y avoit lieu à Rome. Il est bien vray que comme pour l'eviction, aussi pour la redhibition on interposoit communément la stipulation du double, dont parle ce beau texte de la Loy *Quod si nolit. in §, quia assidua. cod. tit. de æd. ed.* Et la Loy *Quia dicitur. ff. de evict. &* Theoph. au *titre de divis. stip.*

Mais c'est une grande question de sçavoir quand & comment le vendeur est tenu de cette garantie, ce qu'on dit en Droict, *Quatenus teneatur venditor vitium rei venditæ præstare.* Il faut poser pour maxime, qu'encore que la garantie de Droict soit deuë, *licet promissa non fuerit*, comme nous avons prouvé, si est-ce que tout au contraire la pleuvine ou garantie de faict n'est deuë regulierement si elle n'est promise ; c'est à dire, que quand le contract est pur & simple, sans faire mention d'aucune garantie, le vendeur n'est point tenu de garantir que la chose soit bonne, & exempte de tout vice & inconvenient ; mais c'est à faire à l'acheteur de s'en informer, & acquerir & donner garde, afin de n'acheter pas chat en poche, comme l'on dit. C'est à luy de sçavoir la condition & qualité de la chose qu'il achete, de maniere qu'elle est presumée avoir esté venduë telle, & en l'estat quelle estoit. C'est ce que veut dire Pomponius. *Alienatio cùm fit, cum sua causa dominium ad alium transferimus, quæ futura esset, si apud nos ea res mansisset ; idque in toto jure ita se habet, præterquam si aliquid nominatim sit constitutum, l. Alienat. de contr. empt.*

7. Quand la garantie a lieu.

Aussi il suffit que les contractans *consenserint in corpore vendito, & in ejus substantia, & materia ipsa* ; licet in qualitate materia, id estin gradu (ut ita dicam) interna bonitatis erraverint, qui est la conciliation de ces deux Loix si contraires, *l. Quid tamen, & l. Cum ab eo. §. ult. ff. de contr. empt.* Autrement il n'y auroit jamais contract de vente asseuré, s'il estoit permis à l'acheteur de le faire casser, sous pretexte de n'avoir trouvé la chose si bonne qu'il esperoit ou qu'il desiroit : car jamais le vendeur ne vend que ce qu'il ne veut pas, & jamais l'acheteur n'achete que ce qu'il souhaite, *Ille, quod non placet, proscribit* ; *hic quod placet, emit*, dit Ciceron aux Offices ; c'est pourquoy malaisément se trouvent-ils tous deux contents.

8. Non omnis error viciat emptionem. Conciliatio leg. Quid tamen, D. de contra. emp. cum l. Cum ab eo §. ult. eod.

Or cette maxime generale, que le vendeur n'est tenu de la garantie de faict, s'il ne l'a promise, a esté decidée depuis les deux premieres impressions de ce Traité, par Arrest prononcé en robbes rouges, par ce Phœnix de nostre robbe, Monsieur le President

9. Trois cas esquels la garantie a lieu sans estre promise, propter dolum.

de

de la garantie des rentes.

de Harlay, le 23. Decembre 1604. & reçoit trois exceptions notables. La premiere, que toutesfois & quantes qu'il est en dol ; & que l'on peut dire qu'il a trompé & fraudé l'acheteur, alors la redhibition a lieu. Exception qui est infaillible, soit au cas du contract, soit pur & simple, soit que la chose ait été expressement venduë telle qu'elle étoit, *l. si plus. §. ult. D. de evict.* soit même que *aversione res sit vendita. l. Qui officii. §. ult. D. de contr. empt.* Quand même il auroit été dit aux contracts, *Sans garantie, ni restitution de deniers, l. Emptorem. in fi. D. de actio. empt.*

10. Du dol qui consiste en simulatiõ & dissimulation, ou reticence frauduleuse.
Or le dol consiste ou en simulation & machination ou en dissimulation & reticence frauduleuse : pour la simulation, il y en a un exemple notable dans Ciceron, *lib. 3. Offic. de Pythius & Cannius*, & pour la dissimulation, il y en a aussi un bel exemple au même lieu de Claudius Centimalus, & T. Calpurnius Lanarius, qui est aussi raporté par Valere Max. *lib. 8. cap. 2.* Mais quoi qu'en dise Ciceron, si est-ce que toute reticence n'est pas dol, & ne donne pas lieu à l'action redhibitoire ; mais seulement quand le vice celé est extraordinaire, & qu'il concourt d'autres indices & presomptions de dol, *Dolum enim ex perspicuis indiciis probari convenit.* Quoi qu'il en soit, en ce cas il faut necessairement que le vendeur ait sceu le vice de la chose, autrement il ne seroit pas en dol, & que l'acheteur l'ait justement ignoré, *alias scienti non fieret dolus.*

11. Second cas en l'Edict des Ediles.
La seconde exception est au cas de l'Edict des Ediles Romains, esquels le vendeur est tenu de declarer les vices de la chose, comme en matiere de cerfs & de chevaux, *vitia animi, non corporis aperienda sunt* : en matiere de maisons, faut declarer si elles sont contagieuses, autrement la chose venduë est sujette à redhibition ; ou à l'action estimatoire : *Quanti minoris*, soit que le vendeur sceust le vice, soit qu'il l'ignorast, *l. 1. §. cauf. ff. de Ædil. edi.* Il est vray que le sçachant il est tenu aux dommages & interests, comme il a été dit, autrement non ; mais pour le regard de l'acheteur, s'il sçavoit ou pouvoit sçavoir le vice (comme quand il estoit visible) il est exclus de la redhibition, *Quaesitur. §. ult. eod. tit.*

12. Que cét Edict ne comprend que certains cas particuliers.
Aucuns ont tellement estendu cét Edict des Ediles, qu'ils ont dit que le vendeur étoit tenu en toutes especes de Marchandises, de declarer le vice, parce qu'encore que l'Edict ne parle que des cerfs & des chevaux, *pertinet tamen ad venditiones non tantum mancipiorum, sed caeterarum quoque rerum. l. 1. & l. Scientum. 2. eod. tit.* Qui seroit renverser entierement nôtre maxime ; mais il est vray, qu'il n'y a que les vices exprimez, ou par l'Edict, ou par les Loix des Jurisconsultes sur l'interpretation d'icelui, qui donnent lieu à la redhibition : Encore en France cét Edict des Ediles n'est pas gardé exactement ; car nous tenons qu'il n'y a que deux ou trois vices qui rendent les chevaux redhibitoires, à sçavoir la morve, la pousse, & en quelques Cour. la courbature, dont il y a un tres-bel art. en la Coût. de Sens, §. 260. Un vendeur de chevaux n'est tenu des vices d'iceux, excepté la morve, pousse & courbature ; sinon qu'il les ait vendus sains & nets : car en ce cas il est tenu de tous vices apparens, & non apparens.

13. Troisiéme exception, quãd il y a soû-mission expressée à la garantie.
Ce qui découvre la troisiéme exception, à sçavoir quand par clause ou paction expresse l'acheteur s'est soûmis à la garantie. C'est l'exception que donne la Loy, *alienatio. de contr. empt. Nisi aliud nominatim constitutionum fit* : Et la Loy *Si nomen. D. de her. & act. vend. Nisi aliud convenerit.*

14. Clause du Droict Romain pour s'en charger de la garantie.
Car il y a & au droit Romain & en France des clauses particulieres pour s'obliger à la garantie de faict, selon la diversité des choses vendues ; *In fundo vendito*, la clause est *uti optimus maximusque sit. l. Cùm venderes. ff. de contr. empt. l. pen. ff. de evict. l. Qui uti, de verb. signif. In nomine vendito. Bonum nomen esse, Idoneum ac locupletem debitorem esse, Nomen exigi posse*, comme il sera cy-après remarqué. *in servo, pro vitiis quae edicto non praestantur, frugi esse ac fidum. l. Julianus. §. quod autem. ff. de act. empt. In caeteris denique rebus, Ut BONIS CONDITIONIBUS vendantur. l. Actioni. ff. de aedil. edict.*

15. Clause pour s'en charger en France.
De même en France en matiere de chevaux on les vend *sains & nets* ; en matiere de debtes ou rente, on promet la faire bonne ; en bled, ou telle autre Marchandise ; *la livre bonne, loyale & marchande*, & generalement en toute autre chose, quand on se veut obliger à la garantie de faict, on promet *la garantir*, ou bien *on la vend avec garantie* : Et quand ces clauses sont apposées ou proferées en la vente, le vendeur est tenu du vice de la chose, encore que luy-même l'ait ignoré, *l. Julian. §. quod autem, ff. de act. empt.*

16. Clause du Droit Romain, pour s'en décharger.
Au contraire, il y a des choses au droit Romain & à nous, pour s'exempter de cette garantie, au cas du Droict que l'on y fust tenu, ou suivant l'Edict des Ediles, on outremet : à sçavoir, quand on exprime au contract, *Rem qualis est vanire. Si plus. §. ult. ff. de evi.* que nous disons *vendre la chose telle & en tel estat qu'elle est*, ou *vendre tout & tel droit que l'on a en icelle*. Et aux maisons ou terres on dit, *Quo jure, quâque conditione ea praedia. L. Titii sunt hodie ; ita vanunt. l. ult. §. ult. ff. de aedil. empt.* que nous disons, *Ainsi qu'ils se poursuivent & comportent, & que l'acheteur a bien sçavoir & connoistre.*

17. Clause pour s'en décharger en France.
Aussi en matiere de chevaux, & autres tels animaux redhibitoires, on dit *qu'on le vend à la queuë*, c'est à dire, *avec la queuë*, exprimant, à mon avis pour se décharger la plus utile partie, pour se décharger de la garantie en France. du tout : ainsi qu'à Rome *servi vaenibant cum pileo, seu pileati*, quand on ne les vouloit garantir, comme recite Aulugelle. Et en toutes autres choses, pour se dégager de la garantie de faict, on dit, *vendre à toutes risques, à tous hazards*, ou *acheter à ses perils & fortunes*, que Plaute in *Persa* a dit, *periculo suo emunt.*

18. Aversione emere, quid ? Faire une quote mal-taillée.
Il y a encore un autre beau terme au Droict, qui merite bien d'estre expliqué ; c'est *Aversione emere*, ou selon aucuns *Adversione*, qu'ils expliquent, *adversos casus in se recipere ; vel casus fortuitos à se avertere. Res aversione empta*, dit Modestin, *si non dolo venditoris factum sit, ad periculum emptoris pertinebit ; etiamsi assignata non sit, i. tradita. l. Qui officii. §. ult. ff. de contr. empt.* Ainsi l'interpretent Budée & Conan, en cela seulement contraires, que l'un lit *aversione*, l'autre *adversione*. Mais qui y prendra garde de plus prés, trouvera que Cujas a plus approché de la verité, disant que *Aversione emere*, signifie ce que nous disons, *Acheter en bloc & en tâche*, c'est à dire acheter d'un seul prix plusieurs choses ensemble, sans poids & sans mesure, que Valens en ses *Nov.* dit *inaggere*, & consequemment, *Opus aversione locare* ; c'est faire marché de la besogne en bloc & en tâche, non point à journée ny à toise : Aussi en la Loy *Opus. ff. loc. opus aversione locatum*, est opposé à *opus quod in pedes mensurasque praestatur*. De même, *Vinum aversione vendere*, en la Loy 4. §. 1. ff. de per. & com. rei vend. ce n'est pas comme aucuns pensent, vendre du vin en gros ; mais c'est le vendre en bloc ; c'est à dire sans compter combien de pieces, ou quelle quantité il y en a.

Cujas dit que *Aversione emere*, se dit en Grec κοττῳ, ce qui me fait souvenir de nôtre terme vulgaire, *faire une quotte mal-taillée*, qui est dit par une allusion assez absurde de *quote à cotte*. Tant y a que *aversione emere* vient de ce que quand on fait tels marchez à tous hazards, & en bloc, *avertitur animus*, & on ne s'arrette pas à compter, nombrer, mesurer, ou autrement controller ce qu'on achete. Aussi en la Loy *Qui officii, §. ult.* il est dit, *res in adversione empta*, selon la lecture vulgaire : Et pour cette raison, on tient qu'en tels marchez il n'échet aucune garantie ny redhibition.

CHAPITRE III.

De la garantie de droict & de faict, des debtes ou rentes vendües.

1. Quelle garantie est deuë, par la propre nature du contract de vente, d'une debte ou rente.
2. Tout vendeur doit regulierement garantir trois poincts.
3. La substance de la chose vendüe doit être garantie aux choses incorporelles.
4. Si la garantie de faict est deuë par la propre nature du contract de vente d'une debte, ou d'une rente.
5. Quelle garantie de faict est deuë en la simple assignation de debte.
6. En l'assignation simple le cedant peut toujours recevoir la debte.
7. Quelles actions passent au cessionnaire en la simple assignation de debte.
8. Qu'il n'échet aucune garantie de faict en la delegation.
9. Quelle garantie de faict échet en la vente de debte, Opinion de Bartole refutée.
10. Si la clause Garantir de tous troubles, comprend la garantie de faict.
11. Opinion negative refutée.
12. Opinion affirmative, & raison d'icelles.
13. Opinion moyenne.
14. Raisons de l'opinion moyenne, que la clause de Garantir de tous troubles, charge le cedant de la solvabilité du debiteur au temps du transport seulement.
15. 16. 17. 18. 19. Garantir se peut étendre proprement à la garantie de faict.
20. Nulla videtur esse actio, quæ inanis est.
21. La pauvreté est un empêchement de payer.

1. Quelle garantie est deuë, par la propre nature de vente, d'une debte ou rente.

POur donc adapter tout ce qui a été dit cy-dessus à la garantie des rentes, il est certain, pour ce qui concerne l'eviction ou garantie de droit, que quiconque vend une debte ou une rente, est tenu de garantir qu'elle est deuë & legitimement constituée, encore qu'il n'y ait aucune stipulation d'eviction ou promesse de garantie au contract.

2. Tout vendeur doit regulierement garantir trois points.

Car en tous contracts de vente indistinctement le vendeur est tenu de trois choses par la nature du contract pour exclure le recours de garantie: Premierement, que la chose soit & subsiste; secondement, qu'elle lui appartienne; en troisiéme lieu, qu'elle ne soit engagée ny hypothequée à autrui: & l'une de ces trois conditions manquant, l'action de garantie a lieu.

3. La substance de la chose vendüe doit être garantie aux choses incorporelles.

Il est vray que cette premiere condition, que la chose soit & subsiste, paroit davantage, & est plus remarquable en vente de debtes ou rentes, qui n'ont pas leur être visible & palpable, comme les autres biens meubles & immeubles. Si donc la rente n'est point deuë par effet, si elle n'appartient point au cedant, si elle est hypothequée à d'autres debtes, le vendeur en est tenu, encore qu'il n'ait point promis de garantie.

4. Si la garantie de faict est deuë par la propre nature du contract de vente d'une debte, ou d'une rente.

Mais la difficulté gist en la garantie de faict. Donc pour sçavoir si le cedant d'une rente est tenu par la nature du contract, & sans clause particuliere de garantir la bonté & solvabilité de la rente; il faut distinguer trois divers cas, ou pour mieux dire, trois divers degrez de cessions de debtes; à sçavoir, la simple assignation, quand le debiteur assigne son creancier sur une debte qui lui est deuë par un autre; la vente d'une debte, quand l'on achete ou prend en payement une debte, & la delegation, quand le creancier accepte & prend pour homme le debiteur de son debiteur, & se le fait obliger.

5. Quelle garantie de faict est deuë en la simple assignation de debte.

En la simple assignation de debte, qui est fort ordinaire en France, principalement entre les financiers, & qui est fort peu pratiquée à Rome, il est certain que le cedant demeure chargé de l'insuffisance du debiteur, & du hazard de la debte, soit pour le temps present, soit pour le futur ; parce qu'il demeure toûjours Seigneur de la dête qui n'est point acceptée par le cessionnaire, sinon entant qu'il s'en pourra faire payer: *Demonstratum est unde accipere possit, & ideò præstari debet. l. Paul. §. ult. de l. 3.*

6. En l'assignation simple le cedant peut toujours recevoir la debte.

Aussi en telle assignation, le cedant peut lui-même poursuivre & recevoir le payement, sinon en trois cas; à sçavoir quand le cessionnaire a côtesté en cause avec le debiteur, ou quand il a receu de lui une partie de la debte, ou qu'il lui a denoncé qu'il ne payast à autre qu'à lui-même: c'est ce que dit la Loy 3. Cod. de novat. & de leg. *Si delegatio non est interposita debitoris tui, ac propterea actiones apud te remanserunt, quamvis adversus eum creditori tuo mandaveris actiones, tamen antequam litem contestetur, vel aliquid ex debito accipiat, vel debitori tuo denuntiaveris, exigere ipse debitum non vetaris, & eo modo creditori tui exactionem contrà eum inhibere.* Qui est la seule Loy avec la *l. 1. Cod. de oblig. & act.* qui parle de l'assignation de debte; & faute de les avoir bien entendües, les Interpretes sont tombez en de grandes absurditez sur la conciliation des Loix, qui parlent de la translation des actions directes ou utiles, bien que cette matiere se resolve en trois propositions assez claires.

7. Quelles actions passent au cessionnaire en la simple assignation de debte.

A sçavoir qu'en la simple assignation de debte, nulle action ni directe, ni utile, n'est transferée à l'assigné, & ne lui appartient de son chef, sinon qu'il a l'action utile, au cas de cette Loy 1. *de obl. & act.* Hors ce cas, il peut seulement intenter au nom de son cedant l'action directe, si elle lui a été cedée, ou bien expressément, *ut in d. l. 3. de novat. in pr.* ou du moins tacitement, par la tradition de l'obligation ou cedule, *leg. ult. Cod. de pact. conv. l. 1. & ibi Bald. Cod. de donat.* que les anciens Praticiens disent, *faire porteur de lettres.* En la vente de la debte, l'acheteur a seulement de son chef les actions utiles; & les directes du chef de son vendeur, par cession expresse, & non autrement, *l. ult. Cod. quando fiscus vel privat. &c.* Bref, en la delegation, le cessionnaire a de son chef toutes les actions, sans qu'il en reste plus aucune au cedant. *l. 2. Cod. de novat. & de leg.*

8. Qu'il n'échet aucune garantie de faict en la delegation.

Et pour revenir à nôtre poinct, il est aisé à entendre, qu'en la delegation de debte c'est tout le contraire qu'en la simple assignation: Car d'autant qu'il y a novation expresse de la premiere obligation, qui est transfusé en la seconde, du consentement des trois parties; à sçavoir du cedant, du cessionnaire, & du debiteur, qui tous trois doivent necessairement assister à la delegation, *l. ultim. Cod. de novat.* il est sans doute, que tout le peril de la debte tombe sur le cessionnaire, même pour le temps precedant la cession. C'est ce qu'ajoûste la même Loy 3. *de novat. Quod si de legatione facta tu liberatus es, frustra vereris ne eo quod quasi à cliente suo creditori non facit exactionem, ad te periculum redundet, cùm per verborum obligationem voluntate interposita, debito liberatus sis.* Aussi c'est en ce cas que Paulus a dit que *Bonum nomen facit, qui admittit debitorem delegatum. l. Inter causas, §. abesse. ff. mandat.*

9. Quelle garantie de faict échet en la vente de debte. Opinion de Bartole refutée.

Mais il peut y avoir du doute en la pure vente d'une debte qui se fait sans novation en l'absence du debiteur, & sans qu'il soit déchargé expressément envers le vendeur, ny obligé envers l'acheteur. Car *Bart. in leg. Pupilli, §. favor. D. de solut.* tient que le peril present de la debte appartient au vendeur ; mais que le peril futur est au dommage de l'a-

de la garantie des rentes.

cheteur, comme c'est une regle generale en toutes ventes, & il allegue à ce propos la Loy. *Si cùm dotem. §. si mulier. D. sol. matr.* Toutefois le contraire est expressément decidé par Ulpian. *Si nomen sit distractum ; Celsus scribit locupletem debitorem non esse praestandum : debitorem autem eum esse debere praestari, nisi aliud convenit. leg. si nomen. D. de her. vel act. vend.* dont la raison est renduë en la Loy *Promittendo. §. si à debitore. vers. quòd si. D. de jure dot. periculum emptoris esse, quia sciens tale nomen secutus videtur, quale in obligatione fuerit.* Ce qui revient à ce que nous avons dit, que la garantie de droict est deuë, bien qu'elle ne soit promise ; mais que la garantie de faict n'est point deuë, si elle n'est promise.

10. Si la clause Garantir de tous troubles comprend la garantie de faict.

D'où resulte une plus grande difficulté, à sçavoir quand la clause de *Garantir de tous troubles & empeschemens quelconques*, est apposée au contract de vente d'une debte ou d'une rente ; si le vendeur est tenu de cette garantie de faict, c'est à dire, de garantir, qu'elle est exigible & perceptible, qui est ce que nous disons en Droict : *Non solùm debitorem subesse, sed etiam debitorem solvendo esse.*

11. Opinion negative refutée.

Aucuns tiennent que nonobstant la promesse de garantie, & comme si elle ne servoit de rien, le vendeur & garant n'est point tenu, *praestare locupletem debitorem* ; disons qu'il ne faut pas que la clause de garantie opere plus és rentes qu'és autres ventes, & principalement se fondans sur les Loix, *Si nomen, de her. vend. & l. si plus. §. ult. ff. de evict.* Mais elles parlent (comme nous avons dit) quand il n'y a aucune promesse de garantie au contract. La Loy *Si nomen* dit nommément, *Nisi aliud convenit ; secus ergo si aliud evenit, videlicet si nominatim promissa est evictio :* Et la Loy *Si plus*, dit, *si nomen quale est, veneat ; si non quale est,* comme quand il y a promesse de garantie. Ils se fondent aussi sur ce que si une heredité est venduë, encore qu'il n'y ait aucuns biens, même qu'elle soit onereuse, *modò sit hereditas*, quelque promesse de garantie que l'on ait faite, l'on n'a point de recours contre le vendeur, *l. 1. C. de evict.* Mais en un mot il y a grande difference de vendre une heredité (*quod nomen juris est, quaque sine re esse potest, inquit Ambros.*) enfin qui n'est liquide ny certaine, & vendre non une action ou un procez ; mais une debte d'une somme certaine & liquide.

12. Opinion affirmative, & raisons d'icelle.

Autres tombans d'une extremité en un autre, tiennent indistinctement que quand il y a promesse de garantie, le vendeur est tenu de l'insolvabilité du debiteur, encore même qu'elle survienne après le contract de vente. Et il semble d'abord que cette opinion approche en quelque façon du sens & intelligence commune : car qui garantit une rente, semble s'obliger à la faire bonne, c'est à dire, exigible & perceptible. Par ce moyen ils confondent la clause *de fournir & faire valoir* avec celle de *garantir* : comme aussi la stipulation de droict, *habere licere*, qui semble se rapporter à *fournir & faire valoir*, estoit sans doute le vray & essentiel formulaire de la stipulation d'eviction.

13. Opinion moyenne.

Mais parce que cette opinion se refute d'elle-même, & sera cy-aprés refutée plus à propos, quand il sera parlé de *fournir & faire valoir*, je viendray à la troisième opinion, qui me semble la plus vraye & la plus équitable ; à sçavoir, que la clause de garantie en une cession de debte ou de rente, opere que le cedant est tenu de l'insolvabilité du debiteur, qui étoit lors du contract ; mais non du peril & insuffisance qui pourroit survenir après.

14. Raisons de l'opinion moyenne, que la clause de Garantir charge le cedant de vray que s'il n'y avoit promesse expresse de garantie, la solvabilité du debiteur au temps du transport seulement.

La raison est aisée ; que comme en toute autre chose, aussi en une rente le peril precedent le contract est au dommage du vendeur, & le subsequent de l'acheteur, &c. *charge l. Necessariò. in pr. ff. de per. & comm. rei vend.* Il est il sembleroit que l'on eust entendu vendre la debte telle qu'elle étoit, ainsi que nous avons dit ; mais quand il y a expresse stipulation de garantie, telle presomption & consideration cesse.

De la garantie des rentes.

Car nous avons dit que le mot François *Garantir*, comme plus significatif que le Latin *evictio*, s'adapte & selon son etymologie, & selon son usage, tant à la garantie de faict que de droict ; tout ainsi que le terme Latin, *Praestare.* Et encore qu'il y ait un terme particulier pour signifier la garantie de faict, qui est *Pleuvir*, si est-ce que puisque les Notaires ny les Praticiens ne l'ont encore authorisé, il faut toûjours en ce qui est de leur etat, se servir du mot *Garantir*, en l'une & l'autre signification. Aussi quand l'Autheur de la Somme Rurale definit la garantie, il dit, *Garantie est quand par la coulpe du vendeur ou de son temps seroit advenu le dommage sur la chose venduë*, qui est bien pour montrer que la garantie signifie aussi bien le faict que le droict.

15. 16. 17. 18. 19. Garantir peut étendre proprement à la garantie de faict.

Et à vray dire, *Garantir une rente*, qu'est-ce autre chose sinon *la faire bonne* ? Or bonne, c'est à dire bien payable & perceptible, que l'on dit en Latin ; *Bonorum nomen. l. 1. ff. ad Senat. Maced. l. Inter causas. §. abesse. ff. mandati.* Et n'y a homme qui ait le jugement naturel bon, qui l'interprete autrement : & il est à croire que tous ceux qui mettent cette clause en leurs contracts, pensent que cette charge & obligation y est entenduë.

Et si ainsi est que le garant soit appellé en Droict *βεζωτης ή ασφαλης*, parce qu'il stabilise & confirme le contract, & en Latin *Auctor, quod augeat primam obligationem*, comment pouvons-nous dire que cette clause celebre & solemnelle de *Garantir de tous troubles & empeschemens quelconques*, soit du tout inutile & frustratoire ? Principalement puisque par une douce & naïve interpretation, sans forcer ny les termes de la clause, ny l'intention des parties, ny l'équité naturelle, on lui peut attribuer un effet & signification notable. Consideré aussi la maxime de Balde, *in rub. C. de contr. empt.* que *contractum verba, maximè ea quae sunt solemnia potius improprianda sunt, ut aliquid operentur.*

Car encore que nous ayons dit qu'aux contracts de vente d'heritages cette clause ne sert regulierement de rien, parce que l'on sçait qu'elle peut operer, & dû par la propre nature du contract de vente ; nous avons aussi prouvé par après que quand on peut adapter cette clause à quelque effet, qui de soy ne depend du contract, elle n'est alors inutile ; comme en la donation, en la vente faite par le procureur & par le creancier, en la vente d'Offices, & de la chose que l'acheteur sçauroit appartenir à autruy.

Et puisque le Jurisconsulte a dit que la raison pour laquelle le mary ayant pris en dot une debte deuë à sa femme, est tenu de porter le peril d'icelle, étoit, *quia sciens tale nomen, secutus videtur, quale in obligatione fuisset. l. In promittendo. §. 2. D. jur. dot.* s'ensuit *à contrario*, que si *videri non possit tale nomen secutus fuisse*, comme quand il s'est voulu asseurer de la garantie, il ne sera pas tenu de porter le peril present de la debte. Pareil argument se peut tirer des deux Loix cy-dessus alleguées. *l. Si nomen, & l. Si plus.*

Outre tout cela, quelle apparence y auroit-il qu'en un contract de bonne foy le vendeur eust l'argent de l'acheteur, & l'acheteur n'eust rien que du papier, c'est à dire, une debte nullement payable ? qui est la raison de la Loi *Emptorem de act. empt.* principalement quand l'acheteur s'est voulu asseurer par une promesse speciale de garantie, qui exclud toute presomption qu'il ait voulu prendre la debte à ses perils & fortunes : Car puisque les mots doivent estre entendus avec l'effet, il est certain qu'à le bien prendre, ce n'est pas une vraye debte, qu'une debte imperceptible. *Nam is nullam videtur habere actionem, cui propter inopiam adversarii inanis est actio*, c'est ce que dit le Poëte.

Sexte, nihil debet, Sexte, fateamur.
Debet enim si quis solvere, Sexte, potest.

Et Cujas, *Debitor is est, inquit, à quo invito exigi pecunia potest. l. Debitor. de verb. sig.* Et Paulus, *Cujus debitor solvendo non est, tantum habet in bonis, quan-*

20. Nulla videtur esse actio, qua inanis est.

8　Traité

tum exigere potest. l. Pretia rerum. §. cujus. D. ad legem Falcid.

21. La pauvreté est un empêchement de payer.

Or comme *inanis actio redditur vel exceptione juris, vel exceptione facti*, comme parlent les anciens Interpretes, entendans la pauvreté, *per exceptionem facti*: Et puisque d'ailleurs il est certain que *exceptiones juris faciunt lucrum evictioni etiam non promissa, in venditione nominis. l. Et quidem. D. de her. vel act. vend.* sans doute, il est équitable que l'exception de pauvreté engendre un recours de garantie, quand elle a été stipulé precisément. En quoy il semble n'y avoir plus de difficulté, puisque les propres termes de cette clause s'y accommodent naïvement: Car quand l'on promet Garantir de tous troubles & empêchemens quelconques, il s'ensuit que l'on promet garantir, tant des empêchemens de faict que de droict, & consequemment de l'empêchement de pauvreté, qui est le vray empêchement ou exception de faict,

& qui est bien le plus grand empêchement qui puisse être: ἰχυρὸν γὰρ ὅπλον ἀστρατιώτων ἡ ἀκαταγώνιστον καταγώγιον, dit S. Jean Chrysostome, ὁμιλ. περὶ πλούτε ἡ πενίας.

Comme aussi c'est sans doute que ces mots, *De tous troubles & empêchemens quelconques*, sont adjoustez après le mot, *Garantir*, pour oster son homonymie, & l'accommoder à toutes ses deux significations; c'est à dire à la garantie de faict & de droict; & partant, *Garantir de tous troubles & empêchemens quelconques*, signifie clairement par ce terme universel redoublé, garantir tant des empêchemens de faict que de droict. Puis donc que la raison, l'intelligence commune, l'équité naturelle, & la propre interpretation des termes de cette clause, & l'absurdité qui en resulteroit autrement, concourent en cette exposition, je ne doute nullement qu'elle ne soit veritable.

CHAPITRE IV.

De la clause, Fournir & faire valoir, & si elle requiert discussion.

1. Proposition.
2. Que cette clause est fort ancienne.
3. Habere licere, quid?
4. Fournir & faire valoir est plus que habere licere. Trois opinions sur l'importance de cette clause Fournir & faire valoir.
5. Premiere opinion, que la clause Fournir & faire valoir, requiert entiere discussion.
6. Deuxième opinion, qu'elle requiert discussion; mais ne charge le cedant de l'insuffisance qu'après le transport.
7. Troisième opinion, que Fournir & faire valoir, importe que la rente soit payable en tout temps.
8. Pourquoy l'auteur suit cette opinion.
9. Deux questions naissantes de ces trois opinions.
10. Interpretation de ce mot Fournir.
11. Interpretation du mot & Faire valoir.
12. A quelles causes du droict Romain correspond celle de Fournir & faire valoir.
13. Qu'elle requiert discussion.
14. Denombrement de tous les fidejusseurs reconnus au droict.
15. Si les fidejusseurs du droict estoient tenus sans discussion.
16. L'ancien droict.
17. Le droict des Digestes & du Code.
18. Le droict des Novelles.
19. Qu'au droict des Digestes & du Code il y avoit deux degrez de fidejusseurs.
20. & 21. Des fidejusseurs subsidiaires.
22. Conclusion que celuy qui a promis Fournir & faire valoir, n'est tenu qu'après discussion.

1. Proposition.

Ayant expliqué la clause de *Garantie*, & ayant amplement prouvé qu'elle charge le cedant de l'insuffisance de la rente au temps du transport, reste d'expliquer les deux autres causes de la garantie des rentes cedées, dont l'une qui est *Fournir & faire valoir*, concerne l'asseurance de la rente pour l'avenir; l'autre qui est de *payer soy même au defaut du debiteur*, la facilité de convention.

2. Que cette clause est fort ancienne.

Quant à la clause de *fournir & faire valoir*, elle n'est pas inventée depuis peu de temps, comme beaucoup pensent: Car outre qu'elle se trouve en l'article 189. de l'ancienne Coustume de Paris, redigée en l'an 1510. l'Autheur du grand Coustumier & Instruction de pratique qui a écrit pendant le regne de Charles VI. il a bien deux cens ans, la raporte en deux endroits de son œuvre, à sçavoir au Livre 2. chap. 34. & au Livre 3. chap. 25. où il en parle comme d'une clause toute ordinaire aux contracts de rente: Et même Guy Pape fait mention de cette clause en la quest. 8. raportant un Arrest de Grenoble de l'an 1434.

3. Habere licere, quid?

Il semble d'abord que cette clause soit la formule Romaine, *Habere licere*, dont on usoit en la stipulation d'éviction, & qui signifioit *Curari oportere & persici ut emptori habere liceret. Habere autem, plenum verbum est, & significat dominium, fructum, possessionem & detentionem obtinere*. Il est vray qu'en la stipulation d'éviction *Habere*; *non significat dominium*; mais seulement, *ut detinere rem sine interpellatione liceat. l. Habere. ff. de verb. sign.* car il y a trois termes notables en Droict, que l'on joint volontiers ensemble, *Habere, tenere, possidere. In formula Aquiliana stipulationis: Quod tu meum habes, tenes, possides. Plin. epist. 2. Totum me tenet, habet, possidet. Donc tenere, proprium est naturalis possessionis; possidere, civilis. Theop. Ἔχειν τε*

καὶ νέμειν κατέχειν, ἔχειν τε διὰ τῆς ψυχῆς ἀσπαζόμενος καταχειν. Habere autem utrumque comprehendit.

4. Fournir & faire valoir est plus que habere licere, Trois opinions sur l'importance de cette clause, fournir & faire valoir.

Mais les termes de *fournir & faire valoir*, bien qu'ils imitent *Habere licere*, si est-ce qu'ils ne s'y rapportent pas directement; mais sans doute ils ont plus d'emphase selon le son, & aussi plus d'energie selon l'usage, comme il sera prouvé cy-après; principalement quand on y adjouste ces mots, *tant en principal qu'arrerages.* Comme donc nous avons apporté trois divers avis sur l'effet de la clause de *Garantie*, aussi consequemment il y a trois opinions touchant la clause de *fournir & faire valoir*, à cause que plus ou moins on donne de force à la premiere clause, plus ou moins on en attribue à la seconde.

5. Premiere opinion, que la clause fournir & faire valoir, requiert entiere discussion.

Ceux qui sont d'avis que par la promesse de garantie, le vendeur est tenu de l'insolvabilité survenuë au debiteur après le contract, disent que par la clause de *fournir & faire valoir*, il est obligé de payer luy-même, en cas que l'acheteur, après attendu quelque tems suffisant selon l'arbitrage du Juge, & après avoir fait quelque legere discussion, ou plûtot quelques diligences à l'encontre du debiteur, ne puisse tirer payement de luy; de sorte qu'à leur dire *fournir & faire valoir*, implique la troisième clause de *payer soy-méme*, qu'ils disent n'être ajoustée que pour un langage superflu des Notaires, pour expliquer plus clairement la clause de *fournir & faire valoir*. Qui est l'opinion que l'on dit avoir jusqu'icy esté tenuë au Chastelet, & semble que du Molin la tienne au traité d'Usures, quest. 62. en ces mots: *Si cedens reditum, promittit non solum evictionem juris, sed etiam facti, videlicet debitorem fore solvendo, idem est ac si venditor ipse ad continuationem reditus se obligaret.* Mais qui verra le passage tout au long & à loisir, entendra bien que ce n'est pas son intention.

Ceux qui tiennent l'opinion toute contraire, à sça-

de la garantie des Rentes.

6. Deuxiéme opinion, qu'elle requiert discussion, mais ne charge le cedant de l'insuffisance d'aprés le transport.

voir que la simple promesse de garantie n'opere rien non plus en matiere de rentes qu'aux autres choses venduës, & qu'elle n'oblige le vendeur à garantir que le debiteur soit solvable, même lors du contract, disent consequemment que par la clause de *Fournir & faire valoir*, le vendeur est tenu de l'insolvabilité du debiteur precedent le contract de vente, mais non de celle qui peut survenir par aprés. Et à la verité il y a de grandes raisons pour cette opinion, qui est celle que tient ce docte personnage autheur du Traité de *Fournir & faire valoir*.

7. Troisiéme opinion, que fournir & faire valoir, importe que la rente soit payable en tout temps.

La troisiéme opinion est de ceux qui estiment que quand le vendeur d'une rente a promis la garantie de tous troubles & empêchemens quelconques, il est tenu la faire bonne & perceptible lors du contract, qui est la garantie de faict. Et partant ils soûtiennent que quand il a promis en outre la *Fournir & faire valoir tant en principal qu'arrerages*, il est tenu garantir qu'elle soit bonne & exigible, même après le contract, & en quelque temps que ce soit, jusques au racquit & amortissement. De sorte que le debiteur étant une fois prouvé insolvable par une discussion exacte de tous ses biens, l'on peut avoir recours contre le vendeur, & le contraindre desormais à payer & continuer la rente. Et à la verité, s'il est ainsi peu de la clause de *Garantie* rend le vendeur tenu du peril present de la debte, cette clause signalée de *Fournir & faire valoir*, seroit entierement sans effet, si elle ne le rendoit responsable du peril futur.

8. Pourquoy l'Autheur suit cette opinion.

Cette opinion comme moyenne entre les deux autres, comme aussi la plus commune, & qui a esté tenuë jusques-icy au Palais, m'a toûjours semblé la plus vraye; & je ne m'en suis pû éloigner, ny pour la creance extreme que j'ay eu à sçavoir & jugement de celuy qui est reputé l'Autheur de ce petit Livre, ny pour les raisons y contenuës, ausquelles je tâcheray de répondre aprés avoir confirmé la commune opinion.

9. Deux questions naissantes de ces trois opinions.

Donc de la diversité de ces trois opinions, il resulte deux questions, l'une, de sçavoir *si le cedant qui a promis fournir & faire valoir la rente, est tenu d'icelle directement, ou après discussion seulement*; l'autre, *s'il est tenu de l'insuffisance survenuë au debiteur après son transport*.

10. Interpretation de ce mot fournir.

Or puisque ces deux questions dépendent principalement de la valeur & proprieté des termes de cette clause, il faut expliquer ce que signifient ces termes de *fournir & faire valoir, tant en principal qu'arrerages*, qui sont totalement François, non tirez ny empruntez du Latin; mais possible aucunement imitez. *Fournir* signifie quelque chose de plus, que *bailler*; car *fournir*, c'est suggerer & bailler ce qui manque, comme *fournir de soldats une compagnie*, que l'on dit *legionem supplere*: *fournir des materiaux à un Architecte*, *fournir un homme de vivres & d'habits*; *fournir la complainte*; *fournir un payement*, c'est à dire, achever ce qui manque. Donc *fournir une rente*, ce n'est pas la bailler & ceder simplement, ce n'est pas aussi la payer simplement; mais c'est la payer au defaut du debiteur d'icelle, c'est à dire, suppléer & achever ce qu'il ne pourra payer. C'est donc en effet, *Præstare quanto minus à reo exigi possit*, qui estoit le formulaire ancien de l'obligation des fidejusseurs subsidiaires, *leg. Si decem. ff. de solut. leg. Decem. ff. de verb. obl. leg. Si ita de verb. signif.*

11. Interpretation du mot & faire valoir.

Pareillement *de promettre faire valoir*, c'est se charger de rendre la rente bonne & valable; car le mot de *faire* a une grande emphase, & se rapporte directement au Latin: *Præstare*, dit Budée, *est in se recipere, suo periculo esse velle & fide sua esse jubere futuræ rei eventum, ut præstare culpam, præstare vitium rei vendita, præstare evictionem, hoc est, in se recipere*: ce que nous disons proprement en François *prendre sur soy*; & ce mot *valoir* signifie indubitablement, *bonum esse*: donc promettre faire valoir une rente, c'est prendre sur soy qu'une rente soit bonne, c'est à dire, qu'elle

soit exigible & perceptible, ainsi que ce mot est pris en la Loy 1. ff. ad Senat. Maced.

Et par consequent il s'ensuit que cette clause se rapporte aux formules du Droict Romain, *bonum nomen fore, debitum exigi posse, debitorem fore solvendo*, du Droict Romain. Il est vray que les Jurisconsultes les concevoient au temps present, non au temps futur; tant parce qu'ils n'en avoient pas besoin au futur, ainsi qu'il sera tantôt dit, qu'aussi parce que tranchant leur resolution par une negative, quand ils ont dit que celuy qui vend purement & simplement une debte, *non præstat debitorem solvendo esse*, il n'estoit à propos d'user du temps futur: car une negative indistincte s'exprime au temps present; & decidant que le vendeur n'estoit tenu, si le debiteur estoit insolvable au temps present, à plus forte raison le même s'ensuivroit, s'il devenoit insolvable par aprés.

12. A quoy les clauses nomen fore, debitorem solvendo, du Droict Romain correspond celle de Fournir & faire valoir.

Ces mots donc *fournir & faire valoir*, emportent tout ensemble & *bonum præstari*, & *præstari quanto minus à reo exigi possit*; qui est en effet rendre le vendeur comme fidejusseur du debiteur. *Decem stipulatus*, dit Papinian, *à Titio, postea quanto minus ab eo consequi possis, si à Mævio stipuleris, sine dubio Mævius periculum potest subire: Non enim sunt duo rei Titius & Mævius; sed Mævius sub conditione debet, si à Titio exigi non poterit. Igitur nec Mævius pendente stipulatione conditione, potest conveniri; à Mævio enim ante Titium excussum non recte petetur. l. Decem. ff. de verb. oblig.* Ce qui refute en passant la premiere opinion sur l'interpretation de cette clause, & decide clairement que la clause de *fournir & faire valoir*, requiert discussion.

13. Quelle requiert discussion.

Or parce qu'il y a plusieurs sortes de fidejusseurs, il faut éplucher de quelle sorte est celuy qui a promis *fournir & faire valoir une rente*: car ce mot de fidejusseur est un mot general qui s'accommode à tous ceux *qui alienam obligationem fide sua esse jubent*. Et pour les particulariser, celuy qui a promis *fournir & faire valoir*, ne peut pas estre *mandator*; car *mandator* est celuy qui *auctor* est, *mandatáque pecuniam alteri mutuo dari*, & faut qu'il precede & devance necessairement l'obligation du debiteur principal, *l. Si verò non remunerandi. §. si post creditam. ff. mandati*. Il n'est pas aussi *expromissor*; car c'est celuy qui transfere entierement sur soy l'obligation d'autruy, & décharge le premier debiteur, *sive accedat inutili obligationi, sive utilem in se transferat, l. Et eleganter. §. servus. ff. de do. l. Si quis accepto. ff. de cond. sine cauf.* difficilement pourroit-il estre *sponsor*, qui *sponte & non rogatus intercedit*, dit Festus & Alciat *in parerg*. Mais il pourroit bien estre *constitutor, sive constituta pecunia reus, ut in l. Quidam ff. de const. pec.* à sçavoir celuy qui sans stipulation solennelle, & hors le contract promet payer pour autruy, que Justinian appelle αὐτερροπότωλον. *Nov. 4.* c'est à dire que celuy qui parle pour un autre. Il pourroit encore plûtot estre *adpromissor*; à sçavoir celuy qui *ex intervallo accedit jam constitutæ obligationi, l. 1. §. satis accepto. ff. de verb. oblig.* selon la vraye lecture. Mais sur tout il approche fort du βεβαιωτὴρ de Justinian, *Nov. 1.* qui est tourné en Latin *secundus auctor, vel confirmator*, qui est le pleige de la garantie, *fidejussor ob evictionem acceptus*, comme Ulpian l'explique, *l. 4. ff. de evict.* & celuy-là s'oblige qu'un autre sera garant solvable & suffisant.

14. Denombrement de tous les fidejusseurs reconnus au Droict.

Voila les noms & les especes de fidejusseurs reconnus au Droict Romain, voyons maintenant quelle obligation ils subsistoient, & s'ils estoient tenus directement & de haute lutte, ou bien seulement après discussion du principal debiteur; en quoy il faut distinguer trois divers temps, ou pour mieux dire, trois mutations de Droict.

15. Si les fidejusseurs du Droict estoient tenus sans discussion.

Car premierement par une vieille Loy, que nous n'avons point, & dont la *Nov. 4.* fait mention; que Cujas a opinion avoir esté des douze Tables, le fidejusseur n'estoit tenu que subsidiairement après le debiteur discuté; ce qui s'observoit encore du temps de Ciceron, qui en plus de quatre endroits des Epi-

16. L'ancien Droict.

Traité

sceras ad Atticum (que j'obmets pour éviter prolixité) dit que *sponsores liberantur, si reus sit locuples*. Aussi le sisque & la Republique ont toûjours usé de ce droict. *l. Moschis. ff. de ju. fisc. l. 5. de sent. & interloc. omni. Jud. l. 3. §. uit. ff. de admin. rerum ad civitat. perti. d. Libertus §. filium ff. ad municip.*

17. Le droit des Digestes & du Code. — Depuis cette ancienne Loy fut abolie par un usage contraire, comme parle Justinian ; de sorte que du temps des Jurisconsultes, & des Empereurs on observa, que le creancier avoit option de poursuivre lequel il vouloit ou du debiteur, ou du fidejusseur, ou même des gages & hypotheques, *l. Qui mutuam. ff. mand. 2. 3. 5. 23. Cod. de fidejuss. l. Inter. §. creditor. ff. eod. titulo.*

18. Le droit des Novelles. — Jusques à ce que Justinian par sa Novelle 4. remit en quelque façon cette ancienne Loy en vigueur, attribuant le benefice de discussion au fidejusseur, qui est le droit que nous gardons maintenant, qui pourtant est quelque peu different de l'ancien Droict ; car en l'ancien Droict la discussion competoit au fidejusseur par la propre nature de son obligation & de plein droict : de sorte qu'il n'y pouvoit renoncer, ou s'il y renonçoit, il n'estoit plus fidejusseur, mais devenoit principal debiteur. Mais par cette Nov. la discussion a esté attribuée au fidejusseur par forme d'exception ou de privilege seulement ; à laquelle partant il peut renoncer ; sans que neanmoins il se constituë principal debiteur.

19. Qu'au droict des Digestes & du Code il y avoit deux degrez de fidejusseurs. — Or il faut observer qu'auparavant cette Nov. & lorsqu'on se pouvoit adresser directement contre le fidejusseur, il pouvoit discuter le principal debiteur ; parce que tel se vouloit bien obliger subsidiairement, qui ne vouloit pas être tenu sans discussion, on fut contraint de trouver une invention pour s'obliger seulement après discussion, qui fut par le moyen de la clause ou formule, *Quanto minus à reo exigi posset*, ou bien, *Quanto minus ex pignoribus servari posset*; car en ce cas il falloit discuter le debiteur & le gages, avant que de s'adresser au fidejusseur.

20. & 21. Des fidejusseurs subsidiaires. — De sorte qu'il se trouvera lors deux degrez de fidejussion, à sçavoir le fidejusseur pur & simple, qui se dit en droict *fidejussor simpliciter acceptus. d. §. creditor. & d. l. Reos. l. 2. de fidejus. tut.* & le fidejusseur subsidiaire, que les Docteurs appellent *fidejussorem indemnitatis*, qui étoit constituë en deux façons ; l'une, quand cette clause *Quanto minus à reo pignoribus exigi posset*, étoit exprimée en son obligation ; l'autre, quand son intercession étoit conceuë en tels termes, qu'elle impliquoit seulement une promesse subsidiaire ; qui est une remarque fort notable, dont il y a plusieurs beaux passages dans le Droict, qui faute d'avoir été bien éclaircis, ont donné beaucoup de peine aux Interpretes.

Par exemple, la Loy seconde *de fidejussor. tutor.* dit qu'il y a grande difference entre le fidejusseur pur & simple du tuteur, & entre celui qui a promis, *Quanto minus à tutore servari posset*, ou bien qui a promis, *Rem pupilli salvam fore*, parce que le simple fidejusseur est tenu auparavant la discussion, & les autres sont tenus après discussion seulement. Autre exemple en la Loy, *Si ita stipulatus 97. §. 1. de verb. obli.* de celui qui a promis *Titium daturum*, qui n'est que fidejusseur subsidiaire, & n'est tenu que tant que Titius est solvable. Autant en est dit en la Loy derniere, *§. ult. ff. de reb. cred.* & en la Loy *illa stipulatio. De verb. obl.* de celuy qui a promis *decem danda curari*. De même aussi semble être dit *de fidejussore indemnitatis* in *l. 2. Cod. si mater indemnit. promis. & l. Tutor. ff. ad Vellejan. & l. 1. Cod. de convent. pisc. debit.* Où Bartole passant plus outre, dit que le fidejusseur d'indemnité, encore même qu'il ait renoncé au benefice de discussion, ne peut toutesfois être convenu avant le debiteur, *quia,* dit-il, *hoc inducit natura obligationis hoc casu, non beneficium fidejussionis.*

22. Conclusion que cette luy qui a promis Fournir & faire valoir, n'est tenu qu'après discussion. — Cela presupposé, il est aisé à colliger que sans doute le cedant qui a promis fournir & faire valoir la rente, n'est que fidejusseur subsidiaire, & que partant il n'est tenu qu'après discussion du debiteur d'icelle ; même que l'obligation qui resulte de cette clause, n'est que conditionnelle, comme celle *Quantumvis à reo exigi posset*, *ut in leg. Decem. 116. de verb. oblig. & leg. Si decem. ff. de solution.* En quoy il ne faut plus hesiter, parce qu'en beaucoup plus forts termes, la clause de payer soy-même a été jugée sujette à discussion, par l'Arrest prononcé en Robbes rouges, que je rapporteray cy-après au huitième chapitre.

CHAPITRE V.

Si fournir & faire valoir, charge le cedant de la suffisance d'aprés le transport.

1. Que cette question est fort frequente en cette saison.
2. Qu'elle n'est décidée au Droict Romain.
3. Qu'elle ne peut avoir lieu in puro debito.
4. Comment elle ne peut point échoir en termes de droict.
5. Decision du droict Romain.
6. Que cette decision doit avoir lieu aux rentes à plus forte raison.
7. Que tous fidejusseurs sont tenus de l'insuffisance future du principal debiteur.
8. Que cela doit encore plustost avoir lieu aux rentes.
9. Que ce qui a lieu au fidejusseur, doit être observé en celuy qui a promis fournir & faire valoir.
10. Force des Infinitifs en François.
11. Exemple notable.
12. Mais ajoutez à cette clause par style commun, qui vuident cette question.
13. Decision de cette question par du Molin.
14. & 15. Qu'elle semble décidée par les 109. & 110. articles de la Coûtume de Paris.
16. Interpretation de ces deux articles.
17. & 18. Inconveniens qui arriveroient si cette clause étoit autrement entenduë.

1. Que cette question est fort frequente en cette saison. — L'Autre question qui se fait sur la clause de *fournir & faire valoir*, est de sçavoir si le cedant est tenu de l'insolvabilité survenuë au debiteur après le transport d'une rente. Question qui pourra tomber plusieurs fois en controverse en cette saison ; comme quand les rentes se trouveront assignées sur maisons qui ont été brûlées ou demolies pendant la guerre, ou quand les maisons sont décheuës & fonduës d'antiquité ; quand les possessions des frontieres ont été conquises par l'ennemy, quand les vignes sont mortes, ou en friche ; bref, quand pour quelque cause que ce soit, les heritages sont faits de moindre prix & valeur interne ou externe, qu'ils n'estoient lors de la cession, si bien que les plus anciens creanciers consomment & emportent tout leur prix : voilà pour le peril qui tombe sur les hypotheques. Et quant à la personne debitrice, s'il arrive que tout son bien soit en marchandise, ou en meubles, ou en autres rentes, qui par après luy soient rachetées, & qu'il en consomme & dissipe les deniers, soit par fortune, ou mauvais ménage ; sçavoir si en tous ces cas discussion faite sur le debiteur, on se peut par après adresser à celuy qui a cedé la rente, qui l'a promis *garantir, fournir & faire valoir.*

2. Qu'elle n'est décidée au droict Romain. — A la verité cette question est toute nôtre, & ne se trouve point ni décidée ni traitée aucunement dans le Droict Romain, ni par aucun des Interpretes : comme aussi il n'en étoit pas grand besoin de leur temps, parce qu'ils ne reconnoissoient point de debtes immobiliaires, perpetuelles & successives,

de la garantie des Rentes.

comme sont nos rentes. Et le seul cas qui peut tomber sur cette question au droit Romain, c'est quand on auroit vendu une debte deuë *in diem*, *puta*, écheant trois ans aprés la cession ; si le debiteur, qui étoit solvable lors de la cession, devenoit insolvable avant que les trois ans expirent, sçavoir si aprés qu'il auroit été discuté, le cedant ne seroit pas tenu de faire la debte bonne, quand il auroit non seulement promis la garantie d'icelle, mais aussi *bonum nomen esse, & debitum exigi posse* : car cet Auteur demeure d'accord, que *fournir & faire valoir*, signifie *bonum nomen esse, & locupletem debitorem esse*, par le temps present ; mais non *bonum nomen fore, & debitorem idoneum fore*, en terme de futur.

3. qu'elle ne peut avoir lieu in puro debito. Quippe, si la debte étoit promptement payable, que *purum esset debitum*, on pourroit dire qu'il suffiroit que le debiteur fust solvable lors de la cession, & que s'il devient par aprés insolvable, c'est la faute du cessionnaire de ne l'avoir fait payer lors qu'il avoit moyen. Et partant il n'est raisonnable qu'il ait recours contre le cedant, lequel n'est tenu de porter sa negligence & mauvais ménage, *l. 1. Cod. de dividi. tut.* Mais cela ne provient pas de ce que la clause *Debitum exigi posse*, & autres semblables, n'ayent bien trait au temps futur.

4. Comment elle ne peut échoir en termes de droit. Au contraire en la debte *in diem, vel sub conditione*, qui ne peut être demandée *quousque dies vel conditio extiterit*, si entre la cession & l'échéance le debiteur devient insolvable, puisqu'on ne peut imputer aucune negligence au cessionnaire, je croi indubitablement qu'il doit avoir recours contre le cedant, s'il a stipulé *Nomen exigi posse, & debitorem solvendo esse* : car puisqu'il ne peut exiger la dette avant le terme, on ne peut dire qu'elle soit exigible, sinon au temps qu'elle écheit ; & si alors il n'est exigible, parce que le debiteur n'est solvable, on peut dire qu'elle n'a jamais été exigible, ni devant le terme, parce que le creancier ne la pouvoit demander, ni aprés le terme, parce que le debiteur ne la pouvoit plus payer.

5. Decision du droit Romain. Aussi cette question semble être decidée en propres termes en la Loy *Promittendo. §. ij. ff. de jur. dot.* qui est fort à propos de cette principale difficulté : *Si à debitore mulieris, sub conditione dos promittatur, & postea, antequam maritus petere possit, debitor solvendo esse desierit ; nec enim videri maritum nomen secutum eo tempore, quo exigi non potuerit.* Donc à plus forte raison faut conclure le même, quand il y a stipulation expresse, *Debitum exigi posse, vel bonum nomen esse.*

6. que cette decisio doit avoir lieu aux rentes à plus forte raison. Mais encore il y a beaucoup plus d'occasion d'inferer la même conclusion aux rentes perpetuelles, que non pas aux dettes conditionnelles, *vel in diem* : car la rente est une dette immobiliere, qui doit être plus stable & plus asseurée ; elle est *inquam*, non pure ni payable à volonté, mais *in diem*, qui écheit successivement quant aux arrerages, & qui n'écheit jamais quant au sort, sinon quand il plaist au debiteur. Et partant on ne peut imputer au creancier cessionnaire, s'il n'a contraint le debiteur de le racquitter & amortir lorsqu'il étoit solvable. Celui donc qui promet qu'une rente est bien payable, puisqu'elle dure perpetuellement, & jusques au rachat, il faut qu'il la garantisse payable & exigible jusques au rachat.

7. Que tous fidejusseurs sont tenus de l'insuffisance future du principal debiteur. Car pour quelque sorte d'intercesseur que l'on vueille prendre celui qui a promis *fournir & faire valoir une rente*, il est certain que tous pleiges & cautions reconnus en droit sont tenus de payer la dette toutes fois & quantes que le principal debiteur est par une discussion approuvé insolvable, comme il se colige clairement de cette quatrième Novelle de Justinian. Aussi c'est la vraye cause pour laquelle l'on prend les fidejusseurs, que pour fournir & suppléer le payement au lieu des principaux obligez, au cas que par quelque accident ils deviennent insolvables, *sponsor in hoc accipitur, ne creditor in damno sit*, dit Quintilian : & *Qui alios pro debitore obligat, hoc maxime prospicit, ut cùm facultatibus lapsus fuerit debitor, possit ab iis, quos pro eo obligavit suum consequi. §. ult. Inst. de replic.* Ce que l'ancien Praticien Boutellier a fort bien exprimé parlant de nôtre βεβαιωτης, c'est à dire du pleige de garantie ; *Doit sçavoir*, dit-il, *que s'il y a pleige de garantie, & on empêchât l'heritage vendu, & l'acheteur eust denoncé au vendeur à fin de garantie, & le vendeur pendant ce fust mort & tombé à pauvreté, si qu'il ne peust conduire son marché, sçachez, que l'acheteur se pourroit traire au pleige du tout.*

8. Que cela doit encore plûtôt avoir lieu aux rentes. Ce qui semble decider nôtre question ; car si en aucune vente il y a occasion de s'asseurer pour le temps à venir, c'est en matiere de rentes, qui est bien la plus mal asseurée espece de biens que l'on puisse avoir, quelque precaution ou asseurance que l'on y apporte ; *fœnebris pecunia usu vix unquam est diuturnus.* Et principalement à la mode de France, où, selon les Extravagantes *Regimini*, l'on ne peut contraindre le debiteur à racquitter la rente quand il tombe en pauvreté ; mais il faut avoir patience de voir perdre sa rente, sans y pouvoir mettre ordre, comme l'experience n'en est que trop commune en ce temps.

9. que ce qui est fidejusseur doit être observé en celui qui promet fournir & faire valoir. Aussi n'y a-t-il aucune raison de diversité, pourquoy un fidejusseur soit tenu de l'insolvabilité future du debiteur, que celuy qui a promis *fournir & faire valoir* : car on peut aussi bien dire que celuy qui s'est rendu fidejusseur pur & simple d'une rente, n'a promis que la solvabilité du temps present seulement, & non celle du temps à venir, & qu'il n'est raisonnable que les cas fortuits tombent sur luy. Bref, que l'on y prenne garde de prés, toutes les raisons que l'on allegue pour décharger du temps futur celui qui a promis *fournir & faire valoir*, se peuvent aussi à propos dire pour le fidejusseur : & toutesfois on n'a jamais douté en droit que le fidejusseur ne soit tenu, si le debiteur devient insolvable aprés le contract ; ce qui ne seroit, si les raisons de cet Autheur étoient necessaires & concluantes. Et même la raison de cette resolution est aussi bien en celuy qui a promis *fournir & faire valoir*, comme au fidejusseur : à sçavoir que comme l'on prend le fidejusseur pour s'asseurer entierement, en quelque temps que ce soit, au defaut du debiteur, aussi c'est pour cette même cause que l'on fait obliger le cedant à *fournir & faire valoir la rente*. Puis donc qu'il n'y a en cela aucune difference entre l'un & l'autre, & que les raisons de douter & decider sont semblables en l'un & en l'autre, il faut sans doute pratiquer la même decision en tous les deux.

10. Force des Infinitifs en François. Bref il me semble que c'est une subtilité toute nouvelle & sans exemple, de vouloir limiter les mots de *fournir & faire valoir*, au temps present seulement, encore qu'ils soient indefinis, & aprés à s'accommoder à tous temps ; & même qu'à les prendre en leur plus naïve & plus propre signification, ils soient plûtôt du temps futur : car comme les infinitifs aux autres langues n'ont ny nombre ny personne (& pour ce sont appellez infinitifs, & selon aucuns Grammairiens indefinitifs ;) aussi en outre en nôtre langue Françoise ils n'ont point de temps ; mais quand on veut particulierement discerner leur temps, on s'accommode au verbe qui regit, & a aprés foy l'infinitif. Or *Promettre* est un verbe qui necessairement denote & signifie un temps futur ; car nous promettons ce que nous voulons faire à l'avenir, & non ce que nous faisons presentement, & encore moins ce qui est passé.

11. Exemple notable. En voicy un exemple fort celebre & fort certain : Celui qui promet prendre une fille en mariage, contracte indubitablement des accords & fiançailles par paroles de futur, & non pas des épousailles par paroles de present, qui seroit un vray mariage ; car les paroles de present sont, *Accipio te in meum*. De même donc *promettre fournir & faire valoir*, est promesse du futur, & partant importe que si au temps à venir le debiteur devient insolvable, celuy qui a fait telle promesse, est obligé de payer la rente.

12. Mots ajoûtez à cette clause par style commun, qui vuident cette question.

Et ce qui oste toute difficulté, sont les mots qui suivent ordinairement par le style commun des Notaires, en cette même clause *fournir & faire valoir* tant en principal qu'arrerages ; encore d'autres y ajoûtent à *l'avenir,& tant & si longuement que la rente aura cours* ; car sans prendre ces derniers mots qui sont superflus, & qui servent seulement pour retrancher toute difficulté & contenter les plus chicaneurs, quand on dit *faire valoir la rente tant en principal qu'arrerages*, il est clair que ce mot *d'arrerages*, ne se peut entendre sinon des arrerages du temps à venir ; car ceux du temps passé ne sont contenus en la cession, & demeurent indubitablement au cedant. Tout ainsi donc que quand la stipulation est conceuë en termes signifians un temps futur, *ut quicquid agitur, facere oportet, oportebit-ve*, elle contient les choses futures, comme il est decidé en la Loy *Si à colono. D. de verbor.oblig.* Aussi cette clause estant notoirement conceuë en termes signifians un temps futur, se doit entendre des accidens qui surviennent à l'avenir ; & pour neant cet Autheur s'est travaillé à interpreter autrement ces derniers mots ; car son interpretation force la lettre,& est tres-éloignée du sens & de l'intelligence commune, comme il sera dit cy-après.

13. Decision de cette question du Molin.

Et de fait, celui des Jurisconsultes François qui a seul parlé de cette clause, à sçavoir le docte du Molin, decide en un mot cette difficulté en un traité des Usures, *quæst. 8. num.154. Clausula, inquit, vulgaris, Gallicè* fournir & faire valoir, *promittit debitor hypothecas fore in futurum idoneas*. Et par après traitant du déguerpissement des hypotheques survenu après le contract, il dit au nomb. 135. que si une rente est assignée simplement sur un heritage, arrivant que l'heritage deperisse par succession de temps, ou soit rendu inutile, sans cette clause, le debiteur est libre en le quittant & déguerpissant : mais que si le debiteur est obligé de *fournir & faire valoir la rente*, il faut qu'il la continuë toûjours, nonobstant la perte de l'heritage, ou quand il le voudroit déguerpir. De même, dit-il, cette clause a un effet singulier à l'endroit du tiers detenteur de l'heritage hypothequé à une rente, *qui ex certa scientia & animo augendæ obligationis*, a promis par un titre nouvel icelle *fournir & faire valoir*, à sçavoir que quoy qu'il n'ait plus l'heritage, mais qu'il ait vendu ou autrement transporté à un autre, si est-ce qu'il est tenu de le faire valoir suffisant pour percevoir la rente ; & s'il ne l'est, il est tenu de parfournir la rente de son propre bien. Voilà ce qu'en dit du Molin.

14. & 15. qu'elle semble decidée par les 109. & 110. articles de la Coûtume de Paris.

Desquelles deux decisions semblent avoir été tirez les articles cent neuf & cent dix de la Coûtume de Paris : dont les termes sont notables.

ART. 109. *Si aucun a pris constitué à cens ou rente à certain prix par chacun an, il y peut renoncer, jaçoit que par Lettres il y eust promis payer ladite rente, obligé tous ses biens : & s'entend telle promesse, s'il n'est proprietaire,sinon que par lettres d'accensement,il eust promis mettre aucun amendement, ce qu'il n'eust fait ; ou qu'il eust promis* FOURNIR ET FAIRE VALOIR *ladite rente, & à ce obligé tous ses biens.*

ART. 110. *Celuy qui n'est preneur, mais est acquereur à la charge de la rente seulement, sans faire mention d'autres charges, comme mettre amendement,* FOURNIR ET FAIRE VALOIR, *& laisser l'heritage en bon estat, il peut renoncer, pourveu qu'il n'ait promis expressément garantir son vendeur & bailleur.*

Sans doute ces deux articles vuident nôtre difficulté : car ils decident que le preneur à rente, même (ce qui est plus étrange) l'acquereur du preneur, sont tenus après le déguerpissement de l'heritage,de continuer la rente sans pouvoir déguerpir : non pour avoir promis de payer la rente, & à ce obligé tous leurs biens, mais seulement s'ils ont promis *fournir & faire valoir la rente*. D'où il s'ensuit que celui qui a promis *fournir & faire valoir*, est tenu du déguerpissement de l'heritage survenu après le contract. Et ce qui est plus remarquable, c'est qu'és cas de ces deux articles, la clause de *fournir & faire valoir*, a plus de force de charger le preneur du deperissement de l'heritage, que n'a la clause de *payer soy-même* : Car le detenteur ayant promis payer soy-même, peut neanmoins déguerpir ; parce que la Coûtume interprete se restraint sa promesse au temps qu'il demeurera detenteur, & non plus outre ; mais celui qui a promis *fournir & faire valoir*, ne peut deguerpir ; mais doit payer la rente perpetuellement, parce qu'il est obligé à la fournir, c'est à dire, suppléer de son bien ; & à la faire valoir, c'est à dire, faire en sorte qu'elle soit toûjours valable & perceptible. Et même par la decision de du Molin (qui passe encore plus avant que la Coûtume) si le tiers acquereur qui a promis *fournir & faire valoir*, revend l'heritage à un autre, qui par après le déguerpisse, & que par la discussion d'icelui, il appert qu'il soit insuffisant, il est tenu subsidiairement.

16. Interpretatio de ces deux articles.

Et toutesfois ceux qui de ces deux articles ont voulu inferer, que celui qui a promis *fournir & faire valoir*, est tenu indistinctement de payer soy-même sans discussion du debiteur, s'abusent & se méprennent grandement : Car au cas de ces deux articles, il faut à la verité que le preneur & tiers detenteur payent eux-mêmes la rente, mais c'est d'autant qu'ils sont detenteurs de l'heritage qui la doit, & qu'on ne se peut adresser à autre qu'à eux. Et d'ailleurs, ce qu'ils ne peuvent bonnement quitter cette detention, par la clause de *fournir & faire valoir*, c'est à cause de la reflexion d'actions qui tomberoit sur eux,quand après le déguerpissement, l'heritage seroit discuté & trouvé insuffisant pour fournir la rente. Ils ont donc deux qualitez ; l'une de detenteurs de l'heritage qui doit la rente, & l'autre d'obligez personnellement à la *fournir & faire valoir*. Que s'ils perdent ces deux qualitez, *videlicet*, si le tiers detenteur vend l'heritage à un autre, je croy pour certain, qu'avant que de s'adresser à luy il faudra decreter & discuter l'heritage, après lequel il est obligé subsidiairement, comme il est decidé en la Nov. 4. de Justinian. Mais quand les deux qualitez sont ensemble, le rentier est tenu pour le tout, sans division ny discussion ; parce qu'en France toutes fois & quantes que l'action personnelle & hypothequaire, concourent en une même personne, nous tenons qu'il n'est point besoin de discussion.

17. & 18. Inconveniens qui arriveroient si cette clause étoit autrement entenduë.

Aussi pour conclusion, ce ne seroit jamais fait, si quand le debiteur se trouve insolvable, ou bien l'heritage insuffisant, il falloit aller subsister depuis quel temps il est devenu insolvable, & faire preuve combien valoit l'heritage lors de la cession. Ce qui engendreroit une infinité de procez, pour lesquels éviter, il est plus clair & plus certain de tenir qu'il suffit, pour avoir recours contre celuy qui a promis *fournir & faire valoir*, que le debiteur soit discuté & prouvé insolvable, sans s'enquerir quand & comment il a perdu son bien.

Mais il y a encore deux autres inconveniens en l'opinion contraire ; l'un, qu'elle confond les trois clauses ensemble, sans pouvoir assigner à chacune sa particuliere signification & énergie, comme fait la commune opinion ; & l'autre, que selon icelle il n'y auroit nulle clause pour obliger le cedant en tout temps subsidiairement après le debiteur, & après discussion sur luy faite : ce qui neanmoins est bien souvent fort convenable & quasi necessaire : parce que tel se veut bien obliger après discussion, qui pour rien du monde ne s'obligeroit à payer luy-même.

CHAP. VI.

de la garantie des Rentes. 13

CHAPITRE VI.

Refutation des raisons de l'opinion contraire, contenuës au petit Livre
De fournir & faire valoir.

1. Occasion de la composition de ce Livre.
2. Réponse à la Loy 1. C. de donat.
3. Ce qu'importe la vente d'une debte sans promesse de garantie.
4. Réponse à la Loy Inter causas. §. abesse. ff. mand.
5. & 6. En la delegation n'échet garantie, & pourquoy ?
7. Aliud en la simple vente de debte.
8. & 9. S'il faut que les rentes constituées soient assignées sur heritages suffisans.
10. Que cette clause doit estre plus favorablement entenduë, quand il n'y a point d'hypotheques, que quand il y en a.
11. Que cet Autheur interprete mal ces mots, tant en principal qu'arrerages.
12. Confirmation de nostre opinion par les deux articles sus-alleguez de la Coustume de Paris.
13. Que la réponse qu'il y donne, n'est pertinente.
14. Que celui qui a promis faire valoir, & celui qui a promis paier soy-mesme la rente, sont tenus également de l'insuffisance du debiteur.
15. Question du déguerpissement.
16. Réponse à la raison tirée du hazard des rentes constituées.
17. Réponse à la comparaison de la promesse de faire valoir un heritage tant par an.
18. & 19. Que le garant se peut soûmettre par paction generale aux cas fortuits écheans sur les asseurances de la rente.
20. Réponse à la raison du tuteur, qui promet faire valoir le bien de sa pupille.
21. Comment il peut y avoir des clauses superfluës aux contracts.
22. Réponse aux autres raisons.
23. Qu'il falloit avoir des raisons bien pressantes pour combatre une maxime toute resoluë.
24. Que cette nouvelle opinion seroit fort dangereuse.

Sur la fin de l'année 1594. un des plus doctes personnages de nôtre Robbe, à present decedé, duquel j'avois l'honneur d'estre fort proche allié, & que j'honorois beaucoup, tant pour son merite que pour le profit que je faisois de sa conference, fit courir par le Palais un avis imprimé sans nom, touchant cette clause de *fournir & faire valoir* : par lequel il taschoit d'établir cette opinion, qu'elle ne chargeoit le cedant de l'insuffisance de la rente survenuë apres le transport. Ce qu'il faisoit à dessein pour ses affaires domestiques, comme il m'a depuis confessé. Et sur ce qu'en devis familiers je soûtenois contre lui l'opinion contraire, il me pria de mettre mes raisons par écrit, puis les aiant veuës, il desira que je les fisse voir en public, comme il avoit fait les siennes, afin que par la conference des deux avis, il reconnût l'art du Palais. Ses prieres m'estoient des commandemens, car c'estoit mon Scevola : & toutesfois, craignant que si quelqu'un découvroit que je fusse l'autheur de ce contraire avis, il me blâmât d'avoir entrepris d'écrire tout expres contre un personnage de tel merite & vers le public, & particulierement vers moy, je m'avisay de reprendre le discours de plus loin, & de traiter entierement la matiere *De la garantie des rentes*. Ce que j'ay bien voulu faire entendre au Lecteur à cette presente edition, afin qu'il ne trouve étrange que je me sois arresté davantage sur cette question icy que sur les autres, notamment à refuter les raisons de l'avis contraire, attendu qu'en effet c'estoit le vrai & premier sujet de tout l'Oeuvre.

1. Occasion de la composition de ce Livre.

Or je dy que ce qui me confirme le plus en l'opinion commune est, qu'encore que le personnage qui a mis en avant l'opinion contraire, soit tres-profond en Droict, & tres-experimenté en l'usage de France, & sur tout de grande & exacte recherche, si est-ce qu'il me semble n'avoir apporté aucune raison, à laquelle il ne soit aisé de donner quelque réponse.

2. Réponse à la Loy 1. C. de donat.

Car ce qu'il dit qu'en cession de debte, il suffit de fournir le contract pour toute garantie, en la Loy 1. Cod. de donat. (qui pourtant ne parle que de la tradition & livraison, non de la garantie & éviction) cela se doit entendre quand il n'y a aucune garantie promise par le contract ; mais non quand il y a stipulation expresse de garantie, mesme quand il y a clause de *fournir & faire valoir*.

3. Ce qu'importe la vente d'une debte.

De même quand il dit, que qui vend une debte, est tenu la garantir estre bien & legitimement créée, mais non la fournir bien payable ; cela s'entend

(comme nous avons dit) quand il n'y a point de promesse de garantie. Comme il est certain que les Romains n'opposoient pas indifferemment en leurs contracts, pour forme d'un style commun des Notaires, la stipulation d'éviction, comme nous faisons en France. Encore Bartole & quelques autres, sur la Loi Pupilli. §. Soror. ff. de solut. disent que mesme sans stipulation de garantie le cedant d'une debte est tenu de l'insolvabilité du debiteur precedente la cession.

Et quand l'argument tiré de la Loy *Inter causas*. *Abesse. ff. Mandati*, & autres Loix qui disent que *Bonum nomen facit, qui admittit debitorem delegatum*, cet Autheur semble faire son principal bouclier, il est entierement captieux. Car ces Loix parlent expressément de la delegation, & nôtre question est de la simple vente ou cession de debte : qui sont deux especes bien differentes l'une de l'autre, comme il a esté dit cy-dessus, l'une traitée au titre *De novat. & delegat.* l'autre au titre *De hered. vel action. vend.*

4. Réponse à la Loy Inter causas. §. abesse ff. mand.

De fait, la Loy 3. C. de novat. en ce même poinct de peril survenant à la debte, distingue nommément la vente ou transport de debte d'avec la delegation : & dit qu'en la delegation le cedant n'est tenu d'aucune garantie, parce que le cessionnaire a accepté & pris à homme le debiteur qui luy a passé obligation pure & simple par le même contract. Ce qui ne se fait pas au simple transport de debte, où la presence du debiteur n'est requise. *l. 1. C. eod. tit. de novat.*

5. & 6. En la delegation n'échet garantie, & pourquoy ?

Ce que le vieil Praticien Bouteiller a nettement exprimé en la Somme Rurale : *Le retournement*, dit-il, *de la debte qu'un creancier fait à l'autre, quand il baille son debiteur au lieu de luy, ne se peut denement faire, si le debiteur, qui on veut la debte derrainement attourner & mettre, n'est present, & qu'il consente & promette à payer la debte au creancier, & que le creancier se tienne à l'attourné & ne vaut*. C'est pourquoy on appelle cela en finances, *vuider partie*, dautant que par la delegation le debiteur demeure absolument quitte envers le cedant, & le cedant envers le cessionnaire. D'où il s'ensuit qu'il n'y échet aucune garantie, non pas même pour les causes precedentes le contract.

Ce qui n'est pas en la simple vente, ou transport de debte ; sinon quand par exprés la debte a esté venduë telle qu'elle estoit, comme en la Loy *Si plus. §. ult. De evictio.* ou bien quand par le contract le cessionnaire a declaré qu'il s'en contentoit, comme en la Loy *Pupilli. §. Soror. ff. de solut.* Encore en ce cas Bartole tient que le cedant est tenu du peril precedent le contract, & que cette Loy ne doit estre en-

7. Aliud en la simple vente de debte.

debte sans promesse de garantie.

De la garantie des Rentes.

B b

tenduë que du subsequent. A plus forte raison donc si la clause *Bonum nomen esse*, ou bien de fournir & faire valoir, sont stipulées ; qui sont les clauses contraires à *Nomen quale est venire*, & *Nomine debitoris comentum esse* de peril futur doit indubitablement tomber sur le cedant.

8. & 9. S'il faut que les rentes constituées soient assignées sur heritages suffisans.

Encore moins concluds ce qu'il dit, que les rentes constituées estans reputées immeubles, doivent estre assignées sur des heritages suffisans, de sorte que si cela n'est, on peut demander une plus ample assignation, mesme sans qu'il y ait clause de *fournir & faire valoir*. Mais supposé que ce discours fust veritable, il fortifieroit l'opinion commune, & seroit entierement contre lui ; car si sans la clause de *fournir & faire valoir*, *ex vi contractus*, il faut garantir que la rente soit assignée sur un fonds solvable & suffisant, il s'ensuit que quand les clauses de *Garantir*, ou de *fournir & faire valoir*, seroient adjoûtées, elles auroient pour le moins ce peu d'effet, de continuer une semblable precaution & asseurance au temps à venir, à sçavoir que le fonds demeure toûjours solvable & suffisant.

Mais mal-aisément pourroit-il prouver que la clause de *fournir & faire valoir*, ou en Droict la stipulation, *Bonum nomen esse, vel idoneum debitorem esse*, implique qu'il faille que la rente soit plûtost constituée sur heritages que sur meubles, & que ces clauses aient plus d'effet & energie aux rentes qui sont assignées sur speciales hipotheques, qu'en celles qui n'en ont point ; ou qui sont assignées sur d'autres rentes, ou sur un bon marchand, *qui haud magna in re fidei plenus erit, quique non patrimonio, sed fide idoneus existimabitur*, comme parle Ulp. *l. Si quis stipulatus. 112. ff. de verb. oblig.* Car ce qu'en nôtre Coûtume les rentes sont dites non pas simplement immeubles, mais reputées immeubles (*quæ nota est improprietatis*) cela vient d'autant que l'on ne les peut racheter, & partant ont une habilité d'estre perpetuelles : mais pourtant il ne s'ensuit pas qu'il faille necessairement qu'elles soient assignées sur des immeubles, soit par hipotheque generale ou speciale. Autrement ceux qui n'auroient point d'heritages, ne pourroient constituer des rentes sur eux, & ceux qui auroient perdu leurs immeubles par cas fortuit, pourroient estre contraints de racheter les termes qu'ils devroient, qui seroit chose injuste & insupportable. Aussi du Molin ne fait nulle difficulté que les rentes ne puissent estre sans hipotheques immobilieres, *In consil. Par. §. 57. num. 4. & in tract. usur. quæst. 8. num. 134.* Et de fait, il y a grande difference entre les rentes foncieres, qui sont specialement assignées sur un certain fonds, & entre les rentes en assiette, qui sont assignations de terres, & entre nous rentes constituées, que nous appellons *courantes & volantes*, c'est à dire assignées en l'air, & qui n'ont aucune assignation particuliere par necessité.

10. Que cette clause doit estre plus favorablement entenduë, quand il n'y a point d'hipotheques, que quand il y en a.

Au contraire, il semble qu'il y ait plus d'apparence de donner recours contre le cedant, quand la rente qui estoit de soi mal-assignée, comme sur meubles ou autres rentes, devient imperceptible, que quand elle estoit assignée sur bons heritages. Car on peut dire que celui qui achete une rente qu'il connoist & void par le contract de constitution estre assignée sur bons heritages, ne se soucie pas & ne songe pas de demander qu'on la lui fasse bonne à l'avenir, & si *fournir & faire valoir*, n'est autre chose que certifier qu'alors les hipotheques sont suffisantes, il ne faudroit point de cette clause quand il y a de belles terres exprimées au contract, ou bien quand on acquiert une rente deuë par un Prince, qui jamais ne devient insolvable. Au contraire, celui qui void un contract de constitution de rente où il n'y a nulle hypotheque exprimée, & qui sçait que le debiteur de la rente n'a aucuns immeubles, a plus de sujet de s'asseurer qu'on la lui fasse bonne à l'avenir. Et si *fournir & faire valoir* signifie seulement que la rente est assignée sur heritages suffisans, c'est se mocquer de lui, car il sçait bien le contraire. C'est pourquoi il faut que cette clause ait une plus urgente & importante signification.

Aussi on voit combien cet Autheur s'est empesché à interpreter cette clause pour la tourner à son opinion, & faut voir combien il a de peine d'accommoder ces mots, *tant en principal qu'arrerages*. Car en premier lieu, quelle apparence y a-il de dire que *fournir* signifie livrer la rente ou delivrer le contract de constitution d'icelle ; & que *faire valoir*, *tant en principal qu'arrerages*, signifie que les hipotheques sur lesquelles la rente est assignée, sont lors du contract tellement suffisantes, que le principal d'icelle est asseuré pour le temps à venir, & les arrerages perceptibles ? Pourquoi met-il en compte les hipotheques dont cette clause ne fait nulle mention, veu mesme qu'une rente peut estre sans hipotheques, comme il a esté prouvé ? Joint que cette clause contient non une obligation d'hipotheque ; mais une promesse personnelle du cedant à fournir la rente, qui lors n'est pas la livrer ou en bailler le contract de constitution : qui n'est pas aussi la faire fournir & paier par le debiteur, mais c'est la suppléer & parfaire soy-mesme, c'est à dire fournir au defaut & insolvabilité du debiteur. Et aussi promettre faire valoir la rente, *tant en principal qu'arrerages*, ce n'est pas promettre que la rente est perceptible seulement, & *idonea cautum esse de sorte ac usuris* : mais c'est faire en sorte par le cedant que la rente & les arrerages qui écherront d'icelle, soient bien paiables & perceptibles, qui se dit en Droict, *Præstare idoneum debitore fore, tam pro sorte quàm pro usuris* : car mesme aucuns ajoûtent *tant & si longuement que la rente aura court*. Mais quand il n'y auroit au contract que *fournir & faire valoir*, je pense qu'il n'y a homme en France si ignorant de sa propre langue, qui ne sçache que *faire valoir*, ou *faire une bonne rente*, signifie la paier soy mesme, au cas que le debiteur d'icelle ne la puisse paier.

11. Confirmation de nostre opinion par les deux articles sus-alleguez de la Coustume de Paris.

Mais pour entendre clairement que *faire valoir une rente*, ne signifie pas que l'heritage, sur lequel elle est assignée, est suffisant lors du contract seulement ; il faut prendre le cas des deux articles de la Coûtume de Paris, quand le preneur à rente d'un heritage s'oblige de fournir & faire valoir la rente : or il est tout certain qu'il ne promet pas que l'heritage qu'on lui baille, est suffisant alors, parce que c'est au bailleur à le lui fournir suffisant ; mais il promet que s'il devient insuffisant à l'avenir, il ne laissera de continuer la rente ; qui est vraiement la fournir & parfaire & la faire bonne, c'est à dire la suppléer de son bien.

13. Que la réponse qu'il y donne n'est pertinente.

Et quant à la réponse qu'il donne à ces deux articles, elle ne me satisfait nullement, afin de ne vous faire deguiser (parce que ces deux articles sont la vraye decision de cette difficulté) je rappoterai ses propres mots : *Il y a, dit-il, grande difference entre s'obliger soy-mesme à une rente, & ceder une rente sur une autre. Celui qui s'oblige à une rente, la constituë sur soi, & pour ce il promet la faire valoir non seulement sur l'heritage qu'il prend, mais aussi sur ses autres biens, mais celui qui cede une autre rête, n'entend pas se charger soy même.* J'estime qu'il veut entendre qu'au cas de ces deux articles, le preneur est tenu de continuer la rente sans pouvoir déguerpir l'heritage, à cause qu'il s'est constitué lui-même debiteur de la rente. Mais le texte des articles y repugne formellement : car il porte que le preneur à rente, encore qu'il ait promis la paier sur tous ses biens, peut toutesfois en renonçant à l'heritage, se décharger pour l'avenir de la rente, pourveu qu'il n'ait promis *la fournir & faire valoir* ; mais que s'il l'a promis, il ne peut par un déguerpissement s'exempter de continuer la rente. Cela provient donc entierement de l'éfficace de cette clause *fournir & faire valoir* ; non de ce que *periculum fundi ad eum tanquam ad emptorem transferit*, ne de ce qu'il s'est constitué debiteur de la rente ; & qu'il a obligé ses autres biens à la continuation d'icelle.

de la garantie des Rentes.

14. Que celuy qui a promis faire valoir, & celuy qui a promis payer soy-mesme la rente, sont tenus également de l'insuffisance du debiteur.

Il est bien vrai qu'aucuns tiennent qu'il y a grande difference entre celui qui s'est constitué debiteur, & celui qui a promis *fournir & faire valoir*, parce que celui qui a promis paier la rente, est tenu sans discussion, & l'autre, comme fidejusseur, n'est tenu qu'aprés discussion du vrai debiteur. Mais quoi qu'il en soit, tous deux sont également tenus à porter le peril survenant aux asseurances de la rente, *quemadmodum fidejussor & correus debendi*, en droict sont tenus aussi bien l'un que l'autre de supporter l'insolvabilité survenante à celui pour lequel ils se sont obligez, ou aux hipotheques de la debte. Ce que dit fort bien Papinian, *Amissi ruina pignoris damnum tam ad fidejussoris quàm ad rei promittendi periculum spectat. l. Amiss. ff. de fidejuss.* Mesme on void en ces deux articles que celui qui a promis *fournir & faire valoir la rente*, est plus étroitement tenu du deperissement de l'heritage, que celui qui a promis paier la rente, parce que ce dernier peut déguerpir, & l'autre ne le peut; mais faut qu'il continue la rente sans remission.

15. Question du déguerpissement.

Cet Autheur touche par aprés une fort belle question, sçavoir si le preneur à rente en déguerpissant l'heritage est tenu indistinctement de le laisser en aussi bon estat & valeur qu'il étoit lors de la prise: Question qui est à present fort de saison, à cause des maisons abattuës & ruinées pendant la guerre, qui pour sa nouveauté, importance & difficulté, merite bien un traité à part. C'est pourquoi quant à present, je le passeray sous silence, & j'exciterois volontiers quelque bel esprit de traiter exactement sur cette digne occurrence la matiere des déguerpissemens, qui est le vrai sujet de ces deux articles, & qui est possible une des plus belles & plus difficiles matieres du Droict François.

16. Response à la raison tirée du hazard des rentes constituées.

Donc passant outre, c'est une raison trop éloignée, de dire que les rentes sont de plus grand revenu que les heritages, qu'elles ne gelent point, & ne sont sujettes aux inondations ny aux gens-d'armes, aux reparations & entretenemens, pour qu'il ne les faut pas favoriser & avantager par dessus les heritages, jusques à obliger eternellement, *& in infinitum*, les garants d'icelles. Je dirai au contraire, que le hazard y est plus grand, & que celui qui a des rentes, n'en peut pas retirer son argent, & les vendre si aisément, que les heritages, & que la rente n'augmente jamais en bonté & valeur interne, comme les heritages augmentent naturellement de siecle en siecle. Enfin si celui qui a cedé la rente, s'ennuye d'en estre toûjours garant, & qu'il trouve qu'une rente soit de si grand profit, il peut pratiquer la recepte de Scipion, qui se faschant de ce qu'en un contract on lui demandoit des asseurances trop rudes & difficiles, fit amener en plein marché une asnesse chargée d'argent, & dit que c'estoit la caution, d'où par aprés il fut surnommé, *Asina*, comme dit Macrobe. Aussi celui qui se faschera d'estre toûjours garant d'une rente, se peut exempter de cette dure obligation, en racquittant la rente entre les mains du cessionnaire, & la prenant pour soi mesme. Ce que le cessionnaire est tenu de permettre; si mieux il n'aime décharger le cedant de la garantie, comme du Molin a prouvé au traité des Usures, *de divid. & individ.*

17. Response à la comparaison de la promesse de faire valoir un heritage prenant par an.

Aussi touchant la comparaison de l'heritage qu'on promet faire valoir certaine somme de revenu par an, & ce qu'il dit n'estre raisonnable, que le vendeur de la rente demeure chargé des cas fortuits survenans aprés le contract *& in infinitum*; je suis à mon avis, les plus fortes raisons de son Livre, presupposée la maxime vulgaire, que *verba pro ratione rei subjecta intelligenda sunt*; il faut considerer qu'il y a bien de la difference entre ὑποκείμενον, si à ὄντι, c'est à dire entre l'heritage duquel on jouyt, & que l'on cultive quand on veut, & une rente volante qui consiste en une peau de parchemin, & que

De la garantie des Rentes.

l'on perçoit par les mains d'autrui, comme il a esté dit: & sur tout qu'il y a tres-grande difference entre les cas fortuits, qui surviennent en la chose mesme, & ceux qui échéent aux asseurances & hypotheques d'une rente.

18. & 19. Que le garant se peut soûmettre generalement aux cas fortuits échéés sur les asseurances de la rente.

Car il est indubitable que comme le peril de la chose regarde l'acheteur aprés la vente parfaite; aussi les accidens qui surviennent sur la rente mesme sont au dommage du cessionnaire: comme par exemple, quand par l'Edict fait depuis peu, on a rabatu le tiers des arrerages deubs des rentes, ou s'il arrivoit qu'on moderat les rentes au denier quinze ou seize: bref, s'il y survenoit quelque semblable mutation, il est certain que tels dommages tomberoient sur les acheteurs des rentes, & qu'ils n'en auroient nul recours contre les cedans, non pas mesme en la vertu de la clause de *payer soy-mesme*. Car la raison ne permet pas qu'un soit seigneur de la chose, & qu'un autre en supporte le hazard, si non que par exprés il s'y fût soûmis *in traditione rei*: encore faudroit il exprimer particulierement tous les cas fortuits, comme l'on traite sur la Loy *Sed & si quis. §. quasitum. ff. si quis cautio*, autrement la soûmission generale aux cas fortuits ne pourroit estre entenduë des accidens inopinez & extraordinaires, *l. Fistulas. §. ult. ff. de contr. empt.* Mais aussi si la soûmission est expresse & particuliere, elle doit avoir son effet, mesme à l'égard des cas fortuits qui surviennent aprés le contract en la chose mesme. Ce qui est decidé par la Loy *3. C. de adil. act. Si venditor non vitiosam etiam in posterum fore servum promiserit, quamvis hoc impossibile videatur, tamen secundùm fidem pacti experiri posse non ambigitur.*

Mais quand les cas fortuits tomberont non pas directement sur la rente venduë, mais sur les asseurances d'icelle, comme sur les debteurs, cautions ou hypotheques, il n'y a point d'inconvenient que le garant en soit tenu, s'il s'y est soûmis, mesme sans expression speciale & particuliere. comme l'on void que le preneur à rente d'une maison est tenu des cas fortuits survenans sur icelle, s'il a promis *fournir & faire valoir la rente*; de mesme que le pleige de garantie, & tout autre est indubitablement tenu des cas fortuits survenans aux biens du debiteur: Aussi chacun est d'accord, que par la clause *de payer soy-mesme*, on se charge du peril futur; joint qu'on ne doute point que celui qui achete une rente déja constituée par forme de cession, ne puisse aussi facilement acquerir & constituer une rente de le cedant par forme de pure constitution, & se faire hypothequer specialement toutes les rentes à lui appartenantes, mesme se les faire bailler en assignat, & se faire mettre és mains les contracts d'icelles, qui est bien une plus rude obligation que de *fournir & faire valoir* une rente cedée. Qui est pour satisfaire aussi à la raison qui a esté ajoûtée sur la fin de la derniere edition de ce Traité. Et en cela ne fait nullement à propos ce qui est dit de l' *&c. des Notaires*: car il y a bien difference entre un *&c.* & une clause couchée & étenduë tout du long.

20. Response à la raison du tuteur qui promet faire valoir le bien de sa pupille.

Et quant au tuteur, qui mariant sa pupille, promet faire valoir son bien certaine somme de revenu par an; outre que cette question est fort douteuse, dont partant on ne peut tirer aucune conclusion certaine; encore se peut-il dire, que quand aprés le contract on livre au mary des heritages pour les rentes promises, pour la somme promise, & qu'il s'en tient pour content, il n'a plus aucun recours contre le tuteur qui a effectué sa promesse: mais je ne doute point que si un tuteur bailloit en mariage à sa pupille une rente, laquelle il promist en son propre & privé nom *fournir & faire valoir*, qu'il ne fust tenu si cette rente devenoit imperceptible, parce qu'il n'y a au contract que ce qu'on y met.

21. Comme le tuteur qui promet faire valoir le bien de sa pupille.

Et quant à ce qu'il ajoûte n'estre inconvenient qu'il y ait des clauses superfluës aux contracts, cela est

16 Traité

avoit des clauses superfluës aux contracts.

vrai quand ce que signifient ces clauses, est déja exprimé auparavant, ou bien qu'il est sous-entendu par la nature du contract ; mais il n'y a nulle apparence de dire, qu'une clause soit superfluë, qui peut induire une nouvelle & particuliere obligation ; au contraire il est certain qu'on ne presume jamais que les mots soient sans effet, & principalement les clauses solennelles des contracts ; qui est la maxime de la Loy *Si quando, de leg.* 1. laquelle est fort à propos de ce discours.

22. Réponse aux autres raisons.

Pour le surplus des raisons de ce Traité, ou bien il y a esté satisfait cy-dessus, ou bien elles servent pour refuter l'opinion de ceux qui tiennent qu'en cette clause il ne faut point de discussion. Partant on void que toutes les raisons & contenuës, quoy que subtiles & profondes, ne sont neanmoins si fortes qu'il ne s'y puisse donner quelque réponse : & je ne doute point que ceux qui ont plus de sçavoir & d'experience que moi, n'en donnassent encore de meilleures.

23. Qu'il falloit avoir des raisons bien pressantes pour combattre une maxime toute resoluë.

Et toutefois puisqu'il est question de convaincre & combattre une opinion toute commune, & une Maxime toute resoluë au Palais, il me semble qu'il faut estre garny d'argumens invincibles, & raisons du tout peremptoires : *In rebus novis constituendis evidens ratio proponi debet, ut recedatur ab eo jure quod diu æquum visum est : nec temere mutanda sunt, quæ certam semper interpretationem habuerunt* : car les procez qui

ont esté intentez jusqu'icy touchant cette matiere, estoient sur ce que l'on vouloit contraindre le cedant à paier la rente, avant que le debiteur fust discuté, comme on a toûjours pratiqué au Chastelet, quoy que trop rigoureusement à mon avis, & ce suivant la premiere opinion cy-dessus referée : mais on n'avoit jamais douté que par cette clause le cedant ne fust tenu aprés discussion.

Et bien que cette nouvelle ouverture semble à plusieurs assez plausible, si est-elle fort dangereuse en cette saison, où on trouve assez d'autres inventions pour s'exempter de payer les debtes, au grand déshonneur des François ; la foy desquels anciennement admirée par les Estrangers, seroit en danger de diminuer aussi bien que les rentes & debtes, si la Cour de Parlement, protectrice d'icelle n'y tenoit la main. Et ne s'en faut pas estonner, parce qu'en toutes Republiques, aprés les guerres civiles la foy des contracts a esté ébranlée, selon que ceux qui ont eu interest à la déduction des debtes, ont eu plus ou moins de puissance & d'authorité. Je me resous donc de demeurer en l'opinion commune & ancienne, qui est que celui qui a promis fournir & faire valoir une rente est tenu de l'insuffisance survenuë au debiteur d'icello aprés le transport, jusques à ce qu'on m'ait mieux fait entendre les raisons contraires, ou qu'il ait plû à la Cour de Parlement de decider cette question par un Arrest solemnel.

24. Que cette nouvelle opinion seroit fort dangereuse.

CHAPITRE VII.

De l'effet de cette clause, & si elle induit la resolution du contract.

1. Question de ce chapitre.
2. Que cette question est de grande importance.
3. Qu'il semble que cette clause induit obligation precise de payer.
4. Qu'elle induit la resolution du contract.
5. Que cette clause induit une realité, & est differente de celle de payer soy mesme.
6. Effet de l'action redhibitoire.
7. & 8. Autres raisons.
9. Que cette resolution peut estre redemandée aprés un Arrest definitif.
10. Quand cette resolution a lieu.
11. Si elle a lieu en partage.
12. Comme cette resolution doit estre reglée, & quels effets elle a.
13. Qu'on compense les arrerages de la rente avec les interests du prix.
14. Qu'on ne paye les arrerages que du jour de la demande, ny les ameliorations de l'heritage contr'échangé, que jusques à la concurrence de la rente.
15. Qu'il n'est necessaire de reparer la maison contr'échangée, & de cette resolution.

1. Question de ce chapitre.

Voicy à mon avis, la plus profonde & difficile question de ce Livre, qui concerne l'effet & l'execution de cette stipulation de *fournir & faire valoir* ; sçavoir si icelle estant commise, c'est à dire, le debiteur de la rente ayant esté discuté, le cedant est tenu precisément en vertu de cette stipulation, *fournir & payer luy-mesme la rente*, ou bien si on doit laisser à son choix la resolution du contract contenant transport d'icelle.

2. Que cette question est de grande importance.

Ce qui peut estre de grande importance : car il peut arriver qu'une rente de mil écus aura esté venduë pour dix mil écus, ce qui est licite & sans价 doute, comme prouve du Molin en son traité des Usures, question 62. & lors sans doute il sera plus utile au cedant de rendre les dix mil écus, que de paier luy-mesme les mil écus de rente. Aussi en l'échange de l'heritage de cinq cens livres de revenu, contre mil livres de rente, il sera plus utile de rendre l'heritage contr'échangé, que de paier & continuer la rente : mesme il peut arriver que comme la rente est devenuë imperceptible, aussi la maison qui aura esté baillée en contr'échange d'icelle, aura esté brûlée.

3. Qu'il semble que cette clause induit obligation precise de payer.

Neantmoins il semble d'abord qu'il n'y ait gueres de difficulté en cette question, attendu ce qui a esté dit cy-devant, que *fournir & faire valoir* signifie prendre sur soy, que la rente est exigible, & que la clause de *fournir & faire valoir*, revient à celle du droict Romain, *Præstare quanto minus à reo exigi possit*. Aussi que toutes sortes de fidejusseurs subsidiaires reconnus au Droit, mesme les simples certificateurs qui ne sont que de fidejusseurs, appellez pour cette clause *subvades*,

sont tenus de paier eux-mesmes la debte aprés discussion des fidejusseurs.

Cette raison est certes fort pertinente, & possible du tout vraie à la rigueur du Droict ; mais l'équité nous a ouvert une consideration contraire, qu'autre chose est *promettre de fournir & faire valoir* une rente ; autre chose la constituer sur soy-mesme en defaut de paiement du debiteur d'icelle, qui est la troisième clause de la garantie des rentes, qui par raison doit operer quelque chose de plus que *fournir & faire valoir*, n'aiant esté en vain receuë en usage.

4. Qu'elle induit la resolution du contract.

Nous disons donc en Pratique, que la clause de *payer soy-mesme*, induit une personnalité ou obligation personnelle, qui nous rend vrais debiteurs de la rente, en cas que celui qui l'a constituée, ne la puisse paier ; mais que la cause de *fournir & faire valoir* n'est qu'une realité, c'est à dire, une asseurance plus precise de la garantie de fait, de la rente, laquelle *ex pacto formante actionem*, produit l'action redhibitoire. Ainsi voions-nous qu'en la Novelle 4. le vrai fidejusseur, qui est tenu paier soi-mesme en defaut du debiteur, est distingué apertement du *Corranter*, ou fidejusseur de l'eviction, qui est comme celui qui est tenu *fournir & faire valoir*.

5. Que cette clause induit une realité, & est differente de celle de *payer par soy-mesme*.

Or il se faut ressouvenir de ce qui a esté dit cy-devant, que l'action redhibitoire a cet effet de resoudre entierement le contract, qui revient à celui du droict, *ac si nunquam intercessisset*, dit la Loy *Facta. D. Ædil. edict.* comme pareillement il est dit, *de eo qui servum non fore in posterum fugitivum promisit, l. 3. Cod. de Ædil. action.* qui est la difference que nous avons remarquée entre l'evi-

6. Effet de l'action redhibitoire.

de la garantie des Rentes.

&tion & redhibition, qu'en la redhibition le contract est resolu dés lors comme déja present, & consequemment le vendeur reprend sa chose en l'estat qu'elle est, & l'acheteur recouvre son argent sans autres dommages & interests, *nisi ne indemnis servetur*; mais en l'eviction il est tenu indistinctement des dommages & interests : mesme il faut payer la plus valuë de la chose au temps de l'eviction, comme le contract demeurant valable.

7. & 8. Autres raisons. Aussi celui qui promet *fournir & faire valoir* la rente, promet seulement *præstare bonum nomen, seu præstare vitium nominis*, & ne promet pas la pleine foi-mesme : de sorte qu'en quelque façon que l'acheteur soit par lui indemnisé, soit en lui paiant la rente, soit en lui rendant son argent, il lui doit suffire, & il n'est pas raisonnable qu'il tire profit d'une mauvaise Marchandise. Mais encore en la vente il y a une rencontre particuliere : car si le vendeur estoit tenu precisément de faire une rente de mil escus, pour dix mil escus qu'il auroit touchez, il y auroit de l'usure.

Encore que cette rencontre ne soit en l'échange, si est ce qu'il s'y garde notoirement la mesme Decision. Et de faict, toutes fois & quantes qu'on a jugé qu'en échange des rentes sur le Roy, le cessionnaire avoit recours contre le cedant; en vertu de la clause de *fournir & faire valoir* : La Cour par ses Arrests a toûjours laissé au choix du cedant, ou de païer la rente, ou de rendre la chose contr'échangée, qui est le vrai effet de cette clause, ainsi que la garantie de fait produit ou l'action redhibitoire ou l'estimatoire, qui est l'action *Quanti minoris*; Et comme en la rescision pour lesion d'outre moitié, on laisse au choix de l'acheteur, ou de suppléer le juste prix, ou de rendre la chose.

9. Que cette resolution peut estre demandée aprés un Arrest definitif. Mesme au cas que nous traitons, on tient en pratique cette resolution si favorable, qu'encore qu'elle n'ait esté ny demandée ny adjugée par Arrest definitif; mais que precisément le cedant ait été condamné à continuer la rente à l'advenir, elle peut neantmoins estre demandée & opposée en execution d'Arrest, *quia non impugnat, sed tantum temperat judicatum*.

10. Quand cette resolution a lieu. Toutesfois n'estant à bien l'entendre, introduite que par une équité, faut remarquer que si le contract est tel qu'il ne puisse estre resolu sans grande incommodité, elle n'a point de lieu ; mais il faut precisément continuer la rente comme en un contract de mariage accomply. Pareillement en toute donation, si le donateur s'est obligé à *fournir & faire valoir* la rente, il la doit parfaire sur son bien aprés la discussion, parce qu'autrement cette clause seroit inutile, & détruiroit le contract. Par mesme raison au bail à rente, tant s'en faut que cette clause induise la resolution, qu'au contraire, elle empêche le deguerpissement, comme il se void és deux articles cy-devant alleguez de la Coustume de Paris.

11. Si elle a lieu en partage. Mesme en un contract de partage, j'estime qu'elle n'en doit induire la resolution, par une contraire raison d'équité ; sçavoir est à cause de la grande incommodité qui survient volontiers des cassations des partages : toutesfois je ne voudrois pas garantir cette opinion, parce que ce qui gist en consideration d'é-

quité, est ordinairement tenu pour arbitraire en France; mais és contracts de vente & d'échange, la resolution est toûjours laissée en l'opinion de celui qui a promis *fournir & faire valoir*.

12. Comme cette resolution doit estre reglée, & quels effets elle a. Or cette resolution doit estre reglée presque en tous, comme celle qui provient de la lesion d'outre-moitié ; & encore ne doit elle estre si avantageuse, parce qu'en la lesion d'outre moitié, la resolution est principalement en la condamnation, & le supplément du juste prix n'est qu'en la faculté ; Et au contraire, en la Sentence qui se donne sur cette clause, le parfournissement & paiement de la rente est en la condamnation, & la resolution du contract en la faculté du condamné. Ce qui est tout au contraire de Droict, qui laissoit, ce semble, l'option au demandeur d'intenter ou la redhibitoire, ou l'estimatoire; mais en France on laisse plus à propos cette option au deffendeur, tant parce qu'en cette perte il est plus favorable, que parce que *in alternativis electio est debitoris*:

13. Qu'on compense les arrerages de la rente avec les interests du prix. Quand donc il choisit la resolution ou redhibition ; c'est tout ainsi comme si le contract n'avoit point esté fait, *facta redhibitione, omnia in integrum restituuntur perinde ac si emptio non intercessisset*, dit cette Loy *facta*, de sorte qu'à la rigueur, & selon le Droict Romain il faudroit rendre les fruicts, *leg. Illud. D. eod. tit. D. Ædil. edict.* mais en France on les compense toûjours avec les interests du prix, ou avec ceux de la chose contr'échangée, pour éviter la difficulté de la liquidation, principalement en telles resolutions, qui arrivent long temps aprés le contract.

14. Qu'on ne paye les arrerages que du jour de la demande, ny les ameliorations de l'heritage contr'échangé, que jusqu'à la concurrence des arrerages de la rente. C'est pourquoi on tient à present fort à propos qu'en ce cas les arrerages de la rente ne sont paiez que du jour de la demande, bien que cy-devant on jugeast le contraire, comme aussi pour le regard des ameliorations de l'heritage contr'échangé, on ne les adjuge gueres, sinon jusques à la concurrence des arrerages respectivement adjugez ; parce que cette resolution n'est octroyée que par une équité particuliere, & comme de grace.

15. Qu'il n'est necessaire de repaier la maison contr'échangée, & de cette resolution. Comme aussi à la deterioration de l'heritage contr'échangé, si elle est arrivée ou par la nature de la chose, ou par cas fortuit, celui qui rend l'heritage contr'échangé pour éviter de paier la rente, n'est point tenu de les reparer : car c'est une des regles de la redhibitoire, qu'il suffit de rendre la chose telle qu'elle euft esté, si la vente n'eust point esté faite, *leg. Ædil.* 23. §. *Pauius. D. eod. tit.* D'où s'ensuit une consequence fort notable, que celui qui a baillé en contr'échange une rente sur la Ville de Paris, comme une maison du Fauxbourg, qui a esté abbatuë pendant la guerre, s'il est convenu en vertu de cette clause, peut se décharger en rendant la place en l'estat qu'elle est à present : Autrement il arriveroit une grande absurdité ; que l'un des copermutans, en contract si reciproque, qui possible aura stipulé pour la maison la mesme clause de *fournir & faire valoir*, perdroit tout ensemble, & la maison & la rente; & l'autre au contraire ne perdroit rien, encore que la chose d'autrui fust perdu. Tous lesquels points je ne m'amuseray point à verifier, parce que M. Bacquet les a amplement prouvez en son Livre des Transports des rentes.

CHAPITRE VIII.

De la promesse de payer soy-mesme, si elle induit discussion ; & de son effet.

1. La clause de payer moy-miesme.
2. Qu'elle semble ne requerir discussion.
3. Si elle rend le cedant fidejusseur.
4. Comparaison de Velleian.
5. Addition de cette clause.
6. Que l'acheteur suit la foy du vendeur.
7. Ce qu'en tenoit le Chastelet de Paris.
8. Excuse de l'Autheur.
9. Arrest en robbes rouges sur cette question.
10. Raisons pourquoi cette clause requiert discussion.
11. Qu'elle n'induit qu'obligation solidaire.
12. Que le cedant sous cette clause est fidejusseur.
13. Fidejussor in rem suam, quando fidejussor, quando non.

14. Idem procurator in rem suam.
15. Réponse à la comparaison de Velleian.
16. De qui l'acheteur de la rente suit la foy.
17. Conclusion, que cette clause requiert discussion.
18. Encore qu'elle soit sans addition.
19. Comment elle doit estre conceuë pour exclure toute discussion.
20. Quid, s'il est dit payer sans discussion ?
21. Quid, s'il est dit, payer après un simple commandement ?
22. Que la discussion doit estre opposée par le cedant.
23. Si elle peut estre opposée après Sentence ou Arrest.
24. Que cette clause n'induit pas la resolution du contract, comme celle de fournir & faire valoir.
25. Modification de vente venduë au dessous de l'Ordonnance.
26. Aliud en l'échange, & autres contracts.

1. La clause de payer soy-mesme.

Reste la troisiéme clause de la garantie des rentes, qui est la promesse que fait le cedant de payer soy-mesme la rente, en laquelle il y a encore plus de difficulté à mon advis, qu'és deux autres déja expliquées.

2. Qu'elle semble ne requerir discussion.

Premierement, on demande si elle requiert discussion ; & d'abord il me semble que non, parce que les termes d'icelles monstrent expressément que le cedant se constituë luy-mesme debiteur & payeur de la rente : Or est-il que le privilege d'ordre ou discussion n'est attribué qu'au fidejusseur, & non pas au vrai & principal debiteur.

3. Si elle est le cedant fidejusseur.

Et sur tout, celuy qui vend la rente, ne peut estre reputé pour le fidejusseur du debiteur d'icelle, parce que c'est à son propre profit, & pour toucher le prix de la vente, qu'il se constituë debiteur de la rente, & non par le mandement, ou pour faire plaisir à celui qui l'a constitué, qui n'auroit peu trouver vente & promesse se fist. Donc bien que tout vrai fidejusseur ait l'action *mandati* contre le principal debiteur, celui-cy ne la peut avoir, parce que ny expressément ny tacitement, le debiteur ne luy a donné charge d'entrer pour luy en cette obligation. Si donc on le veut qualifier de fidejusseur, ce sera un fidejusseur *in rem suam*, qui n'est pas vrai fidejusseur ; tout ainsi que le Procureur *in rem suam*, n'est pas vrai Procureur, mais en effet, c'est le vrai acheter & pourchasseur d'un affaire sous le nom d'autruy, comme Balde a noté sur la Loy 1. C. de oblig. & act.

4. Comparaison de Velleian.

Comme donc on dit au Droict, que *mulier non videtur intercedere, nec juvatur Velleiano, quando in commodum suum intercedit*, l. C. 2. Ad Velleianum leg. Si *mulier leg. Bona fide. §. ult. D. eod. tit.* aussi le cedant, *non videtur intercedere, nec juvatur exceptione ordinis, quando in commodum suum intercedit, & negotium suum agit.*

5. Addition de cette clause.

Et de faict, les mots qu'on adjouste d'ordinaire à cette clause par le style commun des Notaires, *payer soy-mesme après un simple commandement & refus*, excluent sans doute la discussion entiere & parfaite. Que si quelquefois ils s'y trouvent obmis, si est-ce que la Loy dit, *que ea quæ sunt moris & consuetudinis, inesse videntur in bonæ fidei judiciis. leg. Quod si nolit, §. quia assidua. D. Ædil. edict.* parlant notamment des clauses de la garantie de faict.

6. Que l'acheteur suit la foy du vendeur.

Aussi veritablement c'est la foy du vendeur que l'acheteur fait en contractant avec, & luy baillant son argent à cette condition de *payer luy-mesme* ; pourquoi donc ne pourra-t-il agir directement contre lui ; veu que si l'ancien debiteur de la rente est insolvable, c'est toûjours à lui à payer, & s'il est solvable, il aura bon recours contre lui, auquel c'est luy qui a baillé son argent, & qui l'a choisi pour son debiteur.

7. Ce qu'en tenoit le Chastelet de Paris.

Et puisque les Juges du Chastelet de Paris, qui voient plus souvent telles difficultez que nuls autres de France, tenoient de tout temps pour constant & resolu que la simple clause de *fournir & faire valoir*, excluoit la discussion ; à plus forte raison semble-t-il n'y avoir difficulté, que celle de *payer soy mesme*, l'excluë, qui autrement ne serviroit de rien, & seroit du tout superflue, ainsi qu'il semble.

8. Excuse de l'Autheur.

Voilà de fortes raisons, à cause desquelles és deux premieres impressions de ce Livre, j'avois tenu cette opinion, n'osant contredire à l'usage & observance, que je pensois estre commune, ne laissant toutesfois de dire qu'il y avoit bien de la difficulté, & encore n'osay-je resoudre apertement cette opinion, lors que la clause de *payer soy-mesme*, estoit sans cette queuë & addition, *après un simple commandement*, ou *après telle diligence faite, & tel temps exprimé*, auquel cas je tiens encore que telle addition exclud la discussion entiere ; mais feu Monsieur Bacquet, qui pourtant a emporté cette reputation, j'ose dire pardessus tous ceux qui ont écrit de son temps, & n'estre gueres trompé en ses resolutions, a tenu formellement, & indistinctement en son Livre *Du transport des rentes*, qui fut imprimé six mois après la premiere Edition de celuy-cy, que la clause de *payer soy-même*, exclud la discussion.

Ce qui m'a dessillé les yeux, est ce notable Arrest prononcé en robes rouges par ce parangon de science & d'integrité, Monsieur le President Seguier, le Mardy 9. Avril 1602. entre Georges Richaut & consorts, heritiers de Charles Godefroy, appellans du Prevost de Paris, & Claude & Jeanne Guillou, & Pierre Godefroi intimez & demandeurs au procez principal, par lequel il a esté jugé expressément que la clause de *payer soy-mesme la rente cedée*, en defaut de payement fait par le debiteur d'icelle, requeroit discussion, de sorte qu'apres une discussion si solemnelle, il n'en faut plus faire de doute.

9. Arrest en robes rouges sur cette question.

10. Raisons pourquoy cette clause requiere discussion.

Et de vray, comme il faut prendre garde exactement à la forme des contracts pour juger des effets d'iceux, il y a grande difference entre vendre & constituer une rente directement, ou vendre une rente déja constituée sur autruy ; & neantmoins pour plus grande asseurance de l'acheteur, *promettre la paier soy mesme* : car au premier cas elle est constituée, assise & assignée sur la personne du constituant, & sur tous & chacuns ses biens. Au second cas elle ne peut estre dite constituée directement sur lui, sur ses biens, puis qu'auparavant cette vente ou transport, elle estoit déja constituée sur le debiteur d'icelle, qui en demeure tres jours le vrai debiteur, & sur lequel elle demeure vraiement assignée. Et de faict, s'il faut juger l'assiette & situation de telle rente (comme souvent il est besoin à cause de la diversité des Coustumes, dont les unes reputent les rentes constituées pour meubles, & les autres pour immeubles) on la juge infailliblement par le domicile de celui qui l'a constituée, ou bien par la situation de ses heritages sur lesquels elle est assignée.

11. Qu'elle n'induit qu'obligation subsidiaire.

Et encore que le cedant ait promis *la payer soy-mesme*, si n'est-ce à bien entendre qu'une fidejussion ou obligation subsidiaire, comme il a esté dit au chapitre quatriéme des stipulations, *Titius datur, non dandum curari*, & autres semblables qui ne sont que subsidiaires, supposé qu'il y ait déja un principal obligé *cui accedere possint* : car autrement elles sont des principales. Telle est aussi par identité de raison, cette stipulation, *Si Titius non solverit, dare spondes ?* qui revient proprement à nostre clause de *payer soy-mesme* : Et bien qu'il semble qu'en la Loy Fidejussor obligari, §. ultimo, ff. de fidejuss. cette stipulation ne requiert point de discussion, si est-ce qu'il faut prendre garde que par le Droict des Digestes le fidejusseur ordinaire n'avoit aussi le Benefice de discussion.

12. Que le cedant sous cette clause est fidejusseur.

Et ne faut point dire que le cedant qui a promis *payer soy-mesme*, n'est pas vray fidejusseur, tant parce qu'il se constituë paieur, que parce qu'il intervient

de la garantie des Rentes.

aprés l'obligation: car en effet tout fidejusseur se constitué payeur de la debte ; mais qui plus est, nous tenons en France l'opinion d'Accurse sur la Novelle 4. que celuy qui se constitué debiteur d'une debte déja contractée par un autre, en sorte qu'il n'y a point de novation de la premiere obligation, qui est proprement appellé en Droict *adpromisser*, est reputé pour vray fidejusseur, & principalement à l'égard du creancier, & doit joüir du Benefice de discussion ; ce que du Molin prouve fort bien au traité des Usures question 7.

13. Fidejussor in rem suam, quando fidejussor quando non.

Il ne sert de rien aussi de dire, que *fidejussor in rem suam, non est verè fidejussor, sicuti Procurator in rem suam non est verè Procurator*: Car c'est la verité que le fidejusseur *in rem suam*, a deux respects & deux faces: l'une de fidejusseur, l'autre de debiteur ; c'est pourquoy les anciens Praticiens l'appelloient *Pleige debiteur*, parce qu'à bien entendre il est pleige & debiteur tout ensemble, & ce par divers respects : Car au respect du principal debiteur, il n'est pas son fidejusseur, parce qu'il ne luy a point donné de charge de s'obliger pour luy ; & partant les actions qu'a le fidejusseur contre le principal debiteur, ne luy appartiennent point. Mais au respect de celuy vers lequel il s'est obligé, il est fidejusseur ; c'est à dire, subsidiairement obligé, & non pas vrai & direct debiteur: Et partant les exceptions qui competent au fidejusseur contre le creancier, luy appartiennent, comme celle de discussion.

14. Idemque procurator in rem suam.

Tout de mesme que le Procureur *in rem suam* à l'égard de celuy duquel il emprunte le nom, est vray acteur & pourchasseur de l'affaire pour son profit particulier, & partant s'il succombe és despens, celuy au nom duquel il a occupé, en a recours contre luy : Mais à l'égard de celuy contre lequel il plaide, il n'est que Procureur ; & de fait la condamnation n'est pas conceuë sous son nom ; mais de celuy, au nom duquel l'action est intentée.

15. Réponse à la comparaison de Velleïan.

Et quant aux Loix, qui disent que la femme n'a l'exception de Velleïan, quand elle intercede pour ses propres affaires, elles presupposent toutes, notamment qu'elle demeure seule obligée *novatione facta*, & que celuy pour lequel elle fait telle intercession, soit desobligé. Et en tout cas, il est certain que le Velleïan ne prohiboit les intercessions des femmes, sinon entant qu'elles en pouvoient recevoir dommage. Or est-il, que quand une femme intercede pour faire ses propres affaires, elle n'intercede pas ; mais elle fait ses affaires ; & partant cessant en cette espece la clause du Velleïan, son effet doit aussi cesser.

16. De qui l'acheteur de la rente suit la foy.

De dire aussi que l'acheteur de la rente a suivy la foy du vendeur, cela est vray pour la garantie d'icelle : Or la garantie n'échet point, s'il n'y a du trouble ou empeschement. Mais il n'a point suivy sa foi, pour acheter directement une rente sur luy ; mais à ce regard il a plustost suivy la foi de celui qui là devoit. Et reciproquement le vendeur n'a pas entendu paier annuellement la rente ; mais seulement la bien asseurer, au cas que celuy qui la doit, ne la pust payer.

17. Conclusion, que cette clause requiert discussion.

Concluons donc que proprement & regulierement celui qui a promis payer soi-mesme la rente cedée, n'en est tenu que subsidiairement, & aprés le vrai debiteur d'icelle discuté : Et toutefois parce que cette clause peut estre conceuë en plusieurs façons, & en divers termes, il les faut particulariser.

18. Encore qu'elle soit sans addition.

Car quelquefois le cedant s'oblige à *payer soi-mesme*, sans autre addition ; quelquefois sous cette addition, *en defaut de payement fait par le debiteur* ; addition qui à mon advis n'y sert de rien, parce que cela est toûjours sous-entendu, que le cedant ne s'oblige sinon subsidiairement, & en defaut du vrai debiteur, comme il vient d'estre dit, *à qui expressio corum qua tacitè insunt, nihil operatur*. Opinion qui n'est pas toutefois sans difficulté, à cause de ce §. dernier de la Loi *Fidejussor obligati*, *De fidejuss*. Et que l'Ar-

rest cy-dessus rapporté estoit au cas de cette addition, & non pas de la promesse de paier simplement & sans queuë.

Quoy qu'il en soit, c'est le plus seur, quand l'acheteur veut que son vendeur soit obligé à paier la rente sous discussion, de faire exprimer precisément au contract ces mots, *sans que ledit acheteur soit tenu faire aucun commandement, ny autre diligence contre le debiteur de la rente* ; mais il se pourra aprés chacun terme addresser directement contre le vendeur, ou autres semblables termes exclusifs expressément la discussion, & mesme toute autre diligence.

19. Coment elle doit estre conceuë pour exclure toute discussion.

Car s'il n'y avoit que *sous discussion*, j'estime, attendu la forme du contract, qu'il n'y auroit la vraye & parfaite discussion exclusive, comme les anciens Docteurs appellent *excussionem ad ungulam, usque ad saccum & peram*, & non pas la simple diligence & perquisition de meubles, telle qu'anciennement estoit requise avant que de venir au decret des immeubles, suivant la Loy *A Divo Pio. De re judic.* & qui a esté abolie par l'Ordonnance de 1539. Mais si toute diligence est exclue par paction expresse, cette paction change la forme du contract, qui n'est plus une vraye vente de la rente déja constituée ; mais plustost un simple engagement d'icelle, ou simple asignation dont il a esté parlé cy-dessus au chapitre troisiéme.

20. Quid, s'il est dit, payer sans discussion?

Finalement quand cette clause est ainsi conceuë, *Payer soi-mesme trois mois aprés chacun terme, ou aprés un simple commandement fait au debiteur, ou aprés une simple perquisition de ses meubles*, je dis que lors ce cessionnaire à sa leçon par écrit, & qu'il n'est pas tenu de faire plus ample discussion de celle qui luy est prescrite par le contract ; parce que l'expresse provision de l'homme fait cesser la provision de la Loy, & que *in certis non opus est conjecturis*.

21. Quid, s'il est dit, payer simple commandement?

En tout cas, il faut observer que quand l'entiere discussion est requise, elle ne compete au cedant que par forme d'exception ; comme cela est general au Droict, que la discussion est une espece d'exception. De sorte que si le cessionnaire s'addresse directement contre non cedant, *non malè agit*, mais il est bien fondé en son action ; même ce qu'il obtiendra à ses fins avec dépens, si l'exception de discussion ne luy est opposée, comme resout Gui Pape en sa Decis. 54.

22. Que la discussion doit estre opposée par le cedant.

Mesme la commune opinion des Anciens Docteurs tient que cette exception estant dilatoire, doit estre proposée auparavant contestation, & qu'elle n'est recevable aprés, mesme que n'ayant esté proposée en l'instance principale, elle n'est recevable en cause d'appel, comme raporte Negusant, *in dict. tract. de pign. 8. part. 1. membr. num. 35.* Ce qui n'est pas toutesfois veritable : Au contraire, je tiens que cette exception peut estre opposée en quelque partie de la clause ; mesme aprés Sentence definitive, & encore aprés un Arrest, *quia non infringit, sed temperat judicatum*: Et ainsi le semble tenir *Guido Papa*, Decis. 432.

23. Si peut estre opposée aprés Sentence ou Arrest.

Quoy qu'il en soit aprés la discussion faite, mesme toutesfois & quantes que cette clause de *payer soi-mesme*, vient à avoir effet, elle n'induit pas simplement la resolution du contract, comme fait la clause de *fournir & faire valoir* ; mais induit une obligation formelle & precise de payer & continuer la rente dés lors que le cas est arrivé, auquel il s'est expressément constitué payeur d'icelle : Cette clause n'est pas une simple asseurance de la garantie du faict, comme l'autre ; mais c'est une paction particuliere qui reforme le contract & qui change le transport en une constitution conditionnelle de rente sur soy-mesme ; comme il a esté jugé par plusieurs Arrests raportez par Bacquet.

24. Que cette clause n'induit pas resolution du contract, comme celle de fournir & faire valoir.

Il est vrai qu'au cas de la vente faite à moindre prix que celuy de l'Ordonnance avec cette clause de *payer soy mesme*, il faut par necessité aprés le cas arrivé diminuer la rente, & la reduire & proportionner au

25. Modification de rente veduë au dessus de l'Ordonn.

prix de la vente, parce qu'autrement ce seroit une usure. Encore du Molin au Traité des Usures, *quaſt. 61. num. 413.* dit que tel contract est vicieux & usuraire dés son commencement : ce que je n'estime pas, parce que comme le cedant n'est tenu payer soy-même, qu'aprés discussion, aussi ne devient-il vicieux qu'aprés discussion : Et encore alors j'estime qu'il doit plustost estre jugé reductible, qu'usuraire & vicieux tout à fait, parce qu'il est à presumer que les parties n'ont pensé faire qu'un contract commutatif & negotiatif, & non un prest ou contract feneratif.

Mais en échange où l'usure ne peut bonnement écheoir, il n'échet aussi ny reduction ny cassation, ou resolution ; mais faut precisément aprés discussion paier la rente suivant le contract, qui est l'effet particulier que produit cette clause de *payer soy-meſme*, outre & par-dessus celle de *fournir & faire valoir*.

16. *Allud en discussion l'échange, & autres contracts.*

CHAPITRE IX.
Pratique de la discussion en la garantie des contes.

1. *Proposition.*
2. *Qu'il est fort mal-aisé d'appliquer la forme de discussion.*
3. *Opinion de Guy Pape.*
4. *La forme qui y est gardée en France.*
5. *Que la discussion se fait aux perils & fortunes de l'indiquant.*
6. *Qu'il n'est tenu faire deux arrests l'un aprés l'autre.*
7. *Qu'il faut discuter en France le debiteur, encore qu'il soit absent.*
8. *Pourquoy à Rome l'absence du debiteur excuse.*
9. *Que la discussion du debiteur absent eust esté fort mal-aisée, selon le Droict Romain.*
10. *Qu'en France la discussion est aussi facile du present, que de l'absent.*
11. *Qu'il faut quelquefois créer un curateur à l'absent.*
12. *Que la difficulté excuse quelquefois de la discussion.*
13. *Qu'il n'est pas necessaire de discuter les meubles étans en un fort chasteau.*
14. *Sçavoir s'il est necessaire de discuter les biens litigieux.*
15. *Qu'il faut discuter celuy qui est notoirement insolvable.*
16. *Que pendant cette discussion le tiers detenteur ne gagne les fruits.*
17. *& 18. S'il faut discuter les biens qui sont au Parlement ou hors de France.*
19. *S'il faut discuter les hypotheques alienées depuis le transport.*
20. *Raisons de l'affirmative.*
21. *Resolution au contraire.*
22. *Reponse aux raisons contraires.*

1. Proposition. PUis donc que les trois clauses de la garantie des rentes, requiert la discussion, il n'est pas hors de propos de dechiffrer la pratique d'icelle ; & ce toutesfois briévement & sommairement : car pour l'expliquer tout à fait, il faudroit bien un Livre tout entier.

2. Qu'il est fort mal-aisé d'appliquer la forme de discussion. En premier lieu, les Anciens Docteurs se trouvent fort empeschez à expliquer la forme d'icelle, & comment elle doit estre faite en pratique ; jusques-là, que Bartole au Petit-Traité qu'il fit de la discussion, la mesme année de son deceds, dit que la Loy & les Prophetes y sont demeurez en suspens : Et de faict il n'en peut venir à bout luy-mesme, non plus que les autres Docteurs qu'il cite.

3. Opinion de Guy Pape. Guy Pape, qui estoit un tres-excellent Praticien, approche de plus prés, disant en sa Decision 432. que de son temps on pratiquoit en Dauphiné, que pour faire la discussion solemnelle le Juge decernoit commission à un Sergent afin de s'informer des voisins du debiteur, & autres témoins dignes de foy, quels estoient ses biens : laquelle information estant rapportée au Juge, il donnoit sa premiere Sentence, par laquelle il declaroit la discussion bien faite, & en consequence permettoit de s'addresser contre l'obligé subsidiaire.

4. La forme qui y est gardée en France. Mais nous n'y gardons pas à present tant de ceremonies : car comme faire une discussion est en effet verifier une negative, à sçavoir que le debiteur n'a aucuns biens ; ce qui ne se peut faire directement : nous chargeons à bon droit celuy qui a interest de soustenir qu'il a des biens, de les indiquer. Voicy donc comment nous en usons. Commandement fait au debiteur, & aprés encore que le Sergent s'est enquis sommairement aux voisins d'iceluy, s'ils sçavent aucuns biens meubles ou immeubles à lui appartenans, qui ont fait réponse qu'ils n'en sçavoient aucuns ; on peut faire adjourner le cedant de la rente, soit qu'il ait promis la *payer soy-mesme*, soit seulement *fournir & faire valoir*, pour se voir condamner à payer les arrerages qui en sont deûs : & icelle continuer à l'avenir ; offrant neanmoins discuter prealablement aux perils & fortunes de soy-dit cedant tous les biens qu'il lui indiquera appartenans audit debiteur.

Offre qui sans doute est pertinente, & qui a cét effet, que si le cedant indique mal ; c'est à dire, s'il indique des biens qui n'appartiennent pas au debiteur ; ou qui ne soient pas bien designez pour les decreter, il est tenu aux dommages & interests du cessionnaire : que s'il indique bien ; mais que les biens indiquez ne se trouvent suffisans pour retirer les frais de la poursuite, lesquels le cessionnaire discutant est tenu avancer, il les recouvrera par aprés contre l'indiquant.

5. Que la discussion se fait aux perils & fortunes de l'indiquant.

Et il est à remarquer que celui qui discute, n'est point tenu de faire deux decrets l'un aprés l'autre, notamment sur l'indication de l'obligé subsidiairement ; mais il n'est tenu que de faire à une fois & une fin, une discussion generale ; ainsi que la vente qui se faisoit à Rome, *in pratorio pignore*, comprenoit tous les biens du debiteur : en quoi il n'y a qu'une exception : à sçavoir quand aprés l'indication il est arrivé de nouveaux biens au debiteur, dont il fort bien *Alex. conſ. 10. in 5. vol. col. ult.* De sorte que pour bien faire, avant mesme que commencer le decret des hypotheques exprimées au contract, ou autres heritages appartenans notoirement au debiteur, le cedant peut & doit faire adjourner son garant subsidiaire, qu'il luy indique tous les biens subjets à estre discutez, afin de les faire decreter à une fois & une fin, protestant à faute de ce faire que par cy-aprés on ne luy pourra demander autre discussion. Ce qui est tres-pertinent ; parce qu'autrement on n'indiqueroit jamais qu'une piece aprés l'autre, & faudroit faire trois ou quatre decrets pour un.

6. Qu'il n'est tenu faire deux arrests l'un aprés l'autre.

Mesme il semble que la discussion ne peut estre opposée, sinon quand le debiteur sujet à estre discuté, est present, ou que dans un delay le debiteur subsidiaire offre le representer en cause, comme il est expressément dit en la Novelle 4. qui a introduit la discussion : Mais en un mot, il faut tenir pour certain que cette particularité n'est point gardée en France, parce que les Romains avoient toute autre raison que nous, de requerir la presence du debiteur, pour faire la discussion, qui ne se pouvoit faire en son absence, que bien difficilement, & aprés grande longueur.

7. Qu'il faut discuter en France le debiteur, encore qu'il soit absent.

Car

De la garantie des Rentes.

8. Pourquoy à Rome l'absence du debiteur excuse.

8. Car quand le debiteur estoit absent, ou qu'il se cachoit, il n'y avoit à Rome presque nul moyen d'avoir raison de luy : parce qu'en premier lieu les Contrats n'ayans execution parée (comme il sera traitté cy-aprés) il falloit se pourvoir par action ; & cette action ne pouvoit bonnement estre intentée ni poursuivie contre un homme absent ou caché. Car il falloit que les adjournemens fussent faits à la personne, n'admettant ceux qui estoient faits à domicile; mesme que la partie fust continuellement presente à tous les actes de la cause, n'ayans l'usage des Procureurs *ad lites*, tel & en la façon que nous : c'est pourquoi il falloit dés l'introduction du procés bailler caution d'estre à droit.

9. Que la discussion du debiteur absent eust esté fort mal-aisée, selon le Droit Romain.

9. Pareillement ils n'avoient pas les procedures par defaut telles que nous, & n'obtenoient jamais conabément damnation definitive contre les défaillans, mais seulement usoient de mission en possession *ex primo vel secundo decreto* ; & falloit attendre un fort long-temps, devant qu'on permit de vendre & decreter les biens d'un homme absent. Qui fut l'inconvenient que remarqua Papinian pour faire abolir cette ancienne loi, qui défendoit de poursuivre les fidejusseurs avant les principaux debiteurs, comme remarque le texte de cette Nov. 4.

10. Qu'en France la discussion est aussi facile du present, que de l'absent.

10. Mais c'est toute autre chose en France, où on peut discuter le debiteur presque aussi tost & aussi facilement en absence, qu'en presence: car les Contrats liquides ont leur execution parée sur tous ses biens, aprés commandement fait à personne ou domicile. Encore tenons-nous qu'il ne faut point de commandement precedent, quand le debiteur est absent, & qu'il n'a aucun domicile certain & public, suivant la loy *Debitores. C. de pignor*. Et s'il n'y a Contrat executoire, on peut adjourner le debiteur absent à son ancien domicile ou à son de trompe; & par aprés on procede par défaut à condamnation definitive, en vertu de laquelle on vend & discute ses biens.

11. Qu'il faut quelquefois creer un curateur à l'absent.

11. Toutefois d'autant que par l'Ordonnance des criées, il faut que la quarantaine destinée pour interposer le decret & adjudication de ses heritages soit signifiée à sa propre personne; quand il est fugitif ou caché, attestation de ce sommairement faite, on crée un curateur à l'absent, auquel on fait signifier cette quarantaine, au moins l'ay-je veu pratiquer ainsi : dont je conclus qu'en France, l'absence du debiteur ne peut aucunement exclure la discussion, nonobstant cette Novelle.

12. Que la difficulté excuse quelquefois de la discussion.

12. Tant y a qu'on peut remarquer que Iustinian qui a introduit la discussion, n'a pas entendu qu'elle fust trop difficile, puisqu'il a ordonné qu'on en feroit excuse pour l'absence du debiteur. Et de vrai estant de *apicibus juris*, c'est à dire, introduite par une subtilité du Droit, elle deviendroit tout à fait injuste, si on rejettoit le creancier à telles difficultez ou longueurs, qu'elles l'empeschassent par trop de se faire payer par l'obligé subsidiairement, auquel elle serviit seulement d'exception moratoire, & de specieux pretexte pour éluder sa promesse & obligation.

13. Qu'il n'est pas necessaire de discuter les meubles estans en un fort chasteau.

13. C'est pourquoi tous les Docteurs sont d'accord, que les meubles sujets à discussion estoient enfermez en un fort chasteau où les Sergens ne peussent aller, il ne seroit pas necessaire de les discuter, comme Bartole rapporte au Traitté susdit.

14. Sçavoir s'il est necessaire de discuter les biens litigieux.

14. Par mesme raison ils tiennent, que si les biens sont litigieux, la discussion n'en est pas necessaire: ce qui semble decidé en la loi *A divo Pio. §. si rerum. ff. de re jud.* qui neantmoins y apporte cette distinction, que si le debiteur en est en possession, il les faut saisir; & s'il y a opposition d'un tiers, afin de distraire, la faire voider, si cela se peut sommairement faire, sinon il les faut laisser, & prendre d'autres biens. Quoy qu'il en soit, cette loi au §. *Sed utrum*, dit notamment qu'on n'est pas tenu de discuter les actions & dettes litigieuses. Bref, ce docte *Anton. Negusant.* au Traitté *De pignor. 8. par. 1. membr. num.* 44. conclud que *illa bona tantùm discutienda sunt, quæ sine controversia*
De la garantie des Rentes.

possideri possunt ; pro iis autem quæ sunt in controversia, non debet retardari processus contra fidejussores, aut pignorum possessores. Ce qui me semble fort raisonnable, bien qu'il ne soit encore establi en nôtre pratique, parce qu'il n'y a nulle apparence d'amuser le creancier à faire un procés de substitution ou autres tels facheux procés, lesquels l'obligé subsidiairement sera par aprés aussi bien vuider que luy. Voilà pour ce qui est des actions litigieuses. Quant aux dettes liquides, quand on doute estre mal assignées ; c'est chose bien certaine que le creancier n'est tenu les prendre en payement, sans les embroüiller & faire payer avant que de s'adresser au fidejusseur, ou tiers detenteur, qui seroit un autre degré de discussion; mais il semble que comme on observe aux rentes, aussi on pourroit observer aux dettes à une fois payer, de les vendre au plus offrant : comme traite doctement *Ant. Faber. De error. prag. err. 7. decad. 5.*

15. Qu'il faut discuter celuy qui est notoirement insolvable.

15 Je ne suis pas pourtant de l'avis de ces anciens Docteurs, en ce qu'ils tiennent presque tous d'un mesme accord, que quand le principal debiteur est notoirement insolvable, il n'est pas besoin de le discuter; *quia in certis*, disent-ils, *non est locus conjecturis*. Mais j'estime avec Angel. sur la Novelle 4. & Guy Pape en cette decis. 432. que pour peu de biens qu'il se trouve avoir, il les faut discuter, parce que toûjours les faut-il vendre: ce que le creancier est chargé de faire avant que pouvoir contraindre l'obligé subsidiairement, qui en tout cas a interest de sçavoir ce qu'il devra de reste par aprés: ce que s'il sçavoit au vrai quand on s'addresse à lui, possible le paieroit-il comptant sans se laisser executer, ou laisser mettre son bien en decret.

16. Que pendant cette discussion le tiers détenteur ne gagne les fruits.

16. Et toutefois parce qu'il faut toûjours revenir à cette consideration, que la discussion n'est point introduite pour servir d'un simple reculement & exception moratoire ; mais pour exempter par effet l'obligé subsidiairement ; quand le principal debiteur est solvable, afin de modifier cette opinion, & d'accord en quelque façon avec la côme, je tiens pour certain qu'aprés la discussion faite des biens indiquez, lesquels le cre. ancier soûtient estre notoirement insuffisans, le tiers detenteur qui l'aura arresté deux ou trois ans à faire cette discussion, ne sera pas quitte desormais pour delaisser en Iustice la chose hipothequée ; mais faut qu'il en rende les fruits perceus pendant cette discussion, qui aussi bien se fait toûjours à ses perils & fortunes: joint que par le moien de ce qu'il s'est convenu en Iustice auparavant, mesme qu'il a demandé discussion, il a esté deslors constitué en mauvaise foy, non seulement feinte, mais positive & vraye ; & partant il ne peut plus gagner les fruits, n'estant mesme raisonnable que sa fuite luy apporte ce gain.

17. & 18. S'il faut discuter les biens qui sont au Parlement ou hors de France.

17. Pareillement, ces anciens Docteurs ont suivy la pluspart l'opinion de Balde, *in leg. Sciendum in pr. D. Qui satisf. cog.* que *excussio non est facienda de bonis quæ sunt extra territorium judicis cognoscentis de causa.* Il est vrai qu'Angel. sur l'auth. *De fidejuss.* y apporte une modification, *dummodò discussio non possit fieri alibi sine magna difficultate.* C'est pourquoy quelques-uns tiennent en France qu'il n'est pas necessaire de discuter les biens qui sont en mesme Province ou Baillage ; d'autres, qu'aux moins il suffit de discuter ceux qui sont au mesme Parlement ; d'autres soûtiennent qu'il faut discuter tous ceux qui sont en France: mesme il y en a qui veulent qu'on discute les biens du debiteur, fussent ils hors le Royaume, parce qu'il est vray, que celui qui a des biens en pays étrange, n'est pas discuté ni rendu insolvable.

18. De ces quatre opinions j'estime la troisiéme plus équitable, qu'il faut discuter tous les biens de France. Car quant à la premiere & la seconde, que c'est assez de discuter ceux qui sont en la Province, ou au Parlement, sous pretexte de dire, qu'il ne faut faire qu'un decret ou discussion generale; outre que ce fondement n'est pas bien certain, on peut répondre que tous les

biens qui sont en France, bien qu'en divers Parlemens, peuvent estre discutez par mesme discussion: Car les ayant fait vendre sur les lieux (comme c'est la verité qu'en bonne Iustice tout decret y devroit estre fait) on peut obtenir lettres d'évocation du grand sceau, fondées sur le titre *De quibus rebus ad eundem judicem eatur*, par lesquelles l'ordre des creanciers) auquel consiste la vraie discussion, comme aussi en pratique on l'appelle discussion (sera renvoié en un mesme Siege pour estre terminé à une fois & une fin, & pour éviter la diversité de jugemens. Mais puisqu'il a esté prouvé cy dessus que la longueur difficulté de décharge de la discussion, il n'est pas raisonnable de renvoier le creancier qui a de bonnes asseurances en France, plaider & faire des discussions hors de France à la mercy des étrangers.

19. S'il faut discuter les Hypotheques alienées depuis le tral port.

19. Toutes ces questions concernent generalement la pratique de la discussion; cette-cy concerne particulierement celle qui doit estre faite en la garantie des rentes. On demande si avant que de s'addresser au cedant qui a promis *fournir & faire valoir la rente*, ou la *payer soy mesme*, il faut discuter les hipotheques d'icelle, soit generales ou speciales, qui ont esté alienées par le debiteur d'icelle depuis le transport, notamment en païs de discussion; car ailleurs il n'y auroit point de difficulté, parce qu'elles s'y peuvent decreter avec les biens du debiteur par mesme decret; mais en païs de discussion il faudra faire deux decrets, mesme deux discussions l'une aprés l'autre, l'une des biens du debiteur, l'autre des hipotheques par lui alienées.

20. Raisons de l'affirmative.

20. Et neantmoins il semble d'abord qu'il faut discuter ces hipotheques, parce que le cedant ne semble obligé que sous cette condition, *Quando minus ex pignoribus servari poterit*, d'où il s'ensuit que si elles sont suffisantes, ou estant qu'elles sont suffisantes, il n'est pas vrayement obligé, *nimirum deficiente conditione*.

Aussi qu'il n'y a nulle apparence que le cedát soit contraint avant ces hipotheques discutées, parce qu'elles sont obligées à luy, mesme pour son recours, de sorte qu'aussi bien faudra-t-il qu'il les fasse par aprés.

21. Resolution au contraire.

21. Nonobstant tout cela, il faut tenir qu'il suffit de discuter les biens qui sont en la possession du debiteur, ce qui est expressément décidé par cette novelle 4. qui aiant ordonné que le fidejusseur doit estre discuté premier & avant les hipotheques alienées depuis la fidejussion, adjouste que non seulement cela doit avoir lieu aux simples dettes; mais aussi à l'égard du *Beara rei*, ou fidejusseur de l'éviction, ainsi qu'il a esté montré cy dessus, Chapitre 4. se rapporter directement au cedant qui a promis *fournir & faire valoir la rente*. De sorte que suivant cette Novelle, non seulement le cessionnaire n'est tenu de discuter les hypotheques alienées avant que de s'addresser à son cedant, mais mesme s'il s'addressoit aux detenteurs de ces hipotheques, ils pourroient demander que le cedant fut discuté auparavant eux, tout ainsi que le fidejusseur.

22. Réponse aux raisons contraires.

22. Ce qui pourtant ne peut avoir lieu en France, parce que le cedant a l'hipothequaire contr'eux de son chef, & la Novelle presuppose que le fidejusseur n'eust aucune hypotheque, mais seulement une action personnelle pour son indemnité; mais l'autre consequence demeure toûjours, que le creancier ni le cessionnaire n'est tenu discuter les hypotheques alienées avant que s'addresser au fidejusseur, ou cedant. Et quant à ce qu'on dit que celuy qui a promis *fournir & faire valoir*, n'est que conditionnellement obligé, en cas que les hipotheques ne soient suffisantes, faut se ressouvenir de ce qui a esté dit cy-dessus, que la difficulté & la longueur excuse quelquefois la parfaite discussion, notamment qu'il n'est pas raisonnable de contraindre celuy qui a une discussion à faire, de faire deux decrets l'un aprés l'autre.

CHAPITRE X.

De la garantie des Rentes sur le Roy.

1. S'il faut discuter un Prince.
2. S'il faut discuter le Roy.
3. Difference entre le Roy & le particulier en cette matiere.
4. Que la discussion n'a lieu à l'égard du Roy.
5. Raisons au contraire.
6. 7. Réponses à icelles.
8. Pourquoy est inventée la clause, Nonobstant le fait de Prince.
9. Objection qui concerne l'Etat.
10. Exemple notable d'Aratus Roi des Sycioniens.
11. Pourquoi le Parlement appointe souvent ces causes au Conseil.
12. Cas ausquels il les vuide au profit des cessionnaires.
13. Renvoy d'autres questions au Livre de Monsieur Bacquet.

1. S'il faut discuter un Prince.

1. SUr le propos de ce qui vient d'estre dit, que la difficulté sert quelquefois d'excuse à la discussion, on demande s'il faut discuter un Prince, notamment au cas de cette clause de *fournir & faire valoir*, qui signifie *debitorem idoneum esse, & debitum exigi posse. Atqui debitor idoneus dicitur non solùm facultatibus, sed etiam conveniendi facilitate*. ff. qui satisdare cogantur; & debitor (nedum idoneus debitor) is est, à quo invito exigi pecunia potest.

2. S'il faut discuter le Roy.

2. Neantmoins il est vray qu'il faut discuter les Princes comme les autres, aussi y a t'il Justice contr'eux en France. Et bien qu'il y ait plus de difficulté à les discuter que les particuliers, c'est-ce que cette difficulté a peu & deub estre prevenuë par le cessionnaire de la rente, lorsqu'il l'a acheté: que s'il se vouloit exempter d'icelle, il l'a deub stipuler par clause expresse, ce que possible n'a pas eust voulu accorder de sa part. Ce qui soit dit à l'égard des Princes non Souverains, & qui sont sujets aux loix; mais à l'égard du Prince Souverain qui est pardessus les loix, c'est la grande question qui de long-temps ςοῦν ζητουμένη estu sçavoir, dis-je, si en une rente cedée sur le Roy, qui jamais n'est solvable, & ne peut estre discutée, le cessionnaire peut avoir recours contre son cedant en vertu de la clause de *fournir & faire valoir*, ou celle de *payer soy mesme*, quand le Roy ne veut point payer la rente.

3. Difference entre le Roy & le particulier en cette matiere.

3. Car il y a bien de la Difference entre le Roy & le particulier, parce que si le particulier ne veut payer, on l'y peut contraindre tant qu'il a de quoy; & quand il n'a plus rien, il est par consequent discuté, & il y a lors recours contre le cedant. Mais au contraire le Roy n'est jamais insolvable; mais aussi quand il ne veut payer, il n'y peut estre contraint. Et comme deux choses sont requises pour faire qu'une dette soit bonne, à sçavoir les moyens & la convention: si un particulier a les moyens, la convention n'en est jamais impossible, tout au contraire au fisque, les moyens y sont toûjours; mais si la volonté de payer n'y est, la convention est totalement impossible.

4. Que la discussion n'a lieu à l'égard du Roy.

4. Puis donc que *fournir & faire valoir* est *præstare debitum exigi posse, seu præstare quantò minus à reo exigi possit*, il s'ensuit manifestement que cette clause donne recours contre le cedant quand le fisque ne veut pas payer, suivant cette loy *Debitor. de verb signif*. Autrement és rentes du Roy, cette clause, ni celle de *paier soi-mesme*, ne serviroient de rien, si elles n'avoient lieu qu'après actuelle discussion, comme entre particuliers,

de la garantie des Rentes.

Joint aussi qu'on dit, que quand le Roi ne veut paier, la discussion est toute faite. Et de fait les Interpretes de Droit ont tenu unanimement sur l'Auth. *Præsente. C. de fidejuss.* que *fisco debitori beneficium discussionis locum non habet.*

5. Raisons au contraire.

Ces raisons sont merveilleusement pregnantes, & à mon avis du tout vraies en bonne jurisprudence, neantmoins on dit au contraire que c'est une regle perpetuelle en droit, *post venditionem periculum ad emptorem spectat*, & qu'on ne peut déroger à ce droit commun, sinon par une expression speciale. Aussi que pour se soumettre valablement aux cas fortuits & inopinez (comme le fait de Prince est sans doute un cas fortuit, & est proprement *vis major*,) il les faut particulierement exprimer, *leg. Sed & si quis §. Quæsitum ff. si quis caution*. Encore est-ce toujours chose étrange & injuste, que le vendeur qui n'a plus rien en la chose, supporte eternellement les cas fortuits qui tombent, non sur les hipoteques & assurances externes de la chose, mais directement sur la chose mesme, tout ainsi qu'il n'y a point d'apparence de dire que l'acheteur d'une maison, sous pretexte que son vendeur a promis le *garantir, fournir & faire valoir*, ait recours contre lui, s'il arrivoit que dix ans après la vente, elle soit brûlée & abbatuë.

6. 7. Réponses à icelles.

A quoi on répond qu'il y a bien de la difference entre les choses corporelles & les incorporelles, comme les rentes. Ez corporelles la clause de *fournir & faire valoir*, apposée en la vente ne sert de rien, mais cette clause a esté inventée seulement pour la garentie de fait, des debtes & des rentes, où il est bien requis une garantie plus speciale, parce qu'on achete ce qu'on ne void point, & qui n'a point de subsistance visible.

8. Pourquoi est inventée la clause. Nonobstant le fait de Prince.

Et quant à ce qu'on dit de l'expression particuliere des cas fortuits, on répond que le manquement des rentes du Roy, qu'on appelle fait du Prince, est bien un cas fortuit, mais non pas posterieur au transport, ou du moins, n'y est pas imprevisible, car l'authorité du Prince precede le transport, encore que son effet qui est le divertissement des assignations destinées pour ces rentes, soit posterieur. Qui est en passant un point, qui meriteroit bien d'être épluché: parce qu'il vuideroit une autre question, si en la simple promesse de garantie des rentes du Roi, il y a en ce mesme cas recours contre le cedant, attendu ce qui a esté dit cy-devant au Chapitre 3. que la simple promesse de garantie rend le vendeur tenu des accidens survenus auparavant la vente.

9. Objection qui concerne l'Estat.

Et toutefois parce qu'aucuns ne peuvent admettre cette consideration, ny l'autre aussi, que celui qui a acheté une rente sur le Roi, devoit considerer & prevoir que cette rente dependoit de sa pure volonté, & qu'il ne pouvoit estre contraint & discuté; & partant que si en defaut que le Roi le voulust paier, il entendoit avoir recours contre son cedant, il l'a deub faire exprimer par son Contract; cela a esté cause d'avoir inventé une clause particuliere pour les transports des rentes du Roi, ou du moins une addition à la clause de *fournir & faire valoir*, en ces mots ou autres semblables, *nonobstant le fait de Prince, cas d'hostilité, retardemens de deniers, détournemens d'assignations, changement de monnoye, & generalement tous cas fortuits, & inopinez, exprimez & non exprimez.*

10. Exemple notable d'Avarus.

Il y en a encore une objection qui porte un grand coup, à sçavoir le grand brouillement que ce seroit, si on jugeoit indistinctement ces rentes redhibitoires; parce que depuis prés de cinquante ans qu'on a commencé d'en constituer, *multa hæreditatibus, multa emptionibus, multa dotibus tenemur*, & telle de ces rentes a déja passé par plus de douze mains: qui seroit consequemment mettre autant de familles en peine, pour une seule rente, au lieu que maintenant il n'y a qu'un seul homme qui en reçoive incommodité: si le voulant en ce faisant, que tel qui depuis quarante ans a vendu une rente; maintenant qu'il ne s'en souvient plus, se trouveroit tout à coup accablé & ruiné, pour avoir suivi la foi publique. Partant on conclud, puis qu'il faut que ce manquement tombe sur quelqu'un, qu'il vaut mieux qu'il tombe sur un que sur plusieurs, & encore sur celui qui se trouve à present Seigneur de la rente, plutost que sur ceux qui n'y ont plus rien.

11. Pourquoy le Parlement appointe souvent ces causes au Conseil.

Mais cét inconvenient est un point d'Estat, & une consideration trop generale, qui ne regarde pas au droit des particuliers, ny à la foi des Contracts, laquelle neantmoins est un des plus asseurez fondemens d'un Roiaume, comme raisonne fort à propos Ciceron, *lib. 1. de Off.* où il dit que sur une pareille repugnance du repos public à la justice particuliere, Aratus Roi des Sycioniens fut si bon après la guerre finie, que d'emprunter une immense somme d'argent, & paier à chacun des particuliers, ce qui lui appartenoit, encore qu'il ne le deust pas, afin de donner à son peuple & à la Justice & le repos tout ensemble. *O dignum hominem* (adjoute Ciceron) *qui in republica nostra natus fuisset!*

12. Cas ausquels il les vuide au profit des cessionnaires.

Mais parce que la necessité des affaires publiques nous a toujours éloignez d'un semblable expedient, la Cour du Parlement auparavant ces troubles, selon sa prudence & discretion ordinaire, avoit Coustume d'appointer tels differends au Conseil, qui estoit à dire les pendre au croc; imitant le fait de Popilius Lenas, & des Areopagites, rapporté par Val. Maxime; ne voulant d'un costé debouter les cessionnaires en vuidant la cession generale à leur profit, qu'elle reconnoissoit juste, ou d'ailleurs troubler le repos de plusieurs familles: mais sur tout elle ne vouloit point par ses Arrests donner une mauvaise esperance de ces rentes, parce qu'elle esperoit que pendant cette surseance des procez, il pourroit écheoir en saison si tranquille, que le Roy auroit & le moyen, comme pacifique, & la volonté comme bon pere de son peuple, de s'acquitter de telles debtes.

13. Renvoy d'autres questions au Livre de Monsieur Bacquet.

Mais lors que parmi ce contrepoids & cét equilibre de difficulté, il se rencontroit quelques circonstances particulieres, qui fissent pancher la balance du costé des cessionnaires, la Cour jugeoit presque toûjours à leur profit: comme quand la clause de soumission au fait de Prince ou de *payer soy-mesme*, estoit inserée au Contract: pareillement en tous Contracts de mariage, de partage, ou d'échange, elle ne faisoit, & ne fait point encore de difficulté de donner recours contre le cedant: non qu'à le bien prendre en ces Contracts, il y ait plus étroite & plus precise obligation à la garantie qu'aux Contracts de vente; mais parce qu'és Contracts de partage & mariage il y a quelque plus grande faveur: & que l'échage est plus facile à resoudre que la rente, parce que chacun en l'échange retrouve la chose: ce qui n'est pas en la vente, où l'argent se consomme.

Cecy meriteroit d'estre mieux approfondi & traité plus au long, veu qu'il y a plusieurs autres belles questions touchant ces mesmes rentes: mais il me fâche de manier long-temps une plaie si sensible; joint que Monsieur Bacquet les a nettement traitées en son Livre du transport des rentes.

CHAPITRE XI.

Si le cessionnaire a recours contre le cedant aprés le decret, ou prescription des hypotheques.

1. Que l'insuffisance de la rête peut provenir de trois causes.
2. Quand elle provient du fait du cessionnaire, il n'a aucun recours.
3. S'il a recours quand elle provient de sa negligence.
4. Qu'il semble avoir recours en ce cas.
5. L'exception cedendarum actionum.
6. & 7. Resolution au contraire, & raisons d'icelle.
8. & 9. Réponses aux raisons contraires.
10. Que celuy qui laisse prescrire ou decreter les hypotheques, ne laisse d'avoir son action entiere contre les tenus directement.
11. Qu'il n'a plus d'action contre les tenus subsidiairement.
12. & 13. Conciliation de la loy Si fidejussores, avec la loy Fidejussor. ff. de fidejussoribus.
14. Qu'en restes la negligence sur ses meubles ne nuit contre le subsidiairement obligé.
15. Qu'elle nuit és debtes promptement exigibles.
16. Qu'il faut veiller sur la generale hypotheque aussi bien que sur la speciale.
17. Raisons pourquoy.
18. Conclusion de ce discours.
19. & 20. Quels cedans ne peuvent estre inquietez aprés le decret ou prescription des hypotheques.
21. Quid si le cedant a sommé son cessionnaire, & quand cette sommation sert.

1. Que l'insuffisance de la rente peut provenir de trois causes.

Quand par la discution le debiteur de la rente se trouve insolvable, il se connoist quelquefois que son insolvabilité est arrivée aprés le transport, ce qui peut arriver en trois façons, sçavoir est, ou par cas fortuit, comme quand il est appauvri par quelque fortune, ou par le fait du cessionnaire, comme il a déchargé volontairement quelque hipotheque, ou par sa negligence, pour avoir laissé prescrire les hipotheques de la rente. Si c'est par cas fortuit, il a esté amplement trouvé cy-dessus par deux chapitres entiers, que telle insuffisance est au dommage du cedant, quand il a promis *fournir & faire valoir* la rente, suivant la decision de la loy *Amissi. ff. de fidejussor.* Ce qui doit avoir lieu à plus forte raison, quand il a promis la *payer soy-mesme.*

2. Quand elle provient du fait du cessionnaire, il n'a aucun recours.

Au contraire, quand l'insuffisance est arrivée par fait du cessionnaire de la rente, pour avoir déchargé volontairement l'un des obligez, ou quelqu'une des hypotheques d'icelle, il n'y a nul doute qu'il n'y a point de recours à ce regard contre le cedant ; tant parce que la promesse de *fournir & faire valoir*, & mesme celle de *payer soy-mesme*, n'emportent qu'une obligation subsidiaire, qu'attendu aussi la regle de droit, que *Alteri per alterum iniqua conditio inferri non debet* : de sorte que mesme le cedant, & tout autre qui est tenu sans discution, *habet exceptionem cedendarum actionum*, par laquelle il exclud & repousse son creancier, quand il ne lui peut plus ceder ses actions contre les autres cobligez, ou sur les hipotheques, pour les avoir volontairement consommées & amorties. *l. Si pupillus ff. de administ. tut. l. Cùm possessor. ff. de censibus. l. Sicum. §. si creditor. ff. de solut. & l. lubemus. C. ad Vellejanum :* qui est un point de droit fort remarquable.

3. S'il a recours quand elle provient de sa negligence.

Mais la grande difficulté est, quand sans le fait ny la faute du cessionnaire, mais par sa seule negligence les hipotheques de la rente sont éteintes & amorties, comme quand le cessionnaire les a laissé decreter ou prescrire (qui sont les deux moiens receus en France, pour purger des hipotheques) sçavoir si par aprés il a recours contre son cedant en vertu de la clause de *fournir & faire valoir*, ou celle de *payer soy-mesme.*

4. Qu'il semble avoir recours en ce cas.

Il semble d'abord qu'oui, parce qu'il a pû sans hazard n'y point prendre garde, mesme apertement negliger d'entrer en procez, pour empescher le decret ou la prescription des hypotheques ; sçachant que d'ailleurs il estoit bien assuré, comme ayant un bon garant, sur lequel il se reposoit. Autrement il seroit plus utile de n'avoir point d'hypotheques, que d'en avoir beaucoup, & d'estre tenu y avoir toûjours l'œil, & entreprendre à tout propos des procez pour empescher qu'elles soient decretées ou prescrites ; veu mesme que le cedant de la rente se devoit souvenir qu'il estoit demeuré obligé à la *fournir & faire valoir*, & à la payer soy-mesme ; & partant que le cessionnaire duquel il estoit garant, ne pouvoit rien perdre, tant que lui cedant auroit dequoi païer la rente, & consequemment que c'estoit à lui à s'opposer au decret, ou interrompre la prescription des hypotheques.

5. L'exception cedendarum actionum.

Aussi l'exception *cedendarum actionum*, dont nous venons de parler n'a jamais lieu, sinon quand il y a du fait ou de la faute de celui contre qui elle est opposée, & non pas de la simple negligence, pour avoir laissé prescrire ou decreter les hipotheques, comme il se collige des loix qui ont parlé de cette exception, qui supposent toutes precisément, le fait ou la faute du creancier : & comme tous les Interpretes ont tenu, & notamment du Moulin l'a decidé clairement au Traité *De usuris, quæst.* 99. *num.* 673.

6. & 7. Resolution au contraire, & raisons d'icelle.

Toutefois le contraire est veritable, que le cessionnaire de la rente, aprés avoir laissé prescrire ou decreter les hypotheques d'icelle, n'a pas de recours à l'égard de leur valeur, contre son cedant, mesme en la simple clause de *fournir & faire valoir* : parce qu'estant parfaitement Seigneur de la rente, c'est à lui d'en avoir le soin, comme il en a le profit, & non pas au cedant qui deformais n'y a plus rien, & n'en a aucun profit : aussi que la promesse de *fournir & faire valoir* n'emporte sinon que la rente soit constituée & assignée sur des hypotheques suffisantes, esquelles le Seigneur de la rente doit deformais maintenir & conserver son droit ; comme un bon pere de famille doit veiller sur son bien, quand il est libre moderateur & arbitre, dit la loi ; & lui doit suffire que son cedant demeure obligé aux cas fortuits qui peuvent arriver en icelles, en quelque temps que ce soit, sans le vouloir assujettir (lui qui n'en pense plus à la rente, dont il n'a plus de profit) de veiller sur les hipotheques d'icelle.

Et finalement (qui est un point eù il n'y a aucune réponse) puis qu'ainsi est, le cessionnaire est tenu de discuter tout à fait ses hypotheques, avant que son cedant puisse estre poursuivi ; à plus forte raison est il tenu d'en empescher le decret & la prescriptiõ d'icelles ; ce qui est bien plus aisé que de les discuter & faire decreter lui-mesme.

8. & 9. Réponses aux raisons contraires.

Cela ne nuit point de dire qu'il seroit plus utile au cessionnaire d'avoir moins d'hipotheques que d'en avoir plusieurs ; car cet argument est reciproque, & on peut dire que s'il n'y eût eu plusieurs hipotheques suffisantes, sur lesquelles le cedant s'est asseuré quand il a promis *fournir & faire valoir* la rente ; sçachant que par le moien d'icelles, & attendu qu'il les faloit discuter toutes, avant que s'adresser à lui, il ne seroit jamais en peine pour la rente ; il n'eut jamais promis la *fournir & faire valoir*, & pluvost ne l'eut il jamais cedée. *Aliena igitur cessationis vitium ad ejus dispendium pertinere non debet*, comme dit la loy I. *C. de divid. tut.*

Pareillement cela est inutile de dire que l'exception *cedendarum actionum* n'a lieu que quand l'hipothe-

de la garantie des Rentes.

que a esté amortie par le fait ou faute du creancier. Car il faut prendre garde que jamais en droit cette exception ne pouvoit competer qu'à ceux qui estoient tenus directement & sans discution , parce que ceux qui n'estoient tenus que subsidiairement , n'avoient que faire de demander cession d'action ; mais demandoient discution entiere d'icelles, sans laquelle faire prealablement , ils ne pouvoient estre convenus. Et ce qu'aux Loix cy dessus alleguées il est dit que cette exception *cedendarum actionum* compete aux fidejusseurs & tiers detempteurs des heritages hypothequez, est à cause que selon le droit des Digestes & du Code les fidejusseurs & tiers detempteurs estoient directement & sans discution , ne leur ayant le benefice de discution esté attribué , que par la Novelle 4. comme il a esté dit cy-devant.

10. Que celuy qui laisse prescrire ou decreter les hypotheques, ne laisse d'avoir son action entiere contre les tenus directement.

Faut donc tenir pour certain & infaillible, que ceux qui sont tenus directement & sans discution (comme estans plus estroitement liez) ne peuvent pas estre deliez & des-obligez , sous pretexte que le creancier aura laissé prescrire ou decreter une hipotheque , parce que leur produire, l'exception *cedendarum actionum* , il faut qu'il y ait du fait ou de la faute du creancier, & non de la simple negligence ou obmission, Aussi que le creancier ayant d'autres hypotheques directes & non subsidiaires ou d'autres cobligez , contre lesquels il avoit son action prompte & parée, *sciebat jus suum durare*, encore qu'il laissât prescrire, ou decreter l'une des hypotheques , ou décharger, sans son fait, l'un des cobligez. Ainsi pratiquons-nous notoirement, que si le seigneur d'une rente fonciere assignée solidairement sur plusieurs heritages , laisse prescrire ou decreter partie d'iceux, il ne peut pas apres demander toute la rente aux detempteurs des autres heritages ; de sorte que c'est à eux, qui sont tenus directement & sans discution de s'empescher cette prescription ou decret.

11. Qu'il n'a plus d'action contre les tenus subsidiairement.

Mais c'est toute autre chose aux obligez subsidiairement , qui ne sont tenus qu'apres discution , ou sous condition de l'insuffisance des principaux obligez, *quantumvis à reo ejusque pignoribus servari poterit.* Car si le creancier laisse prescrire ou decreter les hypotheques d'iceux, c'est à son dommage, dautant que par apres on ne peut pas dire , que la condition soit arrivée, au contraire ils peuvent dire que *à reo ejusque pignoribus debitum servari potuit.*

12. & 13. Conciliation de la loy Si fidejussores, avec la loy Fidejussor. ff de fidejussoribus.

Ce qui peut estre confirmé clairement par la conference de deux belles loix du titre *De fidejussoribus. ff.* qui semblent formellement contraires l'une à l'autre , & ne le sont pas toutefois. L'une est la loy *Si fidejussores* 41. qui dit que le fidejusseur subsidiaire ne peut estre convenu apres que le creancier a negligé de faire payer le principal debiteur , & qu'apres cette negligence , il est devenu insolvable: L'autre est la loy *Fidejussor.* 63. qui dit au contraire, qu'en ce mesme cas le fidejusseur peut estre convenu ; encore mesme qu'auparavant l'insuffisance arrivée au debiteur, il eust sommé le creancier de se faire payer, & qu'il n'en eust tenu compte.

Mais il faut observer que la premiere Loi parle expressement du fidejusseur subsidiaire , voicy les mots ; *Si fidejussores in id accepti sint , quod à debitore servari nequiverit :* La seconde parle du fidejusseur pur & simple , qui selon le droit du Digeste & du Code, estoit tenu directement & sans discution C'est pourquoy la negligence du creancier ne luy produisoit point d'exception , bien mesme qu'il l'eust sommé de se payer : au contraire cessant mesme cette sommation , la simple negligence du creancier libere le fidejusseur subsidiaire , parce qu'il n'estoit tenu que sous condition qu'il n'y eust moyen de se faire paier par le principal debiteur : ce qui est de mesme en celui qui a promis *fournir & faire valoir la rente.*

14. Qu'en rentes la negligence

Fors qu'il y a une petite difference entre celuy qui a promis *fournir & faire valoir*, ou une rente,

ou une simple debte : à sçavoir que la rente estant perpetuelle de sa nature , & pourtant reputée immeuble , doit estre assignée sur des hypotheques immobiliaires , suffisantes pour estre reputée bonne & bien solvable. C'est pourquoy quand mesme au veu & sceu du cessionnaire le debiteur d'icelle auroit consumé ses meubles , le cedant ne luy en pourroit rien imputer, attendu mesme qu'on n'en peut pas exiger le rachapt, comme d'une debte à une fois paier : de sorte qu'il n'y a rien qui puisse produire exception ou décharge à celui qui a promis *fournir & faire valoir une rente*, que quand le creancier d'icelle en a laissé prescrire ou decreter les hypotheques.

sur les meubles ne nuit contre le cessionnaire ment obligé.

Mais s'il estoit question d'une simple debte promptement exigible, le cessionnaire de laquelle eust laissé par sa negligence consommer par le debiteur d'icelle plusieurs biens meubles , tellement qu'il apparust qu'il seroit devenu insolvable à cause de cette negligence ; alors il y a grande apparence que le cedant, qui auroit promis icelle *fournir & faire valoir*, & tout autre obligé subsidiaire n'en seroit plus tenu, par la raison de la loy 1. *C. de dividi. tutela.*

15. Qu'elle nuit es debtes promptement exigibles.

Concluons donc que la simple negligence du creancier ne décharge point le cobligé , & tout autre qui est tenu de la rente directement & sans discution ; mais bien qu'elle décharge l'obligé subsidiairement, En quoy neantmoins il y a une exception , à sçavoir que celuy qui avoit une speciale hipotheque , & une generale sans la clause, *sans que la generale déroge à la speciale*, &c. doit veiller sur l'une & l'autre hypotheque , encore qu'en ce cas la generale ne soit que subsidiaire à la speciale , tellement que s'il laisse prescrire ou decreter l'hipotheque generale, il n'a plus de recours si ce regard contre son cedant ou autre subsidiairement obligé : & ce pour deux raisons.

16. Qu'il faut veiller sur la generale hypotheque , aussi bien que sur la speciale.

L'une que la discution de la speciale hipotheque ne peut estre opposée par le debiteur, mais seulement par ses creanciers, où le tiers detempteur , comme on tient pour tout certain : l'autre que cela n'empeschoit point , qu'il ne se pût opposer au decret pour la conservation de son droit, ou qu'il n'intentat l'action en declaration d'hipotheque , pour interrompre la prescription, ce que partant il a dû faire.

17. Raison pourquoy.

Tant y a que le cedant qui a promis *payer soy mesme la rente* en defaut du debiteur d'icelle , ne peut plus estre attaqué par le cessionnaire, qui a laissé decreter ou prescrire les hipotheques de la rente : ce qui se doit entendre jusques à la concurrence de ce qui eut pû estre retiré de ses hipotheques , si elles n'eussent point esté prescrites ou decretées : lesquelles deux resolutions dernieres ont esté expressément decidées & jugées par cet Arrest solennel de l'an 1604. cy-devant rapporté.

18. Conclusion de ce discours.

Puis donc qu'il a esté dit au chapitre 8, que le cedant qui a promis *payer soy mesme la rente*, sans cette addition, *en defaut du debiteur*, ny autre queuë , n'est tenu qu'apres discution du debiteur; il s'ensuit par la regle de ce chapitre , que le cessionnaire qui a laissé prescrire ou decreter les hypotheques d'icelle , n'a point de recours contre luy. Au contraire , puis que celuy qui a promis *payer soi-mesme sans aucune diligence sur le debiteur*, est tenu directement du payement de la rente ; il s'ensuit par cette mesme regle, que la negligence du cessionnaire qui a laissé prescrire ou decreter les hypotheques, ne le décharge pas.

19. & 20. Quels cedans ne peuvent estre inquietez apres le decret ou prescription des hypotheques.

Quoi donc ? si cedant a sommé son cessionnaire de s'opposer au decret, ou d'interrompre la prescription d'une hipotheque,& qu'il ne l'ait daigné faire, sera-il pas au moins déchargé ; il semble que non par la decision expresse de cette loy, *Fidejussor. De fidejuss.* Mais il faut prendre garde qu'elle parle d'une debte exigible, où telle sommation ne sert de rien , parce que le fidejusseur , qui en estoit tenu directement, lors la devoit payer luy-mesme , & prendre cession d'actions du creancier , & en vertu d'icelles faire loy

Cc iij

mesmes, ce qu'il le sommoit de faire : c'est pourquoi quant aux arrerages de la rente, écheus lors de cette sommation faite par le cedant au cessionnaire, la sommation ne profite de rien ; car il faloit payer, & non pas sommer. Mais au regard du principal de la rente, qui n'est pas exigible, sans doute que cette sommation constituë le cedant en vraye demeure; veu mesme que c'estoit lui, auquel l'action hypothequaire resisoit pour s'opposer au decret, ou interrompre valablement la prescription ; joint qu'il avoit les titres de la rente.

Reste la difficulté en celuy qui a promis paier soy-mesme après un simple mandement fait au debiteur, sçavoir s'il peut estre attaqué après que le cedant a laissé prescrire ou decreter les hypotheques. Et quant à moi, j'estime en un mot, que puisque le cedant a assez declaré par ces mots : Qu'il ne se vouloit charger de plaider contre le debiteur, ny de ses biens; que ce n'estoit à lui, ny à former opposition au decret, ny à intenter action pour interrompre la prescription des hipotheques, puis que le cessionnaire ne s'estoit voulu charger d'autres, que de faire un simple commandement au debiteur.

le cedant a sommé son cessionnaire, & quand cette sommation sert.

21. Quid si

CHAPITRE XII.

Si la clause de payer soy-mesme a execution parée.

1. Que les executions sont de droit étroit.
2. D'où vient le mot d'execution parée.
3. Qu'au droit Romain les contracts n'avoient execution parée.
4. Premier remede qu'on y a apporté en France.
5. Autre remede de faire les contracts garantigiez, ou confessionnez & comment.
6. Comment enfin tous contracts liquides ont execution parée.
7. Qu'il faut qu'ils soient liquides en trois façons.
8. Comme ils doivent estre liquides à l'égard des personnes.
9. Comment à l'égard des choses.
10. Que les indemnitez ne produisent execution parée, si la promesse de paier n'y est inserée.
11. Comment les contrats sont liquides, quant à la forme de l'obligation.
12. Cas auquel la clause de paier soi-même, n'a execution parée.
13. Cas auquel elle a execution parée.
14. Troisième cas plus douteux que les deux precedens.
15. & 16. Qu'en ce cas elle a execution parée, & pourquey.

1. Que les executions sont de droit étroit.

Finalement il se fait une autre question fort importante sur cette mesme clause de payer soy-mesme, sçavoir si elle importe execution parée, ou bien si elle produit une simple action. Car c'est sans doute que les executions sont de droit étroit, *In quibus qui cadit syllaba, cadit jure*: & on pratique, qu'encore qu'execution soit faite pour chose deuë, & toutefois le satisfaisant n'avoit execution parée, elle ne laisse d'estre declarée tortionnaire, & luy condamné és dépens, dommages & interests, sauf à se pourvoir par action : en quoi on void bien souvent, que ceux qui se pensent trop haster, se trouvent bien reculez.

2. D'où vient le mot d'execution parée.

Il est donc besoin de traiter en passant, quant & comment les Contrats ont execution parée ; qui est un terme écorché du Latin, & emprunté d'un mot, qui a esté supposé pour un autre en la Loy 14. *De minoribus*; qui est fort à propos de cette matiere. *Minor. 25. annis, cui fidei commissum solvi pronuntiatum erat, caveret id se accepisse, & cautionem eidem debitor quasi credita pecunia fecerat, in integrum restitui potest : quia partam ex causa judicati executionem novo contractu ad initium alterius petitionis redegerat*; où vulgairement on lit, *Paratam executionem*, au lieu de *Paratam*;& de là nous avons pris en nostre Pratique Françoise le mot d'*execution parée*.

3. Qu'au droit Romain les contracts n'avoient execution parée.

Or de cette loy, ensemble de la loy 2. *C. de exec. rei jud.* il appert clairement, qu'au Droit Romain les seules Sentences avoient execution parée, & non les Contracts, qui produisoient seulement leurs actions, sur lesquelles on obtenoit les jugemens, lesquels par après on faisoit executer. Ce qui est dit élegamment en la loy 1. *C. cod. tit.* & qui est conforme à la Loy Divine au Denteron. Chapitre 14.

4. Premier remede qu'on y a apporté en France.

Mais pour éviter ce long circuit, on s'advisa premierement de mettre aux Contracts une clause de constitution d'un Procureur special & irrevocable : pour passer en jugement condamnation du contenu en iceux, & mesme pour recevoir le commandement de payer ; afin que ce fait, on pust directement venir à l'execution, comme remarque Rebuffe sur les Ordonnances.

5. Autre remede de faire les contracts garantigiez, ou contessionnez.

Depuis, pour encore abreger cette ceremonie inutile ; on inventa les Contracts garantigiez ou confessionnez, au contexte desquels l'obligé, après avoir confessé, & s'estre soumis au payement, y estoit à l'instant condamné de son consentement par le Notaire, qui est appelé pour cette cause, *Iudex chartularius*; & portoit le Contract, que les parties seroient postées à droit pardevant luy ; & de là vient, qu'encore aucuns Notaires mettent, que les parties sont comparuës pardevant eux, comme en droit jugement : & cette pratique est tirée de la loy unique, *Cod. de conss.* où elle est traitée par les Interpretes, & principalement par le docte Praticien Faber.

6. Comment enfin tous contracts liquides ont execution parée.

Enfin sort à propos l'Ordonnance de 1539. sur l'abreviation des procez ; pour retrancher ce circuit frustratoire du Droit Romain, & ces clauses extraordinaires des Contracts, a disposé que les lettres obligatoires passées sous Séel Royal (& encore sous Seel authentique, par les domiciliez sous iceluy) seroient executoires sur tous les biens, meubles & immeubles des obligez. Ce qui a esté aussi inseré en la Coustume de Paris, article 164. & voilà comment l'execution parée a esté attribuée aux Contracts aussi bien qu'aux jugemens.

7. Qu'il faut qu'ils soient liquides en trois façons.

Mais aussi par la mesme Ordonnance & Coustume, il est défendu expressément de faire execution pour chose non liquide ; & nous tenons en Pratique qu'il faut pour avoir execution parée, que le Contract soit entierement liquide, & quant aux personnes contractantes, & quant à la chose promise, & quant à la forme & maniere de l'obligation.

8. Comment ils doivent estre liquides à l'égard des personnes.

Pour les personnes, il faut que l'execution se fasse seulement sur les mesmes personnes qui ont parlé au Contract, non sur les heritiers, ny sur la veuve pour sa part de la communauté ; supposé mesme que leurs qualitez soient notoires, & qu'ils en veuillent demeurer d'accord: car alors il faut venir par action, & faire declarer le Contract executoire contre-eux, comme il estoit contre le defunt. Encore on a long-temps douté si l'heritier, la veuve, ou le cessionnaire du creancier pouvoient faire mettre le Contract à execution : & bien que presque tous les modernes Praticiens François ayent écrit que non, si est-ce que l'usage est passé au contraire.

9. Comment à l'égard des choses.

Pour le regard de la chose promise, il faut premierement que l'obligation soit *ad dandum*, non *ad faciendum*, *quia obligationes ad faciendum resolvuntur in id quod interest*, qu'il faut auparavant liquider, & encore il faut qu'elle soit, non pour une autre chose meuble ou immeuble, mais precisément pour une somme de deniers certaine & liquide, ou du moins

de la garantie des Rentes.

autre chose meuble ou immeuble, mais precisement pour une somme de deniers certaine & liquide, ou du moins pour quelque espece qui consiste en poids, nombre ou mesure, encore en ce cas, auparavant que de parfaire l'execution, il faut adjourner le debiteur pour voir apprecier l'espece.

10. C'est pourquoi les répondans ne sont fondez en vertu de leurs Contracts d'indemnité de proceder par execution à l'encontre des debiteurs ; parce qu'acquiter & indemniser, est une obligation *ad facien'um, nou ad dandum. l. Fidejussor pr ff. de evict.* Aussi les bons Notaires & les contractans advisez adjoustent aux contracts d'indemnité, une clause fort notable pour produire execution parée, à sçavoir que le debiteur en defaut de paiement par lui fait au creancier dans tel temps, ou d'apporter décharge au sidejusseur de son intervention, s'oblige & promet par ce mesme contract de paier la mesme somme au répondant, pour estre employée par ses mains au paiement de la debte, à sa décharge & liberation.

11. Finalement, quant à la forme de l'obligation, il faut qu'elle soit pure, simple, claire & certaine, non suspenduë ni modifiée par aucune condition; bref qu'il ne puisse écheoir aucune difficulté sur l'execution d'icelle.

12. Cela presupposé, il faut distinguer les diverses formes, esquelles cette clause peut estre conceuë. Car si elle ne contient autres termes que *payer soy-mesme*, il est aisé à entendre, puis qu'il y échet discussion, qui par aprés doit estre declarée valable par le Juge, qu'il se faut pourvoir par simple action, à ce qu'attenduë cette discussion, le cedant soit condamné paier la rente & arrerages.

13. Au contraire, quand cette clause est conceuë en tels termes, que non seulement la discussion, mais mesme tout commandement & diligence à faire sur le debiteur de la rente, est expressement exclus, comme si le cedant a promis *payer & continuer soy-mesme la rente au cessionnaire & acheteur, sans qu'il soit tenu faire aucun commandement ou diligence à l'encontre du debiteur d'icelle*, alors sans doute cette clause produit execution parée, parce qu'elle fait que le contract est plustost une constitution de rente sur le vendeur, qu'une vendition de rente déja constituée; & que le transport de la rente y mentionné, est plutost une simple assignation de debte, qu'une vraie vente.

14. Mais au cas mitoien, quand le cedant promet payer *soy-mesme, en defaut de paiement fait par le debiteur, & aprés un commandement à lui fait, & qu'il aura fait refus de paier*, il semble qu'il y a trois conditions ensemble ; à sçavoir si le debiteur ne paie dans le temps, si le commandement loi a esté fait, & si sur le commandement il en a fait refus, consequemment qu'il faut que chacune de ces trois conditions soit verifiée par une Sentence, avant qu'on puisse proceder par voie d'execution.

15. Et toutefois je suis d'opinion contraire : parce que quant à la premiere condition, sçavoir si le debiteur a paié dans le temps, outre qu'elle est negative, & n'a par consequent tant d'effet suspensif, qu'une condition affirmative, joint que la preuve du defaut d'icelle doit venir de la part de l'obligé ; il faut considerer que c'est une condition qui est tasible & sousentenduë en tous contracts. Car quand on s'oblige de paier, cela s'entend si la debte n'est paiée, auparavant par l'obligé ou par autre à son acquit. Or il est certain que *conditio, qua tacitè inest, non suspendit dispositionem, l. 3. ff. de leg. 1.* Ce qui semble bien decidé en la loy *Si decem. ff. de verb. obl. Accedit*, que si le paiement se trouve avoir esté fait par le debiteur, c'est un bon moien d'opposition ; & ne peut le cessionnaire eviter qu'il ne soit condamné aux dommages & interests : que s'il n'a esté fait, le cedant n'a que dire, qu'il ne satisfasse à la promesse.

Et quant aux deux autres conditions, *si le commandement & refus a esté fait*, elles sont liquidées & purifiées par l'exploict de commandement fait au debiteur, contenant son refus, qu'il suffit que le Sergent executeur ait en main : car il est sans doute que la liquidation, pour donner lieu à l'execution parée, se peut faire *ex conjunctione duarum scripturarum*, comme a tres-bien remarqué Rebuffe sur les Ordonnances : qui est la decision de la loy *In sententiis 69. ff. de re jud.* Je conclus donc que la clause de *payer soy-mesme*, ainsi conceuë à execution parée.

TABLE DES MATIERES

CONTENVES EN CE LIVRE.

A

Cheter en bloc & en tasche, quid ? 5
Acheteurs pourquoy plus en danger que les vendeurs. 5
Actio astimatoria, quanti minoris. ibidem.
Action hipothequaire & son origine chez les Romains. ibidem.
ἀποτιμώμενος. 4
Argument pour la garantie tiré des deux loix, *si nomen, & si plus*. 7
Arrerages *quid*, & qu'importent. 9
Articles 109. & 110. de la Coustume de Paris expliquez. ibid. & seqq.
Simple Assignation de debte charge le cedant de l'insuffisance du debiteur. 6
En l'Assignation simple le cedant peut toujours recevoir le paiement, hors en trois cas. ibid.
Aversione emere quid? & son origine. 5
ἀυθέντης vel αὐτέντης. ibid.
Authoritas, est equivoque. 14
Secundus Auctor. 14

B

Βεβαιώτης & βεβαιώσις que signifie. 7

C

Antio asinina pratiquée par Scipion. 15
Cedant n'est tenu des accidens qui arrivent sur la chose mesme, & non sur les debiteurs. ib. & seqq.
Trois divers degrez en la Cession de biens. 16
Chevaux de quels vices doivent estre garantis. 15
Clause de garantie de tous troubles & empeschemens quelconques, comment peut servir aux contracts de ventes d'heritages. 16
Contract pur & simple contient la garantie de droict, & non celle de fait. 5
Contract pur & simple fait en dol emporte garantie de fait. ibidem.
Maxime de Balde, *in Contractibus.* 9

D

En la Debte, *in diem*, le debiteur devenu insolvable, on peut avoir recours au cedant. 7
qu'il y a peu d'asseurances és Debtes & és Rentes. 11
Difference de celui qui s'est constitué Debiteur, & ce-

Table des Matieres.

lui qui a promis faire valoir. 14
comment on procedoit en Defaut à Rome, & comment en France. 21
tiers Detenteur rend les fruicts perceus de la chose hypothequée pendant la discussion. 22
Discussion si doit estre exclue par l'absence du debiteur. 21
Quels biens se peuvent discuter. 22
comment on discute les biens litigieux ou renfermez en Place-forte. ibid.
Dol aux contracts en quoi consiste. 5
Donateur promettant expressément garantir, est tenu d'éviction. ibid.

E
Edit des Ediles Romains pour la redhibition. 5
Eviction, quid ? 3
Expromissor. 9

F
Faire, que signifie en la clause de faire valoir. 8
si elle emporte le temps present ou futur. 9
Fidejussor & cedant obligez par la garantie, à fournir à faire valoir. 11
Fidejussion a deux degrez. 9
Fidejussor quid? ibid.
Fidejusseur pur & simple. ibid.
Fidejussor idemnitatis. ibid. à quoi il est obligé. ibid.
difference de Fournir & bailler. 10
Fournir & faire valoir, quid ? antiquité de cette clause. ibid.
opinions sur la clause de Fournir & valoir. 9. & seq.
Fournir & faire valoir tant en principal qu'en arrerages. 9. 10

G
Garant en Grec comment est appellé. 11
Garantie de deux sortes. 3
effects de Garantie. 4
difference de Garantie, eviction, præstare & pleuvir ibid.
difference d'entre Garantie de Droict, & Garantie de fait. 4
Garantie de droict est deuë, encore qu'elle ne soit promise 4. & pourquoi. ibid.
Garantie de fait n'échet en la delegation. 11
Garantie, & son etymologie. 3. 4
S. Jean Chrysostome parlant de la Garantie. 12
Garantir de rentes paiables oblige le cedant jusqu'au rachapt d'icelles. 11
clauses de Garantie. 2
qu'elle oblige le vendeur & l'insolvabilité du debiteur lors du contract & non du subsequent. ibid.
clauses pour s'exempter de Garantie. 3
effets de la clause de Garantir de tous troubles & empeschemens quelconques. 11
definition de la Somme Rurale touchant la Garantie. 19. 20
diverses clauses qui obligent à la Garantie de fait. 8
dit d'un Poëte touchant la Garantie. 7
Explication de ces mots, de tous troubles & empeschemens quelconques, en la clause de Garantie. 8

H
Abere quid ? 8
Habere licere, quid ? ibid.
Hypotheque en execution parée induite par tous contracts en France. 2. 3

I
Incommodité qui se trouve en la cassation du contract, empesche la resolution. 25

Indication pratiquée en France. ibid.
Effets de l'indication. ibid.
Intercession quand, & comment se fait. 10

L
Legionem supplere. 23
Les deux Loix Quid tamen ; & cum ab eo conciliées. 7

M
Mandator, quid ? 14
faire la marchandise bonne. 7. 8
Mari pourquoi porte le peril d'une debte qu'il a prise en dot pour sa femme. 2

N
Antissement pourquoi requis en quelques Coustumes. 3

O
Pinion touchant l'addition à la clause de paier soi-mesme. 28
Option laissée au defendeur d'intenter ou la redhibitoire, ou l'estimatoire. 25

P
Pleger, pleuvir, pleuvine quid ? 5
Difference d'entre Pleuvir & pleger. ibid.
Possidere quid ? 12
Præstare quid ? 8
Prest à interest usité chez les Romains. ibid.
Præstare est in se recipere. 13
Præstare quanto minus an à reo exigi possit. 14
Promettre paier soi-mesme. 37
qu'importe. 38
Pour executer le subsidiairement obligé, le principal debiteur doit estre discuté, pour peu de biens qu'il ait, & pourquoi. ibid.
Procureurs ad lites n'estoient en usage à Rome, mais la partie en servoit. 28
Promesse de garantie quand a son effet. 3
Promesse faire valoir. 9

R
Redhibitio, quid ? & ses effects. ibid.
Redhibition en quels cas a lieu. ibid.
Rentes volantes. 28
Rentes constituées quand on commence, & par qui authorisées. 3
preneur à Rente & l'acquereur du preneur promettans faire valoir la rente, ne peuvent deguerpir aprés le deperissement de l'heritage. 16
Resolution du contract comment se fait ? 2. & quand. ibid.

S
Stipulare, quid ? 4

T
Enere, quid ? 12
Trafic d'argent plus frequent en France qu'à Rome. 2
Si un Tuteur promettant faire valoir à sa pupille une rente pour sa dot, est tenu de l'insolvabilité d'icelle. 21

V
Vendeur doit regulierement garantir de trois points 7. & de quels. ibid.
en quels cas le Vendeur est tenu du vice de la chose vendué, quoi qu'il l'ait ignoré. 5
Vendre un cheval à la queuë, qu'est-ce ? ibid.
Si la vente de debte sans novation en l'absence du debiteur, oblige le vendeur au peril present, & l'acheteur au futur. 6

FIN.

DISCOURS

DISCOURS DE L'ABUS DES JUSTICES DE VILLAGE.

IL y a environ quarante ans, que dans la Bibliotheque du Monastere S. Benoist sur Loire, fut trouvée une Comedie Latine manuscrite, assez belle, intitulée *Querolus*, ou *Aulularia*, que Pierre Daniel (qui depuis l'a annottée) estime avoir esté composée du temps de l'Empereur Theodose, comme de fait elle ressent le stile de son siecle. En cette Comedie *Querolus* principal personnage deliberant avec son *Lar familiaris*, quelle vacation ou condition de vie il doit suivre, & ayant déja resolu de n'estre point Officier, prie Lar de le faire devenir Gentil-homme: *Fac*, dit-il, *ut sim privatus & potens*. Lar. *Potentiam cujusmodi requiris?* Quer. *ut liceat vicinos spoliare & cædere.* Lar. *Latrocinium non potentiam requiris: tamen inveni, vade, ad Ligerim vivito. Illic jure gentium vivunt homines, illic sententiæ capitales de robore proferuntur & scribuntur in ossibus, illic etiam rustici perorant & privati judicant, ibi totum licet. O sylva, ô solitudines, quis vos dixit liberas?* Quer. *Robore uti non opto, nolo hæc jura sylvestria.*

Ces propos nous apprennent, que ce n'est pas d'aujourd'hui qu'il y a en France, & principalement en ces quartiers d'auprés la riviere de Loire des Juges sous l'Orme & des Justices de village. Ce qui se connoist encore par un passage de Jules Cesar au sixiéme de ses Commentaires, où traitant des mœurs des Gaulois, *Apud eos*, dit-il, *in pace nullus est Magistratus, sed principes regionum atque pagorum inter suos jus dicunt, controversiasque minuunt*. Ce qui signifie que ce peuple usant de sa franchise naturelle, & du simple droit des gens, estant sans loix & sans magistrats (car ce fut sous Arcadius & Honorius enfans de Theodose, que la Monarchie Françoise commença) se rapportoit de ses differends, & mesme de la punition des coupables aux principaux de chacun Village.

Toutefois aprés l'establissement de la Monarchie, des Loix, & des Magistrats, les Gentils-hommes de France n'ont pas laissé d'usurper en plusieurs endroits cette mesme prerogative, de rendre la Justice entre les habitans de leur village, que pour cette clause, ils appellent leurs sujets: bien que proprement le mot de *sujet* ne se puisse referer qu'au Roy & à ses Magistrats par sa communication, selon le dire de l'Apostre *subditi estote Regi tanquam præcellenti, & Magistratibus tanquam ab eo missis*. Comme aussi en bonne école la Justice n'appartient qu'au Roy en proprieté qui la tient en fief de Dieu, *à quo omnis potestas*, & *per quem Reges regnant*, & n'est point communicable aux sujets, principalement aux personnes privées.

Ce fut une celebre & memorable contention entre ces deux grands Docteurs de Droit Lotaire & Azon, si la haute Justice & droit de glaive, que les Jurisconsultes appellent *imperium*, appartenoit aux Magistrats par participation & communication du Prince souverain, ou bien s'ils en avoient le simple exercice, usage & execution sous le nom & autorité du Prince: & sur cette dispute ayans gagé un cheval, ils en firent Juge l'Empereur Henry VII. qui jugea pour Lothaire, que les Magistrats n'avoient que le ministere & exercice du glaive, & luy adjugea le cheval: & bien que plusieurs ayent dit, que *Lotharius æquum tulerat Azo æquum*, si est-ce que les plus doctes modernes ont approuvé le jugement de l'Empereur, entr'autres

Des Justices de village.

Alciat, livre 2. des parad. chapitre 6. du Molin article 1. Gloss. 6. de la Coustume, & Bodin liv. 3. chap. 5. de la Repub.

Et mesme quant aux Magistrats, c'est une autre ancienne & fameuse question entre Platon & Aristote s'ils doivent estre à vie, ou à certain temps seulement; dont Bodin rapporte les raisons de part & d'autre liv. 3. chap. 4.

Mais il n'y eut jamais homme si depourveu de jugement, qui ait soutenu en termes de droit, ou de police, que la proprieté de la Justice & du droit de glaive peut appartenir à un particulier: & je n'estime pas qu'il y ait jamais eu, ne qu'il y ait encore à present aucune Republique ou Monarchie bien ordonnée, où cela soit, comme il est en France.

En France, dis-je, où nous voyons aujourd'huy, qu'il n'y a presque si petit Gentil-homme, qui ne pretende avoir en proprieté la Justice de son village ou hameau; tel mesme qui n'a ni village, ni hameau, mais un moulin ou une basse court prés sa maison, veut avoir Justice sur son meusnier, ou sur son fermier: tel encore qui n'a ni basse court ni moulin; mais le seul enclos de sa maison, veut avoir Justice sur sa femme & sur son valet: tel finalement qui n'a point de maison, pretend avoir Justice en l'air sur les oyseaux du Ciel disant en avoir eu autrefois.

De sorte qu'en France la confusion des Justices n'est gueres moindre que celle des langues, lors de la tour Babel: confusion qui consiste non seulement en la division du territoire de chacune Justice, mais aussi au ressort, & par consequent en la Coûtume, qu'il y faut suivre, parce que dans l'enclave d'une Province, il y a telle petite Justice entrelassée qui a pris coûtume de ressortir en une autre Province, où est la seigneurie dont elle releve.

Sur tout cette confusion est grande en la qualité & pouvoir de chacune Justice; pour distinguer si elle est haute, moienne ou basse, il est encore plus mal-aisé de sçavoir quel est le pouvoir du plus haut, du moyen & du bas Justicier. Car c'est chose étrange & honteuse que depuis que les Justices sont en usage, les gens de Justice n'ont encore peu distinguer les especes de Justice.

Qui s'en voudra rapporter aux anciens ou modernes Praticiens, c'est grand cas s'il ne s'en trouve point deux qui s'y rencontrent: & qui en voudra croire les Coustumes particulieres des Provinces, il ne trouvera que quatre ou cinq Coûtumes qui en ayent traité, à sçavoir celles d'auprés la riviere de Loire, Anjou, Poictou, Touraine, le Maine; mais encore en parlent-elles si peu & avec tant d'ambiguité, qu'on n'y peut trouver de resolution certaine, & il est bien à presumer que les autres Coûtumes n'en ont point parlé, parce qu'il n'y avoit point à cet egard de droit certain & estably en leur Province.

Mesme en cette reformation solemnelle de la Coûtume de Paris faite en l'an 1579. où avec Messieurs les commissaires (qui étoient des plus grands personnages de France) assistoient les plus celebres Avocats du Parlement, l'élite des Jurisconsultes François: neanmoins la Cour usant de grande prudence, ne trouva pas bon de publier & homologuer les articles que les trois Etats de Paris avoient ramassé & redigé par écrit, pour le reglement de ces Justices: tant afin de ne les approuver au prejudice du Roy & du public; que pour ne

Dd

De l'abus

pouvoir s'asseurer d'un droit certain en une matiere si incertaine, aimant mieux par consequent laisser les choses en l'obscurité premiere, que par une nouvelle Coûtume renouveller les vieilles disputes, & donner cours à plusieurs procés de reglement.

De sorte, que jusqu'à present chacun en tire par où il peut, & comme il arrive en matiere de consequence, les plus hardis & les plus temeraires le gagnent par dessus les plus sages & retenus : chose pourtant bien absurde, qu'au fondement & établissement de la Justice même, on n'y ait point trouvé de raison, & à faute d'y en trouver, on soit contraint de regler la Justice au moule & à la mesure de l'usurpation & de la force, qui est tout le contraire de la Justice.

Et toutefois quiconque verra ce petit discours ne trouvera point étrange que cela soit ainsi. Car supposé, comme il sera bien prouvé, que toutes ces petites Justices des Seigneurs, procedent non de raison & justice, mais d'une pure usurpation, il est aisé à entendre, qu'on ne les peut regler par raison, parce que ce seroit chercher la raison, où il n'y en a point; & vouloir regler par la raison, ce qui est contre raison : mais au prix que l'usurpation a esté plus grande ou moindre, il s'est enfin trouvé plus ou moins de pouvoir en chacune Justice : & comme on dit en telles matieres, *tantum præscriptum, quantum possessum*.

Aussi n'est-ce pas mon dessein de traiter des droits de ces just. mais de découvrir l'usurpation & abus d'icelles, & montrer clairement qu'elles sont contre tout droit.

C'est chose bien certaine, que les Comtes estoient anciennement les Juges des Villes, témoin le Capitulaire de Charlemagne, *ut placitum Comes non habeat nisi jejunus*, & les Loix Ripuaires, *si quis judicem fiscalem occiderit, quem Comitem vocant*. & le 4. liv. *leg. Franc. tit. 4. Comites non se excusent à Justitia facienda, propterea quod resident in maritima custodia, sed ibi placitum teneant, & Justitiam faciant*. Aussi estoient-ils simples Officiers à vie, même, comme tient Bodin, simples Commissaires revocables à la volonté du Roy, comme sont encore aujourd'huy les Gouverneurs qui ont succedé à une partie de leur fonction. *Duces initio*, dit Paule Emile liv. 1. *Comitesque ab Regibus præficiebantur gentibus, civitatibusque, ac cum videretur, dimittebantur : deinde inveteravit consuetudo, ut nisi sceleris convicti abire Imperio non cogerentur, idque postremo, ut quisque eo munere donabatur, jurejurando Regum cavebantur*.

Mais en toutes les deux mutations de race de nos Rois, tout ainsi que les Maires du Palais ou Ducs des François s'emparerent du Royaume: aussi tout de même les Ducs & les Comtes usurperent les Provinces & les villes qu'ils tenoient; dont partant les nouveaux rois furent contraints de leur quitter la Seigneurie & domaine à droit de fief, & à la charge de l'hommage & ressort de souveraineté seulement, qui estoit une invention, que les peuples Septentrionaux avoient quelque temps auparavant apporté en Lombardie, *& quæ è Togata irrepsit in Comitatam Galliam*.

Donc les Ducs & les Comtes, afin de rendre leurs dignitez & fonctions hereditaires, au lieu qu'elles estoient auparavant coherentes à leurs personnes, comme simples Offices, & partant se perdoient avec leur personnes; ils annexerent adroitement avec leur domaine & seigneurie, & ainsi comme leur domaine étoit aprés leur mort transferé à leurs heritiers, aussi fut desormais leur dignité & fonction, qui estoit principalement de rendre la justice.

Voila comment la proprieté de la justice a esté devoluë & transferée aux grands Seigneurs de France: qui desormais ne la voulurent plus exercer en personne comme auparavant, mais voulant imiter les Rois, établirent des Officiers pour la rendre sous leur nom & authorité : qu'ils appellerent en aucuns lieux *Baillifs*, c'est-à-dire gardiens de leur justice, & en d'autres *Seneschaux*, c'est-à-dire en Alleman, comme dit du Tillet, Officiers de leur maison.

Or les Comtes, auparavant qu'ils eussent empieté la Seigneurie des Villes, avoient des Lieutenans sous eux qui selon la diversité des Provinces estoient nommez ou Vicomtes, *quasi Comitum vicem gerentes*, ou Prevosts, *quasi præpositi juri dicendo*, ou Viguiers, *quasi vicarii Comitum*, ou Chastelains, *quasi castrorum custodes*: Tous lesquels estoient juges en l'absence des Comtes: & quand les Comtes estoient presens, ils leur renvoyoient encore les menuës affaires & differends, pour estre d'autant déchargez.

Ce point n'estoit pourtant du commencement qu'une mesme justice & un même auditoire des Comtes & de leurs Lieutenans : mais l'opiniastreté fit que ceux qui étoient condamnez par les Vicomtes, Prevots, Viguiers, ou Chastelains, ne se tenans vaincus, vouloient encore estre ouïs & jugez par les Comtes, ce qui enfin tourna en coûtume, & donna sujet à ces Lieutenans, de pretendre par succession de temps justice separée, ressortillant par appel devant les Comtes, de mesme façon que les Archidiacres, qui estoient autrefois comme les Lieutenans des Evesques, & en la justice, & au maniement de leur revenu, ont peu à peu usurpé un auditoire à part, & le premier degré de Jurisdiction Ecclesiastique.

Mais lors que les Comtes usurperent la proprieté de leur ressort & territoire, quelques uns de ces Lieutenans firent le mesme, à sçavoir plusieurs des Vicomtes, ceux principalement, dont les Comtes ne residoient en leurs Villes, & les Chastellains qui étoient maistres des Chasteaux & places fortes.

Et tout ainsi que les Comtes avoient annexé leur justice & fonction à leur domaine, aussi les Vicomtes & Chastellains annexerent au leur ce premier degré de jurisdiction qu'ils avoient usurpé; mais quant aux Prevosts & Viguiers, qui estoient aux lieux où les Comtes residoient, ils demeurerent en qualité de simples Officiers, qui toûjours jugeoient les petites causes sous le nom & autorité des Comtes, & les appellations desquels ressortissoient devant les Baillifs & Seneschaux d'iceux Comtes, & ainsi les Comtes commencerent, avoir deux degrez de jurisdiction.

Or les Vicomtes & Chastellains non contens d'avoir usurpé la proprieté de leur justice particuliere, telle qu'ils avoient de leur premiere institution, qui n'estoit que de connoistre des causes legeres, sous pretexte qu'ils avoient autrefois connu de toutes causes en l'absence des Comtes; ils usurperent dans la justice toute entiere, c'est-à-dire toutes causes grandes & petites; ce qui fut aisé à faire aux Chastellains qui estoient maistres de leurs chasteaux, & pour cette cause sont nommez par l'ancien praticien Faber, *judices foranei, Inst. de vulga, subftit. in prin*. & prirent leur pretexte, que c'estoit le soulagement du peuple de lui rendre justice sur le lieu.

A cét exemple les Barons du Royaume, c'est-à-dire, selon du Tillet, les grands Seigneurs vassaux du Roy, qui de longue main avoient des terres & seigneuries de grande étenduë, mouvantes de la Couronne, ne voulurent estre moins privilegiez, que ces nouveaux usurpateurs, ains voulurent aussi bien qu'eux avoir justice en leurs fiefs & Seigneuries.

Voilà la vraye origine des justices seigneuriales, qui du commencement n'appartenoient qu'aux grands Seigneurs ayans non un simple fief, mais une dignité, comme Ducs, Comtes, Vicomtes, Barons & Chastellains, ausquelles dignitez on a desormais tenu & reputé le droit de Justice estre uni & incorporé, comme une naturelle dépendance d'icelles.

Mais par succession de temps, les Vicomtes, Barons & Chastell. non contens d'avoir toute justice en leurs terres, sous pretexte qu'ils voyoient les Ducs & les Côtes joüir de deux degrez de jurisdict. l'un pour les petites causes, l'autre pour les causes ordinaires, voulurent avoir en mesme avantage qu'eux, & créerent un Maire ou Prevost Chastellain pour tenir leurs petits plaids, & expedier les causes legeres ressortissans par appel devant leurs Baillifs & Seneschaux; ce qui mesme leur

des Iustices de village.

leur est confirmé par plusieurs Coûtumes. Et de là sans doute est venuë la distinction de la haute & basse Iustice, car les Bailifs & Seneschaux renoient la haute Iustice, & les Maires ou Prevosts Chastelains, la basse, comme il sera plus clairement montré cy-après.

Ainsi ces Seigneurs commencerent d'usurper le droit de ressort, qui est le droit de juger des causes d'appel, & avant gagné ce point d'avoir établi des Iuges subalternes ressortissans par appel devant leurs premiers Iuges, ils s'imaginerent qu'il leur estoit aussi licite de donner à leurs vassaux le mesme pouvoir, de mettre d'autres petits Iuges dans leurs villages, pour expedier sur le lieu les causes legeres, à la charge de l'appel pardevant ces premiers Iuges des Seigneurs, qui est l'origine de la concession des Iustices par eux entreprise.

D'où il resulte clairement, que ces Iustices ainsi concedées par les Comtes, Vicomtes, Barons & Chastelains n'estoient du commencement que basses Iustices, pour connoistre des causes legeres aux villages, ainsi que les Prevosts Chastelains faisoient dans le chef-lieu : mais comme auparavant les Chastelains avoient usurpé la connoissance de toutes causes, aussi firent sous les mesmes moyens & pretextes ces Gentils-hommes de villages.

Et principalement sous couleur de ce que plusieurs Docteurs ont tenu, que les Iurisdictions limitées à certaine somme, peuvent estre prorogées à plus grande somme, par le consentement mutuel des deux parties : si bien que l'une ni l'autre ne demandent son renvoy, la Sentence doit tenir à leur égard, à cause de la procedure volontaire, & *saltem in vim pacti*, sans prejudice des droits du Seigneur, & de leur renvoi en autres causes, comme il semble decidé en la Loi *De qua re* §. 1. D. *Iudic*. & *in-l*. 2. *ubi glos. Cod. commun. vir. iud*. Bien qu'aucuns soutiennent au contraire, que le Iuge hors son pouvoir, n'est plus Iuge *leg. ult. D. de Iurisd*. & partant que sa Sentence est absolument nulle, *quasi lata à non judice*, n'ayant peu estre fait par les parties, celui qui ne l'est point.

Tant y a que les Seigneurs Iusticiers ayans resolu cette question à leur avantage, entreprirent par ce moyen de connoistre de toutes causes, n'y ayant personne qui se presentast devant leurs Iuges, pour demander le renvoy, & leurs sujets mesmes, soit pour les gratifier, soit pour leur propre commodité de plaider sur leur selle, ne voulant n'osant refuser la Iurisdiction de leur Seigneur ; & de cette mesme façon, on voit encore aujourd'huy, que ceux qui par leurs titres exprés n'ont que basse Iustice, ne laissent toutefois de connoistre indifferemment de toutes causes.

Mesme comme les bornes de la raison estant une fois franchies n'y a plus rien, qui nous puisse arrester, que tout n'aille en confusion & à l'abandon, les Iusticiers, établis par les Comtes, Vicomtes, & Chastelains non contens d'avoir usurpé toutes Iustices, ont entrepris encore le droit de ressort, tel qu'avoient leurs Superieurs, ayant concedé eux-mesmes d'autres Iustices sous les leurs. Et ceux encore ausquels ils les ont concedées, en ont après accordé d'autres : de sorte que cela est allé presque à l'infiny, & il se trouve en plusieurs endroits quatre degrez de Iurisdiction Seigneuriale, & qu'il faut passer par six Iustices avant qu'avoir Arrest. Comme par exemple au Comté de Dunois la Iustice de Rameau ressort à Prepalteau, Prepalteau à Montigny, Montigny à Chasteaudun, Chasteaudun à Blois, & Blois au Parlement, de cette sorte les procés vivent & durent autant que les hommes.

Or outre les Iustices qui sont venuës de cession, il y a encore la plus grande part qui ont esté usurpées sous divers pretextes. Aucunes sous couleurs que de tout temps la Coûtume des Seigneurs d'un village a esté, quand ils voyoient naistre quelque procés entre leurs habitans, de les mander & les ouïr, afin de tascher les accorder : à quoy se rapporte le passage de Cesar cy-devant allegué, que *Principes pagorum, inter suos jus di-*

eunt, controversiasque minuunt : ce qui n'estoit pas une Iurisdiction contentieuse ; mais volontaire, & comme une aimable composition : toutefois comme de tout temps les Gentils-hommes s'en sont faits accroire, parmy les paisans ils ne voulurent enfin estre dédits, mais voulurent qu'on acquiescast à leur dire, & pour y apporter plus d'authorité, ils prenoient l'avis des plus apparens du village, qu'enfin ils appellerent Pairs de leur Cour, & leur assemblée ils l'appelloient conjure, ou semonce d'hommes, comme il se voit dans Bouteiller & dans du Tillet au Chapitre des Pairs de France. Ce qu'ils faisoient à l'exemple de la Iustice attribuée par les Livres des fiefs au Seigneur sur ses vassaux, pour les controverses de fief seulement, qu'il pouvoit juger avec les Pairs du fief : & à l'exemple de la Iustice attribuée par Iustinian en la Novelle 80. aux maistres sur leurs laboureurs, pour certaines causes legeres seulement.

Et toutefois il est certain qu'en France, ni la Iustice des fiefs, ni celle de Iustinian, n'ont lieu : autrement il s'ensuivroit, que quiconque auroit fief ou Seigneurie, auroit justice, ce qui n'est pas. Il est bien vray que les grands fiefs portans titre de dignité, comme les Duchez, Marquisats, Principautez, Comtez, Vicomtez, Baronies, Chastelenies ont justice de leur propre nature ; mais les simples fiefs n'en ont point de leur propre droit, si ce n'est par cession ou usurpation. Car fief & justice n'ont rien de commun.

Autre pretexte fut que les Comtes & autres grands Seigneurs, qui avoient justice & ample territoire, ayans vendu, concedé ou autrement aliené un fief ou Seigneurie à un gentil-homme, l'acquereur se faisoit accroire qu'il devoit avoir même justice que celui qui lui avoit concedé le fief. De là est venuë cette question tant debatuë entre les interpretes du Droit de nos coûtumes : *An concesso castro, censeatur concessa jurisdictio*. En quoi il n'y a nulle difficulté quand la justice du vendeur ou donateur dépend & s'exerce en autre lieu que le fief vendu ou donné, & comprend plus grand territoire que celui qui est aliené : mais la difficulté est demeurée quand auparavant la concession, la justice s'exerçoit directement & particulierement en l'endroit concedé ; aucuns soutenans que la justice étant accessoire au territoire, suit par necessité le territoire, & du moins est comprise sous les termes des appartenances & dépendances du fief : autres disans que fief & justice n'ont rien de commun, & que la justice étant un droit si haut & si noble, doit être exprimée specialement. Neanmoins ceux-là mesmes ausquels on a donné un fief, faisant partie & étant des enclaves d'une justice, ont pensé que c'etoit assez de pretexte, pour pretendre d'avoir justice eux-mémes. Ce que les Ecclesiastiques principalement ont voulu pratiquer, mesme il s'est trouvé plusieurs Auteurs qui ont tenu que cela étoit un des privileges *pia causa*. *& Ecclesia. Bal. in cap. Quando de Iudi. & Oldra. cons*. 252. mais je ne sçai pas où ils pourroient mostrer autre titre ou concession de ce privilege, sinon qu'ils ont esté plus hardis à usurper des justices que les Gentils-hommes, comme il sera tantost dit, sinon qu'il se trouve sur ce sujet une Ordonnance expresse de Philippes le Bel, par laquelle il est ordonné que sous pretexte de quelque concession de fief, quelle que soit, méme faite à l'Eglise, on ne puisse s'attribuer droit de justice, si precisément la justice n'est concedée, comme rapporte Bodin Liv. 3. de sa Republique, Chap. 6.

Autre pretexte que comme les concessions & investitures premieres des fiefs & terres Seigneuriales se trouvent faites sous ces termes *cum hominibus*, les vassaux ont voulu dire que ces mots emportoient justice ; bien qu'ils ne signifient autre chose sinon que parmi la concession du fief, les vassaux du fief concedé étant aussi concedez. Car *homme* signifie en termes de fief, vassal, que nous appellons *homme de fief*, ou bien quelquefois il signifie *l'homme de suite*, ou homme de poste (comme parlent les anciens Coûtumiers) qui estoit un reste de servitude personnelle, que le Christianisme a enfin aboly presque par toute la France.

Autre pretexte bien signalé a esté par le moyen des Parages és Coûtumes qui les ont admis, comme Anjou, Poitou, Tourraine, le Maine, &c. Car sous couleur que les puisnez sont dits tenir de l'aisné leurs portions en Parage, c'est-à-dire, en pareil droit quand il y a droit de Iustice en la Seigneurie, chacun des puisnez a voulu aussi avoir Iustice en son partage : & bien que les Coûtumes disent que le puisné ne reconoist la Iustice de l'aisné ; si est-ce qu'en Comté, Vicomté & Baronnie (à cause que ces dignitez sont indivisibles) on a concluid que pour raison de ces dignitez la Iustice du puisné devoit ressortir en celle de l'aisné : ce qu'enfin tous les aisnez ont fait pratiquer aux puisnez, mesme aux simples Seigneuries, soutenant que la Iustice devoit aussi bien tenir d'eux en parage comme le fief; & par ce moyen en ont fait autant de degrez de jurisdiction en un territoire, qu'il y a eu de diverses branches & de divers partages en une famille.

C'est la plainte contenuë au procés verbal de la Coûtume de Poitou en ces mots. Le Procureur du Roy ,, a remonstré que les apparageurs & apparageaux ,, (qui sont les freres aisnez & puisnez) en partageant ,, entre eux les successions feodales creent des Iuris- ,, dictions subalternes, faisant multiplication de de- ,, grez d'icelle au grand prejudice & foulle des pau- ,, vres Sujets ; & neantmoins ne se trouveront pas ,, en leurs aveux qu'ils ayent puissance de ce fai- ,, re.

En quoi il y a double absurdité, premierement de diviser & démembrer une Iustice sans permission du Roi, qui l'a une fois concedée toute entiere, pour estre exercée en un seul Siege, pour tout son territoire: En quoy le public a grand interest, parce que la Iustice demeurant en son integrité & premiere amplitude, il s'y peut trouver un Iuge plus capable, & de meilleur conseil, & si les Sujets plaideront à moindres frais, que quand elle est démembrée, qui est la resolution de du Molin sur le 10. article de la Coûtume, *Non potest quisquam filiorum exercere Iurisdictionem separatim in parte feudi sibi divisim assignata, quia non est admittenda multiplicatio tribunalium, imò debet Iurisdictio remanere & exerceri præcisè illa formâ, & in illis terminis, quibus fuit concessa.* Et de fait par l'Edit de Roussillon art. 25. il est ordonné que les Iustices communes seront exercées par un seul & mesme Iuge qui sera commis alternativement par ceux qui ont part en icelles.

Toutefois ce ne seroit que demi-mal, si ces Iustices ainsi démembrées ressortissoient toujours en la Iustice Royale. Mais l'autre absurdité beaucoup plus importante est que l'on ne s'est pas contenté de multiplier les Iustices par le moyen des Parages ; mais encore on a multiplié les degrez de jurisdiction, faisant ressortir les Iustices des puisnez en celle de l'aisné tout autant de fois qu'il y a eu de nouvelles branches en la famille, qui est directement contre le nom & contre la nature du Parage, & aussi contre la decision expresse des Coûtumes.

Sur tout les Ecclesiastiques se sont attribué Iustice en toutes leurs terres, parce qu'ils soûtenoient que ce qui estoit donné à Dieu, estoit osté de la puissance des hommes, & principalement se fondans sur leurs amortissemens, qui de verité abolissent aucunement les droits fonciers, soit feodaux, soit censuels des heritages, mais non la Iustice, qui est sur les personnes demeurantes au Village donné à l'Eglise, *cum omnis anima potestati subjecta esse debeat*, ainsi qu'eux-mesmes ont dit.

Aussi est-ce bien la verité que les Ecclesiastiques sont moins capables de la haute Iustice & du droit de glaive que les autres : comme se preuve ce qui fut dit à saint Pierre, *Mitte gladium tuum in vaginam*: de sorte qu'on a long-temps douté, si un Ecclesiastique pouvoit, sans hazard d'irregularité, faire exercer Iustice de sang en sa terre : estant chose estrange, qu'on puisse commettre à autruy, ce qu'on ne peut faire soi-mesme.

Le Pape Boniface VIII. fut le premier qui leva ce doute, & décida que cela se pouvoit faire licitement *Cap. ult. nec cleri. vel mona. in 6.* où la glose marque fort à propos, suivant l'opinion du Cardinal Hostiense, qu'il seroit raisonnable, ou d'oster cette Iurisdiction aux Ecclesiastiques, ou de leur permettre l'administrer par eux-mesmes.

Or il ne se faut pas étonner que ce Pape ait permis aux Ecclesiastiques, la haute Iustice ; car il vouloit attribuer à l'Ordre Ecclesiastique, tant de droit en la temporalité qu'il soûtint, que comme Pape il estoit Superieur de tous les Rois, mesme de celui de France, pour lequel il paroissoit principalement, *extra Vnam sanctam tit. de Majorit. & obed.* ce qui fut revoqué par son Successeur *extr. Meruit, tit. de privil.* c'est pourquoi les decisions de ce Pape ne sont point receuës en France.

Sous ces pretextes ont esté concedées, ou usurpées les Iustices de France, & pour le regard des basses, leur vraye & premiere origine vient sans doute des Prevostez & seconds degrez de Iurisdiction, que les Comtes premierement, puis apres les Vicomtes, Barons & Chastelains, ont usurpé comme il a esté cy-devant ; lesquelles basses Iustices ne connoissent que des causes legeres, & sont par l'usage commun de la France, limitées à connoistre seulement des matieres personnelles non excedans soixante sols, comme il est porté par plusieurs Coûtumes.

D'où il s'ensuit que les Prevosts & Iuges des basses Iustices, selon leur vray pouvoir, se rapportent presque entierement aux Iuges pedanés du Droit Romain, *Quædam sunt negotia* (dit la loi derniere *C. de Pedan. Iud.*) *in quibus superfluum est moderatorem expetere Provinciam, ideoque pedaneos Iudices, hoc est qua negotia humiliora disceptant, constituendi damus Præsidibus potestatem.* Et parce que leur pouvoir estoit au commencement limité *ad quinquaginta solidos l. 1. Cod. de defens. scivit.* Les anciens Praticiens n'entendans pas bien la signification du mot, *Solidus*, ont limité aussi les basses Iustices à soixante sols.

Aussi les Iuges pedanés n'estoient selon le Droit ni Magistrats, ni Officiers, mais simples Commissaires & Iuges deleguez par les Magistrats, *nec habebant ullum Imperium, imo nec Iurisdictionem, sed tantum notionem ; imo alienam Iurisdictionem exercebant, nec pro suo imperio quicquam agebant*, dit la Loi *Et si prator D. de off. ejus cui mand. est Iurisd.* Et au lieu que les Magistrats jugeoient, *pro tribunali*, ceux-cy de *plano, seu plano pede judicabant, & inde dicti sunt pedanei, à Græcis χαμαιδικασται. Id est humi judicantes*, ainsi qu'en France nous les appellons Iuges sous l'Orme.

Neantmoins ces Iuges sous l'Orme qu'ils estoient, si devoient-ils estre *periti τέμων τ' μέχρι*, & estoient tenus, *de imperitia, si malè judicassent l. 2. Cod. quod quisque juris.* Ce que n'estoient les Magistrats, qui bien souvent estoient gens de guerre non lettrez, c'est pourquoy on bailloit aux Magistrats des Assesseurs, *qui itidem præstare tenebantur scientiam legum & morum*, dit Cujas sur la Novelle 82. & de là vient qu'en France les Iuges des Seigneurs (qu'aucuns mal à propos appellent indifferemment *Iuges pedanés*) jugeoient n'y a pas encore long-temps, au peril de l'amende, ce que ne sont pas les Iuges Royaux.

Bien qu'il faille faire distinction des Iuges des Seigneurs : car veritablement les Iuges de village qui ne relevent point du Roi, & qui ne ressortissent aux Iustices Royales, sont vrais Iuges pedanés, & les appellons-nous Iuges sous l'Orme, *Nec habebant justum tribunal*, & ne devoient avoir toute Iustice ; mais seulemét Iustice jusqu'à 60. sols Mais les Iuges des Comtes, Vicomtes, Barons & Chastelains relevans du Roy, & establis és Villes & Bourgs sont en partie Iuges

des justices de Village.

Royaux : car puisque leur Justice tient en fief du Roy, il en a la Seigneurie directe : quoy qu'il en soit, sans doute ils sont vrais Magistrats, estans les Juges ordinaires du territoire, *cum omni imperio*, & avec toute jurisdiction civile & criminelle, sans distinction de causes, des sommes, ni des personnes : bref, ayant territoire entier & absolu de leur propre droit, apres la concession du Roy, & par leur premiere institution, non par emprunt ni commission.

Aussi Bodin au troisiéme Livre de sa Republique, Chapitre 4. prouve bien que les Magistrats sont tous ceux qui ont jurisdiction & puissance de commander, & partant que les Officiers de la Justice ordinaire sont Magistrats : Et nous voyons dans le Droit, que les simples Officiers des Villes qui avoient bien moins de puissance que les Juges des Justices Seigneuriales, sont appellez Magistrats, tit. *de Magistrat. municip*. Et ne se faut pas étonner si d'abord on trouve étrange d'appeller *Magistrats* les Juges des Seigneurs, parce que cela vient d'une absurdité d'avoir communiqué la Justice & la puissance de commander aux Seigneurs : mais supposé qu'ils l'ayent aujourd'hui en telle asseurance, que mesme le Roy confesse que cela leur est patrimonial, il s'ensuit que leurs Officiers sont vrais Magistrats.

Et sur ce propos des Officiers des Villes faut remarquer en passant que comme par le Droict Romain, ils estoient les Assesseurs des magistrats és grandes causes, & estoient aussi les Juges pedanés, qui jugeoient seuls les petites causes, *usque ad quinquaginta solidos* l. 4. Cod. defens. civil. Aussi en France les Eschevins estoient anciennement Assesseurs & Conseillers ordinaires des Comtes & Juges des Villes, comme le dit bien expressément Beat. ti. 2. Rerum Germa. Et cela se void en plusieurs endroits des Capitulaires de Charlemagne, notamment lib. 4. *legum Franc*. tit. 4. *Comites, qui ad maritimam custodiam deputati sunt, non se excusent de Justitia facienda propterea quod resident in ea custodia, sed si secum suos Scabinos habeant, ibi placitum teneant & justitiam faciant*. C'est pourquoy en plusieurs Villes ils s'appellent *Pairs* qui est un nom de Juges, Assesseurs ou Conseillers ayans pareille puissance comme il se void dans du Tillet chapitre des Pairs de France.

Et par consequent tout ainsi que les Eschevins estoient Assesseurs des Juges és grandes causes, aussi on leur laissoit juger tous seuls les petites causes, & *ea negotia in quibus superfluum erat moderatorem expectare Provinciæ*, ainsi que faisoient à Rome, *defensores civitatum* : & delà est venu que plusieurs Villes de France ont usurpé la Prevosté & premier degré de Jurisdiction, pour juger les causes legeres; & plusieurs autres ont obtenu Chartres des Rois & de leurs Comtes à cette fin, comme Monsieur Choppin sur l'article premier de la Coustume d'Anjou rapporte de Mante & la Ferté sur Aube : Les Chartres desquelles Villes contiennent ces mots, *Qu'ils auront droit de Mairie ou Prevosté*, c'est à dire, basse Justice. Le mesme Autheur en rapporte plusieurs autres au Livre 3. *de Dom*. cap. 20. Ainsi par la Coustume de Liege, articles 17. 22. & 23. le Majeurs & Eschevins ont basse Justice : ce qui sert encore pour confirmer ce qui vient d'estre dit ; que les Mairies & prevostez estoient vrayement les basses Justices.

Et de fait les Juges des basses Justices de Village s'appellent, non pas Baillifs, mais Prevosts ou Maires, à l'exemple des Maires des Villes, comme il se void és articles secrets & non imprimez de la Coûtume de Paris rapportez par Bacquet, & en plusieurs Coustumes.

Mais la Justice a esté justement ostée aux Maires & Eschevins des Villes, par l'Ordonnance de Moulins, fors la police & le criminel, encore seroit-il fort à propos de leur ôter le tout. Car outre que ce n'est que par usurpation, qu'ils connoissent en aucuns lieux de la police & du criminel, leur premier & vray pouvoir n'estant que de connoistre des causes legeres jusques à soixante sols, l'experience de ces derniers temps nous a fait assez paroistre qu'il n'est pas à propos parmi la malice du monde, de laisser le glaive de la Justice en la main d'une populace furieuse, où les meilleurs brigueurs brigandent les autres. Aussi la Cour de parlement sçait bien retrancher ces Justices populaires, quand il en vient devant elle quelque different.

Pour revenir à nostre propos, encore que les basses Justices soient pour l'usage, à present commun par toute la France, limitées à soixante sols, comme il est porté par les Coustumes de Melun, Sens, Auxerre & Nevers, Notamment par les articles secrets de celle de Paris mesme par les Statuts de Dauphiné article premier, & se void dans Guy Pape Decis. 185. & 66. Toutefois les Prevosts & Chastelains des Comtés qui sont devenus Royaux, par la reunion des Comtés à la Couronne, ne mirent gueres à empieter la connoissance de toutes causes : si qu'enfin il les a fallu regler avec les Baillifs & Seneschaux par l'Edit de Cremieu : Et neanmoins les Prevosts & Chastelains de Forests, bien que Royaux, sont demeurez és anciens termes, de ne connoistre que jusques à soixante sols ; comme il se void par les deux Arrests que Papon Lieutenant general de Forests leur partie adverse rapporte en son Recueil d'Arrests tit. de Jurisdiction.

Enfin pour épargner un degré de Jurisdiction au pauvre peuple, les Prevosts Royaux furent supprimez par mort, par l'Ordonnance d'Orleans ; mais tost apres ils furent rétablis pour de l'argent és Villes Presidiales seulement, & à cet exemple de la suppression des Prevosts Royaux, les Prevosts des Seigneurs furent supprimez par cet excellent petit Edit de Roussillon, & fut ordonné que les Seigneurs qui avoient deux degrez de Jurisdiction, opteroient lequel ils voudroient retenir.

Voilà la premiere & la plus vraie espece de basse Justice ; mais il y en a une autre espece qui a esté usurpée par les Gentils-hommes ayans des fiefs & censives, sous pretexte qu'on a tenu autrefois en France, que les Seigneurs directs soit feudaux, censuels ou fonciers, pouvoient de leur propre authorité saisir & mettre en leur main l'heritage dependant de leur directe Seigneurie, sans commission ou mandement de Justice, ce qu'on appelloit *exploit domanial* ; & parce que la loy Romaine y resistoit, disant que *Non est singulis concedendum, quod per Magistratum fieri debet*, on a dit qu'en France les Seigneurs directs ou tres-fonciers, avoient une espece de Justice, pour la poursuite de leurs droits Seigneuriaux ; & que par les baux, concessions ou investitures des heritages de leur directe, ils estoient presumez avoir retenu ce droit, en signe de quoy ils avoient droit d'amende, pour cens non payé, ventes recelées, saisie brisée, aveu non baillé, & autres semblables, ce qui semble emporter une maniere de Justice. Et comme les Seigneurs ayans Justice sont en telles matieres Juges en leur propre cause, aussi les Autres Gentils-hommes se sont fait accroire que cette Justice fonciere leur appartenoit, comme inherente par droit commun & general à leurs fiefs & Seigneuries.

Et bien que cette tolerance de saisir & brandonner par eux-mesmes l'heritage de leur directe, ou mettre l'huis de la maison hors des gonds, ne soit qu'un simple exploit domanial, & *factum domini re sua utentis*, si est-ce qu'en consequence de cela ils se sont attribué droit de commander leurs Sujets à l'amende, pour cens non payé, pour ventes recelées, pour saisie brisée, faute d'aveu, suivant les Coustumes, & pour ce faire ils ont creé premierement un Sergent, puis un Juge Guestré, puis un Greffier, enfin un Procureur de Seigneurie pour se faire reconnoître de leurs droits.

C'est-là sans doute la vraye origine de la seconde espece des basses Justices, & ce que quelques Coustumes distinguent la Justice fonciere d'avec la basse, & font de la fonciere comme un quatriéme degré de Jus-

Dd iij

tice cela provient de la distinction qu'il y a entre cette seconde espece de basse Justice appellée *Mairie* ou *Prevosté*, qui connoît de toutes causes personnelles jusques à soixante sols, & non foncieres.

Aussi Bouteiller & les Coûtumes d'Anjou & du Maine disent expressément que basse Justice & Justice fonciere est mesme chose : & les articles secrets de la Coûtume de Paris disent qu'il n'y a que trois sortes de Justice, haute, moyenne & basse.

De fait, il a quelques Coûtumes qui restraignent notamment la Jurisdiction des bas Justiciers à connoître des droits & debites des Seigneurs : celle du grand Perche, article 24. Aux bas Justiciers appartient la connoissance des causes d'entr'eux & leurs Subjets, pour leurs devoirs censuels & Seigneuriaux. Le mesme Bouteiller au titre du bas Justicier ; si sçachez, dit-il, que les Justiciers qui tiennent en basse Justice, ont seulement Justice de soi faire paier de leurs rentes, & d'avoir amendes de trois sols ; & autres amendes ne peuvent calengier, & est cette Justice appellée fonciere par les Coûtumes. C'est pourquoy és Coûtumes d'Anjou, Tours, Maine & Blois & la basse Justice est appellée *simple voirie* & par Masuer. *tit. de judiciis*, elle est appellée *Justice domaniere*, & dans le grand Coûtumier, en toutes les Coûtumes, qui font la Justice fonciere un 4. degré de Justice, au dessous de la basse Justice, comme Sens & Auxerre, il est dit que celuy qui a Justice fonciere peut bien avoir un Sergent pour recueillir ses droits & une table ou forme pour les recevoir, mais non un Juge, ni un Siege, ou auditoire.

Mais aux autres Coûtumes d'auprés la Loire, comme Anjou, Touraine, le Maine, Blois, où les Justices foncieres constituent une espece de basse Justice, & où les bas Justiciers ont un Siege ; les paisans voyans un Juge en leur village, se sont addressez à luy pour leurs plus legers differens, ceux notamment qui concernoient leurs heritages ; comme pour asseoir leurs bornes, établir des Messiers pour garder leurs fruits pour les dommages de bestes. Bref, enfin ces Coûtumes ont reglé les bas Justiciers à connoître des matieres réelles, où il y avoit amende taxée à sept sols six deniers.

Voilà donc deux especes de basse Justice, à sçavoir les prevôtez, qui est le second degré de Jurisdiction des Comtes, Vicomtes, Barons, & Châtellains, & les Justiceries foncieres & domanieres des simples Seigneurs : la premiere est reglée de connoître des causes personnelles jusques à soixante sols : l'autre connoît des causes réelles, dont l'amende n'excede sept sols six deniers. De fait ces deux especes sont nettement distinguées és Coûtumes d'Anjou & du Maine, qui sont celles, dit le grand Coûtumier, qui traitent à la verité mieux cette maniere que nuls autres Coûtumiers de France : car le premier Chapitre de ces deux Coûtumes est intitulé de basse Justice, Justice fonciere & simple voirie, qui est tout un, & porte que cette Justice connoît seulement des causes civiles & réelles, dont il n'y a loy d'amende à la Coûtume de sept sols six deniers ; & au Chapitre des droits de Chastellainie, il est porté que le Seigneur Chastellain est fondé d'avoir un Maire ou Prevost Chastellain ressortissans pardevant son Senechal, qui en ses petits plaids Chastellains peut connoître des causes personnelles civiles, jusques à soixante sols entre laics & roturiers seulement.

Mais est-ce pas un vray en'gme, ce que ces deux Coûtumes, & encore celles de Tours, Lodun, Blois, & quelques autres disent, que les bas Justiciers ne connoîtront des causes criminelles, mais qu'ils connoissent seulement des causes civiles, dont l'amende n'excede sept sols six deniers ? Car comment se peut-il faire qu'il y ait des amendes és causes civiles, & encore que ces amendes soient la limitation & la borne d'une Justice ? Et puisque regulierement és causes civiles il n'y a du tout point d'amende, semble-t'il pas que le bas Justicier puisse connoître de toutes causes civiles de quelque somme qu'elles soient ? Que sert donc cette limitation si formellement exprimée dans ces cinq Coûtumes ; chose étrange que tous ceux qui les ont commentées, soit anciens, soit modernes n'ont parlé en aucune façon de cette si grande & si evidente difficulté.

Quant à moy j'ay pensé autrefois à cause de ces passages, qu'on avoit gardé anciennement en France la peine des temeraires plaidans que les Grecs & les Romains taxoient à la dixiéme partie de la somme demandée, comme il se lit dans Jul. Pollux, és Commentaires de Budée, aux instit. *de pœna temere litig. & Nov.* 12, parce que mesme l'amende de sept sols six deniers ou de six sols parisis, comme portent les articles secrets de Paris, revient justement au dixiéme denier de soixante sols Parisis, qui est la limitation commune des basses Justices. Mais je n'ay point trouvé cette divination confirmée par aucun passage, ni des Coûtumes, ni des anciens Praticiens de France.

J'ay bien prouvé deux passages fort notables de Jean Faber qui est le plus ancien Praticien de France dont nous avons les Ecrits : car il estoit du temps de Philippes de Valois, comme il se collige de ce qu'il écrit *in proœm. inst. super verb. imperatoriam num.* 2. quelques-uns disent qu'il a esté Chancelier de France. L'un de ces passages est sur la loy. 2. C. *de modo multarum. De consuetudine Franciæ*, dit-il, *emendæ usque ad taxam in singulis casibus sunt taxatæ, si quod excedere non possunt.*

L'autre est sur le *tit. de pœna tem. litig.* aux instit. *Curiæ seculares Franciæ habent certas emendas contra calumniantes, nec paterentur alias imponi.*

Ce qui montre plûtost que l'amende *decimæ litis*, ne se gardoit en France, mais que les Coûtumes avoient taxé & arresté les amendes, selon la diversité des causes & non pas selon la proportion des sommes : aussi je voy qu'en la Coûtume de Berry, chap. 2. les amendes des temeraires contestans sont taxées non selon les sommes, mais selon les diverses actions.

Il faut donc chercher une autre interpretation, qui est de remarquer qu'il y a deux sortes d'amendes, à sçavoir les coûtumieres & les arbitraires, c'est à dire, ou qui sont taxées par les Coûtumes, ou qui sont laissées en l'arbitrage du Juge : de fait les mesmes Coûtumes de Tours & de Loudun au titre de haute Justice, disent que le haut Justicier prend les amendes, tant coûtumieres qu'arbitraires : & la Coûtume de Berry & ses locales, font souvent mention des amendes coûtumieres, comme aussi celle de S. Jean d'Angely, article 12. celle de Liege, chapitre 5. article 7. & même en ces deux Coûtumes de Tours & de Loudun que nous interpretons, il y a un titre entier pour regler & taxer les amendes coûtumieres, qui sont l'amende pour saisie brisée, pour cens non payé, ventes recelées, péage non payé, reclain d'execution, fol appel, delais d'appel, dommage de bestes, décheance de complainte, bornes assises sans Justice, bornes levées, denegation de seing, temeraire opposition, champart emporté, & autres semblables taxées par les Coûtumes en usage de chacune Province, selon le dire de Jean Faber.

Or ces amendes coûtumieres sont de deux sortes, ou simples amendes, qui sont de sept sols & six ; ou grosses amendes qui sont de soixante sols, comme il se void en la Coûtume de Poitou, article 25, 38. & 76. d'Angoumois, article 14. & S. Jean d'Angely, article 8. 10. & 11.

Comme donc toutes ces amendes coûtumieres naissent des causes civiles, il faut respondre, que les bas justiciers n'ont connoissance que des causes civiles qui n'emportent que la simple amende de sept sols & six, & non de celles qui emportent la grosse amende de soixante sols, & encore moins de celles qui emportent l'amende arbitraire : car cét arbitrage ou Office noble du Juge, qui est la marque du Magistrat n'appartient au bas Justicier.

C'est donc à dire que le bas Justicier n'a connois-

des justices de Villages.

sance que des petites causes domanieres & foncieres où l'amande estoit taxée par la Coustume ou par l'usage & tradition ancienne à sept sols six deniers, comme encore il se void qu'en plusieurs païs les Seigneurs levent certaines amandes par un style ancien de leurs Sieges, qui ne sont point taxées par les Coustumes: mais quoy qu'il en soit, les bas justiciers n'ont connoissance que des matieres & procés ordinaires, où il ne se void point d'amande; Car en effet, & à bien entendre, ils ne devroient avoir connoissance que des droits & dettes de leur Seigneur ; mais ils ont usurpé la connoissance du dommage des bestes, de borner les terres, & les sentiers, & autres semblables affaires de village.

Finalement les Coustumes dernieres redigées ou reformées, ont mêlé & confondu ensemble ces deux sortes de basse justice, & disposé indistinctement, que tous les bas justiciers auront connoissance des matieres personnelles non excedantes soixante sols, comme avoient les Maires & Prevosts Chastelains ; & parce qu'on ne pouvoit comprendre, ce que c'estoit de connoistre des causes civiles & réelles sujettes à sept sols six deniers d'amande, elles ont dit qu'ils connoistront des delits & mesfaits dont l'amande n'excederoit sept sols & six ; comme les Coûtumes de Melun, Nevers, Sens, & la reforme de Paris és articles non imprimés.

Qui est à la verité une limitation claire & raisonnable pour les matieres civiles ; mais pour les criminelles, veu que les peines sont arbitraires en France, & non taxées par Ordonnances ni Coustumes ; c'est une absurdité, que pour vuider la competance du juge, il faille dés le commencement du procés arbitrer la peine ; aussi cela est cause que les délits sont impunis, parce qu'un bas-justicier ayant fait le procés à un delinquant, n'osera condamner à plus haute amande que de sept sols & six, crainte de faire paroistre qu'il estoit incompetant ; finalement il est bien certain qu'un procés qui ne tend point à une plus haute amende, que de sept sols & six, ne merite pas d'estre instruit criminellement.

Voilà donc comment ont esté concedées ou usurpées mal à propos les hautes & les basses justices ; mais je n'ay point parlé des moyennes, parce que sans doute c'est une espece imaginaire & abusive, que nos Praticiens ont inventé & feint pour approprier à l'usage de France les termes du Droit Romain qu'ils n'entendoient pas ; & voyans que les Romains avoient trois especes de jurisdiction, sçavoir est, *merum Imperium*, *mixtum*, *& Jurisdictionem simplicem* : croyant que *merum Imperium*, fust la haute justice ; & *simplex Jurisdictio*, la basse justice, ils se sont avisez de forger une moyenne justice, pour correspondre au *mixtum imperium* du Droit, bien que ces termes des Romains signifient toute autre chose, & ne se rapportent aucunement à la diversité de nos Justices, ni mesmes à l'interpretation fantasque que leur ont donné les anciens Docteurs de Droit, ou pour mieux dire radoteurs ; & comme dit Cujas, la vraye & asseurée signification de ces termes est perie avec la Republique de Rome. Qui sera cause aussi, cela ne servant de rien à nostre usage, que je ne m'amuseray pas à les expliquer.

Comme aussi je ne m'amuseray point à expliquer le pouvoir & connoissance de la pretenduë moyenne justice, parce que les Coustumes & les Praticiens n'en conviennent nullement ; quant aux Coustumes, en tous païs toutes guises ; quant aux Praticiens, *quot capita, tot sententia*.

Ayant donc traitté des justices Seigneuriales, & de leur progrés, & usurpation jusques au nombre infini & au desordre extréme qui s'y void de nostre temps, representons maintenant les abus & absurditez, puis aprés les inconveniens & incommoditez qui en resultent, pour enfin parler du remede.

Premierement se peut-il imaginer une absurdité plus grande, que d'avoir communiqué aux personnes privées, mesme aux vassaux des vassaux, & aux Subjets des Subjets la justice, le droit de glaive, & la puissance de commander ; & encore non la simple administration de la justice, le simple exercice du glaive, & la simple voix du commandement, qui est tout ce que le Prince peut commettre & communiquer à ses Officiers, mais mesme la proprieté de la justice, l'autorité entiere du glaive & le vray nom du commandement.

Je puis dire, à parler en termes de Theologie & en plus parfaite verité, que la proprieté de la Justice appartient seulement au Juge Eternel, que Malachie, Chap. 2. appelle *Deum Judicij* & Isaïe, Chap. 29. *Dominum Judicij. Scimus*, dit S. Paul aux Romains, Ch. 2. *quia judicium Dei est secundùm veritatem*. Témoin cette belle remontrance que Dieu fit aux Juges du peuple d'Israël, quand il les établit pour premiers chefs d'icelui , 2. Paralip. *Videte quid faciatis, non enim hominis exercetis Judicium, sed Domini*. C'est pourquoy en tant de passages de la sainte-Ecriture, les juges sont appellez *Dieux*, comme ayant la communication & participation d'une des principales puissances de la Divinité. Aussi nostre grand Coustumier commence son Chapitre de la haute Justice par ces mots : A parler proprement il n'y a qu'une justice qui meut de Dieu, dont le Roi a le gouvernement en ce Royaume, & c'est à dire, la simple administration, comme Magistrat & Officier de Dieu.

Et à parler politiquement, il n'y a que le Roi, ou autre Prince Souverain, qui ait la vraye puissance de commander, & la proprieté de la justice : & parce qu'il ne la peut exercer tout seul par tout son Royaume, il est contraint d'en commettre la simple administration aux Magistrats, en retenant toûjours à lui la proprieté. Aussi est-ce bien le plus beau fleuron de sa Couronne, & la principale, la plus haute, mesme la plus divine partie de la puissance que cette justice & droit de commandement, qui emporte un pouvoir sur la vie & sur les biens de tous ses Subjets. Pouvoir, dis-je, non tyrannique & déreglé, mais reglé par la justice.

Mesme que c'est là la fin pour laquelle les Rois ne sont établis, que pour rendre la Justice. De fait quand le peuple d'Israël, demanda un Roi à Dieu, *Constitue*, dit-il, *nobis Regem qui judicet nos*; & quand Dieu dit au Roi Salomon qu'il demandât ce qu'il voudroit, il demanda *Cor intelligens, ut populum suum judicare posset*. Aussi les premiers chefs de ce peuple furent de Dieu mesme nommez Juges, & en plusieurs passages de la sainte-Ecriture, le mot *Juger* signifie regner & commander absolument.

En voilà les témoignages sacrez, & quant aux profanes, Herodote au premier Livre dit, que les Monarques de Mede, qui furent presque les premiers du monde, furent établis pour rendre la justice ; & Ciceron au second des Offices dit, *Non apud Medos solum sed apud majores nostros justitia reddenda causâ videntur olim Reges constituti* : & la Vieille que cet Empereur ne voulut pas ouïr, lui demandant justice, lui sçeut bien repliquer, *Noli igitur esse Imperator*.

Aussi est-ce la resolution concordate de tous les Philosophes anciens & modernes que la justice appartient proprement & inseparablement à l'Etat, ou au Prince souverain, qui pour l'exercice d'icelle commet des Magistrats : encore est-ce entr'eux une grande dispute si ces Magistrats doivent être établis à vie, ou à certaines années seulement.

C'est pourquoi le Prince & le Magistrat sont appellez en Grec d'un mesme nom ἀρχή & ἄρχων, & en Latin la puissance de l'un & de l'autre est appellée d'un mesme terme *Imperium*; en François *Commandement*, dont la proprieté appartient au Prince, & l'usage aux Magistrats, selon l'opinion de Lothaire contre Axon ; & l'équivoque de ce terme, *Imperium* signifiant tantost le pouvoir du Prince Souverain, & tantost celui du Magistrat, a esté cause de plusieurs disputes entre les Jurisconsultes & Docteurs du Droit ; tant y a que pour montrer que la proprieté du commandement reside au

Princes & le simple exercice au Magistrat, quand les Sergens executent les Sentences des Juges, ils font le commandement de par le Roy, & non pas de par le Magistrat qui a donné la Sentence.

Et il me semble que c'est un des grands abus qui soit en France : qu'un Sergent fasse des commandemens & un trompette des publications de par Monsieur ou de par Madame ; comme si Monsieur ou Madame étoient des Rois. Car la propriété du commandement est sacrée & inviolable par les loix d'Etat, & par le droit des gens, comme celle en quoy consiste l'authorité du Souverain, & partant elle ne peut être communiquée aux Subjets ; non plus que la Souveraineté mesme, *Quem penes imperium regni solisque potestas*, *Hunc penes & ditio est & Iurisdictio solum. Arrogat hanc si quis de Majestate verenda Principis imminuit, sibi juraque regia sancit.*

Aussi est-il bien certain, qu'il n'y eut jamais Republique bien ordonnée, où les particuliers fussent proprietaires de la Justice & du droit de glaive, comme ils sont en France. Les Atheniens étoient si jaloux du droit de glaive & de la Justice criminelle, qu'il n'y avoit que les Areopagites qui s'en mélassent, gens choisis, gens nourris & entretenus du public, gens retirez & separez du reste du peuple, gens qui ne rendoient leur Justice que de nuit, afin que la lumiere & le bruit ne les détournât de la meditation attentive, qu'il faut avoir pour dignement juger les hommes.

Quant aux Romains, tant s'en faut qu'ils laissassent la propriété du glaive, je ne dis pas aux particuliers, mais encore aux plus grands Magistrats : que même ils ne leur en laissoient pas le simple exercice sur le moindre des Citoyens de Rome ; mais par leurs loix d'Etat, qu'ils appelloient *loix Sacrées*, le peuple s'étoit reservé jusqu'à la simple administration & execution de cette puissance, pour ne juger de la vie des Citoyens, qu'en assemblée generale de tout le peuple Romain. Encore s'étoit-il dépouillé luy-mesme de cette puissance, entant qu'il le pouvoit faire, permettant aux condamnez de quelque crime que ce fût, de quitter le pais, comme il le voit dans Cicer. *pro Rabir. per. reo*, dans Salluste, *in Catilina*, & dans Tite-Live. l. 2. Comparez à ces anciens les Juges sous l'Orme de ce pais, *ubi de robore Sententiæ capitales proferuntur & scribuntur illicò in ossibus*, *ubi rustici perorant*, *& privati judicant*, *ubi denique totum licet.*

Et ne faut point subtiliser, pour dire que c'est seulement la Souveraineté & dernier ressort de la Justice, qui est propre au Roy, puisque la loy civile nous dit expressément, que *omne Imperium omnisque potestas ad eum translata est, l. 1. D. de constit. princ.* & que S. Paul nous dit qu'il faut obeir au Roy, comme estant par dessus tous, & aux Magistrats comme étans envoyez & commis par lui. Aussi est-il dit, que *Judicandi munus est publicum*, c'est à dire, appartenant au public & à l'Estat, & le droit public consiste *in sacris & Magistratibus* : *Magistratus autem sunt qui juri dicundo præsunt tit. l. 2. §. post. orig. jur.* même au 2. Livre des fiefs, *tit. Quæ sunt Regalia* entre les droits Roiaux, & notamment specifié, *Potestas constituendorum magistratuum ad justitiam expediendam*. Et de fait, And. Isern. & Luc. de pænna, tiennent qu'il est requis autant de puissance pour créer des Magistrats, comme pour faire des loix, *sum lex sit Magistratus mutus*, *& Magistratus lex animalis*, νόμος ἔμψυχος.

Il ne faut pas toutefois trouver étrange que les Ducs & Comtes se soient emparez de la proprieté de la Justice dans leurs territoires. Car tout de même ils avoient usurpé presque tous les droits Royaux, comme de battre monnoye, donner graces & remissions, legitimer les bastards, naturaliser les étrangers, rappeller les bannis, tailler leurs Subjets, amortir absolument les heritages de l'Eglise : Bref, tous autres droits Royaux & de Souveraineté, & jusques à porter Couronne, reservant seulement au Roy la foy & hommage & le ressort des

procès en cas d'appel, qu'encore nos Rois eurent beaucoup de peine à conserver : Et pleût à Dieu, quand on les a dépossedez des autres droits Royaux qu'on leur eût aussi bien ôté la proprieté de la Justice, mais il fut plus mal-aisé, parce que de leur premiere institution, l'exercice de la Justice appartenoit à leurs dignitez.

Voila le premier degré d'absurdité, d'avoir laissé usurper aux grands Seigneurs la proprieté de la Justice : toutefois ce n'eust esté que demy-mal, si dans membrer leur Justices, ils se fussent contentez de la faire exercer honnestement par leurs Officiers ; mais comme l'usurpation n'a point de bornes, & une absurdité negligée en attire une autre plus grande, ils se sont licentiez d'usurper par après le droit de Ressort, c'est à dire, de créer des Justices subalternes ressortissantes par appel devant leurs Juges ; les unes exercées sous leur nom, à sçavoir les Prevotez qui ont été ôtées par l'Edit de Roussillon, les autres qu'ils ont données à leurs vassaux, & les autres en ce qu'ils ont laissé usurper dans leur territoire, à l'exemple de celles qu'ils avoient données, qui est la seconde absurdité, plus importante au peuple que la premiere.

Car il n'importe pas beaucoup au peuple, si les Juges sont pourveus par le Roy, ou non, pourveu que la Justice soit aussi bonne & briefve ; mais de surcharger le peuple d'un ou plusieurs degrez de Jurisdiction, & encore lui bailler des Juges guettrez, le plus souvent ignares & méchans, c'est ce qui luy importe grandement.

Cela s'est fait à l'exemple des fiefs, qui du commencement furent donnez pour être revocables à la volonté du Seigneur, puis furent donnez à vie, comme les Offices ; puis passerent aux heritiers jusques à certain degré, sans toutefois qu'ils peussent être alienez ; par après on permit de les aliener, mais non de les démembrer, qu'on disoit en pratique *éclicher* ou *dépiecer*: finalement en France on les a rendus patrimoniaux, c'est à dire, qu'on les a reduit à *l'instar* des autres patrimoines & heritages ; & ce toutefois, sans que le Seigneur fust interessé ou constitué en dommage. Ainsi donc on a permis au vassal, de s'éjouïr, ou comme nous disons, se jouër de son fief, c'est à dire, en conceder une partie en arriere-fief ou à condition neanmoins que le Seigneur feodal dont il releve, soit indemnisé, de sorte que s'il a infeodé l'arriere-fief, le cens ou la rente, le démembrement est nul à son égard, & comme non fait ; le fief étant ouvert, la portion démembrée est aussi ouverte, & quand il faut liquider le rachat, elle y est toûjours comprise.

De là est venu par une similitude bien dissemblable, sous pretexte que les Justices, qui anciennement étoient commissions revocables, puis les Offices à vie, enfin ont esté annexées aux fiefs, & avec iceux sont passées aux heritiers ; & finalement on a dit d'icelles, comme des fiefs, qu'elles étoient aussi patrimoniales (ce qui a toutefois eu un autre sens en Justice, qu'en fief, comme il sera dit ailleurs) & d'autant qu'on a pensé que les Justices étoient espece de fiefs ; on s'est partant fait accroire qu'il estoit aussi licite de faire eriger une arriere-Justice, j'appelle ainsi le second, ou autre degré de Justice Seigneuriale, comme un arriere fief, en quoy neanmoins il y a trois notables differences.

La premiere, qu'il n'est point requis de puissance ni authorité, pour eriger un simple fief ; qu'il n'importe qu'une Seigneurie particuliere affecte les seuls heritages, sans interest d'autruy ; mais il faut être Roy pour créer une Justice, & pour donner à un particulier la proprieté du commandement, & la puissance perpetuelle d'établir des Magistrats, & luy soûmettre tout un peuple : ce qui est sans doute une dépendance de Seigneurie universelle & Souveraineté, qui reside au Monarque seul ; auquel, comme dit le grand Coustumier, Liv. 1. Chap. 3. seul pour le tout appartient de donner & créer nouvelles Jurisdictions par tout son Royaume, & nul autre ne le peut faire sans son congé. Et au Liv. 4. Chap. 5. il ne suffit pas, dit-il, de dire, j'ay toute Justice, & partant j'ay ressort.

Car

Des justices de Village.

Car la consequence n'est pas vraye, il faut avoir titre de son ressort : Et si sans titre, un Seigneur use de ressort & de Souveraineté en cas d'appel, entreprenant contre la Souveraineté du Roi, il usurpe le Droit du Roi, & abuse de sa justice, & doit estre forfaite & confisquée. Aussi est-ce la decision de la loy 3. D. ad l. Iul. majest. Qui privatus pro potestate se gessit, lege Iulia Majestatis tenetur.

A ce propos du Tillet au Chap. du Connestable de France, dit ces mots. Le Procureur general du Roi au Parlement a toûjours maintenu, que les grands Officiers de France, ni autre Subjet du Roi, de quelque autorité qu'il soit, n'a ressort, qui est droit de Souveraineté, s'il n'a titre du Roi : comme ont les Reines, Messeigneurs les Fils, & les Pairs laïques de France, en leurs doüaires, Appanages & Pairries, ou autres à qui il plaist au Roi bailler par titre exprés : & ainsi fut plaidé le 1. Mars 1384. le 9. Iuin 1399. & jugé contre l'Admiral de France le 16. Iuillet audit an 1399.

C'est pourquoy ce droit de ressort s'appelloit anciennement *droit de Souveraineté*, comme estant un droit Souverain, ainsi qu'il se voit en ce passage de du Tillet, & en celui du grand Coûtumier, qui en une mesme ligne fait mention de la Souveraineté en cas d'appel, & de la Souveraineté du Roi; mais les modernes pour ôter cette équivoque, appellent à present le ressort *Suzeraineté*, qui est un mot de pratique qu'ils ont forgé tout exprés, & qui ne se trouve point dans les Dictionnaires.

La seconde raison de diversité entre l'arriere-fief & l'arriere-justice, c'est que l'arriere-fief peut estre concedé sans prejudicier au Roi, parce qu'arrivant ouverture du fief immediat, l'arriere-fief sera quant & quant saisi, & en l'estimation du rachat l'arriere-fief sera compris, mais l'arriere-justice ne peut estre erigée sans faire un notable prejudice au Roi & aux Officiers de sa justice, estant notoirement une diminution de son Greffe & de l'émolument de ses Officiers: bref, un éloignement & diminution de son pouvoir, quand ce qui doit ressortir immediatement en sa justice, n'y ressortit que mediatement. Et ce dommage n'est reparé en aucune façon ; mais en effet les arriere-justices sont du tout distraites de l'obeïssance du Roi, & ne lui en est rendué aucune reconnoissance, ni honorable par foi & hommage, ni profitable par rachat ou quint-denier.

Ce n'est pas moi qui fais le premier cette remarque : Faber l'a faite sur les *Institut. tit. de vulg. substit.* où il est decidé en propres termes, que *Episcopi & Barones non possunt plures gradus Judicium sub se constituere, ut Praepositos, Castellanos, Judices foraneos. Cum enim Princeps gradus appellationum in lege scripta statuerit, videtur quòd nemo alius hoc possit, quia ex hoc posset reperiri via, quòd nunquam appellaretur ad eum, si Seniores plures gradus facerent : cum non liceat tertiò provocare, sicque hoc esset in praejudicium Reipub. & Superiorum, ad quos cognitio appellationum devolvi debet.*

Voicy ce qu'en dit du Molin sur le premier article de la Coûtume glo. 5. nomb. 50. & suivans : *inferior habens jurisdictionem, non potest delegare alium sub se, ut ipsemet cognoscat de causa appellationis ad Superiorem devolvenda, & hoc non valeret, etiamsi fieret per viam statuti, ab habente potestatem statuendi:* ce qu'il prouve par plusieurs autoritez.

Et pour retenir l'argument du fief à la justice, en ce qu'ils se ressemblent, quand le Roy amortit une arriere-fief au profit de l'Eglise, c'est toûjours sans prejudice du droit du Seigneur immediat dont il releve, auquel partant il faut que l'Eglise paye indemnité, ou luy bailse homme vivant & mourant. Pourquoi donc le Seigneur de fief vassal du Roy pourra-t-il eriger une justice au prejudice de sa Majesté, sans l'indemniser, puisque le Roi mesme n'entreprend rien à son prejudice.

La troisiéme raison de diversité, qui est à mon avis encore la plus forte, c'est l'interest du pauvre peuple,

Des Justices de Village.

qui comme l'asne d'Esope porte tout le faix & les coups, bien qu'il ne fasse aucun mal ; car quelle apparance y a-t-il, sous pretexte qu'un Seigneur aura voulu gratifier son vassal du droit de Justice, que les pauvres Subjets qui relevoient directement devant le juge Royal, n'y ressortissent plus que mediatement, & en seconde instance d'appel ; & par ainsi soient surchargez d'un nouveau degré de jurisdiction, sans leur fait & consentement. Ce que je confirmeray davantage cy-aprés, lorsque je rapporteray les incommoditez qui reviennent au pauvre peuple, p.. la multiplication de ces degrez de justice.

Mais il ne faut pas hesiter en ce poinct icy, puisque tous les anciens Praticiens en sont demeurez d'accord, & mesme que c'est une regle de Droit, que *Nemo gladii potestatem sibi datam, vel cujusvis alterius coërctionis ad alium transferre potest. leg. nemo potest. 70. D. de reg. jur. & l. solet. §. 1. D. de off. Proconf.* ce qui est dit pour la Justice criminelle. Et pour la civile, il y a une autre regle, que *Is demum Iurisdictionem dare potest, qui eam suo jure habet, non alieno beneficio, leg. more majorum, D. de Iurisdict.*

Pour venir au troisiéme degré d'absurdité, qui resulte des justices de Village, supposons que les particuliers soient capables d'avoir la proprieté de la justice ; Supposons encore que les vassaux du Roy puissent, non seulement avoir justice, mais encore la conceder à leurs vassaux, & ainsi avoir droit de ressort, c'est à dire, connoître des causes d'appel : si est-ce encore un autre degré d'absurdité, de permettre le même droit de ressort & la puissance de conceder justice à ceux qui ne sont point vassaux du Roy.

Car il y a moins d'absurdité de laisser ce droit aux Ducs & aux Comtes, à cause de l'éminence & excellence de leurs dignitez, & s'il faut ceder quelque chose à la Coûtume inveterée, le permettre encore aux Vicomtes, Barons & Chastelains, qui sont les Barons du Royaume, c'est-à-dire, les grands vassaux de la Couronne, & comme parle le Livre des fiefs, *Capitanei regni :* & quand cela sera permis, toûjours n'y aura-t-il que deux degrez de Iurisdiction Seigneuriale, avant que de venir à la Royale.

Mais comment peut-on tolerer & soûtenir qu'un simple Seigneur de fief qui n'est pas vassal du Roy, entreprenne droit de ressort au prejudice du Roy & de son Seigneur tout ensemble ; & encore à la foule de ses Subjets leur creant un troisiéme degré de jurisdiction subalterne & Seigneuriale ? Ce qui peut enfin venir à une infinité de degrez, si on n'y met une borne : témoin l'exemple que j'ay aporté cy-devant, comme en tel endroit, il se trouve six degrez de Iurisdiction, avant qu'avoir Arrest ; encore peut-il estre qu'ailleurs il s'en trouvera davantage.

Or les Coûtumes qui ont traitté des droits de justice, comme celles de Tours, Anjou, le Maine, Lodunois & Poictou, ont mis deux bornes à ces usurpations ; l'une qu'il n'y auroit que les Comtes, Vicomtes, Barons & Chastelains, qui auroient ressort & pouvoir de conceder justice ; l'autre qu'en tout cas il n'y auroit que deux degrez de jurisdiction Seigneuriale au dessous de la Royale.

Lesquelles deux bornes, à bien entendre, reviennent à un mesme poinct. Car quand elles ont dit qu'il n'y auroit que les Comtes, Vicomtes, Barons & Chastelains qui peussent donner Iustice, elles ont entendu que ce droit n'appartenoit qu'aux grands vassaux du Roy, & non aux vassaux des Seigneurs, parce qu'en bonne école, les Vicomtes, Barons & Chastelains ne peuvent estre que vassaux du Roi, comme il se colige du 1. Chap. du 1. Liv. des Fiefs, & du Chap. 10. du 2. Liv. Car ce sont dignitez que le Roi seul peut eriger & conceder, ainsi que j'ay dit au premier Liv. du Droit des Offices des Ecuyers & Chevaliers : *Ab eo enim tanquam à fonte manant omnes dignitatum tituli, & apud eum omnes thesauri dignitatum sunt reconditi.* Comme dit à ce propos *Bald. ad tit. Qui dicatur Dux,*

Comtes, &c. in lib. feud.

Que s'il se trouve quelques Barons ou Chastelains qui relevent des Comtes ; c'est un abus commencé du temps que les Comtes entreprirent & usurperent tous les Droits Royaux. Comme on voit au commencement du Livre des Fiefs, qu'anciennement il n'y avoit que les Ducs, Marquis, Comtes, & autres grands vassaux du Royaume, qui entreprissent de conceder des fiefs, & ceux ausquels ils les concedoient, étoient appellez *minores valuassores*, n'y ayant autres grands vassaux que ceux du Prince. Et parce que par succession de temps, les petits vassaux, que nous appellons en France *arriere-vassaux*, entreprirent aussi de conceder des fiefs, ceux qui les tenoient d'eux, estoient appellez par un troisiéme diminutif *valuassini*. Et de fait, pour revenir à nostre poinct, la Coûtume de Poitou attribuant ressort aux Barons & Chastelains, suppose notamment qu'ils relevent simplement du Roi.

Puis donc que par les Coûtumes, il n'y a que les grands vassaux du Roi, ayans du moins titre de Châtalain, qui puissent avoir ressort & conceder Justice ; il s'ensuit de là, qu'il ne peut jamais y avoir que deux degrez de Jurisdiction Seigneuriale, qui est aussi l'autre borne & modification des Coûtumes.

Encore cinq Coûtumes tout au plus, qui leur ont donné cette permission, celle de Tours ne connoit qu'un degré de Jurisdiction Seigneuriale : car elle dit en l'art. 72. que si le Comte, Baron, ou Chastelain donnent Justice, ce sera au prejudice du ressort du Roy, ni au dommage des Subjets ; de sorte, dit-elle, que les appellations de la Justice par eux concedée ressortiront en la Justice du Roi.

,, Et presque en tous les procés verbaux des quatre
,, Coûtumes, les gens du Roi s'en sont plaints, & en
,, ont fait leur protestation. En celle d'Anjou ; Les
,, gens du Roi (porte le procés verbal) ont remon-
,, tré que les Vicomtes & Barons donnans Justice à
,, leurs vassaux, & retenans à eux le ressort, sont par ce
,, moyen plusieurs degrez de Jurisdiction, au prejudi-
,, ce du Roi & de ses Subjets, protestent que cela ne
,, puisse prejudicier aux droits du Roi, entrant que
,, touche le ressort, dont leur a esté octroyé acte.
,, En celle de Poictou, Le Procureur du Roi (dit
,, aussi le procés verbal) a remontré que la multipli-
,, cation des degrez de Jurisdiction, est un grand pre-
,, judice & foule des pauvres Subjets, qui pour plai-
,, der de leurs brebis & vaches, sont par telle multi-
,, plication de dégrez grandement travaillez, telle-
,, ment que le principal, dont ils plaident, est consum-
,, mé avant qu'ils soient venus au Juge royal, & que
,, les Seigneurs qui ont concedé les Justices, ne trou-
,, veront dans leurs aveus, qu'ils ayent permission du
,, Roi de ce faire, & qu'à cette cause seroit bon trou-
,, ver quelque expedient pour y obvier.

Outre il faut considerer, qu'en ces Coûtumes on a redigé par écrit ce qui s'observoit, & estoit en usage en leur province par l'usurpation tyrannique des Seigneurs, & à quoy dés lors le peuple estoit accoûtumé, & non pas ce qui se devoit observer selon le droit & l'équité.

Que s'il y a tant d'abus aux Justices concedées, encore plus absives sont celles qui ont esté usurpées sans concession. Car outre que ces mesmes absurditez s'y retrouvent, il a esté montré cy-devant, que tous les pretextes, sous lesquels elles ont esté usurpées, sont absurdes & faux : comme de penser que quiconque a fiefs, ait aussi Justice : que la concession d'un fief faite par celui qui a Justice en tout son territoire, emporte concession d'une justice particuliere subalterne au fief concedé : que la concession d'un fief cedé avec les termes, *Cum hominibus*, attribuë justice ; que par le moyen des Paragies les puisnez ayent Justice particuliere en leur partage, ressortissant en celle de l'aisné : Bref que l'amortissement des terres de l'Eglise emporte concession de Justice.

Or outre que les justices de Village sont abusives

en tant de façons, le pis est, qu'elles sont infiniment pernicieuses, & qu'il en redonde de grandes incommoditez au pauvre peuple, ce qu'il faut representer maintenant.

Premierement, il est notoire que cette multiplication de degrez de Jurisdiction rend les procés immortels, & à vray dire ce grand nombre de justices oste le moyen au peuple d'avoir justice.

Nec querimur jus non dici, legesque silere.
Jus nimium dici querimur.

Car qui est le pauvre païsan, qui plaidant, comme dit le procés verbal de la Coûtume de Poicton, de ses brebis & de ses vaches, n'aime mieux les abandonner à celui qui les retient injustement, qu'estre contraint de passer par cinq ou six justices, avant qu'avoir Arrest : & s'il se resout de plaider jusques au bout, y a-t'il brebis ni vache qui puisse tant vivre : mesme que le maitre mesme mourra avant que son procés soit jugé en dernier ressort. Qui est le mineur qui poursuivant la reddition de son compte aux lieux où il y a tant de degrez de jurisdiction, ne devienne vieil avant que d'avoir fini, si son tuteur se resout de plaider jusques à la fin ? Quelle injustice est-ce là, qu'un pauvre homme passe tout son âge, employe tout son labeur, consomme tout son bien en un méchant procés : & qui pis est, apprehendant l'incertitude de tant de divers jugemens, il soit toute sa vie en alarme, & dans les apprehensions continuelles d'estre ruiné ?

Si nous apprehendons à nôtre mal celui d'autruy, nous croirons qu'abreger une année de procés au pauvre peuple, n'est pas un moindre bien, que de lui épargner une année de maladie & de langueur continuelle. Et certainement aux endroits où il y a tant de degrez de Jurisdiction, il est plus expedient de tout quitter que de plaider contre un opiniâtre : aussi bien comme dit Juvenal.

Res sæpè atteritur tanto sufflamine litis.

Et Dieu sçait combien il y en a qui sont contraints à pratiquer l'expedient d'Heliode πλέον ἥμισυ παντὸς. Aussi est-ce un Proverbe, *Judicium rusticorum*, quand on quitte la moitié pour avoir l'autre. D'où il s'ensuit, puisque la fin de la Justice est de faire rendre à un chacun ce qui lui appartient, qu'il n'y a rien de plus contraire à la justice, que ces justices de Village.

Et ne faut point dire que c'est le soulagement du peuple, de lui rendre la justice sur le lieu. Car à bien entendre, les frais sont plus grands en ces petites mangeries de Village, qu'aux amples justices des Villes, où premierement les Juges ne prennent rien des expeditions de l'Audience, & au Village pour avoir un méchant appointement de cause, il faut saouler de Juge, le Greffier, & les Procureurs de la cause en belle taverne, qui est le lieu d'honneur, *locus majorum*, où les actes sont composés, & où bien souvent les causes sont vuidées à l'avantage de celui qui paye l'écot. Et quant aux causes appointées en Droit, car il ne s'en juge point sur le champ quelques legeres qu'elles soient ; il les faut porter aux bonnes Villes, pour avoir du conseil, & sons ce pretexte, les épices n'en sont pas moindres. Outre que quand ces mangeurs & sangsuës de Village ont une riche partie en main, ils sçavent bien allonger pratique, & faire durer la cause autant que son argent.

Non missura cutem, nisi plena cruoris hirudo.

Mais voicy le comble du mal, c'est que non seulement la justice est longuë & de grand coust aux Villages ; mais sur tout elle y est tres mauvaise, & ce pour trois raisons principales.

Premierement, parce qu'elle est renduë par gens de peu, sans honneur, sans conscience ; gens qui de leur jeunesse n'ayans appris à travailler, ont fait état de vivre aux dépens & de la misere d'autruy, ou qui ayans consommé leurs moyens, tâchent de se recourir sur leurs voisins par la chicanerie qu'ils ont aprise en plaidant : gens accoûtumez à vivre en débauche aux tavernes, où ils s'habituent à faire toutes sortes

des justices de Village.

de marchez : gens qui s'allient ensemble, pour courir les Villages & les marchez, & changent tous les jours de personnage, parce que celui qui est aujourd'hui Juge en un Village, & demain Greffier en l'autre, aprés demain Procureur de Seigneurie en un autre, puis Sergent en un autre, & encore en un autre il postule pour les parties : & ainsi vivans ensemble & s'entr'entendans, ils se renvoyent la pelotte, ou pour mieux dire la bourse l'un à l'autre, comme larrons en foire.

Secondement quand ils seroient gens de bien (ce qui arrive assez rarement) ce sont gens non lettrez ni experimentez, qui sous pretexte d'un peu de routine qu'ils ont appris de records de Sergens, ou Clercs de Procureurs, accommodent ce qu'ils sçavent à toute cause, *docti cupressum simulare*, & instruisent si mal les procés, que bien souvent aprés qu'ils ont traîné un an ou deux devant eux, quand ils sont devolus par appel devant un Juge capable, on est contraint d'en recommencer l'instruction. Car il est certain qu'on ne peut pas trouver tant de gens de capacité qu'il en seroit besoin, qui se vueillent obliger & assujettir à exercer tant de petites Justices qu'il y a en France, où bien souvent, hors les saisies & autres chicaneries des droits du Seigneur (qu'il faut servir à son mot) il n'y a pas quatre causes en l'an.

Et neanmoins c'est la verité que l'instruction des procés en ces petites Justices est la partie de nostre Estat & la plus difficile & la plus importante. Plus difficile, parce qu'il arrive bien souvent des occurrences & difficultez toutes nouvelles qui ne se trouvent dans les Livres, principalement entre païsans, qui ne peuvent pas donner leur fait à entendre nettement, comme feroient de bon Avocats bien preparez : & toutefois il faut vuider sur le champ, sans conseil : car les causes de Village ne meritent pas d'être appointées sur un point d'instruction. Et je puis dire que tel Juge notable de compagnie qui prononceroit tres-bien, étant assisté de Conseillers en une audience fournie de bon Avocats, se trouveroit bien empêché, s'il étoit rencontré tout seul à tenir sous l'Orme les plaids de sa Justice, & à déchiffrer le jargon & le patois des païsans. Que fera donc en tel accessoire un Praticien de Village, sinon de juger à tort & à travers ?

Plus importante aussi, parce que la faute ou mauvais jugement qui survient en la definitive, se peut bien reparer en cause d'appel ; mais celle qui se fait en l'instruction, est ordinairement irreparable : & d'ailleurs, il est assez aisé de juger un procés bien instruit ; mais il est presque impossible de bien juger celui qui est mal instruit.

En troisième lieu la Justice des Villages ne peut qu'elle ne soit mauvaise, parce que ces petits Juges dépendent entierement du pouvoir de leur Gentil-homme, qui les peut destituer à sa volonté, & en fait ordinairement comme de ses valets, n'osans manquer à ce qu'il commande. Ce qui est fort dangereux en tout, & principalement en deux poincts.

L'un que le Gentil-homme plaidant devant son Juge pour les droits de sa Seigneurie, tout ainsi que le Roy plaide devant ses Officiers (ce qui est necessaire à l'égard du Roy, parce qu'il n'a point de superieur) Dieu sçait comment il usurpe hardiment & impunément sur ses sujets, soit bannalitez, soit l'augmentation de ses cens, soit la haute taxte de ses rachats à tant par arpent, soit les fruits de pure perte, soit les biens des mineurs ou des pauvres gens, sous pretexte de desherence & autres pretextes, soit les peages, soit des corvées, soit des subsides & levées de deniers, soit des amendes en toutes causes, dont les pauvres sujets ne s'osent plaindre : & quand ils s'en plaindroient, leurs Juges n'en oseroient faire justice, & si on le sçauroit bien attraper au passage. *Infestum pagi quia Regem semper haberent*. Et c'est possible pourquoi on dit que le Seigneur de paille mange le vassal d'acier.

L'autre danger est aux causes criminelles, car outre

qu'il n'y a point d'apparence que des Juges guestrez tels qu'ils viennent d'être dépeints, ordonnent de la vie des hommes, c'est chose notoire que la plûspart des crimes demeurent impunis, parce qu'ils n'oseroient en faire justice, s'il ne plaît à leurs Gentils-hommes, qui ont trop accoûtumé de supporter les méchans, qu'ils appellent *gens de service*. D'ailleurs, si un delinquant est homme sans moyens, le Gentil-homme n'a garde de lui laisser faire son procés, s'il n'y a bonne partie, parce que les frais de la cause d'appel & de la conduite du prisonnier tombent sur luy : Au contraire, s'il est homme de moyens, c'est chose toute commune que le Gentil-homme composera avec lui de sa confiscation ou de l'amende, comme si tous les crimes étoient faits pour apporter du profit aux Seigneurs Justiciers : & s'il ne veut composer se sentant innocent, ou que le Gentil-homme lui veuille mal, il ne manquera pas de témoins en son Village, pour attraper une bonne confiscation, témoins, dis-je, qui bien souvent sont ouïs, recolez & confrontez sans parler.

Dicere vix possis, quam multi talia plorent,
Et quod vanales injuria fecerit agros.

Il y a encore un autre grand inconvenient qui provient de ces Justices, c'est que chaque Gentil-homme veut avoir son Notaire à sa poste, qui refera trois fois, s'il est besoin, son contrat de mariage, ou lui fera tant d'obligations antidatées qu'il voudra, si ses affaires se portent mal, ou s'il a un coup à faire : Notaire, qui de longue main se pourvoit de témoins aussi bons que lui, ou bien qui le sçait choisir, aprés leur mort, de ceux qui ne sçavoient point signer. Et s'il a reçeu quelques vrais contrats qui soient d'importance, il n'oseroit faillir d'en mettre les minuttes és mains & à la mercy de son Gentil-homme, s'il les demande, qui par aprés les vend, & en compose ainsi qu'il lui plaist. Voila comment la foy publique est observée aux Villages. Concluons donc par le dire de cette ancienne Commedie, *O sylva ! ô solitudines ! quis vos dixit liberas ?*

De ce discours il paroit clairement à mon avis, que le plus grand & plus important abus & désordre qui soit en France, ce sont ces mangeries des Village, que je ne puis appeller Justices, parce qu'il ne s'y fait rien moins que la Justice : & je diray en passant que j'ay balancé en moy-méme, si je devois mettre ce discours en lumiere, de crainte que les étrangers qui admirent les loix de France, ne se scandalisent, que nous ayons enduré si long-temps un tel desordre, ce qui m'y a resolu, c'est l'asseurance que j'ay que ce petit Traité ne meritera pas d'aller jusqu'à eux.

Que s'il plaisoit à Messeigneurs les Gens du Roy en la Cour de Parlement, pour la manutention des droits de sa Majesté, & principalement pour la pitié du pauvre peuple, faire sonder de guai par leurs substituts des Provinces, ils y trouveroient encore plus d'ordure que je ne dis.

Pour moy, depuis trois ans que je vis parmy ces petites Justices, j'y ay encore plus veu de mal que je ne puis exprimer, non toutefois, graces à Dieu, en celles qui me concernent. Entr'autres je puis dire que j'ai surpris deux ou trois nichées de Praticiens qui commençoient à installer de nouvelles Justices (chose qui se fait tous les jours, & si on n'y met ordre, il y aura en bref autant de Justices en France que de hameaux) & les ayans interrogé s'ils étoient pourveus de leurs pretendus offices par mort ou resignation, & où ils avoient fait le serment, ils m'ont tous confessé qu'ils ne sçavoient qui étoit leur predecesseur, & qu'ils n'avoient point fait de serment en Justice : Et notamment j'en ai trouvé un que je declarerai par honneur, c'est le pretendu Prevost de Lioncy prés Orleans, qui aprés son interrogat me declara ne sçavoir écrire ni signer, comme c'étoit la verité. Voilà pas le dire de la Comedie. *Ad Ligerim sententia capitales de roboere proferuntur, & scribuntur in ossibus : ibi rustici perorant & privati judicant, ibi totum licet.*

De l'abus

Il me sera pardonné, si parmi tant de donneurs d'avis tendans à la foule du peuple,

Qua est optima summi
Nunc via processu.

Je m'avance d'en donner un pour son soulagement, & ensemble pour la manutention de l'autorité du Roy; à sçavoir que comme lors qu'on a voulu reformer les Forêts de France, on a fait tous les usages, afin de voir les titres de la concession d'iceux, & partant discerner les usurpateurs d'avec les legitimes usages : aussi que toutes les Justices Seigneuriales, fors celles des Ducs, Comtes, Vicomtes, Barons & Châtelains relevans immediatement du Roy (car de telles dignitez la Justice est aujourd'hui reputée une dépendance naturelle) fussent saisies de l'autorité de Monseigneur le Procureur general, avec défenses de les exercer à peine de privation, jusques à ce que la Cour de Parlement, après avoir feu les titres d'icelles, en eût donné main-levée.

Puisque toute Justice dépend du Roy, est-il pas bien raisonnable qu'une fois au moins en plusieurs siècles, & centaines d'années, le Roy en soit servi & reconnu : & que sa Justice souveraine reconnoisse à quel titre, & comment toutes les Justices inferieures sont exercées ?

Lors la Cour verroit clairement, qu'il y a plus de la moitié de ces Justices, qui ont été usurpées sans concession aucune, & entre celles qui se trouveroient avoir été concedées, elle verroit qu'il n'y en a pas de dix une qui a été erigée legitimement, & par ceux qui en eussent pouvoir : même elle verroit que tel Seigneur a concedé Justice à son vassal, dans le territoire & enclave d'un autre Seigneur, & diverse Coûtume, où le concedant n'avoit aucune Justice ni puissance : ce qui apporte en plusieurs lieux un grand entrelassement & embarassement, pour la diversité des Coûtumes ; & qui plus est, elle trouveroit plusieurs Justices concedées par des Seigneurs qui n'en ont point eux-mêmes.

Que si elle vouloit entrer plus avant à reconnoître comment ces Justices s'exercent, faisant mettre les registres des Notaires & Greffes d'icelles és mains des Substituts de Monseigneur le Procureur general en chacune Province : il s'y trouveroit de beau ménage, encore qu'aux Villages on sçache bien pratiquer le proverbe, *A mal exploiter, bien écrire.*

Mais sans en venir là, puisque l'usurpation & l'abus de ces Justices est déja trop notoire, s'il plaisoit à nôtre bon Roy, qui déja paroit aussi grand & excellent en paix qu'en guerre ; afin de soulager son pauvre peuple du plat païs, & luy donner moien de supporter les grandes charges pour ont causées, & quant & quant pour maintenir son autorité, retrancher & supprimer par un bel Edit toutes Justices inutiles, non concedées par lui, ni ses Predecesseurs ; & partant ne laisser qu'un degré de Jurisdiction Seigneuriale en son Royaume, je dis que ce seroit l'Edit le plus juste en poinct de Justice, le plus honorable pour la conservation de son autorité, le plus utile pour le pauvre peuple, bref, le plus necessaire pour la reformation de la Justice qui possible ait jamais été fait.

Je ne suis pas le premier Auteur de cet avis ; Ce docte personnage Turnebus, en l'Epistre admirable qu'il a laissée sur ce même sujet (qui sera ajoûtée à la suite de ce petit discours) conclud resolument sans hesiter, qu'il faut abolir toutes les Justices des Seigneurs ; & même ne laisser qu'un seul degré de Jurisdiction Royale, outre le Parlement. Mais du Molin principal Illustrateur du droit François, me semble avoir directement touché au but & au poinct de la mediocrité : Car après avoir crié en tous ses livres contre ces petites Justices, il dit en quelque endroit qu'il fut cause du 24. article de Roussillon, par lequel le Roy Charles qui déja par l'Ordonnance d'Orleans avoir retranché le second degré de ses propres Justices, reünissant les Prevoftez aux Baillages, osta tout de même aux Seigneurs Justiciers de son Roiaume, le second degré de Jurisdiction.

En consequence de cet Edit, du Molin estimoit que tous les seconds degrez de Jurisdiction Seigneuriale, c'est à dire toutes les Justices des Seigneurs, ressortissantes en autre Justice Seigneuriale, fussent abolies & supprimées à jamais par toute la France, & partant qu'il n'y eust plus desormais qu'un degré de Justice subalterne avant que de venir en la Roiale. Ce qu'il remarque plusieurs fois és apostilles des Coûtumes, qu'il fit imprimer en l'an 1565. qui est un an ou deux après l'Edit de Roussillon, & c'est le dernier livre qu'il a fait imprimer.

Comme sur l'art. 72. de la Coûtume de Tours, portant que le Baron peut bien conceder Justice, mais non pas au prejudice du ressort du Roy, & à la foule de ses propres sujets. *In istis*, dit du Molin, *qua non solùm per errorem emerserunt, sed etiam contra jus Regis, & contra bonum publicum, non valet consuetudo : & certum est, post Edictum Regis Caroli noni de optando, quod hac consuetudo est abolita.*

Sur l'art. 62. de celle d'Anjou, parlant des Justices concedées par les Barons Châstelains, *Hoc est*, dit-il, *iniquum, ut tangitur in processu verbali infra, & est hodie correctum.* Et sur pareil article de celle du Maine il dit, *Sed hodie hoc non licet, obstante novâ constitutione Caroli noni ; ut domini locorum non utantur nisi uno gradu Jurisdictionis, uneque tribunali, & sic nullo modo possunt multiplicare, ut scripsi in consuetudines Paris. §. 10. & in annot. ad cap. ult. ne cler. vel mon. in 6. & in cap. si is cui, glos. penult. de offic. de leg. in 6. dixi etiam in tract. de Dignit. & Magist. Roman. num. 91.* Autant en dit-il encore sur le premier article de la Coûtume du grand Perche.

Neanmoins pour un petit mot qui se trouve coulé en ce 24. article de l'Edit de Roussillon, que les Seigneurs ayans deux degrez de Jurisdiction, opteront lequel ils voudront retenir, la Cour de Parlement tres religieuse observatrice des Ordonnances du Roy, ne le voulut pas étendre par dessus ses propres termes, & partant elle n'a point touché aux seconds degrez de Jurisdiction Seigneuriale appartenante à divers Seigneurs.

Et toutefois c'est la verité que le second degré de Jurisdiction est beaucoup plus tolerable, quand appartient à un même, qu'à divers Seigneurs. Car quand il appartient à même Seigneur, le Roy est servi & reconnu de tous deux ensemble, aussi est-il à presumer que c'est lui qui les a concedez tous deux, posé qu'ils se trouvent dans les aveus de son vassal. Mais quand le second degré est à un arriere-vassal, le Roy n'en est nullement servi, & n'y a aussi nulle apparence qu'il l'ait concedé. Joint que la Justice n'est pas tant demembrée & avilie, quand les deux degrez s'exercent sous l'autorité d'un Comte, Baron, ou Châtelain notable, que si l'un d'iceux s'exerce sous le nom d'un petit Gentilhomme. D'ailleurs, il y a plus d'absurdité à souffrir qu'un Seigneur donne des secondes Justices à un en propriété, que de lui permettre seulement d'établir des seconds Juges en titre d'Office.

Finalement en laissant aux Comtes, Barons & Châtelains un second degré de Jurisdiction, c'étoit limiter les Justices Seigneuriales, à deux degrez ; mais leur permettant de conceder des Justices, c'est souffrir une multiplication infinie de degrez.

Puis donc que l'usurpation de ces petites Justices ou plûtot mangeries de Village est si manifeste ; puisque les absurditez & abus s'y trouvent si apparens ; puisque les inconveniens qui en resultent, sont si notoires ; seroit-il pas raisonnable d'ordonner en declarant & amplifiant l'Edit de Roussillon, qu'il n'y auroit plus qu'un degré de Jurisdiction subalterne pour toute la France, & que le Roy auroit seul, comme il doit, le ressort des Justices de son Royaume, & que ses Juges

des justices des Villages.

connoistroient seuls des causes d'appel.

Aussi le droit de ressort est-il notoirement un des droits de la Couronne ; c'est pourquoy il s'appelle par son vray nom *droit de Souveraineté*, comme il a été prouvé cy-dessus : & de fait, le mot *Appeller*, ne signifie autre chose, à le bien entendre, sinon reclamer, & implorer l'aide du Souverain, & invoquer son autorité, encore l'injustice qu'on pretend avoir receuë. C'est donc faire injure au Roy qui est le Chef de la Justice, de s'addresser à autre qu'à lui ou à ses Officiers, pour reprimer l'injustice.

On pourroit toutesfois excepter de cette regle, suivant le discours de du Tillet, cy-dessus rapporté, les Rentes, les Princes du Sang, & les Pairs de France, en leurs douaires, Appanages & Pairies : Et pour l'excellence de leurs qualitez & dignitez laisser à eux seuls le droit de ressort, & le pouvoir de conceder Justice à leurs vassaux : aussi que ce ne seroit point constituer un degré plus éloigné de Jurisdiction, parce que toutes ces Seigneuries ressortissent immediatement à la Cour.

Par ce moyen il y auroit trois beau & tresnet aux Justices de France ; car il n'y auroit par tout que trois degrez de toute Jurisdiction : A sçavoir la subalterne, qui seroit celle des Prevosts Royaux & des Juges des Seigneurs : la Presidiale, qui est celle des Baillifs & Senéchaux (qu'on appelloit tous anciennement Juges Presidiaux, parce qu'ils sont comme les Presidens des Provinces du droit Romain) & encore les Juges de Pairie : & finalement le Parlement pour dernier ressort. Ainsi on pourroit dire que les Juges subalternes auroient la basse Justice, que le droit appelle *simplicem jurisdictionem*, c'est à dire sans empire & souveraineté, & sans droit de ressort : les Juges Presidiaux auroient *mixtum imperium*, & la moyenne Justice, participant de la souveraineté & de la simple Jurisdiction : & les Parlemens auroient la haute Justice, *merum ac summum imperium*, representans le Prince souverain, tant en dernier ressort, qu'au pouvoir de moderer par l'équité la rigueur du droit.

Ce qui conviendroit directement à la vraye division de Magistrats rapportée par Bodin. Car comme les Magistrats sont ceux qui *juri dicundo præsunt*, dit la loy 2. §. *post originem. D. de orig. jur.* il les divise en de grands moyens, & petits Magistrats. Entendant par les grands Magistrats ceux qui commandent à tous les autres, & n'obeïssent qu'au Prince : par les moyens ceux qui obeïssent aux grands, & commandent aux petits Magistrats : & finalement par les petits ceux qui obeïssent à tous les autres, & ne commandent qu'aux particuliers.

Ainsi seroit observée la regle de droit que *non licet tertio appellare l. unica. C. ne in una causa liceat tertio provocare* : Et si le Parlement ne seroit point frustré de son ressort. Regle qui sans doute s'observoit anciennement en France en la Justice laïque, tout ainsi qu'à present elle s'observe encore en Justice Ecclesiastique, comme il se collige clairement du passage de *Jo. Faber.* prealleguépa *Instit. de vulg. sub. in princ.* Mais aprés qu'il y a eu tant de degrez de Jurisdiction, le Parlement qui n'a voulu perdre son ressort, a receu les troisiémes, mêmes les quatriémes & cinquiémes appellations.

Au contraire, je n'estime pas qu'on puisse alleguer aucune raison valable, pour maintenir l'usurpation de ces petites Justices, & empêcher une reformation si juste & si necessaire. Car puisque l'erreur est découvert, on ne se peut défendre ni de prescription, ni de Coûtume particuliere, qui ne peuvent valoir contre les droits vraiment Royaux, & contre le bien public, comme du Molin a dit aux lieux cy-dessus alleguez, *Nam & jura regia imprascriptibilia sunt, & consuetudo non valet, per quam nervus publica disciplina rumpitur. cap. inter. & cap. cum venerabili, extr. de consuet.*

Et puisque par l'Edit de Roussillon le Roi a tres-justement osté les Prevostez & seconds degrez de Jurisdiction appartenans à même Seigneur, bien qu'il fût fondé & en coûtume & en prescription, & même en les aveus, & en titre & concession expresse. Puis qu'aussi il a bien pû ôter & supprimer par l'Ordonnance de Moulins les Justices des Maires & Eschevins, bien que concedées d'anciennneté par ses Predecesseurs, & depuis confirmées de Roi en Roi : pourquoi fera-t'on difficulté que sa Majesté ne puisse aussi justement abolir les Justices secondes de ses arriere-vassaux erigées sans sa permission ?

Je dis même qu'à bien considerer, le Roi seroit le bien & le profit des Gentils-hommes, de leur oster ces arriere-justices. Car outre qu'il déchargeroit leur conscience & leur honneur des crimes qui se commettent en leur détroit : il est bien certain que le juste profit qui provient de ces petites Justices ne suffit pas, pour paier annuellement les gages des Officiers d'icelles. Et s'il échet qu'il faille mener un criminel à la Cour, & le faire pendre aux dépens du Seigneur, vingt années de l'émolument de la Justice du Seigneur n'y suffiront pas. Outre les risques & procés en reglement, qu'il faut soûtenir & contre les voisins & contre les superieurs : Car en matiere d'usurpation il n'y a point de regle certaine, chacun en prend par où il peut, & aprés il faut plaider ou se battre.

D'ailleurs il est notoire que c'est la ruïne d'un Village d'y avoir une Justice. Car cela apprend à plaider aux païsans, & les détourne de leur travail. S'il y a un ligue de chicaneurs, ils tiennent tous les bons laboureurs en bride : & s'il y a un bon ménager en la paroisse, ces chicaneurs lui courent sus, & ne cessent qu'ils ne l'ayent ruïné. Quand le temps de sa recolte vient, toutes les terres sont saisies faute de foy, faute de cens, faute du payement des rentes ; de sorte qu'au lieu de cueillir la gerbe, il faut aller chicaner. *Jamque serit lites, qui fruges antè serebat.* Que si on dit en commun proverbe qu'il ne faut qu'un Sergent pour ruïner un Village ; que sera-ce donc s'il y a un nombre complet d'Officiers ?

Tout le dommage qui viendroit aux Gentils-hômes de l'abolition de leurs Justices (si dommage doit être appellé) est qu'ils seroient privez de cette autorité tyrannique qu'ils usurpent sur leurs sujets, de leur faire paier des droits sans droit, & des amendes sans Justice, de travailler les innocens, & maintenir les coupables, qui est-ce qu'il faut corriger. Mais quant aux justes prerogatives & droits qui appartiennent aux Gentils-hommes en consequence de leurs Justices, comme la preseance, les honneurs de l'Eglise, le droit de chasse, droit de Moulins, droit de bannalité, & autres semblables ; le Roi les leur peut conserver, même augmenter en supprimant leurs Justices.

Mais afin de ne rien obmettre en ce Discours, supposons qu'il plaise au Roi introduire quelque jour en son Royaume cette belle & necessaire reformation, de ne laisser qu'un degré de Justice Seigneuriale ; sembleroit-il point plus raisonnable de laisser aux Gentils-hommes leurs Justices, & les faire toutes ressortir à la Justice Royale, *omisso medio*, de leurs Seigneurs qui les ont concedées ? Et ce suivant la disposition de la Coûtume de Tours, qui porte que les Barons & Chastelains peuvent bien conceder des Justices à leurs vassaux ; mais non au prejudice du ressort du Roi, & à la foule des sujets ; desorte, dit cette Coûtume, que " les appellations des Justices ainsi concedées doivent " ressortir à la Justice Royale. Aussi qu'on peut dire que les Suzerains se doivent imputer d'avoir ou concedé, ou laissé usurper ces arriere-Justices, au lieu qu'ils devoient garder leur territoire entier, sans en faire où en souffrir le démembrement.

Je dis toutesfois que cette ouverture n'est ni juste, ni utile pour trois raisons principales. La premiere concerne l'interest du Roi, parce qu'en point de droit, *Rex non tenetur admittere multiplicationem Tribunalium, seu Jurisdictionum : sed quæque Jurisdictio debet remanere & exerceri præcisè in illa forma, & in illis terminis, in quibus fuit concessa à superiore*, dit du

E e iij

Molin fur la 10. article de la Coûtume, traittant cette question. En quoy le public a un notable interest, parce qu'au lieu d'une ample Justice que le Roi a concedée, pour l'exercice de laquelle le Seigneur trouvera facilement des Officiers capables, qui se contenteront de salaires mediocres, attendu l'abondance des causes, à la décharge du peuple, il se trouveroit en tel Comté cinquante petites Justices, qui étant ainsi separées & démembrées, ne valent pas la peine d'être exercées par un méchant chicaneur de Village, qui est contraint, pour en vivre, de prolonger les procés, & rançonner les plaideurs.

La seconde raison concerne l'interest des Subjets, parce que si cette derniere ouverture étoit suivie, tous les mêmes inconveniens & incommoditez des petites Justices cy-dessus, apportées demeuroient, hors-mis seulement la longueur qui resulte de la multiplication des degrez : comme l'autorité tyrannique des Gentils-hommes, l'ignorance des Juges de Village, leur malice & subjection à leurs Gentils-hommes ; de sorte que ce seroit un remede palliatif, au moins qui ne gueriroit qu'une partie de la maladie.

La troisiéme & principale raison qui regarde l'interest des Seigneurs suzerains concesseurs de ces petites Justices, est qu'ils les ont concedées ou tolerées à la charge du ressort pardevant eux, & non autrement, de sorte que ne tenant point à eux, mais au Roy & à la Loy, qu'ils n'entretiennent les termes de leur concession ou de l'ancien usage, il n'est pas raisonnable que par la reformation, leur courtoisie & liberalité fût tirée & étenduë à leur prejudice plus outre que la condition d'icelle ; mais il sera bien plus équitable, de retrancher & annuller ce qu'ils ont fait illicitement par l'importunité de leurs vassaux, & pour les gratifier, & ainsi reduire les choses en leur premier état ; que sous pretexte de leur bonté, vouloir distraire entierement leurs vassaux de leur pouvoir & Justice : donnant aux vassaux un nouvel avantage, sans aucune raison ni merite, & privant les Seigneurs de leur droit, sans leur fait & consentement ; & par ainsi laisser les Justices des Seigneurs suzerains tellement affoiblies que celles de leurs vassaux seroient bien souvent les plus amples.

Concluons donc de tout ce Discours que les Justices de Villages ont été ou mal concedées, ou usurpées ; que leur tolerance est pleine d'absurdité, & contre toute raison : que leur exercice est plein d'abus & malversations ; & partant qu'il est tres-expedient, tres-juste, & tres-facile de les reünir en un seul degré de Jurisdiction & en un méme Siege qui seroit la conservation de l'autorité du Roy, & sur tout le soulagement du pauvre peuple tant diminué pendant les guerres, & tant surchargé de subsides, bien que necessaires depuis la paix, qui ne soit plus tant diverti par les procés, de son labeur & trafic, que son argent lui demeure pour fournir aux tailles du Roy. Qui est la propre consideration de cette belle. Nov. huitiéme de Justin. qui prohibe la venalité des Offices des Judicature, Εὑρίσκομεν πολλοὺς εἰσελθούσας τοῖς πράγμασιν ἀδικίαν ἐκ τίνων χρόνων, βιασαμένων τῆς ἡμετέρας ὑπηκόοις, καὶ εἰς πενίαν ἐληλυθυίας · ὡς τοὺς ταλαιτάτω αὐτοὺς ἀπορίαν κινδυνεύειν ἐλθῆναι, μηδὲ τὰ σύνηθη καὶ νενομισμένα τῶν δημοσίων δύνασθαι χωρὶς μεγάλης ἀνάγκης τιθέναι. Πῶς δ' ἂν ἰσχυον οἱ συντελεῖς ταῖς τε ἐξ ὅθεν ζημίαις, καὶ ταῖς τε νενομισμέναις εὐοδεύσειν ἐπαρκεῖν εἰσφοραῖς.

ADRIANI TURNEBI
EPISTOLA AD D. M. HOSPITALEM FRANCIÆ
Cancellarium, scripta anno 1560. In eandem sententiam.

Spicifera Cereri fruges, vinumque Lyæo,
Undas Neptuno, Pomona ruris honores,
Arboreos fœtus Silvano, umbracula silva,
Aucupiumque dabit Fauno. Divisque benignus
Esse volet rerum, quarum illis copia magna est,
Qui tibi consilium Conso dabit : illud in isto
Pectore quo regni res nostri evoluis, abundat :
Id tua nec tenui vena præcordia fundunt,
Flumine sed largo, rivos ut quisque viritim
Derivare sibi possit, neque mentis egere.
Hinc apices summos es adeptus honora togatæ
Conciliante tibi Phœbo Phœbique caterva,
Queis in deliciis & amoribus usque fuisti,
Regis amicitiasq́ue magni, summumque favorem
Jure Megistanum, cùm te sic arte polissent,
Muneribusque suis voluissent esse beatum,
Consilio ut magnus, major quoque quàm illius esses
Pieridum, & versus faceres quos musa sonaret,
Quos Phœbus caneret, quos æmula redderet Echo,
Aspernata sequi reliquorum carmina vatum.
Et tamen evectus suprema ad jura curulis,
Stas infra meritum : quod honoribus altior extas :
Et tua se virtus fasces longè erigit ultra :
Purpura nec decorat te, sed radiante refulges,
Virtutis splendore tua, fruiturque corusco
Persona, & quod te vestis decus accipit inde :
Ornamentum aliis & cultus, sed tibi pannus :
Tuque ornatus ei, segmentum, fimbria, limbus
Aureus, & patagi tu serica trama nitentis,
Et circumtextus croceo meander acanthi.
Qui te igitur doceat, pro certo insanus haberi
Debeat, ex alto quia nil pote quamlibet ullâ

Exquiri magna cura, quin mentis id uno
Protinus adjectu videas, pronaque latebris.
Sed tamen ut nitida Jovis armiger ales in athra,
Cujus ab aeriis se nubibus omnia latè
Subjiciunt oculis longéque, intentus olorem
Dum petit, insidias avibus vel tendit opimis,
Non culicem blattamque videt, vermemque pusillum :
Sic tua majori rerum mens pondere pressa
Ac districta, nequit spectare negotia parva.
Quæ quia nos humiles exercent, sæpeque ladunt,
Cernimus, atque fidem Divumque hominumque rogamus,
Nec querimur jus non dici legesque silere :
Jus nimium dici querimur, passimque sonare
Edicta, & passim vadimonia, cuncta tribunal
Atria possedisse, suis à quercubus altas :
Præcipites Dryadas, Faunos, Satyrosque bicornes :
Judicis ulmicolæ cespes quas obsidet umbras.
Ut meritò Druydes & dici & possis haberi.
Omnia nam resonant istis arbusta cicadis :
Jamque seri lites, qui fruges antè solebat,
Juridicusque sedet curvi moderator aratri,
Qui solitus tardos stimulo terrere juvencos,
Territat edictis tunicati corda popelli.
Quod facit & sartor, facit & quem subula pascit :
Et veteramenti jam reddit jura reliclis.
Est opera pretium cognoscere cætus eorum
Qui sit, pagus queis arrogatur omnis ad ossa.
Ordinis ergo decus princepsque, pedaneus ille
Planipes est judex, aut peronatus arator,
Imperiosus homo lacera tritaque lacerna,
Hos Cincinnatos ab aratro & vomere villa,
Hos & Serranos ad sceptra forensia mittunt :

Adr. Turnebi Epistola.

Iudicio utque scias nil deesse, vicarius illi
Additur, assessor presentis: sin siet absens,
Accipiat solii quem celsum gypsea sedes.
Proximus at sorex fiscalis cognitor is est.
Litigiosus homo controversusque, rapaxque:
Suggerit iste malis fluvium, in vivaria pisces
Et mittit, turdisque dolos & retia tendit:
Et concinnator causarum est atque redemptor.
Officium reliquum est, tinearum cætera turba,
Accensus, præco, sceleratus scriba, viator.
Concilium istud habet pagorum regulus omnis:
Deditus bisque cliens harpiis atque colonus,
Gleb æque adscriptus noxa pœnaque perenni:
Séque negant regnare, suis nisi iurgia sæpè,
Indicántque fori, & creber conventus agatur,
Paganosque sibi mulctent, canibúsque propinent;
    Sessio cum venit, si fortè nivalibus auris,
Horruerit Boreas, populus crepitante molari,
Expectat fœcis in gelida, canáque pruina:
Interea patres agitant convivia læti.
Ante focum, decreta parant ad pocula, multásq,
Nondum etiam auditis describunt patribus ullis.
Sic dominis damnare reos suevere sibique.
    His præiudiciis sic illis consurgitur: itur
A bene curatis, ut ad auditoria ventum est,
Caia est lis sua iura docet, promitque tabellas?
Sed frustra, prædamnata iam lite meracum.
Ad cyathum: arbitrium iudex eructat iniquum.
Ebrius atque satur: tum si fors ille queratur
Qui damnatus erit, si quia dolor exprimat amens,
Carcere punitur, demissis auribus ergo
Mœstus abit quicumque sapit: nam libera lingua
Est rabulis lucro, dominis malè provida damno,
Quinetiam eliciunt iras, tristésque dolentum
Irritant ultro voces, & probra lacessunt;
Erumpat si quid, pœna ut mulctáve pletur.
    Mussis ais, prudens, & provocet, actáque tollat.
At bene qui scriptum faciunt, & in acta referre
Ista solent, habitant munitas turribus arces,
Aggeribus fossíque natantibus undique cinctas
Nobilium comites, quibus appellatio sic est
Invisa, actorumque petitio, si quis ut istud
Postulet, appelletque, aut valupex, aut natet alto
In vastam præceps defectus ponte lacunam,
Carceris aut terras cogatur ferre tenebras,
Deinde larem mutare, suóque excedere agello;
Infestum pagi quia regem semper haberet,
Ergo paciscendum, atque iniuria dissimulanda:
Et pro supremo sunt conciliabula pagi
Agnoscenda foro miseris, summóque senatui:
Gratia quod nec plus dependant aris, habenda.
    Vrbanum viai locupletem ob prædia ruri
Primori mulcta damnatum prorsus iniqua,
Aurea viginti numerare numismata promptum
Subsellii summi patrono ut scanderet arcem
Atque vaderetur procerem sanctumque senatum
Pro se appellaret: tanti tamen ille negavit
Esse sibi quæstum, ut chirurgum quærere vellet,
Aut tumulum, sapiens, qui vitam prætulit auro.
    Ast obeat si quis non ducta uxore, nullis
Si duxit, natis, harpya protinus illa
Vulturique avidi miluinis unguibus omnes,
Creditor id nullus poscat licet atque cohæres,
Advolitant: bona & obsignant, & plurima innutant.
Præpositus præsto est, præsláque vicarius eius,
Et procurator fisci, scriba, atque viator:
Tot pariter pestes populatoresque popelli
Ad prædam accurrunt unà: inventaria scribunt
Omnibus invitis hæredibus: optima furtim
Aversant, comedúntque palam quam plurima; si quid
Restat, & illa cohors id mancipat, atque sequestro
Tradit, & hæredi non antè emancipat id, quam
Omnibus est aurata manus prædonibus: ut sic
Emptorem, ast illos hæredes dicere possit.
Commemoro quid plura? dies me solstitialis
Deficeret, quantum scelerata calumnia, iuris

Grassetur specie si dicam, aut scribere coner,
Quæ vicarius agit caligatus cannabe iudex,
Nec tamen est bonum mihi pars millesima nota:
Quando nec clamosa sequor fora trico molestus,
Nec sellas obeo paula sub tegmine fagi.
    Ista lues tabífque virum per rura forensis
Pérque urbes sepes, rabiosa canicula, quantum
Vitatur, quantum fibris quartana, caducus
Et morbus, quantum pestis quæ sævit in omnes
Eierat & quicumque potest, atque aqua requirit
Iura palatina quæ supplex impetrat aula,
Concedi veniam privat uus lege meretur.
Hoc genus antidoti est adversum hac dira venena.
    In libertatem quare precor assere plebem
Vindicta atque manu, miserè quam cernis ubique
Afflictam, nexam, addictam, servámque teneri,
Iudicis imperio, sævaque tyrannide pressam,
Omnibus atque modis capitis scis esse minuti.
His conventiculis, fas contra humanáque iura,
Retia nam vivax nequit fraudémque sequacem,
Insidiatricem ad vestigia singula semper.
    De vectigali quod ager penditque, lvitque
De censu, procerum quod ius est, novo sola
Iudicis accipitisi sit oportet ruris alumni:
Atque etiam mulcta hoc indicto nomine tantum,
Pignoris & capióque, manúsque iniectio in arvum,
Vindicis reliquum nullis nulióque paratum
Iure tenent: id eis dedit usurpatio tantum
Regibus elusis circumscriptísque: per unum
Quippe propagata est his iurisdictio censum.
    Nobilis an quia possideo per ruscula glebam,
Addictam quoque parut inde meum est & protinus illit
Emptis atque tribus sulcis ego vaneo totus,
Mancipium & suo, dedóque excarnificandus
Pestibus & diris ærualibus? ut mala culmis
Non tantùm rubigo petat, sed corpora nostra
Appetat, & steriles nobis dominentur avenæ.
Nos rodant mures, adedant nos gurguliones?
Quem penes imperium regni, soliíque potestas,
Hunc penes & alto est & iurisdictio solium.
Arrogat hanc si quis, de Maiestate verenda
Principis imminuit, sibi iuráque regia sancit.
    Huius origo mali media succrevit ab aula,
Purpureus siquidem segmentatúsque potentis
Patricius regis comes & perennans amicus,
Prævia communi diem latique fundia non vult,
Esse tribunali sua quicquam obnoxia, rura,
Vrbes, & vicos, atque oppida: ima migravit
Publica, & obtinuit fora litigiosa, suis quo
Imperitaret uti dominus, regnarétque uti rex.
    Inde tot enati Comitatus atque Ducatus
Vegrandes & degeneres, nimiúmque pusilli,
Ambitio titulos sibi dum venatur honoris,
Imperiumque merum petit, & dum iuris habenas,
Vrbibus hinc & agris tot cœtus iudiciales,
Tot præfectuæ, nec non subsellia iuris.
    Nam simul ut fractis patuere repagula claustris,
Illicet, ut pravi docilis natura, decuríque
Ambitiosa suum titulis fastísque petessit,
Prodita sectati sunt multi exempla tribuum:
Resque adeò rediit, ut qui vix octo quadrantes
Exiget è censu decima de parte miselli
Pagi quique clientelaria iugera vix ter
Dena suo patrocinio submissa teneltri,
Iura magistratusque habeat, cansásque, forúmque:
Nec modo de censu dicis ius imperat idem,
Sed de chirographis, pactis, numísque, penúque,
Denique de capite & fortunis omnibus urget.
Et minimo in nido regum vex esse videatur.
    Quid quòd magnorum sibi sumunt præmia regum,
Cum sibi conficient, indagúnque omne caducum?
An si istud regis ius, & tibi protinus esse
Debet ab exemplo? nec regi excepta potestas
Vlla, nec eximium ius iam servabitur illum,
Vt primum proprimúmque habeat nil, quin sibi sumas?
Æmulus ac æquare voles fastigia summa?

A nobis vix hac tolerenda in rege videmur.
Quid quod & hi bona jura jubent, & publica temnunt.
Quid quod de nihilo mulctant fas juráque contra
Parva curiola, rurales atque cathedra?
Quid quod legitimis ut agat fora parvula formis
Omnia, ne possit maturè ad jura venire
Qui, tamen, efficiunt sua, cum sufflaminent tanto,
Tam longáque mora, summi tardata potestas
Iudicii veniat, qua linea distrahat omnium?
Tot præfectura, subsellia totque terenda,
Cùm sint, scriptura tot magna volumina habenda?
Tot fasces capsaque, quibus ut multus onustus;

Torque incerniculis lis sic succreta, bilustri
Tempore vix sancti veniat sub jura Senatus
Ius ubi tam lentè violatis subvenit, illic
Scilicet opprimitur jus, atque injuria regnat.
Emolumenta etenim sunt præsto, at pœna remota.
Castellana igitur sat erit fas curia summa,
Hac duo sufficient prætoria regia nobis,
Iudicium reliquum cunctis damnoque, maloque est.
Ergo justitiam si vis revocare fugatam,
Aurea Saturni per agros si reddere seclis,
Vrbes si florere cupis, cupis esse beatas :
Iustitiam reliquis æternum indicito sellis.

SUITE DU DISCOURS DE L'ABUS DES JUSTICES de Village.

Traittant de la manutention des Justices Seigneuriales legitimement introduites.

SI ne faut-il pas faire comme les mauvais Chirurgiens, qui ne peuvent retrancher la chair morte, sans anticiper sur la vive. Il faut couper seulement ce qui est corrompu & conserver entierement ce qui est sain. Gardons-nous de tomber d'une extremité en l'autre.

Dum vitant stulti, vitia in contraria currunt.

Pourtant si j'ay écrit, que la pluspart des Justices de Village étoient abusives, il ne s'ensuit pas que toutes les Justices seigneuriales le soient; mais comme j'ay dit qu'il sera bon de retrancher celles qui sont abusives, aussi j'entens qu'il faut conserver celles qui sont legitimement introduites. Celles qui ne sont fondées que sur l'usurpation, n'aiant été ni concedées, ni confirmées par le Roy, sont sans doute abusives ; mais de douter que celles qui sont établies par le Roy, soient legitimes, ce seroit douter de sa puissance.

Et bien que la pluspart d'icelles semblent avoir commencé par usurpation, lors qu'és changemens universels de la France, les Ducs & les Comtes gagnerent la proprieté de leurs charges : De mesme sorte que la bonne fortune du Maire du Palais (qui estoit le Duc des Ducs, dit du Tillet) luy donna la seigneurie de tout le Roiaume : si est-ce qu'au mesme temps ces seigneurs furent confirmez par le Roi en leurs Iustices & seigneuries, à la charge de les tenir en fief de sa Majesté qu'ils s'obligerent par ce moyen d'assister & servir : d'où il s'ensuivit qu'en peu de temps ils luy moyennerent un établissement du tout legitime par le consentement universel de son peuple. Et deformais les grands Seigneurs continuant à servir le Roy & combattre pour la Couronne, & le Roy reciproquement à les maintenir & conserver en leurs droits & seigneuries, cette liaison & correspondance a maintenu ce Roiaume en sa perfection, par tant de siecles & le maintiendra, Dieu aidant, éternellement.

Belle invention certes des peuples Septentrionaux, qui par cette mutuelle obligation, qu'ils appellerent *fief* à cause de la foy, mere des contrats, & fondement de Justice, lians d'un nœud indissoluble les Seigneurs avec leur Prince, s'établirent adroitement dans les pais qu'ils avoient heureusement conquestez.

Et cette usance d'infeoder les droits & domaines de la Couronne, pour gratifier des personnages de grand merite, a duré jusqu'à nostre temps, qu'elle a été retranchée par l'Ordonnance de l'an 1566. Possible bien à propos, pour éviter les desordres trop communs en ce siecle. Et toutefois l'évenement a montré que l'autre ouverture d'engager le domaine à faculté de rachat, introduite par cette mesme Ordonnance, a esté plus prejudiciable à l'Etat que n'estoit l'infeodation gratuite, d'autant qu'on est toûjours plus retenu de donner que de vendre : qui estoit la consideration des Romains, quand ils permettoient aux femmes de donner, & non de répondre, & de consentir la vente absoluë de leur fonds dotal, & non le simple engagement.

Revenant donc à nos Justices, Je dis (avec du Tillet au Chap. du Connestable & Mareschal de France) que toutes Justices appartiennent au Roy, les unes en pleine proprieté, qui s'exercent en son nom; & les autres en seigneurie directe seulement, qui s'exercent au nom des Seigneurs qui en sont vrais Proprietaires & Seigneurs utiles, à titre de fief, les relevant & rachetant du Roi, qui partant en est l'auteur & le garant, & tenu de les maintenir : d'où il s'ensuit bien que ses Officiers ne les peuvent ni doivent affoiblir ou diminuer.

Neanmoins comme entre tous les animaux les grands mangent les petits, non seulement entre les hommes, mais encore entre ceux de Justice, cette mesme injustice s'exerce de tout temps. Car les Officiers Royaux ayant cet avantage sur les subalternes, d'estre leurs superieurs, les ont toûjours voulu reduire à si petit pied, que si les Parlemens superieurs de tous, & établis principalement pour tenir en devoir les Juges des provinces, n'eussent quelquefois pris la protection des Justices Seigneuriales rendant à chacune Justice ce qui luy appartient, qui est l'unique fin, mesme la definition & la nature de la Justice, il y a longtemps que les Seigneurs eussent esté dépoüillez de leurs Justices.

Ce n'est pas moy qui fais cette plainte, c'est ce grand Illustrateur de nostre Droit François du Molin, disant sur l'apostil. de l'art. 81. de la Coûtume d'Anjou, que les Officiers Royaux tâchent d'attirer tout à eux sous quelque petit pretexte, ou occasion colorée que ce soit, ainsi que faisoient ceux de la Cour d'Eglise auparavant l'Ordonnance de 1539.

Leur principale & plus importante entreprise est, touchant la prevention qu'ils pretendent avoir en toutes causes des Justices Seigneuriales ; laquelle ils fondent sur ce qu'ils disent n'estre pas à presumer que le Roy concedant aux Seigneuries la Justice de leur territoire s'en soit voulu dépoüiller tout à fait : au contraire, estre à croire qu'il n'a point concedé tant de puissance à ses vassaux, que luy auquel appartient inseparablement la Justice universelle de son Royaume, ne l'en soit reservé davantage.

Ils adjoûtent que par la disposition du Droit Romain, les Iustices superieures & generales ont prevention sur les inferieures & particulieres, ce qu'ils pretendent prouver par la loy 1. C. de Offic. Præf. urbi, où l'Empereur reglant le Prevost de la Ville avec le Prevost des vivres, ordonnent qu'ils connoistront concurremment de la police des vivres, *ut Præfectus urbi abrogatum sibi aliquid putet, & vicissim ne lateat Officium annonariæ præfectura: Ita ut inferior potestas meritum superioris agnoscat, atque ita superior sit exerat, ut sciat quid inferiori debeatur.*

des justices de Village.

Ils alleguent encore la loy *Iudicium. D. De Iudiciis. Iudicium solvitur vetante eo, qui majus imperium in eadem iurisdictione habet.* A quoy ils adjouſtent pour argument à ſimili la Loi *Quoties D. De administ. tut.* où il eſt dit que *Tutor tenetur de incremento patrimonij, licet ad illud incrementum datus fuerit specialis curator.* Et voilà toutes leurs allegations, outre l'opinion de quelques Docteurs ultramontains, ignorans l'uſage de France, & residans aux lieux, où autre que le Souverain n'a juſtice.

Mais il eſt aiſé à verifier le contraire, & par le Droit Romain, & par le Droit Canon, & par la raiſon, & par la ſuite du Droit François, & par les Ordonnances de nos Rois, & par la deciſion de toutes nos Coûtumes, & je ne croi pas qu'il y ait aucun article du Droit François plus clair & plus indubitable.

Quant au droit Romain, encore qu'il n'y ſoit point decidé, que les Magiſtrats euſſent prevention ſur les juges Pedanées, ſi eſt-ce que quand ainſi ſeroit, il ne faudroit trouver eſtrange, d'autant que les juges Pedanées n'eſtoient point Officiers, mais perſonnes privées, ſur leſquelles les Magiſtrats (à qui la connoiſſance des cauſes legeres appartenoit, auſſi bien que des grandes) ſe dechargeoient des cauſes legeres, de ſorte que la loy dit que *alienam tantum iurisdictionem exercebant, nec quicquam pro suo imperio agebant.* C'eſt pourquoy les Docteurs modernes ont retranché la rubrique *de iurisdictione*, où les anciens interpretes avoient adjouté, *omnium iudicum*, par ce que *revera iurisdictio non erat Iudicum, ſed Magiſtratuum.*

Neanmoins c'eſt choſe notable que juſtinian aprés avoir erigé les juges Pedanées en titre d'Office par la Nov. 82. defendit par la Nov. 15. de plaider devant les Preſidens des Provinces, de ce qui eſtoit de leur Juriſdiction, *Non valentibus noſtris ſubjectis trahere ſibi obligatos ad clariſsimos Provinciarum Praeſide, ſi infra praedictam ſummam trecentorum ſolidorum lis conſiſtat.* Et parce qu'il conſideroit que les juges inferieurs ne ſeroient pas ſuffiſans pour maintenir d'eux mémes leur Juſtice à l'encontre de leurs ſuperieurs, adjecit *ſanctionem, ut qui dolo malo plus petiiſſet ut cauſam ad Preſidem traheret, litem amitteret, revocata in eo articulo plus petentium veteri poena.*

Voilà donc la deciſion toute formelle du Droit Romain, qui exclud la prevention. Et n'eſt contraire la Loi 1. *De Offic. Praef. urbi*: Car c'eſt un reglement particulier entre deux Officiers dont on ne peut tirer de regle generale: de méme qu'en France encore qu'il y ait une Ordonnance, que les juges Royaux connoiſtront par prevention des cas attribuez aux Prevôts des Mareſchaux, & que les Baillifs auront prevention ſur les Prevôts Royaux en matiere de complainte, il ne s'enſuit pas que les juges Royaux ayent prevention regulierement les uns ſur les autres.

Et quant à la Loi *Iudicium*, il la faut entendre ſelon ſes propres termes, *De eo qui majus Imperium in eadem jurisdictione habet, non in eadem provincia.* C'eſt à dire que le Proconſul ou Preſident de Province peut defendre à un juge delegué par ſon Lieutenant de paſſer outre au jugement du procés: retenant la difference qu'il y a, *Inter jus dicentem, & Iudicem: & viciſſim inter jurisdictionem, & judicium*; à ſcavoir que *Ius dicens eſt Magiſtratus*, qui pro tribunali ſedet & praeſt juriſdictioni, habetque poteſtatem à publico introductam, juris dicendi & aequitatis ſtatuende. *Judex autem eſt*, qui habet poteſtatem judicandi, à *jus dicente*, id eſt *Magiſtratu delegatam.*

Finalement, pour le regard de la Loy *Quoties*, elle ne regarde en aucune façon les preventions; & la raiſon de difference eſt dans ſon texte, *quia omnis utilitas pupilli ad tutorem pertinet*, aequi toute la juſtice primitive, *non pertinet au juge ſuperieur*, mais ſeulement le cas de reſſort.

Quant au Droit Canon, il eſt certain que les Archevêſques, Primats & Patriarches n'ont point de prevention ſur les Eveſques de leurs Provinces; bien qu'ils ſoient appellez leurs ſuffragás: c'eſt la deciſion expreſſe du can. *Nullus Primas*, & du can. *Conqueſtus 9. queſt. 3.* Et bien que l'Archidiacre ſoit le Vicaire de l'Eveſque, cap. 1. ext. *De Offic. Archid.* Et que ſa juriſdiction ſoit demembrée & uſurpée de celle de l'Eveſque, n'étant anciennement qu'un méme auditoire, comme celui d'un Bailly & de ſon Lieutenant, & encore bien que l'Eveſque ſoit appellé *Ordinarius totius dioeceſis*: ſi eſt-ce que la gloſ. ſur le chap. *Paſtoralis ext. De Offic. Ordin.* prouve bien que l'Eveſque n'a point de prevention ſur les ſujets de l'Archidiacre aiant juſtice. Et pour le regard du Pape, encore qu'on lui ait enfin paſſé ce titre, *Ordinarii Ordinariorum*, tant concerté dans les Conciles, en conſequence duquel il jouyt de la prevention ſur les Ordinaires en la collation des Benefices, ſi eſt-ce qu'il n'entreprend pas la prevention en la juriſdiction contentieuſe. Car comme dit S. Gregoire Pape en les Epiſtres, *Si ſua unicuique Epiſcopo juriſdictio non ſervetur, quid aliud agitur, niſi ut per nos, per quos Eccleſiaſticus ordo cuſtodiri debet, confundatur?*

De méme nous voyons en la juriſdiction ſeculiere de France, que les Baillifs, bien qu'ils ſe qualifient Baillifs de Provinces, n'ont pas toutefois la prevention ſur les Prevôts Royaux, ny le Parlement ſur les juges des Provinces: mais comme diſent les Gononiſtes, *gradatim proceditur in cauſis*: ce qui ne ſeroit pas, s'il eſtoit ainſi, que les Baillifs Royaux fuſſent juges ordinaires de toute la Province, & que les ſuperieurs euſſent prevention ſur les inferieurs.

Et toutefois c'eſt ſans doute, qu'il y auroit beaucoup plus d'apparence que les Baillifs euſſent prevention ſur les Prevôts Royaux, que non pas ſur les juges des Seigneurs, deſquels les juſtices ſont patrimoniales, & dont celui auquel elles appartiennent, ſe peut dire Seigneur, tout ainſi que de ſon patrimoine & heritage. C'eſt ce que dit fort bien Jean Faber *Inſtit. De Attil. tut. In principio* traitant cette méme queſtion de la Prevention, & aprés avoir reſolu hardiment & abſolument qu'elle ne doit avoir lieu, *nec obſtat*, dit-il, *l. 1. C. de Offi. Praef. urbi*: *quia loquitur in locis, ubi jurisdictio pertinebat ad unum ſolum, puta ad Imperatorem, nec erat alterius propria: Hic autem eſt propria Baronum*, & ſur cette méme conſideration eſt fondée la Declaration de l'an 1536. ſur l'Edit de Cremieu, qui ſera rapportée cy-aprés. Ce qui ſert de reponſe aux opinions des Docteurs ultramontains.

Auſſi le Roi ayant concedé aux Seigneurs la Juſtice à titre de fief, qui eſt un titre onereux & obligatoire de paix & d'autre, qui méme a tiré ſon nom de la foi, il s'eſt ſans doute depouillé tout à fait de la Seigneurie utile d'icelles Juſtices, tout ainſi que de ſon heritage feodal, n'y ayant plus rien que l'hommage. Et comme il ne ſe peut pas faire que deux ſoient Seigneurs ſolidairement & entierement d'un heritage: auſſi ne ſe peut-il faire que la juſtice ordinaire & primitive d'un territoire ſoit ſolidairement à deux.

Il eſt bien veritable, pour répondre à la premiere raiſon des Officiers Royaux, que le Roi n'aliene pas tellement les juſtices, qu'il ne retienne la ſuperiorité, qui eſt le reſſort d'icelles: & encore qu'il ne retienne la juſtice, Police, & autorité univerſelle, qui lui appartient inſeparablement comme Roi par tout ſon Royaume, & ſur tous les ſujets d'icelui; c'eſt pourquoy il peut interdire tous Juges, evoquer tous procez par ſa pleine puiſſance & autorité Royale, qui eſtant ſouveraine ne reçoit point de bornes: mais toutefois cette puiſſance ſouveraine & extraordinaire reſide en ſa ſeule perſonne, & n'eſt pas communicable à ſes Officiers, auſquels il ne communique que la puiſſance ordinaire & reglée.

Cette juſtice univerſelle eſt toute telle, que la Seigneurie eſt univerſelle que le Roi a ſur tous les biens de ſes ſujets, de laquelle parlant Seneque, il dit que *Principis omnia ſunt imperio, non dominio.* Comme donc en conſequence de cette Seigneurie univerſelle, le Roy ne pretend pas cueillir par prevention les fruits des heritages de ſes ſujets; auſſi en vertu de cette juſtice universelle, il n'entend pas exercer la Iustice primitive de ses sujets, *qua est in fructu.*

Finalement puis que *in toto iure generi per speciem derogatur*, ce qui est dit particulierement, *in materia Iurisdictionis, in cap. Pastoralis, in fin. ext. De rescriptis*: il s'ensuit que le Roi ayant concedé une justice & un territoire special aux Seigneurs, il a séparé & demembré tout ce qui fait ce territoire de la Iustice primitive de sa Province.

Mais il ne faut plus hesiter en cette question: car il n'y en eut jamais de decidée plus d'une, d'Ordonnances, y en ayant neuf ou dix faites tout exprés. A sçavoir celle de saint Louis en l'an 1254. de Philippe le Bel en l'an 1302. de Philippes de Valois en l'an 1338. du Roi Iean en l'an 1355. de Charles V. en l'an 1357. de Charles VI. en l'an 1408. de Charles VII. en l'an 1443. de Charles VIII. en l'an 1490. & de François I. en l'an 1538. toutes lesquelles Ordonnances defendent expressément aux Baillifs & Senechaux d'entreprendre aucune jurisdiction és terres des Barons & Seigneurs hauts justiciers, fors seulement és cas Royaux, & de ressort.

,, Je rapporteray seulement le texte de l'Ordonnance
,, de Charles V. Parce que plusieurs de nos Officiers
,, se sont melez d'attribuer à eux la jurisdiction des Sei-
,, gneurs & Iuges ordinaires, dont le peuple est moult
,, grevé, Nous qui desirons que chacun soit de son droit,
,, justice, & jurisdiction, ordonnons que toutes justices
,, soient laissées aux juges ordinaires, & à chacun singu-
,, lierement sa jurisdiction: sans que nos Baillifs, Pre-
,, vosts, & autres nos Iusticiers, les puissent traire par-
,, devant eux, sinon que ce fust en pur cas de ressort &
,, souveraineté. Ordonnance notable en ce qu'elle qualifie les Iuges des Seigneurs juges ordinaires, à l'exclusion des juges Royaux superieurs, & qu'elle n'excepte pas mesme les cas Royaux.

Et neanmoins du tems de ces anciennes Ordonnances, il y avoit bien plus de sujet d'autoriser la prevention Royale, qu'il n'y a maintenant. Car lors les Ducs & les Comtes tenoient la justice primitive presque de toute la France, n'y aiant en tout que quatre Bailliages, & autant de Senechaussées Roiales en France, de sorte qu'il y avoit grande apparence d'attribuer prevention aux Officiers du Roi, afin de maintenir son autorité par tout son Royaume, & empescher que les Seigneurs usurpassent tout à fait la Souveraineté, comme ils ont fait en Italie & en Allemagne, ce qui n'est plus à craindre maintenant.

Aussi bien qu'en la plûpart des Coustumes lors de la reformation d'icelles, les Officiers Royaux aient mis en avant la prevention, si est-ce que presque par tout elle leur a esté absolument déniée: & c'est chose notable qu'il ne se trouvera point qu'en une seule Coustume de toute la France, elle soit passée sans contredit.

Il est bien vrai que comme les Officiers Roiaux d'une Province, assistez de Praticiens de leur Siege, dominent volontiers & font passer tout ce qu'ils veulent en telles assemblées, ils ont obtenu par brigues & menées en quelques Coustumes deux sortes de prevention, l'une absoluë & sans renvoi, qui n'est passée qu'en trois ou quatre Coustumes au plus du costé de Picardie & il y a toûjours eu empeschement, opposition, ou appel des Seigneurs hauts justiciers, ce qui retient encore en ces lieux-là, cette prevention litigieuse & indecise.

L'autre est la prevention simple & à la charge du renvoi qui a lieu és Coustumes d'Anjou, Poictou & le Maine, qui portent que le juge Roial superieur peut bien prevenir pour faire ajourner devant lui les sujets du haut justicier, mais qu'il est tenu le renvoier, s'il est avoué & vendiqué.

Qui est un expedient subtil que les juges Roiaux ne pouvans obtenir la prevention absoluë contraire directement aux Ordonnances, ont trouvé pour empieter toûjours tant qu'ils pourroient sur les justices des Seigneurs; sous pretexte qu'ils ont mis en avant, que tous François sont naturellement sujets de la justice du Roi, & ne s'en peuvent exempter de leur chef, s'ils ne sont vendiquez par leurs Seigneurs, ausquels & en leur seule faveur, disent-ils, les Iustices ont esté concedées.

Discours plus specieux que veritable. Car il est bien vray que tous François sont sujets de la Iustice universelle du Roi, qui est inseparable de sa Souveraineté cõme nous avons dit cy-dessus, & originairement estoient sujets de la Iustice primitive, parce que toutes Iustices viennent de lui; mais les ayant alienées, elles ne sont plus à lui, & de dire que la concession qu'il en a faite n'est qu'en faveur des Seigneurs, aussi est-ce tort que leur donner cette traverse, qu'il faille à chaque cause aller avoüer leurs vassaux: & d'ailleurs puis que la Iustice est dûe sur le lieu au peuple, c'est lui faire tort de l'attirer à plaider au loin; & il est à presupposer que le Roi auroit deslegué des Iuges sur le lieu, s'il n'en avoit donné la Iustice aux Seigneurs.

Neanmoins comme les Superieurs ont beaucoup d'avantage sur leurs inferieurs, les Iuges Royaux ont si bien maintenu leur possessió de ces preventions simples, qu'elles sont tournées en droit commun & usage ordinaire, presque par toute la France: de sorte qu'on tient encore maintenant plustost par routine que par raison, que le Iuge Royal superieur est competant jusques à ce que le renvoy soit demandé: Lequel renvoy est lors octroyé aux dépens: mesme on tient qu'il doit estre demandé par le Seigneur, & non par son justiciable, si ce n'est en pays de Droit écrit, ou en action réelle, ou en criminel, encore quelques-uns tiennent qu'il le faut demander devant contestation. Et toutefois cette pratique est directement contraire aux Ordonnances ci-dessus alleguées, qui defendent par mots exprès de traire, disent-elles, les justiciables des Seigneurs pardevant les Iuges Royaux, fors és cas Royaux, & de pur ressort.

Neanmoins du temps de ces Ordonnances cette pratique estoit beaucoup plus paisible & tolerable qu'à present, ains que les François le souvinssent qu'ils estoient vrais & naturels sujets du Roi; & partant tenus de requerir obeissance (ainsi est appelé le renvoy en plusieurs Coustumes) à ses Iuges: mais aujourd'huy qu'il n'y a plus de crainte que les François reconnoissent leurs Seigneurs pour Souverains; que sert cette vieille routine, sinon d'une inique pratique, si les Seigneurs sont negligens de requerir le renvoi? & un tire-laisse, s'ils en font soigneux? Quelle honte est ce que les Iuges de Province, pour courir pratique, promenent & traduisent ainsi çà & là, les pauvres plaideurs, comme joüans d'eux à la pelote, & qu'ils les attirent loin de leur demeure, souvent en une cause de neant, pour n'y faire autre chose, sinon de demander congé de s'en retourner, ce qu'ils ne leur peuvent denier.

An ideo tantum venerant, ne exirent?

Est-ce pas proprement, *Illudere vitas alienas?* comme dit Iustin. en la Nov. 53. parlant de ceux qui *nolunt in partibus eligere Iudices, & ibi litigare*.

Mais encore sur ce sujet il se fait une infinité de chicaneries & friponneries honteuses. Car les Procureurs des sieges Royaux, sont si bien faits & ces attrapoires de pratique, qu'il ne s'en trouvera pas un seul qui vueille demander un renvoy, si le Seigneur n'y est present: encore s'il y est present, ils feront qu'on n'appellera point la cause: & si on est forcé de l'appeller, le Iuge sera la sourde oreille au renvoy demandé, & le Greffier n'en écrira rien, ou bien on trouvera quelque échapatoire pour differer, ou quelque pretexte pour retenir la cause à tort ou à droit: & on passera hardiment outre, nonobstant l'appel d'incompetence, comme par main superieure, & afin, dira le Iuge, que pendant la contention des deux Iustices, la Iustice ne soit differée aux parties: de sorte qu'il faudroit que les Seigneurs entreprissent autant de procez, comme il y a de causes en leurs Iustices.

Le meilleur remede qu'ils y puissent apporter, c'est de chastier par amendes leurs justiciables qui attirent les autres ailleurs. Encore ce remede n'a-il lieu que contre

des justices de Village.

leurs Justiciables, à l'egard desquels ie n'y trouve nulle difficulté, puis que la Loi dit que, *modica coërcitione licet iurisdictionem suam tueri*. Que si le vassal d'un Seigneur avoüant le Roi, confisque son fief : le justiciable qui est plus proprement appellé sujet que le vassal, distrayant la Iustice de son Seigneur, ne peut moins que d'estre condamné à l'amende, qui est une moindre peine que la perdition de cause ordonnée en ce cas par la Nov. 5. *de Iustinian*.

Il y a encore une autre absurdité & injustice aux preventions, qui est de grande consequence : c'est que si elles avoient lieu, un demandeur auroit cét avantage de choisir tel iuge qu'il lui plairoit & qu'il estimeroit lui estre plus favorable : & ce au prejudice du pauvre defendeur, qui selon la regle de droit doit estre plutost supporté & favorisé. Avantage qui n'est pas moindre en iustice, que d'avoir le choix des armes en duel, principalement en ce temps, que les iuges ayans acheté leurs Offices bien cher, recherchent tous moyens de les faire valoir : c'est pourquoi il y en a beaucoup qui sont trop enclins à favoriser ceux qui leur amenent l'eau, comme on dit, au moulin, & plusieurs mesme, qui se rendent selon les occurrences, ou plus rigoureux, ou plus faciles & accessibles que de raison, afin d'attirer pratique.

Conclusion que le Droit Romain, le Droit Canon, les Ordonnances de France, les Coustumes des Provinces, la suite du Droit François, la raison & point de iustice, & finalement le bien public resistent directement aux preventions. C'est pourquoi il n'en faut plus faire de doute, mais faut tenir suivant les Ordonnances toutes formelles, que les iuges royaux ne peuvent avoir iurisdiction sur les justiciables des Seigneurs qu'en deux cas : c'est à sçavoir aux cas de ressort, & aux cas royaux : c'est pourquoy aussi ils ont tasché par plusieurs artifices & subtilitez d'étendre ces deux exceptions presque à toutes causes.

Premierement au cas de ressort, ils se sont fait accroire que quiconque avoit une fois appellé du iuge subalterne, estoit desormais exempt de sa iustice pour toute sa vie : & fondoient cette exemption, sur le chapitre *ad hec*, & le chap. *Proposuit ext. De appellat*. où il est dit, que le iuge dont y a appel peut estre recusé en autres causes, come suspect : encore qu'il y ait bien de la difference entre l'exemption de la iustice & la recusation du iuge, & n'y a aucun texte au Droit Canon qui decide que celui qui a appellé de son Evesque, soit desormais exempt de sa iustice.

Mais la decision civile tranche, que l'appel ne peut pas seulemēt produire une cause de recusation valable contre le Iuge. Témoin la rubrique. *Apud eum à quo quis appellavit, aliam causam agere compellendum*, où la Loi 1. en rend la raison. *Nec utetur, qui appellavit, hoc pretextu, quasi ob offensum iudicem non debeat experiri, cum possit denuò provocare*. Aussi les Iuges royaux ne pratiquoient ces exemptions par appel, sinon à leur profit, & à l'egard des iustices subalternes seulement : mais eux-mesmes ne permettoient pas que leurs superieurs les pratiquassent à l'encontre d'eux, comme il se void dans Bouteiller, & és Coustumes d'Anjou & du Maine.

Et certainement ce pretexte estoit non seulement plausible, mais presque necessaire, lors que les bonnes Villes estoient possedées par les Ducs & les Comtes, qui taschans d'usurper la Souveraineté de leurs Provinces, mal-traitoient & faisoient des injustices à ceux qui appelloient de leurs iuges : & partant il estoit tres expedient que le Roi les prist desormais en sa sauve-garde : De fait, par telles voyes les grands Seigneurs empeschoient tellement les appellations, que le parlement bien que seul lors pour toute la France, & n'ayant qu'une chambre, ne s'assembloit toutefois que trois ou quatre fois l'an.

Que si en ce temps là mesme les exemptions par appel furent trouvées injustes, témoin les Ordonnances, qui pour les abolir, ne reservent aux iuges roiaux,
Des Iustices de Village.

que les cas de pur ressort (mots qui apparemment excluent l'exemption par appel) qu'en doit-on dire aujourd'hui, que les appellations sont venuës en stile si commun qu'on y est tout accoustumé, & n'y a plus nî Seigneur ni iuge qui s'en offense ; de sorte qu'il y a sept Parlemens en France pour vuider les appellations : & en tel Parlement il y a sept Chambres qui y travaillent toute l'année. Aussi les exemptions par appel sont-elles maintenant hors d'usage par toute la France, fors en Anjou & au Maine, & en une ou deux Coustumes de Picardie, où encore elles ne sont pas pratiquées à la rigueur.

Il est vrai que quelques iuges roiaux voulans retenir un reste de ces exemptions par appel, font métier & marchandise, sur le moindre appel interjeté devant eux, fust-ce d'un appointement en droit, d'une forclusion ou brief delai, ou d'un appel du dernier appointement interjetté seulement pour fuïr, de retenir, mesme d'évoquer à eux le principal de la matiere : jusques là qu'ils pretendent que depuis qu'ils ont oüi parler du moindre incident d'un procez, jamais le procez ne doit retourner devant les iuges ordinaires, & sont pratiquer aux plaideurs ce que dit le Renard d'Horace au Lion, *Omnia te adversum vestigia, nulla retrorsum*.

Qui est entreprendre davantage que ne fait le Parlement, bien qu'il exerce la iustice Souveraine & universelle du Roi qu'il represente : & neanmoins il se contente ordinairement de vuider l'article d'appel, sans évoquer ni retenir le principal, si ce n'est pour le vuider sur le champ au soulagement des parties, ou en autres certains cas, qui par les Ordonnances sont laissez à la religion : mais quant aux Presidiaux cela leur est entierement defendu sans aucune exception, notamment par l'Ordonnance de Blois articles 148. & 179. qui leur enjoint de vuider seulement l'article d'appel & renvoier le principal au Siege ordinaire. Qui plus est, mesme elle leur enjoint par exprés d'y renvoyer l'execution de leurs iugemens, soit que la Sentence soit confirmée ou infirmée, & ce sur peine, dit l'article 179, de nullité des procedures, & de tous dépens, dommages & interests des parties.

Qui est la mesme chose en effet, qui est contenuë aux anciennes Ordonnāces, qui ne leur laissoient que le cas de pur ressort, c'est à dire, le seul article de l'appel : car appel & ressort sont synonymes, d'où il resulte que la connoissance des decrets & oppositions formées sur les executions & saisies, & autres semblables differends survenans en execution des Sentences des iuges royaux, doivent estre vuidées en la iustice ordinaire. Car ce ne sont pas cas de pur ressort, attendu que le cas de ressort, c'est à dire, l'appel est celui auquel residoit l'effet devolutif, c'est à dire, qui devoluoit la cause au Superieur, & qui suspendoit l'execution de la Sentence du iuge ordinaire.

Aussi la forme de prononcer sur l'appel n'est pas de cōdamner de nouveau celui qui a déia esté condamné par le premier Iuge, mais seulement de dire, que la Sentence dont estoit appel sera executée & sortira son effet : D'où il s'ensuit que quād on fait l'execution, c'est cette Sentence-là, non celle du Superieur, qu'on execute, & neanmoins on se sert volontiers des deux ensemble, pour montrer que l'obstacle d'appel, qui empeschoit l'execution de la premiere Sentence, est levé & osté. C'est ce qu'on dit en pratique, *Agitur ex confirmato, non ex confirmante*. Et de fait, il est sans doute que l'hypotheque attribuée aux iugemens par l'Ordonnāce de Moulins, commence & se compte du iour de la premiere Sentence, & non de la confirmative seulement, comme il est contenu en la Declaration du mois de Juillet 1566. & que les saisies & executions faites auparavāt l'appel reprennent leur force aprés le iugement confirmatif.

Et sans doute c'est ainsi qu'il faut entendre le dire de *Ioan. Faber in leg. Ess. Cod. Si contra ius vel util*. Que chaque iuge doit executer la Sentence, ainsi que comme porte l'Ordonnance de Blois, quand il est

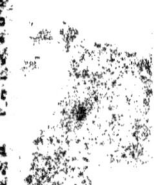

question de l'interpretation d'un jugement, il faut plaider devant le luge qui l'a donné, *quia ejus est interpretari, mentem suam, qui obscure verba fecit*, dit la regle de Droit ; mais quand il s'agit d'un decret ou d'une opposition faite en vertu d'une Sentence, cela ne regarde plus le different déja jugé par icelle, mais c'est un procez tout nouveau, qui partant concerne la Iurisdiction ordinaire.

C'est ainsi pareillement qu'il faut entendre l'Arrest du Parlement de Paris du 27. Novembre 1598. contenant le Reglement des decrets : en ce qu'il porte que les criées commencées en vertu des Contracts seront poursuivies devant le Iuge ordinaire du domicile du debiteur, & celles qui se feroit en vertu desSentences seront poursuivies devant le Iuge dont les Sentences sont émanées. Ce qu'il faut entendre, comme j'ay dit, de la Sentence confirmée non de la confirmante, puisque l'Ordonnance de Blois attribuë expressement aux Iuges ordinaires toutes executions de Sentences de leurs Superieurs, soit qu'ils ayent confirmé, ou infirmé la leur.

Et ne sert rien de dire que par ce mesme Reglement la Cour s'est reservé les decrets faits en execution de ses Arrests. Car, comme je viens de dire, elle est Souveraine, & en elle reside la Iustice universelle du Roi, *Est que velut ordinaria ordinariorum*. Comme telle, elle retient & renvoye ce qui lui plaist : ainsi que le Roi qui parle en ses Arrests, qui est une autorité que n'ont pas les Iuges Presidiaux, lesquels ne doivent pas se comparer à la Cour. Autrement ce seroit la comparaison du rustique de Virgile.

*Vrbem, quam dicunt Romam, Melibæe, putavi
Stultus ego huic nostrae similem.*

Mais l'Ordonnance de Blois a passé encore plus avant, & pour le soulagement du peuple, a retranché le pouvoir des Iuges Superieurs, mesme en ce qui est du pur ressort. Car par l'article 168. d'icelle, il leur est enjoint de commettre le Iuge du lieu, pour l'instruction qu'il faut faire sur le lieu és procez pendans pardevant eux, sans qu'ils puissent refuser telles commissions. Ce qui est mesme ordonné pour les executions d'Arrests & instruction des procez pendans auParlemet par l'article 151. de cette Ordonnance, & l'article 46. de l'Ordonnance d'Orleans, lesquelles deux Ordonnances montrent bien que c'est un erreur en pratique, de dire que laCour n'adresse jamais ses commissions aux Iuges non Royaux. Routine neanmoins qui est si inveterée en la cervelle des anciensPraticiens du Palais, qu'attachent à leurs vieux formulaires & protocoles, qu'encore aujourd'huy il y a desProcureurs & des Clercs du Greffe qui en font difficulté, ne sçachant pas ces Ordonnances.

Voilà pour les cas de ressort : mais au regard des cas Royaux, les entreprises y sont bien plus frequentes & en plus grand nombre. Car n'ayant jamais esté specifiez ny arrestez nettement par aucune Ordonnance, on en a fait une idée de Platon, propre à recevoir toutes formes, & un passe-par-tout de pratique : verifiant le dire du Poëte, *An nescis longas Regibus esse manus ?* Aussi veritablement c'est une bonne couverture que le manteau Royal.

Or à bien entendre, les cas Royaux sont ceux seulement esquels le Roi a interest, pour la conservation de ses droits, où la manutention de son autorité ; & dautant qu'il n'est pas raisonnable que sa Majesté déduise son interest devant les Iuges de ses Sujets, & qu'il leur demande justice ; à bon droit on observe que telles causes soient seulement traitées auxIustices Royales, & voilà sans doute la vraye origine & la cause formelle des cas Royaux.

Voicy donc les vrays cas Royaux. Le crime de leze-Majesté humaine en tous chefs avec toutes ses bréches & dependances ; l'infraction de sauve garde, passe-port, où sauf conduit du Roy, & des Officiers de la Couronne chacun au fait de sa charge, le tort fait aux Officiers de la Maison du Roi, ou de la gendarmerie, & tous allans & venans pour le service de sa Majesté, mesme à tous Officiers Royaux faisans leur charge ; La connoissance de tous droits, biens & deniers Royaux, & tout ce qui en dépend, & sous cet article sont fondées les justices des Elections, Eaux, & Forests, & Greniers à Sel dans les terres des hauts Iusticiers. L'assemblée illicite & port d'armes tendans à guerre, trouble, ou sedition ; La fabrication de la Monnoye, soit bonne ou mauvaise, contre les forgeurs seulement, & non contre les simples expositeurs, qui sont plustost larrons que faux-monnoyeurs ; Les causes concernantes les Offices Royaux, & les delits commis par les Officiers Royaux au fait de leurs Offices ; Les causes des Eglises Cathedrales, & autres estans de fondation Royale & par exprés privilegiées ; Celles des Commensaux du Roy & desPrinces privilegiez & autres personnes, qui ont leurs causes commises auxRequestes du Palais par ancien privilege, posé qu'ils s'en vueillent servir. L'execution des mandemens & commissions du Grand Seau, portans dons, remissions, dispenses, privileges & autres dispositions, qui dependent simplement de la pleine puissance & autorité Royale : bref, tout ce qui depend des droits Royaux & de Souveraineté.

En quoy il faut bien prendre garde de ne confondre pas l'interest du Roy, qui est le fondement des cas Royaux, avec l'interest public ou de Iustice, qui de necessité dépend & est annexé à la haute Iustice, & duquel la poursuite appartient au Procureur d'Office ou fiscal, c'est à dire, public, qui, à bien entendre, a deux charges : l'une de poursuivre les droits du Seigneur ; l'autre & la principale, de promouvoir l'interest public ou de Iustice, soit en la punition des crimes, soit en la police, soit en toutes autres occurrences.

I'ay dit, & il est vray, que les cas Royaux ne sont point nettement specifiez par aucuneOrdonnance generale : il est bien vray, que les lettres du premier appanage d'Anjou & du Maine, lors qu'il fut concedé par le Roy Saint Louys à Charles son frere, données à Arras l'an 1249. contiennent reserve & expression speciale des cas Royaux ; ainsi qu'il se void par l'extrait d'icelles, rapporté par Monsieur Choppin, *Lib. 2. De Domanio*, Chapitre 6. Pareillement ils sont exprimez és lettres de l'échange de Mont-peillier fait par le Roi Charles V. avec le Roi de Navarre en l'an 1371. rapportées par Bacquet, Livre 3. Chap. 7. Comme aussi au Reglement fait l'année suivante 1372. par le mesme Roi entre le Bailli Roial de Touraine Iuge des Exempts & cas royaux, & le Senéchal de Touraine Iuge ordinaire pour Louys Comte d'Anjou & de Touraine son fils, auquel peu auparavant il avoit baillé lesdites Comtez en appanage, reglement qui est rapporté au Livre premier Chapitre 3. du grand Coustumier. Finalement les cas royaux sont bien specifiez en l'Arrest donné en l'an 1574. entre Monsieur le Duc de Mont-pensier & les Officiers royaux d'Auvergne, rapporté par Monsieur Choppin, sur la Coustume d'Anjou, Livre premier, Chapitre 6. mais ces reglemens ne sont pas generaux, dautant que les premiers portent la reservation faite par leRoi à sa justice ancienne, de tous les cas qu'il lui a pleu retenir en concedant les appanages : *ut in traditionis rei suæ potest quodvis pactum apponi* : & le dernier est fondé sur plusieurs particularitez resultantes de la Coustume d'Auvergne, & des anciennes & immemoriales possessions des Offices royaux du mesme païs.

Aussi qu'il faut considerer, qu'anciennement & lors qu'on a craint que les grandsSeigneurs usurpassent laSouveraineté de leurs Provinces, qui lors consistoit seulement en la reconnoissance de la justice royale, outre le simple hommage, qu'ils ne faisoient qu'une fois en leur vie, on étendoit tant qu'on pouvoit les cas royaux, pour maintenir leRoi en possession plus ample de cette reconnoissance de sa justice. Pourquoy faire, les Rois envoyoient desIuges ou Commissaires dans les terres des Seigneurs, pour juger des cas royaux & causes des exempts, qui s'appelloient anciennement *Missi*, ou *Missi dominici*, & depuis ont esté appellez *Iuges des exempts & cas Royaux*, qui estoient autres que les Baillifs royaux, comme j'ay traité en mon Livre des Offices. C'est pour-

des justices de Village.

quoy dans les livres des anciens Praticiens, presque toutes matieres sont attribuées à la Justice Roiale: comprenant sous les cas Roiaux toutes les causes où le Roy pouvoit avoir quelque pretexte d'interest pour éloigné qu'il fust. Ce qu'étant si hors de raison, s'est de soi-même anneanti aux siecles suivans, à mesure que ces anciens Duchez & Comtez ont esté reünis à la Couronne.

Comme par exemple, vous trouverez dans Bouteiller que les Juges Royaux connoissent par prevention des causes des veufves pupilles, étrangers, & autres telles personnes dignes de commiseration. Item, des matieres des dots, doüaires, testament & autres telles causes favorables & provisoires: ce qui notoirement ne s'observe pas à present.

Il s'y voit aussi qu'ils connoissent de tous contracts passez sous Séel Royal, encore qu'il n'y ait nulle coherence, que le Séel royal à contracts attribuë Jurisdiction, & que le mesme Bouteiller remarque, ce que nous gardons encore aujourd'hui qu'il n'y a que trois Seaux attributifs de Jurisdiction, à sçavoir celui du Châtelet de Paris, celui de Montpellier, & celui des Foires de Champagne.

Sur tout on a fort long-temps observé que quand, outre le Séel roial, il y avoit soumission expresse à la Justice Roiale, soit que la soumission fut generale ou particuliere: alors la connoissance appartenoit au Juge Royal: comme il se void aux reglemens ci-dessus alleguez. En quoi il y a bien apparence quand ce cas est reservé expressement par la concession de l'appanage, ou par la Coûtume particuliere de la Province qu'au fait particulier de ces reglemens: mais il n'y a aucune raison de vouloir conclure, qu'és autres lieux la soumission du justiciable puisse frustrer la justice du Seigneur, qui est patrimoniale, & qui est plus concedée en sa faveur, que de ses Sujets.

Même on observe aujourd'hui en plus forts termes, que les Subjets de la Justice primitive du Roy, ne peuvent proroger Jurisdiction en autre cour royale que leur, & non pas même par une election de domicile contractuel qui n'a effet que pour les exploits & significations, non pas pour transferer la Jurisdiction, encore que par telle prorogation le Roi ne puisse rien perdre; mais c'est dautant que les Jurisdictions sont reglées & limitées de droit public, auquel partant les particuliers ne peuvent déroger: ainsi on garde en France la decision Canonique au Chapitre *Si diligenti Ext. De Fo. compet.* & non pas la civile des Loix *Si quis in scribendo Cod. De Episcop. & cler. & Cod. De Pact:* comme Bacquet a traité au 5. Chapitre du 3. Livre.

Pareillement en quelques endroits de la Champagne, & non ailleurs, les Juges roiaux ont introduit en usage les Bougeoisies roiales, dont l'origine est tres-bien expliquée par Monsieur Pasquier Livre 4. de ses Recherches, Chapitre 5. qui est en un mot, que comme les Citoyens Romains n'estoient tenus de plaider ailleurs qu'à Rome, ainsi qu'il se lit de saint Paul aux Actes des Apôtres, & qu'il s'en void un exemple dans Pline *lib.* 10. *Epist.* 4. A l'imitation dequoi ◦ été introduit le Privilege des Bourgeois de Paris de n'être contraints plaider en defendant en matiere civile, horsles murs de Paris, à eux concedé par le Roy Louys XI. en l'an 1465. inseré au 112 article de la Coûtume de Paris. Aussi à cét exemple quelques Juges Royaux de Champagne se sont de long-temps advisez de faire de leur propre authorité Bourgeois du Roi les justiciables des Seigneurs, pour attirer à leur Justice, par le moyen d'une lettre de Bourgeoisie qu'eux mêmes leur bailloient, ou d'une simple Declaration qu'ils recevoient d'eux, par laquelle ils s'advoüoient Bourgeois du Roy.

Or outre que cette Bourgeoisie, entant que c'est un Privilege contraire au droit commun, ne peut être donnée que par le Roi seul, & sous le grand Seau de France, il y a encore deux autres absurditez en cette pratique. L'une que la Bourgeoisie n'a lieu proprement qu'és Republiques populaires comme l'a dit expressément Aristote Livre 3. des Polit. Chapitre 1. & Plut. *In Solone*, disans que la Bourgeoisie est d'avoir part à l'Estat, ou aux droicts & privileges d'une Cité: ce qui se pratique à Venise, en Suisse, à Geneve & autres Republiques populaires. Et en France, à la verité, on appelle *Bourgeois*, quoy qu'improprement, ceux qui resident actuellement és villes privilegiées, comme Paris, Orleans & autres: mais c'est entierement mal parler, que de dire Bourgeois ou Citoyens du Roi, dautant que ces mots portent une relation necessaire à une Ville ou Cité. Aussi les Romains ne s'appelloient pas Citoyens de l'Empereur, mais Citoyens de Rome: & leur Privilege fut introduit aprés qu'on eut chassé les Roys en l'état populaire, par les Loix appellées *sacrées*, dit Tite-Live, Livre 2. Mais si tôt que la Monarchie de Rome fut rétablie, Auguste tascha de l'abolir, reconnoissant que c'étoit un reste de Democratie repugnant à l'Empire, même en conduisit sa femme Livia, qui le demandoit pour les Gaulois. Finalement l'Empereur Antonius Puis le supprima adroitement en l'octroyant par un Edict general à tous les Subjets de l'Empire, par la Loy *In orbe*, C. *De statu hominum*, & ainsi reduisant le Privilege en droict commun, il osta en effet le Privilege.

L'autre absurdité & raison de diversité du droit Romain au nôtre, est que les Romains demeurans maîtres de tout & la Justice de tout leur Etat & Empire, la pouvoient distribuër, ainsi que bon leur sembloit, & privilegier ceux, qu'ils vouloient en cela gratifier: mais en France, où les Rois ont aliené partie des Justices primitives & ordinaires, ils ne peuvent pas par puissance reglée (car je ne parle point de l'absoluë) entreprendre sur la Justice d'autruy: principalement ne peuvent-ils pas introduire une invention, pour du tout les affoiblir & aneantir, comme seroit celle-cy: étant facile que tous les justiciables d'un Seigneur complottent ensemble, pour s'advoüer Bourgeois du Roy.

Aussi Philippes le Bel voiant que de son tems ces bourgeoisies tiroient à trop grand abus, y pourveut par un tres-beau Reglement, inseré dans le Style du Parlement, à sçavoir que celui qui s'avoüeroit Bourgeois du roi, bailleroit caution d'acheter dans l'an une maison en la Justice roiale, où il seroit tenu de demeurer actuellement, du moins depuis la Toussaints, jusques à la Saint Jean d'Esté, & le surplus de l'année se trouver en la ville Royale és bonnes fêtes: ce qu'étant gardé il ne seroit pas fait grand préjudice aux Seigneurs.

A l'exemple des Bourgeois du Roi, les Juges Presidiaux se sont voulu faire accroire en quelques endroits, qu'ils sont seuls Juges des Nobles en premiere instance, soit en demandant, ou defendant, & soient les Nobles ou parties principales ou jointes, ou intervenans en un procez; ce qui seroit de tres-grande consequence aux Seigneurs; Car comme il n'y a que trois Estats en France, les Ecclesiastiques sont déja distraits de leur Justice; & partant si on en ôtoit les Nobles, ils ne demeureroient plus Juges que des roturiers: encore l'intervention des Nobles ôteroit-elle la plus grande part de leurs causes, comme on void que le petit nombre qu'il y a en France d'indultaires attire neanmoins la pluspart des causes Beneficiaires au grand Conseil.

Aussi est-ce une pretention reveillée seulement depuis l'Edit de Cremieu, de l'an 1536. sous pretexte, que le Roi reglant les Prevôts avec les Baillifs roiaux, attribuë aux Baillifs les causes des Nobles, à l'exclusion des Prevôts roiaux: mais incontinent aprés, & en la même année, même avant que l'Edit de Cremieu fût verifié en la Cour, de peur que les Baillifs roiaux se prevalussent de cet article, au prejudice des Justices Seigneuriales, les Seigneurs de France obtinrent une Declaration du Roi, qui fut desiors verifiée au Parlement, par laquelle sa Majesté declara que par l'Edit de Cremieu elle n'avoit entendu faire prejudice aux Justices des Seigneurs qu'elle reconnoît être patrimoniales, partant il ordonna que les Seigneurs hauts Justiciers connoîtroient des causes des Nobles residans en leurs Justices, tout ainsi qu'ils faisoient auparavant; il faut remarquer la raison portée par cette declaration, qui est tellement observée

F f iij

aujourd'hui, qu'il n'y a année qu'il ne se donne suivant icelle des Arrets contre les Iuges roiaux, dont les livres modernes sont pleins, de sorte que cette querelle est desormais vuidée: aussi n'y a-il nulle consequence de dire que la cause d'un Noble soit un cas roial, autrement il faudroit reputer tous les Gentils-hommes comme Rois en France.

Davantage, les Iuges royaux pretendent les avoir par concurrece & prevention la connoissance des complaintes és matieres possessoires, disant que c'est au Roy & à ses Officiers à reprimer tous troubles & violences, & à conserver un chacun en ses possessions, & qu'il est plus seant de se plaindre au Roy, qu'aux Seigneurs subalternes, qui est confondre *vim privatam cum vi publica sive armata*: & encore confondre l'interest Roial, avec l'interest de la Iustice, dont la poursuite appartient à tous hauts Iusticiers, comme il a été dit cy-devant.

Mais pour empieter les matieres de coplainte, les Iuges royaux inventerent anciennement un moyen assez subtil, qui fut d'obtenir des lettres en Chancellerie pour ramener à effet (ainsi qu'ils parloient) la complainte sur le lieu contentieux, par lesquelles ils faisoient mander au premier Sergent Roial d'adjourner devant lui-même les parties sur le lieu, & là maintenir verbalement l'impetrant en ses possessions & saisines, & en cas d'opposition renvoier le procez devant le Iugé Royal, comme il se void dans les institutions Forenses d'Imbert. Et bien que cette inutile formalité de pratique, soit maintenant hors d'usage, si est-ce qu'en consequence d'icelle, les Iuges Roiaux sont demeurez en possession de la prevention és matieres possessoires.

Encore ont-ils gardé à eux seuls, comme un pur cas Royal, la connoissance du possessoire des Benefices, en consequece de la Bulle du Pape Martin, raportée au stile du Parlement qui confirme ce droict au Roi de France, comme en estant deslors en possession immemoriale: & bien qu'à la suite de cette bulle, si se voit dans le stile du Parlement, que lors les Seigneurs de France en connoissoient aussi bien que le Roi: si est-ce que par l'Ordonnance de Louys XI. de l'an 1464. cela leur a été interdit come aussi par plusieurs Ordonnances on leur a ôté le pouvoir de faire saisir le temporel des Benefices, soit à faute de residence de reparations, ou autres causes.

Par la même confusion de l'interest public avec celui du Roi, les Iuges Roiaux se sont voulu attribuer la connoissace de la Police: encore qu'il n'y ait rien de plus certain, que la Police est une des parties de la justice: & de fait, les Edicts des metiers des années 1577. & 1597. attribuëct par exprés la Police des metiers aux Iuges ordinaires des lieux: & l'execution des Declarations pour les lettres de maistrise de chacun metier, lors que les cas écheent d'en donner, s'adresse toûjours aux Iuges des lieux. Chose qui non seulement est juste, mais aussi presque necessaire: car comme souvent la Ville d'un Seigneur est fort éloignée de la Iustice Roiale, seroit-il raisonnable que pour un leger differend de police, qui doit être vuidé sommairement & sur le champ, avant la deperition des preuves, les pauvres artisans allassent plaider au loin?

En quoi toutefois il y a deux modifications notables, procedantes de ce que la police doit estre uniforme. Premierement, qu'au Roi & à ses Parlemens, appartient la police generale qui concerne le Reglement universel du roiaume: c'est pourquoi on dit cômunemét en pratique, que les matieres de reglemét appartiennét qu'à la Cour. Secondement, & par même raison au Iuge de Province, appartient la police & reglement qui concerne en particulier le détroit general de sa Province: & tout de même au Iuge Principal d'une Ville, soit Royal ou autre, appartient le reglement & police de la Ville & Faux-bourgs, pour éviter un desordre & difformité. *Néve unica civitas diversa habeat regimina.*

Il est vrai qu'un Iuge Royal ou de Seigneur, n'a pas la police dans le territoire d'un autre Iuge, s'il ne ressortit pardevant lui: car il ne l'a qu'en vertu de la superiorité, laquelle cessant, il faut suivre la regle, *Par in parem non habeat imperium.* Comme, par exemple, dans

Paris où il y a plusieurs Iustices Seigneuriales, le Prevôt de Paris, ou son Lieutenant Civil, se qualifie seul Iuge Politique, & de fait il exerce seul la Police és Iustices de ses inferieurs: mais le Baillif du Palais, qui ne resortit point devant lui, ne lui cede rien en son détroit.

Quand je dis que le Iuge principal & Superieur d'une ville exerce toute la police d'icelle, j'entends qu'à luy appartiét, à l'exclusion des inferieurs, de faire Reglemens de police pour toute la Ville & Faux-bourgs, comme mettre taux aux vivres, recevoir les Iurez & les Maîtres de chacun métier, faire Reglement entr'eux: mais quant aux contraventions à ces Reglemens, & autres delits en fait de police, ensemble és differends de partie à partie: j'estime que la prevention y doit avoir lieu entre le Superieur & l'inferieur, dans sa Iustice primitive, & il s'observe ainsi à Paris.

Or bien que la voirie, c'est à dire la Sur-Intendance des ruës & grands chemins, soit une des principales dependances de la police, même qu'en plusieurs Coûtumes, comme Anjou, Touraine, le Maine, Blois, & autres, les moyens & bas Iusticiers soient appellez gros & simples voyers: si est-ce que les Iuges Roiaux pretendent la prevention des delits commis és grands chemins, sous pretexte que les Autheurs Grecs appellent les grands chemins Βασιλικὰς, ὁδοὺς, & les Latins *vias regias*. De fait Aristote dit en quelque endroit, que les Iusticiers du Roi Mausolus vendoient annuellemét à son profit les fruits des arbres qui étoient dans les grands chemins.

Mais Aristote ne dit pas, qu'au Roiaume de Mausolus il y eût des Iustices Seigneuriales: & si du tems des Autheurs Latins, qui ont appellé les grands Chemins *vias regias*, il n'y avoit point de Rois en Italie, mais les appelloient ainsi que par une certaine excellece nous appellôs roial tout ce qui est plus grand & excellent. Ils appelloient donc ainsi les plus grands chemins, à la distinctiô des traverses ou carrieres, qu'ils appelloient *vias vicinales*: car ils reconnoissoiét deux sortes de chemins publics, à sçavoir, *vias regias*, qui conduisoient de ville en ville, & de païs en autre, & *vias vicinales*, qui traversent de village en village, le §. *viam cum* §. *seq. In l. z. D. Ne quid in loco publ. & l. ult. D. De locis & itin. pub. &* sur Theophile clairement aux Institut. Tit. D. L. Aquilia, où il definit Βασιλικὴν ὁδὸν ἣ πάντες κέχληται ἐπὶ αλαφοτέρας ἀπιούσης τόπους: & vicinalem τὴν ἐπὶ νόμου ἱ ρου ων. Et le §. *viam* cy-dessus allegué, dit que *viam publicam dicimus, cujus solum publicum est.* Atqui, a esté montré ci-dessus, que ce qui est public, est delaissé au haut Iusticier.

Neanmoins, il y a trois diverses opinions entre les Praticiens, touchant les delits commis és Chemins Royaux: aucuns les attribuans aux seuls Officiers du Roy: les autres aux Barons, & autres Iuges de villes closes seulement, à l'exclusion des Iuges de village: les autres, à tous hauts Iusticiers, desquelles trois opinions, j'estime la moyenne plus équitable.

Ces trois mêmes opinions se trouvent pareillement, pour raison de la connoissance des hauts crimes, comme meurtre, incendie, rapt, & autres semblables: où je tiens aussi l'opinion metoyenne; que la punition de ces crimes ne doit appartenir qu'aux Iuges graduez des villes n'y aiant rien de particulier, qui les puisse faire reputer cas roiaux: puisque l'interest du public & la Iustice criminelle depend indistinctemét de la haute Iustice & d'ailleurs parce que l'on ne trouve gueres d'apparence de confier les procez de telle importance aux Iuges Guestrez de village: joint que par les chartes & titres de concession des simples hautes Iusticies, ces hauts crimes sont ordinairement reservez, comme il se voit en celles qui sont rapportées dans Choppin & dans Bacquet.

Pareillement faute de distinguer ces Iuges sous l'Orme, d'avec les Iuges graduez des Villes, & des Ducs, Comtes, Barons, & Chastelains, ayans ample territoire, plusieurs tiennent que les criées ne peuvent être certifiées, sinon pardevant les Iuges roiaux, sous pretexte de quelques arrests de la Cour, par lesquels, des certifications de criées faites devant des Iuges de village par

des justices de Village.

emprunt de praticiens, auroient esté cassées : & ce à juste cause, tant parce que c'est la foule des parties de mener ainsi des Praticiens au loin pour une simple certification des criées, que pour autant que ceux-là, étans étrangers du Siege, ne sont pas capables de repondre du stile particulier d'icelui.

Mais au contraire, il a esté jugé par plusieurs Arrests, que les certifications de criées faites aux sieges notables des Justices Seigneuriales, où il y avoit nombre suffisant de Praticiens residans sans en emprunter d'ailleurs, étoient bonnes & valables : comme il a été jugé par Arrest du 30. Janvier 1578. & par autre Arrest du 16. Janvier 1587. pour le Côte de Rochefort; & autre du 11. Fevrier 1556. pour le Seigneur de Colommiers : j'ay veu aussi un autre Arrest pour le Seigneur de Rembouïllet, par lequel fut infirmée la Sentence du bailif de Mont-fort Lamaury, qui luy avoit fait defenses de certifier criées.

Aussi quelle raison y avoit-il de soûtenir le contraire, puisque l'Ordonnance des criées de l'an 1551. dit par exprés, que les criées doivent être certifiées pardevant le Juge des lieux, mots qui comprennent infailliblement les Juges subalternes, aussi bien que les Royaux : Car quand l'Ordonnance entend exclure les Juges des Seigneurs, elle use de ce mot nos Juges, & ne dit pas, les Juges des lieux, Et de dire, que certifier criées ce soit un cas Royal, il n'y a notoirement aucune coherence : dire aussi que les criées ne peuvent être certifiées qu'au Siege principal de la Coûtume, les termes de l'Ordonnance y resistent & l'usage pareillement, attendu que notoirement les certifications des criées se font aux Prevostez & autres Justices Roiales inferieures, même plus souvent qu'aux Bailliages & Senech aussées.

Toutesfois cette même Ordonnance des criées, veut qu'indistinctement en toutes maisons saisies on oppose des Pannonceaux aux armes du roi : & la Cour a toûjours trouvé mauvais, qu'on aposât les armes des Seigneurs justiciers. Mais c'est un droit de Souveraineté, une acte de justice universelle, qui ne deroge point & ne fait point de prejudice à la Justice particuliere des Seigneurs, cela se fait à cause de la decision du Droict, ne nemo privatos titulos prædiis imponat, vel vela Regia suspendat, estant un droit qui n'appartient qu'au Souverain de poser affiches ou autres marques de sauve-garde publique, comme il est decidé en la Nov. 17. Ch. 15. Titulos imponere prædiis alienis & domibus superscribere nomina præsumentibus, periculosum esse sciat ; quia hoc agentes propriam substantiam applicabunt fisco. Si enim non soli imperio concessam tentaverit quis usurpare, in suis agnoscat periculum & suis rebus publicis titulis impositis sit aliis exemplum abstinentia.

Et cét exemple, quand on trouveroit bon d'ordoner, que tous commandemés de justice se fissent au nom du Roi, ou pour le moins conjointement au nom du Roy & du Seigneur, dont le commandement seroit emané, ce seroit faire éclater plus souvét l'authorité & Majesté du Roy aux oreilles de ses subjets, il ne seroit point de tort aux Seigneurs Justiciers atredu qu'outre la Souveraineté & la Justice universelle, le Roi a toûjours la Seigneurie directe de toute Justice Seigneuriale, relevant en fief de luy : & à cét égard il est vray que les Officiers des justices relavans du Roi sont aucunement ses Officiers, pourveu toutesfois qu'on distinguast seigneusement ce qui est de la directe, d'avec la proprieté & Seigneurie utile de ces justices, & en ce faisant qu'on n'ostast rien aux Seigneurs, de ce qui est des droits & émolumens patrimoniaux de leurs justices.

Mais j'entends qu'entre les Juges royaux des Provinces il y en a aujourd'hui de si avatageux quo pensás reünir tout à leur profit, sous pretexte qu'aux criées on se sert de Pannonceaux royaux, & qu'il y a beaucoup de Sieges de Seigneurs où elles ne peuvent estre certifiées (bien que les Pannoceaux se mettans sans connoissance de cause n'attribuent jurisdiction, & que la certification se fait le plus souvent eux autre Siege que celui où se fait le decret) ils se font accroire, que tous les decrets se doivent faire pardevant eux : chose qui jusques à present

n'a jamais esté mise en avant, non pas même du temps qu'il étoit necessaire d'abaisser le pouvoir des gráds Seig. de France, & qu'il y avoit des Juges des Exempts & cas roiaux en toutes les justices des appanages & autres grands Seigneurs : Et qui est d'ailleurs si absurde, que plusieurs coutumes attribuent expressement les decrets, non seulement aux hauts, mais même aux moiens justiciers. Comme aussi tous les Docteurs de droit tiennent sur la l. Imperium D. de Jurisdict. que interpositio decreti est actus, non meri, sed mixti imperij : & c'est la verité, que le decret est un acte qui participe autant de la jurisdiction volontaire que de la contentieuse.

Il est vrai que pour les grands differends & difficultez, qui échéent ordinairemét aux decrets, qui sont les vrais chefs-d'œuvres de pratique, & dautant aussi qu'és Auditoires des villages les encherisseurs ne se trouvent pas si communement & en si grand nombre, qu'en ceux des villes closes, aussi que les justices de villages sont la plûpart usurpées, il ne seroit peut-être pas hors d'apparence, de laisser tous les decrets aux juges des villes : mais aussi contre le bien public de les ôter indistinctement à tous les juges des villes Seigneuriales, & les attribuer au Siege capital de la Province, qui estant bien souvent fort éloigné des heritages saisis, il ne s'y trouveroit pas tát d'encherisseurs, que si l'adjudicatió se faisoit sur la prochaine ville & au Siege ordinaire, où hantent plus communement ceux du détroit.

Il est inutile de dire, que les adjudicatiós se font bien au Greffe de la Courcar elles n'y sont pas en premiere instance, mais seulement quand les decrets se font en vertu de ses sacrez Arrests, dont l'execution lui demeure, ce qui n'arrive guieres qu'aux decrets des grandes terres ; encore voit-on, qu'à cause de l'éloignement, elles y sont le plus souvent vendues à fort vil prix, au grand dommage du saisi & de ses derniers creanciers.

Cette même distinction des juges Guestrez de village d'avec les juges graduez des villes, dont aucuns ont plus grand territoire que plusieurs Bailifs & Senéchaux Roiaux resortissans à la Cour, qui est le principal sujet de tout ce Traité, n'aiant été jusques ici bien approfondie, ce qui a été cause qu'on a autresfois tenu indistinctement, que les juges des Seigneurs ne pouvoient en aucun cas juger nonobstant l'appel & sans prejudice d'icelui, encore que par provision & en baillant caution, non pas même en matiere d'obligation ou cedules reconnues, & encore moins aux matieres d'alimens, medicamens, salaires de serviteurs, journées d'ouvriers, datió de tutelle, confection d'inventaire, dots, doüaires, causes promptes de Police, & autres semblables matieres provisoires & requerans celerité.

De sorte qu'és lieux où il y a trois ou quatre degrez de Jurisdiction Seigneuriale, avát que de venir à la Royale, ceux qui plaident contre leurs obligations ou cedules ont bon temps, & au contraire les pauvres serv. teurs, les manœuvres, les blessez, les mineurs, les veufves, & autres semblables, ont beau jeûner & crier aprés leur deub, jusques à ce que leur cause soit jugée au Siege Royal.

De méme lors qu'on deferoit aux appellations des interlocutoires qui ne portoiét prejudice au principal, celui qui vouloit fuir appelloit à dessein de chacun appointement, & ainsi avant qu'on peût parvenir à la definitive, il falloit quelquefois faire vuider plus de six appellations, l'une aprés l'autre, & chacune en deux ou trois Sieges, qui étoit bien pour rendre les procez immortels : de sorte que pour éviter toutes ces chicaneries, la Cour trouve bon, même enjoinct quelquesfois aux juges & principalement à ceux des villes, de passer pardessus les frivoles appellations des interlocutoires, suivant la decision du droict Civil & Canon, & de juger la provision, nonobstát appel és matieres qui sont notoirement provisoires, & qui requierent celerité, qui est le plus grand abbregement de Justice, & bannissement de chicanerie, que l'on puisse inventer.

Et quant aux non excedans, comme les Juges de Paris peuvent juger jusqu'à vingt cinq livres par dessus

De l'abus

l'appel, par Ordonnance de l'an 1563. les petits Auditeurs du Chastelet de Paris (qui sont les Juges des Chambrieres) jusques à vingt livres, avec les dépens à quelque somme qu'ils se puissent monter par Ordonnance de l'an 1543. Aussi seroit-il bien necessaire de permettre à tous Juges, & principalement à ceux des villes, de juger de même jusques à dix livres ès matieres pures personnelles; à la charge de bien observer l'article de l'Ordonnance de Blois, qui enjoint de vuider telles causes sommairement, & sans les appointer, parce que, soit qu'on les appointe, soit qu'on defere à l'appel, les frais excedent beaucoup le principal.

Mais la plus grande & frequente entreprise des juges Royaux sur les subalternes en l'extension des cas Royaux, est par le moyen des lettres Royaux: Car presque en toutes matieres on prend sujet d'en obtenir: de sorte que si on observoit indistinctement la maxime vulgaire, que les seuls juges Royaux sont competans d'en connoistre, les subalternes seroient presque entierement privez de leur justice.

Pour examiner ce point, il faut commencer par la distinction generale des Récrits & lettres Royaux, dont les unes sont de grace & les autres de Justice: j'appelle les lettres de grace, celles qui dependent de la pure grace, liberalité où bonté du Prince, lesquelles il peut refuser sans violer le droit commun: comme les graces, missions, dons, octroys, dispenses, privileges, lettres d'Offices, toutes lettres de finance: & les lettres de justice sont celles qui sont fondées sur le droit commun, ou qui portent mandement de rendre la Justice avec connoissance de cause.

Cette division presupposée, je tranche en un mot, que toutes lettres de grace doivent être enterinées & executées par les Officiers Roiaux & non autres, parce qu'il n'appartient qu'à eux seuls d'executer la volonté pure de leur Maistre: mais quant aux lettres de justice, je dis que regulierement tout Seigneur aiant justice, en peut & doit connoistre en son détroit, (sauf quelques exceptions.

Pour lesquelles comprendre il faut subdiviser les lettres de Justice en celles qui sont excitatives, & celles qui sont attributives de jurisdiction. Sous les excitatives je comprends les récisions & restitutions en entier, qui sont sans doute fondées en droit commun. Et ce qu'on est contraint s'en addresser au Roy, (ainsi qu'en l'ancien droit Romain on s'addressoit au Preteur ou Magistrat, pour mander à celuy qu'il commettoit pour juger, qu'il ne s'arrestat point à la rigueur du droit étroit) a été inventé du commencement à bonne fin, sçavoir est, pour faire reconnoistre davantage le Roi, lors que toutes les Justices appartenoient aux grands Seigneurs, mais à present c'est une formalité de pratique qui ne sert plus que pour l'entretien des Officiers des Chancelleries: enfin ce n'est plus qu'un impôt que le Roi prend sur les procez; dautant que si la cause de l'impetrant n'est bonne, selon le droit commun, ses lettres ne lui servent de rien. C'est pourquoi à bon droit les trois Etats d'Orleans firent Requeste au Roy, pour abolir cette formalité de lettres de justice, qui n'a jamais esté connuë par les Grecs, ni par les Romains, comme Bodin dit fort bien Livre 3. de sa Republique Chapitre 4.

J'y comprends aussi les lettres de Benefice d'inventaire qui sont pareillement fondées en Droit commun, leg. scimus, C. De Iur. delib. même qu'on n'est point tenu d'en obtenir au païs du droit écrit. Et encore les lettres de Benefice d'âge, parce que c'est maintenant un Droit commun de France de n'en point refuser à ceux qui se disent avoir atteint l'âge de vingt ans: aussi qu'elles ne sont enterinées que par avis des parens, qu'il consteroit beaucoup à un pauvre mineur de faire comparoître au loin devant le juge Royal: en quoy il semble, qu'il n'y a plus de doute depuis l'Ordonnance de Blois, qui veut que toutes instructions de procez, & même les executions d'Arrest, qu'il faut faire sur le lieu, en vertu des lettres de Chancellerie soient addressées aux Juges des lieux, pour le soulagement des parties.

Toutefois auparavant cette Ordonnance on pratiquoit, & encore à present, plusieurs Praticiens tiennent, que si les lettres de récision, ou autres semblables, estoient obtenuës principalement, & pour commencer le procez, par l'action recindante ou rescisoire, l'addresse en doit être faite au Juge Royal: mais si elles estoient obtenuës incidemment sur un procez déja pendant devant le Juge subalterne sur le récisoire, elles lui doivent estre addressées, à cause de la connexité, & ne causa continentia dividatur.

L'origine de cette pratique vient d'une vieille maxime de la Chancellerie, que le Roi n'addresse jamais ses lettres qu'à ses Officiers comme si toutes Justices ne tenoient pas de lui, du moins en directe Seigneurie: & d'ailleurs, comme si les Juges des Seigneurs n'estoient pas ses subjets, & tenus d'executer ses mandemens, & s'ils n'estoient pas aussi dignes de les recevoir, comme de simples Sergens: enfin comme si cette formalité étoit si importante à l'authorité du Roi, que sous pretexte qu'il ne vouloit addresser ses mandemens aux Juges subalternes, il leur ôtât ce qui est de leurs Offices.

Mais tout cest-ce pas un vray abus, même une pure illusion de Justice, qu'un chetif Sergent fasse commandement à un Juge étant en son Siege, en pleine Audience, de faire ce qui est de sa charge? comme il est mandé par le style des Chancelleries, lors que les lettres Roiaux doivent estre presentées au Juge subalterne. Aussi on auroit honte de pratiquer à la lettre ce stile & formulaire si absurde, & faire qu'un Sergent commandât à un Juge, étant même au lieu & en l'acte de Justice; mais on fait presenter les lettres par un procureur, tout ainsi qu'ès Justices Royales.

Et notamment depuis l'Ordonnance de Blois, qui a enjoint faire l'addresse des Commissions aux Juges des lieux, les bons Praticiens n'ont plus fait de difficulté d'addresser directement les lettres de Chancellerie aux Juges subalternes: même à present on voit les Edits & les lettres du grand Seau, dont l'execution se doit faire aux villes non Royales, contenir cette addresse: *A nos Baillifs, Prevosts, &c. & autres Juges & Officiers qu'il appartiendra*, & n'y a tantôt plus que les vieux Praticiens, qui ne peuvent démordre leur routine de jeunesse, ou les Clercs ignorans, qui composent leurs lettres sur les anciens Protocoles de Chancellerie, qui gardent cet ancien scrupule.

Même la Cour a pratiqué de tout temps, que si pour attirer un procez devant le Juge Royal, on obtenoit avec affectation de ces lettres Royaux, sans qu'il en fût besoin (comme rarement ès petites Chancelleries on refuse de la cire pour de l'argent) le Seigneur haut Iusticier étoit bien fondé à demander le renvoy de la cause. Temoin l'Arrest du Duc d'Alençon, pour sa Vicomté de Chasteau-neuf en Timerays, en l'an 1518. par lequel la Cour infirma la Sentence du Baillif de Chartres, qui l'avoit debouté du renvoi en une cause de vendication, où le demandeur avoit obtenu lettres pour être relevé de la prescription. Arrest qui est incorporé au style du Parlement part. 7. vis à vis duquel du Molin a noté en apostil, que les lettres excitatives de Jurisdiction doivent estre presentées & enterinées devant le juge du lieu, encore qu'il ne soit Roial.

Et le même du Molin sur l'article 81. de la coûtume d'Anjou, qui porte qu'és lettres qu'autre que le Roi ne peut octroyer, il n'y a lieu de Renvoy, a dit ces mots *Scilicet de iis quæ sunt meræ gratiæ, secus de iis quæ sunt justitiæ, id est juris communis, licet fiscales Regij conentur omnia ad suum forum trahere, quavis colorata tamen occasione.*

Je leur demanderois volontiers pourquoi les lettres de récision attribuënt plûtot Jurisdiction aux Juges Royaux, que celles de desertion, d'anticipation, de conversion d'appel en opposition, qui notoirement sont presentées toûjours & sans distinction aux Iuges non Royaux, en ce qui est de leur jurisdiction: ce qui montre bien que toutes lettres Roiaux ne doivent pas être addressées aux Officiers du Roy, mais seulement les lettres de grace & les lettres attributives de jurisdiction.

Voila

des justices de village.

Voila pour les excitatives, & quant aux attributives de Iurisdiction, il faut derechef les subdiviser en celles de la grande & celles de la petite Chancellerie.

Quant à celles de la grande Chancellerie, & qui ne peuvent estre expediées en la petite, il n'y a nulle difficulté, que celles-là ne puissent distraire la justice ordinaire des Seigneurs, & renvoyer la matiere au Iuge auquel elles sont addressées. Car c'est le Roy qui use de son authorité & de sa justice universelle, soit de son particulier commandement soit avec connoissance de cause. Qui a douté qu'il ne puisse interdire, évoquer, commettre, & renvoyer les causes, ainsi qu'il luy plaist?

Et toutefois voici ce qu'en dit l'Ordonnance de Philippes VI. de l'an 1338. *Prohibemus ne aliquis Seneschalus, aut alius Officiarius noster, subditos justitiariorum mecum imperium habentium, pratextu litterarum nostrarum coram se trahat civiliter, nisi in dictis litteris mentio fieret, quod subditi, essent aliorum justitiariorum cum clausula non obstante, &c. & contineret causam nos rationabiliter moventem. Alias illas ex nunc subreptitias reputamus, nec eas volumus executioni mandari.* Car c'est un acte de puissance absoluë & authorité souveraine, dont le Prince n'a accoustumé d'user sans grande cause.

Ce qui doit estre principalement observé quand les lettres attributives de Iurisdiction concernent non une simple affaire, mais une université de causes. Car alors les Seigneurs, dont par ce moyen la Iustice seroit affoiblie, ont sujet de se pourvoir, soit par remonstrance, ou par Requeste, ou par opposition, & autres voyes de Droit, parce qu'il n'est pas à presumer que le Roy veille oster aux Seigneurs en tout ou en partie les Iustices qu'il leur a concedées en fief, & qu'ils rachetent de sa Majesté.

Par exemple, quand le Roy fit son Edit de Cremieu, par lequel il sembloit vouloir attribuer aux Baillifs & Senechaux les causes des Nobles, les Seigneurs de France formerent opposition à la verification d'iceluy, qui l'arresta prés d'un an, & fut leur opposition trouvée si juste, que suivant icelle le Roy fit sa Declaration, qu'il n'entendoit prejudicier à leurs Iustices.

Mais quand les Iuges Consuls furent erigez en l'an 1563. & és années suivantes, il ne fut au commencement, qu'és bonnes Villes comme Paris, Roüen, & autres, où le Roy seul a notoirement la police; sous laquelle on comprit les causes de Marchand à Marchand & pour fait de Marchandise, & encore ces erections furent faites par Edits particuliers, & l'une aprés l'autre, de sorte que les Seigneurs de France n'avoient pas grand moyen ny grād sujet aussi de s'y opposer en corps, joint qu'ils eussent peu profité: parce que feu Monsieur le Chancelier de l'Hospital Inventeur de ces Iustices (aussi bien que de celles des Presidiaux) les affectionnoit beaucoup. Neanmoins les Seigneurs ont toujours soustenu que les Consuls n'avoient que voir sur leurs justiciables; dont la Cour n'a point fait de difficulté à l'égard de ceux, dont les Iustices sont hors le ressort des Baillages, où il y a des Iuges Consuls establis, comme elle a jugé par plusieurs Arrests, dont j'en ay un notable, donné au profit de Madame de Longueville Comtesse de Dunois, le septieme May 1577. par lequel defenses sont faites aux Iuges Consuls de Chartres, d'entreprendre Iurisdiction sur les Habitans du Comté de Dunois, d'autant qu'il est assis dans le Baillage de Blois, où il n'y a aucuns Consuls, bien que ceux de Chartres en soient les plus proches, & mesme il est ordonné par cet Arrest, se requerant feu M. Brisson lors Avocat general du Roy, qu'il sera publié en l'Auditoire desdits Consuls.

Et quant aux Iustices des Elections, Grenier à Sel, & Eaux & Forests, elles ne connoissent que des cas vrayement Royaux; & partant elles ne peuvent rien entreprendre sur la Iustice ordinaire des Seigneurs. Et pour le regard de celles des Prevosts des Mareschaux, elles sont aprouvées par leur apparête utilité; joint qu'elles n'ont connoissance que de voleries faites en grand chemin, fausse monnoie, delit des Soldats & vagabonds, qui sont

Des Iustices de Village.

tous cas dont les Officiers Royaux ont toûjours pretendu la prevention.

Comme aussi au regard des *Committimus* des Requestes du palais, de l'Hostel du Roy, des Gardes-gardiennes, & des protections des Universitez, les Seigneurs y acquiescent, en tant qu'il n'y ait point de fraude : comme estans tels privileges dependans des cas Royaux, & qui sont presumez plus anciens que leurs Iustices: mais quoiqu'il en soit, toutes ces Iustices sont extravagantes & extraordinaires, & aussi tous ces privileges sont moins favorables & extensibles entre les Iusticiables des Seigneurs, que les Subjets primitifs du Roy : attendu que le Roy peut diviser les Iustices ainsi qu'il luy plaist, mais il n'entend pas diminuer celles qui sont patrimoniales aux Seigneurs.

Finalement pour le regard des lettres attributives de Iurisdiction emanée de la petite Chancellerie ; je dis (sauf correction) qu'elles sont toutes abusives, si ce n'est qu'elles soient fondées en Edit, ou en arrest. Car les petites Chancelleries ne sont instituées que pour les dépesches ordinaires & de style commun, & non pas pour expedier ce qui requiert connoissance de cause, & moins encore pour attribuer à une Iustice ce qui appartient à une autre, & pour commettre des Iuges étrangers à la poste des parties, au prejudice des Iuges ordinaires & naturels, comme il est decidé expressément par l'Ordonnance de 1539. articles 170. & 171.

Aussi à bien entendre ne doivent-elles user du mot *commettons*, mais seulement dire *mandons, &c.* comme le remarque fort bien le grand Coustumier livre 2. Chapitre 10. le Roy mande aux Iuges ordinaires, & commet les extraordinaires, mesme les bons formulaires de Chancellerie usent de ces mots: *parce que la connoissance de la matiere vous appartient, mandons, &c.* Et tout ainsi que telles lettres seroient jugées inciviles, celles attribuoient au Baillif Royal ce qui appartient au Prevost: à plus forte raison les faut-il juger telles, qu'elles attribuent au Iuge Royal, ce qui appartient à subalterne qui a Iustice patrimoniale, & de laquelle de Droit commun le Roy ne peut disposer.

Neanmoins le temps passé, cela estoit si commun que rien plus, & par le moien de telles lettres on ostoit aux subalternes la plûpart de leurs causes, car sur leur droit la connoissance des executions, saisies & decrets par moyen de lettres de ...; on leur ostoit les matieres feodales par les ... possessoires par le moien de lettres de conforte-main : on leur ostoit les matieres ... à leur ostoit les matieres d'attentres de complainte : ... lettres & par les lettres de cinq ans: moyement par ... on leur ostoit les causes des veuves, pupilles, étrangers, par le moyen de lettres de sauve-garde, & ainsi d'infinies autres, dont l'abus par succession de tems s'est trouvé si manifeste, qu'aujourd'huy toutes ces sortes de lettres, dont les noms mesmes sont ridicules & sauvages, sont d'elles-mesmes tournées en non usage.

Mais voici encore un plusgrand abus, c'est que les Iuges Royaux n'entendans pas qu'on aille jusques à Paris pour telles lettres, les delivrent eux mesmes en leurs Greffes comme des Commissions generales pour saisir & executer, soit pour droits Seigneuriaux, soit pour rentes foncieres, soit mesme pour debtes personnelles: & sur les Subjets des hauts Iusticiers & dans leur Iustice primitive, mesme bien souvent hors leur ressort & dans la Iustice de leurs voisins. Et tout autât de commissions qu'on leur demande pour ajourner pardevant eux en premiere instance des Iusticiables des Seigneurs, ils n'en refusent point: mesme quād il est questió d'ajourner ceux d'une autre Province, tout leur est indifferét, disans qu'en matiere de Iustice il n'est que d'entreprendre, Auquel dernier cas, les Iuges des lieux sont tres bien de faire arrester, & de condamner en bonnes amendes les Sergens executans telles Commissions: car ils doivent sçavoir leur Province & ressort; joint que si on en usoit ainsi le Iuge qui entreprendroit sur le territoire d'autruy, auroit toûjours cét avantage d'estre ju-

G g

de l'abus des justices de Village.

ge de son entreprise.

Sur ce propos faut remarquer un abus qui se commet ordinairement és lettres de Garde-gardienne, & és protections des Ecoliers & Suppofts des Vniversitez, en ce que par icelles il est mandé aux Sergens de faire commandement aux juges de renvoyer les causes devant les Baillifs ou Conservateurs, & au refus des juges, les renvoyer eux-mesmes. Clause qui est notoirement abusive, à l'égard des Iuges qui ne ressortissent pardeuant eux: n'y aiant que le Roi & la Cour qui puissent faire telles injonctions indistinctement à tous juges, estans seuls Superieurs de tous. C'est pourquoy cette clause n'est pas abusive és *Committimus* des Requestes, esquels le Roi parle, aussi que Messieurs des requestes de l'Hostel & du Palais, sont du corps de la Cour, lesquels exceptez, c'est à tout juge pardevant lequel est pendant le procez, dont on demande le renvoy, *æstimare an sua sit jurisdictio, necne. l. si quis ex aliena. D. De judiciis*, & s'il refuse le renvoi, il n'y a voye que par appel; c'est au Superieur à vuider desormais la contention de jurisdiction. Comme Bacquet a bien remarqué au 8. chapitre du 3. livre.

Mesme il est indubitable, que le Sergent ne doit pas en vertu de telles lettres ajourner les subjets d'une Prouince en une autre, sans exhiber & presenter sa commission au juge ordinaire, autrement il peut estre arresté. Car si cela estoit toleré, on attireroit tous les jours les pauvres gens à plaider hors de connoissance, & n'y a nul autre moien d'empescher que le juge étranger, soit juge en sa cause, & de sa propre entreprise.

Ce qui n'est point contraire aux Ordonnances, qui defendent de demander place, visa, ni pareatis: car elles s'entendent des mandemens royaux de Chancelerie, ensemble des obligations sous seel Roial, qui s'executent par toute la Frāce: & des Sentences & des juges rotaux dedans leur ressort, & és lieux où s'étend leur puissance, mais non pas des Commissions qu'ils baillent hors leur ressort, *quia extra territorium judex Privati loco est, eique impune non paretur*. Que si les juges venans d'un pays en un autre, pour executer une Commission extraordinaire du Roi, ou de la Cour, sont tenus exhiber leur *Committimus* (comme on dit communement) c'est à dire notifier leur pouvoir aux Iuges des lieux: pour eviter aux inconveniens qui en pourroiēt autrement arriver; Pourquoy trouvera on étrange, qu'un simple Sergent porteur d'un mandement d'un Iuge hors son territoire, demande permission au Iuge du lieu de l'executer, qui est la matiere des Commissions rogatoires, dont la pratique est si ancienne qu'elle est rapportée dans le grand Coustumier liv. 2. chap. 9.

Sur quoi faut aussi observer qu'il y a difference notable en l'étenduë des *Committimus* des Requestes, des protections, des Conservateurs & des Gardes-gardiennes des Baillifs & Senéchaux. Car les *Committimus* des Requestes s'étendent & attirent de tout le Parlement, dont ils sont emanez, mais non pas des autres Parlemēs, si ce ne sont ceux des Officiers commensaux du Roi, & des Chevaliers du S. Esprit, lesquels pour cet effet doivent estre seellez du grand Seau, attendu que celui de la petite Chancellerie, n'a pouvoir que dans son Parlement.

Et quant aux protections des Ecoliers & Suppôts des Vniversitez; elles n'attirent pas non plus des autres Parlemens: mais elles ont cela de particulier qu'elles ne peuvent attirer de plus loin que quatre journées comme il est porté par l'Ordonnance de Louis XII. de l'an 1448. que plusieurs entendent des Apostoliques seulement, & non des royaux Conservateurs.

Finalement les Gardes gardiennes attribuées aux Baillifs, & Senéchaux (car il y en a d'autres attribuées aux requestes du Palais, qui se reglent tout ainsi que les *Committimus*, ne s'étendent regulierement hors le ressort & limites des Bailliages. Toutefois pour ce regard il se faut regler suivant la teneur du Privilege, & verification d'celui faite en la Cour, sans laquelle nulle Garde-gardienne ne doit avoir lieu, comme porte l'Ordonnance de l'an 1556. article 4. & a esté jugé par plusieurs Arrests. Ce qui a lieu, principalemēt à l'égard des justices seigneuriales, parce que par l'Ordonnance de Philippes VI. de l'an 1338. il est dit, qu'il ne sera point donné de lettres de Garde-gardiēne au prejudice des hauts justiciers, *nisi causa cognitione legitima præcedente*. Mais quand la verification etendroit la Garde-gardienne hors le ressort du Baillif, auquel elle est attribuée, les juges voisins en peuvent pretendre juste cause d'ignorance, jusqu'à ce qu'elle soit publiée & notifiée en leur Province.

Voilà beaucoup de diverses sortes d'entreprises, & puis dire qu'il ne se peut imaginer aucune espece de cause, quelle qu'elle soit que les juges roiaux n'ayent quelque pretexte pour en attirer la connoissance: & il y a telle cause, dont ils trouveront cinq ou six divers pretextes pour en connoistre; de sorte que si on les vouloit croire, les subalternes n'auroient aucune cause en leurs Sieges, & en cette façon les Seigneurs notables de France demeureroient entierement privez des justices qu'ils rachetent du Roi, & qu'ils possedent de si longtemps en vertu du plus signalé contract qui fut jamais fait en France, & lequel a esté le principal moyen de l'établissement des familles royales, & de la conservation continuelle de cette Couronne jusques à present, comme j'ay dit au commencement de ce discours.

Que s'il plaist au Roi, qui est autheur & garand de ces justices seigneuriales, & à la Cour de Parlement, qui est superieure des unes & des autres, conserver chacune en ce qu'il lui appartient selon droit & raison: il arrivera ce que dit Justinian en sa Nov. 15. que *erit utriusque congruentia utilis, Sic enim minores judices, Iudicum facient officium: Provinciarum Præsides Iudices Iudicum erunt, & proinde honestiores: quia quanto præest quilibet præstantioribus, tantò ipse major & honestior est.*

TABLE

TABLE DES MATIERES

CONTENUS EN CE TRAITÉ.

A

ABUS des Justices de Village, 1. & seq. leurs remedes 11. & seq.
Amendes arbitraires. 6
Amendes coustumieres, ibid. de deux sortes, simples & grosses. ibid.
Amendes, ibid. de deux sortes. ibid.
Amendes des bas Justiciers, ibid. sont simples. ibid.
Apparageurs & Apparageaux. 4
Appel & Ressort Synonymes. 19
Appel ne produit une recusation, ibid. forme de prononcer sur icelui. ibid
Appeller que signifie 13. abus qui s'y commettent. 20
Arbitration de peine és procez absurde 6
Archevesques, Primats & Patriarches n'ont prévention sur les Evesques. 17
Areopagites, *qui ?* 8
difference d'Arriere justice, & d'Arriere fief. 9
Assesseurs baillez aux Magistrats. 19
Auguste refuse le Droit de Bourgeoisie demandé par sa femme pour un Gaulois. 23
Azo æquum, Lotharius æquum tulit. 1

B

Baillifs & Senéchaux. 5
Baillifs quand établis. 2
Baillifs n'ont prevention sur les prevosts royaux 7. devroient l'avoir. ibid.
Barons quand ont usurpé la justice. 2
Bas justiciers connoissent des causes entr'eux & leurs subjets pour leurs devoirs censuels. 6
Basses justices & leurs limites. 5
Boniface VIII. usurpateur de la haute justice. 4
Bourgeoisie, *quid* ? 22
Bourgeoisies royales. 21

C

Capitulaire de Charlemagne. 2
Cas royaux, quels & leur origine. 20. & seq.
petites Chancelleries & leur pouvoir. 26
Chastelains qui & quand ont annexé leur jurisdiction à leur domaine ? 2
Chemins publics de deux sortes. 24
Chemins royaux, & à qui en appartient la connoissance, les delicts, & autres droits. ibid.
Comedie *Aulularia.* 4
Commandement appartient en proprieté au Prince, & par usage aux Magistrats. 7
Committimus des Requestes du palais. 29
Comtes juges des Villes. 2
Coupables comment estoient jugez anciennement en France. 1
Coustume de Paris reformée. 2
Criées, & devant qui doivent estre certifiées. 24

D

Droit de glaive n'appartenoit aux Magistrats Romains. 8
Droits de justices foncieres. 6
Ducs & Comtes avoient usurpé les Villes & les droits Royaux 8. & quels 9. ont usurpé le ressort. ibid.

E

Ecclesiastiques ont usurpé la haute justice. 4
Eschevins estoient Assesseurs des Comtes & juges des Villes. 5
Evesques n'ont prevention sur les sujets de l'Archidiacre. 17

F

Fief & justice different. 3. & 4
Fiefs concedez *cum hominibus.* 10
Fief quand & pourquoy inventez, 2
grands Fiefs portans titre de Dignité ont justice de leur propre nature. 3
François n'aimoient à estre sujets à aucune Loi; & quand leur Monarchie a commencé. 1

G

Gageure de Lothaire & d'Azo. 1
Gentils hommes aians fiefs ou censives, comment ont usurpé la basse Iustice. 5
Gentils hommes ayans justice, comment l'administrent. 11. & sur qui. 1

H

Hommage, quand, & pourquoi inventé. 2
Homme de fief, *quid?* 3

I

Imperium, s'il appartient au Magistrat par participation ou par ministere. 1
Infeodation inventée, & retranchée. 16
difference *inter judicem & jus dicentem.* 17
Iuges Consuls, leur erection & pouvoir. 52
Iuges de Paris. 26. & ibid.
Iuges des Chambrieres. ibid.
Iuges des Seigneurs ne jugeoient en aucun cas nonobstant appel. ibid.
Iuges de Village en quelle sorte ils rendent justice, 11 & 12. sous l'Orme. ibid.
Iuges Pedanées, *qui* ? 4. 27
difference des Iuges Pedanées & des Iuges Royaux. 4
Iuges Presidiaux, *qui* ? 13. 22
Iuges Royaux n'ont jurisdiction sur les Iusticiables des Seigneurs qu'en deux cas. 23. leur usurpation. ibid.
Iuges Royaux sont vrays Magistrats. ibid.
Iuges subalternes, *qui* ? 13
Iurisdiction de trois sortes chez les Romains. 7
Iurisdiction ne devroit avoir que trois degrez & quels, 13
Iurisdictions multipliées quels maux emportent. 10. & 11
degrez de Iurisdiction reglez. 10. 11 & 12
Iustice à qui doit appartenir proprement. 1
Iustice du puisné ressortit en celle de l'aisné. 4
Origine de la distinction de la haute & basse Iustice. 2 & 6
Iustices comment rendues hereditaires. 2
Iustice si suit le fief vendu. 3
confusion des Iustices. 1
Usurpation des Iustices connoissantes de toutes causes, & son origine. 3
Iustices de Village & leur orgine. Comment admini-

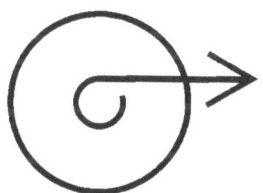

Fin de bobine
NF E 43-120-3

www.ingramcontent.com/pod-product-compliance
Lightning Source LLC
Chambersburg PA
CBHW052034290426
44111CB00011B/1507

Table des Matieres.

ltrées. 12
malices qui s'y commettent, ibid.
Iustice ne doivent appartenir aux particuliers. 1. toutes au Roi diversement. 16
Iustices ne doivent estre separées. 4. & pourquoy. ibid. leur reglement difficile. 2
Iustices seigneuriales confirmées par le Roi. 16
origine des justices seigneuriales. 2
absurditez des Iustices seigneuriales. 7 & seq.
Iusticiables des Seigneurs faits Bourgeois du Roi. 21

L

Lettres de conforte-main. 25
Lettres de *Debitis*; ibid.
Lettres de Garde-gardienne. ibid.
Lettre de justice & ses especes. 26
Lettres Royaux, de grace & de Iustice. 25. par qui doivent estre executées. 26
Lieutenans, *qui* ? & quand ont obtenu justice separée. 2
Lotharius æquum, Azo æquum tulit. 1

M

Magistrats n'ont que le simple exercice de la Iustice. 8
Magistrats, *qui* ? 4. de trois sortes. 13
Maires & Eschevins des Villes, & leur propre pouvoir. 5
Missi, ou *Missi Dominici.* 2

O

Officiers des Villes estoient Assesseurs de Magistrats. 5

P

Pairs, *qui* ? 6. Pairs de fief. 3
Pannonceaux. 24. apposez aux armes du Roi. ibid.
le Pape n'entreprend prevention en sa Iurisdiction contentieuse. 17
Parage quid? 4
Police en quoy consiste.
Police generale & particuliere à qui appartient.

Praticiens de Village chicaneurs découverts. 11
Prevention des Iustices les unes sur les autres 16. pour quoy excluë. ibid.
preventions rejettée. 18. & 19. de deux sortes, *ibid.* abus. qui s'y commettent. ibid.
Prevosts & Chastelains, & leur justice. 5. & 6
Prevosts, *qui* ? leur connoissance. 6 & 7
Prevosts supprimez par mort. 5
Privilege des Bourgeois de Paris. 22
Procureur fiscal & son Office. 21

R

Ressort à qui appartient proprement. 9. & 13
absurdité du Ressort des justices des puisnez à celle des aisnez. 4
Ressort inventé és justices de Village. 3
le Roi vrai administrateur de la justice. 1. & 7
Quel droit il a sur les biens de ses sujets. 24

S

Trois Seaux attributifs de Iurisdiction, & quels? 21
grands Seigneurs de France, comment faits proprietaires de la justice. 2
Seigneurs directs ont Iustice pour leurs droits Seigneuriaux. 6
Senéchal, *quis* ? & quand étably. 2
Sujet que signifie proprement. 1
Suzeraineté quid? 9

T

Epistre de Turnebus sur l'abus des Iustices de Village. 14. & seq

V

Valvassini, & minores Valvassores. 13
Vicomtes quand ont annexé leur Iurisdiction à leur domaine? 2
Vicomtes, qui ? 3
Vigniers, qui ? 2 ibid.
Voirie à qui appartient? 23

X

Xenodocheal, qui ?

FIN.